J.B.METZLER

Metzler Lexikon literarischer Symbole

Herausgegeben
von Günter Butzer
und Joachim Jacob

2., erweiterte Auflage

Verlag J. B. Metzler
Stuttgart · Weimar

Inhalt

MIX
Papier aus verantwor-
tungsvollen Quellen
FSC® C006701

Gedruckt auf chlorfrei gebleichtem, säurefreiem und alterungsbeständigem Papier

Bibliografische Information der Deutschen Nationalbibliothek
Die Deutsche Nationalbibliothek verzeichnet diese Publikation in der Deutschen
Nationalbibliografie; detaillierte bibliografische Daten sind im Internet
über http://dnb.d-nb.de abrufbar.

ISBN 978-3-476-02417-6

© 2012 J.B. Metzler'sche Verlagsbuchhandlung
und Carl Ernst Poeschel Verlag GmbH in Stuttgart
www.metzlerverlag.de
info@metzlerverlag.de

Einbandgestaltung: Willy Löffelhardt/Melanie Frasch
Satz: typopoint GbR, Ostfildern
Druck und Bindung: CPI – Ebner & Spiegel, Ulm

Printed in Germany
August 2012

Verlag J. B. Metzler Stuttgart · Weimar

Vorwort

Ein englischer Literaturwissenschaftler veranschaulichte vor einigen Jahren die schier unüberwindbare Schwierigkeit, ein Lexikon literarischer Symbole zu schreiben, mit der Feststellung, nicht einmal die Deutschen hätten sich bislang an ein solches Unternehmen gewagt. Nun hat eben jener Literaturwissenschaftler – es handelt sich um Michael Ferber – selbst ein Symbollexikon verfasst und damit die Möglichkeit, ein solches Projekt doch zu realisieren, nachdrücklich unter Beweis gestellt. Doch die Frage bleibt: Wie kann man angesichts der unübersehbaren Fülle des Materials, das sich im Laufe einer fast 3000-jährigen Geschichte schon allein der europäischen Literatur angesammelt hat, ernsthaft ein Lexikon literarischer Symbole in Angriff nehmen?

Das *Metzler Lexikon literarischer Symbole* antwortet auf diese Herausforderung zunächst dadurch, dass es, anders als einschlägige Spezial-Lexika, weder eine Vollständigkeit der Symbole noch der Belege anstrebt. Vielmehr geht es ihm, bei aller Fülle der Quellenverweise, um eine Auswahl der wichtigsten und d.h. verbreitetsten Symbole der deutschen und europäischen (z.T. auch außereuropäischen) Literaturgeschichte und um die Präsentation der Bedeutungsgeschichte des jeweiligen Symbols anhand exemplarischer Beispiele seiner literarischen Verwendung, die neben der Kontinuität symbolischer Bedeutung vor allem die Variation des symbolischen Gehaltes in den Vordergrund der Darstellung rückt. Es interessiert sich mithin nicht für die Präparation eines vermeintlich ›ursprünglichen‹, den historischen Verwendungsweisen zu Grunde liegenden symbolischen Sinns, sondern vor allem für die Transformationen, Ausdifferenzierungen und Umbrüche in der (Literatur-)Geschichte eines Symbols, die es so präzise wie möglich und mit relevanten Textbelegen zu erfassen sucht. Eine solche konsequente Historisierung ermöglicht es auch, die oftmals hermetisch scheinende Symbolik der modernen Literatur in die historische Darstellung zu integrieren, ohne sie einer vermeintlich fixen Überlieferung zu subsumieren. Die Geschichte der Symbole ist, wie schon ein schneller Blick in die hier versammelten Artikel zeigt, nicht zu Ende.

Ein literaturwissenschaftliches Symbollexikon sieht sich einer zweiten Herausforderung gegenüber gestellt, die Gerhard Kurz als »Überdruß am zuvor inflationären und ideologisch aufgeladenen Gebrauch des Symbolbegriffs« seit den 1960er Jahren benannt hat (G. Kurz, *Metapher, Allegorie, Symbol*, Göttingen ⁵2004, 70). Dieser Überdruss resultiert nicht zuletzt aus den Ergebnissen der Forschung zur Geschichte des Symbolbegriffs selbst, die die Historizität des lange Zeit als überzeitlich angesehenen Terminus ›Symbol‹ und der mit ihm verbundenen Erwartungen auf unzweideutige Weise herausgestellt hat. Die ›Ideologie des Symbols‹ wurde als unhaltbar erwiesen und damit zugleich der wissenschaftliche Wert des Begriffs grundlegend in Frage gestellt; stattdessen erlebte in der Folge der Begriff der Metapher und dessen Erforschung eine beachtliche Konjunktur, die man als Fortführung der Symboldiskussion mit anderen Mitteln auffassen kann. Wo der Begriff ›Symbol‹ überhaupt noch Verwendung fand, wurde, wie in Jürgen Links Theorie der Kollektivsymbolik, auf eine Differenzierung gegenüber der Metapher, dem Emblem u.ä. programmatisch verzichtet.

Indes: eine Metapher ist kein Symbol! Kann man die Metapher mit Harald Weinrich als Störung der semantischen Kohärenz und damit als Phänomen des sprachlichen Diskurses verstehen (H. Weinrich, *Semantik der Metapher*, in: Folia Linguistica 1, 1967, 3–17), operiert das Symbol auf der pragmatischen, also der Sach- und Handlungsebene des Textes und kann daher beispielsweise auch ignoriert werden, ohne dass dies einen Einfluss auf die Kohärenz des Textes haben würde. Bereits diese grobe Unterscheidung lässt eine Differenzierung von sprachlichen Tropen wie Metapher und Metonymie auf der einen Seite und den *signa visibilia* (›anschaubaren Zeichen‹) bzw. den *res significantes* (›bedeutenden Dingen‹) wie Symbol und Emblem auf der anderen Seite als legitim, ja notwendig erscheinen. Darüber hinaus ist auch eine Differenzierung zwischen Symbol und literarischem Motiv sinnvoll, sofern Letzteres als bloßes Element der Handlungsstruktur von Texten ohne weitere Bedeutungszuweisung zu verstehen ist. Gleichwohl zeigt die literarische Praxis, dass sich die so unterschiedenen Bereiche auch wieder verschränken: Motive können zum Symbol werden, wo ihnen zugleich eine sekundäre Bedeutung zugewiesen wird, ebenso wie Metaphern oder Metonymien in Texten auch symbolisch eingesetzt werden.

Unter ›Symbol‹ wird also in diesem Lexikon die sprachliche Referenz auf ein konkretes Ding, Phänomen oder auch eine Tätigkeit verstanden, die mit einem über die lexikalische Bedeutung hinausweisenden Sinn verknüpft ist. Die besondere Attraktivität des Symbols für die Literatur liegt darin, dass es vom einzelnen Text ausgehend auf andere Texte und Kontexte ausgreift und zusätzliche Sinnzusammenhänge stiften oder zumindest andeuten kann.

Dadurch realisiert das literarische Symbol eine besondere Möglichkeit der Sprache: mehrsinnig zu sein, zugleich aber auch deren Begrenztheit: auf anderen Sinn nur verweisen zu können. Seit der Mitte des 18. Jahrhunderts werden diese beiden Aspekte häufig mit den erst dann unterschiedenen Begriffen des Symbols und der Allegorie in Verbindung gebracht; das vorliegende, historisch weiter ausgreifende Lexikon unterscheidet hier dagegen aus naheliegenden Gründen nicht.

Auf der skizzierten Grundlage versammelt das *Metzler Lexikon literarischer Symbole* die wichtigsten Symbole der europäischen Literatur und zeichnet ihre Geschichte anhand von exemplarischen Belegstellen von der Antike bis in die Gegenwart nach. Dabei wird im Interesse der *literarischen* Bedeutungsgeschichte der Symbole auf Belege aus der Bildgeschichte weitgehend verzichtet (mit Ausnahme der Emblematik als Text-Bild-Kombination). Das Kriterium für die Aufnahme eines Symbols ist seine Wirkungsmächtigkeit in der literarischen Rezeption. Nicht berücksichtigt werden daher singuläre, im Wesentlichen nur für einen Autor relevante Symbole oder in einzelnen Texten zum Symbol erhobene Phänomene. Zugrunde gelegt ist dabei ein weiter Literaturbegriff, unter dem nicht nur belletristische bzw. kanonische Literatur aller Gattungen Berücksichtigung findet – auch wenn diese Werke wegen ihrer Rezeptionsstärke vielfach im Vordergrund stehen –, sondern auch weltliche und religiöse Gebrauchsliteratur, Märchen, Fabeln, Unterhaltungs- oder Kinderliteratur. Gerade die Präsenz eines Symbols in verschiedenen Kontexten mit entsprechend unterschiedlichen Bedeutungsnuancen ist mitunter besonders interessant, wie z. B. die Symbolgeschichte des Hasen oder der Farbe Grau zeigt. Der Herkunftsbereich der berücksichtigten Symbole ist zudem nicht auf Antike und Christentum beschränkt, sondern umfasst etwa auch seit dem 18. Jahrhundert neu entstandene literarische Symbole (wie z. B. den Rhein) oder moderne technische Symbole wie das Mikroskop, die Guillotine und das Auto. Literarische Symbole, so zeigt sich, sind keine natürlichen, ›tieferen‹ oder ›höheren‹ Zeichen, sondern Produkte der kulturell vermittelten Einbildungskraft.

Hinweise zur Benutzung

Jeder Artikel des *Metzler Lexikons literarischer Symbole* beginnt mit einer knappen Nennung der symbolischen Grundbedeutungen und einer Auflistung derjenigen sachlichen Eigenschaften des Symbolträgers, die für die Symbolbildung relevant geworden sind. Den Hauptteil bildet die in der Regel nach unterschiedlichen Bedeutungsaspekten gegliederte Darstellung der Geschichte des Symbols mit ihren signifikanten Bedeutungstransformationen. Dabei werden, der Ausrichtung des Lexikons entsprechend, poetologische Bedeutungsaspekte besonders hervorgehoben. Jeder Eintrag schließt mit einem Verweis auf die wichtigsten verwandten Symbole innerhalb des Lexikons sowie mit kurzen bibliografischen Angaben zu einschlägigen Werken der Forschungsliteratur oder auch zu weiterführenden Einträgen in anderen Lexika.

Um die Darstellung nachvollziehbar zu halten und eine kritische Lektüre zu ermöglichen, wurde durchgängig auf eine möglichst große Belegdichte Wert gelegt. Da zugleich aus Gründen der Praktikabilität auf den Nachweis bestimmter Ausgaben verzichtet werden sollte, verweisen in der Regel römische Zahlen hinter Werktiteln auf die erste Gliederungsebene der zitierten Werke wie Band, Buch oder Gesang, folgende arabische Ziffern auf die nächst kleinere Gliederungseinheit wie Kapitel oder Verse.

Insofern sich das vorliegende Lexikon zunächst an die deutschsprachigen Leserinnen und Leser wendet und bei den Quellenbelegen seit dem 18. Jahrhundert zumeist die deutsche Literatur im Vordergrund steht, wurden alle nicht-deutschsprachigen Zitate übersetzt bzw. vorhandene Übersetzungen genutzt; im Falle einiger historischer Quellen wie etwa der Bibel, den Epen der griechisch-römischen Antike, aber auch Petrarcas oder Baudelaires kann dies im Einzelfall zu ›falschen‹, der Übersetzung geschuldeten Belegen führen, die aber mitunter selbst wieder Rezeptionsgeschichte geschrieben haben – wie etwa bei der ›rosenfingrigen‹ Morgenröte Homers, deren Intensität sich zu einem Gutteil nicht Homer, sondern ihrem deutschen Übersetzer J.H. Voß verdankt.

Zum Schluss: Nicht alles ist Symbol. Neigt der einmal sensibilisierte Leser dazu, überall nur noch Symbole zu identifizieren, kann vielleicht gerade die Akzentuierung der Historizität der Symbolbildung vor dem Missverständnis bewahren, dass man Symbole und ihre Bedeutungen wie in einem Register nachschlagen könne. Nicht nur die hier versammelte Vielfalt der Bedeutungen, die häufig auch die polare Entgegensetzung einschließt (z. B. beim Kristall oder der Schlange), sollte vor diesem Fehler bewahren, sondern auch die Einsicht, dass Symbole und ihre Bedeutungen durch und in spezifischen literarischen, historischen und sozialen Kontexten gebildet werden, die zu erschließen niemals Sache eines Lexikons, sondern allein der kritisch-deutenden Lektüre der Leser sein kann. Das *Metzler Lexikon literarischer Symbole* will dazu anregen.

*

Ein solches Unternehmen gelingt nur mit tatkräftiger Unterstützung vieler. Wir danken daher zuallererst den mehr als 170 Autorinnen und Autoren, die mit großem Engagement das Zustandekommen dieses Lexikons ermöglicht haben. Wir sind darüber hinaus zahlreichen Kolleginnen und Kollegen zu Dank verpflichtet, die in der Frühphase dieses Projekts mit Ermunterung, Diskussion, zahlreichen Hinweisen und konstruktiver Kritik zur Konzeption dieses Lexikons beigetragen haben, in besonderem Maße aber Gerhard Kurz sowie Oliver Schütze vom Metzler-Verlag, ohne die es dieses Lexikon nicht gegeben hätte. Wir danken für redaktionelle Mitarbeit Britta Holzmann und vor allem Christoph Grube, dessen selbstloser Einsatz maßgeblich zum erfolgreichen Abschluss dieses Projekts beigetragen hat. Der letzte Dank gebührt unseren Familien für ihren Zuspruch und ihre Geduld.

Augsburg, im Oktober 2008

Günter Butzer und Joachim Jacob

Vorwort zur zweiten Auflage

Die freundliche Aufnahme des *Metzler Lexikons literarischer Symbole* hat in verhältnismäßig kurzer Zeit eine Neuauflage erforderlich gemacht. Für diese zweite Auflage wurden die vorliegenden Artikel durchgesehen und, soweit erforderlich, erweitert, bibliographisch ergänzt und aktualisiert. Zugleich haben wir die Gelegenheit wahrgenommen, einige Lücken in der Lemma-Auswahl zu schließen, so dass insgesamt 44 Artikel neu aufgenommen wurden (vgl. das Verzeichnis der Neuartikel S. VIII).

Wir danken allen Beteiligten sehr herzlich: den alten wie den neu hinzugekommenen Autorinnen und Autoren für ihr Engagement, Constanze Ramsperger für redaktionelle Hilfe, Christoph Schanze für die Initiative zu einer wichtigen Nachrecherche und unserem Lektor Oliver Schütze für die inzwischen bewährte gute Zusammenarbeit.

Augsburg und Gießen, im Juli 2012

Günter Butzer und Joachim Jacob

Verzeichnis der Neuartikel

Alphabetisches Artikelverzeichnis

Artikelverzeichnis nach Sachgebieten

Artikel sind ggf. auch mehrfach genannt, Verweiseinträge sind mit * gekennzeichnet.

Übersicht über die Sachgebiete (alphabetisch)

Dinge/Kleidung/Technik und Verkehrsmittel
Farben
Himmel und Erde
Körper/Mensch/Figuren
Literatur
Musik/Musikinstrumente
Naturphänomene/Naturprodukte

Pflanzen/Blumen/Früchte/Bäume
Räume/Orte/Bauwerke
Spiel
Steine/Metalle
Tiere
Zahlen/Geometrie
Zeit/Tageszeiten/Jahreszeiten/Feste

Dinge/Kleidung/Technik und Verkehrsmittel

Dinge
Anker
Ballon
Band*
Becher/Kelch/Gral
Fackel
Fächer
Fahne
Geld*
Geflecht*
Gewebe/Faden
Glas
Hammer und Amboss
Käfig
Kästchen
Kerze
Kette
Kreuz
Krone
Krug
Kugel/Ball
Lampe*
Leiter/Treppe
Münze
Pfeil und Bogen
Pflug

Rad
Ring
Sanduhr*
Schlüssel
Schwert
Sense/Sichel
Siegel
Siegelring*
Sonnenuhr*
Spiegel
Spinnen*
Teppich
Tinte
Türschloss*
Uhr
Wappen

Kleidung
Gewebe/Faden
Gürtel
Hut/Kopfbedeckung
Kleidung
Mantel
Mütze*
Schleier
Schuh

Stiefel*
Zipfelmütze*

Technik und Verkehrsmittel
Auto/Wagen
Automat*
Ballon
Boot*
Cyborg*
Eisenbahn/Lokomotive/Zug
Elektrizität
Fernrohr/Mikroskop
Fotografie
Gleis
Guillotine
Kahn*
Maschinenmensch
Mast*
Rad
Roboter*
Schiene*
Schiff
Schwelle
Segel
Telefon
Uhr

Farben

Farben
Fleck/Befleckung

Blau
Blond*
Braun

Gelb
Gold
Grau
Grün
Lila*
Purpur

Rot
Schwarz
Schwarzweiß
Silber
Violett
Weiß

Himmel und Erde

Abendröte/Sonnenuntergang
Abendstern
Berg
Dunkelheit*
Eis
Erde/Lehm/Acker
Fluss
Fossil
Gewitter/Blitz und Donner
Hesperus*
Himmel
Höhle/Grotte
Komet
Licht
Mond

Morgenröte/Sonnenaufgang
Morgenstern
Muschel
Nacht/Finsternis
Norden
Osten
Quelle/Brunnen
Regen
Regenbogen
Saturn
Schatten
Schnee
See/Teich
Sonne
Staub*

Stern
Sternbilder
Sturm
Süden
Tau
Tropfen
Venus*
Versteinerung*
Wasser
Welle
Westen
Wind
Wolke

Körper/Mensch/Figuren

Körper
Angesicht*
Auge
Bart
Bauch
Blond*
Blut
Brust
Busen
Fuß/Fußspur
Gesicht
Haar
Hand/Finger
Haut
Herz
Knochen
Kopf
Kot
Lippe*
Locke*
Magen
Mund
Muttermilch*
Nabel
Narbe/Muttermal
Nase
Ohr
Phallus
Po
Skelett/Totenschädel
Tätowierung
Träne
Urin
Vagina
Wunde

Zähne*
Zopf*
Zunge

Mensch
Androgynie
Atem/Hauch
Blendung
Blindheit
Erwachen*
Essen/Verzehren
Fahrt*
Fleck/Befleckung
Geburt
Hochzeit
Links/rechts
Mahl
Oben/unten
Reinheit
Reinigung*
Reise
Schlaf
Schweigen/Stille
Sehen*
Spinnen*
Spur*
Sterben
Tanz
Tod*
Traum
Wallfahrt*
Wanderschaft*
Warten
Waschen*

Figuren
Automat*
Braut, Bräutigam*
Cyborg*
Engel
Frau/Jungfrau
Gerippe*
Golem*
Harlekin*
Hermaphrodit*
Hirt/Herde
Homunculus
Jagd/Jäger
Kaiser/König/Fürst
Kind
Koloss
Leiermann*
Mann
Marionette*
Maschinenmensch
Mutter
Narr
Pilger*
Puppe*
Reiter*
Retortenmensch*
Roboter*
Spielmann
Sphinx
Vampir*
Vater/Hausvater
Zwerg
Zwillinge/Doppelgänger

Literatur

Alphabet	Griffel/Feder/Bleistift	Theater/Bühne
Archiv	Hieroglyphe	Tinte
Bibliothek	Metrik*	Vers
Buch	Reim	
Buchstabe	Schrift	

Musik/Musikinstrumente

Kunstmusik	Glocke	Pfeife*
Naturmusik/Sphärenharmonie	Harfe	Posaune
Stimme/Gesang	Horn	Sackpfeife/Dudelsack
	Laute	Saite/Saitenspiel
Äolsharfe*	Lyra/Leier	Trommel
Flöte	Mandoline*	Zither*
Geige/Violine/Fidel	Orgel	
Gitarre*	Pauke*	

Naturphänomene/Naturprodukte

Naturphänomene	Verpflanzen*	Myrrhe
Aufpfropfung		Öl/Salbe
Echo	*Naturprodukte*	Perle
Elektrizität	Asche	Safran*
Erdbeben	Balsam*	Salz*
Feuer/Flamme	Brot	Tinte
Flut/Dammbruch	Ei	Wachs*
Fontäne*	Essig	Weihrauch
Fossil	Honig	Wein
Muschel	Kerze	Zigarette/Zigarre
Nest	Milch	
Sintflut*	Muttermilch*	

Pflanzen/Blumen/Früchte/Bäume

Pflanzen	*Blumen*	*Früchte*
Ähre/Ährenfeld	Akelei	Apfel
Amaranth	Aloe	Birne
Blüte*	Aster	Erdbeere
Distel	Blume	Feige/Feigenbaum/Feigenblatt
Dorn/Dornbusch/Dornaus-	Blumenkranz	Granatapfel
ziehen	Hyazinthe	Haselnuss/Hasel
Efeu	Iris	Kirsche
Flieder	Kranz*	Mandel/Mandelbaum
Heide	Krokus/Safran	Nuss*
Krokus/Safran	Lilie	Olive/Ölbaum
Lotos	Narzisse	Orange/Apfelsine
Mistel	Nelke	Schale und Kern
Mohn	Primel/Himmelsschlüssel/	Traube
Myrrhe	Schlüsselblume	Walnuss
Myrte	Ringelblume	Zitrone
Nessel	Rose	
Rosmarin	Seerose/Wasserlilie	
Samen/Samenkorn	Sonnenblume	
Schilf/Rohr	Veilchen	
Weinstock*		

Steine/Metalle

Asphalt
Beton
Blei
Diamant
Eisen/Erz
Fels*
Gold

Granit
Kristall
Lapislazuli*
Magnet
Marmor
Opal
Rubin/Karfunkel

Saphir
Silber
Smaragd
Stahl
Stein/Gestein

Tiere

Flügel
Nest

Adler/Aar
Affe
Albatros
Alraune
Ameise
Basilisk
Biene
Chamäleon
Delfin
Drache
Eber*
Eidechse
Einhorn
Eisvogel
Elefant
Elster
Esel
Eule
Falke
Falter*
Fisch
Fledermaus
Fliege
Frosch/Kröte
Fuchs
Gans
Geier
Greif

Hahn
Halkyon*
Hase
Henne
Hirsch
Hund
Ibis
Kaninchen*
Kater*
Katze
Krähe*
Kranich
Kröte*
Krokodil
Kuckuck
Lamm/Schaf
Lerche
Leviathan*
Löwe
Luchs
Maulwurf
Maus
Motte*
Mücke*
Muschel
Nachtfalter*
Nachtigall
Ochse*
Panther/Leopard
Papagei
Pelikan

Pfau
Pferd
Phoenix
Rabe
Ratte
Raupe
Reh
Rind*
Salamander
Schlange
Schmetterling
Schwalbe
Schwan
Schwein
Skorpion
Spatz/Sperling
Sphinx
Spinne
Stier
Storch
Taube
Tiger
Uhu*
Vogel Roc/Roch*
Wal
Werwolf*
Widder
Wolf
Wurm
Ziege/Ziegenbock

Zahlen/Geometrie

Null
Drei
Vier/Vierzig
Fünf/Fünfzig
Sieben
Neun*
Zehn
Elf*

Zwölf
Dreizehn
Hundert
Tausend

Geometrie
Delta*
Dreieck
Kreis
Pentagramm
Quadrat
Spirale
Symmetrie

Zeit/Tageszeiten/Jahreszeiten/Feste

Siglen

DLS M. Ferber, A Dictionary of Literary Symbols, Oxford 1999.

DVjs Deutsche Vierteljahrsschrift für Literaturwissenschaft und Geistesgeschichte.

DWb Deutsches Wörterbuch von J. und W. Grimm, 16 Bde., Leipzig 1854–1960.

EdM Enzyklopädie des Märchens. Handwörterbuch zur historischen und vergleichenden Erzählforschung, begr. v. K. Ranke, hg. v. R.W. Brednich, Berlin/New York 1975 ff.

ElV K.R. Grinda, Enzyklopädie der literarischen Vergleiche. Das Bildinventar von der römischen Antike bis zum Ende des Frühmittelalters, Paderborn/München 2002.

GRM Germanisch-Romanische Monatsschrift.

HdA Handwörterbuch des deutschen Aberglaubens, hg. v. H. Bächtold-Stäubli, 10 Bde., Berlin 1927–1942, Nachdr. Berlin 1987.

HS A. Henkel/A. Schöne (Hg.), Emblemata. Handbuch zur Sinnbildkunst des XVI. und XVII. Jahrhunderts, Stuttgart/Weimar 1996.

KLS H. Biedermann, Knaurs Lexikon der Symbole, München ³1998.

LCI Lexikon der christlichen Ikonographie, begr. v. E. Kirschbaum, hg. v. W. Braunfels, 8 Bde., Freiburg/Basel 1968–1976.

LMA Lexikon des Mittelalters, 10 Bde., München/Zürich/Stuttgart 1980–1999.

LmZ H. Meyer/R. Suntrup (Hg.), Lexikon der mittelalterlichen Zahlenbedeutungen, München 1987.

MW E. Frenzel, Motive der Weltliteratur, Stuttgart ⁵1999.

NLC D. Forstner/R. Becker, Neues Lexikon christlicher Symbole, Innsbruck/Wien 1991.

RAC Reallexikon für Antike und Christentum, begr. v. F.J. Dölger, hg. v. G. Schöllgen/E. Dassmann, Stuttgart 1950 ff.

RDK Reallexikon zur deutschen Kunstgeschichte, begr. v. O. Schmitt, hg v. Zentralinstitut für Kunstgeschichte München, München 1937 ff.

SdP M. Beuchert, Symbolik der Pflanzen, Frankfurt a.M./Leipzig 2004.

TuM H.S. Daemmrich/I.G. Daemmrich, Themen und Motive in der Literatur. Ein Handbuch, Tübingen/Basel ²1995.

WBS M. Lurker, Wörterbuch biblischer Bilder und Symbole, München ³1987.

WCS D. Forstner, Die Welt der christlichen Symbole, Innsbruck/Wien 1977.

WS M. Lurker (Hg.), Wörterbuch der Symbolik, Stuttgart ⁵1991.

Auswahlbibliografie

Lexika, Handbücher, Darstellungen

C. Aziza/C. Oliviéri, Dictionnaire des symboles et des thèmes littéraires, Paris 1978.

H. Baumann, Die griechische Pflanzenwelt in Mythos, Kunst und Literatur, München [4]1999 (Neuausg. u.d.T. Flora mythologica. Griechische Pflanzenwelt in der Antike, Zürich 2007).

M. Beuchert, Symbolik der Pflanzen, Frankfurt a.M./Leipzig 2004.

H. Biedermann, Knaurs Lexikon der Symbole, München [3]1998.

F. v. Bonin, Kleines Handlexikon der Märchensymbolik, Stuttgart 2001.

A. Breysig, Wörterbuch der Bildersprache oder kurzgefasste und belehrende Angaben symbolischer und allegorischer Bilder und oft damit vermischter konventioneller Zeichen, zugleich Versuch eines Zierathwörterbuchs, Leipzig 1830.

E. R. Curtius, Europäische Literatur und lateinisches Mittelalter, Tübingen/Basel [11]1993.

H. S. Daemmrich/I.G. Daemmrich, Themen und Motive in der Literatur. Ein Handbuch, Tübingen/Basel [2]1995.

W. Danckert, Symbol, Metapher, Allegorie im Lied der Völker, aus dem Nachlass hg. v. H. Vogel, 4 Bde., Bonn-Bad Godesberg 1976–1978.

Deutsches Wörterbuch von J. und W. Grimm, 16 Bde., Leipzig 1854–1960.

A. De Vries/A. De Vries (Hg.), Elsevier's Dictionary of Symbols and Imagery. Amsterdam/Boston [2]2004.

J. H. Dierbach, Flora mythologica oder Pflanzenkunde in Bezug auf Mythologie und Symbolik der Griechen und Römer. Ein Beitrag zur ältesten Geschichte der Botanik, Agricultur und Medicin, Frankfurt a.M. 1833, Nachdr. Wiesbaden 1970.

D. Dobrovol'skij/E. Piirainen, Symbole in Sprache und Kultur. Studien zur Phraseologie aus kultursemiotischer Perspektive, Bochum 1996.

M. Egerding, Die Metaphorik der spätmittelalterlichen Mystik, 2 Bde., Paderborn/München 1997.

F. C. Endres/A. Schimmel, Das Mysterium Zahl. Zahlensymbolik im Kulturvergleich, München [7]1993.

U. Engelen, Die Edelsteine in der deutschen Dichtung des 12. und 13. Jahrhunderts, München 1977.

Enzyklopädie des Märchens. Handwörterbuch zur historischen und vergleichenden Erzählforschung, begr. v. K. Ranke, hg. v. R.W. Brednich, Berlin/New York 1975 ff.

M. Ferber, A Dictionary of Literary Symbols, Oxford 1999.

D. Forstner, Die Welt der christlichen Symbole, Innsbruck/Wien 1977.

Dies./R. Becker, Neues Lexikon christlicher Symbole, Innsbruck/Wien 1991.

E. Frenzel, Motive der Weltliteratur, Stuttgart [5]1999.

J. Grimm, Deutsche Mythologie, Göttingen 1835, Nachdr. in 3 Bdn. hg. v. E.H. Meyer, Graz 1968.

K. R. Grinda, Enzyklopädie der literarischen Vergleiche. Das Bildinventar von der römischen Antike bis zum Ende des Frühmittelalters, Paderborn/München 2002.

Handwörterbuch des deutschen Aberglaubens, hg. v. H. Bächtold-Stäubli, 10 Bde., Berlin 1927–1942, Nachdr. Berlin 1987.

Ch. Harrauer/H. Hunger, Lexikon der griechischen und römischen Mythologie. Mit Hinweisen auf das Fortwirken antiker Stoffe und Motive in der bildenden Kunst, Literatur und Musik des Abendlandes bis zur Gegenwart, Purkersdorf [9]2006.

G. Heinz-Mohr, Lexikon der Symbole. Bilder und Zeichen der christlichen Kunst, Freiburg/Basel 1991.

A. Henkel/A. Schöne (Hg.), Emblemata. Handbuch zur Sinnbildkunst des XVI. und XVII. Jahrhunderts, Stuttgart/Weimar 1996.

R. Konersmann (Hg.), Wörterbuch der philosophischen Metaphern, Darmstadt 2007.

Ch. Krauß, ... und ohnehin die schönen Blumen. Essays zur frühen christlichen Blumensymbolik, Tübingen 1994.

Lexikon der christlichen Ikonographie, begr. v. E. Kirschbaum, hg. v. W. Braunfels, 8 Bde., Freiburg/Basel 1968–1976.

Lexikon des Mittelalters, 10 Bde., München/Zürich/Stuttgart 1980–1999.

Lexikon der mittelalterlichen Zahlenbedeutungen, hg. v. H. Meyer/R. Suntrup, München 1987.

J. Link/W. Wülfing (Hg.), Nationale Mythen und Symbole in der zweiten Hälfte des 19. Jahrhunderts: Strukturen und Funktionen von Konzepten nationaler Identität, Stuttgart 1991.

M. Lurker, Wörterbuch biblischer Bilder und Symbole, München [3]1987.

M. Lurker (Hg.), Wörterbuch der Symbolik, Stuttgart [5]1991.

Ch. Meier, Gemma spiritalis. Methode und Gebrauch der Edelsteinallegorese vom frühen Christentum bis ins 18. Jahrhundert, München 1977.

Ch. Meier-Staubach/R. Suntrup, Handbuch der Farbenbedeutung im Mittelalter, 2 Bde., Köln 2012.

M. Moog-Grünewald (Hg.), Mythenrezeption. Die antike Mythologie in Literatur, Musik und Kunst von den Anfängen bis zur Gegenwart, Stuttgart 2008 [Der neue Pauly, Supplemente, Bd. 5].

E. M. Moormann/W. Uitterhoeve, Lexikon der antiken Gestalten. Mit ihrem Fortleben in Kunst, Dichtung und Musik, Stuttgart 1995.

Der neue Pauly. Enzyklopädie der Antike, hg. v. H. Cancik/H. Schneider, 16 Bde., Stuttgart/Weimar 1996–2003.

R. v. Ranke-Graves, Griechische Mythologie. Quellen und Deutung, Reinbek bei Hamburg 1960, Neuausgabe in einem Band, Reinbek bei Hamburg 1984.

Reallexikon für Antike und Christentum, begr. v. F.J. Dölger, hg. v. G. Schöllgen/E. Dassmann, Stuttgart 1950 ff.

Reallexikon zur deutschen Kunstgeschichte, begr. v. O. Schmitt, hg v. Zentralinstitut für Kunstgeschichte München, München 1937 ff.

W. H. Roscher, Beiträge zur Zahlensymbolik der Griechen und anderer Völker, Leipzig 1904–1917, Nachdr. Hildesheim 2003.

A. Salzer, Die Sinnbilder und Beiworte Mariens in der deutschen Literatur und lateinischen Hymnenpoesie des Mittelalters. Mit Berücksichtigung der patristischen Literatur. Eine literarhistorische Studie, Linz 1886, Nachdr. Darmstadt 1967.

R. Schenda, Das ABC der Tiere, München 1995.

G. Schleusener-Eichholz, Das Auge im Mittelalter, 2 Bde., München 1985.

H.-J. Spitz, Die Metaphorik des geistigen Schriftsinns. Ein Beitrag zur allegorischen Bibelauslegung des ersten christlichen Jahrtausends, München 1972.

Theologische Realenzyklopädie, in Gemeinschaft mit H.R. Balz u. a. hg. v. G. Krause/G. Müller, Berlin/New York 1977–2007 [Pflanzensymbolik: XXVI, 410–429; Tiersymbolik: XXXIII, 534–553].

W. Haug, (Hg.), Formen und Funktionen der Allegorie. Sympos. Wolfenbüttel 1978, Stuttgart 1979.

G. Kurz, Metapher, Allegorie, Symbol, Göttingen [5]2004.

Ders., Verfahren der Symbolbildung. Literaturwissenschaftliche Perspektiven, in: Die Wirklichkeit der Symbole. Grundlagen der Kommunikation in historischen und gegenwärtigen Gesellschaften, hg. v. R. Schlögl/B. Giesen, Konstanz 2004, 173–187.

J. Link, Literaturanalyse als Interdiskursanalyse. Am Beispiel des Ursprungs literarischer Symbolik in der Kollektivsymbolik, in: Diskurstheorien und Literaturwissenschaft, hg. v. J. Fohrmann/H. Müller, Frankfurt a.M. 1988, 284–307.

Ders., Die Struktur des literarischen Symbols. Theoretische Beiträge am Beispiel der späten Lyrik Brechts, München 1975.

W. Martens, Über die Tabakspfeife und andere erbauliche Materien. Zum Verfall geistlicher Allegorese im frühen 18. Jahrhundert, in: Verbum et signum. Friedrich Ohly zum 60. Geburtstag überreicht, 10. Januar 1974, Bd. 1, München 1975, 517–538.

F. Ohly, Vom geistigen Sinn des Wortes im Mittelalter, in: ders., Schriften zur mittelalterlichen Bedeutungsforschung, Darmstadt 1977, 1–31.

E. Rolf, Symboltheorien. Der Symbolbegriff im Theoriekontext, Berlin/New York 2006.

B. A. Sørensen, Symbol und Symbolismus in den ästhetischen Theorien des 18. Jahrhunderts und der deutschen Romantik, Kopenhagen 1963.

Ders., Symbol und Allegorie, in: Orbis Litterarum 37 (1982), 289–301.

R. Suntrup/J.R. Veenstra (Hg.), The Mediation of Symbol in Late Medieval and Early Modern Times, Frankfurt a.M./Berlin 2005.

M. Titzmann, Strukturwandel der philosophischen Ästhetik 1800–1880. Der Symbolbegriff als Paradigma, München 1978.

T. Todorov, Symboltheorien, Tübingen 1995.

Literaturwissenschaftliche Symboltheorie

H. Adams, Philosophy of the Literary Symbolic, Tallahassee 1983.

E. Behler, Symbol und Allegorie in der frühromantischen Theorie, in: ders., Studien zur Romantik und zur idealistischen Philosophie, Bd. 2, Paderborn/München 1993, 249–263.

F. Berndt/Ch. Brecht (Hg.), Aktualität des Symbols, Freiburg 2005.

H. Blumenberg, Paradigmen zu einer Metaphorologie, Frankfurt a.M. 1998.

P. de Man, Die Rhetorik der Zeitlichkeit, in: ders., Die Ideologie des Ästhetischen, hg. v. Ch. Menke, Frankfurt a.M. 1993, 83–130.

Bibliografien

F. Becker/U. Gerhard, Moderne Kollektivsymbolik. Ein diskurstheoretisch orientierter Forschungsbericht mit Auswahlbibliographie. Teil 2, in: Internationales Archiv für Sozialgeschichte der deutschen Literatur 22 (1997), 70–154.

Bibliographie zur antiken Bildersprache, unter Leitung von V. Pöschl bearb. v. H. Gärtner/W. Heyke, Heidelberg 1964.

Bibliographie zur Symbolik, Ikonographie und Mythologie. Internationales Referateorgan, hg. v. M. Lurker, Baden-Baden 1968 ff.

A. Drews/U. Gerhard, Moderne Kollektivsymbolik. Eine diskurstheoretisch orientierte Einführung mit Auswahlbibliographie, in: Internationales Archiv für Sozialgeschichte der deutschen Literatur, Sonderheft. 1 (1985), S. 256–375.

F. A. Schmitt, Stoff- und Motivgeschichte der deutschen Literatur. Eine Bibliographie, Berlin/New York 1976.

Zeitschriften

Metaphor and Symbolic Activity, New Jersey 1986 ff.

Symbolon. Jahrbuch für wissenschaftliche Symbolforschung, Basel 1960–1967. Neue Folge, Köln 1969 ff.

Verzeichnis der Autorinnen und Autoren

AA	Andrea Albrecht, Freiburg
AAn	Anna Ananieva, Tübingen
AB	Andrea Bartl, Bamberg
ABR	Almut-Barbara Renger, Berlin
AD	Andreas Dittrich, München
AF	Andreas Freidl, Chemnitz
AH	Andrea Hübener, Braunschweig
AK	Andreas Kilcher, Zürich
AKSch	Anne Kristina Schmidt, Gießen
AL	Adam Lengiewicz, Heidelberg
AN	Anastasia Novikova, Heidelberg
ASch	Armin Schäfer, Hagen
ASche	Anna Schewelew, Gießen
AW	Annette Werberger, Tübingen
AWö	Alexander Wöll, Greifswald
BGB	Birge Gilardoni-Büch, Mailand
BH	Britta Herrmann, Münster
BHo	Barbara Hofmann, Erlangen
BM	Bernadette Malinowski, Chemnitz
BMoe	Burkhard Moennighoff, Hildesheim
BN	Birgit Neumann, Passau
BSch	Britta Schwem, Gießen
BSchr	Berenike Schröder, Gießen
BTh	Barbara Thums, Tübingen
CB	Constanze Breuer, Halle
CD	Cora Dietl, Gießen
ChF	Christiane Frey, Chicago IL
ChG	Christoph Grube, Augsburg
ChGt	Christin Grunert, Gießen
ChGü	Christina Gürth, Gießen
ChH	Christof Hamann, Wuppertal
ChHo	Christiane Holm, Halle
ChI	Christina Isensee, Genf
ChJ	Christoph Jürgensen, Göttingen
ChL	Christine Lubkoll, Erlangen
ChM	Christian Martin, München
ChN	Christine Nowak, Gießen
ChO	Christian Oestersandfort, Bielefeld
ChOt	Christine Ott, Marburg
ChS	Christian Sinn, St. Gallen
ChSch	Christoph Schanze, Gießen
ChW	Christiane Weller, Victoria, Australia
CWö	Cornelia Wörmann, Gaimersheim
CL	Claudia Lauer, Tübingen
CN	Claudia Natterer, Marburg
CW	Carsten Würmann, Berlin
DG	Daniela Gretz, Bochum
DGA	Dorit Grabow-Ax, Gießen
DN	Dirk Niefanger, Erlangen
DP	Dietmar Peil, München
DR	Daniel Randau, Gießen
DW	Doren Wohlleben, Augsburg/Erlangen
EB	Eva Bös, Gießen/Rom
EBo	Eva Bolta, Königsbach-Stein
EE	Eva Erdmann, Freiburg
EG	Erika Greber †, Erlangen
EJ	Eva Jost, Hamburg
EM	Eva Meineke, Gießen
ER	Erik Redling, Augsburg
ERo	Ernst Rohmer, Regensburg
ET	Elisabeth Turvold, Gießen
EZ	Evi Zemanek, Freiburg
FF	Franz Fromholzer, Augsburg
FH	Friedmann Harzer, Augsburg
FM	Friedhelm Marx, Bamberg
FMa	Frank Mardaus, Augsburg
FS	Fabian Sieg, Braunschweig
FvA	Frieder von Ammon, München
FZ	Frank Zimmer, Berlin
GB	Günter Butzer, Augsburg
GGdW	Geraldine Gutiérrez de Wienken, Heidelberg
GK	Gerhard Kurz, Gießen
GMR	Gertrud Maria Rösch, Heidelberg
GN	Guido Naschert, Gotha
GOe	Günter Oesterle, Gießen
HD	Helga Dormann, Frankfurt a.M.
HDr	Heinz Druegh, Frankfurt a.M.
HGG	Hans-Georg Grüning, Macerata
HGvA	Hans-Georg von Arburg, Lausanne
HGW	Hannah Grosse Wiesmann, Freiburg
HHT	Henning Herrmann-Trentepohl, Bonn
HJSch	Hans Jürgen Scheuer, Berlin
HO	Herbert Okolowitz, Cadiz
IH	Isabelle Hardt, Gießen
IR	Isabel Rohner, Gießen
JA	Jörg Adam, Augsburg
JAb	Julia Abel, Wuppertal
JB	Julia Bertschik, Berlin
JBr	Jürgen Brokoff, Bonn
JE	Johannes Endres, Leipzig
JH	Joachim Harst, Tübingen
JHö	Jochen Hörisch, Mannheim
JJ	Joachim Jacob, Gießen
JK	Johannes Knecht, Berlin
JKe	Julia Kerscher, Tübingen
JL	Jürgen Link, Dortmund
JM	Julia Mansour, München
JMi	Judith Michelmann, St. Gallen
JMo	Jan Mohr, München
JO	Julian Osthues, Luxembourg
JP	Jörg Paulus, Braunschweig
JR	Jörg Riecke, Heidelberg
JS	Johannes Süßmann, Paderborn
JSch	Jörg Schuster, Marburg
JSt	Julia Stenzel, Mainz

JW	Jörg Wesche, Duisburg/Essen		SG	Susanne Gramatzki, Wuppertal
KD	Kirsten A. Dickhaut, Gießen		SGr	Silke Grothues, Wuppertal
KM	Katja Malsch, Köln		SH	Seiji Hattori, Gießen
KS	Kai Sicks, Gießen		SHe	Sylvia Heudecker, Irsee
KV	Klaus Vogelgsang, Augsburg		SJ	Sabine Jelinek, Leipzig
KY	Katarina Yngborn, München		SL	Susanna Layh, Augsburg
LH	Leon Hempel, Berlin		SLe	Susanne Ledanff, Christchurch,
LS	Laura Said, Heidelberg			New Zealand
LvL	Lothar van Laak, Bielefeld		SLu	Susanna Lulé, Berlin
MB	Maximilian Bergengruen, Genf		SM	Sascha Monhoff, Bielefeld
MC	Marco Castellari, Milano		SSch	Sibylle Schmidt, Berlin
MD	Matthias Däumer, Berlin		SSchw	Sandra Schwarz, Augsburg
ME	Michael Eggers, Köln		SSt	Sarah Stefan, Heidelberg
MH	Michael Homberg, Köln		StC	Stephanie Catani, Bamberg
MM	Markus May, München		StP	Stephanie Pietsch, Chemnitz
MMa	Mathias Mayer, Augsburg		StSch	Steffen Schneider, Tübingen
MR	Markus Reitzenstein, Gießen		StSt	Stefanie Stockhorst, Potsdam
MS	Michael Sauter, Augsburg		StT	Stefan Tomasek, Würzburg
MSam	Marianne Sammer, St. Pölten		StW	Stephanie Waldow, Erlangen
MSch	Mirjam Schneider, Tübingen		StWo	Stephanie Wodianka, Rostock
MSchE	Monika Schmitz-Emans, Bochum		SW	Saskia Wiedner, Augsburg
MSp	Monika Sproll, Leipzig		SZ	Simon Zumsteg, Zürich
NK	Nadja Kämpf, Gießen		TH	Torsten Hoffmann, Frankfurt a. M.
NP	Nicolas Pethes, Bochum		ThE	Thomas Edeling, Gießen
OE	Oliver Ehlen, Wuppertal		ThS	Thomas Sing, Augsburg
PB	Patricia Broser, České Budějovice		ThSch	Thomas Schmidt, Marbach
PhA	Philip Ajouri, Stuttgart		ThSt	Thomas Strässle, Zürich
PhTh	Philipp Theison, Zürich		ThM	Thomas Markwart, Berlin
PN	Pascal Nicklas, Mainz		TMü	Timo Müller, Augsburg
PvM	Peter v. Möllendorf, Gießen		TR	Tanja Rudtke, Erlangen
RAI	Robert Alexander Ißler, Bonn		TRK	Till R. Kuhnle, Limoges
RB	Roland Borgards, Würzburg		TTh	Toni Tholen, Hildesheim
RD	Rudolf Drux, Köln		TV	Torsten Voß, Bielefeld
RDi	René Dietrich, Mainz		UE	Ulrich Ernst, Wuppertal
RH	Rolf Haaser, Gießen		UH	Urte Helduser, Marburg
RHa	Ralf Haekel, Göttingen		UR	Ursula Regener, Regensburg
RL	Roman Lach, Berlin		URo	Udo Roth, München
RNP	Ruth Neubauer-Petzoldt, Erlangen		USch	Uwe Schneider, Berlin
RP	Rolf Parr, Duisburg/Essen		USt	Uwe Steiner, Mannheim
RS	Ruth Sassenhausen, Wuppertal		UW	Uwe Wirth, Gießen
RSu	Robert Suter, Konstanz		VAF	Victor Andrés Ferretti, Kiel
RZ	Rahel Ziethen, Hildesheim		VM	Volker Mergenthaler, Marburg
SB	Sandra Bauer, Gießen		WH	Wilhelm Haefs, München
SBö	Sebastian Böhmer, Weimar		WHa	Wolfgang Haubrichs, Saarbrücken
SBr	Susanna Brogi, Erlangen		WvB	Wiebke von Bernstorff, Hildesheim
SD	Sebastian Donat, Innsbruck		YF	Yvonne Franke, Pittsburgh PA
SF	Sascha Feuchert, Gießen			

A

Abend

Symbol des Alters und Sterbens, der Bedrohung und Entgrenzung, des Friedens. – Relevant für die Symbolbildung sind (a) die Zwischenstellung zwischen Tag und ↗Nacht, die sich in der ↗Stille und im Einbruch der Dunkelheit manifestiert, und (b) die Laut- und Bewegungslosigkeit am A. Da der A. in der westl. Trad. nicht immer als eigenständige Tageszeit wahrgenommen wurde, ist sein Symbolgehalt bis ins 18. Jh. hinein kaum von dem der Nacht abzugrenzen (HdA I, 25).

1. Symbol des Alters und Sterbens. Wo das Leben eines Menschen mit dem Ablauf eines Tages gleichgesetzt wird, steht der A. trad. für den Lebensabend, für Alter und Sterben; so schon im berühmten Rätsel, das die ↗Sphinx Ödipus stellt (Schwab, *Sagen des klassischen Altertums* V). Auch die Bibel kennt diese Analogie, wenn der Mensch mit Gras verglichen wird, »das da frühe blüht und bald welk wird und des A. abgehauen wird und verdorrt« (Ps 90,5 f.). Damit erinnert der A. an die Vergänglichkeit des Menschen und, so Augustinus, an seine Abhängigkeit vom Walten einer höheren Macht (*Confessiones* XIII, 35). – Während in der Neuzeit Shakespeare in antiker Trad. das Abschließende des Lebensabends betont (*The Sonnets* LXXIII), deutet die christl. Barocklyrik den A. als ersehnten Übergang in das Himmelreich (Gerhardt, *A.lied*). Diese Heilsgewissheit, die auch das *A.lied* Claudius' bestimmt, wird in der Romantik meist abgeschwächt. Hölderlin betont das Befreiende des Sterbewunsches (*A.phantasie*), wogegen bei Chamisso (*A.*) und Poe (*The Fall of the House of Usher*) der A. im Zusammenhang des *descensus ad inferos* (Abstieg in die Unterwelt) zum Symbol des ↗Abgründigen wird. Als solches erscheint der A. dann überwiegend in der Moderne, oft im Zusammenhang mit Todessehnsucht (Frost, *Stopping by Woods on a Snowy Evening*) oder Gewalt (Trakl, *A.land*).

2. Symbol der Bedrohung und Entgrenzung. Im Volksglauben ist der A. im Übergang vom ↗Licht zur Dunkelheit die Zeit bedroht. Geistererscheinungen (HdA I, 25). Bes. in der Romantik häufig eingesetzt, greifen den A. in dieser Bedeutung etwa Eichendorff (*Zwielicht*), E.T.A. Hoffmann (*Der Magnetiseur*) oder auch Heine auf (*Die Heimkehr* XII). Bei Rilke erscheint ebenso wie die abendl. Landschaft das »Leben bang und riesenhaft und reifend« (*A.*). – Birgt der A. trad. das erot. Versprechen der hereinbrechenden Nacht (z. B. Milton, *Paradise Lost* VIII, 515 ff.; Bürger, *A.phantasie eines Liebenden*), so wird diese Symbolik in der Romantik ausgeweitet auf eine emotionale Entgrenzung im Allg.

Als schattenhafte Übergangszeit verheißt der A. eine Befreiung von der *ratio*, wodurch Irrationales, Geheimnisvolles und Mystisches ausgelebt werden kann. Am Ende seiner *Hymnen an die Nacht* formuliert Novalis daher programmatisch: »Getrost, die A.dämmrung graut/ Den Liebenden, Betrübten./ Ein Traum bricht unsere Banden los.«

3. Symbol des Friedens. Im Märchen und im Epos die Zeit der Ankunft und der Rast, ist der A. auch Symbol für äußeren und inneren Frieden. Auch bei Milton weist der »stille A.« diese beiden Aspekte auf (*Paradise Lost* IV, 598), in Goethes *Wandrers Nachtlied* sind sie dagegen noch nicht erreicht, sondern Ziel der Sehnsucht. Die Frühromantik übernimmt den Topos des idyll. friedl. A. für ihre Landschaftsdichtung (Cowper, *The Task* IV, 40), den Eichendorff als Bild des seel. Friedens ins Innerliche wendet (*Abendlich schon rauscht der Wald*; *A.*). In der Moderne wird diese Bildlichkeit umgewertet. In Eliots *Love Song of J. Alfred Prufrock* erscheint die Stille des A. als lähmend: »Wenn der A. ausgestreckt ist am Himmelsstrich/ Wie ein Kranker ätherisiert auf einem Tisch«; Trakl konterkariert das Bild des friedl. A. als Zeit des Krieges: »Am A. tönen die herbstlichen Wälder/ Von tödlichen Waffen« (*Grodek*).

↗Abendröte/Sonnenuntergang, Abendstern, Herbst, Nacht/Finsternis, Westen.

Lit.: G. Hübert, A. und Nacht in Gedichten verschiedener Jahrhunderte, Tübingen 1963. – E. Trunz, Dt. A.-gedichte von Gryphius bis Rilke, in: Jb. des Wiener Goethe-Vereins 100/101 (1996/97), 93–110. – Ch.R. Miller, The Invention of Evening, Cambridge 2006.

TMü

Abendmahl ↗Mahl.

Abendröte / Sonnenuntergang

Symbol der Ruhe, des Todes, des Übergangs und der Endzeit, der Entgrenzung, der poet. Verklärung und des Wunderbaren. – Relevant für die Symbolbildung sind (a) der Charakter der A. als Übergangszeit vom Tag zur ↗Nacht, (b) die mit der A. verbundenen Farbenspiele (↗Farben) und Naturerscheinungen.

1. Symbol der Ruhe. Die Schönheit der A. verbindet sich in vorromant. Texten mit der Vorstellung der von ihr ausgehenden Beruhigung und Besänftigung. Bereits in Fontenelles *Entretiens sur la pluralité des mondes* wird die A. in den Gesprächen des dritten ↗Abends als ein besonderes Geschenk der Natur bezeichnet: Sie erscheint – gemeinsam mit der ↗Morgenröte – als eine Gnade der Natur, die sie den Menschen gewährt, um sie zu erfreuen. In Bürgers Gedicht *Das Blümchen Wunderhold* wird die Schönheit der ↗Blume mit der beruhigenden Wirkung der A. verglichen:»Das schmeichelt Aug' und Herz so froh,/ Wie Abendsonnenstrahl«; ganz ähnlich wird die A. in *Das Finden* von Kosegarten beschrieben, und in Goethes *An Lottchen* erscheint das »stille Abendrot« als Symbol intimer Zuneigung, die antithetisch dem Empfinden von Fremdheit im »bunten Weltgewühl« entgegengesetzt ist. Diese Vorstellung lebt noch im 20. Jh. fort, wie etwa Stadlers *Abendschluss* bezeugt, in dem die A. eine Illusion der Freiheit und Liebe am Feierabend erzeugt. In Goethes *Faust* wird diese friedvolle Evokation der A. noch durch die ästhet. Erfahrung des Naturschönen im Sinne Kants erweitert.

2. Symbol der Entgrenzung. Die Steigerung der A. vom Symbol der Ruhe und des Friedens zum Symbol einer über die Grenzen der alltägl. oder sogar ird. Existenz hinausreichenden Sehnsucht hat eine innere Logik: Wo das Subjekt an der Welt kein Genügen findet oder von ihr zurückgewiesen wird, richtet sich seine Hoffnung auf transzendente Ziele oder findet Ausdruck in einer Bejahung der Sehnsucht überhaupt, ohne dass diese noch ein konkretes Ziel hätte. Dies kann als typisch für die romant. Verwendung der A. gelten, die analog hierzu den Übergang vom ↗Licht des Tages in die Dunkelheit der Nacht nutzt. So erscheint die A. in B. v. Arnims *Das Abendrot am Strand hinzieht* als Symbol einer absoluten Sehnsucht nach Lebenslust und Freiheit, die in der Natur antizipiert, aber nicht verwirklicht ist. Ähnl. Belege gibt es viele, z. B. bei E.T.A. Hoffmann in *Meister Martin der Küfner und seine Gesellen*, aber auch in *Fantasiestücke in Callots Manier*, in denen eine unbestimmte und unstillbare Sehnsucht als charakteristisch für Haydns Symphonien dargestellt und mit der A. verbunden wird (»ein süßes wehmütiges Verlangen nach der geliebten Gestalt, die in der Ferne im Glanz des Abendrotes daherschwebt«; I, 3, 4).

3. Symbol des Todes. Eine weitere Steigerung erfährt das Symbol dort, wo die Sehnsucht als Illusion durchschaut wird: Erscheint in den zuletzt genannten Werken die Sehnsucht verabsolutiert, decken andere Texte die Zeitlichkeit der A. auf und entlarven ihre Schönheit als Illusion (Heine, *Das Fräulein stand am Meere*), die häufig in die Nacht und den Tod münden muss. Eichendorff spielt in *Im Abendrot* mit dieser Ambivalenz des Symbols, das gleichermaßen Ausdruck von Sehnsucht und von Todesverfallenheit ist (s. a. *Dichter und ihre Gesellen* XXIII), und gewinnt ihr unheiml. Schauer ab (*Ahnung und Gegenwart* II, 17). Heine dagegen überwindet in *Sonnenuntergang* aus dem *Nordsee-Zyklus* die romant. Poetik, indem er den Wunsch nach Transzendenz und damit auch die Sehnsucht nach dieser verabschiedet. Eine vergleichbare Entwick-

lung in Frankreich belegt Baudelaires *Le crépuscule romantique*, ein Sonett, das die harmonisierende Naturlyrik in der Art Lamartines kritisch kommentiert und dessen Terzette sich den hässl. und grotesken Erscheinungen der Nacht widmen. An die Stelle romant. Entgrenzungsphantasien tritt hier also eine Poetik des Hässlichen.

4. Symbol des Übergangs und der Endzeit. Aufgrund ihrer immanenten Zeitlichkeit wird die A. auch zum geschichtsphilosoph. Symbol. In Hölderlins *Sonnenuntergang* begleitet sie das Verschwinden Apolls; das lyr. Ich bewahrt den Klang der antiken Muse im Gedächtnis, notiert aber die Verlassenheit der abendländ. Welt vom Gott der Poesie und tritt somit ein schwieriges Erbe an. Hugo spielt in *Crépuscules* mit der Doppeldeutigkeit des frz. Wortes, das sowohl die A. als auch den Sonnenaufgang bezeichnen kann. Er versteht seine eigene Zeit damit als eine Übergangs- oder Schwellenzeit, deren Deutung als A. oder Morgenröte noch offen ist. In Italien wird 1910 die Dichtung einer Gruppe junger Autoren (Moretti, Martini, Chiaves) von der Kritik aufgrund ihrer gefühlsarmen Poesie als *crepuscolare* bezeichnet. Der Terminus findet in der Folge Eingang in die Literaturgeschichte und bezeichnet eine Gruppe junger Lyriker, mit deren Werken die Epoche der großen lyr. Trad., von der sie sich ausdrücklich distanzieren, zu Ende gehe. Schließlich erhält die A. in Heyms Gedicht *Der Krieg* eine geradezu apokalypt. Deutung, scheint doch der Krieg die ganze Menschheit zu vernichten.

5. Symbol der Poesie. Aufgrund ihrer bes. Schönheit wird die A., v. a. gegen Ende des 19. und zu Beginn des 20. Jh., auch als poetolog. Symbol verwendet. Das changierende, sich verändernde Licht hat eine mag., die unbelebten Dinge erweckende Wirkung, es lässt Unwahrscheinliches als wirklich erscheinen und kann gerade deshalb für eine sprachmag.-symbolist. Poetik bedeutsam werden. Dies ist z. B. der Fall in Dauthendeys *Das Abendrot zu Seta* und in Hofmannsthals *Erinnerung schöner Tage*.

↗Abend, Morgenröte/Sonnenaufgang, Nacht/ Finsternis.

Lit.: G. Farinelli, »Vent'anni o poco più« – Storia e poesia del movimento crepuscolare, Milano 1998.
StSch

Abendstern

Symbol des Erotischen und Sexuellen, des Übersinnlichen, des Todes und des ewigen Lebens. – Relevant für die Symbolbildung ist, dass der A., auch ›Hesperus‹, (a) nur am ↗Abend zu sehen ist, (b) eine Erscheinungsform der Venus darstellt, und zwar (c) alternierend mit dem ↗Morgenstern.

1. Symbol des Erotischen und Sexuellen. Seit Catull, *Carmina* LXII, steht der A. für die Sexualität der Hochzeitsnacht, z. B. im *Epithalamium lascivum* des Johannes Secundus: »kein Gestirn leuchtet denen,/ Deren Herzen in süßer Liebe vereint sind, angenehmer.« Ebenfalls auf Catull geht der *Hochzeitgesang* in Herders *Volksliedern* (II, 3) zurück: »Hesperus, blickt am Himmel wohl Ein grausamer Gestirn, als/ Du, der […] vermag […] dem brennenden Jüngling' ein keusches Mädchen zu geben«. Zugleich steht der A., ähnlich wie der Morgenstern, dem kurzen Auftauchen des Planeten Venus am ↗Himmel entsprechend, für eine unerfüllte Liebe, z. B. für die nur heimlich geliebte ↗Frau (Der von Kürenberg, *Der tunkel stern*) oder die abwesende Frau (Hölderlin, *An eine Verlobte*: »Ihn tröst' und mahne, wenn er im Felde schläft,/ Der Liebe Stern«), nicht selten für die verlorene (Günther, *Auf den Tod seiner geliebten Flavie*) oder noch zu verlierende Frau: »O du, mein holder A.,/ […] grüß sie, wenn sie vorbei dir zieht,/ wenn sie entschwebt dem Tal der Erden,/ ein sel'ger Engel dort zu werden!« (Wagner, *Tannhäuser* III, 2). Letzteres gilt noch für Storms Novelle *Ein Bekenntnis*, in der das Leuchten des A. auf eine Seelenverwandtschaft der Liebenden hinzuweisen scheint, sich jedoch im Nachhinein als erste Fieberphantasie einer qualvollen und zum Tode führenden Krankheit herausstellt.

2. Symbol des Übersinnlichen. Die friedl. Stimmung in der Natur, die der A. als ↗Nachtbringer evoziert (Homer, *Ilias* XX, 317 ff.; Catull, *Carmina* LXII, 7; vgl. auch Vergil, *Georgica* I, 251), gibt dem Jüngling in Hölderlins *Hyperion*: »Wenn der A. voll friedlichen Geistes heraufkam« das Gefühl göttlich liebender Zuwendung (I, 1, 3. Brief Hyperions an Bellarmin). Die vom A. hervorgerufene übersinnl. Erfahrung stellt sich beim Einzelnen im Einschlafen (A. v. Arnim, *A.*; ↗Schlaf) oder in wachen Gedanken ein (B. v. Arnim, *Die Günderode* I, An die Günderode II: *Am Abend*), sie wird jedoch auch in der, dann meist mus., Gemeinschaft erfahren, so z. B. in Klopstocks Ode *Thuiskon* (»Wenn […] der A./ Die […] erfrischenden Schimmer nun/ Nieder zu dem Haine der Barden senkt«). Als metaphys.-künstler. Symbol kann der A. schließlich durchaus auch gespenst. Züge besitzen: In Kellers Gedicht *Nachhall* erweisen sich die Mitsänger wie auch die besungenen Geliebten am Ende des Gedichtes als längst gestorben.

3. Symbol des Todes und des ewigen Lebens. In einem Platon zugeschriebenen Epigramm wird die Abfolge Morgenstern – A. als Bewegung zum Tod gedacht: »Wie der glänzende Stern des Morgens, warest du, Jüngling,/ Uns; den Toten anjetzt gehst du ein Hesperus auf« (Herder, *Blumen, aus der griechischen Anthologie* I, *Der Morgen- und Abendstern*). Sie findet ihren Nachhall noch in R. Walsers *Gehülfen* (dort heißt die Villa des später bankrottgehenden Ingenieurs Tobler A.). Doch die Vergänglichkeit allen verheißungsvollen Lebens ist nicht die einzige Möglichkeit, die Abfolge von Morgenstern und A. metaphysisch zu deuten. Görres z. B. sieht, im oben hervorgehobenen Sinne einer übersinnl. Erfahrung in der abendl. Natur (2.), den A. als angenehme und friedvolle Wiederholung des Morgensterns: »Und über ihnen glüht der Morgenstern jetzt als goldner Hesperus, und breitet milde Abenddämmerung über die Gesichte« (*Die Zeiten. Vier Blätter, nach Zeichnungen von Ph. O. Runge*). A. v. Arnim hingegen dreht die Reihenfolge der beiden Erscheinungsformen der Venus um und kehrt so die Kadenz ins Positive: In *Ich hatte mich schon heimgewandt* ist der A., »weil er zur Heimat führet«, ein Versprechen, das der Morgenstern einlöst. Dieser Gedanke findet sich, wenn auch variiert, in Jean Pauls *Siebenkäs* wieder: »Und so werden alle A. dieses Lebens einmal als *Morgensterne* wieder vor uns treten« (III, 1. Fruchtstück, Nachschreiben von Jean Paul). Schon in den Vorreden zu seinem Erfolgsroman *Hesperus* nimmt Jean Paul den platon. Gedanken der Symbolisierung des Todes durch den A. auf, stellt ihm jedoch, mit Rekurs auf den unendl. Wechsel von A. und Morgenstern, sein Konzept einer »*zweiten* Welt der Dichtkunst« gegenüber, in der das himml. Leben bereits vor dem Tod erfahren werden kann (Vorrede zur 2. Aufl.).

↗Abend, Abendröte/Sonnenuntergang, Morgenstern, Stern.

Lit.: M. Bergengruen, Schöne Seelen, groteske Körper, Hamburg 2003. – ders./D. Giuriato (Hg.), Gestirn und Lit. im 20. Jh., Frankfurt a. M. 2006. – F. Ohly, Die Gestirne des Heils, in: ders., Ausgewählte und neue Schriften, hg. v. U. Ruberg/D. Peil, Stuttgart/Leipzig 1995, 679–712.   MB

Abgrund / Tiefe

Symbol für das Rätselhafte, Mysteriöse und schwer Erforschbare, für Unübersichtlichkeit, Verborgenheit und das Unbewusste sowie für die Ausgesetztheit des Menschen. – Relevant für die Symbolbildung sind (a) die Unzugänglichkeit bzw. Unerforschtheit z. B. der ↗Meerestiefe oder Klüfte im Gebirge (↗Berg), (b) die Möglichkeit des Sturzes bzw. Falles in die Bodenlosigkeit, (c) die ↗Finsternis von T. und A.

1. Antike und Christentum. Wie schon bei Demokrit, der die Wahrheit in der T. versenkt wissen wollte (Cicero, *Academica* I, 12, 44; II, 10, 32), wird T. (gr. *báthos*, lat. *profunditas*) in dieser Bedeutung in christl. Symbolverwendung Gott und seiner Weisheit zugesprochen. Röm 11,33: »O welch eine T. des Reichtums, beides, der Weisheit und der Erkenntnis Gottes«, wirkt auf vielfältige Weise in der Predigt der Kirchenväter fort. Augustinus z. B. verwendet T. in seiner Theologie des ↗Herzens (*Confessiones* I, 1; II, 4; X, 3 f.), das im Glauben an Gott tief sein kann. Tief sind jedoch auch die A. der Sünde und der Hölle, die im MA als gähnender

Schlund vorgestellt »weder End noch Grund« hat (*Historia von D. Johann Fausten* XI: »Eine Disputation von der Hölle«, 1587). Pejorativer Gebrauch findet sich schon bei Plotin, in dessen räuml. Kategorien die ›T.‹ die Welt des Körperlichen symbolisiert, während das ›↗Oben‹ für die Welt des Geistigen steht, zu der die Seele aufsteigen muss (*Enneaden* IV, 3 [27]; IV, 4 [28]). Bei Ps.-Dionysius Areopagita indessen verweist T. (*báthos*) auf die Heimlichkeit und Unerkennbarkeit Gottes (*De divinis nominibus* XV, 5). – In der dt. Mystik sind T. und A. fast durchgängig positiv besetzt. Der A. dient der Bezeichnung des Wesens Gottes noch jenseits der Trinität. Bei Eckhart (*Predigten* XIII) heißt es, Gott offenbare dem, der wie der eingeborene Sohn sei, »den ganzen A. seiner Gottheit«. Nach Tauler fließt der geschaffene A. in den ungeschaffenen A. und wird einiges Eins, ein Nichts im andern Nichts (*Predigten* XLV). – Diese durch die Auslegung der Psalmworte (Ps 42,8) »abyssus abyssum invocat« (»eine T. ruft die andere«) gestützte Bedeutung nimmt die geistl. Dichtung des 17. Jh. auf. Angelus Silesius, *Ein A. ruft dem andern*, z. B. fragt: »Der A. meines Geists rufft immer mit Geschrey/ Den A. Gottes an: Sag welcher tiefer sey?« (*Cherubinischer Wandersmann* I, 68). Zugleich fungieren A. und T. in der relig. Lyrik der Barockzeit als Sinnbilder für die Spannung von Vergänglichkeit und Heilsgewissheit; in ihrer Verwendung werden sie sowohl mit Angst wie auch mit Zuversicht verknüpft. Bei Gryphius kann sich der »A. höchster Güte« (*Sonnette* IV, 17) auch zum »verzweifelns A.« wandeln (III, 46), in den Todesangst und Grauen wie ein Sog in bodenlose T. hineinzieht (vgl. *Sonnette* II, 48: *Die Hölle*: »Schluck A.! ach schluck' ein! die nichts denn ewig klagen./ Je und Eh!«).

2. Klassizismus und Romantik. In der Folge bleibt der A. auch in weltl. Dichtung relig. Symbol und bezeichnet weiterhin die Spannung zwischen Seelenfrieden und Grauen vor dem gähnenden Schlund, auf dem »kein Anker« Grund findet (Schiller, *Das Ideal und das Leben*, ↗Anker). Im Sinne des »Ein-flusses« des Göttlichen wendet das 18. Jh. die Symbolik zudem poetologisch (säkularisierte Mystik). Jean Pauls *Vorschule der Ästhetik* z. B. postuliert die ↗Stille in der T. als Voraussetzung für das Empfangen des Kunstwerks: »nicht das hochauffahrende Wogen, sondern die glatte T. spiegelt die Welt« (§ 12; ↗Spiegel). In Verbindung mit T. steht A. für Verborgenheit im Inneren und Selbsterkenntnis, wenn es um Wahrheitssuche und Wesensschau geht: »In die T. musst du steigen,/ Soll sich dir das Wesen zeigen./ […] Und im A. wohnt die Wahrheit« (Schiller, *Sprüche des Konfuzius*). Hölderlins Dichtung kreist insistierend um den A. als eine lebendige, dynam. Natur einer sich von einer außer- und überird. Geistigkeit gehalten wissenden Individualität. – Um die Wende zum 19.

Jh. wird der A. Gottes immer mehr zum A. des Ichs, das, wie schon von Goethes *Prometheus* zugespitzt formuliert (»Und wähnt ich, eine Gottheit spreche,/ sprach ich selbst«), an Gottes statt befragt wird. Vor den hierin liegenden Gefahren, auch für den Dichter, zumal den Phantasten, den seine Anlage zum »unendlichen Fall in eine bodenlose T.« führt (so Schiller am Ende von *Über naive und sentimentalische Dichtung*), wird wiederholt gewarnt; so von Alfons in *Torquato Tasso* V, 2: »Es liegt um uns herum/ Gar mancher A. […]/ Doch hier in unserm Herzen ist der tiefste,/ Und reizend ist es, sich hinabzustürzen./ Ich bitte dich, entreiße dich dir selbst!« Zugleich erfährt die Symbolik von Haltlosigkeit und Verzweiflung in stetig zunehmendem Maße eine Wendung ins Schauerlich-Abgründige, exemplarisch in Tiecks *William Lovell*. In Tiecks *Runenberg* wendet sich das Aorgische, das Elementare der Natur, das für Hölderlins *Empedokles* noch göttl. A. ist, endgültig ins Dämonische. Das von A. zerklüftete Gebirge ist Symbol seel. Zerrissenheit. – In und seit der dt. Romantik symbolisieren A. und T. zunehmend Regungen des Unbewussten, Traumvisionen (↗Traum) und unheiml., rational nicht fassbare Komponenten menschl. Beziehungen. So empfindet sich Brentano als Spiegel der Geliebten, deren Bild er aus dem A. seiner Seele zurückzuwerfen meint (Brentano an Sophie Mereau, 10.7.1803). Bei Mörike vermittelt die Liebe in *An die Geliebte* (anders als beim Sturz in den seel. A. in der Begegnung mit *Peregrina* und beim ›Sturz‹ in das Schicksal in der Begegnung mit Elisabeth im *Malter Nolten*) eine das Irdische überschreitende Erfahrung: »Von T. dann zu T. stürzt mein Sinn.« Im Zuge eines immer schmerzhafter empfundenen Individualismus' ruft Büchners Woyzeck aus: »Jeder Mensch ist ein A., es schwindelt einem, wenn man hinabsieht« (H2, 8: Woyzeck – Louisel).

3. Moderne. Im späten 19. Jh. avancieren A.-Stimmung und Erfahrung abgründiger T. zum Faszinosum, dessen Reiz den Dichter unwiderstehlich anlockt: Baudelaires *Fleurs du mal* verwesen gleichsam im A. (»gouffre«, vgl. *De profundis clamavi*), der einen Ort reinigender Künstlerweihe darstellt (↗Reinheit). Die Vorstellung, dass »jeder Mensch in sich einen A. trägt, unerforschlich wie das Meer« (*Les fleurs du mal: L'homme et la mer*), findet sich in verschiedensten Kunstströmungen und -theorien auch um und nach 1900, wie in der die Fin de Siècle-Stimmung betonenden Jung-Wiener Gruppe um Bahr, Hofmannsthal (*Das Bergwerk zu Falun*) und Schnitzler (so in der Erzählung *Die dreifache Warnung*: »Der schwindelnde A. stand ihm immer und immer vor Augen, der ihm den einzigen Weg ins Leben zurück bedeutete«); dann auch im Expressionismus, der das innere Erlebnis über das äußere Leben stellend postuliert, es gelte, das ›Sein‹ und das ›Wesen‹ zu erfassen, und zum Sprung in die Bodenlosigkeit um eines neuen Menschen willen auffordert (z. B. Buber, *Gespräche von der Verwirklichung*). In der Einsicht, dass es Rettung nur im bedingungslosen »Sich-Fallen-Lassen« gibt, verzichtet Hesses Protagonist in der Novelle *Klein und Wagner* »auf alle Stützen und jeden festen Boden«, er lässt sich »mit ganzer Hingabe« ins ↗Wasser fallen, wo ihm eine unerwartete Erleuchtungs- und Wiedergeburtsvision zuteil wird. – Ein prominentes jüngeres Bsp. für die Ambivalenz von A. und T. bildet der Unterwasser-Thriller *The Abyss* (J. Cameron/O.S. Card, 1989). Der Science Fiction-Film bzw. -Roman erzählt vom Unglück eines Atom-U-Boots, das zu einer Odyssee in die T. zu geheimnisvollen Wesen mit übernatürl. Fähigkeiten führt.

↗Anker, Berg, Meer, Oben/unten, Ozean.

Lit.: A. Doppler, Der A., Graz/Wien 1968. – ders., Der A. des Ichs, Wien/Köln 1985. – W. Rehm, T. und A. in Hölderlins Dichtung, in: ders., Begegnungen und Probleme, Bern 1957, 89–154.   ABR

Acker ↗Erde/Lehm/Acker.

Adler / Aar

Symbol der Verbindung zwischen Göttlichem und Menschlichem, der Macht und Stärke und des menschl. Erkenntnisstrebens. – Relevant für die Symbolbildung sind (a) die körperl. Eigenschaften wie Größe, Flügelspannweite, scharfes ↗Auge und Gehör, aber auch (b) die Lebensweise in großen Höhen.

1. Symbol der Verbindung zwischen Gott und Mensch. Im AT erscheint der A. als Symbol der Fürsorge Gottes für die, die an ihn glauben und die er »auf A.flügeln« trägt (Ex 19,4; ↗Flügel). Im NT ist der A. dem Evangelisten Johannes zugeordnet, was die überragende theolog. Bedeutung und gedankl. Eigenständigkeit des Johannesevangeliums unterstreichen soll (Hieronymus, *Vorwort zum Matthäuskommentar*). Der A. ist im NT jedoch nicht nur positiv konnotiert: Kirchenväter haben ihn im Anschluss an Mt 24,28 (»Wo aber ein Aas ist, da sammeln sich die A.«) als Seelenräuber gesehen, und von den ›Sieben Todsünden‹ (↗Sieben) symbolisiert er den Hochmut (*superbia*). Oft steht der A. als Symbol für verschiedene Formen der Auferstehung und Verjüngung (Ps 103,5; Jes 40,31). Nach einer anderen Vorstellung fliegt der A. in die ↗Sonne, wo sein Gefieder verbrennt; er stürzt ins ↗Meer und taucht verjüngt wieder auf (Aristoteles, *Historia animalium* IX, 32, 618b–619b). Im frühchristl. *Physiologus* wird der A. mit dem Vogel ↗Phoenix gleichgesetzt (»Vom Vogel Phoenix«). – In der griech. Mythologie erscheint der A. regelmäßig als göttl. Werkzeug, etwa bei der Bestrafung des Prometheus, dessen Leber er tagsüber frisst und die in der ↗Nacht nachwächst (Aischylos, *Prometheus*).

Der A. ist das liebste Tier des Zeus (Homer, *Ilias* XIV, 292; 310) und Überbringer göttl. Botschaften (Homer, *Odyssee* XX, 240–243). Als ein solcher Bote und dazu in einer sehr komplexen Ikonografie erscheint er auch in Dantes *Divina Commedia* (»Paradiso« XIX–XX): Hier nehmen Geister die Gestalt des A.auges an und verkünden dem Erzähler den Reichtum der göttl. Heilsordnung. So zähle für Gott nicht allein der rechte Glaube, sondern vor allem die gute Tat. Daher können auch Heiden in den Genuss des göttl. Heils kommen. Was das Verhältnis des A. zu anderen Tieren angeht, sei hier nur auf die Paarung A./Schlange verwiesen. In Wetzels *Iduna, Göttin der Unsterblichkeit* wird der in der *Edda* überlieferte Zweikampf zwischen A. und ↗Schlange erneut gestaltet (I; vgl. zum Motivkomplex generell Lurker). Der A. kann auch den Sieg in der Schlacht ankündigen bzw. durch sein Ausbleiben die Niederlage (Shakespeare, *Julius Caesar* V, 1). Die Bestrafung des Prometheus durch den göttl. A. nimmt Kafka zum Anlass für eine geschichtsphilosoph. Reflexion über Dauer und Vergehen (*Prometheus*).

2. Symbol der (politischen) Stärke. Als ›König der Lüfte‹ (↗Himmel; während der ↗Löwe ›König der Erde‹ ist; ↗Kaiser/König/Fürst), als Sinnbild siegreicher Überlegenheit ist der A. seit jeher das wohl beliebteste Symbol für Staatenformationen und figuriert in den ↗Wappen vieler Herrschaftshäuser. In dieser machtpolitisch geprägten Funktion erscheint der A. oft auch unter der Bezeichnung ›Aar‹ (z. B. Bürger, Brief an A.W. Schlegel, zit. nach DWb I, 5). In Lessings Fabeln steht der A. für die herrscherl. Tugenden, er besitzt »nicht allein Scharfsichtigkeit, die kleinsten Mücken zu bemerken«, sondern auch eine »edle Verachtung, ihnen nicht nachzujagen« (*Die drei Feen*). Als »Sonnenadler«, der »durch die neuere Geschichte schwebt«, erscheint Napoleon in den *Nachtwachen des Bonaventura* (XII). Beispiele für eine patriotisch bis chauvinistisch geprägte Verwendung des A.-Symbols finden sich etwa bei C. Brentano (*Österreichs A.gejauchze und Wappengruß in Krieg und Sieg*), Geibel (*Friedrich Rotbart*) und bei A. v. Liliencron (*Kriegsklänge*, 1905), krit. Lesarten des preuß.-militarist. A.-Symbols dagegen in Brechts *Buckower Elegien* (*Gewohnheiten, noch immer*) und bei Biermann (*Ballade vom preußischen Ikarus*). In seinen literatur- und kulturkrit. Betrachtungen über ↗Amerika schlägt D.H. Lawrence den schwachen Hühneradler (*hen-eagle*) an Stelle des emblemat.-mächtigen Weißkopfseeadlers als Symbol für Nordamerika vor, die die religiös geprägten Verbote in den USA mächtiger als die verbrieften Freiheitsrechte seien (*Studies in Classic American Literature*: »The Spirit of Place«). Relativierungen des A.-Symbols finden sich besonders in der Romantik. So etwa in Keats Lyrik »not so fine a thing as philosophy – For the same reason that an eagle is not so fine a thing as truth« (Brief an George und Georgiana Keats, 14. Februar–3. Mai 1819). In Tennysons fragmentar. Gedicht *The Eagle* erhebt sich der A. zuerst zur Sonne, bevor er schließlich »wie ein Donnerschlag« auf die Erde stürzt – wobei offen bleibt, ob dieser Sturz als bewusst gesteuerter Angriff (wie etwa in Nietzsches Dionysos-Dithyrambus *Unter Raubvögeln*) oder als Absturz betrachtet werden muss. Immer wieder ist auch, zumeist in gleichnishafter Form, der Fall gestaltet worden, dass der A. die Federn zu dem Pfeil liefert, der ihn dann erlegt (Äsop, *Der A. und der Pfeil*; Aischylos, *Fragment* 123; T. Moore, *Corruption and Intolerance*).

3. Symbol menschlichen Erkenntnisstrebens. In Goethes Fabel und Mythos miteinander vermengendem Gedicht *Der A. und die Taube* unterliegt der erhabene A. gegenüber der bürgerl.-philisterhaften ⁊Taube, die ihm Genügsamkeit predigt. Diese Problematisierung des Höhenflugs des A. tritt auch bei Hölderlin auf, wenn er das Bild vom königl. A. verwendet, um nach der Position des Menschen in der Moderne zu fragen (*Der A.*). Von hier aus ist der Weg nicht weit zur Situierung des A. im Bezugsfeld der Melancholie (Lenau, *An die Melancholie*). Rückert verbindet im Bild des A. in didakt. Absicht biedermeierl. Rückzug in die Innerlichkeit mit überlegener Weisheit des Orients: »Der Adler fliegt allein, der Rabe schaarenweise; Gesellschaft braucht die Thor, und Einsamkeit die Weise« (*Die Weisheit des Brahmanen* XVI/6). Auch Zarathustra zieht die Gesellschaft von A. und Schlange der der »höheren Menschen« vor (*Das Lied der Schwermuth*). In der emblemat. Trad. des scharfen A.-Auges, das allein den direkten Blick in die Sonne der Erkenntnis erträgt (HS, 773–775), wurzelt Grillparzers Vergleich des Auges mit einem A., der »zur Sonne blickt« (*Trennung*). Die gleiche Verwendung findet sich auch in S. Freuds *Denkwürdigkeiten eines Nervenkranken*: Wie der A. sei der Sohn schließlich in der Lage, die »Ahnenprobe« abzulegen, in die Sonne zu schauen und so dem mächtigen A. zu trotzen (wobei die Sonne hier als sublimiertes Vatersymbol zu lesen ist). Stifter nimmt das Bild auf, um daraus die notwendige Selbstbeschränkung menschl. Strebens abzuleiten: Der Forschungsballon (⁊Ballon), der sich in seiner Erzählung *Der Condor* dem A. gleich in die Lüfte erhebt, muss vorzeitig zur ⁊Erde zurückkehren und markiert dadurch in resignativer Weise das Scheitern des modernen wissenschaftl. Forscherdrangs.
⁊Greif, Löwe, Schlange, Taube.

Lit.: W. Braungart, »Und was du hast, ist/ Athem zu hohlen«, in: Hölderlin-Jb. 32 (2000–2001), 246–262. – W. Bunzel, Das gelähmte Genie, in: Wirkendes Wort 41 (1991), 1–14. – M. Lurker, A. und Schlange, Tübingen 1983.   HHT

Ägypten

Symbol der Weisheit, des Geheimnisvollen, der Knechtschaft bzw. des Heidentums. – Relevant für die Symbolbildung sind (a) die Staatsordnung des Landes, (b) der esoter. Charakter der Religion und von deren Kulten.

1. Symbol der Weisheit. Als Land reicher Zeugnisse zivilisator. Höchstleistungen und als Ursprungsort priesterl. Geheimlehren wird Ä. in der griech.-röm. Antike zum Sinnbild von Weisheit. Herodot bekundet die Entlehnung griech. Kulte aus Ä., berichtet sogar, die Namen der griech. Götter seien ägypt. Ursprungs und später von den Hellenen adaptiert worden (*Historiae* II, 4, 15, 50–53, 58; s. a. Diodorus Siculus, *Bibliotheca historica* II). Isokrates würdigt die vorbildhafte Zivilisation und weise Ordnung des pharaon. Staates, die er auf die Herrschaft des myth. Königs Busiris zurückführt (*Busiris* 15 ff.) und Platon weiß die Priester Ä. als Hüter esoter. Wissens ebenso zu schätzen wie ihre mus. Erziehung der Jugend (*Timaios* 21b–25e; *Kritias* 112e–113b; *Gesetze* 656d–657a). Außerdem gilt ihm Ä. als das Land der ⁊Schrifterfindung (*Philebos* 18b, *Phaidros* 274c–275b). Dem in Apg 7,22 dargelegten Verständnis von Ä. als Ort der Weisheit folgt die Patristik nur zum Teil (Origenes, *Contra Celsum* I, 20; Clemens von Alexandrien, *Stromata* VI, 7; Augustinus, *De doctrina christiana* II, 40), für andere Kirchenväter versinnbildlicht sich in Ä. indessen Heidentum und Götzendienst (s. 3.). – Die Rezeption der im 15. Jh. aufgefundenen Schrift *Hieroglyphica* sowie die Entdeckung des Hermes Trismegistos zugeschriebenen *Corpus Hermeticum* lösen eine ⁊Hieroglyphen-Begeisterung aus (vgl. Colonna, *Hypnerotomachia Poliphili*), durch die an die antike Wertschätzung angeknüpft und zugleich eine Renaissance des Hermetismus eingeleitet wird, die die frühneuzeitl. Geistesgeschichte bis ins 17. Jh. prägt. Rabelais ironisiert sie dagegen, wenn er, dem Zeitgeist widersprechend, von der »berühmten Schmiede tiefster Weltweisheit« spricht (*Gargantua et Pantagruel* V, 20); der barocke Autor J.Ch. Günther verweist auf die vergangene Größe des Landes, veranschaulicht in den ⁊Ruinen »seltner Wunderwercke« (*Auf das Evangelium am XXIII. Sonntage nach Trinitatis*). Im Unterschied zur Ägyptomanie des 18. Jh. in Architektur bzw. Gartenarchitektur erscheint diese in der Lit. weit geringer ausgeprägt und Weisheitssymbolik nur vereinzelt bei Hagedorn (*Adelheit und Heinrich* III), Schiller (*Der Geisterseher* I; *Das verschleierte Bild zu Sais*; s.a. 2.), Hölderlin (*Tod des Empedokles* II), Chamisso (*Peter Schlemihls wundersame Geschichte*) oder Keats (*Hyperion* I, 33).

2. Symbol des Geheimnisvollen. Der Nimbus des Geheimnisvoll-Exotischen umgibt Ä. seit der griech. Antike und ist eng verbunden mit der Weisheitssymbolik (s. 1.). Herodot schildert die Kultur des Landes als das faszinierend Andere, Fremde

(*Historiae* II, 35 f.), Plutarch hebt den für die Symbolbildung maßgebl. esoter. Charakter der Religion hervor: »insofern ihre Gotteslehre eine in Rätsel gefasste Weisheit enthält« (*De Iside et Osiride* IX, 354c-d), und sowohl die »Sphingen« (ebd.; ↗Sphinx) als auch die Hieroglyphen, die schon Diodorus Siculus als Geheimschrift auslegt (*Bibliotheca historica* I, 81,1–2), werden bis weit in die Neuzeit als Symbole einer rätselhaften, von Geheimnis umwitterten alten Kultur aufgefasst (Iamblichos, *De mysteriis Aegyptiorum* VII, 1–5). – Den ägypt. Mysterien, die als Ursprung antiker Mysterienkulte (Diodorus Siculus, *Bibliotheca historica* I, 96 f.) gelten, insbes. den Isismysterien, wird im 18. Jh. seitens der Freimaurerorden ein bes. Interesse im Zusammenhang ihrer eigenen Einweihungsrituale entgegengebracht (Ignaz v. Born, *Ueber die Mysterien der Aegyptier*, in: *Journal für Freimaurer* 1784). Jung-Stilling verarbeitet die zeitgenöss. Beschäftigung mit dem Mysterienwesen literarisch in dem Roman *Das Heimweh* (II, 1), in dem er eine maur. Einweihung in einer ägypt. ↗Pyramide als Ursprungsszene des Mysterienkultes schildert. Das Sinnbild des Geheimnisvollen bzw. Wunderbaren nimmt auch Lessings Fragment *Gedicht über die Mehrheit der Welten* (II) auf, ebenso Günderrode in *Der Franke in Egypten*, Eichendorff in seinem Roman *Ahnung und Gegenwart* (III, 24) oder Tieck in *Franz Sternbalds Wanderungen* (II, 1). In den erweiterten Kontext der Symbolik gehört auch die Veranschaulichung der Idee des Naturgeheimnisses in Gestalt der verschleierten Göttin zu Sais (Günderrode, *Geschichte eines Braminen*; Novalis, *Die Lehrlinge zu Sais*). – Die von Heine hergestellte Verknüpfung von Geheimnis, Erstarrung und Tod (*Shakespeares Mädchen und Frauen*: »Cleopatra«; *Die romantische Schule*) weitet die Bedeutung des Bildes aus und dürfte die moderne Lit. beeinflusst haben, auch wenn Ä. in dieser v. a. als Projektionsfläche für die Schilderung des exotisch Anderen fungiert wie etwa bei Th. Mann, *Joseph und seine Brüder*, oder Bachmann, *Der Fall Franza*.

3. Symbol der Knechtschaft bzw. des Heidentums. Nach der alttestamentl. Überlieferung vom Exil des Volkes Israel als einer Zeit bitterster Fron, einschlägig in das Bild vom »Hause des Dienstes« (Dtn 7,8) gefasst, auf dem etwa Miltons Darstellung Ä. in *Paradise Lost* fußt (I, 338 ff.; XII, 219 f.), deutet Origenes Ä. tropologisch als Welt und legt im Rückgriff auf Philon von Alexandrien vorbildhaft für die christl. Lehre den Auszug aus Ä. als ein Verlassen des Weltlichen aus (vgl. RAC VII, 34 ff.). Dante radikalisiert diese Auffassung, wenn er die Seelen der bußfertig Verstorbenen mit dem bibl. Preislied auf die Befreiung des Volkes Israel aus der Knechtschaft Ä. (Ps 114) dafür danken lässt, endlich durch den Tod aus den Fesseln der Sünde befreit worden zu sein (*Divina Commedia*: »Purgatorio« II, 46 ff.). Angelus Silesius konnotiert Ä. mit Einsamkeit

(*Cherubinischer Wandersmann* III, 241: *Die geheime Seelenflucht*), während S. Dach sich auf die Exegese des Origenes bezieht (*Betrachtung der unseligen Ewigkeit*; *Sterb-Lied*). Der späte F. Schlegel nimmt das Bild im Zeichen »chaotischer Finsternis« auf (*Das Hieroglyphenlied*; ↗Nacht/Finsternis); ebenso Heine, *Kirchenrat Prometheus*, und A. Holz, *Dafnis*: *Er ligt alt und kranck*. – In der Polemik der Kirchenväter wird Ä. darüber hinaus auch zum Sinnbild für Heidentum und Götzendienst, was sich ihrer Ansicht nach sowohl in der Vielgötterei, als auch in der Anbetung von Tieren als Gottheiten zeigt (Augustinus, *De civitate Dei* VIII, 23; *Confessiones* VII, 9; Tertullian, *Apologeticum* 22 ff; Epiphanius, *Ancoratus* 103), so etwa auch Juvenals Kritik: »Welche Ungeheuer Aegypten in seinem Wahn verehrt?« (*Saturae* XV), im Unterschied zu Porphyrios, der die Tierverehrung als ein Zeichen von Weisheit interpretiert (*De abstinentia ab esu animalium* II, 26).

↗Hieroglyphe, Ibis, Krokodil, Pyramide, Sphinx.

Lit.: J. Assmann, Weisheit und Mysterium, München 2000. – ders., Erinnertes Ä., Berlin 2006. HD

Ähre / Ährenfeld

Symbol des Lebens, der Arbeit, aber auch der Anpassung und Demut sowie der Masse. – Relevant für die Symbolbildung sind (a) die geringe Größe der Ä. (im Verhältnis zum Halm) und des in ihr enthaltenen Kornes, (b) die Neigung und Färbung der Ä. und (c) die Beweglichkeit des Getreidehalmes im Ä.feld.

1. Symbol des Lebens. Das Getreidekorn bzw. die Getreideähre wird in den meisten Kulturen und Religionen als ein Symbol für das Werden und Vergehen in der Natur und im menschl. Leben gebraucht. Die Ä. ist deshalb Attribut der Korngottheiten Isis, Demeter (lat. *Ceres*; Ovid, *Metamorphosen* V, 341 f.) und symbolisiert die Fruchtbarkeit der ↗Erde, das Entstehen neuen und v. a. vermehrten Lebens. Das in der Erde ersterbende und wieder neue Frucht bringende Korn steht dabei sowohl im ägypt. wie im christl. Kulturkreis für die Wiederauferstehung. Schöne und volle Ä. bezeichnen fruchtbare ↗Jahre, magere und verdorrte Ä. Jahre des Hungers, so etwa im Traum des Pharao (Gen 41,5–27). Von Bedeutung ist auch die Ä.lese der Rut auf den Feldern des Boas (Rut 2,1–12), aus deren Verbindung der Stamm Davids hervorgeht. – In der Lit. wirken sowohl der relig. Symbolgehalt als auch legendenhafte Überlieferungen nach. Die Gefährdung der Aussaat, die Mühe der Ernte und die Größe der Frucht sind demnach Folge von frevelhaftem Verhalten der Menschen Gott und seiner Schöpfung gegenüber. Denn in der »goldenen Zeit« (↗Gold) hätten die Kornhalme »volle goldgelbe Ä. herab bis auf den Boden« getragen (Bechstein, *Die Kornähre*), die

Menschen aber missachteten diese Gottesgabe. Der in den Märchen in verschiedener Weise berichtete Kornfrevel wurde dadurch bestraft, dass jeder Halm nur noch eine Ä. trug (Bechstein, ebd.). Allerdings kann man ab dem 17. Jh. einen allmähl. Ablösungsprozess vom relig. Symbolgehalt und den Anschluss an die Ikonografie der Jahreszeitendarstellungen feststellen (Opitz, *Ueber das Absterben Herrn Adams von Bibran auff Profen unnd Damßdorff*). – Die malende Poesie des 18. Jh. verwendet die Ä. noch ganz im Sinn der bildenden Kunst, wo sie von den Stundenbüchern des MA bis hin zu den Jahreszeitenbildern des 18. Jh. (z. B. Platzer, *Allegorie der vier Jahreszeiten*) als Symbol für den ↗Sommer Verwendung findet, so etwa Gessner in seinen *Idyllen* (*Daphnis und Micon*). Die Ä. trägt dabei im einzelnen Korn jeweils den Keim des neuen Lebens, so dass der Erntesegen auch ganz umfassend für den Segen Gottes stehen kann, etwa bei B. v. Arnim »Die Sonne schmeichelt ihm den lieben Herrgott ab, daß er seinen Menschenkindern hundertfältige Ä. reifen läßt« (*Briefwechsel mit einem Kinde* III, »Die Ammenburg«). Ähnlich findet man die Ä. als Ausdruck des Erntesegens auch bei Claudius (*Der glückliche Bauer*), Miller (*Die Zufriedenheit*) oder Rückert (*Lüfteleben*). Gegen diese ausschließlich positive Besetzung der Ä. und der in ihr enthaltenen Früchte setzt Lenau in seinem *Faust* (»Görg«) die Feststellung, dass das Korn die Grundlage für das Brennen von Schnaps abgibt. – In der Übertragung des Symbolgehalts des Jahreszyklus steht das Korn und der in ihm liegende Keim als Symbol auch für das Entstehen von neuem Leben aus dem Niedergang des Alten, so etwa bei Goethe (*Die Wahlverwandtschaften* II, 3). In Ebner-Eschenbachs *Der Herr Hofrat* verheißt das »Ä.büschel«, das die ↗Stürme der Zeiten überstanden hat, die Aussicht auf eine Wiederauferstehung der durch die Stürme der Revolution zerstörten Kultur. Das Korn birgt »die alte Blüte, die alte Frucht«, die auch in ein neues Land verbracht werden kann (*Der Herr Hofrat*).

2. Symbol der Arbeit. Die geringe Größe der Ä. und des einzelnen Korns ist Symbol für die Mühsal menschl. Arbeit überhaupt, wobei die Einrichtung der Nachlese dies bes. hervorhebt. Der Nachlesende zeigt in seinem Bemühen auch noch um den einzelnen Getreidehalm bes. Ehrfurcht vor der Gabe des Schöpfers, in jedem Fall aber Realitätssinn und Entbehrungsbereitschaft. Entsprechende Gestaltungen des Ä.lesens findet man in den *Volksmärchen* des Musäus (*Stumme Liebe*) oder in den Grimmschen *Kinder- und Hausmärchen* (*Vorrede*), aber auch bei Hölderlin, der in *Hyperions Jugend* (I, 1) die Anstrengung des Künstlers mit dem Sammeln von »Ä. auf dem Stoppelfelde des Lebens« vergleicht. Noch Hartleben erinnert an den alttestamentl. Ursprung der Ä.lese in seinen *Biblischen Geschichten*, in denen er die Geschichte der Rut (s. 1.) poetisch fasst. Bei ihm wie bei Lingg (*Fürbitte*) steht allerdings mehr

das Gewähren der Nachlese als Ausdruck der Großmut im Mittelpunkt. Es überrascht nicht, dass in der zweiten Hälfte des 19. Jh. dann auch die Nachlese auf die Situation der Epigonalität übertragen wird. So sind bei Keller im *Prolog zur Schillerfeier in Bern 1859* die »armen Ä.leser« im Ungewissen darüber, ob ihre Saat ähnl. Frucht bringen werde wie die der Vorväter. Bis hierhin wirkt die Vorstellung von der Doppelgesichtigkeit der Ä., die zum Zeitpunkt der Ernte sich bereits vom lebendigen ↗Grün zum ↗Gelb verfärbt hat und abgestorben dennoch den Keim des Lebens in sich trägt.

3. Symbol der Demut und der Anpassung. In der Emblematik der Frühen Neuzeit stehen sich die geneigte, fruchttragende und die aufrechte, taube, aber überhebl. Ä. gegenüber. Noch die *Fabel* von N. Götz oder Jean Pauls *Vorschule der Ästhetik* (§ 50) zeigen diesen Gegensatz. Die Romantik dagegen sieht in der geneigten Ä. die Haltung des Gebets repräsentiert (Eichendorff, *Terzett*). Im Lauf des 19. Jh. allerdings wird diese Neigung zusammen mit der Elastizität des schwachen Halmes zunehmend als Symbol für die Widerstandsfähigkeit verstanden. So wird das Nachgeben und Wiederaufstehen des Halmes bei Fontane zum Symbol für die zum Widerstand fähige Bevölkerung, die sich »wie ein Ä.feld, das der Sturm gebeugt, aber nicht gebrochen hat«, verhalten hat (*Wanderungen durch die Mark Brandenburg* II, »Otto Christoph von Sparr«). Dieser wehrhafte Aspekt der Vielzahl von Ä. zeigt sich allerdings erst im 19. Jh. In der Frühen Neuzeit ist die Gleichförmigkeit der Masse noch Ausdruck der Allmacht des Schöpfers (Spee, *Trutznachtigall: Lob Gottes auß beschreibung der frölichen Sommerzeit* XIII); die Aufklärung sieht darin ein Symbol für die Kultivierungsaufgabe des Menschen, der das Nutzlose durch Erziehung ausmerzt (Hebel, *Nützliche Lehren*, in: *Schatzkästlein des rheinischen Hausfreundes*). In der Romantik dagegen ist das Nebeneinander von Ä. und ↗Blumen im Getreidefeld Symbol für die Verbindung von Nützlichem und Schönem (Kerner, *Sommerabend auf Kloster Lorch*). Schon im Vormärz wird es dagegen zunehmend zum Symbol für die Masse v. a. der Soldaten. Freiligrath (*Im Irrenhause*) und Stifter (*Zwei Schwestern*) betonen noch die Gleichförmigkeit, aber auch die Anpassungsfähigkeit der Masse der Halme, die das Überleben sichert. Bei Grabbe und Grillparzer werden Schlachtfeld und Ä.feld gleichgesetzt, der Tod ereilt die Soldaten wie die ↗Sense das reife Getreide (Freiligrath, *Ein Glaubensbekenntnis*; Grabbe, *Die Hermannsschlacht*, 3. Tag, 2. Sz.; Grillparzer, *Der Traum ein Leben* I).

↗Brot, Herbst, Sense/Sichel.

Lit.: EdM I, 231–233. – WCS, 190–194. – Ph. Rech, Inbild des Kosmos, Bd. 2, Salzburg/Freilassing 1966, 466–484. – H.-J. Spitz, Die Metaphorik des geistigen Schriftsinns, München 1972. ERo

Äolsharfe ↗Harfe.

Affe

Symbol der Mimikry, des Teufels bzw. des Bösen, des Sexualtriebes und der Verantwortungslosigkeit. – Relevant für die Symbolbildung sind (a) die biolog. Nähe zwischen A. und Mensch, (b) die Fähigkeit des A. zur Nachahmung (des Menschen), (c) das triebgesteuerte Verhalten des A.

1. Symbol der Mimikry. Im Zentrum des literar. Bildes vom A. steht dessen außergewöhnl. Fähigkeit und Lust zur Nachahmung. Aus dieser Perspektive wird der A., etwa in den Fabeln von Äsop (*Der A.*) bis Lessing (*Der A. und der Fuchs*), zur Figuration von Eitelkeit (der hässl. A. imitiert die Schönheit) und Selbstüberschätzung (der dumme A. imitiert die Klugheit), die den äußeren Schein über den inneren Wert eines Menschen stellen. Neben dieser moral. Disqualifizierung äff. Verhaltens steht eine ästhet. Kritik, die schon die latein. Schulpoetiken des 12. und 13. Jh. formulieren und die sich seither im Feld der ästhet. Theorie (etwa bei Jean Paul, *Vorschule der Ästhetik* § 3; Hegel, *Ästhetik*, »Das Verhältnis des Ideals zur Natur«) gehalten hat: Ein Kunstwerk, das sich in der bloßen Nachahmung erschöpft, ist nicht besser als das Werk eines A. und ist mithin nicht in einem emphat. Sinn als Kunst einzuschätzen. Dass mit diesem moral.-ästhet. Argumentationsraster, wie es z.B. auch Goethes *Wahlverwandtschaften* (II, 4) entwickeln, nicht in erster Linie die Natur des A., sondern die Kultur des Menschen kritisierbar gemacht wird, betonen z.B. 1814 eine Erzählung von Hoffmann (*Nachricht von einem gebildeten jungen Mann*) und 1826 ein Märchen von Hauff (*Der A. als Mensch*). Hoffmann charakterisiert mittels seines sprechenden A. Milo den gesamten Kunstbetrieb als ein A.theater; Hauff zeigt an einer Gesellschaft, die einen dressierten (und leicht verzauberten) A. mit einem distinguierten Engländer zu verwechseln bereit ist, wie wenig sich der bloße Schein und die wahre Kunst voneinander unterscheiden. Dieser Gedanke lässt sich nicht nur im Sinne einer pessimist. Kulturkritik lesen, sondern auch – schon bei Hoffmann und Hauff, explizit dann bei Heine (z.B. im *Romanzero*: *Präludium*) – als iron. Verteidigung des ludist. Grundes aller Kultur. In jedem Fall aber erscheint der A. als »Inszenator des Zweifels an menschlichem Schöpfertum und menschlicher Authentizität« (Neumann, 99) und damit als eine Gegenfigur zum ↗Hund, der als symbol. Garant personaler Identität gilt.

2. Symbol des Teufels bzw. des Bösen. Wie für die Frage der Mimikry ist auch für die A.symbolik des Teufels und des Bösen die Ähnlichkeit zwischen Mensch und A. von größerer Bedeutung als deren Differenz. Der A. symbolisiert das Tier im Menschen, und dies heißt aus christl. Perspektive: die Sünde. Deshalb erscheint der A. in christl. Bestia-rien und Legenden (z.B. *Physiologus*; Jacobus de Voragine, *Legenda aurea*) oder auch in der *Historia von D. Johann Fausten* bisweilen als Symbol des Teufels, bisweilen auch als von Gott zur Strafe für seine Sünden verwandelter Mensch, dessen monströs deformiertes Äußeres auf den unhl. Zustand seiner verlorenen Seele verweist. Thematisiert wird dieser »Teuffels-A.« z.B. 1686 in Abraham a Sancta Claras Traktat *Judas der Ertz-Schelm*, aber auch noch in Buffons naturwissenschaftl. Charakterisierung des A. als »monstre de la nature humaine« aus dem 18. Jh. In einer säkularisierenden Wende der Teufelssymbolik wird der A. in der Lit. des 19. Jh. dann zum Bild für den alles Maß sprengenden Verbrecher, den Trieb- und Gewalttäter (Flaubert, *Quidquid volueris*; Poe, *The Murder in the Rue Morgue*; Dürrenmatt, *Der Verdacht*).

3. Symbol des Sexualtriebs. Auch als Symbol für den Sexualtrieb und für triebgesteuertes Verhalten im Allg. ist der A. eine Figuration des Tiers im Menschen. Zunächst formuliert die frühneuzeitl. Reiselit. eine explizite Kritik an der moral. Anstößigkeit des A.: Zu oft und zu öffentlich folge er seinen fleischl. Gelüsten. Entsprechend kritisiert Grimmelshausen im *Simplicissimus* (II, 9) die weibl. Zurschaustellung der Brüste (↗Busen) mit dem Bild eines entblößten A.hinterns (↗Po); Schnabels *Insel Felsenburg* inszeniert moralisch drastisch verwerfend den Beischlaf von »viehischen« Menschen mit »A.-Huren«; Flauberts *Quidquid volueris* entwirft die katastroph. Lebensgeschichte des A.menschen Djalioh als Spanne zwischen zwei sexuellen Gewalttaten; und noch Kafkas *Ein Bericht für eine Akademie* schreibt mit dem verkappten Hinweis auf das »unterhalb der Hüfte« weggeschossene Geschlecht an dieser Konstellation in einer grotesken Kehre weiter. Mit ironisierendem Ton bespricht Tucholsky in *A.käfig* den Schauwert des ›animalischen‹ Triebes für den entzückt-pikierten Zoobesucher. Neben der moral. Disqualifizierung des A., die von Kafka aufgegriffen und zugleich kritisiert wird, etabliert sich in der Literaturgeschichte zum einem mit dem libertinen Diskurs des 18. Jh., etwa mit Mirabeau (*Erotika biblion*), auch eine positive, auf exot. Erotisierung setzende Symbolik des A., zum anderen mit dem narrativen Muster von der Schönen und dem Biest die Möglichkeit, den A. als äußere Ungestalt eines inneren Edelmutes zu entwerfen (E.R. Burroughs, *Tarzan*; Lovelace, *King Kong*).

4. Symbol der Verantwortungslosigkeit. Verbindet sich im Bild des A. der Nachahmungstrieb mit dem ↗Spieltrieb, entsteht daraus die paradigmat. Gestalt verantwortungslosen Handelns. Im A. steckt anarchist. Potential. Dies zeigt sich dort, wo mit dem Begriff der ›A.republik‹ (z.B. Raabe, *Stopfkuchen*) eine soziale Scheinordnung bezeichnet wird, deren Gesetz die Willkür und deren Effekt das Chaos ist; dies zeigt sich aber auch dort, wo das Verhalten des

A. das des ↗Kindes symbolisieren soll, insofern, so Goethe, »A., Mensch und Kind/ Zur Nachahmung geboren sind« (*Parabel*); es zeigt sich des Weiteren in den Verwüstungen, die Busch 1879 in *Fips der A.* in Szene setzt. Ihr alltagskulturelles Korrelat findet diese Deutung des A. im ↗Drei-A.-Symbol: Nichts sehen, nichts hören, nichts sprechen. Gerade in diesem Symbolgehalt zeigt sich jedoch noch einmal, wie strikt das hier entfaltete Symbolfeld im europ.-christl. Raum zentriert ist. Denn im shintoist.-buddhist. Kulturraum, dem dieses Symbol entlehnt ist, hat es einen genau umgekehrten, einen apotropäischen Wert, insofern es das Symbol eines Abwehrzaubers ist: »Wir sehen, hören und sprechen *nichts Böses.*«
↗Hund.

Lit.: H.-J. Gerigk, Der Mensch als A. in der dt., frz., russ., engl. und amerikan. Lit. des 19. und 20. Jh., Stuttgart 1989. – G. Göbel/D. Hüppner, Der A. in Erzählungen der Völker, in: Hessische Blätter für Volks- und Kulturforschung NF 18 (1985), 77–92. – J. Griem, Monkey Business, Berlin 2010. – H. W. Janson, Apes and Ape Lore in the Middle Ages and the Renaissance. London 1952. – G. Neumann, Der Blick des Anderen, in: Jb. der Dt. Schillergesellschaft 40 (1996), 87–122.
RB

Afrika

Symbol eines fabelhaften bzw. exot. Raums, des Bösen bzw. des Guten, des Naturhaften, des Geheimnisvollen und Unbewussten. – Relevant für die Symbolbildung sind (a) die geograf. Lage A., (b) die klimat. Verhältnisse und (c) die Physiognomie der Afrikaner.

1. Symbol eines fabelhaften bzw. exotischen Raums. Homer zufolge liegt A. am Rand der Welt und wird von »zwiefach geteilten« Aithiopen bewohnt (*Odyssee* I, 23 f.; vgl. zur Randlage A. auch Herodot, *Historiae* III, 114; Vergil, *Aeneis* IV, 481). Bei Plinius d.Ä. werden einzelne Fabelvölker unterschieden, die er u. a. Trog(l)odyten, Garamanten und Blemmyern nennt (*Naturalis historia* V, 8, § 43 ff.). In Heliodors *Aithiopika* sind die Trog(l)odyten »Nomaden«, die »zu Fuß« jeden Reiter einholen können (VIII). Der ferne Kontinent mit seinen Fabelwesen verwandelt sich im Verlauf der Jahrhunderte nach und nach in einen exotischen. Die ↗Palme steht repräsentativ für eine paradies. Landschaft, für das »Gelobte Land«, wie es in E. Jüngers *Afrikanische Spiele* heißt, oder das »Kaffern-Eldorado«, wie der Kontinent in Raabes *Stopfkuchen* – bereits auf ironisch gebrochene Weise – genannt wird. Sobald jedoch A. aufgesucht wird, erfüllen sich in der Regel die Wunschvorstellungen nicht (z. B. Jünger, *Afrikanische Spiele*; Simenon, *Le coup de lune*). Bes. offensichtlich arbeitet die Koloniallit. um 1900 mit dem Gegensatz von Wunschtraum und Enttäuschung. In Frenssens *Peter Moors*

Fahrt nach Südwest weicht die Phantasie eines Landes mit »lieblichen Hütten unter Palmen« (III) schon bald nach der Ankunft in der Kolonie Deutsch-Südwestafrika nüchternen Blicken auf öde Landschaften. In Gides *Voyage au Congo* und Hemingways *The Green Hills of Africa* stehen das wunderbar schöne und das unexot. (Hemingway schreibt: »beschissene«) A. nebeneinander. Andere Literaten des 20. Jh. bemühen sich um eine krit. Auseinandersetzung mit dieser Paradies-Symbolik (↗Garten), indem sie, wie Leiris in *L'œil de l'ethnographe*, den Exotismus ethnologisch untersuchen, oder ihn, wie U. Widmer in *Im Kongo*, grotesk überzeichnen.

2. Symbol des Bösen bzw. Guten. Bei Homer gilt ›Aithiopia‹ als Ort, an dem die Götter freundschaftlich mit den Bewohnern verkehren (*Ilias* I, 423 f.; XXIII, 206 f.). Herodot charakterisiert die ›Aithiopier‹ als »die größten und schönsten von allen Menschen« (*Historiae* III, 20), Hesiod als »hochgesinnt« (*Oxyrhynchus Papyri* 1358 F2). Auch Erzählungen in der Bibel wissen um das »hochgereckte« Volk südlich des Nils (*Jeremias* 13,23), um ›edle Mohren‹ (*Jeremias* 38,7 ff.). Solche tauchen in der Lit. des MA öfter auf (z. B. in Wolframs v. Eschenbach *Parzival* oder in der *Kaiserchronik*), in der Lit. der nachfolgenden Jahrhunderte gelegentlich auf, etwa in Puschkins *Der Mohr Peters des Großen*. – Diesen Vorstellungen steht eine Symbolisierung entgegen, die A. mit einem verfluchten Kontinent und die Bewohner mit dem Teufel identifiziert. Der Pfaffe Konrad spricht im *Rolandslied* von Afrikanern als »tiules kunter« (»Kinder des Teufels«, V. 6353), Grimmelshausens Held Simplicissimus muss sich auf einer einsamen Insel mit einer »guineischen« Teufelin auseinandersetzen (*Simplicissimi Continuatio* XX), in Schillers *Die Verschwörung des Fiesco zu Genua* wird der Attentatsversuch des Mohren Muley Hassan auf Fiesco als »Höllische Büberei!« (I, 9) gebrandmarkt. In dieser Symbolik hat nicht mehr die ↗Sonne, sondern die Hölle den Afrikaner »schwarz gebrannt« (Grabbe, *Herzog Theodor von Gothland* I, 2).

3. Symbol des Naturhaften. Hegel bezeichnet A. als »Kinderland« (*Vorlesungen über die Philosophie der Geschichte*, »A.«; ↗Kind) und fügt hinzu: A. »ist das Geschichtslose und Unaufgeschlossene«. Das prähistor. A. zeigt sich in seinen ›abergläubischen‹ Riten (›Fetischkult‹) und darin, dass seine Bewohner ein tierähnl. Leben führen. Hegel bringt hier auf den Punkt, was bereits im 17. und 18. Jh., wenn auch nicht so apodiktisch, formuliert worden war (Ultzheimer, *Wahrhaffte Beschreibung etlicher Reisen*; Kotzebue, *Die Negersklaven*). Das Naturhafte der Einwohner A., das W. Busch in *Fips der Affe* in die Worte fasst: »Man ist schwarz und damit gut«, erfährt in der Lit. des 19. Jh. eine rassist. Färbung: Die Afrikaner sind blutrünstige Raubtiere (z. B. May, *Das Kafferngrab*), die nicht nur morden, sondern auch ihresgleichen auffressen (z. B. Verne, *Cinq semaines en ballon*). Bei manchen Autoren ist das naturhaft ursprüngl. A. positiv konnotiert, so u. a. bei Herder in seinen z. T. kolonialkrit. Abhandlungen, die immer wieder Bezug auf das natürl. Wesen des Afrikaners nehmen (*Ideen zur Philosophie der Geschichte der Menschheit*, II, 6, 4). Keller thematisiert in der Novelle *Don Correa* den Fall eines »unschuldigen« schwarzen »Naturkinds«, das durch die Hilfe eines Weißen zur Kultur erzogen werden soll. Die positiven oder negativen Wertungen, die mit der Symbolisierung A. als Natur verbunden werden, hängen davon ab, ob den Afrikanern eine Entwicklungsfähigkeit zugestanden wird oder nicht. Einen Höhepunkt erfährt der emphat. (aber nichtsdestotrotz auch rassist.) Rekurs auf die Primitivität A. in der europ. Lit. nach 1900 (Céline, *Voyage au bout de la nuit*; Einstein, *Negerplastik*; Goll, *Der Neger Jupiter raubt Europa*; Huelsenbeck, *A. in Sicht*; Morand, *Magie noire*). Hier wird allerdings weniger das Entwicklungspotential A. betont als die Notwendigkeit, sich der Zivilisation ↗Europas und ihrer moral. Normen zu verweigern. Die Symbolisierung A. als Wildnis findet ihre Fortsetzung in der Vorstellung eines »heißen« (vgl. Altenberg, *Expedition in den Alltag*; Goll, *Der Neger Jupiter raubt Europa*; Ringelnatz, *Abendgebet einer Negerin*), d. h. animalisch triebhaften A., das bereits in ma. Lit. in Gestalt afrikan. Verführer und Verführerinnen Erwähnung gefunden hat (vgl. etwa das Fastnachtsspiel *Ain Spil von Mayster Aristotiles* V. 30 ff.). Zu Beginn des 20. Jh. wird das triebhafte A. euphorisch gefeiert und gegen das auf sittl. Normen fixierte Europa gesetzt. Die Fragwürdigkeit solcher positiven Wertungen von A. als Natur hat nicht zuletzt die Lit. selbst aufgezeigt, etwa H.C. Artmann in seiner Gedichtsammlung *Aus meiner Botanisiertrommel*: »a., du bist ein wald,/ niemals ist es in dir kalt;/ alle schwarzen, groß und klein,/ rufen dich: oh heimat mein!« Einen anderen Zugang zu afrikan. Kulturen haben in neuerer Zeit v. a. H. Fichte und L. Mau in *Psyche. Annäherung an die Geisteskranken in A.* unternommen: Statt A. auf Natur zu reduzieren, werden Wissensbestände v. a. westafrikan. Kulturen gesammelt und aufgezeichnet, um europ. Modelle etwa von Subjektivität und Normalität in Frage zu stellen.

4. Symbol des Geheimnisvollen und Unbewussten. Als Inbegriff der Symbolisierung von A. als ›dunklem‹ Kontinent gilt Conrads *Heart of Darkness*. Doch bereits in den Jahrzehnten vor 1900 wird in literar. Texten und Reiseberichten das Eindringen und das Enträtseln des »allerunbekanntesten, allerinnersten A.« (Raabe, *Abu Telfan* I), seines ›Herzens‹, zum Thema (Verne, *Cinq semaines en ballon* V; H.M. Stanley, *In darkest A.*). Ebenso finden sich bis in die Gegenwartslit. hinein ähnl. Vorstellungen (z. B. Boyle, *Water Music*; Trojanow, *Der Weltensammler*; U. Widmer, *Im Kongo*). Oftmals ist eine solche ↗Reise in den ›geheimnisvollen‹ Kontinent mit einer Fahrt in das eigene Unbewusste verknüpft. Bereits Jean Paul hat in *Selina* (IV) das »Reich des Unbewussten« als das »wahre innere A.« bezeichnet. Für das 19. und beginnende 20. Jh. sind für diesen Zusammenhang Kellers *Pankraz der Schmoller*, Texte Rimbauds (z. B. *Mauvais sang*), Schnitzlers *Andreas Thalmeyers letzter Brief* oder Kafkas *Bericht für eine Akademie* zu nennen, aber auch Freud, wenn er das »Geschlechtsleben des erwachsenen Weibes einen *dark continent* für die Psychologie« (*Die Frage der Laienanalyse*) nennt. Im späteren 20. Jh. wird diese Symbolisierung z. T. subvertiert, so bei Trojanow (*Der Weltensammler*), wo der weiße Entdecker Richard Burton für den schwarzen Ich-Erzähler zum unlösbaren »Rätsel« wird, oder bei T. Stangl, der ihre histor. Genese herausstellt: »A. ist in den Jahrhunderten nach der Entdeckung Amerikas erst wirklich zum *dunklen Kontinent* geworden« (*Der einzige Ort* II,1).

↗Europa, Kind, Schwarz.

Lit.: I. Albers/A. Pagni (Hg.), Blicke auf A. nach 1900, Tübingen 2002. – D. Droixhe/K. Kiefer (Hg.), Images de l'africain de l'antiquité au XXe siècle, Frankfurt a.M./Berlin 1987. – P. Martin, Schwarze Teufel, edle Mohren, Hamburg 2001. – F.M. Snowden, Blacks in Antiquity, London 1970.   ChH

Akelei

Symbol Jesu Christi und des Hl. Geistes, der Demut, aber auch der Trauer, der Fruchtbarkeit und Sexualkraft sowie der Unbeständigkeit. – Relevant für die Symbolbildung sind (a) die geneigte Stellung der ↗Blüte, (b) die ↗taubenförmigen Blütenhonigblätter.

Im Altertum ist die A. nirgends beschrieben, zuerst taucht sie bei Hildegard v. Bingen auf (*Physica* I, 132). Deshalb liegt keine Verwandtschaft mit Aglaia, einer der drei Chariten, vor. Vielmehr wird von Albertus Magnus der lat. Name *aquilegia* in Zusammenhang mit dem ↗Adler (lat. *aquila*) gebracht, dessen Krallen er in den (seltenen) ↗vier Blütenspornen wiederfindet (*De vegetabilibus* II, 135). Viel häufiger jedoch werden die ↗fünf Honigblätter als zusammensitzende ↗Tauben gesehen (engl.: ›Columbine flower‹; ↗Honig). Bemerkenswert ist das ungleiche Verhältnis zwischen der starken Präsenz des Symbols in bildl. Darstellungen und der Seltenheit des literar. Vorkommens. Kunstgeschichtlich ist die A. im MA in relig. Symbol par excellence, Maria, Christus und dem Hl. Geist vielfältig verbunden (Braun, 89 f.), seit dem 16. Jh. auch sexuell konnotiert. Die widersprüchl. Symbolik nimmt offenbar Goethe auf, wenn er schreibt: »Schön erhebt sich die Aglei, und senkt das Köpfchen herunter./ Ist es Gefühl? Oder ist's Mutwill? Ihr ratet es nicht« (*Vier Jahreszeiten: Frühling*; ↗Kopf). Ophelia schenkt der Königin Fenchel und

A. und weist damit auf deren Untreue hin (Shakespeare, *Hamlet* IV, 5). Ende des 19. Jh. gilt die A. als altmod. Pflanze, ihre Blütezeit im MA findet noch ein literar. Echo in Longfellows *The Rhyme of Sir Christopher* (1863).

Lit.: LCI I, 89 f. – SdP, 15–17. – A. Wand, Die Gottesmutter mit der A., Leipzig 1991.   PN

Albatros

Symbol der Seefahrt, der Freiheit und Stärke sowie des Dichters. – Relevant für die Symbolbildung sind (a) Kraft und Größe des A., (b) seine ↗weiße, mitunter auch ↗schwarze Färbung und (c) seine souveräne, bes. Höhe erreichende Flugkunst im Gegensatz zu seiner Plumpheit an Land.

1. Symbol der Seefahrt, der Freiheit und Stärke. Der A. gehört weder zu den bibl. noch zu den in der Antike symbolisch bedeutsamen Tieren. Seit dem 6. Jh. erscheinen Hinweise, dass ein solcher Vogel den ↗Schiffen folge. Sein Erscheinen gilt seit der Antike als gutes Omen; einen A. zu töten, ist unter Seeleuten tabu, weil die Seelen auf See verstorbener Seeleute die Gestalt eines A. annähmen. Von diesem (Aber-)Glauben (Fulford 217–225) geht Coleridge in *The Rime of the Ancient Mariner* (1797/98) aus, unterfüttert diese Konstellation zwischen Mensch und Tier jedoch mit der christl. Trad. von Sündenfall und Erlösung. Die völlig unmotivierte Tötung des Vogels durch den Seemann, der die Züge Kains, des ewigen Juden und des Fliegenden Holländers auf sich vereinigt, wird gezeigt als Ausbruch des in der menschl. Natur angelegten Bösen und verlangt daher lebenslange Buße durch symbol. Wiederholung in der Rede (»Der Mann tat Buße schon/ Und büßt noch mehr gewiß!«, V). Melville (*Moby Dick* XLII) bezieht sich explizit auf Coleridge in einer Szene, in der die anderen Matrosen einen A. auf Deck quälen; der Erzähler schließt daran eine Reflexion über die Farbe Weiß als Symbol des Schreckens und des Erhabenen an.

2. Symbol des Dichters. Als freies, auf sich gestelltes Individuum, das zum Ausgestoßenen wird, erscheint der auf einem Schiffsdeck eingefangene A. in Baudelaires Gedicht *L'Albatros* (1859), das der trad. mit der Seefahrt verbundenen Dichtersymbolik (↗Schiff, ↗Segel) den A. hinzufügt und damit eine eigene Symboltradition begründet. Die doppelte Existenz des Dichters in der singulären, grandiosen Rolle als »Fürst der Wolke« und zugleich in gesellschaftlich zweifelhafter Position wird abgebildet in der Mittlerstellung zwischen den dualist. Ordnungen von ↗Himmel bzw. ↗Wasser und Land, Leben und Tod, Alltag und Poesie. Durch Übersetzungen und Nachdichtungen ist der Text in der dt. Lit. präsent (s. Keck), sein Autor wird zum Inbegriff des exaltierten Dichters: »Baudelaire, der Dichter des *A.*, stürzt sich in Opiumräusche und in exotische Laster« (H. Ball, *Der Künstler und die Zeit-*

krankheit V). Weiterentwickelt wird der Symbolzusammenhang bei George, der in *Der Herr der Insel* (1894) den Vogel mit dem Vogel Ruch aus den Sindbad-Märchen der Sammlung *Märchen aus Tausendundeiner Nacht* verbindet: Der Vogel ist einsamer geschlechtsloser Hüter von Schätzen, dessen Singen nur von ↗Delfinen gehört wird und der bei der Begegnung mit den Menschen stirbt, darin die singuläre Fremdheit des Dichters in der Gesellschaft symbolisierend. Wolfskehls im neuseeländ. Exil entstandenes Gedicht *Bann* (im Zyklus *Hiob oder Die vier Spiegel*) verweist auf »Bodläre«, im Flug des Vogels spiegeln sich Emigration und existentielle Heimatlosigkeit. Ebenfalls unter dem Druck der Zeitumstände erhält der Vogel bei dem kommunist. Emigranten E. Arendt, *Der A.*, weitere Konnotationen, indem er ideologisch-politisch als Chiffre für gerechten Zorn und Widerstand in Dienst genommen wird. – In Bachmanns *Tage in Weiß* (1956) fügt sich die weiße Farbe des A. in die beherrschende Farbsymbolik des Textes ein, mit der sowohl Vollkommenheit und Unschuld des Lebens wie seine Todbezogenheit bezeichnet werden. Zusammen mit dem seit der Antike poetologisch konnotierten ↗Schwan vertritt der A. den utop. Ort der Dichtung (»ein unbeschriebenes Land«).
↗Delfin, Schwan.

Lit.: T. Fulford, Geist, der zu Fleisch wurde, in: Die Ordnung der Kulturen, hg. v. H. Bay/K. Merten, Würzburg 2006, 217–229. – G. Kaiser, Der Dichter als Herr der Insel, Herr der Welt, in: ders., Augenblicke dt. Lyrik, Frankfurt a.M. 1987, 353–373. – T. Keck, Vom A. zum Fregattvogel, in: Weltlit. in dt. Versanthologien des 19. Jhs., hg. v. H. Eßmann/U. Schöning, Berlin 1996, 521–536. – M. Oberle, Liebe als Sprache und Sprache als Liebe, Frankfurt a.M./Bern 1990, 88–96.   GMR

Aloe

Symbol der Keuschheit, des Leidens und der Buße, der Fruchtbarkeit bzw. Unfruchtbarkeit, der späten Erfüllung von Hoffnungen, der Geduld und der großen Werke sowie der Liebe. – Relevant für die Symbolbildung sind (a) die ↗Dornen, (b) der bittere Saft, (c) die der Pflanze zugeschriebenen Heilkräfte, (d) das späte und einmalige Blühen der Pflanze und (e) ihr wohlriechendes Holz.

1. Symbol der Keuschheit. Die dornenartigen Ausläufer der ↗Blätter können für Keuschheit stehen. Ausgehend von Hld 4,14 (»Myrrhe und A., allerbester Balsam«), das Alain de Lille und Honorius Augustodunensis auf Maria beziehen, kennt das MA die A. als Marienpflanze und als Symbol für Enthaltsamkeit. Die Dornen können auch im weiteren Sinne die Abwehr von bösen Einflüssen symbolisieren: Für Dickens' David Copperfield verbindet sich im Rückblick die Erinnerung an den Schulhof des Mr. Strong mit den dort gepflanzten A. zu einem Symbol für die behütete Phase seiner Kind-

heit und Jugend (I 16; 19). Mansfields Figur Linda Burnell entwickelt beim Anblick einer A. eine Schutzphantasie gegen die Mühen eines Lebens mit ihrem vitalen Mann und den lebhaften Kindern (*Prelude*, 1. Fass.: *The A.*). – Dass die A. Fäulnis verhindert und Ungeziefer fernhält, wird von Bibel-Exegeten nach Hld 4,10 als Symbol der *continentia* (»Enthaltsamkeit«) und *incorruptio carnis* (»Unverdorbenheit des Fleisches«) gedeutet (Hieronymus Lauretus, *Sylva allegoriarum*, »A.«; Hrabanus Maurus, *De universo* XIX, 7). Die Verwendung der A. salbe im jüd. Bestattungsritus (Joh 19,39; ⁄Öl/ Salbe) findet ihren Widerhall in Barockdramen (Gryphius, *Papinian* V, 493; Hallmann, *Mariamne* III, »Reyen«; Lohenstein, *Cleopatra* III, 185–187; V, 33). Die Übertragung auf den Seelenhaushalt des Christenmenschen erscheint noch im 18. Jh. auf dem Titelblatt eines Erbauungsbuchs: »Die A. bewahrt den Körper für der Fäule:/ Des keuschen Sinnes Art ist daß er den Geist heile« (Lucius, *Die Paradiesische A. der Jungfräulichen Keuschheit*; Drexel, *A. amari sed salubris succi ieiunium*). Im weiteren Sinne steht die A. für den in seinem Streben zu Gott sicheren, rechtschaffenen Geist (Camerarius, *Symbola et Emblemata* I, 87).
  2. *Symbol des Leidens und der Buße.* Die Bitterkeit der A. bzw. ihres Saftes ist schon in der Antike und dann im Humanismus topisch. Juvenals Warnung vor den ⁄Frauen der röm. Gesellschaft »plus aloes quam mellis habet« (»hat mehr von A. als von Honig«) (*Saturae* VI, 181) übernimmt Erasmus v. Rotterdam in seine *Adagia* (I, 8, 66); Boissard warnt mit dieser Formel vor den schädl. Freuden des höf. Luxus (*Emblemes latins*; ähnlich *Emblematum liber* XLIIII), Petrarca überträgt sie auf seine Liebe zu Laura (*Canzoniere* CCCLX: *Quel antiquo mio dolce empio Signor* 24). Die Imprese eines dt. Adligen aus dem 16. Jh. zeigt ⁄Honig, dessen Süße von A.blättern verdorben wird, und erinnert daran, dass das Leben des Menschen von widrigen Umständen bedroht ist (Dolce, *Imprese nobili* XXXII; Lohenstein, *Sophonisbe* II, 109: »Mich stinckt das A. des sauern Lebens an«, und vor einem neostoizist. Hintergrund V, 264 f. und 330). – Die purgierende Wirkung der A. dagegen kann Schicksalsschläge symbolisieren, die den Menschen innerlich festigen (Covarrubias Orozco, *Emblemas morales* LXXXIV). Ins Geistliche gewendet, erscheint die A. so als Symbol christl. Buße und *imitatio Christi* (Eschenloher, *Heilsam-bitteres A., oder Kurtz=verfaßte Betrachtungen von dem Bittern Leiden und Sterben unsers gebenedeyten Heylands*; Hohberg, *Lust- und Arzeney-Garten des königlichen Propheten Davids* CXXX).
  3. *Symbol der Fruchtbarkeit bzw. Unfruchtbarkeit sowie der Beständigkeit von Geisteswerken.* Im 17. Jh. kursieren Druckschriften, die das Blühen der amerikan. A., eigentlich einer Agavenart (Agave americana), in Adelsgärten als Ergebnis gärtner.

Kulturleistung feiern und die genaue Anzahl der ⁄Blüten mitteilen, meist verbunden mit dem Wunsch nach ebenso reicher Nachkommenschaft, langer Regentschaft der Potentaten oder langem Bestehen des Hauses (Billinger, *Geistlicher A.-Flor*, und noch Kugler, *Geschichte Friedrich des Großen*); die Praxis spiegelt sich in Lohensteins *Ibrahim Sultan* (V, »Reyen«) wider. Umgekehrt deutet A. als weibl. Name darauf hin, dass die Figur keinen Partner findet (Raimund, *Die unheilbringende Zauberkrone*) oder ihr Kinderwunsch unerfüllt bleibt (Draesner, *Mitgift*). Entsprechend kann die A. auch auf Tod und Überlebtheit (v. a. von Geschlechtern) hinweisen (Eichendorff, *Das Schloß Dürande*). – Als immergrüne, bzw. auch ohne Nährboden weitergrünende Pflanze steht die A. andererseits für Nachruhm (Ruscelli, *Imprese illustri* CDXXXIII) und für Geisteswerke, in denen der Mensch fortleben könne (Camerarius, *Symbola et Emblemata* I, 92; aufgenommen in Ferros *Teatro d'Imprese* XXXVIII). Wohl mit Bezug auf Kugler führt Fontane diese Bedeutungshorizonte im *Stechlin* (Kap. 1) auf komplexe Weise zusammen: im Motiv der A. an der Hofauffahrt sind zentrale Konstellationen des Romans (Tod und ›Fortleben‹ des alten Stechlin, preuß. Adelskultur zwischen Trad. und gesellschaftl. Umbrüchen) symbolisch vorweggenommen. Unter dem Eindruck einer technizistisch entfremdeten Welt stellt W. Weyrauch die A. als dichte Chiffre für Gültigkeit, Fortbestehen, das Metaphysische dem Atom als Symbol des mechanisch Kalten, mathematisch ›Atomisierenden‹, Bösen gegenüber (*Atom und A.*; *Ich liebe*; *Mein Gedicht ist mein Messer*).
  4. *Symbol der Erfüllung von späten Hoffnungen bzw. Versprochenem.* Das späte, plötzl. Erblühen der A. kann die Erfüllung von Erhofftem oder Verheißenem symbolisieren (Kotzebue, *Der blinde Gärtner oder die blühende A.*) oder mit dem späten Finden zweier Liebender korreliert werden (Stifter, *Der Condor*; Hoey, *The Blossoming of an A.*; ironisch persifliert im letzten Abschnitt von Heines *Harzreise*). In Stifters *Abdias* verweisen zunächst die abgestorbenen A. vor den Höhlenwohnungen auf die fehlende Nachkommenschaft (s. 3.) und unerfüllte Liebe des Juden, dann deuten die Vergleiche seiner blinden Tochter Dita mit einer A. auf ihr plötzl. Erblühen (sie wird sehend) voraus, aber auch auf ihren baldigen Tod. Draesners Figur A. kämpft in einer traumat. Familienkonstellation um Selbstentfaltung (*Mitgift*).
  5. *Symbol der Geduld und der großen Werke.* Das seltene Erblühen der A. gibt in der Vormoderne ein Vorbild für die überlegten Ratschlüsse des Regenten (Major, *Americanische […] A.*) oder verweist auf die christl. Tugend der Geduld (Günther, *Trostaria*; Pfeffel, *Güldene Aepfel in silbernen Schalen* CCXLVIII). Im 19. Jh. wird es v. a. auf kulturelle Hochleistungen bezogen: Wirkl. Genies sind selten

wie eine blühende A. (Dohm, *Der Frauen Natur und Recht*; L. Büchner, *Die Frauen und ihr Beruf*, »Ueber die Erziehung für das Haus«). Herder vergleicht Leibniz' außergewöhnl. Leistungen mit einer A. (*Briefe zur Beförderung der Humanität* LXII), für Feuchtersleben ist die griech. Antike die »A. im Garten der menschlichen« Kultur (*Zur Geschichte des Unterrichtes*). Hahn-Hahn setzt mit der selten blühenden A. die Poesie gegen die systemat. Naturwissenschaften in ihr Recht (*Gräfin Faustine* IV). Hebbel kontrastiert die zahlreichen kleinen Blumen mit der seltenen A. und verteidigt so Schriftstellerei (und Vielschreiberei) gegen das eine große Werk (*Grundirrthum*). Schopenhauer kombiniert die Bedeutungsträger Bitterkeit (s. 2.) und seltene Blüte der A. zu einem Symbol für krisenhafte, prägende Momente im Menschenleben, von denen Genies häufiger betroffen seien (*Anna* II, »1822«).

6. Symbol der Liebe. Das nur langsam und scheinbar nicht vollständig verbrennende A.holz ist bei Hafes Vorbild für die ausdauernde Liebe des Dichters (Hafes, *Diwan*: »Buchstabe Te« LXXIV; »Buchstabe Se« VII; »Buchstabe He« IV). Räucherwerk von A.holz kennen auch die ma. Epiker (Wolfram v. Eschenbach, *Parzival* 230, 11; 484, 13–18; 790, 7; 808, 13), nach Hld 4,14 v. a. in Kombination mit Myrrhe (Konrad v. Heimesfurt, *Urstende* 112, 67; Wolfram v. Eschenbach, *Willehalm* 69, 12–15). Den Bibel-Exegeten ist der Wohlgeruch brennenden A.holzes, v. a. wegen Spr 7,17 (»Ich habe mein Lager besprengt mit Myrrhe, A. und Zimt«), aber auch verdächtig: »Videtur posse sumi aloe in malum […] Et dicitur habere odorem ad alliciendum aptum« (»Die A. scheint ein Übel bedeuten zu können […] Und man sagt, ihr Wohlgeruch sei zur Verführung geeignet«) (Hieronymus Lauretus, *Sylva allegoriarum*, »A.«). Ps.-Hrabanus Maurus deutet die A. *in malam partem* als *dulcedo et voluptas carnalis* (»Süße und fleischliche Begierde«) (*Allegoriae in sacram scripturam*, »A.«).
↗Blume.

Lit.: L. Behling, Die Pflanzenwelt der ma. Kathedralen, Köln 1964, 162–177. – H. de Cluveland, Ein Wundergewächs aus großer Herrn Gärten. Die Bedeutung der A. im 16. bis 18. Jh., in: Festschrift für Fritz Jacobs zum 60. Geburtstag, hg. v. O. Klodt, Münster 1996, 39–50. – H.N. u. A. Moldenke, Plants of the Bible, Waltham/Mass. 1952, 27, 47f. – H. Reinitzer, Zeder und A., in: Archiv für Kulturgeschichte 58 (1976), 1–34.　　JMo

Alphabet

Symbol der Universalität und der Vollkommenheit. – Relevant für die Symbolbildung ist die vollständige und streng geregelte Zeichenfolge im A.

1. Antike und Spätantike. Grundlegend für die Symbolik des A. in der Antike ist die Auffassung, dass die ↗Schrift letztlich göttl. Ursprungs ist. In der vom Pythagoräismus stark geprägten hellen. Kultur fungieren die ↗Buchstaben auch als Zahlzeichen (↗Zahlen), ja sogar als Musiknoten. Eine universale Bedeutung erlangen sie dadurch, dass sie als *stoicheia* (= *elementa*) verstanden werden. In den griech. Zauberpapyri erscheinen, z. T. in figurierter Form, Vokalreihen, die apotropäischen Zwecken dienen. Wichtig für die astrolog. Konnotation des A. ist, dass die ↗sieben Vokale die sieben Planeten symbolisieren. In der Antike kommt auch die Vorstellung von der Sternenschrift (↗Schrift) und von dem Lesen in den ↗Sternen auf (↗Sternbilder), der eine große Wirkung auf die europ. Lit. beschieden ist. Dabei kann auch ein einzelnes Sternbild, wie das Deltoton, nach Ausweis der *Phainomena* des Arat als Buchstabe (*delta*) verstanden werden. – Mit dem Hellenismus und seinem starken Trend zur Schriftlichkeit entwickelt sich ein neues Verhältnis der Lit. zu den Buchstaben, das sich auch auf poetisch ambitionierte Texte auswirkt. Mit den Technopägnien entsteht als eine neue literar. Gattung die visuelle Poesie, welche die Buchstaben erstmals in pikturalen Figuren mit symbol. Bedeutung anordnet. In dieser Epoche hält auch das eine zweite Textebene konstituierende Akrostichon, das z. B. der Lehrdichter Nikandros von Kolophon (2. Jh. v.Chr.) als Sphragis einsetzt, Einzug in die Poesie. Für die griech. literar. Trad. ist es schließlich von großer Bedeutung, dass die alexandrin. Philologen die Werke Homers, die *Ilias* wie auch die *Odyssee*, nach den 24 Buchstaben des griech. A. in jeweils 24 Gesänge bzw. Bücher einteilen. Das A. als ↗Spiegel des Universums wird zugleich zum Sinnbild einer holist. Erzählwelt. – Fast gleichzeitig entstehen im jüd. Kulturkreis alttestament. Texte wie z. B. die Klagelieder des Jeremias und einige späte Psalmen, die allesamt den Abecedarius, ein alphabet. Akrostichon, als Gliederungsprinzip einsetzen, wobei in Ps 118 der jeweilige Buchstabe des A. achtmal pro ›Strophe‹ am Versanfang wiederholt wird. Nach der Psalmenerklärung des Kirchenvaters Hieronymus (um 350–420) soll das kunstvolle alphabet. System in den Psalmen symbolisch andeuten, dass das Textverständnis seinen Weg vom Buchstaben zum geistl. Sinn nehmen soll. An die Trad. der Psalmen schließen sich Augustin mit seinem alphabet. *Psalmus contra partem Donati* sowie Fulgentius von Ruspe mit seinem *Psalmus abecedarius contra vandalos arrianos* an, die das Strukturprinzip als mnemotechn. Hilfsmittel im Kampf gegen Häresien einsetzen. – Eine neue symbol. Vorstellung, Christus als *Alpha et Omega* (Offb 1,8; 21,6; 22,13), die zu einem wichtigen Baustein der antiarian. Christologie wird, tritt in der Spätantike in epigraf. Zeugnissen hervor, ist als Formel häufig dem Christusmonogramm oder dem ↗Kreuz inskribiert und infiltriert früh die christl. Dichtung, in der sie sich bereits im *Cathemerinon liber* des Prudentius (IX, 10) nachweisen lässt.

2. *Mittelalter.* Die christolog. A.symbolik ist sicher ein Grund dafür, dass sich der Abecedarius spätestens seit Sedulius in der christl. Hymnendichtung des MA stark verbreitet. Sakrale ›Buchstabenspiele‹ finden sich im MA bes. ausgeprägt in Hrabans visuellem Gedichtzyklus *Liber de laudibus sanctae crucis* (um 810), in dem in Figura I den Nimbus der Christusgestalt der erste, mittlere und letzte Buchstabe des A. (A, M, Omega) zieren und in Figura XII der Name ADAM als Akronym für die ↗vier ↗Himmelsrichtungen um im Rahmen der Gematrie als Symbolzahl 46 gedeutet wird. In tekton. Funktion erscheint das A. in Hrabanus Maurus' Enzyklopädie *De universo*, die nach den 22 Buchstaben des hebr. A. und den 22 Büchern des AT in 22 Bücher disponiert ist. Im Spätmittelalter tritt an die Stelle christolog. Symbolik eine mariolog., wenigstens dominierende hymn. Marien-Abecedarien, wie z. B. von Chaucer (*Incipit carmen secundum ordinem litterarum alphabeti*) und dem Mönch von Salzburg (*Das goldein Abc mit vil subtiliteten*) bezeugen. – Wie schon in der Antike angebahnt, tritt im MA die graf. Gestalt der Buchstaben als *res significans* im Rahmen der Allegorese in den Vordergrund, wenn z. B. in den *Etymologiae* des Isidor v. Sevilla das griech. T das Kreuz Christi und das Y den Menschen am Scheideweg (↗Weg/Straße) symbolisiert (I, 3). Darüber hinaus transformieren die Figurenalphabete der Frühen Neuzeit mit pikturalen Mitteln und in Anlehnung an die ma. Bildinitialen das mit abstrakten Zeichen operierende A. in eine veritable Bilderschrift, welche die einzelnen Lettern, wie z. B. der Typus des Architekturalphabets zeigt, jeweils einem bestimmten ikon. Symbolfeld zuordnet. Zugleich zeigt sich eine starke Tendenz zur Säkularisierung der ursprünglich mag.-relig. A.symbolik, die sich auch in dem *Liederbuch* der Clara Hätzlerin (1430–1476/77) in Form von abecedar. Lobkaskade und Schimpfkanonade manifestiert.

3. *Frühe Neuzeit.* Nachdem schon im Spätmittelalter Raimundus Lullus in seiner *Ars combinatoria* mit A.zeichen gearbeitet hat, gelten in der vom Lullismus stark geprägten Frühen Neuzeit die Buchstaben als kombinator., sowohl spielerisch wie kreativ einsetzbare Bausteine von Texten. Ein Exemplum liefert Abraham a Sancta Clara in seinem theolog. Werk *Judas der Ertz-Schelm*, in dem er auf der Basis der Vokalfolge ›A.E.I.O.U.‹ 15 auf W alliterierende Wörter und aus diesen wiederum 15 ↗Verse generiert. Die Textproduktion verbindet Buchstaben- und Klangzauber mit dem poet. Verfahren der Permutation, das in einer Expansion literar. Erscheinungen wie Anagramme, Proteusverse und *Carmina infinita* zum Ausdruck kommt. Hinter der Symbolik solcher Formen steckt die Vorstellung von Gott als ›Combinator‹ und vom Universum als ›Mundus combinatus‹. Zu beachten sind außerdem Einflüsse der Kabbala, die neben Notarikon und

Gematrie auch die Temurah, eine kombinator. Methode, zur Schriftexegese nutzt. An die Trad. der Sprachkombinatorik schließt sich im 17. Jh. der ekstat. Dichter Q. Kuhlmann an, der in seinem zahlensymbolisch konzipierten *Kühlpsalter* (1684) auf die abecedar. Psalmentradition rekurriert. Hier bietet er Paradigmata für A.mystik, wenn er im III. Buch entsprechend den sieben Wochentagen sieben Abecedarii vom Typ *güldenes Abc* zu je 24 Versen konstruiert und daran anschließend noch einmal ↗drei weitere Verse einsetzt (4275–4514). Im 18. Jh. schreibt M. Claudius, anknüpfend an die Farb- und Materialsymbolik, in Paarreimen (↗Reim) nicht nur *Ein Gülden ABC* (↗Gold), sondern auch *Ein Silbern dito* (*Asmus omnia sua secum portans* VII; ↗Silber).

4. *18. und 19. Jahrhundert.* Nachdem sich schon in der Antike das A. mit ↗Kindheitserinnerungen assoziiert hat, erscheint es vom 18. Jh. an häufig im Kontext mit Kinderversen anlässlich des schul. Erlernens der Schriftsprache, und auch daran anschließende poetisch-fiktionale Texte suggerieren auf der Symbolebene den pädagog. Aspekt. Jean Paul nimmt in seinem Roman *Leben Fibels, des Verfassers der Bienrodischen Fibel* in humorvoller Weise auf diesen Vorstellungskomplex Bezug, indem er in einem eigenen Appendix ein Bsp. für eine Fibel abdruckt, bei der jedem Buchstaben des A. zwei Bilder und zwei Merkverse zugeordnet werden. Mit Kindheit und früher Schulerfahrung konnotiert sind auch Moritz' *Neues A.B.C.Buch*, das Gedicht *Die ABC=Schützen* in *Des Knaben Wunderhorn* (KL 12), das wie auch Goethe in dem Gedicht *Séance* die Buchstaben anthropomorphisiert, und W. Buschs komisches *Naturgeschichtliches A.* (1860), dessen Illustrationen vom Autor selbst stammen. – Auf die alte symbol. Vorstellung vom Buch der Natur und die Trad. der Figurenalphabete greift Hugo zurück, indem er in *Voyages. Alpes et Pyrénées* das A., ausgehend von den Graphemen, als symbol. Bildsequenz vom Haus der Menschen (›A‹ als Dach: Giebel mit Querbalken) bis hin zu Gott (›Z‹ als ↗Blitz: Zeichen Gottes) deutet. In diesem Diskurs bewegt sich auch Rimbaud in seinem Gedicht *Voyelles*, in dem er z. B. in der letzten Strophe den Buchstaben O mit verschiedenen Signifikaten wie einem Horn, dem griech. *omega* und einem umflorten ↗Auge verbindet.

5. *20. Jahrhundert.* Autoreferentiell sind die dadaist. A.-Texturen von Schwitters, auf Buchstaben als ›Stoicheia‹ abhebend: *Register [elementar]*, mit dem eingebetteten Namen des Freundes ARP und, als Palindrom konstruiert, *A. von hinten.* Der Surrealist Aragon hingegen verleiht dem A. eine symbol. Dimension, wenn er der nackten Buchstabenfolge von A bis Z, zum Schluss mit Spatien versehen, den Titel *Suicide* voranstellt. Während der konservative Österreicher Weinheber in seiner *Ode an die Buchstaben* nicht auf die Grafie, sondern

mystifizierend auf die Lautsymbolik der Buchstaben abhebt, stößt man in der Konkreten Poesie, bes. unter den Buchstabentexten Rühms, auf experimentelle Sprachspiele mit Varietäten des A. in bestimmten Konnotationen: Transgression und Fragmentierung in *erweitertes a.* und *verkürztes a.*, Tautogrammatismus in *alfabet der damen* und Anklang an die von Gomringer favorisierte ›Sternenschrift‹ in *vokalkonstellationen*. Auch bei Autoren, die eher am Rande der Konkreten Poesie zu verorten sind, findet man neodadaist. A.texte wie Bieneks *Ursonate*, mit der Schwitters' gleichnamiges Gedicht herbeizitiert wird. Den Aspekt musikal. Strukturierung in Verbindung mit dem permutativen Charakter des A. reaktiviert der Fluxus-Künstler E. Williams in seinem Poesiegenerator *The A. Symphony*. – Nicht nur im neo-avantgardist. Gedicht, sondern auch im modernen Roman hält das A. Einzug. Nach ersten Aufnahmen kleinerer abecedar. Texte bei Sterne im *Tristram Shandy* und bei Joyce in *Finnegans Wake* arriviert die Alphabetik sogar zum Aufbauprinzip im neueren experimentellen Roman. So besteht Okopenkos Roman *Lexikon einer sentimentalen Reise zum Exporteurtreffen in Druden* aus über 700 alphabetisch eingeordneten Notaten mit quasi aleator. Lesestruktur und revitalisiert zwei symbol. Konnotationen des A.: enzyklopäd. Fülle und Kombinatorik elementarer Formen.
↗Buch, Buchstabe, Schrift.

Lit.: F. Dornseiff, Das A. in Mystik und Magie, Berlin ²1925. – U. Ernst, Leuchtschriften, in: Licht, Glanz, Blendung, hg. v. Ch. Lechtermann/H. Wandhoff, Frankfurt a. M. 2008, 71–90. – J. Kiermeier-Debre/F.F. Vogel (Hg.), Poet. Abracadabra, München 1992. – P. Mayer (Hg.), Alphabetical and Letter Poems, London 1978. UE

Alraune

Symbol des Dämonischen, des Aberglaubens, der Alleinheit. – Relevant für die Symbolbildung ist die vermeintlich menschenähnl. Gestalt der A.
Die frühesten literar. Belege für die auch als ›Mandragola‹ oder ›Galgenmännlein‹ bekannte, zu den Nachtschattengewächsen zählende A. begegnen in mesopotam. Schöpfungsmythen, laut derer aus dem ↗Samen des dem bibl. Adam gleichzusetzende Gajomard eine Pflanze in Menschengestalt, der Ursprung der Menschheit, erwuchs. Hierauf rekurrierend findet die A. seit dem Altertum als Mittel des Liebes- und Fruchtbarkeitszaubers in mytholog., bibl. (Gen 30,14–16), naturwissenschaftl. (Theophrastos, *Historia plantarum* VI 2, 9; Dioskurides, *De materia medica* IV, 76; Plinius d.Ä., *Naturalis historia* XXVI, 93), aber auch literar. Schriften Erwähnung, so bereits in der nur fragmentarisch überlieferten Komödie *Tyndareos* des Alexis und bei Apollodoros v. Karystos (3. Jh. v.

Chr.). In Machiavellis 1518 uraufgeführter Komödie *La mandragola* wie auch im Elisabethan. Drama, so in Shakespeares Trauerspielen *Othello, the Moor of Venice* oder *Antony and Cleopatra*, bleibt diese Zuweisung lebendig, findet sich aber auch noch im 19. Jh. (J. Wolff, *Der Rattenfänger von Hameln*).
1. *Symbol des Dämonischen.* Gleichwohl erfährt der Gebrauch der A. im (abendländ.) MA und in der Frühen Neuzeit eine Bedeutungswandlung. Hildegard v. Bingen weist ihr wegen ihrer menschenähnl. Gestalt das Innewohnen des Teufels zu (*Physica* I, 56), wovon ausgehend die A. mehr und mehr als Werkzeug schwarzmag. Praktiken erscheint, so u. a. in L. Fuchs' *Kreüterbuch* (1543, Kap. CCI). Der Bedeutungswandel hin zu einer allg. mit teufl.-dämon. Kräften ausgestatteten ↗Wurzel, deren Wuchs aus dem im Todeskampf vergossenen Sperma eines Gehenkten erklärt und deren Gewinnung mit Gefahren verbunden wird (die A. ›schreit‹ beim Ausgraben und jeder, der diesen ›Schrei‹ vernimmt, muss eines qualvollen Todes sterben, vgl. Thurneysser, *Archidoxa*, 1569), bedingt seit dem 15. Jh. den Eingang der A. in das Instrumentarium schwarzmag. Praktiken (Harsdörffer, *Der Grosse Schauplatz Jämmerlicher Mordgeschichte* LXV), insbes. im Zusammenhang mit dem Hexenglauben (Weyer, *De praestigiis daemonum* XXII; 1563), aber auch der Alchemie. Vereinzelt versinnbildlicht die A. jedoch auch die Rückwendung zum Heidnischen (etwa Scheffel, *Der Trompeter von Säckingen*).
2. *Symbol des Aberglaubens.* Während diese Symbolik aber kaum Eingang in die ›schöne‹ Lit. findet, wird vor dem Hintergrund des gewinnbringenden Handels mit vermeintl., aus allerlei Knollen geschnitzten, Galgenmännlein durch »Leütbescheissern« (Rist, *AllerEdelste Tohrheit der gantzen Welt*) die A. als »ein betrogne arbeit und bescheißerei von den landfarern« (Paracelsus, *Liber de imaginibus*, IX) seit der Frühen Neuzeit gleichsam sinnbildl. Abbreviatur eines törichten, nutzlosen Aberglaubens (Sachs, *Die fünff armen wanderer*; Grimmelshausen, *Simplicissimi Galgen-Männlin*; Matthisson, *Hexenfund*; Goethe, *Faust II* 4979).
3. *Symbol der Alleinheit.* Die sich seit dem 17. Jh. im Volks(aber)glauben mehr und mehr vermischenden Vorstellungen von A. und (hilfreichem) Kobold bzw. *spiritus familiaris* finden zunächst insbes. in der Romantik Eingang in die Lit. (u. a. A. v. Arnim, *Isabella von Ägypten*; Fouqué, *Geschichte vom Galgenmännlein*; E.T.A. Hoffmann, *Klein Zaches*). Der sich hier neben dem rein Motivhaften bereits abzeichnende Symbolcharakter der ›lebendigen‹ A. als Verbindungsinstanz zwischen der (All-)Natur und dem Menschen lebt um die Wende des 19. zum 20. Jh. unter dem Einfluss der Weltanschauungslit. erneut auf (Ewers, *A.*; Kyber, *Alräunchen*).
↗Homunculus.

Lit.: WCS, 194–196. – A. Schlosser, Die Sage vom Galgenmännlein im Volksglauben und in der Lit., Münster 1912, Nachdr. Berlin 1987.   URo

Amaranth

Symbol der Unvergänglichkeit und Beständigkeit sowie der Liebe und der Leidenschaft. – Relevant für die Symbolbildung sind (a) die intensiv ⁷rote Farbe der Blütenstände, die zum Vergleich mit ⁷Blut und ⁷Feuer einlädt, (b) die Eigenschaft der Blüten, selbst gebrochen noch lange Zeit ihre tiefrote Farbe zu bewahren.

Die Bezeichnung ›A.‹ (von gr. *amárantos*, »unverwelklich« und *ánthos*, »Blume«) spiegelt die in der Antike landläufige Meinung wider, dass das Fuchsschwanzgewächs nicht verwelke. Berichten zufolge erwachten Blüten in ⁷Wasser zu immer neuem Leben. Bei den Griechen (Friedrich, *Die Symbolik und Mythologie der Natur* § 148) gilt A. deshalb als Sinnbild der Ewigkeit und ziert zu Kränzen gebunden die Bildnisse der unsterbl. Götter. Anknüpfend an dieses Brauchtum ist A. auch außerhalb des sakralen Bereichs ein Zeichen höchster Verehrung und immerwährenden Ruhms (Malherbe, *Ode à Henri IV*). Das Christentum interpretiert den A. als Verheißung des Paradieses und der Ewigkeit, da er die Unendlichkeit in seinen Namen eingeschrieben trägt und – so die theolog. Meinung – erst im Jenseits seine wahre Bedeutung zu erfüllen vermag. Über die Blutsemantik des Roten ist A. auch zum Symbol für die christl. Märtyrer geworden: Sie glühen »in ihrem Blute im Himmel wie die tiefroten A.« (Brentano, *Gockel, Hinkel und Gackeleia*). Der 1653 von der Königin Christine von Schweden gegründete ›Amarantenorden‹ nimmt die Beständigkeitssymbolik des A. als Motto auf; *semper idem* (immer derselbe) lautet die Inschrift eines jeden Ordensrings. – Die Blüten des A. symbolisieren über die tiefrote Farbe und deren Ähnlichkeitsbeziehung zu Blut und Feuer aufwühlende Leidenschaften, insbes. Liebe. In diesem Bedeutungsbereich erfährt der A. jedoch ambivalente Wertungen: Zum einen meint er die treue Gottes- oder Menschenliebe (Scheffel, *Der Trompeter von Säckingen*, »Als Zueignung«; Gregorovius, *A.*; Brentano, *Gockel, Hinkel und Gackeleia*), zum anderen die ungezügelte körperl. Leidenschaft, die im christl. Kontext als sündhaft verurteilt wird. A. oder a.rote Farbe erscheint dann als sinnverwirrend und gefährlich (Goethe, *West-östlicher Divan, Noten und Abhandlungen*: »Blumen und Zeichenwechsel«; Brentano, *Gockel, Hinkel und Gackeleia*).

⁷Blut, Feuer/Flamme, Rot.

Lit.: J.B. Friedrich, Die Symbolik und Mythologie der Natur, Würzburg 1859. – A. Lorenczuk, A. – das wahre Zeichen, in: ders., Die Bilder der Wahrheit und die Wahrheit der Bilder, Sigmaringen 1994, 141–157. – F. Picinelli/A. Erath, Mundus symbolicus, Köln 1687, Nachdr. Hildesheim 1979.   JMi

Amboss   ⁷Hammer und Amboss.

Ameise

Symbol der Klugheit, des Fleißes und der sozialen Organisation, aber auch des Größenwahns und ruheloser Emsigkeit. – Relevant für die Symbolbildung sind (a) das Leben der A. in großen Populationen, (b) das Sammeln von Vorräten, (c) das Tragen vergleichsweise großer Lasten.

Seit der Antike ist die vorsorgende A. Symbol für Klugheit und Fleiß (Vergil, *Georgica* I, 186; Spr 6,6–8, 30,25; *Physiologus*: »Von der A.«; HS, 930 f.). Augustinus überträgt die Bedeutung auf die christl. Vorsorge (WCS). In Lessings Fabeln ist sie bescheiden (*Der Hamster und die A.*) und weise, wenn sie nach der Arbeit ruht (*Der Geist des Salomo*). Schiller betont dagegen die Nichtigkeit des Arbeitseifers (*Die Räuber* III, 1; *Fiesco* II, 4). – Durch ihre Sammeltätigkeit und ›Geselligkeit‹ werden A. häufig mit ⁷Bienen verglichen (Ovid, *Ars amatoria* I, 93– 96; HS, 930 f.; Immermann, *Die Epigonen* II, 8). In ihrer Menge verweisen die A. im Barock auf negativ betrachtete Gleichheit und Volksherrschaft (HS, 929 f.), aber auch auf vorbildl. soziale Ordnung (HS, 931 f.; so schon der spätma. *Formicarius* [Ameisenhaufen] des Johannes Nider). Seit dem 19. Jh. symbolisiert der A.staat die Unübersichtlichkeit der modernen ⁷Stadt (Heine, *Englische Fragmente* II, »London«; Baudelaire, *Les sept vieillards*), in der phantast. Lit. des 20. Jh. wird er zur Welt des Grauens (B. Werber, *Les fourmis*). – Die A. symbolisiert bei Goethe Mut (*Wilhelm Meisters Wanderjahre* III, 6), der sich bei Jean Paul zu Hochmut (*Siebenkäs* II, 7), bei Herder (*Auch eine Philosophie der Geschichte zur Bildung der Menschheit* II) oder Ringelnatz (*Die A.*) zu Größenwahn steigert.

⁷Biene, Stadt.

Lit.: LCI I, 110 f. – RAC I, 375–377. – WCS, 244. – W. Wülfing, Vom Adler zu den Ratten, in: Menschen – Tiere – Pflanzen, hg. v. H. Petri/H. Liening, Bochum 1995, 134–147.   EM

Amerika

Symbol der Unschuld und der Freiheit. – Relevant für die Symbolbildung sind v. a. (a) christl. und antike Prätexte (insbes. im ⁷Europa der ersten Jahrzehnte nach 1492), (b) die natürl. Beschaffenheit A. sowie (c) seine kulturelle Heterogenität.

1. Symbol der natürlichen und historischen Unschuld. In den ersten europ. Zeugnissen über A. werden die »fruchtbarste« (›Kolumbus-Brief‹ VII) Natur und die »völlig nackt« (Vespucci, *Mundus novus*) herumgehenden Menschen vielfach mit den christl. Paradiesvorstellungen in Zusammenhang gebracht (Francisci, *Ost- und West-Indischer wie auch Sinesischer Lust- und Stats-Garten*: Vorrede; Wercker, *Auf die Eroberung von Mexiko*). Diese Symbolisierung A. als paradies. Naturraum bleibt zwar auch in den nachfolgenden Jahrhunderten erhalten, wird aber zum einen zusehends auf den (›Wilden‹) ↗Westen der USA reduziert (z. B. Willkomm, *Die Europamüden* I, 10) und zum anderen vielfach ironisiert (z. B. Kisch, *Paradies A.*). Von Beginn an werden die Paradiesvisionen von Bildern begleitet, die, wie etwa in Galles Kupferstich *A.* (nach Stradanus) aus dem späten 16. Jh., in *A.* zugleich einen jungfräul. (↗Frau/Jungfrau) Kontinent sehen, der sich dem männl., europ. Eroberer darbietet. Die »nacket lüt« (Brant, *Das Narrenschiff* LXVI) in *A.* werden aus europ. Sicht nach und nach von ›unschuldigen Kindern‹ zu ›Edlen Wilden‹ (z. B. Rousseau, *Discours sur l'inégalité*). – Zugleich allerdings hat das Konzept vom in eins mit der Natur lebenden Amerikaner auch das Bild vom tier., primitiven Wilden erzeugt, der jenseits aller Kultur lebt. Bes. Bedeutung besitzen in diesem Zusammenhang die den amerikan. Ureinwohnern zugeschriebenen kannibalist. Praktiken, die bereits Kolumbus, Vespucci oder Staden (*Warhaftig Historia und beschreibung eyner Landschaft der Wilden/Nacketen/Grimmigen Menschenfresser Leuthen/ in der Newenwelt America gelegen*) beobachtet haben wollen und die Montaigne in seinem Essai *Des cannibales* kritisch kommentiert. Typisch für viele Texte ist eine Verschränkung der beiden Bilder; bes. im 19. Jh. gewinnt das Nebeneinander von edlen und barbar. Wilden aufgrund der Indianerromane Coopers (z. B. *The Last of the Mohicans*) und später K. Mays (z. B. *Winnetou I–III*) eine große Popularität. Das Bild vom kulturlosen Wilden bleibt nicht allein den Ureinwohnern vorbehalten: Im 19. und 20. Jh. wird es auch auf die weißen Amerikaner oder auf die Nachfahren der afrikan. Sklaven übertragen (↗Afrika), z. T. mit negativen (Kürnberger, *Der A.müde* IV, 5; Halfeld, *A.*), z. T. mit positiven Konnotationen (Hesse, *Der Steppenwolf*; Kerr, *Yankeeland*; Baudrillard, *Amérique*). – Der Natur-Kultur-Gegensatz besitzt auch eine zeitl. Komponente, die sich in Vorstellungen wie ›Land ohne Vergangenheit‹ bzw. ›Land der Zukunft‹ Ausdruck verschafft. Wird *A.* von 1492 an v. a. mit Blick auf die Ureinwohner als geschichtsloser Kontinent gesehen (z. B. in Goethes Gedicht *Den Vereinigten Staaten*), so wird ab dem 19. Jh., nicht zuletzt im Zuge der Auswanderungsbewegungen, das Bild vom »jungen Amerika« (Raabe, *Alte Nester* XIII) verstärkt mit der Zukunft verknüpft (Willkomm, *Die Europamüden* I, 10.; S. de Beauvoir, *L'Amérique au jour le jour*, »25. Januar 1947«). Im kulturkrit. Kontext kann das Bild auch pessimistisch gewendet werden (z. B. Hesse, *Harry Frank*). Manche Autoren beziehen die Geschichtslosigkeit auch auf die individuelle Biografie. So freut sich Grünbein gegen Ende des 20. Jh. darüber, in Manhattan »unabhängig von Biografie und Herkunft« (*Manhattan Monolog*) existieren zu können.

2. Symbol der individuellen, ökonomischen und politischen Freiheit. A. als ein aus europ. Sicht bis 1492 kulturloser Raum gilt den Kolonisatoren und später den Migranten als Ort individueller Freiheit jenseits der Reglementierungen der Alten Welt (z. B. Goethe, *Wilhelm Meisters Wanderjahre* III, 3). Das betrifft v. a. das innere A. zwischen den Küstenstrichen, das in Romanen des 19. Jh. als Ort erscheint, an dem sich der ›deutsche Jüngling‹ entwickeln und verändern kann, um dann entweder in A. ein ›Neues Deutschland‹ zu schaffen oder als gemachter und gereifter Mann nach Hause zurückzukehren (Willkomm, *Die Europamüden*, II, 12; Möllhausen, *Die Mandanen-Waise*; Spielhagen, *Deutsche Pioniere*). Eine konkrete Form hat dieses Symbol 1886 in der New Yorker *Statue of Liberty* gefunden (Lazarus, *The New Colossus*). (Ironisch) aufgegriffen wird dieses Bild bei Kafka, *Der Verschollene*, J. Roth, *Hiob*, Streeruwitz, *Lisa's Liebe* und Hettche, *Woraus wir gemacht sind*. – Neben der individuellen ist es die ökonom. und die polit. Freiheit, die aus der relativen ›Unordnung‹ A. zu erwachsen vermag. Galt A. bereits den ersten Entdeckern als ›Eldorado‹, so werden in der dt. Lit. der nachfolgenden Jahrhunderte immer wieder Figuren vorgeführt, die jenseits des Atlant. Ozeans reich geworden sind (z. B. Robert Wolf in Raabes *Die Leute aus dem Walde*). Das Bild der USA als demokrat. »Canaan« wird nach 1776 v. a. von Sealsfield (*Der Legitime und die Republikaner* I, 11) und Tocqueville (*De la démocratie en Amérique*) geprägt; im 20. Jh. – zur Zeit des Nationalsozialismus – taucht es noch einmal verstärkt in den Texten dt. A.-Emigranten auf (Th. Mann, *Vom kommenden Sieg der Demokratie*; s. a. Lentz, *Pazific Exil*). – Die US-amerikan. Metropolen wie ↗New York oder Chicago gelten von der Mitte des 19. Jh. an als Ort ungeordneter Veränderung auch in materieller Hinsicht. Zentral für diese Vorstellung sind der »immer drängende Verkehr« (Kafka, *Der Verschollene* II: »Der Onkel«), der unentwegte Wandel der Stadtphysiognomie (Johnson, *Jahrestage*: »8. Dezember 1967«) und das »verrückte«, »babylonische« Stadtbild (Hauptmann, *Atlantis*). Während in den Jahrzehnten nach der Amerikan. Revolution zunächst die positiven Symbolisierungen überwiegen, etablieren sich im Verlauf des 19. Jh., im Zuge der sich verstärkenden Migration in die Vereinigten Staaten, zusehends negative Vorstellungen v. a. in Bezug auf die ökonom. Freiheit (Heine, *Ludwig Börne* II; Lenau, Brief an Anton Schurz vom 16.10.1832; Kürnberger, *Der Amerikamüde* II, 4; Ausländer, *New York*). Eine marxist. Analyse des US-Kapitalismus unternimmt Brecht in verschiedenen Gedichten (z. B. *Verschollener Ruhm der Riesenstadt New York*) und Stücken (z. B. *Die heilige Johanna der Schlachthöfe*). Eine politisch motivierte Kritik erfährt die USA bes. in den Jahren des Vietnamkriegs (z. B. Enzensbergers *Offener Brief*). – Auch das kulturelle Mit-, Neben- und Gegeneinan-

der der verschiedenen Bevölkerungsgruppen wird symbolisch mit Freiheit bzw. Unfreiheit konnotiert. Von den USA als einem freien gesellschaftl. Raum, in dem sich unterschiedl. Kulturen entfalten können, weiß bereits Auerbach in *Das Landhaus am Rhein* (1869) zu berichten; knapp hundert Jahre später spricht Koeppen vom »Schmelztiegel der Völker, in der frohen, freien Weltstadt New York« (*A.fahrt*). Dem Melting-Pot-Symbol wird bereits früh das Bild von den USA als einer Sklavenhaltergesellschaft entgegengesetzt (etwa in Spielhagens *Schöne Amerikanerinnen*); aus rassist. Perspektive wird die Vermischung an sich verurteilt (Polenz, *Das Land der Zukunft*: »Grenzen des amerikanischen Aufschwungs«). Nach 1945 ist statt von einem Mit- auch immer wieder von einem hasserfüllten Gegeneinander der Kulturen in A. die Rede (z. B. Buch, *Der Herbst des großen Kommunikators*). Zu einem differenzierteren Bild vom Leben unterschiedl. Kulturen in den USA gelangen in der Gegenwart Frisch, *Tagebuch 1966–1972*, H. Fichte in *Die Schwarze Stadt* und Roes in *Der Coup der Berdache*.
↗Europa, New York, Westen.

Lit.: U. Gerhard/W. Grünzweig (Hg.), Migration, Demokratie und frühe Globalisierung, Bielefeld 2008. – Ch. Kiening, Das wilde Subjekt, Göttingen 2006. – W. Kriegleder, Vorwärts in die Vergangenheit, Tübingen 1999. – J. Vogt/A. Stephan (Hg.), Das A. der Autoren, München 2006.   ChH

Androgynie
Symbol der Omnipotenz und Schöpfungskraft, der getrennten Einheit und jugendl. Selbstvollkommenheit. – Relevant für die Symbolbildung ist die geschlechtl. Komplementarität in der A. (gr.-lat. »Mannweiblichkeit«).

1. Symbol der Omnipotenz und Schöpfungskraft. In zahlreichen Kulturen verweist die Darstellung androgyn. Gottheiten auf die ursprüngl. Einheit zweier entgegengesetzter Prinzipien, die das Universum ausmachen. Die Ägypter kennen neben Atum, aus dem die Welt hervorging, den Nilgott Hapi und die memphit. Urgott Ptah, die sie mit weibl. ↗Brüsten abbilden; der ind. Shiva hat als *ardhanarishvara* (Sanskrit: »Herr in halb männlicher halb weiblicher Gestalt«) eine weibl. und eine männl. Körperhälfte. A. symbolisiert hier die Absolutheit der Gottheit, die, an kein Geschlecht gebunden, ohne Partner aus sich zu zeugen vermag, worauf auch die orph. Verse »Zeus ward Mann, und […] unsterbliche Jungfrau« (zit. nach Römer, 806) hindeuten. Die in der prominenten Wendung *Iuppiter progenitor genetrixque* zum Ausdruck gebrachte Vorstellung, dass Jupiter sowohl Leben anderweitig erzeugen (*progenitor*) als auch selbst als allmächtige Kraft Leben hervorbringen kann (*genetrix*), reicht bis in röm. Zeit (Valerius Soranus, zit. bei Augustinus, *De civitate Dei* VII, 9). – Androgy-

nes Allwissen, das die getrennte Menschheit umspannt, kommt dem Seher Teireisas nach doppeltem Geschlechtswechsel zur ↗Frau und wieder zum ↗Mann zu (*Melampodie*; Ovid, *Metamorphosen* III, 322–331); dies besingen noch Eliot in *The Waste Land* (218 f.) und Apollinaire in *Les mamelles de Tirésias*. Die Thematik kehrt in Woolfs *Orlando* wieder, worin der Protagonist dank Geschlechtswechsels zu einer selbständigen Dichterin des 20. Jh. wird. Wenn sich Georges *Algabal* in rauschhaftem Gottesdienst für den zweigeschlechtl. »grossen Zeus« hingibt (*Gegen osten ragt der bau*), ist dies ebenso wie die Einung mit dem androgynen Gott Maximin in *Der Stern des Bundes* (*Der du uns aus der qual der zweiheit löstest*) als symbol. Verweis auf die Vervollkommnung des aus sich selbst schaffenden Dichters zu lesen. – Wird geschlechtl. Ungetrenntheit (als Symbol eines positiven Urzustandes) an Menschen dargestellt, haben diese seit der Antike häufig überirrd., göttl. bzw. gott- oder ↗engelgleiche Qualität (Balzac, *Séraphita*; Péladan, *L'androgyne*; Meyrink, *Golem*; s. a. 3.), die durch Trennung verloren geht und/oder durch Aufhebung der Trennung (wieder)gewonnen wird. Prominentes Beispiel ist Goethes Mignon im *Wilhelm Meister*: Anfänglich androgyn-selbstvollkommen, wird sie zunehmend eindeutig geschlechtlich (in die Weiblichkeit getrennt), bis ihr Erscheinen als Engel mit ↗Lilie (*Lehrjahre* VIII, 2) symbolisch auf ↗Tod und Wiedergeburt (↗Geburt) als ↗himml. androgynes ↗Kind vorausweist.

2. Symbol getrennter Einheit, der Gottähnlichkeit, idealen Liebe und Freundschaft. Eine ›Urszene‹ der gelehrten Symboldebatte unter Einbezug der A. enthält Platons *Gastmahl* (189c–193b): Die Urmenschen, Doppelwesen mit zwei Geschlechtsteilen (Symbolik ursprüngl. Vollkommenheit; ↗Phallus, ↗Vagina), seien von Zeus geteilt worden, und seither suche der Mensch als *sýmbolon*, »Bruchstück«, »Hälfte« eines Menschen, aus zweien wieder eins zu machen. Platons Erzählung wurzelt im orph. Mythos von Chronos' zerbrechendem Welt-↗Ei, dessen untere Hälfte zur Erde, dessen obere zum ↗Himmel wird und aus dem als neuer Gott der zweigesichtige (↗Gesicht) und zweigeschlechtl. Phanes (dem pers. Mithras ähnlich) hervorgeht (Orpheus, *Fragmentum*). Er findet reiche Rezeption u. a. in der Deutung Adams (einschlägig Gen 1,27; 2,20–25). Dieser habe, so Philon von Alexandria, *De opificio mundi* (151 f.), in uranfängl. Einheit Kosmos und Gott ähnlich, über beide Naturen verfügt und mit der später geschaffenen Eva sich in Liebe vereinigt. Für J. Böhme, *Mysterium Magnum* (XVIIIf.), manifestiert sich die Gottähnlichkeit des paradies. mikrokosm. Urmenschen Adam in bedürfnislos-geistleibl. Zweigeschlechtlichkeit; für den zerbrochenen halben Adam liege das Heil darin, am Jüngsten Tage wieder unzerbrochen im ersten Bilde aufzuerstehen (*De tribus principiis* XIII;

vgl. noch F. von Baader, *Fermenta cognitionis*). Ficino sieht in Platons Urmenschen die Doppelnatur der Seele, die im ursprüngl. Schöpfungszustand (vor dem Sündenfall) zwei ↗Lichter, eins für den materiellen, eins für den himml. Bereich gehabt habe; nach Läuterung beginne jenes dieses *lumen* zu erkennen und als »verlorene Hälfte« zu lieben (*Commentarium in convivium Platonis de amore*). – Zahlreiche frz. neuplaton. Renaissancedichtungen verschieben den Akzent auf sinnlich-galante Aspekte. Héroet nobilitiert in *L'Androgyne de Platon* (1542) Promiskuität als Symbol für A., indem er die »Suche nach der anderen Hälfte« als myth. Ursache vielfältiger höf. Amouren anführt. Die (neu)platon. Hälftensymbolik setzt sich über Gedichte wie Ronsards *Sonnet XLVII* (*Amours*, 1552) und Du Bellays *A une dame* (*Jeux rustiques*, 1558) fort bis in Goethes Zeit, der in *Wilhelm Meisters Lehrjahren* Wilhelms Seele Marianne als »Hälfte, mehr als die Hälfte seiner selbst« erfühlen lässt (I, 9; vgl. auch die Gedichte *Gingo biloba*; *Wiederfinden*). Bis zur Unkenntlichkeit verschlüsselt, zirkuliert die Symbolik durch die romant. Darstellungen und Erörterungen der idealen Liebe und Freundschaft. Schlegel misst der Liebe in *Lucinde* die Funktion zu, die Entfremdung des schönen ganzen Menschen in hässl. Hälften rückgängig und »uns erst zu wahren vollständigen Menschen« zu machen (»Zwei Briefe«).

3. Symbol jugendlichen Selbstvollkommenheit, der Ehe, sexueller Lust und Perversion. Nach Ovids Erzählung von der gewaltsam herbeigeführten unauflösl. Vereinigung der Naiade Salmakis mit Hermaphroditus (*Metamorphosen* IV, 285–388; vgl. das Gegenmodell des zunächst selbstvollkommen lebenden Narziss; ↗Narzisse) wird dieser als nun doppelgeschlechtl. Wesen Symbol für einerseits (↗jungfräul.) androgyne Selbstvollkommenheit, andererseits für deren Verlust bei gleichzeitiger Wandlung zu Vollkommenheit qua Vereinigung mit einem ergänzenden Partner. – Seit Colonnas *Hypnerotomachia Poliphili* symbolisiert Hermaphroditus die Ehe (I 354–362). In christl. Texten findet hierbei häufig die Zweieinigkeitsformel *duo in carne una* (Gen 2,24, fortgeführt in Mk 10,6–20) literar. Gestaltung, etwa im 16. Jh./17. Jh. bei J. Owen (Audoenus), *Epigrammata* II, 141; III, 19. – Die gleichzeitige Funktionalisierung des Hermaphroditen als Sinnbild sexueller Lust und seit Isidor (*Etymologiae* XI 3, 11) der Perversion (vgl. etwa *Liber monstrorum de diversis generibus* I, 19) verhindert die Durchsetzung der moralisch-christianisierenden Aufwertung des Hermaphroditen, nicht aber myst. bzw. mystifizierende Darstellungen wie in Colonnas *Hypnerotomachia Poliphili*, in der die Vereinigung von Polia und Poliphilo als Hochzeitsmysterium gestaltet ist. A.-Konzepte der Alchemie, Mystik und Theosophie frei (um)gestaltend, spielt im 19. Jh. Balzac die Symbolik in *Séraphîta* zweifach durch: Unter dem Einfluss des weltentrückten

jungfräulich-androgynen Wesens Seraphîta (vgl. Goethes Mignon), das sich in einen Seraph verwandelt, verbinden sich Wilfried und Minna, um gleichfalls in den Himmel einzugehen (*unio mystica*). In Meyrinks *Golem* ist der Hermaphrodit Erlösungsbild: »das verschlungene Paar«, »verwandelt in eine einzige Gestalt (»I«) und Symbol der »magischen Vereinigung von männlich und weiblich im Menschengeschlecht zu einem Halbgott« (»Weib«). Die Gleichsetzung von A. und Jungfräulichkeit führt Péladan am Ende des 19. Jh., dessen Roman *Curieuse!* den Androgyn als ursprüngl., einzig vollständiges Geschlecht präsentiert, in *L'Androgyne* fort: Durch sexuelle Vereinigung mit einem ↗Hirtenmädchen verliert der adoleszente Protagonist seine an Virginität gebundene A. und damit seine engelgleiche Selbstgenügsamkeit. – Weitgehend vom Sexualbereich losgelöst sind die hermaphrodit. Figurationen in Goethes *Faust II* (Knabe Lenker, Euphorion, ↗Homunculus). Sie symbolisieren zumeist die unvollkommene Synthese von Gegensätzen. Als ekelhafte Karikatur des mytholog. Vorbilds, das Winckelmann mit dem Schönheitsideal des »Unentschieden zwischen männlichen und weiblichen Formen, Mädchen und Knabe« (*Vorläufige Abhandlung zu den Denkmalen der Kunst des Altertums*) zum ästhet. Idol erhoben hatte, erscheint in *Faust II* auch Mephisteles als *mixtum compositum* zweier inkompatibler Kulturkreise: »Man schilt mich nun, o Schmach! Hermaphroditen!« (8029). – Im Fin de Siècle gerät A. zum Symbol des (von der entzweiten Welt abgeschiedenen) autonomen Individuums, in dem narzisst. häufig mit hermaphrodit. und/oder inzestuösen Neigungen zusammenfallen. So verschmelzen in Musils Gedicht *Isis und Osiris* und im *Mann ohne Eigenschaften* die Geschwister Ulrich und Agathe. Georges *Algabal* schafft (aus Sehnsucht nach dem unvergängl. Glück göttl. A.) die weibl. Ergänzung aus sich selbst durch Projektion einer Schwester in sein ↗Spiegelbild. Der hermaphrodit. Narziss *Felix Krull* erkennt den Unterschied zwischen der Einsamkeit narzisstisch-selbstgenügsamer A. und zweieiniger A. in erfüllter Geschwisterlichkeit, welch Letztere dagegen Th. Manns *Wälsungenblut*-↗Zwillinge im Geschlechtsakt verlieren. – Im Kontext der Postmoderne avanciert A. zum Symbol einer Epoche, in der Geschlechterdifferenzen v. a. im ökonom. und psychosozialen Bereich sukzessive verschwinden (Badinter, *L'un est l'Autre*, 1986). Die Gender Studies verfolgen in diesem Zusammenhang das v. a. in der Pubertät auftretende und eine Entgrenzung des binären Geschlechterkonzepts darstellende Phänomen der »Tomboy« (Mädchen, das sich bewusst nach männl. Geschlechterkonzepten verhält; eine Ausprägung stellt z. B. Peppermint Patty in den *Peanuts* dar), mit dem sich um die Wende zum 21. Jh. Th. Meineckes gleichnamiger Roman *Tomboy* auseinandersetzt.

↗Bart, Frau/Jungfrau, Mann, Narzisse, Zwillinge/ Doppelgänger.

Lit.: A. Aurnhammer, A., Köln/Wien 1986. – T. Hargreaves, Androgyny in Modern Literature, Basingstoke 2005. – L. v. Römer, Über die androgyn. Idee des Lebens, in: Jb. für sexuelle Zwischenstufen mit bes. Berücksichtigung der Homosexualität 5 (1903), 707–939. – H. Weichselbaum (Hg.), A. und Inzest in der Lit. um 1900, Salzburg/Wien 2005.   ABR

Angesicht ↗Gesicht.

Anker
Symbol der Hoffnung, des festen Fundaments und der Zugehörigkeit, des Aufbruchs, der Veränderung und der Ankunft. – Relevant für die Symbolbildung sind die Funktion des A. (a) in der Schifffahrt (↗Schiff; ↗Reise) zur Absicherung und zum Halt schwimmender Gegenstände und (b) als Hilfsmittel bei schwierigen Manövern zur See (↗Meer) sowie (c) die Verwendung des A. im Bauwesen zum Befestigen von Maschinen auf Fundamenten.
 1. *Symbol der Hoffnung.* Der A. wird im Kontext des neutestamentl. Tugendverständnisses von Glaube, Liebe und Hoffnung mit der Letzteren in Verbindung gebracht (Hebr 6,18 f.). Die Emblematik verwendet den A. als Zeichen des Halts gegen das wandelbare Glück (*Fortuna*) (HS, 1476 f.). Jean Paul ironisiert diese emblemat. Bedeutung in den *Flegeljahren* (LXIII). In der Lit. des 17. und 18., z. T. noch des 19. Jh. wird der A. zur sprichwörtl. Hoffnung des Liebenden (Lohenstein, *Denn lieben ist nichts mehr – als eine schifferey*; Günther, *An seine Leonore, die immer grünende Hoffnung*; Goethe, *Götz von Berlichingen* IV: »Adelheidens Schloß«; Schiller, *Die Braut von Messina* II, 5; La Roche, *Rosalie und Cleberg auf dem Lande* XIV; B. v. Arnim, *Goethes Briefwechsel mit einem Kinde* XV; Börne, *Die Ahnfrau*). Ins Negative kippt diese Symbolik, sobald der A. den Halt verliert oder weggerissen wird und dadurch Verzweiflung und Not bezeichnet. So gewinnt das Bild des ungeankerten, umhertreibenden Schiffes in der Lit. des Vormärz und des Realismus an Bedeutung, wo es das Verlorensein und die Verzweiflung einer unerwiderten Liebe artikuliert (Heine, *Aus den Memoiren des Herrn Schnabelewopski* VII, 1; Stifter, *Die Mappe meines Urgroßvaters*; Scherr, *Eine Dorfgeschichte beim Sonnenschein* XIV). Rimbaud verwendet den weggerissenen A. in dem Gedicht *Le bateau ivre* als Ausdruck der Ambivalenz des ziellos »im Gedicht des Meeres« (V. 21 f.) treibenden Dichters zwischen absoluter Freiheit und Tod (ähnlich auch Schiller, *Der Spaziergang*; A. v. Arnim, *Isabella von Ägypten* XII; Keller, *Drei Ständchen: Am Sarg eines neunzigjährigen Landmannes vom Zürichsee*). Anfang des 20. Jh. wird die ambivalente Symbolik des A. im Comic *Little Nemo in Slumberland* von McCay übernom-

men, wo Grenzen zwischen ↗Traum und Wirklichkeit verschwimmen und der rettende A. schließlich zum Symbol der Gefahr mutiert.
 2. *Symbol des festen Fundamentes und der Zugehörigkeit.* Auf einer Münzprägung der röm. Kaiserzeit hängt sich ein ↗Delfin an einen A., mit dem Motto: *Tutius ut possit figi* (»Sicher ist, wer sich befestigen kann«). Im MA erscheint der A. als ritterl. und territoriales Zugehörigkeitssymbol und impliziert den Versuch, Macht- und Rechtsansprüche durchzusetzen (Wolfram v. Eschenbach, *Parzival* 14, 29–15, 7). In einer weiteren Variante wird das Bild eines sich auf dem Meer befindenden Schiffes, das von zwei A. gehalten wird, als das Überlegen und Abwägen eines weisen Rates gedeutet, wodurch die Festigkeit des Staates garantiert werde (HS, 1477 f.) Schiller verwendet den A. als Symbol des Haltes, den der Mensch im Göttlichen bzw. im Ideal findet (*Der Spaziergang*; *Das Ideal und das Leben*; *Wilhelm Tell* IV, 1). Ironisiert wird der A. als göttl. Halt bei Jean Paul (*Des Luftschiffers Giannozzo Seebuch*; ähnlich Marlitt, *Im Schillingshof* XXXVII).
 3. *Symbol des Aufbruchs und der Veränderung, aber auch der Ankunft.* Der gelichtete A. als Symbol des Aufbruchs und der Bewegung ist topisch und begegnet in so unterschiedl. Werken wie Rabelais' *Gargantua et Pantagruel* (XVI), Goethes *Märchen* (I) und Hebbels *Maria Magdalena* (III, 8). In der modernen Lit. ist die Tätigkeit des A.-Lichtens Ausdruck der Sehnsucht nach Veränderung und Flucht aus dem ird. Leben (Mallarmé, *Brise marine*; Hofmannsthal, *Erinnerung schöner Tage* I; McCay, *Little Nemo in Slumberland*; Beyatli, *Stilles Schiff*; Arp, *Die Schwalbenhode*; Schuber, *A. lichten*; Bachmann, *Abschied von England*). Demgegenüber wird das Vor-A.-Liegen mit der Vorstellung der sicheren Ankunft bzw. der göttl. Rettung verbunden (*Märchen aus Tausendundeiner Nacht* III: *Die Geschichte des ersten Mädchens*; ähnlich Andersen, *Der Traum der alten Eiche*). Der A.platz gerät damit zum Zielpunkt des Lebenswegs (↗Weg/Straße) (Tieck, *Franz Sternbalds Wanderungen* XXXIX; Stifter, *Abdias* XVI; Anzengruber, *Teufelsträume*; Ibsen, *Ein Reimbrief*; Zola, *Germinal* III).
 ↗Delfin, Herz, Kreuz, Meer, Schiff.

Lit.: HS, 1475–1478. – RAC I, 440–443. – Lexikon zur Bibel, hg. v. F. Rienecker/G. Maier, Wuppertal 1998, 94. – K. Östergen, A., Frankfurt a.M. 1990.   AKSch

Antarktis ↗Pol.

Apfel
Symbol des Lebens und der Unsterblichkeit, des Streits und der Welt, der Liebe und Fruchtbarkeit, der Verführung, des Todes und der Sünde, aber auch der Erlösung, des treffenden Worts und der erlesenen Dichtung. – Relevant für die Symbolbil-

dung sind (a) die runde Form des A. und (b) seine Gesundheit fördernde Rolle bei der Ernährung. Für die Antike muss berücksichtigt werden, dass gr. *melon* jede apfelartige Frucht (zumeist die Baumfrüchte A. und Quitte) bezeichnen kann, ähnlich dem lat. *mālum*.

1. Symbol des Lebens und der Unsterblichkeit. Schon bei Homer als Kulturfrucht genannt (*Odyssee* VII, 115; XXIV, 340), ist der A. oder A.baum seit frühester Zeit Symbol für langes Leben und Unsterblichkeit, so im Mythos der ↗goldenen Hesperidenäpfel (vgl. Lugauer, 13 f.), die am äußersten Rand der Welt von einem ↗Drachen bewacht werden (Hesiod, *Theogonie* 215 ff.; Euripides, *Hippolytos* 743 ff.). Vielleicht war die Unsterblichkeit der Götter an den Besitz der Hesperidenäpfel gebunden (Lugauer, 18). Die elfte Aufgabe des Herkules ist es, die goldenen Ä. der Hesperiden zu stehlen (Apollodor, *Bibliotheke* II, 113–121). Auch der nord. Mythos kennt goldene Ä. In der *Snorra-Edda* besitzt die Göttin Idun goldene Ä., die ihre Jugendfrische und vielleicht auch ihre Unsterblichkeit erhalten (»Gylfaginning« XXVI; »Skáldskaparmál« II-III). Die Leben verlängernde Bedeutung des A. in der arab. Welt war im MA über die A.bücher bekannt (vgl. die pseudo-aristotel. Schrift *De pomo*, in der der kranke Aristoteles durch den Geruch eines A. am Leben erhalten wird und philosophiert, bis er stirbt und ihm der A. aus der ↗Hand fällt). In barocken Leichabdankungen kann der (goldene) A. zum Symbol des ewigen Lebens werden (Dauderstadt, *Sterbender Christen Güldene Krafft-Ä.*), vom Stamm(baum) abgefallene A. bedeutet dagegen den (vorzeitigen) Tod (Bock, *Kötteritzisch früe abgebrochner A.*).

2. Symbol des Streits. Im Urteil des Paris wirft Eris, die Göttin des Streits, einen goldenen A. mit der Aufschrift »Der Schönsten« in eine ↗Hochzeitsgesellschaft. Aphrodite, Pallas Athene und Hera streiten daraufhin, wem der A. zukomme. Als schließlich Paris entscheiden soll, bietet ihm Aphrodite als Belohnung die Hand der schönsten Sterblichen, Helena, an. Paris entführt die bereits Verheiratete, was den Trojan. Krieg zur Folge hat (Lukian, *Göttergespräche* XX). Der Zank- oder Eris-A. steht seither sprichwörtlich für Streit, so z. B. in Moscheroschs *Güldner Zanck-A.* Wezel naturalisiert den Zank-A., indem er die menschl. Gesellschaft um Ä. kämpfen lässt, die mit der Aufschrift »dem Stärksten!« beschriftet sind (*Belphegor* IV). Herder lässt aus dem Zank-A. zwischen ↗Mann und ↗Frau den Liebes-A. (s. 4.) hervorgehen (*Ideen zu einer Philosophie der Geschichte der Menschheit* II, 8, 1).

3. Symbol der Welt. Von alters her ist der A. wegen seiner runden Form (↗Kreis) Symbol für die Welt und die Herrschaft über sie. Seit der Kaiserkrönung Heinrich VI. (1191) ist der Reichs-A. (mit aufgesetztem ↗Kreuz) Herrschaftsinsignum der dt.

↗Kaiser. Auch Christus wird gelegentlich mit dem Reichs-A., seine Weltherrschaft symbolisierend, literarisch umgesetzt z. B. im Weihnachtssonett Greiffenbergs (*Auf Christus Wunder-Geburt*). – Doch kann die A. die Welt auch im negativen Sinn der eitlen und sündigen Weltlust symbolisieren (s. 5), so in der Skulptur des sog. »Fürsten der Welt«, der als Verführer einen A. in der Hand hält (so z. B. auch Kathedrale von Straßburg, rechtes Westportal). Etwa zeitgleich erzählen in diesem Sinne die *Gesta Romanorum* (um 1300) die Geschichte *Der goldene A.* (LXXIV), in der der A. als Symbol der gottvergessenen Weltliebe dem größten ↗Narren überreicht wird. Im Barock greift Moscherosch das Thema auf und überreicht den goldenen A. einem Vertreter des Alamode-Wesens (*Gesichte Philanders von Sittewalt*, Gesicht *Ala mode Kehrauß*). Noch bei C. F. Meyer kann die (eitle) Welt zum ↗wurmstichigen A. werden (*Der Schuß von der Kanzel*).

4. Symbol der Liebe und der Fruchtbarkeit. Sowohl in der griech. als auch in der hebr. Trad. steht der A. früh als Liebes- und Fruchtbarkeitssymbol. Schon bei Sappho ist der Hain des Heiligtums der Aphrodite durch A.bäume, ↗Rosen und ↗Wasser näher bezeichnet (2 LP/5,6 D: *Bitte an Kypris*). In den verschiedensten Mythen spielt ein A. als Liebessymbol eine wichtige Rolle, so im Wettlauf der Atalante mit Hippomenes (Ovid, *Metamorphosen* X, 560 ff.) oder in der Geschichte der Pomona (*Metamorphosen* XIV, 622 ff.). Auch im Hohelied Salomos werden mehrmals Ä. im erot. Zusammenhang erwähnt: Der Freund ist wie ein schöner A.baum, der Schatten und Früchte spendet (Hld 2,3), der Duft der Ä. gleicht dem ↗Atem der Geliebten (Hld 7,9), unter dem A.baum wird der Geliebte geweckt (Hld 8,5). – In der frühneuzeitl. Emblematik steht der A. für sinnl. Liebe und Lust. Ä. zusammen mit einem Ehepaar dargestellt symbolisieren deren »brünstig Lieb«, denn die »öpffel seind Venus art« (HS, 966 f.), wie es unter Rückgriff auf den Atalante-Mythos heißt (ähnlich HS, 1752 f.). In Grimms Märchen *Die weiße Schlange* teilen sich Held und Prinzessin den goldenen A. vom ↗Baum des Lebens; daraufhin wird sie mit Liebe zu ihm erfüllt. Im Barock ist die Symbolik des A. noch eng an antike und bibl. Quellen gebunden. Fleming charakterisiert das Liebesverlangen durch Pomona, die »Oepffel« bringt (*An seine Desiderien*). – Im 18. Jh. ist der A.baum der idyll. Ort der Begegnung mit der Liebsten (Hölty, *An die A.bäume, wo ich Julien erblickte*; *Maylied*) und wird vielfach in die Liebesdichtung einbezogen. In einem J.C. Günther zugeschriebenen Gedicht wird der Griff an den ↗Busen der Geliebten zum Sündenfall (s. a. 5.), zum Begehren ihrer Ä., was die Vertreibung aus dem Paradies, hier den Zorn der Geliebten, nach sich zieht (*Mein Vergnügen geht zu Grabe*; ähnlich Goethe, *Faust I* 4128 ff.). Der A. spielt auch bei Hochzeitsbräuchen eine wichtige Rolle (vgl. HdA I, 512). Er kann als Liebeszeichen gemeinsam verspeist, dem geliebten Menschen zugeworfen oder als (Werbungs-)Geschenk dargebracht werden (Hofmannsthals Fragment *Der goldene A.*). In Bürgers *Lenardo und Blandine* ist der »A. der Liebe« das Behältnis, in dem der Liebesbrief überreicht wird; zugleich bezeichnet er den »Liebesbaum«, an dem sich das Paar heimlich trifft. Seltener dagegen ist der A. baum, dessen Ä. zu Boden gefallen sind, Symbol für verlorene Liebe (W. Müller, *Der A.baum*). – Auch das 19. Jh. kennt den A.(baum) als Liebessymbol, wobei er für die sich entwickelnde Liebe als inneren Zustand stehen kann (Hebbel, *Schiffers Abschied*; Fontane, *Frühling*) oder zugleich Ort sinnl. Liebe ist (Keller, *Der grüne Heinrich*, 1. Fass., III, 2). Bei Wedekind wird der A.baum als Ort sinnl. Liebe ins Derb-Sinnliche gewendet (*Unterm A.baum*). Der A.baum kann auch allgemeine Liebe als inneren positiven Zustand symbolisieren (Bierbaum, *Glück*).

5. Symbol des Todes und der Sünde. Bereits in der griech. Antike ist der A. auch Todesfrucht (↗Granatapfel). In Gen 2,9 werden ohne Nennung der Fruchtart zwei Bäume herausgehoben: Der Baum des Lebens und der Baum der Erkenntnis. Schon dort ist die erot. Konnotation nicht zu übersehen: Adam und Eva verspeisen die Paradiesfrucht vom Baum der Erkenntnis gemeinsam, anschließend erkennen sie ihre Nacktheit. Spätestens seit dem 5. Jh. wird diese Frucht mit dem A. identifiziert (LMA I, 746). Durch die Vertreibung aus dem Paradies wird der A. in der christl. Trad. zum Symbol für Sünde, Verführung und Tod. Dies gilt für die Neuerzählungen der Sündenfallgeschichte (Frenzel), aber auch für die bildende Kunst (Aurenhammer, 172 f.). Im Volksglauben wird der A. ebenfalls zuweilen in Verbindung mit dem Tod gebracht, z. B. als Totenspeise (HdA I, 518 f.). Dies gilt auch für das Märchen: Schneewittchen wird von einem vergifteten A. in einen totenähnl. ↗Schlaf versetzt. Kafka weiß wohl um die verschiedenen Bedeutungen des A., wenn in der *Verwandlung* der Vater den verwandelten Gregor Samsa mit Ä. bewirft und ihn schwer verletzt.

6. Symbol der Erlösung. Trotz seiner mit Gen 2,9 verbundenen negativen Konnotation (s. 3.) ist der A. auch im Christentum als Lebenssymbol bekannt. Besonders eng ist der A. mit Christus und ↗Weihnachten verbunden. Aufgrund der typolog. Beziehung von Jesus als neuem Adam kann der A. als Attribut von Jesus oder Maria auch zum Symbol für die Überwindung der Sünde und damit der Erlösung werden (ein Reflex u. a. dieser Bedeutung am Ende von Fontane, *L'Adultera*). Schon bei Ambrosius begegnet der Gedanke, dass Christus am ↗Kreuz süß wie ein A. schmeckt (*Sermo V*, 18). Im MA ist dieser Gedanke verbreitet. So setzt Mechthild v. Magdeburg ↗Kreuz und Baum, Christus und

A. gleich (*Das fließende Licht der Gottheit* II, 25). Bei Angelus Silesius kann Christus als Bräutigam zum »A.baum« werden, der, wie im Hohelied (s. 2.), ↗Schatten spendet (*Heilige Seelenlust* III, 103: *Jesus ist ihr alles*).

7. Symbol des treffenden Worts und der erlesenen Dichtung. Nach Spr 25,11 ist ein Wort, das zur rechten Zeit geredet wird, wie goldene Ä. auf ↗silbernen Schalen. Das Sprichwort wird im Barock auf Lit. übertragen, so z. B. in Birkens Vorrede zu Anton Ulrich Herzog von Braunschweigs *Die durchleuchtige Syrerinn Aramena*. Von J. J. Leibnitz wird es als Titel einer erbaul. Zitatensammlung benutzt (*Güldene A. in Silbernen Schalen*). Goethe stellt es in *Wilhelm Meisters Lehrjahre* (V, 4) Wilhelms organologisch-ganzheitl. Dichtungsverständnis entgegen.

↗Baum, Granatapfel, Schlange.

Lit.: EdM I, 622–625. – LCI I, 171–176. - WS, 40 f. - F. v. Bonin, Wb. der Märchen-Symbolik, Ahlerstedt 2009, 20 f. – E. Frenzel, Art. Adam und Eva, in: dies., Stoffe der Weltlit., Stuttgart ¹⁰2005, 9–15. – J. B. Friedreich, Die Symbolik und Mythologie der Natur, Würzburg 1859, 206–212. – M. Lugauer, Untersuchungen zur Symbolik des A. in der Antike, Diss., Erlangen-Nürnberg 1967. – L. Mackensen (Hg.), Handwörterbuch des dt. Märchens, Bd. 1, Berlin/Leipzig 1930/33, 90–92. PhA

Apfelsine ↗Orange/Apfelsine.

Arabien ↗Orient.

Archiv

Symbol für das (oftmals unzulängl.) kulturelle Gedächtnis, für das literar. Werk als Sammlung und Arrangement eines als fremd gekennzeichneten Textmaterials sowie für den schwer zugängl. Ort von (persönl.) Schicksal und (staatl.) Macht. - Relevant für die Symbolbildung sind (a) die natürl. und geschaffenen Widrigkeiten, Register, Urkunden und (private) Sammlungen über lange Zeit an einem dazu bestimmten Ort auffindbar zu halten, (b) das Erscheinungsbild des Archivguts als ungeordnet und fragmentarisch, sowie (c) der hohe redaktionelle wie interpretator. Aufwand, um Archivalien für sinnstiftende Erzählungen zu verwenden.

1. Symbol für das (oftmals unzulängliche) kulturelle Gedächtnis. Das AT (Esra 4–6) erzählt vermittels Abdruck von Archivalien von der politisch motivierten Verzögerung des Wiederaufbaues des Tempels zu Jerusalem: Das Wiederauffinden auch nur eines der Duplikate des Befehls des Perserkönigs Kyrus, den Tempel zu errichten, und seine vom Nachfolger Darius bekräftigten Ausführungsbestimmungen sind im »Haus der Rollen« sind Gottes Fügung und nicht einer menschl. Ordnungsleistung geschuldet. Plutarch vergleicht die Geschichtenansammlung lasterhaft neugieriger Menschen mit einem A. (*grammatophylakeíon*) kulturell unnützer und hässl. Kompilationen (*Moralia* 520 A). Die öffentl. Notariate (*populi tabularia*) sind für Vergil Kennzeichen eines eisernen, vom Verteilungskampf um Eigentum und Macht geprägten Zeitalters, dem eine von Agrikultur bestimmte saturn. Zeit gegenübersteht, die Frieden, Kultur und ein genügsames wirtschaftl. Auskommen symbolisiert (*Georgica* II, 502). Ciceros Verteidigungsrede *Pro Archia* (VIII,11,5) appelliert, das fehlende Zeugnis eines im Allg. fehlerhaften A. durch die Erinnerung anwesender Zeitzeugen zu ersetzen. Auch in der zeitgenöss. Lit. finden sich Belege für das A. in der Bedeutung eines letztlich unzureichenden Gedächtnisortes: *La vie mode d'emploi* des als Archivar ausgebildeten Autors Perec enthält in zahlreichen Kapiteln Sammlungen, die als willkürl., zerstörer. Versuche, lebendige Realität zu erzählen, präsentiert werden. In Ganzfrieds *Der Absender* ist ein zu digitalisierendes Tonbandarchiv Symbol für ein mediales wie soziales Vergessen einst lebendig gewesener Zeitzeugenberichte vom Holocaust (↗Auschwitz).

2. Symbol für das literarische Werk als Sammlung und Arrangement eines als fremd gekennzeichneten Textmaterials. In Goethes *Wilhelm Meisters Wanderjahre* (I, 10) steht Makarriens A. für den öffentlich nicht zugängl. Schatz systematisch protokollierter und geordneter Gespräche, deren auszugsweiser Abdruck dort angekündigt ist. Die damit verknüpfte Funktion des Erzählers als Redakteur eines sprachlich vielschichtigen Aggregates wertvoller Erfahrungen führen Raabes Erzähler durch Rekonstruktion von Vergangenem anhand privater Aktensammlungen weiter: Zeichnungen und Akten bilden von der *Chronik der Sperlingsgasse* bis zu den *Akten des Vogelsangs* die Fiktion eines A., aus dem die Erzähler Ereignisse sowohl erinnernd schöpfen als auch in Gang setzen, wie z. B. in *Zum wilden Mann*. Johnson wie seine Zentralfigur Gesine Cresspahl rekonstruieren für die *Jahrestage* vergangene Gegenwart mit Hilfe eigens angelegter und vielfach besuchter (Zeitungs-)A., aus denen unmittelbar und umfänglich zitiert wird; sie bieten damit vielfach Anlass für weitere Recherche seitens der Leserschaft. Kempowskis Gedanke, ein A. für ungedruckte Biografien aufzumachen, führt zu einem Bild- und Textgewebe aus den letzten Jahren des Zweiten Weltkriegs, dem zehnbändigen *Echolot*.

3. Symbol für den schwer zugänglichen Ort von (persönlichem) Schicksal und (staatlicher) Macht. In Ovids *Metamorphosen* (XV) steht das eiserne A. (*tabularia ferro*), das Gebäude der drei Parzen, für das in der Zeit begründete Schicksal, in das selbst Jupiter nur selten Einblick gewährt ist. Droste-Hülshoff verwendet in der Ballade *Das Fräulein von Rodenschild* das A. als Symbol für den Fundort

wertvoller, aber die erreichte Identität störender Persönlichkeitsaspekte. In Kafkas *Schloss* (V) befindet sich die für K.s Anstellung wirksame Behördenakte in einer grotesk ungeordneten Schriftgutverwaltung, woraus jedoch nicht gefolgert werden dürfe – so der Vorsteher im mündl. Bescheid – dass das Abweisen von K.s Rechtsanspruch fehlerhaft wäre. Die Verwendung der A.-Symbolik in der Gegenwartslit. ist stark beeinflusst einerseits von Foucault, der in *L'archéologie du savoir* das A. bestimmt als ein allg. System von Regeln, das die Voraussetzung für konkrete Aussagen und histor. Diskurse bildet (im Anschluss daran Agamben, *Quel che resta di Auschwitz. L'archivio e il testimone*), andererseits von Derridas Konzeption des A. als Ursprung strukturell organisierter Herrschaft (*Archive fever*). So ist Sebalds Werk geprägt von der Vorstellung eines schwer greifbaren A.-Systems, das die Moderne bereits seit dem 18. Jh. prägt und konfiguriert: In *Austerlitz* fungiert das A. als traumat. Ersatz eines lebendigen, individuellen Gedächtnisses; weder die archivalisch zu nennende Ansammlung von Wissen noch die Suche nach der eigenen Herkunft in Archiven verhelfen zu einer alle Erfahrungen integrierenden Persönlichkeit. Benjamins Wertschätzung seiner ungeordneten, nicht-öffentlichen Büchersammlung in *Ich packe meine Bibliothek aus* wird von Bhabhas *Unpacking my Library ... Again* aufgegriffen im Sinne einer (kosmo-)polit. Ordnung. Das Phantasiebild einer dem Britischen Empire geschuldeten kolonialen Wissenssammlung, wie es Richards' *The Imperial Archive* beschreibt, erneuert sich im Genre des englischsprachigen Historienromans, wie in Bayetts *Possession* oder Soueifs *The Map of Love*. ↗Bibliothek, Museum.

Lit.: M. Atze (Hg.), Akten-kundig?, Wien 2009. – M. Codebò, Narrating from the Archive, Cranbury/NJ 2010. – S. Keen, Romances of the Archive in Contemporary British Fiction, Toronto 2001. – J. Long, W.G. Sebald. Image, Archive, Modernity, Edinburgh 2007. – S. Thielking, Akteneinsamkeit, in: Wilhelm Raabe, hg. v. H.L. Arnold, München 2006   FMa

Arktis ↗Pol.

Artist ↗Zirkus.

Asche
Symbol der Vergänglichkeit und Nutzlosigkeit, der Trauer, Reinigung und Läuterung sowie der vollständigen Vernichtung. – Relevant für die Symbolbildung sind (a) der numinose Charakter der A. nach der Leichenverbrennung und (b) die seit ägypt. Zeit überlieferten Trauer- und Bußgesten (z. B. Homer, *Ilias* XVIII, 22, 27), bei denen A. (oder Staub) auf den ↗Kopf gestreut wird bzw. der Trauernde oder Bußetuende sich in A. wälzt.

Schon bei Homer begegnen die Ehrfurcht vor der A. Verstorbener (z. B. *Ilias* XXIII, 82, 92; *Odyssee* XXIV, 76 f.) und ihre bes. Aufbewahrung (*Odyssee* XXIV, 65, 84). Epikureische ⟋Grabinschriften zeugen davon, dass A. allg. die Vergänglichkeit des Menschen symbolisiert. Das AT bezeichnet den Menschen als »Erde und A.« (Gen 18,27; ⟋Erde/Lehm/Acker), als ird. und sterbl. Wesen; die christl. Liturgie nimmt den Symbolgehalt v. a. im Aschermittwochsritus auf, die Lit. spielt ihn in unzähligen Varianten durch (z. B. Grimmelshausen, *Simplicissimus* I, 27; Hebbel, *Die Nibelungen* IX; Holz, *Dafnis*). – Schon im AT steht A. häufig auch für das Wert- und Nutzlose (Ijiob 13,12; 30,12), ähnlich im Märchen, wo die Arbeit an Herd und A. als knechtisch gilt (Grimm, *Aschenputtel*). Allgemeiner wird A. als Symbol für die Vergeblichkeit menschl. Tuns, v. a. auch der Liebe, gebraucht (Dauthendey, *Und A. werden alle Wünsche bald*; Fontane, *Irrungen, Wirrungen* XXII–XXIV). – Auch als Lustrationsmittel ist A. seit der Antike bekannt, in der Bibel u. a. bei der rituellen Gewinnung eines ⟋Reinigungswassers aus der A. einer ⟋roten Kuh (Num 19,9), profan z. B. bei Goethe (*Wilhelm Meisters Lehrjahre* I, 4). – A. symbolisiert seit frühester Zeit aber auch die Hoffnung auf Auferstehung, etwa im ägypt. Mythos des ⟋Phoenix (Benu), der aus seiner eigenen A. verjüngt empor steigt (so auch bei Jean Paul, *Flegeljahre* XXV; Goethe, *Die Wahlverwandtschaften* II, 4: »Aus Ottiliens Tagebuche«). – Die Verbrennung von Millionen Toten in den Krematorien der Vernichtungslager des ›Dritten Reichs‹ machte A. auch zum Symbol eines industriell vollzogenen Genozids (Celan, *Todesfuge*; Eichengreen, *Von A. zum Leben*).
⟋Auschwitz, Feuer/Flamme, Phoenix.

Lit.: RAC I, 725–730.   SF

Asien

Symbol des Unfassbaren und Phantastischen, des materiellen oder spirituellen Reichtums, des Heidentums, der Freiheit und der Naturnähe. – Relevant für die Symbolbildung sind (a) die Weite und Ferne des Kontinents sowie (b) seine lange Geschichte andersartiger Hochkulturen und Religionen.
1. Altertum und Mittelalter. Die antike Lit. versteht unter A. meist den ⟋Orient. Nur gelegentlich wird der ganze Erdteil symbolisch begriffen wie in Aischylos' *Persern*, wo A. für unermessl. Größe und Macht steht, oder in den *Bakchen* des Euripides, in denen A. als Heimat der dionys. Religion naturmyst. Züge trägt. – Ab dem MA wird die europ. A.symbolik neben dem ⟋Orient v. a. durch China, ⟋Indien und Russland geprägt. In der ma. Lit. ist A. ein myth. Land unglaubl. Wunder und Gefahren. Durch die Berichte Marco Polos und J. Mandevilles werden im 13. Jh. und 14. Jh. Indien und China als exot. Schauplätze von Abenteuer-

erzählungen populär (wie etwa der *Alexander*-Roman Ulrichs v. Etzenbach). Wolfram v. Eschenbach nutzt den phantast. Beiklang asiat. Ländernamen sowohl im *Parzival* als auch im *Willehalm*.
2. Renaissance und Barock. In der Ritterromanze des 16. Jh. wird die A.symbolik regelmäßig eingesetzt. In Boiardos *Orlando Innamorato* steht A. primär für das Heidentum, abgegrenzt auch vom Islam; Ariosts Bearbeitung des Stoffes schmückt es zum Land der Magie und des Überflusses aus (Ariost, *Orlando Innamorato*). Symbolisiert A. oft, wie etwa in Rabelais' *Gargantua et Pantagruel*, das Ferne und Utopische, so entwickelt Marlowe es in seinen *Tamburlaine*-Dramen vielschichtig als bedrohl. Ort des Kriegerischen und Unbezähmbaren. – Mit der beginnenden Kolonialisierung entwickelt sich eine neue Leitdifferenz europ. A.betrachtung: Der Kontinent gilt als Quelle entweder materiellen oder spirituellen Reichtums, als Schatzkammer der Eroberer (Opitz, *Lob des Krieges-Gottes*) oder als moralisch überlegene Inspiration (z. B. Pintos einflussreiche *Peregrinacao*). Im pikaresken Roman steht A. primär für die Freiheit von europ. Normen, etwa bei Heads *Jan Perus*, der in der Verbannung sein Glück macht. Eine größere Bandbreite symbol. Deutungen zeigt der heroisch-galante Roman. So erscheint China in Arrivabenes *Il magno Vitei* als von Weisheit geprägte Modellgesellschaft, in Hegdorns *Aeyquan* als Land ritterl. Höflichkeit und Bescheidenheit, in Gassers *Außforderung* dagegen als »die, von falscher Policey und Machiavellischer Listigkeit verderbte Welt« (II: »Schlüssel«).
3. Aufklärung und Klassizismus. In der Aufklärung gilt A., und insbes. das China des Konfuzius, als naturnah und unverbildet. Während Montesquieu diesen Urzustand negativ im Sinne eines rücksichtslosen Despotismus ausdeutet (*Esprit des lois* VIII, 21), überwiegt die Bewunderung für die »natürliche Theologie« der Chinesen (Ch. Wolff, *Rede über die praktische Philosophie der Chinesen*). Voltaire dramatisiert den Sieg chines. Vernunft und Sittlichkeit über die Barbarei im *Orphelin de la Chine*. Unter diesem Einfluss stehen auch die populären Gesandtenromane, in denen asiat. Besucher mit der Stimme der Vernunft europ. Missstände aufzeigen (Montesquieu, *Lettres persanes*; Faßmann, *Der reisende Chineser*; Goldsmith, *Citizen of the World*). A. v. Haller verbindet die beiden Ansichten, wenn er den prunkliebenden pers. Despoten *Usong* in seinem gleichnamigen Roman zwecks Charakterbildung durch China reisen lässt. Im dt. Klassizismus wird ebenfalls die Naturnähe der Asiaten herausgestellt, die in Goethes *Chinesisch-deutschen Tages- und Jahreszeiten* als uneingebildet und inspiriert dargestellt werden; Herder, für den A. das Kindesalter ⟋Europas repräsentiert, deutet es dagegen als erstarrt und reaktionär (*Ideen zur Philosophie der Geschichte der Menschheit* X, 3).

4. 19. Jahrhundert. Auch in der Romantik wirkt die Verbindung A. mit ↗Kindheit und Natur fort, etwa in Coleridges *Kubla Khan* oder in der Figur der Asia aus P.B. Shelleys *Prometheus Unbound*, die für die regenerative, lebensspendende Liebe steht. In Deutschland überwiegt allerdings die Herdersche Deutung A. als Sinnbild der Erstarrung, die von Hegel nochmals betont wird (*Philosophie der Geschichte* I) und die sich im Vormärz z.B. Heine zunutze macht, wenn er die reaktionären Zustände in China satirisch aufspießt und dabei Preußen und Österreich meint (*China*). Später tritt die Wildheit des weiten Kontinents wieder in den Vordergrund, v.a. durch die Dostojevskij-Rezeption und den zunehmenden Einfluss der Ostmächte in Europa: wie der Superintendent in Fontanes *Stechlin* (XVIII) fühlt man sich bedroht vom Vormarsch der unzivilisierten Heiden, »Türke links, Russe rechts«. – Zur Jahrhundertwende setzt sich wieder eine positive Deutung durch. Rilke sieht in Russland eine ursprüngl. Menschlichkeit verkörpert, die im ↗Westen verloren gegangen ist (*Sonette an Orpheus* XX); ähnlich deutet Hofmannsthal A. als in sich ruhende, spirituelle Gegenwelt (*Das kleine Welttheater*). – In den kolonial geprägten Kulturen Englands und Frankreichs ist A. auch literarisch noch weitaus präsenter. Dem Helden des viktorian. Romans bietet es die Gelegenheit, sich in Grenzerfahrungen zu bewähren und gereift zurückzukehren (paradigmatisch Woodcourt in Dickens' *Bleak House*); dem Anti-Helden modernerer Prägung verhilft es zu einer »zweiten Chance« (Conrad, *Lord Jim*) oder zur Konfrontation mit dem eigenen Unbewussten (Rushdie, *The Satanic Verses*). Eine umgekehrte Blickrichtung bildet sich in den USA heraus, wo die Wildnis A. als die *new frontier*, als nächste Station der Westausdehnung und Bewährung der jungen Nation, in die Abenteuerlit. eingeht. Hier ist die A.-Symbolik nicht mehr von Staunen und Befremden, sondern von Optimismus und Assimilation gekennzeichnet.

5. Moderne. Die A.symbolik bleibt in der Moderne ambivalent. Bei Nietzsche findet sich die ganze Breite der Konnotationen. Er verspottet die Chinesen als »arbeitsame Ameisen« (↗Ameise), fürchtet jedoch den »Rachen A.«, der Europa zu verschlingen drohe; gleichzeitig empfiehlt er dem Westen »etwas asiatische Ruhe und Betrachtsamkeit und […] Dauerhaftigkeit« (*Morgenröthe* III, 206). – In der modernen Erzähllit. wird wiederum die Naturnähe und Ursprünglichkeit A. hervorgehoben, die es als Gegenwelt zum industrialisierten Westen erscheinen lässt (Dauthendey, *Geschichten aus den vier Winden*). Bes. Tiefe erreicht die A.symbolik bei Hesse, für den A. die Überwindung der westl. Gegensätze von Individuum und Gemeinschaft, Geist und Sinnlichkeit bedeutet, und bei Th. Mann, der insbes. im *Zauberberg* eine panoramische Symbolik von den unzivilisierten »bösen Rus-

sen« über die faszinierend-bedrohl. Unangepasstheit der »kirgisenäugigen« Madame Chauchat bis zu Settembrinis idealisiertem A. »der Ruheseligkeit und der hypnotischen Versenkung« aufspannt. – In der Lyrik zeichnet Paquet A. als ungreifbares, altehrwürdiges, aber von westl. Einflüssen durchsetztes Land (*Pe Ling*); Eliot deutet asiat. Religionen als Quellen spiritueller Revitalisierung für das *Waste Land* des Westens. ↗Europa, Indien, Orient, Osten.

Lit.: H. v. Tscharner, China in der dt. Dichtung bis zur Klassik, München 1939. – R.W. Winks/J.R. Rush (Hg.), Asia in Western Fiction, Manchester 1990. **TMü**

Asphalt

Symbol des Fortschritts, des urbanen Raums sowie der Kritik an großstädt. Lebensweisen. – Relevant für die Symbolbildung sind (a) die Verwendung des mineral. Gesteins als Straßenbelag seit den 1830er Jahren, (b) seine ↗graue bis ↗schwarze Farbe und weitere Eigenschaften der Glätte, Ebenmäßigkeit und der Veränderung der Oberfläche durch Witterungsbedingungen sowie (c) der intensive Geruch bei der Verarbeitung.

1. 19. Jahrhundert. Da der Pariser Boulevard Champs Elysées eine der ersten ↗Straßen war, die asphaltiert wurden, erscheint der A. als Symbol für den Fortschritt in der Großstadt (↗Stadt) zuerst in der frz. Lit., z.B. in Flauberts *Madame Bovary* (III, 1). In Deutschland bildet sich die Bindung des A. an die Großstadt erst später heraus, zuerst fungiert er als Stellvertreter in Diskussionen um den techn. Fortschritt im Allg., wo er entweder pauschal verurteilt wird (Raabe, *Alte Nester* VI) oder seine pragmat. Vorzüge (Fontane, *Der Stechlin* XXXIII) thematisiert werden. Als auch in Berlin die repräsentativen Straßen asphaltiert werden (Gutzkow, *Berlin – Panorama einer Residenzstadt*) und somit einen Gegensatz bilden zu kleinstädt. gepflasterten Marktplätzen, werden dem A. in besonderer Ausprägung urbane Phänomene wie Hektik und die Ansammlung von Menschenmassen zugeschrieben (Börries v. Münchhausen, *Straßenbild*). Das Symbol entwickelt eine grundlegende Ambivalenz zwischen der Faszination an großstädt. Lebensweisen einerseits und deren Infragestellung wegen moral. Fragwürdigkeit andererseits, die in der Bezeichnung »A.blume« (↗Blume) für elegante Damen, die sich prostituieren (Brennert, *Die A.blume*), einen frühen Ausdruck findet. Die Kombination von A. und Pflanzennamen oder ↗Jahreszeiten, z.B. »A.frühling« (Musil, *Der Mann ohne Eigenschaften* I, 28; ↗Frühling), verbreitet sich, um den Konflikt von Großstadt und Natur zu demonstrieren und Irritation auszulösen.

2. Expressionismus. In der expressionist. Lyrik entwickelt sich der A. zum Symbol der großen Stadt, die mit Furcht und Abscheu betrachtet wird.

Auf dem A. wird der Text der Stadt lesbar (Loerke, *Der dunkle und der lichte Gott*), der A. bildet die ↗Haut eines vitalisierten urbanen ↗Kolosses (Becher, *Erwachen der Städte*). Der A. spiegelt (↗Spiegel) im ↗regennassen Zustand die trostlose ↗Wüste aus ↗Stein (Loerke, *Die gespiegelte Stadt*) oder das ↗Licht der Gaslaternen (Boldt, *Berliner Abend*). Er stellt somit einen Katalysator für die imaginative Wahrnehmung dar, der opt. Reize und Gefühlswelten verbindet. Sein Geruch trägt zu einem Erlebnis der Großstadt bei, das alle Sinne erfassen und verwirren kann (Brecht, *Und immer wieder gab es Abendröte*). Zugleich ist der A. gebunden an die Bewegungen der Masse auf den Straßen, die als »schwarze Flüsse« durch die Großstadt rauschen und die Fußgänger wie im Sumpf waten lassen (Becher, *An Deutschland*). Der glitschige A. (Einstein, *Bebuquin oder die Dilettanten des Wunders*) versinnbildlicht die Gefahr des Stolperns und Fallens, der moral. Verfehlungen und der Verirrung im bedrohlichen Raum der Stadt.

3. Neue Sachlichkeit. In Orientierung an amerikan. Großstadtbeschreibungen, in denen der dampfende A. die Dynamik und Energie der Metropole symbolisiert (Dos Passos, *Manhattan Transfer* I, 5), kommt dem A. eine zentrale Rolle auch in Berlindarstellungen zu. Er spiegelt die Leuchtreklame (Benjamin, *Einbahnstraße*) und verdoppelt somit deren Effekte der Verführung und der Ökonomisierung des städt. Raumes. Zudem bietet er dem Flaneur den Untergrund für seine urbane Erfahrung (Benjamin, *Die Wiederkehr des Flaneurs*), denn der A. trägt die Spuren der Stadtgeschichte in sich und gibt dem Flaneur Inspiration für seine Reflexion des Lebens in der Metropole. Er kann an das kindl. ↗Spiel (Benjamin, *Das steinerne Berlin*), aber auch an das menschl. Leid verarmter Großstadtbewohner erinnern (Tucholsky, *Augen in der Großstadt*). Die graue Farbe des A. überträgt sich auf die elend aussehenden ↗Gesichter der Passanten (Warschauer, *A.gesicht*). Insbesondere im Kabarett (Janowitz, *A.balladen*) und im Film (J. May, *A.*) wird er zunehmend den zwielichtigen Milieus der städt. Unterschichten zugeordnet, woraus eine Verwendung des A. als populäres Motiv in der Kriminallit. resultiert (Burnett, *A. Jungle*). Daneben bildet sich ein spezif. Typ des Großstädters heraus, der einen sachl. und distanzierten Habitus pflegt und in der »A.stadt« (Brecht, *Vom armen B.B.*) sein Zuhause sieht.

4. Konservative Kulturkritik. In der konservativen Kulturkritik und verschärft im Nationalsozialismus werden linke Intellektuelle und ihre Medien mit den Schlagworten ›A.lit.‹, ›A.literaten‹ oder ›A.kultur‹ diffamiert und ihnen wird Wurzellosigkeit (↗Wurzel), Künstlichkeit und Verrat am dt. Volk vorgeworfen (Goebbels, *Signale der neuen Zeit*). Auf das Symbol des A. wird zurückgegriffen, weil es als Gegensatz zur Scholle, die den Heimat-

boden repräsentiert (↗Erde/Lehm/Acker), fungiert und der Begriff ›Judenpech‹ mitklingen kann, der als Synonym für A. verwendet wird (*Brockhaus' kleines Konversationslexikon*, 1911). In Reaktion auf diese Diffamierung nehmen linke Autoren die Schlagworte auf und wenden sie ins Positive (Brecht, *Warum sollten wir uns deiner schämen?*). Im Exil wird die Evokation einer A.kultur zur sehnsuchtsvollen Erinnerung an vergangene goldene Berliner Jahre (Kügelgen, *Brief an Berlin*) benutzt. Daneben wird die Klage über die Vertreibung aus gewohnten Lebens- und Arbeitsbedingungen durch das Symbol des A. anschaulich gemacht. (Lourié, *Auf dem kalten A. von Berlin*).

5. Nach 1945. Nach dem Zweiten Weltkrieg löst sich die enge Verbindung des A. an die Großstadt bzw. bestimmte Städte wie Berlin auf. Der A. reiht sich ein in die Symbole künstl. und technisierter Welt, die gegen die Natur stehen (Frisch, *Homo faber*). In der amerikan. Lit. der Beat Generation dagegen steht der A. für die Freiheit, unterwegs zu sein, neue Identitäten zu suchen sowie Geschwindigkeit und Weite zu erleben (Kerouac, *On the road* X). Diese Bedeutung fließt auch in feuilletonist. Stadtreportagen (Fauser, *Der Strand der Städte*) ein. Hier und in der Kriminallit. (W. Voss, *A.*) wird zudem der Symbolgehalt des A. als Spurenträger des urbanen Lebenstempos fortgeschrieben, aber nicht mehr mit einer vehementen Großstadtkritik verknüpft wie zu Beginn des 20. Jh.

↗Berlin, Stadt, Weg/Straße.

Lit.: M. Okroy, Im Spiegel aus A., in: Wirkendes Wort 43 (1993), 226–234. – E. Schütz, A.reklame, in: Berlin im Kopf, hg. v. H. Haarmann, Berlin 2008, 73–90.

ChN

Aster

Symbol der Unschuld und Reinheit, des Todes und der Vergänglichkeit. – Relevant für die Symbolbildung sind (a) die ↗sternförmigen (lat. *astrum* = Gestirn) Blütenblätter (↗Blume) und (b) die späte Blüte bis in den ↗Herbst.

Die anspruchslosen A., »ganz gut, aber doch sozusagen unterm Stand und sehen immer aus wie 'n Bauerngarten« (Fontane, *Der Stechlin*: »Schloß Stechlin« VI.), werden häufig im Kontrast zur ↗Rose besungen: »Gönne dem Herbst zum Eigentume/ Den blassen Kranz doch, der ihn schmückt!/ Ist denn die A. keine Blume,/ Weil dich die Rose höher entzückt?« (Geibel, *Sprüche* XVIII), wobei die ↗Dornenlosigkeit (als Segensstrauß in Dehmels *Die Menschenfreunde* II) und v. a. die ↗weiße Farbe als Unschuldszeichen gegenüber dem auf Sinnlichkeit verweisenden ↗Rot der Rose herausgehoben wird (Dauthendey, *Ein Märchen*). – Die sternförmige Blüte der A. nutzt C. Brentano als christl. Heilszeichen und überträgt die barocke, nicht auf die Blume, sondern auf die griech. Göttin Asteria (›Stern‹) zurückgehende Nacht- und Liebes-Symbolik (Opitz, *An Asterien*), auf die Jesus-Mutter Maria: »Und die A. Sterne sind,/ Überm Haupt Ihr aufgegangen/ Als das Kind zum Heilandskind/ In der Krippe trug Verlangen« (*Zweimal hab' ich dich gesehn*). In Eichendorffs *Zauberei im Herbste* erscheint dagegen ein A.stern aus »funkelnden Edelsteinen« als rätselhaftes Zeichen dämon. Verlockung. – Dass die A. auch eine der letzten Blumen des Jahres ist, bringt sie mit Abschied und Tod in Verbindung. So Liliencron in *Rückschau*: »Der Mai zog hin, die A. starb, es frostet;/ Gebrochen hängt die Feder am Barette,/ Und in den Bart fiel Schnee, die Klinge rostet« (vgl. L. Hensel, *Der Schwester zum Geburtstage*; Franzos, *Die Juden von Barnow*: »Ohne Inschrift«; Fontane, *Unwiederbringlich* XXIII). Die melanchol. Bedeutung dieser Herbstblume zeigt sich auch in Georges *Komm in den totgesagten park und schau* oder bei Ch. Peters, *Heinrich Grewents Arbeit und Liebe*. – Die weiße A. in Rückerts *Kindertotenliedern*: »Blüte der A.!/ Im Himmelsgarten tragen zwei Geschwister/ Sternblumen auf der Hand von Alabaster« (*Ritornelle*), hebt dabei bes. das Moment der ↗kindl. Unschuld heraus; in Goethes *Die Wahlverwandtschaften* wird die Todessymbolik der A. zum Ottilie zugeordneten (II, 17) Leitmotiv, ein A.kranz deutet auf ihren Tod voraus (II, 3; ↗Blumenkranz) und schmückt schließlich ihre Leiche (II, 18). Der ebenfalls sinnbildlich lesbare Versuch der Protagonisten, durch Aussaat der A. einen künstlich angelegten »Sternhimmel über der Erde [zu] bilden« (II, 9), scheitert (vgl. die ebenfalls misslingende ↗Aufpfropfung I, 17). – Benns bekanntes Gedicht *Kleine A.* bricht das Symbol der Unschuld und ↗Reinheit durch die Kontrastwirkung zum »ersoffenen Bierkutscher« ironisch und aktualisiert dabei die Assoziationen von Tod und Abschied in ambivalenter Weise (so auch Benn, *A.*). Auch Trakl nimmt die Todessymbolik auf (*Verfall*; *Menschliches Elend*), in *Entlang* werden A. zum Zeichen der eigenen Todverfallenheit: »A. von dunklen Zäunen/ Bring dem weißen Kind./ Sag wie lang wir gestorben sind;/ Sonne will schwarz erscheinen.«

↗Herbst, Jahr, Reinheit, Rose, Stern.   PN

Atem / Hauch

Symbol des Lebens und der Seele, des Geistes, der Liebe, aber auch des Todes, des Windes, der Sprache und der künstler. Inspiration. – Relevant für die Symbolbildung sind (a) die lebenserhaltende Funktion des A. und (b) das Ausstoßen und Einziehen des A. Bedeutsam ist außerdem die Übersetzungstradition von hebr. *nephesh* (»Rachen«, »Lebenskraft«) mit gr. *pneuma* und lat. *spiritus* sowie von hebr. *ruach* (»Wind«, »A.«, »Lebenskraft«) mit gr. *psyché* und lat. *anima*.

1. Symbol des Lebens und der Seele. Die Bedeutung des A. als Symbol des Lebens wie der menschl. Seele findet seine literar. Ursprünge in der griech.

Trad. bei Homer und in der jüd.-christl. in der Genesis. Bei Homer werden wiederholt A. und Leben synonym gesetzt; in der *Ilias* wird auch Nicht-Menschliches mit dem A. assoziiert: »da ist nichts Armseligeres als der Mensch/ unter allem, soviel da auf der Erde atmet und kriecht« (*Ilias* XVII, 446 f.; vgl. Horaz, *Satiren* II, 6); getrennt sind A. und Leben dagegen in Sophokles' *Antigone* (252). Umgekehrt ist der Verlust von A. gleichbedeutend mit dem Tod (Homer, *Odyssee* IX, 521 f.). So entströmt das Lebensprinzip als letzter H. den Lippen des Sterbenden (*Ilias* IX, 409), der Geist oder die Seele als Lebenskraft werden mit dem Tod ausgeatmet oder ausgehaucht: so z. B. bei Spenser, *The Faerie Queene* (II, 8), Shakespeare (*Henry the Sixth* II, III, 2, 393–400) oder in Schillers *Die Räuber* (II, 5). Der Zusammenhang von A. und christl. Seele geht auf Gen 2,7 zurück: »Und Gott der HERR machte den Menschen aus einem Erdenkloß, uns blies ihm ein den lebendigen Odem in seine Nase. Und also ward der Mensch eine lebendige Seele« (s. a. Ijob 33,4; Ez 37,5 f.; aufgenommen bei Joh 20,22). In Lukians Persiflage des Prometheus-Mythos findet sich die gleiche Symbolik: »wiewohl ihm auch Minerva dabei behülflich war, da sie dem Leim einen lebendigen A. einhauchte und seinen neuen Gebilden die Seele, die ihnen fehlte, gab« (*Prometheus*, 342). Der Lebensatem, die von Gott geschaffene Seele, ist in christl. Trad. nicht wie der Körper sterblich, sondern überdauert das diesseitige Leben: »Daß ich nicht gänzlich stürbe, daß dereinst/ Der reine Lebenshauch, der Geist, die Seele,/ Die Gott mir gab, mit dieser Körperhülle/ Vernichtet würde« (Milton, *Paradise Lost* X, 783–786). – Aber bereits in der Antike wird der Topos der unsterbl. Seele den Bildaspekt des ›flüchtigen‹ A. aufnehmend hinterfragt: »Wenn mit dem letzten H./ Unsre Seele verweht, wenn sie zerrinnt in Luft,/ Und wie Nebel verfliegt, endet das Daseyn dann?« (Seneca, *Trojanerinnen* II, 4, 8–10). Auch das AT kennt die zum *vanitas*-Topos gehörende Verbindung von A. und Flüchtigkeit des Lebens: »Denn es geht dem Menschen wie dem Vieh: wie dies stirbt, so stirbt er auch, und haben alle einerlei Odem, und der Mensch hat nichts mehr als das Vieh; denn es ist alles eitel« (Koh 3,19–21). Gryphius verwendet den A. ebenfalls als Symbol für die Eitelkeit des Diesseits: »Was itzund athem holt/ fält vnversehns dahin:/ Was nach vns kommen wird/ wird vns ins grab nach zihn./ Was sag ich? wir vergehn gleich als ein rauch von winden« (*Menschliches Elend*). Auch Herders Verwendung der Schöpfungssymbolik interpretiert den A. nicht als unvergänglich: »Der Mensch ist *von Erde*, eine *zerbrechliche*, von einem flüchtigen Odem durchhauchte *Leimhütte*« (Herder, *Briefe zur Beförderung der Humanität* III, 28; ↗Erde/Lehm/Acker). Coleridge setzt das Symbol in der *Monody on the Death of Chatterton* auf ähnl. Art und Weise ein: »Leben ist nur ein A.zug.« – Wird im christl. Zusammenhang das beständige A.holen als Mahnung ständiger Andacht zu Gott aufgefasst (Greiffenberg, *Auf meinen Aller süssest-und Lieblichsten Herrn / Jesum / zur Neuen Jahrs-Zeit*; Tersteegen, *Geistliches Blumengärtlein* III, 2, 12: »O daß bei allen A.zügen«), erhebt Goethe das »Luft einziehen« und »sich ihrer entladen« zum Symbol des Schicksalswechsels des Lebens überhaupt (*West-östlicher Divan: Im A.holen sind zweierlei Gnaden*), wie auch zum Sinnbild des eigenen Prinzips von ›Systole‹ und Diastole' (*Maximen und Reflexionen*: »Die große Schwierigkeit«).

2. Symbol des Geistes. Der A. des Menschen wird in Anschluss an bibl. Vorstellungen (Ijob 32,8; Jes 42,5) wiederholt mit dem Geist Gottes in Verbindung gebracht. Klopstock verwendet den H. als Symbol für den Hl. Geist, der die menschl. Seele stiftet: »sei heilig, Seele, vom ewigen H. entsprungen« (*An Gott*). In antiker Trad. bezeichnet der A. die durchgeistigte Natur (Vergil, *Georgica* IV, 219 ff.). In der Romantik wird die pantheist. Naturvorstellung eine zentrale Voraussetzung für das Verständnis der A.symbolik: »Weisheit und Geist des großen Universums!/ Du Seele, die du ew'ges Denken bist/ Und Bildern und Gestalten Odem einhauchst/ Und Regung ohne Ende« (Wordsworth, *The Prelude* I, 420 ff.). Auch Hölderlin verwendet die A.symbolik für eine beseelte Natur (*Hymne an die Muse*) und E.T.A. Hoffmann spricht vom göttl. Wesen, »dessen A. uns in der Natur anweht und in unserm innersten Gemüt die tiefsten heiligsten Ahnungen aufregt« (*Klein Zaches*). Bei P.B. Shelley rückt die Natur endgültig an die Stelle eines christl. Gottes (*Queen Mab* 272 ff.), und auch F. Schlegel säkularisiert die Verwendung, wenn es heißt: »denn ein Geist beseelte es, ein lebendiger H. von Harmonie und Liebe« (Friedrich Schlegel, *Lucinde*: »Lehrjahre der Männlichkeit«). – A. und H. repräsentieren zudem das Wesen einer Epoche, eines Werks oder eines Autors. Herder spricht von Oden, die »noch den römisch-griechischen Geist atmen« (*Briefe zur Beförderung der Humanität* III, 35), Mörikes *Eberhard Wächter* wähnt sich »Gestärkt am reinen A. des Homer« und in Heines *Der Doktor Faust* »weht der A. der Reformationszeit« (»Erläuterungen«).

3. Symbol der Liebe. In weltl. Zusammenhang wird die A.symbolik von Geist (s. 2.) und Seele (s. 1.) auch auf die ird. Liebe angewandt. Der A. vereint zwei liebende Seelen, wie bei Wieland (»Dein Blick, dein A. schien allein mich zu beseelen«, *Musarion* I, 219) oder Hölderlin (»Meine Küsse weihten dich zum Bunde,/ Hauchten Geist von meinem Geist in dich. –/ Meine Welt ist deiner Seele Spiegel«, *Hymne an die Göttin der Harmonie*). Goethe deutet die jüd.-christl. Inspirationssymbolik aus Gen 2,7 (s. 1.) weltlich-erotisch (»Welche Seligkeit ist's! wir wechseln sichre Küsse,/ A. und Leben getrost saugen und flößen wir ein«, *Römische Elegien*

XVIII). – In Analogie zur pantheist. Naturvorstellung weitet sich auch die A. der Liebe auf die ganze Welt aus, empfindsame Natureligkeit parodierend heißt es bei Wieland: »Ein Lächeln seiner Göttin war genug, ihn in Vergnügen zu zerschmelzen; ihre Blicke schienen ihm einen überirdischen Glanz über alles auszugießen, und ihr A. der ganzen Natur den Geist der Liebe einzuhauchen« (Wieland, *Agathon* I, 5, 6). Dabei vermag die säkulare Liebe ebenso wie die göttl., Unsterblichkeit zu schenken (Keats, *Endymion* II, 686 f.).

4. Symbol des Todes. Der H. kann auch das Gegenteil des Lebens, den Tod symbolisieren, nicht zu verwechseln mit der Symbolik des ausgehauchten Lebens (s. 1.). Im *Buch Hiob* tötet Gott durch seinen A. (Ijob 4,9). In der *Orestie* des Aischylos ist ebenfalls von tötendem H. die Rede (*Orestie: Choephoren* 243). Auch der personifizierte Tod selbst verströmt unheilsbringenden H. (Nonnos, *Dionysiaka* XI, 286 f.). Im *Götz von Berlichingen* verwendet Goethe ebenfalls diese Bildlichkeit: »Du siehst, der verzehrende A. des Todes hat mich angehaucht, meine Kraft sinkt nach dem Grabe« (V: »Weislingens Schloß«). – Eine weniger personalisierte Vorstellung des Todeshauchs ist stärker an unheilsbringende Naturbegebenheiten gebunden, meist in Zusammenhang mit dem ↗Wind (s. 5.): »vergebens flüchten wir im Herbste/ angstvoll vorm schädlichen H. des Südwinds« (Horaz, *Oden* II, 14). Spenser stellt das Symbol in Zusammenhang mit dem Zyklus der Jahreszeiten und der Assoziation von ↗Winter und Tod: »Winter ist gekommen mit unheilvollem Atem/ Und nach dem Winter kommt der bald'ge Tod« (*The Shepheardes Calender: December* 149 f.).

5. Symbol des Windes. Die vielleicht naheliegendste Bedeutung des Symbols ist die des ↗Windes (mit dessen weiteren symbol. Konnotationen). Als A. Gottes bzw. der Götter erscheinen in der Antike insbes. Zephyros, der Gott des Westwinds (*Ilias* IXX, 415; ↗Westen) und Boreas, der Gott des Nordwinds (*Ilias* V, 697; ↗Norden). Auf die antike Engführung von A. und Wind wird auch noch in der Moderne verwiesen, so bei Heym: »Wie ferne Flöten tönt des Zephirs H.« (*Der Tag*). In einem christl. Weltbild kann Gott auch selbst atmen (»Gottes A. macht die Segel schwellen«, Eichendorff, *Sonette an A... I*). – Schließlich ist es der H. der Jahreszeiten, die entweder belebenden ↗Frühlingswind verströmen: »Süß ist, fröhlicher Lenz, deiner Begeistrung H.,/ Wenn die Flur dich gebiert, wenn sich dein Odem sanft/ In der Jünglinge Herzen,/ Und die Herzen der Mädchen gießt« (Klopstock, *Der Zürchersee*; vgl. Shelley, *Queen Mab*, IX, 167) oder, wie ↗Herbst und Winter, Zerstörung und Tod bringen: »O wilder Westwind, du des Herbstes A.« (Shelley, *Ode to the West Wind*), explizit in Schillers *Klage des Ceres*: »Wenn des Frühlings Kinder sterben,/ Wenn von Nordes kaltem H./ Blatt und Blume sich entfärben.«

6. *Symbol der Sprache und der künstlerischen Inspiration.* Zählt die Kontrolle des A. seit der Antike zur rhetor. Ausbildung des Redners (Quintilian, *Institutio oratoria* IX, 4, 18), wird der A. auch zum Sinnbild der gesprochenen Sprache:»Sei du gewiß, wenn Worte Atem sind,/ Und Atem Leben ist, hab' ich kein Leben,/ Das auszuatmen, was du mir gesagt« (Shakespeare, *Hamlet* III, 4, 181 ff.). Joyce widmet das gesamte Äolus-Kapitel des *Ulysses* dem Zusammenhang von A., Wind und Rhetorik. Auch bei Trakl verweisen A. und Stimme aufeinander: »Weißer Hohepriester der Wahrheit,/ Kristallne Stimme, in der Gottes eisiger Odem wohnt« (*Sebastian im Traum*: Karl Kraus). – Anknüpfend an die ebenfalls seit der Antike bestehende symbol. Verbindung von Wind und Inspiration stellt Wordsworth einen Zusammenhang zwischen dem H. der inspirierenden Natur und der inneren Brise her (*The Prelude* I, 33 ff.), ebenso J.M.R. Lenz (»A. der Natur und Funke des Genies ist's«, *Anmerkungen übers Theater*) oder Novalis (*Heinrich von Ofterdingen* I, 1). Tieck verbindet folglich auch den Topos des lebenspendenden A. mit dem gelungenen Kunstwerk:»die Natur selbst, der Himmel, der rauschende Wald und sein Lieblingsbaum schienen A. und Leben zu seinen Gemälden herzugeben« (*Franz Sternbalds Wanderungen* I, 5). Als Frage nach der Möglichkeit der Kunst spricht Celan von der »A.wende« (*Der Meridian*; *A.wende*). ↗Harfe, Wind.

Lit.: A. Brown, The Aeolian Harp in European Literature, Cambridge 1970. – P.S. MacDonald, History of the Concept of Mind, Ashgate 2003. – Ph. Rech, Inbild des Kosmos, Bd. 2, Salzburg/Freilassing 1966, 9–49. – A.M. Tymieniecka (Hg.), Poetics of the Elements in the Human Condition, Bd. 2, Dortrecht 1988.   RHa

Athen

Symbol griech. Kultur und Bildung sowie der Rhetorik und Philosophie. – Relevant für die Symbolbildung sind (a) das Alter, (b) die polit. Organisationsform des Stadtstaats und (c) der große kulturelle Reichtum A.

1. Antike. Politisch erscheint A. als Inbegriff von Demokratie und Freiheitsstreben. Als »Erdgeborene«, d.h. ursprünglichste Bewohner von Hellas, und besondere Schützlinge der Götter (Homer, *Ilias* II, 548) sind die Athener zur Freiheit bestimmt (Aischylos, *Die Perser* 241). Sie werden so im Kontext der Perserkriege zu Repräsentanten des griech. Widerstands (Pindar, *Fragmente* LXIV f.; Herodot, *Historiae* VII, 139, 5) und Gegenbild der orient. Despotie (Thukydides, *Leichenrede des Perikles*; Platon, *Gesetze* 693d). A. symbolisiert öffentl. Kultur und Redekunst und rühmt sich, im Gegensatz zum militär. ↗Sparta, der Möglichkeit freier individueller Entfaltung (Thukydides *Leichenrede des Perikles*). Es ist Bildungsstätte für ganz Griechen-

land (Isokrates, *Panegyrikos* IV, 50) und als Geburtsort der Musen (Euripides, *Medea* 826–832) der Ursprung von Kunst und Wissenschaft. Die Pflege des Theaters und des Kultes weist auf die Frömmigkeit A. hin (Sophokles, *Ödipus in Kolonos* 260, 1006 f., 1125 f.; Euripides, *Medea* 824 f.). Diese schlägt jedoch um in Hybris, wenn die Athener, von Machtdenken beherrscht, sich in ihrem Handeln gottgleich glauben (Thukydides, *Melierdialog* V, 105). – In der röm. Lit. ist A. Inbegriff griech. Kultur (Cicero, *Pro Flaccus* LXII; *De oratore* III, 43). Cicero rühmt A. als Heimat der Gelehrsamkeit, der Gesetze sowie v.a. der Rhetorik (*Brutus* XXVIf., XXXIX; *De oratore* I, 13). Der Name A. wird metonymisch für Bildung gebraucht:»Heute hat die ganze Erde ihr griechisches und römisches A.«, Juvenal, *Satiren* XV, 110. Als polit. Modell hat A. vor dem Hintergrund des röm. Imperiums dagegen ausgedient (Cicero, *Pro Flaccus* LXII) und sein trag. Niedergang wird besungen (Ovid, *Metamorphosen* XV, 424–430; Plutarch, *De gloria Atheniensium*).

2. Christentum. Unter der Perspektive der frühchristl. Autoren erfährt A. eine Umwertung: Philosophie und Bildung werden im christl. Kontext zu götzendiener. Schein-Weisheit, weltl. Neugier und Geschwätzigkeit, die klass. A.-Topoi vor dem Hintergrund von Paulus weitgehend gescheitertem Missionsversuch ins Negative verkehrt:»Alle Athener und die Fremden dort taten nichts lieber, als die letzten Neuigkeiten zu erzählen und zu hören« (Apg 17,21). A. wird zur Gegenspielerin ↗Jerusalems stilisiert, das die wahre Weisheit und göttl. Heil repräsentiert:»Unser A.«, d.h. das relig. und geistige Zentrum der Christen, »ist Jerusalem« (Hieronymus, *Epistulae* XLVI, 9; auch Tertullian, *De praescriptione haereticorum* VII, 8 f.) Für Augustinus verkörpert A. mit seinen verschiedenen Philosophenschulen die ↗babylon. Verwirrung und steht im Kontrast zur Einstimmigkeit der Verfasser der Hl. Schrift (*De civitate Dei* 18, 41). Sokrates wird jedoch auch als Typos Jesu gedeutet (Gregor v. Nazianz, *Epistulae* 32, 11).

3. Aufklärung und Klassizismus. Indem die klass. Topoi Bildung, Kultur, Humanität und Demokratie erneut in den Vordergrund treten, wird A. zum Spiegelbild der aufgeklärten Gesellschaft. Rousseau schildert 1750 A. als »Wohnstatt der Artigkeit und des guten Geschmackes, der Aufenthalt der Redner und Philosophen« (*Discours sur les sciences et les arts*), wohlwissend, damit das Idealbild der aufgeklärten Gesellschaft aufzurufen. Er bricht jedoch mit der Erwartungshaltung des Publikums, indem er A. als Symbol aufklärer. Werte wie Bildung und Zivilisation radikal destruiert: Wissenschaften und Künste führten zu Verweichlichung, Korruption und Vernachlässigung eth. und militär. Tugenden. Schrieb Voltaire noch in seinem *Dictionnaire Philosophique* unter dem Stichwort Luxus:

»Der Luxus A. hat großartige Männer in jedem Bereich hervorgebracht«, so verurteilt Rousseau A. gerade als Symbol des Überflusses und der Dekadenz, und setzt ihm das Modell Sparta entgegen, in dem er wahres Bürgertum und polit. Tugend verwirklicht sieht. – Weniger radikal sind die Autoren des dt. Klassizismus. In A. herrscht der »aufgeklärte, politische Schwätzergeist«, und sind die Griechen im Allg. »Väter der Literatur«, so ist A. speziell die »Mutter der Schriften«, da hier zuerst die Werke Homers verschriftlicht wurden (Herder, *Ideen zur Philosophie der Geschichte der Menschheit* XIII, 3 f.). A., das »weichmütig, sanft im Umgang, höflich aufgeweckt im Gespräch, leutselig gegen die Geringen, gastfrei und gefällig gegen den Fremden« ist (Schiller, *Die Gesetzgebung des Lykurg und Solon*), liegt dem liberaldemokrat. Geist der Weimarer Klassik näher als Sparta, jedoch werden auch die Schattenseiten der Zivilisation, Stolz und Ruhmsucht, reflektiert. A. ist nicht nur Ort der »Weisen« und der »feinen Sitten« (Wieland, *Geschichte des Agathon* I, 7), sondern auch der Eitelkeit und der polit. Intrigen (III,4; VII, 7). Abseits der klassizist. Reduktion auf ein rein individualist. Bildungs- und Kulturideal vermittelt Hölderlins *Archipelagus* ein politisch geprägtes Bild von A., das Anklänge an die klass. Topoi von Demokratie, Freiheitswillen und Göttergunst enthält. Im *Athenerbrief* (*Hyperion* I, 2) erscheint A. als Exemplum dafür, dass Freiheit die Voraussetzung für die Entwicklung von Kultur und Philosophie ist. A. ist dabei nie Utopie, sondern wird historisiert: »ganz in Asche gesunken« (*Archipelagus* LXIII), ist es Sinnbild für die notwendige Vergänglichkeit alles Schönen.

4. Moderne. Das Pathos der Gefährdung und des der Blüte notwendig folgenden Untergangs prägt auch noch in der Moderne G. Heyms Tragödie *Feldzug nach Sizilien*, die die für A. typ. Verknüpfung von individuellem Ehrgeiz und Hybris hervorhebt. Die Rivalität von A. und Sparta zeigt sich erneut in Benns Essay *Dorische Welt*. A. vergleicht Benn mit einer großen ↗Theaterbühne (»Beleuchtung ist die Sonne, die Kulisse das Meer«), auf der sich die Individuen in glanzvollen Reden inszenieren. Dem steht der Staat Sparta gegenüber, der »Kunstwerk aus einem Guß« ist. Während A. eine Inszenierung bleibt, die noch eine Differenz zwischen Leben und Kunst impliziert, symbolisiert Sparta eine Lebensform, die gänzlich entindividualisiert und zur Kunst, zum Stil geworden ist.
↗Jerusalem, Sparta.

Lit.: RAC Suppl. I, 639–668. – A. Breitenbach, *Das »wahrhaft goldene A.«*, München 2003. – V. Riedel, *Antikerezeption in der dt. Lit. vom Renaissance-Humanismus bis zur Gegenwart*, Stuttgart/Weimar 2000.
SSch

Aufpfropfung

Symbol der christl. Heilsgeschichte, kultureller Entwicklung, aber auch der Denaturierung und des Dilettantismus; Symbol des Witzes, des Plagiats wie des Schreibens überhaupt. – Relevant für die Symbolbildung ist die Veredelung von Pflanzen und Steigerung ihrer Erträge durch das Aufsetzen eines edlen Reis auf einen robusten, wilden Stamm, mit dem es verwachsen soll.

1. Symbol der christlichen Heilsgeschichte. In der christl. Trad. wird die A. von Paulus im Brief an die Römer (11,17–24) in Dienst genommen, in dem er das Verhältnis von Juden und griech. Christen als widersinnige Figur in Szene setzt: Die Juden erscheinen hier als edler Ölbaum (↗Olive/Ölbaum), in den von Gottes ↗Hand die Zweige eines wilden Ölbaums (die griech. Heiden-Christen) »gepfropfet« wurden. J. Domitzer lädt dieses Bild in seiner Schrift *Ein newes Pflantzbüchlein / Von mancherley artiger Pfropffung vnd Beltzung der Bawm* (1529) eschatologisch auf, wenn er im Vorwort darauf hinweist, dass dieses Buch nicht nur dazu nütze, das »Ackerwerck« und die »Pelzung der Bäum« zu erlernen, sondern auch dazu, dem Leser in der »ympfung der Bäum« ein Exempel der »Form und Gestalt« des Glaubens und der Liebe sowie der »aufferstehung des fleiches […] eben durch die pfropffung un Pelzung der Baum« zu geben. – In Goethes 1773 erscheinenden Erörterungen über *Zwo wichtige bisher unerörterte biblische Fragen* wird das Symbol der A. in einem dem paulin. Paradox entgegengesetzten Sinne umgedeutet, wenn es heißt, man müsse das jüd. Volk als einen »wilden unfruchtbaren Stamm« ansehen, auf den »der ewige Gärtner das edle Reis Jesum Christum« gepflanzt habe, »daß es, darauf bekleibend, des Stammes Natur veredelte, und von dannen Pfropfreiser zur Befruchtung aller übrigen Bäume geholt würden«. Hier wird die A. zum Symbol einer christlich dominierten Entwicklungs- und Veredelungsgeschichte der Menschheit mit einem unverkennbar antisemit. Unterton.

2. Symbol des Witzes, des Plagiats und des Dilettantismus, des Schreibens sowie der kulturellen Entwicklung überhaupt. Auch im Kontext der Poetik wird auf das Verfahren der A. zurückgegriffen. In Jean Pauls *Vorschule der Ästhetik* erscheint diese als Bild für den »Doppelzweig des bildlichen Witzes«, der »entweder den Körper beseelen oder den Geist verkörpern« kann. »Ursprünglich, wo der Mensch noch mit der Welt auf einem Stamme geimpft blühte, war dieser Doppel-Tropus noch keiner« (*Vorschule der Ästhetik* § 50). In der Ästhetik des 18. Jh. dient die A., ebenso wie das Verpflanzen, indes meistens zur Bezeichnung einer plagiierenden Kunstfertigkeit: So bezeichnet E. Young in seinen *Conjectures On Original Composition* den Nachahmer als jemanden, »der die Lorbeerzweige nur verpflanzet, welche oft bey dieser Versetzung einge-

hen, oder doch allezeit in einem fremden Boden schwächer fortkommen« (»A Letter to the Author of Sir Charles Grandison«). Das Verpflanzen wird hier zu einem Symbol kraftlosen Kopierens, das dem im eigenen Boden verwurzelten (↗Wurzel) Original gegenüber gestellt wird. Ihre iron. Inszenierung findet diese Auffassung in Jean Pauls *Leben Fibels*, in dem der Protagonist Fibel, angeblich der Erfinder der ABC-Fibel, gleich zu Beginn als jemand beschrieben wird, der »fußhohe Bäumchen aus[zog], um sie einige Schritte davon wieder elend einzupflanzen zu einem Gärtchen« (*Leben Fibels* II). Die A. (XX) wird dabei zur Allegorie eines kopierend-zitierenden Textverfahrens, dem nicht nur Fibel, sondern auch der fiktive Herausgeber Jean Paul folgt (Wirth). Auch in Goethes Wahlverwandtschaften ist A. Symbol für ein Aneignungsverfahren, wobei hier jedoch nicht mehr die kopierende Schreibweise, sondern eine dilettierende Lebensweise den symbol. Gehalt bestimmt. Schon im ersten Satz des Romans explizit erwähnt, wird die A. im Weiteren zu einem Symbol für das Verhältnis von Natur und Kultur, für eine bestimmte »Form der Willkür« (Schings, 173). Die A. steht für eine dilettant. Einstellung zum Leben und zur Kunst, die den Differenzpunkt zur klass. Meisterschaft markiert (*Die Wahlverwandtschaften* I, 17). Die A. ist hier nicht nur ein Symbol für willkürl. Interventionen in den Gang der Natur, sondern auch für eine Form der Modernität, die sich nicht Zeit für langwierige Erziehungsprozesse lässt und stattdessen auf das Hervorbringen von Novitäten setzt. Die Kulturtechnik der A. wird so zu einem Symbol für den Kulturverfall. Noch im 20. Jh. taucht die A. in diesem Sinne als Symbol auf, freilich noch einmal unter umgekehrten Vorzeichen: So in Huchels Gedicht *Der Garten des Theophrast*, das 1962 in der letzten von Huchel verantworteten Ausgabe der DDR-Literaturzeitschrift *Sinn und Form* erscheint, in dem durch einen verdeckten Verweis auf »wunde Rinde« und »Bast« auf die A. im Kontext einer Schilderung von Kulturverfall angespielt wird. Anders als bei Goethe erscheint die A. hier jedoch als Teil eines langen Kultivierungsprozesses, der durch eine brutale Intervention beendet wird. – Im Kontext dekonstruktiver Literaturtheorie bedient sich das Schriftkonzept Derridas der A. Derrida spricht nicht nur von der »greffe citationnelle«, also von einer ›zitationellen A.‹ (*Signature événement contexte*), durch die man Geschriebenes in neue, andere syntagmat. Kontexte »einschreibt«, sondern geht noch einen Schritt weiter, wenn er behauptet: »Schreiben heißt aufpfropfen (greffer). Es ist dasselbe Wort« (Derrida, *La dissémination*, »Les Greffes, Retour au Surjet«).
↗Baum.

Lit.: O.E. Allen, Pfropfen und Beschneiden, Amsterdam 1980. – H.-J. Schings, Willkür und Notwendig-

keit, in: Jb. 1989 der Berliner Wissenschaftl. Gesellschaft e.V. Berlin 1990, 165–181. – U. Wirth, Original und Kopie im Spannungsfeld von Iteration und A., in: Originalkopie, hg. v. G. Fehrmann/E. Linz, Köln 2004, 18–33.   UW

Auge

Symbol des menschl. Wesens, der Seele und der Schönheit, des Geistes und der Erkenntnis sowie des Göttlichen. – Relevant für die Symbolbildung sind (a) die enge physiolog. Verbindung des A. zum Hirn, (b) das A. als Organ des bes. hoch geschätzten Sehsinns.

1. Symbol des menschlichen Wesens. Die Häufigkeit des A.symbols in der Lit. entspricht der Wichtigkeit des A. für den Menschen, so dass es im Sinne des »A.apfels« (Schiller, *Die Räuber* I, 1) für etwas Unersetzliches steht, im AT auch für den Menschen unter dem Schutz Gottes (Dtn 32,10; Ps 17,8). Deshalb gilt der Verlust des A. (↗Blendung) als symbol. Todesstrafe oder Kastration (Freud, *Das Unheimliche* II).

2. Symbol der Seele, der Schönheit oder innerlicher Zustände. Symbolisieren die A. die Seele im Allg. (Goethe, *Die Leiden des jungen Werthers* II: »Am 20. Januar«; Jean Paul, *Titan*, 111. Zykel), werden die A. oft auch als Zeichen bestimmter menschl. Eigenschaften und Gemütszustände gedeutet (zu Patristik und MA Schleusener-Eichholz 1985, 717–848). Frische und oft auch ↗blaue A. gelten als Zeichen der Ehrlichkeit und Redlichkeit (H. v. Kleist, *Penthesilea* XI). Bei Heine wird diese standardisierte Bedeutung feinsinnig verkehrt: »Und jenes blaue A. dort,/ So klar wie stille Welle,/ Das hielt ich für des Himmels Pfort',/ Doch war's die Pforte der Hölle« (*Das Liedchen von der Reue*; vgl. *Wechsel*). Das A. als Ausdruck innerer Eigenschaften findet sich im Volksglauben, wo die A.farbe den Charakter bestimmt, wie Bodenstedt in den *Liedern des Mirza-Schaffy* dichtet: »Ein graues A./ Ein schlaues A.,/ Auf schelm. Launen deuten die braunen,/ Des A. Bläue/ bedeutet Treue;/ Doch eines schwarzen A. Gefunkel/ Ist stets, wie Gottes Wege, dunkel« (*Lieder und Sprüche der Weisheit* XII; ↗Braun, ↗Grau, ↗Weg). Allerlei Charaktereigenschaften werden auch durch attributive Wendungen versinnbildlicht, so z. B. bei Lukian: »er ist mutig, hat Feuer im A. wie ich (denn ein feiges weibisches A. tut im Handgemenge schlechte Wirkung)« (*Der Parasit oder Beweis, daß Schmarotzen eine Kunst sei).* – Insbes. in der Liebeslyrik werden die A., häufig in der Verbindung mit der ↗Sonne (s.a. 3.), zum Schönheitssymbol (etwa im Schönheitskatalog des europ. Petrarkismus oder auch in Shakespeares *Sonnet* CXXX) und gewinnen eine erot. Qualität, die aber regelmäßig mit der Unerreichbarkeit der Geliebten einhergeht (Petrarca, *Canzoniere* XXXIX: *Io temo sí de' begli occhi*). Das Leuchtende der A. symbolisiert dabei weniger die hohe geistige Kraft der Angebeteten (s. 2.), sondern ihren Liebreiz und ihre ↗Reinheit. Findet sich insbes. beim weibl. A. jede Farbe als Zeichen der Schönheit und Attraktivität (das »dunkle A.« z. B. bei Mörike, *Besuch in Urach*), erscheint auch hier das blaue A. ausgezeichnet (z. B. Uz, *An Chloen*; Hebel, *Das schlaue Mädchen*; Hebbel, *Schön Hedwig*). Die verbundenen A. Amors oder Cupidos (prominent z. B. in der Emblematik; HS, 1758–1767) relativieren dagegen die Bedeutung des Gesichtssinns in diesem Zusammenhang und verweisen auf die Rolle von Verstand, Phantasie und Begehren, wie Shakespeare in *A Midsummer Night's Dream* (I, 1, 244 ff.) das Sinnbild erklärt. – Momentane, veränderl. Erregungszustände kennzeichnet das A. z. B. in Homers *Ilias*, wenn »überschwenglicher Gram« die A. »umhüllt« (XI, 249 f.); Wahnsinn im Wechsel mit verständigem Verhalten wird durch rollende A. charakterisiert (Aischylos, *Der gefesselte Prometheus* 882), und das lüsterne A. zeigt sexuelle Erregung (Apuleius, *Der Goldene Esel* I, 2). Das gesenkte A. spricht von empfundener Schuld oder Scham (Ovid, *Metamorphosen* VI, 605–607). Schließlich wird am A. auch der Tod abgelesen; so umfängt z. B. ↗Nacht das A. oder es bricht (Homer, *Ilias* XIII, 575, 580; Sophokles, *Antigone* 1301 f.).

3. Symbol des Geistes und der Erkenntnis. Seit der Antike ist das A., abgeleitet von der herausragenden Bedeutung des menschl. Sehsinns, Sinnbild des Geistes und der Erkenntnis. So deuten geöffnete A. auf die Wachsamkeit des Geistes (HS, 1266), geschlossene auf Weltabkehr (Morgenstern, *Melencolia IX: Non veder non sentir m'e gran ventura …*; ↗Schlaf; Schleusener-Eichholz 1985, 317–347). Aber auch der Ausdruck der A. kann Auskunft über die Befindlichkeit des Geistes geben (Jean Paul, *Titan*, 105. und 110. Zykel). Platon hebt die wahre geistige Erkenntnis vom leibl. Sehsinn ab, wenn er davon spricht, dass das »A. des Geistes« erst dann schärfer blickt, wenn das A. des Körpers an Sehkraft verliert (*Gastmahl* 219a). Im MA deutet die Rede vom ›inneren A.‹ auf christlich-geistige Erkenntnis (Schleusener-Eichholz 1985, 953–1075), Goethe bezieht sie dagegen allein auf die Vorstellungskraft (*Vier Jahreszeiten: Frühling* XVIII). – Im AT werden in der Schöpfungsgeschichte die A. des Urmenschenpaares »aufgetan« (Gen 3,7), und sie erkennen, dass sie nackt sind. Das A. wird hier zum Sinnbild der sündigen Erkenntnis, womit auch der Blick auf die Welt diskreditiert ist (vgl. Petrarca, *Epistolae familiares* IV, 1; hier mit Bezug auf Augustinus, *Confessiones* X, 8, 15). Die A. werden auch im NT mit der Sünde in Verbindung gebracht (2 Petr 2,14; 1 Joh 2,14); besser sei es, ein A., das zum Abfall verführe, zu verlieren als das Himmelreich (Mt 5,29; 18,9; Mk 9,45). Die Redensart, dass Schuppen von den A. fallen (Apg 9,18; Lessing, *Nathan der Weise* II, 5; Fontane, *Stine* XII), stammt aus diesem komplexen Zusammenhang von Sehen, Erkenntnis

und Sünde in Zusammenhang, auch wenn sich Apg 9,18 auf die Wandlung von Saulus zu Paulus bezieht. – Neben der Verbindung von A. und Erkenntnis ist das A. auch als Eingang zum Geist bzw. zur Seele bedeutsam. Diese Vorstellung akzentuiert den physiolog. Zusammenhang von Sehen, Empfinden und Vorstellen (z. B. Platon, *Phaidros* 255c-d; Hauff, *Lichtenstein* VIII). So pointiert beispielsweise Lichtenberg die Differenz zwischen A. und ↗Ohr, wobei das A. für die vorzuziehende direkte Erfahrung steht (*Sudelbücher* F 288).

4. Symbol des Göttlichen. In der Antike erscheint das A. als Symbol des Göttlichen im Zusammenhang von ↗Sonne und ↗Licht (Aristophanes, *Die Wolken* I, 285 f.: »Unermüdet ja leuchtet das A. des Äthers/ Schwimmend in heitrer Klarheit!«). Verkörpert wird die Sonne als A. des ↗Himmels durch Helios/Sol (Euripides, *Iphigenie bei den Taurern* 192; Ovid, *Metamorphosen* IV, 190 ff.; Hölderlin, *Der Mensch*) und steht in Verbindung mit dem Göttlichen überhaupt, von dem das Licht ausgeht. Die Sonne als »A. der Welt« (C. Brentano, *Godwi* I: »Godwi an Römer«) symbolisiert den glückl. Zusammenhang des Irdischen mit dem Göttlichen (Martial, *Epigramme* IX, 24; kritisch zu solcher Vermischung Gottsched, *Versuch einer Critischen Dichtkunst*, »Horaz von der Dichtkunst«, Anm. 10), auch im Kontrast zur unseligen Dunkelheit der ↗Nacht: »Die mordbrütende Nacht schlägt über dir ihren dunklen Mantel auseinander und das A. Gottes blickt wieder durch die Welt!« (Eichendorff, *Viel Lärmen um Nichts*). – Neben dem Leuchtenden des göttl. A. spielt die Allgegenwart Gottes eine wichtige Rolle: Schon Zeus gilt in der Antike als alles sehender (Nonnos, *Dionysiaka* VII, 190, 219), ebenso Helios (Aischylos, *Orestie: Choephoren* 985). Das neid. oder böse A. symbolisiert die Allgegenwart des Neides, der Bedrohung und Zerbrechlichkeit menschl. Glücks (Aischylos, *Orestie: Agamemnon* 946 f.). Allgegenwärtig und allsehend ist aber auch der jüd.-christl. Gott im AT (Sach 4,10; Sir 23,19; Spr 22,12) wie im NT (Hebr 4,13; Offb 5,6). In der christl. Trad. vielfach aufgenommen (Schleusener-Eichholz 1985, 1076–1110), steht das ›A. Gottes‹ noch in der Neuzeit nach 1 Sam 16,7 v. a. für den Blick ins Innere des Menschen (Gotthelf, *Uli der Pächter* XII; Fontane, *Effi Briest* XVI). Heine nimmt das Symbol auf und deutet es um: »Die Völker sind allwissend, alldurchschauend; das A. des Volks ist das A. Gottes« (*Französische Maler*: »Nachtrag. 1833«). Auch die Vorstellung einer alles ausgleichenden Gerechtigkeit steht mit der Sphäre des Göttlichen in Verbindung, so dass gelegentlich vom alles sehenden »A. der Gerechtigkeit« (Heliodor, *Aithiopika* VIII; Schiller, *Die Räuber* II, 3) und häufiger vom »A. des Gesetzes« (Lillo, *The London Merchant* III, 2; Raabe, *Abu Telfan* XXIX; Freytag, *Soll und Haben* VIII) die Rede ist. – Vermutlich ausgehend von Illustrationen zu den Werken des

Mystikers J. Böhme im 17. Jh., bei dem die Symbolik des göttl. A. von zentraler Bedeutung ist, ist es zur Konvention geworden, Gott oder das Göttliche als A. darzustellen. Ein A. in einem ⁊Dreieck zeigt die Dreieinigkeit im Christentum (Keller, *Der Grüne Heinrich*, 1. Fass., I, 7).

⁊Augenblick, Blendung, Blindheit, Feuer/ Flamme, Gesicht, Licht, See/Teich, Sonne, Träne.

Lit.: W. Deonna, Le symbolisme de l'œil, Paris 1965. – St. Kern, Eyes of Love, London 1996. – H. Kolb, Die Mystik des A. und des Herzens, in: ders., Der Begriff der Minne und das Entstehen der höf. Lyrik, Tübingen 1958, 18–38. – Th. Rakoczy, Böser Blick, Macht des A. und Neid der Götter, Tübingen 1996. – G. Schleusener-Eichholz, Art. Sehen, in: Wb. der philosoph. Metaphern, hg. v. R. Konersmann, Darmstadt 2007, 368–374. – dies., Das A. im MA, München 1985. – dies., Die Bedeutung des A. bei Jacob Böhme, in: Frühma. Studien 6 (1972), 461–492. – W.A. Schulze, Das A. Gottes, in: Zs. für Kirchengeschichte 68 (1957), 149–152. – K. Weisrock, Götterblick und Zaubermacht, Opladen 1990. PN

Augenblick

Symbol metaphysisch, ästhetisch und subjektiv intensivierter Welterfahrung, für Erkenntnis und unbewusstes Begreifen. – Relevant für die Symbolbildung ist die extreme Kürze des A., die im Gegensatz zum ›Zeitpunkt‹ als messbarem Datum unbestimmt bleibt.

1. Philosophisches, religiöses und ästhetisches Erkenntnissymbol. In Platons Spekulationen über das Wesen der Zeit und in seiner Ideenlehre bezieht sich der A. auf die ontologisch betrachtete Verfassung der Dinge und vermittelt zwischen der Ewigkeit und der Zeit des Werdens (*Parmenides* 156d-e). Platon betont die Rolle des A. für das Erkennen der Idee (*Staat* 515e) und die Nähe des A. der göttl. Begeisterung zum A. der Liebe und zur künstler. Inspiration (*Phaidros* 244a ff.). Myst. Bilder der Schau der Ewigkeit und des Verlangens nach dem »großen Licht«, die sich mit dem A. verknüpfen, finden sich in der Lehre Plotins (*Enneade* VI, 7, 36, 18–21; ⁊Licht). Nachvollziehen lässt sich die Spannung zwischen dem A. als flüchtigem Zeitpunkt und dem ›ewigen‹ A. der Vision Gottes in der christl. Philosophie und Mystik, z.B. bei Augustinus (»A. der Erkenntnis« als »Schlag«, *Confessiones* IX, 10, 25) und Meister Eckharts Schau Gottes durch das »Fünklein« der Seele im »Nû« (*Predigten* IX, 318; X, 59). – Bes. Bedeutung hat der »erfüllte«, »ewige« oder »prägnante« A. als zentrales Denkbild bei Goethe, in dem die Flüchtigkeit und Vergänglichkeit des gegenwärtigen Moments transzendiert und überwunden, das eigene Leben tätig, aber auch entsagend geordnet wird (*Das Göttliche*; *Vermächtniß*). Symbolisch sind schon in den Lebenslaufgedichten des jungen Goethe qualitative Aufwertungen des erfüllten A. und die Wahl des Gipfelblicks (*An*

Schwager Kronos), weiterhin die Gestaltung markanter Punkte des Lebenslaufs (*Mahomets Gesang*), wie schließlich auch die Liebesaugenblicke in Goethes Dichtung, z.B. als Eingedenken des ›erfüllten‹ Moments‹ für die Überwindung des Flüchtigen (*Willkommen und Abschied*) oder, als ein Beispiel für das Motiv der Anamnesis, das Briefgedicht Goethes an Charlotte von Stein vom 14.4.1776 *Warum gabst du uns die tiefen Blicke*. – Assoziiert mit dem Unberechenbaren, dem Zufall, symbolisiert der A. bei Kleist eine Bewusstseinskrise am Ende der Spätaufklärung und deutet auf den Zusammenbruch rationalist. und theolog. Sinnstiftungsmodelle hin. Kleist inszeniert diese Sinnkrise als Umschlag des A. unmittelbar bevorstehender Bedrohung und Zerstörung in (illusionäre) Erlösung: »Es war, als ob die Gemüter, seit dem fürchterlichen Schlag, der sie durchdröhnt hatte, alle versöhnt wären« (*Das Erdbeben in Chili*). – In der Romantik, insbes. bei Novalis, ist das »Gemüt« der Ausgangs- und Zielpunkt einer phantast., augenblickshaften Grenzüberschreitung bzw. des »Romantisierens« als Potenzierung des Gewöhnlichen: »Der Mensch vermag in jedem A. ein übersinnliches Wesen zu seyn« (*Blütenstaub* XXII). Die augenblickshafte Begegnung mit dem Übersinnlichen erscheint als Bruchstelle in der Wahrnehmungsgewissheit des Alltäglichen im romant. Märchen (E.T.A Hoffmann, *Der Goldene Topf*). Bei Baudelaire wird die plötzl. Entgrenzung als Ausnahmezustand des Geistes unter dem Einfluss von Rauschmitteln, die einen Weg zum »künstlichen Paradies« darstellen, weiterverfolgt (*Les paradis artificiels*).

2. Symbol der Überwältigung des Bewusstseins durch Schrecken, Wahnsinn und Grauen. Schon die innere Erlebniszeit der übersinnl. Erkenntnis ist oft ambivalent und schlägt, wie z.B. in E.T.A. Hoffmanns *Der Goldene Topf* (II, VII u.ö.) und *Der Sandmann* in Grauen um. E.A. Poe erhebt den Wahn und das Grauen des A. zum Paradigma des modernen Bewusstseins, so wird etwa die moderne Großstadt (⁊Stadt) zum Ort plötzl. Schreckens. Begrifflich fasst Poe den A. als »Launen« und »psychische Eindrücke« auf der Schwelle des Wachbewusstseins (*Marginalia* V). Parallel zu dieser literar. Radikalisierung der Symbolik des A. als Schock und Plötzlichkeit entstehen ästhet.-philosoph. Konzepte wie Nietzsches Pathos der plötzl. und schreckl. Erscheinung, das sich auf den trag.-dionys. Zustand bezieht (*Die Geburt der Tragödie* XVIII).

3. Symbol der Durchbrechung chronologischer Zeitlichkeit. Erinnerung als epiphan., beglückendes Ereignis und als Medium, in dem die Seele den »Geist der Götter« in »Tiefen der Zeit« erahnt, findet sich bei Hölderlin (*Wie wenn am Feiertage*; vgl. *Über die Verfahrungsweise des poetischen Geistes*: »Wink für die Darstellung und Sprache«). Höhepunkt der modernen Verabsolutierung des A. für den unbewussten ekstat. Erinnerungsmodus sind die Szenen unwillkürl. Erinnerns bei Proust, wie sie sich exemplarisch in der ›Madeleine‹-Episode vollziehen, in der die Geruchs- und Geschmacksevokation Kindheitserinnerungen und damit einhergehend ein »unerhörtes Glücksgefühl« auslöst (*A la recherche du temps perdu* I, 1). In V. Woolfs aus Momentaufnahmen bestehenden Romanen *Mrs Dalloway* und *The Waves* erscheinen myst.-ekstat. Momente der Ich-Auflösung (»moments of being«) als »plötzliche Erhebungen« (»sudden elevation«) und »Erleuchtung (»illumination«) und stehen im Gegensatz zur Vergänglichkeit, der Sinnleere und zum Tod. Ausdrücklich erscheinen die Momentaufnahmen als »Epiphanien« bei Joyce, die jedoch nicht im trad. Sinn als myst. Erlebnis zu verstehen sind, sondern als dinglich-sprachlich ausgelöste Erleuchtungen des Bewusstseins (*Stephen Hero*). Die hypothet. Antizipation von Glück in den Ekstasen des Ich ist bes. deutlich in Musils Konzept eines »anderen Zustands«. Jedoch erhalten sich auch hier der Relativismus und die Skepsis Musils gegenüber dem Erlebnis und dessen Verfestigung in Ideen und Ideologien (*Der Mann ohne Eigenschaften*, hier bes. II, 11 f.: »Heilige Gespräche«; vgl. die Metaphorik des myst. Eintretens ins »Tausendjährige Reich«, Nachlass 52: »Atemzüge eines Sommertags«).

↗Auge, Gewitter/Blitz und Donner, Sekunde, Stunde.

Lit.: A. Anglet, Der »ewige« A., Köln/Weimar 1991. – K.H. Bohrer, Ekstasen der Zeit, München 2003. – S. Ledanff, Die A.metapher, München/Wien 1981. – Ch.W. Thomson/H. Holländer (Hg.), A. und Zeitpunkt, Darmstadt 1984.   SLe

Auschwitz

Symbol der Gesamtheit des industriell betriebenen Massenmordes durch Nationalsozialisten, v.a. an Juden, der vollständigen Entmenschlichung und absoluten Folter. – Relevant für die Symbolbildung sind (a) die Funktion des Konzentrations- und Vernichtungslagers A. von Juni 1940 bis Januar 1945, in dem 1,2 bis 1,6 Millionen Menschen meist in Gaskammern getötet und anschließend verbrannt wurden, (b) der Nürnberger Prozess gegen die Hauptkriegsverbrecher (1945/46), der erstmals die Dimensionen des Verbrechens offenbarte.

Die Geschichte der Menschheit erhielt durch A. eine entscheidende Zäsur, die sich in zahllose Diskurse einschrieb (z.B. Adorno, *Erziehung nach A.*). Bes. bedeutsam in dieser Hinsicht wurden für die dt. Lit. Adornos viel zitierte (und häufig missverstandene) Bemerkung, nach A. ein Gedicht zu schreiben, sei barbarisch (*Kulturkritik und Gesellschaft*, 1955), sowie M. Walsers *Friedenspreisrede* von 1998, in der er die Instrumentalisierung von A. als »jederzeit einsetzbares Einschüchterungsmittel oder Moralkeule« befürchtete. Bis Ende der 1970er Jahre kam A. auch umgangssprachlich die Bedeu-

tung zu, die heute eher von ›Holocaust‹ und ›Shoah‹ eingenommen wird. – A. ist ein ›absolutes Symbol‹, das wenig Varianz erfährt und immer in enger Verbindung mit der histor. Wirklichkeit steht. Freilich wird das konkrete Geschehen nicht immer explizit mitgenannt; gerade in der Unterschlagung der eigentl. Fakten kommt der Symbolgehalt mitunter eindrucksvoll zur Geltung (so etwa bei Kempowski, *Tadellöser & Wolf* XXVII, wo A. nur ein einziges Mal thematisiert wird, und zwar als Ort, an dem sich ein blutiger Ehestreit abgespielt habe). Auch die literar. Umkehr des Vernichtungsgeschehens in A. bei Amis (*Time's Arrow*) spielt nur mit dem Symbolgehalt, ohne ihn zu verändern. – In verschiedenen Literaturen hat A. eine etwas andere Bedeutung. So bezieht sich A. in der poln. Lit. meist auf das sog. Stammlager (A. I), in dem ab 1940 überwiegend Widerstandskämpfer und Vertreter der poln. Intelligenz inhaftiert und vielfach getötet wurden (etwa Borowski, *Byliśmy w Oświęcimiu* [Bei uns in A.]; Kielar, *Anus Mundi*), während in Texten jüd. Autoren A. eher auf A.-Birkenau (A. II) bezogen wird, wo v.a. Juden brutal ermordet wurden (z.B. Wiesel, *La nuit*). In dieser Hinsicht repräsentiert A. auch eine von Menschen gemachte Hölle (z.B. Levi, *Se questo è un uomo*). In der dt. Lit. steht A. oft als Symbol für die Unmenschlichkeit der Täter, bes. nach den Frankfurter A.-Prozessen von 1963–1965, in denen die dt. Öffentlichkeit sich erstmals intensiv mit der Wirklichkeit von A. auseinandersetzte (P. Weiss, *Die Ermittlung*; Hochhuth, *Der Stellvertreter*).

↗Asche, Feuer/Flamme.

Lit.: A. Dunker, Die anwesende Abwesenheit, München 2003. – S. Feuchert, Holocaust-Lit.: A., Stuttgart 2000. – J. Habermas, Der Zeigefinger, in: Die Zeit v. 31.3.1999, 42–44.   SF

Auto / Wagen

Symbol des menschl. Körpers, der Individualität und Selbstbestimmung, der Entgrenzung, des Lebensverlaufs und der menschl. Beziehungen. – Relevant für die Symbolbildung sind (a) die selbstbestimmte Steuerung des A. (im Gegensatz zur ↗Eisenbahn), (b) die individuelle Nutzung, (c) einzelne Teileelemente des A., die selektiv symbolisch genutzt werden wie Motor für ↗Herz oder Lenkung für Gehirn.

1. Symbol des menschlichen Körpers. W. und Vehikel jegl. Art spielen in Hochkulturen von Beginn an eine große Rolle als Erweiterungen des menschl. Körpers. So erfolgt die Himmelfahrt des Elia in der Bibel in einem feurigen Pferderennwagen (2 Kön 2,11; ↗Feuer); bei Platon fungiert der von ↗Pferden gezogene Rennwagen als Symbol der menschl. Körper-Seele-Einheit (*Phaidros* 246a-b); im Trionfo, dem Triumphwagen der bewegten allegor. Aufzüge der Renaissance, wird göttl. Erscheinungsweise im

Himmelswagen (Ez 1,4–28; 10,1–20) durch Allegorisierung und mechan.-maschinelle Bewegung zu evozieren gesucht (vgl. die Abb. bei Berns). – Mit seiner flächendeckenden Verbreitung in den 1920er Jahren werden A. und A.fahrt bereits im Vorfeld der Neuen Sachlichkeit, aber durchaus noch unter Beibehaltung ästhetizist. Optionen der Jahrhundertwende (Remarque, *Station am Horizont*; Lernet-Holenia, *Ich war Jack Mortimer*), zum symbol. Anschauungsmodell für ›kalt‹ in Szene gesetzte und in der Regel glückende Prozesse zugleich techn. und menschl. Selbstregulierung in Ausnahmesituationen, bei denen die oftmals anthropomorph gesetzten Vehikel und ihre Fahrer zur Selbststeuerung entlang von gerade eben überschrittenen techn. und menschl. Grenzen engste Symbiosen eingehen. Die Symbolisierung des menschl. Körpers als techn. Vehikel und seine A.fahrt werden auf diese Weise zu Therapien in Grenzsituationen (vgl. Remarques Texte für die Zeitschrift *Sport im Bild* und ihre Weiterverarbeitung im Roman *Drei Kameraden*).

2. Symbol der Entgrenzung und Grenzüberschreitung. Zum Symbol der Entgrenzung werden A. und A.fahrt im Surrealismus (bei Arp, Chririco, Breton, Ernst u. a.) und zuvor schon im Futurismus, insbes. bei Marinetti, der das A. in seinem Gedicht *A l'Automobile* folgerichtig in ein Flugzeug und dann ein Raumschiff *avant la lettre* übergehen lässt: »Die Bremsen los! Ihr könnt nicht? Brecht sie denn,/ […] Hurrah! Die niedre Erde fesselt mich nicht mehr./ Endlich befrei ich mich und fliege schon/ berauscht hinein in alle Überfülle/ des Sternenstroms.« Wiederaufnahme findet Marinettis Übergang von A. zu Flugzeug bei Delius in *Aeronauten*: »Den 5. Gang/ Die Krücken weg!/ Und tauchten/ zwischen Lerchen/ auf im Luftkorridor/ schon/ Bildeten sich mit den Armen/ Tragflächen aus,/ und sicherer/ Flogen wir über die DDR/ und alles hinweg.«

3. Symbol der Individualität, Autonomie und Selbstbestimmung. Die Möglichkeit individueller Bewegungsfreiheit mit dem in Privatbesitz befindl. Vehikel stellt das A.-Symbol in Opposition zum an Schiene (↗Gleis) und Fahrplan gebundenen kollektiven Verkehrsmittel Eisenbahn (Bierbaum, *Eine empfindsame Reise im A.mobil*; Hesse, *Klein und Wagner*). Das wird in der dt. Lit. des 20. Jh. vielfach auf den Systemgegensatz BRD/DDR (›Freiheit‹ versus ›Sozialismus‹) übertragen (Katthage/Schmidt, *Langsame A.fahrten*). Für die Literaten der amerikan. Beatnik-Generation (Kerouac, Burroughs, Ginsberg) symbolisieren A. und Highway ebenso

›Freiheit‹ von gesellschaftl. Zwängen wie meist auch in US-amerikan. und dt. Road-Movies (von *Easy Rider* bis *Convoy*, von *Die Abfahrer* bis *Paris, Texas*), auch wenn die symbol. Fahrten vielfach in Zusammenstößen, Unfällen (Mulisch, *Die Grenze*) und Massenkarambolagen enden.

4. Symbol des Lebensverlaufs. Als Symbol des Lebensverlaufs in der modernen Massengesellschaft kann das A. wegen seiner großen Flexibilität genutzt werden, denn es erlaubt nicht nur die symbol. Darstellung einzelner normaler und nicht-normaler Lebens-›Fahrten‹, sondern im Bild des ›Massenverkehrs‹ auch die Symbolisierung ganzer Gesellschaften, so bei Brecht (*Radwechsel*; *Herr K. fährt A.*; *Kunst des Manövrierens*), Dürrenmatt (*Die Panne*), Walser (*Halbzeit*) und Struck (*Finale*: »Das A.fahren kam ihr so oft wie ein symbolisches Leben vor, und doch liebte sie es […]. Oft mußte sie, wenn sie große Strecken fuhr, an Finales Unruhe denken, an diese Lust, über Weiten zu galoppieren«). Hinzu kommen symbol. Grenzsituationen wie ›Stau‹ (bei Ch. Wolf in *Was bleibt* für den Bewegungsverlust der DDR-Gesellschaft nach 1979), ›Amokfahrt‹ und/oder paradoxer ›rasender Stillstand‹ (Delius zur Situation der BRD im ›Deutschen Herbst‹ in *Ein Held der inneren Sicherheit*).

5. Symbol für menschliche Beziehungen. Häufig werden A. und A.fahrt in der Lit. des 20. und 21. Jh. als Symbole für Beziehungen, deren Verläufe und Probleme verwendet. So heißt es bei Horvath in *Kasimir und Karoline*: »So ein Weib ist ein A., bei dem nichts richtig funktioniert – immer gehört es repariert. Das Benzin ist das Blut und der Magnet das Herz – und wenn der Funke zu schwach ist, entsteht eine Fehlzündung – und wenn zu viel Öl drin ist, dann raucht er und stinkt er« (ähnlich Remarque, *Kleiner A.-Roman*; Fleißer, *Pioniere in Ingolstadt*; Plenzdorf, *Die neuen Leiden des jungen W.*; M. Walser, *Brandung*; S. Berg, *Ein paar Leute*).

↗Ballon, Eisenbahn/Lokomotive/Zug, Reise, Schiff, Weg/Straße.

Lit.: J.J. Berns, Die Herkunft des A.mobils aus Himmelstrionfo und Höllenmaschine, Berlin 1996. – G. Katthage/K.-W. Schmidt, Langsame A.fahrten, Köln 1997. – D. Müller, Gefährliche Fahrten, Das A. in Literatur und Film um 1900, Würzburg 2004, 316. – S. Reinecke, A.symbolik in Journalismus, Lit. und Film, Bochum 1992.   RP

Automat ↗Maschinenmensch.

B

Babylon

Symbol der menschl. Selbstüberschätzung, der (Sprach-)Verwirrung, der blühenden, aber gottfeindl. Großstadt, des Lasters und der Fremdheit. – Relevant für die Symbolbildung sind (a) die alttestamentl. Überlieferung vom Turmbau zu Babel, (b) die apokalypt. Allegorie der ›Hure B.‹, (c) die histor. Hauptstadt Babyloniens, (d) die Deportation der Jerusalemer Oberschicht nach B. im 6. Jh. v.Chr.

Während die griech.-röm. Lit. den kulturellen Reichtum und die Gelehrsamkeit B. beschreibt (Herodot, *Historiae* I, 178–200; Diodor, *Bibliothek* II, 10–13), kritisieren die jüd.-christl. Schriften die menschl. Hybris des ⁊Turmbaus zu B. (Gen 11,1–9; Augustinus, *De civitate Dei* XVI, 4), das lasterhafte Großstadtleben und deuten ›Babel‹ volksetymologisch als »Verwirrung« (eigentl. gr. *Babylṓn* von neubabylonisch *bab-iláni* ›Tor der Götter‹); sie beklagen den Verlust der Heimat im babylon. Exil (Ps 137,1) und verwenden B. als Decknamen für ⁊Rom, der Hauptstadt des antichristl. Weltherrschers, im Unterschied zur hl. ⁊Stadt ⁊Jerusalem (Offb 17). Das MA deutet B. allegor. als Symbol der Hölle und Buße (Anonym, *Babylonische Gefangenschaft*, 12. Jh.). – Als histor. Stadt wird B. erst wieder in der Reiselit. seit der Renaissance wahrgenommen (z.B. Rauwolff, *Aigentliche Beschreibung der Raiß inn die Morgenländer* II, 7). Im 17. und 18. Jh. steht B. sowohl für den Ursprung der Sprachenvielfalt als auch für die Sprachverwirrung (Herder, *Romanze über die Trümmer zu Babel*). Auf ⁊Paris als »Seinebabel« übertragen (Stendal, *La vie de Henri Brulard*, 28. Kap.; K. Kraus, *Die Memoiren der Odilon*), verbindet sich mit dem Namen Sittenlosigkeit. In der literar. Moderne, seit den Ausgrabungen des histor. B. von neuem Interesse, symbolisiert B. primär die weibl. personifizierte, gottlose, todbringende Großstadt, in der sich der Mensch fremd und verloren fühlt (so schon Heine, *Babylonische Sorgen*; Döblin, *Berlin Alexanderplatz* VI, »Babylonische Wandrung«; de Bruyn, *B.*; Antunes, *Gestern in B. hab ich dich nicht gesehen*).

⁊Frau/Jungfrau, Jerusalem, Orient, Paris, Rom, Stadt, Tor/Tür, Turm/Leuchtturm.

Lit.: F.-A. Haase, Trop. Gebrauch von Eigenworten bei der Überlieferung von Texten der Lit. Europas am Bsp. »B.«, in: Muttersprache 111 (2001), 330–344. – J. Marzahn/M. Wullen, B. – Mythos und Wahrheit, 2 Bde., München 2008. KM

Bahnhof

Symbol der Moderne als Erfahrungsraum des Transitorischen und Kontingenten sowie der nomad. Lebensführung, aber (bes. nach dem Zweiten Weltkrieg) auch der Heimatlosigkeit, Flucht und Vertreibung sowie des Genozids. – Relevant für die Symbolbildung ist (a) der B. als Verkehrsknotenpunkt der ⁊Eisenbahn, der (b) dem Ein- und Ausstieg von Personen bzw. dem Be- und Entladen von Waren sowie (c) dem ⁊Warten auf die Ankunft und Abfahrt von Zügen dient.

Als Ankunfts- und Abfahrtsort (Ebner-Eschenbach, *Bozena*; Fontane, *Effi Briest*; Raabe, *Die Akten des Vogelsangs*; *Altershausen*) symbolisiert der B. die Initiation in den Beschleunigungsraum der ⁊Großstadt (Döblin, *Berlin Alexanderplatz*; Keun, *Das kunstseidene Mädchen*). Mit seinen Wartesälen steht er als ⁊Schwellenort für den Übergang, das Flüchtige und Zufällige sowie für das moderne, nomad. Subjekt (Döblin, *Gleiswechsel im Hirnkasten*; Kracauer, *Ginster*). – In der Shoah-Lit. symbolisiert der B. die Heimatlosigkeit jüd. Existenz und den Völkermord; er ist Gedächtnisraum der Dialektik von Erinnern und Vergessen (Aichinger, *Kleist, Moos, Fasene*; Kertész, *Roman eines Schicksallosen*; Sebald, *Austerlitz*). Der B. als Reflexionsort über Flucht, Vertreibung und existentielle Verunsicherung kennzeichnet die Poetik des Exils (Brecht, *Flüchtlingsgespräche*), die Antikriegslit. (Böll, *Der Zug war pünktlich*; Borchert, *Dann gibt es nur eins!*) und die DDR-Lit. (Johnson, *Mutmaßungen über Jakob*).

⁊Eisenbahn/Lokomotive/Zug, Gleis, Hafen, Schwelle.

Lit.: W. Schivelbusch, Geschichte der Eisenbahnreise, Frankfurt a.M. 1989. BTh

Ball ⁊Kugel/Ball.

Ballon

Symbol des techn. Fortschritts und des technisch realisierten Wunders. – Relevant für die Symbolbildung sind (a) seine histor. Bedeutung als erstes Vehikel der Luftschifffahrt, (b) die schwierige Manövrierbarkeit und damit verbunden (c) die Gefährlichkeit der B.fahrt.

Aufklärung und Fortschrittsoptimismus auf der einen Seite, relig. Diskurs und Aberglaube auf der anderen markieren das semant. Feld des B.-Symbols. Die bes. kulturelle Wirksamkeit des B. ist auf seine sinnl. Erfahrbarkeit durch die Massen zurückzuführen (Link). Während der Frz. Revolution

wird der B. für deren Befürworter zum emphat. Symbol von sozialem Wandel und Aufstieg in ungekannte Höhen (z. B. in der Dichtung von Echouard-Lebrun). Die aufklärer.-revolutionäre Funktionalisierung des B.-Symbols wird weitgehend von der dt. Romantik übernommen, so etwa von Günderrode in dem Gedicht *Der Luftschiffer*. Ambiguisiert wird das Symbol in den Werken Jean Pauls, in denen der B. sowohl mit dem naturwissenschaftl. als auch dem relig. Diskurs assoziiert wird: Steht der B. in *Das Kampanertal* für metaphys. Hoffnung auf Unsterblichkeit der Seele, so wird er in der Geschichte vom einsamen B.-Fahrer Giannozzo (*Des Luftschiffers Giannozzo Seebuch*) zum iron. Symbol für Kontingenz und Entfremdung in einer dezentrierten, gottlosen Welt. Kleist bringt in seinem Drama *Der Prinz von Homburg* die Grenze zwischen Religion und Wissenschaft zu Fall, indem er den Selbstmord als experimentelle Realisierung einer metaphys. B.-Fahrt imaginiert (V, 10). In dem wohl bekanntesten B.-Roman, *Cinque semaines en ballon* von Verne, symbolisiert der B. die Errungenschaften der Technik und wird zum Vehikel der Exploration exot. Welten. Zugleich wird der B. auf fast kulturchauvinist. Weise sakralisiert, d. h. zum Gegenstand von relig. Anbetung und Furcht stilisiert. Eine Weiterentwicklung erfährt das Symbol in McEwans 1997 veröffentlichtem Roman *Enduring Love*, indem der B. mit Unkontrollierbarkeit und einer prekären Eigendynamik sozialer Konstellationen assoziiert wird.
↗Schiff.

Lit.: B. Korzus (Hg.), Leichter als die Luft, Münster 1978. – J. Link, ›Einfluß des Fliegens – Auf den Stil selbst!‹ Diskursanalyse des B.symbols, in: Bewegung und Stillstand in Metaphern und Mythen, hg. v. J. Link/W. Wülfing, Stuttgart 1984, 149–164.   BN

Balsam ↗Öl/Salbe.

Band ↗Kette.

Bart
Symbol des Sexuellen, der Macht, der Männlichkeit, Weisheit und sozialen Distinktion, der Trauer, Verwahrlosung und Alterität. – Relevant für die Symbolbildung sind (a) die Farbe und der Zustand des B., (b) die ähnl. Konsistenz von B.- und Schambehaarung.
1. Sexuelle Symbolik. Ausgehend von der mag. Wirkkraft des Haupthaars (für die christl. Lit.: der bibl. Simson, Ri 16,4–31; ↗Haar) gilt die *regio barbae* als pars pro toto für den ganzen ↗Mann und seine Lebensenergie. Daher rühren der weit verbreitete Schwur beim eigenen oder beim B. des Anderen resp. Propheten (HdA I, 930; Grimm, *Deutsche Sagen* 472) und das B.-Scheren als Adoptionsritus, symbol. Unterwerfung (HdA I, 929; Num 8,7)

oder göttl. Bedrohung (Jes 7,20). V. a. das halbseitige Scheren gilt als Hohngeste (Xenophon, *Verfassung der Spartaner* 9, 4–6, zu den Tresantes; 2 Sam 10,4). In kelt. Mythen (z. B. bei Dillus dem Bärtigen in *Culhwch ac Olwen*) und im Märchen (Grimm, *Schneeweißchen und Rosenrot*) wird das B.scheren vollends zum männl. Kastrationssymbol. Die ↗Frau wird als quasi-mag. Auslöser des männl. B.wuchs dargestellt (Wolfram von Eschenbach, *Willehalm* 287, 11–17). Einhergehend mit dieser Sexualisierung werden in den Sagen mehrerer Kulturen aufgrund ihrer symbolisch prekären Tätigkeit Barbiere zu Protagonisten, ein Erzählkomplex, der auf König Midas und seinen Barbier in Ovids *Metamorphosen* zurückgeht (XI, 90–193). Ein farbiger B. kann auf eine gesteigerte oder perverse Sexualität hindeuten wie bei Blaubart (Perrault, *La barbe bleue*) oder im Grimmschen Märchen *Blaubart*, der Frauenschänder, der auch als *Barberouge* oder *Grønskjaeg* (›Grünbart‹) bekannt ist. Der fehlende oder der flaumige sog. Milchbart (↗Milch) wird literarisch als Zeichen mangelnder sexueller Reife, oft auch zur iron. Distanzierung der Figur genutzt: »Der Leutnant ist blutjung, ein Milchbart, ein halbes Kind« (Th. Mann, *Königliche Hoheit*: »Vorspiel«). Die ursprüngl. Potenzsymbolik des B. taucht in der Lit. des 20. Jh. nur noch implizit in patriarchalen Gesellschaften als Zeichen der Autorität (der Wächter in Kafkas *Vor dem Gesetz*) oder in Form satir. Überzeichnung auf (W. Droste/G. Henschel, *Der Barbier von Bebra*).
2. Symbol der Gendertransgression. Eine spezielle Ausformung der sexuellen Symbolik setzt ein mit Ischtar, der mesopotam. Göttin der Sexualität und des Kriegs (*Šuilla*-Hymnus), zur Symbolisierung allmächtiger Zeugung und weibl. Kampfeskraft (↗Androgynie). Im christl. Bereich wird mit dem Erzählen von der bärtigen Frau in der ma. Legende der hl. Wilgefortis mit der ursprüngl. Zeugungssymbolik gebrochen: Wilgefortis erhält von Gott einen B. und wird so vor einer ungewollten Ehe bewahrt. Die Virilisierung durch B.wuchs gilt auch als Ansteckung durch den Kuss eines Mannes (HdA I, 931; Demirkan, *Frau mit B.*). Gegenläufig wird der Frau aber auch unterstellt, selbst bärtig sein zu wollen, um ihre vermeintl. geschlechtl. Defizite auszugleichen: So erzählen europ. Ätiologien von den vergebl. Versuchen Evas, eine ↗Salbe anzuwenden, die Adam erhielt, um sich durch den B.wuchs über sie zu erheben (EdM I, 1283). Aus demselben Grund schreiben sich in Verwechslungsstoffen Frauen häufig über einen falschen B. die männl. Geschlechtszugehörigkeit zu, wobei im MA, v. a. in den Kurzprosaformen, noch eine quasi-mag., doch reversible Gendertransgression stattfindet (z. B. Dietrich von der Glezze, *Der Borte*), während in der frühneuzeitl. Bukolik (u. a. Lodge, *Rosalynde*) oder in der Komödie (Shakespeare, *Twelth Night*) das Verkleidungsmuster überwiegt (↗Kleidung, 1.).

Nach einer Phase der literarisch eher interessierten denn despektierl. Zurschaustellung von weibl. B., wie anlässlich Michels Jahrmarktbesuchs (Lindgren, *Michel in der Suppenschüssel*,»Sonntag, der 8. Juli«), ermöglicht in der Moderne das Erzählen vom weibl. B. die Dekonstruktion der dichotomen Genderordnung und die Ausformulierung intersexueller Emanzipation (Eugenides, *Middlesex*).

3. *Symbol von Macht und Herrschaft.* Die ↗Phallus-Symbolik weitet sich auf andere Bereiche der Potenz aus, wie auf die polit. Herrschaft (Julian, *Der B.hasser*). Deshalb sind alle Bildnisse Karls des Großen oder der otton. Kaiser bärtig, was literarisch etwa bei Konrad von Würzburg, *Otto mit dem B.*, verarbeitet wird. Da die Erhaltung der polit. Herrschaft oft nur auf gewaltsamen Wege möglich ist, bezieht sich der B. auch auf militär. Präsenz und Stärke (»Stünden Ihnen/ Nicht die Verräter bei [...]/ Wir hätten sie, B. gegen B., empfangen/ und heimgepeitscht«, Schiller, *Macbeth*-Übers. V, 5). In der Barbarossa-Legende (wie u. a. bei Geibel, *Friedrich Rotbart*; Rückert, *Barbarossa*) verweist das Weiterwachsen des B. nach dem eigentl. Tode des Bergentrückten (↗Berg) auf den Fortbestand seiner Herrschaft. Ebenso steht hier die ↗rote B.farbe in Verbindung mit der Anderweltlichkeit des Herrschers, ebenso wie bei der Darstellung des Gotts Donar/Thor (J. Grimm, *Deutsche Mythologie* III, 8).

4. *Symbol der Weisheit.* Ebenfalls als Erweiterung der Potenzsymbolik kann der bereits von den Gottesvätern Zeus oder Odin getragene Voll-B. als Zeichen der Lebenserfahrung und Weisheit gelten (Wieland, *Comische Erzählungen: Juno und Ganymed*). Ausgangspunkt ist der sog. Philosophen-B., der in der Antike v.a. von den Kynikern getragen wurde, um entweder Ehrwürdigkeit vorzutäuschen (Lukian, *Der Tod des Peregrinos*) oder eine Gleichgültigkeit gegenüber ird. Dingen zum Ausdruck zu bringen (Aristophanes, *Die Vögel* 1282). Die Symbolik des Philosophen-B. besteht im Christentum über die B. der Kirchenväter (RAC XIII, 196 f.) bis heute fort, z. B. bei der Darstellung ideolog. Führungsgestalten (Riemann, *Die Schleife an Stalins B.*).

5. *Soziale Distinktion.* V. a. in der Literatur von Epochen mit ausgeprägten B.moden verweisen die B.formen auf bestimmte soziale Stellungen wie bspw. im ital. 16. Jh. (spitzbärtiger Pantalone der Commedia dell'Arte als Inbegriff des venezianischen Kaufmanns) oder der wilhelmin. Epoche (H. Mann, *Der Untertan*; Th. Mann, *Das Eisenbahnunglück*; in beiden Fällen Varianten des sog. Kaiser-Wilhelm-Barts zur iron. Zeichnung des dt. Beamten). In diesen Epochen sind die B.formen so eng konnotiert, dass sie gesellschaftlich wie literarisch vom Symbolischen in den Bereich der Stereotypie übergehen. Schnurre setzt unter Verwendung dieser Stereotypen den B. titelgebend als epochales

und linkspolit. Zeichen der Weimarer Republik und frühen NS-Zeit ein: *Als Vaters B. noch rot war*.

6. *Symbol der Trauer, Verwahrlosung und Alterität.* Je nach der vom jeweiligen Herrscher abhängigen Mode gehört in der Antike das Scheren des B. (Jer 48,37) oder dessen unkontrollierter Wuchs (2 Sam 19,25) zu den Trauergesten. Die positive Bedeutung der Rasur nimmt, ebenfalls der herrschaftl. Mode entsprechend, ihren Ausgang bei der Tatendrang symbolisierenden B.losigkeit Alexanders des Großen (Plutarch, *Vitae parallelae*: »Theseus« V). Das Ideal des bartlosen Helden bleibt erhalten, weshalb im Kontrast zum abgenommenen oder gepflegten B. auch als Zeichen der Verwahrlosung oder gar des Irrsinns auftauchen kann, wie z. B. beim Harfner in Goethes *Wilhelm Meisters Lehrjahre* (V, 16). Der B. dient auch als Zeichen (einer fremden) relig. Zugehörigkeit; in der Lit. christl. Gesellschaften symbolisiert er häufig Konfrontationen mit jüd. Orthodoxie (Franzos, *Der Pojanz*). Auch entwickeln sich durch iron. Zitation des Mainstreams, wie beim Übergang des Macho-Schnauzers auf die homosexuelle Szene in den späten 1970ern, oder durch Tabubruch, wie beim sog. ›Hitler-B.‹, subkulturelle B.formen, die literarisch zur stereotypen Figurenzeichnung eingesetzt werden (der Schnauzer des Ich-Erzählers und dessen Rasur in Krachts *1979* VII).

↗Androgynie, Frau, Haar, Mann, Phallus.

Lit.: EdM I, 1280–1284. – HdA I, 929–931. – RAC XIII, 177–203. – RDK I, 1469–1477. – R. Junkerjürgen, Haarfarben, Köln/Weimar 2009. – I. Loschek, B., in: dies., Reclams Mode- und Kostümlexikon, Stuttgart ³1994, 120–122. – K.G. Schelle, Die Geschichte der männl. B. unter allen Völkern der Erde bis auf die neueste Zeit, Nachdr. Dortmund 1983.   MD

Basilisk

Symbol der Ungerechtigkeit, Verleumdung, des Hochmuts, der eitlen Ruhmsucht, Lüge und Bosheit, des Neids, der Unkeuschheit, des Papsts, der Mönche und Juden, des Todes, der Sünde, des Teufels sowie des Antichrist, aber auch Christi. – Relevant für die Symbolbildung sind (a) der dem B. in der antiken und ma. Naturkunde zugeschriebene tödl. Blick bzw. ↗Hauch, (b) seine monströse Gestalt als Mischwesen aus ↗Hahn und ↗Schlange.

Die Antike kennt den B. als ↗bekrönte Schlange, deren Blick und Hauch töte (u. a. Plinius d.Ä., *Naturalis historia* VII, 33). Nur ein Wiesel (Bolos v. Mendes) und der Anblick eines Hahnes (Aelian, *De natura animalium*) können ihm beikommen. Auf die Alexanderschlacht (Guth, *Der Große Alexander aus der Wernigeroder Handschrift* 4592–4626) geht die Methode zurück, den B. in einen Spiegel blicken zu lassen und so die Selbstzerstörung auszulösen. Sie ist Stoff vieler B.sagen (Sammer). Die vielfach kritisierte (Albertus Magnus, *De animalibus* XXV,

13) Theorie von der ↗Geburt des B. aus einem Hahnenei (Hermes Trismegistos) beeinflusste die Ikonografie des B. als Mischwesen, halb Hahn (Vorderteil), halb Schlange (Hinterteil). Isidor v. Sevilla (*Etymologiae* XII) bezog sich auf Plinius und etablierte mit der Gleichung *basiliscus* (gr. »König« – *regulus* (»B.«) – *rex serpentium* (»König der Schlangen«) das wichtigste Analogon der Allegorese. Die Bibel nennt den B. in negativem Kontext: Aus Jes 59,5 entstehen die Bedeutungsraster Ungerechtigkeit, Verleumdung, *superbia* (Hochmut) und *vana gloria* (eitle Ruhmsucht), Lüge und Bosheit. Gregor d.Gr. (*Moralia in Iob* XV) erweitert die Exegese auf ›Antichrist‹ zu einer starken Trad. Von Jes 59,5 leitet Luther (*Vorlesung über Jesaias*; Jes. 59,4,5) die Gleichsetzung von Papst, Mönchen und Juden mit Basiliskenbrut ab – der kath. Glaube vernichte das Heil wie ein B. das Leben –, was innerhalb der protestant. Lit. (und Ikonografie) symbolprägend wurde. Der B. als Symbol für ›Neid‹ fußt auf Jer 8,17 (Cassian, *Collationes* XVIII, 17; Hugo v. Trimberg, *Der Renner* II, 14355 ff.). Ps 90,13 begründet die Bedeutungsfelder *mors* (Tod), *peccatum* (Sünde), *antichristus/haereticus, diabolus*, die hier optional auch dem ↗Löwen, der Schlange und dem ↗Drachen zugeordnet sind (Hrabanus Maurus, *De universo* VII, 3; Augustinus, *Enarratio in psalmos* XC, 13) und von Christus (z.B. *Physiologus*) oder Maria (Isidor v. Sevilla, *Mysticorum expositiones* V, 8) überwunden werden. Über die *Etymachia* (§ 10, 15) etabliert sich der B. als Lastertier der *luxuria* (»Unkeuschheit«; die Unkeuschen töten sich gegenseitig, wenn sie sich ansehen [›B.blick‹]). Alle Bedeutungen gehen in die Emblematik ein (z.B. Picinelli, *Mundus Symbolicus* I; Ripa, *Iconologia*; Camerarius, *Symbola et Emblemata* II). In positiver Bedeutung begegnet der B. auch als Christus (z.B. *Psautier de Saint Louis*).

↗Auge, Ei.

Lit.: M. Sammer, Der B., München 1998. – G. Schleusener-Eichholz, Das Auge im MA, München 1985, 252–259. MSam

Bastille

Symbol der Tyrannei und Willkürherrschaft. – Relevant für die Symbolbildung ist die Nutzung der Pariser Festungsanlage als königl. ↗Gefängnis im Frankreich des Ancien Régime, in dem häufig Häftlinge auf königl. Anweisung ohne Gerichtsverhandlung und Urteil gefangen gehalten wurden (u.a. Voltaire und de Sade). Der Ruf der B. als bes. grausamer Haftort wird bereits im 18. Jh. v.a. durch die Berichte ehemaliger Häftlinge literarisch europaweit verbreitet und gleichzeitig gesteigert, indem diese sich, entgegen den tatsächl. Haftbedingungen und der zurückgehenden fakt. Bedeutung der B., in Schilderungen von Schrecken und Grausamkeiten überbieten.

Erste Darstellungen sind C. de Rennevilles *L'inquisition françoise ou L'histoire de la bastille* aus dem Jahr 1715 (bis 1724 drei weitere Bde.) und Bucquoy de Manicans *Evénement des plus rares ou l'histoire du Sr. Abbé comte de Bucquoy singulièrement son évasion du Fort-l'Evêque et de la bastille* von 1719 (im gleichen Jahr dt.: *Die so genannte Hölle der Lebendigen, das ist die Welt-beruffene B. zu Paris* […]). Eine der letzten Darstellungen vor 1789 ist H. Masers de Latudes *Histoire d'une détention de 39 ans dans les prisons d'état*, 1787 (dt.: *Geschichte einer neununddreissigjährigen Gefangenschaft in französischen Staatsgefängnissen*). Die Erstürmung der B. am 14. Juli 1789 mit dem Ziel, an die dort gelagerten Munitionsvorräte zu gelangen, wird, obwohl sich in ihr zu diesem Zeitpunkt nur noch wenige Gefangene befinden, von der Revolutionsregierung sehr rasch als Symbol der erfolgreichen Befreiung von der Tyrannei des Ancien Régime inszeniert (vgl. J.H. Campe, *Briefe aus Paris*, 1790, 1. Brief) und gilt auch außerhalb Frankreichs als Sinnbild der Revolution gegen alte, überkommene Ordnungen (Goethe, *Zur Farbenlehre*, Vorwort, 1810). Zum zentralen symbol. Ereignis der Revolution und des republikan. Frankreichs wird sie schließlich v.a. durch Michelets *Histoire de la révolution française* (1847–1853) stilisiert. – Nach 1815 steht die B. meist stellvertretend für den Straf- und Unterdrückungsapparat der polit. und relig. Restauration sowie für die Möglichkeit ihrer erfolgreichen Überwindung. So bezeichnet Heine etwa in *Deutschland. Wintermärchen* (Caput IV) den Kölner Dom als des »Geistes B.«, in der die »deutsche Vernunft verschmachten« sollte, während sie bei Michelet die zeitgenöss. Haftanstalten der restaurativen Regierungen um 1847 repräsentiert, die die »ganze Welt« zu einem »Gefängnis« machen: »von Spielberg nach Sibirien, von Spandau bis zum Mont Saint Michel« (*Histoire de la révolution française* I, Introduction). In Raabes humorist. Erzählung *Die Gänse von Bützow* (1869) wird der ausgerufene Sturm auf die ›B.‹ im Verlauf eines kleinstädt. »großen Gänse-Tumultes« zur iron. Groteske auf einen Weltlauf, in dem »das Kleinste zum Größesten und das Größeste zum Kleinsten geworden« ist. Im 20. Jh. verläuft sich die symbol. Bedeutung der B. allmählich, und andere Gefängnisse und Schrecken treten an ihre Stelle.

↗Gefängnis, Guillotine.

Lit.: V. Brombert, La prison romantique, Paris 1975. – H.-J. Lüsebrink/R. Reichardt, Die B., Frankfurt a.M. 1990. CW

Bauch

Symbol des Primats körperl. Bedürfnisse, der Sexualität und Geburt, der Veränderung und der Zukunft sowie einer verborgenen Welt. – Relevant für die Symbolbildung sind (a) sein sichtbares Wachsen bei unmäßigem ↗Essen, (b) sein unsichtbares Wirken, (c) seine Funktion als Ort innerer Organe und (d) als Ort der Schwangerschaft (↗Geburt).

1. Symbol des Primats körperlicher Bedürfnisse und der Sexualität. Die symbol. Bedeutung des B. weist z. T. deutl. Überschneidungen mit der des ↗Magens auf. So symbolisiert der dicke B. wie der überaktive Magen als Symptom unmäßigen Essens den Primat körperl. Bedürfnisse im Verhalten eines Individuums (Cervantes, *Don Quijote* I, 3; 9; II, 3; 6; Bechstein, *Deutsches Sagenbuch* CCXCV: »St. Viti Gaben«). Die Symbolik findet sich auch im Stegreifspiel der Commedia dell' arte (literarisiert bei Goldoni, *Il servitore di due padroni* I, 9; II, 1) und im Wiener Volkstheater (Raimund, *Der Bauer als Millionär* I, 7; III, 4; Nestroy, *Zu ebener Erde und erster Stock* I, 2). Schon in der Bibel ist der B. Symbol für Glauben und vorrationale Erkenntnis (Joh 7,38). In Kafkas *Bericht an eine Akademie* denken ↗Affen mit dem B. Der dicke B. ist auch Anzeichen für eine triebgesteuerte Persönlichkeit (so bei den Satyrn in der griech.-röm. Mythologie, in Darstellungen des trunkenen Herakles und des trunkenen Noah, in krit. und satir. Auseinandersetzungen mit der Oberschicht). Seit dem 19. Jh. spielt die Symbolik eine Rolle in der Kritik an den Moralvorstellungen eines ökonomisch abgesicherten Bürgertums: In Zolas *Le ventre de Paris* werden die Markthallen, der ›B. von Paris‹, zum Symbol der satten, selbstgefälligen Bourgeoisie, deren zur Schau gestelltem Anstand Egoismus und Gleichgültigkeit gegenüberstehen (vgl. Bierbaum, *Das vielgeliebte Weib*). Das Moment der Amoralität und des Dionysischen in der Anonymität der Großstadtgesellschaft (↗Stadt) wird im Expressionismus wieder aufgenommen (G. Heym, *Der Gott der Stadt*; s. 3).

2. Symbol der Geburt, der Veränderung und der Zukunft. In der assyr. und der griech.-röm. Mythologie wird das Erdinnere als B. der ↗Mutter ↗Erde konzeptualisiert (vgl. Daumer, *Hafis: Zerrissen wird der Erde B.*). Bei Kallimachos (*Hymnos an Demeter*) straft die Erdgöttin Frevler an ihrem B. mit unbezähmbarer Esssucht (vgl. Wildenbruch, *Das Hexenlied: B. der Erde*). Die Symbolik findet sich auch in christl. Wendung (Brockes, *Irdisches Vergnügen in Gott: Die Sonne; Die Erde*) sowie mit erot. Konnotation (Blumauer, *Satyr., scherzhafte und erot. Gedichte: An die Sonne*). In der christl. Trad. wird darüber hinaus der Leib der Mutter dem B. der Natur analog gesetzt; der Fötus reift im Mutterleib heran, der Mensch tritt nach dem lebenslangen Reifen im B. der Mutter Natur ins jenseitige, ewige Leben ein (Vauzelles, *Blason de la mort*; vgl. Mt 12,40). In perverser Inversion erscheint die Symbolik im kinderverschlingenden Moloch etwa bei Flaubert (*Salammbô*: »Moloch«; vgl. Arndt, *Erinnerungen aus dem äußeren Leben*). In Draesners Roman *Mitgift* verfolgt die anorekt. Hauptfigur im Kampf gegen den B. ein asexuelles oder hermaphrodit. Körper-

ideal. Der gebärende B. steht auch für den Prozess geistigen Hervorbringens (Herder, *Alte Fabeln mit neuer Anwendung*: »Ein Berg der kreisete«; Prutz, *Politische Wochenstube* II; Werfel, *Ode*; vgl. Jelinek, *Paula*). In der polit. Lit. und Karikatur seit dem Vormärz steht der B. der (schwangeren) Germania für die Zukunft, insbesondere Deutschlands (Prutz, *Die politische Wochenstube* III; Grillparzer, *Epigramme: Germania, das gute Weib*; vgl. Heine, *Zur Ollea*: »Symbolik des Unsinns«; *Zeitgedichte: Der Kaiser von China; Ludwig Börne* III). Bei H. Müller findet sich die Symbolik ins Groteske gewendet; hier trägt der von Hitler schwangere Goebbels die Missgeburt des dt. Faschismus aus (*Germania Tod in Berlin*). Seit den 1920er Jahren weist das Umgehen mit dem schwangeren B. auf die neue Rolle der Frau in einer sich wandelnden Gesellschaft (Fallada, *Kleiner Mann – was nun?*; Toller, *Hoppla, wir leben*; vgl. schon Bleibtreu, *Größenwahn* II, 8, 4; Essig, *Taifun*).

3. Symbol einer verborgenen Welt. Bei Rabelais (*Pantagruel* I, 32; 33) lassen sich einige Figuren vom Mund Pantagruels in seinen Magen und B. hinab; das Innere des Riesen begegnet ihnen als verkehrte Welt. Entsprechend findet in Wielands *Die Abenteuer des Don Sylvio von Rosalva* Prinz Biribinker im B. eines Wals eine eigengesetzl. Welt vor. Die Symbolik setzt sich fort bei Bürger (*Die Elemente*), Eichendorff (*Ahnung und Gegenwart* XXIII), Hebbel (*Die Nibelungen* II, 7) bis hin zum Expressionismus (G. Heym, *Der Dieb*). Auch in der Populärlit. wird die verwirrende innere Struktur von (künstl.) Gebilden als B. bezeichnet (Schenk, *Aus dem B. der Stadt*; Amenshauser, *Im B. einer kranken Hyäne*; vgl. Zola, *Le ventre de Paris* unter 1.).

↗Essen/Verzehren, Magen, Mahl, Mund, Wal.

JSt

Baum

Symbol der Welt, der Natur, des Menschen als Einzelnen und in der Gemeinschaft, des Idealzustands menschl. Daseins und seiner Gefährdung. – Relevant für die Symbolbildung sind die stabile Beschaffenheit des B., seine Verwurzelung im Boden, seine vertikale Ausrichtung, seine verästelte und verzweigte Gestalt sowie seine Fruchtbarkeit.

1. Symbol der Welt. Viele Mythologien der antiken Hochkulturen (z. B. in China, Indien, im Iran und bei den Mayas) kennen den Weltenbaum als Symbol für den Kosmos. In der altgerman. *Edda* wird die immer-↗grüne, von ↗weißem Nebel benetzte ↗Esche Yggdrasil beschrieben, die als Mittelpunkt des Weltganzen ↗Himmel und ↗Erde verbindet (»Völuspâ«). Das kosmolog. B.symbol wird zwar vielfach in den Märchen der Welt gebraucht, dann noch von R. Wagner im Vorspiel der *Götterdämmerung* aufgegriffen und außerdem in der aktuellen Phantasy-Lit. (Douglass, *The Axis Trilogy/[Unter dem Weltenbaum]*), kommt im Übrigen aber kaum mehr zu literar. Geltung. In dem Grimmschen Lügenmärchen *Der Dreschflegel vom Himmel* ist die Symbolik des Weltenbaums bereits ins nahezu Gegenständliche abgeschwächt.

2. *Symbol der Natur.* Der B. als das Symbol für das Ganze der Natur, dem er selbst als Teil zugehört, tritt literarisch variationsreich in Erscheinung. Dabei ist die Symbolkraft v. a. in ältester und älterer Zeit an die Vorstellung einer übermenschlich oder menschlich belebten Natur gebunden. Der B. gilt als Sitz von Göttern, Wohnort von Feen, ⁊Zwergen oder Spukgestalten oder als Verkörperung eines menschl. Wesens (Grimm, *Aschenputtel*). Als sprechender B. gibt er der Natur Stimme (Ovid, *Metamorphosen* VIII, 739–773), so noch in Goethes Elegie *Amyntas* und in K. Kraus' Gedicht *Der tote Wald*. – Im Zeichen von Neuzeit und Moderne wird das Symbol B. zunehmend von seinen myth. und mag. Bedeutungselementen gelöst. Der B. tritt als Teil einer bedrohl. Natur in Erscheinung, gegen die sich der Mensch erfolgreich durchsetzt (Goethe, *Willkommen und Abschied*) oder der er unterliegt (Brecht, *Von des Cortez Leuten*). Oder das Natursymbol B. steht im Gegensatz zur Zivilisation (M. Hamburger, *Baumgedichte*), zu Vorgängen in der polit. Welt (Brecht, *An die Nachgeborenen*), zu Interessen der ökonom. Verwertung (Eich, *Zwischenbescheid für bedauernswerte B.*) oder zu Krisen in der Geschichte (K. Kraus, *Flieder*). Gegenläufig dazu bewegen sich die Anstrengungen einer literar. Remythisierung des Symbols B. in der naturmag. Lyrik des 20. Jh. (Loerke, *Der Wald der Welt*).

3. *Symbol für den Menschen, seine Geschicke und sein Zusammenleben mit anderen.* Die symbol. Darstellung des Menschen als ein B. ist durch alle Zeiten hindurch präsent und in diesem Sinn eine literar. Universalie. Bald steht das Denkbild für die Wehrhaftigkeit des Menschen (Homer, *Ilias* XII, 131–136), bald für die Möglichkeit seines Falls (*Ilias* XIII, 389–393) oder für die in ihm ruhenden Möglichkeiten seiner Entfaltung (*Ilias* XVIII, 437 f.). – Die Lehrdichtung bedient sich der B.symbolik offenbar schon deshalb, weil sie das anschauende Denken wirksam zu befördern vermag; sie findet sich z. T. mehrfach in den Fabeln des Äsop, in der bibl. Fabel des Jotam (Ri 9,7–15), in der ma. Fabeldichtung bei Boner (*Von einer tannen und von dornen*) und in der Neuzeit noch bei Schopenhauer (*Der Apfelbaum und die Tanne*). Im Bilddenken der frühneuzeitl. Emblematik ist der B. eine vielgebrauchte und semantisch reiche Größe. Aufrechter Wuchs kann für Aufrichtigkeit stehen, festes Verwurzeltsein für Standhaftigkeit, der biegsame Stamm für notwendige Geduld, der belaubte (⁊Blatt/Laub), aber fruchtlose B. für die Nutzlosigkeit des schönen Scheins (vgl. HS, 145 ff.). Später ist der B. Tugendpfand und Hoffnungsspender (Keller, *Der grüne B.*) oder ein Wesen, das Labsal bringt

(Uhland, *Einkehr*). In der Lit. der Moderne erscheint die B. u. a. als Symbol für die Rätselhaftigkeit der menschl. Existenz (Kafka, *Die B.*) oder für das einen Sinn entbehrende Dasein (Beckett, *En attendant Godot*). – Der B. als Symbol der menschl. Gemeinschaft findet sich im AT. Dort wird das Volk Israel im Bild blühender, reich verzweigter und wohlriechender B. gedacht (Hos 14,6 f.). Der Stoiker Mark Aurel knüpft die Einheit der Menschheit (*Selbstbetrachtungen* X, 34 und XI, 8) an das B.symbol. Auch die Sozialstruktur der Gesellschaft ist mit dem Symbol des B. dargestellt worden. Im Anschluss an eine Illustration des sog. Petrarcameisters, das den Ständebaum zeigt, ist diese B. symbolik v. a. in der satir. Lit. des Barock aufgegriffen worden, z. B. in Moscheroschs *Wunderliche und Wahrhafftige Gesichte Philanders von Sittewalt*. Grimmelshausen lässt im ersten Buch des *Simplicissimus* seinen Romanhelden nicht von der Ständegesellschaft, sondern von der Kriegsgesellschaft in Form eines B. träumen; das B.symbol wird damit auf die Linie von Feudal- und Zeitkritik gebracht.

4. *Symbol für den Idealzustand menschlichen Daseins und seine Gefährdung.* Im bibl. Paradies, von dem die Genesis erzählt (Gen 3), stehen zwei B.: ein B. des Lebens, der Unsterblichkeit spendet, und ein B. der Erkenntnis. V.a. der B. der Erkenntnis hat eine Symboltradition gestiftet. Der Genuss der Frucht dieses B. (⁊Apfel) bedeutet für den Menschen den Gewinn eines Selbstbewusstseins und den Verlust eines Identisch-Seins mit sich selbst. Kleist schließt hieran an, wenn er in seiner Schrift *Über das Marionettentheater* im Vorgriff auf eine unbestimmte Zukunft davon spricht, dass ein erneuter Genuss vom B. der Erkenntnis den Menschen wieder in den Zustand seiner Unschuld zu bringen vermag. Der B. als Symbol eines utop. Zustands der Harmonie und des Glücks ist vielfach literarisch adaptiert worden. In Kleists Erzählung *Das Erdbeben in Chili* wird im Rückgriff auf die jüd.-christl. Tradition allerdings die Brüchigkeit und Gefährdung dieses glückhaften Moments zur Darstellung gebracht. – In der griech. und röm. Antike hat sich der Topos des *locus amoenus* ausgebildet, eine von ⁊Quelle, Wiese und B.bewuchs gekennzeichnete liebl. Ideallandschaft. Bei Homer (*Odyssee* V, 63–74; VII, 112–132), Theokrit (*Idyllen* VII, 130–157) und Vergil (*Eklogen* III) sind diese B.landschaften ep. Element im Erzählfluss, bei Ovid (*Metamorphosen* X, 86–105) steht der Hain im Dienst der rhetor. Ekphrasis. In der Pastoral- und Idyllendichtung bleibt das B.symbol als Element einer einträchtigen Welt bis in die Neuzeit erhalten (Tasso, *Aminta*; Guardini, *Il pastor fido*; Gessner, *Idyllen*). Die Philemon und Baucis-Szene im zweiten Teil von Goethes *Faust* schließt an diese Trad. an, stellt allerdings die Geltung des Topos unter den Bedingungen der modernen Welt in Frage.

⁊Aufpfropfung, Blatt/Laub, Wald.

Lit.: E.R. Curtius, Europ. Lit. und lat. MA, Bern ⁴1963, 191–209. – A. Demandt, Über allen Wipfeln, Düsseldorf 2005. – H.-G. Grüning, Der B. als Symbol und Strukturelement in der Lit. und Kunst, München 2012. – A. Schöne, Vom Biegen und Brechen, in: ders., Vom Betreten des Rasens, hg. v. U. Joost/J. Stenzel, München 2005, 19–46. – H. Schreier, B., Berlin 2004. – F. Wolfzettel, »Da stieg ein B.« – zur Poetik des B. seit der Romantik, Paderborn/ München 2007.   BMoe

Becher / Kelch / Gral

Symbol der Gemeinschaft, des (zu Ende gehenden) Lebens und Überflusses, des Zorns, der Rache und des Leides, des weibl. Erotischen, der Innerlichkeit und eines unerreichbaren verlorenen Gutes. – Relevant für die Symbolbildung sind (a) die alltägl. Verwendung als Trinkgefäß ebenso wie (b) die rituell-festl. Verwendung (Reichen/Herumreichen).

1. Symbol der (liebenden) Gemeinschaft. In der griech.-röm. Antike wurden einzelne oder mehrere B. während bzw. nach dem ↗Mahl rituell herumgereicht. Damit verband sich eine kult. (z. B. B. des Agathos Daimon) oder ehrende bzw. gesellige keitsfördernde (Zutrinken zum Wohle des bzw. der Tischgenossen, Freundschaftstrunk) Intention. Der geteilte B. wird dadurch zum Symbol der innigen spirituellen Gemeinschaft. Intensive Entfaltung erfährt diese Symbolik in der bibl. Abendmahlsszene (Mt 26,17–20), die am Vorabend der Passion durch das Ritual des geteilten B. (gefüllt mit ↗Wein als Symbol für das ↗Blut Christi) zugleich Gedächtnis und die Gemeinschaft der zukünftig Erinnernden stiftet. K. bzw. B. sind aber auch Symbole der sozialen oder liebenden Gemeinschaft (Freytag, *Die Ahnen*). Entsprechend symbolisiert der zerbrochene B. Abneigung bzw. Feindschaft. Im 19. Jh. kann der mit Ekel geteilte B. sogar Bedrohung für die persönl. Integrität bedeuten (Hofmannsthal, *Das Bergwerk zu Falun*).

2. Symbol des (zu Ende gehenden) Lebens und des Überflusses. Als Trank spendende Gefäße symbolisieren B. und K. nicht nur im genannten spirituellen, sondern auch im biolog. Sinn Leben bzw. Lebenszeit: Der geleerte B./K. bedeutet entsprechend Lebensende bzw. Tod (Lamartine, *L'automne*). In der antiken Lit. ist der Lethe-B. Symbol des Vergessens (Pausanias, *Beschreibung Griechenlands* IX, 39, 8), in der Romantik wird diese symbol. Bedeutung allerdings umgekehrt im K. des bittersten Erinnerns (E.T.A. Hoffmann, *Lebensansichten des Katers Murr*). Das Bild des lebensprallen Überflusses kann sich auf materielle, ideelle oder Vorstellungen beziehen (Keller, *Der grüne Heinrich*, 1. Fass., II, 8). Geerbte prunkvolle B. oder K. verweisen auf Dynastie und Geschlecht (Freytag, *Die Ahnen* I: »Ein Christ unter Heiden«). Kostbare B. bzw. K. als Gast-, Fest- und Siegesgeschenke sind seit der Antike auch Symbole des Triumphes oder der Ehrung (A. v. Arnim, *Die Kronenwächter* I, 2, 3: »Der

B.«). Der zu ↗Gold gewordene B. des Königs Midas, der den Durst trotz seiner Kostbarkeit nicht zu löschen vermag, kehrt jedoch den positiven Zusammenhang von B. und Überfluss um (Ovid, *Metamorphosen* XI, 90 ff.).

3. Symbol des Zorns, der Rache bzw. Sühne und des Leides. Im AT erscheint die B. in synonymer Verwendung mit dem K. als Symbol des göttl. Zorns, der das Volk Israel (Jes 51,17–23) bzw. alle Völker (Jer 25,15–28) zur Strafe für ein gottloses Leben trifft. Im NT tragen B. und K. diese alttestamentl. Bedeutung v. a. in der Offenbarung des Johannes (Offb 16,19). Wenn Christus am Ölberg Gott bittet, diesen K. an ihm vorübergehen zu lassen (Mt 26,39), so ist hier sowohl die aus dem AT bekannte symbol. Bedeutung zu assoziieren als auch der mit dem Passionsblut (Wein) gefüllte Abendmahlskelch als Symbol der Passion. In der späteren Lit. findet sich diese Bedeutung säkularisiert im B. des schmerzvollen Schicksals bzw. des Leides (Goethe, *Die Leiden des jungen Werthers* II: »Am 15. November«). – Im 18. und 19. Jh. ist, entsprechend der empfindsamen bzw. romant. Vorstellung von süßem Leid und schmerzvoller Freude, eine zunehmende Ambivalenz des Leidens- bzw. Freudenkelchs festzustellen (s. das Gemisch von Sonnenwein und Tränenwein in A. v. Arnim, *Gräfin Dolores* IV, 16), und umgekehrt äußert das lyr. Ich bei Lamartine die Hoffnung, im zur Neige gehenden, bittersüßen K. des Lebens auf dessen Grund reinen ↗Honig zu finden (*L'automne*).

4. Erotisches Symbol. Die schon bei Greiffenberg (*Des Allerheiligst- und Allerheilsamsten Leidens und Sterbens Jesu Christi* II) gegebene erot. Bedeutungskomponente des zu füllenden oder vollen B. bzw. K. geht zurück auf die bibl. Rede vom Schoß der himml. ↗Braut als wohlgerundetem Becher (Hld 7,2) und erfährt im 19. und frühen 20. Jh. eine deutl. Ausprägung, wenn vom weibl. »K. des Beckens« die Rede ist (Rilke, *Die Geburt der Venus* 22; ↗Vagina) oder umgekehrt als K., aus dem der ↗Mann Liebe saugt (Gutzkow, *Die Ritter vom Geiste* V, 7).

5. Symbol der Innerlichkeit. In der romant. Lit. können K. und B. auch Symbole der Innerlichkeit sein, so wenn von der Seele als B. die Rede ist, in die das Ich seine Worte und Gedanken hineininversenken kann (B. v. Arnim, *Die Günderode* I); diese Bedeutungsdimension wird wesentlich erlangt durch die Assoziation des Trinkkelchs mit dem Blütenkelch (↗Blume), der bildlich zum inneren K. des Wesens wird (Brentano, *Godwi* II, 20; Mörike, *Maler Nolten* II).

6. Symbol eines unerreichbaren verlorenen Gutes. In der europ. Lit. des MA tritt die G. als Sonderform des B./K. zum Symbolkomplex hinzu und erlangt dabei relative Eigenständigkeit. Im altfrz. höf. Roman *Li contes del Graal* des Chrétien de Troyes (um 1180) erscheint die G. erstmals als mit Gold

inkrustierte und mit Juwelen besetzte, wundersam-einmalige Schale. Diese ist häufig als Abendmahls-kelch (s. a. 1.) gedeutet worden, kann aber in Ver-knüpfung mit kelt. Erzähltrad. auch als Symbol der Nahrung (↗Essen/Verzehren) und der Fruchtbar-keit gelten. Die Suche nach dem G. symbolisiert bei Chrétien und seinen Nachfolgern (v. a. Wolfram v. Eschenbach, *Parzival*) einen spirituellen, menschl. und kulturellen Reifungsprozess und die Suche nach Erlösung, die jedoch unabgeschlossen blei-ben. In neuerer Zeit entfaltet der G. seine symbol. Bedeutung v. a. in der MA-Renaissance der zweiten Hälfte des 20. Jh. (mit Wagners *Parsifal* als Vorläu-fer). Dabei erfährt der mit ihm verbundene Erlö-sungsgedanke eine deutl., aber keineswegs aus-schließl. Säkularisierung (Berling, *Die Kinder des Graal*) und kann auch Identitätsfindung (Knorr, *Das Parzivalsyndrom*) oder das erfüllte und zu-kunftsträchtige Zusammenfinden der menschl. Ge-meinschaft (Muschg, *Der rote Ritter*) bedeuten. Wichtiger als das Finden des G. ist die zugleich Ori-entierung und Ungewisses verheißende Suche nach ihm (Gracq, *Le roi pêcheur*; R. Bresson, *Lancelot du lac*). Die nicht abgeschlossene oder vergebl. Suche nach dem G. ist häufig auch Symbol gescheiterter gesellschaftspolit. Ideale (Hein, *Die Ritter der Tafel-runde*; LeDantec, *Graal-Romance*).
↗Blume, Glas, Krug, Schale, Stein/Gestein.

Lit.: WS, 39, 144, 204 f., 223, 457, 644. – I. Cani, Le Graal en question, Paris 2005. – H. Pongs, Das Bild in der Dichtung, Bd. 3, Marburg 1969, 85 f.   StWo

Befleckung ↗Fleck/Befleckung.

Berg
Symbol der Spiritualität, der Unerschütterlichkeit und Verführbarkeit. Die B.landschaft verweist zu-dem auf Verlassenheit, Begrenztheit und Weltferne. – Relevant für die Symbolbildung sind (a) die her-ausgehobene, isolierte Topografie des B., (b) die Nähe zum ↗Himmel, (c) die ungeheuerl. Masse, (d) die inneren Schätze und ↗Höhlen, (e) die Gefahren und Anstrengungen der Besteigung.
1. Symbol der Spiritualität und Läuterung. Hl. B. gehören zum festen Bestand fast jeder Theologie. So gilt die Schädelstätte Golgatha als der Kreuzi-gungsort Jesu (Mt 27,33; ↗Kreuz), der nordisrael. B.rücken Karmel als sakraler Gründungsort des Karmeliterordens und der Sinai als jener B., auf dem Moses die ↗zehn Gebote empfing (Ex 19 f.). Zu nennen sind ferner der Fujiyama, der als hl. B. Ja-pans im Shintoismus verehrt wird, oder Hira, in der Nähe Mekkas, auf dem Mohammed in einer Höhle seine göttl. Offenbarungen erhielt (Ibn Ishâq, *Das Leben des Propheten*, 8. Jh.). Hinzu kommen my-tholog. Zuschreibungen, die Religion und Kultur gleichermaßen prägen, etwa der Olymp, der im an-tiken Griechenland als Sitz der Götter gilt oder der

legendäre Montsalvatsch, auf dem nach ma. Vor-stellung die Gralsburg gestanden haben soll (Wolf-ram v. Eschenbach, *Parzival* 251). In populärer und national gesinnter Lit. gerne verarbeitete ↗Kaisersa-gen berichten von B., in denen Herrscher bis zur Erneuerung ihrer Macht eingeschlossen sind: im Kyffhäuser je nach Version Friedrich I. Barbarossa, Otto I. oder Friedrich II. und im Untersberg bei Salzburg Karl d.Gr. »Im alten Kyffhäuser schläft nur der Kaiser seiner Herrlichkeit, und die Raben krächzen um seine Trümmer, und die Geister war-ten auf seine Erweckung« (Alexis, *Ruhe ist die erste Bürgerpflicht* XII). – Die einsame Höhe, der Fels oder ›↗Stein‹ sind schon in der mittelhochdt. Lit., etwa in Hartmanns *Gregorius* (2971 ff.), Symbol der Einkehr und Meditation. Dantes *Divina Commedia* versteht das Purgatorium in seinem zweiten Teil als B., dessen Besteigung dem Läuterungsweg der Bü-ßer entspricht. In der modernen Lit. erscheint der B., die Einsamkeitstopik aufnehmend, als Ort der Zivilisationsferne und Reflexion, z. B. in Th. Manns *Zauberberg* (»Schnee«) oder, ironisch gebrochen, in Altenbergs *Semmering*-Impressionen (»Berges-welt«): »Nichts will gedeihen als die *Edel-Einsam-keit*. [..] Diese *tönende Eintönigkeit*!« – Als spiritu-elle Symbole tauchen B. in der dt. Lit. durchgängig auf, auch in der Gegenwart: Zu nennen wären der »Mont Kailasch«, zu dem der Protagonist aus Krachts Roman *1979* (2001) pilgert, oder der na-menlose B. in Osttibet, zu dem in Ransmayrs Epos *Der fliegende B.* (2006) zwei Brüder aufbrechen. Hier bringt der B. beides: Tod und Erleuchtung; für den Ich-Erzähler steht er schließlich für eine Le-benswende. Bekannte spirituelle und mytholog. Symbolisierungen von B. finden sich bes. seit der Romantik, etwa bei Novalis (*Heinrich von Ofterdin-gen*), E.T.A. Hoffmann (*Die B.werke zu Falun*), R. Wagner (*Tannhäuser*) oder Stifter (*B.kristall*). Im-mer steht der B. auch für Grenzerfahrungen und Überschreitungen. Der myth. Blocksberg erscheint in Goethes *Faust* einerseits als Ort teufl. Verfüh-rung und sexueller Ausschweifung, andererseits zeigt sich hier, dass es unmöglich sein wird, Gret-chen zu retten (4183 ff.). Auch Wagner arbeitet im *Tannhäuser* mit antagonist. Symbolisierungen: hier sind es zwei B., die alternative Lebenswege präsen-tieren: der antik konnotierte Venusberg und die christlich gedeutete Höhe der Wartburg. – Seit der Renaissance ist eine Ästhetisierung der relig. Sym-bolik zu beobachten. Das bekannteste Bsp. hierfür ist Petrarcas Bericht seiner *Besteigung des Mont Ventoux* am 26.4.1336 (*Familiarium rerum libri* IV, 1). Diese B.besteigung gilt als Geburtsstunde der modernen Landschaftserfahrung (vgl. Ritter). Auch in Chr. Gryphius' Besteigung der Schneekoppe 1670 (*Beschreibung des von ihm selbst erstiegenen Riesen=Gebirges*) findet sich noch die theolog. Ab-sicherung, doch erscheint hier, vielleicht erstmals in der dt. Lit., die B.besteigung auch als ästhet. Erlebnis: »Auf diesem Platze konnte man sich weit und breit umsehen« (Ziegler-Kliphausen, *Historischer Schau=Platz und Labyrinth der Zeit* LII). Der B. als Symbol ästhet. Erfahrung findet sich später recht häufig in Reisebeschreibungen wie Goethes *Italienische Reise* II (»Taormina, Montag, den 7. Mai 1787«; »Neapel, Sonnabend, den 2. Juni 1787«), Moritz' *Reisen eines Deutschen in Italien* III (»Abendaussicht vom Palatinischen B.«), Seumes *Spaziergang nach Syrakus*, oder in Gedichten: beginnend bei Haller, *Die Alpen*, dann v. a. bei Goethe, *Harzreise im Winter*, oder Hölderlin, *An die Natur*; *Unter den Alpen gesungen*. Herausragendes Bsp. bleibt hier Schillers *Der Spaziergang*, wo der B. schon in der ersten Zeile als Sinnbild des Schönen erscheint: »Sei mir gegrüßt, mein B. mit dem rötlich strahlenden Gipfel.« Die B.besteigung löst hier nicht nur eine ästhet. Erfahrung aus, sondern regt zur Reflexion über die Menschheits- und Zivilisationsgeschichte an. In der Moderne setzt *Die Lehre der Sainte-Victoire*, Handkes *Essay* über Cézanne, diese Trad. fort: Der B. motiviert poetolog. Reflexion, zwingt zur Auseinandersetzung mit Vorbildern (Stifter, Goethe, Cezanne u. a.) und wird so zum Symbol des ästhet. Versuchs.

2. Symbol der Unerschütterlichkeit und Verführbarkeit. Als Symbol des Unerschütterlichen taucht der B. etwa in Herders *Schlachtlied der Himmelsstürmer* auf; so kann er aber auch in Werfels Roman *Die Vierzig Tage des Musa Dagh* gesehen werden. Der B. wird hier zum Ort des übermenschl. Engagements für eine Idee und insofern dann auch zum Ort der Läuterung. Einsamkeit, Naturnähe und Willenskraft verheißt der B. in vielen Trivialromanen (etwa bei Ganghofer). Als Ort der Fortschrittsferne und polit. Verführbarkeit kann man ihn in Brochs B.roman *Die Verzauberung* (1935) verstehen. Als konkretes Verführungssymbol werden B. in der Lit. relativ häufig verwendet; Verführungen in B.regionen sind meist mit einer Absonderung von der Gesellschaft und einer mögl. Verdammnis verbunden (H. Sachs, *Doktor im Venus-perg*; Goethe *Faust I*: »Walpurgisnacht«; Tieck, *Der getreue Eckhart*, *Der Runenberg*; Wagner, *Tannhäuser*: »Venusberg«).

↗Abgrund/Tiefe, Bergwerk/Schacht, Stein/Gestein, Turm/Leuchtturm.

Lit.: DLS, 129–131. – H. Böhme, Art. B., in: Wb. der philosoph. Metaphern, hg. v. R. Konersmann, Darmstadt 2007, 46–61. – M.H. Nicolson, Mountin Gloom and Mountain Glory, Ithaca/NY 1959. – J. Ritter, Landschaft, in: ders., Subjektivität, Frankfurt a.M. 1974, 141–191. – W. Riedel, Der Blick vom Mont Ventoux, in: Selbstorganisation 10 (1999), 123–152. – H.-J. Spitz, Die Metaphorik des geistigen Schriftsinns, München 1972, 55–57.   DN

Bergwerk / Schacht

Symbol menschl. Hybris, göttl. Weisheit, der Seele, der Beziehung von Kultur und Natur, der Lit. und der künstl. Paradiese. – Relevant für die Symbolbildung sind (a) die verborgene unterird. Anlage des B., (b) seine Einrichtung zum Zweck der Naturausbeutung, (c) die mit ihm verknüpften Tätigkeiten der Suche und Entdeckung.

1. Symbol menschlicher Hybris bzw. des Bösen. Als kulturprägende Schlüsseltechnologie war das Montanwesen seit je ambivalent besetzt. Wer ins Erdinnere (↗Erde/Lehm/Acker) vordringt, war nicht selten des Frevels verdächtig. Für Ovid (*Metamorphosen* I, 138 ff.) kennzeichnet der Bergbau in Opposition zur Landwirtschaft das eherne Zeitalter als Ära von Krieg, Sünde und Gewalt; die styg. Schätze bildeten den »Anreiz zu allem Bösen«. Ähnlich verurteilen Lukrez (*De rerum natura* V, 1241 ff.) und Seneca (*Naturales quaestiones* V, 15) die mit der Edelmetallförderung einhergehende Verkehrung der natürl. Verhältnisse und die Versklavung des Menschen durch materielle Begierden. Dass diese Symbolik bis hin zu Lessing (*Eine Duplik*) und Rousseau (*Rêveries du promeneur solitaire* VII) wirksam blieb, verdeutlicht exemplarisch das schlechte Image des Bergbaus. Es zu brechen, gelang in größerem Maßstab erst der Frühen Neuzeit, etwa in Gestalt des Humanisten Agricola (*De re metallica*).

2. Symbol göttlicher Weisheit. Im Rahmen einer jüd.-christl. Topik symbolisiert das im Erdinnern entzogen ruhende Edelmetall die sich in Welt oder Natur verborgen manifestierende Weisheit Gottes (Ijob 28,1–28). Augustinus (*De doctrina christiana* II, 39 f., 60) argumentiert, die heidn. Philosophen hätten ihre Weisheit, ihr »Gold und Silber«, nicht aus eigenen Ressourcen erschlossen, »sondern sozusagen aus den Sch. der überall waltenden göttl. Vorsehung (wie aus einem B.) gezogen«. ↗Stadtferne und mönch. Arbeitsethos verleihen dem Montanwesen im MA einen deutlich sakralen Charakter. Volksreligiös absorbiert es heidn. Elemente der Überlieferung. Im Wunderhorn-Lied *Romanze vom großen Bergbau der Welt* (I, 183 f.) figuriert derselbe als Symbol der von göttl. Weisheit durchdrungenen Schöpfung. Vergleichbar verweist der in Goethes *Harzreise im Winter* apostrophierte Brocken-Gipfel auf Bergbau und die pantheist. Gottnatur.

3. Symbol der Seele. Zwar konnten Sch.- und B.-Symbolik schon früh, und mit theol. Referenzen durchaus vereinbar, in die Sphäre einer verräumlicht vorgestellten Seele, ihrer kognitiven Vermögen oder Inhalte vorangetrieben werden (Lukrez, *De rerum natura* V, 4; Mark Aurel, *Selbstbetrachtungen* VII, 59). Diese Trad. erlangt aber spätestens um 1800 eine neue Qualität, insbes. als der Antagonismus von Bewusstsein und Unbewusstem aufkommt. Wenn Hegel in den §§ 453 ff. der *Enzyklopädie* die »Intelligenz« als einen »nächtlichen Sch.«

beschreibt, »in welchem eine Welt unendlich vieler Bilder und Vorstellungen aufbewahrt ist, ohne daß sie im Bewußtsein wären«, blickt er zurück auf ein brisantes Problem des Idealismus. Schon Kant siedelte in der *Kritik der reinen Vernunft* die Vermittlung von Verstand und Sinnlichkeit im Schematismus der Einbildungskraft an, einer »verborgenen Kunst in den Tiefen der menschlichen Seele«(I, 2, 1: »Von dem Schematismus der reinen Verstandesbegriffe«; ↗Abgrund/Tiefe). Somit wird das Problem des Unbewussten inmitten der florierenden Bewusstseinsphilosophie virulent. Das gilt auch für die zeitgenöss. Ästhetik und Lit., etwa wenn Jean Paul den »Minengang der Phantasie« beschwört (*Vorschule der Ästhetik* § 7; vgl. Tieck, *William Lovell* III, 10). Für Jean Paul gilt der Sch. konstitutiv veranschlagter Subjektivität als ↗Grab Gottes. Darum wendet er sich gegen die »Grubenzimmerung der kritischen Philosophie«, und das B. symbolisiert einen entgötterten Kosmos (*Siebenkäs*, II, Erstes Blumenstück: »Rede des toten Christus«). Kleists Penthesilea nimmt diese Bildlichkeit beim Wort: Sie begeht, in ihren »Busen […]/ gleich einem Sch.« niedersteigend, durch einen reinen Willensakt Selbstmord (*Penthesilea* XXIV; ↗Busen). In dem Gedicht *Frühlingsschrei eines Knechtes aus der Tiefe* versucht C. Brentano 1816, die Innerlichkeits- und Subjektivitätssymbolik des B. unter Rekurs auf Ps 130 wieder restaurativ auf eine göttl. Referenz auszurichten. – Im 20. Jh. nimmt die Seelenreferenz der Symbolik einen mentalitätsgeschichtl. Index an: In Th. Manns *Buddenbrooks* verfasst ein Schulfreund Hannos ein romant. Märchen, »das unter Metallen […] in den tiefsten und heiligsten Werkstätten der Erde und zugleich in denen der Seele spielte« (XI, 2). Mit symbolhistor. Bewusstsein schildert Mann im *Doktor Faustus* das fiktive Kaisersaschern als einen Ort von einer »altertümlich neurot. Unterteuftheit und seel. Geheimdisposition« (VI) und fügt ins Gedicht ein, das C. Brentanos *Frühlingsschrei* paraphrasiert (XXIII). Im letzten Kapitel von Grass' *Hundejahren* symbolisiert ein Kalibergwerk vollautomat. Vogelscheuchen dt. Geistesgeschichte.

4. Symbol der Beziehung von Kultur und Natur. Das B. avanciert um 1800 zur epochalen Schlüsselsymbolik, in der das Ganze von Gott, Natur, Kultur und Geschichte in einer euphorisch oder krisenhaft erfahrenen Subjektivität konzentriert wird. Im 18. Jh. war die Geologie zur Leitwissenschaft avanciert. Geoformationen konnten nun als Quelle histor. Information in Anspruch genommen, die Zeichenqualität von ↗Steinen erkannt werden (z. B. Goethe, *Wilhelm Meisters Wanderjahre* I, 3). Während in England bereits der Kohlebergbau die Industrialisierung anheizte, um in der Lit. nicht selten satan. Symbolisierungen nach sich zu ziehen (z. B. Keats, *Isabella*), war Deutschland ein Zentrum der internationalen Edelmetall- und Mineralienförderung.

Folglich herrschten ›romantischere‹ Imagologien vor. Als »ernstes Sinnbild des menschlichen Lebens« symbolisiert der Bergbau in Novalis' *Heinrich von Ofterdingen* (I, 5) zunächst die Allianz mit einer nicht mehr ausgebeuteten Natur. Bald darauf repräsentiert der Gang in die Tiefe, das platon. Höhlengleichnis invertierend, die Initiation des Protagonisten in die Geheimnisse von Natur, Geschichte, Transzendenz und schließlich Subjektivität: Ein in einer Höhle aufgefundenes illuminiertes ↗Buch provenzal. Ursprungs präfiguriert Heinrichs Lebensweg. – In modernerer Lit. wird dieses romant. Ideal relativiert, mitunter ideologiekritisch. In H. Kaltnekers expressionist. Drama ist das titelgebende *Bergwerk* sowohl messian. Ort als auch Ausgangspunkt sozialrevolutionärer Mobilisierung der unterdrückten Massen. In V. Brauns Drama *Die Kipper* konfrontiert der Tagebergbau die Utopie der nichtentfremdeten Arbeit mit der sozialist. Realität. In seinem Nachlasswerk *Im Berg* verknüpft Fühmann die literaturpolit. Problematik des Bitterfelder Wegs mit der romant. B.mythologie.

5. Symbol für Bücher, Literatur und Schriftlichkeit. Die Symbolisierung beruht auf der seit der Romantik top. Analogie von Geo-, Montan- und Buchwesen. So erkennt Jean Paul in einer nachgelassenen Aufzeichnung im »Flöz- und Ganggebirge meiner alten Papiere« melancholisch den »abgeschiedenen Geist der Vergangenheit«, zumal er selbst (*Ideen-Gewimmel*). Schopenhauer analogisiert die in ↗Bibliotheken magazinierten Irrtümer mit erdgeschichtl. Formationen und ↗Fossilien (*Parerga* § 482). In Kafkas *Ein Besuch im B.* verkörpern elf B.ingenieure zeitgenöss. Autorenkollegen und verweisen damit selbstreferentiell auf die Lit. und den Schreibprozess (ähnlich auch *Ein Landarzt*). In Celans Gedicht *A la pointe acérée* symbolisieren Metalle und Minerale die poet. Sprache. Noch Goetz begreift den Roman als »tief gebückten Hauer« im »dunklen B. jener tiefen Finsternis« der dt. Unheilsgeschichte (*Kontrolliert*; ähnlich auch V. Braun, *Das unbesetzte Gebiet*). B. Strauß spricht in *Wohnen Dämmern Lügen* (1994) vom »Schacht der Bücher«, während K. Huizing »die Geologie des Bücherbergs« beschwört (*Der Buchtrinker*).

6. Symbol künstlicher Paradiese. Schon Lichtenberg macht im Studium alter Bücher das Risiko aus, »die beste Zeit seines Lebens zu verkuxen«, d. h. im Bergbau zu verschwenden (*Sudelbücher* H 56). Diese Evokation der Siebenschläfer- bzw. Tannhäuser-Motivik antizipiert die Konjunktur der künstl. Paradiese, die sich im Laufe des 19. Jh. mit der B.symbolik eng vernetzt hat. G.H. Schubert berichtet 1808 in den *Ansichten von der Nachtseite der Naturwissenschaften* den Fall des verschütteten Bergmanns von Falun, dessen Leichnam nach ↗fünfzig Jahren in Kupfervitriol konserviert aufgefunden wurde. In den Bearbeitungen des Stoffs durch A. v. Arnim (*Des ersten Bergmanns ewige Ju-*

gend), E.T.A. Hoffmann (*Die B. zu Falun*), R. Wagner (*Die B. zu Falun*, unvertonter Opernentwurf) und Hofmannsthal (*Das B. zu Falun*) birgt die unterird. Bergwelt sowohl ästhetizist. als auch dämon. Züge. Hier, wie auch in Tiecks *Runenberg*, winkt die mineral. Welt als organ. Verfall, als der Zweckrationalität und dem bürgerl. Alltag entrücktes zeitloses Gegenreich. Trakls Gedicht *Ein Winterabend* evoziert das konservierende Kupfervitriol als ästhetizist. Gegensakrament (ähnlich auch Trakls *Elis*-Gedichte). Die unterird. Bezirke symbolisieren Orte erot. Wunscherfüllung und thanatolog. Regression (z. B. Musil, *Grigia*). Kaum verwunderlich, dass Freud (*Traumdeutung* VII) und seine Schule, etwa Lorenz (*Die Geschichte des Bergmanns von Falun*), Sch. oder Grube als Symbole des weibl. Genitals (↗Vagina) und den Abstieg ins B. als Symbolisierung des Koitus aufgefasst haben. Die tiefschürfende Erforschung der Innenwelt erlangt in der Wahrnehmung antipsycholog. Lit. freilich frevelhafte Ausmaße. »Wir graben den Sch. weiter Babel«, heißt es einflussreich im Nachlass Kafkas (*Forschungen*-Heft 1922). Auf ihn bezieht sich noch Schmatz' Lyrikband *Tokyo, Echo oder Wir bauen den Sch. von Babel, weiter* (2004).
↗Abgrund/Tiefe, Berg, Eisen/Erz, Gold, Höhle/Grotte, Kristall, Nacht/Finsternis, Silber, Stein/Gestein.

Lit.: H. Böhme, Geheime Macht im Schoß der Erde, in: ders., Natur und Subjekt, Frankfurt a.M. 1988, 67–144. – T. Elm, Symbolik, Realistik. Zur Geschichte des romatischen B., in: Studien zur Literatur des Frührealismus. Hg. v. G. Blamberger, Frankfurt a.M 1991, 121–150. – I. Gold, Erkenntnisse unter Tage, Opladen 1990. – I. Mülder-Bach, Tiefe. Zur Dimension der Romantik, in: Räume der Romantik. Hg. v. G. Neumann, Würzburg 2007, 83–102. – Th. Ziolkowski, German Romanticism and its Institutions, New Jersey 1990.
USt

Berlin

Symbol des freien Geistes, der Dekadenz, der Moderne und des Kalten Krieges. – Relevant für die Symbolbildung sind (a) der (groß-)städt. Charakter B. in Verbindung mit (b) der topograf. Situierung und (c) der polit. Rolle innerhalb ↗Europas.
1. Symbol des freien Geistes und der Weltoffenheit. Eine tolerante Religionspolitik und die Bildung von Gelehrtenkreisen unter Friedrich II. bedingen die Rede von der »Berlinischen Freiheit« (Lessing, Brief an Nicolai, 25.8.1769). Diese Auffassung erlebt ihre Höhepunkte am Beginn des 19. Jh. (Salonkultur), nach der Gründerzeit der 1870er Jahre und in den 1920er Jahren, in denen man B. als kosmopolit. liberale Kulturmetropole rühmt und die ↗Stadt Zentrum u. a. der russ. Avantgarde ist (Nabokov, *Zwei rechte Schuhe im Gepäck*; in Abgrenzung zu dieser Auffassung Šklovskij, *Zoo*), so dass

der Slogan von der ›Berliner Luft‹ nicht erst mit Linckes Operette *Frau Luna* (1904) zum Synonym für das freie gesellschaftl. und kulturelle Klima der Stadt avanciert. Demgegenüber sucht die sozialkrit. Flaneur-Lit. der 1920er Jahre in der Stadtlandschaft bereits diejenigen Orte auf, die den mit dem Nationalsozialismus heraufziehenden Freiheitsverlust und das drohende ›Ende der Kultur‹ repräsentieren (Hessel, *Spazieren in B.*; Kracauer, *Straßen in B. und anderswo*; ähnlich auch Benjamin, *Berliner Kindheit um neunzehnhundert*). Unter gewandelten Voraussetzungen wird B. während des Kalten Krieges zur ›freien Stadt‹ ernannt (vgl. die Rede des US-Präsidenten Kennedy in B. am 26.6.1963); diesem Diktum widersetzt sich z. T. die Lit. (»Beide Städte Berlin etwa nennen sich frei einander unfrei«; Johnson, *Berliner Stadtbahn*, 1961; H. Krüger, *Ghetto im Licht: Westberlin*), die Westberlin als Inbegriff einer vom ↗Westen instrumentalisierten Kultur erscheinen lässt (»subventionierte Agonie«, Bachmann, *Ein Ort für Zufälle* XIV). Symbol. Aufladung als Orte von Subkultur und antibürgerl. Leben (Studentenbewegung, Hausbesetzungen) erhalten v. a. spezifische Stadtteile (z. B. Kreuzberg) in den 1960er und 1980er Jahren (z. B. Rothmann, *Messers Schneide*).
2. Symbol des lasterhaften, dekadenten Lebens. Bereits in der Aufklärung steht B. als städt. ↗Labyrinth für moral. Verirrung und tritt in diesem Sinne vorbildlich wirkend in Nicolais *Sebaldus Nothanker* (IV) und Wezels *Herrmann und Ulrike* (V–VIII) hervor. Anspielungen auf die bibl. Städte, u. a. ↗Babylon, prägen noch in den 1930er Jahren die Bildlichkeit der literar. und künstler. Kritik an B. (Döblin, *Berlin Alexanderplatz*; Kästner, *Fabian*). Schon im Expressionismus wird die Stadt zum Inbegriff der durch weibl. Attribute bestimmten Dekadenz (Wegner, *Die Braut*; Corinth, *Potsdamer Platz*; Benn, *Café des Westens*) und gerät in den 1920er Jahren in den Fokus der völk. Presse, um noch der antisemit. NS-Propaganda als Zerrbild zu dienen (Goebbels, *Das erwachende B.*). Nach dem Zweiten Weltkrieg ist im Zusammenhang mit dem sog. Wirtschaftswunder erneut eine sich zur Konsumkritik wandelnde Dekadenzkritik mit dem Fokus auf Westberlin als ›Schaufenster des Westens‹ wahrnehmbar (Ch. Wolf, *Der geteilte Himmel*; Grass, *örtlich betäubt*). In einigen Texten nimmt dieses Bild Züge des Schizophrenen und Pathologischen an, um die Fortsetzung polit. Schuld in der noch kriegszerstörten Stadt nach dem Nationalsozialismus darzustellen (Gombrowicz, *Berliner Notizen*; Bachmann, *Ein Ort für Zufälle*, Vorrede: »Die Beschädigung von B. […] erlaubt weder Mystifizierung noch eignet sie sich zum Symbol. Was sie erzwingt, ist jedoch eine Einstellung auf Krankheit«; vgl. Chotjewitz, *Die Insel*). Symptome des krankhaften B. finden sich bereits in Romanen der Wilhelminischen Ära, wo B. für übersteigerte Nervosität steht (z. B.

Zolling, *Der Klatsch*). Im Zuge apokalypt. Zukunftsvisionen seit den 1980er Jahren und bes. nach der ›Wende‹ ist B. vielfach Symbol für die Zerstörung sozialer Utopien, die auf das Ende der DDR folgende Dissoziation des Ich, für Sprachlosigkeit und Wut über die Konsumgesellschaft und den Triumph des Kapitalismus (Königsdorff, *Im Schatten des Regenbogens*; Ossowski, *Die Maklerin*; Timm, *Rot*) und steht für Konfusion und Perspektivlosigkeit.

3. Symbol der Moderne. Schon bei Fontane ist B. Symbol des Fortschritts (*Effi Briest*), doch erst die schlagartige Urbanisierung am Ende des 19. Jh. macht B. zum Prototyp der modernen Großstadt (»Hier sind wir ganz in der Nähe der ›überamerikan. Stadt‹ Musils«; J. Roth, *Eiserne Landschaft*, *Berliner Börsenkurier* v. 1.4.1923). B. erscheint hier positiv wie negativ als geschichtslos und als internationaler Schmelztiegel, der kulturelle Neuerungen zeitigt, aber auch Oberflächlichkeit provoziert bzw. keine repräsentative Nationalkultur zu stiften vermag. Es symbolisiert Energie, Tempo, Dynamik, Unmittelbarkeit, Gleichzeitigkeit, Exzess, Vermassung und Anonymität, aber zunehmend auch imperiale Großmachtspläne (J. Hart, *Auf der Fahrt nach B.*; Kretzer, *Die Verkommenen*; Alberti, *Wer ist der Stärkere?*, eine Modernekritik mit antisemit. Zügen). Besonders der Expressionismus kreist programmatisch um die rauschhaft-sinnl. Intensität, aber auch die sozialen Konflikte der Stadt (s. a. 2.). Vor 1933 konkurrieren v. a. zwei Images, denen das Moment des Ungebändigten gemein ist: Ungeheuer bzw. Moloch (Döblin, *Das märkische Ninive*; G. Heym, *B. II*; *B. III*; *Vorortbahnhof* (*B. VI*); G. Hermann, *Kubinke*) vs. Wildnis, Dickicht und Dschungel, die das exotische Bild einer zu entdeckenden urbanen Landschaft formen (R. Müller, *Tropen*).

4. Symbol des Kalten Krieges. Die offizielle Symbolik von Westberlin (›Insel im kommunistischen Ozean‹, ›Frontstadt‹, ›Friedensstadt‹) wird in der west- und ostdt. Nachkriegslit. vielfach reflektiert. Dabei kommt es im Verlauf der 1950er Jahre zu einem Wechsel: B. ist nicht mehr verbindendes Element zwischen den Systemen (Becher, *Die Friedensstadt*), sondern zunehmend Brennpunkt des Kalten Krieges mit der Schnittstelle ›S-Bahnhof Friedrichstraße‹ (Johnson, *Das dritte Buch über Achim*). Das ⇗Insel-Image findet sich in der westdt. Lit. seit den 1960er Jahren topisch – zunehmend weniger zur Darstellung der polit. Lage als eines bestimmten Lebensgefühls (Plessen, *Mitteilung an den Adel*; Rothmann, *Messers Schneide*), um nach dem ›Deutschen Herbst‹ einer ⇗Gefängnis-Vorstellung (Flucht, Abreise) Platz zu machen (Schimmang, *Der schöne Vogel Phönix*). Die ostdt. Propaganda von B. als der sozialist. Metropole wird kritisch reflektiert u. a. bei de Bruyn (*Vierzig Jahre*), Morgner (*Trobadora Beatriz*), Plenzdorf (*Legende vom Glück ohne Ende*) und Burmeister (*Anders*).

⇗Asphalt, Babylon, Mauer, Stadt, Westen.

Lit.: E. Grimm, Semiopolis, Bielefeld 2001, 98–122. – D.C. Large, B. Biografie einer Stadt, Berlin/München 2002. – P. Sprengel/G. Streim, Berliner und Wiener Moderne, Wien/Köln 1998. SBr

Beton / Zement

Symbol für gesellschaftl. Utopien, für den realen Aufbau der Welt und für das Verbergen von Lebendigkeit. Seit der Zeit des Stahlbetons ist der B. Symbol für unbedingten Schutz und Abschottung vor äußeren und inneren Bedrohungen, damit auch für Empfindungs- und Trostlosigkeit. – Relevant für die Symbolbildung sind (a) die hohe Bindekraft des Z. und die hohe Festigkeit des mit ihm gemischten B. sowie (b) die große Dimension und Vielgestaltigkeit der mit Z. oder B. realisierbaren Gebäude oder techn. Anlagen.

1. Symbol für gesellschaftliche Utopien. Der Z. deutet gemeinsam mit ehrgeizigen Bauprojekten seit dem Turmbau zu Babel (⇗Babylon) – hier die ausdrückl. Erwähnung eines Z.-Ersatzstoffes – »bitumen pro cemento« (Vulgata, Gen 11,3) – nicht allein auf Gott herausfordernden Hochmut, sondern auf die selbstbewusste, wenn auch naive Anwendung techn. Möglichkeiten hin (v. Rad), wie sie in Visionen und Realisierungen von technisch ehrgeizigen Großbauten generell zum Ausdruck kommt. Neuzeitl. (Anti-)Utopien wie *La Città del Sole* von Campanella setzen in ihrer Darstellung gesellschaftlich wirksamer Architektur betonähnl. Baustoffe voraus, ohne sie immer ausdrücklich zu erwähnen. Verwiesen sei auf die Baustoffe ⇗Stahl und ⇗Glas, die in Entwürfen fortschrittener, oft zugleich totalitärer Gesellschaften in symbol. Verbindung stehen. Beispielhaft sind Zamjatins *My* (dt. *Wir*), Huxleys *Brave New World* und das »glittering white concrete« des Wahrheitsministeriums in Orwells *Nineteen eighty-four*. Z. und Glas sind auch in Rathenaus *Zur Kritik der Zeit* Zeichen einer seelenlosen Mechanisierung.

2. Symbol für den realen Aufbau der Welt. B. steht mit dem sowjet. Produktionsroman seit Gladkows *Cement*, der den Wiederaufbau eines Z.-Werkes beschreibt, für die Neukonstruktion der kommunist. Industrie und Gesellschaft nach dem Abklingen revolutionärer Utopien, also für realpolitisch zu konstruierende Räume. Gegenstand der Romane sind großindustrielle Projekte, so auch später in der DDR, z. B. in *Beschreibung eines Sommers* (Jakobs) oder in *Spur der Steine* (Neutsch). H. Müllers dramaturg. Bearbeitungen sowohl von *Cement* als auch von *Spur der Steine* (*Der Bau*) nehmen den B. als Symbol für die realwirtschaftl. Schwierigkeiten der (sozialist.) Welt auf; in einem Interview mit Lotringer (*Gespräche 1*) äußert Müller Gefallen an der Berliner ⇗Mauer, insofern ihr B. Zeichen für die reale Situation der Welt ist.

3. Symbol für das Verbergen von Lebendigkeit. Grass zeichnet im Kapitel »Am Atlantikwall oder es können die Bunker ihren B. nicht loswerden« (*Die Blechtrommel*) den B. als eine anbetungswürdige, aber schmucklose Beständigkeit, in der Lebendiges auf lange Zeit eingeschlossen sein wird. Virilio sieht in Betonbunkern Monolithen des Zweiten Weltkrieges sowie Denkmäler des totalen Krieges (*Bunker-Archäologie*). In Linds *Landschaft in B.* erscheint eine unter B. verschwundene Stadt als Paradies (↗Garten), weil unter ihr die Kriegsverbrechen verborgen bleiben. McEwans *The Cement Garden* bringt den B. als Symbol eines von der Industriegesellschaft vorgeformten, aber durch Z. abschließbaren sittenwidrigen (Trieb-)Lebens. In Bernhards *Ja* stehen B. und Z. für die geplante und hingenommene Vernichtung eines Menschen als Gesellschaftswesen durch seine (selbst) fortgeführte Isolierung von der Welt. In seinem Prosastück *B.* ist der Baustoff Symbol für das systemat. Unglück ökonomisch und sozial Minderprivilegierter.

↗Glas, Granit, Mauer, Stadt, Stahl, Stein.

Lit.: Ch. Fuhrmeister, B., Klinker, Granit, Berlin 2001. – W. Nerdinger, Architektur, wie sie im Buche steht, München 2006. – M. Nicholas, Writers at Work, Cranbury/NJ 2010. – S. Wenk, Erinnerungsorte aus B., Berlin 2001.   FMa

Bibel ↗Buch.

Bibliothek

Symbol des Wissens, der Ordnung bzw. der Unordnung, des kulturellen Gedächtnisses und der Identitätsbildung, der Macht sowie poetolog. Verfahren. – Relevant für die Symbolbildung sind (a) der materielle und ideelle Wert der in einer B. aufbewahrten ↗Bücher, (b) die Systematik dieser Sammlung, (c) die Funktion der B., Wissen einer kulturellen (Schrift)-Gemeinschaft zu speichern (›National‹-B.).

1. Symbol des Wissens. Der aus gr. *biblíon* (»Buch«) und *théké* (»Kasten« oder »Behältnis«) zusammengesetzte Begriff B. (*bibliothéké*), belegt zuerst in der Komödie *Hypobolimaios* des jüngeren Kratinos aus der Mitte des 4. Jh. v.Chr., wird in MA und Früher Neuzeit zu einer ›Schatzkammer‹ des Wissens aufgewertet (Richard de Fournival, *Biblionomia*; Petrarca, *De remediis utriusque fortunae*). Der schutzbedürftige Wert der B. hängt eng mit der Sakralität der in ihr verwahrten Bücher (wie z. B. der Bibel) zusammen, deren ›Aura‹ auf den Raum übertragen wird, wie aber auch mit dem Wissen, das sie vermitteln. Die B. symbolisiert in der Literaturgeschichte damit v. a. drei Wissensformen: Sie erscheint als ›Waffenkammer‹, wenn das Wissen strategisch genutzt wird (Richard de Bury, *Philobiblon*: »Wie es für den Staat notwendig ist, die Krieger mit Waffen aus Vulkans Esse zu versehen […], so ist es sicher der Mühe wert, die Kirche, die gegen die Angriffe der Heiden und Ketzer kämpft,

mit gesunden Büchern wohl auszurüsten«, Kap. XVI; Cervantes, *Don Quijote* I, 6; Swift, *The Battle of the Books*), als Ort der Heilung, wenn ihr Wissen für das kollektive Wohl eingesetzt wird (wie etwa in Diodors Bericht von der Inschrift über dem Eingang der B. von Ramses II. im ↗ägypt. Theben als »Heilstätte der Seele«, *Bibliotheca historica* I), schließlich aber auch als ↗Friedhof (»Leichenkammer des Wissens«, F. Liszt), wenn ihr Wissen unbenutzt bleibt. – Seit der Frühen Neuzeit gelten B. als sichtbare Zeichen von Gelehrtentum und Weisheit und verweisen auf die Überlegenheit von Ratio und Vernunft. So ist die B. der Abtei von Thélème in Rabelais' *Gargantua et Pantagruel* (I, 52–54), die »Heuchlern und Frömmlern« den Eintritt verbietet, ein Symbol der Bildung, die hier noch ein geistesaristokrat. Reservat darstellt, dessen elitären Sinn La Bruyères *Les caractères* am Ende des 17. Jh. kritisieren (»De la mode«) und noch Musil ironisiert (*Der Mann ohne Eigenschaften* I, 100). Eine deutlichere Demokratisierung des Wissens und damit eine Verschiebung des B.symbols in Richtung sozialer Öffnung beginnt in der Aufklärung (Voltaire, *L'ingénu*). – In die Antike zurück reicht die Verwendung der B. als Symbol weltfremder Gelehrsamkeit, so bei Lukian, *Adversus indoctum* (*Der ungelehrte Büchernarr*), später z. B. in Brants *Das Narrenschiff* (I: »Von vnnutze buchern«) oder in Ch. Nodier, *Le bibliomane*. Der Gelehrte als »lebende B.«, Buchliebhaber und B.besitzer wird über seine ›ungemeine Belesenheit‹ zum Eigenbrödler (so Kandidat Unwirsch in Raabes *Der Hungerpastor*; vgl. auch Flaubert, *Bibliomanie*; K. Huizing, *Der Buchtrinker*). – Die mit der B. eng verknüpfte Wissenssymbolik provoziert schließlich auch ihre Kritik als »Tollhaus von Büchern« (Musil, *Mann ohne Eigenschaften* I, 100), als symbol. Ort falschen, zumindest unsicheren Wissens: »Die B. ist Zeugnis der Wahrheit wie des Irrtums« (Eco, *Il nome della rosa*, »Secondo Giorno«; ähnlich bereits in Gutzkow, *Die Ritter vom Geiste* II, 13; Borges; *La biblioteca de Babel*).

2. Symbol der Ordnung bzw. Unordnung. B. fungieren als Symbole der Wissens- und der Weltordnung. Die Ordnung selbst ist eines der postulierten B.ideale (ironisch in Ecos *Il nome della rosa*: »Primo Giorno«: »die sinnreiche Anordnung [wurde] erst vor einigen Jahren in manchen B. eingeführt«), die durch den Ordo-Gedanken, d. h. durch die Vorstellung einer göttl. Weltordnung, die B.ordnung seit dem MA auch ideologisch stützt (vgl. noch G. Naudé, *Advis pour dresser une bibliothèque*, 1627). Die Akzentuierung stabiler Wissensordnungen in der Symbolik von B., die im MA für Wahrheit (*auctoritas*) und moral. Vervollkommnung des Menschen einsteht (Chrétien de Troyes, *Cligès*, Prolog), wird zunächst im Humanismus und dann v. a. seit dem 18. Jh. auch dadurch deutlich, dass der Begriff selbst auf Enzyklopädien, Zeitschriften, Anthologien und Reihen übertragen wird (Gesner, *Bibliotheca universalis*, 1548; V. v. Beauvais, *Bibliotheca mundi*, 1624, ¹1590 als *Speculum maius*; im 18. Jh. etwa Nicolais *Allgemeine Deutsche B.*, 1765–1805, oder die *Bibliothèque bleue*). – Symbolisiert die B. rationales Wissen (s. a. 1.) und systemat. Ordnung, versinnbildlicht sie umgekehrt, als ↗Labyrinth, auch die Irritation vermeintlich geordnet verfügbaren Wissens (Shakespeare, *The Tempest*, und dessen Verfilmung von P. Greenaway, *Prospero's Books*; Nerval, *Angélique*; Borges, *La biblioteca de Babel*) und wird zum Symbol zunächst der Individualität im freien Zugang und unsystemat. Blättern in den Bänden (Montaigne, *Essais* III, 3; auch II, 17) bis zum Symbol des Chaos selbst (Flaubert, *Bouvard und Pécuchet*).

3. Symbol des kulturellen und kollektiven Gedächtnisses wie auch der individuellen Identitätsbildung. B. gelten als Speicher von Vergangenheit und als Räume angehäufter Zeit, als »Gedächtnisort« (»lieu de mémoire«; P. Nora, *Les lieux de mémoire*). Die Londoner B. Aby Warburgs mit ihrer Türinschrift *Mnemosyne* verkörpert symbolisch eine solche Verschmelzung von Ortsgedächtnis und Gedächtnisort (J. Roubaud, *La bibliothèque de Warburg*). Die Wiederholung und Variation des kanon. Wissens dient der Identitätssicherung der kulturellen Gemeinschaft. Die Bedingung dieser kulturellen Kohärenz ist die Zirkulation kanon. Wissens, wie es die B. versinnbildlicht. Gerade die Zerstörung unzähliger B. hat diese erst recht als Symbol des kulturellen Gedächtnisses festgeschrieben (Sartre, *La nausée*); vgl. auch die Kompensation staatlich verordneter Zerstörung in Bradburys Zukunftsroman *Fahrenheit 451*, in dem Menschen durch das Auswendiglernen von Büchern zu lebenden Bänden bzw. einer lebendigen B. werden. Dagegen steht »der ewige Brand der B. von Alexandria« (Nerval, *Angélique*) für alle aus ideolog. Gründen zerstörten Sammlungen und wird zu einem Symbol der Kulturfeindlichkeit. – In autobiograf. Texten erscheint die B. häufig als Symbol familiärer Tradition. V. a. männl. Dichter stilisieren die väterl. oder großväterl. »unvergleichliche Büchersammlung« (Tieck, *Die Gemälde*) als Symbol der Einzigartigkeit des ↗Vaters und Initiationsort (Grillparzer, *Selbstbiographie*). So erscheint häufig, zuweilen auch kritisch, die Auseinandersetzung mit dem Bestand der Familienbibliothek als Beginn der Lebensgeschichte und initiiert den Prozess der Identitätsbildung (Stendhal, *La vie de Henry Brulard*, insbes. XV; Eichendorff, *Ahnung und Gegenwart* I, 7; Bierbaum, *Stilpe* II, 3; Gide, *Si le grain ne meurt* I, 7; kritisch-ironisch repliziert Pirandellos *Il fu Mattia Pascal* auf diese Trad.). Den Topos der zerstörten B. aufnehmend (s. o.) kehrt E. Canettis *Blendung* (1935) den Zusammenhang von B. und Identitätsbildung in radikaler Form um, wenn sich am Ende des Romans ein B.autodafé mit der Selbsttötung des Prot-

agionisten verbindet (↗Feuer/Flamme). – Als Halt gegenüber einer fremden Kultur bzw. hier einer mörder. Macht thematisiert Semprun in *Le mort qu'il faut* die Identitätsstiftung durch eine B., die in der Lagersituation die prekäre Funktion kultureller Werte in der Identitätsbildung deutlich werden lässt.

4. Symbol der Macht. Als Ausdruck einer kanonisierten Lit.(geschichte) und kollektiv verbindl. Wissens symbolisieren B. auch Macht, so schon Gottfried v. Sainte-Barbe-en-Auge (um 1170): »Claustrum sine armario, quasi castrum sine armamentario« (»Ein Kloster ohne B. gleicht einer Burg ohne Waffenkammer«). Als ausschließende Macht, die über einen geheimen Zugangsmechanismus nur dem Eingeweihten zugängl. ist, erscheint die B. in Ecos *Il nome della rosa*; als Aneignung von Macht dient sie dem sozialen Aufsteiger in Stendhals *Le rouge et le noir* (I, 7); Sinnbild der Kritik der Macht dagegen ist die B. in Voltaires *Le monde comme il va*. A. Schmidt lässt in seinem Roman *Die Gelehrtenrepublik* (1957) zwei B. zu Symbolen des Kalten Krieges werden, die Konsumideologie bzw. Kollektivitätswahn verkörpern. – B. als die Welt zum Besseren verändernde Machtsymbole finden sich häufig in der Gattung der Utopie (z. B. Mercier, *L'An deux mille quatre cent quarante* XXVIII; Verne, *Paris au XXᵉ siècle*; Bradbury, *Fahrenheit 451*). Nicht zuletzt obliegt auch einer individualistisch hergerichteten B. eine Machtsymbolik, die eine Auseinandersetzung mit der Gesellschaft erlaubt, die Kanones, trad. Machtsymbolik und Normvorstellungen hinterfragt (Huysmans, *À rebours*; B. Comment, *L'ombre de mémoire*).

5. Symbol poetologischer Verfahren, insbes. der Intertextualität. Grundsätzlich sind symbol. Verwendungen von Buch und B. Hinweise auch auf poetolog. Funktionalisierungen. So wird die B. als Symbol u. a. Mittel zur Überbietung der literar. Trad. (*imitatio/aemulatio*) und weist den Dichter als *poeta doctus* aus (z. B. Goethe, *Wilhelm Meisters Lehrjahre* I, 7; Nerval, *Les filles du feu*; Borges, *El libro de arena*; Calvino, *Se una notte d'inverno un viaggiatore*; Eco, *Postille a »Il nome della rosa«*).

↗Buch, Labyrinth, Museum, Schrift.

Lit.: K. Dickhaut, Verkehrte Bücherwelten, München 2004. – M. Foucault, »Andere Räume«, in: K. Barck u. a. (Hg.): Aisthesis, Leipzig 1990, 34–46. – D. Rieger, Imaginäre B., München 2002. – ders., »Unsere B. ist nicht wie die anderen«, in: Die Weisheit baut sich ein Haus, hg. v. W. Nerdinger, München 2011, 327–344. – G. Stocker, Schrift, Wissen und Gedächtnis, Würzburg 1997. KD

Biene

Symbol der Liebe, der Seele, des Fleißes, des (inspirierten) Dichters und des Staatswesens. – Relevant für die Symbolbildung sind (a) die nahrungssuchende und -verarbeitende Tätigkeit der B. (Sammeln des Nektars, Produktion von ↗Honig), (b) ihre Wehrbereitschaft bzw. Angriffslust mit Hilfe des Stachels, (c) ihre ›soziale‹ Organisation.

1. Liebessymbol. Neben dem galanten Liebhaber, der sich wünscht, als B. Nektar aus der als ↗Rose vorgestellten Geliebten zu saugen (z. B. Günther, *Scherzhafte Gedancken über die Rosen*; Hoffmannswaldau, *An Flavien*), beruht eine häufig adaptierte Symbolik auf der Ambivalenz der B., die süßen Honig sammelt, aber zugleich einen gefährl. Stachel hat (Theokrit, *Idyllen* XIX). Vorbildlich wird ein Gedicht des griech. Lyrikers Meleager, in dem die B. die Blüten (↗Blume) verlassen und die Geliebte umschwärmen, was zu der Überlegung veranlasst, dass sich »der Stachel der Liebe süß und angenehm bitter ins Herz« hinein bohrt (*Anthologia Graeca* I, 322; vgl. Fleming, *Entsagung*; Logau, *Ursprung der B.*; *Des Knaben Wunderhorn* II, 363: *Schadenfreude*). Frühneuzeitl. B.gedichte lösen diese Symbolik oftmals situativ auf: Die Nahrung suchenden B. werden auf die honigsüßen Lippen der Geliebten verwiesen, sodann wird ihr Stachel entweder zur Verteidigung der Geliebten (Opitz, *Sonett an die B.*) oder zum Angriff auf die Geliebte selbst eingesetzt (Ronsard, *Les odes* III, 24: *Aux mousches à miel*). Die geistl. Dichtung des 17. Jh. verknüpft im Bild der B. Liebes- und Inspirationssymbolik: Der relig. Dichter wird als liebende Seelenbraut selbst zur B., die den süßen Honig von den Lippen bzw. aus der ↗Wunden des Seelenbräutigams Christus saugt (Spee, *Trutznachtigall* XVIII; Greiffenberg, *Abendmahlsgedichte*; Angelus Silesius, *Heilige Seelenlust* II, 52: *Die Psyche begehrt ein Bienelein auf den Wunden Jesu zu sein*; ↗Hochzeit). In profanierter Form findet sie sich auch in der Moderne, z. B. in Valérys Gedicht *L'abeille*, wo die »rasche Pein« eines B. stichs verlangt wird, die auch als Bitte um augenblickshafte (↗Augenblick) poet. Inspiration zu verstehen ist (s. a. 4.).

2. Symbol der Seele, der Wiederauferstehung und der Keuschheit. Für die im Volksglauben verbreitete Vorstellung, dass die Seele nach dem Tod als B. aufersteht (EdM II, 305), ist literarisch Vergil (*Aeneis* VI, 706–709) von Bedeutung, der die zur Wiedergeburt bestimmten Seelen in der Unterwelt einem B.schwarm vergleicht (vgl. *Georgica* IV, 219–222; Dante, *Divina Commedia*: »Paradiso« XXXI, 1 ff.). Hofmannsthals *Lebenslied* überführt diese Symbolik in eine vom Tod unbekümmerte Feier des Lebens. In der jüd.-christl. Trad. ist Ri 14,8 einschlägig: Simson findet im Kadaver eines ↗Löwen B. und Honig (zur Bugonie als aus dem Tod neu geborenem Leben vgl. Vergil, *Georgica* IV, 281–314). – Die B. als Symbol der Keuschheit, wie sie von den Kirchenvätern und dann im christl. MA als Sinnbild der Jungfrauengeburt (↗Geburt; ↗Frau/Jungfrau) verstanden wird (so etwa im *Exsultet*-Lobpreis der alten Osterliturgie), schließt an die vermeintl.

Selbstbefruchtung der B. an. Diese kann jedoch auch, wie etwa bei Spee, allg. moralisch gedeutet werden: »Gar sehr sie sich vermehren,/ Doch keusch ohn Heurath sein;/ Ohn Lieb sie sich beschweren/ Mit süssen kinderlein./ Sie nur von Blumen lesen/ Die Kleinen ihrer art;/ Da findet sich das wesen/ All ihrer Erben zart« (Spee, *Trutznachtigall: Lob deß Schöpffers darin ein kleines wercklein seiner weißheit*).

3. Symbol des Fleißes und des fleißigen Dichters. Der Fleiß der B. ist seit der Antike sprichwörtlich. Für das Dichtungsverständnis zentral wird das sog. B.gleichnis in Horaz' *Oden* IV, 2, 25–32: Dem wolkenhoch (↗Wolke) fliegenden ↗Schwan Pindar stellt sich Horaz als bescheidene, hart arbeitende B. gegenüber, die den Nektar mühsam auf der ↗Erde zusammensammeln muss (parodistisch dazu Jean Paul, *Titan*, 9. Zykel). Lukrez (*De rerum natura* III, 9 ff.) und Seneca (*Epistulae morales* LXXXIV, 3–5) beschreiben den Dichter als B., die den Nektar aus den Blüten der vorbildl. Autoren sammelt (›Florilegium‹). Dabei können unterschiedl. Schwerpunkte gesetzt werden: Steht bei den spätantiken und ma. Autoren (Macrobius, *Saturnalien* I, 5; Johannes v. Salisbury, *Policraticus* VII, 10) das Sammeln und Mischen eines vorgegebenen und wiedererkennbaren Materials im Vordergrund, so betonen die humanist. Schriftsteller (Petrarca, *Epistulae familiares* I, 8; Montaigne, *Essais* I, 26) die Verarbeitung und Aneignung der Vorbilder und die Herstellung von etwas qualitativ Neuem. Swift übernimmt diese Auffassung in *Battle of the Books*, wo trad.bewusste Autoren als sammelnde und süßen Honig produzierende B. modernen, durch die ↗Spinne symbolisierten Schriftstellern gegenüberstehen, deren ›Netz‹ zwar Ordnung und Methode zeigt, aber keine dauerhafte Substanz enthält. Bei Gellert wird die »stille B.« zum Symbol eines aufgeklärten, zugleich bescheidenen, vergnügl. und nützl. Dichtungsverständnisses (*Die B. und die Henne*). Im 20. Jh. verwendet Rilke die B. als symbolist. Chiffre für die Dichter, die als »B. des Unsichtbaren« den »Honig des Sichtbaren« sammeln, um ihn »im großen goldenen B.stock des Unsichtbaren anzuhäufen« (Brief an W. Hulewicz, 13.11.1925).

4. Symbol des inspirierten Dichters. Inspirieren die B. die Dichter nach antiker Vorstellung durch den Nektar bzw. Honig der Musen, mit dem sie deren ↗Mund benetzen (Theokrit, *Idyllen* VII), so bezeichnet Platon in einer wirkungsmächtigen Formulierung die Dichter auch selbst als »leichtbeschwingte und heilige Wesen«, die »aus den honigströmenden Gärten und Quellen der Musen schöpfen und so ihre Lieder bringen wie die B. den Honig« (*Ion* 534a-b; vgl. Aristophanes, *Die Vögel* 749–751). Von einem gewachsenen Selbstbewusstsein der Poeten zeugt Ronsard, bei dem der Dichter die Göttin, die ihn im *furor poeticus* befallen hat, mit dem Honig seines ↗Gesangs belohnt (*Les odes*

II, 2: *A Calliope*). Mit der Geselligkeit des B.
schwarms verbunden erscheinen die B. als Symbol
des Dichtens in Hölderlins *Stutgard*: »wenn, wie die
B.,/ Rund um den Eichbaum, wir sitzen und singen
um ihn« (s. a. 1.).

5. *Symbol des Staatswesens.* Neben der polit. Verwendung der B. als Symbol für das Staatsoberhaupt
ist literaturgeschichtlich v. a. die symbol. Verwendung des B.stamms bedeutsam geworden. Seine
vorbildl. Einrichtung stellt für Vergil eine Reminiszenz an das *Goldene Zeitalter dar (*Georgica* IV,
149 ff.). Steht im MA das Moment der hierarch.
Ordnung im Vordergrund (Konrad v. Megenberg,
Buch der Natur III F, 1), hebt Shakespeare das Moment der Arbeitsteilung, die Zielstrebigkeit und
den Gehorsam gegenüber dem Herrscher hervor
(*Henry V* 187–204). Dieses ideal. Bild wird in der
B.fabel Mandevilles auf den Kopf gestellt: Nicht
mehr Fleiß und Gehorsam, sondern egoist. Ge-
winnstreben und luxuriöse Verschwendung charakterisieren den B.staat, woraus dennoch sozialer
Wohlstand und kulturelle Blüte resultieren. Als
»ein liebl. Schauspiel« hingegen erscheinen die »ge-
flochtenen Hütten der B.« und »ihr nüzlicher Staat«
in der Idylle der Aufklärung (Gessner, *Der Wunsch*;
vgl. die humorist. Ausdeutung des Bilds in Fontanes *Stechlin* V). Fehlt jedoch das Oberhaupt, zerfällt
der B.staat (Vergil, *Georgica* IV, 212–214, im Gegensatz zum Ameisenstaat; *Ameise). Tolstoj adaptiert das Bild in *Krieg und Frieden* (III, 20) für die
chaot., weil führungslose Evakuierung Moskaus. In
der Moderne gerät der geordnete B.stock einerseits,
in einer kulturkrit. Wendung, zum Symbol der
uniformen Masse, so wenn Hellingrath »in b.zellen
der wolkenkratzer […] eine zirpende grünblütige
menschheit« erblickt (Brief an I. v. Ehrenfels,
21.3.1913); andererseits symbolisiert er auch die
Opferbereitschaft des Einzelnen für die völkisch
verstandene Gemeinschaft (Bonsels, *Die B. Maja*
XV: »Die Heimkehr«).
*Ameise, Blume, Honig, Stimme/Gesang.

Lit.: D. Peil, Untersuchungen zur Staats- und Herrschaftsmetaphorik in literar. Zeugnissen von der Antike bis zur Gegenwart, München 1983, 166–301. – J. v.
Stackelberg, Das B.gleichnis, in: Roman. Forschungen
68 (1956), 271–293. – J.H. Waszink, B. und Honig als
Symbol des Dichters und der Dichtung in der griech.-
röm. Antike, Opladen 1974.   GB/JJ

Birne

Symbol der Reife und Üppigkeit sowie für birnenartig Geformtes wie den weibl. Körper oder den
menschl. Kopf. – Relevant für die Symbolbildung
sind (a) die äußere Form, (b) die Saftigkeit und (c)
die gegenüber dem säuerl. *Apfel deutlich hervortretende Süße der Frucht.

Das charakterist. Aussehen der B. wird häufig
übertragen auf Objekte ähnl. Form. So steht die B.

etwa verbunden mit der gustator.-sensor. Vorstellung des verlockend Süßen und Prallen als erot.
Zeichen für die Silhouette des Frauenkörpers
(*Frau/Jungfrau) mit seinem sich von den Schultern hin zur Hüfte verbreiternden Rumpf (z. B. im
Schwankmäre *Die halbe B.*; Klabund, *Robert der
Teufel*). Das Farbenspiel der B.schale zeigt, so Brockes, »daß die spielende Natur./ Sowohl an Farben,
als Figur,/ Nicht zu erschöpfen ist« (*Eine Schüssel
mit Früchten*). – Als birnenartig aufgefasst wird
auch die Form des menschl. *Kopfes (Weise, *Ein
Abriß der Schönheit selber*). Diesen bezeichnet die
B. oft in Texten, die sich an der Jugendsprache orientieren, unter Verwendung von auf die Frucht
passenden Ausdrücken abwertend (›weiche Birne‹)
sowie v. a. positiv konnotiert zusammen mit Begriffen aus dem Sinnbezirk der ebenfalls nach ihrer
Form benannten Glühbirne (›helle Birne‹, ähnlich:
›etwas in der Birne haben‹; *Licht), personifiziert
z. B. als Protagonistin in den Kinderbüchern Herburgers (u. a. *B. kann alles*, 1971; *B. kann noch mehr*,
1972). Personen des öffentl. Lebens, deren Kopf
durch auffallend große und schlaff herabhängende
Backen in besonderer Weise der B.form angenähert
ist, können dagegen eher pejorativ konnotiert und
befördert durch entsprechende Karikaturen in satir.
Texten zur ›B.‹ werden, wie dies in den 1980er Jahren beim dt. Bundeskanzler H. Kohl der Fall war
(Traxler/Knorr, *B.*, 1983; Knorr, *B. letztes Abenteuer*, 2000) oder in den 30er und 1840er Jahren bei
dem frz. (Bürger-)König Louis-Philippe, worüber
Heine in den *Französischen Zuständen* (Art. 1 und
5) berichtet. Dessen Sturz 1848: »Der B. Schüttel-
tag ist da!« feiert Freiligrath als Fanal der Freiheit (*Neuere politische und soziale Gedichte* I: *Im Hochland
fiel der erste Schuß*). – Eine eigene, wenn auch nicht
spezifisch auf die B. abgestimmte, sondern offenbar
nur als Alternative zum apfeltragenden *Baum der
Erkenntnis konzipierte B.allegorie entfaltet Hugos
v. Trimberg mittelhochdt. Lehrgedicht *Der Renner*
(Ende 13. Jh., Prolog 37–268): Der B.baum bedeutet die Menschenmutter Eva, von dessen Früchten,
den von ihr abstammenden Menschen, allein die
im *grünen Gras der Reue liegenden der Erlösung
fähig sind, nicht dagegen die in die Quelle, das
Quellbecken oder die *Dornen gefallenen (vgl. zu
Letzterem Mörike, *Epistel*). – Aufgrund der prallen,
süßen Frucht häufig mit der Vorstellung von
Fruchtbarkeit (vgl. HdA I, 1340 f.) und Reife verbunden (z. B. v. Fallersleben, *Der B.schmaus*), mag
die B. in Hölderlins *Hälfte des Lebens* auch auf den
Lebenszyklus übertragen sein.
*Apfel, Baum.   KV

Blatt / Laub

Symbol des Lebens in seinem zykl. Wechsel, des
Verfalls und der Melancholie; poetolog. Symbol. –
Relevant für die Symbolbildung sind (a) der zykl.
Wechsel von B.farbe und -gestalt vom Austreiben

bis zum Abfallen, (b) die Homonymie von ›B.‹ als Teil der Pflanze und als Papierbogen.

1. Symbol des Lebens in seinem zyklischen Wechsel. Das einzelne B. (etym. »Aufgeblühtes«) wie auch der Sammelbegriff Laub (etym. »Abgerupftes«) symbolisieren schon bei Homer den Lebenszyklus, wo das Entstehen und Vergehen der Menschengeschlechter mit dem Wachsen und Verwelken der Blätter verglichen wird (Homer, *Ilias* VI, 146–149; Spr 11,28; Jes 34,4), so z. B. auch bei Matthieu im 16. Jh. (*Tablettes de la vie et de la mort*) oder in Hebels *Liedlein vom Kirschbaum*. Während das ↗grünende B. im ↗Frühjahr häufig neues Leben versinnbildlicht (Herder, *Die Natur*: »Hast du, hast du nicht gesehn,/ Wie sich alles drängt zum Leben?/ Was nicht Baum kann werden,/ Wird doch B.«), deuten die welkenden und abfallenden B. auf Vergänglichkeit (Mimnermos, *Fragmente* II, 1–4; Aristophanes, *Die Vögel* 686) und Tod (Celan, *Mohn und Gedächtnis: Nachts dein Leib*) und werden bisweilen mit den Seelen der Toten gleichgesetzt (Bakchylides, *Epinikien* V, 63; Seneca, *Oedipus*, 600; Vergil, *Aeneis* VI, 305–314; Jiménez, *Mi alma*). Zum Rhythmus des Lebens werden die fallenden B. bei Pascoli (*La siepe*) umgedeutet, wo jedes B. einen Herzschlag skandiert.

2. Symbol des Verfalls und der Melancholie. Besonders seit der Romantik nimmt die B.symbolik im Wechselspiel zwischen Fülle (an Farben, bes. ↗Rot, ↗Gelb, ↗Braun) und Verfall eine zentrale Stellung ein (Mallarmé, *Soupir*). Das Verfärben und Fallen der B. wird oft mit Schicksalssymbolik verbunden (Rilke, *Herbst*), auf die kürzeste Formel gebracht und dem Leser die Schlussfolgerung überlassend in Ungarettis *Soldati* (1918): »So/ wie im Herbst/ am Baum/ Blatt und Blatt.« Die ›feuilles mortes‹ (»tote B.«) sind bes. seit dem Symbolismus Sinnbild eleg.-melanchol. Grundstimmung (Verlaine, *Chanson d'automne*). Samain (*Automne*) setzt die fallenden B. mit Erinnerungen gleich, Prévert nimmt dies in seinem Chanson *Les feuilles mortes* auf (1945; 1946 gesungen von Y. Montand in Carnés Film *Les portes de la nuit*), wo es zum Ausdruck des Lebensgefühls der Nachkriegsgeneration avanciert. – Trakl überträgt die Symbolik auf die Kunst, wenn Lieder »im Blätterfall« verwehen (*In den Nachmittag geflüstert*; s. a. 3.).

3. Symbol des Schreibens und der Poesie. Ausgehend von der tatsächl. Verwendung von B. als Schriftträger (Vergil, *Aeneis* III, 444) und der Homonymie von ›B.‹ als Bezeichnung für das Baumblatt und für den Papierbogen (zur Etymologie s. DWb II, 75), findet sich das B. immer wieder in Anspielungen auf den poet. Schaffenprozess bzw. das literar. Werk. So etwa bei J.G. Hamann (*Letztes B.*), bei Hugos *Feuilles d'automne* und Whitmans *Leaves of Grass* (DLS 109 f.) oder auch in der krit. Reaktion Celans auf Brechts *An die Nachgeborenen* in seinem Gedicht *Ein B., baumlos für Bertolt Brecht* (aus dem Gedichtband *Schneepart*).

↗Blume, Feige/Feigenbaum/Feigenblatt, Herbst, Lorbeer/Lorbeerkranz, Wind.

Lit.: WCS, 206 f. – H.-J. Spitz, *Die Metaphorik des geistigen Schriftsinns*, München 1972, 95–99.   HGG

Blau

Symbol der Melancholie und des Todes, des Geheimnisvollen und der Ekstase, des Göttlichen, Transzendenten und der Seele sowie der Dichtung. – Relevant für die Symbolbildung sind (a) die Nähe des B. zum ↗Schwarz und seiner Todessymbolik, (b) die mit B. assoziierte Unendlichkeit, die sich aus dem B. des ↗Himmels und des ↗Meeres ergibt.

1. Symbol der Melancholie und des Todes. Wurden Melancholie und Tod in Antike und Früher Neuzeit mit der Farbe Schwarz in Verbindung gebracht, verschiebt sich die Symbolik in der Romantik hin zu B. So steht bei Novalis B. nicht nur im Zusammenhang mit Sehnsucht und Dichtung (s. a. 4.), sondern auch mit dem Tod (Novalis, *Heinrich von Ofterdingen* I, 6). Bei Hölderlin wird B. zum Symbol eines »seligen Todes« (Hölderlin, *Fragment von Hyperion*: »Auf dem Cithäron«). Im 19. Jh. ist B. sowohl gebräuchlich als Ausdruck von Kälte und Distanz, als auch für eine melancholisch-trübsinnige Langeweile (*ennui*) und den Verfall der kranken Seele (Baudelaire, *L'albatros*; *Le cygne*). B. und Schwarz fungieren gleichermaßen als Ausdruck von Angst, Melancholie und Tod: »Da steht der Tod, ein bläulicher Absud/ in einer Tasse ohne Untersatz« (Rilke, *Der Tod*; vgl. *Ein Pilgermorgen*; *Selbstbildnis*). V.a. in der Gegenwartslit. wird B. als Ausdruck der Melancholie wieder aufgegriffen; es ist Sinnbild des Todes und der Enge (z. B. H. Müller, *Drückender Tango*). Um 2000 avanciert B. zum melanchol. Motto einer ganzen schreibenden Generation: »The doctor says, I'll be alright/ but I'm feelin' blue« (Motto der Erzählsammlung von J. Hermann, *Sommerhaus, später*; ähnlich auch Dinev, *Ein Licht über dem Kopf*; Bánk, *Heißester Sommer*; Hennig v. Lange, *Warum so traurig?*).

2. Symbol des Geheimnisvollen und der Ekstase. In einer langen Trad. wird B. mit dem Geheimnisvollen, Dunklen und Mystischen assoziiert. Das liegt nicht zuletzt an der ambivalenten Zuschreibung von »Reiz und Ruhe«, von dunkler Kälte und greller Helligkeit, die aus der Ableitung des B. vom Schwarzen einerseits und aus der Bedeutungszuschreibung als »reizendes Nichts« andererseits hervorgeht (Goethe, *Farbenlehre* §§ 696, 779). Mit Rekurs auf Baudelaire (s. a. 1.) überträgt Bataille die ambivalente Wirkung des B. auf das Ineinander von Liebe (Eros) und Tod (Thanatos): B. bezeichnet bei ihm einen Zustand trunkener Entrückung, der sich in der sexuellen Ausschweifung und/oder im Akt der Tötung einstellt und auf die hl. Feier des Eros verweist, die zugleich Unruhe und Reizüberflutung stiftet (Bataille, *Le bleu du ciel*). Während in der

Antike B. noch Ausdruck der Verbindung des Heiligen mit der Unschuld ist, verknüpft Bataille in der Farbe B. das Heilige mit dem Dunklen und Mystischen. Diese beunruhigende und bedrohl. Wirkung hat die Farbe auch bei anderen Autoren der Moderne (z. B. Musil, *Die Verwirrungen des Zöglings Törleß*). Für E. Jünger symbolisiert B. sowohl das Wunderbare als auch das Nichts. So wird B. zum ↗Spiegel der geheimnisvollen ↗Tiefe und unendl. Erfahrung (*Das abenteuerliche Herz*, 2. Fass.: »Blaue Nattern«; »Die blaue Farbe«).

3. *Symbol des Göttlichen, Transzendenten und der Seele.* Die symbol. Bedeutung des B. als Ausdruck des Göttlichen findet sich zunächst in der Malerei, beginnend in byzantin. Mosaiken, wo ↗Gold und B. abwechselnd als Farbe der göttl. Schöpfung eingesetzt werden. Aber nicht nur als Symbol einer göttl. Macht und Weisheit tritt die blaue Farbe auf, sondern sie symbolisiert zugleich die Offenbarung des Göttlichen im Irdischen, also eine Verbundenheit des Himmels mit der ↗Erde (vgl. den blauen ↗Mantel Christi und Mariae). Auch für Novalis gehören B. und Gold zusammen, da B. die Farbe ist, die das Göttliche annimmt, wenn es ins Endliche übertritt (Novalis, *Heinrich von Ofterdingen* I). Während Gold die Erfüllung symbolisiert, zeigt B. den ↗Weg dorthin auf. Somit ist B. eine Übergangsfarbe und Ausdruck des sehnsüchtigen Verlangens nach dem göttl. Ursprung. Um 1800 bezeichnet die Farbe B. vielfach einen transzendenten Raum, der zum Ziel menschl. Sehnsucht nach Dezentrierung und Selbstauflösung wird. B. symbolisiert die erhabene Leere, einen Ort, der ein Anderes aufscheinen lässt (vgl. die Bilder von C.D. Friedrich). Auch im 19. Jh. reißt diese Konnotation nicht ab (z. B. Rimbaud, *Voyelles*). Bei den symbolist. Dichtern Maeterlinck, Verhaeren und Rodenbach – alle von Novalis inspiriert – sind die Orte, die ein Anderes aufscheinen lassen, seelische Kunst- und Gegenwelten (z. B. Maeterlinck, *Serre d'ennui*). Schließlich wird die Psyche selbst zum Ort des B. und verankert das Andere im eigenen Ich. So ist Trakls Motiv der ›blauen ↗Höhle‹ entscheidend von Kandinsky geprägt und symbolisiert neben Ruhe und Vertiefung auch die Seele als Ort des Rückzugs (Trakl, *Kindheit*). Ebenso bezeichnet Benns B. die ↗Reise ins Ich, die Wendung nach Innen (*Blaue Stunde*). Bei Seghers wird die Reise ins Ich zugleich als Weg hin zu einem Zustand der Wahrhaftigkeit und zu einem Erkenntnismoment verstanden, der sich nach langer Wanderschaft einstellt (Seghers, *Das wirkliche B.*).

4. *Symbol der Dichtung.* Seit 1800 interessiert die Farbe B. v. a. als Bezeichnung einer Idee und emanzipiert sich damit vom konkreten Gegenstand. Sie wird zum Ausdruck der Einbildungskraft des Subjekts. Während Goethe B. in seinen sinnl. Qualitäten erscheinen lässt (s. a. 2.), ist die Farbe bei Schiller nicht mehr Symbol der Natur, sondern Ausdruck einer künstler. Setzung. Das B. des Himmels

wird zum Symbol der Dichtung selbst (Schiller, *Das Ideal und das Leben*). Spätestens in der Romantik ist B. untrennbar mit dem dichter. Wort verbunden. Zentrale Funktion mit weitreichender Bedeutsamkeit hat hier Novalis' »blaue Blume«, die zum Symbol romant. Poesie schlechthin wird (Novalis, *Heinrich von Ofterdingen* I, 1). Dabei ist die ›blaue ↗Blume‹ nicht als stat. Symbol zu lesen, vielmehr wandelt sich die Bedeutung der Farbe im Verlauf des Romans und erhält dementsprechend auch eine sich verändernde Symbolik. Die Farbe wird stets als eine aus dem jeweiligen Anschauungsmoment zu entwickelnde gedacht. In ihr sind Nähe und Ferne, Erinnern und Vergessen sowie Sagbares und Unsagbares vereint. So ist die ›blaue Blume‹ Ausdruck der Suche und zugleich Ort einer (Sprach-)Heimat und symbolisiert als Element der Verbindung und Verwandlung insgesamt die Entwicklung Heinrichs zum Dichter. Während bei Novalis die Sehnsucht nach dem Wort als Endpunkt gedacht wird, ist sie bei Rimbaud Ausgangspunkt. »O bleu« bezeichnet den energet. ↗Augenblick einer anderen Sprache und bildet als Farbvokal den Beginn des Gedichts *Voyelles*. Bei Mallarmé wird die Farbe nunmehr musikalisch verstanden, als ↗reiner Klang ohne Bedeutung; sie wird somit zum Sinnbild absoluter Poesie (Mallarmé, *L'azur*). Auf ähnl. Weise wird B. in Georges *Liedern vom Traum und Tod* als Ausdruck reiner Dichtung und Kunst eingesetzt, so dass die Kunst selbst zum Natürlichen avanciert (George, *Der Teppich des Lebens*). Bei Lasker-Schüler (*Mein blaues Klavier*; *Das blaue Gemach*) kennzeichnet B. ein ekstat. Sprechen. Die Farbe wird zum Ausdruck der Differenzlosigkeit von Sprache und Welt und zum Ort der Imagination; das Erlebnis der ›blauen Stunde‹ gerät zum Erlebnis der schöpfer. Sprache. Benn verwendet die Farbe als Sinnbild der ungegenständl. dichter. Materie (*Blaue Stunde*), und bei Celan figuriert sie schließlich als utop. Ort des Sprechens selbst (*Mandorla*). ↗Farben, Gold, Himmel, Meer, Schwarz.

Lit.: G. Linder, B. die himmlische Farbe. Frankfurt a. M. 2001 – A. Lochmann/A. Overath, Das blaue Buch, Nördlingen 1988. – W. Müller-Funk, Die Farbe B., Wien 2000. – A. Overath, Das andere B., Stuttgart 1987.   StW

Blei

Symbol der Sünde, der Erschwernis und Langsamkeit sowie des Schlafs. – Relevant für die Symbolbildung sind (a) das hohe spezif. Gewicht des Metalls sowie (b) seine astrolog. Zuordnung zum Planeten ↗Saturn bzw. dem Gott Kronos, dessen Attribuierung als düster, langsam und unglückverheißend auch das B. teilt.

Alchemist. Theorien sehen das unedle B. als dem ↗Gold nahe verwandt und versinnbildlichen in der ›Transmutation‹ von B. zu Gold die Läuterung des

erdhaft-materiellen Menschen hin zu einer höheren Spiritualität. – Einige bibl. Texte versinnbildlichen das Wirken Gottes als metallurg. Prozess, in dem das B. von den edleren Metallen, der Ungläubige bzw. Sünder von den Gläubigen geschieden wird (Jes 1,25; Ez 22,18–20; Jer 6,28–30). Auch im Vergleich erscheint diese Bedeutung, wenn Heer und ↗Wagen des Pharao bei der Verfolgung der Israeliten »wie B. im mächtigen Wasser« versinken (Ex 15,10; ähnlich auch Klopstock, *Der Messias* XX, 212). Als Symbol individueller Sünde sinken der ↗Albatros und das ↗Schiff bei Coleridge wie B. (*The Rime of the Ancient Mariner* 290–291 und 549), bei Dauthendey ist es gar eine »Welt aus B.«, die im ↗Ozean versinkt (*Die Untergangsstunde der »Titanic«*). – Aktionshemmende Erschwernis symbolisiert das B. in den ↗Füßen bzw. Sohlen (z. B. Hölderlin, *Hyperion* II; Liliencron, *Sommertag*), das B. auf dem Mund (Heine, *Traumbilder* LXIV) bzw., als melanchol. Grundstimmung, das B. auf dem ↗Herzen (Bürger, *Der Bruder Graurock und die Pilgerin*; Fleming, *Als er wieder mir ihr ausgesönet war*). Rilke verweist direkt auf die Alchemie, wenn der Protagonist gezwungen ist, das »Gold seines Glücks unaufhörlich zu verwandeln in das klumpige B. der Geduld« (*Die Aufzeichnungen des Malte Laurids Brigge*).
↗Gold, Saturn.

Lit.: EdM II, 441–444. – WCS, 141 f.   FS

Bleistift ↗Griffel/Feder/Bleistift.

Blendung

Symbol der indirekten Todesstrafe oder Kastration, aber auch der Erkenntnis der Wahrheit. – Relevant für die Symbolbildung ist das absichtl. Herbeiführen der ↗Blindheit.
Der Raub des Sehvermögens gilt vielfach als eine den Tod ersetzende Strafe oder Gewalttat. Ihr korrespondiert in der Bibel u. a. die Verblendung als Folge von Sünde (Jes 6,10), Lauheit (Offb 3,17) oder Bruderhass (1 Jo 2,11). Die B. wird als Ahndung menschl. Grenzüberschreitung (im sog. Götterfrevel) durch die Götter oder auch als Strafe für unkeusches Verhalten vollzogen (u. a. im Fall des Teiresias; vgl. Kallimachos, *Hymnen* V: *Das Bad der Pallas*). Als Selbstbestrafung kann sie gleichzeitig Zeichen innerer Erkenntnis sein (Sophokles, *König Ödipus*). Eine grausame Steigerung des Paradoxons vom Blinden, der sieht, und dem ↗Narren, der weise ist, zeigt Shakespeares *King Lear* nach der B. Gloucesters (III, 7). Als eine aus Eifersucht im Wettstreit um dieselbe Frau vollzogene indirekte Kastration führt in C.F. Meyers *Angela Borgia* die B. zu einer geläuterten Liebesbeziehung. Vor dem Hintergrund der B. Simsons und ihrer Darstellung durch Rembrandt zeigt Canettis Roman *Die B.* den zunehmen-

den Wirklichkeitsverlust eines sich in seine geistige Welt zurückziehenden Intellektuellen.
↗Auge, Blindheit.

Lit.: s. Art. Blindheit.   MMa

Blindheit

Symbol der Unwissenheit, aber auch der prophet.-philosoph. Erkenntnis, der dichter. oder relig. Vision, der menschl. Gebrechlichkeit und auch der unbestechl. Objektivität. – Relevant für die Symbolbildung sind (a) der Verlust der ↗Lichtwahrnehmung bzw. der visuellen Wahrnehmung der äußeren Erscheinungswelt überhaupt, (b) ein daraus resultierendes Leben in Dunkelheit (↗Nacht/Finsternis) sowie (c) die erhöhte Sensibilisierung der anderen Sinne.
1. Symbol der Unwissenheit. Die verbreitete Figuration der metaphys. oder relig. Wahrheit in Gestalt des Lichtes (der ↗Sonne) lässt die B. in vielen Kulturkreisen als Negation des Erkenntnisvermögens erscheinen. Gerade die Lichtphilosophie der Aufklärung nimmt die B. als Phänomen der unaufgeklärten Existenz, der Verblendung wahr (Holbach, *Système de la nature*, bes. II, 4 ff.; ↗Blendung), weshalb die schon im MA und der Volkslit. vielfach »wunderbar« geschilderten Blindenheilungen und Operationen des Stars zu nunmehr wissenschaftlich beglaubigten Musterszenen der Aufklärung werden (Diderot, *Lettre sur les aveugles*; Jung-Stilling, *Lebensgeschichte*, darin bes. *Heinrich Stillings häusliches Leben*, 1789). H.M. Enzensbergers *blindenschrift* schließt an diese Linie an.
2. Symbol der prophetisch-philosophischen Erkenntnis. Noch vor der platon. Erkenntnislehre zeigt die att. Tragödie (Sophokles, *König Ödipus*), dass B. zur Wahrnehmung der höchsten, d. h. den Sinnen unzugängl., unsichtbaren Wahrheit prädestiniert. Der Auftritt zwischen dem physisch blinden, aber über die Wahrheit verfügenden Seher Teiresias und dem nur vermeintlich sehenden König Ödipus ist eine Schlüsselszene der Unsichtbarkeit idealer Wahrheit. Platon beglaubigt die ideelle Wahrheit u. a. im berühmten Höhlengleichnis (*Staat* 514a), wo der Weg aus der ↗Höhle ans Licht der Sonne im eigentl. Sinn den ↗Weg zur inneren, meta-phys. Erkenntnis der Ideen signalisiert. – Eine iron. Auseinandersetzung mit dem Topos vom blinden Seher (»Allein im Innern leuchtet helles Licht« 11500) stellt Goethe in den Mittelpunkt des Schlussaktes von *Faust II*, mit der Blendung Fausts durch die Sorge; er täuscht sich zwar, indem er Mephistos Vorbereitung des ↗Grabes mit dem Graben des Kanals verwechselt, aber mit dieser Täuschung wird auch seine Erlösung ermöglicht. – Im Zeichen der Moderne wird die Affinität von B. und Erkenntnis weniger direkt bestätigt als vielmehr experimentell geprüft (Frisch, *Mein Name sei Gantenbein*; Bachmann, *Ihr glücklichen Augen*): B. ist dabei

mehr Rolle als Schicksal, in der die Grenzen der Wirklichkeit und ihrer Glaubwürdigkeit erfahren werden (ähnlich in Eichs Hörspiel *Blick auf Venedig*).

3. Symbol der dichterischen oder religiösen Vision. In offener Nachbarschaft zum Zusammenhang von B. und Erkenntnis (s. 2.) gilt B. seit ihrer Identifikation mit Homer als Symbol künstler., literar. wie musikal. Inspiration. Neben den blinden Seher tritt der blinde Sänger (↗Stimme/Gesang), wie ihn Homer schon in Gestalt des Demodokos in der *Odyssee* (VIII, 63 ff.) zeigt. Gerade die äußere B. wird als Voraussetzung innerer Vision dem Dichter zugesprochen, wozu später die B. Miltons und der Ossian-Gestalt (als ›Homer des ↗Nordens‹) beitragen. Auch der blinde Musiker steht in diesem Zusammenhang (Korolenko, *Der blinde Musikus*). V.a. das 18. Jh. als dasjenige der Homer-Philologie und die Romantik greifen die Gestalten des blinden Sängers auf (Hölderlin, *Der blinde Sänger*; Hugo, *L'aveugle*; Hugo, *À un poète aveugle*). Der argentin. *poeta doctus* Borges, der selbst erblindete, ordnet sich bewusst in diese Trad. ein und reflektiert in seinen poet. und essayist. Texten Grenzen und Chancen der B. (so im Essay *B. aus Siete noches*, 1980, oder im Gedicht *On His Blindness* aus *Los conjurados*, 1985). Seine Gestalt wirkt auch auf Ecos *Il nome della rosa*, wo der blinde Jorge de Burgos als Wächter über die strenge aristotel.-ma. Wahrheit selbst vor Mord nicht zurückschreckt.

4. Symbol der menschlichen Gebrechlichkeit. B. als Ausdruck der menschl. Befindlichkeit begegnet in zahlreichen Kulturen, v.a. als Zeichen der gegenüber dem Göttlichen begrenzten Existenz. In Jes 59,10 werden Blinde gar den Toten gleichgesetzt. Umfassende Erfahrungen solcher B. präsentiert das moderne Theater (Maeterlinck, *Les aveugles*; Beckett, *Fin de partie*), aber auch die Lyrik (G. Heym, *Die Blinden*). – Eine wichtige Seitenlinie dieser Lesarten führt zur sozialkrit. Darstellung des Blindenschicksals: sei es in der Gestalt des blinden Bettlers (auch im Kontext der Komik: H. Sachs, *Der Eulenspiegel und die drei Blinden*; der span. Schelmenroman *Lazarillo de Tormes*), dabei gelegentlich im Vergleich mit anderen menschl. Gebrechen (Gellert, *Der Blinde und der Lahme*), sei es in der Form von Einzelschicksalen mit Anlehnung an die Traditionen dichterisch, religiös oder philosophisch sublimierter B. (Chamisso, *Die Blinde*; *Der blinde Knabe*; C.F. Meyer, *Das Auge des Blinden*; Brecht, *Der Blinde*; Zweig, *Die unsichtbare Sammlung*; Kästner, *Monolog des Blinden*; *Der Blinde*) oder als Ausdruck einer moral. Verwahrlosung der Gesellschaft (Saramago, *Stadt der Blinden*). Baudelaire (*Les aveugles*) und G. Heym (*Der Blinde*; *Die blinden Frauen*; *Die Blinden*) stellen das Mitleid mit den Blinden dagegen aggressiv in Frage, Schnitzler verfolgt die psycholog. Hintergründe von Misstrauen und Mitleid (*Der blinde Geronimo und sein Bruder*),

und eine lebensphilosoph. Reflexion zeigen einige der Gedichte Rilkes (*Das Lied des Blinden*; *Die Blinde*; *Die Erblindende*; *Der Blinde*). Vor dem Hintergrund des Nationalsozialismus gewinnt W. Jens' Roman *Der Blinde* (1951) Konturen einer Korrektur der blinden Weltabgewandtheit, als Prozess einer Erziehung zur Wahrnehmung der anderen, i. S. v. »Was man liebt, sieht man auch«.

5. Symbol der Objektivität. Die v. a. in der Ikonologie den Personifikationen von Liebe (Amor, vgl. HS, 1758–1767) und Gerechtigkeit (Iustitia) zugeschriebene B. als Zeichen ihrer Unbeeinflussbarkeit prägt auch die literar. Symbolik. Die B. der Liebe wird dabei ebenso in ihren komischen (Shakespeare, *A Midsummer Night's Dream*) wie trag. Konstellationen dargestellt, diejenige der Gerechtigkeit sowohl in ihrer selbstzerstör. Konsequenz (H. v. Kleist, *Michael Kohlhaas*) wie in ihrer Beschränktheit (u. a. bei Kafka, Dürrenmatt). Die bis zur Unmenschlichkeit entstellte Härte des Blinden führt Schillers Großinquisitor im *Don Karlos* vor Augen.

↗Auge, Blendung, Eidechse, Licht, Maulwurf, Nacht/Finsternis.

Lit.: P. Baumeister, Die literar. Gestalt des Blinden im 19. und 20. Jh., Frankfurt a.M. 1991. – M. Mayer, Dialektik der B. und Poetik des Todes, Freiburg 1997. – K. Nonnenmacher, Das schwarze Licht der Moderne, Tübingen 2006. – G. Schleusener-Eichholz, Das Auge im MA, München 1985, 348–592. MMa

Blitz und Donner ↗Gewitter.

Blond ↗Farben, Haar.

Blüte ↗Blume.

Blume

Symbol der/des Geliebten, des Lebens, der Seele, der Unsterblichkeit wie der Vergänglichkeit, der Dichtung und des Absoluten. – Relevant für die Symbolbildung sind (a) die Schönheit der B. in Form, Farbe und Duft, (b) ihr Aufblühen, (c) die Zartheit und Kurzlebigkeit vieler Blüten, (d) ihre relative Seltenheit und der Kontrast zu einer weniger auffälligen vegetabilen Umgebung.

1. Liebessymbol. Obgleich auch der Ort eines erot. Geschehens von B. bewachsen sein kann – so lieben sich Zeus und Hera auf einem Bett von B. (Homer, *Ilias* XIV, 347 ff.) –, ist die B. bevorzugt Symbol des geliebten Menschen selbst, zumeist einer jungen ↗Frau. In einer Verbindung dieser zwei Symboliken wird die geliebte Frau beim B.pflücken von ihrem Liebhaber ergriffen und gleichsam selbst als B. ›gepflückt‹ (*Homerische Hymnen*: »An Demeter« 429 f.; Hesiod, *Ehoien* 19; Euripides, *Ion* 887 ff.; Ovid, *Metamorphosen* II, 860 ff. sowie V, 390 ff.; Dante, *Divina Commedia*: »Purgatorio« XXVIII, 37 ff.). In einem engeren Sinne wird die B. als Symbol des weibl. Geschlechts verstanden, insbes. von dessen Unversehrtheit, wobei die Entjungferung durch das Abbrechen der Blüte dargestellt wird (Catull, *Carmina* LCII, 39–47; Shakespeare, *All's Well That Ends Well* V, 3 sowie *Romeo and Juliet* IV, 5 – vgl. lat. *deflorare* von *flos*, »Blüte«: »entjungfern«). Bei Goethe wird das B.pflücken in ein Liebeszeichen der Geliebten an den sie nur aus der Ferne als B. verehrenden Liebhaber umgedeutet (*Das Blümlein Wunderschön*). Auch unabhängig von der Symbolik des B.pflückens – in Goethes *Gefunden* etwa wird die B. nicht gepflückt, sondern ausgegraben und in den eigenen Garten verpflanzt – kann die Frau als B. begehrt und geliebt (de Lorris/de Meun, *Roman de la Rose*; Hoffmannswaldau, *Du kennst mein treues Herze*; Schwitters, *An Anna B.*; Saint-Exupéry, *Le petit prince* VIIIf.) bzw. verehrt und beschützt werden (Heine, *Du bist wie eine B.*). Andernorts verwandelt sich die gepflückte B. im Haus von selbst in »ein schön Jungfrau«, eine »Braut« (*Des Knaben Wunderhorn* II, 11b: *Sub Rosa*). In christl. Kontext symbolisiert die B. die Liebe der Seele zu Gott bzw. Gott selbst, der in dem Gläubigen (entsprechend Num 17,16–23) ›erblüht‹ (Angelus Silesius, *Cherubinischer Wandersmann* I, 81: *Gott blüht aus seinen Zweigen*). Entsprechend kann Jesus die B. sein, welche die Seele als ↗Biene begehrt und als »B.krug« (↗Krug) in sich aufnimmt (Angelus Silesius, *Heilige Seelenlust* III, 91: *Sie liebt ihn als ihre B.*). In der Romantik können B. eine jenseitige Herrlichkeit ankündigen, wodurch die Seele sich Gott in Liebe zuwendet (*Des Knaben Wunderhorn* I, 15: *Des Sultans Töchterlein*); die B. verweist auf eine weltentrückende Liebe (A. v. Arnim, *Der Knabe*), auf den myst. Aufstieg der Seele zu Gott als der »B. der Blumen« (ders., *Mystik des Lebens*; s. a. 5.).

2. Symbol des Lebens, der Seele und der Unsterblichkeit. Im antiken Mythos verwandelt sich die Seele, die mit dem Tod aus dem Körper entweicht, oftmals in eine B. und dauert als solche fort: Die Seele, der Sitz des Lebens, findet in der B. einen neuen Leib, in dem sie ›wiederaufblüht‹. Bei Ovid verewigt die B. dabei die Eigenart des Toten (*Metamorphosen* IV, 264 ff.), wird nach ihm benannt (ebd., III, 508 ff.) oder lässt ihn sogar in B.gestalt fortleben (ebd. IX, 340 ff.). Im Adonismythos (ebd., X, 725 ff.) verbindet Ovid Unsterblichkeits- und Vergänglichkeitssymbolik, wenn er den Toten in der kurzlebigen Anemone (von gr. *ánemos*, »Wind«) verewigt sein lässt. In der antiken Unterwelt und im christl. Himmelreich finden sich B. als Symbol des ewigen Lebens: Der homer. Asphodelos-Wiese (*Odyssee* XI, 539, 573 und XXIV, 13 f.; vgl. Benn, *Henri Matisse: Asphodèles*) entsprechen ma. Beschreibungen des Himmelreichs als »ghebloide velt« (»Blumenfeld«; J. Grimm, *Deutsche Mythologie* II, 25: »Elysium«; Hauptmann, *Hanneles Himmelfahrt*). Ferner können B. Ausdruck des Wun-

sches nach ewiger Jugend und Seligkeit sein (Hölderlin, *An ihren Genius*). – Ein ambivalentes Symbol setzt Eichendorff (*Auf meines Kindes Tod* I), wenn er die B. nicht nur die Seligkeit bezeichnen lässt, in die der Tote eintritt, sondern auch den Tod selbst. In profanierter Form wird die Symbolik des über den Tod siegenden Lebens z. B. in Benns *Blumen* fortgesetzt.

3. Symbol der Vergänglichkeit. Das schnelle Erblühen und Vergehen der B. macht sie zum Symbol der Flüchtigkeit alles Schönen: So rät Ovid (*Ars amatoria* III, 57–80) jungen Frauen, die Blüte ihrer Jugend (gemeint ist freilich auch die Jungfräulichkeit, s. 1.) zu pflücken, bevor sie welkt. In der Bibel wird die Kurzlebigkeit der Blüte zum Bild der Vergänglichkeit des menschl. Lebens sowie der ird. Dinge im Allg. erhoben (Ps 103,15 f.; Jes 40,6–8; 1 Petr 1,24 und 28,1–4; Jak 1,10). Diese Symbolik wird in der geistl. Dichtung des 17. Jh. aufgenommen (z. B. Gryphius, *Lissaer Sonette XXI: An eben dieselbe*; Calderón de la Barca, *A las flores*); vgl. auch Shakespeare: »a life was but a flower« (*As You Like It* V, 3). Die Vergänglichkeitssymbolik kann mit der Symbolik des Lebens und Weiterlebens (s. 2) eine Verbindung eingehen, etwa bei Ronsard, wenn der mit einer unbeständigen B. verglichenen Toten ein Korb ↗Rosen ans ↗Grab gelegt wird (*Les amours: Sur la mort de Marie* V: *Comme on voit sur la branche au mois de May la rose*). Ähnlich wird das Vergehen der B. in Rilkes *Blauer Hortensie* dichterisch umgewandelt in Erneuerung und Verjüngung; andernorts ist das Vergehende, nach dem Gesetz allen Werdens, gerade als Vergehendes aufbewahrt (*Rosa Hortensie*).

4. Symbol der schönen Rede, der Dichtkunst, des Gedichts und des Dichters. ›Anthologie‹ (lat. *florilegium*) bedeutet wörtlich »Blütenlese« und ist die griech. Bezeichnung für eine Sammlung ausgewählter Gedichte oder kurzer Prosastücke. Vorbildlich hierfür wurde der *Stephanos* (»Kranz«; ↗Blumenkranz) des Meleager, der Epigramme verschiedener griech. Dichter versammelt und jeden Autor mit einer B. vergleicht. Auch Dichterversammlungen werden nicht selten mit B. in Verbindung gebracht: Seit dem 14. Jh. alljährlich im Mai veranstaltete Dichterwettstreite hießen »Jeux floraux« (»B.spiele«); Sinnbild der »Pegnitzschäfer«, eines Dichterkreises des 17. Jh., war gleichfalls die B. (daher auch »Pegnesischer B.orden«). – In der antiken Rhetorik wurde die mittlere der drei Stilarten, die sich durch maßvolle Verwendung rhetor. Figuren und eine gefällige, klare Ausdrucksweise auszeichnet, oft *ántheron* oder *floridum* (»blumig«) genannt (Quintilian, *Institutio oratoria* 12, 10, 58 ff.; vgl. den Ausdruck *flores rhetoricales*, »Redeblüten«). – In der Dichtung können B. die Worte des Dichters symbolisieren (Ovid, *Metamorphosen* X, 203 ff.; als Vergleich von Wort und B.: Hölderlin, *Brod und Wein* 5) oder den Dichter selbst bezeichnen: Wie die fallende Blüte im ↗Herbst ihren Duft ausatmet, so der sterbende Dichter seine Worte (Lamartine, *L'Automne*); in Rilkes *Sonetten an Orpheus* sieht sich der Dichter andererseits vor der Möglichkeit, wie die B. »gespannter/ Muskel des unendlichen Empfangs« (Zweiter Teil: V, 5 f.) zu sein. In Baudelaires *Les fleurs du mal* steht die B. für die poetische Schönheit, die dem Hässlichen, Dämonischen und Bösen abgewonnen wird. Auf schockierende Weise die B.symbolik zugleich in sich aufnehmend und verkehrend, kann auch Georges »dunkle große schwarze b.« als symbolist. Chiffre des Gedichts verstanden werden (*Mein garten bedarf nicht luft und nicht wärme*).

5. Symbol der Vollkommenheit bzw. des Absoluten. Während in Ovids *Metamorphosen* (I, 107 f.) in einem ewigen ↗Frühling gedeihende »B., die niemand gepflanzt hat« zum Symbol einer ursprünglich vollkommenen, jedoch unwiderruflich vergangenen »goldenen Zeit« werden, bringt die dt. Romantik als Ausdruck ihres Strebens nach Absolutheit ein B.symbol hervor, das eine ins Geistige gerückte Vollkommenheit darstellt: Novalis' »blaue B.« (*Heinrich von Ofterdingen*), die zum Symbol dieser literar. Epoche wird. Die ↗blaue B. ist »die B. der Poesie, die B. der Naturoffenbarung, die B. der Liebe – alles in allem die B. der Erkenntnis, die eine Erlösung ist in die Welt der ursprünglichen Harmonie« (Hecker, 34). Das Symbol der blauen B. nehmen u. a. Tieck (*Der Runenberg*) und Eichendorff (*Die Zauberin im Walde*) auf. Eine anders ausgestaltete Symbolik findet sich bei C. Brentano: In dem Gedicht *20. Jenner [1835] nach großem Leid* schafft dieser eine symbol. Dualität zwischen ↗Stern und B., die zuletzt aufgehoben wird im Bild der ↗Lilie, in der Göttliches und Menschliches vereint sind: »O Stern und B., Geist und Kleid, / Lieb', Leid und Zeit und Ewigkeit.« Die Dualität und Korrespondenz von Stern und B. findet sich auch bei Hölderlin.

↗Akelei, Aster, Biene, Blumenkranz, Frau/Jungfrau, Frühling, Hyazinthe, Iris, Lilie, Lotos, Mohn, Narzisse, Nelke, Primel/Himmelsschlüssel/Schlüsselblume, Ringelblume, Rose, Safran, Schmetterling, Sonnenblume, Stern, Veilchen.

Lit.: SdP. – A. Bennholdt-Thomsen, Stern und B., Bonn 1967. – J. Hecker, Das Symbol der Blauen B. im Zusammenhang mit der B.symbolik der Romantik, Jena 1931. HGW

Blumenkranz

Symbol der Unschuld, der Ehrung und des Ruhmes. – Relevant für die Symbolbildung sind (a) die Form des B. als ↗Kreis, dessen symbol. Bedeutung sich auf den Kranz übertragen lässt, und (b) das organ. und somit vergängl. Material des Kranzes, das zudem aus unterschiedl. ↗Blumen bestehen und deren Symbolik integrieren kann.

1. Symbol der Unschuld. Der B. bezeichnet hier zunächst den Zustand der geschlechtsreifen ↗Frau vor dem ersten Koitus. Das Material des »Jungfernkranzes« (C.M. Weber, *Der Freischütz* III, 4) ist organisch, aber er besteht nicht notwendig nur aus Blumen. Von Bedeutung ist auch die ↗grüne Farbe dieses Kranzes. Die Braut trägt ihn bei der ↗Hochzeit (Schiller, *Lied von der Glocke* 94 f.: »Lieblich in der Bräute Locken/ spielt der jungfräuliche Kranz«; W. Müller, *Der Kranz*: »[…] noch in derselben Nacht/ Fiel ihr das Kränzlein aus dem Haar«). Der verlorene oder gar zerrissene B. kann dementsprechend als Symbol für den Koitus und den Verlust der Jungfräulichkeit stehen (Hagedorn, *Der B.*). Nicht die Verbindung irgendeiner Blume mit der Unschuld ist verantwortlich für diese Symbolbildung, sondern die Kreisförmigkeit des B. als Symbol für die Vulva (↗Vagina). – Neben der biolog. kann der B. auch kindl. Unschuld bezeichnen. Tanzende ↗Kinder bilden einen »lebenden B.« (Brentano, *Chronika des fahrenden Schülers*) oder erscheinen bei einer Festlichkeit mit B. geschmückt (Brentano, *Gockel, Hinkel und Gackeleia*). Der durch den B. symbolisierte Zustand ist auch hier temporär und bleibt auf das Lebensalter der Kindheit beschränkt. Dieser Aspekt zeitl. Begrenztheit speist sich aus den organ. Attributen des B., der nur für kurze Zeit frisch und ansehnlich, danach verwelkt ist. So gerät die Symbolik ambivalent: Der Kreis hat keinen Anfang und kein Ende, so ewig, sein Material ist von kurzer Lebensdauer und verweist auf einen temporären Zustand (vgl. die verwelkten Blumen als Zeichen des Todes und der Vergänglichkeit, z. B. bei Reuter, *Haunefinken*). Das Konzept von kindl. Unschuld verdankt sich dem christl. Dogma der seligmachenden Gnade; vornehmlich bei den Dichtern der dt. Romantik erscheint so der B. konnotiert mit Aspekten der christl. Heilslehre: Das Kruzifix (↗Kreuz) wird mit einem B. geschmückt (Arnim, *Gräfin Dolores*), ebenso die Teilnehmer an einem christl.-allegor. Rollenspiel (Brentano, *Chronika des fahrenden Schülers*). Eichendorff versieht Bianka, die milde, strahlende Gegenspielerin der heidn. Venus, mit einem B. (*Das Marmorbild*).

2. Symbol der Ehrung und des Ruhms. In seiner Funktion als Devotionalie ist der B. nicht nur in den Riten des Christentums, sondern auch in heidn. Religionen vertreten. Als Geschenk zeigt er die Hochachtung vor den Feldgeistern (Wieland, *Agathodämon*). In den ↗Rhein geworfen (Brentano, *Das Märchen vom Rhein*), fungiert der B. als regelmäßige Opfergabe und misst gleichzeitig die Dauer der Andacht: Sein Verschwinden in den ↗Wellen markiert das Ende eines Zustandes, der Fischer verwandelt sich von einem demütig Bittenden zurück in den Herren seines eigenen Schicksals. Gebunden aus *veronica officinalis* (»Ehrenpreis«), wird der B. zum Zeichen der Anerkennung durch den

Mitmenschen (Hebel, *An einen Freund zu Hausen*) oder Symbol der Verehrung (Shakespeare, *A Midsummernight's Dream* IV, 1). Diese Ehrung bleibt wiederum temporär; sie erfolgt einmalig als Anerkennung für eine bes. Leistung und verliert mit der Zeit an Gültigkeit. Dies ist auf die Materialität des B. zurückzuführen: Ein Kranz, aus anderem Material geflochten, kann ebenso Ausdruck der Rühmung sein, kann aber den Träger in einen permanenten Zustand der Verehrung heben, wie z. B. in Jean Pauls *Siebenkäs*, wo der Kranz aus Eichenlaub (↗Eiche, Blatt/Laub) als permanente Auszeichnung dem B. gegenüber gestellt wird, der nur ein einmaliges Lob darstellt (vgl. auch die Benutzung von ↗Lorbeer zur Bekränzung). Die Verbindung unterschiedl. Materialien zu einem schmückenden Ganzen wird von der Herstellung des B. auch auf vergleichbare Tätigkeiten übertragen, vornehmlich auf die Erstellung von Anthologien (z. B. *Anmuthiger B. aus dem Garten der Gemeinde Gottes* in: *Des Knaben Wunderhorn* III, 203) oder die Zusammenstellung thematisch ähnl. Textpassagen aus verschiedenen Quellen in Florilegien.

↗Blume, Kreis, Krone, Lorbeer/Lorbeerkranz, Vagina.

Lit.: HdA V, 382–427. – K. Fröhlich, Kranz und Haube, Berlin 1862. – C. de Latour, Les emblèmes des fleurs, Paris 1813.   DR

Blut

Symbol des Lebens, der Gewalt und des Sterbens, der Liebe, der Opferbereitschaft und der Schuld sowie der Abstammung. – Relevant für die Symbolbildung sind (a) die Farbe des B. von hellem ↗Rot bis ↗Schwarz, (b) seine fließende oder ↗tropfende Bewegung, (c) seine vitale, lebenserhaltende Funktion.

1. Symbol des Lebens, der Vitalität. Aufgrund seiner vitalen Funktion symbolisiert B. das Leben und unterschiedl. Bewusstseinsformen (Psyche, Seele, Geist). Die Gleichsetzung von B., Seele und Geist liegt in der myth. Vorstellung begründet, dass dem B. beim Austreten aus einer tödl. ↗Wunde Dampf entsteige, und findet sich im Erzählgut altarab. und nordeuras. Völker (EdM II, 506). In bibl. Texten verkörpert B. das Lebensprinzip (Dtn 12,23; Lev 17,11), wird mit der Seele gleichgesetzt (Lev 17,11; Deut. 12,23; 5,23) und ist in der Antike zudem Stellvertreter der Psyche (Homer, *Ilias* XIV, 518; XVIII, 86). – In der Neuzeit verweist B. als literar. Symbol auf Vitalität und Lebensenergie, erlebt einen Höhepunkt in der Dichtung des Sturm und Drang (z. B. Schiller, *Die Räuber* II, 2; III, 2; V, 2; *Kabale und Liebe* I, 7) und motiviert eine drast. Bildsprache in der Moderne (vgl. das »Meer der Lebensflut« als B.meer bei Th. Mann, *Die vertauschten Köpfe* V). – Als Symbol neu beginnenden Lebens findet sich B. in mytholog. Erzählungen (z. B.

die Entstehung der Erinnyen aus B.tropfen des Uranos: Hesiod, *Theogonie* 173 ff.) und im *Ägyptischen Totenbuch* (3. Jh. v.Chr.), das von der Entstehung der neuen Götter Hu und Sia aus dem B. des ↗Sonnengottes Ra berichtet, welches aus dessen ↗Phallus tropft (Spruch XVII, 101 ff.). Im Märchen begegnet oft die ↗Dreizahl an B.tropfen, die das erwachende Leben (Grimm, *Sneewittchen*) oder in personifizierter Form den Menschen selbst meint (Grimm, *Die Gänsemagd*). Als Stellvertreter einer menschl. Existenz tritt B. im Märchen auch über den Tod hinaus in der B.klage auf (EdM II, 507). B. aus Hals und ↗Herz wird in seiner heilenden Kraft als Lebenselixier dargestellt, insbes. das B. getöteter Feinde, ↗Kinder-, ↗Drachen- oder ↗Jungfrauenblut (*Nibelungenlied* XXXV, 2055; Plinius d.Ä., *Naturalis historia* XXVI, 15; Homer, *Odyssee* XI; Hartmann v. Aue, *Armer Heinrich* 230–232; Konrad v. Würzburg, *Silvester* 905 ff.).

2. Symbol der Gewalt und des Sterbens. Ebenfalls an die vitale Funktion des B. sowie an die tödl. Folgen eines starken B.verlustes oder einer B.armut anknüpfend verweist B. auf Akte der Gewalt, das ↗Sterben und den Tod. Bes. drastisch wird der Symbolgehalt im Kontext einer Kampf- und Kriegsthematik, von Kleist (*Hermannsschlacht*, IV, 9: »es würd, in wenig Stunden,/ Dem Crassus, der Kohorten Führer,/ Ein fürchterliches B.gericht ergehn!«) bis E. Jünger (*Der Kampf als inneres Erlebnis*: »B.«). – Im Fin de Siècle kommt es zu einer Bedeutungsverschiebung. B. gilt nun als Zeichen des ›schönen‹ Sterbens: Ein latenter B.verlust (B. spucken, B. husten) zeugt von der morbiden Schönheit unzähliger schwindsüchtiger Frauenfiguren (Dumas, *La dame aux camélias*; Schnitzler, *Sterben*; Th. Mann, *Zauberberg*). Bereits Hofmannsthals *Elektra* überwindet diesen Ästhetizismus und zeugt in Sprach- und Bühnengestaltung von einer kraftvollen, starken B.symbolik (*Elektra* 67; 99), die sich in der Moderne durchsetzt, gerade im Kontext des literar. Expressionismus jedoch auch an Symbolgehalt verliert (Döblin, *Die Ermordung einer Butterblume*; Kafka, *Ein Landarzt*; *In der Strafkolonie*; Trakl, *Grodek*).

3. Symbol der Liebe, Erotik und Verführung. Die sinnl.-erot. Aufladung des B. zeigt sich bes. im Symbol des Herzbluts (↗Herz). Literar. Bedeutung erlangt das personifizierte jugendl. B. als Zeichen der Verführbarkeit, insbes. als Metonymie für die unschuldige (Jung-)Frau, als »jugendliches, warmes B.« (Lessing, *Emilia Galotti* V, 7) oder »armes junges B.« (Goethe, *Faust* 2907). Gerade als Personifizierung weibl. Unschuld findet sich B. zudem als Symbol verführer. Weiblichkeit, wie etwa im *Faust*: »Wenn nicht das süße junge B./ Heut Nacht in meinen Armen ruht« (*Faust I* 2636 f.). Sprichwörtlich geworden ist das aufgrund von Liebeskummer »blutende Herz«, welches etwa bei F. zu Reventlow um den Geliebten trauert (*Herrn Dames Aufzeichnungen* XV). – Eine morbid-dekadente Aufladung erhält B. als erot. Symbol im ausgehenden 19. Jh., insbes. durch die Figur des blutsaugenden Vampirs. Das Aussaugen des B. als erot. Akt begegnet bereits bei Goethe (*Die Braut von Korinth*), bei Büchner (*Dantons Tod* I, 1), verknüpft sich aber v. a. im Fin de Siècle mit gewalttätigen, dämon. Einflüssen, beispielhaft in der Lyrik F. Dörmanns (*Neurotica*; *Sensationen*), und in deutlich ironisierter Form bei Wedekind (*Tod und Teufel* 230). – Rubinrotes (↗Rubin/Karfunkel), aus der Wunde austretendes B. findet sich als erot. Symbol, explizit als Symbol einer ersehnten Defloration auch beim späten Th. Mann (*Joseph in Ägypten* VII: »Die Damengesellschaft«).

4. Symbol der Opferbereitschaft, der Erlösung und der Schuld. In mytholog. Erzählungen der Antike soll das B.opfer von Tier-, Menschen- und insbes. Jungfrauenblut Ahnen und Götter günstig stimmen (Euripides, *Hekabe* 534 ff.; Aischylos, *Perser* 607–692; Vergil, *Aeneis* VI, 232 ff.; Horaz, *Satiren* I, 8, 25–29). – Aus dem christl. Glauben an das B. Christi, das zur Errettung der Menschheit vergossen wurde (Hebr 10,19–20; Mt 26,26–28; Lk 22,20; ↗Wein), entsteht eine Bedeutungsverschiebung. B. meint in der Folge die Bereitschaft, sich selbst zu opfern. Höhepunkt dieser Opfer- und Erlösungssymbolik stellen bildende Kunst und Lit. des MA sowie die barocke B.mystik dar (Gerhardt, *O Haupt voll B. und Wunden*; Greiffenberg, *Über die Geiselund Dorn-Crönung meines allerliebsten JEsu*). Aufgrund seiner lebenserhaltenden Funktion gilt das Opfern des eigenen B. als Zeichen äußersten Altruismus', auch äußerster Liebe (s. a. 3.). Als literar. Symbol edler Selbstlosigkeit und Opferbereitschaft fungiert das B. etwa in romant. Texten (Eichendorff, *Das Schloß Dürande*; Jean Paul, *Hesperus, 7. Hundsposttag*). – In kontrastierender Bedeutung, als Symbol der Schuld, tritt das (dann zumeist dunklere) B. in der hellenist. Mythologie, in bibl. Texten und ma. Quellen auf. Wie das unschuldige B. Abels, das nach Kains Mord zum Himmel aufschreit (Gen 4,10), verrät B. den Täter, etwa Hagen, der an die Bahre des toten Siegfrieds tritt, woraufhin dessen Wunden zu bluten beginnen (*Nibelungenlied* XVII, 1044 ff.). Bes. im Begriff der B.schuld wird diese Symbolik deutlich (Goethe, *Faust I*, »Trüber Tag, Feld«).

5. Symbol der Abstammung. Etabliert hat sich das B. als Symbol für Verwandtschaft und familiäre Herkunft z. B. bei Schiller, wenn Franz Moor die ihm verhasste Verwandtschaft mit dem Bruder als »sogenannte B.liebe« kennzeichnet (Schiller, *Räuber* I, 1). Abgeleitet verweist die B.schande auf den Inzest, begrifflich schon in bibl. Texten geprägt (Lev 20,17), fortgetragen in Inzest-Texten (R. Wagner, *Walküre*; Th. Mann, *Wälsungenblut*). Rassistisch eingesetzt wird das Symbol in der nationalsozialist. B.-und-Boden-Dichtung als Verweis auf eine ›rassisch-reine‹ Herkunft (↗Reinheit), insbes.

in der Lyrik: etwa in G. Schumanns *Die Lieder vom Reich* oder Berens-Totenohls Versepos *Einer Sippe Gesicht*.

↗Herz, Pelikan, Purpur, Rot, Sterben, Wein, Wunde.

Lit.: J.M. Bradburne (Hg.), B. Kunst, Macht, Politik, Pathologie, München 2001. – U. Ernst, Wolframs B.-tropfenszene, in: Beiträge zur Geschichte der Dt. Sprache und Lit. 128 (2006), 431–466. – G. Schury, Lebensflut, Leipzig 2001.   StC

Börse

Symbol der Ökonomisierung der urbanen Gesellschaft, des (symbol.) Tauschs, der Unfruchtbarkeit, Unproduktivität und Selbstreferenz sowie der Wechselfälle des Lebens. – Relevant für die Symbolbildung sind (a) die Rolle der B. als Umschlagplatz von Waren, Papieren, aber auch von Informationen, (b) die Möglichkeit schnellen Gewinns und Verlusts, (c) die Undurchschaubarkeit von Kursentwicklungen sowie (d) die Relevanz von Kalkül, Intuition, Zufall und Glück für den erfolgreichen B.-Handel.

1. Symbol der Ökonomisierung der urbanen Gesellschaft. Heine beschreibt die den B.-Handel eröffnende und beendende Glocke als »Betglocke« des modernen Kaufmanns (*Briefe aus Berlin* II; vgl. Hippel, *Kreuz- und Querzüge des Ritters A-Z* I; Klinger, *Betrachtungen und Gedanken*); entsprechend versteht er die Ökonomie als Religion der Moderne (*Briefe aus Berlin* I; II; vgl. Börne, *Briefe aus Paris* LXXI; Hauff, *Mitteilungen aus den Memoiren des Satans* II: »Mein Besuch in Frankfurt« VI; »Der Festtag im Fegefeuer« III). In Anwendung auf Kunst und Kultur findet sich die Symbolik seit dem 19. Jh. (E.T.A. Hoffmann, *Fantasiestücke in Callots Manier* I: *Nachricht von den neuesten Schicksalen des Hundes Berganza*; Gutzkow, *Uriel Acosta* III, 1; Börne, *Henriette Sonntag in Frankfurt*; Waiblinger, *Apoll wird Spekulant*; Grillparzer, *Zur Journalisten-B.*; Musil, *Der Mann ohne Eigenschaften* I, 133). Auch moderne Spielarten von (Liebes-)Beziehungen werden als B.-Geschäfte beschreibbar (Frischauer, *Herz im Ausverkauf*; *Der Gewinn*; Bleibtreu, *Größenwahn* I, 1, 1; III, 12, 3; Schnitzler, *Fräulein Else*; vgl. M. Walser, *Angstblüte*). Seit dem mittleren 19. Jh. steht die B. für die Ökonomisierung aller Lebensbereiche (Laube, *Das junge Europa* III, 1; Fontane, *L'Adultera* I, VI, VIII u. ö.; Freytag, *Soll und Haben* I; vgl. Tucholsky, *Herr Wendriner beerdigt einen*). Die Symbolik findet sich auch in der Verschränkung von Kapitalismuskritik mit antijüd. und antisemit. Stereotypen (L. Büchner, *Deutsche Geschichte von 1815–1870* IX; Fontane, *L'Adultera* I; Zola, *L'argent* I; vgl. Wassermann, *Die Juden von Zirndorf* XV; ironisch Busch, *Die fromme Helene* I). Als Ort des geregelten Miteinanders von Kaufleuten verschiedener Religion ist die B. hingegen bei Voltaire noch Symbol relig. Toleranz (*Lettres philosophiques* VI).

2. Symbol des (symbolischen) Tauschs. Die B. bezeichnet schon im 18. Jh. die Beschleunigung realer und symbol. Tauschprozesse (F. Kaiser, *Stadt und Land* I, 3; III, 5). So meint bei Alexis die B. einen Ort für das Entstehen und den Austausch von Gerüchten (*Ruhe ist die erste Bürgerpflicht*; Forster, *Reisenotizen aus dem Nachlaß* I, 8). Heine bestimmt die B. als polit. Barometer (*Französische Zustände* VIII), für Eichendorff wird auch der Ort literar. Austauschs als B. beschreibbar (*Aus dem Leben eines Taugenichts*: »Auch ich war in Arkadien«). Bei Tucholsky ist die B. – analog zu Café, Club und Concièrgerie – ein Platz der Entstehung und des Austauschs kulturellen Kapitals (*Was soll er denn einmal werden?*).

3. Symbol der Unfruchtbarkeit, Unproduktivität und Selbstreferenz. Die B. steht schon bei J. de la Vega für nur scheinbare *creatio ex nihilo* und damit für ökonom. Unproduktivität (*Verwirrung der Verwirrungen* I; vgl. C. Brentano, *Das Märchen vom Kommanditchen*; Fontane, *L'Adultera* I). Diese Symbolik wird später im Zusammenhang mit frühmarxist. Ideen aufgegriffen (Bauernfeld, *Industrie und Herz* I, 5: »Unser Wahlspruch ist: Arbeit für Geld, nicht: Geld für Geld.«; vgl. II, 2; vgl. Laube, *Das junge Europa* III, 1; Gutzkow, *Die Ritter vom Geiste* VIII; *Der Zauberer von Rom* VII, 6, 12; Hackländer, *Europäisches Sklavenleben* II, 29). Ähnlich symbolisiert der B.-Handel bei Keller die Dissoziierung von virtueller und materieller Arbeit (*Der grüne Heinrich*, 1. Fassung, IV, 4). In Storms Novelle *Carsten Curator* steht die Tätigkeit des Spekulanten für die verfrühte Umsetzung unreifer Pläne, ohne Kenntnis des Gegenstands. Die Hauptfigur in M. Walsers *Angstblüte* hingegen tätigt B.-Geschäfte nicht zum Zwecke materiellen Gewinns, sondern aus Liebe zum ↗Geld (vgl. Goedsche, *Sewastopol* I).

4. Symbol der Wechselfälle des Lebens. Im Symbol der B. kommt auch die Verschränkung von Glück und Geschick zum Ausdruck. So endet in Brentanos *Märchen vom Kommanditchen* die wechselvolle Geschichte der Spekulation für die Spekulanten erfolglos (vgl. Spielhagen, *Hammer und Amboß* II, 26; II, 31). Die Symbolik findet sich auch im Sinne eines z. T. moralisch fragwürdigen Spiels mit den Schicksal (Goedsche, *Sebastopol* IV, 2, 1; Gaddis, *JR*; Suter, *Allmen und der rosa Diamant*; Dohm, *Sibilla Dalmar*). Vor diesem Hintergrund steht die B. dann auch für die Wechselhaftigkeit des Glücks in der Liebe (z. B. Blumenthal, *Im weißen Rößl* II, 10) und ein männl. Spiel mit der weibl. Emotionalität (Tucholsky, *Die Frau spricht* II; Altenberg, *Märchen des Lebens*; *Abendspaziergang*), anders gewendet aber auch für spezifisch weibl. Hysterie (Schnitzler, *Fräulein Else*). Bei F. Kaiser wird die B. zum Symbol des Lebens überhaupt (*Stadt und Land* I, 3). Im 20. und 21. Jh. bezeichnet der B.-Handel oftmals den

Einbruch des Unkontrollierbaren ins menschl. Kalkül (L. Davies, *Nest of Vipers*; vgl. Suter, *Allmen und der rosa Diamant*; J. Kerviel, *Nur ein Rad im Getriebe*). In der narrativen Parallelisierung mit Naturkatastrophen symbolisiert die B. schließlich die mangelnde Kontrolle des Menschen über menschengemachte Verhältnisse (Spielhagen, *Sturmflut*; vgl. Auden, *In Memory of W.B. Yeats* I).

↗Münze, Spiel.

Lit.: F. Schößler, *B.fieber und Kaufrausch*, Bielefeld 2009.   JSt

Bogen ↗Pfeil und Bogen.

Boot ↗Schiff.

Braun

Symbol der Vitalität, aber auch der Vergänglichkeit, der Naturverbundenheit sowie des dt. Nationalsozialismus. – Relevant für die Symbolbildung sind (a) die braune Färbung der ↗Erde wie auch (b) der Haut, die der ↗Sonne ausgesetzt ist.

1. Symbol der Vitalität, aber auch der Vergänglichkeit. Als Farbe der fruchtbaren Erde und des Ackerbodens ist B. Symbol von Vitalität und Jugend (Herder, *Die goldne Hochzeit*; Dörmann, *An M.H.*; C.F. Meyer, *Das Heute*), die noch »braun im Haare« (Keller, *Die Johannisnacht*; ↗Haar) ist. Gleichzeitig aber symbolisiert B. als charakterist. Farbe des ↗Herbstes Reife (Hagedorn, *Der Blumenkranz*), Alter und Vergänglichkeit (Jean Paul, *Flegeljahre* XLI); die B. bes. im christl. Zusammenhang zugeschriebene Bedeutung der Demut ist selten (Droste-Hülshoff, *Die Stadt und der Dom*; ↗Schwarz).

2. Symbol für Naturverbundenheit, oftmals in Verbindung mit Erotik und Liebe. Von der ↗Sonne gebräunt, erscheint die braune Landbevölkerung von bes. Naturverbundenheit, Armut, Demut, Ehrlichkeit und ↗Reinheit, andererseits aber auch in jugendl. Lebendigkeit und unkomplizierter Sexualität (Goethe, *Das Lied vom B. Annel*). So spricht schon J.H. Voß vom begehrenswerten braunen »Mägdlein« (*Der Freier*), in *Des Knaben Wunderhorn* ist, repräsentativ für die Epoche, vom ehrenhaften, aber verführbaren »braunen Mädelein« die Rede (I, 50: *Der Ritter und die Magd*; II, 209: *Eigensinn*); bei Löns wird das braune Mädchen zum Zeichen der freien, naturverbundenen und durch keine Konventionen eingeengten Liebe und Sexualität (*Freie Liebe*). Stifter steigert die Naturhaftigkeit des »braunen Mädchens« in *Katzensilber* zum Symbol des unauflösbar Rätselhaften.

3. Symbol des deutschen Nationalsozialismus. Als offizielle Einheitsfarbe der NSDAP seit 1925 wird B. auch in der Lit. zum polit. Symbol für den Nationalsozialismus und seine Vertreter, wie in H. Anackers *Die braune Sturmflut*, H. Hansens *Die braune Schar ruft* oder später die »B.hemden« in M. Wal-

sers *Ein springender Brunnen* (1998); eine Bedeutung, die seit dem ›Dritten Reich‹ die Verwendung von B. dominiert und die vormaligen literar. Symbolebenen überlagert.
↗Erde/Lehm/Acker, Farben, Schwarz.

Lit.: W. Danckert, Symbol, Metapher, Allegorie im Lied der Völker, Bd. 1, Bonn-Bad Godesberg 1976, 405–411. – L. Röhrich, Art. B., in: Das große Lexikon der sprichwörtl. Redensarten, Bd. 1, Freiburg 1991, 250.

HO/SL

Braut, Bräutigam ↗Hochzeit.

Brot

Symbol des Lebensnotwendigen, der Agrikultur, der Gemeinschaft und der Realpräsenz Christi. – Relevant für die Symbolbildung sind (a) die Tatsache, dass B. seit alters her zu den Grund- und Hauptnahrungsmitteln des Menschen zählt, (b) der Umstand, dass B., anders als z. B. Früchte, nicht in der Natur vorfindlich ist, sondern hergestellt werden muss.

1. Symbol des Lebensnotwendigen. »Unser tägliches B. gib uns heute«, der Vers aus dem *Vaterunser*-Gebet (Mt 6,11) gehört selbst in postrelig. Zeiten und Sphären noch zum Kernbestand des allg. Zitatenschatzes. In Wendungen wie ›B.erwerb‹, ›B.studium‹, ›sein B. finden‹, ›kleine Brötchen backen‹ oder ›↗Wasser und B.‹ wird bedacht, dass B. seit seiner Erfindung (bzw. der Entwicklung von Hefe und der Erfindung des Backofens) in ↗Ägypten ca. 5000 v.Chr. der Inbegriff des Lebensnotwendigen ist. Als Hauptnahrungsmittel in vielen mediterranen bzw. westl. Kulturen ist es (wie der Reis in asiat. Kulturen) Symbol für Nahrung, Fruchtbarkeit und göttl. Gaben schlechthin. Schon der pers.-kleinasiat. Mithraskult (ab 14. Jh. v.Chr.) kennt die Weizenähre (↗Ähre/Ährenfeld) und das B. als Sinnbilder des sich stets erneuernden Lebens. Ungesäuertes B. steht im Mittelpunkt des ↗siebentägigen jüd. Passahfestes, das an den überstürzten Auszug des Volkes Israel aus ägypt. Gefangenschaft erinnert (Ex 12,1–28). – Im antiken ↗Rom prägt der Dichter Juvenal die Wendung *panem et circenses* (»B. und Spiele«, *Satiren* X, 81) und formuliert damit eine klass. Formel, die es erlaubt, das Notwendige vom schönen bzw. kritikbedürftigen Überfluss zu unterscheiden. Der dramat. ›Kampf ums tägliche B.‹ spielt in zahlreichen Märchen (Grimm, *Hänsel und Gretel*), Legenden, Romanen (Dickens, *Oliver Twist*; Hugo, *Les misérables*) und Geschichten (W. Busch, *Max und Moritz*) eine ausschlaggebende Rolle. Das missratene Bonmot der frz. Königin Marie Antoinette in vorrevolutionärer Zeit angesichts einer Hungersnot »Wenn das Volk kein B. hat, soll es eben Kuchen (*brioche*) essen« ist berühmt geworden.

2. Symbol der Agrikultur. Auffallend an der übermächtigen B.-Symbolik ist, dass sie eben keinem reinen Gottes- bzw. Naturgeschenk huldigt. Das von Menschen aus unterschiedl. Materialien wie Mehl, Wasser und Hefe gebackene B. ist ein Symbol der Agrikultur schlechthin: ein kultiviertes Naturprodukt, eine göttl. Gabe, die es ohne das Zutun von Menschen nicht gäbe. Bedeutsam ist auch, dass der ↗Mund als das Organ, das B. verzehrt, zugleich die Kopföffnung ist, die Kommunikation ermöglicht. Der Harfner in Goethes Roman *Wilhelm Meisters Lehrjahre* singt »Wer nie sein B. mit Tränen aß« (II, 13) und macht (wie die in jeder Weise entsagende, nämlich erotisch verzichtende, das Sprechen und das ↗Essen einstellende Gestalt der Ottilie in Goethes Roman *Die Wahlverwandtschaften*) symbolisch darauf aufmerksam, dass der Mund nicht nur zum Essen, sondern auch zum Sprechen, Atmen und Küssen taugt.

3. Symbol der Tischgemeinschaft. Verheiratete teilen, so will es die alte Formel, ›Tisch und Bett‹. Gemeinsamer B.verzehr, das Teilen bzw. Brechen des B. ist Ursymbol des familiären, freundschaftl., stammesgeschichtl. und relig. Zusammengehörigkeit. Die das B. backende, aufschneidende und ihre ↗Kinder alimentierende ↗Mutter gehört zu den häufigen Symbolen familiärer Vertrautheit, Geborgenheit und Heimatlichkeit, beispielhaft etwa die Szene aus Goethes Roman *Die Leiden des jungen Werthers* (I: »Am 16. Junius«), in der Lotte an Mutter statt ihren Geschwistern B. schneidet.

4. Symbol der leibhaftigen Gegenwart Christi. Vor seiner Verhaftung und seinem Opfertod am ↗Kreuz feiert Jesus mit seinen Jüngern in ↗Jerusalem noch das Passahfest (s.o.) und verleiht ihm eine neue, spezifisch christl. Bedeutung. Nach Mk 14, Mt 26, Luk. 22 nimmt er das B., bricht es und gibt es den Jüngern mit den Worten: »Das ist mein Leib, für euch gegeben«, verbunden mit der Aufforderung, nach seinem Tod zu seinem Gedächtnis diese Handlung zu wiederholen. Die Geschichte der theolog. Diskussion über das angemessene Verständnis des Abendmahls ist überkomplex: Wie konkret bzw. wie symbolisch die Wendung »dies [B., diese Hostie] ist mein Leib« zu verstehen, wer das Abendmahl bzw. die eucharist. Elemente B. und ↗Wein spenden und an ihm teilnehmen darf, ob das Abendmahl allen Gläubigen in beiderlei Gestalt (B. und Wein) ausgeteilt werden soll, ob schließlich die Eucharistiefeier als Opferhandlung zu verstehen ist, die Erinnerungs- oder die eschatolog. Funktion des Abendmahls im Mittelpunkt steht. Um 1200 bildet sich die klass. kathol. Transsubstantiationslehre heraus, derzufolge sich im Messwunder das Hostien-B. in den realpräsenten Leib Christi wandelt. Die christl. B.-Symbolik hat die Lit., aber auch die Philosophie, u. a. Hegel (*Phänomenologie des Geistes*: »Die sinnliche Gewißheit oder das Diese und das Meinen«, »Der Kampf der Aufklärung mit dem Aberglauben«) und Feuerbach (*Das Wesen des Christentums*, Vorrede zur zweiten Aufl.), hochgradig fasziniert, wie etwa auch die ma. Gralsepik belegt (↗Becher/Kelch/Gral). B. und Wein sind stets erneut Themen der Lit. Grimmelshausen lässt Simplicissimus den Kopf darüber schütteln, dass sich Katholiken und Protestanten wegen des unterschiedl. Verständnisses von B. und Wein wechselseitig hinmorden; Werther verzehrt vor seinem Selbstmord in einer gewagten *imitatio Christi* am Ende B. und Wein; in Hölderlins großer Elegie *B. und Wein* symbolisieren B. und W. die Vereinigung der Gegensätze von Dunkelheit (↗Nacht/Finsternis) und ↗Licht, ↗Himmel und ↗Erde, Menschen und Götter zur umfassenden Einheit des Seienden: »B. ist der Erde Frucht, doch ists vom Lichte gesegnet,/ Und vom donnernden Gott kommet die Freude des Weins.« Als ein Sakrament, in dem Sein und Sinn ein deutungsbedürftiges Rendezvous haben, verstehen u. a. auch Novalis, G. Keller (*Der grüne Heinrich*), Rilke, Trakl (*B. und Wein*), Th. Mann, H. Böll (*Das B. der frühen Jahre*), I. Silone (*Vino e pane*) und Handke das Abendmahl (u. a. *Der kurze Brief zum langen Abschied*). »Der Mensch lebt nicht vom B. allein« (Mt 4,4) – wie zumindest beim relig. Verzehr von B. deutlich wird.

↗Ähre/Ährenfeld, Erde/Lehm/Acker, Essen/Verzehren, Fisch, Mahl, Salz, Wein.

Lit: NLC, 80–88. – J. Hörisch, B. und Wein, Frankfurt a.M. 2001. – H.E. Jacob, Sechstausend Jahre B., Hamburg 1954. – H. Peitsch, Fahnen, B. und Hände, in: TheaterZeitSchrift 1989, H. 2, 91–110. – S. Seligson, B., München 2002. – H.-J. Spitz, Die Metaphorik des geistigen Schriftsinns, München 1972, 79–88. JHö

Brücke

Symbol der Verbindung zweier getrennter Bereiche, der Grenze und des Übergangs, der Gefahr, der Prüfung und der Bewährung, des Zwischenraums und des Zusammenbruchs, aber auch der Moderne und des Fortschritts. – Relevant für die Symbolbildung sind (a) der ↗Fluss, die Schlucht, der ↗Abgrund o.a., was die B. überspannt, (b) die beiden getrennten Bereiche, die sie miteinander verbindet.

1. Symbol der Verbindung zweier getrennter Bereiche. Generell stellt die B. in der Lit. ein Symbol der Verbindung dar, das Gegensätze verknüpft, etwa die Welt des Sichtbaren mit der Welt des Unsichtbaren, das Bekannte mit dem Unbekannten, usw. In vielen Kulturen findet sich die Vorstellung von einer B. als Bindeglied zwischen dem Diesseits und dem Jenseits und wird oft als ↗Regenbogen gedacht. So wird in der german. Mythologie der Regenbogen als die B. Bifröst (nord. ›Zitterstraße‹) aufgefasst, der die Menschenwelt (Midgard) mit der Götterwelt (Asgard) verbindet (*Edda*; »Völuspâ«), und in der antiken Mythologie als Göttin Iris, die als Götterbotin auf einem Regenbogenpfad zwischen

↗Himmel und ↗Erde hin und her eilt (Ovid, *Metamorphosen* X, 270 f.). Reminiszenzen daran erscheinen in der dt. Lit. des Klassizismus und des Vormärz, so wenn Schiller die Vergänglichkeit eines Talents mit der Flüchtigkeit der »bunten B. Iris« vergleicht (*Die Gunst des Augenblicks*) oder wenn Immermann die »siebenfarbige B. der Iris« (↗Sieben) als Symbol der Schönheit fiktionaler Prosa betrachtet, die sich »über alle Klüfte und Abgründe der Unwahrscheinlichkeit« hinwegsetzt (*Münchhausen* I, 2, 4). – Die Kommunikation zwischen Mensch und Gott bedarf in der röm.-christl. Trad. eines obersten Brückenbauers, des *pontifex maximus* (lat. *pons*, »Brücke«; z. B. in Geibel, *Heroldsrufe: Benedikt 13*). Zusätzlich erscheint die B. im christl. MA auch als ›Jenseitsbrücke‹ (vgl. Jakobsleiter), auf der die Seelen in den Himmel gelangen. Im Unterschied dazu sollen die Toten in Lenaus Gedicht *Mischka an der Theiss* auf einer B. ins Diesseits wandeln (vgl. Hofmannsthal, *Die Frau ohne Schatten*, 1. Akt).

2. Symbol der Grenze und des Übergangs. Konträr zur Verbindungssymbolik kann die B. selbst als eine Grenze fungieren. Solch eine symbol. Funktion findet sich z. B. in einer der Upanishaden des Brahmanismus, wo der Âtman, die dem Selbst innewohnende universale Essenz (Brahman), als eine B. bezeichnet wird, welche »Welten auseinander hält, dass sie nicht verfließen« (*Chândogya-Upanishad* VIII, 4, 1). Wer aber die B. überschritten hat »als ein Blinder, der wird sehend« (VIII, 4, 2; ↗Blindheit). Der Übergang in eine neue Daseinsform findet sich auf andere Weise bei Jean Pauls *Titan*, wo die B. eine »Grenz-B.« ist, die »wie ein Buchdrucker-Hyphen« zwei Fürstentümer trennt und verbindet. Auf ihr wird ein mytholog. Schauspiel mit Musengöttern und einem »hübschen Hymen« inszeniert, das die Fürstin, welche die B. überqueren muss, auf ihre bevorstehende Heirat einstimmen soll (77. Zykel). Dabei fungiert die B. auch als Bühnensymbol, wie beispielsweise die B. im Drama *Das kleine Welttheater* von Hofmannsthal, worin sie ein *theatrum mundi* (↗Theater/Bühne) symbolisiert. Als Zeichen einer Initiation (z. B. vom ↗Kind zum ↗Mann), deren Konsequenzen offen bleiben, verwendet Hemingway das Überschreiten einer ↗Eisenbahn-B. in seiner Kurzgeschichte *The Battler*.

3. Symbol der Gefahr, der Prüfung und der Bewährung. Die B. ist in vielen Kulturen ein gefährl. Ort (*pons periculosus*), an dem die Seelen auf ihrem Weg ins Jenseits gerichtet werden. Ähnlich wie im Islam (Asad Ibn Musa, *Kitab az-Zuhd*) wird die ›Seelenbrücke‹ in der christl. Lit. des MA als schärfer denn eine Schwertschneide oder dünner als ein ↗Haar imaginiert (z. B. *Visio Pauli* IX, spätma. lat. Redaktion); sie separiert die Gläubigen von den Nichtgläubigen (vgl. Sagen und Märchen, in denen die Probe-B. die wahren, tapferen Helden von den unwürdigen trennt, z. B. Chrétien de Troyes, *Lancelot*; EdM II, 823–835). Von islam. Lit. inspiriert ist Rückerts Gedicht *Die Scheidungsbrücke*: »zwischen Zeit und Ewigkeit« scheidet sie »wie ein Schwert […] gezückt, wie ein Haar gezogen« Gute und Gerechte von Bösen (vgl. Gleich, *Der Eheteufel auf Reisen*; Schiller, *Kabale und Liebe* V, 1). Eng verwandt mit der B. der Wahrheit ist die »Lügenbrücke«, die Lügner und Betrüger entlarvt. In Gellerts Fabel *Der Bauer und sein Sohn* ersinnt der Bauer eine strafende Lügen-B., die den Sohn zwingt, seine Lüge über einen angeblich pferdegroßen ⁊Hund aufzugeben (s. a. das Kinderlied *Der große Hund* von Hoffmann v. Fallersleben).

4. *Symbol des Zwischenraums und des Zusammenbruchs.* Neben der Verwendung der B. als Symbol für einen (instabilen) Zwischenraum (vgl. die »B. des Vielleicht« in Laubes *Monaldeschi* I, 14) ist literaturgeschichtlich die Symbolik einer zusammenstürzenden B. bedeutsam. So steht in Waiblingers Gedicht *Ponto rotto* eine »zerbrochene B.« für die Vergänglichkeit der Welt. Beim Hauptvertreter des ital. Verismus, G. Verga, hingegen symbolisiert die eingestürzte B. in *Mastro Don Gesualdo* das materielle und gesellschaftl. Scheitern des Protagonisten, der einen sozialen Aufstieg vom Landarbeiter zum Adligen anstrebt. Der Zusammenbruch einer B. als Sinnbild der Auflösung, aber auch Befreiung von zwischenmenschl. Beziehungen (z. B. ⁊Vater-Sohn-Konflikt) steht in Kafkas vieldeutiger Parabel *Die B.* im Vordergrund. Eine anthropomorphisierte B. erschauert vor »wildem Schmerz«, da ein Fremder auf ihr Sprünge vollführt. Aus Neugier, wer der »Vernichter« denn sei, dreht sich die B. um und stürzt in die ⁊Tiefe.

5. *Symbol der Moderne und des Fortschritts.* Während in zahlreichen Märchen und Sagen die B. oftmals noch als Wunder oder als Teufelswerk angesehen wird (vgl. Grimm, *Die Sachsenhäuser B. zu Frankfurt*), gilt sie seit dem ausgehenden 18. Jh. zunehmend als Symbol der techn. Modernisierung. Bereits in Goethes *Märchen* ermöglicht die Verwandlung einer ⁊Schlange in eine prächtige ⁊Säulen-B. den Verkehr von Menschen und Waren zwischen zwei bisher getrennten Welten und schafft damit die Voraussetzungen für den gesellschaftl. Fortschritt. Umgekehrt dient die B. in Fontanes Ballade *Die Brück' am Tay* als negatives Symbol einer technikgläubigen Hybris, das durch die Naturgewalt ⁊stürm. Winde in der Gestalt von ⁊drei Hexen (entlehnt aus Shakespeares *Macbeth*) zerstört wird (»Tand, Tand/ Ist das Gebilde von Menschenhand!«). Dagegen erweitert S. Crane den Symbolgehalt der ⁊New Yorker Brooklyn Bridge in seinem Gedichtzyklus *The Bridge*, indem er ihr die myth. Bedeutung des Göttlich-Erhabenen zuweist und sie zudem als symbol. Synthese gegensätzl. Großstadterfahrungen (⁊Stadt) begreift.

⁊Fluss, Regenbogen, Schwelle.

Lit.: K. Horn, Das Bild der B. in Märchen und Sagen, in: Symbolik von Weg und Reise, hg. v. P. Michel, Bern/ Berlin 1992, 211–222. – E.Th. Reimbold, Die B. als Symbol, in: Symbolon 1 (1972), 55–78.   ER

Brunnen ⁊Quelle/Brunnen.

Brust

Symbol der Emotionen, des Zorns und der Tugend. – Relevant für die Symbolbildung ist die B. (a) als oberer Bereich des menschl. Körpers und (b) als Sitz des ⁊Herzens.

Im AT und bei Homer ist eine semant. Nähe zwischen Herz (gr. *kardía*), B. (gr. *stéthos*) und anderen, niedriger gelegenen Organen des Mutes und der Lebenskraft wie Leber oder Niere und damit auch des Schoßes belegt (⁊Vagina), wobei es in den Übersetzungen in neueren Sprachen oft zu divergierenden Bedeutungen und somit zu symbol. Umbesetzungen kommt (vgl. die unterschiedl. Übertragungen von Ijob 19,27 etwa bei Luther oder in der Einheitsübersetzung der Bibel; zur Bedeutungsnähe zwischen Herz und B. z. B. Goethes Bundeslied *Schlägt freier unsre B.* – Nach Platons Seelenlehre ist die B. der Sitz des höheren Teils der sterbl. Seelenhälfte, von der die Willenskraft ausgehe (*Timaios* 69c–70; *Staat* 435b–440; zum Verhältnis von B. und Herz *Staat* 441). Die Brust ist auch Ort des Zorns: »Das griech. Kennwort für das ›Organ‹ in der Brust von Helden und Menschen, von denen große Aufwallungen ausgehen, lautet *thymós*« (Sloterdijk, *Zorn und Zeit*). Damit wird die B. zum Sitz der Emotionen: »War' eure B. von solcher Angst befreit« (Dante, *Divina Commedia*: »Purgatorio« XV, 54). Mit dem 18. Jh. haben Aufklärung und Empfindsamkeit, Sturm und Drang sowie die Romantik mit ihren mitunter trivialen Nachfolgern die seit der Antike verbreitete Symbolik der B. als Sitz starker Emotionen und als der Ort, an dem sich die enge Verbundenheit zu anderen Menschen, ja zu Gott äußert, weiter entfaltet, mitunter wohl auch als säkulare Variante der noch immer stark relig. aufgeladenen Symbolik des Herzens, so z. B. in A. v. Arnims *Armut, Reichtum, Schuld und Buße der Gräfin Dolores* oder in *Die Kronenwächter*. Ein an der B. getragener Brief unterstreicht dessen bes. emotionale oder erot. Bedeutung (Hofmannsthal, *Die Frau ohne Schatten* IV; Hugo, *Han d'Islandc*). Das Entblößen der B. empfiehlt K.W. Ramler als Zeichen der Freundschaft (*Allegorische Personen*, 1788); es kann aber auch einen Akt der Unterwerfung oder der Revolte meinen: Indem man dem Feind die B. bietet, fügt man sich in sein Schicksal und demütigt ihn zugleich: »Hier ist die B.! Erstich mich, und eile dem Kayser, dem Mörder, die frohe Nachricht von meinem Tode zu überbringen. – Erstich mich, Feiger!« (E. v. Kleist, *Seneka* II, 2). Das Schlagen an die eigene B. ist eine mehrdeutige Geste, die sowohl Stolz bis zur

Hybris ausdrücken kann (z. B. Büchner, *Woyzeck*, H4, 14: Wirthshaus), als auch Reue (Lk 18,13; vgl. Mt 15,19; Dante, *Divina Commedia*:»Paradiso« XXII, 108) oder Trauer und Verzweiflung des Erkennenden (Chamisso, *Die Sterbende*; Gerstenberg, *Ugolino* V). Nietzsche verspottet dagegen den bürgerl. Gefühlskult des 19. Jh., der »den ›gehobenen Busen‹ für den Blasebalg der Gottheit« halte (*Der Antichrist* XII).
⟋Busen, Herz.   TRK

Buch

Symbol der Schöpfung und der Natur, der Geschichte, des Lebens, der Jurisdiktion, des gelehrten Wissens, der Seele sowie der Sphäre literar. Fiktion. – Relevant für die Symbolbildung sind (a) die Idee eines göttl. ›B. der Bücher‹ und der hohe Rang des B. in den B.religionen Judentum, Christentum und Islam, (b) die fundamentale kulturelle Bedeutung des B. als Medium der Darstellung und Speicherung von Wissen, (c) die Bindung literar. Fiktion ans Medium B.
1. Symbol der Schöpfung und der Natur sowie des gelehrten Wissens. Im Topos vom B. der Schöpfung oder der Natur artikuliert sich ein Sinnverlangen (Blumenberg, insbes. II, VII) an die Natur, die den frühen Versionen der Weltbuch-Idee zufolge als Mitteilung Gottes an den Menschen erscheint, welche die Heilige Schrift ergänzt bzw. an die illiteraten Laien adressiert ist. Das Naturbuch-Konzept korrespondiert dem Modell einer sprachhaften Natur, insbes. dem Bericht von der Schöpfung der Welt aus dem göttl. Wort (Gen 1,3). Das christl. MA verwendet die B.metapher für die Erscheinungswelt, um diese als sinnhaft zu legitimieren (z. B. Alain de Lille, *Rhythmus alter quo graphice natura hominis fluxa et caduca depingitur*; Hugo v. St. Victor, *Eruditio didascalica* VII, 4; Bonaventura, *Collationes in Hexaemeron* XIII, 12; *Breviloquium* II, 12). – Die frühneuzeitl. Wissenschaft, insbes. der Empirismus, interpretiert den Erkenntnisprozess als eine Dechiffrierung natürl. Zeichen (Galilei, *Il saggiatore* VI; Bacon, *Advancement of Leyrning* I; Th. Browne, *Religio medici* I, 16); maßgeblich ist nun die interpretierende Leistung des Beobachters und die Kohärenz des Welt-Textes auf immanenter Ebene: Man rekonstruiert die Grammatik des Naturbuchs, klassifiziert die natürl. Zeichen und transkribiert sie. Sprachphilosophen des 18. Jh. verbinden die Symbolik des Weltbuchs mit Reflexionen über die Analogie von Sprache und zeichenhafter Welt (Herder, *Abhandlung über den Ursprung der Sprache*); Reden ist ein »Übersetzen«, die Meinungen der Weisen sind »Lesarten« der Weltschrift (Hamann). Literar. Versionen des Weltbuch-Konzepts changieren zwischen relig.-metaphys. (Milton, *Paradise Lost*) und empirist. Akzentuierungen (Shakespeare, *Anthony and Cleopatra*; Coleridge, *Destiny of Nations*). Der Aufklä-

rer Brockes deutet die Welt optimistisch als lesbares B. der Schöpfung, das alle Wesen umfasst und dessen Sinnfülle die einzelnen Weltleser individuell anspricht (*Irdisches Vergnügen in Gott*). – Goethe säkularisiert das Symbol des Welttextes: Felsen (⟋Stein/Gestein) und Zacken sind für Jarno in *Wilhelm Meisters Wanderjahren* (I, 3) Bestandteile eines Naturalphabets (⟋Alphabet). Vielfältige Variationen der Naturbuchsymbolik finden sich in der romant. Lit., Naturwissenschaft und Naturphilosophie (Baader, Ritter, Schelling), angeregt u. a. durch Paracelsus und Böhme. Die Figuren romant. Texte entwickeln einen ausgeprägten Sinn für den Textcharakter der Erscheinungswelt und deren unterstellte Botschaften (Wackenroder/Tieck: *Von zwey wunderbaren Sprachen, und deren geheimnißvoller Kraft*; Tieck: *Franz Sternbalds Wanderungen*). Novalis imaginiert die Natur wie auch die Wege der Menschen als »Chiffernschrift« (*Die Lehrlinge zu Sais;* ⟋Hieroglyphe), deren ⟋Schlüssel allerdings nur ahnungsweise bekannt ist. Bezogen auf das B. der Welt bietet die Dichtung einem um 1800 beliebten poetolog. Topos zufolge einen Meta-Text: als Leseanleitung, symbolisch deutender Kommentar, Übersetzung oder entschlüsselnde Lieferantin von ›Zauberwörtern‹ (Schiller, *Über Matthisons Gedichte*; Jean Paul, *Vorschule der Ästhetik*; Eichendorff, *Wünschelrute*; ⟋Schrift). – In verkehrender Ableitung von der Lesbarkeitsmetaphorik wird das B. mit der heraufziehenden Moderne zum Sinnbild des nur partiell oder gar nicht Lesbaren; im chiffrierten, unvollständigen, zerstörten oder ungreifbar gewordenen Text spiegelt sich symbolisch die Krise zwischen dem nach Sinn und Zusammenhang suchenden Erkenntnissubjekt und der ihm fremden änigmat. Welt. Hofmannsthals Lord Chandos nimmt die Welt als hieroglyphischzeichenhaft wahr, ohne seine Erfahrungen angemessen verbalisieren zu können (*Ein Brief*). Umreißt schon Novalis in Modifikation der Weltbuchtopik das Projekt, die Welt ins B. einmünden zu lassen, so sind die Dinge für Mallarmé zu nichts anderem bestimmt (*Notes en vue du »Livre«*). Die Idee einer Chiffrenschrift der Erscheinungen ist konstitutiv für poet. und poetolog. Texte moderner Naturlyriker (Loerke, Trakl, Britting, Huchel, Enzensberger, Bachmann); im Extremfall erscheint literar. Schreiben als ein Übersetzen ohne Urtext (Eich, Ingold). – Vertreter der Gegenwartslit. haben die Weltbuch-Symbolik im Zeichen dekonstruktiver Auseinandersetzung mit deren logozentr. Implikationen aufgegriffen, zum einen i.S. eines immanenten kulturellen Universums von Bedeutungen (Eco, *Il nome della rosa*), zum anderen zur Bespiegelung der krisenhaften Beziehung postmoderner Subjektivität zur Welt, zur literar. Überlieferung und zu sich selbst (Burger, *Blankenburg*). Borges' *Bibliothek von Babel* führt die Gleichung von Universum und B. übersteigernd ad absurdum: In einem fast ausschließlich aus B. bestehenden ↗Bibliotheks-Universum ist alles Text und zugleich nichts lesbar.

2. Symbol der Geschichte. Geschichte ist Selbstoffenbarung Gottes, ein B. voller »Weissagungen« (Hamann, *Entkleidung und Verklärung*); in ihr offenbart sich ein göttl. Heilsplan oder aber der säkular gedachte Weltgeist. Neben der Natur ist die Geschichte seit Anbruch der Neuzeit das für die Belehrung des Menschen maßgebl. B. (Th. Browne, Carlyle, L. Bloy, Borges). Im großen B. Gottes, das Welten und Zeiten umspannt, ist der Einzelne kaum eine Letter (Herder, *Auch eine Philosophie der Geschichte zur Bildung der Menschheit* III; ↗Buchstabe). Novalis analogisiert Geschichte und Hl. Schrift und verheißt die künftige Verständlichkeit Ersterer (*Heinrich von Ofterdingen* II: »Das Kloster, oder der Vorhof«). Doch auch die Unverständlichkeit von Geschichte wird mittels der B.- und Schriftsymbolik veranschaulicht, etwa bei Gracián: Die Menschen machen sich voreinander unleserlich (*El Criticon*). Für Jean Paul ist die Geschichte »die dritte Bibel, denn das B. der Natur ist die zweite« (*Levana*: 9. Bruchstücken). Allerdings rechtfertigt er ausgerechnet die Unvollständigkeit seines ersten Romans (*Die Unsichtbare Loge*: »Entschuldigung«) mit der Bemerkung, die Weltgeschichte selbst sei ein solches Romanfragment ohne Auflösungen der Knoten.

3. Symbol des Lebens und der Jurisdiktion. Gott oder seine Engel führen ein B. der Gerechten; wer sündigt, soll aus Gottes B. gestrichen werden (Ex 32,33). Bei Milton werden die Namen der rebell. Engel aus den B. des Lebens getilgt (*Paradise Lost* I, 361 f.). Ähnlich kennt die Bibel ein B. der Lebenden (Ps 69,28) bzw. ein B. des Lebens (Offb 3,5). Wer einen neuen Anfang macht, schlägt eine neue Seite im Lebensbuch auf. Mit dem Tod schließt sich das Lebensbuch. Bei Vigny fleht Jesus seinen ↗Vater um sein Leben an: Er möge sein B. nicht schließen (*Le mont des oliviers*). Von schreibenden Gottheiten wissen schon die frühen babylon. und pars. Religionen. Euripides spricht von einem Protokollbuch für Zeus. Im Himmel wird B. geführt über die Taten der Menschen; diese göttl. Registratur lässt das schriftl. Dokument zum Symbol von Recht und Jurisdiktion werden, denn am Jüngsten Tag werden die himml. B. geöffnet, um auf ihrer Basis abzurechnen (Dan 7,10; Offb 20,12.). In relig. und säkularisierter Form knüpft inbes. die literar. Autobiografik (Augustinus, *Confessiones*; Dante, *Vita nova*; Rousseau, *Confessions*) an das Symbol vom B. des Lebens an, um dadurch die Vollständigkeit und Wahrheit ihres Textes zu garantieren. Doch auch das B. des Lebens kann sich der unmittelbaren Lektüre entziehen. So findet Novalis' Romanheld Heinrich ein B., das die Geschichte seines Lebens in verschlüsselter Form enthält (*Heinrich von Ofterdingen* I, 5).

4. Symbol der Seele. Gott schreibt sein Gesetz in die Herzen der Menschen (Jer 31,33; 2 Kor 3,3). Die Seele gleicht einem B.; die Erinnerung ist eine im Gedächtnis hinterlassene Schriftspur des Vergangenen (Platon, *Philebos*). Es ist zumindest prinzipiell möglich, in der Seele zu lesen. Eine Transkription der Seelenschrift ist die literar.-autobiograf. Selbstdarstellung (Dante, *Vita nova* I: »il libro della mia memoria«); B. können so zu Doubles ihrer Autoren werden (s. 3.). Der Empirismus schätzt das auf Thomas v. Aquin zurückgehende Bild von der Seele als einer Schreibtafel, die zunächst leer ist (*tabula rasa*), bevor Erfahrungen sich ihr einschreiben (*Summa theologica* I, 79, 2); nach Locke ist das Bewusstsein zunächst ein ↗weißes Papier, auf dem sich die ›Charaktere‹ der Erfahrungen dann eintragen (*An Essay Concerning Human Understanding* II, 1, § 2). Shakespeares *Hamlet* spricht über »the table of my memory«, »the book and volume of my brain« (I, 5). Die menschl. Psyche mit ihrer Auffächerung in dem Bewusstsein zugängl. und unzugängl. Zonen ist mit einem ›Wunderblock‹ vergleichbar, der die unsichtbaren Spuren früherer Einschreibprozesse trägt, welche wieder lesbar gemacht werden können (Freud, *Notiz über den Wunderblock*; ↗Schrift). In Rilkes *Malte Laurids Brigge* fordert der alte Graf angesichts der ›leeren‹ B., im ↗Blut selbst zu lesen; hier seien wunderl. Geschichten und merkwürdige Bilder zu finden. Sloterdijk charakterisiert die Einschreibungen leidvoller Erfahrungen in die Psyche als existentielle Tätowierungen; gerade Dichtung mache auf diese aufmerksam (*Zur Welt kommen – zur Sprache kommen*).

5. Symbol der Sphäre literarischer Fiktion. Die Idee eines Antagonismus zwischen B.wissen und Weltwissen liegt verschiedenen literar. Geschichten über passionierte B.leser zugrunde, v. a. dem *Don Quijote* des Cervantes. Der Einstieg ins B. kommt dem Eintritt in eine Gegenwelt gleich und kann gefährl. Realitätsverluste bewirken. Don Quijote hat viele Nachfolger: Narren und Weise, Glückliche und Unglückliche. Manchem, so Wielands *Don Sylvio von Rosalva*, treten zu seinem Glück märchenhafte Gestalten lebendig entgegen. Flauberts Vielleser Bouvard und Pécuchet werden im gleichnamigen Roman vom vielfachen Scheitern ihres B.wissens nicht belehrt, sondern kehren statt in die lebendige Wirklichkeit an ihre Schreibpulte zurück. In Dantes *Divina Commedia* wird das B. »Lancelot« zum Kuppler, indem es die Lesenden Paolo und Francesca dazu verführt, sich verbotenerweise einander hinzugeben (V, 138 ff.). Calvino lässt den Leser selbst zur Zentralfigur werden und sich zuletzt im »Gelesenen« wiederfinden (*Se una notte d'inverno un viaggiatore*).

↗Bibliothek, Buche, Buchstabe, Essen/Verzehren, Schrift.

Lit.: H. Blumenberg, Die Lesbarkeit der Welt, Frankfurt a.M. 1981. – E. R. Curtius, Schrift- und Buchmetaphorik in der Weltlit., in: DVjs 20 (1942), 359 ff. – E. Rothacker, Das ›B. der Natur‹, Bonn 1979.   MSchE

Buche

Symbol der Stärke, des Schutzes oder Unheils und der (poet.) Inspiration sowie (metonymisch) des Buches. – Relevant für die Symbolbildung sind (a) der dicke, hohe Stamm der B., (b) ihre kuppelförmige Krone, (c) ihre Verwendung als Galgenbaum und (d) der Gebrauch von B.stäben als Schreibmedium bei den Germanen.

Schon Ambrosius weist auf die breiten Äste der B. hin (*Exameron* III, 54), und der v. a. in Mitteleuropa wachsende ⁷Baum (lat. *fagus sylvatica*) steht denn auch – wie die »Machtbuche« in Stifters *Granit* – für unbeugsame Stärke (z. B. L. Büchner, *Die B.*). Seine kuppelförmige Krone bietet Schutz vor Hitze (Schiller, *Der Spaziergang*) und Unwettern (Candidus, *Der deutsche Christus* XIV, 8–10) und dient zuweilen als Vorbild für sakrale Bauten (z. B. Otto, *Thüringer Wald*). Die B. kann jedoch auch negative Bedeutungen haben: Im ⁷Herbst ist sie Zeichen des Verfalls (z. B. Lenau, *Herbstlied*; Trakl, *Verwandlung*); als Galgenbaum nimmt sie Leben und symbolisiert Unheil (Heine, *König Langohr* I, 135–138; Droste-Hülshoff, *Die Judenbuche*). – V.a. aber ist die B. seit Vergil ein typ. Requisit der Idyllendichtung (*Eklogen* I, 1; II, 3 f.; III, 12). Als inspirierender *genius loci* fungiert sie speziell im Umkreis der Bukolik (z. B. Hölty, *Der May*; Mörike, *Die schöne B.*), aber auch darüber hinaus, z. B. (satirisch) bei Eichendorff, wo der Magister über einem ⁷Buch brütet, statt auf das Rauschen der B. zu hören (*Dichter und ihre Gesellen* I, 3). Der Zusammenhang zwischen B. und Buch ist etymologisch begründet: Das Wort ›Buch‹ stammt von ›B.‹ ab, wurde doch das german. Runenalphabet in Stäbe aus B.holz geritzt, s. *Edda* (XXV: Die Runenlehren). Daher hat auch der ⁷Buchstabe seinen Namen. Entsprechend häufig findet sich die Praxis des Buchenritzens (z. B. Mörike, *An eine Lieblingsbuche meines Gartens*). Aus der Verbindung mit der prophet. Praxis des Runenwerfens erklärt sich u. a. der Volksglaube an die Magie der B.

⁷Baum, Buch, Buchstabe.

Lit.: HdA I, 1692–1694. – D. Laudert, Mythos Baum, München ⁷2009, 70–79. – F. Hageneder, Die Weisheit der Bäume, Stuttgart ²2009, 86–89. – Th. Ziolkowski, Mörike's »Die schöne B.«, in: The German Quarterly 56 (1983), 4–13.   SZ

Buchstabe

Symbol des Äußerlichen, Materiellen und Toten, der Elementarbausteine der Welt, des Partikulären und des Rätselhaften. – Relevant für die Symbolbildung sind (a) die kulturstiftende Bedeutung der ⁷Schrift als Medium der Konstitution, Fixierung und Kommunikation von Sinn, (b) die Differenz der Schriftsysteme und die Besonderheit abendländ. ⁷Alphabete.

1. Symbol des Äußerlichen, Materiellen und Toten. Platon kritisiert die Schriftzeichen als tote und trüger. Surrogate lebendiger Rede (*Phaidros*); Paulus zufolge tötet der B., während der Geist lebendig macht (2. Kor 3,6). Im Denkhorizont des platon.-christl. Dualismus, also der Gegenüberstellung von sinnlich wahrnehmbarer (*mundus sensibilis*) und geistig erkennbarer Welt (*mundus intelligibilis*) bzw. von Immanenz und Transzendenz, Materiellem und Spirituellem, gilt der B. als Inbegriff des Äußerlichen, Materiellen, Starren, dem mit Leben und Beweglichkeit konnotierte Geist, das Pneuma, gegenübersteht. Novalis, Fr. Schlegel und Fichte greifen den Topos vom Antagonismus zwischen Geist und B. auf: Sie konstatieren die Dominanz des B. in der Gegenwart und beklagen die Abwesenheit des ›lebendigen‹ Logos (z. B. Novalis, *Die Christenheit oder Europa*; ⁷Europa).

2. Symbol der Elementarbausteine der Welt. Die Stoiker setzen das B.symbol zur Beschreibung der erfahrbaren Natur ein; ›stoicheion‹ ist zum einen das Element, zum anderen das Elementarzeichen. Für Plotin sind die ⁷Sterne B. gleich, die lesbar werden, wenn man ihre Kompositionsprinzipien kennt. Von der Antike bis zur Neuzeit sind die B. und die Elemente der natürl. Welt immer wieder analogisiert worden – unter originellen Abwandlungen, wie etwa bei Jean Paul, der den Witz als das »Anagramm« der Natur und die Phantasie als »Hieroglyphen-Alphabet« (*Vorschule der Ästhetik* §7) bezeichnet; für ihn sind Menschen und Tiere im Naturbuch verschiedene B.-Typen; Autoren fungieren als Konsonanten, Verleger als Vokale, erstaunte Personen gar als Ausrufezeichen. Unter Hinweis auf die ursprüngl. Bildlichkeit aller B. reflektieren Dichter wie Hugo sowie lettrist. Künstler die Korrespondenzen zwischen den Formen der B. und denen der Erscheinungswelt, um diese einander wechselseitig symbolisieren zu lassen. – Kontrastierend mit der Symbolik des toten und tötenden B. (s. a. 1.) beschreiben jüd. Schöpfungmythen wie das kabbalist. Buch *Sefer Jezirah* die Genese der Welt aus Urbuchstaben und die Kondensation der Schöpfungsenergie selbst in den 22 Lettern. Borges betont die Analogien zwischen jüd. Schrift-Schöpfungmythen und der griech. Naturlehre (Pythagoras, Iamblichos), derzufolge die ⁷Zahlen Instrumente und Elemente der Schöpfung sind (*Die Bibliothek von Babel*). Eco erinnert in *Il pendolo di Foucault* an die von Rosenkreuzern und anderen Hütern geheimen Wissens aufgegriffene Schriftsymbolik der Kabbala.

3. Symbol des Partikulären. Da einzelne B. erst zusammengefügt werden müssen, um Träger von Botschaften zu werden, symbolisieren sie das Partikuläre und die damit verbundene Vereinzelung, sei es unter dem Aspekt seiner Eignung zu kombinator. Stiftung von Sinn und Zusammenhang, sei es unter dem Aspekt seiner Disparatheit. Bei Celan findet sich das Symbol der Welt-Schrift abgewandelt zum Bild des »Partikelgestöbers« (*Sprachgitter*: *Engführung*). Lettrist. Spiele und visualpoet. Text-Fragmentierungen verweisen auf die Brüche innerhalb unserer Erfahrungskontexte, aber auch auf die kombinator. Möglichkeiten, welche sich aus deren Instabilität ergeben. Rühmkorf sieht im deutenden Ordnen der einzelnen Runenstäbe (↗Buche) durch den Runenleser ein fundamentales hermeneut. Verfahren, das sich modellhaft auch in poet. Strukturierungsprozessen manifestiert (*agar agar – zaurzaurim*).

4. Symbol des Rätselhaften. Die Elemente fremder Schriftsysteme, insbes. die ↗Hieroglyphen der Ägypter, aber auch die oft ebenfalls als ›hieroglyphisch‹ bezeichneten, aus Bildern abgeleiteten Schriften anderer Kulturen, symbolisieren Phänomene, deren Bedeutung nicht unmittelbar evident ist – sei es, dass der Akzent auf ihrer definitiven Unerschließbarkeit liegt, sei es, dass spezif. Entschlüsselungskompetenzen wie Lebenserfahrung, rationales Wissen oder auch Intuition suggeriert werden. Menschl. Verhaltensweisen und Äußerungen sind chiffriert (Gracian, *El criticon*; *Oráculo manual y arte de prudencia*). Das Bild der Chiffrenschrift findet sich u. a. bei Shaftesbury, Herder, Lavater, Mendelssohn, Moritz, Schiller, Humboldt und Kant; in der Philosophie des 20. Jh. taucht es bei E. Spranger (*Die Chiffreschrift der Natur*) und, modifiziert, bei K. Jaspers (*Chiffren der Transzendenz*) auf. Bes. variantenreich entfaltet sich die Chiffren- und Hieroglyphensymbolik in romant. Lit. und Naturspekulation – so etwa bei Novalis, der in den Wegen der Menschen wie in den Naturerscheinungen ›wunderl. Figuren‹ sieht (*Die Lehrlinge zu Sais*), bei E.T.A. Hoffmann, der eine hieroglyph.-fremde Welt imaginiert, die aber letztlich kein Natur-, sondern ein Kunstreich ist (*Der Goldne Topf*), bei Jean Paul, der die Poesie als Entzifferungskunst charakterisiert (*Vorschule der Ästhetik*) sowie bei Eichendorff, der die Natur als göttl. Hieroglyphenschrift versteht, die nur der Dichter zu entziffern imstande ist (*Ahnung und Gegenwart* I, 3).

↗Alphabet, Buch, Buche, Hieroglyphe, Schrift, Stern.

Lit.: F. Dornseiff, Das Alphabet in Mystik und Magie, Leipzig/Berlin ²1925. – R. Massin, B.bilder und Bildalphabete, Ravensburg 1970.   MSchE

Bühne ↗Theater/Bühne.

Burg

Symbol des Rechts und der (göttl.) Herrschaft, der Standhaftigkeit, des Schutzes und der Abgrenzung,

Gottes und der Kirche, der Nation sowie einer vergangenen Epoche. – Relevant für die Symbolbildung sind (a) die Schutzfunktion der B., (b) die exponierte Lage ma. Höhenburgen und (c) deren Fortbestehen in der Neuzeit.

1. Symbol des Rechts und der Herrschaft. Die ma. Adelsburg hat in ihrer Entstehungs- und Hochphase bereits symbol. Gehalt, besitzt neben ihrer Schutzfunktion immer auch Zeichencharakter für Herrschaftsanspruch, Macht und dynast. Legitimation, so bereits in Otfrids *Evangelienbuch* (IV, 7, 81). Da die performative Inszenierung der Texte am Hof, also in der *burc* stattfindet, hat das B.symbol eine doppelte, über den literar. Kontext hinausgehende Verweisstruktur: Es ist Rechtssymbol und Verweis auf die soziale Gruppe der Rezipienten, den ma. Adel. Die mittelhochdt. höf. Lit. weist dementsprechend zahlreiche, z. T. weiter differenzierte Verwendungen der B. als Herrschaftszeichen auf: Im *Eneasroman* Heinrichs v. Veldeke wird die territoriale Landnahme durch den B.bau symbolisiert (CX, 34), der Angriff des Turnus dient der Revision dieses Rechtsanspruchs (CLXXVI, 21 ff.); im *Annolied* legt Eneas durch jene B. den Grundstein des Röm. Reiches (XXIII, 15 f.; ↗Rom). Die Belehnung mit der B. wird oft als Symbol der Übertragung des Territoriums verwendet (*Herzog Ernst* 1989 ff.), durch die Übernahme der B. tritt der Sohn als Nachfolger des ↗Vaters in die Dynastie ein (Herbort v. Fritzlar, *Liet von Troye* 118 ff.; 1660 ff.). Das Erobern und Schleifen der B. zeigt den Herrschaftswechsel bzw. -verlust an (Pfaffe Lamprecht, *Alexander* 2129 ff.; 2821 ff.), die *ledige burc* steht für den Tod des Herrschers (*Nibelungenlied* XXXVII, 2164). Häufig symbolisiert die B. in Verbindung mit weiteren ergänzenden Lexemen (*stete, lant, liute*) die polit.-militär. Macht innerhalb eines Territoriums (*Herzog Ernst* B 866–870; 1989–1995), ggf. als weltl. Machtsymbol der göttl. Allmacht entgegengestellt (Priester Konrad, *Von allen haeiligen*, in: Schönbach, *Altdt. Predigten* III, 102). – Auch der soziale Unterschied zwischen Herrscher und (unterdrücktem) Volk wird durch die B. versinnbildlicht (Bechstein, *Deutsche Sagen: Die Tellensage*), das B.tor dient hier als Zeichen sozialer Grenzüberschreitung (Abraham a Sancta Clara, *Judas der Ertz-Schelm* VI: »Judas hat keine gute Meinung«; ↗Tor/Tür), die B.mauern symbolisieren die Abgrenzung (Lasalle, *Franz von Sickingen* V, 2; ↗Mauer). Die ›von der Freiheit belagerte B.‹ symbolisiert das alte aristokrat. Gesellschaftssystem (Börne, *Briefe aus Paris* XC), die unfeste B. mangelhafte dt. Reichsverfassung (Büchner, *Der Hessische Landbote*; s. a. 4.).

2. Symbol der Standhaftigkeit. Unabhängig von der lehnsrechtl. Symbolik fungiert der Wehrcharakter der B. als Bildspender: *ein burc zu velde* sein steht für militär. Tapferkeit in der Schlacht (Wolfram v. Eschenbach, *Parzival* 339, 5). Ebenfalls vom Wehrcharakter abgeleitet ist die B. als Symbol der sozial höher stehenden, unerreichbaren ↗Frau, die der *huote* der B. unterliegt (Heinrich v. Morungen, *Ich wêne nieman lebe der mînen kumber weine*), im *tageliet* steht die (erwachende) B. für die Gefährdung der Liebenden (z. B. bei Wolfram v. Eschenbach, *Von der zinnen wil ich gên*). In Anlehnung an die allegor. Deutung der B. als ↗Jungfrau Maria (Exegese zu Lk 10,38) findet sich die B. auch als Bild für den sexuell eroberten weibl. Körper z. B. im *Carmen Buranum* (IX, 1–4), die Belagerung in der *Minneburc* zeigt das scheiternde (da triebgesteuerte) und glückende (da liebesbezogene) Erobern einer Jungfrau (vgl. auch die Allegorie der B., die am Ende von Guillaumes de Lorris *Roman de la Rose* den ↗Rosenbusch vor dem Liebhaber schützt). – Die trad. ma. Symbolik wird in der Neuzeit fortgeführt: Das Bild der B. als Symbol der Herrschaft (Aurbacher, *Büchlein für die Jugend* VI: »Das Fräulein von Schroffenstein«) oder der Dynastie besteht fort (Ahlefeld, *Die beyden Pilger*; Bechstein, *Deutsche Sagen*: *Wie die Wartburg erbauet ward*), ebenso die Landnahme durch B.bau (*Deutsches Sagenbuch*: *Die tote Braut*). Der dynast. Wechsel zwischen Habsburgern und Hohenzollern wird bei Grabbe durch die geograf. Nähe beider Stammburgen legitimiert (*Kaiser Friedrich Barbarossa* II, 2). Auch die durch die B. behütete Jungfrau findet sich noch im 19. Jh. (Alberti, *Brot!* III, 4). Eine direkte Aufnahme der Allegorie der B. als Mutter Gottes findet sich bei Angelus Silesius (*Heilige Seelenlust* I, 15: *Sie preist die jungfräuliche Mutter ihres Bräutigams*; *Cherubinischer Wandersmann* IV, 42: *Maria*). Die B. als Zeichen des unerreichbaren Geliebten findet sich, wenn auch mit vertauschten Geschlechterrollen, in *Des Knaben Wunderhorn* (III, 3: *Liebesklagen des Mädchens*). Die ›B. der Tugend‹ oder ›Mannheit‹ steht für moral. Beständigkeit (Opitz, *Trostgedichte in Widerwertigkeit deß Kriegs* II).

3. Symbol Gottes und der Kirche. Eine wirkmächtige Neuakzentuierung erhält die B.symbolik durch Luthers Kirchenlied *Ein feste B. ist unser Gott.* Die ›Gottesburg‹ findet sich zwar schon früher, erfährt aber v. a. durch diverse wörtl. Aufnahmen des Lutherlieds in der Lit. der Neuzeit starke Verbreitung (*Des Knaben Wunderhorn* I, 112: *Kriegslied des Glaubens*; C.F. Meyer, *Lutherlied*; Dahn, *Der schwedische Trompeter*). Hierauf fußend findet sich die B. als Symbol relig.-moral. Zuflucht und Sicherheit (Gottsched, *Daß ein heutiger Gottesgelehrter auch in der Vernunft*) oder als Ort des ewigen Lebens nach dem Tod (Abschatz, *Todes-Post zu dreyen Stimmen*). Umgekehrt zerbricht Christus durch seinen Opfertod die »Höllenburg« (Greiffenberg, *Auf unsers Erlösers siegreiche Höllenfahrt*). Die B. als Symbol der Kirche entspricht diesem Merkmalskomplex (Angelus Silesius, *Heilige Seelenlust* V, 198: *Sie frohlockt, daß Gott die christliche Kirche immer erhalten hat*). – Die B. in ihrer Schutzfunktion ist

Teil der Fürbitte und steht generell für Schutz und Behütung (C. Brentano, *Draus bei Schleswig vor der Pforte*). Die B. dient als weltl. Besitz auch zur Abgrenzung gegenüber dem Reich Gottes (Angelus Silesius, *Cherubinischer Wandersmann* VI, 123: *Der Narr erkiest das Ärgste*), drastisch in der Formulierung, »Mammon […] die Haupt-B. für Satan« (J. Bodmer, *Von dem Wunderbaren in der Poesie* III), umgekehrt kann auch die Gottesburg den weltl. ↗Fürsten gegenübergestellt werden (George, *Der siebente Ring*: Leo XIII).

4. Symbol der Nation und einer vergangenen Epoche. Die ›dt. B.‹ ist Symbol der Nation (Geibel, *Heroldsrufe: Kriegslied*; F. Schlegel, *Sprüche: Deutschland*). Hieran anknüpfend wird die von außen bedrängte Nation als belagerte B. beschrieben (Geibel, *Lübecks Bedrängnis*; *Nun sei versiegelt jeder kleine Hader*), die einzelne ↗Stadt als ↗Stein dieser B. (Geibel, *Hanseatisches Festlied*). Im territorial zersplitterten Deutschland wird die dt. Sprache zur B. als Bollwerk dt. ›↗Reinheit‹ (A. Grün, *An Jakob Grimm*). – Dieser nationalen Symbolik ähnlich sind die mannigfachen Belege der verfallenen B. (↗Ruine) als Symbol des vergangenen MA in den Sammlungen mündl. Volkssagen, häufig kombiniert mit phantast. Figuren oder Reichtümern, die das Nachleben der Epoche in der Gegenwart symbolisieren (Baader, *Volkssagen: Schatz und Spuk auf der B. Schwarzenberg*; vgl. auch Eichendorff, *Auf einer B.*). Die zerstörte Raubritterburg zeigt den Wechsel von einer rechtlosen Zeit zu einer kultivierten Gesellschaft (Bartsch, *Sagen, Märchen und Gebräuche aus Mecklenburg*: *B. Glaisin*), die B.ruine kann aber auch Zeichen einer vergangenen heroischen Zeit sein (Goethe, *Italienische Reise*, »Zweiter römischer Aufenthalt«), bei Heine ist sie Symbol besserer Zeiten (*Deutschland. Ein Traum*) und erscheint in nationaler Auslegung als ›B. der Ahnen‹ z. B. bei A. Grün (*Das Wiedersehen*).

↗Mauer, Ruine, Schloss, Turm/Leuchtturm.

Lit.: WBS, 77. – G.U. Großmann (Hg.), Mythos B., Dresden 2010. – R. Bauschke (Hg.), Die B. im Minnesang und als Allegorie im dt. MA, Frankfurt a.M. 2006. – E. Rohmer, Martin Luthers Lieder im 17. Jh., in: Religion und Religiosität im Zeitalter des Barock, hg. v. D. Breuer, Wiesbaden 1995, 581–591. – O. Wagener/H. Laß (Hg.), Die imaginäre B., Frankfurt a.M./Berlin 2009.   StT

Busen

Symbol der Mütterlichkeit, Fruchtbarkeit und Unschuld, der Schönheit, der Sexualität, der Verführung und des Bösen, der Bedrohung und des Aufruhrs. – Relevant für die Symbolbildung sind (a) die nährende Funktion der weibl. ↗Brust und (b) ihre erot. Besetzung.

1. Symbol der Mütterlichkeit, Fruchtbarkeit und Unschuld. Die (üppige) Brust der ↗Frau hat in allen

Kulturen und über alle Zeiten hinweg eine, nicht zuletzt von Psychoanalyse und Tiefenpsychologie aufgearbeitete, archaisch-chthon. Bedeutung als Symbol der Fruchtbarkeit und der ↗Mutterschaft erhalten (Gen 45,29; ↗Milch); sie gilt als Inbegriff des Weiblichen und der Herkunft: »Mich mit sich nehmend, an die Brust gepreßt/ Und fest umstrickt, als Kind, nicht als Genossen« (Dante, *Divina Commedia*: »Inferno« XXIII, 50 f.), und steht für Friedfertigkeit und Geborgenheit (Ps 22,10; vgl. C. Brentano, *Das Märchen von Fanferliesschen Schönefüßchen*). In der christl. Kunst verkörpert die stillende Maria (*Maria lactans*) in typolog. Steigerung von Hld 4,5 und 7,3 f. die gute, die Milch der Wahrheit spendende Mutter. In Anlehnung daran gilt das ↗Kind an der Mutterbrust als Inbegriff der Unschuld: »So rein, so mild, so aller Schuld entblößt/ Als nur ein Kind am B. seiner Mutter?« (Grillparzer, *Das goldene Vließ* 2079 f.), markiert die Trennung von der Mutterbrust den Verlust von Unschuld und bedeutet oft Exil (E.T.A. Hoffmann, *Lebensansichten des Katers Murr* III; Hölderlin, *Hyperion* I), aber auch das Heranreifen zum ↗Manne (Jes 28,9). – Der seit dem 18. Jh. sich etablierende Topos vom »B. der Natur« ruft neben der christl. Trad. auch die archaisch-chthon. Herkunft des Symbols in Erinnerung: »Wie ist Natur so hold und gut,/ Die mich am B. hält!« (Goethe, *Auf dem See*; B. v. Arnim, *Die Günderode* I).

2. Symbol der Schönheit und der Sexualität, der Verführung und des Bösen. Die ↗weiße, glatte, wohlgeformte, gar jungfräul. Brust erweist sich als ambivalentes Symbol, da es oft Unschuld, ↗Reinheit, vollendete Schönheit und Jungfräulichkeit mit einem deutl. sexuellen Aufforderungscharakter vereint (Hld 4,5; *Carmina Burana*; Dante, *Divina Commedia*: »Purgatorio« XXIII, 102; Bierbaum, *Des Musterknaben kläglich Lied*). Die ganze erot.-emotionale Doppeldeutigkeit der weibl. Brust artikulieren paradigmatisch die Blason-Gedichte *La gorge* von M. Scève und *Le tétin* von C. Marot (beide 16. Jh). – Die von der weibl. Brust ausgehende Versuchung trägt oft das Böse in sich: »Fluch über deine lüderlichen Brüste/ Von Zucht und Wahrheit leer« (Brentano, *Wohlan! so bin ich deiner los*). Die am B. genährte ↗Schlange bzw. Natter ist die sprichwörtl. Bezeichnung für Verrat (Nietzsche, *Zarathustra, Nachgelassene Fragmente, Die Begrüssung*: »Das Abendmahl«); die welken und hängenden Brüste stehen für das Böse schlechthin oder für die Strafe, die die Unkeuschen ereilt (Baudelaire, *Les fleurs du mal: Don Juan aux enfers*). – Die ostentativ entblößte oder halb verhüllte weibl. Brust indiziert eine ungebändigte Sexualität, der Akt des Entblößens selbst wird meist als eine Geste der Verführung und Verblendung gedeutet: »preßt ihre Brüste ihm auf beide Augen/ und winkt dem zweiten, der mit Netz und Beil/ hervorkriecht hinterm Bett (Hofmannsthal, *Elektra*). Das Spiel von Ver- und

Enthüllung des weibl. Körpers, dessen Modellierung durch ↗Kleidung und Pose, aber mehr noch das erot. Sprach-Spiel wird zum Signum der libertinen Lit. des 18. Jh., wie nach Theweleit überhaupt die mit dem ausgehenden 17. Jh. sich herausbildende neue Öffentlichkeit zunehmend »mit sexualisierter Weiblichkeit codiert« wird (Theweleit, 347). Für das 19. Jh. und damit für die literar. Moderne haben u.a. Baudelaire und Flaubert (*La tentation de Saint Antoine* und *Salammbô*) die Symbolik der weibl. Brust in ihrer Ambivalenz aufgegriffen: Die Dichtung wird mit dem Genuss an der gezeichneten Brust einer antiken Hure verglichen (Baudelaire, *Les fleurs du mal: Au lecteur*) und der B. der Muse mit dem Tod christl. Märtyrer assoziiert (*La muse malade*). Mit dem heraufziehenden 20. Jh. kommen auch Assoziationen wieder zum Tragen, die von alters her erot. Symbole wie die entblößte Brust mit ↗phall. Bildern aggressiver Männlichkeit verbinden: »Da ging an der Spitze eine junge, prächtige Frau in einem blauen, sternbesäten Kleid, die Brüste offen, die linke halb entblößt; und durch Brust und Kleid hindurch ging ein Schwert« (Panizza, *Visionen: Die Kirche von Zinsblech*; ↗Schwert).

3. Symbol der Bedrohung und des Aufruhrs. Die Erwähnung des entblößten B. dient oft der Darstellung gesteigerter Emotionalität: »Sie sah noch immer blaß, aber auch in der Verwüstung noch schön aus, ihr B. war unanständig fast ganz entblößt« (Eichendorff, *Ahnung und Gegenwart* III, 19; vgl. Dante, *Divina Commedia*: »Purgatorio« XXIII, 102). In der griech. Mythologie schneiden sich die Amazonen den B. ab (gr. *a-mazos*, »ohne Brust«), um ↗Pfeil und Bogen besser handhaben zu können (H. v. Kleist, *Penthesilea* XV): ein Verleugnen der Weiblichkeit, das ex negativo auf die passive und friedfertige Natur des weibl. Geschlechts verweist. In den Darstellungen von Krieg und Aufruhr finden solche Hyperbeln bes. Verbreitung: »Zu Roß, so schön und wüste,/ Ein hohes Weib fliegt her,/ Behelmt, entblößt die Brüste,/ Ihr Aug weckt wild Gelüste,/ Sie heißt Soldatenehr« (Eichendorff, *Die Werber*). Ähnlich konnotiert sind gepanzerte Brüste wie z.B. in Darstellungen der Germania oder der Walküren. In den revolutionären Ikonografien tritt die entblößte weibl. Brust häufiger auf. So schreibt Heine über Delacoix' Gemälde *La Liberté guidant le peuple*: »Sie schreitet dahin über Leichen, zum Kampfe auffordernd, entblößt bis zur Hüfte, ein schöner, ungestümer Leib« (Heine, *Französische Maler*: »Delacroix«). Die anschwellende oder hervorquellende Brust wird zum Inbegriff der Bedrohung; ein Moment, das oft in der modernen Lit. zu finden ist: »Diese Brüste! Sie blähten sich auf, quollen über, und nur mit Mühe hielt sie der speckige Rand der schwarzen, zusammengehafteten Kammgarnbluse zurück, sich über die Fensterbank auf das holprige Pflaster zu stürzen« (Ball, *Flammetti* I).

↗Brust, Erdbeere, Frau/Jungfrau, Milch, Mutter.

Lit.: H.P. Duerr, Traumzeit, Frankfurt a.M. 1985, 73–100. – ders., Der Mythos vom Zivilisationsprozeß, Bd. III, Frankfurt a.M. 1995. – J.-C. Kaufmann, Corps de femmes, regards d'hommes, Paris, 2001. – E. Neumann, Die große Mutter. Die weibl. Gestaltung des Unbewußten, München ¹¹2003. – K. Theweleit, Männerphantasien I: Frauen, Körper, Geschichte, München 1995.   TRK

C

Chamäleon

Symbol der Nachahmung, Anpassung und Schmeichelei, der ungreifbaren Individualität und des Wechsels in den Erscheinungsformen. – Relevant für die Symbolbildung ist das Farbwechselspiel des Ch.

Aristoteles beschreibt das Farbwechselspiel des Ch. als ein absichtsvolles Verhalten, das eine Tarnung ermöglicht (*Historia animalium* II, 11). Plutarch belegt dieses Verhalten mit einer pejorativen Wertung (*Moralia* 53 D): So wie das Ch. sich seiner Umgebung anpasse, so ähnele sich auch der Schmeichler seinem Gegenüber an. Plutarchs Unterscheidung von richtiger und falscher Mimesis, von Freundschaft und Schmeichelei weist die Raschheit des Wechsels als Kriterium der Falschheit aus. An Alkibiades, der »sich rascher wandelt als ein Ch.« (*Doppelbiographien* XXIII, 3–9), exemplifiziert Plutarch die falsche Mimesis opportunist. Anpassung. Diese Grundbedeutung wird bis in das Emblem *In adulatores* (1531) des Alciato tradiert (*Emblematum Libellus*; vgl. HS, 664–666.). Bedeutungsvarianten betreffen die Willfährigkeit der Liebe, die als Ch. in der Hand Amors dargestellt wird (Vaenius, *Amorum emblemata*), sowie den Hofmann, Gesandten und Diplomaten, der zu simulieren und zu dissimulieren vermag (La Bruyère, *Les caractères*: »Du souverain ou de la république«). – Die antiken Beschreibungen des Ch. verrätseln dessen Erscheinung zusätzlich: »Auch gleicht sich jenes Tier, das sich von Wind und Luft ernährt, sofort der Farbe an, die es berührt hat« (Ovid, *Metamorphosen* XV, 411 f.). Die phantast. Fähigkeiten korrespondieren mit seinem proteischen Charakter: S. Brandts *Esopus* (1501) behauptet, dass das Ch. mit seinem »giftigen Hauch« einen fliegenden ↗Adler töten könne. Th. Browne bekämpft in *Pseudodoxia Epidemica, or Vulgar Errors* (1646) solche Zuschreibungen, denen Naturgeschichte und Biologie mit der Darstellung von Anatomie und Lebensweise schließlich die Grundlage entziehen. – Seit dem 18. Jh. wird das Ch. zu einem weit verbreiteten Symbol für den anpassungsfähigen, schauspielernden und wandlungsfähigen Charakter (Goethe, *Götz von Berlichingen* II: »Adelheidens Zimmer«; Nietzsche, *Die fröhliche Wissenschaft* III, 208) sowie für Phänomene, deren Erscheinungsformen ständig wechseln und die sich nur unzureichend bestimmen lassen; Clausewitz nennt den Krieg ein Ch. (*Vom Kriege* I, 1). In der Romantik dient das Ch. zur Symbolisierung des Dichters selbst (Keats, Brief an R. Woodhouse, 27.10.1818; Blessington, *Conversations of Lord Byron*, 1834). Yeats trägt in das Symbol esoter. Bedeutungen hinein, die aus den Schriften der Rosenkreuzer stammen: Der »Hodos Chameliontos« symbolisiert in *Autobiographies* (1926) den Lebensweg (↗Weg/ Straße) des Dichters. Im 20. Jh. wird die scheinbar unbegrenzte Wandlungsfähigkeit des Ch. in die Symbolik einer imaginären Bedrohung (Blixen, *Out of Africa*) und des Absurden (Ionesco, *L'impromptu de l'Alma ou Le caméléon du berger*) überführt.

↗Farben, Papagei.

Lit.: O. Rubitschon, Humanismus und Aufklärung oder Von den Löwen, den Füchsen und dem Ch., in: 2000 Jahre Humanismus als histor. Bewegung, hg. v. F. Geerk, Basel 1998, 85–100.   ASch

China ↗Asien.

Clown ↗Narr.

Cyborg ↗Maschinenmensch.

D

Dammbruch ↗Flut/Dammbruch.

Delfin

Symbol der Rettung, der Treue, der Liebe und der Dichtkunst. – Relevant für Symbolbildung sind (a) das Leben des D. in Gruppen, (b) seine Zutraulichkeit gegenüber dem Menschen.

1. Symbol der Rettung und der Treue. Nachdrücklich bestimmt wird die Symbolik der Treue von der Episode um den Sänger Arion (s. a. 3.), der auf einer Seereise von geldgierigen Matrosen ins ↗Meer geworfen wird und mit seinem ↗Gesang D. herbeilockt, die ihn retten (Herodot, *Historiae* I, 23 f.). Mit Bezug auf die Darstellung bei Plinius d.Ä. (*Naturalis historia* IX, 7 ff.) und vermittelt über die naturkundl. Darstellungen des MA und des Humanismus (u. a. Konrad v. Megenberg, *Buch der Natur*; Gesner, *Fischbuch*, 1563), erscheint der D. in Lit. (H. Sachs, *Der knab mit dem delphin*) und Emblematik in zahlreichen Variationen als Sinnbild der Treue, Fürsorge und Liebe bis hin zum Selbstopfer (HS, 683–689). – Dass auf die Rettung des D. jedoch nur rechnen kann, wer sie auch verdient, stellt schon die frühe Parodie des Motivs in Äsops Fabel *Der Affe und der D.* heraus (EdM III, 390 f.), in der ein D. einen schiffbrüchigen ↗Affen zur Küste trägt, als sich dieser aber als Lügner erweist, ihn ertrinken lässt (Nachdichtung bei Hagedorn, *Der Affe und der D.*). Im Gegensatz zu dieser dominanten Deutungstrad. des D. als Inbegriff moral. Integrität erscheint der D. in Andersens Märchen *Die große Seeschlange* als egoistisch, narzisstisch und wenig hilfsbereit.

2. Symbol der Erotik. In verschiedener Hinsicht verbinden sich in der Antike mit D. Liebe und Erotik. Meernymphen, Nereiden, reiten auf D. (Platon, *Kritias* 116e), wie auch die nackte Thetis, die Peleus mit Gewalt umwirbt (Ovid, *Metamorphosen* XI, 221 ff.; Tibull, *Elegien* I, 5). D. sind das Attribut der ›schaumgeborenen‹ Aphrodite Anadyomene (noch bei Rilke, *Geburt der Venus*). Die Liebe des D. zum Menschen signalisiert die Gunst der Gottheit (Plinius d.Ä., *Naturalis historia* IX, 8, 20–33). – In der »Klassischen Walpurgisnacht« (Goethe, *Faust II*) gehören D. zum Symbolbestand der Liebesfeier (8379 ff.) und Proteus-D. fordert Homunculus zur Vermählung mit dem Ozean. Verknappt wird auch im 19. Jh. die erot. Situation durch Verweis auf den D. signalisiert (Maupassant, *Une vie* V).

3. Symbol der Kunst, insbes. der Dichtkunst. Ausgehend von der Sage um die Rettung des Sängers Arion (s. 1.) wird der D. auch zum Symbol der Kunst (Vergil, *Eklogen* VIII, 56; Plinius d.Ä., *Natu-*

ralis historia IX, 8). Die Liebe des D. zur Musik, unterstützt durch die Zuordnung des D. zu Apollon (*Homerische Hymnen*: »An Apollo«), findet sich häufig mit der Erwähnung Arions (Euripides, *Elektra* 434 ff; *Bestiarium Ashmole* fol. 87v; A.W. Schlegel, *Arion*) und wird in der Lit. zu einem metapoet. Symbol. So betont Hölderlin in den *Pindar-Fragmenten* die Liebe zur Musik und das freundl. Wesen des D. (»Vom D.«), auch Tieck (*Arion schifft auf Meereswogen*) greift die Arion-Episode auf, um die Macht der Dichtung zu symbolisieren. Die bes. Beziehung der Kreatur zum Künstler sprechen Hofmannsthal (*An eine Frau*) und H. Domin an (*Bitte an einen D.*). Ironisch greift Klabund die Dichter-Symbolik auf, indem der Dichter und Vagabund Li Tai-Pe betrunken ins Meer fällt und von einem D. »in die Weite der Unsterblichkeit entführt« wird (*Li Tai-Pe*, Nachwort). Ganz ins »Zeichen«-hafte entrückt sind Symbol- und Mythengeschichte der D., »von fern dem Menschlichen geneigt«, schließlich in Rilkes *Delphine*.

Lit.: EdM III, 389–399. – O. Keller, Art. D., in: Die antike Tierwelt, Bd. 1, Leipzig 1909, 408 f. – M. Franz/M. Knaupp, Zum D., in: Le pauvre Holterling 8 (1988), 27–38. GMR

Delta ↗Dreieck.

Diamant

Symbol der vollkommenen Reinheit, des Reichtums, der Ewigkeit und der Unbezwingbarkeit. – Relevant für die Symbolbildung sind (a) die Härte des D. (von gr. *adámas*: »unbezwingbar«) und (b) seine Bewertung als Steigerung des ↗Kristalls.

Nach antiker Vorstellung kann der D. weder zerschlagen noch verbrannt, jedoch durch warmes Bocksblut erweicht werden (Plinius d.Ä., *Naturalis historia* XXXVII, 15). Auch in der Bibel gilt der D. als Sinnbild von Festigkeit und Härte, im positiven wie im negativen Sinn: Gott macht das ↗Herz des Propheten einem D. gleich, damit er jeder Versuchung widerstehe (Ez 3,9); daneben steht der D. für Christus (Am 7,8–9). Aber auch die Sünden der Israeliten werden im AT »mit diamantener Spitze eingraviert« (Jer 17,1), und das Volk, das Gottes Wort nicht hören will, wird in seiner Härte mit einem D. verglichen (Sach 7,12). Der D. gehört zu den ↗zwölf Steinen auf der Priesterkleidung, die die zwölf Stämme Israels symbolisieren (Ex 28,18; 39,11). – Im MA deutet der D. auf die Tapferkeit seines Trägers: Hartmanns *Erec* ist »staete [...] und vester dan der adamas« (8426 f.). Auch Maria wird im MA mit dem »vil ture adamas« verglichen (Brun, *Das hohe Lied* 3522), womit ihre herausgehobene Stellung unter den Menschen unterstrichen wird. Als Zeichen der inneren Güte und ↗Reinheit seiner weibl. Trägerinnen findet sich der D. auch später (Dohm, *Schicksale einer Seele*). – Im Märchen symbolisiert der D. wie ↗Gold Kostbarkeit oder Unerreichbares. Die Ewigkeitssymbolik findet sich im Bild vom D.berg wieder, den ein Vogel durch Wetzen seines Schnabels abtragen soll (Grimm, *Das Märchen vom Hirtenbüblein*). ↗Gold, Kristall, Reinheit.

Lit.: EdM III, 1003–1009. – WCS, 136–138. – U. Engelen, Die Edelsteine in der dt. Dichtung des 12. und 13. Jh., München 1978.   IR

Distel
Symbol der Wildnis und Ödnis, der Sünde und des Schmerzes bzw. damit verbundener Seelenzustände, des Todes, der Verwandlung und des Zaubers, der Widerständigkeit sowie poetolog. Symbol, insbes. im Bereich der Satire, und herald. Symbol Schottlands. – Relevant für die Symbolbildung sind (a) die aufgrund ihrer topograph. Provenienz mit der D. verbundene Verweisfunktion auf Öde und Wildnis, (b) die aus den Stacheln resultierende Wehrhaftigkeit (↗Rose) bzw. Schmerzhaftigkeit für Tier und Mensch (↗Nessel), (c) die kulturell bedingte Differenzierung von Unkraut und Nutzpflanze (auch in ästhet. Hinsicht), die zu regional unterschiedl. Bewertungen der D. führt, (d) die sich aus ma. und frühneuzeitl. Praktiken ergebenden Zuschreibungen als Heil- sowie als Unglückspflanze und (e) ihre Funktion als Nahrungsquelle für ↗Esel und ↗Biene.

1. Symbol der Wildnis und Ödnis sowie der Sünde. Die Genügsamkeit hinsichtlich ihrer Wachstumsbedingungen lässt die D. geradezu emblematisch für die karge Vegetation wilder oder veröteter Landstriche erscheinen (Immermann, *Eudoxia*). Hierbei spielt der Gegensatz zwischen Natur und Kultur eine zentrale Rolle, da die D. sowohl für vom Menschen unberührte bzw. von ihm verlassene Bereiche stehen kann (etwa bei Matthisson, *An ein Dorf*; Bürger, *Lenardo und Blandine*), als auch als Einschluss der Wildnis in einer ansonsten kultivierten Landschaft fungiert (Pückler-Muskau, *Brief eines Verstorbenen* XXVIII). In theolog. Hinsicht fungiert die D. als Symbolisation der Sünde (Logau, *Zuwachs der Sünde*; Abschatz, *Betrachtung funffzig-jährigen Lebens-Lauffs*; Angelus Silesius, *Gott bricht von D. Feigen*) bzw. ihrer Konsequenzen, so bereits in Gen. 3,17 f. bei der Vertreibung aus dem Paradies (↗Garten); auf diesen locus classicus beziehen sich u. a. Milton (*Paradise Lost* X), Claudius (*Verflucht sei der Acker*), Goethe (*Das Marktfest zu Plundersweilern*) und C. Brentano

(*Legende von der heiligen Marina*). Analog dazu wird bei Abraham a Sancta Clara mit Verweis auf den hl. Ambrosius behauptet, dass der ↗Acker Kains nach dem auf ihm begangenen Brudermord sich in ein »ödes Feld verwandlet/ vnd nichts als D. vnd Unkraut getragen« habe (*Mercks Wienn*). Im Zuge barocker Vanitas-Vorstellungen repräsentiert die D. die diesseitige Welt der Sünde (Anton Ulrich Herzog v. Braunschweig, *Die durchleuchtigste Syrerin Aramena* V: »Verachtung der welt/ und verlangen nach dem himmel«).

2. Symbol des Schmerzes und damit verbundener Seelenzustände. Der sich aus der Berührung mit dem Stachel ergebende Schmerz lässt die D. neben der Nessel und Dornengewächsen wie der Rose als emblemat. Pflanze für Leiderfahrungen erscheinen. In der Lit. ist insbes. die alliterierende Doppelformel von ›D. und Dorn‹ weit verbreitet (Brentano, *Ich träumte hinab in das dunkle Tal*; Bürger, *Des Pfarrers Tochter von Taubenhain*). Diese Schmerzerfahrung kann sich auf Liebe beziehen (Löns, *Die böse Sieben*; Jean Paul, *Siebenkäs* VIII), aber auch auf Neid, Missgunst, Zank und Streit (Liliencron, *IsanHinnack*. 1346; Jean Paul, *Siebenkäs* VIII) sowie auf Kummer und Gram (Claudius, *Einfältiger Hausvater-Bericht*; Herder, *Briefe zur Beförderung der Humanität* I, 9), ebenso wie als Begleiterscheinung von Hoffnung (»D. der Hoffnung« im zweiten Heftlein von Jean Paul, *Hesperus*, 16. Hundposttag). Als Element der landschaftl. Objektivation von Leidenszuständen findet sich die D. etwa auch bei Lenau als Teil von dessen Weltschmerztopologie (Lenau, *Stimme des Regens*). Damit verknüpft sich auch die Vorstellung eines leidvollen Lebenswegs, etwa in Diderots *Jacques le Fataliste et son maître*.

3. Symbol des Todes. Als Pflanze, die auf ↗Gräbern wächst, fungiert die D. als Merk- oder Hinweiszeichen des Todes (Droste-Hülshoff, *Am Bodensee*) bzw. der Vergänglichkeit (Chateaubriand, *René*), im Bereich der Sagen insbes. des gewaltsamen Todes bzw. Mordes (Bartsch, *Wunderpflanze auf dem Keulenberg*; Grässe, *D. verrathen einen Mörder*), bisweilen aber auch im Sinne des klass. *memento mori* (Keller, *Der grüne Heinrich*, 2. Fass., XV).

4. Symbol der Verwandlung und des Zaubers. Aus vormodernen Naturvorstellungen leiten sich Zuschreibungen der D. als Element mag. Praktiken sowie als Gegenstand der Verwandlung her; beispielhaft hierfür ist die Verwendung in Praetorius' Blocksberg-Akrostichon (*Blockes-Berges Verrichtung* II). Als nekromant. Zauberkraut zur Beschwörung von Geistern wird der D.-Strauch in Lohensteins *Agrippina* (V) aufgeführt. Mit diesem Kontext verbindet sich die Vorstellung der D. als Gegenstand der Verwandlung (so das Märchenmotiv der Verwandlung von D.köpfen in Riesen in Wielands *Don Sylvio von Rosalva* V), wobei die unscheinbare D. häufig für ein darin verkleidetes höheres Prinzip eintritt (so ironisch die »D. Zeherit« in E.T.A. Hoffmanns *Meister Floh* sowie in Mörikes Gedicht *An Fräulein Elise von Grävenitz*).

5. *Symbol der Widerständigkeit*. In der Verbindung von stacheliger Wehrhaftigkeit und anthropomorpher Anmutung findet die D. in unterschiedlichsten Kontexten Verwendung, so in Ted Hughes' Gedicht *Thistles*, in dem diese Pflanzen zugleich Sinnbild vitalist. Lebenskraft und Reminiszenz historisch zurückliegender, krieger. Perioden (Wikingerzeit) sind. In abgeschwächter Weise, als Inbegriff einer nurmehr im kindl. Spiel präsenten ›Gegenwehr‹ verwendet Goethe die D. zu Beginn seiner *Prometheus*-Hymne als Ausdruck der Ohnmacht göttl. Instanzen gegenüber der Allmacht des Genies (als kindl. Spiel auch in Jacobsens *Niels Lyhne* III).

6. *Poetologisches Symbol, insbesondere im Bereich der Satire*. Die Verbindung von Schönheit und Schmerz spielt in der poetolog. Symbolisationen der D. eine wesentl. Rolle, so dass die D. v. a. als Emblem des satir. Modus verwendet wird, etwa in Jean Pauls *Vorschule der Ästhetik* (§ 36). In Tiecks allegor. Gedicht *Der Traum* wird die den romant. Modus repräsentierende Pflanze mit der D. verglichen. Da nur die »unbekannte Sehnsucht« (V. 58) diese zu verklären vermag, kann dies als Ausdruck des Programms einer Romantisierung der Welt verstanden werden. Das Motiv der die D. fressenden Esels symbolisiert häufig die Wirkungsweise der Satire auf die Unverständigen (Kritiker oder Rezensenten, z. B. in Czepko v. Reigersfeld, *D. dem Esel*; Geibel, *Einer jungen Freundin*). Der Kontrast zwischen Esel und Biene, die sich ebenfalls von D. ernährt, wird bei Auerbach als Symbol der geistigen Durchformung von Welterfahrung auch in poetolog. Hinsicht reklamiert (*Schwarzwälder Dorfgeschichten*: »Der Lautenbacher«). In komplexen Chiffrierungen, die insbes. die individuelle und kollektive Leiderfahrung mit dem poetolog. Potential des Symbols verbinden, tritt die D. in moderner Lyrik auf, etwa bei MacDiarmid (*A Drunk Man Looks at Thistle*; s. 7.), Celan (*Bahndämme, Wegränder, Ödplätze, Schutt*), Bobrowski (*Das verlassene Haus*) und Huchel (*Unter der Wurzel der D.*).

7. *Heraldisches Symbol für Schottland*. Als herald. Nationalsymbol Schottlands ist die D. sowohl in der Volksdichtung (*The Thistle of Scotland*) als auch in der Kunstdichtung verbreitet (Burns, *A Wish*; Weerth, *Die Langeweile, der Spleen und die Seekrankheit*; Fontane, *Die Hamiltons oder Die Locke der Maria Stuart*).

↗Biene, Esel, Nessel, Rose, Wüste. ChG/MM

Donau

Symbol erhabener Ferne, der Völkervielfalt und des Zusammenpralls der Kulturen sowie des österreich. Kaiserreichs. – Relevant für die Symbolbildung ist die histor. Bedeutung des Flusses als Hauptver-

kehrsader, Handelsweg und Einfallstraße für Ideen und Heere.

1. *Symbol erhabener Ferne und Völkervielfalt*. Für die Menschen in den geografisch und politisch kleinteiligen Verhältnissen der oberen D. weist der ↗Strom in eine Ferne, die Hoffnungen weckt, aber auch erschreckt. In Hölderlins Ode *Der Ister* (D., gr. *Istros*, davon lat. *Ister*) bringt er das ↗Feuer der Kultur und Heroen wie Herkules von ↗Osten, während »Der andre/ Der Rhein« allem Erhabenen abgewichen sei (vgl. *Am Quell der D.*). Mörike lässt im *Stuttgarter Hutzelmännlein* die schöne Lau sich aus dem Blautopf nach der D.mündung sehnen, obwohl von dort ihr Bann herrührt. Aus dem alten Reich war die D. der vornehmste Weg in die Kaiserstadt Wien. Deshalb bezeichnet J.H. Dielhelm sie 1785 als König aller dt., Fürst aller ↗europ. Flüsse (*Antiquarius des D.-Stroms* VIII). Die Fahrten donauabwärts, die Eichendorff in *Ahnung und Gegenwart* (I, 1; III, 20; III, 22) und in *Aus dem Leben eines Taugenichts* (II; IX) schildert, zeigen eine rauschhafte Bewegung in räuml. und zeitl. Weite. – Schon Arrian sagt im 2. Jh., die D. fließe an vielen Völkern vorbei (*Anabasis Alexandrou* I, 3, 2). Seit dem Fall des eisernen Vorhangs wird die D. als Fluss der Nationen (*du 777*), häufig auch als ↗Brücke zwischen West und Ost apostrophiert.

2. *Symbol des Kulturzusammenpralls*. Statt für Offenheit (s. 1.) kann die D. aber auch für eine Grenze gegenüber Barbaren oder Ungläubigen stehen. Das *Nibelungenlied* lässt die Burgunden ihr Reich am ↗Rhein verlassen und in der ↗Burg des Hunnenkönigs Etzel an der D. untergehen. In dieser Opposition von ↗West und Ost wird Etzels Gebiet mit Ungarn gleichgesetzt (XX, 1162), erscheinen die Hunnen als zusammengewürfelter Haufen östl. Völker (XXII, 1338 ff.). Das bietet eine Vorlage für völk. Selbst- und Fremdentwürfe noch des 20. Jh., etwa für F. Langs *Nibelungen*-Film von 1924, in dem die geometr. Schar der Burgunden von einer Flutwelle (↗Flut/Dammbruch; ↗Welle) asiat. Horden (↗Asien) überschwemmt wird. – Ebenfalls als Zivilisationsscheide erscheint die D. in den Kämpfen gegen die Türken. Sigmund v. Birken z. B. deutet 1664 die Krümmungen des Stroms als »Vorsicht GOttes/ damit heut zu Tag die Türckische Ertzfeind der Christenheit nicht so wol zu Wasser/ als zu Land/ dieselbe überschwemmen und überziehen könne« (*Der D.-Strand*). Ins Historische gewendet erscheint dieser Konflikt 1817 bei A. v. Arnim (*Die Kronenwächter*: Einleitung).

3. *Symbol der D.-Monarchie*. Für Österreicher wie Stifter war die D. der Weg in die Hauptstadt (etwa in *Der Nachsommer* I, 6). Seit der Etablierung eines österreich. Kaisertums 1806 gilt sie als Lebensfaden dieses Gebildes, das, 1849 und 1866 von der dt. Nationalstaatsgründung ausgeschlossen, als *D.-Monarchie* bezeichnet wird. Zu ihrem Daseinszweck erklärt man die Mission, den *D.-Raum* poli-

tisch zu gestalten. Mit welchem Ziel das geschehen sollte, blieb jedoch umstritten; dadurch entwickelt sich die D. zum Schlagwort widerstreitender Identitätskonzepte. Die dt. Kultur zu verbreiten, darin liegt für die meisten Deutschösterreicher die Aufgabe der D.-Monarchie (so z. B. Hofmannsthal, *Wir Österreicher und Deutschland*, in: *Vossische Zeitung*, 10.1.1915). Eben deshalb betrachten die Nationalisten der anderen Volksgruppen sie als Völkergefängnis. Der Untergang von 1918 und die lange Zeit ungeklärte Lage der Österreicher sowie der dt. Minderheiten in den Nachfolgestaaten bringen Geschichtsdeutungen und polit. Mythen hervor, in denen die D.-Monarchie nachträglich mit weiterem Sinn aufgeladen wird. Werfel erscheint sie im Rückblick aus dem Exil als Versuch, das Reich Gottes auf Erden zu gründen, ihre Idee: der Kampf gegen den Nationalstaat (*Twilight of a World*, 1937, Vorrede). Da Letzterem die Zukunft gehört habe, sei es ein Kampf gegen die Entwicklung gewesen, Bewahrung durch bürokratisierte Entscheidungsvermeidung sein Prinzip. Die dafür erforderl. Haltung macht J. Roth 1932 im *Radetzkymarsch* zum Thema. Der polit. Stillstand wird durch Lebensgenuss kompensiert. Sein Inbegriff ist der Walzer. *An der schönen blauen D.* nennt J. Strauss d.J. ein Konzertstück nach Versen von K. Beck; es steigt zur inoffiziellen Hymne der Monarchie auf. S. Zweig schreibt 1942 der Wiener Musik die Fähigkeit zu, die Gegensätze der Völker und Stände aufzulösen (*Die Welt von Gestern*: »Die Welt der Sicherheit«) und betont den Anteil der Juden an der Hochblüte einer aus polit. Indolenz erwachsenen Kultur. V.a. von jüd. Literaten wird die D.-Monarchie daher nachträglich verklärt. – Dagegen wenden sich Deutschösterreicher wie Musil, der 1919 den *Anschluss an Deutschland* fordert und die Vorstellung von einer österreich. Kultur kritisiert. Der kleindt. Nationalstaat soll zu einem gesamtdt. erweitert werden und Österreichs Mission in *D.-Raum* weiterführen (H. v. Srbik, *Gesamtdt. Geschichtsauffassung*, 1930; vgl. O. Brunner, *Die Habsburgermonarchie und die politische Gestaltung des Südostens*, 1943). Um die dt. Minderheiten in den Nachfolgestaaten der Monarchie einzubeziehen, wird der kulturelle Imperialismus in einen völk. umgedeutet. Sein Lebensraum sei Mitteleuropa, das durch die D. nach Südosten offen stehe (H. Steinacker, *Deutschtum und Österreich im mitteleuropäischen Raum*, 1929). Nach 1989 knüpft man wieder an Vorstellungen an, Österreichs Lage an der D. bestimme es zur Vermittlung. Die D.monarchie wird als Vorläuferin der EU präsentiert (M. Ley, *D.-Monarchie und europ. Zivilisation*, 2004). ↗Fluss, Osten, Rhein.

Lit.: F. Fellner, Die Historiographie zur österreich.-dt. Problematik, in: Österreich und die dt. Frage, hg. v. H. Lutz/H. Rumpler, München 1982, 33–59. – C. Magris, Der habsburg. Mythos in der österreich. Lit., Wien 2000. – ders., D., München 1991. JS

Donner ↗Gewitter/Blitz und Donner.

Doppelgänger ↗Zwillinge/Doppelgänger.

Dorn / Dornbusch / Dornausziehen

Symbol der Sünde und der Strafe, der Mühsal und der (Liebes-)Leiden, gelegentlich des Schutzes und der Zuflucht; brennender D.busch als Symbol der Anwesenheit Gottes bzw. der Erlösung von Schuld; D.ausziehen als Symbol des Mitleids, D.auszieher als Symbol der Anmut. – Relevant für die Symbolbildung sind (a) die stechende, verletzende Eigenschaft des D., (b) die Nähe zur ↗Rose, (c) die Fähigkeit, etwas zu verbergen (D.busch) oder in seinem Lauf zu hemmen.

1. Symbol der Sünde und der Strafe. Der D. symbolisiert den Verlust des Paradieses (↗Garten) und wird im AT den ↗Disteln und den ↗Nesseln zugeordnet. Als Folge der Sündhaftigkeit des Menschen soll der ↗Acker D. und Disteln tragen (Gen 3,18), sündhafte Menschen werden zum Geschlecht der D. gerechnet (Mi 7,4; Ez 2,6; Mt 7,16 f.; vgl. Büchner, *Der Hessische Landbote*). Im Rückgriff auf das Hohelied (2,2) ist die hl. Maria des MA frei vom D. der Sünde: Sie ist ›↗Lilie unter D.‹ (*Melker Marienlied* IV) oder ›Rose ohne D.‹ (*Evangelium Nicodemi* 2676). Nach dem Sündenfall ist Evas Brust »von D. wund« (Droste-Hülshoff, *Das verlorene Paradies*); der giftige D. steht für die ›geheime Schuld‹ (dies., *Carpe Diem!*) oder das ›peinigende Gewissen‹ (dies., *Die ächzende Kreatur*). – Der Stab, geschnitten aus dem D.busch, wird als Begleiter des Pilgers und Reisenden (↗Reise) zum sichtbaren Zeichen der menschl. Schuldhaftigkeit (Lenau, *Savonarola*: *Weihnacht*; Moritz, *Anton Reiser* III; Nestroy, *Der Talisman* I, 5). Kafka belebt das Bild des schuldigen Menschen, der sich in die D. wirft, neu; die Schuld ist jedoch nun eine »nicht gekannte« (*Der Bau*). – Betont wird auch die Unfruchtbarkeit des D.buschs und Selbstüberschätzung mit ihm verbunden (Mt 7,16; Lk 8,14; 2 Kg 14,9; *Heliand*: Die Bergpredigt). An Ri 9,8 ff. angelehnt, beschreibt die Fabel vom D.busch als Regierungsoberhaupt ein Bild der verkehrten Welt, in der der unwürdigste Mensch das höchste Amt erhält (Abraham a Sancta Clara, *Die Wahl*). – Auch verleumder., falsche Rede steht im Zeichen der D. (*Des Knaben Wunderhorn* III, 17: *Heimlicher Liebe Pein*). Jean Paul weitet diesen Vergleich auf die Satire, das sog. D.stück, aus, von dem die D. wegzubrechen seien, will man die Zuhörer nicht verärgern (*Siebenkäs*, Vorrede).

2. Symbol des Leidens und der Liebesschmerzen. Der ›D. im ↗Auge‹ (Num 33,55) ist sprichwörtlich geworden. Die D.krone ist Symbol der Passion Christi (Mt 27,29; Mk 15,17; Joh 19,2; ↗Krone). Verletzung durch den D. steht für Mühsal und Widrigkeiten des Lebens allgemein (Stifter, *Die Mappe meines Urgroßvaters* I), aber auch für Vernichtung und Tod (Celan, *Psalm*; Nick, *Belsen*

1954). Insbes. aber entwickelt sich die Liebessymbolik im Spannungsfeld der Symbole D. und Rose (Celan, *Stille!).* Der Liebende darf keine Angst vor den D. haben, will er nach der Rose (= ↗Frau) greifen (Gottfried v. Straßburg, *Tristan* 18075 ff.), denn, so Jean Paul später, »sind nicht Leiden die D., womit die Schnalle der Liebe verknüpft?« (*Titan*, 93. Zykel). Die stechende Eifersucht ist ein in den ↗Fuß eingetretener D. (Gessner, *Idyllen*: »Eifersucht«; G. Heym, *Eifersucht, 28.10.1910*) oder ein Geschenk von D. (Mörike, *Die Tochter der Heide*). Werther muss sich von den D. zerreißen lassen, will er den Schmerz der Enttäuschung lindern (Goethe, *Die Leiden des jungen Werthers* I: »Am 30. August«). – Aber der Schmerz im Zeichen des D. ist nicht nur unerwünschte Begleiterscheinung der Liebe, sondern trägt auch zu ihrer Steigerung bei (E.T.A. Hoffmann, *Das steinerne Herz*; Gleim, *Amor und Venus*). Der Tod im Moment des Einswerdens mit der Geliebten verspricht höchste Lust, sinnfällig im Bild der ↗Nachtigall, die sich singend vom D. der Rose durchbohren lässt (Heine, *Reisebilder* VI; Wilde, *The Nightingale and the Rose*). Die ↗phall. Symbolik des D. durchzieht die Liebeslit. seit dem MA, keineswegs aber nur als männlich konnotierte. Bei Jean Paul sind es die weibl. Launen, die D. »in das Ehelager säen, daß oft der Satan darauf liegen möchte« (*Die unsichtbare Loge* VIII).

3. D.busch als Erlösungs- und Gnadensymbol. Der brennende D.busch ist Symbol der Gottesberührung und Erlösung (Ex 2,3), seit dem MA auch Sinnbild der hl. Maria (z.B. Brentano, *O Traum der Wüste*). Das heilsgeschichtl. Moment problematisierend, deutet Kafka den D.busch als »Wegversperrer«, der ↗Feuer fangen muss, will man weiterkommen (*Das Schweigen der Sirenen*). Der brennende oder niedergebrannte D.busch verweist z.B. bei Grass auf den Holocaust (*Die Krönung*) (↗Asche, ↗Auschwitz).

4. D.busch als Symbol der Treue und des Schutzes. Aus dem mit dem brennenden D.busch verknüpften Marienbild entwickelt sich eine allg. Nähe des D.buschs zur Frau. Bei Chézy wird die Treue des ›ernsten‹, ›schmucklosen‹ D.buschs, der das vom ↗Wind fortgetragene Brusttuch Marias fängt, mit ↗Blumen belohnt (*Maria und der D.busch*). Bei Gessner bedankt sich Bacchus beim D.busch, in dem das von ihm verfolgte Mädchen hängen bleibt (*Idyllen*: *Der Frühling*). Die den Garten einfriedende D.hecke schützt die wohlgeordnete private Welt vor der Wildnis (Vergil, *Georgica* IV, 125–149). Bei Gessner wird der mit D.büschen umgrenzte Ort zum Hain derjenigen, die der Liebe leben (*Idyllen*: *Lycas oder die Erfindung der Gärten*).

5. D.ausziehen als Symbol des Mitleids und der selbstvergessenen Anmut. Das Entfernen des in den Fuß eingetretenen D. als Symbol der Mildtätigkeit schließt an ein antikes Motiv an, demzufolge der Sklave Androklus einen ↗Löwen von einem D. be-

freit und im Gegenzug von diesem im röm. Zirkus vor dem Tod bewahrt wird (Aulus Gellius, *Noctes Atticae* V, 14). Die christl. Ausdeutung dieser Mitleidssymbolik hat ihren Ursprung in der Legende vom hl. Hieronymus, der ebenfalls einen wilden Löwen zum Freund gewinnt, indem er ihm einen D. auszieht (Jacobus de Voragine, *Legenda aurea*; Klabund, *Hieronymus*). Unter Verweis auf das Goldene Zeitalter, in dem »Löwen Lämmer« werden, zähmt in Goethes *Novelle* der Knabe in gleicher Weise den »Tyrannen der Wälder«. – Die literar. Symbolik wird bes. durch die Rezeption des kapitolin. ›D.ausziehers‹ (Bronzestatue aus dem 1. Jh. n.Chr.) bestimmt, der in Anlehnung an Theokrit (*Idyllen* IV) als Hirtenknabe, aber auch als Eros, Pan, Satyr oder lächerl. Priapus gedeutet wird (Gregorius, *De mirabilibus urbis Romae*). Dem MA ist er verachtenswerter Tor und Sünder, der Renaissance Symbol der Schönheit, Goethe bezeichnet ihn als anmutig (*Über Laokoon*). In der Problematisierung von ursprüngl. Grazie und Verlust des Ursprungs entwickelt Kleist in seinem Prosatext *Über das Marionettentheater* die literarisch markanteste Ausdeutung des D.ausziehers. Hier verdichten sich die Lächerlichkeit des ma. mit der selbstversunkenen Schönheit des antiken D.ausziehers und dem Bild des ↗Narziss. Ist der D. Zeichen für die Vertreibung aus dem Paradies, wird in dem erfolglosen Versuch, die Geste des D.ausziehens mit der ursprüngl. Grazie zu wiederholen, das Vertreibungsmoment verdoppelt. In Th. Manns *Tod in Venedig* wird der D.auszieher im Jüngling Tadzio zu einer diffus leidenden Schönheit ohne D.

↗Rose.

Lit.: WCS, 207–209. – F. Mellinghoff, Zum D.ausziehermotiv, in: Beiträge zur Alten Geschichte und deren Nachleben, hg. v. R. Stiehl/H.E. Stier, Bd. 1, Berlin 1969, 305–314.   ChW

Drache

Symbol des Glücks, des Chthonischen, Destruktiven und Bösen, innerer Zustände und Entwicklungsprozesse sowie polit. Herrschaft. – Relevant für die Symbolbildung sind (a) Gestalt (Schuppenleib, Riesenklauen, ↗Flügel, großer Rachen, ↗feuriger ↗Atem, paralysierender und scharfer Blick), (b) Attribute (Schatz) und (c) Lebensraum des D. (↗Höhle/Grotte, ↗Wasser) sowie (d) seine Beziehung zu Menschen und anderen Tieren (v.a. Kampf) und (e) seine Entstehung als Ergebnis einer Verwandlung.

1. Glückssymbol. Im altnord. Sagenkreis erscheint der D. als Symbol des Schutzes gegen Unheil und feindl. Geister (*Landnámabók*). Ähnlich wie in der klass. Antike (Plinius, *Naturalis historia* VIII, 61), wird der D. in der ma. Lit. allerdings oft erst nach seiner Bezwingung zu einem Glücksbringer i.S.v. phys. Kraft, materiellem Gewinn, Weisheit und besonderen Fertigkeiten. Eine besondere Rolle kommt dem D.blut (↗Blut) zu: Es härtet ↗Stahl (*Virginal* XXXVII, 1–5), macht den Helden unverwundbar (*Nibelungenlied* III, 100; Albrecht v. Scharfenberg, *Jüngerer Titurel* 3313 ff.) und heilt Krankheiten (Hildegard v. Bingen, *Physica* VIII, 2). In der modernen Fantasylit. erscheinen D. als intelligente Wesen und Gefährten des Menschen (LeGuin, *Erd-see-Bücher*; McCaffrey, *D.reiter von Pern*), und in der Kinder- und Jugendlit. schließlich dezidiert als Glücksdrachen (Ende, *Die unendliche Geschichte*; Hofer/Wolf, *Benjamin und der Glücksdrache*).

2. *Symbol des Chthonischen, Destruktiven und Bösen.* Als Symbol des Chthonischen (Phaedrus, *Der Fuchs und der D.*) besitzt der D. seinen Ursprung in den babylon. (*Enuma Elisch*), antiken (Hesiod, *Theogonie*) und nordgerman. (*Ragnarök*) Schöpfungsmythen, in denen er als das zu überwindende gottes- und menschenfeindl. Urprinzip im kosmolog. Urkampf erscheint. Als Schatzhüter und Jungfrauenwächter (↗Frau/Jungfrau) ist er in der antiken und german. Götter- und Heldensage zudem Symbol des feindl. Destruktiven und Bösen, das den Helden herausfordert (Kadmos, Herakles, Perseus, Jason; Sigurd/Siegfried), der mit der Tötung des D. die Ordnung wiederherstellt, seinen Mut beweist und materiellen wie ideellen Gewinn erzielt (Pausanias, *Beschreibung Griechenlands* IX, 10, 1; Apollodor, *Bibliotheke* I, 9, 23; II, 5, 2 f.; II, 5, 11; III, 23–27). Diese Symbolik findet sich auch in der jüd.-christl. Trad. (Gen 3; Ijob 41; Offb 12,7 ff.). Im MA erscheint der D. als Symbol des ewigen Bösen, der Hölle und des zu überwindenden Teufels (Der arme Hartmann, *Rede vom Glauben* 515 ff.; Thomasin v. Zerklaere, *Der welsche gast* 11615 ff.; Dante, *Divina Commedia*: »Inferno« XVII ff.). Bes. Stellenwert besitzt der D. als ↗Schlangen-/Horndrache in Heiligenlegenden und spätma. geistl. Spielen, in denen die Tötung des D. den Sieg des wahren Glaubens versinnbildlicht (*Legende des hl. Georg*). Neben dem Eingang des D. als Symbol des Heidentums in die Kreuzzugsepik (Wolfram v. Eschenbach, *Willehalm* 144, 30 ff.) gehört der D.kampf in der profanen ma. Dichtung zum typ. Modell einer heroischen Biografie und dient dem ↗Braut-, Hort-, Waffen- und Wissenserwerb oder als reine Mut- und Bewährungsprobe des ritterl. Kämpfers (*Beowulf* 2200–3182; *Virginal* CXLIV, 1–9; CLXXIV, 5–9; *Nibelungenlied* III, 100; Hartmann v. Aue, *Iwein* 3828 ff.; Gottfried v. Straßburg, *Tristan* 8902 ff.; Heinrich v. dem Türlin, *Diu Crône* 13466 ff.; Wirnt v. Grafenberg, *Wigalois* 5009 ff.; Konrad v. Stoffeln, *Gauriel* 2400 ff.). Noch in der Fantasylit. des 20. Jh. erscheint der D. als klass. Ungeheuer und fungiert weiterhin als Mut- und Bewährungsprobe des Helden (Eddison, *The Worm Ouroboros*; Tolkien *The Hobbit*; *Lord of the Rings*). Neue Bedeutung besitzt der bezwungene D. in der Kinder- und Jugendlit. und symbolisiert als niedl.

Wesen den guten Kern im Bösen bzw. Hässlichen (Ende, *Jim Knopf und Lukas der Lokomotivführer*; Rowling, *Harry Potter and the Philosopher's Stone*).

3. *Symbol innerer Zustände und Entwicklungsprozesse.* Ähnlich wie in der Kadmos-Sage (Pausanias, *Beschreibung Griechenlands* IX, 10, 1; Apollodor, *Bibliotheke* III, 23–27; Ovid, *Metamorphosen* III, 1–IV, 606) aus den ↗Zähnen der D. starke Menschen wachsen, erfolgt im ma. Antikenroman nach dem Tod des großen D. die Wiedergeburt (↗Geburt) feindl. Kämpfer (Konrad v. Würzburg, *Trojanerkrieg* 9966 ff.). Umgekehrt wird Fafnir in nord. Sage aufgrund seiner Habgier und Grausamkeit in einen D. verwandelt (*Edda*: »Sigurdharkvidha Fafnisbana önnur«; ähnlich auch Ulrich v. Zatzikhoven, *Lanzelet* 7845 ff. sowie die Märchen *Das singende springende Löweneckerchen* und *König Lindwurm*). – Im 20. Jh. wird diese Symbolik tiefenpsychologisch interpretiert als Darstellung eines inneren Kampfes, der der Persönlichkeitsentwicklung und der Befreiung des Ich gegen regressive Mächte dient (Jung, *Die Archetypen und das kollektive Unbewusste*). Literar. Ausdruck findet dies in der Symbolik des D. für inneres Chaos bzw. degenerierte Identität (Green, *Leviathan*; J. Roth, *Der Leviathan*; Hein, *Der Fremde Freund/D.blut*) und der Bedeutung als widerlog. Urgrund des Lebens, der zum unbewussten Ich führt (Doderer, *Die Wiederkehr der D.*; *Ein Umweg*; *Das letzte Abenteuer*; Strudlhofstiege; *Dämonen*). Schließlich zeigt sich im D. auch das männl.-patriarchal. Prinzip (↗Mann), und der D.kampf symbolisiert die Überwindung der Geschlechtergrenzen (Haushofer, *Die Mansarde*; Bachmann, *Die Geheimnisse der Prinzessin von Kagran*; vgl. *Malina*: »Glücklich mit Ivan«).

4. *Symbol politischer Herrschaft.* Die Symbolik geht, neben Platons Beschreibung des Tyrannen (*Staat* IX, 588), v. a. auf Hobbes' staatstheoret. Schrift *Leviathan* zurück, in der dieser das Symbol eines staatl. Ganzheitsmodells um absolutist. Politikverständnis abgibt. Im Bildfeld des Staatsschiffes (↗Schiff) erscheint der Leviathan abweichend von Hobbes als Symbol für die polit. Opposition und die Beeinträchtigung des Staates (Swift, *A Tale of a Tub*). In der Moderne wird die Staatssymbolik mit dem D.töter-Motiv eng geführt: So schildert Schiller (*Der Kampf mit dem D.*) die tyrann. Schreckensherrschaft des D. von Rhodos und die Kompensation seiner Tötung durch erneute Repression als Spiegel der polit. Angst vor dem Hintergrund der Frz. Revolution; A. Schmidt (*Leviathan*) identifiziert den Leviathan mit Nationalsozialismus und Militarismus als weltbeherrschende böswillige Chaosmächte. Biermann (*Der Dra-Dra*) bindet die D.töter-Geschichte in ein sozialpolit. Koordinatensystem ein, in dem der D. für Ausbeutung, Willkür und konterrevolutionären Terror steht, und Auster (*Leviathan*) zeigt mit dem D.-Symbol schließlich den sich selbst suchenden Helden in der Auseinan-

dersetzung mit den polit. Bewegungen der 1960er Jahre, dem anonymen Leben in der Großstadt (↗Stadt) und dem Verfall moral. Ordnungen.

↗Greif, Krokodil, Schlange, Wal, Wurm.

Lit.: EdM III, 787–820. – HdA II, 364–404. – C. Lecouteux, Les monstres dans la pensée médiévale européenne, Paris 1999.   CL

Drei

Symbol der (göttl.) Vollkommenheit, Vollständigkeit und Einheit. – Relevant für die Symbolbildung sind (a) die mathemat. und phänomenolog. Eigenarten der D. als erste ungerade Primzahl und (b) als der erste unspezif. Plural, der die Polarität der Zwei (hell/dunkel, gut/böse) überwindet. Der in zahlreichen Kulturen anzutreffende überweltl. Charakter der D. wird zudem damit erklärt, dass (c) der Mensch die D. an seinem eigenen Körper nicht vorfindet und sie daher sublimiert.

1. Symbol der Heiligkeit und Vollkommenheit. In vielen Kulturen ist die D. zur Beschreibung der geistigen Welt als hl. Zahl von zentraler Bedeutung. Nach dem Trimurti-Konzept der hinduist. Trad. ist die Gesamtheit des Seins durch die Trias von Brahma, Vishnu und Shiva (Schöpfen, Erhalten, Zerstören) versinnbildlicht (*Matsya-Purana* 3; *Vayu-Purana* 5). Für die Pythagoreer bedeutet die Zahl Anfang, Mitte und Ende (Aristoteles, *De coelo* I, 268a). Im Judentum weist die D. auf den dreimal hl. Gott (Jes 6,3; vgl. Gen 18,2), im Christentum symbolisieren das ↗D.eck und die D.zahl die Konstellation des dreieinigen Gottes (↗Vater/Hausvater, Sohn, Hl. Geist; Mt 28,19), vgl. z. B. Q. Kuhlmann, *Der Kühlpsalter* V, Der dritte Kühlpsalm 1.10.; Angelus Silesius, *Cherubinischer Wandersmann* IV, 61: *Die verlorene und wiedergefundene D.*; Hebbel, *Die heilige D.* – Die D. strukturiert jedoch nicht nur das Göttliche, sondern auch die Schöpfung, sie ist das wichtigste Ordnungsmuster des ma.-christl. Raum- und Zeitverständnisses: Der Kosmos ist dreiteilig (↗Himmel, ↗Erde, Unterwelt), die Erde selbst gliedert sich in drei Teile (↗Europa, ↗Asien, ↗Afrika). Der Zeitlauf der Welt zwischen Schöpfung und Jüngstem Gericht gliedert sich durch die mosaische Gesetzgebung und die Menschwerdung Gottes in die drei Phasen: *ante legem, sub legem* und *sub gratia* (zu diesen und weiteren christl. Bedeutungen der D. vgl. Hrabanus Maurus, *De universo*; Joachim v. Fiore, *Concordia novi ac veteris testamenti*; ↗Tausend). Als heilstheolog. aufgeladenes Gliederungsprinzip findet die D. Einzug in die christl. Lit. (Dante, *Divina Commedia*; ↗Vers). – Zugleich gilt die D. als mag. Zahl (Agrippa v. Nettesheim, *De occulta philosophia* I, 1), so noch in Goethes *Faust I*, wenn Faust Mephisto dreifach auffordern muss, bevor dieser eintritt (1530 ff.). Anstelle der D. wird in myst. Kontexten auch die Neun als Chiffre der Vollkommenheit verwendet, die, entsprechend der mathemat. Potenzierung (drei mal drei) als Steigerung und Intensivierung der D. gilt (vgl. neun Chöre der ↗Engel). – Als Säkularisierung der christl.-myst., ontolog.-ordnenden Kraft der D. kann die Affinität der Philosophie des Dt. Idealismus zur Triade gelten, die sich deren heurist. Funktion zu eigen macht (Schelling, *System des transcendentalen Idealismus*). So ordnet sich die Philosophie Hegels auf den Gebieten der Metaphysik (Logik, Natur, Geist), Ästhetik und Geschichtsphilosophie maßgeblich nach dem Muster der D.heit (*Enzyklopädie der philosophischen Wissenschaften*). Die Vollkommenheitssymbolik der D. tradiert sich bis in die Moderne (George, *Stern des Bundes*).

2. Symbol formaler Ordnung und Einheit. In Poetik und Rhetorik ist die D.gliederung das wichtigste Strukturmodell. Die griffigste Definition einer triad. Struktur als Kriterium ästhet. Geschlossenheit liefert Aristoteles: »Ein Ganzes ist, was Anfang, Mitte und Ende hat« (Aristoteles, *Poetik* 1450b). Entsprechend grundlegend ist die D. als Gliederungsmuster von fiktionalen und nicht-fiktionalen Texten (Einleitung, Mittelteil, Schluss). Das klass. System der Rhetorik kennt drei Anlässe der öffentl. Rede (*genus iudicale, deliberativum, laudativum*) und differenziert vermutl. seit dem Aristoteles-Schüler Theophrast drei Stillagen (*genus humile, medium, sublime*), systemat. formuliert zuerst in der *Rhetorica ad Herennium* (IV, 11 ff.). Goethe schließl. bringt die Typologie literar. Gattungen auf die D.zahl und kanonisiert die bis heute üblich »drei echte Naturformen der Poesie«: Epos, Lyrik und Drama (*Abhandlungen zu besserem Verständnis des west-östlichen Divans*, »Naturformen der Dichtung«). Auf der D. als Geschlossenheit suggerierendem Ordnungsprinzip beruht auch die Verbindung mehrerer Werke zu einer Trilogie (Schiller, *Wallenstein*; Broch, *Die Schlafwandler*; Grass, *Danziger Trilogie*). – Als narratives Muster findet sich die D. in der Lit. aller Epochen. Die Abgeschlossenheit bzw. der Erfolg einer Handlung ergibt sich aus der dreimaligen Wiederholung einzelner Aktionen: Was dreimal vorkommt, geschieht oder genannt wird, ist abgeschlossen und gebannt, so schon im AT (1 Sam 20,41; 1 Kön 17,21). Eine herausragende symbol. Bedeutung hat die D. in der Märchen- und Schwanklit. sowie in Witzen. Häufig ist die Handlung durch drei Lebewesen, drei Fragen oder Prüfungen oder drei Orte gegliedert, die Personenkonstellation entwickelt sich um das ›D.-Brüder-Schema‹ (Grimm, *Die drei Brüder*; *Tischchen deck dich, Goldesel und Knüppel aus dem Sack*). Die dreiteilige Struktur des Handlungsablaufes (nach M. Lüthi: Konflikt, Mangel/Prüfungen, Abenteuer/Auflösung, Ende) lässt sich auf Texte aller Art und Provenienz übertragen (Schiller, *Die Bürgschaft*; H. v. Kleist, *Das Erdbeben in Chili*), bis zur klass. Hollywood-Dramaturgie.

↗Dreieck, Tausend, Zahlen.

Lit.: EdM III, 851–868. – LmZ, 214–331. – WCS, 49 f. – H.A. Hutmacher, Symbolik der bibl. Zahlen und Zeiten, Paderborn 1993. – S. Lorenz, Zwölf und Dreihundert, in: Sprachkunst 17 (1986), 224–244. – H. Usener, D.heit, ein Versuch mytholog. Zahlenlehre, Bonn 1903.

JK

Dreieck

Symbol weibl. Sexualität und des kosmogon. Prinzips, der göttl. Dreieinigkeit und des abstrakten Verstandes. – Relevant für die Symbolbildung sind (a) die D.gestalt der weibl. Scham (↗Vagina), (b) die D.form als wohlproportionierte Einheit selbständiger Momente.

1. Symbol weiblicher Sexualität. Als weibl. Sexualsymbol begegnet das D. und der ihm zugeordnete ↗Buchstabe Δ (Delta) von der Antike (Aristophanes, *Lysistrata* 151) bis in die Gegenwart (Nin, *Delta of Venus*). In metaphys. Bedeutung symbolisiert das D. das kosm. Urprinzip, mit dem es in der pythagoräisch-platon. Trad. teilweise sogar identifiziert wird (Platon, *Timaios* 53c ff.; Proklos, *In Euclidem commentarium* CLXVI, 14; Johannes Lydus, *De mensibus* II, 8).

2. Symbol der Dreieinigkeit (Trinität). Bei Plutarch figuriert das rechtwinklige D. als Symbol der göttl. Dreiheit von Osiris, Isis und Horus (*De Iside et Osiride* LVI). Mit der manichäischen Lehre verwirft Augustinus auch deren Verbindung von D. und Trinität (*Contra Faustum Manichaeum* XX, 6). Aufgrund dessen verschwindet das D. während des MA aus der westkirchl. Symbolik und gelangt erst ab dem 15. Jh., verstärkt seit dem Barock (und dort v. a. in der bildenden Kunst als Gottessymbol des ↗Auges bzw. der ↗Taube im D.) in seiner trinitar. Bedeutung wieder zur Geltung (Czepko v. Reigersfeld, *Semita Amoris Divini. Das Heilige Drey Eck*), was freilich schon Goethe Anlass zu Scherzen gibt (*Dichtung und Wahrheit*, XIV. Buch). – Mit der christl. Symbolbedeutung verbindet sich in der Neuzeit die heidn.-häret. Bedeutungstrad. zu myst.-theosoph. Spekulationen (Hegel, *Fragment vom göttlichen D.*). In der Romantik noch affirmativ als Dreifaltigkeitssymbol gebraucht (Fouqué, *Der Zauberring* V), gerät das D. später zum symbol. Relikt eines toten oder abwesenden Gottes (Nietzsche, *Also sprach Zarathustra* II, »Von den Taranteln«; Kafka, *Der Proceß*: »Im Dom«). Bei Morgenstern schließlich löst sich nicht nur das D. in seine Winkel auf, sondern auch die Reste seines trinitar. Sinns in Unsinn (*Die drei Winkel*).

3. Symbol des abstrakten Verstandes. Schon im Barock stellenweise Symbol der Grenzen des menschl. Denkens angesichts Gottes (Czepko, *Sexcenta Monodisticha Sapientium: Dem durchlauchtigen Ober-Haupte*), wird das D. als fixe geomet. Form in der Romantik zum Symbol des starren Verstandesdenkens im Gegensatz zu Natur und lebendigem Geist: »Ist denn der Schöpfernatur ihr Geist nicht gewaltiger als der Philosoph mit seinem D., wo er die Schöpfungskraft hin und her stößt« (B. v. Arnim, *Die Günderode* I, »Die Manen«; s. a. Heine, *Zur Geschichte der Religion und Philosophie in Deutschland* III).

↗Auge, Drei, Dreizehn, Taube, Vagina.

Lit.: A.M. Haas, Das hl. D., in: *Daphnis* 34 (2006), 659–672. – H. Schneider, Zur D.-Symbolik bei Hegel, in: *Hegel-Studien* 8 (1973), 55–77. – G. Stuhlfauth, Das D., Stuttgart 1937.   ChM

Dreizehn

Symbol der Fülle, des Göttlichen und des Glücks, aber auch des Unglücks und des Todes. – Relevant für die Symbolbildung ist die D. als Summe aus ↗zwölf und eins bzw. ↗zehn und ↗drei.

Als Symbol der Fülle wird die D. v. a. in griech. Quellen verwendet (Homer, *Odyssee* XXIV, 337–343); die D. hat eine superlativ. Funktion. Des Weiteren wird sie im griech. und röm. Götter- und Totenkult als Summe von ↗Zwölf und Eins verstanden und verweist somit auf einen Neubeginn (Böklen, 33 f.). Hesiod hingegen geht von einer mag. Bedeutung aus: Er warnt die Bauern vor der Zeugung am 13. des Monats, empfiehlt jedoch die Aussaat (*Werke und Tage* V, 780). – Im Talmud ist die D. ein Element des Gottesnamens: *Schelosch essre middot* (»die dreizehn Eigenschaften Gottes«, *Mischna Rosch haschana* 17b und Ex 34,6 f.). Das Christentum versteht, im Anschluss an alttestamentl. Erwähnungen (z. B. Ez 40,11), die D. positiv, z. B. als Summe der ↗Zehn Gebote und der Trinität und damit als Zusammengehörigkeit von Glauben und Handeln. Die Deutung der D. als Unglück verheißend, die häufig an die neutestamentl. Erzählung vom Verrat Christi durch Judas geknüpft wird (Judas ist beim Abendmahl der Dreizehnte am Tisch; Mt 26,20–25; Mk 14,17–21; Lk 22,14–22; Joh 13,21–27), ist hingegen ein modernes Phänomen (z. B. Hauff, *Phantasien im Bremer Ratskeller*). – Die D. als Gruppe von 12+1 findet sich auch im europ. Volksmärchen, wobei die D. hier negativ, die Zwölf positiv konnotiert ist: In *Dornröschen* z. B. verkündet die dreizehnte ›weise Frau‹ dem ↗Kind den Tod, die zwölfte schwächt den Fluch jedoch ab in einen hundertjährigen ↗Schlaf. Der Tod ist der Gevatter des dreizehnten Kindes (Grimm, *Gevatter Tod*), und in der Jugendlit. des 20. Jh. heißt eine Piratenbande *Die Wilde 13* (Ende, *Jim Knopf und die Wilde 13*).

↗Drei, Zahlen, Zehn, Zwölf.

Lit.: LmZ, 646–649. – RAC IV, 313–323. – E. Böklen, Die »Unglückszahl« D., Leipzig 1913.   IR

Dudelsack ↗Sackpfeife/Dudelsack.

Dunkelheit ↗Nacht/Finsternis.

E

Eber ↗Schwein.

Echo

Symbol der Isolation und Klage, der universalen Harmonie, der literar. Ordnung und Erinnerung. – Relevant für die Symbolbildung ist das nach einer mytholog. Gestalt benannte akust. Phänomen einer aufgrund eines Widerstandes zu ihrem Ausgangspunkt zurückkehrenden Schallwelle.

1. Symbol der Isolation und Klage. In Ovids *Metamorphosen* (III, 341–510) lenkt E. Juno mit ihrem Geplapper von Jupiters Seitensprüngen ab. Juno bestraft die Bergnymphe damit, dass sie nur noch die letzten Silben der von ihr gehörten Worte wiederholen kann. Derart bereits von jeder echten Kommunikation abgeschnitten, verliebt sich E. in den selbstbezogenen Narziss (↗Narzisse) und verwandelt sich, nach vergebl. Werben bis aufs ↗Gerippe abgemagert, schließlich in das nach ihr benannte Klangphänomen. – In der Lit. des dt. Barock wird e., oft im ›felsigen‹ *locus terribilis*, zum Symbol für die auf sich zurückverwiesene Klage um eine abweisende oder verstorbene Geliebte: Opitz, *Diß Ort mit Bäumen gantz umbgeben*; Birken, *Daß Ungemach mach Ach und bittres grämen* oder Schirmer, *Erstes Rosen-Gepüsche* (vgl. auch den »Felsen der Trauer« in Novalis' *Heinrich von Ofterdingen* I, 9).

2. Symbol universaler Harmonie. Spätantike Autoren begreifen E. als Tochter der Luft und der Sprache (Ausonius, *Epigramme* CI) oder in ihrer Eigenschaft als Gattin des ↗Waldgottes Pan als Allegorie kosm.-musikal. Harmonie (Macrobius, *Saturnalia* I, 22; ↗Flöte, ↗Naturmusik/Sphärenharmonie). Diese Bedeutungen werden wiederum v. a. im 17. Jh. fruchtbar: Kircher (*Musurgia universalis*) oder Harsdörffer (*Mathematische und Philosophische Erquickstunden*) erforschen das Phänomen auch experimentell. Klaj verbindet durch das E. in einem Maria Magdalena in den Mund gelegten Gedicht *Hier schlag ich auf mein schwartzes Todenzelt* oder in *Ach ihr Brüder, lieben Brüder* (in: *Höllen- und Himmelfahrt JESU CHRISTI*) die göttl. mit der menschl. Sphäre. Als ↗Stimme der Offenbarung wird es etwa bei Spee vernehmbar (*Trutznachtigall: Die Gesponß Jesu spielet im Vvaldt mit einer E. vviderschall*). – Vorbereitet von F. Bacons *De dignitate* kann E. in ihrer Verbindung mit Pan (↗Mittag), einer Allegorie für die ›ganze‹ Natur, zum Symbol für sich dem Menschen aussprechende Geheimnisse des göttl. Mikro- und Makrokosmos werden (so z. B. in Harsdörffers Oper *Seelewig*). Der symbol. Aufladung des Klangphänomens als einer Vermitt-

lungsinstanz zwischen himml. und ird. Bereich, die die Figur in die Nähe der Sophia/Sapientia rückt (Böhme, *Von der Menschwerdung Jesu Christi* I, 1, 12), mag die Lit. jedoch seit der Aufklärung nicht mehr folgen.

3. Symbol literarischer Ordnung und Erinnerung. In der barocken Rhetorik und Poetik reflektieren etwa Opitz (*Buch von der deutschen Poeterey* V) oder Harsdörffer (*Poetischer Trichter* II, 42) das E. als klangl. und Struktur bildendes Prinzip: ↗Reim und Wortverdopplung symbolisieren hier, wie in der Musiktheorie der Zeit, die Ordnung der Natur auf der literar. Ebene (↗Vers). – War das per definitionem unoriginelle E. für die auf poet. Innovation ausgerichtete Literaturtheorie des 18. und 19. Jh. kaum attraktiv, so kommt es in der Moderne und Postmoderne wieder zu Ehren, in denen es für intertextuelle Eigengesetzlichkeiten und die Dezentrierung des Subjekts stehen kann: Barthes begreift die Lit. als »chambre d'écho« (*Roland Barthes par Roland Barthes*), Ransmayr stellt in *Die letzte Welt* seiner Figur des Naso E. als akust. Speichermedium an die Seite, Kempowski (*Das Echolot*) oder S. Germain (*Les échos du silence*) machen E. zum Symbol kollektiver oder individueller Erinnerung.

↗Flöte, Narzisse, Reim, Spiegel, Stille/Schweigen, Zunge.

Lit.: J. Hollander, The Figure of Echo, Berkeley 1981. – F.J. van Ingen, E. im 17. Jh., Amsterdam 2002.   FH

Efeu

Symbol für enge menschl. Beziehungen (positiv wie negativ), der Auferstehung und Beständigkeit, der (enthusiast.) Dichter und Propheten sowie des tugendhaften und gerechten Menschen. – Relevant für die Symbolbildung sind (a) der Charakter des E. als Schlingpflanze, (b) seine immergrüne ↗Farbe, (c) seine Verwendung im Bacchus-Kult und (d) die Filterwirkung seines Holzes.

1. Symbol für enge menschliche Beziehungen. Dass E. sich an ↗Bäumen oder ↗Mauern emporrankt, hat je nach den damit verbundenen Auswirkungen unterschiedl. Deutungen erfahren. Grundsätzlich gilt E. zunächst als Symbol für Freundschaft und enge verwandtschaftl. Bindungen. Horaz bezieht den E.-Vergleich (mit leicht negativen Konnotationen) konkret auf die Umarmung des Liebespaares (*Oden* I, 36; *Epoden* XV, 5 f.), und ähnlich negativ soll wohl auch die Geliebte des Homo Faber erscheinen, der feststellt: »Ivy heißt E., und so heißen für mich eigentlich alle Frauen« (Frisch, *Homo Faber*). Dagegen betont Ariost mit diesem Bild die

Intensität der Umarmung (*Orlando furioso* VII, 29), und in der Äußerung der Estrella ist der Vergleich als Liebeserklärung gedacht (Calderón de la Barca, *La vida es sueño* I, 6). Wenn der alte Briest das Bild von E. und ↗Ulme auf Effi und von Instetten bezieht, schwingt darin zugleich auch eine hierarch. Komponente mit (Fontane, *Effi Briest* III), während Jean Pauls Metapher vom »Ellenbogen-E.« zur Bezeichnung der Frau Schmelzles iron. Anklänge hat (*Schmelzles Reise*, Zweiter Tag). Bereits Euripides veranschaulicht mit dem E.-Vergleich die enge Beziehung zwischen ↗Mutter und Tochter (*Hecuba* 398) bzw. ↗Vater und Tochter (*Medea* 1213). Goethe verdeutlicht mit dem Bild vom E. an der Mauer das Angewiesensein des Dichters auf einen Mäzen (*West-östlicher Divan: Noten und Abhandlungen*: »Enweri«). Spangenberg bezieht das Bild auf die Gelehrten, die ohne Förderung nicht zu Wohlstand gelangen können, wie auch auf die Heiligen, die zu schwach sind, um durch eigene Kraft die Seeligkeit zu erlangen und die von Christus als ihrem ↗Baum des Lebens abhängig sind (*Lustgarten* XLIX). – Deutlich positiv gedeutet wird der E., der einen bereits abgestorbenen Baum umrankt, denn er versinnbildlicht die über den Tod hinaus andauernde Liebe (Picinelli/Erath, *Mundus symbolicus* IX, 186, 194). Wenn der E. jedoch als Ursache für das Austrocknen des von ihm umschlungenen Baums angesehen wird, repräsentiert er die Undankbarkeit (HS, 276 f.) oder auch die Verderben bringende Freundin bzw. die falschen Freunde (HS, 277). Pope lastet diese Undankbarkeit dem Kritiker an, der das Werk des Dichters unter seinen Kommentaren versteckt und erstickt (DLS, 101 f.). – Auf die wechselseitige Freundschaft verweist der E., der eine Mauer vor dem Einsturz bewahrt, während diese ihn wachsen lässt (HS, 279). Auch diese Bildvariante kann negativ gedeutet werden, wenn der E. als Ursache für den Verfall der Mauer angesehen und dann als Sinnbild einer lasziven ↗Frau verstanden wird (Picinelli/Erath, *Mundus symbolicus* IX, 184). – Negativ verstanden wird auch der E., der seinen Stützbaum überragt, denn er verweist auf den sozialen Emporkömmling, der sich seiner niederen Herkunft nicht mehr bewusst bleibt und sein Ansehen über das seines Förderers stellt (Spangenberg, *Lustgarten* XLIX). – Der an der ↗Pyramide oder am Obelisken emporrankende E. kann auf die Beziehung zwischen Lehrer und Schüler verweisen (Picinelli/Erath, *Mundus symbolicus* IX, 197) oder auf die Abhängigkeit des Volkes vom ↗Fürsten und des Gläubigen von Gott (HS, 1222).

2. *Symbol der Auferstehung und Beständigkeit.* Als immergrüne Pflanze verweist die E. auf die Auferstehung und das ewige Leben, v. a. in der Malerei (RDK V, 864), aber auch auf die Beharrlichkeit (Picinelli/Erath, *Mundus symbolicus* IX, 191). Doch ist auch beobachtet worden, dass der E. seine ↗Blätter zwar nicht abwirft, aber gelegentlich auch bleiche

Blätter zeigt. So wird er zum Symbol der trüger. Welt und des neid. Schmeichlers, der unter freundl. ↗Angesicht seine Missgunst verbirgt (Picinelli/Erath, *Mundus symbolicus* IX, 195). In Anlehnung an Alciato bezieht Spangenberg den Kontrast zwischen den immergrünen und den bleichgelben E.-Blättern auf die Studierenden und die Poeten, die aufgrund ihrer Mühsal erbleichen, deren Lob aber unvergänglich ist (*Lustgarten* XLIX; vgl. HS, 275 f.).

3. *Symbol des Enthusiasmus, bes. der Dichter und Propheten.* Die Zuordnung des botanisch mit dem ↗Wein verwandten E. zum Bacchus-Kult kann unterschiedlich begründet werden. Semele, die Mutter des Bacchus, ist von der ↗Flammenerscheinung ihres Liebhabers Jupiter getötet worden und hat sterbend Bacchus-Dionysos zur Welt gebracht; dieser ist dem Schicksal seiner Mutter nur entgangen, weil aus den ↗Säulen des einstürzenden Palastes E. entsprossen sei, der die Flammen gelöscht und die Mauern umschlungen und so vor dem Einsturz bewahrt habe (Euripides, *Bakchen* 6–12; vgl. RDK V, 860). Nach einer anderen Version des Mythos haben die Nymphen von Nysa, denen der neugeborene Dionysos übergeben worden war, das ↗Kind in der Wiege mit E.-Blättern bedeckt, als seine Stiefmutter ihm nachstellte (Ovid, *Fasti* III, 767–770). Da der E. im Oktober zur Zeit der Mänadischen Feste blüht, sind die Mänaden und Satyrn wie auch Bacchus selbst mit E.-Kränzen geschmückt. Die Webstühle (↗Gewebe/Faden) der Töchter des Minyas, die sich dem Bacchus-Kult verweigerten, hat der Gott mit E. umrankt (Ovid, *Metamorphosen* IV, 394–398), und das ↗Schiff der Piraten, die ihn zu entführen versuchten, hat er mit E. zum Stillstand gebracht (Ovid, *Metamorphosen* III, 664–666). Da auch die Musen Bacchus begleiten, wird E. auch zum Attribut des Dichters (Vergil, *Eklogen* VII, 25 f.) oder zur Metapher für sein Werk, wenn etwa Vergil seinen E. neben dem ↗Lorbeerkranz des siegreichen Heerführers sehen möchte (*Eklogen* VIII, 11–13). Nach Spangenberg ist E. auch ein Mittel gegen Trunkenheit und Kopfweh (*Lustgarten* XLIX) und deshalb dem Bacchus zugeordnet. Andererseits soll aufgrund der berauschenden Wirkung der E.-Dolden die Pflanze zum Symbol der Propheten und Wahrsager geworden sein (RDK V, 860). Nicht zuletzt macht die immergrüne Farbe des E. auch die Darstellung des Bacchus als Jüngling verständlich.

4. *Symbol des tugendhaften und gerechten Menschen.* Aus E.-Holz gefertigten Trinkbechern (↗Becher/Kelch/Gral) ist nachgesagt worden, dass sie nur den Wein zurückhalten, andere Flüssigkeiten aber ausscheiden. Dies kann auf den Einsiedler oder Mönch verweisen, der die Kälte der Laster ausschließt und nur noch die Hitze der Tugenden bewahrt, oder auf den gerechten Herrscher, der die Verbrecher aus dem Staat vertreibt oder hinrichtet (Picinelli/Erath, *Mundus symbolicus* IX, 201).

↗Lorbeer/Lorbeerkranz, Ulme, Wein.

Lit.: DLS, 101 f. – RDK V, 857–869.   DP

Ei

Symbol des Ursprungs, Entstehens und (Neu-)Beginns, der Erfindung(sgabe), Entdeckung und Autorschaft, des Reichtums und der mag. Kräfte sowie der verkehrten Welt und des Bösen. – Relevant für die Symbolbildung sind (a) die biolog. Funktion des E. für die Fortpflanzung, (b) seine Zuordnung zum ↗Frühling, (c) seine Zerbrechlichkeit und (d) seine ebenmäßige Form.

1. Symbol des Ursprungs, Entstehens und Neubeginns. In den kosmogon. Mythen der Antike, aber auch in außereurop. Mythologien findet sich die Vorstellung vom Welt-E., aus dem die Elemente hervorkamen oder aus dessen Hälften ↗Himmel und ↗Erde entstanden (Macrobius, *Saturnalia* VII, 16; Eusebius, *Praeparatio Evangelica* III, 11; *Chândogya*-Upanishad III, 19; *Kalevala* I). Die Symbolik begegnet auch in Religionstheorie und Philosophie (Paracelsus, *Paragranum* II; Herder, *Ideen zur Philosophie der Geschichte der Menschheit* I, 4; *Briefe zur Beförderung der Humanität* II, 16; Hume, *Dialogues Concerning Natural Religion* VII, 86; Schopenhauer, *Die Welt als Wille und Vorstellung:* »Kritik der Kantischen Philosophie«). Das Bild des E. als (Wieder-)Geburt der Natur im ↗Frühling setzt sich im Osterbrauchtum fort (↗Ostern). Die Symbolik des Ur- oder Orpheus-E. findet sich u. a. bei Goethe (*Ballade: Betrachtung und Auslegung; Campagne in Frankreich:* »Pempelfort, November 1792«) und Jean Paul (*Titan,* 11. Zykel; *Flegeljahre* IV). Hesse bezieht die kosmogon. Symbolik auf die Entwicklung des Einzelnen als Mikrokosmos (*Demian* V). Oft wird die Ursprungssymbolik scherzhaftironisch aufgegriffen (Wieland, *Geschichte der Abderiten* I, 11; *Oberon* V; Jean Paul, 17. Hundspost-tag; Mörike, »Auf ein E. geschrieben«). Das E., speziell das Straußen-E., als Symbol für (Christi) ↗Geburt (und Auferstehung) steht in abstrakter Wendung allg. für die Hoffung des Christen auf das ewige Leben (Augustinus, *Sermones* CV, 5; Camerarius, *Symbola et Emblemata* III, 18). Geburts- und Entwicklungssymbolik finden Aufnahme in weltl. Lit. Im Zusammenhang einer Reflexion über das Verhältnis von Immanenz und Transzendenz versinnbildlicht das E. bei B. v. Arnim den Äther (als »das Himmlische«), der schützend »das Irdische« umgibt und somit sein Entstehen und seine Entwicklung ermöglicht (*Goethes Briefwechsel mit einem Kinde* III). In negativer Spezifizierung als faules E. symbolisiert das E. schlechte Anlagen bzw. die Unmöglichkeit von positiver Entwicklung (Heine, *Reisebilder* IV: »Die Bäder von Lucca« XI; Holz, *Das Buch der Zeit:* »Kath holen ten gen«; ähnlich bereits Camerarius, *Symbola*-Manuskript II, 76). Das ↗Verzehren befruchteter E. bezeichnet Verschwendung

oder Vernichtung guter Anlagen (Sambucus, *Emblemata* XXVI, LXX; s. 3.), ähnlich steht später das E.legen ohne Brüten für ergebnislose Schwärmerei (Hauptmann, *Die goldnen Straßen* V, 5).

2. Symbol der Erfindung(sgabe), Entdeckung und Autorschaft. Der Symbolstrang unterhält enge Verbindungen zu 1. und steht im Kontext der Reflexion von Autorschaft und, später, der Autonomie von Künstler und Kunstwerk. In der Emblematik bezeichnet das unbefruchtete E. jugendl. Unreife (Taurellus, *Emblemata Physico-Ethica* K 3). Jean Paul spricht im gleichen Sinne vom E. der »Tat« und des »tiefen Worts« (*Siebenkäs* I, 2; ähnlich auch C. Brentano, *Die Gründung von Prag* II). B. v. Arnim weitet die Symbolik aus: Der Menschengeist wird als »Lebenskeim« im E. beschrieben, das so zum Symbol für die Grundlage künstler. Schaffens gerät (*Dies Buch gehört dem König* I und II; *Aus Clemens Brentanos Frühlingskranz*; vgl. Schiller, *Der Genius*). Ähnlich versinnbildlichen E.weiß und Dotter bei Jean Paul Philosophie und Poesie als zwei Grundformen geistigen Schöpfertums (*Vorschule der Ästhetik* III: »Jubilate-Vorlesung«; F. Schlegel, *Athenäums-Fragmente* CCLXIX). Auch für Wackenroder schlüpft der Künstler aus dem »E. der albernen Kindheit« (*Phantasien über die Kunst für Freunde der Kunst* I, 1). Bei Holz symbolisiert das frisch geschlüpfte Küken den unwissenden Menschen (*Das Buch der Zeit*, »Gnothi sauton«). Dostojevskij verwendet die Formulierung vom Gedanken, der sich aus dem Hirn schält, wie ein Küken aus dem E. (*Verbrechen und Strafe* I, 6). Scheerbart beschreibt den Akt des Dichtens als E.legen (*Die Mopsiade*: »Das quiekende E.«; »Was ist ein Original?«). Dieser Trad. folgen auch satir. Formulierungen in Lit.- und Theaterkritiken (Claudius, *Asmus omnia sua secum portans*: »Die Henne«, »Ernst und Kurzweil von meinem Vater an mich«; Börne, *Theaterkritiken:* »Das Bild«; *Literaturkritiken:* »Der ewige Jude«). Im Zusammenhang mit der sprichwörtl. Prägung vom ›E. des Kolumbus‹ stehen E. nicht nur für geistige Schöpfungen, sondern auch für Entdeckungen (Bleibtreu, *Weltgericht* II; Fontane, *Quitt* XVIII).

3. Symbol des Reichtums und der magischen Kräfte. Schon bei Aristophanes findet sich die Vorstellung vom E., aus dem ↗Münzen schlüpfen (*Vögel* II). In der antiken Fabellit. und später im (Kunst-)Märchen sorgt das (↗goldene) E. für unerwarteten Reichtum; mit seinem Verlust oder dem Verlust des Tieres, das die legenden Tieres enden Wohlstand und Glück (Äsop, *Die Gans die goldene E. legte; Das Huhn mit den goldenen E.*; Avian, *Die Gans und ihr Herr;* Grimm, *Fitchers Vogel;* Bechstein, *Goldhähnchen;* Musäus, *Volksmärchen der Deutschen: Die Bücher der Chronika der drei Schwestern* III; »Ulrich mit dem Bühel«; Tieck, *Der blonde Eckbert*). Das E. – oft kein Hühner-E. – kann auch selbst als Zaubermittel dienen (Wieland, *Die Abenteuer des Don Syl-*

vio von Rosalva II, 2). In der Emblematik symbolisiert das (befruchtete) E. geistige, emotionale oder materielle Werte, die Überleben und Zukunft sichern (Sambucus, *Emblemata* XXVI, LXX; Cats, *Proteus* XLI, 1; in alchemist. Symbolik Maier, *Atalanta Fugiens* VIII). In C. Brentanos *Märchen von dem Hause Starenberg* steht das E. für das Überleben eines adligen Starengeschlechts und allg. für Zukunft und Hoffnung.

4. Symbol der verkehrten Welt und des Bösen. Die Symbolik des ↗Drachen-, ↗Schlangen- und v. a. des ↗Basilisken-E. definiert sich zum Großteil in negativer Abgrenzung gegenüber dem Vogel-E. Schon in der antiken Lit. verbindet man das Ausbrüten von E., die nicht von Vögeln stammen, mit Unglück und Gefahr (Äsop, *Das Huhn und die Schwalbe*), bes. beim gegen die Natur von einem ↗Hahn gelegten Basilisken-E. (Musäus, *Volksmärchen der Deutschen: Der geraubte Schleier*; B. v. Arnim, *Dies Buch gehört dem König* II; Tieck, *Dichterleben* I; Brentano, *Die Gründung Prags* III; Heine, *Reisebilder*: »Die Bäder von Lucca« XI; Immermann, *Merlin*: »Der Gral«; Raabe, *Abu Telfan* XXVII).

↗Basilisk, Drache, Gold, Hahn, Huhn, Samenkorn/Samen.

Lit.: WCS, 432 f. – J. Wildhaber, Symbolgehalt und Ikonographie des E., Berlin 1960.   JSt

Eibe

Symbol des Todes (metonymisch auch der Totenruhe), der Hoffnung und des Numinosen. – Relevant für die Symbolbildung sind (a) die Giftigkeit der E., (b) ihr düsteres, immergrünes Nadelkleid sowie (c) die Verwendung des E.holzes zur Herstellung von ↗Bogen in Antike und MA.

Für die in der literar. Trad. dominierende Todessymbolik der E. (lat. *taxus*) sind v. a. röm. Autoren von Bedeutung, welche deren Giftigkeit (Caesar, *Bellum Gallicum* VI, 31, 5; Plinius d. Ä., *Naturalis historia* XVI, 51; Vergil, *Georgica* II, 257) und die Herstellung von Bogen aus E.holz (Vergil, *Georgica* II, 448) beschreiben. Die E. fungiert als Symbol des Todes und der Totenruhe in der Unterwelt (Seneca, *Hercules furens* 690; Lucan, *Bellum civile* VI, 645; Ovid, *Metamorphosen* IV, 432) und auf ↗Friedhöfen (z. B. Bierbaum, *Die Schatulle des Grafen Thrümmel*). Auch bei Shakespeare (*Titus Andronicus* II, 3; *Romeo and Juliet* V, 3) ist die E. häufig Todessymbol; so werden z. B. in *King Richard II* Bogen »aus doppelt tödlichem Eibenholz« (III, 2) auf den Staat gerichtet, wodurch sowohl auf das todbringende Pfeilgift als auch auf die Waffenproduktion aus E.holz angespielt wird. Der düstere ↗Schatten einer E. ängstigt Dickens' Oliver Twist (*Oliver Twist* XXI), und er verweist, wie in J.M. Millers *Elegie, an Chloen*, auf den Tod. – Konträr zur Todessymbolik ist die, literarisch seltener belegte, Hoffnungssymbolik, die an das immergrüne Nadelkleid der E. an-

schließt (↗Grün). So schreibt Fontane über einen E.baum im Park eines Herrenhauses: »Nur die Hoffnung sah goldne Früchte in seinem Grün« (*Wanderungen durch die Mark Brandenburg* III). Zusammen mit der ↗Rose ist der Taxus auch in Gleims Gedicht *Die Kinderjahre* Symbol der Hoffnung. – Für die im Volksglauben verbreitete Vorstellung der E. als Zauberbaum lassen sich literarisch u. a. ihre Verwendung für Zaubertrank bzw. -stab (Shakespeare, *Macbeth* IV, 1; Rowling, *Harry Potter* I) und der E.wuchs auf dem Dach der Hexe Beghine in Kellers *Spiegel, das Kätzchen* anführen. Bereits bei Lucan (*Bellum civile* III, 419) zeigen sich die mag. Kräfte der E.bäume, wenn sie im Zusammenhang eines Götterkultes umfallen und sich wieder aufrichten.

↗Baum, Weide, Zypresse.

Lit.: SdP, 67. – T. Scheeder, Die E., Eching 1994, 7–13.
                                                          NK

Eiche

Symbol der Beharrlichkeit und des Widerstandsgeistes sowie des Deutschen. – Relevant für die Symbolbildung sind (a) ihre knorrige Erscheinung, (b) ihr hartes Holz und (c) ihre Standfestigkeit.

1. Antike. Die Standfestigkeit und die Härte ihres Holzes, die dafür sorgen, dass die Spuren von Stürmen über Jahrhunderte sichtbar bleiben, machen die E. zum, ↗männlich konnotierten Symbol der Beharrlichkeit und des krieger. Widerstandsgeistes. Homer vergleicht zwei standhafte Lapithenkrieger mit festverwurzelten Eichen (*Ilias* XII, 132–134); als Zeichen großer, allerdings Gott unterliegender Kraft auch im AT (Jes 2,13; Am 2,9; Sach 11,2). – Seit Plinius d. Ä. Schilderung der german. E.wälder (*Naturalis historia* XVI, 2) ist die E. insbes. mit dem Volk der Deutschen verknüpft. Als ↗Baum des Donnergottes Donar hatte sie eine herausragende Stellung im german. Baumkult, was zu einer Reihe ritueller Fällungen bei der christl. Missionierung Deutschlands führt (etwa durch Bonifatius bei Fritzlar im ersten Drittel des 8. Jh.). Doch auch die Kelten verehren die E. und Lucan berichtet von der Fällung einer hl. E. durch Cäsar (*Bellum civile* III, 432–437, vgl. C.F. Meyer *Das Heiligtum*).

2. Frühe Neuzeit und 18. Jahrhundert. Aufgrund dieser heidn. Trad. rückt die E. in symbol. Hinsicht im MA in den Hintergrund. In der Emblematik der Renaissance tritt sie wieder verstärkt als Symbol der Stärke auf (HS, 219–227). – Mit Klopstock wird die E. zum Symbol einer neu zu stiftenden, spezifisch dt. Lit. und Kultur, wobei Klopstock ausdrücklich auf den relig. Ursprung der E.verehrung »bey unsern ältesten Vorfahrn« hinweist, deren Bedeutung daher über den eines bloßen Symbols hinausreiche (*Die deutsche Gelehrtenrepublik*, »Von den Belohnungen«). In Jugenddichtungen wie *Wingolf* und *Bardale* fügt er nachträglich E. ein und spielt immer wieder die E. als Sinnbild dt. Dichtung gegen ›↗Lorbeer‹ und ›Hügel‹ der Antike aus (*Der Hügel, und der Hain*; *Klage*). In den »Bardieten« um den Cheruskerfürsten (insbes. *Hermanns Schlacht*, 1769) wird sie als »Hermanns-E.« zum breit rezipierten poet.-polit. Symbol (z. B. im Seifersdorfer Tal bei Dresden). Literarisch aufgegriffen wird das Symbol von Herder (*Luther*) und C.F. Schubart (*An die Freiheit*); mehr im Geist der Idylle steht Gleims Doppeldistichon *Haue Du Mann mit dem Beil*, in dem daran erinnert wird, dass die E. im MA vornehmlich Nähr- und Futterbaum war. J. H. Voss wählt 1772 mit den anderen Gründern des Göttinger ›Hainbundes‹ E. und E.laub zum Symbol einer Erneuerung dt. Lit. Als Ort der Dichterkrönung (↗Krone) erscheint die E. in Novalis' *Märchen vom Karfunkel* im *Heinrich von Ofterdingen*. Weniger nationales denn mit den Losungen der Frz. Revolution verknüpftes Freiheitssymbol ist die E. dagegen bei Hölderlin (*Die E.bäume*).

3. 19. und 20. Jahrhundert. Im Zuge der Befreiungskriege wird das Symbol politisch eindeutiger bei E.M. Arndt (z. B. *Lied der Freien*; *Gesang zu Singen bei Pflanzung einer teutschen Freiheitseiche*), Th. Körner (*Die E.*), Hoffmann v. Fallersleben (*Treu und unerschütterlich wachsen unsre E.*) und Rückert (*An Habsburgs Adler*), relig. überhöht durch die anklingende Erinnerung an den german. Baumkult bei Uhland (*Freie Kunst*). Symbol für Deutschland in eher pessimist. Sinne ist die E. in Eichendorffs *Der Freiheit Klage* und in Heines *In der Fremde* (III). Letzterer assoziiert Deutschland wiederholt mit ↗Linden und E. (*Nachtgedanken*; *Zur Beruhigung*), oft jedoch in negativem Sinn (*Der Tambourmajor*; *Deutschland!*). Nach 1871 werden E., E.laub und E.kranz zu omnipräsenten Massensymbolen für Nation und Macht. – In *Die Schwermut* assoziiert Trakl dagegen Bilder von Krieg und Schlachtentod mit der E. Symptomatisch für den Nationalsozialismus behauptet A. Detering 1939 eine ungebrochene Kontinuität der E.symbolik in der dt. Mythologie und Volkskunst von den Germanen bis in die eigene Gegenwart, durch die sich das Symbol der E. als wesensmäßig dem »nordrassischen Menschen« verbunden erweise (*Die Bedeutung der E. seit der Vorzeit*). Brecht reimt im Refrain von *Der Führer hat gesagt* 1933 den »Weg zum Dritten Reiche« auf die »deutsche E.«. Nach 1945 ist das Symbol kontaminiert und wird entweder parodiert, wie in M. Walsers *E. und Angora*, oder gebrochen und umgewertet, wie in B. Strauss' *Der junge Mann* (»Die Frau meines Bruders«) oder in J. Beuys' 1982 auf der Documenta 7 initiierter ›sozialer Plastik‹ *7000 E.* – *Stadt-verwaldung statt Stadt-verwaltung*.

↗Baum, Blatt/Laub, Linde, Mistel.

Lit.: DLS, 142 f. – A. Demandt, Über allen Wipfeln, Köln/Weimar, 2002, bes. 232–244. – A. Hürlimann,

Die E., hl. Baum dt. Nation, in: Waldungen, hg. v. B. Weyergraf, Berlin 1987, 62–69. – K. Lindemann, In den frischen E.hainen webt und rauscht die dt. Gott, in: Der Wald in MA und Renaissance, hg. v. J. Semmler, Düsseldorf 1991, 200–239.   RL

Eidechse

Symbol des wahren Glaubens, aber auch des Bösen, der Sehnsucht und der Flüchtigkeit. – Relevant für die Symbolbildung sind (a) die Vorliebe für sonnenbeschienene (↗Sonne) Aufenthaltsorte, (b) die schnelle Flucht bei Gefahr.

1. Symbol des wahren Glaubens, aber auch des Bösen. Die bereits in der (heidn.) Antike hervortretende Beziehung zwischen der sonnenliebenden E. und dem Sonnengott Apoll (Pausanias, *Beschreibung Griechenlands* VI, 21, 3) wird im frühchristl. *Physiologus* unter Verweis auf das Erblinden der E. im Alter (↗Blindheit) und ihre Selbstheilung durch Wendung der ↗Augen der aufgehenden Sonne entgegen am ↗Osten auf den sich Jesus Christus zuwendenden und in diesem Frieden und Gerechtigkeit findenden Menschen appliziert (*Physiologus*: »Von der Sonnen-E.«). In der Folge wird durch die Einbeziehung der bibl. Heilung der Blinden (Lk 18,35; Tob 11,13; Sam 14,27) das Verhalten der E. symbolhaft als Hinwendung zum wahren Glauben gedeutet (so u. a. Ulrich v. Lilienfels, *Concordantia caritatis*). – Während die genannte positive Sinnbildlichkeit der theolog. Traktatlit. und der relig. bildenden Kunst vorbehalten bleibt, findet die E. unter Rekurs auf die in Lev 11,30 f. genannte Unreinheit als Symbol des Dämonischen bzw. Bösen auch Eingang in die weltl. Lit. (E.T.A. Hoffmann, *Die Elixiere des Teufels* II, 2; *Fantasiestücke* I, 5: *Nachricht von den neuesten Schicksalen des Hundes Berganza*).

2. Symbol der Sehnsucht, der Flüchtigkeit und Vergänglichkeit. Seit der Frühen Neuzeit findet die E. aufgrund ihres natürl. Verhaltens (wie ↗Winterschlaf und, als wechselwarmes Tier, Vorliebe für sonnenbeschienene Aufenthaltsorte) als Motiv des ↗Frühlings (Droste-Hülshoff, *Dichters Naturgefühl*; Heyse, *Im Februar*) ebenso Eingang in die Lit. wie als Sinnbild der Sehnsucht nach ↗südl.-fernen Gefilden (Lenau, *Mit Orangen*; W. Müller, *Der Wandrer in Welschland*; Heyse, *Sonette* XI: *Heut, da ich mittags mich im Wald erging*; C.F. Meyer, *Weihnacht in Ajaccio*). Diese gefühlsbetonte Symbolhaftigkeit wird erweitert durch den Vergleich des zierl. Körperbaus der E. mit dem, durchaus sexuell konnotierten, Erscheinungsbild ›graziler‹ Mädchen und ↗Frauen und der körperl.-geschlechtl. Sehnsucht (Goethe, *Epigramme. Venedig 1790*, 67 ff.; Eichrodt, *Aus dem Buch der Liederlichkeit* II). – Rekurrierend auf ihr Verhalten, sich drohender Gefahr durch schnelle Flucht zu entziehen, wird die E. darüber hinaus zum Sinnbild der Flüchtigkeit, insbes. des ↗Augenblicks (Heyse, *Der Dichter und der große*

Pan; Dauthendey, *Ein Übermensch*; Morgenstern, *Fiesolaner Ritornelle*), aber auch der Vergänglichkeit (Platen, *Amalfi*). ↗Sonne.

Lit.: WCS, 249 f.　　　　　　　　　　URo

Einhorn

Symbol der Fruchtbarkeit, der Domestikation des Wilden, der Menschwerdung Christi und des schönen Scheins. – Relevant für die Symbolbildung sind (a) die ↗phall. Qualität und Exklusivität des einen Horns, (b) die Existenzfrage: gibt es das E. tatsächlich?

1. Symbol der Fruchtbarkeit. Das altind. Epos *Mahabharata* erzählt eine bündige Geschichte: Eine Königstochter verführt den Einsiedler Gazellenhorn bzw. E., indem sie ihn auf ein Floß lockt, das wie eine kleine ↗Insel bzw. wie ein *hortus conclusus* (↗Garten) aussieht. Dadurch beendet sie eine schreckl. Dürreperiode. Auch das chines. Liederbuch *Schi-King* kennt das E. als phall. Fruchtbarkeitssymbol. Der am pers. Hof lebende griech. Arzt Ktesias (*Indika*, um 400 v.Chr.) und in seiner Nachfolge u. a. Aristoteles (*De partibus animalium* III, 2), Caesar (*De bello Gallico* VI, 26), Plinius d.Ä. (*Naturalis historia* VIII, 76; XI, 106), Aelian (*De natura animalium* XVI, 20) schildern das E. (gr. *monóceros*) als das wildeste, schnellste und phallischste Tier: mal als Spalthufer mit einer bocksähnl. (↗Ziege/Ziegenbock), mal als Paarhufer mit pferdeähnl. Gestalt (↗Pferd).

2. Symbol der Gewalt und der Domestikation des Wilden. Das E. ist kein Haustier. Nach Ktesias u. a. lässt sich das wilde E. nur durch eine ↗Jungfrau besänftigen und einfangen (Lohenstein, *Sophonisbe* II; *Des Knaben Wunderhorn* III, 154: *Ein Hohes Lied*). Die E.jagd zählt wegen der Stärke und Schnelligkeit des zumeist ↗weißen Tieres zu den schwierigsten Geschäften. – Schwierigkeiten, wenn auch nur philolog., ergaben sich auch bei der Übersetzung des E. aus profanen in sakrale Sphären. Bei der Übertragung des AT ins Griechische durch die Septuaginta im 3. Jh. v.Chr. kam es zu einem folgenschweren Übersetzungsfehler: das hebr. Wort *re'em* (»wildes Tier«, »Auerochse«) wurde mehrfach mit *monoceros* (»E.«) und später (Vulgata) mit lat. *unicornis* wiedergegeben (Ps 22,22; 29,6; 92,11; Jes 34,7).

3. Symbol der Menschwerdung Christi. Im Anschluss an die Legende von der Besänftigung des E. durch eine Jungfrau (s. a. 2.) entwickelt sich in den vielfach verbreiteten und variantenreich überlieferten Schriften des *Physiologus* (ab 2. Jh n.Chr.) eine wirkungsmächtige christl. Allegorese: Das Horn des E. wird nach Ps 92,11 zum erlösenden »Horn des Heiles« Christi; wie das E. durch eine reine Jungfrau eingefangen wird, so nahm durch Gottes unbegreifl. Güte der Gottessohn »Wohnung im

Leib der wahrhaft reinen Jungfrau Maria« (*Physiologus*: »Vom E.«; ↗Reinheit). Justinus (*Dialogus cum Tryphone* XCI) und Tertullian (*Adversus Marcionem* III, 18) bringen das Horn bzw. die Hörner des E. mit dem ↗Kreuz Christi in Zusammenhang. Zudem wird das eine Horn des E. zum wirkungsvollen Symbol des christl. Monotheismus (Origenes, *In numeros homiliae* XVI, 5). Assonanzen wie *monoceros/monos ho kyrios* (»E.«/»der eine Gott«) oder lat. *unicornis/unigenitus* (»E.«/»eingeborener Sohn Gottes«) tragen zur Popularität des unicornolog. Gottesbeweises bei. – Neben der theolog. Deutung des E. finden sich im (Spät-)MA stets auch mitlaufende Alternativ-Verständnisse. Berühmt wird nach ihrer Wiederentdeckung (1842) und Ausstellung im Pariser Cluny-Museum die um 1513 in Flandern entstandene Teppichserie *La dame à la licorne* (Allegorie der fünf Sinne und der Liebe), die viele Schriftsteller, u. a. Mérimée, G. Sand (*Un coin du Berry et de la Marche*) oder Rilke (*La dame à la licorne*; *Das Marien-Leben: Mariae Verkündigung*; *Die Aufzeichnungen des Malte Laurids Brigge*) zu Neugestaltungen des E.-Motivs inspirierten.

4. Symbol des schönen Scheins. Ab dem 16. Jh. häufen sich die naturkundl. Hinweise, dass das E. nicht gibt und dass nur das hässl. Rhinoceros bzw. der Narwal ein einziges Stirnhorn aufweisen. So erfährt das E. nach und nach, etwa bei Shakespeare (*The Tempest* III,3, *Timon of Athens* IV,3, *Julius Caesar* II,1), eine Umcodierung. Es illustriert in philosoph. Prosa (Locke, *An Essay Concerning Human Understanding* III, 3; Leibniz, *Nouveau essais sur l'entendement humain* III, 3; Kant, *Der einzig mögliche Beweisgrund zu einer Demonstration des Daseyns Gottes* I, 1) Probleme der Referenzsemantik, und es wird in romant. Prosa (z. B. E.T.A. Hoffmann, *Prinzessin Brambilla*; C. Brentano, *Das Märchen vom Schneider Siebentot auf einen Schlag*) und vollends in Rilkes Lyrik zum Symbol des schönen Scheins und seines paradoxen ontolog. Status: »O dieses ist das Tier, das es nicht gibt« (Rilke, *Sonette an Orpheus* II, 4). In der Lit. nach 1945 (u. a. M. Walser, *Das E.*; Murdoch, *The Unicorn*) und in postmodernen Bestsellern wie Endes *Unendlicher Geschichte*, Ecos *Il nome della rosa* oder Rowlings *Harry-Potter*-Romanen hat das E. aufgrund seiner multisymbol. Qualitäten in den letzten Jahrzehnten eine vitale Renaissance erfahren.
↗Frau/Jungfrau.

Lit.: NLC, 223 f. – WCS, 250–252. – R.R. Beer, E., München 1977. – J.W. Einhorn, Spiritalis Unicornis, München ²1998. – J. Hörisch, Das Tier, das es nicht gibt, München ²2005.　　　　　JHö

Eis

Symbol extremer Gefühlszustände, der Zeitlichkeit und Zeitenwende, des Todes, der Hölle, Katastrophen und (Welt-)Untergänge, des Erhabenen sowie für poet. Prozesse. – Relevant für die Symbolbildung sind (a) die jahreszeitlich mit dem ↗Winter oder regional mit Gebirge (↗Berg) und/oder Klimazonen (↗Pol) assoziierte Kälte, (b) die Änderung des Aggregatzustands von ↗Wasser bei null Grad Celsius, (c) die sich daraus ergebende kristalline Struktur (↗Kristall) des E., (d) die Unveränderlichkeit von E.strukturen wie der Gletscher und der Pole.

1. Symbol extremer Gefühlszustände. Die top. Polarität von E. und ↗Feuer zählt zu den zentralen Motiven in der Lyrik des europ. Petrarkismus, geprägt von Petrarca selbst (z. B. *Canzoniere* CL: *Che dai alma?*) zur äußeren Versinnbildlichung der im Liebenden widerstreitenden extremen Emotionen. Diese symbol. Verwendung von E. zur Konstitution eines Diskurses von Innerlichkeit findet seine Fortsetzung in zahlreichen anderen Darstellungen emotionaler Zustände wie Gefühlserstarrung oder Gefühlskälte, häufig verbunden mit dem ↗Blut oder dem ↗Herzen als trad. Träger der Emotion (z. B. Hauff, *Das kalte Herz*). Dabei können – analog zum Vereisungs- oder Schmelzprozess – auch dynam. Aspekte in den Vordergrund treten, etwa in dem Märchen *Marienkind* (»da schmolz das harte E. des Stolzes und ihr Herz ward von Reue bewegt«) oder in Mörikes Roman *Maler Nolten* (II). Als Zeichen der Erstarrung der äußeren Natur, deren Belebtheit zum Stillstand kommt, symbolisiert E. auch Formen sublimierten Begehrens im Subjekt (z. B. W. Müller, *Auf dem Flusse*; Keller, *Winternacht*; Kafka: »Ein Buch muss die Axt sein für das gefrorene Meer in uns«; Brief an Oskar Pollak 1904). Auch die der Wärme des Gefühls entgegen gesetzte Kälte der Rationalität wird, wie etwa in Schillers Gedicht *An einen Moralisten*, durch das E. symbolisiert (ähnlich auch Gutzkow, *Die Ritter vom Geiste* IX, 12). In ähnl. Weise fungiert E. auch als Symbol für die Empfindung plötzl. Schreckens: »Mein Blut wird E.! Er droht mir!« (Grabbe, *Herzog Theodor von Gothland* IV, 1; vgl. Tieck, *Der Aufruhr in den Cevennen* II).

2. Symbol der Zeitlichkeit und Zeitenwende. Das Schmelzen des E. ist topisch mit dem Anfang des ↗Frühlings konnotiert als Zeichen des Wiedererwachens der Natur nach der winterl. Erstarrung (z. B. Goethe, *Faust I*: »Vor dem Tor«; ↗Winter). Analog hierzu wird in Angelus Silesius' geistl. Gedicht *Die Psyche* das Zertreten von »Gefröst und E.« zum Signum eines im Herzen anbrechenden Frühlings (*Heilige Seelenlust* IV, 143). Als Ende einer Periode des Leids steht die E.schmelze (Opitz, *Auf Leid kommt Freud*). Ins paradoxe Bild des ↗Kranzes aus E., der im Sonnenschein taut, wird die Vergänglichkeit der Liebe in dem Gedicht *Gastlichkeit des Winters* aus *Des Knaben Wunderhorn* gefasst (I, 39). Im Gegensatz dazu steht die ebenfalls top. Verbindung von Liebesglück und dem Schmelzen des E. im Frühling (z. B. Wedekind, *Weltweisheit*). Ins Ge-

schichtsphilosophische wendet Novalis das Bild winterl. Vereisung und Erstarrung hinsichtlich des seines erlösenden Frühlings harrenden Königreichs Arktur in Klingsohrs Märchen in *Heinrich von Ofterdingen* (I, 9). In der ersten Hälfte des 19 Jh. wird das E.-Symbol in bes. Weise mit den unterdrücker. Zuständen des zarist. Russlands in Verbindung gebracht (Lažečnikov *Das E.haus*, aber auch Lenau, *In der Schenke*), wobei im vorrevolutionären Westeuropa diese Beschreibungen auf die eigenen polit. Verhältnisse rückprojiziert werden (z. B. Mangan, *Siberia*; Freiligrath, *E.palast*).

3. Symbol des Todes und der Totenlandschaft. Ähnlich wie ↗Schnee figuriert E. aufgrund seiner (für Lebewesen tödl.) erfrierenden, versiegelnden sowie Körper und Gegenstände mit sich verschmelzenden Wirkung auch als Symbol des Todes und der Totenlandschaft. Eine derartige signifikante Zusammenrückung von »E.- und Leichenfeldern« findet sich in Immermanns *Epigonen* (VI, 7), während in Jean Pauls *Siebenkäs* der Übergang von Leben und Tod dadurch gestaltet ist, dass die Protagonistin quasi in die ↗Grabeslandschaft selbst eingefroren wird (IV, 25). Diese Trad. der durch das E. bedingten Verschmelzung von Körper und Landschaft setzt sich fort bis in die Beschreibung des Todes Herzog Karls des Kühnen in Rilkes *Aufzeichnungen des Malte Laurids Brigge*.

4. Symbol der Hölle. Locus classicus hierfür ist die Darstellung des E.sees Cozytus im letzten Höllenkreis von Dantes »Inferno« (*Divina Commedia*: »Inferno« XXXIIf.), Ort der Erzsünder mit Lucifer eingefroren im Zentrum. Die von der trad. christl. Vorstellung der Hölle als Ort des Feuers abweichende Vorstellung Dantes basiert auf der durch den Prozess der Erstarrung hervorgerufenen Unveränderbarkeit der Situation der Sünder (selbst die ↗Tränen gefrieren sofort). Diesen Bezug aktiviert auch Th. Mann im Teufelsgespräch des *Doktor Faustus* (XXV). In analogem Sinn fungiert die explizit genannte Abwesenheit von E. (wie auch die von Schnee) in vielen Texten auch als Element bei der Konzeption eines ird. Paradieses (z. B. Bechstein, *Deutsche Sagen: Der ewige Jude auf dem Matterhorn*; *Das Paradies der Tiere*).

5. Symbol für Katastrophen und (Welt-)Untergänge. Insbes. seit dem Untergang des Luxusliners *Titanic* (1912) fungiert das E. bzw. der E.-Berg als Symbol für das Katastrophische, das Untergänge, auch ganzer Zivilisationen (auch der Welt selbst), geschichtsphilosophisch reflektiert. Diese Dimension zeigt sich bes. deutlich in Enzensbergers Versepos *Der Untergang der Titanic*: »Der Anfang vom Ende/ ist immer diskret [...] Der E.berg kommt auf uns zu/ unwiderruflich [...] Der E.berg hat keine Zukunft/ Er läßt sich treiben [...] Gebenedeit sei das Vorläufige!« Die o.g. petrarkist. Trad. verknüpft R. Frost in seinem Gedicht *Fire and Ice* mit apokalypt. Szenarien. Umgekehrt fungiert das E. in der altnord. Kosmogonie der *Snorra-Edda* als Stoff der Weltentstehung: die Kuh Audhumla leckt den Vater der Götter Buri aus einem salzigen E.block (»Gylfaginnîng«).

6. Bestandteil der Symbolik des Erhabenen. Spätestens seit dem 18. Jh. und der Entdeckung der Alpen und der Polarregionen als ästhet. Figurationen des Erhabenen fungiert E. als ein diesen zugeordnetes Element des Sublimen (Haller, *Die Alpen*). Wesentlich hierfür ist die Verbindung von durch Todesdrohung bedingtem Schrecken (s. a. 3.) und ästhet. Größe. Zu nennen sind hier in der Trad. der Schauerlit. etwa M. Shelleys *Frankenstein* oder Poes *Arthur Gordon Pym*, expressionist. Texte wie Däublers Gedichtzyklus *Das Nordlicht* und G. Heyms Erzählfragment *Das Tagebuch Shakletons*, aber auch (post-)moderne Poltexte, die sich, wie schon im Falle Heyms, an histor. Expeditionen orientieren (z. B. Ransmayr, *Die Schrecken des E. und der Finsternis*). Die mit der Farbe ↗Weiß assoziierte Leere und Zivilisationsferne der E.regionen trägt hierbei zur charakterist. Verbindung von existentieller Einsamkeit und Bedrohung wie zur ebenfalls damit verknüpften imaginativen Öffnung bei.

7. Symbol für poetische Prozesse. Aufgrund der durch Erstarrung bewirkten Formenbildung wie auch wegen der Kristallisationsprozesse eignet sich E. auch als Chiffre für poet. Vorgänge, so etwa in Jean Pauls *Vorschule der Ästhetik*: »Das Gefrieren der Menschen fängt sich mit Epigrammen, wie das Gefrieren des Wasser mit E.-Spitzen an« (§ 54). In der Vorrede zu E.T.A. Hoffmanns *Fantasiestücken in Callots Manier* steht das Bild des E.palastes für eine von wirkl. Emotionen entfremdeten Kunst. Eine der komplexesten symbol. Verwendungen von E. i.S. eines durchgängigen, dynamisch aufgeladenen Motivs ist im Werk Celans zu beobachten; dabei wird die Verbindung von Trauer, Kühlung und kristallbildender Struktur ins Poetologische gewendet (z. B. *E., Eden; Wo E. ist*). Diese Symbolverwendung ist bereits bei Mandel'štam (*Das Wort bleibt ungesagt*) vorgeprägt.
↗Feuer/Flamme, Pol, Schnee, Weiß.

Lit.: R. Grimm, E.zeit und Untergang, in: Monatshefte für dt. Unterricht, dt. Sprache und Lit. 73 (1981), 155–186. – K. Zeyringer, End-E.zeit oder langsame Umkehr, in: Österreich in Geschichte und Lit. 29 (1985), 105–119. ChG/MM

Eisen / Erz

Symbol der Beständigkeit, Härte und Hartherzigkeit; des archaischen Kampfs, der Technik sowie einer Entwicklungsstufe menschl. Kulturen. Erz ist zudem Symbol für wertvolles Wissen aus myth. Vorzeiten. – Relevant für die Symbolbildung sind (a) die vergleichsweise hohe Dauerhaftigkeit und Härte des Materials, (b) als unedles Metall sein chemisch niederer Rang, (c) das Vorkommen in der ↗Tiefe der ↗Erde, (d) die Notwendigkeit der techn. Verhüttung von E.-Erzen unter Einsatz von großer Hitze zur Gewinnung des E.

1. Symbol der Härte und Beständigkeit. Mit E. entdeckte der Mensch ein Gebrauchsmaterial von bis dahin ungekannter Härte und Beständigkeit. So wird E., obwohl es heute zu den eher ›weicheren‹ Werkstoffen zählt, häufig mit Härte, Undurchdringlichkeit und Unvergänglichkeit assoziiert. Ovid vergleicht die Determiniertheit des Menschen durch das Schicksal mit E. (*Metamorphosen* XV, 781). Vergil bezeichnet den Tod als eisernen, d. h. unbeendbaren, unveränderl. ↗Schlaf (*Aeneis* X, 745). Festigkeit und Beständigkeit des E. betonen z. B. das Märchen *Der E.ofen* (Grimm), Pestalozzis Fabel *Eis und E.* und Holz' *Die Blechschmiede*. – Bereits Homer überträgt die materielle Gleichsetzung von E. und Härte auf Charakter und Moral. E. wird somit zum Symbol der Hartherzigkeit und Entsittlichung (*Ilias* XXII, 357; XXIV, 205 und 512; vgl. auch Jes 44,9–14). Schiller folgt dieser Bedeutungslinie in seiner Ballade *Der Gang nach dem E.hammer* das E. als Symbol der moral. Verrohung einsetzt: »Denn fühllos wie das E. war/ Das Herz in ihrer Brust.« Die technisch faszinierende (s. a. 3.) E.verhüttung wird in Schillers Ballade, auch wegen der dafür notwendigen hohen Temperatur, ein Bild der »Hölle«, wie schon in Dantes *Divina Commedia*: sie gleicht dem Hochofen an Hitze, die Beständigkeit und Undurchdringlichkeit des E. setzt zugleich die Unbeendbarkeit der Qual eins (»Inferno« VIII, 26 u. a.; vgl. Ps 107,10). – Doppeldeutigkeit des Symbols bietet Goethes *Götz von Berlichingen* mit der eisernen Hand. Götz' E.-Faust steht einerseits für die Stärke und den unbeugsamen Willen, die ihr Träger als Identifikationsfigur der Sturm und Drang-Generation verkörpert, andererseits ist die E.-Faust eine unflexible Prothese. Sie zeigt Götz' existentielle Verletzung und fehlende Flexibilität, an der er zugrunde gehen wird. Eine eiserne ↗Hand ist zum archaischen Kampf (s. 2.), nicht zur Liebeshandlung gemacht.

2. Symbol archaischer Urmuster von Kampf und Gewalt. E. ist häufig Symbol für die im Zivilisationsprozess verdrängten archaischen Instinkte und Handlungen. Lat. *ferrum*, engl. *iron* und dt. E. bezeichnen nicht nur das Material, sondern auch die daraus hergestellten Gegenstände, zumeist Waffen (Dolch, ↗Schwert, Panzerung; ↗Stahl). E. steht daher oft synekdochisch für Waffengewalt und Krieg (»die Brust mit Stahl bedeckt, […] das Haupt in Erz versteckt«, J.E. Schlegel, *Dido* III, 5; »in rauhes Erz sollst du die Glieder schnüren«, Schiller, *Die Jungfrau von Orleans*: Prolog). Der Weg zur Indienstnahme des Symbols für einen säbelrasselnden Patriotismus ist kurz. So begründet Arndt im *Vaterlandslied* (1812) seine antifranzös. Propaganda und seinen Aufruf zum militanten Widerstand mit dem Symbol des E.: »Der Gott, der E. wachsen ließ,/ der wollte keine Knechte,/ drum gab er Säbel, Schwert und Spieß/ dem Mann in seine Rechte« (vgl. Bismarcks sog. *Blut und E.rede*, 1862). Auch das Ehrenzeichen des Eisernen ↗Kreuzes steht in dieser symbol. Traditionslinie, vgl. M. v. Schenkendorff, *Das eiserne Kreuz*: »War das alte Kreuz von Wollen/ E. ist das neue Bild/ Anzudeuten, was wir sollen/ Was der Männer Herzen füllt./ Denn nur E. kann uns retten/ Und erlösen kann nur Blut/ Von der Sünde schweren Ketten/ Von des Bösen Übermut.«

3. Symbol für Naturwissenschaften und Technik. E. versinnbildlicht Technikverherrlichung und Technikkritik gleichermaßen. Neben dem Interesse an naturwissenschaftl. Fortschritten im Erzbergbau und in der E.verhüttung (v. a. bei Novalis, Körner, Baader, Herder, Schubert, Steffens, C. Brentano und Goethe) erhält das E.-Symbol schon bei Schiller (*Der Gang nach dem E.hammer*) und Eichendorff eine technikkrit. Dimension, etwa wenn die E.verhüttung und ihre Umgebung »wie ein Grab« wirkt (*Dichter und ihre Gesellen* XVII; vgl. *Ahnung und Gegenwart* I, 2; *Die Glücksritter* V). In der zweiten Hälfte des 20. Jh. nutzen sowohl ost- als auch westdt. Autoren E. zur Kritik an der Kapitalisierung industrieller Produktion (H. Müller, *Der Lohndrücker* und *Die Korrektur*; G. Wallraff, *Ganz unten*).

4. Symbol für eine Entwicklungsstufe menschlicher Kulturen (meist die jeweilige Gegenwart). Nicht erst die moderne Geschichtswissenschaft spricht von der E.zeit als Epoche (8.–1. Jh. v.Chr.). Die Idee, zur Periodisierung für die kulturelle Entwicklung des Menschengeschlechts die E.-Symbolik heranzuziehen, findet sich schon in der Antike und in bibl. Texten. Dort stellt die E.zeit jedoch nicht eine Höherentwicklung (im Sinne einer Verfeinerung der Werkstoffe) dar, sondern muss sich der chem. Hierarchie der (Edel-)Metalle beugen: ↗Gold, ↗Silber, Bronze, E. Das »eiserne Zeitalter« (*ferrum*) lässt als Kulturstufe im Vergleich zu den anderen bereits in kulturphilosoph. Abhandlungen der Antike eine materielle wie ideelle Degeneration erkennen. In Platons *Staat* (415a-d) Zeichen der geringsten Entwicklungsstufe des einzelnen Menschen, werten Hesiod (*Werke und Tage* 109–201) und Ovid ihre jeweilige Gegenwart als »eisernes Zeitalter« ab, als Phase der Gewalt und des Kampfes, der harten, mühevollen Arbeit (↗Pflug) und des Sittenverfalls (*Metamorphosen* I, 89–150; ähnlich auch Dante, *Divina Commedia*: »Inferno« XIV, 35–38; Shakespeare, *King John*, IV, 1, 60). Im Märchen *Der E.hans* der Brüder Grimm wird die Hierarchie der Edelmetalle ironisch verkehrt, wenn die Hauptfigur, die »braun am Leib war wie rostiges E.«, als mächtiger Gebieter über ↗Gold und ↗Silber erscheint. Hier spiegelt sich auch das bibl. Motiv des eisernen Riesen mit tönernen ↗Füßen (Dan 2,31–45): Nebukadnezar träumt von einem Koloss mit einem ↗Kopf aus Gold, ↗Brust und Armen aus Silber, ↗Bauch und Lenden aus Erz, Schenkeln aus E. und Füßen, die »eines Teils E. und eines Teils Ton« (Dan 2,33) sind. Ein Steinwurf auf die tönernen Füße bringt den Giganten zum Einsturz (Dan 2,34). Daniel deutet die Werkstoffe als Bild für eine Abfolge von Kulturen. Während das Königreich des Erzes eine große Ausdehnung und stabile Herrschaft erreicht, schlägt das daran anschließende Zeitalter des E. in Gewaltherrschaft um: »denn gleichwie E. alles zermalmt und zerschlägt, ja, wie E. alles zerbricht, also wird es auch diese alle zermalmen und zerbrechen« (Dan 2,40). Die Füße aus E. und Ton entsprechen einem geteilten Königreich, das von wechselhafter Stärke sein und nie zu einer homogenen Bevölkerungseinheit finden wird (Dan 2,42 f.). Das Symbol eines Kolosses aus unterschiedl. Materialien versieht Herder mit sprach- und literaturästhet. Bedeutung in seinen Fragmenten *Ueber die neuere Deutsche Litteratur* (Dritte Sammlung).

5. Symbol verschütteten Wissens. Erzadern verweisen v. a. in romant. Texten auf eine archaischmyth. Wissensschicht, die dem rationalen Alltagsbewusstsein entzogen ist und vom romant. Künstler, in Analogie zum Bergmann, erst abgebaut werden muss. Der Gang ins ↗Bergwerk zu den Erzen ist ein Weg ins Innere, psychologisch-anthropologisch, poetologisch und kulturphilosophisch (christl. gedeutet in *Des Knaben Wunderhorn* I, 183: *Romanze vom großen Bergbau der Welt*). Die Bodenschätze konfrontieren den Menschen mit seinem Unbewussten, mit der tieferen Schönheit und Erkenntnis der Kunst sowie mit Wissensbereichen aus uteralen, präzivilisator. Entwicklungsstufen. Erzadern sind nicht ausschließlich Basis der frühindustriellen Warenwirtschaft, sondern kostbare »Überbleibsel einer uralten Zeit« in »verborgenen Schatzkammern der Natur« (Novalis, *Heinrich von Ofterdingen* V).

↗Bergwerk/Schacht, Blei, Grau, Hammer und Amboss, Magnet, Pflug, Stahl.

Lit.: WCS, 142–144. – H.-J. Spitz, Die Metaphorik des geistigen Schriftsinns, München 1972, 199 f. – R. Winkle, Der Dank des Vaterlandes – Eine Symbolgeschichte des Eisernen Kreuzes 1914 bis 1936, Essen 2007.   AB

Eisenbahn / Lokomotive / Zug

Symbol des Fortschritts, der damit verbundenen Risiken und außergewöhnl. Lebensläufe, des Kollektiven, des menschl. Organismus und der Sexualität sowie vorgegebener Wege und damit eingeschränkter Freiheit. – Relevant für die Symbolbildung sind (a) die Bindung der E.fahrt an vorgegebene Schienen und Fahrpläne (im Gegensatz zum ↗Auto), (b) die kollektive Beförderungsweise sowie (c) die selektive Nutzung einzelner Elemente des E.wesens wie L., ↗Bahnhof, ↗Brücke,

Stellwerk, Tunnel, Schiene, Waggon, Z., Weiche und Entgleisung (↗Gleis).

1. Symbol des Fortschritts. Die E. als Symbol des Fortschritts (Heine, *Lutetia* LV: »Die Zeit rollt rasch vorwärts, unaufhaltsam auf rauchenden Dampfwagen«) ist Teil der Opposition von ›alter verschlafener Postkutschenzeit‹ (Fontane, *Zwei Poststationen*; Geibel, *Tempora mutantur*; Scheffel, *Der letzte Postillon*) versus ›fortschrittlicher E.-Zeit‹ (»Die E. pfeifen, es zuckt der Telegraph –/ Du aber bleibst gelassen, du aber bleibst im Schlaf!«; Freiligrath, *Wien*), wie es insbes. in Texten des Vormärz (Börne, *Briefe aus Paris*: »Brief vom 2.12.1831«; s. a. die von 1829–1849 erschienene Leipziger Unterhaltungszeitschrift *Die E.*), dann der 1848er Revolution (bei Marx steht die E. auch darüber hinaus für Revolution) sowie in den 1880er Jahren in der sozialdemokrat. Presse und Lit. anzutreffen ist (vgl. die einschlägigen Texte und Karikaturen der Satirezeitschrift *Der Wahre Jakob*). Umgekehrt werden mit fortschrittskrit. Impetus bis ins 20. Jh. hinein E.entgleisungen insofern symbolisch genutzt, als sie in der Lit. dazu dienen können, die idyll. Orte der Langsamkeit für einen Moment wiederherzustellen (z. B. Raabe, *Meister Autor*).

2. Symbol der Risiken und außergewöhnlicher Lebensläufe. Die häufigsten Elemente der Risikosymbolik finden sich 1882 auf engstem Raum in der Besprechung einer Aufführung von Wildenbruchs Schauspiel *Opfer um Opfer* durch Fontane, in der er dessen ›dramat. Talent« als »eine dreimal überheizte L.« bezeichnet, »die bremserlos über die Geleise mit falscher Weichenstellung hinjagd. Der Krach ist unausbleiblich« (*Vossische Zeitung*, 12.12.1882). In Verbindung mit der E.fahrt als Symbol für vergehende (Lebens-)Zeit (z. B. Engelke, *Das Weltrad*; Kästner, *Das E.gleichnis*) ergibt sich eine Symbolik von (Lebens-)Fahrten, die als Unfälle, Entgleisungen oder auch falsche Weichenstellungen dargestellt werden: »Wir sind in der Situation von E.reisenden, die in einem langen Tunnel verunglückt sind« (Kafka, *Drittes Oktavheft*, »20.10.1917«; vgl. Dürrenmatt, *Der Tunnel* und Schumacher, *Der letzte Z.*: »Der Fahrplan nennt die Routen/ des Lebens wirre Routen«).

3. Symbol für selbstgeregelte Kreisläufe und den menschlichen Organismus und seine (männliche) Sexualität. Eng mit der Risikosymbolik verknüpft ist das E.verkehrsnetz als Symbol für selbstgeregelte Kreisläufe. Techn. Vehikel wie E. und im Weiteren das E.verkehrsnetz (»Es wächst und wächst das Eisennetz/ der parallelen Schienen«; Engelke, *Alles zu Allem*) werden in modernen Kulturen zur Überblendung des eigenen Körpers genutzt bzw. auf den menschl. Organismus abgebildet. So kann M.M. von Weber die Telegrafie als Nervensystem und »leitenden Gedanken« des E.systems symbolisieren, das die »Nerven der Telegraphendrähte leitend« durchzucken (*E.geschichten*); in Wiecherts

Novelle *Entgleist* werden der techn. Defekt eines Z. und der Nervenzusammenbruch eines jungen Mädchens auf einem Ball parallel geführt, wobei die Z.entgleisung die Möglichkeit gibt, die menschl. nachträglich zu kompensieren. Als Körpersymbol kann die E./L. auch zur Bezeichnung der (männl.) Sexualität genutzt werden (Zola, *La bête humaine*; Hauptmann, *Bahnwärter Thiel*).

4. Symbol des Kollektiven. In Opposition zum individuelle Bewegungsfreiheit ermöglichenden Privatbesitz Auto wird die E. – v. a. aber der Z. insgesamt – wie auch der Omnibus in der Lit. seit Mitte der 1920er Jahre zum symbol. Vehikel des Kollektiven; ein Gegensatz, der dann nach dem Zweiten Weltkrieg auf den Systemgegensatz BRD/DDR (›Freiheit‹ versus ›Sozialismus‹) übertragen wird. Dennoch erscheint das E.-Symbol nach dem November 1989 in der Lit. des Alltags und in Karikaturen der Tageszeitungen wieder mit positiver Wertung, und zwar in Form des unaufhaltsam seinen vorgezeichneten Weg nehmenden ›gesamtdt.‹ und dann auch ›↗europ. Z.‹. Zum automobilist. Mainstream gegenläufige kulturelle Positionen können in der Gegenwartslit. u. a. dadurch eingenommen werden, dass die symbol. Langsamkeit des Z. gegenüber Flugzeug und Auto positiv besetzt wird (Nadolny, *Netzkarte*; ders., *Er oder Ich*).

5. Symbol der eingeschränkten Freiheit. Übernommen wird dieses Teilelement des E.-Symbols aus der Symbolik der ›eingefahrenen Geleise‹ als Rillen, die von der Postkutsche (später Pferdebahn) in den Boden eingefahren werden und dadurch keine selbst bestimmte Bewegung im Raum zulassen wie das in symbol.-semant. Opposition dazu stehende individuelle ›freie‹ Reiten bzw. später das Autofahren. Stürmer und Dränger wie auch Romantiker haben das immer wieder als ein ›sich aus den Gleisen heraussehnen‹ thematisiert (Goethes Werther spricht negativ »über den inneren Trieb, sich der Einschränkung willig zu ergeben, in dem Gleise der Gewohnheit so hinzufahren und sich weder um Rechts noch um Links zu bekümmern«; *Die Leiden des jungen Werthers* I: »Am 21. Junius«), allerdings z. T. schon wieder bei integrierter gegenläufiger Rückkehr in die Gleise (»Der Verirrte tritt wieder in das Geleise der Gesetze«; Schiller, *Die Räuber*, Vorrede). Bei Eichendorff bedarf es im Gedicht *Mittagsruh* noch der ↗Traumsituation, um aus den Gleisen des Alltags zu treten (»Treten heimlich, groß und leise/ Aus der Wirrung fester Gleise,/ Aus der unbewachten Brust«). Umgekehrt findet man seit der Restaurationszeit der 1850er Jahre und v. a. bei Fontane immer wieder die Symbolvariante ›etwas ins rechte Gleis zurückbringen‹ oder ›im rechten Gleise verbleiben‹, ein Bild, das die romant. Besetzung des Symbols also partiell wieder streitig macht. In der Folge sind beide Akzentsetzungen parallel anzutreffen (Schlaf/Holz, *Neue Geleise*). In Nadolnys Roman *Netzkarte* ist es das Monatsticket, das ›Freiheit‹ auch für ad hoc getroffene ›Umsteigeentscheidungen‹ schafft, so dass der Symbolaspekt ›eingefahrenes Gleis‹ in den Hintergrund rückt, die E. zum Instrument des Ausbruchs aus dem vorgezeichneten Lebenslauf wird (s. a. 4.).

↗Auto/Wagen, Ballon, Dampfmaschine, Gleis, Reise, Schiff, Links/rechts.

Lit.: P.H. Eisheuer/M. Ostler, E. und Dichtung, Berlin 1930. – J. Link/R. Parr, Schiene – Maschine – Körper, in: UniReport. Berichte aus der Forschung der Universität Dortmund 19 (Sommer 1994), 15–21. – J. Mahr, E. in der dt. Dichtung, München 1982.   RP

Eisvogel

Symbol der treuen Liebe und der Trauer, der Ruhe und des Friedens, des Winters, der Sonnenwende und der (Wieder-)Geburt, des Wohlstands und der Ehre wie auch des Opportunismus, der Zurückgezogenheit, erlesener Schönheit und des Dichtens. – Relevant für die Symbolbildung sind (a) das farbenprächtige, schillernde Gefieder des an Gewässern lebenden E., (b) sein sturzartiger Tauchflug bei der Fischjagd, (c) der Umstand, dass er selten zu sehen ist, sowie (d) seine Identifikation mit dem myth. Meeresvogel ›Halkyon‹ (gr. *alkyón*; lat. *halcyon*), dem ein klagender Ruf sowie ein bemerkenswertes Paar- und Nistverhalten zugeschrieben werden.

1. Symbol der treuen Liebe und der Trauer. Der seltene E., weder in der Bibel noch im frühchristl. *Physiologus* erwähnt, brütet nicht in ↗südl. Gefilden, wo er in der Regel lediglich überwintert. Wohl nicht zuletzt deshalb sind seine naturkundl. Beschreibungen in der Antike stark mit fiktiven Elementen durchsetzt. Den nur zur Brutzeit paarweise lebenden Vögeln wird etwa eine lebenslange, aufopfernde Liebe und Treue zum Partner angedichtet, fürsorglich umsorge das Weibchen seinen Partner im Alter und trage ihn auf seinem Rücken, wie es u. a. bei Aelian heißt (*De natura animalium* VII, 17; vgl. auch Alkman, *Fragmente* XXVI). Aufgrund dieser als vorbildlich geltenden ›Gattenliebe‹, die nicht von *libido* (»Begehren«), sondern von *benevolentia* (»Wohlwollen«) und *amicitia* (»Freundschaft«) bestimmt sei (Plutarch, *De sollertia animalium* 983b), gilt der E. schon seit der Antike als Symbol ehel. Liebe und lebenslanger Treue und wird in der Frühen Neuzeit ferner zum Zeichen der treusorgenden Kirche (Cogeler, *Imagines elegantissimae* IX, 6; Franzius, *Historia animalium sacra* II, 27) wie auch ihrer Eintracht (Graauwhart, *Op het ysvogeltje*-Emblem), der Liebe der Seele zum Seelenbräutigam (Pfeffel, *Güldene Äpfel in silbernen Schalen* CXI; ↗Hochzeit) und allgemein der Tugend (Gesner, *Historia animalium* III: »De alcyone«; »De ispida«). – Die Vorstellung von der treuen Liebe der E. aufnehmend findet sich bei Ovid (*Metamorphosen* XI, 410 ff.) der literarisch einflussreiche Verwandlungsmythos von Alcyone, die sich, untröstlich über den ↗Tod ihres Gatten Ceyx, ins ↗Meer stürzt und von den Göttern in einen klagend rufenden E. verwandelt wird (literar. Vorlage beispielsweise für Ransmayr, *Die unsichtbare Tirade an drei Stränden*). Wegen des angeblich klagenden Rufs des E. ist schon in Homers *Ilias* vom ›vieltrauernden E.‹ (IX, 563) die Rede, dessen Ruf auch in der jüngeren Lit. als Symbol des Unglücks und der Trauer gilt (Goethe, *Reineke Fuchs* III; Salis-Seewis, *Die Wehmuth*; Davies, *The Kingfisher*).

2. Symbol der Ruhe und des Friedens (›Halkyonische Tage‹). Zu den fiktiven Elementen naturkundl. Beschreibungen zählt zudem die Legende, der E. niste mitten im ↗Winter am oder auf dem Meer. Laut Aristoteles brütet der E. ↗sieben Tage vor und nach der Wintersonnenwende; während dieser Tage, die auch die ›halkyon. Tage‹ genannt werden, beruhige sich die See in der ansonsten stürm. Winterzeit (*Historia animalium* V, 8; vgl. Plinius d.Ä., *Naturalis historia* X, 91). Nur während dieser Tage ist dem E. mitten im Winter das Brüten am oder, wie bei Ovid, sogar auf dem Meer möglich, auch wenn das (schwimmende) E.nest als höchst kunstvoll und äußerst widerstandsfähig gilt (z. B. Montaigne, *Essais: Apologie de Raymond Sebon*, ↗Nest). Die halkyon. Tage sind bis heute ein stabiles Symbol der Ruhe und des Friedens inmitten turbulenter Zeiten (vgl. Aristophanes, *Die Vögel* 1593 f.; Milton, *On the Morning of Christs Nativity*; Harsdörffer, *Frauenzimmer Gesprächspiele* VII; vgl. auch den Titel der 1940–1942 erschienenen niederl. Zeitschrift *Halcyon*, welcher die Hoffnung auf Frieden zum Ausdruck bringt); als Symbol für Liebe und Frieden überschneiden sich damit E. und ↗Taube in ihren symbol. Bedeutungen (vgl. Covarrubias, *Emblemas morales* II, 83; Gallutius, *Carminum libri tres* II, XVI; Klaj, *Freudengedichte* II; vgl. Harms). Die halkyon. Tage sind darüber hinaus Symbol der Gerichtsruhe (Gesner, *Historia animalium* III: »De alcyone«), des Haus- und Seelenfriedens (Wieland, *Aristipp* XLI), eines guten Gewissens und gelassener Heiterkeit (Schoonhoven, *E.-Emblem*), die bei Nietzsche in die ›helle klare kalte Stimmung‹ der Nüchternheit umschlägt (vgl. *Der Halkyonier*). – Seit dem MA weisen die halkyon. Tage darüber hinaus darauf hin, dass Christus den Menschen Frieden bringt und sie auf Gott vertrauen können (Basilius, *Hexaemeron* VIII; Ambrosius, *Hexaemeron* V; Eustathius, *In Hexaemeron S. Basilii Latina parapharasis* VIII), der E. kann aber auch für die Kirche stehen, die Gottes Schutz erfährt (Franzius, *Historia animalium sacra*, 498 ff.; von Birken, *Andacht-Lied*), oder für Maria als Besiegerin der Sünde (Sfrondrati, *Innocentia vindicata* II). – Das angebl. Nisten des E. während des Winters wird als Zeichen für die Apostel begriffen, die sich, wie der E., erst bei drohenden Widrigkeiten bewähren (Thomas v. Cantimpré, *Liber de natura rerum* V, 15), während das Nest selbst in seiner Festigkeit und Widerstandsfähigkeit als Zeichen der überwundenen Versuchung und der Unerschrockenheit der Gerechten wie auch der Unerschütterlichkeit derjenigen gilt, die standfest bleiben (Woyt, *Drey Sinn-Bildliche Centifolien-Rosen* III, 50). Zugleich steht der E. für Voraussicht und verweist auf den *vir prudens* (s. 4.), der in unruhiger Gegenwart auf einen günstigen Zeitpunkt, etwa um gegen Feinde vorzugehen oder in den Krieg einzutreten, zu ↗warten versteht (Camerarius, *Symbolorum: Nobis sunt tempora nota*; Giovio, *Le Sententiose imprese: Nous savons bien le temps*; Shakespeare, *Henry VI*, 1. Teil, I, 2). Tellkamps Roman *Der E.* knüpft hier an und lässt eine terrorist. Widerstandsgruppe in Zeiten des Friedens auf den rechten Zeitpunkt für gewaltsame Aktionen warten; damit verkehrt sich bei Tellkamp das ursprüngl. Symbol des Friedens in sein Gegenteil.

3. Symbol des Winters, der Sonnenwende und der (Wieder-)Geburt, des Wohlstands und der Ehre wie auch des Opportunismus. Wird der E. in der abendländ. Lit. häufig mit dem Winter assoziiert (Jean Paul, *Siebenkäs* XII; *Flegeljahre* XXXII, LXII; Tellkamp, *Der E.; Der Nautilus*), gilt er in China als feuriger, der ↗Sonne verbundener Vogel (vgl. Kroll). Wie Gresseth zeigt, lässt der griech. Mythos eine Deutung des E. als Symbol für die Wintersonnenwende, d.h. für die Wiedergeburt der Sonne zu; symbolisch steht der E. damit dem ↗Phoenix nahe. Zum Symbol der Erneuerung bzw. der Auferstehung wie auch der ↗jungfräul. ↗Geburt (Franz von Retz, *Defensorium inviolatae virginitatis Mariae*) macht den E. aber auch der überlieferte Volksglaube, dass sich ein toter E. noch mausere, ein Mittel zur Wiederherstellung der Jugend sei (Croll, *Tractatus de signaturis internis rerum*) und den Wohlstand wie auch die Ehre mehre (Albert Magnus, *De animalibus* XXIII, 123, 61; *Losbuch ein scherzhaftes Wahrsagebuch*). Schließlich dreht sich einem anderen Aberglauben zufolge ein an der Zimmerdecke aufgehängter E. nach dem ↗Wind (Marlowe, *The Jew of Malta* I), daher kann Shakespeare ihn in *King Lear* (II, 2) als Symbol des Opportunismus nutzen.

4. Symbol der Zurückgezogenheit, erlesener Schönheit und des Dichtens. Mitunter dient der ungewöhnlich schöne und seltene Vogel wie in China (vgl. Kroll) als ein Symbol luxuriöser, exot. Schönheit (Shelley, *Prometheus Unbound* III, 4; Maupassant, *L'inutile beaute*; Liliencron, *Poggfred*, 20. Kantus), die, wie in Storms *Schimmelreiter*, auch gefährl. Begehrlichkeiten wecken kann. Storm nutzt den E. zugleich als tradiertes (vgl. Ricciardo, *Commentaria symbolica*) Symbol für zurückgezogen lebende Menschen. Bisweilen steht der E. für den *vir prudens* bzw. den im Stillen arbeitenden Gelehrten (Bock, *Der deutsche Aesop: Der einsame E.*; Lacombe de Prezel, *Dictionnaire iconologique*). – Schließlich ist der E., ohnehin ein geschätzter Gegenstand des Fabulierens (Lukian, *Der wahren Ge-*schichte zweiter Teil*; Lohenstein, *Großmüthiger Feldherr Arminius* II, I; Bürger, *Feldzüge und Abenteuer des Freiherrn von Münchhausen* XVII), auch von poetolog. Bedeutung. Bei Zincgref (*Sapientia picta* XXIV) etwa deuten die mit dem E. verbundenen ›halkyon. Tage‹ auf die Muße, die der Schreibende braucht, während sich bei Celan in der Chiffre des winterl., (ein-)tauchenden E. Tod und Schreiben verbinden (*Stimmen; Waldig; Femiges*).

↗Meer, Nest, Phoenix, Taube, Winter.

Lit.: DLS, 90. – RDK IV, 1181–1188. – WBS, 166f. – G.K. Gresseth, The Myth of Alcyone, in: Transactions and Proceedings of the American Philological Association 95 (1964), 88–98. – W. Harms, Der E. und die halkyon. Tage, in: Verbum et signum, hg. v. H. Fromm/dems., Bd. 1, München 1975, 477–515. – P.W. Kroll, The Image of the Halcyon Kingfisher in Medieval Chinese Poetry, in: Journal of the American Oriental Society 104 (1984), 237–251.   JAb

Elefant

Symbol der Größe und Stärke, der Klugheit sowie der Tugendhaftigkeit, Sanftmut, Frömmigkeit und Keuschheit. – Relevant für die Symbolbildung sind (a) die körperl. Größe, (b) die Kraft in körperl. wie in geistiger Hinsicht, (c) die relativ leichte Zähm- und Dressierbarkeit des E. als Arbeits- und Zirkustier (↗Zirkus).

1. Symbol der Größe und Stärke. Als größtes lebendes Landsäugetier ist die schiere Größe des E. nicht nur Symbol für seine Stärke (vgl. ↗Drache, ↗Wal), sondern auch für seine besonders ausgezeichnete Stellung in der Schöpfung, die ihn dem Menschen und Gott selbst annähert (s.a. 3.). In La Fontaines Fabel *Le rat et l'éléphant* verkörpert der E. als stattl. Reittier auf einer Pilgerreise die erhabene, bewunderte Macht, die man nicht ungestraft verspottet, wie die ↗Ratte es tut, die daraufhin von der ↗Katze gefressen wird: »die zeigt' ihr, wo sie stand;/ Die Ratte ist kein E.« (kritisch gegenüber dem äußeren Anschein dagegen Gleim, *Der E. und die Maus*: »Die Größe macht es oft nicht aus!«). Aufgrund seiner körperl. Größe und Stärke wird in den antiken Naturlehren (Aristoteles, *Historia animalium* II, 1; Plinius d.Ä., *Naturalis historia* VIII, 1 u.ö.) dem E. auch eine große Langlebigkeit zugeschrieben, die in der christl. Ausdeutung als Nähe zum Ewigen aufgefasst wird (Cassiodor, *Variae* X, 30). Als Kriegs-E., wie sie Pyrrhus und die Karthager einsetzen, sind E. nicht nur Symbol großer Macht und Stärke, sondern ihr Einsatz zeugt auch von großer Kühnheit und beeindruckender militär. Klugheit aufgrund der Fähigkeit zu psycholog. Kriegsführung und der Überschreitung von Grenzen, wie bei Hannibals Überquerung der winterl. Alpen im 2. Pun. Krieg (Livius, *Ab urbe condita* XIII, 7; XXX, 33). Als Kriegsbeute im Triumphzug und als Zirkustiere (Delort, 294) bringen E. ähnlich wie der Bär die Beherrschung von Größe und Kraft zum Ausdruck (Plinius d.Ä., *Naturalis historia* VIII, 2 und 6).

2. Symbol der Klugheit. Der körperl. Größe und Stärke analog wird dem E. auch bes. große geistige Kraft zugeschrieben. Der E. folgt in Lessings vier Fabeln über den *Rangstreit der Tiere* in seiner Würde und Einsichtsfähigkeit direkt auf den ↗Löwen. Herders Morgengesang *Die Schöpfung* rückt den E. als »Wunderbau von Gottes Hand!/ Königthier!« in seiner Klugheit nahe an den Menschen:»das Ziel/ Seiner Schöpfung […] Voll Gefühl,/ Feiner fast als Menschenhand/ Und voll Ruh und voll Verstand«. Schon für Aristoteles sind die E. die gelehrigsten und deshalb am leichtesten zähmbaren Tiere (*Historia animalium* VIII, 9), zumal in ihrer Größe auch eine Kraft der Ruhe gesehen wird (Plinius d.Ä., *Naturalis historia* VIII, 1). In dieser verbinden sich mit der großen geistigen Stärke auch Vorsicht und Umsicht sowie Gutmütigkeit, Sanftmut und Gerechtigkeitssinn (s. a. 3.). Diesen symbolisiert er in Pfeffels ›Poetischem Versuch‹ *Der E.* (1787), der den Despoten auf rechtmäßiges Handeln verpflichtet. A.W. Schlegel erwähnt in seiner Abhandlung *Zur Geschichte des E.* (1823) auch noch die Zurückhaltung, Hilfsbereitschaft, Bescheidenheit und Verschwiegenheit als Eigenschaften des E., die mit seiner Klugheit und Sanftmut assoziiert werden und insbesondere in den Fabeltrad. europ. und außereurop. Kulturen eine Rolle spielen (Schenda, 59 f.). So ist der E. in den Vorstellungen des alten ↗Indien nach ein Begleiter oder als ↗weißer E. sogar eine Gestalt Buddhas (*Mahavastu*; *Lalitavistara*) und wird deshalb als verehrungswürdiges, aber auch hilfreiches Tier aufgefasst (Zerling, 78 f.). – Brecht, der vermittelt über R. Kipling am kolonialen Indien Interesse nimmt, präsentiert demgegenüber in *Mann ist Mann* die Geschichte vom E.kalb, an dem »die Beweisbarkeit jeder Behauptung demonstriert« wird: Das E.kalb erscheint als Projektionsfläche eines kulturellen Imaginären, mit der Brecht die Zufälligkeit kultureller Bedeutungsgebung kritisch herausstellt, konkrete symbol. Zuschreibungen an den E. hingegen kassiert. Gleichwohl lässt Brecht in einer seiner *Geschichten vom Herrn Keuner* den »geselligen« E. zu dessen Lieblingstier avancieren, weil er Stärke mit List verbinde, die ihn zu großen Unternehmungen befähige. Der E. wird so zum Symbol einer listigen, durchsetzungsstarken Vernunft, mit der Brecht indirekt zu wenig dialektisch gedachte Machtvorstellungen und zu harmlose Klugheits- und Weisheitssymboliken des E. zurückweist.

3. Symbol der Tugendhaftigkeit, Frömmigkeit und Keuschheit. Sein gutes Gedächtnis für erfahrene Wohltaten tragen wie seine Gutmütigkeit dazu bei, dass der E. zu einem Symbol der Tugenden wird (Plinius d.Ä., *Naturalis historia* VIII, 1, 9 und 23). In christl. Trad. (Isidor v. Sevilla, *Etymologiae* XII,

2, 16; Ambrosius *Exameron* III, 9, 40) steht der E. in Feindschaft zum Drachen als dem bösen Prinzip. Im *Physiologus* (»Vom E.«) erscheint der E. gleich mehrfach allegorisch gedeutet (vgl. RAC IV, 1024). Als Widersacher der ↗Schlange hat er Anteil an einer paradiesisch reinen Liebe ohne Begehren und wird so, wie auch das aus seinen Stoßzähnen gewonnene weiße Elfenbein, in der mariolog. Lit. des christl. MA zum Keuschheitssymbol (Salzer, 293–297). Zugleich erscheint er in Gestalt eines »kleinen E.« als Allegorie des erniedrigten Christus (vgl. Salzer, 44). Christus-Symbol ist der E. auch in den *Gesta Romanorum* (CXV). Hier wird von zwei ↗Jungfrauen erzählt, von denen die erste (Synagoga) einen E. töte, die zweite (Ecclesia) sein ↗Blut in ihrer Schüssel auffange: Der Sündentod, den Christus durch Eva erleiden müsse, werde durch Marias Demut, Keuschheit und Gottesliebe zur Heilstat der Erlösung der Welt. Die barocke Emblematik nimmt die überlieferte Symbolik auf. Neben Keuschheit (Harsdörffer, *Der Grosse Schauplatz Jämmerlicher Mordgeschichte* LXXXV) und Friedfertigkeit (Harsdörffer, *Der Grosse Schauplatz Lust- und Lehrreicher Geschichte* LXXX) verbinden sich in ihr aber auch z. B. (übermäßige) Elternliebe oder gelassene Überlegenheit mit dem E. (HS, 408–420). Heines Gedicht *Der weiße E.* (*Romanzero*) über einen liebeskranken, der Melancholie verfallenen E. ironisiert dagegen sowohl die christl. Keuschheitssymbolik als auch die Indien-Sehnsucht des 19. Jh. – Die Glück und Heil bringende Kraft des E. findet schließlich ihren säkularisierten Reflex in den Symbolbildungen der Kinderlit. des 20. Jh., von Brunhoffs *L'Histoire de Babar* (1931) über die Figur des von Disney adaptierten E. Dumbo (Aberson/Pearl, *Dumbo, the Flying Elephant*) bis zu Donnellys *Benjamin Blümchen*.

↗Indien.

Lit.: EdM III, 1302–1312. – R. Delort, Der E., die Biene und der hl. Wolf, München/Wien 1987. – A. Salzer, Die Sinnbilder und Beiworte Mariens in der dt. Lit. und lat. Hymnenpoesie des MA, Nachdr. Darmstadt 1967. – R. Schenda, Das ABC der Tiere, München 1995. – C. Zerling, Lexikon der Tiersymbolik, Klein Jasedow 2012.   LvL

Elektrizität

Symbol des Lebens und des Göttlichen, der geheimnisvollen Naturkraft und der Naturbeherrschung, des Fortschritts; auch poetolog. Symbol. – Relevant für die Symbolbildung sind (a) der mit der E. verbundene Spannungszustand, (b) die Bewegung von Ladung und der ↗Kreislauf elektr. Stroms sowie (c) die Möglichkeit künstl. Wärme- und ↗Lichterzeugung.

1. Symbol der Erregung und des Göttlichen. Zunächst findet der metaphor. Gebrauch des Adjektivs ›elektrisch‹ zur Bezeichnung erregter Gemütszustände (»E. ist E. des Gefühls«, Schlegel, *Lucinde*: »Allegorie von der Frechheit«) oder der vitalen Kräfte Verbreitung: »ich hatte alle E. verloren« (Tieck, *William Lovell* IV, 8). Die numinose Kraft der E. erscheint als der Inbegriff höchster individueller oder kollektiver Anspannung, wenn etwa Hofmannsthal von einem »Kern ungeheurer geistiger E.« spricht (*Zürcher Rede auf Beethoven*). Die metaphor. und symbol. Dimension von E. geht einher mit der Symbolik des ↗Lichts, des ↗Blitzes, des Funkens und des ↗Feuers: »Wo sind die Feuer, die elektrisch mich durchwallten« (Schiller, *Freigeisterei der Leidenschaft*), oder: »Ihre fürstliche Gegenwart zieht, wie ein Gewitterableiter, alle E. zärtlicher Herzen an sich« (Goethe, *Der Triumph der Empfindsamkeit*). Bis weit ins 19. Jh. hinein werden elektr. Effekte mit dem Göttlichen assoziiert: »Der Vulkan, das Licht, die Wärme, die E., der Magnetismus: wie kann Gott in der Voltaschen Säule stecken?« (Gutzkow, *Wally, die Zweiflerin*; ↗Vulkan; ↗Magnet; s. a. 3.). Die genannten Vorstellungen und ihre, mitunter satir., Widerlegungen indizieren eine Symbolbildung in enger Interdependenz mit der Entwicklung der auf E. basierenden Technologien, so etwa der neuen Beleuchtungsarten: Wie schon zuvor die Gaslaterne eröffnet das elektr. Licht ungeahnte Möglichkeiten (Benjamin, »Beleuchtungsarten«, in: *Das Passagen-Werk*; Schivelbusch 1983).

2. Symbol der geheimnisvollen Naturkraft wie der Naturbeherrschung. Unterhielten im 18. Jh. zunächst Elektrisiermaschinen die Salons, werfen elektr. und magnet. Phänomene bald die Frage nach einer bes. »Materie« (Artikel E., in: Engels, *Dialektik der Natur*) oder nach einer Erweiterung menschl. Sinnesvermögens auf (G.E. Lessing, *Daß mehr als fünf Sinne für den Menschen sein können*). Die E. und die von ihr abhängige Technologie erscheinen mitunter als Ausdruck einer der Alchemie verwandten Geheimwissenschaft (Schiller, *Der Geisterseher*). Selbst die systemat. wissenschaftl. Erforschung der E. u. a. durch Leibniz, Franklin, Galvani, Volta und Ampère vermag sie nicht zu entzaubern: »Das Elektrische, als ein Gleichgültiges, kennen wir nicht. Es ist für uns ein Nichts, eine Null, ein Nullpunkt, ein Gleichgültigkeitspunkt, der aber in allen erscheinenden Wesen liegt und zugleich der Quellpunkt ist, aus dem bei dem geringsten Anlaß eine Doppelerscheinung hervortritt, welche nur insofern erscheint, als sie wieder verschwindet« (Goethe, *Zur Farbenlehre* V: »Verhältnis zur allgemeinen Physik«). Als zu erforschende Urkraft der Natur ist die E. auch Gegenstand eines berühmten Dialogs aus Tolstojs *Anna Karenina* (I, 14). Und Heine spottet über die neue Kunst: »man entdeckt in der Natur dieselben Gesetze, die auch in unserem Menschengeiste walten, vermenschlicht sie (Novalis), man entdeckt in dem Menschengeiste die Gesetze der Natur, Magnetismus, E., anziehende und abstoßende Pole (Kleist)« (*Aphorismen und Fragmente*). – Indes steht die E. auch für die Ausdehnung des wissenschaftl. Erklärbaren, für Entmythologisierung. So schreibt Heine über das unerforschte Phänomen der Liebe: »Naturphilosophen haben behauptet, es sei eine Art E.« (Heine, *Reisebilder* III: »Die Bäder von Lucca« 7). Im Bewusstsein des 19. Jh. verwandelt sich das Beherrschen der E. zu einer modernen Variante des Prometheus-Mythos (Shelley, *Frankenstein, or the Modern Prometheus*). Engels nennt die »zerstörende Gewalt der E.« als Bsp. dafür, wie die »dämonischen Herrscher« sich nunmehr »in willige Diener verwandeln« (*Die Entwicklung des Sozialismus von der Utopie zur Wissenschaft* III).

3. Symbol des Fortschritts. Ein noch aus dem 18. Jh. stammender Ausruf wie »Bietet uns die E. nicht täglich neue Phänomene?« (Helvetius, *De l'esprit* IV, 7) steht paradigmatisch für die Identifikation von E. mit wissenschaftl.-techn. Fortschritt. Klingt bereits bei Lessing eine eschatolog. Auslegung von E. und Magnetismus an (s. 1.), entwickeln die Saint-Simonisten die Vision eines neuen Kultus, dessen Mittelpunkt ein »temple pile de Volta« (H.-R. d'Allemagne; vgl. Kuhnle, 258) bilden soll. Die E. wird zum Inbegriff quasi-göttl. Macht, die in eschatologisch gestimmten sozialist. Texten beschworen wird: »Im elektrischen Funken auch ist Gott./ Er ist der glühende Blitz der Zeit,/ Der mächtige Mittler, der Kraft befreit,/ Seine Schwingung spannt die leuchtende Brücke/ Zum notverscheuchenden Arbeitsglücke« (K. Henckell, E., in: *Buch des Kampfes*). Ein Satz wie »Selbstverständlich tritt die E. an die Stelle allen Feuers und Lichts« (E. Bellamy, *Looking Backward*, 1888) resümiert die ungebrochene Hoffnung, die in die E. gesetzt wird, wovon auch die Zukunftsvision eines A. Robida zeugt (*La vie électrique*, 1892). Marinetti will 1909 »die nächtliche, vibrierende Glut der Arsenale« besingen (*Manifeste du futurisme*) und ruft bald darauf den elektr. Krieg aus (*La guerra elettrica*). – Die E. ist jedoch nicht nur Inbegriff der modernen Zivilisation, sondern bezeichnet auch die von der modern. Welt bewirkte Entfremdung von der Natur: »Auch uns erfreut das Licht der Sonne, Nur darf es nicht elektrisch sein« (Holz, *Chorus der Lyriker*, in: *Buch der Zeit*; vgl. Holz, *Ignorabimus* II). H. Ball zählt die E. zu den Errungenschaften einer »Welt abstrakter Dämonen« (Kandinsky) und G. Simmel bringt die Warnung vor dem ungezügelten Fortschritt, für den die E., insbes. aber das elektr. Licht steht, auf den Punkt: »Gewiß haben wir jetzt statt der Tranlampen Azetylen und elektrisches Licht; allein der Enthusiasmus über die Fortschritte der Beleuchtung vergißt manchmal, daß das Wesentliche doch nicht sie, sondern dasjenige ist, was sie besser sichtbar macht« (*Philosophie des Geldes*, »Der Stil des Lebens« III). Die ersten warnenden Stimmen stammen indes bereits aus dem 19. Jh.: In J. Vernes sarkast. Abrechnung mit dem Saint-Simonismus und einem fortschrittsapologet. *Second Empire, Paris au XXe siècle* (verfasst 1864, Erstveröffentlichung 1992), kulminiert die Rede vom »Dämon der E.« in einer apokalypt. Symbolik.

4. *Poetologisches Symbol.* Der Surrealismus erhebt, die tradierte Symbolik der göttl. Inspiration aufgreifend (s. a. 1.), den durch größte Spannung der Gegensätze erzeugten elektr. Funken zum Inbegriff poet. Inspiration: »Der Vergleich zweier möglichst weit auseinander liegender Gegenstände bleibt die höchste Aufgabe der Poesie« (Breton/Soupault, *Les vases communicants*; vgl. die krit. Auseinandersetzung in B. Fondane, *Faux traité d'esthétique*). Bei C. Simon verdichtet sich, in Anlehnung an die Phänomenologie Merleau-Pontys und an die moderne Texttheorie, das Bild der »Leitkörper« (*Les corps conducteurs* 1971) zu einer Analogie von Leib und Textkörper, wobei der Sprache bei der Konstituierung eines vom Individuum unabhängigen Gedächtnisraumes die Funktion eines »Leiters« zufällt.

↗Feuer/Flamme, Gewitter/Blitz und Donner, Licht, Magnet.

Lit.: H. Boetius, Geschichte der E., Weinheim 2006. – T.R. Kuhnle, Das Fortschrittstrauma, Tübingen 2005. – K. Plitzner (Hg.), E. in der Geistesgeschichte, Bassum 1998. – W. Schivelbusch, Lichtblicke, München 1983. – ders., Licht, Schein und Wahn, Berlin 1992.
TRK

Elf ↗Karneval, Zahlen.

Elster
Symbol der Schwatzhaftigkeit, Eitelkeit und Kleptomanie, der moral. und prophet. Ambivalenz sowie des zweitrangigen bzw. bescheidenen Dichters. – Relevant für die Symbolbildung sind (a) die Fähigkeit der E., menschl. Sprache nachzuahmen, (b) ihr ↗schwarzweißes Federkleid sowie (c) ihre Vorliebe für glitzernde Beute.

Ovids *Metamorphosen* begründen im V. Buch (V. 294–317, 662–678) die Sprachbegabung der E. mit dem Hochmut der Pieriden, die die Musen zum Gesangswettstreit herausfordern, diesen jedoch verlieren und die Sieger schmähen, weshalb Calliope sie zur Strafe in E. verwandelt (vgl. Brant, *Narrenschiff:* »Von bösen Weibern«). Die Frühe Neuzeit versinnbildlicht daran anschließend mit der E. Vielschwätzerei und betrüger. Schmährede (z. B. Gleim, *Die E. und der Uhu*; Gellert, *Die E. und der Sperling*). In der engl. Lit. übernimmt der Eichelhäher (engl. *jay*) die Symbolik des geschwätzigen Tiers (z. B. Chaucer, *The Canterbury Tales*: »General Prologue« 642 f.; »The Reeve's Tale« 4154 u. ö.). Der Unterschied zwischen der rationalen Eloquenz des Menschen und deren mechan. Nachahmung durch die E. ist Gegenstand linguist. Reflexionen in Descartes' *Discours de la méthode* (V). – Die sprichwörtl. diebische Natur der E. (Wanderer,

809) wird häufig metaphorisch gebraucht (z. B. Zola, *Nana* X), kann aber auch ins Positive im Sinne von Sparsamkeit gewendet werden (Balzac, *Le père Goriot*). In der Rossini-Oper *La gazza ladra* erweist sie sich als handlungsentscheidend, insofern der Fund einer E.-Beute im letzten Akt zur Rettung der verurteilten Protagonistin führt. – Die moral. Ambivalenz der E. erwähnt Wolfram v. Eschenbach im Prolog des *Parzival* (1, 3–14), wo diese als Sinnbild für ein ambivalentes Figurenkonzept auftaucht, das die Teilhabe des Menschen an den Kräften des Guten und Bösen betont. Die Kombination der Gegensätze zeigt sich auch auf der schwarzweißen Haut von Parzivals Halbbruder Feirefiz, der damit zugleich die Vereinbarkeit von ↗Orient und Okzident anzeigt. Die prophet. Ambivalenz der E. findet sich ex negativo in der Aufklärung, wenn Naturwissenschaftler gegen den Aberglauben argumentieren, eine E. auf dem Dach zeige je nach Körperhaltung und Tageszeit Gutes bzw. Schlechtes an (J.G. Schmidt, *Rockenphilosophie*). Nach engl. Überlieferung bedingt das Sehen von E. ein positives bzw. negatives Ereignis, abhängig von der gesehenen Anzahl (vgl. das Lied *Five for a wedding*). – Als Symbol des tüchtigen, aber zweitrangigen Dichters erscheint die E. in der Emblematik, wenn Homer und Orpheus als Papagei und E. verglichen werden (HS 1610 f.). La Fontaine radikalisiert diese Zweitrangigkeit im Sinne des Plagiats: als Schmücken mit fremden Federn (*Fables choisies* IV, 9), Whitman hingegen wertet sie im *Song of Myself* (XIII) anhand der Eichelhähers (s.o.) – vermutlich im Anschluss an Theokrit (*Idyllen* V, 136) – zu dichter. Bescheidenheit um.

↗Farben, Papagei, Rabe, Schwarzweiß, Spiegel, Stimme.

Lit.: HdA II, 795–802. – S. u. L. Dittrich, Lexikon der Tiersymbole, Petersberg ²2005, 95–99. – K.F. Wanderer, Dt. Sprichwörterlexikon, Bd. 1, Darmstadt 2007, Sp. 809–810.
EBo

Engel
Symbol des Guten und (als Dämonen) des Bösen, des göttl. Willens und Schutzes sowie der Allgegenwart Gottes. – Relevant für die Symbolbildung sind (a) die Funktion der E. als Boten Gottes, (b) ihre Ordnung in E.hierarchien, (c) ihre Aufgabe als Hüter der kosm. Ordnung.

1. *Symbol des Guten und Bösen.* E. werden als von Gott geschaffene, unsichtbare, personhafte Geistwesen gedacht, die vor dem Menschen Gestalt annehmen können (bes. als schöner, bekleideter, ↗geflügelter Jüngling mit Heiligenschein), sie sind ungeschlechtlich, unsterblich und selig. Nach christl. Vorstellung bekämpfen sich seit dem E.sturz (Ephraim 3) das Gute und das Böse auf Erden bis zum Jüngsten Tag, an dem das Gute gemäß der göttl. Vorsehung siegen werde. Die Träger des Gu-

ten und Bösen sind E. und Dämonen (›gefallene E.‹). Sie dienen ihren jeweiligen Herren, Gott oder dem Teufel, vermitteln zwischen ihm und den Menschen und nehmen bei ihrer Arbeit auf deren Seelen Einfluss.

2. *Symbol des göttlichen Willens.* Den christl. E. glauben beeinflussten speziell die altjüd. E.lehren, fußend auf den Erwähnungen im AT, dessen Vulgata-Text unter gr. *ángelos* einen »Boten Gottes« versteht. Theologisch und deshalb auch literarisch prägend wurde die Vorstellung einer E.hierarchie mit Gott als dem obersten Befehlshaber und einem Großengel (Michael, Metatron) als himml. ›Wesir‹, Richter und Schreiber (z. B. in K. Wilhelm, *Der Brandner Kaspar und das ewig' Leben*). Ihm unterstünden die E.klassen als ›Heere des Himmels‹, auf deren Schultern Gottes Herrschaft über die Welt ruhe. Sie seien für die Ordnung der Planeten, der Zeit und der Naturgesetze ebenso zuständig wie für die Präsenz Gottes in der Schöpfung, was in visionäre und esoter. Texte Eingang fand. Bekannt sind außerdem Erzengel (›↗Angesichts-E.‹), die den Gottesthron umstehen und Truppen lobsingender E. befehligen. Als Boten bediene sich Gott seiner E. zur Überbringung von Nachrichten an die Menschen in Form von ↗Traum, Vision oder Realpräsenz (vgl. Gen 28,12: Traum Jakobs von der Himmelsleiter; Lk 2,10: Verkündigung von Jesu Geburt; Mt 1,20: Traum Josephs; Sagen und Märchen, z. B. Schöppner, *Sagenbuch der Bayrischen Lande: Der Schäfer von der Haid*; Pröhle, *Rheinlands schönste Sagen und Geschichten: Der gute Gerhard von Köln*; Bechstein, *Der König im Bade*; Grimm, *Die Nelke*). Daneben kennt die Überlieferung auch Fürsprecher-, Anklage-, Schreiber-, Wäge- und Straf-E., die nach dem Tod des Menschen für Gottes Gericht arbeiten (etwa im Berliner oder im Churer Weltgerichtsspiel). – Da das NT auf der jüd. E.lehre fußt, blieb die Konstruktion einer christl. Angelologie den Exegeten überlassen. Basierend auf der *Hierarchia coelestis* (Ps.-Dionysius Areopagita) und unterstützt von Gregor d. Gr. wurde die ↗Zahl der E.chöre auf neun festgesetzt und eine Einteilung der E. in ↗drei Hierarchien vorgenommen. Jeder E.chor besitzt sein eigenes Aufgabenfeld, unspezif. E.aufgaben wie Gotteslob oder Botendienste dagegen können von E. aller Ränge ausgeführt werden. In der mittellat., für den liturg. Gebrauch bestimmten E.dichtung werden die neun E.chöre in drei Triaden angerufen: 1. (sechsflüglige, ›heilig‹ singende) Seraphim, (vieläugige, die göttl. Weisheit schauende) Cherubim und (von Gottes Herrscherruhe erfüllte) Throne; 2. Herrschaften (*dominationes*), Kräfte und Mächte (*virtutes*) und Gewalten (*potestates*), die sich bei der kosm. Weltregierung betätigen, Wunder bewirken und über die Schöpfung und die Naturgesetze wachen; 3. (für die Weltgeschichte zuständige) Fürstentümer (*principatus*; ↗Fürst), Erzengel (*archangeli*; bibl. nur: Michael

[Krieger-E., Apokalypse], Gabriel [Verkündigungs-E.], Raphael [Schutz-E., s. 3.]) und E. (*angeli*; incl. Schutzengel), welche die Erkenntnis und Ausführung des göttl. Willens durch den einzelnen Menschen bewirken, und ihm damit zum ewigen Leben verhelfen. Am häufigsten ist in der Lit. – abgesehen von den an AT und NT gebundenen Erzengeln – von ›einfachen‹ E. die Rede: Sie umgeben den Thron Gottes, preisen Gott (mit ↗Musik und ↗Gesang), bewachen das himml. ↗Jerusalem, helfen Christus beim Sieg über Tod und Teufel, begleiten ihn bei der Himmelfahrt (↗Himmel) oder kämpfen im Jüngsten Gericht. Ihren Botendienst für die Menschen gestaltet visionäre Lit., indem sie z. B. erzählt, wie E. die Gebete zu Gott tragen oder indem sie die Seelen der Toten zum jüngsten Gericht transportieren und in die Jenseitsorte geleiten (z. B. Bechstein, *Deutsche Sagen: Dagoberts Zeichen*; Colshorn, *Märchen und Sagen LIV: Die wilde Johanne*; Baader, *Volkssagen: Kind dem Teufel verschrieben*). – Als Folge der Vorstellung, dass die Liturgie im Himmel der Liturgie in den Kirchen entspreche und deshalb E. und Kleriker dieselben liturg. Dienste verrichten, gehört zu den wichtigsten Aufgaben der E. die Teilnahme an allen liturg. Verrichtungen, und zwar meist an solchen, die Trägern der niederen Weihen zukommen. Diese Dienste wurden in der Lit. aus ihrem liturg. Zusammenhang gelöst und in szen.-erzählende Zusammenhänge (z. B. in Legenden, Visionsberichten) gestellt. Im Einzelnen: Ostiarier verrichten den Türdienst an den Kirchen; analog werden E. oft als strenger Türsteher an der Himmelspforte oder der ↗Tore zum himml. Jerusalem (oft im Sinne einer von E. bewachten E.burg; ↗Burg) beschrieben. Lektoren halten den Vorlesern liturg. Texte das ↗Buch, weshalb Lektoren-E. mit Büchern, Spruchbändern oder als Verkünder erscheinen. Exorzisten-E. haben Dämonen aus der Seele des Menschen zu vertreiben, und so kämpfen sie für ihn oft wie Krieger (z. B. gegen personifizierte Laster). Die Dämonenabwehr können aber auch die Schutz-E. (s. a 3.) der Betroffenen übernehmen. Die alttestamentl. Grundlage hierfür bildet der Sieg Raphaels über das Untier, das seinen Schützling Tobias bedroht. Akoluthen tragen das ↗Licht im Gottesdienst, weshalb E. häufig als Lichtträger (mit ↗Kerze, ↗Fackel) oder als überird. Lichtgestalten auftreten. Die Gegenwart der E. (als Subdiakone und Diakone) beim Altardienst weist auf deren Gegenwart bei der Wandlung hin und findet sich üblicherweise nur in geistl. Texten; als übernatürl. Speisereicher jedoch begegnen E. auch in der profanen Lit. (z. B. Grimm, *Deutsche Sagen: Gottes Speise*). Da E. (wie Priester) auch beim Sterben zugegen und für das Seelengeleit zuständig sind, lag es nahe, ihnen die ↗Grabeswacht oder die Totentrauer zu übertragen (Sagenmotiv). Deshalb sind E. in Sterbe- und Beerdigungsszenen zugegen, aber auch im Abendgebet (*Abends wenn*

ich schlafen geh', vierzehn Englein um mich stehn).
– All die Betätigungen von E. gelangten auch in
profane Texte und Kontexte (Esoterik, Erotik,
›blauer E.‹), auch in den Witz und das Sprichwort.
Hier fungieren E. im Symbol nicht mehr als Offen-
barungsträger des göttl. Willens, sondern parodieren ihn oder ziehen ihn in die menschl. Erlebnis-
und Erfahrungswelt herab und verfremden ihn auf
diese Weise (bes. in der Komik; z. B. Thoma, *Der
Münchner im Himmel*).
   *3. Symbol des göttlichen Schutzes und der Allge-
genwart Gottes.* Die Überzeugung, Gott würde für
jeden Menschen einen Schutzengel bereitstellen, ist
jüd. Ursprungs. Ihr gemäß lehrt die christl. Kirche,
dass jeder Mensch, ob gläubig oder nicht, einen
Schutzengel habe, der Gefahren für Leib und Seele
des Menschen abwende und ihn als sein bester
Kenner vor dem göttl. Gericht verteidige. In der
von der Gegenreformation stark propagierten
Schutzengel-Verehrung wurden alle aus der Trad.
bekannten E.dienste für den Menschen eingeführt,
und nicht nur das: E. wurden jetzt verstärkt als
geistl. Ratgeber der Menschen eingesetzt, z. B. indem sie als Einflüsterer auftreten (z. B. Bidermann,
Cenodoxus). Sie fungieren als Gnadenboten, denn
sie zeigen den Menschen ↗Wege, Gefahren (z. B.
Sünden) für ihr ewiges Leben zu vermeiden, und
sie demonstrieren durch ihre bloße Anwesenheit,
dass dem ewigen Richter nichts verborgen bleibt. In
der Lit. werden die Eigenschaften der E. häufig auf
andere Menschen (z. B. die Geliebte) übertragen
und diese so ins Sakrale gesteigert.
   ↗Flügel, Licht, Weiß.

Lit.: EdM III, 1413–1430. – RDK V, 341–601.

                             MSam

Erdbeben

Symbol der göttl. Allmacht und des Strafgerichts,
des erschütterten Gottesglaubens, des gesellschaftl.
und polit. Umbruchs sowie des kulturellen Verfalls
und der globalen Bedrohung. – Relevant für die
Symbolbildung ist (a) die zerstör. Kraft des E., die
(b) schwer vorhersehbar ist und (c) sich menschl.
Kontrolle entzieht.
   *1. Symbol der göttlichen Allmacht und des Strafge-
richts.* In jüd.-christl. Trad. erscheint das E. – als
Manifestation der Schöpferallmacht Jahwes, der die
↗Erde auf ↗Säulen im Urmeer gegründet hat – zumeist als Strafe für einen Verstoß gegen das göttl.
Recht (Ijob 9,6). Entsprechend einer im Altertum
verbreiteten Denkweise reagiert die ↗Erde damit
auf die Untaten ihrer Bewohner (ähnlich in Lev
18,25). In den endzeitl. Visionen der Propheten
(Am 1,1; Sach 14,5) wirkt das E. als Hilfe des Volkes
Israel und als Gericht seiner Feinde. Im NT sind E.
Begleiterscheinung des Todes und der Auferste-
hung Jesu (Mt 25,54; 28,2), ebenso der Rettung des
Paulus und Silas aus dem ↗Gefängnis in Philippi

(Apg 16,26) und dienen in der Apokalypse in erster
Linie der Vernichtung der Hure ↗Babylon (Offb
11,13).
   2. Symbol des erschütterten Gottesglaubens. In der
Neuzeit wird das E. zu einem der zentralen Symbole für den Vertrauensverlust gegenüber der göttl.
Vorsehung. Ausgangspunkt hierfür ist das E. von
Lissabon (1755), das als »außerordentliches Welter-
eignis« (Goethe, *Dichtung und Wahrheit* I, 1) nicht
nur den Glauben des jungen Goethe an den ›↗vä-
terlichen‹ Gott erschütterte, sondern auch innerhalb der Lit. der Aufklärung immer wieder zur Diskussion der Theodizeefrage von Leibniz und Pope
herangezogen wurde. Während das E. in Wielands
Hymne auf die Gerechtigkeit Gottes noch als mah-
nendes Vorzeichen des Weltgerichts und in Zim-
mermanns Lehrgedichten *Die Ruinen von Lissabon*
und *Die Zerstörung von Lissabon* als Symbol des
göttl. Strafgerichts und der polit. Erneuerung verstanden wird, interpretiert Voltaire es in seinem
optimismuskrit. *Poème sur le désastre de Lisbonne*
sowie seinem satir. Roman *Candide* als augenfälli-
gen Widerspruch zur Annahme eines gütigen Gottes. Dem gegenüber stehen Deutungsansätze, die
ausgehend von Kant (*Geschichte und Naturbeschrei-
bung der merkwürdigsten Vorfälle des E. welches an
dem Ende des 1755sten Jahres einen großen Theil der
Erde erschüttert hat*; *Fortgesetzte Betrachtung der
seit einiger Zeit wargenommenen Erderschütterun-
gen*) E. als Wirkung von in sich sinnvollen Naturge-
setzen verstehen, wodurch schließlich das »schöp-
ferische E.« (Jean Paul, *Titan*, 1. Zykel) in der Lit.
zum positiven Symbol der Konfliktlösung avancieren kann (z. B. Lenz, *Die Landplagen* VI: »Das E.«;
Kotzebue, *Die Sonnen-Jungfrau*; Voß, *Amyntao,
oder das glückliche E.*; Thümmel, *Der heilige Kilian
und das Liebespaar*).
   *3. Symbol des gesellschaftlichen und politischen
Umbruchs.* Schon Rousseaus Einwand gegen Voltaire in seinem *Lettre sur la providence*, Schuld an
der Lissabonner Katastrophe habe die verderbte Zivilisation, verschiebt die Bedeutung des E. in den
gesellschaftl. Bereich, um 1800 dann v. a. mit Blick
auf die Frz. Revolution, so z. B. in Goethes *Faust II*
(7495–7675 und 7851–7950), am deutlichsten aber
in H. v. Kleists Erzählung *Das E. in Chili*, in der die
Darstellung einer Naturkatastrophe mit der Kontingenzerfahrung individueller Lebensläufe einerseits, mit Bruch und Reorganisation einer gesellschaftl. Ordnung andererseits analogisiert wird.
   *4. Symbol des kulturellen Verfalls und der globalen
Bedrohung.* Seit dem Ende des 18. Jh. sind E. Bestandteil eines kulturhistor. Diskurses, innerhalb
dessen sie – z. B. in Abbé de Saint-Nons *Voyage pit-
toresque* oder Goethes *Italienischer Reise* – als Ursache für den ruinösen Zustand antiker Kunstdenkmäler und damit als Symbol für kulturelle Verfalls-
prozesse verstanden werden. Zu Beginn des 20. Jh.
radikalisiert sich diese Verfallssymbolik zu apoka-

lypt. Untergangsszenarien, z.B. in Kubins *Die andere Seite* oder in Döblins *Berge, Meere und Giganten*. Die umfassenden Auswirkungen von Naturkatastrophen in diesem Werk weisen dem literar. Symbol des E. eine neue Funktion als Sinnbild für die globalen Bedrohungen des ökolog. Gleichgewichts zu, zuletzt in Schätzings *Der Schwarm*. ↗Flut/Dammbruch, Gewitter/Blitz und Donner, Ruine, Sturm, Vulkan.

Lit.: WBS, 91–93. – Th. Bourke, Vorsehung und Katastrophe, in: Klassik und Moderne, hg. v. K. Richter, Stuttgart 1983, 228–253. – D. Groh/M. Kempe (Hg.), Naturkatastrophen, Tübingen 2003. NP

Erdbeere

Symbol des Erotischen und der Verlockung, aber auch der Unschuld, des Heils und der Demut. – Relevant für die Symbolbildung sind (a) die ↗weiße Farbe der Blüte (↗Blume) und die intensive ↗rote Färbung der Frucht, (b) die Gleichzeitigkeit von Blüte und Frucht, (c) das keiner Kultivierung bedürfende Vorkommen der Früchte.

1. Symbol des Erotischen und der Verlockung. Das intensive Rot der reifen Frucht und ihr Geschmacksaroma lässt die E. bis in die Gegenwart zum erot. Symbol werden. Auch als Allegorie der weibl. Brustwarzen (Abschatz, *Anemons und Adonis Blumen: Die schönen aber gefährlichen Früchte*; Weckherlin, *Von ihrer schönheit wundern*) ist die Frucht Zeichen der Lust, der Verlockung (Mörike, *Versuchung*; als dezenter Verweis auf ihr Verhältnis zu Goethe B. v. Arnim im »Briefwechsel mit Goethes Mutter«, Schlangenbad [1808], in: B. v. Arnim, *Goethes Briefwechsel mit einem Kinde*) oder auch des sexuellen Verkehrs (Gogol, *Die toten Seelen* I, 4). J.H. Voß verbindet in seiner bürgerl. Idylle *Luise* die erot. Konnotation des Symbols mit dem wiederum christlich adaptierten antiken Sinnbild der E. als natürlich gegebener Frucht des Goldenen Zeitalters (s. 2.), nicht ohne jedoch noch auf die kultivierte Steigerungsmöglichkeit des Genusses hinzuweisen: »Felderdbeern, die pflanzte der liebe Gott; und um vieles/ Schmecken sie köstlicher noch, in Milch mit Zucker bestreuet!« (I: *Das Fest im Walde*). In Stifters Erzählung *Der Waldsteig* ist die Symbolik, zugleich die Assoziationen der ursprüngl. Natürlichkeit wie auch der christl. Heilssymbolik aufnehmend, zum vielschichtigen Leitmotiv einer glückl. Ehestiftung verarbeitet. Populär geworden ist im 20. Jh. auch der Vers »Ich bin so wild nach deinem E.mund« aus dem F. Villon (15. Jh.) zugeschriebenen Gedicht *Eine verliebte Ballade für ein Mädchen namens Yssabeau*, der tatsächlich aber offenbar eine freie expressionist. Schöpfung ihres angebl. Übersetzers P. Zech ist (*Die lasterhaften Balladen und Lieder des François Villon*, 1931). – In Storms Novelle *Immensee* dagegen deutet die vergebl. Suche nach E. auf eine unerfüllte Liebe (»Im

Walde«, »Elisabeth«). Auch Th. Mann nimmt die Symbolik auf, wenn am Ende der Novelle *Der Tod in Venedig* der dem schönen Tadzio verfallene Gustav Aschenbach kurz vor seinem Tod »E., überreife und weiche Ware«, im Vorbeigehen ersteht und verzehrt.

2. Symbol der Unschuld, des Heils und der Demut. In Ovids *Metamorphosen* erscheint die E. neben ↗Äpfeln, ↗Kirschen und Eicheln als Nahrung für den Menschen im ↗Goldenen Zeitalter, die nur aufzusammeln und daher »keinem Zwange erwachsen« sind (I, 101ff.). Als Sinnbild naturverbundener Unschuld nimmt etwa Gotthelfs Novelle *Das E.-Mareili* diese Bedeutung auf. – Christlich allegorisiert der ma. Mystiker Heinrich Seuse die von einem »minniglichen himmlischen Knaben« dargereichten E. zu einer Liebesspeise für die Frommen (*Seuses Leben* I, 1, 11: »Wie er die Fastnacht beging«). Mit ähnl. Konnotationen der Liebe und Unschuld sind die in Grimms Märchen *Die Haselrute* von der ↗Mutter Maria aufgesammelte Speise des Jesuskindes, bei Hoffmann v. Fallersleben »nur für die Engel gemacht« (*E.lese*; ↗Engel). Herders *Die E.* (1772) verbindet die christl. Unschulds- und Heilsbedeutung mit der latent angelegten erot. Liebessymbolik der roten E. zur »Rose/ Ohne Stachel« (↗Rose; s.a. 1.). – Der Kontrast zwischen dem Wohlgeschmack der Frucht und der unscheinbaren, im ↗Schatten größerer Gewächse zu findenden Pflanze macht die E. auch zum Symbol der Demut, wie etwa in F.L. Stolbergs *Hymne auf die Erde*, sowie verborgener Schönheit (s.a. 1.; doppeldeutig in diesem Sinn vielleicht Desdemonas mit E.motiven besticktes Taschentuch in Shakespeares *Othello* III, 8). Als Sinnbild der ↗Reinheit, unterstützt auch durch die Gleichzeitigkeit von Blüte und Frucht als Analogie zur ↗jungfräul. Mutterschaft, erscheint die E. bei A. v. Arnim (*Armut, Reichtum, Schuld und Buße der Gräfin Dolores* IV, 6).

Lit.: EdM V, 437–443. JJ

Erde / Lehm / Acker

Symbol des Lebens, der Schöpfungs-, Zeugungs- und Körperkraft, der Beständigkeit und Sicherheit, der nationalen und persönl. Identität, aber auch des Todes und der Vergänglichkeit. – Relevant für die Symbolbildung sind (a) die Eigenschaft der E., bes. als A. oder Feld, über Nährstoffzufuhr Pflanzen wachsen zu lassen und damit die Nahrungsgrundlage von Mensch und Tier hervorzubringen, (b) ihre im Verhältnis zu den übrigen Elementen (↗Feuer, ↗Wasser, ↗Wind) festere Beschaffenheit, (c) die durch die Aktivität von Bodenorganismen bewirkte Umwandlung organ. Substanzen in Humus.

1. Symbol des Lebens, der Schöpfungs-, Zeugungs- und Körperkraft. In der Vorstellung der meisten Kulturen ist die E. als Nahrungsspenderin und

Grund alles Lebens weiblich und tritt daher auch in vielen polytheist. Religionen als nährende ↗Mutter (*terra mater*) in Erscheinung (z. B. Hesiod, *Theogonie* 284). Sowohl im älteren bibl. Schöpfungsbericht (Gen 2,7) als auch im Prometheus-Mythos werden die Menschen (Platon, *Protagoras* 320c–322a; Schwab, *Sagen des klassischen Altertums*: »Prometheus«; Goethe, *Prometheus*) aus E. geformt. Hierauf geht der Name des ersten Menschen Adam (von hebr. *adamah*: »rote E.«) zurück. Auch in der jüd.-myst. Legende des ↗Golem wird ein künstl. Wesen aus E. bzw. L. geschaffen (z. B. Droste-Hülshoff, *Die Golems*; Storm, *Der Golem*; Meyrink, *Der Golem*; Horn, *Der Rabbi von Prag*; Leivick, *Der Golem*; Reuchlin, *De arte cabbalistica*). – In einigen Sagen kann die der E. innewohnende Kraft durch Kontakt mit dem Boden auf bestimmte Geschöpfe übergehen, wie etwa auf den Riesen Antaios, der von Herakles nur bezwungen werden kann, indem er ihn in die Luft hebt und dort erwürgt (Ovid, *Metamorphosen* IX, 183 f.). Mit derselben Kraft, die den Menschen nährt, kann die E. jedoch auch überwältigen, wie es Goethes Faust widerfährt, der sich in seiner Hoffnung auf die Lebenskraft spendende Macht des Erdgeists getäuscht sieht (*Faust I* 510–517). – Durch die aus ihrer Vegetation hervorgehende Schönheit vermag die E. darüber hinaus zur (mütterl.) Trösterin des Menschen zu werden, die mit ihm gleichsam erbauend kommuniziert: »Dies sind die wiesen mit geblümtem sammt/ Die schweren ähren auf den schwanken stengeln/ Gesang der schnitter die die sensen dengeln …/ Dir ruft die e. zu der ihr entstammt« (George, *Der Teppich des Lebens*, »Vorspiel« XV). Diese Schönheit kann wiederum darüber hinwegtäuschen, »daß diese schöne E./ So viele Unzufriedne trägt« (Hölderlin, *An M.B.*, V. 13 f.).

2. Symbol der Beständigkeit und Sicherheit, der nationalen und persönlichen Identität. Über die Fruchtbarkeit der E. hinaus wird sie durch ihre Funktion als tragender Grund aller Dinge zum Fixpunkt in einer ansonsten vom Chaos bedrohten Weltordnung; sie wird nicht nur aller Sterblichen, sondern sogar »aller Unsterblichen ewig sicherer Sitz« (Hesiod, *Theogonie* 116 ff.; ↗Stein/Gestein). Ordnung und Sicherheit gewährleistet der Boden eines Landes auch spirituell, als Sinnbild für die nationale und persönl. Identität (»Der liebe Vaterlandsboden gibt mir wieder Freude und Leid«; Hölderlin, *Hyperion* I, 1; s. a. Hamsun, *Segen der E.*). Ein Missbrauch des Bildes durch nationalist. Vereinnahmung liegt dabei nahe, so in der ›Blut und Boden‹-Losung des Nationalsozialismus oder, schon früher, in der Verunglimpfung der Juden als heimatloses und somit kulturell unselbständiges Volk (H. Grimm, *Volk ohne Raum*; s. a. die vielfach in diesem Sinne aufgegriffene Ahasver-Legende, v. a. im anonym verfassten *Volksbuch vom ewigen Juden*).

3. Symbol des Todes und der Vergänglichkeit. Dem Sündenfall des Menschen folgen als Strafe die Sterblichkeit und der Verfall seines Körpers, »denn du bist E. und sollst zu E. werden« (Gen 3,19). Auch wird der A., der bis dahin der Kultivierung offenbar nicht bedurfte, Adams Sünde wegen verflucht und muss von nun an mühsam bebaut werden, um den Menschen zu nähren (Gen 3,17 f.). E. und L. als Baustoff bedingen auch die Vergänglichkeit selbst der eindrucksvollsten menschl. Werke, wie die Beschaffenheit des Turms zu Babel aus Lehmziegeln wird in Gen 11,3 explizit betont. Schon im AT selbst wird auf dieser Grundlage das E.-Symbol als Sinnbild für die Vergänglichkeit menschl. Werke, Macht und schließlich der ganzen diesseitigen Menschheit geprägt; so in der Beschreibung und Auslegung des Traums vom Standbild mit tönernen ↗Füßen (Dan 2,31–45). In einigen Golemvarianten (s. a. 1.) verwandelt sich das Geschöpf wieder in tote E., nachdem vom hebr. Wort *emeth* (»Wahrheit«), das auf seiner Stirn geschrieben steht, der erste Buchstabe gelöscht und in hebr. *meth* (»tot«) umgeformt wird (ältester Textbeleg: Wormser Kommentar zum der Kabbalah angehörenden *Buch der Schöpfung*). Die Bezeichnung Golem (»unfertig, roh, ungestaltet«) verstärkt dabei die Bedeutung von E. und L. als Symbol der Hinfälligkeit, auch i. S. v. Mangelhaftigkeit. Als Symbol eines desolaten Weltzustands dient das Bild des ›wüsten Landes‹ noch bis in die moderne Lit. (Eliot, *The Waste Land*; Steinbeck, *The Grapes of Wrath*; ebenso kann es die Verzweiflung des Subjekts an der Welt symbolisieren (»Diese Brust, die einst ein Himmel füllte,/ Tot und dürftig, wie ein Stoppelfeld«; Hölderlin, *An die Natur* 51 f.). Dabei kommt die ganze Ambiguität des Erdsymbols zur Geltung: Die Schau der Ödnis dient der Mahnung an die Vergänglichkeit des Menschen und seiner Ordnungen (z. B. A. Gryphius, *Einsamkeit*), was wiederum ex negativo die Schönheit und Lebensfülle der E. (s. a. 1.) evozieren kann (»Wenn die augen vergebens verlangen/ Nach der e. blumengewand«; George, *Die Fibel 1886–87*; »Erinnerung«).

↗Abgrund/Tiefe, Asche, Berg, Garten, Grab/Friedhof, Höhle/Grotte, Insel, Mutter, Pflug, Stein/Gestein, Wurzel.

Lit.: A. Dieterich, Mutter E., Darmstadt ³1967. – A.L. Goldsmith, The Golem Remembered, Detroit 1981. – M. Görg, Nilgans und Hl. Geist, Düsseldorf 1997. SM

Erwachen ↗Schlaf.

Erz ↗Eisen/Erz.

Esche

Symbol des Kosmos, des Lebens und der Ewigkeit sowie der Waffe und des Schutzes. – Relevant für die Symbolbildung sind (a) die Größe der E., (b)

ihre Fähigkeit, sehr alt zu werden, sowie (c) ihr sehr zähes und kostbares Holz, das (d) zur Herstellung von Waffen verwendet wird.

Die im Bereich der Zentrumssymbolik anzusiedelnde Vorstellung »der heiligen E. Yggdrasill, die ihre ↗Wurzeln durch alle Tiefen und ihre Zweige über das Weltall ausbreitet« (Eichendorff, *Geschichte der poetischen Literatur Deutschlands* I, 1), entstammt der nord. Edda (»Völuspâ«). Die mit ihren ↗drei Wurzeln die verschiedenen Welten (Unterwelt, Götterstadt und Riesenland) verbindende E. ist tägl. Gerichtsort für die Götter, hl. »Baum der hohen Schicksalsfrauen« (Freytag, *Die Ahnen*: »Im Jahre 724«) und lässt den himmelwärts gerichteten Blick das »geahnte Jenseits« schauen (E.T.A. Hoffmann, *Die Automate*). Neben der allg. tradierten Symbolik des blühenden und früchtetragenden ↗Baumes für das Leben ist wiederum im Rahmen der german. Überlieferung aus der *Edda* speziell die E. »der Baum des Lebens« (Eichendorff, *Geschichte der poetischen Literatur Deutschlands* I, 1), denn »aus dem Baume, der E. und der Ulme, haben die Götter das erste Menschenpaar geschaffen« (Schönwerth, *Aus der Oberpfalz, Sitten und Sagen* III, 15: »Vorzeichen«), wobei ›Ask‹ als die männl. E. und ›Embla« als die weibl. ↗Ulme betitelt werden. – In ep. Verwendung sind metonym. Verweisstrukturen auf den eschenen Speer als Kampf- bzw. Verteidigungswaffe erkennbar. So trachtet bei Homer der »Schwinger des Speers begierig mit ausgestreckter E. krachendes Panzergeschmeid an feindlicher Brust zu durchschmettern« (*Ilias* II, 543), und bei Ovid wird einem Jüngling der Spieß »und die eisenbeschlagene E. im Kampf entgegengeschleudert« (Ovid, *Metamorphosen* XII, 320–325). Hierfür ursächlich ist die aus dem alten Griechenland und Germanien bekannte Verwendung von E.holz zur Herstellung von Waffen, insbes. von Speeren. Eine durch den volkstüml. Glauben vermittelte Vorstellung weist die E. als symbol. Ort des Schutzes vor schädl. Gewalten aus (Freytag, *Die Ahnen*: »Im Jahre 724«). Auch sollen die Zauberstäbe der Druiden aus E.holz gearbeitet sein (Conway, 85).
↗Baum, Eibe, Ulme.

Lit.: WS, 80 f. – J.Ch. Adelung, Versuch eines vollständigen grammat.-krit. Wb. der hochdt. Mundart, Leipzig 1774, 401 f. – D.J. Conway, Die Zauberwelt der Kelten, München 2001, 85 f.   JR/SSt

Esel

Symbol der Dummheit, der sexuellen Triebhaftigkeit, der Demut und Geduld. – Relevant für die Symbolbildung sind (a) physiognom. Besonderheiten des E. wie die langen ↗Ohren, der stark ausgeprägte Penis (↗Phallus), die vorstehende Oberlippe (↗Mund) und der überdimensionierte ↗Kopf, (b) der markerschütternde Schrei des E., und (c) sein Aalstrich bzw. sein Rückenkreuz (↗Kreuz).

1. Symbol der Dummheit. Bereits in den Mythen der archaischen Kulturen des Orients und des nördl. Afrika mit ihren theriomorphen Deutungen des Göttlichen war der E. einem konsequenten Prestigeverlust unterworfen. Seine prekäre Stellung zeigte sich in einer paradoxen Ambivalenz zwischen einem mit heroischen Attributen ausgestatteten Bewohner ↗himml. Gefilde und einem über dunkle mag. Kräfte verfügenden Vertreter der finsteren Mächte der Unterwelt. Noch in der griech. Antike, die im Wesentlichen eine durch verstärkte Naturbeobachtung gewonnene innerweltl. Perspektive auf die Tierwelt einnahm, ist die für die Symbolik des E. kennzeichnende Ambivalenz in einzelnen, topisch gewordenen Vorstellungen und Motiven fassbar. Zum geistigen Allgemeingut verfestigt hat sich insbes. die Auffassung, nach der der E. der Symbolik der Dummheit und der Torheit zugeordnet ist, was sich vornehmlich darin äußert, dass er trotz der ihm zugeschriebenen Amusikalität in eklatanter Verkennung seiner Unfähigkeit musikal. Instrumente traktiert, sich dem ↗Tanz widmet oder ↗Gesangseinlagen zum besten gibt. Einer Überlieferung Aelians zufolge vertraten die Pythagoräer bereits die Auffassung, dass der E., da er nicht in Harmonie geboren sei, die Musik der ↗Lyra nicht vernehmen könne (*Peri zoon* X, 28). Im griech. Mythos unterliegt der u. a. auch als E.gott verehrte Marsyas mit seinem Flötenspiel (↗Flöte) im Musikwettstreit gegen Apollon. Wenn daraufhin der zugunsten des Marsyas votierende König Midas von Apollon zur Strafe mit E.ohren ausgestattet wird (Ovid, *Metamorphosen* XI, 144–193), so ist der E. vollends zum Symbol des Gespötts avanciert. – Mit bemerkenswerter Konstanz tritt der musizierende E. als Symbol des künstler. Unverstandes auch im MA auf, wobei der E. mit der ↗Harfe als Plastik an roman. Sakralbauten oder als Marginalillustration in sakralen Büchern als paradoxe Verkehrung des Harfenspiels des Königs David figuriert und seine generelle Verwendbarkeit als Motivfigur der verkehrten Welt (↗Karneval) unter Beweis stellt. Seit der Frühen Neuzeit findet man das im Bild des Midasurteils verfestigte Modell des E. als amusischem Kunstrichter (Holtzwart, *Emblematum Tyrocinia* XLVI) auch auf andere Amtsinhaber und Würdenträger (Professoren, Juristen, Theologen, Philosophen, Hofleute, Kleriker etc.) übertragen (J. de Solorzano Pereira, *Emblemata Centum, regio politica* LII). Die durch die Entwicklung der Drucktechnik forcierte satir. Verwendung des E. als Symbol der gelehrten Unwissenheit sowie als Sinnbild des ignoranten E.tums schlechthin bringt ihn in Verbindung mit dem ↗Narren, dessen mit Schellenzipfeln bewehrte Narrenkappe stilisierte E.ohren zieren (z. B. Brant, *Das Narrenschiff*).

2. Symbol der Triebhaftigkeit. Priapos, der phall. Gott der Fruchtbarkeit, war ursprünglich ein anthropomorpher E., dem man in der Stadt Lampsakos am Hellespont E.opfer darbrachte. Auch mit Dionysos ist der E. in seiner Eigenschaft als Phallus-Tier verbunden. Ithyphall. E. im Gefolge des Dionysos erscheinen auf zahlreichen antiken Vasenbildern und belegen die in archaischen Zeiten übl. Konnotation des E. mit sexueller Potenz. Die Beziehung des E. zur Befruchtung zeigt sich in seiner Verbindung mit verschiedenen Fruchtbarkeitsgöttinnen (Vesta, Kybele, Isis). Mischwesen als Geburten eine sodomit. Verbindung zwischen Mensch und E. figurieren im griech. Mythos als Silenoi und Onokentauren. Auch die E./füße des gleichermaßen schönen wie schreckl. Mädchens Onoskelis sind Kennzeichen dafür, dass ihr Vater Aristonymos von Ephesos sie in der Liebesverbindung mit einer E. gezeugt hat (Plutarch, *Parallela minora* XXIX). Ebenso ist die als Tochter der Unterweltgöttin Hekate aufgefasste Dämonin Empusa ein verführer. Mädchen, das mit einem E. bein ausgestattet ist und u. a. die Gestalt eines Maulesels annehmen kann (Aristophanes, *Die Frösche* 288–296). Das Durchleben einer zeitlich befristeten Läuterungsphase in der /Haut oder unter der Gestalt des E. ist eines der Hauptsujets der E.lit. und wird insbes. im *Goldenen E.* des Apuleius literarisch entfaltet. Der Verlust der sexuellen Attraktivität des E. nach seiner Rückverwandlung in die menschl. Gestalt stellt die Pointe im motivverwandten griech. E.roman Ps.-Lukians *Lukios oder der E.* dar. Als Symbol für die ungebrochene vitale und zeugungsbereite Kraft der geschundenen Kreatur, aller gesellschaftl. Verachtung und Ausbeutung zum Hohn, figuriert der E. in E. Canettis *Die Stimmen von Marrakesch*, wo seine Sexualkraft als Faszinosum im Kontrast zu seiner sonstigen phys. Abgeschlafftheit hervorgehoben wird. Die Ausdehnung der E.symbolik auf den gesamten Bereich der niederen Sinnlichkeit führt zu einer breiten Palette von sprichwörtl. und sinnbildl. Festlegungen, die dem E. verschiedene negative Eigenschaften zuschreiben (Starrsinn, Faulheit, Eitelkeit, Unvernunft). In allegor. Darstellungen des Tugenden- und Lasterkanons begegnet der E. als Reittier der Acedia (Trägheit), wie auch insbes. der schlafende E. in Verbindung mit der Desidia (Müßiggang) zu den ikonograf. Attributen der Melancholie (/Saturn) gehört (P. Brueghel d. Ä., *Desidia*).

3. Symbol der Demut und Geduld. Das Vorkommen des E. im NT (Mt 21,1–7) hat einen eigenen christl. Symbolhorizont entstehen lassen, in dem das Reittier Christi als Symbol der Demut erscheint. Das im 7.–9. Jh. entstandene *Pseudo-Matthäusevangelium* entwickelt erstmals die Vorstellung, dass /Ochse und E. das Jesuskind in der Krippe anbeten, wobei die beiden Stalltiere als Symbol dafür stehen, dass das Heiden- und das Judentum, wenn auch auf eine inferiore Weise, vom christl. Heilsge-

schehen erfasst werden. Neben dem /Palm-E. und dem Krippen-E. zählt das Reittier Marias auf der Flucht nach /Ägypten zu den wichtigsten Figurationen des E., die das Christentum hervorbrachte. Hier zeigt sich der E. als dienstbares und geduldiges Attribut der Hl. Familie und bewegt sich in der Aura des Wunderbaren, die durch das wundertätige Auftreten der Gottesmutter und des Jesuskindes entfaltet ist. Besondere Aufmerksamkeit verdient eine im *Arabischen Kindheitsevangelium* (*Evangelium infantiae Arabicum*, 5.–7. Jh.) mitgeteilte Erzählung, in der Maria mit dem Jesuskind eine Gruppe von Frauen aufsucht, deren Bruder während seiner /Hochzeitsvorbereitung von missgünstigen Mitbuhlerinnen der Braut in einen E. verzaubert worden ist. Nachdem das /Kind Jesus auf den E. gestiegen ist, verwandelt sich dieser wieder in einen schönen Jüngling zurück. Wunderbare bis wundertätige Qualitäten kann der E. im christl. Volksglauben v. a. dann aufweisen, wenn er als Reittier oder Begleittier von Heiligen oder Geistlichen bzw. als Träger von Ikonen, Hostien, Reliquien, Heiligenstandbildern und anderen sakralen Gegenständen vorkommt. Im Zusammenhang mit Klostergründungssagen (Allerheiligen, Heisterbach, Lüne) begegnet man dem E. in der Rolle eines weisen Tieres. Regelmäßige E.-feste und E.messen sind im MA gang und gäbe und wirken noch auf Nietzsches *Zarathustra* ein (IV: »Das E.fest«). – Die unter christl. Vorzeichen positiv gewendete Symbolik des E. kulminiert in einer umfangreichen Lit. im Zeichen des E.lobs (*laus asini*), die mit der Umdeutung und Entwertung nahezu aller gängigen symbol. Topoi des E. aufwartet. Dies trifft auf Agrippas *Digressio ad encomium asini* zu, die den Leser darüber belehrt, dass kein Tier besser imstande sei, das Göttliche in sich aufzunehmen als der E.; ebenso auf G. Brunos *Cantus Circaeus* und *Asinus cyllenicus*, die die Vorstellung vom E. als Symbol der Weisheit in einem vielschichtigen Symbolgeflecht entfalten. Gegenüber Autoren wie Shakespeare (*A Midsummer Night's Dream* III, 1), Tischbein (*Die E.geschichte*) und Heine (*Die Wahl-E.*), die eher einer profanen E.symbolik verhaftet bleiben, hat die positiv gewendete E.symbolik in der Lit. der klass. Moderne zahlreiche Nachfolger gefunden, so z. B. in Jammes (*Prière pour aller au paradis avec les ânes*) und Jiménez (*Platero y yo*). In der Gegenwartslit. erscheint ein ins Sakrale gewendeter E. in der Erzählung *Von Mond zu Mond* von Rothmann sowie im Kultroman des Rockmusikers N. Cave *And the Ass Saw the Angel.*

/Einhorn, Kreuz, Laute, Lyra/Leier, Narr.

Lit.: WCS, 253–255. – D. Arendt, Zoologia Poetica, Fernwald 1994. – M. Vogel, Onos Lyras. Der E. mit der Leier, Düsseldorf 1973.   RH

Espe /Pappel.

Essen / Verzehren

Symbol des Überflusses bzw. Mangels, einer kollektiven oder individuellen Lebenshaltung, der Überschreitung kultureller Grenzen sowie der Erkenntnis. – Relevant für die Symbolbildung sind (a) die Quantität, (b) die Institutionalisierung und (c) die Tabuisierung von Speisen sowie (d) der Verzehr von Objekten, die nur im übertragenen Sinn Nahrungsfunktion haben.

1. Symbol des Überflusses bzw. Mangels. Nahrung im Überfluss ist Bestandteil einer Utopie, die ihren Niederschlag in zahlreichen Varianten des Märchens vom Schlaraffenland findet (z. B. H. Sachs, *Schlaraffenland*; Bechstein, *Das Märchen vom Schlaraffenland*) und ein von materiellen Sorgen freies Leben symbolisiert. Damit einher geht die Hyperphagie als grotesker Ausdruck der Lebensbejahung (Rabelais, *Gargantua et Pantagruel*) bis hin zu Gefräßigkeit als Symbol von Spießertum (Börne, *Der Esskünstler*). Die Kehrseite des Lebenssymbols E. ist seine Todesnähe in vielfältiger Variation, z. B. als Symbol der Dekadenz (Th. Mann, *Der Zauberberg* III) und Destruktion (Bernhard, *Der dt. Mittagstisch*). Als Henkersmahlzeit, im ursprüngl. Sinn Symbol der Aussöhnung mit dem Verurteilten, erfährt sie bei Dürrenmatt eine Umdeutung, indem sie außer der Schuld des Täters auch den Hochmut und die Maßlosigkeit des Richters offenbart (*Der Richter und sein Henker*). Die Ablehnung von Nahrung symbolisiert die Verweigerung herkömml. Lebensvorstellungen und problematisiert zugleich das Verhältnis von Kunst und ihrer Rezeption (Kafka, *Der Hungerkünstler*).

2. Symbol einer kollektiven oder individuellen Lebenshaltung. Ort und Ablauf von Mahlzeiten (↗Mahl) bezeichnen soziale Ordnungsgefüge und gesellschaftl. Zustände, sei es eine bürgerl. Idylle (Voß, *Das Fest im Walde*), die Akzentuierung der Armut durch die Parodie eines barocken Schauessens (Jean Paul, *Siebenkäs* I, 1) oder in Verbindung spezieller Tischmanieren den vermeintl. Reichtum (Keller, *Kleider machen Leute*). Bestimmte Speisen charakterisieren nationale Zugehörigkeiten im humorist.-erot. Sinn (Heine, *Aus den Memoiren des Herrn von Schnabelewopski*) oder dienen als Selbstvergewisserung des bürgerl.-nationalen Bewusstseins (J. Roth, *Radetzkymarsch*). Sie evozieren individuelle Erinnerung (Proust, *A la recherche du temps perdu: Du côté de chez Swann*: »Combray«), erot. Vorstellungen (Casanova, *Histoire de ma vie*), sind Ausdruck von persönl. Geschmack und in Form von Genuss oder Ekel auch ein Teil der Identität (Kafka, *Die Verwandlung*); nicht immer verläuft die Grenzziehung zwischen beiden Polen trennscharf (Grass, *Der Butt*).

3. Anthropophagie als Symbol kultureller Differenz und der Überschreitung kultureller Grenzen. Nicht alle anthropophagen Vorgänge sind symbol. Natur, z. B. das V. von Menschen aus pragmat. Gründen, wie es Swift satirisch beschreibt (*A Modest Proposal*). Teilweise ist der Übergang zum Symbolischen fließend, so wenn der Tabubruch der Menschenfresserei über das Handlungselement hinaus als Symbol für das Böse, Furchteinflößende einer Figur schlechthin dient, bes. in Mythen und Märchen (Homer, *Odyssee* IX; Grimm, *Hänsel und Gretel*). Im Abenteuer- bzw. Reiseroman des 18. und 19. Jh. ist die Anthropophagie Symbol des Fremden, des unzivilisierten und barbar. Menschen (Defoe, *Robinson Crusoe*); Montaigne beschreibt sie als Symbol des endgültigen Sieges über den Feind und zugleich Zeichen einer kulturellen Differenz (*Essais: Des cannibales*), oder sie erscheint als exot., relig. Opferkult (Heine, *Romanzero: Vitzliputzli*). Häufig ist sie Symbol einer monströsen Form der Rache (Seneca, *Thyestes* 1057–1068; Shakespeare, *Titus Andronicus* V, 2). Novalis bringt einen neuen Aspekt in den Anthropophagie-Diskurs, wenn er die Annäherung an den Nächsten als symbol. Essakt formuliert (*Ergänzungen zu den Teplitzer Fragmenten* 439). Bei Kleist wird dieser Gedanke radikalisiert und zugleich mehrdeutig: Das V. eines anderen Menschen ist hier Zeichen einer Entgrenzung des Subjekts, auch einer Verkehrung der Geschlechterverhältnisse, v. a. eines ambivalenten Liebeswahns: »Küßt' ich nicht? Zerrissen wirklich? sprecht?/ […] So war es ein Versehen. Küsse, Bisse,/ Das reimt sich, und wer recht von Herzen liebt,/ Kann schon das Eine für das Andre greifen« (Kleist, *Penthesilea* XXIV). Im volkstüml. Aberglauben existieren Variationen über das Verschlingen eines Menschen oder bestimmter menschl. Körperteile als Symbol für Hexenmacht und Hexenbräuche (Shakespeare, *Macbeth* IV, 1); Th. Mann gestaltet eine entsprechende Vorstellung als Teil eines Sinnbildes für Lebensbejahung aus dem Gefühl der Todesnähe heraus (*Der Zauberberg* VI). Bei Tabori fungiert dieser Tabubruch als äußerste Zuspitzung menschl. Grenzsituationen im Kontext des Holocaust (*Die Kannibalen*).

4. Bibliophagie als Symbol der Erkenntnis und Aneignung von Wissen. In der bibl. Schöpfungsgeschichte wird durch das E. des ↗Apfels dem Menschen die Erkenntnis von Gut und Böse zuteil; der Vorgang wird auch zum Symbol der Verführbarkeit des Menschen (Gen 3,1–12). In der Offenbarung fordert ein ↗Engel den Propheten auf, eine ↗Schriftrolle zu verschlingen: »Und es wird dir bitter im Magen sein, aber in deinem Mund wird's süß sein wie Honig« – als Symbol für die Doppelbedeutung von Gottes Wahrheit, die jener bewahren und verkünden soll (Offb 10,9; ähnlich auch Ez 2,8–3,3). E. als Vorgang der Auslöschung, das V. eines vergifteten ↗Buches führt bei Eco nicht nur zum Tod des Essers, der sich dabei auf die Offenbarung beruft, sondern symbolisiert in deren Umdeutung eine Form der Zensur (*Il nome della rosa*: »Settimo Giorno«). Der Vorgang des Lesens wird in einer

Fülle von Texten als V., Kosten, Naschen, Verschlingen und Verdauen von Buch, ↗Schrift und ↗Buchstaben durch alle Epochen ausgedeutet; auch die rhetor.-poet. *imitatio*-Lehre bedient sich dieser Metaphorik zur Bezeichnung der quasi-leibl. Aneignung der literar. Trad. Immer wieder kommt es dabei zu einer Annäherung an einen materiellen Vorgang (Huizing, *Der Buchtrinker*), der den Übergang der geistigen Nahrung in die profane Existenz des Körpers symbolisiert. ↗Bauch, Brot, Magen, Mahl.

Lit.: D. Fulda/W. Pape (Hg.), Das Andere E., Freiburg 2001. – M. Schmitz-Emans, Bibliophag. Phantasien, in: GastroLogie, hg. v. E. Kimminich, Frankfurt a.M. 2005. – A. Wierlacher, Vom E. in der dt. Lit., Stuttgart 1987. TR

Essig

Symbol des Gegensatzes, der Gewalt und des Schmerzes. – Relevant für die Symbolbildung sind (a) die Säure des E., (b) der Gegensatz zum ↗Öl sowie (c) der Übergang von ↗Wein in E.

1. Symbol des (un)aufhebbaren Gegensatzes. Schon bei Aischylos (*Orestie: Agamemnon* 321–324) vergegenwärtigt die Unvereinbarkeit von Öl und E. symbolisch die Trennlinie von Freund und Feind. Lessing greift auf die Gegensatzsymbolik von E. und Öl zur Illustration einer schönen Seele im missgebildeten Körper zurück (*Laokoon* XXIII), spätere Autoren enthalten sich nicht iron. Aktualisierungen des Kontrastes (Mörike, *Pastoralerfahrung*; Vischer, *Faust III*, 3. Aufzug; Altenberg, *Marionetten-Theater*) oder schildern antiquierte Kunst als in E. statt in Öl gemalt (Glaßbrenner, *Die verkehrte Welt* XVIII). – Für Aristoteles (*Metaphysik* 1044b) symbolisiert der Übergang von Wein in E. als offensichtl. Gegensatz die Wandlungsmöglichkeiten des Materiellen. Der Umschlag von gutem Wein in schlechten E. (und umgekehrt) wird auch moralisch aufgeladen (Hoffmannswaldau, *Sinnreiche Heldenbriefe: Algerthe an Reinieren*; Goeckingk, *An Fräulein von der Lühe*) und v. a. auf sich wandelnde Haus- und Ehefrauen gemünzt (Byron, *Don Juan* III, 5; Flaubert, *Madame Bovary* I, 1; persiflierend auf den Hausmann Mörike, *Häusliche Szene*, bzw. auf den Ehemann-Ersatz im feminist. Drama: Churchill, *Vinegar Tom*). Das Märchen hingegen führt im E. das Unterscheidungsvermögen ad absurdum, vgl. Bechstein, *Mann und Frau im E.krug*, *Das Märchen von den sieben Schwaben*. Lyrik des 20. Jh. knüpft an die Auflösung des Unterscheidungsvermögens – auch in Abgrenzung zum Passionsgeschehen (s. 3) – im E. an (Grass, *Bei Tisch*).

2. Symbol der Gewalt. Als die älteste dem Menschen zugängl. Säure wird E. symbolisch häufig mit Aggressivität und Gewalt in Verbindung gebracht (Spr 25,20). In antiker Lit. findet E. bei der Folter Verwendung (Aristophanes, *Die Frösche* 620). E.

sprengt ↗Felsen (vgl. Hannibals Alpenüberquerung, Juvenal, *Satiren X*, 153; ironisch hierzu Swift, *Gulliver's Travels* III: *A Voyage to Laputa* X; auch Klaj, *Herodes* 576), löscht Brände schneller als ↗Wasser (Theophrast, *De igne* XXV und LIX) und bringt ↗Perlen zum Schmelzen (Plinius d.Ä., *Naturalis historia* IX, 119–121; Horaz, *Satiren* II, 3, 240; Grimmelshausen, *Rathstübel Plutonis* CXX; Lohenstein, *Agrippina* I). Im 20. Jh. verdichtet Fried in umgekehrter Logik verbrecher. Gewalt zu Rosenkranzperlen von E.galle (*Aus der Weisheit des Antichrist*). – Im Sinne sprachl. Gewalt gerät E. zum Symbol für Beschimpfung und plumpe, grobe Dichtung (Horaz, *Satiren* I, 7, 32–35; Voltaire, *Candide* XXV). Das *argutia*-Ideal des Epigramms schätzt jedoch E.-Schärfe (Martial, *Epigramme* VII, 25; XIII, 122).

3. Symbol des Schmerzes. Der Jesus am ↗Kreuz dargebotene E. (Mt 27,48) wird kontrovers als unerhörte Grausamkeit oder Geste des Mitleids gedeutet (vgl. RAC), ist in relig. Dichtung jedoch Inbegriff der letzten Demütigung des Erlösers (Gellert, *Passionslied*; Klopstock, *Messias* XII, 160; Droste-Hülshoff, *Am Karfreitage*) und der brennenden Gegenwart des Passionsgeschehens (Lavant, *Die Sonnenblume leuchtet durch die Zeit*; E. Fried, *Weihnachtslied*; Mayröcker, *Roheit in Märchen*). Auch Holocaust-Lit. greift auf die E.-Symbolik des Passionsgeschehens zurück (Mali, *E. gegen den Durst*). – In der Antike dient E. zur Behandlung von ↗Wunden (Petronius, *Satyricon* 136, 7), damit aber auch zur Verlängerung von Folterschmerzen (vgl. Hallmann, *Sophia* III, 2; s.a. 2.). Den frühen Asketen ist E. Getränk der Buße (Palladius, *Historia Lausiaca* 57; in diesem Sinne auch bei Shakespeare, *Hamlet* V, 1; *Sonnets* CXI). Der Geschmack des E. symbolisiert bedrückende Lebensumstände: die Ehe der Armen (A. Gryphius, *Horribilicribrifax* II), erfolglose Herrschaft (Lohenstein, *Ibrahim Sultan* V), leidvolle Liebe (Hoffmannswaldau, *Klagelied über das unbeständige Gelück*), Alter (Eichrodt, *Stromberg*) und den Tod (Dauthendey, *Bänkelsang vom Balzer auf der Balz* I). Ein quälender Anblick verwandelt ↗Tränen zu beißendem E. (»der truhsaeze der truoc/ den ezzich in den ougen«, Gottfried v. Straßburg, *Tristan* 11218 f.). Im Schmerz werden gar Körpersäfte zu E. (Immermann, *Alexis* III, 6). Kierkegaard fasst die paradoxe Wirkung der Liebe als »E. in der Wunde« (*Entweder – Oder* I, 5). ↗Wein.

Lit.: RAC IV, 635–646. FF

Eule

Symbol der Klugheit, der Torheit, des Todes und der Verwüstung, der Dämonie. – Relevant für die Symbolbildung sind (a) die E. als Attribut der Göttin Athene, (b) ihre Tagblindheit (↗Blindheit) und Lichtscheu, (c) ihr klagender, wimmernder Ruf und ihr nächtl. Treiben, (d) ihr Nisten und Hausen in ⇗Ruinen, Schlupfwinkeln und Einöden.

1. Symbol der Klugheit bzw. Weisheit. Als hl. Tier der Göttin Athene (Minerva) wird die E. zum Sinnbild der Klugheit, sprichwörtlich zur E. der Minerva. Für die Tierdichtung vorbildlich gestaltet dieses Symbol Äsop (*Die E. und die Vögel*) in dem klugen, vorausschauenden, andere Tiere vor Gefahr warnenden Vogel, der, statt gehört zu werden, den Spott aller auf sich zieht (Dion von Prusa, *72. Rede*). Phaedrus erweitert die Bedeutung, da er Klugheit mit List kombiniert (*Fabeln* III, 16). Die Lit. des MA tradiert das Sinnbild nicht, erst die Emblematik des 17. Jh. (J. v. Sandrart, *Iconologia*, Anhang) und die Fabel der Frühaufklärung machen es erneut zugänglich (Drollinger, *Die E. und die Elster*). La Fontaine legt es kritisch gegen den Utilitarismus seiner Zeit aus, Klugheit mit Grausamkeit gepaart, dient nur noch der Habgier und dem Eigennutz (*Fables* XI, 9). Lessing gibt ihm eine iron.-krit. Wendung; die E. der Minerva übt Kritik an der sozialen Situation der Gelehrten (*Die E. und der Schatzgräber*). – Baudelaire verschafft dem Sinnbild insofern neue Geltung, als der Weise, um sich als solcher zu zeigen, Scheu und träumer. Verharren der E. spiegeln soll (*Les fleurs du mal: Les hiboux*).

2. Symbol der Torheit. Die Patristik verkehrt die antike, ursprüngl. Bedeutung in ihr Gegenteil: Die E. wird zum Sinnbild der Torheit, Unwissenheit und Unbelehrbarkeit. Hierfür relevant sind ihre Tagblindheit, Lichtscheu und die negative Konnotation von Finsternis bzw. ⇗Nacht, den Bereichen, denen die E. zugerechnet wird (vgl. v. Ziegler, *Gespräche zwischen Cleantes und Seladon*). Heidn. Gelehrte, unnütze Kenntnisse erstrebend, werden als blind der wahren christl. Erkenntnis gegenüber gebrandmarkt und mit E. verglichen (Basilius, *Hexaemeron* VIII, 7). – In modifizierter Form greift Schiller in einem Distichon auf das Bild zurück, wenn er vom »E.geschlecht« spricht, »neuen Feinden der Wahrheit«, die von einem »falschen Studiertrieb« beseelt sind (*Falscher Studiertrieb*). Die Romantik unterlegt dem Sinnbild eine gesellschaftskrit. Bedeutung. Sowohl Philister (B. v. Arnim, *Dies Buch gehört dem König*, 1. Teil; dies., *Die Günderode*, 1. Teil) als auch eitle Gelehrte (Mörike, *Das lustige Wirtshaus*) werden als E. beschrieben. Heine schließlich überträgt es auf die kathol. Kirche (*Deutschland. Ein Wintermärchen* XXII). Vgl. auch die E.spiegelthematik (DWb III, 1195).

3. Symbol des drohenden Todes bzw. Unheils. Im röm. Prodigienwesen kommt der E. große Bedeutung zu. Es umgibt sie der Nimbus des Unheimlichen, Uhu und Kauz gelten als Totenvogel (Properz, *Elegien* III, 6, 29 f.). Ihr wimmernder, klagender Schrei in Dämmerung und Nacht wird als Verheißung des nahen Todes ausgelegt, so der Schrei des Uhus, des »stygischen Künders des Unheils« vor Cäsars Ermordung (Ovid, *Metamorphosen* XV, 791)

und vor Didos Selbstmord: »Oft auch klagt’ auf dem Giebel die todweissagende Uhu/ Einsam her, sein langes Geheul ausziehend in Jammer« (Vergil, *Aeneis* IV, 462 f.). Isidor v. Sevilla leitet die Bezeichnung ›ulula‹ für E. von gr. *ololyzein* ›heulen‹, wehklagen’ ab und zieht daraus den Schluss, die E. künde Trauer an (*Etymologiae* XII, 7, 38 ff.), so unterstreicht der onomatopoetisch interpretierte Name die Sinnbildhaftigkeit (vgl. auch DWb III, 1193). Ohne gravierende Bedeutungsänderung wird das Symbol bis in die Moderne tradiert (Shakespeare, *Macbeth* II, 4; Schiller, *Die Räuber* V, 1; Brentano, *Trost in letzten Stunden*; Chamisso, *Totenklage*; Trakl, *Im Dorf*; Rilke, *Duineser Elegien* X; G. Heym, *Wolken*). – Das nächtl. Treiben der E., ihr schauerl. Ruf, ihr bewegungsloses Sitzen in Schlupfwinkeln, ⇗Höhlen und ⇗Bäumen werden generell als unheildrohend aufgefasst. Literarisch bedeutend ist Ovids Darstellung des auf dem Dach sitzenden Uhus, der die ⇗Hochzeit von Tereus und Progne überschattet und späteres Unheil andeutet (*Metamorphosen* VI, 432). Ebenso wirkungsmächtig sind Vergils Zeilen: »schwingt sich das Unheil/ Hin und Her mit Getön, und schlägt ihm den Schild mit den Flügeln« (*Aeneis* XII, 863 f.). Auch diese Sinnbildhaftigkeit unterliegt keiner gravierenden Bedeutungsveränderung (Tasso, *Gerusalemme liberata* II, 13; E. v. Kleist, *Lob der Gottheit*; Chamisso, *Der arme Sünder*; Byron, *Manfred* I, 1; *Des Knaben Wunderhorn* I, 233: *Keuzlein*; Droste-Hülshoff, *Die Judenbuche*; Verlaine, *La bonne chanson* VII; Trakl, *Gestalt die lange in Kühle finstern Gesteins gewohnt*).

4. Symbol der Dämonie bzw. Hexerei. Im Volksglauben steht die E. in Verbindung zur Hexerei, sie gilt als Teufels- und Hexenvogel (Goethe, *Faust I* 3969 ff.; ders., *Die erste Walpurgisnacht*; E.T.A. Hoffmann, *Phantasiestücke in Callots Manier* I) und wird dem ›wilden Heer‹ zugerechnet (vgl. HdA II, 1074 ff.). Im Märchen ist das Sinnbild für Hexerei u. a. die in eine E. verwandelte Alte (Brüder Grimm, *Jorinde und Joringel*). Ovid gestaltet die dämon. Verwandlung vorbildhaft in der Ascalaphus-Legende (*Metamorphosen* V, 535–550), hier dient sie allerdings der Bestrafung. Auch Nictymene muss wegen des mit ihrem Vater begangenen Inzests die Gestalt einer E. annehmen (*Metamorphosen* II, 590 ff.). Apuleius stellt die Verwandlung der Kupplerin Pamphile (*Der goldene Esel* III, 21) in den Zusammenhang mit einem Liebeszauber.

5. Symbol der Verwüstung, Einöde und Einsamkeit. Ausgehend von der Lebensweise der E. in Einöden, alten Gemäuern, Ruinen und ihrem Einzelgängertum (Augustinus, *De civitate Dei* XIX, 12) ist Jes 13,21 f. einschlägig (»Wüstentiere werden sich dort lagern, und ihre Häuser voll E. sein«) und für die Klage darüber Ps 102,7 ff. (»ich bin gleich wie ein Käuzlein in den verstörten Stätten«). Beispielhaft beklagt Gryphius die Wüstenei durch den Krieg: »Man kehrt die Gräber um. Die blinde Fledermaus/ Der Uhu, nebst der Schaar der ungepaarten E./ bewohnen den Pallast. Die grausen Wölfe heulen/ Durch die nun wüste Stadt« (*Erstes Straff-Gedichte*). Ebenso Klaj: »Daß Kirchen sind verwüstet/ daß E. da genistet/ da man singt Gottes Macht: daß man nicht können bauen/daß Schwert das Recht zerhauen/ das hast du Krieg gemacht« (*Friedensdichtungen: Geburtstag deß Friedens*; vgl. Opitz, *Echo oder Widerschall*; Brockes, *Irdisches Vergnügen in Gott: Die Sonne*). Hölderlin drückt in dem Bild die Trauer um den Verlust vergangener Größe aus (*Die Teck*; ebenso Byron, *Manfred* III, 4). – Die von der ma. hermet. Schrift *Picatrix* hergestellte Verbindung zu ↗Saturn erweitert die Sinnbildhaftigkeit um die Züge des Melancholischen. (vgl. Sachs, *Die Insel Bachi*; Gryphius, *Sonette* II, 6: *Einsambkeit*; Tieck, *Melankolie*; Eichendorff, *Vergebner Ärger*; Heine, *Aus der Harzreise: Bergidylle* III).

↗Rabe, Saturn.

Lit.: RDK VI, 267–322. – WCS, 223 f. – G. Schleusener-Eichholz, Das Auge im MA, München 1985, 180–183.
                                                                                                      HD

Europa

Symbol der abendländisch-humanist. Kultur, der Einheit, hegemonialer Weltmacht und zivilisator. Überlegenheit, der Vernunft und des Kosmopolitismus. – Relevant für die Symbolbildung sind (a) Identitätszuweisungen infolge von Selbst- und Fremdbeobachtungen, (b) der Erdteilstatus, (c) die europ. (Kultur-)Geschichte.

1. Altertum. Das antike Erdteilverständnis kennt nur ↗drei Kontinente: ↗Asien, ↗Afrika (›Libya‹) und E. (Herodot, *Historiae* III, 37–42). Eine polit. Idee von E. im heutigen Sinne gibt es nicht. Der Name ›E.‹ entbehrt folglich eines entsprechenden symbol. Eigenwerts. Ab dem 5. und 4. Jh. v. Chr. sind Tendenzen seiner ideologisierenden Operationalisierung, u. a. in Verbindung mit dem Zusammengehörigkeitsgefühl der Griechen in Abgrenzung von den Barbaren, belegt (z. B. Atossas ↗Traum in Aischylos, *Perser* 186 f., sowie das dem Simonides zugeschriebene Epigramm *Anthologia Palatina* VII, 296: »Seitdem das Meer E. und Asia voneinander trennt […]«). Aufgrund der Namensgleichheit des Erdteils und der von Zeus als ↗Stier entführten Königstochter aus Phönizien – trotz aller frühen Zweifel an der Annahme, beide Namen stünden in ursächl. Zusammenhang (Herodot, *Historiae* IV, 45, 1 und 4) – steht ein myth. Bildfeld bereit, auf das Ethnien oder den Kontinent betreffende Fragen übertragen werden (vgl. etwa den Traum der E. in Moschos' Epyllion *E.*; s.a. Horaz, *Oden* III, 27; Ovid, *Fasti* V, 603–620; *Metamorphosen* II, 833–875; zur weiteren Verarbeitung Renger/Ißler, 51–99).

2. Mittelalter. Der symbol. Gebrauch E. i.S. eines E.bewusstseins ist auch im MA nicht allg. verbind-

lich. Doch enthält die Verwendung des Namens bereits eine Fülle sprachl. Referenzen auf Gegebenheiten und Vorstellungen, die jeweils mit einem über die geograph. Bedeutung hinausweisenden Sinn verbunden sind. An solche Vorstellungen knüpfen nachträgl. Geschichtsbewertungen, v. a. auf Basis der Unterscheidung von ›Okzident‹ (»Abendland«) und ›Orient‹ (»Morgenland«) infolge des west- und des oström. Reichs, an (s.a. ↗Orient, 3.; ↗Westen, 2.). Namentlich im Kaiserreich Karls des Großen sind mit *Respublica christiana* und Papsttum sowie *Imperium Romanum* röm.-lat. und roman.-german. Trad. zusammengeführt; die *Mozarabische Chronik* spricht erstmals von »Europenses«, um Kriegsteilnehmer aus west- und mitteleurop. Gebieten zu bezeichnen. Im Zuge der spätma., literarisch wirkmächtigen Karlsverehrung wird indirekt die Verbreitung des E.begriffs befördert. V. a. im 13. und 15. Jh. wird, nach einer Vielzahl polit. und kultureller Umwälzungen, die antike Vorstellung vom *initium Europae* in Skythien viel diskutiert und literarisch mit antiken und neueren Mythen verknüpft (Renger/Ißler, 455–471). Der mit E. verbundene Einheits- und Abgrenzungsgedanke ist u. a. im späten 11. Jh. im Kreuzzugsaufruf Urbans II. präsent, der wegweisend von E. als »patria nostra« spricht; noch im 15. Jh. wird E.S. Piccolomini (der spätere Papst Pius II.) angesichts der sog. Türkengefahr ähnl. Worte finden: »E., id est in patria, in domo propria, in sede nostra« [»E., d. h. in der Heimat, im eigenen Haus, an unserem Wohnsitz«] (Rede vom 15.10.1454). In der Folge spätantiker Lehrschriften (z. B. Isidor von Sevilla, *Origines* 14, 4, 1) wird die Benennung des Erdteils nach der im griech. Mythos entführten E. in diversen volkssprachl. Texten des MA, z. B. Mitte des 12. Jh. im *Roman de Thèbes* (V. 9193 f.), festgeschrieben. Als Geschenk erhält E. von Jupiter den »dritten Teil der Welt« explizit im christl. allegorisierenden *Ovide moralisé* (II, 5081–5084); auch Christine de Pizan im frühen 15. Jh. leitet die Namensgebung von der myth. Prinzessin ab (*Livre de la Cité des Dames* II, 61).

3. Renaissance und Barock. Eine Folge dieser doppelten Sicht auf E., wie etwa auch in Boccaccio, *De claris mulieribus* (»De E. Cretensium regina«), ist die mit dem Humanismus zunehmende Häufigkeit von Überblendungen *der* E. mit *dem* E. unter Austausch von Eigenschaften, Charakteristika und Attributen. Repräsentationen E. erhalten hierbei Qualitäten von hohem symbol. Wert (z. B. Fruchtbarkeit, Nobilität, Kampfgeist), die trad. dem Kontinent bzw. dessen allegor. Darstellung seit der Neuzeit assoziiert werden (Ronsard, *A Monsieur d'Angoulesme*). Als symbol. Stichwortgeber, auch für literar. Werke, fungiert nachhaltig Ripas *Iconologia*, in der E. als »Königin der ganzen Welt« (*E.*) mit militär. und relig. Attributen (↗Krone, ↗Pferd, Waffen, Trophäen, Tempel), aber auch mit solchen der Künste und Wissenschaften ausgestattet (Malerwerkzeuge und Musikinstrumente, ⌐Buch, ⌐Eule), als »erster und bedeutendster Teil der Welt« die Führungsrolle in der Welt zuerkannt wird. Die allegor. Personifikation E. als imperialer Hoheit reicht von der Kartografie, in der die Konturen des Erdteils den Umrissen eines weibl. Körpers angenähert werden, bis in die Lit., vgl. etwa die portugies. Seemacht als symbol. Haupt E. bei Camões, *Lusíadas* III, 6 und 20, sowie die Allegorisierung der E.politik Frankreichs im Dreißigjährigen Krieg unter Richelieu in der sog. Comédie héroïque *E.* von Desmarets de Saint-Sorlin.

4. Aufklärung und Romantik. Die Aufklärung erhebt E. zum Symbol der Vernunft und des Kosmopolitismus: Die Idee von E. Einheit verschmilzt mit der Vorstellung einer Gelehrtenrepublik (*République des Lettres*), kosmopolit. Visionen und internationaler Friedensutopien kontinentaler und globaler Reichweite; so schon bei Sully, *Le Grand Dessein* (1632) und Penn, *Essay towards the Present and Future Peace of E.* (1692), später bei Rousseau, *Extrait du Projet de paix perpétuelle de Monsieur l'Abbé de Saint-Pierre*; Wieland, *Gespräche unter vier Augen* u.v.a. – Für die Romantik ist E. Symbol einer durch das Christentum verbundenen Einheit, die man, im MA verwirklicht, mit dem Zerfall des Hl. Röm. Reichs verloren sieht und wiederherstellen will (Novalis, *Die Christenheit oder E.*). Wie es F. Schlegels Zeitschrift *E.* schon im Titel ausweist, werden eigene Ansprüche und Entwürfe in einem entschieden europ. Feld situiert. Gerade angesichts der Wiederkehr imperialist. E.symbolik im Zuge der napoleon. Eroberungen unter frz. Führung (Chas, *Parallèles de Bonaparte avec Charlemagne*, 1805) hält man dem alten Imperium die Utopie einer polit.-christl. und kulturellen Einheit des europ. Kontinents entgegen (vgl. z. B. Coleridge, *Comparison of the Present State of France with that of Rome*; Arndt, *Germanien und E.*; Mme de Staël, *De l'Allemagne*; vgl. ⌐Gleis, 2.) und widersetzt sich der monarchist. Restaurationspolitik nach dem Prinzip Metternichs; vgl. etwa Görres, *E. und die Revolution*; Heine, *Französische Zustände*; *Englische Fragmente*; Mazzini, *D'una letteratura europea*. V. Hugo prägt den Begriff von den »États unis de l'E.« als Analogiebildung zu den United States of America (*Congrès de la Paix à Paris*, Discours d'ouverture, 21.8.1849); im Umkreis der Bezeichnung werden freiheitl. Attribute ⌐Amerikas auf E. übertragen. Mit einer »majestätischen Vision«, in der E. für das Zusammenwachsen der Menschheit steht, eröffnet Hugo 1867 die Pariser Weltausstellung: »Diese Nation […] wird sich im 20. Jh. E. nennen, in späteren […] Jahrhunderten wird sie Menschheit heißen. […] Die Einheit E. keimt. […] Die Verbrüderung des Kontinents – das ist die Zukunft« (*Paris Guide par les principaux écrivains et artistes de la France*, Introduction).

5. Ende des 19. und erste Hälfte des 20. Jahrhunderts. Die Diskussion über europ. Politik und Identität wird sowohl nach der Gründung des Dt. Kaiserreiches sowie während der Friedenszeit bis 1913 als auch während und zwischen den beiden Weltkriegen fortgeführt, indem E. auf vielfältige Weise in Dienst genommen wird. Nietzsche entwirft den antinationalist. und antichristl. »guten Europäer« als Gestalt der Zukunft. Ab 1900 werden zudem, ihrerseits stark symbolisch aufgeladen, außereurop. Gesellschaften und Kulturen in der Regel kontrastierend in die E.-Debatte einbezogen. Hierher gehört das mod. Interesse am Wilden und Primitiven (sichtbar u. a. in Bezügen auf ›archaische‹ Kulturen des antiken Mittelmeerraums und auf Afrika), wie es sich in G. Kaisers Theaterspiel über die myth. *E.* und C. Golls Roman *Der Neger Jupiter raubt E.* äußert. »E., dieser Nasenpopel/ aus einer Konfirmandennase«, polemisiert 1913 Benn zivilisationsmüde und verkündet: »Wir wollen nach Alaska gehen«, zum »Urwaldmenschen,/ der alles aus seinem Bauch gebiert« (*Alaska*; ⌐Bauch). Kontrastiv Bezug genommen wird überdies auf ⌐Indien und Ostasien: Texte z. B. von Döblin (*Die drei Sprünge des Wang-lun*, 1915), Hofmannsthal (*Die Idee E.*, Notizen zu einer Rede, 1917), Keyserling (*Reisetagebuch eines Philosophen*, 1918) und Hesse (*Siddharta*, 1922) stellen ›östl.‹ Kultur und Gesellschaft als in sich ruhend, traditional, von der Moderne unberührt E. gegenüber. Als Symbol für den Niedergang der europ. Zivilisation findet sich E. in Briffaults *E. A Novel of the Days of Ignorance* (1935) und *E. in Limbo* (1937). Vor Hitler als Zerstörer E. schließlich warnen Schriftsteller – nach vorangegangener Integration der sog. Paneuropa-Idee (Coudenhove-Kalergi) in die E.-Debatte – während der NS-Zeit; u. a. indem sie den Mythos der entführten Königstochter, der von den Nationalsozialisten germanisch überformt worden ist (z. B. in der Propaganda zum Europ. Jugendkongress 1942 in Wien), gegen deren Länder- und Erbe-Usurpation wenden (J.R. Becher, *Stier und Stachelschwein*, 1943; ⌐Schwein). Die Erschütterung über die Selbstzerstörung des Kontinents im Zuge der Weltkriege wirkt in der Lit. ab 1945 lange nach. E. erscheint v. a. als Symbol des Verfalls und Untergangs (K. Mann, *Die Heimsuchung des europ. Geistes*), die myth. E. als Vergewaltigungsopfer (z. B. Blackmur, *The Rape of E.*, 1947; Bobrowski, *E.*, 1950–52).

6. Zweite Hälfte des 20. Jahrhunderts und Gegenwart: »Zum Aufbruch« bläst dagegen 1952, eine optimistischere Neubewertung der E.-Symbolik von polit. Seite aufnehmend, Döblin: »E.! Es ist das Signal, die Marschroute ist gegeben. […] Tut Euch zusammen!« (*Das permanente geistige E.*); der Kulturkritiker Pannwitz sieht in E. den »Primat des Menschen« verkörpert (*Aufgaben E.*). Neben der überfälligen Aufarbeitung der nationalsozialist. Vergangenheit dominiert seit den 1960er Jahren der sog. Kalte Krieg die literar. E.-Diskussion. Betont Böll ausdrücklich die osteurop. Staaten als Teile E. (*E. – aber wo liegt es?*), so bemüht etwa der tschech. Exilautor Kundera den antiken Mythos von E. Entführung, wenn er Teile des europ. Westens als von Russland »verschleppt und einer Gehirnwäsche unterzogen« bezeichnet (*Die Tragödie Mittele.*). – In der Postmoderne gerät das institutionelle E. zunehmend ins Kreuzfeuer literar. Kritik, der eurozentrist. Denken suspekt ist. H.M. Enzensberger hält in dem Essayband *Ach E.!* dem »riesigen supranationalen Wasserkopf« Brüssel in einer inversen Verwendung des trad. Einheitssymbols »Uneinigkeit macht stark« entgegen (*Eurozentrismus wider Willen*). Wo dem institutionalisierten E. eine offizielle Symbolik abgeht, springt die Lit. ein. So wird in jüngerer Zeit das Besingen der Verschiedenheit innerhalb E. mit der Durchmischung und symbol. Integration der Kulturen verbunden (Na-

dolny, *Selim oder die Gabe der Rede*; historisch weit ausholend bei Forte, *Das Haus auf meinen Schultern*). Bei alledem bleibt die Präsenz der myth. und allegor. E. ungebrochen und findet zusätzl. Widerhall in der postmodernen Genderdebatte, bei Gahse etwa als liebeshungrige Greisin (*Eine Sammlung in der Sammlung*). Laut Tawada ist E. »bereits im Ursprung als eine Verlust-Figur erfunden« (*Eigentlich darf man es niemandem sagen, aber E. gibt es nicht*).

↗Afrika, Amerika, Asien, Donau, Indien, Norden, Orient, Rhein, Stier, Süden, Westen.

Lit.: P.M. Lützeler, Die Schriftsteller und E., München/Zürich 1992. – A.-B. Renger/R.A. Ißler (Hg.), E. – Stier und Sternenkranz, Göttingen 2009. – R. Poignault/O. Wattel de Croizant (Hg.), D'E. à l'E., 5 Bde., Tours/Lausanne 1998–2011.   ABR/RAI

F

Fackel

Symbol des Lebens, des Todes und des Unheimlichen, der Begeisterung, der Liebe und der Hochzeit, der Wahrheit, Aufklärung und Erneuerung sowie der Zerstörung, des Zorns und des Krieges. – Relevant für die Symbolbildung sind (a) die Wärme der F., (b) ihr flackerndes ↗Licht in der ↗Dunkelheit und (c) ihr Einsatz als Waffe.

1. Symbol des Lebens, des Todes sowie des Unheimlichen. In der röm. Sakralikonografie findet sich die Vorstellung vom Leben als einem hl. Licht, das durch die ↗Geburt entzündet wird und entweder mit dem Tod erlischt oder ewig erhalten bleibt. Im Zusammenhang mit dieser Trad. wird die entzündete F. zum Symbol des Lebens (Lukrez, *De rerum natura* II, 79), die erloschene F. umgekehrt zum Symbol des Todes (Gryphius, *Cardenio und Celinde* V). In der dt. Klassik ist die auf den Boden gerichtete F. Attribut eines durch besondere Sanftheit gekennzeichneten Genius (Lessing, *Wie die Alten den Tod gebildet*) und Inbegriff des antiken Todesverständnisses, das ohne das Symbol des »gräßlichen Gerippes« (Schiller, *Die Götter Griechenlands*; ↗Skelett/Totenschädel) auskommt. Auch im späten 19. und frühen 20. Jh. bleibt diese Symbolik präsent (Fontane, *Unterm Birnbaum* XVI; Hofmannsthal, *Ödipus und die Sphinx* III). – Als Symbol des Übergangs vom Leben zum Tod ist die F. seit der Antike Bestandteil von Beerdigungsritualen. Die frühchristl. Abneigung gegenüber dem liturg. Einsatz der F., die sich aus ihrem Einsatz in der röm. Christenverfolgung herleitet, wird ab dem MA nicht mehr streng aufrecht erhalten. Gleichwohl bleibt das Bild von der F. als typ. Element nicht-christl. Rituale erhalten. Auf ein vorgeblich german. Erbe anspielend, werden F.züge im Rahmen nationalsozialist. Beerdigungen oder Gedenkfeiern an Gefallene und ›Märtyrer‹ veranstaltet (Riefenstahl, *Triumph des Willens*); in der gleichgeschalteten Lit. des Nationalsozialismus erscheinen F. häufig als Todes- und gleichzeitig Erlösungssymbol (Schumann, *Gudruns Tod* V). – Aufgrund der Assoziation mit Friedhöfen und ↗Gräbern und wegen ihres flackernden, groteske ↗Schatten werfenden Lichts ist die F. seit der Romantik Symbol des Schaurigen und Unheimlichen (Tieck, *William Lovell* III, 2). In E.T.A. Hoffmanns *Die Jesuiterkirche in G.* dient das Licht der F. einem heiml., untergründigen Kunstschaffen, ihre unruhige ↗Flamme wird zum Symbol einer zerrissenen Seele.

2. Symbol der Begeisterung, der Liebe und der Hochzeit. In dionys. Kulten ist die F. aufgrund ihrer Wärmeentwicklung und ihres wilden Flackerns

Zeichen der Entrücktheit, Exaltation und orgiast. Verzückung bei Ankunft des Gottes. Von hier aus wird die F. für antike Autoren zum Symbol dichter. Inspiration und Kreativität (Pindar, *Isthmische Oden* 4, 42). Symbol der Begeisterung und Eingebung bleibt die F. auch in der Neuzeit: Gerstenberg (*Briefe über Merkwürdigkeiten der Litteratur*: »Schlechte Einrichtung des Italienischen Singgedichts«) ordnet sie ebenso wie später Stolberg (*Die Leuchte*) dem Genie zu, bei B. v. Arnim akzentuiert sie neben der Intensität auch die schnelle Vergänglichkeit der kreativen Begeisterung (*Gespräche mit Dämonen*). – Als fester Topos spätestens seit Apuleius (*Der goldene Esel* IV-VI) etabliert ist die Ausstattung des Gottes Amor mit ↗Pfeil und F.; in ähnl. Weise ist die F. bei Wolfram von Eschenbach der Venus zugeordnet (*Parzival* 532, 15). Dabei bildet die F. das Symbol der Liebe (etwa in der barocken Emblematik bei Rollenhagen, *Nucleus Emblematum Selectissimorum* 56), betont häufig aber auch deren Ambivalenz: ihre Nähe zu Schmerz und Tod (Gryphius, *Catharina von Georgien* IV; Lohenstein, *Agrippina* V), ihre Unverfügbarkeit (Goethe, *Epigramme*: »Ha! ich kenne dich, Amor«), ihre Bedrohung für die Jungfräulichkeit (Geibel, *Hütet Euch!*). Bei Tucholsky erscheint der mit einer F. ausgestattete Eros ironisch als Liebesemblem, das in einem auf Kalkulation und Sachlichkeit ausgerichteten Zeitalter anachronistisch geworden ist (*Revue*). – Ebenfalls aus den Initiationsriten des Dionysoskults leitet sich der Einsatz der F. an hohen Feiertagen, v. a. bei der ↗Hochzeit, her (bereits bei Homer, *Ilias* XVIII, 490–493). Dabei wird die F. als Attribut dem Hochzeitsgott Hymenaios zugeordnet. In der Gebrauchslyrik des 18. Jh. erscheint Hymens F. wiederholt in Hochzeitsgedichten (etwa bei Gottsched, *Bey einem ansehnlichen Hochzeitsfeste in Leipzig*), die betonen, dass die ›F. der Liebe‹ die zuvor kalten ↗Herzen der Brautleute zum Schmelzen gebracht habe.

3. Symbol der Wahrheit, Aufklärung und Erneuerung. Von der antiken Lichtmystik ausgehend, symbolisiert die F. wie die Flamme und das Licht eine durch Vernunft gewonnene Wahrheit. Bei Plotin findet sich eine Genealogie des menschl. Intellekts, bei dem dieser ins Bild der F. gefasst wird: »leuchtend zugleich und erleuchtet« (*Enneaden* III, 8). In der Aufklärung häuft sich der Gebrauch der F. als Symbol für die Vernunft (Herder, *Briefe zur Beförderung der Humanität* V, 55). Schiller (*Philosophische Briefe*) verweist auf die F. im Kerker, wo sie einen »Traum der Freiheit« ins Werk setze, der das gegenwärtige Elend der Gefangenschaft (als Metapher der Unvernunft) nur verschlimmere. Goethe akzentuiert die Gefährlichkeit der »F. der Wahrheit«, die den Erkennenden nur allzu leicht »verbrennen« könne (*Maximen und Reflexionen*: »Das Wahre ist eine F.«). Bei Lichtenberg findet sich der Hinweis auf die Zerstörungskraft der Wahrheit ebenfalls, aber mit Blick darauf, dass jede neue Wahrheit alte Machtpositionen und Autoritätsansprüche zerstöre: »Es ist fast unmöglich, die F. der Wahrheit durch ein Gedränge zu tragen, ohne jemandem den Bart zu sengen« (*Sudelbücher* G 12). – Als Wahrheits- und Erneuerungssymbol dient die F. auch am Ende des 19. und im 20. Jh., etwa als Attribut der amerikan. Freiheitsstatue (1886), bei der sie gleichzeitig die ›Neue Welt‹ und die Entstehung der Freiheit aus der Wahrheit symbolisiert. Koeppen reflektiert dies kritisch, wenn die Freiheitsstatue in *Amerikafahrt* als »Mutterkomplex der Nation, eine Matrone, die mißmutig eine nasse F. hält, aber nichts erhellt«, beschreibt (↗Amerika; ↗Mutter). Positiver ist die Wahrheits- und Erneuerungssymbolik in K. Kraus' Zeitschrift *Die F.* (1899–1936) zu verstehen. In einem »Land, in welchem – anders als in jenem Reiche Karls V. – die Sonne niemals aufgeht« (*Die F. 1, 1899*; ↗Sonne), soll seine Zeitschrift sowohl über politisch und zeitgeschichtlich relevante Themen aufklären als auch der Sammlung von Unzufriedenen dienen. Auf die inspirierende Wirkung von Kraus' Zeitschrift verweist bereits im Titel der zweite Teil von Canettis Biografie *Die F. im Ohr*, indem sie auf die Wahrheit des »Ohrenzeugens« anspielt (↗Ohr).

4. Symbol der Zerstörung, des Zorns und des Krieges. Die zerstör. Kraft der F. erscheint in Offb 8,10, wo als Zeichen der Apokalypse ein ↗Stern »wie eine F.« auf die Erde stürzt und sie verbrennt (in Offb 4,5 werden dagegen ↗sieben F. als Symbole der »sieben Geister Gottes« angeführt; sie verweisen auf die ↗Reinheit und Macht des Hl. Geistes sowie auf seine Einheit in der Vielheit). Die Antike kennt das F.schwingen als drohende Gebärde und weist die F. als Attribut den Erynnien und Furien zu (Lessing, *Laokoon* IX). Bis ins späte 18. und frühe 19. Jh. sind in diesem Sinn »des Zornes F.« (Lenau, *Johannes Ziska*) und die »F. der Rache« (Bürger, *Der wilde Jäger*) als literatursprachl. Wendungen weit verbreitet. – Als Kriegssymbol und Metonymie für die Waffen krieger. Auseinandersetzungen ruft die F. den Bildbereich der Brandschatzung auf, womit sie vorrangig vormoderne Konflikte und Formen der Kriegsführung indiziert (Schiller, *Wallenstein* II, 7; *Maria Stuart* I, 1). Bei Fontane wird die F. zum Symbol neron. Grausamkeit gegen das Urchristentum (*Poggenpuhls* VIII). Im übertragenen Sinn findet sich die F. auch als Symbol von Auseinandersetzungen und Kritik im wissenschaftl. oder ästhet. Bereich, so etwa bei Grillparzer (*Tagebücher*, 1809, Nr. 36). – Goethe überblendet in *Faust II* die verschiedenen Symbolgehalte der F., wenn Faust seinen Pakt mit Mephisto als Versuch beschreibt, »des Lebens F.« zu entzünden (4709); in Wirklichkeit sei daraus aber die Entfesselung eines zerstör. »Feuermeers« (4710) hervorgegangen. Eine solche Ausnutzung der ambivalenten Symbolgehalte der F. (Leben/Tod, Liebe/Krieg) ist für ihren literar. Gebrauch in der Moderne insgesamt charakteristisch. Bei Hofmannsthal wird die F. genau in diesem Sinn zur paradoxen metaliterar. Metapher. Literar. Texte, so die Vorstellung, machten ihre Autoren und deren ›Schicksale‹ sichtbar, wiewohl sich diese schreibend durch Text ersetzen und gleichsam selbst auslöschen: »Die Schicksale dort lesen, wo sie geschrieben sind: das ist alles. Die Kraft haben, sie alle zu sehen, wie sie sich selber verzehren, diese lebenden F.« (*Über Charaktere im Roman und im Drama*).
↗Feuer/Flamme, Kerze, Licht, Schatten.

Lit.: HS, 1363–1380. – KLS, 130. – RAC VII, 154–217. – WBS, 106 f. – A. Thöne, Das Licht der Arier, München 1979.   KS

Faden ↗Gewebe/Faden.

Fächer

Symbol des Status und der Herrschaft, des Luxus, der weibl. Schönheit, Erotik und Koketterie; Symbol des Erhabenen und Naturschönen sowie des ästhet., speziell des dichter. Ausdrucks. – Relevant für die Symbolbildung sind (a) das abgrenzende Wirkung des herrschaftl. F., (b) die Verwendung als Luxusgegenstand und modisches Accessoire, (c) der Gebrauch als Requisit zur Steigerung weibl. Schönheit und Erotik, (d) die verbergende und entblößende Bewegung des F., (e) der Einsatz zur Unterstreichung der gest.-mim. Ausdruckskraft.

1. Status- und Herrschaftssymbol. In der Hand gehaltene Federbüsche, Falt- oder Fahnenfächer, die auf die antiken F.formen wie ↗Palm- oder Federwedel zurückgehen, finden erst in Europa um das 16. Jh. Die Statussymbolik der verschiedenen F.formen ist schon in der Dichtung der griech. (Euripides, *Orestes*; Nonnos, *Dionysiaka* XII) und lat. Antike (Terenz, *Der Eunuch*) sowie in der europ. Lyrik der Frühen Neuzeit (z. B. de Lasphrise, *Sonnet des gestes des Dames*; Lovelace, *Lucasta's Fanne*; Czepko v. Reigersfeld, *Satyrische Gedichte* I, 20) vereinzelt präsent. Stilbildend für die literar. Bedeutung des F. als Status- und Herrschaftssymbol werden jedoch erst Shakespeares Dramen (*Love's Labour's Lost* IV, 1; *Henry IV*, 1. Teil, II, 3; 2. Teil, I, 3; *Othello* IV, 2; *Antony and Cleopatra* I, 1), die v. a. den Aspekt des Verbergens oder Offenbarens von Emotionen (*Romeo and Juliet* II, 4) oder Akte herrschaftl. Verfügungsgewalt (Marlowe, *The Tragicall History of D. Faustus*) mit der F.symbolik verknüpfen. Bis in die Goethezeit hinein bleiben diese Symbolgehalte wirksam, nicht zuletzt in Goethes Gedichten (*Wir-

kung in die Ferne), Dramen (*Clavigo* I) und Romanen (*Wilhelm Meisters Lehrjahre* IV, 18). – Unter dem Einfluss der galanten Lyrik des Rokoko und der Empfindsamkeit wird die Status- und Herrschaftssymbolik des F. auch auf die Verfügungsgewalt der Dame über den Werbenden und dessen Empfindungen übertragen (Gleim, *Kaffee und Thee*; Weiße, *Das Kammermädchen*; Goeckingk, *An Dieselbe*) und satirisch umgedeutet (Jean Paul, *Leben des vergnügten Schulmeisterlein Maria Wutz in Auenthal*). Die satir. Deutung fußt auf einer Trad. der christl.-moral. Kritik, die sich schon in der Frühen Neuzeit auf den F. als Symbol höf. Repräsentation und Verfügungsgewalt richtet, etwa in Logaus Sinngedicht *Hofe-Werckzeug*: »Fechel, Wind zu machen: [...]/ Sind bey Hof im Hauffen;/ Niemand darff sie kauffen.« Diese krit. Symbolverwendung hält sich kaum über die Goethezeit hinaus, zumal sich die Herrschaftssymbolik des F. bis ins frühe 20. Jh. hinein zunehmend ins Fabelhafte (Immermann, *Tulifäntchen* I, 9: »Brummers Tod«) und Märchen (Brentano, *Das Märchen von Schnürlieschen*), ins Historische (Platen, *In Monza*; Freytag, *Die Ahnen*: »Der Herrin Dank«) oder Exotische (Klabund, *Der Mandarin*) verlagert. Zwar erscheint noch in Hofmannsthals Oper *Ariadne auf Naxos* sowie in seinen Stücken *Der Turm* (Neue Fassung, VI) und *Arabella* (II) und im Dramolett *Der weiße F.* der F. als Symbol des aristokrat. Status oder der sozialen Dominanz, doch häufen sich im Realismus und in der frühen Moderne Belege, in denen der F. als rein äußerl. Gesellschaftsrequisit (Fontane, *Luren-Konzert*) oder wie in Kellers *Ein Festzug in Zürich* nur noch als Staffage historisierender Szenen auftaucht. Die krit. Auseinandersetzung mit trad. Status- und Herrschaftssymbolen in der frühen Moderne erfasst auch den Symbolwert des F., etwa in A. Christens Gedicht *Eine Heimgekehrte*.

2. Symbol des modischen Luxus. Das Zeitalter des Rokoko im 18. Jh. und die zweite Hälfte des 19. Jh. sind die Blütezeiten des F. als modisches Accessoire und Luxusgegenstand. Brisé-, Falt-, Rad- und Parasolfächer werden aus kostbaren Materialien gefertigt (Heine, *Memoiren*) und mit Motiven altgriech. Mythen und Legenden (Immermann, *Münchhausen* III, IV), mit Bibel- und Schäferszenen (Keller, *Der grüne Heinrich*, 1. Fass., IV, 15), Genremotiven idealisierter Natur (Stifter, *Der Nachsommer* I), Chinoiserien, zeitgenöss. Sujets oder Sinnsprüchen (Jean Paul, *Hesperus*, 29. Hundposttag) verziert. Der F. als literar. Symbol spiegelt diese Entwicklung wider, wobei sich der Symbolgehalt des F. als modisches Luxusaccessoire (vgl. Börnes *Schilderungen aus Paris* XVI, XXVI) teils unabhängig von der Status- und Herrschaftssymbolik entfaltet. In Herders Volkslied *Der Schiffer* figuriert der F. als folklorist. Attribut, in Hauffs Märchen *Der Scheik von Alessandria und seine Sklaven* als Symbol ⟋oriental. Prachtentfaltung, in Geibels Gedicht *Der Hidalgo*

als Element der trad. Flamenco-Motivik. Bei Jean Paul ist der F. ein Luxusgegenstand und Teil des satirisch überzeichneten gesellschaftl. Gepränges (*Flegeljahre* XVII). Wie in Tiecks *Kleines Theater in der Arena*, in Gutzkows *Die Ritter vom Geiste* (I, III, XI) oder in Kellers *Der grüne Heinrich*, 1. Fass. IV, 15) wird der F. dabei unabhängig von seinem ästhet. Wert oder seiner Symbolik als Status- und Rangindikator eingesetzt, um gesellschaftl. Szenerien in einer bestimmten Modeperiode zu verankern. Schon im Realismus erscheint der F. als antiquar. Gegenstand einer vergangenen Epoche und Symbol der Zeitlichkeit ästhet. Moden (Storm, *Auf dem Staatshof*; Raabe, *Der Hungerpastor* IV). Diese Verwendung des F.symbols basiert auf einer neueren moral.-krit. Tendenz, die sich v. a. seit der Goethezeit herausbildet und wie in J.G. Jacobis Zwiegespräch *Auf Adelaides F.* die »Mode-Tändeley/ Am Putztisch eitler Damen« thematisiert (vgl. Platen, *Ghaselen* XIII). Die Vergänglichkeit des Luxus knüpft sich hier an die trad. *vanitas*-Motivik, wobei wie in Höltys *Elegie auf einen Stadtkirchhof* häufig eine Verbindung zur Symbolik des vergängl. Lufthauchs (⟋Atem/Hauch) hergestellt wird: »Rosenwangen liegen hier im Arme/ Der Verwesung, Hände,/ Die so schön den F. schwangen, Füße,/ Wie des Windes Flügel« (vgl. Brentano, *Es ist ein Schnitter, der heißt Tod*; Eichendorff, *Der Kehraus*). Über die romant. *vanitas*-Symbolik des F. hinaus hält sich im 19. Jh. eine sozialkrit. Zug (z. B. Hoffmann v. Fallersleben, *Bei einem Faschingsball*; Heine, *Hoffart*). Der F. ist hier weniger ein Symbol der Vergänglichkeit von Mode-Strömungen oder der sinnl. Freuden des Lebens als der Relativität von Status- und Rangansprüchen. So erscheint der F. in der Regieanweisung zu Arno Holz' Drama *Sozialaristokraten* (V) nur noch beiläufig als Sammelstück (ähnlich Schnitzler, *Reigen* X).

3. Symbol der Schönheit, Erotik und Koketterie. Mit ihrer zunehmend verfeinerten Ausstattung und Verzierung werden die F. als materiale Gegenstände zu einem Symbol der Schönheit und des Preziösen, das vereinzelt in der Antike (Ovid, *Amores* III, 2; *Ars amatoria* I; Properz, *Elegien* III, 18), durchwegs seit der Frühen Neuzeit (Hoffmannswaldau, *Sinnreiche Heldenbriefe: Liebe zwischen Przetislauen, Fürsten in Böhmen, und Fräulein Jutta Keyser Ottens des Andern Tochter*) für die weibl. Schönheit und Erotik steht. Ab dem 18. Jh. bildet sich eine ›F.sprache‹ heraus, in der der F. als Requisit einer gestisch-mimisch vielfältig abgestuften erot. Kommunikation zum Einsatz kommt. In Zachariäs *Der Renommiste* (II, III) oder in B. v. Arnims Briefroman *Goethes Briefwechsel mit einem Kinde* (I) und Dialog *Dies Buch gehört dem König* (I) werden die verschiedenen Aspekte der F.sprache beschrieben, insbes. die Abwehr, das Verbergen oder die Lockung (Lessing, *Minna von Barnhelm* V; satirisch in Jean Paul, *Siebenkäs* IV, 15; J.E. Schlegel, *Der geschäfftige*

Müssiggänger I; Kotzebue, *Die beiden Klingsberg* III, IV). Die erot. Symbolik des Entblößens und Verdeckens findet vornehmlich ab dem Rokoko in vielerlei Gestalt Eingang in die Dichtung (Wieland, *Oberon* XII; Goeckingk, *Die Schlittenfahrt*; Voß, *Rundgesang*; Gleim, *Die Ameise und die Fliege*), häufig im Rahmen einer mythologisierenden Szenerie. So verbirgt sich in N. Götz' *Sinngedicht* die Dame hinter einem F., während sie von einem jungen Zephir erwartet wird; in Pfeffels Gedicht *Der F.* wird sie von Amor auf einer bunten Matte empfangen (*Schaam und der F.*). Bei Wieland klingt einerseits die konkrete Funktion des F. an, indem er als Mittel zur ›Kühlung‹ erot. Begierde eingesetzt wird (*Musarion* II). Andererseits wird die Symbolik der F.sprache genutzt, um ein Sich-Verbergen oder Sich-Verweigern anzuzeigen: »Die F. vors Gesicht!/ Diana – Nein! um Welten/ Verriet' ich dieses nicht« (*Endymion*; ↗Gesicht). Diese galante Trad. des F. symbols, die die Symbolgehalte der Verfügungsgewalt und der luxuriösen Selbstinszenierung in den Dienst des erot. Spiels stellen, lässt sich bis in die Romantik belegen (Eichendorff, *Sonst*). In der Folge ist sie ebenso wenig präsent wie die zeitkrit. Tendenz, die sich im Sturm und Drang (Voß, *An die Herrn Franzosen*; Klinger, *Sturm und Drang* II; Lenz, *Die Soldaten* IV) gelegentlich an die erot. Symbolik des F. knüpfte. Vielmehr findet sich ab dem Realismus eine stärker moral. Überformung der erot. Symbolik des F. So wird in den Romanen Fontanes (*Vor dem Sturm* I, 3; *Graf Petöfy* XV, XVII; *Cécile* XXV, XXVI; *Effie Briest* III, IX) der F. weniger als Mittel der Mitteilung als vielmehr als Symbol moral. Distanznahme und erot. Verweigerung eingesetzt (C.F. Meyer, *Jürg Jenatsch* II). Erst in der frühen Moderne finden sich deutl. sexuell konnotierte Rückbezüge auf die galante Trad. des F.symbols, etwa in Bierbaums *Irrgarten der Liebe*.

4. Symbol der Erhabenheit und des Naturschönen. Ab der Frühen Neuzeit wird der F. in metaphor. Übertragung (Brockes, *Der Winter*) zur Bezeichnung von Naturphänomenen eingesetzt. Paradigmatisch für die natursymbol. Befrachtung ist bis in die frühe Moderne hinein Miltons ep. Gedicht *Paradise Lost* (»Aurora's fan«, V, 5–8; X, 92–95). Während unter dem Einfluss der galanten Trad. des Rokoko Naturidyllen mit fächerartigen Objekten ausgestattet werden (Hölty, *Elegie auf ein Landmädchen*; Platen, *Ghaselen* XXX), erscheint der F. in der Romantik als Symbol des Erhabenen und Naturschönen (Geibel, *Der Sklav*; Mörike, *Im Park*). Mit Byron (*On Finding a Fan*), Shelley (*The Woodman and the Nightingale*) und Wordsworth (*Lines Written in Early Spring*) bildet sich hier eine eigene Traditionslinie in der engl. Lyrik der Romantik heraus. – Insbes. als strahlenförmiges ↗Licht- und ↗Sonnensymbol begegnet der F. bis in die frühe Moderne, etwa in Verbindung mit relig. Symbolik in Dehmels *Bergpsalm*: »ein Dornenkranz umflammt die Stirn

der Stadt;/ ein goldner F. scheucht die Wolkenstürme,/ herniedersprießt ein Sonnenpalmenblatt« (vgl. Holz, *Frühling*; Rubiner, *Das Licht*). In Georges Lyrik finden sich vielschichtige Verschränkungen der Natur- (*Wilder Park*), Schönheits- (*Der Laubgang*) und Sonnensymbolik (*Lilien eigene Blumen*) des F., die dieser Traditionslinie zuzurechnen sind. Nach der Wende zum 20. Jh. treten vermehrt Übertragungen dieser Symbolik auf nicht-naturhafte Objekte (Morgenstern, *Fiesolaner Ritornelle*) oder nicht im engeren Sinne ästhet. Naturphänomene (Kafka, *Hochzeitsvorbereitungen auf dem Lande*) auf, die mit der tradierten Symbolbedeutung des Erhabenen und Naturschönen brechen.

5. Poetologisches Symbol des ästhetischen Ausdrucks. Die Symbolbedeutungen des Preziösen, der gest.-mim. Mitteilung (›F.sprache‹) sowie des Erhabenen und Naturschönen gehen in den F. als poetolog. Symbol der Dichtung ein. Als rituelles ↗Tanzrequisit, trad. Herrschaftssymbol und Mittel zur Steigerung des gest.-mim. Ausdrucks ist der F. insbes. in der frühen Moderne jedoch auch Symbol einer nicht-sprachl. Ästhetik (Nietzsche, *Dionysos-Dithyramben*: *Die Wüste wächst*; Ball, *Tenderenda der Phantast* I). Rubiner charakterisiert in seiner Schrift *Homer und Monte Christo* anhand des F. den Unterschied zwischen den Begriffen ›Dingobjekt‹, ›Dingsymbol‹ und ›Symbol‹ (vgl. Spielhagen, *Problematische Naturen* I, II). In der frz. Lyrik entsteht in der romant. Trad. eine Serie von F.gedichten (Gautier, *Au bord de la mer*; Hugo, *Adieux de l'hôtesse arabe*; Arène, *Sur un éventail*; Cros, *Sur un éventail*), die selbstreflexive und poetolog. Züge aufweisen. Diese Linie wird von der komplexen Symbolik der Gedichte Mallarmés fortgeführt, etwa in *Eventail de Mademoiselle Mallarmé*, das Rilke unter dem Titel *Der F.* übersetzt hat (vgl. *Dame sans trop d'Ardeur...*; *Eventail de Madame Mallarmé*; *Eventail*; *Placet futile*). Rilke selbst nimmt in seinem Gedicht *Der Abenteurer* diese Interpretation des F. als Symbol des ästhet. Scheins und der dichter. Illusion auf. – Eine andere bes. einflussreiche Variante zeigt Goethes poetolog. Gedicht *Wink* aus dem »Buch Hafis« des *West-östlichen Divans*. Der F. wird hier mit dem poet. Wort gleichgesetzt, dessen wesentl. ästhet. Merkmal darin bestehe, das Objekt des sinnl. Eindrucks zugleich zu verbergen und zu entbergen: »Das Wort ist ein F.! Zwischen den Stäben/ Blicken ein Paar schöne Augen hervor./ Der F. ist nur ein lieblicher Flor,/ Er verdeckt mir zwar das Gesicht,/ Aber das Mädchen verbirgt er nicht,/ Weil das Schönste, was sie besitzt,/ Das Auge, mir ins Auge blitzt.« In enger Relation hierzu steht das Gedicht *Gingo Biloba* aus dem »Buch Suleika«, das die fächerartige Blattstruktur des Ginkgobaumes (von Goethe in einem Brief an Carl August vom 10.3.1820 als ›F.‹ bezeichnet) als poetolog. Symbol einsetzt, um die Dichtung und den Dichtenden zu charakterisieren.

↗Auge, Gesicht, Gewebe/Faden, Schleier, Segel, Spiegel, Tinte.

Lit.: Ch. Kammerl, Der F., München 1989. – W. Keller, Goethes dichter. Bildlichkeit, München 1972, 17–47. – Le symbolisme de l'éventail, Paris 1995. AD

Fahne

Symbol polit. Identitäten und Ideologien, der Gemeinschaftsbildung, der kollektiven Identitätsstiftung und des (kollektiven) Aufbruchs, imperialer und kolonialer Prätentionen und Herrschaftsansprüche, polit., histor., intellektueller und individueller Zustände und Krisen sowie der Verknüpfung von Eros und Thanatos. – Relevant für die Symbolbildung sind (a) die Zeichenhaftigkeit der F., die auf der Farbgebung (↗Farben), den jeweilig herald. Elementen (↗Wappen) sowie deren Anordnung basiert, (b) die spezif. Materialität der F. (starr oder beweglich, F.tuch in verhüllender Funktion etc.), (c) die durch diese Materialität teilweise mit bedingte Ausrichtung bzw. Verortung der F.

1. Symbol politischer Identitäten und Ideologien. Als zentrales Symbol polit., nationaler und ideolog. Kollektive repräsentiert die F. deren Prinzipien und Werte sowie den damit verbundenen räuml., zeitl. oder ideellen Geltungsanspruch, insbes. im Falle der Nationalflaggen. In Platens *Vermächtnis der sterbenden Polen an die Deutschen* wird die auf den ↗Gräbern wehende ↗weiße F. des nach nationaler Souveränität strebenden Polen zum Ausdruck des Weiterlebens der national-freiheitl. Gesinnung nach der Niederschlagung des poln. Aufstands durch die Russen 1830/31. Die Verteidigung der F. wird häufig metonymisch mit der Verteidigung des gesamten Vaterlands und seiner Werte gleichgesetzt (und deren Verlust bedeutet Ehrverlust), so von Tolstoj in *Krieg und Frieden* (I, 16). Bes. Bedeutung kommt der revolutionären ↗roten F. zu, die für die Utopie einer gerechten Gesellschaft steht, etwa bereits in Flauberts *Education sentimentale* (III, 1) und, in Verbindung mit christl.-messian. Momenten, in Bloks spätsymbolist. Revolutionspoem *Die Zwölf*, an dessen Ende Jesus Christus mit der blutroten (↗Blut) F. den Revolutionären voranschreitet. Daneben wird die F. symbolisch auch verwendet, um Mängel, Fehlentwicklungen, Missstände oder Misspraktiken in Kollektiven anzuzeigen, etwa bei Heine: »Pflanzt die schwarzrotgoldene F. auf die Höhe des dt. Gedankens, macht sie zur Standarte des freien Menschtums, und ich will mein bestes Herzblut für sie hingeben« (*Deutschland. Ein Wintermärchen*: »Vorwort«). Diese krit. Verwendung setzt sich insbes. in der dt.sprachigen Lit. nach 1945 fort, z. B. bei Bachmann, die in ihrem Gedicht *Früher Mittag* restaurative Tendenzen und die Diskussion um die Wiederbewaffnung Deutschlands kritisiert, und bei Celan, der in *Schibboleth* eine Absage an die

menschenverachtenden Tendenzen ideolog. Kollektivierung formuliert und mit der ›F. der Erinnerung‹ ein im existentiellen Leiden begründetes, politisch wie poetologisch wirksames Gegenparadigma stiftet.

2. Symbol der Gemeinschaftsbildung, der kollektiven Identitätsstiftung und des (kollektiven) Aufbruchs. Die F. erscheint in ihrer historisch primären Ausprägung seit der Antike (Feldzeichen) in der (para-)militär. Funktion als Medium der erkennbaren Zusammengehörigkeit, wie dies in dem metonym. Terminus »Fähnlein« (bzw. »Fähnrich« als dessen Führer) zum Ausdruck kommt, und bezeichnet die unter einer gemeinsamen F. Versammelten (satirisch-kritisch in Kellers Novelle *Das Fähnlein der sieben Aufrechten*). Im dritten Gesang des »Infernos« von Dantes *Divina Commedia* folgt am Eingang der Höllenstadt ein gewaltiges, jammerndes Heer von Seelen einer sich rasend schnell drehenden F. als Symbol der Prinzipienlosigkeit und Gleichgültigkeit. – Als mitgeführtes Feldzeichen indiziert die F. den Aufbruch einer Truppe, Gruppierung oder Gemeinschaft, wobei die damit verbundene ›Fahrt‹ sowohl konkret als auch im übertragenen Sinne, als Erneuerung (*rite de passage*) oder prozesshafte neue Erfahrung verstanden werden kann, so etwa in dem bekanntesten Lied der Wandervogel-Bewegung, *Wenn die bunten F. wehen* von Zschiesche.

3. Symbol imperialer und kolonialer Prätentionen und Herrschaftsansprüche. Als Hoheitszeichen symbolisiert die Nationalflagge insbes. im 19. und frühen 20. Jh. Herrschaftsansprüche imperialer und kolonialer Art über die beanspruchten Territorien, so etwa in Kiplings patriot. Gedicht *The English Flag*, in dem die vier ↗Winde von der weltweiten Ubiquität des Union Jack künden, damit den weltumspannenden Geltungsanspruch Englands als Kolonialmacht zementierend und die dafür gebrachten Opfer der Kolonisatoren rühmend. In Lernet-Holenias Roman *Die Standarte* wird der Untergang des ethnisch heterogenen imperialen Habsburgerreiches durch eine Verbrennung der Feldzeichen in der kaiserl. Residenz symbolisch zu einer gespenst. Apokalypse verdichtet. Häufig dient die F. auch als Symbol der Annexion noch unbesiedelter Territorien, etwa Berggipfeln und den ↗Polen (z. B. Ransmayr, *Die Schrecken des Eises und der Finsternis*; ↗Eis).

4. Symbol politischer, historischer, intellektueller und individueller Zustände und Krisen. In funktionaler Übertragung firmiert die F. auch im Sinne leitender Ideen oder Emotionen, so etwa als »F. der großen Idee« bei Dostojevskij (*Die Dämonen* III, 1) und Jacobsen (»F. der Idee« in *Niels Lyhne* XIII). Im 2. Kapitel von E.T.A. Hoffmanns Capriccio *Prinzessin Brambilla* wird Giglios ↗Mantel, auf einen Stock gepflanzt, zur »F. der Hoffnung« (V) erklärt. Gerade im Kontext der Romantik erscheint die Wetter-F. als Indikator für die die existentielle Krisen bedingende Verbindung von individueller und kollektiver Befindlichkeit, Mensch, Natur und Geschichte verklammernd, etwa in W. Müllers Gedicht *Die Wetterfahne* aus dem *Winterreise*-Zyklus, noch gravierender aber und mit deutlichen poetolog. Implikationen in Hölderlins Gedicht *Hälfte des Lebens*. Dies kulminiert in der symbolist. Lyrik, etwa in Baudelaires *Spleen*-Gedicht aus *Les fleurs du mal*, wo die ↗schwarze F. der Angst gleichsam wie ein Banner oder Leichentuch sich über das Haupt (↗Kopf) des lyrischen Ichs pflanzt.

5. Symbol der Verknüpfung von Eros und Thanatos. Insbes. in der Lit. des Symbolismus und der Jahrhundertwende (vor dem Ersten Weltkrieg) wird die F. zum Symbol einer Verknüpfung der existentiellen Erfahrungen von Erotik und Tod, und, vermittelt durch ihre Materialiät (F.tuch, Seide), zur Hypostasierung des Weiblichen (↗Frau), am deutlichsten bei Rilke: »er aber trägt – als trüg er eine Frau – die F. in dem feierl. Kleide« (*Der F.träger*; ähnlich auch in *Die Weise von Liebe und Tod des Cornets Christoph Rilke*).
↗Farben, Rot, Wappen, Wind.   MM

Fahrt ↗Reise.

Falke

Symbol des Mutes und der Kraft, des Stolzes und des Freiheitsdrangs. – Relevant für die Symbolbildung sind (a) die Kraft, (b) die Flugkunst des F. und (c) seine Bedeutung im ma. höf. Leben.

Der F. als Sinnbild des Helden und des Heldentums begegnet bereits im *Nibelungenlied* (Kriemhilds F.traum I, 13–19); auch in *Donna Alda*, Eichendorffs Version der ma. span. Ballade *Doña Alda*, wird der Tod des Helden in einem prophet. ↗Traum durch einen sterbenden F. antizipiert. Einen modernen Reflex dieser top. Verbindung von F. und Heroismus stellt Hemingways Erzählung *In Another Country* dar. – Der F. steht ferner für die adlige Gesinnung und den Ritter (Wolfram v. Eschenbach, *Parzival* 282); bisweilen, wie der ↗Adler, auch für das ↗König- oder Fürstentum: Oswald v. Wolkenstein, *Ich hab gehört durch mangen granns*. Häufiger ist das Motiv des Kampfes zwischen F. und Adler, mit dem der versuchte Umsturz althergebrachter Ordnung oder die unausweichl. Macht des Schicksals versinnbildlicht wird (vgl. neben den bereits erwähnten Belegen zum F.traum Aischylos, *Die Perser* 205–211; allg. zum Motiv McGrady). Im Kontext der Minnelyrik verweist der entflogene F. auf den untreuen Liebespartner (*F.lied* des Kürenbergers; *F.lied* des Mönchs v. Salzburg). Eng verbunden mit der Liebessymbolik ist das Motiv der Freiheit: Der frei fliegende F. symbolisiert die Freiheit in der Wahl des Liebespartners (Dietmar v. Eist, *F.lied*), ist aber darüber hinaus im umfassen-

deren Sinne »Inbild aller königlichen Herzensfreiheit« (Bergengruen, *Die drei F.*) und kann daher auch Chiffre für den außerhalb der Gesellschaft stehenden Dichter oder sein Werk sein (Geibel, *Zeitstimmen: Schlußwort der ersten Ausgabe. Spätherbst 1841*; Rilke, *F.-Beize*). – Literaturtheoretisch bedeutsam geworden ist die sog. ›F.novelle‹ in Boccaccios *Il decamerone* (V, 9), die Heyse zu der viel diskutierten Auffassung führte, dass angeblich jeder Novelle ein Dingsymbol zukomme (*Deutscher Novellenschatz XX*), womit der F. seither zum Symbol des Symbols geworden ist.
↗Adler/Aar.

Lit.: D. McGrady, The Hawk Vanquishes the Eagle, in: Romance Philology 29 (1975), 193–201. – I. Reiser, F.-motive in der dt. Lyrik und verwandten Gattungen vom 12. bis zum 16. Jh., Diss. Würzburg 1963. – D. Walz, F.jagd – F.symbolik, in: Codex Manesse, hg. v. E. Mittler/W. Werner, Katalog Heidelberg ²1988, 350–371.   SG

Falter ↗Schmetterling.

Farben

Symbol der Naturtotalität und ihrer elementaren inneren Unterschiedenheit, der Empfindungen und Affektintensitäten, der Unterscheidung von Werten, der stoffl. und spirituellen Transformation bzw. der gesteigerten Aktivität der Imagination, der Kunst bzw. Künstlichkeit und des individuellen Denkens. – Relevant für die Symbolbildung sind (a) die Ablösung der F.bezeichnungen vom Bezug auf Naturgegenstände, stoffl. Qualitäten, Pigmente oder Färbetechniken, (b) die daraus resultierende Ambivalenz zwischen materieller Präsenz und immaterieller Signifikanz der F., (c) die Verknüpfung von Farbsystemen mit Wissensformen, die in den literar. Symbolisierungsprozess eingehen.

1. Archaische Farbordnung. Die Farbordnung archaischer und trad. Gesellschaften wird in jeder Sprache durch *basic colour terms* lexikalisiert, die sich auf die Trias ↗Schwarz–↗Weiß–↗Rot zurückführen lassen. Diese F.trias findet sich häufig in vorliterar. ›einfachen Formen‹ (Jolles), die dem Brauchtum (↗Hochzeitstrachten) und Situationen der Mündlichkeit nahestehen (vgl. Heilzauber und -segen bzw. Märchen wie in Schambach, *Niedersächsische Sagen und Märchen: Die Prinzessin hinter dem rothen, weißen und schwarzen Meere* oder die sog. Schneewittchenfarben: »weiß wie Schnee, rot wie Blut, schwarz wie Ebenholz« im Grimmschen Märchen). Wo das Schema literarisch aufgegriffen wird, bezieht es sich zumeist auf gesteigerte erot. Attraktivität (z. B. Hld 5,10 f.; Shakespeare, *Sonnet CXXX*). Vor dem Hintergrund der Affinität von Eros und Magie kann die Deutung der F.trias ins Dämonische hinüberspielen (G. Heym, *Styx*). Kafkas Prosastück *Der Fahrgast* zeigt das Farbraster dadurch modifiziert, dass in der Figurenekphrasis an die Stelle von Rot das unbunte ↗Braun tritt, das als Schmutz- und ›Hungereffekt‹ das farbige Element der ursprüngl. Trias absorbiert.

2. Antike F.lehren. In den antiken F.lehren kommt ↗Gelb als vierte Grundfarbe hinzu. Zusammen werden sie in unterschiedl. Weise den ↗vier Elementen (↗Erde, ↗Wasser, ↗Feuer, Luft) zugeordnet und ergeben, miteinander gemischt, die Totalität des Spektrums. Wegen der Bedeutsamkeit von Mischungsverhältnissen lehnt die antike Medizin ihre Säfte- und Temperamentenlehre an das Schema der vier Grundfarben an. Nach Galens Schrift *De humoribus* werden dem Sanguiniker Luft und Rot, dem Choleriker Feuer und Gelb, dem Phlegmatiker Wasser und Weiß, dem Melancholiker Erde und Schwarz zugewiesen. Als Symbol des Naturganzen erscheint das Vier-F.-Schema auf dem changierenden Prunkgewand der Göttin Ceres im *Goldenen Esel* des Apuleius (XI, 3, 4 f.).

3. F.wechsel. Neben der stat. Korrelation von Farbintensitäten und Spektralfarben eröffnet die Dynamik des F.wechsels der Symbolbildung wichtige Perspektiven. Erscheinungen wie das Erröten aus Scham oder das Erbleichen aus Angst sind bei Aristoteles Beispiele für die empir. Wandlung von Qualitäten (*Kategorien* 8, 9a; zur jurist. Applikation: Cicero, *Topik* XII, 52). Literarisch dient der Weiß-Rot- bzw. Rot-Weiß-Wechsel v. a. als Topos der Liebessymptomatik. Beispielhaft für den artifiziellen Spielraum dieses Symbols ist der *Parzival* Wolframs v. Eschenbach, der den durch *minne* ausgelösten Farbwechsel zu einem poet. Paradigma ausbaut (z. B. *Parzival* 188, 11–13; 282, 1–283, 22; 136, 5 f.). Die Plötzlichkeit, mit der top. Farbverhältnisse umschlagen können, erklärt, weshalb bei aller Abstraktheit F.wechsel eine prominente Rolle spielen, wenn es darum geht, Prozesse innerer Verbildlichung anzustoßen. In der weltl. Epik des MA steht das Alternieren bevorzugt von Rot und ↗Grün für eine gesteigerte Aktivität der Einbildungskraft oder der Erinnerung (*Straßburger Alexander* 6053: *mi parti* der Gewandfarben im imaginären Palast der Candacia; *Herzog Ernst* B 1464; 2299: symbol. Wechsel der ↗Fahnenfarbe des Protagonisten). Der höf. Roman steigert die phantasmat. F.wechsel zu aufwändigen Symbolkonstruktionen. So stellt das Minnehündchen (↗Hund) Petitcriu aus Gottfrieds v. Straßburg *Tristan* (15805–15848, Marold) durch die F.cluster seines Fells, dessen Aussehen zwischen Farbtotalität und völliger Farblosigkeit schwankt, das Corpus des Romans und seine schillernden Moduswechsel *en miniature* dar.

4. Christliche F.allegorese. Solcher poet. Steigerung von Komplexität durch F.spiele steht die Praxis christl. F.allegorese gegenüber. Sie zielt nach dem Muster der Schriftsinnauslegung (↗Schrift) auf Kanalisierung und Stabilität der Symboldeutung. Danach lassen sich sämtl. Farberscheinungen nach ihrem ↗Buchstabensinn kontextuell, nach ihrem allegor. Sinn typologisch, moralisch oder anagogisch, außerdem in Richtung auf das heilsrelevant Gute oder Böse (*in bonam/in malam partem*) auslegen. Historisch werden F. zunächst nach ihrem Erscheinen in der Hl. Schrift als sinntragende Eigenschaften (Proprietäten) der Dinge, denen sie zugeordnet sind, interpretiert (Qualitätenallegorese). Aufzählungen wie der Katalog der Edelsteine, aus denen die Grundmauern des Neuen ↗Jerusalem bestehen (Offb 21,18–20), entfalten, gestützt durch Fachlit. (Lapidarien), eine besondere Rezeptionsgeschichte. Als geistl. Totalitätssymbole können sie zugleich die Folie zur Darstellung weltl. Inkommensurabilität bilden (z. B. Herbort v. Fritzlar, *Liet von Troye* 9231–9238). Im 12. und 13. Jh. werden nicht nur Objekte, sondern auch vorhandene F.ordnungen durch christl. Auslegungs- und Merkschemata überlagert: z. B. die ↗sieben F. des aristotel. Spektrums durch die sieben christl. Tugenden (Honorius Augustodunensis, *Sacramentarium* XXIX).

5. Weltliche und geistliche F.codes. Ab Mitte des 12. Jh. vollzieht sich ein Umbruch in der Symbolgeschichte der F. Er lässt sich ablesen an der Verbreitung des herald. F.codes (↗Wappen) und am Versuch Papst Innozenz III., den F.wechsel der Priestergewänder während des Kirchenjahres (↗Jahr) zu kanonisieren. Indem er die alttestamentl. Gewandfarben (Ex 28–39; ↗Kleidung), die sämtl. textile Strukturen oder Färbstoffe bezeichnen (↗Gewebe/Faden), durch die Farbkonzepte *albus, rubeus, niger* und *viridis* ersetzt, bedient er sich einer abstrakten Terminologie, die offenbar von herald. Praxis inspiriert ist. Deren Farbunterscheidung nach ›Metallen‹ und ›Tinkturen‹ bezieht sich nicht primär auf Stofflichkeit, sondern dient dazu, in der Alteration beider Register Figur und Hintergrund voneinander abzuheben. Versuche, der herald. F.reihe Werthierarchien einzuschreiben oder sie mit Dingreferenzen (wie den sieben Lebensaltern, Planeten, Wochentagen etc.) zu verknüpfen, führen zu sekundären Symbolkonventionen (zur Kritik Agrippa v. Nettesheim, *Ungewissheit und Eitelkeit aller Künste und Wissenschaften* LXXXI). Nach dem Verbot adliger Herrschaftszeichen durch die Frz. Nationalversammlung 1793 treten an die Stelle der Wappen bewusst unheraldisch strukturierte Tricoloren bzw. werden Einzelfarben zu Symbolen ›polit. F.lehre‹ (z. B. Herwegh, *Zur F.lehre*; Timm, *Rot*). Kleist konterkariert in seinem Schauspiel *Prinz Friedrich von Homburg* die reinen herald. F. der Adelskultur durch das bürgerl. »Grau der Mäuse« (II, 8; ↗Grau), des Nebels (V, 5 und 10) oder des Staubes (z. B. II, 5; III, 1; V, 11).

6. Minnefarben. Seit dem 14. Jh. entwickelt sich im Kontext von Minnerede (*Von uszlegung der sechs varb, Deutung der neun F., Von allerlay varben* etc.), Minneallegorie (*Die Minneburg*; Hadamar v. Laber, *Die Jagd*), weltl. Spiel (*Die siben varb*, Vigil Ra-

bers *Von den 7 F.*) und Lieddichtung (Ulrich v.
Liechtenstein, Hugo v. Montfort, Muskatplüt) eine
besondere F.- und Blumensprache (↗Blume). In
Natureingängen markiert sie den *locus amoenus*
des Minnegeschehens. Sie kann dieses auch mit
Hilfe ihrer F.skala ausloten, an der entlang die auf-
und absteigenden Intensitätsstufen der *minne* di-
daktisch erläutert werden (z. B. *Vonn denn Siebenn
F.*: *Grun* – Anfang, *Rott* – Blickwechsel, *Bloe* – Ver-
stetigung, *Weys* – Liebesbereitschaft, *Grae* – Elend,
Schwartz – Trauer, *Gelb* – Überwindung der Liebe).
Darüber hinaus wird durch dialog. Aufbau (*F.
tracht*) und Farbregisterwechsel (Peter Suchenwirt,
Der Widertayl) ästhet. Komplexität erzielt. Die
symbol. Konventionen der heraldisch geprägten
Minnefarben erhalten sich weit über die höf. Kultur
des MA hinaus (z. B. im ›Volkslied‹: *Nun will der
Lenz uns grüßen*; ähnlich auch Opitz, *Teutsche Poe-
mata*: *Sonnet XCIII: Bedeutung der F.*; H. Müller,
Auf Wiesen grün, Motto des *Gedichte 1949…*). Noch
Kant bezieht in der *Kritik der Urteilskraft* (§ 42:
»Von dem intellektuellen Interesse am Schönen«)
einen Katalog der sieben Gemütsstimmungen auf
das Newtonsche Spektrum, als ließe sich die symbol.
Zuordnung als Ausdruck natürl. Empfindens
begreifen.

7. *Alchemische F.* Im Prozess der alchem. Stoff-
verwandlung kehrt – ab dem 15. Jh. kanonisch –
die F.trias *nigredo – albedo – rubedo* wieder. Sie
symbolisiert die Hauptphasen der stufenweisen
Sublimation, die vom schwarzen Stadium der
chaot. Materie (verbunden mit der Erscheinung des
↗Drachen bzw. des ↗Raben oder der Krähe) über
die Weiße (↗Mond, ↗Silber, weiße Königin,
↗Schwan) zur Röte (↗Sonne, ↗Gold, roter ↗König,
↗Phönix) steigert. Als vierte Farbe kann Gelb (*ci-
trinitas*) hinzutreten: entweder zum Zeichen miss-
lingender Transformation oder als Vorbote der Perfektion. Im Vorstadium zu Rot können, die Totalität
des ↗Steines der Weisen antizipierend, alle F. zugleich aufscheinen (↗Regenbogen, ↗Pfau). Je nach
Einschätzung des Wandlungsprozesses, seiner
Dauer und seiner astrolog. Einflüsse (↗Stern, Sternbilder) ist die Liste der Zwischenstadien und der
ihnen zugeordneten Symbole (z. B. grüner ↗Löwe
für Mercurius/Quecksilber) auf bis zu 14 ›Tinkturen‹ erweiterbar. Typologisch wird der gesamte
Vorgang mit der Auferstehung Christi in Verbindung gebracht (z. B. in Donne, *Resurrection, Imper-
fect* 14 f.; Böhme, *De signatura rerum* XI).

8. *F.psychologie.* Die Bedingungen für die Geltung der farbsymbol. Konventionen ändern sich
radikal, sobald Farbe aus ihrer Bindung an die log.
und rhetor. Denkformen entlassen wird, in denen
colores dazu dienten, Analogien zur transzendenten
oder innerweltl. Ordnung herzustellen. So versteht
Goethes *F.lehre* die F. als Elemente einer Sprache
der Natur, zu der sich die menschl. Sprache symbolisch verhält: reduktiv, was die Vielfalt der Phäno-

mene gegenüber den Farbwörtern betrifft, intensiv,
was die »sittlich-sinnliche Wirkung der F.« auf die
Empfindungen angeht. Goethe eröffnet damit der
Analogiebildung einen neuen Weg zur Mannigfaltigkeit der Psyche, auf dem der moderne Begriff der
F.symbolik sich Bahn bricht. Entscheidend für
Goethes Symbolverständnis sind die Entdeckung
der Nachbilder, die ein flüchtiges, aber produktives
physiolog. »Augengedächtnis« für Formen und für
wechselseitig sich fordernde Komplementärfarben-
paare ausbilden (vgl. die farbigen Nachbildeffekte
und die Wiederholung des erot. Phantasmas in
Goethes Elegie *Alexis und Dora*). Die Lit. nach
Goethe operiert weiter mit der Differenz Zeichnung vs. Kolorit (Tieck, *Franz Sternbalds Wanderungen* IV, 3) und ordnet die F. der Verführung und
der Schwindel erregenden Grenzüberschreitung
(E.T.A. Hoffmann, *Des Vetters Eckfenster*) bzw. dem
Wahnsinn (Stifter, *Nachkommenschaften*) zu. Auch
in der Perspektive symbolist. Lit. bleibt diese Spannung erhalten und führt zur Differenz zwischen
einer zugängl. ird. und einer unübersetzbaren spirituellen Symbolsprache der F., in der sich das Unsichtbare mitteilt (»Das Unsichtbare erscheint als F.
und Linien«; Huysmans, *La cathédrale*). Direkte
literar. Reflexe der *F.lehre* finden sich in der Lit. des
20. Jh. etwa bei P. Weiss (*Der Schatten des Körpers
des Kutschers*; *Fluchtpunkt*).

9. *Synthetische F.* Eine weitere Erschütterung erfährt die trad. F.symbolik im 19. Jh. dadurch, dass F.
durch chem. Synthese neuer Farbtöne die Anmutung einer natürl. gegebenen Symbolmatrix verlieren. Farbstoffe wie das Anilinderivat Mauvein
(Perkin 1856) setzen als Modefarben soziale Akzente (mauve- und lilafarbene Seidenkleider als
Zeichen des letzten erot. Versuchs; vgl. Fontane,
Mathilde Möhring IX; Wilde, *The Picture of Dorian
Gray* VIII). Literarisch markiert die synthet. Farbe
gesteigerte Künstlichkeit (Rilke, *Corrida*) bis hin
zum ästhetizist. Primat der Kunst vor der Natur
(Wilde, *The Decay of Lying*).

10. *Idiosynkratische F.systeme.* Nietzsches Wiederbelebung der F.topik basiert auf der evolutions-
theoret. Annahme, dass die Funktionsweise der
Werturteile ihren Ursprung im F.spiel findet: Die
Selektivität der Wahrnehmung prägt über die Phan-
tasiewirkungen der Nachbilder die höheren Geis-
tesleistungen vom Kausalitätsdenken über Schluss-
verfahren bis zum komplexen gedankl. System.
Nietzsche gelangt so zur Vorstellung einer je spezif.
»F.blindheit des Denkers«, die in jedem logisch
durchgebildeten Œuvre eine für dessen Autor charakterist. Spur hinterlasse und gerade durch ihre
blinden Flecken »ein reicheres Sehen und Unterscheiden« ermögliche (*Morgenröte* V, 426). Mit
dieser Neubegründung des F.denkens ist zugleich
die moderne Unmöglichkeit verbindl. Farbbedeu-
tungen ausgesprochen. Sie können von einer allg.
literar. Symbolik nicht mehr erfasst werden und er-

fordern Einzeluntersuchungen auch da, wo trad. Muster ins Spiel gebracht werden.

↗Blau, Blume, Chamäleon, Gelb, Gold, Grau, Grün, Pfau, Purpur, Regenbogen, Rot, Schwarz, Schwarzweiß, Silber, Violett, Wappen, Weiß.

Lit.: I. Bennewitz/A. Schindler (Hg.), Farbe im Mittelalter, Berlin/New York 2011 – J. Gage, Colour and Culture, London 1993. – J. Le Rider, F. und Wörter, Wien 2000. – H.J. Scheuer, Farbige Verhältnisse, Göttingen 2000. HJSch

Fastnacht ↗Karneval.

Feder ↗Griffel/Feder/Bleistift.

Feige / Feigenbaum / Feigenblatt

Symbol der Fruchtbarkeit, der Erkenntnis, der Erotik und Sexualität, der Christen und der Juden sowie der Tugend, aber auch der Geringschätzung. – Relevant für die Symbolbildung sind (a) die Fruchtbarkeit des F.baums, (b) die Süße der F. und ihr Wohlgeschmack, (c) ihre Ähnlichkeit mit dem weibl. Genital (↗Vagina), (d) die schlechte Qualität des F.holzes, (e) die allseitige Verfügbarkeit der F. als billige, nahrhafte Speise.

1. Symbol der Fruchtbarkeit. Der Ind. F.baum gilt unter Berufung auf Plinius d.Ä. (*Naturalis historia* XII, 11, 22 f.) als bes. fruchtbar. So wurden den antiken Fruchtbarkeitsgöttern Saturn, Ceres, Bacchus und Priapus F., F.blatt und F.baum als Attribute beigegeben, Juno der wilde F.baum. Auch im *Hohelied* (2,13) erscheint der F.baum als Sinnbild neu erwachenden Lebens. Isidor v. Sevilla überliefert dementsprechend als grundlegende Etymologie der F., sie werde im Lateinischen wegen ihrer Fruchtbarkeit so genannt (»ficus latine a fecunditate vocatur«; *Etymologiae* XVII, 7, 17). In C. Brentanos *Marienleben* erhält die unter dem Dach eines F.baums betende hl. Anna die Gewissheit, dass Gott beschlossen habe, die Leidenszeit ihrer Unfruchtbarkeit zu beenden.

2. Symbol der Erkenntnis. Der F.baum als ↗Baum der Erkenntnis des Guten und Bösen (Gen 2,9 und 3,7), mit dessen ↗Blättern Adam und Eva bei der Vertreibung ihre Blößen bedecken, stammt aus der jüd. pseudepigraf. Lit. (*Apokalypse Mosis*, Mitte 3. Jh.) und begegnet im christl. Bereich im 5. Jh. Die Gleichsetzung erfolgt auch im MA, möglicherweise aufgrund der erot. Konnotationen von F. in Verbindung mit dem Sündenfall (s. a. 3.). Der F.baum als Erkenntnisbaum beruht auf der Analogiesetzung mit dem ↗Kreuz Christi (z. B. Cornelius a Lapide, *Commentaria in Cantica Canticorum*); manchmal wird auch behauptet, das Kreuz Christi wäre aus F.holz gewesen. In Miltons *Paradise Lost* ist der Erkenntnisbaum wie in einigen anderen Texten ein Ind. F.baum statt eines ↗Apfelbaums (IX, 1099).

3. Erotisch-sexuelles Symbol. Das raue, juckende F.blatt mit seinem ↗milchigen (an ↗Samen erinnernden) Saft ist Sinnbild des Schmerzes über die Libido und die Sünde; bei Sündenfallszenen ist das F.blatt nach Gen 3,7 attributiv. Sprichwörtlich wurde das F.blatt (als Bezeichnung für jedes Schamblatt), nachdem man in der Malerei seit dem 15. Jh. und insbes. nach dem Tridentinum begonnen hatte, nachträglich oder sofort die Blößen (hauptsächlich von mytholog. Figuren) mit Blättern zu bedecken (z. B. Günther, *Gedacht und auch geschehn*). Die F. kann auch über die visuelle Ähnlichkeit für das weibl. Geschlechtsorgan oder den Koitus stehen. Insbes. wird die Süße der F. immer wieder erot.-sexuell gedeutet (z. B. Goethe, *Alexis und Dora*; Rilke, *Duineser Elegien* VI; *Die Laute*; Joyce, *Ulysses*). In den Bereich der visuellanalogen Symbolik gehört auch die obszöne F.-Gebärde, bei der der Daumen bei geschlossener Faust zwischen Zeige- und Mittelfinger gesteckt wird (»einem die F. weisen«, von ital. »far la fica«; z. B. Pauli, *Schimpf und Ernst*, LXXIIb; erster dt. Beleg aus der *Chronik* Heinrichs v. Erfurt, nach DWb III, 1443). Henisch erklärt die Geste mit: »Den Hindern zeigen, den Arss auffdecken, den mitlen Finger zaigen« (*Teutsche Sprach und Weisheit*, 1616).

4. Symbol der Christen und der Juden. Auf Plinius d.Ä. (*Naturalis historia* XIII, 14,56) beruht die vielzitierte Beobachtung, dass F.holz im Wasser absinkt und später wieder aufsteigt. Sie führte im MA zur Deutung des F.baum-Holzes als »sündigen Gerechten«, der aufgrund seiner »weltlichen Erfolge und Freuden« untergeht, aber von der Gnade Gottes dennoch errettet wird (z. B. Berchorius, *Reductorium morale* II, 9, 811). Ebenfalls auf Plinius d.Ä. (*Naturalis historia* XVI, 40, 95) beruht die Beobachtung, die F. reife, ohne geblüht zu haben. Sie wird z. B. im *Speculum sapientiae* (14. Jh.) oder bei Camerarius (*Fabulae Aesopi* CCLXXIII) aufgegriffen und auf Christen bezogen, die »on Glantz und Hochfart / Ire Frücht bringen gueter Art« (Holtzmann, *Spiegel der Natürlichen Weyßhait* CLXXXI). Carl von Wülcknitz erhielt in der »Fruchtbringenden Gesellschaft« ein F.baum-Emblem mit dem Lemma »Fruchtet ohne blüet«, weil dem Menschen wie dem F.baum das Heil (Frucht) ohne Verdienste (↗Blüten) zukomme. Die näml. Eigenschaft des F.baums wird z. B. bei Picinelli (*Mundus symbolicus*) auf Maria gedeutet, desgleichen auf Menschen, die nicht durch Worte, sondern durch Taten überzeugen, oder auf Prediger, die nicht mittels ihrer Gelehrsamkeit, sondern mittels ihres apostol. Lebenswandels wirken. – Der F.baum bzw. die F. als Sinnbild der Synagoge oder der Juden (↗Mandel/Mandelbaum), und damit als ›Judenbaum‹ bzw. ›Judenfrucht‹, geht oft auf die Exegesen zu Hld 2,13 zurück, die sie mit den minderwertigen Vorfrüchten vergleichen. In Analogie dazu wird der F.baum mit reifen Spätfrüchten (*grossos*) bzw. die reife F. zum Bild der christl. Kirche, der Apostel und Märtyrer. Ähnlich die Vision Jeremiae von den F.körben mit guten und ungenießbaren Früchten (Jer 24), die häufig, die schlechten F. anbelangend, auf Juden, Synagoge und Ungläubige bezogen werden, die guten F. anbelangend, auf Evangelium, Kirche und Gläubige. Auch die Verfluchung des unfruchtbaren F.baums (Mt 21,18–22, Mk 11,12–14) und der Bericht über die Berufung Nathanaels (Joh 1,45–51; Nathanael sitzt unter einem F.baum) werden meist auf die Synagoge und das ›unfruchtbare Volk Israels‹, also die Juden, gedeutet. Anspielungen hierauf finden sich u. a. bei B. v. Arnim, *Gespräche mit Dämonen. Des Königsbuches 2. Teil.* Judas soll sich (seit Iuvencus, 4. Jh.), wohl eine Reminiszenz an die Verfluchung des F.baums, an einem solchen erhängt haben.

5. Symbol der Tugend, aber auch der Geringschätzung. Die Süße der F. kann auch im moral. Symbolik hervorbringen: so etwa als Tugend in einem unschönen Körper bei Äsop, Sokrates und Aristoteles oder als Süße spiritueller Früchte einer asket. Lebensführung. Auch als immer verfügbare, billige und nahrhafte Speise wurde die F. zum moral. Symbol: In der Antike nährte man Athleten mit kräftigenden F. Dies wurde im MA gerne aufgegriffen und analogisiert, z. B. mit Kämpfern gegen die Sünde, die von Tugenden gestärkt werden (Berchorius, IX). – Geläufig sind freilich auch negative Deutungen. Der Früchtereichtum der F. mindert den Wert der Einzelfrucht, weshalb sie für Geringschätzung stehen kann. Sprichwörtlich ist der Satz »ich achte es nicht einer F. wert; es gilt keine F.« (z. B. bei Winckelmann, *Versuch einer Allegorie besonders für die Kunst*; Wieland, *Geschichte der Abderiten* II: »noch vor drei Minuten wollt ich ihm keine F. um seinen Hals gegeben haben!«). Wie Horaz (*Satiren* I, 8, 1–3) bemerkt, ist F.holz von schlechter Qualität und nicht zu gebrauchen; darauf geht die Bezeichnung *ficones* für unnütze und ungewandte Menschen zurück (z. B. Masen, *Speculum imaginum veritatis occultae*). Da die Qualität der F. schlechter wird, je besser der F.baum bewässert wird, kann die F. auch für einen undankbaren Menschen stehen.

↗Apfel, Baum, Blatt, Blume, Frau/Jungfrau, Kreuz, Mandel/Mandelbaum, Po, Vagina.

Lit.: RAC VII, 640–682. – RDK VII, 1014–1056. – J. Freccero, The Fig Tree and the Laurel, in: Diacritics 5 (1975), 34–40. – O. Goetz, Der F.baum in der relig. Kunst des Abendlandes, Berlin 1965. – F. Olck, Art. F., in: Pauly's Realencyclopädie der class. Altertumswissenschaft, Stuttgart/München 1893 ff., Bd. 6, 2100–2151. – L. Rettenbeck, F., München 1955.   MSam

Fels ↗Stein/Gestein.

Fenster

Symbol der Distanzierung und Trennung, der Grenzüberschreitung, des Verstehens, aber auch der Öffnung und Durchlässigkeit sowie der Imagination. – Relevant für die Symbolbildung ist der ↗Schwellen- und Mediencharakter des F.: Es macht die Trennung zweier Räume sichtbar, zumeist eines Innenraumes von einem Außenraum oder umgekehrt (seltener mehrerer Innenräume), und verbindet die getrennten Räume zugleich.

1. Symbol des distanzierten Begehrens, der Grenzüberschreitung und des (literarischen) Verstehens. Aus der Trennung und Strukturierung des Raumes leitet sich ein erstes Unterscheidungskriterium im Symbolgebrauch ab: dasjenige des Betrachterstandorts, der maßgebl. Einfluss auf die Bestimmung des jeweiligen Symbolgehaltes ausübt. Der Blick durchs F. von außen ins Innere eines Hauses etwa, wie er sich z. B. mehrfach in Bonaventuras *Nachtwachen* findet, richtet sich auf ein vom öffentl. Raum klar geschiedenes, weitgehend verborgenes oder gar intimes Geschehen und weist dem Beobachter (und mit ihm nicht selten auch dem Leser) die Position des Voyeurs zu. Diese Struktur ist geeignet, ein Verlangen zu begründen oder zu verstärken, wie am Bsp. von E.T.A. Hoffmanns *Der Sandmann* deutlich wird, wo Nathanael Olimpia durch das F. beobachtet und zu begehren beginnt. Nicht immer freilich steht das F. allein im optischen Paradigma zur Debatte und sichert und/oder überwindet auf diese Weise Distanz, wie am Motiv des Fensterlns deutlich wird: Wenn in Ganghofers *Schloß Hubertus* der junge Graf Willy sich durch das F. Zugang zur Kammer der Tochter von Meister Zauner zu verschaffen sucht, dann spiegelt die Überschreitung der räuml. Grenze durch das F. diejenige der Standesschranken ebenso wider wie diejenige sittl. Normen. Deutlicher wird das noch, wenn der Maler Johannes in Storms *Aquis submersus* über ↗Efeuranken zum F. von Katharina emporklettert, eingelassen wird, und aus diesem Einlass-Gewähren ein Kind hervorgeht. Dann nämlich wird die im Einsteigen durch das F. manifeste räuml. Grenzüberschreitung als symbol. Figuration des von den Anstandsregeln der dargestellten Gesellschaft ebenfalls als Grenzüberschreitung beurteilten (außerehel.) Geschlechtsakts entzifferbar. Quantitativ dominiert allerdings die Ausprägung der durch das F. bloß vermittelten visuellen Aneignung eines Raumes, einer Person oder eines Geschehens. Da in dieser Situation niemals das gesamte Geschehen des beobachteten Raumes wahrgenommen werden kann, der Beobachter (und mit ihm der Leser) vielmehr spekulativ komplettieren muss, stehen mit dieser Form des F.blicks – metahermeneutisch – immer auch die Tätigkeit der Einbildungskraft oder Prozesse des Verstehens und damit die Lit. selbst und die Modi ihrer Rezeption zur Debatte. In solcher Akzentuierung findet sich das F. z. B. in Kafkas *Der Proceß*, wo Josef K. während seiner Verhaftung durch die F. seiner Wohnung mehrfach in diejenigen des gegenüberliegenden Hauses blickt und Spekulationen anstellt über das Verhalten seiner von F. zu F. sich bewegenden und daher immer nur kurz sich zeigenden neugierigen Nachbarn.

2. *Symbol der rationalen Ordnung, aber auch der Entgrenzung und der Imagination.* Neben dieser den durch das F. nach Innen gerichteten Blick oder das Eindringen präsentierenden Symbolausprägung findet sich eine zweite, den Blick oder die Bewegung gerade umkehrende, etwa von der beschränkten Welt eines Innenraumes auf die Weite und Datenfülle der Außenwelt. Auch diese Variante des F.-Symbols verfügt über unterschiedl. Ausprägungen: Zum einen dient das F. (vorzugsweise im 18. Jh.) als Rationalisierungsmedium (Langen), wie z. B. im Fall von Brockes' Gedicht *Das Thürmchen von Ritzebüttel*. Im besagten ↗Turm, er ist achteckig und verfügt über fünf jeweils in vier gleich große Flächen aufgeteilte F., residiert das Sprecher-Ich und erschließt sich die weit ausgebreitete Küstenlandschaft, deren Reichtum und Größe nur mittels der Medialisierungs- und Strukturierungsleistung der F. angemessen erfasst und repräsentiert werden kann. Goethes *Wahlverwandtschaften* zeigen am Bsp. von Eduard und Charlotte, die den kunstvoll angelegten ↗Park von einer Mooshütte aus betrachten, dass diese Form der Strukturierung als Rahmung zu entziffern ist, die ein artifizielles Produkt ausstellt, eine in Bilder bzw. ›Gemälde‹ gefasste Landschaft. – Im späteren 18. Jh. findet sich die (bei Brockes noch dominant rationalisierende) Ausrichtung des Blicks nach draußen durch das F. in anderer, umgekehrter Akzentuierung: nicht als Strukturierung der sich darbietenden Weite, sondern als Öffnung auf diesen weiten Raum hin. Das berühmteste Bsp. ist Goethes *Leiden des jungen Werthers* (I: »Am 16. Junius«), worin die sich jenseits des F. darbietende Landschaft emphatisch als (gleichwohl literarisch durch Klopstock vermittelte) Schöpfung/Natur gefeiert wird. Kultiviert wird diese Form der durch F. vermittelten Landschafts- und Naturbegegnung in der Romantik, die (wie z. B. in Eichendorffs *Sehnsucht* oder *Ahnung und Gegenwart*) die jenseits, im oder durch das F. sich darbietende Welt als Projektions- oder Sehnsuchtsraum besetzt oder entwirft, mithin das F. als Symbol von Sehnsucht und Imagination fasst und damit den F.blick für die Profilierung von poietischem Sehen und Dichtertum nutzt. Die Akzentuierung des F. als Struktur, die das Zusammenspiel von Wahrnehmung, Erinnerung, Imagination und Dichtung symbolisiert, bleibt freilich nicht auf die Romantik beschränkt; sie ist bis heute durchgängig in der Lit. zu finden, z. B. in Handkes *Die Wiederholung* oder Glasers *Geschichte von Nichts*. Ausschließlich als Symbol dichter. Produktivitätsbe-

gründung kann das »mit einem Blick das ganze Panorama des grandiosen Platzes« am Berliner Gendarmenmarkt verfügbar machende F. in E.T.A. Hoffmanns Erzählung *Des Vetters Eckfenster* bestimmt werden. Schließlich findet sich auch in dieser Ausprägung das Grenzüberschreitungen symbolisierende Motiv des Fensterlns (s. 1.), nun allerdings umakzentuiert: Das F. dient nicht dem Zugang, sondern dem Abschied oder der Flucht, wie im Fall des Dorfrichters Adam in Kleists *Der zerbrochne Krug*, der das Zimmer der genötigten Eve durch deren Kammerfenster verlässt, um seiner Entdeckung zu entgehen.

↗Auge, Fernrohr/Mikroskop, Glas, Schwelle, Tor/Tür.

Lit.: J. Holstein, F.-Blicke, Tübingen 2004. – A. Langen, Anschauungsformen in der dt. Dichtung des achtzehnten Jh., Darmstadt 1968. – G. Neuhardt, Das F. als Symbol, in: Symbolon 4 (1978), 77–91.   VM

Fernrohr / Mikroskop

Symbol für das Vermögen, verborgene Kräfte oder Zusammenhänge zu erkennen (Scharfblick, -sinn), aber auch für die Relativität der (ästhet.) Wahrnehmung. – Relevant für die Symbolbildung sind (a) die Funktion der opt. Vergrößerung und die Visualisierung einer ansonsten unsichtbaren Welt, (b) die Überwindung oder Betonung räuml. Distanz (nur F.), (c) die Dekontextualisierung des Betrachteten sowie die damit verbundene Depotenzierung der Empirie.

1. *Symbol für die Erkenntnis verborgener Kräfte und Zusammenhänge.* Einerseits verunsichert durch den epistemologisch bedeutsamen Verlust bisheriger Größen- und Raumordnungen durch F. und M., bejaht die Frühaufklärung andererseits die Erweiterung des »blöden und eingeschränkten« Sehsinns (Breitinger, *Critische Dichtkunst* I, 5: »Von dem Neuen«), weil dadurch bislang unsichtbare Harmonien und Schönheiten evident werden. Aus physikotheolog. Sicht wird das geistige Prinzip des technisierten Blicks betont, durch den »der Schöpfer mehr als sonst sich zeiget« (Brockes, *Irdisches Vergnügen in Gott*: *Die dritte Offenbarung*). Mit einer genau beobachtenden und sprachlich innovativen Beschreibungskunst kann dieses Prinzip in die Imagination des Lesers verlagert werden: Wie ein »Vergrösserungs-Glase« ist Poesie in der Lage Schönheiten zu zeigen, »die dem sinnlichen Auge gantz verschlossen sind« (Breitinger, »Von dem Neuen«). Verbunden damit ist eine Aufwertung der Dichtkunst im Zeichen des bislang Ungesehenen (Neuen) und des Wahrscheinlichen (poetisch Wahren). Trotz mancher Kritik an durch Akribie ermüdenden Mikrologien (»wahnsinnige Detailhändler der Natur«; E.T.A. Hoffmann, *Meister Floh*: »Siebentes Abenteuer«) ist dem mikroskop. Blick zudem der ›Gattungssieg‹ des Romans verpflichtet,

der als »des Dichters kleine Welt« (Blanckenburg, *Versuch über den Roman* I, 12). Raum für Einsichten in ansonsten Verborgenes, gar bis ins Innere des Menschen bietet (»ohne M. könnte ich doch nicht schreiben«; Wezel, *Lebensgeschichte Tobias Knauts* I, »Vorrede«). Programmatisch wird das narrative »M. psychologischer Forschung« um 1900 für die »dralle Gegenständlichkeit« eines fotograf. Realismus (Bleibtreu, *Revolution der Literatur*: »Der Realismus«), wohingegen im poet. Realismus der distanzierende und dekontextualisierende Teleskop-Blick die Stabilität einer idealisierten Raum-Zeit-Ordnung zu suggerieren vermag (z. B. Stifter, *Der Hochwald*; *Nachkommenschaften*).

2. Symbol für die Relativität der Wahrnehmung. Im ›gezoomten‹ Blick verändern sich Proportion, Symmetrie und Harmonie, was eine ästhet., eth. und metaphys. Neubewertung des Betrachteten erfordert: Hässliches und Schönes, Sein und Schein avancieren zu einer Frage der Perspektive und sind oft nicht voneinander zu trennen. Darin begründet sich u. a. die romant. Poetologie und Ästhetik: »das Romantische ist also ein Perspectiv« (Brentano, *Godwi* II, 8). Insbes. Satire und (phantast.) Groteske nutzen ungewohnte Größenverhältnisse und Sehweisen, um neue, auch verunsichernde, ästhet. Erfahrungen herbeizuführen und Kritik an bestehenden Wahrnehmungsordnungen, (moral.) Überzeugungen und (kulturellen) Praktiken zu üben (Swift, *Gullivers Reisen*; E.T.A. Hoffmann, *Meister Floh*; Jean Paul, *Des Luftschiffers Giannozzo Seebuch*) (↗Ballon). Noch das 20. Jh. knüpft daran an. So mutiert bei Dürrenmatt ein Gatte in den Aufzeichnungen seiner Ehefrau, »wie unter einem M. mit immer steigernder Vergrößerung und in immer schärferen Licht betrachtet«, zu einem »Ungeheuer« (*Der Auftrag*: IV); bei A. Schmidt sammelt das Teleskop mit »vierzigfacher Vergrößerung« stumme Fragmente aus dem Leben der Anderen, die dennoch ebenso stumm und fern bleiben wie der ↗Mond (*Am Fernrohr*). Mit der Subjektivität der Wahrnehmung offenbaren der ›dichter. Vergrößerungsspiegel‹ (Jean Paul, *Titan*, 54. Zykel) und das ›weltanschaul.‹ Werkzeug‹ (Musil, *Triëdere*) selbstreflexiv eine Modalisierungstechnik des Erzählens: die Perspektive als zentrales Mittel der (emotionalen) Rezeptionssteuerung und (symbol.) Weltordnung. Da F. und M. Dinge sichtbar machen, welche nicht unmittelbar sinnlich erfahren werden (können), symbolisieren sie zudem das Vermögen wie die Gefahren imaginärer und medialer Produktion virtueller Realitäten – bis hin zur Fragmentierung und Depotenzierung der Rezipientenwirklichkeit (E.T.A. Hoffmann, *Der Sandmann*).

↗Fotografie, Spiegel.

Lit.: R. Heinritz, Teleskop und Erzählperspektive, in: Poetica 24 (1992), 341–355. – M. Nicolson, The Microscope and English Imagination, in: Smith College Studies in Modern Languages XVI, 4 (1935), 1–92. – U. Stadler, Der technisierte Blick, Würzburg 2003.

BH

Feuer / Flamme

Symbol der göttl. Macht, der Rebellion, der Reinheit und Läuterung, der Zerstörung, der Vernunft und Kreativität, des Lebens und der Leidenschaften. – Relevant für die Symbolbildung sind (a) die Wärme und das Licht des F., (b) die wandelbare, farbige Gestalt, (c) die Tendenz des F., sich schnell auszubreiten.

1. Symbol der göttlichen Macht und der religiösen Ehrfurcht vor den Göttern. In der antiken Mythologie stehen v. a. zwei Götter, der ↗Sonnengott Helios und der Göttervater Zeus, für die in Wärme und ↗Licht des F. symbolisierte göttl. Macht, die sich als Segen oder Fluch auswirken kann: als wärmendes und erhellendes F., das den *Homerischen Hymnen* (»An Hermes« 108–111) zufolge als Erster Hermes entzündet haben soll; als verderbl. F. für Ikaros, der der Sonne zu nahe kommt (Ovid, *Metamorphosen* VIII, 223–230), schließlich als Fluch auch für die ↗Erde Gaia, die als ↗Mutter der Titanen und des Typhoeus durch Zeus mit zerstörendem F. überzogen wird (Hesiod, *Theogonie* 854–863). Der bibl. Gott sendet F. als Strafe (Gen 19,24; Offb 21,8) oder Zeichen seiner Anwesenheit (Ex 3,2). Das christl. Höllenfeuer symbolisiert ewige körperl. bzw. seel. Qual und Strafe für begangene Sünden: so in Gretchens »Fl.qualen« (*Faust I* 3805), im übertragenen Sinne für die ewigen Qualen des Liebenden bei Fleming (*Eben seins In poenam vivo*), vgl. jedoch das Löschen des Höllenfeuers durch die ↗Tränen des Büßers bei Angelus Silesius (*Cherubinischer Wandersmann* IV, 100: *Der Büßer löscht das Feuer*). – Als »verzehrendes F.« ist es Symbol für Gott selbst (Dtn 4,24), dessen Ewigkeit auch die Ewigkeit des Lichts garantiert (*Cherubinischer Wandersmann* I, 195); bei Brockes (*Das F.*) ist es in seinem negativen wie positiven Erscheinen Symbol göttl. Macht und Größe schlechthin; in der poet. Verknüpfung von F. und Klang in C. Brentanos *Der Abend* erscheint das F. als Symbol göttl.-poet. Ordnung und synästhet. Harmonie mit kathart. Wirkung (s. 3. und 4.). – F. symbolisiert als Verbindung zwischen Erde und ↗Himmel im relig. Opfer sowohl Hinwendung zu den Göttern als auch göttl. Annahme (*Ilias* I, 313–317) oder Verweigerung (*Odyssee* IX, 553; Gen 4,4 f.). F. als Symbol relig. Inbrunst erscheint bei Angelus Silesius (*Heilige Seelenlust* I, 39: *Sie begehrt verwundet zu sein*) in Verknüpfung mit einer erot. Bildsprache sowie bei Gryphius (*An den Heiligen Geist*). In Goethes *Selige Sehnsucht* symbolisiert das F. der ↗Kerze das relig., erot. und künstler. Streben des lyr. Ichs nach Verwandlung und knüpft so an den Mythos des aus seiner ↗Asche neu erstehenden ↗Phönix an. Im Zeichen relig. Emanzipation richtet sich die Verehrung der in F. und Fl. symbolisierten göttl. Macht zunehmend auf die Kunst selbst (s. 4.).

2. *Symbol der Rebellion und der Emanzipation.* Im Mythos von Prometheus, der den Göttern das F. raubt, um es den Menschen zu geben, die ebenso wie er dafür von Zeus bestraft werden (Hesiod, *Theogonie* 514–518, 558–563), symbolisiert das F. den Ungehorsam gegenüber Zeus sowie die daraus für Prometheus (Aischylos, *Prometheus in Fesseln*) und die Menschen erwachsenden Leiden; bei Aischylos ist das F. außerdem Symbol der Entzifferung geheimnisvoller »Fl.zeichen« (*Prometheus in Fesseln* 499). Bei Lukian (*Prometheus*) wird die Deutung des F.raubs als Rebellion mit dem Hinweis auf die Abhängigkeit der Götter von menschl. Opferfeuer ironisch in Frage gestellt. – Das F., das die Natur zu verändern und Dinge zu schaffen erlaubt, symbolisiert die wachsende Unabhängigkeit des Menschen vom Willen der Götter und verleiht insbes. dem Künstler (s. 4.) göttähnl. Fähigkeiten. Das F., dessen Odysseus sich zur ↗Blendung des Kyklopen Polyphem bedient (*Odyssee* IX, 375–516), ist ein Symbol für die dem Menschen durch das F. zugewachsene kulturelle Überlegenheit über die bloße Größe und Stärke der »gesetzlosen« Riesen (*Odyssee* IX, 106). – Übertragen auf konkrete histor. Ereignisse symbolisiert F. Umsturz und Befreiung von überkommenen Zwängen wie in Bürgers Gedicht *Prometheus* (1789) als Symbol der Gedanken- und Pressefreiheit: »Allfreie Denk- und Druckerei«; als Symbol für die Dynamik sozialer Umwälzungen erscheint das F. bei Schubart (*Chronik*, 20.10.1789); als Symbol geistiger Emanzipation und Aufklärung (s. a. 4.) auch im Titel von K. Kraus' *Die Fackel* (↗Fackel).

3. *Symbol der Reinheit und Läuterung.* In der griech. Mythologie ist es Demophon, der von Demeter zum Zweck seiner Unsterblichkeit ins F. gehalten wird (*Homerische Hymnen*: »An Demeter«); auch das christl. Fegefeuer ist (im Unterschied zum Höllenfeuer, s. 1.) ein Symbol der Reinigung (Dante, *Divina Commedia*: »Purgatorio« XXVI). – Das F. der Vesta, das in der Antike den Bestand des Staates symbolisiert und sichert (Ovid, *Metamorphosen* XV, 861–870; Properz, *Elegien* IV, 4), ist im übertragenen Sinne (durch die ↗Jungfräulichkeit der Vestalinnen) Symbol der ↗reinen, von sinnl. Glut freien Anmut (Logau, *Jungfern-Wangen*), Liebe (Jean Paul, *Quintus Fixlein, Geschichte meiner Vorrede*, 1796), geistig-relig. Verfeinerung (Novalis, *Teplitzer Fragmente* LXXIII [392]) und künstler. Begeisterung (Günderrode, *Immortalita*). Das Vestafeuer als Symbol der Reinheit künstler. Inspiration, das bei E.T.A. Hoffmann (*Lebensansichten des Katers Murr* I, 2) auch in iron. Brechung erscheint, findet sich gleichfalls bei C.F. Meyer (*Das heilige F.*), der die Strafen hervorhebt, die bei Missachtung künstler. Gesetze drohen (s. 4.). Bei George (*Du schlank und rein wie eine fl.*) ist die Fl. Symbol ge-

läuterten Geistes. – Symbol alchemist. Läuterung ist das F. in der *Historia von D. Johann Fausten* sowie, als literar. Reflex auf freimaurer. Riten, in der F.probe in Terrassons *Sethos* (1731) und Mozarts/Schikaneders *Die Zauberflöte* (1791). Zu diesem aufgeklärt-gebändigten F. der F.probe bildet der Weltenbrand am Ende von R. Wagners *Götterdämmerung* (1876) das Gegenstück, das die symbol. Bedeutung von Läuterung, Strafe und Rebellion in sich vereint (s. 1. und 2.).

4. *Symbol der Vernunft, Aufklärung und Kreativität.* Infolge seiner Bedeutung für den Menschen ist das F. Symbol menschl. Kulturentwicklung insgesamt (Aischylos, *Prometheus in Fesseln*). Durch Gleichsetzung von F. und Licht ist das F. auch Symbol der Vernunft und Aufklärung. Im Sturm und Drang symbolisiert das prometheische F. die Gottähnlichkeit des Genies, so in Goethes *Prometheus*, den Zeus um die ›Glut seines Herdes‹ beneidet. In Schillers *Lied von der Glocke* ist das F. Symbol der zu bändigenden Elemente der Natur und damit indirekt zugleich auch Symbol revolutionärer Zerstörung. Droste-Hülshoff (*F.*), greift diese doppelte Symbolik auf, verleiht aber dem F., das damit droht, seinen Bezwinger »Wut« und »Macht« fühlen zu lassen, eine eigene Stimme. In Goethes *Faust I* sind F. und Fl. des brennenden ↗Weins Symbol einer komisch-diabol. Variante von Aufklärung der Gesellen in Auerbachs Keller. Das F. am Ende von *Faust II* ist dagegen Symbol der im Namen von Zivilisation und Aufklärung begangenen Zerstörung. – Als ›F.‹ (oder Funke) göttl. Inspiration und künstler. Imagination wird die relig. Symbolik des F. (s. 1.) auf Kunst und Künstler übertragen. In der Romantik sind F. und Fl. jedoch nicht vorrangig Symbole der Erhellung, sondern der von ihnen geworfenen ↗Schatten und der verzehrenden Macht künstler. Imagination (E.T.A. Hoffmann, *Jesuiterkirche in G.*). Bei George (*Wer je die fl. umschritt*), ist die Fl. nicht nur Symbol der Dichtkunst, sondern auch des wahren Dichters, den seine Anhänger wie Trabanten umkreisen. – Bei Nietzsche (*Die fröhliche Wissenschaft* IV, 300), der das Prometheische F. als Symbol einer krit. Rationalität deutet, die ihre eigenen, zuvor errichteten Denkgebäude notwendig zerstört, laufen die unterschiedl. Bedeutungen des F. als Symbol der Rebellion, Aufklärung und Kreativität zusammen.

5. *Symbol des Lebens und der Leidenschaften.* Heraklit gilt das F. aufgrund seiner wandelbaren Gestalt als Urstoff der Welt (*Fragmente* Diels/Kranz 22 B 31 f.); das F. ist hier Symbol für dauernde Bewegung und Verwandlung. Bei Rilke, *Sonette an Orpheus* (II, 12) ist das F. Symbol geistigen und künstler. Wandels, der das Vergehen zur notwendigen Voraussetzung des Neubeginns macht. – F. anlässlich des Sieges über Troja sind bei Aischylos (*Orestie: Agamemnon*) doppeldeutige Symbole sowohl der Zerstörung Trojas als auch der Freude ihrer Er-

oberer; parallel zu ihnen symbolisieren Klytemnästras Opferfeuer ihren Hass auf Agamemnon und seinen bevorstehenden Tod. In »F. und Schwert« (Euripides, *Andromache*) ist F. ausschließlich Symbol krieger. Zerstörung. Das als ›feuriger ↗Wind‹ und ›↗roter ↗Hahn‹ von Dach zu Dach springende F. (*Des Knaben Wunderhorn* I, 21: *Das F.besprechen*) ist Symbol mag. Vergeltung und einer im übertragenen Sinne zu verstehenden »Reinigung« (s. 3.) unchristl. Ratsherren. In C.F. Meyers *Das Amulett* überlagert sich das F. von Fackeln als Symbol des kommenden ↗Blutbades in der Bartholomäusnacht mit den Fl. von Leidenschaft und relig. Fanatismus; zentrales Symbol des rätselhaften Geflechts aus Leben, Liebe und Tod ist das F. bei Hofmannsthal (*Das Erlebnis des Marschalls von Bassompierre*). In Rilkes *Spanischer Tänzerin* sind Fl. und F. mehrdeutige Symbole eines erst in ↗Tanz und Gedicht Gestalt gewinnenden Lebens, dessen Dauer und Wirkung Tänzerin und Dichter allein auf je eigene Weise bestimmen (s. 4.). – Als F. der ↗Augen ist es Symbol der Liebe, des Hasses und anderer Leidenschaften: als ›feine‹ bzw. ›schleichende Fl.‹ der Liebe bei Sappho (31 LP/2 D: *Scheinen will mir, dass er den Göttern gleich ist*); als F. der Schmerzen in Euripides' *Medea* (1185 ff.) Symbol der von Gift verursachten Qualen und zugleich der brennenden Eifersucht. Bei Vergil gipfelt das von Amor entzündete F. der Liebe (*Äneis* I, 674) im F. des Scheiterhaufens für Dido (*Äneis* IV, 661), dem Symbol ihrer zerstörten Hoffnungen. Bei Abschatz (*Könnte man vor Liebe sterben*) wird die Symbolik der Zerstörung für das F. der Liebe sowohl verneint als auch bestätigt. In Racines *Phèdre* (I, 3) symbolisiert das Oxymoron der »tiefschwarzen Fl.« die verborgene und unheilvolle Liebe Phèdres zu ihrem Stiefsohn Hippolyte. Als in der Imagination sich entzündendes F. der Leidenschaft symbolisiert es bei Rousseau (*Émile* IV) die von der Zivilisation bewirkte Schwächung der menschl. Natur. In Goethes *Römischen Elegien* sind die Fl. der Liebe zugleich Symbole der durch sie entzündeten Inspiration (s. 4.); in *Faust I* ist das F. auch Symbol für das »glühende Leben«, dem die Lampe in der Hand Wagners als Symbol eines kalten und philisterhaften Wissensdranges gegenübersteht (501 ff.). – Ein Blick auf die an das F. geknüpften literar. Katastrophenszenarien seit Ende des 19. Jh., die an das F. der Apokalypse (s. 1.) erinnern, deutet für die Moderne eine Verschiebung der Symbolik des F. in Richtung einer Entfesselung ehemals gebändigter Elemente und deren Zerstörungsmacht an: so in Zolas *La bête humaine* (1893), wo das F. die ›Lebenskraft‹ der zum »monstre« verwandelten Lokomotive (↗Eisenbahn/Lokomotive/Zug) symbolisiert, die, außer Kontrolle geraten, ihrerseits zum Symbol des ›entgleisten‹ (↗Gleis) menschl. Natur und Gesellschaft wird; so in grotesk-komischen Verkehrung bei Céline (*Voyage au bout de la nuit*,

1932), wo das Auflodern und Erlöschen von licht- und wärmespendenden F. in Form von Dörfern, als verkehrte Aufeinanderfolge von »Riesenblume« und »Knospe« beschrieben wird, die die im Krieg pervertierte menschl. Natur symbolisieren. Das F. am Ende von Canettis Roman *Die Blendung* (1935) ist ein mehrdeutiges Symbol der Zerstörung gesammelten Wissens in der ↗Bibliothek, Symbol der Verblendung und des Wahnsinns im Protagonisten, den sein Wissen ›blind‹ für das Leben macht (↗Blindheit), bevor er sich in den Fl. der ↗Bücher selbst opfert und so das F. zum Symbol einer tödl. Überantwortung des Lebens an die symbol. Ordnung der Worte macht. In Ecos *Il nome della rosa* (1980), der das Motiv des Bibliotheksbrandes aufnimmt, ist das F. dagegen in Hinblick auf die dabei verbrennenden Teile von Aristoteles' *Poetik*, die der Komödie gewidmet sind, auch Symbol eines in Dichtung enthaltenen ›Zündstoffes‹, der von Fanatikern jegl. Couleur zwar bekämpft und in seiner materiellen Form vernichtet werden kann, aber als nach Aufklärung strebender Teil menschl. Denkens (s. 4.) zumindest so lange Bestand hat wie die Menschheit selbst.

↗Asche, Fackel, Gewitter/Blitz und Donner, Kerze, Licht, Reinheit, Schatten, Sonne.

Lit.: DLS, 72–74. – ElV, 266–289. – WCS, 76–79. – C. Aziza/C. Oliviéri (Hg.), Dictionnaire des symboles, Paris 1978, 93–95. – D. Daphinoff/E. Marsch (Hg.), Das F., Freiburg 1998. – Diagonal (28) 2006. – Ph. Rech, Inbild des Kosmos, Bd. 2, Salzburg/Freilassing 1966, 50–93.   AH

Fichte ↗Tanne/Tannenbaum.

Fidel ↗Geige/Violine/Fidel.

Finger ↗Hand/Finger.

Finsternis ↗Nacht/Finsternis.

Fisch

Symbol Christi, des Menschen sowie verschiedener menschl. Eigenschaften (Fruchtbarkeit, Verschwiegenheit, Wachsamkeit, Gesundheit, Gier). – Relevant für die Symbolbildung sind (a) der griech. Name des F., (b) seine Funktion als menschl. Nahrungsmittel, das (c) meist mit Netzen gefangen wird, (d) sein Lebensraum im ↗Wasser, (e) sein ↗Samenreichtum, (f) seine Stummheit (↗Schweigen/Stille), (g) seine Schlaflosigkeit und (h) seine schwimmende Fortbewegungsweise.

1. Symbol Christi. Diese Symbolik beruht auf einem Akrostichon auf die Beinamen Jesu (gr. *ichthýs*, dt. aufgelöst: »Jesus Christus Gottes Sohn Erlöser«) und ist seit dem 2. Jh. n.Chr. nachweisbar (Tertullian, *De baptismo* I, 3). Der F. mit dem Geldstück (Mt 17,27, ↗Münze) wird auf Christus als den ersten Auferstandenen, der die Schuld der Menschheit an Gott begleicht, bezogen (Hieronymus, *In Matheum* III, 448–471); ebenso der gebratene F. in Tobit (Tob 6), der als alttestamentl. Vorbild für das F.essen des Auferstandenen mit den Jüngern gilt (»piscis assus, Christus est passus«, Augustinus, *In Iohannis evangelium* CXXIII, 2). So lag die Deutung des gebratenen F. als Passion Christi, als Sinnbild der Eucharistie und (z.B. in legendar. ↗Mahlszenen) der Verzehr von F. als Fastenspeise oder Gericht für Gläubige nahe. Der F.diebstahl des Judas am Abendmahltisch (Lk 24,36–43) zeigt ihn als Gottlosen, unwürdig das Sakrament zu empfangen (seit Frau Ava, *Leben Jesu*, Ende 12. Jh.).

2. *Symbol des Menschen.* Für diese Symbolik sind die Exegesen zum Gleichnis vom Himmelreich als einem F.netz (Mt 13,47–50) und die Deutung der Apostel als Menschenfischer (Mt 4,19) maßgeblich: Wie für den F. das Wasser, so ist für den Menschen die Taufe lebensnotwendig (F. als Symbol des Täuflings, seit Tertullian, *De resurrectione mortuorum* LII, 12). Diejenigen F., die ins Wasser zurückgeworfen werden, gelten als unrein (schuppen- und flossenlose F.), diejenigen, die im Netz bleiben, als rein (*Physiologus*: »Vom Ibis«); sie werden entsprechend negativ (z.B. als Sünder) und positiv (z.B. als Gläubige, Seelen der Gläubigen) gedeutet. Im Bestiarium des Philippe v. Thaon (12. Jh.) z.B. ist Christus ein ↗Adler, der einen F. (Seele) fängt (ein ursprünglich antikes Motiv) und ihn in den ↗Himmel trägt (2081ff.). Wegen der ↗Tiefe und Dunkelheit des ↗Meeres werden Meeresfische allg. *in malum* (negativ) gedeutet (z.B. als dem Treiben der Welt hingegebene Menschen); die positive Deutung des Meersalzes (↗Salz) hingegen ist ausschlaggebend für die Deutung des Meeresfisches als Bitternis ertragende Menschen und Büßer oder als Menschen ›in der Welt‹, aber nicht ›von der Welt‹. An der Angel bzw. in der Reuse hängende oder geangelte F. werden meist moralisch interpretiert: Der F. (der Sünder) konnte der Verlockung des Köders (häufig sinnl. Lüste) nicht widerstehen und ist an seinem Unglück selbst schuld, sein Zappeln rettet ihn nicht (vor der Strafe). Symbolgeschichtlich steht mit dieser Vorstellung das Motiv des F., den der Fischer ins Meer zurückwirft und der sich dafür ihm gegenüber als dankbar erweist (z.B. Grimm, *Von dem Fischer und seiner Frau*), in Zusammenhang.

3. *Symbol menschlicher Eigenschaften (Fruchtbarkeit, Verschwiegenheit, Wachsamkeit, Gesundheit, Gier).* Die phall. Bedeutung des F. und seine Funktion als Fruchtbarkeitssymbol beziehen sich auf seinen Samenreichtum; Frauen werden vom F.essen schwanger (z.B. Grimm, *Die Goldkinder*). Ihre sprichwörtl. Stummheit wurde als Verschwiegenheit oder Schweigen gedeutet, weshalb F. entsprechenden Personifikationen als Attribut beigegeben wurden. Aufgrund ihrer Schlaflosigkeit wurden sie

auch als Symbol für Wachsamkeit eingesetzt. Das geläufige Sprichwort ›große F. fressen kleine‹ (ein Ausdruck der aggressiven Fressgier von F.) findet sich (auch sinngemäß) in zahlreichen (Sozial-)Satiren oder moralisierenden Texten und führte zu Wendungen wie ›kleiner F.‹ oder ›dicker F.‹. Auch die Gesundheit der F. ist sprichwörtlich. Ihr Bewegungstrieb kann als Ausgelassenheit gedeutet werden, ihr Stillsehen als Untätigkeit (z.B. in der Emblematik). F. gelten außerdem seit der Antike als dumm und können deshalb für törichte Menschen stehen. Daneben sind seit Plutarch und Aelianus aber auch weissagende F. – häufig sehr alte, erfahrene oder dankbare – bekannt. Sie bilden einen beliebten Erzählgegenstand (z.B. Grimm, *Die zwei Brüder; Die Goldkinder*) und stehen oft in moralisierenden Kontexten (Grossman, *Stichwort: Liebe*). Autorisiert von alttestamentl. Belegen (Jonas- und Tobias-Geschichte), glaubte man bis in die Frühe Neuzeit an menschenfressende (auch ↗Schiffe verschlingende) F., die häufig literarisiert wurden (z.B. bei Basile, Bebel) und später in die Jugendlit. wanderten (z.B. E. Andreas, *Erlebnisse des Herrn Fritz Pimpelmus*).

↗Adler/Aar, Mahl, Meer, Ring, Salz, Samen, Wasser.

Lit.: EdM IV, 1196–1211. – RAC VII, 959–1097. – RDK IX, 18, 88. – WCS, 255–258. – A.M. Haas, Ichthys, in: Tiersymbolik, hg. v. P. Michel, Bern/Berlin 1991, 77–89.   MSam

Flamme ↗Feuer/Flamme.

Flechten ↗Gewebe/Faden.

Fleck / Befleckung

Symbol des moral. Makels, der Schuld und der Schande. – Relevant für die Symbolbildung sind (a) die augenscheinl. Beschmutzung oder Verletzung einer ↗Reinheit bzw. Ordnung durch einen F., (b) das nicht absichtsvolle, zufällige Zustandekommen von F.

Der F. fällt auf und ›stellt bloß‹, insofern er als Zeichen einer misslingenden Handlungskontrolle wahrgenommen wird. Allgemein symbolisiert er eine prinzipielle Gefährdung von Ordnung. Die symbol. Bedeutung der Schuld bildet sich in der semant. Konstellation von Reinheit – Unschuld – Ordnung bzw. Schmutz – Schuld – Unordnung. In christl. Trad. symbolisiert der F. als Schuld verstandene menschl. Sexualität (Gen 3) gegenüber der ›unbefleckten‹ Empfängnis Marias (↗Frau/Jungfrau). Ein Schreckbild des 18. und 19. Jh. war daher die ›Selbstbefleckung‹ der Masturbation (Moritz, *Anton Reiser* II). Entsprechend soll in christl. Verständnis auch im weiteren Sinne *Das Liebeste auf dieser Erden* »mit nichts beflecket werden«, Angelus Silesius, *Cherubinischer Wandersmann* II, 127

(↗Panther/Leopard). – In der griech. Lit. sind F. (*míasma*) und B. als Metaphern der Schuld verbreitet, vgl. die B. eines Altars in Aischylos, *Orestie*: *Eumeniden* (169; vgl. auch 281) oder *Die Sieben gegen Theben* (682). Lautet in *König Ödipus* von Sophokles ein auf Ödipus weisendes Orakel:»Man soll des Lands B., als auf diesem Grund/ Genährt, vertreiben, statt unheilbar fortzunähren« (97 f.), wird Ödipus später auch gefragt:»Dass du dir nicht B. von den Eltern holst?« (1012). Goethe nimmt dies in *Iphigenie auf Tauris* auf:»Ganz unbefleckt genießt sich nur das Herz« (1652; und 1702:»Die schwer befleckte Wohnung zu entsühnen«). Hölderlin wendet in seinem Text *In lieblicher Bläue* diese Metaphorik in ein Symbol für das Leiden des Ödipus:»Doch das ist auch ein Leiden, wenn mit Sommerflecken ist bedeckt ein Mensch, mit manchen F. ganz überdeckt zu sein!« – Zur Bezeichnung moral. Verfehlung findet sich die symbol. oder metaphor. Verwendung des F. oder der B. häufig. In einer berühmten Szene sucht die wegen ihrer Taten wahnsinnig gewordene Lady Macbeth in Shakespeares Drama *Macbeth* (V, 1) den F. ihrer mörder. Schuld abzuwaschen:»Fort, verdammter F.!«, weniger drastisch beispielsweise in Droste-Hülshoffs *Die Judenbuche* (»Mergels Gewissen war schmutzig genug auch ohne diesen F.«;»was der Gutsherr geflissentlich verbreitet hatte, um den F. von Mergels Namen zu löschen«), in Hebbels *Gyges und sein Ring* (1019; vgl. 650; 902), im Prologgedicht *Au Lecteur* von Baudelaires *Fleurs du mal* (»Wir wandern fröhlich den Schlammpfad wieder/ zuversichtlich, als wüschen feile Tränen all unsre F. ab«) oder in Fontanes Roman *Effi Briest* (»F. auf meiner Ehre«, XXVII). – Unbewusste, unkontrollierte Triebregungen verraten sich in dem »Tintenfleck« (↗Tinte), mit dem Charlotte, »mit einer Art von Hast« schreibend, in Goethes Roman *Die Wahlverwandtschaften* einen Brief an den Hauptmann »verunstaltete«, der Tintenfleck wurde »nur größer, indem sie ihn wegwischen wollte« (I, 2). Weitere Bsp. finden sich im Märchen *Blaubart* der Brüder Grimm, in Büchners *Woyzeck* (H1, 20, Louis:»Bin ich noch blutig? Ich muß mich waschen. Da ein F. und da noch einer«) oder in Storms Novelle *Auf der Universität*. Im Werk von O. Wilde wird diese Symbolik, die Bedeutung der ›Selbstbefleckung‹ integrierend, subtil entfaltet, etwa in *The Canterville Ghost*, in *The Importance of Being Earnest* oder in *The Picture of Dorian Gray*. Das Porträt Dorian Grays, im Ganzen »ein sichtbares Symbol der Erniedrigung durch die Sünde« (VIII), vollzieht die moral. Verderbnis Dorian Grays mit einem wachsenden ↗roten F. nach (VII; XIV; XX). Der Käfer Gregor Samsa schließlich verdeckt in Kafkas Erzählung *Die Verwandlung* das Bild einer »in lauter Pelzwerk gekleideten Dame«, um es vor der Schwester und der ↗Mutter zu schützen. Die Frauen nehmen den Käfer als »riesigen braunen F. auf der geblümten Tapete« wahr. Im Kontext symbolisiert dieser F. die Beschmutzung der Familienordnung und eine sexuelle und existentielle Schuld. – Gegen diese dominante Trad., mit der auch schon E.T.A. Hoffmann ironisch spielt, wenn ein Tintenklecks dem Kopisten Anselmus als schwere Schuld ausgelegt wird (*Der goldene Topf* IX), setzt B. Strauß poetologisch den F. als Symbol eines kontingenten Ursprungs vor aller Form:»er sehnte sich nach dem TEXT vor der Schrift, der Botschaft vor dem Code, dem F. vor der Linie« (*Beginnlosigkeit*; ↗Schrift).

↗Reinheit, Tinte, Weiß.

Lit.: H. Breuer, Der F. und die Schande, in: German.-Roman. Monatsschrift 53 (2003), 221–240. – G. Kurz, Metapher, Allegorie, Symbol, Göttingen ⁶2009, 79–83. – I./G. Oesterle, Der Imaginationsreiz des F. von Leonardo da Vinci bis Peter Rühmkorf, in: Signaturen der Gegenwartsliteratur, hg. v. D. Borchmeyer, Würzburg 1999, 213–238. – P. Ricoeur, Symbolik des Bösen, Freiburg/München ²1988, 33–56.   GK

Fledermaus

Symbol der Sünder und Häretiker, des Teufels, der Dämonen und der polit. Gegner sowie der mit diesen verbundenen negativen Eigenschaften (Gottlosigkeit, Neid, Verrat, Schmeichelei, Verleumdung), aber auch für die Gottesmutter und allg. für wechselseitige Hilfe. – Relevant für die Symbolbildung sind (a) die ↗Nachtaktivität der F., (b) ihr erdnaher Flug (↗Flügel) beim Beutefang, (c) ihre vermeintl. Zwischenstellung zwischen Säugetier und Vogel, (d) ihr Brutpflegeverhalten, (e) ihr gruppenweises Auftreten sowie (f) das spezielle Ernährungsverhalten der Vampir.-F.

Während in China die F. als Glückssymbol bekannt ist, überwiegen im Abendland die negativen Deutungen, was wohl dadurch begünstigt wird, dass die F. im AT zu den unreinen Vögeln zählt (Lev 11,19; Dt 14,18). Da die F. nachtaktiv ist und das ↗Licht scheut, kann sie Sünder und Häretiker (Picinelli/Erath, *Mundus symbolicus* IV, 637), aber auch den Teufel und Dämonen sowie polit. Gegner bezeichnen (↗Nacht/Finsternis). Bereits Dante stattet den Teufel mit F.flügeln aus (*Divina Commedia*:»Inferno« XXXIV, 49 f.; ähnlich auch Brant, *Das Narrenschiff* XX), während H. Sachs sie dem Neid als Attribut zugesteht (*Das feindtselig laster der neyd*). Den Vergleich der F. mit den Dämonen hat Ps.-Basilius in seinem Isaias-Kommentar breit ausgeführt (RDK VI, 1026). Auf die Lichtscheu der F. als Zeichen der Gottlosigkeit gründet wohl auch der Mythos von der Verwandlung der Töchter des Mynias, die wegen ihrer Weigerung, am Bacchus-Kult teilzunehmen, zu F. werden (Ovid, *Metamorphosen* IV, 389–415). H. Sachs vergleicht die F. mit dem Gottlosen, weil dieser seine Untaten heimlich begeht, so wie die F. nur in der Nacht fliegt (*Die zwölf unreynen vögel*). In einem protestant. Einblattdruck werden die päpstl. Bullen als F. ins Bild gesetzt (DIF IV, 167), während im Spottblatt auf den Zusammenbruch der protestant. Union F. den Leichenzug begleiten (DIF II, 190) und in einem gegen den Winterkönig Friedrich V. gerichteten Blatt die Calvinisten seines Hofes mit F. und anderem Nachtgetier visualisiert werden (IFB, 47). Die Lichtscheu kann als Abwendung von der (relig. oder polit.) Wahrheit, aber auch generell als Unwissenheit verstanden werden (Valeriano, *Hieroglyphica* XXV). Die Nachtaktivität der F. macht das Tier auch zum Symbol des Schuldners, der sich vor seinen Gläubigern verbergen muss (DIF I, 32). – Das Ausfliegen der F. in der Dämmerung (↗Abend) lässt sie zum Künder von Alter, Tod und Unglück werden (RDK VI, 996–998); es überrascht daher nicht, wenn sie in Darstellungen der ↗zehn Lebensalter mit der neunzigjährigen Greisin gleichgesetzt wird (H. Sachs, *Die zehen alter weiblich geschlechtes, zehen vogeln vergleichet*), doch könnte dies auch mit der diesem Tier nachgesagten Hässlichkeit zusammenhängen. Wegen ihres erdnahen Flugs kann die F. auch auf Menschen verweisen, die sich nur um Irdisches bemühen (RDK VI, 1017 f.). – Vielfach belegt ist die Fabel vom Krieg der Tiere, in dem die F. aufgrund ihrer vermeintl. Zwischenstellung zwischen den Vögeln und den Säugetieren je nach Situation die Fronten wechselt und so zum Symbol des Verräters oder doppelzüngigen Menschen wird (RDK VI, 989–992). Die damit motivisch verwandte, aber seltener bearbeitete Fabel von der F. und den beiden Wieseln (Äsop, *Die F. und die Wiesel*) lässt die F. hingegen als Symbol des Klugen erscheinen, der sich durch eine den Umständen angepasste Argumentation zu helfen weiß; negativ wird diese Fabel als Kritik am polit. Opportunismus (La Fontaine, *Fables* II, 5) oder an der Schmeichelei (HS, 901 f.) verstanden. – Positive Deutungen der F. sind v. a. aufgrund von zwei Verhaltensweisen möglich. Dass sie angeblich ihre Jungen in den ersten Tagen mit sich herumträgt, macht sie zum Sinnbild der Gottesmutter (↗Mutter), die auf der Flucht nach Ägypten das Jesuskind mitnimmt (Picinelli/Erath, *Mundus symbolicus* IV, 643). Der den F. nachgesagte enge Zusammenhalt lässt sie zum Symbol wechselseitiger Hilfe werden (Picinelli/Erath, *Mundus symbolicus* IV, 644). Positiv konnotiert sind auch Name und Ausstaffierung der Comicfigur Batman (↗Mann), soll damit doch den verfolgten Verbrechern Schrecken angesichts der gerechten Sache eingejagt werden. – Zwar ist die ↗Blut saugende Vampir-F. nur in der Neuen Welt nachzuweisen, doch ist dieses Verhalten auch den F. in Europa nachgesagt worden. Konrad v. Megenberg erwähnt F. in ↗Indien, die größer als ↗Tauben seien, nachts mit ihren ↗Zähnen den Menschen das ↗Gesicht zerreißen und ihnen

↗Ohren und ↗Nase abbeißen, und sieht darin das Verhalten der Verleumder gespiegelt (*Buch der Natur* III B, 69). Heine bezieht das Bild des blutsaugenden Vampirs auf die Bundesversammlung in Frankfurt, die »am Herzen des deutschen Volkes so schauerlich und langweilig saugt« (*Romantische Schule* III, 6).

↗Eule, Flügel, Nacht/Finsternis.

Lit.: EdM IV, 1248–1256. – RDK VI, 980–1043. – B. Rowland, Birds With Human Faces, Knoxville 1973, 6–9. – G. Schleusener-Eichholz, Das Auge im MA, München 1985, 183–187.   DP

Flieder

Symbol rauschhaft-erot. Begehrens. – Relevant für die Symbolbildung sind (a) der eindringl. Duft des F. sowie (b) seine Blütezeit im ↗Frühling.

Der F. ist ein sommergrüner Strauch, der Mitte des 16. Jh. aus dem Osman. Reich importiert und in den ↗Gärten Mittel- und Westeuropas kultiviert wurde. Einen wichtigen literar.-mytholog. Bezugspunkt der F.symbolik bilden Ovids *Metamorphosen* (I, 689–712), die die Verwandlung der von Pan begehrten Nymphe Syrinx in eine Schilfpflanze schildern. Wie das ↗Schilfrohr, das Pan für die Anfertigung einer ↗Flöte verwendet, sind auch die Zweige des F. (lat. *syringa*) innen hohl, weshalb er auch ›Pfeifenbaum‹ genannt wird. Im System der Blumensprache, die sich im 18. Jh. im okzidentalen Europa etabliert, steht der F. als Treue- und Liebesversicherung. Allgemein wird er in der Lit. dem erot. Affektfeld als weiblich bestimmtes Movens männl. Begehrens zugeordnet. Als erot. Symbol findet er sich bereits vereinzelt in Spätaufklärung und Romantik (z. B. Wieland, *Oberon*; Brentano, *Gärtnerlied im Liedergarten der Liebe*; Eichendorff, *Lockung*), v. a. aber im Realismus (z. B. Storm, *Abseits*; Heyse, *Novelle*; Fontane, *L'Adultera*). Weitergeführt wird diese Linie um 1900 (z. B. Th. Mann, *Gefallen*; Holz, *Die Blechschmiede*; Hille, *Mailiedern*) und bis weit ins 20. Jh. (z. B. Deppes Schlager *Wenn der weiße F. wieder blüht*). Zeitgleich treten aber auch Brechungen, Verfremdungen oder Überzeichnungen auf, z. B. in Trakls *Die schöne Stadt*, worin »Weihrauch, Teer und F.« in die spannungsreich-sinnl. Evokation des verhandelten Gegenstandes integriert und so zu einem ›Parfüm‹ der ↗Stadt amalgamiert werden, oder in Balls *Cimio*, worin das angesprochene Du in DADA-Manier vom sich artikulierenden Ich als grotesker F.-Körper-Hybrid konturiert wird.

↗Holunder.

Lit.: L. Verborgen (Hg.), Die Blumensprache, Frankfurt a.M. 1990. – V. Mergenthaler, Der »eigentliche« »Einsatz dieser mächtigen Schriftstellerschaft«, in: Die Erfindung des Schriftstellers Thomas Mann, hg. v. M. Ansel/H.-E. Friedrich, Berlin/New York 2009.   VM

Fliege

Symbol der Unbedeutendheit und der, allerdings auch bedeutungsvollen, Kleinheit, aber auch des Bösen. – Relevant für die Symbolbildung sind (a) die Körpergröße und Verletzbarkeit, (b) der Charakter als lästiges Ungeziefer und (c) das parasitäre Verhalten.

1. *Symbol der Unbedeutendheit.* Die Bedeutungslosigkeit oder Lästigkeit der F. kann symbolisch als Bild auch der menschl. Fragwürdigkeit gespiegelt werden (Shakespeare, *King Lear* IV, 1: »Was Fliegen sind/ Den müß'gen Knaben, das sind wir den Göttern;/ Sie töten uns zum Spaß«). Im Bereich der Fabel kann die F. als Zeichen der unbelehrten Einfalt erscheinen (Gellert, *Die F.*). Ihre Kurzlebigkeit wird überdies Anlass zu moral. oder iron. Reflexionen (Gellert, *Der Tod der F. und der Mücke*; Gleim, *Die F.*; Hoffmann v. Fallersleben, *Sterbelied einer F.*; Hebbel, *Schwalbe und F.*). Die Ambivalenz zwischen Wert und Unwert bringt Büchner zur Formulierung, wenn er die ⟋Sterne als »golde Mück« (*Woyzeck* H1, 14: Margreth Marie mit Mädchen vor der Hausthür; ⟋Gold) aufruft, oder auch Stifter, der die Bedeutung des menschl. Lebens als die einer »goldenen Mücke« beschreibt (*Die Mappe meines Urgroßvaters* III: »Der sanftmütige Obrist«).

2. *Symbol bedeutungsvoller Kleinheit.* Gerade in ihrer Lebenskürze und der nur zufälligen Wahrnehmung durch den Menschen kann die F. zum Zeichen mikrokosm. Ordnung werden (Brockes, *Die kleine F.*), die sogar den Weg ins Göttliche weist. So kann die F. auch eine dem Menschen unerreichbare »Seligkeit der *kleinen* Kreatur« verkörpern (Rilke, *Duineser Elegie* VIII). Sie wird aber auch in erot. Kontexten evoziert, v. a. um der Geliebten auf heiml. Weise nah zu sein (Logau, *Von einer F.*; Bürger, *Stutzertändelei*). In ihrer körperl. Winzigkeit kann sie gleichwohl als dialekt. Herausforderung noch den großen, vermeintlich Stärkeren irritieren oder auch aus der Bahn werfen (Hagedorn, *Der Löwe und die Mücke*; vgl. den Wendepunkt in Musils Novelle *Die Portugiesin*:»Da stach ihn, als er heimritt, eine F.«).

3. *Symbol des Bösen.* Als Ungeziefer und Belästigung des Menschen erscheinen F. und Stechmücke in den ägypt. Plagen des AT (Ex 8), als Bestrafung des Menschen durch Gott (Jes 7,18). Als Baal-Sebub (F.-Baal) wird (nach 2 Kön 1) der Teufel verstanden, so noch Goethes Mephisto als »F.gott« (*Faust I* 1334; vgl. W. Golding, *Lord of the Flies*), in Sartres existentialist. Orest-Drama (*Les mouches*) erscheinen sie als Vertreter der Reue.

Lit.: RAC VII, 1110–1123. – H. Kühnel, Die F., in: Aspekte der Germanistik, hg. v. W. Tauber, Göppingen 1989, 285–305.   MMa

Flöte

Symbol ursprüngl. Affekte, der Natur und Arkadiens, des Friedens, des Körpers, der Seele und des Zugangs zur übersinnl. Welt sowie des Schöpferischen. – Relevant für die Symbolbildung sind (a) die Form der F.instrumente und das Material, aus dem sie hergestellt werden, (b) die Tatsache, dass die Natur selbst flötenähnl. Laute hervorbringt und F. bzw. Pfeifen auch kulturgeschichtlich früh erscheinende Instrumente sind, die sich leicht herstellen und transportieren lassen, (c) die Bildung und Modulation des Tons unmittelbar durch den ⟋Atem.

1. *Symbol (echter oder vorgetäuschter) ›ursprünglicher‹ Affekte.* Die Verwandtschaft mit Naturlauten, bes. dem Vogelgesang, begründet die in der gesamten Literaturgeschichte präsente Deutung des F. tons als Ausdruck von Affekten, die als kulturell nicht überformt (s. a. 2.) gedacht werden: Fröhlichkeit (Theokrit, *Idyllen* XX, 28 f.), Sehnsucht (*Hymnos auf Hermes* 452; Rückert, *Das Rohr im Winde*), Liebe (Theokrit, *Idyllen* V, 134 f.; Tieck, *Kunst und Liebe*), Klage (Ijob 30; 31; Ovid, *Tristia* V, 1; Kosegarten, *An Rosa*). Die unterstellte rauschhafte Wirkung des F. tons (s. 4.), oft mit Dionysos bzw. Bacchus assoziiert (Ovid, *Metamorphosen* III, 533 ff.), kann, je nach kulturellem Kontext, entweder als Modifikation oder als Umkehrung dieser Ursprünglichkeitsidee auftreten (Euripides, *Bakchen* 160; Benn, *Betäubung*). – Ex negativo mit dem Gedanken der Ursprünglichkeit verknüpft ist auch die Figur der Täuschung durch den F. ton (*Disticha Catonis* I, 27; Lichtenstein, *Etwa an einen blassen Neuklassiker*). Für die Humanisten ist die F. das Instrument des Merkur, der damit Argus einschläfert, um sich Zugang zum Hades zu verschaffen; in dieser Trad. gilt die F. auch als Symbol der Eloquenz (Möller, 82). Seit dem 18. Jh. wird das Täuschungsmotiv häufig auch mit dem Motiv des mechanisch erzeugten F. tons assoziiert (E.T.A. Hoffmann, *Die Automate*; ⟋Maschinenmensch).

2. *Symbol der Natur und Arkadiens.* Häufig symbolisiert der F. ton Erscheinungsweisen der Natur, z. B. die ⟋Morgen- oder ⟋Abendröte (Eichendorff, *Die Stolze*; Bierbaum, *Morgenständchen*), den ⟋Frühling (Lenau, *Frühling, schönster Held auf Erden*), mit Bezug auf das tiefe F.-Register auch den ⟋Herbst (Trakl, *Geistliche Dämmerung*). In der griech. Mythologie wird die Nymphe Syrinx von Pan verfolgt und in ⟋Schilfröhricht verwandelt: Das Seufzen des Gottes entlockt den Halmen klagende Töne, Pan vereinigt daraufhin die Rohre zur Panflöte (Ovid, *Metamorphosen* I, 689–712). – Als Symbol der arkad. Welt erscheint, unter Rückgriff v. a. auf Theokrits *Idyllen* und Vergils *Hirtengedichte* und mit unterschiedl. Akzentuierung (Sanftmut, Bescheidenheit, Lob des friedl. ländl. Lebens, aber auch Wehmut in Anbetracht der Trennung von der arkad. Sphäre), die F. häufig in der Anakreontik (Hagedorn, *Der Morgen*; Hölty, *Die Ruhe*), später

u. a. bei Eichendorff (*Terzett*), Mörike (*Theokrit*), Bierbaum (*Pans Flucht*) und Trakl (erneut im dunklen Register: *Rondel*). In Romanen der klass.-romant. Epoche wird die ›Natürlichkeit‹ des F.tons psychologisch und ästhetisch differenziert: Im mehr oder weniger kunstfertigen F.spiel der Romanfiguren offenbart sich der variable Abstand zwischen Natur und Kunst, zwischen unmittelbarem und reflektierendem Bewusstsein; so in Moritz' *Andreas Hartknopf* (im F.spiel der Titelfigur, Kap. »Hartknopfs Gesellenjahre«), in Jean Pauls *Flegeljahren* (im F.spiel Vults) sowie in Goethes *Wahlverwandtschaften* (im F.spiel Eduards, bes. I, 2 und 8).

3. *Symbol des Friedens.* Hierfür finden sich im Barock zahlreiche Bsp. (z. B. in Klajs *Friedensdichtungen*), später u. a. bei Kosegarten (*Sehnsucht nach dem Frieden*). Während im Barock noch häufig der sanfte, pastorale F.ton positiv gegen den aggressiven Schall der Trompete abgehoben wird, wobei sich oft antike Bukolik und christl. Vorstellungen überschneiden (Gryphius, *Über die Geburt Christi*, 1657), wird dieser Tendenz später bes. in der polit. Dichtung (v. a. des Vormärz und des Jungen Deutschland) die Notwendigkeit einer die ›sanfte‹ F. übertönenden, durchsetzungsfähigen polit. Stimme entgegengesetzt (Grün, *Ein Adler*; Herwegh, *Auch ich wär' nach der süßen Ruhe lüstern*; Heine, *Die Tendenz*). Das hohe, schrille Register der F. symbolisiert dagegen traditionell den Krieg (*Ilias* X, 13; Arndt, *Vaterlandslied*).

4. *Symbol des männlichen bzw. weiblichen Körpers, der Seele und des Zugangs zur übersinnlichen Welt.* In rituellen Kontexten können Knochenflöten den Körper symbolisieren, das Spiel auf dem ⁄Knochen eines Ermordeten gilt im Aberglauben als Form der Rache (Betz/Meyer, 559). Die symbol. Verknüpfung von Knochen, F. und Tod findet eine Resonanz noch bei I. Bachmann (*Innen sind deine Augen Fenster*). Auch der Mythos von der Erfindung der Querflöte durch Athene, die das Instrument wegwirft, als sie sieht, wie das F.spiel ihre ⁄Gesichtszüge verzerrt (Properz, *Elegien* XXVIII), sowie der Anschlussmythos vom musikal. Wettkampf zwischen Marsyas und Apoll (Ovid, *Fasti* VII, 697 ff.; Th. Brasch, *Vor den Vätern sterben die Söhne*: »Der Zweikampf«) sind durch körperbezogene Mythologeme geprägt: Die F. erscheint als Symbol einer gegen die apollin. Harmonie gerichteten, sinnlich-subversiven Welt. – Dabei spielen wesentlich auch geschlechterspezif. Zuschreibungen eine Rolle. In Kulte und Riten eingebunden, erscheint die F. häufig als ⁄Phallussymbol, in vielen Kulturen ist das F.spiel ⁄Männern vorbehalten (Betz, Sp. 559). Auch in Märchen wie dem vom Rattenfänger von Hameln und anderen literar. Texten bleibt die F. lange Zeit ein ›männl.‹ Instrument: noch die Flötisten in den Romanen von Moritz, Jean Paul und Goethe (s. 2.) sind männlich, während weibl. Figuren zumeist Instrumente spielen,

die weniger körperlich konnotiert sind (v. a. Tasteninstrumente). Wenn ⁄Frauen F. spielen, so ist dies als Zeichen der Nicht-Integrierbarkeit in die symbol. Ordnung zu verstehen, z. B. wenn das Instrument als Werkzeug der Verführerin Venus erscheint (Murner, *Geuchmat*) oder im Falle der auf einer »pipe« spielenden wahnsinnigen Maria in Sternes *Tristram Shandy* (IX, 24); wie denn generell die Pfeife (⁄Sackpfeife) traditionell mit Narrheit assoziiert wird (Brant, *Das Narrenschiff* LIV, vgl. Möller, 58–77). Auf eine soziale Sonderrolle verweist auch das Spiel der F.spielerinnen der Antike (Plautus, *Aulularia*; Wieland, *Geschichte des Agathon* I, 4), ebenso markiert das Symbol der beschädigten oder zerstörten F. eine soziale Differenz (Lukian, *Hetärengespräche* XV; G. Heym, *Die Irren*). – Zugleich kann aber eine Defizienz auch zum literar. Zeichen eines Zugangs zur »höheren«, übersinnl. Realität werden, z. B. in der Gestalt des blinden Flötisten Julius in Jean Pauls *Hesperus* (⁄Blindheit).

5. *Symbol des Schöpferischen.* Auch als schöpfer. Akt bzw. als mag. Eingriff in die Realität kann der F.ton gelesen werden: Die Vorstellungen des Schöpferischen, sogar des Weltschöpferischen, sind häufig an den Entstehungsmythos der »Syrinx«-F. angelehnt (Goethe, *Thut ein Schilf sich doch hervor*; Loerke, *Pansmusik*). Auch die Idee einer mag.-poet. Verwandlung der Wirklichkeit durch den F.ton steht zumeist in einem komplexen Überlieferungszusammenhang, z. B. im Falle von Schikaneders Textbuch zu Mozarts *Zauberflöte*, das u. a. auf Wielands Märchen *Lulu oder die Zauberflöte* zurückgeht, in welches wiederum verschiedene ältere Quellen eingeflossen sind. Skeptisch im Hinblick auf die äußere Wirkung der schöpfer. Tätigkeit verwendet J. Brodsky das Symbol: Seine F. ist »aus Papier – und leer« (*Zwanzig Sonette an Maria Stuart*). – Insgesamt ist die Symbolik der F. stark von Authentizitätsansprüchen geprägt: Die symbolisierten Affekte werden als wahrhaftig, die Magie des F.tons als erlösend, der im F.spiel symbolisierte schöpfer. Akt als eine Fortschreibung des theologisch gedachten Heilsplans begriffen. Noch Romane der 1980er und 1990er Jahre, in denen der F.ton als Kontrapunkt zu einer aller arkad. Attribute beraubten techn.-wissenschaftl. Welt erscheint, bewegen sich auf diesem symbolgeschichtl. Boden (Wohmann, *Der F.ton*; Bussmann, *Der F.spieler*). Möglicherweise ist in dieser pastoral-ökolog. Fixierung auch ein Grund für die auffällige Zurückhaltung zu sehen, mit der die Lit. des beginnenden 21. Jh. der F.-Symbolik zu begegnen scheint.

⁄Hirt/Herde, Orgel, Schilf.

Lit.: DLS, 155. – M. Betz/A. Meyer, Art. F., in: Die Musik in Geschichte und Gegenwart, hg. v. L. Finscher, Bd. 3, Kassel/Basel 1995, 559–594. – G. Busch-Salmen, Die F. in Dichtung und Bildender Kunst, in: Handbuch Querflöte, hg. v. G. Busch-Salmen/A. Krause-Pichler, Kassel/Basel 1999, 13–32. – D. Möller, Untersuchun-

gen zur Symbolik der Musikinstrumente im Narrenschiff des Sebastian Brant, Regensburg 1982.   JP

Flügel

Symbol des Göttlichen, der Überwindung des Irdischen, der Seele, der Liebe, des Genies und der
Freiheit. – Relevant für die Symbolbildung sind (a)
der Gebrauch der F. zum Fliegen, (b) ihre Schutzfunktion.

1. Symbol des Göttlichen und Übersinnlichen. In
der Bibel wird durch die F.symbolik die alles umfassende Fürsorge und Liebe Gottes versinnbildlicht:
»Er wird dich mit seinen Fittichen decken, und Zuflucht wirst du haben unter seinen F. Seine Wahrheit ist Schirm und Schild« (Ps 91,4; ähnlich auch
Ps 36,8; Ps 57 und Ex 19,4). Auch Jesus verwendet
die F.symbolik (Lk 13, 34): »Jerusalem, Jerusalem,
die du tötest die Propheten und steinigst, die zu dir
gesandt werden, wie oft habe ich deine Kinder versammeln wollen wie eine Henne ihre Küken unter
ihre F., und ihr habt nicht gewollt!« Das Bild des
mit seinen F. schützenden Gottes übernimmt auch
Augustinus (*Confessiones* IV, 16). Als Attribut der
griech. und röm. Siegesgöttin (Nike, Victoria) sind
die F. ein Hinweis auf die ↗himml. Herkunft ihrer
Gaben. Die Flugfähigkeit übernatürl. Wesen (Götter, ↗Engel, Dämonen, Zauberer, Hexen sowie Zau-
bertiere und Fabelwesen; ↗Drache) ist in der phantast. Lit. Zeichen ihrer Übermenschlichkeit (z. B.
die Ungeheuer der Nazgul in Tolkiens *The Lord of
the Rings* V, 6), während Menschen auf das direkte
Eingreifen höherer Mächte angewiesen sind, um
fliegen zu können (Aristophanes, *Die Vögel*). In der
griech. Mythologie ist der ↗Wagen des Zeus geflü-
gelt, der Götterbote Hermes trägt F.schuhe
(↗Schuh), Pegasus (Sinnbild der Dichtkunst) ist ein
geflügeltes ↗Pferd, die Göttin Isis tritt als geflügeltes
Wesen auf (↗Regenbogen), genauso Seraphim und
Cherubim. Bevor das Fliegen mit techn. Hilfsmit-
teln möglich war, symbolisierten die F. eine We-
senserhöhung bzw. ein Näherrücken an überird.
Mächte, aber auch an die Mächte der Unterwelt
(wie in ma. Sirenen- und Melusinendarstellungen
sowie in der Darstellung der Harpyen und Lucifers
bei Dante, *Divina Commedia*: »Inferno« XIII, 10–
15; XXXIV, 46–50). Im MA sind die F. dementsprechend auch häufiges Symbol von Dämonen und
Teufeln.

2. Symbol der Überwindung des Irdischen. Als
Symbol für die menschl. Hybris finden sich die F. in
der Sage von Dädalus und Ikarus. Der Versuch, zu
fliegen und damit die (menschl.) Grenzen zu überschreiten, endet für Ikarus tödlich. In seinem Übermut kommt er der ↗Sonne zu nah und das Wachs
seiner F. schmilzt (Ovid, *Metamorphosen* VIII,
183–259; *Ars amatoria* II, 23–96). Diese Erzählung
wird häufig wiederaufgenommen und variiert.
Auch bei Boccaccio wird das Aneignen der F. bestraft, wenngleich sie hier nicht zum Fliegen, son-

dern zur Verführung eingesetzt werden (*Il decamerone* IV, 2). Im Märchen zeigt sich eine Abschwä-
chung des Symbols zum Erzählmotiv, mit dem sich
keine Hybris mehr verbindet, so z. B. beim Motiv
des Königssohnes, der mit Hilfe von künstl. F. oder
anderen Fluggeräten seine Prinzessin und sich rettet (Andersen, *Der fliegende Koffer*).

3. Symbol der Seele und der Liebe. Neben Zeugnissen einer geflügelten Seele bei Pythagoras hat
insbes. Platon diese Vorstellung gestärkt (s. a. 4.):
Die Seele, so Platon, »gleiche daher der zusammen-
gewachsenen Kraft eines befiederten Gespannes
und seines Führers« (*Phaidros* 246a-b). Die Annahme, dass die Seele F. habe, fußt auf dem antiken
Glauben, dass die Seele aus Luft bestehe, man stellte
sie sich als F.wesen oder Vogel vor (Platon *Timaios*
81d und 469d; Martianus Capella, *De nuptiis Philologiae et Mercurii* II, 5, 165). Die F. der Seele stehen
dabei in engem Zusammenhang mit ihren Tugenden, wobei die höchste die der asket. ↗Jungfräulichkeit
ist (Methodios v. Olympos, *Gastmahl oder Die
Jungfräulichkeit* VIII, 1 f.). Die Symbolik findet sich
noch bei Eichendorff (»Und meine Seele spannte
weit ihre F. aus, flog durch die stillen Lande, als
flöge sie nach Haus«; *Mondnacht*; vgl. Flaubert,
Madame Bovary II, 2), wird aber auch oft metaphorisch verwendet; so spricht z. B. Herwegh vom »F.
schlag einer freien Seele« (Herwegh, *Aus den Bergen*). – In der spätantiken Brieflit. finden sich zahlreiche Bsp. für F.symbolik, insbes. in erot. Poesie. F.
verweisen hier auf die Überwindung von Raum,
Zeit und Schwerkraft wie im Brief Leanders an
Hero (Ovid, *Heroiden* XVIII, 49–54). Apuleius
schildert in seinem Märchen *Amor und Psyche* aus
dem *Goldenen Esel*, wie der geflügelte Amor Psyche
rettet, und schließt damit an Platons Eroslehre an:
Die F. der Seele wachsen durch die Wahrnehmung
des Schönen (Platon, *Phaidros* 251b-d). Der Bezug
zwischen F., der Seele und der Liebe wird später
meist metaphorisch verwendet, so etwa bei Goethe
(»Lust und Liebe sind die Fittiche zu großen Taten«;
Iphigenie auf Tauris II, 1). – In den implizit erot.
Kontext gehört auch die Verwendung des Aus-
drucks ›F.kleid‹ (↗Kleidung) als literar. Symbol für
junge Mädchen oder die Jungmädchenzeit, die seit
dem 18. Jh. gebräuchlich ist (Grillparzer, *Die
Schwestern*; Wieland, *Oberon* I, 26, bei dem sich das
F.kleid allg. auf Kindheit und Jugend bezieht). Eine
Ausweitung der symbol. Bedeutung findet sich in
Schillers *Die Jungfrau von Orleans* (V, 14), wo das
F.kleid für Leichtigkeit und das Erhebende steht.

4. Symbol des Genies und gedanklicher Freiheit.
Die Verbindung von Geist bzw. Intellekt und F.
steht wohl in einem engen Zusammenhang mit der
Annahme einer geflügelten Seele: In Platons *Phai-
don* versichert Sokrates, er werde, wenn er den
Schierlingsbecher getrunken habe, davonfliegen
und niemand werde ihn fassen können (64; 115d).
Nach Cicero kann eine Seele umso schneller flie-

gen, je mehr sie durch das Studium der schönen Künste ↗gereinigt ist und sich um den Staat verdient gemacht hat (Cicero, *Somnium Scipionis* IX, 29). Horaz verkündet in einer Ode (II, 20), dass ihn eine Schwinge (*penna*) durch den reinen Äther tragen und seinem Werk Unsterblichkeit sichern wird. Der Topos von der geflügelten Phantasie findet sich u. a. bei Lessing (*Laokoon* III) und Byron (*Don Juan* IV). In der Lit. der ersten Frauenbewegungen versinnbildlichen F. sowohl die Verhinderung als auch den Aufbruch der Frauen: »Aller weiblichen Kreatur werden von früh an die F. gestutzt. Und dann zuckt man die Achseln über die F.lahmen, die nur bis auf den nächsten Zaun fliegen können, wie die Hühner und – Gänse« (Dohm, *Sibilla Dalmar:* »25. Januar«; ähnlich auch in *Schicksale einer Seele*).

↗Engel, Griffel/Feder/Bleistift, Himmel.

Lit: EdM IV, 1358–1372. – RAC VIII, 29–67. – WS, 103–104.   IR

Fluss

Symbol der Fruchtbarkeit, des ewigen Lebens, der göttl. Rede, des Heils und der Gnade Gottes, der Reinigung und Heilung, der Grenze und der Schwelle sowie der Zeit. – Relevant für die Symbolbildung sind (a) die Verwendung von F. zur Bewässerung, als Trinkwasserreservoir und zur Säuberung, (b) die geformte, gerichtete und bewegte Kraft des ↗Wassers und die damit verbundene Funktion der F. als Schifffahrtswege (↗Schiff) bzw. allg. als Wegweiser (↗Weg/Straße).

1. Symbol der Fruchtbarkeit, des ewigen Lebens, der göttlichen Rede, des Heils und der Gnade Gottes. Die für die natürl. Fruchtbarkeit des Landes unabdingbaren F. werden in den Religionen meist als Wohnsitz von Göttern aufgefasst, deren Aufgabe das Hervorbringen von Leben ist. So wird die ↗Quelle des Nils nach einem frühen Pyramidentext im alten Ägypten in einer Berghöhle (↗Berg, Höhle), in der die Leiche des Osiris ruht, lokalisiert; seine Auferstehung bzw. die ↗Tränen der Isis über seinen Tod werden als Grund für die jährl. Nilüberschwemmungen (↗Flut/Dammbruch) angenommen (Pausanias, *Beschreibung Griechenlands* X, 32, 18). In der bibl. Schöpfungsgeschichte (Gen 2,10–14) entspringt im ↗Garten Eden ein F. als Sinnbild des ewigen Lebens, der sich in ↗vier Paradiesflüsse teilt, die in die vier Weltgegenden fließen. In der relig. Kunst symbolisieren diese F. häufig die vier Evangelien als Ausfluss der göttl. Rede. Im AT werden die Gnade und das Heil Gottes als fließender Strom vorgestellt (Jes 66,12; 19,5; Ez 30,12). An diese Symbolisierung schließen sich die Bilder von paradies. Balsam- (jüd. Exempel), ↗Öl-, ↗Milch- und ↗Weinflüssen (irische Legenden) sowie die von Jesus selbst als fruchtbarem Strom an (Joh 4,14; 7,37 f.).

2. Symbol der Reinigung und Heilung. Die Idee der Wiedergeburt aus dem Wasser findet im Christentum Ausdruck in der F.taufe, die zugleich das Ende des sündigen Lebens und die Wiedergeburt des Täuflings als Teil der Gemeinde symbolisiert (Mt 3,5 und 13–17; ↗Reinigung). Der Jordan als Ort der Taufe ist hier ein transitiver Ort zwischen Leben und Tod (s. a. 3.). Schon im AT wie auch im Hinduismus finden sich Bilder von der heilenden und verändernden Kraft eines Bades im F. (2 Kön 5,9–14), die bis in die neuzeitl. Lit. weiterwirken (Dante, *Divina Commedia*: »Paradiso« I; Novalis, *Heinrich von Ofterdingen* I, 1; Hesse, *Siddhartha* II: »Am F.«; Handke, *Der Chinese des Schmerzes* III; Johnson, *Osterwasser*; Grimm: *Brüderchen und Schwesterchen*; für die ind. Lit.: Bēndre, *Gangāvatarana* [*Herabkunft des Gangā*]).

3. Symbol der Grenze und der Schwelle. In der Antike gilt der Acheron als F. der Unterwelt, in den alle anderen ↗fünf Unterweltflüsse (u. a. Styx, Lethe) münden (Homer, *Odyssee* X, 511–515). Als Grenze und Übergang (↗Schwelle) zwischen der Welt der Lebenden und der Toten, aus der es in der Regel keine Rückkehr mehr gibt, muss dieser in nachhomer. Zeit mit Hilfe des Fährmanns Charon überquert werden (Vergil, *Aeneis* VI, 298). Styx umfließt den Hades neunmal (Hesiod, *Theogonie* 775–808); die heiligsten Eide schwören die Götter ›beim Styx‹ (z. B. *Ilias* XIV, 271). Dantes *Inferno* gliedert sich in neun Höllenkreise, jeweils durch einen der sechs Unterweltflüsse voneinander getrennt. In der nord. Mythologie (Snorra-Edda: »Gylfaginning« XV) ist die ↗Brücke Bifroest Übergang in die durch einen F. abgetrennte göttl. Welt. Für den Helden des *Parzival* (129,5–17) Wolframs v. Eschenbach markiert ein Bach die Grenze zwischen der Welt der ↗Kindheit und der des Rittertums. Die wirkmächtige Trad. der Symbolbildung als Grenze findet sich auch in Legenden (*Christophorus*) und Märchen (Grimm, *Der Teufel mit den drei goldenen Haaren*; *Hänsel und Gretel*), in denen F.überquerungen häufig mit großen Gefahren verbunden sind und nur mit Hilfe von Tieren oder übernatürl. Wesen geschehen können. In der neueren Lit. tritt die Grenzsymbolik u. a. sozialkritisch (Gaskell, *Mary Barton*; Stifter, *Kalkstein*), psychologisch gewendet (Th. Mann, *Der Tod in Venedig*; Seghers, *Der Ausflug der toten Mädchen*; Leutenegger, *Acheron*) und im Kontext von Kriegen auf (Handke, *Eine winterliche Reise zu den F. Donau, Save, Morawa und Drina*; Zeh, *Die Stille ist ein Geräusch*; Stanišić, *Wie der Soldat das Grammofon repariert*). Daneben findet sie sich bereits in der antiken Historiografie: Krösus verursacht demnach den Untergang seines Reiches, als er den Halys überquert (Aristoteles, *Rhetorik* 1407a), Cäsar trifft eine unwiderrufl. Entscheidung bei der Überquerung des Rubikon (Cäsar, *Bellum civile*; Plutarch, *Pompeius* LX, 2). Die Sitte, polit. Verträge auf extra dafür gebauten Brücken oder

Flößen abzuschließen, verweist auf die extraterritoriale Komponente des Symbols, die in der modernen Lit. nachwirkt (Keller, *Romeo und Julia auf dem Dorfe*; Flaubert, *Madame Bovary*; Twain, *Huckleberry Finn*; Grass, *Katz und Maus*; *Das Treffen in Telgte*; Bachmann, *Undine geht*; Jelinek, *Babel*). Darüber hinaus fungieren F. auch als Wegweiser in real und seelisch unerschlossene Gegenden (Novalis, *Heinrich von Ofterdingen*; Conrad, *Heart of Darkness*; Woolf, *Voyage out*).

4. Symbol der Zeit. Die Bewegung des F. von einem Ursprung zu einem Ziel ist Grundlage der vielfältigen philosoph. und literar. Zeitsymbolisierungen. So sitzt z. B. Narziss in Gides *Le traité du Narcisse* am F. der Zeit und sieht dort die sich ewig wiederholenden Formen vorbeigleiten, so wie auch Anias Horn im zweiten Teil von Jahnns Trilogie *Fluß ohne Ufer* am Ufer der Zeit sitzt, wobei die individuelle Zeit als F. und die überindividuelle als ↗Meer symbolisiert werden (vgl. v. Düffel, *Vom Wasser*). Als allg. Symbol für die Zeitlichkeit des menschl. Lebens findet man F. z. B. in Schillers *Das Ideal und das Leben*, in Goethes *Gesang der Geister über den Wassern*, in krit. Absicht bei Rilke (*Quellen, sie münden herauf*). Das Motiv der Kindesaussetzung auf F. ist Teil dieser Verbildlichung vom Vergehen der Lebenszeit (traditionsbildend die Aussetzung Moses': Ex 2; vgl. auch Grimm, *Däumelinchen*; *Der Teufel mit den drei goldenen Haaren*; *Die drei Vögel*). Oftmals erfordern Gegenstände, die den F. als Symbol für den Strom der Zeit hinabtreiben oder hinabgeschickt werden, die Aufmerksamkeit von Romanfiguren und initiieren verändernde Handlungen, wie z. B. Holzspäne in der Sage von *Tristan und Isolde*, ein ↗goldenes ↗Haar im Märchen (*Batanmärchen*), eine Flaschenpost (Morgner, *Leben und Abenteuer der Trobadora Beatriz* III) oder ein in den F. geworfener Zettel in Joyce' *Ulysses* (X; vgl. Domin, *losgelöst*). In der literar. Moderne wird z. T. aus dem ›Strom der Zeit‹ die Metapher vom F. (oder Meer) der Sprache, die auf einen quasinatürl. Prozess der Sprachbildung abhebt (Benn, *Drei alte Männer*; in Auseinandersetzung mit Benn: Rühmkorf, *Strömungslehre*; Härtling, *Das wandernde Wasser*).

↗Brücke, Donau, Flut/Dammbruch, Meer, Quelle/Brunnen, Rhein, Schwelle, Wasser, Welle.

Lit.: H. Böhme, Kulturgeschichte des Wassers, Frankfurt a.M. 1988. – W. Pape (Hg.), Romant. Metaphorik des Fließens, Tübingen 2007. – J. Vogt, Struktur und Kontinuum, München 1970.   WvB

Flut / Dammbruch

Symbol der göttl. Strafe, der Gewalt und der bedrohten Ordnung, der Reinigung und zykl. Erneuerung. – Relevant für die Symbolbildung sind (a) die zerstör. Kraft des ↗Wassers und (b) die Versuche, die Gewalt der F. einzudämmen bzw. abzuweh-

ren, aber auch (c) die befruchtende Wirkung einer Überschwemmung.

1. Symbol der göttlichen Strafe. Jahrhundertelang ist die bibl. Sintflut (Gen 6–8) als Strafe eines gerechten Gottes für das sündige Menschengeschlecht gelesen worden (»Sündflut«), wie etwa in den ma. Mysterienspielen (*The Chester's Play of Noah's Flood*, 1500) oder in der geistl. Lyrik des Barock (Kuhlmann, 112. *Kühlpsalm*; Fischart, *Der 29. Psalm*). – Byron gibt mit seinem Mysterienspiel *Heaven and Earth* gegen diese orthodoxe relig. Lesart eine andere Deutung. Die Sintflut erscheint hier als Strafe eines in seiner Schöpfung und Zerstörung unverständl. und gegenüber der Liebe gleichgültigen Gottes (ähnlich bei A. de Vigny, *Le déluge*, 1823). Auch noch in Barlachs *Die Sündflut* (1924) ist die drohende Sintflut Anlass für eine radikale Auseinandersetzung mit der bibl. bzw. christl. Gotteskonzeption.

2. Symbol der Gewalt und bedrohter Ordnung. Während fließendes Wasser seit der Antike als Sinnbild des Zeitablaufs verwendet wird (↗Fluss), gewinnt es in der Neuzeit Bedeutung als Bild für histor. Prozesse, die als F. eine nicht mehr zu beherrschende Eigendynamik entwickeln. V. a. die Frz. Revolution, dann auch revolutionäre Umgestaltungen überhaupt, werden als F. symbolisiert (Hugo, *Les contemplations. Livre cinquième*). Im Vormärz gilt die Hl. Allianz als »Bollwerk gegen die Springflut revolutionärer Bewegungen« (Jordanus Brunow [d.i. August Gathy], *Der Völkerfrühling und seine Verkünder*, 1831). Freiligrath überblendet in *Hohes Wasser* (1848) ein drohendes Hochwasser mit der ebenfalls als F. symbolisierten revolutionären Umwälzung, die er selbst mit befördert habe: »Dir ahnt, daß eine andre F./ Bald unsre Herdstatt überschwemme –/ Ich selber ja mit dreistem Mut/ Öffn' ihr die Schleusen und die Dämme!« Die Ambivalenz von Neubeginn bzw. notwendiger Zerstörung und Furcht vor dem Verlust von Ordnung prägt den Kontext der symbol. Verwendung auch bei Nietzsche: »wie dämmen wir die F. der überall unvermeidlich scheinenden Revolution so ein, dass mit dem Vielen, was dem Untergange geweiht ist und ihn verdient, nicht auch die beseligende Anticipation und Bürgschaft einer besseren Zukunft, einer freieren Menschheit weggeschwemmt wird?« (*Unzeitgemäße Betrachtungen* IV, 10). In Spielhagens Roman *Sturmflut* (1877) wird das titelgebende symbol. Motiv der F. in mehrerer Hinsicht wirksam: Auf dem Höhepunkt der Handlung wird eine verheerende Sturmflut an der Ostsee sowohl mit der finanziellen Katastrophe der 1870er Jahre, dem sog. Gründerkrach, in Berlin sowie dem sexuellen Begehren der Hauptpersonen und den revolutionären Massen auf der Straße eng geführt (Drews/ Gerhard, 713–720). – Im 20. Jh. bezeichnet etwa A. Paquet die russ. Revolution von 1917 als Sturmflut (*Sturmflut*, 1926), während dagegen in der dt. Freikorpslit. »rote F.« oder »Bolschewistenfluten«, der das (↗männl.) Individuum widerstehen muss, die alte Ordnung bedrohen (Theweleit, 236–242). Darüber hinaus wird die F. auch zum Symbol der modernen Masse, so wenn Th. Wolfe in *Of Time and the River* das menschl. Dasein als ein Treiben im ↗Meer oder in einem Fluss deutet und die Menschen auf der ↗Straße eine F.welle bilden (↗Welle), in der der Protagonist täglich zu ertrinken meint. – Als Zeichen der Naturgewalt, der sich menschl. Ordnung jedoch entgegensetzen kann, findet sich die F. in Goethes *Faust II*: »Im Innern hier ein paradiesisch Land,/ Da rase drauszen F. bis auf zum Rand« (11569 f.), oder auch in Storms *Schimmelreiter*, wo das so Gewonnene allerdings stets gefährdet und die F. ständige Bedrohung bleibt.

3. Symbol der Reinigung und zyklischer Erneuerung. In fast allen Kulturen finden sich Legenden und Mythen von der zerstörenden, aber auch lebensspendenden Kraft des Wassers. So wird im *Gilgamesch-Epos* (XI) und in den *Metamorphosen* des Ovid (I, 240 ff.), analog zur bibl. Sintflut, eine alte Welt durch eine F.-Katastrophe zerstört und eine neue, von ›neuen‹ Menschen gegründet. – In Platons *Timaios* erscheint die regelmäßig vom ↗Himmel hereinbrechende F. als Ursache zykl. kulturellen Vergessens und Neuanfangs (Platon, *Timaios* 23a-b; ähnlich auch *Gesetze* 677a-b). Im 18. Jh. fasst Herder die Völkerwanderung in der Spätantike als organisch zerstörende und erneuernde F., die strömt, »bis alles ein helles Meer wird, das, langsam überwältigt, überall Spuren der Verwüstung, zuletzt aber auch blühende Auen nachläßt, die es mit Fruchtbarkeit belebte« (Herder, *Ideen zur Philosophie der Geschichte der Menschheit* XVIII). – Zum Symbol einer großen ↗Reinigung der alten Welt wird die Sintflut auch bei Rimbaud (*Illuminations: Après le déluge*). In H. Langes Roman *Schwarze Weide* (1937) ist es das Hochwasser eines Baches, das als »Sintflut« von Menschen erzeugte Hölle in einer schles. Sumpflandschaft reinigt und so die Möglichkeit für eine bessere Lebenswelt schafft. Bei Büchner in seinem Drama *Dantons Tod* wird in der Rede St. Justs die blutige, naturgewaltengleich sich vollziehende Revolution zur reinigenden F.: »Die Menschheit wird aus dem Blutkessel wie die Erde aus den Wellen der Sündflut mit urkräftigen Gliedern sich erheben, als wäre sie zum Erstenmale geschaffen« (II, 7).

↗Fluss, Fossil, Meer, Schiff, Welle.

Lit: A. Drews/U. Gerhard, Wissen, Kollektivsymbolik und Lit. am Bsp. von Friedrich Spielhagens *Sturmflut*, in: Bürgerl. Realismus und Gründerzeit 1848–1890, hg. v. E. McInnes/G. Plumpe, München/Wien 1996, 708–728. – K. Theweleit, Männerphantasien, Bd. 1, Frankfurt a.M. 1977. – M. Mulsow/J. Assmann (Hg.), Sintflut und Gedächtnis, München 2006.   CW

Fontäne ↗Quelle/Brunnen.

Forst ↗Wald.

Fossil

Symbol schöpfer. Kraft, epochaler Umbrüche und Veränderungen, der zeitl. Distanz und der Vergänglichkeit bzw. der Konservierung von Vergangenem. – Relevant für die Symbolbildung sind (a) das hohe Alter des F. und seine Funktion als Zeitmarke in der Erforschung der Vergangenheit, (b) das häufige Auftreten in mineralisierter Form, mit der das organ. durch anorgan. Material ersetzt wird, (c) seine Eigenschaft, vergangenes Leben zu bezeugen, indem der Verwesungsvorgang aufgehalten wird, (d) die unterschiedl. Erklärungsmodelle über die Herkunft des F.

Die Bezeichnung ›F.‹ (lat. »(aus-)gegraben«) wird erstmalig 1546 von G. Agricola in seinem Standardwerk *De natura fossilium* verwendet. Gängige Bezeichnungen für F. sind seitdem auch ›Petrefakt‹ (wörtlich »aus Stein gemacht«), ›Naturspiel‹, ›Figurenstein‹ und ›Versteinerung‹.

1. Symbol schöpferischer Kraft. Bereits seit der Antike und bis in das 18. Jh. wird die Entstehung von F. – ähnlich wie die Bildung der ↗Kristalle – durch in der ↗Erde wirkende Kräfte erklärt. F. werden als anorgan. Gebilde interpretiert, die entweder durch fehlgelenkte tier. oder pflanzl. ↗Samen und Säften entstehen oder, Aristoteles' Theorie der Spontanzeugung folgend (Aristoteles, *De generatione animalium* III, 11), von der Natur aus anorgan. Materialien geschaffen werden (Kircher, *Mundus subterraneus* II, 63b-65b). In Ovids *Metamorphosen* stehen F. für die transformierende Kraft der Natur, die es vermag, Festes zum Erstarren zu bringen sowie tote Materie zum Leben zu erwecken. (Ovid, *Metamorphosen* I, 375–415; XV, 414–417). Im christl. Kontext wird die schöpfer. Kraft von der Natur auf Gott übertragen. F. symbolisieren nun Gottes Allmacht und Gegenwart (Brockes, *Das Wasser*) und liefern den physikotheolog. Nachweis für dessen schöpfer. Reichtum und die Fähigkeit, Wunder zu vollbringen. F. gelten ebenfalls als Symbol für die poet. (Ur)schrift der Natur (↗Schrift), durch die sich Gott den Menschen mitteilt (Rinckart, *Der eislebische christliche Ritter* II, 9).

2. Symbol des Umbruchs. Auch wenn die Anfänge bis in die Antike zurückreichen (Ovid, *Metamorphosen* XV, 262–265), wird die organ. Entstehungstheorie für F. erst Ende des 18. Jh. verbindlich. Das Auftreten versteinerter ↗Muscheln und Seelebewesen im Landesinneren wird durch eine große ↗Flut erklärt (Steno, *Prodromus*, 1669; Scheuchzer, *Specimen Lithographiae Helvetiae curiosae*, 1702), die im jüd.-christl. Kontext mit der Sintflut gleichgesetzt wird. F. werden als Zeugen der Sintflut verstanden und zu Symbolen göttl. Strafe (Scheuchzer, *Beschreibung der Natur=Geschichten des Schweizer-*

lands, Teil I: »Von denen im Schweizerland befindlichen Überbleibselen der Sündfluth«, 1706). – Ab der Mitte des 18. Jh. können Erkenntnisse der Geologie über das Alter der F. nicht mehr in den bibl. Zeitrahmen von rund 6000 Jahren eingebettet werden; eine ältere Erdgeschichte mit mehreren Katastrophenphasen und ausgestorbenen Lebensformen gerät in den Blick (Cuvier, *Recherches sur les ossemens fossiles de quadrupèdes*, 1812). F. werden nun zum Symbol für eine überholte Ordnung (Büchner, *Dantons Tod* IV; Grillparzer, *Antediluvianisch*) und markieren den Übergang zu einer modernen, von der Kirche emanzipierten Denkweise (Droste-Hülshoff, *Die Mergelgrube*; Mörike, *Göttliche Reminiszenz*). Als Kehrseite des Fortschritts fungieren F. zum einen als Symbol für kurzlebige wissenschaftl. Modeerscheinungen (Roquette, *Modern*), zum anderen symbolisieren sie die Sehnsucht nach dem »verlornen Paradies« (Holz, *Das Buch der Zeit: Religion*), das den unwiederbringlichen Zustand vor der Erkenntnis beschreibt.

3. Symbol für Vergänglichkeit und Konservierung des Vergangenen. Die symbol. Verwendung speist sich zum einen aus der großen zeitl. Distanz der F. zur Gegenwart und die Unveränderlichkeit der Vergangenheit (Goethe, *West-östlicher Divan: Gruß*; Dauthendey, *Lusamgärtlein: Bald…*), zum anderen aus der fehlenden äußerl. Ähnlichkeit zu rezenten Lebewesen (Heine, *Atta Troll:* »Caput XV«; Scheffel, *Der Ichtyosaurus*). Die zeitl. Distanz kann überwunden werden, indem eine Begegnung mit lebenden F., Dinosauriern oder Frühmenschen imaginiert wird (Doyle, *The Lost World*; London, *Before Adam;* Verne, *Voyage au centre de la terre;* Dauthendey, *Das Iguanodon;* Crichton, *The Lost World*). Als Symbol der unbekannten Vorzeit spiegelt das F. die moderne Krise des Subjekts wider, das sich, konfrontiert mit dem Alter der Erde, der eigenen Vergänglichkeit, seiner marginalen Stellung (Raabe, *Stopfkuchen*) und seiner Tierhaftigkeit bewusst wird (Maron, *Animal triste*). Das Verschwinden der Saurier wird dabei als Mahnung an den Menschen gedeutet (Kirsch, *Lerne daraus!*). Andererseits werden F. oder in Bernstein eingeschlossene Insekten zu Symbolen eines zu konservierenden ⁄Augenblicks (Dahn, *Mit einem Stück Bernstein*; Ringelnatz, *Museumsschweigen*; N. Sachs, *In der Flucht*) oder verkörpern Erinnerungen an vergangene Ereignisse (Celan, *Den verkieselten Spruch*; *Große Glühende Wölbung*; N. Sachs, *Chor der Steine*). Noch bis in die Gegenwart hinein erscheinen F. als Symbole einer anderen Zeit und referieren auf diesen symbolgeschichtl. Hintergrund (Scheuer, *Der Steinesammler* I; H. Lenz, *Vielleicht lebst du weiter im Stein*).

⁄Flut, Knochen, Muschel, Stein/Gestein.

Lit.: H. Hölder, F.-Deutungen im Wechsel der Jahrhunderte, in: Natur und Museum 122 (1992), 148–163. – E. Schellenberger-Diederich, Geopoetik, Bielefeld 2006, 172–257. – E. Thenius/N. Vávra, F. im Volksglauben und im Alltag, Frankfurt a. M. 1996.　　ChGt

Fotografie

Symbol der (verzerrenden) Wirklichkeitswiedergabe, der Erinnerung und des Vergessens, der Verlebendigung sowie des Todes, des Blicks und der literar. Einbildungskraft. – Relevant für die Symbolbildung sind (a) die techn. Fähigkeit detailreicher und detailgetreuer Abbildung von Wirklichkeit, (b) die materielle Fixierung vergängl. Momente, (c) der chem. Entwicklungsprozess in der Dunkelkammer, (d) die Empfindlichkeit und Vergänglichkeit fotograf. Materials.

1. Symbol der (verzerrenden) Wirklichkeitswiedergabe. Das Spannungsverhältnis der F. zu anderen Künsten entzündet sich seit ihrer Erfindung an der Wahrheitsfrage, wobei die F. seltener als Symbol getreuer dokumentar. Wirklichkeitswiedergabe oder als eine »neue Art der präzisen, sachlichen Schilderung« (E. Jünger, *Über den Schmerz* XIV) gesehen wird. Öfter bildet sie in der literar. Diskussion den Gegenpol zum ›wahren‹ Medium der Lit. Schon die techn. Vorläufer des F.apparats, die Camera obscura, steht bei Goethe für ein pseudokünstler. Schaffen, das »nicht richtig sein kann«, da Größen- und ⁄Lichtverhältnisse verzerrt wiedergegeben werden (*Philipp Hackert*; vgl. F. Stamm, *Das Daguerrotyp*, 1850). Im 20. Jh. avanciert die F. entschieden zum Symbol der Lüge und der Manipulation: Brecht wie auch J. Roth (*Schluß mit der Neuen Sachlichkeit*) oder G. Anders (*Die Antiquiertheit des Menschen* § 22) sehen die F. gerade wegen ihrer vermeintl. Evidenz als Manipulationsmedium, als »Möglichkeit einer Wiedergabe, die den Zusammenhang wegschminkt« (Brecht, *Durch F. keine Einsicht*); sie könne »ebenso lügen wie die Setzmaschine« (Brecht, *Arbeiter Illustrierten Zeitung*, 1931). – In der Lit. stehen F. oft für den Kunstkitsch, der Wirklichkeit stereotyp abbildet anstatt kritisch zu hinterfragen. So z. B. das Foto der Großmutter in Prousts *À la recherche du temps perdu* (»Sodome et Gomorrhe«), das Bild von Karls Eltern in Kafkas *Der Verschollene* (»Weg nach Ramses«) oder die Postkarten Mutter Hentjens in Brochs *Die Schlafwandler* (II: *1903 – Esch oder die Anarchie*). Bevorzugt in der autobiograf. Prosa der Postmoderne (Brinkmann, *Rom. Blicke*; C. Simon, *Album d'un amateur*; Sebald, *Schwindel. Gefühle*) oder auch in Poetiken (Kirchhoff, *Legenden um den eigenen Körper*), symbolisiert F. die Grenzverwischung von Faktizität und Fiktion, Sinn und Sinnlichkeit.

2. Symbol der Erinnerung und des Vergessens. Die F., eine »Platte der Erinnerung« (Benjamin, *Berliner Chronik*), ist nicht nur ein Abbildungs-, sondern auch ein Speichermedium und wird zum Symbol des idealisierten, perfekten (›fotograf.‹) Gedächtnisses, dem »Urkundencharakter zugebilligt wird«

(Jünger, *Über den Schmerz* XIV). Die F. ist jedoch nicht nur ein Ort des Bewahrens, sondern symbolisiert als »Gegen-Erinnerung« (Barthes, *Le chambre claire* XXXVII) auch das Vergessen. Der fotograf. Entwicklungsprozess steht für die Latenz und Nachträglichkeit des mnemon. Prozesses und das Negativ für das Unbewusste, für die »Erinnerungsspur«, die in den untersten Schichten der Seele eingeschrieben (vgl. Foto-›grafie‹; ↗Schrift; s. a. 4.) bleibt, selbst wenn sie vermeintlich längst ausgelöscht wurde (Freud, *Notiz über den Wunderblock*). Die Dunkelkammer kann zum Symbol des inneren Unbewussten, aber auch des Verdrängten der Geschichte werden, das es zu belichten gilt (beispielhaft in Sebalds Roman *Austerlitz*).

3. Symbol der Vivifikation und Mortifikation sowie des dämonischen Blicks, gewaltsamer Aneignung und sexueller Schaulust. S. Sontag zählt die »Strategie, lebendige Wesen in leblose zu verwandeln und leblose Dinge in lebendige Wesen« (*On photography*), zu den größten Errungenschaften der F., die damit zum Symbol der Verwandlung von Totem in Lebendiges und umgekehrt wird. Die Kamera treibt mit dem Vögelchen, mit dem sie lockt, zugleich die Seele aus (E. Morin, *Le cinéma ou l'homme imaginaire*: »L'image et le double«), weshalb sie immer wieder mit dem bösen Blick in Verbindung gebracht wird (Jünger, *Über den Schmerz* XIV). – Die F. wird seit ihrer Erfindung mit dem dämon. ↗Doppelgänger assoziiert (Morin, *Le cinéma ou l'homme imaginaire*: »L'image et le double«) und gilt noch Th. Bernhard als »die Teufelskunst unserer Zeit« (*Die Auslöschung*: »Das Telegramm«). Einerseits ist die F. ein *memento mori*, ein »Schatten der Wirklichkeit« (Sebald, *Austerlitz*; ↗Schatten), regt zum Reflektieren an: »Da hängen an den Wänden die alten F. und zeigen unbeweglich das alte Licht, das einst auf sie fiel« (Tucholsky, *Altes Licht*), und kann ein visuelles Erlebnis auslösen, »das nach Vanitas stinkt« (Grünbein, *Galilei vermißt Dantes Hölle*). Andererseits bannt die F. aufgrund ihres »Charakters des Präparats« (Jünger, *Über den Schmerz*) den Tod und wird zum Symbol der Unsterblichkeit: Barthes assoziiert die F. mit »Auferstehung« (*Le chambre claire* XXXV), Sontag gilt sie als prototypisch moderne Offenbarung, als »negative Epiphanie« (*On photography*) und Agamben als »Ort des jüngsten Gerichts«, »als neuer apokalyptischer Engel« (*Profanazioni*: »Il Giorno del Giudizio«). – Die Wendung ›ein F. schießen‹ verweist auf eine Parallelisierung fotograf. Wahrnehmung mit einer Kriegsstrategie (etwa Jünger, *Über den Schmerz*, oder Virilio, *Guerre et cinema*), in der die F. zum Symbol aggressiver »Besitzergreifung« wird. Ist das Objektiv als Symbol für den ↗Phallus sexuell oder gar pornograf. konnotiert, symbolisiert die F. allg. ein voyeurist. Verhältnis zur Welt (Sontag, *In Plato's Cave*), das auch als Filmstoff beliebt ist, z. B. in Hitchcocks *Rear Window* (nach C. Woolrich, *It Had to Be Murder*, 1942) oder in Antonionis *Blow-up* (nach Cortázar, *Las babas del diablo*), in denen die Protagonisten jeweils durch Zufall bei der Befriedigung ihrer Schaulust auf ein Verbrechen stoßen. Der F.apparat ist hier Instrument einer Aufklärung, die nur unter Verletzung der Privatsphäre vonstatten geht.

4. Symbol einer utopischen, universalen Bildersprache und der literarischen Einbildungskraft. Die F. macht in einem Übertragungsprozess ›Licht‹ zu ›Schrift‹ (s. 2.) und bringt seit ihrer Entdeckung zahlreiche poetolog. Metaphern hervor, die später auch symbol. Status erhalten. Im 19. Jh. gilt die F. als eine Enzyklopädie der Natur und symbolisiert eine universale Bildersprache sowie eine Art zweiter Schöpfung (J. Janin, *Der Daguerreotyp*). Sie avanciert in der Moderne zum Symbol künstler. Einbildungskraft und »wahrer Halluzination« (Bazin, *Ontologie de l'image photographique*), deren Paradigma sie spätestens im Surrealismus wird. A. Bréton beschreibt die *écriture automatique* als »Gedankenphotographie« (*Exposition Dada Max Ernst*: Vorwort) und erhebt die F. so zum poetolog. Symbol unmittelbaren, ›wahren‹ Schreibens: Die F. soll Schrift, die Schrift F. werden (vgl. L. Carrolls Erzählung *Photography Extraordinary*, 1855). Denn einerseits enthüllt sie, indem sie Unbewusstes sichtbar macht, andererseits bleibt sie nur eine rätselhafte Spur, die selbst zur Schreibstrategie gemacht werden kann, wie z. B. in P. Nádas' Roman *Schöne Geschichte der F.*

↗Auge, Augenblick, Licht, Schatten, Schrift, Sekunde, Spiegel, Zwillinge/Doppelgänger.

Lit.: E. Koppen, Lit. und F., Stuttgart 1987. – G. Plumpe, Der tote Blick, München 1990. – B. Stiegler, Bilder der F., Frankfurt a.M 2006.   DW

Frau / Jungfrau

Symbol der Sinnlichkeit, Sexualität und Sünde, der Keuschheit, Liebe und Erlösung, der Reinheit, der Schönheit und der Kunst, der Seele und der Humanität sowie gesellschaftl. Mentalitäten oder sozialer Probleme der Moderne. – Relevant für die Symbolbildung sind (a) die dem Weiblichen zugeschriebene Naturnähe, die die F. in der androzentr. symbol. Ordnung zum vielfältig besetzbaren Gegenbild männlich codierter Subjektivität werden lässt, insbes. in der dichotomen Symbolstruktur von positiv besetzter Sinnlichkeit, Leben und Erlösung einerseits und ›Sündhaftigkeit‹, Tod und Verderben andererseits, (b) die damit verknüpfte Aufspaltung des F.bildes zwischen der ›↗Reinheit‹ symbolisierenden (hl.) J. bzw. ↗Mutter und der (diabol.) sexualisierten F., der ›Hure‹, (c) die Gebärfähigkeit der F. (↗Geburt) sowie (d) der bes. Bildstatus des Weiblichen, der sich auch in allegor. Verkörperungen wie den vorzugsweise weibl. Personifizierungen von Tugenden und Werten, von Nationen oder von

Städten (↗Stadt) manifestiert, die sich mit den symbol. Frauenbildern verbinden können.

1. Symbol der Sinnlichkeit, Sexualität und Sünde. Als Urbilder verderbenbringender Sinnlichkeit gelten die mytholog. und bibl. Figuren Lilith (Jes 34,14; Goethe *Faust I*: »Walpurgisnacht«, 4118–4123), Pandora (Hesiod, *Werke und Tage* 42–105; Goethes Dramenfragmente *Pandora* und *Prometheus*) sowie Eva (Gen 2–4; Milton, *Paradise Lost*; Weinheber, *Eva-Gedichte*; Ginzkey, *Die Erschaffung der Eva*). Als Personifikation von Weltlichkeit erscheint die ma. ›F. Welt‹ in Gestalt einer ›schönen F.‹, deren Rückseite von Geschwüren, ↗Würmern und ↗Schlangen (somit wiederum einem Symbol des Weiblichen) durchsetzt ist (Walther v.d. Vogelweide, *Fro Welt, ir sult dem wirte sagen*; Konrad v. Würzburg, *Der Welt Lohn*). Aufgrund der ihnen zugeschriebenen Nähe zum Teufel werden die literar. Verführerinnengestalten ebenso wie die Hexe (Heinrich Kramer/Institoris, *Der Hexenhammer*/ *Malleus maleficarum*) zu Symbolgestalten des Dämonischen. Im Gegensatz hierzu sind die weibl. Elementar- und Wasserwesen wie Melusine (Goethe, *Die neue Melusine*) oder Undine (Fouqué, *Undine*) ›unschuldige‹, das Sinnliche symbolisierende Verführerinnen. Einen Höhepunkt erhält die Darstellung der todbringenden Verführerin, der *Femme fatale*, in der Lit. des 19. und frühen 20. Jh. mit Figuren wie Heines *Loreley*, Sacher-Masochs *Venus im Pelz*, Wildes *Salome* oder Schönherrs *Der Weibsteufel*. Erscheint die *Femme fatale* als symbol. Verkörperung der Ambivalenz männl. Begehrens, so symbolisiert die Prostituierte die moral. Verfassung einer Gesellschaft: Zolas *Nana* steht symbolisch für die Dekadenz des frz. Großbürgertums und der Aristokratie zur Zeit des Zweiten Kaiserreichs. Der mit der Verkörperung des Natur- und Triebhaften im Menschen verbundene bes. Symbolcharakter des Weiblichen wird in Wedekinds »Lulu«-Dramen *Erdgeist* und *Büchse der Pandora* auf die Spitze getrieben. Die »Urgestalt des Weibes« Lulu symbolisiert amoral. Sinnlichkeit als vitalist. Macht.

2. Symbol der Keuschheit, Liebe und Erlösung. Das symbol. Gegenbild zur weibl. Sündhaftigkeit der Eva bildet im christl. Kontext die Figur der Maria (Mt 1–2; Lk 1–2) als Sinnbild der Keuschheit, der göttl., asexuellen Liebe und Erlösung. Über die Mariendichtung (*Arnsteiner Mariengebet*; *Melker Marienlied*; *Mariensequenz v. St. Lambrecht*; *Mariensequenz aus Muri*; *Rheinisches Marienlob*; Konrad v. Würzburg, *Goldene Schmiede*; Frauenlob, *Marienleich*; Hölderlin, *An die Madonna*; Eichendorff, *Marienlied*; Rilke, *Marien-Leben*) hinaus manifestiert sich dies auch in weltl. Erlöserinnenfiguren marienhafter ›Reinheit‹ von Dantes Beatrice (*Divina Commedia*) bis zur Bianca in Eichendorffs Erzählung *Das Marmorbild*. Aufgrund ihrer sich in der Anrufung der *Mater dolorosa* bekundenden Religiosität und unbedingten Liebe zu Faust erfährt

auch die ›verführte Unschuld‹ Gretchen die Rettung ihrer Seele und wird als Gegenspielerin Mephistos zur Symbolgestalt von Liebe und Erlösung (Goethe, *Faust I* 3587–3619). Das Bild der mütterlich-›reinen‹ F. wird in der Lit. des frühen 20. Jh. zum Symbol der ›Erlösung‹ angesichts der modernen Erfahrung der Entfremdung, so z.B. in Brochs *Schlafwandler*-Trilogie. In der myst. Erotisierung der mütterl. F. zeichnet sich die Infragestellung des Keuschheitsideals ab. Seit dem Expressionismus wird so auch die ›sich verschenkende‹ Prostituierte zur »Erlöserin« (Brod, *Die Erlöserin*).

3. Jungfräulichkeit als Symbol für Reinheit. Anders als im Marienbild, das die Keuschheit mit Mutterschaft verbindet, kann das Bild der J., die sich dezidiert von der Weiblichkeit (auch i.S.v. Mutterschaft) absetzt, ›Reinheit‹ als Garant eines Ideals oder einer kulturellen Ordnung symbolisieren. Das zeigen bereits die auf Keuschheit verpflichteten Vestalinnen in der röm. Antike, die wichtige kult. Funktionen übernehmen; der Verlust ihrer Unschuld hat Schaden für das Gemeinwesen, z.B. Niederlagen im Krieg, zur Folge (Plinius d.J., *Epistulae* IV, 11, 7, Livius, *Ab urbe condita* XXII, 57, 2). In der Neuzeit kristallisiert sich diese Symbolik in der Figur Jeanne d'Arcs. Schillers *Jungfrau von Orleans* wird gerade in der Bewältigung ihres durch das Gebot der Jungfräulichkeit bedingten inneren Konflikts zur Symbolfigur des Erhabenen im Sinne der Klassik (III, 4). Im Kontext bürgerl. Emanzipation steht die J. (vielfach auch durch eine ↗Lilie oder die Farbe ↗Weiß symbolisiert) sinnbildlich für die sittl. Integrität des Bürgertums gegenüber einer moralisch verderbten Aristokratie. So dient die Tötung der jungfräul. ↗Braut zur Rettung ihrer bedrohten ›Reinheit‹ in Lessings auf den antiken Virginia-Stoff zurückgehendem bürgerl. Trauerspiel *Emilia Galotti* der Verteidigung gegen fürstl. Willkür. Die dichotom. Weiblichkeitskonstruktion von jungfräulich-reiner bzw. mütterl. und sexualisierter F. wird zur trivialisierten Symbolik, so in der Gegenüberstellung der bedrohlich sexualisierten ›roten‹ und der entsexualisierten ›weißen‹ (↗Farben) F., die Theweleit (*Männerphantasien*) für die Freikorpslit. aufgezeigt hat.

4. Symbol der Schönheit und der Kunst. Ausgehend von der antiken Göttin Aphrodite/Venus als Symbolisierung der Schönheit dient das Weibliche insbes. seit dem 18. Jh. in vielfältigen Formen der Repräsentation des Ästhetischen: Die kulturelle Analogisierung des Weiblichen mit Natur lässt die F. zum Symbol natürl. Harmonie und Einheit werden, zum Symbol dessen, »was der Mann im Kunstwerk erst wieder herzustellen sucht« (Bovenschen, 37). Die Ambivalenz von Natur und Kunst wird vielfach in Weiblichkeitsbildern symbolisiert: So gerät in Poes Erzählung *The Oval Portrait* der Tod einer schönen F. zum Symbol des künstler. Schaffensprozesses. Zugleich werden insbes. in der Moderne ästhet. Konzepte durch F.figuren symbolisiert (E. Wolff, *Die jüngste deutsche Literaturströmung und das Prinzip der Moderne*; Hofmannsthal, *Gabriele D'Annunzio*). Im Rückgriff auf das mit dem Symbol der ↗Schlange assoziierte Bild weibl. Verstellung bzw. Maskerade bezeichnet die F. für Nietzsche die Kunst (*Die fröhliche Wissenschaft*, Vorrede zur 2. Ausgabe, Fragmente II, 60, 68, IV, 339, V, 361). Als symbol. Verkörperung ›hyster.‹ moderner Subjektivität wird die ›verrückte‹ F. zur Projektionsfläche männl. Autorschaft i. S. v. Flauberts Identifikation mit seiner Heldin *Madame Bovary* oder zum poetolog. Symbol, wie etwa für den Surrealismus in Bretons *Nadja*.

5. Symbol der Seele und der Humanität. Die Dichotomie von männl. Geist und weibl. Seele in der abendländ. Kultur bildet die Grundlage für die weibl. Symbolisierung der Seele, wie sie auch für die zahlreichen Adaptationen des auf Apuleius' *Der goldene Esel* zurückgehenden Amor und Psyche-Stoffs konstitutiv sind (z. B. Storm, *Psyche*). In polarisierten F.figuren wie etwa Anna und Judith in Kellers *Grünem Heinrich* werden antagonist. seel. Konflikte des männl. Protagonisten symbolisiert. Literar. F.figuren stehen dem männl. Protagonisten als »Sinnbild seines Inneren« gegenüber (so explizit in Hesses *Demian*; ähnlich auch in *Gertrud* oder *Der Steppenwolf*). Als Verkörperungen der ›schönen Seele‹ (Goethe, *Wilhelm Meisters Lehrjahre*) im Sinne einer Harmonie von Sittlichkeit und Natur symbolisieren Gestalten wie Goethes *Iphigenie auf Tauris* oder Schillers *Maria Stuart* die ästhet. und eth. Ideale der Klassik. Im Zuge zivilisations- und rationalitätskrit. Strömungen innerhalb der literar. Moderne dienen symbol. F.figuren der Kritik an sozialer Entfremdung (Sonja Irene in Tollers *Masse Mensch*) und an der instrumentellen Vernunft (Frisch, *Homo Faber*).

6. Symbol gesellschaftlicher Mentalitäten oder sozialer Probleme der Moderne. Steht das Bild der ›fruchtbaren‹ Mutter – wie z. B. Marianne Froment in Zolas *Fécondité* – für eine prosperierende, fortschrittl. Gesellschaft, so symbolisiert das Gegenbild der ›unfruchtbaren‹ *femme fragile* der Décadence (z. B. Ibsen, *Hedda Gabler*) um 1900 die Abkehr vom Fortschrittsdenken. In der Lit. des 20. Jh. erscheinen F.gestalten wie z. B. die Prostituierte als Symbol der Entfremdung (z. B. in der expressionist. Großstadtlyrik), die ›neue F.‹ als Symbol gesellschaftl. Modernität (Kästner, *Fabian*; Keun, *Gilgi*) oder die ›Trümmerfrau‹ als Verkörperung des Wiederaufbaus (Turek, *Anna Lubitzke*).

7. Reflexive Symbolverwendung. In literar. Texten von Autorinnen hat insbes. seit dem ausgehenden 19. Jh. die krit. Auseinandersetzung mit patriarchalen literar. Weiblichkeitsmustern (z. B. Woolf, *A Room of One's Own*; Stefan, *Häutungen*; Jelinek, *Was geschah, nachdem Nora ihren Mann verlassen hatte*) zur Neubesetzung des Symbols F. geführt.

Der Rückgriff auf tradierte F.gestalten wie in Bachmanns Erzählung *Undine geht* oder Ch. Wolfs Roman *Kassandra* zielte auf den Wechsel der weibl. Symbolisierungen vom Objekt- zum Subjektstatus der F. (Beauvoir, *Le deuxième sexe*). Autorinnen der Ersten F.bewegung entwarfen die ›neue F.‹ als Symbolfigur emanzipierter Weiblichkeit (Dohm, Andreas-Salomé, Kollontai). Mit dem Konzept der *écriture feminine* (Irigaray, Cixous, Kristeva) entstand eine an die Symbolik des weibl. Körpers geknüpfte Schreibweise. Im Zuge repräsentationskrit. Ansätze in der Gendertheorie ist spätestens mit Butlers Infragestellung des Subjekts F. (*Gender Trouble*) auch der Rückgriff auf das Symbol F. als essentialisierend problematisiert worden.

↗Bart, Blume, Brust, Lilie, Mann, Mutter, Reinheit, Rose, Schlange, Schleier, Wasser, Welle.

Lit.: S. Bovenschen, Die imaginierte Weiblichkeit, Frankfurt a.M. 1979. – E. Bronfen, Nur über ihre Leiche, München 1994. – S. Schade (Hg.), Allegorien und Geschlechterdifferenz, Köln 1994.   UH

Freitag

Symbol des Leidens (Christi), der Andacht, der Ein- und Umkehr. – Relevant für die Symbolbildung sind (a) im Judentum die Vorbereitung auf den Ruhetag Sabbat, (b) der Tag der Kreuzigung (↗Kreuz) Jesu, (c) die daraus resultierenden Regeln des Fastens und der Enthaltsamkeit.

Die augustin. Theologie setzt die sechs Schöpfungstage gleich mit der geformten Materie – und damit implizit den F. als letzten Tag vor dem Sabbat mit der symbol. Trennung von ↗Erde und ↗Himmel (Augustinus, *Confessiones* XII, 17, 24). In dem höf. Roman *Li Contes del Gral ou le Roman de Perceval* des Chrétien de Troyes findet der Titelheld unter der Anleitung eines Einsiedlers und des Fischerkönigs (↗Fisch) an einem Karfreitag zum Glauben zurück (V. 6192 ff.). Die mhd. Bearbeitung durch Wolfram v. Eschenbach stellt eine Verbindung von ↗Gral und *mensa Christi* (↗Mahl) her, jenem ↗Felsen, auf dem Jesus nach der Auferstehung (↗Ostern) mit seinen Jüngern gespeist haben soll; nach dieser Version offenbart der Gral seine ganze Bedeutung an Karfreitag (*Parzival* 469,28–470,5). In R. Wagners Umsetzung des Stoffs bringt der von Gurnemanz beschworene »Karfreitagszauber« Parsifal zur gedankl. Einkehr. Die individuelle Geschichte des Ritters auf der Suche nach *aventure* geht hier auf in der Heilsgeschichte (*Parsifal* III: »Gebiet des Grals«). – Diese Trad. wird bei Petrarca zu einem wichtigen Moment der Konstruktion des Selbst durch das Zusammenführen von individueller Lebensgeschichte und Stationen der Heilsgeschichte. An einem Karfreitag (nach Angabe des Dichters am 6. April 1327) will Petrarca seiner Laura begegnet sein (*Canzoniere* III: *Era 'l giorno ch' al sol si scoloraro*). Weitere für sein Leben bedeutsame Ereignisse – wie Lauras Tod – lässt er an einem Karfreitag geschehen. Durch Goethe wird die Bedeutung des Karfreitags als Symbol des Leidens an der Liebe gefestigt: »Petrarcas Liebe, die unendlich hohe,/ War leider unbelohnt und gar zu traurig,/ Ein Herzensweh, ein ewiger Karfreitag« (*Epoche*). Bei Heine indes wird dieses Symbol mit Häme bedacht: »Sie war keine Laura, deren/ Augen, sterbliche Gestirne,/ In dem Dome am Karfreitag/ Den berühmten Brand gestiftet« (*Romanzero* III: *Nen Jehuda Halevy 2*, Str. 21). – Die gedankl. Verbindung mit dem Tag des Erlösers lässt auch jener Tag zu, an dem der Schiffbrüchige Robinson einen Gefährten findet: »Zuerst gab ich ihm zu verstehen, er sollte mich Herr nennen, und er sollte F. heißen, weil ich meinem Kalender zufolge glaubte, dass der heutige Tag so hieße« (Defoe, *Robinson Crusoe* XVII; ↗Kalender). Für Heine verkörpert Karfreitag dagegen die Heuchelei der Frömmler: »Sah ihn am Karfreitag wallen/ In dem Zug der Prozession,/ Von den dunkeln Männern allen/ Wohl die dunkelste Person« (*Romanzero* II: *Der Ex-Nachtwächter*, Str. 20). – V. a. in der protestant. Trad. nimmt Karfreitag eine bes. Stellung als Tag des Leidens Christi ein (z. B. P. Gerhardts Kirchenlied *O Haupt voll Blut und Wunden*). Von daher rühren auch das Fleischverbot und das Gebot der Enthaltsamkeit, die gerade in protestant. Gegenden hochgehalten werden. Auch hierzu finden sich spött. Anspielungen in der Lit.: Auf einem Ausflug an Karfreitag ereignet sich in Grass' *Blechtrommel* die Begegnung des Helden mit einem Aalfänger, der einen toten Pferdekopf (↗Pferd, ↗Kopf) an Land zieht. In diesem schlängeln sich die Aale – eine Passage, die zu einer Reihe derber Szenen überleitet und damit die Symbolik des Karfreitags ad absurdum führt.

↗Dreizehn, Fisch, Kreuz.

Lit.: K. Stierle, Francesco Petrarca, München 2003.
         TRK

Friedhof ↗Grab/Friedhof.

Frosch / Kröte

Symbol der Sünde und der Dämonen, der Lebensfreude und des Frühlings, der Prahlerei und der Dummheit, des Gestaltwandels sowie der Unreinheit und des Todes, aber auch der Unsterblichkeit. – Relevant für die Symbolbildung sind (a) die amphib. Lebensweise der F., (b) ihre auf Metamorphose beruhende Entwicklung, (c) ihr Wechsel zwischen Winterschlaf (↗Winter) und hoher Aktivität im ↗Sommer und (d) ihr eintöniges, für die Größe der Tiere erstaunlich lautes Quaken und dabei (e) das Aufblähen der Backen; im Fall der K. ist (f) die Giftigkeit ihrer Hautsekrete (↗Haut) von großer Bedeutung, eine Eigenschaft, die lange Zeit fälschlicherweise auch den F. zugeschrieben wurde.

1. Symbol der Sünde und der Dämonen. Gelten F. in vielen Kulturen als Symbole der Schöpfung und Fruchtbarkeit (z. B. in Form der froschköpfigen Göttin Heket im alten Ägypten; s. a. 2.), sind sie in der jüd.-christl. Trad. mit dem Stigma der Unreinheit versehen (s. a. 5; ↗Reinheit). Im AT lässt Gott als erste der Plagen »F. über Ägyptenland kommen« (↗Ägypten), um den Pharao zur Freigabe des Volkes Israel zu bewegen (Ex 8,2–14; auch Ps 78,45; 105,30). Die Johannes-Apokalypse formuliert schließlich ein zentrales Stelle im christl. Bildverständnis (»drei unreine Geister […] gleich den F.«; Offb 16,13), welches in der europ. Lit. vielfach aufgegriffen wird. Beispielsweise erscheinen Dante die Betrüger im kochenden Pechsumpf der Hölle in ihrem Verhalten als F. (*Divina Commedia*: »Inferno« XXII, 25 ff.); F. und K. gehören zu den »ewigen Peinen der Verdammten« (Angelus Silesius, *Sinnliche Beschreibung der vier letzten Dinge* III, 13); Mephisto charakterisiert sich gar selbst als »Herr der F.« (Goethe, *Faust I* 1516 f.).

2. Symbol der Lebensfreude und des Frühlings. Als ambivalentes Symbol steht der F. jedoch – selbst in christl. Lyrik – ebenfalls für die regenerativen Kräfte der Natur sowie eine Grundstimmung frohgemuter Agilität. Angelus Silesius etwa erinnert an die Gottgemachtheit der gesamten Schöpfung, wenn er betont, selbst der F. sei »ja so schön als Engel Seraphin« (*Cherubinischer Wandersmann* V, 61: *Alles ist vollkommen*). Für Brockes ist er ein »Lehr-Bild« selbstgenügsamer Lebenslust (*Irdisches Vergnügen in Gott: Die Vergnügung des Gehörs*) bzw. werden die ›F.-Chöre‹ der ↗Frühlings zur Predigt der Natur-Herrlichkeit erhoben (*Der F.*). Als Sinnbild der nach dem Winter wiederbelebten Flora und Fauna fungiert der »erweckte F.« auch bei Karsch (*An den jungen Lenz*; ähnlich auch Hoffmann v. Fallersleben, *Der Frühling ist wieder da!*), während das lyr. Ich in Buschs *Bedächtig*, durch ebensolche Idylle in heitere Kontemplation versunken, an der Durchführung seiner eigenen lebensfrohen Pläne gehindert wird. Klabund sieht in der Bindung der Amphibien an die warme Jahreszeit eine Analogie zum Dichterwesen und empfiehlt für die inspirationsarmen kalten Monate zu »überwintern/ Wie F. und Lurch« (*Winterschlaf*). Nur selten werden diese positiven Symbolaspekte auch der K. zugesprochen (Trakl, *Heiterer Frühling*; *Am Moor*; Droste-Hülshoff, *Das Hirtenfeuer*).

3. Symbol der Prahlerei und Dummheit. Von der Antike (Äsop, Phaedrus) bis zu den neuzeitl. Bearbeitungen etwa von La Fontaine oder Lessing findet sich eine ganze Reihe von F.-Fabeln, deren moral. Nutzanwendung bei gleichbleibendem Inhalt in Abhängigkeit von Epoche und Autor variiert (EdM V, 393–410). Hier steht der F. sinnbildlich für Großmannssucht und selbstverschuldeten Untergang (z. B. Äsop, *Der aufgeblasene F.*), teilweise auch für Sturheit und die unabsehbaren Folgen latenter Unzufriedenheit (z. B. Phaedrus, *Die F. bitten um einen König*). Die Persistenz der Fabeln und ihrer Symbolik durch die Jahrhunderte lässt sich zudem ablesen an ihrer häufigen Thematisierung in Erzählwerken. So finden sich beide exemplarisch genannten F.-Fabeln etwa bei Cervantes mit jeweils eigener moral. Deutung (*Don Quijote* II, 9; 18); eine harsche Kritik an der pädagog. Überdeutlichkeit von La Fontaines Epimythion zum *aufgeblasenen F.* äußert Rousseau (*Émile* IV). – Auch in der Lyrik kam den F. aufgrund ihres lauten Rufens und der buchstäbl. ›Großmäuligkeit‹ eine Symbolik im Sinne der Fabeln zu. In den sentenzartigen *Sinngedichten* Logaus eher allgemein gehalten (»Die Stimm ist groß, der Mann ist klein«, *Ein F.*), formuliert Hoffmann v. Fallersleben unter diesem Bild eine zyn. Abrechnung mit dem dt. Freiheitsstreben (*Guter Rath*), während Grillparzer uneingelöste polit. Versprechen kritisiert (*Staatliche Reformen*). Bei einer Akzentsetzung auf das Publikum der unzufriedenen (Pfeffel, *Der F.*) oder prahler. F. (Zachariä, *Der F., ein Doktor*) wird jedoch zunehmend unklar, auf wessen Seite die Dummheit zu verorten ist.

4. Symbol des Gestaltwandels. Die Entwicklung vom Laich über das Zwischenstadium der Kaulquappe zum fertigen Tier prädestiniert den F. als Symbol des Gestaltwandels, welcher wiederum kontextabhängig verschiedene Bedeutungen haben kann. In den *Metamorphosen* Ovids (VI, 339–381) werden die lyk. Bauern, die der flüchtenden Göttin Latona von ihrem ↗Wasser zu trinken verwehren, von dieser zur Strafe in F. verwandelt; eine ebensolche Transformation ereilt auch den betrüger. Gastwirt in Apuleius' *Der goldene Esel* (I, 1). Im Märchen kann eine temporäre Verwandlung vom Menschen zum F. eine zauberhafte Rettung aus höchster Gefahr darstellen (Grimm, *Die Nixe im Teich*), aber auch als Traumelement den Übergang von der Alltags- zur Märchenrealität anzeigen (Andersen, *Der kleine Tuk*). In seinem Kunstmärchen *Der kleine Zaches* belässt E.T.A. Hoffmann die F.-/Mensch-Wesen dagegen in Uneindeutigkeit bezüglich einer Zuordnung zu einer der Realitätsebenen (V). Die Rückverwandlung vom verabscheuten F. zum schönen, freundl. Prinzen im Grimmschen Märchen *Der F.könig oder der eiserne Heinrich* kann als Symbol der Integration von Sexualität und Partnerschaft in die vormals kindl. Welt der Königstochter verstanden werden (Röhrich). In diversen Adaptionen wird das F.könig-Motiv bis heute aufgegriffen und dabei oftmals variiert und persifliert (z. B. Simmel, *Märchen 1951*; Janosch, *Janosch erzählt Grimms Märchen*).

5. Symbol der Unreinheit und des Todes, aber auch der Unsterblichkeit. Die K. erscheint in den meisten Fällen als literar. Sinnbild der Unreinheit (zurückgehend auf Lev 11,29 f.; s. a. 1.) bzw. als Tier der Hölle oder Begleiter des ↗Basilisken (z. B. Angelus Silesius, *Cherubinischer Wandersmann* VI, 6: *Über-*

schrift der Verdammnis*; Holz, *Tres faciunt Collegium*). Ihrer (überschätzten) Giftigkeit verdankt sie die Zuordnung zu negativem Hexenzauber (z. B. Andersen, *Die wilden Schwäne*; Falke, *Unheimliche Stunde*) und Todessymbolik (Goethe, *Zwote Ode*; Hartleben, *Ein Gesicht*). Positive Symbolik hingegen liegt vor, wenn sich in einer K. der mysteriöse K.stein (↗Stein/Gestein) als Symbol seltener Kostbarkeit findet (Jean Paul, *Titan*, 31. Zykel; Wilde, *The Picture of Dorian Gray* XI) oder eine unsterbl. K. aus dem sie umgebenden Stein befreit wird (Keller, *K.sage*).

↗Basilisk, Frühling, Reinheit, Schlange.

Lit.: EdM V, 393–410. – HdA V, 608–635. – L. Röhrich, Wage es, den F. zu küssen, Köln 1987. FS

Frühling

Symbol des Neubeginns und der Hoffnung, eines idealen Zeitalters, der Kindheit und Jugend, des Lebens und der Liebe. – Relevant für die Symbolbildung sind (a) die klimat. Bedingungen des F. und (b) die christl.-↗österl. Liturgie.

1. Symbol des Neubeginns und der Hoffnung in individueller, sozialer und kosmischer Hinsicht. Seit den Mythologien des Alten ↗Orients und der antiken Kosmologie repräsentiert der F. eine Art Weltbeginn (Vergil, *Georgica* II, 336). Dabei sind die Symbolisierungen des Übergangs vom Chaos zur kosm. Ordnung oft durch Erfahrungen des Weidewechsels der Hirten und Nomaden geprägt. In Israel wird der Jahresbeginn vom ↗Herbst auf den ersten Neumond nach dem F.äquinoktikum verlegt. Im ›Nisan‹ (März/April) feiert das Volk Israel das Passafest mit seinem Lammopfer (↗Lamm/Schaf). Mit der Befreiung aus ↗Ägypten wird der Jahresbeginn zum Zeichen des heilsgeschichtl. Neuanfangs. Die F.monate werden zum Gedächtnis an den Exodus (Ex 13,8–14), auf dem nicht nur die Hoffnung der Gemeinschaft, sondern jeder Generation und jedes Einzelnen gründet. – Im Christentum wandelt sich die Symbolik des Nisan und Passafests zur Symbolik des österl. Lebens. Die Patristik deutet sich den ›Sieg‹ über den ↗Winter als Symbol der Auferstehung und des Sieges über Tod und Sünde (Ambrosius, *De virginibus* LIV), womit der kosm. Zusammenhang von Schöpfung und Erlösung angezeigt wird, der in der christl. Lit. noch lange nachwirkt: »Im Winter ist man tot,/ im F. steht man auf,/ Im Sommer und im Herbst/ verbringt man seinen Lauf« (Angelus Silesius, *Cherubinischer Wandersmann* V, 19: *Die geistlichen Jahreszeiten*). Auch die Taufe als Eintritt in das Heilsgeschehen wird daher durch den F. symbolisierbar. Selbst die Schöpfung im Ganzen kann als F.zeit gedeutet werden (*Cherubinischer Wandersmann* IV, 54: *Die Welt ist im F. gemacht*).

2. Symbol des Paradieses, des Goldenen Zeitalters und der Kindheit. Aus dem AT ist zudem die Vor-

stellung vom Paradies als einer an den F. erinnernden ewigen Blüte (↗Blume) und Fruchtbarkeit bekannt (Jes 35,1 f.; 41,18). Analoge Vorstellungen
finden sich in den antiken Literaturen und ihrem
Mythos vom ›Goldenen Zeitalter‹ (↗Gold). In
Ovids Darstellung desselben heißt es: »Da war ewiger Lenz, und gelind mit lautem Gesäusel/ Küßte
die Blumen der West, die sproßten ohne Besa-
mung« (*Metamorphosen* I, 107 f.; vgl. Homer, *Odyssee* IV, 567; Aristoteles, *Problemata* 943b, 21–28).
An anderer Stelle deutet Ovid den F. in Analogie zu
den Lebensaltern des Menschen als Kindheit: »Saft-
reich ist es [das Jahr] und zart, ganz ähnlich dem
Alter des Knaben/ Im erwachenden Lenz« (*Metamorphosen* XV, 201 f.).

3. *Symbol der Jugend, des Lebens und der Liebe.*
Antike und christl. Konventionen prägen die F.dar-
stellungen in der Lit.; er wird zur meistbehandelten
Jahreszeit, v. a. in der Lyrik, und zum verbreiteten
Symbol des Lebens und der Liebe (Horaz, *Oden* I,
4). Der milde, die Kräfte der Natur weckende Westwind (Zephir; ↗Wind; ↗Westen) gehört ebenso
zum festen Repertoire (z. B. Vergil, *Georgica* 44;
Chaucer, *Canterbury Tales*: *The General Prologue* 5)
wie eine historisch variierende Reihe von Vögeln,
die das Ende des Winters anzeigen: bes. die ↗Nach-
tigall, der ↗Kuckuck und die ↗Lerche. – Ausgehend
vom sog. Natureingang des Minnesangs und seinen
Stereotypen verselbständigt sich die F.symbolik im
Mai-Gedicht bereits im MA (z. B. Oskar v. Wolkenstein, *Der mai mit lieber zal*), in späterer Zeit sind
Mai-Gedichte bes. beliebt: z. B. bei Goethe (*M.lied*;
M.), Hölty (*Maylied*), Löns (*M.*; *Kurz ist der M.*)
oder Bierbaum (*Mai-Wunsch*). Steht in Barock und
Aufklärung (exemplarisch Harsdörffer, *Der F.*; E. v.
Kleist, *Der F.*) das Schöpferlob über die Segnungen
des F. noch eindeutig im Vordergrund, so verliert es
sich seit der Anakreontik. Der F. wird zur »Reizung
süßer Lust« (Hagedorn, *Die Empfindung des F.*) und
zur »frohen Blumenzeit«, in der »Bacchus und die
Liebe« herrschen (Uz, *F.lust*). Der junge Goethe
deutet den F. als gesteigerte Erfahrung des Selbstge-
fühls: »Wie im Morgenglanze/ Du rings mich an-
glühst,/ F., Geliebter!« (*Ganymed*). – In der Romantik wird die Grenze zur ↗Sommerdarstellung zunehmend fließend; wie der Sommer gilt auch der F.
seit dem Ende des 18. Jh. als Inbegriff des neuer-
weckten Lebens und der sinnl. Liebe, wobei der F.
oft mit der Erinnerung an Jugend und Liebe verbunden wird: »Und jeden F. wieder/ Von der schönen Jugendzeit/ Singt er vom Berg hernieder,/ Und
Heimweh faßt die Brüder,/ Die in dem Tal zer-
streut« (Eichendorff, *Die Werber*; vgl. Uhland, *F.
lieder*). Bei Heine erfahren die in der Romantik
wieder stärker hervortretenden F.konventionen
eine iron. Brechung, die aber eine Ausnahme bleibt:
»Es hat die warme F.nacht/ Die Blumen hervor-
getrieben,/ Und nimmt mein Herz sich nicht in acht,/
So wird es sich wieder verlieben./ Doch welche von

den Blumen all'n/ Wird mir das Herz umgarnen?/
Es wollen die singenden Nachtigall'n/ Mich vor der
Lilie warnen« (*Neuer F.*). – Eine histor.-patriot. Dimension erhält die F. in den polit. Liedern Hoffmann v. Fallerslebens: »Und es wird noch F. wieder/
Auch für uns in Wald und Feld,/ Und es singt noch
frohe Lieder/ Ueberall die deutsche Welt« (*In
Deutschland*). Während die Lyrik des Jugendstils
(Hart, *Der F. glüht durch alle Lüfte*; Bierbaum, *Vorfrühling*; Perzynski, *An den F.*) die trad. Symbolik
des F. meist erotisiert weiterführt, verwirft der Expressionismus den Optimismus der F.erfahrung
und löst einen ungebrochenen Rückbezug auf die
trad. Symbolisierung weitgehend auf. In Trakls Gedicht *F. der Seele* aus seiner geplanten Gedichtsammlung *Sebastian im Traum* heißt es z. B.: »Auf-
schrei im Schlaf; durch schwarze Gassen stürzt der
Wind,/ Das Blau des F. winkt durch brechendes Ge-
äst,/ Purpurner Nachttau und es erlöschen rings die
Sterne.«

↗Blume, Herbst, Hyazinthe, Jahr, Kranich,
Krokus/Safran, Kuckuck, Nachtigall, Ostern,
Sommer, Stier, Veilchen, Wind, Winter.

Lit.: Th. Michels, Das F.symbol in der österl. Liturgie,
Rede und Dichtung des christl. Altertums, in: Jb. für
Liturgiewissenschaft 6 (1926), 1–15. – R. Gustin, Le
printemps chez les poètes latins, in: Les Études Clas-
siques 15 (1947), 323–330. – J.J. Wilhelm, The Cruelest
Month, New Haven 1965. – V. Doebele-Flügel, Die
Lerche, Berlin/New York 1977. – Die vier Jahreszeiten
im 18. Jh., Heidelberg 1986.   GN

Fuchs

Symbol des Betrugs, der Heuchelei und Habgier,
des Teufels, falscher Propheten und Häretiker. –
Relevant für die Symbolbildung sind (a) das räuber.
Verhalten des F. und, damit zusammenhängend,
(b) die ihm seit der Antike zugeschriebenen anth-
ropomorphen Eigenschaften der Tücke, List und
Verschlagenheit.

Die stabilste, bis in die Neuzeit fortentwickelte
Fabelüberlieferung schuf Ps.-Äsop (*Fabulae*), die
älteste Archilochos (*Fragmenta*), doch sind die
vielkompilierten antiken Naturkundewerke (Plinius d.Ä., *Naturalis historia*; Aristoteles, *Historia
animalium*; *De generatione animalium*; Aelian, *De
natura animalium*) für die Symbolbildung ebenso
einflussreich. Der F. fungiert als Betrüger und be-
trogener Betrüger. Als Feinde gelten bes. ↗Löwe,
↗Wolf, ↗Adler und ↗Hund, als Freunde bes. ↗Rabe,
↗Affe und ↗Schlange, als Beute bes. Geflügel,
↗Hase, ↗Maus, ↗Trauben und ↗Honig. Der negative
Symbolgehalt des F. in der christl. Kultur stammt
v. a. aus den ma. Exegesen zu Ri 15,4; Neh 3,35; Hld
2,15; Klgl 5,18; Ez 13,4; Mt 8,20; Lk 9,58 und 13,32,
wo er u. a. auf Herodes, falsche Propheten, Häretiker, Verfolger und allg. auf Menschen von böser
Gesinnung (arglistige Betrüger, Heuchler, Verfüh-

rer, Schadenstifter, Erzsünder) bezogen wird, vor denen man sich nicht genug in acht nehmen kann (Hrabanus Maurus, *De universo* XXII: »De bestiis«, 225; Gregor d.Gr., *Moralia in Iob* I, 2; Isidor v. Sevilla, *Etymologiae* II, 29). Die nicht minder traditionsbildende *Physiologus*-Rezeption deutet den F. als Teufel, dessen Listen Sünder erliegen, bildlich gesprochen: als F., der z. B. eine unachtsame ↗Gans oder einen ↗Hahn reißt/überlistet. Als Häretiker predigt der F. im Mönchsgewand (z. B. *Ysengrimus*) für Geflügel und Hasen, oft assistiert von einem Affen (vgl. Willem, *Reinaert de Vos*), oder er verwüstet den ›Weinberg des Herrn‹ (Herrad v. Landsberg, *Hortus deliciarum*). Im *Ysengrim* (d.i. Wolf) erhält der F. den Namen Reinardus, der das Laientum repräsentiert und sich am gierigen Wolf (Mönch), der am Ende ermordet wird, durch Ränke rächt. In dieser Trad. stehen v. a. der satir. *Roman de Renart*, in dem der F. seiner Verurteilung – erfolgt nach der Ermordung einer ↗Henne – entgeht, indem er vorgibt, ins Hl. Land pilgern zu wollen, oder auch der gegen die höf. Welt gerichtete Roman *Reinhart Fuchs* (Heinrich der Glîchesaere), die Satire *Renart le Bestourné* (Rutebeuf), wo der F. das Bettelmönchtum verkörpert, oder die Satire *Le couronnement de Renart*, in der der F. Heuchelei und Habgier repräsentiert. Das niederdt. Versepos *Reineke de Vos*, ein Ständespiegel mit dem F. als Inbegriff der Schlechtigkeit, ist die populärste Version. Gottsched gab sie und eine hochdt. Fassung heraus und schuf so die Vorlage für Goethes Hexameterepos *Reineke Fuchs*. Modernere Fabelbücher (z. B. La Fontaine, Lessing) und literar. Erwähnungen des F. in fabelfernen Kontexten verlassen den skizzierten symbol. Rahmen nicht.

Lit.: EdM V, 447–478. – K. Varty, Renard the Fox, Leicester 1967.   MSam

Fünf / Fünfzig

Symbol des Menschen in seiner Kreatürlichkeit, der erot. Annäherung, der Vergebung und Erlösung. – Relevant für die Symbolbildung sind (a) die arithmet. Position der F. als Summe von ↗Zwei und ↗Drei, (b) die F.zahl der menschl. Sinne, (c) der Bücher Mose (Pentateuch) im AT und (d) der ↗Wunden Jesu bei der ↗Kreuzigung sowie (e) die Fünfzig als Produkt der vollkommenen Zahl ↗Zehn und der F. bzw. (f) als Summe von vierzig und zehn.

Als Zahl der menschl. Sinne symbolisiert die F. in christl. Trad. die Kreatürlichkeit des Menschen. Als Zahl des Pentateuch und der Weltalter vor Christus ist sie Signum der Weltverhaftetheit des Menschen und der Erlösungsbedürftigkeit des alten Bundes, als Summe von Zwei und Drei verweist sie (nach Lk 12,52) auf das Zusammenspiel von entzweitem Mensch und göttl. Trinität. Entsprechend können im *Münchner Eigengerichtsspiel* (1510) fünf Seelen die sündhafte Menschheit vertreten (V. 1706). Das Gleichnis der fünf klugen und fünf törichten ↗Jungfrauen (Mt 25,1–13) stellt nach ma. Deutung den richtigen und falschen Gebrauch der fünf Sinne gegenüber (Hieronymus Lauretus, *Sylva allegoriarum*: »Virgo, Virginitas, Virago«; »Quinarius«). In Analogie zu den Sinnen sind Otfrids v. Weißenburg *Liber evangeliorum* und Johannes Scotus' *De divisione naturae* in fünf Bücher gegliedert. Auch christolog. (fünf Wunden, fünf Abschnitte des ird. Lebens Jesu), ekklesiolog. (fünf Stände der Kirche, fünf Adressatengruppen in 1 Kor) und weitere Pentaden (Geisteskräfte, Sünden) lassen sich nach diesem Muster deuten. Origenes entwickelt ein Konzept der fünf geistl. Sinne, die Gott erfahrbar machten (*In canticum canticorum* I; II; *De principiis* I, 1; *Contra Celsum* I); die Rezeption zieht sich durch das gesamte MA. – Seit der Antike (Horaz, *Oden* I, 13; Terenz, *Eunuchus*) werden erot. Annäherungen, z. T. in lockerer Korrelation mit den fünf Sinnen, nach dem Schema der sog. *quinque lineae amoris* geschildert: »Denn es gibt fünf Stufen der Liebe, nämlich das Erblicken, das Ansprechen, die erste Berührung, den Kuss, den Koitus« (Donatus, *Commentarius antiquor* zu Terenz' *Eunuchus* IV, 2, 12). Das Muster ist im MA weithin bekannt (Eugraphius, *Terenz-Kommentar*; *Carmina Burana* 72, 2; 88, 2; 154; Egbert v. Lüttich, *Fecunda ratis* I, 1414 ff.; Oswald v. Wolkenstein, *Lied* 53; 60; 63; 91) und wird bis ins 19. Jh. variiert (Rost, *Versuch von Schäfer-Gedichten*; Kornmann, *De linea amoris*; Goethe, *Der Besuch*; *Kunst, die Spröden zu fangen*; Mörike, *Scherz*). – Symbolisierungen der Fünf begründen sich nur zum Teil aus der Fünf. Als Produkt von fünf und zehn verweist sie auf die fünf Sinne und den Dekalog, damit auf dessen Einhaltung oder aber Überschreitung; zudem (mit Bezug auf Ps 50) auf Vergebung und himml. Lohn nach den ird. (sinnl.) Mühen. Hrabanus Maurus bezieht in einem Figurengedicht die Christuszahl röm. X auf die Fünfzig und begründet so das Erlösungswerk des Kreuzestodes (*De laudibus sanctae crucis* Fig. XIX). Als Summe aus vierzig (ewiges Leben) und zehn (nach Mt 20,1–16 dem ›Lohn-Denar‹) verheißt die Fünfzig die aus dem guten Leben erwachsende ewige Ruhe und Vergebung der Sünden. Auch die Trad. des Sabbath-Jahrs der Versöhnung nach sieben mal sieben Jahren (Lev 25,10 f.) wird so gedeutet und präfiguriert zudem die fünfzig ↗Pfingsttage. Die Breite von Noahs Arche (fünfzig Ellen) verweist auf die Gnade des Hl. Geistes (Hieronymus Lauretus, *Sylva allegoriarum*: »L.«). Hugo v. St. Victor konzipiert eine ↗Leiter zur Arche, deren fünfzig Stufen wieder auf Sündenvergebung und Tröstung hinweisen (*De arca Noe mystica* VII). Ohne dass diese Deutungen explizit aufgerufen würden, stellt die Fünfzig v. a. in barocken Gedichtsammlungen ein beliebtes Ordnungsmuster dar (A. Gryphius, *Sonette*; Stieler, *Geharnschter Venus Sinnreden*; Hey, *Fünfzig Fabeln für Kinder*, *Noch fünfzig*

Fabeln für Kinder), nach dem Muster der 150 Psalmen auch in Verbindung mit der ↗Hundert (Greiffenberg, *Geistliche Sonette*). Noch Canetti stellt fünfzig fiktive Charakterzeichnungen zusammen (*Der Ohrenzeuge*) und plant später einen Band *Die neuen 50 Charaktere*. – Fünfzig Jahre können für ein rundes Menschenleben stehen (Assmann v. Abschatz, *Betrachtung funffzig-jährigen Lebens-Lauffs*; Büchner, *Dantons Tod* III, 7; *Leonce und Lena* III, 3). Goethes *Mann von funfzig Jahren* gibt ein Muster vor, wonach auf der Schwelle zum beginnenden Alter erot. Verwirrungen die Existenz gefährden (Schnitzler, *Casanovas Heimfahrt*; Th. Mann, *Der Tod in Venedig*; Frisch, *Homo Faber*; Susi Gern in M. Walsers *Der Lebenslauf der Liebe* will nicht für älter als fünfzig Jahre gelten). Fünfzig Jahre alt ist auch Don Quijote bei seinen Ausfahrten.
↗Hundert, Pentagramm, Zahlen, Zehn.

Lit.: LmZ, 403–442; 734–747. – K. Helm, Quinque lineae amoris, in: GRM 29 (1941), 236–246. – H. Schlaffer, Musa iocosa, Stuttgart 1971, 76–87.   JMo

Fürst ↗Kaiser/König/Fürst.

Fuß / Fußspur
Symbol der Macht und Gewalt, der Menschlichkeit in phys. wie moral. Sinne, aber auch des Teufels, der Schönheit und des Sexuellen. – Relevant für die Symbolbildung sind die Funktionen des F. für die Stand und die Fortbewegung des Menschen sowie seine Position im menschl. Körperbau als Bindeglied zur ↗Erde.
1. Symbol der Macht und Gewalt. Als Instrument phys. Gewalt sind F. symbolträchtig bei der Zurschaustellung polit. Macht: »Kommt her und setzt eure F. auf den Nacken dieser Könige« (Jos 10,24; vgl. Röm 16,20; Sophokles, *Elektra*, 453–456; G. Büchner, *Friede den Hütten! Krieg den Palästen!*). Aus der Sicht des Unterlegenen sind F. ein noch häufiger gebrauchtes Symbol in diesem Zusammenhang: »Ich fall Euch zu F., so sprach des Königs Weib« (*Nibelungenlied* XXIX, 1767; vgl. Shakespeare, *King John* V, 7; Kleist, *Penthesilea* XIV). Überschneiden sich in diesen Fällen noch Geste und symbol. Sprachgebrauch, so wird das Zu-F.-Fallen auch im Kontext von Reue gebraucht (Goethe, *Faust I* 4450), kann aber auch Vertrauen in den Stärkeren als Helfenden signalisieren (Mk 5,22; Lenz, *Der Hofmeister* I, 6). – Entblößte F. symbolisieren Demut (Gen 3,5; Ex 3,5; Vergil, *Aeneis* IV, 517–521), aber auch Elend und Hilflosigkeit (Jes 20,2–4; G. Heym, *Robespierre*). Die (oft ohnehin als Sklavendienst dargebotene) ritualisierte F.waschung (↗Reinheit) oder F.salbung (↗Öl/Salbe) im antiken Mittelmeerraum symbolisieren hingegen gerade die Demut des Waschenden (Gen 19,2; Aristophanes, *Die Wespen* 605) bzw. als Geste der Gastfreundschaft die Ehrung des Gastes (Gen 24,32;

Homer, *Odyssee* XIX, 344–356). Im NT wird die F.waschung neu gedeutet (Joh 13): Die Reinigung der F. der Apostel durch den Messias wird zum Symbol für die Gleichheit und Brüderlichkeit aller Menschen. – Explizit Machtverhältnisse statuierend sind das Inbesitznehmen von Land durch bloßes Betreten sowie Anwesenheits- oder Betretungsverbote. Dabei gilt die Berührung der (oft hl.) Stätte mit dem F. als Grenzübertretung durch die ganze Person (Grillparzer, *Die Argonauten* I). – Symbol segensreicher Macht sind die F.stapfen Gottes (Ps 65,12), der in seinen F.spuren fruchtbare ↗Erde hinterlässt, aufgegriffen etwa im dt. Pietismus (A.H. Francke, *Segensvolle F.stapfen des noch lebenden und waltenden liebreichen und getreuen Gottes*), oder auch als F.spur weltl. Herren: »des herren f. dünget den acker wol« (Sachs, *Das Heiltum*). Erot. Macht geht dagegen vom »schneeweißen F.« der Geliebten aus, dem sich »die Gräser neigen« (Petrarca, *Canzoniere* CLXV: *Come 'l candido piè' per l'erba fresca*; ↗Schnee, ↗Weiß; s.a. 3.).
2. Symbol der Menschlichkeit in physischem wie moralischem Sinne, aber auch des Teufels. Ausgehend von der elementaren Funktion des F. für die menschl. Existenz wird häufig der verletzte F. zum Symbol der Hinfälligkeit des Menschen, so bei den Stigmata Jesu am Kreuz (Rilke, *Pietà*). Achills einzige verwundbare Stelle ist seine Ferse, die sein väterl. Erbe der Sterblichkeit darstellt. Ödipus (gr. »Schwellfuß«) werden nach der ↗Geburt die F. durchstochen, um ihn lebensuntauglich zu machen. In Ch. Browns Roman *My left F.* (↗Links/rechts) wird dagegen das einzige bewegl. Körperteil des Protagonisten zum Mittel der Kommunikation und damit zum Symbol seines »lebenswerten« Mensch-Seins. *Die kleine Seejungfrau* (Andersen) begehrt menschl. Beine und F. auch als Symbole des Mensch-Seins. – F.spuren symbolisieren die phys. Präsenz eines Menschen und können entsprechend gedeutet werden. So belehrt Natty Bumppo den in der Wildnis unerfahrenen Major Heyward mit einer Phänomenologie der F.spur (Cooper, *The Last of the Mohicans* XVIII). Die vom menschl. F. noch unberührte Gegend kann dagegen als unschuldig und daher besonders anziehend erlebt werden (Eichendorff, *Der Wegelagerer*; Stifter, *Der Hochwald* II). Als Symbol unerwarteter menschl. Präsenz können F.spuren aber auch Schrecken erzeugen (Defoe, *Robinson Crusoe*). In Frances *La révolte des anges* (VII) symbolisiert dagegen die F.spur eines dieb. F.ngels dessen unmenschlich-übermenschl. Macht (s.a. 1.). – Metaphysisch verstanden können F.spuren zu symbol. Lebensspuren überhöht werden (Weiss, *Abschied von den Eltern*; Kafka, *Das Schloß* IX). – Die moral. Bedeutung der F. als Symbol des rechten Lebens ist vor allem in der Bibel allgegenwärtig. So sagt Hiob: »ich hielt meinen F. auf seiner [Gottes] Bahn« (Ijob 23,1; vgl. Ps 91,12; ↗Gleis), wohingegen das Strau-

cheln der F. den moralisch falschen ↗Weg symbolisiert (Ps 73,2). – Sind die F. das gottgegebene Mittel, um zur Tugend voranzuschreiten (Gracián, *El Criticón* I, 9), kann umgekehrt der missgestaltete F. das dem Menschen feindlichste Prinzip, den Teufel, symbolisieren (↗Ziege/Ziegenbock). Den Attributen des Pan nachgebildet, wird der Teufel seit dem MA hinkend mit einem Tierfuß dargestellt, prominent bei Goethe (*Faust I* 2489–2502) und Lesage (*Le Diable boiteux*). Kleist macht rund um dieses Symbol ein komödiant. Kriminalstück, das zudem noch die Symbolik des hinkenden F. des Ödipus parodistisch hinzunimmt (*Der zerbrochne Krug* XI).

3. *Symbol der Schönheit und des Sexuellen.* Seit der Antike werden F. als Symbol vor allem der weibl. Schönheit verwendet, so bei der »silberfüßigen Thetis« (Homer, *Ilias* XVIII, 146; ↗Silber). Das *Hohelied* (7,2) kennt dagegen nur die beschuhten F. (↗Schuh) und den Gang der Schönen, doch sind F. als Symbole der Schönheit vom MA über die Blasons der Renaissance bis zur Romantik durchgängig nachweisbar (Petrarca, *Canzoniere* CLXV; Gautier, *Le pied de momie*; Hofmannswaldau, *Er sahe*

sie über feld gehen; Sagon, *Le pied*). Höhepunkt dieser Symbolverwendung ist die Lit. des 18 Jh., die insbesondere das kleine ›Füßchen‹ zumeist fetischisierend bis hin zur Süßlichkeit einsetzt (Wieland, *Don Sylvio* I, 7; Bürger, *Prinzessin Europa*; Thümmel, *Wilhelmine* V). – Wird weibl. sexuelle Aggressivität zum Teil des erot. Diskurses, verschränken sich die Symbolebenen von Macht und Schönheit (C. Brentano, *Das Märchen von Fanferliesschen Schönefüßchen*; Heine, *Der Kopf spricht*; Wedekind, *Die Büchse der Pandora* II). Der körperl. Kontakt des Auf-die-F.-Tretens zwischen Liebenden wird als erot. Handlung begriffen (A. v. Arnim, *Die Kronenwächter* II; Raabe, *Der Hungerpastor* XVII). Goethe parodiert dieses erot. Spiel im Kontakt von Damen am Hof mit Mephistopheles' F. in *Faust II* (6329–6343).

↗Koloss, Schuh, Vers, Weg/Straße.

Lit.: RAC VIII, 722–777. – WBS, 134f. – W. Till, Schuh- und fußförmige Anhänger und Amulette, München 1971. – G. Wolf, Verehrte F., in: Körperteile, hg. v. C. Benthien/Ch. Wulf, Reinbek bei Hamburg 2001, 500–523. SBö

G

Gans

Symbol der Wachsamkeit, Einfalt, Kontemplation und Voraussicht, aber auch der Dummheit, Geschwätzigkeit und des Teufels. – Relevant für die Symbolbildung sind die Eigenschaften der G. als (a) Herdentier und (b) Wassertier, das (c) in Einehe lebt, sowie (d) ihr lautes Schnattern.

In der Symbolik wird zwischen Baum- (Fabeltier, evtl. Lumme), Wild- (auch ›Meeradler‹) und Hausgänsen unterschieden. Plinius' Bericht (*Naturalis historia* X, 26; XXIX, 14) von der durch das Lärmen der Gänse verhinderten Erstürmung des röm. Kapitols schuf die Hauptbedeutung der G.: Wachsamkeit (*vigilitas*). Die Römer huldigten seither – auf gotteslästerl. Weise, so die Kirchenväter – der G. (silberne G., G. auf Sänfte, G. in Purpur); die ›goldene G.‹ geht hierauf und auf Ps.-Äsops G. zurück, die goldene Eier legt (vgl. Luther, *Fabeln*). Der Traum Penelopes (*Odyssee* XIX, 536–553) steht am Anfang des Motivs der durch ihre Unkenntnis gefährdeten G., im MA oft als einfältiger Christ gedeutet, der vom Häretiker (↗Fuchs, ↗Wolf) ins Verderben gerissen wird (sprichwörtlich: ›dumme Gans‹); vgl. noch Busch, *Fuchs und Gans*. Die graue Wildgans hingegen wird als kontemplativer Mensch interpretiert (Hugo v. St. Victor, *De bestiis et aliis rebus* I, 16), der den »Wind der Versuchungen« (Angriffe des ↗Adlers) meidet oder weise zu schweigen weiß (Stein im Schnabel). Die Wachsamkeit der G. erhielt sehr früh verschiedene Deutungen: v. a. als kluge Voraussicht (*providentia*, seit Ps.-Eustachius, *Metaphrasis Latina Hexaemeri S. Basilii*), die die G. Lärm schlagen lässt; als hellhöriger Seelsorger/Mönch, der vor Heilsgefahren warnt (Traditionsbasis: Isidor, *Etymologia* XII, wo die Vorstellung herrührt, dass die G. über den Menschen aus sorgender Liebe wache, um ihn vor Schaden zu bewahren und zu warnen; eine starke Deutung, die sich z. B. auch bei Lagerlöff, *Nils Holgersson*, findet); als Mensch, der Gerüchte verbreitet (Albertus Magnus, *De animalibus* XXIII) oder sich ungefragt einmischt (Picinelli, *Mundus symbolicus* IV, 4, 83); auch als jemand, der zu sprechen und zu schweigen weiß (ebd., 85). In der konfessionellen Polemik ist J. Hus seit dem 16. Jh. die gebratene G. (Hus wurde hingerichtet), die das Kommen des ↗Schwans (Luther) voraussagte. Die monströse Baumgans (*bernida*, *branta*), die an morschen Schiffsbalken oder birnengleich auf Bäumen, die an Meeresklippen stehen, wachsen soll, wird in ma. Bestiarien als ›Teufel‹ ausgelegt (Konrad v. Megenberg, *Buch der Natur*; Fromann, *Anser Martianis*), weil sie sich außerhalb der Schöpfungsgesetze steht.

Lit.: WS, 226 f. – P. Berchorius, Reductorium Morale VIII, 8, Venedig 1583. – J. Ch. Frommann, Anser Martianus, Leipzig 1683.   MSam

Garten

Symbol des weibl. Körpers, der Weltordnung und des Wissens, des glückl. Jenseits, der Verwandlung und der Poesie. – Relevant für die Symbolbildung sind (a) die Funktionsweise des G. (Vergnügen, Arbeit, Lehre) und die damit verbundene Rolle des Menschen, (b) die äußere Gestalt (geschlossen oder offen; in Wachstum oder Verfall begriffen) und (c) die Auffassung seiner Stellung in dem jeweils dominanten Natur- und Kulturkonzept.

1. Symbol des weiblichen Körpers und der Jungfrau Maria. In seiner Bedeutung als ein fruchtbringender Körper der ↗Frau tritt der G. als Nutz- bzw. Haus-G. im Volkslied (*In meines Vaters G.*) und in der Erzähllit. der griech. Antike (Achilleus Tatios, *Leukippe und Kleitophon*; Longos, *Daphnis und Chloë*) auf, wo die weibl. Geliebten als G.pflanzen (↗Blume) personifiziert werden (Nonnos, *Dionysiaka* 3, 140). Der von einer Rosenhecke umgebene Blumengarten fungiert als Zeichen der Jungfräulichkeit (*insignia virginum*) und wird emblematisch tradiert (Paolo Maccio, *Emblemata* LXVII). Verdichtet im *Hohelied* (»liebe Braut, du bist ein verschlossen G.«, 4,12–15), wird die Bedeutung zum festen Bestandteil der abendländ. Liebeslit., wobei hier die Vielschichtigkeit der Versinnbildlichung im *Roman de la Rose* (Frau, Gottesmutter, Erotik, Kirche, Paradies) für lange Zeit literar. Maßstäbe setzt. Die ursprüngl. Frauenkörpersymbolik des G., wie sie sich auch bei Shakespeare (*Sonnets* III, XVI; *Venus and Adonis* 231–234) wiederfindet, verliert jedoch in den zahlreichen Variationen des ird.-sinnl. und spirituellen Liebes-G. (z. B. in *L'amorosa visione* von Boccaccio) zunehmend an Konturen. So wird im Verlauf des 18. Jh. die Liebessemantik des geschlossenen G. in die offene G.landschaft bzw. Natur überhaupt verlagert, wofür beispielhaft die Idyllendichtung steht (Gessner, *Lycas*). Als dauerhaft erweist sich dem gegenüber die symbol. Bedeutung des geschlossenen G. als ↗Jungfrau Maria (Petrus Chrysologus, *Metropoli ecclesiastica ravennatensi* I; Aldhelm v. Malmesbury, *De laudibus virginitatis*). In diesem Bild werden die Vorstellungen von Unschuld, (»Jungferschafft die ist ein g.«, Logau, *Jungferschafft*), Erotik und Fruchtbarkeit vereint und ins Sakrale überführt (noch in Eliots *Ash-Wednesday*). Die weibl. Komponente des Symbolgehalts überlebt in dem profanen G.raum der Neuzeit in den Gestalten der G.gottheiten Venus,

Flora, Mater Matuta und Pomona (Switzer, *Ichnographia Rustica*; Eichendorff, *Das Marmorbild*). Die Liebessemantik wird meistens in der Figur der schönen Gärtnerin bei Verlaine in *Fêtes galantes* oder der G.besitzerin im *Frühlingsgarten* von Halbe eingelöst. Literaturhistorisch als Ausnahme erscheint daher die Intensität der Frauenkörpersymbolik, die René Depestre in den 1970er Jahren in Erzählungen wie *Alléluia pour une femme-jardin* zum Ausdruck bringt.

2. *Symbol der Weltordnung, des Wissens und der Erziehung.* Der alttestamentl. Gottes-G. (Gen 2) verweist auf die Urgeschichte; in Verbindung mit dem Vorstellungskreis des Goldenen Zeitalters wird »Eden, erster G.« (Fleming, *Jerusalem! Jerusalem!*) zum Symbol der harmon. Weltordnung (Dante, *Divina Commedia*: »Paradiso« XXIII f.; Lomonosov, *Oden*; Goethe, *Wahlverwandtschaften*, insbes. II, 19; Flaubert, *Bouvard et Pécuchet*; Stifter, *Nachsommer*, insbes. I, 4: »Die Beherbergung«). Diese wird in der formalen Gestaltung der G.anlagen, insbes. in der strengen geometr. Form des Kloster-G., zum Ausdruck gebracht (Strabo, *Hortulus*). Auf die epistem. Tragweite des G. verweist eine um 1700 in England begonnene Kontroverse (Locke, Shaftesbury, Addison), die den Absolutismus und sein Symbol – geometrisch gestalteter und axial auf das Schloss ausgerichteter G. – in Frage stellt und das alternative Konzept des freien Landschafts-G. propagiert. Neben der polit. und ästhet. Dimension der »G.revolution« (Hirschfeld, *G.kalender*) wird der Landschafts-G. für die zeitgenöss. Diskussion ein Symbol für die Verbesserung des Menschen (Addison, *The Pleasures of the Imagination*; Hennings, *Über Baummahlerei*; Rückert, *Bemerkungen über Weimar 1799*). Den gepflegten G. als Sinnbild der Wissensaneignung und der Erziehung transportieren die Emblem-Bücher noch bis ins 18. Jh. hinein (*Exercitationes variae emblematicae* XVIII). Die symbol. Aspekte der Erziehung im G. (Teissier, *Extrait de Télémaque*; Dschunkowskij, *Alexandrowa Datscha*) werden mit dem pragmat. konsequent in dem Kindererziehungsmodell der Philanthropine verbunden (Basedow, *Agathokrator*). Mit der Verbreitung der Landschaftsästhetik treten an die Stelle der kognitiven Erschließung und planvollen Ordnung des regulären G. zunehmend eine affektive Aneignung und gewollte Zwanglosigkeit, die zur Herausbildung der modernen Subjektvorstellung beitragen (Rousseau, *Émile*, insbes. II; V). Das in didakt. Absicht beliebte Symbol wird nicht selten in karikierendem Zusammenhang (Jean Paul, *Flegeljahre* XXIV) eingesetzt.

3. *Symbol des glücklichen Jenseits, des verlorenen Paradieses und der Kindheit.* Die verbotene Aneignung des Wissens im G. steht am Anfang der bibl. Erzählung der Vertreibung der Ureltern Adam und Eva (Gen 2). Damit beginnt die spätere eschatolog. Interpretation des G. als eines jenseitigen Ortes, an

dem das urzeitl. Dasein bei Gott den Frommen wieder zuteil werden kann. Der G. charakterisiert die Endzeithoffnungen auf einen Ort der Seligen und verweist auf den urzeitlichen, inzwischen verlorenen Gottes-G. Der poet. Höhepunkt der apokalypt. Deutung des himml. G. findet sich in Dantes *Divina Commedia* (vgl. auch Gerhard, *Sommer-Gesang*). So wie der G. Eden dem Vergnügen gewidmet war und das arbeitsame Leben erst nach dem Fall folgte (Temple, *Upon the Gardens of Epicurus*), verknüpft die neuzeitl. G.symbolik im Bild des ird. Paradieses nun den Genuss mit der Arbeit (Brockes, *Irdisches Vergnügen in Gott: Der G.*). – Nicht der repräsentative höf. G., sondern der Landsitz als eine G.landschaft steht im Zentrum der aufklärer. Moral und Ästhetik. Dabei symbolisiert der Landsitz die Natur, wogegen der höf. G. als Sinnbild der Künstlichkeit in der Kritik steht (Morris, *Lectures on Architecture*; Shenstone, *Elegy*). Die moral.-polit. Dimension der G.symbolik wird in der dt. Lit. unter dem Vorzeichen der privaten Freiheit umgesetzt (Hirschfeld, *Theorie der G.kunst* IV; Jacobi, *Woldemar*). Paradigmatisch dafür ist auch der Rückgriff auf die »künstliche Wildnis«, die Rousseau in *Julie ou La nouvelle Héloïse* als einen verschlossenen G. entwirft. Der empfindsame G., ob in Mercks Gedicht *An L…* oder in Goethes *Leiden des jungen Werthers* (I: »Am 4. Mai«), bietet die Stimmungsräume für die freie Entfaltung zunehmend individualisierter Wahrnehmung und grenzt sich von den eindeutigen emblemat. Sinnzuweisungen ab. Die Korrespondenz der äußeren Gestalt des G. mit der inneren Welt des Besuchers steht von da an im Mittelpunkt einer individualisierten Symbolbildung (Brentano, *Gockel, Hinkel und Gackeleia*; Tieck, *Phantasus*; Stifter, *Der Nachsommer*). Ein kapriziöses Spiel mit jegl. Symbolgehalt betreibt Jean Paul, als er einen ↗Ballonflug über die berühmtesten dt. G. in *Des Luftschiffers Giannozzo See-Buch* (»Siebente Fahrt«) startet. Der Rückkehrwunsch zu einer glückl., aber vergangenen Existenzform bildet die Grundlage einer weiteren Bedeutung des G. als Symbol eigener Kindheit (Jean Paul, *Titan*, 4. Zykel). Bereits der mit ↗Dornbüschen umzäunte G. des Laërtes in Homers *Odyssee* (XXIV, 205–230) erinnert Odysseus an die eigene freudige Jugend. Zentral für die moderne poet. Suche nach der verlorenen Zeit sind der Park von Tansonville und die Gärten der Champs-Elysée in Prousts *A la Recherche du temps perdu* (*Le temps retrouvé*). Wenn Rouquette 1961 mit dem *Verd paradis* den Ausdruck Baudelaires für das ferne Paradies der Kindheit aus *Fleurs du mal* aufgreift, um sich dann von der entsprechenden Symbolik der klass. Moderne ironisch zu distanzieren, so ist im Erzählwerk von Pedretti (*Kuckuckskind oder Was ich ihr unbedingt noch sagen wollte*), Kleeberg (*Ein G. im Norden*: »Das andere Deutschland«) oder Bassani (*Il giardino dei Finzi-Contini*) eine zeitgenöss. Fortschreibung der G.symbolik erkennbar, die den G. ins Zentrum der literar. Vergegenwärtigung der verloren gegangenen Zeiten und unfreiwillig verlassenen Orte stellt.

4. *Symbol der Verwandlung, des Grenzganges zwischen Leben und Tod, der Vergänglichkeit.* Die durch die räuml. Abgrenzung des G. angelegte Trennung in alternierende Bereiche (außen/innen, fremd/eigen, wild/kultiviert, profan/sakral usw.) und die Möglichkeiten der Grenzüberschreitung erweisen sich als bes. attraktiv für die literar. Symbolbildung. Zum einen ist es die konkrete Grenze des G., die die Verwandlungen markiert. Beispielhaft für die Ambivalenz der G.symbolik, die die Transformationen von einem heiteren G. zu einem lebensgefährl. G. veranschaulicht, sind die Märchen (z. B. Brüder Grimm, *Rapunzel*). Zum anderen hebt der G.raum die sonst gültigen Unterschiede auf und symbolisiert damit die in ständiger Bewegung begriffene Neudefinition von Leben und Tod. Diese Grenzerfahrung findet Eingang sowohl in german. Sagen, wo ein fruchtbarer G., z. B. Ôdâinsakr im Land Glæsiesvellr (Saxo Grammaticus, *Gesta Danorum* VIII) als Totenreich erscheint (Hildebrand, *Goëtia vel Theurgia*: »Der wunderbare G. bei Lauenburg«; Baader, *Volkssagen: Die Wettenburg*), als auch in die griech. Mythologie: Ausgerechnet die Töchter der Nacht, die Hesperiden, hüten in ihrem G. die ↗goldenen ↗Äpfel des ewigen Lebens (Pindar, *Nemeen* I, 61 ff.; *Fragmente* CLXIX; Apollonios Rhodios, *Argonautika* IV; Theokrit, *Idyllen* 24, 82; Reinzer, *Meteorologia philosophico-politica* X). In der Lit. der Antike wird der schöne Teil des Totenreichs, das Elysium, als G. dargestellt (Pindar, *Olympia* II, 77–84; Tibull, *Elegien* I, 3, 61 f.; Ovid, *Amores* II, 6, 49–58; Claudian, *De raptu Proserpinae* II, 284–306). Als Inbegriff der Verwandlung avanciert die rituelle Handlung der Adonis-G. zum Symbol der Kurzlebigkeit bzw. der Vergänglichkeit der (künstl.) Schönheit (Platon, *Phaidros* 276b; Theophrast, *Historia plantarum* I, 12, 2). Die Überwindung des Zaubers eines prachtvollen, aber durch eine Wolke versteckten G. der Burg Brandigan steht im Mittelpunkt der Joie-de-la-curt-Episode der Artusepik; die Befreiung des G. von seinem Bann beendet hier die künstl. Isolation und die erwünschte Rückkehr in das höf. Leben (z. B. Hartmann v. Aue, *Erec* 8521–9858). Der immanenten Wandlungsfähigkeit des G., der sowohl unter dem Einfluss des natürl. Tages- und Jahreszeitenwechsels als auch der künstler. Umgestaltung steht, schenken die Autoren der dt. Romantik besondere Aufmerksamkeit (E.T.A. Hoffmann, *Der goldene Topf*; Eichendorff, *Das Marmorbild*; Andersen, *Die Geschichte von einer Mutter*). Dieses Bild des G. wird in der Moderne aufgegriffen und im Sinne eines sich schließenden Kreises von Wachstum und Verfall transformiert, wenn z. B. in den G. des jungen Ästheten Claudio der Tod einsickert (Hofmannsthal, *Der Tor*

und der Tod). Für die in radikaler Form abgekapselte, dem aktiven Leben entsagende künstler. Existenz steht der ↗schwarze G. von Des Esseintes (Huysmans, *À rebours*). – Die buchstäbl. Exklusivität des G. beschäftigt die Autoren verstärkt seit der zweiten Hälfte des 19. Jh.: Das Bewusstsein für die hochartifizielle Form der Raumgestaltung einer bestimmten Gesellschaftsschicht (Fontane, *Der Stechlin*; Keyserling, *Bunte Herzen*) stellt den Zusammenhang mit der gesellschaftl. Grenzen her. Als ein Relikt der Vergangenheit wird der G. zunehmend zum Symbol einer überholten, nicht mehr zeitgemäßen Lebensform (Čechov, *Der Kirschgarten*; Storm, *Die Söhne des Senators*). Diese wird entweder retrospektiv verklärt und sehnsüchtig vergegenwärtigt (Keyserling, *Am Südhang*) oder ironisch bzw. satirisch vorgeführt (Freytag, *Soll und Haben*; Th. Mann, *Tristan*). – Der G. als ein Grenzbereich, in dem die normale Seinsordnung aufgehoben ist, wird in der Lit. mit dem ↗Traum gleichgesetzt (Colonna, *Hypnerotomachia Poliphili*), ihn kennzeichnet die Unmöglichkeit der Fortbewegung (Brüder Grimm, *Frau Holle*), der Verzicht auf jegl. Aktivitäten bis auf den passiven Genuss (Homer, *Odyssee* V, 55 f.; Hartmann v. Aue, *Erec* 9020–9673) oder das Abenteuer (*Roman de la Rose*; Wolfram v. Eschenbach, *Parzival* 600–607). Die Autoren um 1900 verbinden schließlich mit dem G. das der »deutlichen Wirklichkeit« ferne »Dunkle, Fremde und Versteckte« (Bahr, *Studien zur Kritik der Moderne*), so dass G. als »Träger des Anderen« überhaupt fungiert (Hofmannsthal, *Gespräch über Gedichte*).

5. *Symbol der Poesie.* Als literar. Symbol bedeutet G. die Quelle poet. Inspiration und die selbst geschaffene Welt der Dichter (Plinius d. J., *Epistulae* I, 3; I, 9). Systematisch wird die produktions- und rezeptionsästhet. Wechselwirkung zwischen dem G. und der Poesie im Rahmen der Imaginationsdebatte des 18. Jh. ausgelotet (Addison, *The Pleasures of the Imagination*). Dabei wird die Sinnbeziehung des Landschafts-G. zu einer progressiven Literaturtheorie nachhaltig durch die Prämisse der mannigfaltigen freien Natur bestimmt, die polemisch gegen die Einförmigkeit und Armut der Kunstregel ausgespielt wird (Möser, *Ueber die deutsche Sprache und Litteratur*; Lenz, *Für Wagnern [Theorie der Dramata]*). Die besondere Zeitstruktur des G.erlebnisses, das in seiner Gegenwart die Vergangenheit (durch die Erinnerung an den urzeitigen G.) und die Zukunft (im Wunsch nach Wiedergewinnung des harmon. Zustandes) vereint, steht im Zentrum der romant. Poetik (Eichendorff, *Dichter und ihre Gesellen*). Dem G. kommt darin die symbol. Bedeutung der Poesie zu, da beide als Ganzes das Verhältnis des Subjekts zur äußeren Welt zum Ausdruck bringen. In diesem System werden G. pflanzen als früher lesbare und nun zu Geheimchiffren gewordene Zeichen der urzeitigen Sprache gedeutet (Novalis, *Heinrich von Ofterdingen*; *Die*

Lehrlinge zu Sais). Nach C. Brentano möchte jeder in Erinnerung an das verlorene Paradies »sich irgendein Surrogat erschaffen« (*Herzliche Zueignung*). Dass Gärten dabei eine prominente Rolle spielen, bestätigt auch Tieck, der in *Ein deutsches Lustspiel* den Prinzen Zerbino zu einem »G. der Poesie« reisen lässt. Aus dem Verständnis heraus, dass das Heute mit Vergangenheit beladen ist (Hofmannsthal, *Gärten*), fungiert das G.erlebnis auch in den poet. Entwürfen der Moderne als Symbol der literar. Sprachfindung, die sich zwischen Erinnerung und Poesie vollzieht (Hofmannsthal, *Gespräch über Gedichte*; Rilke, *Erlebnis*; George, *Komm in den totgesagten Park*).
↗Blume, Buch, Frau/Jungfrau, Labyrinth, Mutter, Rose, Vater/Hausvater.

Lit.: Th. Köbner, Zurück zur Natur, Heidelberg 1993. – A.S. Tabarsi, Der Landschaftsg. als Lebensmodell, Würzburg 2007. – H. Volkmann, Unterwegs nach Eden, Göttingen 2000.   AAn

Gebirge ↗Berg.

Geburt

Symbol des Anfangs, der Erneuerung, der Rettung und Erlösung, des Ominösen, der Kreativität und der Geschlechterdifferenz. – Relevant für die Symbolbildung sind (a) der aktive Vorgang des Gebärens, (b) das passive Geborenwerden und schließlich (c) das potentielle Gebärenkönnen.

1. Symbol des Anfangs und der Erneuerung. Die symbol. Funktion von Geburtsschilderungen lässt sich bis in antike Mythen zurückverfolgen. Bei Hesiod (*Theogonie* 128–135) wird die Entstehung der Welt als G. durch die Erdgöttin Gaia erzählt. In bibl. Erzählungen symbolisieren Geburten nach längerer Kinderlosigkeit den genealog. Ursprung des Volkes Israel, so die G. Isaaks (Gen 21,1–8), Esaus und Jakobs (Gen 25,20–26). Die beiden Frauen Jakobs, Lea und Rahel, konkurrieren um die G. von Söhnen (Gen. 29,31–30,24). Hanna gebiert nach langer Kinderlosigkeit Samuel (1 Sam 1,12–20), Simson wird von der lange kinderlosen Frau Manoachs nach der Prophezeiung eines Engels geboren (Ri 13,2–24).

2. Symbol der Rettung und Erlösung. Zentral für die literar. Geburtssymbolik ist die G. Jesu als Sohn Gottes in einem Stall durch die Jungfrau Maria (Mt 2,1–12; Lk 2,1–24). Zum literar. Symbol wird die G. Christi in der geistl. Dichtung des Barock (z. B. Greiffenberg, *Auf Christus Wunder-G.*; *Der Allerheiligsten Menschwerdung, Geburt und Jugend Christi andächtige Betrachtungen*; A. Gryphius, *Vber die G. Jesu*) und in der Romantik (Novalis, *Hymnen an die Nacht*). Die Symbolbedeutung der G. Jesu ist nicht zuletzt Gegenstand zahlreicher Weihnachtslieder (Luther, *Vom Himmel hoch*; Mohr, *Stille Nacht, Heilige Nacht*; Anonym, *Der*

Heiland ist geboren; Anonym, *Es ist ein Ros entsprungen*; Tauler/Sudermann, *Es kommt ein Schiff geladen*). Eine ähnl. symbol. Aufladung wie die G. Jesu erfährt auch die G. Marias etwa bei A. v. Arnim (*Der Maria G.*) oder bei Rilke (G. *Mariae*, G. *Christi*). Die bibl. Vorlage der G. Jesu verleiht auch ›weltl.‹ Geburten symbol. Bedeutung: In Gotthelfs Novelle *Die schwarze Spinne* wird die G. ›unschuldiger‹ Kinder am Hl. Abend mit der ›G.‹ der Spinne aus der Wange einer vom Teufel geküssten Frau analogisiert. In Zolas Romanzyklen *Les Rougon-Macquart* sowie *Les quatres Evangelies* werden G.schilderungen z. T. in naturalist. Deutlichkeit (*La joie de vivre*) und in säkularisierender Anspielung auf christl. Motive und mytholog. Bilder symbolisch eingesetzt; gelingende G. symbolisieren die Überwindung der Dekadenz (*Le docteur Pascal*). Hauptmanns Drama *Vor Sonnenaufgang* versinnbildlicht der Verlauf einer schwierigen G. die dramat. Zuspitzung des Geschehens und den Tod des Neugeborenen den Verfall der Familie. In Hauptmanns *Die Ratten* wird mit der G. eines Kindes im Dachgeschoss einer Berliner Mietskaserne ironisch auf die G. des ›Jesuskindes‹ angespielt, im proletar.-kleinbürgerl. Milieu wird das Kind statt zum ›Retter‹ zum ›Auslöser‹ trag. Verstrickungen. Mit der Schilderung einer Entbindung im Nebenraum eines Bierlokals am Hl. Abend kontrastiert Zuckmayer in seiner *Weihnachtsgeschichte* Alltägliches und Sakrales. Bilder von Tod- oder Fehlgeburten als profanisierende Umkehrung der relig. Erlösungssymbolik finden sich in der Lyrik des 20. Jh. insbes. in der expressionist. Großstadtdichtung (G. Heym, *Die Dämonen der Städte*; Benn, *Saal der kreißenden Frauen*; Trakl, *An die Verstummten*).

3. Umstände der G. als symbolhafte Vorausdeutung. Bes. Geburtsumstände kennzeichnen bereits zahlreiche mytholog. Götterfiguren (Hesiod, *Theogonie* 190–200, 925): Aphrodite wird aus dem Meeresschaum geboren, Athene kommt in voller Rüstung aus Zeus' ↗Kopf zur Welt. Die G. Herakles' wird durch Hera verzögert, dies führt zur Bevorzugung des zuvor geborenen Euristheus. Die (Un-)Natürlichkeit der G. kann zur positiven oder negativen Auszeichnung einer Figur führen. Shakespeares *Macbeth* wird prophezeit, »kein Mann, von einem Weib geboren« (IV, 1) könne ihm gefährlich werden; er wird schließlich durch den per Kaiserschnitt zu Welt gekommenen Macduff besiegt. ›Wunderl.‹ Geburtsumstände zeichnen den Helden des grotesken Romans aus: Rabelais' Schilderung der G. Gargantuas aus dem Ohr seiner Mutter (*Gargantua et Pantagruel*) ironisiert die Glaubwürdigkeit der ›jungfräulichen G.‹ Jesu. Reuters *Schelmuffsky* klettert vier Monate zu früh und mit ausgebildeter Sprachfertigkeit eigenständig aus dem Mutterleib. Die schwierige und mit der Verstümmelung der Nase des Neugeborenen endende G. von Sternes *Tristram Shandy* korrespondiert der durch die digressive Erzählweise komplizierten ›G.‹ des Texts. Auch Oskar Matzerath (Grass, *Die Blechtrommel*) kommt als ein Säugling, dessen »geistige Entwicklung schon bei der G. abgeschlossen« ist, auf die Welt. Die G. Grenouilles aus Süskinds *Das Parfüm* auf einem stinkenden Fischmarkt verweist auf seine spätere bes. Ausprägung des Geruchssinns. Die Schilderung der G. des Prinzen Klaus Heinrich in Th. Manns Roman *Königliche Hoheit* nimmt Bezug auf die Symbolbedeutung männl. Nachkommen für Dynastenfamilien und weist sinnbildlich auf das Schicksal des Neugeborenen voraus: Klaus Heinrich kommt – der Voraussage einer Zigeunerin gemäß – mit einer »Hemmungsmissbildung« des Arms zur Welt, die als in eine Auszeichnung transformiertes Stigma auf seine spätere Rolle als Thronfolger vorausweist. Anknüpfend an die Vorstellung, »durch ein Gestirn in der G. zum Poeten gemacht worden [zu] sein« (Gottsched, *Critische Dichtkunst* II, § 10), deutet Goethe in *Dichtung und Wahrheit* seine eigene G. im Hinblick auf eine spezifische Planetenkonstellation.

4. Symbol der Kreativität. Die vielfach für die Entstehung von Kunstwerken bzw. von Autorschaft verwendete bildl. Vorstellung der G. (z. B. Nietzsche, *G. der Tragödie*), die Benjamin in dem Denkbild *Nach der Vollendung* als ›männl.‹-geistige Wieder- bzw. Selbstgeburt und Überwindung des Weiblich-Materiellen beschreibt, ist in Schnitzlers Roman *Der Weg ins Freie* mit einer konkreten, symbolisch deutbaren G.schilderung verknüpft: Die Komposition eines musikal. Werkes und der berufl. Erfolg Georg v. Wergenthins verlaufen zeitlich parallel zur (von Georg als eigene Wieder-G. erlebten) G. seines gleich darauf sterbenden Kindes durch seine Geliebte Anna, die die Trennung Georgs von Anna und seinen ›Weg ins Freie‹ zur Folge hat.

5. G. als Symbol der Geschlechterdifferenz. Autorinnen des 20. Jh. reflektieren G. im Hinblick auf Kreatürlichkeit und Lebendigkeit sowie weibl. Identität, aber auch im Verhältnis zu künstler. Produktivität (Andreas-Salomé, *Der Mensch als Weib*; Lichnowsky, *Geburt*; Arendt, *Denktagebuch*). In Gedichten G. Kolmars (*Stimme des Bluts, Fruchtlos*) erscheint G. als Sinnbild für die mit dem Gebären (-Können) verbundenen Machtverhältnisse in den Geschlechterbeziehungen.

↗Frau/Jungfrau, Kind, Mutter, Nabel, Storch, Weihnachten.

Lit.: Ch. Begemann/D. Wellbery (Hg.), Kunst – Zeugung – G., Freiburg 2002. – S. Willer, G., in: Lit. und Medizin, hg. v. F. Steger/B. v. Jagow, Göttingen 2005, 254–258. – Ch. Wulf (Hg.), Das Imaginäre der G., München 2008. UH

Gefängnis

Symbol der (äußeren) Unfreiheit, der Strafe sowie der Rechts- und Gesellschaftsordnung insgesamt.

– Relevant für die Symbolbildung ist die Funktion des G. als eigens unterhaltener Ort für den Vollzug einer durch Herrscher oder Gerichte verhängten Freiheitsstrafe.

Weder das griech. noch das röm. Recht kennen eine Strafhaft im heutigen Sinne, Klosterhaft und Klosterkerker werden erst seit dem 4. Jh. n.Chr. praktiziert. Der zwangsweise Freiheitsentzug ist zunächst auf Erzwingung einer Gegenleistung ausgerichtet und gilt einer Geisel oder dem säumigen Schuldner. In der erst mit der Neuzeit aufkommenden Konzeption einer Erziehung durch Freiheitsentzug fließt v. a. im Einzelstrafvollzug die christl. Vorstellung einer Einkehr und tieferen Welt- bzw. Gotteserkenntnis in der Einsamkeit der Mönchszelle ein. Damit kann aber nun auch umgekehrt das G. zum Symbol einer allg. christl. Lebenshaltung werden, wie es Tersteegen im *Geistlichen Blumengärtlein* von 1729 formuliert: »Gottes unumschränkter Wille/ Giebet unverrückte Stille;/ Dies sei dein Gefangenhaus,/ Lauf doch nimmer da heraus!« (CIC: *Ins G.*). – Über die hellenist. Trad. gelangt der bereits bei Platon (*Phaidon* 66b–68b; *Phaidros* 250c) zutage tretende Dualismus von Körper und Seele bzw. Geist, nach dem der Körper ein ›G. für die Seele‹ ist und der Tod die Seele befreit, auch ins Christentum. So z. B. bei P. Gerhardt, *Kommt und laßt uns Christum ehren*, wo der ›Kerker‹ für das unerlöste Leben steht (s. auch noch George, *Die Lieder von Traum und Tod: Ein Knabe der mir von Herbst und Abend sang* I). Mit der Frage, warum, »wenn der Körper ein Kerker ist,/ Warum nur der Kerker so durstig ist?« karikiert dagegen Goethe im *West-östlichen Divan* die sinnenfeindl. Vorstellung vom Körper als G. (*Wenn der Körper ein Kerker ist*). – Vor dem Hintergrund der Berichte prominenter Häftlinge (z. B. de Renneville, *L'inquisition françoise ou L'histoire de la bastille*, 1715; *Des Friedrich Freiherrn von der Trenck merkwürdige Lebensgeschichte*, 1787) werden einzelne G., wie etwa die ↗Bastille, zum Symbol für die willkürl. und unmenschl. Bestrafungspraxis absolutist. Herrscher. – Viele der im 19. und frühen 20 Jh. aufgrund ihrer polit. Überzeugungen und Aktivitäten Inhaftierten beschreiben das G. zwar als Ort und Ausdruck repressiver Straf- und Justizpraktiken, zugleich erscheint aber gerade das G. als Ort der (geistigen) Freiheit: am berühmtesten vielleicht im *Lied des Verfolgten im Thurm* aus *Des Knaben Wunderhorn* (III, 38): »Und sperrt man mich ein/ Im finstern Kerker,/ Dies alles sind nur/ Vergebliche Werke;/ Denn meine Gedanken/ Zerreissen die Schranken/ Und Mauern inzwey,/ Die Gedanken sind frey.« Gesteigert wird die Symbolik noch bei F.L. Weidig, der im Wissen um Gottes Gnade die Richtigkeit der Wahl seiner polit. Überzeugung und die Achtung der Freunde feststellt: »bin ich dann im Kerker frei« (*Die Wahl. Den 2. Mai 1835*; vgl. A. Ruge, *Aus früherer Zeit* III, 5: »G. 1824–

1830«). – Eine v. a. von Foucault (*Surveiller et punir*. *La naissance de la prison*, 1975) inspirierte sozial- und geschichtswissenschaftl. Forschung sieht im G. ein zentrales Merkmal und Symbol moderner Disziplinargesellschaften. In der G.- oder Knastlit. der 1970er Jahre wird das G. zum Symbol eines zunehmenden »Verknastungsprozesses der gesamten Gesellschaft« (P.-P. Zahl, *Schreiben ist ein monologisches Medium*). ↗Bastille, Käfig, Mauer.

Lit: V. Brombert, La prison romantique, Paris 1975. – M. Fludernik/G. Olson (Hg.), In the Grip of Law, Frankfurt a.M. 2006. – S. Weigel, »Und selbst im Kerker frei!«, Marburg 1982. CW

Geflecht ↗Gewebe/Faden.

Geier
Symbol seel. Schmerzen, des drohenden Unheils, der Kraft sowie der Jungfräulichkeit. – Relevant für die Symbolbildung sind (a) das Kreisen in der Luft und der Sturzflug, (b) das Raubverhalten des Aasfressers.
1. Symbol für seelische Schmerzen. Im Mythos von Tityos zerhacken diesem zwei G. als Strafe für einen Liebesfrevel die nachwachsende Leber (Homer, *Odyssee* XI, 578 ff.). Diese Bestrafung ist Vorbild für den prometheischen ↗Adler, der z. T. auch als G. dargestellt wird (RAC IX, 440). Dass die G. innehalten, als Orpheus seinen ↗Gesang ertönen lässt (Ovid, *Metamorphosen* X, 43), deutet Schiller als Zeichen für die Macht des Liebesgesangs (*Der Triumph der Liebe*). – Literarisch wird die phys. Pein zu einem nicht stillbaren Gram umgedeutet (Shakespeare, *King Lear* II, 4; Goethe, *Faust I* 1635 f.; Melville, *Moby Dick* XLIV; Trakl, *Winternacht*), der »G., der an seinem Gehirne fraß«, zum Zeichen des Wahnsinns (Stifter, *Die Narrenburg* III: »Das graue Schloß«). Bei Poe wird das Symbol für das quälende, Entsetzen auslösende G.auge verdichtet (*The Tell-Tale Heart*; ↗Auge). In Kafkas Erzählung *Der G.* lässt sich der den Erzähler in die ↗Füße hackende G. als zersetzender Zwang zur künstler. Tätigkeit deuten, der ein Vorankommen auf dem Lebensweg verhindert. Der Angriff des G. am Ende der Erzählung führt zur tödl. ›Erlösung‹.
2. Symbol des drohenden Unheils, räuberischen Verhaltens, aber auch der Kraft. Das Auftauchen des am ↗Himmel kreisenden und auf Aas lauernden G. wird auch als Vorzeichen für Unglück (HdA III, 458) und Tod gedeutet (Lenau, *Die Drei*). Apollo und Athene beobachten als G. den Zweikampf von Hektor und Aias (Homer, *Ilias* VII, 59) nicht kreisend, sondern auf einem ↗Baum sitzend; so wird der Kampf auch ohne Tote abgebrochen. Im AT wird mit Gottes Rache, die wie ein G. herabstürzt, gedroht (Hab 1,8; vgl. noch Heym, *Der Gott der Stadt*). – Bes. der Widerspruch zwischen dem ma-

jestät. Kreisen und dem räuber. Sturz wird als latente Bedrohung in der Harmonie verstanden, so z. B. in Stifters *Der Nachsommer* (II, 2). In Goethes *Harzreise im Winter* kreist das Gedicht selbst harmonisch, »dem G. gleich«, das mögl. Herabstürzen auf die »Beute« wird verschwiegen, ist dem Bild aber inhärent. – Allgemein versinnbildlicht der Raubvogel räuber. Verhalten, häufig in feindl. Entgegensetzung zur friedliebenden ↗Taube (Angelus Silesius, *Heilige Seelenlust* II, 46: *Sie nimmt ihre Zuflucht zu seinen Wunden*; Rückert, *Heiland Frühling*; umgekehrt jedoch bei Schiller, *Die Jungfrau von Orleans*, Prolog III), und widerrechtl. Aneignung (HS, 787–791; C.F. Meyer, *Huttens letzte Tage* XXI: *Der Edelstein*; nationalistisch-patriotisch in Geibels *Türmerlied*). – Die Stärke des Raubvogels lässt den G. jedoch auch zum Symbol bejahter (Lebens-)Kraft werden: so etwa in poet. Hinsicht Lenau, *Auf meinen ausgebälgten G.*
3. Symbol der Jungfräulichkeit. Der volkstüml. Glaube, dass sich die G. ohne Zeugungsakt vermehrt (HdA III, 456), ist bereits im alten ↗Ägypten in der Vorstellung zu finden, dass die weibl. G. vom ↗Wind befruchtet werden. Dementsprechend existieren dort G.göttinnen, denen ↗mütterl.-weibl. Schutzkraft zugesprochen wird (RAC IX, 432 ff.). Über die griech. und röm. Antike weitervermittelt, greift auch Origenes die Idee der Vermehrung ohne Zeugungsakt auf und verwendet den G. als Sinnbild für die unbefleckte Empfängnis Marias (*Contra Celsum* I, 37; RAC IX, 461 f.). In Stifters *Der Hochwald* brechen die zerstör. Kräfte der Leidenschaft ein, als der zuvor harmonisch über der unberührten Landschaft kreisende G. abgeschossen wird. Im Gedicht *Der G.pfiff* von Droste-Hülshoff rettet selbiger ein verirrtes Mädchen vor dem Angriff des »Rieders«. Die *G.wally* in v. Hillerns Roman hält sich einen gezähmten G. und wird dadurch selbst ›unbezähmbar‹, für eine Ehe ungeeignet.
↗Adler/Aar, Frau/Jungfrau.

Lit.: RAC IX, 430–468. JA

Geige / Violine / Fidel
Symbol der Musik, des Todes und des absoluten, antibürgerl., dekadenten und erot. Künstlertums. – Relevant für die Symbolbildung ist die Zuordnung des G.spiels (a) zur Tanzmusik (↗Tanz) einerseits (v. a. in MA und Früher Neuzeit) und (b) zur konzertant-virtuosen Musik (↗Kunstmusik) andererseits (v. a. in Romantik und Moderne).
Im MA ist die G./F. das typ. Instrument des ↗Spielmannes. Der als Spielmann dargestellten Figur des Todes kann ebenfalls eine G./F. beigegeben sein, z. B. im *Basler Totentanz*. Krieger. Konnotationen hat das Spiel auf der G./F. im *Nibelungenlied* (XXXIII, 1966 ff.), erot. bei Oswald v. Wolkenstein (*Frölich geschrai so well wir machen*). – Zu einer symbol. Verwendung der G./V./F. im eigentl. Sinn

kommt es erst seit der (dt.) Romantik. Bei E.T.A. Hoffmann (*Rat Krespel*) symbolisiert die G. die mit dem Leben unvereinbare künstler. Idealität der Musik, bei Eichendorff (*Aus dem Leben eines Taugenichts*) fungiert die G. der Hauptfigur als Symbol für deren unbürgerl. Künstlertum, ebenso bei Fouqué (*Joseph und seine G.*). Im Märchen können der G. mag. Kräfte innewohnen und ihr Klang kann den Zuhörer zum Tanzen zwingen oder Tiere bezaubern (z. B. Grimm, *Der Jude im Dorn*; *Der wunderliche Spielmann*). In Grillparzers Erzählung *Der arme Spielmann* wird anhand des schlechten G.spiels der Hauptfigur die Diskrepanz zwischen der absoluten Musik als Kunstreligion und mangelhaftem praktischen Können vorgeführt. Die Figur des schwarzen G. in Kellers Erzählung *Romeo und Julia auf dem Dorfe* steht für das Unbürgerlich-Asoziale und die Utopie einer rauschhaften, von gesellschaftl. Konventionen nicht eingeschränkten Liebe, darüber hinaus verweist sie auf den Tod. Bei Tolstoj (*Die Kreutzersonate*) führt das Spielen einer G.sonate zu Ehebruch und Mord. Th. Mann (*Der kleine Herr Friedemann*; *Buddenbrooks*; *Tonio Kröger*) nimmt dies sowie die Kunst- und Künstler-Symbolik der Romantik auf, deutet Letztere aber im Rahmen seiner Schopenhauer- und Nietzsche-Rezeption neu: Seine Musiker-Figuren sind Décadents, und ihr G.-Spiel ist Ausdruck der Verfeinerung und des Verfalls. Schnitzler (*Frau Berta Garlan*) verbindet ebenfalls Künstler-Symbolik und erot. Konnotationen. Bei Celan (*Todesfuge*) verweist das G.spiel auf die Pervertierung der klassischen dt. Musiktrad. in den Konzentrationslagern des ›Dritten Reiches‹; zugleich werden die Todeskonnotationen aus der ma. Totentanz-Trad. aktualisiert. Auf den G. spielenden Tod verweist auch der Schluss der *Physiker* Dürrenmatts.

↗Kunstmusik, Spielmann, Tanz.   FvA

Gelb

Symbol des Lichts und Lebens, aber auch des Neides, Leidens und der Vergänglichkeit. – Relevant für die Symbolbildung sind (a) die Intensität der Farbe, (b) die Nähe des G. zur Farbe des ↗Goldes, aber auch der Exkremente (↗Kot, ↗Urin) und der Galle.

1. Symbol des Lichts und Lebens. Seit der Antike birgt G. Oppositionen. Es bezeichnet das safrangelbe Gewand der Göttin der Morgenröte Aurora/Eos (Ovid, *Ars amatoria* III, 172; ↗Krokus/Safran), aber auch abwertend Schopf und ↗Kleidung der Dirnen, als lustvolles Versprechen witzig aufgenommen in Aristophanes' *Lysistrata* (I. Sz.). In der geistl. Lit. des MA verweist G. auf himml. Freude (Dante, *Divina Commedia*: »Paradiso« XXX, 124), in der weltl. Dichtung auf erfüllte Liebe: »gel ist der minne solt« (*Fastnachtspiel von den sieben Farben*; Hadamar v. Laber, *Jagd* CCIIIL), aber auch Begierde: »G. ist Begierde voll; sie ist der Bühler'n gut/ und denen Hoffnung stets, was sie begehren,

tut« (Fleming, *Poetische Wälder* III: *Aus dem Alziat über die Farben*). ↗Licht und ↗Sonne verbunden, ist G. die Farbe der Fruchtbarkeit, der »gelben Ceres« (Harsdörffer, *Da, wo der Meisnerbach sich durch die Thäler zwänget*), und des Lebens (Gessner, *Idyllen*: *Lycas und Milon*; Hölty, *Die Schwalbe fliegt, der Kuckuck ruft*).

2. Symbol des Neides, des Leidens und der Vergänglichkeit. In der volkstüml. Symbolik steht G. als Farbe der Galle für Neid und Eifersucht (Grimm, *Sneewittchen*) und ist auch darüber hinaus in der Lit. weit verbreitet (Günther, *Die Begierde nach dem Himmel*; Heine, *Waldeinsamkeit*; Rückert, *Ritornelle*) sowie Gereiztheit (Eichendorff, *Geschichte der poetischen Literatur Deutschlands* II, 7: »Platen«). – G. ist auch Farbe der ↗herbstl. Reife, der Vergänglichkeit (Shakespeare, *Sonnets* XVII), Krankheit und Erschöpfung (Jean Paul, *Titan* 40. Zykel; Trakl, *Kleines Konzert*), der Krankheit und des Todes (Chamisso, *Der Kranke*; Nietzsche, *Also sprach Zarathustra* I, »Von den Predigern des Todes«; Kafka, *Das Urteil*). Im Fin de Siècle wird G. Symbol der Materie und Negation der Utopie (Hofmannsthal, *Briefe des Zurückgekehrten* IV). Bereits bei Heine verweist die schwefelgelbe ↗Blume auf das Leiden (*An die Mouche*), bei Joyce wird sie zum Leitmotiv (*Ulysses*). – Durch die negative Konnotation dient G. als »Farbe der Schande, des Abscheus und Mißbehagens« (Goethe, *Zur Farbenlehre* 771; vgl. Belege in DWb V, 2882 f.) seit der Antike bis zum Nationalsozialismus der Stigmatisierung gesellschaftlich Verfemter (Goethe, *Kriegserklärung*; P. Levi, *Se questo è un uomo?*), in die Populärkultur aufgenommen etwa in *The Yellow Kid* (1895 ff.), dem ersten modernen Comic um ein mit einem gelben Nachthemd bekleidetes Straßenkind.

↗Farben, Gold, Krokus/Safran, Licht, Sonne.

Lit.: WCS, 117 f. – S. Doran, G. Momente, Diss. Berlin 2004, http://www.diss.fu-berlin.de/diss/receive/FU DISS_thesis_000000001579.   EM

Geld ↗Münze.

Gerippe ↗Skelett/Totenschädel.

Gesang ↗Stimme/Gesang, Kunstmusik.

Gesicht

Symbol des Charakters und der Identität sowie der Zuwendung und Kommunikation. – Relevant für die Symbolbildung sind über einzelne Teile des G. hinaus (↗Augen, ↗Mund, ↗Nase, ↗Ohr) (a) das Ganze der G.oberfläche, ihre ↗Farbe und besondere Merkmale wie ↗Narben u. a. sowie (b) das Zuwenden, Abkehren oder Verhüllen des G.

1. Symbol des Charakters. Vertritt in der Antike u. a. Cicero die Auffassung, dass das »Bild unseres

G.« alle inneren Regungen wiedergebe (*De oratore* III, 221; vgl. Ps.-Aristoteles, *Physiognomonica*), betont in der Frühen Neuzeit Montaigne in seinem Essay *De la Phisionomie* (*Essais* III, 12), dass mit Hilfe des G. eines Menschen auf bestimmte Charakterzüge geschlossen werden könne, gleichwohl »kann [man] sich wenig auf die Miene verlassen«. Systematisch betreibt Lavater in seinen *Physiognomischen Fragmenten* (1775–1778) ›Physiognomik‹ als »die Fertigkeit, durch das Äußerliche eines Menschen sein Innres zu erkennen« (I, 2. Fragment), so dass das G. wie die »Buchstaben« eines »göttlichen Alphabeths« zu lesen sei (Vorrede; ↗Buchstabe, ↗Schrift). Ein schönes oder hässl. G. z. B. bezeichnet danach einen moralisch integren oder eben nicht integren Charakter (I, 9). Entsprechend »verrät sich« in Schillers *Die Räuber* »das garstige Laster […] im totenblassen, eingefallenen G.« (I, 3). Feiner differenziert sind die symbol. Ausdrucksbeziehungen zwischen G. und Innerem des Menschen im Mienenspiel (Mimik), das in der Lit. unterschiedlichste Gestaltungen erfährt: »Mimik ist Blick und Ausdruck« (F. Schlegel, *Athenäums-Fragmente* CCL). Die Hautfarbe (↗Haut) des G. der ›Mulattin‹ Toni gebraucht Kleist in seiner Erzählung *Die Verlobung in St. Domingo* auf eine Weise, die dem zeitgenöss. rassist. Diskurs nahesteht. Kleist führt den ↗weißen Anteil in der G.farbe der Heldin parallel mit ihrem (positiv bewerteten) Wechsel der Seiten zu den ›Weißen‹: Das G. ist Symbol (und Indiz) für den Charakter und die Identität der Figur (s.a. 2.). Trotz vielfacher Kritik, z. B. G. Chr. Lichtenbergs, für den »eben dieses Lesen auf der Oberfläche die Quelle unserer Irrtümer, und in manchen Dingen unserer gänzlichen Unwissenheit ist« (*Über Physiognomik; wider die Physiognomen*), halten sich physiognom. Theoreme, unter den Vorzeichen neuerer Techniken wie der ↗Fotografie, in veränderter Form bis ins 20. Jh. (u. a. E. Jünger, *Der Arbeiter* XXXVI) und darüber hinaus. – Symbolisch wirken in der Lit. oft Merkmale, die das Erscheinungsbild des G. verändern. Das G. der tück. Marquise de Merteuil in Laclos' *Les liaisons dangereuses* wird durch Pockennarben entstellt (↗Narbe/Muttermal); ebenso hat Christine in Gotthelfs Erzählung *Die schwarze Spinne* als Zeichen für den Teufelskuss ein spinnenförmiges ↗schwarzes Mal im G.; auch der Mörder Friedrich Mergel (Droste-Hülshoff, *Die Judenbuche*) trägt eine G.narbe. In der Lit. des Ästhetizismus sind es häufig eine ↗blaue, sichtbare Ader im G. weibl. Figuren, schadhafte ↗Zähne oder Blässe, die Hinweise auf einen dekadenten Geisteszustand der Person geben (Gabriele Klöterjahn und Detlev Spinell in Th. Manns Erzählung *Tristan*). Symbol für seinen zunehmend korrumpierten Charakter ist das gemalte, schließlich durch Spuren seiner Verbrechen entstellte G. des schönen Dorian Gray in Wildes *The picture of Dorian Gray*.

2. Symbol der Identität. Ist das G. im Ganzen Zeichen der persönl. Identität, bezeichnet sein Verhüllen besondere Trauer oder Scham (Schiller, *Die Räuber* I, 3; V, 2), vor allem aber auch durch Tuch, ↗Maske oder ↗Schleier das Verbergen der Identität (Hofmannsthal, *Ödipus und die Sphinx* I). So auch in Büchners Komödie *Leonce und Lena*, in der sich das Brautpaar erst nach der Trauungszeremonie (↗Hochzeit) demaskiert und erkennt (III, 3), oder in den amourösen Verwirrungen der Maskenbälle (Frisch, *Don Juan oder die Liebe zur Geometrie*) und des ↗Karnevals (Hoffmann, *Prinzessin Brambilla*). – Die Doppelgesichtigkeit des Januskopfes ist ein Symbol der Ambivalenz (↗Kopf, 3.), das undeutbare G. der ↗Sphinx schließlich Symbol des Rätselhaften schlechthin: »erhabene Sphinx –: der verschwiegnen Kammer Antlitz […], das für immer,/ schweigend, der Menschen G./ auf die Waage der Sterne gelegt« (Rilke, *Duineser Elegien* X). Noch in der Negation hält sich die Symbolkraft des G. als Zeichen menschl. Identität am Ende von Foucaults *Les mot et les choses*: Zu denken wäre einmal, »dass der Mensch verschwindet wie am Meeresufer ein G. im Sand«.

3. Symbol der Zuwendung und Kommunikation. Gott, der dem Menschen das Angesicht zeigt, bedeutet im bibl. Kontext Gnade und Zuwendung (Num 6,24–26). Demgegenüber thematisiert die Episode von Narziss und Echo in Ovids *Metamorphosen* (III, 345–510) die Selbstverliebtheit des jungen Narziss, der sich in das Spiegelbild seines schönen G. im ↗Wasser verliebt. Die Zuwendung zu seinem eigenen G., mit dem er auch spricht, bezeichnet hier die Unmöglichkeit der Kommunikation mit anderen und die fehlende Teilhabe an der Gemeinschaft (vgl. ↗Narzisse, 2.). Die Fokussierung auf das eigene G. im ↗Spiegel wird emblematisch als Sinnbild der »törichten Eigenliebe« verwendet (HS, 1351). Ein komplexes Beispiel für die Symbolik der Zuwendung gibt Kleist in der Szene seiner Erzählung *Der Zweikampf*, in der sich die im Kerker gefangene Littegarde im Wahnsinn für schuldig hält und ihr G. verbirgt, Friedrich dagegen, der an sie glaubt, wendet ihr sein G. zu: Doch Littegarde meint, der Zuwendung nicht würdig zu sein und »den Frühling seines ihr in Huld und Liebe zugekehrten Angesichts« nicht zu ertragen (↗Frühling).

↗Auge, Bart, Fächer, Haar, Haut, Kopf, Maske, Mund, Narbe, Nase, Ohr, Schleier, Sphinx.

Lit.: H. Christians, G., Gestalt, Ornament, in: DVjs 74 (2000), 84–110. – H. Kalverkämper, Art. Mimik, in: Histor. Wb. der Rhetorik, Bd. 5, Tübingen 2001, 1327–1360. – R. Konersmann, Lebendige Spiegel, Frankfurt a. M. 1991, 155–162. – P. v. Matt, … fertig ist das Angesicht, München/Wien 1983. BSchr

Gestirn ↗Stern.

Gewebe / Faden

Symbol des kosmolog., biolog. und sozialen Zusammenhangs, des Schicksals und der Zeit, der Kunstfertigkeit und des Darstellungsvermögens, des Singens und mündl. Erzählens, der Arbeit und der techn. Revolution, der weibl. Handarbeit und häusl. Tugend, der emotionalen Beziehung und des persönl. Andenkens, der literar. Struktur und Textur sowie des Dichtens bzw. Textens. – Relevant für die Symbolbildung sind (a) das Verbinden von Fasern bzw. Fäden (eines oder mehrerer) zu Textilien, (b) der komplexe Herstellungsakt: die bei Spinnen, Weben, Flechten, Klöppeln, Knüpfen, Stricken, Sticken, Nähen (nebst den zahlreichen Unterarten) je spezifisch ausfallende Handarbeitstechnik, die oft von außen bzw. für Unkundige undurchschaubar ist, mit entsprechender Begriffsverwischung und Herausbildung eines umfassenden Symbolkomplexes (der Zentralbegriff lat. *texere* bedeutet zunächst »weben« und »flechten« und verengt sich erst später auf die Hauptbedeutung »weben«), (c) die Möglichkeit zur variantenreicher Strukturierung und Musterbildung, (d) der soziale Kontext der handwerkl. Tätigkeit bei ↗Gesang, Geschichtenerzählen und -erfinden, meist unter ↗Frauen, (e) die in der Moderne zunehmend idyllisch konnotierte Archaik des Handarbeitens, (f) die Textiltechnologie und deren technikgeschichtlich prominente Fortschrittsgeschichte vom Handwebrahmen über den Webstuhl zur Web- und Strickmaschine.

1. Symbol des kosmologischen, biologischen und sozialen Zusammenhangs. Die archaischen Schöpfungsmythen vieler Kulturen enthalten Bilder der Weltenwebe, des Sternenmantels (↗Stern, Mantel) und Himmelszelts (↗Himmel) und Vorstellungen von Göttern oder von der ↗Sonne als Weber, Buntweber oder Sticker (*Rigveda* X, 129, 5; *Talmud Numeri rabba* VII, 1; *Kalevala* XXII, 71). Das unermüdl. Bewegen des Weberschiffchens ist Sinnbild der unvergängl. und ewigen kosm. Zusammenhänge, das Gewebe dient als Urbild aller organ. Lebensform, den Mensch entsprechend als »gewobenes« oder »von Knochen und Sehnen durchflochtenes« Lebewesen (Ps 139,13; Ijob 10,11; ↗Knochen). Im Deutschen wird die Symbolik von Weben als Leben bes. unterstützt von dem Gleichklang (häufiges Reimpaar; Hendiadyoin ›weben und leben‹). Das Bild der Natur als »der ewigen Weberin Meisterstück« findet sich prägnant in Goethes naturphilosoph. Gedicht *Antepirrhema*: »Wie ein Tritt tausend Fäden regt,/ Die Schifflein hinüber, herüber schießen,/ Die Fäden sich begegnend fließen,/ Ein Schlag tausend Verbindungen schlägt.« Der ideale Staatsmann ist nach Platon ein Weber des Staatsgewebes (*Staatsmann* 311a-c). Sprichwörtlich geworden ist der ›rote Faden‹, den Goethe als Gleichnis für unauflösbar verbundene Gesamtzusammenhänge heranzog (*Wahlverwandtschaften* II, 2 und 4, Überleitungen zu Ottiliens Tagebuch). Das Gewebe

als Inbild soziokultureller Interaktion kehrt noch in der modernen polit. und anthropolog. Theorie wieder (in Arendts *Vita activa* § 25: »Das Bezugsgewebe menschlicher Angelegenheiten«, oder »Kultur als Bedeutungsgewebe« bei Waldenfels, *Vielstimmigkeit der Rede*). Nostalg. Symbol für die gesellschaftsbildende Funktion der von mündl. Erzählen (s. a. 4.) begleiteten Textilherstellung ist seit dem Biedermeier die Spinnstube (Erzählungszyklen *Eine Spinnstube* von Caspari und *Die Spinnstube* von F. v. Pocci, gleichnamiges fünfzigbändiges Volksbuch von W. O. v. Horn im 19. Jh.; zuletzt Hensel, *Im Spinnhaus*). Verbindungen von textilem Gewebe und biolog. Zellgewebe spielen in der neueren Biopoetik eine Rolle (Draesners Sonettenkranz *anis-o-trop*; Melle, *Wuchernde Netze*).

2. Symbol des Schicksals und der Zeit. Urbild der textilen Zeitsymbolik sind die Schicksalsgöttinnen (Moiren, Parzen, Nornen bzw. Walküren, in zahllosen Variationen). Oft sind es, wie bei Hesiod (*Theogonie* 217, 901–906), ↗drei: Eine spinnt den Lebensfaden, die zweite teilt das Lebenslos zu und die dritte durchschneidet den Lebensfaden. Eine nord. heroisch-krieger. Variation bietet Herders Gedicht *Die Todesgöttinnen*; grotesk-spött. Färbung hat Heines Gedicht *Es sitzen am Kreuzweg drei Frauen*. Sehr anschaulich ist auch das konkrete Dingsymbol des Webstuhls, am berühmtesten in den Versen aus der »Erdgeist«-Szene in Goethes *Faust I*: »Ein wechselnd Weben,/ Ein glühend Leben:/So schaff ich am sausenden Webstuhl der Zeit/ und wirke der Gottheit lebendiges Kleid.« Ohne göttl. Rückversicherung liest sich die Idee der Unverfügbarkeit des Schicksals skeptischer, so in Heines *Romanzero*: »Jahre kommen und vergehen –/ In dem Webstuhl läuft geschäftig/ Schnurrend hin und her die Spule –/ Was er webt, das weiß kein Weber« (*Jehuda ben Halevy* II). Als Begegnung mit den eigenen Seelenkräften konzipiert Chamisso eine Traumvision (↗Traum), in der der Jüngling Adelbert unterirdisch die am Webstuhl sein eigenes Leben wirkenden Weberinnen erblickt (*Adelberts Fabel*). Unter den antiken Stoffen steht der Penelope-Mythos für listigen Zeitaufschub, symbolisiert im allnächtl. Wiederauftrennen des tagsüber gewebten Gewands (*Odyssee* XIX, 139 ff.), jüngst von B. Köhler in Form dichter Texturen wieder aufgegriffen (*Niemands Frau*).

3. Symbol der Kunstfertigkeit und des Darstellungsvermögens. Die Kunst der Buntweberei steht im Mittelpunkt des Arachne-Mythos (Ovid, *Metamorphosen* VI, 5 ff.): Im Wettstreit mit der Göttin Athene siegt Arachne mit ihrem meisterhaften Gewebe erot. Szenen und wird zur Strafe in eine ↗Spinne verwandelt. Zunächst ist der faszinierende Webprozess hervorgehoben (V. 17), später die lebensechte Darstellung der in Tiergestalten aktiven Olympier (V. 104 ff.) und damit auch die Darstellungspotenz der Bildweberei. Diese Funktion übernehmen im Philomele-Mythos (Ovid, *Metamorphosen* VI, 412 ff.) gewobene Schriftzeichen: Vergewaltigt und der ↗Zunge beraubt, vermag die (später in eine ↗Nachtigall verwandelte) Philomele dennoch das Verbrechen zu berichten, indem sie dem heimlich angefertigten Gewand die Botschaft mit ihrem ↗Blut einwebt.

4. Symbol des Singens und mündlichen Erzählens. Die ältesten Zeugnisse paaren das Weben mit dem Singen: Kalypso und Kirke weben singend (*Odyssee* V, 61 f. und X, 221 ff.), die zur ↗Lyra gesungenen Lieder bezeichnet Pindar als »gewoben« (*Nemeen* IV, 44 f.), Hymnen werden »geflochten« (*Rigveda* XLIII, 6; Pindar, *Olympien* VI, 85 f.; Bakchylides, *Epinikien* V, 9 f.), auf »wohltönenden Webstühlen« werden bunte Bilder hergestellt (Euripides, *Iphigenie bei den Taurern* 222 ff.). Ebenso eng ist die uralte Assoziation mit dem Erzählen, woraus sich etwa der symbol. Begriff des Erzählfadens entwickelt hat. In nachmyth. Zeit, mit der Druckkultur, mit dem Schwinden oraler Praktiken, bekommen diese Konzepte das Vorzeichen der Mündlichkeit und avancieren in der dt. Romantik im Gefolge der Aufwertung der Folklore zu Inbegriffen mündl. Volkskultur; noch Benjamin würdigt das mündl. Erzählen als Weben (*Der Erzähler* VIII). Zahlreich sind die entsprechenden Textilmotive in Grimms Märchen (z. B. *Spindel, Weberschiffchen und Nadel*; *Die drei Spinnerinnen*), enorm ausdifferenziert die Nachweise zur Gewebesymbolik im Grimmschen Wörterbuch (DWb XVI, 2492–2549; XXVII, 2611–2676). Innerhalb der romant. Lit. bestimmen das Spinnerlied und das Weberlied das Foklore-Ideal, sei es in der aufgezeichneten ›originären‹ Form (*Des Knaben Wunderhorn* III, 36 und 40: *Spinnerlied*; II, 398: *Das Weberlied*) oder im stilisierten Kunstvolkslied; am bedeutendsten ist hier neben C. Brentanos *Der Spinnerin Nachtlied* sein *Weberlied*, auch wegen der konvenablen Einbettung in das Märchen *Gockel, Hinkel und Gackeleia*.

5. Symbol der Arbeit und der techn. Revolution. Dass die Weberei das prominenteste histor. Kampffeld der techn. Modernisierung darstellt, zeigt sich nicht nur bei Marx im Symbol der Selbstspinnmaschine (»self-acting mule«) als Sinnbild des Kapitalismus (*Das Elend der Philosophie* § 5), sondern auch in der Lit. über die durch die Maschinisierung ausgelöste soziale Not und die Weberaufstände – zuvörderst in Heines anklagendem Weberlied *Die schlesischen Weber* und G. Hauptmanns krit. Sozialdrama *Die Weber*.

6. Symbol der weiblichen Handarbeit und häuslichen Tugend. Nur ein einziges Textilsymbol ist männlich konnotiert: das Seemannsgarn (z. B. »yarns« in Conrads *Lord Jim*; Moers, *Käpt'n Blaubärs Seemannsgarn*); alle anderen sind weiblich besetzt. Handarbeiten kommen insbes. im Zuge der Herausbildung starrer Geschlechtsstereotype in der

bürgerl. Gesellschaft allmählich für Hausfrauentugenden zu stehen. Das paradigmat. Beispiel ist Schillers Gedicht *Würde der Frauen* (»Ehret die Frauen! sie flechten und weben«) und seine Parodie durch A. W. Schlegel (»Ehret die Frauen! Sie stricken die Strümpfe«). Der Gegensatz von Strümpfestricken und Dichten, Nadel und ↗Feder wird in feminist. Texten zum Topos (S. Schwarz, *Gesang wider den Neid*; Pavlova, *Doppelleben*, aber auch Mörike, *Zwei dichterischen Schwestern*).

7. Symbol emotionaler Beziehung und persönlichen Andenkens. Handarbeiten sind mit emotionaler Bindung belegt, wie Goethe in *Wilhelm Meisters Wanderjahre* (in der Binnennovelle *Der Mann von fünfzig Jahren*) vorführt. Weil die Dame in die »halb geflochtene, halb bestickte« Brieftasche ihre Hintergedanken hineinknüpft, findet sich der Mann unversehens »in ein angenehmes Verhältnis verflochten«, was mit der ↗Hochzeit endet. In den *Wahlverwandtschaften* ist der Ottilien Tagebuch durchziehende »rote Faden« (s. a. 1.) ein »Faden der Neigung und Anhänglichkeit« (II, 2).

8. Symbol von Struktur und Textur. Das älteste textile Gleichnis bei Platon arbeitet die strukturelle Analogie der Webtechnik zur Methode des sokrat. Dialogs heraus: als ›dialog.‹ Verflechtung des Einschlags und der Kette (*Staatsmann* 281e–283c). Aus der Theseus-Sage stammt der Begriff ›Ariadnefaden‹ (Faden der Ariadne) als Sinnbild der Orientierung im ↗Labyrinth (Plutarch, *Theseus* XV). Eines der frühesten Figurengedichte, das ↗Ei des Simias, beschreibt seine eigene filigrane Struktur als »Netzgewebe« (3. Jh. v.Chr.). Die Ähnlichkeit der Texturen ist Grundlage der im 19. Jh. aufkommenden Ausdrücke des Webens für Naturerscheinungen wie ↗Wolken, Nebel, Rauch und ↗Licht (»Wolkensaum« u.ä. bei Goethe, *Pandora, Erklärung eines alten Holzschnittes*, oder in Hopkins' *Journal*). Gewebe, Wetter und Verkehrsliniennetz (↗Eisenbahn/Lokomotive/Zug) sind originell kombinierte Leitmotive in P. Webers Roman *Der Wettermacher*. Eine sprachspieler. Poetik der Textur vertritt O. Egger (*Herde der Rede Moiré*). Die im Medium des Hypertextes codierte Netzlit. verwendet *eo ipso* gerne Textilmetaphern; symbolisch aufgeladen sind Ascotts *La plissure du texte*, Malloys *its name was Penelope*, Jacksons *Patchwork Girl* oder Hoskins *Noon Quilt*, deren Titelbegriffe sich von der hypertextuellen Strukturierung herleiten.

9. Symbol des Dichtens bzw. Textens. Als poetolog. Symbol bildet das Textilmotiv von altersher einen der produktivsten Motivkomplexe, und viele der o.g. Exempel implizieren auch metapoet. bzw. metanarrative Bedeutungen. An der Symbolik des Redens und Textens, Argumentierens oder Phantasierens beteiligt ist auch die in zahlreichen Phrasen habitualisierte Metaphorik, wie z. B. ›eine Bemerkung einflechten‹, ›nicht den Faden verlieren‹, ›Gedanken entspinnen‹, ›Hirngespinst‹ u. a. m. (in allen indoeurop. Sprachen und darüber hinaus). Die selbstreflexiven Metaphern der Literaten inspirierten die Literaturtheorie, bes. des Strukturalismus und Poststrukturalismus. Antike Sänger ›weben‹ ihre Gesänge, Rhetoren ›flechten‹ Sätze (überdies mit der rhetor. Figur der Symploke/Verflechtung, beim ›Anzetteln‹ des Exordiums), Prediger verkünden mit ›intrikat verflochtenen‹ Perioden ihre Botschaft, Parodisten verfertigen ganz aus Zitaten ein Cento (Flickengedicht). Im Spätmittelalter entstehen die Dichterschulen des »Wortflechtens« (altprovenzalisch »entrebescar los motz«, altslavisch »pletenie sloves«). Die neuzeitl. Dichtungsformen bilden Muster der »Reimverflechtung« aus. Sonettenkränze werden geflochten (bes. Prešerens *metapoet. Sonettenkranz*), das ›Gespinst‹ des Ghasels wird aus dem ↗Orient importiert (bes. Platens *Ghaselen*). Dramatiker aller Zeiten schürzen und lösen den »Knoten« der Intrige, und manches Bühnenstück endet mit solcher metadramat. Selbstreflexion (z. B. H. v. Kleist, *Die Familie Schroffenstein*).

↗Kleidung, Schleier, Spinne, Teppich.

Lit.: R. Eisler, Weltenmantel und Himmelszelt, 2 Bde., München 1910. – E. Greber, Textile Texte, Köln/Weimar 2002. – L. Kuchenbuch/U. Kleine (Hg.), ›Textus‹ im MA, Göttingen 2006. – J. Scheid/J. Svenbro, Le métier de Zeus, Paris 1994.   EG

Gewitter / Blitz und Donner

Symbol der Präsenz und Macht eines Gottes, der künstler. Inspiration, des Zufalls, der übermächtigen Natur, der Revolution und des Kriegs, des Unheils sowie der Sexualität. – Relevant für die Symbolbildung sind (a) die Kraft des G., (b) seine lange Zeit rätselhafte Entstehung sowie (c) die Schwüle vor und die klare Luft nach einem G., ferner (d) die Unberechenbarkeit und Plötzlichkeit des B.

1. Symbol der Präsenz und Macht Gottes und der künstlerischen Inspiration. B. u. D. werden in vielen Kulturen als Zeichen und/oder Gestalt eines Gottes verstanden (selten auch einer dämon. Macht). In antiker Mythologie ist ein Blitzbündel Attribut des Göttervaters Zeus/Jupiter, der den B. als Waffe einsetzt (Hesiod, *Theogonie* 71–73). Durch die Adaptationen myth. Stoffe findet sich diese Symbolik bis in die neuere Lit. (z. B. H. v. Kleist, *Amphitryon* III, 11; B. Strauß, *Ithaka* V, 3). – Im AT sind Epiphanien oft von B. u. D. begleitet (z. B. Ex 19,16). Gottes Zorn entlädt sich im B. (Ijob 20, 25), seine ↗Stimme erklingt auch im NT als D. (Joh 12, 29; ähnlich Koran, 24. Sure, 43). Die Wiederkehr Christi wird ebenso mit einem B. assoziiert (Luk 17, 24) wie das Erscheinen des Satans (Luk 10, 18). In der Lit. bis zum Ende des 18. Jh. symbolisiert das G. primär die Macht Gottes (Brockes, *Die auf ein starckes Ungewitter erfolgte Stille*; ähnlich in Klopstocks *Messias*

I, 334; Goethe, *Grenzen der Menschheit*, später u. a. in Trakl, *Das G.*). Häufig wird die Läuterung oder Bestrafung eines Menschen an eine G.darstellung gebunden, so in Schnabels Roman *Der im Irr-Garten der Liebe herum taumelnde Cavalier* (II); in vielen Don Juan-Varianten wird der wollüstige Held von einem B. erschlagen (so bei Goldoni und Lord Byron; parodistisch dazu Sade am Ende seines Romans *Justine*). Noch am Ende des 18. Jh. streiten Theologen darüber, ob B.ableiter als Eingriff in die Strafgerechtigkeit Gottes abzulehnen seien. Die klare Luft nach dem G. deuten viele Texte als eine von Gott geschickte ↗Reinigung und Belebung für Mensch und Natur (Brockes, *Dank=Lied nach dem Ungewitter*; Campe, *Robinson der Jüngere* VI). In Klopstocks *Frühlingsfeyer* vermutet das Ich zunächst im heraufziehenden G. eine Strafe Gottes, bevor es sich als Wohltat erweist. Wenn in Goethes *Die Leiden des jungen Werthers* (I: »Am 16. Junius«) Werther und Lotte beim Blick auf ein G. nicht mehr an Gott, sondern an Klopstock denken, wird die Gottessymbolik von ihrer literar. Darstellung überlagert. Bei Hölderlin tritt das G. noch als Übermacht Gottes und zugleich schon als Macht des gottfernen Schicksals in Erscheinung (*Wenn aber die Himmlischen*, *Das Schicksal*). Nietzsches *Also sprach Zarathustra* wendet die B.symbolik in relig. Gestus gegen das Christentum und bezieht sie auf den Übermenschen (»Vorrede« 4). Seit der Antike fungiert das B. darüber hinaus als Symbol der von Gott ausgehenden, später säkular umgedeuteten (künstler.) Inspiration (u. a. in Hölderlins *Wie wenn am Feiertage* und Droste-Hülshoffs *Der Dichter – Dichters Glück*), ferner als myst. Hoffnungszeichen, das auf die Existenz einer höheren Seinsebene verweist (Ch. Wolf, *Störfall*).

2. Symbol der Machtlosigkeit Gottes und des Zufalls. Da in Theologie und Lit. des 18. Jh. noch regelmäßig die Überzeugung vertreten wird, dass jeder B.einschlag von Gott beabsichtigt sei (z. B. Ulber, *Der christliche Creuzträger*), ist damit die offensichtl. ›Ungerechtigkeit‹ von B.schäden das G. als Symbol für die Theodizee-Problematik nutzbar. Als Skandalon findet der wahllos und gleichgültig treffende B. in Wezels Roman *Belphegor* Verwendung (III; ähnlich Goethe, *Das Göttliche*; ironisch Lichtenberg, *Sudelbücher* L 67); bei Stifter markiert das G. zufällige, aber entscheidende Wendepunkte im Leben der Protagonisten (Abdias, *Der Nachsommer*). An das G. als metaphys., in der modernen Welt sinnlose und deplazierte Instanz wendet sich das Ich in Rilkes Prosagedicht *Gewitter Gewitter*.

3. Symbol der übermächtigen Natur. Schon in Brockes' Naturlyrik deutet das G. auf die Verletzlichkeit des Menschen angesichts der natürl. Mächte (*Die auf ein starckes Ungewitter erfolgte Stille*), die dort noch von der Geborgenheit in Gott aufgefangen wird. Im Kontext der philosoph. und literar.

Karriere des Erhabenen im 18. Jh. symbolisiert das G. die phys. Unterlegenheit des Menschen gegenüber einer übermächtigen Natur, die im Rahmen einer ästhet. Erfahrung gleichwohl genossen wird. Wirkungsmächtig ist Kants positive Umdeutung des G. als Auslöser eines moral.-erhabenen Überlegenheitsgefühls (*Kritik der Urteilskraft* II, B, § 28). Die zahlreichen G.darstellungen im Werk Jean Pauls sind in diesem Kontext insofern symptomatisch, als sie Lust und Unlust angesichts des G. verbinden und sowohl auf die Größe des menschl. Lebens als auch auf den Tod bezogen werden (z. B. *Titan*, 116. Zykel, 130. Zykel). Parallel dazu suggerieren die ersten techn. B.ableiter ab 1752 eine allg. Beherrschbarkeit der Natur durch den Menschen – die Symbolkraft des B.- als eines »Furchtableiters« (Lichtenberg an Heyne, 12.7.1794) geht weit über dessen tatsächl. Funktion hinaus. Das Zählen zwischen B. und D. ist als Versuch einer Rationalisierung der G.angst gedeutet worden (Haas, *Das Wetter vor 15 Jahren*).

4. Symbol für Revolution und Krieg. Nach der Frz. Revolution avanciert das G. zu einem der populärsten literar. Symbole für polit. Umbrüche und wird sowohl von konservativer Seite (G. als Chaos und Gefahr) als auch von Revolutionsbefürwortern (G. als gewaltsame Reinigung) benutzt. In Büchners Drama *Dantons Tod* assoziiert der Revolutionär Collot unter Verweis auf den blitzenden Jupiter nicht mehr einen Gott, sondern »die Majestät des Volks« mit B. u. D. (III, 6). Heine stellt im Rückblick die Frz. Revolution als ein G. dar (*Einleitung zum ›Révil‹, deutsche Version*) und bringt in der gleichen Bildlichkeit seine Erwartung einer zukünftigen dt. Revolution zum Ausdruck (*Zur Geschichte der Religion und Philosophie in Deutschland*; ähnlich Herwegh, *O wag es doch nur einen Tag!*). Ferner ist während der Vormärz-Zeit in liberalen Kreisen eine G.schwüle-Symbolik verbreitet, die entweder als Hinweis auf eine noch. Lähmung resignativ zu lesen ist oder sich mit der Hoffnung auf ein ›reinigendes G.‹ verbindet (Glassbrenner, *Nahendes G.*). Als Absage an eine polit. G.symbolik ist Eichendorffs Gedicht *Mahnung* (in der Fassung von 1839) angelegt, in dem der Bildbereich wieder allein für Gott reserviert wird (ähnlich *Kein Pardon*). Die Verbindung von G.symbolik und polit.-kulturellen Brüchen findet sich ferner u. a. bei F. Schlegel, der die Macht des G. auf die ästhet. ›Revolution‹ der Frühromantik überträgt (*Über die Unverständlichkeit*), später in Texten von Keller (*G. im Mai*), in H. Manns *Der Untertan* (in Bezug auf den Untergang des Wilhelminismus), in St. Heyms Roman *5 Tage im Juni* über den Aufstand in der DDR am 17. Juni 1953 bis zu B. Strauß (*Der Aufstand gegen die sekundäre Welt*). – Als Symbol für gleichzeitig stattfindende Kriegshandlungen steht das G. mehrfach in Kleists Dramen. Dass E. Jünger sein Tagebuch aus dem Ersten Weltkrieg *In Stahlgewittern* betitelt,

deutet auf die den Text durchziehende Darstellung des Krieges als eines Naturgeschehens. Im Nationalsozialismus ist die B. ein verbreitetes Symbol für die faschist. ›Revolution‹ und Gewaltherrschaft; die SS-Rune kann als stilisierter B. gedeutet werden (so bei Klemperer, *LTI*).

5. Symbol des Unheils, psychischer Spannungen und Krisen. Als säkulares Symbol für ein vorangegangenes, drohendes oder sich parallel zum G. ereignendes Unheil, oft einen Mord, finden sich G.darstellungen (Schiller, *Wilhelm Tell* I, 1; Droste-Hülshoff, *Die Judenbuche*; Lampe, *Septembergewitter*). Oft symbolisiert das G. psych. Spannungen und Krisen oder deren ›Entladung‹ (Jean Paul, *Des Luftschiffers Giannozzo Seebuch*; Čechov, *Die Steppe*; Strindberg, *Wetterleuchten*). Während diese Symbolverwendungen in der Regel nicht explizit sind und vom Leser/Zuschauer erkannt werden müssen, sind sie textintern auch dem Personal in Jean Pauls *Titan* vertraut, dessen G.furcht sich weniger mögl. B.einschlägen als vielmehr dem Wissen um diese Unheilssymbolik verdankt (22. Zykel).

6. Symbol der Zeugung und Sexualität. Als die schwangere Semele von ihrem Liebhaber Zeus verlangt, er solle sie »umarmen/ Groß und gewaltig, wie ihn empfängt die erhabene Juno« (Ovid, *Metamorphosen* III, 284 f.), erscheint er ihr als B. Semele stirbt an dieser übermenschl. Ekstase, Zeus trägt ihr ungeborenes Kind Dionysos in seinem Schenkel aus (Euripides, *Bakchen*, 1–3; Schiller, *Semele*). Als Traumsymbol für Phallus und Zeugung erscheint der B. bei Plutarch (*Alexander*, 2). Ferner können G. sexuelle Erregung (Hille, *G. auf dem Meere*) oder den parallel zum G. stattfindenden Geschlechtsakt symbolisieren (Casanova, *Mémoires* I, 5; Novalis, *Heinrich von Ofterdingen* I, 3).

↗Blindheit, Blendung, Erdbeben, Feuer/Flamme, Himmel, Phallus, Sekunde, Sturm, Wolke.

Lit.: O. Briese, Die Macht der Metaphern, Stuttgart/ Weimar 1998. – F.C. Delius, Der Held und sein Wetter, Göttingen ²2011. – P. Salm, Poetic Fulminations from Klopstock to Hölderlin, in: Germanic Review 57 (1982), 78–81. TH

Gießen

Symbol der Mittelmäßigkeit und kleinbürgerl. Engstirnigkeit, der Trost- und Hoffnungslosigkeit, des Hässlichen und der verlorenen Erinnerung, aber auch des Erfindungsreichtums und der Ambiguität. – Relevant für die Symbolbildung ist (a) die Lage der Stadt an einer sumpfigen Lahnaue, (b) der provinzielle ›Charme‹ einer mittelgroßen Universitätsstadt, (c) die fast vollständige Zerstörung der Stadt im Zweiten Weltkrieg sowie (d) die Prägekraft einiger markanter Bauwerke (Bahnhof, Elefantenklo) und Straßenzüge (Seltersweg, Teufelslustgärtchen).

1. Mittelalter bis Frühe Neuzeit. Der Name der Stadt G., 1152 als Wasserburg gegründet (↗Burg,

↗Wasser) und als Siedlung 1197 erstmals urkundlich erwähnt, wird volksetymologisch auf seine geograf., meteorologisch ausgesetzte (↗Wind, 4.) Lage zurückgeführt: »weil das Regenwasser haufenweiß dahin geflossen/ so sey es G. genant worden« (Zeiller/Merian, *Topographia Hassiae* ²1655, unter Verweis auf Saur, *Theatrum Urbium*; ↗Gewitter/Blitz und Donner, ↗Regen). – Vereinzelt schon im MA, bestimmend dann in der Frühen Neuzeit ist G. Inbegriff für einen Ort, den man aufgrund seiner Unwirtlichkeit fliehen sollte (Girnant von Schwalbach, *Reisebeschreibung einer Pilgerfahrt vom Gleiberg nach Jerusalem*, Vorrede), und steht, beinahe schon sprichwörtlich (»Er giesst dahin, wo es schon naß ist«, Wander, *Deutsches Sprichwörter-Lexikon*, »G.«), für schlechtes Wetter (Hugo von Trimberg, *Renner* 20734 f.) und Tristesse (Rudolf von Ems, *Alexander* 1453 f.). In Konrads von Würzburg *Partonopier und Meliur* wird G. daher als »der arge und der swaere zorn« (8803) bezeichnet.

2. *Goethezeit bis Moderne.* Ende des 18. Jh. wird v. a. die Hässlichkeit und Unwirtlichkeit der ↗Stadt betont, so bei dem Spätaufklärer C.Fr. Bahrdt: »Auf den Gassen ist Schmutz. Die Misthaufen liegen vor den Häusern. Keine Straße ist gerade. Die Wälle sind fast überall höher als die Häuser, daher die Stadt in ihren Wällen wie vergraben liegt und der Mangel einer freien Circulation der Luft viel Gestank und ungesunde Dünste verursacht« (*Geschichte seines Lebens, seiner Meinungen und Schicksale* I) oder bündig K.J. Weber: »G. hat eine traurige Gestalt« (*Deutschland oder Briefe eines in Deutschland reisenden Deutschen* V). Goethe dagegen bieten sich die »akademischen Bürger« G. ob ihrer »tiefsten Rohheit [...] als Masken in eins meiner Fastnachtspiele an« (*Dichtung und Wahrheit* XII; ↗Abgrund/Tiefe, ↗Maske), mithin als Symbol der Differenz von Sein und Schein. Daneben begegnet G. regelmäßig, z. T. auch morphologisch maskiert, in Goethes Werken als Symbol für Tristesse und Trauer (*Heiß mich nicht reden, heiß mich schweigen*; *Philine*; *Lilis Park*; *Äolsharfen*). Im bekannten Brief an Knebel (9.10.1817) deutet sich dagegen das Schwinden der Symbolkraft der Stadt im Alterswerks des ›Weimaraner Weltbewohners‹ (M. Koch) an: »G. [...] so unbedeutend«. – Ungebrochen als Symbol der Mediokrität überhöht dagegen der Vormärz-Dichter und Frührealist Büchner G.: »eine hohle Mittelmäßigkeit in Allem; [...] die Stadt ist abscheulich« (›Fatalismus‹-Brief an seine Braut, März 1834). – Unter den markanten Bauwerken der Zeit etabliert sich v. a. der 1853/54 errichtete ↗Bahnhof rasch als Sinnbild der Möglichkeit, die Stadt schnell zu verlassen. Schon der G. Chemie-Professor und Stadtheilige J. von Liebig weiß: »Das Beste an G. ist sein Bahnhof« (Brief an Heinrich Will, undatiert), denn »Zerstreuungen und Vergnügungen gab es in G. nicht« (*Eigene biographische Aufzeichnungen von Justus v. Liebig*). Brechts

substituierende Adaptation der Symbolik auf die oberschwäb. Metropole Augsburg und ihre jüngere Schwesterstadt (»Das Beste an Augsburg ist der Zug nach München«; ↗Eisenbahn/Lokomotive/Zug) ist einschlägig geworden, in kühner Inversion bei Th. Bernhard: »Morgen Augsburg« (*Die Macht der Gewohnheit*).

3. *Nachkriegszeit, Gegenwart.* Die Zerstörung von G. durch einen brit. Luftangriff am 6. Dezember 1944 lässt die Stadt seit der Nachkriegszeit endgültig zu einem Symbol der Unattraktivität werden (jüngst wieder bei S. Berg, *Ende gut* XXII). Angesichts der G. zugeschriebenen »größten offenen Trinkerszene der Republik« (*tageszeitung*, 29.10.2007; ↗Wein; s.a. ↗Mahl, 1.) wird die Stadt auch zum Symbol des Ein-G. als solchem, so schon Heidegger: »Darum allein kann das G., sobald sein Wesen verkümmert, zum bloßen Ein- und Ausschenken werden, bis es schließlich im gewöhnlichen Ausschank verwest. G. ist nicht das bloße Ein- und Ausschütten« (*Bremer Vorträge*, 1949: *Einblick in das was ist*; ↗Krug). – Zu einem zentralen Symbol der Trostlosigkeit erhebt die zeitgenöss. Lyrik die Stadt: G. symbolisiert die Absenz alles Schönen (Gsella, *G.*; die Stadt mit dem Decknamen Metzingen bezeichnend auch Gernhardt, *Nachdem er durch Metzingen gegangen war*), soziale Kälte (↗Eis) und dadurch bedingte Sprachlosigkeit (»sagt er nichts zu Bukarest,/ und er schweigt zu G.«, Gernhardt, *Der Rest ist*; ↗Schweigen/Stille) sowie verlorene Erinnerung (P.H. Neumann, *Die Nacht mit Bienek*), prominent hier v. a. G. Fußgängerzone (↗Fuß/Fußspur), der Seltersweg (↗Weg/Straße). Eine ähnliche programmat. Symbolik kommt G. in der Erinnerungsprosa Kurzecks zu: Die zerstörte Stadt verweist auf ein Nicht-Mehr-Existentes, das im (kollektiven) Erinnerungsvorgang erst wiedergewonnen werden muss; zugleich ist sie in der geschilderten Gegenwart der späten 1950er Jahre Inbegriff des gesellschaftl. Zwangs (Kurzeck, *Keiner stirbt*). Anlass hierfür mag die gutbürgerl. Doppelmoral sein, die in sprechenden Straßennamen wie dem »Teufelslustgärtchen« kulminiert (↗Garten). – Doch neben dieser christlich-dämonisierten, eigentlich dionysisch. Seite des »Shanghais an der Lahn« (*Quick*, 24.9.1950) ist G. als »Wiege des Suppenwürfels« (Goldt, *Ein Flugzeug voller Nashi-Birnen, ein Jesus voller Amseln*; vgl. schon L. Christ, *Erinnerungen einer Überflüssigen*, und Tucholsky, *Werbekunst*) im kulturellen Bewusstsein symbolisch auch mit Erfindungsreichtum und Fortschritt verknüpft. Sinnbild des in seiner Unbeholfenheit tastend Visionären ist für M. Walser das ↗rote (!) 1904–1911 erweiterte und neoromanisch-historisierend umgestaltete Bahnhofsgebäude G.: »Als die Bahnhöfe gebaut wurden, wusste man offenbar überhaupt nicht, woran man bei einem Bahnhof denken sollte. [...] Das sieht man in G. besonders deutlich. Eine rote Sandstein-Kirche mit Haupt-

schiff und Turm, der allerdings ein bisschen verrückt hingesetzt wurde, um das Kirchenschiff zu stören« (*Auf Durchreise*). – Ambiguität dominiert die Symbolik der Stadt auch in der Gegenwart: H. Voigtmann alias K.-H. Flescher besingt den »G-Punkt in Mittelhessen«, der abstoßend und anziehend zugleich wirkt (*G. du Wurst*; s.a. ›Hanswurst‹, ↗Narr); Lieder wie Th. Dlugoschs *G. tritt Arsch* (↗Po) als wörtl. Übersetzung der umgangssprachl. amerikan. Redewendung »Kick Ass« zeugen von einem neu erwachenden Selbstbewusstsein der Einwohner, das auch der literar. Symbolgeschichte der Stadt neue Dynamik verleiht (vgl. Th. Dlugosch, *Ich mag die Stadt*; *Wann wird es wieder G.*). ↗Bahnhof, Elefant, Regen, Tropfen.

Lit.: H.W. Giessen (Hg.), Long-Term Consequences on Social Structures Through Mass Media Impact, Garz bei Berlin 1998. – D.H. Klein/H. Rosbach (Hg.), G. Ein Lesebuch, Husum 1990. GI

Gitarre ↗Laute.

Glas
Symbol der Reinheit, Echtheit und Tugendhaftigkeit, der göttl. Offenbarung und Transzendenz, der Begrenztheit menschl. Erkenntnis sowie der Vergänglichkeit, des Scheins und des Todes. – Relevant für die Symbolbildung sind (a) die Transparenz, Glätte und Klarheit von G.flächen, (b) die opt. Wirkung gefärbter, geschliffener und gekrümmter G.körper, (c) die Kostbarkeit kunstvoll verarbeiteter Gläser sowie (d) die Zerbrechlichkeit des G. und die verletzende Schärfe seiner Scherben.
1. Symbol der Reinheit, Echtheit und Tugendhaftigkeit. In der geistl. Dichtung des Hochmittelalters steht das unversehrt von ↗Sonnenstrahlen durchdrungene G. für die unbefleckte Empfängnis Mariens (*Arnsteiner Marienleich* 7–15). Die mittelhochdt. Epik und Minnelyrik adaptiert diese Symbolik, um die ↗Reinheit und Tugendhaftigkeit der Dame einerseits (Heinrich v. Mohrungen, *Hât man mich gesehen in sorgen*), ihre Schönheit und Erotik andererseits anzuzeigen (Wolfram v. Eschenbach, *Sîne klâwen*). Gottfrieds v. Straßburg allegor. Szenerie der »cristallînen minne« im *Tristan* (16974–16979) führt beide Symbolgehalte zusammen. In der Renaissancedichtung dominiert die erot. Symbolik des G.: Boccaccios *Il decamerone* (VI, 10) und Ariostos *Orlando furioso* (VII, 28) setzen das G., das eine ↗Rose bzw. ↗Lilie zugleich bedeckt und durchscheinen lässt, als Symbol der Liebesbereitschaft; in Petrarcas *Canzoniere* (XCV: *Cosí potess'io ben chiudere in versi*) und Tassos *Gerusalemme liberata* (XVI, 20) steht die sonnenbündelnde und spiegelnde Wirkung (↗Spiegel) des G. für die Intensität erot. Affekte. – Shakespeares Dramen (*Pericles, Prince of Tyre* IV, 8) und die dt. Barocklyrik (Angelus Silesius, *Cherubinischer Wandersmann* II, 211:

Was ist die Heiligkeit?; Greiffenberg, *Auf Christus Wunder-Geburt*) hingegen knüpfen an die geistl. Symbolik der Reinheit und Unberührtheit an. Als Symbol der tugendhaften Verborgenheit und zugleich der erot. Enthüllung hält sich das G. über die Aufklärung (Wieland, *Der neue Amadis* XIV), Klassik (Goethe, *An Luna*) und Romantik (S.F. Brentano, *Fiametta* I) hinweg bis ins 20. Jh. (Klabund, *Mond und Mädchen*).
2. Symbol der göttlichen Offenbarung, Transzendenz und Immaterialität. Als Symbol der göttl. Präsenz und Offenbarung (so im Koran, Sure 76, 15 f.) begegnet das gläserne oder ↗kristallene ↗Meer im NT (Offb 4,6 und 15,2). Zudem ist das neue ↗Jerusalem der bibl. Offenbarung als »Stadt aus reinem Gold, gleich reinem G.« beschrieben (Offb 21,18; vgl. Offb 21,21). Diese Transzendenzsymbolik nimmt Dantes *Divina Commedia* im »Inferno« (XXXII, 8) und im »Paradiso« (III, 10–15) ebenso auf wie die in der geistl. Trad. stehende Barocklyrik, die das gläserne Meer und das sonnendurchschienene G. als Symbole der Immaterialität des Göttlichen setzt (Angelus Silesius, *Heilige Seelenlust* V, 202: *Die Krone der ewigen Seligkeit*; *Sinnliche Beschreibung der vier letzten Dinge*: *Die ewigen Freuden der Seligen*; Greiffenberg, *Auf Christus Wunder-Geburt*; *Auf dessen sanfftes Sausen*). Noch Brockes deutet das lichtdurchflutete »Scheiben-G.« als Symbol des vom Hl. Geist erfassten menschl. Körpers (*Irdisches Vergnügen in Gott: Das Eulchen*). Diese myst. Symbolik des G. wirkt bis in die Romantik nach (*Des Knaben Wunderhorn* III, 225: *Bekenntniß*) und wird im 19. Jh. von dionys. ↗Weinsymbolik (A. Grün [A.A. Auersperg], *Pfaff vom Kahlenberg: Kelterspruch*) und erot. Spiegelsymbolik (Dauthendey, *Im Spiegelglas*) überlagert. In Rilkes *Sonetten an Orpheus* (II, 21) symbolisiert das G. zugleich die Klarheit und die Unergründlichkeit der Naturerfahrung: »wie in G./ eingegossene Gärten, klar, unerreichbar.« – Mit Nietzsche schließlich vollzieht sich der Schritt von der säkularisierten Transzendenzsymbolik des G. zur Symbolik der vollständigen Absenz des Göttlichen (*Also sprach Zarathustra*: »Der Wahrsager«). Zugleich knüpft Nietzsche an eine Trad. an, in der das G. für eine märchenhafte Transzendenz steht: Gläserne ↗Bäume (Lukian, *Wahre Geschichten* II), Häuser (Gellert, *Inkle und Yariko*; Brentano, *Wie das Goldfischlein wieder zum Vorschein kam*), ↗Berge (Goethe, *Juni*; Brentano, *Gockel, Hinkel und Gackeleia*; Bechstein, *Hirsedieb*), ↗Schlösser (Heine, *Der Rabbi von Bacherach* I; Andersen, *Der Sandmann*) und Paläste (Rilke, *Spätherbst in Venedig*; s.a. Koran, Sure 27, 44) symbolisieren hier die Unwirklichkeit einer entrückten Szenerie.
3. Symbol der Begrenztheit menschlicher Wahrnehmung und Erkenntnis. Während die göttl. Allwissenheit im AT mit ↗Gold, Kristall und edlem G. verglichen wird (Ijob 28,16–18), symbolisiert das

G. seit der augusteischen Dichtung (Horaz, *Oden* XVIII) die Begrenztheit und Perspektivenabhängigkeit menschl. Erkennens. Ab der Renaissance von bes. Bedeutung sind Shakespeares Dramen, in denen entweder das schönfärbende und optisch verzerrende G. (*A Midsummer Night's Dream* II, 7; *Love's Labour's Lost* II, 1; *Richard II* IV, 3) oder das gläserne ↗Auge (*King Lear* IV, 6 und 7) die Verblendung und den Irrtum der Akteure symbolisiert. Als Symbol der Begrenztheit menschl. Wahrnehmung und Einsicht findet sich gefärbtes (Wieland, *Geschichte des Agathon* IX, 2) und geschliffenes G. (Brockes, *Irdisches Vergnügen in Gott: Das Feuer*; Lichtenberg, *Sudelbücher* D 469) in allen Perioden der neueren Literaturgeschichte. Insbes. in der Aufklärung (Lessing, *Hamburgische Dramaturgie* CI–CIV) und Goethezeit (Jean Paul, *Vorschule der Ästhetik* XI, § 15; Schiller, *Philosophische Briefe: Theosophie des Julius*; Goethe, *Zur Farbenlehre* II, 27) wird diese Perspektivsymbolik des G. auch in ästhet. und philosoph. Reflexionen eingebettet. So charakterisiert C. Brentanos *Godwi* das Romantische als »Perspectiv oder vielmehr die Farbe des G. und die Bestimmung des Gegenstandes durch die Form des G.« (II, 8). In der Klassischen Moderne greift Nietzsches Philosophie des Perspektivismus (*Die fröhliche Wissenschaft* IV, 299) diese ästhet. Qualität des G.symbols auf.

4. Symbol der Vergänglichkeit, des Scheins und des Todes. Die Kostbarkeit kunstvoll verarbeiteten G. (Petronius, *Satyricon* I; Wolfram v. Eschenbach, *Willehalm* 27–29; Shakespeare, *Pericles* II, 4) wird von der antiken Dichtung bis in die Frühe Neuzeit hinein mit seiner Zerbrechlichkeit (Boccaccio, *Il decamerone* II, 4; Basile, *Il pentamerone* IV, 5; Shakespeare, *King Henry VIII* I, 1) und seiner opt. Illusionswirkung (Horaz, *Satiren* III, 222; Ovid, *Ars amatoria* 209; Martial, *Epigramme* XIV, 20) in Verbindung gebracht und als Symbol des vergängl. Glückes (»daz glesîn glücke«, Gottfried v. Straßburg, *Liute singet lant*) gebraucht. Die Barocklyrik nimmt in ihrer *vanitas*-Symbolik diese Trad.linie auf. G. erscheint hier als Symbol für die Hinfälligkeit des Irdischen (Greiffenberg, *Auf Gottes seltsame Geist-Regirung*; Plavius, *Verlass alles*) und Vergänglichkeit (Logau, *Vergängliche Gesellschafft*), bes. mannigfaltig Plavius' *Auff herrn D. Johannis Glasers tödlichen abgang*. Noch bis in die Moderne hinein finden sich Belege für diese Symbolgehalte (Lessing, *Der Freigeist* V, 4: »Glück und G. wie bald bricht das!«; Rilke, *Der Pavillon*; so auch am Bsp. des gläsernen Auges (Grimmelshausen, *Das wunderbarliche Vogel-Nest* XX; Büchner, *Lenz*; Alexis, *Cabanis* IV, 10) oder des glasigen Blicks (Heine, *Pfalzgräfin Jutta*; Baudelaire, *Les fleurs du mal: Bénédiction*).

↗Diamant, Eis, Fenster, Kristall, Reinheit, Spiegel.

Lit.: WS, 238.   AD

Gleis

Symbol für vorgegebene Wege und damit der Ordnung, aber auch der Gewohnheit und der eingeschränkten Freiheit, Symbol der Verbindung. Als Schnittpunkt mehrerer G. auch das Symbol für Entscheidungsfreiheit und Entscheidungszwang. – Relevant für die Symbolbildung sind (a) der durch die Spurweite von Wagenachsen definierte Abstand der G.-spuren, (b) die mangelnden oder erschwerten Ausweichmöglichkeiten beim Benutzen von G., damit (c) die Möglichkeit der Kollision insbesondere an G.-kreuzungen. Von Bedeutung ist weiterhin die Tatsache, dass G. (d) Verbindungen darstellen. Sie verbinden Orte miteinander, sind aber auch untereinander in mehrfacher Hinsicht verbunden: Sie sind als techn. Einrichtungen aus einzelnen Segmenten geschaffen, vermitteln optisch dennoch den Eindruck unendl. Länge, verlaufen aus techn. Gründen parallel, berühren sich perspektivisch aber in der Ferne. Sie sind schließlich durch Kreuzungen und Abzweigungen segmentiert und ineinander verflochten, so dass sie in ihrer Gesamtheit auch als verwirrendes oder umfassendes Netz wahrgenommen werden. – Für die symbol. Verwendung entscheidend ist die Tatsache, dass sich die Vorstellung vom G. im 19. Jh. mit dem Aufkommen der ↗Eisenbahn entscheidend verändert hat. Verstand man bis dahin die bewusst geschaffene oder auch nur zufällig entstandene Wagenspur (↗Auto/Wagen) auf einem ↗Weg, also eine Einkerbung, ebenso als G. wie die Holzschienen, die das Rollen von Loren im Bergbau erleichterten, so verengt sich die Bedeutung nun auf die erhabenen Schienen, die im Verbund mit dem Material, auf dem sie aufliegen, Schotterbett und ↗Schwellen, als G. bezeichnet werden.

1. Symbol der Ordnung. Wesentl. Grundlage für den symbol. Gehalt des G. ist die antike Mythologie. Die Fahrt Phaetons mit dem Sonnenwagen (↗Sonne) soll der Mahnung des Helios zufolge auf den Spuren erfolgen, die die ↗Räder bei vorhergehenden Fahrten hinterlassen haben. Sie scheitert daran, dass der mit Phaeton besetzte Sonnenwagen zu leicht ist und aus der Spur gerät (Ovid, *Metamorphosen* II, 1–328). In der Folge wird die Bewegung der ↗Gestirne am Himmel als Dahinziehen auf einer G.bahn verstanden. Dabei wirken bildl. Darstellungen wie die Halbkreise in den Lünetten der Kalenderblätter in den *Très Riches Heures du Duc de Berry* und literar. wie in Dantes *Divina Commedia* (»Paradiso« XXVIII) daran mit, dass sich die Vorstellung von einem sich in geordneten Bahnen bewegenden Kosmos verfestigt und v. a. in der Lehrdichtung des frühen 18. Jh. unter dem Einfluss eines mechanist. Weltbildes Verwendung findet. Bei Haller werden die als sehr komplex aufgefassten, aber vermessbaren Wege der »himmlischen Cörper in ihren ewigen G.« (*Fabius und Cato*, ähnlich auch in *Falschheit menschlicher Tugenden*) mit

einer weltl. Tugendordnung verknüpft. Während
z. B. J.E. Schlegel sich explizit mit Hallers Vorstellung in *An den Profeßor Kästner, daß die Mathematik dem Dichter nützlich sey* kritisch auseinandersetzt oder Matthison im Gedicht *Die Kinderjahre*
sie als vorrational qualifiziert, bleibt sie nicht zuletzt im Freimaurerlied *Mit Freuden, ihr Brüder,
betretet die G.* (*Vollständiges Gesangbuch für Freimaurer*, Nr. 285) lebendig. – Neben die wesentlich
vom Phaeton-Mythos bestimmte kosmolog. Vorstellung vom Lauf der Gestirne auf einer G.-bahn
tritt die Alltagserfahrung der Menschen in der Frühen Neuzeit. So hing die Benutzbarkeit von ↗Stra-
ßen erheblich vom Zustand der G.spuren ab, der
einerseits durch Unterhaltsmaßnahmen gewährleistet wurde, andererseits auch nicht durch das Be-
fahren mit ungeeigneten Fahrzeugen beeinträchtigt
werden sollte. Zudem kam es erheblich auf die Ge-
schicklichkeit des Wagenlenkers an, der die durch
das G. vorgegebene Spur nicht verlassen sollte, um
das G. selbst, aber auch sein Fahrzeug nicht zu be-
schädigen. Aus diesem sachl. Zusammenhang heraus steht das G. symbolisch für die Norm, das Re-
gelhafte und die gute Ordnung. In Wickrams *Der
Jungen Knabenspiegel* ist allerdings die damit verbundene Gefahr der Gewohnheit schon präsent,
denn »so man offt einen weg faret, würt das g. dest
weiter« (XII). Positiv verstanden gehen bei H.
Braun die ↗Kinder in den Spuren ihrer Eltern, indem sie »zugleich mit den eltern arbeiten, spinnen
und winden, gleisen und furchen machen« (*Kin-
der-Spiegel*; vgl. DWb 8287). Für Zincgref verdient
Strafe, wer »auß dem g. der redlichkeit der vätter«
ausschert (*Eine Vermanung zur Dapfferkeit*, V. 78).
– Bes. Merkmal des G. ist seine Wahrnehmbarkeit,
so dass es der Orientierung dienen, aber auch fehl-
interpretiert werden kann. So meint der im ↗Wald
verirrte Amando in Ch. Weises *Die drey Klügsten
Leute in der gantzen Welt* auf dem richtigen Weg zu
sein, weil er »ein neues G. vor sich fand«, von dem
er vermutet, es sei durch die Kutsche seiner Reise-
gesellschaft, die er zuvor verloren hatte, einge-
drückt worden. Auch wenn G.spuren trügerisch
sein können, stehen sie in ihrer Gesamtheit für eine
positiv verstandene Orientierung, so etwa in Lohensteins *Arminius* (II, 7). Noch Goethe verwendet
die Vorstellung des G. regelmäßig in seinen Gesprächen und Korrespondenzen in diesem Sinn. In
den *Wahlverwandtschaften* etwa soll Charlotte zu
ihrem eigenen Wohl wieder in »das G. des gesetz-
mäßigen Lebens« zurückkehren (I, 17). Daneben
findet sich aber bei ihm zunehmend auch das G. als
Symbol für die einengenden Gewohnheiten v. a. älterer Menschen (Eckermann, *Gespräche mit Goethe*, 11.3.1828). Seltener wird in der symbol. Verwendung auf den Aspekt abgezielt, dass das G. einer kontinuierl. Veränderung unterworfen ist, weil
es durch die Räder immer wieder neu geformt
wird. Im Gedicht zum *10. Jänner 1834* sucht C.

Brentano »Ein G., das nicht stäts neu und neu«. –
Ab dem 19. Jh. kann man ein Nebeneinander von
Vorstellungen, die sich mit dem G. verbinden, feststellen. In zunehmend trivialisierter Form begegnet
es als Ausdruck einer natürl. Ordnung, in die sich
das menschl. Leben einzufügen hat. Unter Rückbezug auf eine solche höhere Ordnung, aber auch auf
die Vorbildhaftigkeit viel befahrener Wege spricht
Geibel von der Rückkehr in das »stille G.« des Lebens (*Ein Brief*). Rilke lobt im *Buch von der Pilger-
schaft* (*Das Stundenbuch*) die sanfte Leitung durch
die »weitesten G.« im Gegensatz zum leeren Raum
der Freiheit. Satirisch greift das J.O. Bierbaum in
Pan an die Sterne auf, der »hinter einem Netzge-
flechte« direkt in »den endlos gurgelnden Raum
der Welt« blicken lässt, in dem Pan als Urgesetz die
»Harmonie wohlgefügter G.« verkündet. – Daneben setzt sich die Einsicht des frühen Kant durch,
dass das G. nicht Erklärungsmuster für die Ordnung der Natur sein kann, sondern ein Bild für die
Ordnungsschemata, nach denen die einzelnen
Bestandteile des Kosmos aneinandergereiht werden. Natur ist in Kants *Allgemeiner Naturgeschichte
und Theorie des Himmels* etwas Willkürliches, das
durch die Aufbietung von Verstandeskraft in ein G.
gebracht wird. Er spricht von einem Pfad, an dem
entlang die Phänomene der Natur geordnet sind;
ihm von Glied zu Glied nachzugehen, vergleicht
Kant mit der Bewegung auf einem G. (*Dritter
Theil*). Auf dieser Grundlage wird das G. zu einer
Möglichkeit, mit der man wählend umgehen kann.
So verbindet Goethe im Gelegenheitsgedicht *An
Johann Daniel Wagener* die Schwellensituation des
Eintritts ins Leben mit der Vielzahl von G.spuren,
die von dort wegführen. Für Hölderlin ist das alte
G. ein ↗Gefängnis, aus dem sich der Geist befreien
muss (*Empedokles* 1535 f.). Mit deutlich polit. Zielsetzung rufen Gedichte des Vormärz zum Verlassen
der alten G. auf (E.M. Arndt, *Zaunkönig*; Herwegh,
Wohlgeboren). Eine Rückkehr in das G. ist bei Stifter in *Bergkristall* dann schon ein mutwilliges Kin-
derspiel. Es steht hier weniger für die sichere Spur
als für die verborgene Gefahr, wenn Konrad und
Sanna »nicht mehr auf dem glatten Pfade neben
dem Fahrwege, sondern in den G.« laufen, um zu
probieren, ob das darin zu ↗Eis gefrorene ↗Wasser
sie schon tragen kann. In der gleichen Erzählung
steht der Karrenweg mit seinem G. für die Abgeschiedenheit des Bergtales (↗Berg), das nicht über
eine Straße erreicht werden kann. – Im Lauf des 19.
Jh. wird die Vorstellung von der vertieften G.spur
allmählich durch die vom metallenen (↗Eisen) G.
der Eisenbahn verdrängt. Mit ihm wird Geschwindigkeit, die Ordnung des Fahrplans, aber auch Unentrinnbarkeit konnotiert. Diese Aspekte treten
v. a. in Hauptmanns *Bahnwärter Thiel* zutage, wo
den G. eine leitmotiv. Funktion zukommt: Der
Glanz des Materials, das Vibrieren unter der Last
der Züge, die landschaftsprägende Wirkung wer-

den ebenso thematisiert wie die verbindende Funktion, die sie als Verkehrsweg erfüllen. Im Zentrum steht jedoch das Maschinelle dieser »feurigen Schlangen« (↗Feuer, ↗Schlange), das den Menschen zerstört. – Die G.anlagen der Eisenbahn werden zu einem Ausdruck der modernen Zeit. Die schnelle Bewegung auf ihnen verhindert die genaue Wahrnehmung. George spricht vom »trostlosen graden zug von g. und mauer« (*Das Zweite: Wallfahrt*). Das Rollen der Räder auf dem G., der Takt beim Überfahren der Schienenstöße (Liliencron, *Der Blitzzug*), v. a. aber das Kreischen der Straßenbahnen in den engen Kurven (Engelke, *Stadt*) werden zu den Geräuschen der modernen Welt, die dem Menschen ihren Rhythmus aufzwingen, so dass Borchert feststellt:»Schienenstrang bist du – alles geschieht auf dir und macht dich rostblind und silberblank« (*Eisenbahnen, nachmittags und nachts*). – Zum Symbol menschenverachtender Ordnung schließlich werden die G., die zu den Konzentrationslagern hinführen. Das ↗Tor zum Lager Birkenau, das St. Mucha 1945 fotografiert hat, zeigt ikonografisch in den auf das Tor zulaufenden G. die Unausweichlichkeit. »Das Ende der Welt« verkörpert der Prellbock, an dem die G. im Lager enden (Hermlin, *Die Sache des Friedens*: *Auschwitz ist unvergessen*, 1949). Eine Opposition gegen diese vorgegebene Bahn ist nun nicht mehr im Heraustreten aus dem Gewohnten möglich, sondern sie drückt sich in der Gegenbewegung zur vom G. vorgegebenen Richtung aus, wenn etwa Johnson seinen Roman *Mutmaßungen über Jakob* mit dem Satz »Aber Jakob ist immer quer über die G. gegangen« beginnen lässt.

2. Symbol der Verbindung. Die Vorstellung vom G. als einem verbindenden Element und in der Vielzahl von Verbindungen als einem Netz entsteht nicht erst mit den Plänen zum Aufbau von Eisenbahnlinien. Schon vorher findet man bei Brentano in *Die Gründung Prags* ein mag. Spinnennetz (↗Spinne), dessen ↗Fäden als G. bezeichnet werden, auf denen sich Himmelskörper bewegen. Und noch vor dem Bau erster Strecken in Deutschland entwirft F. List 1833 ein Netz aus Eisenbahnlinien. In zahlreichen Gedichten des 19. Jh. wird mit diesem Netz der Gedanke einer nationalen oder sogar europ. Einigung verbunden (↗Europa, 4.). So bezeichnet K.I. Beck in *Die Eisenbahn* die Schienen als »Trauungsringe blankgegossen«, die unter den Ländern ausgetauscht werden (↗Hochzeit, ↗Ring). J. Schnerr will in einem Festgedicht zur Fahrt der ersten Eisenbahn auf dt. Boden ein Netz aus Schienen »von Pol zu Pol« zum Wohle Europas weben (Beispiele bei Mahr). Bei Hauptmann im *Bahnwärter Thiel* wird aber nicht mehr die verbindende Linie des Netzes herausgestellt, sondern die sich am Horizont verjüngenden G. werden als Bestandteil »einer ungeheuren, eisernen Netzmasche« aufgefasst, in der sich die Menschen verstricken. – An die

aufklärer. Vorstellung von gegliederten und komplexen Kreisbahnen der Gestirne (s. 1.) knüpft L. Frank in seiner Erzählung *Die Kriegskrüppel* an, in der der Militärarzt aus den amputierten Gliedmaßen »ein Gliedergleis, herumgelegt um den Militarismus, einen Menschengliederkranz, der umgelegt wird in einen Lorbeerkranz«, imaginiert (↗Lorbeer/Lorbeerkranz). – Wichtiger noch als die hier thematisierte Zusammensetzung des G. aus Elementen ist die Verknüpfung der G. an Weichen und Kreuzungen. Das G.gewirr des Bahnhofsvorfelds (↗Bahnhof) steht dabei für die Komplexität des modernen Lebens insgesamt (Heym, *Vorortbahnhof*). Grass verknüpft im Gedicht *G.dreieck* den Aspekt der Wahlmöglichkeit an der Weiche mit den Gefahren des Spinnennetzes, während Wohmann in *Passau, G. 3* diese Komplexität wieder völlig reduziert, indem sie am Bahnsteig die grundsätzl. Möglichkeit, zwei unterschiedl. Richtungen wählen zu können, herausstellt.

↗Bahnhof, Eisenbahn/Lokomotive/Zug, Fuß/ Fußspur, Rad, Stern, Weg/Straße.

Lit.: DWb VII, 8286–8293. – J. Mahr, Eisenbahnen in der dt. Dichtung, München 1982.   ERo

Glocke

Symbol der Seele und innerpsych. Vorgänge, der Kunst, des Todes und Unheils sowie der menschl. Gemeinschaft. – Relevant für die Symbolbildung sind (a) der G.klang, (b) der Anlass des G.läutens (Gefahr, Taufe, Beerdigung etc.), (c) das Material, aus dem die G. besteht (↗Gold, ↗Silber, Bronze, ↗Eisen/Erz), und (d) der Vorgang des G.gusses.

1. Symbol der Seele und innerpsychischer Vorgänge. Die Bedeutung der G. als Seele geht auf 1 Kor 13, 1 zurück; die Emblembücher des 17. Jh. variieren diesen Bibelvers insofern, als eine G. ohne Schlägel, die nicht erklingen kann, hier zum Symbol des am Geiste Gottes nicht teilhabenden Menschen wird (vgl. *Emblemes ou devises chretiennes* CVII; Dilherr, *Heilig-Epistolischer Bericht / Licht / Geleit und Freud* CVIII). Ab dem 19. Jh. kommt es zu einer Differenzierung dieser G.symbolik. Auf der einen Seite wird sie säkularisiert: So steht etwa die laut erklingende G. in Baudelaires *La cloche fêlée* oder Bloks *Pod šum i zvon odnoobraznyi* [*Bei Lärm und eintönigem G.geläut*] nicht mehr für den idealen Gläubigen, sondern für einen idealen psych. Zustand, den die ›geborstene‹ oder ›untätige‹ Seele des lyr. Subjekts nicht erreichen kann. Auf der anderen Seite wird das Bedeutungsspektrum der G. auf innerpsych. Vorgänge ausgeweitet. So wird der kaum hörbare Klang einer G. zum Sinnbild der Sehnsucht (Andersen, *Die G.*; Bierbaum, *Die Sehnsucht*), die zersprungene, stumme G. symbolisiert die Schwermut, und der Riss in der G. taucht als Symbol seel. Verletzungen auf (Aston, *Wilde Rose*; Heine, *Reisebilder* III, 1). Zum Symbol der erwiderten Liebe wird die G. in Kellers *Die Leute von Sel-dwyla*, weil ihr Ton Resonanz erzeugen kann. Huysmans rückt in *Là-Bas* die G. in die Nähe eines rückwärtsgewandten Wunsches nach Geborgenheit und Versöhnung mit der Welt. Die alten G. fungieren hier einerseits als letzte Verbindung zu einer besseren Vergangenheit, andererseits als Schutz vor den Gefahren der Gegenwart, wobei die Vorstellung von der G. als Beschützerin an den im MA verbreiteten Aberglauben von den mag. Kräften einer geweihten G. anknüpft.

2. Symbol der Kunst. Im Umfeld der Seelensymbolik entwickelt sich seit dem 19. Jh. auch eine vielfältige Kunstsymbolik. Dabei symbolisiert die G. zumeist entweder den Künstler oder das Kunstwerk. Für Jean Paul stellt die G. das ›Ebenbild‹ der romant. Dichtung dar, »weil ihr Ton am längsten lebt und stirbt« (*Vorschule der Ästhetik*:»Kleine Nachschule der Ästhetik« V, 7). In Kerners *Die Mitternachtsglocke* steht die G. für den Künstler, dessen Werk aus Schicksalsschlägen hervorgeht, während bei Andersen das künstler. Talent selbst »eine G. in der jungen Brust« ist, aus der einmal das Kunstwerk »in die weite Welt hinausklingen muss« (Andersen, *Die alte Kirchenglocke*). In Tarkowskijs Kinoroman *Andrej Rubljow* ist es v. a. der komplizierte Vorgang des G.gusses, aus dem sich die Künstlersymbolik ergibt, wobei hier die G. das Kunstwerk, der G.gießer das Künstlergenie repräsentiert.

3. Symbol des Todes und des Unheils. Die bis in die Antike zurückreichende Verwendung der G. als Warnzeichen bei Gefahr und der Brauch, die Totenglocke zu läuten, prägen die literar. Symbolik der G., wenn etwa die G. als Attribut des Todes auftritt (Jean Paul, *Titan*, 94. Zykel; G. Heym, *Die Heimat der Toten 1*) oder, wie bei Kafka, in engem Zusammenhang mit drohendem Unglück oder Tod und unbestimmbaren Ängsten steht (*Der Kübelreiter*; *Ein Brudermord*; *Ein Landarzt*; *Das Schloß*). Da jedoch der pragmat. Gebrauch der G. widersprüchlich ist, weil sie auch »zu etwas Besserem als zum Grabe« (Jean Paul, *Titan*, 77. Zykel), etwa zu Hochzeiten, Taufen und emotional ›neutralen‹ Anlässen geläutet wird, finden sich immer wieder Neudeutungen der G. innerhalb eines einzigen literar. Textes: Hochzeitsglocke oder G.schläge, die der Zeitangabe dienen, werden dann in Totenglocken oder Vorzeichen eines Unglücks umgedeutet (Shakespeare, *Macbeth*, I, 2).

4. Symbol der menschlichen Gemeinschaft. In der christl. Trad. hat die G. eine Gemeinschaft stiftende Funktion. G.läuten soll zum Gebet versammeln und eine Verbindung zwischen den am Gottesdienst teilnehmenden und den Abwesenden herstellen. In der Lit. wird diese Funktion übernommen und taucht in verschiedenen Formen auf. In Donnes *No Man Is an Island* gemahnt die G. an die soziale Verpflichtung des Einzelnen gegenüber seinen Mitmenschen (Parodien auf die mahnende G.

sind z. B. Goethe, *Die wandelnde G.*; H. v. Kleist, *Der Branntweinsäufer und die Berliner G.*). Schillers *Lied von der G.* präsentiert den G.guss, der nur durch kollektive Anstrengung gelingen kann und dessen Erfolg nicht vorhersagbar ist, als Symbol für die Gesellschaft, die Krisen nur durch Zusammenwirken bewältigen kann. Woolf benutzt die Schläge des Big Ben in *Mrs. Dalloway* als symbol. Bindeglied zwischen den räumlich und sozial voneinander getrennten Protagonisten, wodurch die zwar nicht greifbare, aber dennoch vorhandene Verbundenheit ihrer Schicksale versinnbildlicht wird.

Lit.: A. Corbin, Die Sprache der G., Frankfurt a.M. 1995.   ASche

Gold

Symbol des Göttlichen und Reinen, des Lebens, der Liebe, des (falschen) Reichtums und des Verderbens. – Relevant für die Symbolbildung sind (a) die Farbe und der Glanz, (b) der materielle Wert und (c) die chem. Beständigkeit des G.

1. Symbol des Göttlichen und Reinen. Bereits im Alten ↗Ägypten findet sich G. als Symbol des Göttlichen:»Re scheint auf dein Gesicht,/ so dass es mit G. bekleidet ist« (*Ägyptisches Totenbuch*, Spruch CLXXII, 42–44; ↗Gesicht). Im AT erscheint es als Schmuck der Bundeslade (Ex 37), wie auch der Salomonische Tempel »ganz mit G. überzogen« ist (1 Kön 6,20–22 und 7,50 f.). Auch das himml. ↗Jerusalem ist eine ↗Stadt aus »reinem G.« (Offb 21,18). – In der griech. Antike zeugen Geschenke der Götter an die Menschen wie der goldene Stab des Wahrsagers Teiresias (Homer, *Odyssee* XI, 91) von der Symbolik, ebenso Pterelaos' goldenes ↗Haar (Apollodor, *Bibliotheke*, II, 4, 5, 3) und der goldene ↗Becher von Zeus für Alkmene (Plautus, *Amphitruo* I, 3) oder göttl. Attribute wie die goldenen ↗Locken des Apollon (Apollonios Rhodios, *Argonautika* II, 677) und der Aurora (Ovid, *Amores* XIII), die sprichwörtl. ›goldene Waage‹ des Zeus (Homer, *Ilias* VIII, 69), die goldenen ↗Äpfel der Hesperiden (Apollodor, *Bibliotheke* II, 5, 11, 1), Hermes' G.stab und göttl. Erscheinungsformen wie Zeus als goldener ↗Regen bei Danae (Apollodor, *Bibliotheke* II, 1, 2). – Die antike Vorstellung eines idealen, vergangenen ›Goldenen Zeitalters‹, in dem die Menschen »wie Götter ohne Betrübnis« leben (Hesiod, *Werke und Tage* 106–120; vgl. Ovid, *Metamorphosen* I, 89–112), wird auch in der Neuzeit in Verbindung mit der bibl. Vorstellung eines ›goldenen Weltreichs‹ (Dan 2) aufgenommen (die »güldne Zeit« gegen den materiellen Wohlstand durch »G.« ausspielend z. B. Haller, *Die Alpen* 21 ff.; s. a. Goethe, *Die Wahlverwandtschaften* II, 2; Novalis, *Heinrich von Ofterdingen* I). – Symbol der Läuterung schon im AT (Spr 17,3; 27,21; ↗Reinheit), steht G. in der relig. Dichtung für die von Gott geläuterte Seele (Konrad v. Würzburg, *Die goldene Schmiede*;

HS, 90 f.; Gellert, *Trost eines schwermütigen Christen*), für Weisheit nach Hld 5,11 (*St. Trudperter Hohe Lied* LXXVII, 23–LXXVIII, 17) oder verstärkt in der Romantik als Bild myst. Erlebens: »es war mir oft, als läuterten sich und schmelzten die Dinge der Erde, wie G., in meinem Feuer zusammen, und ein Göttliches würde aus ihnen und mir« (Hölderlin, *Hyperion* I).

2. *Symbol des Lebens, der Treue und der Liebe.* Ob seiner Farbe und seines Glanzes symbolisiert das G. von jeher die ↗Sonne und somit lebensspendende Wärme und ↗Licht: »Es dringt der Sonne goldner Kuss/ Mir tief bis ins Geblüt hinein« (Mörike, *Im Frühling*). Nahezu jede Kultur kennt eine Sonnengottheit, die ganz oder teilweise goldfarben vorgestellt wird (Re, Helios, Sol). »G. ist Sonnenschein« (B. Arnim, *Clemens Brentanos Frühlingskranz*), auf diese Formel lässt sich die profanierte Variante dieser Facette der Symbolbedeutung durch alle literar. Epochen hindurch bringen. Die Gleichsetzung von G. mit Unsterblichkeit tritt v. a. in alchemist. Kontexten auf: »G. kann ich machen, ewiges Leben kann ich geben« (C. Brentano, *Das Märchen von dem Hause Starenberg*). – Da G. als einziges Metall kaum oxidiert und somit von extremer Haltbarkeit ist, gilt es als Symbol der Beständigkeit und Treue auch über den Tod hinaus: »Rechts wie links erhoben sich Hunde von G. und von Silber,/ […] Tiere, die ewig lebten und niemals dem Alter verfielen« (Homer, *Odyssee* VII, 91–94; vgl. C. Brentano, *Auf einen grünen Zweig*; Logau, *Grabmal einer redlichen Frauen*). Ein goldener ↗Ring oder eine goldene ↗Kette gilt als Unterpfand ›ewiger‹ Liebe, satirisch bei Ovid: »mit G. wirbt man um Liebe« (Ovid, *Ars amatoria* II, 279). – Als Liebessymbol betont G. die Dimension des Ergriffenseins. Gleichsam getroffen vom »goldenen Pfeil/ Der Liebe« (Mörike, *Maler Nolten: Der letzte König von Orplid* XI) macht sich der Glückliche auf »ins Land der Liebe, ins goldene Land« (Jean Paul, *Titan*, 99. Zykel). Als Symbol der myst. Liebe begegnet G. auch in der Moderne noch, sowohl in der Prosa als »Reliquie überirdischer Wertbeständigkeit« (Werfel, *Barbara oder die Frömmigkeit*, Viertes Lebensfragment IV), als auch in der Lyrik (Bachmann, *Paris*). – V.a. im Märchen besteht die Belohnung oft aus G. (Grimm, *Frau Holle*; *Der gestiefelte Kater*; *Der goldene Vogel*; Bechstein, *G.marie und Pechmarie*). Entscheidend ist dabei stets die reine Seele (s. 1.) bzw. die guten Absichten des Helden. Mit der Hinwendung zur Seele des Individuums taucht in der Romantik diese Identifikation erneut auf (E.T.A. Hoffmann, *Der goldene Topf*), hier allerdings die ›poetische‹ Seele hervorhebend.

3. *Symbol des Reichtums und der Habgier.* Äußerst ambivalent ist G. als Symbol des Reichtums, da dieser häufig die Angst vor dem Verlust des G. oder aber die Habgier nach noch mehr Besitz mit sich bringt (s. a. 4.). Diese Gefahr schildert Äsop in

der Fabel *Die Gans, die goldene Eier legte.* Dass G.gier über Leichen geht, veranschaulicht schon Euripides: »Das G., wenn du die Wahrheit sagen wolltest, hat/ getötet meinen Sohn – und deine Sucht danach!« (*Hekabe* V, 4). Bes. Brisanz erfährt diese symbol. Bedeutung einmal im Zuge der literar. Verarbeitung der angebl. Fähigkeiten der Alchemisten, G. herzustellen (Angelus Silesius, *Cherubinischer Wandersmann* I, 280: *Der wahre Weisen-Stein*; Tieck, *Der Pokal*). Im relig. Kontext symbolisiert G. auch die verzichtbaren weltl. Güter (Ijob 31,24; Dach, *Ne reputes alium sapiente bonoque beatum*; Eichendorff, *Walt Gott!*; s. a. 4.), polemisch-patriotisch aufgenommen bei E.M. Arndt, *Lob des Eisens* (1806). – Der dem G. Verfallene erscheint durch alle Gattungen und Epochen (Plautus, *Aulularia*; Shakespeare, *The Merchant of Venice*; Balzac, *Eugenie Grandet*). Auch zur Kritik an sozialen Missständen wird die Symbolik der versklavenden Macht des G. immer wieder bemüht (Puschkin, *Der geizige Ritter*; ironisch bei Meyrink, *G. M. contra Gustav Frenssen*), in der Moderne auch zur Illustration der Instrumentalisierung einer Person und Reduktion auf ihren Nutzwert (Demski, *G.kind*).

4. *Symbol der Dämonie und des Verderbens.* Dass G. bzw. die Sehnsucht danach ins Verderben führen kann, exemplifiziert die Legende von König Midas (Ovid, *Metamorphosen* XI, 85 ff.), dessen Wunsch nach Reichtum zu seinem Fluch wird. Dadurch, dass auch Speise und Getränk in das Metall verwandelt wird, wird G. hier zum Synonym für Lebensfeindlichkeit. Dieser Stoff wird v. a. Ende des 19. Jh. wieder aufgegriffen, z. B. von Heiberg (*König Midas*, 1890) und Ambrus (1891). Dass dem G. auch die Kraft der Zerstörung innewohnt, wird in der Antike durch den goldenen ↗Apfel symbolisiert, mit dem Paris nicht nur die Schönste der Göttinnen bestimmen soll, sondern auch den Trojanischen Krieg entfesselt (Euripides, *Helena* 22–30). Auch das Goldene Vlies bringt neben seiner Assoziation mit dem Göttlichen (s. 1.) Jason und Medea v. a. Schmerz und Kummer (Apollonius Rhodios, *Argonautika*; Euripides, *Medea*). Das ›goldene Kalb‹ (Ex 32,4) zeigt den Abfall der Israeliten vom wahren Glauben. Im MA spitzt sich diese Perspektive noch zu, in der *Edda*, im *Fafnismâl* und im *Nibelungenlied* spielt der Fluch des G. eine handlungstragende Rolle. – Mit dem Aufkommen der Kriminalerzählung im 18. Jh. wird die Obsession für G., hier oft gleichgesetzt mit ↗Geld, über die Habgier hinaus (s. 3.) zum Symbol der Fehlerhaftigkeit des Menschen (E.T.A. Hoffmann, *Das Fräulein Scuderi*; F. Halm, *Die Marzipanliese*; Fontane *Unterm Birnbaum*). Im Expressionismus wird G. als Symbol der Entfremdung der Menschen untereinander durch den Kapitalismus verwendet (Csokor, *Ballade von der Stadt*).

↗Blau, Farben, Gelb, Silber, Sonne.

Lit.: MW, 266–283. – NLC, 305–312. – I. Kofler, G. in Kunst, Märchen, Mythos und Sage des MA, Innsbruck 2000. – H.-J. Spitz, Die Metaphorik des geistigen Schriftsinns, München 1972, 191–200.　　　　PB

Golem ⁊Maschinenmensch.

Grab / Friedhof

Symbol des Todes, der Endlichkeit, Melancholie und Erinnerung, aber auch der Hoffnung und des Lebens sowie der Moderne. – Relevant für die Symbolbildung sind (a) die Funktion von G. oder F., Begräbnisstätte des menschl Leichnams zu sein sowie (b) der jeweilige Zustand der Stätte.

1. Symbol des Todes, der Endlichkeit, Melancholie und Erinnerung. Das G. als metonymisch motiviertes Sinnbild des Todes (Ijob 17,1) steht seit Beginn der Neuzeit für Vergänglichkeit (Klopstock, *Die frühen G.*) und Begrenztheit alles ird. Daseins und damit auch als Gegensatz zum ewig Wahren (»Doch die Treue kennt kein G.«, Fontane, *Die Hamiltons*). Mit der barocken Vorstellung von der Nichtigkeit des ird. Daseins (*vanitas*) und der Lebensimmanenz des Todes (*memento mori*) erhalten die Motive G. und F. eine erste charakter. symbol. Relevanz, die auch auf weitere Gegenstände des Totenkults wie ⁊Kreuz, ⁊Skelett/Totenschädel oder ⁊Kerze ausstrahlt. – Von nachhaltiger Wirkung auf die Lit. ist die F.szene im letzten Akt von Shakespeares *Hamlet,* mit den Worten Börnes: »Hamlet ist ein Todesphilosoph, ein Nachtgelehrter […] Das Leben ist ihm ein G., die Welt ein Kirchhof« (*Hamlet*). Spätestens mit Shakespeare zum Inbegriff tiefer Melancholie geworden, bildet das G. den Ausgang einer breiten symbol. Besetzung durch die europ. Romantik. Eine ins Pathologische gesteigerte Melancholie schildern schon Goethes *Die Leiden des jungen Werthers*: »Ich sehe dieses Elendes kein Ende als das G.« (I: »Am 30. August«), und bes. eindringlich, aber auch kritisch sind die G.- und F.bilder in Moritz' *Anton Reiser*: »Die einsamste Wüste wurde ihm wünschenswert – und da ihn endlich auch in dieser die tödl. Langeweile quälte, so blieb das G. sein letzter Wunsch«, die im Gefühl äußersten Gottverlassenseins gipfeln: »Dann sinke in dein G. […] Und werde […] dem ewgen Nichts zum Raube« (*Anton Reiser* III; s. a. 3.). Aufgehoben in den Zyklus von ⁊Geburt und Tod erscheint das G. dagegen in Goethes *Faust I*: »In Lebensfluten, im Tatensturm/ Wall' ich auf und ab,/ Webe hin und her!/ Geburt und G.« (501–504). – Bes. verbreitet ist die G.-Symbolik in der europ. Romantik und einer aus ihr hervorgegangenen literar. Moderne, zunächst einer melancholisch gestimmten Grundbefindlichkeit dienend: »O, wir sind leider durch die fremde Macht des gewaltigen Geschicks verbunden, alle unsre Lieben haben wir verloren, unsre Vergangenheit ist ein G. aller unsrer Freuden der Gegenwart und der Zukunft gewor-

den« (C. Brentano, *Godwi*: »Antonio Firmenti an Godwis Vater«). Darüber hinaus erhält die christl. Bedeutung des Symbols (s. 1.) in der Romantik bes. Gewicht. Es kommt indes zu einer produktiven Erweiterung: Das G. gerät zum Tor ins Jenseits: »Sing Weide, singe, grüne Weide!/ Wie Stimmen aus der Liebsten G.« (Eichendorff, *Am Strom*; ⁊Weide). Es indiziert zudem die enge Verbindung zweier Menschen, die im Tod erst möglich geworden ist oder ihre Vollendung findet: »Gehe Er zum Herzog, und bitte er für Kasper und Annerl um ein ehrlich G.!« (C. Brentano, *Geschichte vom braven Kasperl und dem schönen Annerl*). Das vom Schicksal verweigerte G. wird zum Sinnbild von Vereinsamung und Heimatlosigkeit (C. Brentano, *Zu Bacharach am Rheine*). – Das anonyme G. ist das Sinnbild des Vergessens; ihm steht das G.mal großer Persönlichkeiten entgegen, im Guten wie im Schlechten (Schubart, *Die Fürstengruft*). So endet W. Scotts *The Bride of Lammermoore* mit den Worten: »Ein prachtvolles Marmordenkmal verzeichnet ihren Namen, ihren Rang und ihre Tugenden, während ihre Opfer weder durch G. noch Inschrift unterschieden zurückbleiben« (⁊Marmor). Der programmat. Titel von Chateaubriands Autobiografie *Mémoires d'outre-tombe* mag auch als Referenz an dieses spezif. Moment romant. Symbolik verstanden werden. – Als Allegorie sich von der Welt abwendender Passivität in Büchners *Dantons Tod* (»Die Leute sagen, im G. sei Ruhe, und Ruhe seien eins. Wenn das ist, lieg ich in deinem Schoß schon unter der Erde. Du süßes G., deine Lippen sind Totenglocken, deine Stimme ist mein G.geläute, deine Brust mein G.hügel und dein Herz mein Sarg«) deutet das G. auf das mögl. Scheitern sozial-revolutionären Strebens: »wer eine Revolution zur Hälfte vollendet, gräbt sich selbst sein G.« (*Dantons Tod* I). Droste-Hülshoff, *Am letzten Tage des Jahres* (*Silvester*), bringt dagegen den barocken *vanitas*-Gedanken wieder zur Geltung: »Das Jahr geht um,/ […] und stäubend rieselt in sein G./ Was einstens war lebend'ge Zeit.« – Mit Baudelaires *Fleurs du mal* findet die romant. Deutung des G.-Symbols schließlich zu einer weiteren Zuspitzung (*Spleen, J'ai plus de souvenirs*) und insbes. zu einer modernen Neuinterpretation, so etwa in der Identifikation von (Dichter-)Seele und G. (*Le mauvais moine*) oder in Gestalt des G. als dem einzigen verständigen Begleiter des Dichters (*Remords posthume*). Das G. wird mehr und mehr zum Inbegriff von Entsagung und Desillusion: »Sonne und Mond verklärten den F. so freundlich mit ihrem Licht, das Ende ist doch ein G. für Liebe und Hoffnung; kurz war die Seligkeit, und ihr folgt ein ödes Leben voll von Entsagung« (Freytag, *Die Ahnen*: »Die Verlobung«). G. und F. gehören nunmehr zu den Chiffren einer von Entfremdung und Ohnmacht des Individuums gezeichneten Moderne: »Die Welt ist ein F. und wir sind einzelne Särge/ In uns bewahren wir ein Skelett« (Wilde, *The Duchess of Padua* II).

2. Symbol der Hoffnung und des Lebens. Zahllos sind in der christlich geprägten Lit. die Verweise auf das ↗drei Tage verschlossene G. Jesu als Ort der Verwandlung (Mt 12,40; ↗Wal) und das leere G. (Mt 28,1–7; Lk 24,3) als Symbol christl. Heilserwartung: »Das G. ist leer, das G. ist leer!/ Erstanden ist der Held!« (Claudius, *Osterlied*; ↗Ostern). Bes. anschaulich wird die Bekanntheit der Symbolik bei Goethe: »Als Gott und Mensch, als Mensch und Gott/ Anbetung ward ihm, Schand und Spott;/ Zuletzt zu unserer Seligkeit/ Ging er durchs G. zur Herrlichkeit – Wer's glaubt! Schelmen, ihr trugt ihn ja weg« (*Christus ein Gott vom Himmel kam*). – Das blühende G. steht für Wiedergeburt und Neuanfang: »Und neue Gesänge erschallen/ Hoch über dem blühenden G.« (Eichendorff, *Ablösung*), auch der ↗Baum auf dem G. ist Symbol des Lebens (Heine, *Tragödie* III; ↗Linde). Shelley, in dessen Gedichten auch die barocke G.-Symbolik der Vergänglichkeit zu finden ist (*On Death*; s. a. 2.), preist ebenso die schöpfer. Überwindung der G.-Melancholie (*The Cloud*).

3. Symbol der Moderne. Lässt J. Verne sein düsteres Bild vom *Paris au vingtième siècle* (1863) mit einer apokalypt. Vision auf eben diesem F. enden, wobei er noch einmal die großen Romantiker in Erinnerung ruft, vergleicht auch Th. Gautier eine nach den Postulaten urbaner Zweckmäßigkeit organisierte ↗Stadt mit dem Pariser F. Père-la-Chaise (*Préface de Mademoiselle de Maupin*, 1836). Die im Zeichen des Fortschrittstraumas stehende Wende zum 20. Jh. führt zu einer regelrechten Renaissance ›barocker‹ Motive und Symbolik: »Nun muß ich ins G., das ist schwarz wie die Nacht,/ Erbarm dich meiner in deiner Allmacht«, so Hofmannsthal am Ende des *Jedermann* (1911). Im Expressionismus äußern sich die Aporien der Moderne in einer komplexen Todessymbolik, die viele Motive in ihrer barocken Bedeutung aufgreift und mitunter zu endzeitl. Bildern verdichtet (G. Heym, *Die Heimat der Toten* II). Im Zeichen des Krieges steht das G. für Verlassenheit, Anonymität und ein des Tragischen beraubten Schicksals: »Ich weiß nicht, auf welchem G. ich sitze« (Klabund, *Der Marketenderwagen*, »Allerseelen«). Anders dagegen Kafka, der das G. zum letzten Hort der Geborgenheit, zum Telos der Regression erhebt: »daß hier auf der Erde kein ruhiger Platz für unsere Liebe ist, nicht im Dorf und nicht anderswo, nicht ich mir deshalb ein G. vorstelle, tief und eng; dort halten wir uns umarmt wie mit Zangen« (Kafka, *Das Schloß* XIII). In Faulkners *The Sound and the Fury* findet eine für die Lit. des 20. Jh. nachgerade kanon. Verdichtung der *vanitas*-Symbolik statt, wenn die väterl. ↗Uhr mit einem G.mal verglichen wird: »das Mausoleum allen Hoffens und Wünschens« (II: »June Second, 1910«). Dieses Motiv und seine Symbolik entwi-

ckelt C. Simon in seinem Roman *L'herbe* (1957) weiter, wobei er neben der barocken auch die tiefenpsycholog. Bedeutung von Regression hervorhebt. In Sartres *Morts sans sépulture* wird die Verweigerung des Begräbnisses existentialistisch als unhintergehbare Einsamkeit des Individuums gedeutet.

↗Nacht, Ostern, Schwarz, Skelett/Totenschädel, Tanz.

Lit.: J.J. Bachofen, Versuch über die Gräbersymbolik der Alten, Basel 1954 [¹1859].   TRK

Gral ↗Becher/Kelch/Gral, Stein/Gestein.

Granatapfel

Symbol des Lebens und der Fruchtbarkeit, aber auch der Vergänglichkeit und des Todes, der Liebe sowie der Kirche, Christi, der Märtyrer und Mariae. – Relevant für die Symbolbildung sind (a) die ↗rote Farbe der ↗Schale, der ↗Kerne und des Saftes, (b) die Vielzahl der Kerne und die Härte der Schale sowie (c) der charakterist. Duft.

1. Symbol des Lebens, der Herrschaft, des Todes und der Vergänglichkeit. Im antiken Mythos genießt die von Hades entführte und geehelichte Persephone in der Unterwelt Kerne von einem G. Deshalb muss sie einen Teil des ↗Jahres in den Hades, darf aber die von der Vegetation belebten Zeiten oberirdisch verbringen (*Homerische Hymnen:* »An Demeter« 370 ff.; Ovid, *Metamorphosen* V, 533 ff.; ↗Frühling). Im antiken Ursprungsmythos steht der G. also für die Doppelsymbolik von Tod (Vergänglichkeit) und Leben (Liebe, Ehe) sowie Fruchtbarkeit und Unfruchtbarkeit der ↗Erde im Wechsel der Jahreszeiten. – Wie schon in der Bibel der G. als Schmuck für priesterl. ↗Kleidung fungiert (im AT dekorieren die roten Früchte im Wechsel mit ↗goldenen Schellen den Saum des Gewandes von Aaron, Ex 28,33), so mutieren die G. in der *Graphia aureae urbis Romae*, einem Text, in dem sich die ›Renaissance‹-Bestrebungen des 12. Jh. spiegeln, in Anlehnung ans bibl.-priesterl. Gewand Aarons zu den Zier-Insignien des Herrschermantels (↗Mantel). – In Shakespeares Liebesdrama *Romeo and Juliet* (III, 5, 2) sitzt die ↗Nachtigall auf einem G. baum und deutet (»Es war die N. und nicht die Lerche«) auf die ↗nächtl. Anderwelt, Erotik und bittersüße Liebe, wie auf den Tod voraus. Goethe verbindet mit dem (Granat-)↗Apfel in seinem Monodrama *Proserpina* antike Mythologie und christl. Typologie zu einem Sinnbild des Todes und zugleich des ewig-paradies. Lebens. Mit Anklängen an den verbotenen Apfel der bibl. Genesis-Erzählung (Gen 2) nimmt Musäus' Kunstmärchen *Richilde*, in dem die schöne Blanca von ihrer bösen Stiefmutter durch einen präparierten G. in einen todesähnl. ↗Schlaf versenkt wird, mittels der G.-frucht die Antinomie von Tod und Leben des Persephone-Mythos auf. In Kleists Erzählung *Das Erdbeben von Chili* erinnern der »prachtvolle G.baum voll duftender Früchte« und die Nachtigall, die in seinem »Wipfel ihr wollüstiges Lied« singt, an *Romeo and Juliet*, der G.baum und seine rote Frucht deuten sowohl auf Eros und Liebe, hier auch auf Fruchtbarkeit, als auch auf den gewaltsamen Tod der kleinen Familie Josephes voraus. Mit Kleists Erzählung korrespondiert Th. Manns Novelle *Der Tod in Venedig*, in der eine die Schamgrenzen senkende Choleraepidemie, rubinroter (↗Rubin/Karfunkel; ↗Rot) G.saft und eine ausrinnende ↗Sanduhr die *amour fou* eines alternden Pädophilen als entwürdigende Krankheit zum Tode symbolisieren.

2. Symbol der Liebe, Ehe, Fruchtbarkeit und Sexualität. Als Zeichen der Schönheit ist der G. der Aphrodite beigegeben (Athenaios, *Deipnosophistai*) und, als einzige der Hera geweihte Frucht, unter deren Schutz die Ehe steht (Philostrat, *Vita Apollonii* IV, 28; Ovid, *Heroides* II, 41), scheint er ein auslegungsbedürftiger ›Geheimmythos‹ zu sein (Pausanias, *Beschreibung Griechenlands* II, 17, 4). – Als erot. bzw. Fruchtbarkeitssymbol erscheint der G. auch im AT. Zwar wird die geliebte ↗Braut im *Hohelied* vom Bräutigam in Anspielung auf ihre ↗Jungfräulichkeit als *hortus conclusus* bezeichnet, gleichzeitig wirkt sie jedoch wie ein »Lustgarten von G. mit edlen Früchten« (Hld 4,12 f.), der die spätere sexuelle Bereitschaft und die ehel. Fruchbarkeit der *sponsa* für den *sponsus* symbolisiert und garantiert (↗Hochzeit). – In Flauberts *L'éducation sentimentale* (1869) reduziert sich die über die Jahrhunderte so reich entfaltete Bedeutungshaltigkeit des G. auf eine erotisch-laszive Komponente, wenn die Kurtisane Rosanette vor den Augen des sie begehrenden wie ablehnenden Helden Frédéric ungeniert in die rote Frucht hinein beißt (II, 4). Freytag hingegen setzt die G.frucht in seinem Historien-Zyklus *Die Ahnen* (*Die Brüder vom deutschen Hause*: »Kaiser Friedrich«) bes. als Symbol für die Fruchtbarkeit der Verbindung Friedrichs II. mit seiner Gemahlin ein, der Königin von ↗Jerusalem, die zum Zeichen ihrer beginnenden Schwangerschaft dem Kaiser einen aufgebrochenen G. sendet. – D'Annunzio erinnert mit einem G. an sein feuriges Verhältnis zu E. Duse in seinem Roman *Il fuoco* (1900), einzig veröffentlichter Teil einer geplanten Trilogie *Romanzi del melagrano* [*G.romane*]. Stark erotisch aufgeladen ist das G.-Symbol auch in Th. Manns *Joseph und seine Brüder*, wenn der in Rahel bis zur Minne-Versklavung verliebte Jaakob diese in einer Hohelied-Reminiszenz »G.blüte im Garten« nennt, deretwegen sein »Herz in Wollust erzittert«; in der Hochzeitsnacht apostrophiert er Rahel als nun reifen »G.«. Wenn dieser sich nachher auch als ›gefälschter‹, nämlich als die Schwester Lea erweist, steht er durchaus für die symbolisierte Fruchtbarkeit ein (*Die Geschichten Jaakobs* VI: »Jaakobs Hochzeit«). In *Joseph in Ägypten* steigert sich der

↗Traum von Potiphars Weib, sich beim Zerteilen eines G. tief in die ↗Hand zu schneiden, zur erot. Phantasie, dass Joseph ihr rubinrotes ↗Blut in einem quasi-sexuellen Akt aufsaugt (VI: »Die Öffnung der Augen«). – In der Gegenwartslit. lebt der G. in vertrauter Bedeutungshaltigkeit fort. In Kemals Roman *Der G.baum* (1982) z. B. steht ein verschwundener hl. G.baum mit roten ↗Blüten und Früchten für die einstige Fruchtbarkeit und Intaktheit einer türk. Landschaft, die wegen menschl. Profitgier dürr geworden ist.

3. Symbol der Kirche, Christi, der Märtyrer und Mariae. In dem vom exeget.-christl. Denken der Kirchenväter sowie weiterhin von der Antike geprägten MA wird der G. zum Teil eines myst. Denksystems um Christus, Maria und die Kirche. Dabei symbolisieren die wohlschmeckenden Kerne des G., die von einer harten Schale umhüllt sind, die Vielfalt (*varietas*) in der Einheit (*unitas*) der im Glauben fest beschlossenen Glieder der Kirche (Ambrosius, *Epistula Jacobi*). Mit dem antiken Mythos, dass der G.baum aus dem Blut des Dionysos (Clemens v. Alexandrien, *Protreptikós*) oder des Agdestis entstanden sei (Arnobius, *Adversus nationes*), geht in der christl. Auslegung die Verbindung von tiefroter Fruchtfarbe des G. und Jesu Christi Märtyrer- und Erlöserblut einher (Ps.-Cassiodorus, *Canticum canticorum*). Im *St. Trudperter Hohelied* wird die G. typologisch mit der Sündenfallfrucht des Paradieses in eins gesetzt, was hier meint, dass die G. im Paradiesgarten (= Kirche) die in der *imitatio Christi* stehenden, Blut sowie Leben lassenden und heilsbringenden Märtyrer symbolisieren (LIX, 1). So wie das *St. Trudperter Hohelied* die *sponsa* des Hoheliedes über das Motiv des verschlossenen ↗Gartens (= Jungfräulichkeit; s. a. 2.) mit Maria in Verbindung bringt (LVI, 30 ff.), rekurriert in anderer Weise der höf. Dichter Konrad v. Würzburg in seinem hymn. Marienlob *Die Goldene Schmiede* auf den paradies. Lustgarten des Hoheliedes und die Gottesmutter. Maria wird dort mit einem »Granatbaum« verglichen (1314 ff.), dessen wilde Früchte für die Gemeinschaft Wohlgeruch verströmen. Darin symbolisiert sich Marias Heilswirkung auf die gesamte Christenheit. – Noch im Barock bleibt die ma. christl.-myst. Auslegungstrad. der G.symbolik präsent. In Grimmelshausens *Continuatio des abenthurlichen Simplicissimi* liest der auf eine einsame ↗Insel verschlagene Simplicius in dem ↗Buch Welt und setzt, wie zuvor das *St. Trudperter Hohelied*, Paradies- und G. in eins, bei dessen Anblick er »an den Fall unserer ersten Eltern« denkt (XXIII). Daneben findet man in der Barock-Emblematik ethisch säkularisierte Bedeutungsvarianten bezüglich des G. wie z. B., dass seine zahlreichen, sehr unterschiedl. Kerne gute und böse Menschen symbolisieren (Zincgref, *Emblematicum Ethico-Politicorum*).

↗Apfel, Rot, Schale/Kern.

Lit.: NLC, 269 f. – RAC XII, 689–718. – C. Meier/R. Suntrup, Zum Lexikon der Farbenbedeutungen im MA, in: Frühma. Studien 21 (1987), 390–478, bes. 472.

SGr

Granit

Symbol der produktiven Tätigkeit, der Grundlage, des Dauerhaften und des Vaterländischen oder Deutsch-Nationalen. – Relevant für die Symbolbildung sind (a) die Härte und das Vorkommen des Gesteins in großer Tiefe, (b) das ihm zugeschriebene hohe Alter.

1. Symbol der produktiven Tätigkeit. Der ästhet. Symbolwert geht wohl auf Goethes zu Lebzeiten z. T. unveröffentlichte G.studien zurück (bes. <*G. II*>), in denen G. eine Ursprungsvorstellung mit poetolog. und naturphilosoph. Bedeutung ist. G. inspiriert und versetzt den Betrachter in eine erhabene Stimmung. Aufgrund der »Dreieinheit« (↗Drei) des G. aus Feldspat, Quarz und Glimmer (*Zur Geologie, besonders der böhmischen*) sowie wegen der Strukturanalogie hinsichtlich der Entstehung von G. und Kunst, wird der G. für Goethe zum »Urbild des Bildens« (Emrich, 41; ferner Raff) überhaupt (ähnlich F.G. Jünger, *Im tiefen G.*).

2. Symbol der Grundlage und des Dauerhaften. Bei Herder und Goethe ist G. die älteste Grundlage, auf der alle anderen Steinlagen aufruhen. Herder nennt den »alten« G. den »innern Kern unseres Planeten« (*Ideen zur Philosophie der Geschichte der Menschheit* II, 10, 1) und die »Grundsäule des festen Landes« (I, 1, 6). Schopenhauer vergleicht die anschauende Erkenntnis als tragende Grundlage unserer Gedanken mit dem G. (*Die Welt als Wille und Vorstellung*, Ergänzungen I, 6). Nietzsche verkehrt das Bild ironisch, indem er vom »festen und granitnen Grunde von Unwissenheit« spricht, auf dem der Mensch seine Erkenntnisse aufbaue (*Jenseits von Gut und Böse* II, 24). In Stifters Erzählung *G.* ist der alte G.block Basis des Beobachtens und Ausgangspunkt der Erzählung. – Auf die sprichwörtl. Härte und Unveränderlichkeit des G. rekurrieren z. B. Goethe, Eichendorff (*Ahnung und Gegenwart* III, 20), Hebbel (*Herodes und Mariamne* V, 6) oder Holz (*Die Kunst. Ihr Wesen und ihre Gesetze*: »Zola als Theoretiker« I).

3. Symbol des Vaterländischen und Deutsch-Nationalen. Ausgangspunkt ist wohl Goethes Charakterisierung des G. als »vaterländisch« (*Blüchers Denkmal*). Nach J. Langbehn sollten die Deutschen im Gegensatz zu den Griechen, die »eine Kultur von Marmor« hatten (↗Marmor), eine von »G.« errichten (*Rembrandt als Erzieher*, [25]1890, V: »Deutsche Menschheit«, »Deutsches und Griechisches«). In der NS-Zeit kam es zu einer »G.ideologie« (Fuhrmeister), so wurden G. und G.-Findlinge in der Architektur und im Denkmalbau bevorzugt eingesetzt (vgl. z. B. die Festansprache zur Grundsteinlegung

der Nibelungenhalle in Passau 1934; zit. bei Fuhrmeister).

↗Stein/Gestein.

Lit.: W. Emrich, Die Symbolik von Faust II, Frankfurt a.M./Bonn [3]1964, 40–43. – Ch. Fuhrmeister, Beton, Klinker, G., Berlin 2001, 241–252. – M. Ortmeier/W. Helm (Hg.), G., Landshut 1997. – Th. Raff, Die Sprache der Materialien, München 1994, 110–125. – W. Schirmer/H. Spies, Goethe, Gneis und G., Düsseldorf 2005.

PhA

Grau

Symbol des Schwindens und Erlöschen des Lebens, des Unheimlichen und der Melancholie, einer existentiellen Zwischensituation sowie des Alters und der Weisheit. – Relevant für die Symbolbildung sind (a) die graue Farbe als Kennzeichen devitalisierender Prozesse (graue ↗Gesichtsfarbe, graue ↗Haare, graue ↗Asche, grauer Staub, grauer Schimmel usw.), (b) der unbunte, aus ↗Schwarz und ↗Weiß zusammengesetzte Mischton der Farbe.

1. Symbol des Schwindens und Erlöschen des Lebens, des Unheimlichen und der Melancholie. Wie im berühmten Satz des Mephistopheles in Goethes *Faust I*: »G., teurer Freund, ist alle Theorie,/ Und grün des Lebens goldner Baum« (2038 f.), dem ›grünen Leben‹ gegenübergestellt, fungiert die Farbe G. bis in die Gegenwart als ein Symbol bzw. eine Metapher des Leblosen, der Zerstörung und der Toten, so etwa auch in Borcherts Kurzgeschichte *Nachts schlafen die Ratten doch* in Kontrast zum hier Hoffnung verheißenden ↗Grün. Vergleichbar die Bedeutung in H.P. Lovecrafts Kurzgeschichte *The Colour Out of Space* (1927). Ein außerird. »grauer brüchiger Tod« befällt Pflanzen, Tiere und Menschen und verwandelt die Natur in eine kahle, graue Fläche. Zivilisationskritisch werden im Liederbuchtitel *Aus grauer Städte Mauern* (1924) die grauen ↗Mauern als Symbol der Entfremdung exponiert. Storms Gedicht *Die Stadt* hebt mit dem G. das Gleichförmige und Nordisch-Rauhe (↗Norden) einer Lebensform hervor: »Am grauen Strand, am grauen Meer/ Und seitab liegt die Stadt; […] Doch hängt mein ganzes Herz an dir,/ Du graue Stadt am Meer« (↗Meer; ↗Stadt). – Die Bedeutung des Unheimlichen, im Deutschen durch die lautl. Assoziation zu ›Grauen‹ verstärkt, verbindet sich mit G. in Goethes *Erlkönig* als Farbe der Tod symbolisierenden ↗Weiden, oder liegt in den düsteren, grauen ↗Steinen des Hauses, die in Poes Erzählung *The Fall of the House of Usher* das Gespenstische und Grauenvolle der Handlung metonymisch reflektieren. Phantasie- und Lebensfeindlichkeit symbolisieren die ›grauen Herren‹ in M. Endes Roman *Momo*. Als Bedeutungsmerkmal kann auch das Grauen erregende, diffuse Unendliche des Meeres und des ↗Himmels akzentuiert werden: »Und Nacht und Wolke/ endlos graues Meer und grauen

Himmel mengt?« (Stadler, *Trübe Stunde*). – Als Variante der Todessymbolik ist G. auch Farbe der Melancholie: mit großer Wirkung im 18. Jh. in der grauen Landschaft der modischen *Ossian*-Gesänge (Macphersons), deren grauer Nebel, Meer, Felsen und ↗Nacht seither, wie auch grauer ↗Regen oder grauer ↗Herbst, als notor. Symbole für die melanchol. Erfahrung eines Vergehens oder eines Reifens und Vergehens gelten wie z. B. in Saalis-Seewis' *Herbstlied* von 1782: »Rote Blätter fallen,/ Graue Nebel wallen,/ Kühler weht der Wind«, oder, den »Zauber der Verse« infragestellend, Eichs Gedicht *Wie grau es auch regnet –*.

2. *Symbol eines existentiellen Zwischenraums.* Als Mischton zwischen den Farben Schwarz und Weiß deutet, deren Symbolik aufnehmend, G. auf einen Raum zwischen Leben und Tod, Diesseits und Jenseits (Hofmannsthal, *Erlebnis*). Die wegen ihres heroisch-todessüchtigen Existentialismus wirkungsvolle Kriegserzählung von W. Flex *Der Wanderer zwischen beiden Welten* (1916) entfaltet diesen Zwischenzustand als Raum des Soldaten (↗Mann), dessen grauer ›Rock‹, die 1910 eingeführte feldgraue Uniform, mit dem grauen Gewand der Pilger, Mönche und Nonnen (früher auch ›Graue Schwestern‹ bzw. ›Graue Brüder‹ genannt) identifiziert wird, wie auch mit dem Gewand Jesu, um das in der Kreuzigungsszene die Soldaten losen, das in der Trad. auch ›grauer Rock‹ heißt (DWb XIV, 1096 f.). Das im Anfang von Flex' Erzählung vorausdeutend eingesetzte Gedicht *Wildgänse rauschen durch die Nacht* parallelisiert den Flug der grauen Wildgänse (↗Gans) mit dem ↗Weg der Soldaten in den Tod.

3. *Symbol des Alters und der Weisheit.* Die Symbolik des Alters und nicht selten auch der Weisheit (Ijob 15,10) geht auf den schon in der Antike verbreiteten Topos der grauen Haare zurück (s. Curtius). In Logaus *Sinngedicht Graue Haare* z.B bedeuten die grauen Haare Todesnähe und Weisheit, im populären Chanson von M. Sardou *La maladie d'Amour* vereint die Krankheit der Liebe im Bett ↗blondes und graues Haar: »Les cheveux blonds, les cheveux gris.«

↗Asche, Asphalt, Farben, Haar, Herbst, Meer, Silber.

Lit.: E.R. Curtius, Europ. Lit. und lat. MA, Bern/München [11]1993, Kap. 5, § 8. – G. Kurz, Graue Romantik, in: hermenautik – hermeneutik, hg. v. H. Helbig/B. Knauer, Würzburg 1996, 133–152.   GK

Greif

Symbol des Göttlichen und der göttl. Macht, des Schutzes und der Wachsamkeit, des Reichtums, aber auch des Geizes, der Hoffart, des Bösen und des Teufels, des Anderweltlich-Gefährlichen sowie der Hybris. – Relevant für die Symbolbildung sind (a) die übernatürl. Kraft und die Flugfähigkeit des G., (b) sein Status als Mischwesen und (c) die Ei-

genschaften der Tiere, aus denen er sich zusammensetzt. Der G. ist ein Fabelwesen aus ↗Löwenkörper und ↗Adlerkopf, -schwingen und -klauen (andere Varianten sind selten). Er wird gelegentlich mit dem Vogel Roc aus der arab. Mythologie (*Märchen aus Tausendundeiner Nacht*) gleichgesetzt (Benjamin von Tudela, Marco Polo), mit dem er zwar wesentl. Eigenschaften teilt, von dem er sich aber äußerlich unterscheidet (der Vogel Roc ist kein Mischwesen).

1. *Antike.* In der antiken Lit. begegnet der G. als Wächter, Begleiter oder Transportmittel von Göttern, etwa von Zeus (Aischylos, *Prometheus* 803 ff.) oder Apoll (Claudian, *Carmen XXVIII*, 30; Servius, *Aeneis-Kommentar* V, 66 und VIII, 27) sowie als Grabwächter (↗Grab). Er steht mit seinen übernatürl. Eigenschaften für göttl. Macht und Stärke und wird als Zeichen für göttl. Wirken auf Erden gedeutet (Servius zu Vergils *Ekloge* V, 66). Als Attribut Apolls steht der G. in engem Zusammenhang mit der ↗Sonne: Philostratos (*Vita Apollonii* III, 48) erwähnt, dass der ind. Sonnengott im G.wagen fährt (↗Auto/Wagen); auch Apoll nutzt einen G.wagen (Sidonius Apollinaris, *Carmen XXII*, 67). Epiphanios von Salamis (*Mustoxydes* II, 13) berichtet, dass G. die Sonnenstrahlen auffangen und den Lauf der Sonne begleiten. Er deutet dies christlich auf die Cherubim Gabriel und Michael, die die Welt vor Gottes Zorn bewahren; hier hat der G. ähnlich wie in der ikonograf. Trad. (vgl. Prinz/Ziegler) eine symbol. Schutzfunktion. Die spezifisch christl. Deutung übernimmt die byzantin. Redaktion des *Physiologus* (II, 6), in der ursprüngl. spätantiken Vorlage und damit auch in den ma. volkssprachigen Fassungen fehlt das Kap. über den G. Vorwiegend ikonografisch belegt ist der G. als Attribut der Rachegöttin Nemesis (auch bei Nonnos von Panopolis, *Dionysiaka* XLVIII, 382 ff.). – Seine früheste lit. Erwähnung findet der G. in der *Arimaspeia* des Aristeas (in Auszügen bei Herodot, *Historiae* III, 116; IV, 13–16) und bei Hesiod (so Herodot, *Historiae* IV, 32; beide zusammenfassend Plinius, *Naturalis historia* VII, 10). Dort wird berichtet, dass der G. im hohen ↗Norden Goldschätze (↗Gold) vor dem einäugigen Volk der Arimaspen bewacht. Der Stoff ist in der Antike weit verbreitet (z. B. Arrian, *Anabasis* V, 4; Pomponius Mela, *Cosmographia* II, 1, 1; Priscian, *Periegesis* 698, 703) und auch im frühen Christentum bekannt, ohne aber christlich überformt zu werden (Clemens von Alexandria, *Paidagogos* III, 26, 2). Gelegentlich werden die G. auch im fernen ↗Osten (Aischylos, *Prometheus* 803) oder in ↗Indien (Ktesias, *Indiká* 26) lokalisiert. Auch spätantike Reiseberichte (Aelianus, *De natura animalium* IV, 27) wissen von goldhütenden und -sammelnden G. In diesen ›naturkundl.‹ Stofftrad. symbolisiert der G. Reichtum, aber auch Geiz und Gier, zudem steht er für Fremdartigkeit und ›Exotik‹. Darin, dass er Goldschätze hütet, lebt auch

seine apotropäische und schützende Symbolik fort. Isidor von Sevilla (*Etymologia* XII, 2) betont in diesem Zusammenhang, dass der G. ↗Pferden und Menschen feindlich gesinnt ist. Seine Kraft (als Löwe) und Schnelligkeit (als Adler) stehen hier für eine existentielle Gefährdung des Menschen.

2. MA und Frühe Neuzeit. In der ma. Lit. ist die Herodot-Plinius-Trad., die den G. als Symbol für Reichtum, Gier und Geiz versteht, weit verbreitet (z.B. Wolfram von Eschenbach, *Parzival* 71, 17 ff.; Albrecht von Scharfenberg, *Jüngerer Titurel* 4820; Hermann von Sachsenheim, *Die Mörin* 450 ff.), oft in Kombination mit dem Motiv des Arimaspen-Kampfes (so im frühmhd. *Himmlischen Jerusalem* 221 f.; 237 ff.). Es ergeben sich Überkreuzungen mit der Symbolik des ↗Drachen als Schatzhüter. Der Kampf der G. mit den Arimaspen ist auch auf ma. Weltkarten (Ebstorfer Weltkarte, Hereford-Karte) dargestellt; hier symbolisiert er ähnlich wie in den antiken Reiseberichten das Anderweltlich-Fremde am Rand der bekannten Welt. Noch Sebastian Münster (*Cosmographia* V, »Von dem G. und etlichem gewechsz in dem Land India«) beschreibt die goldhütenden G. als mächtige und grausame Wesen. – In der weit verbreiteten Erzählung von Alexanders Himmelsfahrt (vgl. Kugler), die Alexander mit gezähmten G. als Transportmittel über die Grenzen des Menschenmöglichen hinausführt, symbolisiert der G. Alexanders Hochmut und die menschl. Hybris im Allg. (Ulrich von Etzenbach, *Alexander* 24694 ff.; Seifrit, *Alexander* 6407 ff.). Explizit festgeschrieben ist diese Deutung als moral. Auslegung im *Großen Alexander* (V. 5619) und bei Jans Enikel (*Weltchronik* 19504 ff.). – Oft begegnet der G. im MA als Symbol des Anderweltlich-Gefährl. und Fremden: In der *Kudrun* (55 ff.) raubt er den jungen Hagen, in der *Virginal* (595) den jungen Dietrich von Bern; im *Wilhelm von Österreich* dient er als nur mit Zauberkunst zu zähmendes teufl. Flugmittel (10872 ff.). Verschiedene Ausformungen der Magnetberg-Sage (↗Magnet) erzählen, wie sich vom Magnetberg angezogene Seeleute retten, indem sie sich in Tierhäute einnähen und von G. forttragen lassen (v.a. im *Herzog Ernst* B, D und F und in den lat. Fassungen C, E und Erf.). Auch hier steht der G. zunächst für das Anderweltlich-Böse (die ›Reisefassung‹ von *Brandans Meerfahrt* erwähnt G., die die Leichen der gestrandeten Seeleute fressen), wird dann aber zum Symbol für die Überwindung einer Anderwelt und damit für Freiheit und Leben, indem er als ›unfreiwilliger Retter‹ gefangenen Seeleuten die Flucht ermöglicht. – Durch seine negativen und gefahrbringenden Eigenschaften kann der G. den Teufel symbolisieren (*Kudrun* 54, *Wilhelm von Österreich*, s.o.; *Himmlisches Jerusalem* 248 ff.; so auch das *Libellus de natura animalium*, ein ital. Bestiarium von 1508/12). Noch in der *Historia von D. Johann Fausten* (Kap. 2) erscheint er zusammen mit einem Drachen als teufl. Symbol. – Im Gegen-

satz dazu wird die in der Antike weit verbreitete Assoziation des G. mit einer göttl. Macht im MA christlich überformt: Sein Status als Mischwesen wird auf die Doppelnatur Christi (Gott und Mensch, ↗König des ↗Himmels und der ↗Erde; Isidor v. Sevilla, *Etymologiae* VII, 2) bezogen (z.B. Hugo von Trimberg, *Renner* 19513 ff.). Zentral ist hier eine Passage aus Dantes *Divina Commedia* (»Purgatorio« IXXX–XXXII), in der ein gold-↗weiß-↗roter G. als Symbol Christi den Wagen der Ecclesia zieht. Davon ausgehend steht der G. in der barocken Emblematik für den Segen Gottes (HS, 626 f.), aber auch für Freigiebigkeit (HS, 797 f., hier vermutlich aufgrund der trad. Assoziation mit Reichtum). – Trotz seiner deutl. Ambivalenzen ist der G. als Symbol für große Stärke (in dieser Bedeutung auch bei Burkhard von Hohenfels, Lied IX, 3, 9 f.) und ritterl. Demut und in seiner Kombination zweier königl. Tiere, die oft als Herrscherzeichen begegnen, ein beliebtes Wappentier (↗Wappen), das auch in der Lit. genannt wird (z.B. Wolfram von Eschenbach, *Parzival* 72, 71 und 86, 9; Der Pleier, *Garel* 14158 ff., 15693 ff.); auch hier dürfte die trad. apotropäische Funktion des G. mitgedacht sein.

3. Neuzeit. In der Neuzeit ist der G. als literar. Symbol zunächst nicht prominent, auch wenn verschiedene symbol. Bedeutungen weiter lebendig sind: Flaubert (*La Tentation de Saint-Antoine*) nutzt den G. als Symbol des Todes, womit er an die in der griech.-röm. Antike ikonografisch weit verbreitete Trad. des G. als Grabwächter anschließt. – Der G. als Goldhüter oder Schatzwächter und damit als Symbol für Reichtum und Geiz begegnet etwa bei Wieland (*Oberon*, VI. und VIII. Gesang), auch als Zeichen des Fremden und Unerreichbaren, oder in Goethes *Faust II* (»Klassische Walpurgisnacht«) zusammen mit Goldameisen und anderen Fabelwesen als bedeutungsleeres Symbol für Klassizität. Schon im 16. Jh. wird der goldhütende G. aber auch in ein Symbol der Bestrafung von Geiz und Gier transformiert, etwa bei Lonitzer (*Kräuterbuch* IV, 21, mit Verweis auf Solinus, *De mirabilius mundi* XV, 22) und in ähnl. Bedeutung auch in Grimms Märchen *Der Vogel G.* – Als unfreiwilliger Retter und zugleich Symbol für das Anderweltlich-Böse begegnet der G. in zahlreichen Bearbeitungen des Herzog-Ernst-Stoffs (z.B. Uhland, *Ernst, Herzog von Schwaben*; Dahn, *Herzog Ernst von Schwaben*; Hacks, *Volksbuch vom Herzog Ernst*); in der Herzog-Ernst-Trad. steht auch das Grimm-Märchen *Das singende springende Löweneckerchen*, in dem der G. als Flugmittel und zur Flucht aus fremden Ländern dient. Eine moderne Variante des Alexanderflugs (s.o. 2.) beschreibt Dehmels Ballade *Vogel G*, in der G. die techn. Hybris der Menschheit zu Beginn des 20. Jh. symbolisiert. – Eine Renaissance erlebt der G. schließlich in der Fantasy-Lit.: In Carrolls *Alice's Adventures in Wonderland* (IX–

XI) ist er eine ungeduldige und schulmeisterlich-arrogante Figur in der absurden Phantasiewelt von Alice; vorwiegend als Staffage und damit als Kennzeichen von Anderweltlichkeit dient er bei Lewis (*The Chronicles of Narnia*) und als Hippogreif bei Rowling (z. B. *Harry Potter and the Prisoner of Azkaban*), der auch schon in Ariosts *Orlando furioso* vorkommt und in Wielands *Oberon* als Synonym für Pegasus (↗Pferd, 2.) verwendet wird. Bei W./H. Hohlbein (*Der G.*) symbolisiert der titelgebende G. eine teuflisch-höllenartige Gegenwelt.

↗Adler/Aar, Basilisk, Drache, Löwe, Sonne, Sphinx.

Lit.: EdM X, 1025–1030. – RAC XII, 951–995. – H. Kugler, Alexanders G.flug, in: Internationales Archiv für Sozialgeschichte der Dt. Lit. 12 (1987), 1–25. – W. McConnell, Mythos G., in: Dämonen, Monster, Fabelwesen, hg. v. U. Müller/W. Wunderlich, St. Gallen 1999, 267–286. – H. Prinz/K. Ziegler, Art. Gryps, in: Paulys Realencyclopädie der classischen Altertumswissenschaft, hg. v. G. Wissowa/W. Kroll, Bd. I, 7, 2, Stuttgart 1912, 1902–1929.   ChSch

Griffel / Feder / Bleistift

Symbol der Macht und Gewalt (auch der Lit.), der phall. Sexualität und künstler. Kreativität sowie des Dauerhaften und Ewigen, aber auch des Flüchtigen und Marginalen. – Relevant für die Symbolbildung sind (a) die Funktion von G. (lat. *stilus*, davon abgeleitet der Begriff des sprachl. Stils), F. und B. als Werkzeuge zur Herstellung von Texten oder Zeichnungen, (b) die mit den Werkzeugen verbundenen unterschiedl. Schreibverfahren, wie das Ritzen in ↗Stein, ↗Wachs oder Holz und das Auftragen von ↗Tinte bzw. Graphit auf Papyrus, Pergament oder Papier, (c) die Exklusivität des ↗Schriftgebrauchs in literalen Gesellschaften und (d) die länglich-runde, einem ↗Phallus ähnl. Form des Schreibgerätes.

1. Symbol der Macht und Gewalt (auch der Literatur). Wie andere Medien können auch die Schreibwerkzeuge als Ausweitungen des menschl. Körpers verstanden werden. Der anthropomorphe Gott des AT schreibt z. T. noch mit dem ↗Finger (Ex 31,18; Dtn 9,10), z. T. verwendet er bereits einen G. und graviert seine Gebote und Urteile dem Menschen in Stirn oder ↗Herz (Jer 17,1; ähnlich auch Ps 44,2). Bei Brockes ist die Rede von »Gottes Allmachts-F.« (*Irdisches Vergnügen in Gott: Die Welt* XXVIII), und noch in Schillers *Hymne an den Unendlichen* schreibt Gott »mit dem G. des Blitzes« (↗Gewitter/ Blitz und Donner). Das Überreichen des göttl. G. kann entsprechend als Symbol der Inspiration verwendet werden (Pyra, *Der Tempel der wahren Dichtkunst* IV; vgl. Klopstock, *Das Denkmal*), wenn sich die Schreibenden nicht ohnehin selbst als Finger (Hildegard v. Bingen, *Scivias* III, 13, 16) bzw. als F. Gottes begreifen (Augustinus, *Confessiones* XII, 23, 32; Alain de Lille, *Anticlaudianus* 273; Greiffen-

berg, *Christlicher Vorhabens-Zweck*). Auch die griech. Antike kennt die Vorstellung vom göttlich begeisterten Schreibrohr (*Anthologia Graeca* IX, 162; ↗Schilf/Rohr). – Dem penetrierenden Schreibakt mit dem G., aber auch der gespitzten F. (s. a. 2.) eignet ein Moment der Gewaltsamkeit, das in der Parallelisierung von G. und ↗Schwert (z. B. F. Schlegel, *An die Deutschen*; Glaßbrenner, *Die Verkehrte Welt*: »Schlußgesang«) bzw., weit häufiger, von F. und Degen zutage tritt (man führt »eine gute F.« wie einen guten Degen; Goethe, *Die Leiden des jungen Werthers* II: »Am 24. Dezember«; ähnlich auch Grimmelshausen, *Simplicissimus* II, 21; Logau, *Sinngedichte* 2853: *Degen und F.*; Platen, *Ghaselen* XXVII; Gogol, *Die Nase* II; Manzoni, *I promessi sposi* XXVII). Die Verknüpfung von F. und Degen wird häufig als Konkurrenz von Wissenschaften und Kriegshandwerk verstanden (z. B. Cervantes, *Don Quijote* I, 3, 4; ähnlich auch Brant, *Das Narrenschiff* LXXIX: »Reuter und Schreiber«), wobei auch die Transformation vom G. »zur Klinge« i. S. einer politisch engagierten Kunst gefordert (Herwegh, *Lieder eines Lebendigen*: *Béranger*) oder beklagt wird (F. Schlegel, *Am Tage der Huldigung*; vgl. Droste-Hülshoff, *Das geistliche Jahr: Am Weihnachtstage*). Mit »giftgetränkter F.« (Dranmor, *Requiem* I) kann, ähnlich wie mit vergifteter Degenspitze, Tod verbreitet werden. Seltener hingegen wird das Schwert, wie in archaisierender Lyrik, als G. aufgefaßt, mit dem der Held seine Taten der Natur einschreibt (»Die Bircke war mein Buch/ mein G. war ein Schwerdt«; Abschatz, *Ißbrands Barden-Lieder*: *Winter-Grün verstorbener Helden*), allerdings kann dieses metonym. Symbol auch wieder parodistisch aufgelöst werden, wie bei Eichendorff: »Hinterm Ohre, statt vom Leder,/ Zornig mit verwegner Finte/ Ziehst du statt des Schwerts die F./ Und statt Blutes fließt Dinte« (*Intermezzo: Blonder Ritter*). Kafka verwendet die Symbolik von F. und Schwert, wenn im Schlusskap. seines Romans *Der Verschollene* eine emporgehaltene lange ↗weiße Vogelfeder die Macht der Lit. bezeichnet, die vom emporgehobenen Schwert (!) der Freiheitsstatue ↗New Yorks zu Beginn des Romans vorbereitet wird. Im selben Roman fungieren auch die Schreibmaschine und der Schreibtisch als Symbole des Machtanspruchs der Lit., der, wie auch in der Erzählung *Ein Traum*, sogar durch einen gewöhnl. B. bezeichnet werden kann. Die alttestamentl. Straf- und Richtfunktion des G. Gottes nimmt der monströse Straf- und Schreibapparat in Kafkas Erzählung *In der Strafkolonie* wieder auf.

2. Symbol phallischer Sexualität und künstlerischer Kreativität. Noch an den schreibenden Finger Gottes (s. a. 1.) erinnert Dauthendeys Gedicht *Die F., die dies niederschreibt*, in dem die erot. Energie der ↗Hand, die den Leib der Geliebten berührte, über den Finger in die Schreib-F. übergeht. Ostentativ wird die phall. Symbolik der F. in Droste-Hülshoffs Gedicht *Der Fundator* ausgeführt: »Und nieder sitzt es, langsam, steif,/ Was in der Hand? – ein weißer Streif! –/ Nun zieht es etwas aus der Scheiden/ Und fingert mit den Händen beiden,/ Ein Ding, – ein Stäbchen ungefähr, –/ Dran fährt es langsam hin und her,/ Es scheint die F. anzuschneiden.« Dieselbe Symbolik findet sich in Bezug auf den B. in Th. Manns Roman *Der Zauberberg*, wenn Pribislav Hippe Hans Castorp ein »versilbertes Crayon« leiht »mit einem Ring, den man aufwärts schieben mußte, damit der rotgefärbte Stift aus der Metallhülse wachse« (IV: »Hippe«; vgl. V: »Walpurgisnacht«; Rilke, *Die Aufzeichnungen des Malte Laurids Brigge*). Im Lied *Schreibstunde* aus *Des Knaben Wunderhorn* (III, 138) bezeichnet das »Lesen und Schreiben«, das der Student die ↗Jungfrau lehrt, unmittelbar den Sexualakt; G. Sacks Gedicht *Das Opfer* breitet dies dann in aller Deutlichkeit aus: »Morgen werd ich dich einspinnen/ [...] nackt auf meine F. spießen/ [...] schüren wirst du ihre Glut,/ daß du meine Fackel wirst,/ bis in unsrer Feuerflut/ F. sowie Herz zerbirst« (↗Feuer/Flamme, ↗Fackel). – Die phall. Qualität des Schreibgeräts wird häufig auch mit der dichter. Produktion in Verbindung gebracht, indem der poet. Enthusiasmus als Erektion der Schreib-F. dargestellt (Günther, *Als er unverhofft von etlichen Gönnern aus Breszlau favorable Briefe erhielt*; Stieler, *Die geharnschte Venus* VI: »Vorrede«) und die Erhitzung der erot. und der literar. Phantasie enggeführt werden (Ziegler, *Vermischte Gedichte* I). Entsprechend beschreibt Goethe in *Künstlers Morgenlied*, wie es dem lyr. Ich beim Anblick der Geliebten »vom Aug durchs Herz hindurch/ Zum G. schmachtete!«. – Während die G. v. a. die penetrierende Tätigkeit des Schreibens betont (weshalb eine ↗Frau nur selten den Griff zum »G. wagt«; Gottsched, *An die berühmte Frau Dacier*; s. a. 1.), kennzeichnet die F. ein ejakulator. Versprühen bzw. Verspritzen der flüssigen Tinte (E.T.A. Hoffmann, *Der goldne Topf*; Puschkin, *Eugen Onegin* I, 43; IV, 31). Das Schreiben mit der F. gerät dadurch zu einem physiolog. Vorgang, der den direkten Weg vom Gefühl aufs Papier und damit die Authentizität des Geschriebenen symbolisiert. Während in der Inspirationsvorstellung Gott bzw. der Hl. Geist die F. durchfließt, sind es seit dem 17. Jh. ↗Tränen, die z. T. noch an die Stelle der schreibenden F. treten (Gottsched, *An Jungfer Adelgunda Victoria, gebohrne Kulmus*), aber schon bei Hoffmannswaldau wird der Wunsch geäußert, »daß meine F. weine« (*Sittenore an Friedenheim*). V.a. aber ist es das ↗Blut des fühlenden Herzens, das der F. entfließt. »Hier ist Herz und F. Eins!«, schreibt Zinzendorf in seinen *Teutschen Gedichten* (C) und markiert dadurch den pietist. Index dieser metaphor. Symbolik, die freilich weiter zurückreicht (z.B. *Historia von D. Johann Fausten* VI: »D. Faustus läst jhm das Blut heraus«; ähnlich auch Goethe, *Faust I*, »Studierzimmer [II]«; E.T.A.

Hoffmann, *Die Abenteuer der Silvester-Nacht* IV). Auch relig. Poesie kann diese Symbolik für ihre Zwecke nutzen, so, wenn z. B. A. Gryphius seine Dichterkollegen auffordert, »ihre F. allein in dem Blutt deß vnbefleckten Lammes« zu netzen (*Oden*, Vorrede; ↗Lamm/Schaf). Zusammengeführt wird dieser Symbolkomplex von F., Träne und Blut in C. Brentanos *An eine F.*. Parodistisch wird das Schreiben mit der F. »aus der Fülle meines Herzens« auch durch das Schreiben »aus der Fülle meines Magens« ersetzt (Sterne, *Tristram Shandy* VI, 17). Auf die autonome dichter. Produktion bezogen, kann die phall. F. auch den zeugungsfähigen ↗Samen des Genies verströmen, wie in einem titellosen Gedicht Goethes aus dem *West-östlichen Divan*: »Tut ein Schilf sich doch hervor,/ Welten zu versüßen!/ Möge meinem Schreibe-Rohr/ Liebliches entfließen!« (*Tut ein Schilf*). Zu dieser physiolog. Symbolik gehört auch, dass, wie bei einem reinigenden Aderlass, durch sein Entströmen mit Hilfe der F. »das Blut sich Ruh’ erschreibe« (Brentano, *An eine F.*), was freilich bei einem Übermaß an »süßer Rede« auch zur Erschöpfung führen kann (Petrarca, *Canzoniere* LXXIII: *Poi che per mio destino*). Ist der »Umweg/ Aus dem Herzen aufs Blatt« zu weit, kann die Lebendigkeit der Gefühle beeinträchtigt werden (Geibel, *Spätherbstblätter*: *Deprekation*). – In den erot. Kontext gehören galante Gedichte des 17.–19. Jh., in denen sich »Amors Pfeil« (↗Pfeil und Bogen) nach der Verwundung des Dichters »zum G. süßer Lieder« verwandelt (Goeckingk, *An Gleims Geburtstage*). Häufiger jedoch wird die wechselseitige Transformation von Pfeil und F. mit derselben Intention gebraucht (z. B. Zesen, *Lustinne*; W. Müller, *Amors F.*), wobei hier darüber hinaus auch die Konkurrenz von Schreib-F. und Flug-F. (↗Flügel) in Ansatz zu bringen ist, wie in Heyses Gedicht *Amor in der Mauser*, wo es über den flügellahmen Liebesgott heißt: »Ach, und kann’s ihm denn genügen,/ Daß er lahm die F. führt/ Da er einst in sel’gen Flügen/ Zweier Schwingen Kraft gespürt?« In relig.-inspirierter Dichtung kann die Schreib-F. sich auch als Flug-F. zum Ruhm Gottes in den ↗Himmel schwingen (Greiffenberg, *Auf die blühenten Bäume*; *Morgen-Gedanken*; s. a. 1.).

3. Symbol des Dauerhaften und Ewigen, aber auch des Flüchtigen und Marginalen. Was mit dem metallenen G. eingeritzt wird, ist »in ewige Felsen gegraben« (Klopstock, *Der Messias* IX; vgl. Ch. Brontë, *Jane Eyre* II, 14; ↗Stein/Gestein). Wird jedoch mit einem Kreide-G. auf eine Schiefertafel geschrieben, ist der »leichte G. [...] leicht zu verlöschen« (Goethe, *Episteln* I) und nähert sich damit dem B. (ähnlich auch Keller, *Der grüne Heinrich*, 2. Fass., I, 6). Mit einem solchen G. kann man auch malen (z.B. Gottsched, *Oden* II; Glaßbrenner, *Die Verkehrte Welt* XI: »Der Paß-Rath«). V.a. aber dienen F. und B. zugleich als Zeichen- und als Schreibgerät (z. B.

Keller, *Der grüne Heinrich*, 2. Fass., I, 19), in beiden Fällen stehen sie für das Flüchtige und Skizzenhafte des Festgehaltenen (Ch. Brontë, *Jane Eyre* II, 4; Dostojevskij, *Die Dämonen* X, 5). In der Lit. des 18. und 19. Jh. signalisieren gerade die flüchtigen B.notizen Privatheit und Intimität (Fielding, *Tom Jones* X, 5; XII, 4; Keller, *Der grüne Heinrich*, 2. Fass., IV, 2); B. gelten als persönl. Accessoire, das insbes. an Frauen verschenkt wird (z. B. Čechov, *Drei Schwestern* II; IV). Oftmals an den Rand geschrieben (Dickens, *David Copperfield* III, 2), gibt die Marginalität der B.notizen Auskunft über den Charakter des Schreibenden (Puschkin, *Eugen Onegin* XXIII), wenngleich ihre Flüchtigkeit unter krimonolog. Gesichtspunkten die Identifikation des Schreibers erschwert (Balzac, *Splendeurs et misères des courtisanes* I, 2). So kann in Stifters *Nachsommer* sogar über das geistige Eigentum an B.marginalien und -anstreichungen diskutiert werden (I, 7).

↗Blut, Hand/Finger, Schilf/Rohr, Schrift, Tinte.

Lit.: G. Kurz, Der Conté-Crayon, in: Kalender kleiner Innovationen, hg. v. R. Borgards/A. Hammer, Würzburg 2006, 137–142. – G. Neumann, Schreibschrein und Strafapparat, in: Bild und Gedanke, hg. v. G. Schnitzler, München 1980, 385–401. – F. Ohly, Metaphern der Inspiration, in: Euphorion 87 (1993), 119–171.   GB/GK

Großstadt ↗Stadt.

Grün
Symbol des Lebens, der Liebe und Hoffnung, der Unerfahrenheit, des Neides, des Dämonischen und des Teufels. – Relevant für die Symbolbildung sind (a) die grüne Färbung frisch wachsender Vegetation, (b) die grüne oder ↗gelbe Farbe der Galle, von Aussatz und Verwesung.

1. Symbol des Lebens, der Liebe und der Tugend, insbes. der Hoffnung. In vielen Religionen ist G. die Farbe des (ewigen) Lebens und des Wohlergehens, so im Judentum und im Christentum (Ps 23,2; 92,14; Spr 14,11; nach Offb 4,3 ist auch der Thron Gottes von einem ↗smaragdgrünen ↗Regenbogen umgeben), wie auch im Islam (Sure LV, 76): G. ist die Farbe des Propheten Mohammed: er trug grüne ↗Kleidung (Hadith Abu Dawud, Buch Al Libas 4054) und wurde in einem grünen ↗Mantel bestattet (Hadith Al Buchari, Buch LXXII, 705). Im MA preist Hildegard v. Bingen die Leben spendende ›G.kraft‹ Gottes (*O viriditas digiti dei*; *O nobilissima viriditas*), und noch G. Keller will G. als »Symbol des Wachsens, Werdens, Seins« verstanden wissen (*Das goldene G. bei Goethe und Schiller*). – G. ist die Farbe der Liebe, wovon noch die Volkslieder *Nach grüner Farb mein Herz verlangt* und *Mädele, ruck ruck ruck an meine grüne Seite* (d. h. die ↗Herzensseite; vgl. Hertling) Zeugnis ablegen. In der Romantik nehmen z. B. Novalis (*Es färbte sich die*

Wiese grün) oder W. Müller diese Symbolik auf (*Die liebe Farbe*; *Die böse Farbe*). – Im Christentum ist G. die Farbe der Tugend (nach Lk 23,31), insbes. der Hoffnung und des Glaubens (Ps 52,10), und ebenfalls im Islam, wo im Paradies grüne Kleidung getragen wird (Sure XVIII, 31). In der christl. Liturgie ist G. eine Mittelfarbe für alle Tage ohne Festcharakter (Suntrup, 463; HdA III, 1180 f.). G. kann auch weltl. Hoffnung symbolisieren, so z. B. in dem Gedicht *Bedeutung der Farben* von Opitz oder in v. Fallerslebens *G.*; als enttäuschte Hoffnung des »leise« gewordenen »grünen Sommers« erscheint G. in Trakls *Sommersneige* (↗Sommer).

2. Symbol der Unerfahrenheit sowie des Neides, des Dämonischen und des Teufels. Seit dem 17. Jh. symbolisiert G. Unerfahrenheit und geistige Unreife (Röhrich, 589; DWb IX, 647 f.). Prominentes Bsp. dafür aus dem 19. Jh. ist der »inwendige grüne Heinrich« von Keller (*Der grüne Heinrich*, 1. Fass., III, 4). – Als Sprichwort hat sich auch »vor Neid grün und gelb werden« erhalten (z. B. Grimmelshausen, *Simplicissimus* II, 25; Gotthelf, *Uli der Knecht* XIX). G. ist nach dem Volksglauben (HdA III, 1182 f.) auch die Farbe von Naturdämonen und des Teufels (»der G.«, Gotthelf, *Die schwarze Spinne*). Bei Shakespeare erscheint die Eifersucht als »green-eyed monster« (*Othello* III, 3). Aussätzige Stellen an der Kleidung (Lev 13,49) oder an Häusern (Lev 14,37) können grün sein.

↗Farben, Schlange, Smaragd.

Lit.: G. Hertling, Die »Grüne Seite«, in: Muttersprache 83 (1973), 278–282. – Ch. Meier-Staubach/R. Suntrup, Lexikon der Farbenbedeutungen im MA (CD-Rom), Wien/Köln 2011, 802–857. – J. Gage, Kulturgeschichte der Farbe, Ravensburg 1998, 79–92. – L. Röhrich, Das große Lexikon der sprichwörtl. Redensarten, Bd. 1, Freiburg/Basel 1991, 589 f. – R. Suntrup, Liturg. Farbenbedeutung im MA und in der frühen Neuzeit, in: Symbole des Alltags, hg. v. G. Blaschitz/H. Hundsbichler, Graz 1992, 445–467.   PhA

Gürtel
Symbol der phys.-mag. Macht in Liebe oder Kampf sowie der Bindung an Tugenden, insbes. an die Keuschheit. – Relevant für die Symbolbildung sind (a) die gut sichtbare Positionierung des G. um die Körpermitte, die diesen optisch in einen oberen und einen unteren Bereich unterteilt (vgl. die rituelle Funktion des jüd. Gartls), (b) bis in die Frühe Neuzeit hinein seine Funktion als Zentralverschluss für Unter- und Oberkleid, weshalb das Lösen des G. der völligen Entkleidung gleichkam, (c) als Halterung für Werkzeuge, Herrschaftsinsignien und Zeichen (Waffen, ↗Schlüssel, ↗Geld, ↗Kreuz, ↗Griffel/Feder/Bleistift).

1. Antike und Mittelalter. In der antiken Lit. wird der G. der Venus als von ihrer Schönheit prinzipiell unabhängige und damit übertragbare Liebesmacht begründet (Homer, *Ilias* XVI, 215). Der Prototyp des Kampfesgürtels, der ↗männl. Kraft potenziert, findet sich im german. Sagenstoff von Thor (etwa *Snorra-Edda*: *Gylfaginning* XLIV; »Skáldskaparmál« XXVI). Der G. von Kriegerinnen wie der Amazonenkönigin Hippolyte (Ovid, *Heroides* XXI, 119 f.) oder der Islandkönigin Brunhild (*Nibelungenlied* X, 636) hingegen ist doppelt codiert, da deren Besiegung zugleich ihre sexuelle Inbesitznahme impliziert. – In den ma. Neuformulierungen von G.szenen wird die erotisierende Liebesgürtel einerseits zum domestizierenden Keuschheitsgürtel umgerüstet, also zum Symbol einer Bindung, und andererseits als geschlechtsübergreifender Zaubergürtel in der Volkslit. variiert und damit zum Symbol einer Entbindung: so der apotropäische Silbergürtel der Wasserfrau, der Wettergürtel Rübezahls oder der verwandelnde ↗Wolfsgürtel des Werwolfs (Bartsch, *Sagen, Märchen und Gebräuche aus Meklenburg*: I, 182: Wehrwölfe).

2. Neuzeit. Der antike Liebesgürtel reüssiert seit der Frühen Neuzeit nicht nur literarisch (z. B. Lohenstein, *Venus*; Wieland, *Geschichte des Agathon* VII, 3; VIII, 1, Sienkiewicz, *Quo vadis?* XIII), sondern wird in der Ästhetik um 1800 zum Symbol der Anmut transformiert, die auf der »Eigenschaft«, nicht auf dem »Eindruck« gründet (Schiller, *Über Anmut und Würde*). Hier wird der Versuch unternommen, die merkwürdige Ambivalenz des literar. G.symbols, das einerseits ein sichtbares äußeres Attribut ist und andererseits eine unsichtbare innere Macht verleiht, in umgekehrter Wirkungsrichtung als »Ausdruck der Seele« zu bestimmen (*Über Anmut und Würde*). Diese klassizist. ästhetik- und implizit symboltheoret. Besetzung des antiken Venusgürtels führt ein unhintergehbares selbstreflexives Potential in seinen literar. Gebrauch ein. Die dem G. immer schon inhärente Spannung zwischen seiner weibl. und seiner männl. Semantik prädestiniert ihn zum changierenden Symbol für die Verunklarung der Geschlechterordnung (z. B. Apollodor, *Bibliotheke* II, V, 9; *Nibelungenlied* X, 654, Grillparzer, *Libussa*).
↗Kleidung.

Lit.: WCS, 420–422.   ChHo

Guillotine

Symbol der Gewaltherrschaft, zugleich auch der Menschlichkeit und der Gleichheit sowie der Opferung und Reinigung. – Relevant für die Symbolbildung ist die Konstruktion der G. (Fallbeil, Kopfmaschine, *racourcisseuse*) als mechan. Vorrichtung, die schnelle und zuverlässige Enthauptungen vornimmt (↗Kopf).

1. Symbol der Gewaltherrschaft. Im Zuge der Bedrohung Europas durch Napoleon gerät die G.

zum allg. Symbol der Gewaltherrschaft (Stendhal, *La chartreuse de Parme* I; Goethe, *Unterhaltungen Deutscher Ausgewanderten*). Das Mechanische, das die Vielzahl von Tötungen ermöglicht, verdeutlichen Benennungen wie »Menschen-Sägemühle« (Jean Paul, *Biographische Belustigungen* III), »Mühlwerk« (Büchner, *Dantons Tod* III, 7) und allg. als mörder. Maschinerie (Staël, *Considérations sur la révolution française* II). Die Entindividualisierung maschineller Massenhinrichtung assoziiert H. v. Kleist mit Willkür (*Die Verlobung in St. Domingo*). Fallada überträgt diese Symbolik auf das NS-Regimes (*Jeder stirbt für sich allein* LXVIII).

2. Symbol der Menschlichkeit. Durch schnelle und präzise Enthauptung ermöglicht die G. den »Nullpunkt der Marter« (Foucault, *Surveillir et punir*); sie ersetzt die Qualen der Halsgerichtsordnung (Heine, *Reisebilder* IV, 11; *Deutschland – Ein Wintermärchen* XVII, 29 ff.) und ermöglicht einen humanen Strafvollzug (Hebel, *Schatzkästlein des Rheinischen Hausfreundes: Die leichteste Todesstrafe*). Personifiziert als »Arzt« (Büchner, *Dantons Tod* IV, 7), wird sie mit den Attributen altruist. Humanität versehen.

3. Symbol der Gleichheit. Wie diejenige der Menschlichkeit, entsteht auch die Symbolik der Gleichheit im Zuge einer positiven Bewertung der Frz. Revolution. »Die G. republikanisiert« (Büchner, *Dantons Tod* III, 3), da sie die Hierarchisierung Verurteilter nach Ständen aufhebt und die Enthauptung, vormals Adelsprivileg, zur einzigen Hinrichtungsart macht. V.a. ist die Verwendung der G. für den ↗Königsmord (Heine, *Deutschland – Ein Wintermärchen* XVI, 65 ff.) relevant für die Symbolbildung, indem sie den göttl. Herrschaftsanspruch der Monarchie unterwandert. Damit einher geht auch eine Neubewertung des vormals ›unreinen‹ Henkers.

4. Symbol der Opferung und Reinigung. Die Theatralisierung der öffentl. Hinrichtungen konterkariert die Schnelligkeit, mit der sie durchgeführt werden (G. Heym, *Louis Capet*). Die G. wird dadurch zum Mittelpunkt eines Rituals, das eine Identifizierung von Ästhetik und Politik anstrebt und – je nach polit. Tendenz – an kannibalist. Orgien (Henckell, *Carmagnole*), Schauspiel (Büchner, *Dantons Tod* IV, 5 f.) oder Gottesdienst gemahnt. Als ›hl. G.‹ durch die jakobin. Verwaltungssprache kanonisiert, erscheint sie in zahlreichen Liedern relig. Prägung; Büchner nennt sie einen »Todesengel« (*Dantons Tod*, IV, 9), Verurteilte stilisieren sich als Märtyrer (Sacher-Masoch, *Venus im Pelz* IX).
↗Bastille, Kopf.

Lit.: D. Arasse, Die G., Hamburg 1988. – J. Delarue, Le métier de bourreau, Paris 1979.   DR

H

Haar

Symbol der Lebenskraft, Macht, Weisheit und Erinnerung bzw. von deren Manipulation und Zerstörbarkeit; des Todes, der Demütigung und Verzauberung. – Relevant für die Symbolbildung sind (a), dass das H. ein leibl. Bestandteil der Person ist und zugleich jederzeit von ihr abgetrennt werden kann, (b) dass es als einziges Körperteil ohne lebensnotwendige Funktion in bes. Maße der kulturellen Formung und damit auch der täuschenden Überformung etwa durch die Einbindung von Fremd- oder Kunsthaar ausgesetzt ist, (c) die stetige Erneuerung und Veränderung des H. je nach Lebensalter in ↗Farbe, Dichte und Struktur, andererseits seine Unverweslichkeit nach dem Tod.

1. Haar, Zopf, Bart. Das H. als Depot der Lebenskraft ist eindrücklich in der bibl. Erzählung von Simson und Delila belegt (Ri 16,4–31; vgl. Nisos und Skylla, Pausanias, *Attica* XXXIX, 4 f.) und lebt insbes. im Märchen fort (z. B. Grimm, *Der Teufel mit den drei goldenen H.*). Geschorenes Haar steht für den temporären Austritt aus dem Leben, im Zeichen von Trauer (Jes 15,2), Buße und Demut (Num 8,7), aber auch des göttl. Gerichts (Jes 7,20). – Ein bes. Stellenwert kommt dem H. in der Liebeslyrik zu: Das gelöste H. der Geliebten (↗Frau/Jungfrau), gelegentlich auch des Geliebten, wird auf sinnl. Verstrickungen übertragen (Hld 7,6; Hafes, *Diwan*: »Buchstabe Te« LXXXVI; Petrarca, *Canzoniere* CXCVI: *L'aura serena che fra verdi frondet*; Goethe, *West-östlicher Divan,* »Buch der Liebe«; Baudelaire, *La chevelure*). In diesem Kontext wird es häufig als Liebesfalle, als gefährl. »Liebes-seyle« oder als »Zaubernetz«, ausgeformt (Gryphius, *An eine Jungfraw*; Eichendorff, *Zaubernetz*). Entsprechend wird das Erbleichen oder Ausgehen des H. wie das Färben oder Einsetzen künstl. H.teile als Zeichen mangelnder oder manipulierter Sexualität eingesetzt (Rabelais, *Gargantua et Pantagruel* III, 28; H. v. Kleist, *Das Käthchen von Heilbronn* V, 2), auch kann es auf die Vergänglichkeit menschl. Lebens erweitert werden (Hoffmann v. Hoffmannswaldau, *Vergänglichkeit der Schönheit*; M. Beyer, *Das künstliche H.*). – Gelegentlich wird eine Beziehung vom Haupt- zum Schamhaar hergestellt (Marot, *Le bracelet de cheveux*), in diesem Sinne interpretiert Freud das Haupt der Medusa mit dem Schlangen-H. als ↗Vaginalsymbol (*Das Medusenhaupt*). – In der Funktion von Statussymbolen finden sich durch die Zeiten hindurch relativ beständige H.zeichen: Ein antikes Herrschersymbol ist die charakterist. Stirnlocke (Homer, *Ilias* I, 529 f., s. a. 2.), die zum geschlechtsübergreifenden Ausdruck

für starke und eigenwillige Persönlichkeiten erweitert wird (z. B. Reventlow, *Der Selbstmordverein*). Bis ins 19. Jh. ist der bis an den ↗Gürtel reichende ↗weiße ↗Bart für den weisen Alten verbreitet (E.T.A Hoffmann, *Prinzessin Brambilla*; ↗Mann), die Perücke für den Blender (H. v. Kleist, *Der zerbrochne Krug*) oder der ↗Rotschopf für den Außenseiter (Verga, *Rosso Malpelo*). Frisur und Barttracht stehen hingegen für die selbst gewählte soziale Positionierung, und zeigen insbes. den Generationenwechsel an, da sie der Mode unterliegen wie etwa der sprichwörtlich gewordene ›alte Zopf‹ (Lichtenberg, *Fragment von Schwänzen*). – Die Farbsymbolik des H. ist weniger durch biolog. Voraussetzungen wie Alter und Ethnie, als vielmehr durch deren mag. oder ideolog. Besetzungen bedingt. Dabei ist die vermeintlich stabile, da zum Klischee erstarrte binäre Opposition von ↗Blond und ↗Schwarz (z. B. im Toscanischen Contrasto des 16. Jh.; ↗Schwarzweiß, 3.) keinesfalls einsinnig auf schön/hässlich oder gut/böse festlegbar (z. B. Tieck, *Der Runenberg*; Keller, *Der grüne Heinrich*; Celan, *Todesfuge*). Selbst das Blondhaar befindet sich wegen seiner Besetzung durch völlig unterschiedl. Diskurse wie z. B. die manichäische Lehre von der vergeistigten ↗Lichtgestalt (Platon, *Staat* 474e), die nationalsozialist. Umdeutung der zunächst kosmopolitisch gedachten »blonden Bestie« Nietzsches (*Zur Genealogie der Moral* I, 11) oder die Hollywoodindustrie mit dem Bild des blonden oder blondierten Dummerchens (J.C. Oates, *Blonde*) semantisch ständig in Bewegung. Rotes weibl. H. ist ambivalent besetzt: einerseits Zeichen hässl. »Sprödigkeit« (C. Brentano, *Godwi* II, 22; vgl. Grimm, *Die Kristallkugel*), kämpfer. und Geschlechterrollen negierender Wildheit (Chamisso, *Die rote Hanne*; K. Held, *Die rote Zora und ihre Bande*) und Falschheit (z. B. auch als rotes H. des Judas in Heines *Lutetia* XLIII), alle Facetten der Symbolik spielt Nestroys Posse *Der Talisman* komödiantisch durch; und andererseits Symbol gesteigerter, teils dämonisierter erot. Attraktivität (Boccaccio, *Il decamerone* V, 10; Sacher-Masoch, *Venus im Pelz*).

2. Locke. Die Spezifik literar. H.symbolik hat sich am deutlichsten in der Locke ausgeprägt, die als ↗Band zwischen Göttern und Menschen, zwischen Toten und Lebenden oder zwischen voneinander getrennter Liebenden dient. Die literar. Faszination durch die Locke gründet in ihrer spannungsvollen Zeitstruktur zwischen permanenter Veränderung (des im lebenden Körper wurzelnden H.) und unveränderl. Dauer (des vom vergängl. Körper abgetrennten H.), die sie zum Erinnerungssymbol prädestiniert. Bedeutung liegt deshalb auch in der Inszenierung des Schnitts, der die Locke vom Körper trennt, das tote Ding vom lebenden Organismus, das Ewige vom Sterblichen. – Das antike H.opfer, in dem die Menschen sich den Göttern symbolisch übereignen (Kallimachos, *Locke der Berenike*) oder in dem die Lebenden den Toten mit einer Locke symbolisch bis ins ↗Grab folgen (Homer, *Ilias* XXIII, 135; Aischylos, *Orestie: Choephoren* 168 ff.; Hölderlin, *Fragment von Hyperion*), findet sich auch in umgekehrter Richtung, als Lockengabe der Sterbenden an die Lebenden (Beecher-Stowe, *Uncle Tom's Cabin* XXV). – In der galanten Dichtung hingegen fungiert die Locke als Trophäe (Pope, *The Rape of the Lock*) und lebt als Siegessymbol in antagonist. Geschlechterverhältnissen fort (H. v. Kleist, *Die Hermannsschlacht* V, VII-IX; Schnitzler, *Anatol*). Ab der Empfindsamkeit, in deren Gefolge ein variantenreicher Memorialschmuck aus H. entsteht, gewinnt die Locke noch an literar. Attraktivität, weil sich in ihr die beiden traditionsreichen Bedeutungsstränge von Liebe und Tod aufeinander beziehen lassen im Sinne einer nur qua Symbol einlösbaren paradoxalen Beziehungsform von präsenter Absenz (Goeckingh, *Bei Übersendung einer Locke*; Chamisso, *Adalberts Fabel*; Storm, *Im Sonnenschein*; Rodenbach, *Bruges-la-morte*; A.S. Byatt, *Possession*).

↗Bart, Gesicht, Grau, Hut/Kopfbedeckung.

Lit.: H.-G. v. Arburg, H.probleme um 1800, in: Symbole im Dienste der Darstellung von Identität, hg. v. P. Michel, Bern/Berlin 2000, 195–235. – C. Benthien/C. Wulf (Hg.), Körperteile, Reinbek bei Hamburg 2001. – D. Brennecke, Die blonde Bestie, in: Nietzsche-Studien 5 (1976), 113–145. – J. Endras, Kunst und Depilation, in: Germanisch-Romanische Monatsschrift 55 (2005), 283–307. – B. Haas (Hg), H. zwischen Fiktion und Realität, Münster 2008. – R. Junkerjürgen, H.farben, Köln/Weimar 2009. – E. Ploss, H.färben und -bleichen, in: Germanisch-Romanische Monatsschrift 40 (1959), 409–420.　　　ChHo

Hafen

Symbol der Ruhe und Geborgenheit, des Todes und des Übergangs in eine bessere Welt. – Relevant für die Symbolbildung ist die Bedeutung des H. als Ausgang und Ziel von ebenso gefährl. wie Wohlstand bringenden Schiffsfahrten, in dem Seeleute und ihre ↗Schiffe sicher vor den Gefahren der offenen See (↗Meer) sind.

Das bereits in der Antike verwandte Bild von der Seefahrt des Lebens, z.B. bei Platon, *Gesetze* VII, 803 b, oder auch bei Palladas (*Anthologia Graeca* X, 65): »Leben ist Fahrt auf dem Meer. Rings lauern Gefahren [...]/ Mancher fährt glücklich, den anderen verschlägt's, doch laufen wir alle/ unter der Erde zuletzt ein in den nämlichen Port«, macht den H. zum Symbol für innerwelt. Ruhe sowie für Schutz und Geborgenheit während des Lebens oder

auch für die endgültige Ruhe vom Leben im Tod als ›letztem H.‹ (Aischylos, *Die Sieben gegen Theben* 854–860). – Der H. symbolisiert in der Antike auch den erfolgreichen Abschluss literar. Schaffens: »Fertig hab' ich mein Werk: Bekränzt das ermüdete Schiff jetzt;/ Schon ist der H. erreicht, welchen zum Ziel ich mir nahm« (Ovid, *Remedia amores* 811 f.). – In Anlehnung an Joh 21 und antike Vorstellungen vom Staatsschiff, das sicher zum H. geleitet werden muss (Horaz, *Oden* I, 14), entwickelt sich bereits im frühen Christentum das Bild der Gemeinde als Schiff auf sturmumtoster (↗Sturm) See, das zum H. des Himmels unterwegs ist (Clemens v. Alexandria, *Protreptikos* XII, 118, 4). Bei Hippolyt ist die Kirche selbst der ruhige H., den es durch ein Meer von Häresie zu erreichen gilt (*Elenchos* VII, 13, 1–3). Die Ankunft im H. des ewigen Heils (*portum salutis aeternae*) ist bei Thomas v. Aquin (*Über die Herrschaft der Fürsten* I, 14) das Ziel aller Menschen, das es durch die Fürsorge der Kirche zu erreichen gilt. Der H. als Ort der Erlösung vom Mühsal des Lebens findet sich z.B. in Gryphius' *An die Welt* (»Was graut dir für dem Port, itzt wirst du aller Bande/ Vnd Angst, und herber Pein, und schwerer Schmertzen loß«) und zu Beginn des 20. Jh. etwa in Klabunds *Der himmlische Vagant*. Die Umkehrung dieser Erlösungsvorstellung findet sich in Brechts *Seeräuber Jenny*, wo die elende Existenz am H. durch das ankommende Schiff beendet wird. – H. bzw. H.städte können als Tor und Transitraum für den Aus- bzw. Einwanderer zum Symbol für eine weite und auch diesseitige bessere Welt werden, z.B. von ↗New York in Kafkas *Der Verschollene* (↗Amerika) oder auch der H. von ↗Marseille als Durchgangs- und Endstation für Flüchtlinge während des Zweiten Weltkrieges (Seghers, *Transit*). Als zumindest temporäre Heimstatt für den Exilierten erscheint er in Celans *H.* – Der fremde H. steht für die anziehende, mitunter aber auch gefährl. Exotik ferner Länder (Brecht, *Surabaya-Johnny*), darüber hinaus stehen der H., die angrenzenden Viertel bzw. die H.stadt für Weltoffenheit und Freizügigkeit (↗Stadt), bes. Sinnlichkeit sowie Prostitution und Rauschmittel (J. Brel, *Amsterdam*; R.A. Roberts, *Auf der Reeperbahn nachts um halb eins*).

↗Marseille, Meer, Schiff, Weg/Straße.

Lit.: H. Blumenberg, Schiffbruch mit Zuschauer, Frankfurt a.M. ⁴1993.　　　CW

Hahn

Symbol der Unkeuschheit, Selbstgefälligkeit und des reuigen Sünders, aber auch der Wachsamkeit, Auferstehung der Welt durch Christus und göttl. Weisheit. – Relevant für die Symbolbildung sind (a) die Aggressivität und die stolze Gebärde des H., (b) sein starker Fortpflanzungstrieb, (c) sein Schreien bei Tagesanbruch und (d) seine Sorge für die ↗Hennen.

In der Antike waren der Mut und die Streitlust des H. bei H.-Kämpfen geschätzt, sein starker Fortpflanzungstrieb machte ihn zum Schutztier gebärender ⌐Frauen und verlieh ihm erot. Bedeutung. Dies aufgreifend, konnte das Christentum den H. als Tier der Unkeuschheit bzw. Geilheit (Tubach, *Index exemplorum*, Nr. 670, 1487) und Selbstgefälligkeit (Chaucer, *The Nun's Priest's Tale*) verstehen. Wegen der ihm zugeschriebenen Kraft und Furchtlosigkeit werden dem H. seit der Antike apotropäische Funktionen zugeschrieben (z. B. H.kamm, H.fuß als Amulett; H.blut trinken, H.hoden essen). Seine natürl. Eigenschaften machten ihn zum Götterattribut (Mars: Kampfeslust, Siegernatur; Apollon: Sonnenverkünder; Athene: Wächternatur). Der H. (lat. *gallus*) ist Wappentier Galliens (Frankreichs). Als Symbol der Wachsamkeit galt er aufgrund des H.schreies bei Lichtanbruch. Ijob 28,36 (*Vulgata*) und Mk 13,35 greifen diese Trad. auf: Der H. steht für Auferstehung und Erweckung der Welt unter dem Wirken Christi. Vergleichspunkt hierfür und für die Gleichsetzung mit göttl. Weisheit und Intelligenz ist die Sorge des H. für seine Hennen (gestaltet. z. B. durch Alektryo in C. Brentano, *Das Märchen von Gockel, Hinkel und Gackeleia*). Da ihm die Kraft, Dämonen, ⌐Basilisken und ⌐Löwen (Äsop, *Fabulae* 84, 292; HdA III, 1340) zu bannen eigne, zierte der H. auch Waffen und ⌐Gräber (Plinius d.Ä., *Naturalis historia* XXXVII, 144; Aelian, *De natura animalium* III, 31), gelangte in die Alchemie (schwarzer/weißer H.; ⌐Schwarzweiß) und galt als Retter aus Krankheit (Attribut des Asklepios). Der rote H. steht für ⌐Feuer. Die christl. Allegorese des H. wird von der Verleugnung des Petrus und deren Voraussage durch Christus dominiert: Seine Wachsamkeit macht ihn zum wachrüttelnden Prediger (Ambrosius, Morgenhymnus *Aeterne rerum conditor*), der auch als Christus (Prudentius, *Hymnus ad gallicinium*) gedeutet werden kann, die Schrecken der ⌐Finsternis brechend (H. als Siegessymbol). Bezogen auf Petrus ist der H. Symbol des reuig (z. B. zur Kirche) zurückkehrenden Sünders. Der H. auf dem Kirchturm steht für den Priester, der mit der ⌐Glocke (Predigt) den Sündenschlaf beendet (Honorius Augustodunensis, *Gemma animae* I, 144); er dreht sich, wie sich der Prediger gegen die Sünder wendet (Giraldus Cambrensis, *Speculum ecclesiae* I); im Volksglauben kündet er das Wetter an (Wetter-H.), was wohl auf seinen Einsatz bei röm. Auspizien zurückgeht.

Lit.: EdM VI, 370–376. – J.B. Pitra, Spicilegium Solesmense, Graz 1963, Bd. 2, 487–490.   MSam

Halkyon ⌐Eisvogel.

Hammer und Amboss
Symbol der Macht und Gewalt, aber auch der Duldsamkeit und der anhaltenden Widerstandskraft. –

Relevant für die Symbolbildung sind (a) die Verwendung von H. und A. zum Schmieden, wobei der H. eine verformende Wirkung auf das Material ausübt, das auf dem A. liegt, sowie (b) ihre Beschaffenheit aus ⌐Eisen und die daraus resultierende Härte.

Bereits seit der Antike wird mit der Redensart ›zwischen H. und A.‹ eine bedrängte Lage verbildlicht (DWb X, 314). Goethe deutet dieses Bild politisch, wenn er den Herrscher mit dem H., das Land mit dem A. und das Volk mit dem dazwischen liegenden Blech vergleicht (*Venezianische Epigramme* XIV). Die ebenfalls weit verbreitete Redensart ›H. oder A. sein‹ bringt dagegen die Antithese von Herrschen und Dienen auf den Punkt (Goethe, *Kophtisches Lied* II), während Spielhagen mit seinem Romantitel *H. und A.* auf sozialen Ausgleich abzielt. Polem. Potential will H.S. Chamberlain (der Rassist, der 1916 die dt. Staatsbürgerschaft annahm) der Formel ›H. oder A.‹ abgewinnen, wenn er damit in seinem gleichnamigen Essay den machtpolit. Konflikt zwischen England und Deutschland charakterisiert. – Die Metapher vom Schicksalsschlag impliziert den H. als Symbol des Schicksals (Jean Paul, *Titan* IV, 118. Zykel) und assoziiert Willkür und Gewalt, während der ›H. des Gesetzes‹ (Jean Paul, *Titan* I, 42. Zykel) eher die Rechtmäßigkeit der Gewaltausübung unterstreicht. Auf dieser Linie liegt auch der Vergleich der zurechtweisenden Predigt (Hieronymus Lauretus, *Sylva allegoriarum*: »Malleus/Malleator«) oder der Obrigkeit mit einem H. (Picinelli/Erath, *Mundus symbolicus* XVII, 15). Ebenso gehört wohl auch die H.-Metapher als Buchtitel in diesen Zusammenhang, wie bei J. Sprengers und H. Institoris' *Malleus maleficarum* (»Hexenhammer«). – Negativ gedeutet wird der H. v. a. im relig. Bereich; dabei reicht das Deutungsspektrum von den Versuchungen und Verfolgungen der Christen über die Häretiker bis hin zum Teufel (Hieronymus Lauretus, *Sylva allegoriarum*: »Malleus/Malleator«). Bereits im MA gebraucht wird die Metapher vom Wurf des Schlägels zur Bezeichnung des Todes (DWb XV, 342), während Frauenlob mit diesem Bild die Empfängnis der Gottesmutter umschreibt: »Der smid von oberlande warf sinen hamer in mine schoz« (*Marienleich* I, 11, 1 f.). – In der kommunist.-marxist. Symbolik repräsentiert der H. den Arbeiterstand (z. B. Brecht, *H.- und Sichellied*). ⌐Eisen/Erz.

Lit.: G. Schulz, Der H. in seiner symbol. Bedeutung, Naumburg 1825.   DP

Hand / Finger
Symbol der Macht und Gewalt, der Kraft und schöpfer. Aktivität sowie von Schutz, Bündnis und Vereinigung. – Relevant für die Symbolbildung ist die Funktion der H. als primäres Werkzeug für den Menschen und als Mittler zu seiner Umwelt. Die F. der H. besitzen eigene symbol. Bedeutung.

1. Symbol der Macht und Gewalt. Die H. gilt als königl. Symbol (vgl. Sebastian Schertlin v. Burtenbach, *Seine an die Stadt Augsburg geschriebenen Briefe* II; Soltau, *Ein Hundert deutsche historische Volkslieder* LIX, 23): So bedeutet das hebr. Wort *jad* zugleich ›H.‹ und ›Macht‹. Entsprechend ist im AT insbes. die H. Gottes Ausdruck göttl. Allmacht: als Zeichen der Güte (Ps 104,28), des Zorns (Ps 21,9), der Mahnung (Ps 32,4) oder der Macht über die Feinde Israels (Ex 3,20): »in seiner H. ist die Seele alles lebens, was da lebt« (Ijob 12,10). In der Vision des Ezechiel erscheint Gott selbst als H. (Ez 2,9; ↗Buch). – Die aus den ↗Wolken ragende H. als das »älteste in der christlichen Kunst verbreitete Symbol Gottvaters« (WBS, 153) variiert Klopstock in seinem Epos *Der Messias* im Bild der bis in die Wolken reichenden H. des ird. Jesu (I, 134; nach Dtn 32,40) als Zeichen seiner göttl. Macht, die Menschheit zu erlösen. Loerkes Gedicht *Die H.* (1911) veranschaulicht die Symbolik der H. als Macht und Gewalt jenseits christl. Konnotationen: »wie ich […]/ Ein winzig Spielwerk, in der dunklen, kühlen,/ Gehöhlten Fläche einer H. gefangen/ Und nur durch Wahn und Tod errettbar bin.«

2. Symbol der Kraft und schöpferischer Aktivität. Allgemein gilt die ↗rechte H. (zur Symbolik von ›rechts‹ und ›links‹ dabei s. a. DLS, 110 f.; vgl. Gen 48, 17–20) als Symbol wesentl. und dauerhafter Hilfe (Ijob 40,9; Ps 20,7). In Goethes *Götz von Berlichingen* etwa wird Weislingen als »des Bischofs rechte H.« bezeichnet (I: »Schwarzenberg in Franken«). Ambivalent ist dagegen die Symbolik der ›eisernen H.‹ im *Goetz* (↗Eisen/Erz). Einerseits suggeriert sie Stärke und Standhaftigkeit, andererseits ist die Prothese Ausdruck der Wehrlosigkeit Goetzens (»Ich bin in diesem Augenblick wehrloser, als ich war, da sie mir abgeschossen wurde«, IV, »Ein großer Saal«). – Die ›reine‹ H. ist dagegen symbolisch diejenige, die keine Sünde begangen hat (Ps 26,6; Mt 27,24; Schiller, *Die Jungfrau von Orleans* II, 4; Heine, *Schnapphahn und Schnapphenne*; Bulgakov, *Master i Margarita*). – Von den Kirchenvätern, z. B. Cyrill v. Alexandrien, wird die H. Gottes zusätzlich mit dem Schöpfergedanken verknüpft, indem sie als Symbol des *logos* aufgefasst wird, mit dessen Hilfe die Welt erschaffen wurde (vgl. Nestorian. Streit 428–431; s. a. Jes 66,1 f.). Loerke (s. 1.) nimmt ebenfalls die Symbolik des Schöpferischen auf und identifiziert sie mit dem künstler. Schaffen und Schreiben: »Und die Gedanken strömen wie ein Dunst/ Und Rauch aus Furchen und aus Fingern/ Der H.« (*Die H.*). Als fremde Macht und verbunden mit Identitätsverlust erscheint die schreibende H. in Rilkes *Die Aufzeichnungen des Malte Laurids Brigge* (»Bibliothèque Nationale«): »es wird ein Tag kommen, da meine H. weit von mir sein wird, und wenn ich sie schreiben heißen werde, wird sie Worte schreiben, die ich nicht meine.«

3. Symbol des Schutzes. In jüd.-christl. Trad. erscheint die H. Gottes oder Jesu als Zeichen des Schutzes (2 Sam 24,14; Joh 10,28; Lk 23,46), die z. B. bei Opitz in die Heimat zurückführt (*Galathee* 161). Auch in Rilkes *Herbst* steht die schützende H. Gottes im Mittelpunkt: »Wir alle fallen. Diese H. da fällt./ Und sieh dir andre an: es ist in allen./ Und doch ist Einer, welcher dieses Fallen/ unendlich sanft in seinen Händen hält.« Umgekehrt bedeutet die H. von jemandem abziehen, ihm nicht länger Schutz zu gewähren: »ich will ihm schreiben, daß ich meine H. von ihm wende« (Schiller, *Die Räuber* I, 1; *Die Jungfrau von Orleans* I, 5).

4. Symbol des Bündnisses und der Vereinigung. Der H.schlag ist ein altes Rechtssymbol; die Rechtssprache verwendet die H. in verschiedenen Formeln stellvertretend für die Person (vgl. z. B. Richthofen, *Friesische Rechtsquellen*). Schon in der Antike gilt das Darreichen der rechten H. als Zeichen der Übereinstimmung, bei Augustinus als *signum concordiae, signum consonantiae* der Apostel (*Sermones ad populum* CI, 1). – Die H. werden einander auch gereicht als Symbol der Vereinigung, namentlich bei Verlobung und Eheversprechen: »gieb deine H. dafür, heirathe ihn, er will dich nehmen« (A. v. Arnim, *Die Vertreibung der Spanier aus Wesel im Jahre 1629* II, 5; Goethe, *Die Wahlverwandtschaften* I, 1; Uhland, *Bertran de Born*), aber auch allg. als Zeichen der Vereinigung oder Distanzierung zwischen zwei Personen: »Der Graf nahm seinen Hut, trat vor die Marquise, und ergriff ihre H. Nun denn, sprach er, Julietta, so bin ich einigermaßen beruhigt; und er legte seine H. in die ihrige« (H. v. Kleist, *Die Marquise von O*; vgl. HS, 1013–1020; Goethe, *Die Leiden des jungen Werthers* I: »Am 16. Junius«). In Lessings *Emilia Galotti* oder Goethes *Werther* und *Goetz* versinnbildlicht der häufige Rückgriff auf die H. das Problem der Vermittlung von Selbst und Welt. – Das Küssen der H. ist symbolisch als Zeichen der Liebe und Achtung zu verstehen (Hartmann v. Aue, *Iwein* 7978; Schiller, *Die Räuber* IV, 3; Goethe, *Wilhelm Meisters Lehrjahre* VI: »Bekenntnisse einer schönen Seele«; Grillparzer, *Der arme Spielmann*; H. v. Kleist, *Die Marquise von O.*). In Th. Manns *Zauberberg* ist die H. Clawdia Chauchats zusätzlich durchgängig erotisch besetzt.

5. Symbolik der Finger. Die mit der H. verbundene Symbolik von Macht und Kraft (s. 1. und 2.) wird im AT auch dem ›göttl. F.‹ zugewiesen (z. B. Ex 8,19; Ps 8,4), nach Ex 31,18 auch Schreibwerkzug Gottes (vgl. Dan 5,5; ↗Griffel/Feder/Bleistift). Der lat. Hymnus *Veni creator spiritus* spricht den Hl. Geist als ›F. Gottes‹ an. – Darüber hinaus besitzen die einzelnen F. der H. eigene symbol. Bedeutung. Der Daumen symbolisiert das ↗Kind oder die Seele des Kindes, die in vielen Märchen durch die Figur des Däumlings (Bechstein, *Der kleine Däumling*) verkörpert wird. Der Zeigefinger symbolisiert die

↗Mutter, er gibt die Richtung an, lenkt und zaubert. Auf die Lippen (↗Mund) gelegt gilt er als Zeichen zum ↗Schweigen; beim Christuskind wird mit dem auf die Lippen gelegten Zeigefinger auf seine Eigenschaft als *logos* angespielt (s. 2.). Der Mittelfinger steht für den ↗Vater und gilt als ↗Phallussymbol. Er ist als *digitus impudicus* schon im antiken Griechenland und Rom bekannt, als Zeichen der Verachtung bei Martial (*Epigramme* VI, 70). Ebenso dient die ›fica‹-Gebärde‹ (Daumen zwischen Mittel- und Zeigefinger) der Abwehr (z. B. Ovid, *Fasti* V, 433). – Die strahlenförmig ausgebreitete ›Rosenfingrigkeit‹ (↗Rose; ↗Sonne), die Homer Eos, der Göttin der ↗Morgenröte, zuschreibt, symbolisiert ihre himml. Schönheit (Homer, *Ilias* VIII, 1; XIX, 1; *Odyssee* XXIII, 244).

Lit.: WCS, 335–338. – J.R. Goodall, Theories of the Unheimliche and Rilke's Phantom Hand, in: Religion and Literature 21, H. 2 (1989), 45–60. – H. u. I. Jursch, H. als Symbol und Gestalt, Berlin ²1951. – H. Peitsch, Fahnen, Brot und Hände, in: TheaterZeitSchrift 1989, 91–110.   CN

Harfe

Symbol der Verbindung zwischen Menschlichem und Göttlichem, des inspirierten Sängers bzw. Dichters und (auch als Äolsharfe) der Dichtung selbst. – Relevant für die Symbolbildung sind (a) instrumentenkundlich die Zugehörigkeit der H. zu den ↗Saiteninstrumenten (Untergruppe Zupfinstrumente), (b) ihre bei senkrechter oder abgeschrägter Saitenanordnung ↗dreieckige Form sowie (c) die Tatsache, dass die Überlieferung alttestamentl. und griech.-röm. Bezeichnungen für heute eher ↗Leier oder ↗Laute zu nennende Instrumente mit dem Wort german. Ursprungs übersetzt und dementsprechend als H. aufgefasst hat.
1. Symbol der Kommunikation mit höheren Mächten. Als Hauptstütze der Kultmusik schon im alten ↗Ägypten ist die H. seit den ältesten Zeugnissen mit dem Symbolbereich der Kommunikation mit höheren Mächten verbunden und daher auch Kennzeichnung des dadurch von den anderen Menschen unterschiedenen, mit mag., relig., später auch dichter. Fähigkeiten ausgestatteten Vermittlers. Komplexere Konturen gewinnt das Symbol der H. in der hebr.-christl. Trad.: In der Bibel spielen die H. (hebr. *kinnor*, eigentlich eine Art Leier; hebr. *nebel* bzw. *nevel*, eher ein H.typ) nicht nur die ↗Engel (Offb 15,2), sondern auch David, dessen Saitenspiel Saul von bösen Geistern befreit (1 Sam 16,16). Das fehlende H.spiel ist dann an der berühmten Psalmstelle Zeichen der Trauer und des Exils (Ps 137,2) – die an ↗Weiden hängenden H. bleiben bis heute ein allg. beliebtes, auch poetolog. Bild für die durch trag. Ereignisse bedingte Unmöglichkeit des Gesangs (etwa Quasimodo, *Alle fronde dei salici*, hier jedoch *cetre*). Aus dieser reichen Bedeutungs-

palette entwickelt sich eine Symbolik, in deren Zentrum sich v. a. die Figur Davids befindet und die über das Frühchristentum das ma., neuzeitl. und moderne H.verständnis stark beeinflusst: David erscheint hier als Herrscher und Weltenmusiker, im allegor. Denken des MA auch als Präfiguration der christl. Grundidee des gerechten christl. ↗Königs sowie als Ahnherr und *figura* Christi, was wohl auch die seit Cassiodors *Expositio in psalmum CXI* geläufige H.symbolik erklärt, welche die ↗Dreiecksform mit der Trinität und der Kreuzigung, die ↗Saiten mit den abgestorbenen Lüsten der Menschen, die Dürre des Holzes mit dem von Lüsten befreiten Menschenleib assoziiert und dadurch Davids H. als *figura* des ↗Kreuzes Christi deutet. In Griechenland und Rom nahm hingegen die H. nicht den bedeutenden Platz ein, den die ↗Lyra und die Kithara hatten. Die grundlegende symbol. Bedeutung des Saitenspiels in der antiken Harmonielehre, die auf die ↗Leier und nicht auf die H. bezogen war, wurde jedoch seit dem christl. MA auch auf die H. übertragen, wodurch sie fortan als Sinnbild göttl. Harmonie und der harmon. Verbindung zwischen ↗Himmel und ↗Erde galt.
2. Symbol des inspirierten Sängers bzw. Dichters und der klassisch-romantischen Dichtung. Bes. wichtig für die weitere Ausarbeitung der H.-Symbolik war neben der bibl. die kelt.-german. Trad. Zur *hearpe* singende Barden findet man u. a. im *Beowulf*, H.spieler genossen allg. eine privilegierte soziale Stellung (z. B. im ma. Irland). Das ↗Saitenspiel als Begleitung des ↗Gesangs war für relig. und dichter. Figuren wie Schamanen, Weisen, Sänger und Erzähler jedweder Art charakteristisch und bildet die Grundlage für die starke symbol. Rezeption des H.spiels in der europ. Lit. der (Vor-)Romantik. Die starke und andauernde Symbolhaftigkeit bezeugen u. a. die Präsenz der H. in der feudalen Kultur – ikonografisch repräsentiert als Kennzeichen des Edelmannes zusammen mit ↗Mantel und ↗Pferd – und noch heute im irischen Nationalwappen (↗Wappen). An der Schwelle zwischen Spätantike und Frühmittelalter entstand auch die später immer wieder aufgegriffene symbol. Gegenüberstellung von barbar. H. und roman. Lyra (*Romanusque lyra, plaudat tibi barbarus harpa* [»Der Römer preist dich auf der Leier, der Barbar auf der H.«], Venantius Fortunatus zugeschrieben), die bis zu Wordsworths Entgegensetzung von »classic lyre« und »romantic harp« (*Preface 1815*) bzw. von »Orphean lyre« und »Druid harp« (*To the Clouds*) ihren Einfluss ausübte (ähnlich auch Hugo, *La lyre et la harpe*). Vom MA bis zum Ende des 18. Jh. bleibt jedenfalls die H. Symbol einer hohen, oft belehrenden und/oder religiös inspirierten Kunst, insbes. der Dichtung, was auch in gängigen poetolog. Metaphern seinen Ausdruck findet (z. B. Fleming, *Nach Herrn Opitzens seinem Versterben*). Daneben wird immer wieder die Verbindung mit

der jüd.-christl. Davidsymbolik (s. a. 1.) und allgemeiner mit einem relig. Dichtungsverständnis hergestellt (z. B. Günther, *Der Unterscheid unter des Phoebus Rohr und Davids H.*; *Schreiben an Herrn B(enjamin) S(chmolcke)*; Klopstock, *Siona*; *Messias*; Herder, *Das innere Olympia*; *Die Harmonie der Welt*; *Morgengesang*; Schubart, *Dank für die H.*). Diese Bedeutungsschicht weicht jedoch im späten 18. und im 19. Jh. einer neuen poetolog. Symbolik, zu der (vor-)romant. Irrationalismus, Naturfrömmigkeit und die Rückbesinnung auf Volkstrad. und (vermeintl.) altgerman. bzw. altkelt. Heldenlieder (v. a. *Ossian*) beitragen. In Rahmen einer regelrechten H.-Renaissance wurde das Instrument zum Sinnbild der schwermütigen und dichtungsproduktiven Einsamkeit, der Natursehnsucht, der Seelentiefe, der gottverbundenen Ursprünglichkeit, der Harfner selbst zur typ. Personifizierung romant. Kunstwelt: Von Herders *Lieder alter Völker* über Goethes *Die Leiden des jungen Werthers* (II:»Am 20. Dezember«), *Märchen* und *Wilhelm Meisters Lehrjahre* bis zu Heines Nordsee-Gedicht *Sturm* taucht das H.spiel in unzähligen Texten der Goethezeit als Symbol des jeweils geniehaften, geheimnisvollen und romant. Dichtertums auf, um dann für das ganze 19. Jh., oft zum Bildklischee ausgeartet, bis hin zu Rilke (etwa im *Stundenbuch* und in der Gedichttrias *David singt vor Saul*) weiter zu wirken. Gerade der Schwulst und das Pathos der spätromant. und symbolist. H.manie führten zum wachsenden Misskredit der H. in der modernen Lit., die kaum mehr zum wirksamen poetolog. Symbol taugt, sei denn in parodist. Form (Klabund, *Die H.jule*; Tucholsky, *Vorfrühling*).

3. Äolsharfe als poetologisches Symbol. Bes. Beliebtheit erfreute sich zwischen 1750 und 1850 das – meist poetolog. – Symbol der Äolsharfe. Auch Wind- oder Wetterharfe genannt, ist diese ein Saiteninstrument, das durch Einwirkung des ↗Winds zum Klingen gebracht wird. Wenn man schon in antiken Quellen belegte, ähnlich durch den Wind angeregte Instrumente außer Acht lässt, wurde die Äolsharfe um 1650 von A. Kircher erfunden; wenige Jahrzehnte später baute der schott. Komponist J. Oswald das erste Exemplar. Rasch wurde die Äolsharfe, erst in der engl. (Thomson, *The Castle of Indolence*; Wordsworth, *The Prelude*; Coleridge, *The Eolian Harp*; P.B. Shelley, *Queen Mab, Alastor*; *Ode to the West Wind*), später in der frz. (Chenier, *Elégie XXII*; Chateubriand, *Les Natchez*), dt. (Herder, *Die Aeolsharfe*; Jean Paul, *Vorschule der Ästhetik* I, 5, § 22; Schiller, *Würde des Frauen*; Goethe, *Zueignung*; *Äolsharfen – Ein Gespräch*; Lenau, *Drei Zigeuner*; Mörike, *An eine Äolsharfe*), russ. (Tjutčev, *Problesk* [*Der flüchtige Schimmer*]) und amerikan. (Emerson, *The Harp*; Thoreau, *Rumors from an Aeolian Harp*) Lit., zum weitverbreiteten Sinnbild der naturinspirierten Dichterseele – oft in engem Zusammenhang mit den anderen Bedeutungen der

H. und mit anderen Symbolen wie Wind, ↗Naturmusik usw. – und im weitesten Sinne der poetisierten Welt:»Die Natur ist eine Äolsharfe« heißt es bei Novalis, »sie ist ein musikalisches Instrument, dessen Töne wieder Tasten höherer Saiten in uns sind« (*Das allgemeine Brouillon* 966).

↗Atem/Hauch, Laute, Lyra/Leier, Naturmusik/ Sphärenharmonie, Saite/Saitenspiel, Wind.

Lit.: DLS, 7–9. – B. Kalusche, H.bedeutungen, Frankfurt a.M. 1986. – H. Rölleke, Vom Winde geschüttelt. Eduard Mörikes »Äolsharfe« im »Vorfrühling« Hugo von Hofmannsthals: in Wirkendes Wort 57 (2007), 349–352. – M. Van Schaik, The Harp in the Middle Ages, Amsterdam u. a. 1992. – W. Windisch-Laube, Einer luftgebornen Muse geheimnisvolles Saitenspiel, 3 Bde., Mainz 2004.   MC

Harlekin ↗Narr.

Hase

Symbol der Fruchtbarkeit und Erotik, der Friedfertigkeit, der List und Verschlagenheit, der Ängstlichkeit, Einfalt und Überheblichkeit. – Relevant für die Symbolbildung sind (a) die Schnelligkeit, (b) die schnelle Vermehrung, (c) der Glaube, dass H. mit offenen ↗Augen schlafen. Vielfach wird nicht zwischen H. und Kaninchen unterschieden.

1. Antike bis Frühe Neuzeit. In Antike, Spätantike und christl. MA ist der H. in Religion (RAC XIII, 662–677), Volkskultur und Kunst (LCI II, 221–225; LMA IV, 1951 f.) vielfach belegt als Symbol der Fruchtbarkeit und des Heil suchenden Menschen (nach Ps 104,18). Als Sinnbild des Tugend erstrebenden Gläubigen erscheint er im *Physiologus* (zweite byzant. Redaktion). Mit Spr 30,26 ist der H. jedoch auch Bild der menschl. Schwäche und Feigheit, auf die auch das angebl. ↗Schlafen mit offenen Augen bezogen wird (Schleusener-Eichholz, 331 f.). – In der Lit. seit dem 16. Jh. findet sich der H. v. a. in literar. (Klein-)Formen, in denen sich hoch- und volksliterar. Überlieferung vermischen und in denen häufig die Didaxe im Vordergrund steht: Fabel, Rätsel, Sprichwort, Anekdote, Kalendergeschichte und Märchen. In der Fabel, von Äsop über La Fontaine bis Lessing und Gleim, bezeichnet der H. Einfalt, Selbstzufriedenheit und Überheblichkeit, aber auch Schläue und Gerissenheit (Äsop, *Die Schildkröte und der H.*; Lessing, *Der Löwe und der H.*; G.K. Pfeffel, *Der junge H.*; Bechstein, *Der H. und der Fuchs*). In Grimms Märchen *Der H. und der Igel* verweist die Rede des Igels »Ick bün all hier« auf die Niederlage des körperlich scheinbar überlegenen H.; im Tierepos *Reineke Fuchs* wird der H. zum bloßen Opfer des Herrschers ↗Fuchs (so noch in Goethes Versepos *Reineke Fuchs*). Am Bsp. des H., der den ↗Jäger verfolgt, wird dagegen die ›verkehrte Welt‹ vorgeführt: etwa in H. Sachs' Schwank *Die H. fangen und braten den Jeger* oder auch in H. Hoffmanns *Struwwelpeter*. – In der Hochlit. verliert der H. in der Trad. des 16. und 17. Jh. (zusammengefasst von C. Gesner im *Thierbuch*) sukzessive an Symbolkraft und mutiert zum sprichwörtl. Bild insbes. für den feigen und ängstl. Menschen: Die häufigsten Belege sind der ›H.fuß‹ (Lichtenberg, *Sudelbücher* F 500; Jean Paul, *Hesperus*, 26. Hundposttag; Grillparzer, *Sonst und jetzt*) und das ›H.-herz‹ (Shakespeare, übers. Schlegel/Tieck, *Troilus und Cressida* II, 2; Wieland, *Der goldene Spiegel* I, 2) sowie das Bild vom H., der ›im Pfeffer liegt‹, für den Kern eines Problems (Schiller, *Kabale und Liebe* I, 1; Grabbe, *Scherz, Satire, Ironie und tiefere Bedeutung* III, 1; vgl. zuvor schon u. a. Geiler v. Kaysersbergs Predigtzyklus *Ain geistliche bedeütung des Häßlins, wie man das in dem pfeffer bereiten sol*; Grimmelshausen, *Simplicissimus* II, 2).

2. 19. und 20. Jahrhundert. Seit dem Beginn des bürgerl. (Versteck-)Kultes um die Ostereier ab 1830 (literarisch einflussreich C. v. Schmid, *Die Ostereyer*, 1816; ↗Ei; ↗Ostern) und dem Aufkommen des ›Osterhasen‹ avanciert der H. zum meistdargestellten Tier und Symbol in Kinderlit. und Bilderbuch, wird Gegenstand eines eigenen Genres, das sich auch an Erwachsene richtet. Der H. bzw. die H.familie firmiert hier fast immer als Spiegel oder Paradigma menschl. Kommunität und Soziabilität. Genannt seien nur Potter, *The Tale of Peter Rabbit* (1901/02), *Die Häschenschule* von Koch-Gotha (1924), J. Kerr, *Als Hitler das rosa Kaninchen stahl* (1973) oder *Esterhazy* von Dische und Enzensberger (1993). – An der Wende zum 20. Jh. erhält die Symbolgeschichte des H. in der Lit. einen weiteren, neuen und bis heute wirksamen Akzent. In der Gestalt des H., prototypisch in Erzählungen wie *Mümmelmann* (1909) von Löns: »Der H. wird Herr der Erde sein, denn sein ist die höchste Fruchtbarkeit und das reinste Herz«, oder auch in Jammes ›franziskan.‹ Legende *Roman du lièvre* (1903, dt. *H.roman*, 1916), wird eine Utopie des sozialen Friedens vorgeführt und der H. »zur allegorischen Figur, die für den endlich erreichbaren Frieden steht« (Heißenbüttel, 3), eine Symbolik, die noch in der Kunst von J. Beuys nachwirkt (*Friedenshase*, 1982). Auch in einigen Texten der Avantgarde-Lit. erscheint der H. als symbol. Figur: In Musils Prosatext *H.katastrophe* dient die erfolgreiche, mörder. Jagd eines kleinen ↗Hundes nach einem H. als Katalysator für zivilisationskrit. Reflexionen des Erzählers, in M. Vischers postdadaist. Erzählung *Der H.* (1922) begegnen sich im Augenblick der Tat schicksalhaft die Blicke eines Mörders und eines H.
↗Ei, Ostern.

Lit.: EdM VI, 542–555. – B. Gehrisch, »Lepusculus Domini, Erotic Hare, Meister Lampe«, Wettenberg 2005. – H. Heißenbüttel, Mümmelmann oder Die H.dämmerung, Mainz 1978.– H. Münkler, Polit. Bil-

der, Politik der Metaphern, Frankfurt a.m. 1994, 93–106. – G. Schleusener-Eichholz, Das Auge im MA, München 1985. – R. u. V. Wirth, Mein Name ist H., Stuttgart 2001.   WH

Haselnuss / Hasel

Symbol des Frühlings, der Fruchtbarkeit und der Erotik, der Weisheit sowie der bukolisch-pastoralen Dichtung. – Relevant für die Symbolbildung sind (a) die frühzeitige Belaubung (↗Blatt/Laub), (b) noch vor der Belaubung das Blühen der Kätzchen mit goldgelben Blütenstaub (↗Gold; ↗Gelb; ↗Blume), das fast mit dem Reifen der H.früchte zusammenfällt, (c) das Dickicht der Büsche.

1. Symbol des Frühlings, der Fruchtbarkeit und Erotik. Die H. gehört mit der ↗Weide zu den ↗Frühlingsboten (Krolow, *Im Spätwinter*). In der german. Mythologie erscheint die H. als Fruchtbarkeitssymbol, wenn Iduna, die Göttin unsterbl. Jugend und Schönheit, von Loki, der die Gestalt eines ↗Falken angenommen hat und sie in eine H. verwandelt hat, aus der Gewalt des Riesen Thiassi befreit wird (*Snorra-Edda*: »Bragarœdhur« LVI). Als Heilssymbol erscheint die H. in der Libussa-Sage (Bechstein, *Deutsche Sagen: Der eiserne Tisch*), C. Brentano übernimmt die Symbolik des erblühenden »H.stabs« in *Die Gründung Prags* (I, IV). – Im 12. Jh. stellt Marie de France (*Chievrefueil*) Tristan als H. vor, um den sich Isolde als Geißblatt emporrankt und mit ihm eine untrennbare Einheit bildet. Auch in Volksglauben und Volkslit. sind H.nuss und H.strauch erotisch konnotiert (HdA III, 1534–1536): »O du allerliebstes, appetitliches Haselnüßchen du, dachte bei sich der falsche böse Wolf. Dich muß ich knacken, das ist einmal ein süßer Kern« (Bechstein, *Das Rotkäppchen*). Der dicht wachsende H.strauch bietet der Intimität der Liebenden Schutz (Weiße, *Die H.sträuche*; Hölderlin, *Die Stille*), bei Rimbaud (*Derniers vers: Larme*) auch dem »vom zarten H. hain umgebenen« Dichter, der vor »Vögeln, Herden und Bäuerinnen« Schutz findet. – *Das Mädchen und die H.* (*Des Knaben Wunderhorn* I, 192) wendet die erot. Symbolik um, wenn die H. das Mädchen (erfolgreich) ermahnt, keusch zu bleiben. Nur noch auf »menschliches Elend« verweist die Symbolik in Trakls gleichnamigem Gedicht: »Im H. spielen Mädchen blaß und blind,/ Wie Liebende, die sich im Schlaf umschlingen./ Vielleicht, daß um ein Aas dort Fliegen singen,/ Vielleicht auch weint im Mutterschoß ein Kind.«

2. Symbol der Weisheit. In der kelt. Sage ist die H.nuss Symbol der Schönheit und Weisheit (Ranke-Graves, 210 f.). Tertullian (*De carne Christi* XXI) ordnet symbolisch Jesse, dem Vater König Davids, die ↗Wurzel, Maria das Reis und Jesus die Gleichzeitigkeit von Blüte und Frucht (Schönheit und Weisheit) zu. Vielleicht daran anschließend nimmt auch die fläm. Mystikerin Hadewijch die H. als Sinnbild der Weisheit: »Er schuf mich ähnlich dem

H.busch, der früh blüht in den dunklen Monaten«
und fügt die weitere Charakteristik der langen Rei-
fezeit hinzu: »und lange auf die ersehnten Früchte
warten lässt« (zit. nach Chevalier).

3. Symbol der bukolisch-pastoralen Dichtung. Der
H. ist ein Emblem der pastoralen Dichtung gegen
die ›offizielle‹ und trad. Dichtung, die sich in den
beiden Prestigepflanzen ↗Myrte und ↗Lorbeer
symbolisiert sehen, denen Vergil in seinen Hirten-
gedichten (*Eklogen* VII, 61–64) die Göttin Venus
(Myrte) und den Gott Apoll (Lorbeer) zuordnet,
während die Nymphe/Schäferin Phyllis als Reprä-
sentantin der bukol. Dichtung, ›unbesiegbar‹ von
Myrte und Lorbeer den H.strauch liebt. Hölty
nimmt die »H.stauden« als bukol. Inventar in seinem idyll. Gedicht *An eine Quelle* auf.

↗Walnuss, Weide.

Lit.: SdP, 127–129. – Art. Noisetier, in: J. Chevalier/A.
Gheerbrandt, Dictionnaire des symboles, Bd. III, Paris
1974, 277 f. – A. Demandt, Über allen Wipfeln, Köln
2002. – R. v. Ranke-Graves, Die weiße Göttin, Reinbek
bei Hamburg 1985.   HGG

Hauch ↗Atem/Hauch.

Hausvater ↗Vater/Hausvater.

Haut

Symbol der Identität, Reinheit und Unverwundbarkeit. – Relevant für die Symbolbildung sind (a) die
verschiedenen H.farben, (b) die Verletzlichkeit und
Veränderlichkeit der H., (c) ihre Funktion als Hülle
sowie als Grenze zwischen Innen und Außen.

1. Symbol der Identität. Die H. gilt als Symbol der
eigenen Persönlichkeit und Wesenseinheit. Er habe
»die afrikanische H. um« wird Andreas Kragler in
Brechts *Trommeln in der Nacht* (II, 48) nachgesagt,
weil er vier Jahre lang in Afrika kämpfte und nun
mit verändertem Wesen nach Berlin zurückgekehrt
ist. Anja, die Protagonistin in Strubels Roman *Kältere Schichten der Luft*, schlüpft in die H. eines anderen und nimmt die Identität des verschollenen
Schiffsjungen Schmoll an, um das Gefühl der ersten Liebe wiederzubeleben. Die gewaltsame Häutung (im Gegensatz zur natürl. Häutung der
↗Schlange) gilt als Verlust der Identität und der
persönl. Integrität. Durch die Schindung wird eine
vollständige Vernichtung und Elimination ange-
strebt. In der griech. Mythologie wird der Satyr
Marsyas zum Schindungsopfer: Apollon, der nur
mit Hilfe einer List einen musikal. Wettstreit gewinnt, will durch die Entfernung der H. eine Exis-
tenzauflösung seines Gegners erreichen. Im *Reinhart Fuchs* (12. Jh.) entgeht der schlaue ↗Fuchs der
eigenen Strafe und vernichtet seine Widersacher,
indem er ihnen die H. abziehen lässt und dadurch
nicht nur das Leben, sondern auch die Identität
auslöscht.

2. Symbol der Reinheit. Die helle bzw. ↗weiße H.
steht v. a. in den Märchen der Romantik für ↗Rein-
heit, Anstand, Anmut, Frömmigkeit und ↗Jung-
fräulichkeit. So verwünscht Gott in *Die weiße und
die schwarze Braut* der Brüder Grimm eine Mutter
und ihre Tochter, »daß sie sollten schwarz werden
wie die Nacht und hässlich wie die Sünde«, die gute
Stieftochter macht er »weiß und schön wie der Tag«
(vgl. auch Brüder Grimm, *Sneewittchen*; *Aschenputtel*; Novalis, *Hyazinth und Rosenblüte*). Themen
der Diskriminierung und des Rassismus, die die
helle H. als Zeichen der Makellosigkeit der farbigen
H. gegenüberstellen, behandelt z. B. die Dramatik
des 20. Jh. (Dorst, *Die Schattenlinie*; Tabori, *Weis-
man und Rotgesicht*; H. Müller, *Der Auftrag*).

3. Symbol der Unverwundbarkeit. Die Bezeichnung ›H.‹ steht im germ. Sprachraum in Verbindung mit dem Wort ›Hülle‹ (altgerm., mhd., ahd.
hût). Im Griech. bezeichnet das Wort *kýtos* sowohl
H. als auch Hülle und Behältnis. Daraus entwickelt
sich eine Symbolik, die die H. als Schutz des Inneren vor äußeren Einflüssen i.S. einer »Barriere zwischen Innen- und Außenwelt« versteht (Tischleder,
55; vgl. auch Strubel, *Kältere Schichten der Luft*). Sowohl in der griech. als auch in der germ. Mythologie findet sich die Idee, Unverwundbarkeit durch
eine bes. Behandlung der H. zu erreichen: Achill
wird von seiner Mutter Thetis im Fluss Styx gebadet (Vergil, *Aeneis* VI, 57) bzw. einer anderen Überlieferung zufolge zunächst mit Ambrosia gesalbt
und dann mit heißer ↗Asche bedeckt, während
Siegfried in ↗Drachenblut badet (*Das Lied vom
Hürnen Seyfrid*). Im Anschluss an die Siegfried-
Sage fungiert die H. in Ch. Heins Novelle *Der
fremde Freund* (auch unter dem Titel *Drachenblut*
erschienen) als Symbol psych. Unverwundbarkeit:
Die Protagonistin errichtet einen Panzer der Distanz zum Schutz vor Enttäuschungen und Verletzungen in zwischenmenschl. Beziehungen: »Ich
habe in Drachenblut gebadet, und kein Lindenblatt
ließ mich irgendwo schutzlos. Aus dieser H. komme
ich nicht mehr heraus« (Kap. 13). Dementsprechend dient die H.krankheit in Süskinds Roman
Das Parfum (Kap. 20) als Symbol einer existentiellen Krise des Protagonisten.

↗Narbe/Muttermal, Reinheit, Tätowierung,
Wunde.

Lit.: C. Benthien, H., Reinbek bei Hamburg 1999. – B.
Tischleder, Body Trouble, Frankfurt a.M. 2001. – U.
Zeuch (Hg.), Verborgen im Buch, verborgen im Kör-
per, Wolfenbüttel 2003.   DGA

Heide

Symbol der Unwirtlichkeit, (geistigen) Unfruchtbarkeit und Todesnähe, der Einsamkeit und Zivilisationsferne, der Heimat und des einfachen, bäuerl.
Lebens. – Relevant für die Symbolbildung sind (a)
der sandige, in agrar. Hinsicht wenig ertragreiche

Boden mancher Gegenden, (b) die daraus resultie-rende spärl. Besiedelung und (c) die damit einher-gehenden Unwägbarkeiten nicht urbar gemachter Natur (Moor, Sumpf, Wildtiere).

1. *Symbol der Unwirtlichkeit, (geistigen) Un-fruchtbarkeit und Todesnähe.* Die Attribuierung der H. als karg und lebensfeindlich, auf die schon Lu-thers Bibelübersetzung mit der expliziten Nennung als Synonym zu ↗Wüste hinweist (1 Sam 23,15), durchzieht die Lit. an vielfach prominenter Stelle. Die H. ist öde und leer – sei es in dichotomer Form etwa als »Blumenflur und dürre H.« (A. v. Arnim, *Die Elfenkönigin bei der Taufe*) zur Beschreibung der allumfassenden Gesamtheit der Natur; sei es als »wüste, weite H.« der Heimatlosigkeit (Geibel, *Scheidelieder* II), durch die das lyr. Ich rastlos flieht, oder als »gottverfluchte H.« einer beklemmenden Impression der Verlassenheit (Sack, *An einen Wa-cholderbaum*). Insbes. bei Goethe findet sich diese Symbolik auch, bezogen auf die geistige Schaffens-kraft, als Gegenpol zu kommender Fruchtbarkeit und Erkenntnis (*Künstlers Abendlied*; *Faust I* 1830 ff.). Die Ödnis der H. kann aber auch unent-scheidbare Fragen nach letzten Werten aufwerfen (Grün, *Ein Ritt über die H.*; Hartleben, *Gleichheit*; Shakespeare, *King Lear*). Des Glaubens verlustig, desillusioniert und ohne emotionalen Zugang zur umgebenden Natur ist das Individuum auf der »trostlosen H.« erfüllt von der »Stille des Todes« (Dörmann, *Rhythmen (Erste Reihe)* I; ähnlich auch v. Strachwitz, *Auf der H.*). Das H.kraut als herbstl. Spätblüher (↗Herbst) und Pflanze des »sterbenwol-lenden Sommers« (Flaischlen, *Nordoststurm*) ver-weist ebenfalls oftmals auf Todesnähe und Schwer-mut (Storm, *Über die H.*).

2. *Symbol der Einsamkeit und Zivilisationsferne.* Die Einsamkeit des Individuums in der Natur als geläufige Kernsymbolik der H.landschaft findet sich erst spät. Scheinen sich die nur unter größten Mühen kultivierbaren H.flächen der ordnenden menschl. Vernunft zu verwehren und ›widerspre-chen‹ so den Maximen der Aufklärungszeit, ziehen die Romantiker Gebirge (↗Berg) oder tiefen ↗Wald als landschaftl. Ideale voller Dramatik der »formlo-sen H.« vor (Ahlefeld, *Sehnsucht nach den Bergen*). Häufig noch immer schlagwortartig und ohne bild-reiche Umschreibung (z. B. Schulze, *Die Verwand-lung*; Lenau, *Einsamkeit* I), bildet sich unter der Er-fahrung fortschreitender Industrialisierung und entstehender Ballungszentren (↗Stadt) mit der H.einsamkeit erst im Verlauf des 19. Jh. ein eigen-ständiger literar. Topos aus, der schließlich in der sog. ›H.dichtung‹ kulminiert. In detailgetreuen, na-turalist. Schilderungen der Umgebung und ihrer Auswirkungen auf die Stimmung des Subjekts er-weist sich die H. als ambivalent, changierend zwi-schen dämon.-beklemmender Übermenschlichkeit und der intakten Lebensordnung sich selbst über-lassener Natur. Spiegelt der um Ich-Entgrenzung

und das Aufgehen in der Natur kreisende Gedicht-Zyklus *H.bilder* von Droste-Hülshoff oftmals die düster-melanchol. Seite der Einsamkeit wider (*Der Knabe im Moor*), fällt der Protagonist in Hebbels *H.knabe* mit seinen unheiml. Vorahnungen auf der »nebelnden, gespenstiglichen« H. menschenver-achtender Habgier zum Opfer, und für Wille stellt die Birke auf »düster struppiger H.« das Bild allge-meiner Entfremdung dar (*Seelenlos*). Bei Liliencron bildet die Erika-bewachsene Leere hingegen ein Re-fugium (*H.bilder*) bzw. erweist sich als fortwähren-der »Trost in meiner Traurigkeit« (*Der H.gänger*). In ähnl. Weise kritisch gegenüber dem naturfernen Leben der Massen äußert sich Storm in seinem Ge-dicht *Abseits*, wenn die meditative Schilderung der Idylle mit den Zeilen »Kein Klang der aufgeregten Zeit/ Drang noch in diese Einsamkeit« schließt. Hingegen kann die erinnerte Glückseligkeit der H.einsamkeit auch als unwillkürl. Vision das gegen-wärtige Leben der Großstadt überlagern (Lilien-cron, *Abseits*; Falke, *Auf der Strasse*). Ein separater Strang dieser literar. Symbolik nimmt dezidiert Stellung für die H. als Schutzraum der Individuali-tät. Das lyr. Ich entflieht z. B. dem höf. Leben, den »Narrenbühnen der Riesenpaläste« und findet die Kur seines »menschenhassenden Trübsinns« auf einsamer H. (Hölderlin, *Auf einer H. geschrieben*) bzw. zieht die Einsamkeit der Natur allen gesell-schaftl. Zwängen vor (Christen, *Allein!*). Löns dient die »weite, breite H.,/ Still wie die Nacht, wie Blut so rot« (*Das Natternhemd*) in zahlreichen Gedichten und Balladen zur Darstellung der Existenz des Menschen innerhalb einer unverfälschten Natur-ordnung, als Hintergrund einfühlsamer Tiererzäh-lungen (*Mümmelmann*; *Was da kreucht und fleugt*) sowie als Kulisse stark erotisch konnotierter Liebes-gedichte (z. B. *Edelwild*, *Das Geheimnis*). Die Löns-sche Idylle ist jedoch von techn. Fortschritt und raumgreifender Zivilisation bedroht (*Bohrturm*).

3. *Symbol der Heimat und des einfachen bäuerli-chen Lebens.* Von Macphersons *Ossian* und dessen begeisterter Rezeption in der Epoche des Sturm und Drang rührt die Verortung einer myth. Heimat des Genies auf sturmumtoster H. jenseits aller ge-sellschaftl. Zwänge (Goethe, *Die Leiden des jungen Werthers* II). Als Symbol der konkreten Heimat und des einfachen bäuerl. Lebens erstreckt sich die H. von den patriot. Beschwörungen dt. Freiheit und Einheit des 19. Jh. (Freiligrath, *Meiner Frau zum Geburtstage. Mit einer Erika*; Keller, *Stein- und Holz-Reden*) über lyr. Erinnerungen an die vergan-gene Welt der Kindheit (J. Hart, *Auf der Fahrt nach Berlin*; Bierbaum, *Heidelbeeren*) bis hin zu einigen Novellen und Romanen der Heimatlit. (z. B. Storm, *Draußen im H.dorf*; Speckmann, *H.hof Lohe*). Die zeitgeist-typ. Verquickung von konkreter Historie und mythologisierenden Bezügen zum Germa-nentum im beginnenden 20. Jh. lässt sich an Teilen von Löns' Werk (z. B. *Der Wehrwolf*, *Osterfeuer*)

aufzeigen. Dieses literar. Fundament schnell verein-
nahmend, steht die H. unter dem nationalsozialist.
Regime bald für den Heimatkult im Sinne der völk.
›Blut und Boden‹-Ideologie (Nettelbeck, *Siedler im
Moor*). Nach dem Zweiten Weltkrieg erlebt die H.
als Symbol der Heimat sowie einfacher aber intak-
ter Strukturen in Triviallit. und Kino (z. B. *Grün ist
die H.*) der 1950er Jahre eine Renaissance.
/Berg, Herbst, Hirt/Herde, Wald, Wüste.

Lit.: G. Gröning/U. Schneider, Die H. in Park und Garten, Worms 1999. – A. Kiendl, Die Lüneburger H.,
Berlin/Hamburg 1993.   FS

Henne

Symbol Christi, der Barmherzigkeit, Macht und
Weisheit Gottes sowie des Klerus. – Relevant für die
Symbolbildung sind (a) die /Flügel der H., unter
denen sie (b) ihre Küken schützt.

Die stabilen symbol. Deutungen der H. gehen
darauf zurück, dass in Ps 90, 4 und Ps 56,2 von den
schützenden Fittichen Gottes die Rede ist und diese
in der neutestamentl. Parallele Mt 23,37/Lk 13,34
seit der christl. Spätantike auf diejenigen einer H.
bezogen werden. Jesus vergleicht sich hier mit einer
H., die ihre unwilligen Küken (d. h. /Jerusalem)
unter ihren Flügeln schützen will. Hilarius v. Poitiers (*Tractatus super psalmos* III, 2) interpretiert
die H. (andere Exegeten die H.flügel) als *misericor-
dia Dei* (»Erbarmen Gottes«), die dem Sünder (Küken) zuteil wird, Ps.-Beda Venerabilis (*De psalmo-
rum libro exegesis*, in Ps 35) u. a. als schützende *po-
tentia Dei* (»Macht Gottes«). Nach Augustinus
(*Enarrationes in psalmos*, Psa. 88, II, 31, 14; Psa. 58,
10; *In Joannis evangelium tractatus CXXIX*, XV, 7)
leidet die H. für ihre Küken, damit diese unter ihrem Schutz erstarken wie Christus für das Wohl der
Menschheit, und so sieht er die H. als Abbild der
sapientia Dei (»Weisheit Gottes«) und ihr Verhalten
als Symbol der *satisfactio vicaria* (»stellvertretende
Genugtuung«) im Rahmen der Rechtfertigungs-
lehre. Auch ihre ausgebreiteten Flügel werden zu
Flügeln der Weisheit Gottes; sie sind häufig auf die
an das /Kreuz genagelten Arme Christi bezogen
(*Glossa ordinaria*). Die ungehorsamen (d. h. selbst-
gerechten) Küken stehen im Kontext der Lehre vom
freien Willen (kath.) oder der Prädestinationslehre
(Luther). Gehorchen sie nicht, werden sie zur Beute
des /Geiers, Habichts oder /Fuchses (d. h. Satans).
Alle Symbolisierungen finden sich literarisiert (z. B.
Gerhardt, *Nun ruhen alle Wälder*; Terstegen, *Geistliches Blumen=Gärtlein Inniger Seelen*, 36) und
in der Emblematik (HS, 850; Hohberg, *Lust- und
Arzney-Garten*, 105; Dilherr/Harsdörffer, *Drei=
ständig Sonn= und Festtag-Emblemata* II, 62). Als
myst. Leib Christi steht die H. auch für den Klerus,
der die Kirche (Küken) mit dem Glauben wärmt
und geistl. Rat erteilt (H.-Traum des hl. Franzis-
kus). Die krähende H., interpretiert als herr. Ehe-

weib, ironisiert Hieronymus' Analogie zwischen
dem Ehemann, der sein Weib behüten soll, und der
H. von Mt 23,37 (z. B. Einblattdruck *Henn vbern
Eyrn*, 1588, bei Matheus Boll; Prokop v. Templin,
Encaeniale, Das ist: Hundert Kirch-Tag-Predigen
XII; B. v. Arnim, *Dies Buch gehört dem König* II,
467).
/Flügel.

Lit.: M. Sammer, Gallina divina, in: Leitmotive, hg. v.
ders., Kallmünz 1999, 605–648.   MSam

Herbst

Symbol der Reife, Vollendung, Harmonie und der
Möglichkeit von Erneuerung, aber auch der Ambivalenz und des Verfalls sowie des mittleren Lebens-
alters. – Relevant für die Symbolbildung sind (a)
die klimat. Besonderheiten der Jahreszeit und (b)
der H. (ahd. *herbist*) als Erntezeit.

In der antiken Lit. wird die Erntezeit im Zeichen
des Bacchus als /Weins als Höhepunkt und
Vollendung des ländl. /Jahres gedeutet. Vergil etwa
formuliert (*Georgica* II, 5): »dir prangt im H., der
reich ist an Trauben,/ Bunt der Acker.« Horaz charakterisiert den H. durch »das Haupt mit reifem
Obst geschmückt« (*Epoden* II, 17). Angelus Silesius
überträgt die Symbolik auf die christl. Erlösung:
»Der Winter ist die Sünd, die Buße Frühlingszeit,/
Der Sommer Gnadenstand, der H. Vollkommenheit« (*Cherubinischer Wandersmann* V, 18: *Die
geistlichen Jahreszeiten*). – Im Rahmen der von Ovid
(*Metamorphosen* XV, 209 ff.) überlieferten Analogie
der Jahreszeiten mit den Lebensaltern repräsentiert
der H. das mittlere Alter des Erwachsenen, so z. B.
Weckherlin, *An eine alte üppige frau*: »Was dienet
deine brunst, dein mutwill und verlangen?/ dein
sommer ist dahin, dein h. ist eingebracht,/ dein winter auf dem hals: umsunst ist diser pracht.« – Die
H.erfahrung ist jedoch keineswegs ausschließlich
die von Reife und Vollendung, sondern auch der
mit ihr verbundenen Ambivalenz einer Voraus-
schau auf den /Winter. Im positiven Fall erscheint
die Spannung von errungener Reife und ihres er-
neuten, zyklisch bedingten Verlustes als Erfahrung
von Harmonie. In der dt. Lyrik finden sich zahlreiche Bsp.: »Fetter grüne, du Laub,/ Am Rebengelän-
der/ Hier mein Fenster herauf!« heißt es bei Goethe
(*H.gefühl*), und bei Hölderlin: »In solchen Bildern
ist des Menschen Tag vollendet« (*Der H.*). Letzterer
deutet den H. zudem poetologisch als die Zeit des
»reifen Gesanges« (*An die Parzen*) und der gesteigerten künstler. Produktivität (/Stimme/Gesang).
Für Mörike spricht »herbstkräftig die gedämpfte
Welt« (*Septembermorgen*; vgl. auch C.F. Meyer,
Fülle). Der Charakterisierung des H. durch Kraft
und Fülle korrespondiert aber etwa bei Rilke »Wer
jetzt kein Haus hat, baut sich keines mehr./ Wer
jetzt allein ist, wird es lange bleiben« (*H.tag*), wie auch
bei anderen die Wahrnehmung von Melancholie

und Einsamkeit: »Alles, o Herz, ist ein Wind und ein Hauch,/ Was wir geliebt und gedichtet« (Rückert, *H.hauch*). – Gerade durch seine Komplexität lässt sich der H. als Zeit gesteigerter Erkenntnis verstehen wie etwa in Georges Gedicht *komm in den totgesagten park und schau*: »Und auch was übrig blieb von grünem leben/ Verwinde leicht im herbstlichen gesicht.« Im Expressionismus des 20. Jh. wird die H.darstellung unter dem Eindruck des Weltkriegs in schockhaften Synästhesien des Niedergangs, der Verwesung und des Todes weiter radikalisiert (Trakl, *Im H.*: »Weit offen die Totenkammer sind/ Und schön bemalt vom Sonnenschein«; S. Friedlaender, *H.*: »moder welken die Düfte«). Noch beim frühen Huchel heißt es: »H. schoß seine Schüsse ab,/ leise übers Grab« (*Späte Zeit*).

⤹Ähre/Ährenfeld, Blatt/Laub, Frühling, Jahr, Sense/Sichel, Sommer, Traube, Wein, Winter.

Lit.: DLS, 17 f. – Die vier Jahreszeiten im 18. Jh., Heidelberg 1986.   GN

Hermaphrodit ⤹Androgynie.

Herz

Symbol des Menschen, der Kraft, des Lebens, der gesammelten Energie von Denken und Fühlen, des tieferen Wissens, der Schöpferkraft und der Liebe. – Relevant für die Symbolbildung sind die Funktion des H. als Zentralorgan des Gefäßsystems und dessen Fähigkeit zur Reaktion auf äußere Impulse.

1. Symbol des Lebens, der Kraft des Denkens und Fühlens sowie der Wandlung. Das H., wie von Lavater in *Das menschliche H.* als »Du Eins/ Voll Unausdenkbarkeit! Des Lebens Quelle!/ Du des Bewusstseins Sitz! Du liebend Leben!« besungen, wird in verschiedensten Kulturen seit je als Wesenskern, Lebenszentrum und Quelle phys. Lebenskraft angesehen. Dabei gilt es früh als Sitz nicht nur des Lebensprinzips und der Seele, sondern auch der Gefühlsaffekte und gedankl. Aktivität (Homer, *Odyssee* XX, 13–24; *Ilias* XVI, 435), geistiger Vermögen und deren Entsprechungen (wie Mut und Willen); so z.B. im Buddhismus, in dem »H. das Bewusstsein (*cittam*) genannt« wird (*Abhidamma-Pitaka* I: »Dhamma-Sangani«). – In der Vorsokratik, bei Empedokles (*Fragmente der Vorsokratiker* I, 31 B 105), ist es Ort der »Denkkraft«, die als ⤹Blut ums H. wallt. Plinius d.Ä., der das H. Ursprung und Anfang des Lebens nennt, misst ihm bei, Seele (*animus*) und Blut eine Wohnstätte (*domicilia*) zu gewähren (*Naturalis historia* XI, 37). Hildegard v. Bingen spricht ähnlich vom H. als Haus (*domus*), in dessen Zentrum als ⤹Feuer und ⤹Quelle der zum Gehirn aufsteigenden Gedanken die Seele wohne (*Hildegardis causae et curae* XCV, 31). Bei Paracelsus ist es der ⤹Samen des Menschen, aus dem die Natur den Leib als sichtbare H.qualität treibt, das

H. gibt seinen »Geist durch den ganzen Leib, wie die Sonne über alle Gestirne und die Erde« (*Volumen medicinae paramirum* III, *Tractatus de ente naturali* VIIf.). – Die Lebenssymbolik des H. als Lebensessenz steht auch hinter Mythen, Märchen und Sagen, die das H.-⤹Verzehren thematisieren, z.B. das H. des zerrissenen Dionysos, das Zeus verzehrt, um durch Befruchtung Semeles den Sohn erneut zum Leben zu bringen (Hyginus, *Fabulae* CLXVII) oder in der *Edda* das H. Fafnirs, von dem Gudrun »etwas gegessen […] und seitdem der Vögel Stimmen verstanden« haben soll (»Gudhrûnarkvidha fyrsta«). – Im AT zunächst Sitz des phys. Lebens (2 Sam 18,14), gibt das H. (z.B. als »verstocktes« H., Ex 7,13 f.) auch Aufschluss über das Verhältnis zu Gott. Der inneren Wandel symbolisierende H. tausch: »Ich werde ihnen ein anderes [fleischernes] H. geben […], das steinerne H. herausnehmen« (Ez 11,19 f.), kehrt gehäuft und oft in Verkehrung als H.versteinerung (⤹Stein/Gestein) aus Besitz- und Geltungssucht in romant. Texten wieder (Tieck, *Der Runenberg*; E.T.A. Hoffmann, *Die Bergwerke zu Falun*); explizit als Tausch thematisiert in Hauffs Märchen *Das kalte H.*

2. Symbol des Menschen als Ganzes und des tieferen Wissens. Die christl.-scholast. Seelenlehre umgeht die in der Antike formulierten Fragen nach dem spezif. Ort des H. (Platon, *Timaios* 70b; Aristoteles, *De partibus animalium* II, 7, 52b; III, 3, 65a u.ö.). Stattdessen wird bei Albertus Magnus (*De animalibus*, Quaestiones LV) und Thomas v. Aquin (*De motu cordis ad magistrum Philippum de Castrocaeli*) das H. zum integrierenden Symbol leibseel. Ganzheit, wobei Letzterer das H. als »erstes Bewegungsprinzip in einem beseelten Wesen« für das ›dem Intellekt Entzogene‹ verantwortlich macht (*Summa theologica* I, 20, 1). Hier deutet sich bereits an, was pointiert in neuzeitl. Werken zum Ausdruck kommt, die mit dem Imperativ »Folge Deinem H.!« (die Schlussworte in Tamaros Roman *Va' dove ti porta il cuore*, 1996, z.B. lauten: »Lausche still und schweigend auf dein H. Wenn es dann zu dir spricht, steh auf und geh, wohin es dich trägt«) auf ein H. referieren, das nicht dem Willen, sondern der Natur folgt und/oder, wie bei Pascal, eine »eigene Logik« hat, die anderen Gesetzmäßigkeiten unterliegt als denen der sonst verbindl. Ratio (*Pensées* CCLXXVII). – Diese Symbolik steht bisweilen verbunden mit der Vorstellung vom H. als Organ tieferen Wissens, auch hinter der Rede von der ›H.weisheit‹, mit der seit der christl. Patristik (die, wie Cassiodor zuspitzt, H. für Vernunft oder Geist einsetzt, *In psalmos* XV, 18; CIII, 15) die Ansicht artikuliert wird, das H. sage als zielsichere Instanz, was wahr, was zu tun und was zu lassen sei: »Wem sein H. nicht sagt, was es sich und anderen schuldig ist, wird es wohl schwerlich aus Büchern erfahren« (*Wilhelm Meisters Lehrjahre* VII, 6).

3. Symbol der Liebe und der Schöpferkraft. Symbolisch als Mitte von Mensch und Welt angesehen, als Knoten, durch den Mensch und Mensch oder Gott(heit) miteinander verbunden sind, wird das H. seit dem MA im profanen wie relig. Sinne immer mehr zum Symbol der Liebe. Es dient aber auch, zumal in ma. Minne bis zur Romantik, zur Thematisierung von ird.»Herzelieb« und »Herzeleid«, wie sie z.B. Gottfried v. Straßburg im *Tristan* (Prolog 185 f.) und Konrad v. Würzburg besingen (*Das H.mære* u. a. 62–66, 160–165). Bes. häufig kommt hierbei der H.tausch vor, z.B. in Herborts v. Fritzlar *Liet von Troye* (9418–9431) oder als Ausdruck vollkommener Liebe in Hartmanns v. Aue *Iwein* (2990–3028). – Im 17. Jh., bei Angelus Silesius (*Helleleuchtender H.spiegel*; *Cherubinischer Wandersmann* II, 106: *Erweitert mußt du sein*; V, 357: *Wenn sich Gott ins Herz ergießt*), vermehrt ab Ende des 18. Jh. werden in Anknüpfung an myst. Traditionen, die für die Empfängnis Gottes bzw. Christi ein ↗reines, offenes H. fordern (↗Spiegel), Schöpferkraft und Innerlichkeit, Gefühlsintensität und Abkehr von äußeren Einflüssen für das H. geltend gemacht. Beispielhaft von Hamann, der von einer »Stimme im Abgrund unseres H.«, die Gott hört, spricht (*Biblische Betrachtungen eines Christen*, 19.3.1758; vgl. Jos 1,18; ↗Abgrund/Tiefe), oder Schiller (*Die Worte des Glaubens*), der postuliert: »Doch eine Sprache braucht das H.« (*Wallenstein, Piccolimini* III, 4) und v. a. Goethe, in dessen Dichtung das H. ein zentrales Symbol dessen ist, was den Menschen zum Menschen macht. – Nach den Romantikern lassen noch Dichter wie Rilke (z.B. *Die Aufzeichnungen des Malte Laurids Brigge*) und Hesse (*Piktors Verwandlungen*) erkennen, dass der tiefe Grund des H. das »Unerforschliche« ist, das symbolisch durch »lebendig-augenblickliche Offenbarung« (Goethe, *Maximen und Reflexionen*: »Das ist die wahre Symbolik«) zum Vorschein tritt. Insgesamt aber ist im 20. Jh. eine zunehmende Trivialisierung zu beobachten, die mit einer Entleerung des Symbols einhergeht; Romane wie Herta Müllers *H.tier* (der Titel lehnt sich an das rumän. Wort ›inimal‹ an, das eine Verschmelzung der Worte *inima*, »H.«, und *animal*, »Tier«, darstellt) bilden eher eine Ausnahme. Von der im 18. Jh. einsetzenden Trivialisierung des H.symbols ist im beginnenden 21. Jh. zumal die Alltagskultur geprägt: Von der Schlagerindustrie bis zur Regenbogenpresse weitgehend floskelhaft verwendet, wird das H. gleichsam im Konsumismus ›verbraucht‹.

↗Abgrund/Tiefe, Blut, Spiegel.

Lit.: NLC, 73–76. – O.M. Høystad, Kulturgeschichte des H., Köln 2006. – A. Zweig (Hg.), Zur Symbolik des H. und des Raumes, Bern/New York 1991.   ABR

Hesperus ↗Abendstern.

Hieroglyphe

Symbol des Geheimnisvollen und des nur Initiierten zugängl. verborgenen Wissens. – Relevant für die Symbolbildung ist die außerhalb ↗Ägyptens bereits im 1. Jh. v.Chr. beginnende Unkenntnis der H.-Schrift, die erst ab 1822 durch J.-F. Champollion entziffert wird.

1. Antike und byzantinische Zeit. Als *hieroglyphiké grámmata*, »heilige, eingemeißelte Buchstaben«, wird die ägypt. ↗Schrift bereits im Altertum bezeichnet und damit ihr Vorkommen (in Tempeln) in einem mystisch-sakralen Zusammenhang gedeutet (vgl. *Suda* sigma 1011, 3 f.). In diesem Sinne verwendet den Begriff bereits die griech. Schriftsteller Plutarch im 1. Jh. n.Chr. (*Isis und Osiris* 354 D). Während der im 18. Jh. gefundene ›Stein von Rosette‹, auf dem eine Inschrift sowohl in H.-Schrift wie auch in griech. Übersetzung wiedergegeben ist, davon zeugt, dass zu Beginn des 2. Jh. v. Chr. H. von einem größeren Rezipientenkreis noch verstanden werden und Inschriften in H. bis ins 3. Jh. n.Chr. belegt sind, ist die Kenntnis der H.-Schrift außerhalb Ägyptens bereits im 1. Jh. v.Chr. soweit geschwunden, dass Diodorus Siculus (ca. 80–29 v.Chr., *Bibliotheca historica* III, 4, 1 ff.) die H. als reine Bilderschrift deutet, in der z. B. das ↗Krokodil alles Schlechte symbolisiert, das ↗Auge hingegen für das Bewahren der Gerechtigkeit steht. Christl.-griech. Autoren wie der Kirchenhistoriker Sokrates Scholastikos (*Ecclesiastica historia* V, 17) verweisen auf die im Sarapis-Tempel gefundene H. in Kreuzform (↗Kreuz) und deuten sie im christl. Sinne als kommendes Leben, worin ihnen das byzantin. Lexikon *Suda* (sigma 1011, 3 f.) folgt. Als reine Symbolschrift wird die H. auch in der lat. Spätantike verstanden, wenn bei Macrobius (*Saturnalia* I, 21, 12) die H. für Osiris aus ihren Bestandteilen Szepter und Auge im Sinne der Identifizierung mit dem ↗Sonnengott und seiner herrschaftl. Macht gedeutet wird, während die *litterae Aegyptiacae* ansonsten im lat. MA kaum eine Rolle spielen.

2. Neuzeit vor Entzifferung der H. Das ändert sich in der Frühen Neuzeit mit Rekurs auf das antike Verständnis der H.-Schrift als reine Bilderschrift. Die Wiederentdeckung der spätantiken *Hieroglyphica* des Horapollo (1419) liefern einen vermeintl. Schlüssel im Verständnis der H. als Bildersymbole (J. Reuchlin, P. della Mirandola), zugleich nimmt sie Einfluss auf ludist. und experimentelle Dichtungsformen. So verwendet R. Wills zur Zeit von Elisabeth I. in seinem *Poematum liber* (1573) H. in einem artifiziellen Rebus-Gedicht (*Carmen* LVIII) unter dem Titel *Litteris Aegyptiacis*, wobei Tugenden und Laster zunächst in Tiersymbole übertragen und dann als H. für die lat. Bezeichnung der jeweiligen Tugend bzw. des jeweiligen Lasters verwendet werden. Die im Begriff H. angelegte relig. Dimension gewinnt in der Folge wieder an Bedeutung, wenn Herder in seiner *Ältesten Urkunde des*

Menschengeschlechts das göttl. Siebentagewerk von Schöpfung und Ruhe als »H.« für alle Tätigkeit der Menschen auffasst und es als Wegweiser zu den ↗sieben freien Künsten versteht (I, 1, 6: »H.«). Während Lessing (*Laokoon*, 1766), den Begriff H. im Sinne eines »bloßen symbolischens Zeichens« verwendet (XII), lässt Schiller Julius (*Philosophische Briefe*, 1786) alles, was in und außer ihm sei, als »H. einer Kraft, die [ihm] ähnlich ist« deuten: »Die Gesetze der Natur sind die Chiffern, welche das denkende Wesen zusammenfügt, sich dem denkenden Wesen verständlich zu machen – das Alphabet, vermittelst dessen alle Geister mit dem vollkommensten Geist und mit sich selbst unterhandeln« (*Theosophie des Julius*: »Die Welt und das denkende Wesen«). – In der Romantik erscheint der Begriff H. in Verbindung mit dem Unendlichen und Unfassbaren. So spricht F. Schlegel von der ↗Musik im Sinne einer sentimentalen Kunst als »Hindeutung auf das Höhere, Unendliche, H. der Einen ewigen Liebe und der heiligen Lebensfülle der bildenden Natur« (*Gespräch über die Poesie*, 1800, »Brief über den Roman«), oder davon, dass er »die Natur der Liebe in der ›Lucinde‹ zur ewigen H.« gemacht habe (*Über die Unverständlichkeit*). Bei Tieck wird die Natur selbst zur H., »die das Höchste, die Gott bezeichnet« (*Franz Sternbalds Wanderungen* VI). Auch bei E.T.A. Hoffmann wird der Begriff der H. als Symbol für etwas unausdrückbar Höheres sowohl in der Sprache (»Sie spricht wenig Worte, das ist wahr; aber diese wenigen Worte erscheinen als echte H. der innern Welt voll Liebe und hoher Erkenntnis des geistigen Lebens in der Anschauung des ewigen Jenseits«, *Der Sandmann*), als auch in der Musik: »Bei der individualisierten Sprache waltet solch innige Verbindung zwischen Ton und Wort, daß kein Gedanke in uns sich ohne seine H. – (den Buchstaben der Schrift) erzeugt, die Musik bleibt allgemeine Sprache der Natur, in wunderbaren, geheimnisvollen Anklängen spricht sie zu uns, vergeblich ringen wir danach, diese in Zeichen festzubannen, und jenes künstl. Anreihen der H. erhält uns nur die Andeutung dessen, was wir erlauscht« (*Fantasiestücke in Callots Manier*: »Johannes Kreislers Lehrbrief«). Der Charakter einer nicht entzifferten Symbolschrift erscheint bei einer Verwendung des Begriffs H. im Plural stärker betont; so schreibt etwa Jean Paul: »Wenn der Witz das spielende Anagramm der Natur ist: so ist die Phantasie das *H.-Alphabet* derselben, wovon sie mit wenigen Bildern ausgesprochen wird« (*Vorschule der Ästhetik* § 7; ↗Alphabet).

3. Neuzeit nach Entzifferung der H. Die Wiederentdeckung der ägypt. Kultur vor und bes. in Folge der ägypt. Expedition Napoleon Bonapartes (1798) nimmt einen entscheidenden Wendepunkt durch J.P. Champollions Entzifferung der H. (ab 1822). Zwar erscheint der Begriff H. auch in der Folge im Sinne des geheimnisvollen unverständl. Sym-

bols (so noch Keller: »Als ich […] die stattlichen Notenblätter sah, bedeckt von H., da stellte es sich heraus, daß ich rein zu gar nichts zu gebrauchen, und die Nachbarn schüttelten verwundert die Köpfe«, *Der grüne Heinrich*, 1. Fass., II, 6), wird aber immer häufiger in Zusammenhang mit tatsächl. H. seines symbol. Charakters entkleidet, so z. B. bei K. May: »Und an den Wänden giebt es Figuren und Zeichen, welche von den Franken H. genannt werden. Man kann einen ganzen Tag lang sehen und betrachten, ohne fertig zu werden« (*Im Lande des Mahdi* I, 4).
↗Ägypten, Buchstabe, Schrift.

Lit.: L. Dieckmann, Hieroglyphics, St. Louis, Miss. 1970. – G. Gierlich, Bilderwelten, in: Symbolon 15 (2002), 131–156. – L. Volkmann, Bilderschriften der Renaissance, Leipzig 1823, Nachdr. Nieuwkoop 1969.
OE

Himmel

Symbol der Transzendenz und des Göttlichen, der Vollkommenheit und Glückseligkeit, der kosm. Ordnung und ihres Verlusts sowie subjektiver Stimmungslagen. – Relevant für die Symbolbildung ist insbes. die sinnl. Erfahrung des H., der sich der Wahrnehmung darbietet und sich ihr zugleich entzieht, da er wegen seiner ungeheuren Ausdehnung auch im Zeitalter der modernen Raumfahrt vom Menschen kaum bereist werden kann.
1. Symbol der Transzendenz und des Göttlichen. In den ältesten Kosmogonien wird der H. oft als eine Gottheit vorgestellt, die sich mit der ↗Erde vermählt. Dies ist z. B. bei der ägypt. H.göttin Nut der Fall; bei Hesiod bringt die Erde (Gaia) den Sternenhimmel (Uranos; ↗Stern) hervor und zeugt mit ihm u. a. die Titanen (*Theogonie* 207). Mit der Vertreibung des Uranos verliert der H. seinen göttl. Charakter, er ist nun Wohnsitz der Götter. Auch der Gott des AT hat seine Wohnung im H. (2 Chr 30,27; daher kann das Wort ›H.‹ Gott selbst bezeichnen, zumal seit dem 2. Jh. v.Chr. Gottes Name nicht mehr ausgesprochen wurde. Im NT symbolisiert der H. bzw. das H.reich die zukünftige Herrschaft Gottes (z. B. Mt 3,2: »Das H.reich ist nahe«). Auch das *Vater unser*-Gebet (Mt 6,9–13) verortet Gott im H. In Goethes *Prometheus*-Hymne liefert diese Vorstellung den Hintergrund für die Rebellion des Titanen, der die Erde als Wohnsitz der Menschen trotzig dem H. des Zeus entgegenstellt. Luthers Weihnachtslied *Vom H. hoch* lässt eine ↗Engel vom H. den Menschen die Nachricht von der ↗Geburt Jesu verkünden, weil auch die Engel dort wohnen. Die Herkunft einer Sache aus dem H. bezeichnet alles, was göttl. Qualitäten besitzt, wie z. B. der Friede, von dem es in Goethes *Wandrers Nachtlied* heißt, er sei vom H. Die Verwendung des H. als Metonymie des Schicksals, das die Pläne der Menschen durchkreuzt oder fördert, hat wohl in

der Lokalisierung der Gottheit im H. ihren Ursprung.

2. Symbol der Glückseligkeit und Vollkommenheit. Der H. wird in vielen Religionen als Wohnung der Seligen, als Paradies (↗Garten) für die Seelen der Verstorbenen angesehen und kann von auserwählten Einzelnen in ekstat. Visionen, ↗Träumen oder H.reisen schon zu Lebzeiten geschaut werden (z. B. Dante, *Divina Commedia*: »Paradiso«). Der H. wird so zu einem Symbol jenseitigen Glücks, das einerseits den harten Bedingungen des Erdenlebens, andererseits der Hölle als Ort der Bestrafung entgegengesetzt ist. In säkularisierter Form stellen weltl. Dinge den H. dar, in dem Sinne, dass in ihnen das höchste Glück eines Menschen liegen kann, wie etwa in Chamissos Gedicht *Herzog Huldreich und Beatrix*, in denen das ↗Auge der Liebsten mit dem H. gleichgesetzt wird. Das Symbol des H. als Bild für die christl. Jenseitsvorstellung wird v. a. im 19. und 20. Jh. zunehmend zum Gegenstand der Ablehnung oder Umdeutung. Charakteristisch ist Heines Aufforderung in *Deutschland. Ein Wintermärchen*, in dem es heißt: »Wir wollen hier auf Erden schon/ Das H.reich errichten« (I, 36), wo also die Vorstellung einer Entlohnung im H. für ird. Leid als falscher Trost abgelehnt wird und die Erde zum Paradies gestaltet werden soll.

3. Symbol kosmischer Ordnung und ihres Verlusts. Der H. erscheint vielfach als Symbol der göttl. Ordnung, die in seiner Struktur und seinen Erscheinungen sinnfällig wird. Grundlegend ist hier Platons *Timaios* (28a–29b), in dem der Demiurg auf eine präexistente ideelle Ordnung hinblickend den Kosmos erschafft, und zwar nach harmon. Proportionen (↗Symmetrie); der H. ist dadurch Ausdruck einer höheren geistigen Ordnung. In der Bibel bezeugt der H. Gottes Allmacht, er verkündet seinen Schöpfer (Ps 50,6; 69,35; 8,4 f.). Dieser Anschauungsqualität des H. entspricht die Haltung der Kontemplation: Bei Ovid (*Metamorphosen* I, 84) und Cicero (*De natura deorum* II, 914 f.) wird der Mensch als ›Betrachter des Himmels‹ (*spectator caeli*) bezeichnet; für Cicero führt die Kontemplation des H. zur Gotteserkenntnis. Laktanz (*De ira Dei* VII, 4) übernimmt diese Vorstellung und überliefert sie dem Christentum. Auch in der Neuzeit, etwa in A. Gryphius' Sonett *An die Sternen* oder in Gellerts Hymnus *Die Himmel rühmen*, lebt die Auffassung des H. als eines durch Kontemplation erfahrbaren Symbols der Gottheit, die das menschl. Fassungsvermögen übersteigt, fort. Gryphius' *An die Sternen* stellt darüber hinaus den H. als Symbol göttl. Allmacht in einen polem. Gegensatz zum H. der neuen Wissenschaft, die ihn im Anschluss an Kopernikus, Bruno und Galilei als Ausdruck kosm. Unendlichkeit versteht und zugleich dem Menschen die Möglichkeit zugesteht, diese Ordnung in wissenschaftl. Begriffen zu erfassen. Bei Bruno (*La*

cena delle ceneri) symbolisiert die Unendlichkeit des H. die unendl. Wirklichkeit Gottes und die unendl. Potentialität der Welt, zu deren Erkenntnis und Gestaltung der Mensch aufgerufen ist. In Pascals *Pensées* (L 201) dagegen wird der unendl. H. der neuen Kosmologie zum Inbegriff eines relig. Erschreckens angesichts der Unerkennbarkeit Gottes in der Welt. Autoren wie Huygens (*Kosmotheoros*) oder die Physikotheologen versuchen, diese Kluft zwischen dem Weltbild der neuen Wissenschaften und der kontemplativen Versenkung in den H. zum Zwecke der Gottes- und Selbsterfahrung zu überspielen; als exemplarisch hierfür kann Brockes' Gedicht *Die Traubenhyazinthe* (↗Hyazinthe) angesehen werden, wo die Betrachtung der Blüten in eine Meditation über den H. und seinen Schöpfer umschlägt, so dass die durch die ↗Blume symbolisierte Erde und die mit den Blüten verglichenen Sterne die Einheit von Mikro- und Makrokosmos zum Ausdruck bringen. Noch Kant hält in der *Allgemeinen Naturgeschichte und Theorie des H.* an dieser harmonisierenden Position fest; erst in der *Kritik der praktischen Vernunft* gibt er sie auf und versteht den ›bestirnten H. über mir‹ als Symbol kosm. Gleichgültigkeit gegenüber dem Menschen. Ähnlich wie Donne in seinem Gedicht *An Anatomy of the World*, in dem der durch die Wissenschaft eingetretene Transzendenzverlust beklagt wird, gibt Schiller in *Die Götter Griechenlands* der Enttäuschung über die materialist. Entseelung des H. Ausdruck. Das Symbol des H. erfährt somit eine drast. Umdeutung, die in Büchners *Woyzeck* (H1, 14: Margreth Marie mit Mädchen vor der Haustür) im Märchen der Großmutter und in expressionist. Gedichten wie G. Heyms *Umbra vitae* und *Die Morgue* noch gesteigert wird.

4. Symbol subjektiver Stimmungslagen. Der H. erscheint in der Lit. häufig als Bild seel. Stimmungen. Seine Bedeutung changiert dabei sehr stark. So kann der ↗blaue H.raum Entgrenzungswünsche symbolisieren, wie in Goethes *Faust I*, wo der Flug der ↗Lerche im »blauen Raum« (»Vor dem Tor«) der Sehnsucht Fausts nach ekstat. Erfahrung Ausdruck verleiht. Der blaue H. kann auch Lebensfreude oder Geborgenheit (wie in der Metapher vom ›H.zelt‹) bedeuten; so verbindet sich in Brechts *Erinnerung an die Marie A.* mit dem blauen Sommerhimmel (↗Sommer) die Erinnerung an die Jugendliebe. Dagegen kann der Winterhimmel (Eichendorff, *Der verliebte Reisende*; ↗Winter) Einsamkeit ausdrücken oder der trübe H. (Heine, *H., grau und wochentäglich!*) Melancholie (↗Saturn).

↗Blau, Engel, Erde/Lehm/Acker, Garten, Stern.

Lit.: H. Blumenberg, Die Genesis der kopernikan. Welt, Frankfurt a.M. 1975. – P. Probst, Art. Spectator caeli, in: Histor. Wb. der Philosophie, hg. v. J. Ritter/K. Gründer, Bd. 9, Basel 1995, 1350–1355.　　　StSch

Himmelsschlüssel ↗Primel/Himmelsschlüssel/Schlüsselblume.

Hirsch

Symbol der Stärke und der Erotik, der Lebenserneuerung und der Erlösung, aber auch der Selbstliebe. – Relevant für die Symbolbildung sind (a) die Größe, die majestätisch empfundene Gestalt und das Brunstverhalten des H., (b) die regelmäßige Erneuerung seines Geweihs und dessen Verästelungen.

1. Symbol der Stärke und der Erotik. Der H. ist dem ↗Lichtgott Apollon zugeordnet, die hl. Hindin bzw. H.kuh von Kerygneia mit ↗goldenem Geweih seiner Schwester Artemis; eine Hindin übergibt Artemis den Griechen an Stelle Iphigenies als Opfertier (Euripides, *Iphigenie bei den Taurern* 28–30, 783–785; in Goethes *Iphigenie auf Tauris* fehlt dieser Hinweis). – Plinius hebt das hohe Alter des H. und die Feindschaft zu den ↗Schlangen hervor, die der H. aufspürt und verschlingt (Plinius d.Ä., *Naturalis historia* VIII, 50). Dabei erwähnt Plinius Tiere, die von Alexander bzw. Caesar mit Goldreifen gekennzeichnet wurden, die den H. im Laufe des überlangen Lebens ins Fell wuchsen. So symbolisiert bei Petrarca (*Canzoniere* CXC: *Una candida cerva sopra l'erba*) der Vergleich zwischen Lauras Liebe und der ↗weißen H.kuh mit einem goldenem Halsband daher die ↗Reinheit und ewige Treue des Paars zueinander. – Durch die Verbindung mit den antiken Herrscherfiguren wird der H., ausgestattet mit ↗Flügeln und einem Goldreifen (›le cerf volant couronné‹), fester Bestandteil der königl. Emblematik in Frankreich und England (Bath). Konstant ist die exklusive Stellung als ›edles‹ Tier (wie ↗Gepard, ↗Schwan oder ↗Greif), dank der er nur vom Herrn bzw. ↗Fürsten erlegt werden darf (*Sachsenspiegel*), und daraus folgend die Feindschaft des H. gegenüber den als niedrig angesehenen ↗Hunden. Das H.geweih steht in der Heraldik für Stärke, wohl zurückgehend auf den kelt. Gott Cernunnos, der ein H.geweih trägt und umfassende Naturkräfte sowie Freiheit, Zeugung und Wohlstand auf sich vereinigt. – Die ↗Jagd auf den H. symbolisiert die Spannung von männl. und weibl. Gewalt, so Herakles' Jagd auf die Hindin und deren Rückgabe an Artemis (Vergil, *Aeneis* VI; Pindar, *Olympische Oden* III) sowie die Rache der Göttin an dem Jäger Aktäon, der sie im Bad überrascht und von ihr durch die Verwandlung in einen H. bestraft wird, so dass ihn die Jagdhunde in dieser Gestalt töten (Ovid, *Metamorphosen* III, 131–252). Um die Mitte des 19. Jh. setzt sich ein Typus durch, der das Tier jenseits des Jagdkontextes als Ausdruck der Aggression inszeniert, so in Ganghofers *Schloß Hubertus*; zahlreiche mit dem H. verbundene Trivialmythen (vgl. Löns, *Der Mörder*) belegt auch Ganghofers *Deutsches Jägerbuch*. – Entscheidend verändert Gottfried v. Straßburg die aggressive Konnotation des ursprünglich arthur.

Motivs der H.jagd, in dem der weiße H., der Marke zu der Höhle führt, die Liebe des Paares symbolisiert und, in der Farbe an die Reinheit des ↗Einhorns erinnernd, bis zur *unio mystica* erhöht (*Tristan* 17291 ff.). Die durch Gottfried erstmals geprägte Dreieckskonstellation von H., ↗Grotte und Ehebruch nimmt die mehrfach überlieferte Ballade *Eß jaget ein frauw ein hirtz* auf, in der die reale Jagdszenerie zwischen einer adligen Dame und einem H. in eine aus *Tristan und Isolde* zitierte Minnegrotten-Szene übergeht (*Königsteiner Liederbuch*, um 1470). Die Sexualisierung des Tieres drückt sich auch in den zahlreichen Ratschlägen für Aphrodisiaka aus H.körperteilen (Gesner, *Thierbuch*, 1563) und in der Symbolfunktion des Geweihs für den »gehoernten« (= betrogenen) Ehemann aus (Böckler, *Ars Heraldica*, 1687; Gleim, *Der freywillige Actäon*). – Die Verwandlung oder die symbol. Repräsentation des ↗Mannes durch den H. ist fester Bestandteil der H.symbolik, so in Grimms *Der gläserne Sarg* (ebenso Wolf, *Deutsche Hausmärchen*: *Der goldene H.*) wie auch z. B. in der Komödie *Il re cervo* (1762) von C. Gozzi.

2. Symbol der Lebenserneuerung und der Erlösung. Das hohe, reich verästelte Geweih des H. ist Attribut des kelt. Gottes Cernunnos und gilt im kelt. Märchen als Zeichen der Fruchtbarkeit und der Erneuerung. U.a. seine Schnelligkeit wird in christl.-typolog. Deutung etwa von Gen 49,21, Ps 18,34 oder Hld 2,9 f. auf den Messias und dessen Kommen bezogen. Folgend aus Ps 42,2, »Wie ein H. nach frischem Wasser lechzt, so lechzt meine Seele, Gott, nach dir«, verkörpert der trinkende H. die Taufe bzw. die Sehnsucht des Menschen nach Gott. Die antiken Berichte über den H. als Feind der Schlangen werden in der christl. Deutung ausgeweitet, der zufolge der H. Christus selbst sowie den Kampf zwischen guten und bösen Mächten symbolisiert (*Physiologus*: »Von H. und Schlange«). In C. Brentanos *Aus der Chronika eines fahrenden Schülers* (2. Fass.) wird der H., zunächst als Verfolger, dann als Diener von Agnes, in ein christl.-erot. Spannungsfeld von Gewalt, Zähmung und Tod gestellt; er unterliegt zuletzt, weil nur noch einäugig (s.u. 3., Lessing), einem anderen H.

3. Symbol der Selbstliebe und Feigheit. Gegenläufig stellen Fabeln den auf sein Geweih stolzen H. (Äsop, *Der H. und der Löwe*) als Allegorie falscher Selbstliebe dar (Babrios, *Der eitle H.*), in Gleims Fabel *Der Hirsch, der sich im Wasser sieht* erweitert noch zur Lehre, »Das Nützliche dem Schönen vorzuziehen« (vgl. Herder, *Alte Fabeln mit neuer Anwendung* I). Bei Lessing (*Der H. und der Stier*; *Der junge und der alte H.*) wird der H. als ewig gejagte, feige und dem Menschen unterlegene Kreatur gezeigt. Hagedorn amalgamiert das christl. Bild des H., der Weintrauben verzehrt (*Der H. und der Weinstock*, ↗Traube), mit der tadelnswerten Selbstliebe.

↗Schlange.

Lit.: NLC, 218–223. – M. Bath, The Image of the Stag, Baden-Baden 1992. – B. Domagalski, Der H. in spätantiker Lit. und Kunst, Münster 1990. – L. Franz, Wahre Wunder, Heidelberg 2011. – J. Rathofer, Der ›wunderbare H.‹ der Minnegrotte, in: Zs. für dt. Altertum und dt. Lit. 95 (1966), 27–42. – Ph. Rech, Inbild des Kosmos, Bd. 1, Salzburg/Freilassing 1966, 221–240.

GMR

Hirt / Herde

Symbol der Herrschaft und Schutzbefohlenheit, der naturnahen Existenz, einer spezif. Form des Wissens und der Weisheit, des Liebenden, des Dichters, der (ursprüngl.) Poesie und der poetolog. Reflexion. – Relevant für die Symbolbildung sind (a) die Aspekte der Domestizierung, der Fürsorge, der Leitung und des Schutzes der Tiere durch den Hirten, (b) ihre Nähe zur Natur und (c) die mit dem Hirtendasein verbundene Muße, welche Raum für schöpfer. Tätigkeiten (Musik, Dichtung und ↗Tanz) lässt.

1. Symbol der Herrschaft und Schutzbefohlenheit, Verantwortung und Führerschaft (säkular und religiös). In der ep. Trad. tritt zumeist die Übertragung des Verhältnisses von Hirt und Herde auf die Machtverhältnisse zwischen dem Herrscher und seinen Untergebenen i.S. einer Akzentuierung der Funktionen von Führung und Leitung sowie Verantwortung und Schutz auf. Im frühesten literar. Zeugnis überhaupt, dem *Gilgamesch-Epos*, werden die ↗Stadt(-mauer) (↗Mauer) Uruk selbst als »Hürde« und der ↗König Gilgamesch als »Hirte von Uruk« (I, 71) bezeichnet. Unter den Epitheta des Atreiden Agamemnon in der *Ilias* findet sich auch der Begriff »Hirt des Volkes«, der seine Stellung als Oberbefehlshaber der gegen Troja ausgezogenen Stämme der Achaier markiert (*Ilias* II, 243; vgl. X, 206; ähnlich auch *Beowulf* 1832). Die Aspekte von Führerschaft sowie Fürsorge und Schutz bis zur Selbstaufopferung spielen insbes. in der jüd.-christl. Überlieferung eine zentrale Rolle; der Hirt ist ein Hauptsymbol zur Kennzeichnung des Selbstverständnisses christl. Theologie und von deren Vertretern (Ps 23; Joh 10,11). Dieses Verständnis von geistl. Vorstand und Gemeinde als Hirt und Herde ist prägend für die kult. Praxis des Christentums und hat sich im Begriff ›Pastor‹ (von lat. *pastor,* »Hirt«) für Vertreter des Klerus niedergeschlagen (vgl. den Bischofsstab als stilisierten Hirtenstab); es durchzieht das gesamte relig. Schrifttum von den Homilien bis zur geistl. Dichtung, insbes. während der konfessionellen Auseinandersetzungen des 16. und 17. Jh. Z.T. erfolgt eine Verbindung christl. Gedankenguts mit den Trad. und Formen der seit dem 15. Jh. wiederbelebten antik-heidn. Pastoraldichtung u.a. Theokrits und Vergils (z.B. Spee, *Trutznachtigall: Ecloga oder hirten gespräch von Christo dem gecreutzigten*; Angelus Silesius, *Heilige Seelenlust oder geistliche Hirtenlieder der in*

ihren *Jesum verliebten Psyche*; Birken, *Geistliche Lieder: Am Sonntag Misericordias Domini Christi und seiner Christen Wechsel-Kundschaft 1–12*; s.a. 2.). Bei Dach verbinden sich die Symbolwerte weltl. und geistl. Führung des Hirten in dem Gedicht *Auff Sr. Churfl. Durchl. hochheiliges Symbolum*. Doch auch zur Kritik der falschen relig. Führerschaft wird die Hirtensymbolik bemüht; so schon von Fischart (*Thierbilder*), wo richtiges und falsches Hirtenamt einander gegenübergestellt werden (ähnlich auch ders., *Etlich Sonnet*, v.a. aber Miltons Pastoral-Elegie *Lycidas* 119–121). Eine originelle metaphor. Umcodierung der symbol. Bedeutung von Hirt und Herde als Ausdruck von fürsorgl. Leitung und Führung findet sich in Eichendorffs Gedichten *Der stille Freier* und *Schifferspruch*, wo der ↗Mond bzw. der ↗Abendstern als »Hirt« apostrophiert werden. Vergleichbare metaphor. Übertragungen, nun auf das menschl. Bewusstsein gemünzt, gestaltet Däubler in seinem Zyklus *Das Nordlicht* (*Thor* 1–4). Bei Nietzsche wird der Begriff der »Herde« ins Kulturkritische gewendet, als Ausdruck der entindividualisierten, entmündigten und für jegliche Art doktrinärer Obrigkeitsgläubigkeit anfälligen Massenexistenz (*Jenseits von Gut und Böse* 199).

2. Symbol der naturnahen Existenz. Die sich aufdrängende symbol. Besetzung des Hirten als Ausdruck einer bes. der Natur verpflichteten Existenz hat sich v.a. in der idyll. und bukol. Lit. seit der Antike ausgeprägt, v.a. bei Theokrit (*Idyllen*) und seinen Nachfolgern Moschos, Bion und Vergil. Diese Nähe zur Natur kommt neben dem pastoralen Setting, den im zykl. Rhythmus der Natur (Tageszeiten, Jahreszeiten) vollzogenen ländl. Tätigkeiten (↗Rinder-, ↗Schafe- und ↗Ziegenhüten, Ernte etc.) v.a. in der einfachen, von den Lastern der städt. Kultur (Vergil, *Eklogen* I) unverdorbenen Lebensweise und Charakteranlage der Hirten zum Ausdruck. Des Weiteren spielt die Nähe zu Naturgottheiten der ›niederen Mythologie‹ (v.a. zum Hirtengott Pan aber auch zu Silen, Nymphen, Dryaden etc.; s.a. 3.) sowie die Verbindung von Liebe, ↗Gesang, Musik (Hirtenflöte; ↗Flöte) und Tanz eine wesentl. Rolle (s.a. 5.). Mit diesem symbol. Dispositiv verbinden sich geschichtsphilosoph.-utop. Vorstellungen; weitreichend sind die des Mythos von Arkadien als eines Ortes, wo ein solches von gesellschaftl. Konventionen befreites, naturhaftes Leben möglich ist, und die eines ↗Goldenen Zeitalters, beides maßgeblich durch Vergils IV. Ekloge geprägt (vgl. auch Ovids *Metamorphosen* I, 89–112). Diese Konzepte trugen (neben den Eklogen Petrarcas und Boccaccios) viel zur Popularisierung pastoraler Dichtungsentwürfe ab dem 16. Jh. bei, etwa in Sannazaros *Arcadia*, den Pastoraldramen Tassos (*Aminta*) und Guarinis (*Il pastor fido*), Sydneys *The Countess of Pembroke's Arcadia* sowie deren gesamteurop. Nachahmungen, da dadurch indirekt, bisweilen aber auch sehr direkt, Reflexionen auf gegenwärtige gesellschaftl. und eth. Zustände und Verhaltensnormen möglich waren (bes. Spenser, *The Shepheardes Calendar*). Die Diskrepanz zwischen dem harten und wenig ›ästhet.‹ Leben der realen Hirten und dem literarisch geprägten Hirtenideal wurde auch in der Lit. früh gestaltet und einer z. T. satir. Kritik unterzogen, z. B. in der Marcella-Episode des *Don Quijote* von Cervantes oder in Shakepeares *As You Like It* (II, 4). Im Zuge der auch philosophisch (v. a. durch den Empirismus und Rousseau) motivierten Naturentdeckung und -begeisterung des 18. Jh. erhält das symbol. Dispositiv des Hirten als Exponenten eines ›natürlichen‹, ›unschuldigen‹ Lebens neue Aktualität (Gessner, *Idyllen*; Blake, *Songs of Innocence: The Shepherd*). Die metaphys. Dimension der Naturerfahrung solcher Hirten-Existenzen gestaltet bes. die Dichtung der Romantik (Brentano, *Durch die stummen Wälder irrte*; *Ich träumte hinab in das dunkle Tal*; Eichendorff, *Abendlandschaft*; Terzett; Wordsworth, *Michael. A Pastoral Poem*), wobei auch der Aspekt der Einsamkeit betont wird (A. v. Arnim, *Des Hirten Einsamkeit*), deren dunkle Seiten, als Ausdruck einer unheiml. Naturerfahrung, in der Schauerlit. gestaltet werden (z. B. in der Geschichte Rebekkas bei Potocki, *Le manuscrit trouvé à Saragosse*; ähnlich noch Droste-Hülshoff, *Das Hirtenfeuer*). Den Gegensatz zwischen dem die Natur (in Gestalt der Herde) hegenden Hirten und dem diese (in Gestalt des Wildes; ↗Hase, ↗Hirsch, ↗Reh) tötenden Jäger thematisieren ebenfalls zahlreiche Texte (z. B. Brentano, *Der Jäger an den Hirten*; ähnlich bereits Tasso, *Aminta*). Die Identifikation jenes naturnahen Lebens der Hirten mit dem Lebensstadium der Jugend wird in der symbol. Besetzung der Hirtenfigur in der Dichtung des Fin de Siècle und des Jugendstils akzentuiert, v. a. bei George (*Das Buch der Hirten- und Preislieder*), Hofmannsthal und dem frühen Rilke (*Träumen*). Dabei spielt die Zuschreibung einer naturphilosophisch motivierten kosmolog.-zeitl. Dimension eine wesentl. Rolle, wie sie sich in dem Begriff des ›Hirtentages‹ manifestiert (George, *Der Tag des Hirten*; Hofmannsthal, *Lebenslied*).

3. Symbol einer spezifischen Form des Wissens und der Weisheit. Als Exponent einer der Natur und ihren Geheimnissen nahestehenden Lebensform symbolisiert der Hirt eine bes. Art des Wissens um die Mysterien der Natur (z. B. werden ihm naturmag. Fähigkeiten zugesprochen; vgl. die Zaubersprüche und -praktiken in Vergils VIII. Ekloge). Er hat in spezif. Weise Zugang zu den göttl. Offenbarungen. Schon im AT erscheint oder offenbart sich Gott Hirtengestalten wie Abraham, Jakob, Moses und David in der Einsamkeit der freien Natur (Gen 15; 28,10–22; Ex 3,1–4,17; 1 Sam 16,11–13). Diese spezif. Offenbarungsqualität setzt sich in der Verkündigung der ↗Geburt Jesu gegenüber den Hirten fort (Lk 2,8–19). Die theolog. Dimension ist auch in

der antik-heidn. Bukolik präsent; die Hirten stehen in Kontakt v. a. zum Hirtengott Pan (z. B. in der I. Idylle Theokrits oder in der IV. Ekloge Vergils), aber auch zu anderen mytholog. Figuren, die mit animist. Naturvorstellungen in Verbindung gebracht werden können, wie Nymphen und Dryaden, die den ›belebten‹ Aspekt der Natur verkörpern, sowie mit menschl.-tier. Mischwesen wie Satyren und Silenen, welche die Hirtenpoesie in die Nähe des Dionysoskultes rücken, wie überhaupt kult. Aspekte i. S. einer ›verborgenen Theologie‹ die antike Bukolik charakterisieren. Die Vorstellung des Hirten als Verkörperung eines spezif. höheren bzw. tieferen Wissens um Gott, die Schöpfung, die Natur und den Menschen durchzieht ebenfalls die abendländ. Lit. Bei A. v. Arnim etwa wird in dem Gedicht *Zur Weihnachtszeit* das Wissen um das Mysterium der Geburt als Erneuerung der Welt mit dem christl. ↗Weihnachtssegen der Hirten verknüpft (V. 17–20). Ein später Reflex, hier um den Bezug auf die Trad. revolutionärer Bewegungen und einer widerständigen humanen Solidarität erweitert, als deren Exponent der Hirte fungiert, findet sich in Celans Gedicht *In Eins*.

4. Symbol des Liebenden. Ebenfalls in der antiken wie der jüd.-christl. Überlieferung verankert ist die symbol. Besetzung des Hirten als eines Liebenden. Christus als ›guter Hirt‹ ist in der Paulinischen Theologie durch die Liebe zu den Gläubigen in Form der *agápē* gekennzeichnet. Auch diese Zuschreibung ist innerhalb der geistl. Dichtung topisch (z. B. Birken, *Geistliche Lieder: Jesu Lob- und Leichgedächtniß* 25 f., 33 f., 39 f.). In der antiken Dichtung, wiederum insbes. bei Vergil, verkörpert der Hirt als Liebender bereits alle Stadien dieses emotionalen Zustandes: von unerhörter Liebe (II., VIII. Ekloge) über mag. Liebesbeschwörung (VIII. Ekloge) bis zur erfüllten Liebe (I. Ekloge) und dem Liebeswahn sowie der Liebesklage (X. Ekloge). Die durch die Eros-Konzeption und kulturelle Praxis der Antike angelegten homoerot. Züge mancher liebenden Hirten (bei Theokrit und in Vergils II. Ekloge) werden bes. im Zuge des Jugendkultes um 1900 wieder reaktiviert, z. B. in Georges *Hirten- und Preisliedern* und in der Sammlung *A Shropshire Lad* des engl. Altphilologen A. E. Housman, so dass der Hirt(enknabe; ↗Kind) auch als Repräsentant gleichgeschlechtl. ↗männl. Liebe fungieren kann.

5. Symbol des Dichters, der (ursprünglichen) Poesie und der poetologischen Reflexion. In den Pastoraldichtungen der Renaissance und des Barock fungiert der Hirt auch als Symbol und ↗Maske des Dichters. Anders als der Ackerbauer (↗Erde/Lehm/Acker) verfügt er nicht nur über genügend Nähe zur ›unbearbeiteten‹ Natur (als Ort der Musen), sondern auch über genügend Muße, sich der Kunst, v. a. der Dichtung, dem Gesang und dem Flötenspiel, zu widmen. Schon Theokrits Idyllen sind in diesem Sinne Rollenlyrik, bei dem der dichter. Agon zwischen den Hirten im Mittelpunkt steht (z.B in der I., VI.,VIII. und IX. Idylle). In Vergils Eklogen kommen poetolog. Reflexionen und Selbstbezüge immer wieder zur Sprache; im Lied des Silen in der VI. Ekloge wird sogar eine geraffte myth. Genealogie der Hirten-Dichtung präsentiert, die bis zu Hesiod zurückreicht. Damit wird die Hirten-Poesie als Ursprung der Dichtung ausgezeichnet, ein Aspekt, der später immer wieder aufgegriffen wurde, so z. b. im ›Naturpoesie‹-Verständnis der Romantiker (Eichendorff, *Geschichte der poetischen Literatur Deutschlands* V). Die daran anschließenden Vorstellungen einer archaische, tiefe Schichten des Menschlichen ansprechenden Kunst finden Ausdruck in der Verknüpfung des Hirtengesangs bzw. der Hirtenmusik mit dem in der Romantik zentralen, metaphysisch gründeten Sehnsuchtsmotiv, verkörpert im singenden oder musizierenden Hirten (z. B. Eichendorff, *Aus dem Leben eines Taugenichts* III). Daneben spielt auch die bei Theokrit und Vergil vorgeprägte Klage um Daphnis, den herausragenden Sänger, eine wesentliche Rolle, zum einen als Modell der Pastoralelegie, zum anderen als Ort der poetolog. Positionierung des Dichters, was ebenfalls in der Lit. der Renaissance und des Barock vielfach aktualisierend adaptiert wurde.

↗Flöte, Lamm/Schaf, Schweiz, Stimme/Gesang, Ziege/Ziegenbock.

Lit.: R. Böschenstein-Schäfer, Idylle, Stuttgart ²1977. – R. Brandt, Arkadien in Kunst, Philosophie und Dichtung, Freiburg 2005. – K. Garber (Hg.), Europ. Bukolik und Georgik, Darmstadt 1976.   MM

Hochzeit

Symbol der Vereinigung und der Liebe, eines idyll. Glückszustandes idealer Ordnung und der sozialen Integration des Individuums, aber auch des Todes. – Relevant für die Symbolbildung ist die bereits in der rituellen Handlung H. kulturell angelegte Symbolhaftigkeit als Feier der Vereinigung von ↗Mann und ↗Frau, die in der Lit. in vollem Umfang aufgegriffen wird, wobei meist einzelne Aspekte bes. hervorgehoben werden.

1. Symbol der Vereinigung und der Liebe. Als ein myth. Urbild der hochzeitl. Vereinigung gilt die sog. ›hl. H.‹ (*hierós gámos*), die Vereinigung einer Göttin und eines Gottes, die jeweils polare Gegensätze verkörpern, z. B. ↗Himmel und ↗Erde oder ↗Tag und ↗Nacht. Wirkungsmächtig im griech. Kontext sind etwa die myth. Vereinigungen von Gaia (Erde) und Uranos (Himmel) oder Hera und Zeus (Hesiod, *Theogonie* 133 ff.; Homer, *Ilias* XIV, 159 ff.). Das Ereignis ist zugleich Schöpfungs- und Gründungsmythos der jeweiligen Götterherrschaft, denn aus der Vereinigung entstehen neue Götter. In der modernen Religionswissenschaft meint der

Ausdruck ›hl. H.‹ zuallererst die liebende Vereinigung der Göttergestalten untereinander, dann die Vereinigung von Göttern mit Menschen und schließlich die H. zweiter Menschen im kultischen Kontext (RAC II, 531). Das dt. Wort ›H.‹ erhält seine auf die Heirat eingeschränkte Bedeutung erst nach und nach seit dem 13. Jh. Die romant. Lit. greift die Idee der hochzeitl. Vereinigung der Gegensätze auf und bezieht sie sowohl auf natürl. als auch auf philos. und relig. Entitäten (z. B. Hölderlin, *Hymne an die Liebe*; Novalis, *Die Vermählung der Jahrzeiten*; Blake, *The Marriage of Heaven and Hell*). In der christl. Trad. wird die Deutung des alttestamentl. *Hohelieds* prägend, die in der Beziehung des sich dort gegenseitig preisenden, liebenden Paares die Vereinigung der Kirche mit Christus bzw. der Seele des Gläubigen mit dem Wort Gottes sieht (Origenes, *Homiliae in canticum canticorum* und *Commentarium in cantica canticorum*; bes. Bernhard v. Clairvaux, *Sermones in cantica canticorum*). Andere Textstellen des AT legen bereits den Vergleich des Volks Israel bzw. des Gläubigen mit einer Braut und Gottes mit dem Bräutigam nahe (Hos 1–3; Jes 61,10; 62,5). Im NT wird die Heilsgeschichte als Liebesgeschichte zwischen dem Volk Israel bzw. der christl. Kirche und Gott bzw. Christus interpretiert (2 Kor 11,2; Eph 5,22–32). Die christl. Deutungstrad. findet Eingang in die Dichtung, wenn etwa die Stationen der Passion Christi als Vorbereitung und Vorausdeutung auf die endzeitl. Vereinigung des Gläubigen mit Christus erscheinen (so Angelus Silesius, *Heilige Seelenlust* II, 43: *Sie beklagt Jesum* für den Kreuzweg; Novalis, *Hymne* aus den *Geistlichen Liedern* für das letzte Abendmahl). Im MA wird die H. ambivalent bewertet: Einerseits gilt die ›H.‹ von Adam und Eva als erster Sündenfall, andererseits ist deren Verbindung die Keimzelle der göttl. Gemeinschaft mit den Menschen (*Alexiuslied*; *Adamspiel*). Die Vorstellung der idealen Vereinigung mit Gott bzw. Christus im Glauben wird als *unio mystica* in der ma. Mystik (Brautmystik) und im Pietismus zu einer wirkmächtigen Vorstellung (Meister Eckhart, *Predigten*; J. v. Ruysbroek, *Die Zierde der geistlichen H.*). Vermählung und Vereinigung bedeuten hier zugleich Erneuerung, Verwandlung und Aufhebung der Gegensätze (J.V. Andreae, *Chymische H. Christiani Rosencreutz*).

2. Symbol eines vollkommenen Glückszustandes, einer idealen Ordnung sowie der sozialen Integration des Individuums. Schon seit der Antike ist die H. ein typ. Handlungsschluss, der v. a. in der Neuen Komödie (Menander) und der daran anschließenden röm. Komödie (Plautus, Terenz) Verwendung findet. Bis in die Neuzeit steht die H. für den versöhnl. Ausgang des dramat. Konflikts und für die wieder stabilisierte soziale Ordnung. Das luther. Lob der Ehe führt im dt. Sprachraum zu zahlreichen Reformations- und Tendenzdramen, in denen der sittl.

Wert der Ehe gefeiert wird (z. B. P. Rebhuhn, *H. zu Cana*). Im Anschluss daran greift die barocke Gelegenheitsdichtung auf den Bilderfundus der antiken Mythologie zurück, um die H. als vollkommenen Glückszustand auszumalen (z. B. Opitz, *H.gedicht für Herrn Bernhard Wilhelm Nüßlein*). Polit. und repräsentative Funktion haben die poet. Festbeschreibungen der adeligen H. im 16.–18. Jahrhundert, in denen Hyperbolisierungen und Metaphorisierungen die H. als Fest der Götter bzw. als paradies. Glücksmoment erscheinen lassen, dessen materieller Überfluss sowohl auf die Fruchtbarkeit der Ehe als auch auf den herrschaftl. Reichtum des Adelsgeschlechts verweist (z. B. Frischlin, *Sieben Buecher von der Fürstlichen Wuertembergischen H.*). Noch für Novalis symbolisiert die H. des preuß. Königs Friedrich Wilhelm II. mit Luise von Mecklenburg-Strelitz den Beginn einer neuen Staatsform, in der altruist. Patriotismus als Liebe dominiert; die königliche Ehe wird zum Verfassungsäquivalent eines paradies. Hofes (Novalis, *Glauben und Liebe*). Im Märchen bezeichnet die finale H. neben dem Sieg des Guten über das Böse auch die soziale Integration und sexuelle Reife des Protagonisten, der sich an den gelösten Aufgaben bewährt hat (z. B. *Sneewittchen*, *Das tapfere Schneiderlein*). Erst in der Moderne findet eine diametrale Umwertung statt: Desaströs verlaufende H.feiern demonstrieren den Ruin der bürgerl. Werteordnung (Brecht, *Die Kleinbürgerhochzeit*; Canetti, *Die H.*). Das Symbol H. ist zum Gegenteil dessen geworden, was es anfangs war, und steht für Zwietracht, Eigennutz und Verfall.

3. Symbol des Todes. Die Nähe von H. und Tod ist auffallend und weit verbreitet. Schon im Ahnenkult des vorchristl. Europa und im Mythos des Raubs der Persephone/Kore durch Hades ist eine solche Verbindung angelegt (HdA IV, 148–174; *Homerische Hymnen*: »An Demeter«). Artemidor erkennt für die ⁊Traumsymbolik eine gegenseitige Verweisstruktur beider Vorkommnisse (*Oneirokritika* II, 49). H. und Tod sind Wendepunkte des menschl. Lebens, die sich polar gegenüber stehen – die H. ermöglicht neues Leben, der Tod beendet es – und sind im kirchl. Trauspruch (»bis dass der Tod euch scheidet«) assoziiert. Der theolog. Lehre von der Brautschaft Christi mit der Kirche bzw. Seele (s. a. 1.) zufolge wird die Vereinigung beider im Reich Gottes, also mit dem Tod, vollzogen (symbolisiert in der H. des ⁊Lamms, Offb 19,7), Jungfräulichkeit gilt als die beste Vorbereitung hierfür (1 Kor 7,25 ff.; Gregor v. Nyssa, *Über die Jungfräulichkeit*). Entsprechend wurde der Tod auch positiv gedeutet, als H. mit Jesus Christus, bei der eine Sündenreinigung stattfinde (Luther, *Von der Freyheyt eyniß Christenmenschen*; ⁊Reinigung), so etwa in protestant. Trostschriften und Leichenpredigten (z. B. Gerlach, *Heimführung Der Braut CHRJSTJ zur H. in Himmel*). Novalis' *Hym-*

nen an die Nacht (Vf.) stellen die romant.-poet. Verklärung dieser Trad. dar, indem die H. mit der Geliebten im Tod mit dem ⁊Kreuzestod Christi parallelisiert wird. Im 19. Jh. wird die enge Verknüpfung beider Elemente kontrastiv fortgeführt: Der Tod zerstört nun häufig den von der H. verheißenen Glückszustand (s. a. 2.) (Goethe, *Die Wahlverwandtschaften*; H. v. Kleist, *Die Verlobung in St. Domingo*; C.F. Meyer, *Die H. des Mönchs*; A. v. Arnim, *Die Greuelhochzeit*).

⁊Apfel, Geburt, Jerusalem, Schleier, Sterben, Weiß.

Lit.: RAC II, 528–564. – A. Linton, Der Tod als Brautführer, in: Daphnis 29 (2000), 281–306. – Th. Rahn, Festbeschreibung, Tübingen 2006. ME

Höhle / Grotte

Symbol des Geheimnisvollen, der Bedrohung und Erkenntnisferne, aber auch des Schutzes, der geistigen Entrückung und der (weibl.) Sexualität. – Relevant für die Symbolbildung sind (a) die Abgeschiedenheit von der Außenwelt, die sich bei der gewölbten G. durch deren gemachähnl. Beschaffenheit von geringer ⁊Tiefe, bei der H. durch deren weit in eine undurchsichtige Tiefe hineinreichende Schlauchform ergibt, (b) die dämmrige Atmosphäre durch den geringen oder nicht vorhandenen ⁊Lichteinfall, (c) die darin vorherrschende ⁊Stille bzw. unwirklich hohl hallende Akustik, (d) die feuchte Enge.

1. Symbol des Geheimnisvollen. Einen entscheidenden Beitrag zum Aufbau dieses Symbolgehalts leisteten antike Epen, in denen H. und G. als Wohnsitz von Göttern und anderen nicht-, halboder übermenschl. Wesen genannt werden, z. B. der Calypso und der Zyklopen in der *Odyssee* (V, 57; IX, 400). In der Neuzeit wird die Vorstellung von H./G. als Wohnsitz geheimnisträchtiger Wesen auf sagenumwobene menschl. Gestalten ausgeweitet (z. B. Ariost, *Orlando furioso*). Dabei stehen seit dem 17. Jh. vornehmlich myth. ⁊Wasserwesen im Vordergrund, wie z. B. die Najaden bei Ramler (*Einleitung in die schönen Wissenschaften* I) oder die Nymphen bei Wieland (z. B. *Geschichte des Agathon* I, 5, 7; I, 7, 2). Durch den Eingang in einschlägige dt. Volkssagen, wie etwa den *Kyffhäuser*, hat sich die Vorstellung vom Wohnsitz einiger Götter- oder Sagengestalten bis in die Gegenwart erhalten. Bereits mit den ersten Erwähnungen der H./G. in diesem Sinne überträgt sich die geheimnisvolle Aura der darin Lebenden dauerhaft auf deren Behausung und erfährt dadurch z. T. eine symbol. Bedeutungserweiterung i. S. des Unvorhersehbaren und Unerforschten (z. B. Kretschmann, *Der Barde an dem Grabe des Majors Christian Ewald von Kleist* I; s. a. 2.), die u. a. in einigen Werken der Unterhaltungslit. (z. B. Gedin, *Das Geheimnis der großen G.*; Wardavoir, *La grotte mys-*

térieuse) über die Wende zum 21. Jh. hinaus bestehen bleibt.

2. Symbol der Bedrohung und Erkenntnisferne. Auf der Grundlage des Symbolgehalts unter 1. vollzieht sich, unter kontextabhängiger Assoziation zum dunklen H.innern, eine symbol. Bedeutungserweiterung in Richtung mysteriöser ↗Finsternis und Bedrohung, etwa als Aufenthaltsort gefährl. Wesen (Gerstenberg, *Gedicht eines Skalden* V, 31; 34; ↗Drache), und bleibt in Form konkreter wie auch diffuser Schreckensassoziationen bis heute präsent (z. B. Krabbé, *De Grot*; Preston, *Still Life with Crowns*). Dabei kann die mit der H. verbundene Dunkelheit nicht nur in konkret materialisierter Form, sondern auch auf der psycholog. Ebene als Finsternis der »kranken Seele« dargestellt werden (z. B. Fleming, *Sehnsucht nach Elsgen*). Die Symbolik der Dunkelheit auf epistemolog. Ebene wird bereits in Platons sog. Höhlengleichnis gestaltet (*Staat* VII, 514a–518a). Die Aufklärung macht sich diese Dimension innerhalb der Symbolik der Finsternis zunutze, indem sie geistige Unaufgeklärtheit nicht selten durch eine Referenz auf die Dunkelheit von H. auszudrücken weiß (z. B. Jean Paul, *Titan*, 62. Zykel).

3. Symbol des Schutzes, der geistigen Entrückung und der (weiblichen) Sexualität. Wegen der in ihrem Innern vorherrschenden Stille und ihrer Abgeschlossenheit nach außen wird die H./G. zum Ort des Rückzugs (z. B. Raupach, *Die Bekehrten* I, 1). Die daraus entstehende symbol. Bedeutung der Geborgenheit und des Schutzes vor den Turbulenzen der Außenwelt zeigt sich z. B. in einem Gedicht Ramlers (*Der Tod Jesu*). Als Ort des Rückzugs für Liebende ist die H./G. bereits in der Antike literarisch präsent (Vergil, *Aeneis* IV, 124–172). In Gottfrieds v. Straßburg *Tristan* gerät sie darüber hinaus zum ideellen Gebäude wahrer Minne (V. 16679–17274); sie bezeichnet einen Zustand der Entrückung aus der Hofwelt, dem zugleich eine Dimension als »*lebendes paradis*« (V. 18066; ↗Garten) eignet, die bis hin zu einer myst. Wesensverwandlung i. S. der *libertas mentis* führt (Bayer, 161–180). Die G. in der *Tristan*-Geschichte des Thomas v. Britannien fungiert in Form eines Bildersaals als Tristans symbol. Lebensraum vor seiner Ehe (↗Hochzeit) mit Isolde Weißhand. – Nicht nur tiefenpsychologisch wird die H./G. mit weibl. Sexualität assoziiert (z. B. Freud, *Vorlesungen zur Einführung in die Psychoanalyse* II, 10: »Die Symbolik im Traum«; ↗Vagina), auch in der Lit. ist diese Verknüpfung häufig anzutreffen, zumeist in Verbindung mit idyll. Szenerien wie derjenigen des Diana- bzw. Nymphenbades (z. B. Wieland, *Endymion*). Entkoppelt von allen sexuellen Bezügen kann Schiller die G. in der *Jungfrau von Orleans* (Prolog, 4) auch als Symbol der Heimat verwenden.

↗Drache, Herz, Nacht/Finsternis, Schweigen/ Stille, Vagina.

Lit.: DWb IX, 594 ff.; X, 1715 ff. – H. Bayer, Gralsburg und Minnegrotte, Berlin 1978, 161–180. – Ch. Huber, Gottfried v. Straßburg: Tristan, Berlin 2000, 98–111.

IH

Holunder

Symbol der Liebe, des Todes, der Täuschung und des Verrats. – Relevant für die Symbolbildung sind (a) der Duft der H.blüten, der zum einen als betörend und betäubend gilt, zum andern mit Verwesungsgeruch assoziiert wird, (b) seine Funktion als Lebens- und Sippenbaum mit apotropäischen Eigenschaften in der Volksüberlieferung und (c) die christl. Überlieferung, wonach Judas sich an einem H.baum erhängte.

1. Symbol der Liebe. In dieser Bedeutung ist der H. ein häufiges Motiv in erot. Liedern (vgl. die Verwendung des Kinderliedes *Ringel, Ringel, Reihe* in Fontanes *Der Stechlin* VIII). Der Aspekt von Heimlichkeit ist Bestandteil der Symbolik (Eichendorff, *Die Glücksritter* V; Fontane, *Grete Minde* I; Dauthendey, *Die Nacht weicht vor Dir zurück*; *Und immer geiler der H. im Dunkelgrünen blüht*). Der hohe und dichte H. schützt das Liebespaar vor neugierigen Blicken (Seidel, *Leberecht Hühnchen*). Neben der Heimlichkeit des Aktes kann auch die Ächtung der Beteiligten Bestandteil der Symbolik sein (H. v. Kleist, *Penthesilea* I; Fontane, *Unterm Birnbaum* IV).

2. Symbol des Todes. Die Verwendung des H. als ↗Grabschmuck ist vielfach im Volkslied belegt (so bei Mörike, der in *Das Stuttgarter Hutzelmännlein* die Weise *Lieb' in den Tod* zitiert), der Duft der H.blüten wird mit Verwesungsgeruch assoziiert, gleichzeitig gilt er als betörend und betäubend. Raabe hat die ambivalente Bedeutung des H. in seiner Erzählung *H.blüte* symbolisch verdichtet. Bei Meyrink (*Der weiße Dominikaner*) werden die H.blüten zum letzten Lager einer Verstorbenen; dabei evoziert ihr Duft die alptraumhafte Überzeugung, lebendig begraben zu sein (vgl. auch Ludwig, *Die Heiterethei und ihr Widerspiel*). In E.T.A. Hoffmanns *Der unheimliche Gast* deutet das Erscheinen des H. im ↗Traum den bevorstehenden Tod an, der ebenfalls geträumt wird.

3. Symbol der Täuschung und des Verrats. Nach Zeugnissen der christl. Mythologie erhängte sich der Verräter Judas Ischariot an einem H.baum. Dementsprechend wird das Verhältnis zu einem unaufrichtigen Menschen als »H.freundschaft« bezeichnet (Claudius, *Der Wandsbeker Bote* IV, 6; Hebel, *Von der Freundschaft*; vgl. auch Bindschedler, *Die Leuenhofer*; Eichendorff, *Die Glücksritter*). Weit verbreitet ist der Glaube, daß das weiche Mark des H. vom Zyklus des ↗Mondes beeinflusst wird, den Stamm bei Vollmond füllt und bis zum Neumond

atrophiert, was den H. auch zum Symbol für unbeständiges Verhalten beim Menschen macht (Shakespeare, *Cymbeline* IV, 1). Unter einem H.baum wurden im 17. Jh. häufig Wertsachen vergraben, da er eine verlässl. Markierung des Verstecks über Jahre garantiert; so wird der H. zum ›Verräter‹ des Horts (Andersen, *Der Goldschatz*), oder ein H.zweig hilft beim Aufspüren des Schatzes (Arnim, *Die Kronenwächter* II, 6).
↗Flieder, Haselnuss/Hasel.

Lit.: HdA IV, 262–275. – F. v. Kobel, Über Pflanzensagen und Pflanzensymbolik, München 1875, 12. – J. Wilde, Kulturgeschichte der Kräuter und Stauden, Berlin 1947.   DR

Homunculus

Symbol der Vereinigung von männl. und weibl. Prinzip und der Elemente, aber auch naturwidrigen Forscherdrangs und seelenlosen Erfolgsstrebens. – Relevant für die Symbolbildung ist die künstl. Zeugung des H. als menschl. Wesen aus einem Urstoff (*materia prima*) außerhalb des Mutterleibs (↗Mutter).

1. Symbol der Vereinigung von männlichem und weiblichem Prinzip und der Elemente. Von Anfang an ist der H. in der Alchemie symbolisch angelegt. Außerhalb des Mutterleibs künstlich gezeugt, ist er Ausdruck des reinen Geistes, der Gedanken zu lesen, ↗Träume zu deuten und geheime Wege zu entdecken weiß: ein spirituelles Wesen, das, hermaphroditisch (↗Androgynie) und transparent, in sich verschiedene Seinsbereiche bzw. die evolutionären Kernelemente (↗Feuer, ↗Wasser) verbindet und auf die Erfassung ihres inneren Zusammenhangs verweist. Wie der ↗Stein der Weisen (*lapis sapientium*) aus einem Urstoff (*materia prima*) in einem alchimist. Prozess hergestellt, verhilft der H. dem Adepten zur universellen Erkenntnis, d. h. stattet ihn mit grundlegendem Wissen über göttl. und weltl. Dinge aus (vgl. C. G. Jung, *Psychologie und Alchemie* III, 1, § 332–341). – Die bekannteste Rezeptur zur Erzeugung des H. stammt von dem Arzt und Naturphilosophen Paracelsus. Im ersten der ihm zugeschriebenen Bücher *De natura rerum* (IX: »De signatura rerum naturalium« [Von der Erzeugung natürlicher Dinge]; nach 1530) schildert er, wie sich aus Sperma, das in einem kürbisartigen Gefäß mit Hilfe von Pferdemist einem Fäulnisprozess (*putrefactio*) unterzogen und beim Verbleib »in steter gleicher Wärme« mit dem geheimnisvollen Menschenblut (↗Blut) ernährt werde, nach ↗vierzig Wochen »ein recht lebendig menschlich Kind« ergebe. Der Name ›H.‹ (d. h. ›Menschlein‹) besage, dass es kleiner sei, als »das von einem Weibe geboren wird«, dafür verfüge es aber über herausragende geistige Fähigkeiten. Goethes H. empfindet in *Faust II* seine fehlende Körperlichkeit allerdings als erhebl. Manko, weshalb er nach seiner Retortengeburt

»gern im besten Sinn entstehn« möchte (7831). In der Laboratoriumsszene im zweiten Akt hatte ihn Wagner nach Art »des großen Werkes« (*opus magnum*) der Alchimisten in einer »Phiole« erschaffen (6675), indem er deren Destillationsverfahren zur Umwandlung und Läuterung von Stoffen anwandte. Der Wunsch nach einem Körper, den H. zum vollen Menschsein benötigt, wird ihm aber erst erfüllt, wenn er sich zum Höhepunkt der »Klassischen Walpurgisnacht« mit dem ↗Meer vereinigt, aus dem doch »Alles […] entsprungen« (8435) ist. – Die gemäß Goethes symbol. Konzeption der Tragödie vieldeutige H.-Figur hat viele Deutungen erfahren. Laut einer Nachlass-Notiz seines Sekretärs Riemer habe Goethe mit ihr »die reine Entelechie darstellen« wollen, d. h. jene Kraft des Lebens, die das Ziel seiner Entwicklung als Anlage in sich hat und seine materiellen Einheiten gestaltet. Außerdem ist der H. als Element eines literaturkrit. Diskurses verstanden worden: Das Geistwesen, das nach einem Körper strebe, parodiere die progressive Universal-Poesie der Frühromantik, die, wie ihr Programmatiker F. Schlegel forderte, nie vollendet, beständig im Werden und durch eine Mischung der Gattungen gekennzeichnet sei (*Athenäums-Fragmente* CXVI). Nach Goethes Ansicht hat sie nur theoret. Entwürfe, Kopfgeburten eben, statt lebendige blutvolle Werke hervorgebracht (Brief an Zelter, 20.10.1831). – Mit der Inszenierung der Urzeugung, d. h. der Entwicklung von Organismen aus anorgan. Stoffen, weist Goethe aber auch auf ein seinerzeit aktuelles Ereignis auf naturwissenschaftl. Gebiet hin: 1828 gelingt dem Chemiker F. Wöhler die Synthese des Harnstoffs, also die künstl. Gewinnung eines Stoffwechselproduktes; damit schien durch »verständiges Probieren« das Geheimnis organ. Wachstums entdeckt zu sein. Dass Goethe von solchem stubengelehrten Optimismus wenig hielt, tut er auf dramat. Ebene mit dem weiteren Werdegang seines Menschleins im Reagenzglas kund. Insofern H. sich mit seinem Sturz ins Meer den »ewigen Normen« (8324) der Natur unterwirft, vollzieht er im Besonderen seiner Entstehung die allg. Gesetze der Evolution nach.

2. Symbol naturwidrigen Forscherdrangs und skrupellosen Erfolgsstrebens sowie Indikator naturwissenschaftlicher Entwicklungen. Den literar.-fiktiven Variationen der H.-Entwicklung sind fast immer reale Aspekte der Technik- und Wissenschaftsgeschichte eingeschrieben; selbst die spirituellen Bemühungen der Alchimisten um das Elixier des Lebens zeitigen Verfahrensweisen und Apparaturen, die noch den empir. Naturwissenschaft von Nutzen sind. Sogar Dr. Frankenstein in Shelleys Roman *Frankenstein, or the Modern Prometheus* missachtet bei seinem frevelhaften Versuch, »unbelebter Materie Leben einzuhauchen« (IV), was schließlich zur naturwidrigen Kreation eines »erbärmlichen Monsters«, eines Menschen aus Leichenteilen führt

(V), keineswegs die naturwissenschaftl. und techn. Fortschritte. Und die Erschaffung der Titelfigur in Hamerlings *H.*-Epos (1888) spiegelt einige der damals heftig diskutierten Annahmen der Evolutionstheorie wider. Dennoch war an die Realisation des H. nie ernsthaft zu denken, weshalb er sich hier problemlos für eine Satire auf die Profitsucht und Technikeuphorie der Gründerzeit instrumentalisieren lässt, in der ein skrupelloses Kunstgeschöpf leicht Karriere machen kann. Um seinen körperl. Defiziten abzuhelfen, legt sein Erzeuger den hochbegabten Sprössling zurück in die Retorte, versetzt ihn wieder in »den embryonalen Zustand« und verpflanzt ihn dann »in den Mutterschoß der Gattin/ Eines armen Dorfschulmeisters«. Der Embryonentransfer in die mittellose Leihmutter, der ein Jahrhundert später tatsächlich praktiziert wird, ist in Huxleys Schreckensutopie *Brave New World* (1932) längst überholt: Dort werden »Embryonen für eine stabile Gesellschaft« (I) auf dem Fließband gezüchtet und damit von vornherein auf ihre künftigen sozialen Funktionen hin ausgerichtet. – Solange künstlich gezeugte Menschen erdichtet und noch nicht realisierbar, durch ihre Bedeutung in der Lebenswirklichkeit also nicht fixiert sind, lassen sie sich in ganz verschiedene Kontexte einbinden und auf heterogene, komplexere Sinnbereiche beziehen: So greift Sterne im *Tristram Shandy* den *H.* zur Parodie auf die bürgerl. Sexualmoral auf (I, 2); E.T.A. Hoffmann hebt in seiner Erzählung *Der Sandmann* mit den bei alchimist. Versuchen beobachteten »Menschengesichtern« (↗Gesicht) ohne ↗Augen auf die Seelenlosigkeit rationalist. Naturforschung ab; K. Immermann verspottet in seinem Arabesken-Roman *Münchhausen* mit der Herkunft des Titelhelden »aus dem Schmelztiegel« die Wesenlosigkeit der restaurierten Adelsmacht (VI, 10), und Kästner macht sich in seinem Gedicht *Der synthetische Mensch* über Schwierigkeiten mit der Kindeserziehung lustig, die die Bestellung eines nach Geschlecht und Alter, Aussehen und Beruf bereits festgelegten Exemplars aus den »Geburtsinstituten« unbedingt vorzuziehen sei. Dass der Mythos vom Retortenmenschen aber mit der Überführung in die lebensweltl. Praxis im letzten Drittel des 20. Jh. an symbol. Potential verliert und Dokumentation und Kommentar des medizin. Befundes und seiner sozialen Auswirkungen dessen poet. Gestaltung dominieren, zeigen beispielhaft Hochhuths Schauspiel *Unbefleckte Empfängnis* (1988; ↗Fleck/Befleckung; ↗Frau/Jungfrau), das sich stellenweise wie der inszenierte Bericht einer Enquete-Kommission zur Reproduktionsmedizin ausnimmt, oder C. Djerassis Lehrstück über die effektivste Methode »gegen männliche Unfruchtbarkeit«: *An Immaculate Misconception* (1999). Da ist der *H.* längst schon lexikalisiert – als metonym. Bezeichnung für jedwedes künstlich erzeugte Lebewesen oder als Metapher für einen mickrig wirkenden ↗Mann.

↗Alraune, Androgynie, Geburt, Maschinenmensch, Nabel, Stein/Gestein.

Lit.: R. Drux, H. oder Leben aus der Retorte, in: Tales from the Laboratory, hg. v. R. Görner, München 2005, 91–104. – A. Schöne, Kommentar, in: J.W. Goethe, Sämtliche Werke, Bd. 7.2: Faust Kommentare, Frankfurt a.M. ⁴1999, 504–508. – K. Völker, Nachwort, in: Künstliche Menschen, hg. v. dems., Frankfurt a.M. 1994, 461–464. RD

Honig

Symbol der göttl. Zuwendung und des Überflusses, der dichter. Inspiration und der erot. wie geistl. Lust. – Relevant für die Symbolbildung sind (a) die Süße des H., (b) seine Heilkraft und (c) seine berauschende Wirkung in gegorenem Zustand.

H. ist ein Urnahrungsmittel der Menschheit. Als bedeutsam für seine Symbolik erweist sich neben seiner Süße die erst von Seneca (*Epistulae morales* LXXXIV, 4) korrigierte, aber in der Lit. bis weit in die Neuzeit nachwirkende antike Auffassung, dass H. kein Erzeugnis von Pflanzen oder ↗Bienen, sondern ein ›Geschenk des ↗Himmels‹ sei (Vergil, *Georgica* IV, 1), als ↗Tau herabfalle und von den Bienen von ↗Blumen und ↗Bäumen aufgesammelt werde. Demgemäß ist H. in der Antike in Gestalt ›honigtriefender‹ ↗Eichen ein Zeichen des ↗Goldenen Zeitalters (christlich adaptiert bei Dante, *Divina Commedia*: »Purgatorio« XX, 148–154) oder gilt als »Schweiß des Himmels« bzw. als »Ausfluss der Gestirne« (Plinius d.Ä., *Naturalis historia* XI, 12, 30; ↗Stern). In der jüd.-christl. Trad. gehört er zur prophet. Verheißung des gelobten Landes, in dem »Milch und H. fließt« (Ex 3,4; ↗Milch; WCS, 433–437). Das MA verwendet die Formulierung ›Milch und H.‹ für ein paradies. Leben, profaniert erscheint es als Bestandteil des ›Schlaraffenlands‹ (H. Sachs, *Das Schlauraffen Landt*). – Der Vergleich wohlklingender, gewinnender Rede mit der Süße des H. ist sehr alt und findet sich sowohl bei Homer (*Ilias* I, 248 f.; kritisch, als »honigsüßes Geschwätz«, Aischylos, *Der gefesselte Prometheus*) als auch im AT (Spr 16,24). In Steigerung dieser allg. Bedeutung vereinigt die dichter. Rede Inspiriertheit und Süße des H., so in Hesiods *Theogonie*, wonach die Musen dem auserwählten Dichter »süßen Tau auf die Zunge« gießen (V. 81 ff.; ↗Zunge; vgl. Theokrit, *Idyllen* VII, 78–82), oder auch bei Pindar, der vom »H. meines Lieds« spricht (*Olympische Oden* X, 97; parodistisch bei Holz, *Dafnis: Er klebt so ämsig über seinen Büchern*). Im bibl. Kontext dominiert die erbaul. Wirkung des ›süßen‹ göttl. Worts (Ps 119,103); zugleich dient der H. aber auch der Autorisierung prophet. Rede, so wenn Gott Ezechiel befiehlt, eine Schriftrolle zu verzehren (↗Buch; ↗Essen/Verzehren), die in seinem ↗Mund »so süß wie H.« schmeckt (Ez 2,8–3,3; vgl. Offb 10,9 f.). Im Anschluss daran werden die Reden der Propheten

ebenso wie die Schriften der Kirchenväter häufig als ›honigfließend‹ (*mellifluus*) bezeichnet (Origenes, *In Isaiam homiliae* II, 2). Die Frühe Neuzeit überträgt diese Vorstellung auch auf relig. Dichter, die den Tau göttl. Inspiration aufnehmen und von H. überfließen. So spricht z. B. Greiffenberg vom Poeten, er erfülle »mit Geistes=Thau/ mit Himmel=Hönig=Must/ der Seelen Kählen süß und fliest zu GOttes Ehre« (*GOtt=lobende Frühlings-Lust*). – Die gebräuchl. Verknüpfung der honigsüßen Rede mit den honigsüßen Lippen der geliebten ↗Frau, die bereits im *Hohelied* beschrieben werden (»Deine Lippen, meine Braut, sind wie trieffender H.seim, H. und Milch ist unter deiner Zunge«; Hld 4,11), ermöglicht die Verwendung des H. auch im erot. Bereich, insbes. in den sog. Kuss-Gedichten, denn, wie Lohenstein schreibt, ein »Kuß ist H.-Safft« (*Venus*; vgl. Johannes Secundus, *Basia* XIX; Logau, *Sinngedichte* 685: *Ein Schmetzrichen*; Abschatz, *Die Küsse*). Darüber hinaus wird dieses Modell wiederum in den relig. Kontext poet. Brautmystik zurückgeführt (↗Hochzeit) und damit der süße Mund des Seelenbräutigams Christus bezeichnet, etwa, wenn bei Angelus Silesius die menschl. Seele Jesus mit den Worten anspricht: »So laß mich denn nach diesem Bund/ Erreichen deinen Rosenmund./ Erhebe mich, daß ich ihn küsse/ Und seines H.seims genieße« (*Heilige Seelenlust* III, 84: *Sie sehnt sich, seinen Mund zu küssen*; vgl. III, 86: *Sie singt von der Süßigkeit seiner Liebe*).
↗Biene, Milch, Tau.

Lit.: RAC XVI, 447 f. – H.-J. Spitz, Die Metaphorik des geistigen Schriftsinns, München 1972, 88–94, 178–180. – J.H. Waszink, Biene und H. als Symbol des Dichters und der Dichtung in der griech.-röm. Antike, Opladen 1974. – E. Wimmer, Biene und H. in der Bildersprache der lat. Kirchenschriftsteller, Wien 1998.
GB/JJ

Horn

Symbol des Kampfes und der Stärke, des Reisens und der Ferne, der Jagd und der freien Natur. – Relevant für die Symbolbildung ist die Verwendung des H. als Signalinstrument (a) im Krieg, (b) im älteren Postwesen und (c) bei der Jagd.
Als Symbol des Kampfes und der Stärke erscheint das H. bzw. sein Klang z. B. in der ma. Karlssage, wo der sich in Bedrängnis befindende Roland mit seinem H. Olifant das weit entfernte Heer. Heer verständigt (*Das Rolandslied des Pfaffen Konrad* 6053 ff.). Zauberkräfte besitzen das H. Astolfos bei Ariost (*Orlando furioso* XV, 14 f. u.ö.), dessen Klang Feinde in die Flucht schlägt, und das H. Hüons von Bordeaux in Wielands *Oberon* (II, 48 ff. u.ö.), dessen Klang Feinde zum ↗Tanzen zwingt und den Elfenkönig Oberon herbeiruft. Auch bei Wagner (*Lohengrin* III, 3) kann der Klang des H. Hilfe herbeirufen. In Schillers *Wilhelm Tell* (V, 1) konnotiert

das H. Einigkeit, Freiheit und Stärke der ↗Schweiz, bei C.F. Meyer (*Die Richterin*) männl. Sexualität (↗Phallus) und Inzest. Goethe (*An Schwager Kronos*) und Bachmann (*Landnahme*) verwenden es poetologisch i.S. einer selbstbewussten Markierung der eigenen Ästhetik, Raabe (*Das H. von Wanza*) i.S. eines Anerzählens gegen Philistrosität. – Zu einer symbol. Verwendung des Posthorns bzw. seines Klanges kommt es erst seit der (dt.) Romantik. Bei Wackenroder/Tieck (*Phantasien über die Kunst* VIII), Tieck (*Franz Sternbalds Wanderungen* I, 2, 3) und in der romant. Lyrik, etwa bei Eichendorff (*Sehnsucht*) und Kerner (*Alphorn*), weckt der Klang des H. die romant. Sehnsucht nach der Ferne. – Auch das Jagdhorn bzw. sein Klang wird erst seit der (dt.) Romantik als Symbol verwendet. Im *Freischütz* von Kind und Weber (III, 6, 15) symbolisiert der Klang des H. neben der Jagd die freie Natur. Bei Eichendorff verbindet sich diese Symbolik mit der der Ferne (*Jagdlied*). In Wagners *Siegfried* (II, 2) steht das H. für die Naturverbundenheit des jungen Siegfried; in *Tristan und Isolde* (II, 1) wird die Jagd-Symbolik in die antithet. Tag-Nacht-Symbolik (↗Nacht/Finsternis) integriert und repräsentiert die Welt des Tages mit ihren Konnotationen von Intrige und Trivialität.
↗Jagd/Jäger.

Lit.: D. Möller, Untersuchungen zur Symbolik der Musikinstrumente im Narrenschiff des Sebastian Brant, Regensburg 1982.
FvA

Hund

Symbol des Wächters und der Treue sowie der Differenz von Natur und Kultur. – Relevant für die Symbolbildung sind (a) die differenzierte Wahrnehmungsfähigkeit des H. (Gehör, Geruch), (b) seine körperl. Konstitution (Stärke, Ausdauer), (c) seine kognitiven Kompetenzen (Lernfähigkeit, Gedächtnis).
1. Symbol des Wächters. Die Traditionslinie, in welcher der H. als Wächtertier figuriert, nimmt ihren Ausgang von Platons *Staat*. Mit Blick auf die Frage, welche Eigenschaften ein guter Wächter des Gemeinwesens haben müsse, antwortet Platon dort: die Eigenschaften der edlen Jagdh., denn es sei »von Natur ihre Art […], gegen Vertraute und Bekannte so sanft als möglich zu sein, gegen Unbekannte aber das Gegenteil« (375c). Der H. agiert also aufgrund der philosoph. Opposition von Wissen und Nichtwissen und übersetzt diese in die polit. Opposition von Eigenem und Fremdem, von Freund und Feind. In der Literaturgeschichte taucht der H. seither immer wieder in der Rolle desjenigen auf, der die Grenzen eines Staates, eines Gemeinwesens, eines Besitztums vor einer äußeren Gefahr beschützt, wobei dieser Schutz nicht nur einem Territorium, sondern auch einer Person zukommen kann (z. B. Abschatz, *Liegt nicht bey iedem Hauß ein*

wachsam *H. an Ketten*; Storm, *Zur Chronik von Grieshuus*). Neben der referierenden Wiederholung des platon. Wächterhundes kennt die Lit. aber auch eine krit. Umkehrung des Symbolgehalts, die sich aus einer verdeckten Implikation des Wächtersymbols ergibt: Einerseits schützt der H. vor einer angreifenden Gewalt, andererseits muss er zu diesem Zwecke seinerseits eine abwehrende Gewalt anwenden, die der angreifenden in Intensität und Durchschlagskraft noch überlegen sein muss. Deshalb verbirgt sich im Wächter ein bedrohl. Gewaltpotential, das immer auch außer Kontrolle geraten kann. Dann werden die Wächter zu Angreifern (eine Gefahr, auf die schon Platon hinweist); dann werden aus einer »Schutzmannschaft« (Raabe, *Stopfkuchen*) die bedrohl. Agenten ungezügelter Herrschsucht, die sprechenderweise des öfteren die Namen von Tyrannen (»Nero«) und des Feindes (»Türk«) tragen (Storm, *Aquis submersus*).

2. Symbol der Treue. Der zweite Fixpunkt der literar. H.symbolik entstammt Homers *Odyssee*. Odysseus, der nach zwanzig Jahren Krieg und Irrfahrt heimkehrt, wird von seinem H. Argos trotz der langen Zeit und trotz der Verkleidung wiedererkannt (*Odyssee* XVII, 290–327). Mit der Argos-Episode erhebt Homer den H. zum Garanten personaler Identität: Argos stiftet die Einheit des ausziehenden mit dem zurückkehrenden Odysseus und weiß zugleich dessen eigentliches Wesen vom äußeren Anschein zu unterscheiden. Hier liegt auch der Berührungspunkt zwischen Wächter-H. und Treue-H.: Beide bestätigen die personale Identität des Menschen, der Wächter-H. durch die Unterscheidung vom Fremden, der Treue-H. durch die Gleichsetzung mit dem Eigenen. Insofern der H. als »Semiotiker menschlicher Identität« (Neumann, 101) entworfen wird, als Modell für einen Blick, der sich von keiner Verstellung täuschen lässt, erscheint er als Komplementär- und Gegentier zum ↗Affen, dessen Fähigkeit zur Mimikry die personale Identität des Menschen stets in Frage stellt. Wie schon Platons Wächtergeschichte, so wird auch die homerische Treueerzählung von der Lit. sowohl in zahllosen Varianten wiederholt (z. B. Chamisso, *Der Bettler und sein H.*; Fontane, *Cécile*; Ahlefled, *Der treue H.*) als auch einer verkomplizierenden Umschrift unterzogen. Während der H. bei Homer als dezidiert naturaler Garant menschl. Identität entworfen wird, nimmt die Identifizierung in Cervantes' Novelle *Coloquio de los perros* [*Gespräch zwischen Cipión und Berganza*] erstmals den Umweg über die Sprache, mit der die beiden H. unversehens begabt sind. Damit wird die Naturalität der von den H. geleisteten Identitätssicherung ihrerseits als kulturelle Konstruktionsleistung verstehbar: Es ist nicht der H., der die Identität des Menschen garantiert; es ist vielmehr der Mensch, der den H. als Garanten seiner eigenen Identität entwirft. Der H. ist nicht die Treue selbst, sondern – in

einem starken Sinne – nur deren Symbol (vgl. auch im Anschluss an Cervantes E.T.A. Hoffmann, *Nachrichten von den neuesten Schicksalen des H. Berganza*; Kafka, *Forschungen eines H.*). Mittels eines iron. Verfahrens wird die menschengemachte H.treue von Th. Mann (*Herr mit H.*) und Tucholsky (*Der H. als Untergebener*) analysiert.

3. Symbol der Differenz von Natur und Kultur. Auf dem Spiel steht in allen H.geschichten die Grenze zwischen Natur und Kultur, wobei sich mittels des H. sowohl die Bestätigung dieser Grenze als auch deren Infragestellung erzählen lässt. So gilt der H. einerseits als das kulturfähigste aller Tiere, das zu differenzierten Dienstleistungen erzogen werden kann (z. B. Schäfer- und Blindenhund); andererseits führt diese kulturelle Zurichtung oft in den Raum einer sozialen oder polit. Gewalt als Jagd-, Kriegs- und Polizeihund (z. B. Hebel, *Wie eine greuliche Geschichte durch einen gemeinen Metzgerhund ist an das Tageslicht gebracht worden*). Am H. wird so sichtbar, dass Kultur konstitutiv aus einem Wechselspiel von Gewaltabwehr und Gewaltanwendung hervorgeht. Ausgestaltet wird dieses ambivalente Verhältnis z. B. mit Blick auf die Eroberung Mexikos (dort, wo alteurop. [↗Europa] Kultur exportiert wird, werden die kulturproduzierten Bluthunde zur Vernichtung der ›wilden‹ Ureinwohner eingesetzt) oder in der Gegenüberstellung von ↗Wolf und H. (Storm, *Zur Chronik von Grieshuus*), die das polit. Verhältnis von Natur- und Kulturzustand sowie das Verhältnis des Menschen zu seiner eigenen Wolfsnatur reflektiert. Es ist diese Grenzambivalenz, aufgrund derer die beiden zentralen Symbolgehalte des H. – Wächter und Treue – ihrerseits zu einer umwertenden Verkehrung tendieren, der H. also zum Symbol der Unzuverlässigkeit und Treuelosigkeit mutieren kann, was in der Literaturgeschichte in einer Vielzahl von Fällen belegt ist.

↗Affe, Wolf.

Lit.: B. Bühler, H., in: Vom Übertier, hg. v. B. Bühler/St. Rieger, Frankfurt a.M. 2006, 126–142. – G. Neumann, Der Blick des Anderen, in: Jb. der Dt. Schillergesellschaft 40 (1996), 87–122. – E. Oeser, H. und Mensch, Darmstadt 2004.   RB

Hundert

Symbol der Vollkommenheit, des ewigen Lebens, der abgeschlossenen Gesamtheit und der großen Anzahl. – Relevant für die Symbolbildung ist ihre arithmet. Position als Quadrat der ↗Zehn.

Als ›rhetor. Zahl‹ (Dreizehner) kann die H., in der gesamteurop. Trad. und in allen Genres, generell eine große Anzahl ebenso wie eine abgeschlossene Gesamtheit symbolisieren (die griech. Mythen kennen viele Wesen mit hundert Gliedmaßen, Dornröschen muß hundert Jahre schlafen; García Márquez' Titel *Cien años de soledad* bezeichnet kei-

nen chronologisch exakten Zeitabschnitt, sondern die Gesamtheit einer zivilisator. Phase). – In der christl. Trad. ist die Bedeutung der H. als *numerus perfectus* (vollkommene Zahl) meist nicht eigens zu begründen. Als Quadrat der ↗Zehn, der Zahl des Dekalogs, verweist sie v. a. auf ewiges Leben und die Hoffnung auf Belohnung im Jenseits. In diesem Sinne deutet ma. und frühneuzeitl. Lit. Stellen des AT, die mit Lohn und Vollendung zu tun haben: H. Jahre dauern die Fertigstellung der Arche (Gen 5,32; 7,6) und der Zug in das Verheißene Land (Gen 12,4 ff.), hundert Jahre alt ist Abraham bei der Geburt Isaaks, hundertfach zeugt Isaak Nachkommen (Gen 26,12). Die H. im Gleichnis vom verlorenen ↗Schaf (Mt 18,10–14; Lk 15,4–7) wird als Gesamtheit der geistbegabten Schöpfung (99 ↗Engelschöre und das Menschengeschlecht) interpretiert. – Diesen Deutungen verschieden stark verpflichtet, stellt die H. in Einzeltexten wie in Werkkomplexen ein häufiges Ordnungsmuster dar, v. a. im Humanismus und Barock in geistl. (Czepko, *Sexcenta Monodisticha Sapientum*; v. Tschesch, *Vitae cum Christo*; Balde, *Poema de vanitate mundi*; von dem Werder, *Krieg und Sieg Christi, gesungen in 100 Sonetten*; A. Gryphius, *Sonn- und Feiertagssonette*) und weltl. Dichtung (Waldis, *Esopus*; Kayser, *Parnassus Clivensis*; Scherfer v. Scherfenstein, *H. Außerlesener und spitziger Epigrammatum*), Emblematik (Camerarius, *Symbola et Emblemata*; Rollenhagen, *Nucleus Emblematum*; Zincgref, *Emblematum ethicopoliticorum Centuria*) und Musik (Viadana, *Cento concerti ecclesiastici*; Nivers, *Livre d'Orgue contenant cent pièces de tous de tons de l'église*). Nach dem Muster der 150 Psalmen wird die Rundzahl H. auch in Verbindung mit der ↗Fünfzig verwendet (Greiffenberg, *Geistliche Sonette*). Dante passt die Dreiersymbolik (↗Drei) seiner *Divina Commedia* durch einen zusätzl. Gesang in das H.-Schema ein; Lessing gliedert seine *Erziehung des Menschengeschlechts* in hundert Paragrafen.
↗Fünfzig, Zahlen, Zehn.

Lit.: LmZ, 784–797. – A. Dreizehnter, Die rhetor. Zahl, München 1978.   JMo

Hut / Kopfbedeckung

Symbol der Herrschaft, der Demut und Demütigung sowie des Aufbegehrens und der Freiheit, der Tarnung und Täuschung sowie des Schutzes vor äußeren Einflüssen, der Abgrenzung und Kommunikation. – Relevant für die Symbolbildung sind (a) die Platzierung auf der höchsten und sichtbarsten Stelle des Körpers im Sinne einer Erweiterung und dem Schutz von ↗Kopf und ↗Haaren als Sitz von Rationalität, Seele und Sinnlichkeit sowie (b) die Beweglichkeit beim Auf- und Absetzen als kulturelles Zeichensystem einer pantomim. Sprache.
1. Symbol der (politisch-sozialen, religiösen und patriarchalen) Herrschaft, Demütigung und Freiheit.

Seit der Antike als Attribut der Götter ein Symbol der Autorität, können die staturerweiternden K. rangerhöhende Funktionen der Investitur einnehmen (Kardinals- und Doktorhut) oder sogar rechtssymbolisch ersetzen (WS, 393; Schiller, *Wilhelm Tell* I, 3: »Und dieses ist des Landvogts Will' und Meinung:/ Dem H. soll gleiche Ehre wie ihm selbst geschehn,/ […] Daran will/ Der König die Gehorsamen erkennen« (WS, 330). Das Abnehmen des H. gilt als Huldigungs- und Höflichkeitsgeste (DWb X, 1980). Als diskriminierendes Zeichen dient der den Juden im MA vorgeschriebene ↗gelb gefärbte, spitze H. (WS, 330). Haube, ↗Schleier und Kopftuch hingegen gelten als Symbol der Frauenwürde und weibl. Wohlanständigkeit (1 Kor 11,5–10; Zaimoglu, *Koppstoff*); ›be-hütet sein‹ und ›unter die Haube kommen‹ stehen redensartlich für heiraten (in komödiantisch abgewandelter Form bei F. Michael, *Der blaue Strohhut*). – Aus dem H. als Zeichen in die Freiheit entlassener röm. Sklaven entwickelt sich überdies ein Zeichen für polit. Manifestationen insbesondere in revolutionären Umbruchzeiten (vgl. HdA IV, 527): so die direkt an die Antike anschließende phryg. Jakobinermütze der Frz. Revolution (Heine, *Französische Zustände* II), der Kalabreser oder Heckerhut von 1848/49 sowie die ballonförmige Arbeitermütze: »Sie stehn in Gruppen an den Straßenecken,/ Die Fäuste fest in dem zerschlissenen Rock./ Die Mützen in der Stirn« (J.R. Becher, *Die Arbeitslosen*). Heckerhut und kollektivist. Arbeitermütze sind sowohl gegen den bürgerl. Wohlanständigkeit und Etabliertheit symbolisierenden Zylinder (van Hoddis, *Weltende*: »Dem Bürger fliegt vom spitzen Kopf der H.«) wie gegen die Zipfelmütze als Sinnbild des verschlafenen ›Dt. Michels‹ gerichtet: »Einst wollte ich aus Verzweiflung seine Nachtmütze in Brand stecken, aber sie war so feucht von Gedankenschweiß, daß sie nur gelinde rauchte … und Michel lächelte im Schlummer« (Heine, *Ludwig Börne* II, 1.7.1830). In Brechts *Aus dem Lesebuch für Städtebewohner* wird der bürgerlich steife H. »zum Mittel der Revolte von innen«: »die Elemente der Bürgerlichkeit werden gegen sich selbst gekehrt« (Hüppauf, 150): »Wenn du deinen Eltern begegnest in der Stadt Hamburg oder sonstwo/ Gehe an ihnen fremd vorbei, biege um die Ecke, erkenne sie nicht/ Zieh den H. ins Gesicht, den sie dir schenkten/ Zeige, oh, zeige dein Gesicht nicht/ Sondern/ Verwisch die Spuren!« (I; ↗Gesicht). Die eng anliegenden, weibl. Kappen der Zwischenkriegszeit verwischen zudem die Unterschiede der Geschlechter, indem sie mythisierte Bilder von Technik, Geschwindigkeit (lederne Fliegerkappe) und Krieg (Stahlhelm; ↗Stahl) evozieren (Schickele, *Die neue Diana*: »einen H. in Form eines luftigen Sturmhelms auf dem Haar, den Blick geradeaus, so eilt sie auf ihren langen Beinen durch die Welt. Diana jagt nicht mehr mit Pfeil und Köcher, sie reist«). Neben kurzem Haar und kurzem Kleid wird der weibl. H. daher jetzt zum widersprüchl., zwischen ›Vermännlichung‹ und Erotisierung oszillierenden Zeichen der emanzipierten ›Neuen Frau‹. So gleich zu Beginn von Keuns Angestellten-Roman *Gilgi – eine von uns* in Bezug auf die Titelfigur: »Zu schlanken Beinen und kinderschmalen Hüften, zu winzigen Modekäppchen, die auf dem äußersten Ende des Kopfes geheimnisvollen Halt finden, paßt ein Name mit zwei i.«

2. Symbol der Tarnung und Täuschung sowie des Schutzes vor äußeren Einflüssen, der (poetischen) Abgrenzung und Kommunikation. Tarnkappe und Kapuze dienen der Unkenntlichmachung ihrer Träger (WS, 393; Dixon, *The Clansman* IV: »The Ku Klux Klan«, vgl. Griffith, *The Birth of a Nation*); vertauschte K. ↗Schlafender führen darüber hinaus zum Tod des falschen Opfers, meist des eigenen ↗Kindes, so im griech. Aëdon-Mythos oder im Märchen *Däumling und Menschenfresser* (EdM VIII, 269). Die poln. Pelzmütze (*rogatywka*) des unfreiwilligen Hochstaplers Strapinski in Kellers Novelle *Kleider machen Leute* verweist sowohl auf die patriot. Befreiungskriege der Polen im Sinne eines nationalpolit. Bewusstseins (s.a. 1.) als auch auf das idealist. Sehnsuchtsbild vom ›edlen Polen‹, welches hier die romant. Bedürfnisse ↗Schweizer Wirtschaftsbürger befriedigt. – Für Lichtenbergs Pathognomik des bewegten Körpers und Gesichts spielen der H. und die aussagekräftigen Varianten seiner Tragbarkeit eine besondere, regelrecht poet. Rolle. Während Lichtenberg der stat. Fixiertheit der ausladenden weibl. K. seiner Zeit zwar ebenfalls seel. Ausdruckskräfte zuschreibt, so bedeutet ihm doch die stärkere Beweglichkeit des Herrenhut beim Auf- und Absetzen »eine ganze Sprache«, die »sehr reich ist, und ihre eigenen Wendungen und Figuren, ihre eigene Prose und Poesie hat« (*Ein neuer Damen-Anzug, vermuthlich in Indien*; Bertschik, 46 f.). Zur Chiffre für die gerade entstehende Geschichte und damit zur Urszene des Dichters in seiner gesellschaftl. Isolation weitet Bernhard dann die wärmende Mütze in der Erzählung *Die Mütze* aus: »und ich setzte, weil mir während des Schreibens so kalt geworden war, auf einmal die Mütze auf. Alle haben sie eine solche Mütze auf, dachte ich, alle, während ich schrieb und schrieb und schrieb … .«

↗Gesicht, Haar, Kleidung, Kopf, Krone, Schleier.

Lit.: EdM VI, 1412–1415. – Alles Kopfsache, hg. v. Henrichshütte Hattingen, Essen 2011. – J. Bertschik, Mode und Moderne, Köln/Weimar 2005. – B. Hüppauf, Zylinder, Mützen und ein steifer H., in: Paragrana 4 (1995), 120–150. – K. Riha, Dt. Michel, in: Nationale Mythen und Symbole in der zweiten Hälfte des 19. Jh., hg. v. J. Link/W. Wülfing, Stuttgart 1991, 146–171. – A. Rudolph, Ideale Polenbilder als Kritik an der Moderne, in: Ein weiter Mantel, hg. v. A. R./U. Scholz, Dettelbach 2002, 225–259.   JB

Hyazinthe

Symbol der Trauer, des Todes, des Werdens und Vergehens, der Liebe und der Frömmigkeit. – Relevant für die Symbolbildung sind (a) der intensive Duft, (b) die ↗blaue bzw. ↗purpurne Farbe der Blüten (↗Blume) und die Zeichnung der Pflanze, (c) das zykl. Aufgehen aus der in der ↗Erde verborgenen Zwiebel im ↗Frühling.

Nach Ovid geht die H. (botanisch unsicher, Graf/Herzhoff, 767) aus dem ↗Blut des von Apollon geliebten und beim sportl. Wettstreit mit ihm tödlich von einem Diskus getroffenen Hyacinthus hervor (*Metamorphosen* X, 178–213), woraufhin Apoll selbst »die schönste und lieblichste aller Blumen« mit den Buchstaben des griech. Klagelauts ›ai‹ zeichnet (Lukian, *Göttergespräche* XIV; XV) und zur Blume des Schmerzes erhebt (Nonnos, *Dionysiaka* III, 153 f.). Religionsgeschichtlich reflektiert sich hier symbolisch die Ablösung einer vorgriech. Vegetationsgottheit durch Apollon. – Die blauen bzw. purpurfarbenen Blüten werden in christl. Trad. als »himmelfarben« gedeutet (Angelus Silesius, *Heilige Seelenlust* III, 104: *Sie wünscht alles zu sein ihrem Jesu*; Brockes *Die Trauben-H.*; *Die H.*; vgl. J.G. Olearius' erbaul. H.-Allegorese *Hyacinth-Betrachtung*, 1665) wie auch zum Mariensymbol erhoben (Balde, *Ehrenpreiß*, 14. Strophe): »Voll H., von keiner Sünd/ Noch groß noch klein beladen;/ Deß Adams Gifft, das alle trifft/ Hat jhr nicht können schaden.« Die äußerlich unscheinbare, doch stark duftende Muskat-H. nimmt Brockes als Mahnung, sich vom »äusserlichen Schein« nicht täuschen zu lassen: »Denn ein geflicktes Kleid und schmutz'ger Mantel decket/ Gar oft ein Hertz, in welchem Weisheit stecket« (*Die Muscat-H.*). – Im 18. Jh. löst Madame de Pompadour in Frankreich eine H.manie aus, die der Tulpenspekulation im 17. Jh. ähnelt. Das lässt die H. zum Zeichen des von Versailles symbolisierten ›Prunks‹ werden (Herder, *Briefe zur Beförderung der Humanität*, Vierte Sammlung XLIV). – In der Romantik dominiert die durch den antiken Mythos etablierte Symbolik von Liebe und Tod (schon bei Jean Paul, *Hesperus*, 35. und 36. Hundposttag). C. Brentano verwendet die »Leid-H.« (*Es ist ein Schnitter, der heißt Tod*) im Widmungsgedicht zum II. Band des *Godwi* als vielschichtiges Emblem der Liebe, der Poesie, des Werden und Vergehens wie des Lebens überhaupt (*H.*; ähnlich auch in Novalis' Märchen von Hyacinth und Rosenblüthchen in *Die Lehrlinge zu Sais*). – Wendet sich schon Eichendorff ironisch gegen die romant. Hybridität u. a. auch der H.-Symbolik (*Geschichte der poetischen Literatur Deutschlands* II, Schluß), weist Rückert in den *Kindertodtenliedern* die symbol. Lesart des Wiederaufblühens der H. als Bild der Auferstehung zurück und besteht auf der Endgültigkeit des Todes des Geliebten: »Und vielleicht am Frühlingslicht/ Blühst du neu, sie blühet nicht« (*Hyacinthe, deren Glocken*). G. Keller arbeitet mit dem Kontrast eines durch die H. symbolisierten glückl. Lebens, hinter dem Siechtum und Tod lauern: »Eine H. duftet/ Vor den blendenden Gardinen;/ Aber eine kranke Jungfrau/ Atmet bange hinter ihnen« (*Unverhofft nach trüben Tagen*). Ambivalent bleibt die H. auch bei Trakl: einerseits ist sie wiederholt Zeichen der Trauer im Rückbezug auf die myth. Sage (*Passion*; *Am Mönchsberg*; *An den Knaben Elis*), andererseits auch der Befreiung »von der schwarzen Gestalt des Bösen« in »hyazinthener Stille der Nacht« (*Offenbarung und Untergang*). In H. Balls Gedicht *Sonne* wird die H. zum Symbol kleinbürgerl. Idylle (»alle Vorgärten voll Krokus und H.«): Doch die wird zerstört, wenn die ↗Sonne vom Firmament fällt.

↗Blume, Frühling.

Lit.: SdP, 141. – F. Graf/B. Herzhoff, Art Hyakinthos, in: Der neue Pauly, hg. v. H. Cancik/H. Schneider, Bd. V, Stuttgart/Weimar 1998, 765–768. PN

I

Ibis

Symbol der Weisheit, aber auch der Unreinheit. – Relevant für die Symbolbildung sind (a) der gekrümmte Schnabel und (b) die Nahrungsaufnahme in Tümpeln und Sümpfen.
Der I. zeigt sich seit der Antike in ambivalenter Signifikanz. Einerseits wird er als dem Weisheitsgott Thot hl. Vogel verehrt, andererseits gilt er aufgrund seines gekrümmten Schnabels, mit dem er sich nach Plinius d.Ä. (*Naturalis historia* VIII, 41) selbst klistiert, und wegen seiner Ernährungsweise in seichtem ↗Wasser als Symbol der Unreinheit (↗Reinheit). Diese Ambivalenz bestimmt auch sein Erscheinungsbild als literar. Symbol. Schon der hellenist. Dichter Kallimachos verwendet den I. als Titel für eine (verlorene) Spottdichtung, die sich nach Auskunft des byzant. Lexikons *Suda* gegen den jüngeren Kollegen Apollonios Rhodos richtet. Übernommen wird der Titel von Ovid für seine Spottdichtung *Ibis*, in der er einen ungenannten persönl. Feind attackiert. Während das alttestamentl. *Buch Hiob* (Ijob 38,36) den I. noch als Vogel der Weisheit rezipiert, ist für das MA das aus jüd. Trad. stammende Verdikt gegenüber allen Stelzvögeln als unreinen Tieren bestimmend (Dtn 14,18) und prägt auch das Bild des I. im *Physiologus* (»Vom I.«), der nur im flachen Gewässer sich aufhaltend nicht »in die Tiefe des geistlichen Flusses gelangt« (↗Fluss, ↗Abgrund/ Tiefe) und als Sinnbild des Sünders erscheint (s. a. *Bestiarium Ashmole* fol. 59r). Als Symbol der Unreinheit kennt auch das Barock den I.: Alciatos *Emblemata* (1550) erinnern dabei auch an Ovid (s.o.): »Der sich mit seim Schnabel clystiert/ Vnd auß seim Leib den vnflat führt/ Deß Nam ist worden zu ein schmach/ Dann also nennt sein Feind darnach/ Der Poet Publius Naso/ Auch Batiades also« (HS, 793; vgl. Lohenstein *Cleopatra* III, V. 225 und Anm. 157). – Im 19. Jh. begegnet der I. als Chiffre für ↗Ägypten und ägypt. Kultur (Raabe, *Abu Telfan* XXXVI), im 20. Jh. schließlich etwa in *The Scarlet Ibis* (1960) von J. Hurst und in dem Roman *The Ibis Tapestry* (1998) von M. Nicol, in dem das I.-Muster der Tapete selbst zur Chiffre für das Rätsel wird, um das der Autor eine Kriminalgeschichte in Kapstadt der Post-Apartheid-Ära entwickelt.
↗Ägypten, Reinheit.

Lit.: S.P. Moslund, Making Use in New South African Fiction, Kopenhagen 2003.　　　　OE

Indien

Symbol unermessl. Reichtums und natürl. Überflusses, des Exotischen, Hybriden und Monströsen, ursprüngl. Weisheit sowie der spirituellen Erneuerung Europas, des unhintergehbar Fremden. – Relevant für die Symbolbildung sind (a) die geograph. Lage, (b) die Kolonisation des Landes, (c) die ind. Sanskrit-Lit. und (d) die relig. Prägung durch Hinduismus und Buddhismus.

1. Symbol unermesslichen Reichtums und natürlichen Überflusses. Schon im klass. Griechenland, in Ktesias' *Indiká*, wird I. als Land des Überflusses angesehen: Neben allem, was in ↗Europa als wertvoll gilt (↗Gold, Edelsteine, ↗Purpur, ↗Perlen), sind auch Flora und Fauna von großer Üppigkeit, und entsprechend gilt I. der Antike als erstes Herrschaftsgebiet des Dionysos (z. B. Nonnos, *Dionysiaká* 39 f.; vgl. Lohenstein, *Cleopatra* V), späteren christl. Autoren als Ort des Paradieses (Goerres, *Die Teutschen Volksbücher* X; vgl. Herder, *Ideen zur Philosophie der Geschichte der Menschheit* X, 6). Die scheinbare Unerschöpflichkeit ind. Ressourcen ruft ökonom. Begehrlichkeiten auf den Plan: Nach Vasco da Gamas Entdeckung des Seewegs nach I. (1498) – von Camões in *Lusíadas* (1572) verarbeitet: schon hier erweckt I. Interesse nicht nur als gleichwertiger Gewürzlieferant – siedeln sich seit dem frühen 16. Jh. portugies. Kaufleute an; mit der Gründung der East India Company (1600) beginnt die brit. Kolonisation und systemat. Ausbeutung des ind. Subkontinents. Nicht nur der engl. Lit. gilt konsequenterweise I. als Ort des Reichtums und immensen wirtschaftl. Erfolges (Fischart, *Geschichtklitterung* V; Bürger, *Danklied*). Iron. Verabschiedungen des Überfluss-Topos kennt die Lit. des 20. Jh.: In Brechts *Mahagonny Songspiel* (II, 4) wünschen sich Bewohner Mahagonnys nach Benares, wo stets die ↗Sonne scheine – nur um zu erfahren, dass Benares einem ↗Erdbeben zum Opfer gefallen sei. In Ecos *Baudolino* gelangen die Reisenden auf ihrer Reise in den ↗Osten auch zur ↗Stadt Pndapetzim, wo ihre Erwartungen nach Reichtum bitter enttäuscht werden: In Umkehr der Trad. wartet gerade Pndapetzims Oberschicht sehnsüchtig auf ihre Berichte aus dem wundersam reichen Abendland.

2. Symbol des Exotischen, Hybriden und Monströsen. Bereits die antike Trad. knüpft an den Überfluss des Natürlichen die Beobachtung des durch extreme klimat. Bedingungen hervorgebrachten Monströsen. Ktesias' Beschreibung des hybriden Ungeheuers Mantikore (Martikore) gehört ebenso dazu (*Indiká*, s. Photius, *Bibliotheca* c 72, 45b-46a) wie Herodots Bericht von den goldgrabenden ↗Ameisen (*Historiae* III, 102) oder Berichte von ungeheuren ↗Schlangen und klugen ↗Elefanten (die als wenig vertrauenswürdige Erzähler und letztlich scheiternde Protagonisten in Th. Beckers Romanfabel *Die Besänftigung*, 2003, eine Renaissance erleben). Herodot (*Historiae* III, 38) konstatiert auch bereits die Relativität des scheinbar Exotischen, wenn er griech. und ind. Gesandte sich vor den jeweils fremden Begräbnissitten ekeln lässt (↗Grab/Friedhof). Die späteren Begegnungen mit der ind. Kultur führen demgegenüber seit dem frühen 19. Jh. neben der Faszination am Exotischen – wie etwa in Southeys *The Curse of Kehama* oder in Th. Moores Versepos *Lalla Rookh* – zur Empfindung der Notwendigkeit ›zivilisator.‹ Bemühungen (etwa in der vielfach rezipierten *History of British India*, 1817, von J. Mill), zu rassist. Ressentiments (etwa Macaulay, *The Moment and the Minute*) und zu Reaktionen des (missionar.) Abscheus gegenüber dem hinduist. Polytheismus mit seinen hybriden Gottheiten wie Schiwa und Ganesha einerseits (so bei Milton, *Second Defence*; Goethe, *Noten und Abhandlungen zu besserem Verständnis des West-östlichen Divans*: »Mahmud von Gasna«) und den Europäer als pervers bestürzenden Sitten und Riten andererseits: Ein Opfer der Witwenverbrennung etwa wird in Vernes *Le tour du monde en quatre-vingts jours* aus den Händen blutrünstig-abergläub. Hindus gerettet; Alternativen zur Ablehnung sind etwa Goethes christianisierende Transkription solcher Bräuche (*Der Gott und die Bajadere*) oder ihre romantisierende Überhöhung bei Günderode (*Die malabarischen Witwen*). Selbst die zu Beginn der Frühen Neuzeit als ›paradiesisch‹ (s. 1.) wahrgenommene Nacktheit der Eingeborenen wird mit fortgesetztem Kontakt als unnormal, unzivilisiert oder gar promisk verurteilt. Die Annahme von einer grundsätzl. europ. Überlegenheit, die sich in I., gewissermaßen im Kampf mit der Entartung, zu bewähren habe, führt zur Entstehung heroisierter Charaktere einer imperialist. und prokolonialist. Lit., etwa in Kiplings *The Jungle Book* und *Kim*, aber auch in einer Reihe meist zweitklassiger, aber weit verbreiteter spätromant. I.-Romane engl. Sprache; überraschende Differenzierungen und iron. Seitenhiebe auf den brit. Imperialismus finden sich gleichwohl auch an unerwarteten Stellen, etwa in Vernes *La maison à vapeur*. Der exotisierende Topos wird dabei nicht selten in eine bipolare Metaphorik überhöht, in der I. als zu zähmende, zugleich begehrenswerte ↗Frau, Europa und insbesondere England als selbstmächtiger, zum Befehlen und Beherrschen geborener Ehemann verbildlicht wird; eine Ausnahme in diesem metaphor. Mainstream stellt E.M. Forsters Roman *A Passage to I.* dar, in dem diese Geschlechterverhältnisse umgekehrt werden.

3. Symbol ursprünglicher Weisheit und der spirituellen Erneuerung Europas. Es ist der (romant.) Widerstand gegen die Rationalismus- und Utilitarismuspostulate der Aufklärung, der I. seit dem 18. Jh. jenseits einer humanistisch vereinnahmten Antike zum Inbegriff menschl. Weisheit erhebt (Wieland,

Geschichte des Agathon VII, 7; vgl. schon die ind. Gymnosophisten im hellenist. *Alexander-Roman* und bei Eco, *Baudolino*). Inspirierend auf die dt. Lit. – neben der Etablierung der akadem. Indologie seit 1818 – wirken Rückerts kongeniale Übersetzungen ind. Texte, etwa *Die Weisheit des Brahmanen* (1836–1839) und *Sieben Bücher morgenländischer Geschichten und Sagen*. Zeitgleich mit der brit. Zerschlagung des Sipahi-Aufstands von 1857 tritt der ind. Buddhismus seinen Siegeszug durch das kontinentale Europa an und manifestiert sich nach seiner Glorifizierung durch Schopenhauer ab der Mitte des 19. Jh. (z.B *Die Welt als Wille und Vorstellung* § 54), in einer ganzen Reihe ep. (etwa Widmann, *Buddha*) und dramat. Werke (etwa Bleibtreu, *Karma*; *Heilskönig*). Einschlägiges Zeugnis für die bis in das erste Drittel des 20. Jh. reichende europ. Indomanie sind die 1913 an den als ›heilige‹ Persönlichkeit‹ wahrgenommenen Lyriker Thakur und 1917 an Gjellerup verliehenen Lit.nobelpreise. Gjellerups ›Legenden-Roman‹ *Der Pilger Kamanita* (1906) wird bis in die zwanziger Jahre zum Modebuch der höheren Gesellschaft. Den Werken dieser Zeit gemeinsam ist der Entwurf einer Biografie, deren Ziel in einer als ›indisch‹ verstandenen Entgrenzung des Ichs besteht und damit eine entlastende Alternative zu den auf Scheitern oder Erfolg hin angelegten Lebensentwürfen der europ. Trad. darstellt (vgl. Hesse, *Siddharta*). Döblins Versepos *Manas* (1927) gibt eine eigenwillige Deutung des ind. Weges: Am Ende geht das Ich nicht ins Nirwana auf (wie etwa in Werfels *Spiegelmensch* und St. Zweigs *Die Augen des ewigen Bruders*), sondern triumphiert als in die Natur eingegangener Über-Mensch über Schiwa und den Götterhimmel. Gerade *Manas* zeigt, in Fortschreibung der erwähnten antiaufklär. Position, die antihumanist. Tendenz dieses Symbolgebrauchs: Die Antike, die für Döblins Handlung durchaus myth. Vorbilder bereitgestellt hätte, bietet, wie die christl. und jüd. Trad., im Umfeld der beiden Weltkriege keinen verlässl. Fluchtpunkt mehr. – Aber schon Hesses *Morgenlandfahrt* (1932) kündigt das Ende der symbol. Nutzung I. auf der Suche nach dem all-einen Ursprung an. Hier wird das Morgenland nie erreicht, sondern als Ziel ersetzt durch eine gänzlich europ. Konstruktion: das universelle Wissensarchiv, in dem alles mit allem verknüpft ist. An die Stelle der Auslöschung der Vielfalt im Einen tritt ihre Fixierung in der Unendlichkeit der Beziehungen. Im *Glasperlenspiel*, das dieses Konzept fortschreibt, verstaubt ein »ind. Lebenslauf« in Josef Knechts Nachlass. Ebenso zweigt in Wiecherts Roman *Der weiße Büffel* (1946/47) Vasudeva letztlich vom spirituellen Weg ab und rekonzeptualisiert sein Ziel als gewaltfreie Durchsetzung antitotalitärer Rechtseinforderung: Der Hintergrund des Widerstands gegen den Nationalsozialismus – der Roman entsteht bereits 1937 – ist hier manifest, die Verwendung einer ind. Geschichte, in Auflehnung gegen eine Ideologie fehlinterpretierten Ariertums, programmatisch; denkbar, dass bei der Konzeption des Vasudeva auch Mahatma Gandhis Forderung nach Gewaltfreiheit im ind. Unabhängigkeitskampf eine Rolle gespielt hat. Abwendung von der symbol. Überhöhung I. findet sich in zeitl. Nähe auch in Th. Manns Erzählung *Die vertauschten Köpfe*, hier in der stilist. Gestalt iron. Demontage.

4. *Symbol des unhintergehbar Fremden.* Der spirituellen Sehnsucht steht gegenüber die Wahrnehmung I. und der ind. Kultur als eines (diskursiven) Raumes der nicht auflösbaren Alterität. Angedeutet schon im hellenist. *Alexanderroman*, der mit I. der Eroberung Alexanders eine Grenze setzt, indem ihm sein Tod und das Ende seiner Dynastie geweissagt wird, später etwa aufgegriffen in Rilkes Gedicht *Schlangenbeschwörung*, überwiegt der Eindruck von Fremdheit insbesondere in den Reiseberichten des 20. Jh. Dieser Fremdheit begegnet man bisweilen arrogant-spöttisch (Ewers, *I. und Ich*, 1911), fasziniert (Bonsels, *I.fahrt*), voller Verzweiflung über die erschütternde hygien. und soziale Rückständigkeit (als Ausgangspunkt postkolonialist. Kritik: Grass, *Zunge zeigen*) oder mit der entspannten und selbstiron. Neugier des globalisierten Weltbürgers (Mosebach, *Stadt der wilden Hunde*): I. erscheint hier aus westl. Perspektive (deren Inadäquatheit benannt und stilistisch wie narrativ umgesetzt wird) gefangen zwischen doppelt dysfunktionalem Vergangenheitsbezug und Zukunftswollen, es gibt keine wirkl. Berührungspunkte zwischen westl. und ind. Kultur (Mosebach, *Das Beben*). Das ermöglicht letztlich auch einen aufmerksam-gelassenen Zugang zum Buddhismus: Meditation statt Erleuchtung (Altmann, *Triffst Du Buddha, töte ihn*, 2010). Ob I. in einer globalen Kultur ein ›dritter Raum‹ sein könnte, in dem die eigene und die fremde Identität zueinander fänden, wird im aktuellen Roman genauso behauptet (Trojanow, *Der Weltensammler*) wie dementiert bzw. als Konstruktion in den literar. Text verlagert (J. Winkler, *Domar*; *Roppongi*).

↗Asien, Elefant, Europa, Lotos, Orient, Osten, Schweigen/Stille.

Lit.: RAC XVIII, 1–56. – G. Dharampal-Frick, I. im Spiegel dt. Quellen der Frühen Neuzeit (1500–1750), Tübingen 1994. – M. Durzak (Hg.), Bilder I. in der dt. Lit., Frankfurt a. M. 2011. – V. Kade-Luthra (Hg.), Sehnsucht nach I., München 1991. – R.V. Paranjpe, I. in German Poetry, New Delhi 1992. – B. Rajan, Under Western Eyes, Durham 1999. – H. Winter, Zur I.-Rezeption bei E.M. Forster und Hermann Hesse, Heidelberg 1976. **PvM**

Insel

Symbol der Isolation und existentiellen Einsamkeit, der Zivilisationsferne und Zuflucht, der Verzauberung sowie der Gesellschaft. – Relevant für die Symbolbildung sind (a) die topograf. Eigenschaften der I., von ↗Wasser umgeben und vom Festland abgeschieden zu sein, (b) der sich daraus ergebende begrenzte Aktionsradius ihrer (zeitweiligen) Bewohner.

1. *Symbol der Isolation und des Exils.* Als Orte der Verbannung treten I. literarisch seit der Antike in Erscheinung. Philoktet wird wegen seiner unerträgl. Schmerzensschreie auf Lemnos ausgesetzt (Sophokles, *Philoktet*; H. Müller, *Philoktet*), Ariadne von Theseus auf Naxos (Dia) zurückgelassen (Homer, *Odyssee* XI, 321–325). Die räuml. Abgeschiedenheit der I. symbolisiert dabei v. a. die soziale. Goethe adaptiert diese Symbolik, indem er für sein Drama *Iphigenie auf Tauris* das Taurien der Überlieferung in die I. verwandelt, um die verzweifelte Lage der Hauptfigur zu verstärken. – Eine positive Deutung der isolierten I. als Ort der Erkenntnis begegnet schon in der bibl. Offenbarung des Johannes (Offb 1,9–11). In der ma. Lit. bezeichnet die I. neben der erwünschten Einsamkeit des Eremitendaseins (z. B. St. Cuthbert in Bedas *Vita*) v. a. das unheiml. Exil (s. a. 3.). Auch hier kommt die symbol. Entfernung von der als Norm und Sicherheit empfundenen menschl. Gemeinschaft zum Tragen. So wird Hagen in dem Heldenepos *Kudrun* (13. Jh.) von ↗Greifen auf eine I. entführt, wo er beschwerlich ums Überleben kämpft (II, 67–114). Oft gilt der Aufenthalt auf einer I. als Strafe oder Buße (Hartmann v. Aue, *Gregorius*; Harsdörffer, *Der Schiffbruch*). – In Defoes *Robinson Crusoe* symbolisiert die I. neben dem unfreiwilligen Exil und dem Ausgeliefertsein an die Natur auch aufklärerisch die Autarkie des Individuums; der Roman wird zum Vorbild der nach ihm benannten Gattung der Robinsonade, die sich im 18. Jh. mit I.utopien vermischt (s. a. 4.). Nach Schiller eignet sich die I. als Symbol der Einsamkeit (s. 5.) bes. zur Darstellung des Erhabenen (*Vom Erhabenen*). In der Moderne findet sich die I. als Ort der Verbannung und Strafe in vielfacher Ausprägung (Kafka, *In der Strafkolonie*; Conrad, *An Outcast of the Islands*).

2. *Symbol der (paradiesischen) Zivilisationsferne und der Zuflucht.* Die sprichwörtl. ›Paradiesinsel‹ geht zurück auf die Vorstellung der ›I. der Seligen‹ (Hesiod, *Werke und Tage* 171), die sich in der griech. Antike zunächst als Aufenthaltsort der Götter, in der röm. Antike allg. als Jenseitsvorstellung ausprägt: »Ihr Guten aber eilet dem elysischen Gefilde zu und bewohnet die I. der Seligen zur Belohnung der Rechtschaffenheit, die ihr in euerm Leben bewiesen habt!« (Lukian, *Totengespräche* XXX; vgl. Pindar, *Olympische Oden* II). Platon nutzt den Symbolgehalt der I. für seinen Hinweis auf das versunkene Atlantis (*Timaios* 24e–25d; *Kritias* 108e–109a). In der christl. Vorstellungswelt übertragen symbolisiert die ›Insula perdita‹ (*Peregrinatio Sancti Brandani*) im 9. Jh. eine

Vorstellung des Paradieses. Profaniert taucht die Vorstellung der Paradiesinsel zunächst im Rokoko (Gessner, *Lycas oder die Erfindung der Gärten*), dann z. B. auch bei F.L. Stolberg auf, der die Symbolik der seligen I. idyllisch mit der Vorstellung vom ↗Goldenen Zeitalter verquickt (*Die I.*). Im ausgehenden 18. Jh. verstärkt sich die literar. Verarbeitung im Zuge der Entdeckung der Südseeinseln (Chamisso, *Ein Gerichtstag auf Huahine*; Tieck, *Alla-Modin*). Im Gegensatz zu den I. der staatsutop Entwürfe (s. 4.) symbolisiert der Südseeinsel als Paradies auf Erden (*insula amoena*) jedoch meist die Vorstellung des privaten Glücks. Handelt es sich um Liebesglück, wird die I. auch zum Symbol der Weltflucht (kritisch dazu später Kierkegaard, *Entweder-Oder* II: »Die ästhetische Gültigkeit der Ehe«). Satirisch nimmt in der Moderne z. B. Barlach (*Die gute Zeit*) darauf Bezug.

3. Symbol der Verzauberung. Das Unbekannte, Unerforschte verkörpernd eignet sich die I. zur Darstellung sowohl des Zauberhaften wie auch des Dämonischen. Bereits Homer nutzt diese Ambivalenz und stellt Ogygia, die paradies. I. der Kalypso, der dämon. I. der Kirke gegenüber (Homer, *Odyssee* IX, 25–34), analog dazu die I. der Sirenen (Homer, *Odyssee* XXIII, 326). Im MA kommt der I. bis auf wenige Ausnahmen (s. 1.) die Bedeutung des Unheimlichen zu, da sie eine Welt verkörpert, die durch ihre Abgeschiedenheit der erwünschten Geselligkeit des Hofes diametral entgegengesetzt ist. Isenstein im *Nibelungenlied* (VI, 384) und das Irland des *Tristan*-Stoffes sind dämon. Orte, die das drohende Unheil andeuten. Auch die Toteninsel Avalon der *Artussage* gehört unter der Herrschaft der Fee Morgan zu den Zauberinseln. Die Trad. des Motivs in seiner positiven wie negativen symbol. Ausprägung besteht seit Homer bis ins 19. Jh. fort (*1001 Nacht*; Ariost, *Orlando furioso*; Beer, *Prinz Adimantus*; Wieland, *Oberon*; Raimund, *Der Barometermacher auf der Zauberinsel*). Eine groteske Zuspitzung erfährt sie in Wells' *The Island of Doctor Moreau*, wo die I. das Dämonische im Menschen zutage bringt.

4. Symbol der Gesellschaft. Durch ihre Abgeschiedenheit und Überschaubarkeit symbolisiert die I., angefangen bei Platons Atlantis (s. 2.), oftmals exemplarisch ein soziales oder staatl. Gebilde. Dies manifestiert sich sowohl in der Darstellung utop. Gesellschaftsentwürfe, die in sich geschlossen und ohne jeden Zugang zur sie umgebenden, als schädlich empfundenen Welt konzipiert sind (Morus, *Utopia*; Campanella, *Civitas Solis*; Bacon, *Nova Atlantis*), als auch in der krit. Karikatur bestehender Strukturen (Swift, *Travels into Several Remote Nations of the World*). In Goldings *Lord of the Flies* entwickelt sich eine negative Vision der Gesellschaft anhand einer Gruppe von ↗Kindern, die nach einem Flugzeugabsturz auf einer I. eine neue Ordnung des Zusammenlebens erschaffen müssen.

– Die I. als Mikrokosmos findet auch Verwendung zur Darstellung bestimmter Gesellschaftsschichten, die ihr ›I.dasein‹ als Asyl begreifen, wie etwa die protestant. Bürger in Schnabels *I. Felsenburg* (1731–1743) oder die Bewohner einer Künstlerkolonie in I. Bachmanns *Die Zikaden*. G. Hauptmann parodiert das Genre der Sozialutopie und der Robinsonade in *Die I. der Großen Mutter* (↗Mutter).

5. Symbol der existentiellen Einsamkeit und Selbstbegegnung. Nicht als Eremitentum (s. 1.), sondern als Symbol der existentiellen und unüberwindbaren Einsamkeit findet das Symbol der I. v. a. in der Moderne Verwendung: »Nichts ist mehr mit mir verbunden./ Ich bin von allem verlassen. – Ich bin eine I.« (Rilke, *Die Blinde*). – Hat der Aufenthalt auf einer I. nur episod. Charakter, oft auch als letzte Station vor dem Tod, wird die I. zum Symbol der Begegnung eines Individuums mit sich selbst, aus der es verändert hervorgeht: »Nicht einsam lebt Ihr auf dem Eiland hier,/ Bevölkert mit Gedanken habt es Ihr!« (C.F. Meyer, *Paracelsus*). Naturgemäß entwickelt sich diese symbol. Deutung erst mit der Aufwertung der psych. Befindlichkeit des Individuums. So wird in Chamissos *Salas y Gomez* der I.-aufenthalt zum Symbol einer Selbstanalyse, bei Stifter zu dem eines verschwendeten Lebens: »Er saß ganz einsam auf seiner I.; denn wie er einmal selber gesagt hatte, es war alles, alles zu spät, und was versäumt war, war nicht nachzuholen« (*Der Hagestolz* VII), bei Hofmannsthal zum Symbol einer Neubesinnung (*Der weiße Fächer*), in E. Weiss' Roman *Georg Letham* zu dem einer Katharsis.

↗Meer, Schiff, Wasser.

Lit.: MW, 381–399. – H. Brunner, Die poet. I., Stuttgart 1967. – J. Fohrmann, Abenteuer und Bürgertum, Stuttgart 1981. – H. Gnüg, Utopie und utop. Roman, Stuttgart 1999.   PB

Iris

Symbol der Kommunikation zwischen Göttern und Menschen, der schmerzl. Liebe und der Rückkehr zum Ursprung. – Relevant für die Symbolbildung sind das schwertförmige ↗Blatt und die Benennung der Götterbotin als I. in der antiken Mythologie.

In den antiken Mythen heißt die Götterbotin I., »das Wort, das spricht« (Heraklit, *Allegoriae Homericae* XXVIII, 2). Sie übermittelt Nachrichten zwischen den Göttern, trägt aber auch die Anliegen der Sterblichen vor (Homer, *Ilias* XXIII). Sie wandelt auf dem ↗Regenbogen und zählt die ↗Winde zu ihren Verbündeten (Vergil, *Aeneis* IV, 693). Die Verkündigungsdarstellungen des MA tragen zur Verbreitung der christl. Bedeutung der I. bei, wonach die Blume die Botschaft von der Geburt Jesu symbolisiert. Diese symbol. Verwendung der I. als Überbringerin von bzw. Hoffnung auf gute Nachrichten verfestigt sich in der Blumensprache des 19. Jh. (Greenaway, *Sag es mit Blumen*; Maupassant, *Bel ami* VI). – Die Symbolik der I. enthält aber durchaus auch ambivalente Züge: »Wie das Blatt der Schwertlilie [= I.] hatte auch Maria zwei sehr scharfe Schneiden, nämlich den Schmerz des Herzens über das Leiden ihres Sohnes und die standhafte Abwehr gegen alle List und Gewalt des Teufels« (Birgitta v. Schweden, *Revelationes* III, 30). Ebenso kann die I. für den Schmerz zurückgewiesener Liebe stehen (Anakreon, *Die Probe*; G.K. Scheffel, *Amor und der Schäfer*). Möglicherweise knüpft an die Tatsache, daß die Götterbotin I. u.a. Dienste an Verstorbenen tätigt (Vergil, *Aeneis* V, 692 ff.) das literar. Motiv der I. als ↗Grabblume an (Wedekind, *Frühlings Erwachen* III, 2). – Eine kom-plexe, alle aufgeführten Aspekte umfassende Symbolik entfaltet die I. in Hesses Erzählung *I.* Sie verkörpert hier existentielle Fragen nach Ursprung und Kindheit (I. in dem ↗Garten der ↗Mutter), Liebe und Tod (I. als geliebte ↗Frau) und verdichtet sich zum Symbol der Lebenswandlung und der Transformation, wobei sie für das Geheimnis der kindl. Unschuld (↗Kind) und die Möglichkeit der Versenkung in das vorbewusste frühkindl. Stadium der Einheit mit sich und der Welt einsteht.

↗Blume, Lilie, Regenbogen.

Lit.: SdP, 145–147. – H.-K. u. S. Lücke, Antike Mythologie, Reinbek bei Hamburg 1999, 491–495.   EB

J

Jagd / Jäger

Symbol der Grenzüberschreitung, des Kriegerischen, des Teufels und des Dämonischen, aber auch der Freiheit sowie der Erkenntnis. – Relevant für die Symbolbildung sind (a) der ↗Wald als Ort der J. und (b) die Spurenlese während der J.

1. Symbol der Grenzüberschreitung. Der Jä. »als Kämpfer gegen das Wilde wie auch als sein halbtierischer Genosse« (Cartmill, 49) macht ihn zur Figur symbol. Grenzüberschreitungen und Verwandlungen. Prototypisch gestaltet im Jä. Actaeon, der Diana beim Baden beobachtet, daraufhin von ihr in einen ↗Hirsch verwandelt und von seinen eigenen ↗Hunden zerrissen wird (Ovid, *Metamorphosen* III, 155–252), bis zu Kafkas *Jä. Gracchus*, der, obwohl schon lange verstorben, auf seiner Überfahrt über den Totenfluss das Jenseits nicht erreicht, sondern ein Gefangener auf der Schwelle vom Diesseits zum Jenseits bleibt.

2. Symbol des Kriegerischen, des Teufels und des Dämonischen, aber auch der Freiheit. Im MA ist die J. positiv mit der Bedeutung höf. Initation versehen (Gottfried v. Straßburg, *Tristan* 2759 ff.; vgl. die J. auf das ↗Einhorn). Zudem ist sie in der antiken Trad. des ›jagenden‹ Amors (↗Pfeil) bis in die Romantik hinein häufig verwendete Allegorie der Liebe und des Begehrens (*Tristan und Isolde* 11930–11934; *Des Knaben Wunderhorn* I, 306b: *J.glück*; I, 80: *Sollen und Müssen*; Eichendorff, *Der Jä. und die J.*). – In christl. Deutungstrad. erscheint der Jä. dagegen, mit Bezug auf den »großen Jä. Nimrod« (Gen 10,8 f.) als »Vertilger erdgeborener Geschöpfe« (Augustinus, *De civitate Dei* XVI, 4), als kritisierte Gegenfigur zum guten ↗Hirten und Symbol des verderbenden Krieges (Agrippa v. Nettesheim, *De incertitudine et vanitate scientarum et artium* LXXVII: »De venatica et aucupio«). – Im *Physiologus* wird der Jä. mit dem Teufel identifiziert, der der Seele nachstellt (»Vom Hasen«; so auch Hieronymus, *Tractatus in psalmos* XC). Bei Angelus Silesius wird jedoch Jesus zum heilbringenden Jä. der Seele (*Heilige Seelenlust* V, 182: *Die Psyche ist ein Reh und ihr Geliebter ein J. worden*). Auch wo der Jä. in späterer Zeit als Wilderer heroisiert wird (z. B. Tieck, *Der Bayerische Hiesel*; E.T.A. Hoffmann, *Ignaz Denner*) bleibt der Jä. eine dämon, wenn nicht teufl. Gestalt (Gotthelf, *Die schwarze Spinne*). Ungezügelte J.lust, häufig dem Adel vorgeworfen (etwa Bürger, *Der wilde J.*, 1786), wird auch zum Signum des Despoten, so z. B. die Figur des Oberförsters in E. Jüngers *Auf den Marmorklippen* oder Hermann Göring in Tourniers *Le roi des aulnes*. – In der Lit. der Romantik dagegen erscheint die Jä. häufig als Symbol

der Freiheit, seine Lebensweise dem bürgerl. Zwang entgegen gesetzt (↗Wald). So heißt es schon in Herders *Ideen zur Philosophie der Geschichte der Menschheit*: »der kriegerische Jä. hat sich nicht entschließen können, ein Gärtner, Hirt oder Ackermann zu werden. Das tätige, freie Leben der Natur geht dem Sogenannt-Wilden über alles« (VIII, 3), wobei Herder auch noch in der ›Nimrod‹-Trad. in ›Hirte‹ und ›Jä.‹ guten Herrscher und Tyrannen gegenüberstellt (IX, 4). Ohne solchen Vorbehalt dann z. B. Eichendorff. *Terzett*; *Die Studenten*.

3. Symbol der Erkenntnis. In der Antike ist die Symbolbildung ambivalent: Platon verwendet den Jä. häufiger als Bild für die Suche nach sicherer Erkenntnis (Platon, *Laches* 194b; *Gastmahl* 203d), in Senecas *De vita beata* (XIV) dagegen ist die J.lust und das Spurenlesen Sinnbild für das Vernachlässigen wichtigerer Pflichten und die schließlich erlegte Beute für Dinge, die »obwohl unser Besitz, uns in Besitz nehmen«. Origenes vergleicht das Aufspüren des Sinns von ↗Schriftworten mit dem des J.wildes (Origenes, *In canticum canticorum* III), der jedoch immer auch in der Gefahr steht, die Spuren falsch zu lesen und in die Irre zu gehen. Die J. wird damit bis in die Gegenwart zur Allegorie für Schriftauslegung (Ginzburg). Zugleich ist der Jä. als Spurenleser dem Detektiv verwandt, der anhand feinster Spuren den Verbrecher sucht: »Der ursprüngliche gesellschaftliche Inhalt der Detektivgeschichte ist die Verwischung der Spuren des Einzelnen in der Großstadtmenge« (Benjamin, *Das Paris des Second Empire bei Baudelaire*: »Der Flaneur«), und in einer der ersten Detektivgeschichten stellt sich der Täter wirklich als ein Tier heraus: Ein Orang-Utan soll, wie Dupin nur aufgrund von Indizien herausfindet, die Morde in der Rue Morgue begangen haben (Poe, *The Murders in the Rue Morgue*). – Für eine »jägerische Lust an verschmitzten Fuchsgängen des Gedankens«, in der nicht mehr Erkenntnis, sondern nurmehr das »Suchen gesucht wird und der Hauptgenuß im listigen Herumschleichen, Umzingeln, kunstmäßigen Abtöten besteht«, kommt die Wahrheitssuche im Zeichen der Jä. in Nietzsches *Unzeitgemäßen Betrachtungen* (III, 6) dagegen an ihr Ende (ähnlich auch *Also sprach Zarathustra* II, »Von den Erhabenen«).

↗Einhorn, Hirsch, Hirt/Herde, Horn, Pfeil und Bogen, Reh, Schwein, Wald.

Lit.: DLS, 97–99. – TuM, 208–211. – M. Cartmill, Das Bambi-Syndrom, Reinbek bei Hamburg 1995. – C. Ginzburg, Spurensicherung, Berlin 2002, 7–44. – H.-J. Spitz, Die Metaphorik des geistigen Schriftsinns, München 1972, 130–137. – Th. Szabó, Die Kritik der J., in: J. und höf. Kultur im MA, hg. v. W. Rösener, Göttingen 1997, 167–229. – M. Thiébaux, The Stag of Love, Ithaca 1974. RSu

Jahr

Symbol des menschl. Lebens, der Veränderung und der Abgeschlossenheit. – Relevant für die Symbolbildung sind (a) der Zyklus der Jahreszeiten sowie (b) die Ordnung des ↗Kalenderjahres.

1. Symbol des menschlichen Lebens und der Veränderung. Der Vergleich der menschl. Altersstufen mit den ↗vier Jahreszeiten wird von Ovid im XV. Buch seiner *Metamorphosen* geprägt. Vor dem Hintergrund des J. als Einheit des Lebens avanciert er zum häufigsten Symbolgebrauch des J., bei häufiger Beschränkung auf eine einzige Jahreszeit (z. B. Gryphius, *Cardenio und Celinde*, 3. Abhandlung; Abschatz, *Das junge J. bekrönt unlängst ein Blumen-Strauß*; Hölderlin, *Hälfte des Lebens*; Droste-Hülshoff, *Abschied von der Jugend*; Trakl, *J.*). – Wird das Voranschreiten der Zeit am Vergehen des J. bes. sinnfällig (Logau, *Enderungen*), stellt es bes. im Märchen häufig einen symbol. Zeitabschnitt für eine Zeit des ↗Wartens, des Reisens, der Veränderung überhaupt dar (Grimm, *Rumpelstilzchen*; s. a. Handkes »Märchen aus neuen Zeiten«, in *Mein J. in der Niemandsbucht*). Entsprechend gibt das J. wie keine andere Zeiteinheit dem Menschen Anlass zur Reflexion über die Entwicklung seines Lebens. So wählen eine Reihe von Autoren den Zeitraum eines J. für die Darstellung eines bes. Entwicklungsprozesses im Leben ihrer Figuren (Carossa, *Das J. der schönen Täuschungen*; Johnson, *Jahrestage*). George beschreibt in seinem Gedichtband *Das J. der Seele* die Veränderung einer Liebe mit dem jahreszeitl. Verlauf. Das Fehlen von Veränderung wird als unerfülltes Verstreichen von Lebenszeit beklagt: so bei Lenau (*Herbstklage*) und Dauthendey (*Ein J.*). – Barockem *vanitas*-Empfinden allerdings kann die tiefere Sinnlosigkeit der J.-Einteilung aufgehen, wie es in Gryphius' Epigramm *Auf den letzten December* zum Ausdruck kommt: »Das alte J. ist hin! Wir Menschen mit der Zeit/ Noch nehmen wir der Zeit und J. nimmer wahr/ Wie komts daß wir nicht sehn daß hir nichts könne stehn/ Was zeitlich/ in dem selbst die Zeit muß schnell vergehn« (*Epigramme* II, 83; vgl. Fleming, *An das J., daß es doch balde verlaufe*).

2. Symbol der Abgeschlossenheit und Vollendung. Als Zeiteinheit suggeriert das J. Abgeschlossenheit oder gar Vollendung. Es dient daher in verschiedenen Zusammenhängen als Rahmen, der eine vermeintl. oder tatsächl. Vollständigkeit bzw. Vollkommenheit umgreifen soll. So gibt Hesiods Lehrgedicht *Werke und Tage* als frühes Bsp. eines Bauernkalenders für jede Jahreszeit die in ihr anstehenden landwirtschaftl. Tätigkeiten an. Celtis' *Quatuor libri amorum* vereinen vier Liebesromane,

von denen jeder einer der vier Jahreszeiten sowie einem der vier Lebensalter zugeordnet ist. Kalendergedichte wie Oswalds v. Wolkenstein *Des grossen herren wunder* und *Menschlichen got* oder Mühsams *Kalender 1913* können als weitere Bsp. für den Symbolgehalt der Abgeschlossenheit gelten, ebenso Jahreszeitenzyklen wie Thomsons *The Seasons* und Droste-Hülshoffs *Der Säntis* oder Monatszyklen wie W. Müllers *Die Monate* und Kästners *Die dreizehn Monate*. Petrarcas 366 Gedichte des *Canzoniere* verweisen auf die 365 Tage des J. – Auch viele Werke der geistl. Lit. ordnen relig. Inhalte den Monaten des J. folgend an, so etl. Postillen, Legendare und Andachtsbücher (Schumacher, 126). Tersteegens *Geistliches Blumengärtlein* (↗Blume) beinhaltet auch eine *Fromme Lotterie*, die mit 365 Losen den gläubigen Christen durch das J. begleitend erbauen will, wobei die Einheit des äußeren Ordnungsschemas zugleich die Vollendung des Lebenswegs symbolisieren soll: »Ach endlich, endlich kommt das Ende/ Vom Streit, vom Jammer und Elende./ Da sinkt man ewig Gott in 'n Schoß;/ Dies ist der Frommen letztes Los« (365. *Das letzte Los*). In der Trad. der lyr. Perikopenzyklen, der beispielsweise auch A. Gryphius' *Son- undt Feyrtags-Sonnette* zuzurechnen sind, steht Droste-Hülshoffs *Das geistliche J.* Ihr Projekt, auf jeden christl. Festtag ein Gedicht zu schreiben, verlässt jedoch den Boden der relig. Gebrauchslit. und wird zu einer Auseinandersetzung mit ihrem eigenen Glauben.

↗Frühling, Herbst, Jahreszeiten, Kalender, Neujahr, Sommer, Vier, Winter, Zwölf.

Lit.: HdA IV, 593–604. – M. Fuhrmann, Die vier Jahreszeiten bei den Griechen und Römern, in: Die vier Jahreszeiten im 18. Jh., Heidelberg 1986, 9–17. – M. Schumacher, Annette von Droste-Hülshoff und die Trad., in: Dialoge mit der Droste, hg. v. E. Ribbat, Paderborn/München 1998, 113–145. StP

Jerusalem

Symbol der Unerlöstheit und Versündigung, aber auch der Sicherung oder Wiedererrichtung einer göttl. Präsenz in der Welt sowie der Erinnerung und Erlösung. – Relevant für die Symbolbildung sind (a) in jüd. Perspektive J. als Stätte des Allerheiligsten, (b) das christl. J. als Szenerie des Wirkens, Sterbens und der Auferstehung Christi, (c) im Islam J. als ↗Stadt der Himmelfahrt Mohammeds (Koran, 17. Sure) und Standort der Al-Aqsa-Moschee.

1. Symbol der Unerlöstheit und Versündigung. Ausgehend von den Klageliedern Jeremiae, in denen die Zerstörung J. und des Zweiten Tempels betrauert wird, erscheint J. als ›Witwe‹ und versklavte ↗Königin (Klgl 1,1–22). Im Aufgreifen dieser Symbolik wird die scheinbare Abwesenheit göttl. Fürsorge angezeigt, die sich generell auf die Erfahrung einer Verheerung von Heiligtümern übertragen lässt: »Die Strassen Zion liegen leer/ das Opfern wird verhindert/ man findet keine Kirche mehr/ die nicht ist ausgeplündert« (Klaj, *2. Kriegs Trost*). Die Rede von der ›verwitweten‹ Stadt ist dabei auch Ausgangspunkt für die sich auf J. beziehende Brautmetaphorik (s. 3.). Derjenige, der an die Wiederherstellung J. glaubt, richtet sein Herz auf »ein traurig armes Liebchen,/ Der Zerstörung Jammerbildnis« (Heine, *Jehuda ben Halevy*). – Mit dem Moment der Zerstörung J. verbindet sich immer auch die Frage nach ihrer Ursache. Diese wird bereits durch die *Lamentationes* in einer vorausgegangenen Versündigung der Tochter Zion gesucht (Klgl 1,8), die der Talmud in der Entweihung des Sabbats (*Shabbat* 119b), der in der Stadt herrschenden Zwietracht (*Gittin* 55b) oder in einer der bloßen ↗Buchstabentreue verpflichteten Rechtsprechung (*Bawa Mezija* 30b) gegeben sieht. – Insbes. die Barockdichtung nutzt J. (»die harte,/ die keiner Dräuung traut«, Fleming, *J.! J.!*) als Symbol mangelnden Gottvertrauens. Die daraus folgende Bestrafung wird konsequent als Austreibung des Bösen, als ↗Reinigung von der »Sünden Krämerey« verstanden (Gryphius, *Auff den Sontag des mitleidenden Eyvers*). Der heilsgeschichtl. ›Unverstand‹ J. wird dann auch, mit Blick auf Mt 23,37, auf die Passion Christi bezogen, in der die Stadt zur »Marterbancke« des Erlösers wird (Dach, *Christi Rede, da er vor die Sünde der gantzen Welt sterben sollte*). Nicht selten ist damit auch eine latent antijüd. Invektive verknüpft (Opitz, *Am Osterdienstage*).

2. Symbol der Erinnerung. Mit J. verbindet sich ein Raumkonzept, das auf der Entgegensetzung von Exil und erinnerter Heimstätte beruht. Die literar. Wurzel dieses Konzepts bildet Ps 137, von dem ausgehend die Erinnerung an J. zur existentiellen Frage im Judentum wird und sich in der jüd. Liturgie verstetigt, v. a. in den ma. Piyyutim, an prominenter Stelle aber auch im Sabbatgesang *Lecha Dodi* (16. Jh.), der J. mit der »Shabbat malqeta«, der Prinzessin des Sabbats assoziiert und der Stadt somit einen festen (außerzeitl.) Ort im Ritus gibt. Die bedeutendste Manifestation findet der Gedanke einer sich über die Erinnerung an J. erschließenden Sinnhaftigkeit im »Hashanah haba'a Berushalayim« (»Nächstes Jahr in Jerusalem«) der *Pessach-Haggada*. Ein Widerhall dieser Aufladung J. als Erinnerungsort findet sich noch in Celans *Die Pole* (»Sag, daß J. *ist*«). Die Problematik, die sich aus der Konfrontation des erinnerten J. mit dem realen J. ergibt, ist Gegenstand der neuhebr. Dichtung resp. der Lyrik dt.sprachiger Exilanten im palästines. Exil (vgl. etwa Greenberg, *Yerushalayim shel Mattah*; Lasker-Schüler, *J.*). J. wird dort zum Paradoxon einer heillosen Rückkehr ins Heiligtum, eines leblosen Vermächtnisses.

3. Symbol der Erlösung. Wie J. einerseits für die katastroph. Erfahrung der Heilsvernichtung stehen kann, wird umgekehrt die Vorstellung der Wiederherstellung J. zum Sinnbild der Erlösung. Dieses erschließt sich zunächst einmal als eine radikale Umkehr. Aus Zion, »die im Elend schier verschmachte«, wird nun eine Stätte des Jubels (Gryphius, *Paraphrasis psalmi 125. juxta latinos*). Die Wiedererstehung J. löst die Zeit des Exils, der ↗Wüstenwanderung ab (↗Reise). J. wird darin sowohl zu einem individualpsycholog. Symbol, das die Abkehr des Subjekts von einer Welt der Verwirrung ankündigt (Spee, *Halt halt mein hertz*; C. Brentano, *Lied von der Wüste* oder Rilke, *Das Buch vom mönchischen Leben*), als auch zu einem theolog. Symbol, das die Erlösung der Menschheit aus ihrem Sündenstand signalisiert, wie nicht zuletzt im zionist. Diskurs zu einem polit. Symbol (das M. Hess, *Rom und J.*, 1862 dem polit. System ›↗Rom‹ gegenübertreten lässt). – Als prägende Vorstellungskonzeption der Erlösung lässt sich, ausgehend von Hld 6,4 oder auch Jes 54,5–6, zunächst die Liebesvereinigung hervorheben, in der J. als ›Tochter Zion‹ gleichsam der begehrten ↗Frau resp. göttl. Gemahlin wird (↗Hochzeit). Christlich adaptiert erhält mit dem Erscheinen Jesu J. ihr »erwünschtes Hochzeitsfest« (A. v. Arnim, *Triumph des erwählten Volkes*). Zwischen dem ↗König Messias und der Hl. Stadt besteht eine Beziehung des Begehrens (Gryphius, *Auff den Sontagg deß Sanftmütigen Königs*), seine Erfüllung trägt Offenbarungscharakter und kann entweder einen öffentl.-heilsgeschichtl. oder auch einen myst.-persönl. Charakter annehmen. – Das wiedererstandene J. wird als eine ↗Himmelsstadt vorgestellt (↗Quadrat). Insbes. die ma. Theologie instrumentalisiert die Vorstellung vom himml. J., in welcher sie das ideale Gemeinwesen erkennt, an dessen Vorbild sowohl Städte, als auch Klöster und die Kirche selbst sich ausrichten sollen (beispielhaft hierzu etwa Eusebius bei der Weihe der Kirche von Tyrus, *Historia ecclesiastica* X, 4; in dieser Trad. dann auch Bernhard v. Clairvaux, der sein Kloster als Nachahmung des himml. J. versteht, *Epistola* LXIV, 2). Im Weiteren avanciert das himml. J. zum eigentl. Zielpunkt des Erlösungsdenkens. Die Kreuzzugsdichtung sieht die Befreiung des ird. J. als Voraussetzung der Herabkunft der Himmelsstadt. Die Kreuzfahrer sollen die *terrena civitas* J. erobern, gegen die Heiden verteidigen und sich dadurch ewigen Lohn, nämlich einen Sitz im »celestis Ierusalem« erwerben (*I., civitas inclita*, Strophe XXIV). Als eschatolog. Symbol erhält sich das himml. J. v. a. in Erbauungslit. und Liturgie des Protestantismus (prominent Meyfart, *J., du hochgebaute Stadt*). Zugleich vereinnahmt J. damit auch polit.-utop. Potential und wird zum Zielpunkt der Verwirklichung eines christl. Ideals, zur ›Christianopolis‹, die nicht nur in Palästina, sondern auch etwa »In England's green and pleasant land« errichtet werden kann (Blake, *Milton*). – Die Rede vom ›Neuen J.‹, Hochkonjunktur in der Barockmystik (Angelus Silesius, *Cherubinischer Wandersmann* IV, 117: *Die Welt und das neue J.*), macht das Symbol auch dem säkularen Blick verfügbar. Das ›Neue J.‹ muss weder ein apokalypt. noch ein erneuertes sein, im Zweifel handelt es sich auch einfach nur um ↗Paris (Heine, *Englische Fragmente* XIII).

4. Symbol der Schechina. Insofern im Allerheiligsten Gott selbst anwesend war, wird J. in der kabbalist. Trad. mit der Schechina (Wohnstatt Gottes) resp. mit der untersten Sefira Malchut (Königreich) assoziiert. In J., so als tropolog. Symbol verstanden, manifestiert sich der Herrschaftsanspruch des Heiligen über die Welt und die polit. Geschichte. J. entziffert sich auf dieser Folie als der andauernde Kampf um den Erhalt des göttl. ↗Lichts gegen die Kräfte der Dunkelheit (↗Nacht/Finsternis). Nur durch J. steht die Welt Gott offen, die »Tore Zions sind die Pforten der Welt« (*Sefer ha-Bahir* § 26), alles, was den Menschen von Gott zukommt, nimmt diesen Weg (*Sohar* II, 17a; Gikatilla, *Sha'Arei Orah* I). Die Dual-Endung des hebr. ›Yerushalayim‹ wird als ird.-himml. Doppelexistenz der Stadt gedeutet (Bahya ben Asher im Kommentar zum *Sefer ha-Komah*).

5. Symbol der Seele, der Kirche und des Christentums. Innerhalb der ma. Bedeutungslehre etabliert sich neben der anagog. Beziehung J. auf die Himmelsstadt die moral. Ausdeutung J. als Sinnbild der Seele (vgl. Johannes Cassians Lehre vom vierfachen Schriftsinn am Bsp. ›J.‹, *Collationes* XIV, 8). Auch diese hat ihren Sitz v. a. in der Frömmigkeitslyrik, grundsätzlich dort, wo eine persönl. Gottesbegegnung die Grundlage des Sprechens ist: »Ein Neus J./ […] Jst Jungfrau deine Seel/ die GOtts gemahlin worden« (Angelus Silesius, *Cherubinischer Wandersmann* VI, 14: *Gott gibt das Groß im Kleinen*;

auch dort II, 52: *Das Neu-J.*). Die Neugeburt der Seele aus dem Geist Gottes steht in Analogie zur Wiedererrichtung und himml. Erhöhung der Stadt. – Insofern J. der Gründungsort des christl. Universalismus ist, zugleich aber die Glaubenspraxis durch das NT von der Stadt und dem Tempel entbunden wurde (Jh 4,21–24), kann die Kirche, auch dies nach Cassian, sich als Allegorie J. verstehen (*Collationes* XIV, 8). Die Beschwörung der Kirche unter dem Namen J. findet sich späterhin v. a. in Dankgesängen wieder (Angelus Silesius, *Heilige Seelenlust* V, 198: *Sie frohlockt, daß Gott die christliche Kirche immer erhalten hat*). Sodann kann J. nicht nur für die christl. Institution, sondern auch für das Christentum selbst stehen (»Aw weh, J., das Christenheit benennt!«, Kuhlmann, *Kühlpsalter* LXXIII). Angesprochen wird hierbei nicht zuletzt die Dialektik von sündhaftem Stand und kommender Erlösung. Bei Kuhlmann wird in diesem Zusammenhang die Unterscheidung vom ›falschen‹ und ›wahren‹ J. etabliert und damit ein nur nominell in Christi Nachfolge stehendes von einem wahrhaft an Gott teilhabendem Christentum unterschieden (*Kühlpsalter* LXXVII).

↗Babylon, Orient, Quadrat, Rom, Wüste.

Lit.: M. Hengel (Hg.), La cité de Dieu, Tübingen 2000. – A.R. Meyer, Medieval Allegory and the Building of the New Jerusalem, Cambridge 2003. – B.C. Ollenburger, Zion, the City of the Great King, Sheffield 1987. – P. Söllner, J., die hochgebaute Stadt, Tübingen/Basel 1998. PhTh

Jungfrau ↗Frau/Jungfrau.

K

Käfig

Symbol der Gefangenschaft und allg. der Unfreiheit. – Relevant für die Symbolbildung sind (a) die Eigenheit des K., das in ihm gefangene Lebewesen festzuhalten, ohne den Kontakt zur Außenwelt zu unterbinden, (b) das (meist unnachgiebige) Material, aus dem der K. besteht, (c) das jeweils in ihm gefangene Lebewesen.

Symbolkraft wächst dem K. meist durch das in ihm Eingeschlossene zu. So symbolisiert der Vogel im K. gemeinhin eine gefangene oder exilierte Person wie etwa bei Ovid, der sich in seiner Exildichtung mit einer ↗Nachtigall vergleicht: »obgleich der K. für die eingesperrte Tochter des Pandion gut sein mag/ so müht sie sich doch, in ihre eigenen Wälder zurückzukehren« (*Tristia* I, 3, 39 f.). Allg. fungiert der K. als Sinnbild der Knechtschaft (HS, 391, 755, 871 f.), so noch, jedoch problematisiert, in Kafkas *Bericht für eine Akademie*, wie auch als trüger. Falle: »Ihre Häuser sind voller Tücke, wie ein Vogelbauer voller Lockvögel ist. Daher sind sie groß und reich geworden« (Jer 5,27). – Die Verwendung des K. zur Vogeljagd steht auch hinter seiner sexuellen Ausdeutung in einer Geschichte Boccaccios: Ein ↗Vater überrascht seine unverheiratete Tochter und ihren Liebhaber in kompromittierender Lage und stellt nüchtern fest, der Liebhaber müsse umgehend seine Tochter heiraten, um »dann zu finden, dass er die Nachtigall in seinen Bauer und nicht in einen fremden gesteckt hat« (*Il decamerone* V, 4). Auch im ma. *Roman de la Rose* werden Frauen mit Vögeln im K. verglichen, die immerzu nach Freiheit streben (13911–13936). Erot. Symbolik findet sich ebenso in der barocken Emblemlit., z. B. in der Darstellung Amors mit einem Vogel, der in einen leeren K. fliegt (HS, 756 f.), wie auch als Sinnbild der Selbstfesselung durch Liebe (HS, 492, 802 f.; vgl. Goethe, *Gegenseitig*). Montaigne überträgt es auf die Ehe (*Essais* III, 5), Wollstonecraft wiederum setzt die trad. Symbolik am Ende des 18. Jh. für die Frauenemanzipation ein: »Eingesperrt in K. wie das gefiederte Geschlecht haben sie nichts zu tun, als sich herauszuputzen und mit lächerl. Majestät von einer Stange zur anderen zu stolzieren« (*A Vindication of the Rights of Woman* IV). – Im Rückgriff auf die alte Vorstellung des Seelenvogels (WS, 797 f.) deutet die barocke Emblematik den K. auch christl. als ↗Gefängnis der Seele im Tod, dessen Stäbe die durch Jesus Christus erlöste zerbrechen kann (HS, 753). Leicht gewandelt findet sich dieses Muster auch in Bunyans *The Pilgrim's Progress*, in dem ein Mann im ↗eisernen K. symbol. Ausdruck der Verzweif-lung des Gottverlassenen ohne Hoffnung auf Erlösung ist (I, 1). – In der Moderne ist der K. als Symbol der Entfremdung des Menschen im Zuge der Industrialisierung zu finden. So etwa im »animal in cage«-Symbolismus des Stückes *The Hairy Ape* von O'Neill oder in Wildenbruchs Drama *Die Haubenlerche*: »Weißt du, was für ein Unterschied ist zwischen einer Fabrik und einem K.?« (I, 2). Weber spricht in *Die protestantische Ethik und der Geist des Kapitalismus* von den Auswirkungen des Geistes des Kapitalismus als »stahlhartes Gehäuse« (II, 2; ↗Stahl), was von T. Parsons in seiner engl. Weber-Übersetzung 1958 mit »iron cage« übertragen wird und so zu Assoziationen mit Bunyans eisernem K. in *The Pilgrim's Progress* führt.

↗Gefängnis, Nachtigall.

Lit.: DLS, 27. – A. de Vries, Art. Bird-cage, Cage, in: Dictionary of Symbols and Imagery, hg. v. ders., Amsterdam 1974, 49, 75. MS

Kästchen

Symbol des Geheimnisses. – Relevant für die Symbolbildung sind (a) die Handlichkeit und Mobilität des K., (b) die Möglichkeit, Wertvolles im K. auszulagern und zu sammeln.

Anders als die Schatulle lässt das K. kaum Rückschlüsse auf seinen Inhalt zu und tritt insofern als exponiertes Geheimnis in Erscheinung. Diese Spannung von Zeigen und Verbergen strukturiert auch die Handhabungen des K.: Öffnen und Schließen, Verstecken und Finden, Verführen und Überführen, Gabe und Raub. Dabei kann das K. als symbol. Stellvertreter einer Person auftreten, wobei die dingl. Organisation von K. und Inhalt auf das anthropolog. Modell von Leib und Seele rekurriert. Im Öffnen des K. ist die Sexualsymbolik verankert, die das K. auf die ↗Frau, den ↗Schlüssel auf den ↗Mann bezieht. – Die spezifisch literar. Sexualsymbolik des K. tritt am deutlichsten in dem Motiv der K.wahl hervor, das in der Frühen Neuzeit von der Schicksalsprüfung (*Gesta Romanorum*, 2. Anhang XVII) zur Freierprüfung transformiert wird (Shakespeare, *The Merchant of Venice* III, 2; E.T.A. Hoffmann, *Die Brautwahl*). Nach der prominenten Deutung Freuds dienen die dem Freier zur Wahl stehenden K. als »Symbole des Wesentlichen an der Frau und darum der Frau selbst«, wobei das ↗dritte K., die richtige Wahl, weniger die Geschlechtspartnerin als »Mutter Erde«, genauer: den Tod, symbolisiere (Freud, 266; ↗Erde/Lehm/Acker; ↗Mutter; vgl. Weigel). – Seit dem MA, in dessen Sachkultur es weite Verbreitung findet, entfaltet das K. seine

Symbolik als mobiles Bindemedium zirkulierender sexueller, ökonom. oder spiritueller Energien in konkreten Funktionszusammenhängen: als Minnekästchen (z. B. Ulrich v. Liechtenstein, *Vrowen dienst* 453), als Schatzkästchen (z. B. Cervantes, *Don Quijote* IV, 10) und vereinzelt als Reliquienkästchen (Boccaccio, *Il decamerone* VI, 10). Auf der Folie dieser literar. Symboltrad. werden die vormodernen K.typen in den Romanen des 19. Jh. unter den Vorzeichen moderner Sexualität (z. B. Flaubert, *L'éducation sentimentale*), papierner Geldwirtschaft (z. B. Keller, *Der grüne Heinrich*) und intimer Erinnerungskultur (z. B. L.M. Alcott, *Little Women*) modifiziert. – Das Symbolpotential des K. ist deshalb so interessant für Erzähltexte und Dramen, weil es nicht in seiner bildl.-dingl. Erscheinung, sondern in actu, in der konkreten Handhabung des Zeigens und Verbergens, gründet. Weil das K. nie bloßes Behältnis, sondern immer konstitutiver Bestandteil seines inwendigen Geheimnisses ist, wird es um 1800 als Meta-Symbol, als »Symbol des Symbolischen selbst« (Emrich) entdeckt und zunehmend mit ⁊Buch und ⁊Schrift korreliert (Goethe, *Wilhelm Meisters Wanderjahre*, insbes. III, 2; Novalis, *Heinrich von Ofterdingen*: *Klingsohrs Märchen*; Anonym, *Idonie oder das K. mit der Chiffer*; Gutzkow, *Die Ritter vom Geiste*; Heine, *Das K. des Darius*).
⁊Schlüssel.

Lit.: A. Assmann, Gedächtniskisten, in: Erinnerungsräume, München 2003, 114–129. – W. Emrich, Protest und Verheißung, Frankfurt a.M. ³1968, 48–66. – S. Freud, Das Motiv der K.wahl, in: Imago 2 (1913), 257–266. – S. Weigel, »Shylock« und »Das Motiv der K. wahl«, in: Lit. und Kulturwissenschaften, hg. v. H. Böhme/K.R. Scherpe, Reinbek bei Hamburg 1996, 112–133.   ChHo

Kahn ⁊Schiff.

Kaiser / König / Fürst

Symbol des Friedens und der Gerechtigkeit, aber auch der Unterdrückung, der menschl. Vollkommenheit, des Künstlers sowie der Absurdität menschl. Existenz. – Relevant für die Symbolbildung sind (a) die gesellschaftlich herausgehobene Stellung des Ka., (b) seine Machtfülle und (c) seine ritualisierte Existenz.

1. Symbol des Friedens und der Gerechtigkeit. Die antike Lit., insbes. die lat. Ka.-Panegyrik, kennt bereits alle jene Topoi, die für die Darstellung des vorbildl. Herrschers in der abendländ. Lit. von Bedeutung sein werden: Die übermenschl. Stärken und Tugenden des Ka., seine Parallelisierung mit der ⁊Sonne und seine Nähe zur göttl. Sphäre lassen ihn zur Symbolfigur für Wohlstand und Stabilität werden und stilisieren ihn zum wachsamen ⁊Hirten (Aristoteles, *Nikomachische Ethik* 1161a, Peil, 29–

59) oder fürsorgl. ⁊Vater seines Volkes, zum *pater patriae* (Mause, 219–229). Indiz für die Gottähnlichkeit des Ka. sind seine übernatürl. Kräfte: Die Wunderheilungen, die etwa Tacitus von Vespasian überliefert (*Historiae* IV, 81), werden auch christl. Herrschern wie Ludwig XIV. zugeschrieben (EdM VI, 902). Vom heilenden zum hl. Herrscher ist es nur ein kleiner Schritt, wie sich exemplarisch an den idealisierten Lebensbildern Karls d. Gr. zeigt, vom *Rolandslied* und den ersten Biografien (Einhard, *Vita Caroli Magni*; Notker, *Gesta Caroli Magni imperatoris*) bis zu Freiligraths *Des Ka. Segen*. – Parallel zu dieser hagiograf. Literarisierung verläuft häufig eine negative Trad.linie, die auf die Ambivalenz der Machtstellung verweist und den Herrscher in die Nähe eines *rex iniustus* rückt (s. a. 2.) oder ihn der Lächerlichkeit (s. a. 3.) preisgeben kann (zu Karl d. Gr. vgl. *Renaut de Montauban*; *Voyage de Charlemagne*; Weerth, *Ka. Karl*). – Die Grenze zwischen dem dichterisch freien Idealbild, das die Fürstenspiegel (Xenophon, *Kyrupaideia*; Erasmus v. Rotterdam, *Institutio principis christiani*) vom gerechten und starken Herrscher entwerfen, und der literarisch idealisierten Herrscherfigur ist fließend (Gottsched, *Agis, Kö. von Sparta*; Wieland, *Der goldne Spiegel*). Unter dem Eindruck der totalitären Regime des 20. Jh. wird der ›gute Kö.‹ als Garant der menschl. Freiheit beschworen (Mann, *Die Jugend des Kö. Henri Quatre*; *Die Vollendung des Kö. Henri Quatre*).

2. Symbol der Grausamkeit und Unterdrückung. Der selbstherrl. Missbrauch autoritärer Machtfülle kann bes. eindringlich an der Figur des Ka. oder Kö. veranschaulicht werden, wie schon die bibl. Bathseba-Urias-Episode um Kö. David zeigt (2 Sam 11 f.; vgl. Heine, *Kö. David*). Davids Reue ist zugleich Bsp. für das vielfach variierte Motiv des beschämten Herrschers (vgl. MW, 360–372), das am trad. ranghöchsten Exponenten der menschl. Gesellschaft die diametral entgegengesetzten Möglichkeiten humaner Existenz vor Augen stellt: sowohl die Ausschweifung und den Verlust der Selbstkontrolle als auch die Entsagung durch würdevolle Selbstbeherrschung (Lope de Vega, *La mayor victoria*; Calderón, *Amor, honor y poder*). Die Superiorität menschl. Tugenden über autokrat. Herrschaftsgebaren zeigt sich am antiken Damon- und Pythias-Stoff (vgl. Frenzel), wenn sich der Tyrann schließlich der Macht der Freundschaft beugt (Cicero, *De officiis* III, 45, nach Aristoxenos von Tarent; Schiller, *Die Bürgschaft*). – Während im MA an der Figur des anmaßenden Herrschers die Sünde der *superbia* zur Anschauung gebracht wird (Rudolf v. Ems, *Der gute Gerhard*), vollzieht sich mit den Herrscherdramen der Renaissance (Marlowe, *Tamburlaine the Great*; Shakespeare, *The Tragedy of King Richard the Third*) der Übergang zur barocken *vanitas*-Thematik, die in Aufstieg und Fall des Tyrannen die Unberechenbarkeit des Schicksals und die Eitelkeit allen menschl. Strebens exemplarisch vor Augen führt (Gryphius, *Leo Armenius* sowie auch *Großmüttiger Rechts-Gelehrter, oder sterbender Aemilius Paulus Papinianus*). Seit dem 18. Jh. wird die Darstellung egoist. oder grausamer Herrscher, z. T. aus historisch fernen Epochen, zunehmend als Möglichkeit der Sozialkritik verstanden und zur Formulierung gesellschaftspolit. Entwürfe genutzt (Schiller, *Wilhelm Tell*; Hugo, *Le roi s'amuse*). – Die Titelfigur von Jarrys dramat. Farce *Ubu roi* (1896) legt in ihrer Verbindung von äußerster Brutalität und grotesker Komik (s. 3.) die menschl. Abgründe hinter der Fassade der Kleinbürgerlichkeit frei. Im 20. Jh. fungiert der Tyrann als Paradigma menschl. Hybris und Gleichnis diktatorisch-totalitärer Bestrebungen: So will Bergengruens *Der Großtyrann und das Gericht* »von den Versuchungen der Mächtigen und von der Leichtverführbarkeit der Unmächtigen und Bedrohten« berichten, wie es in der Präambel heißt; in Camus' Drama *Caligula* verbirgt sich dagegen hinter der Grausamkeit der Titelfigur das leidenschaftl. Verlangen eines jungen Mannes nach dem Unmöglichen.

3. Symbol der menschlichen Vollkommenheit, des Künstlers, aber auch der Absurdität menschlicher Existenz. Neben Macht, Prestige und Reichtum repräsentiert der Herrscher in der Symbolsprache des Märchens als »Hochwertbegriff« die oberste Stufe menschl. Existenz (EdM VIII, 144–146). Ähnlich wie der Held, der Heilige und der Weise gilt er als Archetypus menschl. Vollkommenheit und Inkarnation höchster eth. Werte und Tugenden. – Diese Herausgehobenheit über das allgemein Menschliche und seine ritualisiert-formalisierte Existenz prädestinieren den Herrscher zur Projektionsfigur des Künstlers: Th. Mann sieht in seinem Roman *Königliche Hoheit* die »anspielungsreiche Analyse des fürstlichen Daseins als eines formalen, unsachlichen, übersachlichen, mit einem Worte artistischen Daseins« (*Über »Königliche Hoheit«*). Ebenso deutet Hofmannsthal sein Drama *Der Ka. und die Hexe* als »Analyse der dichterischen Existenz« (*Aufzeichnungen: Ad me ipsum*). An Schillers Diktum von der Parität des Kö. und des Dichters anschließend (»Drum soll der Sänger mit dem Kö. gehen,/ Sie beide wohnen auf der Menschheit Höhen!«, *Jungfrau von Orleans* I, 2), wird der Dichter bzw. Künstler als wahrer Herrscher apostrophiert (Hebbel, *Der verborgene Ka.*; Geibel, *Kö. Dichter*; Rilke, *Kö.lied*). – Wird bereits im Märchen die Idealität der Herrscherposition durch die Konfrontation mit der Lebenswirklichkeit in Gestalt intellektuell und rhetorisch überlegener Untertanen in Frage gestellt (EdM VII, 845–852; VIII, 156–160, 165–167), so verstärkt sich diese entwertende Tendenz in der modernen Lit., die den Kö. als clowneske oder marionettenhafte Figur (↗Narr; ↗Marionette) zeichnet (Jarry, *Ubu roi*; Wedekind, *So ist*

das Leben), die in ihrer todesverfallenen, absurden Existenz für den Menschen schlechthin steht (Ionesco, *Le roi se meurt*; Dürrenmatt, *Romulus der Große*).

↗Hirt/Herde, Krone, Mann, Marionette, Narr, Vater/Hausvater.

Lit.: E. Frenzel, Art. Damon und Pythias, in: dies., Stoffe der Weltlit., Stuttgart ⁴1976, 136–138. – H. Hecker (Hg.), Der Herrscher, Düsseldorf 1990. – M. Mause, Die Darstellung des Ka. in der lat. Panegyrik, Stuttgart 1994. – P. Mertz, Der Kö. lebt, Frankfurt a.M. 1982. – D. Peil, Untersuchungen zur Staats- und Herrschaftsmetaphorik in literar. Zeugnissen von der Antike bis zur Gegenwart, München 1983.   SG

Kalender

Symbol der Zeit, des Vergehens und Veraltens, der Orientierungs- und Seinssicherheit sowie kultur- und epochenspezif. Identitätswissens. – Relevant für die Symbolbildung sind (a) die Funktion des K. als Apparat zur Planung und Synchronisation zeitl. Abläufe und damit verknüpfter, zyklisch wiederkehrender, scheinbar naturgestützter Wissensbestände, (b) die weite Verbreitung des K. als populäres, Orientierungswissen bereitstellendes Erzeugnis des Buchdrucks sowie (c) die Literarisierung des K. (Grimmelshausen, Hebel) und k.basierte Genres wie Cisiojanus, Tagebuch, Briefroman, K. geschichte oder Zyklus (z. B. Ovid, *Fasti*; Spenser, *The Shepheardes Calender*; Droste-Hülshoff, *Das geistliche Jahr*), durch die die Lit. ihrerseits die Symbolgrundlagen stabilisiert.

1. Symbol der Zeit sowie des Vergehens und Veraltens. Als Kollektivsymbol bringt der K. zeitl. Unendlichkeit auf ein menschl. Maß. Da K. »am rechten Platze« (Jean Paul, *Leben des Quintus Fixlein*, 10. Zettelkasten; vgl. Gogol, *Die toten Seelen*) hängen oder zumindest »eigenhändig […] mit Kreide und an die Stubentüre« (Jean Paul, *Die unsichtbare Loge*, 26. Sektor) geschrieben sind, können K.effekte literar. verzeitlichen. Orientierung im Text schaffen dabei oftmals jene Jahrestage, die bis ins 19. Jh. v. a. durch den christl. Fest-K. bereitgestellt wurden, wobei das kalendar. Herausheben aus dem »Verbande der übrigen« Tage (Benjamin, *Über einige Motive bei Baudelaire* X) auch literarisch zur symbol. Tätigkeit werden kann (z. B. Heine, *Französische Zustände* III). Die Orientierungssicherheit, die Johannistag, ↗Ostern oder ↗Weihnachten dem Lektüreakt verleihen, wird selbst zur Botschaft erhoben, wenn Fontane maßgebl. Erzählsequenzen seines Romanwerks um solche Tage herum ansiedelt, um in einer Phase gesellschaftl. Dynamisierung Stabilität zu schaffen. Mit K.effekten kann auch die literar. an die soziale Zeit angekoppelt werden, wie in Defoes *Robinson Crusoe*, wo das Urbarmachen der Insel mit der Installierung eines K. beginnt, der auf einem am Ort der Ankunft aufgestellten ↗Kreuz angelegt wird; es kann zudem eine eigene fiktionale Zeit entworfen werden, wie in Tolkiens »Auenland«-K. (*Lord of the Rings, Anhang B*). K.effekte können aber auch das Heraussetzen aus der sozialen Zeit symbolisieren, wie in den Datierungen von Hölderlins späten Turmgedichten oder in Gogols *Aufzeichnungen eines Wahnsinnigen*, wo die Abweichungen von der Datierungsnorm den geistigen Verfall eines russ. Beamten veranschaulichen. – Während der »K. des laufenden Jahres« (Raabe, *Alte Nester* VIII) Aktualität anzeigt, kann eine »weiße und gleichsam alabasterne Nase […] ein alter K.« werden (Abraham a Sancta Clara, *Judas der Erzschelm*) oder der K. als Verfallssymbol neben Scherben und Skelett treten (Rilke, *Das Stundenbuch* III).

2. Symbol der Orientierungs- und Seinssicherheit. Wie der Kompass gibt der K., ob internalisiert oder gedruckt, Orientierung (Grimmelshausen, *Simplicissimus* II, 12) und »Sicherheit« (J. Roth, *Kapuzinergruft*); er ermöglicht gar Prophetie, die mitunter ironisch gebrochen wird (Grimmelshausen, *Trutz Simplex* XXVII; Börne, *Briefe aus Paris*: »1.1.1831«). Was im K., dem »Einsichtspender« (Vischer, *Faust III*, 2. Auftritt) steht, ist wichtig (Mickiewicz, *Pan Tadeusz*), »sicher und fest« (Auerbach, *Schwarzwälder Dorfgeschichten* VII), denn »kein K. leugt« (Uz, *Palinodie*). K.-Wissen ist so verbindlich (vgl. Wickram, *Rollwagenbüchlein* XLVII: »Von einem ungelerten Pfaffen der den K. nit verstund«), dass ein Richter, um sich dem ehel. Geschlechtsverkehr zu entziehen, einen K. macht, der fast ausschließlich Tage der Enthaltung vorschreibt (Boccaccio, *Il decamerone* II, 10), dass es ein Zeichen übergroßen Mutes ist, »einen ganzen K. voll von Heiligen« anzugreifen (Scott, *Ivanhoe* XXXIV), und dass es Liebesbeziehungen aufwertet, wenn sie einen eigenen »K. ihrer Liebkosungen« haben (Schiller, *Die Verschwörung des Fiesco zu Genua* IV; vgl. Gutzkow, *Die Ritter vom Geiste* I, 12). Der K. gibt auch den richtigen Zeitpunkt an: »Der Wolf möchte gern ein Lämmlein essen, ob es schon in seinem K. nicht Ostertag« (Abraham a Sancta Clara, *Judas der Erzschelm*). Dabei wird bisweilen die Konkurrenz von K.-Zeit und Naturzeit thematisiert, wenn »der Hahn […] der richtigste K.« ist (Hippel, *Lebensläufe nach aufsteigender Linie* I) oder »die K.tage sagten, daß die Rosenblüte schon beinahe vorüber« sei (Stifter, *Nachsommer* II, 5). Es verstößt gegen die Sitten, etwas zu tun, »ohne daß es der K. oder die Polizei befohlen« haben (Börne, *Henriette Sontag in Frankfurt*), und was aus der Norm fällt, »steht in keinem K.« (Stifter, *Der Waldsteig*). Diese Norm ironisiert Jean Paul in *Dr. Katzenbergers Badereise*, wenn dort der K. am »Alexius-Tage […] anrät: säet Rüben und raufet den Flachs« (II). Symbolisiert werden auch die machtgestützten Grenzen von Sicherheit und Orientierung: Mögen die Aderlaßtermine im K. stehen, »aber wenn's just gut rebellen sei, das, glaub' ich, ist viel schwerer zu sagen« (Goethe, *Die Aufgeregten* VII). Zwar ist es »langweilig« (Dostojewski, *Die Dämonen*), nach dem K. zu leben, doch schützen K. auch gegen polit. Verunsicherung (Grillparzer, *K.-Wahrheit*), was Hoffmann v. Fallersleben (*Hundertjähriger K.*) als Herrschaftstechnik zur Schaffung fügsamer Untertanen entlarvt. Was zur Machterhaltung nicht mehr taugt, wird »aus dem K. gestrichen« (H. Müller, *Wolokolamsker Chaussee III*). Um sich von sozialen Regularien radikal zu befreien, will der Held in Büchners *Leonce und Lena* »alle K. verbieten« und nur »nach Blüte und Frucht« (III) zählen.

3. Symbol kultur- und epochenspezifischen Identitätswissens. Wie die Zeit kann sich auch Identitätswissen in Texten als Eigenes oder kulturell bzw. historisch Fremdes über K.effekte entfalten, da diese, mitunter durch ihre bloße Nennung, die Symbolkompetenz des Lesers fordern und so zu Handlungsquenzen aufwerten können, wie in Wolframs v. Eschenbach *Parzival* (IX), wo der mit Gott entzweite Held gerade am Karfreitag (↗Freitag) in die Heilszeit des christl. Festkreises zurückgeholt wird, oder im Fall der Motivationsrede am Crispians-Tag in Shakespeares *King Henry V.*, in der der König seinem demoralisierten Heer ein ewiges Weiterleben im K.gedächtnis verspricht und so die Schlacht gewinnt, oder wenn Josephe in Kleists *Das Erdbeben in Chili* »am Fronleichnamsfeste […] in Mutterwehen auf den Stufen der Kathedrale« niederstürzt und damit die Lesart provoziert, dass hier dem Fest des unsinnl. Leibes des Herrn eine skandalöse ↗Geburt entgegengesetzt wird. Fontanes *Effi Briest* bringt im gleichnamigen Roman ihr ↗Kind am vaterländ. Tag von Königgrätz zur Welt, nur ist es leider »ein Mädchen« (XIV), das auch noch am Napoleonstag getauft wird und so für Preußens Ambitionen vollends ausfällt. In der Konfrontation von Sederabend und frz. Nationalfeiertag in Seghers *Post ins gelobte Land* wird das spannungsvolle Verhältnis zwischen Tradition und Assimilation eines osteurop. Juden in ↗Paris verdeutlicht. Brauns *Hinze-Kunze-Roman* legt in der satir. Kommentierung zweier legitimator. Jahrestage (1. Mai als Internationaler Kampf- und Feiertag der Werktätigen, 15. Januar als Liebknecht-Luxemburg-Gedenktag) einen Grundwiderspruch der DDR-Gesellschaft frei. Feste wie Weihnachten (Bernhard, *Das Kalkwerk*) werden oftmals mit ihren Themen (Neubeginn, Erlösung, Hoffnung usw.) als Referenz eingesetzt. Johnson hingegen etabliert in seinem K.roman *Jahrestage* versteckte Bedeutungsebenen, auf denen er die Symbolkompetenz des Lesers testet, insbes. am jüd. Fest-K., aber auch an innerliterar. K.daten wie dem 16. Juni, den Joyce als Handlungszeit des *Ulysses* wählt und auf den sich später auch Kempowski (*Bloomsday '97*) bezieht. – Sicher stellt der K. in modernen, funktional

differenzierten Gesellschaften, wo die Zeit stärker individualisiert ist und sich verschiedene Gruppenzeiten überlagern, weit weniger Identitäts- und Orientierungswissen bereit und verliert mit der Entstehung eines wissenschaftl. Weltbildes als Symbol für sichere Vorhersagen an Bedeutung. Auch veranschaulicht es Bruchstellen im Wertesystem, wenn der Hundertjährige K. und die Daten polit.-histor. Jahrestage »die Feste des christl. K.« (Fontane, *Vor dem Sturm* XXVII) überschreiben oder man sich unabhängig vom »gedruckten K. […] auf eigene Hand einen Familienkalender« macht (François, *Stufenjahre eines Glücklichen*, Knabenstern). – Neben histor. Verlaufslinien lassen sich aber auch strukturelle Bedingungen ausmachen, unter denen K.effekte symbol. Lektüren provozieren, und zwar insbes. dort, wo bei ›ritueller Kohärenz‹ (J. Assmann) ein diskursives Aushandeln von Normen und Werten stark eingeschränkt ist, z. B. in Religionen oder in totalitären Staaten. Säkularisierung, Demokratisierung und das Ende der ›Gedächtnisideologien‹ (Nora) brachten aber kein Ende von literar. K.effekten, was nicht allein an der größeren Bedeutung konkreter Daten seit der Entstehung des Realismus liegt. Zu beobachten ist denn auch die Renaissance von K.effekten als Gegenbewegung zur Individualisierung und Beschleunigung der Zeit in der Moderne. Hierzu zählen die vielen Jahrestage in Ransmayrs *Morbus Kitahara*, Grass' *Im Krebsgang* oder auch Geigers *Es geht uns gut*, die indessen auch auf die anniversarist. Konjunktur in Deutschland seit dem 40. Jahrestag des Endes der Hitlerdiktatur reagieren. Demgegenüber war Celan (*Schibboleth*; *Der Meridian*) besorgt um die Einzigartigkeit jedes Datums, die in der alljährlichen Wiederholung verloren zu gehen droht.
↗Freitag, Jahr, Karneval, Neujahr, Ostern, Pfingsten, Sonntag, Uhr, Weihnachten.

Lit.: A. Honold, Hölderlins K., Berlin 2005. – Th. Schmidt, Der K. und die Folgen, Göttingen 2000. – W. Wülfing, Mythisierende Strukturen in Fontanes Narrationen, in: Fontane Blätter 65–66 (1998), 72–86.
ThSch

Kaninchen ↗Hase.

Karfunkel ↗Rubin/Karfunkel.

Karneval
Symbol der Gottesferne und des sündhaften Menschen. – Relevant für die Symbolbildung ist (a) die kalendarisch fixierte und damit zeitlich begrenzte Ausnahmesituation des K., in der (b) die relig., sozialen und kulturellen Normen außer Kraft gesetzt sind.
Der K. (Fastnacht, Fasching) umfasst im christl. Festkalender die Zeit zwischen Epiphanie (6. Januar) und Aschermittwoch, wobei schon im MA der K.-Gedanke vom ›schmutzigen Donnerstag‹ bis

Faschingsdienstag seinen stärksten symbol. Ausdruck fand: Gezeigt wird die – auch liturgisch (bes. Lk 18,31–43) greifbare – Gottesferne der ›verkehrten Welt‹, ihrer Repräsentanten und Laster, die mit Beginn der Fastenzeit als einer Buß- und Läuterungsphase beendet wird. Im Zentrum steht der ↗Narr (Sünder), der in seinem vom Teufel und seinen Dämonen regierten Narrenreich (absichtlich oder arglos) den Gesetzen des Bösen folgt, in ird. Lüsten lebt und so sein Seelenheil verspielt. Diese Narreteien werden in Lit. (z. B. Brant, *Das Narrenschiff*; Wittenwiler, *Der Ring*), Kunst (z. B. Ambraser Narrenteller) und Brauchtum dargestellt, meist mittels gängiger Lasterallegorien (z. B. auf Grundlage der *Psychomachia*) oder als typisiertes Fehlverhalten (z. B. Fress- und Trinkgelage; ›Hans Wurst‹). Die K.-Idee kann auch losgelöst vom K.-Termin dargestellt werden (z. B. Erasmus v. Rotterdam, *Lob der Torheit*). Das Verkleiden im K. ist ein symbol. Entblößen der menschl. Sündernatur. Deshalb ist der klass., in seiner Selbstverliebtheit blinde (↗Spiegel) K.-Narr – das Gegenstück zum »Narren in Christo« aus 1 Kor 4,9–13 – mit Narrenszepter, ↗Eselsohren und den Schellen (Zeichen mangelnder *caritas*, verstanden als geistl. Tugend der Nächstenliebe nach 1 Kor 13,1, als Ursache aller schlechten Eigenschaften) eine negative Figur, die dazu dient, Missstände zu geißeln (z. B. Murner, *Narrenbeschwörung*; *Schelmenzunft*). Die K.-Zahl Elf wurde als Sünde, Übertretung des Gesetzes (d. i. des Dekalogs) und – als *memento mori* – ›letztes Stündlein‹ ausgelegt. Höllen- und Teufelsszenarien bezeichnen die eschatolog. Dimension der K.-Idee (z. B. *Des Entkrist Vasnacht*, 15. Jh.; M. Maierbrugger, *Totenkarneval*; Ch./G. Wolf, *Till Eulenspiegel*-Film).
↗Narr.

Lit.: W. Mezger, Narrenidee und Fastnachtsbrauch, Konstanz 1991.
MSam

Kartenspiel ↗Spielkarten.

Kater ↗Katze.

Katze
Symbol des Göttlichen, Teuflischen und Geheimnisvollen, des Weiblichen und der erot.-sexuellen Anziehung bzw. Gefährdung, des Wilden, Grausamen und Unberechenbaren sowie des (genial.) Dichters. – Relevant für die Symbolbildung sind (a) der Status der K. als nicht vollständig domestiziertes Haustier, (b) ihr Beutefangverhalten und (c) ihre Nachtaktivität.
1. Symbol des Göttlichen, Teuflischen und Geheimnisvollen. Der göttl. Status der K. in der ägypt. Mythologie – die weibl. Gottheit Bastet wurde mit einem K.-Kopf dargestellt und z. T. mit der Mondgöttin (↗Mond) Isis identifiziert (Plutarch, *Isis und Osiris* LXIII) – wird in der europ. Lit. erstmals bei

Herodot erwähnt (*Historiae* II, 59; 67). In Ovids Erzählung von der Flucht der olymp. Götter vor den Giganten in Tiergestalt tritt die Mondgöttin Diana als K. auf (*Metamorphosen* V, 330). In der europ. Kultur des MA und der Frühen Neuzeit wandelt sich der göttl. Status der K. im Zuge der Kritik paganer Mythologie oftmals ins Dämonische: In der Tierallegorese der ma. Enzyklopädistik erscheint die K. als lasterhaftes und teufl. Wesen, dem Sünden wie List und Falschheit, Unmäßigkeit und Gier, Geiz und Neid, Eitelkeit, Müßiggang und nicht zuletzt Wollust zugeschrieben werden (Thomas v. Chantimpré, *Liber de natura rerum* IV, 76). Durch die ma. Predigten wurde diese negative Symbolik der K. weit verbreitet und über etymolog. Spekulationen auch mit den Ketzern bzw. den Katharern in Verbindung gebracht (z. B. Berthold v. Regensburg, *Saelic sint die reines herzen sint*). Insbes. der ↗schwarze bzw. ↗graue Kater fungiert seit Alain de Lille (*De fide catholica contra haereticos* I, 63) häufig als Symbol des Teuflischen bzw. als Inkarnation des Teufels selbst oder von Dämonen (Caesarius v. Heisterbach, *Dialogus miraculorum* IV, 33; V, 50; Shakespeare, *Macbeth* I, 1; parodistisch im Titel der frz. Belle époque-Zs. *Revue du Chat Noir*; noch in Bulgakovs satirisch-groteskem Roman *Master i Margarita* wird der Teufel von dem Kater Behemoth begleitet). Im Anschluss daran erscheint die K. zunehmend als Begleiterin bzw. Epiphanie der Hexen, wovon u. a. der berüchtigte *Hexenhammer* von Sprenger/Institoris beredtes Zeugnis ablegt (*Malleus maleficarum* II, 9). Im Märchen tritt diese Verbindung auch in Form der humorist. Verkennung der K. als Hexe (Grimm, *Die Bremer Stadtmusikanten*), in der Erzähllit. des 19. Jh. als parodist. Überwindung des Hexenmeisters durch einen Kater (Keller, *Spiegel, das Kätzchen*) oder als iron. Projektion menschl. Bosheit auf die schwarze K. (Poe, *The Black Cat*) auf. Darüber hinaus kennt das Märchen die K. (meist in männl. Gestalt) als Helferfigur für schwache, aber moralisch gute Menschen (Perrault, *Le Maître Chat ou le Chat botté*; vgl. Tiecks »Kindermährchen in drey Akten« *Der gestiefelte Kater* und Grimm, *Der gestiefelte Kater*). Die moderne Lit. greift auch die göttl. Herkunft der K. wieder auf, etwa, wenn Baudelaire diese mit einer ägypt. Sphinx vergleicht und so das Rätselhafte und Geheimnisvolle der K. herausstellt (*Les fleurs du mal* LI: *Le Chat*; LXVI: *Les Chats*), woran auch die Darstellung der ›Cheshire Cat‹ mit ihrem geheimnisvollen Grinsen in Carrolls *Alice's Adventures in Wonderland* anknüpft. Das Ambivalente dieses Geheimnisses wird deutlich in Johnsons *Jahrestagen*, wo die K. als Symbol sowohl glückhafter wie auch traumat., in jedem Fall aber nicht willkürlich verfügbarer Erinnerung verwendet wird (»8. September, 1967«; »2. Februar, 1968«).

2. Symbol des Weiblichen und der erot.-sexuellen Anziehung bzw. Gefährdung. Über die Zuordnung zu weibl. Gottheiten und weisen ↗Frauen besteht auch eine Symbolisierung des Weiblichen schlechthin, insbes. von dessen erot. Attraktivität, durch die K., zu der auch ihre Nachtaktivität (↗Nacht) beiträgt. Die misogyne Lit. des MA und der Frühen Neuzeit bringt die lasterhaften Eigenschaften der K. (s. 1.) schon frühzeitig mit dem Weiblichen in Zusammenhang und etabliert insbes. über die Merkmale der Wollust und der Schmeichelei die K. als Symbol der Frau (Brant, *Narrenschiff* XXXIII: »Von eebruch«); mitunter werden auch die Laster der Eitelkeit und des Hochmuts hinzugefügt (Boner, *Der Edelstein* XCVI: *Von einer k., wart besenget*). Im Märchen hingegen tritt die positive Bedeutung der geschlechtsreifen Frau als K. in den Vordergrund (vgl. Basiles Version des Aschenputtelmärchens im *Pentamerone* I, 6: »La gatta cenerentola«). Die moderne Lit. greift diese Symbolik bisweilen ironisch auf, etwa wenn Heine schreibt: »Als ich in Göttingen von allem weilte. Umgange abgeschlossen war, schaffte ich mir wenigstens eine K. an« (*Reisebilder. Nachlese*: »Zweiter Brief aus Berlin«). Der diabol. Aspekt der K.-Symbolik (s. 1.) findet sich wieder in Verbindung mit dem Weiblichen bei Baudelaire, der im K.haften der Frau deren erot. Attraktivität und Gefährlichkeit gleichermaßen beschreibt (Baudelaire, *Les fleurs du mal* XXXIV: *Le Chat*; vgl. Cortázar, *Los premios* XXIX), und in radikalisierter Form bei Bataille, der in seiner Erzählung *L'histoire de l'œil* die K. mit dem sexuellen Begehren und, einer populären Symbolik folgend, konkret mit der Vulva (↗Vagina) verknüpft (vgl. Apollinaire, *Les onze mille verges* IV, IX) und in die Indifferenz von sexueller Entgrenzung und Tod münden lässt.

3. Symbol des Wilden, Grausamen und Unberechenbaren. Aufgrund ihrer nur partiellen Domestikation tritt die K. als Symbol des Natürlichen auf, das sich der vollständigen menschl. Kontrolle entzieht. Neben der Verbindung zur Jagdgöttin Diana (s. 1.) werden die Raubtiereigenschaften der K. betont, die sie als wildes Tier erscheinen lassen (satirisch gebraucht im frühneuzeitl. *Lalebuch* XLIV). Das Jagdverhalten der K., die die Beute nach dem Fang nicht sofort verzehrt, sondern mit ihr ›spielt‹, wird v. a. in der Fabellit. des MA und der Neuzeit als Grausamkeit und Unberechenbarkeit dargestellt (z. B. Boner, *Edelstein* XLIII: *Von einer miuse und von ir kinden*; La Fontaine, *Fables choisies* XII, 5; vgl. HS, 587), die z. T. mit Verstellung und Heuchelei einhergehen (La Fontaine, *Fables choisies* VI, 5; VIII, 22; vgl. Grimm, *K. und Maus in Gesellschaft*). Daran anknüpfend präsentiert Kafka in der *Kleinen Fabel* die iron. Grausamkeit der K. Von daher ist es naheliegend, dass das Raubtier K. in Opposition zur verfolgten ↗Maus in der Nachkriegslit. auch zur Symbolisierung der Grausamkeit der Nationalsozialisten verwendet wird (ambivalent bei Grass, *Katz und Maus*; subtil in der Nichtnennung der K. bei Bobrowski, *Mäusefest*; eindeutig bei Spiegelman,

Mouse I/II). Die Comic-Literatur, die das Paar K. und Maus schon frühzeitig kennt, verbindet häufig die Grausamkeit und Hinterlist der (zumeist männl.) K. mit deren beschränkter Intelligenz, um diese gegenüber der siegreichen Maus bloßzustellen (Black Pete/Kater Karlo als Antagonist von Mickey Mouse; Tom und Jerry in der gleichnamigen Comic- und Zeichentrickserie). Als annähernd gleichwertige Gegnerin, z. T. auch Partnerin des Superhelden erscheint im *Batman*-Comic die Figur der ›Catwoman‹. Positiv gewendet wird die Wildheit der K. im Sinne eines unabhängigen, natürl. Lebens beispielsweise in Hunters Jugendbuchreihe *Warrior Cats*.

4. Symbol des (genialischen) Dichters. Merkmale poet. Produktivität werden v. a. dem Kater schon in der slav. Märchentrad. zugeschrieben; so ist er im ukrain. Volksmärchen Sinnbild des geborenen Musikers, Sängers und Märchenerzählers (Golowin, 71). Puschkin greift dies wieder auf zu Beginn seiner Verserzählung *Ruslan i Ljudmila*, wo von einem weisen Kater die Rede ist, der an einer Goldkette (↗Gold, ↗Kette) um eine ↗Eiche am ↗Meer wandert: »Geht's rechts, hört man ein Lied ihn surren,/ Geht's linksherum – ein Märchen schnurren« (Prolog, V. 5 f.). Diese volkstümlich-orale Dichterfigur findet man wieder in Ladas Kinderbuch *Kocour Mikeš* (dt. *Kater Mikesch*). E.T.A. Hoffmann hingegen präsentiert in seinem Roman *Lebensansichten des Katers Murr* einen selbstbewussten romant. Schriftsteller, dessen wörtlich und metaphorisch zu verstehende Launen- und Sprunghaftigkeit die Gestalt eines genial., unordentlich-naturhaft produzierenden Künstlers evoziert. Auch diese literale Form des dichtenden Katers wird im Kinderbuch wieder aufgenommen (Kolář, *Z deníku kocoura Modroočka*, dt. *Kater Schnurr mit den blauen Augen*).

↗Hund, Maus.

Lit.: EdM VII, 1069–1083 (Der gestiefelte Kater), 1099–1109 (K.). – RAC XX, 683–698. – G. Blaschitz, Die K., in: Symbole des Alltags – Alltag der Symbole, FS Harry Kühnel, Graz 1992, 589–615. – S. Golowin, Göttin K., München 1989. CWö/GB

Kelch ↗Becher/Kelch/Gral.

Kerker ↗Gefängnis.

Kern ↗Schale und Kern.

Kerze

Symbol des Göttlichen und des Geistigen, des Glaubens, der Wahrheit und der Erkenntnis, der Vergänglichkeit und des Todes. – Relevant für die Symbolbildung sind (a) das erhellende, aber kleine ↗Licht der K., (b) die Flamme (↗Feuer/ Flamme) und das Wachs als Bestandteile der K.

sowie (c) die Möglichkeit, an einer K. andere K. zu entzünden.

1. Symbol des Göttlichen und des Geistigen. Im Deutschen seit dem 8. Jh. belegt und zunächst gleichbedeutend mit ›Licht‹ verwendet, ordnet DWb (XI, 615) »K. als gewählteren ausdruck« dem dichter.-relig. Bereich zu, wie auch schon im christl. Ritus die Verwendung der K. symbol. Bedeutung hat. Als ird. Zeichen auf das »ewige Licht« Gottes (Jes 60, 19 f.) weisend, führen K. »in das ewig selig Leben« (*Des Knaben Wunderhorn* II, 11a: *Urlicht*). Sie erinnern an die Geburt Christi und seine lichtreine Heiligkeit (Arndt, *Der Weihnachtsbaum*; ↗Tanne). Die Osterkerze preist Christus als das Licht der Welt, der mit seiner Auferstehung die ↗Finsternis des Todes und der Sünde überwindet (Joh 8,12; *Das Exsultet*). Galant spielt J.Ch. Günther mit dieser Symbolik, wenn »des Mondes K./ Zärtlich aus den Wolken bricht« und die Hoffnung auf ird. Liebesglück nährt (*Auf ein Mägdgen*). Anlässlich der ursprünglich heidn. Lustrationsriten verdrängenden Prozession an Mariä Lichtmess bekehren geweihte K. als Sinnbild Christi die Heiden (Lk 2,32). – Das Wachs der K., auf dessen Kostbarkeit Adelung die relig. K.symbolik etymologisch nach gr. *kērós*: »Wachs« zurückführt (*Grammatisch-kritisches Wörterbuch der Hochdeutschen Mundart*, 1793–1801, II, 1557), veranschaulicht für sich genommen in der symbol. Trad. jedoch zunächst die Hinfälligkeit der menschl. Seele: »Und ich von leyd fast jederzeit / Zerfließ gleich einer k.« (Spee, *Trutznachtigall: Wahre buß eines recht zerknirschten hertzens*; so auch Greiffenberg, *Auf den aller theurest- und sauresten Blut-Angstschweiß*; vgl. Ps 22,15). Sie steht für die Schwäche der Gottlosen (Ps 68,3) und die Vergänglichkeit der ird. Natur vor Gott (Ps 97,5; Mi 1,4). Andererseits deutet die Formbarkeit des Wachses auf die christl. Demut der Seele vor Gott (Kuhlmann, *Der Kühlpsalter* I, 1, 10; Teersteegen, *Geistliches Blumengärtlein: Was geschmolzen ist, leicht in Eines fließt*), weltlich umgedeutet auf das verliebte Herz bei Jean Paul (*Flegeljahre* XVI). In enger Verbindung mit der Symbolik der ↗jungfräul. ↗Biene und des ↗Honigs steht es zudem auch für die Jungfrau Maria (Birgitta v. Schweden, *Revelationes* VI, 12). – Das Entzünden der K. lässt sich als Erwecken der Liebe deuten (so in J. Cats' Emblembuch *Proteus*, 1618: *Flamma fumo proxima*), als Übertragung des (Lebens-)Geistes: »Nimm mein Herze, güldne K./ Und entzünd es heiliglich« (Angelus Silesius, *Heilige Seelenlust* I, 20: *Die Psyche opfert dem Jesulein*; Gerhard, *Schwing dich auf*) oder auch, wie bei Logau (*Auff eines Freundes Geburts-Tag*), als »der Sonne göldne K.« auf allg. Lebenssegen übertragen. Der alte Brauch, dass »gläubige Scharen« an der »heiligen Flamme auch ihr Kerzlein anzünden«, erscheint Goethe zumindest als Zeichen für »ein grenzenloses Bedürfnis der Menschheit nach gleichem Licht, gleicher Wärme«

(*Dichtung und Wahrheit* IV, 18). Jenseits christl. Deutungen vermögen in Schillers *Triumph der Liebe* auch »des Himmels Flammenkerze« in ↗steinernen Herzen nachtschwarzer (↗Nacht/Finsternis; ↗Schwarz) Seelen keine Glut zu entfachen, höchste Leidenschaft jedoch »entzünden lichterloh« K.-flammen in B. Strauß' *Paare, Passanten*.

2. *Symbol des Glaubens und des Trostes.* Vorgebildet im Gleichnis von den klugen Jungfrauen (Mt 25,1ff.), die die Flamme der Öllampe hüten und damit ein Sinnbild für Beständigkeit und Wachsamkeit des Glaubens geben (NLC, 158–160), symbolisiert das Bewahren des leicht verlöschenden K.-lichts in der Legende von der hl. Genoveva die Widerständigkeit gegen die Versuchung durch den Teufel (*Acta Sanctorum*, Januarii I, 137ff.). Das im Sündenfall verloschene K.licht kann die Weisheit »neu entzünden« (Angelus Silesius, *Cherubinischer Wandersmann* IV, 38: *Der verlorne Groschen*). Demgegenüber verweigern Huchels »schwarze K.« Trost und Zukunftshoffnung vor dem Hintergrund der Erfahrung sinnloser Vernichtung menschl. Lebens im Zweiten Weltkrieg (*An taube Ohren der Geschlechter*).

3. *Symbol der Wahrheit und der Erkenntnis.* Wie schon sprichwörtlich jemandem ›ein Licht aufgeht‹, so geht nach Ps 112,4 dem Frommen »das Licht auf in der Finsternis«. Überhaupt ist die erhellende Kraft der kleinen K.flamme Symbol der Wahrheit und der Erkenntnis schlechthin. Mt 5,14–16 betont im Bild des Leuchters, der allen »leuchtet […], die im Hause sind«, zugleich die soziale Dimension wahren Wissens und Handelns. – In der europ. Aufklärung stellt Locke dem göttl. ↗Sonnenlicht die begrenzte, aber zureichende Kraft der menschl. Vernunft gegenüber: »die in uns brennende K. leuchtet für all unsere Zwecke hell genug« (*An Essay Concerning Human Understanding* I, 1, § 5). In Heines *Psyche* gewährt das Licht einer »kleinen Lampe« Amor heiml. Erkenntnis, der jedoch »Achtzehnhundertjähr'ge Buße« folgen; in Heines *Reisebildern* (»Die Stadt Lucca« V) erlaubt ausgerechnet der K.schein einer frommen Prozession die Einsicht in die »unheilbare Krankheit« des Katholizismus.

4. *Symbol der Vergänglichkeit und des Todes.* Mit ihrer schwindenden Größe und unsteten, leicht auslöschbaren Flamme symbolisiert die K. die Vergänglichkeit des Lebens, sprichwörtlich das ›Verlöschen des Lebenslichts‹ (Seidel, 108–117; Bechstein, *Gevatter Tod*). Die K., die das Insekt zu verbrennen droht, führt dem Menschen die Relativität von »Not und Pein« vor Augen (G. Keller, *Nachtfalter*), gleichermaßen weist sie jedoch mit der Unbeirrbarkeit, in der der ↗Schmetterling vom verhängnisvollen Licht angezogen wird, auch auf die Notwendigkeit eines Lebenssinns hin, ohne den »du nur ein trüber Gast/ Auf der dunklen Erde« bist: »Stirb und werde!« (Goethe, *West-östlicher Divan*: *Selige Sehn-*

sucht). – Im Zusammenhang des barocken *memento mori* verwendet Gryphius das Bild der abgebrannten K. (*Menschliches Elende*); als Verzweiflung an der Welt erscheint es in Tiecks *Wilhelm Lovell* (VI, 15); eindringlich wirkt es schließlich in seiner Vergeblichkeit in Chamissos *Kind an die erloschene K.* Imaginiert Rilke im K.licht noch die Begegnung mit den Toten (*Requiem*), wird die K. in Kaschnitz' *Verlorene Zeit*, wenn »im teigigen Wachsfluß« der »Dorn erstarrt«, zum Zeichen des Todes selbst (↗Dorn).

↗Fackel, Feuer/Flamme, Licht, Tanne/Tannenbaum.

Lit.: EdM VII, 1175–1178. – NLC, 156–162. – RAC VII, 154–217. – K. Seidel, Die K., Hildesheim/Zürich 1996.   RZ

Kette

Symbol einer ununterbrochenen Verbindung, der Ehre sowie der Unterdrückung und Knechtschaft. – Relevant für die Symbolbildung sind (a) der ineinander greifende, kontinuierl. Zusammenhang der K.glieder, (b) ihr materieller Wert und (c) ihre Verwendung als Fessel.

1. *Symbol der Verbindung.* Die Idee einer K., die Menschliches und Göttliches, Belebtes und Unbelebtes hierarch.-ordnungsstiftend miteinander verbindet (»chain of being«, Pope, *Essay on man* I; »chaîne des êtres«, Buffon, *Histoire naturelle*: »Discours sur la manière d'etudier et de traiter l'Histoire naturelle«), hat das abendländ. Denken seit der Antike (mit einem Höhepunkt in der Renaissance) bis noch ins 19. Jh. stark geprägt. Bereits in der *Ilias* spricht Zeus davon, alles Erschaffene mit einer K. am Olymp zu befestigen, »daß schwebend das Weltall hing' in der Höhe« (VIII, 18ff.). Im Rahmen seiner Kosmologie diskutiert Platon (*Timaios* 30aff.) die Problematik des Eins und der Vielheit, des Seins und des Werdens in der Schöpfung. Die einzelnen Elemente werden dabei durch den Demiurgen auf so vernünftige wie harmon. Weise durch ein Band (oder auch eine K.) miteinander verbunden. Auch den Künstler (Rhapsoden) sieht Platon als Teil einer K.: die göttliche Energie der Kunst nimmt ihren Ausgang von Orpheus und Musaios her und dann über Autoren wie etwa Homer, der Künstler und Publikum besonders zu inspirieren weiß, bis zu den Rhapsoden als Werkvermittlern. Das letzte Glied bildet dann das Publikum (*Ion* 533a–536d). Aristoteles klassifiziert alle Lebewesen nach Graden der Vollkommenheit, angeordnet in einer elfgliedrigen, ununterbrochen aufsteigenden Reihe (*Historia animalium* 732a–733b). Später wird die Stufenfolge dann ins Unendliche erweitert und umfasst auch die unbelebte Natur. Diese Ordnung wird als überzeitlich und unveränderlich angesehen, jeder Eingriff muss daher ins Chaos führen (z.B. Shakespeare, *Troilus and Cressida* I, 3). Spätestens ab dem

18. Jh. kommt eine existentielle Komponente hinzu: »Hat einer je die große K. der Wesen gesehen, die sich erstreckt von unendlicher Perfektion bis zu den Abgründen des Nichts und der Verzweiflung, vor denen der Gedanke verzagen muss« (Thomson, *The Seasons* 334 ff.). Als zentrales Symbol dient die K. auch in Goethes Verständnis der Natur: »Ein kleiner Ring/ Begrenzt unser Leben,/ Und viele Geschlechter/ Reihen sie dauernd/ An ihres Daseins/ Unendliche K.« (*Grenzen der Menschheit*; ähnlich auch *Die Metamorphose der Pflanzen*). Noch Schelling spricht von der »goldenen K. des allverbreiteten Lichts«, über die wir mit dem All in Verbindung stünden (*Clara*). Erkenntniskritisch gewendet findet sich die K.symbolik bei Grillparzer: »Wir kennen Gott als den letzten Ring in der K. der Dinge, aber die Mittelglieder fehlen, und gerade eine Reihe sucht der Verstand. Statt, wie das Gemüt von oben anzufangen und das Irdische an jenes zu knüpfen, beginnt der Verstand, seiner Natur nach, von dem, was er faßt, von dem untersten Gliede nämlich, und sucht nun zu dem obersten auf einer Leiter ohne Stufen emporzusteigen […] ›nihil novi in mundo‹!« (*Vom Schicksal*; ↗Oben/unten). In der Einleitung zu Stifters *Abdias* hingegen steht die K. symbol.-harmonisierend für das menschl. Schicksal, das als »heit're, blumenreiche K.« das »ganze Universum« verbindet und »bis zu jener Hand« hinabreicht, »welche das Ende der K. hält« (»1. Esther«). Dass die K. stets nur so stark ist wie ihr schwächstes Glied, hat immer wieder Unbehagen hervorgerufen und ist als längst sprichwörtlich gewordenes Faktum vielfach belegbar (z. B. Goethe, *Wilhelm Meisters Wanderjahre* III, 12). Als Symbol für sein Wissenschaftsverständnis bemüht Peirce in *Chance, Love, and Logic* (III) daher nicht die K., die »nicht stärker als ihr schwächstes Glied ist«, sondern das Kabel, dessen Fasern »so dünn sein können, wie sie wollen, vorausgesetzt es gibt genug davon und sie sind eng miteinander verflochten«.

2. Symbol der Ehre. In Goethes Ballade *Der Sänger* wird die »goldne K.« als Symbol der Ehre und weltl. Macht negativ dem natürl., selbstgenügsamen Gesang gegenüber gestellt. Als Symbol für den die Verschwendungssucht des Adels und den Niedergang der Monarchie fungiert die K. im Rahmen der sog. »Halsbandaffäre« um die frz. Königin Marie Antoinette, die vielfach literarisch aufgegriffen wurde (z. B. in Goethes Komödie *Der Großkophta*). Daneben ist die K. integraler Bestandteil vieler Ehrenzeichen. Die Mitglieder des 1429 gegründeten »Ordens vom goldenen Vlies«, einem der wichtigsten dt. Ritterorden und Vorbild für viele moderne staatl. Verdienstordensysteme, tragen eine goldene K., an der ein goldenes ↗Widderfell mit der Inschrift *Pretium laborum non vile* (»Kein geringer Preis für die Mühen«) befestigt ist. Die K. dient hier als Symbol für die brüderl. Gemeinschaft aller Ordensträger.

3. Symbol der Unterdrückung und Knechtschaft. K. stehen aber auch seit jeher für Gefangenschaft und Unterdrückung (HdA IV, 1279 ff.). Als einer der archetyp. myth. Gefangenen, dessen Strafe bis heute immer wieder aktualisierend gelesen wird, kann Prometheus gelten, der zur Strafe für sein Vergehen, den Menschen das ↗Feuer gebracht zu haben, an die Felsen des Kaukasus gekettet wurde (z. B. Aischylos, *Der gefesselte Prometheus*). Für den Idealismus können K. nur den äußeren Menschen versklaven und müssen früher oder später fallen (Schiller, *Die Worte des Glaubens*). Die moderne, mit der Industriellen Revolution einhergegangene und eminent polit. Bedeutung des K.symbols findet sich vielleicht am eindringlichsten am Schluss des *Manifests der Kommunistischen Partei* von Marx und Engels: »Mögen die herrschenden Klassen vor einer Kommunistischen Revolution zittern. Die Proletarier haben nichts in ihr zu verlieren als ihre K.« Die Befreiung von den K. kann allerdings nur scheinbar sein: »Es sind nicht alle frei, die ihrer K. spotten« (Lessing, *Nathan der Weise* IV, 4). Schopenhauer betrachtete das Bild des angeketteten ↗Hundes als Symbol für die Leiden, die das Christentum den Tieren zufügt, indem es sie grundsätzlich als dem Menschen untertan betrachtet (*Parerga und Paralipomena* II, § 177, 400).

↗Gefängnis, Hund, Ring, Spirale.

Lit.: A. Lasche, Das Symbol der K., Leipzig 1876. – A.O. Lovejoy, The Great Chain of Being, Cambridge/ London 1936 [dt. 1993]. – E.M.W. Tillyard, The Elizabethan World Picture, New York 1944. HHT

Kind

Symbol eines naturhaften und unverbildeten Elementarzustandes des menschl. Geschlechts, eines Neubeginns, Symbol der Unschuld, jedoch ebenso der Rebellion, Unordnung und Anarchie. – Relevant für die Symbolbildung sind (a) die kultur- und epochenabhängige Ausprägung von K.heit und Einteilung eines bestimmten Lebensabschnitts, (b) die historisch durchgängige Auffassung von K.heit als einer Lebenszeit, in welcher der spieler. Umgang in und mit der Lebenswelt im Vordergrund steht (*infans ludens*; ↗Spiel).

1. Symbol der Natürlichkeit, der Unschuld und des unverbildeten Elementarzustandes. Ausgehend von der ihm anhängenden primären individuellen Naivität sowie Empfindungs- und Erfahrungsfähigkeit, die dem Erwachsenen in der Lebensroutine abhanden kommt, wird dem K., ähnlich dem ↗Narren, dem Schelm oder dem Wahnsinnigen, ein vorausschauend-urteilsfähiges Wissen zuerkannt, das sich als ›K.mund‹ und als Art des Wahr-Sprechens artikuliert. Der ↗blinde Seher Teiresias wird »von der Hand eines leitenden Knaben geführt« (G. Schwab, *Die Sage von Ödipus*; vgl. Herodot, *Historiae* V, 49– 51). – Insbes. in der Moralistik dagegen ist das K.

Projektionsmedium eines unfertigen Zustandes und noch auszubildenden, zu perfektionierenden Lebens (Perrault, *Histoires ou Contes du temps passé*). Aus einer präformist. Sicht bildet die Entwicklung des K. mikroskopisch die Entwicklung des Menschengeschlechts ab, lebensgeschichtliche und historische Evolution werden als parallele Geschichten des Fortschritts dargestellt: »Und ihr habt alle gute Eigenschaften eines Elementarbuchs sowohl für K., als für ein kindisches Volk« (Lessing, *Die Erziehung des Menschengeschlechts* § 50; s. a. Agamben, *Infanzia e storia*). Entscheidend zu der Auffassung eines Parallelismus in der Entwicklung von K. und von Gesellschaften trägt auch Rousseaus Erziehungsroman *Émile ou sur l'éducation* (1762) bei. – Prägend für die Unschuldssymbolik des K. ist die christl. Vorstellung vom als K. in der Krippe geborenen Gottessohn Jesus (Lk 2; vgl. Jes 9,6) und der eschatolog. Auszeichnung des K. (»Lasset die Kindlein zu mir kommen und wehret ihnen nicht; denn solcher ist das Reich Gottes«, Mk 10,14), entsprechend auch in der christl.-relig. Lyrik (z. B. Gerhardt, *Ich steh an deiner Krippen hier*), und übertragen auf Kinderlit. und Märchen: »Innerlich geht durch diese Dichtung dieselbe Reinheit, um derentwillen uns K. so wunderbar und seelig erscheinen« (Grimm, *Kinder- und Hausmärchen*, Vorrede; ↗Reinheit). – Wird im aufklärer.-romant. Kontext das K. zur Aufrechterhaltung des ›guten Menschen‹ gegen die gesellschaftl.-feudalist. Depravation gestellt (Rousseau, *Émile ou de l'éducation* IV), erhebt insbes. die romant. Lit., teilweise auf christl. Trad. zurückgreifend, das K. zum Symbol reiner Unschuld (»das zarte Götterkind Leben«, F. Schlegel, *Lucinde*, 1799: »Tändeleien der Fantasie«), auch dargestellt als Figur von »innerer Vollendung« (*Lucinde*: »Charakteristik der kleinen Wilhelmine«), in das sich mitunter auch messian. Züge mischen: »O selig, o selig ein K. noch zu sein!« (Lortzing, *Zar und Zimmermann* III, 5; vgl. auch G. Sand, *Nanon*, 1872). Die Symbolik reiner Unschuld wird bis in die Gegenwart wieder aufgegriffen: »Allein die Tatsache K., ohne besonderes Kennzeichen, strahlte Heiterkeit aus – die Unschuld war eine Form des Geistes!« (Handke, *Kindergeschichte*, 1981).

2. Symbol des Neubeginns, der Vergänglichkeit und der Erinnerung. Ähnlich wie das K. bei Rousseau einen histor.-polit. Umbruch anzeigt und zum gesellschaftspolit. Hoffnungsträger wird, stellt das K. auch in der Vorstellung des ästhet. Prozess ein identifikator. Symbol des Neubeginns und des Ursprungs der Kunst dar. In Prousts Epos *À la recherche du temps perdu* (1913–1927) legen die vergessenen Erfahrungen des jungen Marcel durch das später zu entwickelnde Bewusstsein notwendiger Mnemotechniken und anamnet. Verfahren den Grundstein zu einer ästhetisch produktiven Arbeit als Schriftsteller. Zugleich wird die Kindheit auch

zum Symbol einer vergangenen und unzugänglichen Geschichtlichkeit, so auch in den Gedichten Rilkes, in denen mit der Kindheit zugleich von »Verlornem« die Rede ist (*Buch der Bilder*: *Kindheit*; *Neue Gedichte*: *Kindheit*). Auch bei Rilke vermittelt das Bild des K. und die Erinnerung daran ästhet. Erfahrung.

3. Symbol der Rebellion, der gesellschaftlichen Unordnung und der Anarchie. Der präzivilisatorisch ›wilde‹ Zustand des K. wird in der Lit. vornehmlich als ein vorsprachl. Zustand inszeniert (Goethe, *Wilhelm Meisters Lehrjahre* VIII, 9, über das K. Mignon: »mit Worten konnte es sich nicht ausdrücken«). Die Herausbildung der Sprache wird mit dem literar. Prozess verglichen, der mit Neologismen experimentiert, Sprach- und Sinnverdrehungen erprobt und Unsinn entstehen lässt (Carroll, *Alice in Wonderland*, 1865). Von der sprachl. Agrammatikalität wird auf eine archaisch-anarch. Lebensform des K. geschlossen. Das K. wird als ein Fremdes wahrgenommen, insofern ein Dasein befremdet. In seiner vermeintlich noch verwilderten Verfassung ist das K. gegen die Anstrengungen einer Bildungs- und Kulturgläubigen Umgebung resistent: »ein K., das rennt, spielt, tanzt oder zeichnet, kann seine Aufmerksamkeit nicht auf Sprache oder Schrift konzentrieren, und deshalb ist es auch nie ein brauchbares Subjekt« (Deleuze/Guattari, *Mille plateaux* II, 7). Insbes. durch ihren Drang nach körperl. Bewegung bringen K. die gesellschaftl. Ordnung durcheinander. In Queneaus *Zazie dans le métro* (1959) wird das K. zum Tyrann. Die »Göre« Zazie tyrannisiert ihren Onkel und seine Freunde mit Beschimpfungen, stiehlt die begehrten Blue Jeans auf dem Flohmarkt und muss sich mehrfach zurecht weisen lassen: »Man darf mit den Erwachsenen nicht grob umgehen.«

4. Symbol der Ohnmacht und Regression. Insbes. die Lit. nach dem Zweiten Weltkrieg stellt das K. in seiner relativen Schwäche gegenüber der Welt der Erwachsenen, aber auch innerhalb kindl., rivalisierender Gemeinschaften dar. Das K. wird zu einer Figur der Ohnmacht und Scham, das die Ausgrenzung erlebt (Goldschmidt, *Die Aussetzung*), es wird zum Symbol des Opfers repressiver Machtverhältnisse, seien sie als Gewalt von Familienstrukturen (Th. Bernhard, *Ein K.*) oder als Gewalt gesellschaftl. Verhältnisse dargestellt. Die Disziplinierungsmethoden des Faschismus und die Mechanismen der kollektiven Verdrängung einer histor. Aufarbeitung in der bundesrepublik. Nachkriegszeit werden in der Lit. als »Teillähmung des Lebens« dargestellt, die sich in der Infantilisierung der literar. Lebenswelten ausdrückt. In den Romanen von Genazino agieren die entscheidungsunfähigen Helden als »alternde K.« (*Die Ausschweifung*). K. sind hier als Nachkommen prinzipiell undenkbar und symbolisieren allein mögl. Konkurrenten in der idiosynkrat.-narzisst. Lebensform des Singles; erst im

21. Jh. wird das K. als K.wunsch, u. a. im Rahmen künstl. Befruchtung, zu einer Abenteuer verheißenden neuen Erlebnismöglichkeit (s. das K. als »Obsklappt« in v. Düffels *Beste Jahre*) und gewinnt von neuem Züge einer heilsgeschichtl. Ikone. Als Erinnerung an eine eigene, vergangene Lebensphase stellt das K. hier die lebendige Revokation der Ohnmacht gegenüber etablierten Ordnungen dar. Als Antagonist der Erwachsenen übt das K. die Verweigerung (es verweigert sich etwa zu wachsen, wie Oskar Matzerath in Grass, *Die Blechtrommel*) oder die symbolisch genealog. Rückverwandlung in einen animal. und bestial. Zustand (Kristof, *Das große Heft*: »Hasenscharte«). – Erzählungen des Holocausts setzen die K.perspektive ein, um das Verstehen, respektive die Unmöglichkeit des Verstehens, des Alltags und Lebens im Lager darzustellen. Mit historisch unwissenden Augen und gleichzeitig unverstellter Neugierde sieht das K. im Lager das Unvorstellbare und vermittelt die Authentizität des Zeugen. Ob als biograf.-literar. Bericht (Klüger, *weiter leben*) oder als fiktive Selbstvergewisserung (Kertész, *Roman eines Schicksallosen*) symbolisiert das K. in der Lit. über den Holocaust jenen antihistor. ›wahrhaftigen‹ (s. 1.) Standpunkt, der die stets von neuem zu stellenden Fragen an die Wirklichkeit der Vernichtungslager ermöglicht. – In Houellebecqs Künstler-Roman *La carte et le territoire* wird der bestialisch ermordete Autor, dessen zerstückelte Körperteile von seinem Mörder zu einem Kunstwerk hermet. Charakters rearrangiert wurden, in einem »K.sarg mit einer Länge von einem Meter zwanzig« begraben. Die auf ein »kompaktes Häufchen« reduzierten sterbl. Überreste des Autors erschüttern durch die K.-Assoziation in der Bestattungszeremonie die trauernde Öffentlichkeit und stellen iron. Bezüge sowohl zur Reinkarnation als auch zur Regression her. Diese können als Verabschiedung der gleichermaßen esoter. wie psychoanalyt. Überzeugungen des 20. Jh. und der Überschätzung der Figur des K. aufgefasst werden. ↗Alphabet, Blumenkranz, Mutter, Reinheit, Spiel, Vater/Hausvater.

Lit.: W. Bies, Das K. als Symbol in der engl. Romantik, in: Symbolon 8 (1986), 108–126. – A. Byrnes, The Child, New York/Bern 1995. – A. Classen, Die vermeintlich vergessenen K. in der mittelhochdt. Lit., in: Zs. für Literaturwiss. und Linguistik 35 (2005), 9–33. – T. Michaelis, Der romant. K.heitsmythos, Frankfurt a. M./Bern 1986. – R. Steinlein, »Die Kindheit ist der Augenblick Gottes«, in: ders., K.- und Jugendlit. als Schöne Lit., Frankfurt a. M./Berlin 2004, 65–83.   EE

Kirsche

Symbol der Liebe und der Erotik, der Fruchtbarkeit und des menschl. Reifeprozesses, der Revolution und der Freiheit. – Relevant für die Symbolbildung sind (a) die ↗Herzform und die Süße der Frucht,

(b) ihre ↗rote Farbe und (c) ihr ↗Kern bzw. ↗Samen.

1. Symbol der Liebe und Erotik. V.a. der Aspekt der körperl. Liebe, insbes. der weibl. Erotik, steht bei der Verwendung der K. im literar. Liebesdiskurs im Vordergrund. Dabei kommt die symbol. Besetzung der K. als ›verbotene Frucht‹, z.B. in bildl. Darstellungen der christl. Kunst des MA, zum Tragen. In Karschs Gedicht *Lob der schwarzen K.* stilisiert sich das lyr. Ich selbst zur von der süßen Frucht verführten Eva; in der Voßschen Idylle *Die K.pflückerin* gerät die K. zum spielerisch eingesetzten Mittel, um die Liebesgeheimnisse zweier Mädchen an den Tag zu bringen. Zu Beginn des 20. Jh. erlebt die mit der K. verknüpfte Symbolik der Verführung zur Sünde eine Konjunktur: Spitteler lässt im Rückgriff auf Motive der griech. Mythologie Aphrodite einem Knaben in einer sinnl.-intimen Geste das Fruchtfleisch einer K. verabreichen, um ihn so durch diese Liebesinitiation stellvertretend für das männl. Geschlecht zeitlebens dem weibl. Eros »untertan« zu machen (Spitteler, *Olympischer Frühling* IV, 1). Bei P. Ernst verursacht der Genuss einer von der Frau dem Mann angebotenen »großen dunklen Herzkirsche« sogar den Tod der Liebenden (*Forisel und Meliade*). In der Naturlyrik der 1950er Jahre wird auch die K. als trad. Liebessymbol adaptiert, zugleich aber mit der hergebrachten Bedeutung gebrochen. Bei Grass etwa wird mit dem Verweis auf das Vergehen und Verfaulen der Liebesfrucht der zum Klischee erstarrte Mythos der ewigwährenden romant. Liebe gleichsam in den natürl. organ. Verfallsprozess integriert und somit zugleich demythologisiert (*Gleisdreieck*: Annabel Lee; K.).

2. Symbol der Fruchtbarkeit und des menschlichen Reifeprozesses. Das Eingebundensein des menschl. Daseins in den Naturzyklus wird häufig symbolisch deutlich gemacht durch den Reifeprozess von Früchten, wobei die K. hier eine prominente Stellung einnimmt. In Bürgers Ballade *Des Pfarrers Tochter von Taubenhain* wird das Reifen der für die jeweiligen Jahreszeiten typ. Früchte (»Erdbeer' und K.« für den Frühsommer; ↗Erdbeere) den Schwangerschaftsstadien des Mädchens parallelisiert; zudem dient die mit diesen Früchten einhergehende und akzentuiert eingesetzte Farbsymbolik dazu, sowohl Lust und Leben als auch Schmerz und Tod (↗Sterben) gleichermaßen darzustellen. – Ab dem ersten Drittel des 19. Jh. wird die K. symbolhaft bei der Schilderung von bes. einprägsamen Kindheitserinnerungen eingesetzt. Diese kindl., fragmentar. Erinnerungen sind eng mit der sinnlich erfahrbaren Natur verknüpft und kennzeichnen die psycholog. Individuation, die in der Retrospektive lustvoll erlebt wird (B. v. Arnim, *Goethes Briefwechsel mit einem Kinde* III: »Buch der Liebe«). Zu Beginn von F. Huchs Roman *Mao* tritt die Polydimensionalität des Symbols und zugleich dessen Funktion in der Darstellung kindl. Individualisierungsprozesse zutage: Einerseits dienen die K.kerne der großen Schwester zur Erniedrigung des Bruders, indem sie vor seinen Augen die begehrte Frucht verzehrt, nur um ihm »danach mit den nassen Kernen zu bewerfen«; andererseits gelingt es dem Protagonisten, der Schwester einige K. zu entwenden und diese zu einem symbol. kindl. Opfer, zum Geschenk an die imaginierte bukol. Figur eines Hirtenknabens zu erhöhen. Das Verstreichen der Zeit, plastisch in Szene gesetzt anhand des Fruchtwechsels der Jahreszeiten, und die damit einhergehende Wandlung des Individuums wird deutlich gemacht im gleichnamigen Grass'schen Gedicht: »Plötzlich waren die K. da,/ obgleich ich vergessen hatte,/ daß es K. gibt« (*Gleisdreieck: Wandlung*).

3. Symbol der Revolution und der Freiheit. Im 19. Jh. wird in die komplexe K.symbolik eine weitere Bedeutungsebene eingezogen: die der Revolution und der Freiheit. Dabei ist v. a. die Farbgebung der Frucht ausschlaggebend: Rot stellt die Farbe der Revolution und auch die Parteifarbe des Kommunismus dar. Heine greift dieses aus frz. Revolutionsliedern des 19. Jh. bekannte Freiheitssymbol in seinem Gedicht *Im lieben Deutschland daheime* auf und nutzt dabei konstrastiv die christl. Symbolbesetzung der K. als verbotene Paradiesfrucht, um in der Verweigerung des Fruchtgenusses den Rückzug seiner dt. Landsleute in eine apolit. Religiosität darzustellen. Dieser Aspekt der K.symbolik findet seine Fortführung im 20. Jh. Als Zeichen der Befreiung von gesellschaftl. Zwängen wird die K. z. B. im Gedicht *sieg der weichseln* von Enzensberger verwendet; die Früchte stehen hier als synekdoch. Symbol für die wehrhaften K.bäume, die den der Befreiung vorhergehenden Kampf gegen autoritäre Mächte sinnbildlich ausfechten (eine ähnl. Thematik greift Enzensberger auch im Gedicht *kirschgarten im schnee* auf). In der Prosa wirkt Anderschs Werk *K. der Freiheit* symbolbildend, in dem der Protagonist seinen Entschluss zur Fahnenflucht erfolgreich in die Tat umsetzt, und, im Bewusstsein der unmittelbar bevorstehenden Inhaftierung, einen Moment der absoluten, selbstbestimmten Freiheit in der wilden, ursprüngl. Natur zelebriert, indem er »die Deserteurs-K., die wilden Wüstenkirschen meiner Freiheit« verzehrt (Andersch, *Die K. der Freiheit*: »Die Wildnis«).

↗Baum, Mund, Rot, Sommer.

Lit.: U. Fries/R. Dulgarian, Moral. Aufrichtigkeit und theoret. Unbekümmertheit, in: The Germanic Review 62 (1987), 175–185. – B. Zanetti, K. und K., in: Germanica Wratislaviensia 77 (1987), 235–256.   SB

Kleidung

Symbol des gesellschaftl. Status, des kulturellen Habitus und der Identität, des Zeitgeistes und der Modernität sowie des Sprachausdrucks. – Relevant für die Symbolbildung sind (a) der ursprüngl. Zweck der K., dem Schutz, der Scham und dem Schmuck zu dienen, (b) das Wechseln der K. mit der Mode.

1. Symbol der persönlichen (geschlechtsspezifischen, politischen, psychischen, religiösen oder sozialen) Identität. K. als Ausdruck und Teil der Persönlichkeit findet sich vielfach im Märchen, worauf bereits Titel wie *Rotkäppchen* oder *Allerleirauh* hinweisen (vgl. EdM VII, 1432–1441). Im übertragenen Sinne erscheint sie auch schon in der Bibel, wo der Gläubige »den neuen Menschen« bzw. Jesus Christus ›anziehen‹ soll (Eph 4,24; Röm 13,14). Die Aufforderung fußt auf der bibl. Erklärung von der notwendigen Entstehung der K. aus dem menschl. Sündenfall (Gen 3), wodurch K. zum negativ konnotierten, relig. Symbol der Vertreibung aus dem Paradies gerät (so im Kontext dt. Wendelit. auch bei I. Schulze, *Adam und Evelyn*); Kleiderluxus und Mode gelten demnach als beleidigende Verunzierungen des von Gott gegebenen, nackten Körpers und werden als Zeichen gottesabtrünniger Eitelkeit, Hochmütigkeit und Ausschweifung bewertet (Abraham a Sancta Clara, *Neu-eröffnete Welt-Galleria*: »Eingang«). Der Wechsel der Kleidermode (s. a. 2.) ist Sinnbild für die Unbeständigkeit des Gemüts (Brant, *Das Narrenschiff* IV). Noch die moralpädagog. K.kritik bürgerl.-aufklärer. Prägung bleibt christl. Modeverdikten verhaftet (Gottschedin, *Die Pietisterey im Fischbein-Rocke*). – Der Wandel von der ma. und höf. Standeskleidung zur polit. wie psych. Gesinnungsmode erfolgt durch die Frz. Revolution mit ihrer Auflösung ständischer K.ordnungen. So werden bereits ↗blauer Frack und ↗gelbe Weste von Goethes Werther, ein zu dieser Zeit betont antifeudalist. Ensemble, zur kulthaften Moderealität der Empfindsamkeit; in Plenzdorfs ostdt. Adaption *Die neuen Leiden des jungen W.* symbolisieren die westl.-kapitalist. Jeans-Hosen dagegen die sozialismuskrit. Einstellung des jugendl. Helden. Maßgeblich für die dahinter stehende Auffassung vom Äußeren als ↗Spiegelbild des Innenlebens, der Seele, sind Lavaters *Physiognomische Fragmente*, von Goethe in einer »Zugabe« zum zweiten Fragment um den Aspekt der K. erweitert und vom Dandy-Chronisten Balzac zur bürgerl.-psycholog. *vestignomie* erhoben (Balzac, *Traité de la vie élégante*). Sie lässt sich dann auch als charakterist. Kultur-»Physiognomie [...] jedes Zeitalters« lesen (Schopenhauer, *Parerga und Paralipomena II*, XIX, 233). – Darauf, dass K. als Statussymbol zudem die Möglichkeiten der hochstapler. Täuschung und Verkleidung impliziert, macht Keller am Bsp. von Pelzmütze (↗Hut) und ↗Mantel in seiner Novelle mit dem sprichwörtl. Titel *Kleider machen Leute* (vgl. EdM VII, 1425–1430) ebenso aufmerksam wie Zuckmayer am Bsp. der Uniform in seinem Volksstück *Der Hauptmann von Köpenick* oder Andersen am Verhältnis von K. und Nacktheit in seinem Kunstmärchen *Des Kaisers neue Kleider*. Der Typ des dandyist. Hochstaplers hingegen verkehrt die moral. Verhaltensregel »vestis virum reddit« (»die K. macht den Mann«; Erasmus v. Rotterdam, *Adagia* III, 1, 60; vgl. schon Homer, *Odyssee* VI, 29 f.; Quintilian, *Institutio oratoria* VIII, Prooemium 20) in ihr Gegenteil: »Kleider machen Leute […], – oder besser wohl umgekehrt: Der Mann macht das Kleid«, lässt Th. Mann (nicht zuletzt im Spiel mit seinem eigenen Nachnamen) die Titelfigur in den *Bekenntnissen des Hochstaplers Felix Krull* (III, 4) resümieren. – Aber auch K. als geschlechtsspezif. Identitätssymbol, wie es bereits in der Bibel verankert ist (Dtn 22,5: »Ein Weib soll nicht Mannsgewand tragen, und ein Mann soll nicht Weiberkleider antun«), bietet vielfach Anlass zu Formen des Geschlechtergrenzen überschreitenden Crossdressings und der »gender performance« (J. Butler). Häufiger als der als ↗Frau verkleidete ↗Mann (A. v. Arnim, *Die Verkleidungen des französischen Hofmeisters und seines deutschen Zöglings*) erscheint in patriarchalisch organisierten Gesellschaften die als Mann maskierte (↗Maske) Frau. Eine solche Tarnung, welche letztlich am Geschlechterbinarismus festhält, eröffnet Frauen vorher unzugängl. Bereiche des öffentl. Lebens: Nachtleben und Erotik, Reise, Krieg und Kriminalität (Schiller, *Die Jungfrau von Orleans*; C.F. Meyer, *Gustav Adolfs Page*; Woolf, *Orlando*). In der Postmoderne, in der K. mehr mit der Produktion als mit der Repräsentation von (Marken-)Identität(en) zu tun hat (Kracht, *Faserland*), kann dies zum permanenten Vexierspiel, zur Maskerade mit (männl.) Sein und (weibl.) Scheinen, Natur und Kultur führen (Meinecke, *Tomboy*). Als zunächst rausch-, dann jedoch krisenhaft erfahrenes Erlebnis moderner Identitätssuche findet sich dies aber auch schon vorgezeichnet etwa im verwandelnden Kostümwechsel vor dem Spiegel in Rilkes *Aufzeichnungen des Malte Laurids Brigge*.

2. Symbol der Modernität und des Zeitgeistes. K. i. S. v. Mode bezeichnet den permanenten Wechsel und wird häufig mit dem Begriff der Moderne analogisiert, insofern hier in exemplar. Weise Zeit- und Sachvorstellungen i. S. v. ›gegenwärtig‹, ›neu‹ und ›vorübergehend‹ zusammenfallen. So verwendet Baudelaire bei seiner Beschäftigung mit dem Maler C. Guys die Begriffe ›Mode‹ und ›Moderne‹ nahezu synonym (*Le peintre de la vie moderne*). Kennzeichnend sind für ihn in beiden Fällen Elemente des Vergänglichen, Flüchtigen und Möglichen. Das Moment des Transitorischen und die Möglichkeit des ↗Spiels mit histor. Zitaten betont aber auch schon etwas früher Gutzkow in seinem Aufsatz *Die Mode und das Moderne*. Inspiriert durch eklektizist. Tendenzen in der ersten Hälfte des 19. Jh. nimmt Gutzkow damit bereits Definitionsmuster der Postmoderne vorweg, nach denen sich die Mode unter dem Aspekt einer selbstzweckhaften Ästhetik der Wiederholung nicht mehr im Zentrum, sondern bereits am Ende einer Moderne der Simulations-

modelle befinde (Baudrillard, *L'échange symbolique et la mort*). Mit dem krit. Einbezug des Warencharakters der Mode setzt Baudrillard ältere kapitalismuskrit. Ansätze der Verbindung von Mode und Moderne fort (W. Sombart, *Wirtschaft und Mode*; Adorno, *Ästhetische Theorie*). Demgegenüber attestiert Benjamin dem modernen K.wechsel antizipator. Qualitäten: »Jede Saison bringt in ihren neuesten Kreationen irgendwelche geheimen Flaggensignale der kommenden Dinge. Wer sie zu lesen verstünde, der wüßte im voraus nicht nur um neue Strömungen der Kunst, sondern um neue Gesetzbücher, Kriege und Revolutionen« (Benjamin, *Das Passagen-Werk*, B I a, I; Bertschik, Mode, 182–185). – Schon Novalis notiert »K. = Symbol des Geistes der Zeiten« (*Das allgemeine Brouillon* 685). Als kulturphysiognom. Rückschlussverfahren (s. a. 1.) auf den Zeitgeist versteht auch C. Fouqué die Kleidermode im Untertitel als histor. »Beytrag zur Geschichte der Zeit« (*Geschichte der Moden, vom Jahre 1785 bis 1829*); als kulturkrit. Satire erscheint sie bei Vischer (*Mode und Cynismus*), als patriarchatskrit. Epochendiagnose bei Veblen (*Theory of the Leisure Class*) und E. Fuchs (*Die Frau in der Karikatur*; *Geschichte der erotischen Kunst*).

3. Symbol des Sprachausdrucks. Die auf die allegor. Attribute der Göttin Venus-Natura zurückgehende Vorstellung des Weltalls als ein »der Gottheit lebendiges Kleid« (Goethe, *Faust I* 508 f.; vgl. Brockes, *Die himmlische Schrift*), lässt sich im Bild vom ›Kleid‹ der Sprache (DWb V, 1078) und der Poesie (Goethe, *Torquato Tasso* 712–716; Carlyle, *Sartor Resartus*) auch auf die Darstellungs- und Ausdrucksfunktion der Sprache übertragen (↗Gewebe/Faden, ↗Mantel und ↗Schleier). Die verschiedenen Funktionen der K., der Verbergung wie auch des Schmucks des Körpers, seiner Wahrnehmung wie auch der Täuschung (s. 1. und 2.), nimmt die seit der antiken Rhetorik top. Metapher der sprachl. ›Einkleidung‹ der Gedanken auf. So schon der nach gr. *schema* (»K.«) gebildete Begriff für die schmückenden Redefiguren (*schemata*; lat. *ornatus*), die die Wirkung des sprachl. Ausdrucks steigern sollen (Cicero, *De oratore* I, 142). Andererseits lässt sich gegen die kalkulierte Sprachkunst der Rhetorik einwenden, dass sie nur eine trüger. »Bekleidung« ist (Platon, *Gorgias* 465b; Rousseau, *Julie ou La nouvelle Héloïse* II, 14) oder wie Herder formuliert: »Das beste Kleid ist bei einem schönen Körper bloß Hindernis« (*Über die neuere deutsche Literatur* III, 6).

↗Gewebe/Faden, Gürtel, Hut/Kopfbedeckung, Mantel, Schleier, Schuh.

Lit.: WS, 382 f. – J. Bertschik, »Kleider machen Leute« – Gerade auf dem Theater, in: Zs. für dt. Philologie 119 (2000), 213–244. – dies., Mode und Moderne, Köln/Weimar 2005. – S. Bovenschen, K., in: Vom Menschen, hg. v. Ch. Wulf, Weinheim/Basel 1997, 231–242. – G. Lehnert, Wenn Frauen Männerkleider tragen, München 1997. – Ph. Oppenheim, Das Mönchskleid im christl. Altertum, Freiburg 1931.   JB

Knochen

Symbol des Lebens und der Auferstehung, aber auch des Todes und der Sterblichkeit, sowie der äußersten Reduktion. – Relevant für die Symbolbildung sind (a) der K.bau des Körpers, (b) das lange Überdauern der K. nach Verwesen oder Verzehren des Fleisches bei Mensch oder Tier.

1. Symbol des Lebens und der Auferstehung. K. symbolisieren als inneres Gerüst des Menschen (↗Skelett/Totenschädel) das Leben und durch das Überdauern des Todesmoments die Idee der Auferstehung. Im Erschaffen Evas aus Adams Rippe (Gen 2,23) geht aus einem K. neues Leben hervor, Ezechiels bibl. Vision einer Ebene »voll von Gebeinen« (Ez 37) symbolisiert die Auferstehung Israels, ebenso verheißt die Tatsache, dass Jesu K. am ↗Kreuz nicht zerbrochen werden, seine Auferstehung und erfüllt die Prophezeiung aus dem AT (Joh 19,32–36; vgl. Ex 12,46). Auch in der german. Mythologie erscheinen K. im Zusammenhang von Schöpfungsmythen (Grimm, *Deutsche Mythologie* I, 19). Deukalion deutet dagegen in Ovids *Metamorphosen* den Auftrag des Orakels, die K. der »Großen Mutter« (↗Mutter) hinter sich zu werfen, um neues Leben entstehen zu lassen, metaphorisch in ↗Steine um, um dem Totenfrevel zu entgehen (I, 381–394; s.a. 2.). Bes. auch das K.mark ist Symbol der Lebenskraft (z. B. Fleming, *An Amorn*) wie existentieller Betroffenheit: »Tiefatmend stand ich über diesen Klüften,/ Des Lebens Mark rührt' schauernd an das meine« (Eichendorff, *Die Freunde* V, 5, 2). Goethe nutzt die trad. Symbolik zur Abgrenzung der menschl. Sphäre gegenüber dem Göttlichen: »Steht er mit festen/ Markigen K./ Auf der wohlgegründeten,/ Dauernden Erde« (*Grenzen der Menschheit*). In *Wilhelm Meisters Lehrjahre* (VIII, 9) greift Goethe das populäre Märchenmotiv auf, dass die Sammlung der K. von Verstorbenen ihre Wiederbelebung herbeiführt (vgl. Grimm, *Von dem Machandelboom; Der singende K.*). – Bei Kleist dagegen wird die Androhung extremer Gewalt durch das Zerschlagen aller K. symbolisiert, so jede Idee der Auferstehung negierend (*Der zerbrochene Krug* IX; *Amphytrion* I, 2); ähnlich werden im Übergang zur Moderne K. Symbol für die Reduktion des Menschen auf eine rein körperl., sinnentleerte Existenz (s. a. 3.), ohne eine Möglichkeit den Tod zu transzendieren in Büchners *Woyzeck*: »Was ist der Mensch? K.! Staub, Sand, Dreck« (H1, 10: Ein Wirthhaus; vgl. auch Lenz, *Die Soldaten* II, 2).

2. Symbol des Todes und der Sterblichkeit. Homer stellt in der *Ilias* K. als sterbl. Hülle im Moment des Todes dar (»und der Geist verließ die Gebeine«, XII, 386), in Ovids *Tristia* (III, 3) versinnbildlichen K. die Totenruhe. Im AT weist das später sprich-

wörtl. Abmagern auf ›Haut und K.‹ (Claudius, *Lied für Schwindsüchtige*) auf Todesnähe und Verfall des Menschen: »Sein Fleisch verschwindet, dass man's nimmer sehen kann; und seine Gebeine werden zerschlagen, dass man sie nicht gerne ansieht, dass seine Seele naht zum Verderben und sein Leben zu den Toten« (Ijob 30,30). Bei Shakespeare erscheinen K. als Symbol für das Ende ird. Lebens (*The Tragedy of Julius Caesar* III, 2), im Barock gelten vermehrt K. als Ausdruck des *memento mori* und *vanitas*-Motivs, so etwa Gryphius: »Was itzt pocht vnd trotzt ist morgen asch vnd bein« (*Es ist alles eitell*). Heine dagegen wendet sie satirisch-allegorisch im kirchenkrit. Bild der ↗drei hl. ↗Könige als Tote: »Wie Hampelmänner bewegten sie/ Die längstverstorbenen K.« (*Deutschland. Ein Wintermärchen* VII, 81f.). In Raabes *Hungerpastor* stehen »pure K. in einem ledernen Beutel« (XII) für eine bereits vom Tod gezeichnete Person. – Im Expressionismus werden K. Teil des Symbolwelt für eine vom Tod und Verfall im Ganzen gezeichnete Moderne: »Der Markt der Toten/ der von K. scholl« (G. Heym, *Die Morgue*; vgl. Trakl, *Abendlicher Reigen*; bei Heym auch im populär-ikon. Zusammenhang: »Totenkopf mit zwei gekreuzten K.«, *Die Vorstadt*; ↗Skelett/Totenschädel). In Bezug auf die Kriege des 20. Jh. sind K. Symbole für Massenvernichtung, bes. eindringlich bei Borcherts General mit »dem Riesenxylophon aus Menschenknochen« (*Draußen vor der Tür* III). Im Modernismus Eliots wird die Todessymbolik K. metaphysisch gewendet: »The bone's prayer to Death its God« (»Des K. Gebet zu seinem Gott Tod«; *The Dry Salvages* II); gleichzeitig ist die K. ein Symbol für die ›Öde‹ der Gegenwart (*The Waste Land*). Im Neosurrealismus W.S. Merwins der 1960er Jahre symbolisieren schließlich »stars of bone« (»Sterne aus K.«; *Some Last Questions*) eine bereits tote Welt.

3. Symbol der äußersten Reduktion. Stehen K. für die ärml. Mahlzeit (»den Fremden die K. vorsetzen«, Keller, *Kleider machen Leute*; ↗Mahl), symbolisiert in Hamsuns *Hunger* das Abnagen und Erbrechen eines Hundeknochen die Reduzierung des Erzählers bis zur Entmenschlichung (↗Hund). Drastisch zur Vorstellung der Selbstverzehrung gesteigert findet sich das Bild in Schillers *Die Räuber* (IV, 3) als Zeichen eines mit letzter Konsequenz vertretenen moralischen Standpunkts: »Aber ich will lieber meine alte K. abnagen vor Hunger […] als Wohlleben die Fülle verdienen mit einem Totschlag.« Psychologisch gewendet symbolisiert in der modernen Dramatik Albees der Zugriff auf das K.mark die äußerste seel. Entblößung (*Who's Afraid of Virginia Woolf?* III; s.a. 1.). Im symbol. Zusammenhang eines Kollektivkörpers stellt der Zugriff auf die K. schließlich die restlose Ausbeutung der Armen durch die Mächtigen dar, so schon Micha 3,2 f., dann etwa Schillers *Fiesco* (II, 8) oder Büchners *Friede den Hütten! Krieg den Palästen!*

(»erzählt von den stattlichen Häusern, die aus den K. des Volks gebaut sind«).
↗Fossil, Skelett/Totenschädel.

Lit: EdM VIII, 28–31. – Art. bone, in: Elsevier's Dictionary of Symbols and Imagery, hg. v. A. De Vries/A. De Vries, Amsterdam/Boston ²2004, 75 f. – S. Schroer/ Th. Staubli, Die Körpersymbolik der Bibel, Darmstadt ²2005, 163–168.   RDi

König ↗Kaiser/König/Fürst.

Koloss

Symbol des Verfalls von polit. Reichen, der moral. Degeneration des Menschen, der Ständeordnung, der Häresie, der Habgier und des Stolzes, aber auch der Inspiration, der Größe und der Standhaftigkeit. – Relevant für die Symbolbildung sind (a) die schiere Größe und Schwere der Statuen, (b) ihre Zusammensetzung aus verschiedenen Materialien und (c) ihre Fähigkeit zu tönen.

1. Der K. auf tönernen Füßen. In Dan 2 träumte Nebukadnezar von einer aus verschiedenen Materialien zusammengesetzten Statue: der ↗Kopf aus ↗Gold gefertigt, ↗Brust und Arme aus ↗Silber, ↗Bauch und Lenden aus Erz, die Schenkel aus ↗Eisen, die ↗Füße aus Ton und Eisen. Dann löste sich ohne menschl. Zutun ein ↗Stein von einem ↗Berg und zerstörte den K. Der Prophet Daniel berichtet Nebukadnezar von dem ↗Traum, den er ↗König vergessen hatte, und legt ihn als Abfolge verschiedener Weltreiche aus, bis ein von Gott errichtetes Reich an deren Stelle tritt. Das erste Reich ist schon biblisch als das babylon. Reich festgelegt (Dan 2,37 f.), während die darauf folgenden Reiche nicht näher bestimmt werden, aber vom Verfasser des Daniel-Buches (um 164 v.Chr.) wohl als Herrschaft der Meder, Perser und Alexanders d. Gr. und seiner Nachfolger gedacht waren. Die folgenden Generationen haben das Bild gestreckt und stets die eigene Zeit als letztes Reich verstanden. – Die historiograf. Auslegung der Statue wurde in zahlreichen Geschichts- und bibelexeget. Werken der Spätantike (z. B. Hieronymus, *Commentaria in Danielem* II), des MA (z. B. Jansen Enikel, *Weltchronik* 16955–17210) und der Frühen Neuzeit (z. B. DIF I, 9 und II, 1) tradiert; daneben sind aber auch andere Interpretationen überliefert. Richard v. St. Viktor z. B. überträgt die These von der zunehmenden Dekadenz, wie sie sich in der Verschlechterung der Materialien spiegelt, auf den moral. Bereich und warnt vor der zunehmenden Sündhaftigkeit des Menschen (*De eruditione hominis interioris* XXVI). In ähnl. Weise äußern sich auch verschiedene mittelhochdt. Sangspruchdichter wie Rumsland v. Sachsen und Wizlav v. Rügen. – Eine weitere (polit.) Deutungsvariante der Statue als soziales Ständemodell ergibt sich aus der Verknüpfung der Statue mit dem organolog. Ganzheitsmodell, wie es Johannes

v. Salisbury im *Policraticus* breit entfaltet hat; dabei werden die einzelnen Körperteile verschiedenen Ständen zugeordnet (z. B. Philipe de Mézières, *Songe du vieil pelerin* II, 129). – Goethe variiert das Bild aus dem Traum Nebukadnezars, indem er im *Märchen* den K. auf vier Statuen aufteilt; im Tempel stehen ein goldener, ein silberner, ein eherner und ein aus den ↗drei Metallen ›zusammengesetzter‹ König, der am Ende in sich zusammensinkt und somit die Zeitenwende anzeigt, die mit der Herrschaftsübernahme durch den Jüngling erreicht ist. – Die Metapher vom K. auf tönernen Füßen, die Bismarck in seinen Reden verwendet und in Fontanes journalist. Arbeiten (z. B. *Ein Sommer in London*) auftaucht, verweist auch heute noch auf die Gefährdung eines vermeintlich gigant. (polit. oder sozialen) Gebildes; so hat der Journalist Scholl-Latour im Titel seiner jüngsten Publikation die USA als *K. auf tönernen Füßen* bezeichnet, während der Bevölkerungswissenschaftler J. Schmid mit derselben Metapher wiederholt die Altersstruktur der dt. Bevölkerung charakterisiert hat.

2. Die Statue auf dem Feld Dura. Die von Nebukadnezar auf dem Feld Dura errichtete Goldstatue (Dan 3), vor der sich alle zum Gebet niederwerfen müssen, wenn sie nicht im glühenden Ofen umkommen wollen, hat weit weniger Beachtung gefunden als der K. auf tönernen Füßen. In der Exegese ist sie als Symbol der Häretiker und der rein weltl. Beredsamkeit verstanden worden (Hieronymus Lauretus, *Sylva allegoriarum*: »Statua«), der mittelhochdt. Bearbeiter des *Daniel* hat sie als Weltlust ausgelegt, dabei aber den (biblisch nicht vorgegebenen) Pflanzen auf dem Feld Dura ausführlichere Allegoresen gewidmet.

3. Die Memnon-Statue. Der 27 v.Chr. bei einem Erdbeben zersprungene Memnon-K. (eine Sitzfigur vor dem Totentempel Amenophis' III.) soll bei ↗Sonnenaufgang gesungen haben, ein Phänomen, das man sich durch Abspringen kleiner Steinteilchen bei Erhitzung durch die ↗Sonne erklärt. Cousteau sieht darin ein Sinnbild des habgierigen Advokaten, der erst angesichts der Bezahlung sein Schweigen bricht (HS, 1230), während Cats damit zu verdeutlichen versucht, dass nur ein vom Glück begünstigter Mensch Anerkennung findet (HS, 1231). In relig. Deutungen kann der Memnon-K. auf die Propheten und Apostel verweisen, die erst durch den Hl. Geist zur Verkündigung finden (Picinelli/Erath, *Mundus symbolicus* XVI, 179). Khuen sieht im Verhalten der Memnon-Statue ein Vorbild für das Verhalten der Untertanen, die sich über die Geburt des Herrschers freuen und über seinen Tod klagen sollen (*Magnus in ortu* XXXII). – Rückert differenziert nicht zwischen der Memnonfigur aus der griech. Mythologie (Ovid, *Metamorphosen* XIII, 579–599) und dem ägypt. Memnon-K. und deutet den Sonnenaufgang als Versuch der Aurora, ihren von Achill erschlagenen und daraufhin versteinerten Sohn Memnon wiederzubeleben, ohne ihm jedoch mehr als Klagetöne entlocken zu können (*Griech. Tageszeiten*).

4. Der K. von Rhodos. Der um 300 v.Chr. erbaute und dem Sonnengott geweihte K. von Rhodos, der um 225 v.Chr. durch ein ↗Erdbeben zerstört wurde, zählt zu den sieben Weltwundern der Antike. Ob er, wie in vielen Darstellungen zu sehen, als breitbeinige Standfigur über der ↗Hafeneinfahrt errichtet wurde, ist sehr zweifelhaft. Sambucus versteht den K. von Rhodos als Sinnbild der Großartigkeit (HS, 1221). Khuen verdeutlicht an den beiden Putten, die den Daumen des zerstörten K. ausmessen, dass wahre Größe auch nach dem Untergang an den hinterlassenen Spuren noch erkannt wird (*Magnus in ortu*, 137). In einer emblemat. Trauerschrift auf Kardinal Johann Theodor v. Bayern repräsentiert er die Standhaftigkeit (*Funeris solemnia*, Tafel XIV). Mit einer Darstellung des K. von Rhodos, dem Seile zum Niederreißen angelegt sind, beschließt Khuen den Emblemzyklus anlässlich der Exequien für Max Emanuel II. und will damit auf die Vergänglichkeit verweisen, die auch große Herrscher nicht verschont (*Magnus in ortu*, 193). Eher negativ interpretiert Brunner den K., wenn er mit ihm als Sinnbild des Stolzes die Haltung Heinrichs des Stolzen v. Bayern kritisiert (*Schau-Plaz Bayerischer Helden*, 142). Dagegen sieht Juan de Solorzano Pereira im K., der innen mit Seilen, Nägeln und Füllmaterial gesichert werden muss, einen Hinweis auf den trüger. Glanz königl. Würde (*Emblemata centum regio-politica* CXX). ↗Pyramide, Säule/Pfeiler.

Lit.: E. Marsch/A. Demandt, Metaphern für Geschichte, München 1978, 285–287. – D. Peil, Untersuchungen zur Staats- und Herrschaftsmetaphorik in literar. Zeugnissen von der Antike bis zur Gegenwart, München 1983, 317 f. – Th. Rahn, Geschichtsgedächtnis am Körper, in: Ars memorativa, hg. v. J.J. Berns/W. Neuber, Köln/Wien 1997, 331–372.　　　　　DP

Komet

Symbol des sozialen und polit. Untergangs, der Sünde und der radikalen Endlichkeit. – Relevant für die Symbolbedeutung des K. ist v.a. seine scheinbar chaot., der Ordnung des ↗Himmels widersprechende Erscheinung.

1. Symbol des sozialen und politischen Untergangs. Eines der frühesten literar. Zeugnisse findet sich in der *Ilias* (IV, 75–89): Zeus schleudert hier Athene allerdings mehr als Meteor denn als K. vom Himmel, um schwerwiegende polit. Ereignisse zu verkünden. In der röm. Republik wurden K. und andere ungewöhnl. Himmelsereignisse als Prodigien verstanden, als Anzeichen, die ein unspezif. Unglück, bes. einen Bürgerkrieg als Zorn der Götter voraussagten (so noch Shakespeare, *Henry IV* I, 12 f.). Die wörtl. Bedeutung des gr. *kométes* als

»(lang-)haarig« (im Unterschied zu den normalen ↗Sternen, vgl. Cicero, *De natura deorum* II, 14) führte zur poet. Gestaltung der K. in der Bildlichkeit von rötl. (↗Rot) Locken (↗Haar). Rote K. galten aufgrund ihrer farbl. Analogie mit dem ↗Blut als bes. gefährlich. So wie die Sterne den normalen Verlauf der Regierung repräsentierten, so deutete das Erscheinen eines K. als Durchbrechen der kosmolog. auf die polit. Ordnung zurück. K. erscheinen als neue Sterne am Himmel daher unmittelbar vor, manchmal aber auch (wie im Falle von Caesar als gleichsam nachträgl. Deifikation) nach dem Tod eines polit. Führers – eine Vorstellung, die für die röm. Lit. wesentlich wurde (Ovid, *Metamorphosen* XV, 849 f.; Vergil, *Aeneis* VIII, 581; Horaz, *Oden* I, 12; Tacitus, *Annalen* XIV, 22). Eine positive Deutung findet sich in der *Aeneis* (X, 272 f.): Das negativ besetzte Bild des blutroten K. taucht hier im Kontext des Flammenschildes (↗Feuer/Flamme) des Äneas als Herrschaftsanspruch auf.

2. Symbol der Sünde und der radikalen Endlichkeit. Im Unterschied zur griech. und ma. Trad., die anhand von K. einen sozialen und polit. Niedergang prognostiziert, der nicht aufgehalten werden kann, scheint es der Neuzeit möglich, durch rechtzeitig ergriffene Sühnemaßnahmen das Unheil abzuwenden. So stammen die meisten K.schriften aus dem Luthertum, da dieses angesichts seiner endzeitl. Orientierung die Deutungs- und Handlungsnot verschärft. Zugrunde liegt die v. a. durch Offb 12,4 naheliegende Vorstellung, K. deuten auf den abgefallenen höchsten ↗Engel, Lucifer, hin. Eindrucksvolle literar. Beispiele hierfür sind die Darstellung des Christenfeindes Argants in Tassos *Gerusalemme liberata* VII, 52 (»Wie ein K. mit greulich blut'gen Haaren/ Schießt durch entbrannte Lüfte seinen Strahl,/ Furchtbarer Seuch' und Volksempörung Boten,/ Ein drohend Licht bepurpten Despoten«) und Milton, *Paradise Lost* II, 707. – Bayles *Pensées diverses sur la comète* dokumentieren durch zahlreiche Belege die Fortschreibung der antiken Symbolik über die Renaissance bis hin zur Aufklärung. Nach Bayle widerspricht es dem Selbstverständnis des Christentums von der Allmacht Gottes und seinem Verbot der Götzendienerei, verstünde man K. als Unglücksmächte. Mit dieser Argumentation erfolgt dann zwar auch das Ende herkömml. K.interpretation als Weissagung eines Unglücks. Gleichwohl lässt sich nicht von einem einfachen Übergang von polit. über relig. und abergläub. zu aufgeklärten Deutungen sprechen: Bei Newton verwendet Gott selbst die K., um die Harmonie des Universums in period. Abständen wiederherzustellen, und es sind gerade die Aufklärer, die, wie Semler oder Gottsched, die Beeinflussung des Menschen durch die K. oder die Existenz vernünftiger Wesen auf den K. nachzuweisen versuchen. Noch Scheuchzer nimmt in seiner monumentalen *Physica sacra* K. als Belege dafür, dass die

Bibel auch naturwissenschaftlich gesehen recht habe. Im Gegensatz hierzu eröffnet Jean Paul im Zeitalter der Aufklärung eine neue Lesart des K., die noch bis zu Dürrenmatts *Der Meteor* reicht: In dem Roman *Der K.* verwendet er die Symbolik des K. als selbstiron. Bild für seine humorist. Schreibpraxis, die sich allen gängigen Erwartungen entzieht und wie ein K. nur ihrem eigenen Gesetz folgt. ↗Stern.

Lit.: K. von Greyerz, Religion und Kultur, Göttingen 2000, 192–196. – H. Lehmann, Die K.flugschriften des 17. Jh. als histor. Quelle, in: Lit. und Volk im 17. Jh., hg. v. W. Brückner, Wiesbaden 1985, 683–700. – R. Zeller, Wunderzeichen und Endzeitvorstellungen in der Frühen Neuzeit, in: Morgen-Glanz 10 (2000), 95–132.
ChS

Kopf

Symbol der Herrschaft, der menschl. Autonomie und des Intellekts sowie der Ambivalenz. – Relevant für die Symbolbildung sind (a) die Position des K. als oberstem Körperteil (↗Oben/unten) und Sitz des Gehirns, (b) die Lebensnotwendigkeit des K., (c) die Vorstellung des K. als ›Sitz der Seele‹.

1. Herrschaftssymbol. Im bibl. wie im weltl. Kontext ist der K. ein Herrschaftssymbol. Jahwe ist »über alles erhaben als Haupt« (1 Chr 29,11), David nennt sich »Haupt der Völker« (2 Sam 2,44), im NT schließlich ist Jesus Christus »das Haupt jeder Macht« (Kol 2,10). In Äsops Fabel *Der Schwanz und die Glieder der Schlange* bestreitet der Schwanz die ›naturgemäße‹ Führung des K. In ihrem Verhältnis werden K. und Körper häufig mit dem des Staates und seines Herrschers verglichen. Im Politischen dient dies als Apologie von monarchist. Systemen; demokrat. Modelle erscheinen so als ›Körper ohne K.‹ (Peil, 380). Dieser Gedanke tritt bei Autoren der Antike und Frühen Neuzeit ebenso auf wie z. B. bei Wieland (*Der Goldene Spiegel* II, 4) oder in Herders *Ideen zur Philosophie der Geschichte der Menschheit* (»daß der König von Siam über eine Nation, die keinen König hätte, als über eine Hauptlose Mißgeburt lachte«, X, 3). – Die Todesart des Köpfens (↗Guillotine) durchzieht die Lit. dementsprechend als Symbol für die Vernichtung von Herrschaft. So wird die Macht der schlangenhaarigen Medusa (die »Herrschende, Waltende«; ↗Haar, ↗Schlange), die mit ihrem Blick jeden, der sie anschaut, zu ↗Stein verwandelt, erst durch ihre Enthauptung durch Perseus gebannt (Ovid, *Metamorphosen* IV, 774–800). Im *Nibelungenlied* zeigt sich die (ungewöhnl.) Machtposition, die Kriemhild sich als Etzels Ehefrau angeeignet hat, dadurch, dass sie in der großen finalen Schlacht mehrere Männer mit dem ↗Schwert köpft (XXXIX, 2373). Die bibl. Erzählung der Judith, die den brutalen Feldherrn Holofernes enthauptet (Jdt 13,8), adaptiert Hebbel in seinem Drama *Judith* (V, 70). Auf speziell die feminist. As-

pekte dieses Stoffs, hier zu verstehen als die Selbstermächtigung der ↗Frau gegenüber dem tyrann., sexuell aggressiven ↗Mann, bezieht sich I. Noll in ihrem Kriminalroman *Die Häupter meiner Lieben*. Hier gestaltet Cora, die malende Professorentochter, das Motiv der Judith, die Holofernes enthauptet, in ihren Bildern neu. Mit ihrer Freundin Maja entledigt sie sich lästiger und bedrohl. Liebhaber unbekümmert durch Mord. – Die engl. ↗Königin Elisabeth lässt in Schillers Tragödie *Maria Stuart* (I, 6) die K. der schott. Feinde Englands öffentlich auf der Londoner ↗Brücke aufspießen, um ihre Entmachtung und vollständige Auslöschung deutlich zu machen. Der schott. Anspruch auf die engl. ↗Krone wird durch die Enthauptung der Königin Maria schließlich auch auf der symbol. Ebene vernichtet. – Eine solche radikale Entmachtung polit. Gegner wird jedoch ihrerseits auch zum Symbol der Tyrannenherrschaft. Büchners Revolutionsdrama *Dantons Tod* zeigt dies, indem die Gewaltherrschaft Robespierres durch Danton angeprangert wird: »Sie wollen die Republik im Blut ersticken. […] Wie lange sollen die Fußstapfen der Freiheit Gräber sein? Ihr wollt Brot und sie werfen euch K. hin« (III, 9; ↗Fuß/Fußspur, 1.). Auch der Deputierte Mercier stellt fest: »Ihr bautet eure Systeme, wie Bajazet seine Pyramiden, aus Menschenköpfen« (III, 3). Die grotesk-phantast. Parodie einer solchen Tyrannenherrschaft findet sich in Carrolls *Alice in Wonderland*. Die choler. Herzkönigin als lebendig gewordene Figur aus dem ↗Kartenspiel droht jedem ihrer Untertanen jederzeit mit dem Todesart des Köpfens.

2. Symbol menschlicher Autonomie und des Intellekts. Im AT gilt die K. des Menschen durch seine Ausrichtung auf den ↗Himmel als würdigstes Organ des Menschen. So wird die K. gesalbt (1 Sam 10,1; Mk 14,3; ↗Öl/Salbe) und gekrönt (Ex 39,30; Ps 21,4). In der Leidensgeschichte Jesu sind dagegen die Dornenkrone (↗Krone, 1.) auf der K. und die Misshandlung des ↗Gesichts durch Backenstreiche Zeichen äußerster Demütigung (Joh 19,2). Auch im weltl. Zusammenhang symbolisiert die Erhöhung der K. Auszeichnung und Ehre (vgl. ↗Hut/Kopfbedeckung, ↗Kranz, ↗Krone). – In seinem Roman *Dr. Faustus* zeichnet Th. Mann die Figur eines auf radikale Weise vom Geist und Intellekt bestimmten Menschen, den Komponisten Adrian Leverkühn, als regelmäßig von starken K.schmerzanfällen geplagt. Auf diese Weise wird der für die Person Leverkühn zentrale Körperteil der gleichzeitig seine verletzlichster ist, ins Zentrum der Aufmerksamkeit gerückt (Engelhardt). Die »Eydeeten« in den Fantasy-Romanen *Rumo oder die Wunder im Dunkeln* oder *Das Labyrinth der Träumenden Bücher* von W. Moers sind phantast. Geschöpfe, die sich als Wissenschaftler betätigen. Ihre K. sind im Vergleich mit ihren kleinen, schwachen Körpern unverhältnismäßig groß, nicht zuletzt, da sie mehr als ein Gehirn ihr Eigen nennen, und demonstrieren sinnfällig-humoristisch ihre ›Verkopfung‹.

3. Symbol der Ambivalenz. Der nach zwei Seiten blickende doppelgesichtige Januskopf, in der röm. Mythologie ursprünglich dem ↗Tor, dem Aus- und Eingang, Anfang und Ende zugeordnet (Horaz, *Epistulae* II, 1, 255; Martial, *Epigramme* X, 28), symbolisiert in der neueren Lit. häufig Zwiespalt und Ambivalenz (vgl. ↗Zwillinge/Doppelgänger). So schon in der barocken Emblematik, die neben der zurück- und vorausschauenden Weisheit (HS, 1818f.) mit dem Januskopf auch die Vergänglichkeit und damit die Ambivalenz der Schönheit verbindet (HS, 1819; vgl. in barocker Trad. noch Eichendorff zur ›Doppelgesichtigkeit‹ der Liebe in *Ahnung und Gegenwart* I, 10). J.K. Wezel nutzt dagegen den Januskopf als Symbol aufgeklärter Anthropologie:»Dieses wunderbare Kompositum, das wir Menschen nennen, ist im einzelnen und im ganzen ein wahrer Janus, eine Kreatur mit zwei Gesichtern, eins abscheulich, das andre schön« (*Belphegor*, Vorrede). Jean Paul verbindet die antike ↗Schwellen-Symbolik des Tor-Gottes mit moderner Ambivalenz:»und jeder wie Janus als Schwellen-Gott ein anderes Gesicht gegen die Gasse kehrend, ein anderes gegen das Haus« (*Flegeljahre* II, 28; zur Antithese von ›Welten‹ gestaltet in *Vorschule der Ästhetik* III, §15). Oft tritt der Januskopf auch in der Kriminal- und Trivialliteratur des 20. Jh. auf: Beispiele sind der Roman *Blonder Januskopf am Djebel Fatireh* von W. Kabel oder *Der Januskopf* von H. v. Gebhardt.

↗Birne, Gesicht, Guillotine, Koloss, Kranz, Krone, Oben/unten.

Lit.: WBS, 158–160. – WS, 392f. – D. Peil, Untersuchungen zur Staats- und Herrschaftsmetaphorik in literar. Zeugnissen von der Antike bis zur Gegenwart, München 1983. – D.v. Engelhardt, Art. K.schmerz, in: Lit. und Medizin, hg. v. F. Steger/B. v. Jagow, Göttingen 2005, 436–440. – F.W. Stahnisch, Art. Phrenologie, in: Lit. und Medizin, hg. v. F. Steger/B. v. Jagow, Göttingen 2005, 620–625.   BSchr

Kopfbedeckung ↗Hut.

Kot

Symbol der Krankheit und Ausgrenzung, der Sünde, Erniedrigung und Buße, der Vergänglichkeit, der Transgression und der Revolte, des bedrohten Leibes sowie der Intimität und einer schamfreien Sexualität. – Relevant für die Symbolbildung sind (a) der unangenehme Geruch, (b) die Gefahr, die von den Ausscheidungen des (kranken) Körpers ausgeht, (c) die Eigenschaften seines Zerfallsprodukts.

1. Symbol der Krankheit, des Elends und der Ausgrenzung. In der frühen Medizin Gegenstand der

Diagnostik, verweisen v.a. der Geruch von K. (noch Benn, *Saal der kreißenden Frauen*) und ↗Urin auf Krankheit unter elenden Bedingungen. Wie auch der kranke Körper marginalisiert wird, so steht K. in den meisten Kulturen für das die Gemeinschaft Gefährdende und somit schlechterdings Verbotene (s.a. 2.);»was nicht erlaubt; das schätzen/ Wir als K.« (Gryphius, *Catharina von Georgien* IV). Mit K., Unrat oder Unflat wird der Ungehorsame beworfen (Mal 2,3): Das Kriechen in Staub und K. markiert die tiefste Erniedrigung und zeichnet die unterste Schicht der Gesellschaft aus:»Gestern noch fürs liebe Brot/ Wälzte sie sich tief im K.,/ Aber heute schon mit vieren/ Fährt das stolze Weib spazieren (Heine, *Pomare* III).

2. Symbol der Sünde, Erniedrigung und Buße. Im Christentum meint K. den Inbegriff des Sündigen: »Ihr Blut soll ausgeschüttet werden, als wäre es Staub, und ihr Leib als wäre es K.« (Zeph 1,17), apokalyptisch zugespitzt:»Aber die Gottlosen sind wie ein ungestümes Meer, das nicht still sein kann, und dessen Wellen K. und Unflat auswerfen« (Jes 57,20). In Dantes *Divina Commedia* verbinden sich damit Höllenstrafen:»Sah ich viel Leut in tiefem K. stecken,/ Und, wie mir's vorkam, war es Menschenmist« (»Inferno« XVIII, 112–114). Das fälschlicherweise Augustinus (vgl. Bataille, *De l'érotisme*) oder Cyprianus zugeschriebene, vermutlich aber auf den Kreis um Bernhard v. Clairvaux zurückgehende *inter faeces et urinam nascimur* (»zwischen K. und Urin sind wir geboren«) unterstreicht die menschl. Erlösungsbedürftigkeit (*in peccatoribus nascimur*) und verankert die gedankl. Verbindung von menschl. Exkrementen mit dem sündigen Begehren in der christl. Trad. (vgl. dazu die Schilderung einer Geburt in Grass, *Die Blechtrommel*). Nietzsche zitiert sie als Bsp. für die lebensfeindl., repressive Haltung der Kirche (*Zur Genealogie der Moral* II, 7). Noch in der Psychoanalyse gilt die Erregung des Sexualtriebs durch den Anblick von Exkrementen als Bsp. der Perversion (Freud, *Drei Abhandlungen zur Sexualtheorie* I, 2, b). – In K. und Staub hinabsinken kann aber auch einen auferlegten oder freiwilligen Akt der Buße meinen. Ein solcher ist z.B. das Backen von ↗Brot auf »Menschenmist« (Ez 4,12). K. steht auch für die Herabsetzung des Schönen und Edlen:»die Lilie sonder Glantz, die unter grimmen Fuß/ des Pövels sich zu K., zutretten lassen muß« (Gryphius, *Carolus Stuardus II*; ↗Fuß/Fußspur; ↗Lilie).

3. Symbol der Vergänglichkeit und Melancholie. In der Lit. des dt. Barock gehört K. zum Symbolkomplex der *vanitas* und des *memento mori*, die ihrerseits eine tiefe Melancholie artikulieren:»Itzt Blumen, morgen K. Wir sind ein Wind, ein Schaum« (Gryphius, *Thränen in schwerer Krankheit*). Zwar scheint an ihm die Vergänglichkeit alles Irdischen auf (»Die morsche Staudte fault, der Leib wird Asch' und K.«, Lohenstein, *O bios esti kolokynthe*

[*Dis Leben ist ein Kürbs*]), doch geht mit diesem Vergehen auch die zykl. Erneuerung des Lebens einher. Die mit Erlösung assoziierte Befreiung vom K. der Welt: »Auf! Seele flügel dich! schwing dich vom K. zu Gott«, birgt allerdings die Gefahr der Hybris (Lohenstein, *Cleopatra* III). – Die barocken Bedeutungen bleiben auch erhalten, wenn der K. in Darstellungen einer von Entfremdung gezeichneten Befindlichkeit des modernen Individuums eingeht. Heftig attackiert Nietzsche den lähmenden Weltschmerz Leopardis: »Nichts lebt, das würdig/ Wär' deiner Regungen, und keinen Seufzer verdient die Erde./ Schmerz und Langeweile ist unser Sein und K. die Welt – nichts andres./ Beruhige Dich« (Leopardi, *Canti* XXVIII: *A se stesso*; Nietzsche, *Unzeitgemäße Betrachtungen* II: *Vom Nutzen und Nachteil der Historie* 1; vgl. *Also sprach Zarathustra* III: »Von alten und neuen Tafeln« 14). Unter dem Eindruck von Krieg, Gewalt und sozialem Elend findet K. als Motiv realist. Darstellungen Eingang in die Lit. des Expressionismus, seine symbol. Bedeutung führt indes wieder auf die barocke Melancholie-Symbolik zurück (Benn, *Chaos*). Das Versinken im K. bleibt eine Chiffre der Melancholie: »Man ist in absteigender Linie: Beute, Fraß, Aas oder K.« (Canetti, *Masse und Macht*: »Melancholie«).

4. Symbol der Transgression und Revolte. Die Zurschaustellung von Exkrementen ist Teil einer grotesken Körperkonzeption, die in vielen Kulturen in zyklisch wiederkehrenden Festen der Transgression zelebriert wird (Bataille, *De l'érotisme*), die v. a. aber die spätma. und neuzeitl. Lachkultur prägt (Bachtin). Als Phänomen der Entgrenzung und absichtl. Beschmutzung ist sie fester Bestandteil karnevalist. Spottes, so etwa bei Rabelais mit der Vorliebe seiner Protagonisten für die »excremens naturelz« (*Gargantua* I, 23). Bei Hugo repräsentieren die Exkremente führenden Katakomben der ⁊Stadt ⁊Paris das revolutionäre Potential der Unterschicht, überdies verkündet der trotzige Ausruf »Merde« einen heroischen Akt der Revolte (*Les misérables*). Exkremente und andere Ekel erregende Gegenstände indizieren die Umkehr zivilisator. Werte und des Ästhetischen (Rosenkranz, *Aesthetik des Häßlichen* III, B., III., b: »Das Ekelhafte«). – Insbes. eine sich gegen den Klassizismus auflehnende Avantgarde neigt mit dem ausgehenden 19. Jh. zum Skatologischen, so steht der das frz. Wort für ›Scheiße‹ verballhornende Ausruf »merdre« (Jarry, *Ubu roi* I, 1) paradigmatisch für die avantgardist. Provokation. Bei Broch bedeutet, wie bei Nietzsche, die Überwindung des Ekels vor K., Schmutz und Leichengestank im Schützengraben »die erste Vorstufe zum Heldentum« (*Die Schlafwandler: Hugueneau oder die Sachlichkeit* I).

5. Symbol des bedrohten Leibes. In der Lit. der Zwischenkriegszeit im frühen 20. Jh. bedient sich eine von Realismus und Expressionismus geprägte,

im weitesten Sinne existentialist. Lit. der Fäkalsprache und -symbolik. Zum Paradigma ist dabei Céline geworden: »Am besten weist noch der Geruch von Scheiße den Weg« (*Voyage au bout de la nuit*). Das Phänomenologie und Existenzphilosophie beherrschende Thema der Leiblichkeit und der Gestimmtheit des Menschen in histor. Extremsituationen findet Eingang in die Lit. (Sartre, Broch, Beckett). Nach dem Zweiten Weltkrieg nimmt sich E. Levinas kritisch des existentialist. Jargons an und bezichtigt (nicht ohne zu übertreiben!) Sartre, das Skatologische ins Eschatologische verwandelt zu haben (*En découvrant l'existence avec Husserl et Heidegger* V). Die existentialist. Anschauung wirkt jedoch vielfach in Anthropologie und Sozialpsychologie fort. Menschl. Exkremente, insbes. der K., gehören zu jener Art von Schmutz, in dem die Auflösung von »Gliederungen« (Ch. Enzensberger, *Größerer Versuch über den Schmutz*, 1969) droht. Um seinen Erhalt zu sichern, begehrt das Individuum gegen die »Vermischungszustände der Körperränder« (Theweleit, *Männerphantasien* I) auf oder schreibt gegen seinen Tod an (R. Gernhardt, *Später Spagat: Blut, Scheiß und Tränen*).

6. Symbol der Intimität und einer schamfreien (ehelichen) Sexualität. Psychoanalyse und Tiefenpsychologie haben die Exkremente als S. von Regression und Intimität aufgegriffen. K., Urin und Sperma werden etwa im Monolog der Molly in Joyce, *Ulysses* und in Sartres Novelle *Intimité* evoziert.
⁊Po, Urin.

Lit.: M. Bachtin, Rabelais und seine Welt, Frankfurt a.M. ⁵2006. – Institut für Sexualforschung (Hg.), Bilderlexikon der Erotik. Universallexikon der Sittengeschichte und Sexualwissenschaft, Wien 1928–1932. – T.R. Kuhnle, Der Ernst des Ekels, in: Archiv für Begriffsgeschichte 39 (1996), 268–325. – ders., Der Ekel auf hoher See, in: Archiv für Begriffsgeschichte 42 (1999), 161–261. – F. Werner, Die schwarze Materie. Die Geschichte der Scheiße, München 2011.   TRK

Krähe ⁊Rabe.

Kranich

Symbol der Wachsamkeit, Schweigsamkeit und Klugheit, des Naturzyklus und des (relig.) Lebenswegs, der staatl. Ordnung, der Eitelkeit, Zwietracht und Habgier, aber auch der Beharrlichkeit und eines langen Lebens. – Relevant für die Symbolbildung sind (a) verschiedene ihm nachgesagten Verhaltensweisen wie etwa, dass er beim Flug einen ⁊Stein mit sich führt, um ein Abtreiben bei starkem Wind zu vermeiden, (b) die Tatsache, dass es sich um einen Zugvogel handelt, (c) seine Flugformation sowie (d) bes. äußerl. Merkmale (Farbwechsel des Gefieders, langer Hals u. a.).

1. Symbol der Wachsamkeit, Schweigsamkeit und Klugheit. In zahlreichen Emblembüchern ist der K.

als Symbol der Wachsamkeit belegt; schon die antike Naturkunde berichtet, dass der K., während er den Schlaf seiner Artgenossen bewacht, einen Stein in der Kralle hält, der ihn am Einschlafen hindern soll (Plinius d. Ä., *Naturalis historia* X; Aelian, *De natura animalium* III, 13). Dieses Verhalten kann als Empfehlung zur Wachsamkeit schlechthin verstanden werden (Camerarius, *Symbolorum centuria* III, 27), aber auch als Appell an geistl. oder weltl. Würdenträger und Herrscher (↗Kaiser/König/Fürst) gedacht sein; Schoonhovius sieht darin das Vorbild des Fürsten (*Emblemata moralia* XXIII), während Rollenhagen daraus eine entsprechende Aufforderung an den Bischof ableitet (*Nucleus emblematum* II, 15). In emblemat. Gratulationsschriften kann dieses Symbol auch in panegyr. Absicht verwendet werden (z. B. Gille, *Gratulatio panegyrica*; 1681). – Der K., der mit einem Stein im Schnabel das Taurusgebirge überfliegt und sich mit dieser Maßnahme nicht den dort horstenden feindl. ↗Adlern verraten will, ist zudem ein Symbol der Schweigsamkeit (Camerarius, *Symbolorum centuria* III, 12); auch dieses Motiv wird bereits seit der Antike tradiert (Aristoteles, *Historia animalium* 614b). Eine weitere Deutungsvariante ist, dass der K. während des Fluges Sand im Schnabel hält (oder einen Stein in der Kralle trägt), um nicht vom Kurs abzukommen (Plinius d. Ä., *Naturalis historia* X); er ist Zeichen der Klugheit (Camerarius, *Symbolorum centuria* III, 28).

2. Symbol des Naturzyklus und des (religiösen) Lebenswegs. Als Zugvogel gilt der abfliegende K. als Verkünder des ↗Winters, der zurückkehrende K. als Bote des ↗Frühlings (Valeriano, *Hieroglyphica* XVII). Auch Spee sieht mit der Rückkehr des K. das Ende des trüben Winters gekommen (*Trutznachtigall: Liebgesang der Gesponß Jesu, im anfang der Sommerzeit*). Prokop v. Templin, der in einer seiner Predigten ausführlich auf den K. eingeht, bietet eine relig. Deutung, wenn er das Verhalten des K. als Hinweis auf das Leben des Menschen als ständige Pilgerfahrt versteht und im Vogel einen Vorboten des Winters wie auch des Todes sieht (*Encaeniale* LXXVI, 7). Zum Symbol des Fremdlings wird der K. bei Schiller, wenn der Dichter Ibykus sich diesen Vögeln gleichstellt; am Ende der Ballade *Die K. des Ibykus* erscheinen die K. zudem als Symbol der Eumeniden und damit der göttl. Rache. Goethe macht den K. zum Symbol der Sehnsucht des Menschen nach Unendlichkeit und Weite und gleichzeitig des Erhabenen, wenn Werther sich oft »mit den Fittichen eines K.«, der über ihn hinfliegt, »zu dem Ufer des ungemessenen Meeres« sehnt (*Die Leiden des jungen Werthers* I: »Am 18. August«). – Negativ gedeutet wird der vor dem Winter davonfliegende K., wenn er den falschen Freund symbolisiert, der sich in der Zeit der Not zurückzieht (Picinelli/Erath, *Mundus symbolicus* IV, 406).

3. Symbol der staatlichen Ordnung. Die polit. Symbolik der K. ergibt sich v. a. aus den Spezifika ihres Fluges. Da die K. ihre Flugordnung beibehalten, können sie als Sinnbild der allgemeinen Ordnung verstanden werden (z. B. Meisner/Kieser, *Thesaurus philo-politicus* II, 8, 52). Da sie einem Leitvogel folgen und auf dessen ↗Stimme hören, können sie den der Obrigkeit gegenüber schuldigen Gehorsam versinnbildlichen (*Thesaurus philo-politicus* II, 7, 44), aber auch als Beweis für die naturoder gottgewollte Herrschaftsform der Monarchie (z. B. Althusius, *Politica* 18,22) oder als Symbol der Eintracht (Picinelli/Erath, *Mundus symbolicus* IV, 405) gewertet werden. Der ihnen seit der antiken Naturkunde nachgesagte Wechsel im Führungsamt während des Fluges wie auch im Wächterdienst, den schon Ambrosius (*Exameron* V, 50 f.) als Vorbild für die staatl. Ordnung und den Kriegsdienst in der altröm. Republik preist, wird hingegen eher moralisch als politisch interpretiert (z. B. Hugo de Folieto, *De bestiis et aliis rebus* I, 37). Als Symbol für die Demokratie versteht erst Valeriano den K., da sie sich oft zu beratenden Versammlungen zusammenfinden (*Hieroglyphica* XVII, 28). Der über den Regenwolken fliegende K. verweist hingegen auf die Menschen, die ihre Ruhe im kontemplativen Lebenswandel in Gottes Nähe suchen (HS, 823; Picinelli/Erath, *Mundus symbolicus* IV, 417, 421).

4. Symbol der Eitelkeit, Zwietracht und Habgier, der Beharrlichkeit und des langen Lebens. Als auffälligstes Merkmal gilt der lange Hals des K. Positiv wird er gedeutet, wenn Reinmar v. Zweter sein Bild des idealen Mannes mit einem K.hals ausstattet, um damit den »vürgedanc« (Vorbedacht) einzufordern (*Unt solt ich mâlen einen man*). Negativ ist dieses Attribut, wenn etwa Spenser den K.hals der Schlemmerei zuordnet (*Faerie Queene* I). Als Symbol der Hoffahrt führt Freidank den K. an, wenn er diesem Laster »kranches schrite« (den Gang des K.) zuspricht (*Bescheidenheit* 30,13; Walther v. d. Vogelweide, *Erster Philippston* IV; Spenser, *Faerie Queene* VI). In diesem Zusammenhang ist wohl auch die Verwandlung der Pygmäenkönigin Gerana in einen K. zu sehen, die diese Strafe ereilte, weil Gerana (auch Oinoe genannt) sich über Hera und Artemis erhob (Ovid, *Metamorphosen* XI, 90–92). Als K. umflog sie ständig die Wohnung ihres Sohnes Mopsos, bis sie von ihm getötet wurde; fortan standen Pygmäen und K. sich feindlich gegenüber. Aber auch untereinander können K. sich heftig bekämpfen, werden dann leicht gefangen und geben somit ein Symbol für die verderbl. Zwietracht und Rachsucht ab (HS, 824). Ausführlich beschreibt Cats, wie die K. mit Lockfutter in Leimtüten gefangen werden können; so wird der Vogel auch zum Symbol der Habgier (HS, 824–826). – Unterschiedliche Auffassungen gibt es über die Änderung der Federnfärbung des K. im Alter. Gesner geht davon aus, dass der K. auch im Alter die Färbung des Gefieders nicht ändert, und macht somit den Vogel als Sinnbild der Beharrlichkeit möglich, während ma-

Autoren von einer ↗Schwarzfärbung berichten und den K. als Symbol des reuigen Sünders ausweisen (Picinelli/Erath, *Mundus symbolicus* IV, 419–420). – Die v. a. in China dem K. nachgesagte lange Lebensdauer macht ihn auch zum Symbol eines hohen Alters, doch scheint dieser Gedanke in der europ. Lit. sich nur bei Yeats niedergeschlagen zu haben (*Lapis Lazuli* II, 40).
↗Flügel, Kaiser/König/Fürst, Schwarz, Stein/Gestein.

Lit.: H.M. v. Erffa, Grus vigilans, in: Philobiblon 1 (1957), 286–308. – D. Peil, Untersuchungen zur Staats- und Herrschaftsmetaphorik in literar. Zeugnissen von der Antike bis zur Gegenwart, München 1983, 220–225. – B. Rowland, Birds with Human Faces, Knoxville 1973, 6–9.   DP

Kranz ↗Blumenkranz, Eiche, Lorbeer/Lorbeerkranz.

Kreis

Symbol Gottes und der Vollkommenheit, des menschl. Geistes, der Erkenntnis und der schöpfer. Tätigkeit, der ewigen Wiederkehr, der mag. Kräfte, der Gemeinschaft und Gerechtigkeit sowie der sozialen Isolation und Beschränkung. – Relevant für die Symbolbildung sind (a) seine geometr. Gestalt (geschlossene Linie mit konstanter Krümmung; Fläche mit dem geringsten Umfang) und (b) die sich daraus ergebenden Beziehungen zwischen Mittelpunkt und Zirkel (konzentr. K. und kreislinienförmige Bewegungen; ↗Spirale).

1. Symbol Gottes und der Vollkommenheit, aber auch der menschlichen Unvollkommenheit und Vergänglichkeit. Eine im theolog. wie philosoph. Denken begründete, die Lit. durchziehende Gottesdefinition – »Gott ist eine unbegrenzte Sphäre, deren Zentrum überall und deren Peripherie (*circumferentia*) nirgends ist« (*Liber viginti quattuor philosophorum*, Prologus II) – verknüpft die Symbolik von K., ↗Ring und ↗Kugel. Die daraus abgeleitete Vorstellung von Gott als K. (*deus est circulus*) bzw. K.-mittelpunkt reicht von der Orphik (*Pars posterior fragmenta Orphicorum* XXIa; CLXVIII) über den Neuplatonismus (Plotin, *Enneaden* IV, 3, 17; Ps.-Dionysius Areopagita, *De divinis nominibus* V), die christl. Mystik (Meister Eckhart, *Predigten* LXXV; LXXXI) und die Barockdichtung (Brockes, *Der Wolcken- und Luft-Himmel*) bis zur romant. Naturphilosophie (Fichte, *Über den Begriff der Wissenschaftslehre* 2. Abschn., § 4). Dementsprechend ist für Platon (*Timaios* 33b) der kreisförmige Kosmos der Vollkommenheit seines Schöpfers nachgebildet. Eng damit verknüpft erscheint die Vorstellung von Gott als Mittelpunkt eines K., auf den er zentripetal ausstrahlt (Plotin, *Enneaden* IV, 4, 16; Dante, *Divina Commedia*: »Paradiso« XIV, 1–3; XVII, 18; Seuse, *Lebensbeschreibung* LIII). Bei Dante symbo-

lisiert der K. auch die Zukunft und Vergangenheit umfassende Vollkommenheit göttl. Denkens, dem sich die Seele auf der myst. Reise annähert, und die göttl. Trinität (*Divina Commedia*: »Paradiso« XIV; XXX-XXXIII). Im Barock wird die menschl. Existenz aufgrund ihrer Vergänglichkeit und Sündhaftigkeit durch entsprechend fragile kreisförmige Figuren (etwa Seifenblase, Tautropfen, kreisende Glühwürmchen) ausgedrückt, die dem Vergleich mit der göttl. Gnade standzuhalten vermögen (Pater Martial de Brives, *Laudate*; Marvell, *On a Drop of Dew*; Drummond, *Madrigal*). In Novalis' *Heinrich von Ofterdingen* (I, 8) beschreibt Klingsohr die Sprache, mit der umzugehen der Dichter zu lernen habe, als einen K. Dagegen drückt in Fontanes *Stine* der Halbkreis das Unvollendete sowie die Unvereinbarkeit von individuellen Bedürfnissen und gesellschaftl. Ansprüchen aus (XV).

2. Symbol des menschlichen Geistes, der Erkenntnis und der schöpferischen Tätigkeit. In der Lit. der Frühen Neuzeit wird der K. auch als Symbol des menschl. Geistes verwendet, wobei das Denken als Erkenntniszentrum den Mittelpunkt des K. bildet, während die unendl. Sphäre das Feld des menschl. Bewusstseins darstellt (de la Boderie, *Encyclie* VI) oder gerade dessen Begrenzung herausstellt (Crashaw: *Ode Upon Mr. Stainough's Death*). Auf kosmogon. und kosmolog. Ideen anspielend, spricht Goethe in *Das Göttliche* von der ›Vollendung‹ des K. des menschl. Daseins‹ (vgl. bereits Petrarca, *Canzoniere* XXXI: *Questa anima gentil che si diparte*). In Rilkes Poetik symbolisieren K. und K.bewegung die geistige und schöpfer. Tätigkeit (*Ich lebe mein Leben in wachsenden Ringen*). Daran schließt auch die poetolog. Konzeption des »Meridian« bei Celan an, wo das für seine Poetik zentrale Unterwegssein des Gedichts den Meridianen gemäß kreisförmig verläuft und das Voranschreiten immer auch eine Annäherung an den Ursprungsort (die Erfahrung des Nationalsozialismus und die Erinnerung daran) bedeutet (*Der Meridian*).

3. Symbol der ewigen Wiederkehr und des Fatums. Weil auf der K.linie alle Punkte gleich weit vom Zentrum entfernt sind und deshalb die Linie in sich selbst zurückkehrt, steht der K. in der Antike für das in sich Geschlossene und Ewige (Aristoteles, *De caelo*). Die aristotel. K.lauftheorie widerspricht darin dem mit dem Christentum verbundenen Erlösungsgedanken, so dass der K. als unbibl. Zeitsymbol ausgelegt wird. In F. Schlegels *Gespräch über die Poesie* wird das zykl. Geschichtsbild der Antike mit Vollkommenheit identifiziert und dem progressiven Geschichtsbild der Moderne entgegengesetzt (s. a. 1.). Goethe verwendet den Gegensatz von Zyklik und Progression in *Wilhelm Meisters Lehrjahre* auf iron. Weise, da der Bildungsgang des Helden zunächst den Eindruck dynam. Entwicklung erweckt, seine Bewegung ihrem Wesen nach jedoch kreisförmig verläuft, so dass die Reise von der Familie in die Welt und wieder zurück in den K. der Familie mündet. Hegel hingegen beschränkt die K.laufvorstellung auf die Natur, die Geschichte des Geistes dagegen sei Fortschreiten (*Vorlesungen über die Philosophie der Geschichte*, Einleitung C). Nietzsches Lehre von der ewigen Wiederkunft stellt sich dem im Rückgriff auf die Antike sowie auf zeitgenöss. naturphilosoph. Spekulationen entgegen (*Also sprach Zarathustra* III: »Der Genesende«). Daran anschließend beschreibt Th. Mann die Zeiterfahrung Hans Castorps in seinem Roman *Der Zauberberg* als Ruhe und Stillstand, die auf der beständigen Wiederholung des Damals im Jetzt und des Dort im Hier beruhen (VI: »Veränderungen«).

4. Symbol magischer Kräfte. Um negative Kräfte abzuwenden, findet sich der K. auf Ringen oder Amuletten als Apotropäum. Die Handlung des Umkreisens kann mag. Bewandtnis haben, etwa um einen Widerstand zu brechen, wie bei der Eroberung Jerichos (Jos 6) oder beim K. des Pudels in *Faust I* (»Vor dem Tor«). Ausgehend vom Märchen (Zauberkreis als klar gezirkelter Ort, der zum Übertragen oder Bannen von Kräften dient; z. B. Grimm, *Der König vom goldenen Berg*; *Jorinde und Joringel*; Hoffmann, *Der goldene Topf* VII; *Faust I*, »Hexenküche«) wird immer wieder die Bannkraft des K. beschworen (so in Eichendorffs *Zauberei im Herbste* und *Marmorbild*). In Celans *Und mit dem Buch aus Tarussa* wird durch die mag. Kraft des Bannkreises ein Spannungsverhältnis erzeugt zwischen der Offenheit und dem Unterwegssein des Gedichts und seiner (Orts-)Gebundenheit und Fixiertheit (s. a. 2.).

5. Symbol der Gerechtigkeit und der Gemeinschaft. Die durch einen Ring von Personen oder durch Zeichnung auf dem Boden markierte K.fläche ist bereits in der *Ilias* ein Ort, der Unrecht evident werden lässt und an dem der weise Urteilende Lohn empfängt (XVIII, 503–508). In Klabunds Nachdichtung des chines. Singspiels von Li Hsing-Tau *Der Kreidekreis* ist der K. Symbol gerechten Handelns; Brechts Bearbeitung *Der kaukasische Kreidekreis* zeigt eine nicht vom staatl. Machtmissbrauch korrumpierte Rechtsprechung und formuliert damit als Alternative zur Klassengesellschaft die Utopie einer neuen Gesellschaftsordnung. Damit verwandt ist die Verwendung des K. als Symbol der Gemeinschaft, dem ein positives wie negatives Moment eignet, da mit der Konstitution von Zusammengehörigkeit stets auch Ausschlusspraktiken verbunden sein können (s. a. 6.). Neben relativ stabilen Gruppen wie der Familie (häufig mit einer Person im Zentrum, z. B. die Hausfrau in Schillers *Lied von der Glocke,* 120) oder auch dem K. von Rittern und Gefolge um König Artus (z. B. Wolfram v. Eschenbach, *Parzival* 308–315; 775–779) gibt es anlassbezogene K.-Bildungen, etwa zum Erzählen (Boccaccio, *Il decamerone*; Hauff, *Der Zwerg Nase*),

zum ↗Tanz (sexuell konnotiert bei Gessner, *Daphnis* III; Hauff, *Die Geschichte Almansors*) und zur Rechtsprechung (Grimm, *Die drei Handwerksburschen*). Um eine inhaltl. Übereinstimmung oder gemeinsame Zielsetzung zum Ausdruck zu bringen, haben sich Autoren immer wieder zu sog. Dichterkreisen (z. B. Schwäb. Dichterkreis, Münchner Dichterkreis) zusammengeschlossen. Das Heraustreten einer Person aus dem K. kann dementsprechend eine destabilisierende Wirkung auf diesen haben (so die Abreise des Hauptmanns in Goethes *Wahlverwandtschaften* I, 16).

6. Symbol der sozialen Isolation und Beschränkung. Mitunter bedingen individuelle Entscheidungen oder gesellschaftspolit. Entwicklungen entsprechende, durch den K. vergegenwärtigte Erfahrungen der sozialen Exklusion und Inklusion (Schiller, *Die Räuber* III, 2; Aichinger, *Die größere Hoffnung*: »Die große Hoffnung«; »Das heilige Land«; »Die Angst vor der Angst«; »Das große Spiel«). Statt zu Stabilität und Harmonie kommt es in den *Wahlverwandtschaften* zu einer problemat. Abschottung der ↗vier zentralen Figuren nach außen mit fatalem Ausgang, der den Tod zweier und die Isolation und Einsamkeit der beiden anderen nach sich zieht. Freiwillige und unfreiwillige Isolation von der Gesellschaft können aber auch Erkenntnisgewinn, innere Freiheit und künstler. Schaffenskraft fördern (Huysmans, *À rebours*). Manisches Kreisen hingegen symbolisiert die menschl. Gefangenschaft in der modernen Welt mit ihren Zwängen und ihrer Entfremdung (Rilke, *Der Panther*). – Während der sog. doppelte Kursus der Helden im höf. Roman eine spiralförmige Entwicklung symbolisiert (z. B. Chrétien de Troyes, *Erec et Enide*; Hartmann v. Aue, *Iwein*), bezeichnet in der Klassik (s. a. 3.), v. a. aber im Realismus der zu keinem Ziel führende kreisförmige Weg die innerlich oder äußerlich motivierte Unfreiheit der Handlungsträger. In Werken von Balzac (*Eugénie Grandet*), Flaubert (*Madame Bovary*) oder Fontane (*Unwiederbringlich*) steht die K.bewegung für ein Denken in gesellschaftl. Konventionen, die Beschränkung durch das soziale Milieu und den Verlust an histor. Bewusstsein. Sowohl gesellschaftl. Prozesse als auch geschichtl. Entwicklungen werden undurchschaubar, und am Ende steht vielfach eine Desillusionierung der Figuren hinsichtlich ihrer Entscheidungsfreiheit, die sich in den genannten Texten durch nach innen gerichtete, immer enger werdende konzentr. K. oder zentripetale Bewegungskurven äußern kann.

↗Blumenkranz, Gürtel, Kette, Krone, Kugel/Ball, Rad, Ring, Spirale, Symmetrie.

Lit.: H./I. Daemmrich, Spirals and Circles, New York/ Washington DC 1994, Bd. I, 1, 7; Bd. II, 1, 2, 5. – M. Lurker, Der K. als Symbol im Denken, Glauben und künstler. Gestalten der Menschheit, Tübingen 1981. – G. Poulet, Metamorphosen des K. in der Dichtung, Frankfurt a.M. 1966.   SBr

Kreuz

Symbol der Identifikation, des Christentums, des Todes und Leidens, aber auch seiner Überwindung und des Heils. – Relevant für die Symbolbildung sind (a) die Achsenstruktur, (b) die z. T. quadrat. Form, (c) die Strafpraxis der Kreuzigung.

1. Allgemeines Symbol der Identifikation. Allgemein dient das K. der Identifikation, als Handzeichen: »Das K. bin ich« (Schiller, *Die Piccolomini* IV,6), aber auch als Erkennungsmerkmal, wie etwa das *kriuze*, das Kriemhild in Siegfrieds Gewand näht (*Nibelungenlied* XV, 904), oder als Erinnerungszeichen: im ↗Kalender (Lessing, *Der Schlaftrunk* I, 1) bzw. allgemein (vgl. Bobrowski, *Betrachtung eines Bildes*). Ferner ist das K. alltagstauglich als ↗Münzzeichen (›Kreuzer‹ bzw. ›xr.‹; nach »K. und Münz« beziffert Th. Manns *Dr. Faustus* den Preis, XXV), Rechenzeichen, Grenzmarkierung und Wegweiser (s. a. die Assoziation von Weg- und Gipfelkreuz in E. Frieds *K.weg*), Sieges- und Feldzeichen, ↗Wappen- und Ordenszeichen (DWb V, 2180–2190; ↗Eisen/Erz). Ad absurdum führen diese Bedeutungsvielfalt Taboris *Goldberg-Variationen* in Anlehnung an eine Verszeile aus G. Steins *Sacred Emily* (↗Rose): »Ein K. ist ein K. ist ein K.«, womit das K. selbstreferentiell und damit sinn-los wird.

2. Symbol des Todes, des Leidens und des Bösen. Als konkreter Marterpfahl (gr. *staurós*, lat. *crux*; Äsop, *Der Räuber und der Maulbeerbaum*) steht das K. für die schwerste Todesstrafe im Röm. Reich seit dem 3. Jh. v.Chr. (Lukian, *Der Tod des Peregrinos*; vgl. schon Dtn 21,22 f.), als Strafmaß des Tyrannen kritisch aufgenommen etwa in Schillers *Die Bürgschaft*: »Daß ich am K. mit dem Leben/ Bezahle das frevelnde Streben.« – Entsprechend ist auch in christl. Perspektive das »Ärgernis des K.« (Gal 5,11) für Jesus von Nazareth auf Golgatha Zeichen tiefster Erniedrigung (Brockes, *Der für die Sünde der Welt, Gemarterte und Sterbende Jesus*) und von bleibender Ambivalenz (K. Marti, *am holz*). Stellt »Jesus am K. ein Bild, ein Symbol« dar (G. Hauptmann, *Der neue Christophorus*, 2. Konvolut V; bereits Lenau, *Der Postillon*; dagegen protestiert Herburgers *Jesus in Osaka*), so handelt es sich beim K. um eine Metonymie für den Gekreuzigten (1 Kor 2,2; Gal 6,14). Das K. ist damit ein Mahnmal, »der furchtbare Zeuge« des Martyriums und Todes Jesu (Klopstock, *Der Messias* XIV, 332 f.; s. a. Heines religionskrit. Perspektive in *Die Stadt Lukka* VI). Seine Hinrichtung am Marterpfahl bedeutet äußerste »Schande und Schmach« (Hegel, *Vorlesungen über die Philosophie der Religion* III, C.II.3.++). – Über die Passion Jesu Christi, des Schmerzensmannes (Th. Mann, *Der Zauberberg* V), hinaus weist das K. auf die *conditio humana*. Indem etwa Tollers *Die Wandlung. Das Ringen eines Menschen* in der Haltung des Gekreuzigten zeigt (IX: »Tod und Auferstehung«), wird das K. zur Chiffre

menschl. Leidens schlechthin (Lk 9,23; DWb XI, 2177 f.; vgl. Frühwald, Religion und Lit., 32). Nietzsches »Selbstkreuzigung mit dem geistigen Opfertode« (Th. Mann, *Betrachtungen eines Unpolitischen*: »Bürgerlichkeit«) wiederum schlägt, metaphorisch gesprochen, das moderne Künstlertum ans K. (Th. Mann, *Dr. Faustus*). – Die vom K.tod bezeichnete konkrete Missetat assoziiert Sünde (Dtn 21,23) bzw. das Böse schlechthin: »anfechtung/ k. vnd noht« sind eins in Weckherlins *Ode – Wie die Soldaten man vorzeiten* (1641). Dämon. Charakter in diesem Sinne und mit »des heil'gen K. Spahn/ Freventlich die Gluth besprochen« hat etwa der *Feuerreiter* Mörikes. Dagegen signalisiert die K.zertretung in Lavants gleichnamigem Gedicht, dass es auch christlich ein Leben vor dem Tod gibt. – Als »Merkzeichen« des Todes, aber auch des Trostes, das das Andenken des Verstorbenen ehrt, erscheint ein Holzkreuz in *Die Wahlverwandtschaften* Goethes (II, 1). Auch in Th. Manns *Der Zauberberg* ist das K. »Signum mortificationis« (VI).

3. Symbol des (ewigen) Lebens und der Hoffnung. Die ›natürl.‹ Achsenstruktur des K. (Justinus, *Apologia* I, 55, 3; Maximus v. Turin, *Homilien* XXXVIII, 2 f.) verleiht ihm in allen Kulturen kosm. Bedeutung (WS, 406 f.). Sie manifestiert sich beispielsweise als Chi bzw. Diagonalkreuz von Äquator und Ekliptik bei Platon (*Timaios* 36b), räumlich in den ↗vier Himmelsrichtungen oder als ↗Wegkreuz, zeitlich in den vier Jahreszeiten und anthropologisch (etwa in *Le proporzioni umane secondo Vitruvio*, 1492). Daneben ist das K. bereits prähistorisch als ein Heilszeichen eingeführt. Das ind. Glückszeichen der Svastika wird im german. Bereich mit dem ↗Sonnenrad assoziiert (↗Rad-K.), während das ägypt. Henkel-K., das der Hieroglyphe ´*anch* ähnelt, als Inbegriff des ewigen Lebens gilt (s. a. das zum Lebensbaum in Gen 2,9 stilisierte Gabel- oder Y-K. bei Justin, *Dialogus cum Tryphone* LXXXVI; ↗Baum). – Die sich erst allmählich durchsetzende christl. Umdeutung des K. zum Heilszeichen: »Das hoch- verfluchte creutz ist nun des segens zeichen,/ Nachdem es Jesus hat durch seinen tod geweyht« (Gryphius, *Epigrammata* LXXXIII: *Über des herrn creutze*), greift auf das alttestamentl. T-K. zurück (nach *tav*, dem letzten ↗Buchstaben im hebr. ↗Alphabet, griech. *tau*), das als Schutzsiegel Jahwes dient (Ez 9,4 ff.; ↗Siegel), wird aber v. a. im NT angelegt: Eph 2,16 deutet das K. in kosmolog. Trad. als Versöhnung der Gegensätze von Mensch und Gott (s. a. Kol 1,20), in 1 Kor 1,18 erscheint das »Wort vom K.« als eine »Gotteskraft«. Das K. Christi wird damit zum Wahrzeichen der Auferstehung (Röm 6,3–9; Gryphius, *Epigrammata* LXXVII: *Über den gecreutzigten Jesum*), zum Zeichen der Erlösung vom Tode und der göttl. Gnade. – Seit dem 2. Jh. n.Chr. wird die Gebärde der (Selbst-)Bekreuzigung zum apotropäischen Zeichen (*signatio crucis*), speziell das Segenszeichen leitet sich von *signum crucis*

her (Weckherlin, *Die fünffte Ode, oder Lied*). Über die Funktion der Dämonenabwehr hinaus (DWb XI, 2182) verheißt das K. Rettung im konkreten wie übertragenen Sinne (Körner, *Was uns bleibt*). »Trost- und friedenreich« transzendiert etwa das von Eichendorff fingierte Gipfelkreuz (↗Berg) auf dem Jochenstein den gefährl. ↗Donauwirbel bzw. die turbulenten Zeitläufte in *Ahnung und Gegenwart* (I, 1): mit der Aussicht auf den Felsen Petri bzw. die Bastion der christl. Kirche. Ebenso sinnträchtig ist das von C.D. Friedrich zeitgleich dargestellte *K. an der Ostsee*: »denen, so es sehen, ein Trost, denen, so es nicht sehen, ein K.« (Brief an L. Seidler, 9.5.1815). Die offenen Arme des Gekreuzigten sind die »gebärde des erlösers« (R. Kunze, *Auf dem Kalvarienberg*; Domin, *Ecce homo*) und bedeuten Zuflucht im Glauben bzw. in der christl. Gemeinschaft. – Säkularisiert wird die Bedeutungskomponente der Hoffnung im 20. Jh in Seghers Roman *Das siebte K.* (1942), das zum Zeichen des erfolgreichen Widerstands gegen den Nationalsozialismus wird, oder auch in Ch. Wolfs *Nagelprobe*. Dr. Krokowski in Th. Manns *Zauberberg* (IV) aber betreibt eine zweifelhafte *imitatio Christi*: Indem er sich »wie der Herr Jesus am K.« gebärdet, macht er »Propaganda für die Seelenzergliederung«. Der messian. Gestus (am Ende seines Vortrages »ließ er die Arme sinken«) ist die Pose eines Scharlatans, die der Psychoanalyse den Nimbus einer Ersatzreligion verleihen soll.
↗Quadrat, Vier, Weg/Straße.

Lit.: DWb XI, 2176–2186. – NLC, 283–290. – RAC XXI, 1099–1148. – WBS, 206–209. – O. Bayer/U. Köpf, Art. K., in: Theolog. Realenzyklopädie, hg. v. G. Kraus Müller, Bd. XIX, Berlin/New York 1990, 712–779. – P. Biehl, Symbole geben zu lernen, Bd. 2, Neukirchen-Vluyn 1993. – U. Frühwald, Die neunte Stunde, in: Gottesgeschichten, hg. v. W. Achleitner/U. Winkler, Freiburg/Basel 1992, 140–152. – ders., Religion und Lit. am Ende des 20. Jh., in: Autonomie und Verantwortung, hg. v. K. Lehmann/H. Maier, Regensburg 1995, 23–37. – K.-J. Kuschel, Art. K., Kreuzigung/literarisch, in: Wb. des Christentums, hg. v. V. Drehsen/H. Hermann, München 1995, 689 f. – G. Langenhorst, Die Absurdität von K., Kreuzigung und Gekreuzigtem, in: Renovatio 53 (1997), 39–51.   SSchw

Kristall

Symbol der (göttl.) Reinheit und Klarheit, mag. und erot. Kräfte, der Vereinigung bzw. Ambivalenz von Gegensätzen, der Beständigkeit und Ruhe, der Sünde und des Todes sowie der Poesie. – Relevant für die Symbolbildung sind (a) das Anorganische und Statische des K., (b) seine Geometrie und Symmetrie, (c) seine Härte (↗Stein/Gestein, ↗Eis) und (d) seine Transparenz (↗Diamant).

1. Symbol der (göttlichen) Reinheit und Klarheit. In der Johannes-Apokalypse (Offb 4,6) symbolisiert der Vergleich des K. mit der Klarheit des

↗Meeres über und vor dem Thron Gottes die göttl. Schöpfungsmacht. Das Neue ↗Jerusalem ist die weiblich konnotierte kristalline ↗Stadt, welche die Überwindung des Todes ankündigt und den für die Entstehung des K. grundlegenden Gegensatz von Flüssigem und Festem auflöst (Offb 21,11; 22,1 ff.). Im MA ist der kalte K., der aufgrund der durch ihn hindurch fallenden Sonnenstrahlen (↗Sonne) ein ↗Licht entzünden kann, ein Symbol der Keuschheit und ↗Reinheit Marias (Konrad v. Würzburg, *Die goldene Schmiede* 840). In Albrechts *Jüngerem Titurel* symbolisiert der K. die mit dem Streben nach der *imitatio Christi* gleichgesetzte Kristallisierung des Menschen als Metamorphose des Fleisches in den Geist (V. 39). Überdies prädestiniert die Reinheit und Klarheit des K. diesen als Symbol der idealen Minne und des luziden dichter. Worts (Gottfried v. Straßburg, *Tristan* 16716 ff. und 16977 ff.).

2. Symbol magischer bzw. erotischer Kräfte. In Märchen, Sagen und Riten der Völker werden den K. als relig.-mag. Reliktes des ↗Himmels übermenschl. Kräfte zugeschrieben, die den Besitzern zu Macht, Reichtum, Unbesiegbarkeit, Jugend oder Glück verhelfen (z. B. Grimm, *Die K.kugel*). Den erot. Symbolgehalt der oftmals mit den ↗Augen gleichgesetzten K. akzentuieren literar. Phantasien über die mag. Anziehungskraft des Weiblichen (Schiller, *Parabeln und Rätsel*; Holitzscher, *Der vergiftete Brunnen*, Baudelaire, *Sonnet d' automne*).

3. Symbol der Vereinigung bzw. Ambivalenz von Gegensätzen. Die Alchemie verbindet den Symbolgehalt des K. mit der Vorstellung des *lapis philosophorum* (↗Stein der Weisen), d. h. mit der Idee, aus unedler Urmaterie ↗Gold zu machen. Im MA wird der *lapis* auch mit Christus identifiziert und auf die ↗Gralssuche bezogen (Wolfram v. Eschenbach, *Parzival* 469, 1–471, 29). Die Romantik symbolisiert im K. die Idee der Vereinigung von Anorganischem und Organischem; der erstarrte K. ist nicht tote Materie, sondern Produkt des Lebens und Ausgang neuer Veränderungen (Schelling, *Von der Weltseele*: »Über den Ursprung des allgemeinen Organismus« III). In den romant. Märchen bezeichnet der K. die Entgegensetzung von Phantasie- und Alltagswelt, wobei der utop. Symbolgehalt des K. mit der negativ besetzten Fetischisierung des ↗Geldes kontrastiert wird (z. B. Tieck, *Runenberg*). In der Folge erweist sich insbes. die im K. symbolisierte Ambivalenz von Leben und Tod als bedeutsam. Im Kontext von Monismus, Lebensphilosophie und Lebensmystik symbolisiert der K. die Lebendigkeit des Anorganischen (Haeckel, *K.seelen*), das augenblickshafte Stocken des Bewegungsflusses sowie die Beziehungen zwischen Faktischem und Möglichem oder Kosmisch-Seelischem und Alltäglich-Realem (Musil, *Die Schwärmer*). Im Anschluss an Architektur-Utopien der Moderne, die einen K.-Palast (wie etwa der britische Architekt Joseph Paxton zur ersten Weltausstellung 1851) als Versöhnung von Natur und Technik konzipieren, formuliert Scheerbarts Abhandlung *Glasarchitektur* das Streben nach dem neuen Menschen und der Entwicklung hin zu einem im K. symbolisierten, absolut geistförmigen Körper, in dem kosm. Außen- und geistiger Innenraum zusammen fallen.

4. Symbol der Beständigkeit und Ruhe. Goethes *Über den Granit* versteht die K.struktur des ↗Granits als Symbol der Ruhe und Teilnahme an den wesentl. Grundlagen des Seins und sieht in der Härte des K. dessen ursprüngl. Kompaktheit und Festigkeit symbolisiert. Die Geschichtslosigkeit des in seiner stat., zeitlosen Schönheit vollendeten K. wird in Hegels *Enzyklopädie* (§ 341) zum Symbol für eine Betrachtung der ↗Erde im Sinne eines abstrakten Bildes von Ewigkeit und Unveränderlichkeit. Dieses prägt auch den Symbolgehalt des K. in Stifters *Bergkristall*, wo die Härte des Steins und die Eisnatur der K.grotte (↗Höhle/Grotte) die Ambivalenz einer harmon. Naturordnung anzeigt, die auch in extremer Gefahr vor Tod und Selbstverlust schützt, aber dennoch keine grenzüberschreitende Erlösung behauptet.

5. Symbol der Sünde und des Todes. Schon Dante verwendet in der *Divina Commedia* (»Inferno« XXXIII) die Härte von Eiskristallen als Symbol der Sünde und der ewigen Verdammnis. In der modernen Lyrik dominiert entsprechend die Leiden, Schmerz und Tod symbolisierende Kälte, Härte und Starre des K. So imaginiert Trakl eine eisige Welt des Verfalls, die den romant. Traum eines künftigen Goldenen Zeitalters zum Weltalter der Todesähnlichkeit und Eiszeitlichkeit umdeutet (*Ruh und Schweigen*; *Offenbarung und Untergang*). Nach dem Zweiten Weltkrieg wird, oft mit Bezug auf die ›Reichskristallnacht‹, neben der Ambivalenz von Leben und Tod v. a. die Härte des K. relevant. In P. Weiss' *Ästhetik des Widerstands* ist der K. in seiner Härte ein Symbol der Barbarei und des Todes (ähnlich auch in Aloni, *K. und Schäferhund*), aber auch der Hellsichtigkeit eines anderen Blicks.

6. Symbol der Poesie. In der Romantik führt die K.-Welt in das Reich der Poesie (Novalis, *Heinrich von Ofterdingen* I, 5). Bei E.T.A. Hoffmann korrespondiert die wuncherfüllende, utop. Dimension der K. mit der angstbesetzten Erstarrung, der Gefahr der Ich-Auflösung und dem Tod (*Die Bergwerke zu Falun*; *Der goldene Topf*). In der Moderne symbolisiert der K. die Reinheit und Künstlichkeit einer Dichtung, welche die verlorene Transzendenz im Modus der Melancholie bestätigt (Baudelaire, *L'irrémédiable*) bzw. ihr die Sehnsucht nach Erlösung entgegensetzt (Wagner, *Parsifal*). Darüber hinaus wird, etwa in der Lyrik Georges, die im Weg zum K. symbolisierte Synthese von Transzendenz und Immanenz mit der Schaffung des absoluten Kunstwerks identifiziert. In Celans Poetik des K. (etwa im Zyklus *Atemkristall* des Gedichtbandes *Atemwende* oder in den Gedichten *K.* aus *Mohn*

und Gedächtnis sowie *Schneebett* und *Engführung* aus *Sprachgitter*) stehen die Gitterstruktur und die Bildungsgesetze des K. in Beziehung zur Form der Gedichte sowie zum transitor. und sprachschöpfer. Charakter des dichter. Worts. Celan kombiniert u. a. die K.-Struktur des ↗Schnees mit dem Symbolgehalt der ↗Asche, wobei die Symbolik des K. einerseits auf das Verstummen der Dichtung nach der Shoah hinweist; andererseits reflektiert sie mit Bezug auf sprachmyst. und messian. Trad. das utop. Potential einer nicht fragmentierten Welt (etwa im Begriff des »Tausendkristalls« aus *Engführung*) und einer durch den Tod hindurchgegangenen neuen Sprache.

↗Diamant, Eis, Gold, Granit, Himmel, Licht, Meer, Reinheit, Schnee, Stadt, Stein.

Lit.: LMA V, 1534 f. – U.J. Beil, Die Wiederkehr des Absoluten, Frankfurt a.M./Bern 1988. – U. Engelen, Die Edelsteine in der dt. Dichtung des 12. und 13. Jh., München 1978. BTh

Kröte ↗Frosch/Kröte.

Krokodil

Symbol der List, Heuchelei und der existentiellen Gefährdung, aber auch der Wiedergeburt aus dem Tod. – Relevant für die Symbolbildung sind (a) die Gestalt des K., dessen Schuppenpanzer ↗Drachen und ↗Schlangen assoziieren lässt, und (b) die Eigenschaft des Fleischfressers, mit seinem großen und mit ↗Zähnen bewehrten Maul Beutetiere schnell und vollständig zu verschlingen, sowie (c) das Absondern einer Tränenflüssigkeit hierbei (↗Träne).

1. Symbol der List, Heuchelei und existentiellen Gefährdung. Die äußere Nähe zu Drache, Lindwurm und Schlange bis hin zur Gleichsetzung mit diesen Tieren überträgt einen Teil ihrer Symbolkraft auch auf das K., das nach dem *Physiologus* dem Teufel gleicht (»Vom Fischotter«; vgl. »Vom Ichneumon«; schon im AT symbolisiert das K. das Israel feindl. ↗Ägypten (Ez 29,1–5). Der Gegenspieler des K. ist in der antiken Naturauffassung der ↗Delphin, als Symbol für die Begrenzung von Macht und Grausamkeit durch die Natur selbst (Plinius d.Ä., *Naturalis historia* VIII, 91). Unaufrichtigkeit und Heuchelei, die dem K. zugeschrieben werden, zeigen sich v. a. in den sog. ›K.tränen‹ als Zeichen unechter Trauer (Spenser, *The Faerie Queen* I, 5), ein Symbolgehalt, der etwa in der barocken Emblematik weit verbreitet ist (HS, 672; vgl. Lohenstein, *Ibrahim Sultan* III; Hoffmannswaldau, *Abriß Eines falschen Freundes*) und auch heute noch als Redensart verwendet wird. Erstmals berichtet von K.tränen nach dem Verschlingen eines Menschen Asterios (zit. bei Photius, *Myriobiblon* 503), später dann auch Hugo v. St. Victor (*De bestiis* II, 8; s. Schöne, 69–71, 76). In Äsops Fabel *Der Mörder* verschlingt das K. einen Mörder, der sich auf der Flucht in den Nil retten will und veranschaulicht damit, dass »dem Verbrecher weder Erde noch Luft noch Wasser Sicherheit bieten«. Noch im Puppentheater hat das K. einen festen Platz als Symbol des Bösen und der Gefahr, so z. B. in Poccis Stück für Handpuppen *Kasperl unter den Wilden* (1859).

2. *Symbol des Todes und der Wiedergeburt.* Verkörpert in christl. Trad. das K. und insbes. sein Schlund den Tod, der überwunden werden muss (*Physiologus*: »Vom Fischotter«; Birken, *Jesus. Der himmlische Purpurwurm*; EdM VIII, 487), oder in profaner Wendung, wie bei Hoffmann von Fallersleben, den dt. Erbfeind Frankreich, in dessen »weitem Rachen« »Deutschlands Freiheit stirbt« (*Eisenhütel*), verbindet sich schon im alten Ägypten mit dem K. die Idee der Wiedergeburt aus dem Tod (Kákosy, 801). So verkörpert das K. auch die Fruchtbarkeit des Nils und seiner Heil bringenden ↗ Flut (*Fayum-Papyrus*; Beinlich, 319–327); es wird mit dem Gott Sobek assoziiert und wegen seiner regionalen Zuordnung zum Nil auch mit der Kulturvorstellung von Ägypten insgesamt gleichgesetzt. In sehr abwertender Absicht symbolisieren in der christl. Apologetik Ägypten und die K.kulte einen bes. abstoßenden und wider die Schöpfervernunft gerichteten Aberglauben der Tiervergötterung (Johannes Chrysostomus, *Homiliae in Genesin* VII, 6). Die nicht-christl. Symbolik der Wiedergeburt tritt hierbei gegenüber der Symbolik des Teuflischen, der List und Gefahr (s. 1.) deutlich zurück. – M. von der Grüns Kinderbuch *Die Vorstadtkrokodile* handelt von einer Gruppe Jugendlicher, den ›Krokodilern‹, die lernen, ihren an den Rollstuhl gefesselten Freund Kurt anzuerkennen und ihn in ihre Gruppe zu integrieren; sie verhelfen ihm und sich in sozialer Hinsicht zu einer metaphor. ›Wiedergeburt‹.

↗ Ägypten, Drache, Schlange.

Lit.: RAC XXII, 167–188. – WS, 409. – H. Beinlich, Das Buch vom Fayum, Wiesbaden 1991. – L. Kákosy, Art. K.kulte, in: Lexikon der ägypt. Götter und Götterbezeichnungen, hg. v. Ch. Leitz, Bd. 3, Leuven/Paris 2002, 801–811. – A. Schöne, Emblematik und Drama im Zeitalter des Barock, München ³1993.   L.vL

Krokus / Safran

Symbol der Jungfräulichkeit, der Liebe und des Lebens. – Relevant für die Symbolbildung sind (a) das frühe Blühen des K. im ↗ Frühling, (b) die kurze Blütezeit, (c) die Farbe und Kostbarkeit des aus den Samenfäden des K. gewonnenen S.

Mit Artemis verbunden (Aristophanes, *Lysistrata* 645–647), ist die S.farbe Zeichen der ↗ Jungfräulichkeit (Lohenstein, *Großmütiger Feldherr Arminius* I, 9). So trägt Iphigenie ein safrangelbes Kleid, als sie der Göttin geopfert werden soll (Aischylos, *Orestie: Agamemnon* 238). Homer versieht

Eos, die Göttin der ↗ Morgenröte, mit einem safranfarbenen Gewand und bindet damit die Lebenssymbolik des ↗ Lichts in die Farbe ein (*Ilias* XIX, 1 f.). – Wo Zeus und Hera sich lieben, bilden neben ↗ Lotos und ↗ Hyazinthe auch K. »dichtgedrängt und weich« ein Bett (Homer, *Ilias* XIV, 346–349; enggeführt mit Eos/Aurora bei Vergil, *Aeneis* IV, 584 f.). Entsprechend »verwandelt sich K. zur Blume der Liebe« (Nonnos, *Dionysiaka* XII, 86). Ovid verbindet S. mit Hymen, dem Gott der ↗ Hochzeit (*Metamorphosen* X, 1; *Heroides* XXI, 161 f.; B. Jonson, *Hymenaei* 42–43; Milton, *L'allegro* 125 f.). Als Hochzeits- und Liebessymbol ist der S. dann auch in der neuzeitl. Lit. präsent: Fleming, *An seinen Ring*; *Auf Herrn Martin Schörkels und Jungfrau Margarethen Putschers Hochzeit*; C. Brentano, *Die Gründung Prags* I). Braut- und Lichtsymbolik verbindet F.L. Stolberg in seiner *Hymne an die Erde*: »Sendet die Sonne der Purpur und Gold und glänzenden S./ Daß du bräutlich geschmückt erscheinest im Morgengewande« (vgl. Bürger, *Die Nachtfeier der Venus* III: *Lobgesang*). – Bei Goethe wird die »gewaltge Glut« des S. zum Boten der erwachenden Natur und des Lebens (*Frühling übers Land*). Auch der K. fungiert in ähnl. Weise als Symbol des Frühlings, etwa bei Hölderlin, *Chiron*, Scheffel, *Zavelstein*, oder Mörike (*An einen Liebenden*). – Spätestens seit dem 19. Jh. scheint sich die symbol. Verwendung jedoch zu verlaufen. In Huysmans *Décadence-Roman À rebours* (XV) verbinden sich noch exotist. Luxus mit farbsymbol. Konnotationen zu ↗ Gelb und ↗ Gold, wenn die Wände eines als Kartäuserklause eingerichteten Schlafzimmers mit safrangelber Seide ausgekleidet werden, »um das vorgeschriebne geistliche Gelb« nachzuahmen. H. Balls *Sonne* kennt dagegen den K. nur noch als Zierrat kleinbürgerl. Idyllen (»alle Vorgärten voll K. und Hyazinthen«), die zerquetscht werden, wenn die ↗ Sonne vom ↗ Himmel fällt.

↗ Blume, Frühling, Gelb, Gold, Hochzeit.

Lit.: H. Baumann, Die griech. Pflanzenwelt in Mythos, Kunst und Lit., München ⁴1999.   PN

Krone

Symbol der polit. oder relig. Herrschaft, der Tugend und der Weisheit sowie poetolog. Symbol. – Relevant für die Symbolbildung sind (a) die Eröhung des Hauptes durch die K., (b) die nach ↗ oben strebenden Zierelemente und (c) die ↗ Kreis-Form des Kopfaufsatzes.

1. *Herrschaftssymbol.* Als das Haupt des Trägers erhöhender Kopfschmuck steht die K. aufgrund ihrer Herkunft von lat. *corona* in engem Zusammenhang mit der Symbolik von Kranz (vgl. ↗ Blumenkranz; ↗ Lorbeer/Lorbeerkranz) und Heiligenschein. Als Herrschaftssymbol erscheint die K. neben dem Kranz schon im AT (Ps 21,4; Jes 62,3); in der griech.-röm. Antike übernehmen zumeist

Kränze diese Funktion (↗Lorbeer/Lorbeerkranz). Im europ. MA dominiert die kreisförmige ↗Königs- oder ↗Kaiser-K.; ihre Zacken verweisen auf die Gottgegebenheit und (aufbauend auf der älteren Bedeutung des Kranzes als Schutzsymbol) auf göttl. Schutz (Jer 13,18, Klgl 5,16). Ihre Kreisform symbolisiert das (beanspruchte) Herrschaftsgebiet oder die überpersonelle Dauerhaftigkeit des Königtums. Im Symbol ist es möglich, auch die Trennung von histor. Herrscher und überzeitl. Herrschaft zu formulieren (Shakespeare, *Richard II* IV, 1; Hebbel, *Gyges und sein Ring* I.1). Auffällig wird dies auch an den ↗Frosch- oder ↗Schlangen-K. der Märchen (u. a. Grimm, *Märchen von der Unke*), die auf der Diskrepanz von körperl. Hässlichkeit und unkörperl. Herrschaft aufbauen. Äquivalent verhält es sich beim barocken Emblem der von Schlangen umschlungenen K. als Symbol der körperl. Vergänglichkeit des Herrschenden (HS 1258 f.). Die K. kann so auch als Zeichen der Last (vgl. das Emblem der innen mit ↗Dornen ausgekleideten K., HS 1259) oder der Nutzlosigkeit des Herrschaftssymbols (Friedrich der Große: »Die K. ist ein Hut, in den es hineinregnet« eingesetzt werden. – Zu den spezifisch ma. Prägungen einer territorialen K.-Symbolik gehören die Erzählungen vom die dt. Kaiserkrone schmückenden Waisen (*orphans*). Der laut dem ma. *Herzog Ernst* im ↗Orient gefundene einmalige Edelstein (*Herzog Ernst* 4445–4476) fasst die den Orient umgreifende Reichsidee im Dingsymbol (Walther von der Vogelweide, *Erster Philippston*; Otto von Botenlauben, *Karbvnkel ist ain stain genant*; Kerner, *Der Ring*). – Die Krönung Jesu mit Dornen (Mt 27,27–30; Mk 15,16–20; Joh 19,2 f.) stellt im bibl. Text eine Ironisierung der Herrschaftssymbolik dar: Die röm. Folterknechte verkehren damit den angebl. Anspruch Jesu, König der Juden zu sein. In der christl. Lit. wird diese Schmähung abermals verkehrt zu einer Herrschaft im Leiden: »Der Welt zum Heil, zur Freud und Heil. / Vom Vater auserkoren« (Gerhardt, *O Mensch beweine deine Sünd*). Die Dornenkrone versinnbildet so auch, nur lose verbunden mit der trad. christl. Symbolik, individuelles Leid und ein profanisiertes Martyrium (Büchner, *Leonce und Lena* I,4; Trakl, *Untergang*).

2. Symbol der Tugend und der Weisheit. Etabliert die allegor. Exegese des bibl. *Hoheliedes* (Hld 4,8; vgl. Ps 45,10) Maria als ›Königin‹ (RAC XV, 227–233), wird die Marien-K. in der Folge zum Symbol der tugendhaften Gottesliebe und Teilhabe an der himml. Herrschaft (Jacobus de Voragine, *Legenda aurea*, »Von Mariae Himmelfahrt«; Grimm, *Marienkind*; vgl. Salzer, 331f.). Die profan-literar. Entsprechung hierzu stellt die Krönung der keuschen ↗Frau (↗Jungfrau) mit einem Blumenkranz dar (↗Blumenkranz, 1.). Wie beim Lorbeerkranz geht die K. hier eine Symbiose mit Pflanzensymbolen ein; eine Reihe weiterer Beispiele bietet hierzu Ei-

chendorffs *Marmorbild*: Bianka mit einem Kranz aus ↗neun ↗Blumen als Symbol der Unschuld, Fortunato mit einem Barett aus Vogel-Federn als Symbol des hohen Sangs, ↗Mohn- und ↗Lilien-K. als Zeichen des Todes; die inkarnierte Venus schließlich erscheint mit dem als Liebessymbol deutbaren ↗Rosen-Kranz. Letzterer verweist jedoch in einer Verkehrungssymbolik zur Dornenkrone Jesu wie zur Tugendkrone auf die bibl. Bekränzung der hedonist. Frevler mit Rosen (Weish 2,8). Als Verkehrungssymbol der Weisheit fungieren die karnevalesken ↗Narren-K. in den ma. und frühneuzeitl. ↗Fastnacht-Spielen oder auch in Brants *Das Narrenschiff* (»Von fasnacht narren«).

3. Poetologisches Symbol. Die literar. Selbstbezüglichkeit der K.-Symbolik nimmt ihren Ausgang bei der antiken Krönung des Dichters mit einem Lorbeerkranz (↗Eiche, 2.). Die Erhöhung des Dichters durch sein Werk geht auf das Werk selbst über: So führt die Rundform der K. auch zu einer programmat. Symbolik in Hinblick auf die Romanstruktur (Heinrich von dem Türlin, *Die K.*), einerseits als Tugendweis des durch den Roman gereiften Rezipienten und somit als Symbol des Dichtungsziels des *prodesse*, andererseits als Dingsymbol eines zykl. Erzählens bzw. des zeitlosen Fortbestehens des Erzählten. V. a. in der Lyrik findet sich die programmat. Verwendung als Erhöhung durch das jeweilige Werk: Bei Donne, *La Corona*, ist im Eröffnungsgedicht die K. sowohl Dedikationssymbol an Gott, wie auch der Inbegriff dessen, was der Dichter durch sein frommes Dichten zu erlangen gedenkt: das Symbol eines erfüllten Lebens. Auch als Sinnbild formaler Meisterschaft ist die K. dort eingesetzt, ebenso wie etwa bei den Sonettkränzen in Weinheber, *Späte K.*

↗Blumenkranz, Hut/Kopfbedeckung, Kaiser/König/Fürst, Kopf, Kreis, Lorbeer/Lorbeerkranz, Ring.

Lit.: EdM, 491–494. HdA, 599–603. – RAC XIV, 951–956; XXI, 1006–1034. – WBS, 209–211. – M. Hellmann, Corona Regni, Darmstadt 1961. – E. Kantorowicz, Die zwei Körper des Königs, München 1990. – A. Salzer, Die Sinnbilder und Beiworte Mariens in der dt. Lit. und lat. Hymnenpoesie des MA, Nachdr. Darmstadt 1967.   MD

Krug

Symbol des Leibes, der Gastlichkeit, aber auch der Not, der Trauer und des Todes, der Eingeschlossenheit, der Beschädigung, der Zeit sowie des Kunstwerks. – Relevant für die Symbolbildung sind (a) das Material, hier insbes. Ton (↗Erde/Lehm/Acker) und die daraus herrührende Zerbrechlichkeit des K., (b) der jeweilige Inhalt und (c) die geschlossene Form.

1. Symbol des Leibes. Der K. als umschließendes Gefäß für einen wertvollen Inhalt wird in christl.

Trad. als Symbol für den Gläubigen genutzt, der, nach Gen 2,7 ebenso wie der K. ursprünglich aus Ton gemacht, Gott in sich bewahrt als »Schatz in irdenen Gefäßen« (2 Kor 4,7). So auch Brant, *Das Narrenschiff*: »Ich solt eyn krůg, eyn hafen syn« (LVII). Zugleich deutet die Zerbrechlichkeit des Tonkrugs (s. a. 4.) auch auf die Ausgesetztheit der Gläubigen wie Ungläubigen angesichts der Allmacht Gottes (Jer 19,11; Röm 9,21–24; Offb 2,27; vgl. HS, 1384, 1397).

2. *Symbol der Gastlichkeit, aber auch der Not, der Trauer und des Todes.* Eine Vielzahl unterschiedl. Symbolfunktionen des K. sind unmittelbar an die Fähigkeit des Fassens und Ausschenkens (Heidegger, *Das Ding*) sowie an seinen jeweiligen Inhalt gebunden. So steht der mit ↗Wasser gefüllte K. einerseits für Gastlichkeit (so in der Rebekka-Episode Gen 24, wieder aufgegriffen z. B. in Freiligrath, *Gesicht des Reisenden*, oder Ch. Brontë, *Jane Eyre* XVIII; Uhland, *Maiklage*; Grillparzer, *Des Meeres und der Liebe Wellen* II), andererseits symbolisiert der Wasserkrug Armut und Not (Uhland, *Auf einen verhungerten Dichter*; Nestroy, *Zu ebener Erde und erster Stock* I, 19). Der Bier- und ↗Wein-K. dagegen steht häufig für Ausgelassenheit (Weerth, *Der Wein* XVII). – Der mit ↗Tränen gefüllte K. versinnbildlicht das große Ausmaß der Trauer (Ps 56,9; J.Ch. Günther, *Trostaria*; C. Brentano, *Das Märchen von den Märchen*; Langgässer, *Hollunderzeit*). Der ↗Aschekrug (bzw. die Urne) symbolisiert den Tod (Lessing, *Wie die Alten den Tod gebildet*: »Untersuchung«; Wieland, Alceste III; Lenau, *Johannes Ziska* VIII).

3. *Symbol der Eingeschlossenheit und Unentrinnbarkeit.* Durch seine charakterist. bauchige Form mit engem Hals verfügt der K. über ein großes Volumen, bietet aber zugleich nur geringe Zugangs- und Austrittsmöglichkeiten. Die eingeschränkte Befüllbarkeit macht den K. zum Sinnbild für das Gedächtnis bzw. den Verstand: nur kontinuierl. und maßvolles Lernen führt zum Erfolg (HS, 1387 f.; Gellert, *Hans Nord*). Die erschwerte Austrittsmöglichkeit aus dem K. lässt ihn zum Symbol der Verschlossenheit eines Menschen (Hafes, *Diwan*: »Buchstabe Je« LXXIII), aber auch des ausweglosen Schmerzes werden (Ariosto, *Orlando furioso* XXIII, 113). Die Unentrinnbarkeit aus dem K. macht ihn darüber hinaus zum Symbol für unüberwindbare soziale Schranken (Bechstein, *Mann und Frau im Essigkrug*) sowie zum Bild der Falle (Tolstoj, *Krieg und Frieden* III, 20).

4. *Symbol der Beschädigung oder Zerstörung.* Die Fragilität als eine der charakteristischsten Eigenschaften des K. wird literarisch in vielfacher Hinsicht als Sinnbild der Zerstörung verwendet. So ist der zerbrochene K. nicht nur Ergebnis, sondern auch Mahnmal der Unbeherrschtheit (Brant, *Das Narrenschiff* XLIX) oder der Unaufmerksamkeit (so schon im ind. *Pancatantra* V, aber z. B. auch La

Fontaine, *La laitière et le pot au lait*), wie das Aneinanderstoßen und Zerbrechen zweier Tonkrüge in der barocken Emblematik Zeichen des Krieges ist, der immer auf beiden Seiten Schaden verursacht (HS, 1382). Der nach einem dionys. Festrausch zerbrochene K. in Gessners gleichnamiger anakreont. *Idylle* dagegen ist nicht mehr als Kritik der Unbeherrschtheit zu lesen, sondern feiert indirekt die vorhergehende Einheit von Fest und Gesang, von denen sogar noch die Scherben des »schönsten K.« zeugen (s. a. 6.). – In Anlehnung an die alte Symbolik des Gefäßes für die schwangere und gebärende ↗Frau (↗Vagina; ↗Geburt; WS, 232 f.) setzt ein Emblem B. Anulus' (*Picta Poesis – Ut Pictura Poesis erit*) auf derbe Weise den zerbrochenen K. mit dem Verlust weibl., körperl. und moral. Unversehrtheit gleich: »Die Dirne ist ein durchlöchertes Gefäß mit klaffenden Spalten, es läuft hierhin und dorthin aus, nichts bleibt darin, wen man den Geist oder den Leib betrachtet« (HS, 664). Noch in dieser Trad. steht der K. als zentrales Symbol in Kleists *Der zerbrochne K.*, in dem es im Prozess zunächst nur um die Unbescholtenheit und ↗Jungfräulichkeit der jungen Eve geht, dann aber, wie sich zeigt, die Integrität aller Beteiligten, insbes. des Dorfrichters Adam, auf dem Spiel steht.

5. *Symbol der Zeit.* In der islam. Mythologie wird das Ausströmen einer in K. enthaltenen Flüssigkeit verwendet, um die Diskrepanz zwischen ekstatisch erlebter und real verstrichener bzw. ird. Zeit zu unterstreichen: Ein zu Beginn von Mohammeds sagenhaftem nächtl. Ritt von Mekka nach ↗Jerusalem durch die ↗sieben ↗Himmel und wieder zurück umgestoßener Wasserkrug ist bei dessen Rückkehr noch nicht völlig ausgelaufen. Dieses Bild wird in der Lit. mehrfach aufgegriffen (Dostojevskij, *Der Idiot* II, 5; *Böse Geister* III, 5, 5). – Symbol der ewigen Wiederkehr ist der K. v. a. in oriental. Trad., in der, wie Gen 2,7 (s. 1.), das Ausgangsmaterial des Tons dem zu Staub zerfallenen menschl. Körper gleichgesetzt und, verwandelt in einen K., durch den Wein wiederbelebt wird (Chaijam, *Vierzeiler* CCCIX). Eine andere Spielart dieser Symbolik stellt der Wunder-K. dar, dessen Inhalt nie zur Neige geht. Freilich erscheint diese Unerschöpflichkeit häufig als prekär (Goethe, *Der getreue Eckart*) und wird nicht selten kontrastiv mit dem Moment der Zerbrechlichkeit des K. verbunden (Grimm, *Deutsche Sagen: Die Osenberger Zwerge*; Puschkin, *Statue in Zarskoe Selo*). Überhaupt auf die Endlichkeit verweist mit der Zerbrechlichkeit des K. das oft zitierte »alt sprichwort«: »der k. so lang zum brunnen geht,/ bisz er doch endlich geht zu drümmern« (H. Sachs, mit weiteren Belegen in DWb XI, 2432).

6. *Symbol des Kunstwerks.* Als geformte Umhüllung eines Innenraums symbolisiert der K. das Kunstwerk im Grenzbereich von Autonomie und Heteronomie, Geschichte und Gegenwart. In G. Simmels Essay *Der Henkel* (1911) wird die Span-

nung zwischen der ›rein abgelösten, in sich ruhenden Existenz‹ des Gefäßes (hier: der Vase) als Kunstwerk und seiner Einbeziehung »in die Hantierungen und Zusammenhänge der Umwelt« thematisiert, die im titelgebenden Henkel versinnbildlicht ist. Bloch betont in *Ein alter K.* (1918) das Nicht-Artifizielle des Gegenstands und beschreibt die ihm innewohnende Kraft histor. Vergegenwärtigung, die in der Begegnung mit dem Gefäß ein Teilhabe-Erlebnis ermöglicht (vgl. Adorno, *Henkel, K. und frühe Erfahrung*).

↗Becher/Kelch/Gral, Erde/Lehm/Acker, Quelle/Brunnen, Wein.

Lit.: P. C. Guadagnini, Bloch und Heidegger, in: Bloch-Almanach 19 (2000), 159–205. – H. Körner, Das Mädchen mit dem zerbrochenen K. und sein Betrachter, in: Empfindung und Reflexion, hg. v. H. Körner/C. Peres, Hildesheim/New York 1986, 239–272. – H. J. Schneider, Der Ring, die Statue, der K. und seine Scherben, in: Lit. und Geschichte, hg. v. M Hoffmann/H. Steinecke, Berlin 2004, 45–61. – P. J. Vinken, Some Observations on the Symbolism of the Broken Pot in Art and Literature, in: The American Imago 15 (1958), 149–174. – G. Zick, Der zerbrochene K. als Bildmotiv des 18. Jh., in: Wallraf-Richartz-Jb. 31 (1969), 149–204.

SD

Kuckuck

Symbol des Frühlings, des Narzissmus, der Einfalt, der undifferenzierten Kritik, der Weissagung, der Vergänglichkeit, der Anmaßung, des Außenseiters und des Ehebruchs. – Relevant für die Symbolbildung sind (a) die Rückkehr des K. aus den Überwinterungsgebieten an einem bestimmten Tag zu Beginn des Frühjahrs (in Deutschland der 14. oder 15. April), (b) sein charakterist. Ruf und (c) sein Brutparasitismus.

In vielen Gedichten und Kinderreimen fungiert der K. als Frühlingsbote (↗Frühling) (z. B. Hölty, *Maylied*; Miller, *Kinderlied*; Arndt, *Frühlingslied*; v. Fallersleben, *Frühlingsbotschaft*). Sein eintöniger Ruf, der diesen Frühlingsanfang markiert, ist in mehrfacher Weise symbolisch konnotiert. Da er in den meisten indogerman. Sprachen seinem Namen entspricht, ist er zum einen Zeichen des Narzissmus (z. B. in Gellerts Fabel *Der K.*). Zum anderen wird der Ruf des eigenen Namens als Geste der Einfalt gedeutet und daher sinnbildlich für eine naive (bisweilen sogar schlechte) Dichtkunst (z. B. Herder, *Von deutscher Art und Kunst*; Claudius, *Alte und neue Zeit*) und geringschätzig für undifferenzierte Kritik (z. B. Geibel, *Nachtigallenschlag*) verwendet. Darüber hinaus dient der K., der zum Geschlecht der Teufelsvögel gehört, in vielen Texten als Symbol der Weissagung. Nach dem Volksbrauch wird die Zahl der gehörten K.rufe als Antwort auf die Frage der noch bevorstehenden Lebensjahre bzw. anderer Fragen der Zeitlichkeit angesehen (z. B. Eichendorff, *Der letzte Held von Marienburg*;

C. F. Meyer, *Lenz, wer kann Dir wiederstehen?*; Glaßbrenner, *K.*; Freytag, *Die Ahnen*: »Das Jahr der jungen Frau«; Fontane, *Effi Briest* XXXIV). So konnte der K. (und schließlich auch die K.uhr) zum Mahner der Vergänglichkeit avancieren (so etwa in Zellers Gedichtband *Stiftsgarten, Tübingen* und im Fall der K.uhr in Kellers Gedicht *Alle meine Weisheit*). – Eine bes. Bedeutung für die Symbolbildung nimmt der Brutparasitismus des K. ein. Der in Nordeuropa heim. K. (*Cuculus canorus*) legt seine ↗Eier meist in die ↗Nester von Singvögeln und lässt sie von diesen ausbrüten. Diese Eigenart, etwas zu beanspruchen, was einem von Natur aus nicht zusteht, hat ihn zum Symbol der Anmaßung werden lassen. So tritt der K. in vielen Texten in den (Wett-) Streit mit der ↗Nachtigall und beansprucht dabei mit seinem eintönigen Ruf besser zu singen als diese (z. B. Vaillant, *Par maintes foys*; Oswald v. Wolkenstein, *Der mai mit lieber zal*; Gellert, *Der K. und die Nachtigall*). Desgleichen dient er der Charakterisierung von Menschen bzw. der Darstellung von deren parasitärem Verhalten (z. B. Bierbaum, *Prinz K.*; Arnim, *Gräfin Dolores*). V. a. in der Moderne rücken die K.kinder in den Blick. Ihre Unzugehörigkeit lässt sie häufig zu Außenseitern werden (z. B. Jahnn, *Fluss ohne Ufer*; Pedretti, *K.kind*). Der Brutparasitismus des K. hat im Volksglauben zu der Vermutung geführt, dass der unbeständige Vogel nichts von gemeinsamer Aufzucht und damit von Partnerschaft und Treue halte. Dies hat ihn in der Folge zum Symbol des Ehebruchs werden lassen (z. B. Brentano, *Das Märchen von dem Hause Starenberg*) bzw. entsprechend des frz. Begriffs *cocu* zum Symbol des betrogenen Ehemanns (z. B. Th. Mann, *Bekenntnisse des Hochstaplers Felix Krull*).

↗Frühling, Nachtigall.

ChG

Kugel / Ball

Symbol des Schicksals, des Zufalls und (im Plural) der Masse. – Relevant für die Symbolbildung sind (a) die runde Form, (b) die rollende Bewegung bzw. kurvenförmige Flugbahn und (c) die Größe und Anzahl der K./B.

1. Symbol des Schicksals und des Zufalls. Zu den Emblemata der Fortuna zählt neben dem ↗Rad K., auf der die Göttin an betroffenen Menschen, etwa Schiffbrüchigen, vorüberrollt (z. B. HS, 1796, 1801); die typ. Subscriptio solcher Embleme lautet »Das Glück hilft nur den Wagemutigen, es lässt sich nicht erbetteln.« Schiller bringt demgegenüber die kurvenförmige Flugbahn der K. zur Geltung, wenn er sie als Symbol menschl. Projekte verwendet, deren Bahn als Resultante aus individueller Energie (»Enthusiasmus«) und Gravitation (äußere Umstände) bestimmt wird: »Wenn Du aufmerksam darüber nachgedacht hast, so wirst du das Schicksal aller *menschlichen* Plane gleichsam in einem Symbol darin angedeutet finden. Alle steigen und zielen nach dem Zenith empor […], aber alle beschreiben

diesen Bogen, und fallen rückwärts zu der mütterlichen Erde. Doch auch dieser Bogen ist ja so
schön!!!« (Schiller an Huber, 5.10.1785). Konnota-
tiv wird damit gleichzeitig auch das Schicksal einer
individuellen Lebenskurve symbolisiert. Dass die
Kontingenz von Lebenskurven nicht immer teleo-
logisch rückversichert ist, bildet das Thema eines
Ghasels von Platen:»So war ich ein B. des Geschicks
nur? Die Liebe, sie schied uns kam,/ Sie brachte
mir liebliche Hoffnung, sie brachte mir tödlichen
Gram« (*So war ich ein B. des Geschicks nur*). Der ›B.
des Glücks‹ symbolisiert hier wie schon in der Emblematik die »Wechselhaftigkeit des Lebens« (HS,
1308–1311). Entsprechend bezeichnet Tiecks Protagonist William Lovell sich selbst, als er über die
Kontingenzen seines Lebens, insbes. über die wech-
selnden Amouren, nachdenkt, als eine K., die die
anderen K. auswendig kennt und sich unter ihnen
langweilt:»Ich schwöre, wie die übrigen, auf tausend Sachen, und weiß nicht, wovon die Rede ist,
ich bejahe und verneine und bin dieser und dann
wieder jener, eine K., die sich nach allen Seiten
wenden kann – aber wie langweilig, wie zuwider ist
mir nun auch jedes Gesicht!« (*William Lovell* VIII,
32: »William Lovell an Rosa«; ↗Gesicht).

  2. Symbol der Masse. Da man im wissenschaftl.
Probabilismus das Verhältnis zufällig verteilter
↗weißer und ↗schwarzer Kügelchen in einer Urne
mittels einer sich steigernden Anzahl ›blinder‹ Zu-
griffe mit wachsender Wahrscheinlichkeit bestimmen kann, entsteht v. a. seit dem 19. Jh. eine konno-
tative symbol. Gleichsetzung von Massenindivi-
duum und Kügelchen (dieses Bild ist symbolisch
weitgehend äquivalent mit dem Massen-›Atom‹,
das ebenfalls als ein sehr kleines Kügelchen vorgestellt wird). Mit der durch das wissenschaftl.
Wahrscheinlichkeitskalkül ermöglichten statis-
tisch-demograf. Vorstellung von Menschenmassen
und ihren ›Schicksalen‹ verstärken sich die »nor-
malistischen« (Link) symbol. Konnotationen der
Kugel i.S. des normalen Durchschnittsmenschen.
So reflektiert der Held in Raabes *Hungerpastor*,
»daß die Billardkugeln besser dran sind als die
Menschen, die sich auch von allen möglichen Töl-
peln und Lümmeln umherstoßen lassen müssen,
aber mit Gefühl [d.h. die Menschen empfinden
Schmerz dabei]« (XIV). Die Perspektive auf die
symbol. K.förmigkeit der Durchschnittsmenschen
ist hier wie meistens pejorativ, was einer humanist.
Präferenz für die Singularität der Person entspricht.
Diese Perspektive steigert sich beim jungen Kraus
zum anklagenden Pathos gegen die Disziplinaran-
stalten Justiz und Psychiatrie: »Es ist bekannt, dass
die Landesirrenanstalt sich unbequemer Patienten
gern auf alle mögliche Arten entledigt. Ein solches
degeneriertes Geschöpf wird herumgeschupft wie
ein Gummib. Die eine Anstalt schupft es der anderen zu – man nennt dieses B.spiel ›transferieren‹ –
oder sie entlässt es als ›genesen‹. das heißt, sie wirft

es der Polizei zu, die natürlich das ›Gib’sweiterspiel‹
fortsetzt« (*Fackel* 39/1900). Hier ist die ›Geworfenheit‹ des modernen Menschen lange vor Heidegger
bereits auf den Begriff gebracht und – im Unterschied zu diesem – institutionell definiert. Wenn
Kafka das K.symbol im Tagebuch auf sich selbst appliziert, haben wir es hingegen bereits deutlich mit
einer existentialen Perspektive zu tun: »Ich bin hart
nach außen, kalt im Innern. Als ich heute zu Dr. F.
kam, war es, trotzdem wir langsam und überlegt
zusammenkamen, als wären wir wie B. zusammen-
gestoßen, die einer den anderen zurückwerfen und
selbst ohne Beherrschung sich verlieren« (5.2.1912;
s. a. den Eintrag v. 16.3.1912: »Wieder Aufmunte-
rung. Wieder fasse ich mich, wie die B., die fallen,
und die man im Fallen fängt«). Döblins Roman
Berlin Alexanderplatz schildert am Beispiel der Lebenskurve des Franz Biberkopf das Schicksal eines
Massen-Kügelchens, das exemplarisch für die modernen Menschen steht. In einem einleitenden
Gleichnis nimmt der weise Jude Nachum die ›Geworfenheit‹ des Kügelchens Franz symbolisch vorweg: »Ein Mann hatte mal einen B., wißt ihr, […]
aus Zelluloid, durchsichtig, und drin sind kleine
Bleikugeln. […] Aber wie er den B. geworfen hat, ist
er nicht so geflogen, wie er gemeint hat, er hat noch
einen Sprung gemacht, und dann ist er auch noch
ein bißchen gerollt, so zwei Hände nebenbei.« Ähnlich kontingente Lebenskurven von Massenatomen
schildert auch Célines Roman *Voyage au bout de la
nuit*. Auch dort dient die K. als Symbol einer prä-
existentialistischen ›Geworfenheit‹: »Sie würde auf
den großen Friedhof wandern nebenan die Tante,
wo die Toten eine Masse bilden, die schon wartet.
[…] und man würde sagen, daß wir’s wieder mal
geschafft haben wie die K., die am Rand des Loches
wackeln und noch ein paar Umstände machen vor
dem Aus. Sie starten anfangs auch mit ganz schön
Wucht und Wut die K., und kommen schließlich
nirgendwo besonders an.«

  ↗Rad, Spiel.

Lit.: J. Link, Versuch über den Normalismus, Göttingen ³2006. – P. Sloterdijk, Sphären, 3 Bde., Frankfurt
a.M. 1998–2004.   JL

Kunstmusik

Symbol der vollkommenen Harmonie, des unmittelbaren Ausdrucks insbes. seel. Stimmungen und
eines ästhet. Formideals. – Relevant für die Symbolbildung sind (a) die seit der antiken Philosophie postulierte Nähe der Musik zur Sphärenharmonie (*harmonia mundi*; ↗Naturmusik/Sphären-
harmonie; ↗Zahlen), (b) die Zeichenhaftigkeit des
musikal. Kompositions- und Notationssystems,
die eine Analogiebildung zwischen Musik und
Sprache (↗Schrift) bzw. gegebenenfalls auch eine
Konkurrenz zwischen beiden Medien begründet,
sowie (c) die polyphone Struktur der K., d. h. die

Eigenschaft, Vielfalt in der Einheit zur Darstellung zu bringen.

1. Symbol der vollkommenen Harmonie. Die Vorstellung von (musikal.) Harmonie i.S. eines vollkommenen Ausgleichs von (gegensätzl.) Kräften schreibt sich her vom kosmolog. Gedanken der *musica mundana* (»Weltenharmonie«) und der psycholog. Idee der *musica humana* als eines Einklangs von Körper und Seele, wie sie schon in der Antike diskutiert (Platon, *Timaios* 31a–37c; 47; Boethius, *De institutione musica*), im MA als dominante Vorstellung tradiert und in der Frühen Neuzeit von Kepler (*Harmonice mundi*) über Mersenne (*Harmonie universelle*) bis hin zu Mattheson (*Der vollkommene Kapellmeister*) vertreten werden. Im 18. Jh. kommt es mit der Erfindung der ›musikal. Temperatur‹ und der Verbreitung von Rameaus Harmonielehre (*Traité de l'harmonie*) zu einer zunehmenden Differenzierung zwischen Natur- und Kunstmusik, wobei der aufklärer. wie auch der empfindsame Musikdiskurs weiterhin vom Paradigma des ›Natürlichen‹ bestimmt ist. Lehnen die einen im Gefolge Rousseaus (*Lettre sur la musique française*) das Harmoniesystem als künstlich und widernatürlich ab, so erheben es demgegenüber die Befürworter des musikal. Fortschritts (Forkel, *Allgemeine Geschichte der Musik*) sogar zur ›zweiten Natur‹. Diese ambivalente Beurteilung der K. bestimmt auch deren Verwendung als literar. Symbol im 18. und frühen 19. Jh. In Heinses *Hildegard von Hohenthal* wird Musik noch ganz i.S. des kosmolog. Harmoniemodells gedacht, wobei allerdings zusätzlich die empfindsame Sympathielehre (Klopstock, Herder) bzw. ein sinnesphysiolog. Begründungszusammenhang (Soemmering) angedeutet wird: Musik erscheint als »die Kunst, durch gemessene Töne das Leben im Menschen, und alles, was sich in der Natur durch Ton und Bewegung äußert, darzustellen«, und es wird daraus gefolgert: »Unser Gefühl selbst ist nichts anderes, als eine innre Musik, immerwährende Schwingungen der Lebensnerven« (V; s.a. 2.). Der Komponist Berglinger in Wackenroders *Herzensergießungen eines kunstliebenden Klosterbruders* greift erklärtermaßen das Sympathiemodell auf (»daß mein Geist die Welt durchklinge,/ sympathetisch sie durchdringe«; *Das merkwürdige musikalische Leben des Tonkünstlers Joseph Berglinger* I), vermag aber das Ideal der Weltharmonie nicht mehr in seine Kompositionskunst zu überführen: Das Harmoniesystem erscheint ihm als ein »Käfig der Kunstgrammatik« (II). Infolge dieser Aporie findet im romant. Musikdiskurs eine zunehmende Dichotomisierung von ↗Gesang und Instrumentalmusik statt. Die menschl. (meist weibl.) ↗Stimme und das einfache Lied (»Schläft ein Lied in allen Dingen«; Eichendorff, *Wünschelrute*) werden mit dem Attribut des Natürlichen belegt, die Instrumentalmusik als ästhet. Konstrukt begriffen.

Demgegenüber findet bei E.T.A. Hoffmann eine Rückbindung des K.-Ideals an die Vorstellung der *harmonia mundi* statt, etwa, wenn dem Komponisten Gluck der »Euphon erklingt« (*Ritter Gluck*). Noch bis ins 20. Jh. hält sich der Topos der K. als Symbol für Harmonie, von Rilkes *Liebes-Lied* (»Doch alles, was uns anrührt, dich und mich,/ nimmt uns zusammen wie ein Bogenstrich,/ der aus zwei Saiten *eine* Stimme zieht«) über Bachmanns Roman *Malina* (»exsultate jubilate«) bis zu R. Schneiders *Schlafes Bruder*. Allerdings wird der Symbolgehalt seit dem 19. Jh. verstärkt auch in sein Gegenteil verkehrt, wenn K. als genialist. Improvisation zur ›Kakophonie‹ gerät (etwa in Grillparzers *Der arme Spielmann* oder Stifters *Turmalin*) oder aber, in Anlehnung an Schönberg (*Harmonielehre*), die »Emanzipation der Dissonanz von ihrer Auflösung« zum höchsten Ideal erhoben wird (Th. Mann, *Doktor Faustus* XXII).

2. Symbol des unmittelbaren Ausdrucks. Seit dem 18. Jh. wird die Musik im Vergleich der Künste erstmals als eigenständiges Zeichensystem reflektiert. Der aufklärer. Musikdiskurs beschreibt K. zunächst mit Kategorien der Sprache (›Grammatik‹, ›Rhetorik‹), in der Empfindsamkeit wird sie als überlegene Artikulationsform gefeiert: Wo die Worte fehlen, kann die Musik als ›Sprache des ↗Herzens‹ erklingen. So dient in Jean Pauls *Hesperus* ein ›schmelzendes Adagio‹ als ↗Spiegel der Gefühle und Medium der Liebe (»als der sehnsüchtige Geist weint […] und ruft in jammerndem Entzücken zwischen Töne hinein: ja, alles, was ihr nennt, das fehlt mir«; 19. Hundposttag); Wackenroders Berglinger erlebt Kirchenmusik als relig. Inspiration; in C. Brentanos *Der Sänger* erscheint K. als Kommunikationsmedium von Leid und Schmerz; der wahnsinnige Geiger in Grillparzers *Der arme Spielmann* schließlich verherrlicht die von jedem Gesetz befreite musikal. Phantasie als Sprache des ›lieben Gottes‹. Das Symbol der K. steht damit zunehmend im Zeichen moderner Sprachkritik. Seit der Romantik wird K. als ein abstraktes Artikulationsmodell jenseits der Sprache gesehen (Idee der absoluten Musik). So feiert etwa Tieck in seinem Aufsatz *Töne* die Instrumentalmusik als eine »abgesonderte Welt für sich selbst«. Novalis verbindet seine Musikreflexion mit mathemat. Spekulationen und formuliert die paradoxe Utopie, jenseits der referentiellen Sprache »bestimmt durch die Musik zu sprechen« (*Das Allgemeine Brouillon* CCXLV; *Monolog*). Mit der Abkehr vom Mimesisprinzip zugunsten einer nicht-referentiellen, formalist. Kunstauffassung wird im Diskurs über K. die ästhet. Moderne eingeläutet.

3. Symbol eines ästhetischen Formideals. Die Idee der ›absoluten Musik‹ führt nicht nur zum Konzept der (entsemantisierten) ›Wortmusik‹ (Tieck, Brentano; s.a. 2.) oder zum ›absoluten Gedicht‹ (Mallarmé, *Musique et littérature*), sondern auch zu einer umfassenden Strukturreflexion des literar. Textes als musikal. Partitur. So sieht etwa Kleist »im Generalbaß die wichtigsten Aufschlüsse über die Dichtkunst« (Brief an M. v. Kleist, Sommer 1811). E.T.A. Hoffmann erklärt das Prinzip der »kontra-punkt. Verschlingung« zum poetolog. Ideal: In der polyphonen Struktur bildet eine Vielfalt z. T. gegen-läufiger Stimmen ein harmon. Ganzes (*Kreisleri-ana*: *Beethovens Instrumentalmusik*). Einerseits wird damit das trad. Postulat der *harmonia mundi* aufgegriffen und in romant. Universalpoesie über-führt (s. a. 1.). Andererseits ermöglicht die poly-phone Struktur der K. aber auch die Vereinigung des Dissonantischen. Das Symbol der K. erhält da-mit eine ambivalente Ausrichtung: Es dient einer-seits der Darstellung einer (utop.) Einheit des Viel-fältigen. Im Lichte der Moderne – von Kleist und E.T.A. Hoffmann über Th. Mann (*Doktor Faustus*) bis zu Th. Bernhard (*Der Untergeher*) – wird das polyphone Prinzip andererseits aber derart radika-lisiert und verabsolutiert, dass K. auch zum Symbol einer universellen Disharmonie umgemünzt wer-den kann.

↗Echo, Geige/Violine/Fidel, Hieroglyphe, Horn, Laute, Naturmusik/Sphärenharmonie, Orgel, Saite, Stimme/Gesang.

Lit.: A. Käuser, Schreiben über Musik, München 1999. – Ch. Lubkoll, Mythos Musik, Freiburg 1995. – B. Nau-mann, »Musikalisches Ideeninstrument«, Stuttgart 1990. ChL

L

Labyrinth

Symbol der Erkenntnis und der Verfehlung, der Komplexität und Undurchschaubarkeit, des Spiels und der Kunst. – Relevant für die Symbolbildung ist die unübersichtl. architekton. oder graf. Struktur des L., die zu Ver(w)irrung beim Betrachten bzw. Begehen führt.

1. Symbol der Erkenntnis und der Verfehlung. Das literar. Paradigma des L. ist das L. des Minotaurus auf Kreta: Der griech. Mythos berichtet, dass Dädalus nach ägypt. Vorbild das kret. L. als Aufenthaltsort des menschenfressenden Minotaurus konstruierte. Überlieferungen dieses Mythos, z. T. im Zusammenhang mit Äneas' Abstieg in die Unterwelt, finden sich bei verschiedenen antiken Autoren (Vergil, *Aeneis* VI, 14–41; Catull, *Carmina* LXIV, 50–266; Ovid, *Metamorphosen* VIII, 152–182; Plutarch, *Theseus* 15 ff.). – Die mühevolle, bisweilen vergebl. Suche nach einem Weg lässt das L. zum Symbol eines schwierigen intellektuellen oder spirituellen Erkenntnisprozesses werden. Sokrates vergleicht eine philosoph. Untersuchung mit dem Gang durch ein L., an dessen vermeintl. Ende der ↗Weg wieder von vorne beginne (*Euthydemos* 291b; vgl. Boethius, *Trost der Philosophie* III 12p 96 ff.; Kant, *Kritik der reinen Vernunft* B XIVf.). – Im christl. Kontext steht das L. für die Versuchungen und Verstrickungen der ird. Welt, in die der Gläubige gerät, wenn er den Pfad (↗Weg/Straße) des rechten Glaubens verlässt (Ambrosius, *In psalmum David CXVIII expositio*, zu V. 59; Brockes, *Der verstockte Chrysander*; Eichendorff, *Nacht: Tritt nicht hinaus*). Im Gegenzug dazu bedeutet der erfolgreiche Durchgang durch das L., das sich häufig auch bildlich auf Kirchenfußböden dargestellt findet, die Erlangung des christl. Heils (vgl. das Titelblatt von Otfrids v. Weißenburg *Evangelienbuch*; C. Brentano, *Nimm hin den Faden durch das L.*). – Auch außerhalb des philosoph. und relig. Bereiches wird der Symbolgehalt des L. als (Um-)Weg zum Wissen aufgegriffen, so von Eberhard dem Deutschen, der seine Poetik *Laborintus* nennt (13. Jh.), oder von Paracelsus, der einen *Labyrinthus medicorum errantium* verfasst. Das erkenntnistheoret. Gleichnispotential des L. wird ebenfalls in neuerer Zeit genutzt, vgl. Titel wie *Labyrinths of Reason* von Poundstone oder Eco, *Dall'albero al labirinto*; Letzterer greift in seinem Roman *Il nome della rosa* auf die Symbolik des L. zurück, um den Reifeprozess des Ich-Erzählers zu veranschaulichen.

2. Symbol der Komplexität, Undurchschaubarkeit und Desorientierung. Neben der unter 1. genannten philosophisch oder christlich akzentuierten erkenntnistheoret. Symbolik, die das L. als diffizile, aber kognitiv erfassbare und somit prinzipiell beherrschbare Struktur auffasst, gilt das L. auch als Sinnbild einer komplexen, sich dem rationalen Zugriff des Individuums entziehenden Erfahrung. Hierzu gehören das L. der Liebe (Petrarca, *Canzoniere* CCXI: *Voglia mi sprona*; Boccaccio, *Il corbaccio o Laberinto d'amore*; Cervantes, *El laberinto de amor*) und die menschl. Gefühlswelt überhaupt (Goethe, *An den Mond*; Eichendorff, *Anklänge*) und das L. der Fortuna (de Mena, *El laberinto de Fortuna*; Bouchet, *Le labirynth de Fortune*). – In der Lit. des 17. Jh. findet sich verstärkt das Motiv von der Welt als L. (Norden, *Labyrinth of Man's Life*; Calderón de la Barca, *La vida es sueño*), oftmals in Zusammenhang mit einer labyrinth. Auffassung der ↗Stadt (Comenius, *Labyrinth der Welt und Paradies des Herzens*; Gracián, *El criticón*). Diese Tendenz verstärkt sich im Zusammenhang mit der Entstehung der Großstädte im Industriezeitalter: Seit dem 19. Jh. fungiert das L. als zentrale räuml. Metapher für die Darstellung urbaner Anonymität und lebensweltl., aber auch innerpsych. Komplexität (Brentano, *Nimm hin den Faden*; Sue, *Les mystères de Paris*; Hugo, *Les misérables*; Joyce, *Ulysses*). Paradigma der L.-Stadt ist ↗Venedig (z. B. Th. Mann, *Tod in Venedig*). Labyrinthische Topografien wie ↗Burgen, Kellergewölbe und ↗Höhlen bilden jedoch auch die Schauplätze schauerromant. Romane und Erzählungen (Walpole, *The Castle of Otranto*). – Das Erlebnis räuml. Desorientierung in einer labyrinth. Struktur verweist auch auf den Orientierungsverlust in der modernen Gesellschaft. In dieser Hinsicht spielt das L. als literar. Symbol eine umfassenden, sozialen wie psych. Entfremdungserfahrung (Schmeling, 21) insbes. in der Lit. des 20. Jh. eine herausragende Rolle (Kafka, *Der Bau*; vgl. auch *Der Proceß* und *Das Schloß*; Langgässer, *Das L.*; Kaschnitz, *Das L.*). Aus der individualist.-psychologist. Perspektive der Moderne wird schließlich auch der antike Mythos um Dädalus, Theseus und Ariadne neu erzählt: Das L. ist hier weniger äußere Bedrohung als vielmehr Verführung durch das eigene Begehren (Gide, *Thésée*).

3. Symbol des Spiels, Rätsels und der Kunst. Das L. ist ein beliebtes Motiv in der Lit. des europ. Manierismus: Figurengedichte, lyr. Rätsel und konzeptist. Dichtungen v. a. des 16. und 17. Jh. zeigen sich inhaltlich und formal vom L. inspiriert (TuM, 237). Neben der trad. Auffassung von der Welt bzw. dem Leben als L. (s. 1. und 2.), die auch in diesen Texten vermittelt wird, ist hier der selbstreferentielle Aspekt des Ludistischen und Artistischen von bes.

Bedeutung: Das L. stellt sich, z. T. in einer Kombination aus verbalen und visuellen Elementen, als
künstler. und intellektuelle Herausforderung dar,
deren kreative Bewältigung als gleichsam spielerisch erworbener Zugewinn an Selbst- und Welterkenntnis aufgefasst werden kann. – Durch die Verbindung von handwerkl. Geschick und künstler.
Inspiration kann Dädalus zum myth. Prototyp des
Künstlers und das L. zum Symbol des rätselhaften
Textes werden (R. Walser, *Minotauros*; ↗Gewebe/
Faden). In ähnl. Weise greift die frz. Gruppe Oulipo
im 20. Jh. auf das Identifikationsangebot des griech.
Mythos zurück, wenn sich die Mitglieder aufgrund
der freiwillig auferlegten formalen Beschränkun-
gen als ↗Ratten definieren, die selbst das L. konstruieren, aus dem sie entkommen wollen (J. Les-
cure, *Petite histoire de l'Oulipo*). So nutzt die Lit. des
20. Jh., der das L. daneben zunehmend als Chiffrie-
rung komplexer Innerlichkeit dient (s. a. 2.), auch
das L. zur Auseinandersetzung mit Funktion und
Wesen der Kunst. Labyrinthische ↗Bibliotheken
dienen als Veranschaulichung für die Überzeugung,
dass das L. der Welt zugleich ein L. von Texten ist
(Borges, *La biblioteca di Babel*; Eco, *Il nome della
rosa*). Die labyrinthische Welt- und Selbsterfahrung
des Subjekts wird nicht mehr wie in der Vormoderne von formalen und ästhet. Ordnungsprinzi-
pien aufgefangen, sondern generiert eine textuelle
Labyrinthik, die den Orientierungsverlust im Medium der Kunst widerspiegelt und damit potenziert
(Butor, *L'emploi du temps*; Cortázar, *Rayuela*;
Robbe-Grillet, *Dans le labyrinthe*).
↗Bibliothek, Spiel, Stadt, Venedig, Weg/Straße.

Lit.: H. R. Brittnacher/R.-P. Janz (Hg.), L. und Spiel.
Göttingen 2007. – B. Burrichter, Erzählte L. und laby-
rinth. Erzählen, Köln/Weimar 2003. – W. Haubrichs,
Error inextricabilis, in: Text und Bild, hg. v. Ch.
Meier/U. Ruberg, Wiesbaden 1980, 63–174. – K.
Röttgers/M. Schmitz-Emans, (Hg.), L., Essen 2000. –
M. Schmeling, Der labyrinth. Diskurs, Frankfurt a. M.
1987.   SG

Lamm / Schaf

Symbol der Unschuld, (moral.) Reinheit und Einfalt, aber auch der Dummheit und Schwäche. – Relevant für die Symbolbildung sind (a) die Verwendung von L. und Sch. als Opfertieren, (b) ihr un-
aggressives Verhalten, (c) ihre relative körperl.
Schwäche, die sie zur Beute für Raubtiere werden
lässt, (d) die (↗silber-)/↗weiße Farbe des L. und (e)
die Weichheit seines Fells bzw. seiner Wolle.
1. Symbol der Unschuld, Reinheit und Einfalt.
Trad. Opfertier in der jüd. Kultur ist das Pessach-L.,
dessen ↗Blut der Erlösung und dem Schutz vor dem
Todesengel dient (Ex 12,1–30). Im NT erfährt das
L. eine Bedeutungserweiterung seines Symbolgehalts: Als Gottesl. (*agnus Dei*) versinnbildlicht es
das Opfer Christi. Die wichtigste Eigenschaft des

Opferl. ist seine Sühnefähigkeit, die auf seiner Unschuld, Demut und Sanftheit basiert (Joh 1,29; 1,36;
1 Petr 1,19). Als Opfertier symbolisiert das L. auch
den unschuldigen, Elend erduldenden, sanft- und
demütigen Menschen. Eine zentrale Bedeutung
kommt dem L. (mit ↗sieben Hörnern und ↗Augen,
die die sieben Geister Gottes symbolisieren) als
dem Auslöser der Apokalypse zu. Gott und das L.,
deren ↗Reinheit in diesem Kontext bes. betont
wird, bilden das Zentrum des Neuen ↗Jerusalem
(Offb 14). – Unschuld und Wehrlosigkeit (s. a. 2.)
des L. sind zentrale Eigenschaften, die den moral.
Gehalt in der Fabel *Der Wolf und das L.* (Äsop, *Fabeln*; Phaedrus, *Wolf und L.*; Lessing, *Der Wolf und
das Sch.*) charakterisieren. Die Gegenspieler des L.
sind ↗Wolf, ↗Löwe oder ↗Fuchs, die ihre Position
durch ihre Kraft und ihre der Einfalt des L./Sch.
überlegene Intelligenz und ihren Listenreichtum
behaupten. L./Sch. werden zum Symbol des unterlegenen, des benachteiligten, zu Unrecht leidenden,
aber moralisch reinen Lebewesens. Im Anschluss
daran werden in der Liebesdichtung im Bild des L.
Sanftmut und naive Einfalt der Geliebten beschrieben; zudem führt die Liebste, nach Art der bukol.
Dichtung, häufig ein L. an einem (↗blauen) (Sei-
den-)Band (Neuber, *Das Schäferfest oder Die
Herbstfreude* V, 5; A. v. Arnim, *Gräfin Dolores* IV, 1;
Hofmannsthal, *Zu einem Buch ähnlicher Art*).
2. Symbol der Dummheit und Schwäche. Gutmütigkeit und Wehrlosigkeit des L./Sch. sind Grund
dafür, dass es vom ↗Hirten ge- und behütet werden
muss. Die Bibel versinnbildlicht im Bild von Sch.
herde und Hirte die Notwendigkeit des Behütens
und (An-)Leitens der menschl. Seele durch Gott
(Gen 48,15; Jes 40,11; Ps 23; Mt 18,12–14; Lk 15,4–
7; Joh 10,11–16). Das irrende L. stellt in den *Confessiones* des Augustinus die moralisch und religiös
irrende bzw. verirrte menschl. Seele dar (III, 2, 4;
ähnlich auch Droste-Hülshoff, *Das geistliche Jahr*:
Am zweiten Sonntag nach Ostern). Diese Anleitung
durch eine (relig.) Autorität wird in der modernen
säkularisierten Welt zunehmend als Zeichen der
Unfähigkeit und Entmündigung des Individuums
angesehen. Der Volksmund prägt deshalb das
Sprichwort vom »dummen Sch.« als Chiffre für einen einfältigen, gutgläubigen, naiv-dummen Menschen (Adelung, *Grammatisch-kritisches Wörterbuch der hochdt. Mundart*: »Das Sch.«; Bauernfeld,
Bürgerlich und Romantisch I, 4). – Aufgrund seiner
phys. Schwäche und Unterlegenheit, die symbol.
Ausdruck für die Unfähigkeit sind, sich im Konflikt
– sei er nun phys. oder geistiger/intellektueller Na-
tur – durchzusetzen, eignet dem L./Sch. oftmals die
Position des physisch Unterlegenen, aber moralisch
Überlegenen (z. B. Angelus Silesius, *Cherubinischer
Wandersmann* II, 95: *Das L. und der Löw*; IV, 47:
Dort geht es anders zu; IV, 114: *Ein L. bezwingt den
Drachen*; Klopstock, *Der Messias* IV). Umgekehrt
ist es aber nicht möglich, moral. Überlegenheit

durch die scheinbare Aufgabe der Machtposition zu erreichen. Damit wird die Unaufhebbarkeit des Antagonismus von Moral und Macht anhand des L./Sch. demonstriert. Die Verkleidung in das L.- oder Sch.fell bildet den sinnfälligen Versuch, das Wolfswesen (Fressgier, Gewalt, Mordlust, Machtgier) zu verbergen und dadurch umso sicherer zu nähren (Äsop, *Fabeln* LXXXII; XCII). Die Unmöglichkeit der Wandlung von Wolf und Hyäne in friedfertige Tiere wie L. und ↗Hase verweist auf die Überzeugung, dass es dem Menschen in der realen Lebenswelt ebenso unmöglich sei, sein Wolfs- und Triebwesen abzulegen (Klabund, *Kreidekreis*). – Die positiven Eigenschaften des L. dienen oftmals zur Veranschaulichung einer diesen Eigenschaften entgegengesetzten feindlichen, gewalttätigen und ungerechten Welt (z. B. Jean Paul, *Flegeljahre*). Als antagonist. Werte gegenüber den Symbolgehalten von Wolf, ↗Geier und Löwe werden diejenigen des L. extrapoliert und stellen eine soziale und polit. Ordnung dar, die sich in Mächtige und Unterlegene bzw. Machtlose teilt (Hobbes, *Elementa Philosophiae* III: »De cive« XVII; Hegel, *Grundlinien der Philosophie des Rechts* § 258; Musäus, *Volksmärchen der Deutschen*: *Libussa*); ins Zwischenstaatliche übertragen wird der Gegensatz von L. und ↗Tiger bzw. Wolf in Schillers Dramen *Maria Stuart* (III, 3: England und Schottland) und *Die Jungfrau von Orleans* (I, 3: Frankreich und England). Die Umkehrung aller Werte bzw. die verkehrte Welt wird in der Umkehrung der Machtverhältnisse von Wolf und L. zum Ausdruck gebracht (Klabund, *Brack*). Einfalt, Sanftmut und Unbedarftheit des L. symbolisieren im Hinblick auf die Machtgier der Herrschenden die Friedfertigkeit des einfachen Volkes (Schiller, *Kabale und Liebe* II, 3). Die in Schillers *Die Verschwörung* des *Fiesco zu Genua* (II, 8) eingeflochtene Fabel, in welcher die Tiere über eine Gesellschaftsform abstimmen, zeigt das L. zusammen mit Hase, ↗Hirsch, ↗Esel, Vogel und ↗Fisch auf der Seite der feigen, sich für den Frieden einsetzenden Tiere, die aufgrund ihrer Schwachheit jeden Konflikt scheuen. An diese Moral des Schwächeren knüpft Nietzsche in seiner *Genealogie der Moral* (I, 13) an und verwirft sie aus der Perspektive des Willens zur Macht als Unmoral. Das Mittelmaß, versinnbildlicht durch L. und Sch., ist in einer (bürgerl.) Gesellschaft, die dem Hohen und Erhabenen missgünstig gegenübersteht, positiv konnotiert, wird aber von Nietzsche als Herdenmoral abgelehnt (*Jenseits von Gut und Böse* 201). – Auch heute noch dient das L. zusammen mit dem Wolf – bes. in der Verkleidung im jeweiligen Fell des anderen – als Sinnbild zeitgenöss., durch die Wirtschaft bestimmter Machtverhältnisse. So greift Bölls Rede *Lämmer und Wölfe* das Bild von L. (Künstler) und Wolf (Marktwirtschaft) als sinnfälligen Antagonismus in der modernen Gesellschaft auf und knüpft daran die zentrale Botschaft, dass sich die Kunst,

will sie kritikfähig bleiben, den Mechanismen des wirtschaftl. Marktes entziehen muss (ähnlich auch *Billard um halbzehn*).

↗Adler/Aar, Geier, Hase, Hirt/Herde, Löwe, Reinheit, Tiger, Widder, Wolf.

Lit.: WBS, 213–217. – WCS, 268–273. – A. George, De l'Agneau pascal à l'Agneau de Dieu, in: Bible et Vie Chrétienne 9 (1955), 185–190. – F. Nikolasch, Das L. als Christussymbol in den Schriften der Väter, Wien 1963.   SW

Lampe ↗Kerze.

Lapislazuli ↗Saphir.

Laub ↗Blatt/Laub.

Laute

Symbol der (körperl.) Liebe, der Dichtkunst sowie der Weisheit und Bildung. – Relevant für die Symbolbildung sind (a) der Einsatz als Begleitinstrument für Ständchen und Liebeslieder, (b) die äußere Form des Korpus sowie (c) die gezupften, geschlagenen oder zerschnittenen ↗Saiten der L. und deren Stimmung.

1. Symbol der Liebe. Die aus dem arab. Raum über Spanien nach Europa vorgedrungene L., deren Blütezeit im 16. bis frühen 18. Jh. liegt, überschneidet sich als Liebessymbol häufig mit anderen Saiteninstrumenten wie Mandoline, Zither oder Gitarre. Ausgehend von der realen Verwendung der L. als Begleitinstrument des Liebesständchens, entwickelt sich früh die Liebessymbolik der L. auch in der Lit. (Brant, *Das Narrenschiff* LXII). In der Folge vielfach variiert (A. v. Arnim, *Frühlingsfest*; Eichendorff, *Ahnung und Gegenwart* III, 23) und auch in der geistl. Dichtung verwendet (Günther, *Johann Christian Günthers letzte Gedanken*) wirkt die Symbolik assoziativ noch bis ins 20. Jh. (Wedekind, *Der Stein der Weisen oder L., Armbrust und Peitsche*). Während es zunächst der Liebhaber ist, der mit L. und ↗Gesang seinem Liebeswerben Ausdruck verleiht (Grimmelshausen, *Simplicissimus* III, 18 und 21), sind es später auch die Geliebte (Klopstock, *Der Fürst und sein Kebsweib*) oder die verführer. ↗Frau (Tieck, *Liebeszauber*; Eichendorff, *Das Marmorbild*), die die L. als Zeichen ihrer Liebe und Lust spielen. Als eines der Attribute von »Frau Wollust« (Fischart, *Geschichtklitterung* XXVI) symbolisiert das Spiel auf der L., wenn auch zuweilen in verbrämter Form, zudem das Liebesspiel selbst (Tieck, *Erfüllte Sehnsucht*); in Rilkes Gedicht *Die L.* wird der Korpus des Instruments in direkter Analogie zur weibl. Scham beschrieben. – Der inflationäre Gebrauch der L.symbolik in der klass.-romant. Lit. verhält sich umgekehrt zum Verschwinden des Instruments aus der Musizierpraxis (in Deutschland jedoch noch bis ins 18. Jh.). Variationen der ausdifferenzierten Liebessymbolik sind das Liebesleid (Seume, Brief an Gleim, 17. 5. 1798; Brentano, *Der Jäger an den Hirten*; Eichendorff, *Minnelied*) und die Gleichsetzung von ↗Herz und L. (Bürger, *Das Blümchen Wunderhold*; Eichendorff, *Verlorne Liebe*) sowie die lose instrumentengeschichtlich begründete histor. und geograf. Distanz des Instruments (↗Orient, MA) als Mittel der Relativierung und Ironisierung der Liebe, v. a. seit der Romantik, etwa bei Tieck (*Liebesgeschichte der schönen Magelone*), ironisch in Jean Pauls *Flegeljahren* (XXXV) und bei Heine (*Doña Clara*; *Ali Bei*). Schließlich gehört der liebende Sänger-Dichter (s. a. 2.) zur Liebessymbolik der L., etwa bei Celtis (*An Hasilina Eudeuna*), Herder (*Klagelied über Menschenglückseligkeit*), A. v. Arnim (*Die L.*) oder C. Brentano (*Auf einen grünen Zweig*). – Die zerstörte L. symbolisiert das Ende einer Liebesbeziehung: Bei Gryphius reißt die enttäuschte Geliebte die Saiten von der L. (*Cardenio und Celinde* II), in A. v. Arnims Gedichten zerbricht die treulose Geliebte die L. und das Herz des lyr. Ichs (*Laura*; *Der Wilddieb*) und noch bei Hofmannsthal gilt sie als Zeichen für das Ende einer homoerot. Freundschaft (erste Prosafassung des *Jedermann*). Ausnahmsweise nicht auf den Körper der Frau, sondern auf den des zum Tode verurteilten Geliebten verweist die L. in C.F. Meyers Gedicht *Die verstummte L.*: »›Von keiner weichen, weißen Hand betastet,/ Wirst du die stumme L. sein!‹.«

2. *Symbol der Dichtkunst.* In der Renaissance wird die alte Dichtungssymbolik der ↗Lyra/Leier als Attribut von Apoll und Orpheus wegen der bis in die Frühe Neuzeit nicht eindeutig festgelegten Zuordnung von Bezeichnung und tatsächl. Instrument auch auf die in Mode kommende L. übertragen. Die Symbolik der L. als Instrument des Dichter-Sängers überschneidet sich daher mit derjenigen von Lyra, Leier, Kithara, ↗Harfe und allg. aller Saiteninstrumente, zumal der Lautenist als Inbegriff des humanistisch gebildeten Menschen (s. 3.) aus der gleichen Trad.linie wie der Dichter-Sänger hervorgeht. Mit seinem Instrument, als Symbol der ↗Musik überhaupt, kann er dadurch sowohl eine Besänftigung des Gemüts sowie eine Veredelung der Sitten bewirken (Fischart *Artliches Lob der L.*). »Apollos L.« (Celtis, *An Andreas Pegasus über Schicksal und Glück*; vgl. J. Ch. Günther, *Musicalisches Abend-Opffer*, in dem Phöbus Apollon als L.spieler selbst zu Wort kommt), »Orpheus L.« (Tieck, »*Dich lieb' ich stets«, sang deine süße Stimme*) oder auch »des Barden Klopstocks L.« (Seume, Brief an J.G. Korbinsky, 23.10.1786) sind Sinnbilder für den Dichtungsprozess und den Vortrag der Dichtung, die noch bis in das 20. Jh. Verwendung finden, bei Trakl z. B. als Totenklage: »Wenn Orpheus silbern die L. rührt« (*Passion*). Ein weiterer klassisch-antiker Bezugspunkt für die Dichtersymbolik der L. sind die Musen (Posthius, *Auf den Tod des P. Lotichius Secundus*; H.E. Hessus, *Über die An-*

kunft Martin Luthers in Erfurt). In Anlehnung an die Symbolik der Äolsharfe findet sich schließlich auch die von selbst tönende L. als Zeichen für die Notwendigkeit zu Dichten (Klopstock, *Mein Vaterland*). – Gilt die L. wegen des Zusammenklangs von Saiten und Gesang sowie wegen ihres gewölbten Korpus' schon als Symbol von der »Himmelssphaeren Concordantz« (Fischart, *Lob der L.*; vgl. Böhme, *De signatura rerum* I), so wird in der sensualist. Ästhetik des 18. Jh. die Stimmung der L. hervorgehoben, die im Einklang mit der »fühlenden Brüder/ Mitgefühlen« stehen soll, wobei der Klang der Saiten als unmittelbarer Ausdruck des menschl. Empfindens und Gleichklangs der Seelen verstanden wird, deren Darstellung Aufgabe des Dichters ist (Herder, *Vom Geist der Ebräischen Poesie: Ursprung und Amt der Poesie*; vgl. C.F. Meyer, *Die L.stimmer*). Mit der Hinwendung der Romantiker zum ›MA‹ als poetolog. Modell wird auch die Figur des Dichter-Sängers aktualisiert, zumal in der Gestalt des Heinrich von Ofterdingen, in dessen Kontext die L. zu einem komplexen Symbol des Fremden und Wunderbaren der Dichtung avanciert (Novalis, *Heinrich von Ofterdingen*, E.T.A. Hoffmann, *Der Kampf der Sänger*). – Die verstimmte oder zerstörte L. dient in diesem Kontext als Symbol für eine entfremdete oder verstummte Dichtung, etwa bei Klopstock (*An Gleim*), A. v. Arnim (*Der Dichter in der Fremde*), Eichendorff (*Ahnung und Gegenwart* I, 10: die »alte, verstimmte L.«, die »niemand mehr zu spielen versteht«) oder, unironisch, bei E.T.A. Hoffmann, in dessen *Johannes Kreislers Lehrbrief* die zertrümmerte »L. des Fremden« neben dem erdolchten »Fräulein« liegt. Schließlich erscheint sie im späten 20. Jh. als postmoderner Nachhall auf die ↗Narrensymbolik (s. 3.), wenn die L. des Dichter-Narren zerstört, seine Dichtung also gewaltsam zum Schweigen gebracht wird (Alioth, *Der Narr*).

3. *Symbol der Weisheit und Bildung, aber auch der Dummheit.* Im Symbolkreis von Brants *Narrenschiff* steht die schwierig zu erlernende, zur humanist. Bildung jedoch unbedingt dazu gehörende L. (Möller, 49), zusammen mit der Harfe und im Gegensatz zur ↗Sackpfeife, für die Weisheit (*Das Narrenschiff* LIV) sowie für Bildung und Können (vgl. den Holzschnitt zu LXII, auf dem der Narr nicht in der Lage ist, die L. für das Liebesständchen zu stimmen). Fischarts *Lob der L.* hebt den Gegensatz zwischen wilder Natur und der in der L. zur höchsten Kunstfertigkeit gelangenden Kultur hervor. Bei Eichendorff singt »der Weise« noch zur L. (*Geistliche Schauspiele von Don Pedro Calderon de la Barca: Das große Welttheater*), bei Lenz ist die L. nurmehr Bildungsstaffage (*Der Hofmeister* IV, 6). – Gegenüber der L. als Symbol der Weisheit und Bildung steht der ↗Esel, der vergeblich versucht, die L. zu spielen, für Dummheit, Unbildung und Anmaßung: bei Brant als Esel mit Qinterne, einem L.in-

strument (*Narrenschiff* LXXIII), als Spiel mit dieser Zuschreibung in Grimms Märchen *Das Eselein*, als Topos in Raabes *Hungerpastor*, parodistisch schließlich in Heines *König Langohr I.*: »Die hohe Göttin wird von mir sagen,/ Daß ich ein Löwenherz getragen/ In meiner Brust, daß ich weise und klug/ Regiert und auch die L. schlug.«
↗Geige/Violine/Fidel, Harfe, Lyra/Leier, Naturmusik/Sphärenharmonie, Saite/Saitenspiel.

Lit.: D. Möller, Untersuchungen zur Symbolik der Musikinstrumente im Narrenschiff des Sebastian Brant, Regensburg 1982. – H. Rölleke, Die durchschnittene L., in: Hofmannsthal-Jb. 11 (2003), 341–349.　　SLu

Lehm ↗Erde/Lehm/Acker.

Leier ↗Lyra/Leier.

Leiermann ↗Spielmann.

Leiter / Treppe

Symbol der Verbindung von Himmel und Erde und des Zugangs zu einer höheren Welt sowie der stufenweise erarbeiteten moral. Vollkommenheit und Erkenntnis. – Relevant für die Symbolbildung sind (a) die Funktion der L. bzw. T., einen Aufstieg (bzw. Abstieg) zu ermöglichen, sowie v. a. (b) ihre gleichmäßige Einteilung durch einzelne Sprossen bzw. Stufen, die schrittweise zu ersteigen sind.

1. Symbol der Verbindung von Himmel und Erde. Die zentrale Bezugsquelle des Symbols ist der in Gen 28,10 ff. berichtete ↗Traum Jakobs von einer L., die von der ↗Erde bis zum ↗Himmel reicht und auf der ↗Engel auf- und niedersteigen. An der Spitze dieser sog. Jakobs- oder Himmelsleiter befindet sich die Himmelspforte (↗Tor/Tür), an der Gott erscheint und Jakob Land und reiche Nachkommenschaft verspricht. Die in Mythologie, Märchen und Sagenlit. (Homer, *Ilias* VIII, 17 ff. und XV, 14 ff.; griech. *Alexanderroman*: »Brief Alexanders an Aristoteles«; Chaucer, *Canterbury Tales*: »The Knight's Tale«, 2987 ff.) zu findenden Motive der (↗goldenen) ↗Kette und des Himmelsseils erinnern in Bildsprache und Bedeutung an die Himmelsleiter. Eine heilsgeschichtl. Deutung der Vision Jakobs ist bereits dem Johannesevangelium zu entnehmen, das Jesus Christus als L. in den Himmel interpretiert (Joh 1,51; auch bei Augustinus, *De civitate Dei* XVI, 38). Auch als Vorausdeutung auf Maria oder die Kirche ist die Jakobsleiter verstanden worden (Fulgentius v. Ruspe, *Sermo 37*; Augustinus, *Enarratio in psalmum XLIV* 20).

2. Symbol der stufenweise erarbeiteten moralischen Vollkommenheit und Erkenntnis. Überwiegend hat die Suggestivität des L.bildes dazu geführt, dass die Jakobsleiter auf die Lebensführung des Gläubigen bezogen wird, der in den Himmel

strebt – auch wenn der Genesistext dies nicht explizit nahe legt (nicht Jakob selbst, sondern Engel befinden sich dort auf der L.). Der Lebensweg wird im Auf und Ab der L. wiedererkannt, deren Abstufung das Maß eines mehr oder weniger tugendsamen und gottgerechten Lebens ist (Philo v. Alexandria, *De somniis* I). Schon in der L.vision der hl. Perpetua (*Passio sanctarum Perpetuae et Felicitatis* IV; Anfang 3. Jh.) wird der Aufstieg aber durch Hindernisse in Form von ↗Schwertern, Lanzen und Spießen erschwert – ein Detail, das auch in der Folge die Laster des Aufsteigenden ins Bild setzt. Mit Boethius beginnt der selbstreferentielle Aspekt des literar. Symbols: Dem in seiner ird. Existenz Eingekerkerten (↗Gefängnis) erscheint die personifizierte Philosophie als L., die die Lösung aus der materiellen Gebundenheit hin zur rein theoret. Erkenntnis und Gottesschau ermöglicht (Boethius, *Trost der Philosophie* I). Illustrationen zu diesem Werk zeigen die L. häufig mit ↗sieben Stufen für die sieben freien Künste (*artes liberales*). Cassiodor vergleicht die Jakobsleiter mit den Schriften der Kirchenväter, deren Lektüre zur *contemplatio Domini* hinaufführe (*Institutiones*, Praefatio). Äußerst einflussreich wird im MA die Mönchsregel des Benedikt v. Nursia (6. Jh.), die Jakobsleiter als Sinnbild für das Leben des Gläubigen entwirft: Die Holme der L. stehen für Leib und Seele, ihre ↗zwölf Sprossen für je eine Demutsregel, beginnend mit der Gottesfurcht und endend mit der nach außen bekennenden Demut (*Regula benedicti* VII). Die kurz darauf entstandene *Himmelsleiter* oder *L. zum Paradies* (*Klimax*) des Klimakos, die bedeutsam für die griech. Kirche wird, enthält 30 mönch. Verhaltensregeln als L.sprossen, deren jede für ein Lebensjahr (↗Jahr) Christi steht. Seit dem 12. Jh. tragen immer mehr myst.-kontemplative Schriften die *scala coeli* bzw. *scala meditationis* im Titel, zugleich findet sich das Motiv häufig in Buchillustrationen. Hildegard v. Bingen entwirft das Bild eines Heilsgebäudes, zu dessen Errichtung die Gläubigen eine bis an die Spitze reichende L. einsetzen, deren Sprossen für die göttl. Vorschriften stehen (*Scivias* III, 9). – Mit Thomasin v. Zinclaeres *Der welsche Gast* gelangt das Symbol in die weltl. Lehrdichtung: Die Tugendwerte, nach denen der höf. Adel zu streben hat, bilden hier eine T. (*stiege*). Zugehörige Abbildungen zeigen die trad. Tugendleiter, die über die Sprossen Demut, Freigiebigkeit, Liebe, Sanftmut, Gerechtigkeit, Wahrheit in den Himmel geleitet, während komplementäre Laster hinab in die Hölle führen (V. 5915 ff.). Dante greift auf die Mönchsregel Benedikts zurück und lässt diesen seine Himmelsleiter selbst erläutern (*Divina Commedia*: »Paradiso« XXIf.). H. Sachs übernimmt das Bild der Tugendleiter aus der Ikonografie. Pessimistisch beurteilt er die Möglichkeit ihres Aufstiegs, an dem der Mensch durch Armut, Wollust, Tod und Schmerz gehindert wird

(*Vier irrung der tugent*). Bei Milton ist es der Teufel selbst, der nur von ferne das Tor zum Himmel an der Spitze einer Jakobsleiter sieht (*Paradise Lost* III, 510 ff.). Auch in der Erbauungslit. wird das Motiv gerne titelgebend eingesetzt und auf diesem Weg endgültig zur Selbstreferenz: Die Himmelsleiter ist der betitelte Text selbst, also die jeweilige Sammlung von Gebeten oder Anweisungen; die mit der Lektüre praktizierte Frömmigkeit verspricht den Aufstieg zum Heil.

3. Symbol des Zugangs zu einer höheren Welt bzw. einem Glückszustand. Mit dem modernen Geltungsverlust der Religion verliert das Symbol weitgehend seinen moral.-didakt. Charakter, bleibt aber Teil des literar. Bilderfundus. Mit Ausblendung der theolog. Implikationen verliert sich auch der Aspekt des mühsamen Aufstiegs. Weiterhin steht die L. oder T. jedoch für den vorübergehenden oder dauerhaften Zugang zu einer höherwertigen Seinsweise (Hesse, *Stufen*), die aber jetzt meist subjektiv wahrgenommen wird, z. B. in Form einer Glücks- oder Liebesvision (Keller, *Himmelsleiter*) bzw. einer dezidiert antitheolog. Selbsterhebung (Nietzsche, *An den Mistral*). Es entspricht der psychoanalyt. Einschätzung Freuds (»Stiegen, L., T., respektive das Steigen auf ihnen, und zwar sowohl aufwärts als abwärts, sind symbolische Darstellungen des Geschlechtsaktes«, *Traumdeutung*, VI. E), dass der Weg zum Ziel eines versagten oder verdrängten Begehrens häufig über L. oder T. führt, so etwa in den Märchen von »Aschenputtel« (Brüder Grimm, KHM 21) oder Charles Perraults »Blaubart«. Klabund verwendet den trad. Titel der *Himmelsleiter* für einen Gedichtband, der die damit anzitierte Frömmigkeit durch Erotik, Krankheit und Tod gezielt konterkariert. Schließlich wird im 20. Jh. auch die lineare Zielgerichtetheit der T. aufgegeben: Doderer benennt einen Roman nach der Wiener *Strudlhofstiege*, die zwei Stadtbezirke miteinander verbindet. Die Verschlungenheit dieser Jugendstiltreppe steht hier für die Möglichkeit der Umorientierung, für den Zufall und das nicht planbare Schicksal – damit aber auch, wiederum selbstreferentiell, für die komplexe Struktur des Romans selbst.

↗ Himmel, Kette, Oben/unten, Spirale.

Lit.: W. Fauth, Catena Aurea, in: Archiv für Kulturgeschichte 56 (1974), 270–295. – ders., Narrative Spielarten in den Erzählungen von Himmelsseil, Himmelsleiter und kosmischer Kette, in: Fabula 24 (1983), 86–109. – F. R. Gahbauer, Die Jakobsleiter, ein aussagenreiches Motiv der Väterlit., in: Zs. für Antikes Christentum 9 (2006), 247–278. – U. Ruberg, Vom Aufstieg im MA, in: Geisteswissenschaften – wozu?, hg. v. H.-H. Krummacher, Stuttgart 1988, 211–244.
ME

Leopard ↗ Panther/Leopard.

Lerche

Symbol der Erhebung in den Himmel bzw. zu Gott, des Neuanfangs und des Frühlings, der Freiheit und des Dichtens. – Relevant für die Symbolbildung sind (a) der trillernde Flurgesang der L., (b) v. a. in den frühen ↗ Morgenstunden sowie (c) ihr steiler und hoher Flug.

Der hohe, von ↗ Gesang begleitete Flug der L. macht sie zum Symbol der Erhebung in den ↗ Himmel, zunächst in relig. Bedeutung zum Lobe Gottes (*Des Knaben Wunderhorn*: Kinderlieder 3: *Das Federspiel*: *L.*; Arndt, *Reime aus einem Gebetbuche* XVIII; Dahn, *Vogelgesang*; vgl. die etymolog. Verbindung des ursprünglich gall. Wortes *alauda* mit lat. *laus*, »Lob«, bei Neckam, *De naturis rerum* LXVIII: »De alauda«) wie auch als Sinnbild der aus der Versuchung geretteten Seele (Eichendorff, *Das Marmorbild*). Außerhalb des relig. Kontextes erscheint sie (nicht frei von der Gefahr der Eitelkeit, vgl. Gellerts Fabel *Die L.*) als Vorbild des seel. Aufschwungs ins unendl. ↗ Blau: »Doch ist es jedem eingeboren,/ Daß sein Gefühl hinauf und vorwärts dringt,/ Wenn über uns, im blauen Raum verloren,/ Ihr schmetternd Lied die L. singt« (Goethe, *Faust I* 1092–1095; vgl. C. Müller-Jahnke, *Sonnenandacht*). Komprimiert sind beide Bedeutungsdimensionen in Eichendorffs Gedicht *Die L.*, das die Bewegung des Aufschwungs mit der des Sinkens zu einem ↗ Erde und Himmel verbindenden Flug zusammenführt. – Wie auch andere Zugvögel (↗ Nachtigall; ↗ Schwalbe), steht die L. seit dem MA für den Beginn des ↗ Frühlings mit allen seinen Konnotationen (z. B. Konrad v. Würzburg, *Lied* XVII; Grillparzer, *Das Mädchen im Frühling*; L. Otto, *Erwachen*; Storm, *Ostern*), verstärkt seit dem 18. Jh. auch für den Anbruch des Tages (Haller, *Die Alpen* 181; Herder, *Die L.*; Eichendorff, *Der Maler*; Storm, *Immensee*: »Elisabeth«; W. Busch, *So und so*; ↗ Morgenröte). Bei Shakespeare wird diese Symbolik am Ende der Liebesnacht von Romeo und Julia als Antagonismus von L. und Nachtigall entfaltet (*Romeo and Juliet* III, 5). – In Grimms Märchen *Der Zaunkönig* erscheint die L. als Symbol der Freiheit, weil sie dem Diktat des Zaunkönigs »nicht zu gehorchen brauchte«. Bei L. Otto ist »der Freiheit L.« bereits eine stehende Wendung (*Ein Gefangener*). – Während die Haubenlerche in der Antike als Symbol des schlechten Sängers gilt (*Anthologia Palatina* XI, 195), legt der prächtige Gesang der Feld- bzw. Heidelerche die positive poetolog. Besetzung der L. nahe, »die Beides lehrt, Gesang und Leben« (Herder, *Die L.*), Eichendorffs Lied *Der frohe Wandersmann* (auch in: *Aus dem Leben eines Taugenichts* I) inszeniert entsprechend ein unbekümmertes Duett von L. und Sänger. – Poetologisch nutzt Klopstock die eingeführte Gegenüberstellung von L. und Nachtigall, um seine doppelte Poetik von heiterem »Lied« und erhabenem »Gesang« zu demonstrieren

(*Die L., und die Nachtigall*); Geibel dagegen assoziiert im Schlusswort zur ersten Ausgabe seiner Sammlung *Zeitstimmen* mit dem »L.triller« nur eine harmlos-unterhaltende Lit., die er dem ›kühnen‹ prophet. Wort des »wilden Falken« (↗Falken) gegenüberstellt (*Spätherbst 1841*; vgl. Heine, *An Georg Herwegh*). Droste-Hülshoff kombiniert, skeptischer, die Symbolik der L. mit der emblemat. Bedeutung der Mücke (↗Fliege), die eine tödl. ↗Kerzenflamme umschwirrt (HS, 910): In ihrem Gedicht *Die tote L.* identifiziert sich das lyr. Ich mit der L., die der ↗Sonne entgegenfliegt und, ihr zu nahe gekommen, tot zur Erde niederfällt, um daraus die Endlichkeit sowohl der Dichterin als auch der Dichtung selbst abzuleiten.

↗Frühling, Morgen, Morgenröte/Sonnenaufgang, Nachtigall.

Lit.: V. Doebele-Flügel, Die L., Berlin/New York 1977.
                                                                                                    GB/JJ

Leuchtturm ↗Turm/Leuchtturm.

Leviathan ↗Wal.

Licht

Symbol der Erkenntnis und der Wahrheit sowie des Göttlichen. – Relevant für die Symbolbildung sind (a) die dauernde Gegenwart des L. im Kosmos, (b) das L. als Voraussetzung des menschl. Sehens.
1. Antike. L. in oppositioneller Beziehung zur ↗Finsternis und deren symbol. Besetzung mit Tod, Unglück u. a. ist zunächst das Attribut des Göttlichen. Die Verbindung resultiert v. a. aus der permanenten Gegenwart des L., wobei das Wesen der Gottheit im L. im Verständnis der antiken Völker ganz unterschiedl. Manifestationen annehmen kann, so als ↗Sonne, ↗Mond, ↗Blitz oder ↗Feuer. Im alten ↗Ägypten werden Serapis und Isis in einen Bezug zu Sonne und L. gesetzt, Sonne und Mond als ↗Augen des Himmelsgottes vorgestellt. – In der griech. Lit. steht das L.symbol für Glück, Heil, Rettung, Leben, Erkenntnis und Wahrheit. In Platons Höhlengleichnis sehen sich die aus der dunklen ↗Höhle der Unwissenheit und der Beschränktheit Befreiten (↗Schatten) schließlich im strahlenden Sonnenlicht dem Guten und Wahren gegenüber; ihre stufenweise Erleuchtung kann als das Erlangen von neuem Wissen gedeutet werden (*Staat 514a–518b*). In seinem Sonnengleichnis (*Staat 506b–509b*) werden die Sonne und die Idee des Guten in ein analoges Verhältnis gebracht sowie die L. als ›edle‹ Voraussetzung des Sehens dargestellt. – Im AT erscheint das L. als Attribut (Ps 104,2) und Antlitz Gottes (Ps 4,7), als Ausdruck ewiger Weisheit (Weish 7,26) und des Heils (Jes 9,1; Spr 13,9). Im neutestamentl. Johannesevangelium bezeichnet sich Jesus selbst in dieser Trad. als göttl. Inkarnation und »L. der Welt« (Joh 8,12).

2. Spätantike und Mittelalter. Die Gedankengebäude geistl., gnost. und auch häret. Bewegungen in Spätantike und MA sind in bes. Weise durch die Opposition von L. und Finsternis bestimmt. Nach der dualist. Vorstellung der Manichäer und Gnostiker, im MA auch der Katharer, sind Welt und Mensch aus einer Gemengelage von L. und Finsternis hervorgegangen; das Heil resultiert aus der Scheidung der beiden Sphären und somit aus der Wiederbefreiung der L.elemente von der Dunkelheit (vgl. *Pistis sophia*). Beim frühchristl. Kirchenvater Augustinus ist Gott das L., von dem alles, was existiert, durchleuchtet und auf diese Weise verständlich wird. Er ist als »lucifica lux« (*Contra Faustum Manichaeum XXII, 9*) Ursprung jeder Erleuchtung, und auch der Sohn Gottes ist L., wie der ↗Vater ewiges L. ist: »Das L. Gottes ist das wahre L., das jeden Menschen erleuchtet« (*Confessiones VII, 9*). – Diese Trad. nehmen Meister Eckhart und die Vertreterinnen der Nonnen- und Beginenmystik wieder auf, wenn sie Gott mit dem L. gleichsetzen. Mechthild v. Magdeburg spricht in *Das fließende Licht der Gottheit* von dem »ware lieht« und versteht Gott als »brennender berg« und als »userwelte sunne« (I, 12). Die Semantik des L. verweist jedoch auch auf das Unbezeichnbare der Gotteserfahrung des Mystikers, die sich durch die Tropologie einen Weg der Darstellbarkeit sucht. Auch in Dantes *Divina Commedia* (»Paradiso« XXXIII) weist die Absolutheit des L. auf einen Gott, an den eine sprachl. Annäherung stets nur unvollkommen sein kann. – Vom MA bis zur Lit. des Barock ist das L. auch zentrales Symbol der Christusfigur (Angelus Silesius, *Heilige Seelenlust* I, 2: *Die Psyche ruft aus Verlangen ihrem Geliebten*; Gerhardt, *Nun freut euch hier und überall*). In Ezzos Heilsgeschichte *Cantilena de miraculis Christi* (11. Jh.) ist Christus nach Joh 8,12 »L. der Welt« und »die andere Sonne«. Dieses bes. L. gilt es vom natürl. L. (*lumen naturalis*) zu separieren, das v. a. ein Symbol für die menschl. Vernunft ist. Ihm stellt das MA die durch göttl. Offenbarung/Epiphanie evozierte Erkenntnis als *lumen supranaturalis* gegenüber (Thomas v. Aquin, *Summa theologica* I, quaestio XII, Art. 5). Allerdings kann die Präsenz des Göttlichen, u. a. im höf. Roman, auch durch eine andere L.quelle als die der Sonne annonciert werden (*Roman de la rose*). – Damit korrespondierend tritt das L. immer häufiger als Symbol für die beseelte Natur und insbes. für die weibl. Schönheit auf (Chrétien des Troyes, *Cligès*), von der ein männl. Liebhaber zuweilen geblendet werden kann, so dass sie sich abwenden müssen (↗Blendung). Die ursprünglich der Mystik entstammende Vorstellung, dass die Begegnung mit der Gottheit die opt. Möglichkeiten des Betrachters übersteigt, erfährt in der Liebeslyrik der Trobador-Dichtung, des Petrarkismus und des Manierismus seine Profanisierung (M. Scève, *Délie, objet de plus haute vertu* XIII: »Mein Auge, einst dem heitren L. erschlossen/ Hat deine Schönheit sengend so verheert«) und wird zum Teil der Liebestheorie und der Preisgedichte auf die vollkommene Schönheit: »Doch macht ihr heller blitz die klärsten augen blind« (Hoffmannswaldau, *Lob-rede an das liebwertheste frauen-zimmer*).

3. *Neuzeit.* Ab der Renaissance, in der das ma. theozentr. Weltbild zunehmend durch eine anthropozentr. Perspektivierung abgelöst wird, wird die L.symbolik in literar. Zusammenhängen mit vielfältigeren Funktionen ausgestattet. Nun erscheint die menschl. Seele als Ursprung des L.; strahlende ↗Augen verweisen auf eine schöne und edle Seele, aus der ein inneres L. aufleuchtet. Dies spielt bereits zuvor in der Liebeslyrik Petrarcas und Dantes eine signifikante Rolle (Petrarca, *Canzoniere* LXXII: *Gentil mia donna*; Dante, *Vita nova*) und setzt sich bis in die Barockdichtung fort (Hoffmannswaldau, *Ich bin verletzt durch deinen augen-strahl*). – Die Erkenntnissymbolik (s. 1.) setzt sich u. a. in zahlreichen Mysterienbünden, wie dem z. B. der Freimaurerei, fort, die davon überzeugt sind, dass die Initiierten das L. gesehen haben und damit auf dem Weg zu höheren Erkenntnisstufen sind, die Profanen dagegen der Finsternis anheim bleiben, wie Taminos Wunsch in Mozarts/Schikaneders *Die Zauberflöte* zeigt, den »nächtlichen Schleier von sich zu reißen und ins Heiligtum des größten L. zu blicken« (II, 1). – Die symbol. Gegenüberstellung von L. und ↗Dunkelheit nimmt auch Schillers *Die Räuber* auf, um im Kampf der verfeindeten Brüder Karl und Franz Moor auf die Differenz zwischen idealist. Freiheit und Staatsräson zu verweisen, die mit den Mitteln der Intrige aufrecht erhalten wird (V, 2). Ebenso definiert sich der nach Erkenntnis strebende Faust in Goethes Drama über die Suche nach L. (*Faust I* 439–441, 1086 u. a.); Mephisto dagegen bestreitet die Überlegenheit des »stolzen L.« über die Macht der Finsternis (1349–1354). Novalis bezeichnet L. in Abgrenzung zur Finsternis in seinen Fragmenten als »Aktion« und »Leben« (*Teplitzer Fragmente* 432). Noch in Brechts *Leben des Galilei* strukturiert ein binärer Schematismus zwischen L. (als Symbol für das Fortschrittsdenken der Wissenschaft) und Finsternis (als Symbol für das reaktionäre und prärationale Denken der Kirche) den Dramentext, und genau dieser Konflikt lässt auch die L.metapher zum Signum einer ganzen Epoche werden, des Zeitalters der Aufklärung, welches sich um die »Klärung« (zu beachten ist das semant. Äquivalenz zwischen ›L.‹ und ›Klarheit‹) des Daseins im L. der Vernunft bemüht: vgl. etwa das Frontispiz von 1772 zu d'Alemberts und Diderots *Encyclopédie*, oder Chodowieckis Erläuterung zum zweiten Blatt: »Aufklärung« seiner Druckfolge *Sechs große Begebenheiten des vorletzten Decenniums* (in: *Göttinger Taschen Calender für das Jahr 1792*).

4. *Moderne.* Ab dem 19. Jh. wird das L.symbol in seiner Bedeutung zwar kaum mehr verändert, aber Dunkelheit und Finsternisse verschiedenster Art bis hin zur Apokalypse, z. T. noch euphemistisch versehen mit dem Motiv des *soleil couchant* (wörtlich: »schlafende Sonne«, also »Sonnenuntergang«) u. a. bei Leconte de Lisle (*Poèmes barbares*: *Le paysage polaire*; *Un coucher de soleil*) und Baudelaire (*Le coucher du soleil romantique*), nehmen einen immer größeren Stellenwert ein. Bei Baudelaire wird das L. auch zum eisigen und unnatürl. L. künstl. Paradiese, ↗Spiegel reflektieren es unbarmherzig und kalt (*Les paradis artificiels* III). Es steht nicht mehr für die Natur oder die Herrlichkeit Gottes, sondern für das imaginative Potential des Künstlers, der sich seinen eigenen Kosmos formt (*Le rêve parisien*). In Kafkas *Der Proceß* ist es zwar das L., das den Protagonisten zur Wahrheitssuche aufruft, aber eine sichere Erkenntnis wird im Wirrwarr der dunklen Gänge, Gassen und Häuserfluchten der ↗Stadt oder in der finsteren Unüberschaubarkeit des Doms, welche gerade durch den schwachen L.schein erst offenbar wird und die es als das neue diskursive Chaos der modernen Welt zu interpretieren gilt (↗Labyrinth), nicht mehr möglich sein. Dort ist anstelle von L. nur ↗schwarzer Ruß zu sehen (*Der Proceß*: »Advokat / Fabrikant / Maler«).

↗Auge, Blendung, Blindheit, Elektrizität, Fackel, Feuer/Flamme, Gewitter/Blitz und Donner, Kerze, Nacht/Finsternis, Schatten, Sonne.

Lit.: WBS, 225–228. – H. Blumenberg, L. als Metapher der Wahrheit, in: ders., Ästhet. und metaphorolog. Schriften, Frankfurt a.M. 2001, 139–171. – W. Gebhard (Hg.), L., Frankfurt a.M. 1990. – J. Kreuzer, Art. L., in: Wb. der philosoph. Metaphern, hg. v. R. Konersmann, Darmstadt 2007, 207–224. – E. Staiger, Goethe und das L., München 1982. – A. Langen, Zur L.symbolik der dt. Romantik, in: Märchen, Mythos, Dichtung, hg. v. H. Kuhn/K. Schier, München 1963, 447–485.

TV

Lila ↗Farben, Violett.

Lilie
Symbol der Unschuld, des Todes (häufig in Verbindung mit Reinheit und Unschuld) sowie des Numinosen und der (künstler.) Phantasie.

Für die Symbolbildung relevant sind (a) die ↗weiße Farbe der Blüte, (b) das im Vergleich zur ↗Rose relativ unauffällige Erscheinungsbild der Pflanze, (c) die Zwiebel, aus der die Pflanze entsteht.

1. *Symbol der Unschuld, der Reinheit und der keuschen Liebe.* Bereits in der griech.-röm. Antike wird die L. eingesetzt als Symbol für die Unschuld oder Jungfräulichkeit einer ↗Frau oder eines jungen Mädchens. In Ovids *Metamorphosen* pflückt Proserpina weiße L., bevor sie ihre Unschuld verliert und zur Herrscherin über den Hades wird (V, 391–400); hier zeigt sich bereits die Verknüpfung von

Unschuld und Tod. Im jüd.-christl. Kontext erscheint die L. ebenfalls als Symbol der Unschuld, insbes. in Bezug auf die unbefleckte Empfängnis der ⁄Mutter Gottes. Das *Hohelied* hingegen verwendet die L. als Symbol für die besungene und gepriesene Geliebte, die sich in ⁄Reinheit, Jugendlichkeit und körperl. Vorzügen von allen anderen Frauen unterscheidet (Hld 2,1). Diese Konnotation erhält sich, neben den untenstehenden Varianten, über das MA (Walther v.d. Vogelweide, *Nemt, vrouwe disen kranz*) und den Barock (Harsdörffer, *Frühling*) bis in die Gegenwart (S. Berg, *Ende gut* XII). In der Lit. der Romantik erscheint die L. ebenfalls in Verbindung mit schönen und edlen Frauengestalten, so z.B. in Eichendorffs *Aus dem Leben eines Taugenichts* (I) oder in der Lyrik C. Brentanos, der sich mit seinem Gedicht *20. Jänner [1835] nach großem Leid* direkt auf die Madonnenlilie in christl. Trad. bezieht. Zugleich reduziert sich jedoch seit dem 18. Jh. die relig. Konnotation der Symbolbedeutung; Reinheit und Unschuld erscheinen zunehmend als säkularisierte Werte. Im Sturm und Drang und in der Klassik des 18. Jh. findet sich die L. in zahlreichen Gedichten Goethes (*Frühling 5; Gegenwart*) und Schillers (*Die Kindsmörderin; Das Glück*), wo sie jeweils für die Schönheit und Reinheit einer in den Versen gelobten Frau oder auch eines ⁄Kindes steht. Auch in *Wilhelm Meisters Lehrjahre* verwendet Goethe die L., um Mignon zu charakterisieren (VIII, 2), an anderer Stelle referiert der Erzähler die Symbolbedeutung ganz konkret: »Verbindet beide nicht die Blume, die beide gebar, und ist die Lilie nicht das Bild der Unschuld« (VIII, 9). Im 19. Jh. verwendet Heine die überlieferte Bedeutung lediglich reflexiv und ironisiert sie bzw. spielt mit ihr: Verse wie »Ich glaub nicht an der L. Keuschheit« (*Zeitgedichte* VIII: *Entartung*) nehmen die ursprüngl. Symbolbedeutung der L. auf. Konsequenterweise wird die relig. Dimension der Symbolik von Heine persifliert: »Maria, reiner Morgenstern,/ Du L. sonder Makel« heißt es da, bevor die so geweckte Lesererwartung bezüglich eines relig. Lobgedichts auf die Gottesmutter zerstört wird: »Hätt ich in meiner Schwangerschaft/ Erblickt den häßlichen Toren,/ Ich hätte gewiß einen Wechselbalg/ Statt eines Gottes geboren« (*Nachlese: Lobgesänge auf König Ludwig* III). Droste-Hülshoff rekurriert demgegenüber wieder affirmativ auf die christl. Bedeutungsvariante der L.: Ein Kind pflückt eine L. vor einem Bild der Jungfrau Maria, die ebenfalls eine L. hält, während in einem Stall das »Christkindlein« geboren wird (*Das Haus in der Heide*).

2. Symbol des Todes. Bereits in der griech. Antike steht die L. nicht nur für Jungfräulichkeit und Unschuld, sondern auch für den Tod (s.a. Ovid unter 1.). Die Lit. der Aufklärung verwendet die L. häufig in Gedichten, die den Tod der Geliebten oder das Ende einer Liebesbeziehung betrauern: »Nicht den Verwesten/ Sehen wir, sehn nicht Gebein;/ Stumme

Gestalt erblicken wir, bleiche. Ist denn des Maies/ Blume nicht auch, und die L. weiß?« (Klopstock, *An die nachkommenden Freunde*). Auch im Klassizismus erscheint die L. in dieser Bedeutungskonnotation. In Schillers Schauspiel *Die Braut von Messina* (V. 1299–1329) kündigt Isabellas ⁄Traum von einer sich entzündenden L., die zwischen zwei ⁄Lorbeerbäumen wächst und diese verbrennt, das herannahende Unheil in Gestalt der noch ungeborenen Tochter an, die gemäß einer Prophezeiung die beiden Söhne und den ganzen Stamm töten soll. Hölderlin rekurriert auf die L. in Zusammenhang mit der Todessehnsucht oder der Sehnsucht nach vergangenen Zeiten, wenn das lyr. Ich im Gedicht *Der Abschied* die Trennung von Diotima beklagt und sich nach einem Wiedersehen jenseits des Irdischen sehnt – die L. steht hier für den Tod, der aber die Hoffnung auf eine Wiedervereinigung einschließt. Dem gegenüber verwendet Jean Paul das Symbol ironisch, wenn er das Ableben des einfachen »Schulmeisterleins« Maria Wutz sentimental beschreibt: »[…] dein Sterben war das Umlegen einer L., deren Blätter auf stehende Blumen flattern – und schon außer dem Grabe schliefest du sanft!« (*Leben des vergnügten Schulmeisterlein Maria Wuz in Auenthal*). In den *Kinder- und Hausmärchen* der Brüder Grimm kündigt die L. den Tod an (z.B. *Armut und Demut führen zum Himmel; Die Goldkinder*). Besonders häufig wird die L. als Symbol der Bedrohung und Todesnähe im Expressionisten eingesetzt (z.B. G. Heym, *Die Irren I*).

3. Symbol des Numinosen und der (künstlerischen) Phantasie. Seltener wird, insbes. in der Lit. der Romantik, auf eine vorchristl.-heidn. Bedeutungsdimension zurückgegriffen, in der die L., die eine zaubermächtige Wirkung hat, eine die Alltagsrealität kontrastierende numinose Kraft symbolisiert. Im Märchen *Die L.* der Brüder Grimm kann ein Zauberer mit Hilfe einer L. ⁄Köpfe abschlagen und wieder auf den Körper setzen. Bei C. Brentano hingegen ist die L. ein geeignetes Mittel, den ⁄Stein der Weisen zu gewinnen (*Das Märchen von dem Hause Starenberg*). Auch in E.T.A. Hoffmanns Erzählung *Der goldne Topf* kommt die L. in dieser Konnotation vor, wenn der Archivarius Lindhorst die Hexe mit brennenden L. bekämpft – hier ist die mag. L. Symbol der phantast. Welt Atlantis, die der stumpfen Alltagswelt entgegengesetzt wird.

⁄Blume, Kreuz, Reinheit, Rose, Weiß.

Lit.: Z. Goldmann, Das Symbol der L., in: Archiv für Kulturgeschichte 57 (1975), 247–299. – Ch. Krauss, …und ohnehin die schönen Blumen, Tübingen 1994, 139–157. MR

Linde

Symbol der Heimat, der Liebe und des Todes sowie des Heilenden. – Relevant für die Symbolbildung sind (a) die ⁄herzförmigen ⁄Blätter und der süße

Duft der L.blüten, (b) die schnelle Heilfähigkeit, (c) ihr häufig zur Begegnung genutzter Standort, (d) die onomatopoetisch ›sanfte‹ Qualität ihres Namens.

1. Symbol der Heimat, der Begegnung, der Liebe sowie des Todes. In der german. Mythologie Freya, der Göttin der Liebe und der Häuslichkeit, zugeordnet, ist die L. als »Dorflinde« Baum der Heimat und der Geselligkeit, Symbol privaten Gedeihens, »friede- und freudebaum« (Luther nach DWb VI, 1032). In der Ependichtung des MA ist die L. wichtigster, häufig mit Zauberkräften begabter Einzelbaum (z. B. *Wolfdietrich*; einen ↗Brunnen schützend bei Hartmann v. Aue, *Iwein* 565 ff; unter einer L. haust der von Siegfried getötete ↗Drachen). – Erscheint sie hier symbolisch noch kaum determiniert, kündigt sich in Walters v.d. Vogelweide *Unter der Linden* jedoch an, was sie mit ihren herzförmigen Blättern (Heine, *Mondscheintrunkne L.blüten*) und dem süßen Duft ihrer Blüten für Vorromantik und Romantik sein wird: Nicht allein Begegnungsstätte, sondern auch Beschützerin und Trösterin der Liebenden und schließlich Symbol der Liebe selbst (vgl. schon in Ovids *Metamorphosen* die Verwandlung Philemons in eine ↗Eiche, seiner Ehefrau Baucis in eine L., VIII, 716–720). Eindringlich zeigt sich dieser Wandel im Vergleich von Chamissos Bearbeitung des Volksliedes *Liebesprobe* mit der Vorlage in *Des Knaben Wunderhorn* (I, 61). Zahllos sind die Bsp. in Lyrik und Lied (»Der eigentliche ursprüngliche Baum des deutschen Liedes«, Th. Lessing, *Deutsche Bäume*): Eichendorff, *Der junge Ehemann*; Heine, *Die L. blühte*; *Mir träumte wieder der alte Traum*. – Neben dem Liebes- ist der Baum auch Todessymbol (vgl. Hölty, *Elegie eines Schäfers*; Jacobi, *Die L. auf dem Kirchhofe*; Klopstock, *Das Wiedersehn*). In dieser Ambivalenz erscheint sie in Goethes *Leiden des jungen Werthers*: Die Dorflinde ist sowohl Ort des Eifersuchtsmordes (»Der Herausgeber an den Leser«), wie Werther selbst unter zwei L. begraben werden will: »der Baum des einfachen Duftes, des Gedenkens und des Einschlummerns« (Barthes, *Fragments d'un discours amoureux*: »Seul«: »Pas un prêtre ne l'Accompagnait«). Auch in W. Müllers *Der L.baum* (»Am Brunnen vor dem Tore«) sind Liebe und Todessehnsucht eng beisammen, ebenso wie in der Liebe Hans Castorps zu eben diesem Lied in Schuberts Vertonung, die in Th. Manns *Der Zauberberg* (VII, »Fülle des Wohllauts«) schließlich auch zu einem Symbol des Symbols wird.

2. Symbol des Heilenden. Die onomatopoet. Qualität des Namens der L., deren weiches Holz Astbruch und ↗Wunden schnell schließt und deren Blüten und Rinde Heilkräfte zugesprochen werden, ist auch Symbol des Heilenden gegenüber den Stürmen und Wunden, die die Zeit schlägt (z. B. Eichendorff, *Bei einer L.*; Hebbel, *L.*; Mahler, *Die zwei blauen Augen*). Noch in *Die alte L.* (1918) von Hen-

ckell wird die L. als Baum des Friedens gegen Krieg und Weltenbrand angerufen. – Eine vormärzl. Auseinandersetzung mit diesem Symbol liefert Freiligrath in *Die L. bei Hirzenach*: Die L. wird mahnend an ihre Vergangenheit als Freiheitsbaum erinnert. In der Erzählung *Der L.baum* des gründerzeitl. Autors H. Seidel versöhnen sich romant. und revolutionärer Geist in der L., die dem inhaftierten Radikalen zum Fluchtmittel wird.

↗Baum, Blatt/Laub, Eiche.

Lit.: SdP, 187–189. – A. Demandt, Über allen Wipfeln, Köln/Weimar 2002, bes. 190–194. – U. Hentschel, Der L.baum in der dt. Lit. des 18. und 19. Jh., in: Orbis Litterarum 60 (2005), 357–376. – D. Laudert, Mythos Baum, München/Wien 2004, 164–172. – L. Schellenberger, Die Bedeutung der L. für das dt. Volk, in: XXXIII. und XXXV. Jahresbericht des k. k. Staats-Realgymnasiums in Arnau, Arnau 1913/14, I–XV und 1915/16, I–XV.   RL

Links / rechts

Symbol des Guten bzw. Bösen, der Normalität bzw. Normalitätsverletzung und der polit. Orientierung. – Relevant für die Symbolbildung sind (a) die dichotom. Struktur. der Symbolik und damit die antithet. Wertbesetzung von l./r., (b) das Verhältnis zu anderen räuml. Symbolen wie ↗oben/unten, ↗Weg, ↗Norden, ↗Süden, ↗Osten und ↗Westen sowie (c) die Beziehung zur symbol. Mitte.

1. Symbol des Guten bzw. Bösen. Das semant. Gegensatzpaar l./r. rekurriert auf ein fundamentales anthropolog. Denk- und Vorstellungs-, Orientierungs- und Ordnungsprinzip. Die Symbole ermöglichen die Darstellung nicht-räuml. Vorstellungen in räuml. Begriffen, wie z. B. die Repräsentation disparater sozialer, polit., relig. bzw. eth.-moral. Wertsetzungen. Grundsätzlich wird der rechten Seite eine positive, der linken eine negative Bedeutung zugeordnet. Bereits in Platons *Politeia* heißt es, dass den »Gerechten« befohlen werde, »den Weg r. nach oben durch den Himmel« anzutreten; die »Ungerechten« dagegen müssten »den Weg l. nach unten« wählen (614c-d). Zentral für das Symbol ist demnach die untrennbare Koppelung einer topografisch horizontalen mit einer semantisch vertikalen Hierarchieachse (vgl. Oben/unten), entlang der die Zuordnungen gut/böse organisiert werden. Ferner ist die Symbolik l./r. Teil einer Reihe antithet. Repräsentationsmuster der christl. Ikonografie (vgl. LCI III, 511). In der bildl. Vorstellung des Jüngsten Gerichts wird den Gesegneten der rechte, den Verdammten der linke Platz an der Seite Christi zugewiesen (Mt 25,32). Die rechte Seite wird bereits im AT als schützende Ehrenseite Gottes eingesetzt (Ps 109,31; 110,1). Über die Seitensymbolik werden auch moral.-eth. Ordnungen entworfen, wobei r. die Bestätigung und l. die Abweichung bzw. Verletzung der Ordnung darstellt. So vermittelt in Voß' *Luise* (III) die räuml. Figurenkonstellation die Mahnung zur Einhaltung christl. Sexualmoral, indem r. vom ↗Vater die christlich legitimierte Familie (↗Mutter und Knabe; ↗Kind), l. das noch unvermählte Paar (Luise und Jüngling) sitzt. Ebenso rekurriert bei Wieland die Sozialfigur der Halbschwester auf die christl. Morallehre und die soziale Ordnungsfunktion von l./r.: »Sie ist mein Schwesterchen, doch von der linken Seite« (*Die Abenteuer des Don Sylvio von Rosalva*: »Das Urteil des Paris«). Die dichotom. Struktur der Seitensymbolik bedingt ferner die Integration menschl. Körperelemente in den Symbolkomplex. In der bibl. Symbolik verkörpert r. den schützenden/ starken Arm Gottes (Ps 44,4) wie auch dessen segnende ↗Hand (Gen 48,17 f.). Gegenüber der geschickten rechten Hand (Goethe, *Götz von Berlichingen* I) wird die linke Hand als die ungeschickte (Heine, *Das Lied vom blöden Ritter*), gesellschaftlich weniger geltende und negativ sanktionierte Hand konnotiert (vgl. DWb VI, 1045; Grimmelshausen, *Simplicissimus* III, 1). Sowohl für die antike als auch christl. Vorstellung von l./r. ist zudem die moral. Symbolik des Weges bedeutsam, wobei in der Bibel der topografisch ›enge‹ als der schwierigere, mühselige, aber ›richtige‹ Weg nach r. in den ↗Himmel, hingegen der ›breite‹ als der einfachere, bequemere Weg nach l. in die Hölle führt (Mt 7,13– 14; 25,34–41). Für die höf. Lit. im MA (Hartmann v. Aue, *Erec* 7899–7906; *Iwein* 264 f.) und noch bis ins 19. Jh. hinein (z. B. Fontane, *Grete Minde* III) sind die Verknüpfung von r./l. mit dem Wegsymbol sowie Spielarten einer Seite-Hand-Weg-Koppelung konstitutiv (z. B. Wolfram v. Eschenbach, *Parzival* 225,25 f.). Bemerkenswert ist in Schillers Lied *Dem Erbprinzen von Weimar, als er nach Paris reiste* die patriot. bzw. anti-frz. Symbolbesetzung, die über die Topografie des ↗Rheins aufgerufen wird: »Daß dich der vaterländ'sche Geist begleite,/ Wenn dich das schwanke Brett/ Hinüberträgt auf jene l. Seite,/ Wo deutsche Treu vergeht« (V. 29–32).

2. Symbol der Normalität bzw. Normalitätsverletzung. Seit der Aufklärung und dann v. a. im 19. Jh. wandelt sich die Symbolstruktur hin zu einer normalist. Besetzung von l./r. Neben der traditionellen Seiten- und Wegsymbolik in der dualist. Distinktion von böse/gut (s. unter 1.) etabliert sich innerhalb des Symbolkomplexes l./r. die Position der symbol. Mitte im Sinne von Normalität, die zwischen den anomalen semant. Extremen eingespannt ist. Wird in Fontanes *Effie Briest*, »der nun mal ein Zug innewohnte, sich nach l. hin treiben zu lassen« (XXVI), die L.-R.-Dichotomie noch aufrecht erhalten, so verändert sich immer häufiger die Struktur des Symbols insoweit, als zwischen den Extremen die Idee eines ausbalancierten, harmon. Dazwischen als erstrebenswerte Idealposition, als ›goldener Mittelweg‹ integriert wird (z. B. Fontane, *Der Stechlin*; Keller, *Das Sinngedicht*).

Gleichsam wird die Triade ›L.-Mitte-R.‹ an normalist. Konzepte von Subjektivität angeschlossen. So versucht die Figur Tonio Kröger in Th. Manns gleichnamiger Novelle die diametral angeordneten Konzepte von ›konservativer Bürger‹ (rechts) vs. ›widerständiger Künstler‹ (links) in der symbol. Mitte harmonisch zu vereinen, was jedoch scheitert. In den 1970er Jahren wird der Symbolkomplex l./r. an soziale Kategorien (z. B. Gender; ↗Frau) gekoppelt, wodurch die Abweichung von gesellschaftl. Rollenbildern und Weiblichkeitsstereotypen verhandelt wird (Handke, *Die linkshändige Frau*; Reimann, *Franziska Linkerhand*). Indem eine Lesart realisiert wird, die eine positive Besetzung und damit Umwertung von l. erlaubt, kann der Konstruktionscharakter von l./r. hervorgehoben werden, so dass die vermeintlich absolute und stabile Eigenschaft des Ordnungsgefüges l./r. durch eine relative und historisch wandelbare Vorstellung substituiert wird.

3. Symbol der politischen Orientierung. Die polit., später ideolog. Besetzung der L.-R.-Dichotomie geht auf die Sitzordnung der frz. Nationalversammlung von 1789 zurück, wonach r. die konservativen Kräfte und l. die Gegenpositionen der Demokraten und radikalen Sozialisten sitzen. Diese Anordnung ist im 19. Jh. maßgebend für die parlamentar. Ordnung in Deutschland, wobei sich zwischen den Extremen l. und r. die Position einer liberal-bürgerl., gemäßigten Mitte herausbildet. Charakteristisch für die polit. Symbolik l./r. in literarar. Texten ist ein polem.-satir. Ton, mit dem die Lit. als krit. Kommentar ihrer Zeit auf polit., ökon. und soziale Missstände Bezug nimmt: »Vormittags fiel er mit der äußersten Linken die Minister an, nachmittags war er absolutistisch gesinnt, abends wußte er nicht, wo ihm der Kopf stand, und ging als Juste-Milieu zu Bette« (Immermann, *Münchhausen* V). Anfang des 20. Jh. artikulieren Gedichte Tucholskys in deutlich schärferem Tonfall das Problem polit. Repräsentation und stellen durch die Gleichsetzung der polit. Extreme die polit.-ideolog. Bedeutung der Richtungsbegriffe in Frage (*Das Lied vom Kompromiss*; *R. und L.*). Anders politisiert Brecht zu Beginn der 1930er Jahre die linke Richtung, um sie als einheits- und identitätsstiftende Position einzusetzen (*Einheitsfrontlied*). Die Lyrik nach 1945 greift den krit. Duktus wieder auf, lenkt jedoch ihre Aufmerksamkeit neben einer grundsätzl. Reflexion der polit. Zuordnungen (Fried, *L. R. L. R.*; *Kinder und Linke*) auch auf die Materialität von Sprache und zeigt dadurch, wie über das Spiel von Signifikant und Signifikat ein Potential der Lit. wirkmächtig wird, das gewohnte Wahrnehmungsmuster und konventionalisierte Bedeutungszuweisungen wie l./r. verfremdet, so dass scheinbar stabile symbol. Bestände der Sprache und Kultur hinterfragt werden (Jandl, *Lichtung*).

↗Hand/Finger, Oben/unten, Weg.

Lit.: DLS, 110 f. – A. Erb, »L. wählen!«, in: Peter Weiss Jahrbuch 8 (1999), 154–164. – K. Haberkamm, L.händig, nicht l. in: Mutial exchanges, hg. v. D. Jürgens, Frankfurt a. M. 1999, 370–385. – U. Störmer-Caysa, Grundstrukturen ma. Erzählungen, Berlin 2007, 53–63.   JO

Lippe ↗Mund.

Locke ↗Haar.

Löwe

Symbol der Macht und der Stärke, des Lebens und der Mütterlichkeit sowie des Bösen. – Relevant für die Symbolbildung sind (a) die Kraft und Größe, (b) das laute Brüllen des L.

1. Symbol der Macht und der Stärke. In der sumer. Trad. verkörpert der L. die krieger. Seite der Mater Magna bzw. der Göttin Ishtar. Seine Grausamkeit und Stärke betont Homer im Vergleich mit Menelaos, der Paris herausfordert (*Ilias* III, 23), mit Agamemnon (*Ilias* XI, 129) sowie mit Odysseus nach dem Mord an den Freiern (Homer, *Odyssee* XXIII, 48), ebenso Vergil (*Aeneis* IX, 339). – Auch im AT ist der L. Bild unüberwindl. Stärke (Gen 49,9 f.; aufgenommen z. B. im *Physiologus*: »Vom L.«) und Herrschaft (1 Kön 10,18–21). Dass Daniel in der L.grube des Großkönigs Darius unverletzt bleibt (Dan 6,22 f.), ist dagegen Zeichen bes. göttl. Schutzes, wie auch die Heiligen Thekla (*Acta Pauli et Theclae*; Heyse, *Thekla*) und Vitus (Jacobus de Voragine, *Legenda aurea*) von L. verschont werden. ↗Lamm und L. bzw. ↗Wolf in harmon. Einheit symbolisieren als Sinnbilder gezähmter Macht das Paradies (Jes 11,6; Jes 65,25). Hrabanus Maurus sieht im L. als »König der Tiere« die endzeitl. Herrschaft Christi nach Offb 5,5 präfiguiert (*De universo* VIII, 1: »De bestiis«). – Auch im weltl. Zusammenhang verkörpert der L. die oberste Macht, woraus in Shakespeares *Richard II* die Forderung nach bes. Mut abgeleitet wird (»Da du ein L. bist, der Tiere Fürst«, V, 1, 29–34), und gilt allg. als Herrschaftssymbol, etwa in der Emblematik (HS, 370–401). Seit der Antike variiert bes. die Fabellit. die im Kern stabilen Eigenschaften des L. (Großmut, Tapferkeit, so bei La Fontaine, *Le lion*; Lessing, *Der Rangstreit der Tiere*; Herder, *Der Wettstreit um die Krone*) und knüpft daran Folgerungen für das Gemeinwesen: Phaedrus, Aelian und Lessing stellen die Abhängigkeit der Mächtigen von den Schwachen dar (*Der L. und der Hase*; *Der L. mit dem Esel*; ebenso La Fontaine, *Le lion et le moucheron*; *Le lion et le rat*) und illustrieren das kluge Verhalten sowohl der Herrscher wie der Untertanen (La Fontaine, *Le lion s'en allant en guerre*; *La cour du lion*; dazu Gleim, *Der schlafende L.*). Häufig vorgeführt wird der Verlust von Macht, sei es durch falsche Affekte (La Fontaine, *Le berger et la mer*) oder das Alter (La Fontaine, *Le lion devenu vieux*; *Le lion malade et le renard*). Am Beispiel der Löwin wird, jedoch selten, die Einfühlung in das den anderen zugefügte Leid thematisiert (La Fontaine, *Les obseques de la lionne*; *La lionne et l'ourse*; vgl. 2.). – Die Gegnerschaft von gewalttätigem ↗Wolf und listigem ↗Fuchs ist bei La Fontaine vorgebildet (*Le lion, le loup et le renard*) und wird zum handlungstragenden Element in Goethes *Reineke Fuchs*. Bezeichnenderweise greift Goethe in zwei Texten, in denen er die Folgen der Frz. Revolution gestaltet, auf die L.allegorie zurück: In *Reineke Fuchs* ist der L.hof auf den Absolutismus des Ancien Regime bezogen; damit verliert die Figur des ↗Königs Nobel ihre aus der Fabel bekannte Idealität zugunsten konkreter polit. Bezüge. Die schon 1797 begonnene *Novelle* hat in der Apostrophierung des L. ebenfalls polit. Untertöne und greift auf die Trad. antiker L.zähmungen zurück (Plinius d. Ä., *Naturalis historia* VIII, 17, 56–58), um das versöhnl. Ende herbeizuführen. Als der Knabe durch ↗Flötenspiel und ↗Gesang das Tier besänftigt und den ↗Dorn aus der Tatze entfernt hat, habe »man in den Zügen eines so grimmigen Geschöpfes, des Tyrannen der Wälder, des Despoten des Tierreichs, einen Ausdruck von Freundlichkeit, von dankbarer Zufriedenheit« sehen können (vgl. dagegen ↗Tiger). – Zur Begründung seiner Feindschaft gegenüber allem Lebenden nennt Timon die Rivalität der Tiere (und darunter auch den L.) untereinander als Beispiel ihrer Ähnlichkeit mit dem Menschen: »Wärest du der L., so würde der Fuchs dich betrügen; wärest du das Lamm, so würde der Fuchs dich fressen; wärest du der Fuchs, so würdest du dem L. verdächtig werden« (Shakespeare, *The Life of Timon of Athens* IV, 3, 325–340). – Im Märchen ist dem L., wo er in allegor. Verbindung mit anderen Tieren erscheint, die Majestät zugeordnet. In Grimms *Das singende springende L. eckerchen* erweist sich der L. als verzauberter Königssohn, der mit ↗Schlange und ↗Greif um seine Rückverwandlung kämpft, die nach ↗sieben Jahren ↗Wartens als ↗Taube in der Liebe gelingt.

2. Symbol der Mütterlichkeit, des Lebens und der Auferstehung. In der griech.-röm. Mythologie ist der L. dem Fruchtbarkeitsgott Dionysos und der Liebesgöttin Aphrodite zugeordnet. Vergil berichtet, L. zögen den ↗Wagen der Göttin Cybele (*Aeneis* III, 113; X, 253), und schlägt die Verbindung zur ↗Mütterlichkeit und Fürsorge. Ähnlich wie Romulus und Remus von einer Wölfin, so werden die ↗Zwillinge Ruggero und Marfisa von einer Löwin gesäugt (Ariost, *Orlando furioso* XXXVI, 62). In Grimms Märchen *Der Königssohn, der sich vor nichts fürchtet* gewinnt der Prinz einen Zauberring und einen L., der ihm mehrfach das Leben rettet. – Der naturgeschichtl. Überlieferung nach soll der L. seine ↗Augen schon bei der ↗Geburt geöffnet haben und sie auch im ↗Schlaf nicht schließen. Daher sieht man in ihm ein Symbol des Lebens oder auch der Wachsamkeit (Schleusener-Eichholz). Der *Physiologus* (»Vom L.«) deutet die geöffneten A. des schlafenden Tiers als Sinnbild der Gottmenschlichkeit Jesu Christi, das Verwischen der Spuren mit dem Schweif als Geheimnis seiner Menschwerdung. Dass die Löwin ihr Junges zunächst tot zur Welt bringt, »bis dass sein Vater kommt am dritten Tage, und ihm ins Antlitz bläst, und es erweckt«, wird zum Symbol der Auferstehung Christi. Im Zusammenhang mit der Vision des Ezechiel (Ez 19) ist der L. in der Deutung der Kirchenväter auch Attribut des Evangelisten Markus.

3. Symbol des Bösen. Im AT ist der L. jedoch auch Symbol der Verfolger der Gläubigen und Feinde Israels (Ps 7,3; Jes 5,29; Jer 50,17); im NT des Teufels: »Seid nüchtern, wachet; euer Widersacher, der Teufel, geht umher wie ein brüllender L. und sucht, wen er verschlinge« (1 Petr 5,8; vgl. Ps 22,22). Darauf beruhen die zahlreichen Darstellungen des L., der zusammen u.a. mit ↗Drache, ↗Schlange und ↗Basilisk nach Ps 91,13 die Mächte der ↗Finsternis symbolisiert (Gerhardt, *Was trauerst du, mein Angesicht*; in patriot. Übertragung Eichendorff, *Kriegslied*). So versucht auch ein L. mit einem ↗Leoparden und einer Wölfin den Aufstieg des Dichters in Dantes *Divina Commedia* zu verhindern (»Inferno« I, 49–60).

↗Adler/Aar, Greif, Kaiser/König/Fürst, Sphinx, Tiger.

Lit.: LCI I, 696–713. – NLC, 197–204. – WBS, 229–232. – H. Blumenberg, L., Frankfurt a.M. 2001. – S. Obermaier, L., Adler, Bock, in: Tierepik und Tierallegorese, hg. v. B. Jahn/O. Neudeck, Frankfurt a.M./Bern 2004, 121–139. – R. Schenda, L., in: ders., Das ABC der Tiere, München 1995, 198–204. – G. Schleusener-Eichholz, Das Auge im MA, München 1985, 326–331. – C.J. Steiner, Der L., in: Die Tierwelt, Gotha 1891, 53–56.   GMR

Lokomotive ↗Eisenbahn/Lokomotive/Zug.

Lorbeer / Lorbeerkranz
Symbol des Göttlichen, der Unsterblichkeit, der Auferstehung und der Keuschheit. – Relevant für die Symbolbildung ist das immergrüne ↗Blatt der Pflanze (↗Grün).

1. Symbol des Göttlichen und der Inspiration. Ovids *Metamorphosen* (I, 452–567) erzählen, dass sich Apollon, nachdem er den Python-↗Drachen getötet hatte, in Daphne (gr. »L.«) verliebt habe. Daphnes ↗Vater, der ↗Flussgott Peneus, verwandelt die auf ihre Keuschheit bedachte Flussnymphe in einen L.baum, um sie vor weiteren Nachstellungen in Sicherheit zu bringen. Seine Enttäuschung kompensiert Apollon, indem er sich die Zweige des L.baumes als Attribute aneignet: »Stets werden mein Haupthaar, mein Saitenspiel, mein Köcher

dich tragen, L.! Du wirst dem lateinischen Feldherrn nahe sein […]. Du wirst auch als treue Wächterin der Türpfosten am Hause des Augustus vor dem Eingang stehen« (*Metamorphosen* I, 558–563). Der Mythos leitet drei schon zu augusteischer Zeit konventionelle und für die Lit. zugleich zentrale Bedeutungen des L. her: eine relig. als Zeichen Apollons und seiner Verehrung (Aischylos, *Die Schutzflehenden* 694 ff.; Euripides, *Ion* 82 ff.), eine militär.-polit. (»Köcher«, ↗Pfeil und Bogen; ↗Türpfosten«, ↗Tür; s.a. 2.) und eine poetolog. Bedeutung (»Saitenspiel«; ↗Leier; ↗Saite), die sich im Ideal des von göttl. Instanzen inspirierten, prophet. Dichterpriesters (*poeta vates*, vgl. z.B. Hesiod, *Theogonie* 30–32, oder Horaz, *Oden* III, 30) mit der relig. Konnotation überschneidet. Solche Facetten des L.symbols sind offenbar früh zu Gemeinplätzen erstarrt und rufen insbes. in der Moderne auch Spötter auf den Plan: »L. ist ein gutes Kraut für die Saucenköche; wer's als Kopfbedeckung wünscht, wisse, dass es steche« (Bierbaum, »Vom L.«; vgl. jedoch schon Aristophanes, *Der Friede* 1044 ff.).

2. Symbol literarischer und militärisch-politischer Unsterblichkeit. Am deutlichsten zeigen die Dichterkrönungen (↗Krone) der Frühen Neuzeit, dass der L. literar. Unsterblichkeit bedeuten soll. Petrarca, der in seinem *Canzoniere* eine an Daphne erinnernde Laura besingt (lat. *laurus* für »L.«), wird 1341 als erster neuzeitl. Dichter auf dem Capitol mit dem L.kranz gekrönt (*Canzoniere* CXIX: *Una donna più bella assai che'l sole*); dass er sich für dieses Pflanzensymbol entschied, beruht auf einem Missverständnis, denn antike Dichter wurden mit einem ↗Eichenkranz geehrt. In der Frühen Neuzeit werden Dichterkrönungen danach zu einer wichtigen Institution im Literaturbetrieb; ein Bsp. für viele ist der 1625 in Wien zum *poeta laureatus* gekrönte Opitz, der in der *Fruchtbringenden Gesellschaft* den Ehrennamen »der Gekrönte« und das Emblem eines L.baums mit breiten Blättern verliehen bekommt. Derart ausgezeichnete Dichter stellten sich selbstbewusst in eine bis zu Horaz und Vergil zurückreichende Reihe (vgl. den Katalog bei J.Ch. Günther, *Als er unverhoft von etlichen Gönnern aus Breszlau favorable Briefe erhielt*, oder Hölderlins ambitioniertes Jugendgedicht *Der L.*). Im Biedermeier wird solche Selbstherrlichkeit problematisch: Aus der Perspektive benachteiligter Autorinnen relativiert die letzte Strophe in Droste-Hülshoffs *An die Schriftstellerinnen in Deutschland und Frankreich* die Bedeutung der Auszeichnung, in Mörikes *Muse und Dichter* verbindet der Dichter mit dem L. museale, tödl. Erstarrung (»Keinen L. will ich, die kalte Stirne zu schmücken:/ Laß mich leben, und gib fröhliche Blumen zum Strauß!«). Der Beginn von Rilkes *Duineser Elegie* IX verwendet dagegen, an Daphnes erlösende Metamorphose erinnernd, den L. als Symbol eines Leben und Tod umgreifenden Daseins. – Als Siegeslorbeer fungiert der Kranz bei antiken Sportwettkämpfen wie den Pyth. Spielen (darauf Bezug nehmend z. B. George, *Der Ringer*). Im militär.-polit. Bereich ⁊reinigen sich bekränzte Feldherrn symbolisch so vom ⁊Blut der getöteten Feinde, wie dies Apollon mit dem Blut des von ihm erschlagenen Python-Drachens getan haben soll (*Homerische Hymnen* I). Aus dem Entsühnungsritual entwickelt sich ein Sieges- und Friedenssymbol, das röm. Imperatoren auf ihrem Triumphzug tragen und das Augustus zur Verherrlichung seiner *Pax Augusta* nutzt (Vergil, *Eklogen* VIII, 11–13; Ovid, *Metamorphosen* I, 562 f.; Petrarca, *Canzoniere* XXVIII: *O aspectata in ciel beata et bella*). In diesem Zusammenhang wird der L. auch mit dem wichtigsten Staatsgott Jupiter verbunden. Sog. *litterae laureatae*, die Siegesnachrichten überbringen, sind mit L.-Ranken gebunden (Plinius d. Ä., *Naturalis historia* XV, 133–138). Gelegenheitsgedichte S. Birkens, mit Titeln wie *Ostländischer L.-Hain von dem Höchstlöblichen Erzhaus Österreich* oder *Nidersächsischer L.hayn* zeigen, wie weit verbreitet das Sinnbild in der polit. Gelegenheitsdichtung der Frühen Neuzeit ist. – Der L. als Kriegs- und Herrschaftssymbol (H. v. Kleist, *Prinz Friedrich von Homburg* I, 1) wird ideologiekrit. Bewegungen spätestens mit dem Vormärz verdächtig. Doch schon Haller (*Ueber die Ehre*) oder Herder distanzieren sich herrschaftskritisch von solcher Symbolik: »Der einzig unbefleckte L. in Augusts Krone ist's, dass er den Wissenschaften Raum gab und die Musen liebte« (Herder, *Ideen zur Geschichte der Philosophie der Menschheit* XIV, 5; vgl. Schiller, *Die Piccolomini* I, 4: »Den blut'gen L. geb' ich hin, mit Freuden,/ fürs erste Veilchen, das der März uns bringt«). Spitzer formuliert ein Epigramm Hebbels: »Unverwelklicher L. in schnell erbleichender Locke!/ Welch ein gewaltiges Bild menschlicher Größe und Kraft!« (*Der L. um ein Menschenhaupt*; ähnlich Heine, *Ganz entsetzlich ungesund*).

3. Symbol der Auferstehung und der Keuschheit. Auf ⁊Grabdenkmälern symbolisiert der L., wie andernorts der ⁊Efeu, den Sieg des Lebens über den Tod in der Auferstehung Christi. Literarisch findet dies vielfachen Widerhall, z. B. in Harsdörffers *Wandersmann*, S. Dachs *Klaglied*, Wielands *Oberon* (XII, 58), Schillers *Totenfeier am Grabe Philipp Friederich von Riegers* oder in F. Schlegels *Erinnerung An Flemming*. Expressionisten greifen das Symbol auf und verfremden es (Heym, *Die Heimat der Toten*; Trakl, *Menschliches Elend*). – Als Sinnbild der Tugend erscheint der nach antikem Glauben ⁊Blitzen widerstehende L.baum (Konrad v. Megenberg, *Buch der Natur* IV A, 21: »Von dem lôrpaum«) in der barocken Emblematik (HS, 204), auch in Verbindung mit der Siegessymbolik der ⁊Palme (HS, 202). Ebenso bedeutet der L., in Erinnerung an Daphne, die sich Apollon nicht hingeben wollte (s. 1.), christlich interpretiert unbeirrbare Tugendhaftigkeit und Keuschheit, literarisch gespiegelt

z. B. bei Greiffenberg, *Auf die verfolgte doch ununterdruckliche Tugend*. Im 16. Jh. liest bereits G. Lorichius in seinen Ovid-Allegoresen zu Wickrams Überarbeitung der *Metamorphosen*-Übersetzung Albrechts v. Halberstadt die Daphne-Mythe entsprechend: Die Nymphe steht demnach für eine menschl. Seele, die sich sinnl. Versuchungen vom Leibe hält, indem sie gleichsam erstarrt (*P. Ovidii Nasonis, des aller sinnreichsten Poeten Metamorphosis*). ⁊Blumenkranz, Efeu, Eiche, Krone, Myrte.

Lit.: SdP, 193–195. – J. Freccero, The Fig Tree and the Laurel, in: Diacritics 5 (1975), 34–40. – A. Schirrmeister, Triumph des Dichters, Köln/Weimar 2003.

AF/FH

Lotos

Symbol Asiens, der Reinheit, der Erkenntnis und der Liebe, der Entstehung und Harmonie der Welt sowie des Vergessens. – Relevant für die Symbolbildung sind (a) das Gedeihen im ⁊Wasser, (b) die ⁊weiße Blüte (⁊Blume), die sich bei ⁊Sonnenuntergang schließt, (c) die gleichzeitige Anwesenheit von Knospe, Blüte und Samen.

In der hinduist. und buddhist. Mythologie ist der L. das wichtigste Pflanzensymbol und steht u. a. für ⁊Reinheit, Erkenntnis und Harmonie der Welt (*Chandogya-Upanishad* VIII, 1, 1 f.; *Sutra von der L.blume des wunderbaren Gesetzes*), er ist »der mütterliche Schoß, Symbol der Weltschöpfung und alles Werdens aus dem Feuchten« (SdP, 197). Im *Ägyptischen Totenbuch* entspringt der Weltschöpfer einer L.blüte (Spruch LXXXI; CLXXIV). Als Blume des Lebens und Überflusses ist der L. auch Isis (⁊Ägypten), Osiris und Horus geweiht. Entsprechend erscheint der L. häufig als *pars pro toto* asiat. Religion, Kultur (Geibel, *König Dichter*; Heine, *Auf Flügeln des Gesanges*) und Lebensweisheit (E.T.A. Hoffmann, *Prinzessin Brambilla*, V und VIII; Klabund, *Der Kreidekreis* II). – Schon bei Homer (*Ilias* XIV, 346–349) als Liebeslager für Zeus und Hera dienend, ist der L. häufig Liebessymbol (Anakreon/ Götz, *Auf den jungen Myrtenzweigen*; Gerstenberg, *Der Priester der Venus*), mitunter auch mit fernöstl. Bezug (Heine, *Die L.blume ängstigt*). Was die Lotophagen (dt. ›L.fresser‹) in der *Odyssee* zu sich nehmen, ist unklar; der ⁊Verzehr der süßes Vergessen bewirkenden, L. genannten Frucht (*Odyssee* IX, 85–104) wird in der literar. Rezeption zum Synonym für Verdrängung (C.F. Meyer, *Lethe*) und Schwärmerei (Lukian, *Nigrinus*), für verlockendes Unheil (Ovid, *Remedia amoris* 789; übertragen auf das Dichten *Tristia* IV, 1, 31 f.; Hofmannsthal *Alkestis*) oder kulturelle Regression: »der bloße Schein von Glück« (Adorno, »Exkurs I: Odysseus«, in: Horkheimer/ders., *Die Dialektik der Aufklärung*). Bei Ovid findet sich die Nymphe Lotis auf der Flucht vor Priapus (*Metamorphosen* IX, 346–348)

in einen L.baum verwandelt. – Exot. und vielleicht auch relig. Bedeutungstiefe schwingt mit, wenn Dahn im *Vogelgesang* die ↗Schwalbe aus dem fernen ↗Indien, »wo in den Wassern die L. erglüht«, zum »fränkischen Boden« ziehen lässt, »der da im Märzen von Veilchen erblüht«, und damit östl. Kosmologie christl. Demut (↗Veilchen) gegenübergestellt. Christianisiert wird der L. zusammen mit dem ↗Kreuz zum Sinnbild des sich erhebenden Glaubens in C. Brentanos *Zweimal hab' ich dich gesehn*: »Aus der Nacht zur lichten Höh'/ Ward das Kreuz, das ich geschlagen/ Wie ein L. aus dem See/ Liebesuchend aufgetragen.« Auch Droste-Hülshoff verwendet den Kontrast des aus dem schmutzigen Wasser aufsteigenden reinen, weißen L. als Unschuldszeichen in einer Welt der Versuchung: »Und überm Sumpfe, engelgleich und leicht/ Der weiße L. wie ein Kindlein schwimme« (*Am vierten Sonntage im Advent*). – Die gleichzeitige Anwesenheit von Knospe, Blüte und Samen, trad. als Symbol der Einheit von Vergangenheit, Gegenwart und Zukunft verstanden, nimmt Balls Gedicht *Die Schlange Waga* auf, in dem das lyr. Ich »Vater, Mutter, Sohn zugleich« in einem »L.teich« neu geboren wird. Nurmehr als Farbwirkung spielt G. Heym mit dem Kontrast von weißem L. und ↗schwarzem ↗Schatten (↗Schwarzweiß) im ↗Gesicht der *Irren*: »Ihr Mund ist schmal, darauf ein Lächeln thront,/ Das sich, wie L. weiß, im Schatten wiegt.«
↗Asien, Indien, Licht, Seerose/Wasserlilie.

Lit.: SdP, 197–201. – S. Morenz/J. Schubert, Der Gott auf der Blume, Ascona 1954. – W.E. Ward, The Lotus Symbol, in: Journal of Aesthetics and Art Criticism 11 (1952), 135–146.   PN

Luchs

Symbol der visuellen und auditiven Sinnesschärfe, aber auch der Habgier und Heimtücke. – Relevant für die Symbolbildung sind (a) die dem L. zugeschriebene bes. Sehschärfe sowie (b) seine Zuordnung zu den Raubtieren.

Im antiken Mythos dient die L. als göttl. Kutschtier des Bacchus (Ovid, *Metamorphosen* IV, 22–27; Vergil, *Georgica* III, 264 f.), er wird aber auch Ariadne (Properz, *Elegien* III, 17, 7 f.) und Apoll zugerechnet (Haupt, 26). In der Erzählung von Triptolemus steht die L.gestalt für Heimtücke und Neid (Ovid, *Metamorphosen* V, 642–661). Als etymolog. Parallele finden sich L.attribute auch in den Texten über Lynceus: Als Teil der Aphaietiaden zeichnen ihn seine scharfen L.augen (↗Auge) aus (Pindar, *Nemeische Oden* X, 61 f.); als Sohn des Aigyptos rettet Hypermnestra ihn vor der Rache des Danaos, und er kann so als einziger das Überleben seiner Dynastie sichern (Ovid, *Heroides* XIV; Aischylos, *Prometheus* 852–870). – Eine frühe naturkundl. Erwähnung des L. findet sich bei Plinius d.Ä., wo der L. als sagenhafter Produzent des wertvollen L.

(harn)steins (›Bernstein‹) gilt (*Naturalis historia* XXXVII, 34), den er missgünstig verscharrt (VIII, 137). Indes beschreibt Horaz in seinen *Oden* den L. als ängstlich-scheues Fluchttier (II, 13, 40; IV, 6, 33 f.). Als Emblem mit dem Titel *Obliuio paupertatis parens* steht der L. für unsinnige Habgier (HS, 458 f.). Eine Art von schlauer Hinterlist spricht ihm Weise in seinem Drama *Masaniello* zu, da selbst Holz seiner Blickkraft nicht Stand halten kann (III, 19). – Häufig wird der L. als metonym. Symbol mit den beiden Extremen der fehlenden (z. B. Lessing, *Thestylis*) bzw. der überragenden Sinnesschärfe verwendet: So findet sich ein verstandesscharfer, spött. L. in Gleims Fabel *Der schlafende Löwe*, und Goethe erweitert die Optik des L. sogar um den Bereich der ↗Träume (*Faust II* 7377). In seinem Gedicht *Youth and Art* markiert Browning mit dem Verlust der Sehschärfe des L. den Alterungsprozess des Menschen, der für ihn mit einer aktiven Rezeptionshaltung in der Jugend beginnt und in der passiven Kontemplation des Alters endet. Narrativ dynamisiert wird die Sinnesschärfe bei Balzac (*Splendeurs et misères des courtisanes*), indem der L. in der Gestalt des greisen Barons von Nucingen zwischen den Polen von Vernunft und Gefühl hin und her pendelt: Im Kapitel »Comment aiment les filles« kommt die Liebe »auf ihn herab wie ein Adler auf seine Beute«; sie bringt ihn um seine raubtierhafte Scharfsichtigkeit, und nur knapp entgeht der »L.« (*loup-cervier*) einem trag. Ende. Sehr komplex verwendet Pound das Symbol in den *Pisian Cantos*: In assoziativen Satzgeflechten kombiniert er tradierte naturwissenschaftl. Erkenntnisse und mytholog. Verweise mit einer individuellen Neudefinition des L. als Wächtertier von ↗Feuer und ↗Wein (LXXIX). – Aktuell erscheint das Symbol v. a. in Verbindung mit dem LUCHS als Preis für lesenswerte Kinder- und Jugendlit. So wird das negativ konnotierte Jagdverhalten des L. ironisch gebrochen und zur bibliophilen Qualität umgemünzt.
↗Adler/Aar, Auge, Blendung, Blindheit, Kot, Ohr, Traum.

Lit.: DLS, 118 f. – M. Haupt, Excerpta ex Timothei Gazaei libris de animalibus, in: Hermes 3 (1869), 1–30. – G. Schleusener-Eichholz, Das Auge im MA, München 1985, 278–281. – A. Steier, Art. Lynx, in: Pauly's Realencyclopädie der class. Altertumswissenschaft, Stuttgart/München 1893 ff., Bd. 13.2, 2474–2479.   BSch

Lyra / Leier

Symbol der (lyr.) Dichtung. – Relevant für die Symbolbildung ist die Verwendung der L. als Begleitinstrument beim (Solo-)Gesang (↗Stimme/Gesang).

Symbolisch für die (nach ihr benannte) lyr. Dichtung steht die L. bereits im griech. Mythos: Sowohl der Gott der Dichtung Apoll als auch sein Sohn Orpheus, das Urbild des Dichter-Sängers, spielen auf der L. Literaturgeschichtlich bedeutsam wurde der *Homerische Hymnus* »An Hermes«, in dem erzählt wird, wie Hermes die L. erfindet und an Apoll übergibt. Apoll als L. spielender Gott der Dichtung wird etwa in Platons *Staat* erwähnt (399d-e). – Dem Mythos nach konnte Orpheus mit seinem ↗Gesang zur L. Tiere bändigen sowie ↗Bäume und ↗Steine bewegen. In Pindars erster *Pythischer Ode* kann die L. dementsprechend selbst den Kriegsgott Ares besänftigen. Darüber hinaus gelang es Orpheus, mit seinem Spiel und Gesang die Götter der Unterwelt zu rühren. Einflussreich wurden Vergils (*Georgica* IV, 454–558) und Ovids Erzählungen dieses Mythos (*Metamorphosen* X). – Die L. oder die verwandten Instrumente Barbiton und Kithara, die von den antiken griech. Lyrikern tatsächlich verwendet wurden, begegnen als Symbole der Dichtung in der gesamten abendländ. Lit., oft programmatisch an zentralen Punkten der Literaturgeschichte: in der röm. Lit. der augusteischen Zeit (Horaz, *Oden* I, 32), in Humanismus und Renaissance (Celtis, *Carmina* IV, 5, 1; Du Bellay, *Ode* XIII, 5; Milton, *Paradise Lost* III,

17), in der Romantik (Wordsworth, *The Prelude* I, 233) und in der Moderne (Rilke, *Die Sonette an Orpheus*). – Die L. wird auch kontrastiv auf den Bogen (↗Pfeil und Bogen) oder das ↗Schwert als Symbole des Kampfes und des Krieges bezogen. Ausgangspunkt ist hier wiederum der griech. Mythos, der Apoll neben der L. den Bogen beigibt. Programmatisch verwendet wurde diese Kontrast-Symbolik etwa in der Weimarer Klassik (Goethe/Schiller, *Xenien*) und in der Lyrik der Befreiungskriege (Körner, *Leier und Schwert*). Bei Th. Mann (*Bilse und ich*; *Betrachtungen eines Unpolitischen*; *Einkehr*) stehen L. und Bogen für Kunst und Kritik. Eine andere Abgrenzungsmöglichkeit ist die zwischen der L. als Symbol für klass.-antike bzw. klassizist.-antikisierende Dichtung und der ↗Harfe als Symbol für moderne, christl. Dichtung (Venantius Fortunatus, *Carmina* VII, 8, 63; Hugo, *La lyre et la harpe*).

↗Harfe, Kunstmusik, Laute, Saite/Saitenspiel, Stimme/Gesang.

Lit.: DLS, 90–93. FvA

M

Magen

Symbol der Staatsführung, der Fähigkeit zum verstehenden Lesen und zur produktiven literar. Nachahmung, der psych. Konstitution des Menschen sowie eines unmittelbaren, affektiven Verhältnisses zur Welt. – Relevant für die Symbolbildung sind (a) die scheinbare Passivität des M., (b) die Notwendigkeit seiner regelmäßigen Versorgung mit Nahrung, (c) seine Bedeutung für das Überleben eines Organismus, (d) seine Fähigkeit zur Umwandlung von Nahrung in Körpersubstanz und (e) sein unsichtbares Wirken.

1. Symbol der Staatsführung. Entscheidend für die Symbolbildung im gesamten europ. Raum ist die Fabel vom M. und den Gliedern (Livius, *Ab urbe condita* II, 32, 8–12; Dionysios v. Halikarnass, *Antiquitates Romanae* VI, 86; Plutarch, *Doppelbiographien*: »Coriolanus« VI, 2–5): Die Glieder lehnen es ab, den scheinbar passiven M. mit Nahrung zu versorgen; im Ergebnis geht der gesamte Organismus zugrunde. Mittels der Fabel bewegte der Überlieferung zufolge der röm. Patrizier Menenius Agrippa während der Ständekämpfe die rebell. Plebs zur Rückkehr zur staatl. Ordnung. In der neuzeitl. Rezeption weitet sich das Bedeutungsspektrum: Die Zwietracht von M. und Gliedern steht auch für Uneinigkeit unter Freunden (*Breslauer Aesop, Leipziger Aesop*). Der M. kann weiterhin allg. die Obrigkeit (Rollenhagen, *Froschmeuseler* XIII; Waldis, *Esopus* I, 40; Shakespeare, *Coriolanus* I, 1), aber auch das allg. Wohl (Brentano, *Godwi oder das steinerne Bild der Mutter* I: »Godwis Antwort auf Römers ersten Brief«) oder spezifisch den Fiskus symbolisieren (La Fontaine, *Les fables*: »Les membres et l'estomac«). Später wird im Rahmen von Obrigkeitskritik stärker die Untätigkeit des M. betont (Jean Paul, *Dr. Katzenbergers Badereise*: »Dr. Fenks Leichenrede«; Heine, *Deutschland – Ein Wintermärchen* I). In der Rezeption durch politisch links orientierte Autoren stützt die Fabel ideologisch eine zu überwindende Gesellschaftsordnung (Brecht, *Coriolan*-Bearbeitung; Grass, *Die Plebejer proben den Aufstand*).

2. Symbol der Fähigkeit zu verstehendem Lesen und zur produktiven literarischen Nachahmung. Das metaphor. Verständnis der Lektüre als Verdauungsprozess ist schon in der röm. Trad. anzutreffen (Seneca, *Epistulae morales* LXXXIV, 6 f.; Quintilian, *Institutio oratoria* X, 1, 19). Macrobius nennt das Gedächtnis den M. der Seele (*Saturnalia* I, 7 f.; ähnlich auch Mark Aurel, *Selbstbetrachtungen* X, 31; 35; Augustinus, *Confessiones* X, 14). Bei Martianus Capella erbricht die Philologie vor der Hochzeit mit Merkur Bücher, die von den Musen und den Freien

Künsten verzehrt werden (*De nuptiis Philologiae et Mercurii* II, 135–139). Geht es in ma. und frühneuzeitl. Symbolik noch um den Prozess von Lesen, Verstehen und Erinnern wie auch um eine produktive literar. Nachahmung (z. B. Petrarca, *Epistolae familiares* XXII, 2; Erasmus v. Rotterdam, *Brief an Joh. Mombaert*; *Cicceronianus*; Montaigne, *Essais*: »De la pedanterie«, »De l'institution des enfants«), so steht in Aufklärung und Frühromantik die Verdauung für wertendes und urteilendes Lesen; ein starker M. entspricht dann einer verlässl. Urteilskraft (Lessing, *Hamburgische Dramaturgie*: »69. Stück«; F. Schlegel, *Kritische Fragmente* XXVII: »Ein Kritiker ist ein Leser, der wiederkäut. Er sollte also mehr als einen M. haben«; ähnlich auch Lichtenberg, *Sudelbücher* G 34; J 690), Verstopfung und Verdauungsschwäche intellektueller Trägheit (Prutz, *Die politische Wochenstube* II; Herder, *Alte Fabeln mit neuer Anwendung*: »Ein Berg der kreisete«; vgl. schon Aristophanes, *Die Ritter*; ↗Bauch).

3. Symbol der psychischen Konstitution des Menschen. Der M. kann als *pars pro toto* für den Verdauungsprozess zum Symbol für psych. Verarbeiten von Erfahrungen oder Informationen werden. Schon Paulus beschreibt den starken Glauben als starken M. (1 Kor 3,1 f.; Röm 14,2). Das Bild von der geistigen Verdauung findet sich bei Jean Paul (*Leben des Quintus Fixlein*, 1. Zettelkasten) und Goethe (*Italienische Reise*: »Neapel, den 1. Juni 1787«). Auch bei Raabe steht ein starker M. für eine robuste psych. wie phys. Konstitution (*Der Hungerpastor* III; *Stopfkuchen*). V.a. in der Lit. der Décadence weist der kranke M. auf nervöse Schwäche hin (Huysmans, *À rebours*). Bei Th. Mann deutet ein empfindl. M. auf eine schwache Konstitution oder latente psych. Krankheit, auf Dekadenz und Künstlertum, ein kräftiger M. auf psych. und körperl. Kraft und auf lebenstüchtiges Bürgertum (*Tristan*; *Wälsungenblut*). Bei Frisch stirbt der Ingenieur Walter Faber, der sein problemat. Verhältnis zu organ. Prozessen, zu Geburt und Tod und zum weibl. Geschlecht verdrängt, an M.krebs (*Homo faber*). W. Schwabs Figuren leben ihre emotionalen Konflikte als Ess- und Verdauungsprozesse aus (*ÜBERGEWICHT, unwichtig: UNFORM*).

4. Symbol eines unmittelbaren, affektiven Verhältnisses zur Welt. Eine Orientierung an den Bedürfnissen des M. deutet auf ein affektives Verhältnis zur Welt, auf niedere Standeszugehörigkeit oder auf einen infantilen Charakter, zuerst in der att. Komödie und im Satyrspiel (Aristophanes, *Die Ritter*: »Prologos«, »Parodos« u.ö.; Menander, *Die Brüder*; Euripides, *Kyklops* I u.ö.) und in der röm. Komödie

(Plautus, *Captivi* III, 1; IV 1, 2, 4; Terenz, *Adelphoe* III, 3; IV, 2; V, 1). Sancho Pansa folgt seinem sprechenden Namen (›Wanst‹, ›Pansen‹) gemäß zuerst den Bedürfnissen seines M. (Cervantes, *Don Quijote* I, 3; 9; II, 3; 6). Bei Jean Paul steht der M. für den (philosoph.) Realismus gegenüber dem Idealismus (*Flegeljahre* XIV; *Hesperus*, 9. Schalttag). Darüber hinaus kann der M. auch zum Symbol für die nachparadies. Menschheit, für Zivilisation und Kultur werden (Klingemann, *Die Nachtwachen des Bonaventura* XII; Schefers *Volk ohne M.* hingegen kennt weder Kunst noch Wissenschaft.
    ↗Bauch, Essen/Verzehren, Mahl, Mund.

Lit.: St. Arend, Das gefräßige Gedächtnis, in: Übung und Affekt, hg. v. B. Bannasch/G. Butzer, Berlin/New York 2007, 29–41. – D. Peil, Der Streit der Glieder mit dem M., Frankfurt a.M. 1985. – H. Wenzel, Die ›fließende‹ Rede und der ›gefrorene‹ Text, in: Poststrukturalismus, hg. v. G. Neumann, Stuttgart/Weimar 1997, 481–503.   JSt

Magnet

Symbol körperl. oder geistiger Anziehungskraft, des Schicksals und der kosm. Ordnung sowie Symbol des Symbols. – Relevant für die Symbolbildung sind die Anziehungs- und Ausrichtungskraft des M.
    1. Symbol körperlicher und geistiger Anziehungskraft. Lukian warnt vor der erot. (körperl.) Anziehungskraft der ↗Frau, die er mit einem M. vergleicht (Lukian, *Imagines* I; ähnlich Gregor v. Nazianz, *Carmina* I, 2, 29); diese wird bei Claudian zu einem Kuss zwischen den Götterstatuen von Mars (↗Eisen/Erz) und Venus (M.) ausgestaltet, in deren magnet. Liebe sich ein kosm. Prinzip zeigt (Claudian, *Carminum minorum* XXIX; s. a. 3.). Davon ausgehend kann der M. als Symbol für blinde, unbeherrschbare Liebe eingesetzt werden, die entweder durch einen Zauber ausgelöst wird (Gottfried v. Straßburg, *Tristan* 8102 ff.; Shakespeare, *A Midsummer Night's Dream* II, 1) oder als *amour fou* erscheint, die »anzieht und abstößt mit blinder Gewalt« (Grillparzer, *Das Goldene Vließ: Die Argonauten* 1014; F.S. Fitzgerald, *Magnetism*). – Als Verkörperung einer geistigen Kraft wird der M. bes. im frühen Christentum zur Veranschaulichung des Wirkens Gottes verwandt. Dabei kann entweder Gott den Menschen (Porphyrios, *De abstinentia* IV, 20, 12) oder aber der Glaube die göttl. Macht anziehen (Origenes, *Commentarius in Matthaeum* XIII, 58). Tertullian überliefert das Bild, Gott habe der Materie durch bloßes Sich-Nähern Form gegeben, wie auch der M. über Distanz wirken könne (*Adversus Hermogenem* XLIV, 1 f.). Diese Bildtrad. ist noch bei Gotthelf vorhanden, der die Anwesenheit Gottes im Abendmahl als magnet. Präsenz beschreibt (*Geld und Geist*). – Beliebt ist das Bild einer ↗Kette von Eisenringen (↗Ring), die die Kommunikation einer geistigen Kraft veranschaulichen soll. Seiner bedient sich bereits Platon, wenn er die Weitergabe der göttl. Begeisterung vom Künstler über den Rhapsoden bis zum Publikum beschreibt (Platon, *Ion* 533d-e und 535e). Ebenso erklärt Kircher die Wirkung einer gelungenen Predigt, die den Zuhörer magnetisieren müsse (*Ars magnesia* VIII, 3), und auch F. Schlegel erläutert die »Mitteilung des Schönen, durch welche der Kenner den Künstler, der Künstler die Gottheit berührt«, über das Bild der magnet. Kette (*Über das Studium der griechischen Poesie*). Auch der christl. Erlösungsgedanke kann mit dem Bild der Kette veranschaulicht werden, wenn der göttl. »Hauch« als magnet. Kraft vorgestellt wird, die alles Sein in eine durchgehende Ordnung bringt und so eine magnet. Kette bildet, die »die Tugendhaften« anzieht und festhält, »die aus Schwachheit Schlechten« aber in die ↗Tiefe stürzen lässt (Clemens v. Alexandrien, *Stromateis* IX, 3 f.). Noch deutlicher erklärt Gregor v. Nazianz die Auferweckung der Toten mit der magnet. Anziehungskraft Christi (*Carmina* II, 2, 7); genauer beschreibt später Gryphius diese Kraft, die er im ↗Kreuz als Zeugnis der Liebe Christi lokalisiert, in ihrer dreifachen Eigenschaft als ›ausrichtend‹, ›anziehend‹ und ›vereinigend‹ (*Magnetische Verbindung des Herrn Jesu und der in ihn verliebten Seelen*, 1660). Das gleiche Bild kann auch für eine gegenteilige Aussage verwandt werden, wenn man davon ausgeht, dass die magnet. Kraft proportional zur Länge der Kette abnimmt: So versteht Philon v. Alexandrien die Generationenfolge als Kette, in der das ursprünglich göttl. Wesen des Menschen immer mehr verloren geht, da die Menschen »immer blassere Fähigkeiten und Eigenschaften erhalten« (*De opifico mundi* CXLI).
    2. Symbol des Schicksals. Ausgehend von Plinius d.Ä., *Naturalis historia* II, 211, wird im MA die Sage vom M.berg populär, der ↗Schiffe anzieht und an seinen Klippen zerschellen lässt (↗Berg); in Zusammenhang mit der Deutung des ird. Lebens als einer Irrfahrt kann er als Verkörperung der Versuchung verstanden werden (*Herzog Ernst* B 3920 ff.; *Reinfrid von Braunschweig* 20750 ff.; *Märchen aus Tausendundeiner Nacht: Geschichte des dritten Bettelmönches*). Tieck spielt auf diese Trad. an, wenn er den Menschen als einen M. beschreibt, »der unwiderstehlich zu einem unsichtbaren, aber mächtigen M.berge hingezogen wird« (*Der junge Tischlermeister* II, 5). Wie im lat. Hymnus *Ave, maris stella* Maria als Polarstern auftritt, an der sich der Reisende während seiner Irrfahrt gleich einem Kompass orientieren kann, so kann die christl. Liebe (s. a. 3.) als »allmächtiger M.« eine ähnl. Funktion erhalten, wenn sie sich am »Morgenstern« ausrichtet (C. Brentano, *Am Rheine schweb' ich her und hin*; ähnlich Baudelaire, *Franciscae meae laudes*). Heine hingegen ironisiert diese Deutung Marias, wenn er sie und v. a. ihr Lächeln als einen M. beschreibt, »wel-

cher eine große Menge in den Schoß des Christentums ziehen konnte« (*Die romantische Schule* I). Gänzlich aufgehoben wird das Bild, wenn die treue Ausrichtung am Fixstern durch die Vorstellung von dessen Beweglichkeit unterwandert wird (Byron, *Don Juan* III, 80).

3. *Symbol der kosmischen Ordnung.* Die natürl. ›Sympathie‹ zwischen Dingen, die seit Epikur und Lukrez die Anziehungskraft des M. erklären soll (Lukrez, *De rerum natura* VI, 1062 ff.), wird im Neuplatonismus der Renaissance zum kosm. Prinzip erklärt (Ficino, *De amore* III, 1–2), das als eine Art natürl. Magie sowohl zwischen Naturdingen als auch zwischen Menschen wirke (VI, 10). Dabei wird Liebe als ein Tausch der Wesen der Liebenden aufgefasst (II, 8), was sich bes. am M. verdeutlicht: Das Eisen, wenn es vom M. angezogen werden soll, muss bereits dessen Eigenschaften angenommen haben (VI, 2); gleiches gilt für den Menschen (VII, 4). Die so als magnetisch bestimmte Liebe wirkt auch in der Kunst: »Amor ist Meister aller Künste« (III, 3). Diese Symbolisierung des kosm. Zusammenhangs und dynamisierenden Urprinzips bringt Schiller in den *Philosophischen Briefen* (»Liebe«) auf den Punkt, wenn er von der Liebe als eines »allmächtigen M.« spricht, die »der Widerschein dieser einzigen Urkraft, eine Anziehung des Vortrefflichen, gegründet auf […] eine Verwechslung der Wesen« sei. Tieck hingegen ironisiert die Vorstellung von der Liebe als eines großen M., der »Staaten und Familien […] in ihrem Gange« erhält, als verzeihl. »Schwärmerei« (*Peter Lebrecht* I, 6). – Deutlicher christlich gefärbt sind die Deutungen des M. als »dreifache Kraft« (↗Drei) bei Kircher (*De arte magnetica* VIII, 10), deren trinitar. Struktur es möglich macht, im Rückschluss Gott als »M. in der Mitte aller Dinge« zu bezeichnen und in der Seinsordnung der Welt eine göttlich durchwirkte »magnet. Kette« zu erkennen (s. 1.). Ähnlich fasst Böhme in seiner naturmyst. Theosophie den M. als Verkörperung der göttl. Trinität (*Clavis* II, 10; *Von der Gnaden-Wahl* II, 14 ff.).

4. *Symbol romantischer Naturphilosophie und Ästhetik, Symbol des Symbols.* Die Symbolisierung des M. als einer dialektisch sich entfaltenden Kraft erfährt in der romant. Lit. und Ästhetik ihren Höhepunkt: »Dort auf der Scheidung Spitze/ Herrscht, König über alle, der M.« (Droste-Hülshoff, *An* ***). Seine elementare Eigenschaft, die Polarität der Extreme zu vereinigen, wird für die idealist. Natur- und Kunstphilosophie überhaupt eingesetzt. Idealist. Physik und Ästhetik setzen den M. als symbol. »Indifferenzpunkt« (Schelling) von Realismus und Idealismus, Einheit und Vielheit, Ewigem und Endlichem. Schelling transformiert den empir.-physikal., teils noch in der Trad. frühneuzeitl. Liebesontologie stehenden Begriff des M. in einen spekulativ-metaphys. der »Beseelung« (*Ideen zu einer Philosophie der Natur*: »Lehre der Naturphilosophie

vom Magnetismus«; vgl. schon Aristoteles, *De anima* 405a). Goethes *Maximen und Reflexionen* folgend (»Der M. ist ein Urphänomen, das man nur aussprechen darf, um es erklärt zu haben; dadurch wird es denn auch ein Symbol für alles übrige, wofür wir keine Worte noch Namen zu suchen brauchen«), wird der M. zu einem Symbol des Symbols selbst und die symbol. Qualität des M. zum Programm idealist. Ästhetik, in der das Kunstwerk, in verdichteter Form das Symbol, den Indifferenzpunkt von Idealem und Realem in der »idealen Welt« markiert, den der M. in der »realen Welt« darstellt (Schelling, *Philosophie der Kunst* [1802–1803] § 18). Nicht als Einzelsymbol, sondern als Symbolsystem, als »Symbolik« ist diese »Forderung« sodann »poetisch gelöst in der Mythologie« (§ 39; Kilcher). Die romant. ›Neue Mythologie‹ sucht deshalb ihren Stoff in Gegenständen wie dem M. (vgl. Novalis, *Klingsohr*-Märchen).
↗Eisen/Erz, Elektrizität, Kette.

Lit.: U. Engelen, Die Edelsteine in der dt. Dichtung des 12. und 13. Jh., München 1977, 344–347. – A. Kilcher, Ästhetik des M., in: DVjs 72 (1998), 463–511. – A. Radl, Der M.stein im Antike, Stuttgart 1988. – G. Stecher, Magnetismus im MA, Göppingen 1995.

AK/JH

Mahl

Symbol der sozialen Gemeinschaft und der Verbindung des Menschen mit Gott bzw. den Göttern. – Relevant für die Symbolbildung sind (a) der Anlass eines M., (b) die Auswahl und Zahl seiner Teilnehmer, (c) seine Bestandteile, ihre Präsentation und Strukturierung, (d) seine Dauer sowie (e) seine Einmaligkeit oder Wiederholbarkeit.

1. *Symbol der menschlichen bzw. sozialen Gemeinschaft.* Das griech. Symposion dient dem philosoph. Gedankenaustausch im Rahmen der Gemeinschaft, die einzelnen Teile des Symposions symbolisieren in ihrem Zusammenspiel die ganzheitl. Konzept der Kommunikation (Platon, *Das Gastmahl*). *Das Gastmahl des Trimalchio* gilt als satir. Entsprechung griech. Symposien (Petronius, *Satyricon*), hier ersetzt das Zur-Schau-Stellen von Reichtum und Überfluss die geistige Auseinandersetzung. Das gemeinsame M. mit festen Regeln ist zudem immer Ausdruck einer sozialen Differenzierung und Abgrenzung; in der ma. Feudalgesellschaft wird es zum Symbol höf. Idealität (Heinrich v. Veldeke, *Eneasroman* 13222). Im absolutist. Zeitalter spielen Festbankette als sinnlich erfahrbares Zeichen der absoluten ↗Fürstenmacht eine zentrale Rolle im Rahmen einer ausgeprägten Festkultur (z. B. Klaj, *Friedensmahl von Nürnberg im Jahre 1649*). Die öffentl., repräsentative Gastmahlskultur weicht im Laufe der Zeit immer mehr einer privaten Esskultur mit unterschiedl. Vorzeichen. Als utop. Entwurf vereint das Festmahl Lebensnähe und Poesie (Novalis, *Heinrich von Ofterdingen* I, 6)

oder Musik (Mörike, *Mozart auf der Reise nach Prag*), wird aber auch Indikator spezif. Probleme sozialen Zusammenlebens, z. B. mit iron. Blick auf das in gesellschaftl. Regeln erstarrende Individuum (Fontane, *Jenny Treibel* III) oder den Verfall bürgerl. Strukturen (Th. Mann, *Buddenbrooks* VIII). Gleichwohl existiert weiterhin das Symbol des gemeinsamen M. als Sinnbild einer auf Freundschaft und Nächstenliebe basierenden Gemeinschaft (Blixen, *Babettes Gastmahl*).

2. Symbol der Verbindung des Menschen mit Gott bzw. den Göttern. Bei Homer werden häufig Ereignisse (Heimkehr, Verhandlungen) von einem gemeinsamen M. begleitet (*Odyssee* XIV; *Ilias* IX). Dabei wird stets den Göttern geopfert. Die Bekräftigung der *communio* mit den Göttern geht einher mit der der Glaubensgemeinschaft, beides symbolisiert der Akt des ⏶Essens in der Gruppe. Das M. in der Antike schließt mit der Opferung von Speisen die Versöhnung mit den Göttern ein, als sakrale Handlung werden Menschenopfer gefordert (Euripides, *Iphigenie in Aulis* 89–91); diese enthalten im Dionysoskult auch theophage Elemente (Euripides, *Bakchen* 1101–1167). Die Einverleibung eines Wesens einerseits als Symbol des Sich-Bemächtigens des Anderen, andererseits als das der innigen Verschmelzung stellt eine äußerste Möglichkeit der Überwindung von Distanz dar. Darin liegt eine Verbindung der griech. Dionysoskulte zur christl. Transsubstantiation. Das christl. Abendmahl ist in der erstmaligen Handlung Symbol der Aufopferung Christi für den Menschen (Mt 26,17–29; Mk 14,12–26; Lk 22,14–20); in der Wiederholung symbolisiert es die Verbindung der Menschen zu Gott, die Gegenwart Gottes und seine Liebe zu den Menschen, die Gemeinschaft im Glauben, im weiteren Sinn der Teilhabe auch Nächstenliebe und Gastfreundschaft (s. 1.). Unterschiedl. Fassungen der Abendmahlstexte in den Evangelien ermöglichen verschiedene Auslegungen. Dies spiegelt sich in literar. Texten wider. Die Aufhebung der Distanz zu Gott wird bes. deutlich in der Mystik, z. B. bei Angelus Silesius: »Eß’ ich mein Osterlamm und zeichne mich mit Blut,/ Das sein verwundter Leib für mich vergießen tut,/ So eß’ ich meinen Herrn, Gott, Bruder, Bräutgam, Bürgen:/ Wer ist denn nun, der mich kann schlagen und erwürgen?« (*Cherubinischer Wandersmann*, III, 43: *Das Osterlamm*). Calderón stellt das prunkvolle Gastmahl des babylon. Königs Belsazar, das in Gotteslästerung mündet, dem Abendmahl antithetisch gegenüber: »Gottes Ingrimm schlägt darnieder, wer des Herrn Gefäß entweiht;/ Und wer sündhaft geht zum M. Gottes, der hat sie entweiht« (Calderón de la Barca, *La cena del rey Baltasar*). Klopstock stilisiert die poet. Kommunikation selbst als Abendmahl (Klopstock, *Messias*). In den *Leiden des jungen Werthers* inszeniert der unglückl. Held vor seiner Selbsttötung ein Abendmahl, in dessen Mittelpunkt der eigene Akt des

Schreibens steht. Damit deutet Goethe das Abendmahlsmotiv um zum »Motiv der eucharistischen Schrift« (Hörisch, 147). Gottesliebe und erot. Liebe gleichermaßen betont Novalis: »Sie erkannten der Liebe/ Unendliche Fülle,/ Und priesen die Nahrung/ Von Leib und Blut« (*Hymne*). Hölderlin versucht in seiner Elegie *Brod und Wein* die Vermittlung von dionys. Genuss und der Unsterblichkeit der Götter mit dem christl. Auferstehungsglauben. Ein Wechselspiel von profanen und sakralen Kontexten der Formel ›Brot und Wein‹ evoziert Trakl (*Herbstseele*; *Ein Winterabend*). Schließlich erfährt das Abendmahl auch unterschiedl. Formen der Parodie: Durch die Betonung des »kannibalistischen Aspektes« werden Glaubensinhalte profaniert (»Christus ist mein Leibgericht«; Heine, *Romanzero*: *Disputation*). Bei Th. Mann wird das Gastmahl Peeperkorns zur Abendmahlstravestie (*Der Zauberberg* VII). Das Aufessen eines Menschen verbindet Erotik und Kulinarik auf drast. Weise; so stilisiert der Titel von I. Schulzes Erzählung *Abendmahl* den kannibal. Vorgang zur hl. Handlung.

⏶Brot, Essen/Verzehren, Wein.

Lit.: J. Hörisch, Brot und Wein, Frankfurt a.M. 1992. – J. Kott, Gott-Essen, Berlin 1991.   TR

Mandel / Mandelbaum

Symbol des Erwachens und der Erlösung (M.baum), des verborgenen Göttlichen (M.) sowie des Südens und des Orients. – Relevant für die Symbolbildung sind (a) das schnelle und frühe Austreiben des M. baumes, (b) die ovale Form und (c) der süße oder bittere Geschmack der Steinfrucht sowie (d) sein Vorkommen im Mittelmeerraum.

1. Symbol des Erwachens und der Erlösung bzw. Erfüllung. In der jüd. Trad. ist der M.zweig das Symbol neuen Lebens, weil er der erste ⏶Baum ist, der im Mittelmeerraum blüht (etwa Günther, *Hab ich mich einmal vergangen*; *Des Knaben Wunderhorn* III, 231: *Triumph der erwählten Seele*). Auch Plinius d. Ä. spricht in seiner *Naturalis historia* (XVU, 103) vom M.baum als »prima omnium« (»erster von allen«). In Jer 1,11 f. wird er daher auch zum Symbol für Eifer und Wachsamkeit (sein hebr. Name *shaked* hängt zusammen mit dem Wort *shoked*, »wachsam«). Aarons blühender Stab ist ein M.zweig und deutet auf Gottes Wohlwollen gegenüber dem Hause Levi (Num 17,16–24). In Calderóns *La vida es sueño* (III, 3) warnt eine Figur durch die Evokation eines erblühten M.baums (»almendro«) vor einem vorzeitigen Erblühen. P.B. Shelley symbolisiert in seinem Versdrama *Prometheus Unbound* (II, 135) mit einem vom ⏶Blitz getroffenen M.baum (»lightning-blasted almond-tree«), der in seiner Versehrtheit trotzdem noch Blüten (⏶Blume) austreibt, die Hoffnungen nach dem Ende der Frz. Revolution.

2. Symbol des verborgenen Göttlichen und der Unversehrtheit. ›Mandorla‹ (ital. für M.) wird die mandelförmige Lichthülle (↗Licht) auf ma. christl. Kunstwerken genannt. Ihre Symbolik ist mit der M. verbunden, insofern die M. als Symbol des im Äußeren verborgenen göttl. und wesentl. Inneren (Licht, Erleuchtung) gilt. Der Lichtbogen wird als Emanation des Göttlichen verstanden. In der christl. Symbolik können sowohl die verborgenen Seiten Jesu (seine göttl. Natur) als auch Marias (ihre unversehrte ↗Jungfräulichkeit bzw. ihr Geschlecht) durch die M. evoziert werden. Rilke überträgt diese christl. Symbolik in seinem Gedicht *Buddha in der Glorie* auf Buddha. In Celans Gedicht *Mandorla* aus dem Gedichtband *Die Niemandsrose* wird zwar auf Jesus als »König« der Juden noch angespielt, letztlich verkehrt er diese Symbolik aber in Versehrtheit, Tod und Leere.

3. *Symbol des Südens und des Orients sowie des Judentums und dessen Vernichtung.* Die M. taucht seit dem 19. Jh. in vielen Gedichten und Prosatexten als metonym. Symbol einer südl. Landschaft (oft gemeinsam mit ↗Zitronen, ↗Feigen, ↗Wein) auf (z. B. Heine, *Almansor* II). Bei George werden M.öl (↗Öl/Salbe) und M.geruch zu einem exot. Detail seiner künstl. ↗Gärten (*Algabal*, »Im Unterreich«: »Mein garten bedarf nicht luft nicht wärme«; *Die Lieder von Traum und Tod*: *Gartenfrühlinge*). Celan verwendet, verstärkt durch den Konnex mit Osip Mandel'štam, das semant. Wortfeld ›M.‹ (›M.‹, ›M.baum‹, ›M.aug‹ [↗Auge] etc.) häufig als Symbol für Jüdisches, das vom Klischee der mandeläugigen Jüdin über das bittere Leben der Juden bis zur Assoziation mit der nach Bittermandel riechenden Blausäure Zyklon B reicht, mit denen die Menschen in den Vernichtungslagern der Nationalsozialisten ermordet wurden (z. B. *Mohn und Gedächtnis*: *Zähle die M.*).

↗Baum, Feige/Feigenbaum/Feigenblatt, Olive/ Ölbaum, Wein, Zitrone.

Lit.: DLS, 9 f. – WBS, 232 f. – B. Wiedemann, *Jakobs Stehen*, Warmbronn 2007, 14 f.　　　　　　AW

Mandoline ↗Laute.

Mann

Symbol der Zeugung und Schöpfung, der Aktivität, des Geistes und der Vollkommenheit, des Heldentums, der Herrschaft und der Gewalt. – Relevant für die Symbolbildung sind (a) die körperl., insbes. die geschlechtl. Eigenschaften des M. (↗Phallus), (b) trad. männl. Praktiken wie Jagen (↗Jagd/Jäger), Kämpfen, Töten, Opfern und Herrschen.

1. *Symbol der Zeugung, der Schöpfung und der Aktivität.* Grundlegend für die bis heute wirksame Vorstellung, dass das mit dem männl. ↗Samen verbundene zeugend-schöpfer. Prinzip gegenüber dem empfangenden, weibl. dominant ist, sind die aristotel. Unterscheidungen von Form und Stoff, Geist und Materie, Aktivität und Passivität (*De generati-*

one animalium 716a, 729b und 737 f.). Der M. symbolisiert auch in der Lit. das erste Geschlecht, das zur Zeugung von Nachkommen im eigentl. Sinne gar keiner ↗Frau bedarf (Aischylos, *Orestie: Eumeniden* 665–672). In der bibl. Schöpfungsgeschichte wird imaginiert, dass der M. Schöpfer der Frau ist (Gen 2,22 f.). Künstlerisch wirksam ist diese Vorstellung auch außerhalb der jüd.-christl. Trad. wie v. a. im Pygmalion-Mythos, der die Erschaffung der idealen Frau durch den männl. Bildhauer erzählt (Ovid, *Metamorphosen* X, 243–294). In den poetolog. Reflexionen moderner Autoren ist nicht selten die Absicht zu erkennen, die Frau in einem schöpfer. Akt in den M. umzuwandeln, so wenn z. B. Flaubert seiner Geliebten schreibt: »Ich will dich M. bis in die Höhe des Leibs« (Brief an Louise Colet, 12./13.4.1854; zur Aufhebung der Frau im geistigen Vermögen des M. vgl. Kierkegaard, *Entweder – Oder*: »Das Tagebuch des Verführers«). George transponiert die Symbolik darüber hinaus in den Bereich des Göttlichen, wenn er, auf Gen 2,22 f. anspielend, den M. als Schöpfer von Frau und M. deklariert (*Der Stern des Bundes* III). – Die Vorstellung vom M. als Schöpfer kehrt sich aber auch seit Mitte des 19. Jh. zum M. als Zerstörer um (Lautréamont, *Les chants de Maldoror*): In Jahnns *Fluß ohne Ufer* (I, 5) wird von einem seit zweihundert Jahren begrabenen M. erzählt, der den Vernichter-↗Engel Malach Hamoves verkörpert. M. symbolisiert in der Moderne also den Schöpfer wie seinen satan. Widersacher: den zerstörer. Anti-Schöpfer (s. a. 3). – Eng mit dem Zeugungs- und Schöpfungsgedanken verbunden, ist traditionell das Aktivitätsideal an den M. geknüpft und findet seine symbol. Verdichtung beispielhaft im Streben Fausts: »Hier ist es Zeit durch Taten zu beweisen,/ Daß Manneswürde nicht der Götterhöhe weicht« (Goethe, *Faust I* 712 f.; zur Gleichsetzung von M. mit Aktivität, Willenskraft und Autonomie s. a. Rousseau, *Émile* V).

2. *Symbol des Geistes und der Vollkommenheit.* Für die kulturell prägende Vorstellung, dass der Geist als (göttl.) Vernunft im M. seine Gestalt findet, ist neben Aristoteles Platons *Gastmahl* (190b) einschlägig: Dem M., der in Anknüpfung an die myth. Trad. als »Ausgeburt der Sonne« (↗Licht; ↗Sonne) bezeichnet wird, ist im Gegensatz zur Frau die Teilhabe an der Schau der Ideen möglich. Die Differenzierung der Geschlechter durch den Geist wird bei Clemens v. Alexandrien im ↗Bart des M. signifikant, das als Symbol einer überlegenen Natur ist (*Paedagogus* III, 3). Während die geistl. Dichtung der Frühen Neuzeit eher die Differenz von Gott als höchster Weisheit und dem M. als Verkörperung des kreatürl. Menschen betont (DWb XII, 1555), ebnet die Genieästhetik des Sturm und Drang die Hierarchie zwischen göttl. und männl. Geist ein, bes. wirkmächtig in Goethes *Prometheus*, wo es an Zeus gerichtet heißt: »Hat nicht mich zum

M. geschmiedet/ Die allmächtige Zeit/ Und das ewige Schicksal,/ Meine Herrn und deine?« Potenziert wird diese Androzentrik im 20. Jh. bei George: »Die weltzeit die wir kennen schuf der geist/ der immer m. ist« (*Der Stern des Bundes* III: *Die weltzeit die wir kennen*). – Für den M. als Symbol der Vollkommenheit ist in der Neuzeit zum einen die Herausbildung des *gentiluomo* maßgeblich, der für den universal gebildeten, rechtschaffenen, klugen, tapferen und besonnenen Menschen steht (Castiglione, *Libro del Cortegiano*), für lange Zeit das gesellschaftl. Leitbild des gebildeten M. Zum anderen ist es die durch Winckelmann (*Beschreibung des Torso im Belvedere zu Rom*) initiierte Idealisierung der schönen männl. Gestalt. In Goethes *Briefen aus der Schweiz* (I) erscheint die Gestalt Ferdinands seinem Reisebegleiter Werther als »vollkommenes Muster der menschlichen Natur«. Bei Kleist symbolisieren ein junger M. und eine männl. Statue den noch nicht durch Reflexion beeinträchtigten Zustand der Anmut (*Über das Marionettentheater*; ⚹Marionette). – Unter dem Eindruck der die Moderne prägenden Erfahrungen der Industrialisierung und des Ersten Weltkriegs gerät diese symbol. Besetzung radikal in Frage: Bei Broch wird der von der Front heimkehrende Heinrich Wendling im Anblick seiner Frau zum »höchst lasziven Bild des M.«, welches sich vom »Götterbild« zum Objekt des Anstoßes verwandelt (*Die Schlafwandler* III, 71); bei D.H. Lawrence werden die seelisch-körperlich durch ⚹Eisen und Kohle verunstalteten M. als »fleischgewordene Hässlichkeit« bezeichnet (*Lady Chatterley* XI).

3. Symbol des Heldentums, der Herrschaft und der Gewalt. Schon die ältesten überlieferten Epen wie das *Gilgamesch-Epos* (I) etablieren den M. als Symbol des Helden, der zugleich auch Herrscher (⚹Kaiser/König/Fürst) ist. Sie erzählen von krieger. Männern mit übermenschl. Kraft, die das bis in die Moderne wirksame ›Bild des Helden‹ (Blüher, *Die Rolle der Erotik in der männlichen Gesellschaft* II, 2) erfüllen: so auch schon in Homers *Ilias* (XI, 10ff.), bes. in der Heldenschau (III, 161–238), bei der der troian. Herrscher Priamos sich von Helena die Namen der starken und schönen griech. Helden nennen lässt. Der M. als Held gilt oft als unverwundbar, wie Cygnus, ein Gegner Achills im Kampf, dessen Körper einem Panzer gleicht, den kein Geschoss durchdringen kann (Ovid, *Metamorphosen* XII, 64–209; ähnlich Siegfried im *Nibelungenlied* III, 61ff.). – Die Nähe des starken M. zur Natur und zu Tieren verkörpert sich in der Figur des ›wilden M.‹, die schon in den frühen Heldenepen, etwa Enkidu im *Gilgamesch-Epos* oder der Kyklop in der *Odyssee* (IX, 181–194), nachweisbar ist und seit der Frühen Neuzeit auch in die Märchendichtung eingeht (Grimm, *Eisenhans*; EdM IX, 218ff.). Bei Schiller symbolisiert der M. sowohl »wilde Kraft« (*Würde der Frauen*) als auch die Behauptung der Gesetzeswürde (*Macht des Weibes*). – In der Moderne wird

die Symbolik männl. Souveränität und Herrschaft oft aufgegriffen, um sie in Frage zu stellen. So steht bei Musil die Formel vom »M. ohne Eigenschaften« für die Depotenzierung des seiner selbst mächtigen, handlungsfähigen Subjekts (Musil, *Der M. ohne Eigenschaften* I, 17 und 39); und die zu Beginn von Kafkas *Proceß* in K. Pension auftauchenden M. repräsentieren zwar die Gesetzesgewalt, jedoch in ihrer pervertierten Form, denn sie verhaften K. ohne jeden Grund. Eine weitere für die Infragestellung der trad. M.-Symbolik wichtige Entwicklung ist die Herausbildung einer Lit. von Frauen im 20. Jh., die aufgrund häufiger Verwendung des Kollektivsingulars ›den M.‹ vollends als Symbol von Herrschaft und Gewalt etabliert und als solches der Kritik aussetzt. So steht bei Fleißer der M. für den Gewalttäter: »Sie lernte die M. kennen, und einer war wie der andere und hatte für die Frauen ein System und keine Gnade« (*Die Ziege*). Den M. als Mörder, Vergewaltiger und ⚹Jäger symbolisieren z.B. Bachmann (*Der Fall Franza* I und II), Ch. Wolf (*Kassandra*, Schlussteil) und Jelinek (*Die Klavierspielerin* IV).

⚹Bart, Frau/Jungfrau, Haar, Hirt/Herde, Homunculus, Jagd/Jäger, Kaiser/König/Fürst, Maschinenmensch, Phallus, Samen, Sonne, Stein/Gestein, Vater/Hausvater, Zigarette/Zigarre.

Lit.: EdM IX, 144–230. – L. Foxhall/J. Salmon (Hg.), Thinking Men, London/New York 1998. – T. Tholen, Verlust der Nähe, Heidelberg 2005.   TTh

Mantel

Symbol der Herrschaft und Macht, der Barmherzigkeit und Liebe, aber auch der Täuschung, des sozialen Aufstiegs und des Todes sowie des dichter. Prozesses. – Relevant für die Symbolbildung sind (a) die witterungsabweisende Umhüllung (nach lat. *mantellum*, »Hülle«, »Decke«) des gesamten Körpers in meist teuren Stoffmassen, (b) unterschiedl. ⚹Farben und edle Schnitte des M. als schützendes Übergewand, das (c) als Abgrenzung wie als Verbindung zur Außenwelt dient.

1. Symbol der Herrschaft und Macht, des Schutzes, der Barmherzigkeit und Liebe. Der M. ist in erster Linie ein Macht- und Herrschaftszeichen (1 Kön 11,29–31), woraus sich seine Bedeutung als Schutzmantel erklärt. Als Weltenmantel, kosm. Königsmantel (⚹Kaiser/König/Fürst) oder ⚹Sternenmantel drückt der M. oft schrankenlose Macht über die Welt aus (Eisler). Im MA entwickelt sich die Vorstellung vom ⚹blauen Schutzmantel Mariens, den sie über Gruppen von Menschen, die zu ihren ⚹Füßen knien, schützend ausbreitet (Caesarius v. Heisterbach, *Dialogus miraculorum* VII, 59). In den M. wird also derjenige genommen, den man schützen, wärmen und in liebender Obhut haben will; im rechtssymbol. Sinne auch das zu adoptierende ⚹Kind (WS, 459). Der M. ist zudem Attribut des hl.

Martin, der diesen, der Legende nach, als Soldat mit einem frierenden Bettler geteilt haben soll (HdA V, 1578–1591). Eichendorff verdichtet ein solch göttlich-universales Verständnis des M. zum Symbol des ›Poetenmantels‹ (s. a. 3.), das bei Hebbel und Hofmannsthal sowie in anderem Kontext bei Gogol (s. 2.) um den Aspekt des Wärmens in der Weltkälte erweitert wird.

2. *Symbol der hochstaplerischen Täuschung, des sozialen Aufstiegs und des Todes.* Was als christl. Schutzmantel positiv gemeint ist, erscheint gegenbildlich als teuflisch. So erscheinen im ↗schwarzen M. Tod und Teufel, die ihre Opfer in den M. schlingen. Der M. dient auch als Zaubergerät, das im Volksbuch und in Goethes *Faust*-Tragödie die Weltreisenden Mephisto und Faust nach ihrem Pakt durch die Luft befördert (*Faust I* 2063–2066). M.fahrer sind Schwarzkünstler; der breite M. dient als Trügemantel auch dem Gaukler für seine Künste, im Märchen als unsichtbar machender Tarn- und Zaubermantel (EdM IX, 232–236). Der Name ›M.fahrerin‹ wird überdies für Hexen gebraucht (J. Grimm, *Deutsche Mythologie* II, 34: »Hexen«). – Im vorchristl. Symbolgebrauch trägt Wodan einen dem Wechsel vom Tag zur ↗Nacht entsprechend blauen bzw. dunklen M.; Nachbilder Wodans begegnen vielfach in den Sagengestalten ›wilder Männer‹, die einen Wettermantel tragen (Der wilde Mann in Tirol, Schimmelreiter, Rübezahl; HdA V, 1585 f.; ↗Mann). Wegen seines weiten M. trägt Wodan auch den Beinamen »Hakelberend«, »M.träger« (HdA V, 1581; 1591–1595). – Die negativen dämon. M.-Konnotationen gehen im 19. Jh. in das Machtsymbol der hochstapler. Täuschung beim sozialen Aufstieg ein (↗Kleidung). So avanciert der arme Schneider Wenzel Strapinski in Kellers Novelle *Kleider machen Leute* durch das bloße Anlegen eines prestigeträchtigen, dunkelgrauen (↗Grau) Radmantels (neben einer Pelzmütze; ↗Hut) kurzzeitig und unfreiwillig zum Grafen. Schon in Gogols Erzählung *Der M.* bildet der endlich erstandene M. für den kleinen Kanzleischreiber Baschmatschkin das Aufstiegssymbol kurzfristiger Anerkennung und Gleichberechtigung, dessen Verlust den selbst provozierten Tod sowie ein dämon. Geisterleben des Protagonisten als M.dieb zur Folge hat. Erst in der wärmenden Hülle des M. eines seiner größten Peiniger kommt seine Seele schließlich zur Ruhe. Der M. als Symbol der Täuschung und des Todes findet sich aber auch in der Lit. des 20. Jhs., die damit zugleich Möglichkeiten und Komplikationen des modernen Erzählens reflektiert. So in Bernhards Erzählung *Der Wetterfleck* (österr. für Lodencape), wo der M. zum gegenständl. Korrelat der Mutmaßungen unterschiedl. Erzählinstanzen um Herkunft und Verbleib dieses Kleidungsstücks eines Selbstmörders wird. Zurückgreifen kann Bernhard dabei auf die mantel-symbol. Texte zweier seiner Landsleute: auf die narrativen Verwirrungen

um Kauf und mehrmaligen Verlust eines M. in Tumlers Nouveau Roman-Text *Der M.* sowie auf Stifters leitmotiv. Dingsymbol eines ↗weißen M., welches im Verlauf seiner histor. Erzählung *Bergmilch* (ursprüngl.: *Wirkungen eines weißen M.*) seine Bedeutung als Symbol der Bedrohung zur Zeit der Napoleon. Kriege verliert.

3. *Symbol des dichterischen Prozesses.* Auch die Romantik kennt zwei gegenläufige M.symbole: einerseits das positive Symbol des zugleich liebevoll bergenden wie die Phantasie des Dichters beflügelnden Sternen- und Poetenmantels, wie ihn bes. Eichendorff, wohl im Rückgriff auf den M. des Propheten Elias (2 Kön 2), vielfach in seinem Werk verwendet (s. a. 1.; Mühlher, 180–203); andererseits das (zusammen mit Schlafmütze und Pantoffeln; ↗Schuh) negative Pendant des Morgenmantels bzw. Schlafrocks als Symbol des in jeder Hinsicht verschlafenen Philistertums (C. Brentano, *Der Philister vor, in und nach der Geschichte*; ↗Schlaf). – Die Neuromantik knüpft erneut an das Symbol des Poetenmantels als treffendes Bild für das Poetisieren der Welt an. So beschreibt Hofmannsthal im *Prolog für ein Puppentheater* seine Aufgabe als Dichter, dem das Magische in Sprache und Welt verloren gegangen ist, im Symbol des Weltenmantels: »aber eines letzten Zaubers noch bedarfs: soll ich meine Kleider von mir werfen, und darf ich dafür die ganze Welt als meinen M. um mich schlagen?« Nacktheit und Kleidung meinen in diesem Zusammenhang Sprachverleugnung und Sprachgewinn ebenso wie Weltabkehr und Weltzuwendung. – Vom symbol. Abwurf der alten (Sprach-)Kleidung und der Einhüllung in einen neuen M. der Dichtung sind auch Hofmannsthals spätere literar. Äußerungen bis zum Trauerspiel *Der Turm* geprägt. Was hier zugleich im Machtsymbol der Einkleidung in den Königsmantel erscheint (s. a. 1.), ist bei Hofmannsthal mit der Dialektik von Sprachverweigerung und Spracherzeugung verbunden. Erst so kann wahre Gestaltung beginnen, laut Hofmannsthals M.symbolik aus seinem Vortrag *Der Dichter und diese Zeit*: »Dichten heißt die Welt wie einen M. um sich schlagen und sich wärmen.« Den Aspekt der Wärme entnimmt Hofmannsthal einer gleichfalls dichtungssymbol. Tagebuchaufzeichnung Hebbels (4.1.1847): »Das Universum, wie einen M., um sich herumziehen und sich so darin einwickeln, daß das Fernste und das Nächste uns gleichmäßig erwärmt: das heißt Dichten, Formen überhaupt.«

↗Kleidung

Lit.: R. Eisler, Weltenmantel und Himmelszelt, München 1910. – R. Mühlher, Der Poetenmantel, in: Eichendorff heute, hg. v. P. Stöcklein, Darmstadt ²1966, 180–203. – A. Pinto, Das M.motiv in Kellers *Kleider machen Leute* und Gogols *Der M.*, Bern/Frankfurt a.M. 1978. – P. Requadt, Sprachverleugnung und M.symbolik im Werke Hofmannsthals, in: DVjs 29 (1955), 255–283.   JB

Marionette

Symbol der Abhängigkeit, der Fremdbestimmung und der Gefühlskälte, der Künstlichkeit sowie reiner Zeichenhaftigkeit. – Relevant für die Symbolbildung sind (a) die Gelenktheit der M. an ↗Fäden bzw. Drähten, (b) ihre Beschaffenheit aus anorgan. Material und (c) ihre mechan. Bewegungen.

1. Symbol metaphysischer und psychischer Abhängigkeit. Platons Gedankenspiel in den *Gesetzen* (644d–645c), jedes menschl. Wesen »als eine wundervoll künstliche M. der Götter anzusehen«, die an den Fäden ihrer Leidenschaften hänge, wird in der Literaturgeschichte auf zwei verschiedenen Bedeutungsebenen fortgeführt. Einerseits wird im Spiel der hölzernen Akteure auf der Puppenbühne, einer verkleinerten Variante der Allegorie vom ↗Theater der Welt (*theatrum mundi*), das Leben der Menschen symbolisiert. Sie sind, wie es Liselotte v.d. Pfalz in einem Brief an die Kurfürstin von Hannover ausdrückt, »unsres Herrgotts M.«, die ihre Rollen spielen müssen, bis sie der Tod in Gestalt Pulcinellas »vom theatre weg stöst« (18.9.1691). – Die Götter oder Gott als Lenker der Menschen werden im 18. Jh. durch das Schicksal ersetzt, dem diese letztlich hilflos ausgeliefert sind; zwar »sprechen [sie] von ihrem freien Willen«, im Grunde aber, meint der zyn. Titelheld von Tiecks Briefroman *William Lovell* (IV, 47), »tummeln [sie] sich wie klappernde M. durcheinander, und werden an plumpen Drähten regiert«. Das in der Romantik beliebte pessimist. Bild der an unsichtbaren Fäden geführten M. wirkt noch in Bernhards autobiograf. Erzählungen fort, der wiederholt das Gefühl eines allg. »Marionettismus« beschreibt (z. B. *Der Keller*, 1976), das durch den beherrschenden Einfluss anonymer Mächte auf den Einzelnen ausgelöst wird. – Diesen sind auch die unkontrollierbaren Begierden zuzurechnen, die andererseits in den Fäden der hilflos an ihnen zappelnden M. veranschaulicht werden. So wirft der Sklave Davus in einer Satire des Horaz seinem Herrn vor, dass dieser weit mehr als er ein Knecht sei, da er »wie eine M. von fremden Drähten gezogen« werde (*Satiren* II, 7, 81 f.), nämlich von seinen eigenen Trieben. Wer sich die Schwächen seiner Mitmenschen zunutze zu machen weiß, nimmt gerne die Position des M.spielers ein, wie William Lovell, der die ganze »Welt an den Ketten [...], die mein Geist regiert« (III, 23; ↗Kette), hängen glaubt, oder wie Georg, eine Figur aus Schnitzlers Einakter *Der Puppenspieler*, der, selbst gescheitert, die glückl. Ehe seines alten Freundes kompensatorisch zum Resultat seiner Manipulation erklärt: »Ihr wart die Puppen in meiner Hand. Ich lenkte die Drähte.«

2. Symbol der Gefühlskälte, der politischen Gängelung und Fremdbestimmung. Der Eindruck, durch restriktive polit. Gebote gegängelt zu werden, der gleichfalls durch die die M. leitenden Fäden vermittelt wird, verbindet sich in Goethes *Die Leiden des jungen Werthers* in Werthers Episode in der Residenz mit dem Erschrecken vor der Gefühlskälte, die die aristokrat. Umgangsformen durchzieht; insofern sie durch den Holzkörper der M. symbolisiert wird, kann Werther über seinen tristen Aufenthalt am Hof Lotte mitteilen, er werde »gespielt wie eine M. und fasse manchmal meinen Nachbar an der hölzernen Hand und schaudere zurück« (II: »Am 20. Januar«). Für Adelskritik nutzt auch Schiller in seinem Trauerspiel *Kabale und Liebe* die M., wobei sich der dem Willen des Herrschers unterwerfende Höfling kaum weniger unfrei erscheint als die sich den Etiketten fügende »fürstliche Drahtpuppe« (IV, 9). Ein halbes Jahrhundert später radikalisiert Büchner im *Hessischen Landboten* (1834) diese Symbolvariante der M., wenn er auf die Undurchschaubarkeit der Abhängigkeitsverhältnisse im Spätabsolutismus verweist, wo selbst ein ehrl. Mann, falls er ein Ministeramt bekleide, zur M. werde, »an der die fürstliche Puppe zieht, und an dem fürstlichen Popanz zieht wieder ein Kammerdiener oder ein Kutscher«. – Eine andere Art von Fremdbestimmung symbolisiert die M. in Bernhards Erzählung *Der Atem* (1978): Die mit Infusionsschläuchen versehenen todkranken Patienten in ihren Krankenbetten kommen ihm wie »an Schnüren hängende, in diesen Betten liegengelassene M.« vor, ohnmächtig dem Hospitalbetrieb ausgeliefert, den er als ein »willkürlich von den Ärzten und Schwestern bewegtes« M.theater begreift. Während auch hier vornehmlich die Lenkung durch Fäden die symbol. Verwendung der M. evoziert, wirken bei der Person des Richters, die Klingemann (Bonaventura) 1804 in seinen *Nachtwachen* (III) schildert, die das M.-Symbol konstituierenden Bedeutungseinheiten zusammen, Gelenktheit, anorgan. Stofflichkeit und mechan. Bewegtheit: Leidenschaftslos und apathisch sitzt »der kalte Gerechte« des Nachts an seinem Arbeitstisch, neben sich die Gesetzestexte, »gleichsam die personifizierte Seele der M.«, und schreibt, »leblos aufgerichtet« über seinen Aktenbergen; plötzlich »wurde der unsichtbare Draht gezogen, da klapperten die Finger, ergriffen die Feder und unterzeichneten« ganz mechanisch ↗drei Todesurteile.

3. Symbol der Künstlichkeit und künstlerischen Unnatur sowie Modell für Anmut und reine Zeichenhaftigkeit. Aufgrund ihrer mechan. Bewegungen und starren Physiognomie bietet sich die M. geradezu zur Kritik an ästhet. Ausdrucksformen an, die gekünstelt, unnatürlich und manieriert anmuten. So wendet sich Büchners Lenz in der gleichnamigen Erzählung gegen »idealistische Gestalten« in der Kunst, die, da sie die Wirklichkeit verklärten, keine »Menschen aus Fleisch und Blut« verkörperten, sondern so steif und leblos wie »Holzpuppen« und »nichts als M.« seien. Schon der histor. Dichter J.M.R. Lenz lehnt in seinen *Anmerkungen übers Theater* (1774) die Trauerspiele des frz. Klassizismus und deren Charaktere ab, die er, allerdings wiederum wegen ihrer Unselbständigkeit, mit »M.puppen« vergleicht; wie diese von den Fäden des Puppenspielers seien sie von der Handlung oder den psych. Eigenarten ihrer Autoren abhängig und deshalb unfähig, das Geschehen selbst zu bestimmen. Den Angriff auf die unechten Dramenfiguren weitet Bernhard erheblich aus, wenn er das alles sezierenden Doktor in *Der Ignorant und der Wahnsinnige* (1972) den gesamten Kulturbetrieb als »ein Puppentheater« bezeichnen lässt: »Hier bewegt sich alles/ unnatürlich«, das aber sei »das Natürlichste/ von der Welt« angesichts der marionettenhaften Verfassung der sie bevölkernden Menschen. – Die Künstlichkeit der M., d.h. ihr gesamter Mechanismus, der sie von lebendigen Schauspielern unterscheidet, ist aber auch für ihre Karriere als positiv bewertetes Anschauungsmodell verantwortlich, die Kleist mit seinem Aufsatz *Über das M.theater* begründet. Mit der darin vertretenen Ansicht, dass die M. in ihrem »Schwerpunkt« geführt werde, weshalb sich ihre Glieder auf natürl. Weise nach »dem bloßen Gesetz der Schwere« bewegten, und außerdem durch den Zug der Fäden die Trägheit ihrer Masse überwinde, macht sie nicht nur zum Vorbild für den quasi schwerelosen, jeder »Ziererei« abholden Tänzer (↗Tanz), sondern darüber hinaus zum Symbol des Menschen im ursprüngl. Zustand der Anmut bzw. Grazie, der durch die Einheit der körperl.-geistigen Kräfte gekennzeichnet und durch das reflektierende Bewusstsein im Laufe der Geschichte verloren gegangen sei. – Die Romantiker und Symbolisten haben sich demgegenüber auf die M. als Modell für den idealen Schauspieler beschränkt. Hofmannsthal bekennt im Prolog zu seinem Schauspiel *Die Frau im Fenster*, dass er es »beinahe lieber« sähe, wenn statt Menschen »große Puppen, […] gelenkt an Drähten«, sein Stück spielten, denn aufgrund ihrer »grenzenlosen Anmut« seien sie imstande, extreme Gefühlslagen auszudrücken, ohne die Schönheit ihres »leichten« Spiels aufzugeben. Es ist diese Leichtigkeit, mit der die M. »auch außermenschliche Wesen« verkörpern könnten, die Frisch v.a. fasziniert, wie er in seinem 1947 verfassten Essay *Über Marionetten* (*Tagebuch 1946–1949*) kundtut: »Die hölzernen Zwerge« repräsentieren auf höchst lebendige Weise ebenso wirkl. Menschen wie irreale Gestalten, Personen des Alltags wie Märchenfiguren und Fabelwesen. Für das Spiel der M., deren Kunstcharakter immer offensichtlich ist, ist die Wirklichkeit der Darstellung kein Kriterium, denn »sie ist nur Zeichen dafür, eine Formel, eine Schrift, die bedeutet, ohne dass sie das Bedeutete sein will«. So fungiert die M. zuletzt noch als Symbol des Symbolischen, der Zeichenhaftigkeit schlechthin.

↗Maschinenmensch, Maske, Narr, Spiel, Theater/Bühne.

Lit.: R. Drux, M. Mensch, München 1986. – R. Majut, Lebensbühne und M., Berlin 1931. – H. Möbius/J.J. Berns (Hg.), Die Mechanik in den Künsten, Marburg 1990.   RD

Marmor

Symbol der Ewigkeit, Reinheit und Kostbarkeit, aber auch der Kaltherzigkeit und des Todes. – Relevant für die Symbolbildung sind (a) die (zumeist ↗weiße) Farbe des Materials, (b) seine Langlebigkeit und Härte bei gleichzeitiger Sprödigkeit, die eine künstler. oder handwerkl. Formgebung erschwert.

1. Symbol der Ewigkeit, Reinheit und Kostbarkeit. Die Antike kennt M. als kostbares, gleichwohl weit verbreitetes Baumaterial. Zum Symbol der Dauerhaftigkeit wird M. zunächst durch seine Härte und die Schwierigkeit seiner Bearbeitung: Ein Kunst- oder Bauwerk aus M. ist Ergebnis langer Arbeit und großen ökonom. Aufwandes, es überdauert die Epochen und konfrontiert den Menschen mit der Ewigkeit bzw. der Geringfügigkeit seines eigenen Handlungsspielraums, wobei sich künstler. Güte und zeitl. Dauer überblenden oder gegen einander ausgespielt werden: »Keine Schrift, die das Volk meißelt in M.stein,/ die noch über das Grab trefflichen Feldherren/ Geist und Leben verleiht, […] kündigt hellen Ruhm/ als der Muse Gesang, der aus Kalabrien tönt« (Horaz, *Oden* IV, 8; vgl. *Epistulae* I, 6). So gilt M. als göttl. Material, auch im metonym. Rekurs auf die daraus gefertigten Götter- und Heldenbildnisse: Dinge aus M. bleiben und gebieten Ehrfurcht (Theokrit, *Idyllen* X; kritisch dagegen Martial, *Epigramme* VIII, 24). – Seltener ist M., mit Blick auf seine oft ↗weiße, leicht transluzente Qualität, Sinnbild der ↗Reinheit und Keuschheit, so im apokryphen Buch Tobit, wo der »weiße und reine M.« (Tob 13,21) das himml. Jerusalem pflastert (wieder dann z.B. bei Spielhagen, *Problematische Naturen* I, 33). – Mit der Wiederentdeckung der Antike in der Renaissance beginnen sich die Bedeutungen zu differenzieren. V.a. im Barock erscheint M. als Symbol von Macht und Reichtum (oft als Hendiadyoin »Erz und M.«, so bei Herwegh, *An die deutschen Dichter*; ↗Eisen/Erz). Als Konkretion des *vanitas*-Gedankens ist der M. dabei zugleich ein Symbol für überflüssigen Luxus: »Wohnt ihr in stolzen Zimmern/ Schmückt sie mit M. aus« (Abschatz, *Über die Worte Syrachs*). Durch seine spezif. Langlebigkeit wird der M. darüber hinaus zum Sinnbild der anmaßenden Anbiederung an die Unsterblichkeit (Gryphius, *Es ist alles eitell*). – Mit der v.a. von Winckelmann propagierten Vorbildlichkeit der Antike wird der M. im dt. Klassizismus zum idealisierten, hyperbolisch besungenen Ausnahmewerkstoff: Symbol und Synonym für Schönheit und Klarheit, wobei sich der Irrtum, die Antike habe den M. ohne Bemalung »strahlend weiß« verwendet, trotz seiner

Entlarvung im sog. Polychromiestreit fest im kulturellen Bildgedächtnis verankert hat (Winckelmann, *Gedanken über die Nachahmung der griechischen Werke in der Malerei und Bildhauerkunst*; so z. B. Goethe, *Römische Elegien* IV). Die mögl. Buntheit des Materials kommt in der Lit. zumeist nur in deskriptivem Zusammenhang vor. – Die hohe Wertschätzung des M. ist untrennbar mit der Verehrung der daraus gefertigten Skulpturen verbunden, so dass er in der Kunstmetaphysik der Weimarer Klassik eine zentrale Funktion als Symbol der reinen Form einnehmen kann (Schiller, *Kallias oder über die Schönheit*; s. a. 2.). In diesem Sinne spricht auch F. Schlegel vom »gediegensten und vornehmsten Stoff« (*Georg Forster*), der als solcher Sinnbild des Originalen und Einmaligen ist und weniger prestigeträchtigen, dafür leicht bearbeitbaren und billigeren Stoffen wertend gegenübergestellt wird: »So muß sich seine Übersetzung zu dem Original immer verhalten, wie der Gipsabdruck zu dem M.« (C. Brentano, *Godwi* II, 8). In Heines Wort vom »unwiderlegbaren M.« (*Reisebilder*: »Von München nach Genua« XXVIII) werden diese positiven Konnotationen subsumiert: Was in M. gefasst ist, gilt als hochwertig, gültig und sakrosankt.

2. Symbol der Kaltherzigkeit und des Todes. Die Langlebigkeit und Indifferenz des Materials, die den M. zu einem Symbol des Noblen und Übermenschlichen machen, sind zugleich Ursache seiner negativen Bedeutungsvarianten. Die Kälte des M., durch seine hohe Dichte und feinen Poren intensiver zu spüren als bei anderen ↗Steinen, und seine Sprödigkeit lassen ihn zum Sinnbild des Kaltherzigen, Ungerührten werden. Das »Herz aus M.« erscheint als Steigerung des »Herz aus Stein« (Shakespeare, *Richard VI*, Teil 3, III). In zahlreichen Kontexten verbildlicht er innere Unbeweglichkeit, Starre und Gefühllosigkeit, auch Ernst und Verschlossenheit: »Der M. fühlte nichts« (C.F. Meyer, *Die kleine Blanche*). In Analogie zur ästhet. Aufwertung der Kategorie des Erhabenen tritt mit der romant. Klassizismuskritik auch die Vergöttlichung des M. hinter ehrfurchtsvollen Schrecken zurück. Ein wiederkehrender Topos ist die Dialektik des aus M. geschaffenen mimet. Menschenbildnisses, das in ↗Haut und Gewandung lebensnah wirkt, dabei aber doch »seelenlos« ist (Wezel, *Kakerlak*; A. v. Arnim, *Der Wintergarten*). Der Versuch, dem kalten M. Leben einzuhauchen, ist in der Äußerlichkeit des ästhet. Scheins erfolgreich und muss zugleich emotional fehlschlagen, woraus sich die sentimentale Sehnsucht nach einer Belebung des toten Steines und nach Überwindung von Zeit und Sterblichkeit speist: »Der M. scheint ein Mensch, aber er bleibt, in der Wirklichkeit, M.« (Schiller, *Kallias oder über die Schönheit*). – In ↗Traum und Trance kann der Wunsch nach einer Belebung des toten Steins scheinhaft erfüllt werden (Eichendorff,

Das M.bild; Stifter, *Der Nachsommer* II, 2), bleibt aber zumeist ein melanchol. Desiderat (Schiller, *An Laura*). Eine bemerkenswerte Kuriosität sind Adaptionen des Pygmalion-Mythos, die übersehen, dass der griech. Bildhauer in der Darstellung Ovids nicht eine M.-, sondern eine Elfenbeinstatue zum Leben erweckt (Schiller, *Der Triumph der Liebe*). – Im Zusammenhang mit Tod, Begräbnis und Friedhof hat der M. hingegen eine eindeutig letale, fürchterl. Bedeutung, wobei sich diese Verwendung häufig mit den marmornen ↗Grabsteinen selbst überlagert (Schiller, *Die Räuber* III, 2; Boie, *Grabschrift*). Seltener lassen die mineral. Leblosigkeit, Brüchigkeit und sprichwörtl. Blässe des M. ihn zum Sinnbild von Krankheit und fehlender Vitalität werden (Th. Mann, *Tristan*; Wedekind, *Die Symbolistin*).

3. Ambivalente Bedeutungen. Zentral für die Funktionsweise der M.-Symbolik ist die Ambivalenz des Wertvollen und Überzeitlichen, das zugleich aber kalt, unbeweglich und tot ist. Eben diese Spannung drückt sich aus, wenn Goethe seiner jungen Freundin B. v. Arnim die an ihn gerichteten Worte in den Mund legt: »Deinem Bilde/ Von M. hier möcht ich dich wohl vergleichen;/ Wie dieses gibst du mir kein Lebenszeichen« (Goethe, *Das Mädchen spricht*). Diese mögl. Mehrdeutigkeit des Symbols hat v. a. die Autoren der Romantik und des Fin de Siècle beschäftigt (Rilke, *Auguste Rodin*), auch als Chiffre der erotisch zwiespältigen Faszination der kalten Schönheit. Ab dem Ende des 19. Jh. ergreift die Ambivalenz auch den Aspekt der Unvergänglichkeit: der M. erscheint nun als Symbol des zwar Ehrgebietenden, aber Abgelebten und Überkommenen: »Der Ahnen M. ist ergraut« (Trakl, *Musik im Mirabell*; ↗Grau; s. a. Rilke, *Der M.-Karren*). Als hintergründiges Echo auf diese existentialist. Bedeutungsdimension kann auch die Verwendung des M. in E. Jüngers Erzählung *Auf den M.klippen* verstanden werden.

↗Diamant, Eisen/Erz, Granit, Reinheit, Stein.

Lit.: J. Dubarry de Lassalle, M., Stuttgart/München 2002. – L. Mannoni, M., München 1980.   JK

Marseille

Symbol der Weltgemeinschaft, des Übergangs und des Aufbruchs. – Relevant für die Symbolbildung ist die verkehrstechnisch günstige Lage am Mittelmeer in unmittelbarer Nähe zum Rhônedelta und zum drittgrößten ↗Hafen Europas (Nouveau Port).

M. ist die älteste und flächenmäßig größte Stadt Frankreichs, »an deren Gründung alle Nationen der Welt beteiligt sind« und ein »Zusammenklang aller Sprachen der Welt« vorhanden ist (J. Roth, *Im Lande des Ewigen Sommers*: »M. Das große Tor zum Orient«). Das Miteinander der Kulturen über Jahrhunderte lässt M. als einen »Weltversammlungsort« figurieren (Kracauer, *Die Frau vor dem Café*),

in dem die Trennung zwischen Zuzüglern und Einheimischen aufgehoben scheint. Der riesige Zustrom von Migranten besonders im 20. Jh. lässt M. zur »Heimstatt der Migranten« werden (Londres, *Porte du Sud*) und sorgt für ein wachsendes Prekariat (»Bazillenkultur«, Benjamin, *Denkbilder*: »M.«) im Zentrum und in der Peripherie der Hafenstadt. – Als Ort der Ankunft und der Abfahrt, des Abwartens (↗Warten) und Verweilens »an den Toren Frankreichs« (Lamartine, *Voyage en Orient*), etabliert sich M. schon seit Anfang des 19. Jh. als Gegengewicht zur Metropole ↗Paris, das bes. die berühmte Hauptstraße M.s, die Canebière, zum Ausdruck bringt (Dumas, *Le Comte de Monte-Christo* I: »Wenn Paris die Canebière hätte, wäre es ein kleines M.«). Die Gegenwärtigkeit der Welt findet sich im vor Ort gesprochenen Französisch wieder, in das sich Versatzstücke aus Dialekten, Idiolekten und Fremdsprachen mischen (Izzo, *Total Khéops* II).– Während der dt. Besetzung Frankreichs im Zweiten Weltkrieg, bes. ab der Auflösung der *zone libre* im Sommer 1942, wird M. zum »Sammelbecken« (F. Wander, *Hotel Baalbek* I, 1991) und zur letzten Hoffnung von Flüchtlingen aus vielen Staaten Europas, um dank der vor Ort vorhandenen »Weltfreundschaft« (H. Mann, *Ein Zeitalter wird besichtigt* XV) Hilfestellungen zu erhalten. Als Ort des ›Transits‹ (Seghers, *Transit*, 1944) wird M. aber auch zum Austragungsort persönl. existentieller Lebenskrisen, denen in vielen Fällen der ›Menschenfischer‹ Varian Fry durch die Beschaffung wichtiger Ausreisedokumente ein Ende setzen kann. – Dem Herkunftsort von freiwilligen Soldaten verdankt *La Marseillaise* ihren Namen: 1792 wird sie auf dem Weg nach Paris zur Unterstützung der Revolutionstruppen für den Krieg gegen Österreich gesungen, bereits am 28.9.1792 von Kriegsminister Servan als »Hymne der Einwohner von M.« deklariert und am 14.7.1795 zur Nationalhymne Frankreichs bestimmt. Ihre Wirkkraft lässt sich daran ablesen, dass sie die Zurückdrängung im Ersten Kaiserreich, ihr Verbot während der Restauration und die Zeit der offiziellen Gegenhymne *La Parisienne* von 1830–1848 übersteht. In den 1840er Jahren wird sie so auch in der dt. Literatur als Zeichen der Revolution (Freiligrath, *Reveille*) sowie der Freiheit eingesetzt (Börne, *Briefe aus Paris* XXV) und ist ein Inbegriff für den (erhofften) Anbruch einer neuen Zeit wie auch einer politisch engagierten Lit. (Heine, *Reisebilder* IV: Spätere Nachschrift).
↗Hafen, Paris.

Lit.: N. Hewitt, Departures and Homecomings, in: French Cultural Studies 17 (2006), 257–268. – H.-A. Walter, Dt. Exillit., Bd. 3, Stuttgart/Weimar 1988, 273–357. – M. Vovelle, Die Marseillaise, in: Erinnerungsorte Frankreichs, hg. v. P. Nora, München 2005, 63–112. ThE

Maschinenmensch

Symbol für bedingungslose Leistungsbereitschaft und Willfährigkeit, zwanghaftes Verhalten und soziale Reguliertheit, wesenhafte Maschinalität des Menschen und frevelhafte Grenzüberschreitung. – Relevant für die Symbolbildung des M., zu dem auch anthropomorphe Automaten (Androiden), Roboter und Cyborgs zu zählen sind, sind (a) die Menschenähnlichkeit der Maschine und (b) ihre Programmiertheit.

1. Symbol uneingeschränkter Leistungsfähigkeit und unbedingter Willfährigkeit. M. finden sich schon im antiken Mythos. Wie Homer in der *Ilias* (XVIII, 417 f.) erzählt, fertigte sich der hinkende Schmiedegott Hephaistos ↗Jungfrauen aus ↗Gold an, auf die er sich stützen konnte. Wie der sagenhafte ↗eiserne Riese Talos, dem die wegen der Größe der ↗Insel komplizierte Bewachung Kretas obliegt (Apollonios Rhodios, *Argonautika* IV, 1638 f.), oder die in ↗Sparta im fiskal. Vollzug eingesetzte Kunstfrau, die allzu säumige Steuerzahler an ihre mit Nägeln bespickte ↗Brust drückt, nehmen sie Aufgaben wahr, die als unangenehm gelten oder nur mit äußerster Kraftanstrengung zu bewältigen sind. Immerhin regt die in der myth. M. versinnbildlichte Fähigkeit, schwierige Arbeiten reibungslos und auftragsgemäß zu erledigen, Aristoteles in der *Politik* (I 4b 32–40) zu Gedanken über die Ersetzung von Sklaven durch selbstbewegl. Werkzeuge an und ist noch für ihre Konstruktion in der Neuzeit ausschlaggebend. – Eingebürgert hat sich zur Bezeichnung aller Arten von maschinellen Handlangern der Begriff ›Roboter‹ (nach dem tschech. *robota*, »Fronarbeit«), unter dem Čapek in seinem Drama *RUR* (1921) anthropomorphe Arbeitsmaschinen präsentiert. Sie sind weitaus leistungsstärker und dank der ↗Elektrizität auch technologisch weiterentwickelt als ein mit Dampfkraft betriebener M. wie der »Dampfbediente« in Immermanns komischem Epos *Tulifäntchen* (1830), der seinem Erfinder vornehmlich als Gepäckträger dient, oder dessen fügsame »Dampfgemahlin«. – Die M. des ausgehenden 20. Jh. sind v. a. Erzeugnisse der Nachrichtentechnik und Resultate elektron. Datenverarbeitung; das Zusammenspiel von Maschinenteilen und organ. Einheiten bzw. die Steuerung biolog. Körper durch Mikrochips trägt ihnen den Namen ›Cyborgs‹ (aus engl. *cybernetic organism*) ein. Als ihr Prototyp kann der *Terminator* in Camerons gleichnamigem Spielfilm (USA 1984) gelten, der noch im Zustand der Zerstörung seinen gnadenlosen Kampfauftrag als Killermaschine erfüllt (s. a. 4.).

2. Symbol sozialer Zwänge und politischer Restriktionen. In geradezu vollendeter Form spielt die Automatenfrau Olimpia in E.T.A. Hoffmanns Erzählung *Der Sandmann* ihre soziale Rolle. Indem sie ganz taktvoll tanzt und singt (↗Tanz; ↗Stimme/Gesang) und ohne Widerrede den poet. Ergüssen ihres Verehrers lauscht, exponiert sie die Verhaltensweisen, die das Bildungsbürgertum im frühen 19. Jh. seinen heiratsfähigen Töchtern abverlangt. In Büchners Komödie *Leonce und Lena* (III, 2) sind es hingegen die Vertreter der Hocharistokratie, die als Automaten auftreten. Diese vermögen dank ihrer Künstlichkeit und Reguliertheit den Etiketten und Zeremonien des absolutist. Hofadels so gut zu entsprechen, dass sie die vermissten Königskinder unschwer ersetzen können, späte Nachfahren der alten Adelsmacht, die wie die Androiden ihre Blütezeit im vorrevolutionären 18. Jh. erlebte. Wenn in der Schlusseinstellung von Fellinis *Casanova*-Film (1976) der greise Titelheld auf dem zugefrorenen Canal Grande mit einer mechan. Rokoko-Puppe in langsamen Drehungen tanzt, dann symbolisiert sich in seiner emotionalen Erstarrung und Vereinsamung der Geist eines Zeitalters, der dem Venezianer Casanova zu seiner amourösen Karriere verhalf (*Histoire de ma vie*); Jean Paul spricht in der *Palingenesien* 1798 spöttisch vom »Lebens-Jahrhundert« des M. Auf dessen simplen Mechanismus greifen, trotz aller medientechn. Verbesserung, auch im 20 Jh. Autoren noch gerne zurück. Denn er kommt, wie z. B. Kasacks *Mechanischer Doppelgänger*, der sich dem fiktiven Erzähler als Selbstreplikat anbietet, oder Kunerts Geschichte *Im Uhrzeigersinn*, in der sich ein Mann wie ein Uhrwerk (↗Uhr) aufgezogen fühlt, zeigen, wegen seiner unverkennbaren Realitätsferne der Suche nach einem übertragenen, abstrakten Sinnbezug wie dem Verlust der Individualität in einer formierten Gesellschaft oder der staatlicherseits verordneten permanenten Leistungsbereitschaft entgegen.

3. Symbol für das maschinelle Wesen oder Wesenszüge des Menschen. Menschl. Gestalt besitzt der M. seit seinen myth.-techn. Anfängen, soll er doch in einer Welt operieren, die sich der Mensch nach seinen Bedürfnissen eingerichtet hat. Schon die mit Luft- und Wasserdruck bewegten Automaten aus der Mechanikerschule zu Alexandria im 3. Jh. v. Chr. werden wegen ihrer Menschenähnlichkeit gerühmt. Der darauf abhebende Begriff ›Android‹ (nach gr. *anér, andrós:* »Mann«, »Mensch«) wird allerdings erst sehr viel später geprägt, nämlich in der Zeit des Absolutismus, als das hohe Niveau des Uhrmacherhandwerks die Konstruktion von Androiden ermöglicht. Die Vertreter des mechan. Materialismus in der frz. Aufklärung ziehen die kunstvollen M. zeitgenöss. Automatenbauer als sichtbare Belege für ihre Ansicht heran, dass »der Mensch eine Maschine« sei, wie der Titel der Streitschrift *L'homme machine* (1748) von La Mettrie lautet. Demgegenüber versteht Marx den Menschen nicht von Natur aus als maschinelles Wesen, vielmehr verwandle er sich erst zum M. durch die entfremdete Arbeit in den Fabriken des 19. Jh. (*Das Kapital* I, 13, 4). Heine spottet in seiner Abhandlung *Zur Geschichte der Religion und Philosophie in Deutsch-*

land (III) am Bsp. eines Automaten, der seinen Erbauer, einen engl. Ingenieur, mit dem Wunsch nach einer Seele durch Länder und ↗Meere hetzt, über den Nationalcharakter der Engländer, für die automatenhafte Korrektheit, Pünktlichkeit und Reiselust kennzeichnend seien. Und Freud führt noch in der *Traumdeutung* psych. Vorgänge auf »mechanische Verhältnisse« zurück, etwa wenn er sich »in die Fiktion eines primitiven psychischen Apparats vertieft«: Als ein komplexes »Räderwerk« halte dieser den von ihm gelenkten Menschen dazu an, »Anhäufung von Erregung zu vermeiden« (VII, E).

4. Symbol frevelhafter Grenzüberschreitung. Mit der Darstellung des M. ist zumeist ein moral. Urteil über seinen Schöpfer verbunden, der frevelhaft die Position Gottes einnimmt. Entweder müssen die Menschenbildner für ihre Hybris mit dem herben Verlust ihres Geschöpfes oder gar mit dem eigenen Leben bezahlen wie die Titelfigur in Shelleys *Frankenstein*, gerichtet von der naturwidrig fabrizierten Kreatur. Damit passt die Autorin dem Romanende ein Grundmotiv literar. Technikdarstellung ein: die Unkontrollierbarkeit der vermessenen Tat, die zuvor schon, auf eher heitere Weise, Goethe in seiner Ballade *Der Zauberlehrling* schildert, der sich der gerufenen Geister nicht mehr zu erwehren weiß. – Auch der Legendenkreis um den Golem jüd.-kabbalist. Trad., der aus einem zum Menschen geformten ↗Lehmklumpen durch die Kraft des hl. Wortes belebt wird, schnell an Größe zunimmt und mit seinen gewaltigen Kräften seinem Schöpfer dienstbar ist, kennt die Strafe für die Imitation des göttl. Schöpfungsaktes, wie J. Grimms Version des Sagenstoffs (*Entstehung der Verlagspoesie*, 1808) zu entnehmen ist. Zwar kann der Meister den Golem, wenn er ihn nicht mehr im Griff hat, durch Veränderung der ↗Schriftzeichen auf seiner Stirn wieder in Lehm zerfallen lassen, wird dabei aber unter den herabstürzenden Tonmassen begraben. – Heute verfolgen Schriftsteller am M. eher die realistischen Auswirkungen seiner mögl. Realisation; so schildert A. Eschbach die Korrosion eines technisch optimierten »Cyborgsoldaten« in seinem Roman *Der Letzte seiner Art* (2005). Als solcher symbolisiert der Elitekämpfer die Perversion körperl. Manipulationen, hier zu militär. Zwecken; in friedlicheren Zeiten nicht mehr gebraucht, fristet er einen freudlosen Ruhestand. Dabei gelangt er, von seinem abgewrackten High-Tech-Körper zu stoischer Kontemplation gezwungen, zuletzt doch noch zu einem sinnvollen Dasein.

↗Erde/Lehm/Acker, Homunculus, Marionette, Uhr.

Lit.: R. Drux (Hg.), Menschen aus Menschenhand, Stuttgart 1988, IX–XXI. – ders. (Hg.), Der Frankenstein-Komplex, Frankfurt a.M. 1999. – M. Geier, Fake, Reinbek bei Hamburg 1999. – F. Wittig, M., Würzburg 1997.   RD

Maske

Symbol der Differenz von Sein und Schein sowie der Infragestellung kultureller Normen. – Relevant für die Symbolbildung ist die Funktion der M., Identität zugleich zu inszenieren und zu verhüllen. Werden M. im ↗Theater seit der griech. Antike verwendet, um bestimmte Rollentypen zu verkörpern und die ästhet. Illusion zu begünstigen, so wird dieses ›Als-Ob‹ des Spiels seit der Frühen Neuzeit häufig selbstreflexiv durch das Spiel-im-Spiel durchbrochen. In Shakespeares Komödien *As You Like It* und *Twelfth Night* nutzen weibl. Figuren Maskierungen dazu, temporär in die Rolle eines anderen, männl. Akteurs zu schlüpfen und damit auszuagieren, was ihnen ansonsten verwehrt ist (↗Frau/Jungfrau; Mann). Wie auch in *Hamlet* wird das theatral. Rollenspiel zugleich zum Symbol für das gesellschaftl. Rollenspiel und für die Inszeniertheit des polit. Lebens (v. a. am Hof Elisabeths I.). Das Motiv der als Mann maskierten Frau, seltener des als Frau maskierten Mannes, zieht sich durch die neuzeitl. Lit. (z. B. Grimmelshausen, *Landstörtzerin Courasche*; Heinse, *Hildegard von Hohenthal*; Woolf, *Orlando*). Die M. symbolisiert dabei zum einen den Dualismus von Identität und Verkleidung, von Sein und Schein; zum anderen wird sie v. a. bei Heinse und Woolf zum Ausdruck des Widerstands gegen gesellschaftl. Normierung. So verweist die M. hier auf die Möglichkeit eines nichtident. Seins, das die Binäropposition von Wahrheit und Täuschung destruiert. In jedem Fall ermöglicht die M. nicht nur eine zeitweilige Suspendierung der eigenen Identität, sondern legt auch die Instabilität von Geschlechtsidentitäten offen. – M. stehen darüber hinaus im kulturellen Kontext des Karnevals und des M.-Balls, die eine spieler.-institutionalisierte Verkehrung gesellschaftl. Ordnungen ermöglichen (z. B. Fielding, *Amelia*; Hoffmann, *Prinzessin Brambilla*; Schnitzler, *Traumnovelle*). Stets geht es dabei um die Überschreitung bestehender Normen und um eine oftmals rauschhafte Exploration des aus dem Alltag verbannten ›Anderen‹.
↗Gesicht, Karneval, Spiel, Theater/Bühne.

Lit.: E. Bettinger/J. Funk (Hg.), Maskerade, Berlin 1995. – T. Castle, Masquerade and Civilization, Stanford 1986.   BN

Mast ↗Schiff.

Mauer

Symbol der Erhebung, des transzendenten Schutzes, der mentalen Isolation sowie der gesellschaftl.-polit. Ein- bzw. Ausgrenzung. – Relevant für die Symbolbildung sind (a) die Höhe der M., (b) ihre Festigkeit sowie ihre Funktionen der (c) Trennung, (d) Begrenzung und (e) Verteidigung.

Prägend für das Bild der M.schau ist Homers *Ilias* (III, 121–244), wo Helena König Priamos auf der trojan. Stadtmauer stehend die achaischen Helden zeigt. Als architektonisch höhere Warte bietet die M. einen Ort für Reflexionen (Shakespeare, *Julius Caesar* V, 3; Schiller, *Die Jungfrau von Orleans* V, 11; Eichendorff, *Die wunderliche Prinzessin*; Fontane, *Grete Minde* IX). Die Schutzfunktion der M. greift mitunter als reale Verteidigungsanlage (Brentano, *Draus bei Schleswig*; Geibel, *Morgenländischer Mythus*), weit häufiger jedoch als spirituelles Bollwerk (Sach 2,9; Hebr 11,30; Brockes, *Das Feuer*; Brentano, *Ich baute eine M.*; *Die Gottesmauer*), gelegentlich mit Bezug auf die M. ↗Jerusalems (so durchwegs in Klopstocks *Messias*). Die Friedhofsmauer (↗Grab/Friedhof) bezeichnet häufig die Trennung von Diesseits und Jenseits (z. B. Seume, *Schwermuth*; Hölderlin, *Der Kirchhof*; Trakl, *Geistliches Lied*). Bei zunehmender Psychologisierung seit dem ausgehenden 18. Jh. steht die M. für eine mentale Festung (Goethe, *Elegie*; Hofmannsthal, *Ein Traum von großer Magie*; Klabund, *Die Harfenjule*; *Die Mondsüchtige*) bis hin zur völligen Unwilligkeit oder Unfähigkeit, die Mitwelt zu erreichen (Shakespeare, *Romeo and Juliet* II, 1; Frost, *Mending Wall*; Sartre, *Le mur*; Waters/Pink Floyd: *The Wall*). Ebenso dient die M. als Symbol polit. Abschottung (Frisch, *Die chinesische M.*), wobei neben der Schutzfunktion auch das Verhältnis von Regierung und Bevölkerung problematisiert wird (Kafka, *Beim Bau der chinesischen M.*). Im Kontext der ↗Berliner M. erhielt die M.symbolik eine polit. Ausrichtung in Texten, die sich mit der dt. Teilung befassen (Ch. Wolf, *Der geteilte Himmel*; Hettche, *Nox*; Brussig, *Helden wie wir*). Kombiniert mit ↗Efeu versinnbildlicht die M. verdienten Lohn (Sambucus, *Emblemata* 120) sowie einen Ort, an dem sich Zuneigung (Abschatz, *Trost-Schreiben an Herrn Friedrich Ortlob*) oder Ruhm (Goethe, *West-östlicher Divan*: »Enweri«) dauerhaft verankern können. Gelegentlich lassen sich Verwendungen als Weiblichkeitssymbol belegen (Hld 8,9–10; Thomas, *If I Were Tickled by the Rub of Love*).
↗Burg, Feuer/Flamme, Gefängnis, Schnee, Schwelle, Stadt.

Lit.: WBS, 233–235.   StSt

Maulwurf

Symbol der (beschränkten) Erkenntnis, der Subversion und Revolution. – Relevant für die Symbolbildung sind (a) die kleinen, im Fell versteckten ↗Augen, (b) die Wühltätigkeit des M., (c) die unterird. Gänge des M.baus, (d) der in ↗Grabform aufgeworfene Erdhügel als oft einziger sichtbarer Existenznachweis des M. und (e) seine vermeintl. ↗Blindheit und Schädlichkeit.

Bis ins 18. Jh. beschränkt sich der Symbolgehalt des M. weitgehend auf die Dichotomie von Sehen und Blindheit. Als Sinnbild noch ›umnebelter‹ Erkenntnis spielt Dante auf den M. an (*Divina Com-*

media: »Purgatorio« XVII, 1 ff.). Im Anschluss an antike Trad. (Aristoteles, *Historia animalium* 533a; *Metaphysik* 1022b) steht der M. auch in der barocken Emblematik (HS, 490) oder in geistl. Lit. für beschränkte ird. Einsicht (Zinzendorf, *Teutsche Gedichte* CVII: *Auf seiner Tochter Namens-Tag*). In erkenntniskrit. Absicht wirft noch Herder dem gelehrten »M.auge dieses lichtesten Jahrhunderts« vor, dass ihm die Wahrnehmung für das Wunderbare abhanden gekommen sei (*Auch eine Philosophie der Geschichte zur Bildung der Menschheit* I). Kleists Amphitryon kehrt die Symbolik um: »So reißet […]/ Jetzt eure Augen auf, wie M.,/ Wenn sie zur Mittagszeit die Sonne suchen« (*Amphitryon* III, 10), wenn die M. den Bürgern Thebens als Vorbild des Erkenntnisstrebens vorgestellt werden. – Diese Umwertung des M. vom Gegenbild zum Bild des Erkennens lässt sich auch bei Hegel finden, der mit Rückgriff auf Shakespeare (*Hamlet* I, 5) die Bewegung des M. im Dunkeln (↗Nacht/Finsternis) als Arbeit des Geistes und Voraussetzung für eine höhere Bewusstseinsebene darstellt (Stierle 114 ff.): Der M. ist der Geist, so Hegel am Ende der *Vorlesungen über die Geschichte der Philosophie*, der sich beharrlich gegen alle Widerstände »im Innern fortwühlt« zum Licht der Erkenntnis. Für Marx symbolisiert der M. die Revolution, die »ihr Geschäft mit Methode«, aber erst spät zutage tretend vollbringt (*Der 18. Brumaire des Louis Bonaparte* VII). – Für Schopenhauer dagegen ist das endlose und ertragsarme Streben des M. »Emblem des ›blinden Willens‹« (Stierle, 123; Schopenhauer, *Die Welt als Wille und Vorstellung* II, 28); ähnlich pessimistisch J. Burckhardt, für den der Geist der Geschichte ein endloser »Wühler« ist, der immer schon an der Unterminierung der gegenwärtigen Lebensformen arbeitet (*Weltgeschichtliche Betrachtungen* I, 1). In Nietzsche *Morgenröthe* dagegen wird der M. zum Sinnbild des einsamen »Bohrenden, Grabenden, Untergrabenden«, der in selbstgewählter Isolation geduldig »seine eigne lange Finsterniss haben will«, dann aber auch »seine eigne Erlösung« entwirft (Vorrede zur 2. Ausgabe I). – Diese Selbstisolation wird auch für das (Selbst-) Bild des modernen Künstlers bedeutsam: So ist Kafkas an eine M.höhle (↗Höhle/Grotte) erinnernde Erzählung *Der Bau* als eine Allegorie des eigenen literar. Schaffens lesbar wie auch des Kunstwerks bzw. des literar. Textes selbst. Eher an die Assoziation der Subversion schließen G. Eichs Sprachgewissheiten untergrabende *M.* (1968) an: aufwühlerisch und kampflustig, »weiße Krallen, nach außen gekehrt […] rennen sie in ihren Gängen einem Gedanken nach« (»Präambel«).
↗Blindheit, Höhle/Grotte.

Lit.: U. Dickenberger, Philosophie des M., Leipzig 1998. – G. Schleusener-Eichholz, Das Auge im MA, München 1985, 589–592. – K. Stierle, Der M. im Bildfeld, in: Archiv für Begriffsgeschichte 26 (1982), 101–143.   YF

Maus

Symbol der Zerstörung und des Teufels, der Seele und des Sexuellen sowie der Unschuld. – Relevant für die Symbolbildung sind (a) die kleine Gestalt und die verborgene, scheue Existenz, (b) die Gefräßigkeit und Fruchtbarkeit, (c) die Übertragung von Krankheiten. Häufig wird nicht zwischen M. und ↗Ratte unterschieden.

1. Symbol der Zerstörung und des Teufels. Im AT wird die M. als unreines Tier bezeichnet (Lev 11,29) und erscheint, wie auch in der griech. Antike, wo sie Apollon Smintheus (›Mäusevertilger‹) zugeordnet ist (Homer, *Ilias* I, 39; Ovid, *Metamorphosen* XII, 585), als Abwehr (Aristoteles, *Historia animalium* VI, 370) bzw. Vorbotin der Seuche (1 Sam 6,4 f.). – Ihre heiml. und schädl. Gegenwart wird zum Bild für menschl. Verhalten, so in Hrabanus Maurus' *De universo*, wo die M. habgierige und dieb. Menschen symbolisieren (VIII, 2), wie auch im Volkslied: »Ich stahl mich aus,/ Still wie ein M.,/ Und kam ins Haus,/ Und lebt im Saus,/ Mit der Lieben die ganze Nacht« (*Des Knaben Wunderhorn* I, 74: *Fastnacht*). In der Emblematik (HS, 590–599) überwiegt ebenfalls die Warnung vor Gier bzw. zur Vorsicht (am Beispiel der M., die dem Speck in der Falle folgt) sowie die Erinnerung an die Mächtigen, die augenscheinl. Schwäche der M. nicht zu unterschätzen (am Beispiel der M., die eine ↗Krone zerstört). Kafka erwähnt Mäuse in einem Brief an F. Weltsch mit Angst und Ekel (Mitte November 1917); ihn bedrückt ihre Allgegenwart und große Zahl, er sieht in ihren Geräuschen imaginativ »die Arbeit eines gedrückten, proletarischen Volkes« gesteigert. – Von der Tatsache, dass die M. durch ihre Gefräßigkeit Vorräte vernichtet und Krankheiten überträgt, rührt die negative Zuordnung der M. zum Bösen und zum Teufel (EdM IX, 428 f.). In der in verschiedenen Fass. überlieferten vierten Parabel der urspgl. buddhist., dann von Johannes v. Damaskus im 8. Jh. christianisierten Legende von Barlaam und Josaphat nagen eine ↗weiße und eine ↗schwarze M. (↗Schwarz-Weiß) als Allegorie der zerstörer. Zeit am ↗Baum oder auch am Strauch des Lebens (Jacobus de Voragine, *Legenda aurea*; vgl. Rudolf v. Ems, *Barlaam und Josaphat*). In Grimms Märchen *Der Teufel mit den drei goldenen Haaren* benagt eine M. als Dienerin des Teufels die Wurzel eines ↗Baumes und verhindert so, dass dieser ↗goldene ↗Äpfel trägt, bis sie getötet wird. – In Kafkas *Kleiner Fabel* wird die Feindschaft von ↗Katze und M. zum Sinnbild für die Ausweglosigkeit der Existenz. Allegorisch ist auch Kafkas *Josephine, die Sängerin oder Das Volk der M.* deutbar, in der die Unmöglichkeit der Kunst in der Gesellschaft in dem immer leiser werdenden ↗Gesang ausgesprochen wird. Grass verwendet das Katz-und-M.-Spiel als Erzählkonfiguration in seiner Novelle *Katz und M.* (1961) als Grundfrage nach der Verfolgung des Einzelnen durch eine feindl. Umwelt.

2. Symbol der Seele und des Sexuellen sowie der Unschuld. Die M. kann die Seele eines Verstorbenen verkörpern, so in der Sage vom M.turm von Bingen: Der unbarmherzige Bischof Hatto wird als göttl. Strafe von M. aufgefressen, die die Seelen der durch ihn umgekommenen Menschen symbolisieren (Bechstein, *Deutsche Sagen: Hatto, Heriger und Willigis*). – Ihr Ursprung als Seelentier wie ihre Verbindung zum Bösen (s. 1.) führt zu mag. Situationen mit ambivalentem, oft sexuellem Charakter, so in Grimms *Die drei Federn* wie auch in E.T.A. Hoffmanns *Nussknacker und M.könig*, in dem ein siebenköpfiger (↗Kopf, ↗Sieben) M.könig die Verbindung Maries mit dem verwunschenen Nussknacker (und damit ihre sexuelle Initiation) zunächst verhindern will. Emblematisch der ›Lasziviä‹ verbunden (Alciato, *Emblemata LXXIX*), ist auch das »rote Mäuschen« erotisch konnotiert (↗Rot), das in der Walpurgisnacht-Sz. in Goethes *Faust* aus dem Mund von Lilith springt (*Faust I* 4176–4179). – Umgekehrt erlaubt die kleine Gestalt der M. mit dem kindl. Diminutiv ›Mäuschen‹ auch den Verweis auf naive Unschuld, so in Heines allegor. Gedicht *Rote Pantoffel*, in dem eine »junge weiße Edelmaus« der List der Katze zum Opfer fällt. Horaz' »Gebirge gebären, heraus kommt ein komisches M.« (*Ars poetica* 139) für eine viel versprechende, aber wenig haltende Rede adaptiert Keller für dezente Erotik in dem gemeinsamen Lied Heinrichs und Annas in *Der grüne Heinrich*: »Es wohnt ein weißes M./ Im grünen Bergeshaus;/ Der Berg, der will zerfallen,/ Das M. flieht daraus« (2. Fass., II, 3). B. v. Arnim rückt sich durch Darstellung bzw. Anreden als »klein Mäuschen« in eine kindl.-sexualisierte Position (*Goethes Briefwechsel mit einem Kinde* I: »Briefwechsel mit Goethe«).
↗Ratte.

Lit.: EdM IX, 428–433. – K.-H. Fingerhut, Die Funktion der Tierfiguren im Werke Franz Kafkas, Bonn 1969. – J.M.C. Toynbee, Tierwelt der Antike, Mainz 1983, 192 f. – E.M. Vetter, Die M. auf dem Gebetbuch, in: Ruperto-Carola 36 (1964), 99–108.   LS

Meer

Symbol der Herausforderung und Bewährung, des Weiblichen, der Regression, des Zyklus von Geburt und Tod sowie des Unbewussten und der Erinnerung. – Relevant für die Symbolbildung sind (a) die Fremdheit und Gefährlichkeit des M. für Schiffsreisende (↗Schiff) und deren Angewiesensein auf bes. Kenntnisse und Fähigkeiten, (b) die Weite, ↗Tiefe und Unerschöpflichkeit v. a. der ozean. Gewässer, (c) die rhythm. Bewegung von Ebbe und ↗Flut.
1. Symbol der Herausforderung und der Bewährung. Die mythopoet. Geschichte des M. ist verknüpft mit Vorstellungen von bedrohten Schifffahrtswegen und von Irrfahrten auf ↗stürm. See. In der griech. Antike markiert Homers *Odyssee* den

Beginn der kulturellen und wirtschaftl. Hinwendung zum M. Die im Epos verwendete Symbolik des M. als Raum der Bewährung gegen die Mächte des Schicksals steht im Zusammenhang mit einem neuen heroischen ↗Männerbild und einer verstärkten Beschäftigung mit Fremdheit. Die Symbolik der Ungeborgenheit des Daseins und der Möglichkeit seiner triumphalen Meisterung findet sich bei Vergil (*Aeneis* I; ebd. III), ebenso ansatzweise im christl. Kontext der Apostelgeschichte (Apg 27), hier allerdings ohne die betont rationalen Komponenten bei Homer. Im *Physiologus* repräsentiert das M. die Umtriebe der diesseitigen Welt, die von den durch ↗Schiffe verbildlichten Propheten, Aposteln und Heiligen gemeistert werden, wohingegen der weltlich orientierte Mensch den schnell ermüdeten M. tieren gleicht (*Physiologus*: »Vom Ungetüm, das Säge genannt wird«). – Gewinnt der Ozean als weltumspannendes Gewässer in nachantiker Zeit erst ab Kolumbus histor. Bedeutsamkeit und wird Thema von Reiseberichten und wissenschaftl. Schriften, zeichnet sich erst im 18. Jh. größeres dichter. Interesse ab. Gefahr und Tumult sind wichtige Merkmale der weitgehend noch an der Antike ausgerichteten M.-Symbolik (Gessner, *Der Sturm*). Im Topos vom Leben als Schifffahrt spiegeln sich nun ein aufgeklärter Subjektbegriff und entsprechende Vorstellungen von menschl. Bildung, was auch den Symbolgehalt des diese Werte bedrohenden und herausfordernden M. prägt (vgl. Goethe, *Seefahrt*). Pragmat. Verwendungsweisen ökonom. und krieger. Natur fließen mit in die Symbolverwendung ein (so z. B. bei Schiller, *Die unüberwindbare Flotte*). Auch in der Romantik findet sich derartige Symbolik (angelehnt an christl. Schiffbruch-Allegorien und an Ps 69 etwa bei C. Brentano, *Frühlingsschrei eines Knechtes aus der Tiefe*); v. a. aber in der Dichtung der stärker maritim ausgerichteten anglophonen Länder: so etwa die von dämon. Kräften beherrschte See bei Coleridge (*The Rime of the Ancient Mariner*) oder das Subjekt auf der Suche nach Versöhnung und Erlösung ausgesetzt ist (vgl. auch Melville, *Moby Dick*). Ohne die relig. Aspekte wird das Symbol bei Hemingway (*The Old Man and the Sea*) verwendet.
2. Symbol des Weiblichen, der Regression und des Zyklus von Geburt und Tod. Seit dem späten 18. Jh. steht das M. häufig in Zusammenhang mit ambivalent bewerteten, nicht selten weiblich konnotierten Auflösungs- und Todesvorstellungen (↗Frau/Jungfrau). In Goethes *Der Fischer* symbolisiert das M. als Ort der Wiedervereinigung mit dem lockend Weiblichen sowohl Angst als auch den Drang nach Entgrenzung und Auflösung; im Sonett *Mächtiges Überraschen* steht der als göttl. ↗Vater apostrophierte Ozean symbolisch für den Tod: Der anthropomorphe ↗Fluss wird in seinem Streben gehemmt, wobei hier auch wieder neue Gewässer entstehen, was bereits zykl. Vorstellungen anklingen lässt. Das

M. als Ziel- und Todessymbol findet sich auch bei Eichendorff (*Die Lieder*). – Im 19. Jh. zeichnet sich eine Hinwendung zu Vorstellungen ewiger Wiederkehr ab, die sich maritimer Symbolik bedienen: Explizite Darstellung erfährt der Kreislauf von Geburt und Tod bei J. Michelet (*La mer*); das M. erscheint hier als weibl. Ursprung des Lebendigen mit stark erot. Konnotation. Mit M.symbolik verquickte Todessehnsucht findet sich auch in symbolist. Dichtung, z. B. bei Swinburne, *Triumph of Time*: Die See erscheint als ↗Mutterleib, in den es den Mann (zurück-)zieht, der nach Erlösung und Überwindung der Individualität strebt. Der Zustand der Auflösung trägt Züge einer Utopie des Konfliktfreien. Ein abstrakterer und anspielungsreicher Nachhall dieser Symbolik findet sich bei Benn (*Regressiv*). Die mit der M.symbolik des Todes und der Auflösung verbundene Vorstellung von ewiger Wiederkehr und von der Erneuerung kreativer Energien behandelt Hauptmann (*Gabriel Schillings Flucht*) in der Darstellung eines Malers, der den Freitod durch Ertrinken als Flucht aus einer künstler. Blockade und privaten Krise wählt. In Ibsens *Die Frau vom M.* steht das M. ob seiner faszinierenden Unendlichkeit und Unberechenbarkeit symbolisch für unbekannte Sehnsüchte und Träume, die dem Subjekt die tröstl. Möglichkeit einer Regression ebenso wie die einer umfassenderen Selbsterkenntnis bieten. Verabsolutiert jedoch hindern sie am Vollzug des prakt. Lebens. Der mit Angst durchsetzte Reiz des M. weist dabei schon auf Freuds ambivalente »ozeanische Gefühle« (*Das Unbehagen in der Kultur* I) voraus. – Ein Nachklang vitalist. Vorstellungen vom Tod als Aufgehen im universalen Lebenszusammenhang findet sich als symbol. Liebestod durch Ertrinken in Döblins Erzählung *Die Segelfahrt*, wobei hier das an Wagner erinnernde Sich-Preisgeben (*Tristan und Isolde* III, 3) nur noch gebrochen lustvoll gezeichnet ist. Liebestod-Motive mit entsprechender M.symbolik finden sich weitere in der Moderne, Gedichte von G. Heym (bes. *Der Tod der Liebenden*) betonen dabei die Ausgeliefertheit des Menschen gegen das M. als eigenständig handelndes Subjekt. Bei Bachmann (*Anrufung des Großen Bären*) erscheint das M. als positiv besetzter Raum der Erinnerung an die Geburt und an ↗kindl. Einheitserfahrungen und steht im Zusammenhang lebensspendender Kraft.

3. Symbol des Unbewussten und der Erinnerung. Was unter der Oberfläche des M. verborgen ist, erscheint unheimlich und rätselhaft, zudem symbolisiert die Tiefe des M. auch die schöpfer. Kraft der Seele. Schon vor Freud dient sie als Bildreservoir für Unbewusstes. Eng verbunden mit dem zuvor Genannten symbolisiert das M. schon in Goethes *Der Fischer*, verstärkt aber seit der Romantik, ambivalente Seiten der Seele. Der M.grund symbolisiert das dem Menschen Unbekannte, ist prachtvoll, aber auch beängstigend und entpuppt sich als Parallel-

welt mit starken Bezügen zur Menschenwelt. – In Heines *Abenddämmerung* ist das M.ufer Ort der Meditation und Symbol für Erinnerung, das »Flüstern« und »Murmeln« des M. entpuppt sich als Stimme aus der Kindheit. Derartige Symbolverwendung beschränkt sich keineswegs auf die Lit. des 19. Jh. Angelehnt an Vorstellungen vom Verdrängten und Unbewussten ist z. B. J. Beckers *Erzählen bis Ostende*: Eine Zugfahrt von Deutschland in den belg. Küstenort evoziert Erinnerungen an verschiedene Stationen einer Biografie. Am Ende steigt das M. und scheint sich die Stadt einzuverleiben. Die ↗Reise hat Zivilisationsfluchtcharakter, wobei der Sprecher gleichzeitig an Selbsterfahrung gewinnt.

↗Eisvogel, Flut/Dammbruch, Reise, Schiff, Wasser, Welle.

Lit.: WBS, 235–237. – B. Blume, Existenz und Dichtung, Frankfurt a.M. 1980. – H. Blumenberg, Schiffbruch mit Zuschauer, Frankfurt a.M. 1997. – H. Böhme (Hg.), Kulturgeschichte des Wassers, Frankfurt a.M. 1988. – R. Häfner, Konkrete Figuration, Tübingen 2002. – M. Makropulos, Art. M., in: Wb. der philosoph. Metaphern, hg. v. R. Konersmann, Darmstadt 2007, 236–248. – H.-J. Spitz, Die Metaphorik des geistigen Schriftsinns, München 1972, 137–141. – A-T. Tymieniecka (Hg.), Poetics of the Elements in the Human Condition, Bd. 1, Berlin 1985.   USch

Metrik ↗Vers.

Mikroskop ↗Fernrohr/Mikroskop.

Milch

Symbol des Kindheitszustands und der Erziehung, des Ursprungs und Lebens, der Gnade, Lieblichkeit und idealen Weiblichkeit. – Relevant für die Symbolbildung sind (a) die M. als (erste) Nahrung des ↗Kindes und (b) als Grundnahrungsmittel, (c) die Mutterbrust (↗Busen, ↗Mutter) als M.quelle, (d) die heilsame und nährende Wirkung der M. sowie (e) ihre ↗weiße Farbe und ihr süßer Geschmack.

1. Symbol des Kindheitszustands und der Erziehung. Ausgehend von 1 Kor 3,2, 1 Petr 2,2 und Hebr 5,12 steht M. als geistige Nahrung (↗Essen/Verzehren) im Gegensatz zur festen Speise für elementare Inhalte der Lehre, eine fassl. Form der Vermittlung sowie ein noch auszubildendes Erkenntnisvermögen (Augustinus, *Confessiones* VII, 18: »denn das Wort ward Fleisch, dass es unsere Kindheit stille mit der M. deiner Weisheit«; vgl. Angelus Silesius, *Cherubinischer Wandersmann* V, 346: *Den Kindern gebührt M.*). In den exeget. Schriften der Kirchenväter, in denen Jesus als Kindererzieher erscheint, wird die M. vornehmlich der moral. Belehrung zugeordnet (Origenes, *Homiliae in Ezechielem* VII, 10); satirisch gewendet in Logaus *Sinngedicht Von einem Pfarrer*, allg. auf das sittl. Gefühl übertragen in Schillers sprichwörtlich gewordener »M. der frommen Denkungsart« (*Wilhelm Tell*, IV, 3), die

Nietzsche wiederum abfällig als eine die menschl. Natur verdeckende Überformung versteht (*Jenseits von Gut und Böse* VII, 229). – Vom MA bis zur Romantik wird die Stufung von M. und fester Speise auch auf weltl. Kontexte übertragen, etwa in der Unterscheidung zwischen der Vermittlung moral. Tugenden und der Teilhabe an der höchsten Form der Erkenntnis (Gottfried v. Straßburg, *Tristan* 233–240), zwischen Wissenschaft und Weisheit (Konrad v. Hirsau, *Dialogus super auctores*), zwischen Märchen und Sagen (Grimm, *Deutsche Sagen*: Vorrede) oder zwischen Dichtung und polit. Sachprosa (Seume, *Spaziergang nach Syrakus*, Vorrede). – In kulturgeschichtl. Perspektive wird die M. mit einem primitiven Zustand verbunden, der durch Kultivierung in eine höhere Entwicklungsstufe übergeht (Herder, *Älteste Urkunde des Menschengeschlechts* IV: »Unterricht unter der Morgenröte«; Hölderlin, *Das Belebende*: »und warfen die weiße M. […] mit Händen weg«).

2. Symbol des Ursprungs und des Lebens. In zahlreichen kosmogon. Mythen und rituellen Handlungen stellt die M. als Heils- und Lebensquelle ein zentrales Element zur Darstellung des fruchtbaren Ursprungs dar. So auch in der bibl. Vorstellung des gelobten Landes (Ex 3,8; Dtn 26,15; Ijob 20,17), wie in den antiken Schilderungen des Goldenen Zeitalters (Ovid, *Metamorphosen* I, 111; ↗Gold). M. und ↗Honig kennzeichnen von der Antike bis ins 18. Jh. die bukol. Beschreibungen des *locus amoenus* (Theokrit, *Idyllen* VIII), des Paradieses (*Ezzolied*, Vorauer Fassung, 92), einer arkad. Welt (Goethe, *Faust II* 9546–9549), des Schlaraffenlandes (Hoffmann v. Fallersleben, *Kinderlied*) oder aber auch des Dionysischen (Nietzsche, *Geburt der Tragödie* I). Dieser anfängl. Idealzustand wird bereits ab dem 18. Jh. allg. (H. v. Kleist, *Hermannsschlacht* II, 5) und individuell (Hölderlin, *Einst und Jetzt*) als unwiederbringlich angesehen. Er realisiert sich fortan nur als Utopie, kurzzeitige Epiphanie, als ästhet. Nachhall des Vergangenen, dessen Darstellungsmuster sich gewandelt haben (Nietzsche, *Et in arcadia ego*), oder dichter. Trugbild (Nietzsche, *Nur Narr! Nur Dichter!*). Zugleich werden in der Moderne aber auch diese Formen fragwürdig, bei Trakl etwa als negierte Heilsvorstellung (*Psalm*) oder Agonie (*Kleines Konzert*). Umgekehrt symbolisiert verlaufene M. nun die Fruchtlosigkeit des menschl. Seins (Yeats, *Spilt milk*) oder den entzogenen Lebensgrund (Enzensberger, *küchenzettel*). In Celans *Todesfuge* wird der Symbolgehalt in der Verbindung von ↗Schwarz und ↗Weiß (↗Schwarzweiß) und qualvollem Überfluss ausgehöhlt. Die Lyrik nach 1945 eröffnet jedoch auch im Paradox (Fried, *Almoses vor dem großen Haus*) oder in der Gleichzeitigkeit von Erfüllung und Verlust wieder die Möglichkeit einer ursprüngl. Erfahrung (Hahn, *Strandgut*; Bachmann, *Tage in weiß*).

3. Symbol der Gnade, Lieblichkeit und idealen Weiblichkeit. In der Auslegungsgeschichte des *Hohelieds* (v. a. Hld 1,1) schließen die M. spendenden Brüste Christi und Marias bzw. der Kirche als Symbol der süßen Gnade im Gegensatz zum ↗Wein, dem bitteren Gesetz des AT, an patrist. und ma. Trad. an (*St. Trudperter Hohelied*, Kommentar XIV, 3–25; Mechthild v. Magdeburg, *Das fließende Licht der Gottheit* I, 22). Die himml. Adoption, die auch die Antike kennt (Hera säugt den so Unsterblichkeit erlangenden Herakles; Ovid, *Metamorphosen* IX, 285–301), veranschaulicht in christl. Überlieferung *Maria lactans*, die etwa Bernhard v. Clairvaux mit einem M.strahl aus ihrer Brust begnadet (*Sermones super cantica canticorum*), ein Gegenbild der ›bösen Mutter‹, die ↗Schlangen nährt. Auch in Wolframs *Parzival* wird der neugeborene Parzival als Zeichen der Fürsorge mit der M. seiner Mutter begossen (CX, 23 ff.). Zusammen mit dem ↗Blut Christi ist die M. der Gottesmutter in Ikonografie und Dichtung des 17. und 18. Jh. von Bedeutung (Gerhardt, *An das Angesicht*; Abschatz, *Der unglückselge Mensch*). Die Heilkraft der M., die seit Plinius d.Ä. als Mittel gegen Augenleiden bekannt ist, wird hier spirituell ausgedeutet. In Heiligenlegenden (hl. Paulus; Katharina v. Alexandrien) oder Märchen (Grimm, *Der unschuldige Ritter*) fließt aus menschl. ↗Wunden als Zeichen der Unschuld M. statt Blut. – Bereits in Bibel (Hld 4,11), Antike (Theokrit, *Idyllen* XI) und MA (Heinrich v. Veldeke, *Eneasroman* 146; Carmina Burana, *Die beslieder* CLXXX) werden die relig. und arkad. Muster moralisch-ästhetisch gewendet und zum Frauenpreis genutzt. Der *locus amoenus* wird zum *corpus amoenum*, dem verehrten Frauenkörper. Dies entfaltet sich in der europ. Renaissance (Marot, *Du beau tétin*; *Du laid tétin*) und erreicht in der galanten Lyrik des Spätbarocks volle Üppigkeit (Lohenstein, *Venus*), wo auch scherzhafte sexuelle Anzüglichkeiten nicht fehlen (Neukirch, *Der advocirende Cupido*). M. und Blut als Träger ausgeprägter Farbqualitäten stellen das Idealkolorit der galanten Lyrik dar (Hoffmannswaldau, *Fach, Amaranthe, deine ballen*). – Das M.mädchen strahlt auch im 20. Jh. noch eine erot. Anziehungskraft aus, wird aber entweder nur flüchtig von fern erblickt (Proust, *A l'ombre de jeunes filles en fleurs*) oder aber durch sexuelle Gier ausgelöscht (Wedekind, *Felix und Galathea*). In der expressionist. Lyrik im Kontext des Ersten Weltkriegs wandelt sich dagegen der *corpus amoenum* in einen ↗Friedhof, so bei Heym, *Die Heimat der Toten*: »Ein altes totes Weib mit starkem Bauch,/ Das einen kleinen Kinderleichnam trägt./ Er zieht die Brust wie einen Gummischlauch,/ Die ohne M. und welk herunterschlägt.«

↗Blut, Busen, Honig, Mutter, Wein, Weiß.

Lit.: F. Ohly, Süße Nägel der Passion, Baden-Baden 1989. – Ph. Rech, Inbild des Kosmos, Bd. 2, Salzburg/

Freilassing 1966, 268–299. – J. Schöberl, »liljen=milch und rosen=purpur«, Frankfurt a.M. 1972. – H.-J. Spitz, Die Metaphorik des geistigen Schriftsinns, München 1972, 158–184.   SJ

Minarett ↗Turm/Leuchtturm.

Mistel

Symbol des Glücks, der Fruchtbarkeit, des Lebens und des Friedens. – Relevant für die Symbolbildung der nicht immer streng unterschiedenen M. und Eichelmistel sind (a) die immergrünen Zweige, (b) die ↗weiße Farbe der Beeren und (c) der Wuchs der Eichelmistel auf der ↗Eiche.

In der german. Mythologie verbindet sich mit der M. Unglück und Tod: Der ↗Lichtgott Baldur stirbt durch einen M.zweig (*Edda:* »Völuspâ«): »Sie stand im Felde und wuchs allmählich/ Die dünne M. zu Ballders Tod'./ Es ward die M., was ich gesehn,/ Harm und Unglück: Haudur schoß/ Mit dem Pfeile Balldern« (Herder, *Volkslieder* III, 1: *Voluspa*). Den kelt. Druiden hingegen ist die auf Eichen wachsende M. die heiligste Pflanze, die von der Anwesenheit der Götter im Baum kündet und Fruchtbarkeit, Glück und Heilung verspricht (Plinius d.Ä., *Naturalis historia* XVI, 245–251; vgl. die mistelähnl. Zauberrute, mit der Äneas in die Unterwelt eindringt; Vergil, *Aeneis* VI, 205–209; Rollenhagen, *Froschmeuseler* XVI), eine Bedeutung, die noch im aus M. und Hummer gebrauten und übermenschl. Kräfte verleihenden Zaubertrank des Miraculix' in Goscinnys/Uderzos *Astérix le Gaulois* bewahrt ist. – Der romant. Druidenkult im England des frühen 19. Jh. macht die M. neben Efeu und Stechpalme und die mit ihrer symbol. Bedeutung verbundenen Fruchtbarkeits- und Glücksrituale modisch, als Zeichen des Friedens verbindet sie sich mit ↗Weihnachten und ↗Neujahr (W. Scott, *Marmion* VI, 24 ff.). Bei Freiligrath wird der dt. Import dieser Symbolik deutlich: »Die Tanne duftet,/ die Stechpalme glänzt,/ Und vom Balkonknauf,/ weißbeerig sie, –/ Lauscht die M. nieder,/ die Schelmin, die!« (*Fürs Schwarze Land*; vgl. Fontane, *Unwiederbringlich* XXII), ironisch spielt Altenberg auf die poet. Verarbeitung an: *Mein Lebensabend:* »Vor Weihnachten«. – Heine verwendet die top. Verbindung von Eiche und M. (Hoffmann v. Fallersleben, *Unpolitische Lieder: Der Wehrstand*) als Sinnbild der dt. Sprache, die gerade wegen ihrer derben Stärke Heiligstes formulierbar mache: »In keiner anderen Sprache hätte wie die Natur ihr geheimstes Werk offenbaren können wie in unserer lieben deutschen Muttersprache. Nur auf der starken Eiche konnte die heilige M. gedeihen« (*Zur Geschichte der Religion und Philosophie in Deutschland*, II. Buch; vgl. auch *Elementargeister*). In Georges *Der siebente Ring* erscheint das Lebenssymbol der immergrünen M. auf den »gipfeln kahler eichen« verrätselt als »ein geheimnisvoll lebendiges zeichen« (*Betrübt als führten sie zum totenanger*).

↗Eiche.

Lit.: SdP, 219–223. – H. Becker/H. Schmoll gen. Eisenwerth, M., Stuttgart 1986. – K. v. Tubeuf, Monographie der M., München/Berlin 1923.   PN

Mittag

Symbol des Dämonischen, des drohenden Todes und der Erkenntnis. – Relevant für die Symbolbildung sind (a) der M. als Höhe- und Wendepunkt des Tages und Äquivalent zur Mitternacht, (b) die mit dem höchsten Stand der ↗Sonne einhergehenden Phänomene des hellen ↗Lichts, der annähernden ↗Schattenlosigkeit und (c) im ↗Sommer der größten Hitze und der ↗Windstille.

1. Symbol des Dämonischen und des drohenden Todes. Die M.zeit wird in der griech. Lit. als Angst einflößende ↗Stunde des bocksbeinigen, lüsternen Walddämons Pan geschildert, der dem Hirtenglauben nach um diese Zeit keinesfalls gestört werden darf, damit er nicht böse wird (Theokrit, *Idyllen* I, 15–18). In der röm. Lit. tritt an seine Stelle Faunus, der noch in Mallarmés *L'après-midi d'un faune* wiederkehrt. Gessner (*Idyllen: Erythia*) ist diese Stunde des Pan geläufig, während H.C. Boie den *Morgen und M.* einer erst verheißungsvoll aufblühenden, dann entfalteten und selbstbewussten weibl. Schönheit andichtet, die in diesem Stadium manchem Betrachter Tod und Verderben bringt (↗Frau/Jungfrau). – Auch im AT wird ein Dämon erwähnt, der den Menschen am M. bedroht (Ps 91,5 f.). Dass diese Seuche in der *Septuaginta* »daimoniou mesembrinou« (90,5 f.) und in der Vulgata »insanientis meridie« (90,5 f.) genannt wird, geht zurück auf die Beobachtung und den daraus resultierenden Dämonenglauben, dass die Milchstraße, nach dem Volksglauben der Sitz der Seelen, und der Meridian als Verbindungslinie der beiden Himmelspole zeitweise übereinander lagen. Diese Vorstellung hält sich bis ins MA, wie Macrobius, *Commentarii in somnium Scipionis* (5. Jh.), und M. Scotus, *Liber introductorius* (12./13 Jh.), belegen. In der ersten Hälfte des 3. Jh. setzt der als ›Kirchenvater‹ umstrittene Origenes den M.dämon mit dem Begriff der *acedia* (»Langeweile«, »Überdruss«) gleich (*Fragmenta in psalmos* XCI, 6). Diese wird im Mönchstum zu den acht Hauptsünden gerechnet. Eine Übertragung des tageszeitl. auf das lebenszeitl. Phänomen der ›midlife crisis‹ findet sich in den Predigten des Straßburger Dominikanermönchs J. Tauler (15. Jh.; z.B. *Predigten* XIX; XXVII; XLI), wobei hier die Chance zur *kere*, zur positiven Lebenswende betont wird. – Goethe empfiehlt, die Dichtung »als Schleier aus der Hand der Wahrheit« zum Schutz vor dem mittagstyp. »Wehen banger Erdgefühle« zu nutzen (*Zueignung*). Heine bringt im *Atta Troll* den M.schlaf wieder mit dem geträumten »Vorgefühl des bald'gen Sterbens« (XXIII; ↗Schlaf) in Verbindung, und Büchners Woyzeck erlebt am M. die schlimmsten Halluzinationen »als ob es einen mit fürchterlicher Stimme anredete« (H4, 8: Woyzeck – Der Doctor). Auch die Droste (*Wasser. Der M., der Fischer*) und Heyse (*Sommer und Herbst; Der Dichter und der große Pan*) greifen die klass. Vorstellungen bedrohl. Hitze und Regungslosigkeit mitsamt ihrer Symbolkraft auf. – Infolge der Erfahrung des Ersten Weltkriegs erinnert der M. bei Dauthendey (*Des großen Krieges Not*) an nichts als an das Grauen (*Und immer wiederholt es sich, das Grauen*). W. Lehmann beschreibt in seinem Gedicht *Rosen im M.brande* (in: *Antwort des Schweigens*, 1935) den Umschlagspunkt zwischen vollster Prachtentfaltung und Verwelken bzw. verlockendstem Leben und Tod.

2. Symbol besonderer Wahrnehmung und Erkenntnis. Den dämon. Besetzungen des M. (s. 1.) stehen v. a. im 17., 18. und frühen19. Jh. eine Reihe von Deutungen gegenüber, die ebenfalls die Außergewöhnlichkeit dieser Tageszeit betonen, aber diese Stunde als eine der bes. Möglichkeiten, Wahrnehmungen oder Heilungen deuten. Hierzu gehört neben Bsp. aus dem Volksglauben das *M.-Sonett* von Gryphius, das in eschatolog. Deutung das M.licht als Licht der ewigen Wahrheit beschreibt. Ähnlich bringt Angelus Silesius im Sinngedicht *Der Tag und die Morgenröt der Seelen* (*Cherubinischer Wandersmann* IV, 180) den M. auf heilsgeschichtl. Proportionen, während Birken in seinem Gedicht *Beständigkeit* in den Irritationen des M. eine Prüfung der Standhaftigkeit sieht. Brockes Gedicht *Der M.* auf die in Ps 145, 15 f. beschriebene göttl. Speisung (↗Mahl) beschränkt sich auf eine genaue Beschreibung der opt.-physikal. Verhältnisse des M., die insgesamt aber die perfekte Einrichtung der Schöpfung beweisen. – Im Zusammenhang von durch Lebens- und Liebeserfahrung enttäuschter Hoffnung stellt Herder (*Die Dämmerung*) den allzu grellen M. als Zeit unzumutbarer Erkenntnis vor. Goethe tradiert neben den oben erwähnten beklemmenden M.-Erfahrungen auch M.-Erkenntnisse, wenn er den M. im *Märchen* als Zeit des mögl. Brückenschlages zwischen den getrennten Bereichen des zusammenhanglosen Realen und des wunderbar Verbundenen aufführt oder in seiner *Novelle* die Stunde des Pan positiv besetzt. Eichendorff kennt den M. als eine der Ruhezeiten, in der die kaum bewussten »ewigen Gefühle« an die Oberfläche treiben (*M.ruh*) und als krieger. Stunde notwendiger Gottesversicherung (*M.*). – Indem Hölderlin den M. euphorisch »der Begeistrung Stunde« (*An die Ruhe*) nennt, bereitet er das bei Nietzsche prominente Erlebnis des »großen M.« vor. Nietzsche, der sich zunächst von der romant.-antiaufklärer. Präferenz des Dunkels und der ↗Nacht beeinflusst zeigt, schließt im *Zarathustra*-Kapitel »Mittags« und in der *Götzendämmerung* das Unbewusste der

Nacht an die ungewöhnl. Erkenntnisfähigkeit des M. an und postuliert so eine Alternative zum rationalen Wissen, um die Geheimnisse des Daseins zu klären: »M.; Augenblick des kürzesten Schattens; Ende des längsten Irrtums; Höhepunkt der Menschheit« (*Götzendämmerung*: »Wie die ›wahre Welt‹ endlich zur Fabel wurde«). – Die mit dem Zweiten Weltkrieg verbundene Einsicht in die unheilvolle Verbundenheit von Kultur und Barbarei führt Celan in seiner Büchnerpreisrede zur Notwendigkeit eines ästhet. Umdenkens, das mit einer »graueren Sprache« (↗Grau) verknüpft wird. Bezeichnenderweise trägt diese Rede den mit der Tageswende am M. eng assoziierten Titel *Der Meridian*.

↗Licht, Sonne, Stunde.

Lit.: HdA VI, 398–418. – E. Biser, Art. M., der große, in: Histor. Wb. der Philosophie, hg. v. J. Ritter/K. Gründer, Bd. 5, Basel 1980, 1420 f. – J. Daiber, Der M.dämon, Paderborn 2006. – L. Fiedler, Quelle, Nacht, M., München 1942, bes. 108–116.   UR

Mohn

Symbol des Schlafes, des Traumes und des Todes, der Trauer, des Trostes und des Vergessens, des Rausches und der göttl. Trunkenheit der Dichter sowie der Fruchtbarkeit und des Reichtums. – Relevant für die Symbolbildung sind (a) die beruhigende, schmerzstillende, schlaffördernde (↗Schlaf) und halluzinator. Wirkung des M., (b) die hohe Zahl der ↗Samen in den Fruchtkapseln der Pflanze und (c) die ↗rote Farbe der Blüten (↗Blume).

1. Symbol des Schlafes, des Traumes und des Todes, der Trauer und des Trostes sowie des Vergessens. Schon in der Antike symbolisiert der M. den Schlaf. Nach Ovid blühen vor dem ↗Tor der Götter des Schlafes »üppige M.blumen […], aus deren milchigem Saft die Nacht […] sich den Schlummer holt« (*Metamorphosen* XI, 592 ff.). M. symbolisiert auch die ↗Träume bzw. deren Götter (Hypnos, Morpheus, Phantasos, Photebor, Icelos). Der M. ist wegen der schnellen Vergänglichkeit seiner Blüten auch Symbol für Thanatos, den Gott des Todes und den Tod generell: »Also sinkt […] die purpurne Blume/ müde im Tode dahin« (Vergil, *Aeneis* IX, 435 f.). Homer vergleicht den Tod des Gorgythion mit dem vergehenden M.: »So wie der M. zur Seite das Haupt neigt, […]/ Also neigt er zur Seite das Haupt vom Helme beschweret« (*Ilias* II, 306–308). – M. ist aber ebenso ein Symbol des Trostes. Das aus der M.pflanze gewonnene Opium wird für kult. und medizin. Zwecke sowie auch als Schmerzmittel gebraucht (»Helena […]/ Gab in den Wein sogleich […] ein bezauberndes Mittel,/ Gut gegen Trauer und galliges Wesen«, Homer, *Odyssee* IV, 219–229; vgl. Plinius d.Ä., *Naturalis historia* XXV, 142 ff.); Demeter sammelt M., um die Schmerzen des kranken Knaben Triptolemos zu stillen und ihm den

Schlaf zu ermöglichen (Ovid, *Fasti* IV, 530 ff.). Auch in der Neuzeit ist die Verbindung zwischen M. und Schlaf (Keats, *To Sleep*), Trauer, Trost (Wieland, *Oberon* XII, 31: »Stiller alles Kummers«; Th. Mann, *Joseph in Ägypten* V: »Joseph wächst wie an einer Quelle«) und Vergessen (Celan, *M. und Gedächtnis*) häufig. Im engl. Sprachraum wird auch J. McCrae's *In Flanders Fields the Poppies Blow* als Klage- und Trostgedicht auf die Opfer des Ersten Weltkriegs populär.

2. Symbol des Rausches, der Vision und der göttlichen Trunkenheit der Dichter. Die Wirkung des aus dem M. gewonnenen Opiums ist Gegenstand vieler Mythen der antiken Völker des Mittelmeerraums und Vorderasiens. Bereits in Assyrien heißt der M. »Pflanze der Freude«, im griech.-röm. Mittelmeerraum »Blume der Träume« (*papaver somniferum*). Als Schmerzmittel während der ganzen Antike gebräuchlich (s. 1.), wird die Verwendung von Opium als Heil- und Schmerzmittel in Spätantike und MA unter dem Einfluss der christl. Ethik mehrfach verboten. Seit es jedoch im Europa der Neuzeit wieder gebräuchlich ist und zudem Morphium (benannt nach Morpheus, dem Schlaf- und Traumgott) seit Beginn des 19. Jh. aus dem Opium gewonnen wird, wird die Symbolik des M. als Rauschmittel in der Kunst um vieles bedeutender (de Quincey, *Confessions of an English Opium Eater*; Baudelaire, *Les paradis artificiels: Opium et haschisch*). Durch die Kenntnis der Wirkungen des Opiums können sich Schlaf, Traum, Rausch und Vision zu einer vielschichtigen Symbolik verbinden. M. und Dichtung beginnen synonym gebraucht zu werden: »Zur Warnung hört ich sagen,/ Daß, der im M. schlief,/ Hinunter ward getragen/ In Träume schwer und tief […]/ O M. der Dichtung! wehe/ Ums Haupt mir immerdar!« (Uhland, *Der M.*). – Auch die seit dem 18. Jh. allg. verbreitete Mischung von Opium und Rotwein (Laudanum) als Heil-, Schlaf- und Rauschmittel lässt die Verbindung zwischen dem Opiumrausch als poet. Stimulans und dem göttl. Rausch des Dichters (*mania*; *furor poeticus*), der trad. durch den ↗Wein, die Gabe des Dionysos, dargestellt wurde, immer enger werden. Novalis (*Hymnen an die Nacht* II) und Hölderlin spielen auf das Laudanum an: »Es reiche aber,/ Des dunkeln Lichtes voll,/ Mir einer den duftenden Becher,/ Damit ich ruhen möge« (*Andenken*). Als Stimulans des Dichters nennt auch Wilde das Laudanum: »Keats hatte seine hochzeitlichen Locken aus dem M.wein erhoben« (*Flower of Love: Glykypikros Eros*). M. und Dichtung werden teils synonym gebraucht, wie bei Rilke: »Nur wer mit Toten vom M./ aß, von dem ihren,/ wird nicht den leisesten Ton/ wieder verlieren« (*Sonette an Orpheus* I; vgl. IX) oder Trakl: »Trunken von M.saft dunkler Gesang« (*Verklärung*). – Die symbol. Verdichtung der Bildbereiche schließt zwar an die o. g. Bedeutungsgrad an, wird mit der Zeit jedoch so eng, dass die Schichten nicht

mehr voneinander zu trennen sind, so schon bei Hölderlin, wo es in den Handschriften alternativ heißt: »Weingeist«, »Herbstgeist«, »Weingott«, »M. geist« (*Brod und Wein*; *Kolomb*). In der Dichtung des 19. und 20. Jh. wird der M. immer mehr zur rätselhaften, kaum noch auflösbaren Chiffre (Trakl, *Siebengesang des Todes*: »M. aus silberner Wolke«), Symbol allenfalls noch für rauschhafte sinnl. Bildevokationen, Metasymbol für die irrationalen, visionären, dionys. Anteil der Dichtung (Lowell, *Sword Blades and Poppy Seed*).

3. Symbol der Fruchtbarkeit und des Reichtums. Da die M.pflanze sehr viele Samenkörner enthält (Homer, *Ilias* VIII, 306), ist der M. von alters her auch als Symbol für Fruchtbarkeit und Reichtum den Fruchtbarkeitsgöttinnen (v. a. Demeter) beigegeben (Theokrit, *Idyllen* VII, 157; Kallimachos, *Hymnen* VI, 44; Vergil, *Georgica* I, 212). Die Verbindung mit dem Reichtum, die sich in der älteren Lit. aus dem Samenreichtum des M. und der Verbindung der Blütenzeit mit der Getreideernte ergibt, setzt sich in der modernen Lit. mit dem Ertrag aus dem Verkauf als Rauschmittel fort (Alai, *Red Poppies*; s. a. 2.). Als Fruchtbarkeitssymbol und Liebeszeichen gilt der M. bis in die Neuzeit in zahlreichen volkstüml. Liebesorakeln (vgl. HdA VI, 450 f.). Die Ambivalenz und die Vielschichtigkeit schließlich, die dem M. als Symbol eigen sind, zeigt sich deutlich etwa in Kellers *Romeo und Julia auf dem Dorfe*. Dort ist der M. sowohl Symbol der Liebe und der Fruchtbarkeit als auch, in Form des ↗Kranzes, Hochzeits- und Todessymbol.

↗Granatapfel, Rot, Schlaf, Traum, Wein.

Lit.: H. Baumann, Die griech. Pflanzenwelt in Mythos, Kunst und Lit., München 1965. – J.B. Friedrich, Die Symbolik und Mythologie der Natur, Würzburg 1859. – A. Kupfer, Die künstl. Paradiese, Stuttgart/Weimar 1996. – A.S. Mercatante, Der mag. Garten, Zürich 1980.   ChO

Mond

Symbol der ständigen Erneuerung, der Nacht, der Freundlichkeit, der göttl. Ordnung, der Liebe, des Trostes, des Bösen und Fremden sowie der Dichtung. – Relevant für die Symbolbildung sind v. a. die M.phasen als Bedingung der Zeitmessung (das Wort ›M.‹ leitet sich aus der indoeurop. Sprachwurzel *ma*, »messen«, bzw. *me*, »Maß«, ab, so lat. *mensis*, *menstruus* und *mensura*).

1. Symbol der ständigen Erneuerung. Die für viele Kulturen, so bes. die griech. und röm., geltende Dreiteilung der M.phasen assoziiert den abnehmenden M. mit ↗Nacht, Zerstörung und Zerstückelung (Hekate), den zunehmenden hingegen mit ↗Geburt und Entbindung (Diana), (Wieder-)Auferstehung und Unsterblichkeit (Luna). Bezieht man den M. nicht nur auf eine seiner ↗drei Phasen, sondern auf den gesamten Prozess, so wird er als Herrscher über die (zyklisch verstandene) Zeit zum allg. Fruchtbarkeitssymbol, das nicht zuletzt wegen der Gezeitenwirkung des M. bes. mit ↗Wasser, ↗Regen und Feuchtigkeit konnotiert wird, so noch P.B. Shelley in *Revolt of Islam* (V. 1420). Diese myth. Bedeutung des M. als totale Ambivalenz und Fruchtbarkeit setzt sich in nachmyth. Zeit insofern fort, als das Symbol nun selbst rhetorisch ›fruchtbar‹ wird: Es entzieht sich jeder einsinnigen begriffl. Fixierung durch die Produktion ständig neuer Benennungen. So komponiert Fleming aus den wichtigsten Teilsymbolen einer umgreifenden M.symbolik sein Lobgedicht *An den M.*: »Hekate […] Berezynthie […] Komm, Phöbe, Tag der Nacht, Diane, Borgelicht, Wahrsägrin, Liederfreund: komm, Lune, säume nicht […] Stromfürstin, Jägerfrau, Nachtauge, Horngesicht.«

2. Universelles literarisches Symbol. Da die M.-symbolik in einer Vielzahl von Teilsymbolen und Benennungen auftritt, können ihre z.T. einander gegenseitig ausschließenden Funktionen hier nur summarisch und exemplarisch umrissen werden; mindestens folgende sieben Symbolbedeutungen wurden jedoch literaturgeschichtlich wirksam: (a) der M. als Symbol der Nacht in der Bildlichkeit des ↗Auges z.B. bei Pindar (*Olympische Ode* III, 19 f.) und Ronsard (*Oden* III, 25, 51). – (b) Symbol stiller Freundlichkeit, z.B. in Vergils *Aeneis* (II, 255) und Wordsworths *Evening Walk* (V. 267 f.). – (c) Symbol der göttl. Ordnung, wie in Brockes *Der M.* – (d) Die durch den Endymion-Mythos begründete erot. Symbolik, wie in Jacobis *Der Abend*, Wielands *Der Frühling* und *Aspasia oder die platon. Liebe*. – (e) Trostsymbol: V.a. diese Funktion wurde wirkungsgeschichtlich gesehen dominant. Prominente Bsp. sind Claudius' *Wiegenlied bei M.schein zu singen*, *Abendlied*, *Das große Hallelujah* und Hölderlins *Abbitte* und *Brod und Wein*. Die Bedeutung dieser Symbolik wird gerade durch ihre Kritik ablesbar. So wurde die mit den 1770er Jahren beginnende Inflationierung des M. als Trostsymbol schon von Jean Paul als ›Seleniten-Jahrzehnt‹ verspottet. Trotz der radikalen Kritik dieser Symbolverwendung – s. (f) und (g) – taucht der M. nicht zufällig zwischen den beiden Weltkriegen in E. Jüngers *Sicilischer Brief an den Mann im M.* wieder als der trad. »Freund der Einsamen, Freund der Helden, Freund der Liebenden« auf. – (f) Symbol des Bösen und Fremden: Vergleicht Dantes *Divina Commedia* (»Inferno« V, 28) noch das kalte, stumme ↗Licht des M. mit der Hölle, so wird er in Volksballade und Schauerromantik zum wesentl. Element des literar. Gruselkabinetts. Der spieler., parodist. Umgang mit dieser Symbolik, wie ihn Jean Pauls *Hesperus*, Goethes *Der Türmer*, Droste-Hülshoffs *Vorgeschichte* oder noch Raabes *Der Hungerpastor* belegen, wird im 20. Jh. nicht zuletzt angesichts polit. Erfahrungen unmöglich (Mombert, *Die Tat*; Däubler, *Einfall*; *M.legende*; G.

Heym, *Die Schläfer*; Trakl, *Abendland*). – (g) Poetolog. Symbol: Bereits bei Ovid taucht der M. nicht nur als Element innerhalb der Erzählstruktur der *Metamorphosen* (z.B. VII, 207 ff.) auf, sondern verkörpert das Prinzip einer literar. Metamorphose selbst. Der neue Blick auf den M., den Galileis Fernrohr 1610 erzwang, widerspricht nicht dieser grundsätzl. Verwendungsmöglichkeit, wie die Rezeption von Godwins *The Man in the Moon* belegt: Godwin selbst greift mit seiner literar. Utopie, die die techn. Innovation Galileis gleichsam nachträglich bestätigt, auf die alte Trad. der Lügengeschichten und phantast. Ro-mane zurück, in denen, z.B. in Lukians *Wahre Geschichte* und *Ikaromenippos*, Ariosts *Orlando furioso* (XXXIV) und Keplers *Somnium*, Reisen zum M. Anlass zu eth., aber auch epistem. und techn. Gedankenexperimenten gaben, mochte auch wie im Falle von Cervantes' *Don Quijote* (II, 41) die Reise nur auf einem hölzernen Pferd stattfinden, das auf dem Boden blieb. In seiner *Histoire comique contenant les estats et empires de la lune* gab Cyrano de Bergerac eine witzig-differenzierte Antwort auf Godwin, indem die Lit. hier nicht nur techn. Innovationen vor ihrer fakt. Realisierung antizipiert, sondern indem der fiktive Autor auf dem M. den Helden Godwins trifft, wodurch sich die Texte wechselseitig bestätigen. Dadurch wird der M. bei Cyrano de Bergerac nicht nur zum Symbol für die Lit. selbst, wie etwa noch für den 1772 in einer M.nacht gegründeten Dichterbund Göttinger Hain, sondern stellt die grundsätzl. Frage, wie techn. Innovationen medial dargestellt und kommuniziert werden, eine Frage, die später durch das zeitgleiche Zusammentreffen von Vernes *De la terre à la lune* und *Autour de la lune* mit dem M. als zentralem Symbol des frz. Symbolismus durch Verlaines *Claire de lune* und *La bonne chanson* neu gestellt und durch A. Schmidts *KAFF auch Mare Crisium* fortgesetzt wurde.

↗Auge, Horn, Regen, Wasser.

Lit.: G.H. Lemke, Sonne, M. u. Sterne in der dt. Lit. seit dem MA, Bern 1981. – K.H. Spinner, Der M. in der dt. Dichtung von der Aufklärung bis zur Spätromantik, Bonn 1969.   ChS

Morgen

Symbol der Jugend, des Aufbruchs, der Hoffnung und der Zukunft sowie der unerfüllbaren Liebe. – Relevant für die Symbolbildung sind (a) die Wiederkehr des ↗Lichts nach der Dunkelheit der ↗Nacht sowie (b) die morgendl. Erfahrung wiedererstarkter Lebenskraft.

1. Symbol der Jugend. Wie das ↗Jahr dient auch der Tag als Sinnbild für den menschl. Lebenslauf, wobei der M. ↗Kindheit bzw. Jugend symbolisiert. Prominent ist das von Ödipus gelöste hierauf abzielende Rätsel der griech. ↗Sphinx (Schwab, *Sagen des klassischen Altertums* I, 5). Weitere Bsp. für diesen

Symbolgehalt sind Shakespeares *Sonnett* VII, Petrarcas *Canzoniere* XXXVII: *Sí è debile il filo a cui s'attene*, Canitz' *Bereitung zum Tode* oder Uhlands *Der Mohn*. Daran angelehnt kann der M. überhaupt den Beginn eines Zeitabschnitts bedeuten, wie in Uhlands *Erstorbene Liebe* den Beginn einer Liebe.

2. *Symbol des Aufbruchs, der Zukunft, der Hoffnung und des Neubeginns*. Schon im Altertum, bes. im AT (u. a. Gen 22,3; Ex 34,4; Num 22,21), ist der M. eine Zeit des Aufbruchs. Dieser Symbolgehalt hält sich durch die Zeiten hindurch (*Nibelungenlied* XXV, 1516 ff.; W. Müller, *M.lied*; Baudelaire, *Le vin des amants*; G. Kaiser, *Von morgens bis mitternachts*; H. Lersch, *M.lied der neuen Arbeiter*). – Als Symbol für die Zukunft tritt der M. insbes. in polit. Kontexten auf, meist eine positive Zukunft bezeichnend (Hoffmann v. Fallersleben, *Wiegenlied*; Brecht, *Solidaritätslied*, U. Schacht, *Ferner M.*). Daneben wird der M. aber auch als Chiffre für private Zukunftsträume verwendet (Hauptmann, *Vor Sonnenaufgang*). – Als Symbol der Hoffnung hat der M. in der geistl. Dichtung eine lange Trad., die bis in die frühchristl. Zeit zurückreicht (Ambrosius, *Aeterne rerum conditor*). In der relig., vorwiegend der protestant. Lyrik des Barock ist das Ende der mit der Sünde identifizierten Nacht Anlass zur Besinnung auf ein gottgefälliges Leben (Gryphius, *M.-Sonnet*; Knorr von Rosenroth, *M.andacht*). Bei den naturlyr. Dichtern der Aufklärung erwächst das Bedürfnis, Gott zu preisen, aus der morgendl. Naturerfahrung (Haller, *M.gedanken*; Brockes, *Der M.*). Überhaupt bleibt der M. weiterhin eine Zeit relig. Besinnung (Eichendorff, *M.gebet*; Novalis, *Fern im Osten wird es helle*; Dehmel, *M.andacht*; Morgenstern, *M.andacht*). Auch im säkularen Bereich fungiert der M. vielfach als Symbol der Hoffnung bzw. des Neubeginns, im polit. (G. Keller, *M.*, O. Hansen, *M.andacht*) wie privaten Kontext (Goethe, *Auf dem See*; Eichendorff, *Adler*; Geibel, *Frühmorgens*). – Wie bei anderen Symbolen nutzen die Autoren auch beim M. das vielfach unbewusst beim Rezipienten vorhandene Wissen um den Symbolgehalt als Hintergrund für eine dieser entgegen laufende Aussage. So wird etwa der Eindruck von Hoffnungslosigkeit gesteigert, indem diese im Kontext eines Hoffnungssymbols dargestellt wird. Schiller z. B. entfaltet in *M.phantasie* das Panorama eines belebenden M., um das lyr. Ich im Folgenden von der Teilhabe daran auszunehmen. Ebenso verwendet Rückert in den *Kindertotenliedern* den Symbolgehalt als Kontrastfolie (*M.licht!*, *O goldnes M.roth*), bis er im Laufe des Zyklus mit dem M. wieder Hoffnung und neues Leben verbinden kann (*Aus des M. Silberflor*, *Morgens bei der Sichel Klang*). Das moderne 𝄪städt. Umfeld lässt das Empfinden morgendl. Rekreation kaum noch zu (Baudelaire, *Le crépuscule du matin*; Kraus, *Der Tag*; Hoddis, *Morgens*). In Dauthendeys Kriegsgedicht *In der Frühe*

am *Altangeländer* ist der M. der Zeitpunkt, an dem das isolierte Ich seiner Sehnsucht nach Frieden Ausdruck verleiht, ohne jedoch Hoffnung schöpfen zu können. – Erlösungscharakter hat der M., wenn er die Qualen einer von Grübeleien bzw. Schlaflosigkeit (𝄪Schlaf) geprägten Nacht beendet (Droste-Hülshoff, *Durchwachte Nacht*; Mörike, *In der Frühe*), eine glückl. Wendung des Geschicks bringt (G. Kaiser, *Die Bürger von Calais* III; Schnitzler, *Leutnant Gustl*) oder der Mensch am M. nächtl. Spuk nicht sich lassen kann (Shakespeare, *A Midsummer Night's Dream* IV). – Häufig ist der M. schließlich ein Zeitpunkt, an dem 𝄪Träume und Illusionen zerstört werden (Heine, *Nicht lange täuschte mich das Glück*; J. Hart, *Am M.*; Kaléko, *Der nächste M.*).

3. *Symbol der unerfüllbaren Liebe*. Als Zeitpunkt der Trennung eines Liebespaars ist der M. in der Lit. vieler Kulturen bekannt. Antike Bsp. aus dem europ. Raum finden sich etwa bei Ovid (*Amores* I, 13) und Meleager (*Anthologia Graeca* V, 172 und 173). Das Hochmittelalter kennt mit der alba, aube/aubade bzw. dem Tagelied lyr. Gattungen, die die Klage der unerlaubt Liebenden angesichts der bevorstehenden Trennung bei Tagesanbruch zum Gegenstand haben (Raimbaut de Vaqueiras, *Gaita be, gaiteta del chastel*; Walther v.d. Vogelweide, *Friuntliche lac*). Der M. symbolisiert hier die Perspektivlosigkeit der illegalen Liebesbeziehung. Weitere berühmte Bsp. für diesen Symbolgehalt sind Shakespeares *Romeo und Juliet* (III, 5) und Wagners *Tristan und Isolde* (II).

𝄪Hahn, Jagd/Jäger, Jahr, Lerche, Morgenröte/ Sonnenaufgang, Morgenstern, Nachtigall, Neujahr, Orient, Osten, Schlaf, Schwalbe, Sonne.

Lit.: TuM, 339. – A. T. Hatto (Hg.), Eos, London 1965.
                                                                                              StP

Morgenröte / Sonnenaufgang

Symbol der Liebe und des Abschieds, der Nähe Gottes sowie des (radikal) Neuen (auch i.S.v. Apokalypse oder Revolution). – Relevant für die Symbolbildung sind (a) der transitor. Charakter des Naturphänomens, verbunden (b) mit dem zeitl. Übergang vom Dunkel zum 𝄪Licht und, damit einhergehend, (c) mit natürl. Erscheinungen wie der Röte (𝄪Rot) des 𝄪Himmels oder dem Gesang (𝄪Stimme/Gesang) der Vögel.

1. *Symbol der Liebe*. In der Weltlit. ist die M. die Zeit, in der sich Liebende nach einer Liebesnacht (𝄪Nacht/Finsternis) trennen oder sich vor dem Abschied noch einmal lieben. Für die abendländ. Dichtung prägend ist Ovid, der in der *Kephalus und Prokris*-Episode aus den *Metamorphosen* (VII, 700 ff.) den Aufbruch des Liebenden zur Jagd in der M. schildert und mit *Amores* 1, 13 einen Vorläufer des ma. Tagelieds schuf. Mit der provenzal. *alba* und dem mittelhochdt. Tagelied entsteht eine Gattung, die sich ausschließlich diesem Thema widmet. Bedeutende Beispiele aus der dt. Lit. sind etwa

Wolframs v. Eschenbach *Den morgenblic bî wahtaers sange erkôs* und *Sîne klawen* oder Oswald v. Wolkensteins *Ich spür ain lufft*. Die M. symbolisiert hier die Gefahren des Entdecktwerdens und dramatisiert somit die Trennung des Liebespaars. Auch der Abschied von Romeo und Julia aus Shakespeares gleichnamigem Drama findet im Morgengrauen statt (III, 5).

2. *Symbol der göttlichen Nähe und der Erlösung.* In allen großen Weltreligionen stellt der frühe Morgen eine der wichtigsten Gebetszeiten dar. Während die Dunkelheit der Nacht das Böse und Dämonische figuriert, wird die ↗Sonne als Symbol Gottes verstanden; dementsprechend gilt die täglich wiederkehrende M. als Zeichen der göttl. Nähe und Hilfe bzw. in eschatolog. Deutung als Symbol der Ankunft des Erlösers. Oft überlagern sich beide Lesarten. Das Erwachen der Seele noch vor Tagesanbruch und die Erwartung von Gottes Hilfe wird in Ps 56 erwähnt (»Wecken will ich das Morgenrot!«). Die eschatolog. Lesart der M. findet sich z.B. in Jes 58,8. Auf der Grundlage der bibl. Lit. entstehen seit dem frühen MA Morgenhymnen als Bestandteil der Tageszeitenliturgie. In Ambrosius' Hymnus *Aeterne rerum conditor* bedeutet die M. das innere Licht, die Aufmerksamkeit des Betenden für Gott. Elemente der Bibel und der Hymnik mit solchen des weltl. Tageliedes vermischend, entwickelt sich das geistl. Tagelied, das bis in die Frühe Neuzeit weiterlebt (Hugo v. Montfort, *Ich fragt ain wachter, ob es were tag*; H. Sachs, *Es ruft ein wachter faste*). Die M. symbolisiert darin häufig die Ankunft Christi, sie mahnt zu Askese und Besinnung auf das eigene Heil. Herder belebt den bibl. Sinn der M. als Ausdruck einer Parusieerfahrung im Stück *M.* aus *Blätter der Vorzeit*. Eine moderne Wiederaufnahme des Symbols findet sich in Baudelaires Gedicht *L'Aube spirituelle*: Die M. erscheint dem erwachenden Sünder als Verheißung eines anderen Lebens, doch bleibt die Hoffnung auf Erlösung unerfüllt, da Transzendenz nur noch als Wunsch erfahrbar ist. – In der Frühen Neuzeit wird die M. zu einem apokalypt. Symbol. Luthers *Tischreden* oder Böhmes *Aurora oder Morgen-Röte im Aufgangk* dokumentieren die Vorstellung, dass die Endzeit bereits begonnen habe, sich die gegenwärtigen Menschen also in der M. einer neuen Zeit befänden. Ähnlich, aber mit gänzlich anderer Intention, verwendet G. Bruno das Symbol in der *Cena delle Ceneri* (*Aschermittwochsmahl*). Er sieht sich dort selbst als Heilsbringer, der mit seiner im Anschluss an Kopernikus entwickelten Kosmologie den Menschen eine neue Wahrheit bringe und insofern als M. einer besseren Zukunft anzusehen sei. Damit antizipiert Bruno die säkulare Wendung der M., die v. a. in der Moderne durchschlagenden Erfolg hat. Vom relig. Gehalt des Symbols zehrt noch Nietzsches antichristl. Schrift *M.*, mit der er eine neue Zeit der Selbsterlösung des Menschen zu

inaugurieren hofft. – Der relig. Gehalt der M. lebt auch in Naturschilderungen und -gedichten fort. Im Einleitungsgedicht zur *Trutznachtigall* schildert Spee das Erwachen der Natur und verbindet die Naturschilderung mit der Suche nach Gott. In Gedichten von Schiller (*An die Sonne*), Eichendorff (*Morgengebet*, *Der frohe Wandersmann*), Droste-Hülshoff (*Feier*), im S. aus dem ersten Akt von *Faust II* von Goethe oder in *Franz Sternbalds Wanderungen* (I, 1) von Tieck ist die Zeit der M. Zeit des Erwachens der Natur, in der die Schöpfung als sinnhafter Zusammenhang erfahrbar wird, in dem sich Gott offenbart.

3. *Symbol des geschichtlichen Neubeginns und der Vollendung.* In Shakespeares Sonett LX wird die Jugendzeit als M. bezeichnet, ein Gebrauch, der sich auch in Eichendorffs Erzählung *Die Entführung* wiederfindet, wo in Bezug auf die Figur Leontine vom ›Morgenrot ihrer Kindheit‹ die Rede ist. Diese Bedeutung der M. wird auch auf die Geschichte und auf das Kollektiv übertragen, etwa in Hegels *Vorlesungen zur Philosophie der Geschichte*, wo der Beginn der menschl. Kultur in ↗Asien als M. bezeichnet wird. Hegel geht jedoch über das Verständnis der M. als Frühphase hinaus, wenn er dem in der Vergangenheit liegenden kulturellen Ursprung einen zweiten, sich in der Gegenwart vollziehenden Beginn entgegensetzt: An die Stelle der östl. (asiat.) trete nun die ↗europ. M., da der abendländ. Menschheit »die neue Sonne des Selbstbewußtseins« aufsteige (»Einteilung«), d.h. der Geist hier zu sich selbst komme und damit seinen Weg vollende. Die M. bezeichnet also nicht nur den zurückliegenden Anfang, sondern zugleich, in Anlehnung an die Eschatologie, den Beginn des finalen Abschnitts in der Entwicklung des menschl. Geistes. – Die geschichtsphilosoph. Deutung der M. als radikaler Neubeginn ist seit der Wende zum 19. Jh. beliebt. Fichte gebraucht das Symbol in der ersten seiner *Reden an die deutsche Nation*, um damit die Anzeichen der bevorstehenden Einheit Deutschlands zu charakterisieren. Seine Reden versteht er als einen Spiegel, der die zerstreuten Zeichen verdichten und lesbar machen soll. In der Rhetorik des Vormärz, der Revolution und des Sozialismus dient die M. dazu, die Hoffnung auf eine neue gesellschaftl. und polit. Ära zum Ausdruck zu bringen (z.B. Herwegh, *Lied vom Hasse*). Auch im 20. Jh. behält sie diese Bedeutung: So publiziert der 1944 von prominenten dt. Exilautoren gegründete Aurora-Verlag 1947 unter dem Titel *M.* eine Anthologie mit Texten, die zu einer Erneuerung der dt. Kultur beitragen sollen.

↗Abendröte/Sonnenuntergang, Licht, Morgen, Morgenstern, Nacht/Finsternis, Sonne.

Lit.: A.T. Hatto (Hg.), Eos, London 1965. – A. Schnyder, Das geistliche Tagelied des späten MA und der frühen Neuzeit, Tübingen/Basel 2004. StSch

Morgenstern

Symbol Christi und der christl. Heilsordnung, aber auch der teufl. Verkehrung, des Vorboten einer neuen Zeit und des Hoffnungsträgers, des Genies sowie einer begehrenswerten, meist jedoch abwesenden Frau. – Relevant für die Symbolbildung sind (a), dass der M. wie der ↗Abendstern eine Erscheinungsform der Venus darstellt, (b) seine Verbindung zu anbrechendem ↗Licht und Tagesbeginn, aber auch (c) sein Fallen nach Aufgang der ↗Sonne.

1. Symbol der christlichen Heilsordnung, aber auch der teuflischen Verkehrung. Die Rolle des M. in der göttl. Schöpfung, basierend auf Ijob 38,7 und 12, systematisiert durch den Hiob-Kommentar Gregors d. Gr. (*Moralia in Job*, Praefatio), wird in ma. Texten, z. B. im *St. Trudperter Hohe Lied* (LXXXVII, 1 ff.), ausgebreitet. Der bzw. die M. zeigen bis in die Neuzeit symbolhaft den göttl. Schöpfungsprozess an, den im Wort (»fiat lux«) vorgeformten Übergang von der Dunkelheit der ↗Nacht ins ↗Licht (z. B. Young, *Night Thoughts* I, 36 f.; K. Ph. Moritz, *Andreas Hartknopf:* Vorbericht). – Im NT wird Jesus als »der helle M.« (Offb 22,16) bezeichnet, wobei damit die Übertragung auf seinen myst. Körper, der die (christl.) Menschheit darstellt, und seine Wiederkehr am Jüngsten Tag verbunden sind: »bis der Tag anbreche und der M. aufgehe in euren Herzen« (2 Petr 1,19). In diese Richtung weist auch eine Formulierung Meister Eckharts (unter zusätzl. Rekurs auf Sir 50,6): Der Gläubige »sol sîn als ein morgensterne: iemermê gote gegenwertic und iemermê bî und glîch nâhe« (*Predigten* IX n. Qu.). Auch Ph. Nicolais Andachtslied *Wie schön leuchtet der M.* nimmt die myst. Bedeutung des Symbols auf, wenn es den M. Christus als »meinen König vnd meinen Bräutigam« bezeichnet (und noch bei Hofmannsthal ist »der frühe Morgen mit dem M.« der Zeitpunkt einer, freilich unter den Bedingungen des Ersten Weltkrieges gemachten, myst. bzw. dem myst. Erleben ähnl. Erfahrung, *Der Schwierige* II, 14). Arnold schließlich wartet, die apokalypt. Aurora-Metaphorik J. Böhmes aufgreifend, »bis der m. selbst, und endlich der volle sonnen-schein anbricht«, auf den Anbeginn der »vollen offenbarung JEsu Christi selbst« (*Unparteyische Kirchen und Ketzer-Historie:* Beschluss VIII). – In manchen Fällen steht der M. jedoch nicht nur für Christus, sondern für Figuren, die diesen (dann meist in der Rolle der Sonne bzw. des Tages) ankündigen. Im *Ezzo-Lied* heißt es z. B. »Duo irschein uns zaller jungest Baptista Johannes, der m. gelich« (Vorauer Fassung XII; ähnlich *St. Trudperter Hohe Lied* LXXXVII, 10). Auch Maria kann ihren sonnengleichen Sohn als M. ankündigen: »Der morgensterne ist ufgegangen, das ist Sante Marien geburt und ir lebe« (Mechthild v. Magdeburg, *Fließendes Licht der Gottheit* VI, 35). Diese Symbolbildung wird noch bei Heine, freilich ironisch, aufgegriffen:»Maria,

reiner M.« (*Lobgesänge auf König Ludwig* III). Bisweilen drängt sich jedoch, z. B. in Kellers Legende *Die Jungfrau und der Teufel*, der Teufel in die himml. Heilsordnung: »aber wenn sie [Maria] glänzte wie Venus, der schöne Abendstern, so leuchtete jener [der Teufel] wie Luzifer, der helle M.« Keller bezieht sich dabei mit seiner symbol. Gleichsetzung von M. und Luzifer auf die schon in der Patristik hergestellte Verbindung von Jes 14,12, wo der Sturz des ↗Königs von Babel (↗Babylon) als Herunterfallen des M. (in der Vulgata: »lucifer«) beschrieben wird, mit dem Sturz Satans aus dem Himmel Lk 10,18 (bisweilen mythologisch überlagert durch den Sturz des Phaeton, der auch wie ein Stern vom Himmel fällt; Ovid, *Metamorphosen* II, 321 f.). Lucifer ist also, als Teufel wie als mytholog. Figur, ein »gefallener M.« (Eichendorff, *Zur Geschichte des Dramas:* »Das christl. Drama«, in Rekurs auf Calderóns *El veneno y la triaca*).

2. Symbol des Vorboten einer neuen Zeit, des Hoffnungsträgers, des Genies. Die meisten mytholog. Vorgaben (so z. B. Homer, *Ilias* XXIII; *Odyssee* XIII, 93 f.; Vergil, *Aeneis* II, 801; *Georgica* III, 324 f.; Ovid, *Metamorphosen* II, 111; *Amores* I, 6, 65) beschreiben den M., d. h. Phosphoros bzw. Lucifer, als Ankündiger des neuen Tages. In der Lit. der Neuzeit steht dieser Tag stellvertretend für eine neue Zeit, die meist besser als die jetzige ist. Diese Funktion des M. als zuweilen tröstender Vorbote kann christlich konnotiert sein, muss sich jedoch nicht darauf beschränken (J.Ch. Günther, *Zufaellige Trost-Gedancken;* Moritz, *Hartknopf:* »Meine Zusammenkunft mit Hartknopfen«). – Im 18. und 19. Jh. wird die Person und die Zeit, auf die er verweist, meist recht genau gefasst: Man spricht, z. B. in Bezug auf den hl. Thomas von dem »M. [...] der scholastischen Philosophie« (Herder, *Ideen zur Philosophie* XX, 4) und, eher auf die Genese der Jetzt-Zeit bezogen, von dem »M. einer neuen Epoche« (Herder, *Über die neuere deutsche Literatur* II, 3: »Vergleichung unsrer Deutsch-orientalischen Dichtkunst« 7) bzw. »der neueren Poesie« (Eichendorff über Klopstock in: *Geschichte der poetischen Literatur Deutschlands* V: »Die Poesie der Reformation«). Genauso kann man jedoch auch, wie Goeze über Lessing schreibt, »in dem Felde der schönen Wissenschaften als ein M. glänzen« (Goeze, *Lessings Schwächen* II). Kaum verwunderlich ist, dass diese intellektuellen M. vom Genie-Gedanken des 18. und 19. Jh. nicht unberührt bleiben, ist doch das »Genie« ebenfalls »vom Himmel gefallen« wie ein »schöner M.« (Herder, *Vom Erkennen und Empfinden der menschlichen Seele* II, 3).

3. Symbol für eine begehrenswerte, aber abwesende Frau. »Dô ûf gienc/ der m.« – dieser Zeitpunkt begrenzt im Tagelied der ma. Liebeslyrik den Zeitraum der heiml. Liebenden und zwingt sie zum Abschied (Wolfram v. Eschenbach, *Der helden minne ir klage*). Wenn der M. für die Charakterisierung der geliebten ↗Frau eingesetzt wird, dann konsequenterweise nicht selten deswegen, weil die Geliebte (wie der Planet Venus nach dem Untergang des M.) aus dem Gesichtsfeld des ↗Mannes verschwunden ist. Die Frau ist zwar sein »liehter m.« (Heinrich v. Morungen, *Ez tuot vil wê*), aber dieses Gestirn ist für ihn unerreichbar. – Im Barock ist die durch den M. bezeichnete Frau ebenfalls absent: »Wie offt dein holder Stern auf Leonorens Wangen/ Durch seinen Wieder-Schein mir doppelt aufgegangen«, spricht ein männl. Ich in Günthers *Auf die Morgen-Zeit*. Auch das *Lied der Morgenröte* aus Herders *Volksliedern* lässt die Geliebte nur als Abwesende anwesend erscheinen. In die gleiche Richtung weist Varnhagen v. Enses Referat einer Prosa-Dichtung Uhlands: »Sie war der Glanz meiner Jugendtage; des Morgens M., des Abends Abendrot. Ein Kuß von ihr! ein Abschiedskuß! Und sind wir uns nicht bestimmt für's Leben, so mögen wir uns doch bestimmt sein für einen Kuß« (Varnhagen von Ense, *Denkwürdigkeiten* XV). ↗Abendstern, Morgen, Morgenröte/Sonnenaufgang, Sonne, Stern.

Lit.: M. Bergengruen, Schöne Seelen, groteske Körper, Hamburg 2003. – ders./D. Giuriato (Hg.), Gestirn und Lit. im 20. Jh., Frankfurt a.M. 2006. – F. Ohly, Die Gestirne des Heils, in: ders., Ausgewählte und neue Schriften, hg. v. U. Ruberg/D. Peil, Stuttgart/Leipzig 1995, 679–712.   MB

Motte ↗Schmetterling.

Mücke ↗Fliege.

Mühle
Symbol des Wohlstands und Überflusses, des relig. Heilsgeschehens, der Technik, der Sexualität und Liebe sowie einer geordneten, heilen Welt. – Relevant für die Symbolbildung sind (a) die lange Zeit wunderbar erscheinende Mechanik der M. und insbes. der rätselhafte Mahlvorgang, (b) ihre einsame Lage und das stetige ↗Sich-Drehen des Mühlrads (↗Rad).
1. Symbol des Wohlstands und Überflusses. Am Beginn der M.lit. stehen Klagelieder über die schwere Arbeit an der Handmühle. Erst mit der Erfindung der Wassermühle (↗Wasser) wird die M. zum Symbol des Wohlstands und Überflusses, in dem sich allerdings von Anfang an die Ambivalenz techn. Fortschritts spiegelt. In der *Grottasongr* (überliefert in der *Snorra-Edda*: »Skáldskaparmál« LII) etwa müssen die beiden Riesinnen Fenja und Menja für den König Frodi den Mahlstein der M. Grotti drehen, der Reichtum, Glück oder Frieden mahlen kann. Als sie aber aus Rache und Zorn eigensinnig Waffen und ↗Feuersbrünste zu mahlen beginnen, zerspringt die M. In einer späteren Version wird das Thema variiert: Nun mahlen sie für Mysingr auf einem ↗Schiff ↗Salz, bis es am Ende

versinkt und so eine märchenhafte Erklärung dafür liefert, warum das ↗Meer salzig ist (ähnlich das lett. Märchen *Die Zaubermühle*). Der verhängnisvolle Zusammenhang von Überfluss und Gier findet sich auch im finn. Heldenepos *Kalevala*, in dem der Schmied Ilmarinen im Auftrag der Herrin des Nordlandes Louhi die Zaubermühle Sampo baut, die ↗Gold, Salz und Getreide mahlt. Als er aber seinen versprochenen Lohn nicht bekommt, stiehlt er den Sampo und flüchtet mit ihm, der schließlich bei einem Kampf mit Louhi zerbricht und im Meer versinkt. Im dt. Sprachraum findet sich die Geschichte als Märchen unter dem Titel *Warum das Meerwasser so salzig ist*.
2. Symbol des religiösen Heilsgeschehens. Parallel zur Etablierung der M. als eine der wichtigsten Maschinen der Neuzeit entwickelt sie sich zum literar. Symbol für das Heilsgeschehen bzw. der Transsubstantionslehre; in Frankreich findet sich diese Verwendung bereits ab dem 12. Jh., während sie in Deutschland im 15. und 16. Jh. ihre stärkste Verbreitung hat. Ausgangspunkt dieser Symbolbedeutung sind die Einsetzungsworte Christi (Mt 26,26) und die Rede, in der er sich als »Brot des Lebens« bezeichnet (Joh 6,48; ↗Brot). Exemplarisch für die Ausgestaltung der ›myst.‹ M. in den Liederbüchern der Zeit kann das niederdt. *Geistliche M.lied* (zweite Hälfte des 15. Jh.) stehen, in dem die Kirchenväter die »rine und dat kammrat«, also die Funktionsteile der M. herstellen, welche von den ↗vier Paradiesflüssen (↗Fluss) angetrieben wird. Während die vier Evangelisten nach Fertigstellung des Bauwerks den Mahlvorgang durchführen, empfangen die Kirchenväter die aus der M. fallenden Hostien. Dieses Grundmuster ist in der dt. Lit. (und auch der bildenden Kunst) vielfach modifiziert worden. Wesentlich ist hier v. a. die Bedeutungsverschiebung im Zuge der Reformation, mit der aus der ›myst.‹ dann die ›göttl.‹ M. wird, aus der nun nicht mehr Hostien, sondern Bibeln als ›Mehl‹ des wahren Glaubens kommen (Bayerl, 57). Als später Reflex auf diese symbol. Dimension lässt sich St. Andres' Roman *Der Knabe im Brunnen* (1953) lesen, wo dem titelgebenden Jungen die M. von seinem ↗Vater als Gleichnis des Heilsgeschehens erklärt wird.
3. Symbol einer magisch aufgefassten Technik. Das Rätselhafte der M.technik macht die M. nicht nur für die symbol. Darstellung des Religiösen, sondern auch für die Schilderung einer mag., dem Menschen unverständl. und gleichsam gottlosen Technik nutzbar. So wird die M. in zahlreichen Sagen und Volksmärchen (etwa in *Die Teufelsmühle auf dem Rammberge*) vom Teufel erbaut, dem dafür vom Müller ein Mahlgang zugesprochen wird. Außerdem präsentiert sich diese symbol. Bedeutung der M. bzw. des M.wesens insgesamt in Sagengestalten wie Krabat, der als Kind beim ↗Schwarzen Müller in der Teufelsmühle in die Lehre gegangen

ist. Er vermag sich schließlich von seinem Meister zu befreien und wendet seine Zauberkunst danach zum Wohle der Bevölkerung an (populäre Adaptationen des Stoffes vom ›wendischen Faust‹ finden sich in Preußlers Kinderbuch *Krabat* und Brezans utop. Roman *Krabat oder die Verwandlung der Welt*).

4. Symbol der Sexualität und Liebe. Aufgrund ihrer einsamen Lage war die M. nicht nur prädestiniert für Spuk- und Verbrechensgeschichten (ein populäres Handlungsmuster war etwa die Geschichte der Müllerstocher, die mehrere Räuber mit einem Küchenbeil erschlägt; parodiert bei Busch, *Die kühne Müllerstocher*), sondern zugleich für heiml. Treffen von Liebenden und avancierte folglich zu einem Symbol der Liebe, und zwar sowohl der ›frivolen‹ als auch der ›↗reinen‹. Schon früh bezeugt ist das ›Mahlen‹ als Bild für den Geschlechtsakt (»Ich weiß mir eine Müllerin/ ein wunderschönes Weib/ wollt Gott ich sollt bei ihr malen/ mein Körnlein zu ihr tragen/ das wär' der Wille mein«, dt. Volkslied des 14. Jh.). Kennzeichnend für diesen Symbolgehalt der M. ist auch der Schwank vom vertauschten Müller (15. Jh.), in dem aus Versehen ein Pfaffe zur Müllerin ins Bett gelegt wird. In den M.liedern der Romantik hingegen liegt der Akzent der Darstellung auf der sehnsuchtsvollen, zumeist unglückl. Liebe, und Mühlbach und -rad fungieren in diesem Zusammenhang als Symbol des fließenden, kreisenden Lebens und des Schicksals. In Eichendorffs *Das zerbrochene Ringlein* etwa werden über die M.symbolik Liebe und Todessehnsucht verklammert (»In einem kühlen Grunde/ Da geht ein M.rad,/ Meine Liebste ist verschwunden,/ die dort gewohnt hat«). Dieser Konnex zwischen Eros und Thanatos findet sich auch in W. Müllers Liederzyklus *Die schöne Müllerin*.

5. Symbol einer geordneten, heilen Welt. Im Zuge der sich ab Mitte des 19. Jh beschleunigenden Industrialisierung und des damit verbundenen Gefühls der Entfremdung wandelt sich die zuvor als klass. Maschine der Moderne geltende M. zum Symbol einer vorindustriellen, heilen Welt. V.a. in der Unterhaltungslit. symbolisiert sie die ›gute alte Zeit‹ der patriarchal. Betriebsführung und der bürgerl. Werte (z.B. Heimburg, *Lumpenmüllers Lieschen*; ähnlich noch ein Jahrhundert später Behrendt, *Dort unten im Mühlgrund*). Als Symbol einer ›gesunden‹ Provinz, die der ›kranken‹ ↗Großstadt entgegenstellt wird, findet sich die M. bei Daudet (*Lettres de mon moulin*). Gebrochener erscheint die M.idylle in Kerners *Wanderer in der Sägemühle*, die zwar idyllisch einsetzt, aber in den Stillstand des Mühlrads mündet. Als beispielhaft für eine dezidierter industriekrit. M.lit. kann Raabes Roman *Pfisters M.* gelten: Die M. von Vater Pfister, die zugleich ein beliebter Gasthof ist, droht bankrott zu gehen, weil es jeden Herbst übel riecht und tote

↗Fische an der M. vorbeitreiben. Verantwortlich für den Gestank ist die flussaufwärts gelegene Zuckerfabrik, die ihre Abwässer in den Fluss entsorgt. Der symbol. Kampf ›M. gegen Fabrik‹ führt schließlich zu einem Prozess, den Pfister zwar gewinnt, die M. ist aber zwischenzeitlich aufgekauft worden und wird abgebrochen. Im 20. Jh. wird vornehmlich diese Trad.linie der M.lit. fortgeschrieben, so in Brandstetters Roman *Die M.*, in der die M. zum Symbol trad. Wissens wird, das es zu retten gilt. In Härtlings *Das Windrad* artikuliert sich im Versuch, ein Windrad vor dem Abriss zu schützen, der Kampf gegen eine unmenschl. Technik und die fortschreitende Zerstörung der Natur.
↗Brot, Kreis, Rad.

Lit.: G. Bayerl, Herrn Pfisters und anderer Leute M., in: Technik in der Lit., hg. v. H. Segeberg, Frankfurt a.M. 1987, 51–101. – M. Kienzle, Die Katastrophe der Idylle, in: Baden – Württemberg – Polen, hg. v. A. Pelka, Fernwald 2004, 145–153.   ChJ

Münze

Symbol des Dauerhaften, des Unfruchtbaren, aber auch der Produktivität, der Freiheit sowie des Säkular-Innerweltlichen. – Relevant für die Symbolbildung sind (a) die Knappheit des Prägematerials, (b) die im Unterschied zum Papiergeld zeitüberdauernde Konsistenz und ›Kälte‹ von Metall, (c) die der M. als Zahlungsmittel innewohnende Abstraktionskraft.

1. Symbol der raumübergreifenden und zeitüberdauernden Konsistenz und Kälte, aber auch der Produktivität und Fruchtbarkeit. M.geld ermöglicht nicht nur eine Vereinfachung des Gütertausches (Aristoteles, *Politik* 1258 ff.) und »alles« mit allem gleich bzw. in Beziehung setzen zu können (Platon, *Gesetze* 705), sondern aufgrund seiner Halt- und Hortbarkeit auch die zeitüberdauernde Wertaufbewahrung (darin Sinnbild der Standhaftigkeit: HS, 1283 f.), und erlaubt somit auch die Bildung von Kapital, das gegen Zins ausgeliehen werden kann. Dagegen richtet sich früh kulturkrit. Polemik. Ihr zufolge verdirbt Geld den Charakter (Sophokles, *Antigone* 295 ff.); und wenn lebloskalte M., die doch *numisma* (von *nomos*), also etwas künstlich Gesetztes sind, ohne Kontakt mit *physis* Zinsen abwerfen und sich zu vermehren scheinen, so ist das pervers (»contra naturam«, hier schwingt gewissermaßen der Verdacht mit, Geld habe homosexuelle, teufl. Valenzen, vgl. Aristoteles, *Politik* 1228b, später im Anschluss an Aristoteles Thomas v. Aquin). – Umgekehrt lässt sich aber auch die fruchtbare Potenz des Geldes literarisch herausstellen. Schon die Mythe von Zeus, der sich in Form eines ↗Gold- bzw. M.regens in Danaes Schoß ergießt (Lukian, *Meergöttergespräche* XII: *Danae*), spielt mit den erot. Konnotationen des Reichtums, die sich auch in Märchen finden (Grimm, *Die Sterntaler*). – Mit dem Aufkommen des Buch- und Papiergeldes (in China ab 1024 belegt, in Europa ab 1500) wird die Haltbarkeit von M. gegen die zweifelhafte Deckung und Werthaltigkeit des Papiergeldes ausgespielt (paradigmatisch bei Goethe: *Faust II* I: »Kaiserliche Pfalz«). Seit der Mythe von König Midas, der vom ↗Weingott Dionysos das Vermögen erpresst, alles in Gold zu erwandeln, was er berühre, und der an der Erfüllung seines Wunsches zugrundezugehen droht (Ovid, *Metamorphosen* XI, 90–192), gelten Gold und M. auch als Symbol des Leblosen und Kalten. Geschichten vom kalten ↗Herzen der Geldgierigen durchziehen die neuzeitl. Lit. (Shakespeare, *The Merchant of Venice*; Volksbuch *Fortunatus*; Hauff, *Das kalte Herz*) – bis hin zu Dagobert Duck.

2. Symbol der Freiheit, der Individualisierung und des Säkular-Innerweltlichen. »[…] dies Metall läßt sich in alles wandeln«, heißt es in Goethes *Faust* von der Gold-M. (*Faust II* 5782). Geld ermöglicht »alles«. Es ist nach einem häufig zitierten Wort Dostojevskijs (*Aus einem Totenhaus*) »geprägte Freiheit« und als solches nach der bekannten Redewendung »klingende M.«, also ein viele Phantasien und Träume evozierendes Medium. Soziologen wie u. a. Simmel, *Philosophie des Geldes* (1900), oder Luhmann, *Die Wirtschaft der Gesellschaft*, betonen häufig die dreifache Indifferenz des Geldes: gegenüber den getauschten Sachen, den Zeitpunkten seines Einsatzes und gegenüber den Tauschpartnern. Gerade aufgrund dieser Indifferenz ist es ein Medium der individualisierten bzw. egoist. Entscheidungsfreiheit, was so unterschiedl. Autoren wie Hofmannsthal (*Jedermann*), Brecht (*Dreigroschenoper*; *Herr Puntila und sein Knecht Matti*) oder Th. Mann (*Buddenbrooks*; *Königliche Hoheit*) herausstellen. – M. werden aus Metall geformt, das unterirdisch beheimatet ist und schon deshalb mit finsteren Mächten wie dem griech. Gott der Unterwelt, Pluto, und dem Teufel assoziiert wird. Sentenzen Jesu wie »So gebet dem Kaiser, was des Kaisers ist [die Zins- bzw. Steuermünzen], und Gott, was Gottes ist« (Mt 22,21), oder die Geschichte von Judas, der für seinen Verrat am Erlöser dreißig Silbermünzen erhält (Mt 26,15), etablieren früh ein Denkschema, das die trad. Orientierung an Gott und Transzendenz gegen die Orientierung an Geld und Immanenz ausspielt. Vielen Schriftstellern (u. a. Molière, Zola, Dickens, Gotthelf, *Geld und Geist*; Keller, *Der grüne Heinrich*) ist jedoch aufgefallen, wie stark die M.- und Geldsphäre von relig. Begriffen und Assoziationen geprägt ist (man denke an Begriffe wie ›Schuldner‹, ›Gläubiger‹, ›Offenbarungseid‹). Als »sichtbarer Gott« wird Geld in Shakespeares *Timon of Athens* (IV, 3) angesprochen. Die geprägte Hostie und die geprägte M. ähneln sich frappant: »Gibst da dem Mammonsbeutel Ehr,/ Als obs das Tabernakel wär« (Hofmannsthal, *Jedermann*).
↗Gold, Silber.

Lit.: W. Bergsdorf (Hg.), Am Gelde hängt, zum Gelde drängt …, Weimar 2007. – M. Frank (Hg.), Das kalte Herz, Frankfurt a.M. 1978. – J. Hörisch, Kopf oder Zahl, Frankfurt a.M. 2003. – M. Shell, The Economy of Literature, Baltimore 1978. – J. Vogl, Kalkül und Leidenschaft, Berlin 2002. JHö

Mütze ↗Hut/Kopfbedeckung.

Mund

Symbol der Wahrheit und der Lüge, des Charakters, der Einverleibung und des Begehrens, des Lebens wie des Todes, einer nicht-rationalen Kommunikation, des weibl. Geschlechts sowie der dichter. Rede. – Relevant für die Symbolbildung sind (a) die doppelte Funktion des Aufnehmens (von Nahrung; ↗Mahl) und des Ausstoßens (von Sprache; ↗Stimme/ Gesang), die dem M. eigen ist, sowie (b) sein Status als ›Schleuse‹ zwischen innen (Subjekt) und außen (Objekt).

1. Symbol der Wahrheit und der Lüge. Als Symbol der Benennung steht der M. seit der Antike für die Sprache und das Sprechen (z. B. Tacitus, *Annales* XIV, 56; Mt 5,2; 12,34; Ex 4,10–16; Jes 1,20). In Bezug auf das, was er ausspricht, kann der M. Symbol der Wahrheit sein. Bes. kondensiert zeigt dies die *bocca della verità*: Wer seine Hand in diesen ›M. der Wahrheit‹ steckt und lügt, verliert sie (*Kaiserchronik* 10688 ff.; Pauli, *Schimpf und Ernst* CCVI). Eine Variation der Wahrheitsfunktion des M. findet sich bereits bei Ovid (*Metamorphosen* III, 461), als Narkissos (↗Narzisse) an »des reizenden M. Bewegung« endgültig begreift, dass es sich bei seinem Spiegelbild (↗Spiegel) um ihn selbst handelt. Genauso kann der M. jedoch für die Lüge stehen, nämlich wenn »Lippen« und »Herz« nicht beieinander sind (Jes 29,13) oder wenn die ↗Zunge gespalten ist oder einer ›kalt und warm aus einem M. bläst‹, ein Ausdruck, der auf die äsop. Fabel *Vom Wanderer und Satyr* (Avian, *Fabeln* XXIX) zurückgeht (zu den verschiedenen Bearbeitungen vom Stricker bis Goethe vgl. Stern). Die unhintergehbare Freiheit des M. zur Kommunikation angesichts der Gefahr seiner Verletzbarkeit (›mundtot‹ machen bzw. ihn gewaltsam öffnen) wird z. B. bei Fried (*Die Freiheit den M. aufzumachen*) thematisiert. – Als Symbol des ↗Schweigens findet sich der M. bereits bei Aischylos (*Orestie: Agamemnon* 44). Schon bei Homer (*Odyssee* I, 64 u. ö.) in der stehenden Redewendung »welch Wort entfloh dem Zaun deiner Zähne« zahlreich belegt, kommt v. a. in MA und Früher Neuzeit (meist in Bezug zum NT: Mt 15,11; Jak 3,3–11) den Lippen als ›Doppeltür‹ und den Zähnen als ›Wächter‹ der Zunge bes. Bedeutung zu, die den M. vor unbedachter Sünde (Erasmus v. Rotterdam, *Lingua, sive de lingua usu ac abuso*) oder der Verletzung anderer (A. Gryphius, *An eine Jungfrau*) schützen sollen (Benthien). Ein letztes Residuum menschl. Wahrheit bleibt der M. bei Celan (*Gut*).

2. *Symbol des Charakters.* Die Trad., den M. *pars pro toto* den Charakter, den Gemütszustand oder den ganzen Menschen versinnbildlichen zu lassen – sei er nun »friedlich«, »traurig«, »drohend«, »gefällig«, »prahlend«, »sterbend«, »gütig«, »eitel«, »liebend« usw. (Ovid, *Metamorphosen* XI u.ö.) –, ist noch in der Moderne wirkmächtig (eindrucksvoll bei Wilde, *The Picture of Dorian Gray* XX, wo die Veränderungen an Dorians M. zu einem Indikator seiner Heuchelei werden) und erreicht eine fragwürdige Blüte in der Physiognomik, in der z. B. ein schiefer M. bereits ausreicht, um den Charakter als »inkonsequent, einseitig, sophistisch, falsch, listig, launisch, widersprechend, kaltschalkhaft, hartgefühllos« darzustellen (Lavater, *Von der Physiognomik*: »Hundert physiognomische Regeln« VI). Noch bei Celan (*Gespräch im Gebirg*) heißt es typisierend: »Zunge sind sie und M.«

3. *Symbol der Einverleibung und des Begehrens.* Bereits im Sündenfall (Gen 3) beginnt in einem Akt oralen Verschlingens (↗Essen/Verzehren) die Erkenntnis; so kann der M. für Gier (Ovid, *Metamorphosen* VIII; Brant, *Das Narrenschiff* CVIII), aber auch für Aggression (Dostojevskij, *Verbrechen und Strafe* IV, 5) stehen. Als M. kann sich auch die ↗Erde auftun, um die Menschen in sich aufzunehmen (Gen 4,11; Num 16,30–32; Borden, *The Forbidden Zone*). M. und Lippen können für das Küssen und die damit verbundene Begierde stehen (z. B. Gottfried v. Straßburg, *Tristan* 1311; Marlowe, *The Tragicall History of D. Faustus* V, I; Verlaine, *Colloque sentimental*; Baudelaire, *Le portrait*), und manchmal erscheint der M. so ästhetisiert, dass er für die je einzelne Schöne bzw. die Schönheit schlechthin steht (vgl. die altdt. Verserzählung *Von der schönsten Frawen, genant die rot munt*; Tasso, *Loda il labro di sotto de la signora Leonora Sanvitale* und Góngoras Aemulatio *La dulce boca que a gustar convida*; Hoffmannswaldau, *Auff den m.*).

4. *Symbol des Lebens, des Todes und des Bösen.* Der M. als Öffnung des Körpers ist auch spirituell und religiös bedeutsam: Das Einhauchen des Lebens (↗Atem/Hauch) oder des Hl. Geistes geschieht durch den M. (Gen 2,7; Joh 20,22), durch den auch das (lebensspendende) Wort Gottes geht (Dtn 8,3; Mt 4,4). In der Mythologie verlässt die Seele den Körper durch den M. (Ovid, *Metamorphosen* VII, 861; XII, 423), und das Wechselspiel zwischen Leben und Tod wird selten so deutlich wie in Goethes ›Vampirgedicht‹ *Die Braut von Korinth*, in dem die Küsse der Liebenden diese zwar einen Moment vereinigen, damit aber auch den Tod des Jünglings besiegeln. Die roten Lippen sind ein untrügl. Zeichen für Leben (Gottfried v. Straßburg, *Tristan* 1311), und die Abwesenheit der ↗Farbe ↗Rot signifiziert dessen Schwinden (Goethe, *Faust I*: »Kerker«). – Als Pforte können durch den M. auch Dämonen bzw. Götter eindringen oder entweichen (HdA VI, 621; A. Gryphius, *Absurda Comica oder Herr Peter Squentz*, III;

Goethe, *Faust I*: »Walpurgisnacht«; vgl. auch Offb 9,17 und 16,13; ↗Fliege) bzw. das göttliche Hauchen kann – wie in vielen Sagen und Märchen (vgl. HdA I, 1355–1357) – zu einem teuflisch-tödlichen werden.

5. *Symbol einer nicht-rationalen Kommunikation.* Bei Ovid (*Metamorphosen* II, 355 ff.; VI, 556 f., 659 f.; IX, 392; XI, 734 f.) sieht man in verschiedenen Verwandlungserzählungen, wie mit dem M. auch die Sprache schwindet, ein Sachverhalt, der für die Folter und ihre Repräsentation in der Lit. signifikant ist und sich z. B. bei H. Müller (*Germania Tod in Berlin*: »Nachtstück«) symbolisch in der Regieanweisung »Er schreit. Der M. entsteht mit dem Schrei« verdichtet. – Als Ort der *abjects* (»Verwerfungen«; Kristeva, *Pouvoirs de l'horreur*) symbolisiert der M. eine Übergangszone dessen, was noch nicht (nicht mehr) Subjekt und nicht mehr (noch nicht) Objekt ist. Die Romane und Erzählungen Batailles (z. B. *Le bleu du ciel*) machen sich diese Symbolik im Paradoxon einer durch Selbstentäußerung gewonnenen Identität (›Ipseität‹) zunutze: Der geöffnete M. (karnevalistisch lachend oder die Grenzen des Körpers im erot. Exzess überschreitend) ist (neben dem Geschlecht) der zentrale Katalysator einer nicht-rationalen (sakralen, aber völlig immanenten) Kommunikation.

6. *Symbol des weiblichen Geschlechts.* Die spottende Verwendung des M. ist schon in der Bibel prominent (z. B. Ps 22,8; Jes 57,4; Klgl 2,16) und findet ab dem 15. Jh. neuen Aufschwung, wie z. B. in Botes *Dyl Ulenspiegel*, wo zudem in der 2. Historie die Nähe des ›Zannens‹ (des Entblößens des M.) zum ›Blecken‹, dem Entblößen des Geschlechts (↗Vagina, ↗Po, ↗Phallus), deutlich wird (Kröll). In den *Studien über Hysterie* stellt Freud im »Fall Dora« einen expliziten Zusammenhang zwischen dem M. einer ↗Frau und ihrer Vagina her; im 20. Jh. wird die *Vagina dentata* zu einem gängigen Motiv der Lit. (z. B. Fuentes, *Cristóbal Nonato*), und noch G. Steinwachs (*der m. ist aufgegangen*) bringt den »oberen« und den »unteren m.« im »alimentations-sexualorgan« zusammen.

7. *Symbol der dichterischen Rede.* Bereits Platons Sokrates erklärt, dass die Übertragung dichter. Inspiration durch den M. geht (*Ion* 534e), der bei Ovid (*Metamorphosen* X, 204) als Ort poetisch vergegenwärtigender Erinnerung im ↗Gesang vorgestellt wird. Poetologisch bes. bedeutsam ist eine Episode in Rabelais' *Pantagruel*: Der Erzähler verbringt hier sechs Monate in des Riesen Pantagruel M., in dem »mehr als fünfundzwanzig bewohnte Königreiche liegen« (XXXII); damit einher geht ein Wechsel von der auktorialen zur Ich-Erzählperspektive, der die subjektive Authentizität der Erzählerrede anzeigt. Eine ähnl. Rückbesinnung auf die körperl. und sprachl. Bedingungen dichter. Rede stellen auch Jandls Frankfurter Poetik-Vorlesungen *Das Öffnen und Schließen des M.* dar.

↗Atem/Hauch, Gesicht, Wunde, Zunge.

Lit.: C. Benthien, Zwiespältige Zungen, in: Körperteile, hg. v. ders./Ch. Wulff, Reinbek bei Hamburg 2001, 104–132. – K. Kröll, Der schalkhaft beredsame Leib als Medium verborgener Wahrheit, in: Mein ganzer Körper ist Gesicht, hg. v. ders., Freiburg 1994, 239–294. – M. Stern, Kalt und warm aus einem M. blasen, in: Antiquitates Renatae, hg. v. R. Böschenstein-Schäfer, Würzburg 1998, 49–62.   ThS

Muschel

Symbol des sündhaften Lebens und des Geizes, aber auch der Jugend, der Freundschaft und des Dichters. – Relevant für die Symbolbildung ist v. a. die Abhängigkeit der M.symbolik von der der ↗Perle, wobei neben (a) den Entstehungsmythen der Perle v. a. (b) der Kontrast zwischen dem scheinbar wertlosen Äußeren und dem kostbaren, verborgenen Inneren eine bes. Rolle spielt.

Wenn die Perle als Christus oder Maria verstanden wird, ist die M. Maria (Picinelli/Erath, *Mundus symbolicus* VI, 93) bzw. die Hl. Anna (ebd., VI, 84). H. Sachs versteht unter der M. das sündhafte ird. Leben, nach dessen Ende die vom Wort Gottes zum rechten Glauben gelangte Seele in die Ewigkeit eingehen kann (*Evangelium: Das edel perlein*). Heine setzt die M. mit dem Dichter gleich, der sein Werk unter Leiden hervorbringt (*Die romantische Schule* II). Nach Börne sind hingegen Worte »nichtswerte M., in welchen sich zuweilen Ideen als edle Perlen finden« (*Bemerkungen über Sprache und Stil*). Überraschend ist Prokop v. Templins negative Deutung der M. als Sinnbild des Geizes, da ihr die vom Tau empfangene Perle nur mit großer Mühe abgewonnen werden kann (*Encaeniale* XIX, 5). – Für Keller ist die Jugend eine verschlossene M., die der unfähige Lehrer nur durch Zertrümmern öffnen kann (*Der grüne Heinrich*, 1. Fass., II, 5). Die mit dem Krebs in Symbiose lebende M. kann positiv als Sinnbild der Freundschaft, negativ als Symbol der Unselbständigkeit gedeutet werden (HS, 729 f.). Die M., die sich schließt, wenn die Möwe sie aussaugen will, verweist nach Cats auf eine gefährl. Liebschaft, die beide Partner in Bedrängnis bringt, oder auf nutzlosen Reichtum (HS, 731 f.). – Der Entstehungsmythos der Aphrodite/Venus hat wohl die Gleichsetzung der M. mit der Vulva (↗Vagina) begünstigt (DWb XII, 2732).

↗Fossil, Perle, Tau.

Lit.: F. Ohly, Die Perle des Wortes, Frankfurt a.M. 2002.   DP

Museum

Symbol der Moderne, der Freiheit, Macht und Nation, der Geschichte, Erinnerung und Bildung, des Todes. – Relevant für die Symbolbildung sind (a) die Bewahrung der Objekte durch Entzug aus ihren gewöhnl. Kontexten und (b) ein histor. Bewusstsein als Voraussetzung der Institution.

1. Symbol der Moderne, der Freiheit und der Nation. In der Antike bezeichnet gr. »museion« eine den Musen gewidmete Stätte, die der gelehrten Kommunikation und Bildung dient. Bis ins 19. Jh. bezeichnet M. den Arbeitsraum eines Gelehrten. Wagner beklagt, dass er »in sein M. gebannt ist« (Goethe, *Faust I* 530), damit auf die Weltenthobenheit des musealen Raums anspielend. – Das M. in seiner heutigen Form entsteht seit dem Anfang des 18. Jh. Der Begriff bedeutet Gedrucktes und Gebäude gleichermaßen. M. erscheint als Titel von Zeitschriften; noch 1960 richtet H.M. Enzensberger ein *M. der modernen Poesie* in Buchform ein, um symbolisch zu unterstreichen, dass moderne Kunst und musealisierte Geschichte keine Gegensätze sind. – Das M. ist selbst eine Symbolinstitution der Moderne, an der sich exemplarisch die Transformationsprozesse von einer stratifikator. hin zu einer funktional differenzierten Gesellschaft abzeichnen. Für den literar. Symbolwert des M. ist bedeutsam, dass das M. vom Machtverlust der Religion profitiert und selbst als ein relig. konnotierter Raum wahrgenommen wird. Goethe vergleicht eine Galerie mit einem »Heiligtum«, einem »Gotteshaus« (*Dichtung und Wahrheit* II, 8). Den Mannheimer Antikensaal überhöht Schiller im *Brief eines reisenden Dänen* symbolisch zum »Tempel der Kunst«. Dagegen wendet sich kritisch Klingemann, der die Ausstellung von Torsi antiker Götter als Störung ihrer Totenruhe wertet; symbolisch zugespitzt bezeichnet er das M. deshalb als »Invalidenhaus der Götter« (Klingemann, *Nachtwachen des Bonaventura*: Dreizehnte Nachtwache). – Im M. findet man nun auch Gemälde mit relig. Sujets: »Ins M. bin zu später/ Stunde heut ich noch gegangen,/ Wo die Heil'gen, wo die Beter/ Auf den goldnen Gründen prangen« (C.F. Meyer, *Auf Goldgrund*). Die symbolträchtige Vermengung von M. und Kirche wird jedoch im 20. Jh. zunehmend kritisch hinterfragt. J. Roth sieht die ausgestellten Kunstwerke »als wären sie selbst Götter und das M. ihre Kirche. Und ich hatte nicht das Bedürfnis zu beten« (*Das M.*). Umgekehrt werden nun auch Kirchen nur noch als M. wahrgenommen werden (E. Jünger, *In den M.*). – Dass das M. jedoch keine neue Kirche ist, wird in seiner symbol. Verknüpfung mit der Freiheit deutlich. Als ein Ort, wo unzensiert erot. Bilder betrachtet (Zola, *L'assommoir* III) oder erot. Abenteuer ausgelebt werden können (Nabokov, *Sprich, Erinnerung, sprich*), ist das M. ein Symbol der Befreiung von relig. oder trad. Sexualmoral. Twain quittiert dies negativ, indem er sich an der Ausstellung »freizügiger Kunst« in den Uffizien stört (*A Tramp Abroad* L: »Titian Bad and Titian Good«). – Der Umbruch zur Moderne geht mit der Formierung des modernen Nationalstaats einher, der auch die M.welt verändert. Napoleon lässt im Louvre das Musée Napoléon mit z. T. geraubten Kunstwerken aus ganz ↗Europa einrichten und erhebt damit das

M. zum Symbol der Macht, der siegreichen französ. Nation und aufgrund seiner umfassenden Bestände der Zivilisation schlechthin. Schiller betont daraufhin kritisch, dass sich die Symbolkraft der Kunst nicht in den Dienst der Politik stellen lasse (*Die Antiken zu Paris*). Ironisiert wird die nationale Indienstnahme des M. bei Fontane, weil sie auf einer manipulativen Interpretation der Objekte basiert (*Vor dem Sturm* XI), in S. Lenz' Roman *Heimatmuseum* ist die Zerstörung des M. Symbol der durch den Zweiten Weltkrieg verlorenen Heimat. Auch in US-amerikan. Romanen des 19. Jh. wird das nationale Thema angeschlagen. Der Besuch europ. M. bringt den eigenen Mangel an M. und damit an kultureller Symbolkraft zu Bewusstsein (H. James, *The American*). – Die dem M. inhärente Vergesellschaftung provoziert auch dezidiert anti-ideolog. Entwürfe. In Chatwins *Utz* verschwindet eine wertvolle Privatsammlung, um sie einer drohenden Liquidation in einem sozialist. Staatsmuseum zu entziehen, das damit zu einem Symbol des aggressiven, vereinnahmenden Totalitarismus wird (s.a. 3.). In Pamuks *Masumiyet Müzesi* [*M. der Unschuld*] wird das M. als Produkt der westl. Zivilisation und als Symbol ihres Stolzes angesehen. Das M. wird dadurch jedoch auch als Instrument erkannt, um die Ohnmacht des seiner Würde beraubten Menschen zu überwinden.

2. Symbol der Geschichte, Erinnerung und Bildung. In M. werden histor. Prozesse konstruiert. Die Einrichtung eines M. suggeriert auch die histor. Bedeutsamkeit der darin gesammelten und ausgestellten Artefakte. Die Geschichtssymbolik des M. eignet sich zur Ironisierung, so Fontane in *Der Stechlin* (XXVIII), wo das ›M.‹ aufgrund seiner unbedeutenden Objekte lediglich in Anführungszeichen stehen kann. Allerdings vermag das M. auch Geschichte zu neutralisieren, es kann zum Symbol der Geschichtslosigkeit werden: »ein M., denk ich, ist immer das Allerunschuldigste« (Fontane, *Unwiederbringlich* XIX), oder zum Symbol der Geschichtsklitterung (Lenz, *Heimatmuseum*). – Wie ⤤Bibliotheken und ⤤Archive dienen M. der Konstitution eines kulturellen Gedächtnisses; durch die Sammlung, Bewahrung und Ausstellung von Originalobjekten werden sie zu Symbolen einer bestimmten Kultur. Das M. kann in einem emphat. Sinne zu einem »Erinnerungsraum« (A. Assmann) werden. Vornehmlich als individueller Erinnerungsort tritt das M. in der Lit. in Erscheinung, so als Raabes »Herzensmuseum« (*Die Akten des Vogelsangs*; *Das Odfeld* V). Das M. als symbol. Experimentalraum ebnet in Kaschnitz' *Haus der Kindheit* den Weg zu einer Erinnerung an sich selbst. Bei Gustafsson ist das M. der symbol. Ort der Erinnerung an das in Europa vernichtete Judentum: »Im M. von Jerusalem/ steht eine kleine polnische Synagoge/ […] von irgendwem demontiert und hierhergebracht/ zur Erinnerung an irgend jemand«

(*Jüdisches M., Jerusalem*; ⤤Jerusalem). An der Massenvernichtung findet die Musealisierung jedoch ihre Grenzen, so in dem *Ausflug ins M.* betitelten, groteske Züge tragenden Text von Rósewicz, der einen Besuch in ⤤Auschwitz schildert. Das M. bewahrt zwar symbolisch die Erinnerung an die Ermordeten, doch bewegt es die schaulustigen Besucher nicht dazu, sich mit den Geschehnissen auseinanderzusetzen oder ein Gedenken zu entwickeln. – Als Symbol der Bildung prägt das M. den englischsprachigen Bildungsroman des 19. Jh. In Ch. Brontës *Villette* und G. Eliots *Middlemarch* stößt die Begegnung mit dem musealen Objekt die Persönlichkeitsentwicklung der weibl. Protagonistinnen an (Kruse, 76). Die Bildungssymbolik kann sich jedoch auch als Täuschung entpuppen, wenn das M. ein Ort ist, der Bildung verweigert. In Zolas *L'assommoir* stört z. B. die fehlende Beschriftung der Kunstobjekte im Louvre. Die große Masse ausgestellter Gegenstände kann durch eine der Moderne entsprechenden Beschleunigung der Rezeption ausgeglichen werden (Waiblinger, *Vatikan*), aber auch, wie im Louvre, eine Nivellierung der ästhet. Erfahrung nach sich ziehen (Heine, *Die armen Kinder der Kunst*). Heine wertet den Louvre zudem als Symbol eines lebensfernen Ortes, da mit den dort ausgestellten Antiken der Fokus auf einer nicht mehr zeitgemäßen Kunst liegt (*Die romantische Schule* I). Aus diesem Grund kann das M. auch offene Ablehnung provozieren: »Ich hatte es satt, diese Sammlungen von steinernen Trümmern« (Frisch, *Homo Faber*). Der Protagonist begeistert sich dagegen für moderne Technologie. Radikal auf die Selbstbehauptung des Individuums setzt Bernhards *Alte Meister*. Der Protagonist, »von Natur aus ein M.hasser«, sucht regelmäßig das Kunsthistor. M. Wien auf und macht es zum Schauplatz seiner unaufhörl. Gesellschaftskritik. In der stets erneuerten Differenz zwischen Gesellschaft und Individuum wird das M. zu einem Symbol der individuellen Identitätsbildung, das sich aus der Zurückweisung der trad. symbol. Funktionen des M. speist.

3. Symbol des Todes. In der Lit. wird das M. häufig mit einem ⤤Friedhof verglichen, so zu Anfang des 20. Jh. von den museumskrit. italien. Futuristen, für die das M. ein Symbol des Abgelebten ist (Marinetti, *Manifeste du futurisme*). Besonders in Dichterhäusern drängt sich der Eindruck des Toten auf. Das M. wird hier zum Symbol der toten Geschichte und der durch Kanonisierung erstarrten Lit., die ihren Bezug zum Leben verloren hat und keine Erneuerung erfährt: »vorbei an den erkalteten Reliquien der russ. Lit.« (Bitow, *Das Puschkinhaus*). Aus russ. Perspektive wird die Symbolik der Erstarrung auch bei der Klassiker-Verehrung in Weimar wahrgenommen. *Im deutschen Mekka* lautet der Titel eines Gedicht-Zyklus' von S. Černyj, in dessen drei Gedichten *Das Schil-*

lerhaus, *Das Goethehaus* und *An den Gräbern* die Symbolik des Todes und der Erstarrung ausgearbeitet wird, wobei diese Symbolik noch eine Wende ins Kommerzielle erfährt:»Hier schrieb und starb Friedrich Schiller.../ Ich kaufte eine Ansichtskarte und ging hinab« (*Das Schillerhaus*). Die Totenatmosphäre des M. kann dem Besucher vampirartig seine Lebenskraft entziehen. Als Symbol des Aussaugens von Leben fungiert das M. in U. Hahns *Freudenfeuer*:»Nach meiner Hand/ greift da ein Krug spricht/ Trink gib du dein Leben/ dem der aus mir trank er/ wartet schon auf dich.« – In postkolonialer Lit. wird das M. als Ort entlarvt, an dem die Kolonien aus Sicht der Machthaber repräsentiert werden (s.a. 1.). Das M. wird zu einem Symbol der geraubten Identität. Die museale Enteignung der Kolonien und ihrer Bewohner wird in Tourniers *La goutte d'or* durch Bilder des Todes dargestellt, die den Identitätsverlust symbolisieren. Das M. wird hier zu einem Symbol der eurozentr. Herrschaft (vgl. ↗Europa), kritisiert wird jedoch auch generell der ideologisch-symbol. Gebrauch des M. selbst.

↗Archiv, Bibliothek.

Lit.: U. Goldschweer, Trüger. Zuflucht, Habil. Bochum 2003, http://www-brs.ub.ruhr-uni-bochum.de/netahtml/HSS/Diss/GoldschweerUlrike/ – Ph. Hamon, Le musée et le texte, in: Revue d'histoire littéraire de la France 95 (1995), 3–12. – H. Kruse, The M. Motif in English and American Fiction of the Nineteenth Century, in: Amerikastudien 31 (1986), 71–79.   CB

Musik ↗Kunstmusik, Naturmusik/Sphärenharmonie.

Mutter

Symbol des Lebens, der Fruchtbarkeit und der Liebe, aber auch der Zerstörung und des Todes sowie des kosm. Ursprungs. – Relevant für die Symbolbildung sind (a) die mütterl. Fruchtbarkeit und (b) die ursprüngl. Einheit von Mutter und ↗Kind.

1. Symbol des Lebens und der Fürsorge. In ihren positiven Aspekten erscheint die M. als Sinnbild des Schaffens und der Weitergabe des Lebens. Sie stellt zunächst die körperl. Grundlage (vgl. lat. *mater*, »Materie«) der menschl. Existenz dar. Da M. und Kind zeitweise eine reale Einheit bilden, wird die M. zum Symbol für Schutz, Geborgenheit und Wärme sowie für Ernährung und Pflege. Das M. bild symbolisiert aber nicht nur die körperl., sondern auch die psych. Grundlage der menschl. Existenz. Die M. gilt allg. als das Lichte und Gute oder noch konkreter als das Gütige, Hegende, Hilfreiche und Heilende, sie steht für Nachsicht, Verständnis und Verzeihung (z. B. Goethe, *Die Leiden des jungen Werthers*; *Hermann und Dorothea*; A. v. Arnim, *Der tolle Invalide auf dem Fort Ratonnau*; letzter Tagebucheintrag in Gogol, *Aufzeichnungen eines*

Wahnsinnigen). Im Märchen erscheint die M. als gutes und hilfreiches Mütterchen (Grimm, *Der süße Brei*; *Die Nixe im Teich*; Kuhn, *Norddeutsche Sagen: Die Seidenspinnerin*). Diese Aspekte werden oft bis ins Heilige überhöht. Als Göttin und Urbild erscheint die M. so etwa in Goethes *Faust II* (I: »Finstere Galerie«) oder in Hesses *Demian* (VII) als »Frau Eva! […] sie ist wie die M. aller Wesen«. – Ein weiterer bedeutender Aspekt ist in diesem Zusammenhang die M.liebe. Die Beziehung des Kindes zur M. wird zum Vorbild aller anderen Liebesverhältnisse (vgl. Dickens, *David Copperfield*; Kafka, *Der Verschollene*).

2. Symbol des Zerstörerischen und des Todes. Gerade die Züge der Liebe und Fürsorge bedingen aber auch die Kehrseite in der Symbolik der M. So stellt C.G. Jung etwa der guten M. die ›nefasten‹ Aspekte einer festhaltenden und verschlingenden M. gegenüber. Beide sind in seiner Vorstellung vom »M.archetyp« vereint: »die Weisheit und die geistige Höhe jenseits des Verstandes; das Gütige, Hegende, Tragende, Wachstum-, Fruchtbarkeit- und Nahrungspendende«, aber auch »das Geheime, Verborgene, das Finstere, der Abgrund, die Totenwelt, das Verschlingende, Verführende und Vergiftende, das Angsterregende und Unentrinnbare« (Jung, *Die Archetypen und das kollektive Unbewusste* IV, 2: »Der M.archetypus«; ↗Abgrund/Tiefe; ↗Finsternis). So verbindet sich mit der M. auch in der Lit. die Vorstellung von Zerstörung und Tod (vgl. Euripides, *Medea*; Gellert, *Die Betschwester*; Lessing, *Miß Sara Sampson*; Čechov, *Čajka*; Allende, *La casa de los espíritus*). Im Märchen wird sie, oft in Form der Stiefmutter, als böse Hexe dargestellt (*Sneewittchen*; *Aschenputtel*; *Die Zauberflöte*).

3. Symbol des kosmischen Ursprungs. Auf Plutarchs Schilderungen über die ägypt. Mythologie in *Isis und Osiris* bezieht sich Bachofen in *Das M.recht* (1861). Er weitet seine M.rechtsthematik auf die gesamte Antike aus und sieht ein weltgeschichtl. Nacheinander vom weibl.-stoffl. Prinzip zum ↗männl.-geistigen Prinzip. Für Bachofen ist der kosm. Träger des M.rechts die ↗Erde. – Als die Göttin der Erde und der Fruchtbarkeit ist die M. als Mater Magna (gr. Kybele) bereits in der antiken Mythologie von Bedeutung (Lukrez, *De rerum natura* II, 598–660). Im Christentum lebt sie in Form der M. Gottes (Gottesmutter Maria) als Gegenfigur zur Gestalt der Eva und als Himmelskönigin fort: »O Wunder! Gott ist Mensch/ die M. hat geboren/ die Jungfrau war und blieb« (Gryphius, *Sonn- und Feiertagssonette* VII; vgl. Schiller, *Die Braut von Messina* I, 3; Novalis, »Märchen von Hyacinth und Rosenblüthchen« in *Die Lehrlinge zu Sais*). – Insgesamt gilt die M. als Anfang und Ende aller Dinge. Im Tod kehrt der Mensch zur M. Erde zurück, aus der er hervorgegangen war. Dies ist sowohl wörtlich als auch sinnbildlich zu verstehen: Die Erde, die in Gen 2,7 Geburtsstätte des Menschen ist, dient nach dem Tod auch als ↗Grabstätte: »Sinke, du Staubgebein,/ Zur Erde, deiner M.« (Hölty, *Der Tod: Wann, Friedensbothe*).

↗Erde/Lehm/Acker, Frau/Jungfrau, Geburt, Kind, Mann, Milch, Vater/Hausvater.

Lit.: J. J. Bachofen, Das M.recht, 2 Bde. Basel 1948. – C.G. Jung, Archetypen, München 1990. – ders., Symbole der Wandlung. Olten ⁴1985. – S. Birkhäuser-Oeri, Die M. im Märchen, Waiblingen ¹¹1993, bes. 16–45. – R. Briffault, The Mothers, 3 Bde., London 1927– 1952.   CN

Muttermal ↗Narbe/Muttermal.

Muttermilch ↗Milch.

Myrrhe
Symbol des Leidens und des Reichtums. – Relevant für die Symbolbildung sind die Verwendung der M. (a) als Parfum, (b) zur Leichenbalsamierung und (c) im Opferkultus.

1. Symbol des Leidens. Die mytholog. Entstehung der M. bei Ovid (*Metamorphosen* X, 298– 518) thematisiert die inzestuöse Liebe Myrrhas zu ihrem ↗Vater. Weinend verwandelt sich Myrrha in einen ↗Baum, und der Duft ihrer ↗Tränen wird zum Inbegriff tabuisierter, aussichtsloser Liebe (Lope de Vega, *Adonis y Venus* I). Die antike ↗Phoenix-Legende affirmiert die symbol. Bindung von M. an Leid und Tod: Achilleus Tatios schildert den Bestattungsritus des Phoenix in einem vom Sohn des toten Vogels gefertigten Sarg aus M., der umringt von einem Vogel-Leichenzug nach ↗Ägypten gebracht wird (*Leukippe und Kleitophon* III, 25); Ovid fügt dem ↗Nest des sterbenden Phoenix M. bei (*Metamorphosen* XV, 399; vgl. Dante, *Divina Commedia*: »Inferno« XXIV, 106 ff.; als Bußritus in Schnüffis, *Mirantisches Flötlein* II, 20). Bei Martial (*Epigramme* II, 12, und XI, 54) entfalten die Schärfe und Bitterkeit des Geruchs, die auch die mit M. balsamierten Leichen charakterisieren, ihre Ambivalenz aus (moral.) Fäule und erlesenem Parfum. – Im NT bringen die Sterndeuter ↗Gold, ↗Weihrauch und M. als Geschenk dar (Mt 2,11), die in christl. Exegese den ird. ↗Weg Jesu vorausdeuten (↗Königtum bzw. Glauben, Anbetung und Passion). So verweist der »M.berg« aus Hld 4,6 auf den Passionshügel Christi. In der Leidensgeschichte erscheint M. als ↗Weinbeigabe zur Betäubung (Mk 15,23), die Jesus ablehnt, ferner zusammen mit ↗Aloe zur Einbalsamierung nach dem Tod (Joh 19, 39; vgl. Klopstock, *Messias* XII, 82–88; s. a. 2.). Eine Systematisierung der Leidenssymbolik in bittere Weltabkehr, äußere Not und innerl. ↗Finsternis findet sich bei Tauler (*Ain predig von drye mirren*). Relig. Lyrik deutet die M.-Gabe der Sterndeuter als »ernste Reu« des sündigen Gläubigen (Gryphius, *Auff das Fest der Wei-*

sen), leidvolles Menschsein Jesu (Spee, *Es führt drey König Gottes hand*) oder prophet. Ausblick auf die »Gruft der Toten« (Schwab, *Legende von den heiligen drei Königen* VIII). Eschatologisch verheißt das in der M. symbolisierte Leid jedoch Heilung (Quirsfeld, *Geistlicher M.-Garten*; Abschatz, *Gegen-Satz*) und evoziert produktive Bewältigung (Neukirch, *Die glückselige zahl sieben*) oder wird für den Erwählten kontradiktisch zu »süssen mirren« (George, *Gegen osten ragt der bau*). In Baudelaires *Bénédiction* wird M. zur blasphem. Inspirationsquelle. – Gryphius dagegen pointiert die symbol. Verbindung von erot. Begehren und ausweglosem Tod: »Worzu der scharffen M. Krafft?/ Er läst die Glieder doch veralten?« (*Kirchhoffs=Gedancken* XXXII). Verarbeitungen des Verlusts der Geliebten (C. Brentano, *Weil meine Lieb' zum Grab gegangen*) und der Entfremdung vom Geliebten (Hofmannsthal, *Wir gingen einen Weg*) nehmen Bezug zur bitteren M. Hier schließt Ende des 20. Jh. D. Nicks Gedicht *Vorsorge* an, in dem der unwiederbringl. Geliebte als Ambra und M. erinnert werden soll (s. a. 2.).

2. Symbol des Reichtums. Das Hohelied (Hld 1,13; 3,6; 5,1; 5,13) ordnet M. dem Geliebten zu und verweist in der christl. Trad. auf die Herrlichkeit Christi bzw. auf verheißene himml. Fülle. Das kostbare Parfum M. findet in bibl. Quellen als Symbol überwältigenden erot. (auch männl.) Begehrens häufig Verwendung (Est 2,12; Ps 45,9; Spr 7,17). – Adonis, der Sohn Myrrhas, bricht bei der ↗Geburt aus der Rinde seiner ↗Mutter hervor (vgl. Apollodor, *Bibliotheke* III, 14, 3 f.; Hyginus, *Fabulae* 58, 164, 251; Ovid, *Metarmophosen* X, 300–560, 710–740); so symbolisiert M. auch in antiker Lit. überwältigende Sexualität, die mit der Verwendung der M. als Aphrodisiakum korreliert. Alexanders verschwender. ↗Weihrauch- und M.-Geschenk an seinen Erzieher Leonidas (Plutarch, *Alexandros* XXV, 4–8) unterstreicht seine erlangte Machtstellung. Der reiche Gebrauch von M. und Aloe bei der Einbalsamierung Jesu (100 Pfund, heute 32 Kilogramm) versinnbildlicht die Größe des Opfers und den königsgleichen Bestattungsritus (Joh 19,39). Eng an seine Herkunft gebunden steht M. für den geschmähten oder gefeierten Reichtum orient. Länder (Gerhardt, *Ein Lämmlein geht und trägt die Schuld*; Heine, *Im Hafen*). Im 20. Jh. fungiert bei Schnurre der mit »Tabaksqualm« vermischte preziöse M.duft an der bethlemit. Krippe als Symbol einer verfänglich einschläfernden Idylle, die von der Flucht nach Ägypten bereits überschattet ist (*Anbetung*).

↗Sterben, Weihnachten, Weihrauch.

Lit.: DLS, 81 f. – WCS, 211–213. – J. Brosse, Mythologie der Bäume, Düsseldorf/Zürich ⁵2003, 131–134. – A. Dalby, Dangerous Tastes, London ²2004, 117–120. – D. Martinetz/K. Lohs, Weihrauch und M., Berlin 1989.   FF

Myrte

Symbol des Ruhms, des Heils, der Liebe und Liebesdichtung, der Keuschheit, der Jungfräulichkeit und Ehe. – Relevant für die Symbolbildung sind (a) die immergrünen Zweige, (b) der Duft und (c) die ↗weiße Färbung der Blüten.

1. Symbol des Ruhms, des Heils und des ewigen Lebens. In der griech.-röm. Antike ist der M.kranz Zeichen des Ruhms (Pindar, *Isthmien* VIII; Vergil, *Georgica* I, 28) und wird als solcher auch zum Dichterlob genutzt (s. 2.). Den röm. Brauch, den M. kranz als Attribut eines ›kleinen‹ Triumphzuges (*ovatio*), beispielsweise bei unblutig errungenen Siegen zu verwenden, adaptiert Günther im Barock, wenn er den mit friedl. »Ehrlichkeit« und »kluger Treu« errungenen »frischen M.zweig« kritisch dem ↗Lorbeer des krieger. Ruhms gegenüberstellt, der »mit Blut und Zorn befleckt« ist (*Bey der Wiederkunft der Nacht auf den 2. April*; so auch, in christl. Deutung, A. v. Arnim, *Luftfahrt*). Auf die Vergänglichkeit des Ruhms allerdings, zumal wenn »Unkeuschheit und Ehren-sucht […] mit einander umb den Siges-Krantz« kämpfen, weist Lohenstein in den Anmerkungen zu seinem Trauerspiel *Agrippina* hin: »Alleine beyden muß endlich Kind und Helle zum Hencker, M., und Lorber-Zweige aber in Cypressen verwandelt werden« (↗Zypresse). – Im AT und nach jüd. Trad. am Beginn des Laubhüttenfestes ist die M. Zeichen von Freude und Heil, Dank und Ruhm Gottes (Jes 41,19 f. und 55,13; Sach 1,8). Außerdem wird sie mit der tugendhaften Königin Esther (hebr. *Hadassa*, nach *hadas* ›M.‹) in Verbindung gebracht. Im Christentum wird die Symbolik auf die ↗Reinheit und ↗Jungfräulichkeit (s. 3.) der Gottesmutter Maria übertragen (Krauß, 132 f.), indirekt arbeitet auch Milton mit ihr, wenn sich die noch unschuldige Eva in *Paradise Lost* (IX, 205 ff.) durch ein Dickicht aus M. und ↗Rosen (s. 2.) vor den Blicken Adams schützen will, um diesen nicht von der Arbeit abzulenken, und der verbotene ↗Baum der Erkenntnis am Ende einer M.baumreihe steht (IX, 627). Angelus Silesius verbindet die Mariensymbolik im 17. Jh. unter dem Einfluss der Bukolik, die die M. als Liebessymbol verwendet (s. 2.), mit Jesus Christus, den »zarten Jungfraunsohn,/ Den Preis der Schäferinnen«: »Umgebt ihn mit M.,/ Den König der Hirten […]/ Und betet ihn demütig an« (*Heilige Seelenlust* IV, 146: *Sie krönt ihren Jesum mit Blumen*). Als Zeichen des ewigen Lebens lässt sich die M. in Trakls *Frühling der Seele* deuten: »Es ist die Seele ein Fremdes auf Erden. Geistlich dämmert/ Bläue über dem verhauenen Wald und es läutet/ Lange eine dunkle Glocke im Dorf; friedlich Geleit./ Stille blüht die M. über den weißen Lidern des Toten.«

2. Symbol der Liebe und der Liebesdichtung. In der antiken Mythologie ist die M. Aphrodite bzw. Venus zugeordnet und damit Symbol der Liebe (Phaedrus, *Fabeln* III, 17: *Bäume im Schutze der Götter*;

Vergil, *Georgica* II, 64; *Aeneis* V, 72). So gehört die »Venus eigene M.« (Fleming, *Von Liebessachen und Scherzgedichten* XI: *Schäferei*) zum festen Inventar der Schäferdichtung und Bukolik (Günther, *Ich verschmachte vor Verlangen*; Geßners Idylle *An den Amor*; Hagedorn, *Der Ursprung des Grübchens im Kinne*) und deutet noch in der Romantik auf Liebe und neues Leben überhaupt (Tieck, *Der neue Frühling*; *O schönster Zweig von allen grünen Zweigen*; Günderode, *Der Franke in Egypten*). In Günthers *Auf den Tod seiner geliebten Flavie* ist die M. als ↗Grabschmuck Sinnbild der Liebe über den Tod hinaus. Hebbel stellt im Zeichen von M. und Lorbeer »Liebe und Krieg« als Konstanten menschl. Lebens gegenüber (*Rom*; s. 1.). Häufig ist auch die Zusammenstellung mit der Rose als Liebessymbol (Hagedorn, *Der Traum*; Wieland, *Geschichte des Agathon* II, 5; Waiblinger, *Lieder des Römischen Carnevals: Tempel in Cori*). – Horaz (*Oden* III, 4) verwendet die M. zusammen mit der ↗Lorbeer als Zeichen des göttl. Schutzes des Dichters, und auch Ovid nennt sie als Symbol der Muse der Liebe, die dem ›↗eisernen‹ Krieg entgegen gesetzt ist: »Mit sechs Füßen beginne mein Lied; es ende mit fünfen./ Eiserner Krieg und ihr, eiserne Rhythmen, lebt wohl!/ Jetzt mit der M. vom Strand umkränze die goldenen Schläfen,/ Muse, der nun in elf Takten erklinge das Lied« (*Amores* I, 1; vgl. Ovid, *Amores* I, 15; ↗Vers). In der Neuzeit übernimmt Petrarca M. und Lorbeer als Zeichen höheren dichter. Drangs (*Canzoniere* VII: *La gola e'l somno et l'otiose piume*), daneben wird sie wie bei Ovid zum Symbol der Liebesdichtung (Lohenstein, *Venus*; Uz, *Der verlohrne Amor*; aber auch kritisch als »geiles M. lied« in Neukirchs *Auf unverständige Poeten*) bzw. des Zusammenhangs von Dichtung und Liebe (Keats, *Sleep and Poetry*).

3. Symbol der Jungfräulichkeit, Keuschheit, Ehe und Vereinigung. Ebenfalls seit der Antike ist der Gebrauch von M.zweigen als Brautkranz verbreitet (Catull, *Carmina* LXI; ↗Hochzeit) und in der Renaissance wieder aufgenommen, wodurch M., M.kranz (↗Blumenkranz) und M.krone (↗Krone) zum Symbol ehel. Vereinigung werden (Günther, *An sein Lenchen*), der zuvor geübten Keuschheit (E.M. Arndt, *Klage*) wie aber auch künftiger Lusterfüllung (Beaumarchais, *La folle journée ou Le mariage de Figaro* I, 1). Christlich überhöht setzt A. v. Arnim die Brautsymbolik des M.kranzes ein (*Die Braut*); in F. Schlegels *Lucinde* (»Zwei Briefe«, I) dagegen wird der M.kranz zum »Sinnbild der Unschuld, da ich im Paradiese der Natur wandle« (s. a. 1.), und innigster natürl. Liebe und Freude. Als Zeichen der *Verkehrten Welt* erscheint in Glaßbrenners gleichnamigem Roman, dass Hetären mit M. geschmückt sind (XXII: »Bemerkungen«; vgl. XIX), wie auch der M.kranz *Ueberm Bett, eingerahmt* in Holz' *Phantasus* nurmehr eine Reminiszenz an vergangene ehel. Treue ist. – In Schillers

Eleusischem Fest wird die Brautsymbolik zum Urbild menschl. Vergemeinschaftung erhoben: »Und
mit einem Kranz von M./ Naht die Götterkönigin,/
Und sie führt den schönsten Hirten/ Zu der
schönsten Hirtin hin./ Venus mit dem holden Kna-
ben/ Schmücket selbst das erste Paar,/ Alle Götter
bringen Gaben/ Segnend den Vermählten dar./ […]
Denn die Königin ziehet ein,/ Die uns die süße
Heimat gegeben,/ Die den Menschen zum Menschen gesellt.« Kosm. Dimension erreicht die M.

schließlich bei Shelley als Symbol der Vereinigung
von Himmel und Erde (*Prometheus Unbound* IV,
270–273).

↗Blumenkranz, Hochzeit, Lorbeer/Lorbeer-
kranz, Rose, Rosmarin.

Lit.: SdP, 229–231. – WBS, 246. – W. Braun, Die M. in
Sitte und Sage der Völker, in: Daheim 57 (1920–1921),
Nr. 15/16, 17. – Ch. Krauß, … und ohnehin die schö-
nen Blumen, Tübingen 1994, 131–133.   PN

N

Nabel

Symbol des Ursprungs bzw. Zentrums, der Verbindung und der Trennung sowie (metonymisch) der Sexualität. – Relevant für die Symbolbildung sind (a) die Lage des N. in der Mitte des Körpers, (b) seine Nähe zu den Geschlechtsorganen (↗Vagina, ↗Phallus), (c) die N.schnur als Verbindung zwischen ↗Mutter und ↗Kind sowie (d) die Trennung der N.schnur nach der ↗Geburt.

Die Verwendung des N. als Mitte und Ursprung symbolisiert seit der Antike (als ›Weltnabel‹ Delphi, Ogygia, Rom, Jerusalem) geograf. Zentren (Sophokles, *König Ödipus* III, 3; Homer, *Odyssee* I; Ri 9,37; später dann Morus, *Utopia* III, 2; Wieland, *Aristipp* II, 5; Hebbel, *Nibelungen* IV, 17; Hölderlin, *Ganymed*), und auch genuin menschliche: solche der Erkenntnis (Raabe, *Abu Telfan* XXVII; Weise, *Das närrische Ding die Liebe*), der Identifikation (Melville, *Moby Dick*) und der Solidarität (Camus, *La pierre qui pousse*). Wenn der N. Sitz der Seele ist (Platon, *Timaios* 70c-d; Goethe, *Faust II* 301), so kann seine Schau eine Konzentration auf das Zentrum des eigenen Lebens (Holz, *Phantasus: Nachts um meinen Tempelhain*; Wassermann, *Christian Wahnschaffe* I, 8), jedoch auch Introvertiertheit (Eichrodt, *Mythus vom ersten Bruder Liederlich*) und Passivität (Kandel, *An Exquisite Navel*) bedeuten. Als genuin menschl. Element (Bierbaum, *Pandora*) bleibt der N. in der Science Fiction als letztes äußerlich-distinktives Residuum gegenüber den Androiden (Rucker, *Wetware*). – N. und N. schnur können eine kommunikative oder genealog. Bedeutung annehmen und symbolisieren positiv eine Verbundenheit zu ↗Erde, Geschichte, Ahnen usw. (Krauss, *Die nabellose Welt*; Joyce, *Ulysses*: »Proteus«) – ihr (geträumter) Verlust kann den Tod vorhersagen (Pynchon, *V*) –, kommen negativ jedoch auch als Befangenheit (z. B. in Korporalität: Goethe, *Zahme Xenien* II), Abhängigkeit (z. B. von der eigenen Biografie: Thomas, *Die N.schnur*) oder Symbol vergangener Verbundenheit vor, welche die Singularität des Individuums umso mehr betont (G. Heym, *Fieberspital*). – Die trennende Funktion des N. wird an Fabelwesen deutlich, wenn es oberhalb menschlicher, unterhalb tier. Gestalt hat (Praetorius, *Blockes-Berges Verrichtung* II, 6; Brentano, *Die Gründung Prags* IV; J. Grimm, *Deutsche Sagen: Die Schlangenjungfrau*; Ibsen, *Peer Gynt* V) – eine Figuration, die daher rührt, dass ab dem N. der landläufig sexuelle=niedere=tier. Teil des Menschen beginnt (Jean Paul, *Vorschule der Ästhetik* VII, 34; Platen, *Die verhängnisvolle Gabel* II; Holz, *Dafnis*: »Er sizzt mit seinen Kompanen im Sauff-

Hauß und solmisirt ihnen«; Ball, *Tenderenda der Phantast* II). Durch seine neutrale Schlüsselstelle kann der N. eine Deixis entwickeln, die ihn *pars pro parte* zu einem Übersprungssymbol werden lässt, das für die verfemten Sexualorgane steht, die er (als konvex-konkave – also androgyne [↗Androgynie; ↗Mann; ↗Frau] – Markierung zwischen ↗oben/unten = erhaben/niedrig) im Sprachgebrauch substituieren kann (Aretino, *Ragionamenti* III; Dehmel, *Die Verwandlungen der Venus*: »Ouvertüre«), ein Mechanismus, der in der Lit. immer wieder satirisch thematisiert wird (Heine, *Aus den Memoiren des Herren von Schnabelewopski* VII; Thoma, *Die Abenteuer des Gymnasiallehrers*; Tucholsky, *Körperkultur*). – Als Symbol *in absentia* kann die Abwesenheit des N. ein Bedeutungsgeflecht bilden, welches aus den o.g. Symbolstrukturen ex negativo eigenen Sinn generiert, z. B. wenn ein Kind ohne N. (*navel*) zum Symbol für den Roman (*novel*) wird (Grossman, *Stichwort: Liebe*) oder das Fehlen des N. mit Unmenschlichkeit assoziiert wird (Morrison, *Song of Solomon*).

↗Geburt, Mutter.

Lit.: F. Botting, Sex, Machines and Navels, Manchester/New York 1999. – N. Huston, Novels and Navels, in: Critical Inquiry 21/4 (1995), 708–721. – W.H. Roscher, Omphalos, Hildesheim/New York 1974. ThS

Nacht / Finsternis

Symbol des Todes und der Gottesferne, des Verderbens und Unheils, der Unwissenheit und des Irrtums, aber auch der Befreiung und Offenbarung. – Relevant für die Symbolbildung sind (a) die ↗Schwärze, (b) die ↗Stille der N. und (c) der Gegensatz zu ↗Tag und ↗Licht, wobei in der antiken Theogonie die N. dem Tag vorausgeht (Hesiod, *Theogonie* 123 f.; vgl. später Milton, *Paradise Lost* II, 962), während in der Bibel Tag und N. gleichursprünglich sind (Gen 1,4–5).

1. Symbol des Todes, der Unterwelt und Gottesferne, der Melancholie. Die N. bildet den Gegenpol zum Leben, dem Sehen des (Sonnen-)Lichts (Joh 9,4; ↗Sonne). Heine dichtet im 19. Jh. einprägsamspöttisch: »Der Tod, das ist die kühle N./ Das Leben ist der schwüle Tag« (*Die Heimkehr* LXXXVII). Bei Homer heißt es, als Äneas durch Diomedes so schwer verletzt wird, dass er zu sterben droht: »finstere N. umzog ihm die Augen« (*Ilias* V, 310). In Hesiods *Theogonie* zeugt die N. den Tod aus sich (212). Auch die Unterwelt bzw. das Totenreich ist mit der N. assoziiert (Euripides, *Hekabe* I, 1). »Hier ist das Reich der Schatten, der schlaftrunknen N.

und des Schlummers« erklärt Charon, als Äneas mit der Seherin Sibylle in den Hades hinabsteigt (Vergil, *Aeneis* VI, 390; ↗Schlaf). In christl. Trad. ist die Hölle in ewige N. getaucht (Dante, *Divina Commedia:* »Inferno« III, 87; IV, 7–12). Als Ort lichtloser Hitzeflammen (↗Feuer/Flamme) und machtvoller F. wird Satans Behausung bei Milton beschrieben (*Paradise Lost* I, 62–64). – Im 18. Jh. verdichtet sich in der N.- und ↗Gräberpoesie das Bewusstsein der Eitelkeit menschl. Strebens (Young, *Night Thoughts*; Gray, *Elegy Written in a Country Churchyard*). Religiosität äußert sich in Todeshoffen, wobei die N. eschatologisch aufgeladen wird (s. a. 4.). Die N. steht für die Abwendung von der Außenwelt hin zu einer spirituellen Wirklichkeit (Macpherson, *Ossian*), wie aber auch zu poet. Inspiration (Klopstock, *Die Stunden der Weihe*; Byron, *Childe Harold's Pilgrimage* III, 86–103). – Die »N.begeisterung« (Novalis, *Hymnen an die N.*) der Romantik geht einher mit einer teilweisen Neubewertung des Todes, der nunmehr auch als Befreiung interpretiert wird. Daneben setzt sich die Trad., in der die N. die Nichtigkeit menschl. Lebens und Hoffens darstellt (*N.wachen* von Bonaventura) und Ausdruck für Melancholie ist (Klopstock, *Die Sommernacht*; Eichendorff, *Im Walde*; Tieck, *Trauer*), bis ins 20. Jh. fort (Trakl, *Sommersneige*). In Shelley's *Prometheus Unbound* (III, 3, 172) zeugt dagegen die »night of life« von einem spieler. Umgang mit dem Verweis von N. auf Tod.

2. Symbol des Verderbens, Unheils und des Bösen sowie des Unbewussten. Bereits Homer assoziiert dunkle N. mit Schrecken (*Odyssee* XIV, 457; s. a. Aischylos, *Perser* 951–953). Die ↗schwarze N. birgt Sorgen und Unheil (Vergil, *Aeneis* VIII, 369; Ovid, *Metamorphosen* VIII, 81 f.). Der furchterregende Zug der F. (Euripides, *Hekabe* 68; Horaz, *Epoden* V, 51 ff.) wird schon in der griech. Theogonie sinnbildlich überhöht in der N. als ↗Mutter unheilbringender Geschöpfe (Hesiod, *Theogonie* 211–225). Auch in der Bibel birgt die F. Schrecken und Unglück (Ps 91,5), und vor der Gleichsetzung von Gott und Licht (2 Kor 4,4) symbolisiert die N. heilsgeschichtlich die Abwesenheit Gottes, gekennzeichnet durch Zweifel und Ängste (Ps 77,2–10) sowie das Böse (Joh 3,19; 11,10; Röm 13,12). Blake erhebt in *The Sick Rose* die N. zum Gefilde unheilschwangerer Bedrohung und Krankheit (so auch Eichendorff, *Die N.*), eine Dimension, die E.T.A. Hoffmanns Erzählzyklus *N.stücke* virtuos gestaltet, in dem die ›N.‹-seite des Menschen, das Unbewusste und Unberechenbare, zur Protagonistin wird (vgl. im 20. Jh. Trakl, *Gesang zur N.*; Bergengruen, *In einer N.*). Wo die subjektive Erfahrung akzentuiert wird, veranschaulichen N. und F. häufig eine Periode der existentiellen Bedrohung, der Betrübnis und des Leids (Goethe, *Harfenspieler*; Trakl, *Winternacht*; Weinert, *Rufe in die N., Gedichte aus der Fremde 1933–1943*). – Nach 1945 wird die N. unter

dem Eindruck der Shoah zum Symbol einer unlösbaren Theodizee-Problematik (E. Wiesel, *La nuit*; Hilsenrath, *N.*).

3. Symbol der Unwissenheit und des Irrtums. Bereits bei Parmenides ist der Zustand des Nichtwissens durch die F. veranschaulicht (*Fragmente*, Diels/Kranz 28 B 8, 55 f.). Dagegen abgehoben ist das ›Licht der Wahrheit‹. Diese Gegenüberstellung prägt auch die christl. Lit.; Luis de León setzt im 15. Jh. N. und ird. Leben gleich und drückt seine Sehnsucht nach dem »Garten der Wahrheit« aus (↗Garten), der in ewigem Licht erstrahlt (*Noche serena*; s. a. 2.). Im Auftakt zum »Inferno« spielt Dante mit der F. auf Abkehr von Gott und Irrtum an: »Mittwegs auf unsres Lebens Reise fand/ In finstren Waldes N. ich mich verschlagen,/ Weil mir die Spur vom graden Wege schwand« (*Divina Commedia*: »Inferno« I, 1–3; ↗Wald). Als sinnl. Veranschaulichung eines Lebensstadiums ist die N. bei Gryphius Ausdruck von zwar barmherziger, jedoch zu überwindender Unwissenheit und Gottesferne (*Auf die N. meiner Geburt*). Der N. als Zustand eines sich selbst nicht bewussten Menschseins und der Dingwelt stellt Rilke die Aufgabe des Dichters entgegen, Wissen und Leben zu verbreiten (*Am Rande der N.*). – Zugleich repräsentiert N. jedoch auch die Zeit für Wissenserwerb und ›Liebe zur Weisheit‹ (Aulus Gellius, *Noctes Atticae*; Milton, *Il penseroso* 85 f.; Goethe, *Faust I* 386 ff. und 5027–5032). Nietzsche konzentriert in der N. die Erfahrung des einsam Wissenden, der sich zur Masse, den Uneingeweihten und ›Nächtigen‹ zurücksehnt (*Also sprach Zarathustra*: »Das N.lied«). Während Conrad in seinem Roman *Heart of Darkness* (1899) die *conditio humana* im Spiegel einer ↗Reise in die »N. der ersten Zeitalter« erfasst, verschränken sich im 20. Jh. Desillusionierung und Zivilisationskritik unter dem Zeichen der N., die Céline etwa in *Voyage au bout de la nuit* (1932) als Pandämonium menschl. Existenzformen durchschreitet.

4. Symbol der Befreiung und Offenbarung. Seit der Antike ist die N. Sinnbild der Befreiung des Menschen von den Kümmernissen des Tages im ↗Schlaf (Euripides, *Orest* 174–181; Ovid, *Fasti* IV, 661 f.). Vor einem relig. Hintergrund eröffnet sich in der ↗Tiefe der N. der Zugang zu Gott (Pindar, *Pythien* III, 77; Jes 26,9; Sach 1,7–6,8; Ijob 33,15). Paulus verbindet mit der Evokation der N. Heilsgewissheit (Röm 13,12). Die eschatolog. Hoffnung erfüllt sich, wenn der himml. ↗Bräutigam um Mitternacht eintrifft (Mt 25,6). In der christl. Mystik entspricht der dunklen N. jener Zustand, in dem die Kontemplation in Ekstase umschlägt und die spirituelle Offenbarung in der Liebeseinheit (*unio mystica*) mit Gott mündet (Juan de la Cruz, *Noche obscura del alma*). Die N. verspricht Versöhnung mit der Welt (Eichendorff, *Mondscheinlied*; Blake, *Night*) oder Überwindung von Leid und Tod (Novalis, *Hymnen an die N.*; R. Huch, *Melodie*).

↗Abend, Abendstern, Abgrund/Tiefe, Schlaf, Schwarz, Schweigen, Traum, Wald, Wolke.

Lit.: TuM, 260–262. – E. Bronfen, Tiefer als der Tag gedacht, München 2008. – G. Hübert, Abend und N. in Gedichten verschiedener Jahrhunderte, Diss. Tübingen 1963. – D. Ménager, La Renaissance et la nuit, Genf 2005. – C. Ramnoux, La nuit et les enfants de la nuit dans la tradition grecque, Paris 1959. – G. Schleusener-Eichholz, Das Auge im MA, München 1985, 485–492.					BGB

Nachtfalter ↗Schmetterling.

Nachtigall

Symbol der Klage und des Todes, der Liebe, Sehnsucht und Melancholie sowie der Dichtkunst. – Relevant für die Symbolbildung sind (a) der schon im zeitigen ↗Frühling und (b) die ↗Nacht hindurch bis zum frühen Morgen ertönende ↗Gesang, (c) die Unscheinbarkeit des Vogels.

1. Symbol der Klage und des Todes. Die klagende N. ist ein Topos in der antiken Lit. (Sophokles, *Aias* 621–631; Aischylos, *Die Schutzflehenden* 55–61; Vergil, *Georgica* IV, 511–515). Im Zentrum der Symbolbildung steht der Mythos von Philomele, die nach ihrer Vergewaltigung und körperl. Verletzung durch Tereus, mit ihrer Schwester Prokne Rache an dem Täter übt, indem sie seinen Sohn Itys ermordet und ihn dem Vater zu essen gibt (↗Mahl). Die Götter verwandeln die drei in Vögel, wobei bei Ovid unklar bleibt, wer welche Vogelgestalt annimmt (Ovid, *Metamorphosen* VI, 519–674). Dieser Stoff wird später u. a. von Chaucer in der Legende *Philomela* (in *The Legend of Good Women*) nacherzählt. – Der Etymologie des Namens ›Philomele‹ (gr. »Musikliebende«) folgend wird Prokne zur ↗Schwalbe und Philomele zur N., um das Verbrechen in ihrem Lied ewig zu beklagen, lautmalerisch häufig durch den Ruf »oci« (altfrz. »erschlage!«) dargestellt, z. B. Chrétien de Troyes, *Philomena* 1454 ff.; Vaillant, *Par maintes foyes*). ›Philomele‹ wird daher auch als Synonym für N. gebraucht (Konrad v. Megenberg, *Buch der Natur* III B, 62; später z. B. Gellert, *Die N. und die Lerche*). Mit dem trag. Los der Philomele verbindet Keats die N.: »Doch hob ihr Herz die Brust in schweren Wellen,/ Als würde zungenlose N./ Vergeblich ihren Hals zum Singen schwellen« (*Eve of St. Agnes* 206). Shakespeare interpretiert Lucretias Vergewaltigung als Wiederkehr von Philomeles Leiden, indem er den Mythos zitiert (»Und schon verstummt Philomeles klagender Gesang«, *The Rape of Lucrece* 1079); dagegen betont Eliot die »unverletzbare Stimme« (*The Waste Land* 101) der Verwandelten, die von der körperl. Gewalt nicht erreicht wird. – In Grimmelshausens *Simplicissimus* (I, 7) wird mit Bezug auf die Etymologie des Namens (ahd. *nahtigala*, »Nachtsängerin«) im Lied des Einsiedlers der Ge-

sang der N. zum Sinnbild des Trostes: »Komm Trost der Nacht, o N.,/ Laß deine Stimm mit Freudenschall/ Aufs lieblichste erklingen.«

2. Symbol der Liebe, Sehnsucht und Melancholie. Als ↗Frühlingsvogel ein Bild (junger) Liebe erscheint die N. im spätantiken *Pervigilium veneris* (86 f.), in Shakespeares *Sonnet* CII: »Als wir im Frühling junger Liebe gingen,/ Hab ich ihr täglich Lied und Gruß geweiht./ So mag im Lenz die Philomele singen« (so auch Schiller, *Die Räuber*, IV, 4), oder bei Heine, *Die Linde blühte, die N. sang*. In Shakespeares berühmtem: »Es war die N. und nicht die Lerche« (*Romeo and Juliet* III, 5, 2) deutet der Gesang der N. zugleich auf die nächtl. Liebeserfüllung wie aber auch auf den Tod voraus (s. 1.). Im christl. Kontext ist die N. gelegentlich Symbol der Gott liebenden Seele (Salzer, 297 f.). So auch bei Eichendorff: »Es lassen N.,/ Spielt draußen Frühlingsluft,/ Der Sehnsucht Lied erschallen/ Aus ihres Kerkers Gruft« (*Ich kann wohl manchmal singen*; ↗Käfig). – In der orient. Lit. ist sie in Verbindung mit der ↗Rose als Symbol der Liebessehnsucht weit verbreitet (Bsp. s. Schimmel) und kommt in dieser Kombination auch in der europ. Lit. vor (Heine, *Reisebilder* III: »Reise von München nach Genua« 6) oder als Leitmotiv in O. Wildes *The Nightingale and the Rose*. Häufig jedoch symbolisiert die N. unter Rückgriff auf die Bedeutung der Klage (s. 1.) auch das Liebesleid. So in Ronsards *Amours de Marie*: »die lustige Lerche hat uns schon am Himmel geträllert,/ die N. hat schon leise im Dornbusch ihr Liebesleid geklagt« (XIX), oder in Hölderlins *An die N.*: »Dir flüstert's leise – N.! dir allein,/ Dir, süße Tränenweckerin!« – Die klagende N. ist darüber hinaus ein Symbol der Melancholie, so z. B. bei Petrarca (*Canzoniere* CCCXI: *Quel rosigniuol che si soave piagne*), P.B. Shelley (*The Indian Serenade*), in *Des Knaben Wunderhorn* (I, 93a: *Frau N.*) oder dem »wie eine N.« vorgetragenen *Schweigt der Menschen laute Lust* in Eichendorffs *Aus dem Leben eines Taugenichts* (IV).

3. Symbol der Dichtkunst. Von der Unvergleichlichkeit des Gesangs leitet sich die poetolog. Symbolik der N. ab, die, mitunter auch in Verbindung oder Entgegensetzung mit anderen Tieren, die Rolle der Dichtung oder des Dichters bezeichnet. So in P.B. Shelleys Bild: »Ein Dichter ist eine N., die in der Dunkelheit singt, um ihre eigene Einsamkeit durch süße Töne aufzuheitern« (*Defence of Poetry*), worauf u. a. Tennyson in *The Poet's Song* zurückgreift. Bei E. Jelinek symbolisiert die N. im Rückbezug auf Hölderlins *An die N.* die brüchige und doch Zuflucht gebende Funktion von Dichtung: »Indes die Töne schüchtern die N. auf schwanker Weide sang. Und wir darunter, unsre Sprache ist tief, und wir sprechen die Sprache der Tiefe« (*Wolken. Heim*). Spees barocke Gedichtsammlung *Trutzn.* entwickelt dagegen ihren Titel in der Konkurrenz zum Gesang der N.: »Trvtz N. wird diß Büchlein

genandt, weiln es trutz allen N. süß, vnnd lieblich singet, vnnd zwar auffrichtig Poetisch« (Vorrede). – Beispiele für die symbol. Identifikation von Dichter und N. finden sich bei Tasso (*Gerusalemme liberata* XVIII, 18) wie auch bei La Fontaine, der den herrl. Gesang der äußerlich unscheinbaren N. mit dem Stolz des ↗Pfaus kontrastiert (*Le paon se plaignant à Junon*; so auch schon Dion v. Prusa, *Olympische Rede* 3); in gleicher Weise wertet Andersen die Dichtung als natürl., noch nicht durch Reichtum bzw. Technik entfremdeten Ausdruck der Natur und des Menschen auf (*Der Schweinehirt*), indem er die lebendige N. einem Automaten-Vogel entgegensetzt (*Die N.*).
↗Käfig, Kuckuck, Lerche, Nacht/Finsternis, Rose.

Lit.: DLS, 136–140. – EdM IX, 1122–1126. – W. Ross, Rose und N., in: Roman. Forschungen 67 (1956), 55–82. – A. Salzer, Die Sinnbilder und Beiworte Mariens in der dt. Lit. und lat. Hymnenpoesie des MA, Nachdr. Darmstadt 1967. – R. Schenda, Das ABC der Tiere, München 1995, 235–239. – A. Schimmel, Rose und N., in: Numen 5 (1958), 85–109. – J.M.C. Toynbee, Tierwelt der Antike, Mainz 1983, 265 f. – A. Weber, Aemula philomela – Die Nachtigall im Widerstreit, in: Spee-Jb. 13 (2006), 113–128. AL

Narbe / Muttermal

Symbol der Schuld und der Sünde, der Erlösung und der Tapferkeit sowie einer psych. Verletzung. – Relevant für die Symbolbildung sind (a) die Entstehungssituation der N. (z. B. Kampf, Bestrafung), (b) die Körperstelle (z. B. ↗Gesicht, Intimbereich), an der sich die N. befindet, und (c) die Form der N.
Grundfunktion von N. und M. ist die mögl. Identifizierung einer Person (Homer, *Odyssee* XIX, 390 ff.; Fouqué, *Undine* XI); auf dieser basiert zumeist die symbol. Aufladung der Hautmerkmale. Ein Ursymbol der Schuld stellt das Kainsmal (Gen 4,1–16) als dauerhaft sichtbare Kennzeichnung eines Verbrechers dar. In dieser Funktion steht z. B. das Schandmal in Borges' *La forma de la espada*. Bei Hebbel (*Genoveva* III, 1) wird die N. in Verbindung mit einem ↗Apfel zum Symbol der Erbsünde (zur Apfelform s. a. Jean Paul, *Hesperus*, 12., 20. und 43. Hundsposttag). Ähnliches gilt für das M. in Hawthornes *The Birthmark*, welches zudem ambivalent als Schönheitsmakel und Zeichen erot. Anziehungskraft erscheint. Eine positiv gewendete Bedeutung des gelegentlich auch diabolisch geprägten M. als vermeintl. Hexen- oder Teufelsmal (Meinhold, *Die Bernsteinhexe* XXI) findet sich bei Musil (*Der Mann ohne Eigenschaften*, I, 97), wo es für die Trägerin zum Schutzsymbol wird. Bei N. gilt zumeist die Vorstellung von der Korrespondenz äußerer und innerer Hässlichkeit (z. B. Doyle, *Sherlock Holmes, The Man with the Twisted Lip*), welcher mit dem gängigen Bild des durch Narben entstell-

ten Verbrechers im Kriminalroman spielt). Im NT fungiert die N. als Zeugnis der Leidensgeschichte Jesu Christi und zugleich als Symbol der Auferstehung (Joh 20, 19–29). Schließlich gelten Kampfes- und Kriegsverletzungen (oder auch der sog. Schmiss in Studentenverbindungen) als Symbol männl. Stärke (parodistisch dazu Tucholsky, *Deutsche Richter von 1940*).
↗Gesicht, Haut, Wunde.

Lit.: HdA VI, 703–705. – C. Benthien, Haut, Reinbek bei Hamburg 1999, 158–171. – dies., Art. N., in: Gedächtnis und Erinnerung, hg. v. N. Pethes/J. Ruchatz, Reinbek bei Hamburg 2001, 398. ChGü

Narr

Symbol der Volkstümlichkeit, Dummheit und Sünde, der verkehrten Welt, aber auch der Weisheit und der Melancholie. – Relevant für die Symbolbildung sind das Stegreifspiel und das Improvisieren des N.
1. Symbol der Volkstümlichkeit. Stegreifspiel und Improvisation als wichtigste Merkmale des N. auf den Wanderbühnen seit der Frühen Neuzeit machen diesen zum»Inbegriff des absoluten und universalen Schauspielers« (Alewyn, 99), dessen Ausprägung zunächst radikal antiliterarisch ist, wie es in Shakespeares *Hamlet* offen zutage tritt, wenn der Autor die Narrendarsteller ermahnt, sich an den Text zu halten und nicht zu extemporieren: »Und die bei euch den N. spielen, lasst sie nicht mehr sagen, als in ihrer Rolle steht […]. Das ist schändlich, und beweist einen jämmerlichen Ehrgeiz an dem N., der es tut« (*Hamlet* III, 2, 38–45). – Die wichtigste Ausprägung des N. in der Frühen Neuzeit, der elisabethan. Clown (als ›Pickelhering‹, später ›Hanswurst‹ nach Deutschland importiert), ist Repräsentant der bäuerl. Schichten, dessen Publikumsnähe sich neben dem Stegreifspiel auch durch das hemmungslose Ausleben der niederen Affekte wie Fress-, Sauflust und enthemmte Sexualität ausdrückt (vgl. die Sammlung *Engelische Comedien vnd Tragedien*). Von daher rührt seit dem christl. MA die histor. Nähe des N. zum Teufel (z. B. im Erlauer *Dreikönigspiel*), reflektiert noch in Goethes *Faust II*, in dem Mephistopheles als N. auftritt (*Faust II* I: »Kaiserliche Pfalz«).
2. Symbol der Dummheit und Lächerlichkeit, der verkehrten oder sündigen Welt. Auf Aristophanes zurückgehend (Dikaiopolis in *Die Acharner*), verkörpert die Narrengestalt den *Miles gloriosus* (Plautus), des großspurigen Soldaten, der mit Heldentaten prahlt, die er nie begangen hat, die zur Schau gestellte Lächerlichkeit eines Menschen, der versucht, einem besseren Stand als dem eigenen anzugehören. Bes. in der Frühen Neuzeit sind Variationen dieses Typus beliebt, etwa der Capitano der Commedia dell'Arte oder Herzog Heinrich Julius v. Braunschweigs *Vincentius Ladislaus*, v. a. die Figur

des Falstaff aus Shakespeares *Henry IV.* – Der N. ist als Clown, Fool, Harlekin, Hanswurst, Picaro oder Pierrot Repräsentant einer Gruppe, sozialen Schicht oder moral.-eth. Position, aber auch Vertreter einer ›verkehrten Welt‹, die dem ↗Karneval verwandt ist. Die wichtigste und europaweit rezipierte Ausprägung des N. als Sinnbild einer verrückten Welt, der menschl. Laster, Unzulänglichkeiten und Gebrechen überhaupt, bietet S. Brants moral.-belehrende und zeitkrit. Satire *Das N.schiff* (1494). Die N.satire auf eine sündige und verkommene Welt umfasst alle Laster und schließt alle Menschen, auch den Erzähler, ein: »Den N.spiegel ich dies nenn/ In dem ein jeder N. sich kenn/ Wer jeder sei wird ihm bericht/ Wer recht in N.spiegel sieht« (Vorrede, 31– 34). Ähnlich durchläuft Grimmelshausens *Simplicissimus* eine Entwicklung vom Hofnarren zum frommen Einsiedler.

3. Symbol der Weisheit und der Melancholie. Wie schon Brants *Narrenschiff* in der Trad. ma. Lehrdichtung eine krit. Wahrheit aussprechen will, kann auch der N. selbst zu ihrem Sinnbild werden. Auf den satir. Hofnarren des MA zurückgehend, der auch die Adligen mit Narrenfreiheit parodieren darf, wird der volksnahe Clown seit dem 17. Jh. zunehmend vom mitunter auch in Rätseln sprechenden weisen N. abgelöst: so der Fool in Shakespeares *King Lear* (s. etwa I, 4, 131 ff.), aber auch Till Eulenspiegel aus dem frühneuzeitl. Volksbuch (*Dyl Ulenspiegel*) ist ein die Wahrheit aufdeckender Schalksnarr, dessen derbe Scherze Stadtbevölkerung, Klerus und Aristokratie als verbohrt und engstirnig vorführen. Als Sinnbild aufgeklärter Lebensklugheit erscheint der Narr bei Gellert (*Till*), in der Moderne bei G. Hauptmann (*Till Eulenspiegel*) oder Böll (*Ansichten eines Clowns*). Zum tiefsinnigen Melancholiker entwickelt er sich aus dem ↗weiß gekleideten Pedrolino der ital. Commedia dell'Arte in der Figur des Pierrot, die u. a. Maupassant (*Pierrot*), Flaubert (*Pierrot au Sérail*) oder L. Hughes (*A Black Pierrot*) literarisch verarbeiten. ↗Karneval.

Lit.: MW, 560–575. – TuM, 88 f. – R. Alewyn, *Das große Welttheater*, München ²1985. – R. von dem Borne, *Der Clown*, Stuttgart 1993. – R. Weimann, *Shakespeare und die Trad. des Volkstheaters*, Berlin 1967. – P.V.A. Williams (Hg.), *The Fool and the Trickster*, Cambridge 1979.   RHa

Narzisse

Symbol der Liebe, der Fruchtbarkeit, aber auch des Todes sowie der tödl. Eigenliebe. – Relevant für die Symbolbildung sind (a) die regenerative Kraft der N.-Zwiebeln als Überdauerungsorgane, (b) die pharmakolog. Wirkung und der starke Duft ihrer Alkaloide (gr. *narkein*, »betäuben«) sowie (c) die zum Stängel hin geneigten Knospen und Blüten (↗Blume).

1. Symbol der Liebe, der Fruchtbarkeit und des Todes. Die N. als schon in der altägypt., arab. und bis heute auch in der chines. Kultur weit verbreitetes Symbol für Anfang und Ende, für Werden und Vergehen, wird literarisch in der *Homerischen Hymne* »An Demeter« greifbar: Die narkotisierende Wirkung der N. erleichtert Pluto, dem Gott der Unterwelt, den Raub Persephones. Fruchtbarkeits- und Todessymbolik verknüpfen sich damit in der N., die später, die Gewalt in dieser Erzählung verharmlosend, auch zum Symbol für den Brautstand wird. – Bis zum Ende des MA kaum erwähnt, avanciert die N. in der Frühen Neuzeit, neben der Tulpe zu einer wichtigen Zierpflanze in barocken ↗Gärten geworden, zumeist im Verein mit Tulpen, ↗Rosen oder ↗Veilchen zum Inbegriff herrlich blühender Natur, die nicht nur beschrieben (Fleming, *Von den Blumen*), sondern auch theologisch zum Zeichen einer für den Menschen gedeihl. Schöpfung wird (Gerhardt, *Geh aus mein Herz und Suche Freud*; ähnlich Angelus Silesius, *Heilige Seelenlust* I, 36: *Sie preist den Namen Jesu*, oder *Cherubinischer Wandersmann* I, 290: *Laß Gott sorgen*). – Im erot. Kontext kann die N. gemäß der Braut- und ↗Hochzeitssymbolik der Persephone-Mythe epochenübergreifend zum Ausdruck einer sich anbahnenden Liebesbeziehung werden (Fleming, *Auf Herrn Peter Kuchens und Jungfrau Helenen Ilgens ihre Hochzeit*; Keller, *Der grüne Heinrich*, 1. Fass., II, 2; Fontane, *Quitt* XXXI, oder Dehmel, N.). – V.a. seit dem 19. Jh. werden weitere kulturübergreifende Bedeutungen des Symbols aufgegriffen: N. erscheinen auch als Symbol des Totengedenkens (F. Schlegel, *Totenlied*; C. Brentano, *Wo in Gewölben wie Schmaragd*, oder Altenberg, *Aus dem Tagebuch der edlen Miss Madrilene*).

2. Symbol tödlicher Eigenliebe. Neben der *Homerischen Hymne* »An Demeter« ist Ovids Erzählung von Narziss und Echo (*Metamorphosen* III, 341–510; ↗Echo) für die literar. Symbolbildung der N. maßgeblich geworden: Narziss, der die Liebe der Nymphe Echo verschmäht, stirbt, weil er sich an einer ↗Quelle von seinem ↗Spiegelbild nicht mehr lösen kann, vor dem er verhungert. An der Stelle seines verschwundenen Leichnams wächst eine N. (509 f.). Die mytholog. Figur, als Inbegriff des schönen Jünglings seit dem 5. Jh. v.Chr. als Statue, später auf Gemmen, ↗Ringen und Fresken wesentlich früher repräsentiert als in der Lit. (vgl. neben und nach Ovid Konon, *Fragment XXIV*; Pausanias, *Beschreibung Griechenlands* IX, 31, 7, oder Philostrat, *Eikones* I, 23), symbolisiert im Rückgriff auf den für Ovid zentralen reinen Selbstbezug verschiedene bis zur Selbstzerstörung führende Formen autist. Eigenliebe. – Im MA greift, nicht ganz logisch, Heinrich v. Morungen in *Mir ist geschehen als einem kindeline* die Spiegel-Konstellation auf, um die Illusionen des minnenden Sprechers zu veranschaulichen. Seit der Frühen Neuzeit, in der das menschl. Selbstverhältnis auf vielfältige Weise problematisch wird, veranschaulicht etwa Narziss mit Blick auf den ↗Wasserspiegel das »vortrefflich, kuenstlich und nach dem Leben gemahlte Bild […] eines kunstreichen Mahlers« (J. v. Sandrart auf Stockau, *Der Teutschen Academie Zweyter und letzter Haupt-Theil*, Vorrede zum Dritten Theil), moralphilosophisch »das laster der Philautie«, die u. a. über Wickrams bzw. Lorichius' Allegorese der *Metamorphosen* im 16. Jh. bis zu Goethes *Wilhelm Meisters Lehrjahre* II, 4 (»Monsieur Narciss«) und die Figur des Verlobten in den *Bekenntnissen einer schönen Seele* ausstrahlt. Brachvogels äußerst erfolgreiches Trauerspiel *Narciss* greift die Gestalt Mitte des 19. Jh. im Rahmen einer Kritik am nachrevolutionären Zynismus auch in polit. Absicht auf. – Im Zeichen der petrarkist. Feminisierung des Symbols: »Der Spiegel macht sie in ihre Schönheit verliebt, daraus erwachsen Schroffheit und Stolz« (Petrarca, *Canzoniere* XLV: *Il mio adversario*), gestaltet z. B. Fleming (*An Anna, die Spröde*) einen weibl. Narziss, den keine liebende Kommunikation mehr erreicht. In der achten Sammlung der *Briefe zur Beförderung der Humanität* bezeichnet Herder solche Altertumsforscher als »N.«, die ihre Gegenwart auf antike Quellen projizieren. Während etwa für A.W. Schlegel (*Narcissus*) oder Rückert (*Narzissus*) Narziss im frühen 19. Jh. das Leiden an der Selbstverliebtheit symbolisiert, steht er bei der Günderode, mit verkehrten Geschlechterrollen, petrarkistisch wieder für die Unfähigkeit, den Partner zu sehen und wiederzulieben (*Wandel und Treue*). – Um 1900 erfährt das Symbol eine ästhetizist. Umwertung. Eine lebensferne Fixierung auf das eigene Spiegelbild haben neben etwa Valéry (*Narcisse parle*) auch dt.sprachige Symbolisten (George, *Frühlingswende*; Rilke, *Narziß verging*; *Dies also: dies geht von mir aus*; *Sonette an Orpheus* II, 3) und Expressionisten dargestellt (Trakl, *Kleines Konzert*). E. Mühsam kritisiert in der »Wiener Episode« seiner *Unpolitischen Erinnerungen* ebensolche Zeitgenossen als »hektische N.«, die sich dem Lebensgefühl der Décadence überlassen. Narziss als Symbol leerer Selbstinszenierung greifen von Werfel (*Spiegelmensch*; *Magische Trilogie*) bis in die jüngere Vergangenheit viele Autoren auf (M. Simbruk, *narcis – 22 Versuche sich in die eigene Haut zu retten*). – Die Mythologisierung der N. in Ovids Narziss-Version hat das ideologiekrit. (H. Marcuse, *Narzißmus – Die große Weigerung?*) und v. a. psychoanalyt. Denken der Moderne nachhaltig beschäftigt (Freud, *Zur Einführung des Narzissmus*). Bei Freud veranschaulicht Narziss, in einer auf Goethes *Wahlverwandtschaften*, in denen Eduard den Menschen als »wahren Narziß« bezeichnet (I, 4), zurückverweisenden anthropolog. Verallgemeinerung, ein ganz auf das eigene Ego bezogenes seel. Lustprinzip (*Eine Kindheitserinnerung des Leonardo da Vinci*). Das literar. Symbol gerinnt damit

zum alltagssprachlich trivialisierten psycholog. Theorem.

↗Androgynie, Blume, Echo, Quelle/Brunnen, Spiegel.

Lit.: SdP, 233–235. – U./R. Orlowsky, Narziß und Narzißmus im Spiegel von Lit., Bildender Kunst und Psychoanalyse, München 1992.   FH

Nase

Symbol des Lebens, des menschl. Charakters sowie des Penis. – Relevant für die Symbolbildung sind (a) die Verbindung der N. mit dem ↗Atemholen und (b) ihre Eigenschaft, in der Regel das charakteristischste physiognom. Element im Antlitz des Menschen zu sein.

1. Symbol des Lebens. Die N. gilt bereits in der Bibel als Sitz der Lebenskraft. So heißt es in Gen 2,7: »Da machte Gott der Herr den Menschen aus Erde vom Acker und blies ihm den Odem des Lebens in seine N. Und so ward der Mensch ein lebendiges Wesen« (↗Erde/Lehm/Acker). Die N. wird damit gewissermaßen zum Lebenszentrum. Durch den Verlust der N. in seiner gesamten Existenz getroffen fühlt sich der Kollegienassessor Kowaljow in Gogols *Die N.*: »Aber ich gebe doch keine Annonce über einen Pudel auf, sondern über meine eigene N., das heißt: beinahe über mich selbst.«

2. Symbol des menschlichen Charakters. Den Symbolgehalt der N. für den Charakter bezeugen zahlreiche Redewendungen: ›die N. hoch tragen‹, ›nur bis zur eigenen N.spitze sehen‹ u.a.m. »Das Gesicht ist die stumme Hermeneutik des Menschen, und die N., als der prominenteste Teil des Gesichts, ist vielleicht der wichtigste desselben«, heißt es bei Seume (*Akroase über die N.*), und Lavater hält »die N. für die Wiederlage des Gehirns« (*Ein Wort über die N.*). In literar. Darstellungen wird die N. daher häufig als *pars pro toto* benutzt. Diese Technik wird in Gogols *Die N.* auf die Spitze getrieben, indem sie als eigenständige Person auftritt: »ein Herr in Uniform sprang leicht gebeugt heraus und eilte die Treppe hinauf. Wie groß aber war Kowaljows Erstaunen, als er seine eigene N. in ihm erkannte.« – Zur Charakterisierung des Menschen spielt die N. eine entscheidende Rolle: eine »freie N.« (*emunctae naris*) bezeichnet einen durchdringenden Verstand (Horaz, *Sermones* I, 4, 8), aber auch den Hochmut des »Doktors, der eine sehr dogmatische Drahtpuppe ist«, und das Spiel Werthers mit den Kindern »unter der Würde eines gescheidten Menschen« findet, erkennt dieser »an seiner N.« (Goethe, *Die Leiden des jungen Werthers* I: »Am 29. Junius«); die »treffliche N.« zeigt den edlen Charakter des Fiesko an (Schiller, *Die Verschwörung des Fiesko zu Genua* I, 3). Eine lange N. hingegen ist negativ zu deuten: sie verleiht ein häßl. und unheiml. Äußeres. So erhalten Märchengestalten eine lange N. oft zur Strafe (vgl. etwa *Die drei Wünsche*; Hauff, *Der kleine Muck*;

Zwerg N.); bei *Pinocchio* wächst die N. jeweils als Strafe für eine Lüge an, und mit einer doppelten N. wird die böse Tochter in der Kinderlegende *Der heilige Joseph im Walde* bestraft; umgekehrt lässt eine abgeschnittene N. auf eine Bestrafung, insbes. für Ehebruch (Martial, *Epigramme* III, 85; s.a. 3.), schließen (vgl. Märchen wie *Der Sohn am Galgen* oder *Zornwette*). Die spitze N. weist in den teufl.-dämon. Bereich, wie z.B. das erstmals 1565 bezeugte Sprichwort »Spitze N., spitzes Kinn/ da sitzt der lebendige Teufel drin« belegt. Hier handelt es sich um einen bereits im MA zu konstatierenden Abscheu der Männerwelt vor spitznasigen ↗Frauen, der zu einer Übertragung ins Hexenhaft-Teuflische führt (Hauff, *Zwerg N.*). Eine ↗rote N. symbolisiert die Trunksucht ihres Trägers: »Treulich hat sie mich begleitet/ Bald zum Schnaps und bald zum Wein/ Darum glänzt sie auch so prächtig/ Wie ein roter Edelstein« (Busch, *Das Lied von der roten N.*).

3. Symbol des Penis. Schließlich begegnet in der Lit. die N. häufig als Symbol für den Penis (↗Phallus). Allgemein soll die N. des ↗Mannes Rückschlüsse auf seine Sinnlichkeit zulassen. So heißt es etwa in *Le journal d'une femme de chambre* von Mirbeau: »Ich wette, daß er gehörig hinter Liebesgeschichten her ist […] Ich habe das sofort an seiner beweglichen, schnüffelnden, sinnlichen N. gesehen« (Eintrag vom 14. September). – Nach populärer Vorstellung besteht ein Analogieverhältnis in Größe und Form zwischen N. und Penis. »Noscitur ex naso, quanta sit hasta viri«, behauptet bereits das in Pierrugues *Glossarium eroticum linguae latinae* überlieferte Sprichwort, und im IV. Buch von Sternes *Tristram Shandy* (»Die Erzählung des Slawkenbergius«), in dem mit dieser Analogie beständig gespielt wird, raubt die Größe der »N. des höflichen Fremden« allen Nonnen den Schlaf: »jede von ihnen war des Glaubens, der hl. Antonius habe sie, um sie zu prüfen, mit seinem Feuer heimgesucht – mit einem Wort: sie alle hatten die ganze Nacht über von der Vesper bis zur Frühmette kein Auge geschlossen.«

↗Atem, Gesicht, Phallus.

Lit.: K. Himberg, Phantasmen der N., in: Körperteile, hg. v. C. Benthien/Ch. Wulf, Reinbek bei Hamburg 2001, 84–103. – M. Schulte, Literar. N., Frankfurt a.M. 1969.　　　　　　　　　　　　　　　　　CN

Naturmusik / Sphärenharmonie

Symbol der kosm. Ordnung, ihrer Korrespondenz mit der Gesellschaft und insbes. mit der Kunst des Menschen; als solches auch ein poetolog. Topos. – Relevant für die Symbolbildung ist das Spannungsfeld zwischen *Musica mundana* und *Musica humana* (↗Kunstmusik) und die damit einhergehende Konkurrenz oder Konsonanz der N. mit der vokalen (↗Stimme/Gesang) oder instrumentalen Praxis des Menschen.

1. Antike. In der Antike weist bereits der Name *musiké* auf den olymp. Ursprung der M. hin. Wenn der Musengott Apoll oder dessen Sohn Orpheus auf der Welt-↗Laute bzw. -↗Harfe spielen, dann bringen sie die harmon. Ordnung der Welt (*kósmos*) zum Klingen und demonstrieren die mag. Wirkung dieser göttl. Kunst auf ↗Steine, Pflanzen, Tiere und Menschen (Platon, *Ion* 533b-c; Ovid, *Metamorphosen* X, 86 ff.). Bei den Pythagoreern bewegt sich die aus der Lehre musikal. Proportionen (Intervalle) gewonnene Vorstellung tönend bewegter Himmelskörper zwischen experimenteller Physik und spekulativer Zahlenmystik und symbolisiert die übermenschl. Gültigkeit menschl. Erfahrungswissenschaft (Platon, *Timaios* 38c–39e). In Platons *Staat* (614b–621d) erweitert sich die Symbolik der S. um die Dimension einer (eu-)dämon. Kommunikation mit dem Jenseits. Trotz Aristoteles' naturwissenschaftl. Widerlegung der Hörbarkeit harmon. Planetenbewegungen (*De caelo*, 290b ff.) bleibt diese symbol. Transzendenzerfahrung in der Antike (vgl. Ciceros »Somnium Scipionis« in: *De re publica* 332–351) und über diese hinaus bis ins 19. Jh. (Grillparzer, *Ein Bruderzwist in Habsburg* 2348 ff.) ein Faszinosum.

2. Mittelalter. Im MA rivalisiert die Interpretation der S. als polyphoner Gesang der ↗Engel bzw. Heiligen und Vorbild der christl. Liturgie durch Ambrosius (*Hexaemeron* III, 5, 21 ff.) mit der auf Weish 11,21 gestützten monad. Auslegung durch Augustinus (*De trinitate* IV, 2, 4; IV, 3, 6), i. S. einer heilsgeschichtl. Zahlen- und Proportionslehre als mit dem ›geistigen Gehör‹ wahrnehmbarer Beweis der göttl. Ordnung. Dante zieht in der *Divina Commedia* die Summe aus antiken und ma. Varianten und erweitert die Transzendenzsymbolik um den Aspekt einer durch Liebe (*amor*) geläuterten Seeleneinstimmung: Die S. tritt in enger Verbindung mit der erhabenen Geliebten Beatrice auf (»Purgatorio« XXX, 91 ff.; »Paradiso« I, 76 ff.; II, 112 ff.).

3. 17. und 18. Jahrhundert. Im 17. und 18. Jh. wird die in den neo-pythagoreischen und neuplaton. Kosmos-Spekulationen der Frühen Neuzeit (Kepler, *Harmonice Mundi*) reaktivierte Idee eines *monochordon mundanum* (Fludd, *Utriusque Cosmi […] Historia*, 90) bzw. einer Weltorgel (Kircher, *Musurgia universalis* II, 10, 364 ff.) (↗Orgel) zum symbol. Accessoire des göttl. inspirierten Dichters. Das Bild der durch einen ↗Faden oder Lichtstrahl (↗Licht) direkt mit dem ↗Himmel verbundenen Harfe spielenden ›teutschen Uranie‹ (Greiffenberg, *Geistliche Sonnette, Lieder und Gedichte*, Frontispiz und Erklärung) wird noch von Klopstock (*Der Messias*, Frontispiz der ›Kopenhagener Ausgabe‹ 1755) in Anspruch genommen.

4. Romantik, Moderne. Trotz Archaisierung und Ironisierung halten sich Idee und Symbolik der S. in der Lit. bis ins 20. Jh. Das vielleicht berühmteste Beispiel ist Eichendorffs Gedicht *Wünschelrute*, das die antike Trad. einer orph. Naturmagie mit dem neuzeitl. Topos des Poeten als *summus musicus* kontaminiert: »Schläft ein Lied in allen Dingen,/ Die da träumen fort und fort,/ Und die Welt hebt an zu singen,/ Triffst du nur das Zauberwort.« Weil »Wir von der Harmonie der Sphären/ Die Reibung, nicht den Einklang hören« (Grillparzer, *Gedenkblatt für Meyerbeer*), wird die *harmonia mundi* seit dem 19. Jh. nur noch vereinzelt (Goethe, *Faust I* 243 ff., *Faust II* 4666 ff.) und zusehends kritisch (Th. Mann, *Doktor Faustus* XXV; XXXIV) als Symbol für den universalen Geltungsanspruch von Kunst gebraucht. Sie zieht sich in die Poetik natur- bzw. volksmusikal. Instrumente wie der Äolsharfe (Mörike, *An eine Äolsharfe*), der Maultrommel (Kerner, *Auf Franz Kochs Spiel auf der Maultrommel*) oder der Zither (Stifter, *Der Nachsommer* I, 7; II, 1; III, 5) zurück. Psychologisiert und emotionalisiert, lebt sie in der Gegenwartslit. auf der Schwundstufe trivialer Geniesymbolik (Schneider, *Schlafes Bruder*: »Das Wunder seines Hörens«) oder im Residuum urbaner Dichterphantastik (P. Weber, *Silber und Salbader* IIIf.) weiter.

↗Harfe, Kunstmusik, Orgel, Rad, Saite.

Lit.: R. Hammerstein, Die Musik der Engel, Bern ²1990. – W. Salmen, Das Motiv der S. in der österreich. Lit. des 19. Jh.s, in: Die österreich. Lit., hg. v. H. Zeman, Graz 1982, 711–715. – H. Schavernoch, Die Harmonie der Sphären, Freiburg/München 1981. – F. Schmitt-von Mühlenfels, Zum Motiv der S. im 20. Jh., in Proceedings of the IXth Congress of the International Comparative Literature Association 1980/81, 291–296. – L. Spitzer, Classical and Christian Ideas of World Harmony, Baltimore 1963. – W. Windisch-Laube, Einer luftgebornen Muse geheimnisvolles Saitenspiel, 3 Bde., Mainz 2004.   HGvA

Nelke

Symbol der Liebe, des Todes und der christl. Passion. – Relevant für die Symbolbildung sind (a) die Farbe der Blüten, v. a. die Farbe ↗Rot, (b) ihr Duft sowie (c) die spitze Form der ↗Blätter und Fruchtstände.

Die symbol. Bedeutung der N. als ↗Blume der Liebe liegt – im Gegensatz zur ↗Rose – v. a. in der noch unerfüllten Liebe; die N. ist hierbei ein Vorbote für die spätere Zusammenkunft der Liebenden, gleichzeitig aber auch ein Symbol für die Jungfräulichkeit der Geliebten. Bei Gessner dient demnach die von der Geliebten berührte N. als ein Mittel, dieser geliebten Person nahe zu kommen (*Neue Idyllen: Die N.*). Im Märchen *Die N.* der Brüder Grimm bleibt demgegenüber die geliebte Person so lange in eine N. verwandelt, die der sie liebende Prinz bei sich trägt, bis alle Widrigkeiten ausgeräumt sind und beide zueinander kommen können. Ferner ziehen auch Heine und Storm die N. zur Vorausdeutung einer Liebesbeziehung heran (Heine: *Neuer Frühling* XXIV; Storm: *N.*). Auch als

Symbol der vergangenen Liebe und des Abschieds findet die N. aufgrund ihres die Blütezeit überdauernden Duftes Verwendung (Dörmann: *Ein Abschied*; Heyse: *Abschied*; zum Duft explizit Rückert, *Blumen im Garten*). – Die symbol. Bedeutungen von unerfüllter Liebe und Tod werden in Hofmannsthals *Märchen von der 672. Nacht* miteinander verknüpft, indem die N. für das nicht zu stillende Begehren des Protagonisten steht, das am Ende seinen Tod bedingt. Auch bei Celan werden Liebe und Tod unter dem Zeichen der N. miteinander in Beziehung gesetzt (*Wer wie Du*). – Die N. als Symbol der Passion Christi rührt vom mhd. *nêlikin* (»Nägelchen«) her, was sich auf die Form der Fruchtstände und die spitzen Blätter der Pflanze zurückführen lässt und v. a. in der bildenden Kunst mit den Kreuzesnägeln Christi in Verbindung gebracht wird. Die wohl bekannteste Verwendung findet die N. – als ›Näglein‹ bezeichnet – in dem Kinderlied *Gute Nacht, mein Kind!* – besser bekannt unter dem Titel *Guten Abend, gute Nacht* – aus *Des Knaben Wunderhorn* (KL 68c). Die hier zusammen mit Rosen genannten N. decken das schlafende Kind und schützen dies durch die göttl. Macht, die beiden Blumen in der christl. Trad. eigen ist. – Weitere Bedeutung erhielt die N. auch als Knopflochblume, v. a. im England des ausgehenden 19. Jh. – auch Oscar Wilde trug stets eine meist grüne N. In Hichens' Romansatire *The Green Carnation* wird diese Mode Wildes als *pars pro toto* für das Dandytum der Zeit karikiert.

↗Blume, Lilie, Rose.

Lit.: EdM IX, 1351–1354.   BHo

Nessel

Symbol des Schmerzes, des Leids und der Krankheit, der Unordnung, des Chaos und der Sünde sowie poetolog. Prozesse. – Relevant für die Symbolbildung sind (a) die brennenden und Hautjucken verursachenden N.haare, (b) die kulturelle Designation der N. als Unkraut und (c) die seit der Antike bekannte Wirkung als Heilpflanze.

1. Symbol des Schmerzes, des Leids und der Krankheit. Hierbei muss unterschieden werden zwischen dem Schmerz-Zufügen und dem Schmerz-Erleiden. Ersteres findet sich im Sprichwort »Was eine N. werden will, das sticht/brennt beizeiten«, in dem Sinne, dass sich eine aggressive Gesinnung eines Menschen schon in der Jugend zeigt (z. B. A. Gryphius, *Horribilicribrifax* II, 9; Grimmelshausen, *Simplicissimus* IV, 18; Hauff, *Lichtenstein* I, 3; Th. Mann, *Doktor Faustus* XII). Als Symbol für erfahrenes Leid findet sich die N. bereits im AT (Ijob 30,4). In Dantes *Divina Commedia* fühlt der Erzähler im Kontext seiner Bußerfahrungen bei der Begegnung mit Beatrice im Ird. Paradies (↗Garten) das Brennen der »Reue N.« (»Purgatorio« XXXI). Die Emblematik verbindet das Leiderfahrung durch die N.

u. a. mit ihrer heimtück. Qualität (z. B. Woyt, *Emblematischer Parnassus* III, 329). In der *Geschichte der poetischen Literatur* spricht Eichendorff in Bezug auf J.M.R. Lenz' leidvolle Existenz von »den kalten N. seines Schicksals« (I, 6). Gebräuchlich ist auch das Bild des ›N.bettes‹ als gesteigerter Ausdruck individueller Leiderfahrung (z. B. Schubart, *Der Gefangene*; R. Huch, *Der Teufel soll die Sehnsucht holen*). Im Gegensatz dazu bezeichnet der Vers »ich gebe der N. den Brand zurück« im Gedicht *Seit heut, aber für immer* von Ch. Lavant die Aussöhnung mit den negativen Aspekten des Lebens im Sinne einer allumfassenden Weltbejahung. Als auf ⁊Gräbern wild wachsende Pflanze, häufig mit einer Lage am Rand des Friedhofs verbunden (Storm, *Posthuma*; Raabe, *Der Schüdderump* VII; Fontane, *Unterm Birnbaum* XX), verweist die N. auf die Leiderfahrungen eines Lebens, das auf diese Weise als von der Gesellschaft vernachlässigte Außenseiterexistenz gekennzeichnet wird (Gleim, *N.*; *N. auf Gräber*; Moritz, *Anton Reiser* III, Bonaventura, *Nachtwachen* XVI), bei Jean Paul sogar in der hypertrophen Wendung: »Gottesacker voll blühender N.« (*Dr. Katzenbergers Badereise* XXXV). Auch den Komplex von Krankheit und Schmerzen kann die N. symbolisieren (z. B. Droste-Hülshoff, *Das geistliche Jahr: Am Sonntage nach Weihnachten*; Fontane, *Einem Kranken*). Als besondere Form des Schmerzes bezeichnet die N. auch den Liebesschmerz, wie in Münchhausens *Ballade vom Brennnesselbusch*, wo die N. zum sinnl. Erinnerungszeichen für den auch schmerzhaften Liebesbrand wird. Im Zusammenhang mit dem Liebesschmerz tritt die N. als Komplementärbegriff zum klass. Liebessymbol der ⁊Rose auf (vorbildlich Ovid, *Remedia amoris* XLV; daran anschließend Gottfried v. Straßburg, *Tristan* 17988; Hoffmannswaldau, *Dorinde*; *An einen Mißvergnügten*; Jean Paul, *Hesperus*, 28. Hundsposttag). In *Des Knaben Wunderhorn* wird im Gedicht *Der wohlgezogene Knecht* (III, 72) das Gegensatzpaar Rose und N. symbolisch dem adeligen Fräulein (»Rosenthal«) und dem sie vergeblich umwerbenden Knecht i.S. eines sozialen Differenz zugeordnet (in ähnl. Weise bereits bei Hoffmannswaldau, *Eginhard an Emma*). Bei Eichendorff symbolisiert das Bild der durch die N. brechenden Rose den Zusammenhang von Liebesfreud und Liebesleid (*Durcheinander*). Rückert verwendet die N. wie die Rosen zur Bezeichnung der diesseitsgewandten, sinnl. Aspekte der Liebe (*In der Geliebten Blicke*). In neuerer Zeit findet sich die Doppelformel als Titel von E. Roths Gedichtband *Rose und N*. In leicht abgewandelter Form und ins Politische gewendet tritt der Zusammenhang von ⁊Blume und N. bereits bei Shakespeare auf zur Kennzeichnung der durch ein gefahrvolles Wagnis zu erreichenden Sicherheit (1. *Henry IV* II, 3). – Als Gegenpart zum ⁊Lorbeerkranz erscheint der N. kranz als sichtbare Signatur des Leidens im Gegen-

satz zu der des Sieges (Shakespeare, *King Lear* IV, 4; *Hamlet* IV, 7; im Anschluss daran H. v. Kleist, *Penthesilea* XXIV). In B. v. Arnims *Die Günderode* wird von der Protagonistin aus verschiedensten floralen Bestandteilen ein Kranz (⁊Blumenkranz) gewunden, in dem »die n. bedeuten, dass es ihm im Herzen brennt und schmerzt« (I). Mit leicht humorist. Note erscheint der N.kranz als Gegenstück zum Dichterlorbeer in Rückerts *Priamelformel* unter den unschönen Aspekten des Lebens. In Verbindung mit der herald. Bedeutung der (weißen) N. im ⁊Wappen Holsteins figuriert der Kranz aus N. in Storms Gedicht *An Schleswig-Holstein (vom 30. Juli)*, in dem die Ereignisse im Vorfeld des 1848 gescheiterten Unabhängigkeitsbestrebens Schleswig-Holsteins reflektiert werden und die polit. Aufgabe der Lit. herausgestellt wird.

2. Symbol der Unordnung, des Chaos und der Sünde. Als wildwucherndes Unkraut steht die N. häufig symbolisch für chaot. Zustände histor., polit. und gesellschaftl. Art. Prägend ist hierbei einmal mehr die Bibel. So heißt es in den Sprüchen Salomons im Zusammenhang mit der Ermahnung zur rechten Lebensführung: »Ich ging am Acker des Faulen und am Weinberg des Toren und siehe, lauter N. waren darauf, und er stand voll Disteln und die Mauer war eingefallen« (Spr 24,30 f.). In Jesajas Warnung vor Gottes Strafgericht über Edom wird prophezeit »Dornen werden wachsen in seinen Palästen, N. und Disteln in seinen Schlössern« (Jes 34,13). In seiner Version der Heiligenlegende des Gregorius verwendet Hartmann v. Aue die N. zur Charakterisierung einer solchen Wildnis, durchaus auch mit spirituellen Konnotationen (V. 3551 ff.). Der Aspekt einer gefährl., ungeordneten Zeit, verkörpert durch die N., findet sich auch in der o. g. Passage aus Shakespeares Henry IV (s. a. 1.). In der Barocklit. figuriert die N. mit Bezug auf die o. g. Bibelstelle im Kontext von Sündhaftigkeit und Tugend (Logau, *Zuwachs der Sünde, Geld*; Lohenstein, *Die Tugenden*; Hoffmannswaldau, *Die Tugend*; ähnlich Fontane, *Irrungen, Wirrungen* XX) Im Sinne einer Zeitbeschreibung und -kritik nach dem Zweiten Weltkrieg erscheint die N. bei Huchel (*Heimkehr*; ähnlich Goll, *Ode an Berlin*). Die mit der Verfallsthematik verbundene N. findet sich in der Zeitenklage, etwa in Schubarts *Es ist genug*.

3. Symbol poetologischer Prozesse. Im Bereich der Satire kann die N. als Symbol für die verletzende Rede fungieren (Platen, *Antwort auf einen Unbekannten im Morgenblatt*). Derselbe Symbolaspekt kann als Selbstzuschreibung auch negativ konnotiert sein (A. v. Arnim, *Clemens Brentanos Frühlingskranz*). Auf diese Bildtrad. bezieht sich Jean Paul in der *Vorschule der Ästhetik*: »Der Scherz kennt kein anderes Ziel als sein eignes Dasein. Die poetische Blüte seiner N. sticht nicht, und von seiner blühenden Rute voll Blätter fühlt man kaum den Schlag« (I, 6, § 29). Darüber hinaus kann die N.

das Verhältnis des Autors zur Wirklichkeit charakterisieren, so bei A. Schmidt, *Aus dem Leben eines Fauns*:»Jeder Schriftsteller sollte die N.wirklichkeit fest anfassen und uns alles zeigen.« In Eliots *Little Gidding* (*Four Quartets*) wird die Unterscheidung zwischen der brennenden und der tauben N. (»The live and the dead nettle«) als Symbol für die Bewusstseinszustände von Bindung und Distanz zum eigenen Ich, zu Dingen und zu Personen verwendet. In Bezug auf den Zusammenhang von Leiderfahrung und deren Vertextung erscheint die N. auch als ↗Schriftsymbol (z. B. E. Meister, *Das Denken*). Bei Celan verdichtet sich das Bild der N. von einer eher konventionellen Darstellung des Leids (*Augen*) über den »N.weg« (*Stimmen*) als – auch dichter. – Leidensweg (mit Bezug auf Esenins Gedicht *Bei den gelben N.*) bis zur »N.nachricht« (*Die zweite*) im Spätwerk. Bei Huchel wird die N. (ähnlich wie die ↗Distel) zum Schutz des Außenseiters gegenüber der Gesellschaft, Geschichte und Politik (in Umkehrung zur bereits genannten Außenseitersymbolik; s. 1.) und avanciert so zum Sinnbild widerständigen Schreibens (z. B. *Unkraut*; vgl. E. Burkart, *gartenmauer*).
↗Distel, Lorbeer/Lorbeerkranz.   ChG/MM

Nest

Symbol der Ruhe, der Geborgenheit und des Glücks sowie des Ursprungs. – Relevant für die Symbolbildung sind (a) die Funktion des N. als Wohn- und Brutstätte, (b) seine mitunter exponierte oder auch verborgene Lage.

Im AT erscheint das N. als Sinnbild der Geborgenheit der Seele in Gott (Ps 84,4), in der christl. Lit. typologisch überhöht als Bild für die Seitenwunde Jesu (wiederholt bei Zinzendorf, z. B. *Ich selig Creuz-Luft-Vögelein*, in: XII. Anhang zum Herrnhuter Gesangbuch 2226; oder auch C. Brentano, *Hör', liebe Seel'! wer rufet dir?*). Als Behausung findet es sich in Mt 8,20 evoziert, als Analogon zum Errichten eines Hauses wird es z. B. bei Michelet entfaltet (*L'oiseau*, 1856). In Chateaubriands *Mémoires d'outre-tombe* ist es, inmitten von Gezweige, träumer. Rückzugsort. Das sog. ↗Schwalbennest (der Salanganen) wird in Pasternaks *Ochrannaja gramota* (dt. *Geleitbrief*, 1929–1931) zum Symbol der Welt schlechthin. – Allgemein verbildlicht das N. Obhut (R. Frost, *The Exposed Nest*) und idyll. Glück (Gessner, *Thyrsis und Menalkas*). Als (Bei-)Schlafstelle und ›Liebes-N.‹ findet es sich schon in der sprichwörtl. Wendung ›zu N. tragen‹ ausgedrückt (DWb XIII, 623), literarisch spielt z. B. das Volkslied damit (*Des Knaben Wunderhorn* III, 42: *Gimpelglück*) oder Chamisso, *Rosen in dem Maien* (↗Rose). – Im späten 19. Jh. thematisieren Raabes *Alte N.* die Unwiederbringlichkeit kindl. märchenhafter Geborgenheit; in Pascolis Lyrik sagt sich im (verlorenen) N. die Sehnsucht nach Innigkeit und familiärer Unversehrtheit aus (*Il nido di*

farlotti«). Das leere oder zerstörte N. schließlich ist Symbol der Heimat- und Rechtlosigkeit: »›Das N. ist ausgenommen./ Der Adler mußte fliehn,/ So weit ist es gekommen,/ Und ich muß weiter ziehn‹« (A. v. Arnim, *Der Fürst mit dem wunderbaren Saitenspiele*), wie auch des eigentlich zur Fürsorge verpflichteten herrschaftl. Eigennutzes (Gleim, *Der Vater und der Knabe*; Lessing, *Hinz und Kunz*; Grillparzer, *Rußland*). – Der Horst als Felsen-N. veranschaulicht Entlegenheit (Jer 49,16) wie auch Beharrlichkeit und findet sich oft als Festung gedeutet, so bei Rückert: »Was sitzet ihr daheim in euren Horsten« (*Geharnischte Sonette* I: *Ihr Ritter, die ihr haust*).
↗Eisvogel, Kreis, Weihrauch.

Lit.: G. Bachelard, Poetik des Raumes, Frankfurt a.M. ⁶2001, 104–116.   VAF

Neujahr

Symbol der Hoffnung, des Neubeginns und der Veränderung. – Relevant für die Symbolbildung ist der Charakter des N.tags als Anfang eines neuen ↗Jahrs.

Die Jahresschwelle ist vielfach Anlass zu Reflexion, zu Vor- und Rückschau sowohl im Hinblick auf die persönl. als auch die polit. bzw. gesellschaftl. Situation, mit der sich in der Regel die Hoffnung auf einen Neubeginn bzw. auf eine bessere Zukunft verbindet. Die Verfasser geistl. N.lit. widmen sich zum Jahresbeginn der Vergewisserung bzw. Stärkung des eigenen Glaubens (Greiffenberg, *Neu-Jahr-Lied*; Droste-Hülshoff, *Am N.tage*; L. Hensel, *Am N.tage 1818*). N.liebeslieder des 14. und 15. Jh. thematisieren hingegen N.wünsche, Dienstversicherung und Treueversprechen bzw. Bitte um Erhörung (Oswald v. Wolkenstein, *Gelück und hail*), vereinzelt noch im 16. Jh. (Sachs, *Ain puelied ainer erlichen tugenthaften junckfrawen mit irem namen*). – Kriege bieten häufig den Anlass zu N. texten, in denen der Sehnsucht nach Frieden Ausdruck verliehen wird (Fleming, *N.ode 1633*; Gryphius, *Auf den Anfang des 1650sten Jahres*; Fontane, *N. 1871*). Dauthendeys Gedicht *Silvester 1914* richtet den Fokus auf das Todbringende des Ersten Weltkrieges, gleichzeitig nimmt es aber auch die zeittyp. Kriegsbegeisterung auf. Tucholskys *Silvester* beklagt zum Jahreswechsel 1918/19 die Sinnlosigkeit des Krieges vor dem Hintergrund fehlender gesellschaftl. Veränderung. – Die Sehnsucht nach Freiheit bestimmt die N.gedichte im Umfeld des Vormärz (z. B. Herwegh, *N.*; Freiligrath, *Ungarn*). Frieden *und* Freiheit sind Schillers Wünsche für das beginnende 19. Jh. (*Der Antritt des neuen Jahrhunderts*), während Wedekind den gesellschaftl. Frieden als Hindernis für die Freiheit des Einzelnen begreift (*Silvester*). Im 20. Jh. wird der Anspruch auf eigene Teilhabe an der Veränderung der Welt ironisiert (Ringelnatz, *Was würden Sie tun, wenn*

Sie das neue Jahr regieren könnten?; Schlaf, *Silvester 1900*) oder dessen Aufgabe beklagt (J. Poethen, *zu n.; wieder ausgezählt*).
↗Jahr, Weihnachten.

Lit.: A. Holtorf, N.wünsche im Liebesliede des ausgehenden MA, Göppingen 1973. – H. Möhrchen, N.gedichte Kurt Tucholskys als Beispiele dt. Gelegenheitsdichtung, in: Tucholsky heute, hg. v. I. Ackermann/K. Hübner, München 1991, 195–210. StP

Neun ↗Drei, Zahlen.

New York
Symbol der Moderne, der Freiheit, des Kapitalismus, des Kosmopolitismus und der Globalisierung. – Relevant für die Symbolbildung sind (a) der rasante Aufstieg N.Y. zur Metropolregion sowie (b) deren geograph. Schlüsselstellung als Handelszentrum und (c) als Zielhafen europ. Einwanderer.
1. Symbol der Moderne. Schon in den frühesten Reiseberichten der kolonialen Gründerväter gerät N.Y. zum synekdoch. Symbol eines kultur- und geschichtslosen ↗Amerika. Dabei werden z.B. in den Logbüchern G. da Verrazzanos Atlantikküste und Manhattan zum Sinnbild arkad. Landschaften (↗Garten), deren Ureinwohner naturverbunden, friedlich und naiv erscheinen (*Aufzeichnungen an König Franz I. von Frankreich*, 1524). Die Vorstellung Amerikas als *tabula rasa* und Land der unbegrenzten Möglichkeiten wird N.Y. aber bereits für die Einwanderer des 18. und 19. Jh. zur ›Weltstadt‹ (↗Stadt) und – als Ziel des Aufbruchs in die ›neue Welt‹ – zu einem Symbol der Hoffnung und des Neubeginns avancieren (Griesinger, *Lebende Bilder aus Amerika*; Gerstäcker, *Reise von Leipzig nach N.Y.*; Spielhagen, *Deutsche Pioniere*). Um 1900 wird N.Y. angesichts des ebenso raschen demograph. wie territorialen Wachstums und immenser städtebaul. Veränderungen zum Inbegriff großstädt. Moderne. Dieser Umbruch spiegelt sich nicht zuletzt in der Symbolik räuml. Transgression in die Höhen (Wolkenkratzer; ↗Oben/unten) und ↗Tiefen (U-Bahnen) der Metropole wider (Baudrillard, *Amérique*; Beauvoir, *L'Amérique au jour le jour*; Bachmann, *Der gute Gott von Manhattan*). Dabei verleihen insbesondere der unentwegte Wandel der Stadtphysiognomie (Johnson, *Jahrestage*: »8. Dezember 1967«), das »verrückte«, »↗babylon.« Stadtbild (Hauptmann, *Atlantis*) und die neuartige Dichte des Verkehrs-, aber auch des medialen Zeichen- und Lichternetzwerks N.Y. den Charakter des Transitorischen (Erkelenz, *Amerika von heute*; B. Goldschmidt, *Von N.-Y. bis Frisco*; Kafka, *Der Verschollene*; Ausländer, *N.Y.*; Dos Passos, *Manhattan Transfer*). – Der ästhet. Pathologisierung metropolitaner Veränderung als Chaos und »Oberflächlichkeit« (Holitscher, *Amerika Heute und Morgen*) wird im stadtkrit. Diskurs eine moral. Wertung eingeschrieben: Bis 1900 wird N.Y. in zahllosen Detek-

tiv- und Kriminalgeschichten (z.B. Williams, *Leaves from the Notebook of a N.Y. Detective*) wie auch City Novels (Dreiser, *Sister Carrie*; Crane, *Maggie. A Girl of the Streets*) zum Sinnbild von Verbrechen, Vermassung und Entfremdung. In der von Cooper inspirierten Reise- und Abenteuerlit. des 19. Jh. vermischen sich überdies – im Motiv des schier unergründl. ›Großstadtdickichts‹ – Wildwest- und Großstadt-Topoi (Möllhausen, *Tagebuch einer Reise vom Mississippi nach den Küsten der Südsee*). In der Postmoderne schließlich wird die Vorstellung eines ebenso gewaltigen wie gewalttätigen Raums N.Y. prägend (Federspiel, *Museum des Hasses*; G. Roth, *Der große Horizont*; Auster, *City of Glass*).
2. Symbol der Freiheit und des Kapitalismus. Besonders in den ersten Jahrzehnten nach der Amerikan. Revolution gerät N.Y. zur Stätte der Verheißung von Freiheit, Glück und Erfolg: N.Y. wird zur »freecity« (Whitman, *Mannahatta*). Noch bei Twain heißt es: »Mach Dir einen Namen in N.Y. und Du bist ein gemachter Mann« (*Notebooks* VIII: »17. Mai 1867«). Ende des 19. Jh. erhalten individuelles, polit. und ökonom. Freiheitsstreben in der Statue of Liberty eine konkrete Form (Lazarus, *The New Colossus*). Z.T. ironisch aufgegriffen wird dieses Bild bei Kafka (*Der Verschollene* VII), J. Roth (*Hiob*) und Kisch (*Paradies Amerika*). In der sichtbaren Erschütterung des Freiheitsideals durch die Terroranschläge des 11. September 2001 zeigen postmoderne Werke N.Y. als ›verwundete Stadt‹ (DeLillo, *In the Ruins of the Future*; Peltzer, *Bryant Park*; Röggla, *Really Ground Zero*). – Neben der positiv konnotierten Vorstellung des polit. Liberalismus wird gerade der ökonom. Dimension des *American Dream* große Bedeutung beigemessen: »The Big Apple« (Martins, *The Wayfarer in N.Y.* XV), insbesondere die Wall Street, erscheint, als Sitz eines global operierenden Finanzzentrums (Howells, *A Hazard of New Fortunes*), bereits im 19. Jh. als Inbegriff sozialer Gegensätze, indes das Elend der verarmten Massen zum Sinnbild der Metropole wird (Riis, *How the Other Half Lives*; O. Henry, *The Four Million*). Während späterhin Brechts Gedichte (z.B. *Verschollener Ruhm der Riesenstadt N.Y.*) eben diese Abgründe des kapitalist. N.Y. aus marxist. Perspektive thematisieren, geraten in der Gegenwartslit. v.a. die spekulativen Logiken der ↗Börsen- und Bankgeschäfte in den Fokus der Kritik (DeLillo, *Cosmopolis*).
3. Symbol des Kosmopolitismus und der Globalisierung. Als ›Metropole der Einwanderer‹ wird N.Y. zum Paradigma eines Mit-, Neben- und Gegeneinanders ethnisch und kulturell verschiedener Bevölkerungsgruppen. Dieser kosmopolitane Charakter, der sich zu Beginn des 20. Jh. in der zunächst positiven Symbolik der Stadt als Melting Pot (Zangwill, *Melting Pot*), als eines »Schmelztiegels der Völker, in der frohen, freien Weltstadt N.Y.« (Koeppen,

Amerikafahrt) widerspiegelt, wird angesichts der in Jahrhunderten von Sklaverei und Rassentrennung gründenden Konflikte zwischen Weißen und Schwarzen sowie der nach wie vor andauernden räuml. Segregation (Chinatown etc.) und z. T. Ghettoisierung (Bronx, Harlem) einzelner Bevölkerungsgruppen gerade in der Gegenwartslit. zunehmend kritisch gesehen (z. B. Buch, *Der Herbst des großen Kommunikators*).
↗Amerika, Stadt, Westen.

Lit.: S. Edmiston, Literature, in: The Encyclopedia of N.Y. City, hg. v. K. Jackson, New Haven/London ²2010, 753–757. – Ch. Hamann, Grenzen der Metropole, Wiesbaden 2001. – E. Kreutzer, N.Y. in der zeitgenöss. Erzähllit., Heidelberg 1985.   MH

Norden

Symbol des Vorzivilisatorischen, Abseitigen, aber auch des Ursprünglichen, der Melancholie und des Erhabenen. – Relevant für die Symbolbildung sind (a) Klima und Topografie des N., (b) die Abgrenzung zum ↗Süden. Was topografisch unter der Bezeichnung N. subsumiert wird, ist kulturell und historisch variabel; so werden bis zum Ende des 18. Jh. die Länder an den Küsten der Ostsee einschließlich Russlands als ›nordisch‹ aufgefasst, der Begriff erst um 1800 aus europ. Perspektive v. a. i. S. v. ›skandinavisch‹ verengt.

1. Antike. Die europ. Kulturen sind bis in die Neuzeit hinein von einem antiken Konzept der ›Nördlichkeit‹ geprägt, wonach der N. weitgehend mit einem als kulturell irrelevant abgewerteten Draußen identifiziert wird: so etwa in der Bewertung der Hyperboreer und Thraker bei den Griechen oder in der Vorstellung einer *ultima Thule* am Rande des bewohnten Erdkreises (Seneca, *Medea* 364–379; Strabo, *Geographica* II, 4, 1 C 104; IV, 5, 5 C 201; Plinius d.Ä., *Naturalis historia* II, 75; 77; 186).

2. 18. Jahrhundert. Wird der N. zunächst auch im 18. Jh. noch v. a. mit lebensfeindl. eisigem N.wind (↗Eis, ↗Wind) assoziiert (paradigmatisch Brockes, *Der Winter*), kommt es im Laufe des Jahrhunderts zu einer deutl. Aufwertung des N., nicht zuletzt im Zuge der durch MacPherson vermittelten Ossian-Begeisterung: Durch Rekurs auf die schott.-gäl. Helden des 3. Jh. erlangt die Mythologie des N. eine ähnl. Stellung wie zuvor die griech.-röm. Mythenwelt. Auch in der zeitgenöss. Gotik-Begeisterung manifestiert sich bereits eine Neubewertung des N. In der Lit. wäre der Shakespeare-Kult der zweiten Hälfte des 18. Jh. zu nennen (J.E. Schlegel, Lessing, Wieland und Goethe). Der Sturm-und-Drang-Held, exemplarisch Goethes *Götz von Berlichingen*, ist nun häufig als ein genuin nord. Typus dargestellt. Der vormals klimatisch begründete Mangel wird fortan zu einem Privileg erklärt. Moritz etwa schreibt in seinen *Reisen eines Deutschen in Italien*

in den Jahren 1786 bis 1788: »so scheint es […], als habe das rauhe und unfreundl. nord. Klima seine Bewohner schon im Leben mit ihrer Phantasie zum Grabe hingedrängt, und sie mit den fruchtbaren Gegenständen, die man sonst kaum zu denken wagte, vertraut gemacht« (»Rom, 20. September. Volksaberglaube«). Auch wenn der N. weiter als kalt und gewaltsam dargestellt wird (z. B. in Hölderlins *Vulkan*, dem viertem seiner *Nachtgesänge*, in dem der N.wind, »der immerzürnende Boreas«, in den kulturellen Raum eindringt und die Stimme des Sängers übertönt), ermöglicht er gerade deshalb eine tiefere (Selbst-)Erkenntnis, so etwa in Goethes *Gott, Gemüt und Welt*.

3. Romantik. Damit ist bereits die Funktionalisierung des N. in (oder seit) der Romantik angedeutet. »Die Romantik ist ein Kind des N.« heißt es in Baudelaires *Salon de 1846* (»Qu'est-ce que le romantisme?«). Steht der N. aufgrund seiner Lebensfeindlichkeit einerseits für die *conditio* des modernen Menschen schlechthin und lässt sich mittels seiner Beschreibung die eigene seel. Verfassung artikulieren, so dient der N. andererseits als positiv besetzter Kompensationsraum im Zusammenhang mit einer ab der zweiten Hälfte des 18. Jh. einsetzenden Modernitätskritik und damit als Projektionsfläche für die Sehnsucht nach Ursprünglichkeit. Der N. fungiert auf diese Weise mithin als Symbol eines transzendenten ›Wesens der Dinge‹. Zum ästhet. Paradigma reüssiert dabei die Rede vom Erhabenen. Wurde das Erhabene seit Addison als ›Naturerhabenes‹ konzipiert und zunehmend mit der nord. Natur assoziiert, so kann man den Erhabenheitsdiskurs auch als eine ›nord. Ästhetik‹ verstehen, der die südl. Ästhetik des klassisch Schönen oder auch des Spielerischen (Goethe, *Römische Elegien* VII) als Gegenentwurf dient (↗Süden). Neben Eiswüsten und schroffen ↗Felslandschaften (H. Steffens, *Die Familien Walseth und Leith*) wird eine Überwindung des romant. Verlusterfahrung v. a. im Inneren der Erde gesucht: Als nördl. ↗Tor zum Hades gelten den Romantikern die ↗Bergwerke von Falun (E.T.A. Hoffmann, *Die Bergwerke zu Falun*).

4. Moderne. V.a. gegen Ende des 19. Jh. fungiert der N. als »präkapitalistische Idylle« (Gentikow), insofern dort die negativen Folgen des Modernisierungsprozesses noch nicht eingetreten seien. Gleichzeitig ist Nördlichkeit ästhetisch eng mit der Moderne verbunden: Bei Baudelaire etwa steht die boreale Topografie für die psych. Erfahrung des *ennui* (*De profundis clamavi*; *Any Where Out of the World*), wie allg. die Ästhetik des Hässlichen in der Moderne z. T. mit einer Aufwertung des barbar.-natürl. N. korreliert ist (Däubler, *Das Nordlicht*). Nördlichkeit und Modernität verweisen so aufeinander, die schroffe, schaurige ›Schönheit‹ des N. dient als Referenzgröße für eine Ästhetik, die sich dem Abjekten, dem Verworfenen, Ausgegrenzten, zuwendet. Gleichwohl bleibt der N. ambivalent besetzt, ist die ihm zugeschriebene ↗Tiefe doch stets mit Schwermütigkeit verbunden, wie etwa in Nietzsches Gedicht *Im Süden* (ähnlich auch in der Lyrik Benns). – Hat der reale Lebensraum des N. im 20. Jh. endgültig seinen Status als zivilisationsferner Ursprungsraum verloren, so vollzieht sich seine diskursive Formierung gleichwohl weiterhin ganz wesentlich über die trad. Symbolbildung. Eine Strategie, diese beizubehalten, besteht darin, den N. auf seine topograf. Extremräume zu beschränken. Eine auffallende Tendenz in der dt.-sprachigen Lit. v. a. seit den 1980er Jahren liegt entsprechend in der Darstellung solcher Zufluchtsorte: so die literar. Gestaltung der im 19. Jh. unternommenen Polarexpeditionen in B. Vespers *Nordwestpassage*, Nadolnys *Die Entdeckung der Langsamkeit* oder Ransmayrs *Die Schrecken des Eises und der Finsternis*, wo die Nicht-Wiederholbarkeit einer ursprüngl. Raumerfahrung aufgezeigt wird. Auch in der jüngsten Gegenwartslit. verweisen die Landschaften des N. oft weiterhin auf die Seelenlandschaft der dargestellten Figuren (in den Erzähltexten Böldls, in Stamms *Ungefähre Landschaft,* Damms *Tage- und Nächtebücher aus Lappland* oder R. Strubels *Kältere Schichten der Luft*). Wie auch Høegs Erfolgsroman *Fräulein Smillas Gespür für Schnee* zeigt, fungiert der N. bis heute als ein Raum zivilisator. Ambivalenz.

↗Europa, Pol, Süden, Wind.

Lit.: A. Arndt/A. Blödorn (Hg.), Imagologie des N., Frankfurt a.M. 2004. – A. Engel-Braunschmidt/G. Fouquet (Hg.), Ultima Thule, Frankfurt a.M. 2001.
FZ

Null

Symbol des Nichts, der Leere, Negativität, Wertlosigkeit und Vernichtung, aber auch des Göttlichen und der unendl. Möglichkeiten sowie des Augenblicks. – Relevant für die Symbolbildung ist v. a. die theolog. und philosoph. Identifikation der N. mit dem Nichts.

Als Zahlzeichen ind. Ursprungs über den Islam nach Europa tradiert, entfaltete sich die Verwendung der N. (auch *nulla figura,* Ziffer) als relig., philosoph. und mathemat. Symbol in Auseinandersetzung mit der griech.-aristotel. Kritik an der N. und an der damit assoziierten Idee des Nichts. Aristoteles argumentiert (*Physik* IV, 6–9), dass es keine für sich bestehende Leere geben könne. Auch für Lukrez gilt der Grundsatz: »Von nichts kommt

nichts« (*De rerum natura* II, 287). Die N. ist hier Symbol des Nichts und der Leere. In der Mystik wird dieses Nichts als Inbegriff des Göttlichen verehrt (Meister Eckhart, *Predigt* 83; Rückert, *Die Weisheit des Brahmanen*: »11. Stufe, Nr. 95«). In der Moderne symbolisiert die N. Vernichtung (z. B. Stramm, *Weltwehe*), wird aber im Zeichen des Absurden und einer negativen Mystik auch bejaht (Beckett, *Endgame*). – Da die bibl. Schöpfung (Gen 1,1–2 und 25) als »Schöpfung aus dem Nichts« (*creatio ex nihilo*) vorgestellt wird, kann dem Nichts und der N. höchste Potentialität zugeschrieben werden (Augustinus, *Confessiones* XII, 15 und 29). Die Spannung zwischen aristotel. Abwertung und christl. Hochschätzung der N. bleibt aber bestehen. Im Rekurs darauf lässt Shakespeare in *King Lear* (I, 4) die Hauptfigur die Potentialität leugnen und die Nichtigkeit des Nichts betonen. In Hegels dialekt. Sicht ist »das Nichts das Erste, woraus alles Seyn, alle Mannichfaltigkeit des Endlichen hervorgegangen ist« (*Differenz des Fichte'schen und Schelling'schen Systems der Philosophie* I, 27). Von Victor Hugo wird die nihilist. Negativität der N. die universelle Affirmation entgegengestellt (*Les misérables* II, 7, 6). – Als Zahlzeichen hat die N. in der Neuzeit v. a. mathemat. Bedeutung (Lichtenberg, *Rede der Ziffer 8 am jüngsten Tag des 1799ten Jahres im großen Rat der Ziffern gehalten*; Mauthner, *Beiträge zu einer Kritik der Sprache* III, 6) und steht in zeit- und raumphilosoph. Überlegungen für den ↗Augenblick zwischen Vergangenheit und Zukunft bzw. für einen Punkt ohne Ausdehnung (Husserl, *Die Bernauer Manuskripte über das Zeitbewusstsein* II, 8). In expressionist. Zahlenvisionen und dadaist. Zahlentexten symbolisiert die N. Sinnleere, das Nichts oder eine bes. spekulationshaltige Zahl (Mohlzahn, *Das Wesen aller Dinge ist die Zahl*; Schwitters, *Drei*). Alltagssprachlich symbolisiert die N. auch Wertlosigkeit: Eine N. wird genannt, wer kein gesellschaftl. Ansehen hat (Shakespeare, *Henry V*, Prolog; *King Lear*, II, 4; Goethe, *Die Mitschuldigen*, II, 1; Fontane, *Aus der Gesellschaft: Auf dem Matthäikirchhof*).

↗Augenblick, Kreis, Zahlen.

Lit.: R. Kaplan, The Nothing That Is, Oxford 1999. – K. Menninger, Zahlwort und Ziffer, Göttingen ³1979. – C. Seife, Zero, New York 2000.
AA

Nuss ↗Haselnuss/Hasel, Mandel/Mandelbaum, Walnuss.

O

Oben / unten

Symbole der kosm. Ordnung, des Dualismus von Himmel und Erde (bzw. Hölle), Gott und Mensch, Geist und Materie, polit., sozialer und ökonom. Hierarchien. – Relevant für die Symbolbildung sind (a) der elementare Charakter der Dimensionen o./u. zur räuml. Orientierung sowie (b) die mit dem Blick nach o. (gen ⁊Himmel) verbundene Wahrnehmung von ⁊Licht, Luft, Ferne und Größe.

1. Antike. In der griech. Philosophie wird der »Blick der Seele nach o.« (Platon, *Politeia* VII, 517b) zum Symbol der Erkenntnis von Wahrheit als einer höheren Wirklichkeit. Noch bei Plotin steht das U. des Sinnlich-Körperlichen dem O. als der Welt des Geistigen gegenüber (*Enneaden* IV, 3[27]). In der christl. Symbolik wird diesem Dualismus die (in der antiken Kosmogonie verankerte) Differenz von Himmel und ⁊Erde bzw. Gott und Mensch eingeschrieben. Das Himmelreich wird zum Symbol göttl. Macht, Weisheit und Güte erkoren (Jak 1,17). Gegenüber der ird. »eigennützigen, teuflischen Weisheit« wird die hl. »Weisheit von o.« zur Richtschnur jüd.-christl. Ethik (Dekalog, Ex 19,1–22). In dieser Differenz manifestiert sich auch der Gegensatz von Leib und Seele des Menschen: Der Aufstieg der Seele in höhere Sphären wird noch bei den Kirchenvätern zum Symbol der Teilhabe am göttl. Geschenk der Liebe (z. B. Augustinus, *Confessiones* X, 7). So markiert das Streben nach o., wie es schon im aufrechten Gang des Menschen und dem Wachstum der Pflanzen symbolisiert ist, in positiver Konnotation den Aufstieg aus dem ird. Staub der Vergänglichkeit, den die ⁊Füße berühren, hin zu den überird. ⁊Sternen, dem Leben spendenden Licht der ⁊Sonne und dem befruchtenden ⁊Regen (KLS, 311 f.), dem das Haupt des Menschen zugewandt ist (insofern wird das O. als Symbol des ⁊Kopfes, das U. indes häufig als Symbol des Geschlechts verwandt; ⁊Phallus, ⁊Vagina). Gleichzeitig steht das Streben nach o. bereits in der griech. Mythologie für Hochmut und Anmaßung (gr. *hybris*); dem Aufstieg des Himmelsstürmers folgt, wie in der Ikaros-Sage (Schwab, *Sagen des klassischen Altertums* XI), i.d.R. der sprichwörtl. Fall. Im christl. Kontext wird das blasphemisch-sündhafte Streben nach o. – im Gegensatz zum demütigen, bisweilen ängstlich-schamhaften Beugen des Körpers und Senken des Blicks nach u. (Jes 2,10; Ijob 11,15) – zum Urgrund göttl. Strafens (Spr 16,18; Sündenfall, Gen 3,1–7; Turmbau zu Babel, Gen 11,1–9).

2. Mittelalter und Frühe Neuzeit. Durch das gesamte MA und bis ins 17. Jh. hinein wird zudem die Dichotomisierung von Himmelreich und Hölle in ihrer polaren Symbolik von Höhe und ⁊Tiefe wirkmächtig: »Im Himmel ruft man stets Hosanna in der Höh/ Und in der Hölle nichts als Jammer, Ach und Weh!« (Angelus Silesius, *Cherubin. Wandersmann* III, 102; vgl. Dante, *La Divina Commedia*: »Inferno«/»Paradiso«). Der unergründl., finstere »Höllenschlund« (*Historia von D. Johann Fausten* XVI: »Ein Disputation von der Hell«) wird dabei zum transzendenten Gegenstück des unendl. Himmels. Die Vorstellung von einer vertikalen Ordnung des Kosmos sowie einer zentralen Weltachse (z. B. im Sinne eines Weltenbaums; ⁊Baum) findet sich noch in der Überführung des christl. Weltbilds, das den Sitz Gottes über dem Himmel postuliert, in die Kartografie des physikal. Raums bei Ailly (*Imago Mundi*, ca. 1410). – Als Symbol für das Unerreichbare gilt das O. des Weiteren im hochma. Minnesang als Ideal der Liebeserfüllung, dem das U. als Sinnbild von Mühsal und Enttäuschung gegenüber steht: »Mir ist alle zît, als ich vliegende var/ ob al der welte und die mîn elliu sî« […] daz ist gar gelogen: ich bin swaere als ein blî« (Bernger von Horheim, *mir ist alle zît*); neben der positiven Konnotation des Höhenflugs wird das O. so zugleich als Raum der puren Imagination, Täuschung und Lüge klassifiziert, der sich vom harten Boden der Realität abhebt. In der barocken Lyrik und relig. Erbauungslit. ist an die Dichotomie o./u. zur Differenzierung von ird. Diesseits als »ThränenThal« und elys. Jenseits als des »Himmels Lusthauß« überdies häufig die Symbolik einer den Geist gefangen nehmenden Enge resp. Freiheit versprechenden Weite gekoppelt (A. Gryphius, *Der Welt Wollust ist nimmer ohne Schmertzen*).

3. 18.-20. Jahrhundert. Im Sturm und Drang wird der Blick nach o. zum Ausdruck von Schwärmertum, Sehnsucht, Fernweh und Eskapismus (Goethe, *Die Leiden des jungen Werthers* I: »Am 10. Mai«, »Am 10. September«; Moritz, *Anton Reiser* I; Tieck, *William Lovell*). In Märchen- und Kinderbüchern (H. Hoffmann, *Hanns Guck-in-die-Luft*) erhält der schwärmer. Blick des ›Luftikus‹ ferner den Charakter des Naiven, Unstetigen und Oberflächlichen. Demgegenüber steht der planende, ordnende und kontrollierende Blick von o. – von ⁊Berg, ⁊Brücke oder ⁊Turm (z. B. Goethe, *Italienische Reise* XXIII). – Im Geiste des klassizist. Bildungsideals wird der humboldtsche ›Drang nach Höherem‹ zum Symbol für die ästhet. und moral. Heraufbildung des Menschen (z. B. Schiller, *Über die ästhetische Erziehung des Menschen* XII, XXIII), wie es bis heute in der Dichotomisierung von Hoch-

und Populärkultur fortwirkt. – Die Hierarchisierung polit. Sphären gemäß der Differenz o./u. kann spätestens seit Machiavellis *Il Principe* auch als Symbol der Struktur des neuzeitl. Staatensystems gelten. Die Hierarchie gesellschaftl. Schichten nach Macht, Stand, Rang und Würde wird gleichsam durch das polare Begriffspaar o./u. ausgedrückt – »kömmt doch das ärgerniß von o.« (Schiller, *Wallensteins Lager* I, 8; vgl. Goethe, *Der Bürgergeneral* I, 9; *Wilhelm Meisters Wanderjahre* I, 4). – Bis in die Moderne manifestieren sich soziale und ökonom. Gegensätze zudem räumlich (Uptown vs. Downtown), der architekton. Bau in die Höhe (Hochhaus; vgl. auch Turm, ↗Burg) wird dabei zum Symbol technolog. Fortschritts (v. Ossietzky, *Wolkenkratzer-Romantik*; Koeppen, *Amerikafahrt*; Morand, *New York*). Im 19. Jh. befestigt nicht zuletzt die bürgerl. Panik vor den als kriminell und unsittlich apostrophierten Unterwelten der Metropolen diese Differenz neu (Ostwald, *Dunkle Winkel in Berlin*; Holmes, *London's Underworld*; Sauval, *Chronique Scandaleuse de Paris*). Der High Society der ›oberen Zehntausend‹, der Gebildeten, Schönen und Reichen stehen die verarmten Massen gegenüber (Fallada, *Ein Mann will nach o.*; Brecht, *Die Oberen reden von Frieden*; Wallraff, *Ganz u.*). – In der literar. Phantastik wird das O. zum Symbol für das Übersinnliche; dabei steht dem Aufbruch in den Weltraum (z. B. Verne, *De la terre à la lune*) der Gang ins Erdinnere nach »Mittelerde« (Tolkien, *Lord of the Rings*; vgl. Holberg, *Niels Klim*; Verne, *Voyage au centre de la terre*) entgegen. – Zu Beginn des 20. Jh. etablieren schließlich die modernen Reisen in die ›Unterwelten‹ der menschl. Psyche (Freud, *Die Traumdeutung; Das Ich und das Es*) das U. als Symbol des gleichermaßen Vergangenen wie Verborgenen.

↗Abgrund/Tiefe, Berg, Himmel, Links/rechts.

Lit.: S. Fuchs-Jolie, ungeheuer oben. Semantisierte Räume und Raummetaphorik im Minnesang, in: Außen und Innen, hg. v. N. Staubach/V. Johanterwage, Bern/Frankfurt a. M. 2007, 25–42. – A. Koschorke, Die Geschichte des Horizonts, Frankfurt a. M. 1990. – P. Michel (Hg.), Symbolik von Ort und Raum, Bern, Frankfurt a. M. 1997. MH

Ochse ↗Stier.

Öl / Salbe

Symbol der Fürsorge, der Übertragung eines Amtes, der göttl. Gnade und des göttl. Geistes. – Relevant für die Symbolbildung sind bes. (a) die pflegende und heilende Wirkung des Öls sowie (b) sein Einsatz als Brennstoff.

1. Symbol der Fürsorge. Öl bezeichnet seiner Wortherkunft (lat. *oleum*) nach zunächst die aus ↗Oliven, dann auch aus anderen Pflanzen gepresste oder sonst gewonnene vergleichbare Flüssigkeit; zur Einreibung bestimmtes Öl von festerer Konsistenz berührt sich mit der als S. bezeichneten Substanz. Das Übergießen mit parfümiertem Öl gehört in der Vorstellung der Bibel wie des gesamten alten Orients und der klass. Antike zur Körperpflege und wird als Zeichen bes. Wertschätzung und Zuneigung auch am Gast vollzogen (Homer, *Odyssee* IV, 49 f.), so auch bei der trad. mit Maria Magdalena verbundenen Salbung Jesu in Bethanien (Mt 26,6–13). Noch heute geläufig ist die medizin. S.-einreibung, als Zeichen der Barmherzigkeit im Gleichnis vom Samariter (Lk 10,34), aber oft auch zur Heilung von Wahnsinn (Hartmann v. Aue, *Iwein* 3419–3504) oder magisch ausgeweitet, z. B. als Märchenrequisit der hexer. Flugsalbe (Apuleius, *Der goldene Esel: Amor und Psyche*). – Regulärer Bestandteil der altoriental. Leichenversorgung ist die Einreibung mit z. B. durch Beimengung von ↗Myrrhe stark duftenden S. (Homer, *Ilias* XVIII, 350). Es symbolisiert Pietät und liebevolle Zuwendung über den Tod hinaus (Properz, *Elegien* III, 16). Auch den toten Jesus wollen die ↗drei Marien am ↗Ostermorgen salben (Mk, 16,1 f.), finden jedoch nur noch das leere ↗Grab vor. In der meditativen Auslegung der bibl. Erzählung symbolisiert die Totensalbung die Liebe der Gläubigen zu Christus (Klaj, *Aufferstehung Jesu Christi: Maria Magdalena redet die andern Weibesbilder an*), bei P. Gerhardt jedoch wird sie als Zeichen der Fixierung auf den vorösterl. Jesus kritisiert: »Ach, liebes Herz, je länger seint Geist/ Vom Himmel in die Herzen geußt,/ Darf keines Öl noch S.« (*Nun freut euch hier und überall*; vgl. Rilke, *Der Auferstandene*).

2. Symbol für die Übertragung eines Amtes, den Empfang eines Sakramentes und göttlicher Erwählung. Der altoriental. Gebräuchen (Äsop, *Die Bäume und der Ölbaum*) entsprechenden alttestamtl. Salbung von Amtsträgern, bes. ↗Königen bei deren Initiation folgend (1 Sam 10; 2 Kön 9,3), gehört die Salbung zum kirchl. Ritual einer Königskrönung (dort als Hauptelement, vgl. Schiller, *Die Jungfrau von Orleans* III, 4; ↗Krone) und zu den ausdeutenden Riten beim Weihesakrament wie auch, mit ausdrückl. Bezug auf die Salbung zum König, bei der Taufe. – Die Salbung Davids oder der Propheten bringt göttl. Auszeichnung und Auftrag zum Ausdruck (1 Kön 19,16; Ps 23,5). Durch die Übertragung dieser Vorstellung auf den von Gott gesandten endzeitl. Heilsbringer wird dieser bezeichnet als ›der Gesalbte‹ (hebr. ›Messias‹, genauer *ha mashiah*), in direkter Übersetzung ins Griechische *ho christós*, ›der Christus‹ (vgl. Joh 1,41; 4,25).

3. Symbol der göttlichen Gnade und des göttlichen Geistes. Neben ↗Milch, ↗Honig u. a. gehört auch das reich fließende Öl zur Vision des gelobten Landes oder eines Goldenen Zeitalters (vgl. Dtn 7,13; Jer 31,12; Joël 2,19; P. Gerhardt, *Nun ist der Regen hin*; F. Schlegel, *Trutz Nachtigall* XI: *Christus ein*

Hirt; J.H. Voß, *An den Genius der Menschlichkeit*).
Als Teil der Jesusfrömmigkeit wird auch der Name
Jesu (Phil 2,9 f.) als heilendes Öl verehrt (»Jesus-
nam', du sanftes Öl«, Tersteegen, *Von dem gebene-
deiten Namen Jesus*; vgl. Angelus Silesius, *Cherubinischer Wandersmann* IV, 8: *Der Name Jesus*). Als
Spender der göttl. Gnade spricht auch der trad.
Hrabanus Maurus zugeschriebene lat. Pfingsthymnus *Veni creator spiritus* den Hl. Geist metonymisch
als »geistliche Salbung« (*spiritalis unctio*) an. – Neben dem hier behandelten Salböl ist auch das Lam-
penöl zur Grundlage für symbol. Verwendung geworden, so im Gleichnis von den klugen und törichten Jungfrauen als Zeichen der Bereitschaft und
Erleuchtung (Mt 25,1–13; aufgenommen z. B. bei
G. Arnold, *Poetische Lob- und Liebes-Sprüche* XLI;
↗Kerze, ↗Licht). Als Quelle göttl. Erleuchtung dient
es beispielsweise in Angelus Silesius' *Das ewige
Licht* (*Cherubinischer Wandersmann* I, 161), als
Zeichen des Lebens in Droste-Hülshoffs *Am letzten
Tage des Jahres* (*Silvester*); vgl. auch Heine, *Sie er-
lischt* (*Lazarus* XVIII).
↗Kaiser/König/Fürst, Myrrhe, Olive/Ölbaum.

Lit.: EdM XI, 1065–1071. – WBS, 260–263. – Ph. Rech,
Inbild des Kosmos, Bd. 2, Salzburg/Freilassing 1966,
521–545.   KV

Ölbaum ↗Olive/Olivenbaum.

Ohr

Symbol der Aufmerksamkeit, der Erinnerung, der
Erkenntnis und der Lust. – Relevant für die Symbolbildung sind (a) die Funktion des O. als Wahrnehmungsorgan, das sich Reizen der Umwelt nicht
aktiv entziehen kann und, eng damit zusammenhängend, (b) seine Funktion als Medium der Kommunikation.
   1. Symbol der Aufmerksamkeit. Wer sich aufs O.
legt, verschließt bewusst das wichtigste menschl.
Wahrnehmungsorgan nach dem ↗Auge (so die Sin-
neshierarchie bei Aristoteles, *Über die Seele* II).
Spitzt eine hingegen die O. oder sperrt sie auf, so
schenkt sie dem, was sie hört, Aufmerksamkeit.
Wem man die O. lang zieht, dem unterstellt man
entsprechend mangelnde Bereitschaft zuzuhören.
In der Lit. erscheint das O. als Symbol vollkommener, wohlwollender Aufmerksamkeit. Erbittet man
das O. eines anderen, ist dies häufig mit einem
Wunsch verbunden; ihn zu erfüllen steht in der
Macht der Angesprochenen (des Menschen in Chamissos *Nachhall*, der Allegorie in Bürgers *An die
Hoffnung* oder Gottes in Flemings *Gebet des Elenden*). Im christl. Kontext drückt sich so die Hoffnung auf göttl. Erhörung und Barmherzigkeit aus
(›O. des Himmels‹, J.Ch. Günther, *Den Unwillen eines redlichen und getreuen Vaters*). Beliebte Kollo-
kationen verbinden O. und Auge sowie O. und
↗Herz. Während die gemeinsame Nennung von O.

und Auge auf die Wahrnehmung der Außenwelt
fokussiert (z. B. Schiller, *Abschied vom Leser*), idealisiert die zweite Verbindung das Hören als Einheit
von Verstehen und Empfinden (Goethe, *Idylle*;
Zäunemann, *Das Gesetz deines Mundes*).
   2. Symbol der Erinnerung. Gedächtnisort ist das
O. analog zur Fähigkeit des (Zu-)Hörens in zweifa-
cher Weise: (a) Ein Geräusch, eine ↗Stimme oder
auch ein Lied können spontan individuelle Erinnerungen aktivieren. Dabei vermag die auditive
Wahrnehmung spezif. Stimmungen oder Erwartungen hervorzurufen. So wird das O. zum Symbol
unwillkürl., ungefilterter Erinnerung, die entweder
Licht auf das Gemüt einer Person oder ihre Geschichte wirft. Die Hoffnung auf einen sorgenfreien
↗Augenblick weckt das Rauschen eines Bachs in L.
Büchners *Segen der Natur*. Das O. nimmt aber auch
wahr, was dem Auge verborgen bleibt. Es hält mahnend im Bewusstsein, was (nicht) (mehr) zu sehen
ist, z. B. den ↗städt. Industrielärm angesichts idyll.
Natur in der *Osterbitte* von Holz. – (b) Das O. dient
als Gefäß, um Gehörtes – etwas, das nicht vergessen werden darf, oder Vertrauliches – aufzubewah-
ren. Das Flüstern ins O. der Geliebten gehört zum
top. Inventar der Liebesdichtung (z. B. Dahn, *Spanische Romanze*). Was von anderen nicht gehört
werden soll, wird ins O. geflüstert: Verschwörun-
gen, geheime Aufträge, schauerl. Wahrheiten (z. B.
Logau, *Hören*; Goethe, *Totentanz*). Shakespeares
Hamlet gründet auf der Vorstellung, dass einmal
Gehörtes dem Leben eine nachhaltige Wende geben kann. Das tödl. Gift im O. des ↗Vaters wirkt
gleichsam bei Hamlet nach, indem der Geist des
Vaters die unsagbare Tat enthüllt und ihn schließlich in den Wahnsinn treibt. Das O. selbst erscheint
als Symbol des Geheimnisses in den ›verlängerten
O.‹ des Midas (z. B. Goethe, *Elegien 1*). Im Mythos
gelingt es ihm nicht, das Geheimnis seiner Eselsohren (↗Esel) zu wahren. Die Binsen tragen es in alle
Welt weiter, daher auch der Begriff ›Binsenweis-
heit‹. Der Titel von Canettis *Die Fackel im O.* ruft
Kraus' Zeitschrift *Die Fackel* als Vorbild ins Gedächtnis (s. a. 4.). Als Erinnerungssymbol transpor-
tiert das O. die alte abendländ. Vorstellung der Passivität des Wahrnehmungsorgans.
   3. Symbol der Erkenntnis. Das menschl. O. als Er-
kenntnisorgan göttl. Weisheit ist ein bibl. Topos
(Spr. 2,2; Lk 4,21), der in der relig. Lit. intensiv aufgegriffen wird. Brockes formuliert das entsprechende Paradigma: »Durch's Ohr lies't unser Geist
die Ziffern Seiner Macht« (*Die Welt*). Entsprechend bleibt denen die Erkenntnis verborgen, die
nicht hören wollen (Jes. 6,10). Geibel bestimmt das
O. als »des Geists notwendiges Symbol« (*Wort und
Schrift*). Auch der dämon. oder teufl. Verführung
steht das O. freilich offen (Schiller, *Die Räuber* I, 2).
In Th. Manns *Doktor Faustus* erhält das O. mittels
der Musik (↗Kunstmusik) als von Semantik befrei-
ter Kunstform Symbolcharakter (der Held Lever-

kühn als Komponist und »O.mensch«). Idealvorstellung ist hier das Begreifen der Welt durchs O., also ein der Vernunft enthobenes Verstehen. Dieser Vorstellung verwandt ist auch Adornos ästhet. Verständnis moderne Poesie in *Noten zur Literatur*, einer Essaysammlung, die ursprünglich *Mit dem O. gedacht* heißen sollte. Moderne Poesie zeigt nach Adorno den menschl. Innenraum als entgegenständlichte Welt.

4. Symbol der Lust. Die wohl bekannteste Erzählung, in der das O. als Organ der Verführung auftaucht, berichtet von Odysseus' Begegnung mit den Sirenen (Homer, *Odyssee* XII). Der Mythos weist das O. als Organ aus, dessen ästhet. Reizbarkeit den Verstand auszuschalten vermag und so ins Verderben führen kann. Canettis *Die Fackel im O.* rekurriert im Titel auf die massenpsycholog. Verführungsgewalt des gesprochenen Worts. Gleichwohl wird die ›Berauschung‹ des O. in der Beziehung der Geschlechter auch positiv aufgegriffen (z. B. Chamisso, *Die letzten Sonette 1*; Heine, *Seraphine 5*). Symbol der Verehrung ist es zudem in G. Büchners Gedicht *Schiller*. Auch in der Empfängnis der Gottesmutter Maria (*conceptio per aurem*; ↗Vagina) scheint das O. als Symbol der Lust auf.
↗Auge, Blindheit, Gesicht, Stimme/Gesang.

Lit.: HdA IV, 1206–1217. JW/SHe

Olive / Ölbaum

Symbol der Heiligkeit und Weisheit, des Friedens und der Fruchtbarkeit. – Relevant für die Symbolbildung sind (a) das langsame Wachstum des Ö. und das hohe Alter, das er erreichen kann, (b) das ↗Öl, das sich aus der O. gewinnen lässt.

1. Symbol der Heiligkeit und Weisheit. Der in Verbindung mit der Göttin Minerva stehende Ö. ist seit der Antike Symbol für Weisheit und Heiligkeit (Vergil, *Georgica* X, 18 f.; Hölderlin, *Gesang des Deutschen*). Im AT meinen Ö. und O. Weisheit (Sir 24,19) und Erwählung Gottes (Ps 52,10; Jes 17,6), aufgenommen auch in der Vision des Propheten Sacharja (Sach 4,2 f., 11–14; vgl. Offb 11,3 f.). Das Öl des Ö. symbolisiert den Geist Gottes (1 Sam 16,13), die O. als Ursprung des Ö. auch das Heil (Augustinus, *In Evangelium Joannis* VI, 20). Der Ölberg ist im NT Symbol für bes. Gottesnähe (Lk 22, 39 f.; ↗Berg). Paulus verwendet den edlen Ö. symbolisch für das Christentum, den wilden Ö. für das Heidentum (Röm 11,16 f.; ↗Aufpropfung, ↗Baum). Für Rilke wird der Ö.-Garten dagegen zum Ort der Gottesferne (*Der Ö.-Garten*).

2. Symbol des Friedens und der Fruchtbarkeit. Seit der alttestamentl. Sintflut-Erzählung (↗Flut/Dammbruch) und der Rettung Noahs gilt der Ö.-zweig als Friedenssymbol (Gen 8,11; Angelus Silesius, *Heilige Seelenlust* I, 14: *Sie bereitet sich zu seiner Geburt*; Droste-Hülshoff, *Am ersten Sonntage im Advent*; Fontane, *Neujahr 1871*). Auch in der

griech.-röm. Antike ist der Ö.zweig Symbol des Friedens und der Bitte darum (Sophokles, *König Ödipus* 1 ff.; Ovid, *Metamorphosen* VI, 101). Bei Hölderlin lindert Kühlung aus den Zweigen des Ö. Streit (*Die Wanderung*). – Der Ö. und die O. sind im 19. Jh. Symbole für ↗südl. Gefilde (Lenau, *Mit Orangen*; Platen, *Flucht nach Toskana*), Fruchtbarkeit, Liebe und Genuss. Bei Jean Paul liefert die bittere O. des in Italien grünenden Ö. das süßeste Öl (*Titan*, 3. Zykel). Bei Scheerbart begleitet der Biss in die O. die sexuelle Liebe (*Tarub, Bagdads berühmte Köchin* IV). Trakls *Gesang einer gefangenen Amsel* assoziiert mit dem Ö. hingegen Tod und ein »brechendes Herz«.
↗Baum, Öl/Salbe, Süden.

Lit.: DLS, 144–145. – SdP, 243–245. – Ph. Rech, Inbild des Kosmos, Bd. 2, Salzburg/Freilassing 1966, 507–521. EM

Opal

Symbol der Tugenden und des Glaubens, aber auch des Wankelmuts, der Blindheit und des relig. Eifers. – Relevant für die Symbolbildung ist die Farbpalette (↗Farben) des O., die dem ↗Regenbogen entspricht.

In der Antike bestand die Vorstellung, dass der O. aufgrund seiner Farbenvielfalt alle Tugenden in sich vereine (Plinius d. Ä., *Naturalis historia* XXXVII, 21 f.). Diese Symbolik findet sich auch in O.-↗Ring von Lessings Ringparabel wieder (Lessing, *Nathan der Weise* III, 7). Bei Shakespeare hingegen symbolisiert der O. aus demselben Grund die Wankelmütigkeit Orsinos (*Twelfth Night* II, 4). – Der ma. Name »ophtalmus« betont die Ähnlichkeit zum menschl. ↗Auge (Albertus Magnus, *De mineralibus* II, 2). Dies nimmt u. a. Meyrink in *Der O.* wieder auf, wenn er die Augen von Toten zu O. werden lässt, hier ein Symbol für das Böse. Der milchige Glanz des O. deutet auch auf ↗Blindheit und Tod (Droste-Hülshoff, *Der Mutter Wiederkehr*: »Augen trüb wie O.«). Auch Trakl nutzt in *Drei Blicke in einen O.* den vielschichtigen Farbschimmer des Steines als Auslöser seiner Todesvisionen. Die von Lessing unterstützte Symbolik verkehrend, steht der O. bei Trakl auch für relig. Eifer. – *Die O.* ist der Titel einer von Franz Blei 1907 herausgegebenen Zeitschrift, in der u. a. Kafka und Musil ihre ersten Texte veröffentlichten. Der Name betont hier v. a. die Ausgesuchtheit der Autoren.
↗Diamant, Farben, Regenbogen.

Lit.: Ch. Meier, Gemma spiritalis, Paderborn 1977. IR

Orange / Apfelsine

Symbol der Fruchtbarkeit und Liebe, der Zeitlosigkeit und Besonderheit. – Relevant für die Symbolbildung sind (a) die Gleichzeitigkeit von Blüte (↗Blume) und Frucht, (b) die leuchtende Farbe, (c)

der süße Duft und Saft sowie (d) die feste ↗Schale der O.

1. Symbol der Fruchtbarkeit und Liebe. Süße O. werden erst im 16. Jh. aus Hinterindien nach Europa gebracht, vorher gibt es in Europa nur bittere. Die Humanisten setzen die in Zaubergärten auftretenden O. mit den antiken ↗Äpfeln der Hesperiden, die ewige Jugend verleihen, und dem Apfel der Aphrodite gleich, der Liebe symbolisiert (Ariost, *Orlando furioso* VI, 21). In Gozzis *L'amore delle tre melarance* (1761), dessen Quelle das Zaubermärchen *Die drei O.* (bekannt v. a. im Mittelmeergebiet und im Vorderen Orient) und *Le tre citra* aus G. Basiles *Pentamerone* sind (↗Drei), tritt jeweils ein meist nacktes Mädchen aus den aufgeschnittenen O., dem der Prinz einen Wunsch erfüllen muss, um es zu gewinnen. Ansonsten kehren die Mädchen in die O. zurück, die in der geschlossenen Form die unerreichbare Liebe symbolisiert. Bei Goethe und den Romantikern symbolisieren O. bzw. Goldorangen die Fruchtbarkeit eines südlichen (↗Süden) Landes oder Liebesgartens (Goethe, *Mignon*; *Alexis und Dora*; E.T.A. Hoffmann, *Die Abenteuer der Silvesternacht*). Das Verabreichen von O.schnittchen, das Schälen und Teilen von O. symbolisiert die erot. Liebe (Goethe, *Die Leiden des jungen Werthers* I: »Am 16. Junius«; D. Schlegel, *Florentin* X). Durch die feste Schale jedoch verwehrt die O. den (sexuellen) Genuss ihrer Süße und wahrt ihr Geheimnis (Rilke, *Sonette an Orpheus* XV; Gaarder, *Das O.mädchen*). Ähnlich dem Apfel bei Schneewittchen ist in Fontanes *Vor dem Sturm* die verführer. O. vergiftet (IV, 12). Bei Fleißer ist das nicht verzehrte Pfund O. Symbol für Liebesenttäuschung und Entsagung (*Ein Pfund O.*).

2. Symbol der Zeitlosigkeit und Besonderheit. Bereits in Homers Alkinoosgarten tragen blühende ↗Bäume zugleich auch Früchte (*Nausikaafragment*). Bei Goethe symbolisiert das gleichzeitige Blühen und Fruchtbringen im »O.walde« Zeitlosigkeit (*Wilhelm Meisters Lehrjahre* VII, 7; *Wilhelm Meisters Wanderjahre* II, 7). – Durch ihre hervorstechende Farbe symbolisiert die O. etwas Besonderes (Heine, *Lutetia* I, 42). Sie trägt auch zum ↗weihnachtl. Leuchten bei (Platen, *Hirte und Winzerin*). ↗Apfel, Garten, Süden, Zitrone.

Lit.: P. Requadt, Die Bildersprache der dt. Italiendichtung, Bern 1962.   EM

Orgel

Symbol des Göttlichen, der Weltenharmonie und des Gottesbezuges des Menschen, der Natur und des Erhabenen, der Kunstreligion und der Dichtung. – Relevant für die Symbolbildung sind (a) die Vielzahl aufgereihter, harmonierender Pfeifen (↗Flöte), (b) die Luft, die die Pfeifen zum Klingen bringt, (c) die mächtige Klangwirkung, (d) die Verwendung im christl. Gottesdienst seit dem 9. Jh.

1. Symbol des Göttlichen, der Weltenharmonie und des Gottesbezuges des Menschen. Bei Tertullian erstmals als Sinnbild und als Zeichen für die einzelnen Bestandteile und die Vielfalt der menschl. Glieder eingesetzt (*De anima* XIV, 4), wird die O. und ihr Luftstrom bei anderen Kirchenvätern als die Hl. Geist und die vom Geist gewirkte Liebe oder als Symbol aller geisterfüllten Propheten und Apostel gedeutet (u. a. Athanasius v. Alexandria, Gregor v. Nyssa; vgl. Giesel, 169; s. a. 4.). Spätere Ausdeutungen heben auf die Eintracht des tugendhaften Menschen in Liebe ab (*concordia*), für die die harmon. Anordnung der O.pfeifen symbolgebend ist (Haymo v. Halberstadt, *In psalmum CL*). – Der Luftstrom, der die Pfeifen der O. harmonisch zum Klingen bringt, symbolisiert das Wort oder den ↗Atem Gottes (J. Böhme, *De signatura rerum* XVI). Die O. wird damit zum Werkzeug des Schöpfergottes: »Gott ist ein Organist, wir sind das O.werk,/ Sein Geist bläst jedem ein und gibt zum Ton die Stärk« (Angelus Silesius, *Cherubinischer Wandersmann* V, 343: *Das geistliche O.werk*). Die O.pfeifen erscheinen entsprechend als ↗Mund des Predigenden (Gregor d.Gr., *Moralia in Iob* XX, 41), wie auch die O. allg. als zentrales Instrument des Gotteslobs fungiert (Otfrid v. Weißenburg, *Evangelienbuch* V, 23, 197; Klaj, *Aufferstehung Jesu Christi: Christo Jesu zu Ehren*). – In der Frühen Neuzeit dient die O. als Instrument des Göttlichen aber auch der Kritik an einer gestörten Beziehung des Menschen zu Gott: in Gestalt einer zerbrochenen O. bei Grimmelshausen (*Simplicissimus* I, 11), als Teil einer vorgetäuschten Himmelsmusik während einer Teufelserscheinung (*Historia von D. Johann Fausten* VIII: »Welcherlei Gestalt der Teufel D. Fausto erscheint«) oder das »O. geschrey« als Zeichen für einen falsch verstandenen Gottesdienst (Stricker, *De düdesche Schlömer* I, 1; Luther, *An den christlichen Adel deutscher Nation*). In anderer Hinsicht destruiert im Kontext aufgeklärter Anthropologie die trad. O.-symbolik, wenn in der Analogie von O.pfeifen und menschl. Luftröhre nur noch der Mensch selbst sich als Spieler dieses Instruments bedient, indem er singt und von selber spricht, »so oft er will« (*Neues ABC-Buch*, 1790: »Das dritte Bild«). – Bald zum Stereotyp werdend, tritt mit Beginn des 19. Jh. zunehmend der Klang der O. in den Vordergrund der Symbolbildung, die noch einmal der Evokation einer relig. Sphäre dienen soll. Der »O.klang und das Singen der Gemeinde« (Tieck, *Der Runenberg*) stehen für Rührung und Andacht, wobei der Raum der Dorfkirche einfache Frömmigkeit symbolisiert (trivialisiert z. B. bei R. Leander, *Die künstliche O.*). Häufig weisen sie, wie in Tiecks *Franz Sternbalds Wanderungen* (I, 7), auf Jenseits und Tod, ironisiert bei Heine (*Himmelsbräute*), trivialisiert bei C.F. Meyer (*Das Strandkloster*) oder A. v. Württemberg (*Der Organist aus dem Grabe*). Nationalrevolutionär adaptiert Görres die O. zur Totenklage für das alte Reich, das im besetzten Mainz Platz für republikan. Ideen machen musste (*Nach der Übergabe von Mainz*, 1798); Freiligrath wünscht, dass sich die O.klänge einer Totenfeier für einen in den Revolutionskriegen Gefallenen in die ↗Posaunen eines erfolgreichen republikan. Aufstandes verwandeln (*Blum*, 1848). – Im 20. Jh erlebt die O. in dieser christl. Symboltradition noch einmal eine Renaissance: so weist sie etwa in der Lyrik Trakls auf das aus der Ferne herüberklingende Göttliche und Jenseitige (*Die schöne Stadt; In einem verlassenen Zimmer; Immer dunkler; Entlang*), während sie bei Jahnn im Rekurs auf die ma. Musiktheorie und im Kontext der zeitgenöss. ›O.bewegung‹ als ideales Musikinstrument zum Ausdruck einer metaphys. Ordnung der Welt, des harmonikalen Ganzen avanciert (*Fluß ohne Ufer*).

2. Symbol der Natur und des Erhabenen. Die für die Romantik typ. Umbesetzung bzw. Parallelführung der christl.-relig. Symbolik der O. zum Symbol für eine (sakralisierte) Natur formuliert Eichendorff exemplarisch in *Ahnung und Gegenwart*: »in des Eichwaldes heiligen Schatten, wenn die O. des Weltbaues gewaltig dahinbraust« (II, 15; Tieck, *Franz Sternbalds Wanderungen* III, 6). Allein wie ein Naturphänomen »rauscht«, »braust« und »kreischt« die O. dagegen bei Heine (*Aus den Memoiren des Herrn Schnabelewopski*). – ↗Donner und ↗Sturm als Teile einer gewaltigen Natur sind beliebte Konnotationen, mit denen die O.symbolik im Zeichen einer Überwältigungsästhetik in den Bereich des Erhabenen rückt (»Wie des Donners O.-ton«; Schiller, *Laura am Klavier*). Während bei Trakl noch ähnlich der Sturm der O. zur Darstellung der Schrecken des Krieges dient (*Im Osten*), verkehrt Heym die Symbolik in ihr Gegenteil (»die O. der matten Gewitter«, *Deine Wimpern, die langen*). – Ein weiterer Aspekt der Erhabenheitssymbolik der O. ist die Topografie des Doms, die entweder die christl. Symboltrad. von Gotteslob, Andacht (s. 1.) und göttl. Gericht akzentuiert (etwa Gretchens »Dom«-Szene in Goethe, *Faust I*; parodiert von G. Keller in *Von Weibern – Alte Lieder* X: *Gretchen*; zum Klischeebild erstarrt bei Seidel, *Pfingsten*) oder als Symbol für das Naturerhabene steht (A. Grün, *Die Schweiz*). Eine komplexe Bildlichkeit der O. als Symbol für eine verfallene Natur entwickelt Th. Kramers Gedicht *Die O. aus Staub* von 1936, dessen an eine Jahrmarkts-Drehorgel erinnernde »unsichtbare O. aus Staub« auch als ein ins Gebrochene gewendetes Symbol für den Dichter gelesen werden kann, wie die Symbolik der Drehleier (↗Lyra/Leier) in W. Müllers letztem Gedicht seines Zyklus *Die Winterreise*.

3. Symbol der Kunstreligion. V.a. durch die seit dem 15. Jh. mit der O. verbundene Figur der hl. Cäcilia, der Schutzheiligen der Musik, erscheint die O. um 1800 als Symbol einer metaphysisch gedeuteten ↗Musik. Während Heinses Ausgangspunkt eine Bildbeschreibung ist (*Raffaels Cäcilia*), steht bei Herder die Wirkung der Musik im Vordergrund, mittels der die relig. Konnotationen der Cäcilia-Figur zur Kunstreligion umgedeutet werden (*Briefe, das Studium der Theologie betreffend* XLVI; *Adrastea* III, 6, 5: »Händel, Fortsetzung. Cäcilia«), ähnlich die auch poetologisch (s. 4.) zu verstehende O. als Symbol für eine sakralisierte Musik in E.T.A. Hoffmanns *Ritter Gluck*. In Kleists Erzählung *Die heilige Cäcilie oder die Gewalt der Musik* stellt die von der O. aus dirigierende Cäcilien-Figur kein Erlösungsmodell mehr dar, sondern nur noch ein mit den romant. Topoi von Weiblichkeit, Wahnsinn und Tod spielendes, ironisiertes Kontrastmodell zur bürgerl. männl. Subjektbegründung. In Mörikes Künstlerroman *Maler Nolten* ist die O. spielende Romanfigur Chiffre für die hl. Cäcilia und die Macht der Musik, anhand derer die Rückkehr zum Religiösen inszeniert wird. R. Schneiders Roman *Schlafes Bruder* (1992) schließlich zeigt mit seiner durchgehenden Verwendung der O. als Ausdrucksmittel des Protagonisten, dass die O. auch in der Gegenwart noch als Symbol des Künstlers wie des mit der Sphäre des Göttlichen konnotierten, hier allerdings ironisch reflektierten, Mythos Musik fungiert.

4. Symbol der Dichtung. Verwendet schon Spee die O. als Sinnbild für vielfaches Gotteslob in seiner geistl. Liedersammlung *Lieder aus Belveder'* (Vorrede), entwirft Hölderlins Hymne *Am Quell der Donau* unter Rückgriff auf die O. als Instrument des Göttlichen und als Mund des Predigers (s. 1.) sowie auf ihre Verwendung als festl. Mittelpunkt im Gottesdienst eine komplexe Poetik, in der der »melodische Strom« aus den »unerschöpflichen Röhren« der O. der »menschenbildenden Stimme« des Dichters entspricht. – In den sprachästhet. Bereich versetzt Jean Paul die der O. zugeschriebene Symbolik harmon. Vielgestalt als Auszeichnung der dt. Sprache, die »unter allen europäischen Sprachinstrumenten eigentlich als die O. […] dastehen« bleibt (*Über die deutschen Doppelwörter*, 1819, Vorrede). Hebbel stellt den bis ins 20. Jh. beliebten Vergleich der O. mit Goethes *Faust*-Dichtung an, die als das Nationalepos schlechthin »alle Töne unserer reichen und starken Sprache wiedergibt, wie die O. die Harmonien aller Instrumente umschließt« (*Faust von Goethe*, in: Österreichische Reichszeitung, 28.1.1850).

↗Flöte, Naturmusik/Sphärenharmonie.

Lit.: H. Giesel, Studien zur Symbolik der Musikinstrumente im Schrifttum der alten und ma. Kirche, Regensburg 1978, bes. 167–172. – F. Jakob, Die O. in der dt. Lit., Männedorf 2000. SLu

Orient

Symbol des Anfangs, des Wunderbaren, der Willkür, der Inspiration, der Alterität wie auch der

Sinnlichkeit und des Reichtums. – Relevant für die Symbolbildung sind (a) die aus europ. Sicht östl. geograf. Lage des O. als Land der aufgehenden ⁊Sonne (lat. *oriri* »sich erheben, aufgehen«), (b) der O. als Ursprungsort der drei großen monotheist. Religionen, (c) die über Jahrhunderte nur imaginativ überbrückbare räuml. Ferne des O. und (d) die mit Napoleons Ägyptenfeldzug 1798 beginnende koloniale Expansion ⁊Europas in den O.

1. Symbol des (unschuldigen) Anfangs und Neubeginns. Ältere Systeme der Welterfassung verdrängend, steht lat. *oriens* in der Antike zugleich für Himmelsrichtung und ⁊Sonnenaufgang, den symbol. Neubeginn des im ⁊Osten anbrechenden Tags (Vergil, *Aeneis* V, 42 und 739; Valerius Flaccus, *Argonauten* III, 411; ⁊Morgen). In Analogie zum Tagesablauf wird der O. bezogen auf das menschl. Leben sowohl zum Symbol der individuellen ⁊Kindheit (Shakespeare, *Sonnets* VII; Schiller, *Don Karlos* II, 2; Jean Paul, *Titan*, 111. Zykel; Novalis, *Heinrich von Ofterdingen* V), als auch der der Menschheit insgesamt (O. Frank, *Das Licht vom O.*; als Schauplatz der Genesis und des AT: Milton, *Paradise Lost* IV; Goethe, *West-östlicher Divan*, »Alttestamentliches«; Grimm, *Das singende, springende Löweneckerchen*). – Christlich ist der O. nach Offb 7,2 der symbol. Ort der Offenbarung Gottes (Waldis, *Lob und weissagung von herlicheyt des Euangelij in aller welt*; F. Schlegel, *Die Weltalter*; Görres, *Die Zeiten*). Auch die Reformation setzt im (sächs.) O. ein: H. Sachs, *Die wittembergisch nachtigal*. – In zykl. Geschichtsvorstellungen erfolgt eine Gleichsetzung des O. mit dem in die Zukunft projizierten utop. Neubeginn (Schiller, *Die Künstler*; Hölderlin, *Der blinde Sänger*), der auch im Zeichen einer Kulturwanderung (*translatio artium*) steht (Herder, *Briefe zur Beförderung der Humanität* VIII, 91; Hölderlin, *Germanien*; *Deutscher Gesang*). Eine katastrophale Kulturwanderung säkularer Paradiesentwürfe von ⁊West nach Ost symbolisiert der O. hingegen am Ende des 20. Jh. in R. Schamis *Paradies II*. – Als ⁊Lichtbringer wird der O. auch zum symbol. Ende der Liebesnacht (Oswald v. Wolkenstein, *Es seust dort her von o.*; H. Sachs, *Vermanung zur buß*; A. v. Arnim, *Ringlein und Fähnlein*).

2. Symbol des Wunderbaren, Märchenhaften und der Imagination. Die ma. Begegnung mit dem O. bildet früh das literar. Motiv der abenteuerhaften O.fahrt aus (z. B. *Herzog Ernst*; Marco Polo, *Il milione*; Mandeville, *Travel*), das in Verbindung mit dem Alexanderstoff, der Priester-Johannes-Trad. (Wolfram v. Eschenbach, *Parzival*) und Motiven aus dem Umkreis der *Märchen aus Tausendundeiner Nacht* (*Gesta Romanorum*; *Reinfried von Braunschweig*; Konrad v. Würzburg, *Herzmaere* u. a.) den O. bis ins 20. Jh. symbolisch zum Schauplatz des Märchenhaften und Wunderbaren auflädt (vgl. etwa Hesse, *Die Morgenlandfahrt* V). Mit Gallands Nachbildung der *Märchen aus Tausendundeiner*

Nacht im Französischen zu Beginn des 18. Jh. verbreitet sich selbst im Zeitalter der Aufklärung eine Deutung des Morgenlands, die den O. in seiner räuml. Ferne mit Märchenwelt und Wunderbarem gleichsetzt (auch als Heimat des dt. Volksmärchens, Lewald, *Meine Lebensgeschichte* I, 7). Häufig verbinden sich im symbol. O. Märchen, Sonnenmetaphorik und Kindheitserinnerung (Platen, *Prolog zu den Abbassiden*) sowie bibl. Konnotationen (Tieck, *Der junge Tischlermeister* I, 2, und II, 7). Mit der Vervielfachung der Reisen in den O. im 19. Jh. und der europ. Expansion wird selbst die reale Welt des O. zum suggerierten Märchen (Bodenstedt, *Tausendundein Tag im O.*) und Raum der (kolonialen) Imagination verklärt (Chateaubriand, *Itinéraire de Paris à Jérusalem*). Kritisch gegenüber solcher Verklärung zeigen sich jedoch bereits im 19. Jh. Herwegh, *Sonette XXX: Freiligrath*, oder zugunsten des realen O. Twain, *The Innocents Abroad* XXXIX.

3. Symbol grausamer Willkür und Gewaltherrschaft. Die O.-Okzident-Opposition verweist in ihrem symbol. Gehalt sowohl auf antike (Vergil, *Georgica* I, 250; Tacitus, *Historiae* V, 13) als auch bibl.-christl. Dichotomien der Welteinteilung und -beherrschung (Sach 6,1–13; Offb 16,12; *Oracula Sibyllina* III, 652; Laktanz, *Divinae institutiones* VII, 15). Mit dem im 15. Jh. beginnenden Türkenkriegen wird der O. als Symbol der teufl. Herrschaft (Brant, *Das Narrenschiff* CVII; *Faustbuch*: »D. Faustus laest jhm das Blut herauß«) und christl. Demütigung (Tasso, *Gerusalemme liberata* XX, 14) sowie als Gegenwelt und Unkultur sichtbar (Fischart, *Nacht Rab oder Nebelkräh* 693). Als Sinnbild von Willkürherrschaft und Barbarei ist der O. im Barock (Rist, *Gustav Adolphs Tod bei Lützen*) ebenso wie in Aufklärung (Gottsched, *Ode auf das zweyte protestantische Jubelfest*) und Romantik präsent (E.T.A. Hoffmann, *Die Geheimnisse*, 1. Blättlein; Eichendorff, *Julian* XVI). – Im Fastnachtspiel kann der O. im Umkehrschluss jedoch auch als Symbol einer utop. Idealherrschaft fungieren (Rosenplüt-Corpus, *Des Turken vasnachtspil*). Während der Befreiungskriege wird der O. auch zum Symbol relig. begründeten Widerstands gegen Gewaltherrschaft (Schenkendorf, *Bei den Ruinen der Hohenstaufen-Burg*). Europ. Sendungsbewusstsein legitimierend fungiert der O. in Hegels wirkungsmächtiger Geschichtsphilosophie als Symbol eines historisch überwundenen Despotismus (*Vorlesungen über die Philosophie der Geschichte*, Einleitung, Einteilung). Nietzsche erkennt dagegen im ›oriental.‹ Christentum (»der tiefe O., es ist der orientalische Sklave«) Willkür und Gewalt des europ. Denkens am Werk (*Jenseits von Gut und Böse* XLVI).

4. Symbol göttlicher und dichterischer Inspiration. Die im MA verbindl. Gebetshaltung in Richtung Osten (vgl. etwa *Lancelot en prose*: *La Queste del Saint Graal* 198; noch bei Eichendorff, *Krieg den Philistern* III) verweist auf den O. als Symbol der göttl. Zuwendung zum Menschen (s. a. 1.), in säkularer philosoph. und wissenschaftl. Ausrichtung bei Kant (*Was heißt: Sich im Denken orientieren?*) und in Fichtes *Wissenschaftslehre* von 1804 (VIII und IX). Er ist auch zentrales Freimaurer-Symbol (Kotzebue, *Der Freimaurer* I, 5). – In Folge der zunächst theologisch begründeten philolog. Erforschung der oriental. Sprachen im 18. Jh. wird der O. als Ursprungsort der Hl. Schrift zum Inbegriff der Sprachgebung (Herder, *Abhandlung über den Ursprung der Sprache* I, 3; *Älteste Urkunde des Menschengeschlechts* I, 1, 2). Die in der Romantik postulierte Einheit von Religion und Dichtung lässt den O. als Symbol des Romantischen schlechthin erscheinen (F. Schlegel, *Gespräch über Poesie*: »Rede über die Mythologie«; *Ideen*: »An Novalis«), als »Mutterland der Ideen« (Schelling, *Vorlesungen über die Methode des akademischen Studiums* XIV) oder der erfahrbaren Transzendenz (Wordsworth, *While Beams of Orient Light Shoot Wide and High*) und poet. Inspiration (A. v. Arnim, *Der an der Liebe Verzweifelte* IV). – Für Goethe wird im *West-östlichen Divan* der ferne (pers.) O. zum zeitlosen »Land der Dichtung« (*Wer den Dichter will verstehen*; vgl. auch Platen, *Ghaselen* I, Motto), das der Dichter als fingierter Reisender betritt (*Morgenblatt für gebildete Stände*, 24.2.1816). Im 19. und 20. Jh. wird die Reise in den O. zum »großen Akt« des »inneren Lebens« (Lamartine, *Voyage en Orient*, »20.5.1832«), der O. damit internalisiert als Inbegriff der Phantasie und des ↗Traumhaften (Hugo, *Les orientales*, Préface), einer geistigen Fabelwelt (Valéry, *Orientem versus*), eines Orts der Versprechungen und des Verlangens (Ungaretti, *Fase d'oriente*), des Geheimnisvollen und Unbewussten (Hofmannsthal, *Vermächtnis der Antike* und *Wiener Brief II*) oder auch der berauschenden Droge (E. Jünger, *Der O.*).

5. *Symbol der Alterität.* Mit der Institutionalisierung von Wissen über den O. im 18. Jh. und damit ermöglichten produktiven Aneignung oriental. Lit. setzt eine Reflexion der Bedeutung des O. für die eigene Kultur ein, die den O. als »all das, was das Abendland selbst nicht ist« (Foucault, *Histoire de la folie*, Préface), zum Symbol eines positiv verstandenen Anderen werden lässt, das die eigene Identität konstituiert (vgl. Hammer-Purgstall, *Fundgruben aus dem O.*, Vorrede). Goethes *West-östlicher Divan* sieht an Stelle kontrastiver Gegenüberstellung das Andere poetisch in Europa wirksam (*Herrlich ist der O.*) und postuliert eine affektive Hinwendung zu ihm (*Bist du von deiner Geliebten getrennt*). Dabei wird der Islam als die vermeintlich trennende Religion im O. zum Symbol der geradezu göttl. Bedingtheit von Alterität und Identität (»Gottes ist der O.!«, *Talismane*, nach Koran-Sure 2, 115), die in einer poet. Aufhebung der O.-Okzident-Dichotomie gipfelt (*Wer sich selbst und andre kennt*). In goethescher Trad. folgen

Rückert (*Östliche Rosen*), Platen (*Neue Ghaselen*, Motto) oder auch Daumer (*Polydora*, Vorrede). Droste-Hülshoffs in engem Dialog mit Goethes *West-östlichem Divan* stehende *Klänge aus dem O.* affirmieren trotz kulturellen Perspektivenwechsels die symbol. Grenzziehung gegenüber dem Anderen des O. (vgl. die bezeichnenden Titel am Ende des Zyklus: *Unaussprechlich*; *Unbeschreiblich*; *Unerhört*). Demgegenüber wird die O.-Symbolik zum iron. Spiel mit der Fremdartigkeit von Gegenständen aus dem O., die in Europa selbstverständlich werden: Musikinstrumente (Claudius, *Am Geburtstag eines langen Emigranten*), Kaffee (Heine, *Die Harzreise*) oder Drogen (Dingelstedt, *Lieder eines kosmopolitischen Nachtwächters* VI, 1). Nietzsche dagegen bekräftigt im O. das zur Selbstüberwindung und -erhöhung unabdingbare Andere (*Schopenhauer als Erzieher* I). In einem nicht mehr konkret lokalisierbaren O. erfasst schließlich Whitman, *A Broadway Pageant* (II), das sich beschleunigende Wechselverhältnis von kultureller Identität und Alterität. – Im Bekenntnis zum Zionismus und als selbstbewusste Reaktion auf Antisemitismus fungiert der O. auch als Symbol der jüd. Alterität in Europa, indem das Judentum zum »Apostel des O.« wird (Buber, *Das Judentum und die Menschheit* sowie *Der Geist des O. und das Judentum*). Diese übergreifende Einordnung des Judentums in die östl. Trad. bleibt symbolisch auch nach Gründung des Staates Israel präsent, vgl. etwa die dt.-jüd. Emigranten-Zeitschrift *O.*, die den Zionismus als integralen Bestandteil eines multikulturellen Nahen Ostens versteht (W. Yourgrau, *Auftakt*, 31.3.1942).

6. *Symbol des Weiblichen und der (fatalen) Sinnlichkeit.* Unter dem Vorzeichen kolonialer europ. Expansion wird aus eurozentr.-männl. Perspektive die Alterität des O. (s. 5.) zugleich als geschlechtl. Alterität begriffen, dem die zwischen ↗Mann und ↗Frau bis ins 19. Jh. verbreitete Opposition von Kultur und Natur zugrunde liegt, und der O. dabei symbolisch feminisiert. Ost-westl. Kulturbegegnung in diesem Sinn muss im weibl. O. als Bedrohung verstanden werden (Scott, *Ivanhoe* VII). Die folglich imaginierte männl. Beherrschung weibl. Sexualität prägt denn v. a. im 19. Jh. die O.-Symbolik: islam. Eheauffassung (Byron, *Don Juan* 158; Balzac, *Splendeurs et misères des courtisanes* II: »À combien l'Amour revient aux vieillards«), im Harem ausgelebte Befriedigung (Heine, *Almansor*: »Waldgegend«; Chateaubriand, *Les aventures du dernier abencérage*; Nerval, *Le voyage en O.*: »Les Femmes du Caire«) und Jungfräulichkeitsethos (↗Frau/Jungfrau; Fontane, *Der Stechlin* XX; aus femininer Perspektive Meisel-Hess, *Die sexuelle Krise* III, 1). V. a. für weibl. Autoren wird der O. damit zum Inbegriff männl. Willkür und fataler Triebhaftigkeit (Droste-Hülshoff, *An die Weltverbesserer*; Lewald, *Diogena* III). Th. Manns *Der Tod in Venedig* (V) verwendet erotisierende Projektionen des

O. als Ausdruck fataler »gewerbsmäßiger Lieder-lichkeit«. Bezeichnend wird sowohl in Th. Manns *Zauberberg* (V: »Totentanz«) als auch in Brochs *Die Schlafwandler* (I: *Pasenow*) der stereotyp imperiale Blick der Medien (Bioskop-Theater, Kaiserpano-rama) zum Anlass, am sinnl. O. den Voyeurismus des europ. Betrachters vorzuführen. – Der O. als Symbol des Weiblichen – sowohl im Sinne eines fe-mininen Bildungs- und Reisebedürfnisses (Stinde, *Frau Buchholz im O.*) wie konventionell als Herr-schaftsanspruch der Frau (vgl. die Rezeption der Gynaikokratie J.J. Bachofens, *Der Mythus von O. und Occident*, in der ersten Hälfte des 20. Jh.) – bleibt bis in die Gegenwartslit. präsent (A.N. Herbst, *Dem Nahsten O.*).

7. Symbol (unmoralischen) Reichtums. Mit dem Florieren der Handelskompagnien im beginnen-den 17. Jh. (gehandelt werden v. a. Gewürze, Luxus-güter und Genussmittel) wird der O. zum Inbegriff eines rein materiellen und zugleich amoral. Reich-tums (Marlowe, *The Tragicall History of D. Faustus* I, 1; Hoffmannswaldau, *Hochzeit-Gedichte: Schertz-gespräche*; Logau, *Was seltsam, ist werthsam*), der jedoch auch märchenhaft verklärt werden kann (Novalis, *Heinrich von Ofterdingen* V; s. a. 2.). Er symbolisiert v. a. prosperierende ↗Städte in ihrem Überfluss (Tirso de Molina, *El burlador de Sevilla* I, 18) bzw. barbar. Bereicherung im Zuge kolonialen Handels (Strindberg, *Inferno* VII). Im Fin de Siècle gerät der O. zum Symbol eines erkauften, erlesenen Phantasiereichtums (s. 4.), der einer Flucht aus dem industriellen Europa entspricht (Wilde, *The Picture of Dorian Gray* XI). Massenhafte Reproduzierbar-keit lässt den O. freilich gerade auch zum Symbol des bes. Banal-Alltäglichen (Huysmans, *À rebours* IV) und der sich in Wegwerfprodukten artikulie-renden Sehnsucht nach materieller Geltung ver-kommen (Kunert, *Begegnung*).

↗Europa, Indien, Jerusalem, Morgen, Osten, Sonne.

Lit.: D. Balke, Art. Orient und oriental. Lit., in: Reallexikon der dt. Literaturgeschichte, Bd. 2. Berlin ²1965, 816–869. – A. Polaschegg, Der andere Orientalismus, Berlin/New York 2005. – K. U. Syndram, Der erfundene O. in der europ. Lit. vom 18. bis zum Beginn des 20. Jh., in: Europa und der O. 800–1900, hg. v. G. Sievernich/H. Budde, Gütersloh/München 1989, 324–341. FF

Osten

Symbol der Errettung, aber auch des Barbarischen und der Bedrohung. – Relevant für die Symbolbil-dung sind (a) die Verknüpfung des O. mit Morgen-rot-, Sonnenaufgangs- und Heils-Symbolik (↗Mor-genröte/Sonnenaufgang, ↗Sonne), (b) die Trennung des oström. Reiches von Westrom (↗Rom), (c) kol-lektive Gesellschaftsorganisationen in den slav., oriental. (↗Orient) und asiat. (↗Asien) Ländern.

1. Symbol der Errettung. In der relig. Weltdeu-tung der Bibel ist im O. die Gegend des Paradieses (Gen 2,8; ↗Garten), der Ort der Weisheit (1 Kön 5,10) und der Ort, von wo das Heil Jahwes in Ge-stalt des Messias kommen wird (Jes 41,2). Diese Symbolik setzt sich in der israel.-jüd. Lit. des ›Na-hen O.‹ fort (vgl. die Ostsymbolik in der Lyrik von Bialik, *Buch der Legenden*; Černichovsky, *Visionen und Melodien*; Celan, *Der Sand aus den Urnen*; *Schneepart*). Das Kommen Christi, des »Lichtes der Welt« (Joh 8,12; ↗Licht), erwartet die frühchristl. Theologie dementsprechend aus dem O. Das Motto *Ex oriente lux* (wohl nach den Magiern aus dem O.; Mt 2,2) bestimmt auch den *Parzival*-Roman Wolf-rams v. Eschenbach, wo sich Parzivals oriental. Halbbruder Feirefiz taufen lässt, um die Gralshüte-rin (↗Becher/Kelch/Gral) Repanse de Schoye zu heiraten. Das Paar zieht nach ↗Indien und be-kommt einen Sohn, Jôhan, der als Ahnherr des sa-genhaften Priesterkönigs Johannes ausgewiesen wird, welcher der christl. Herrscher über die ›drei Indien‹ (Indien, Arabien, China) gewesen sei (*Par-zival* 822, 22–823, 2). Den Aufklärern des 18. und noch des 19. Jh. dient der O. als verfremdender ↗Spiegel zur Errettung der eigenen abendländ. Kul-tur (z. B. Montesquieu, *Lettres persanes*; d'Argens, *Lettres chinoises*; Goldsmith, *The Citizen of the World*; Percy, *Miscellaneous Pieces Relating to the Chinese*; Faris al-Shidyāq, *La vie et les aventures de Fariac*). Unter relig. Perspektive entwickelt Jung-Stilling Ende des 18. Jh. in seinem Roman *Das Heimweh* die Vision eines großen Zuges der Kirche Christi vom verderbten ↗Westen gen O. nach So-lyma bei Samarkand, was eine Welle von Russland-siedlungen religiös ›Erweckter‹ zur Folge hatte, die am Aufbau dieser ›östlichen Lichtwelt‹ aktiv teil-nehmen wollten (vgl. seine folgenden Romane *Sie-gesgeschichte* und *Grauer Mann*). Jung-Stilling be-legt zudem, dass bei den Freimaurern symbolisch der Ostplatz für den Meister reserviert ist und dass die höchste Regierungsform dort ›O.‹ genannt wird, weil diese Himmelsrichtung als die Sphäre der Auserwähltheit gilt (ähnlich auch Goethe, *Chi-nesisch-deutsche Jahres- und Tageszeiten*). Die Loka-lisierung Russlands im O. durch die polit. Lit. des 19. Jh. (Rückert, *Napoleon*; Grün, *Zur Cholerazeit*; Hoffmann v. Fallersleben, *Ostwind im April 1842*) verknüpft das Land mit der trad. Morgenrot-, Son-nenaufgangs- und Heilssymbolik. Parallel dazu stellt Dostojevskij in den *Brüdern Karamasow* westl. und russ. Weltanschauungen gegenüber (An-archismus und Sozialismus contra Rechtsgläubig-keit und Patriotismus), wobei die westl. Ideologien in Gestalt zweier Brüder physisch bzw. psychisch Selbstmord begehen, während die ›russ. Glaube‹ des O. als einziger überlebt. – In der New-Age-Be-wegung ist O. als ›ferner O.‹ demgegenüber mit asiat. Weisheit und fernöstl. Spiritualität konnotiert (z. B. Hesse, *Aus Indien*; *Siddhartha*; *Der Steppen-*

wolf). Solche östl. Erlösungssehnsüchte greifen postmoderne Romane parodierend auf (z. B. Pelevin, *Buddhas kleiner Finger*).

2. **Symbol des Barbarischen und Unzivilisierten.** In der langen Trad. von Polaritäten des Eigenen und des Fremden (z. B. von antiken Achäern und Troern, Griechen und Persern, Rom und Byzanz, Occidens und Oriens) verändert der O. stets seine Symbolik. Bereits die Grundstruktur der *Historien* des Herodot wird durch die histor. Königsfolge (↗Kaiser/König/Fürst) der ›Feinde/Barbaren‹ aus dem O. und nicht durch griech. Persönlichkeiten oder Begebenheiten bestimmt, was sich bis zu Xenophons *Anabasis* fortsetzt. Aus der Sicht Alexanders d. Gr. war der O. das heutige Indien (vgl. den anonymen antiken, im MA breit tradierten *Alexanderroman*), aus der Perspektive des röm. Imperiums hingegen die griech., später hellenist. Welt. Im MA wurde als O. stattdessen in erster Linie das Osman. Reich bis zu Dardanellen und Bosporus mit seinen Expansionsbestrebungen verstanden. Die neuere Erfindung des O. geht auf die westeurop. Aufklärung zurück: Die populären Reiseberichte (↗Reise) von Coxe (*Travels into Poland, Russia, Sweden, and Denmark*) und Ségur (*Mémoires, souvenirs, et anecdotes*) konstruieren mit dem Begriff ›O./Orient ↗Europas‹ eine östl. Zivilisationsgrenze zwischen Preußen und Polen, hinter der eine nicht-aufgeklärte, halb-asiat. Kultur beginne. Goethes *Iphigenie auf Tauris* ist bewusst auf der Krim und somit zwischen Europa und Orient, zwischen zivilisiertem Westen und barbar. O. positioniert. Ein weiterer Beleg dafür, wie Westeuropa ab der Aufklärung Russland mit Symbolen des Orients zu verknüpfen beginnt, ist in Casanovas *Mémoires* (X) zu finden, wo er im Anklang an Voltaires Tragödie *Zaïre* ein russ. Mädchen (↗Kind) mit dem Namen Zaïre benennt und sie zum Objekt eines aufklärer. Erziehungsprojekts macht. In Sades *Juliette* wird im 3. Teil die im Zuge der Aufklärung verdrängte Sexualität gen O. imaginiert: Der Moskowiter Minski und Zarin Katharina d.Gr. feiern in St. Petersburg libertine Orgien (vgl. die Symbolik des ›wilden‹ O. in Raspes *Baron Munchhausen's Narrative of his Marvellous Travels and Campaigns in Russia* und Mörikes *Mozart auf der Reise nach Prag*). Der O. wird so zum Symbol des im Westen Tabuisierten und Verdrängten. Marx spricht in einem Artikel in der *New York Daily Tribune* (19.4.1853) bereits von »halboriental. Wirren« in Russland, bei Franzos bezieht sich das sarkast. Wort von »Halb-Asien« (*Aus Halb-Asien: Culturbilder aus Galizien, der Bukowina, Südrussland und Rumänien*) auf die ostjüd. Welt zwischen ↗Donau und Don. Th. Mann hat 1923 in *Goethe und Tolstoi* vom »Asiatismus« Tolstojs geschrieben, »der antipetrinisch, urrussisch-zivilisationsfeindlich, kurz bärenmäßig« gewesen sei.

3. **Symbol der Bedrohung.** Zum Orient gehörte seit dem Auftauchen der Türkengefahr zu Beginn der Neuzeit auch das in der ständigen Auseinandersetzung mit dem Osman. Reich genährte Element des Bedrohlichen, der Gewalt, der Despotie und des Unberechenbaren. Wenn seit der Vormärzzeit zunehmend Russland als ›östlich‹, als ›osteuropäisch‹ angesehen wurde, konnten die geradezu modischen Kenntnisse über den Orient auch auf Russland appliziert werden – freilich eher in der negativen, brutalen Variante des Orient-Topos. Diese Verschiebung Russlands in den O. Europas entwickelt sich von der Niederschlagung des poln. Aufstandes 1830/31 bis zur Revolution 1848/49, wobei der Krimkrieg den Schlussstein setzt. So heißt es in Hoffmann v. Fallerslebens *Ostwinde im April 1842*: »Ostwind, warum/ willst du dein Blasen nicht lassen?/ Weißt ja, wie sehr wir dich hassen –/ werde doch stumm.« Die hier thematisierte Furcht vor dem Panslavismus behandeln auch Hoffmann v. Fallerslebens *Die Verbrüderung* sowie seine *Unpolitischen Lieder*, Platens *Polenlieder* und Herweghs *Gedichte eines Lebendigen*. Ganz ähnl. Topoi werden aber auch im 20. Jh. in der anti-sowjet. Exil-lit. von Solschenizyn (*Archipel GULAG*) oder Schalamov (*Erzählungen aus Kolyma*) aufgegriffen. – Seit Marco Polos Öffnung des westl. Blicks gen Asien in *Il milione* ist der O. allerdings auch immer wieder mit dem Stichwort der ›↗gelben Gefahr‹ als Verlust von Individualität und Kollektivierung belegt (z. B. Rupert, *The Yellow Peril*; London, *The Unparalleled Invasion*; Rohmers Serienkrimi *Dr. Fu Manchu*; Hancocks Detektivgeschichten *Li Shoon*; K. Čapek, *Der Krieg mit den Molchen*; Wells, *The Time Machine*), was sich in verkitschter Verharmlosung bis in die Alltagskultur fortsetzt (z. B. in dem Song *Dschinghis Khan* der Pop-Gruppe Boney M.).

↗Asien, Europa, Indien, Morgenröte/Sonnenaufgang, Norden, Orient.

Lit.: H. Freytag, Die Bedeutung der Himmelsrichtungen im himml. Jerusalem, in: Beiträge zur Geschichte der dt. Sprache und Lit. 93 (1971), 139–150. – H. Lemberg, Zur Entstehung des Osteuropabegriffs im 19. Jh., in: Jb. für Geschichte Osteuropas 33 (1985), 48–91. – L. Wolf, Inventing Eastern Europe, Stanford 1994.
AWö

Ostern

Symbol der Erlösung der Menschheit durch Christus, aber auch der Fruchtbarkeit und der Wiedergeburt der Natur. – Relevant für die Symbolbildung sind (a) die zeitl. Situierung von O. zum Frühlingsbeginn sowie (b) die neutestamentl. Erzählung von der Auferstehung Christi (Mt 28, Mk 16, Lk 24, Joh 20).

O. (gr. *pascha*), das wichtigste christl. Kirchenfest, fällt auf den ersten ↗Sonntag nach Frühlingsvollmond und bildet die Mitte des O.-Festkreises, der an Septuagesima beginnt, also die Vorfasten- und die Passionszeit einschließt, und bis ↗Pfingsten dauert; liturgisch umspannt die O.-Zeit die 50 Tage von O. bis Pfingsten. Alttestamentl. Vorbild ist der Auszug aus ⁊Ägypten (Ex 12). O. ist ein Freudenfest, an dem der Auferstehung Christi als Übergang vom Tod zum Leben (daher ehem. Tauftermin) und der Vollendung der Erlösung der Menschheit gedacht wird (daher Pflicht zur O.-Beichte und O.-Kommunion). Das österl. Heilsmysterium wird in der Lit. seit der Patristik mit der Wiedergeburt der Natur im ⁊Frühling versinnbildlicht (Eichendorff, *O.*; Storm, *O.*). Da man ältere heidn. Frühlingsfeste an O. annahm (sog. ›Göttin Ostara‹), wurde das Fest mit ›Fruchtbarkeit‹ assoziiert und symbolisch entsprechend ausgestaltet (Anspielungen darauf z. B. bei C. Brentano, *Das Märchen von Gockel, Hinkel und Gackeleia*; Mörike, *Auf ein Ei geschrieben*). O. als Ende der Passionszeit und Anbruch der Heilszeit reflektieren die zahllosen ma. O.-Spiele (z. B. *Alsfelder Passionsspiel, Bozner Passionsspiel*). Sie greifen dabei die O.-Liturgie auf, indem sie die ›histor.‹ Ereignisse zwischen Karfreitag (⁊Freitag) und O.-Sonntag szenisch darstellen, namentlich: die Passion Christi, die Auferstehung, den Besuch der Marien am Grab, den Apostellauf, die Gärtnerszene und die Höllenfahrt Christi. Seit dem Spätmittelalter konnten sie, um viele Szenen erweitert, Tage dauern (z. B. Passionsspiel von Valenciennes; Luzern). Erheiternde O.-Märlein (15.–17. Jh.) dienten dazu, die Passionstrauer (Fastenzeit; Klagelieder der Karwoche) zu vertreiben und die O.freude auszudrücken (*risus paschalis* – »O.gelächter«). Auch die O.-Lieder sind liturgisch rückgebunden und bringen die Freude über die Erlösung der Menschheit durch die Auferstehung Christi und den Aufbruchscharakter des Festes zum Ausdruck. Die O.sequenz *Victimae paschali laudes* und der Jubilus *Surrexit Christus, spes mea* formulieren paradigmatisch die O.-Botschaft und erfuhren zahlreiche literar. Bearbeitungen (z. B. *Krist ist erstanden*; Luther, *Christ lag in Todesbanden*; Angelus Silesius, *Heilige Seelenlust* III, 67: *Sie erzählt die Herrlichkeit*).

⁊Ei, Frühling, Hase, Lamm/Schaf, Sonntag.

Lit.: V. Held (Hg.), O.spaziergang, Stuttgart 2005.

MSam

Ozean ⁊Meer.

P

Palme

Symbol der Tugend, des Dichterruhms, der Auferstehung, der Märtyrer und Pilger, des Sieges und des Friedens. – Relevant für die Symbolbildung sind (a) die Elastizität der P., (b) die lange, schmale Form ihres Stammes, (c) der himmelwärts gerichtete Wuchs, (d) die in großer Höhe gedeihenden Früchte sowie (e) die ganzjährig ↗grünen ↗Blätter.

1. Symbol der Tugend. Wegen des elast. Stammes steht die P. insbes. für die im Widerstand bewährte Tugend (Aristoteles, *Magna moralia* 724e; Alciato, *Emblematum liber* B 3; Gryphius, *Papinian* IV, 4; Kongehl, *Auff den Palm-Baum*) sowie als Lohn für besondere Verdienste, verstärkt seit dem 18. Jh. im prozessualen Erringen oder Überreichen von P. (Lessing, *Der Tod eines Freundes*; Goethe, *Faust II* 5617) sowie für das Erscheinungsbild der tugendhaften ↗Frau (Hld 7, 8; Mörike, *Sommer-Refektorium*), in diesem Sinne kontrafaktisch bei Fontane mit dem Ehebruch in der P.laube (*L'Adultera*).

2. Symbol des Dichterruhms. In der antiken Mythologie ist die P. wie der ↗Lorbeer dem Dichtergott Apoll geweiht (Homer, *Odyssee* VI, 161–163), bei dessen ↗Geburt sich die ↗Mutter auf eine P. gestützt habe (*Homerische Hymnen*: »An Apoll« 115–119; Ovid, *Metamorphosen* VI, 335). P.blätter wurden bei Dichterkrönungen (↗Krone) vergeben und stehen wie auch die Früchte der P. bes. seit ihrer Verwendung als Sinnbild der barocken Sprachgesellschaft des ›P.-Ordens‹ (Zesen, *Palm-baum der höchst-löblichen Fruchtbringenden Gesellschaft*) für herausragende poet. Leistungen (Chamisso, *Die Sänger*; Droste-Hülshoff, *Der zu früh geborene Dichter*).

3. Symbol der Auferstehung. Wegen ihrer immergrünen Blätter wird die P. biblisch für Resurrektion und ewiges Leben verwendet, worauf auch ihr gr. Name *phoínix* (↗Phoenix) verweist (2 Mos 15,27; Ps 92,13; Offb 7,9; Zesen, *Lustinne*; Klopstock, *Dem Erlöser*; *Der Messias* II, 10; III, 12 u.ö.).

4. Symbol der Märtyrer und Pilger. Speziell ist die P. in der christl. Ikonografie das Attribut der hl. Corona, die gefesselt durch das Zurückfedern heruntergebundener P. zerrissen wurde, wird aber auch allg. auf die ungebrochene Standhaftigkeit von Märtyrern bezogen (Chaucer, *Canterbury Tales*: »Second Nun's Tale« 240; Brentano, *Legende von der heiligen Marina*). Aufgrund ihres Vorkommens im hl. Land gilt die P. ferner als Pilgerzeichen (Dante, *Divina Commedia*: »Purgatorio« XXXIII, 75–78; Chaucer, *Canterbury Tales*: »General Prologue« 13; Spenser, *The Faerie Queene* II, 1; Shakespeare, *Romeo and Juliet* I, 5).

5. Symbol des Sieges und des Friedens. In der Siegesbedeutung, auch in moral. Hinsicht (Aulus Gellius, *Noctes Atticae* III, 6), fand die P. seit der Antike weite Verbreitung (Aristoteles, *Magna moralia*, 1196a; Vergil, *Aeneis* V, 111; *Georgica* III, 12; Apuleius, *Metarmophosen* XI; Dante, *Divina Commedia*: »Paradiso« XXV, 84; Boccaccio, *De genealogia deorum*; Shakespeare, *Julius Caesar* I, 2; *Coriolan* V, 3; *Timon of Athens* V, 1; *Hamlet* I, 1 und V, 2; Stolberg, *Elegie*; Chamisso, *Die Sänger*; Hölderlin, *An Louise Nast*; Körner, *Was uns bleibt*). Damit eng verknüpft ist der v.a. in der Neuzeit übl. Gebrauch als Friedenszeichen (Klaj, *Weyhnacht-Liedt*; Schubart, *Das Rufen der Völker*; A.W. Schlegel, *Am Tage der Huldigung*). In vereinzelt literarisch rezipierten Sonderbedeutungen der P. in der Emblematik können zwei P. auch die Eintracht in der Ehe (Cats, *Emblemata moralia* I; Du Bartas, *Seconde sepmaine*), dagegen die P. in Verbindung mit der ↗Eiche die Sehnsucht nach dem idealen Zustand des ↗Goldenen Zeitalters versinnbildlichen (Camerarius, *Symbolorvm & Emblematum Centuria* XL; Hölderlin, *An die Ehre*). Im Sinne des ewigen Friedens wird die P. auch mit dem Tod in Verbindung gebracht (Hölty, *Der Tod*; Fontane, *Charles Bawdins Tod und Begräbnis*).

↗Afrika, Baum, Lorbeer/Lorbeerkranz, Olive/Ölbaum, Phoenix.

Lit.: WCS, 169 f. – R. Ellen, Palms and the Prototypicality of Trees, in: The Social Life of Trees, hg. v. L. Rival, New York 1998, 57–79. – R. Zymner: Adler, P., Merops, in: Texte, Bilder, Kontexte, hg. v. E. Rohmer, Heidelberg 2000, 285–302.   StSt

Panther / Leopard

Symbol des Muts, der Schnelligkeit, Vitalität und Sinnlichkeit, des Bösen, aber auch Jesu Christi. – Relevant für die Symbolbildung sind (a) das Einzelgängertum sowie die Stärke und List im Beutegang des P., (b) das charakterist. ↗Fleckenmuster und die ↗schwarze Färbung des Fells, (c) der elegante Körperbau.

1. Symbol des Muts, der Schnelligkeit, ebenso der Vitalität und der Sinnlichkeit. Der P. als Inbegriff der Schnelligkeit erscheint sowohl in Homers *Ilias*, wenn Mut und Leidenschaft der Kämpfer mit ↗Löwen und P. verglichen werden (z.B. XI, 239), wie auch in der Bibel (Hab 1,8); von daher ist er ein häufiges ↗Wappentier (so z.B. in Lampedusas *Il gattopardo*, der zugleich den Symbolgehalt mit der Schilderung des Niedergangs der adeligen Familie konterkariert). Singulär ist der Hinweis bei Aristoteles (*De partibus animalium* III), der den P. zusammen mit ↗Hase, ↗Maus und Hyäne unter den Tieren nennt, die für Feigheit und Ängstlichkeit bekannt sind. – Die Assoziation der Sinnlichkeit gründet in der antiken Überzeugung, das P.weibchen paare sich mit dem Löwen; die Etymologie des Namens »L.« aus gr. *leōn* (Löwe) und gr. *pardos* (Parder, vermutlich P.) geht auf diese Deutung zurück, dass der L. eine Kreuzung beider Tiere (Plinius d.Ä., *Naturalis historia* VIII, 17) sei. So ist der P. auch dem Dionysos zugeordnet (vgl. Ovid, *Metamorphosen* III, 669; HS, 404). Hierauf bezieht sich Schiller in *Die Götter Griechenlands:* »der P. prächtiges Gespann/ Meldeten den großen Freudebringer,/ Faun und Satyr taumeln ihm voran.« Nietzsche aktualisiert diese mythologisch gegründete Symbolik sowohl in *Die Geburt der Tragödie* wie in den *Dionysos-Dithyramben*. Dort verkörpert die zersprengende Kraft des P. den dionys. Menschen: »den Gott *zerreißen* im Menschen,/ wie das Schaf im Menschen,/ und zerreißend lachen –/ das, *das* ist deine Seligkeit!/ eines P. und Adlers Seligkeit!/ eines Dichters und Narren Seligkeit!« (*Nur Narr! Nur Dichter!*). – Unterschiedlich dicht gehen vor und nach Nietzsche die symbol. Verweise in die Lit. des Symbolismus und des Fin de Siècle ein. Die Raubkatze (↗Katze, 3.), spezifiziert als P., symbolisiert Instinkt und sadist. Sinnlichkeit der ↗Frau sowie die ↗männl. Faszination durch die derart dämonisierte Sexualität. So stellt Khnopff, *L'art ou Les caresses*, ein Wesen, halb Frau, halb L. dar (vgl. Wedekind, Prolog zu *Der Erdgeist*; weitere Belege bei Eschenburg). In R. Müllers *Tropen* wird die sinnl. Zana als »P.frau« beschrieben. Eine humorist. Replik auf diese Symbolik liefert F. zu Reventlow in *Herrn Dame's Aufzeichnungen*, in dem sich einer der Liebhaber »P.« nennt und am Dionysos-Fest in einem schwarzen P.fell erscheint. – Rilke verlässt sowohl die antik-christl. (s. 2.) wie auch die symbolist. Deutung (Unglaub, 65–79) und betont in seinem Gedicht *Der P.* die Isolation des majestät., kraftvollen Tieres, seine Bewegung »from stasis to ecstasy« (Cranston, 287) als Zeichen funktionslos gewordener Potenzen, die aber ungebrochen vorhanden sind und den ureigenen, mag. Raum des Tieres bilden. Kafka vergleicht am Ende von *Die Verwandlung* die Schwester mit einem kraftvollen Tier, darin verknappt die P.-Symbolik der Jahrhundertwende aufnehmend. In *Der Hungerkünstler* steht die pure Vitalität des Tieres als nicht hinterfragte Existenzweise dem Menschen gegenüber.

2. Symbol des Bösen. Im Christentum steht die grausame Wildheit des Raubtiers im Vordergrund, möglicherweise ausgehend von der Verfolgung der frühen Christen, die im Kolosseum mit wilden Tieren, darunter L., kämpfen mussten. Die ↗Flecken auf dem Fell bezeichnen die Unveränderbarkeit des Menschen sowie die Unauslöschlichkeit seiner Sünden (Jer 13,23); Shakespeare nimmt in *Richard II* (I, 1) diese Symbolik auf. Ebenso erscheint sie in

der barocken Emblemkunst (HS, 405). Ausgehend von Jer 5,6 verwendet Dante den P. als eines der Tiere (zusammen mit einem Löwen und einer ↗Wölfin), die den Aufstieg des Dichters verhindern, d.h. den Menschen vom Weg zum Göttlichen abbringen (*Divina Commedia:* »Inferno« I, 32). Im AT wie im NT ist der P. eines der eschatologisch konnotierten Tiere, in denen sich der Antichrist verbirgt (Dan 7,6; Offb 13,2). Verknappt ist diese Symboltrad. noch vorhanden bei K. May, in dessen *Ardistan und Dschinnistan* ein Gewaltmensch als »P.« bezeichnet wird; in Mays Erzählung *Orangen und Datteln* (»Assad-Bei, der Herdenwürger«) gilt das Weibchen des schwarzen P. als teuflisch.

3. Symbol Jesu Christi. Zurückgehend auf die Beschreibung des *Physiologus* (»Vom P.«) und die ma. Bestiarien (*Bestiarium Ashmole* fol. 13r) ist der P. Symbol des auferstandenen Christus, der den Teufel vertreibt und mit seiner ↗Stimme die Gläubigen ruft. Dies geht auf die überlieferte Vorstellung zurück (Plinius d.Ä., *Naturalis historia*, VIII, 25), dass der P. ↗drei Tage schläft und seine Beutetiere mit süßem ↗Atem anlockt; der gleiche Hinweis auch im *Alexanderlied* (5788 ff.) des Pfaffen Lambrecht (12. Jh.); als Mahnung vor Verführung verwendet ihn die barocke Emblematik (HS, 405 f.)
↗Löwe, Luchs, Tiger, Wolf.

Lit.: W. v. Blankenburg, Hl. und dämon. Tiere, Köln 1975. – M. Cranston, From »Blick« to »Augenblick«, in: Neophilologus 78 (1994), 283–288. – B. Eschenburg, Kampf der Geschlechter, Köln 1995. – E. Unglaub, P. und Aschanti, Frankfurt a.M. 2005.   GMR

Papagei

Symbol der Beredsamkeit, der (falschen) Nachahmung und des fehlenden Verstands, des Luxus und der Wollust sowie der Gefangenschaft. – Relevant für die Symbolbildung sind (a) das Artikulationsvermögen des P., (b) sein Lernvermögen und Gedächtnis, (c) seine Herkunft aus dem außereurop. Raum, (d) das bunte Gefieder und (e) das hohe Alter, das einzelne Arten erreichen können.

1. Antike. Die antike Naturgeschichte erklärt, dass der P. zwar wie der Mensch über eine ↗Stimme verfüge, aber den Wörtern keine Bedeutung verleihe. Sie erkennt einen Zusammenhang von anatom. Bau der ↗Zunge und Artikulationsvermögen und sie behauptet, dass der P. nach dem Genuss von ↗Wein ›lasziv‹ werde (Aristoteles, *Historia animalium* VIII, 12; Aristoteles, *De partibus animalium* II, 17, 660a; Plinius d.Ä., *Naturalis historia* X, 117). Für die Symbolik sind hauptsächlich Artikulationsvermögen, Herkunft und Seltenheit sowie Nachahmungsfähigkeit des P. bedeutsam: Er steht für Beredsamkeit (*eloquentia*), Luxus oder falsches Herrscherlob (*Anthologia Palatina* IX, 562; Plinius d.Ä., *Naturalis historia* X, 117; Martial, *Epigramme* XIV, 73). Ovid verschränkt Stimme und erot. Konnotation in einer komplexen Symbolbildung, wenn der Dichter in *Amores* II, 6, den Tod des P. von Corinna beklagt, dem Eigenschaften zugeschrieben werden, die ebenso dem Dichter zukommen.

2. Mittelalter und Frühe Neuzeit. Im MA entsteht eine allegor. Deutung des P. im Rückgriff auf den *Physiologus Graecus*: So wie der P. den Mensch nachahmt, soll der Mensch die Apostel und die Gemeinde der Gerechten nachahmen (HS, 2090); in Konrads v. Würzburg *Die Goldene Schmiede* (1850 ff.) aus dem 13. Jh. ist er nicht zuletzt wegen seines ↗grünen Gefieders ein Mariensymbol. Bei Wernher d. Gartenaere fungiert der P. dagegen im Kontrast zur keuschen, demütigen ↗Taube als Symbol des Luxus und der Ausschweifung (*Meier Helmbrecht* 18). – Während im 17. und 18. Jh. die Naturgeschichte empir. Wissen über sprechende Vögel ansammelt und der P. in den philosoph. Debatten über die Rolle der Seele beim Sprechen sowie die Arbitrarität und Konventionalität von Sprachzeichen eine zentrale Rolle spielt (Descartes, *Discours de la méthode* V, 11; Locke, *An Essay Concerning Human Understanding* II, 27, 8), bleibt die Symbolbildung in der Lit. vielfach an den überlieferten Grundbedeutungen orientiert. Sie werden in der Emblematik festgeschrieben und tradiert: Der P. betreibe nur leere Nachahmung ohne Verstand, ahme auch schlechte Vorbilder nach und füge sich bereitwillig in sein Schicksal der Gefangenschaft (HS, 801–805). Die Dichtung des Barock verbindet im P. die Symbolisierung der Rhetorik und der Dichtkunst mit deren Moralisierung (Opitz, *An den P. eines Fränkischen vom Adel Daniels von Stibar*; Harsdörffer, *Frauenzimmer Gesprächspiele* IV) und weist dementsprechend P. wie ↗Affe als Sinnbilder falscher Nachahmung aus. – In Defoes *Robinson Crusoe* ist der von Robinson auf der ↗Insel zum ›Sprechen‹ erzogene P. sowohl Symbol des Verlusts und der Sehnsucht nach der menschl. (Sprach-)Gemeinschaft als auch des Erziehungsprogramms, dem Freitag später unterworfen wird. In satir. Schriften der Aufklärung steht der P. für fehlenden Verstand, mangelnde Originalität sowie für höf. Luxus und Prunk (Hagedorn, *Der P.*). Wieland aktualisiert die erot. Konnotationen des Symbols in *Idris und Zenide* (III, 41 ff.) und in *Der neue Amadis* (II); am Beispiel der Kommunikation mit einem P. skizziert er eine Theorie der Entstehung gesellschaftl. Lebens durch Nachahmung (Wieland, *Koxkox und Kikequetzel*). In der Pädagogik wird mit dem P. nicht nur der fehlende Verstand des Schülers symbolisiert, sondern, insofern der P. der ↗Spiegel seines Lehrers ist, auch ein Leseunterricht, der dem ↗Kind beibringt, Wörter und Sätze zu sagen, deren Bedeutung es noch nicht versteht (Pestalozzi, *Über den Sinn des Gehörs*).

3. 19. Jahrhundert und Moderne. Im 19. Jh. ist der P. der Ausgangspunkt einer Reflexion auf die Symbolbildung selbst: E.T.A. Hoffmann thematisiert in *Der goldne Topf* deren Voraussetzungen und Bedingungen in der Mediendifferenz von Schrift und gesprochener Sprache; Flaubert zeichnet in *Un cœur simple* nach, wie ein P. zum persönl. und relig. Symbol einer Dienstmagd wird. Im poet. Realismus bezeichnet der P. die soziale Mimesis des Adels durch das Bürgertum (vgl. den Kakadu in Fontanes *Frau Jenny Treibel* III, IV u.ö.). – Im Naturalismus wird der P. zum polemisch gebrauchten Symbol, das einerseits für die zeitgenöss. epigonale Lyrik steht und andererseits den Symbolismus herabsetzt: »Ich bin ein Dichter und kein P.«, erklärt A. Holz im *Buch der Zeit*. Der symbolist. Lyrik dienen Gefieder und Artikulationsvermögen zur Reflexion symbol. Zuschreibungen und des Verhältnisses von Graphemen und Phonemen (George, *Vogelschau*; *Meine weissen ara haben safrangelbe kronen*). Rilkes Sonett *P.-Park* stellt die Unzugänglichkeit der Kreatur heraus: Die im ↗Pariser Jardin des Plantes gefangenen Aras verharren in einem Selbstbezug, der dem Menschen unzugänglich bleibt und als Fremdheit, Melancholie und Sehnsucht des Tiers gedeutet wird. Celan verrätselt das überlieferte Symbol zur Chiffre, die dessen Grundbedeutungen aufruft und im surrealen Bild verdichtet: »Die entsprungenen/ Graupapageien/ lesen die Messe/ in deinem Mund./ Du hörsts regnen/ und meinst, auch diesmal sei's Gott« (*Lichtzwang*). – In der Gegenwartslit. verhandelt J. Barnes an Flauberts *Un cœur simple* die Intertextualität in der Lit. und die Bezüge zwischen Biografie des Autors, Lit. und Literaturwissenschaft (*Flaubert's Parrot*). In W.G. Sebalds Roman *Austerlitz* gewinnt vor dem Hintergrund der Biografie eines jüd. Kinds, das dem Nationalsozialismus entfliehen konnte, das Verhältnis von Symbolbildung und Deutung, die im Verhalten von Kakadus »einen Spiegel der menschlichen Sozietät« erkennt, selbst symbol. Qualität. – In der postkolonialen Lit. ist die Geschichte des P.symbols Grundlage von Symbolbildungen, welche die Kategorien des Fremden, des Epigonalen und des Mimetischen hinterfragen. Das Motiv des P. gewinnt seine symbol. Qualität in einem Ensemble von literar. Verfahren, das Intertextualität, etwa in der Bezugnahme auf *Robinson Crusoe*, Reflexion der Literaturgeschichte und Parodie der hegemonialen Kultur mit einer Analyse von Sklaverei, kolonialer Herrschaft (J. Rhys, *Wild Saragasso Sea*) und postkolonialer Kultur verbindet (D. Walcott, *Pantomime*; J.M. Coetzee, *He and His Man*).

↗Affe, Spiegel, Stimme/Gesang.

Lit.: F. Balke, The Parrot Hits Back, in: Archiv für Mediengeschichte 8 (2008), 9–21. – K. Lindemann, Der P., Bonn 1994. ASch

Pappel

Symbol des Todes und der Angst, des Weiblichen, des himml. Strebens und des Dichtens. – Relevant für die Symbolbildung sind (a) die Schlankheit bzw. (bei der Pyramiden-P.) die senkrecht emporwachsende Baumgestalt, (b) die das Zittern assoziierende ↗Blattbewegung (v. a. bei der Espe bzw. Zitter-P.).

1. *Symbol des Todes, des Unheimlichen und des Unsterblich-Heiligen.* Nach der griech. Mythologie entführte Hades die Nymphe Leuke in die Unterwelt und, als sie starb, pflanzte er im Elysium eine ↗Silberpappel als Denkmal für sie (Servius zu Vergils *Ekloge* VII, 61). Am Ende des 18. Jh., bei Kosegarten (*An meine Freunde*) und Hölderlin (*An die Ruhe*), ist bereits die autonome Todessymbolik der P. ersichtlich. Seit dem Fin de Siècle öffnet sich dieser Bedeutungsaspekt in Richtung auf das Gespenstische, Unheimliche und Groteske (z. B. Holz, *Buch der Zeit*: *Der Teufelsteich*; Wille, *Die Vogelscheuche*; Bierbaum, *Das Klapperwerk*; Heym, *Die Heimat der Toten*). Im Anschluss an den griech. Mythos von Herakles, der sich auf dem Rückweg aus der Unterwelt einen P.kranz windet (Servius zu Vergils *Ekloge* VII, 61), dient die P. jedoch auch als Symbol des Unsterblich-Heiligen (z. B. Vergil, *Aeneis* V, 134; VIII, 276 ff.; Gleim, *Die Götter und die Bäume*; Herder, *Zweites Selbstgespräch*). Die Ambivalenz von Tod und Unsterblichkeit symbolisiert die P. in Hölderlins Gedicht *Andenken*.

2. *Symbol der Angst, der Klage und der Apokalypse.* Nach christl. Volksglauben rührt das sprichwörtl. Zittern der Espe daher, dass das ↗Kreuz Christi aus ihrem Holz bestand und dass sie sich bei der Kreuzigung Christi gerade nicht neigte oder zitterte (HdA II, 1020). Steht das Zittern der P. im 17. Jh. bei Neukirch (*Fuge, tace, quiesce*) für relig. Angst, so symbolisiert es im 18. Jh. bei Günther (*Dies hat man von der Welt*), Voß (*Auf Michaelis' Tod*) und Kosegarten (*An Juliens Grabe*) die Wehklage über Verstorbene, im 19 Jh. bei Byron (*Don Juan* XIII, 89) und Flaubert (*Madame Bovary* II, 10) das Sündengefühl. Seit der Wende zum 20. Jh. wird sie bei Morgenstern (*Erdriese*) zur welterschütternden Vision, bei Heym (*Die Irren*) auf Kreuzigung und Apokalypse bezogen (Stadler, *Schwerer Abend*).

3. *Symbol des Weiblichen und Vertrauten.* Im Anschluss an Homers *Odyssee* (VII, 106) fungiert die P. im 18. Jh. bei Zäunemann (*Auf ein wollüstiges Mannsbild*) noch einfach als Symbol der ↗Frau als Liebesobjekt des ↗Mannes. Brentano erweitert sie zu einem romant. Imaginationsraum für die verstorbene Geliebte (*So bricht das Herz*; ähnlich auch Droste-Hülshoff, *Schloß Berg*). Zugleich figuriert sie als Sinnbild des Vertrauten und des Heimatlichen (Schiller, *Die Erwartung*; Chamisso, *Der P.baum*; Hölderlin, *Rückkehr in die Heimat*). Um 1900 wird diese Symbolik noch komplexer: Bei Dehmel steht die P. z. B. für die Zuflucht in der eigenen Seelenlandschaft (*Zuflucht*; *Heimat*; Wille, *Die Silber-P.*).

4. *Symbol des Strebens zum Himmel und des Dichtens.* Die Symbolik der vertikal ausgerichteten Pyramidenpappel als Streben nach ↗oben manifestiert sich seit dem 19. Jh. (z. B. Grün, *Verschiedene Trauer*; Lenau, *Mit Orangen*). Im Expressionismus unterliegt sie manierist. Übersteigerung (z. B. Heym, *Der Herbst*; Stramm, *Abendgang*; Stadler, *Fluss im Abend*). Bereits Benn (*P.*) und Rilke (*Siebente Antwort* VI; Brief an G.O. Knoop, 26.11.1921) verwenden die P. darüber hinaus auch als Sinnbild des Dichtens. Die poetolog. Vieldeutigkeit der P. zeigt sich auch in Kafkas *Gespräch mit dem Beter*. Celan führt diese Tendenz weiter (*Unstetes Herz*; *Ich hörte sagen*; *Die Felder*), wobei die P. auch für (das jüd.) Volk und den Stift (↗Griffel/Feder/Bleistift) stehen kann.

↗Baum, Blatt, Griffel/Feder/Bleistift, Kreuz.

SH

Paradies ↗Garten, Himmel.

Paris

Symbol der Geschichte, der Revolution und Innovation, des Außergewöhnlichen sowie der Dekadenz. – Relevant für die Symbolbildung ist die Größe und Bedeutung der ↗Stadt als kulturelle Metropole ↗Europas seit der Frühen Neuzeit.

1. *Symbol der Geschichte, der Revolution und Innovation.* P., seit der Frühen Neuzeit zweitgrößte Stadt Europas, bildet im Laufe seiner Entwicklung zur »Hauptstadt der Welt« (Goethe, *Hermann und Dorothea* VI, 15) Bilder und Symbole eines paradigmatisch zu nennenden Stadtdiskurses aus, in dessen Verlauf um »P. ein Cultus« entsteht (Rosenkranz, *Die Entwicklung von P. zur Weltstadt*, 1870). Vor 1789 ist P. der »Mittelpunkt der gebildeten Welt« (Goethe, *Urteilsworte französischer Kritiker*), eine »Quelle aus welcher guter Geschmack, Ton, Mode und Sprache« entspringt (F.J. v. Günderrode, *Beschreibung einer Reise aus Teutschland* I: »Allgemeine Bemerkungen über P.«), aber auch »Ausstellung von Lust und Laster« (C. Brentano, *Bilder und Gespräche aus P.* I), so dass man schon vor der Revolution zu dem Urteil kommen kann: »In P. kann man die Welt in einem Auszug sehen« (Anonym, *Beschreibung einer Reise*, 1780). Als »hohe Schule der Menschenkenntnis« (Forster, *Parisische Umrisse* I) erlaubt P. den Perspektivenwechsel von der »topographischen Beschreibung« von Sehenswürdigkeiten zur »Beobachtung von öffentlichen und eigentümlichen Sitten« (Mercier, *Tableau de P*, Vorrede). – Merciers vor der Revolution entstandene »moralische Physiognomie dieser kolossalischen Hauptstadt« (*Tableau de P.*, Vorrede), erhält nach der Revolution einen neuen polit.-gesellschaftl. Akzent. Nun wird P. zum »Herz der neuen Geschichte« (Prutz, *Über Reisen und Reiseliteratur der Deutschen*). Heine bricht, wie so viele Revolutionsbegeisterte, nach P. auf, »um die Weltge-

schichte mit eigenen Augen zu sehen« (Brief an Merkel, 24.8.1832). Hebbel schreibt, in P. begreife man »mit Händen«, dass sich die Geschichte der Franzosen »verleiblicht hat, daß sie aus den Büchern auf die Straße hinüber spaziert ist« (Brief an J.H. Campe, 10.12.1843). Die revolutionären Ereignisse erlauben in der Rückschau eine Wiederkehr der von Mercier verworfenen »topographischen Beschreibung«, die »Wallfahrt nach Ermonville zum Grabe Rousseaus« (J.H. Campe, *Briefe aus P.*) gehört genauso zum Programm wie zur zerstörten ⟋Bastille oder zum Place de la Concorde. Für solche in Sachen Revolution ausschwärmenden Gedächtnisgänger wird P. zu einem »aufgeschlagenen Buch«: »durch seine Straßen wandern heißt *lesen*. In diesem lehrreichen und ergötzlichen Werke, mit naturgetreuen Abbildungen so reichlich ausgestattet, blättre ich täglich einige Stunden lang« (Börne, *Schilderungen aus P.* VII; ⟋Buch). Erst die Bündelung einer urbanen, mondänen und geschichtsverwiesenen Großstadterfahrung macht den Mythos von P. perfekt. Hatte Mercier schon vor der Revolution die Dynamik sowie die »unbegrenzte Größe« von P. hervorgehoben, so ist jetzt im 19. Jh. in P. »unter jedem Gesichtspunkt die übrige polizierte Welt konzentriert. Ebenso modern, angefüllt mit allen gewesenen Zeitaltern, die es zerbrochen« (R. Varnhagen an Rose, 25.9.1800). Die Vorstellung entsteht, dass P. die Summe von ⟋Athen, ⟋Rom und ⟋Jerusalem ziehe (Hugo, *P.-Guide*, 1867). – Auf die »Spitze der Welt, auf P.« gestellt (Heine an Varnhagen, 27.6.1831), auf einem »Schauplatz« also, »wo alle Tage ein Stück Weltgeschichte tragiert wird« (Heine, *Schriftstellernöte*: »Vorrede zur Vorrede«), kann der Besucher auch die Zukunft prognostizieren. »P. ist der Telegraf der Vergangenheit, das Mikroskop der Gegenwart und das Fernrohr der Zukunft« (Börne, *Schilderungen aus P.* II; ⟋Fernrohr/Mikroskop). In P. lässt sich die Temporalisierung und die Beschleunigung der Geschichte erfahren: »Man hat in zwei Monaten zwölf deutsche erlebt« (Gutzkow, *P. Eindrücke*). Das bemerkte Tempo des »Ideenkommerzes« in P. (K.E. Oelsner, *Luzifer* I: »Über die Unwissenheit des Landvolks in Frankreich«) lässt P. zum Inbegriff des Lebens und der Neuheit werden: »Hier allein ist Bewegung und Leben, hier Neuheit, Erfindung, Licht und Erkenntnis« (Forster, *Parisische Umrisse* VII). Heine wird diese Innovationszuschreibung an P. verstärken und ausdifferenzieren: »Eine neue Kunst, eine neue Religion, ein neues Leben wird hier geschaffen und lustig tummeln sich hier die Schöpfer einer neuen Welt« (*Französische Zustände* III).

2. Symbol des Außergewöhnlichen sowie der Dekadenz. P. als ein »Lebensraum des Außergewöhnlichen« (Theis, 52) erschafft auch neue Bildwelten seiner Beschreibung: »Der Flaneur braucht den Ozean der kleinen Ereignisse und Merkwürdigkeiten, auf welchen sich das Leben von P. in tausend

leichten Wellen schaukelnd bewegt« (L. Rellstab, *P. im Frühjahr 1843* I). Das Bild des ⟋Ozeans wird variantenreich für P. verwendet. Berühmt ist Heines *bon mot*: »Fragt sie jemand wie ich mich hier befinde, so sagen sie […], daß wenn im Meer ein Fisch den anderen nach seinem Befinden fragt, so antwortet dieser: ich befinde mich wie Heine in P.« (Brief an F. Hiller, 24.10.1832). In Flauberts Roman *Madame Bovary* dient die Einfügung dieser Ozean-Metapher dazu, Emmas Träumereien zu umschreiben (I, 9). Rosenkranz nutzt sie, um die Integration der ⟋Eisenbahn in das Stadtbild zu veranschaulichen: »Die Alten stellten sich vor, daß der Ozean den Erdkreis umflute. Für die Pariser umgürtet der eiserne Schienenweg mit dem Dampfroß die ungeheure Stadt, welche für sie das Universum bedeutet« (*Die Entwicklung von P. zur Weltstadt*, 1870). Derartige Bildverwendung zeigt, dass die bei Mercier noch als empirisch beobachtete städt. Welt im 19. Jh. in eine Mischung von konkret Beobachtetem und Imaginärem übergeht. P. ist »mit den stolzen Fahnen seiner Welthoffnungen« zugleich »wie eine verzauberte Prinzessin« ein »verhextes Bild aller Herrlichkeit« (Th. Mundt, *Spaziergänge und Weltfahrten* I, 2: »Wanderungen mit dem Strome der Seine«). – Der Verherrlichung von P. u.a. als »neuem Jerusalem« (Heine, *Englische Fragmente* IX) steht freilich auch seine ebenso scharfe Verdammung gegenüber. Die vorrevolutionäre Kritik an P. als »Seinebabel« (Büchmann, *Geflügelte Worte*) oder als das »große Babylon« (F. Nicolai, *Sebaldus Nothanker* I, 1; ⟋Babylon), wird 1814 bei E.M. Arndt zum »sündenvollen Babel« (*Noch ein Wort über die Franzosen und über uns*) und schließlich bei R. Wagner zum »Pestgeruch des modernen Babel« gesteigert (C. F. Glasenapp, *Das Leben Richard Wagners* II, 3, 14). Rousseaus seinem Helden in der *Nouvelle Héloïse* (II, 14) unterstellten Horror vor der Steinwüste von P. (⟋Stein/Gestein; ⟋Wüste) wird von F. Schlegel in der Formulierung »P. […] diese große Menschenwüste« aufgegriffen (Brief an Wilmans, 13.8.1802). Die revolutionäre Stadt wird politisch und moralisch als »große Kloake Frankreichs« (Gotthelf, *Armennot*, 1840) denunziert, so auch mit R. Wagners Verdikt, »daß ich an keine Revolution mehr glaube als an die, die mit dem Niederbrande von P. beginnt« (Brief an Uhlig, 22.10.1850). – Andererseits wird der Blick auf das brennende P. (Daudet, *La bataille du Père-Lachaise*) zum Ausdruck der Sinnlosigkeit der Geschichte. In der apokalypt. Vision des brennenden, zerstörten P. bei Zola ist jedoch zugleich der Umschlag in die Utopie, in das P. als »sacrifice vivant« spürbar (Zola, *Rougon-Macquart* V; Wolfzettel, 368 f.), vielleicht auch ein Grund dafür, dass eine dt. Emigrantenzeitung in den 1930er Jahren diese Mythen von P. aus dem 19. Jh. zu einer symbol. Neuschöpfung der Stadt wiederaufzulegen in der Lage ist (Winckler). – Von Vigny bis Zola wird das Bild von P. als Kessel

und Schmelztiegel in seiner zweideutigen, Schrecken und Faszination umspannenden Bedeutung gebraucht (Vigny, *Élévation*). Benjamin führt die »Attraction« von P. auf diese Janusköpfigkeit von schönem Schein und Revolte zurück: »P. ist in der sozialen Ordnung ein Gegenbild von dem, was in der geographischen der Vesuv ist. […] Wie aber die Abhänge des Vesuv dank der sie deckenden Lavaschichten zu paradiesischen Fruchtgärten wurden, so blühen auf der Lava der Revolutionen die Kunst, das festliche Leben, die Mode wie nirgends sonst« (*Das Passagen-Werk* C I, 6; ↗Vulkan).
↗Bastille, Marseille, Stadt.

Lit.: P. Citron, La poésie de P. dans la litterature française de Rousseau à Baudelaire, Paris 1961. – G. Oesterle, Urbanität und Mentalität, in: Transferts, hg. v. M. Espagne/M. Werner, Paris 1988, 59–79. – I. Oesterle, P. – das moderne Rom?, in: Rom – P. – London, hg. v. C. Wiedemann, Stuttgart 1988, 375–419. – K. Stierle, Der Mythos von P., München 1993. – R. Theis, Zur Sprache der ›cité‹ in der Dichtung, Frankfurt a.M. 1972. – C. Wiedemann (Hg.), Rom – P. – London, Stuttgart 1988. – L. Winckler, P.-Mythos im Feuilleton, in: Rechts und links der Seine, hg. v. H. Roussel/L. Winckler, Tübingen 2002, 185–215. – F. Wolfzettel, Funktionswandel eines ep. Motivs: Der Blick auf P., in: Romanist. Zs. für Literaturgeschichte (1977), 353–376.   GOe

Park ↗Garten.

Pauke ↗Trommel.

Pelikan
Symbol der Selbstaufopferung, der Zurückgezogenheit und der Sündhaftigkeit. – Relevant für die Symbolbildung ist v.a. die naturkundl. Überlieferung der Antike, die vom frühchristl. *Physiologus* tradiert und religiös ausgelegt wird, wonach sich der P. seine ↗Brust aufreißt, um mit seinem ↗Blut seine toten Jungen, die er zuvor wegen ihrer Widerspenstigkeit selbst getötet hat, bzw. die es in zweiter Traditionsstrang, von der Schlange getötet worden sind, wieder zum Leben zu erwecken (»Vom P.«).
    Die vom *Physiologus* gemachten Mitteilungen werden, auch außerhalb der verschiedenen *Physiologus*-Fassungen, in der naturkundl. Lit. des MA, aber auch in der mittelhochdt. Spruchdichtung tradiert und meistens auf das Erlösungswerk Christi bezogen. Auch in der bildenden Kunst finden sich zahlreiche Zeugnisse. In der Frühen Neuzeit übernimmt die Emblematik Motiv und Deutung, weitet die relig. Auslegung aus und ergänzt sie um eine weltl. Komponente: Wie der P. sich für seine Jungen opfert, haben auch Herrscher (und andere Vorgesetzte und Lehrer) sich für ihre Untergebenen zu engagieren (Picinelli/Erath, *Mundus symbolicus* I, 317–319). Als Christussymbol findet sich der P. auch noch bei Spee und Dach (DWb. XIII, 1533).

– Eine poetolog. Deutung erfährt der P. bei Goethe, der sein Verhältnis zum *Werther* mit dem des P. zu seinen Jungen vergleicht (Eckermann, *Gespräche mit Goethe*, 2.1.1824), und Musset, der dem Dichter die Opferbereitschaft des P. abverlangt (*La nuit de mai*). Heine charakterisiert mit diesem Bild die selbstaufopferungsvolle Liebe zur undankbaren Geliebten (*Lamentationen* 27), aber auch die Pariser Revolutionäre von 1831 (*Einleitung zu Kahldorf: Über den Adel*). Strindberg deutet damit in seinem Kammerspiel *Pelikanen* die (nur vorgespielte) Liebe der Mutter zu ihren Kindern an. Umgekehrt kann der Hinweis auf den P. auch auf die Undankbarkeit der Kinder verweisen (Shakespeare, *Richard II*, II, 1; *King Lear* II, 4). – Die Aussage des Psalmisten, der sich (nach dem Wortlaut der Septuaginta) mit einem einsamen P. in der ↗Wüste vergleicht (Ps 102,6), hat den P. zum Symbol des Eremiten werden lassen (Hrabanus Maurus, *De universo* VIII). Weniger verbreitet ist eine negative Auslegung des P. in der Wüste; da dieser sich (nach Gregorius) von giftigen Tieren ernährt, verweist er auf den Sünder, der sich an den giftigen Einflüsterungen des Teufels erfreut (Picinelli/Erath, *Mundus symbolicus* I, 318). Gestützt wird die negative Deutung dadurch, dass der P. im AT zu den unreinen Vögeln gezählt wird (Lev 11,18; Dtn 14,17).

Lit.: Ch. Gerhardt, Die Metamorphosen des P., Frankfurt a.M. 1979. – L. Portier, Le P., Latour-Maubourg 1984. – D. Schmidtke, Geistl. Tierinterpretation in der dt.sprachigen Lit. des MA (1100–1500), Berlin 1968, 367–370, 631–633.   DP

Penis ↗Phallus.

Pentagramm
Symbol des Schutzes, der Gesundheit, der Vollkommenheit und der Schönheit, aber auch des Teufels. – Relevant für die Symbolbildung sind (a) die Zahl ↗Fünf und deren Symbolik, (b) die Sternförmigkeit und (c) die ↗Symmetrie des P.
    Das P. (auch *pentangulum*, *signum Pythagoricum*, Drudenfuß, Hexenkreuz, ↗Ring Salomos) ist ein durch die Diagonalen eines regelmäßigen Fünfecks gebildeter ↗Stern, der als mag.-esoter. Schutzsymbol fungiert. Bei Agrippa v. Nettesheim steht der Mensch im P., umgeben von Planetensymbolen. Das P. übe »wunderbare Gewalt über böse Geister« aus (*De occulta philosophia* XXVII). Wie bereits in der pythagoräischen Trad. (z.B. Lukian, *Schutzrede für einen im Grüßen begangenen Fehler*), dient das P. im Volksglauben als Symbol für Gesundheit (z.B. Ganghofer, *Der Klosterjäger* XI) und als Unheil abwehrendes Zeichen (Praetorius, *Blockes-Berges Verrichtung*; Mörike, *Das Stuttgarter Hutzelmännlein*; Vischer, *Auch Einer* I: »Der Besuch«; Eyth, *Der Schneider von Ulm* VI). Bei Goethe bannt ein »Drudenfuß« auf der ↗Schwelle Mephisto in Fausts Stu-

dierzimmer, bis eine Ratte ihn benagt hat (*Faust I* 1395 ff. und 1512 ff.). – Geometrisch steht das P. in einem engen Verhältnis zum Goldenen Schnitt, lat. *proportio divina*, einem Maß für ästhet. Proportionen, und symbolisiert dadurch Vollkommenheit und Schönheit (Fechner, *Vorschule der Aesthetik* I, 14). Die christl. Trad. hat diese Bedeutung aufgegriffen: In der mittelengl. Ritterromanze *Sir Gawain and the Green Knight* (Strophe 27 f.) zeigt Gawains Schild ein P. als Zeichen für christl. Tugend und ritterl. Vollkommenheit. – V.a. in der amerikan. Popkultur gilt das P. mit nach ⁊unten gerichteter Spitze als dämon.-satan. Symbol. Auf diese vermeintlich falsche Symboldeutung nimmt D. Brown Bezug, wenn er das P. als Symbol der Venus und des Weiblichen interpretiert (*The DaVinci Code* VI).
⁊Fünf, Stern, Symmetrie, Zahlen.

Lit.: M. Livio, The Golden Ratio, New York 2002. – P. Sadowski, The Knight on His Quest, Newark 1996. – F.C. Endres/A. Schimmel, Das Mysterium der Zahl, Köln ⁷1993. AA

Perle

Symbol der Vollkommenheit, der Weisheit und der Dichtung, Christi, des Glaubens und der Liebe sowie des Leidens und der Trauer. – Relevant für die Symbolbildung sind (a) die Vollkommenheit und Kostbarkeit der P., (b) ihre Entstehung in einer ⁊Muschel, (c) ihre Tropfenform und (d) die Art ihrer Bearbeitung (Durchbohren und Auffädeln zu einer Schnur).

1. Symbol moralischer und ästhetischer Vollkommenheit. Das hohe Ansehen der P. erlaubt ihre Übertragung auf unterschiedl., ähnlich vollkommene und kostbare Phänomene. Bereits biblisch vorgegeben ist der Überbietungsvergleich einer tugendhaften ⁊Frau mit P. (Spr 31,10). Immer wieder wurden in der Lit. hervorragende oder verehrte Menschen oder ihre rühml. Eigenschaften mit P. verglichen: Rist rühmt eine Frau als P. aufgrund ihrer Freundlichkeit (*Parnaß: Hochverdienter Nachruhm […] Gertrud Wichmanns*), Börne preist die Sängerin Henriette Sonntag als P. der dt. Oper (*Henriette Sonntag in Frankfurt*), und Lohenstein bezeichnet Tugend und Schönheit als P. (*Arminius* I, 1406). Ironisch ist der Vergleich, wenn Atta Troll seine Mumma als »schwarze P.« bezeichnet (Heine, *Atta Troll* V) oder wenn Heine Ludwig I. von Bayern darüber klagen lässt, dass man ihm mit dem Germanisten Maßmann die beste P. aus seiner ⁊Krone geraubt habe (*Lobgesänge auf König Ludwig* II: *Herr Ludewig von Bayernland*). Der Vergleich der Zähne (⁊Mund) mit P. ist keineswegs auf die petrarkist. Lyrik beschränkt (z. B. Günther, *Der Abriß seiner Liebsten*), sondern findet sich auch noch bei Lessing, der die Zähne mit gereihten P.-Schnüren vergleicht (*Laokoon* XXI), und Stifter, der ihre Leuchtkraft hervorhebt (*Studien: Das Haidedorf*

IV). Claudius sieht in den Sternen am Nachthimmel aufgereihte P. (*Die Sternseherin Lise*). Unterschiedlich gedeutet wird die Anekdote von der P., die Kleopatra in Wein aufgelöst und getrunken haben soll. Heinse versteht dies als einen Akt der Verschwendung (*Ardinghello* II), während Hölderlin darin den Übermut symbolisiert sieht (*Empedokles*) oder die P. mit dem Verstand vergleicht, der im Wein aufgelöst wird (*Stuttgart* II), und Hofmannsthal sie mit der Kunst und der Existenz der Romantiker gleichsetzt (*Schiller* I; s. a. 2.).

2. Symbol der Weisheit und der Dichtung. Auch die Weisheit wird in der Bibel über die P. erhoben (Spr 3,15; Ijob 28,18). Die Kostbarkeit und die Verborgenheit der P. in der Muschel begründet die Gleichsetzung der P. mit der Lehre in der weit verbreiteten Fabel von ⁊Hahn und P. (Phaedrus, *Äsopische Fabeln* III, 12), wie auch (v. a. in der oriental. Lit.) die Bezeichnung von Dichtungen als P. (so feiert Platen Goethes *Hermann und Dorothea* als »P. der dt. Kunst«; *Hermann und Dorothea*) oder die Verwendung der P.-Metapher als Buchtitel (Hobusch, *Evangelische P. oder unvergleichlicher Schatz der göttlicher ewiger Weißheit*, 1698). Auf die Kostbarkeit zielt auch der Vergleich des ⁊Himmelreichs mit einer P. ab (Mt 13,45 f.), während die Metapher von der P. des Glaubens, die tief innen im Gemüt ruht (Grün, *Fünf Ostern* II: *Und wieder Ostern war es einst*), wohl stärker die Verborgenheit unterstreicht. Die bibl. Warnung, die P. nicht vor die Säue zu werfen (Mt 7,6), meint die göttl. Lehren, die nicht den Unwürdigen verkündet werden dürfen. Spätestens seit Alain de Lilles *Anticlaudianus* (Prolog) ist dieses Bild auch auf Dichtungen bezogen worden, während Storm damit zum vorsichtigen Umgang mit Wahrheit ermahnt (*Für meine Söhne*). B. v. Arnim setzt mit aufgereihten, aber unterschiedlich geschliffenen P. die Gedanken gleich, die verloren gehen könnten (*Goethes Briefwechsel* I), und Rückert überschreibt seinen Zyklus von achtzig Sinnsprüchen mit »Angereihte P.«. Das Bild vom Durchbohren der P. wendet Hafes auf den erot. Bereich an (Hafes, *Diwan*: »Buchstabe Ta« LXII; s. a. 3.), bezieht sie aber auch auf das Dichten (*Diwan*: »Mukathaat« XVIII) und auf die Suche nach der Wahrheit (*Diwan*: »Buch des Sängers« VI). Bereits seit dem 12. Jh. ist bekannt, dass P. durch Verkapselung von Fremdkörpern in der Muschel entstehen; Jean Paul überträgt diesen Sachverhalt auf die Poesie, die nun nicht länger mehr ein Geschenk aus der Verbindung von Himmel und ⁊Erde ist, sondern Frucht eines Leidens (*Palingenesien* I: Zweiter Reise-Anzeiger). Brecht bezieht das Bild auf die Tugenden, die er nicht an Elend geknüpft sehen will (*Leben des Galilei* VIII).

3. Symbol Christi, des Glaubens und der Liebe. Zu den weit verbreiteten Mythen von der Entstehung der P. gehört die Vorstellung, dass die P.-Muschel sich am himml. ⁊Tau öffne und daraus P. bilde, oder dass die P. in der Muschel durch den ↗Blitz gezeugt werde. In der relig. Lit. wird der Vorgang als Hinweis auf die jungfräul. ↗Geburt der Gottesmutter, die P. somit seit Clemens v. Alexandrien als Christus verstanden. Der Protestant Sachs deutet den Tau als Gottes Wort, die P. als den Glauben (*Evangelium: Das edel perlein*), der durch falsche Lehre kraftlos werden kann, so wie die P. durch widriges Wetter missgestaltet wird. Goethe hingegen wendet den Mythos ins Poetologische, wenn er im *West-östlichen Divan* seine Verse als »Dichtrische P.« und zugleich als »Regentropfen Allahs« bezeichnet (»Buch Suleika«: *Die schön geschriebenen*; s. a. 2.). Rückert überträgt das Bild auf das Verhältnis zwischen zwei sich Liebenden (*Der Himmel hat eine Träne geweint*). Auch das Durchbohren der P. kann religiös gedeutet werden, z. B. wenn Ephraem der Syrer den Vorgang mit der Kreuzigung Christi (↗Kreuz) vergleicht (*Hymnen De fide LXXII*).

4. Symbol des Leidens und der Trauer. Das tropfenförmige Aussehen der P. legt den Vergleich mit Tau und Wasser- oder ↗Regentropfen sowie ↗Tränen nahe. Haller sieht die Kräuter vom Westwind mit »frühen P.« getränkt (*Die Alpen* 368). Wenn Weerth die Wassertropfen der Springbrunnen als P. bezeichnet (*Schnapphahnski* XI), ist die Metapher bereits stark verblasst. Dies mag auch für die vielfach belegten Tränen-P. gelten – so nennt etwa Heine Gretchens Träne eine »stumme P. der Wehmut« (*Französische Maler, A. Scheffer*) –, aber wenn Lessing wiederholt die P. als Bedeutung von Tränen hervorhebt (*Emilia Galotti* II, 7; 8), ist der Symbolwert offenkundig. Die verschiedenen metaphor. Bedeutungen der P. überlagern sich bei Heine, der den ↗Gesang des Jehuda ben Halevy anlässlich des Untergangs ↗Jerusalems als »P.tränenlied« bezeichnet (*Romanzero: Jehuda ben Halevy* 3); die P. sind zunächst Metapher für die Tränen, die Jehuda vergießt, erinnern zugleich auch an die Entstehung der P. aus dem Tau und sind daher auch Symbol für das Klagelied selbst.

↗Muschel, Regen, Tau.

Lit.: WCS, 279–282. – F. Ohly, Die P. des Wortes, Frankfurt a.M. 2002.   DP

Pfau

Symbol der Herrschaftlichkeit, Eitelkeit, Schönheit und Sexualität, des Himmels und des ewigen Lebens. – Relevant für die Symbolbildung sind (a) das beim männl. Tier tiefblaue (↗Blau), augenartig gemusterte und zu einem ↗Rad aufgestellte Gefieder, (b) der unangenehme Ruflaut und die auffällig großen ↗Füße, (c) die zeitweilige Kostbarkeit des Vogels.

1. Symbol der Herrschaftlichkeit. Der P. ist seit jeher ein den Göttern und ↗Königen beigeordneter Vogel: so etwa dem ind. Gott Indra (*Rig Veda* III,

45) oder, wirkungsgeschichtlich zentral, der Göttin Hera bzw. röm. Juno (Ovid, *Metamorphosen* I, 722 f.; daran anknüpfend Schiller, *Der Triumph der Liebe*; Kant, *Kritik der Urteilskraft* § 49; O'Casey, *Juno and the Paycock*). In 1 Kön 10,22 und 2 Chr 9,21 versinnbildlichen u. a. P. die Herrschaftlichkeit Salomos. Der an den ma. Höfen betriebene ›P.-schwur‹ hat sich in Longuyons *Voeux du paon* niedergeschlagen. Hugos v. Trimberg *Renner* (I, 1727–1762) stellt die den Edelleuten zugeordneten P. den sich mit P.federn unrechtmäßig schmückenden ↗Krähen gegenüber. Als Symbol des Adels ist der P. auch im 18. Jh. (Gleim, *Der Rabe und die P.*; *Des Knaben Wunderhorn* II, 129: *Wilhelm Tell*), im 19. Jh. (witzig Heine *König Langohr I.*) und frühen 20. Jh. präsent, hier allerdings mit immer stärker ironisierendem Unterton (Holz, *Die Blechschmiede*).

2. Symbol der Eitelkeit und des Hochmuts. Horaz belustigt sich über solche Feinschmecker, die den gebratenen P. seiner Federn wegen vorzögen (*Satiren* II, 2). Ähnlich Herder, dem ↗Kleidung und äußerl. »Putz« der »leeren Pracht« des P. gleichen (*Der einzige Liebreiz*). Seit Ovids Urteil über Galathea (*Metamorphosen* XIII, 802) hält sich zeitübergreifend der hochmütige P. (Aretino, *Ragionamenti* I, 2; Shakespeare, *The Comedy of Errors* IV, 3; Yeats, *The Peacock*; Dostojevskij, *Der Spieler* VI). Als Sinnbild selbstverliebter Sprachkunst erscheint er bei Dion v. Prusa (*Olympikos* XII, 1 f.). Auf des *Physiologus'* Mahnung (»Vom P.«), die eigenen Sünden so demütig einzugestehen, wie der stolze P. mit Schrecken seine häßl. Füße gewahrt, geht das Sprichwort »P., schau deine Beine« zurück (Simrock, *Die deutschen Sprichwörter* 7791; darauf Bezug nehmend u. a. Konrad v. Megenberg, *Buch der Natur* III B, 57; Goethe, *Dichtung und Wahrheit* I, 2; Heine, *Lazarus*).

3. Symbol der Schönheit und der Sexualität, des Himmels und des ewigen Lebens. In seiner Schönheit ist der P. ambivalent deutbar, so erscheint er in der barocken Emblematik als Sinnbild der Tugend (HS, 809) wie auch hinfälliger Schönheit (HS, 808 f.). Klaj nimmt den P. als Bild für die poet. Rede: »Zu deuten/ daß durch die Poeten erhaben/ Der schönen Gedanken buntleuchtende Gaben« (*Lobrede der Teutschen Poeterey*: *Erklärung des Tittelbildes*). – Daneben kann der P. sowohl die (sexuelle) Attraktivität eines ↗Mannes symbolisieren (Čechov, *Die Apothekerin* XVI; Tucholsky, *Der P.*) als auch die einer ↗Frau (Casanova, *Histoire de ma vie* IV, 7). An der Wende zum 20. Jh. zeigt der P., nun auch Attribute der *Femme Fatale* (vgl. die Illustrationen Beardsleys zu Wildes *Salomé*, die die ↗weißen P. des Hérode ausschlägt), das Unheimliche und Unkontrollierbare zwischenmenschl. Anziehung an (Dehmel, *Zwei Menschen*; *Venus Natura*). – In der Mythologie des vorislam. Persiens spielt der P. als ↗Lichtträger der himml. Welt eine zentrale Rolle

(Reimbold, 77). Im frühen Christentum steht der P. in Folge von Augustinus (*De civitate Dei* XXI, 4), dem P.fleisch als unverweslich gilt, für das ewige Leben (wieder aufgenommen etwa in C. Brentanos *Lied von der Wüste*). Die ›Augen‹ auf den Schwanzfedern werden in vielfältiger Weise u. a. als Wachsamkeit oder Hinweis auf die kirchl. Ämter gedeutet (Schleusener-Eichholz).

Lit.: E.T. Reimbold, Der P., München 1983. – G. Schleusener-Eichholz, Das Auge im MA, München 1985, 603–607. JM

Pfeife ↗Flöte.

Pfeil und Bogen
Symbol des Verliebens und der Liebe, der Erkenntnis und der geistigen Zeugungskraft, des wirkungsmächtigen Wortes sowie der Wirkung der Schönheit. – Relevant für die Symbolbildung ist (a) die äußere Form des P., (b) das Spannen und das In-Spannung-Halten der B.sehne, (c) die Ausrichtung des P. auf ein Ziel, (d) die Unaufhaltsamkeit des abgeschossenen P. und (e) seine auf Penetration beruhende verletzende Wirkung.
1. *Symbol des Verliebens und der Liebe.* In der griech. Mythologie gelten Amors P. als Auslöser von Liebe. Ovid erwähnt in den *Metamorphosen* (I, 468 ff.) den ↗Gold-P., der die Liebeswunde (↗Wunde) aufreißt und den bleiernen P., der sie heilt (↗Blei). Die höf. und die petrarkist. Liebeslyrik (etwa Petrarca, *Canzoniere* CXXXIII: *Amor m'à posto come segno a strale*) vergleicht die ↗Augen-Blicke oder die Schönheit des geliebten Wesens (s. a. 2 und 3) mit P., die in das ↗Herz des Liebenden dringen; der Gedanke findet sich auch im Neuplatonismus (Ficino, *De amore*). Castiglione erklärt den heftigen Effekt der durch die Augen abgeschossenen und in die Augen treffenden Liebes-P. damit, dass sie ursprünglich im Herzen entstehen und ins Herz des anderen gelangen (*Cortegiano* III). Auch die Wirkung der göttl. Liebe wird in der ma. Mystik als ein ›Schiessen mit P.‹ dargestellt (Friedrich, 79). Hoffmannswaldau verleiht dem Motiv Amors, der im Schlafzimmer der Geliebten seine P. wetzt, einen deutlich erot. Hintersinn (*Auff die Abbildung des Cupido, wie er die P. wetzte*). Die Assoziation von P. und P.erotik setzt sich bis ins 19. u. 20. Jahrhundert fort, etwa bei A.W. Schlegel, der die ↗Zunge des Liebenden als »P. der keine Wunde schlägt« (*Die Küße*) evoziert, oder bei Montale, der den Aal als Fruchtbarkeitssymbol und zugleich als Liebespfeil charakterisiert (*La bufera*: *L'anguilla*). Goethe umschreibt die Kommunikation zwischen Liebenden als »Geheime Doppelschrift/ Die in das Mark des Lebens/ Wie P. um P. trifft« (*West-östlicher Divan*: *Geheimschrift*).
2. *Symbol der Erkenntnis(suche) und der geistigen Zeugungskraft.* Die Ausrichtung des P. auf ein Ziel,

seine durchdringende Kraft, seine Assoziation mit ↗Sonnenstrahlen können auch das Erkenntnisstreben bezeichnen. Für Bruno symbolisieren die P. Dianas und Apollos die Erkenntnissuche, die dem Philosophen ›Unsterblichkeitswunden‹ beibringt (*Degli eroici furori* II, 1). Allgemein wird die Imaginationsfigur des B.schiessens in der Renaissance zum Ausdruck einer neuen, visuell orientierten Erkenntnislehre und Ästhetik, deren ›Waffen‹. ↗Fernrohr, Stift (↗Griffel/Feder/Bleistift) und Pinsel sind (Samsonow). Bei Nietzsche versinnbildlicht der gespannte B. geistige Energie und Erkenntnisstreben (*Jenseits von Gut und Böse*, Vorrede), der P. vielfach Sehnsucht (*Also sprach Zarathustra* I, 4). Allgemein Symbol der Zeugungskraft, kann der P. auch geistige Schöpferkraft versinnbildlichen. Im italien. Barock symbolisieren spitze P. die Erfindungsgabe des arguten (it. *argutezza*: »Spitzigkeit«, »Scharfsinn«) Dichters und die ›eindringl.‹ Wirkung seiner Worte (Marino, *La galeria*: *Statua di bella Donna*, *San Bastiano di Titiano*, *Apollo che saetta il Pitone di Vicenzo Conti*; Tesauro, *Il cannochiale aristotelico*: »Trattato della metafora«, »Della metafora simplice et delle specifiche sue differenze«).
3. *Symbol des wirkungsmächtigen (gesprochenen oder geschriebenen) Wortes.* Die Analogisierung von Rede und P. findet sich in der Antike in Homers ›geflügelten‹ (korrekt muss es wohl heißen: ›gefiederten‹) Worten (*Ilias* I, 122 u.ö.), womit Worte gemeint sind, die den Rezipienten wie ein gefiederter P. treffen. Die verletzende Wirkung solcher P. hebt ein Bibelspruch hervor: »Ein mörder. P. ist ihre Zunge« (Jer 9,7). Bei Aischylos veranschaulicht die Analogisierung von Sprechen und B.schießen ein Wortgefecht (*Orestie*: *Eumeniden* 676 f.), an anderer Stelle (*Orestie*: *Agamemnon* 628 f.) die Schnelligkeit und Treffsicherheit der Worte. Aristoteles verwendet das P.-Beispiel häufig, um das rhetor. Prinzip der ›energ.‹, d. h. durch Anschaulichkeit wirkenden Sprache zu erläutern (*Rhetorik* 1412a; 1411b–1412a); bei Quintilian (*Institutio oratoria* IV, 5, 14) rückt die eindringl. Wirkung der Rede auf den Rezipienten in den Vordergrund. Tasso (*Dialoghi*) und Marino (*Dicerie sacre*) benutzen den Wettstreit der B.schützen in Vergils *Aeneis* (V, 485–529), um ihre Distanzierung vom rhetor. *aptum* (symbolisiert durch den P., der ein festes Ziel trifft) auszudrücken: Marino stellt sich als einen B.schützen dar, der sein Ziel nicht treffen will, d. h. seine Rezipienten nicht durch eine adäquat-zielgerichtete Rede, sondern durch barocke Überraschungseffekte beeindrucken möchte. Eine poetolog. Funktionalisierung der Wort-P. ist auch in der Moderne weit verbreitet: in positiver Auffassung etwa bei Klopstock (»Wie P. von dem goldnen Köcher/ tönt dein Lied«; *Auf meine Freunde*), negativ bei Heine (*Die romantische Schule* II). – Als verletzender kann der P. auch die satir. Rede versinnbildlichen (Marino, *La galeria*: *Apollo che saetta il Pitone*). P. als

aggressive, verletzende Worte finden sich u. a. bei Goethe (»des Vorwurfs glühend bittre P.«, *Faust II* 4624) und Keller (»P. des Spottes«; *Der grüne Heinrich*, 2. Fass., II, 8); häufig ist die Wendung »P. des Witzes« (Goethe, *Dichtung und Wahrheit* VI). Mit dem Bewusstsein ihrer verletzenden Wirkung geht die Warnung vor der Unwiderruflichkeit der einmal abgeschossenen P. einher (Droste-Hülshoff, *Das Wort*). Insbes. wenn sich die Presse ihrer bemächtigt hat, sind sie nicht mehr aufzuhalten (Heine, *Zur Geschichte der Religion und Philosophie in Deutschland*, Vorrede zur zweiten Aufl.). Die Warnung vor dem Gebrauch spött. Wort-P., die auf den Spötter zurückfallen können, findet sich auch in dem von Lessing (*Der Riese*) und Droste-Hülshoff (*Der Weltverbesserer*) bearbeiteten Gleichnis des Riesen, der einen vergifteten P. in den ↗Himmel schießt und von demselben wieder getroffen wird (ähnlich auch Goethe, *Torquato Tasso* IV, 4).

4. Symbol für die Wirkung der Schönheit. In der Lyrik der Renaissance und des Barock finden sich häufig Analogisierungen zwischen Amors P. u. dem Pinsel, dem Meißel oder der Schreibfeder. Amors P. als Pinsel bzw. Meißel, der das Bild der Geliebten ins Herz des Liebenden einzeichnet oder skulptiert ist bei Marino belegt (*La galeria*: *Sopra il ritratto della sua Donna*; *Rime amorose*: *Priega amore che l'aiuti a scrivere della sua donna*). In Hoffmannswaldaus Gedicht *Streit der schwarzen augen, rothen lippen und weissen brüste* schließen die »weissen brüste« das Streitgespräch ab, indem sie sich auf »Cupido« berufen: »Cupido wird sich uns zu loben unterwinden/ Die feder wird sein p., wir werden blätter seyn.« Durch die Analogisierung von Liebes-P. und künstler. Werkzeug wird der P. zum Instrument einer Kunst, die ebenso von den starken Gefühlen des Künstlers zeugt, wie sie beim Rezipienten heftige Emotionen auslöst. P. können auch die Wirkung von Kunstschönheit allg. symbolisieren. Der ›P. des Schönen‹ affiziert den Künstler mit einem unstillbaren Verlangen: Platen gestaltet das Motiv tragisch (*Tristan*), Mörike eher spielerisch (*An Clärchen*). Nietzsche evoziert in *Menschliches, Allzumenschliches* (IV, 149) den »langsamen P. der Schönheit«, dessen Wirkung allmählich »einsickert« und das »Herz mit Sehnsucht füllt«. In *Wilhelm Tell* gestaltet Schiller aus P. und B. ein vielschichtiges Symbol des Sündenfalls (IV, 3) und des Schicksals. Geßlers Rede bezeichnet den als wahren Schützen, der sich in der Ausübung seiner Kunst nicht von Emotionen übernehmen lässt (»*der* ist mir Meister […] dems Herz nicht in die Hand tritt noch ins Auge«; III, 3) – ein Ideal, das sich auf die schöne Kunst übertragen lässt.

↗Haut, Jagd/Jäger.

Lit.: H. Friedrich, Epochen der italien. Lyrik, Frankfurt a.M. 1964, 40, 58–60, 79 f. – E. v. Samsonow, Die Bewaffnung der Sinne, in: Achtung vor Anthropologie,

hg. v. R. Rupitz/E. Schönberger, Wien 1998, 129–139. – C. Torra-Mattenklott, Metaphorologie der Rührung, München 2002, 181–187.   ChOt

Pferd

Symbol des Kosmos und des Göttlichen, aber auch des Todes, der Seele und der inneren Natur des Menschen, der Freiheit sowie des weisen Gebrauchs von Macht. – Relevant für die Symbolbildung sind (a) die Kraft und Schnelligkeit des P. und (b) seine enge Verbindung zum Menschen.

1. Symbol des Kosmos und des Göttlichen, aber auch des Todes. Die vorchristl., mit dem P. verbundene ↗Licht- und ↗Sonnensymbolik stellt die Bewegung des P. als ↗Spiegel der Bewegung von Sonne und ↗Wasser um den Erdkreis vor, Gottheiten erscheinen darum in Mensch-P.-Gestalt (Kentauren, Hippokampen; P. begleiten die Götter Helios, Hades, Poseidon und Odin/Wotan). Die Verehrung von P. in den nord. Religionen ob ihrer Verbindung zum Göttlichen steht hinter der Anbringung von gekreuzten hölzernen P.köpfen an Giebeln (↗Kreuz); Grimms Märchen *Die Gänsemagd* rekurriert in dem sprechenden P. Falada auf diese Symbolik (weitere Bsp. in EdM X, 910–941). Das P. als ein Psychopompos (Seelenführer, s. 2.) nimmt chthon. Bedeutung an und steht in Beziehung zu den dunklen Mächten (daher auch ›Nachtmahr‹ aus ›Mähre‹ für ›Stute‹). Die bibl.-christl. Verarbeitung solcher Vorstellungen gipfelt in der Apokalypse, in der Christus auf ↗weißem P. (Offb 6,2) die Welt erobert, während Krieg, Hungersnot und Tod auf ↗rotem, ↗schwarzen und fahlen P. erscheinen. – Symbol des Todes und des Unheimlichen ist das fahle P. bzw. der Schimmel in G.A. Bürgers Ballade *Lenore*; in Goethes *An Schwager Kronos* hat die Kutschfahrt mit dem die Zeit personifizierenden Kronos auch Teil an der Todessymbolik des P.; in Verbindung mit dunklen Mächten erscheint das P. ebenso in Fouqués *Undine* (XIV). Der literar. Realismus setzt die Symbolik im 19. Jh. fort: Der weiße Araberhengst Falada zeigt in Storms *Zur Chronik von Grieshuus* eine dämon. Seite ebenso wie das stets namenlos bleibende P. in Storms *Der Schimmelreiter*, in dem das ähnl. Aussehen und Wesen von Reiter und Tier sowie ihr gemeinsamer Tod durch den angebl. Sprung ins Wasser auf einen mytholog.-chthon. Ursprung verweisen. H. v. Hofmannsthals *Das Märchen der 672. Nacht* gestaltet das P. nicht nur bildlich als Todesbote, sondern lässt auch den Protagonisten nach dem Hufschlag eines P. am Ende »mit verzerrten Zügen, die Lippen so verbissen, dass Zähne und Zahnfleisch entblößt waren«, sterben; Hofmannsthals *Reitergeschichte* verbindet im P. Todessymbolik und Grenzüberschreitung hin zum Unbewussten und zur Erotik (s. 2.). Auch in Frischs *Mein Name sei Gantenbein* gehört die wiederholte Vision eines P.kopfes zu den Todesahnungen einer der Hauptfiguren. – Sämtl. genannten Symbolaspekte verschränkt Kafka in *Ein Landarzt: Eine Kutschenfahrt* durch den ↗Schnee mit zwei »unirdischen P.« wird zur Fahrt ins Nichts, P. erscheinen in ↗Fenster- und ↗Türöffnungen und damit auf der Schwelle zum Numinosen; zugleich deuten P. und P.knecht auf besitzergreifende Erotik.

2. *Symbol der inneren Natur des Menschen, bes. der Seele, der Libido und der poetischen Inspiration.* Auch nach der Auflösung symbiotisch-archaischer Einheitsvorstellungen bleibt das P. Symbol der Einheit. Bei Platon symbolisieren ein weißes und schwarzes P. die guten und die unwilligen Teile der Seele (*Phaidros* 34 f.). Euripides (*Hippolytos*) und in der Neuzeit z. B. Marlowe (*Hero and Leander* 625–629) greifen diese Vorstellung auf. – Auch Sozialgeschichte und Ikonografie belegen eine stabile »Ross-Reiter-Symbiose« (Baum, 8), die eine tiefgehende libidinöse Besetzung des Tieres belegt, das als Archetypus des Weiblichen und, in der Symbiose mit dem Reiter, als Symbol männl. Libido erscheint. Entsprechend deutet in Ch. Brontës *Jane Eyre* (XII, XIX) die Symbolik des gezügelten P. eine Desexualisierung an, ebenso führt D.H. Lawrence in *Women in Love* die Zähmung einer Stute (IX) mit der von dominanter männl. Sexualität gezeichneten Beziehung parallel (XXIX). In Barlachs *Der tote Tag* tötet die eifersüchtige, ↗erdverbundene ↗Mutter ein P., das ihr Sohn als Symbol von geistverbundener Männlichkeit geschenkt bekam. Die Verbindung von Weiblichkeit und P., etwa bei den Amazonen, wie sie z. B. Kleists *Penthesilea* erotisch drastisch inszeniert, ist eine weitere Reaktion auf die tiefgreifende libidinöse Besetzung des Tieres. – Zum Sinnbild der poet. Inspiration wird das von Poseidon gezeugte, geflügelte P. Pegasus, das reiterlos die Befreiung vom symbiot. Eingebundensein in die Natur symbolisiert (wie auch schon das Trojan. P. in Homers *Odyssee* VIII, 487 ff., in seinem techn. Ursprung und seiner Funktionalisierung die Überwindung der Natursymbiose und der dem Tier eingeschriebenen Weiblichkeit zeigt). Der Hufschlag des Pegasus lässt die inspirierende Quelle Hippokrene auf dem Helikon entspringen (Properz, *Elegien* III, 1, 19; Dante, *Divina Commedia*: »Paradiso« XVIII, 82; Milton, *Paradise Lost* VII). Realistisch löst Raabe am Ende des 19. Jh. den Mythos in *Pfisters Mühle* auf, in dem der Erzähler »enttäuscht« von dem »buglahmen, keuchenden Tier« absteigt (I). Phantastisch-parodierend macht auch Kafka in *Der Kübelreiter* den Ritt auf einem Kohlenkübel zu einem misslingenden Schöpfungsakt, an dessen Ende der Tod steht.

3. *Symbol der Freiheit und des weisen Gebrauchs von Macht.* Die Bibel schreibt dem P. neben einer apokalypt. Symbolik (s. 1.) v. a. Kraft, Schnelligkeit und Schönheit zu (Ijob 39,21–25; weitere Belege vgl. WCS). Aus den überlegenen phys. Eigenschaften leitet sich in der Fabel die Hochmut des P. ab

(Lessing, *Zeus und das P.*; *Ross und der Stier*). V.a. aber vereint die schnelle Flucht, die eigentlich aus der Scheu der Tiere resultiert, Projektionen der Freiheit und Natürlichkeit auf das P. wiederum in Verbindung mit dem Tod in Goethes *Egmont* (II und IV); die Freiheit von den Zwängen der Gesellschaft und Lebensbejahung greift Schiller im ›Reiterlied‹ aus dem *Wallenstein* auf (*Wallensteins Lager* XI). Lakonisch verkürzt signalisieren sowohl Kafkas *Wunsch Indianer zu werden* wie auch M. Walsers *Ein fliehendes P.* Befreiung und, die erot. Symbolik des P. aufnehmend (s. 2.), libidinöse Entgrenzung in der Beherrschung und kentaurenhaften Verschmelzung mit dem P. Heute noch steht das P. in Werbung, im Western und in der Trivialkunst für Leidenschaft und Freiheit. – Das P. als Symbol der Macht bzw. der sozialen Stellung des Reiters ist durch berühmte P. und ihre Reiter in der Antike belegt: Xanthos, der Achilles den Tod voraussagt (Homer, *Ilias* XIX, 404 ff.), oder das P. Alexanders d. Gr., das nur den Makedonierkönig als Reiter duldet (Plinius d. Ä., *Naturalis historia* VIII, 64). K. Gessner hebt im *Thierbuch* (1563) Treue und Wert des P. hervor. In der Emblematik des 16./17. Jh. steht das Verhältnis von Reiter und P. für das richtige Verhalten des Herrschers gegenüber seinen Untertanen bzw. für kluges Handeln (HS, 1069–1073). Auf diesen Zusammenhang verweisen auch die P. in Kleists *Michael Kohlhaas*. In Swifts *Gullivers Travels* sind ›Houyhnhnm‹ genannte P. die klugen Wesen (»die Vollendung der Natur«), während die verachteten ›Yahoos‹ menschl. Verhalten aufweisen (IV: »A Voyage to the Country of the Houyhnhnms«). – In seiner Funktion als Arbeitsgehilfe verdeutlicht das P. die harmon. Einheit des Menschen mit der Natur (Gotthelf, *Geld und Geist*), die Orwell in *Animal Farm* (1945) als Ideologie entlarvt, indem in der allegor. Konstellation der Tierfiguren dem P. die Rolle des betrogenen Proletariers zufällt.

Lit.: WCS, 282–285. – D. Artiss, Theodor Storms symbol. Tierwelt, in: Schriften der Theodor Storm-Gesellschaft 45 (1996), 7–22. – M. Baum, Das P. als Symbol, Frankfurt a.M. 1991. – H. Schumacher, P., in: Die armen Stiefgeschwister der Menschen, Zürich/München 1977, 157–171.   GMR

Pfingsten

Symbol des strafenden bzw. helfenden Eingreifens Gottes sowie der Freude und des Aufbruchs. – Relevant für die Symbolbildung sind (a) die zeitl. Situierung von P. im Frühling sowie (b) die neutestamentl. Erzählung vom Pfingstwunder (Apg 2).

P. (gr. *pentēkostē*) ist der 50. Tag nach ↗Ostern, an dem die Erinnerung an die Sendung des Hl. Geistes (Apg 2,1–13), dessen seither wirksame Gnaden, das Inkrafttreten des Neuen Bundes als Liebesbund und der ›Geburtstag‹ der Kirche gefeiert werden.

Alttestamentl. Vorbilder sind die Gesetzgebung am Sinai (Ex 19,11) und die ↗babylon. Sprachverwirrung, weil die Jünger plötzlich in fremden Sprachen die neue Lehre predigen konnten (Pfingstwunder; Beginn des Apostolats; z. B. G. Hauptmann, *Der Narr in Christo*). Apg 2,1–13 wurde in den Künsten und im Brauchtum (z. B. Herablassen der Geisttaube; ↗Taube) sowie in der Lit. (z. B. Weltgerichtspiele an P.; Brentano, *Das bittere Leiden*) nachgestaltet. Die Pfingstsequenz *Veni Sancte Spiritus* (»Komm, heiliger Geist«) und der Pfingsthymnus *Veni Creator Spiritus* (»Komm, Schöpfer Geist«) sind terminologisch und thematisch konstitutiv für die top. und biblisch autorisierten ›Rufe nach dem Hl. Geist‹, mit denen in der Pfingstdichtung dessen Gnaden beschrieben und erfleht werden (Luther, *Nun bitten wir den hl. Geist*; Diepenbrock, *Komm, oh heil'ger Geist*). Der seit dem ersten P. bestehende Heilsbund formulierte ausgehend von den Perikopen (d.i. die im Gottesdienst zur Verlesung vorgeschriebenen Evangelien- und Epistelabschnitte) der Pfingstwoche eschatolog. Aspekte, die sich allg. als strafendes bzw. helfendes Eingreifen Gottes fixieren lassen (z. B. Prodigienlit., ›↗Finger Gottes‹ bzw. ›Hand Gottes‹). Der aus den gefeierten Heilsereignissen abgeleitete Freuden- und Aufbruchscharakter des Pfingstfestes – bildlich: ↗Sonne, Frühling, Ausflug – sank ebenso wie das Datum des Liebesbundes zwischen Gott und Mensch zum profanen Motiv herab (Eheschließung, Auflösen von Verwirrungen, plötzl. Rettung an P.; z. B. Raabe, *Eulenpfingsten*; Rosegger, *Die Pfingstnacht*). ↗Taube.

Lit.: M. Sammer, Zeit des Geistes, St. Ottilien 2001.

MSam

Pflug

Symbol der Landwirtschaft, der Arbeit, des Friedens, des kulturellen Wirkens des Menschen allg., speziell des Schreibens. – Relevant für die Symbolbildung ist der Einsatz des P. im Ackerbau.

1. Symbol der Landwirtschaft und des Bauernstandes, der harten Arbeit. Als Symbol für die Landwirtschaft und die sie ausübenden Menschen kommt der P. bes. dann zur Geltung, wenn er in Opposition zu Metonymien wie ›Schraubstock‹ (M. Eyth, *Hinter P. und Schraubstock*) oder ›↗Krone‹ gesetzt wird: P. symbolisiert dann im wirtschaftl. Sinn den Primärsektor der Rohstoffgewinnung gegenüber der verarbeitenden Tätigkeit bzw. auf die Gesellschaft bezogen den sozial niedrig eingestuften (Birken, *Schluß-Andacht-Lied*), oft aber gerade deshalb positiv als unverbildet und urwüchsig betrachteten Bauernstand im Kontrast zu Adel und Herrschaft (vgl. Bürger, *Der Bauer*; Grillparzer, *Libussa*; A. Holz, *Das beste Wappen*; J.R. Becher, *Deutschland-Lied*). – Die Absetzung des Bauernvom ↗Fürstenstand leitet über zu einer Akzentuierung von Mühe und Körperlichkeit der Arbeit mit

dem P., die etwa bei Covarrubias Orozco, *Emblemas morales*, als Anerkennung der Sündhaftigkeit des Menschen gedeutet wird (HS, 1442). Die Aufhebung der ständ. Ordnung erscheint symbolisch etwa in der Gleichordnung von »P. und Zepter« im jüngsten Gericht (Gryphius, *Oden* III, 2: *Scire Tuum nihil est!*; Haller, *Die verdorbenen Sitten*; Hebbel, *Die heilige Drei*) oder im wichtigen Sagenmotiv vom ›Mann im P.‹ (Grimm, *Deutsche Sagen: Der Mann im P.*) in der bedeutenden Steigerung, dass eine in der Gesellschaftshierarchie eigentlich ↗oben stehende Person pflügen muss, und zwar so, dass sie in doppelter Pervertierung der gewöhnl. Verhältnisse nicht hinter, sondern vor dem P. zu gehen, also die Stelle des Zugtiers einzunehmen hat.

2. Symbol des Friedens. Im Gegensatz zur Betonung der mit dem Ackern verbundenen Mühe kann der P. auch Frieden und allgemeines Wohlergehen symbolisieren, das durch den Ackerbau erst ermöglicht wird. Dies ist bes. dort der Fall, wo P. in Opposition zu Kriegssymbolen steht, hier bes. wirkmächtig die aus der Bibel stammende Vorstellung vom Umschmieden der nach dem Eintritt des endgültigen Weltfriedens überflüssig gewordenen ↗Schwerter zu P.scharen (Mi 4,3 und Jes 2,4; Lohenstein, *Inschrift des Tempels der Ewigkeit*). Zu denken ist dabei sowohl an das Brachliegen der Äcker, wenn die Bauern im Krieg von ihrer eigentl. Aufgabe, der Bestellung der Felder, abgezogen werden (Czepko v. Reigersfeld, *Man sol den Feind nicht reitzen*), als auch an die Verwüstung von Anbauflächen durch feindl. Truppen. Mit der Gegenüberstellung von ›blinkender‹ P.schaar‹ und »furchendem Schwert« kritisiert Klopstock den Terror der zunächst freudig begrüßten Frz. Revolution in *An la Rochefoucauld's Schatten* (1793). Zum Zerbrechen des P. fordert dagegen Th. Körner das dt. Volk auf: »Zerbrich den P., laß den Meißel fallen,/ Die Leier still, den Webstuhl ruhig stehn!«, um in den »heil'gen Krieg!« gegen den »Tyrannen« Napoleon zu ziehen (*Aufruf*, 1813; vgl. Rückert, *Kriegsruf*).

3. Symbol des kulturellen Wirkens des Menschen allgemein, speziell des Schreibens. Der P. ist Symbol für Kultur und Zivilisation (nicht selten in Kombination mit dem Symbolfeld seines Materials ↗Eisen; vgl. E.M. Arndt, *Lob des Eisens*), noch weitergehend für die schöpfer. Auseinandersetzung des Menschen v. a. mit der Natur, als Sinnbild tätigen (Herder, *Das erträumte Paradies*) und friedfertigen Lebens (Schiller, *Rätsel aus Turandot: Wie heißt das Ding*). Hintergrund für diese Symbolbezüge ist die zivilisationsstiftende Funktion des P., der die ↗Erde, den nach bibl. Vorstellung als Folge des Sündenfalls (Gen 3,17) dem menschl. Zugriff zunächst verschlossenen Boden aufbricht (HS, 1442) und zum fruchtbringenden Acker macht (lat. *cultura* von *colere*, »Ackerbau betreiben«). In diesen Bereich gehören auch die Stadtgründungssagen (u. a. ↗Rom, Prag), in welchen das zur Stadt bestimmte Gelände pflügend umschritten werden muss (Vergil, *Aeneis* V, 755; A.W. Schlegel, *Rom*; C. Brentano, *Die Gründung Prags*). – Der Bezug des P. zum Acker wird übertragen auf die ernsthafte Beschäftigung mit jedem beliebigem Bereich als ›Beackern‹ desselben (so die Einheit der Ausgebeuteten quer durch Schichten und Tätigkeiten beschwörend, Freiligrath, *Requiescat!*), wie es etwa auch die Bezeichnung von ↗Büchern als »stumpfer P.« für die vergebl. Arbeit auf dem »stein'gen Acker« der Wissenschaft zeigt (C. Brentano, *Frühmorgenlied vom Kirschblütenstrauß*). – Die alte Metaphorisierung der Schreibfeder (↗Griffel/Feder/Bleistift) als ›P. aus Vogelfedern‹, bes. prominent in der Rätselrede des *Ackermann von Böhmen* Johannes v. Tepls (III), ist die poetolog. Anwendung dieser Symbolrelation, die noch weitere Aspekte des Arbeitsvorgangs einbezieht, v.a. das Ziehen von Furchen in Entsprechung zum Schreiben in Zeilen, naheliegender noch bei dem in frühen Kulturen praktizierten zeilenweisen Wechsel der Schreibrichtung nach Art des Ochsenpflugs (Bustrophedon-Schreibung).

↗Ähre/Ährenfeld, Eisen/Erz, Erde/Lehm/Acker, Hammer und Amboss, Sense/Sichel.

Lit.: DLS, 157–159. – EdM XI, 950–955.   KV

Phallus

Symbol der schützenden Kraft und Fruchtbarkeit, der Rebellion, der (gefährdeten) Männlichkeit und der anarch. Sexualität. – Relevant für die Symbolbildung sind (a) die Vielzahl der Spermata (↗Samen/Samenkorn) und der ausstreuende Charakter der phall. Ejakulation, (b) die ekstat.-wollüstige Wirkung des Ph. während des Liebesaktes, (c) die phys. Unterschiede zwischen den biolog. Geschlechtern, wobei der ↗Mann sexuell-aggressiv in die ↗Frau eindringt, (d) der temporäre Zustand der phall. Erektion.

1. Symbol der schützenden Kraft und Fruchtbarkeit. In der att. Tragödie ist der (allenfalls metaphorisch präsente) phall. Eros mit der Erfahrung unwiderstehlicher Gewalt über den Menschen, über sein Gefühl und seinen Willen, seinen Geist wie seinen Körper verbunden (z.B. Sophokles, *Trachinierinnen*). Der phall. griech.-röm. Furchtbarkeitsgott Priapus erscheint dagegen bereits als sozial gebändigt und erfüllt apotropäische Funktion (Ovid, *Fasti* I, 393–440). Als solcher erscheint er auch in literar. Texten, in denen der Erzähler das phall. Imponiergehabe des Priapus übernimmt und seine Gegner mit sexuellen Drohgebärden einzuschüchtern sucht (Horaz, *Satiren* I, 8; *Pseudo-Priapeum*; Vergil [Tibull?], *Priapeum* II: *Quid hoc novi est*). Diese Erhabenheit des Ph. verfällt zunehmend: Nach seiner Störung der Priapus-Mysterien ist der Handlungsmotor von Petrons *Satyricon* der Zorn des Gottes auf den Helden Encolpius, der von ihm zu sexuellen Eskapaden umhergetrieben wird und

dessen Potenz bei Circe zu Fall kommt (CXXXI). Die 80 Gedichte der anonymen *Carmina Priapea* spielen noch ironischer mit der relig.-mag. Funktion des Ph. Auch in *Corpus Priapeorum* V zitiert der anonyme Dichter die alte *lex*, die der Gott einem Knaben (↗Kind) angeboten haben soll, nur noch ironisch: Nach dem altröm. Gebetsgrundsatz *do ut des* stellt Priapus alle Früchte des ↗Gartens bereit, wenn der *puer* im Gegenzug bereit ist, seinen Hintern (↗Po) zur Pedicatio hinzuhalten, was die Funktion des geilen Fruchtbarkeitsgottes, der ja gerade den Garten schützen soll, grotesk verkehrt. Die komische Wirkung ergibt sich aus der mehrdeutigen Verwendung von *hortus*, das neben dem konkreten »Garten« metaphorisch auch den *anus* bezeichnen kann.

2. Symbol der Rebellion. Die Welle erot. Texte in Frankreich Anfang des 18. Jh., angeführt von Pirons *Ode à Priape*, die ihrerseits auf den Versen *Le bordel des Muses, ou les neuf pucelles putains* des Libertins Claude Le Petit aus dem 17. Jh. fußt, inspiriert in Russland (↗Osten) eine Reihe obszöner, gegen die sozialen Normen revoltierender Oden Ivan Barkovs (z.B. *Priapische Ode, Der Jungfrau Spielzeug* oder *Luka Eier*, wo der ›Held‹ eine Witwe mit seinem riesigen Ph. umbringt) und die den Limericks ähnl., volkstüml. russ. Scherzlieder (z.B. 327 erot. *častuški* aus der Kollektion von Volkov). In Deutschland findet diese Trad. ihren Niederschlag z.B. in den *Phantasien in drei Priapischen Oden dargestellt* und im Wettstreit verfertigt von *Bürger, Voß und Stolberg* oder in F. Schlegels *Sieben Sonetten*. – In den Schwänken und Mären der ma. Lit. erfüllt der Ph., oft als ›elfter ↗Finger‹ bezeichnet, teilweise karnevaleske (↗Karneval) Funktionen, aufgestaute Triebhemmungen literarisch zu sublimieren und kraftvolle Fruchtbarkeit in soziale Bahnen zu lenken. Im phall. Normbruch scheinen die frühneuzeitl. Schwankautoren einander überbieten zu wollen, wie etwa Frey (*Die Gartengesellschaft*), Lindener (*Katzipori*; ital. *cazzo*, »männliches Glied«), Montanus (*Schwankbücher*) und Schumann (*Nachtbüchlein*) ihre Vorbilder Wickram (*Gabriotto und Reinhard*; *Rollwagenbüchlin*) und Boccaccio (*Il decamerone*). Auch Volkslieder wie *Ein Männlein steht im Walde* basieren auf phall. Vorstellungen und stehen in der Trad. älterer Fruchtbarkeitsriten. Zudem ist der ma. Teufel phallisch konzipiert, angedeutet in Bocksfuß (↗Fuß/Fußspur; ↗Ziege/Ziegenbock), Hahnenfeder (↗Hahn) und Schwanz. Sein luzifer. Rebellentum ist genital-sexuell und phall. Protest zur Befreiung von Repressionen, was Boccaccio in *Il decamerone* (III, 10) parodiert, wenn der Einsiedler Rusticus durch phall. Penetration des vierzehnjährigen Mädchens Alibech sechsmal den Teufel in die Hölle zu schicken versteht. Aretino führt diese Trad. in seinen berühmt-berüchtigten erot. *Sonetti lussuriosi* sowie in seinen *Lettere* fort, die sich durch naturalist. Genauigkeit, Grobheit und primitive Deutlichkeit in der Beschreibung des Phallischen auszeichnen. Der Russe Rozanov sah es am Beginn des 20. Jh. als seine Mission an, phall. Elemente in die »weibl.« und »mitleidvolle« russ. Kultur einzuführen, die er westl. »männl.« Einflüssen ausgeliefert sah (z. B. in *Gefallene Blätter*).

3. Symbol der (gefährdeten) Männlichkeit. Ovid war der Meinung, in sexueller Hinsicht sei die Frau stärker als der Mann, folglich auch bedrohlicher und müsse bes. Einschränkungen unterworfen werden (*Amores* III, 7). Angesichts des unersättl. weibl. Verlangens wurde die männl. Kraft umso höher gepriesen, je stärker der Mann von der Furcht vor dem ›Fiasko‹, dem zeitweiligen sexuellen Versagen, heimgesucht wurde (z. B. *Priapeum* II, 42–45). »Glaub mir, dem Penis befiehlt man nicht wie einem Finger« (↗Hand/Finger), beteuert Martial in seinen *Epigrammen* (VI, 23). Augustinus lehnt das Phallische mit dem Argument ab, der Mann sei nicht Herr dieses Organs; dieser geschlagene Wille stellt für ihn die Definition des Sündenfalls schlechthin dar (*De moribus* II, 36; *De utilitate ieiunii*; *De nuptiis* II, 9). Die schles. Volkssage von *Rübezahl* basiert auf der gleichen Logik. Sein Name deutet, abgeleitet vom Mittelhochdeutschen, auf sein kleines Glied (»zagel«) und dient der Prinzessin Emma in den *Legenden vom Rübezahl* von Musäus zur Verhöhnung seiner Impotenz, die er offen zugibt. Im 19. Jh. wendet Fourier in seiner *Éducation en phase ultérieure et postérieure* diese Logik ins Gegenteil und verknüpft das Phallische mit dem Gesetz der Polygamie als idealem Staatsaufbau, was später Reich in seiner *Charakteranalyse* weiterentwickelt, wenn für ihn die meisten psych. Krankheiten sowie Autoritarismus, imperialist. Ideologie und Rassenhass auf die von Kindheit an praktizierte Unterdrückung der phall. Aktivität zurückgehen. Tolstoj steht in dieser Trad., wenn er in *Auferstehung* das weibl. ›Bekenntnis zur Gewalt‹ mit einem sexuell-phall. Mangel erklärt.

4. Symbol anarchischer Sexualität. Im bürgerl. Zeitalter hat der Ph. seine rituell-symbol. Funktionen weitgehend verloren und dient in erster Linie als Mittel der Befreiung von der Gesellschaft. Wenn Whitman im *Song of Myself* (aus *Leaves of Grass*) schreibt: »O Spannkraft der Jugend! Stets getriebene, federnde Kraft/ O Mannestum, im Gleichgewicht, blühend und voll« (XLV, 1–2), thematisiert er freizügig männl. Körperlichkeit, was die Leser zweifellos als ein neues pornograf. Erlebnis empfunden haben. Rimbaud interpretiert in *Le bateau ivre* phall. Männlichkeit als Befreiung von sozialen Bindungen (V. 1–3) und zelebriert in all seinen phall. Gedichten den lustvoll-iron. Bruch mit der Moral des Establishments (z. B. *Banalide* 1–8). Für Bataille ist in *La part maudite* das Phallische in der Trad. von Sade und Nietzsche ein Symbol für anarch. Verausgabung schlechthin, weil er es unab-

hängig von der Zeugung mit Masturbation, Homosexualität und empfängnisverhüteter Sexualität zusammen denkt.

↗Bart, Griffel/Feder/Bleistift, Mann, Po, Schlange, Schlüssel, Turm/Leuchtturm, Vagina.

Lit.: W. Beutin, Sexualität und Obszönität, Würzburg 1990. – H.-P. Obermayer, Martial und der Diskurs über männl. Homosexualität in der Lit. der frühen Kaiserzeit, Tübingen 1998. – V. Proskurina, Vasilii Rozanov's Erotic Mythology, in: Russian Culture 1999, 275–287. AWö

Phoenix

Symbol der Unsterblichkeit und der Auferstehung, der Restauration von Werten, der Liebe und Leidenschaft. – Relevant für die Symbolbildung sind (a) die (Selbst-)Verbrennung des myth. Vogels und (b) seine Auferstehung aus der ↗Asche.

1. Symbol der Auferstehung im (christlich-)religiösen Sinn. Der vermutlich aus dem oriental. Sagenkreis stammende Ph. begegnet in der abendländ. Lit. zuerst bei Hesiod (*Fragmente* CCCIV) und bei Herodot (*Historiae* II, 73), der wie später Plinius d. Ä. (*Naturalis historia* X, 2, 3) ↗Arabien als Heimat des Wundervogels nennt (vgl. Ovid, *Metamorphosen* XV, 393–407). Alle 500 bzw. 540 Jahre komme der Überlieferung zufolge der Ph. nach Heliopolis in ↗Ägypten, um sich in einem festgelegten Ritus: ↗Nestbau mit wohlriechenden Kräutern, Selbstverbrennung, Metamorphose aus der Asche, zu erneuern. Bringen bereits frühchristl. Autoren wie Laktanz (*De ave Phoenice*) den Ph. in Verbindung mit der bibl. Überlieferung des freiwilligen Todes und der Auferstehung Jesu Christi, so wird der Ph. spätestens mit der frühma. Rezeption des *Physiologus* (»Vom Vogel Ph.«) zum Symbol der Christophanie. Hiervon ausgehend weist Konrad v. Megenberg dem Ph. allg. die Sinnbildlichkeit der christl. Heilslehre zu (*Buch der Natur* III B, 28), als welcher er Eingang v. a. in die Lit. des Barock findet (HS, 794–796; Angelus Silesius, *Cherubinischer Wandersmann* II, 172: Ein Ph. soll man sein; Czepko v. Reigersfeld, *Dritte Rolle Verlieber Gedanken* XVII; Dach, *Denckmahl*; Harsdörffer, *Der Ph.*; vgl. noch A. v. Arnim, *Vogel Ph.*).

2. Symbol der Restauration von Werten, der Liebe und Leidenschaft. Die relig. Symbolik erfährt schon bald eine Umdeutung hin zum Symbol der Wiederaufrichtung materieller, v. a. traditionsreicher altehrwürdiger Güter, aber auch idealer Werte (Abschatz; Marini; Günther, *Als er 1719. d. 25. September wieder nach Schweidnitz kam*; Th. Körner, *Moskau*; Uhland, *Am 18. Oktober 1816*; Hoffmann v. Fallersleben, *Eins und Alles*; vgl. auch den Wahlspruch der Fürsten von Hohenlohe-Langenburg: »ex flammis orior«). Insbes. aber symbolisiert der Ph. durch die Literaturgeschichte hindurch die Sehnsucht nach neu entflammender bzw. ewig währender Liebe und Leidenschaft, so etwa bei Tasso

(*Rime per Lucrezia Bendidio* XVII), Matthisson (*An die Liebe*), Günderode (*Ist alles stumm und leer*), Herwegh (*Gleich Rosenhauch auf einer Jungfrau Wangen*), Hebbel (*Der Ph.*) oder Dehmel (*Schutz*). Lessings Fabel *Der Ph.* veranschaulicht dagegen an ihm »das harte Los, weder Geliebte noch Freund zu haben; denn er ist der einzige seiner Art!«. ↗Eisvogel, Feuer/Flamme, Myrrhe, Nest, Weihrauch.

Lit.: DLS, 153 f. – NLC, 240–242.   URo

Picaro, Pierrot ↗Narr.

Pilger ↗Reise.

Po
Symbol der Herabsetzung und der Unterwerfung, des Charakters, der Schönheit, der literar. Imagination und der (homosexuellen) Erotik, des Teufels, der Transgression und Karnevalisierung. – Relevant für die Symbolbildung sind (a) die ausscheidende Tätigkeit des P., (b) seine ›niedere‹ Lage am Körper sowie (c) seine Funktion als Organ nichtreproduktiver und geschlechtsunspezif. Sexualität.
   1. Symbol der Herabsetzung. Prominent ist v. a. das Zeigen des P. als Beleidigung (Goethe, *An Johann Heinrich Merck*; Heine, *Testament*; Zola, *Germinal* I, 6; V, 5; VI, 5) bzw. Verletzung moral. Standards (Bote, *Dyl Vlenspiegel* II; Stranitzky, *Türckisch-bestraffter Hochmuth* II, 12). Die herabsetzende Funktion des P. greift auch immer, wenn er mit etwas ›Höherem‹ (↗Zunge) in Verbindung gebracht wird (Goethe, *Götz von Berlichingen* III: »Jaxthausen«; Beer, *Narren-Spital* II u.ö.; Praetorius, *Rübezahl*: »Rübezahl ist ein Professor Medicinæ«). Was mit ihm in Berührung kommt, gilt als entwertet, sei es, indem man an etwas »den Podex wischt« (Schnabel, *Insel Felsenburg* IV), sei es durch Defäkation (Tournier, *Les météores*), sei es durch die Gleichsetzung von P. und ↗Gesicht (Wille, *Glasberg* II: »Am Stammtisch«). In Volkssagen steht der P. oft in Zusammenhang mit einer blasphem. Handlung (Baader, *Volkssagen: Stadthier*; Kuhn, *Märkische Sagen und Märchen: Das untergegangene Dorf Gohlitz*).
   2. Symbol der Unterwerfung und Demütigung. Das Wackeln mit dem P. signalisiert meist sexuelle Verfügbarkeit (Liechtenstein, *Die Nacht*; Ringelnatz, *Mein Leben bis zum Kriege*) oder Unterwürfigkeit (Hofmannsthal, *Der Turm* II, 1), in einer Penetration manifestiert sich männl. Dominanz (Sade, *Justine et Juliette*; Jelinek, *Lust*). Der verprügelte P. symbolisiert den Vollzug der Unterwerfung, oft in satir.-iron. (Basile, *La gatta Cenerentola*; H. v. Kleist, *Amphitryon* II; Vischer, *Faust III* II, 5; Holz, *Suum Cuique*) oder erot. Zusammenhang (Rousseau, *Confessions* I; Th. Mann, *Bekenntnisse des Hochstaplers Felix Krull* IX). Das Küssen oder Le-

cken des P. gilt als maximale (Selbst-)Erniedrigung (Garin, *Bérenger au long cul*; Kuhn, *Gebräuche und Märchen aus Westfalen: Die grüne Feige*; Jelinek, *Die Klavierspielerin* II).
   3. Symbol des Charakters. Der P. als Basis des Körpers ist oft Zeichen für Stärke (Goethe, *Totalität*) bis zum Heroismus (Cau, *Les oreilles et la queue*); postmodern verdichtet symbolisiert bei Tournier (*Le roi des aulnes*) der Kentaur eine Kräfteübertragung vom »schenkfreudigen« P. des ↗Pferdes auf den »kraftlosen« des Menschen. Die Stärke, die mit ihm assoziiert wird, kann ihn sogar zu einem Ort der Heimat machen, an dem man »viele Monde überwintern« (F. Schlegel, *Erotische Sonette*), ja gar sterben möchte (Genet, *Pompes funèbres*). Ihn zu sehr zu schwingen, kann als Stolz ausgelegt werden (Heine, *Hoffart*; Thoma, *Der Wittiber*; ↗Pfau), und vollends negativ konnotiert kann er für Geiz (Heine, *Der Wanzerich*), bürgerl. Standesdünkel und Konservativismus (Tucholsky, *Heimg'funden*; *Vier Sommerplätze*; Ball, *Totenrede*) sowie Lethargie und Inspirationslosigkeit (A.W. Schlegel, *Epigramme und literarische Scherze auf Zeitgenoßen*: »Buchhändler und Käufer«; Klabund, *Winterschlaf*) stehen.
   4. Symbol der Schönheit, der literarischen Imagination und der (homosexuellen) Erotik. Als »tendenziell selbständiges Geschlecht« (Stähli, 256) ist der P. oft (vgl. die Trad. der *Venus Kallipygos*) Gegenstand der Isolierung, Ästhetisierung und Rhetorisierung (Alkiphron, *Hetärenbriefe*; Rufinos, *Anthologia Graeca* V, 35; A. v. Ungern-Sternberg, *Braune Märchen: Die rosenrote Fliege*; Verlaine, *Femmes*; *Filles*; s. a. *Blasons anatomiques du corps féminin* des 16. Jh.) bis hin zur fetischist. Fixierung (Dioskorides, *Anthologia Graeca* XII, 37; Grabbe, *Herzog Theodor von Gothland* IV, 1; satirisch bei Klingemann, *Die Nachtwachen des Bonaventura* XIII). – Vereinzelt findet sich der flagellierte P. (↗Wunde) *totum pro toto* als Symbol künstler. Imagination und Kommunikation, wobei der sexuellen Erregung durch die erot. Verletzung des P. mit der Peitsche die ästhet. Imagination durch die textuelle ›Verletzung‹ der Realität (des Prätextes) mit der ↗Feder entspricht (Sade, *Juliette* III; Swinburne, *Lesbia Brandon*; *The Flogging-Block*; Kosofsky Sedgwick, *A Poem is Being Written*). – »Eine Welt, aus Hintern erbaut« sieht A. Schmidt (*Sitara und der Weg dorthin*) in den Werken K. Mays und versucht durch diese »Anthro-Po-Morfisierung« dessen latente Homosexualität zu erklären. In der Antike galt der weibl. P. oftmals als männl. bzw. undifferenziertes Geschlechtsteil (Ps.-Lukian, *Erotes* XXVII; Marcus Argentarius, *Anthologia Graeca* V, 116; Dioskorides, *Anthologia Graeca* V, 54), während seit der christl. Stigmatisierung von Homosexualität oft der P. des Mannes als feminiber Körperteil bzw. ↗Vagina vorgestellt wird (Sade, *Justine* IV; Heine, *Reisebilder* III, XI; Proust, *À la recherche du temps perdu: Sodome et Gomorrhe*).

5. Symbol des Teufels. Die Verbindung des Teufels mit Anus und ↗Kot ist prominent (Dante, *Divina Commedia*: »Inferno« XXI, 139; Estienne, *Apologie pour Hérodote*), und ihm den P. zu küssen, ist die höchste Form seiner Anbetung (Praetorius, *Blockes-Berges Verrichtung*; Grässe, *Sagenbuch* I, 530). Die Affinität des Teufels zum P. zeigt sich noch im 20. Jh., wenn z. B. eine Müllkippe »Teufelsloch« heißt (Tournier, *Les météores*), Göring als »Experte der Koprologie« auftritt (ders., *Le roi des aulnes*) oder Satan bei einem jungen Mädchen erscheint, um einmal »einen Engel in den Arsch zu ficken« (Chimo, *Lila dit ça*). Im Märchen ist der P. auch des Teufels neuralg. Punkt (Kuhn, *Märkische Sagen und Märchen: Der Schmied und der Teufel*), und in vielen Volkssagen werden Dämonen durch das Zeigen des nackten P. gebannt (Kuhn, *Norddeutsche Sagen: Dräk, kobold*; Müllenhoff, *Märchen und Sagen: Der Drache; Der Segeberger Kalkberg*).

6. Symbol der Karnevalisierung und der Transgression. Bedingung für das transgressive Potential des P. sind die Verbote, mit denen er belegt ist. So ist er oft nur als Symbol *in absentia* (nicht-)präsent, wird lediglich allegorisch beschrieben (Spenser, *The Faerie Queene* II, 9, 32; Fletcher, *The Purple Island* II, 43), augenzwinkernd angedeutet (Martial, *Epigramme* IX, 67; Goethe, *Venezianisches Epigramm*; A. v. Arnim, *Gräfin Dolores* I, 1) oder fehlt ganz und muss aus dem (histor. oder literar.) Kontext erschlossen werden, wie z. B. der Königsmord (↗Kaiser/König/Fürst) durch einen glühenden Spieß (Marlowe, *Edward II* V, 5). Sein ›geheimnisvoller‹ Charakter bleibt auch im 20. Jh. oft erhalten (Apollinaire, *Les neuf portes de ton corps*). Wo der P. doch offen vorkommt und Niederstes mit Höchstem verbindet, erzeugt er einen komisch-entlarvenden Effekt (Rabelais, *Gargantua et Pantagruel* VIII; Hoffmann, *Letzte Stücke* XV: »Kapitän Bligh an den Gouverneur von Neu-Süd-Wales«; Holz, *Dafnis*: »Er hält sich vor mehr alß die übrigen«; Burroughs, *Naked Lunch*) bzw. ist als »angebeteter Thron der Schamlosigkeit« (Verlaine, *Partie carrée*) Vehikel normsprengender Transgression (z. B. Sade, *Justine et Juliette*; Louÿs, *Trois filles de leur mère* IX) und anti-ökonom. Verausgabung, wie in Batailles Konzept des »Sonnen-Anus« (*L'anus solaire; Dossier de l'œil pinéal*, literarisch verarbeitet z. B. in *Histoire de l'œil* und *Le mort*; ähnlich auch Lautréamont, *Les chants de Maldoror* V, wo das ganze Universum als »ungeheurer himmlischer After« imaginiert wird). Eine solche Transgression kann vereinzelt auch durch sadomasochist. Flagellation vollzogen werden (z. B. Swinburne, *The Flogging-Block*; Sacher-Masoch, *Venus im Pelz*; Réage, *Histoire d'O* I).

↗Kot, Vagina, Wunde.

Lit.: J.-L. Hennig, Brève histoire des fesses, Cadeilhan 1995. – N. Largier, Lob der Peitsche, München 2001.

– A. Stähli, Der Hintern in der Antike, in: Körperteile, hg. v. C. Benthien/Ch. Wulff, Reinbek bei Hamburg 2001, 254–274.   ThS

Pol

Symbol des Fluchtpunkts neuzeitl. Weltneugierde (*curiositas*) sowie der Grenzüberschreitung und der Aufhebung von Zeit und Raum. – Relevant für die Symbolbildung sind (a) die Unerreichbarkeit sowie (b) die Kälte und Lebensfeindlichkeit des P.

1. Symbol des Fluchtpunkts neuzeitlicher Weltneugierde (curiositas). Als fiktives Reiseziel erscheint der P. zum ersten Mal in Dantes *Divina Commedia*. Dort berichtet der im achten Kreis des Inferno einsitzende Odysseus über seine Fahrt durch die Säulen des Herakles auf den Südpol zu (»Inferno« XXVI, 90–146). Bevor das Ende der Welt erreicht ist, werden Odysseus und seine Gefährten mit ihrem Schiff von einem Wirbelstrom eingesaugt. Der P. figuriert hier als Fluchtpunkt neuzeitl. Weltneugierde, die P.fahrt als Ausweis menschl. Vermessenheit. Im Vergleich mit den anderen Insassen des Inferno kommt Dantes Odysseus allerdings Sympathie zu: In der Polarfahrt des Odysseus spiegelt sich das nicht weniger riskante Unternehmen Dantes, Hölle, Fegefeuer und Paradies literarisch auszumessen. Die Ambivalenz des P. und der Polarfahrt schreibt sich in der Lit. fort: In den *Lusíadas* von Camões, die Vasco da Gamas histor. Umsegelung der Südspitze ↗Afrikas literarisch nachzeichnen, erscheint der Schiffsmannschaft ein Geist des Kaps, der den Frevel des Unternehmens in Erinnerung ruft und die Seefahrer mahnt, dass es dem Menschen nicht zukomme, ins Ungewisse hinauszusegeln (V, 38–60). Das Ende der Welt wird jedoch von einem Ungeheuer verteidigt, das gegen die Entschlossenheit der Entdecker nichts auszurichten vermag: Vasco da Gama umschifft das Kap und erreicht ↗Indien. Anders die Bewohner der in der Nähe des Südpols gelegenen Insel Felsenburg in Schnabels *Wunderliche Fata einiger Seefahrer*: Die aus ↗Europa hierher verschlagenen Insulaner entdecken bei einer Expedition zur Nachbarinsel in geringer Entfernung »gegen den Süder-P. zu« unbekanntes Land (II: »Des Posamentirers Harckerts Lebens-Geschicht«). Der Altvater der Kolonie rechnet die Erkundung dieses Terrains allerdings unter »die eitlen Lüste« und verbietet die Südpol-Expedition: Aufklärer. Weltneugierde hat im Idealstaat der Felsenburger keinen Raum. Im weiteren Verlauf des Romans wird die unbekannte ↗Insel symbolisch aufgeladen. Als die Insulaner einige der hl. Vögel mutwillig erschießen, die allabendlich über die Insel hinweg zum Südpol fliegen, wird wenig später fast die ganze Insel zerstört: eine fatale Folge der Tabuverletzung. M. Shelleys Roman *Frankenstein, or The Modern Prometheus* spiegelt die Geschichte des skrupellosen Wissenschaftlers Frankenstein in dem Vorhaben des Erzählers Robert Walton, um jeden Preis den Nordpol zu erreichen. Erst die Begegnung mit Frankenstein bringt den Polarfahrer Walton dazu, von seinem Vorhaben abzulassen. Frankensteins Kreatur dagegen treibt auf einer Eisscholle Richtung Nordpol, nachdem sie ihren Schöpfer getötet hat.

2. *Symbol der Grenzüberschreitung und der Aufhebung von Raum und Zeit.* Poes *Narrative of Arthur Gordon Pym* eröffnet eine Reihe spezifisch moderner Polarphantasien, die literarisch ausmalen, was den Menschen am immer noch unerreichten Ende der Welt erwarten könnte. Poes Protagonist Pym gerät in eine Südpolexpedition, die jenseits der Eisbarrieren zahlreiche befremdl. Entdeckungen bereithält: eine zunehmend wärmere Strömung Richtung Süden, Aschenregen, bleiche Vögel mit dem schaurigen Ruf »Tekeli-li« und zuletzt eine riesige weiße Gestalt, deren Geheimnis der Roman nicht preisgibt. Vernes Polarroman *Le sphinx des glaces,* Gides *Le voyage d'Urien,* G. Heyms Novellenfragment *Das Tagebuch Shakletons* und Lovecrafts Roman *At the Mountains of Madness* arbeiten sich an dem P.-Rätsel ab, das Poes *Narrative* hinterlassen hat: Anstelle eines ird. Paradieses erwarten die Polarfahrer allerdings durchweg (wie schon Dantes Odysseus) Enttäuschung und Untergang. Die Polarphantasien der Moderne entwerfen Imaginationen des Anderen und stellen durch die Aufhebung von Raum und Zeit am P. das Ordnungswissen der Epoche auf die Probe. Das gilt auch für Laßwitz' Roman *Auf zwei Planeten,* den ersten polaren Science Fiction-Text, in dem Marsbewohner den Nordpol als ird. Landestation nutzen. – Dass die tatsächl. Eroberung der P. zu Beginn des 20. Jh. einen Wendepunkt in der Geschichte der Polarphantasien markiert, bemerkt K. Kraus in seinem Essay *Die Entdeckung des Nordpols:* »Denn an dem Nordpol war nichts weiter wertvoll, als daß er nicht erreicht wurde. Einmal erreicht, ist er eine Stange, an der eine Fahne flattert, also etwas, das ärmer ist, als das Nichts, eine Krücke der Erfüllung und eine Schranke der Vorstellung.« Je mehr polares Erfahrungswissen medial verfügbar wird, desto mehr verlieren die P. in der Lit. an symbol. Relevanz. Dementsprechend zeichnen jüngere P.texte v. a. histor. Expeditionen nach: St. Zweig in den *Sternstunden der Menschheit,* Feuchtwanger in seinem Epochenroman *Erfolg,* Sundmans Roman *Ingenjör Andrées Luftfärd,* G. Vespers Gedichtzyklus *Nordwestpassage,* Nadolnys Roman *Die Entdeckung der Langsamkeit* und Ransmayrs Roman *Die Schrecken des Eises und der Finsternis.*

↗Eis, Norden, Schnee.

Lit.: A. Engel-Braunschmidt/G. Fouquet (Hg.), Ultima Thule, Frankfurt a.M. 2001. – A. Fröhling, Literar. Reisen ins Eis, Würzburg 2005. – F. Marx, Wege ins Eis, Frankfurt a.M. 1995. FM

Posaune

Symbol des Gerüchts und des Ruhmes, des Jüngsten Gerichts und der Auferstehung sowie pindarisierender, polit. und relig. Dichtung. – Relevant für die Symbolbildung ist v. a. der laute, durchdringende Klang der P.

Die P. ist ein festes Attribut der Fama als Personifikation des Gerüchts und des Ruhmes. In dieser Bedeutung erscheint sie auch in der Lit., etwa bei Lohenstein (*Arminius* I, 9; II, 3), E. v. Kleist (*Die Unzufriedenheit der Menschen*), Goeckingk (*Herbstlied*), Schiller (*Der Venuswagen; Don Karlos* II, 2), Wezel (*Belphegor* III; *Herrmann und Ulrike* III, 6), Wackenroder/Tieck (*Phantasien über die Kunst* I), Platen (*Der romantische Ödipus* IV), C.F. Meyer (*Jürg Jenatsch* VII), Dahn (*Kampf um Rom* XI) und Fontane (*Vor dem Sturm* I). – Die P. als Symbol des Jüngsten Gerichts und der Auferstehung geht auf die Bibel zurück bzw. auf Luthers Bibel-Übersetzung, v. a. des ersten Korinther-Briefes (1 Kor 15,52) und der Offenbarung Johannis (Offb 8 ff.). Diese Symbolik wurde in der dt. Lit. häufig aufgegriffen, so etwa im Barock (Abschatz, *Fidei-Commissarischer lezter Wille*), in Aufklärung, Empfindsamkeit und Sturm und Drang (Lichtenberg, *Sudelbücher* B 321; J 380; Klopstock, *An Young; Der Messias* V, 333 f. u.ö.; Lenz, *Die Landplagen* VI; Schiller, *Elegie auf den Tod eines Jünglings; Die Räuber* II, 3), in der Weimarer Klassik und ihrem Umkreis (Goethe, *Faust* I: »Dom«; H. v. Kleist, *Die Familie Schroffenstein* IV, 3), in der Romantik (*Des Knaben Wunderhorn* III, 195: *Vorbote des jüngsten Gerichts;* Chamisso, *Traum*), im Vormärz (Büchner, *Woyzeck* H4, 1: Freies Feld – Die Stadt in der Ferne; Heine, *Reisebilder* III, 1), im Realismus (Gotthelf, *Die schwarze Spinne;* Hebbel, *Agnes Bernauer* II, 1), in der Gründerzeit (Dahn, *Kampf um Rom* VII) und in der Moderne (Rilke, *Das Buch der Bilder; Das jüngste Gericht;* George, *Der Widerchrist;* Hofmannsthal, *Frau ohne Schatten* III). – Als poetolog. Symbol begegnet die P. bei Lichtenberg, der sie auf die Stürmer und Dränger und die von ihnen gepflegte Mode des Pindarisierens bezieht (*Sudelbücher* D 610). Herder charakterisiert einen Typus christl. Hymnik mittels der P. (*Briefe zur Beförderung der Humanität* VII). Waiblinger beschreibt die die Vergangenheit wieder zum Leben erweckende Kraft seiner Dichtung mit Hilfe der P.-Symbolik und ihrer relig. Konnotationen (*Oden und Elegien aus Rom* I). Im Vormärz wird die P., ebenfalls mit Bezug auf ihre relig. Bezüge, als Symbol für polit. Dichtung verwendet (Heine, *Die Tendenz;* Herwegh, *Gedichte eines Lebendigen* I: *Sonette* XIV; Freiligrath, *Blum*). Eichendorff nutzt die P.-Symbolik bei seiner abwertenden Charakterisierung der relig. Oden-Dichtung im Umkreis Klopstocks (*Geschichte der poetischen Literatur Deutschlands* VI). Die polit. Bedeutung der P. in der Vormärz-Lit. greift Mühsam wieder auf (*Rechtfertigung*). Rühmkorf grenzt sich mittels der Symbolik von relig. Dichtung allgemein ab (*Himmel abgespeckt*).

FvA

Primel / Himmelsschlüssel / Schlüsselblume

Symbol des Aufschließens (geheimer Orte, der Innenwelt, des Himmels), der Jenseitshoffnung und des Frühlings. – Relevant für die Symbolbildung sind (a) die einem Schlüsselbund (↗Schlüssel) ähnl. Form ihres Blütenstandes und (b) ihr frühes Erblühen zu ↗Frühlingsbeginn.

Bereits aus den verschiedenen Benennungen der ↗Blume wird deren symbolische Bedeutung ersichtlich. Wegen der Form ihres Blütenstandes erhielt sie den Namen H., ab dem 16. Jh. Sch. Der Legende nach entstand sie aus den Himmelsschlüsseln (↗Himmel), die dem hl. Petrus einst zur Erde entglitten (HdA VII, 1228). In einigen Texten die Blume daher tatsächlich als Schlüssel, mit dem der Himmel bzw. das (verlorene) Paradies aufgeschlossen werden kann (etwa in C. Brentanos *Die Gründung von Prag*) und avanciert somit auch zum Sinnbild einer Jenseitshoffnung (so in Droste-Hülshoffs *Ledwina*) bzw. einer Hoffnung jenseits ird. Leids (Rückert, *Kindertotenlieder*; Morgenstern, *Die Primeln blühn' und grüßen*; Storm, *Veronika*). Darüber hinaus öffnet sie in vielen Märchen und Sagen die ↗Tore zu verborgenen Schätzen und geheimen Orten (z. B. Bechstein, *Deutsche Sagen: Die Tulipane*; Lyncker, *Die weiße Jungfrau im heiligen Berge*; Schöppner, *Sterneckerschloss bei Roth*) und steht daher in enger Verwandtschaft mit der Springwurz (↗Alraune). Auch die Innenwelt des Menschen kann durch sie erschlossen werden (Keller, *Der grüne Heinrich*, 1. Fass., I, 1; 3; Stifter, *Feldblumen* I) – möglicherweise liegt hierin sogar eine Verwandtschaft zur ›blauen Blume‹ in Novalis' *Heinrich von Ofterdingen* (I, 1). Als eine der ersten Blumen des Frühlings erhielt sie den Namen Primel oder auch *Primula veris* (»erstes Blümlein des Frühlings«). In den meisten Fällen ihres Erscheinens fungiert sie daher als Symbol dieser Jahreszeit (Goethe, *Frühling übers Jahr*; Tieck, *Verlorene Jugend*; Geibel, *Der Frühling*; Storm, *Hinzelmeier*; George, *Geführt vom sang*).

↗Alraune, Blume, Frühling, Höhle/Grotte, Schlüssel, Tor/Tür.

Lit.: HdA VII, 1228–1230.   ChG

Puppe ↗Marionette.

Purpur

Symbol der Herrschaft und des Luxus, des Frühlings, der Jugend und der Liebe sowie des ↗Bluts Christi und der Erlösung. – Relevant für die Symbolbildung sind (a) der bes. Wert des von der P.-schnecke gewonnenen Farbstoffs und (b) sein blutähnl. Aussehen.

1. Symbol der Herrschaft, Macht und des Luxus. P. ist in der Bibel (Ex 28,2–5; Hld 3,10) und in der Antike überhaupt ein weit verbreitetes Symbol für (göttl.) Herrschaft und Adel (Aischylos, *Orestie*: *Agamemnon* 959 f.; Martial, *Epigramme* VIII, 48). Dies setzt sich über das MA (Gottfried v. Straßburg, *Tristan* XXV) bis in die Neuzeit fort (Tasso, *Gerusalemme liberata* II, 58; Goethe, *Zur Farbenlehre*, VI. Abt., 797; Fontane, *Johanna Gray*). Rousseau konstatiert die Abschaffung dieses (und anderer) »in Ehren gehaltener Zeichen« der Würde, wodurch »die königliche Majestät in aller Herzen mehr und mehr in Vergessenheit gerät« (*Émile* IV). – Negativ konnotiert steht P. für Tyrannei und Blutvergießen (Horaz, *Oden* I, 35; Shakespeare, *Romeo and Juliet* I, 1; Schiller, *Die schlimmen Monarchen*; Hofmannsthal, *Elektra*). Im NT wird Jesus als »König der Juden« zum Spott ein P.mantel umgehängt (Mk 15,17; *Des Knaben Wunderhorn* I, 261A: *Vogel Phönix*; ↗König, ↗Mantel). – Nicht nur als herrschaftl. Statussymbol, sondern auch als Zeichen des Reichtums erscheint der P. wegen der Kostbarkeit des Farbstoffs (*Ilias* XXIV, 795; *Odyssee* X, 353). Dementsprechend ist der purpurne Mantel auch Sinnbild des verzichtbaren Luxus (Horaz, *Epistulae* I, 17; Ovid, *Tristien* I, 1, 5; Lk 16,19) und der Eitelkeit wie in Äsops Fabel *Der Pfau und der Kranich* oder unter christl. Vorzeichen bei Gryphius (*Sonnette* IV, 25: *Auf den Tag Barolomaei*). – Horaz setzt einen »Lappen von P., daß weithin er leuchte« ironisch auch für oberfläch. Glanz im Sprachausdruck ein (*Ars poetica* 15); Sterne kolportiert die Anekdote, dass »der Erzbischof von Benevent seinen schmutzigen Roman Galathea, wie alle Welt weiß, im P.rock, P.weste und P.hosen schrieb« (*Tristram Shandy* IX, 14).

2. Symbol des Frühlings, der Jugend und der Liebe. In Antike und Neuzeit bezeichnet P. den blühenden ↗Frühling (Pindar, *Pythien* IV; Vergil, *Eklogen* IX, 40; Goethe, *Faust II* 11706 f.), die Jugend (Schiller, *Morgenphantasie*; E.T.A. Hoffmann, *Nachricht von den neuesten Schicksalen des Hundes Berganza*) und schließlich über Wendungen wie ›purpurrote Lippen‹ oder ›purpurfarbene Wangen‹, wie sie etwa zum top. Beschreibungsinventar des Petrarkismus gehören (Hoffmannswaldau, *So soll der p. deiner lippen*), auch die Liebe (Ovid, *Amores* II, 1, 38; Milton, *Paradise Lost* IV, 764; Mörike, *Maler Nolten* I, 11). In der Offenbarung des Johannes verweist die in P. gekleidete Hure ↗Babylon dagegen auf die Ausschweifung (Offb 17,4).

3. Symbol des Bluts Christi und der Erlösung. Die farbl. Ähnlichkeit, möglicherweise auch die Assoziation der Kostbarkeit (s. a. 1.), motivieren einen häufigen Rückgriff auf den P. zur Darstellung des Bluts (Homer, *Ilias* XVII, 361). In symbol. Überhöhung deutet P. in christl. Trad. auf das Martyrium (Thomas v. Aquin, *Summa theologica* I-II, q. 102, 4 ad 4) und das Blut Jesu Christi (Angelus Silesius, *Cherubinischer Wandersmann* IV, 49: *Die Herrlichkeit Christi in dieser Welt*) sowie schließlich auf die Erlösung: so z. B. in Gottscheds *Auf das Osterfest* »Höchster! laß den Ostertag/ Auch zu meinem Heil gedeyen;/ Laß doch Christi P.schein/ Meine Morgenröthe seyn«, oder ähnlich noch in E.T.A. Hoffmanns *Die Elixiere des Teufels*, in denen sich im »P. schimmer« des ⁊Abendrots »eine hohe Gestalt« erhebt: »Es war Christus, aus jeder seiner Wunden perlte ein Tropfen Bluts, und wiedergegeben war der Erde das Rot, und der Menschen Jammer wurde ein jauchzender Hymnus, denn das Rot war die Gnade des Herrn, die über ihnen aufgegangen!« (II, 3; ⁊Wunde).

⁊Blut, Farben, Rot, Violett.

Lit.: DLS, 161–164. – WCS, 120–122. – H. Blum, P. als Statussymbol in der griech. Welt, Bonn 1998.   EM

Pyramide

Symbol der Vollkommenheit, Auszeichnung und Standhaftigkeit sowie der polit.-gesellschaftl. Ordnung. – Relevant für die Symbolbildung sind (a) die monumentale Größe der P., (b) ihre zur Spitze hin sich verjüngende Form und (c) die Tatsache, dass die P., von der ⁊Sonne von ⁊oben beschienen, keinen ⁊Schatten wirft.

Die Symbolik der P. ist nicht scharf zu trennen von der des Obelisken, da zwischen diesen beiden Bauwerken der Ägypter lange nicht differenziert wurde. Picinelli und Erath behandeln beides in ihrem Werk *Mundus symbolicus* im selben Kapitel (XVI, 139–172). Diese semant. Indifferenz zeigt sich auch in der Verwendung der P. als Buchtitel: Griendl von Ach nennt seine emblemat. Gratulationsschrift zum Regierungsantritt des sächs. Kur-

fürsten (1680) *Pyramis oder Sinnreiche Ehrensäule*, aber sein Titelkupfer zeigt einen Obelisken. Als Auszeichnung ist es wohl auch zu verstehen, wenn Rückert den Menschen auf der Spitze der Pyramide der Schöpfung stehen sieht (*Weisheit des Brahmanen* 17, 57) oder wenn Herder das *Buch Hiob* als »alte ehrwürdige Pyramide« bezeichnet (*Vom Geist der Ebräischen Poesie* I, 5). Möser sieht in der zur Spitze hin sich verjüngenden Pyramide das Bild des idealen Staates, in dem die Bauern und Handwerker den tragenden Grund abgeben, Adel, Gelehrte und Offiziere den Schaft ausmachen und die »landesherrliche Familie« die Spitze einnimmt (*Patriotische Phantasien* II, 56). Dieses Bild ist wiederholt in der Plakatkunst des 19. und 20. Jh. mit krit.-polem. Intention aufgegriffen worden. – In der Emblematik symbolisieren Pyramide und Obelisk v. a. Stand- und Dauerhaftigkeit, haben aber aufgrund verschiedener Eigenschaften auch zahlreiche andere Bedeutungen (HS, 1222–1226). Da die P., von der Sonne von oben beschienen, keinen Schatten wirft, kann sie die Vollkommenheit (*Mundus symbolicus*, XVI, 139), die unbefleckte Empfängnis Mariae (ebd.,142) oder den Tugendhaften schlechthin bezeichnen (ebd.,143). Da ihr Schatten bei ⁊Sonnenuntergang verschwindet, verweist sie auch auf den falschen Freund (ebd., 145). Ihr lotrechter Stand macht sie auch zum Sinnbild des unparteiischen Richters und Herrschers (ebd., 162). Da die ⁊Steine der P. mit dem ⁊Hammer bearbeitet werden müssen, steht sie auch für den nützl. Schaden (ebd., 165).

⁊Ägypten, Efeu, Koloss, Säule.

Lit.: D. Peil, Untersuchungen zur Staats- und Herrschaftsmetaphorik in literar. Zeugnissen von der Antike bis zur Gegenwart, München 1983, 623–626.
                                                      DP

Q

Quadrat

Symbol der Vollkommenheit der Welt, der vollkommenen ↗Stadt, mag. oder ästhet. Vollkommenheit sowie der Gerechtigkeit. – Relevant für die Symbolbildung sind die ↗vier gleich langen Seiten und die vier rechten Winkel des Q.

Mit der Vorstellung des Q. verbinden sich schon in der Bibel die vier Himmelsrichtungen (↗Norden, ↗Osten, ↗Süden, ↗Westen) und vier Weltenden (Ez 7,2; Offb 20,8; 21,16 f.; vgl. *orbis quadratus*). Wegen seiner Ausgewogenheit repräsentiert die Figur zudem die vollkommene Stadtarchitektur ↗Roms (*Roma quadrata*) und die der himml. Gottesstadt (*Jerusalem quadrata*; ↗Jerusalem), wobei Letztere wegen der darüber hinausgehenden kub. Form auch die ewige *stabilitas* symbolisiert. Bei den Römern tritt die Figur mit mag. Konnotation in dem berühmten Sator-Q. und mit christl. Semantik in den *carmina quadrata* des Optatianus Porfyrius in Erscheinung, an deren basalem Textmodell, ↗Kreuz im Q., sich später noch Hrabanus Maurus in seinen Figurengedichten orientiert. Wie schon bei Philo v. Alexandrien (*De opificio mundi* XVI) firmiert in Augustins Schrift *De quantitate animi* (XI) das Q. wegen der Gleichheit seiner Seiten und Winkel als Symbol der Gerechtigkeit. Otfrid v. Weißenburg bringt im 9. Jh. die Vorstellung von der *quadrata aequalitas sancta* (*Evangelienbuch*, *ad Liutbertum*) mit der Vierzahl der Evangelien in Verbindung, von der er mit der Fünfbuchgliederung (↗Fünf) seines Bibelepos bewusst abweicht. – In der Renaissance verwendet da Vinci in seiner Studie *Le proporzioni umane secondo Vitruvio* (1496) das Q. im Rückgriff auf Vitruv (*De architectura libri decem* III, 1) als Proportionsfigur für den menschl. Körper. Dürer integriert eine bestimmte Form des Zahlenquadrats mit 16 Zellen, nämlich das Jupiter-Q., in sein Bild *Melencolia I*: Jupiter soll ein Gegengewicht bilden gegen die schädl. Wirkung des Schwermut hervorrufenden Planeten ↗Saturn. Die Bedeutungen des Q. als Symbol des Gerechten, des Evangeliums und der Standfestigkeit leben im Rahmen der Emblematik in Picinellis *Mundus symbolicus* (XXI, 15) aus dem Jahr 1687 nach. Die Vorstellung des mag. Q., die in der *Occulta philosophia* des Agrippa v. Nettesheim ebenso traktiert wird wie in Kirchers *Arithmologia* (1665), klingt in der Moderne in Hofmannsthals Novelle *Das Märchen der 672. Nacht* (1895) an, deren Titel nicht nur auf die Sammlung *Märchen aus Tausendundeiner Nacht*, sondern auch an das neunzellige (↗Drei) Saturn-Q. alludiert. In Goethes *Faust* hingegen liegt die Figur möglicherweise dem Hexen-Einmal-Eins zugrunde, steht zu-

dem symbolisch explizit für eine karreeförmige Schlachtformation: »Wie dunkel wogt das mächtige Q.!« (*Faust II* 10363). – An Dürer knüpft Th. Mann im *Doktor Faustus* an (XLVI), in dem eine Parallele zur Reihentechnik der Zwölftonmusik Schönbergs aufgezeigt wird. Die dominante Stellung des Q. in der Ästhetik der Avantgarden geht auf Malewitschs suprematist. Kultbild der gegenstandlosen Malerei *Das schwarze Q. auf weißem Grund* (1913) zurück, das u. a. auf die Konkrete Kunst, insbes. auf das Werk von Albers ausstrahlt. Für die Visuelle Poesie und deren Vorliebe für quadrat. Textbilder wird neben Apollinaire (*Poème du 9 février 1915*) v. a. Schwitters und Hausmann vorbildlich. Den Transfer in die Narrativik vollzieht schon El Lissitzky in seiner *Geschichte von den zwei Q.* (1922), die in Achleitners *quadrat. roman* (1973) im Rahmen der Konkreten Poesie ein spätes Echo findet. Im literar. Konkretismus lebt die Textfigur in Zahlenkonstellationen Gappmayrs und in der rezenten Visuellen Poesie in magisch konnotierten Bildtexten Denckers fort.

↗Kreuz, Pyramide, Stadt, Symmetrie, Vier/Vierzig, Würfel.

Lit.: B. Bronder, Das Bild der Schöpfung und Neuschöpfung der Welt als *orbis quadratus*, in: Frühma. Studien 6 (1972), 188–210. – V.C. Dörr, »Apocalipsis cum figuris«, in: Zs. für dt. Philologie 112 (1993), 231–270. – U. Ernst, Carmen figuratum, Köln 1991. – W. Müller, Die hl. Stadt, Stuttgart 1961. – K. Riha, Prämoderne, Moderne, Postmoderne, Frankfurt a.M. 1995, 167–182. UE

Quelle / Brunnen

Symbol des Ursprungs, des Lebens, der Weisheit und des Schicksals, der (erot.) Begegnung, der Läuterung und Heilung, der dichter. Inspiration und des Unbewussten. – Relevant für die Symbolbildung sind (a) das zutage geförderte Wasser als Symbol des Ursprungs und Lebens, (b) die Funktion von Q./B. als Begegnungsstätte.

1. Symbol, des Ursprungs, des Lebens, der Weisheit und des Schicksals. In den Kosmogonien der nord. Mythologie speist der B. Mimirs, Born des Wissens und der Weisheit, zusammen mit dem B. Hvergelmir und dem Urd-B. die Weltenesche Yggdrasil (↗Esche). Während Hvergelmir dunkler Ursprungsort des Bösen ist, ist der Urd-B. mit Leben und Schicksal verbunden, da die ↗drei Nornen dort die Schicksalsfäden flechten (*Edda*: »Völuspâ«; ↗Gewebe/Faden). Auf diese mit dem B. verbundene Lebens- und Schicksalssymbolik greift in der Moderne etwa George wieder zurück (*Templer; Das Wort*), damit zugleich die eigene Rede durch die Berufung auf einen archaischen Ursprungsort legitimierend. Der nord. Norne Urd dürfte auch jene Frau Holda oder Hulda entsprechen, die in Grimms Märchen *Frau Holle* weiterlebt, in dem auch die negative Komponente der mit Q./B. verbundenen Schicksalssymbolik thematisiert wird (wie auch in Storms *Ein Doppelgänger*). – Im AT ist Gott »Q.« des Heils (Jer 17,13), der lebensspendende weibl. Schoß (↗Vagina) wird als B. bezeichnet (Lev 20,18). Im NT ist Jesus Q. und B. ewigen Lebens (Joh 4,7–14; Offb 21,6); in der byzantin. Mariologie wird Maria zur Q. des Heils:»Preisen wir, o ihr Gläubigen, die Gottesmutter, die lebensspendende Q.; sei gegrüßt, die du einen reich strömenden Fluß entsendest« (Moltmann-Wendel, 151). Zur Begründung einer eigenständigen jüd. Lit. adaptiert Bin Gorion zu Beginn des 20. Jh. Ursprungs- und Weisheitssymbolik der Q. für seine mehrbändige Sammlung *Der Born Judas* (1916–1923). – Lebenssymbolik von B. und ↗Wasser kommt bes. auch in der Fontäne zum Ausdruck: christlich bei Angelus Silesius (*Cherubinischer Wandersmann* I, 300: *Trink aus deinem eigenen B.*), in Gestalt ineinander fließender Wasserkreisläufe als Symbol des ewigen Lebenskreislaufs bei C.F. Meyer (*Der römische B.*) und Rilke (*Römische Fontäne*).

2. Symbol der (erotischen) Begegnung und der Sehnsucht. Bereits in der Bibel ist der B. Ort der Gemeinschaft stiftenden Begegnung (Ex 2,16 ff.), auch im erot. Sinne (Gen 24,62–64). Im *Hohelied* zeigt sich die Geliebte dem Sehnsüchtigen als »verschlossene Q.« (Hld 4,12). Zugleich ist der B. Ort göttl. Offenbarung (Gen 16,7), die Q. als »Q. des Lebens« auch Symbol für Gott selbst (Ps 36,10; Jer 2,13). – Demgegenüber zeigt sich die Q. im antiken Narziss-Mythos (Ovid, *Metamorphosen* III, 339f.; ↗Narzisse), in dem sich der Jüngling in sein vom Wasser reflektiertes ↗Spiegelbild verliebt, allein als Ort der Selbstbegegnung. Eine Variante hierzu, die Selbstbegegnung und erot. Begegnung verbindet, findet sich in Guillaume de Lorris' ma. *Roman de la Rose* (I, 10 ff.). Auch in der dt. Lit. finden sich zahlreiche Belege für die symbol. Erotisierung von Q. und B.: bei Hartmann v. Aue (*Iwein* 1135–2445), im Volksmärchen (*Der Froschkönig; Die Gänsehirtin am B.*), in Goethes *Die Leiden des jungen Werthers* (I: »Am 12. Mai«; *Hermann und Dorothea* VII, 37 ff.) oder in Stifters *Der Nachsommer* (I, 7). – Eine bes. Variante der Begegnungen an Q. und B. stellen diejenigen mit elementaren weibl. Wasserwesen dar (Paracelsus, *Liber de nymphis*), die an die Stelle der alten weibl. Q.- und B.-Gottheiten treten. Diese Begegnungen sind, ähnlich wie die mit den auf die Antike zurückverweisenden Najaden-Figuren (die gleichermaßen mit Fruchtbarkeit wie mit Eifersucht und Rachsucht assoziiert werden), stets ambivalent: gleichermaßen leidenschaftlich-erotisch wie be-

drohlich-dämonisch. Ausgehend von Adaptionen der volkskulturellen Undinen- bzw. Melusinensagen durch Fouqué, Arnim und Tieck kommt es v. a. in der dt. Romantik in der symbol. Besetzung von Q./B. zu einer Engführung von elementarem Naturerlebnis und erot. Begegnung (Fouqué, *Undine* I und III; Heine, *Die Loreley*; C. Brentano, *Lureley*). In der romant. Lyrik werden rauschende Q./B. zudem zum Symbol der Sehnsucht nach der Geliebten und der guten alten Zeit (Eichendorff, *Sehnsucht*; W. Müller, *Am B. vor dem Tore*).

3. Symbol der Läuterung, Reinigung, Heilung und Verwandlung. Die kelt. Mythologie kennt den ↗reinigenden B. in einer übersteigerten Form als Jungbrunnen. Die Vorstellung eines Jugend und Unsterblichkeit verleihenden Bades, die parallel zum christl. Tauf-Sakrament eng mit der Vorstellung einer Sündentilgung zusammenhängt, lässt den Jungbrunnen neben dem Schlaraffenland zu einem beliebten Paradies-Motiv werden, literarisch findet es sich u. a. in einer Reihe von Volksmärchen (z. B. in Varianten des *Frau Holle*-Märchens oder in Grimms thematisch verwandtem *Das Wasser des Lebens*). In H. Sachs' *Der Junkbrunn* heißt es:»Dis wasser het so edle kraft, welch mensch mit alter war behaft, ob er schon achzigjerig was, wen er ein stunt darinnen sass, so teten sich verjüngen wider, sein gmüt, herz und alle gelider« (vgl. *Das Schlauraffen Landt*). In Schillers *Q. der Verjüngung* wird sie zum poetolog. Symbol, indem die Dichtung selbst als Q. der Verjüngung erscheint (s. a. 4.).

4. Symbol der dichterischen Inspiration. Ausgehend von Hesiods Musenquelle (*Theogonie* 1 ff.) und Horaz' Bandusia-Ode (*Oden* III, 13) sind Q./B. poetolog. Symbole der dichter. Eingebung, wobei v. a. die naturwüchsige Q. den eruptiven, frei sprudelnden Charakter der dichter. Inspiration versinnbildlicht. Allein in der dt.sprachigen Lit. finden sich hierfür zahllose Beispiele, u. a. bei Goethe (*Deutscher Parnaß*), Novalis (*Heinrich von Ofterdingen* I, 1) oder Mörike (*Antike Poesie*). – Parallel dazu deutet bei Plotin, und im Rekurs auf diesen etwa auch in der engl. Romantik, die Vorstellung eines (↗Licht-)B. auf die genuine Ausdrucksleistung der Dichtung:»Der Geist, der Geist allein (bezeugt es, Himmel und Erde!)/ Enthält in sich die lebendigen Q./ Des Schönen und Erhabenen –« (Akenside, *Pleasures of Imagination*).

5. Symbol des Unbewussten. V.a. durch seine ↗Tiefe und die durch ihn hergestellte vermeintl. Verbindung zur Unterwelt (Offb 9,1 f.) ist mit dem B. auch eine Symbolik des Unbewussten verbunden. So ist in der Traumdeutung C.G. Jungs mit dem Abstieg in den B. immer das Eintauchen ins eigene Unbewusste assoziiert (*Der Mensch und seine Symbole*). Eine entsprechende B.symbolik findet sich poetologisch verdichtet z. B. am Beginn von Th. Manns *Joseph und seine Brüder* (»Tief ist der B. der Vergangenheit«). Zahlreiche Varianten dieser Symbolik des Unbewussten erscheinen in der Lyrik der klass. Moderne, so etwa in Hofmannsthals *Weltgeheimnis* (»Der tiefe B. weiß es wohl,/ Einst aber wußten alle drum/ Nun zuckt im Kreis ein Traum herum«), Carossa (*Der alte B.*) oder auch im Gedichtzyklus *Der tiefe B.* von E. Bodman. Als symbol. Übergang in die Welt des Imaginären ließe sich der Fall durch den B.schacht zu Beginn von Carrolls *Alice in Wonderland* deuten.

↗Fluss, Frau/Jungfrau, Meer, Wasser.

Lit.: D. Arendt, Das Symbol des B. zwischen Antike und Moderne, in: Welt und Wort 26 (1971), 286–297. – P. Gerlitz (Hg.), Wasser und Q., Engel und Dämonen, Symbolon 13 (1997). – E. Moltmann-Wendel/M. Schwelien, Erde, Q., Baum, Stuttgart 1994. – H.-J. Spitz, Die Metaphorik des geistigen Schriftsinns, München 1972, 109–121.   DG

R

Rabe

Symbol der Weisheit und Fürsorge, aber auch des Todes, des Bösen, der Sünde und des Dämonischen. – Relevant für die Symbolbildung sind (a) das ↗schwarze Gefieder, (b) das Fressen von Aas, (c) die Langlebigkeit, (d) die Präsenz in der unmittelbaren Umgebung des Menschen, (e) seine Intelligenz und (f) die krächzende Stimme. – Eng verwandt ist die Symbolik der Krähe.

1. Symbol der Weisheit und prophetischer Fähigkeiten. In der Antike ist der R. (*corax*) ein Bote Apollons (Ovid, *Metamorphosen* V, 329). Ovid erzählt im Mythos von Koronis, ein R. habe Apollon ihre Untreue verraten, so dass die ganze Art statt eines ↗weißen als Strafe ein schwarzes Gefieder erhielt (*Metamorphosen* II, 596 ff.). Aus der Verbindung von Koronis und Apollo geht Asklepios hervor, der Gott der Heilkunde, dessen Zeichen und damit Symbol der ärztl. Weisheit der R. ist. Humoristisch rekurriert darauf die Figur des Sanitätsrats Rabe bei Bierbaum (*Zäpfel Kerns Abenteuer* V). Die Weisheit, die er seiner Langlebigkeit verdankt (Ovid, *Metamorphosen* VII, 274; ebenso z. B. Claudius, *Ein Wiegenlied bei Mondschein zu singen*) ist ebenso weithin belegbar (Chaucer, *Parliament of Fowls* 363) wie die Zuschreibung prophet. Fähigkeiten (Vergil, *Georgica* I, 382; Horaz, *Oden* III, 27), im MA etwa bei Martianus Capella (*De nuptiis Philologiae et Mercurii* IX, 894), im 19. Jh. z. B. Dahn, *In der Haide*, wie schließlich auch seine Fähigkeit, menschl. Rede nachzuahmen (Plinius d. Ä., *Naturalis historia* X, 60; vgl. Morgensterns Parodie *Km 21*, in: *Galgenlieder* V). – In der german. Mythologie ist der R. neben dem ↗Wolf Attribut Odins bzw. Wotans und somit der Vogel des Schlachtfeldes (s. 2.); die zwei R. Huginn (›Gedanke‹) und Muninn (›Gedächtnis‹) begleiten und berichten ihm vom Geschehen in der Welt.

2. Symbol des Todes, des Bösen und des Dämonischen. In der Darstellung von Krieg und Schlachten (Horaz, *Epistulae* I, 16, 48) ist der R. Symbol des Todes. Aischylos vergleicht Klytämnestra nach der Ermordung Agamemnons mit einem R. (*Orestie: Agamemnon* 1472–1474). Schon sein Erscheinen bzw. Krächzen gilt als böses Omen (Plinius d. Ä., *Naturalis historia* X, 31–33; Shakespeare, *Macbeth* I, 5; *Othello*, IV, 1). – Nach jüd. Trad. ist der R. als Aasfresser unrein (Lev 11,15; Deut 14,14; vgl. schon die Darstellung im *Gilgamesch-Epos* XI), und im Sintflutbericht ist eine Opposition zur ↗Taube angedeutet (Gen 8,7), aber erst Augustinus bezieht das Ausbleiben des R. auf seine Eigenschaft als Aasfresser (*Quaestio* XIII). Im MA bis zu Luther wird

daraus die Treu- und Ehrlosigkeit des R. abgeleitet (Messelken, 32 ff.). Die ↗schwarze Farbe des Gefieders wird als Zeichen der Sünde gedeutet (*St. Trudperter Hohe Lied* LXXVII, 23–LXXVIII, 17; Pfaffe Konrad, *Rolandslied* 995–997; Brant, *Das Narrenschiff* CI: »Von Ohrenblasen« 33–35). – In der (nach-)romant. Lit. verkörpert der R. Geheimnis und Untergang. So in E.T.A. Hoffmanns Erzählung *Das Majorat*, in der das Erscheinen des R. in der ↗stürm. ↗Nacht den bevorstehenden Untergang des Majorats ankündigt, oder in Gozzis Märchen *Il corvo* (aufgenommen in E.T.A. Hoffmanns *Der Dichter und der Komponist*), worin ↗König Millo einen R. tötet und dadurch eine Kette trag. Ereignisse auslöst. Ebenso deuten R. auf Unheil in Alexis' *Die Kindesmörderin und die Scharfrichterin* (*Geschichten aus dem Neuen Pitaval* II) oder in Raabes *Das Odfeld* (III u.ö.). – E.A. Poes *The Raven* inszeniert den dämon. Dialog zwischen dem lyr. Ich, das um seine verstorbene Geliebte Leonore trauert, und dem R. (»Prophet noch, ob Vogel oder Teufel«; s. a. 3.), der durch die Antwort »Nevermore« den Mann in die Verzweiflung treibt. Freytag spielt auf Poe an und erwähnt einen R., der nur das Wort ›Lenore‹ kennt (*Soll und Haben* II). In der neueren Lyrik symbolisiert der R. Kälte und existentielle Vereinsamung (S. Kirsch, *Schneelied*), Celan nennt mit ähnl. Bedeutung den »R.schwan« in *Sibirisch* (↗Schwan).

3. Symbol der Sünde und des Teufels, aber auch der Fürsorge. Wie der von Noah ausgeschickte R. nicht zurückkehrt, weil er sich von den im ↗Wasser treibenden Leichen nährt (Gen 8,6 f.), ist der R. als Aasfresser in Bibel (Lev 11,15) und Altertum Sinnbild der Unreinheit und des Frevels (Aischylos, *Die Schutzflehenden* 750–753). – Hilarius v. Poitiers deutet ihn als Sünder, der nicht zur Kirche (Arche) zurückkehrt (*Tractatus super psalmos* CXLVI); im MA bedeutet der R. auch die sündhafte Abwendung von Christus (*Bestiarium Ashmole* fol. 49r). – Schon Aristophanes erwähnt, dass der R. anderen Lebewesen die ↗Augen aushackt (*Vögel* I, 582); in der christl. Trad. spiegelt dies die ↗Blendung der Sünder durch den Teufel (*Bestiarium Ashmole* fol. 49r) denn der R. verkörpert (Kuhlmann, *Der Kühlpsalter* I, 10, 6) und darin als Gegner der ↗Taube erscheint (Grimm, *Irische Elfenmärchen: Die Elfen in Schottland*; Hebbel, *Der Heidenknabe*). Die in der Emblematik dem R. zugeschriebene Lasterkritik sieht im R. Gier, Arglist, Schmeicheleien (am Hof) und üble Nachrede verkörpert (HS, 878–882). Die Fabeln warnen am Beispiel des R. vor Habgier, Übermut und Eitelkeit (*Der R. und der*

Fuchs in den Fassungen von Äsop, Abraham a Sancta Clara, La Fontaine oder auch Lessing). – Die christl. R.-Symbolik ist jedoch ambivalent. Der R. kann gleichzeitig auch ein Werkzeug Gottes sein (vgl. zu dieser Doppeldeutigkeit als Sinnbild der Unvorhersehbarkeit der göttl. Erwählung, Logau, *Niemand ist zu verachten*). Die bibl. Erzählung, wie ein R. dem Propheten Elias ↗Brot bringt (1 Kön 17,4–6), präfiguriert die ähnl. Legende über den Eremiten Paulus (Jacobus de Voragine, *Legenda aurea*) wie über den Ordensgründer Benedikt (Gregor d.Gr., *Dialoge* II, 8). Auch der Glaube, die R. vertrieben ihre Jungen sehr früh aus dem ↗Nest (ähnlich auch die Verwandlung in R. im Märchen als Zeugnis geringer Elternliebe: Grimm, *Die R.*; *Die sieben R.*; vgl. EdM XI, 119–139), wird christl. umgedeutet auf die Fürsorge Gottes für die Gläubigen (Ps 147,9; Ijob 38,41; Lk 12,24; Spee, *Trutznachtigall: Das Vatter vnser Poetisch auffgesetzt*). ↗Taube.

Lit.: LMA VII, 381 f. – Th. Buck, »R.überschwärmt«, in: Landschaft als literar. Text, hg. v. G.R. Kaiser, Jena 2004, 58–96. – A. Koschorke, Der R., das Buch und die Arche der Zeichen, in: DVjs 64 (1990), 529–548. – H. Messelken, Die Signifikanz von R. und Taube in der ma. dt. Lit., Diss., Köln 1965. – G. Schmidt, R. und Krähe in der Antike, Wiesbaden 2002.   GMR

Rad

Symbol des Schicksals, des Zufalls und des Glücks, der Umkehrung der Verhältnisse, aber auch des unumkehrbaren Weltlaufs, der gleichförmigen Zeit und der Wiederholung. – Relevant für die Symbolbildung sind (a) die ↗Kreisform und die (unablässige) Kreis- bzw. Fortbewegung des R. mit seiner Umkehr von ↗oben und unten, (b) die sich wiederholende Bewegung des R. bzw. der Speichen, (c) die Funktion des R. innerhalb einer umfassenderen Mechanik.

1. Symbol des Schicksals und unwägbaren Wechsels, des Zufalls und des Glücks. Die auf das R. der Schicksalsgöttin Fortuna (↗Spiel) zurückgehenden literar. Zeugnisse betonen seit der Antike bis in die neueste Lit. die Wechselfälle des Lebens: »Vor dein unnahbares, rastloses R./ gerät der Irdischen frohes Geschick«, so Mesomedes (*Hymnos auf Nemesis*). Besonders in der christl.-ma. und neuzeitl. Dichtung ist das ›Glücksrad‹ ein häufiges Bild für die Sinnlosigkeit des Strebens nach (materiellem) Wohl und Glück (Boethius, *Trost der Philosophie* II, 1 f.; vgl. Brant, *Das Narrenschiff* XXXVII: »Von gluckes fall«). Der sinnbildl. Umschwung von oben nach unten und umgekehrt beschreibt die hinfällige Diesseitigkeit der Welt, in der das Streben nach weltl. Gütern im Gegensatz zum gottgefälligen Leben steht: »Biß sich das schnelle R. umbwendet/ Und ein schneller Augenblick/ Die Herrlichkeit in nichts: Die Cron in Band und Strick/ Die Ehr’ in

Schmach/ die Lust in tiffste Schmertzen endet« (Gryphius, *Papinian* II, 337–340). In der Trad. des R. als Symbol der Unterwelt erscheint in F. Müllers *Doktor Fausts Leben und Tod* (I) das R.schlagen als Handlungsweise des Teufels. Herder stellt das R. der Fortuna im Anschluss an den Mythos der Nemesis gegen den Hochmut (*Nemesis. Ein Lehrendes Sinnbild* IV). Das Streben nach Glück wird noch von E.M. Arndt dem ↗Narren zugesprochen, der sich vergeblich gegen das blinde Geschick auflehnt (↗Blindheit), indem er halten will, was ihm jederzeit entrissen werden kann: »Das Glück, das glatt und schlüpfrig rollt,/ Tauscht in Sekunden seine Pfade,/ Ist heute mir, dir morgen hold/ Und treibt die Narren rund im R.« (*Willkommen*). Bei Nietzsche zeigt das R. das nihilist. Gesetz des »Ewig-Närrischen«: »Welt-R., das rollende,/ Streift Ziel auf Ziel:/ Noth – nennt’s der Grollende,/ Der Narr nennt’s – Spiel…« (*Die fröhliche Wissenschaft*, Anhang: *An Goethe*).

2. Symbol des Weltlaufs (bzw. Weltverhängnisses) und Weltgesetzes. Das Sonnen-R. symbolisiert die zykl. Harmonie der Weltordnung (Euripides, *Ion* I, 99 f.; ↗Naturmusik/Sphärenharmonie); sie gilt dem Verstand unbegreiflich, aber harmonisch geordnet wie »ein R. im R.« (Nikolaus v. Kues, *De docta ignorantia* II, 11); in lullist. Trad. zeigt auch Q. Kuhlmann im Wechselrad ein Weltgesetz (*Der Wechsel Menschlicher Sachen*). Für Herder zeigt sich das R. der Schöpfung im Umlauf der Erdkugel als unendl. Mannigfaltigkeit der Dinge (*Ideen zur Philosophie der Geschichte der Menschheit* I, 1, 4). – Das mytholog. R. des Phöbus adaptiert Schelling in Anlehnung an Böhmes *Aurora oder Morgenröthe im Aufgang* (XIII, 71) für die Vorstellung der Entäußerung der Ewigkeit Gottes in die Welt-Zeit: Die Welt entsteht durch schöpfer. Rotation des »wie wahnsinnig in sich selbst laufenden R. der anfänglichen ‹Natur›« (Schelling, *Die Weltalter*; vgl. Jean Paul, *Vorschule der Ästhetik* §28: »das R. der Zeit ist das Spinnrad für die Ewigkeit«). Zeit und Ewigkeit überblendet auch Nietzsche: »ewig rollt das R. des Seins« (*Also sprach Zarathustra*: »Der Genesende«) und thematisiert die mitschöpfende Kraft des Individuums: »Unschuld ist das Kind und Vergessen, ein Neubeginnen, ein Spiel, ein aus sich rollendes R., eine erste Bewegung, ein heiliges Ja-sagen« (*Also sprach Zarathustra*: »Von den drei Verwandlungen«; vgl. *Morgenröthe* II, 124). – Das ›R. der Geschichte‹ symbolisiert im Barock den stetigen Wechsel der Epochen. So heißt es etwa in Logaus *Das Zeit-R.*: »Die Zeiten sind als wie ein R.; sie reissen mit sich um,/ Wer sich an sie henckt, machen ihn verdreht, verkehrt, krum, thum« (*Sinngedichte* 2546). Im Gegensatz dazu entwirft B. Gracián das allegor. Zeitrad als Organisationsform der geschichtl. Wiederkehr des Gleichen (*El Criticón* III, 10: »La rueda del tiempo«). Um 1800 wird im Bild des R. v. a. die Kraft der Zeitbewegung angesprochen: »Sie wollen/ Allein in ganz Europa – Sich dem R./ Des Weltverhängnisses, das unaufhaltsam/ In vollem Laufe rollt, entgegen werfen?/ Mit Menschenarm in seine Speichen fallen?« (Schiller, *Don Karlos* III, 10). Welt und Individuum sind in einem ungleichen Verhältnis entgegengesetzt: »Der Mensch denkt er sei das Wasser, das die R. der Schöpfung treibt; aber er ist selbst ein R., das getrieben wird« (Jean Paul, *Witz 1785–1787: Irrthümer*). Häufig ist die engere Übertragung des R. auf die Dynamik der Empfindungen des Menschen, durch die er überwältigt wird: »vom Stachelrad des Schmerzes nachgestoßen« (Jean Paul, *Siebenkäs* IV, 22), durch die der Mensch ins Stocken gerät (Schiller, *Kabale und Liebe* V, 7) oder sich als ›ganzer Mensch‹ erlebt (Wieland, *Geschichte des Weisen Danischmend und der drey Kalender* IV). – Ausgehend vom Bild der Welt als Uhrwerk (↗Uhr) sind mechanist., im Weltbild des Rationalismus oder auch des frz. Materialismus (↗Maschinenmensch) folgende Verwendungen der R.symbolik in der Aufklärung zahlreich. Wieland rekurriert mit dem »Spiel der R. und Triebfedern mit dem ganzen Zusammenhange der Ursachen und Folgen einer Begebenheit« (*Geschichte der Abderiten* IV, 3) auf die Lesererwartung eines kausal organisierten Erzählmodells. Wendet jedoch schon Herder in Anlehnung an Ez 1,18–20 die mechanist. R.symbolik vitalistisch: »Ein Wagen Gottes, Auge um und um, voll Windes und lebendiger R.« (*Vom Erkennen und Empfinden der Menschlichen Seele*, 1. Versuch, III), so erscheint das im Mechanismus der Weltmaschine herrschende R.getriebe auch in Schillers Zeitdiagnose in den *Briefen über die ästhetische Erziehung des Menschen* 1795 (VI) als Inbegriff mangelnder Selbstbestimmung und wird kritisch der Utopie eines ganzheitl. Tätigseins des Menschen gegenübergestellt: »ewig nur das eintönige Geräusch des R., das er umtreibt, im Ohre, entwickelt er nie die Harmonie seines Wesens.« Die Anwendung des R.symbols auf die Staatsordnung und Staatsgeschichte (vgl. die ma. Allegorie der Stände in H. Botes *R.buch*, 1492/93) stellt das Individuum in einen Funktionszusammenhang, von dem es sich nun emanzipieren soll (Fichte, *Die Bestimmung des Menschen*: »Glaube« II). Sprichwörtlich geworden für das Funktionieren des Einzelnen im System ist das ›Rädchen im Getriebe‹, dessen Symbolik G. Herweghs *Bundeslied für den Allgemeinen Dt. Arbeiterverein* auflöst: »Mann der Arbeit, aufgewacht!/ Und erkenne deine Macht!/ Alle R. stehen still,/ Wenn dein starker Arm es will.«

3. *Symbol der gleichförmigen Zeit und ihres Stillstands, der ewigen Gleichheit und Wiederholung der Dinge.* Als Inbegriff des an der gleichförmigen Zeit leidenden Individuums und seines unglückl. Bewusstseins, darin der Vorstellung eines harmon.-musikal. Weltlaufs der vorsokrat. Kosmologie gerade entgegengesetzt (s. 2.), erhält das ›R. der Zeit‹ in der dt. Romantik neue Konjunktur. Die wahnhafte Aufmerksamkeit auf das ›rollende R.‹ der Zeit

ist in Wackenroders *Wunderbares morgenländisches Märchen von einem nackten Heiligen* Ausdruck eines haltlos gewordenen Bewusstseins, das jedoch (in Anknüpfung etwa an Vergil, *Georgica* IV, 484, oder Ovid, *Metamorphosen* X, 42) im ↗Augenblick ertönender ↗Musik gebrochen werden kann. – Steht die Betonung des gleichförmigen Zeitlaufs im Bild des R. damit spätestens seit der Romantik im Horizont nihilist. Gefährdung (Rilke, *Worpsweder Skizzen*: »Vom Tode« IV: »Die Schatten ihrer schwarzen Achsen springen/ in lichte Wiesen aus dem raschen R./ Es ist als rissen sie die Dinge mit/ in eine Flucht, der keiner sich erwehrt«), versinnbildlicht das stockende R. dagegen ex negativo die Möglichkeit eines prozessualen geschichtl. Werdens: Hölderlin pointiert die idyll. Erstarrung der Heimat im »gefesselten R.« (*Der Wanderer*); Brecht fordert in seiner Elegie *Der R.wechsel* einen neuen geschichtl. Prozess: »Ich sitze am Straßenhang./ Der Fahrer wechselt das R./ Ich bin nicht gern, wo ich herkomme./ Ich bin nicht gern, wo ich hinfahre./ Warum sehe ich den R.wechsel/ Mit Ungeduld?« Das ›R. der Geschichte‹ als Stück im Stück in Bernhards *Der Theatermacher* fasst den Topos der ewigen Variation des Gleichen in eine trag. Komödie, denn »Das R. der Geschichte/ wird mit einem weichen D geschrieben/ nicht mit einem harten« (IV). Eine parodist. Umkehrung des Leidens am Sinnverlust formuliert Schwitters: »Die Raddadistenmaschine ist für dich bestimmt. Sie ist durch eigenartige Zusammenstellung von R., Achsen und Walzen mit Kadavern, Salpetersäure und Merz so konstruiert, daß du mit vollem Verstand hineingehst und vollständig ohne Verstand herauskommst« (*Die Raddadistenmaschine*).

↗Gewebe/Faden, Kreis, Kugel/Ball, Mühle, Ring, Sonne, Uhr.

Lit.: WCS, 395–397. – A. Hölter, Das R. der Zeit – Eine Denkfigur der Romantik, in: Arcadia 30 (1995), 248–285 – H.-J. Spitz, Die Metaphorik des geistigen Schriftsinns, München 1972, 231–233. – A. Traninger, Mühelose Wissenschaft, München 2001. MSp

Ratte

Symbol für Ekelhaftes, Krankheit und Zerstörung sowie für drohende Gefahr. – Relevant für die Symbolbildung sind (a) die Aggressivität, (b) die Gefräßigkeit und Fruchtbarkeit der R. und (c) ihre Wühltätigkeit.

1. *Symbol für Ekelhaftes, Krankheit und Zerstörung.* In den asiat. Ländern werden R. positiv eingeschätzt und gehören als Attribute mehreren Gottheiten an (z.B. in ↗Indien als Reittier des ↗elefantenköpfigen Gottes Ganesha; in der tibetan. Mythologie trägt der Gott Kubera eine R. auf seiner ↗Hand (Krüger). In Europa verkörpert die R. dagegen das Ekelhafte und Gefährliche, das es zu vertreiben gilt, so z.B. in der Sage vom, auch als See-

lenfänger (↗Maus) gedeuteten, R.fänger von Hameln (Grimm, *Deutsche Sagen: Die Kinder zu Hameln; Der R.fänger*); humoristisch deutet Goethe den Seelenfang (*Der R.fänger*), F. Mehring dagegen überträgt die Figur auf Hitler und sein Gefolge (*Der hinkende Teufel*). – Ambivalent und schockierend greift Heine auf die Körpergestalt der R., ihr rudelweises Auftreten und ihre Unersättlichkeit zurück, um damit die Bedrohung bürgerl. Saturiertheit durch die hungernden Proletarier auszudrücken (*Die Wanderratte*). In G. Hauptmanns Tragikomödie *Die R.* signalisiert ihre unterird. Gegenwart und Wühlarbeit den inneren Zerfall der Sitten und der Gesellschaft (↗Maulwurf). In expressionist. Texten beginnt die Umwertung ihrer Eigenschaften innerhalb einer Ästhetik des Hässlichen, etwa bei Trakl (*Vorstadt im Föhn*), ebenso Heym (*Die Tote im Wasser; Ophelia*) oder Benn (*Schöne Jugend*). – Gezeichnet ganz im Sinne der Trad. erscheint die R. in Trakls *Die R.* als gefräßig und als Vorbote der Krankheit, die hier als vielschichtige Allegorie moral. Korruption lesbar ist wie in Camus' *La peste* (1947). Instrumentalisiert wird die Angst des Menschen vor der R. in Orwells *Nineteen Eighty-Four*, in dem die Angriffe der R. (die auch bei der Folter eingesetzt werden) die extreme Verelendung und Bedrohung des Gemeinwesens ausdrücken. Im letzten Kapitel von Rodoredas Generationenroman *Der Zerbrochene Spiegel* (1974) erscheint eine R. als Zeichen des allg. Verfalls und übernimmt die Stimme der Erzählerin. – In Grahames Kinderbuch *The Wind in the Willows* (1908) wird die R. Sympathieträger. Grass versucht eine Umwertung der trad. Zuschreibungen der R. in *Die Rättin* (1986), in dem diese in einer apokalypt. Situation extremen Überlebenswillen und Fürsorglichkeit beweist.

2. Symbol für drohende Gefahr. Im Volksglauben treten die R. als Warner vor künftigem Unheil auf, deren Weggang auf eine baldige Katastrophe weist. Dostojevskij greift in einem polit.-histor. Zusammenhang auf diese Eigenschaft zurück: »Ich verstehe sehr wohl, warum die vermögenden Russen alle nach dem Auslande geströmt sind und dies von Jahr zu Jahr in größerem Umfange tun. Das ist ganz einfach Instinkt. Wenn ein Schiff untergeht, so sind die R. die ersten, die aus ihm auswandern« (*Böse Geister* II, 5). Als Zeichen der Klugheit gegenüber der Unbelehrbarkeit der Menschen deutet Grass' Drama *Hochwasser* dasselbe Bild (II. Akt), als Anspielung auf den nahenden Weltuntergang erscheint es in Hildesheimers *Ende einer Welt* (*Lieblose Legenden*; ↗Flut/Dammbruch).

↗Labyrinth, Maus.

Lit.: EdM XI, 295–300. – R. Bancaud-Maënen, Des rats et des hommes, in: L'amour des animaux dans le monde germanique, hg. v. M. Cluet, Rennes 2006, 311–330. – J. Berchtold, Des rats et des ratières, Genève 1992. – Ch. Cosentino, Tierbilder in der Lyrik des Expressionismus, Bonn 1972. – S. Krüger, Die Figur der R. in literar. Texten, Frankfurt a.M. 1989.   LS

Rechts ↗Links/rechts.

Raupe ↗Schmetterling.

Regen

Symbol für göttl. Strafe, Leid, Melancholie und Tod, aber auch göttl. Gnade, Fruchtbarkeit und erot. Rausch; poetolog. Symbol. – Relevant für die Symbolbildung sind (a) die äußere Ähnlichkeit von R. tropfen und ↗Tränen, (b) die Bewegung des Zur-Erde-Fallens sowie (c) das rhythm. Geräusch des R.

1. Symbol für göttliche Strafe, Leid, Trauer, Melancholie und Tod. Die zerstörende Kraft des R. im Sinne göttl. Verdammnis, die zu einer ↗Reinigung von menschl. Sünde und zur Neuschöpfung des Menschengeschlechts führt, wird in vielen Kulturen als Sintflut-Mythos geschildert (↗Flut/Dammbruch), so in der alttestamentl. Erzählung von der Arche Noah (Gen 6–9) und im antiken Deukalion-Mythos (Ovid, *Metamorphosen* I, 240–366). Ebenfalls als Rache des R.gottes Zeus für menschl. Ungehorsam wird »stürmischer R.« in der *Ilias* dargestellt (XVI, 384–392). In Aischylos' *Orestie* (*Agamemnon* 1533 f.) wird ein blutiger R.schauer als Strafe für den Frevel Klytämnestras befürchtet. In der christl. Dichtung wird der Aspekt des göttl. Zorns aufgegriffen: so in Gerhardts *Danklied vor einen gnädigen Sonnenschein*, wo der mit dem Entzug des ↗Sonnenlichts verbundene R. die Ernte bedroht. R. steht aber auch allg. für das diesseitige Leid, so in S. Dachs Gedicht *Bey der Geburt seines Sohnes Christoph Dach*. – Unabhängig von relig. Konnotationen kann R. Gefahr oder Bedrohung bedeuten, die durch Liebe (Dach/Herder, *Annchen von Tharau*; Hölderlin, *Menons Klagen um Diotima*), Freundschaft (Schiller, *Die Bürgschaft*) oder auch polit. Fortschritt (Freiligrath, *Trotz alledem!*) überwunden werden soll. – Den Aspekt der Zerstörung aufgreifend, fungiert R. als Symbol für den Tod, so im Bild des Ertränkens und Zerschlagens einer ↗Blume in Birkens *Klaggesang über der Kaiserin Marien Leopoldinen Ableiben*. Chamisso führt das Fallen des R. mit dem Sinken der (Todes-) Schatten zusammen (*In malaiischer Form* III: Totenklage; ↗Schatten). In Gutzkows *Wally* (III) wird der R. am Tag des Selbstmordes der Protagonistin als ›Zugrabegehen‹ der Natur interpretiert. Rilkes *Duineser Elegie* X bennent den R. explizit als »Gleichnis« für die Toten. Motiviert wird diese symbol. Verwendung durch das in Apollinaires Gedicht *Il pleut* auch grafisch dargestellte Abwärtsfallen zur ↗Erde, das, anders als etwa bei der ↗Fontäne, nicht durch eine Gegenbewegung kompensiert wird. – Erst in größeren Zusammenhängen kann R. für Ganzheit stehen, so im zykl. Fallen und Wiederaufsteigen des ↗Wassers in Goethes *Gesang der Geister über den Wassern* oder in Verbindung mit dem komplementären Element des Sonnenscheins, etwa im Volkslied *Heile, heile Segen*. Zum Aspekt der Zerstörung und der Bewegung des Fallens kommt schließlich, etwa in Verhaerens Gedicht *La pluie*, das regelmäßige, rhythm. Geräusch hinzu, durch das der ›endlose‹ R. zum Symbol der als vernichtend empfundenen Zeit wird (vgl. Y. Goll, *Der R.palast*). – Der häufig synekdochisch für Unwetter oder ›schlechtes Wetter‹ stehende R. ist daher affektiv aufgeladen; bereits in der *Ilias* steht er für Angst und Unruhe (X, 5–8), analog wird in J.Ch. Günthers Gedicht *Auf das Geburtsfest der Jungfer Regina Dammin* R. in einer Reihe mit »Kummer, Unruh', […] Schrecken« genannt. In Gerhardts *Danklied* bringt der R. »betrübte Leiden« und wird anthropomorphisiert als »Weinen« des ↗Himmels gedeutet. Die metonym. Beziehung zwischen dem R. und der eigenen Stimmung nutzt Opitz im Bild des aus Trauer über die Abwesenheit der »Sonne« (der Geliebten) selbst »regnenden« (weinenden) Liebhabers (*Epigramma auß dem Mureto*). In Jean Pauls *Hesperus* (37. Hundposttag) ist vom »schweren R.« des Schmerzes die Rede. Für die melanchol. Stimmung des Protagonisten steht R.wetter, wiederum in Engführung mit dem Weinen: Die Fensterscheiben werden »trüb […] wie verweinte Augen«, etwa in Spielhagens Roman *Problematische Naturen* (I, 30; ↗Fenster, ↗Glas). In einer melanchol. Landschaftsszenerie symbolisiert »schwarzer R.« in Trakls Gedicht *De profundis* Trauer.

2. *Symbol der Fruchtbarkeit und göttlicher Gnade.* In konträrem Sinn fungiert R. jedoch auch als Symbol der Fruchtbarkeit und des göttl. Segens. In der Antike wird das Regnen häufig als Geschlechtsakt, als Befruchtung von Gaia durch Uranos oder der ↗Mutter ↗Erde durch ↗Vater Aether dargestellt (Aischylos, *Fragmente* XLIV; Euripides, *Fragmente* 839; Lukrez, *De rerum natura* I, 250f., II, 991ff.; Vergil, *Georgica* II, 324–326) und wirkt so als Beweis für die Macht Aphrodites. Als ↗goldener R. fällt Zeus/Jupiter in den Schoß Danaes und zeugt so Perseus (Ovid, *Metamorphosen* IV, 611); materielle Belohnung bedeutet der Goldregen im Märchen (*Frau Holle*). – Im AT erscheint R. als Gottesgabe (Ijob 38,28), die als Gegenleistung für die Einhaltung göttl. Gesetze gewährt wird (Lev 26,3f.). Auch für die Ankunft Gottes selbst (Ho 6,3, Jak 5,7) oder für seine Lehre (Dtn 32,2) kann der R. im AT wie im NT stehen. In *Dorothea und Theophilus* (*Des Knaben Wunderhorn* II, 325) erscheint »der Martyrer Blut« als »fruchtbarer R.«, durch den sich der Segen Gottes offenbart. Göttl. Gnade bedeutet der »güldene« R., der »die dürstend Hertzen […] befeuchten« soll, bei Spee (*Ein gar hohes Lobgesang* 247–252; ↗Herz) und Gryphius (*Gott dem Heiligen Geiste*), bei Dach ist Gottes Wort »güldner R.« (*Perpetui coelum tempora veris habet*). In physikotheolog. Bedeutung bringt R. bei Brockes (*Der R.*)

»sicht- und fühlbarn Segen«. Als »Segensfüll'« erscheint der R. noch in der zweiten Hälfte des 18. Jh. bei Klopstock (*Frühlingsfeier*), Schiller (*Die Glocke*) und bis ins 20. Jh. hinein, so bei Updike: »R. ist Gnade, R. ist zur Erde niedersteigender Himmel, ohne R. gäbe es kein Leben« (*Self-Consciousness* I). – In Eliots *The Waste Land* ist der Mangel an R. ein Hinweis auf die existentielle Leere in der Moderne. Auch motiviert durch die Paronomasie »Rauschen«-»Rausch« wird der R. etwa in Hofmannsthals Gedicht *R. in der Dämmerung* zum Symbol für erot. Verlangen.

3. *Poetologisches Symbol.* Als göttl. Gabe i.S.v. poet. Enthusiasmus gilt R. in der Apostrophe an »Jupiter Pluvius« in Goethes Hymne *Wandrers Sturmlied*. Hölderlin greift diese poetolog. Bedeutung auf (*Wie wenn am Feiertage*) und transformiert sie polit.-geschichtsphilosophisch: »O R. vom Himmel! o Begeisterung! du wirst den Frühling der Völker uns wiederbringen« (*Hyperion* I, 1). – Bes. in der Moderne ist das Symbol des R. auf sprachl.-schriftl. Zeichen bezogen. Für das Auslöschen von (schriftl.) Erinnerungsspuren steht er bereits in Opitz' *Zlatna* (83–86), wo der Niederschlag Namen auf Grabsteinen zu vernichten droht, in C.F. Meyers *Stapfen* sowie in Georges *Von einer Begegnung* (in: *Hymnen*). In Lasker-Schülers Gedicht *Abschied* ermöglicht die vom R. bewirkte Säuberung das Auftragen einer neuen ↗Schrift. Aufgrund seines rhythm. Geräuschs wird der R. in Eichs *Botschaften des R.* zu einer Gegensprache, zu »rasselnden Buchstaben« (↗Buchstabe); in Kunerts *Das Geräusch des R.* dagegen zu »unverständlichen Morsezeichen«, die auch die negativen Aspekte (s. 1.) des Symbols aufgreifen, indem sie »Botschaften der Verzweiflung«, »der Armut« und »des Vorwurfs« sind.

↗Flut/Dammbruch, Gewitter/Blitz und Donner, Himmel, Regenbogen, Schnee, Tau, Tropfen, Wasser, Wolke.

Lit.: D. Boedeker, Descent from Heaven, Chico 1984. – F.C. Delius, Der Held und sein Wetter, München 1971. – S. Frieling (Hg.), Das R.buch, Frankfurt a.M./Leipzig 1999. JSch

Regenbogen

Symbol der Verbindung zwischen Menschlichem und Göttlichem, des Friedens, der Hoffnung und der Einheit, der Harmonie und der Toleranz, aber auch der Vergänglichkeit, der Wandelbarkeit und des Scheins. – Relevant für die Symbolbildung sind (a) der R. als zeitlich begrenztes opt. Phänomen, das während oder kurz nach einem ↗Regen auftritt, (b) das kreisbogenförmige Lichtband (↗Kette, ↗Kreis, ↗Licht), das auf der ↗Erde zu fußen scheint und gleichzeitig den ↗Himmel berührt, (c) die Vielfalt der Spektralfarben, die eine harmon. Ganzheit bilden, (d) die irisierende Farbenpracht (↗Farben).

1. Symbol der Verbindung zwischen Menschlichem und Göttlichem. Der R. wird in zahlreichen Mythologien und Religionen als ↗Brücke zwischen der Menschen- und Götterwelt gedacht. Neben dem dreistrahligen R. der german. Mythologie, der als Brücke Bifröst (»Zitterstraße«) die Welt der Menschen (Midgard) mit der Welt der Götter (Asgard) verbindet (*Edda*: »Völuspâ«; vgl. R. Wagner, *Das Rheingold* IV), erscheint in der griech. Mythologie die Götterbotin Iris als personifizierter R. (Homer, *Ilias* XV, 144; Hesiod, *Theogonie* 773–779; Nonnos, *Dionysiaka* II, 202–204), wobei ihre R.-Eigenschaften erst in der röm. Antike hervorgehoben werden. In Ovids *Metamorphosen* ist Juno Botin im »Schmuck des schillernden Farbengewandes« (I, 270), die auf »gewölbtem Bogen« (XI, 590) zur Erde hinab eilt; sie ist es auch, die den Regen erzeugt, indem sie als R. ↗Wasser trinkt, das auf diesem Weg in die ↗Wolken gelangt und später wieder herabfällt (I, 271; vgl. Martial, *Epigramme* XII, 29). – Im Umfeld der Romantik wird der R. als ein Triumphtor (↗Tor/Tür) aufgefasst, durch das die Sterbenden und Gefallenen ins Himmelreich gelangen (Jean Paul, *Hesperus*, 38. Hundposttag; Eichendorff, *Aufbruch*). In der Postmoderne behält der R. die Symbolik der Verbindung bei, doch löst sich diese in eine z. T. widersprüchl. Polyvalenz auf, so etwa, wenn der R. in Th. Pynchons *Gravity's Rainbow* die myst. Vereinigung des Menschen mit der Natur symbolisiert, zugleich aber die parabelförmige Flugbahn einer V2-Rakete, die Anfang (Abschuss) und Ende (Einschlag) des Romans miteinander verknüpft.

2. Symbol des Friedens, der Aussöhnung und Gnade. Zentral für die symbol. Deutung des R. ist das AT (Gen 9,12–17), in dem Gott nach der Sintflut einen Bund mit Noah schließt und ihm die feste Zusage gibt, dass es keine weitere ↗Flut geben werde: »Als Zeichen dafür setze ich meinen Bogen in die Wolken« (Gen 9,13). Milton, der den R. in *Paradise Lost* als »feuchten Bogen« und »regnerisches Gewölbe« bezeichnet (IV, 151; VI, 759), weist auf die Friedenssymbolik des R. hin (XI, 864–867). – Zusätzl. Symbolgehalt erhält der R. im MA, denn einerseits werden seine ↗drei Hauptfarben als Sintflut (↗Blau), Weltenbrand (↗Rot) und Erneuerung der Erde (↗Grün) gedeutet, andererseits werden seine ↗sieben Farben als die sieben Gaben des Hl. Geistes aufgefasst. Ebenso wird der R. als ein Symbol der Heiligkeit Marias verstanden, das z. B. Eichendorff in seinem Gedicht *Marienlied* aufgreift. Literaturgeschichtlich am relevantesten ist jedoch der R. als Zeichen des Friedens und der Versöhnung (Praetorius, *Anthropodemus Plutonicus*; Hensler, *Die Teufelsmühle am Wienerberg*, IV, 13; C. Brentano, *Lied von eines Studenten Ankunft in Heidelberg*).

3. Symbol der Hoffnung, Einheit und Freiheit. Während der R. bei Jean Paul noch die unpolit. Bedeutung der Hoffnung innehat (»R. der Hoffnung«, *Hesperus*, 20. Hundposttag; vgl. Herder, *Der R.*), kommt es in der Lit. des Vormärz zu einer Politisierung der christl. Symbolik des R. als Symbol der Hoffnung auf polit. Freiheit, so etwa bei Grün in *Der letzte Ritter* mit einer Anspielung auf Wilhelm Tell: »Das ist der R., deß Leuchten ewig brennt/ Hoch über den Schweizerbergen als Freiheitsmonument« (»Ritter und Freie«: *Freiheit*). Hoffmann v. Fallersleben hingegen warnt vor dem Spiel der »schönen Farben«, er sehnt sich nach einer tatsächl. Einheit: »Denn es wird kein R./ Aus dem bunten Bundeskleid« (*Unpolitische Lieder*: *Bundscheckig*). Der R. als Hoffnung auf Frieden und als Symbol der polit. Einheit wird auch im Nachmärz wieder aufgegriffen, z. B. von Gutzkow in *Die Ritter vom Geiste*: »Unsere Zeit verlangt den R. des Friedens […]. Und im R. sind alle Farben vereinigt« (V, 15).

4. Symbol der Vergänglichkeit, der Wandelbarkeit und des Scheins. Der Politisierung des R. als Symbol ging dessen Entzauberung durch Newton voraus, die zahlreiche Dichter dazu veranlasst, den R. zum Ausgangspunkt für eine Diskussion über das Verhältnis zwischen Wissenschaft und Dichtung zu nehmen. In der Elegie *To the Memory of Sir Isaac Newton* zeichnet Thomson den Physiker zunächst als (vergewaltigenden) Herrscher über die ihm unterworfene Natur und beschreibt dabei den »großartigen ätherischen Bogen« mit Hilfe von Begriffen aus der Optik, wie z. B. ›Prisma‹, letztendlich aber preist er die R.-Farben als »unendliche Quelle/ Des Schönen« (118 f.); im Gegensatz dazu lamentieren Keats u. a., dass Newton »das Lyrische des R. durch dessen Reduzierung auf die prismat. Farben vollständig zerstört habe« (B. Haydon, *Autobiography* XVII; vgl. Keats, *Lamia* II, 229–237). – Andere Dichter dieser Zeit greifen zwar den R. als poet. Symbol auf, akzentuieren jedoch dessen ›negative‹ Eigenschaften. So steht für Wordsworth die Vergänglichkeit des R. im Vordergrund seiner Ode *Intimations of Immortality*: »Es kommt und geht der R./ Und lieblich ist die Rose« (vgl. Burns, *Tam o' Shanter* 65 f.; ↗Rose). Bei Goethe, der in seiner *Farbenlehre* eine naturwissenschaftl. Abhandlung über den R. verfasst, wird dem R. bisweilen die Bedeutung des Scheins: »Der bunte Trug! der leere Schein!« (*Regen und R.*), der Wandelbarkeit (*Des Epimenides Erwachen* I, 14) und der »Wechsel-Dauer« (*Faust II* 4722) zugeschrieben; allerdings kehrt Goethe in seinem späten Gedicht *R. über den Hügeln einer anmutigen Landschaft* zur trad. Sichtweise des R. als Friedenszeichen (s. 2.) zurück. Nietzsche nimmt die Symbolik des Scheins auf, indem er den sprachabhängigen Menschen und Dichter in seinen *Dionysos-Dithyramben* als einen Lügner bezeichnet (»herumsteigend auf […] Lügen-R.«), der nur zu gut wisse, dass er auf ewig von der Wahrheit verbannt sei (*Nur Narr! Nur Dichter!*).

5. Symbol der Toleranz und Harmonie. Die Far-

benvielfalt des R. gilt in vielen Kulturen als Zeichen der Toleranz. Diese eth. Ausrichtung des Symbols ist u. a. in der zeitgenöss. Homosexuellen-Lit. bedeutsam geworden, deren Buchtitel oftmals auf den R. hinweisen. Hier steht er als Symbol für die sexuelle Freiheit und insgesamt für die homosexuelle Bewegung (Zander, *Der R., Tagebuch eines Aidskranken*; Sanchez, *Rainbow Boys*). Gleichzeitig aber behält der R. die Symbolik des Friedens und der Harmonie bei, so z. B. in der *New Age*-Lit. (B. Schaer, *Die Kraft des R.*).
↗Brücke, Iris, Regen.

Lit.: WCS, 109–111. – J.L. Epstein/M.L. Greenberg, Decomposing Newton's Rainbow, in: Journal of the History of Ideas 45 (1984), 115–140.   ER

Reh

Symbol des Weiblich-Zarten, der Verlockung, der Unschuld, des Friedens und eines paradies.-harmon. Urzustandes. – Relevant für die Symbolbildung sind (a) das R. als Friedwild, (b) als Fluchttier und (c) als Jagdtier par excellence.

Im Gegensatz zum ↗Hirsch gilt das R. als Symbol für das Weiblich-Zarte und wird daher häufig zur Charakterisierung von Frauengestalten (↗Frau/Jungfrau) verwandt (z. B. Immermann, *Münchhausen*; Mörike, *Maler Nolten*). Die Jagd auf das R. wird meist symbolisch als Liebesjagd gedeutet (Musäus, *Libussa*; Uhland, *Jägerlied*; Müller, *Der Jäger*). Im Märchen lockt es den Jäger in den Bannkreis der verführer. Nixe (z. B. *Die Nixe im Teich*, *Schwanenjungfrau*). – Als Friedwild des ↗Waldes dient es seit der Romantik als Symbol der Unschuld und verkörpert einen paradies.-harmon. Urzustand (z. B. Arnim, *Gräfin Dolores*; Geibel, *Verlorene Liebe*). So findet es sich – oft in Form eines zahmen R. – in der Nähe von Einsiedlern (z. B. in C. Brentanos *Godwi* und Raabes *Else von der Tanne*). Die Tötung eines R. charakterisiert dagegen die die Harmonie störenden Menschen (Ebner-Eschenbach, *Das Gemeindekind*; Trakl, *Verwandlung des Bösen*; Salten, *Bambi*). Aufgrund seines fugitiven und scheuen Wesens deutet seine Erscheinung häufig die Brüchigkeit dieses von außen bedrohten Friedens an (z. B. Eichendorff, *Heimat*; Trakl, *Kindheit*). In parodist. Texten des 20. Jh. avanciert das R. häufig zum Symbol einer scheinbaren Idylle (Arp, *kaspar ist tot*; Morgenstern, *Das Gebet*; Ringelnatz, *Im Park*). In einem kulturkrit. Kontext findet es sich in Jelineks Theaterstück *Bambiland*.
↗Hirsch, Wald.   ChG

Reim

Symbol der Kunstfertigkeit und Harmonie, der Erotik und Sinnlichkeit, aber auch des Dilettantismus und literar. Konservatismus. – Relevant für die Symbolbildung sind (a) die klangl. Qualität des R. und (b) die Schwierigkeit passende R.worte zu finden.

1. Symbol der Kunstfertigkeit und (metaphysischen) Harmonie. Der R. ist in Form des Endreims seit Otfrids v. Weißenburg *Evangelienbuch* (9. Jh.) die am häufigsten verwendete Klangform der dt. ↗Verdichtung. Bereits in der ma. Lit., z. B. in Gottfrieds v. Straßburg *Tristan*, wird der R. bes. ästhet. Normen unterworfen, deren Beherrschung wiederum Zeichen der bes. Kunstfertigkeit ihres Autors ist. Das Ideal des ›↗reinen‹ R., das neben Gottfried auch z. B. Heinrich v. Veldeke konsequent verfolgt, verweist auf das vorherrschende Verständnis von Poesie als einer im gesteigerten Sinne geformten Ausdrucksweise. – In der »Universalpoesie« (F. Schlegel, *Athenäum*-Fragment CXVI) der romant. Ästhetik wird der R. zum »Zauberwort« (Eichendorff, *Wünschelrute*: »Schläft ein Lied in allen Dingen«), das der trad. R.funktion des R. als wohlklingendem Ornament eines übergeordneten Gedankens (so noch Goethe: »Ein reiner R. wird wohl begehrt/ Doch den Gedanken rein zu haben/ Die edelste von allen Gaben,/ Das ist mir alle R. wert«, *Zahme Xenien* V) den R. als klangl.-sinnl. Symbol subjektiver Empfindung entgegensetzt (Hegel, *Vorlesungen über die Ästhetik* III, 3, 3: »Der R.«). A. W. Schlegel erhebt ihn zum ›inneren Prinzip‹ romant. Lyrik bzw. romant. Kunst überhaupt: »Daher liegt im R. das romantische Prinzip, welches das entgegengesetzte des plastischen Isolierens ist. Allgemeines Verschmelzen, Hinüber und Herüberziehen, Aussichten ins Unendliche« (*Vorlesungen über schöne Literatur und Kunst*: »Vom Sylbenmaße«). – Der R. als Manifestation metaphys. Harmonie begegnet vorromantisch bereits bei J.L. Prasch (*Discurs von der Natur des Teuschen R.*, 1685) und als Urform der Dichtung bei Herder (*Fragmente zu einer ›Archäologie des Morgenlandes‹*) oder K.Ph. Moritz (*Anton Reiser* III, »Dies Gedicht floß gleichsam aus seiner Seele. Selbst der R. und das Versmaß machte ihm nur wenige Schwierigkeit«), später auch bei Rilke: »Ich komme aus meinem Schwingen heim,/ Ich war Gesang, und Gott, der R.,/ rauscht noch in meinem Ohr« (*Stundenbuch* I: *Ich komme aus meinen Schwingen heim*). Noch P. Rühmkorf erkennt im R. eine mag. Dimension, von der auch das »Zauberreich« der Lit. durchsetzt ist (*agar agar – zaurzaurim* I). – Dem Ideal einer Harmonie von Wortklang und Wortbedeutung folgend, soll der R. im Rahmen einer klassizist. Ästhetik im Wortklang symbolisch den Wortsinn verwirklichen (z. B. Goethe, *West-östlicher Divan*: *Deine Liebe, dein Kuß mich entzückt!*), so auch noch in K. Kraus' *Der R.*: »Er ist ein Inhalt, ist kein Kleid,/ das heute eng und morgen weit./ […] er ist das Ufer, wo sie landen,/ wenn zwei Gedanken einverstanden«; vorsichtige, aber dennoch gereimte Skepsis ob dieser Harmonie artikuliert dagegen Rilke in *Die Gazelle*: »Verzauberte: Wie kann der Einklang zweier/ erwählter Worte je den R. erreichen,/ der in dir kommt und geht, wie auf ein Zeichen.«

2. Symbol der Erotik und Sinnlichkeit. Die in Klang und Sinn einander zugehörigen R. (s. a. 1.) verweisen in den Bereich des Eros (Goethe, *Faust II* 9376: »Die Wechselrede lockt es, ruft's hervor«). So wird in Goethes *West-östlichem Divan* der gereimte Dialog zum Sinnbild der Liebenden: »Er sprach entzückt aus reiner Seele Drang,/ Dilaram schnell, die Freundin seiner Stunden,/ Erwiderte mit gleichem Wort und Klang./ Und so, Geliebte, warst du mir beschieden/ Des R. zu finden holden Lustgebrauch« (*Behramgur, sagt man, hat den R. erfunden*), wie sich auch das sinnl. Zwiegespräch zwischen Helena und Faust vordergründig nur über die R.findung entspinnt: »Ein Ton scheint sich dem andern zu bequemen,/ Und hat ein Wort zum Ohre sich gesellt,/ Ein andres kommt, dem ersten liebzukosen« (*Faust II* 9369–9371). Parodistisch wendet Th. Mann diesen Liebesdialog in *Bekenntnisse des Hochstaplers Felix Krull*, wenn die R. der Madame Houpflé im Gespräch mit dem Protagonisten unbeantwortet verhallen.

3. Symbol des Dilettantismus und literarischen Konservatismus. Gegen eine literar.-poetolog. Trad., die Dichtung mit dem R. identifiziert (s. 1.), verwahrt sich die Lit. nicht erst seit Lessings *Sinngedichten*: »Der Vater reimt und suchet allen,/ Nicht wenig Kennern, zu gefallen./ Die Tochter buhlt: o! straft sie nicht!/ Das gute Kind will allen,/ Wie ihres Vaters R., gefallen« (*Auf die schöne Tochter eines schlechten Poeten*), gegen die pauschale Identifizierung des Poeten mit »trivialen R.schmieden« (Eichendorff, *Geschichte der poetischen Literatur Deutschlands* I, 6). So unterscheidet bereits 1548 Th. Sebillet in seiner *Art poétique françoys* den »Pöete« vom »rymeurs«. Die Kritik richtet sich insbes. gegen den Formzwang und die unnatürl. ›Künstlichkeit‹, die der R. in dieser Sicht repräsentiert, so z. B. Eichendorff, *Sommerschwüle*: »O weg mit R. und Leierklang und Singen!/ Faß, Leben, wieder mich lebendig an!« R.konventionen werden zum Inbegriff einer formalistisch entleerten Poesie: »Diese kleinen Gedichte oder poetischen Mücken, die einen umschwirren in heiteren Stunden, summen einem im Geist, bis man sie mit dem R. totschlägt« (B. v. Arnim, *Clemens Brentanos Frühlingskranz*). – Die Abwehr des R. als obsolet gewordenem literar. Darbietungsmittel (vgl. die Ironisierung des R.zwangs in Morgensterns Palmström-Gedicht *Das böhmische Dorf*) symbolisiert v. a. in der ›modernen‹ Lyrik den bewussten Bruch mit literar. Traditionen und den Innovationsanspruch der eigenen Dichtung, so etwa A. Holz, *Revolution der Lyrik* (1899): »Wozu noch der R.? Der erste, der – vor Jahrhunderten! – auf Sonne Wonne reimte, auf Herz Schmerz und auf Brust Lust, war ein Genie; der tausendste, vorausgesetzt, daß ihn diese Folge nicht bereits geniere ein Kretin.« Aber auch die bewusste Verweigerung einer vermeintlich wohlgefälligen poet. Sprache, die keine Entsprechung (mehr)

in der Wirklichkeit findet, soll sich in der Abkehr vom R. zeigen: »In meinem Lied ein R./ käme mir fast vor wie Übermut« (Brecht, *Schlechte Zeit für Lyrik*). – Trotz dieser kritisch-ablehnenden Haltung kann der R. noch indirekt symbol. Wirkung entfalten, wenn seine Abwesenheit die damit verbundene poetolog. Aussage sinnfällig macht. So schon im 18. Jh. in Klopstocks ungeregelten Enthusiasmus anzeigenden reimlosen Oden, in den Freiheit bekundenden Sturm-und-Drang-Rhythmen bei Goethe oder später Heine, wie schließlich im experimentellen reim- und strophenlosen Mittelachsengedicht bei A. Holz (↗Vers). In Eichs *Latrine* soll die provokative Form-Inhalt-Kontrastierung die akustisch suggerierte ästhet. Harmonie in ihren Grundfesten erschüttern: »Irr mir im Ohre schallen/ Verse von Hölderlin./ In schneeiger Reinheit spiegeln/ Wolken sich im Urin« (vgl. Eich, *Abschied vom Mond*). Vor dem Hintergrund dieser komplexen Diskussion um den R. kann der ›losgelöste‹ R. jedoch auch wieder eine außerordentl. Signalwirkung entfalten, so etwa im einzigen R.paar in Celans *Todesfuge*: »der Tod ist ein Meister aus Deutschland sein Auge ist blau/ er trifft dich mit bleierner Kugel er trifft dich genau.«
↗Vers.

Lit.: U. Ernst/P.-E. Neuser, Bausteine zu einer Geschichte der R.theorie, in: Die Genese der europ. Endreimdichtung, hg. v. dens., Darmstadt 1977, 432–486. – G. Kurz, Macharten, Göttingen 1999, 46–52. – B. Nagel, Das R.problem in der dt. Dichtung, Berlin 1985.
EJ

Reinheit

Symbol des Unvermischten und Unschuldigen, des Vollkommenen, Makellosen und Schönen. – Relevant für die Symbolbildung sind (a) die Gegenüberstellung von R. und Unreinheit, (b) der Vorgang der Reinigung und (c) der im formalen Sinne negative Bedeutungsgehalt, der R. als frei von Beimischungen und fremden Zusätzen erscheinen lässt.

1. Antike, griechisch-römisch. Der Zusammenhang körperl. Tätigkeiten, die auf Erhalt oder (Wieder-)Herstellung der R. abzielen, mit geistigen Prozessen zeigt sich bereits in der griech. Antike. Diese kennt, neben der zweifachen Herleitung des Begriffs *kátharsis* (»Reinigung«) aus Medizin und Ethik, eine doppelte Verwendung des Symbols: Verweist R. bei Homer, Pindar und Euripides auf das Ungetrübte und Unvermischte der natürl. Elemente ↗Wasser (Euripides, *Hippolytos* 209), Luft (bzw. ↗Licht: Pindar, *Pythien* VI, 14) und ↗Erde (Homer, *Ilias* VIII, 491; Pindar, *Olympien* VI, 23), so ist dies nicht getrennt von eth. und relig. Aspekten der menschl. Existenz zu sehen. In Homers *Odyssee* setzt Nausikaa die R. des gewaschenen Gewandes (↗Kleidung) mit der Würde der phäak. Ratsversammlung in Beziehung (*Odyssee* VI, 61), in Euripides' Tragödie *Ion* wird daran erinnert, dass die Waschung im »reinl. Nass« der kastal. ↗Quelle Voraussetzung für das Betreten des Heiligtums ist (*Ion* 96). Wie Empedokles (*Fragmente*, Diels/Kranz 31 B, 112–153a) und Anaxagoras (Aristoteles, *De anima* 405a) bezieht Platon den Symbolgehalt der R. – das Unvermischte (am Beispiel der Lauterkeit von reinem ↗Weiß, Platon, *Philebos* 53a) und das vom Schlechteren abgesonderte Bessere (Platon, *Sophistes* 226d) – auf Geistig-Moralisches: auf den erkennenden Menschen, dessen Seele von den Begierden des Leibes »rein zu halten« sei (Platon, *Phaidon* 67c), und den kollektiven ›Körper‹ der Polis, der unter bestimmten Umständen wie ein »kranker Leib« purgiert werden müsse (Platon, *Gesetze* 628d). Eine poetolog. Dimension erhält R. im Werk von Kallimachos, bei dem das reine und unvermischte Wasser der Quelle die Zartheit und Feinheit der Dichtung symbolisiert (*Hymnos an Apollon* 106–112; *Aitia* I, 23–32). – In Texten röm. Zeit tritt neben den sittl. Aspekt eines integren und von Freveln freien Lebens (Horaz, *Oden* I, 22) die sprachlich-rhetor. Dimension der R.: die *puritas*. Die (Ideal-)Vorstellung einer reinen Sprache (*sermo purus*), die frei von Fremdwörtern und sprachl. Fehlern ist (*Rhetorica ad Herennium* IV, 17; Cicero, *Orator* 23; Quintilian, *Institutio oratoria* I, 5), zeugt dabei ebenso wie das Konzept ethischmoral. Integrität von einem übertragenen Sprachgebrauch. In Tacitus' *Germania* (II; IV) erhält R. eine polit. Dimension: Die Vorstellung von der Unvermischtheit der german. Volksstämme ist wirkungsreich und hat konstitutive Bedeutung für die Entstehung des dt. Nationalbewusstseins in der Frühen Neuzeit.

2. Antike, jüdisch-christlich. Die R.-Vorschriften im Judentum, die sich auf Speisen, Kleidung, Tempelbesuch und den Umgang mit Tieren und Körperflüssigkeiten (Menstruationsblut, ↗Samen) beziehen (Lev 11–15; Num 5), haben hygienischprakt. Sinn und sollen auf symbol. Ebene die bestehende Ordnung stabilisieren. Im eth. Sinne spielt R. bei der Waschung der (opfernden) ↗Hände eine Rolle (Deut 21,6). Im NT wird diese Waschung anlässlich der Verurteilung Jesu zum Symbol der Unschuld (Mt 27,24; vgl. WBS, 395f.). In der christl. Bibel ist insgesamt eine spirituelle Umdeutung der jüd. R.-Vorschriften zu verzeichnen, die sich u. a. in der Vorstellung von der R. des ↗Herzens (*puritas cordis*) manifestiert (Ps 51,12; Mt 5,8; Apg 15,9). Der Vorstellungsbereich der R. bezieht sich primär auf das Innere des Menschen, dort ist auch der Ursprung der Unreinheit, sündhafter Gedanken, zu verorten (Mk 7,5f., 20–23; Mt 15,11).

3. Mittelalter und Frühe Neuzeit. Als Symbol der Unschuld erlangt R. Bedeutung im Kontext relig. bestimmter Dichtung, die R. mit ↗Jungfräulichkeit und Unbeflecktheit assoziiert: »nu prüevt wie rein die meide sint: got was selbe der meide kint« (Wolf-

ram v. Eschenbach, *Parzival* 464, 25f.). Im Kontext christl. Marienverehrung geht R. als Symbol der Unschuld über die Annahme einer jungfräul. Empfängnis und ↗Geburt *sine contaminatione et sine dolore* (»ohne Befleckung und Schmerz«) hinaus: Das Dogma von der unbefleckten Empfängnis Marias (*immaculata conceptio Mariae*) versteht die R. der ↗Mutter Gottes als Freisein von der Erbsünde. Auf dieser geistl. Grundlage entfaltet sich eine Symbolik von »Sündenschmutz und Herzensreinheit« (Schumacher), die weite Teile der Lit. des MA bestimmt. – In eschatolog. Perspektive wird die Symbolik der R. in der Vorstellung vom Fegefeuer (*purgatorium*) greifbar. Zwischen 1150 und 1250 verfestigt sich der christl. Glaube an einen Reinigungsort, der zwischen individuellem Tod und Jüngstem Gericht, zwischen Diesseits und Jenseits und innerhalb des Jenseits zwischen Paradies und Hölle angesiedelt ist. An diesem Ort werden die sündhaften, aber heilsfähigen Menschen durch ↗Feuer von ihren Sünden gereinigt bzw. geläutert. Bedeutendste Ausprägung dieser Vorstellung ist Dantes *Divina Commedia* (»Purgatorio«). – Die aus christl. Trad. stammende Vorstellung der R. des Herzens prägt in der Frühen Neuzeit den Protestantismus (Luther, *Predigt am Tag Johannis des Täufers*), den Pietismus (J. Arndt, Spener) und geht in die geistl. Dichtung ein (Angelus Silesius, *Heilige Seelenlust* I, 31: *Sie übergibt dem Jesulein ihr Herze*; Fleming, *Der 51. Psalm*; Tersteegen, *Geistliches Blumengärtlein inniger Seelen* I, 45). Auffällig ist die bleibende Nähe der Herzens-R. zum Bildbereich der Waschung. Das von Sünden befleckte Herz (↗Fleck) wird durch Christi ↗Blut gereinigt: »Ach, wasch mich rein in Jesu Blut« (Spee, *Dich liebt o Gott mein ganzes Herz*). Neben die Herzens-.R. tritt im 17. und 18. Jh. die kulturpatriot. Idee einer Reinigung der dt. Sprache und Poesie (Opitz, *Buch von der deutschen Poeterey*; *Aristarchus*; Harsdörffer, *Schutzschrift für Die Teutsche Spracharbeit*; Gottsched, *Anmerckung Von einigen Vorzügen die die deutsche Poesie vor der Lateinischen hat*; Adelung, *Was ist Hochdeutsch?*), die R. sprachlich-politisch als Symbol des Unvermischten und ethisch als Symbol der Aufrichtigkeit und Lauterkeit auffasst.

4. Vom 18. Jahrhundert bis zur Gegenwart. Seit 1750 tritt die ästhet. Dimension der R.-Symbolik in den Vordergrund. Wieland verbindet das kulturpatriot. Konzept der Sprach-R. mit dem Ideal ästhet. Vollkommenheit und Makellosigkeit und legt so die Grundlagen der R.-Ästhetik der Weimarer Klassik. In Goethes *Iphigenie auf Tauris* ist R. dramaturgisch (Iphigenie als Verkörperung der R., V. 1701) und sprachästhetisch relevant: durch Versifikation (↗Vers) wird »das ganze Stück rein« (Goethe an Herder, 18.9.1786). Fortgeführt wird die klass. R.-Ästhetik bei Moritz und Schiller; Letzterer aktualisiert in seinen Werken R. als Symbol naiver und jungfräul. Unschuld (*Über naive und sentimentali-*

sche Dichtung; Die Jungfrau von Orléans). – In der Romantik steht R. im Kontext der Kunstreligion: Andächtiger Kunstgenuss reinigt vom Schmutz und »Staub« des profanen Alltagslebens (Wackenroder, *Herzensergießungen eines kunstliebenden Klosterbruders: Das merkwürdige musikalische Leben des Tonkünstlers Joseph Berglinger* I). Bei Novalis (*Hymnen an die Nacht*) und Hölderlin (*Wie wenn am Feiertage; An die Madonna*) wird die R.-Symbolik, auch mit Bezügen zur christl. Mariendichtung, weitergeführt. Zugleich formuliert die Romantik in der Poetik der Mischung und in der »Verwilderung« der Gattungsgrenzen (Brentano, *Godwi* II, 1) bedeutsame Gegensymbolisierungen zur R. – Im Verlauf des 19. Jh. nimmt R. in Teilen stark ideolog. Züge an. Symbolisiert R. die Unberührtheit von Politik und Literaturmarkt (Geibel, *Den Dichtern*), die nur aufgrund von staatl. Alimentierung möglich ist, so funktionalisiert Rodenbergs Gedicht *Die reinen Frauen* R. im Rahmen trad. Geschlechterrollen: R. ist Symbol weibl. Unschuld und Genügsamkeit. Das männl. Pendant findet sich bei R. Wagner: sein *Parsifal* knüpft an die alte Vorstellung des »reinen Toren« an (↗Narr). Vollends ideolog. Züge erhält R. im Umkreis nationalsozialist. Lit. Auf der Grundlage des rassistisch-nationalist. Konzepts ethn. R. wird das »Mysterium der R.« (Westerich, *Orplid das heilige Land*, 1923) für ideolog. Zwecke einer »völkisch-religiösen Erneuerung« (Hildebrant, *Die völkisch-religiöse Weihebühne*, 1923) eingesetzt. – Unabhängig von dieser Ideologisierung führt ein bedeutsamer Strang der Lit. die bei Wieland und in der Weimarer Klassik entwickelte Ästhetik der R. fort. Bedeutsam ist die poetolog. Lyrik des 19. Jh. Deren Reflexion auf die Produktionsbedingungen von Lit. aktualisiert mit der Perlenmetapher ein ins MA zurückreichendes »Bild für Dichtung« (Ohly; ↗Perle) und stellt im Zuge eines potentiell unendl. Arbeitsprozesses R. als Symbol der Vollkommenheit, Makellosigkeit und Schönheit des ästhet. Gebildes vor (Platen, *Den Körper, den zu bilden*; Grillparzer, *Abschied von Gastein*; C.F. Meyer, *Michelangelo und seine Statuen*). Prägend ist diese R.-Vorstellung für die Lit. um 1900 (George, *Weihe*) und für Teile der histor. Avantgarde (Futurismus, Dadaismus). H. Ball fasst die R. der poet. Sprache als das vom Schmutz Befreite auf: »Ein Vers ist die Gelegenheit, allen Schmutz abzutun« (*Eröffnungs-Manifest, 1. Dada-Abend*). – Nach dem Zweiten Weltkrieg ist aufgrund der Diskreditierung der polit. und ethn. R.-Ideologie durch den Nationalsozialismus ein Bedeutungsverlust der R.-Vorstellungen zu verzeichnen. Die symbol. Bedeutung der R. als das Unvermischte, Unschuldige, Vollkommene und Makellose büßt an Glaubwürdigkeit ein. Bemerkenswert ist die Aktualisierung der R.-Vorstellung im Kontext der Konkreten Poesie. Hier symbolisiert der »große reinigungsprozess« (Gomringer, *vom vers zur konstellation*) poet. Spracharbeit jedoch keine Vervollkommnung des Kunstwerks im Sinne der klass. Ästhetik, sondern die Anpassung vereinfachter Kunstformen an die Erfordernisse beschleunigter Kommunikation in der Moderne.

↗ Diamant, Feuer/Flamme, Fleck, Flut/Dammbruch, Gewitter/Blitz und Donner, Glas, Gold, Haut, Kind, Kristall, Lamm/Schaf, Licht, Lilie, Lotos, Marmor, Perle, Regen, Reim, Rubin, Salz, Schnee, Schwan, Silber, Spiegel, Wasser, Weiß, Wüste, Zitrone.

Lit.: WBS, 394–397. – J. Brokoff, Geschichte der reinen Poesie, Göttingen ²2010. – M. Douglas, R. und Gefährdung, Berlin 1985. – G. Härle, R. der Sprache, des Herzens und des Leibes, Tübingen 1996. – M. Schumacher, Sündenschmutz und Herzensreinheit, München 1996.
JBr

Reinigung ↗Reinheit.

Reise

Symbol des Lebens(ver)laufs, der Entwicklung eines Individuums oder eines Kollektivs sowie des Schreibens. – Relevant für die Symbolbildung sind (a) die Struktur der R. in ihrer Abfolge von Aufbruch, ↗Weg in Etappen, Ziel und Rückkehr, (b) die Grenzüberschreitungen, die mit der R. einhergehen, und (c) die Verknüpfung von R. und Schreiben im R.tagebuch oder R.bericht.

1. Altes Testament und Antike. Bereits im AT sind in den verschiedenen Auszügen, Völkerwanderungen, Vertreibungen und Fluchten die zentralen symbolbildenden Momente der R. auszumachen: Jede zurückgelegte Wegstrecke auf der Suche nach dem gelobten Land ist Etappe einer Heilsgeschichte, in der die kollektive Identität des Volkes Israel in der sukzessiven Annäherung an die Gesetze Jahwes begründet wird. Städte (↗Stadt) und ↗Wüsten, ↗Meere und ↗Brunnen sind nicht nur Stationen unterwegs, sondern symbol. Orte der Anfechtung der alttestamentl. Helden, die sie in die Irre führen, aber auch der Regeneration, der Konzentration und Rückbesinnung auf den rechten Weg dienen können (z. B. Gen 12; 28; Ex 12). Prototyp des antiken Reisenden ist der individuelle Abenteurer. Der Held in Homers *Odyssee* überschreitet Grenzen der Zeit, des Raums und der empir. Wirklichkeit, führen ihn seine Abenteuer doch nicht nur in ferne fremde Länder und über die Meere, sondern auch zur Begegnung mit phantast. Gestalten. Doch auch die Festigung von Grenzen wird im antiken R.-Symbol versinnbildlicht. So ereignet sich der ↗Schiffbruch des Helden in der *Odyssee*, in der *Aithiopika* Heliodors und in weiteren antiken Romanen am Übergang von der hellenisierten zur ›barbar.‹ Welt und wird zum Anlass für den Helden, sich zur eigenen Zivilisation zu bekennen und die Ordnung seiner Gesellschaft zu bestätigen. Die *Odyssee* weist bereits Ansätze einer Verknüpfung des zurückgelegten Wegs mit einer inneren Entwicklung des Helden auf, wie sie für das R.-Symbol insgesamt charakteristisch ist. Spätere Bearbeitungen des Stoffes verknüpfen die Dialektik von Vorherbestimmung und Selbstermächtigung des Subjekts im Reisen mit der Frage nach der richtigen Lebensführung. So wird Dantes Odysseus für seine Hybris, den Südatlantik überqueren zu wollen, in der Hölle bestraft (*Divina Commedia*: »Inferno« XXVI, 55–142).

2. *Mittelalter.* Die ma. Vorstellung einer hierarchisch strukturierten Schöpfung trägt dazu bei, dass literar. R. nach den Kriterien des Aufstiegs oder Abstiegs gestaltet werden. Gleichzeitig lässt sich eine starke Allegorisierung und Internalisierung des R.-Symbols ausmachen. In Dantes *Divina Commedia* etwa werden Abstieg (»Inferno«), Einkehr (»Purgatorio«) und Aufstieg (»Paradiso«) zur spirituellen Pilgerfahrt. Vor dem Hintergrund der Kreuzzüge wird für das gesamte MA die Pilgerfahrt zum Symbol des Weges der Seele, die sich, im steten Kampf mit dem ›inneren Antichristen‹, Gott sukzessive annähert. Zentral hierfür ist eine Neuakzentuierung des Verhältnisses von Eigenem und Fremdem: Als fremd erfährt sich der spirituelle Pilger nicht in der geograf. Ferne, sondern in seiner Kreatürlichkeit und den Zwängen der eigenen Gesellschaft. Das R.ziel ↗Jerusalem wird symbolisch zur eigentl. Heimstatt der Seele erhöht. Die spirituelle Pilgerfahrt verspricht somit ein Zu-sich-selbst-Kommen. Wie weitreichend die Pilgerfahrt-Symbolik die ma. Lit. prägte, zeigt sich auch darin, dass die im 12. Jh. so beliebten Artusromane ihrer Struktur angeglichen und dadurch spirituell überhöht werden (z. B. im Gralsrittertum des *Parzival* Wolframs v. Eschenbach) Die Verschränkung innerer und äußerer Pilgerfahrt wird Kompositionsprinzip zahlreicher Texte (z. B. Chaucer, *Canterbury Tales*). Myst. Texte leisten ihren Beitrag dazu, dass die äußere R. zurückgedrängt und die internalisierte R. im Sinne einer ›Selbst-Erfahrung‹ zunehmend aufgewertet wird (z. B. Meister Eckhart, *Deutsche Predigten*).

3. *Renaissance/Frühe Neuzeit.* Die ma. Konzentration auf das transzendente Ziel hatte ein Ausblenden der innerweltl. Aspekte des Reisens zur Folge, denen man sich in der Renaissance mit neuem Interesse zuwendet. Als Schwellentext gilt Petrarcas Beschreibung seiner Besteigung des Mont Ventoux: Die Landschaft erscheint ihm nicht mehr nur als Teil einer verderbl. diesseitigen Welt, sondern erweckt sein ästhet. Interesse (*Familiares* IV, 1; ↗Berg). Dass das Interesse an überraschenden, Staunen erregenden Begebenheiten während des Reisens fortan nicht mehr so leicht gebändigt werden kann, zeigt beispielhaft *The Buke of John Mandeville*, der erste R.roman, in dem phantast. Erlebnisse in ↗Afrika, ↗Indien und China (↗Asien) nicht weniger plastisch und lebendig geschildert

werden als die Pilgerfahrt nach Jerusalem, so dass das spirituelle Ziel seiner Exklusivität beraubt und durch eine Vielzahl mögl. Ziele ersetzt wird. Mit den histor. Erfahrungen der großen Eroberungen und mittels der Neuakzentuierung von R.motiven aus der Antike wird die R. in der Mitte des 16. Jh. zum Symbol der Durchdringung und Aneignung einer Welt, die zunehmend komplexer und komplizierter wird und deren Verständnis nicht mehr einfach vorgegeben ist. Davon ist auch die eigene Gesellschaft nicht ausgenommen. In der epochemachenden Gattung der *novela picaresca* (Schelmenroman) muss der Picaro, ein naiver Held, als ›Diener vieler Herren‹ in unterschiedl. sozialen Schichten immer neue Überlebensstrategien entwickeln (*Lazarillo de Tormes*). In Grimmelshausens *Simplicissimus* wird die R. des Helden zur Chiffre für eine Existenz, die durch Unbehaustheit und permanente Umbrüche gekennzeichnet ist und in der die Suche nach ird. und geistigem Frieden stets neu zum Aufbruch zwingt. Das zunehmende Interesse am Unterwegssein wird auch poetologisch relevant: Schreiben und Reisen als abenteuerl. Expeditionen in die äußere und innere Fremde werden in Analogie gesetzt (Montaigne, *Essais*; *Journal de voyage en Italie*).

4. *18. Jahrhundert.* Im 18. Jh. schlägt sich die Vorstellung, dass das Ich erst in der Konfrontation mit dem Fremden dazu befähigt würde, die in ihm angelegten Fähigkeiten auszubilden, in der Gestaltung des R.-Symbols nieder. In Defoes *Robinson Crusoe*, Montesquieus *Lettres Persanes* und Swifts *Gulliver's Travels* wird es dem Subjekt erst durch das Reisen möglich, eine Unterscheidung zwischen dem historisch Gewordenen und den überzeitl., für alle verbindl. Universalia zu treffen und damit ›zur Vernunft‹ zu kommen. Der Bildungs- oder Entwicklungsroman führt anhand von R. zahlreiche Modelle gelungener oder gescheiterter Ich-Bildung vor. In Moritz' *Anton Reiser* werden die Erfahrungen und Begegnungen des Protagonisten in der Außenwelt mit Passagen der ›Selbsterfahrung‹ nach dem Vorbild pietist. Selbsterforschung gekreuzt. Auch für Goethes *Wilhelm Meister* stellen in dessen *Lehr-* und *Wanderjahren* R. die Triebfedern für die dialekt. Bewegung von Selbst- und Fremderfahrung dar, durch die das Ich wie das gesellschaftl. Kollektiv zur Ausbildung ihrer Möglichkeiten gelangen sollen. Neben der Italienreise (z. B. Goethe, *Italienische R.*) wird zunehmend die Orientreise (↗Orient) mit symbol. Gehalt versehen: als Rückkehr in die vermeintl. ›Kindheit‹ der eigenen Kultur, deren Wiege seit Montesquieu und Herder im Orient lokalisiert wird. Die erhoffte Ursprungserfahrung bezieht sich indes nicht nur auf die Annäherung an eine Stufe früherer Kulturentwicklung, sondern auch an eine uranfängl. poet. Sprache, wie es das lyr. Ich im Eingangsgedicht *Hegire* von Goethes *West-östlichem Divan* darlegt.

5. *19. Jahrhundert.* Die Verknüpfung der R. mit dem in die Ferne projizierten Wunsch nach Ganzheit und Einheit sowie die Suche nach einer alternativen, Glück verheißenden Welt werden in der Romantik weiter tradiert. Die R. wird dabei zum Synonym für ↗Traum und Sehnsucht als Zustände, die das Ich über sich hinausführen, ohne dass das avisierte Ziel jemals zu fassen wäre (z. B. Eichendorff, *Sehnsucht*). Gleichzeitig wird der subversive Aspekt der R., wie er bereits aus dem Schelmenroman bekannt ist, neu belebt. In Eichendorffs *Aus dem Leben eines Taugenichts*, einer Parodie des Bildungsromans, stellt die Weigerung des Protagonisten, seine R. für den Erwerb einer Berufsausbildung und zur Ansammlung von Kapital zu nutzen, kein Scheitern, sondern die Voraussetzung für eine glückverheißende Liebeserfahrung dar. Ab der Mitte des 19. Jh. hat die frustrierende Erfahrung der Reisenden, die in der exot. Fremde keine radikal andere Wirklichkeit, sondern eine durch den Kolonialismus europäisierte und damit weitgehende entzauberte Welt vorfanden, Einfluss auf die Neugestaltung des R.-Symbols. Die Enttäuschung über die R. in der Außenwelt führt zu einer Neubelebung der inneren R., die nun allerdings, anders als im MA, nicht mehr die Begegnung mit einer göttl. Instanz, sondern mit der eigenen Imaginationsfähigkeit anstrebt. Die R. ist auf eine Erweiterung des Bewusstseins und eine ungezügelte, frei schweifende Phantasie ausgerichtet (z. B. Nerval, *Voyage en Orient*). Eine Internalisierung der exot. Fremde findet sich in Raabes *Abu Telfan*: Hier wird unter Berufung auf Jean Pauls Formel des ›wahren inneren Afrika‹ die Rückkehr des Helden Leonhard Hagebucher aus dem Morgenland nach Deutschland zur schriftsteller. Expedition nicht nur in die befremdl. eigene Gesellschaft, sondern auch in das unbekannte Ich. Einen Gegensatz zur inneren R. der Selbsterkenntnis bildet Wagners Oper *Der fliegende Holländer*. Hier ist das Ich der R. als einer Bewegung in einem als fremd und feindlich empfundenen Außenraum hilflos ausgeliefert. Der transgressive Charakter von R. ist verabsolutiert zur ›unendl. Fahrt‹ und wendet sich gegen das Subjekt; die Leere und Weite des Meeres unterstreichen diese Bedeutung. Baudelaire radikalisiert die romant. Befreiung der Imagination, wenn er unter Abstraktion von jedem konkreten Ziel die R. zum Symbol der reinen Bewegung der Phantasie werden lässt. So heißt es im Gedicht *Le voyage*: »Les vrais voyageurs sont ceux-là seuls qui partent/ Pour partir« (»Doch wahre Wandrer sind die, die reisen,/ Nur um zu reisen«) (I, 17 f.). Erst durch die permanente Bewegung der Imagination gelingt es, das Neue schlechthin zu finden, das den ästhet. Leitbegriff nicht nur Baudelaires und des Symbolismus darstellt, sondern auch der zeitgenöss. Populärlit., in der phantast. R. eine ungeahnte Konjunktur erleben (z. B. Vernes *Voyages extraordinaires* oder die R.erzählungen K. Mays).

6. *20. Jahrhundert.* Im 20. Jh. bereichern u. a. Freuds Theorie des Unbewussten sowie die krit. Auseinandersetzung mit dem Kolonialismus das R.-Symbol. In Conrads *Heart of Darkness* stellt die R. gleichermaßen einen Vorstoß in einen ›dunklen Kontinent‹ wie ins eigene Unbewusste dar. Die R. ohne Wiederkehr chiffriert hier ein Überwältigtwerden vom Anderen bis hin zur vollkommenen Zerstörung des Subjekts, das als Befreiung lustvoll herbeigesehnt und gleichzeitig angstvoll abgewehrt wird. Die existentialist. Lit. verabsolutiert den Zustand des Fremdseins als *conditio humana*; dadurch gerät die R. etwa in Camus' *L'étranger* zur Chiffre des ›Geworfen-Seins‹ in eine Existenz, in der sich alle als Fremde begegnen und Formen des Sozialen durch die Übernahme von Verantwortung des Einzelnen erst gefunden werden müssen. In vielen Texten des 20. Jh. wird die R. weniger mit der Überschreitung räuml. als moral. Grenzen verknüpft. Nicht nur für die Bohème, sondern auch für die Beat Generation symbolisiert das Reisen ein Bekenntnis zu einem Leben als moderne Nomaden innerhalb der eigenen Gesellschaft, das sich von der Spießigkeit bürgerl. Sesshaftigkeit distanziert (z. B. Kerouac, *On the Road*; B. Vesper, *Die R.*). Auch R., die in fremde Kulturen führen, weisen einen antibürgerl. Impetus auf. Das Überschreiten räuml. Grenzen geht bei Bowles (*The Sheltering Sky*), Genet (*Journal d'un voleur*) und Houellebecq (*Plateforme*) mit Tabubrüchen durch die Schilderung verfemter Sexualpraktiken, Prostitution und Gewalt einher (so auch H. Fichtes Zyklus *Geschichte der Empfindlichkeit*). Die neuere Pop-Lit. setzt demgegenüber auf eine totale Ernüchterung beim Reisen. Krachts *Der gelbe Bleistift* oder *1979* schildern eine R., die ihrer symbol. Dimension beraubt ist; weder Entwicklung noch Fremderfahrung kennzeichnen das Erleben der Protagonisten. Ihr medienästhetisch geschulter Blick insistiert auf einem kühlen Betrachten der Phänomene. Dass die Gegenwartslit. trotzdem ein emphat. Verständnis des Reisens weiter tradiert, zeigt indes der Erfolg von Bestsellern wie Merciers *Nachtzug nach Lissabon*.

↗Ägypten, Afrika, Orient, Schiff, Weg/Straße, Wüste.

Lit.: G. Knoll, Von der Pilgerfahrt zum Badeurlaub, Darmstadt 2006. – X. v. Ertzdorff/G. Giesemann (Hg.), Erkundung und Beschreibung der Welt, Amsterdam/ New York 2003. – F. Wolfzettel, Ce désir de vagabondage cosmopolite, Tübingen 1986.   MSch

Reiter ↗Pferd.

Retortenmensch ↗Homunculus.

Rhein

Symbol der Einheit dt. Kultur und Natur sowie der nationalen Beziehung zwischen Deutschland und

Frankreich. – Relevant für die Symbolbildung ist die geopolit. Bedeutung des R. (a) als westeurop. Strom, (b) als Grenzfluss und (c) als Schifffahrtsweg.

1. Symbol der Einheit deutscher Kultur und Natur (Rheinromantik). Die Romantisierung des R. als Ort sentimentaler Erfahrungen der Erhabenheit findet in Bezug auf den Mittelrhein statt und hebt beeindruckende Orte hervor (z. B. R.fall von Schaffhausen). Bei Heinse (*Die Reise nach Italien – Der Aufbruch*) z. b. wird der R.fall als Symbol für die erhabene Kraft des ↗Wassers präsentiert (ähnlich auch Mörike, *Am R.fall*). Dabei gehen überlieferte (Mäuseturm, Rolandsbogen, Drachenfelsen) und neuerfundene Sagen (Lorelei) in die Naturdarstellungen ein. Zuerst sind es v. a. Engländer, die den R. romantisieren. In der ersten engl. rheinromant. Reisebeschreibung von Beckford (*Dreams, Waking Thoughts and Incidents*, 1783) werden der ›vielgerühmte‹ R. und seine Sehenswürdigkeiten zu einem Ort phantast. ↗Traumabenteuer und erhabener Erlebnisse. Angestoßen durch Staëls *De l'Allemagne* (1813), wo der R. als Schutzgeist Deutschlands figuriert, beginnt die zweite Welle der engl. R.romantik. In Byrons *Childe Harold's Pilgrimage* wird die harmon. Verbindung von Natur und Kultur zum Ausdruck der Sehnsucht nach der Vereinigung mit der Geliebten (ähnlich auch Heine, *Childe Harold*, in dem die letzte Flussfahrt des toten Byron besungen wird; Thackeray, *A Legend of the Rhine*). Auf der Flucht vor seinem Monster bereist der Held von M. Shelleys *Frankenstein* den R., der dem von Angst gepeinigten Protagonisten kurzzeitig zum Anlass für Hoffnung wird. – Mit C. Brentano und A. v. Arnim, die 1802 den R. hinabwandern und den Plan zur Volksliedersammlung *Des Knaben Wunderhorn* (1805) fassen, beginnt die dt. R.romantik. In F. Schlegels *Briefen aus den R.gegenden* (1805) wird dieser zum Sinnbild des Zusammenhangs von Natur und Geschichte. Damit setzt ein Wandel in der literar. Präsentation des R. ein, der vorausweist auf die patriot. Besetzung des Symbols (s. a. 2.). Die Figur der Loreley erfand C. Brentano in seinem Roman *Godwi*, wo sie eine Zauberin ist, die sich beim Anblick des Geliebten von einem ↗Felsen in den R. stürzt. Im *Buch der Lieder* von Heine wird der R. Symbol für die zugleich Tod und Glück verheißende Liebe, wie er sie traditionsbildend im Lied der Loreley (*Buch der Lieder*: *Die Heimkehr* II) gestaltet (aufgegriffen wird dieses Motiv u. a. bei Eichendorff, *Waldgespräch*; Gräfin Hahn-Hahn, *Ein Lied von der Loreley*; Kästner, *Der Handstand auf der Loreley*; Valentin, *Lorelei*; Ausländer, *Lorelei*; Hahn, *Meine Loreley, Ars poetica*; Biermann, *Ballade von Leipzig nach Köln*). Brentanos R.märchen sind zentriert um die Idee des R. als Flussgott, der als ›Vater R.‹ (↗Vater/Hausvater) Mainzer Kinder in ↗gläsernen ↗Gefängnissen hält und für jedes erzählte Märchen ein Kind freilässt. Dabei vermischt Brentano die Sagen vom Binger

Mäuseturm und der Lorelei mit Märchenmotiven. Wagners Opernbearbeitung german. Mythen *Der Ring des Nibelungen* symbolisiert den R. als unschuldige Natur, in der der Schatz am Anfang und, nach den Kämpfen um die Weltherrschaft, auch am Ende wieder verborgen ist. – Im 20. Jh. nimmt die literar. Behandlung des R. meist parodist. Charakter an (Zuckmayer, *Der fröhliche Weinberg*; Th. Mann, *Felix Krull, Der Memoiren erster Teil* I, 1). Die Expressionisten thematisieren den R. noch einmal in der Trad. der Romantik als Träger von german. Mythen (Stadler, *Fahrt über die Kölner R.brücke bei Nacht*; Y. Goll, *Kölner Dom*).

2. Symbol der nationalen Beziehung zwischen Deutschland und Frankreich. 1813 finden in den R.gebieten erste Aufstände gegen die frz. Besatzungsmacht statt, aus denen eine patriot. Bewegung erwächst. Arndt erschafft 1814 mit dem Aufruf *Der R., Teutschlands Strom, aber nicht Teutschlands Grenze* einen Topos, der bis 1945 wirkungsmächtig bleibt: Er sieht in den frz. Gebieten am R. ein ›vorgebeugtes Knie‹, das Frankreich jederzeit auf Deutschlands Nacken setzen könne (ähnlich auch Körner, *Sehnsucht nach dem R.*). 1814 setzt Blücher während der antinapoleon. Kriege bei Kaub am R. auf das frz. Gebiet über (dazu C. Brentano, *Kriegsrundgesang*; Rückert, *Geharnischte Sonette*; Platen, *Am Ufer des R.*). N. Beckers *R.lied* von 1840 wendet sich gegen Lamartine, der in seiner *Marseillaise de la Paix* den R. als Kelch der Nationen bezeichnet hat (so auch Freiligrath, *Friedensmarseillaise*). Beckers Lied ist äußerst populär und inspiriert Arndt zu *Es klang ein Lied vom R.*, Herwegh zum *R.weinlied* sowie Schneckenburger zu *Die Wacht am R.*, das zum meistgesungenen Lied in der Kriegsbegeisterung von 1870/71 avanciert. In Geibels *R.sage* ist der R. Schauplatz der nächtl. Wiederauferstehung des dt. ↗Kaisers. Auf diesem Weg wird der R. zu einem Synonym für das ›dt. Vaterland‹. Als Antwort auf die *Wacht am R.* macht die frz. Republik 1871 die *Marseillaise* (1792), das Kriegslied der R.armee, erneut zu ihrer Nationalhymne. Anfang der 1920er Jahre erreicht die Ideologisierung des R. einen neuen Höhepunkt. Die Veröffentlichungen des Georgekreises (Bertram, *R.genius und Génie du Rhin*; Wolter, *Stimmen des R.*; Parodie: Schwitters, *Vater R.*) stehen in dieser Trad. (ähnlich noch Langgässer, *Grenze: Besetztes Gebiet*). George selbst imaginiert den R. dagegen als Fluss, der den Schutt der Reichsfarben schwarz-weiß-rot ins ↗reinigende Meer ›speie‹ (*R.* I-VI). In dem mit völk. Ideologie durchsetzten *Der Gang durch das Ried* (1936) von Langgässer symbolisiert das am Altrhein aufsteigende Grundwasser die Erinnerung an die verdrängte Vergangenheit und die fragwürdige Herkunft des Protagonisten. Ihr Roman *Das unauslöschliche Siegel* (1947) präsentiert den ›verträumten‹ Altrhein als Gegenbild zur Loire als dem frivolen Fluss. – Schon früh wird der R. auch als

völkerverbindendes Symbol verwendet. In Fischarts *Das Glückhafft Schiff von Zürich* wird der R. zu einem Symbol der Verbindung der bürgerl. ↗Städte, durch die er hindurchfließt. Hölderlins Hymne *Der R.* besingt den Fluss als Halbgott, dessen Widersprüchlichkeit zwischen Wildheit und Fürsorge als Symbol für die Verbindung Frankreichs und Deutschlands und damit auch für das Leben des befreundeten Revolutionärs Sinclair steht. Heine lässt in *Deutschland – Ein Wintermärchen* (V) den R. sich über die schwere Kost der Verse von Becker (s.o.) beschweren. In Kellers *R.bildern* wird der R. zur Konstante, die jenseits der histor.-polit. Veränderungen Hoffnung auf Versöhnung weckt (ähnlich auch Keller, *Gegenüber*; Paquet, *Kurze Biographie*). Zuckmayers *Des Teufels General* zeigt die kosmopolit. Geschichte des R.gebiets seit den Römern als ein Zeichen für die Nichtigkeit nationalsozialist. Rassenpolitik. In *Das siebte Kreuz* von Seghers gelingt dem Protagonisten die Flucht aus einem Konzentrationslager und aus Deutschland über den R., der so für den Protagonisten zum Wahrzeichen der Freiheit und des ↗europ. Humanismus wird. Nach 1945 entwickelt sich der R. zu einem Symbol für die europ. Integration, für die zugleich heimatstiftende und völkerverbindende Kraft eines Flusses, so etwa in Bölls *Gruppenbild mit Dame* als Spiegel und Schauplatz der dt. Geschichte oder in seinem Roman *Frauen vor Flusslandschaft* als durchaus ambivalent bewertete Heimat jenseits nationalist. Ideologie.
↗Donau, Europa, Fluss, Schiff.

Lit.: H. Boldt (Hg.), Der R., Köln 1988. – L. Febvre, Der R. und seine Geschichte, Frankfurt a.M 1994. – H.J. Tümmers, Der R., München 1994.   WvB

Rind ↗Stier

Ring
Symbol der Bindung, Ewigkeit und Vollendung, des materiellen Reichtums sowie der Identität, Macht und Autorität. – Relevant für die Symbolbildung sind (a) die Kreisform und (b) das meist kostbare Material des R.; beim Siegelring die Kombination von Bild und Text auf der Stempelfläche sowie der Vorgang des Prägens.
1. Symbol einer durch Verlobung oder Heirat eingegangenen Bindung. Der R.tausch unter Brautleuten, früher die R.gabe des Bräutigams an die Braut allein, ist Zeichen der Liebe und der festen Bindung und Unterpfand der versprochenen Treue (Ovid, *Amores* II, 15; Grimm, *Allerleih-Rauh*; vgl. das Motiv des geteilten R., z. B. bei Grimm, *Der Bärenhäuter*; s. a. 4.) sowie der übernommenen gegenseitigen Verantwortung (↗Hochzeit). In diesem Sinn wird Gretchen in Goethes *Faust I* durch ein Lied ermahnt, sich dem Geliebten nicht anders »als mit dem R. am Finger« (3697), also in der gesicherten

Position einer rechtmäßige Ehefrau hinzugeben. In Lessings *Minna von Barnhelm* kauft Minna zum Zeichen der aus ihrer Sicht fortbestehenden Verlobung mit Tellheim dessen von ihm selbst inzwischen versetzten R. zurück (vgl. Blanckenburg, *Versuch über den Roman* II, 17, der den rein symbol. Wert dieses R. unterstreicht). In Kierkegaards *Tagebuch eines Verführers* dagegen wird der R., gerade weil er nur äußerl. Symbol sei, abgelehnt: »wenn Du mich an Dein Herz drückst, dann gebrauchen wir keinen R., um uns daran zu erinnern, daß wir einander angehören. Denn ist diese Umarmung nicht ein R., der mehr als eine Bezeichnung ist?« (16. September). – Die Unverbrüchlichkeit des durch das Anstecken des R. der jeweiligen Person gegebenen Treueversprechens (zweifelnd Fleming, *Sonette* IV, 26: *Auf einen Gedenkring*) findet literar. Niederschlag auch im Motiv des Mannes, der durch einen einst einer Statue der Venus bzw. der Maria angesteckten R. am Vollzug der Ehe mit einer realen Frau gehindert wird (vgl. Mérimée, *La Vénus d'Ille*) oder umgekehrt im Motiv des R., der bei Verletzung der versprochenen Treue zerspringt (Eichendorff, *Das zerbrochene R.lein*).
2. Symbol der Ewigkeit und Vollendung. Seiner Form wegen ist, ähnlich wie der ↗Kreis, der »geschlossene R. […] das Sinnbild der Ewigkeit und der Vollendung« (Schleiermacher, *Reden über Religion* I, »Apologie«; vgl. Nietzsche, *Also sprach Zarathustra*: »Der Genesende« II; »Die sieben Siegel«) auch als »eherner R.«, der um alle gelegt ist«, Symbol der Einheit alles Seienden (Schelling, *Bruno, oder über das göttliche und natürliche Prinzip der Dinge*). Als Struktur aus Kreisen und R. erscheint die jenseitige Welt in Dantes *Divina Commedia*. – Symbol des unendl. Werts des Lebens ist der R. in Chamissos *Du R. an meinem Finger* (*Frauen-Liebe und Leben* IV), Zeichen der Selbstvollendung in Nietzsches *Also sprach Zarathustra* (»Von den Tugendhaften«): »sich selber wieder zu erreichen, dazu ringt und dreht sich jeder R.« Die Geschlossenheit des R. wird auch zum Zeichen ästhet. Vollendung, wie sie beispielsweise die kunstvoll proportionierte Lyriksammlung Georges *Der siebente R.* (↗Sieben) anstrebt.
3. Symbol des Reichtums und der Kostbarkeit. Als Schmiedearbeit stellt ein R. sowohl durch sein Material (↗Gold oder ↗Silber, dazu gegebenenfalls Edelsteine) als auch durch dessen kunsthandwerkl. Verarbeitung einen oft erhebl. Wert dar und ist somit geeignet, den Reichtum und damit auch das Verdienst des Trägers (so z.B. Juvenal über Cicero, *Satire* VII) bzw. die Kostbarkeit eines entsprechenden Geschenks bzw. Opfers anzuzeigen (Bechstein, *Deutsche Sagen: St. Arnulfs R.*), ebenso die Dimension der Zurückweisung, wenn dessen Annahme verweigert wird (Schiller, *Der R. des Polykrates*), oder das Absehen von seinem materiellen Wert angesichts des immateriellen Werts der mit ihm ver-

bundenen Liebe (Fleming, *Buch der Überschriften* XXXIII: *Bei Übersendung eines R.*; vgl. 1.). Wittenwiler gibt seinem Komik und Didaxe verbindenden Epos den Titel *Der R.*, wobei er die Qualität seines Werks mit einem edelsteinbesetzten Fingerring vergleicht, aber auch die Korrespondenz des kreisförmigen R. zum Weltkreis (lat. *orbis terrarum*) mit einbezieht, der sich an die Vorstellung der Geschlossenheit anschließt (s. 2.).

4. *Symbol der Identität, Amtsautorität und Macht.* Als Einzelstück, gegebenenfalls auch durch den spezif. Steinbesatz, stellt der R. ein einmaliges und individuelles Objekt dar und kann als solches identifiziert werden, ist zudem von geringer Größe und entsprechend leicht zu verbergen. Diese Aspekte werden literarisch bes. in der Form genutzt, dass ein von seinem Partner getrennter R.träger (vgl. 1.) diesem auf oft ungewöhnl. Weg seinen R. zukommen lässt (z.B. *Des Knaben Wunderhorn* II, 15: *Rheinischer Bundesring*) oder seine Identität bei der Rückkehr nach langer Abwesenheit (heimlich) zu erkennen gibt (z.B. Grimm, *Deutsche Sagen: Heinrich der Löwe*), so dass der R. Zeichen der Identität wird. – Der im Gegensatz zu anderen Insignien ständig getragene R. symbolisiert schon im AT in bes. Weise Amt und damit verbundene Würde (Gen 41 f.). Als Symbol der Amtsautorität und der Macht erfüllt er als ↗Siegelring oft auch die Funktion eines Siegelstempels, durch welches der legitime Amtsträger Schriftstücke als authentisch ausweisen kann (Est 8). In geistl. Trad. wird Gott zum Siegelring, der sich in die Seele der Frommen einprägt (G. Arnold, *Poetische Lob- und Liebessprüche* XV: *Über das Hohe-Lied Cap. 1. v. 8.*; Rückert, *Die Weisheit des Brahmanen*, V. Stufe, 3). Als Sinnbild poet. Verknappung wird der Siegelring, der auf seiner kleinen Stempelfläche zu »höchstem Sinn im engsten Raum« nötigt, zum ›Segenspfand‹ in Goethes *West-östlichem Divan* (*Segenspfänder*). – Die Vergänglichkeit dem im Siegelring bedeuteten Macht zeigt dagegen ironisch Heines *Jehuda Ben Halevy* (III), wenn der »große Alexander« den Siegelring des unterlegenen Cyrus der eigenen Mutter als Brosche schickt (*Nach der Schlacht bei Arabella*); Rilke überträgt die Symbolik auf die Eindrücklichkeit und Vergänglichkeit der Liebe (*Klage um Jonathan*). – Die Weitergabe oder -vererbung eines R. zeigt genealog. abgesicherte Identität (Sophokles, *Elektra* 1222 f.) und die legitime Übertragung der Position z.B. als Familienoberhaupt, was die Grundlage der R.parabel (am bekanntesten durch Lessing, *Nathan der Weise* III, 7; vgl. Boccaccio, *Il decamerone* I, 3) bildet, in der aber gerade die Einzigartigkeit des R. durch die Herstellung von exakten Kopien aufgehoben und damit die Identifizierung der legitimen Nachfolge direkt über das Symbol verunmöglicht ist, was Nathan als zu gegenseitiger Toleranz nötigender Unerweislichkeit des »rechten Glaubens« deutet. – Während ein

Amtsring nur anzeigt, welche Macht dem Träger verliehen ist, wird sie im mag. Fähigkeiten verleihenden R. real. Neben unmittelbarer Verfügungsgewalt und Herrschaft (R. Wagner, *Der R. des Nibelungen*, oder Tolkien, *The Lord of the Rings*) geht es dabei oft auch um zauber. Kräfte wie die Versetzung an einen anderen Ort (Grimm, *Der König vom goldenen Berg*) oder das Unsichtbarmachen (als Sieg der Macht über die Gerechtigkeit bei Platon, *Staat* 359e–360a). Durch einen auf dem R. lastenden Fluch oder sonstige von ihm ausgehende negative Wirkungen (wie bei Wagner und Tolkien) kann ein mag. R. auch zum Symbol der Ambivalenz von Macht werden.

↗Kette, Kreis, Krone, Schlange, Siegel, Spirale.

Lit.: EdM XI, 688–696. – H.J. Schneider, Der R., die Statue, der Krug und seine Scherben, in: Zs. für dt. Philologie, Sonderheft Lit. und Geschichte (2004), 45–61.								KV

Ringelblume

Symbol der Abhängigkeit von Mächtigen, der Totentrauer und Auferstehung, der beständigen, treuen Liebe und der Unvergänglichkeit. – Relevant für die Symbolbildung sind (a) die goldgelbe Farbe ihrer Blüten (↗Gold, ↗Gelb, ↗Blume), (b) die Form der Blüten und die Blütezeit bis zum ersten Frost, (c) ihre Beständigkeit und lange Blühzeit, (d) ihre Widerstandsfähigkeit und (e) die ringelartige Form ihrer ↗Samen.

Die wie kleine Sonnenscheiben leuchtenden Blüten und ihre Blütezeit auch an den Sonnenwendtagen (deshalb die Bezeichnung als *heliotropium*, »Sonnenwende«) setzt die R. in Beziehung zur ↗Sonne. Daher wird sie der germ. Göttin Freya in ihrer Eigenschaft als Sonnengöttin zugeordnet. Nach der Christianisierung wird sie Maria unterstellt und erscheint auf vielen Marienbildern, als »Goldblume« und »Mariengold« auch in spätma. Marienhymnen (»God gruet di [...] Goltbloem, [...], dat bistu edele maghet vrie, help ons, [...] ave Maria«; Marienhymne des 14. Jh.). Die lat. Bezeichnung *solsequium* (engl. »sun-follower«, frz. »souci«) bezieht sich auf die Blütezeit vom frühen Morgen bis zum späten Abend. Eine symbol. Anbindung vollzieht Shakespeare, wenn er »Die R., die mit der Sonne entschläft/ Und weinend mit ihr aufsteht«, beschreibt (*The Winter's Tale* IV, 3). Diese Eigenschaft ermöglicht eine Analogiebildung zum Adel, dessen Ansehen und Macht von der Gunst des Monarchen (↗Kaiser/König/Fürst), wie die R. von der Sonne, abhängig ist. Bei Jean Paul regen sich »um 9 Uhr [...] der weibliche Adel und die R.« (*Siebenkäs* III, 13), und bei Shakespeare spreizen die Günstlinge »vor den Fürsten ihre Blätter [...], wie's die Ringelblümchen tun,/ Im Sonnenglanz, doch naht ein schlechtes Wetter,/ Krepiert im Stirngerunzel all ihr Ruhm« (Sonett XXV). – In der christl. Symbolik gilt die R. als ein Symbol der Erlösung nach dem Tode, als Zeichen des ewig dauernden Lebens. Der durch diese Trad. transportierte und in vielen Völkern verbreitete Brauch, Leichen und ⁄Gräber mit R. zu schmücken, damit die Toten ›goldglänzend‹ am Jüngsten Tage auferstehen können, erklärt den symbol. Gebrauch der R. als Trauer- und Friedhofsblume (z. B. Drollinger, *Auf eine Hyacinte*; Droste-Hülshoff, *Kind*; ⁄*Grab*). – Die botan. Eigenschaft der R., den gesamten ⁄Sommer und ⁄Herbst über bis sogar in den ⁄Winter hinein (zur Zeit der Sonnenwende) zu blühen, verursacht ihren literar. Gebrauch als Sinnbild für eine nicht endende Liebe, frei von Untreue (z. B. Harsdörffer, *Pegnesisches Schäfergedicht*). Droste-Hülshoff beschreibt in dem Gedicht *Fels, Wald und See* eine »glühende Braut, die lächelnd dir von der R. gab Blatt um Blatt«, mit dem anschließenden Verweis auf die im Volksglauben verbreitete Vorstellung einer mögl. Liebesweissagung durch die R.: »R. blättert sie ab: ›liebt er, liebt er mich nimmer?‹« (*Junge Liebe*). – In Anlehnung an phys. Gegebenheiten der R. (die Rundung des Samens) sowie etymolog. Verbindungen der Bezeichnung (die Verwandtschaft mit dem Verb »ringeln« bzw. dem Substantiv »Ring«) erfolgt eine symbol. Verkettung mit dem Phänomen der Unendlichkeit (z. B. Harsdörffer, *Pegnesisches Schäfergedicht*). ⁄Blume, Gelb, Samen/Samenkorn, Sonnenblume, Veilchen.

Lit.: G. Birmann-Dähne, Bärlauch und Judenkirsche, Heidelberg 1996, 79. – H. Fischer, Ma. Pflanzenkunde, Hildesheim 1967, 263. – H. Genaust, Etymolog. Wb. der botan. Pflanzennamen, Basel/Boston ³1996, 116.
JR/SSt

Roboter ⁄Maschinenmensch.

Rohr (Schilfrohr) ⁄Schilf/Rohr, Griffel/Feder/Bleistift.

Rom

Symbol der Ewigkeit und Macht, der Liebe und Lebensfülle, aber auch der Vergänglichkeit und Dekadenz. – Relevant für die Symbolbildung sind (a) der Status R. als Hauptstadt der röm. Weltmacht, (b) als Sitz des Papstes und (c) der histor. Niedergang des Röm. Reichs.
1. Symbol ewiger Größe und weltumspannender Macht. Panegyr. Schriften begleiten R. Aufstieg zur Weltmacht und glorifizieren die *Urbs Roma aeterna* v. a. in jenen Epochen, in denen diese Position nicht mehr unangefochten ist (Rehm, 30). Vergil verbindet in seinem Epos *Aeneis* die Darstellung der histor.-myth. Ursprünge R. mit einer Legitimation des universalen röm. Herrschaftsanspruchs: R. von den Göttern bestimmte Aufgabe sei es, über die anderen Völker zu herrschen (*Aeneis* VI, 851). So ist die Vorstellung von R. als *caput orbis* ein häufig wiederkehrendes Motiv in der antiken Lit. (Ovid,

Fasti I, 85 f.; Martial, *Epigramme* XII, 8, 1 f.). – Nach dem Ende des Röm. Reiches geht der imperiale Machtanspruch auf die Kirche über: Als *caput ecclesiae* (Otto v. Freising, *Chronica sive Historia de duabus civitatibus* III, Prologus) bildet R. nach wie vor den bewunderten Mittelpunkt der Welt. Die in Kunst und Architektur präsente antike Vergangenheit führt im MA zur Herausbildung einer neuen literar. Gattung, den *Mirabilia Urbis Romae*, und zur Würdigung der vergangenen Größe R. aus christl. Perspektive (Hildebert v. Lavardin, *De Roma* und *Item de Roma*). Dante schreibt in der *Divina Commedia* den paganen Mythos einer gottgewollten Führungsfunktion R. unter christl. Vorzeichen fort, indem er sein Erstaunen angesichts der Schönheit der himml. ⁄Stadt mit der Verwunderung der Barbaren beim Anblick R. vergleicht (»Paradiso« XXXI, 31 ff.). In humanist. Synthese aus christl. und antikem Denken beschwört Petrarca in mehreren Werken, insbes. in seinem Epos *Africa*, den Geist R. – Die ungebrochene Wirkkraft des *caput mundi*-Mythos in der Neuzeit zeigt sich bei Goethe, der in seiner *Italienischen Reise* R. als »Herrscherin der Welt« und »Hauptstadt der Welt« apostrophiert (I: »R.«; vgl. Waiblinger, *St. Onofrio*: »weß Auge nicht R. sah,/ Der hat die Welt und in ihr auch nicht den Schöpfer gesehn«).
2. Symbol der Vergänglichkeit und des Todes. Die einstige Größe R. und der Untergang des röm. Imperiums bilden einen spannungsvollen, bisweilen als tragisch gedeuteten Gegensatz, der zur künstler. Auseinandersetzung und Symbolbildung herausfordert. Im MA kann die Trauer angesichts der Zerstörung R. durch das Bewusstsein eines neu erstandenen, das antike R. überhöhenden christl. R. abgefangen werden, wie Hildeberts v. Lavardin zu Beginn des 12. Jh. verfasste R.-Elegien zeigen. Die im Barock populäre *vanitas*-Thematik wird häufig am Untergang R. exemplifiziert: R. dient als prominentes Bsp. für die Eitelkeit alles Irdischen (Balde, *Poema de vanitate mundi*). Mit Du Bellays Sonettsammlung *Les antiquitez de Rome* beginnt in der Mitte des 16. Jh. eine sentimental-eleg. R.-Dichtung, die den Anblick der ⁄Ruinen zur Ästhetisierung von Melancholie und Trauer nutzt. Du Bellays Schwermut angesichts der »Größe des Nichts« (*Au Roi* XIII) wird von den frz. Romantikern Chateaubriand (*Promenade dans Rome*) und Lamartine (*La liberté ou Une nuit à Rome*) fortgeschrieben; für die engl. Lit. lässt sich eine Linie vom Du Bellay-Übersetzer Spenser (*Visions of the Worlds Vanitie* XI) über Dyer (*The Ruins of Rome*) zu Byron ziehen (*Childe Harold's Pilgrimage* IV, 78). Gezeichnet von der Präsenz sowohl paganer als auch christl. ⁄Grabmäler wird R. zum Symbol des Todes schlechthin (Chateaubriand, *Promenade dans Rome*) und zur adäquaten Kulisse tödlich endender Liebesschicksals (de Staël, *Corinne ou l'Italie*). Die mit R. in ähnl. Weise wie mit ⁄Venedig verbundene Bedeu-

tung einer Todesstadt macht Koeppen für die Auseinandersetzung mit der dt. Nachkriegsgeschichte fruchtbar (*Der Tod in R.*). – Als mythisch konnotierter und geschichtsgeprägter Erlebnisraum kann R. auch zum Sinnbild eines welt- und naturgeschichtl. Kreislaufs von Aufstieg und Niedergang, Werden und Vergehen werden. Poet. Emblem dieser zykl. Totalität sind die unaufhörlich fließenden röm. ↗Brunnen, wie sie von C.F. Meyer (*Der römische Brunnen*) und Rilke (*Römische Fontäne*) besungen werden; Barberinis Epigramm *In fontem miri artificii epigramma* bildet hierzu einen Vorläufer aus dem 17. Jh.

3. *Symbol der Liebe und der Lebensfülle.* Bereits die Lit. der Antike nutzt das anagrammat. Spiel mit ›Roma‹ und ›Amor‹ zur Semantisierung R. als Stadt der Liebe. Ovids erot. Lehrgedicht *Ars amatoria* ist explizit in der röm. Urbanität verankert; auch Properz verbindet in seinen *Elegien* die R.-Dichtung mit der Liebesthematik und wirkt damit stilbildend auf Goethe, der in seinen *Römischen Elegien* ein gänzlich uneleg., lebens- und sinnenfrohes Bild R. entwirft. Goethes Ausruf »O wie fühl ich in R. mich so froh! gedenk ich der Zeiten,/ Da mich ein graulicher Tag hinten im Norden umfing« (*Römische Elegien* VII), ist eine einprägsame Formel für die R.-Sehnsucht insbes. der dt. Dichter (vgl. Tieck, *Erster Anblick von R.*; Eichendorff, *Täuschung*). R. fungiert nicht nur als Gegenentwurf zur nordisch-nüchternen Welt (↗Norden), sondern bildet als *locus* antiker Würde und Lebenskunst den ästhet. Fluchtraum vor einer als quälend empfundenen Gegenwart (Platen, *Die Pyramide des Cestius*). – In der Romantik wird R. im Kontrast zur bürgerl.-utilitarist. Ethik als verführer. Ort großer, dunkler Leidenschaften wahrgenommen (Stendhal, *Promenades dans Rome*); Ansätze zu einer solchen Deutung R. als Inbegriff eines urspüngl., unentfremdeten Daseins finden sich bereits in den Reisebeschreibungen Montaignes (*Journal de voyage en Italie*) und De Brosses' (*Lettres familières écrites d'Italie*). Die Verbindung R. mit dem Motiv der Liebe gelingt im 20. Jh. nicht mehr in der euphor. Diktion Goethes, sondern meist nur noch in dunklerer Tonart (Bachmann, *Römisches Nachtbild*).

4. *Symbol der Dekadenz und der Desillusionierung.* Parallel zur *admiratio Romae* (s. 1.) verläuft seit der Antike eine literar. Traditionslinie, die R. als Stätte des moral. Verfalls und Pandämonium menschl. Laster und Schwächen tadelt (Horaz, *Satiren* II, 6; Juvenal, *Satiren* III). Im MA und Früher Neuzeit tragen die Invektiven gegen R. häufig relig.-antiklerikalen Charakter und kritisieren das besitzgierige päpstl. R.: Bernhard v. Cluny, *De contemptu mundi*; Scaliger, *In Romam*; Hutten, *Vadiscus sive trias Romana*. Aus protestant. Sicht erscheint R. als das neue ↗Babylon (Luther, *Tischreden*). – Spätestens mit dem Bedeutungsverlust R. gegenüber ↗Paris als europ. Kulturzentrum und der ital. Einigung

im 19. Jh. ist auch der eleg. R.-Dichtung des 18. Jh. (s. 3.) der Boden entzogen. Zola wirft in *Rome* einen desillusionierten Blick auf die prachtvollen Fassaden sowohl des imperialen als auch des päpstl. und des neuen nationalstaatl. R. und entdeckt dahinter nur eine Totenstadt (s. 2.). Insbes. die Lit. des 20. Jh. destruiert die trad. R.-Mythen. Das 1975 herausgegebene Manifest *Contro Roma* versammelt romkrit. Essays bedeutender ital. Schriftsteller (u. a. Maraini, Montale, Moravia). Butor dekonstruiert in *La modification* subtil den literar.-hedonist. Mythos von R. als Stadt der Liebe und des Glücks (s. 3.). Der romant. Sehnsuchtstopos wird von R.D. Brinkmann ironisiert, dem das Reiseziel R. nur noch als heruntergekommenes, profaniertes Arkadien erscheint, als eine »Art Vorhölle« (*R., Blicke*). Eich formuliert in seiner *Fußnote zu R.* die endgültige Abkehr von der geschichts- und mythenbefrachteten Stadt: »Ich werfe keine Münzen in den Brunnen,/ ich will nicht wiederkommen.«
↗Jerusalem, Paris, Stadt, Süden, Venedig.

Lit.: R. G. Czapla/A. Fattori (Hg.), Die verewigte Stadt, Bern/Berlin 2008. – B. Kytzler (Hg.), Roma aeterna, Zürich 1972. – W. Rehm, Europ. R.dichtung, München ²1960. – R. Theis, Zur Sprache des ›cité‹ in der Dichtung, Frankfurt a.M. 1972. – B. Vinken, Du Bellay und Petrarca, Tübingen 2001. – C. Wiedemann (Hg.), R. – Paris – London, Stuttgart 1988. SG

Rose

Symbol der Liebe, des Liebesschmerzes und der Verschwiegenheit, der Jugend, aber auch der Vergänglichkeit und des Todes, Mariae, Christi und der göttl. Gnade, der Vollkommenheit und selbstgenügsamen Schönheit; christl. und poetolog. Symbol. – Relevant für die Symbolbildung sind (a) die Farbe der R. (bes. ↗Rot und ↗Weiß), (b) der intensive Duft, (c) die ↗Kelchform mit z. T. mehrfach übereinander geschichteten Blütenblättern (↗Blatt/ Laub), (d) das Miteinander von Blüten (↗Blume) und ↗Dornen (botanisch korrekt: Stacheln) und (e) die markante Entwicklung von der Knospe über die Blüte bis zum Verwelken.

1. *Symbol der Liebe, des Liebesschmerzes und erotisch konnotierter Körperteile sowie der Verschwiegenheit.* Die R. steht für die unterschiedlichsten Formen und Stadien der Liebe, vom Werben um die Geliebte (Hofmannsthal, *Der R.kavalier*) bis hin zur Sexualität. Sie symbolisiert häufig das Mädchen oder die ↗Frau, die von einem Liebhaber erobert wird. Die Dornen stellen ein zu überwindendes Hindernis dar oder stehen metonymisch für den mit der Liebe verbundenen Schmerz und können als stimulierend empfunden werden (Günther, *Scherzhafte Gedanken über die R.*). – Bereits in der Antike fungiert die R. als erot. Symbol (Horaz, *Oden* I, 5), bes. im Rahmen des Aphroditekults (Sappho 2 LP/5,6 D: *Bitte an Kypris*); in den *Ana-*

kreonteen (Übers. J.N. Götz, 1760) sind »Amors R.« neben dem ↗Frühling (s. 2.), bacchant. Rausch und den Musen bes. mit Aphrodite/Venus verbunden: Bei deren ↗Geburt aus dem Meeresschaum (↗Meer) wächst ein Dornenstock, den die Götter mit Nektar (↗Honig) beträufeln, so dass aus ihm R. blühen (LIII. Ode). Die Ambivalenz des Symbols äußert sich darin, dass auch aus dem ↗Blut des tödlich verwundeten Adonis, Aphrodites Geliebtem, R. wachsen (Bion v. Smyrna, *Epitaphius Adonidis* 66). – Bei Dietmar v. Aist (*Hei nû kumet uns diu zît*) gemahnen die R. an die geliebte Frau. In Guillaume de Lorris' *Roman de la Rose* versucht der Dichter, durch verschiedene allegor. Gestalten behindert oder unterstützt, sich einer R. zu nähern, die in einem von hohen ↗Mauern umgebenen ↗Garten wächst; das hier ausgedrückte Ideal der höf. Minne wird in der von Jean de Meung verfassten Fortsetzung des Romans abgelöst durch das gewaltsame Eindringen in die R.knospe und deren Brechen. Im Märchen *Dornröschen* schützen die Dornen der R.hecke die ↗schlafende Königstochter vor eindringenden Jünglingen, verwandeln sich aber schließlich in schöne Blumen, die einem Königssohn Einlass gewähren (↗Kaiser/König/Fürst); dem Sich-Öffnen der Hecke korrespondiert Dornröschens Aufschlagen der ↗Augen nach dem Kuss des Eindringlings. – Das Brechen von R. ist in Walthers v.d. Vogelweide *Under den linden*, im *Ambraser Liederbuch* (*Es wolt ein megdlein wasser holen*; *Jungfrewlein sol ich mit euch gan*; *Ich rent mir aus kurtzweile*) und als gewalttätiger Akt noch in Goethes *Heidenröslein* ein erot. Symbol. In Lessings *Emilia Galotti* (V, 7) steht das Entblättern der R. im ↗Sturm für den Verlust der Unschuld. Der Liebhaber kann auch die Gestalt einer ↗Biene annehmen (Lessing, *Die Biene*), die ↗Tau und Honig aus der R. saugt (C. Brentano, *Die R. blüht*). In der oriental. Lit., aber auch etwa bei Storm (*Die Nachtigall*), erscheint als Liebespartner bes. häufig die ↗Nachtigall, die zur gleichen Jahreszeit singt, in der die R. blüht; hinzu kommt im Arabischen die lautl. Ähnlichkeit zwischen *gul* (»R.«) und *bul-bul* (»Nachtigall«). Die Konnotation der R. mit Liebe, Schmerz und Tod wird in Wildes Kunstmärchen *The Nightingale and the Rose* auf die Spitze getrieben und zugleich ironisiert: Die Nachtigall opfert sich, indem sie die R., an einem Dorn verblutend, rot färbt. – Mit Rot als Farbe der Leidenschaft ist die R. auch durch das Erröten (Walther v.d. Vogelweide, *Nemt, frowe, disen kranz*; Logau, *Frage*) und dem ↗Mund verbunden (Anonym, 16. Jh., *Jungfrau du thust mich drucken*). R., R.garten und R.kranz (↗Kranz) können ferner für das weibl. Geschlechtsorgan (Neidhart v. Reuental, *Freut iuch, wolgemuoten kint!*; Neruda, *Los versos del capitán: El insecto*; 1952; ↗Vagina) und den weibl. ↗Busen stehen (etwa bei Tasso, *Gerusalemme liberata* XVI, 14 f; s. a. 2.). Bei Ovid (*Amores* III, 7, 66) bezeichnet die »R. von gestern«

versagende Potenz, auch in Rilkes *Sieben Gedichten* (1915) ist die R.knospe ein ↗Phallus-Symbol. Mit oder ohne erot. Implikationen ist die R. nicht nur in *Dornröschen*, sondern etwa auch bei Rumi (»hell strahlen unsern Blicken die der R.«, *Der Tag ist hie*, Übers. Rückert) und in Rilkes Grabspruch (s. 4.) schließlich mit dem Motiv des ↗Auges verbunden. In Klopstocks *Das R.band* korrespondiert dem Binden mit R.bändern der Liebesblick, der zwischen den Partnern eine sprachlose elys. Einheit herstellt. – Allgemein gilt die R. als Symbol der Verschwiegenheit (↗Schweigen/Stille), bes. in Liebesangelegenheiten: »Verschließ den Mund wie Knospen, und verstohlen/ Sei deiner Lippe Lächeln, wie der R.« (Rumi, *Der Tag ist hie*). Das *sub Rosa* Gesagte verpflichtet zur Geheimhaltung (*Des Knaben Wunderhorn* II 11b: *Sub Rosa*). In Stifters *Nachsommer* ist die R. ein Liebessymbol, in dem sich das für den Roman konstitutive Prinzip des ›verschwiegenen‹ bloßen Andeutens manifestiert.

2. Symbol der Jugend, aber auch der Vergänglichkeit und des Todes. Auf doppelte Weise ist die R. mit Vergänglichkeit und Tod verknüpft. Zum einen durch die bereits für das Liebessymbol (s. 1.) zentralen Aspekte des Schmerzes und des Blutes, zum anderen als Kehrseite der mit der R. konnotierten Schönheit und Jugend. Im anonymen Heldenepos *Der R.garten zu Worms* (13. Jh., auch unter dem Titel *Der große R.garten*) dient der R.garten als Kampfplatz; der Sieger des blutigen Turniers erhält R.kränze und Küsse von der Besitzerin des Gartens, der Burgunderfürstin Kriemhild. In Kleists *Penthesilea* ist das R.fest ein Liebesfest der Amazonen, das aber in bestial. Morden endet (XXIII). Den engen Zusammenhang zwischen Liebe und Tod bringt auch W. Müllers Gedicht *Die Liebesrose* zum Ausdruck: Der Liebende wird erst von den Dornen der »Liebesrose« erstochen und dann im Überfluss (s. 4.) ihrer Blätter begraben. Bei E. Stadler (*Die R. im Garten*) ist das orgiast. Blühen der R. »wie aus aufgerissenen Adern strömend«, »wie Todesröcheln«. – Durch Eos/Aurora, die Göttin des Morgenrots mit R.fingern (Homer, *Odyssee* II, 1 und XXIII, 241; Theokrit, *Idyllen* II, 148), ist die R. mit dem semant. Feld der Frühe verbunden (↗Morgen, ↗Morgenröte), dem Beginn nicht nur des ↗Tages, sondern auch des ↗Jahres oder des Lebens. So steht die R. in Goethes Gedicht *Mit einem gemalten Band* für den Frühling und für die Jugendlichkeit der Geliebten. Bei Geibel korrespondiert dem Zustand der ↗Nacht der Dornenstrauch, dem morgendl. Erwachen dagegen der im Frühling erblühende R.busch als Hoffnungssymbol (*Spätherbstblätter: Die Nachtigall auf meiner Flur*). – Aufgrund ihrer prägnanten Entwicklung von der Knospe über die Blüte bis zum Verwelken und Entblättern fungiert die R. aber auch als Symbol für die nur begrenzte Dauer von Schönheit und Vitalität und somit für Zeitlichkeit und Vergänglichkeit schlechthin (Theokrit, *Idyllen*

XXIII, 28; Ibn al-Waššā', *Das Buch des buntbestickten Kleides* II, 32, auch als Sinnbild der Treulosigkeit). Sie kann so, bes. wiederum in erot. Hinsicht, die Maxime des *carpe diem* unterstreichen (Tasso, *Gerusalemme liberata* XVI, 14 f., unter Anspielung auf die weibl. Brust; Hebbel, *Wenn die R. ewig blühten*; Wedekind, *Franziska*), aber auch als Hinweis auf die *vanitas* dienen (Gryphius, *An Eugenien* und *Vanitas! Vanitatum Vanitas!*). In der empfindsamen Dichtung gibt die Vergänglichkeit der R. Anlass zur eleg. Klage (Hölty, *Elegie auf eine R.*), während die verwelkte, dornige R. als Zeichen vergängl. weibl. Schönheit in Heines *Alte R.* ironisiert wird. Aufgehoben werden kann die Vergänglichkeit von Jugend und Schönheit durch den Hinweis auf die Ewigkeit der Natur (Hölderlin, *An eine R.*). – Als Todeszeichen fungiert das Blühen der R. in der *3. Kinderlegende*: *Die R.* der Brüder Grimm. Das ma. *Media vita in morte sumus* (»Inmitten des Lebens sind wir vom Tode umfangen«) verdeutlicht die R. in Mörikes *Denk es, o Seele!*, in Hebbels *Sommerbild* und in E. Roths *Die R.* (in: *R. und Nessel*). Um 1900 dient die R. der Evokation morbider Stimmungen, so in Georges *November-R.* und in Borchardts *Letzte R.* In Benns Gedicht *R.* stellt das Entblättern der R. ein radikales Symbol der Vergänglichkeit ohne jede metaphys. Hoffnung dar.

3. Symbol für die Jungfrau Maria, Jesus Christus, das Paradies und göttliche Gnade. In der christl. Trad. wird die R. als Symbol der Liebe (s. 1.) aufgegriffen, aber ihrer mit Aphrodite/Venus verbundenen heidn.-körperl. Implikationen entledigt und auf Maria bzw. Jesus Christus übertragen. Während rote R. und Dornen als Symbol für den Sündenfall (Eva) angesehen werden, ist die marian. weiße *rosa mystica* das Inbild der frommen, makellosen ↗Jungfräulichkeit. Maria ist die »Ros ohn alle Dorn« (Hermann v. Salzburg, *O R.rot o Lilienweiß*) bzw. die »R. ohr Dornen« (Balde/Herder, *Die Unnennbare*). Den Topos vom *hortus conclusus*, Assoziationen zum Paradiesgarten sowie die Bezeichnung der Geliebten als ›Garten‹ aus Hld 4,16 aufgreifend, steht der R.garten für Marias Jungfräulichkeit, bzw. Marias ↗Bauch ist der R.garten des Jesus-Kinds: im Lied *Maria durch ein' Dornwald ging* ist dieser Zusammenhang nach außen projiziert, indem der seit ↗sieben Jahren verdorrte Dornwald R. trägt (↗Wald). Der kathol. Brauch des R.kranzes (C. Brentano, *Romanzen vom R.kranz*), für dessen R. (entsprechend den ↗Perlen) je ein Ave Maria gebetet wird, weist auf den Zusammenhang zwischen Marienverehrung und R. hin. – Auch Jesus wird als R. bezeichnet (*Es ist ein ros entsprungen*; Gerhardt, *O Herz des Königs aller Welt*; Rilke, *Das Stunden-Buch: Der Ast vom Baume Gott*). Im anonymen Gedicht *Die mystische Wurzel* (17. Jh.) verweisen die Blätter und die nur von der ↗Sonne geschaffenen Blüten der R. auf die menschl.-göttl. Doppelnatur Jesu. Auch die Wundmale (vgl. 2.; ↗Wunde) Christi

werden als R. bezeichnet (Gerhardt, *Sei wohl gegrüßet, guter Hirt*; Angelus Silesius, *Cherubinischer Wandersmann* III, 84: *Von den R.*), aus denen die menschl. Seele als Biene Nahrung saugt (Angelus Silesius, *Heilige Seelenlust* II, 52: *Die Psyche begehrt ein Bienelein*). Analog werden auch Märtyrer als ihr Blut verströmende R. apostrophiert (Hildegard v. Bingen, *De martyribus* [*Vos flores rosarum*]), eine Trad., die noch G. Keller in der Legende *Dorotheas Blumenkörbchen* aufgreift. – Höhepunkt der christl. R.symbolik ist die Vision des Paradieses in Dantes *Divina Commedia* (»Paradiso« XXX–XXXII), wo eine von ↗Engeln wie von einem Bienenschwarm umschwirrte, Lobesdüfte verströmende weiße R. aus ↗Licht als Sitz der Seligen und Marias dient. Die Licht-↗Schwellen des Empyreums gleichen in konzentr. ↗Kreisen angeordneten Blütenblättern und erinnern an die Fensterrosen got. Kathedralen. Das R.-Symbol bleibt bei Dante eng an Maria geknüpft, da der dem Marienkult verpflichtete Bernhard v. Clairvaux den Dichter hier, auf seiner letzten Station, führt. – Allg. fungiert die R. als göttl. Gnadenbeweis, etwa in der *4. Kinderlegende* der Brüder Grimm *Armut und Demut führen zum Himmel*, wo in der ↗Hand des demütigen Königssohns bei seinem Tod eine R. gefunden wird. An Dante anknüpfend fungiert die R., in Verbindung mit den Motiven des Auges und der Schweigsamkeit (s. 1.), noch in Eliots *The Hollow Men* und *Ash-Wednesday* als Erlösungshoffnung. Im Islam spielt die R. als relig. Symbol eine herausragende Rolle, der Legende zufolge entstand sie aus einem Schweißtropfen, der auf Mohammeds Himmelsreise von seiner Stirn fiel.

4. Symbol der Vollkommenheit, der selbstgenügsamen Schönheit und Selbstbezüglichkeit, des Nicht-Symbolischen sowie poetologisches Symbol. Die Schönheit der R. wird als Kundgabe göttl. Vollkommenheit verstanden (Angelus Silesius, *Cherubinischer Wandersmann* I, 108: *Die R.*; Brockes, *Die R.*), »die rote R. ist ein Teil des göttlichen Glanzes« (Baqli, 13. Jh., Volkmann, 155). Im Anklang an die relig. Licht-Symbolik (s. 3.) besiegt die Fülle des von der äther. R. absorbierten Lichts in Claudius' *Der R.busch* die Dunkelheit (↗Nacht/Finsternis). In der R. vereinen sich Ideal und Wirklichkeit (Goethe, *Als Allerschönste bist du anerkannt*), als beseligende Totalität erscheint die R. aufgrund der Fülle ihrer sinnl. Reize noch in A. Holz' *Morgendlichem R.strauß*. – Die Vollkommenheit der R. wird als fraglose, selbstgenügsame und nur auf sich selbst verweisende Schönheit gedeutet, so in Angelus Silesius' *Ohne warum* (*Cherubinischer Wandersmann* I, 289) und in Rückerts *Zauberkreis*. Die im Verhältnis zur Blüte unscheinbare Frucht der Hagebutte unterstreicht die Zweckfreiheit der R., die daher in der Décadence auch zum Symbol für unfruchtbare Schönheit werden kann, so im weichen R.duft in der Anfangsszene von Wildes *The Picture of Dorian Gray* oder bei H. Graf Kessler, dem »eine

R. im Knopfloch mehr wert ist als eine Wurzel im Garten« (Tagebuch, 7.6.1905). Auch bei Rilke verweist die R. nur noch auf sich selbst: Der R.busch ist »versunken in sein R.-sein«, »von sich selbst unendlich übertroffen/ und unbeschreiblich aus sich selbst erregt« (*Wilder R.busch*). Damit verweigert sich die R. der Symbolik, sie wird zum Symbol des Nicht-Symbolischen, ist »rose-seule, rien-que-rose« (»nur R., nichts als R.«; Rilke, *Cimetière*). Ebenso verweigert sie sich in Rilkes Grabspruch *R., oh reiner Widerspruch* als »Niemandes Schlaf« dem Symbolhaften. Diese Selbstbezüglichkeit kommt auch in G. Steins Diktum »Rose is a rose is a rose is a rose« zum Ausdruck (u.a. in *Sacred Emily* und *The World Is Round*). Sprachl. und poet. Selbstbezüglichkeit sind auch im weiteren Verlauf des 20. Jh. zentral. In Celans *Psalm* negiert die »Niemandsrose«, die »niemand« zuliebe blüht, radikal die trad. schöpfungs- und heilgeschichtl. Implikationen des Symbols (s. 3.) und stellt ihnen mit dem über dem Dorn gesungenen »Purpurwort« (↗Purpur) allein die Leistung der Poesie entgegen. In Ecos *Il nome della rosa* (Epilog) entzieht sich die R. der Symbolik nicht aufgrund ihrer Wirklichkeitsfülle, sondern weil dem Symbol kein Referent mehr entspricht und die R. nur noch ein »nackter Name« ist.

↗Blatt/Laub, Blume, Dorn/Dornbusch/Dornausziehen, Myrte, Nachtigall, Nessel, Rot, Weiß.

Lit.: SdP, 279–287. – H. Bryner, Das R.motiv in G. Benns Lyrik, Bern/Frankfurt a.M. 1985. – B.S. Bullock-Kimball, The European Heritage of R. Symbolism and R. Metaphors in View of Rilke's Epitaph R., New York/ Bern 1987. – G. Heinz-Mohr/V. Sommer, Die R., München 1988. – Ch. Krauß, … und ohnehin die schönen Blumen, Tübingen 1994, 157–173. – H. Volkmann, Märchenpflanzen, Mythenfrüchte, Zauberkräuter, Göttingen 2002, 106–167.   JSch

Rosmarin

Symbol des Todes, der Treue, aber auch der Trennung. – Relevant für die Symbolbildung sind (a) die immergrünen Zweige, (b) der intensive Duft und (c) die Dunkelheit des dichten R.strauchs.

1. Symbol des Todes. Als Totenpflanze gilt der R. schon in der Antike (Aristophanes, *Die Ekklesiazusen* III, 2), als Opfergabe wird er bei Horaz erwähnt (*Oden* III, 23). Auch in der Neuzeit ist die Todessymbolik bis in die Moderne weit verbreitet: als Leichenbeigabe (Hebel, *Kannitverstan*), ↗Grabschmuck (Raabe, *Das Odfeld* X; XXIV), als Sinnbild des Todes (Brentano, *Ich kenn' ein Haus, ein Freudenhaus*) oder vorausdeutendes Todessymbol wie in Zarnacks *Ich hab' die Nacht geträumet*: »Ich hab' die Nacht geträumet/ Wohl einen schweren Traum;/ Es wuchs in meinem Garten/ Ein R.baum./ Der Kirchhof war der Garten,/ Ein Blumenbeet ein Grab.« Auf die Ambivalenz von Todessymbolik und tatsächlich belebender Wirkung des stark duf-

tenden R. spielt Jean Paul im *Siebenkäs* an (XVIII). Trakls *Drei Blicke in einen Opal* (II) zeigen dagegen reine Todessymbolik:»Der ihn befeuchtet, rosig hängt ein Tropfen Tau/ Im R.: hinfließt ein Hauch von Grabgerüchen,/ Spitälern, wirr erfüllt von Fieberschrein und Flüchen./ Gebein steigt aus dem Erbbegräbnis morsch und grau.«

2. Symbol der Treue, aber auch der Trennung. Als Zeichen der Treue erscheint der R. im *Ambraser Liederbuch* (*Wiewol ich arm und elend bin* XVIII). Ophelia schenkt Laertes R. in Shakespeares *Hamlet*: »Das ist Vergißmeinnicht, das ist zum Andenken: ich bitte Euch, liebes Herz, gedenkt meiner! und da ist R., das ist für die Treue« (IV, 5). Zeichen der Treue und Pfand der Erinnerung ist der R. auch in *Des Knaben Wunderhorn* (III, 74: *Abschiedsklage*) und dient neben der ↗Myrte auch als Brautschmuck (Harsdörffer, *Pegnesisches Schäfergedicht*; *Des Knaben Wunderhorn* III, 50: *Ländlich, sittlich*; Auerbach, *Barfüßele* VII: *Die barmherzige Schwester*). – Der R. kann aber auch zum Zeichen der Trennung werden (Kerner, *Episteln* II): »Ruhiger Blick ins Reich der Trennung« kommentiert Goethe in seiner Rezension von *Des Knaben Wunderhorn* das Gedicht *Rosmarien*, das auch die Todessymbolik (s. 1.) des R. aufnimmt (I, 258; vgl. Löns, *Verloren*). In Bürgers *Des armen Suschens Traum* verkehrt sich die Bedeutung vom hochzeitl. Liebes- zum Todessymbol als »Mein Falscher mir schien«: »Statt Myrt' erwuchs dir R.!/ Der Traum hat Tod gemeint« (ähnlich auch in Büchner, *Leonce und Lena* I, 4).

↗Hochzeit, Myrte.

Lit.: SdP, 289–291.   PN

Rot

Symbol der Lebenskraft und der Leidenschaften, der Macht und des gesellschaftl. Umsturzes. – Relevant für die Symbolbildung ist die Erfahrung des R. als Farbe des ↗Blutes und des ↗Feuers, denen in vielen Kulturen essentielle Bedeutung zukommt; dementsprechend geht die Symbolik des R. z.T. auf archaische Kulthandlungen zurück.

1. Symbol der Lebenskraft. Die Semantik des R. wird über das Blut als Inbegriff der Lebenskraft im Wesentlichen als Körpersemantik wirksam. Rosige, gut durchblutete Körper, rote Wangen und Lippen (↗Mund) verweisen auf Frische, Aktivität und Jugendlichkeit. Deshalb wird R. am menschl. Leib als attraktiv und schön empfunden (z.B. Walther v.d. Vogelweide, *Wol mir der stunde*; Brentano, *Lureley*). Die Anziehungskraft des R., speziell für das je andere Geschlecht, rührt aber auch daher, dass das leibl. R. zugleich sexuell konnotiert ist: als Zeichen körperl. Erregung oder bei ↗Frauen – über die Assoziation mit Menstruationsblut – als Zeichen von Fruchtbarkeit. Schon in den frühesten menschl. Kulturen ist R. als Blutfarbe außerdem die Farbe des Krieges und der Krieger. Mit roter Farbe oder echtem Blut bestrichene Körperteile sollen dem Kämpfer zusätzl. Kräfte verleihen und seinen Mut anfeuern. Als Farbe von Rüstungen (Wolfram v. Eschenbach, *Parzival* 170) zeigt R. den Lebenseinsatz des Kämpfenden an. Auch die Blutgerichtsbarkeit übernimmt diese Symbolik. Der Scharfrichter als Herr über Leben und Tod trägt R. (Jean Paul, *Des Feldpredigers Schmelzle Reise nach Flätz*: »Erste Station«); rot ist im MA die Gerichtsfahne, wenn auf Todesstrafe plädiert wird und rot auch das Gewand des Henkers (Freiligrath, *Barbarossas erstes Erwachen*; ↗Kleidung).

2. Symbol der Leidenschaften. Emotionen haben Auswirkungen auf den Körper, die unmittelbar zeichenhaft sind. Liebe und körperl. Begehren z. B. beschleunigen den Blutfluss und lassen dadurch die Haut rötlich erscheinen (*Nibelungenlied* X, 614; Lessing, *Nathan der Weise* V, 7). Gleichzeitig breitet sich im Körper ein Wärmegefühl aus, das metaphorisch als »Feuer im Blut« beschrieben wird (*Fastnachtsspiel von den sieben Farben* 775, 10). Die Ähnlichkeitsbeziehung zwischen dem ›entflammten Körper‹ und leuchtend roten Blütenblättern (↗Blume, ↗Blatt/Laub) motiviert die Bedeutungsübertragung auf die florale Symbolik: Spätestens seit der Festlegung der Minnefarben um 1200 gehören rote ↗Rosen (Walther v.d. Vogelweide, *Under der Linden*; Lenau, *An die Entfernte*) oder auch ↗Amaranthen (Gregorovius, *Amarant*) zum festen Zeichenrepertoire im Liebesdiskurs (↗Farben). Auch gänzlich konträre Gefühlsregungen lösen körperl. Reaktionen aus: So können Schilderungen blutroter ↗Gesichtsfarbe ebenso von Wut und Hass zeugen (Hartmann v. Aue, *Erec* 560; Goethe, *Götz von Berlichingen* I: »Jaxthausen Götzens Burg«); rotgeränderte Augen werden meist auf starken Tränenfluss und damit auf Kummer zurückgeführt (Schiller, *Don Karlos* II, 10; Droste-Hülshoff *Der Graf von Thal* II, 7). Die Repression der Leidenschaften und Triebe durch das Christentum erklärt die Abwertung und Negativ-Konnotation des R. in einzelnen gesellschaftl. Bereichen. R. repräsentiert dann nur mehr das Sündhafte (Jes 1,18): Rothaarige werden als moralisch minderwertig diffamiert (Gen 25,25; S. Franck, *Sprichwoerter*). Ganz in R. gekleidet, gilt die Hure ↗Babylon in der Offb (17,1 ff.) als die ↗Mutter aller Huren. Rote Laternen und rote Lichter künden Bordelle und andere Etablissements der käufl. Liebe an (Goncourt, *La fille Elise* VI).

3. Symbol der Macht. Die Erfahrung der ungeheuren Zerstörungskraft von Feuer und Hitze sowie die gleichzeitige Abhängigkeit des Menschen von Wärme und ↗Licht führen bei vielen frühen Kulturen zum Glauben an Feuer- oder Gestirnsgottheiten. Künstler. Darstellungen zeigen diese Götter zumeist in der Farbe des Feuers: mit roten Attributen versehen oder auch rothaarig (vgl. Ge-

wittergott Donar; J. Grimm, *Deutsche Mythologie* I, Vorrede; Gerstenberg, *Schlachtlied*). Mit der Ausbreitung des Christentums und der Dämonisierung der heidn. Götter werden die roten Attribute der Macht des Bösen, dem Teufel, zugeschrieben: Als Herr der Höllenfeuer und Verführer zur Sünde ist er rothaarig (Th. Mann, *Doktor Faustus*) und trägt – mit landschaftl. Unterschieden – einen roten Rock und eine rote ↗Mütze. Gleichwohl kennzeichnet R. nach der christl. Lehre auch die Macht der Liebe: die Fleischwerdung Gottes in Jesus und seine Opferung zur Vergebung der Sünden. Nach der Transsubstantiationslehre verwandelt sich ↗Wein während des Abendmahls in das Blut Christi, so dass verschiedene Bedeutungen von R. in einem Bild zusammengeführt werden: das Blutopfer und die ›heilige Liebesglut‹ (Schott, *Meßbuch der Kirche* XVII; Angelus Silesius, *Heilige Seelenlust* I, 31: *Sie übergibt dem Jesulein ihr Herze*). Durch die Festlegung der liturg. Farben (R. an ↗Pfingsten, am Passionsfest sowie an den Festen der Märtyrer und Apostel) hat diese Symbolik des R. im sakralen Bereich seit dem MA verbindl. Geltung (Jacobus de Voragine, *Legenda aurea*, bes. »Von S. Gregorius«). Auch im weltl. Kontext kennzeichnet R. Macht und hierarch. Überordnung. Im MA darf allein der ↗Kaiser einen purpurroten ↗Mantel tragen (↗Purpur) (Geibel, *Friedrich R.bart*). Die Gewandfarbe, die alle anderen an Leuchtkraft übertrifft, ist mit Bezugnahme auf die Feldherrenmäntel der röm. Imperatoren Sieges- und Ehrenzeichen (Alexandre Dumas d. Ä., *Lady Hamilton* XL). Kleiderordnungen legen bis zur Frz. Revolution auch für die übrigen Stände die Gewandfarbe fest. Reines R. ist bis in die Neuzeit hinein neben Purpur die kostbarste und in der Herstellung kostspieligste Farbe und ausschließlich dem Adel vorbehalten (C.F. Meyer, *Gustav Adolfs Page* III). Erst als der Adel seine wirtschaftl. Macht einbüßt, verliert er auch das Privileg des roten Mantels. In Goethes *Farbenlehre* ist diese soziale Bedeutung der Farbe R. noch spürbar: »Sie gibt einen Eindruck sowohl von Ernst und Würde, als auch von Huld und Anmut« (»Über die sinnlich-sittliche Wirkung der Farbe« § 796).

4. Symbol des gesellschaftlichen Umsturzes. Als polit. Geste muss die Zurschaustellung von R. als leidenschaftl. Kampfansage (Farbe des Krieges und der Krieger) oder als Machtanspruch (v.a. unterprivilegierter Gesellschaftsschichten) gedeutet werden. Während der Frz. Revolution sind die roten Mützen der Jakobiner Abzeichen ihrer revolutionären Gesinnung. Der »drapeau rouge« des revolutionären Komitees gilt als Freiheitsfahne (↗Fahne). Bei Stendhal (*Le rouge et le noir*) verweist R. dementsprechend auf die republikan. Gesinnung der Hauptfigur. In der russ. Revolution wird aus der Fahne der Arbeiterbewegung die Fahne des Sozialismus und des Kommunismus. In Deutschland identifiziert sich die KPD mit der roten Farbe

(Brecht, *Grabschrift 1919*) und organisiert Fahnenmärsche, die Hitler inspirieren, R. auch für Werbekampagnen der NSDAP zu übernehmen. Nach der Teilung Deutschlands wird die rote Fahne Teil der Symbolpropaganda der DDR (Weinert, *Lied von der roten Fahne*; H. Hauptmann, *Ich trage eine Fahne*). Je nach polit. Position sind ›die Roten‹ in der Nachkriegszeit Sozialdemokraten, Linksliberale oder auch Anhänger der Rote-Armee-Fraktion (Degenhardt, *Bodo, genannt der Rote*).
　↗Blut, Farben, Feuer/Flamme, Purpur, Rose, Wein.

Lit.: R. Gross, Warum die Liebe rot ist, Düsseldorf 1981. – Ch. Meier/R. Suntrup, Zum Lexikon der Farbenbedeutungen im MA, in: Frühma. Studien 21 (1987), 390–475, bes. 419–459. – A. Rabbow, dtv-Lexikon polit. Symbole, München 1970, 198–206, 218–220. – W. Wackernagel, Die Farben- und Blumensprache des MA, in: ders., Kleine Schriften, Bd. 1, Leipzig 1872, 143–240.　　　　　　　　　　　　　　　　　JMi

Rubin / Karfunkel

Symbol des Herzens, der Reinheit und des Göttlichen. – Relevant für die Symbolbildung sind (a) die ↗rote Farbe, (b) die Leuchtkraft und (c) die Seltenheit des Edelsteins.

1. Symbol des Herzens und der Reinheit der Gefühle. Der durch eine bereits im Altertum verwendete Glasur im Dunkeln leuchtende R., häufig auch K. genannt, symbolisiert Lebenskraft oder Liebe (F. Schlegel, *Die Freudige*), die sich im ↗Herzen konzentriert: »Es ist dem Stein ein räthselhaftes Zeichen/ Tief eingegraben in sein glühend Blut,/ Er ist mit einem Herzen zu vergleichen,/ In dem das Bild der Unbekannten ruht« (Novalis, *Heinrich von Ofterdingen* I, 3). V.a. in der Romantik wird der leuchtende K. als Symbol der ↗Reinheit dem Leben in ↗Finsternis entgegengesetzt: »wo in der Dunkelheit des Grauens die K. des entzündeten Herzens um so zauberischer glimmt« (Tieck, *Dichterleben* I), und von Chamisso wird ihm die Rolle eines nach außen sichtbaren seel. Wertes zugeschrieben: »K. du meiner innern Selbstmacht, und du, finstrer Widerstreit der äußern Weltmächte; aber Macht und Helle werden dir, dir köstlichem K.!« (*Adelberts Fabel*).

2. Symbol des Göttlichen und Mystischen. Sowohl das Brustschild der alttestamentl. Hohepriester (Ex 28,18) wie auch die Zinnen des himml. ↗Jerusalem (Jes 54,12) sind neben anderen Edelsteinen mit R. geschmückt, womit ihnen göttl.-königl. Würde zukommt. Im 13. Jh. schreibt Albertus Magnus dem K. unter allen Steinen höchsten Rang und Tugend zu (*De mineralibus* II, 2, 3). Im MA symbolisiert er auch das Wort Gottes, das durch Maria und die vier Evangelisten in die Welt getragen wird, so in Heinrichs v. Krolewiz *Vater unser* aus dem 13. Jh.: »Das sind die vier wahren Lichter,/ die aller Welt erscheinen,/ und vier K.,/ die niemals dunkel werden,/ weil ihre fromme Tugend/ die Welt völlig erleuchtet hat«, oder bei H. Sachs: »O Jesu fein, dein wort gibt schein,/ licht, klar als der k.«(*Das liet Maria zart*). In relig. Dichtung wird der K. mit dem Göttlichen (im Menschen) verbunden: »Mein Leib, der wird vor Gott wie ein K. stehn,/ Wenn seine Grobheit wird im Feuer untergehn« (Angelus Silesius, *Cherubinischer Wandersmann* II, 110: *Die Verklärung*), und der R. häufig mit dem erlösenden ↗Blut Jesu Christi in Verbindung gebracht (Greiffenberg, *Auf die aller grausamste und erbärmlichste Creutzigung, meines Erlösers*; Zinzendorf, *Aufrichtige Erklärung, wies ihm ums Herz ist*). – Als Talisman schützt der K. vor Krankheit, auf Reisen, vor Feinden, gegen Gift und macht den Träger beliebt (Goethe, *Reineke Fuchs* X, 29 ff.). Ironisch gesteht dem K. auch noch Jean Paul eine übernatürl. Wirkung zu: »Dieser mystische *K.,* welcher sogar die geregelte innere oder geistige Wirklichkeit verflüchtigt« (*Vorschule der Ästhetik* III, Erste Kautel; vgl. ähnlich kritisch Eichendorff, *Ahnung und Gegenwart* II, 12). Hawthorne adaptiert die Symbolik des Höheren in *The Great Carbuncle*, wo das Streben nach dem K. weltl. Habgier, der Verzicht auf den Besitz im Wissen um seine Existenz dagegen ein gottgewolltes Leben symbolisiert. Als Stein mit ↗königl. Würde nimmt George den R. wieder auf (*Im Park*; *Der Teppich des Lebens: Standbilder, das sechste*). In der modernen Lyrik taucht der K. in Allusion zu Märchen und Mystik z. B. als »K.fee« auf (Bachmann, *Das Spiel ist aus*) und wird zum Symbol einer regressiven Gegenwelt.
　↗Blut, Reinheit, Rot.

Lit.: TuM, 220. – U. Engelen, Die Edelsteine in der dt. Dichtung des 12. und 13. Jh., München 1977, 324–331. – U. Korzeniewski, K.stein und Rosenquarz, Ostfildern 2005. – A. Salzer, Die Sinnbilder und Beiworte Mariens in der dt. Lit. und lat. Hymnenpoesie des MA, Nachdr. Darmstadt 1967, 248–254. – Th. Ziolkowski, Der K.stein, in: Euphorion 55 (1965), 297–326.　　PB

Ruine

Symbol epochaler Umbrüche und Veränderungen, der Begrenztheit künstler. Schöpfung, der Vergänglichkeit menschl. Existenz und der Dichtung. – Relevant für die Symbolbildung ist die transitor. Gestalt der R. zwischen (a) Natur und Kultur, (b) Destruktion und Montage sowie (c) zwischen Vergangenheit und Gegenwart.

1. Symbol epochaler Umbrüche und Veränderungen. Die R. als Symbol des krisenhaften Geschichtsverlaufs existiert bereits seit der Antike (Vergil, *Aeneis* IV, 342 ff.). Petrarca ruft in seiner LIII. *Canzone* zur Wiedergeburt der antiken Kultur auf und verknüpft damit die Forderung nach Frieden und Befreiung (*Spirto gentil che quelle membra reggi*). Die Goethezeit verwendet die R. als konkreten Verweis auf die histor. Umbruchsituation der Frz. Revolution. Der Aspekt des konstruktiven Aufbaus steht im Mittelpunkt: Die R. tritt als Zeichen überwundener, negativer Vergangenheit auf und wird als Symbol des Übergangs aufgerufen (Fichte, *Die Embleme der Vernunft*). Die Geschichte wird zur »Baustelle der Menschheit« (Herder, *Ideen zur Philosophie der Menschheit. Erster und zweither Teil* IX, 1). Vergangenheit soll für die Zukunft produktiv gemacht werden, und der Dichter wird zum ›Baumeister‹ stilisiert (Goethe, *Der Wandrer*; Brentano, *Godwi* I: »Godwi an Römer«). Pessimistisch gewendet wird das Symbol in Moritz' *Andreas Hartknopf*, wo trotz der kulturellen Bautätigkeit des Menschen kein Idealbau entsteht (*Andreas Hartknopfs Predigerjahre*: »Das Hochzeitskarmen«). Für die Romantiker mahnt die R. an das ›verlorene Paradies‹ (↗Garten) und verweist auf die Erlösungsbedürftigkeit des Menschen. Ziel ist die »Regeneration des Paradieses« unter den Bedingungen der Moderne (Novalis, *Das Allgemeine Brouillon* 929; ähnlich auch *Die Christenheit oder Europa*; *Heinrich von Ofterdingen* II: »Das Kloster, oder der Vorhof«; *Die Lehrlinge zu Sais*: »Die Natur«; Schelling, *Clara oder die Geisterwelt*). Wieder aufgegriffen wird die R. in der dt. Nachkriegslit., der sog. ›Trümmerlit.‹, in der nicht nur Vergleiche zu alten untergegangenen ↗Städten gezogen werden, sondern auch auf die unmittelbar durch den Krieg erlebte Zerstörung Bezug genommen wird (Kaschnitz, *Rückkehr nach Frankfurt*; Brecht, *Rückkehr*). Signifikanterweise leben auch die von Becher 1949 für die Nationalhymne der DDR verfassten Verse von dieser R.thematik: »Auferstanden aus R. und der Zukunft zugewandt« (*Deutschland-Lied*; *Gesang über den R.*).

2. Symbol der Begrenztheit menschlicher, insbes. künstlerischer Schöpfung. In der Renaissance und im Barock ist die Antithese zwischen der menschl. Schaffenskraft einerseits und der Hinfälligkeit ihrer Produkte andererseits häufig an das Symbol der R. gekoppelt. Sie ist Zeugnis großer Leistung, zugleich gibt sie auch Kunde von der Eitelkeit und Vergänglichkeit menschl. Strebens (Hoffmannswaldau, *Die allgemeine Vergänglichkeit*). Um 1800 wird die Antithese dahingehend gewendet, dass der Primat auf die schöpfer. Leistung gelegt wird, die aus der Zerstörung heraus neue Produktivkraft entwickelt. Der Dichter wird schließlich zum ›Erneuerer‹: Zerstörung und Erneuerung als Bewegungen, die mit dem Bild der R. verbunden sind, werden zu zentralen Prozessen, die die Dichtung charakterisieren (Goethe, *Italienische Reise*; *Römische Elegien* I; *Maximen und Reflexionen*: »Beim Zerstören gelten«; s. a. 4.). In der Moderne wird die Dichotomie von schöpfer. und zerstörer. Handeln zum ästhet. Kriterium schlechthin und die R. zum Schauplatz dieser Grundhaltung. Damit gewinnt die Schönheit der Destruktion an Bedeutung: Die Formung, die dem

Gegenstand gewaltsam auferlegt wurde, wird im Moment der Zerstörung wieder rückgängig gemacht – der Gegenstand erhält sein ursprüngl. Sein zurück (G. Simmel, *Die R.*). Im ästhet. Diskurs der Postmoderne symbolisiert die R. schließlich ein Denken in Fragmenten, das nicht mehr auf eine sinngebende Ganzheit bezogen ist (Lévi-Strauss, *Die Struktur der Mythen*).

3. Symbol der Vergänglichkeit menschlicher Existenz, der Melancholie und des Schreckens. Die Betrachtung der R. als Symbol menschl. und allg. kultureller Vergänglichkeit reicht zurück bis in die antike Konsolationslit. (z. B. Brief von Servius Sulpicius an Cicero, *Epistulae ad familiares* IV, 5). Im Barock wird die R. zum Sinnbild für die Nichtigkeit menschl. Existenz bis hin zur Stilisierung des von Verfall und Verwesung geschundenen Körpers als R. (Lohenstein, *Lyrica, Hyazinthen: O bios esti Kolokynthe*). Um 1730 entwickelt Brockes aus der barocken R.klage die ›süße‹ Melancholie, die den Verfall zum Bestandteil des göttl. Schöpfungsplans erklärt (*Irdisches Vergnügen in Gott: Die lehrenden R.*; *Helden-Gedicht*). Fortan wird die R. mit Elementen wie Einsamkeit, ↗Nacht und ↗Grab in Zusammenhang gebracht (Dyer, *The Ruin of Rome*). Eine Verbindung zwischen nächtl. Betrachtung und angenehmer Schwermut wird schließlich spätestens um 1800 hergestellt. Die R. präsentiert sich im Zauber des Mondlichts (Eichendorff, *Das Marmorbild*; ↗Mond, ↗Licht). Die mag. Anziehungskraft der R. wird mit einer Todes- oder Schreckensahnung verknüpft (Tieck, *Der Runenberg*; *Die Klausenburg*; *Abendgespräche*; E.T.A. Hoffmann, *Das Majorat*; Kleist, *Das Bettelweib von Locarno*). Auch das Genre der *Gothic Novel* bindet die Darstellung von Schrecken und Tod häufig an das Symbol der R. (Lewis, *The Monk*; Poe, *The Fall of the House of Usher*). Zahlreiche Darstellungen (auch bildkünstler. Beiträge, s. C.D. Friedrich) zeigen die R. als Symbol der Sehnsucht, Melancholie und Transzendenz und lassen sie schließlich zum Symbol der Romantik schlechthin werden (Brentano, *Godwi* I; *Gockel, Hinkel, Gackeleia*; Tieck, *Eine Sommerreise*). Darüber hinaus gibt es einige Autoren, die sich geradezu an der R. abgearbeitet haben und sie immer wieder in den Mittelpunkt ihres Textgeschehens stellen (z. B. Eichendorff, *Tröst-Einsamkeit*). Hier ist es v. a. die Sehnsucht nach der ›schönen alten Zeit‹, die durch die R. symbolisiert werden soll.

4. Symbol der Dichtung. Die Gleichsetzung von Werk und R. um 1800 lässt die R. schließlich zu einem poetolog. Symbol werden. In C. Brentanos *Godwi* wird der Text als »schwankendes Gerüste« (II: »Vorrede«) präsentiert und der Autor zum Konstrukteur einer literar. R. Die Dekonstruktion des Autor-Subjekts wird geradezu inszeniert: Die Vielfalt der ↗Stimmen im Roman und die Zerstörung der einen verlässl. Erzählinstanz versinnbildlichen den unabschließbaren Prozess der Kunst-

produktion – der Text beginnt sich zu verselbständigen (ähnlich auch Jean Paul, *Die Unsichtbare
Loge*: »Die Entschuldigung bei den Lesern der
sämtlichen Werke in Beziehung auf die Unsichtbare
Loge«). Im 20. Jh. wird die R. zum Symbol für die
poet. Sprache selbst. Die R. symbolisiert den Zerfall
der Sprache und den notwendigen (Wieder-)Auf-
bau aus den (Sprach-)Trümmern gleichermaßen
(Benjamin, *Ursprung des deutschen Trauerspiels*:
»Allegorie und Trauerspiel. Die R.«).

↗Burg, Erdbeben, Schloss, Stein/Gestein.

Lit.: A. Assmann (Hg.), Ruinenbilder, München 2002.
– N. Bolz/W. v. Reijen (Hg.), R. des Denkens, Frankfurt a.M. 1996. – H. Bühlbäcker, Konstruktive Zerstö-
rungen, Bielefeld 1999. – U. Hennigfeld, Der ruinierte
Körper, Würzburg 2008.   StW

Russland ↗Asien, Osten.

S

Sackpfeife / Dudelsack

Symbol des Todes, der Dummheit, der ästhet. Minderwertigkeit und der Penetranz, aber auch der Fröhlichkeit und des angelsächs. Patriotismus. – Relevant für die Symbolbildung sind (a) das durch den Luftsack in Kombination mit mehreren Pfeifen plumpe und unhandl. Erscheinungsbild, (b) der charakterist., aus dem tiefen Grundton und den melodisch darauf gesetzten höheren Pfeifentönen zusammengesetzte Klang sowie (c) der überwiegende Einsatz der S. bei nichtadeligen Feierlichkeiten, v. a. im angelsächs. Kulturkreis.

Ihre Todessymbolik er- und behielt die Sackpfeife im Laufe des späteren MA über die Frühe Neuzeit bis in das 18. Jh. hinein vornehmlich durch die seit dem 14. Jh. aufkommenden bildl. Totentanzdarstellungen, die den Tod häufig als einen ↗Spielmann mit Dudelsack ausweisen (Textbelege z. B. im *Oberdeutschen vierzeiligen Totentanz*, Cod. pal. germ. 314, und im *Großbasler Totentanz*). In Luthers Publizistik steht der S. spielende ↗Esel für die gelehrte Dummheit der theolog. Doktoren. Brant bezeichnet im *Narrenschiff* die S. als unnützes Utensil (LXXXIX) und ordnet es in der Gegenüberstellung mit der königlich anmutenden ↗Laute bzw. ↗Harfe den ↗Narren zu (LIV). Eine derartige Aura des ästhetisch Minderwertigen hat sich seither konstant erhalten (z. B. Fontanus, *Der Weicher-Stein*; Lichtenberg, *Redensarten*; Hölty, *Bettlerode*; Mörike, *Mozart auf der Reise nach Prag*). Darüber hinaus konnotiert die S. enervierende Redundanz (C. Spangenberg, *Wider die böse Sieben ins Teufels Karnöffelspiel*) und grelle Penetranz (Grimmelshausen, *Simplicissimus* I, 3: S. als bewährtes Mittel zur Abschreckung von Wölfen; A. Grün, *Der gefangene Räuber*). Bis in die erste Hälfte des 18. Jh. symbolisiert die S. aber auch schlicht gesellige Fröhlichkeit (so bereits Silius Italicus, *Punica* III, 344 ff.), bevor sich mit zunehmender Verwendung des Begriffs ›D.‹ eine allmähl. Wendung ins Pejorative vollzieht (s. o.). In der engl. Lit. behält die Sackpfeife ihre symbol. Bedeutungsnuance der folklorist. Fröhlichkeit und Festlichkeit bei (Scott, *Waverley* XX), z. T. verbunden mit einer Verweisfunktion auf krieger. Auseinandersetzungen (ebd. XIX und XLIV). In zeitgenöss. Reiseführern ist die folklorist. Bedeutung topisch geworden (*Reiseführer Schottlands*, Reihe *Marco Polo*: »kein Fest ohne D.«).
↗Flöte, Tanz.

Lit.: DWb II, 1499; VIII, 1625 f. – R. Hammerstein, Tanz und Musik des Todes, Bern/München 1980, 29–39, 41 f., 51–55. IH

Säule / Pfeiler

Symbol der maßgebl. Werte, Ämter und Personen in einer Gemeinschaft, v. a. der Beständigkeit. – Relevant für die Symbolbildung sind (a) die Stützfunktion von S. und P. und (b) die Repräsentationsfunktion von frei stehenden S.

Die Differenzierung zwischen S., die wie P. und Stützen die Stabilität eines Bauwerks sichern, und frei stehenden S., denen eher die Funktion eines repräsentativen Monuments zukommt, beeinflusst den Symbolwert der S. nicht entscheidend, erlaubt aber Nuancierungen. Als solche staatsragenden S. sind z. B. die Gerechtigkeit (Althusius, *Politica* IX, 32), die Freiheit und Gleichheit (Forster, *Über das Verhältnis der Mainzer gegen die Franken*) oder der Frieden (Lohenstein, *Arminius* II, 2) gepriesen worden. In der *Goldenen Bulle* werden die Kurfürsten wiederholt als S. des Reiches bezeichnet. In der Kirche sind die Apostel und geistl. Würdenträger die S., aber der Deutungsfächer der zahlreichen bibl. S.belege ist breit entfaltet (Hieronymus Lauretus, *Sylva allegoriarum* 257). Die familiären Beziehungen scheinen eher mit der Pfeiler- und Stützenmetaphorik charakterisiert worden zu sein (DWb XIII, 1660; XIV, 1902; XX, 750). Außergewöhnlich ist wohl Filaretes Versuch (um 1465), in den drei verschiedenen S.typen die dreigliedrige Ständeordnung des Staates gespiegelt zu sehen (*Trattato di architettura* VIII). In iron. Zurückweisung der trad. S.bildlichkeit bezeichnet Heine die Adligen als Karyatiden des Thrones (*Struensee von M. Beer*), und auch Ibsens Dramentitel *Die Stützen der Gesellschaft* ist ironisch gemeint. – Die Emblematik kennt zahlreiche Belege für die S. als Sinnbild der Beständigkeit, Kraft und Stärke (HS, 1226–1229; Picinelli/Erath, *Mundus symbolicus* XVI, 5). In diesem Sinne sind auch die beiden S. vor dem Salomon. Tempel aufgrund ihrer Namen *Jachin* (»Er lässt feststehen«) und *Boas* (»In ihm ist Kraft«) gedeutet worden. In kosmolog. Dimensionen verweisen die S. des Herkules, die die alte Welt begrenzen (HS, 1197–1199), und die S. der ↗Erde und des ↗Himmels (Ps 75,4).
↗Koloss, Pyramide.

Lit.: D. Peil, Untersuchungen zur Staats- und Herrschaftsmetaphorik in literar. Zeugnissen von der Antike bis zur Gegenwart, München 1983, 598–605. – B. Reudenbach, S. und Apostel, in: Frühma. Studien 14 (1980), 310–351. DP

Safran ↗Krokus/Safran.

Sais ↗Ägypten.

Saite / Saitenspiel

Symbol der harmon. Weltordnung, der inneren Natur des Menschen, der Dichtkunst und des treffenden Worts. – Relevant für die Symbolbildung sind (a) die zwei mögl. Funktionen einer S. als Teil eines Musikinstruments oder eines Bogens, (b) die physikalisch bedingte Mehrtönigkeit und der gestimmte oder ungestimmte Zustand der S., (c) ihre Spannung und die Möglichkeit des Reißens, (d) die Schwingung und das Mitschwingen anderer S.

1. Symbol der harmonischen Weltordnung. Ausgehend von der mathemat.-musikal. Kosmologie der Vorsokratiker (bes. Pythagoras) mit ihrem Gedanken der ↗Sphärenharmonie verweist der Zusammenklang der S. auf die harmon. Fügung der Welt, die Dissonanz auf die Erfahrung von ontolog. oder sozialen Missverhältnissen. Wie Jean Paul die Symbolik der metaphys. Geborgenheit des Menschen aufnimmt als Teil der »Äols-Harfe der Schöpfung« (*Das Leben des Quintus Fixlein*, Letztes Kap.), schlägt sich andererseits der die Seele vorstellende ↗Schmetterling in E.T.A Hoffmanns *Nachtstücken* selbst ↗Wunden, wenn er aufgrund mangelnder Einsicht »unharmonisch« spielt (*Das Sanctus* I). Noch Rilke gestaltet die Einheitserfahrung des Menschen mit der Welt als S. eines Welt-Instruments, die sich in ständiger Resonanz erlebt: »Ich bin eine S.,/ über rauschende breite/ Resonanzen gespannt« (*Am Rande der Nacht*). – Das S.spiel zur Freude der »Himmlischen« weist in Hölderlins *Heimkunft* auf die Aufgabe des Dichters, der Einheit zwischen ↗Himmel und ↗Erde Ausdruck zu verleihen. Im Anschluss an Heraklit (*Fragmente*, Diels/Kranz 22 B 8) gilt Hölderlin das S.spiel als ontolog. Modell des ›harmonisch Entgegengesetzten‹: »Wie in liebendem Streit/ Über dem S.spiel ein tausendfältig Gewimmel/ Flüchtiger Töne sich regt,/ Wandelt Schatten und Licht in süßmelodischem Wechsel/ Über die Berge dahin« (*An Diotima*; vgl. *Hyperion* I, 2). – Im Gegenzug sind die von der S. auch abgelöst auftretende Dissonanz sowie die Reduktion auf einen einzigen Ton Ausdruck der Entfremdungserfahrung von der harmon. Ordnung der Natur (Hölderlin, *Hyperion*, Vorrede; vgl. I, 1: »Schellenklange der Welt«) oder gesellschaftl. Zwangsverhältnisse: »Das ist erbärmlich. So ein armseliges Instrument zu sein, auf dem eine S. immer nur einen Ton angibt!« (Büchner, *Dantons Tod* II, 1). Jean Paul kritisiert im Bild des »Ichs-Monochord« die Reduktion auf eine »einzige S. der ewigen Sphärenmusik« als Resultat der Hybris der Ich-Philosophie des Dt. Idealismus (*Clavis Fichtiana* § 15: »Viertes und letztes Maestoso«). Bei Nietzsche zeigt sich dagegen überhaupt die Erfahrung der Einheit von Mensch und Welt im »Miterklingen der lange verstummten, ja zerrissenen metaphysischen S.« als ästhet. Schein (*Menschliches Allzumenschliches* I, 153).

2. Symbol der inneren Natur des Menschen. Die von Aristoteles überlieferte pythagoreische Auffassung, dass die Seele Harmonie sei bzw. habe (*De anima* 407b 27 f.), wird von den Kirchenvätern im Bild der S. des Psalters oder der Kithara (*chorda*) auf den Menschen, seine Seelenkräfte, seine Körperlichkeit oder auch auf einzelne Organe übertragen (Giesel, 173–178; weitergeführt in der Symbolik der ›Stimmung‹, vgl. Spitzer). – Im Kontext der anthropolog. Wende im 18. Jh. findet Schiller gegen die Ansicht von der gespaltenen Natur des Menschen in Seele und Körper in der Resonanz zweier nebeneinander liegender S.instrumente die symbol. Wirkursache des ›ganzen‹ Menschen (*Über den Zusammenhang der thierischen Natur des Menschen mit seiner geistigen* § 18). Herder verdeutlicht das Seelen- und Erkenntnisprinzip im Menschen als Korrespondenz von göttl. und menschl. S.spiel: der Mensch »ist S.spiel, in anderm Betracht nur S., Ton einer S.: aber zugleich der freie Spieler seines S.spieles selbst« (*Vom Erkennen und Empfinden, den zwo Hauptkräften der menschlichen Seele* III, 1; vgl. *Ideen zur Philosophie der Geschichte der Menschheit* III, 15, 4). Diese Überführung ist bei Herder wie bei Schiller ein Rekurs auf die zeitgenöss. Physiologie, die die Funktion und den Aufbau der Nerven des Menschen in Analogie zur musikal. Schwingungstheorie konzipiert (J.G. Krüger, *Naturlehre* II, 16: »Von der Empfindung überhaupt«), aus deren »verschiedener Spannung« die »Verschiedenheit einer Übereinstimmung unter ihnen« resultiert (*Krügers Träume* XXIII). – Als Symbol der inneren Natur des Menschen, seiner Empfindungen und Gefühle wird die S. seit der zweiten Hälfte des 18. Jh. oft verwendet: als sympathet. Mitklingen der Menschen untereinander im Bild gleichgespannter S. (satirisch durchgeführt in Wielands Schöpfungsmythos der Menschen *Traumgespräch mit Prometheus* in seinen *Beyträgen zur geheimen Geschichte der Menschheit* III, 15), zum Ausdruck von Seelenverwandtschaft (Fontane, *Schach von Wuthenow* IV), als Zusammenstimmen unterschiedner S. (Rilke, *Liebes-Lied*) wie auch umgekehrt des verfehlten Seelenanklangs (La Roche, *Geschichte des Fräuleins von Sternheim* I, 5. Brief des »Fräulein von Sternheim an Emilia«; E.T.A. Hoffmann, *Rat Krespel* I). – Die reißende S. ist schließlich Signal eines Kommunikationsverlusts oder der krankhaften Verselbständigung der inneren Natur, wie z.B. Anton Reisers Phantasie: »Die S. war bis zur höchsten Spannung hinaufgewunden, und nun sprang sie« (Moritz, *Anton Reiser* III).

3. Symbol für die Dichtkunst, ihre Wirkung und das treffende Wort. Der mytholog. Ursprung der Dichtung durch Orpheus' ↗Gesang (Ovid, *Metamorphosen* I, 1 ff.) ist mit der musikal. Begleitung eines S.instrumentes verknüpft (↗Laute; ↗Lyra/ Leier). Mit der Autonomisierung der Kunst wird der Dichter selbst zum Schöpfer einer harmon. Weltordnung (s.a. 1.), der die Dissonanzen der Welt in einen Zusammenklang überführt (Lichtenberg, *Su-*

delbücher J 737). In Anlehnung an die Musiktheorie Rousseaus und die spinozist. Naturreligion wird bei Hölderlin insbes. die Erfahrung der Liebe zum Initial eines dichter. S.spiels mit kosm. Dimensionen (*Hymne an die Muse*; *Hymne an die Menschheit*). Bei Jean Paul ist die S. Bild für das Zurücktreten des Autors hinter sein Werk: »Der Dichter gleicht der S.: er selber macht sich unsichtbar, wenn er sich schwingt und Wohllaut gibt« (*Dr. Katzenbergers Badereise*: »Polymeter«). Hofmannsthal entwirft das Gefüge der Romanwelt als Ausdruck der harmonisch organisierten Seele des Dichters: »man kann nicht eine S. berühren, ohne daß alle mitklingen«, und die Relation von Dichter und Buch als Makro- zu Mikrokosmos (*Zur Physiologie der modernen Seele*). – Zur Charakterisierung ästhet. Wirkung beschreibt Lessing das Gefühl der Lust am Trauerspiel als sympathet. ›Mitschwingen‹ der S. der Empfindung, die »der ähnlichen Erbebung ungeachtet, eine angenehme Empfindung hat, weil sie nicht (wenigstens nicht so unmittelbar) berührt worden« (*Briefwechsel über das Trauerspiel*, Brief an M. Mendelssohn, 2.2.1757; vgl. Sulzer, *Allgemeine Theorie der Schönen Künste*, Art. ›Empfindung‹ und Art. ›Geschmack‹). Nicht als Dämpfung, sondern als Beleg des überwältigenden Ausdrucks des Gefühls setzt Moritz in rhetor. Trad. (Cicero, *De oratore* III, 216; Ps.-Longin, *Vom Erhabenen* 39, 2) auf die »mitertönende S. bei jedem Zuhörer« (*Vorlesungen über den Stil* I, 1; vgl. Klopstock, *Vom deutschen Hexameter*). – Leier und ⁊*Bogen* als die beiden Attribute Apolls, des Gottes der Dichtkunst und des Krieges (Homer, *Odyssee* XXI, 404–409), führt Horaz in der »S.« zusammen, die »nicht immer den Ton erklingen« lässt, »den Hand und Absicht sich wünschen« (Horaz, *Ars poetica* 348–350). Schiller und Goethe leiten aus dieser doppelten Semantik eine Rechtfertigung des pointierten Epigramms ab: »S. rühret Apoll, doch er spannt auch den tötenden Bogen;/ Wie er die Hirtin entzückt, streckt er den Python in Staub« (Schiller und Goethe, *Xenien und Votivtafeln*: *Das doppelte Amt*).

⁊*Harfe*, Kunstmusik, Laute, Lyra/Leier, Naturmusik/Sphärenharmonie, Pfeil und Bogen.

Lit.: H. Giesel, Studien zur Symbolik der Musikinstrumente im Schrifttum der alten und ma. Kirche, Regensburg 1978. – L. Spitzer, Classical and Christian Ideas of World Harmony, hg. v. A.G. Hatcher, Baltimore 1963. – C. Welsh, »Töne sind Tasten höherer S. in uns«, in: Romant. Wissenspoetik, hg. v. G. Brandstetter/G. Neumann, Würzburg 2004, 73–89.

MSp

Salamander

Symbol der Glaubensfestigkeit und Tugend, der unerwiderten Leidenschaft, des Elementaren. – Relevant für die Symbolbildung ist die vermeintl. bes. Kälte des S., die ihn dem ⁊*Feuer* widerstehen oder dieses gar löschen lässt.

In der älteren dt. naturkundl. Überlieferung wird der S., insbes. der Feuersalamander, auch mit dem Molch oder der ⁊*Eidechse* gleichgesetzt (vgl. Hildegard v. Bingen, *Physica* VIII, 8; Konrad v. Megenberg, *Buch der Natur* III E, 16 und 22). – Während laut Plinius d.Ä. der S. eine solche Kälte besitzt, dass er durch bloßes Berühren ⁊*Feuer* zum Erlöschen bringen kann (*Naturalis historia* X, 188; ähnlich schon Aristoteles, *Historia animalium* V, 19; vgl. IV, 11), wird diese Behauptung durch den frühchristl. *Physiologus* unter Berufung auf Dan 3,13–27 auf das (Über-)Leben im Feuer ausgeweitet und in symbolhafte Beziehung zur Obhut Gottes über die gläubigen Menschen gesetzt (»Vom S.«). Ausgehend hiervon werden, u.a. durch Isidor v. Sevilla (vgl. *Etymologiae* XII, 4, 36), die feuerresistenten Eigenschaften des S. in die ma. Naturkunde tradiert und aufgrund von Jes 43,2 als Sinnbild eines festen Glaubens umgedeutet, den auch äußere Umstände nicht zu brechen vermögen (vgl. auch Konrad v. Megenberg, *Buch der Natur* III E, 22). Solcherart findet der S. Eingang insbes. in die relig. Dichtung (Angelus Silesius, *Cherubinischer Wandersmann* IV, 32: *Eines jeden Element*; Neukirch, *Die dreyfache glücks- und ehren-krone*), versinnbildlicht aber auch v.a. im Barock moraldidaktisch die Herrschaft und den Sieg der Tugend über Leidenschaften und Affekte (Arnold, *Das wilde Natur-Feuer*; Fleming, *Die verletzte Charitinne*; Hoffmannswaldau, *An Algerthen*; Hunold, *Satyre*; Lohenstein, *Sophonisbe* II, 481). – Dem gegenüber steht die Symbolik des S. in ganz weltl. Sicht als einer der Liebe und körperl. Leidenschaft abträgl. bzw. ihr gegenüber resistenten Haltung, wobei hier insbes. auf die bereits von Plinius d.Ä. propagierte Kälte rekurriert wird (Bürger, *Das hohe Lied von der Einzigen*; A.W. Schlegel, *Die größere Gefahr*; Tieck, *Sonette aus dem ungedruckten Roman: Alma, ein Buch der Liebe*). – In der frühneuzeitl. Alchemie dient der S. v.a. unter dem Einfluss des Paracelsus als belebendes Moment des Elementes Feuer. In dieser Eigenschaft tritt er bes. in der romant. Lit. zur Verdeutlichung myst. Zusammenhänge in der Natur hervor (C. Brentano, *Das Märchen von dem Hause Starenberg*; Fouqué, *Undine*), dient aber auch der Kenntlichmachung abergläub. Vorstellungen (Goethe, *Faust I* 1273 ff.; Heine, *Elementargeister*), wobei jedoch kaum die im Volksglauben verwurzelten Anschauungen als Sinnbild des Teufels bzw. als dämon. Wesen geteilt werden (vgl. HdA IV, 457 f.).

⁊*Eidechse*, Feuer/Flamme.

URo

Salbe ⁊*Öl/Salbe*.

Salz

Symbol der Verbundenheit, Treue und (Gast-)Freundschaft, der Strafe, der Zeugung, der Reinheit, der (göttl.) Weisheit, des (Sprach-)Witzes sowie der seel. und körperl. Erregung. – Relevant für die Symbolbildung sind (a) die Schärfe bzw. Würze des S., (b) sein strahlendes ↗Weiß, (c) seine Unverderblichkeit, (d) seine Löslichkeit, (e) sein chemisch-strukturelles Verhalten (Kristallisation), (f) seine konservierende und ↗reinigende Wirkung, (g) die Problematik seiner idealen Dosierung (zwischen *fade* und *versalzen*; Maßeinheit: Prise), (h) seine physiolog. Bedeutung.

1. Bündnissymbol. Die Bündnissymboliken des S. sind mehrfachen Ursprungs: Im AT bezeichnet Jahwe seinen Bund mit den Israeliten als »Salzbund«, da er das S. als Beigabe zu allen Speiseopfern vorschreibt (Lev 2,13; auch Num 18,19; 2 Chr 13,5), und im NT formuliert Jesus in paradoxen S.gleichnissen gegenüber den Jüngern die Ansprüche, die an sie als Diener des Neuen Bundes gestellt werden (Mt 5,13; Mk 9,50; Lk 14,34 f.). Zum sprichwörtl. *symbolum amicitiae* wird das S. in der griech. Antike geprägt, zuerst bezeugt bei Aristoteles, der an zwei Stellen die Redewendung anführt, wonach man einander nicht kennt, »wenn man nicht zuvor den bekannten Scheffel Salz miteinander gegessen hat« (*Nikomachische Ethik* 1156b; *Eudemische Ethik* 1238a). In Kombination mit ↗Brot bildet das S. eine in zahllosen Riten und Texten belegte symbol. Einheit für (gast-)freundschaftl. Verbundenheit (z. B. Brüder Grimm, *Deutsche Sagen: Brot und Salz segnet Gott*). Wer sich umgekehrt am S. vergeht (indem er es z. B. verschüttet), bricht damit auch ein Bündnis, schon nach einem Fragment des Archilochos: »[…] und hast dich vom Eid abgekehrt, dem großen, der du S. und Tisch [schändetest]« (Fragm. 68).

2. Symbol der Strafe. Urfiguration einer Bestrafung mittels S. ist Lots Frau, die zur S.säule erstarrt, als sie entgegen Jahwes Gebot beim Untergang von Sodom und Gomorra hinter sich auf die Stätten der Vernichtung blickt (Gen 19,26); in der Bibel selbst wird dieser S.körper als »Denkmal einer ungläubigen Seele« (Weish 10,7) bezeichnet. Auch an anderen Stellen im AT gilt das S. als Mittel und Zeichen des Zorns und der strengen Gerechtigkeit Gottes gegenüber Menschen, die von ihm abgefallen sind oder abfallen könnten: Jahwe verbrennt ihr Land »mit Schwefel und S. […], dass es weder besät werden kann noch etwas wächst noch Kraut darin aufgeht« (Dtn 29,22) und »fruchtbares Land zur S.wüste« wird »wegen der Bosheit derer, die dort wohnten« (Ps 107,34). Das S. ist hier Symbol der Strafe mit ewiger Unfruchtbarkeit.

3. Symbol der Zeugung. In Gegensatz dazu stehen die Symboliken der Fruchtbarkeit, die zumeist aus der ›Hitze‹ des Stoffs, seiner die Nerven anregenden Wirkung, hergeleitet werden. In der Antike kursierten weithin Gerüchte, das S. sei nicht nur dafür verantwortlich, dass die Geschöpfe des ↗Meeres so zahlreiche Nachkommenschaften bildeten, sondern auch dafür, dass sich Ratten und Mäuse (v. a. auf mit S. beladenen Schiffen) so übermäßig

vermehrten – notabene nur durch Lecken von S., ohne Koitus (Plinius d.Ä., *Naturalis historia* X, 85, 185; Plutarch, *Tischgespräche* V, 10, 4, 685D-E). – Ganz anders geartet sind die generativen Zuschreibungen des S. in naturphilosoph., myst. und alchemist. Kontexten, in denen es neben Schwefel und Quecksilber (*sulphur, mercurius, sal*) zu einem Urprinzip der Selbstentäußerung Gottes in der Schöpfung erklärt wird und von einem »Mittelen Saltz=Punct des grossen Gebäues der gantzen Welt« die Rede ist, »aus welchem alles Materialisches in der Welt und Natur herfleust« (Khunrath, *Vom Hylealischen, Das ist / Pri=materialischen Catholischen Oder Allgemeinen Natürlichen Chaos* VI). Literarisch aufgegriffen werden solche Vorstellungen z. B. in Moritz' Roman *Andreas Hartknopf*.

4. Symbol der Reinheit. Die Assoziationen des S. mit ↗Reinheit sind ebenso phänomenologisch wie chemisch begründbar, besitzen aber auch relig. und medizin. Dimensionen: In einer alttestamentl. Opfervorschrift stehen »gesalzen«, »rein« und »zum heiligen Gebrauch« austauschbar nebeneinander (Ex 30,35), und vom Propheten Elias wird berichtet, er habe eine Quelle mit bösem Wasser gesund gemacht, indem er S. hineinwarf (2 Kön 2,19–22). In relig.-hygien. Ritualen (Ez 16,4) und in medizin. Praktiken (Galen, *De sanitate* I, 7) wird kindl. ↗Haut mit S. eingerieben, um sie zu säubern und zu stärken. U.a. daraus leiten sich auch seine liturg. Verwendungsformen im katechumenalen Ritus der röm. Kirche her (in einer Vorform erstmals belegt bei Augustinus, *Confessiones* I, 11, 17).

5. Symbol der Weisheit bzw. des Witzes. Als Wissensbegriff kann das S. sowohl eine relig. als auch eine säkulare Ausrichtung haben: Als Symbol für die göttl. Weisheit rekurriert es auf bibl. S.symboliken, namentlich auf die neutestamentl. S.gleichnisse (z. B. das *sal sapientiae* der Kirchenväter), als Chiffre für den scharfen Verstand (im Sinne des frz. *esprit*) stellt es auf seinen spezifisch stoffl. Effekt ab – auf seine würzende, anregende, durchdringende Kraft; ein Bsp. gibt Hamann, der, wenn auch in iron. Tonfall, von einem »Salz der Gelehrsamkeit« spricht (*Wolken* III).

6. Symbol der würzigen i.S.v. witzigen bzw. gewitzten Rede. Spätestens seit Ciceros Reflexionen über eine *ars salis* (*De oratore* II, 216 und 231), eine Kunst des witzigen Redens, und Quintilians daran angelehnte *salse dicendi ratio* (*Institutio oratoria* VI, 3, 89) wird das S. auch poetolog. S. als Gewürz gehandelt, das die Rede anregend macht und vor Fadheit bewahrt; in einer prägnanten Formulierung F. Schlegels: »S. im Ausdruck ist das Pikante, pulverisiert. Es gibt grobkörniges und feines« (*Kritische Fragmente* XCVII). Auch wenn sowohl Cicero als auch Quintilian am Versuch einer rhetor. Systematisierung des S. scheitern und sich mit Beispielsammlungen für gelungenen Sprachwitz und der Empfehlung begnügen müssen, das Humoristische nicht aufdringlich werden zu lassen und die Rede also nicht zu ›versalzen‹, gilt das poetolog. S. seither als Chiffre für unterschiedlichste Spielarten des Komischen, auch in normativer Hinsicht, z. B. als ›attisches S.‹ (Lessing, *Hamburgische Dramaturgie* VII; Jean Paul, *Hesperus*, 26. Hundposttag). In christlich-religiös orientierter Lit. ist zudem eine Stelle aus den Paulusbriefen verbindlich geworden: »Eure Rede sei allezeit freundlich und mit S. gewürzt, dass ihr wisst, wie ihr einem jeden antworten sollt« (Kol 4,6). Vor diesem Hintergrund setzt etwa Harsdörffer das S. der Rede mit »erbaulicher Lehre« gleich (*Poetischer Trichter* III, 36).

7. Symbol seelischer und körperlicher Erregung. Als Stoff, der dem Organismus lebensnotwendig und in ihm allgegenwärtig ist, wird das S. zumal dann symbolisch gelesen, wenn es auf der Oberfläche des Körpers auftaucht: als Ingredienz der Ausscheidungen. Innerhalb des poet. Stereotyps der ›gesalzenen‹ ↗Tränen verbürgt es die Intensität und Integrität der (zumeist schmerzl.) Empfindung; als Element des Schweißes kann es zum Indikator der Leidenschaft werden (Topos: ›S. auf der Haut‹); und als Bestandteil des ↗Urins gilt es, zumindest nach der psychoanalyt. Lektüre von E. Jones, als »typical symbol for semen« (Jones, 96).

↗Brot, Kot, Mahl, Meer, Same/Samenkorn, Säule/Pfeiler, Reinheit, Träne, Weiß.

Lit.: E. Jones, The Symbolic Significance of Salt in Folklore and Superstition, in: Salt and the Alchemical Soul, hg. v. S. Marlan, Woodstock 1995, 47–100. – J.E. Latham, The Religious Symbolism of Salt, Paris 1982. – M.J. Schleiden, Das S., Leipzig 1875, Nachdr. Weinheim 1983. – Th. Strässle, S. Poetiken eines Stoffs, München 2009. ThSt

Samen / Samenkorn

Symbol der Entstehung von Neuem, der Nachkommenschaft, des Glaubens und der verborgenen Ursprünge. – Relevant für die Symbolbildung ist neben (a) der Bedeutung des S. für die botan. und animal. Fortpflanzung v. a. (b) die Einbettung der pflanzl. S. im ↗Erdreich.

1. Symbol des Werdens, des Übergangs und des Neuen. Der S. als Symbol für neues Leben wird oft kontrastiert mit dem selbst scheinbar toten Korn (De la Feuille, *Devises et emblemes* XXXI, 7); emblemat. Darstellungen zeigen Schädel, aus denen Ähren hervorsprießen (Paradin, *Devises heroiques*, 258; Boissard, *Emblemes latins*, 38 f.; Rollenhagen, *Nucleus emblematum* I, 21). Bei Pflanzen kann das Abgeben von S. im Kontrast mit der Blüte bereits als Verfall gesehen werden (Rentz, *Geistliche Todts-Gedancken*, 37). Schiller (*Abschied vom Leser*) deutet die gleiche Bildlogik poetologisch: Aus den ↗Blumen (Gedichte) müssen S. (Sinn für Höheres beim Leser) hervorgehen, die katalysator. Funktion seiner Gedichte schließt deren Vergänglichkeit

schon ein. – Sonst wird um 1800 stärker die Kontinuität von Werden und Vergehen betont (Claudius, *Sterben und Auferstehn*; Goethe, *Dem Ackermann*; Schiller, *Lied von der Glocke*, V. 235–243; Jean Paul, *Siebenkäs* IV, 21: »unsere letzte S.kapsel, der Sarg«). Büchner (*Dantons Tod* III) und Fontane (*Der Stechlin* XXVII) greifen die Trad. ironisch auf, Baudelaire wendet sie ins Eklige (*Une charogne*). In Weissmanns Fragment *Gartennovelle* bündeln sich in der S.symbolik Prozesse des Wachsens und Vergehens und werden mit dem erot. Erwachen eines Mädchens gekoppelt. N. Sachs setzt gegen das Staub- und Sandkorn als Symbol der Vergänglichkeit der menschl. Existenz das S.korn als Prinzip neuen Lebens (*Tod und Verwandlung*).

2. Symbol der Nachkommenschaft. Seit dem AT (Gen 15,5; 22,4) und Homer (*Ilias* VI, 191) ist der S. eine Metapher für Nachkommenschaft (Greiffenberg, *Geistliche Sonette*: »Vor-Ansprache zum edlen Leser«; Hölderlin, *Hymne an die Göttin der Harmonie*; Freiligrath, *Requiescat!*; Heine, *Plateniden*; George, *Frühlingswende*; Lachmann, *Marcia Funebre*). Ein Bewusstsein für die Analogie zwischen botan. und menschl. Fortpflanzung zeigt die satir. Rede des Wischpapiers in Grimmelshausens *Continuatio* (XI), das von Hanfsamen wie von personifizierten Nachkommen spricht. Anzengruber korreliert Aussaat und Schwangerschaft (*Der Sternsteinhof* XII), Lachmann bindet die Symbolik ins Unheilvolle (*Schicksal*). – Metonymisch kann die Menschheit als ›Adams S.‹ (Dante, *Divina Commedia*: »Inferno« III, 115), das Volk der Juden als ›Jakobs S.‹ (Freiligrath, *Nebo*; Heine, *Disputation*) und können Heiden als ›der Schlange S.‹ (*Des Knaben Wunderhorn* III, 207: *Erziehung durch Geschichte*) bezeichnet werden. Mit ›Weibes S.‹ (Gen 3,15) bildet sich in der ma. Mystik eine bis ins 18. Jh. hinein wirksame Wortformel für Christus heraus (J. Böhme, *Mysterium magnum* XXIII, § 37–39; Czepko, *Sexcenta monosticha sapientum*, »Phaleucus«, V. 309, 400; Milton, *Paradise Lost* XII, 327, 379, 543, 601; Dilherr, *Heilig-Epistolischer Bericht*: »Epistel am einundzwanzigsten Sonntag nach dem Fest der h. Dreieinigkeit«; Gellert, *Osterlied*).

3. Symbol des Glaubens und des neuen Gedankenguts. Dem Bild vom Glauben als S.korn im Gleichnis vom Sämann (Lk 8,4–15; Mt 13,1–15; Mk 4,3–20) folgen Dilherr (*Augen- und Hertzens-Lust*: »Achter Sonntag nach dem Fest der Erscheinung Christi oder Sexagesima«), Claudius (*Asmus omnia sua secum portans* VIII: »Predigt eines Laienbruders zum Neujahr 1814«) und Droste-Hülshoff (*Am siebenundzwanzigsten Sonntage nach Pfingsten*); Gotthelf (*Geld und Geist*) kombiniert es in Variationen mit dem Gleichnis vom Senfkorn (Mt 13,31–32; Mk 4,30–32; Lk 13,18–21). Freier greift Khuen die Symbolik auf (*Marianum Epithalamium* IV, 6), der Eingang in *Des Knaben Wunderhorn* findet (III, 189: *Eine heilige Familie*). – Generell können

Aussaaten die Verbreitung neuen Gedankenguts symbolisieren. Der Mythos vom Ausstreuen der Drachenzähne durch Kadmos – der schon griech. Historikern als Vermittler der phöniz. Schrift bekannt ist (Herodot, *Historiae* V, 58–60) – wird im frz. Humanismus als Erfindung des Alphabets gedeutet (frz. Ausgaben von Alciatos *Emblematum libellus*; Aneau, *Picta poesis* XI). Platons Sokrates dient der Trad. des Adonisgärtleins, zu dem schnell austreibende S. zusammengestellt werden, zur Gegenüberstellung von herkömml. Rhetorik und seinem Konzept einer Rede, die den Zuhörer zu eigenständigem Denken anregt (*Phaidros* 276a–277a). Seneca nimmt das Bild vom in die Herzen der Zuhörer zu senkenden S. auf (*Ad Lucilium* XXXVIII). In der Frühromantik symbolisiert es programmatisch das Konzept gemeinschaftl. Philosophierens (F. Schlegel, *Ideen* V; *Gespräch über die Poesie*, Einleitung). In Novalis' *Blüthenstaub*-Fragmenten heißt es, Texte sollen als »literarische Sämereyen« zum Weiterdenken anregen (Nr. 114). In der gleichen Trad. setzt E. Jünger aphorist. über systemat. Denken (*Siebzig verweht* V: »Wilflingen, 21. Juni 1993«); von aphorist. Schreiben verlangt er kernhafte Verdichtung und Inzitamentcharakter: »In einer Prosa, die auf Konklusionen verzichtet, müssen die Sätze wie S.körner sein« (*Epigramme*). Bei W. Benjamin symbolisieren die in den Pyramiden eingeschlossenen S.körner die Entfaltungskraft des Erzählens auch über große Zeiträume hinweg (*Denkbilder*: »Die Kunst zu Erzählen«). Umgekehrt ist das S.korn auf den fruchtbaren Nährboden des Herzens oder Geistes angewiesen (La Perrière, *Morosophie*, 85; Paradin, *Devises heroiques*, 145; Börne, *Aphorismen und Miszellen* 241; Fontane, *Unwiederbringlich* V). – In einer anderen Bildlogik können S. schon in der Spätantike (Plotin, *Enneaden* III, 1, 7; 8; 11; IV, 4, 39; 7, 6) die Voraussetzungen für spätere Entwicklungen symbolisieren. Daneben stehen S. v. a. seit dem 18. Jh. für innere Prädispositionen zur Überzeugungen (Lessing, *Hamburgische Dramaturgie* XI), kultureller Entwicklung (Herder, *Briefe zur Beförderung der Humanität*, Nr. 53, 66, 70, 91, 121, 122), Liebesbeziehungen (B. v. Arnim, *Goethes Briefwechsel mit einem Kinde* I, »An Goethe 15.5.1807«; »An Goethe 2.1.1808«; »An Goethe 9.11.1809«) oder zum eigenen Tod (Rilke, *Requiem*). In idealist. Trad. ist die aus dem S. in die Höhe wachsende Pflanze Symbol für die Transzendierung der menschl. Wahrnehmung ins Geistige (Jean Paul, *Vorschule der Ästhetik* I, 5, § 22; B. v. Arnim, *Goethes Briefwechsel mit einem Kinde* III, »Tagebuch«; *Die Günderode*). – Im Bild von Aussaat und Ernte können S. auch die Anlage zu Taten und Ereignissen symbolisieren (Chamisso, *Don Raphaels letztes Gebet*; Grillparzer, *Ein Bruderzwist in Habsburg* V; Gotthelf, *Uli der Pächter* IV). Börne (*Briefe aus Paris* 74) lehnt die Metapher ab, da das Aufkeimen neuer Gedanken zu lange dauere, um polit. Reformen zu zeitigen.

4. Symbol der verborgenen Ursprünge von Gegenwärtigem und Zukünftigem. Hintergrund für die Konjunktur der Symbolik seit dem 18. Jh. ist wohl das gewachsene Bewusstsein für die eigene Geschichtlichkeit. S. können die (verborgenen) Ursprünge von Gegenwärtigem symbolisieren: »Es gibt […] Zustände, deren Wichtigkeit uns nur durch ihre Folgen deutlich wird. Diejenige Zeit, welche der S. unter der Erde zubringt, gehört vorzüglich mit zum Pflanzenleben« (Goethe, *Zur Farbenlehre*: »Materialien zur Geschichte der Farbenlehre« III: »Lücke«). Mit dem gleichen organ. Geschichtsbild wird in Schillers *Die Braut von Messina* vor den Folgen des Mords an Don Manuel gewarnt (V. 2000 ff.). Im Gegensatz von Verborgenheit unter der Erde und dem späteren Blühen wird das S.korn für Heine zum Symbol für nach langer Zeit überraschend sich offenbarende Liebe (*Reisebilder* III, *Die Bäder von Lucca* VII). Bei Freytag (*Die Ahnen*: »Im Jahr 724«) erinnern S. umgekehrt an die Vergänglichkeit eines alten Kultbaumes, weisen damit auf das Christentum als neue Religion hin. – Gegenwärtiges kann verstanden werden als für eine Zukunft bedeutsames S.korn (Grimm, *Kinder- und Hausmärchen*: Vorrede; George, *Der Stern des Bundes* II: »Mir sagt das s.korn im untren schacht«). Die Ungewissheit zukünftiger Folgen betonen Grillparzer (*Medea* II; *Ein Bruderzwist in Habsburg* III) und Schiller (*Wallensteins Tod* I, 7).
↗Ähre/Ährenfeld, Erde/Lehm/Acker.

Lit.: WBS, 301–303. – G. J. Baudy, Adonisgärten, Frankfurt a.M. 1986.   JMo

Sanduhr ↗Uhr.

Saphir
Symbol der Gottesnähe, der Tugend, der Keuschheit und (metonymisch) des Himmels. – Relevant für die Symbolbildung ist insbes. die ↗blaue Farbe (gr. *sáppheiros*, »blau«).
   In der Bibel symbolisiert der S. v. a. die Gottesnähe (Ez 10,1). Er gehört zu den zwölf Steinen auf der Priesterkleidung, die die zwölf Stämme Israels symbolisieren (Ex 28,18; 39,11), und zu den Fundamenten des himml. ↗Jerusalem (Joh 21,19), verweist somit also auf die Erlösung. Außerdem steht er wie alle Edelsteine für bes. Schönheit und Kostbarkeit (Ijob 28; Klgl 4,7; Hld 5,14; Ez 28,13; Ex 24,10). – Im christl. MA findet sich eine vermehrte mariolog. Deutung des S., der zum Symbol für Marias Keuschheit und Tugend wird (*St. Trudperter Hohelied* 4479). Diese Bedeutung findet sich auch in der weltl. Dichtung, wo der S. verbreiteter Schmuckstein von weibl. Figuren ist (Gottfried v. Straßburg, *Tristan* 10971). Als Versinnbildlichung des ↗Himmels verwendet ihn u. a. Jean Paul im *Hesperus* (1. Hundposttag: »abgewischt vom nassen S. des Himmels«), und auch B. v. Suttner sieht in *Die Waffen nieder!* im S. den eigentl. Körper des

Himmels: »So wie der Himmel aus einem einzigen großen S. sich wölbt, so formt sich eines edlen Menschen Charaktergröße nur aus einer Tugend – der Güte.«

↗Blau, Diamant, Gold.

Lit.: EdM III, 1003–1009. – WBS, 87–89. – U. Engelen, Die Edelsteine in der dt. Dichtung des 12. und 13. Jh., München 1978.   IR

Saturn

Symbol der Zeit, der Frühzeit und der Ausnahmezeit, des Alters, der Armut, des Geizes und des Todes, aber auch der Kreativität, Einsicht, Frömmigkeit und Gerechtigkeit sowie der Melancholie und des ausgeschlossenen Dritten. – Relevant für die Symbolbildung sind zwei astronom. Eigenschaften des S.: (a) Er hat die längste Umlaufzeit und, damit verbunden, (b) die extremste, höchste Position unter allen Planeten.

1. Symbol der Zeit, der Frühzeit und der Ausnahmezeit. S. ist die planetare Manifestation des Erntegottes Kronos, der oft mit dem Zeitgott Chronos verwechselt wurde. Hierzu trug außer der Namensähnlichkeit die Ähnlichkeit der Attribute bei: Chronos wurde mit einer ↗Sense, Kronos zunächst mit einem Ährenmesser, später mit einer Sichel dargestellt. Da in der späteren christl. Emblematik Chronos mit einer Sanduhr (↗Uhr) bzw. mit einem Stundenglas gezeigt wurde, konnten beide zudem zu einem Todessymbol (s. a. 2.) werden. Im Gegensatz hierzu verbleibt bei Vergil S. als die einzige der von Jupiter vertriebenen Göttergestalten und wird damit zum legitimen röm. Urkönig und Gott Italiens (*Aeneis* VIII, 319–329; 355–358 u.ö.; ähnlich auch *Georgica* II; *Eklogen* IV). S. stellt zwar die von Jupiter besiegte Frühzeit dar, diese aber wird als die bessere angesehen (so bereits Hesiod, *Werke und Tage* 111). Die Kraft S. bleibt deshalb auch im altröm. Fest der Saturnalien latent gegenwärtig und macht sich v. a. als Aufhebung der etablierten sozialen Unterschiede bemerkbar. In der Lit. wurde diese Festkultur durch die eigene Gattung der Saturnalien re-inszeniert, mit dem Anspruch, wenigstens temporär die Herrschaft Jupiters zu brechen. Ihre folgenreiche Wirkungsgeschichte reicht von Macrobius' *Saturnalia* über die für Jean Paul (*Briefe und bevorstehender Lebenslauf* VI, 16) wesentl. Rezeption der Saturnalien durch Moritz (*Reisen eines Deutschen in Italien in den Jahren 1786 bis 1788*; *Götterlehre*) bis zum literaturtheoret. Konzept des Karnevals in Bachtins *Rabelais und seine Welt* (ähnlich auch Jean Pauls Konzept humorist. Sinnlichkeit in der *Vorschule der Ästhetik* VII, § 35 und die Anspielung auf S. ebd. XI, § 15).

2. Symbol des Alters, der Armut, des Geizes und des Todes. Aufgrund seiner Opposition zu dem durch Jupiter repräsentierten göttl. Gesetz galt S. im MA generell als feindseliges Gestirn (Ausnah-

men unter 3.). Zu dieser Auffassung trug auch seine Verwechslung mit Chronos bei. So ist in Bernhardus Silvestris' dichter. Schilderung in *De mundi universitate* S. der Schnitter Tod, der alles vernichtet, was schön ist, ein böser Alter und wahrer Dämon, der als Chronosgestalt alle Neugeborenen zu verschlingen versucht. Da S. unter allen als Planeten aufgefassten sieben Himmelskörpern (↗Mond, Merkur, ↗Venus, ↗Sonne, Mars, Jupiter und S.) die längste Umlaufzeit hat, wurde er zum Symbol des Alters, der wortwörtlich ↗grau gewordenen Sünde, bes. der *acedia*, der geistl. Trägheit, so z. B. in Hildegard v. Bingens *Causae et curae*. Wohl prominentester Beleg dieser Rezeption ist Dantes *Divina Commedia* (»Inferno« VII, 106–127; ähnlich Shakespeare, *Hamlet* II, 2). Die Extremposition des S. bestimmte ihn als trockenes, kaltes Gestirn mit schädl. Folgen für die Menschen. Nach der in der trad. Astrologie (↗Komet) vollzogenen Korrelation von Planeten, ↗Sternen und ↗Sternbildern mit Metallen, Wochentagen, menschl. Temperamenten usw. führte S. im Menschen Melancholie (s. 4.), in der Geschichte Katastrophen herbei.

3. Symbol der Kreativität, Einsicht, Frömmigkeit und Gerechtigkeit. Die zuvor genannten planetaren Aspekte des S. ließen sich v. a. in der Renaissance auch positiv deuten: Da S. der höchste unter den Planeten war, ließ dies den Schluss zu, er ziehe deshalb die Seele zum Höchsten empor und gebe ihr das Wissen um die Zukunft. Diesen Aspekt betont der wie Pico della Mirandola und Lorenzo Magnifico unter S. geborene Ficino gleich zu Beginn von *De vita triplici* (ähnlich auch Agrippa v. Nettesheim, *De occulta philosophia* XXV). Als Beleg dieser Symbolverwendung diente die Etymologie ›saturnus quasi sacernus‹, d. h. Saturn ließ sich lat. vom Heiligen (lat. *sacer*) und griech. vom neuplaton. Weltgeist (gr. *nus*) ableiten. Der durch den Florentiner Neuplatonismus herausgebildeten poet. Melancholie (Klibansky u. a., 319–350) lag der Rückbezug auf die (pseudo-)aristotel. *Problemata* (XXX, 1) und den dort schon gegebenen positiven Funktionszusammenhang von S., Melancholie und Lit. zugrunde (ähnlich auch Melanchthon, *De anima*; s. a. 5.). Demgegenüber erscheinen die positiven Deutungen des S. in der trad. christl. Homiletik trivial: Als Erntegott symbolisierte S. die *prudentia*, die in weiser Voraussicht die Armen sättigt, und selbst in seiner Chronosgestalt schien man S. dann noch gerecht und fromm nennen zu können, wenn es sich bei dem von ihm aufgefressenen Kindern um böse Kinder handelte.

4. Symbol der Melancholie. Die Ambivalenz S. als negatives und positives Symbol spiegelt sich in der ihm zugeschriebenen Melancholie wider. Interessant ist hier die Absetzung des 18. Jh. gegenüber MA und Renaissance: Zwar ist S. (wieder) zum meist negativen Symbol geworden, aber anders als im MA gilt er nun als Sinnbild eines sauertöpf. ›Moralisten‹.

Die Melancholie hingegen wird stärker noch als in der Renaissance positiviert. Diagnostiziert Burton in der *Anatomy of Melancholy* Melancholie noch als Krankheit, nobilitiert sie Milton in *Il penseroso*, bis sie bei Addison dann zu jenen »pleasures of the imagination« (vgl. den gleichnamigen Essay) gehört, die in Radcliffes *Mysteries of Udolpho* ihren Höhepunkt erreichen, aber auch nicht mehr mit S. verbunden sind. In Deutschland wird das Bildprogramm der süßen Melancholie (vgl. Viens *La douce mélancolie*) spätestens mit dem Brief »Am 13. May« in *Die Leiden des jungen Werthers* auch für die Lit. wesentlich. In diesem Kontext absoluter Positivierung der Melancholie auf Kosten von S. ist auch ihre neuerl. Negativierung durch Kant in seiner *Anthropologie in pragmatischer Hinsicht* zu sehen, obwohl er sie in seinen *Beobachtungen über das Gefühl des Schönen und Erhabenen* durchaus noch als Indiz für die aus Grundsätzen handelnde echte Tugend in Erwägung gezogen hatte.

5. Symbol des ausgeschlossenen Dritten. Nach den drei Stufen der Melancholielehre Ficinos (*De vita triplici*) erstrecken sich die Einflüsse des S. auf Einbildungskraft, Verstand und Vernunft. Bringt die erste Stufe u. a. hervorragende Dichter und Maler hervor, so scheinen sich die beiden anderen Stufen dem Bild zu entziehen, weil sie begrifflich operieren. Tatsächlich wird in ihnen, durch den Einfluss des S. hervorgerufen, ein Denken in kontradiktor. Gegensätzen möglich. Da hierdurch die Grundlage des Denkens, das *tertium non datur* der Logik, radikal verletzt wird, ist nur noch eine ästhet. Darstellung möglich. Ein modernes Beispiel hierfür ist Benjamins *Ursprung des deutschen Trauerspiels*, wenn dieser seinen eigenen Text durch dieselben Bildzerspaltungen herstellt, die in der Frühen Neuzeit dem Einfluss des S. zugeschrieben wurden (vgl. Sontags Benjamin-Biografie in *Under the Sign of S.*). Rinsers *Sonne über S.* hingegen legitimiert, wie schon Goethes *Dichtung und Wahrheit*, die öffentl. Darstellung eigener Herzensangelegenheiten durch die Spannung einer ›objektiven‹ Planetenkonstellation. Grass wiederum stellt die Weltgeschichte im Zeichen des S. nicht nur als negatives Prinzip dar, sondern erinnert an ein altes Attribut des S., die Langsamkeit (*Aus dem Tagebuch einer Schnecke*) als positives Prinzip, während S. in Sebalds *Die Ringe des S.* zum Modell einer radikalen Zivilisationskritik wird (zu weiteren Belegen vgl. Stiehle/Wallrath). ↗Sense/Sichel, Stern, Uhr.

Lit.: R. Klibansky/E. Panofsky, S. und Melancholie, Frankfurt a.M. 1990. – S. Sontag, Im Zeichen des S., München 1981. – R. Stiehle/B. Wallrath (Hg.), Eine literar. Astrologie, Mössingen 2004. ChS

Schach

Symbol für persönl., polit. und militär. Auseinandersetzungen, für die soziale Ordnung und für die Egalisierung der Menschen nach dem Tod. – Relevant für die Symbolbildung sind (a) der Charakter des Sch. als Strategiespiel (↗Spiel) und (b) die Abbildung sozialer Ordnung durch die Spielfiguren.

Das aus dem arab. Raum im MA nach Europa gelangte Brettspiel gehörte schon früh zum höf. Zeitvertreib und fand somit auch bald Eingang in die Lit. als Kolorit höf. Szenerie wie auch als Bildspender und -empfänger. So wie das Spiel in der Terminologie krieger. Auseinandersetzungen beschrieben werden kann (*Carmina Burana* 209/210), finden sich andererseits Sch.spielmetaphern in Kampfbeschreibungen (Herbort v. Fritzlar, *Liet von Troye* 14557–14582), aber auch im Zusammenhang mit Liebesepisoden (Heinrich v. Neustadt, *Apollonius von Tyrland* 18326–18340) oder in persönl. Kontroversen (Walther v.d. Vogelweide 111, 31, gegen Reinmar, *Minnesangs Frühling* 159, 9). – Weite Verbreitung fand die Auffassung des Sch.spiels als Spiegel der Ständegesellschaft, ein Modell, das im 13. Jh. ausführlich von Jacobus de Cessolis im *Ludus scaccorum* entwickelt und mit einer moraldidakt. Auslegung verbunden wurde. Daraus konnte mit Blick auf das Ende des Spiels, wenn alle Figuren wieder abgeräumt und im selben Beutel verstaut werden, auf die egalisierende Macht des Todes, der keine Standesgrenzen kennt, geschlossen werden. Diese der Grundidee des Totentanzes (↗Tanz) nahe stehende Auslegung ist v. a. in der Emblematik aufgegriffen worden (HS, 1305 f.). – Die Vorstellung vom Sch.spiel als Modell sozialer Ordnung ist auch in der Neuzeit noch latent vorhanden, wenn z. B. Börne den Kampf um Antwerpen als Sch.partie bezeichnet, »wo sich Bauern für den König schlugen« (*Briefe aus Paris* XCII), oder wenn Harig in der Beschreibung der Sch.partie zwischen Rousseau und dem Prinzen von Conti die Spielzüge Rousseaus immer wieder mit gesellschaftspolit. Überlegungen begründet (*Rousseau und der Prinz von Conti spielen das Königsgambit*). Mehr auf die kämpfer. Auseinandersetzung als auf die Ordnung der Figuren zielen polit. Sch.spiel-Karikaturen ab, die z. B. Napoleon als mattgesetzten König auf dem Sch.brett zeigen (Grand-Carteret, 59) oder den Kulturkampf zwischen Bismarck und dem Papst als Sch.partie kommentieren (Bismarck-Karikaturen, 86).

↗Spiel.

Lit.: Th. Cramer, Allegorie und Zeitgeschichte, in: Formen und Funktionen der Allegorie, hg. v. W. Haug, Stuttgart 1979, 265–276. – J. Grand-Carteret, Napoleon I. in der Caricatur, Leipzig o. J. – V. Honemann, Das Sch.spiel in der dt. Lit. des MA, in: Zeichen – Rituale – Werte, hg. v. G. Althoff, Münster 2004, 363–383. – M. Schilling, Imagines Mundi, Frankfurt a.M. 1979, 133–140. – Die schönsten Bismarck-Karikaturen, Berlin ²1890, Nachdr. Hildesheim/New York 1981. DP

Schacht ↗Bergwerk/Schacht.

Schaf ↗Lamm/Schaf.

Schale und Kern

Symbol leidvollen Zerbrechens, das zu höherem Leben führt, der Verbergung eines semant. Gehalts hinter dem wörtl. Sinn der Sprache sowie der Abkapselung von der Umwelt und ihren Regeln. – Relevant für die Symbolbildung ist die Schutzfunktion der äußeren, festeren Schicht einer Frucht oder eines ↗Samens und die damit einhergehende Verhüllung des K.

1. *Symbol leidvollen Zerbrechens, das zu höherem Leben führt.* Celan beruft sich auf die jüd. Auffassung von Sch. und K. u. a. in dem Gedicht: »Mandelnde, die du nur halbsprachst/ doch durchzittert vom Keim her […].« Dieser Keim entspricht im Haupttext der jüd. Mystik, dem *Buch Sohar*, der *Schechina* (»Einwohnung« als ↗Mutter, Tochter und Schwester der Menschen sowie als Geliebte Gottes), die im Zerbrechen der Sch. mystisch erkannt werden kann. Analog zu dieser myst. Trad. bedeutet im christl. Kontext das Zerbrechen der Sch. auch Erlösung, Befreiung aus der Welt der Gegensätze und Rückkehr ins Glück der Freiheit (z. B. Meister Eckhart, *Predigt* LI). Dante stellt in der *Divina Commedia* dieses abendländ. Sch.modell in einen heilsgeschichtl. Kontext. Hier entsprechen die neun Höllensphären den neun kosm. Sphären, die als Sch. vorgestellt werden, was auf die Kugelform (↗Kugel/Ball) des Universums in Platons *Timaios* (33b, 44b, 44d, 73c) zurückgeht. Dagegen reist der Dichter bei seinem folgenden Aufstieg ins Paradies (↗Garten) nicht mühsam in immer größer werdende Radien und immer weitere Sch.gewölbe hinein, vielmehr strebt er spiralförmig (↗Spirale) einem hochgelegenen Zielpunkt, gewissermaßen einer ausgelagerten Mitte, zu, die sich paradoxerweise am obersten Rand und außerhalb des Stufenkosmos befindet – dort im Göttlichen werden demnach die Sch. nicht mehr schmerzhaft durchbrochen, sondern abgelegt. Für Spinoza setzt Gott den ↗Himmel oder die Ätherwelt i. S. einer allumfassenden Sch. als seine indirekte Ausdehnung, wobei er im räuml. Schema nach ↗unten hin weniger ›bei sich‹ ist, um schließlich im Untersten, im Satanspunkt, in der Körperweltmitte als dem K., ganz zu sein aufhört (*Ethica* II). Wenn die Menschen in diesem Weltschema die Wahrheit und das Gute suchen, sind sie zum Aufsteigen und Überschreiten der Sch. verurteilt, weil das Göttliche nur außerhalb der Schicht lokalisiert werden kann, die höher aufragt als jeweils die physisch und symbolisch höchste, so z. B. auch in *Der Sinn der Liebe* von Solov'ev und in der russ. Religionsphilosophie (u. a. Merežkovskij, Berdjaev). Postmoderne Ausarbeitungen parodieren diese Trad., so z. B. Pynchon in *Gravity's Rainbow*, wo das Bohrsche Atommodell mit seinem ungeheuer winzigen K. und den riesigen Sch. in der alle Sch. zerstörenden Atombombe endet.

2. *Symbol der Verbergung eines semantischen Gehalts hinter dem wörtlichen Sinn der Sprache.* Die Paare Nuss-Kern, Rinde-Mark, Spelt-Korn und ↗Wolke-↗Sonne müssen hier eng zusammen gesehen werden, weil es bei ihnen jeweils um die Offenbarung des Geistes aus der Hülle des ↗Buchstabens geht. Einer der frühesten Belege dieser Bildtrad. findet sich bei Clemens v. Alexandrien, der in den *Stromateis* warnt, dass aus christl. Sicht von der griech. Philosophie »wie von den Nüssen nicht alles essbar ist« (I, 7, 3). Hincmar v. Reims schreibt über Hieronymus, dieser habe durch seine dreisprachige Bibelübersetzung aus dem Hebräischen, Griechischen und Lateinischen nach dem Mark der ↗Schrift unter der Nussschale gesucht (*Selecta veterum testimonia de Hieronymo ejusque scriptis*). Alain de Lille setzt im Anschluss an das *Hohelied* (7,13) den ↗Granatapfel mit der Bibel gleich, weil er außen eine Sch. und innere K. habe (*Anticlaudianus*). Dahinter steht die Lehre vom mehrfachen, sowohl wörtl. als auch geistigen Schriftsinn der Bibel: Nur durch die äußere Sch. der sinnl. Sprache (*sensus literalis*) hindurch gelangt der Leser zum K. der moral. und heilsgeschichtl. Bedeutungen (*sensus spiritualis*). Dabei kann über die Identifikation Gottes bzw. Christus mit dem göttl. Wort nach Joh 1,1 auch Christus in seiner Doppelnatur als Mensch und Gott mit der Symbolik von Sch. und K. belegt werden (z. B. Amadeus v. Lausanne, *Homilie über die Früchte und Blüten der allerheiligsten Jungfrau Maria*). Noch Luther betrachtet den Text der Psalmen als eine Nuss, die er gegen Christus, den ↗Felsen, werfe, wenn die Sch. zu hart sei, um zum süßen K. zu gelangen (*Dicta super psalterium*). – Bereits im MA wird dieses Modell auch auf die weltl. Lit. übertragen. So bezeichnet ein ↗Spielmann aus dem späten 13. Jh., dessen Corpus unter dem Namen ›Der Wilde Alexander‹ überliefert ist, mit dem K. die eigene Auslegung des Liedes eines anderen Dichters: »Der wilden rede nim ich den kern/ her von der schaln unt will iuch wern/ der wârheit unverhouwen« (XIX, 1; ähnlich auch Boner, *Der Edelstein: Der Affe und die Nuß* 9–16, sowie der Eingang der *Continuatio* von Grimmelshausens *Simplicissimus*). Parodistisch gewendet wird diese Symbolik von Sch. und K. etwa im Vorwort zum ersten Buch von Rabelais' *Gargantua et Pantagruel*, wenn er den Leser auffordert, die ↗Knochen der äußeren grotesken Erzählung zu zerbeißen und das innere Mark der »grundtiefen Geheimnisse und schauerl. Mysterien« offen zu legen (ähnlich bereits Hugo v. Trimberg, *Der Renner* 23503–23507).

3. *Symbol der Abkapselung von der Umwelt und ihren Regeln.* In Němcovás Erzählung *Aschenputtel* nach dem gleichnamigen Märchen der Brüder Grimm stehen die Sch. dreier (↗Drei) verzauberter ↗Haselnüsse für die Oberflächlichkeit der höf. Welt, von der sich Aschenputtel in ihrer abgekapselten Welt positiv unterscheidet. Die Zwiebelschale ist in

Ibsens Versdrama *Peer Gynt* ein Symbol dafür, dass unter allen Charakterschalen des Protagonisten kein K. zum Vorschein kommt, weil er sich völlig in sich selbst abgekapselt hat – weshalb er vom Knopfgießer am Ende seines Lebens zu einer formlosen Masse eingeschmolzen werden soll (ähnlich auch Grass, *Beim Häuten der Zwiebel*). An Leibniz' Idee schalenartiger Monaden, durch die sich wie in einer Zwiebel Welt, Seele und Gott zu einer umfassenden und unbedingten Realität zusammenschließen, knüpft Goethe in seinen *Maximen und Reflexionen* (»Das Höchste, was wir von Gott«) an. Alles, was eine Sch. hat, muss sich demnach um sich selbst sorgen, ob es Individuen oder Staaten, Familien oder Wirtschaftsunternehmen sind; Sch. und K. sind für Goethe nicht zu trennen (*Allerdings. Dem Physiker*). In der Moderne kippt diese selbstgenügsame Individualität in Solipsismus und Asozialität um: Das bestimmte räuber. Krebstiere (Arthopoden) umgebende Panzergehäuse verwendet Kafka in seiner Erzählung *Die Verwandlung* als Metapher für den Abschied der Figur Gregor Samsa von den Regeln der Kultur und der ihn umgebenden bürgerl. Welt. In Crichtons *Jurassic Park* entsteigen die Monster der Vorzeit den Sch. genmanipulierter ↗Eier. Über solch Böses unter der Sch. reflektiert Groys in seinem Essay *Unter Verdacht* v. a. anhand von R. Scotts *Alien*-Filmen.

↗Ei, Haselnuss/Hasel, Kugel/Ball, Muschel, Perle, Walnuss.

Lit.: K. Lange, Geistl. Speise, in: Zs. für dt. Altertum und dt. Lit. 95 (1966), 81–122. – P. Sloterdijk, Sphären, 3 Bde., Frankfurt a.M. 1998–2004. – H.-J. Spitz, Die Metaphorik des geistigen Schriftsinns, München 1972, 61–67.　　　　　　　　　　　　　　　　　　　AWö

Schatten

Symbol des Abkünftigen, Entfremdeten, Entseelten, aber auch des Wesens, darüber hinaus krit. Symbol visueller Medien wie Theater, Fotografie und Film. – Relevant für die Symbolbildung sind (a) die Abhängigkeit des Sch. von einem Gegenstand, der ihn wirft, (b) das Erscheinen des jeweiligen Gegenstands in verminderter Form: flach, körper- und farblos, und (c) seine ↗Schwärze.

1. Abwertung des Sch. Im siebten Buch von Platons *Staat* findet sich mit dem Höhlengleichnis der antike *locus classicus* des Sch.symbols (514a–518b; ↗Höhle/Grotte). Darin kommen die platon. Metaphysik und Erkenntnislehre zur Darstellung. Menschl. Erkennen hat es zunächst nur mit Abkünftigem zu tun, mit Phänomenen, die in einem sekundären Verhältnis zur ursprüngl. Idee stehen. Hierfür findet Platon ein Bild in der Situation einer Gruppe von Personen, die, an Schenkeln und Nacken gefesselt, dazu gezwungen sind, in einer unterird. Behausung mit starrem Blick auf die Höhlenwand auszuharren. Auf diese Wand werden durch den Schein

eines ↗Feuers Sch. von Gegenständen projiziert. Die angeleuchteten Objekte sind aber ihrerseits bloß Statuen, also Nachbildungen. Ihr Sch.wurf weist damit gleich auf eine doppelte Einschränkung ungeleiteter Erkenntnis, die nicht die Dinge selbst, sondern nur Nachbildungen, und nicht einmal diese, sondern nur ihre Sch. sieht. – Von der Nichtigkeit des Sch. ist auch im christl. Kontext zu lesen, wenn etwa Ps 144,4 befindet: »Ist doch der Mensch gleich wie nichts; seine Zeit fährt dahin wie ein Sch.« Entsprechend ist für P. Gerhardt das menschl. Leben »ein bloßer Schatt, ein totes Bild« (*Der 73. Psalm: Sei wohlgemut, o Christenseel*). – Bei C.G. Jung firmiert der Sch. als einer der zentralen Archetypen und steht für die sozial inkompatiblen, zu unterdrückenden Züge der Persönlichkeit.

2. Dialektik des Sch. Im klass. Altertum wird die Unterwelt als Reich der Sch. vorgestellt (Ovid, *Metamorphosen* X, 11 ff.; Vergil, *Aeneis* VI, 268 ff.). Die Toten als Sch. der Lebenden gelten als »Scheinbilder« (*simulacra*) und »bleiche Seelen« (Ovid, *Metamorphosen* X, 14 und 41) der Verstorbenen. Dass Sch. indes auch für das Andere der sterbl. Hülle, mithin für das Lebendige, das Wesentliche oder Geistige stehen können, belegt Schillers Gedicht *Der Tanz*, in dem von »flüchtigen Sch., befreit von der Schwere des Leibes«, die Rede ist. – Im Sch. zeigt sich damit eine eigentüml. Dialektik zwischen Materiellem und Spirituellem. Einerseits ist er mit allen unheilvollen Assoziationen bis heute gültiger Inbegriff der Vergänglichkeit, wie in Klopstocks Gedicht *Dem Erlöser*, das den Körper des Menschen als »der Seele Sch.« bezeichnet. Und Raabe findet ein Motto für seine die Vergänglichkeit akzentuierenden *Akten des Vogelsangs* in Chamissos Versen: »Die wir dem Sch. *Wesen* sonst verliehen,/ sehn Wesen jetzt als *Sch.* sich verziehen.« Andererseits aber fungiert der Sch. als Indiz der Lebendigkeit. So bemerken die Toten auf dem Läuterungsberg in der *Divina Commedia* abschätzig über Dante »wie er als Lebendiger sich gebärdet« (»Purgatorio« V, 5–10), weil er als einziger einen Sch. wirft. – Chamissos *Peter Schlemihls wundersame Geschichte* dokumentiert den Verkauf des Sch. an den Teufel als Verlust jener etwa bei Plinius d.Ä. (*Naturalis historia* XXXV, 5) kodifizierten metaphys. Vorstellung, der zufolge im Sch. als Prototyp eines natürl. Abbildes der Gegenstand und seine Darstellung substantiell, d.h. in Form ontischer Teilhabe miteinander zusammenhängen. In vergleichbarem Sinn lässt sich die späte Variante von Hölderlins Elegie *Brod und Wein* deuten, in welcher der Vers »Nur zu Zeiten erträgt göttliche Fülle der Mensch« in »Nur zu Zeiten erträgt eigenen Sch. der Mensch« geändert wird. Ein eigener Sch. verweist nicht mehr auf ein jenseitiges Ideenreich, sondern bleibt im Hier und Jetzt verankert. Das Geldäquivalent in Chamissos *Schlemihl* ist als arbiträres Zeichen par excellence der »Inbegriff« solch »postmetaphysischer«, d. h. durch und durch diesseitiger »Sch.« (Hörisch, 278).

3. Verlust oder Verselbständigung des Sch. Der Mangel eines »wohlangepassten Sch.« (Chamisso, *Schlemihl* V) findet sich auch in Nietzsches kurzem Dialog »Der Wanderer und sein Sch.« (*Menschliches, Allzumenschliches* II, 2). Dort lehnt sich der Sch. gegen den Wanderer als seinen Spender im Stil des Kynikers Diogenes auf: »Geh mir ein Wenig aus der Sonne, es wird mir zu kalt.« – Mitunter fungiert die Sch.losigkeit auch als Symbol einer (nicht selten sexuellen) Normabweichung. Bei Chamisso macht die Abtrennung des Sch. den Helden zu einem sozialen Außenseiter. Zudem wird sie im Zusammenhang mit der latenten Homosozialität der Beziehung zwischen Teufel und Schlemihl als Stigmatisierung in erot. Hinsicht aufgefasst. In Lenaus Ballade *Anna* lässt die Protagonistin aus Furcht vor dem Verlust der Schönheit ihren Körper in einer mag. Prozedur unfruchtbar machen. Zeichen dafür ist fortan ihre Sch.losigkeit. Als ihr Ehemann dies erkennt, nennt er Anna ein »Unweib«. In Hofmannsthals Erzählung *Die Frau ohne Sch.* indiziert der Sch. die Erdenschwere der *conditio humana*. Die Menschen zahlen mit dem »dunklen Ding […] der Erde ihr Dasein heim«.

4. Symbol der Medien. Deuten die Sch. schon in der Szenerie des platon. Höhlengleichnisses auf die in der Antike populäre Form des Sch.theaters (*Staat* 514a), so wird dieses in Form der aus Südostasien stammenden *ombres chinoises* im späten 19. Jh. zu einer Mode in Europa, stillt den Hunger des Publikums nach bewegten Bildern und reiht sich an prominenter Stelle in die Vorgeschichte des Kinos. Der Vergleich des kinematograf. Bildes mit einem Sch. wird topisch, und insbes. im expressionist. Film gereichen Sch.spiele zu einem zentralen Stilmerkmal. In der Lit. dient das Sch.symbol in diesem Kontext als krit. Verweis auf den Illusionismus des neuen Mediums wie z. B. in P. Weiss' medienanalyt. Roman *Der Sch. des Körpers des Kutschers*. – Die Allgegenwart virtueller Bildwelten wird, nicht zuletzt in der Populärkultur, mit dem Sch.symbol nicht einseitig als Entsubstantialisierung problematisiert, sondern im comicartigen Spiel mitunter gar affirmiert: etwa in J. Barries *Peter Pan*, wo der Sch. des Helden in einem Fensterrahmen eingeklemmt bleibt (↗Fenster), im Folgenden aber wieder angenäht werden kann; oder auf der Titelvignette der Comicfigur Lucky Luke, jenes Revolverhelden, der vorgeblich schneller schießt als sein Sch. und Letzterem daher, selbst unversehrt bleibend, eine Reihe von Kugeln verpassen kann.

↗Fackel, Fotografie, Nacht/Finsternis.

Lit.: R. Casati, Die Entdeckung des Sch., Berlin 2001. – J. Hörisch, Kopf oder Zahl, Frankfurt a. M. 1998, 263–292. – V. Stoichita, Eine kurze Geschichte des Sch., München 1999. HDr

Schiene ↗Gleis.

Schiff

Symbol der (Lebens-)Reise, der polit. oder relig. Gemeinschaft, des poet. Schaffens sowie der menschl. bzw. dichter. Narrheit. – Relevant für die Symbolbildung sind (a) die Funktion des Sch. als Verkehrsmittel, (b) die damit verbundene Bewegungsflexibilität, (c) das Risiko des Sch.bruchs, (d) die dadurch begründete Notwendigkeit eines strengen Reglements.

1. Symbol einer grenzverletzenden (Lebens-)Reise. Diese neben der des Staats-Sch. (s. a. 2.) älteste Sch.-symbolik bezieht sich nicht nur auf die verschiedenen Kulturen vertraute Vorstellung von einer Überfahrt ins Jenseits mit zumeist schwarzen Totenschiffen (Homer, *Odyssee* VI, 262–272; VIII, 558–564; X, 73–79 u. ö.; Bsp. in der modernen europ. Lit. bieten dann u. a. Raabes *Die schwarze Galeere*, Baudelaires *Un voyage à Cythère*, G. Heyms *Das Sch.*, Th. Manns *Der Tod in Venedig*, Brochs *Der Tod des Vergil* und Doderers *Die Dämonen*). Die ↗Reise mit dem Sch. wird in den antiken Texten als ein moralisch bedenkl. Übertritt ins Ungemäße, Maßlose aufgefasst. Eines der frühesten Zeugnisse hierfür sind Hesiods *Werke und Tage* (225–230): Dem durch Gesetze bestimmten Raum des Zeus opponiert die durch Poseidon repräsentierte Maßlosigkeit des ↗Meeres. Die Sch. verletzten nicht nur eine Grenze, die durch Zeus selbst gezogen wurde; sie dienen v. a. dem schnellen Gelderwerb (*Werke und Tage* 618–640): ↗Wasser und ↗Geld sind ein liquides Element, das zwar alles mit allem vermittelt, dabei aber die als natürlich angesehenen Trennungen der Natur, die Grenze zwischen den einzeln lebenden Völkern, aufhebt. Auch bei Homer (*Odyssee* XII, bes. 18–6191) werden die Sch. in den Kontext des moralisch Bedenklichen gestellt, wenn die honigtönende ↗Stimme der Sirenen an Stelle der Poesie Odysseus auf seinem schwarzen Sch. ins ↗Ohr singt und ihm ein exklusives Wissen verspricht. Vergil setzt die Wiederkunft des Goldenen Zeitalters, das er aufgrund des Abkommens zwischen Octavian und Antonius erhoffte, mit dem Ende der Sch.fahrt gleich (*Eklogen* IV, 31–39). Unzählig scheinen die Texte allein der europ. Kultur zu sein, in denen die Fahrt mit dem Sch. zur Lebensreise über gefährl. Gewässer wird (z. B. Apollonios Rhodios, *Argonautika*; Vergil, *Aeneis*; Camões, *Lusíadas*; Coleridge, *Rime of the Ancient Mariner*). – Doch nicht erst seit der Romantik (z. B. Auden, *The Enchafed Flood*) finden sich auch positive Zugänge zum Sch. und zur See. So findet sich zwar auch bei Pindar die Bilder vom Sch.bruch im Leben (*Isthmische Ode* I, 36) und dem ↗Anker, den man an die Küsten des Glückes zu werfen habe (*Isthmische Ode* VI, 12), er vergleicht aber auch die Komposition des dichter. Werkes mit einer Sch.reise (s. a. 4.) und bittet die Muse, sie möge ihm die ⚹Winde des Gesangs und der Worte zusenden (*Pythische Oden* IV, 3; II, 62 u.ö.; *Nemeische Oden* VI, 28; V, 51 u.ö.). In seiner vierten *Pythischen Ode*, der frühesten dichter. Fassung der Argonautensage, wird die Sch.reise Jasons und seiner Gefährten nicht, wie später oftmals, moralisch als Hybris verurteilt, sondern als ethisch notwendig zum Erhalt des gentilen Staatswesens gerechtfertigt.

2. Symbol politischer oder religiöser Gemeinschaft. Quintilian versteht das Sch. in der Lit. als Allegorie des polit. Staatsschiffes. Er deutet deshalb Horaz' *Ode* I, 14 als einfache polit. Allegorie, »in der das Sch. für das Staatswohl, die ungestümen Wogen für den Bürgerkrieg und der Hafen für Friede und Eintracht steht« (*Institutio oratoria* VIII, 6, 44). Tatsächlich ist diese symbol. Verwendung des Sch. sehr alt und findet sich z. B. bei Alkaios (Fragmente 208a, 1–9V. und 6, 1–3V.). Unzählig sind die Belegstellen für diesen Symbolgebrauch, dessen polit. Funktion bis in die Gegenwart fortwirkt (Sloterdijk, *Im selben Boot*): Sophokles, *Antigone* 1084–1092 und 1136 f.; Platon, *Staat* 488a–489b; Dante, *Divina Commedia*: »Purgatorio« VI, 77; Shakespeare, *The Tempest*, v. a. I, 1; Schiller, *Wallensteins Tod* III, 7; Melville, *Moby-Dick*, bes. die *Extracts* sowie LIV und LXXXVII. Die christl. Emblematik sei besonders hervorgehoben, da hier wie bereits im MA (vgl. auch das Lang-Sch. [*navis*] got. Kathedralen) die christl. Kirche nicht nur mit einem Sch. identifiziert, sondern typologisch mit dem ›ältesten‹ Sch., der Arche Noah, verglichen wird: Wie außerhalb der Arche, so ist außerhalb der Kirche kein Heil zu finden (HS, 1453–1470, bes. 1455).

3. Symbol einer rhetorischen Grenzverletzung. Quintilian misst Pindars Ode (s. a. 1) an den Regeln der klass. Rhetorik und versteht sie als Bsp. einer *vitiosa expositio*, der fehlerhaften Darstellung eines Tatbestandes (Quintilian, *Institutio oratoria* V, 10, 83). Was aber Quintilian auf den rechtl.-polit. Diskurs bezogen stört, wird in der Folge zur Lizenz der Dichtung. So wird nicht nur die Fahrt mit dem Sch., sondern die Dichtung über eine solche Fahrt zur Grenzverletzung. Cicero (*De natura deorum* II, 36, 89) zitiert als Bsp. hierfür Fragmente einer verlorenen Argonautentragödie des Accius. In ihr wird das Sch. zum bevorzugten Gegenstand rhet. Technik, eine Trad., die mindestens bis ins 17. Jh. reicht: Prominente Belege sind das *Narrenschiff* Brants (s. a. 5.), das Ende des ersten Aufzugs von Calderóns *El gran teatro del mundo* und Graciáns *Criticón*.

4. Symbol grenzüberschreitender Dichtung. Anders als bei Alkaios (s. a. 2.), der tatsächlich ein politisch Vertriebener war und dessen Ich auch inmitten des Sch. selbst ist, klagt das lyr. Ich bei Horaz (*Ode* I, 14) nicht als unmittelbar Betroffener, sondern aus der Position des sicheren Zuschauers bzw. des Dichters. In seinem *Propemptikon* (Oden I, 3)

deutet sich das Thema der Dichtung als grenzüberschreitender Sch.fahrt an, die an anderer Stelle zur Warnung an die Dichter wird: »Phoebus, dieweil ich Schlachten verkünden wollt/ Und Städtebrand, schlug warnend die Leier an,/ Dass ich nicht Segel setz auf offnem/ Meer, die geringen« (IV, 15, 1–4). Stärker noch als bei Horaz und Vergil (*Georgica* II, 41) dient diese Warnung in den Elegien des Properz zur selbstreferentiellen Bestimmung der eigenen Dichtung (z. B. III, 3) – eine Warnung, die in neuzeitl. Texten zur stereotypen Formulierung wird (Chaucer, *Troilus* II, 1–4; Camões, *Lusíadas* VII, 78; Spenser, *The Faerie Queen* I, 12, 1; Wordsworth, *Prelude* IX, 559–564). Auch Dante warnt sich selbst (*Divina Commedia*: »Purgatorio« I, 1–3), mehr noch aber seine Leser: »Ach ihr, die ihr in eurer kleinen Barke,/ Nach Neuem lüstern, meinem Sch. gefolgt, [...] Begebt euch nicht aufs hohe Meer hinaus,/ Am End entschwind ich dem enttäuschten Blick!/ Da wo ich segle, fuhr kein Schiffer noch« (ebd.: »Paradiso« II, 1–15). Bei C. Brentano, z. B. in beiden Fassungen von *Im Wetter auf der Heimfahrt*, wird diese Symbolverwendung mit einem existentiell verstandenen Sch.bruch verbunden. Weitergeführt wird die Vorstellung vom literar. Werk als Sch. in Raabes Erzählung *Die schwarze Galeere*: Was zunächst realist. Abbildung eines histor. Sch. zu sein scheint, handelt vom Bau der Galeere als Paradigma der Lit.; real sind also nicht die Gegenstände, sondern die sprachl. Formen zu ihrer Darstellung. Raabe greift hierzu auf Goethe zurück, in dessen *Wanderjahren* (II, 11) Wilhelm in seinem letzten Brief an Natalie einen impliziten Leser entwirft, der die auf den Brief folgende Textproduktion der *Wanderjahre* und ihre Lektüre durch das Symbol des Sch.baus steuert. Im Unterschied zu Puschkins *Eugen Onegin* (VIII, 48, 12–13) scheint jedoch für Goethe, Raabe und ihre Leser keine Aussicht mehr, mit dem Ende des Textes wieder festen Boden unter die Füße zu bekommen.

5. Symbol menschlicher bzw. dichterischer Narrheit. Prominenter Beleg hierfür ist *Das Narrenschiff* Brants. Zwar intensiviert dieser durch das rhetor. Mittel der *gradatio* die Beispielsvielfalt menschl. Narrheit. Doch gleichsam wider Willen drängen immer noch mehr Narren auf sein Sch.; Brants Text droht so durch Inkohärenz selbst närrisch zu werden; selbstironisch setzt Brant deshalb den Büchernarren als ersten Gast in sein Narren-Sch. Im Gegensatz zu Brant versucht Montaigne zwar die menschl. Narrheit nicht durch Belehrung zu korrigieren, aber er stellt sie mit Hilfe der Sch.symbolik dar und erzeugt damit einen ähnl. Effekt wie Brant. So handelt nicht etwa ein bes. Essai das Sch. ab, sondern Montaigne verstreut die trad. Sch.symbolik mittels kompilierter Zitate über die unterschiedl. Kontexte seiner *Essais*; er gleitet durch Digressionen zwischen Pro und Contra so hin und her, dass er sich selbst seine argumentative Bewegungsfreiheit erhält, der Leser aber wie bei Boccaccio (*Rime* I, 125) ins Ungewisse gerät und so mittelbar von der Narrheit vorschnellen Urteilens geheilt wird (vgl. hierzu die unterschiedl. Zitationen des Sch. in den *Essais: Costume de l'Isle de Cea*, II, 3; *De l'utile et de l'honneste*, III, 1 und *De la vanité*, III, 9). Montaigne kann auch in einem Essai (z. B. *De la praesumption*, II, 17) vom Sch. als Modell des Staates (s. a. 2.) ausgehen, um dann in dessen Bildlichkeit vor den Klippen zu warnen, die nun aber nicht mehr dem Staat, sondern seiner eigenen Textproduktion drohen.

↗Anker, Hafen, Meer, Reise, Turm/Leuchtturm.

Lit.: H. Blumenberg, Sch.bruch mit Zuschauer, Frankfurt a.M. 1997. – M. Frank, Die unendl. Fahrt, 2., stark erw. und verb. Aufl., Leipzig 1995. – O. Höckmann, Antike Seefahrt, München 2001.   ChS

Schilf / Rohr

Symbol der Nachgiebigkeit, Demut und Tugend, der Unbeständigkeit, der (Liebes-)Klage und der Poesie sowie des Gerüchts und des Leidens Christi. – Relevant für die Symbolbildung sind (a) die Biegsamkeit des Sch., (b) sein Vorkommen in fruchtbaren Ufergegenden, (c) seine ↗phall. Form sowie (d) seine Verwendung als ↗Flöte sowie als Schreiboder Malzeug.

1. Symbol der Nachgiebigkeit, Demut und Tugend. In antiken Fabeln (Babrios, *Eiche und Riedgras*; Äsop, *Das Sch.rohr und der Ölbaum*; Avian, *Eiche und Sch.rohr*; vgl. Grawi) gibt das biegsame Sch.- rohr dem ↗Sturm nach, während der starre ↗Baum durch ihn entwurzelt wird, nach Babrios ein Sinnbild dafür, dass man mit Stärkeren nicht streite, sondern ihnen nachgebe. Die dt. Version der Fabel findet Ende des 15. Jh. durch den *Esopus* (IV. Buch) von H. Steinhöwel Verbreitung. Unter dem Einfluss des christl. Demutsbegriffs (vgl. schon Jes 42,3) veranschaulicht sie nun, dass die Übermutigen niedergeworfen werden, während die Demütigen bestehen bleiben. Auch La Fontaine kennt die Fabel (*Fables* I, 22). In der Emblematik wird das Bild ins Stoische gewendet: Geduld siegt (HS, 150; ähnlich HS, 357). Im Barock ist es die Tugend, die den Widrigkeiten wie ein Sch.rohr dem ↗Wind ausweicht, um sich schließlich Gott zuzuwenden (Greiffenberg, *Auf die Tugend-bedrängnus-Zeit*). Im 19. Jh. kann Heine spielerisch mit dem Symbol des Sch. umgehen: Es besteht zwar im Sturm, endet aber als »Spazierstock« oder »Kleiderklopfer« (*Fresko-Sonette an Christian S.*).

2. Symbol des Wankelmuts, der Unbeständigkeit und der Schwäche. Die negativen Bedeutungen des Sch. gehen ebenfalls auf die Biegsamkeit des Sch. zurück. Im AT kann das Sch. für phys. und psych. Schwäche stehen: Gott schlägt Israel, bis es schwankt wie Sch. im ↗Wasser (1 Kön 14,15). In Mt 11,7 und Lk 7,24 stellt Jesus dem beständigen Johannes d. T.

ein vom Wind bewegtes R. entgegen. Im Barock kann das Sch. Symbol menschl. Schwäche sein (Hoffmannswaldau, *Klagelied über das unbeständige Gelück*) und insbes. Untreue bezeichnen (J.Ch. Günther, *Bleib wer du bist und wilst, Selinde!*). Sein ↗Schiff an Sch. zu binden bedeutet, eine unsichere (Liebes-)Verbindung einzugehen (Herder, *Fragmente lettischer Lieder*). Auch im 19. Jh. ist das Sch. Symbol der Unbeständigkeit (Fontane, *Bekenntnis*) und der Schwäche, wobei diese bildlich bis zum geknickten oder gebrochenen R. gesteigert werden kann (Chamisso, *Traum*; *Das Mordtal*; Keller, *Nacht IV: Rauh geht der Nord*; Nikolai; Dehmel, *Ein Märtyrer*). In Nietzsches *Also sprach Zarathustra* werden die Bedeutungen zusammengeführt, indem das Sch. mit Menschen identifiziert wird, die zugleich tugendhaft (s. 1.) und schwach sind (»Von den Tugendhaften«).

3. Symbol der Poesie und (Liebes-)Klage. Die Tatsache, dass der Wind im Sch. pfeift (Lukrez, *De rerum natura* V, 1382 f.) und dass man in der Antike aus Sch. Flöten herstellt (ebd.; Vergil, *Eklogen* II, 31 f.), ist Ausgangspunkt für die Deutung des Sch. als Symbol der Poesie. Ovid schildert die Erfindung der Flöte: Die Nymphe Syrinx flieht vor dem lüsternen Pan an einen ↗Fluss und bittet ihre Schwestern, sie zu verwandeln. Pan hält daraufhin statt der Nymphe Sch. in den Händen. Die Luft erzeugt im Sch. einen klagenden Ton, woraufhin Pan sich eine Flöte daraus macht (*Metamorphosen* I, 689 ff.). Spätestens seit Ovid ist das Sch. damit Symbol für die (eleg.) Poesie und eng verbunden mit Liebe und Lüsternheit. In der Emblematik wird Pans Klage um Syrinx mit dem Ruhm verglichen, der durch die Schriften des Gelehrten verbreitet wird (HS, 358). In Spees *Trutznachtigall* erscheint das »Ried« als Instrument der Klage (*Anders Hirtengesang, darin der Bach Cedron*). In Lenaus *Sch.liedern* ist das Sch. Element der Landschaft, in der sich die eleg. Stimmung der lyr. Ich spiegelt. Ähnlich ist es bei Trakl in einer verstummte R. Ausdruck poet. Klage (*Grodek*; *Passion*; *Geistliche Dämmerung*; *Im Park*; *Am Moor*). George erhebt das Sch. programmatisch zu einem Symbol für lyr. Dichtung, so in der *Aufschrift* der *Hymnen* und im Eröffnungsgedicht *Weihe*. – Dadurch, dass Sch. auch als Schreib- und Malfeder (↗Griffel/Feder/Bleistift) genutzt wird, entsteht eine weitere Möglichkeit der Symbolisierung. Goethe ist sie von Hafes bekannt: Er vergleicht das Zuckerrohr im *West-östlichen Divan* mit der Schreibfeder, der ebenfalls »Liebliches entfließen« soll (*Thut ein Sch. sich doch hervor*).

4. Symbol des Gerüchts. Nach Ovid (*Metamorphosen* XI, 146–193) wettet Midas, dass Pan seine Flöte besser spiele als Apoll die Cithara. Pan verliert, Midas wird bestraft, indem ihm Eselsohren (↗Esel) wachsen. Sein Diener sieht die Eselsohren und »spricht mit flüsternder Stimme« seine Entdeckung in ein Erdloch, das er wieder bedeckt. Doch an der Stelle wächst Sch., das, wenn der Wind hindurchfährt, die Kunde verbreitet. In der Emblematik wird aus dieser Metamorphose die Lehre »Es gibt nichts Verborgenes« gezogen (HS, 357 f.). Opitz vergleicht das verräter. Sch.rohr mit dem Schreibrohr (↗Griffel) des Gelehrten, das über unbesonnene Menschen urteilt (*Schäfferey von der Nimfen Hercinie*). Wie der Diener des Midas dem Sch., so vertraut in Goethes *Römischen Elegien* (XX) das lyr. Ich sein Geheimnis den ›geschwätzigen‹ Versen an. Auch bei Schopenhauer gibt es das »indiskrete Sch.rohr« (*Die beiden Grundprobleme der Ethik*, Vorrede zur 2. Aufl.).

5. *Symbol des Leidens Jesu Christi.* In der Passion wird Jesus bei der Verspottung ein R. als Spottszepter in die Hand gegeben (Mt 27,29) und ihm am ↗Kreuz schließlich ein mit ↗Essig getränkter und auf ein R. gesteckter Schwamm dargeboten (Mt 27,48). Damit gehört das Sch.rohr zu den *Arma Christi* und findet in die bildende Kunst (Ecce-Homo-Darstellungen), aber auch in die Dichtung Eingang (Gryphius, *Christi Geisselung und Krönung*; Angelus Silesius, *Cherubinischer Wandersmann* IV, 49: *Die Herrlichkeit Christi in dieser Welt*). Greiffenberg meditiert in komplexer Verschränkung der Trad. über das Spottszepter Jesu Christi (*Auf den, meinem Heiland gegebenen, R.stab*): Hier wird das lyr. Ich zum wankenden R., das bei Christus Halt sucht und in das der Hl. Geist einbläst, um Gott durch Dichtung zu preisen. In der Zweitfassung des *Grünen Heinrich* (IV, 11) verbindet Keller die Symboltrad., indem der Protagonist u. a. durch ein Sch.rohr charakterisiert wird, das auf sein Leiden ebenso verweist wie auf seinen Wankelmut, aber auch, an die poet. Symbolik anknüpfend, auf seine Malerei, die er mit einer Malfeder aus Sch. betreibt.

↗Flöte, Griffel/Feder/Bleistift, Wind.

Lit.: E. Grawi, Die Fabel vom Baum und dem Sch.rohr in der Weltlit., Diss. Rostock 1911. – H.-J. Spitz, Sch.-rohr und Binse als Sinnträger in der lat. Bibelexegese, in: Frühma. Studien 12 (1978), 230–257.   PhA

Schlaf

Symbol des Todes, des Friedens, der Heilung und der Inspiration, der Erotik, der Torheit und Sünde. – Relevant für die Symbolbildung sind (a) die Ähnlichkeit von Schlafenden und Toten, (b) die Erquickung und Vergessen schenkende Wirkung des Sch., (c) der verführer. Anblick der Schlafenden, (d) der Zustand der Vernunftlosigkeit während des Sch.

1. *Symbol des Todes.* Die vielfach gestaltete Ebenbildlichkeit der göttl. ↗Zwillinge Hypnos (Sch.) und Thanatos (Tod) sowie die Zugehörigkeit beider Gottheiten zum Reich der Unterwelt (Hesiod, *Theogonie* 756 ff.) sind myth. Ausdruck für die Todessymbolik des Sch. Homer ist in der Verklärung

des Heldentodes als eines »ehernen Schlummers« vorbildhaft (*Ilias* XI, 241), wogegen Cicero den euphemist. Gebrauch des Bildes kritisiert (*Tusculanae disputationes* I, 92). Doch dieser setzt sich über die Bardendichtung (Gerstenberg, *Gedicht eines Skalden*) bis ins 19. Jh. fort: »Junger, gefallener Krieger, wie schlummerst du süß!« (Platen, *Auf ein Grabmal in Fermo*). Aischylos hingegen bezieht das Bild auf alle Sterbliche, jeden ereile der »endlose Sch.« (*Orestie: Agamemnon* 1451). – Chrysostomos formuliert das neutestamentl. Verständnis des Todes als eines Sch., aus dem der ↗Posaunenruf zum Jüngsten Gericht erwecke (*De coemeterio et de cruce* I). Notker der Deutsche folgt ihm: »Slâf ist ímo der tôd« (*Der Psalter*, Psalm 40, 9), ebenso Logau (*Sch. und Tod*; *Tod und Sch.*), Kuhlmann (*Der Kühlpsalter* V) oder J.Ch. Günther (*Abendlied*). Klopstock bezeichnet die Toten als »Schlafende Gottes« (*Der Messias* V, 390), die »zu Ewigkeiten erwachen« (XI, 196, vgl. XIII 841 f.). Hölderlin unterlegt dem Sinnbild keine eschatolog. Bedeutung mehr, wenn er den Tod als »des müden Wandrers Sch.« versteht (*Elegie*), desgleichen später G. Heym, *Der Schläfer im Walde*, oder Trakl, *Klage* (II). Der Sch. Adams (Gen 2,21) wird ebenfalls als Sinnbild des Todes ausgelegt (Klopstock, *Der Messias* IV, 954 ff.). – Für die Vielfältigkeit der dem Symbol beigegebenen den Tod jeweils spezifisch deutenden Epitheta seien u. a. angeführt: ›süß‹, ›hold‹ (Tersteegen, *Geistliches Blumengärtlein inniger Seelen* II, 84; Herder, *Sehnsucht nach Ruhe und Tod*; Schiller, *An die Freude*; Morgenstern, *Sehnsucht*), ›sanft‹ (Droste-Hülshoff, *Sit illi terra levis!*), ›ewig‹ (Karsch, *Morgen-Gesang an ihre Seele*; Schiller, *Maria Stuart* V, 6; Byron, *Don Juan* VIII, 110), ›ehern‹, ›letzt‹ (Hagedorn, *Hoheit und Liebe*) oder auch ›↗eisern‹ (Klopstock, *Der Messias* XVII, 378; Hölderlin, *Menons Klagen um Diotima*). – In den weiteren Kontext der Sinnbildhaftigkeit gehören sowohl der Endymion-Mythos als auch der Mythos von Amor und Psyche (Apuleius, *Der goldene Esel* VI, 21). Beide veranschaulichen die Idee, der Tod könne durch Liebe in ewigen Sch. verwandelt werden.

2. *Symbol des Friedens.* Nicht nur Sterbliche, sondern auch Götter vermag Hypnos mit Hilfe seiner Attribute des ↗Mohns und des in Lethe getauchten Stabs in friedvollen Sch. zu versetzen, so die antike Auffassung (Homer, *Ilias* XXIV, 673 ff.). Der griech. Lyriker Alkman erweitert das Bild durch die Übertragung auf die Natur (*Fragmente* LXXXIX). Dem ↗nächtl. Frieden setzt Vergil allerdings die Sch.losigkeit des von Äneas verlassenen und vor Schmerz rasenden Dido entgegen (*Aeneis* IV, 522 ff.). Ohne wesentl. Bedeutungsänderung wird das Symbol bis in die Moderne tradiert: so etwa bei Statius, *Silvae* (V, 4), Petrarca, *Rerum vulgarium fragmenta* (I, 164), Tasso, *Gerusalemme liberata* (VIII, 57), Wieland, *Oberon* (VII, 61), Eichendorff, *Nachtfeier*, Holz, *Nachtstück* (in: *Buch der Zeit*), Hofmannsthal,

Welt und ich, oder Trakl, *Abendmuse*. – Die geistl. Dichtung des 17. und 18. Jh. legt das Sinnbild nach Ps 4,9: »Ich liege und schlafe ganz mit Frieden; denn allein du, Herr, hilfst mir, daß ich sicher wohne« (vgl. Ps 3,6; Spr 3,24; Mt 8,24), als Frieden der Seele aus, der durch das gläubige Vertrauen in die Schutzherrschaft Gottes gewonnen vor den Anfechtungen des Teufels bewahre (Angelus Silesius, *Cherubinischer Wandersmann* II, 11: *Die beste Sicherheit*; Gerhardt, *Wer wohlauf ist und gesund* XII; Tersteegen, *Geistliches Blumengärtlein inniger Seelen* I, 381; Klopstock, *Der Messias* I, 523 ff.; Novalis, *Geistliche Lieder* V). Sprichwörtlich wird der ›Sch. des Gerechten‹.

   3. Symbol der Heilung und Inspiration. Die antike Vorstellung, der milde und ambros. Gott senke sich auf die Augenlider (*Orphische Hymnen* LXXXV; ⁊Auge), zerstreue »den Gram« (Homer, *Odyssee* XX, 56) und schenke das »Vergessen aller Qual« (Euripides, *Orestes* 214), fließt in die Symbolbildung ein, die in einen Zusammenhang mit Inkubationskulten zu stellen ist (RAC XVIII, 179–265). Sophokles preist den Sch. als Quelle der Genesung (*Philoktet* 827 ff.), ebenso Seneca, *Hercules furens* 1065 ff., und Catull, *Attis* (*Carmina* LXIII). Goethe modifiziert das antike Verständnis insofern, als er nicht mehr den Gott des Sch. das für die Heilung notwendige Vergessen bewirken lässt, sondern die Natur (*Faust II* 4628 ff.; *Egmont* V, »Gefängnis«). – Zum Mesmerismus, der dem ⁊magnet. Sch. bzw. dem Somnambulismus große Bedeutung im Heilungsprozess einräumt, vgl. Jean Pauls *Mutmassungen über einige Wunder des organischen Magnetismus* sowie die Literarisierung etwa bei E.T.A. Hoffmann, *Die Serapions-Brüder* oder H. v. Kleist, *Das Käthchen von Heilbronn*. – Abgeleitet von der Deutung des im Sch. empfangenen ⁊Traums als Zeichen göttl. Offenbarung, wie etwa bei Penelope, die über den Verbleib ihres Sohnes Aufklärung erfährt (*Odyssee* IV, 793–840; vgl. Gottfried v. Straßburg, *Tristan* 13512 ff.; Milton, *Paradise Lost* V, 30 ff.; Goethe, *Des Epimenides Erwachen* I, 3), wird mit der frühromant. Aufwertung der Sphäre des Nächtlichen und Träumerischen der Sch. selbst poetologisch bedeutend: Novalis spricht vom »heiligen Sch.«, einem Zustand der höheren Wachheit, der »Nachtbegeisterung«, dem Enthusiasmos ähnlich (*Hymnen an die Nacht* II, III). Auch Hölderlin kennt den »heiligen Sch.« als Quelle der Inspiration inmitten der Natur (*Der Rhein*; *Der Archipelagus*) und Günderrode imaginiert ihn als Auflösung des Ichs, die in eine höhere Bewusstheit führt (*Ein apokaliptisches Fragment*; vgl. Keats, *Ode on Indolence* V; Rilke, *Die Sonette an Orpheus* I, 2).

   4. Symbol der Erotik. Der Gott des Sch., süß, ambrosisch, sanft, gliederlösend und daher Amor ähnlich, fungiert auch als Liebeshelfer (Homer, *Ilias* XIV, 236 f., 352 f.). Sophokles stellt die erot. Ausstrahlung der Schlafenden heraus (*Antigone* 783 f.).

Die Schilderung des Anblicks verführer. Keuschheit in Gestalt von schlafenden Mädchen bzw. ⁊Frauen, die das Begehren des Betrachters bzw. Lesers entfachen soll, wird durch die Jahrhunderte ohne Modifizierung tradiert (vgl. Meleager, in: *Anthologia Graeca* V, 174; Properz, *Elegien* I, 3; Wolfram v. Eschenbach, *Parzival* 130, 3 ff.; Boccaccio, *Il decamerone* V, 1; Fleming, *Als Er Sie schlafend funde*; Wieland, *Oberon* VII, 64 ff.; Lesage, *Histoire de Gil Blas de Santillane* IX; Goethe, *Römische Elegien* V; Keats, *The Eve of St. Agnes* XXVIII ff.; Byron, *Don Juan* VI, 64 ff.). – Doch bis in die Moderne ist Sch. auch ein Sinnbild der erfüllten Erotik, in dem sinnl. Befriedigung veranschaulicht wird (Homer, *Ilias* XIV, 233 ff.; Apuleius, *Der goldene Esel* V, 21, 5; Gottfried v. Straßburg, *Tristan* 17500 ff., 18210 ff.; Boccaccio, *Il decamerone* V, 4; Shakespeare, *Romeo and Juliet* II, 2; Mörike, *Peregrina* II; F. Schlegel, *Lucinde*: »Idylle über den Müßiggang«; Whitman, *Song of Myself* XV; Verlaine, *Aquarelles, Green*).

   5. Symbol der Torheit bzw. Sünde. Die antike Philosophie verkehrt die positive Konnotation von Sch. in ihr Gegenteil: Sch. wird zum Sinnbild der Torheit (Heraklit, *Fragmente* Diels/Kranz 22 B 73), da man wegen der in Träumen übermächtig erlebten Triebhaftigkeit die Herrschaft der Vernunft in Frage gestellt sieht (Platon, *Staat* IX, 571c-e). Zudem wird der Sch. der Sphäre der Finsternis zugerechnet, die Vernunft hingegen der des ⁊Lichts. Entsprechend veranschaulicht das Bild des Sch., dass das Denken einer Epoche noch nicht zur vollen Entfaltung gelangt ist, so bei Herder, *Briefe zur Beförderung der Humanität* V, J.H. Voß, *Die erneute Menschheit*, F. Schlegel, *Die Weltseele*, oder Jean Paul, *Hesperus*, 1. Heftlein. – In relig. Hinsicht ist der Sch. Sinnbild bewusstloser Gottferne und Sünde (1 Thess 6 »So lasset uns nicht schlafen wie die andern, sondern lasset uns wachen und nüchtern sein«; vgl. Röm 13,11; Eph 5,14; Mk 14,37 u. a.). Diese Auslegung fließt in die geistl. Dichtung des 17. und 18. Jh. ein: Angelus Silesius *Heilige Seelenlust* IV, 132: *Jesus der treue Hirte sucht die Psyche*; Knorr v. Rosenroth, *Abends-Andacht*; Gerhardt, *O Mensch, beweine deine Sünd*; Klopstock, *Messias* V, 470 ff. Darüber hinaus wird Sch., mit Faulheit, Völlerei und Wollust assoziiert, zum Symbol der Sünde: »Faulheit bringt Schlafen« (Spr 19,15), so auch etwa Chaucer, *The Canterbury Tales: The Second Nun's Prologue and Tale*; Opitz, *Klage bey dem Creutze unsers Erlösers*; Hoffmannswaldau, *Schlaff-Zedel*; Shakespeare, *Hamlet* IV, 4. – Neben der relig. gefärbten erhält das Symbol auch eine kulturkrit. Bedeutung. Petrarca spricht z.B. vom schlafenden Italien und drückt in diesem wirkungsmächtigen Bild die Kritik am kulturellen Verfall Italiens aus, indirekt zur Erneuerung ⁊Roms aufrufend (*Rerum vulgarium fragmenta* I, 53), wobei dem Dichter eine bedeutende Rolle eingeräumt wird (vgl. dazu Goethe, *Torquato Tasso* 2637). Die dt. Freiheitsdichtung ab 1813/14 bemüht die Sage vom schlafenden Barbarossa, um die Idee eines geeinten dt. Reiches im ma. Glanz zu gestalten: so bei Rückert, *Barbarossa*, oder Geibel, *Friedrich Rotbart*, kritisch dagegen Heine (*Deutschland. Ein Wintermärchen* XIV–XVI); allg. findet sich das Bild als Zeichen zu überwindender polit. Lethargie bei Platen, *An einen deutschen Staat*, Arndt, *An die deutschen Fürsten*, und auch, jedoch ohne national. Färbung, bei Heine (*Doktrin*).

↗Abend, Nacht/Finsternis, Traum.

Lit.: Th. Macho, Art. Schlafen, Träumen, in: Wb. der philosoph. Metaphern, hg. v. R. Konersmann, Darmstadt 2007, 321–330. – G. Schleusener-Eichholz, Das Auge im MA, München 1985, 333–347. – G. Wöhrle, Hypnos, der Allbezwinger, Stuttgart 1995.   HD

Schlange

Symbol des Todes und des Bösen, der Verführung und des Teufels, aber auch des Lebens und des Weiblichen sowie der Heilkunst und der Weisheit. – Relevant für die Symbolbildung sind (a) Körperform und lautlose Bewegungen, (b) die gespaltene ↗Zunge und der giftige Biss sowie (c) das Phänomen ihrer Häutung.

1. Symbol des Todes, der Zerstörung, des Bösen, der Verführung und des Teufels. Schon im *Gilgamesch-Epos* verbindet sich Todessymbolik mit der Sch., insofern eine Sch. Gilgamesch ein Unsterblichkeit verheißendes Gewächs raubt, dessen Lebenskraft auf sie übergeht, ihre Häutung und damit ihre Erneuerung bewirkt, während Gilgameschs Wunsch nach Unsterblichkeit unerfüllt bleibt (*Gilgamesch-Epos* XI, 287–289; s. a. 2.). In Gestalt des ägypt. Gottes Apophis bzw. Apep, der versucht, die Seelen der Verstorbenen auf deren Weg in die Unterwelt zu erbeuten und den ↗Sonnengott Ra zu vernichten, um die zykl. Weltordnung in Chaos zu stürzen (McLeish), ist die Sch. auch in der ägypt. Mythologie Symbol der Zerstörung und des Chaos. – Nach german. Vorstellung umspannt die Midgardschlange die Welt und bedroht das Göttergeschlecht der Asen, ehe sie von Thor besiegt wird (*Edda*: »Hŷmiskvidha«; *Snorra-Edda*: »Gylfaginning« LI). In der nord. Mythologie ist die Sch. ein Symbol des Bösen. Nidhöggr, ein Zwitterwesen aus ↗Drache und Sch., versucht den Lebensbaum (↗Baum) zu ersticken (*Edda*: »Völuspâ«). – Auch in der griech.-röm. Vorstellungswelt ist die Sch. mit Unheil und Tod verbunden. So besteht etwa das ↗Haar der Gorgone Medusa, deren Anblick jeden in ↗Stein verwandelt, aus Sch.köpfen (Ovid, *Metamorphosen* IV, 614 ff.). Im Mythos von Herakles bedrohen von Hera geschickte Sch. Herakles mit dem Tod, der sie jedoch erwürgt (Pindar, *Nemeische Ode* I); die Hydra von Lerna ist eine neunköpfige (↗Kopf, ↗Neun) Wasserschlange, die er überwindet (Euripides, *Herakles*), ebenso den sich in eine Sch. verwandelnden

Flussgott Acheloos (Ovid, *Metamorphosen* IX, 62 f.). Zum Symbol menschl. Leidens ist schließlich v. a. in der Rezeption des 18. Jh. der Tod Laokoons und seiner Söhne durch die Meeresschlange Poseidons geworden (Vergil, *Aeneis* II, 199–231; Winckelmann, *Gedanken über die Nachahmung der griechischen Werke*; Lessing, *Laokoon*; Herder, *Laokoon's Haupte*) – Prägend für die Symbolik des Bösen ist v. a. die bibl. Erzählung Gen 3,1 ff., in der die Sch. bei der Verführung Evas als listiges Tier erscheint, deren Worten nicht zu trauen ist (Milton, *Paradise Lost* IX, 834 ff.). Von Gott daraufhin verflucht und zum Feind der Nachkommen Evas bestimmt (Gen 3,14), repräsentiert sie das Böse und verfällt in der neutestamentl. Apokalypse dem Jüngsten Gericht (Offb 20,2). Diese Überlieferungstrad. prägt die weitere Symbolbildung (s. a. 2.) sowohl im christl. wie im nichtrelig. Kontext. Augustinus bezichtigt sich selbst der verführenden sch.haften Sprache (*Confessiones* VI, 12) und spricht vom »Sch.gift der Sünde« (IX, 4). Nach Pascals Auffassung symbolisiert die Sch. »die Sinne und unsre Natur« (*Pensées* II, 18: »Gedanken über den Tod« V; vgl. Augustinus, *De trinitate* XII, 12 f.). In Eichendorffs Erzählung *Das Marmorbild* verweist eine ↗grünl.-↗goldene Sch. auf die Gefahr »in der Welt verlorenzugehen«. Bei Keats ist die Sch. eine verwünschte ↗Frau (*Lamia*), ebenso in Grimms Märchen *Der König vom goldenen Berg*. Bes. in Kombination mit den symbolhaltigen Farben ↗Grün und ↗Schwarz verdichtet sich in der Sch. der Ausdruck der Eifersucht, der Verstellung und des Bösen, das im häufigen Bild der Sch. »am Busen«, d. h. am ↗Herzen, dem Menschen gefährlich wird: so z. B. bei Shakespeare (*A Midsummer Night's Dream* II, 2), Cervantes (*Don Quijote* X, 2), in E.T.A. Hoffmanns *Meister Floh* (7. Abenteuer) oder bei Stendhal (*Le rouge et le noir* LXVIII). In Ch. Brontës *Jane Eyre* ist von der grünäugigen »Sch. der Eifersucht« die Rede (XV), Dostojevskij spricht von der »schwarzen Sch.« der Eitelkeit (*Verbrechen und Strafe* V, 1).

2. Symbol des Lebens, der Sexualität, der Wiedergeburt und des Weiblichen. In der Mythologie ist die Sch. stets auch mit Schöpferkraft und Sexualität verbunden (zum asiat. und afrikan. Kulturraum s. die Hinweise bei Cavendish und McLeish). Auch im AT ist die Sch. nicht nur Zeichen des Todes und der Strafe (s. 1.), sondern die »eherne Sch.« wird nach dem Schuldbekenntnis der Kinder Israel auch zum Symbol des Lebens (Num 21,7 f.; für Warburg, *Sch.ritual*, zugleich Zeichen eines »Sublimierungsprozesses in der Religion«), das im NT als Präfiguration der Verheißung des ewigen Lebens in Jesu Christi gelesen wird: »wie Mose in der Wüste eine Sch. erhöht hat, also muß des Menschen Sohn erhöht werden, auf daß alle, die an ihn glauben, nicht verloren werden, sondern das ewige Leben haben« (Joh 3,14 f.). – Auch die ↗Kreis- bzw. ↗Ringform der sich selbst in den Schwanz beißenden Sch. (*Ouroboros drakon*) kann zusammen mit der regelmäßigen Häutung über das Symbol der Unendlichkeit hinaus auch auf Wiedergeburt und ewiges Leben verweisen (Martianus Capella, *De nuptiis Philologiae et Mercurii* I, 70), wie auch auf die Einheit des Kosmos (so nach Haage, 156 f., z. B. bei Hartmann v. Aue, *Erec* 7696–7679). Novalis nimmt diese, v. a. in der Alchemie bedeutsam gewordene, Symbolik auf, wenn Ginnistan ein ↗eisernes, ↗magnet. Stäbchen behaucht und damit zur Sch. belebt, die sich in den Schwanz beißt (*Heinrich von Ofterdingen* I, 9), wie auch A. v. Arnim (*Der freie Dichtergarten: Zeit*) oder B. v. Arnim in ihrem Erinnerungsbuch *Die Günderode* als Regieanweisung zu einem allegor. Szenario (»Sch., die sich in den Schwanz beißt, bildet einen großen Kreis, dessen Raum Immortalita nie überschreitet«). Die sexuelle Vereinigung imaginiert Heines *Du sollst mich liebend umschließen* im Zeichen der Sch., zugleich das myth. Leid des Laokoon (s. 1.) widerrufend: »Gewaltig hat umfangen,/ Umwunden, umschlungen schon/ Die allerschönste der Sch./ Den glücklichsten Laokoon.« – Die auffallende Häutung der Sch. wird im *Physiologus* als Symbol für die Wiedergeburt im Glauben gedeutet (»Von der Sch.«). Ungewöhnlich und vereinzelt ist der Vergleich der Häutung mit der Geschichte der Zivilisation bei Hugo: Er apostrophiert die Erfindung des Buchdrucks als »die vollständige und letzte Häutung jener symbolischen Sch., die seit Adams Zeiten den Geist vorstellt« (*Notre Dame de Paris* V, 2: »Ceci tuera cela«).

3. Symbol der Heilkunst und Weisheit. Wie schon in Num 21,7 f. (s. 2.), kann die Sch. in polarer Entgegensetzung zu ihren verderbenden Konnotationen auch zum Symbol der Heilung werden. So in der griech.-röm. Mythologie, wo die Sch. durch die Verwandlung zum Äskulapstab als Symbol der Lebenserweckung und der Heilkunst erscheint (Ovid, *Metamorphosen* XV, 658–662). Darauf greift Grimms *Märchen von der Unke* zurück, in dem ein ↗Kind gesund und kräftig bleibt, solange eine Sch. mit ihm aus einer Schüssel ↗Milch trinkt, und stirbt, als die ↗Mutter das Tier tötet. Diese mütterl. Komponente wird auch der alten Unke bei L. Carroll zugeschrieben (*Alice in Wonderland* III). – Mit bes. Weisheit bzw. Hellsicht ist die geflügelte Sch. Python verbunden, die von Apollon getötet wird, weil sie dessen Mutter Leto vernichten wollte. Ihr ↗Blut überträgt hellseher. Fähigkeiten auf das Orakel von Delphi (*Homerische Hymnen*: »An Apollon« 294 ff.). In Grimms Märchen *Die weiße Sch.* isst ein Diener ein Stückchen von einer Sch. und versteht danach die Sprache der Tiere; sehr verknappt erscheint diese Symbolik in Rowlings *Harry Potter and the Deathly Hallows*, dessen Protagonist in der Sch.sprache (›parseltongue‹) mit einem ↗Basilisken spricht. Bes. Klugheit wird die Sch. auch

mit dem Christuswort: »darum seid klug wie die Sch. und ohne Falsch wie die Tauben« (Mt 10,16) zugeschrieben. Nietzsches *Zarathustra* nimmt es auf, setzt dabei der Sch. allerdings nicht die Einfalt der ↗Taube an die Seite (Hebbel, *Maria Magdalena* I, 4), sondern stellt sie, die polare Spannung von ↗Himmel und ↗Erde vereinend, dem Stolz des ↗Adlers gegenüber (»Zarathustras Vorrede«, X; Lurker, 260 f.). Die Weisheitssymbolik verarbeitet auch Goethes *Märchen*, in dem die Sch. durch Weisheit und tätige Hilfe zum glückl. Ende beiträgt. Ambivalent ist dagegen die zwischen Weisheit und Verführung (s. 1.) schwankende Rolle von Serpentina in E.T.A. Hoffmanns *Der goldne Topf.*

↗Grün, Kreis, Krokodil.

Lit.: EdM XII, 33–50. – WBS, 318–320. – R. Cavendish, Mythologie, München 1981. – H. Egli, Das Sch.-symbol, Freiburg 1982. – B.D. Haage, Ouroboros – und kein Ende, in: Licht der Natur, hg. v. J. Domes/W.E. Gerabek, Göppingen 1994, 149–169. – M. Lurker, Adler und Sch., Tübingen 1983. – K. McLeish, Myths, London 1996. – J.M.C. Toynbee, Tierwelt der Antike, Mainz 1983, 217–223.   GMR

Schleier

Symbol des Geheimnisses, der Jungfräulichkeit, der Dichtung und Täuschung sowie des Textes und des künstler. Mediums. – Relevant für die Symbolbildung sind (a) die Struktur des Sch. als semi-transparentes, permeables, taktiles Gebilde, das optisch, haptisch oder akustisch (als Klangschleier und ↗Naturmusik) rezipiert werden kann, sowie (b) seine Funktion der Verhüllung, die etwas verbirgt, das aufgrund der Beschaffenheit des Sch. als enthüllbar oder erahnbar vorgestellt wird und dadurch auf das Paradox einer sichtbaren Unsichtbarkeit, einer anwesenden Abwesenheit oder einer immanenten Transzendenz verweist; schließlich kann der Sch. (c) natürl. Ursprungs, von Gott, einem Tier (z. B. ↗Spinne) oder dem Menschen (meist einer ↗Frau) gewoben sein.

1. Symbol eines (weiblich konnotierten) Geheimnisses. Zentral für die literar. Verbreitung des Sch. in der abendländ. Kultur sind die Selbstverschleierung Mose nach der Begegnung mit Gott auf dem Berg Sinai (Ex 34,33 ff.; 2 Kor 3,13) und der von Plutarch überlieferte Mythos von Sais und Isis (*De Iside et Osiride*). In beiden fungiert der Sch. als Sinnbild eines Geheimnisses, das nicht erkannt werden kann oder darf, in Letzterer auch als Zeichen von Scham und ↗Jungfräulichkeit, aber auch von Verführung. Daneben ist die Denktradition der *veritas filia temporis* einschlägig, die Vorstellung der Entschleierung der Wahrheit durch die Zeit, die häufig durch Chronos personifiziert wird (z. B. auf dem Frontispiz der *Encyclopédie* d'Alemberts und Diderots). Im 18. Jh. werden bei Wieland wesentl. Bedeutungsaspekte des Sch. gebündelt:

Die *Geschichte der Abderiten* (V, 7) und *Der goldne Spiegel* thematisieren unter Bezugnahme auf die sog. ägypt. (oder eleusin.) Mysterien den Sch. als exemplar. Fall eines weibl. konnotierten Welträtsels, das zwar unentdeckt ist, aber zur Entdeckung animiert. Nicht nur bei Wieland (*Geschichte des Agathon, Idris und Zenide, Geheime Geschichte des Philosophen Peregrinus Proteus*), sondern auch bei Schiller (*Sendung Moses*) und Kant (*Von einem neuerdings erhobenen vornehmen Ton in der Philosophie*) wird dieses Geheimnis als ›strateg.‹ Geheimnis entlarvt und der Sch. als Inbild einer betrüger. Manipulation denunziert. Wieland unterscheidet jedoch zwei Arten der Verschleierung: eine, die nur verschönert und darum aufzuheben ist, und eine, die verhüllt, was sonst gefährlich würde (*Unterredungen mit dem Pfarrer von ****). Da Wielands eigenes Erzählen eine solche Verhüllungstechnik für sich selbst beansprucht, wird der Sch. gegen aufklärer. Entwertungstendenzen als unverzichtbare Membran des künstler. Darstellungsmediums rehabilitiert (s. 2.). Schiller und Novalis interpretieren die Stofftradition des ›verschleierten Bilds zu Sais‹ (auf die u. a. Hofmannsthals *Das Bergwerk zu Falun* zurückkommt), wobei die Hebung des Sch. der Isis mit unterschiedl. Konsequenzen verknüpft wird: Schillers Jüngling wird wahnsinnig (*Das verschleierte Bild zu Sais*, ähnlich bei Tieck, *Runenberg*), wohingegen Novalis' Lehrling Hyacinth im ↗Traum hinter dem Sch. seiner ↗Braut (als Jungfrau und Mutter) bzw. sich selbst, wie in einem Spiegel, begegnet (*Die Lehrlinge zu Sais* II; auch *Die Christenheit oder Europa*). Während Eichendorff (*Das Marmorbild*) den Sch. der Venus in einer christl. Gegenbildlichkeit auffängt, errichtet C. Brentano in der *Geschichte vom braven Kasperl und dem schönen Annerl* und in dem Roman *Godwi* (II, 16) dem Sch. regelrechte Denkmäler. In Hebbels Drama *Gyges und sein Ring* zieht die voyeurist. Entschleierung Rhodopes ein weibl. Rache- und Opferritual nach sich. Bei Schnitzler sind die weibl. Selbstentschleierungen (*Sch. der Pierrette, Traumnovelle, Fräulein Else*) vor dem Hintergrund zeitgenöss. Formen des Varietétheaters, Nackttanzes, Striptease und entsprechender bildkünstler. und fotograf. Sujets zu sehen – sie enden stets mit dem Tod der Sch.-Tänzerin (dagegen den Sch.-Tanz der Salome bei Wilde und R. Strauss). In Th. Manns *Joseph*-Tetralogie entfaltet der Sch. noch einmal seinen ganzen Beziehungsreichtum: als kunstvoll verzierter Brautschleier Rachels, unter dem sich in der Hochzeitsnacht eine andere verbirgt (*Der junge Joseph*: »Das bunte Kleid«).

2. Symbol des Textes und der Poesie. Der Sch. ist fester Bestandteil des rhetor. Konzepts des *integumentum* und *involucrum* (Bernhard Silvestris, *Commentum super sex libros Eneidos Virgilii*), der Einkleidung einer präexistenten und konstanten Wahrheit in eine erfundene Erzählung, wofür der gewollte Verstoß gegen rhetor. Tugenden der Verständlichkeit (*perspicuitas*) und Deutlichkeit (*evidentia/enargeia*) sinngebend ist; verschleierte Rede ist demnach ›dunkle‹ Rede, die aber Teil eines diskursiven Transparenzgeschehens ist. Auch die Theoriegeschichte der Metapher von Cicero über Hegel und Nietzsche bis Derrida bedient sich des Sch. (und seiner Derivate wie ↗Kleid, ↗Mantel, Decke) als ›Metapher der Metapher‹ und sinnbildl. Schmuck der Sprache, der von einer eigentl. Bedeutung entweder abgelöst werden kann oder bis zur Ununterscheidbarkeit mit ihr verstrickt ist. Bei Schiller wird der Sch. darüber hinaus zum Sinnbild für die »Verhüllung der Wahrheit und Sittlichkeit in die Schönheit« (Brief an Körner, 9.2.1789) und den ästhet. Schein der Kunst, ohne den die Wirklichkeit nicht lebenswert wäre (*Die Götter Griechenlandes; Die Künstler; Kassandra*). Schiller schreibt dem Sch. der Kunst und Liebe damit eine kompensator. Funktion zu. In einer Fußnote zur *Kritik der Urteilskraft* (§ 49) assoziiert Kant den Sch. der Isis unter Bezug auf eine zeitgenöss. Titelvignette mit dem Konzept des Erhabenen: Der Sch. wird dabei für die »bloß negative Darstellung« eines eigentl. Undarstellbaren (der Idee) in Anspruch genommen. In Goethes Widmungsgedicht *Zueignung* findet sich der *locus classicus* der dt. Sch.-Dichtung: In einem Akt der Initiation empfängt der angehende Dichter »der Dichtung Sch. aus der Hand der Wahrheit« (*Zueignung*, V. 96). Wie der Werk-Kontext zeigt, werden damit aufklärer. Entschleierungsszenarien ebenso wie Geheimbund-Rituale persifliert – es ist nicht die Wahrheit, mit der der Dichter begabt wird, noch ist der Sch. der Dichtung mit einem exklusiven Arkanwissen verbunden. Auch das literar. Vorbild – die Entschleierung Beatrices in Dantes *Divina Commedia* (»Purgatorio« XXX-XXXI) – wird bei Goethe enttheologisiert und verweltlicht. Dabei wird generell eine binäre Logik von Geheimnis und Offenbarung, von ↗Schale und Kern aufgehoben (*Genius, die Büste der Natur enthüllend*) und das hinter dem Sch. Verborgene im Sch. selbst gefunden (*Faust II; Wink*). Nietzsche hält, ähnlich wie Schiller, den »Schönheitschleier der Kunst« und dessen »Verklärungsschein« für unverzichtbar, wenn es um die ›ästhet. Rechtfertigung‹ des Lebens geht (*Geburt der Tragödie* XVIII). Wohltätig wirkt der Sch. auch als ›Sch. des Vergessens‹, der die Vergangenheit zugunsten der Gegenwart und ihrem Lebensrecht überblendet (*Vom Nutzen und Nachtheil der Historie für das Leben* VII). Parallelen in Nietzsches Sprachreflexionen zeigen, dass der Sch. nicht auf einen Dualismus von Ver- und Entschleierung abzielt, sondern auf einen perspektiv. Relativismus jenseits von Wahrheit und Lüge. Daran knüpft der Poststrukturalismus an, der den Sch. als Chiffre eines ↗Gewebes oder Netzwerks versteht, das die Kultur als einen

›unendl. Text‹ der Bezeichnungen repräsentiert, wobei dieser Sch. gerade kein Verschleiertes (einen Inhalt, ein Eigentliches, ein transzendentales Signifikat) mehr ver- bzw. entbirgt (Derrida, *Éperons*; Barthes, *La mort de l'auteur*).

3. *Symbol der Intertextualität bzw. Intermedialität.* Wegen der Nähe von Textur (↗Gewebe/Faden) und Text kann der Sch. auch mediale bzw. intermediale Aspekte reflektieren: solche der Intertextualität, einer Text-Bild-Beziehung oder eines Leistungsvergleichs der Künste (›Paragone‹). Dabei ist bes. der Sch.-Diskurs der bildenden Kunst von Bedeutung, so z. B. die Legende vom gemalten Vorhang, mit dem Parrhasius seinen Kollegen Zeuxis täuschte (Plinius d. Ä., *Naturalis historia* XXXVI, 73); der Bildtyp der ›Veronika‹ (Jesu Abbild auf dem Schweißtuch der Veronika, das – als *vera icon* – nicht unter das Bildverbot fällt); das *velum* in Albertis Malerei-Traktat, mittels dessen der Maler seinen Gegenstand auf den zweidimensionalen Bildgrund überträgt, etc. Auch hier sind Fragen und Probleme der Darstellung wie der Darstellbarkeit zentral. Eine pauschale Bestimmung des Sch. als ›uneigentl. Darstellung des eigentl. Undarstellbaren‹ nivelliert gleichwohl Unterschiede seiner Verwendung. Im *Laokoon* zitiert Lessing den ›Sch. des Timanthes‹ und dessen kontroverse Deutungsgeschichte von Plinius bis Montaigne: Der Überlieferung zufolge soll der Maler Timanthes von Kythnos die Opferung Iphigenies dargestellt und dabei Agamemnons Haupt hinter einem Sch. verborgen haben – was Lessing für eine legitime Verfahrensweise des bildenden Künstlers hält, der das Hässliche, Agamemnons Trauer, nicht nachahmen darf (*Laokoon* II). Die Poesie dagegen, die das Hässliche wirkungsästhetisch zu relativieren vermag, kennt den Sch. im eigentl. Sinne nicht: »Bei dem Dichter ist ein Gewand kein Gewand« (ebd. V). Der Sch. veranschaulicht damit nicht zuletzt eine Mediendifferenz zwischen den Künsten: solchen, die verschleiern (bildende Kunst), und solchen, die nicht verschleiern müssen und können (Wortkunst). Auch in Rousseaus Monodrama *Pygmalion* ist der Sch. – das Gewand Galathees – auf den *ut pictura poesis*-Diskurs und dessen Kritik bezogen, wobei neben bildender und Sprachkunst auch Musik und darstellende Kunst um die richtige Auffassung des Sch. und die Illusion eines lebendigen Kunstwerks konkurrieren.

↗Ägypten, Blendung, Blindheit, Fächer, Frau/Jungfrau, Gewebe/Faden, Hochzeit, Hut/Kopfbedeckung, Kleidung, Mantel, Maske, Schale und Kern, Teppich.

Lit.: A./J. Assmann (Hg.), Sch. und Schwelle, 3 Bde., München 1997–1999. – J. Endres/B. Wittmann (Hg.), Ikonologie des Zwischenraums, München 2005. – P. Oster-Stierle, Der Sch. im Text, München 2002. – U.C. Steiner, Verhüllungsgeschichten, München 2006. JE

Schloss

Symbol der Herrschaft, sozialer Verhältnisse, der Liebe, aber auch des weltl. Luxus, der Hybris und der Vergänglichkeit. – Relevant für die Symbolbildung sind (a) das lange Überdauern des Gebäudes bzw. dessen Verfall, (b) die exponierte Position, (c) seine Wehrhaftigkeit und materielle Ausstattung.

1. *Symbol der Herrschaft.* Der Besitz eines Sch. symbolisiert Herrschaftsanspruch auf ein Gebiet, oft unterstützt durch die exponierte Lage des Sch., von dem aus das Land überschaubar ist (Bleibtreu, *Größenwahn* III, 13, 8; ↗Mauer), und der dynast. Anspruch auf das Sch. der Väter (Brentano, *Godwi* I: »Erster Brief«). Der Einzug in das Sch. zeigt Mündigkeit des Erben an (Dahn, *Das Haus der drei Schönen*), das junge, noch stumme Sch. repräsentiert dagegen die fehlende histor. Legitimation einer neuen Dynastie (Fontane, *Vor dem Sturm*, I, 5). – Relig. adaptiert erscheint die Herrschaftssymbolik des Sch. mit Christus, der als ›sichres Ehren-Sch.« erscheint (Abschatz, *Jesu, meiner Seelen Ruh*), das durch keine Macht zerstört werden kann (Angelus Silesius, *Heilige Seelenlust* III, 89: *Sie will sonst nichts als ihren Jesum lieben*) und in dessen ↗Türmen die Seelen der Gläubigen ihre Wohnung haben (*Heilige Seelenlust* III, 103: *Jesus ist ihr alles*). – Das zerstörte Sch. (↗Ruine) ist Symbol des Niedergangs einer Dynastie (Fontane, *Vor dem Sturm* I, 2), christlich verstanden symbolisiert es die der Sünde erlegene Seele (Angelus Silesius, *Cherubinischer Wandersmann* VI, 13: *Die sündige Seele*). Das Verlassen des Sch. lässt den Herrschaftsanspruch brach liegen (Schiller, *Ritter Toggenburg*); aufgeschoben ist er mit Barbarossas unterird. Sch., das Symbol der Hoffnung auf ein Wiederkehren alter Zeiten ist (Rückert, *Barbarossa*). – Herrschaft ohne »tapffre Menschen-Hände« entspricht einem leeren Sch. (Abschatz, *Nicht die Mauren, nicht die Wände*; ↗Hand). Das Sch. des »Landbedrückers« (Schiller, *Wilhelm Tell* III, 2) symbolisiert Tyrannei (ähnlich auch Freiligrath, *Vom süßen Brei*; Gotthelf, *Die schwarze Spinne*), im Falle von Kafkas *Das Sch.* eine übermächtige und willkürlich erscheinende Bürokratie. Die zusammenbrechenden Sch. stehen für den Verfall oder Umsturz staatl. Ordnung (Alexis, *Ruhe ist die erste Bürgerpflicht* LIV). In Revolutionszeiten ist das Sch. Sinnbild alter Ordnung (»Friede den Hütten! Krieg den Palästen!«, Büchner, *Der hessische Landbote*; s. a. Raabe, *Alte Nester* I, 17); ein Sch. schleifen Zeichen der Ablösung eben dieser (*Alte Nester* II, 7).

2. *Symbol sozialer Verhältnisse.* Sch.besitz zeigt Adel an und dient zur Abgrenzung gegenüber dem Bürgertum (Alexis, *Ruhe ist die erste Bürgerpflicht* IV). Das Verlassen des Sch. kann als Symbol der (oft scheiternden) Überbrückung sozialer Stände (*Des Knaben Wunderhorn* I, 149: *Die kluge Schäferin*; Schiller, *Der Jüngling am Bache*) oder der Aufgabe von Adelsprivilegien (Beer, *Teutsche Winter-*

Nächte I, 8) dienen. Die Umwandlung des eigenen Sch. in ein kirchl. Gebäude (*Teutsche Winter-Nächte* V, 11) ist Zeichen christl. *conversio*, ebenso wie die Rückkehr ins Sch. die Wiederaufnahme adeligen Standes bezeugt (*Teutsche Winter-Nächte* II, 10). Der Wechsel der Sch.besitzer drückt dagegen sozialen Wandel aus (Schiller, *Wallenstein: Die Piccolomini* IV, 4). Die Aneignung eines Adelsschlosses durch Nichtadelige symbolisiert sozialen Aufstieg (Anzengruber, *Der Sternsteinhof* I), das Bauen eines Sch. durch Emporkömmlinge Usurpation adeliger Privilegien (L. Braun, *Lebenssucher* V) oder bürgerl. Aufschwung (Goethe, *Wilhelm Meisters Wanderjahre* I, 5). Die Flucht aus dem »Sch. aus toten Steinen« (A. v. Arnim, *Isabella von Ägypten*) symbolisiert dagegen Befreiung aus sozialen Zwängen (Bürger, *Die Entführung*), wodurch die Natur zum neuen Sch. des Menschen werden kann (Geibel, *Waldmärchen*).

3. Symbol der Liebe. Das gemeinsame Sch. symbolisiert die Liebe (Bierbaum, *Unser Sch.*), die Geliebte selbst wird zum Freudenschloss (Daumer, *Bestieg ein edles Roß*). Der »Hertzens hohes Sch.« zu erringen ist Ziel des Liebenden (Opitz, *Neujahrs-Getichte*), das Sch. der keuschen Schönheit wird vom Verlangen berannt (Schiller, *Maria Stuart* II, 1). Das Sch. als Sinnbild menschl. Schaffens und weltl. Wohlstands dagegen verblasst vor der Liebe (C. Brentano, *Alles lieben oder Eins lieben*; Eichendorff, *Die Brautfahrt*).

4. Symbol für Luxus, Hybris und Vergänglichkeit. Grundsätzlich wird das Sch. dem Haus als Zeichen gesellschaftlich hoch stehenden Lebens entgegengestellt (A. v. Arnim, *Die drei liebreichen Schwestern*). Das Luxusleben in einem Sch. steht aber auch für die Gefahr weltl. Eitelkeit (Goethe, *Faust II* 10160 f.), es ist so als Symbol menschl. Hybris (Hagedorn, *Philemon und Baucis*) Zeichen der Anfechtung. Das Sch. wird durch den Vergleich mit dem ärml. Stall der Geburt Jesu zum Sinnbild menschl. Tands (Bierbaum, *Der Stern von Bethlehem*). Die Selbsterhöhung durch das ›hohe Sch.‹ beinhaltet zudem die Gefahr des Niedergangs, denn »ein hohes Sch. wird von den Schlägen/ Deß starcken Donners mehr berührt« (Opitz, *Wol dem, der weit von hohen Dingen*), so wie das auf Sand gebaute Sch. Vergänglichkeit anzeigt (Gerhardt, *Ich weiß, mein Gott, daß all mein Tun*), jedoch kann das Fortbestehen des alten Sch. gegenüber dem Verfallen »luftiger Gebäude« auch die Überlegenheit trad. Generationen gegenüber dem »leichtsinnigen Zeit« der Gegenwart symbolisieren (A. v. Arnim, *Armut, Reichtum, Schuld und Buße der Gräfin Dolores* IV, 7). – Dass die Dichter das prächtigste »Poetisch Lufft-Sch.« (Gottsched, *Die Deutsche Poesie*) bei eigener materieller Armut beschreiben können, markiert die Diskrepanz zwischen literar. Reichtum und profanen Bedürfnissen (W. Busch, *Verzeihlich*).

↗Burg, Ruine, Turm/Leuchtturm.

Lit.: DLS, 195 f. – M. Müller, Das Sch. als Bild des Fürsten, Göttingen 2004 – W. Pape, »Nur eine Wirkung von der Herrlichkeit dieses Baues«, in: Raumkonfigurationen in der Romantik, hg. v. dems., Tübingen 2009, 139–150. – L. Unbehaun, Die Künste und das Sch. in der frühen Neuzeit, München 1998. StT

Schlüssel

Symbol der Herrschaft, der Erkenntnis, des Geheimnisses, der Liebe und der Sexualität; metaliterar. Symbol. – Relevant für die Symbolbildung ist die Funktion des Sch., Schlösser von ↗Kästchen, ↗Türen oder anderem zu öffnen und zu verschließen.

1. Macht- und Herrschaftssymbol. Als Pars pro toto für das Schloss, das Zimmer, das Haus oder anderes, das mit ihm verschlossen wird, verfügt, wer den Sch. besitzt, schon über das, was dieser erschließen kann: den Schatz, das Geheimnis (s. 3.), das Wissen (s. 2.) oder auch das ↗Herz der Geliebten (s. 4.). Mit der Sch.übergabe wird in einer symbol. Rechtshandlung Vollmacht und Verfügungsgewalt erteilt: als Vasallentreue, bei der Übergabe einer ↗Stadt (Dante, *Divina Commedia*: »Paradiso« XXIV, 35; Grillparzer, *König Ottokars Glück und Ende* III, 1834; Schiller, *Geschichte des dreißigjährigen Krieges* III). Der Sch.bund ist das Zeichen der Hausherrin und ihres häusl. Herrschaftsbereiches (*Des Knaben Wunderhorn* I, 63: *Der Falke*). – Bekanntester Sch.träger ist der Himmelspförtner Petrus, dem Jesus die Sch.gewalt für die Kirche übergibt: »Dir will ich die Sch. des Himmelreiches geben« (Mt 16,19; vgl. schon Eljakim als Hüter des »Davidhauses«, Jes 22,21 f.). Den Sch. als Zugang zum Himmelreich nimmt auch noch H.C. Artmann in seinen Nachdichtungen kelt. relig. Lyrik auf: »den sch. such ich […] den sch. zum paradies« (*Der Sch. zum Paradies*). Kritisch als Zeichen verlorenen Glaubens erscheint er demgegenüber in Schillers *Philosophischen Briefen* (»Julius an Raphael«). Gar ein »Werkzeug unseres Jammers« war der Sch. zur Hölle zuvor schon in Miltons *Paradise Lost* (II, 46–50). – Zum Symbol der Ohnmacht und verzweifelten Auflehnung gegen die Isolation wird Gregor Samsas Kampf als Käfer mit dem Türschloss in Kafkas *Die Verwandlung*.

2. Symbol für Wissen und Erkenntnis. Als Symbol der angemessenen Auslegung der bibl. Schriften verwendet Jesus den Sch. in der Auseinandersetzung mit den Pharisäern: »Wehe euch, ihr Schriftgelehrten – ihr habt den Sch. der Erkenntnis weggenommen!« (Lk 11,52), die den ↗Weg zur wahren Gotteserkenntnis versperren. Als Zugang zu geistigen Schätzen kann »der eine Gedanke […] ein Sch. zu verborgenen Schatzkammern« sein (Nietzsche, *Menschliches, Allzumenschliches* I, 183). In dem Märchen *Der goldene Sch.* der Brüder Grimm werden dieser und das eiserne Kästchen zu Symbolen für den Schatz an sich, für die Gegenwart der Transzendenz in der diesseitigen Welt, so dass die Phantasie und Glauben wichtiger sind als der konkrete materielle Besitz. – In Goethes *Faust* dagegen wird der Sch. zum Symbol für das Werkzeug, mit dem das Welt-Wissen zu entschlüsseln ist, um diese zu beherrschen (s. a. 1.). Faust erwähnt *Salominis Sch.*, eines der Zauberbücher, das Zugang zu arkanem, mag. Wissen gewähren soll (*Faust I* 1258). Humorvoll spielt Andersens Märchen vom allwissenden *Haustürschlüssel* mit dieser Trad.; Sís erschließt in dem Bilderbuch *Die drei goldenen Sch.* mittels ⁊dreier ⁊goldener Sch. symbolisch seine Kindheit in Prag und die Stadtgeschichte. – Als Aufforderung zur Menschen- und Selbsterkenntnis erscheint der Sch. in Schillers *Tabulae Votivae* (*Der Sch.*), ähnlich auch in Goethes klass. Bildungsroman *Wilhelm Meisters Wanderjahre*, in dem Wilhelm ein Kästchen begleitet, zu dem er erst spät den Sch. findet und der bei falschem Gebrauch abzubrechen scheint: Hier wird der Sch. zum Symbol für das Wissen und die menschl. Reife des Helden, der erst zuletzt als Eingeweihter angemessen mit dem Sch. umgehen kann (vgl. A. Muschgs »Erziehungsroman eines Vampirs«: *Das Licht und der Sch.*). – Der Sch. symbolisiert demnach auch eine Initiation, einen Übergang wie in Carrolls *Alice in Wonderland* (III). Verschiedene Stadien der Läuterung können etwa durch einen ⁊silbernen und goldenen Sch. symbolisiert werden (Dante, *Divina Commedia*: »Purgatorio« IX, 116–118); in Rückerts *Kindertotenliedern* symbolisiert dagegen die »Thür, kein Sch. dran«, den Tod (*Es war eine Thür, kein Sch. dran*).

3. Symbol für Geheimnis, Verbot und Prüfung. Als symbol. Prüfung wird in Goethes Trauerspiel *Die natürliche Tochter* Eugenie vom Herzog ein Sch. übergeben mit den Worten: »Bezähme deine Neugier! Öffne nicht,/ Eh ich dich wiedersehe, jenen Schatz.« (I, 6). Eine Warnung, die nicht beachtet wird, so dass das Schicksal der unehel. Fürstentochter seinen Lauf nimmt. Komplex ist die Sch.symbolik im Märchen von ⁊König Blaubart (Perrault, *Les contes de ma mère l'oye: La barbe bleue*; Grimm, *Blaubart*), der seiner ⁊Frau, zusammen mit allen anderen Sch. als Zeichen der Vollmacht der Hausherrin, auch den Sch. zu einer verbotenen Kammer übergibt, in der sie schließlich die Leichen ihrer Vorgängerinnen findet. Führt der Sch. damit zur Erkenntnis des eigenen Todes, der als Strafe für die Übertretung des Verbots droht, deutet der in eine Blutlache (⁊Blut) gefallene und befleckte (⁊Fleck/ Befleckung), nicht mehr zu säubernde Sch. zugleich auf den Verrat und die Schuld der Frau, wird aber auch zum Sexualsymbol bzw. Symbol des ⁊männl. Übergriffs auf die ⁊Jungfräulichkeit und die Unschuld der Frau (s. a. 4.). In Bartoks melanchol. Oper *Herzog Blaubarts Burg* wird der Sch. zum

Symbol für das verborgene Wesen des Mannes und für das Begehren der Frau nach einem Liebesbeweis. Zugleich wird er auch hier zum Symbol der Selbsterkenntnis, denn Judith entdeckt hinter jeder der ⁊sieben Türen einen verborgenen Teil ihrer selbst, so dass hier die Anfänge der Psychoanalyse symbolisch vorgeprägt werden. Symbol für ein letztlich tödl. Geheimnis narzisst. Selbstentfremdung ist dagegen der Sch. zu dem Zimmer mit dem an seiner Stelle alternden Bildnis, den Dorian Gray in Wildes Erzählung *The Picture of Dorian Gray* immer mit sich trägt. – Auf der Suche nach der Lösung eines Geheimnisses, der Enträtselung eines verschlüsselten Textes und Aufklärung eines Verbrechens wird der Sch. zum verbreiteten Motiv im Kriminalroman (Poe, *The Goldbug*; Verne, *Mathias Sandorff*; Doyle, *The Dancing Men*; Hammett, *The Glass Key*; D. Brown, *The Da Vinci Code*).

4. Symbol der Liebe und der Sexualität. Häufig erscheint der Sch. als Werkzeug, das Herz der Geliebten zu öffnen und zu erobern (Dante, *Divina Commedia*: »Inferno« XIII, 58). So wird das Treueversprechen mit der im Herzen eingeschlossenen Geliebten verbunden: »Du bist min, ich bin din/ Des solt du gewis sind/ Du bist beslozzen in minem herzen:/ verlorn ist das slüzzelin/ du muost immer drinne sin« (Tegernseer Handschrift, 12. Jh.; vgl. Wolfram v. Eschenbach, *Parzival* 715, 9). In M. Bernsteins komödiant. Einakter *Der goldene Sch.* (1907) ist dieser als Symbol der erfüllten, erot. Liebe, denn »er führt zu meinem Paradies«, zum »Schlaf- und Herzenskämmerlein«. Im Roman *Der Sch.* des japan. Gegenwartsautors Tanizaki symbolisiert der Sch., den der Zugang zu einem versteckten Tagebuch ermöglicht, die Suche nach dem Geheimnis des Partners und der Erneuerung der Liebe. – Sexuell versinnbildlicht der Sch. das männl. Prinzip bzw. den Penis (⁊Phallus) und das Schloss das weibl. Prinzip bzw. die ⁊Vagina, so auch in der Freud'schen Traumsymbolik (*Vorlesungen zur Einführung in die Psychoanalyse* X). A. Holz dichtet in *Dafnis* frustriert: *Daß sie for ihr Schlößgen schon einen Sch. hat, basst ihm nicht.*

5. Metaliterarisches Symbol. In der Literaturwissenschaft wird der Sch. metaphorisch eingesetzt, um eine zentrale ›Sch.‹-Szene, ein sinnstiftendes ›Sch.‹-Motiv, die bes. typ. Charakterisierung und für den Fortgang der Handlung entscheidende ›Sch.‹-Figur oder einen für den Gesamtzusammenhang wesentl. ›Sch.‹-Begriff zu kennzeichnen. Wielands aufklär. »Sch.-roman« *Die Geschichte der Abderiten* mit dem Nachwort: »Der Sch. zur Abderitengeschichte«, das erläutert, was die zeitgenöss. Satire kritisch entlarven soll, um so den Erkenntnisgewinn zu fördern (vgl. im 16. Jh. schon den mit einem »Sch.« zur Auflösung seiner allegor. Darstellung versehenen *Theuerdank*, später Jean Pauls *Clavis Fichtiana* oder W. Buschs *Sch. zu Pater Filu-*

cius). – Vom 16. bis 19. Jh. werden lexikograf. Werke zur Erläuterung theolog. Texte oder antiker Klassiker als *clavis* (»Sch.«) bezeichnet: so z.B. Flacius, *Clavis scripturae sacrae* (1567), A. Roberti, *Clavis Homerica* (1649), oder Hermant, *Clavis ecclesiasticae disciplinae* (1693).
↗Primel/Himmelsschlüssel/Schlüsselblume, Tor/Tür.

Lit.: G. Bachelard, Poetik des Raums, Frankfurt a.M. 1975, 104–118. – S.B. Ortner, Key Symbols, in: American Anthropologist 75 (1973), 1338–1346. – G.M. Rösch, Clavis Scientiae, Tübingen 2004.   RNP

Schlüsselblume ↗Primel/Himmelsschlüssel/Schlüsselblume.

Schmetterling

Symbol der Verwandlung, der Seele, des Lebens und des Todes, der Liebe, der Kunst und des Traums. – Relevant für die Symbolbildung sind (a) die Verwandlung von der Raupe zum Sch., (b) die doppelte Bedeutung von gr. *psyché* als »Seele« und »Sch.«. Andere Namen für den Sch., die in der Dichtung verwendet werden, deuten die jeweilige symbol. Bedeutung bereits an: neben der Motte und dem Nachtfalter (↗Nacht/Finsternis) stehen der zweifelhafte Zwiefalter oder der positiver konnotierte Tagesfalter.

1. Symbol der Verwandlung. Der Bedeutung des Sch. als Symbol der Verwandlung und Veränderung liegt die seit der Antike faszinierende und oft beschriebene Metamorphose der Raupe zum Sch. zugrunde (Aristoteles, *Historia animalium* 551a; S. Butler, *Erewhon*). Auch Goethe schildert die Verwandlung mehrfach, wobei schon in den naturwissenschaftl. Studien die symbol. Bedeutung des Sch. für Verwandlung und Entfaltung deutlich wird: »Das Häuten ist das wichtige Phänomen, worauf die Metamorphose der Insekten beruht. Alles Lebendige wirkt im Verborgenen, bedeckt, verschlossen, unter einer Haut […]. Diese Haut aber ist nicht etwa ein drittes, überflüssiges, sondern das reine, mannigfaltige Gefäß, worin die Organisation enthalten ist. Ein Gefäß aus dem Inhalt entsprungen« (*Entomologische Studien*). – Die Verwandlung von der hässl. Raupe zum prächtigen Sch. zieht sich als Topos durch die gesamte Literaturgeschichte (z.B. Ovid, *Metamorphosen* XV, 374; Goethe, *Faust II* 6729 f.; oder Hebel, *Mancherlei Regen*). Die Metamorphose steht dabei entweder für die volle Entfaltung von etwas, das zuvor lange brachlag, oder umgekehrt für den Niedergang einer Blütezeit. Im letzten Sinne verwendet Herder das Bild für den Untergang des »schönen Kunstsinns« der Antike, nach dem »lange barbarische Jahrhunderte hindurch […] dem Sch. die Flügel genommen« waren (*Briefe zur Beförderung der Humanität* LXXVI). – Das Gleichnis wird oft auch zu didakt. Zwecken, als

Warnung vor Eitelkeit, verwendet, wie hier bei Lessing: »es zieme der Sch. schlecht […] so verächtlich nach der demütigen Raupe auf dem Blatte herabzublicken« (*Briefe antiquarischen Inhalts* II, 57). Äsop allerdings stellt in seiner Fabel *Der Sch. und die Wespe* das Gleichnis auf den Kopf, da dort die Raupe als positives Ideal dargestellt ist: »Als jene noch auf Erden waren […], war ich beredt im Frieden, tapfer im Gefecht, in jeder Weise erster unter Gleichen. Und jetzt? Wie lockrer Staub und Asche gaukle ich umher!« (↗Asche).

2. Symbol der Seele. Mit Rücksicht auf die Doppelbedeutung von gr. *psyché*, »das den Sch. und die Seele bedeutet, sind hundert sinnreiche Anwendungen in Kunst und Dichtkunst entsprossen« (Herder, *Briefe zur Beförderung der Humanität* LXXV). In Apuleius' Märchen *Amor und Psyche* wird die Sch.-symbolik zwar nicht verwendet, in seiner Rezeptionsgeschichte wird die Verbindung dennoch hergestellt. Die nach der Verwandlung aus dem ↗Wurm entstandene Seele kann die voll entfaltete Seele des lebendigen Menschen bedeuten (C. Brentano, *Alhambra*) oder christlich die nach dem Tod frei gewordene Seele, die dem Körper wie einer Larve »engelgleich« entschlüpft und »nackt und bloß emporschwebt zum Gericht« (Dante, *Divina Commedia*: »Purgatorio« X, 124 ff.; ↗Engel). Herder verwendet das gleiche Bild ohne christl. Kontext: »Fleuch dahin, o Seelchen, sei/ froh und frei,/ mir ein Bild, was ich sein werde,/ wenn die Raupe dieser Erde/ auch wie Du ein Zephir ist« (Herder, *Lied vom Sch.*). Schiller beschreibt den Zusammenhang von Seele, Tod und Unsterblichkeit im Symbol des Sch.: »Die tote Raupe, die sich als Sch. neu verjüngt in die Luft erhebt, reicht uns ein treffendes Sinnbild unsrer Unsterblichkeit« (*Theosophie des Julius*). Schon auf die ebenfalls mit dem Sch. verbundene Todessymbolik verweisend (s. 3.), wird das Symbol von Goethe verwendet. Nicht die Verwandlung der Raupe, sondern die tödl. Anziehung des Falters durch das ↗Licht: »Stirb und werde«, bestimmt das endl. Leben auf »der dunklen Erde« (*Selige Sehnsucht*).

3. Symbol des Todes. Sch., v.a. aber Motten und Nachtfalter sind Todesboten (Keats, *Ode on Melancholy*). Als Seelen bereits Verstorbener erscheinen sie in G. Heyms *Was kommt ihr, weiße Falter, so oft zu mir?*, nach ikonograf. Trad. durch den ↗Mund des Toten ausfahrend in *Der Frühling 5*. Ohne hoffnungsvolle Perspektive nimmt K. Kraus' *Le papillon est mort* das Bild der tödl. Anziehung der Motte durch das Licht auf. – Weitere Verwendungen als Todessymbol setzen am Vergehen des Sch. mit der warmen Jahreszeit an (R. Frost, *My Butterfly*; V. Woolf, *The Death of the Moth*) oder schließlich am Sch.jäger, der leicht zum Seelenfänger wird: »hielt zitternd und dennoch voller Anmut sich in einer Falte des Netzes der erschrockene Sch. Auf diesem mühevollen Wege ging der Geist des Todgeweihten in den Jäger ein« (Walter Benjamin, *Sch.jagd*; ↗Jäger).

4. *Symbol der Liebe*. Der ↗Blumen umschwärmende Sch. symbolisiert den Liebhaber (Andersen, *Der Sch.*), in der Liebe zur ↗Rose noch einmal symbolisch verdichtet (Heine, *Der Sch. ist in die Rose verliebt*). Das ↗Spiel der Falter ist Symbol des Liebesspiels (T. Hughes, *Two Tortoiseshell Butterflies*) und der Ekstase (Hebbel, *Ein Bild aus Reichenau*), vergeistigt dagegen bei Hölderlin:»Mein Geist umschwebte die göttliche Gestalt des Mädchens, wie eine Blume der Sch., und all mein Wesen erleichterte, vereinte sich in der Freude der begeisternden Betrachtung« (*Hyperion* I, 2). – Flatterhaft und unstet deuten sie auf Untreue:»Er gleicht dem Wunsch, dem immer ruhelosen,/ Und ungestillt, ein jedes Ding zu kosen,/ Sucht er im Himmel endlich seine Lust!« (Lamartine, *Papillon*; so auch V. Hugo, *Vere Novo*). Die Todessymbolik (s. 3.) schließlich spielt bei Gautier hinein, wenn der Falter am Kuss der Geliebten stirbt (*Les papillons*).

5. *Symbol der Kunst und des Traums*. Die Nähe zu den Blumen bringt die Vorstellung hervor, Sch. selbst seien Blumen ohne Stiel, woran sich eine Assoziationskette anschließen lässt, die von der Blüte (↗Blume), dem ↗Blatt über das Papier zur Dichtung reicht:»Doch ihr, von mir geliebte Falter,/ Ihr leichten Tagesfalter, wie/ Alles an euch scheint ohne Alter,/ Emblem der Liebe und Poesie!« (Nerval, *Les papillons*). Goethe vergleicht die Ungreifbarkeit der wortlosen Musik mit Sch., gegenüber denen sich der sinnreiche ↗Gesang »wie ein Genius gen Himmel hebt und das bessere Ich in uns ihn zu begleiten anreizt« (*Wilhelm Meisters Lehrjahre* II, 11). – Der Sch. ist schließlich auch ein Symbol für den ↗Traum, »Nachtschmetterlinge des Geistes« (Jean Paul, *Hesperus*, 19. Hundposttag). Musil nennt den Falter »Traumgaukelding« (*Heimweh*). Die alte Sch.symbolik der nach dem Tod vom Körper befreiten Seele (s. 2.) ist im Traum auf die Zeit einer Nacht gestellt (Tieck, *Blumen sind uns nah befreundet*; W. Busch, *Der Traum*).

↗Blume, Traum.

Lit.: WCS, 292 f. – Ch. Jenny-Ebeling (Hg.), Sch. in der Weltlit., Zürich 2000. – J.U. Terpsta, Die Frau mit dem Sch., in: Duitse kroniek 40 (1990), 30–44. RHa

Schnee

Symbol der Isolation, des Todes und des Grabes, einer umfassenden Erstarrung oder Verwirrung, des Alters, aber auch der Unschuld, der Reinheit, der Schönheit, einer Sphäre der Erkenntnis, sowie des Trägers einer Spur bzw. von deren Auslöschung. – Relevant für die Symbolbildung sind (a) die jahreszeitlich mit dem ↗Winter oder regional mit Gebirge (↗Berg) und/oder Klimazonen (↗Pol) assoziierte Kälte, (b) die Erstarrung des ↗Wassers in ↗kristalliner Form zu Sch., (c) die ↗Weiße des Sch., (d) die überdeckende Wirkung der Flächenbildung, die Träger einer Spur werden kann, (e) die mögl.

Isolation durch Sch. sowie (f) der schalldämpfende Effekt des Sch.

1. *Symbol der Isolation*. Als solches kann der Sch. durchaus ambivalent besetzt sein, positiv im Sinne eines Schutzes (z. B. C. Brentano, *Die Gottesmauer*; daran anschließend Fontane, *Effi Briest* XVIII; Raabe, *Stopfkuchen*) wie auch negativ als ein trennendes, nicht zu überwindendes Hindernis. In Stifters autobiograf. Bericht *Aus dem bairischen Walde* ermöglicht die durch Sch. hervorgerufene Abgrenzung von der Außenwelt einerseits eine existentielle Konzentration, anderseits erzwingt sie die Trennung von seiner ↗Frau. In seiner Novelle *Bergkristall* befördert die Isolation zweier Kinder durch anhaltenden Sch.fall die Initiation des Jungen, der ↗väterl. Pflichten für seine Schwester übernimmt. Negative Konnotation erfährt die durch dichtes Sch.gestöber erzwungene Abgrenzung von der Außenwelt z. B. in Twains satir. Erzählung *Cannibalism in the Cars*, in der die Passagiere eines im Sch.wehen steckengebliebenen ↗Zuges durch demokrat. Abstimmung diejenigen ihrer Mitreisenden auswählen, die ihnen sodann als ↗Mahl vorgesetzt werden. Die sich hier andeutende Weiterführung dieses Motivs der durch Sch. hervorgerufenen Isolation als polit. Symbol ist auch Gegenstand von Pamuks Roman *Kar* [Sch.]. Als Symbol eines geschlossenen, von der Außenwelt isolierten Raumes wird Sch. auch im Genre des Krimis eingesetzt, z. B. in Agatha Christies Roman *Murder on the Orient Express*, ebenso im Drama *Huit femmes* von R. Thomas.

2. *Symbol des Todes und des Grabes*. Das Moment der Trennung und der Isolation ist häufig in Verbindung mit der durch den Sch. bewirkten Bedeckung und der durch sie herbei geführten Erstarrung konstitutiv bei der Verwendung des Sch. als Todes- und ↗Grabessymbol (z. B. Hebel, *Schreckliche Unglücksfälle in der Schweiz*). Die Vorstellung des Sch. als Grab prägt auch die durch ↗Rabenflug ausgelöste Vorahnung des Winters in Fontanes Gedicht *Herbstmorgen*, die im personifizierenden Bild der ↗Erde als eine unter dem Sch. begrabenen Toten gipfelt. Den Übergang von Innen- und Außenwelt gestaltet Kerners Gedicht *Des Kindleins Grab* in Form einer ↗Traumvision einer ↗Friedhofslandschaft im Sch. Die Symbolisierung innerer Zustände durch den Sch. gewinnt als Gestaltungsprinzip bes. in der Moderne an Bedeutung (Kafka, *Ein Landarzt*; *Das Schloß*; Th. Mann, *Der Zauberberg*; Bernhard, *Frost*; Ransmayr, *Der fliegende Berg*). Bereits in Dostojevskijs *Aufzeichnungen aus einem Kellerloch* symbolisiert der nasse Sch. die Auflösungserscheinungen des erzählenden Ich. Eine besondere Bedeutung erhält der Sch. im Werk Celans, wo er zum Symbol der Shoah (*Heimkehr*) wie auch durch die kristalline Struktur zum Symbol der Bedingung der Möglichkeit von Celans Dichtung gerät.

3. Symbol einer umfassenden Erstarrung. Aufgrund der Änderung des Aggregatzustandes verliert Wasser seine fluktuierende Beweglichkeit und geht in der Sch.bildung in starrere Strukturen über. Die mit dem Sch.symbol bezeichnete Erstarrung kann sich auf persönl. (erkaltete Liebe wie in S. Kirschs Gedichtband *Rückenwind*) wie auf gesellschaftl., polit. o. ä. Zustände beziehen. So endet Gogols Roman *Die toten Seelen* mit dem Bild der über den Sch. hinjagenden Troika, wobei der Sch. metonymisch die Situation des zarist. Russland repräsentiert. Der fallende und das gesamte irische Land überdeckende Sch. der Erzählung *The Dead* von Joyce symbolisiert die geradezu kosm. Dimension, unter der die »Lebenden und die Toten« in der Erzählung gesehen werden. Als Symbol einer ewigen, starren Ordnung der Natur im Gegensatz zur kurzlebigen, vom Wandel der Leidenschaft dominierten menschl. Natur wird der Sch. auf dem Gipfel des Kilimandscharo in Hemingways Erzählung *The Snows of Kilimanjaro* zum titelgebenden Symbol.

4. Symbol einer mentalen oder gesellschaftlichen Verwirrung bzw. Orientierungslosigkeit. Der Sch.-sturm fungiert insbes. in der russ. Lit. als ein Symbol für chaot. Zustände sowohl des Bewusstseins als auch der gesellschaftl. Prozesse (z. B. Puschkin, *Der Sch.sturm*), und dies auch in durchaus ambivalenter Deutung, wie signifikant im Werk des Symbolisten Blok: So wird eine persönl. rauschhafte Erfahrung im Gedicht *Sch.maske* gestaltet, während im Revolutionspoem *Die Zwölf* der Sch.sturm zum zentralen Symbol der chaot. Umbruchszeit in der Frühphase der russ. Oktoberrevolution avanciert.

5. Symbol des Alters. Vermittelt über die Analogie der Weiße des Sch. mit der ↗Haarfarbe des Alters fungiert Sch. als Symbol des Alters überhaupt, wobei auch Kälte und Erstarrung hierbei eine Rolle spielen; (z. B. Shakespeare, *Sonnet* II; A. Gryphius, *Carolus Stuardus* III; Günther, *Welch Unglück wittert sich*). In Fontanes Gedicht *Der erste Sch.* wird das Herannahen des Alters mit dem Herannahen des Winters in eins gesetzt. Den Gegensatz zwischen den äußeren Zeichen des Alters und dem jugendl. inneren ↗Feuer thematisiert Chamisso unter Rekurs auf das Sch.symbol in *Abba Glosk Leczeka*. Ähnlich antithetisch zum Liebe symbolisierenden Blühen des ↗Frühlings fungiert der Sch. auch in einem Epigramm Grillparzers (*Der Winter deckt mit Sch. und Eis das Land*).

6. Symbol der Unschuld und Reinheit. Die weiße ↗Farbe des Sch. bedingt auch die Symbolkonnotationen von Unschuld und ↗Reinheit (z. B. Angelus Silesius, *Cherubinischer Wandersmann* IV, 44: *Rot und Weiß*). Diese Traditionslinie setzt sich u. a. fort in der physikotheolog. Dichtung Brockes (z. B. *Der Wind*). Die in der mariolog. Topik gängige Verbindung der ↗Jungfrau mit der Reinheit symbolisierenden Weiße des Sch. wird in Kellers Gedicht *Das verschlossene Gärtlein* ins Frivole umgebogen. Goe-

the hingegen subvertiert die top. Verbindung von Sch. und Reinheit in seinen *Maximen und Reflexionen*: »Der Sch. ist eine erlogene Reinlichkeit.«

7. Symbol der Schönheit. Die weiße Farbe des Sch. gilt in verschiedenen Kulturen als Sinnbild des Schönheitsideals. Dies äußert sich in vielen Vergleichen mit der Farbe der (insbes. weibl.) ↗Haut, wie in den Grimmschen Märchen *Sneewittchen* und *Sch.weißchen und Rosenrot*. Die Zusammenstellung von Weiß wie Sch. und ↗Rot wie ↗Blut spielt bereits in der sog. Blutstropfenepisode in Wolframs v. Eschenbach *Parzival* (282, 4–283, 23) eine zentrale Rolle, da deren Anblick den Helden in einen Trancezustand der Erinnerung an seine Gattin Condwiramurs versetzt. Die Blutstropfen auf dem Sch. finden sich auch in der Märchentrad. wieder, in der sie häufig den Kinderwunsch einer ↗Mutter auslösen (z. B. neben *Sneewittchen* in Bechsteins *Der Wacholderbaum*).

8. Symbol einer Sphäre der Erkenntnis. Die durch Sch. bewirkte Aufhebung der sonstigen vorgegebenen Strukturen von Landschaft und Welt ermöglicht eine alternative Erfahrung, losgelöst von sonst gültigen Normen und Systemen. Als prominentes Bsp. kann der Sch.traum in Th. Manns *Der Zauberberg* gelten, den der Protagonist auf der Grenze zwischen Leben und Tod erlebt. In der jüngeren Lit. wird der Sch. als ein solches Medium alternativer Erkenntnis in Grünbeins ep. Gedicht *Vom Sch. oder Descartes in Deutschland* verwendet.

9. Symbol des Trägers einer Spur bzw. von deren Auslöschung. Aufgrund der Flächenbildung des Sch. und der dadurch ermöglichten Spurenbildung wird der Sch. häufig zum Zeichenträger i.S. einer natürl. Spur, die aber auch die ↗Schrift symbolisieren kann. Zugleich bedingt der Sch. durch seine überdeckende Wirkung auch die Auslöschung von Spuren. Gerade diese ambivalente Qualität wird in vielen Texten unterschiedlichster Provenienz gestaltet, von W. Müllers Zyklus *Winterreise* über Büchners Erzählfragment *Lenz* bis hin zu Gedichten wie *Nacht* von Brinkmann, wo der Übergang von der Spur zur Schrift über das Weiß von Sch. wie Papier prägnant gestaltet ist.

↗Eis, Pol, Reinheit, Schrift, Wasser, Weiß.

ChG/MM

Schrift

Symbol des Gesetzes und der Autorität, der Selbstdarstellung und Rechtfertigung, des fixierten Sinns, der Vieldeutigkeit, des Gedächtnisses, der Abwesenheit und der literar. Existenz. – Relevant für die Symbolbildung sind (a) die Doppelbedeutung von Sch. als Zeichensystem und als Text, (b) deren komplexe Funktionen als Aufzeichnungs- und Kommunikationsmedium und (c) die mit Sch. verknüpften Dichotomien von Zeichen und Bedeutung, von Mündlichkeit und Schriftlichkeit sowie von Präsenz und Absenz.

1. Symbol des Gesetzes und der Autorität, der Selbstdarstellung und Rechtfertigung. Gesetze werden in der europ. Kultur schriftlich niedergelegt; Gottes Gesetz ist bei den Juden, Christen und Muslimen eine Heilige Sch. Die Seele ist Trägerin einer göttl. Gesetzesschrift (2 Kor 3,6). Der wechselseitige Symbolisierungsbezug zwischen Sch. und Gesetz, auf alttestament. Vorstellungen beruhend, wird noch in literar. Texten des 20. Jh. bekräftigt (H. Burger). Demgemäß dienen Verschriftungsprozesse in der Neuzeit oftmals der Selbstdarstellung und Selbstrechtfertigung (Montaigne, *Essais*; Rousseau, *Confessions*). Kafkas Werk beruht auf der Vorstellung, dass, wer schreibt, dauerhaft vor einem Gericht steht (z. B. *Der Proceß*: »Advokat – Fabrikant – Maler«). Daran, dass die Verschriftung gesprochener Sprache als solche normative Implikationen besitzt, erinnern die sprachkrit. Reflexionen vieler moderner Autoren ebenso wie ihre Klagen über die Unflexibilität und Verflachung codierter Ausdrucksmöglichkeiten.

2. Symbol fixierten Sinns. Die folgenreichsten schriftkrit. Topoi finden sich bei Platon (*Phaidros*) und Paulus (2. Kor): Sch. erscheint als Feststellung von Sinn und symbolisiert insofern alles Starre, Fixierte, Tote in seiner Opposition zum ›lebendigen‹ Sinn (↗Buchstabe). In der Sch. veräußerlicht sich Inneres, verfestigt sich lebendiger Sinn, wird Unmittelbarkeit durch Mediales ersetzt. Insofern besteht ein Antagonismus zwischen Sch.zeichen und lebendigem, schöpfer. Geist (Pneuma). Luther nennt die Sch. ein »Gebrechen des Geistes« (J. Assmann, 1426); Schleiermacher spricht von der »toten Hülle des Buchstabens« (*Über die Religionen*). Aber der in Sch. fixierte Sinn kann und soll aus den Sch.zeichen wieder freigesetzt werden. Der Lektüreprozess symbolisiert jegl. Entbindung von Bedeutung aus materiell-sinnl. Substraten (z. B. Gadamer, *Wahrheit und Methode* III, 1. a). – Zwischen mündl. Rede und Sch. einerseits, Seele und Körper andererseits besteht ein wechselseitiges Symbolisierungsverhältnis; spezifiziert wird es etwa durch die Gegenüberstellung von lebendigem Organismus und toter Materie (Platon, Rousseau, Herder). Rousseau, der die Sch. einerseits als Katalysator und Produkt der Erstarrung und des Absterbens ursprüngl. Natur kritisiert, möchte sich andererseits im Text seiner Autobiografie (*Confessions*) ein wahrhaftiges Denkmal setzen – von dem er dann wiederum fürchtet, es werde zur Waffe in der Hand seiner Feinde. Goethe nennt die stille Lektüre ein »trauriges Surrogat der Rede«, das Schreiben einen »Mißbrauch der Sprache« (*Dichtung und Wahrheit* II, 10); anders als Jean Paul, der bei aller Hochschätzung des Dialogs die Lektüre liebt und neben der geselligen Konversation sensibel für die intellektuelle Überlegenheit geschriebener Bekundungen ist (*Levana*).

3. Symbol der Vieldeutigkeit. Sch. eignet eine Selbstständigkeit, die sie von ihren Autoren entfremdet; daher sind sie den oft willkürl. Deutungen der Interpreten überlassen. Seit der Antike entwickelt sich die Hermeneutik als Technik der Auslegung unterschiedl. Bedeutungen derselben Sch. Dabei werden die Bedeutungsschichten im MA als einander ergänzend, in der Antike und Neuzeit auch als konkurrierend gedacht. Die Romantik propagiert die Konzeption eines unerschöpfl. Sinns von Sch. (F. Schlegel, Schleiermacher), von der literaturwissenschaftl. Dekonstruktivismus i. S. einer Unfeststellbarkeit von Sinn (Derrida, Ingold) bzw. der prinzipiellen »Unlesbarkeit« von literar. Texten (de Man, *Allegories of Reading*) radikalisiert wird. Im Zeichen solch verschiedener und kontroverser Konzepte von Sch. werden Sch. in der Lit. zu Symbolen der erfahrenen Welt und Lektüreprozesse zu Symbolen des menschl. Weltbezugs. Die unaufhebbare Vieldeutigkeit des Welttextes wird dabei einerseits als Möglichkeitsbedingung kreativer Sinnentwürfe, andererseits als Besiegelung des Scheiterns aller Weltleser akzentuiert (Borges, *Bibliothek von Babel*). Auch die Transkription der vielsagenden Naturzeichen erscheint als Modell literar.-künstler. Produktivität (Handke, *Die Wiederholung*; *Mein Jahr in der Niemandsbucht*).

4. Symbol des Gedächtnisses. Die Sch. ist ein externalisiertes Medium der Erinnerung an Vergangenes; in dieser Eigenschaft erscheint sie abwechselnd als Stütze wie als schwächendes Surrogat oder Substitut des Erinnerungsvermögens. Als Dokument und Erinnerungsträger kann sie zum Symbol des individuellen wie kollektiven Gedächtnisses werden. Der hebr. Begriff ›Tora‹ (›Überlieferung‹) für die ↗fünf Bücher Mose drückt dies ebenso aus wie die enge Korrelation von Sch. und Geschichte (z. B. Schiller, *Was heißt und zu welchem Ende studiert man Universalgeschichte?*; Hegel, *Vorlesungen über die Philosophie der Geschichte*, Einleitung). Demgemäß symbolisiert die Inschrift bzw. Einschreibung in der Lit. häufig Gedächtnis. Pindar trägt den Namen eines olymp. Siegers in sein Herz eingeschrieben. Bei Aischylos ist die Erinnerung eine Wachstafel; Platon vergleicht das individuelle Gedächtnis mit wächsernen Schreibtafeln verschiedener Qualität (*Theaitetos* 191c; ↗Buch). In L.-S. Merciers phantast. Roman *L'an 2440* hinterlässt jeder Einzelne bei seinem Tod ein Buch, in das seine aufgezeichneten Gedanken als Extrakt seiner individuellen Person eingegangen sind. Bradburys Antiutopie *Fahrenheit 451* erzählt von einer büchervernichtenden Diktatur, der sich die Bücherfreunde widersetzen, indem sie ihre Lieblingstexte memorieren und so selbst zum Erinnerungsspeicher der Bücher werden.

5. Symbol der Abwesenheit. Sch.praxis und Totenkult sind eng verknüpft. Durch Sch. sprechen Abwesende, Ferne, Verstorbene; dies macht sie zum virtuellen Symbol einer Geisterwelt, mit der die Gegenwart freiwillig oder unfreiwillig korrespondiert. Sch.zeichen dienen der mag. Evokation; v. a. aus der Perspektive illiterater oder schwach alphabetisierter Kulturen haben Sch. etwas Auratisches, Erhabenes und zugleich Beängstigendes. Wenn E.T.A. Hoffmanns Anselmus während seiner Kopistentätigkeit durch ein verrätseltes Manuskript in eine myth. Sphäre entrückt wird (*Der goldne Topf*), klingt die Erinnerung daran ebenso nach wie in Geschichten über die Konsultation von Zauberbüchern (E.T.A. Hofmann, *Klein Zaches*; Goethe: *Der Zauberlehrling*). Sch. ist »das große Symbol der Ferne« (Spengler, *Der Untergang des Abendlandes* II, 2, 13). Sie dient der Erinnerung an Vergangenes und der Antizipation von Zukunft, der Überwindung von Zeit und Raum. Schreibprozesse und Geschriebenes symbolisieren den Wunsch des Autors nach einer Kommunikation mit der ganzen Welt, insbes. mit der Nachwelt (Jean Paul).

6. Symbol der literarischen Existenz. Der Anspruch, dichtend ein von der Zeit und ihrer destruktiven Gewalt unbesiegbares Monument geschaffen zu haben, findet sich exemplarisch formuliert bei Horaz (*Oden* III, 30) und Ovid (*Metamorphosen* XV, 871–872). Die von diversen modernen Autoren gestaltete Vision eines Lebens unter völligem Rückzug in die Sch. ist zugleich Wunsch- und Alptraum (Canetti, *Die Blendung*; Borges, *Die Bibliothek von Babel*). Wie wohl kein anderer Autor der Moderne repräsentiert Kafka eine Deutung der schriftsteller. Existenzform als eines Lebens von, mit und in Sch., eines Lebens, das nur geführt wird, um durch den Schreibprozess in einen Text verwandelt zu werden. Architekturmetaphern (*Der Bau, Das Schloß, Der Proceß*) und das Bild der ⁊Tätowierung (*In der Strafkolonie*) reflektieren diese ihrerseits symbolisch für die literar. Arbeit stehende Sch., der sich der Einzelne buchstäblich und im übertragenen Sinn verschreibt, die ihm zugleich Schutzraum und Gefängnis ist.

⁊Alphabet, Bibliothek, Buch, Buchstabe, Gewebe/Faden, Tätowierung, Weg/Straße.

Lit.: J. Assmann, Art. Sch., in: Histor. Wb. der Philosophie, hg. v. J. Ritter/K. Gründer, Bd. 8, Basel 1992, 1417–1429. – A./J. Assmann/Ch. Hardmeier (Hg.), Sch. und Gedächtnis, München 1983 – J. Derrida, Grammatologie, Frankfurt a.M. 1983.   MSchE

Schuh

Symbol der Gebundenheit an das ird. Leben, der mangelnden Entfaltungsfreiheit, des sozialen Stands und der Lebensführung, der Vagina und der sexuellen Attraktion sowie der Macht. – Relevant für die Symbolbildung sind (a) die Form des Sch. (z. B. Stiefel), (b) das zur Herstellung verwendete Material (z. B. Holz, Seide), (c) seine spezielle Funktion (z. B. ⁊Tanzschuh, orthopäd. Sch.) sowie (d) seine histor. oder kulturelle Zuordnung (z. B. Bundschuh, Mokassin).

1. Symbol der Gebundenheit an das irdische Leben. Da der Sch., der getragen wird, stets mit der ⁊Erde in Kontakt ist, steht er für die Gebundenheit an die ird. Existenz. Verstärkt wird diese Symbolkraft durch die Materialien, aus denen Sch. gefertigt werden. Insbes. Leder verweist wegen seines tier. Ursprungs auf den biolog. Kreislauf von Werden und Vergehen (Storm, *Eine Malerarbeit*). Brechts *Der Sch. des Empedokles* erzählt von dem Philosophen, der seine ledernen Sch. zurücklässt, bevor er Selbstmord begeht (⁊Vulkan); mit ihnen lässt er sein ird. Leben hinter sich. In Becketts *En attendant Godot* stehen die Stiefel Estragons für das Leben als sinnlose Wanderschaft (⁊Reise), die paradox im ⁊Kreis verläuft und damit Stillstand bedeutet.

2. Symbol mangelnder Entfaltungsfreiheit. Die Redensart ›Wo der Sch. drückt‹ verweist auf eine Symbolik von Einengung und Zwang durch äußere Umstände, die v. a. in der Zeit des Jungen Deutschland als Ausdruck der polit. Zustände beliebt ist (z. B. Heine, *Der Ex-Nachtwächter*: »deutsche enge Sch.«). Die Einschränkung der individuellen Handlungsfreiheit wird in der Lit. des 20. Jh. gelegentlich durch den orthopäd. Sch. ausgedrückt (z. B. Grass, *Die Blechtrommel* II: »Die Polnische Post«; G. Klein, *Libidissi* VIII). Auch poetologisch wird das Moment der Einengung relevant, so in Eichendorffs *Umkehr* (»Poesie geht ohne Sch.«). Die Verbindung zwischen Sch. und ⁊Vers wird häufig mit Bezug auf den Knittelvers bei H. Sachs symbolisch; die mangelnde Kunstfertigkeit des Handwerks (›Flickschusterei‹, ›Verseschmieden‹) entspricht der fehlenden dichter. Qualität (vgl. den Spottvers ›Hans Sachs war ein Sch.-/ macher und Poet dazu‹).

3. Symbol des sozialen Stands und der Lebensführung. Der seidene, ⁊goldene, bestickte oder anderweitig geschmückte Sch. symbolisiert Reichtum und Müßiggang, aber auch Festlichkeit und Feinsinnigkeit. V.a. ⁊Frauen werden mit diesem Sch.typus in Verbindung gebracht (z. B. Claudel, *Der seidene Sch.*). Kulturgeschichtlich geben die Länge der Sch.spitze (Schnabelschuh), die ⁊Farbe (⁊Rot für Monarchen) oder die Höhe der Absätze Aufschluss über den sozialen Rang. In Swifts *Gulliver's Travels* sind die widerstreitenden Parteien Liliputs durch die Absatzhöhe zu unterscheiden. Der rote Tanzschuh als Symbol für Lebenslust konnotiert oft Eitelkeit (z. B. Andersen, *Die roten Sch.*). Oftmals verrät das einfache Sch.werk (Holzschuhe, Lederschuhe) den niederen Stand seines Trägers (Arnim, *Die Kronenwächter* I, 2, 4; ähnlich durch die »Holzschenvioline« in Droste-Hülhoffs *Judenbuche*).

4. Symbol der Vagina und der sexuellen Attraktion. Akte des Sch.anziehens zwischen ⁊Mann und Frau haben sexuellen Nebensinn; sie verweisen als rituelle Handlungen auf die Lizenz zum ehel. Beischlaf (⁊Hochzeit). In psychoanalyt. Deutung symbolisieren Sch. und ⁊Fuß ⁊Vagina und Penis (⁊Phallus); die Passung des Fußes in den Sch. wird gedeutet als Sinnbild der geschlechtl. Vereinigung. In der Sch.probe-Szene des Spielmannsepos *König Rother* zieht Rother seiner Braut ↗silberne und goldene Sch. an und vollzieht dadurch einen Ritus, in dem die zukünftige Ehefrau aus der Vormundschaft des ↗Vaters austritt und ihr Gatte diesen Herrschaftsanspruch übernimmt (ähnlich auch Grimm, *Aschenputtel*). Im selben Bedeutungshorizont, allerdings in entgegengesetzter Handlungsrichtung, findet sich einer der ältesten literar. Belege in Dtn 25,9: Wenn ein Mann die Witwe seines kinderlos verstorbenen Bruders nicht ehelichen will, dann soll sie ihm einen Sch. ausziehen und dann anspucken. Losgelöst vom Ehegelöbnis erscheint der Sch. aber auch als Symbol erot. Attraktion bzw. als Fetischobjekt (z. B. Flaubert, *Madame Bovary* IX; Zola, *La vierge ou cirage*).

5. Symbol der Macht. Stiefel symbolisieren oft männl. Dominanz und in deren Folge herrschaftl. Macht und Gewalt. Das Märchen vom *Gestiefelten Kater* (Perrault, Grimm) rückt die Symbolkraft dieses Sch.typs in den Vordergrund: Die Sch. ermöglichen es dem ↗Kater, seinen Herrn reich zu machen und selbst als »großer Herr« zu leben. Für aggressive Überlegenheitsdemonstration steht der Fußtritt. In H. v. Kleists *Michael Kohlhaas* wird dieser noch gesteigert, indem ein ↗Hut mit Sch. zertreten und damit die Bedeckung des obersten Körperteils mit der ↗Bekleidung des niedrigsten zerstört wird. Als Unterwerfungsgeste findet sich das Küssen des Sch. etwa in Dahns Ballade *Hagars Rache*. Bereits seit der Antike sind Gesten belegt, in denen das Setzen des Fußes bzw. Sch. (z. B. auf den besiegten Feind) einen Herrschaftsanspruch zum Ausdruck bringt (z. B. Heinrich Julius v. Braunschweig, *Von Vincentio Ladislao* VI, 3). Ebenfalls schon antik ist das Vorrecht des Sch.tragens für den freien Mann, während Sklaven barfuß gehen (z. B. Heine, *Zeitgedichte 15: Verheißung*). Die freiwillige Barfüßigkeit ist seit dem MA auch ein Attribut christl.-mönch. Demut vor Gott (z. B. Wedekind, *Die Büchse der Pandora* III. In P. Gerhardts *Nun ruhen alle Wälder* symbolisiert das Ablegen der Sch. die göttl. Heilserwartung (ähnlich auch Keller, *Abendlied*).
↗Fuß/Fußspur, Kleidung, Reise, Tanz.

Lit.: M. Andritzky/G. Kämpf (Hg.), Z.B. Sch. Vom bloßen Fuß zum Stöckelschuh, Frankfurt a.M. ⁴1998. – F.J. Görtz (Hg.), Stiefelknechte und Pantoffelhelden, Frankfurt a.M. 1995. – C. McDowell, Shoes, London ²1998. SHe

Schwalbe

Symbol des Frühlings und des Tagesanbruchs, der Geschwätzigkeit und der Reue, der Ruhelosigkeit, aber auch der Heimattreue und der Geselligkeit sowie der Gesundheit, des Glücks und der Fruchtbarkeit. – Relevant für die Symbolbildung sind (a) die alljährl. Migration in den ↗Süden und die zuverlässige Rückkehr der Sch., (b) ihre spezif. Lautartikulation, (c) ihre Flugweise sowie (d) ihr Nistverhalten.

Seit der Antike gilt die Rückkehr der Sch. sechzig Tage nach der Wintersonnenwende als Zeichen für das Ende des ↗Winters (Hesiod, *Werke und Tage* 564–569; Aristophanes, *Die Ritter* I). In altgriech. Liedern wird sie als Botin des ↗Frühlings besungen, so im rhod. *chelidonismos* (gr. *chelidón*, »Sch.«); assoziiert wird sie mit dem *chelidonias* genannten Westwind (Vergil, *Georgica* IV, 304–307; ↗Westen, ↗Wind). Das vor voreiligen Schlüssen warnende Sprichwort »Eine Sch. macht noch keinen Sommer« geht auf Aristoteles zurück (*Nikomachische Ethik* I, 7, 1098a). Man findet die Sch. in vielen Frühlingsgedichten. In einigen heißt es, sie singe ihr Frühlingslied, bisweilen wird sie selbst als Sängerin (↗Stimme/Gesang) der Verse eingesetzt (Brentano, *Das Märchen vom Hause Starenberg*). Auch ist von ihrem Morgenlied (↗Morgen) die Rede, das den Tag ankündigt (Bürger, *Lenardo und Blandine*). Ihr Gezwitscher erntet auch negative Reaktionen, weil es die ↗Träume störe (*Anakreontische Lieder*: *An einen Störenfried*; Lessings, *An die Sch. – Die zwölfte Ode Anakreons*). Ambivalent gesehen wird sie als Verkörperung von Geschwätzigkeit (*Des Knaben Wunderhorn* KL 3: *Das Federspiel, A.B.C. mit Flügeln*). In einigen Texten werden ihre Laute als Klagelied (Dante, *Divina Commedia*: »Purgatorio« IX, 13–17) und Reuebekenntnis interpretiert. So deutet Gutzkow in einer Nacherzählung der Sage von Philomele (↗Nachtigall) und Prokne das rastlose »ängstliche Flattern« der Sch. als Indiz für die Reue Proknes wegen ihres Kindsmordes (*Die Ritter vom Geiste* IX). Bewundert wird ihre Flinkheit, die Ruhelosigkeit impliziert (so etwa in Shakespeares geflügeltem Wort: »Hoffnung ist schnell und fliegt mit Sch.schwingen«; *Richard III* V, 2). Schon in der antiken Mythologie eröffnet die Verwandlung in eine Sch. Fluchtmöglichkeiten, so im Fall Proknes, die Tereus mit Sch.flügeln (↗Flügel) entflieht (*Anakreontische Lieder*; Ovid, *Metamorphosen* VI, 424–670). In Homers *Odyssee* entzieht sich Pallas Athene auf diese Weise dem Kampf mit den Freiern (XXII, 240). Migration und Rückkehr der Sch. werden ambivalent gedeutet: Einerseits gilt sie als Weltenbummlerin, andererseits als Vorbild für Heimattreue (Brentano, *Aus der Chronika eines fahrenden Schülers*); sie leitet den Heimkehrer ohne Gestalt (Bechstein, *Der Zauberwettkampf*). Beachtung findet ihr Nestbau (Heine, *Lyrisches Intermezzo* LIII: *Ich steh auf des Berges Spitze*; ↗Nest). Ihre Faszination besteht darin, dass sie weit fliegt, aber nah am Menschen nistet, weshalb sie auch für Geselligkeit steht (Lessing, *Die Sch.*). B. v. Arnim bezeichnet sich in Briefen an Goethe als Sch., die sich durch Treue auszeichne (*Goethes Briefwechsel mit einem Kinde* III: »Buch der Liebe«). Goethe vergleicht das ideale Mädchen im Gedicht

Nett und niedlich mit der Sch. Im Volksglauben besitzt die Sch. Zauberkräfte: Der Anblick der ersten Sch. bringe Glück; wo sie nistet, sei die Familie geschützt. Der in ihrem Magen gefundene ↗Stein (*chelidonius*) soll Krankheiten, z. B. Melancholie, heilen (Hofmannsthal, *Jedermann*). Seltener bringt sie Unglück, z. B. ↗Blindheit durch ↗Augenkontakt mit ihrem ↗Kot (Brentano, *Fanferlieschen*), jedoch verleihe das ›Sch.kraut‹, mit dem sie ihre Jungen füttert, das Augenlicht. Ihre ambivalente Deutung zeigt sich auch in der Annahme, dass sie je nach Flughöhe als Botin für gutes bzw. schlechtes Wetter stehe.

↗Frühling, Nachtigall, Nest, Sommer.

Lit.: HdA VII, 1392–1399. – WCS, 235 f.   EZ

Schwan

Symbol des Dichters und des poet. Schaffens, der Seele, der Reinheit, des Göttlichen sowie der Erotik, aber auch des Diabolischen und der Heuchelei. – Relevant für die Symbolbildung sind (a) das ↗weiße Gefieder, (b) die gesangsähnl. Laute (↗Stimme/Gesang) des Singschwans und (c) die lebenslange Paarbildung.

1. Symbol des Dichters und des poetischen Schaffens. Der Sch. ist vorrangig dem musischen Gott Apollon verbunden: Sch. singen bei seiner ↗Geburt und tragen ihn zum Helikon hinauf (Kallimachos, *Hymnus auf die Insel Delos* IV, 249 ff.), Apollons Sohn Kyknos stürzt sich ins ↗Meer und wird in einen Sch. verwandelt (Ovid, *Metamorphosen* VII, 371–383). Auch Orpheus' Seele verwandelt sich in einen Sch. (Platon, *Staat* 620a; Horaz, *Oden* II, 20), der das Todesverlangen und zugleich die Freiheit und Unsterblichkeit des dichter. Ichs verkörpert (Aischylos, *Orestie*: *Agamemnon*; Ronsard, *Elegie* XVIII); ironisch aufgegriffen von G.K. Pfeffel in seinem Gedicht *Apoll und sein Sch.* in Bezug auf die talentlosen Dichter, die statt Sch.gesang nur »Gekreische« hervorbringen. Berühmte Autoren erhalten daher den Beinamen Sch.: u. a. »Dirkäischer Sch.« (Pindar, nach Horaz, *Oden* IV, 2), »Sch. von Mantua« (Vergil), »Sch. von Avon« (Shakespeare; vgl. DLS, 214 f.). Nach einem Wort von J. Hus wird der Sch. auch zu einem Attribut Luthers; dazu Goethe und Schiller in den *Xenien*: »Auch mich bratet ihr noch als Huß vielleicht, aber wahrhaftig!/ Lange bleibet der Sch., der es vollendet, nicht aus« (*Der letzte Märtyrer*; vgl. Heine, *Zur Geschichte der Religion und Philosophie in Deutschland* I). – Nach dem Verlust von Lauras Liebe stellt sich Petrarca als klagender Sch. dar (*Canzoniere* XXIII: *Nel dolce tempo de la prima etade*), darin Melancholie und Verlorensein ausdrückend. Bei Hölderlin steht der Sch. in spannungsreicher Aussage sowohl für glückseliges und erfülltes Leben als auch für die Gefährdung des Ich, die Einheit mit sich selber, mit der Natur und mit den Göttern zu verlieren (*Elegie*; *Hälfte des*

Lebens); auch C. Brentano nimmt die widerstreitenden Aspekte (*Jäger und Hirt*; *Biondettas Hohes Lied*; *Sch.lied*), Goethe hingegen mit Martial (*Epigramme* XIII, 77) in *Schenke* (*West-östlicher Divan*) die spieler. Elemente der Symbolik auf. – Die Demontage des Sch. als eines poetolog. Symbols beginnt bei Heine, wenn die Hamburger Bürger den Sch. die ↗Flügel brechen und sie der Freiheit berauben (*Aus den Memoiren des Herrn von Schnabelewopski*). Im Symbolismus wird der Sch. als Symbol des selbstreflexiven Dichters bzw. der Dichtung dagegen wieder selbstverständlich und plakativ eingesetzt: etwa bei Dauthendey (*Vision*), Rilke (*Einmal möchte ich dich wiederschauen*; *Der Sch.*) oder Hofmannsthal (*Ein Gespräch über Gedichte*). Baudelaire, *Le cygne* (in: *Les fleurs du mal*) und Mallarmé (*Le vierge, le vivace et le bel aujourd'hui*) betonen den grotesken Kontrast zwischen Alltag und Heimatlosigkeit des Dichters und der befreienden, souveränen Potenz der Dichtung, die im Sch. verkörpert wird. Mit Verweis auf den Leda-Mythos (s. 2.) ironisiert Celan diesen Gebrauch in *Im Park*, ebenso in *Schwanengefahr*, einem Gegenentwurf zu Puschkins *Exegi monumentum*, in dem dieser auf Horaz (*Oden* II, 20; III, 30) rekurriert. Celans »Rabenschwan« (in: *Sibirisch*) zeigt in der Reduktion und radikalen einsamen Kälte die Unmöglichkeit des Weiterdichtens und damit das »Ende der Lyrik im Zeichen des Sch.« (Jakob, 411).

2. Symbol der Seele, der Reinheit und des Göttlichen, aber auch der Heuchelei und des Diabolischen. In christl. Trad. wird der Sch. zum Symbol der Seele sowie des Göttlichen und Diabolischen. Bei Dante befreit ein ↗Engel mit Sch.flügeln den Dichter von der Sünde der Trägheit (*acedia*) und begleitet ihn bei seinem Aufstieg (*Divina Commedia*: »Purgatorio« XIX, 46–48); bei Augustinus hingegen bringt der Sch. die Gläubigen vom richtigen ↗Weg ab (*Confessiones* X, 35, 57). In der anonymen frz. Dichtung *Planctus cygni* (9. Jh.) wird der Sündenfall der Seele und ihre Rettung in Gott dargestellt; noch Eichendorff (*Todeslust*) greift darauf zurück. Bei Harsdörffer ist der Sch. »ein Bild der Heuchler« (*Der Grosse Schauplatz jämmerlicher Mordgeschichte* V, 114: *Die Heuchlerische Andacht*), so auch in Logaus *Sinngedichten*: »Lucida, du schöner Sch., dran zu tadeln keine Feder,/ Wann du nur nicht wie der Sch. drunter decktest schwartzes Leder!« (*Auff die bekneidete Lucidam*). – Der Gesang des Sch. deutet den bevorstehenden Tod an (Ovid, *Metamorphosen* XIV, 430; Spenser, *The Ruines of Time*); das letzte Werk eines Autors (s. 1.) wird von daher auch als ›Sch.gesang‹ bezeichnet (Novalis, *Heinrich von Ofterdingen* I, 2). In der Emblematik verweist der Sch. durch sein weißes Gefieder auf ↗Reinheit und Treue sowie, ausgehend von dem angebl. Gesang vor seinem Tod, auf die Weisheit der Altersrede und das Sterben (HS, 814–818). In Richardsons Fabel *A Swan and a Stork* (in: *Æsop's Fables*;

dt. 1757 durch Lessing) wird die Überzeugung illustriert, dass der Tod als Moment der Erlösung froh anzunehmen sei (vgl. Klopstock, *Die Zukunft*). – Ins Irdisch-Naturmagische gewendet erscheint die Symbolik in Märchen, in denen die Verwandlung in einen Sch. eine Phase der Strafe oder Reifung versinnbildlicht (Grimm, *Die sechs Sch.*; Andersen, *Das hässliche junge Entlein*; weitere Belege EdM XII, 291–296). Der Motivkomplex um den Sch.ritter verbindet enigmat., d. h. überird. Herkunft mit Gottesurteil und Frageverbot; die literar. Stationen reichen von Wolframs v. Eschenbach *Parzival*, in dem der ursprünglich frz. Kern um die Sch.-kinder mit dem Gralsthema (↗Becher/Kelch/Gral) erstmals verbunden ist, bis zu Wagners Musikdrama *Lohengrin*. Dank seiner majestät. Erscheinung wird der Sch. darin auch mit Herrschergenealogien (beginnend mit Gottfried v. Bouillon) verbunden und in die Nähe von ↗Fürstenfiguren gerückt. – In M. Walsers Drama *Der Schwarze Sch.* (1961/64) spielt der Titel nicht nur auf das nationalsozialist. Akronym SS an, der Kontrast von Weiß und ↗Schwarz (↗Schwarzweiß) konnotiert auch die verdrängte Schuld, die der Protagonist Rudi Goothein im Stück durch seinen Selbstmord sühnen will.

3. Symbol der Erotik. Die Liebesgöttin Aphrodite erscheint auf einem ↗goldenen, von Sch. gezogenen ↗Wagen (Ovid, *Metamorphosen* X, 708, 718), ebenso zeugt Zeus in der Gestalt eines Sch. mit Leda die Tochter Helena und die ↗Zwillinge Kastor und Pollux (Euripides, Prolog zu *Helena*; Ovid, *Metamorphosen* VI, 109). Auf diese Episode rekurrieren Texte vom Barock (Hoffmannswaldau, *Der Pallast der Liebe*) über Romantik (C. Brentano, *Violettens Denkmal*, in: *Godwi* II, 17) bis in die Moderne, um Erotik zum Ausdruck zu bringen: Rilke, *Leda*; Valéry, *La jeune parque*; Yeats, *Leda and the Swan* (in: *The Tower*) oder von der Vring, *Schwäne*. – Kleist verhüllt im Bild des Sch. Thinka, den der Graf F. in der Kindheit mit ↗Kot bewarf, die männl. Gewalt an der Frau (*Die Marquise von O.*). Auf das Märchen *Der geraubte Schleier* (Musäus, *Volksmärchen der Deutschen*) geht Tschaikowskys Ballettmusik *Sch.see* (Uraufführung 1877) zurück, in dem sich im Sch. Reinheit und Erotik überkreuzen. Subtil integriert Hofmannsthal über den Sch. Sinnlichkeit in seinem dramat. Entwurf *Leda und der Sch.* sowie in *Lucidor*.
↗Reinheit, Weiß.

Lit.: M. Jakob, Sch.gefahr, München/Wien 2000. – P. Young, Swan, London 2007.   GMR

Schwarz

Symbol des Todes, der Trauer, der Sünde und des Bösen, der Demut, des Fremden sowie der Schrift und der Lit. – Relevant für die Symbolbildung ist der Kontrast der Farbe zum ↗Licht sowie zu ↗Weiß.

1. Symbol des Todes. Häufig in polarer Entgegensetzung zu Weiß verbindet sich mit dem Sch. Unglück und Unheil, v. a. Todessymbolik, häufig auch in Verbindung mit der schwarzen ↗Nacht (Weckherlin, Klag). In Homers *Ilias* wird der Tod, ebenso wie Ker, der Geist des Todes, schwarz dargestellt (II, 834 bzw. II, 859). Ebenso ist der personifizierte Tod in Statius' *Thebaïs* (IV, 528) sowie in Senecas *Oedipus* (164) schwarz gekleidet (↗Kleidung). Seit Hesiod (*Theogonie* 726) ist Sch. auch die Farbe der Unterwelt. In Dantes *Divina Commedia* wird die schwarze Hölle (»Inferno« IX, 6) von schwarzen ↗Schatten (V, 51), schwarzen Teufeln (XXI, 29; s. a. 3.) und schwarzen ↗Engeln und Cherubinen bevölkert (XXIII, 131; XXVII, 113). Bei Spenser zeigen sich Pluto, die Furien der Hölle und der See Styx schwarz (*Faerie Queene*), ebenso wie in Klopstocks *Der Messias* »schwarze Fluthen« die Hölle durchfließen (II, 408; ↗Flut/Dammbruch). – Im Fin de Siècle wird diese Konnotation ironisch aufgerufen, wenn Huysmans den Protagonisten Des Esseintes anlässlich seiner plötzlich aufgetretenen Impotenz einen Leichenschmaus (↗Mahl) veranstalten lässt, bei dem alles von schwarzer Farbe dominiert wird (*À rebours* I).

2. Symbol der Trauer und der Melancholie. In Anlehnung an das in der westl. Welt seit der Antike auch als Trauersymbol geltende Sch. (z. B. *Ilias* I, 103) sowie an die antike und ma. Humoralpathologie, der zufolge die schwarze Galle aus dem Temperament des Melancholikers aus dem Gleichgewicht geraten ist (gr. *melaína cholé*, »schwarze Galle«), existiert eine Affinität des Sch. zu Trauer und Melancholie, vgl. etwa den zu Beginn des Dramas trauernden und melancholisch veranlagten, schwarz gekleideten Hamlet in Shakespeares gleichnamigem Drama. Nicht selten wird der Weltschmerz über schwarz gefärbte Natur ausgedrückt, sei es in Lenaus Lyrik (*Der schwarze See*), bei C.F. Meyer (*Schwarzschattende Kastanie*), Trakl (*Geburt*), Lasker-Schüler (*Schwarze Sterne*) oder Morgenstern (*Wie eine Nonne schwarz*), während er im Expressionismus gerne in ↗Stadtbilder überführt wird (vgl. Heyms *Die Dämonen der Städte* oder *Schwarze Visionen*). Die Trauerverarbeitung nach dem Zweiten Weltkrieg geht häufig mit Sch. einher (z. B. Celan, *Ich bin allein*), oft mit der zusätzl. Konnotation der Schuld, nicht selten in Zusammenhang mit dem gegensätzl. Weiß i. S. v. ↗Reinheit, Unschuld (s. a. 3.) wie in Celans *Todesfuge*, unde beide Farben in der »schwarzen Milch« eine paradoxe Verbindung eingehen (↗Milch).

3. Symbol des Teufels, der Sünde und des Bösen. In der Bibel sowie im christl. Volksglauben ist Sch. die Farbe des Teufels (Apg 26,18; HdA VII, 1432–1435; s. a. 1.); daher erscheint das Böse häufig in Gestalt schwarzer Figuren oder Tiere, z. B. als schwarzer Geiger in Kellers *Romeo und Julia auf dem Dorfe*, der einerseits die Welt jenseits der bürgerl. Ordnung symbolisiert, andererseits bereits von Beginn an den trag. Ausgang der Novelle ankündigt, oder als titelgebendes Symbol in Gotthelfs *Die schwarze Spinne*, auch personifiziert in Gestalt der Christine, die den Pakt mit dem Bösen schließt. Entsprechend gilt Sch. als Farbe von Schuld und Sünde, auch hier meist im Gegensatz zum ↗reinen, unschuldigen Weiß (Klgl 4,7 f.), als Zeichen der Gottesferne bei Angelus Silesius (*Cherubinischer Wandersmann* IV, 133: *Der Mensch ist eine Kohle*) oder wie in Donnes *Holy Sonnets*, in denen das lyr. Ich als Sünder über seine von Sünden geschwärzte Seele klagt. – Im Märchen symbolisiert Sch. Bosheit und Hässlichkeit (Grimm, *Die weiße und die schwarze Braut*), gleichermaßen sind Orte des Bösen mit Sch. assoziiert, wie etwa die schwarze Mühle am Koselbruch in Preußlers *Krabat*. Ein Schwelgen in Teufelsphantasien, Okkultismus und schwarzen Farben lässt sich insbes. in der ›schwarzen Romantik‹ (*Nachtwachen von Bonaventura*; E.T.A. Hoffmann, *Elixiere des Teufels*) oder im Fin de Siècle (Huysmans, *Là-bas*) beobachten, wo das (schwarze) Böse jedoch eher stimulierenden denn zerstörer. Charakter innehat. Im 20. Jh. ist eine Loslösung des schwarzen Bösen von Teufelsvorstellungen zu verzeichnen; so wird in Horvaths *Sladek oder Die schwarze Armee* ein Archetyp des Bösen beschrieben, der sich in jedem Menschen findet.

4. Symbol der Demut. Sch. gilt, ird. Eitelkeit und Prunk negierend, bereits seit dem MA als Farbe der Demut (Suntrup, 461 f.), seit der Reformation ist es durch das schwarze Gewand des Pfarrers im Protestantismus zugleich Zeichen des Religiösen. Für beides steht Sch. etwa auch in Stendhals Roman *Le rouge et le noir*, in dem sich die Hauptfigur auf den Priesterstand vorbereitet (während die im Titel annoncierte ↗rote Farbe die republikan. Gesinnung repräsentiert), oder bei dem schwarz gekleideten Hieronymus in Th. Manns Erzählung *Gladius Dei*. In einem vielschichtigen symbol. Kontrast steht der ärml. schwarze Rock des Pfarrers zu seiner kostbaren weißen Unterwäsche in Stifters Erzählung *Kalkstein* (in: *Bunte Steine*). Nicht selten tut sich dabei eine zusätzl. Verquickung mit der Macht des Bösen auf, wie in Čechovs *Der schwarze Mönch*, wo der Einbruch dieser Gestalt in das Leben des Protagonisten in Bosheit und Wahnsinn mündet.

5. Symbol des Fremden und Anderen. In der Beschreibung fremder Völker dunkler oder schwarzer ↗Hautfarbe wird Sch. zum Kennzeichen der Fremdheit überhaupt, z.B. in Blixens *Out of Africa* oder Conrads *Heart of Darkness*, in dem außerdem der unerschlossene Kontinent ↗Afrika eng mit der Farbe Sch. verbunden ist. Die negative oder positive Bewertung des Fremden wird durch entsprechende Besetzung der Farbe vermittelt, zugleich kann mittels des Sch. eine stereotype Bewertung der fremden Kultur subversiv in Frage gestellt und reflektiert werden, wie in W. Blakes *Little Black Boy*,

Y. Golls *Johann Ohneland an seinen schwarzen Bruder* oder Genets Drama *Les nègres*.

6. Symbol der Schrift und der Literatur. Sch. bzw. das schwarze Blatt Papier kann einerseits (im Gegensatz zur Schreibhemmung oder -krise, symbolisiert durch die weiße Seite) für den positiv besetzten kreativen Schreibprozess, andererseits für die Auslöschung von Schrift oder auch Leben stehen, wie in Sternes *The Life and Opinions of Tristram Shandy, Gentleman*, wo die schwarze Seite die ↗Grabplatte und gleichzeitig den Tod Yoricks repräsentiert. Aufgrund seiner Nähe zur (schwarzen) ↗Tinte bzw. Druckerfarbe wird Sch. so zum Symbol der Schrift oder Lit. und erscheint in diesem Fall häufig mit seinem Pendant, dem Weißen, dem Symbol für das weiße Blatt Papier.

↗Afrika, Blau, Farben, Nacht/Finsternis, Schatten, Schwarzweiß, Tinte, Weiß.

Lit.: H.H. Mann, Die Farbe der Finsternis, in: Die Farben Sch., hg. v. Th. Zaunschirm, Wien/New York 1999, 39–48. – K. Müller-Boré, Stilist. Untersuchungen zum Farbwort und zur Verwendung der Farbe in der älteren griech. Poesie, Berlin 1922, 73–79. – St. Rosenthal, Schöpfung, Übergang, in: Black Paintings, hg. v. ders., München/Ostfildern 2006, 83–88. – R. Suntrup, Liturg. Farbenbedeutung im MA und in der frühen Neuzeit, in: Symbole des Alltags – Alltag der Symbole, hg. v. G. Blaschitz/H. Hundsbichler, Graz 1992, 445–467.
                                                                                                                      KY

Schwarzweiß

Symbol der Gegensätzlichkeit in Form eines scharfen visuellen Kontrasts, der in Kombination mit Wertungen (böse-gut, hässlich-schön) und Urteilen (falsch-richtig, Lüge-Wahrheit) unanzweifelbare Evidenz beansprucht. – Relevant für die Symbolbildung sind (a) die strenge Dichotomie von ↗Schwarz und ↗Weiß, die auf dem Ausschluss von Zwischenstufen beruht, (b) die Manipulierbarkeit des Offensichtlichen durch Sch.-Oxymora, -Paradoxa oder -Kippkalküle.

1. Symbol mythischer/ritueller Evidenz. Bsp. für narrative Ordnungsmodelle, die über Sch.-Raster organisiert sind, finden sich häufig in literar. Überformungen von Passageriten (z.B. die Verwechslung von schwarzem und weißem ↗Segel in Plutarchs *Theseus* XVII/XXII) und exemplar. Kalkülen der Exklusion bzw. Inklusion (Schwarz als Mangel, Weiß als Neutralität, Sch. als ganzheitl. Polarität; vgl. Lévy-Strauss, *La pensée sauvage*). International verbreitet ist die Parabel vom Mann, der auf der Flucht vor einem Untier in einen ↗Abgrund stürzt, wo er sich nur noch an einem Ast und auf einem schmalen Felsvorsprung halten kann, während an den ↗Wurzeln des ↗Baumes eine weiße und eine schwarze ↗Maus nagen. Sie versinnbildlichen die Lebenszeit des Menschen, die im Rhythmus von Tag und ↗Nacht aufgezehrt wird (Rudolf v. Ems, *Barlaam und Josaphat* 4603–4766; H. Sachs, *Das menschlich Leben figuriert*; Rückert, *Parabeln* I). Im ↗Elsternrätsel des ma. *Traugemundsliedes* erscheinen Weiß und Schwarz nebeneinander in Komparativformeln (*wisser dan der sne/swerzer dan der kol*), die den Abstraktionsprozess der Konzeptbildung änigmatisch vorwegnehmen. Unter den *Kinder- und Hausmärchen* der Brüder Grimm arbeitet *Die weiße und die schwarze Braut* an der Korrektur einer verkehrten, genealogisch gestörten Welt. Dort wird der Zauberbann, unter dem die schwarze Braut wider alle Evidenz zeitweilig die Stelle der weißen Braut einnimmt, gebrochen und durch Erlösung bzw. Strafe das Verhältnis von Weiß zu Schwarz ›nach den Bedürfnissen der naiven Moral‹ (Jolles) wieder stabilisiert.

2. *Symbol magisch-erotischer/artifizieller Evidenz.* Obwohl die antike Philosophie an die log. Stabilität des Sch.-Gegensatzes zentrale Begriffe knüpft (z. B. »das Sein«, *to on*, bei Melissos v. Samos, *Fragmente der Vorsokratiker* 30 B 8, oder die »Bewegung«, *kínesis*, bei Platon, *Theaitetos* 181d), rechnet Aristoteles mit der Manipulierbarkeit solcher Selbstevidenz, wenn er in seiner Kritik der sophist. Trugschlüsse (*Sophistische Widerlegungen* 166b–167a) vom Verdecken der Differenz zwischen materiell gegebenem Gegensatz und logisch konstruiertem Widerspruch im Zeichen von Sch. spricht. Literarisch wird ein solcher Trugschluss von Thomas v. Bretagne aufgenommen, der am Ende seines *Tristan* das myth. Motiv der Segelverwechslung umgestaltet: Tristan stirbt, weil ihm von der ›falschen‹ Isolde (Weißhand) das weiße Segel der ›richtigen‹ (blonden) Isolde als schwarz gemeldet wird. Dabei ›vergisst‹ er, das Prinzip seines Listhandelns auf den eigenen Fall anzuwenden: die Manipulierbarkeit der wahrnehmbaren Wirklichkeit (Weiß-*Sein*) durch Umbenennung (etwas Weißes ›schwarz‹ *nennen*). Jenes Vermögen, Schwarz als Weiß erscheinen zu lassen, charakterisiert nach der *Poetria Nova* Galfreds v. Vinsauf die Dichtung, die dadurch einer Magierin vergleichbar ist (V. 125). Ihr Zauber impliziert das Erzeugen einer Sinnesverwirrung, die schon in der Antike, verstärkt aber in der höf. Lit. des MA mit den Wirkungen des Eros zusammengedacht wird: Als Antidot gegen den Liebes- und Verwandlungszauber der Kirke erhält Odysseus von Hermeias ein schwarzweißes Kraut, das nach dem Prinzip, Gleiches mit Gleichem zu heilen, sein Denkvermögen schützt (Homer, *Odyssee* X, 304). Im MA wird das Sch.-Raster in Gestalt des Schachbretts (↗Schach) nicht nur als Symbol der (politisch) gerichteten Rationalität (Pfaffe Konrad, *Rolandslied*, V. 681 f.), sondern auch als Symbol für die (pathologisch verkehrte) Rationalität der Minne genutzt (Wolfram v. Eschenbach, *Parzival* 398 ff.). Als erot. Wahrnehmungsmuster fungiert Sch. bis in die neuzeitl. und moderne Lit. (etwa Emma in Flauberts *Madame Bovary* I, 2). In B. Strauß' Drama *Angelas Kleider* wird Magie durch Technik ersetzt:

Hier inszenieren semant. und bühnentechn. Sch.-Wechsel die Absorption der Liebe durch den Komplex der Medien und Biowissenschaften.

3. *Symbol schriftlich verbürgter Evidenz.* Unter dem Eindruck der Entwicklung symbol. Strategien des Beglaubigens im MA (Urkunde, ↗Siegel, ↗Wappen, Signatur) gilt, was man Schwarz auf Weiß besitzt, als rechtlich verbürgt. Ein früher literar. Reflex dieser Praxis findet sich im *Parzival* Wolframs v. Eschenbach: Dort erscheint Parzivals Halbbruder Feirefiz »*als ein geschriben permint,/ swarz und blanc her unde dâ*« (747, 26 f.). Die elsternfarbig gescheckte ↗Haut weist seine Abstammung von einer schwarzen ↗Mutter und einem weißen ↗Vater aus. Sie verbrieft so die Erbansprüche des Erstgeborenen, die Feirefiz als »animiertes Schriftstück« an seinen Bruder weitergibt. Verknüpft mit dem Zaubertopos erweist sich die symbol. Evidenz des Schwarz auf Weiß vorzeigbaren ↗Buchstabens oder Bildes jedoch als flüchtig: Die »Gaukeltasche« des Simplicissimus kann die ständ. Charakteristika jedes Lesers Schwarz auf Weiß erscheinen und durch Hineinblasen ins ↗Buch auf den zwischengeschalteten weißen Blättern sogleich wieder verschwinden lassen (Grimmelshausen, *Springinsfeld* VII). Die Materialität von schwarzem Druck und weißem Papier als symbol. Elementen der literar. Imagination stellt Laurence Sterne in der *black page* und in der *white page* seines *Tristram Shandy* aus. Derart entschränkt kann schriftl. Sch., statt Differenzen zu vermehren, diese völlig zum Verschwinden bringen: So erfasst in Poes *Narrative of Arthur Gordon Pym* Entdifferenzierung nicht nur die Typografie des Buches, sondern dringt in die Erzählung ein und greift am Ende selbst auf ihre Figuren über, als der Held nach dem Besuch der schwarzen ↗Insel (mit ihren buchstabenförmigen ↗Granitformationen) vom Weiß der Antarktis (und der Buchseite) eingesogen wird (↗Pol). Vollends abgelöst wird das Sinnbild durch das Sch. des Schriftbildes in der Konkreten Poesie (z. B. Gomringer, *Das schwarze Geheimnis ist hier*).

4. *Symbol religiöser oder ethischer Evidenz.* Für die christl. Allegorese bezeichnet Sch. den Zustand des sündigen Zweifels (vgl. die literar. Rezeption bei Wolfram v. Eschenbach, *Parzival* 1, 1–14 im Symbol der Elsternfarbe, in dem darüber hinaus matri- und patrilineares Erbrecht zusammentreffen sowie das Listprinzip des artifiziellen Umschlagens von Qualitäten *als agelstern varwe tuot*). Legendar. Symbolik verwendet vor diesem Hintergrund den plötzl. Wechsel von Schwarz zu Weiß als Topos der gnadenhaften Erlösung von allen Sünden (so beim aus der Hölle hervorkommenden *Ethiops niger*, der durch die Fürbitten des hl. Gregorius weiß wird). Die Differenz von schwarzer und weißer Haut symbolisiert in den Chansons de geste den Unterschied zwischen ↗Orient und Okzident, Heidentum und Christentum. Als Folie herald. Distinktion ist die

Hautfarbe ein topograf. und territoriales Merkmal mit universalistisch zu denkenden heilsgeschichtl., keineswegs aber rassisch diskriminativen Konnotationen. So sind die Sachsen jenseits von Köln und östlich des Rheins in Jean Bodels *Chanson des Saisnes* als oriental. Sarazenen imaginiert. Sie kämpfen zusammen mit den Schwarzen aus Nubien gegen die weißen Franken. Wie im *Willehalm* Wolframs v. Eschenbach, der mit dem Heiden Josweis eine weitere Figur kennt, deren Körper wie das ihm zugehörige Schwanenwappen (↗Schwan) über eine schwarzweiß-geteilte Hautfarbe verfügt (386, 8–21), bestehen ansonsten keine Unterschiede in der Vorbildlichkeit ihrer ritterl. *êre*: Die ident. innerweltl. Adelstugenden werden materiell nur vom Weißen ins Schwarze übertragen. Ähnliches gilt für den anderen höf. Wertmaßstab, die *minne*: Die erot. Anziehungskraft schwarzer Herrscherinnen auf weiße ↗Könige und Hochadlige in der ma. Lit. (Alexander – Candacia im *Straßburger Alexander*, Gahmuret – Belakane in Wolframs *Parzival*, Apollonius – Palmina in Heinrichs v. Neustadt *Apollonius von Tyrland*) ist typologisch deutbar vor dem Hintergrund des *Hohelieds* (1,5: »Ich bin schwarz/ Aber gar lieblich«). Noch in H. v. Kleists *Verlobung in St. Domingo* spielt – neben der Fundierung der Sch.-Differenz im zeitgenöss. Rassendiskurs – der herald. Formalismus von schwarzer vs. weißer Haut eine Rolle. Zugleich wird der Wechsel der Hautfarbe bei Kleist zum sprichwörtlich gefassten Symbol für eine eth. Unmöglichkeit (*Prinz Friedrich von Homburg* III: »Eine Tat,/ Die weiß den Dei von Algier brennt«).
↗Farben, Haar, Haut, Schrift, Schwarz, Segel, Tinte, Wappen, Weiß.

Lit.: J. Hanika, Der Wandel Schwarz-Weiß als Erzähl- und Brauchmotiv, in: Bayer. Jb. für Volkskunde 1961, 46–60. – G. Radke, Die Bedeutung der weißen und der schwarzen Farbe im Kult und Brauch der Griechen und Römer, Berlin 1936. – W. Wiethölter, »Schwartz auf Weiß auß einer Feder« oder Allegor. Lektüren im 17. Jh., in: DVjs 72 (1998), 537–591; 73 (1999), 122–151.   HJSch

Schweigen / Stille

Symbol der Weisheit, starker Gefühle und der Gefühlsbeherrschung, der Macht und Ohnmacht sowie der Begrenztheit sprachl. Darstellbarkeit. – Relevant für die Symbolbildung ist neben der in der St. herrschenden Geräuschlosigkeit bes. die Abwesenheit sprachl. Äußerungen des Menschen.
1. Symbol der Weisheit und Gotteserkenntnis. Obgleich Pindar zufolge Sch. das denkbar Weiseste (*Nemeische Oden* V, 18) und nach Platon das Wahre nicht durch Rede erfassbar ist (*Gastmahl* 211a), rücken Sch. und St. erst in der Spätantike, im Kontext der *hēsychía* (»Seelenruhe«) als Voraussetzung und Kennzeichen für Erkenntnis und Schau Gottes ins

Zentrum der Philosophie (Plotin, *Enneaden* IV, 8, 1) und werden literarisch vielgestaltetes Philosophenmerkmal (so das aus Boethius, *Trost der Philosophie* II, 7, erschlossene geflügelte Wort »Si tacuisses, philosophus mansisses« [Wenn du geschwiegen hättest, wärest Du Philosoph geblieben]). – Die Fortführung der um Weisheitsliebe und Gottesschau zentrierten Symbolik durch ma. Mystiker nimmt, neben Weish 18,14 f. u. a., Augustinus' berühmtes Gespräch mit der ↗Mutter auf, worin die *sapientia*, durch die alles geworden ist und wird, schweigend berührt wird (*Confessiones* IX, 10, 23–26); Eckharts *Predigten* umkreisen das Sch. als Grund und ↗Abgrund der Sprache und des Seins (*Predigt* LVII, mit Weish 18,14: »Als alle Dinge mitten im Sch. waren, kam von oben hernieder […] in mich ein verborgenes Wort«). – Als Symbol für die Sehnsucht nach dem (Über-)Himmlischen und der Erfahrung der *unio mystica* finden sich Sch. und St. nach ma. Thematisierung u. a. bei Tauler (s. 4.), über Angelus Silesius' *Cherubinischem Wandersmann* (II, 248: *Nichts ist dem Nichts so gleich als Einsamkeit und St.*) über Klopstocks Preislied *Das Sch.* bis zu M. Sedivys Gedichtband *Wo die St. das Sch. bewacht* (2004) immer wieder in lyr. Versuchen über das Unsagbare der Gotteserfahrung. – Im 18. Jh. erfährt die myst. Symbolik von Sch. und St. eine poetolog. Wendung mit dem Postulat der St. als Voraussetzung für das Werden des Kunstwerks in der Künstler- bzw. Dichterseele. Gefordert werden passive »Empfängniß« der »stillen, freudesspiegelnden Seele« in der ↗Tiefe entpersönlichten Sch.: »Sie [die Seele] ist sich nur ihrer Seligkeit bewußt, und es ist ihr, als würde sie aufgelös't in dieses Bewußtseyn« (F.L. Stolberg, *Über die Ruhe nach dem Genuß und über den Zustand des Dichters in dieser Ruhe*; ↗Spiegel), und St. als Bedingung einer neuen Sprache, die Medium von Gemeinsamkeit wäre: »Schicksalsgesetz ist dies, daß Alle sich erfahren,/ Daß, wenn die St. kehrt, auch eine Sprache sei« (Hölderlin, *Friedensfeier*). Diese Erneuerungssymbolik findet ihren Reflex u. a. in Nietzsches *Zarathustra*. Im 20. Jh. schlägt sie sich in Mauthners *Beiträgen zu einer Kritik der Sprache* nieder, die den Wert der Sprache als Mittel zur Erkenntnis in Frage stellen (*Wesen der Sprache* V.: »Wert und Sprache«: »Das Sch.«), sowie in der Wendung der Expressionisten gegen Sprache als Ausdruck bürgerl. Kultur (Hülsenbeck, *Der neue Mensch*, in: *Neue Jugend* 1: »*Worte, Worte, zu viel Worte* – die St. muß aufstehen«). – Infolge romant. ↗Indienbegeisterung und Rezeption ostasiat. Philosophie finden Sch. und St. im 19. und 20. Jh. als Symbole für Erleuchtung und menschl. Vollendung teils schwärmer., teils kritisch-umdeutende Verwendung (Vasudeva in Hesses *Siddharta*; der Musikmeister in Hesse, *Das Glasperlenspiel*; Brecht, *Gleichnis des Buddha vom brennenden Haus*). Hierbei korrespondiert, wie schon bei Eichendorff (z. B. *Schloß Dürande*; *Die Welt ruht still im Hafen*: »O könnt ich alles sagen!/ O wär ich recht geschickt!/ So muß ich still ertragen,/ Was mich so hoch beglückt.«), das Sch. des Menschen oftmals mit der St. der Natur. Deren Lautlosigkeit, etwa im Gebirge (↗Berg), am ↗Mittag oder in der ↗Nacht, findet sich bis in die Lyrik der Gegenwart als Symbol für (ersehnten) Frieden und Einklang mit der Natur (A. Astel, *WINDstille*; E. Strittmatter, *Ich mach ein Lied aus St.*).

2. Symbol starker Gefühle und der Gefühlsbeherrschung. Seit der Antike sind Sch. und Verstummen literar. Mittel zur Darstellung der Intensität von Gefühlen wie Erstaunen, Zorn, Verachtung (das Sch. des Aias, Homer, *Odyssee* XI, 563 f.; Ps.-Longin, *Vom Erhabenen* IX, 2), Trauer (Des Grieux in Abbé Prévost, *Manon Lescault*) oder Liebe (»Was sagt Cordelia nun? Sie liebt und schweigt«; Cordelia in Shakespeare, *King Lear* I, 1). Im Drama werden starke Gefühle durch sprachlose (gest. und mim.) Aktionen wie Umarmen, Erdolchen, Drohen oder Erstarrung unterstrichen, häufig münden sie in finales Sch.; so beschließt Lessings *Nathan der Weise* ein Bild sprachloser Rührung. – In scharfem Gegensatz hierzu steht das asket., teils freiwillige, teils auferlegte Sch., das über Verzicht auf oberflächl. irreführendes Reden Tiefe und Zugang zu Geheimzuhaltendem bezweckt. In spätantiken und ma. Darstellungen griech.-röm. und bibl. Exempelgestalten ›rechten‹ Sch. (Pythagoras, Zenon, Moses, Hiob, Maria, Jesus) ist diese Tiefen- von einer umfängl. Tugendsymbolik überlagert (Geduld, Selbstbeherrschung, Standhaftigkeit etc.), vgl. Iamblichos, *De vita Pythagorica* XVII, 74; XX, 94; XXXI, 195; Brant, *Narrenschiff* XIX: »Von vil schwetzen«. – Sch. als Verweis auf Beherrschtheit und Beherrschung (auch bes. Kräfte), innere Gewissheit und All-Verbundenheit findet sich bis in die Fantasy-Lit. des 20. und 21. Jh. als Merkmal von Priester- und Zaubererfiguren wie Merlin, der, wenn er nicht gerade prophezeit, in stillem Einklang mit der beseelten Natur zu leben versteht (Wieland, *Merlin der Zauberer*; D. und F. Schlegel, *Geschichte des Zauberers Merlin*; J. Boormann, *Excalibur*, USA/England 1981, nach Malory, *Le morte d'Arthur*), insbes. aber im Märchen (Grimm, *Die zwölf Brüder*; *Die sechs Schwäne*), wo Sch. eine der schwierigsten Bewährungsproben ist.

3. Symbol der Macht und der Ohnmacht, der Zustimmung und der Ablehnung. Bewusste Enthaltung vom Sprechen kann Ablehnung, Widerstand oder Zwietracht symbolisieren, vgl. Cicero, *In Catilinam* I, 8: »Cum tacent, clamant« (»Indem sie schweigen, klagen sie sich an«), aber auch, wie Jesu Sch. als Einwilligung in den Opfertod exemplarisch veranschaulicht (Mt 26,63; Klopstock, *Messias* IV, 1105 ff.), Zustimmung, Einvernehmen oder Eintracht bedeuten (vgl. Auswahl päpstl. Erlasse: *Liber sextus* V, 12, 43: »Qui tacet, consentire videtur« [»Wer schweigt, scheint zuzustimmen«]). Ebenso

kann Sch. Ausdruck von Ehrerbietung oder Andacht sein, wie in Vergil, *Aeneis* X, 100–103, wo Natur und Götter schweigen, während Zeus spricht, oder Ps 62. Diese Ambivalenz tritt stärker denn je in der Moderne zum Vorschein, in der Sch. über nichtgesagtes Gemeintes Symbol für gesellschaftl. Krisenerscheinungen, Vereinsamung des Menschen und Zusammenbruch menschl. Beziehungen ist (Sartre, *Qu'est-ce que la littérature?*). Die von Hofmannsthal im *Chandos-Brief* im Verstummen ausgedrückte Sprachkrise repräsentiert die individuelle wie überindividuelle geistige Situation der Zeit, in der Sch. auf eine Sinn- und Bewusstseinskrise hindeutet. Sch. und Verstummen können fernerhin ebenso auf Schwäche, Angst und Ohnmacht verweisen (Biermann, *Die Drahtharfe*; *Für meine Genossen*), wie sie als Waffe (A. Brust, *Leäna*; Kafka, *Das Sch. der Sirenen*) eingesetzt werden (wie z. B. K. Kraus und seinem Sch. zum Nationalsozialismus erhebl. Kritik einbrachte, *Die Fackel*, H. 889). – Von Sch. als Machtdemonstration erzählt schon das AT: Hiob spricht, um Gottes Sch. nicht zu hören, der im Sch. frei bis zur Willkür ist (Ijob 35–37). Im griech.-röm. Altertum findet sich die Machtsymbolik im Zusammenhang mit der ↗Zunge als Beredsamkeitssymbol. Ein Topos ist der Philosoph, der sich die Zunge abbeißt und dem Tyrannen wider dessen Macht ins ↗Gesicht speit (Plinius d. Ä., *Naturalis historia* VII, 23; Diogenes Laertios, *Über Leben und Lehren der Philosophen* IX, 58 f.). Von gewaltsam auferlegtem Sch. handelt der vielrezipierte Mythos von Philomele (Shakespeare, *Titus Andronicus* II, 5, und III, 2), die, von Tereus mehrfach vergewaltigt, zudem zur Verbergung der Tat mit dem ↗Schwert ihrer Zunge beraubt wird (Ovid, *Metamorphosen* VI, 519–562; ↗Nachtigall, ↗Wunde), für K.Ph. Moritz Symbol der Grenzen sprachl. Darstellbarkeit des Leidens (*Die Signatur des Schönen*). Um die Begrenztheit sprachl. Darstellbarkeit (s. 4.), zumal von Gewalt des Menschen am Menschen, kreist auch die während und nach dem Ersten und Zweiten Weltkrieg entstandene Dichtung, exemplarisch R. Ausländers Lyrik (etwa *Schallendes Sch.*).

4. Symbol der Grenzen der Darstellbarkeit. In seiner Bedeutung unerschöpflich und grenzenlos, vieldeutig und dunkel in seiner Tiefe lässt sich Sch. i. S. v. Goethes Ideal symbol. Darstellung, das auf das beredte Sch. der Phänomene zielt (»Das, worauf es im Symbol ankommt, ist mit Worten gar nicht auszusprechen«, *Über Philostrats Gemälde*), als metasymbolisch verstehen. – Die poetolog. Bedeutung des Sch. betrifft insbes. die Grenzen von Darstellbarkeit (prominentes literar. Bsp. ist das Ende des X. Gesangs in Klopstocks Messias: Jesu Tod, der mitten im Hexametervers abbricht, ↗Vers), auf die auch die rhetor. Trad. der Unsagbarkeitstopoi abstellt. Ihre Wurzel ist die seit Homers *Ilias* (II, 488) in Poesie und Rhetorik (unter performativer Funktionalisierung von Zäsuren, Auslassungen, Redepausen, Verschweigen und Verstummen) allenthalben geltend gemachte Unfähigkeit, dem Stoff gerecht zu werden. Ihr entspricht in der Panegyrik der Topos des Herrscherlobes: »auch Homer, Orpheus und andere würden beim Lobe des zu Preisenden versagen« (Curtius, *Europ. Lit. und lateinisches Mittelalter* VIII, § 5), in der Mystik der Versuch, das Inkommunikable der stillen Erfahrung (Gottes) zu kommunizieren (s. 1.), Tauler in *Predigten* XXVIII: »In solcher Kehr versinkt der geläuterte, verklärte (Menschen)geist in göttlicher Finsternis, in Stillschweigen und in ein unbegreifliches und unaussprechliches Einssein (mit Gott).« – In der Moderne zeigt Sch., als Verweis auf die Begrenztheit sprachl. Darstellbarkeit und über jene hinaus, Ein- und Zusammenbruch ebenso an wie Durch- und Aufbruch, bei Celan »ins Sch. der Antwort« (*Die Winzer*), und setzt dem Verständnis von Lit. als integralem Sprachsystem eine flexible, durchlässige Grenze: »Glücklich, die wissen, daß hinter allen Sprachen das Unsägliche steht« (Rilke, als Widmung für den poln. Übersetzer Hulewicz in ein Exemplar der *Duineser Elegien*).

↗Abgrund/Tiefe, Indien, Mund, Spiegel, Stein, Zunge.

Lit.: C.L. Hart Nibbrig, Rhetorik des Sch., Frankfurt a.M. 1981. – N. Luhmann/P. Fuchs, Reden und Sch., Frankfurt a.M. 1989. – G. Mensching, Das hl. Sch., Gießen 1926. – S. Montaglio, Silence in the Land of Logos, Princeton 2000.   ABR

Schwein

Symbol der Fruchtbarkeit und des Irrglaubens sowie der Unberechenbarkeit und der Heimtücke. – Relevant für die Symbolbildung sind (a) das Suhlen des Sch. im Schlamm, (b) die Gefräßigkeit und (c) die Gefährlichkeit des wilden Sch. als ↗Jagdtier.

1. Symbol der Fruchtbarkeit und des Irrglaubens. Während in heidn. Kulturen das, meist weibl. Haus-Sch. Fruchtbarkeit symbolisiert (die german. Muttergöttin Freya trägt den Beinamen Syr [Sau], der griech. Fruchtbarkeitsgöttin Demeter werden vornehmlich Sch. geopfert), gilt das Sch. im jüd.-christl. und islam. Kulturkreis als unrein (vgl. Lev 11,7 f.; Dt 14,8; Sure II, 173 u.ö.). Hierauf wie auf die Gefräßigkeit des Tiers rekurrierend begegnet das Sch. oft als sexuell-triebhaft (vgl. Baubos Ritt auf einem Mutterschwein in Goethes *Faust I*, »Walpurgisnacht«) und erscheint unter Bezugnahme auf Mk 5,6–13 (vgl. Mt 8,28–32) als dämon. Tier, das der Dummheit, zunächst im Sinne des Nichtwissens um den wahren christl. Glauben, symbolisiert: so etwa Luthers Ritt auf der Sau in der gegenreformator. Polemik oder auch die antijüd. Polemik der ›Judensau‹, etwa in Luthers *Schem Hamphoras* (1543).

2. Symbol der Unberechenbarkeit und der Heimtücke. Das wilde Sch. hingegen und insbes. der

wilde Eber, der Keiler, gilt seit der Antike als gefährl. und unberechenbares ↗Jagdwild (vgl. u.a. Xenophon, *Der Jäger* X, 17). Die griech. Mythologie kennt darüber hinaus die Sau von Krommyon (Plutarch, *Theseus* IX), den gewaltigen Erymanth. Eber (Apollodor, *Bibliotheke* II, 83–87; Diodor, *Bibliotheca historica* IV, 12, 1 f.) und den furchtbaren, ganze Landstriche verwüstenden Kalydon. Eber (Apollodor, *Bibliotheke* I, 63–73; Ovid, *Metamorphosen* VIII, 267–546); schließlich wird Adonis von einem wilden Eber zerrissen (Apollodor, *Bibliotheke* III, 183–188; Ovid, *Metamorphosen* X, 710–716; vgl. Logau, *Ursprung der Bienen*; Büchner, *Danton's Tod* I, 5). Das zerstör. Potential des wilden Ebers (vgl. auch Ps 80, 14, in dem das Wildschwein als Weinbergverwüster erscheint) dient Papst Leo X. in seiner Bannandrohungsbulle *Exsurge Domine* (15.6.1520) zur Charakteristik des Reformators Luther: »Denselben [Gottes] Weinberg unterwindet sich zu verderben ein wildhauend Sch. aus dem Walde.« – In der german. Mythologie ist der Eber Reittier des Freyr, wie allg. zur dämon. ›Wilden Jagd‹ gehört (vgl. Löns, *Helljagd*; J. Wolff, *Der wilde Jäger*). Durchaus ambivalent schlägt sich die Symbolik des wilden Ebers auch bei Konrad v. Megenberg nieder, der diesen v.a. als Sinnbild der nach dem Leben anderer trachtender »grimmen läut« charakterisiert (*Buch der Natur* III, 2); davon ausgehend der wilde Eber als Symbol der Heimtücke: so schon im *Nibelungenlied*, in Kriemhilds ↗Traum von »zwei wildiu swîn«, die Siegfried »jageten über heide«, den Mord an dem Recken vorwegnimmt (XVI, 921; vgl. A. Grün, *Das Erwachen*), und ebenso als Sinnbild der (blutrünstigen) Tyrannei etwa in Platens *Unterirdischer Chor* oder Weerths *Heuler und Wühler*. Auf Megenberg gründend, zeigt sich der wilde Eber vereinzelt aber auch als Verkörperung des Mutes: Goeckingk, *An Zimmermann*; Fontane, *Schloß Eger*.

↗Jagd/Jäger.

Lit.: WBS, 331 f. – L. Franz, Wahre Wunder, Heidelberg 2011, 106–134. – W. Schouwink, Der wilde Eber in Gottes Weinberg, Sigmaringen 1985. – M. Thiébaux, The Mouth of the Boar as a Symbol in Medieval Literature, in: Romance Philology 32 (1969), 281–299.   URo

Schweiz

Symbol der Erhabenheit, der Arbeit und Tugend, des Republikanismus und Patriotismus. – Relevant für die Symbolbildung sind (a) die ↗Berglandschaft und (b) die histor.-polit. Organisation der Sch.

1. Symbol der Erhabenheit. Dem klass. *locus amoenus* entgegengesetzt, erscheint die Schweizer Berglandschaft in der schroffe ↗Felsen idyll. Täler einfrieden, erst Ende des 18. Jh. von spezifisch ästhet. Reiz. Auf seiner Italienreise notiert Dennis 1688 angesichts der Alpen: »ein reizendes Entsetzen (*delightfull Horrour*), eine schreckliche Freude« (*Letter Describing His Crossing the Alps*). Die Erfahrung des gemischten Gefühls, der im klaffenden Kontrast gestörten Identität, weist auf das Unsagbare, das in rhetor. Trad. mit dem Erhabenen verbunden ist (Ps.-Longin, *Vom Erhabenen* X, 2). Addison und Burke bestimmen das Erhabene als ästhet. Wert, als Parallelbegriff zum Schönen; die Schweizer Alpen werden zum Symbol des Erhabenen: »Ob nun gleich der Berge Spitzen/ Oed' und grausam anzusehn;/ Sind sie doch, indem sie nützen,/ Und in ihrer Grösse, schön« (Brockes, *Die Berge* XIV). In Deutschland wird die Diskussion fortgesetzt. Kant (*Kritik der Urteilskraft* § 28) und Schiller (*Über das Erhabene*) übersetzen die ästhet. Erfahrung in ein eth. Programm: An der bedrohl. Landschaft erfährt das autonome Selbst seine Freiheit von der Natur. Abgelöst von der landschaftl. Erfahrung, verschmilzt Schiller das Symbol der Sch. mit polit. Freiheitswillen und republikan. Staatsform (s. 3.).

2. Symbol der Arbeit und Tugend. Als Heilsversprechen bereits angedeutet in der Beschreibung mechan. Vorrichtungen in der Sch. in Montaignes *Journal de voyage en Alsace et en Suisse*, später in (physiko-)theolog. Diskursen, setzt Scheuchzer gegen das Bild der Sündenlandschaft den ökonom. Nutzen der Berge als vernünftig gottgewollte Natur (*Natur-Historie des Schweizerlandes*, 1716–1718). In Hallers Gedicht *Die Alpen* (1729) erscheint die Sch. als modernes Paradies, das entgegen antiker Idyllenvorstellung, die weder Zeit noch Arbeit voraussetzt, nur Müßiggang der Hirten kennt, permanente Anstrengung, Landschaft formende und Natur unterwerfende Arbeit verlangt. Die Sch. wird zur moral. Landschaft, geprägt durch Fleiß und Tugendhaftigkeit ihrer ländl. Bewohner, welche u. a. von Rousseau (*Julie ou La nouvelle Héloïse*) als Inbegriff der Tugend gefeiert und den verdorbenen Großstädtern entgegen gesetzt wird (↗Stadt). Die unwirtl. Alpen geraten durch die Arbeit der Schweizer zur konkreten Utopie, zu einer symbol. Heilslandschaft der Moderne. Rousseau und Gessner (*Das hölzerne Bein. Eine Sch. Idylle*) fixieren die Sch. zum Symbol tugendhafter und politisch freier Idylle und popularisieren sie zugleich.

3. Symbol des Republikanismus und Patriotismus. Addison lobt die Verfassung und friedl. Toleranz der Sch. (*Remarks on Several Parts of Italy*, 1701–1703). Als Gegenbild zum Absolutismus erscheint sie als ideale republikanisch föderale Konstitution auch bei Haller und Rousseau. Klopstock erhebt die Sch. in seiner Ode *Der Zürchersee* zum polit. und eth. Ideal, Schiller (*Wilhelm Tell*) zum idealen heilsgeschichtl. Raum, in dem polit. Befreiung und individuelle Emanzipation sich verbinden. – Gegen den feudalen Universalismus von Kaiser und Kirche nimmt Bodmer zu Beginn des 18. Jh. die Sch. für die Entdeckung des Nationalen und der eigenen

Geschichte in Anspruch (*Vom Werth der Schweitzergeschichte*), entsprechende Gefühle wie Nationalstolz verbinden sich mit ihr in der Folgezeit bei Balthasar (*Patriotische Träume eines Eydgenossen*), Zimmermann (*Vom Nationalstolz*) oder in Lavaters *Schweizerliedern*. Diese Ideen werden u. a. mit Klopstocks *Der Zürchersee*, Abbts *Vom Tode für das Vaterland* oder Mosers *Von dem deutschen National=Geist* nach Deutschland übertragen. Der geborene Preuße und eingebürgerte Schweizer H. Zschokke projiziert das polit. Symbol der Sch., jene »Felsenburg der Freiheit«, zurück auf das Ursprungsland (*Eine Selbstschau*: »Wanderjahre« VII). Literar. Reflexionen der Nationalsymbolik finden sich noch bei C.F. Meyer (u. a. *Vaterländische Sonette*; *Der Waadtländer Schild*) und G. Keller (*Am Mythenstein*).

↗Abgrund/Tiefe, Berg, Stein/Gestein.

Lit.: U. Hentschel, Mythos Sch., Tübingen 2002.
LH/ThM

Schwelle

Symbol der Abgrenzung und des Übergangs. – Relevant für die Symbolbildung ist die Funktion der Sch. als waagrechte Grundlage für die Wand eines Gebäudes, auf der ↗Säulen, Pfosten oder eine Wandkonstruktion aufruhen. Im engeren Sinn wird unter Sch. der Bereich verstanden, der von den Türpfosten gerahmt ist und deshalb überschritten werden kann. Symbolbildend wirken somit (a) ihre Position an der Grenze zwischen Innen und Außen, (b) das Vorhandensein einer Stufe oder Erhöhung und (c) ihre Nutzung als Übergangsmöglichkeit.

1. Symbol der Abgrenzung. Die Sch. hat als Teil der ↗Tür Anteil an deren Symbolgehalt. Darüber hinaus ist sie durch ihre Funktion als Fundament einer Abgrenzung zwischen Innen und Außen bestimmt. So begegnet sie sowohl im polit. wie im relig. Zusammenhang. Der Gründungsmythos der Stadt Prag (*práh*, »Sch.«) beschreibt die Tatsache, dass Abgesandte der Libussa einen Bauern beim Schlagen eines ↗Baumes als Sch. für sein Haus antrafen; an dieser Stelle seien dann die ersten Häuser der Stadt errichtet worden. Diese Gründungssage hat C. Brentano in *Die Gründung der Stadt Prag* literarisch gestaltet. Dominiert hier die Vorstellung einer Abgrenzung zwischen dem Eigenen und dem Fremden, so ist die in der Regel nicht als Grundlage einer Wand, sondern allenfalls Stufe (↗Leiter/Treppe) ausgeprägte Sch. innerhalb eines Raumes die Grenze zwischen einem säkularen und einem geweihten Raum. Im AT sind die Hüter der Sch. zum Tempel bzw. zum hl. Bezirk im Tempel mehrfach genannt (2Kön 12,9; 2Chr 23,4). In der christl. Trad. ist die Sch. zwischen dem Kirchenraum und dem Altarraum ausgeprägt, auf der der Gemeindealtar steht (Zinzendorf, *Neu-Jahrs-Gedanken* über *des Heilands Namen*; Droste-Hülshoff, *Die Stadt* und der Dom). Dass zur Sch. auch ein schutzwürdiger Bereich außerhalb gehört, wird deutlich, wenn das Errichten einer Sch. in unmittelbarer Nachbarschaft zu einer anderen als Übergriff verstanden wird (»denn sie haben ihre Sch. an meine Sch. und ihre Pfosten neben meine Pfosten gesetzt, sodass nur eine Wand zwischen mir und ihnen war«, Ez 43,8). An den Stufen oder an der Sch. des Altars wirft sich der Gläubige nieder und bringt sein Opfer dar; aber auch der Fürst darf die Sch. nicht übertreten (Ez 46,2). So wird der Bereich vor der Sch. zu einem Schutz- oder Asylraum. – In der *Odyssee* findet man mehrere mit der Sch. verbundene Aspekte bei der Heimkehr des Odysseus miteinander verknüpft: Der Heimkehrer verharrt zunächst unerkannt an der Sch. zu seinem Haus, um dann eingelassen zu werden (XVII, 336 ff.). Auf der Sch., die im Saal den öffentl. vom privaten Bereich trennt und die von den Freiern überschritten worden ist, fordert er diese schließlich zum Kampf (XXII, 1 ff.). Der Rückweg über die Sch. ist ihnen allerdings durch den bewaffneten Odysseus abgeschnitten, so dass sie ihre Zuflucht im Inneren des Hauses suchen müssen, die Überschreitung der Grenze damit manifestieren, sich dem heimgekehrten Hausherrn aber auch endgültig ausliefern. – In Brentanos *Geschichte vom braven Kasperl und dem schönen Annerl* lässt sich die Großmutter am Ende ihrer Lebensodyssee an der Sch. des Hauses des ↗Fürsten nieder und schafft so eine Situation, die als »Vorsaal im Bethause« verstanden wird. Auch von Grillparzer wird der Zufluchtsort mit »des Tempels Sch.« und seiner Asylfunktion verglichen (*Die Ahnfrau* I). In von Arnims *Armut, Reichtum, Schuld und Buße der Gräfin Dolores* (XVII) werden das weltl. Verletzen der Grenze durch Überschreiten einer Sch. und das Eindringen in eine hl. Sphäre miteinander verwoben, denn »die Sch., über die ich erst gefallen, wird mir zu einer Altarstufe, der ich den Anstoß danke, um mich darauf höher zu erheben«. – Die Wirkung der Sch. wird durch mag. Zeichen und Opfergaben verstärkt. Das reicht vom Bestreichen des Türsturzes (›Oberschwelle‹) mit dem ↗Blut der Opfertiere im AT (Ex 12,7) bis zum Vergraben eines ↗Fingers eines ertrunkenen Knaben bei H. v. Kleist (*Familie Schroffenstein* V) oder die Markierung der Sch. mit einem ↗Pentagramm, die in Goethes *Faust* Mephisto am Verlassen der Studierstube hindert (*Faust I* 1395 f.). – Erst zu Beginn des 20. Jh. finden sich in der Lit. Übertragungen der Sch. auf innere Zustände. Grundlage ist J.F. Herbarts Unterscheidung von unterem und oberem Bewusstsein (*Lehrbuch zur Psychologie* II; vgl. ↗Oben/unten), das für die Psychoanalyse Freuds von großer Bedeutung wird. So spricht Altenberg unter Berufung auf die »Modernen« von der »Sch. des Bewußtseins« (*Was der Tag mir zuträgt*: »Locale Chronik«) und markiert so auch ein das 20. Jh. dominierendes Verständnis der Sch. als Übergangsphänomen.

2. *Symbol des Übergangs.* Übergangssituationen im Leben werden schon in der Lit. der Vormoderne mit der Vorstellung einer Sch. in Verbindung gebracht. So ist der Ein- oder Austritt aus dem Leben das Überschreiten einer Sch., wenn etwa C. Brentano in *O Mutter, halte dein Kindlein warm* von »des Grabes Sch.« spricht (↗Grab) oder Rückert in *Morgen-Abendstern* den Jahreswechsel mit einer Sch. vergleicht (↗Neujahr). Selbst die Mitternacht kann zur Sch. zum neuen Tag werden (Gutzkow, *Der Sadducäer von Amsterdam*). Solche Sch. sind dann mit ↗Blumen bestreut oder in anderer Weise geschmückt, um die Bedeutung herauszuheben (Harsdörffer, *Frauenzimmer Gesprächspiele* I, Erklärung des Titelkupfer). Die Fixierung auf die Sch. kann aber auch zum Problem werden, wenn ihr zu viel Bedeutung beigemessen wird. Darauf macht Jean Paul aufmerksam, indem er auf den Versuch der Autoren, gleich zu Beginn eines Werkes »auf der Sch. mit Wolken und Juwelen vor den Lesern blitzen« (*Leben Fibels* XIII) zu wollen, hinweist. – Erst im 20. Jh. wird das Überschreiten der Sch. zu einer für den modernen Menschen legitimen und dem Menschenbild inhärenten Erfahrung. Ursache dafür ist die Säkularisierung einerseits, die Epochenzäsur der Jahrhundertwende um 1900 andererseits. W. Benjamin hat die »Sch.erfahrungen« des modernen Menschen als Zäsuren im Kontinuum von Zeit und Raum beschrieben und daraus eine Sch.kunde entwickelt (Benjamin, *Berliner Kindheit um neunzehnhundert*; *Das Passagenwerk* O 2a, 1). Auch Valéry charakterisiert die Sch. als den »Augenblick der Diskontinuität« und damit als den Ort des Plötzlichen (*Cahiers* III; ↗Augenblick). Der Kontrollverlust, den derjenige erlebt, der die Sch. überschreitet, ist eine existentielle Erfahrung, die durch Übergangsriten, wie sie die Ethnologen des 20. Jh. beschreiben, abgefedert wird. In der Lit. des 20. Jh. werden sowohl die Sch.angst als auch das lustvolle Überschreiten von Sch. thematisiert. Auch das bis ins 19. Jh. bestimmende dualist. Prinzip von diesseits und jenseits der Sch. wird aufgelöst. In Hofmannsthals *Andreas*-Fragment ringt der Protagonist mit seiner Sch.angst, ist aber auch mit einer Vielzahl von persönl. Sch.situationen konfrontiert, die überwölbt werden von der Erfahrung einer Epochenschwelle, der das persönl. Geschick unterworfen ist. In Handkes *Sainte-Victoire*-Prosa schließlich ist das »Sch.gefühl« dazu völlig im Gegensatz zu Valéry und der an sie anschließende Liminalitätsdiskussion eine »Ruhe, die absichtslos weiterführt« (*Die Lehre der Sainte-Victoire*: »Der große Wald«). In Auseinandersetzung mit dem von Benjamin und vor allem Valéry angestoßenen Sch.- und Liminalitätsdiskurs greifen Lyriker auf die Sch. als dem Querbalken eines Gebäudes zurück, dessen Symbolgehalt von George in *Die Sch.* beschworen, von I. Bachmann in *Schwarzer Walzer* destruiert

oder von Celan in der Sammlung *Von Sch. zu Sch.* als Erfahrung perpetuiert wird.

3. Symbol für häufig begangene Wege. Die Türschwelle als Ein- und Ausgang eines Gebäudes oder eines einzelnen Raumes darin kann Aufschluss darüber geben, wie häufig sie überschritten wird. In Schillers *Geisterseher* ist die immerzu benutzte Sch. Ausdruck des Lebens in der Welt und der Teilhabe an ird. Glück. In der Erzähllit. des 19. Jh. ist die Sch. der Ort, an dem der Ein- oder Ausgang geliebter Personen erwartet wird (zuerst in Goethe, *Wilhelm Meisters Wanderjahre* XVII), auf der sich aber auch unter den vielen, die sie überschreiten, Unerwartete zeigen können (Schücking, *Günther von Schwarzburg* V; Ebner-Eschenbach, *Ein kleiner Roman* IV), während Vereinsamung sich in überwachsenen Sch. ausdrückt (Wildermuth, *Tote Treue*). In Albertis *Im Suff* ragt unter mehreren Sch. die des Gebärsaals (↗Geburt) als »abgetretener als die andern« heraus.

↗Bahnhof, Brücke, Fenster, Fluss, Mauer, Neujahr, Sterben, Tor/Tür, Traum.

Lit.: DWb XV, 2487–2509. – R. Görner, Grenzen, Sch., Übergänge, Göttingen 2001, 100–120. – N. Saul/D. Möbus (Hg.), Sch., Würzburg 1999. ERo

Schwert

Symbol der Herrschaft, der göttl. Gerechtigkeit, der Gewalt, der Exklusivität sowie des Erotischen. – Relevant für die Symbolbildung sind (a) die Schärfe und Schlagkraft des Sch., (b) die gerade, lange Form der Klinge, (c) sein metall., hartes und glänzendes Material.

1. Symbol der Herrschaft. Die Übergabe oder Übernahme eines Sch. als Machtsymbol (*potestas gladii*) versinnbildlicht die Übertragung der Herrschaft auf eine Person. Bei Robert de Boron wird das Sch. Excalibur von Merlin durch einen ↗Stein und einen ↗Amboss gestoßen, und nur Artus gelingt es, die Waffe herauszuziehen, womit er die Legitimation für seine Herrschaft über Britannien demonstriert (*Merlin*, um 1200). Im *Parzival* Wolframs v. Eschenbach fungiert die Sch.übergabe des Anfortas an seinen Neffen Parzival bei dessen erstem Besuch auf der ↗Gralsburg als Abdankungsgeste und Übertragung der Macht auf den Protagonisten (239, 18–240, 2). Parzival, der die Symbolik des Rituals nicht versteht, übernimmt erst nach einem langen Reifungsprozess am Ende des Romans die mit dem Sch. verbundene Gralsherrschaft. In neuerer Zeit findet sich die Symbolik z. B. im 1844 uraufgeführten Lustspiel *Zopf und Sch.* von Gutzkow, in dem der Widerspruch zwischen dem kleinbürgerl. Lebensstil des preuß. Königshofes, den der Zopf symbolisiert, und der königl. Würde, die das Sch. versinnbildlicht, karikiert wird.

2. Symbol göttlicher Gerechtigkeit und der Überwindung des Bösen. Schon nach der Vertreibung aus dem Paradies am Eingang aufgestellt (Gen 3,24) und damit »Symbol der Scheidung« (WBS, 332; Mt 10,34), ist das Flammenschwert (↗Feuer/Flamme) auch Attribut des Erzengels Michael, der den Teufel besiegt und ihn hinab in die Hölle stößt (Offb 12,7). Aus Christi ↗Mund ragt in der Offenbarung des Johannes ein Sch. als Symbol himml. Wahrheit und Gerechtigkeit (Offb 1,16; vgl. schon Ez 21,13–22; Ps 45,4). In dem anonymen geistl. Spiel *L'antichristo e il guidizi finale* aus dem 13. Jh. wird der Antichrist vom brennenden Sch. des Erzengels Gabriel gerichtet. Die 1561 uraufgeführte Tragödie *A Lamentable Tragedie* von Th. Preston schildert die Greueltaten des Perserkönigs Cambyses, der sich am Ende am eigenen Sch. verletzt, was ausdrücklich als Strafe Gottes bezeichnet wird. In Th. Manns Novelle *Gladius Dei*, die den Konflikt zwischen einer puritanisch-relig. und einer liberal-ästhetizist. Kunstauffassung darstellt, versteht sich der Protagonist Hieronymus selbst als Sch. Gottes mit dem Auftrag, den Kunsthändler Blüthenzweig aufzufordern, ein von Hieronymus als frivol empfundenes Gemälde einer Madonna mit ↗Kind zu vernichten. Am Ende der Novelle steht der Gladius Dei wie ein apokalypt. Zeichen über der verderbten ↗Stadt.

3. Symbol der Gewalt. Das Sch. als Gewaltsymbol basiert u. a. auf Mt 26,52: In der Verhaftungsszene im ↗Garten Gethsemane spricht Jesus zu dem Jünger, der einem Soldaten ein ↗Ohr abschlägt: »Wer das Sch. nimmt, wird durch das Sch. umkommen.« Unter dem Titel »Le glaive« erzählt Hugos unvollendete ep. Dichtung *La fin de Satan* u. a. die Geschichte des bibl. ↗Jägers und Kriegers Nemrod, der mit seinem Begleiter Zaim, dem Geist des Bösen, den Himmel erobern will und schließlich tot auf die Erde hinabstürzt. In C.F. Meyers *König Etzels Sch.* wird von dem Sch. des Hunnenkönigs berichtet, das in der ↗Hand des Ritters Hug zu einem Vampir in unersättl. ↗Blutrausch mutiert und nach geschlagener Schlacht auf den Ruf seines Herrn »Lass ab!« nicht reagiert, sondern weiter kämpft und am Ende sogar Hug selbst mordet.

4. Symbol der Exklusivität seines Besitzers. In der ma. Lit., in der das Sch. das Standardattribut des Ritters darstellt, finden sich zahlreiche, mit eigenen Namen versehene Sch., deren außergewöhnl., mitunter mag. oder göttl. Exklusivität auf die Besonderheit ihrer Besitzer hindeutet. So verweist z. B. im *Rolandslied* des Pfaffen Konrad (um 1170) Rolands Sch. Durendal mit seiner Herkunftsgeschichte auf den göttl. Auftrag des Helden: Ein ↗Engel überbringt Durendart Karl d. Gr. und heißt ihn, Roland mit dem Sch. zu umgürten (6771 ff.). Das Sch. als Signum für eine göttl. Berufung findet sich in späterer Zeit in Schillers *Die Jungfrau von Orléans* (I, 10). Auch in der Fantasylit. ist den wichtigsten Protagonisten jeweils ein spezif. Sch. zugeordnet: in Tolkiens *Lord of the Rings* etwa besiegt Aragon das Böse mit dem Sch. Narsil, mit dem sein Vater den

↗Ring vom ↗Finger Saurons schnitt, und Frodo besitzt das mag. Sch. Stich, mit dem er Orks zu besiegen vermag.

5. *Erotisches Symbol.* Das Sch. als ↗Phallussymbol begegnet in der Bibel im apokryphen Buch Judit. Holofernes, Oberbefehlshaber des babylon. Königs Nebukadnezar, verfällt der schönen und gottesfürchtigen Judit, die ihn listig verführt, um ihm schließlich mit seinem eigenen Sch. den ↗Kopf abzuschlagen (Jdt 13). So wird die eigene sexuelle Begierde des Holofernes zur Ursache seines Untergangs. Jarrys Roman *Messalina* (1901) erzählt die Geschichte der dritten Gattin des Kaisers Claudius, die für ihren unersättl. Liebeshunger bekannt ist. Das Werk zentriert sich in einer Aneinanderreihung einzelner erot. Episoden stets um den Phallus, der sich zuletzt in dem gereckten Sch. symbolisiert, das sich Messalina, die auf Geheiß des Kaisers hin getötet werden soll, selbst ekstatisch in den Leib stößt (*Messalina* VII). – Als Zeichen der Keuschheit (*signum castitatis*) fungiert das Sch. im ma. Tristanroman Gottfrieds v. Straßburg (1200–1220). Das Liebespaar Tristan und Isolde verlebt eine glückselige Zeit der Zweisamkeit in der allegor. Minnegrotte. Isoldes Gatte Marke entdeckt beide schließlich, wähnt sie jedoch des Ehebruchs nicht schuldig, da sie durch Tristans in der Mitte des Bettes zwischen ihnen liegendes Sch. voneinander getrennt schlafen (*Tristan* 17412–17416; 17498–17525). In Th. Körners *Sch.* aus der Gedichtsammlung *Leyer und Sch.* (1814) schließlich spricht ein Soldat seine Waffe als Braut an. Das Sch. seinerseits sehnt sich nach der Vereinigung mit dem Bräutigam: »›O seliges Umfangen!/ Ich harre mit Verlangen./ Du Bräut'gam, hole mich!/ Mein Kränzchen bleibt für dich.‹/ Hurra!«

↗Eisen/Erz, Pfeil und Bogen, Phallus.

Lit.: EdM XII, 418–421. – LMA VII, 1644 f. – H. Münkler, Sch.-Bilder, in: ders., Polit. Bilder, Politik der Metaphern, Frankfurt a.M. 1994, 64–79.   RS

See / Teich

Symbol der Gefahr, des Todes, der Ruhe und Geborgenheit, der göttl. Ordnung, der Trennung und Erinnerung, Wahrnehmung und Erkenntnis. – Relevant für die Symbolbildung sind (a) die ↗Tiefe, (b) das im Gegensatz zu ↗Quelle und ↗Fluss ›stehende‹ ↗Wasser, dessen klare und transparente Oberfläche als ↗Spiegel fungiert und Lichteffekte erzeugt, aber zugleich den Blick in die Tiefe freigeben kann, (c) die Begrenztheit von S. und T. im Gegensatz zum ↗Meer, aber auch die mögl. unterird. Verbindung mit anderen Gewässern.

1. *Symbol der Gefahr und des Todes.* Nach antiker mytholog. Vorstellung stehen S. aufgrund ihrer als unergründlich geltenden Tiefe in Verbindung mit dem Erdinneren und gehören zum Totenreich (Sophokles, *Elektra* 137; Lukian, *Totengespräche* XX;

Ovid, *Ars amatoria* III, 322). – Konstitutiv für das Symbol ist zumeist die Ambivalenz von ruhiger, verlockend glänzender Oberfläche und gefährl. Tiefe. So weist der Vierwaldstätter S. in Schillers *Wilhelm Tell* idyll. Züge auf: »Es lächelt der S., er ladet zum Bade« (I, 1), lockt aber den ↗schlafenden Knaben in die Tiefe; indem der S. trotz Unwetters die Flucht vor Verfolgung ermöglicht, erweist sich die Natur im Vergleich zum polit. Despotismus jedoch als weniger gefährlich. Dagegen ist der S. in Goethes *Wahlverwandtschaften* ein Symbol der Todesgefährdung innerhalb der Schein-Idylle einer artifiziellen ↗Gartenlandschaft (v. a. I, 14 f.; II, 13 f.). In Mörikes *Die Geister am Mummelsee* ist die Wasseroberfläche zugleich ein leuchtender ↗Spiegel und das ↗Tor zur Unterwelt. – Verkörpert ist die weiblich konnotierte Ambivalenz von verlockender Schönheit und Gefahr des Herabgezogenwerdens in den S. oder T. in der Gestalt der Nixe, etwa in Fouqués *Undine* oder in Eichendorffs *Die stille Grund*. In Kellers Gedicht *Winternacht* symbolisieren ein »S.baum« und eine Nixe den unter der vereisten (↗Eis) S.oberfläche ›unterdrückt‹ bleibenden Bereich von Schönheit, Vitalität und Sexualität. – Bei Rilke (Brief an Marie v. Thurn und Taxis, 21.3.1913) steht das sich im S. bespiegelnde, die Gefahr des Ertrinkens in Kauf nehmende Mädchen für das Bedürfnis, selbst um den Preis des Selbstverlusts in der Wahrnehmung des anderen aufzugehen. In Poes *The Lake* wird der S. durch seine schaurige Schönheit zum Trost, zu einem Eden für die einsame Phantasie; ein melanchol. Todessymbol ist er auch in Poes *Irene/The Sleeper* und *Dream-Land*. – Mit polit.-histor. Bedeutung aufgeladen wird das Symbol bei Bobrowski: in *Der Ilmensee 1941* evoziert das apokalypt. Bild der »erzenen Flut« (↗Eisen/Erz, ↗Flut/Dammbruch) die Katastrophe des Zweiten Weltkriegs in Osteuropa.

2. *Symbol der (Seelen-)Ruhe und Geborgenheit.* Die ruhige, glatte Oberfläche des S., in der sich der ↗Himmel oder die Landschaft spiegeln, ist auch ein Symbol für die ↗reine, heitere Seele oder das ernste Gemüt, so in Gessners *Daphnis* (II), C.F. Meyers *Sonntags* oder Leutholds *Der Waldsee*. In der Trad. des *locus amoenus* und als Ort des Freundschaftskults steht der S. in Klopstocks Ode *Der Zürchersee* für das Elysium. In Goethes *Auf dem S.* symbolisiert der S. eine nur durch die Wiederkehr »goldner Träume« (↗Gold, ↗Traum; vgl. 4.) gestörte ↗mütterl. Geborgenheit und In-sich-Geschlossenheit der Natur. In F.L. Stolbergs *Der Felsenstrom* und Goethes Sonett *Mächtiges Überraschen* wird der S. dynam., als heroischer, göttl. Jüngling anthropomorphisierten ↗Fluss gegenübergestellt. Während bei Stolberg die Ruhe des S. Knechtschaft und Tod bedeutet, bejaht sie Goethe als »ein neues Leben«. – Unter dem Aspekt der Ruhe ist der S. zudem Symbol für ein, häufig triviales, Konzept des Weiblichen, so in Heyses *Mondnacht*, wo er für die pas-

sive, von der erot. männl. Berührung abhängende Frau steht.

3. *Symbol der göttlichen Ordnung, der Verbindung mit dem Unendlichen und des verborgenen Zusammenhangs der Dinge.* Der Abgeschlossenheit des S. (s. 2.) kontrastiert seine, oft unterird., Verbindung mit anderen Gewässern oder chthon. bzw. geolog. Phänomenen. In Grimmelshausens *Simplicissimus* (V, 11 ff.) versinnbildlicht das analog zur Menschenwelt konzipierte Naturgeisterreich des Mummelsees die göttl. Weltordnung, wie auch alle Gewässer der Erde nach dem Prinzip kommunizierender Röhren miteinander verbunden sind. In E. v. Kleists *Der Frühling* (341 f.) wird die göttl. Allmacht und Unendlichkeit dagegen durch den S. veranschaulicht, aus dem alles quillt, der aber selbst keines Zuflusses bedarf. Der »verschwiegne« S., der sich »grundlos, unterirdisch […] dem weiten Meer verbindet«, führt in Mörikes *Maler Nolten* (I, 14) den Sterbenden ins Unendliche, in Geibels *Auf dem S.* bildet der S. dagegen selbst eine lichtglänzende Unendlichkeit, die den Zugang zum myth. Gedanken der Ewigkeit ermöglicht. Komplex ist die Symbolik des S. Stechlin in Fontanes gleichnamigem Roman: zum einen durch Stille, Leb- und Bewegungslosigkeit gekennzeichnet, signalisiert der S. zum anderen durch das unheiml. Aufsteigen eines Wasserstrahls und eines roten ↗Hahns ↗Erdbeben und ↗Vulkanausbrüche in anderen Erdteilen und kann so, auch poetologisch, als Symbol für den »Zusammenhang der Dinge« (XXIX) oder für ein revolutionäres ›Mitrumoren‹ gedeutet werden, »wenn irgendwo was los ist« (V).

4. *Symbol der Trennung, Unerreichbarkeit und Erinnerung, der visuellen Wahrnehmung und der Erkenntnis.* Durch ihre Größe und Tiefe stellen S. Distanz her und können so zum Symbol für Trennung oder die Unerreichbarkeit von Liebe werden (Grimm, *Die Nixe im T.*; Goethe, *Wilhelm Meisters Lehrjahre* I, 12; Storm, *Immensee*). In Lenaus *Schilfliedern* suggeriert der dunkle, aufgewühlte S. die Abwesenheit der Geliebten, während die leuchtende Wasseroberfläche ihr Bild als Vision vergegenwärtigt. Der anthropomorphisierte schlafende S. in Droste-Hülshoffs *Am Bodensee* bewahrt die Erinnerung an die Verstorbenen, indem ihm, die Deutung des S. als Auge (s. u.) aufgreifend, ihr Bild im Traum erscheint. – Zur Dialektik von Trennung und Vergegenwärtigung kommt diejenige zwischen Innen- und Außenwelt hinzu. So konzipiert Rilke in *Waldteich, weicher, in sich eingekehrter* den T. als geborgenen Innenraum, in dem sich die Umgebung »als verhaltene Verdüsterung« spiegelt, und etabliert damit ein Ideal des seinen Gegenstand zugleich erfassenden und (an-)verwandelnden Schauens, das den Topos vom S. als ›Auge der Erde‹ aufnimmt. Wie die klare und transparente Oberfläche des S. als Spiegel fungieren, aber zugleich den Blick in die Tiefe freigeben kann, spiegelt sich im ↗Auge

zum einen die Außenwelt ab, zum anderen gilt es aber auch als Verbindung zur ›Tiefe‹ der Seele und als deren Ausdruck. So bezeichnen E.T.A. Hoffmann (*Der Sandmann*) und Mörike (*Früh im Wagen*) die Augen der Geliebten als S.; Thoreau idealisiert in *Walden* (IX: »The Ponds«) den S. als »Auge der Erde«, in dem der hineinblickende Betrachter »die Tiefe seiner eigenen Natur« erfährt. In Claudels *Jules* (in: *L'oiseau noir dans le soleil levant*) ist der S. der Blick der Erde, die die Zeit betrachtet.

↗Abgrund/Tiefe, Auge, Eis, Fluss, Meer, Spiegel, Wasser.

Lit.: G. Bachelard, L'eau et les rêves, Paris [15]1979. – W. Kayser, Zur Symbolisierung des Wassers bei Goethe, Rheinfelden/Berlin [2]1994. – M. Ninck, Die Bedeutung des Wassers im Kult und Leben der Alten, Nachdr. Darmstadt 1960. – M. Schmitz-Emans, S.tiefen und Seelentiefen, Würzburg 2003. – S. Selbmann, Mythos Wasser, Karlsruhe 1995.   JSch

Seerose / Wasserlilie

Symbol des Träumerischen, Geheimnisvollen und des Todes. – Relevant für die Symbolbildung sind (a) der Wuchs in ↗Seen bzw. Teichen, (b) die unter der Wasseroberfläche verborgenen, langen ↗Wurzeln. Die ↗weiße S. wird volkstümlich auch W. genannt.

Die schöne Blüte (↗Blume) der S. mit ihren zugleich in unergründliche ↗Tiefe hinabreichenden Wurzeln wird häufig mit dem Geheimnisvollen verbunden, etwa in der Sage *Vom großen Mummelsee* (Bechstein, *Deutsche Sagen*; C. Brentano, *Das Märchen von dem Hause Starenberg*). Droste-Hülshoff verwendet die S. als Bild der Phantasie und des Traumhaften (↗Traum), welches »immer mehr wert als die nüchterne Frucht vom Baum der Erkenntnis« ist (Droste-Hülshoff, *Bei uns zulande auf dem Lande* III; vgl. L. Hensel, *W.*). Ähnlich erscheint die S. in Hebbels Märchen *Die einsamen Kinder* »zu zart für die Gedanken des Menschen, welcher die W., die sich aus ihren ewigen Tiefen empor ringeln, nur pflücken, aber nicht bis an die Wurzeln verfolgen kann!« (VIII). – Zum vieldeutigen Attribut wird die weiße W. in der ↗Hand eines toten ↗Kindes auf einem »unschuldigen Bildnis« in Storms Novelle *Aquis Submersus*. Vom Erzähler nur als ›in der Gegend seltenes‹ und darum »erwünschet Angebinde« eingeführt, weist es auf die schicksalhaften Umstände seines durch Unachtsamkeit verursachten Todes wie auf den Fluch einer unauflösbaren Vergangenheit. Tod und Schönheit vereinigen sich auch in der vielfältig ausdeutbaren S., die in der Lunge der Protagonistin Chloé in Vians *L'écume des jours* (1947) auf rätselhafte Weise heranwächst und diese schließlich sterben lässt. Ihr Geliebter Colin verbringt daraufhin seine Tage, »nichts Besonderes« sehend, »eine S. vielleicht« am Rande des Sees (LXVIII), in dessen Mitte Chloé auf einer ↗Insel ihr Grab gefunden hat. – Wie auch in Storms Erzählung *Immensee* (»Meine Mutter hat's gewollt«) sind die »Geisterrosen aus dem Wasserreich« (zur Verbindung von S., Nymphen und Wasserwesen s. HdA VII, 1580 f.) Sinnbild des unauflösbaren Rätsels in Dauthendeys Gedicht *Es schwimmen die S.blätter im Teich* (in: *Lusamgärtlein*): »Als riefe einer sie schlafwandelnd stumm herauf,/ Als öffnet sich der Sehnsucht selbst die Wassertiefe,/ Biegen sich über die großen Blätter, die regungslosen,/ Weitaufgeschlagen in Tagen und Nächten, die Rätselrosen.«

⁊Abgrund/Tiefe, Blume, Lotos, See/Teich, Weiß.
                                     JJ

Segel

Symbol des Glücks, der künstler. Inspiration, der Veränderung und der Freiheit. – Relevant für die Symbolbildung sind (a) die Funktion des S. als Element des ⁊Schiffsantriebs, (b) die Abhängigkeit des S. vom ⁊Wind.

1. Symbol des Glücks und des Schicksals. In Homers *Ilias* und *Odyssee* ist das S. Symbol für das Glück, das die Götter mittels Wind, ⁊Sturm oder Windstille den Seefahrern senden oder verweigern (z. B. *Odyssee* IX, 67–71). Euripides lässt Iphigenie (*Iphigenie in Aulis* V,4) am Ende des Dramas die Option durchspielen, dass ein günstiger Wind der Götter die S. der Griechen gebläht und bis nach Troja gebracht hätte, so dass ihr Schicksal anders verlaufen wäre. Auch die Farbe des S. kann Glück oder Unglück verheißen; so zeigt im *Tristan* Thomas d'Angleterres (V. 1750–1757) und in den Fortsetzungen zu Gottfrieds v. Straßburg *Tristan*-Fragment durch Ulrich v. Türheim (V. 3301–3731) und Heinrich v. Freiberg (V. 6316–6890) ein ⁊weißes, glückverheißendes S. Isoldes Kommen, ein ⁊schwarzes ihre Abwesenheit an (⁊Schwarzweiß). In Goethes *Neugriechisch-epirotischen Heldenliedern* sind ⁊schwarze S. Symbol für den Wagemut der Griechen. Bei Baudelaire sollen wiederum weiße S. und Minervas Gunst dazu beitragen, »glückliche Wohnungen« zu erreichen (*Le jeune enchanteur*). In Hölderlins Hymne *Der Rhein* lenkt hingegen der ⁊Fluss und nicht der Wind das geschäftige Leben der Menschen »wie S./ mit seinen Lüften« (V. 174 f.).

2. Symbol der Inspiration und Beseeltheit. Das S. ist gemeinsam mit dem göttl. Wind ein Symbol für die künstler. Inspiration. Byron parallelisiert so in *Don Juan* Dichten und Segeln, indem er eine schöpfer. Pause mit dem Erschlaffen der S. vergleicht (»To slacken sail and anchor with our rhyme«; V. 158; ⁊Anker). Im Anschluss an Vergil (*Georgica* IV, 116 f.) und Mallarmé (*Salut*) spannt Osip Mandel'štam in seinem Gedicht *Bessonica – Gomer – Tugie Parusa* (*Schlaflosigkeit – Homer – Gespannte S.*) ein ganzes semant. Feld auf, in dem das ⁊Meer die Sprache, das Gedicht das Schiff und das S. die

Inspiration symbolisieren. Heine verbindet in seinem Gedichtzyklus *Die Nordsee* Seele und S., indem er eine kranke Seele wie ein S. durch den Wind befreit: »Die S. auf! Sie flattern und schwelln!/ […] Und es jauchzt die befreite Seele« (XI). Auch in B. v. Arnims *Die Günderode* werden das Anspannen der S. und die Ausfahrt (⁊Reise) mehrmals mit Schöpfertum und kreativem Aufbruch assoziiert. Die Beseeltheit kann aber auch persifliert werden, wenn etwa in Lewalds *Jenny* (I) die gesetzten oder geschwellten S. ironisch als Symbol für das ⁊pfauenhafte Benehmen eines Verehrers oder bei Manzoni in *I promessi sposi* für die heftige Beredsamkeit Don Rodrigos (V) eingesetzt werden.

3. Symbol der Veränderung und Freiheit. Die gehissten S. des Schiffs markieren einen Moment des Aufbruchs und der Veränderung bzw. umgekehrt des Stillstands, wenn die S. nicht gehisst oder eingeholt sind. In Dantes *Divina Commedia* (»Inferno« XXVII, 79–81) wird sogar das Alter durch eingezogene S. symbolisiert. Auf ähnl. Weise vergleicht Philemon in Goethes *Faust II* (11099–11102) Vögel mit ziehenden S., die einen ⁊Hafen, ihr ⁊Nest, suchen. In Shakespeares *Hamlet* (I, 3) treibt Polonius Laertes zur Fahrt an (»The wind sits in the shoulder of your sail«). George verwendet in seinem Gedicht *Der Herr der Insel* weiße S. am Horizont für die herannahenden Schiffe von kolonisierenden Menschen und ihre Zivilisation und damit für das Ende eines paradies. Urzustandes. Flaubert verleiht Emma Bovarys Langeweile mittels ihrer Sehnsucht nach »weißen S.« am »Horizont ihres Daseins« Ausdruck (*Madame Bovary* I, 9). Ein flatterndes, zerrissenes S. ist in Kellers Roman *Der grüne Heinrich* Symbol der Bewegtheit, die auch in einer Fluchtbewegung enden kann, wenn in Schillers *Die Braut von Messina* ein Schiff »mit voller S. Kraft das Weite sucht« (II, 6). In C.F. Meyers Gedicht *Zwei S.* dient das S. als Medium der Aktion und Handlung, mit bes. Akzent auf der parallelen, fast synchronen Bewegung der S. Das sturmgeblähte S. in Lermontovs Gedicht *Parus* [S.] steht für die Suche nach Veränderung oder Revolution, wobei eine Beziehung zur bis auf Alkaios zurückzuführenden Staatsschiffmetapher hergestellt wird.

⁊Anker, Fluss, Meer, Reise, Schiff, Schwarzweiß, Wasser, Wind.

Lit.: DLS, 193–195. – J. Hall, Dictionary of Subjects and Symbols in Art, London 1984, 270.   AW

Sehen ⁊Auge, Fenster.

Sekunde

Symbol der Vergänglichkeit und der Melancholie, intensiv empfundener Zeit, eines Ereignisses und der Erlösung. – Relevant für die Symbolbildung ist die S. als Bezeichnung für die kleinste Zeiteinheit.

Der Begriff ›S.‹ (frz. *seconde*) wird erst im 17. Jh. gebildet (Mersenne, *Harmonie universelle* III, 1636). Als kleinste messbare Einheit der Zeit bezeichnet ›S.‹ das Jetzt (*nunc*) eines plötzlich eingetretenen Ereignisses, oft synonym für ↗Augenblick (»während der S., daß sie die Augen verschließen«, Börne, *Briefe aus Paris* XXXVI). Jedoch ist ihr meist das Wissen um die Dichotomie von objektiver und subjektiver Zeit, Weltzeit und Lebenszeit eingeschrieben: »Die Plötzlichkeit, mit der sich viele Wirkungen abheben, führt uns irre; es ist aber nur eine Plötzlichkeit für uns. Es gibt eine unendliche Menge von Vorgängen in dieser S. der Plötzlichkeit, die uns entgehen« (Nietzsche, *Die fröhliche Wissenschaft* III, 112).

1. Symbol der Vergänglichkeit und Melancholie. Als Symbol der Vergänglichkeit knüpft die S. an die *vanitas*-Symbolik des Barock an. Mitunter findet sich S.glas als Synonym von Stundenglas (↗Uhr): »Zerschlage das S.glas der Zeit/ Und greife und begreife Ewigkeit« (Arndt, *Grabesgrün*). Als kleinste messbare Zeiteinheit unterstreicht sie die Nichtigkeit des endl. Daseins, aber auch das Gefühl tiefer Melancholie: »Ich weiß eine Zeit, wo man den Tag in seine S. zerstückte, wo Sehnsucht nach mir sich an die Gewichte der zögernden Wanduhr hing« (Schiller, *Kabale und Liebe* V, 2). Ebenso wird die S. in Baudelaires Dichtung zum Kristallisationspunkt melanchol. Welterfahrung: »Dreitausendsechshundert Mal pro Stunde flüstert die S.: Erinnere Dich!« (*Les fleurs du mal*: *L'horloge*; vgl. *Petits poèmes en prose* V: *La chambre*). Ähnlich, wenn auch oft nur als rhetor. Hyperbel, findet die S. Eingang in die Lit. im Umkreis des Expressionismus, so in den Mahnungen von A. Holz: »Jede S., die du lebst, vergeudet über dich Schätze« (*Phantasus* II: *Du liest, dass der Herzog von Devonshire*), oder Scheerbart: »Auf einzelnen Sternen sterben Millionen von Lebewesen in jeder S.« (*Lesabéndio* VII). In bes. dichter. Form bedient sich Adorno dieser Symbolik: »Die Stunden, die als S. schon vorbei sind, ehe der innere Sinn sie aufgefaßt hat, und ihn fortreißen in ihrem Sturz, melden ihm, wie er samt allem Gedächtnis dem Vergessen geweiht ist in der kosmischen Nacht« (*Minima Moralia* III: »Nur ein Viertelstündchen«).

2. Symbol intensiv empfundener Zeit, eines Ereignisses. In der S. konzentrieren sich erhabene Augenblicke oder Momente des Schreckens (*kairós*) und damit Gefühle der Hoffnung oder der Angst: »doch aber erschien ihm oft in einzelnen schnell vorüberfliegenden S. der Augenblick in dem er sie finden würde eben so entsezlich als erwünscht« (Klingemann, *Die Nachtwachen des Bonaventura* V). Seit der Romantik steht sie auch für Momente tiefster Empfindung und für überwältigende Erscheinungen: »Und unermeßlich wollte die S./ Sich dehnen, da wir starrend wechselseitig/ Uns ansahn, sprachberaubt mit offnem Munde« (Chamisso, *Er-

scheinung*). Sie kann den Wendepunkt eines einzelnen Lebens: »Jener schrecklichen S., die über mein ganzes … Schicksal entschied!« (A. Holz, *Sonnenfinsternis* V), oder einer ganzen Nation markieren: »Alle warteten, warteten mit dem furchtbaren Warten der Massen vor dem Aufruhr, in den furchtbaren S., in denen die Zukunft Frankreichs gewogen ward« (G. Heym, *Der Dieb*: »Der fünfte Oktober«). Mit der Erfahrung der Diskontinuität in der modernen Welt, aber auch mit dem Aufkommen der ↗Fotografie wird die ›eingefangene‹ S. zum mechan. und damit letzten Garanten des Echten. Nurmehr als Ausdruck eines bes. genau und wahrhaftig verfahrenden Darstellungsverfahrens ist der Begriff ›S.stil‹ für die literar. Technik des Naturalismus geprägt worden (v. Hanstein, *Das jüngste Deutschland*, 1900).

3. Symbol der Erlösung und des Paradieses. Mit dem Moment der Zäsur assoziiert, wie es der apokalypt. Eschatologie eigen ist, wird die S. zum Symbol für die Hoffnung auf Erlösung oder die Erinnerung daran: »In der einen S., die sie das goldene Zeitalter nannte« (Klingemann, *Die Nachtwachen des Bonaventura* IX). Seit dem Beginn des 20. Jh. tritt die S. verstärkt als Element der apokalypt. Symbolik in Erscheinung: »Nur dass uns Erlösung für eine S. blüht/ Aus dem ewigen Dalles,/ Dem ewigen Nichts,/ Dem ewigen Ohne-Grund,/ Dem Dunkel des Lichts« (Klabund, *Die schwarze Fahne* XII: *Wir wollen aus allen Fenstern*). Bes. geprägt für die Geistesgeschichte des 20. Jh. ist Benjamins Vorstellung von der messianisch erfüllten »Jetztzeit«, die nach jüd. Trad. die Zukunft nicht zur »homogenen und leeren Zeit« werden lässt: »Denn in ihr war jede S. die kleine Pforte, durch der die Messias treten konnte« (*Über den Begriff der Geschichte*, Anhang B).

↗Augenblick, Stunde, Uhr, Warten.   TRK

Sense / Sichel

Symbol der Fruchtbarkeit und Ernte, aber auch des Gerichts sowie des Todes und der Vergänglichkeit. – Relevant für die Symbolbildung sind (a) die Tätigkeit der Schnitter, die jährl. Feldarbeit mit dem scharfen Korn- bzw. Pflugmesser, und (b) der Gebrauch der S. als tödl. Waffe (Krummschwert). Im Hintergrund steht die ambivalente Mythenbildung um den griech. Titanen Kronos, der seinen Vater mit einer Si. (*drepánē*) entmannt (Hesiod, *Theogonie* 154 ff.), welche durch Identifikation von Kronos mit Saturn, dem altital. Schutzgott der Saaten und des Ackerbaus, euphemistisch in ein Erntegerät (*falx*) umgedeutet wird (Vergil, *Aeneis* VII, 179 f.).

1. Symbol der Ernte und der Fruchtbarkeit, aber auch des Gerichts. Si. und Se. sind seit dem 11. Jh. identisch (Hrabanus Maurus, *De universo* XI) und als Pars pro toto des Mähens gebräuchlich, z. B. in Ottokars *Österreichischer Reimchronik* (21136) oder bei Gryphius (*Kirchhofgedanken*). Dass in Kellers

Landvogt von Greifensee »während der Ernte [...] die ganze kornreiche Gegend von Schnittern wimmelte«, ist Inbegriff von Agrikultur (»Grasmücke und Amsel«; vgl. George, *Der Freund der Fluren*), aber auch des Lebens, insofern der »abgesicherten Ähre so viel Nährendes und Lebendiges« innewohnt (Goethe, *Die Wahlverwandtschaften* II, 3; ↗Ähre/Ährenfeld), und der Seligkeit (Hölderlin, *Am Tage der Freundschaftsfeier*). Als Utensil bäuerl. Arbeit findet die Si. Eingang in die marxist.-leninist. Symbolik (in der UdSSR seit 1924; in der DDR seit 1953), literarisch aufgenommen z. B. in. Brechts *Hammer- und Si.lied* von 1934 (↗Hammer und Amboss) oder E. Arendts Gedicht *Toskanische Bauern* (in: *Trug doch die Nacht den Albatros*, 1951). – Schon im AT Symbol für den Tag des göttl. Gerichts über die Heiden (Joel 3,17–19), kündigen ↗Engel-»Schnitter« (Mt 13,39) und Si. auch im NT gleichnishaft das Reich Gottes (Mk 4,29) bzw. das apokalypt. Strafgericht über die Sünder an: »Schick deine Si. aus, und ernte! [...] Die Frucht der Erde ist reif geworden« (Offb 14,14–16; vgl. neben einer Miniatur des Herrn mit der Si. in der ma. Handschrift der *Bamberger Apokalypse* auch die Mondsichel-Madonna nach Offb 12,1; ferner Hebbel, *Judith* III).

2. Symbol des Todes. Trotz innerweltlich friedl. Konnotation (Jes 2,4; vgl. Albrecht v. Halberstadt, *Prologus* LXXIII; Geibel, *Prolog zur Friedensfeier den 22. März 1871*) werden Si. und Se. über die jüd.-christl. Strafsymbolik hinaus (s. 1.) kriegerisch gedeutet. Im konkreten und übertragenen Sinne will Schillers Jungfrau von Orleans den Feind »mit ihrer Si. [...] niedermähn« (*Die Jungfrau von Orleans* 305 ff.). Se. gelten seit dem MA als Waffengattung, ›Se.männer‹ sind zunächst ein »aufrührerischer volkshaufen« (DWb XVI, 610), in G. Heyms Sonett *Bastille* Revolutionäre. Bei Eichendorff erscheint »der große Schnitter Krieg« leibhaftig als Se.mann (*Die Glücksritter* III: »Waldesrauschen«; vgl. Th. Körner, *Aufruf. 1813*). – Der Volksmund abstrahiert auf den sprichwörtl. Se.mann, »diese Se. macht erst das Skelett zum Tode« (Lessing, *Wie die Alten den Tod gebildet*), der unbarmherzig das Leben abschneidet (Gryphius, *Annae Erhardinae*; *Des Knaben Wunderhorn* I, 24: *Der Tod und das Mädchen*; C.F. Meyer, *Schnitterlied*; Th. Mann, *Der Zauberberg* IV: »Hippe«). Ästhetisiert und ins Mustergültige geläutert ist »das Tödlein« in Kellers *Landvogt von Greifensee*: »aus Elfenbein kunstreich und fein gearbeitet, ein vier Zoll hohes Skelettchen mit einer silbernen S.« (»Kapitän«; ↗Silber, ↗Skelett/Totenschädel).

3. Symbol der Zeit, der Vergänglichkeit wie auch der Ewigkeit. Zur Bedeutungserweiterung führt die griech. Homophonie von ›Kronos‹ und ›Chronos‹, die zur Gleichsetzung von Kronos/Saturn mit Chronos, dem Gott der Zeit, führt (vgl. Plutarch, *De Iside et Osiride* XXXII) und so Kronos, Si. und Se. auch mit dem Bedeutungsaspekt der vergehen-

den Zeit versieht (HS, 1813 ff.): »Daß mein Ruhm sich zum Orion schmiegte,/ Hoch erhoben sich mein Name wiegte/ In des Zeitstroms wogendem Gewühl!/ Daß dereinst an meinem Monumente,/ Stolzer türmend nach dem Firmamente,/ Chronos' Se. splitternd niederfiel'« (Schiller, *Vorwurf*; vgl. *Gruppe aus dem Tartarus*; Jean Paul, *Titan*, 9. Zykel). Vom alles zerschneidenden *auctor temporum* schließt Macrobius auf die Si. als Zeichen der zeitl. Gliederung (*Saturnalia* I, 22, 8; vgl. noch Kästner, *Die 13 Monate. Der August*). Ihre Krümmung symbolisiert den Kreislauf der Zeiten (*Mythographus Vaticanus* III, 1, 6), also Ewigkeit (↗Kreis). Daher verschmelzen im Gerippe »mit Stundenglas und Hippe« auch Kronos und Tod (Bürger, *Lenore*). – Mit Proserpina und Parze ›Schnitterin‹ verwandt und in der Neuen Welt reicher »Ernte für Si. und Se.« gewärtig, vereint Goethes Philine alle dargestellten Bedeutungen von Si. und Se. auf sich (*Wilhelm Meisters Wanderjahre* III, 14).

↗Ähre/Ährenfeld, Erde/Lehm/Acker, Herbst, Skelett/Totenschädel.

Lit.: DWb XVI, 604–611, 713–716. – H.-K./S. Lücke, Antike Mythologie, Reinbek bei Hamburg 1999, 508–518. SSchw

Sieben

Symbol des Schöpfungskreislaufs, der Ordnung des Universums, des menschl. Lebens, mag. Kräfte, der Aufrichtigkeit und des Heroismus, aber auch der Boshaftigkeit. – Relevant für die Symbolbildung ist v. a. die siebentägige Periodizität der Mondphasen (↗Mond).

In pythagoräischer und ägypt. Trad. ist die S. eine myst. Ordnungszahl (Herder, *Älteste Urkunde des Menschengeschlechts*; humoristisch bei Heine, *Symbolik des Unsinns*). Kosmolog. Bedeutung wird der S. im christl. (Brockes, *Der gestirnte Himmel*; vgl. auch Herder, *Älteste Urkunde*) wie im islam. Kontext zugeschrieben (Goethe, *West-östlicher Divan*, »Buch des Paradieses«). – In Anknüpfung an natürl. Perioden und die Lehre von den sieben Planeten werden sieben Lebensalter unterschieden (Solon, *An Philokypros*, V. 46 ff.; Shakespeare, *As You Like It* II, 7; Schopenhauer, *Vom Unterschiede der Lebensalter*, in: *Aphorismen zur Lebensweisheit* VI). Orientiert am bibl. Vorkommen (Ex 23,12: Ruhetag nach der Schöpfung; Ex 25,31–40: Menorah, der siebenarmige Leuchter, der in der jüdischen Religion das Weisheit Gottes symbolisiert; Jes 11,1–2, 1 Kor 12,8–10: Gaben des Hl. Geistes; Offb 5–6: Apokalypse), steht die S. in der jüd.-christl. Trad. für die göttl. Ordnung (Dante, *Divina Commedia*: »Purgatorio« VIII, 88–93) und die Apokalypse (Lichtenberg, *Rede der Ziffer 8 am jüngsten Tag des 1799ten Jahres im großen Rat der Ziffern gehalten*; Gutzkow, *Briefe eines Narren an eine Närrin*, 26. Brief). – In der Magie ist die S. »sowohl im Guten als im Bösen die mächtigste unter allen Zahlen« (Agrippa v. Nettesheim, *De occulta philosophia* X). In Sagen und Märchen steht sie für eine verzauberte Ordnung (z. B. Grimm, *Das tapfere Schneiderlein*; *Die sieben Raben*; *Der Wolf und die sieben jungen Geißlein* etc.; vgl. aber auch Th. Manns Roman *Der Zauberberg*, in dem die S. als Raum und Zeit strukturierende Symbolzahl ubiquitär ist; vgl. George, *Der Siebente Ring*). – Die S. steht als Tugendsymbol für Aufrichtigkeit und Heroismus (Aischylos, *Sieben gegen Theben*; Keller, *Das Fähnlein der sieben Aufrechten*.). In Anknüpfung an die siebenfache Teufelsaustreibung (Mk 16,9) und die sieben Todsünden findet die S. aber auch pejorativ als Symbol für Boshaftigkeit Verwendung; die ›böse S.‹ bezeichnet eine böse Frau (Simrock, *Die deutschen Sprichwörter*, 9516; Löns, *Die böse S.*). ⁊Mond, Zahlen.

Lit.: LMZ, 479–565. – WBS, 336–338. – H. Meyer, Die Zahlenallegorese im MA, München 1975. – F.C. Endres/A. Schimmel, Das Mysterium der Zahl, Köln ⁷1993. – W.H. Roscher, Beiträge zur Zahlensymbolik der Griechen und anderer Völker, Leipzig 1904–1917, Nachdr. Hildesheim 2003.   AA

Siegel

Symbol der Autorität und Bindung, eines Geheimnisses und der bes. Kennzeichnung. – Relevant für die Symbolbildung sind (a) die Handlung des Prägens sowie (b) das Verschließen und Öffnen des S.

1. Symbol der Autorität und Bindung, eines Geheimnisses. Kulturgeschichtlich ist das S. sichtbares Zeichen eines Rechtsaktes innerhalb einer unvollkommen alphabetisierten Gesellschaft und steht daher als Zeichen stellvertretend für die Anwesenheit einer Autorität (z. B. 1 Kön 21,8; vgl. LMA VII, 1848–1850), so auch bei Schiller, *Wallensteins Tod* I, 7: »Doch wohl gefiel dem Kaiser, was ihm nützte,/ Und schweigend drückt' er diesen Freveltaten/ Sein kaiserliches S. auf.« – Im christl. Zusammenhang ist das S. Sinnbild der Zugehörigkeit zum Glauben: die ihr »versiegelt worden seid mit dem Heiligen Geist der Verheißung« (Eph 1,13), und Zeichen kirchl. Autorität und Bindung auch im S. der Taufe, insofern es den Täufling als Eigentum Christi ausweist (WCS, 405; vgl. Langgässers Roman *Das Unauslöschliche S.* als Parabel auf die Kraft der Taufe) sowie in der Beschneidung als »S. der Gerechtigkeit des Glaubens« (Röm 4,11). – Im AT dann ein Zeichen des göttl. Geheimnisses (Dan 12,4), tritt mit der Öffnung des S. die noch unerkannte Autorität als Macht in die Welt. So erscheint in der apokalypt. Offenbarung des Johannes das ⁊Buch mit den ⁊sieben S. (Offb 5–8; vgl. Jes 8,16), deren Lösen die Abfolge des visionären apokalypt. Geschehens ordnet. Außerhalb des bibl. Kontextes vereint das Lösen des S. als Symbol für die Auflösung eines Geheimnisses in der Liebesbegegnung (s. a. 2.) Selbstent-

hüllung und Welterkenntnis: »Ich sehe wie in einem Spiegel/ In der Geliebten Auge mich;/ Gelöst vor mir ist jedes S.,/ Das mir verbarg mein eignes Ich« (Rückert, *Ich sehe wie in einem Spiegel*). Herder, *Vom Erkennen und Empfinden der menschlichen Seele* (1778), verleiht der menschl. Wahrheit die Autorität des S., weil er die Analogie von Selbst- und Welterkenntnis zugleich als offenbares Geheimnis ansieht: »Die stille Ähnlichkeit, die ich im Ganzen meiner Schöpfung, meiner Seele und meines Lebens empfinde und ahnde; der große Geist, der mich anwehet und mir im Kleinen und Großen, in der sichtbaren und unsichtbaren Welt Einen Gang, Einerlei Gesetze zeiget: der ist mein S. der Wahrheit« (I: »Vom Erkennen und Empfinden in ihrem menschlichen Ursprunge«; vgl. Herder, *Über die dem Menschen angeborne Lüge* X).

2. Symbol der Kennzeichnung und der Liebe. Der Akt der Kennzeichnung durch das S. als Akt bes. Zugehörigkeit und zukünftiger Bindung (s. 1.) ist auch ritualisierter Bestandteil des Liebesbundes (Hld 8,6; Haller, *Die Alpen* 143 f.: »Die Eh wird oft durch nichts als beider Treu befestigt,/ Für Schwüre dient ein Ja, das S. ist ein Kuß«). Als Symbol des Wiedererkennens des Geliebten dient das S. im Märchen *Das silberne, goldene und diamantene Ross* (vgl. Scherf; ⁊Ring), doch tritt es auch umgekehrt als Symbol der Zerstörung der unverwechselbaren Eigenheit des Menschen auf, wo die »fremde Vernunft« gesellschaftl. Verhältnisse »ihr S. auf seine Eigenthümlichkeit drükke« (S. Mereau, *Das Blüthenalter der Empfindung*). Bei Chamisso kann die geprägte S.-Schrift den Menschen vertreten: »Es hat die Hand des Menschen eingegraben/ Das S. seines Geistes in den Stein,/ Worauf ich steh,/ Schriftzeichen sind's, Buchstaben« (Chamisso, *Salas y Gomez* I; ⁊Buchstaben; ⁊Griffel/Feder/Bleistift). Paradox kann so das S. auch zum Stellvertreter des Unschreibbaren, der unmögl. ⁊Schrift werden: »Wachs/ Ungeschriebnes zu siegeln,/ das deinen Namen/ erriet,/ das deinen Namen verschlüsselt« (Celan, *Mit Brief und Uhr*; ⁊Wachs). Die Ambivalenz des S. zwischen Lesbarkeit und Unlesbarkeit, Offenbarung und Geheimnis wird in Stifters Novelle *Das alte S.* relevant. An die Inschrift »Servandus tantummodo honos« (»Die Ehre ist allein zu bewahren«) des ansonsten mit einem leeren Schild bestückten S.rings bleibt Veit Hugo unbeirrbar gebunden (I: »Die Berghalde«). Aus unverständiger Deutung der väterl. Autorität die (s. 1.) verzichtet er darauf, seinem Leben eine eigene Bedeutung, etwa durch die Entscheidung für seine Liebe, zu geben, und verwirft das S. erst an seinem Lebensabend (IV: »Das Eichenschloß«). ⁊Münze, Ring, Schrift.

Lit.: WBS, 338–340. – WCS, 403–406 – W. Scherf, Das Märchenlexikon, Bd. 2, München 1995, 1105–1108.   MSp

Siegelring ↗Ring, Siegel.

Silber

Symbol der Reinheit und der Seele, des Mondes und der Weiblichkeit, des Zweitbesten, des Alters und des Todes. – Relevant für die Symbolbildung sind (a) die Farbe und der Glanz, (b) der materielle Wert des S. und (c) der Vorgang der S.gewinnung (Läuterung). *1. Symbol der Reinheit, der Seele, aber auch des Verrats.* Der in der Metallurgie übl. Prozess der S.-gewinnung stellt ein Reinigungsverfahren da, bei dem das S. von anderen metall. Bestandteilen geschieden wird. Darauf geht, neben der ↗weiß anmutenden Farbe des S., die symbol. Verwendung von S. für ↗Reinheit zurück, die bereits in der Bibel auf das göttl. Wort (Ps 12,7) oder die Prüfung der Seele der Gläubigen (Ps 66,10 f.; Sach 13,7–9) bezogen wird, in der relig. Lit. bis in die Aufklärung hinein häufig als moral. Mahnung formuliert: »Laß der Lilien und Jesminen/ Unbefleckten S.-Schein,/ Seele, dir zur Folge dienen!« (Brockes, *Der Garten*). Nahe liegt damit die Gleichsetzung von S. mit der menschl. Seele über den relig. Bereich hinaus, die sich von der Klassik bis in die moderne Lit. hinein verfolgen lässt: als Ansprache an die Geliebte z. B. bei Schiller (»Deine Seele, gleich der Spiegelwelle/ S.klar und sonnenhelle«, *Melancholie*). Altenberg wendet in *Was der Tag mir zuträgt* (1900) Reinigungs- und Weiblichkeitssymbolik (s. 2.) zur Selbsterlösung: »Aber plötzlich ertönen die S.-Posaunen der Seele, welche die Mauern Jericho's in Trümmer legen, und Siegelinde feierte innere Siege und wusste, dass sie nun niemandem mehr zu eigen sei als ihrer eigenen Seele!!« (*Walküre*; ↗Posaune). – Dass umgekehrt mit S. die Seele vom Teufel freigekauft werden kann (A.v. Arnim, *Die Kronenwächter* I, 2, 3: »Der Palast des Barbarossa«) ist eine motiv. Umkehr der Verratssymbolik, die mit den dreißig Silberlingen, für die Judas Jesus verrät, entsteht (Mt 26, 14–16). *2. Symbol des Mondes und der Weiblichkeit.* Als »S.bogen« (Shakespeare, *A Midsummer Night's Dream* I, 1) oder »S.fackel« (Mickiewicz, *Pan Tadeusz* VIII; ↗Fackel) gilt S. sowohl im astrolog. wie im myth. Kontext als ↗Mondsymbol und wird dualistisch dem ↗Gold als Symbol der ↗Sonne gegenübergestellt. Insofern Mondgottheiten weiblich sind, kommt in literar. S.- und Mondsymbolik häufig auch eine erot. Komponente zum Tragen: »Ein reizend Weib im leichten S.flor,/ Tritt Luna hinter das Gebirge vor« (Herwegh, *Nach langem Ringen*), oder auch verbunden mit dem silbernen ↗Licht des Mondes: »Wo S. auf Zweigen und Büschen rinnt,/ Da wirst du die Schönste finden!«(Eichendorff, *Elfe*). – Auch in Verbindung mit ↗Wasser erscheint S. als Weiblichkeitssymbol: so wird die Nereïde Thetis, Mutter des Achill, als »silberfüßig« bezeichnet (Hesiod, *Theogonie* 1006; Homer, *Odyssee*

XXIV, 91), vgl. später z. B. Bürger, *An die Nymphe des Negenborns*: »Hell im S.schleier, walle,/ Reine Nymphe, wall' hervor!« (↗Schleier). Aber auch Athene tritt im »S.gewand« auf (Hesiod, *Theogonie* 574; ↗Kleidung), Aphrodite trägt silberne ↗Schuhe (Pindar, *Pythien* IX). – Satirisch gewendet kommt bei Jean Paul die symbol. Verbindung des S. mit dem Weiblichen zum Einsatz: »Der Mann muß immer neben dem flüssigen S. des weiblichen Geistes mit einem Löffel stehen und die Haut, womit es sich überzieht, beständig abschäumen, damit der S.blick des Ideals fortblinke« (*Siebenkäs* IV, 24). Zum Stereotyp wird die Symbolik bei Marlitt: »Frau S. [...] war die verkörperte Fürsorge selbst« (Marlitt, *Das Heideprinzeßchen* XXXII). In *Die Mystifikationen der Sophie S.* (B. Frischmuth) ist die Protagonistin eine Frau, die sich mit ihrer Weiblichkeit auseinandersetzt. *3. Symbol des Zweitbesten.* In Relation zum wertvolleren ↗Gold symbolisiert S. seit altersher das Zweitbeste (›Reden ist S., Schweigen ist Gold‹, Röhrich; im Deutschen erstmals 1792 durch Herder: »*Lerne schweigen, o Freund. Dem S. gleichet die Rede, aber zu rechter Zeit schweigen ist lauteres Gold*«, *Zerstreute Blätter* IV). Hesiod nimmt die Symbolik für sein Modell der aufeinander abfolgenden Zeitalter auf (Hesiod, *Werke und Tage* 127–129), ebenso erscheint sie im AT (Dan 2,32 und 39), in Märchen und Sage (Grimm, *Der Ranzen, das Hütlein und das Hörnlein*) und darüber hinaus (z. B. Claudius, *Über die neue Politik*, Einleitung; Heine, *Die Götter Griechenlands*). *4. Symbol des Alters und des Todes.* In der Farbsymbolik wird S. bzw. S.grau mit dem Alterungsprozess, der sich v. a. durch das Ergrauen der ↗Haare zeigt, in Zusammenhang gebracht (↗Grau). Dabei kann das Symbol auf »das böse/ neidische Alter« hindeutend negativ konnotiert sein (Vergil, *Aeneis* V, 415 f.), als auch im positiven Sinne top. Altersattribute wie Weisheit und Nachsicht anzeigen: »wandte ein alter Mann einen S.kopf, der wie ein lichter Mond über dem Abend seines Lebens stand, mit lächelnden Runzeln gegen den Gast« (Jean Paul, *Hesperus*, 10. Hundposttag). – Nicht nur den Tod durch Altern, sondern auch den gewaltsamen Tod symbolisiert das S.: So trägt Apollon in seiner tödlichsten Erscheinung immer den silbernen ↗Bogen (Apollonios Rhodios, *Argonautika* II, 678), der »entsetzlich klang« (Homer, *Ilias* I, 49) und entweder im Gegensatz zu Apollons Heilkünsten steht (Horaz, *Carmen saeculare*) oder als Erlösung von Leid und Schmerzen betrachtet wird (Homer, *Odyssee* XV, 408–410). Dass die Todessymbolik auch in der profanen Lit. im Alten Rom nicht unbekannt ist, zeigt ein Abschnitt aus Petronius' *Satyricon*, in dem bes. die dekadente Lebensweise angeprangert wird: »Während wir also tranken und diesen Luxus in allen Einzelheiten bewunderten, trug ein Sklave ein silbernes Skelett herein, das so gefertigt worden war, daß sich seine Gliedmaßen und Gelenke überall locker bewegen ließen« (»Das Gastmahl des Trimalchio« I, 34; ↗Skelett/Totenschädel). – Vom MA bis zur Frühen Neuzeit weniger oft als Todessymbol eingesetzt, häuft sich seine Verwendung seit dem späten 18. Jh.: Bes. eindrücklich imaginiert Jean Paul das »Basiliskenauge des Todes« mit »heißen S.blicke« (*Des Luftschiffers Giannozzo Seebuch* XIV; ↗Basilisk). Aber auch der Selbstmord mit einer silbernen Haarnadel in Mörikes Novelle *Der Schatz* oder die Ironisierung romantisierender Mondsymbolik durch Bierbaum, der den Mond den »silbernen Totenschädel der Nacht« nennt (*Mondmüde*), setzen die Symbolik fort wie etwa auch Trakls *Sebastian im Traum*: »Silber schimmern die bösen Blumen des Bluts an jenes Schläfe, der kalte Mond in seinen zerbrochenen Augen. O, der Nächtlichen; o, der Verfluchten« (»Traum und Umnachtung«). In der Kombination »Schwarz und S.,/ die Farben des Todes« (Morgenstern, *In Phanta's Schloß: Auffahrt*; ↗Schwarz) bliebt S. Todessymbol bis in die moderne Lit.: »Mein Vater […] trägt S. und Schwarz mit schwarzen Stiefeln vor einem elektrisch geladenen Stacheldraht« (I. Bachmann, *Malina* II).

↗Farben, Frau/Jungfrau, Gold, Grau, Mond, Reinheit, Spiegel, Wasser, Weiß.

Lit.: WCS, 147 f. – L. Röhrich, Art. Rede, reden, in: Das große Lexikon der sprichwörtl. Redensarten, Bd. 4, Freiburg 1991, 1234 f. – J. Wagner-Rothermann, Das Mondmetall S., Graz 1995. – H.-J. Spitz, Die Metaphorik des geistigen Schriftsinns, München 1972, 191–200.   PB

Silvester ↗Neujahr.

Sintflut ↗Flut/Dammbruch.

Skelett / Totenschädel

Symbol der Vergänglichkeit, des Todes und der Melancholie. – Relevant für die Symbolbildung sind (a) die Gestaltähnlichkeit des menschl. S. mit dem lebendigen Körper, (b) seine der Verwesung am längsten widerstehende Beschaffenheit.

1. Mittelalter bis Frühe Neuzeit. Die spätma. Personifikation des Todes als lebendes menschl. S. (vgl. als *memento mori* schon Petronius, *Satyricon*: »Das Gastmahl des Trimalchio«) dürfte in den Totentänzen (↗Tanz) der Mysterienspiele ihren Ausgang genommen und, zusammen mit dem hochma. Darstellungen des *Dit des trois morts et des trois vifs*, auch in die bildenden Künste Eingang gefunden haben. Unter dem Eindruck der großen Pestepidemien des ausgehenden MA findet die für die Neuzeit prägende Personifikation des Todes als ein S. mit den Attributen Sanduhr (↗Uhr) und Sichel oder ↗Sense (›Schnitter Tod‹, ›Sensenmann‹) Verbreitung. Mit Dürer, auf dessen allegor. Grafiken mit-

unter T. in attributiver Funktion zu sehen sind (z. B. *Ritter, Tod und Teufel* oder *Der Heilige Hieronimus*) und mit Holbein d.J., der ein mit einem Jüngling ringendes S. zeigt, erhalten seit der ersten Hälfte des 16. Jh. solche Darstellungen von T. und S. ein bes. allegor. Gewicht (HS, 997 ff.). Allerdings treffen ab dem 16. Jh. auch wissenschaftl. Schautafeln zur menschl. Anatomie auf ein breiteres Publikumsinteresse. – Als Ausdruck des *memento mori* und der *vanitas* (Gryphius, *Epigramme* III, 55: *Grabschrifft eines vortrefflichen Redners*) wie als Symbole der Auseinandersetzung des von existentiellen Zweifeln geplagten Menschen mit der Vergänglichkeit erfahren T., Gerippe (↗Knochen) und ↗Grab durch die Friedhofsszene im letzten Akt von Shakespeares *Hamlet* (um 1600) eine für die Weltlit. prägende Fixierung, fortgeführt etwa in Calderóns Drama *La vida es sueño* (1636), dessen Held sich bereits im I. Akt als ›lebendes S.‹ seinem Schicksal fügt; an anderer Stelle finden sich jene Verse, die der Befindlichkeit des barocken Menschen ihre wohl einprägsamste Gestalt verleihen: »Jeder Stein ist eine Pyramide, und jede Blume ein Denkmal, jedes Gebäude ein Mausoleum, jeder Soldat ein lebendes S.« (III, 6). In Deutschland illustrieren etwa die *Icones mortis* (1648) von Harsdörffer die barocke Vorstellung des Todes. Besondere Eindringlichkeit entfaltet das Symbol in Günthers Gedicht *Als er die Phillis einen Ring mit einem Totenkopf überreichte.*

2. 18. Jahrhundert. Mit dem Ausgang des Barock sind S. und mehr noch der T. standardisierte Embleme des Todes. Gegen eine anhaltende Übertragung der barocken Deutungen von menschl. S. insbes. auf Werke der Antike wendet sich Lessing in seiner Streitschrift *Wie die Alten den Tod gebildet*: »Muß denn ein S. schlechterdings den Tod, das personifierte Abstraktum des Todes, die Gottheit des Todes, vorstellen? Warum sollte er ein S. nicht auch bloß ein S. vorstellen können? Warum nicht auch etwas anders?« (»Veranlassung«; vgl. auch die Umdeutung der tradierten *vanitas*-Symbolik zur Offenbarung der »Gott-Natur« in Goethes spätem *Im ernsten Beinhaus war's, wo ich beschaute*). Indes verfestigt sich das Motiv mit den entsprechenden Konnotationen in der Folgezeit. Bürgers schauerl. Ballade *Leonore* bedient sich seiner (»Zum nackten Schädel ward sein Kopf;/ Sein Körper zum Gerippe./ Mit Stundenglas und Hippe«), und auch bei Schiller tritt die Personifikation des Todes in derselben Gestalt auf (*Der Venuswagen*); in *Eine Leichenphantasie* wird sie auf den um seinen trauernden ↗Vater übertragen.

3. Romantik und beginnende Moderne. Die Romantik adaptiert die Symbolik z. T. in ihrem herkömml. Sinn, z. B. Wackenroder in seinen Betrachtungen zu Piero di Cosimo (*Herzensergießungen eines Klosterbruders*: »Von den Seltsamkeiten des alten Malers Piero di Cosimo aus der Florentinischen Schule«). Mit unterschiedl. Deutlichkeit und mitunter nur über Assoziationen wirkt ebenso in den ausgezehrten Gestalten und Gespenstern vieler Totentanzdichtungen durch das 19. Jh. hindurch das Motiv des lebenden S. mit seinen symbol. Konnotationen fort: so z. B. bei Hebel (*Die Vergänglichkeit*), Goethe (*Totentanz*), Eichendorff (*Der Kehraus*), Rimbaud (*Le bal des pendus*), Apollinaire (*Le jour des morts*) oder Rilke (*Toten-Tanz*). – In der Triviallit. des 19. Jh. schließlich, so v.a. in der Schauerromantik im Gefolge der *Gothic Novel* (und in Unterhaltungslit. und Film fortdauernd bis in die Gegenwart) erscheinen T. und S. als abgegriffene Chiffren des Todes (als T. mit gekreuzten ↗Knochen z.B. in B. Stoker, *Dracula* XXI). Überhaupt hat die Neigung der Romantik zum T. (etwa Byron, *Lines Inscribed Upon a Cup Formed From a Skull*) der Verkitschung von T. und S. den Weg bereitet und unausweichlich zu Satiren geführt, wie in Immermanns *Münchhausen*: »ein scheußliches S. faucht ihnen den Spruch zu: ›Sic transit gloria mundi‹« (I, 12). Auch Keller karikiert die »Knochenromantik«: »sogar leblose Gegenstände, wie Meerschiffe, wurden skelettisiert und mußten auf dem Meere als Totenschiff spuken« (*Der grüne Heinrich*, 1. Fass., I, 2), und widmet einem Totenkopf in der zweiten Fassung des *Grünen Heinrich* ein eigenes Kapitel (IV, 8). – Neue Relevanz erhält die Symbolik indessen dort, wo sie die Aporien einer sich mehr und mehr als zerstörerisch erweisenden Moderne artikuliert. So greift die Romantik T. und S. auch als Symbole der Melancholie auf, um sie in Chiffren einer von Desillusion gezeichneten Moderne zu verwandeln; Shelley etwa zitiert in ihrem 1826 veröffentlichten Roman *The Last Man* (II, 13) Calderóns berühmte Verse aus *La vida es sueño* (s. 2.). Ebenso inszenieren viele Gedichte der *Fleurs du mal* Baudelaires vor diesem Hintergrund eindringl. Bilder der Melancholie (*Danse macabre*; *Une gravure fantastique*; *Spleen*).

4. Expressionismus. Mit dem aufkommenden Expressionismus artikuliert die wiederauflebende barocke Symbolik von T. und S. Vereinzelung und Ohnmacht des Menschen, so etwa in dem Herbstgedicht Wedekinds: »Wenn ich bei Tag mein Mädel mir beseh,/ Dann seh ich einen kahlen T./ Darunter ein S., und seh mein Mädel/ Gebrochen knien von schauerlichem Weh« (*Die vier Jahreszeiten*; ↗Herbst), oder in Scheerbarts *Immer mutig!*: »Langsam schreiten die Gerippe, klappern im Takte mit ihren Knochen, schreiten schweigend und mit Fackeln in der Knöchelhand durch die Straßen der großen Stadt« (↗Fackel). In Trakls *Sebastian im Traum* »zerschellt an kahler Mauer ein kindlich Gerippe« (*Föhn*; ↗Mauer). Unter dem Eindruck des Ersten Weltkrieges lebt insbes. die ins Apokalyptische gewendete Bedeutung des Symbolkomplexes (s. 1.) wieder auf: »ich sehe den Tod vor mir als goldenes S., leuchtend auf schwarzem Grunde«, heißt es in

Klabunds *Marketenderwagen*. Diese neuen Totentänze finden in dem bereits dem absurden Theater zugeschriebenen Stück *Ballade du grand macabre* (1935) des Belgiers Ghelderode einen burlesken Höhepunkt.

5. Gegenwart: Symbol der Abschreckung und Gruppenzugehörigkeit. Die barocke Emblematik, der neuzeitl. Hexenkult, aber auch der bis in die Gegenwart fortlebende archaische Brauch, Gebeine und Schädeltrophäen zum Zweck der Abschreckung von dämon. oder leibhaftigen Gegnern zu exponieren (HdA VIII, 1075–1077; 1092–1095), haben zur Herausbildung inzwischen populär, mitunter alltäglich gewordener Besetzungen des T.symbols beigetragen. Seit dem 18. Jh. erscheint der T. mit gekreuzten Knochen auf der aus zahllosen Abenteuerromanen und -filmen unter dem Namen »Jolly Roger« (mitunter auch »Black Jack«) bekannten ↗schwarzen Piratenflagge, die etwa bei Stevenson ein vor der Insel »Skeleton Island« ankerndes ↗Schiff ziert (*Treasure Island* V, 22) oder bei Twain die Kinderphantasie erregt (*The Adventures of Tom Sawyer* VIII; *Adventures of Huckleberry Finn* XXXIX). Die unterschiedl. Konnotationen des T. nutzt im dt. Nationalsozialismus auch die SS, und die unter diesem Signum verübten Gräueltaten sind Gegenstand neuerer histor. Romane wie etwa *Les bienveillantes* (2006) von J. Littell. Die Anhänger moderner synkretist. *Gothic*-Riten, die Motive des neuzeitl. Aberglaubens in die Welt des Pop getragen haben, erkennen im T. das Emblem ihrer Subkultur.
↗Knochen, Sense/Sichel, Silber, Tanz.

Lit.: M. Praz, Liebe, Tod und Teufel, München ⁴1994.
TRK

Skorpion

Symbol des Bösen, der Zerstörung, des Todes und des Teufels, der Tücke, des Schmerzes, aber auch der Heilung und des Schutzes vor dem Bösen. – Relevant für die Symbolbildung sind (a) der giftige Stachel und dessen Stich vom Hinterleib ausgehend sowie (b) der scheinbare Suizid bei der Bedrohung durch ↗Feuer.

1. Symbol des Bösen, der Zerstörung und des Todes. Bereits im *Gilgamesch-Epos* wird der S. mit dem Tod (↗Sterben) verknüpft, wenn der Eingang zur jenseitigen Unterwelt von zwei S.-Menschen bewacht wird (Tafel IX, 42–137). Todbringende Grausamkeit begegnet bei anderen hybriden S.-Wesen (vgl. Aristoteles, *Historia animalium* II, 1) und setzt sich in der Gestalt des S.-Drachen Gerion fort (Boccaccio, *Genealogia deorum gentilium* I, 21; Dante, *La Divina Commedia*: »Inferno« XVII, 26). In der Johannes-Offenbarung (Offb. 9,3–5) erscheinen apokalypt. Heuschrecken mit der zerstörer. Macht von S. als Strafe Gottes. In der griech.-röm. Mythologie ist der S. gefährl. Widersacher Orions, der nach einem Kampf mit diesem verstirnt wird (Aratos, *Phainomena* 636–644; Ovid, *Fasti* V, 541–544), und Zeichen des Kriegsgottes Mars. Als Vorbote des Unheils, des Todes und des Teufels erscheint der S. oft in der Nähe kalter Gemäuer, nackter Wände oder Ecken und versteckt unter Steinen (Jean Paul, *Titan* XX, 87; *Des Feldpredigers Schmelzle Reise nach Flätz*: »Erste Station«; Klabund, *Das heiße Herz*: »Robert der Teufel«); im Emblembuch G. de la Perrières wird er von einem Fischer mit dem Netz aus dem Meer gezogen und symbolisiert die Bestrafung menschlicher Hybris (*Le théâtre de bons engins* XXIII: »Par trop cuyder et esperer l'homme est deceu«). Als Personifikation des Todes und des Dämonisch-Dunklen (Goldsmith, *The Deserted Village*; Coleridge, *Monody on the Death of Chatterton*; *Sibylline Leaves*: »Ne Plus Ultra«) begegnet er besonders eindrücklich bei Jean Paul, wo er als Tod auf dem Gottesacker seine Glieder »zusammenstoppelt« (*Leben des Quintus Fixlein*: »14. Zettelkasten«) – möglicherweise eine Abwandlung der Vorstellung aus dem Altertum, der S. erstehe aus den faulenden Überresten toter Lebewesen (Keller II, 473). Einen (faustischen) Bund mit dem Teufel symbolisiert er oft in Form eines Talismans, der im Leben Glück bringt, nach dem Tode aber die Seele kostet (Grimmelshausen, *Trutz Simplex* XVIII; Grimm, *Deutsche Sagen*: »Spiritus familiaris«); er repräsentiert schlechte Menschen (Kleist, *Die Familie Schroffenstein* IV, 4 und V, 1; Lessing, *Sinngedichte*: »Auf den Fell«) oder unbequeme, beißende Kritik im literar. und/oder polit. Feld (Jonson, *Poetaster*; Burns, *To R***** G***** of F*****, Esq.*; vgl. die Zeitschrift der Gruppe 47 mit dem Titel *Der S.*).

2. *Symbol der Tücke und des Schmerzes*. Bereits in der Antike wird der S. mit Tücke und Falschheit verbunden (vgl. *Ebener, Griech. Lyrik* CLXXXVII) und tritt noch in Fabeln des 18. Jh. als personifizierte Hinterlist auf (z. B. Karsch, *Der S., die Schildkröte und die Gans*). Im MA wird er zum Zeichen der Häresie und zum Attribut der Synagoge als der ›falschen Kirche‹ sowie für das jüd. Volk insgesamt, v. a. im Hinblick auf den Verrat Christi durch Judas (Aurigemma, 62). Der S. fungiert auch als Zeichen für (weibl.) Rache (Lawrence, *Studies in Classic American Literature* VII) und Laster aller Art, v. a. in Form des S.-Nests. Als metaphor. Schmerz sitzt er am Busen des Menschen, wo er »grimmig, wütend nagt« (Meyer, *Der Heilige* VI; vgl. Grillparzer, *Die Ahnfrau* IV, 4; Droste-Hülshoff, *Das geistliche Jahr*: »Am dreiundzwanzigsten Sonntage nach Pfingsten«). Er sticht als belastende Betrübnis und Kummer in die Seele und quält als Reue und Gewissensbiss (Shakespeare, *Macbeth* III, 2; Schiller, *Kabale und Liebe* I, 7 und IV, 7; Coleridge, *Sonnet to the Rev. W.L. Bowles*; Byron, *The Giaour*). Selbstauslöschung und ausweglose Situationen der Bedrängnis oder der aufgepeitschten Wut werden mit dem scheinbaren *Felo de se* des S. versinnbildlicht,

bei dem sich dieser bei der Bedrohung durch Feuer selbst ins Haupt zu stechen scheint (Lenau, *Faust*: »Der Teufel«; Gutzkow, *Der Zauberer von Rom* II, 12; Dohm, *Sibilla Dalmar*: »20. Juni«; Dryden, *All for Love or, The World well lost*; P.B. Shelley, *Queen Mab* VI; *The Revolt of Islam* XI; Adele Schopenhauer, *Anna*: »1822«). Der S. erscheint als Züchtigungs- (1 Kön. 12,11; 14; Freytag, *Die Ahnen*: »Die Verlobung«) oder Büßinstrument zur Flagellation (Spitteler, *Imago*: »In der Hölle der Gemütlichkeit«). In iron. Aphoristik setzt Nietzsche den S. als Instrument der Qual bei der Erziehung zum Stoiker ein (*Fröhliche Wissenschaft* CCCVI; s.a. Boswell, *Life of Johnson* 1768 Aetat. 59).

3. *Symbol der Heilung und des Schutzes vor dem Bösen*. Die doppelte Kodierung des S. als Symbol des Todes, aber auch der Heilung und des Lebens begegnet bereits im *Gilgamesch-Epos*, wo die S.-Menschen Unter- und Aufgang der ↗Sonne bewachen (*Tafel* IX, 38–45), sowie in der altägypt. Göttin Selkis, die gleichzeitig Tod, jenseitiges Leben und Heilung repräsentiert. In spiritueller Hinsicht wendet Droste-Hülshoff den S. im Zeichen der Geburt des Heilands vom Todbringenden ins absolut Heilbringende (*Das geistliche Jahr*: »Am vierten Sonntage im Advent«). Als Sternkonstellation (↗Sternbilder) steht der S. für den Monat Oktober, für Kälte und das Aufkommen des ↗Winters (teils für den Aufstieg Satans, wie etwa in Miltons *Paradise Lost* X, 326–329), aber auch, insbesondere als astrolog. Zeichen, für pulsierende Energie, Kreativität, Sexualität, Fülle und Fruchtbarkeit (Longfellow, *Evangeline*: »A Tale of Acadie« I, 2; *In the Harbor*: »The poet's Calendar«; Wilde, *A House of Pomegranates*: »The Fisher and His Soul«; Schnitzler, *Das weite Land* III).

↗Drache, Schlange, Spinne, Sternbilder.

Lit.: HdA VIII, 17. – L. Aurigemma, Le signe zodiacal du scorpion, Paris 1976. – O. Keller, Die antike Tierwelt, Leipzig 1909–1913. – M. Weigl, Die aramäischen Achikar-Sprüche aus Elephantine und die alttestamentl. Weisheitsliteratur, Berlin 2010.   ChI

Smaragd

Symbol der Fruchtbarkeit und der Lebenskraft, der Keuschheit und des Glaubens, des Göttlichen und der Unsterblichkeit sowie des Romantischen. – Relevant für die Symbolbildung sind, neben dem Bedeutungsgehalt der Farbe ↗Grün, (a) die Kontinuität und Dauer suggerierende Materialität des ↗Steins, (b) dessen Leuchten (↗Licht) und (c) sein Seltenheitswert.

Im Lateinischen wird der S. zumeist über die *viriditas*, das mit Lebenskraft und Frische gleichgesetzte Grün, definiert. Sein Leuchten erinnert farblich an befruchtenden Regen und Wasser, an frühlingshafte Vegetation (z. B. Hermann, der Mönch von Salzburg, *Das guldein vingerlein*). Er gilt als

Symbol der Fruchtbarkeit und darüber hinaus auch der beginnenden Liebesleidenschaft (Dante, *Divina Commedia*: »Purgatorio« XXXI, 166 f.). Im Volksglauben des Altertums werden dem S. mag. Kräfte zugeschrieben: Er soll Stürme und Unwetter verjagen sowie Sklaven die Freiheit geben können (Schreiner). Durch Übersetzungsfehler und allegorisierende Deutung bleibt im kulturellen Bewusstsein der Folgezeit nur die allg. befreiende Wirkung und im Bes. die Befreiung von den ›Stürmen der Leidenschaft‹ erhalten: Der S. wird zum Symbol der ↗jungfräul. Keuschheit, deren Signum das ›unverwelkl.‹ Grün ist (P. Valeriano, *Hieroglyphica* XLI). In der Exempellit. finden sich vielfach Erzählungen, die vom Zerspringen des S. während des ehel. Beischlafs berichten (z. B. Albertus Magnus, *De mineralibus* II, 17, 178). Über den Keuschheitstopos wird der S. auch mariologisch gedeutet: So wie der S. die umgebende Luft grünlich färbe, wirke auch die keuscheste aller Jungfrauen vorbildhaft auf die Christenheit (*Rheinisches Marienlob*, V. 4516–4541). Als Symbol des ›lebendigen‹ Glaubens meint der S. den frischen, lebendigen Glauben und die Glaubensstärke im Unglück (Beda Venerabilis, *Explanatio apocalypsis* III, 21). – In der christl. Lehre des MA gilt der S. sowohl als Attribut Luzifers, das diesem bei seinem Sturz in die Hölle von der Stirn fällt (Chevalier/Gheerbrant II, 259–262), wie auch als Symbol des Göttlichen: Nach Haimo symbolisiert der S. Christus, weil er den Gläubigen »die Weiden ewiger Erquickung schenken wird« (*Expositio in apocalypsin* VII, 21). Unsterblichkeit und ewiges Leben verheißt das dauerhafte Grün des Steins. – Brentano sieht im S. ein Symbol für das Romantische (*Godwi* II, 8 und 9): Wie ein Perspektiv lasse er entfernte Gegenstände näher erscheinen (↗Fernrohr/Mikroskop) und verleihe den Dingen durch seine Farbe und seine Form eine spezifische Gestalt. Mit dieser poetolog. Deutung knüpft C. Brentano an eine umstrittene Überlieferung an, der zufolge der geschliffene S. ein Vorläufer der Brille gewesen sein soll (Plinius d. Ä., *Naturalis historia* XXXVII, 64). Auch E.T.A. Hoffmann stattet in seiner Erzählung *Der goldene Topf* eine Figur mit einem S.ring aus (↗Ring), in dem man wie in einem Zauberspiegel Verborgenes erkennen kann.

↗Grün, Stein/Gestein.

Lit.: J. Chevalier/A. Gheerbrant, Dictionnaire des symboles, Paris 1969. – U. Engelen, Die Edelsteine in der dt. Dichtung des 12. und 13. Jh., München 1978. – C. Meier, Gemma spiritalis, München 1977. – K. Schreiner, »Venus« und »Virginitas«, in: Mittellat. Jb. 1967, 26–60. JMi

Sommer

Symbol des Segens und der Gnade, des jugendl. Lebens, der Lebensfreude, des Glücks und der Reife. – Relevant für die Symbolbildung sind die klimat.

Bedingungen des S., die vegetative ↗Blüte der Natur, seine Milde, aber auch seine Schwüle und Hitze.

S. ist im älteren Sprachgebrauch gleichbedeutend verwendbar mit ↗Jahr. Bei Vergil heißt es: »Denn schon ist der siebente S.,/ Der in der Irre dich rings durch Meer und Länder umhertreibt« (*Aeneis* I, 755 f.). In Ovids Analogie der Jahreszeiten mit den Lebensaltern (*aetates hominis*) symbolisiert der S. die Jugend und ihre Lebenskraft (*Metamorphosen* XV, 206 f.). – In der christl. Lit. der Frühen Neuzeit gilt der S. v. a. als Zeit göttl. Gnade und des Segens (Angelus Silesius, *Cherubinischer Wandersmann* V, 18: *Die geistlichen Jahreszeiten*). In einem populären geistl. Lied P. Gerhardts heißt es: »Gib, daß der S. deiner Gnad/ In meiner Seelen früh und spat/ Viel Glaubensfrücht erziehe!« In der Physikotheologie der Aufklärung erfährt der S. eine normative Auswertung zur vollkommensten Jahreszeit: »Wer kann fassen und begreifen,/ Was für Wunder dein Gluht,/ Durch der Früchte nützlichs Reifen,/ In dem Sommer, an uns thut?« (Brockes, *Die Sonne* XVII). – Eine Subjektivierung dieser Auszeichnung erfolgt in der Spätaufklärung und Romantik: »Der S., der S.,/ Das ist die schönste Zeit:/ Wir ziehen in die Wälder/ Und durch die Au'n und Felder/ Voll Lust und Fröhlichkeit« (Hoffmann v. Fallersleben, *Der S.*). Mit der ›schönsten‹ Zeit verbinden sich unterschiedl. Wunschträume ihrer ewigen Dauer: Träume vom allseitigen freien Wachstum (»Sorget nun in dichten Häusern,/ Daß auch hier der Wachstum frei,/ Daß den allerzartsten Reisern/ Hier ein ewiger S. sei«, Goethe, *Flora, welche Jenas Gauen*), über das erot. Versprechen (»Von Röschens Busen/ Wallet ein ewiger S. mir zu«, Schubart, *Der erste Schnee*) bis zur heilen Welt der Familie (»wenn nur in seinem eignen Hause ein ewiger S. herrscht. Das heißt nämlich: eine freundliche Frau, eine gut besetzte Tafel und ein paar lachende Freunde«, Kotzebue, *Menschenhaß und Reue* II, 2). – In der romant. Lit. wird der S. v. a. als Zeit der jugendl. Lebensfreude und weltl. Liebe besungen: »Herzlich thut mich erfreuen, die fröhliche S.-Zeit, all mein Geblüt erneuen« (*Des Knaben Wunderhorn* I, 239: *Frühlingsblumen*). Als Höhepunkt des Jahres wird er deswegen in der dt. Lyrik ebenso topisch begrüßt (»Tra, ri, ro,/ Der S., der ist do!«, *Frühlingsblumen*), wie sein Ende, oft als Ende der Liebe, beklagt wird: »Der S. ist hingefahren,/ Da wir zusammen waren –/ Ach, die sich lieben, wie arm!« (Eichendorff, *Zum Abschied*), oder: »Wer jetzt nicht reich ist, da der S. geht,/ wird immer warten und sich nie besitzen« (Rilke, *Das Stundenbuch* II). – Ein eigenes Thema bildet die S.nacht (↗Nacht/Finsternis), deren Ambivalenzen als schaurig und schön beschrieben werden, mit Todesassoziationen beispielsweise in Klopstocks Gedicht *Die S.nacht*: »Wenn der Schimmer von dem Monde nun herab/ In die Wälder sich ergiesst, und Gerüche/ Mit den Düften von

der Linde/ In den Kühlungen wehn;/ So umschatten mich Gedanken an das Grab/ Der Geliebten, und ich seh in dem Walde/ Nur es dämmern, und es weht mir/ Von der Blüthe nicht her«; so auch J. Hart, *Schwül weht herauf die heiße S.nacht.* – Die literar. Moderne stellt die überaus positive Bewertung des S. darüber hinaus in Frage. S.erfahrungen können ebenso zur Darstellung von Melancholie und Trauer dienen:»Wanderschaft durch dämmernden S./ An Bündeln vergilbten Korns vorbei« (Trakl, *Sebastian im Traum: Abend in Lans*; vgl. Mallarmé, *Tristesse d'été*).
⁊Frühling, Herbst, Jahr, Kirsche, Warten, Winter.

Lit.: Die Vier Jahreszeiten im 18. Jh., Heidelberg 1986.
GN

Sonne

Symbol des Lebens, der göttl. Erkenntnis, der Selbstreflexion, der Liebe, Christi und des Herrschers. – Relevant für die Symbolbildung sind (a) der scheinbare Lauf der S. am ⁊Himmel, (b) das S.-licht (⁊Licht) als Voraussetzung organ. Lebens, (c) die Assoziation mit Medizin und Künsten über den griech. S.gott Apollon und (d) die Bedeutung der S. als Bedingung der Möglichkeit des Sehens.

1. Symbol des Lebens. Das Licht der S. lässt sich dem Leben gleichsetzen (z. B. Vergil, *Aeneis* IV, 631), sterben bedeutet hingegen, ihr Licht verlassen zu müssen (z. B. Homer, *Ilias* XVI, 188). So wird auch die Unterwelt der griech. Antike niemals von der S. beschienen (z. B. Homer, *Odyssee* XI, 15–19). Da die S. jeden ⁊Morgen neu aufgeht, wird sie in fast allen Kulturen zum positiven Symbol, z. B. der ständigen Neugeburt (⁊Geburt) des Lebens (Plutarch, *Aetia Romana* II) oder der Auferstehung (s. a. 4.).

2. Symbol der göttlichen Erkenntnis. Leben heißt nicht nur die S. zu sehen, sondern auch von ihr gesehen zu werden. Daher wird der S. wie dem ⁊Mond ein ⁊Auge zugesprochen bzw. sie wird selbst als Auge bezeichnet (Sophokles, *Antigone* 104; Ovid, *Metamorphosen* IV, 228). Als Gott, der alles sieht und hört (z. B. Homer, *Ilias* III, 277 u. ö.; Ovid, *Metamorphosen* II, 32 u. ö.) und der bei Milton zugleich die Seele der Welt ist (*Paradise Lost* V, 171), ist die S. nicht nur in der Lit. »das strahlende Auge des Universums« (Byron, *Manfred* I, 2,10), sondern fester Bestandteil der christl. Emblematik (s. a. 5.), aber auch esoter. Bünde wie der Freimaurer und Illuminaten. Für die europ. Lit. relevant ist v. a. die platonisch inspirierte Differenzierung der S. als Symbol göttl. Erkenntnis: Ficinos *Theologia Platonica* (IX, 2; ähnlich bereits Bonaventura, *Itinerarium mentis in Deum* V, 3) unterscheidet zwischen dem Geist in aktiver Potenz, dessen ›Licht‹ er mit der S. vergleicht, der Phantasie, die Bilder hervorbringt, und dem wahrnehmenden Geist. So wie der Strahl der S. vom ⁊Wasser auf eine gegenüberlie-

gende Wand zurückgeworfen wird, so werden die vom tätigen Geist erzeugten ewigen Gestalten durch die Bilder der Phantasie reflexiv gespiegelt (⁊Spiegel; s. a. 3.) und erscheinen dem empfangenden Geist, der Wahrnehmung, nur als einzelne, endl. Gestalten. Alles, was sich zeigt, ist Brechung, Re-Flexion des ›Lichtes‹ des Geistes an den Formen der Phantasie. Das bedeutet aber auch, dass der Rückweg vom einzelnen Seienden zum unsichtbaren Sein nur durch die Aktivität der Phantasie gelingt. Im Anschluss an diese Konzeption entwickelt etwa Goethe (z. B. in der *Kronos*-Hymne) die Vorstellung von der S.haftigkeit des menschl. Auges, das gleichsam als zweiter Gott eine Welt im Kleinen neu erzeugt.

3. Symbol der Selbstreflexion. Ficino geht auf das von Platon in *Staat* (507b–509c) verwendete S.-gleichnis zurück: So wie die S. ›Ursache‹ des Auges ist, so ist das Auge wiederum ›Ursache‹ des gesehenen Objektes; diese reflexive Relation von Teil und Ganzem gilt analog für das Denken: Das Gedachte (A) verhält sich zum Denken (B) wie das Denken zum Guten (C), das die Einheitsermöglichung von Denken und Gedachtem (A+B) bildet: A:B = B:(A+B). Damit bestimmt Platon das Gute weder als Substanz noch als ›Moral‹, sondern als Relation einer Relation von Relationen, deren Maß dem Goldenen Schnitt entspricht, ein für die Lit. insofern relevanter Aspekt, als in zentralen Texten wie Friedrich Spees *Trutznachtigall*, Jean Pauls *Die unsichtbare Loge* oder Hölderlins *Der Einzige* die S. nicht als poet. Element auftaucht, sondern die *dispositio* des literar. Textes nach dem S.gleichnis gebildet ist. Symbol solcher Selbstreflexion ist die S. aber auch in den Kontexten der literar. Moderne, wenn diese einerseits, v. a. bei Kafka, Gleichnisse von Gleichnissen erzeugt oder andererseits die S. ihrer trad. Bildlichkeit entfremdet (z. B. Kafka, *Der Kübelreiter*; C. Einstein, *Vathek*; um die Sprache selbst als die S. zu verstehen (R. Walser, *Die dt. Sprache*). Brochs *Tod des Vergil* begreift schließlich den literar. Text als S., die sich durch die Spiegelung im Prätext der Vergilschen *Aeneis* als eitler Traum und als Trugbild (*simulacrum*) darstellt; im Schlussbild der stürzenden S. bezeichnet und negiert sich bei Broch die Dichtung selbst.

4. Symbol der Liebe. Die Korrelation von S. und Liebe ist zunächst eine indirekte. Die ständige Neugeburt der S. steht in scharfem Kontrast zum menschl. Leben, das als endl. ›Licht‹ verstanden auf seine unendl. Nacht hin zueilt. Unter diesem Aspekt drängen röm. Lyriker wie Catull und in ihrem Gefolge eine Vielzahl späterer Autoren auf ein erot. *carpe diem*: Da die Lebenszeit zu kurz ist, sollen die jeweiligen Geliebten sofort mindestens tausend Küsse geben (Catull, *Carmina* V; vgl. Lessing, *Die Küsse*). In Petrarcas *Canzoniere* werden dann, im Anschluss an die augustin. Illuminationslehre und vielfach nachgeahmt im europ. Petrarkismus, die Augen der Geliebten als S. dargestellt (z. B. CXXXIII: *Amor m'à posto come segno a strale*), die einerseits Leben und (Selbst-)Erkenntnis des Dichters ermöglichen, andererseits aber durch die Intensität ihrer Strahlung auch gefährlich werden können (Opitz, *Sonnet von der Liebsten Augen*). Die S. kann aber auch selbst zum Liebhaber werden: So spielt Milton auf den antiken Mythos an, nach dem die S. »the lusty Paramour« (*Ode on the Morning of Christ's Nativity*), der Liebhaber der ↗Erde, ist.

5. Symbol Christi. Das Christentum verwendete die außerbibl. S.symbolik v. a. zur Auslegung von Tod und Auferstehung Christi: Christus als treuer Wachender im Bild des ↗Löwen, der nach der antiken Naturkunde (*Physiologus*: »Vom Löwen«) wie die S. nie seine Augen schließt, oder Christus als Auferstandener, der wie der ↗Phönix nach Heliopolis fliegt, um sich in der Verbrennung zu verjüngen, oder Christus als Herrscher im Bild des ↗Adlers (dem ursprüngl. Symbol der Herrschaft der S.), wie noch bei Hoffmannswaldau: »Mein Adler leite mich mit Freuden zu der S./ Die allzeit scheinen sol/ und der kein Glantz gebricht/ Wo der verklärte Leib in unzertrenner Wonne/ Mit Gott verbunden wird durch Ewigkeit und Licht« (*BußGedancken*). Andere Applikationen sind: So wie der Glaube an mehrere S. unvernünftig ist, ist es ketzerisch, an mehrere Götter zu glauben. Wie die S. ist Gott unanschaubar, beide verbergen sich in ihrem eigenen Licht; wer sie dennoch anschauen will, wird von ihrem Licht geblendet und wird blind (Dante, *Divina Commedia*: »Purgatorio« XVII, 57; ↗Blindheit). Daher ist Gott nur in seiner Schöpfung sichtbar und lässt sich, wie sich die S. im Wasser spiegelt, nur in seinen Werken erkennen (s. a. 2.).

6. Symbol des Herrschers. Polit. Symbolbildungen in der emblemat. Trad. sind etwa (HS, 11–30): So wie die Welt an einer S. genug hat, so kann ein Reich auch nur einen Herrscher haben. Der vorbildl. christl. ↗Fürst soll in dieser Welt Ebenbild Gottes als S. im polit. Himmel sein. S. und Fürst als S. des Reiches erleuchten alles, die S. mit ihren Strahlen, der Fürst mit Verstand und Tugend. Manchmal werden komplexere Verhältnisanalogien gebildet, z.B: Was die S. dem Himmel, das ist das ↗Herz dem Körper, und so soll der Fürst seinem Reich sein. Bes. die untergehende S. wird auf den Tod eines Fürsten bezogen, sei es, dass nach dessen Tod erst durch die einbrechende ↗Finsternis seine Tugend erfahrbar wird (Seneca, *Ad Marciam* XVI, 8), sei es, dass er als endl. Mensch so handeln soll, dass über seinen Tod (↗S.untergang) hinaus seine guten Taten in der Zukunft wirksam bleiben (↗S.aufgang). Die hinter ↗Wolken verborgene S. symbolisiert die Beständigkeit des Fürsten, der wie sie immer und überall derselbe sein soll. Im 18. Jh. wird die ›alte‹ S. als Zentralsymbol der Macht unter Ludwig XIV. durch die ›neue‹ S. der Frz. Revolution

abgelöst. Noch im 19. Jh. stilisiert B. v. Arnim u. a. in ihrem Gedicht *Petöfy dem S.gott* ausgehend von den Gedichten von Petöfi (*Ich und die S.*, *An die S.*) die ideale Beziehung zwischen König und Volk im Bild der S.

↗Greif, Licht, Löwe, Mond, Schiff, Stern, Ulme.

Lit.: A. Honold, Hölderlins Kalender, Berlin 2005, 132–286. – H. Koopmann, Freiheitssonne und Revolutionsgewitter, Tübingen 1989. – G.H. Lemke, S., Mond u. Sterne in der dt. Lit. seit dem MA, Bern 1981.

ChS

Sonnenaufgang ↗Morgenröte/Sonnenaufgang.

Sonnenblume

Symbol der Treue zu Gott, aber auch der Vergänglichkeit und des Todes. – Relevant für die Symbolbildung sind (a) die Eigenschaft der S., dem Lauf der ↗Sonne zu folgen, (b) ihr der Sonne ähnl. Erscheinungsbild und (c) der Zeitpunkt ihrer Blüte im ↗Sommer und frühen ↗Herbst.

Bei Ovid (*Metamorphosen* IV, 256 ff.) wird Clytië, die in Phoebus Apollo verliebt ist, nach neun Tagen der regungslosen Anbetung des Geliebten in eine ↗Blume verwandelt, die ihr Antlitz nach der Sonne kehrt und deren Lauf folgt (ähnlich auch Hölty, *Clytia und Phoebus*; Geibel, *Die S.*). Größere Bedeutung erlangte die S. v. a. in der Emblematik des ausgehenden 16. und beginnenden 17. Jh. als Sinnbild der Treue zu Gott, da sie mit ihrer Blüte stets des Sonne folgt (Camerarius: *Symbolorum et emblematum ex re herbaria desumtorum* IL; so auch Tersteegen, *Fromme Lotterie* CLXXIX: *Eine S.*). In dieser Trad. stehen noch Wackenroder und Tieck (*Herzensergießungen eines kunstliebenden Klosterbruders*, »Die Größe des Michelangelo Buonarotti«), Goethe (*Die Wahlverwandtschaften* II, 3) und Grün (*Fünf Ostern*). In Brittings Gedicht *Die S.* hingegen wird die Hinwendung der S. zur Sonne gleichsam naturalisiert, indem sie als Symbol für den Lauf der Sonne selbst gebraucht wird. – Eine weitere Bedeutungsebene eröffnet sich in der Moderne, insbes. bei Trakl, der in einigen Gedichten die – meist im Verblühen begriffenen – S. als Symbole für den vergangenen Sommer und den darauf folgenden Niedergang des Jahres einsetzt (*Die S.*; *Im Herbst*, ähnlich auch Müller-Jahnke, *Tote Blumen*; Huchel: *Herkunft*: *Herbst der Bettler*). Die gezielte Kombination dieser Verfallsthematik mit Krankheit und Tod erschließt die S. die Bedeutung als Totenblume (Trakl: *Unterwegs*; *Afra*). Flex verwendet entsprechend die S. in *Wanderer zwischen beiden Welten* als ↗Grabbeigabe und -schmuck für den im Krieg gefallenen Freund. Beide Symbolbereiche werden verknüpft in Blakes Gedicht *Ah! Sun-Flower*: Die S. wendet sich nach der Sonne und zählt damit die Zeit, die verrinnt, bis die Lebensreise vollendet ist. In seltenen Fällen findet die S. auch in der Idylle Verwendung; hierbei dient sie als

Gartenblume v. a. als Requisit häusl. Beschaulichkeit (Dauthendey, *S.*). – Eine polit. Komponente eröffnet sich in Méndez' Roman *Die blinden S.* (IV), in dem die Opfer des span. Bürgerkrieges mit »blinden S.« verglichen werden, die ihre »Richtung verloren« haben, da sie sich nicht mehr ohne Zweifel nach der polit. Obrigkeit richten können.
↗Blume, Sonne.   BHo

Sonnenuhr ↗Uhr.

Sonnenuntergang ↗Abendröte/Sonnenuntergang.

Sonntag

Symbol des Glücks, der Ruhe und der Andacht, der zykl. Erneuerung und einer saturierten Ordnung und Lebensführung sowie ihrer revolutionären Überwindung. – Relevant für die Symbolbildung sind (a) die Projektion der Wochentage in den Symbolkreis um die ↗Zahl ↗Sieben, wobei in vielen Sprachen (so im Dt. und Engl.) noch die Assoziation mit der ↗Sonne hinzukommt, (b) die herausragende Bedeutung des S. in der christl. Welt sowie (c) die Stellung des S. im Arbeitsleben v. a. der bürgerl. Gesellschaft.

1. Symbol des Glücks, der Ruhe und der Andacht. Der S. – ›Tag der Sonne‹ (ahd. *sunnun tag*, lat. *dies solis*) oder auch ›Tag des Herrn‹ (Jesus Christus) (lat. *dies domenica*, gr. *kyriaké hēméra*) bzw. ›Herrntag‹ (*frôn(o)tag*) – gilt mitunter als der siebte Wochentag (Deutschland), nach der jüd.-christl. Trad. markiert er indes den ersten Tag der siebentägigen Woche. Als Festtag begangen, tritt der S. an die Stelle des jüd. Schabbat, jenes Ruhetags, mit dem die jüd. Woche endet (Gen 2,2). In den vorrangig christlich geprägten Kulturen ist der S. der wöchentl. Ruhe- und Feiertag, an dem in fast allen Kirchen der Gottesdienst gefeiert wird: die Auferstehung Christi (↗Ostern) »am ersten Tag der Woche« (Joh 20,1). Der S. verdient daher besonderen Respekt: »Ist das eine Armee von Christen?/ Sind wir Türken? sind wir Antibaptisten?/ Treibt man so mit dem S. Spott« (Schiller, *Wallensteins Lager* VIII). Einem an einem S. Geborenen wird eine besondere Aura zugesprochen (z. B. Wieland, *Die Abenteuer des Don Sylvio von Rosalva* I, 3, 2). Die Verknüpfung von Andacht und Erlösung hat zur Herausbildung des S. als paradoxes »Glücksmotiv transzendentaler Diesseitigkeit« (Berg 1998, 472) geführt: »Mir war es wie im ewiger S. im Gemüte« (Eichendorff, *Aus dem Leben eines Taugenichts* I). Als Tag der Andacht und (insbes. seit dem 17. Jh.) als der Tag, an dem die Arbeit ruht, wird der S. mit Erholung und Momenten der Besinnung (z. B. Goethe, *Wilhelm Meisters Wanderjahre* I, 7), aber auch der Befreiung, ja der Erlösung assoziiert. V. a. die Romantik beginnt den S. zu thematisieren. Als siebter Sohn (↗Kind) der Woche nimmt zwar in

C. Brentanos allegor. *Märchen von dem Baron von Hüpfenstich* die Personifikation des S. die Gestalt eines Erlösers an; indes überwiegt der Bezug zur Arbeitswoche (Eichendorff, *S.*). Dem S. eignet daher eine bes. Entrücktheit (A. v. Arnim, *Die Kronenwächter* I, 3). Eine iron. Umkehrung des ›Glücksmotivs‹ findet sich etwa in dem Titel von Semprúns Roman über die Situation der Häftlinge im KZ Buchenwald (*Quel beau Dimanche!*). In der bürgerl. Welt wird der S. auch mit dem andächtigen, quasi-relig. Genuss von Kulturgütern assoziiert (Hegel, *Solgers nachgelassene Schriften und Briefwechsel* II). Goethe bestimmt den S. als den Tag der Reflexion, »wo alles, was den Menschen drückt, in relig., sittl., geselliger, ökonom. Beziehung, zur Sprache kommen muss (*Wilhelm Meisters Wanderjahre* I, 7). In dieser Bestimmung des S. scheint auch wieder sein spiritueller Grund auf: »Und bin ich auch wie Laub und Lehm,/ sooft ich bete oder male/ ist S., und ich bin im Tale/ ein jubelndes Jerusalem« (Rilke, *Das Stundenbuch*: »An den jungen Bruder«). Die Wirkungsmacht des S. zeigt sich auch darin, dass selbst der Schiffbrüchige (↗Schiff) auf seine Einhaltung pocht (Defoe, *Robinson Crusoe* I, 6).

2. Symbol zyklischer Erneuerung. Der S., mit dem die Arbeitswoche endet bzw. der einer solchen vorausgeht, steht für die zykl. Erneuerung und den Erhalt der Ordnung (z. B. Goethe, *Die Wahlverwandtschaften* I, 9). Bes. Bedeutung kommt daher dem S. in der ländl. Bevölkerung, der Unterschicht und dem (klein-)bürgerl. Milieu zu (Moritz, *Anton Reiser* I). Es ist, gegen seine ursprüngl. Bestimmung als hl. Tag der Andacht, in diesen Schichten auch der Tag, der mit dem außergewöhnl. Genuss von ursprünglich knappen Nahrungsmitteln (›S.braten‹; ↗Mahl, ↗Essen/Verzehren) und Verausgabung (z. B. Rummelplatzbesuch, erhöhter Alkoholgenuss) gleichgesetzt wird: »Am Montag/ Muß versoffen seyn,/ Was S./ Uebrig war vom Wein (A. v. Arnim/C. Brentano, *Des Knaben Wunderhorn*: *Rechenexempel*). So huldigt auch Baudelaire dem sonntägl. Trinker (*Les fleurs du mal*: *L'âme du vin*). Als Tag des gemeinschaftl. Kirchgangs und Feierns kann der S. auch ein ambivalentes Moment des Suspendierens von Klassen- und Standesunterschieden meinen (A. v. Arnim, *Die Kronenwächter* I, 4). Indes ist der S. als Symbol zykl. Erneuerung auch Garant einer bestehenden sozialen Ordnung. In Kafkas Roman *Der Proceß* muss sich der Angeklagte immer an einem S. einfinden, um ihn »in seiner berufl. Arbeit nicht zu stören« (II). Dabei steuert dieser gerade deshalb seinem sozialen Tod entgegen, weil er keine Einladung mehr anzunehmen vermag. Kierkegaard rückt den S. ins Zentrum seiner Überlegungen zur falschen (›ästhetischen‹) Nachahmung sozialer Rituale und dem echten Ernst der von tiefer Einsicht getragenen Wiederholung (*Der Begriff der Angst* II).

3. *Symbol einer saturierten Ordnung und Lebensführung sowie ihrer revolutionären Überwindung.* Mit dem Aufkommen des Bürgertums wird der S. zum Inbegriff einer wohlgeordneten Welt, in der jedoch die sozialen Unterschiede bes. deutlich hervortreten:»Das Leben der Vornehmen ist ein langer S.: sie wohnen in schönen Häusern […]; das Volk aber liegt vor ihnen wie Dünger auf dem Acker« (Büchner, *Der hessische Landbote*). Der Glückszustand, den der S. symbolisiert, bleibt dem Großbürgertum und der Aristokratie vorbehalten. Für den Kleinbürger zementiert das sonntägl. Essen mit seinem Ritual die soziale Ordnung, in die Altenberg jedoch die Revolution mit Macht hereinbrechen sieht:»›Eine ›falsche Suppe‹, am S.…?!‹ ›Ja, einmal eine falsche…‹, sagte Robespierre und verliess triumphirend die Tribüne« (*Wie ich es sehe*). Die Subversion des S. gerät zum revolutionären Akt schlechthin, dessen Vorbild Stirner in der Gestalt Christi sieht:»Wir kennen den revolutionären Neuerer und respektlosen Erben wohl, der selbst den Sabbat der Väter entheiligte, um seinen S. zu heiligen, und die Zeit in ihrem Laufe unterbrach, um bei sich mit einer neuen Zeitrechnung zu beginnen« (*Der Einzige und sein Eigentum*). In Sartres *La Nausée* erfährt der Protagonist unter den Bürgern einer sonntägl. frz. Provinzstadt seine völlige Isolation (»Dimanche«). In der Trad. von Kierkegaard und Kafka verwandelt Sartre dabei den S. in eine Chiffre der Melancholie und des Absurden. E. Bloch konstatiert für diese Form des S. »bodenlose Langeweile, kleinbürgerlich-höllische Abstands-Utopie vom Sabbat im Sabbat selbst; der S. gerät nur noch als gequälte Forderung, nicht mehr als kurzes Geschenk aus Gelobtem Land« (*Das Prinzip Hoffnung* II.40: »Maler des gebliebenen S.«). Der S. trägt damit die Widersprüchlichkeit (klein-)bürgerl. Ordnung in sich, die in jedem Augenblick umzuschlagen vermag: »Am S. fällt ein kleines Wort im Dom,/ Am Montag rollt es wachsend durch die Gasse,/ Am Dienstag spricht man schon vom Rassenhasse,/ Am Mittwoch rauscht und raschelt es: Pogrom!« (Klabund, *Die Harfenjule*).

↗Freitag, Sieben, Sonne.

Lit.: W.B. Berg, Der literar. S., Heidelberg 1976. – ders., Der literar. S. und kulturelles Gedächtnis, in: Romanische Forschungen 110 (1998), 456–477. – T.R. Kuhnle, Le sérieux du dimanche: prolégomènes à une lecture du ›Lundi existentiel‹, in: Cahiers Benjamin Fondane 14 (2011), 50–72. TRK

Sparta

Symbol der Disziplin, des Patriotismus, des Totalitarismus, aber auch der Schönheit und des Körperkults. – Relevant für die Symbolbildung sind (a) die Lebensweise der Spartaner und (b) ihre staatl. Organisation.

1. *Symbol der Disziplin.* Die Spartaner gelten als Inbegriff des »einfach und sparsam lebenden Menschen« (DWb XVI, 1957). Lakonisch ist auch ihre Sprache, d. h. kurz und schlagfertig (Plutarch, *Doppelbiographien* I, Lykurg, 19; Grimmelshausen, *Der Teutsche Michel* VIII). S. wird, in Konkurrenz zu ↗Athen, für die strenge Erziehung und Fixierung auf das Kriegswesen kritisiert (Thukydides, *Totenrede des Perikles*), andererseits für seine innenpolit. Stabilität gerühmt (Platon, *Gesetze* 691c–692c; Xenophon, *Die Verfassung der Spartaner*). – Rousseau funktionalisiert das polit.-eth. Modell S. für eine Kritik an der frz. Aufklärung: Im Kontrast zu Athen, das Zivilisation und Korruption verkörpert, symbolisiert S. Männertugenden wie Disziplin und Tapferkeit (*Discours sur les sciences et les arts*, 1750; ↗Mann). Selbstbeherrschung und Kaltblütigkeit der Spartaner werden heroisiert (Rousseau, *Émile* II; Jean Paul, *Auswahl aus des Teufels Papieren* III, 11: Epilog), ihre »unmenschliche Härte« aber auch verurteilt (Hegel, *Vorlesungen über die Philosophie der Weltgeschichte* 2, III, 3, 3). In Gottscheds Drama *König Agis* wird das Spartanertum mit Qualitäten des empfindsamen Bürgers eingefärbt: »Die edle Mässigkeit, der sich sein Herz ergeben,/ Hiess ihn, als König, doch nach Art der Bürger leben« (1579 f.).

2. *Symbol des Patriotismus.* Chiffre der spartan. Aufopferungsbereitschaft ist die von Herder (*Ideen zur einer Geschichte der Menschheit* XIII, 4) und Schiller (*Der Spaziergang*) zitierte Grabschrift der Spartaner von Thermopylä: »Wanderer, kommst du nach S., verkündige dorten, du habest/ Uns hier liegen gesehn, wie das Gesetz es befahl.« In Bölls Kriegserzählung *Wandrer kommst du nach Spa* von 1947 wird der Spruch zum Symbol der von der NS-Diktatur instrumentalisierten humanist. Bildung, die zur krieger. Erziehung der dt. Jugend und ihrem sinnlosen ↗Sterben beitrug.

3. *Symbol des Totalitarismus.* Stellt die spartan. Verfassung für Schiller in seiner Vorlesung über *Die Gesetzgebung des Lykurgus und Solon* (1789) zunächst »ein vollendetes Kunstwerk« dar (»Lykurgus«), erscheint S. aus humanist.-moral. Perspektive jedoch als ein verwerfl. Projekt: »die Gesetze des Lykurgus waren eiserne Fesseln« (*Die Gesetzgebung des Lykurgus und Solon*: »Solon«); der spartan. Staat, so Hegel in den *Vorlesungen über die Philosophie der Weltgeschichte*, ist ein »Sklavenschiff« (2, III, 3, 3). In Benns Essay *Dorische Welt* (1934) zeigen sich deutl. Parallelen zwischen S. und dem nationalsozialist. Utopie: »Ihr Traum ist Züchtung und ewige Jugend, Göttergleichheit, großer Wille, stärkster aristokratischer Rassenglaube, Sorge über sich hinaus für das ganze Geschlecht.«

4. *Symbol der Schönheit und des Körperkults.* In S. sieht Winckelmann das normative griech. Körperideal modellhaft verwirklicht (*Gedanken über die Nachahmung der Griechischen Werke in Malerei*

und Bildhauerkunst, 1755). Es gilt als Ursprung griech. Trad. und Lyrik (F. Schlegel, *Von den Schulen der griechischen Poesie*; Benn, *Dorische Welt*), ist Heimat der Helena und damit der Schönheit selbst (Goethe, *Faust II* III: »Vor dem Palaste des Menelas zu S.«). Die dor. Menschen streben nach dem Schönen, was sich in ihrem Körperkult (F. Schlegel) und der »erotischen Mystik« der »dorischen Knabenliebe« äußert; schließlich erscheint die Verfassung von S. selbst als ein »Kunstwerk aus einem Guß« (Benn, *Dorische Welt*).
↗Athen, Mann.

Lit.: K. Christ, S.forschung und S.bild, in: ders., Griech. Geschichte und Wissenschaftsgeschichte, Stuttgart 1996, 9–57. – E. Rawson, The Spartan Trad. in European Thought, Oxford 1991. – V. Losemann, Art. S., in: Der Neue Pauly, hg. v. H. Cancik/H. Schneider, Bd. 15.3, Stuttgart/Weimar 2003, 153–172.   SSch

Spatz / Sperling

Symbol der Liebe, Sexualität und Unkeuschheit, des Lebens auf Kosten anderer und des unsteten Lebenswandels, des mittelmäßigen Dichters, aber auch der Friedfertigkeit, Bescheidenheit und Armut, der polit. Opposition und der Revolution. – Relevant für die Symbolbildung sind (a) die Paarungsfreudigkeit des S., (b) seine große Verbreitung, (c) seine Lebensweise als Kulturfolger und als (d) Besiedler fremder Nester, (e) seine Streitlust, (f) seine Genügsamkeit und (g) sein unauffälliges Federkleid.

1. Symbol der Liebe, Sexualität und Unkeuschheit. Der S. zieht den Wagen der Aphrodite/Venus (Sappho, *Ode an Aphrodite* 10; Apuleius, *Metamorphosen* VI, 6; Abschatz, *Anemons und Adonis Blumen*: *Wer will hinfort beständig bleiben*; Karsch, *An den May*) und steht für ungetrübte Liebesfreuden (Catull, *Carmina* I; Hagedorn, *Fabeln und Erzählungen*: *Der Stieglitz und der Sperling*; Weiße, *Scherzhafte Lieder*: *Der Sperling*), aber auch für die Vergänglichkeit der Liebe (Catull, *Carmina* II; Heinse, *Erzählungen für junge Damen und Dichter* VIII: *Die Undankbarkeit des männl. Geschlechts*; Hartleben, *Annemarie*). Für Cicero ist die Lüsternheit des S. sprichwörtlich (*De finibus* II, 23; vgl. Juvenal, *Satiren* IX, 45; Chaucer, *Canterbury Tales*: »General Prologue« 626; Sidney, *First Eclogues* X, 79; Marlowe, *Hero and Leander*: »First Sestiad«; Hans Deisinger, *V. Predig/Uber das III. Capitel/Deß Predigers Salomo*). Bei Catull bezeichnet er das Liebesspiel, aber auch das männl. Geschlechtsteil (↗Phallus) (*Carmina* II, 1, 3; unter Akzentuierung der obszönen Bedeutung Martial, *Epigramme* I, 71–73; vgl. Juvenal, *Satiren* VI, 8; auch Jacobi, *An den Geheimenrath Klotz*). In Lastervogelserien in deutschsprachigen geistl. Texten des Spät-MA steht gewöhnlich der S. für Unkeuschheit (S. Fridolin, *Schatzbehalter* LXVI), später allerdings auch für

Dezenz in sexuellen Dingen (Hippel, *Lebensläufe nach aufsteigender Linie* III, 2: »Alexandrien«). Unter Bezugnahme auf die antike Tradition thematisiert Grünbein den S. im Sinne einer Entzauberung der Liebe in der urbanen Gesellschaft (↗Stadt) (*Falten und Fallen*: »Nach den Fragmenten«; vgl. W.C. Williams, *The Sparrow*; C. Goll, *Memoiren eines Spatzen des Jahrhunderts*). In iron. Umkehrung symbolisiert der S. ehel. Treue und Familienglück (Heine, *Neuer Frühling* IX; *Aphorismen und Fragmente*; Weerth, *Leben und Taten des berühmten Ritters Schnapphanski* IV: »Die Diamanten«).

2. Symbol des Lebens auf Kosten anderer und des unsteten Lebenswandels. Luther verwendet den verfressenen, dieb. und unkeuschen S. als Bild für die in seiner Zeit beargwöhnten Bettelmönche des Barfüßerordens (*Tischreden von den Mönchen, ihrem Leben und guten Tagen*: »Wie zween Mönche, ein Barfüßer und ein Prediger, wider einander gepredigt hatten«; vgl. Hans Winter, *art der sperling vnd barfüsser Mönch*); Vergleichspunkt ist das an deren ↗graue Kutten (↗Kleidung) erinnernde unauffällige Federkleid. Bei Abraham a Sancta Clara offenbart das Tschilpen des S.: »Dieb, Dieb, Dieb« seinen Charakter (*Judas der Erzschelm* I; III; vgl. A. v. Arnim, *Das Federspiel*: »Ff Fink«; Hippel, *Lebensläufe nach aufsteigender Linie* I: »Im Garten«). Bei Gleim stiehlt der S. das Futter der ↗Taube (*Fabeln* II, 6: *Ein Sperling und eine Taube*). Unter den dieb. Tieren steht der schlaue, pragmat. S. der unbedachten, prahler. ↗Elster gegenüber (Gellert, *Der Sperling und die Elster*). Unter Verbindung von 1. und 2. wird der S. auch zum Dieb des ↗Herzens oder der Unschuld (Bierbaum, *Frühlingsepistel*; Schubart, *An Lucia*). Im 19. Jh. symbolisiert der S. den unmoral. Lebenskünstler, der andere für sich arbeiten lässt, dabei aber sozialen Abstieg riskiert (Laube, *Monaldeschi* I, 4; W. Busch, *Spatz und Schwalbe*; Kurz, *Der Sonnenwirt* I; Hebbel, *Der Sperling am Fenster*). Schon früher steht er auch für den Lebenswandel des Unbehausten (Picinelli, *Mundus symbolicus* IV, 49; Camerarius, *Symbola et Emblemata* III, 84; Hieronymus Lauretus, *Sylva allegoriarum*: »passer«; Groth, *Quickborn*: »Spatz«). Die Symbolik findet sich auch im Sinne unsteter Freundschaft (B. v. Arnim, *Goethes Briefwechsel mit einem Kinde* III: »Im Juli«) und übler Nachrede (Gleim, *Fabeln* II: »Der Sperling und die Nachtigall«).

3. Symbol des mittelmäßigen Dichters. Martial stellt der Lyrik seines Zeitgenossen Catull als S. seine eigenen Werke als langlebigere Taube gegenüber (*Epigramme* I, 71). Misslingende Aemulatio symbolisiert der S. bei Lessing (*Fabeln* II, 21: *Die Traube*; *Fabeln und Erzählungen* I: *Der Sperling und die Feldmaus*), bei F. Schlegel steht er allgemein für schlechte Dichter (*Scherzgedichte*: *Die neue Schule*). Herder vergleicht die ↗Nachtigall als Symbol des leidenden Genies mit dem fröhl., aber genielosen S.

(*Der verschiedene Gesang*; vgl. Kempner, *Vogelin-Prinzeß*; Vergleiche mit anderen Vögeln als Dichter-Symbole bei Gleim, *Fabeln* III, 26: *Der Sperling und der Dichter*, ⁊Lerche; Blumauer, *Die Autorpolitik*, ⁊Adler; Altenberg, *Revolutionär*: »Genesung«, ⁊Phönix; Eichrodt, *Leben und Liebe*, verschiedene Vögel). Herwegh wendet die Symbolik im Sinne schlichter, ungekünstelter Dichtung (*Lieder eines Lebendigen*: *Dt. und frz. Dichter*; vgl. schon Lessing, *Fabeln* I, 19: »Der Sperling und der Strauß«). Bei Börne steht der S. auch für den ungerechten Kritiker (*Briefe aus Paris* II; vgl. Thoma, *An die Kritiker*). Die Bedeutung von sozialem Kapital für wenig nachhaltigen literar. Erfolg verbildlicht Blumauer im S., der im Gefieder des ⁊Adlers nistet (*Die Autorpolitik*). Im 20. Jh. wird die Symbolik aufgegriffen, oft unter Bezugnahme auf aktuelles, teilweise auch als minderwertig qualifiziertes literar. Schaffen (Tucholsky, *Die Reihenfolge*, vgl. schon Grillparzer, *Epigramme*: »An B.«).

4. Symbol der Friedfertigkeit, Bescheidenheit und Armut. In der Bergpredigt ist der S. Symbol der Geringsten und Elendesten, die dennoch unter Gottes Schutz stehen (Mt 10,29; Lk 12,6; vgl. Claudius, *Täglich zu singen*). Schon im AT steht der S. für Gottvertrauen (Ps 84,4), dann auch für die Verbindung von Göttlichem und Menschlichem in Christus oder von Körper und Seele (Hieronymus Lauretus, *Sylva allegoriarum*: »Passer«) und für den Tierfrieden (Jes 11,6–8; vgl. Vergil, *Bucolica* IV, 21–24). Die Dankbarkeit des S. ist auch in der jap. Lit. sprichwörtlich (*Shita-kiri suzume*, dt. *Spatz mit der zerschnittenen Zunge*). Die geringe Größe des S. macht ihn zum Symbol für Genügsamkeit (Abraham a Sancta Clara, *Judas der Erzschelm* VI; VII; Zuckmayer, *Lob der Spatzen*) und für ein bescheidenes, aber erreichbares Ziel (Lessing, *Der junge Gelehrte* III, 1; Wieland, *Die Abenteuer des Don Sylvio von Rosalva* I, 1, 11; Gotthelf, *Uli der Pächter* IX; *Geld und Geist* II; Immermann, *Münchhausen*: »Der wilde Jäger« IV; Börne, *Aphorismen und Miszellen* CCXXXIII; Keller, *Der grüne Heinrich*, 1. Fassung, II, 7; Freytag, *Die Ahnen*: »Marcus König: Auf der Heide«; Kafka, *Brief an den Vater*; S. Peale, *Die amerikan. Malerin Emma Dial*; Nöstlinger, *Der Spatz in der Hand*). Logau vergleicht den unhöf. Menschen, der von der Hand in den Mund lebt, mit dem S. (*Sinngedichte* III, 5, 74: »Ein Sperling«). Ebenso wie für prekäre Lebensverhältnisse, für Obdach- und Heimatlosigkeit (Gleim, *Fabeln* IV, 23: *Die Sperlinge*; Auerbach, *Der Lehnhold*: »Ein nächtiger Gang bis daß es tagt«; Morgenstern, *Drei Spatzen*) steht er für die Reiseunlust des einfachen Menschen (Anzengruber, *Die Kreuzelschreiber* III, 3).

5. Symbol der polit. Opposition und der Revolution. Der S. bezeichnet schon im 18. Jh. den der Obrigkeit ausgelieferten Untertan (Bürger, *Zum Spatz, der sich auf dem Saale gefangen hatte*; vgl. Ringelnatz, *Flugzeuggedanken* III: »Großplatztau-

ben«). Im Kontext des Jungen Deutschland und der polit. Dichtung des Vormärz wird die S. zum Symbol für den, der sich gegen seine Unterdrücker erhebt (Laube, *Das junge Europa* III, 3; *Monaldeschi* I, 4: »Valerius an Hippolyt«; vgl. noch Löns, *Junglaub*: »Der Spatz«). Freiheit und Gleichheit repräsentiert er bei Hoffmann v. Fallersleben (*Kinderlieder*: *Der Spatz in seiner Würde*). Bei Heine wird er in iron. Wendung zum Symbol der Utopie eines diesseitigen Paradieses (⁊Garten) (*Deutschland. Ein Wintermärchen* I). Bleibtreu lässt den S. polit. Debatten führen (*Größenwahn* VIII: »Spatzen-Verschwörungen«). Bei H. Essig wird die Opposition von S. und ⁊Nachtigall auf den Bereich frauenpolit. Interaktion bezogen (*Der Frauenmut* I; s. 3.).

⁊Adler, Elster, Nachtigall, Phönix, Schwalbe, Taube.

Lit.: HdA VIII, 235–256. – DLS, 197 f. – D. Schmidtke, Lastervögelserien, in: Archiv für das Studium der neueren Sprachen und Literaturen 212 (1975), 241–264.

JSt

Sphärenharmonie ⁊Naturmusik/Sphärenharmonie.

Sphinx

Symbol der Macht, des Rätsels und des Todes. – Relevant für die Symbolbildung ist die Zusammensetzung der S. aus menschl. ⁊Gesicht und ⁊Löwenkörper.

Die S. begegnet im alten ⁊Ägypten als Mischwesen mit menschl. Gesicht und Löwenkörper, das seit Chephren (ca. 2600 v.Chr.) zumeist Herrscher und Herrscherinnen darstellt und ihre gottmenschl. Macht symbolisiert (s. a. HS, 1790 f.). In der griech. Mythologie erscheint die S. sehr oft als ⁊Frau mit geflügeltem Tierkörper (Demisch, 78–82). Bestimmend für die literar. Trad. wird ihr Auftreten im Ödipus-Mythos, wie er im *König Ödipus* des Sophokles literarisch ausgestaltet vorliegt. Bereits hier wird die S. in der Ambivalenz ihres Rätsel- und Todescharakters greifbar: einerseits rettet Ödipus Theben durch die Lösung des Rätsels der S. vor der Pest, andererseits leitet er die Kette der Ereignisse ein, die zu seinem eigenen Untergang führen. Zugleich symbolisiert das Rätsel und seine Lösung: »Was geht morgens auf vier, mittags auf zwei und abends auf drei Beinen?« »Der Mensch«, die »Menschheitsfrage« (KLS, 412) schlechthin. Gehört die S. in Goethes *Faust II* (7114 ff.) zum Inventar der klass. Walpurgisnacht, verknüpft Heine in der *Vorrede zur dritten Auflage* des *Buchs der Lieder* mit ihr Rätsel- und Liebessymbolik: »Dort vor dem Tor lag eine S.,/ Ein Zwitter von Schrecken und Lüsten«; eine Verbindung, die auch in Wildes Poem *The S.* (1894) aufgenommen und in seiner Erzählung *The S. Without a Secret* (1891) ironisiert wird. Im 20. Jh. findet sich die Symbolik der S. sowohl als

Titel für Gedichtzyklen (so Herrera y Reisigs *La torre de las esphinges*, 1909; Espina y Tagle, *La esphinge Maragata*) als auch im experimentellen und postmodernen Roman (D.M. Thomas, *S.*; A. Garréta, *S.*).

↗Ägypten, Gesicht, Löwe.

Lit.: KLS, 411 f. – E. Cook, Enigmas and Riddles in Literature, Cambridge 2006. – H. Demisch, Die S., Stuttgart 1977. – A.Ph. Durand, Discothèques, in: Atelier du Roman, 18 (1999), 126–134. – W. Rösch-von der Heyde, Das S.-Bild im Wandel der Zeiten, Rahden 1999. OE

Spiegel

Symbol der Erkenntnis, der Reinheit und der künstler. Produktivität, aber auch des Hochmuts, der Eitelkeit und des Todes. – Relevant für die Symbolbildung sind (a) der Glanz und (b) das genaue oder verzerrte Reflektieren von Bildern auf der S.oberfläche.

1. Symbol der Erkenntnis und Selbsterkenntnis, des Hochmuts, der Eitelkeit und des Todes. In der philosoph. Auslegung als *speculum mundi, speculum vitae, speculum naturale* oder *speculum historale* symbolisiert der S. die wechselseitigen Beziehungen zwischen phys. und metaphys. Welt. Ausgangspunkt ist die (spät-)antike Vorstellung, sichtbare Schöpfung und menschl. Seele seien S. Gottes bzw. des Göttlichen (Platon, *Alkibiades* 132d–133c; Plotin, *Enneaden* VI, 4, 10). Sie gerät in der ma. Mystik als Ausdruck der Gott und Mensch einenden Erfahrung der *unio mystica* zum Topos. Dabei wird der S. Symbol für die Offenbarung einer höheren, verborgenen Wirklichkeit, Gott selbst bzw. Jesus zum *speculum aeternitatis* (»S. der Ewigkeit«), in den es, wie z.B. in den Briefen der hl. Klara v. Assisi postuliert, regelmäßig zu schauen gilt (*Epistola tertia ad beatam Agnetem de Praga*). – Christlich vorformuliert findet sich der Gedanke, das S.bild zeige, was selbst nicht in Erscheinung tritt, in 1 Kor 13,12 im Sinne eschatolog. Wissens: »Wir sehen jetzt durch einen S. in einem dunklen Wort; dann aber von Angesicht zu Angesicht. Jetzt erkenne ich stückweise; dann aber werde ich erkennen, gleichwie ich erkannt bin.« – Neben Maria, die seit den Kirchenvätern und auch im MA als ›S. ohne Makel‹ (*speculum sine macula*), als Vorbild gilt (Konrad v. Sachsen, *Speculum beatae Mariae virginis*), wird der S. in der christl.-moralisierenden Emblematik zum Symbol der Erforschung und der (Selbst-)Erkenntnis in Gestalt der Wahrheit (*veritas*) und der in den S. blickenden Klugheit (*prudentia*) (P. Valeriano, *Hieroglyphica* XLI: »De speculo«: Exploratio; Ripa, *Iconologia*, Fig. CCLI: *Prudenza*), aber auch, von der Moralisierung der myst. Erleuchtungssymbolik des S. (↗Licht) zeugend, zum Zeichen der Eitelkeit (*vanitas*). Wie die Geschichte vom in das eigene S.bild verliebten Narziss (↗Nar-

zisse), der im MA, vermehrt seit *L'Ovide moralisé* (III, 1507–1524) als in Selbstvergottung und Hochmut von Gott abgefallener Mensch gilt (Boccaccio, *Genealogia deorum* VII, 59), verweist der S. auf die Vergänglichkeit ird. Glanzes. – Unter Indienstnahme der Erkenntnissymbolik erscheint *speculum* (frz. *miroir*) zudem seit dem 12./13. Jh. bis in die Frühe Neuzeit in moralisierenden, geistl.-erbaul., belehrenden, jurist. und satir. Werken als Buchtitel. Er dient der Besserung (Nigellus Wireker, *Speculum stultorum*), später der Belehrung (Vinzenz v. Beauvais, *Speculum naturale, historale, morale, doctrinale*). Die mystisch-spekulative S.symbolik gipfelt im 17. Jh. bei J. Böhme, bei dem sie mit der in seinem Werk zentralen Augensymbolik verbunden ist als ↗Auge, das S. ist und sich zugleich selbst spiegelt (*Psychologia vera*), und bei Angelus Silesius: »Ich trage Gottes Bild; wenn er sich will besehen,/ kann es nur in mir und wer mir gleicht geschehen« (*Cherubinischer Wandersmann* I, 105: *Das Bildnis Gottes*). – Mit der Auflösung des festen christl. Weltbildes und zunehmender Selbstbewusstwerdung des Individuums wandelt sich die symbol. Verweisfunktion des S. erheblich: Ende des 18. Jh. setzt sich zunehmend die Verwendung des S. zur Darstellung von Bewusstseinsinhalten und Ich-Projektionen durch. Wenn sich im 19./20. Jh. auch unterschiedlichste Nachklänge romant. S.seligkeit finden (z. B. Rilke, *Requiem für eine Freundin*; Binding, *S.gespräche*), fungiert der S. doch zumeist als Symbol für Krisenerscheinungen des sich selbst problematisch gewordenen Subjekts und für ↗Abgründe im eigenen sich spiegelnden Ich: F.M. Klinger, *Die Zwillinge*, Baudelaire, *L'irrémédiable* und Trakl, *Das Grauen*, thematisieren Entsetzen und Abscheu des Menschen, der sich nicht erhoffter Vollkommenheit, sondern dunklen Seiten gegenübersieht. – Nicht selten erscheinen im S. der Tod (Grillparzer, *Die Ahnfrau*; Hebbel, *Das Mädchen nachts vor'm S.*; Mörike, *Erinna an Sappho* (vgl. schon Artemidor, *Oneirokritika* II, 7: »Das Bespiegeln im Wasser weissagt dem Träumenden selbst oder einem seiner Vertrautesten den Tod«) bzw. steigen aus ihm Tote herauf (Heym, *Die Nacht*). An die Stelle der Einheitserfahrung der Mystiker treten entstellte Spiegelungen (Schnitzler, *Die Toten schweigen*), zerbrechende und gebrochene S. (Brentano, *Gründung Prags*), verlorene S.bilder (E.T.A. Hoffmann, *Die Geschichte vom verlorenen S.bilde*) und solche, die sich als triebhaft-düstere ↗Doppelgänger verselbständigen (Werfel, *Der S.mensch*), die im Ringen mit Selbsterkenntnis den Verlust von Orientierung begründen (Krolow, *Selbstbildnis mit der Rumflasche*; *Im Rückspiegel*; M. Schneider, *Das S.kabinett*). Solcherart symbolisiert der S. im 20. Jh. die Erkenntnis verlorener Einheit und Ganzheit. Während P. Claudel, *L'epée et le miroir*, vom Versuch erzählt, die Seele von Zerrbildern der Gegenwart zu reinigen und wieder ein reines Verhältnis zu Gott zu gewinnen, beschreibt Th. Bernhard (*Auslöschung*) Täuschung und Verlust: Der S. dient nicht länger der Selbstkontrolle und -erkenntnis, sondern selbstentblößender Selbstinszenierung, die, wo Disparität besteht, ein Ganzes vortäuscht.

2. Symbol der Reinheit. Altdt. Mystiker des 13./14. Jh. wie Meister Eckhart, Mechthild v. Magdeburg, Tauler oder Seuse und noch geistl. Barock-Dichter verknüpfen, wie schon Gregor v. Nyssa (z. B. *Canticum canticorum* III) oder auch Rumi (z. B. *Masnawī* I, Prolog), die Erkenntnis- mit der ⁄Reinheitssymbolik des S. Der Mensch muss wie ein glänzender S. eine reine Seele bzw. ein reines ⁄Herz haben, um Gott zu schauen oder ihn widerspiegeln zu können: »Mensch, denkst du Gott zu schauen, dort oder hier auf Erden,/ So muss dein Herz zuvor ein reiner S. werden« (Angelus Silesius, *Cherubinischer Wandersmann* V, 81: *Im Reinen erscheinet Gott*; vgl. Jesaias Rompler v. Löwenhalt, *Geistliche S.bereitung*: »Du mußt ein S. sein, mein Herz! Es schickt sich eben,/ Daß dich der Glaub erhellt [...]«). Im Zusammenhang mit der Ebenbildlichkeitsformel (Gen 1,27) fordert Eckhart, der gefallene Mensch möge wie ein ⁄Engel zum »S. ohne Flecken« werden (*Predigten* LXXVIII; vgl. Rilke, *Duineser Elegien* II), und bemisst die Qualität des S. daran, inwieweit er das vor ihm Liegende unverzerrt wiedergibt: das S.bild empfange von dort und nicht aus sich selbst »sein ganzes Sein« (*Expositio Sancti Evangelii secundum Iohannem* I, 1–5). Seuse setzt hinzu, die Geschöpfe seien »wie ein S., in dem Gott widerstrahlt«, und »dies erkennen« nenne man »speculieren« (*Das Leben des seligen H.S.*).

3. Symbol künstlerischer Produktivität. Das 18. Jh. übernimmt die S.symbolik der myst. Emanationslehre und überträgt die Vorstellung kreatürl. Empfangens und Zeugens im Einswerden auf Künstler und Kunstwerk. Neben das Postulat der Passivität tritt die neuplatonisch inspirierte Verweis auf die S.-Aktivität im Sinne des Hervorbringens eines Objekts, des S.bilds. Goethes Faust etwa fragt nach dem »schaffenden S.«, unterdessen der produktive, Visionen schaffende S. in der Hexenküche Mephistos Mittel für sein Gaukelbild (Helena) ist (*Faust I* 2429–2440). – Eine dichtungstheoret. Wendung im Bild spiegelklarer ⁄Stille der Dichterseele erfährt die S.symbolik im Sturm und Drang (F.L. Stolberg: »die stille freudespiegelnde Seele« des Dichters scheint »in einem Zustande der völligen Unthätigkeit«, »es scheint als ruhe die Natur«, *Über die Ruhe nach dem Genuß und über den Zustand des Dichters in dieser Ruhe*). Zugleich bezeichnet der S., auf den zwischenmenschl. Bereich übertragen, Freundschaft und Liebe (Goethe an Herder, 5.12.1772; Schiller an Reinwand, 14.4.1783; Wieland, *An eine Freundin*). Bei Jean Paul ist der S. Symbol der Künstlerseele und des Liebenden: Linda und Albano stehen jeweils »wie zwei S. vor einander« (*Titan*, 115. Zykel). In C. Brentanos Briefen an Sophie

wird der Dichter zum S. der Geliebten (*Briefwechsel zwischen Clemens Brentano und Sophie Mereau*, z. B. Brief vom Sonntag, 10.7.1803), in Brentanos *Godwi* (I, »Lady Hodefield an Werdo Sonne«) symbolisiert der S. das Wesen romant. Kunst: »Er ist der S. der trübbarsten und beweglichsten Flut und nichts als ein S. Wie die Welt vor ihm liegt, so sieht sie ihm aus den Augen [...]«. Im Zuge der Aufwertung des Narziss als Dichter-Chiffre findet sich der S. als Medium, das die ›echte‹ Wirklichkeit zu entdecken hilft, u. a. bei Valéry (*Fragments du Narcisse*) und Rilke (u. a. *Narziß*-Gedichte).

⁄Auge, Licht, Narzisse, See/Teich, Silber.

Lit.: G.F. Hartlaub, Zauber des S., München 1951. – A. Langen, Zur Geschichte des S.motivs in der dt. Dichtung, in: GRM 28 (1940), 269–280. – J. Krogoll, Der S. in der neueren dt. Lit. und Poetik, in: Studien zur dt. Lit., hg. v. U. Fülleborn/J. Krogoll, Heidelberg 1979, 41–85. – P. Michel (Hg.), Präsenz ohne Substanz, Zürich 2003.   ABR

Spiel

Symbol der menschl. Bildung und Freiheit, der Lust und des Vergnügens, der schicksalhaften Verstrickung und des sittl. Verfalls, des gesellschaftlich-sozialen Lebens und der künstler.-literar. Tätigkeit. – Relevant für die Symbolbildung sind (a) die Regelhaftigkeit, (b) die Zufallsbestimmtheit und (c) die Fiktionalität des S. sowie (d) der Gegensatz zu Arbeit und Ernst.

1. Symbol menschlicher Bildung, Freiheit und Vollkommenheit. In Schillers zur anthropolog. Utopie gesteigerten Kunsttheorie ist das S. zugleich Medium und Symbol einer auf humane Vollkommenheit, Freiheit und Versöhnung der »sinnlich-vernünftigen Natur« ausgerichteten ästhet. Erziehung: »der Mensch [...] ist nur da ganz Mensch, wo er spielt« (*Über die ästhetische Erziehung des Menschen* XV). Literarisch vorgebildet in der humanist. Gesprächsspielen (Bargagli, *Dialogo de' guiochi*; Sorel, *Maison des jeux*), aufgegriffen in der dt. Barocklit. v. a. in Harsdörffers *Frauenzimmer Gesprächspielen*, werden diese auch Gegenstand würdigender Kasualgedichte (v. dem Werder, *Beglorwürdigung der Gesprächspiele*; Moscherosch, *Dreyständiges Sinnbild Zu des Spielenden Gesprächspielen*; Milagius, *Spielen ist der Jugend Freude*). – Im dt. Bildungsroman verliert die pädagog. Funktion von S. dagegen ambivalent: Während in Moritz' *Anton Reiser* das durch Lektüre und ⁄Theater genährte und in Wiederholungszwang sich erschöpfende »S. der Phantasie« in Welt- und Selbstverlust mündet und zum Symbol eines gescheiterten Bildungsweges wird, führt in Goethes ›*Wilhelm Meister*-Romanen die Auseinandersetzung mit der ästhet. Welt des S. (*Wilhelm Meisters Lehrjahre* V, 4–11; VIII, 7) zu umfassender Persönlichkeitsbildung und erfolgreicher Integration in die bürgerl. Gesellschaft. Humoristisch nimmt Fontane den Topos in *Vor dem Sturm* (XIV) auf. In Hesses Roman *Das Glasperlenspiel* wird das S. zum Inbegriff der Kultur und zur »symbolhaften Form des Suchens nach dem Vollkommenen« (»Versuch einer allgemeinverständlichen Einführung in seine Geschichte«).

2. Symbol der Lust, der Unschuld und der Ehrerbietung. Das freudige S. vor Gott und mit Gott findet sich in vielfachen Zusammenhängen in der ma.-myst. und Barocklit.: z. B. im Kontext von göttl. S. der Minne, Musik und Tanz (biblisch fundiert in 2 Sam 6; Eph 5,19), in den Offenbarungen Mechthilds v. Magdeburg (*Von drien personen und von drien gaben; Von dem himelriche*) oder in den S.-Sonetten Greiffenbergs, in denen Dichtung symbolhaft als ⁊Spiegel des göttl. S. (*Auf die erniedrigende Erhebung und erhebte Nidrigkeit; Auf Gottes Wunderspielung mit seinen Heiligen*) und das dichter. Gotteslob als lustvolle Teilhabe am S. der Weisheit und Gottes mit sich selbst erscheint (*Gott-lobende Frülings-Lust; Eiferige Lobes vermahnung*). – In der barocken Liebeslyrik entfaltet sich im Rückgriff auf die petrarkist. Trad. (etwa das S. als Antonym zu Ernst und Leid und zugleich als Ausdruck für das Paradox der unerfüllt-erfüllten Liebe, *Canzone CXXIX: Di pensier in pensier*) der agonale Charakter von S. sowohl strukturell in der Doppelperspektive von persönl. Leidenschaft und scherzhaft-iron. Distanz (Donne, *The Good Morrow; Lovers Infinitenes;* Suckling, *I Prithee Send Me Back My Heart*, mit Akzentuierung des *carpe-diem*-Motivs auch in der dt. Lyrik, z. B. bei Hoffmannswaldau, *Vergänglichkeit der Schönheit*), als auch inhaltlich als fröhlich bejahter Liebesagon (Donne, *Woman's Constancy;* Marvell, *The Fair Singer;* Saint-Amant, *La jouissance*). Häufig findet sich das Liebes-S. mit Kindheit, Glück, Naivität und Unschuld konnotiert und/oder ins Sakral-Utopische überhöht (Dante, *Divina Commedia:* »Paradiso« XX, 117; oder später Lasker-Schüler, *Siehst du mich –; Das Lied des schmerzlichen S.; Unser Kriegslied*); umgekehrt fungiert es als Symbol illegitimer Grenzüberschreitungen (z. B. in Kaufringers spätma. Märe *Die Rache des Ehemannes*, in dem der Ehebruch explizit an das »minne-spil« gekoppelt ist, 149–157, 443–449). Eschatologisch dimensioniert ist v. a. das kindlich-unbefangene S. Ausdruck eines paradies. Ur- oder Endzustands, so schon im AT Sach 8,4–5, dann z. B. Schiller, *Der spielende Knabe,* W. Blakes *Nurse's Songs* in *Songs of Innocence* und *Songs of Experience,* oder C. F. Meyer, *S.*

3. Symbol der schicksalhaften Verstrickung, der dämonischen Besessenheit, des sittlichen Verfalls und der menschlichen Hinfälligkeit. Seine vom Zufall bestimmte Umschlagstruktur prädestiniert das S. zum Symbol schicksalhafter Wendungen. Der auf Heraklit und Platon zurückgehende und philosophisch v. a. erkenntnistheoretisch gedeutete Topos von der Zeit als einem spielenden Kind, das die Brettsteine setzt und die Königsherrschaft innehat (Heraklit, *Fragmente* Diels/Kranz 22 B 52) bzw. vom Menschen als Spielball Gottes (Platon, *Gesetze* 803c–804b) oder der spielenden Fortuna (Horaz, *Oden* II, 1; Boethius, *Trost der Philosophie* II, 1. c; ⁊Rad), ist im 17. Jh. eng mit barocken *vanitas-* und *theatrum mundi*-Vorstellungen verknüpft (⁊Theater/Bühne), wobei sich Ernsthaftigkeit wie Uneigentlichkeit und Vergänglichkeit des Lebens-S. erst vor dem Hintergrund der heilsgeschichtl. Ordnung offenbaren (Gryphius, *Es ist alles eitel; Ebenbild unsers lebens;* Czepko v. Reigersfeld, *Spiele wohl!; Das Leben ist ein Schauspiel*). – Die negativen Aspekte des S., die Möglichkeit seiner Pervertierung und Korrumpierung, seine Nähe zu Betrug, Intrige und List verdichten sich v. a. in der Figur des Spielers. Insbesondere Glücksspiele aller Art werden zum Symbol für menschl. Fehlverhalten wie Habgier, Sucht, Disziplinlosigkeit und unkontrollierte Leidenschaft, das entweder durch Verzeihen, Liebe, Selbsterkenntnis oder Arbeit ins Bessere verkehrt wird (Centlivre, *The Gamester;* Goldoni, *Il giocatore;* Iffland, *Der Spieler;* Kotzebue, *Blinde Liebe;* Klinger, *Die Falschspieler,* 2. Fass., 1815; Stifter, *Die Mappe meines Urgroßvaters: Der sanftmüthige Obrist*) oder in Verderben, Wahnsinn oder Tod mündet, so in zahlreichen Komödien des 17. und 18. Jh. (Shirley, *The Gamester;* de la Forge, *La joueuse dupée;* Dancourt, *La désolation des joueuses;* J.G. Dyck, *Das Spielerglück*), in den mit A. Hill, *The Fatal Extravagance,* und E. Moore, *The Gamester,* einsetzenden Spielertragödien des 18. sowie in den trag. Varianten in der Erzähllit. des 19. und frühen 20. Jh. (Dickens, *The Old Curiosity Shop;* St. Zweig, *Vierundzwanzig Stunden aus dem Leben einer Frau*). In Tiecks *Geschichte des Herrn William Lovell,* E.T.A. Hoffmanns *Spielerglück,* Puschkins *Pique Dame* oder Dostojevskijs *Der Spieler* steigert sich das S. zum Symbol unheiml. dämon. Mächte, deren Eingriff zur völligen Entwertung des menschl. Daseins führt. Als unheiml. S. des Teufels, des Todes oder des Zufalls (Goethe, *Faust I* 243–353, 1530–2072; *Der Erlkönig;* Hölderlin, *Die Völker schwiegen, schlummerten;* Rückert, *Die S.;* G. Heym, *Der Tod der Liebenden;* Schnitzler, *S. im Morgengrauen;* Beckett, *Endgame*) verweist das S. auf die Fragilität, Absurdität und Kontingenz des Lebens selbst.

4. Symbol des gesellschaftlich-sozialen Lebens. Die gesellschafts-, sozial- und ideologiekrit. Funktion des S. ist bereits in der *theatrum mundi*-Vorstellung der Frühen Neuzeit und des Barock angelegt (s. a. 3.). Sie konkretisiert sich als Kritik an der Dekadenz der Aristokratie und des liederl. ⁊Stadtlebens (etwa in den span. Pikaro-Romanen des 17. Jh.; Gogols *Die Spieler;* Turgenevs *Dym;* Freytags *Graf Waldemar*) oder als Kritik an einer kapitalistisch beherrschten, politisch und metaphysisch entwurzelten Gesellschaft (Balzac, *La peau de chagrin;* Dickens, *The Old Curiosity Shop;* Böll, *Und sagte kein einziges Wort*), aus deren Zwängen und Determinismen es kein Entrinnen gibt (Sartre, *Les jeux sont faits*; Macleish, *S. um Job*; Ch. Hein, *Das Napoleon-S.*; *Der Tangospieler*). Im individuellen Charakter von Spieler-Figuren finden sich oftmals symbolisch negative Erscheinungen einer ganzen Gesellschaft oder Generation gespiegelt (E.T.A. Hoffmann, *Spielerglück*; Dostojevskij, *Der Spieler*; de Musset, *Rolla*; Lawrence, *The Rocking-Horse Winner*; s.a. 3.). – Als Modell für familiäre und gesellschaftl. Konstellationen entfaltet das S. seinen agonalen Charakter und überschreitet die Grenzen des Spielerischen hin zum Kämpferisch-Kriegerischen (z.B. Doderer, *Ein Hockeymatch*; H. Müller, *Quartett*).

5. Symbol der künstlerisch-literarischen Tätigkeit. Symbolisch prägend sind im ästhetisch-literar. Kontext zunächst einzelne Aspekte des S. geworden: So die Bewegung im (Ball-)S. (⟋Kugel/Ball) als symbol. Form der Kommunikation (Schiller, *Tabulae votivae*, *Wechselwirkung*; Rilke, *Der Ball*), die dichter. Selbstreflexion im Dialogischen (vgl. den Briefwechsel in Gedichten zwischen Rilke und E. Mitterer, bes. *Über dem Bildnis*) und der, zunehmend problematisierten, Dialektik von Eigen- und Fremdbestimmung als Spielen und Gespieltwerden im schöpfer. Akt (Schiller, *Poesie des Lebens*; Rilke, *Solang du Selbstgeworfnes fängst*; *Da stehen wir mit Spiegeln*; Ausländer, *S.*) oder schließlich der Aspekt der Wiederholung als dramat. S. im S. und narratives (*mise en abyme*) Verfahren selbstreferentieller Spiegelung (Shakespeare, *Hamlet*; *A Midsummer Night's Dream*; Pirandello, *Sei personaggi in cerca d'autore*; Del Giudice, *Atlante occidentale*). Ferner wird die S.-Symbolik aus anderen Bereichen (Musik, Natur) poetologisch im Sinne der mus. Inspiration (Vergil, *Ekloge I*) oder des freien, kreativen S. der Einbildungskraft (Goethe, einleitende Unterhaltung zu *Das Märchen*) funktionalisiert. – Mit Platon, der die literar. Tätigkeit unter Verweis auf deren S.-Charakter ablehnt (*Staat* 288b-c; *Staatsmann* 602b), und Aristoteles, der die Mimesis als Fähigkeit zur Konstruktion des Möglichen in Analogie zum kindl. S. sieht (*Poetik* 1448b), setzt die metapoet. Symbolisierung von Dichtung als S. ein. Dabei ist es v.a. das Kriterium der Freiheit, das bereits im Umkreis von Renaissance und Humanismus (vgl. Petrarcas Rede zu seiner Dichterkrönung: *Collocatio edita per clarissimum poetam Franciscum Petrarcam Florentinum Rome* IX; Erasmus v. Rotterdam, *Lob der Torheit*, bes. das »Widmungsschreiben« an Morus, Rabelais' *Gargantua* I, 58), den Konnex zwischen Dichtung und S. bildet und in Philosophie und Ästhetik der dt. Klassik und Frühromantik (Kant, Schiller, F. Schlegel, Novalis), schließlich der Moderne und Postmoderne (Nietzsche, Wittgenstein, Derrida) Phasen der Hochkonjunktur erlebt, die sich symbolisch auch in der Lit. niederschlagen. So das schöpferisch-autonome S. der Kunst, das Wirklichkeit und Phantasie im

›ernsten S.‹ der Kunst versöhnt (Goethe, *Epirrhema*), die anthropolog. Gegensätze harmonisiert und durch Schönheit und Schein zu Freiheit und Wahrheit führt (Schiller, *Die Künstler*; Goethe, *Der Sammler und die Seinigen*; Th. Mann, *Doktor Faustus* XXI, XXV). Im Horizont romant. Ästhetik versteht F. Schlegel das poet., dem »unendlichen S. der Welt« nachgebildete S. der Sprache »mit sich selbst« als Symbol einer selbstreflexiven, zugleich auf das »S. des Lebens« perspektivierten Praxis (*Gespräch über die Poesie*: »Epochen der Dichtkunst«, »Rede über die Mythologie«; vgl. Novalis, *Monolog*). In der Moderne wird das S. mit den Materialien und Regeln der Sprache zum exzessiven, durch das »Risiko des Scheiterns« stimulierten wie bedrohten Sprachspiel (Th. Bernhard, *Von einer Katastrophe in die andere*: »Alle Menschen sind Monster, sobald sie ihren Panzer lüften«; *Gehen*), auch zum Ausdruck einer Sprach-, Schreib- und Subjektkrise im Kontext der Geschlechterdifferenz (Bachmann, *Malina*) oder gesteigert zur »Unsinnspoesie an den Grenzen der Sprache« (Liede). Derrida schließlich versteht das entgrenzte, dezentrierte »S. der différance« als »Name für die Abwesenheit des transzendentalen Signifikats« (Derrida, *Grammatologie* I, 2), als sprachl. Symbolgeschehen im Sinne der Subversion und Auflösung metaphys., szientif. wie auch poet. Sinn-, Wahrheits- und Wirklichkeitsbehauptungen (literarisch inszeniert etwa in Barth, *Lost in the Funhouse*; Pynchon, *The Crying of Lot 49*; Barthelme, *The Dead Father*; A. Robbes-Grillet, *Les gommes*; Morshäuser, *Die Berliner Simulation*).

⟋Karneval, Kugel/Ball, Marionette, Maske, Narr, Schach, Spiegel, Spielkarten/Kartenspiel, Tanz, Theater/Bühne, Würfel, Zirkus.

Lit.: DWb XVI, 2275–2388. – MW, 656–666. – A. Liede, Dichtung als S., Berlin ²1992. – St. Matuschek, Literar. S.theorie, Heidelberg 1998. – P. Schnyder, Alea, Göttingen 2009.   BM

Spielkarten / Kartenspiel

Symbol für das Laster, Glück und Pech im Spiel, den Zufall oder das launenhafte Schicksal. – Relevant für die Symbolbildung sind (a) die Verwendung der S. beim K. (um Geld) und (b) als Mittel zum Wahrsagen (Kartenlegen).

Im 14. Jh. aus dem Orient nach Europa gekommen, gelten S. (wie auch ⟋Würfel) u.a. als Bilderbuch und Gebetbuch des Teufels (*devil's picture book*) und Indiz für einen liederl., lasterhaften Lebenswandel (P. Arorites, *Der Spiler Abc vnd namenbuechlein [...] den Spielsuechtigen boesen Hausvaetern zu einem Spiegel fuergestellt*, 1584). – Das K. um Geld mit hohen Einsätzen, das zunehmend auch in den höheren Ständen und Schichten populär wird, erscheint in Lessings *Minna von Barnhelm* (IV, 6) als geeignetes Sinnbild für das wechselhafte Geschick des Zufalls. Die selbst schon symbol. Gestaltung der ↗Farben und Figuren (z. B. ›↗Herz ↗Dame‹) und die idiomat. Verwendung von K.metaphern für Lebensfährnisse (Röhrich) drängen eine symbol. Verwendung und Deutung häufig geradezu auf, so etwa ironisch in dem auf das 16. Jh. zurückgehenden Lied K. aus *Des Knaben Wunderhorn* (I, 308) oder in der Eingangsszene von Büchners *Dantons Tod*, in der die S. mit ihrer sexuell konnotierten Symbolik auf das Leben als ↗Spiel übertragen werden. In grotesker Überzeichnung der Gleichsetzung von K. und Leben werden in Büchners *Leonce und Lena* die Menschen als S. bezeichnet, »mit denen Gott und der Teufel aus Langeweile eine Partie machen« (II, 2; vgl. auch das ›sich selbst spielende‹ K. einer Gesellschaft verkleideter Maskenballteilnehmer als »schönes Sinnbild des Atheismus« in Jean Pauls *Titan*, 50. Zykel). Den auch dem Wahrsagen und Kartenlegen mit S. zugrunde liegenden Zusammenhang von S., Glück und Magie nimmt Puschkin in *Pique Dame* auf, wenn es um die Kenntnis der ↗drei nächsten aufzudeckenden S. beim Glücksspiel und damit die Aussetzung des Zufalls als teufl. Versuchung geht. S. betonen zudem die Gleich- bzw. Entgegensetzung von Spiel-, Lebens- und bes. Liebesglück und Liebesschicksal, so bereits bei Ch. Weise (*Der grünenden Jugend überflüssige Gedanken: Das umgekehrte Kartenspiel*), in E.T.A. Hoffmanns *Die Elixiere des Teufels* I, 4 (»Das Leben am fürstlichen Hofe«) oder in Schnitzlers *Spiel im Morgengrauen*. – Gerade die vielfältigen symbol. Bedeutungen der an Motivkarten reichen Tarotblätter (u. a. ↗Narr; ↗Münze; ↗Schwert) ermöglichen eine Vielzahl von Auslegungen, weil »hier gewisse Zeichen und mehr oder weniger Zufall eine Art von Stoff bilden, woran sich Urteilskraft und Tätigkeit üben können« (Goethe, *Dichtung und Wahrheit* VIII). Jean Paul werden die S. in diesem Sinne zum Symbol des poetisch kombinierenden ›Witzes‹ (*Vorschule der Ästhetik* § 53), für Calvino sind sie darin Kennzeichen einer postmodernen Sinnvielfalt (*Il castello dei destini incrociati*).

↗Spiel, Würfel.

Lit: L. Röhrich, K., in: Das große Lexikon der sprichwörtl. Redensarten, Bd. 2, Freiburg/Basel 1992, 485–487. CW

Spielmann

Symbol des Anderweltlichen, sozialer Randständigkeit und des Erotischen, Künstlersymbol. – Relevant für die Symbolbildung sind (a) die Wirkmacht des Spiels und (b) die fahrende Existenz des S.

1. Symbol des Anderweltlichen, gesellschaftlicher Randständigkeit und des Erotischen. Die antiken Vorläufer des S. (Orpheus) und der S. des MA (Horant der *Kudrun*-Sage; Volker im *Nibelungenlied*) symbolisieren eine mag. Verbindung des Menschen zur Natur und zur Anderwelt; seine Trickster-Rolle

ist auch Signum menschl. Überlegenheit (Grimm, *Der wunderliche S.*) und sein Spiel entfaltet verführer. Kraft (Grimm, *Deutsche Sagen: Die Kinder zu Hameln*). In Eichendorffs *Marmorbild* symbolisiert das rettende Spiel des S. Fortunato überzeitl., metaphys. heilende Macht. Eng verbunden mit der überzeitl. Kraft des S. ist jedoch auch dessen Kehrseite, die redundante Wiederkehr des Ewig-Gleichen. Dieses symbolisiert als Spezifizierung des S. der Leiermann (W. Müller, *Die Winterreise: Der Leiermann*), dessen monotone Tätigkeit des Drehorgelspielens programmatisch für die Verwendung von Redundanzen stehen kann (Jelinek, *Winterreise*). – Mit dem ihm seit dem MA zugeschriebenen Hang zur Intrige, seiner Verschlagenheit, Listigkeit (Verkleidung als S. Tantris in Gottfried von Straßburg, *Tristan*; vgl. die Verkleidungen als S. in den sog. S.epen *König Rother*, *Salman und Morolf*) und über den Tod hinausreichenden Tücke, die sich noch in der von Stolpernden geäußerten Redensart »Da liegt ein S. begraben« (Grimm, DWb XVI, 2411) widerspiegelt, symbolisiert der S. gesellschaftl. Randständigkeit. Für Königstöchter gilt es daher als große Schmach, mit einem S. verheiratet zu werden (*Münchner Oswald*; Grimm, *König Drosselbart*; ↗Hochzeit). In Eichendorffs *Der irre S.* überhöht sich diese Symbolik zur Haltlosigkeit ird.-sündiger Existenz. Häufig ist die gesellschaftl. Randständigkeit auch libidinös konnotiert. So manifestiert sich die Verquickung von musikal. und erot. Rausch in der Verbindung des Minnesängers mit der Sagengestalt Tannhäuser bei Wagner (*Tannhäuser*); als Aufspieler zum Tanz ist der S. Verführer und Vermittler der Geschlechter (Heyse, *Tiefer Brunnen*).

2. Künstlersymbol. Die Figur des antiken Sängers, der sich trotzig gegen die Götter behaupten will, doch scheitert (Marsyas' Wettkampf mit Apoll; Orpheus' ↗Gesang vor Pluto und Persephone), nimmt das MA politisierend in der Figur des S. und der (Selbst-)Stilisierung der Sangspruchdichter (v. a. Walther von der Vogelweide, z. B. in den Sprüchen des »Unmutstons«) als fahrende Kritiker der Herrschenden und ihrer Hofsitten auf. Die Trad. des 12./13. Jh. setzt sich fort in der Vagantenlyrik als aggressiver Hedonismus der Unterschicht, teilweise in Form eines iron. Spiels mit dem Typus S. und Elementen des Sangspruchs wie dem Mäzenenlob (Villon, *Double ballade sur le mesme propos*: »Der edle S. [menestrier] Orpheus mit dem süßen Mund/ der holde Flötenbläser und Schalmeier,/ vor Zerberus, dem Höllengreuel in Gefahr./ […] Auch von mir Armen kann ich Ähnliches erzählen:/ Ich wurde durchgewalkt und windelweich gebleut […]«; Günther, *An sein Vaterland, Als er von Herrn Raspern in einem Schreiben Abschied nahm*), und bleibt über die polit. Dichtung des Vormärz (Herwegh, *An die deutsche Jugend*: »Und jauchzt das Volk und schwingt es seine Mützen,/

Wollt ihr den Leiermann drum ächten? Tut's!/ Der Adler weiß die Nachtigall zu schützen«) durch Zitationen bis zu Lyrikern der Nachkriegszeit (Grasshoff, *Harlunkenpostille*) und linken Liedermachern der 1960er bestehen (*The Freewheelin' Bob Dylan*; Biermann, *Ballade auf den Dichter François Villon*). – Die Kehrseite der polit. Artikulation ist die Käuflichkeit des S., verfasst er im MA doch auch bezahlte Lobreden auf wechselnde Mäzene. Im Sinne des Verkäufers verblendender Fiktion setzt Goethe ihn ein, wenn in Rekurrenz auf eine Redensart (s. 1.) Mephistopheles den kaiserl. Hof zum Heben der Schätze überredet: »Da liegt der S., liegt der Schatz!« (*Faust II* 4992). Die Romantik stilisiert den S. unpolitisch auf der Basis des Bilds vom fahrenden ma. Sänger als Sinnbild des Naturdichters. V.a Eichendorff betont die freie Naturverbundenheit des S. (u. a. *Das zerbrochene Ringlein*; *In einem kühlen Grunde*; vgl. mit orphisch-erot. Anklängen etwa auch Geibel, *Der S. von Lys*). Doch schon in derselben Epoche setzt die Destruktion dieser Symbolik ein: So wird im 2. Bd. von Armins *Kronenwächtern* ein S. dazu gezwungen, unterhaltend zu den Gräueltaten marodierender Bauern zu singen. W. Müllers *Der Leiermann* (s. 1.) wendet die isolierte Künstlerexistenz ins Melancholische. Später kann dem S. seine realitätsferne Naivität gar zum Verhängnis werden (Grillparzer, *Der arme S.*). – Die Entwicklung des S. als symbol. Künstlerfigur ist in der Moderne nicht zuletzt abhängig von der oft ideologisch motivierten Interpretation des ma. S. durch die Mediävistik. So wird er Mitte des 19. Jh. zum romantisch verklärten Volkssänger, in der Wilhelminischen Zeit zum Träger dt. Kultur, zum ehrlosen Gesellen am Ende der 1920er oder seit den 1980er Jahren zum Mitglied einer sich über den Gesang artikulierenden gesellschaftl. Randgruppe stilisiert (Hartung 2003, 18–20).
↗Geige/Violine/Fidel,   Sackpfeife/Dudelsack, Stimme/Gesang, Tanz.

Lit.: EdM XII, 1037–1041. – W. Hartung, Die Spielleute im MA, Düsseldorf/Zürich 2003.   MD

Spinne
Symbol des Dämonischen und der Bosheit, des Weiblichen, der polit. Macht, der Nützlichkeit und Kunstfertigkeit sowie der dichter. Produktion. – Relevant für die Symbolbildung sind (a) die oftmals als hässlich bzw. ekelerregend empfundene Erscheinung der S., auch durch die Art der Fortbewegung bedingt, (b) die Art ihres Beutefangs, ihr Biss oder ihr Gift, (c) ihr Fortpflanzungsverhalten: die vermeintl. Tötung des Männchens bei der Begattung, (d) die Feinheit des von ihnen produzierten ↗Gewebes und die Art von dessen Produktion.
1. Symbol des Dämonischen und der Bosheit. Im AT wird der Mensch, der Gottes Gebote missachtet, mit der S. verglichen, deren Fäden nicht zu Gewän-

dern taugen, und deren Taten Unrecht bedeuten (Jes 59,5–6). Das MA sieht die S. als »so giftik, so valsch, so unnüzze« (Der Meissner, *So unreine*), ausgebrütet von den Teufeln ist sie Ursache der Pest (Paracelsus, *De peste* II). Dies rückt die S. in die Nähe anderer stechender oder giftiger Tiere, z. B. der ↗Schlangen und der ↗Skorpione (»Unken, S., Kröten, Würmer,/ alle tragen Teufelsspuren«; Hebbel, *Der Brahmine*). Bei Vergil (*Georgica* IV, 246–250) angelegt, wird die ↗Biene aufgrund ihres Sozialverhaltens später oftmals satirisch der listigen und lasterhaften S. gegenübergestellt, so bei H. Sachs (*Die spin mit der pin*), später bei Meißner (*Die S. und die Biene*) und Krummacher (*Die S.*). Auch der Seidenwurm dient als Gegenbild zur S., da dieser gleich der Biene seine Kunst in den Dienst des Menschen stellt (Abraham a Sancta Clara, *S. und Seidenwurm*; Gellert, *Die S.*). Im 19. Jh. sind es Langbein (*Die schwarze S.*), aber bes. Gotthelf (*Die schwarze S.*), im 20. Jh. Ewers (*Die S.*), die die dämon. Aspekte der S. betonen.
2. Symbol des Weiblichen. Die Verknüpfung von ↗Frau und S. findet sich schon bei Aischylos: Agamemnon stirbt »in der S. Geweb«, dem Netz der Klytemnästra (*Orestie: Agamemnon* 1492). In der Figur der Spinnerin und Weberin Arachne, die aus Neid von der Göttin Athene in eine S. verwandelt wird (Ovid, *Metamorphosen* VI, 1–145), konstituiert sich eines der wirkungsmächtigsten S.bilder der Lit. (z. B. Goethe, *Wilhelm Meisters Wanderjahre* II, 4; Ransmayr, *Die letzte Welt*). In der ma. Vorstellung entsteht die S. aus dem Auswurf der Natur (Zedler, *Universallexikon*: »Araneus/Aranea«) bzw. nach Paracelsus aus dem weibl. Menstruationsblut. Nach Letzterem benutzen Hexen S.gift, um die »Mannheit« ihrer Opfer zu verzaubern. In Gotthelfs *Schwarzer S.* maßt sich die fremde Frau Christine die Geschäfte der Männer an und geht mit dem Teufel eine unheilige, zerstörer. Allianz ein. Der Kuss auf Christines Wange besiegelt den Pakt und wird zum Geburtsort der Pestspinne, die das weibl. Aufbegehren gegen die göttl. und häusl. Ordnung symbolisiert; ihre glückl. Verpflockung im Pfosten des Hauses bleibt sichtbare Mahnung, sich in Demut und Gottgefälligkeit zu üben. Keller verschränkt im *Grünen Heinrich* (IV, 6) die S. und die Spinnerin in der Figur der ↗Mutter: Die Mutter spinnt die Leinwand für den Hausstand, um den Sohn gleichsam in das ›aufgespannte Netz‹ der Häuslichkeit zu locken und ist so zugleich manipulative S. und fürsorgl. Spinnerin.
3. Symbol politischer Macht. Seit der Aufklärung wird die S. zunehmend politisch gedeutet. Ihr Einzelgängertum, ihr vermeintl. Machthunger und ihre scheinbare Skrupellosigkeit im Umgang mit ihren Opfern lassen sie zum Gegenbild des Gesellschaftswesens werden. Das S.netz wird Sinnbild des tyrann. Staates. In F.W. Zachariäs *Republik der S.* verfangen sich die Schwachen in den Gesetzesfäden

(ähnlich auch Langbein, *Die S.*). Bei Heine wird das alte ↗Rom zur »Riesenspinne«, unter deren Netz die Völker in »Geistesknechtschaft« lebten (*Reisebilder* II: »Die Nordsee«). Bei G. Heym wenden sich die von der Revolution enttäuschten Bürger gegen die Schergen des Staates, die »S. der S.« (»Der fünfte Oktober«). Der Protagonist in J. Roths Roman *Das S.netz*, ein machthungriger, intriganter Faschist, ist die S., die sich voll Hass auf ihre Gegner stürzt.

4. *Symbol der Nützlichkeit und der Kunstfertigkeit.* Gegenbild der bösen, schwarzen S. ist die gute, weiße S., auch die Kreuzspinne, die im Volksglauben als Dank für ihre Dienste von Gott das ↗Kreuz erhielt (HdA VIII, 276–277; J. Erb, *Die Kreuzspinne*). Mit dem Barock wird zunehmend die Gottgefälligkeit der S. betont. Das zuvor als nichtig und trügerisch erlebte S.gewebe lässt das Sonnenlicht (↗Sonne, ↗Licht) erst erstrahlen und lobt so die Herrlichkeit Gottes (Brockes, *Irdisches Vergnügen in Gott*: »Nützliche Betrachtung einer prächtigen Nichtigkeit«). Die den Betrachter erfreuende Kunstfertigkeit der ›kleinen munteren S.‹ wird bei F.W.A. Schmidt Thema (*An eine Mauerspinne*; ähnlich auch Hebel, *Schatzkästlein des rhein. Hausfreundes*: *Die S.*). In der Moderne dient das S.netz als ein sich aus sich selbst heraus erweiterndes Gebilde sowohl zur Beschreibung urbaner, z. B. durch die ↗Eisenbahn strukturierter Räume (G. Hauptmann, *Bahnwärter Thiel*; Grass, *Gleisdreieck*) als auch virtueller Datenräume.

5. *Symbol dichterischer Produktion.* Originalität versus Verarbeitung von Tradiertem wird unter Bezug auf S. und Biene z. B. bei Paschius (*De novis inventis*) und Swift (*The Battle of the Books*) thematisiert. Heine, unter Verweis auf den Originalitätsanspruch der S., redet der Biene das Wort, wenn er sich gegen den Plagiatsvorwurf verwahrt und erklärt, dass der Dichter »überall zugreifen« dürfe (*Briefe über die Frz. Bühne*). Trennten das MA und die Frühe Neuzeit konsequent das Bild der teufl. S. von der fleißigen Spinnerin des kunstvollen Gewebes, so erzeugt die Zusammenführung dieser zwei Aspekte, insbes. in der Romantik, das Bild der S. als Produzentin von Faden, Gewebe oder Text, die dieses aus sich selbst heraus schafft. Bei Novalis helfen die Dienst- und Kunstfertigkeit, aber auch die Gewalt der Taranteln und Kreuzspinnen der Poesie zum Sieg (*Heinich von Ofterdingen* I, 9.). In gleicher Weise ist für Hofmannsthal die Dichtkunst die »fürchterliche Kunst«, deren Faden »aus dem Leib« gesponnen wird und hinauf »durch die Luft« führt (*Dichtkunst*; ähnlich auch Huchel, *Die Fähigkeit*). Für Th. Lessing erscheint die »süße, kleine S.« als »Urbild der Dichter«, träumt in ihr doch ein »schöpferisch gestaltender Schönheitstrieb«, der erst mit dem Tod ein Ende findet (*S. und Fliege*). Nicht mehr die Schaffensproblematik, sondern die Wechselwirkung von Textmaterial und Verstehen wird anhand des S.netzes Ende des 20. Jh. aufge-

zeigt: Das Netz der S. ist das »natürliche Kunstprodukt«, der »schöne Text«, in dem der verwest, der sich verfängt, während der, der freikommt, den Text zerstört (P.H. Neumann, *Beim Spiegelfechten*).
↗Biene, Gewebe/Faden.

Lit.: K. Lindemann/R.S. Zons, *Lauter schwarze S.*, Bonn 1990. – B. Rieken, *Arachne und ihre Schwestern*, Münster 2003. ChW

Spinnen ↗Gewebe/Faden.

Spirale

Symbol der Unendlichkeit des Universums und der inneren Grundordnung allen organ. Wachstums, des Aufstiegs des Menschen zum Göttlichen und einer evolutionären Entwicklung zu immer höherer Vollendung. – Relevant für die Symbolbildung sind (a) die natürl. Form des Wachstums im Makrokosmos (Galaxis, S.nebel, Weg der Planeten) wie auch im Mikrokosmos (Weg der Atome und Moleküle, Schneckenhaus), (b) die stetige Aufwärtsentwicklung der dreidimensionalen S. sowie (c) ihre Position zwischen dem hermetisch geschlossenen ↗Kreis als mathemat. Konstrukt (Wiederkehr) und der im Unendlichen in eine S. mündenden Geraden (Fortschritt).

1. *Symbol der Unendlichkeit des Universums und der inneren Grundordnung allen organischen Wachstums.* »Die Engel fliegen in S., der Teufel nur gradeaus«, schreibt Hildegard v. Bingen im *Liber divinorum operum* nach einer ihrer Visionen. Diese relig.-literar. Eindrücke decken sich mit der heutigen wissenschaftl. Einsicht, dass die der techn. Weltanschauung und Weltgestaltung zugrunde liegenden Symbole ›Kreis‹ und ›Gerade‹ extrapolierte (im Durchgang durch das Unendliche veränderte) Teilaspekte der S. darstellen. Die S. ist eine Ellipse. Auch die Form der Himmelskörper (↗Stern) ist keine vollkommene ↗Kugel (Kreis), sondern eigentlich elliptisch; die Blüten (↗Blume) der Pflanzen öffnen sich spiralförmig. Musil betont in *Die Verwirrungen des Zöglings Törless*, dass die Gerade in der Schöpfung nicht vorkommt, sondern eine Linie erscheint uns nur durch unser räumlich begrenztes Sehen (↗Auge) gerade zu sein, ist aber – in die Unendlichkeit verlängert – immer gekrümmt, weil das Universum gekrümmt ist. Unter diesem Aspekt ist die S. die Grundform des Lebens und des Kosmos überhaupt, wie Blake in seinem Visionsepos *Milton* schreibt: »Das Wesen der Unendlichkeit ist dies: Alles hat seinen/ Eignen Wirbel, und wenn ein Wanderer durch die Ewigkeit einmal/ Den Wirbel durchlaufen hat, sieht er ihn hinter seinem Pfad/ Zurückrollen zu einem Ball, der sich wie eine Sonne entfaltet, [...]/ So ist der Himmel ein bereits durchlaufner Wirbel und die Erd/ Ein Wirbel, den der Wanderer durch die Ewigkeit noch nicht durchlaufen« (»The Nature of Infinity«, Plate 14, 21–24;

34 f.). Die S. kommt vom Ursprung und kehrt zu ihm zurück. In Poes *A Descent Into the Maelström* begreift der Seemann beim Versinken im Malstrom die Natur des Strudels durch genaue Beobachtung und wird dann von der zweidimensionalen S., die ihn hinab gesogen hat, wieder hinaufgetragen. Diesen ellipt. Punkt zwischen der einwärts- und danach auswärts gedrehten S. nennt Meister Eckhart »gegenwertic nû« (*Predigten* XXXVIII; ↗Augenblick); man erwartet dort ihre Verbindung, findet aber eine winzige Aussparung, in der sich das Wesentliche, die Wandlung, vollziehen kann.

2. Symbol des Aufstiegs des Menschen zum Göttlichen. Wenn in Mays *Winnetou*-Romanen die Abenteuer mit einer Friedenspfeife beendet werden, so zeigt sich der Rauch im Ruhezustand oft spiralförmig, was möglicherweise – neben der bewusstseinsverändernden Wirkung des Tabaks – ein Grund für die Verwendung des Rauch(en)s für kult. Zwecke bei den Indianern war. Analog zu diesem spiralförmigen Rauch gen ↗Himmel entwickelt Nikolaus v. Kues aus seinem späten Dialog mit Johannes v. Bayern heraus sein Kugelspiel *Globulus Cusani*, bei dem die Kugel weder ganz gerade rollt noch ganz kreisförmig ist. Sie soll so einen Spiralweg zum Göttlichen hin vollziehen können, der den je individuellen Lebensweg jedes einzelnen symbolisiert (*Dialogus de ludo globi* I, 4, 1–3; vgl. z. B. auch die spiralförmige Pilgerreise in Bunyans *The Pilgrim's Progress*). Stürzen bei Cusanus in dem geozentr. Schema die verlorenen Seelen aus der spiralförmigen göttl. Entwicklungslinie heraus (II, 89, 5–11), so geraten sie in Dantes *Divina Commedia* in das letzte ↗Unten und Innen einer spiralförmig gedachten Hölle, wo der Herr der Teufel in einem ersten Punkt ohne Gegenpunkte gefangen ist – in einer Antisphäre, die sich nur um ihn selbst dreht (»Inferno« XXXIV). Bei der theozentr. Sphäre Dantes verlieren sich die spiralförmigen Strahlen auf dem Weg in den Kristallhimmel (↗Kristall) ohne Wiederkehr hinter den äußersten Wendemarken des heimkehrfähigen ↗Lichts (»Paradiso« XXXIII), was Goethe auch in seinem Endbild für die spiralförmige Entrückung des entschuldeten Faust gen Himmel übernimmt (*Faust II* 11918–11921). Das Verlöschen des Selbst in Gott, das östl. Ziel des Nirvana, das auch Befreiung von den Windungen der Illusion (Maya; ↗Schleier), den Runden der Existenz, und daher den Übergang von der S. zur Mittelachse – dem Zentrum inmitten der äußeren Umstände – bedeutet, spielt in den Ghaselen des pers. Dichters Hafes eine zentrale Rolle. Goethe greift im *West-östlichen Divan* diese Vorstellung auf, wenn er schreibt: »Und was die Mitte bringt, ist offenbar/ Das, was zu Ende bleibt und anfangs war« (»Buch Hafis«: *Unbegrenzt*).

3. Symbol einer evolutionären Entwicklung zu immer höherer Vollendung. Vergils vierte *Ekloge* ist in einer messian. Zeit angesiedelt, in der sich eine

Überlagerung des linearen Geschichtsbildes (des räumlich-kausalen Modells) und des zykl. Geschichtsbildes (der Schicksalsidee einer ewigen Rückkehr des Gleichen) zur Form der S. oder Helix vollzieht. Wie die *Eklogen* und die *Georgica* ist auch Vergils *Aeneis* – als geograf. ↗Reise, als innere Reise und als Reise *post mortem* – spiralförmig strukturiert: Gewalt kommt über die Welt, aber weil der Held an den tiefsten Punkt gelangt ist (Hoffnungslosigkeit, Angst, Versuchung zum Selbstmord), kann er sich, spiralförmig gedacht, wieder erheben. Die gefahrvolle *terra incognita* (↗Meer, ↗Wald, aber zuweilen auch Wahnsinn) muss durchschritten werden, damit der Individuationsprozess stattfinden kann. Diese Logik eines spiralförmigen ↗Wegs des Helden übernehmen später die ma. Artusepen Chrétiens de Troyes (z. B. *Erec et Enide*) und Hartmanns v. Aue (z. B. *Iwein*) in ihrem doppelten Kursus – erst nach seiner zweiten Rückkehr kann der Protagonist sich durch erneute ritterl. Taten und einen Lernprozess rehabilitieren und das soziale Ansehen und die Zuneigung der Dame (↗Frau/ Jungfrau) zurückgewinnen. Im *Parzival* Wolframs v. Eschenbach wird diese spiralförmige Entwicklung zudem noch um eine heilsgeschichtl. Dimension erweitert. Der Böhme-Schüler Gichtel verlagert in seiner *Theosophia practica* diesen äußeren Weg über seine kosm. Energiezentren (Chakras) in den Körper des Menschen selbst. Eine kombinierte spiralförmige Auffassung von äußerer Stadtarchitektur (↗Stadt) und innerer Bewegung der Protagonisten übernimmt Belyj in seinem »Bewusstseinsroman aus dem Geiste der Musik« mit dem Titel *Petersburg*. Das runde Inseldasein (↗Insel) der Stadt wie auch der Seelen in ihr bewirkt zusammen mit den Geraden der Boulevards und Plätze eine dualist. Spannung, die als spiralförmiger Entwicklungsprozess begriffen wird. In seinen Memoiren verbindet Belyj Steiners Interpretation der S. als Symbol der evolutionären Wandlung mit den frühen Anzeichen der Russ. Revolution in Petersburg, in eine spätsymbolist. Karnevalisierung (↗Karneval) von allen symbol. Aufladungen und Heilsvorstellungen des Spiraligen mündet (*Ich, ein Symbolist*).

↗Kette, Kreis, Kugel/Ball, Labyrinth, Leiter/ Treppe, Weg/Straße.

Lit.: H. Hartmann (Hg.), Die S. im menschl. Leben und in der Natur, Basel 1985. – R. Margreiter, Erfahrung und Mystik, Berlin 1997. – J. Purce, Die S., München 1988.   AWö

Spur ↗Fuß/Fußspur.

Stadt

Symbol der Heimat, des Schutzes und der Freiheit, der Gottesferne, der Knechtschaft und Vergänglichkeit, des erot. Reizes und Lebensgenusses, der Unmoral, Entfremdung und des Todes, der Ordnung wie aber auch der Unübersichtlichkeit und Kontingenz. – Relevant für die Symbolbildung sind (a) die runde oder quadrat., von Mauern umgebene äußere Form, (b) die Rolle der St. als polit. und wirtschaftl. Zentrum, (c) die Heterogenität und Masse der St.bewohner, (d) die Schnelligkeit des Lebens, die Bewegung und der Lärm in der St. sowie (e) die verborgenen Untergründe der St.

1. Symbol der Heimat, des mütterlichen oder göttlichen Schutzes und der Freiheit, aber auch der Gottesferne, Knechtschaft und Vergänglichkeit. Wie Platons Atlantis (*Kritias* 116 a-c) hat die St. in ursprüngl. Vorstellung eine runde Form (↗Kreis), von konzentr. Ringmauern umfriedet (↗Mauer, ↗Ring), ähnlich dem ↗Garten Eden (gr. *paradeisos:* ›umschlossenes Land‹), die an eine dem ↗Kind im eigenen Leib Nahrung und Schutz gewährende ↗Mutter erinnert (gr. *mētropolis:* ›Mutterstadt‹). Die quadrat. Form als Ausdruck von göttl. Vollkommenheit ist der himml. St. ↗Jerusalem eigen, der St. der Erwählten (Offb 21,16, ↗Quadrat). Im AT stehen die St. Sodom und Gomorra für die Sünde und Gottesferne der Menschen, doch eröffnen sich auch Visionen von der künftigen St. als Symbol für göttl. Nähe (Ez 48, 35), auf einem hohen Berg liegend, von Mauern ringsum befestigt (Ez 40). In der ma. Vorstellung symbolisiert die St. die Heimat des Menschen, der sich von der ird. in die himml. St. bewegt, von der Hölle ins Paradies (Dante, *Divina Commedia*:»Inferno« I, 126–129; III, 1), noch für die Romantiker ist die St. Objekt heimatl. Sehnsucht (*Des Knaben Wunderhorn* I, 289: *Abschied von Bremen*; Eichendorff, *Vor der St.*). – In der Lit. des 17. Jh. verweist die durch ↗Feuersbrunst zerstörte St. während des Dreißigjährigen Krieges auch auf die Schutzlosigkeit und Vergänglichkeit des ird. Lebens (Grimmelshausen, *Simplicissimus*; A. Gryphius, *Threnen des Vatterlandes*), in der Moderne auf die histor. oder naturbedingter Gewalt ausgesetzte St. übertragen (L.-S. Mercier, *Tableau de Paris*; Aragon, *Le paysan de Paris*; Grünbein, *Chimäre Dresden*; Calvino, *Le città invisibili*). Kann die vorindustrielle Kleinstadt noch Symbol für Heimat sein (Storm, *Die St.*), nimmt die moderne Industriestadt seit dem 19. Jh. hingegen stiefmütterl. Züge an und steht, mit bes. Prägnanz im Expressionismus, für entfremdende Gottesferne und Knechtschaft (Heym, *Der Gott der St.*; Borchert, *Großstadt*). Nach 1945 symbolisiert der Untergang der St. die Kapitulation der Menschheit, so in Erzählungen von der Zerstörung Stalingrads, Hiroshimas, Dresdens oder ↗Berlins (Plievier, *Stalingrad*; *Moskau; Berlin*; G. Anders, *Hiroshima ist überall*).

2. Symbol des erotischen oder keuschen Reizes, des Lebensgenusses, aber auch der Wollust und Unmoral. Die St. symbolisiert häufig die Reize des weibl. Geschlechts. In der Bibel gilt ↗Babylon als die große Hure voll von Wollust und Unreinheit (Offb 17) im Kontrast zu Jerusalem als Symbol der christl. Gemeinde, die sich als unschuldige Braut für Christus, ihren Bräutigam schmückt (Offb 21,2). In der ma. höf. Lit. (Wolfram v. Eschenbach, *Parzival* 180 ff.) und im *Nibelungenlied* (III, 44 ff.) setzt sich die Bedeutung der St. als Ort der Weiblichkeit fort, ihre Eroberung symbolisiert die Vermählung (↗Hochzeit). In Deschamps' *Ballade de Paris* aus dem 14. Jh. lockt ↗Paris als St. des Lebensgenusses ihre Freier, insbes. die Dichter; ein Abschied aus der St. ist als ein Adieu an die Liebe zu deuten. Villons *Testament* zeigt die St. als Sinnbild der Obszönität und Käuflichkeit. Noch in moderne und postmoderne St. ist Schauplatz und Symbol des verbrecher. Begehrens und der sexuellen Ausschweifung (Hesse, *Der Steppenwolf*; Süskind, *Das Parfum*) sowie der Prostitution (Schnitzler, *Traumnovelle*; P. Boldt, *Friedrichstraßendirnen*; Döblin, *Berlin Alexanderplatz*). Schönheit und ↗Reinheit im Schein verbergen moral. Hässlichkeit und Gemeinheit der St. (Hofmannsthal, *Tod des Tizian*; Frisch, *Andorra*).

3. Symbol der Ordnung und Kultur, aber auch der Naturferne und Entfremdung, der Einsamkeit, der Krankheit und des Todes. Die St. ist seit jeher Symbol für die menschl. Gesellschaft und ihre Ordnung, aus gr. *polis* (»St.«), entsteht der Begriff ›Politik‹. Vergil rühmt die von den Göttern bestimmte Gründung ↗Roms (*Aeneis* I), preist aber auch das friedl. Leben der menschlicheren ländl. Welt in den *Georgica* (II, 490–510). In der Bibel steht die erste St.gründung des Nomadenvolks durch Kain für Kontinuität (Gen 24,17), Babylon mit seinem hohen ↗Turm ist dagegen Zeichen der Hybris des Menschen (Gen 11,1–8). Die St. symbolisiert mit ihren Bauwerken Reichtum und Pracht (Tob 13,17; Ez 40; Eichendorff, *Aus dem Leben eines Taugenichts* VIII), Trad. und Kultur (Goethe, *Tasso* V, 4), die moderne St. jedoch auch Kulturfeindlichkeit (Hugo, *Notre-Dame de Paris*; Breton, *Nadja*). – Im 18. Jh. prägen Rousseaus Theorien vom Naturzustand und der Idealisierung des edlen Wilden den Abscheu vor Kultur und Gesellschaft, die sich in der St. konzentrieren (Rousseau, *Julie ou La nouvelle Héloïse* II, 14; Goethe, *Die Leiden des jungen Werthers*; ↗Spiel). – Wie das St.leben seit dem 19. Jh. durch kapitalist. Mechanismen, Entfremdung und Verelendung gekennzeichnet ist (Dickens, *Hard Times*; Maupassant, *Bel ami*; Zola, *L'assommoir*; Döblin, *Berlin Alexanderplatz*), symbolisiert die St. seit Realismus und Moderne Armut, Krankheit und Tod (Dickens, *Oliver Twist*; Mann, *Tod in Venedig*; Joyce, *Dubliners*; Fauser, *Berlin, Paris, New York*). – Bedeutet die St. so Anonymität und Isolation, vermag sie dennoch literarisch produktiv zu werden: Der Dichter schreibt in ihr ohne Ablenkung seine Erlebnisse nieder (Eichendorff, *Rückblick*; Raabe, *Die Chronik der Sperlingsgasse*), überwindet Enge und Todesangst durch Imagination (E.T.A. Hoffmann, *Der goldene Topf*; Breton, *Nadja*).

4. *Symbol der Unübersichtlichkeit und Kontingenz.* Mit dem Entstehen der modernen Industriestadt seit dem 19. Jh. ist die St. nicht mehr wie in früherer Zeit Symbol der Struktur und Ordnung (s. 3.), sondern v. a. der Kontingenz angesichts der simultanen Gegenwart verschiedenartigster Aspekte und Möglichkeiten. Bei Baudelaire ist die St. Inbegriff der Modernität überhaupt, der schwindenden Zeit, der Unsicherheit und Traurigkeit (*Le spleen de Paris*). Sie ist Geheimnis und Rätsel (Tieck, *Der Pokal*; Sue, *Les mystères de Paris*), Versteck und ↗Labyrinth (Dickens, *Oliver Twist*; Joyce, *Ulysses*). Den modernen Minotaurus, die dem städtischen Labyrinth innewohnende Bedrohung, bilden Aufstände, Belagerung, Krieg oder Geheimbünde (Manzoni, *I promessi sposi*; Balzac, *L'histoire des treize*), aber auch persönl. Abgründe (Rilke, *Die Aufzeichnungen des Malte Laurids Brigge*). Insbes. im 20. Jh. verkörpert die St. Ausweg- und Orientierungslosigkeit (Woolf, *Mrs Dalloway*; Svevo, *Senilità*; Musil, *Der Mann ohne Eigenschaften*). Der Organismus der St. entzieht sich seinen Schöpfern, er wird zum Sinnbild der Bedrohung und zum Ungeheuer, zur Hydra oder in bibl. Diktion zum ›Moloch‹ (Heym, *Ophelia II*), der seine Bewohner verschlingt. Zolas Paris ist nur noch ↗Magen, ohne ↗Herz (*Le ventre de Paris*). – Die Unübersichtlichkeit durch ↗Karneval und ↗Maskerade (Goethe, *Italienische Reise*: »Das Römische Karneval«; E.T.A. Hoffmann, *Prinzessin Brambilla*) sowie durch die städtischen Menschenmassen (Grillparzer, *Der arme Spielmann*; Eliot, *The Waste Land*) verlagert sich im 20. Jh. auf die Textebene, wo das Zusammenspiel verschiedener Diskurse die Verwirrung des Subjekts spiegelt, in psychoanalyt. Auslegung das Unbewusste und die Seele (Döblin, *Berlin Alexanderplatz*; Dos Passos, *Manhattan Transfer*). Die Postmoderne verabschiedet die St. als Sinnbild der Totalität und »großen Erzählung« und spricht der »textuellen Architektur« der St. die symbol. Bedeutung von Relativität und Dezentralisierung zu (Calvino, *Le città invisibili*).

↗Asphalt, Athen, Babylon, Berlin, Jerusalem, Labyrinth, Paris, Rom, Venedig.

Lit.: TuM, 332–337. – A. Corbineau-Hoffmann, Kleine Literaturgeschichte der Großstadt, Darmstadt 2003. – G. Fuchs/B. Moltmann (Hg.), Mythos Metropole, Frankfurt a.M. 1995.   EM

Stahl

Symbol des Krieges, der Härte und Unnachgiebigkeit, der Unüberwindbarkeit sowie der Modernität. – Relevant für die Symbolbildung sind (a) die Härte und Kälte des Materials sowie (b) sein Einsatz in der modernen Architektur und (Kriegs-)Technik.

1. Symbol des Krieges. Das schmiedbare ↗Eisen als Material für Werkzeuge und Waffen erweitert sich vom Zeichen für die todbringende Waffe selbst

(Schiller, *Die Räuber* III, 1; Heine, *Zwei Brüder*) auch zum Symbol des Krieges an sich und wird zum Sinnbild für dessen Schrecken und Destruktion. So spricht Günderode in *Darthula nach Ossian* vom »St. der Schlachten«, E. Jünger später von den *St.gewittern* des Ersten Weltkrieges und Klabund vom Untergang in einem »Bad von St.« (*Sommerelegie*).

2. Symbol emotionaler und physischer Härte, Unnachgiebigkeit und Unerbittlichkeit. St. symbolisiert, ähnlich wie ↗Stein oder ↗Marmor, die unnachgiebige, mitleidlose Natur eines Menschen bzw. dessen Verhalten. Haben Menschen »Nerven aus St.« (Ebner-Eschenbach, *Unsühnbar* XXI), sind sie unerschütterlich oder kaltblütig. Frauen mit einem »Herz von St. und Eisen« (Gellert, *Der erhörte Liebhaber*) sind unerweichlich und geben ihren Verehrern nicht nach (Fleming, *An die Stolze*), während ↗Männer mit stählerner Gesinnung und »Muskeln von St.« (Spielhagen, *Problematische Naturen* II.) tapfer, mutig, aber auch erbarmungslos sind (Klaj, *Dem neugebornen Jesulein zu Ehren*). Im dt. Nationalsozialismus entsteht daraus der Mythos vom ›Mann aus St.‹ als Inkarnation des aggressiv Männlichen und Kriegerischen sowie damit als Inbegriff des ›Neuen Menschen‹ der nationalsozialist. Propaganda (Anacker, *Adolf Hitler als Mensch*, 1934).

3. Symbol der Unbesiegbarkeit, Unüberwindbarkeit und Undurchdringlichkeit. Im 20. Jh. entwickelt sich der undurchdringl. St.helm des modernen Soldaten ebenso wie in früheren Zeiten das schützende »Kleid von St.« (Uhland, *Drei Fräulein*) sowie auch die stählerne Rüstung des Ritters (Goethe, *Faust II* 9450; Fontane, *Schloß Eger*) zum Symbol für die Widerstandsfähigkeit, Unüberwindbarkeit und Unbesiegbarkeit des Kämpfers selbst. Dieser Symbolgehalt des St. spiegelt sich literarisch auch in der Beschreibung von Architektur wider. Unüberwindbare Bauten aus »St. und Eisen« (Keller, *Denker und Dichter*) wie Asimovs *St.höhlen* bieten Schutz vor der bedrohl. Außenwelt, bedeuten gleichzeitig aber auch Isolation; sie können zudem die Härte und Kälte eines Systems symbolisieren (z.B. Orwell, *1984*).

4. Symbol der Modernität. Zu Beginn des 20. Jh. wird der Werkstoff St. zum Sinnbild für die moderne Technik. Maschinen wie das »stählerne Wunder« in Harbous *Metropolis* repräsentieren einerseits Fortschritt, Modernität und industrielle Zivilisation, wobei St. in der nationalsozialist. Lit. und ihren Vorläufern auch zum symbol. Ausdruck für einen übersteigerten Glauben an dt. Kultur und Technik, vgl. Goebbels Schlagwort von der »stählernen Romantik« (Hrachowy) und Technik, avanciert (R. Herzog, *Die Stoltenkamps und ihre Frauen*). Andererseits symbolisiert St. die Bedrohung und Gefährdung der Menschheit durch die Technik (Arnau, *St. und Blut*; Scholtis, *Das Eisenwerk*), die auch zur Abkehr von der »Welt aus St. und Eisen« (Bade, *Gloria über der Welt* IX) führen kann.

↗Eisen/Erz, Käfig.

Lit.: F.O. Hrachowy, Stählerne Romantik, Berlin 2005. – B. Hüppauf, Schlachtenmythen und die Konstruktion des »Neuen Menschen«, in: Keiner fühlt sich hier mehr als Mensch …, hg. v. G. Hirschfeld/G. Krumeich, Essen 1993, 43–84. – C. Wege, Buchstabe und Maschine, Frankfurt a.M. 2000, 72–132.   SL

Staub ↗Kot.

Stein / Gestein

Symbol der Ewigkeit, des Erhabenen und Schönen, der Standhaftigkeit und Empfindungslosigkeit, der Weisheit, der Fruchtbarkeit sowie einer poet. (Ur-) Schrift. – Relevant für die Symbolbildung sind (a) das geologisch weit zurückreichende, hohe Alter der St., (b) die Härte und unveränderl. Form, die der Vergänglichkeit und Beweglichkeit des Organischen entgegengesetzt ist, (c) die schroffe, menschl. Dimensionen überschreitende Gestalt des G.

1. Symbol göttlicher Ewigkeit, Erhabenheit und Schönheit. In der Mythologie sowie in vielen Religionen gilt die anorgan. Natur als einst lebendig und erst »über den Anblick Gottes zu St. geworden« (Novalis, *Die Lehrlinge zu Sais* II). Das Steinerne ist aufgrund seiner Größe (Unendlichkeit) und Gestalt (Formlosigkeit) Symbol des Erhabenen, das sich dem menschl. Verstand entzieht (Kant, *Kritik der Urteilskraft* § 23–29). Es gilt als inkommensurabel, was bes. in Moderne und Postmoderne betont wird, die mit der Ambivalenz der schöpfer. und destruktiven Macht des St. (vgl. Eliade, *Die Religion und das Heilige* LXXIV) spielt:»Blieb das unerklärliche Felsgebirge« (Kafka, *Prometheus*). – Vorbereitet durch Hallers Lehrgedicht *Die Alpen* wird das G. erst seit der späten Aufklärung ästhetisch angeeignet (↗Berg). Der wilde St. kann nun in seiner pittoresk-idyll. Wirkung Symbol des Schönen sein (Hölderlin, *Der Rhein*).

2. Symbol der Härte und Standhaftigkeit sowie der Empfindungs- und Schmerzlosigkeit. In bibl. Trad. symbolisiert das Steinerne die Unerschütterlichkeit des wahren Glaubens (Gott selbst wird mit einem Fels verglichen, Ps 31,4) und gilt als unzerstörbares Fundament, auf dem eine Glaubensgemeinde errichtet werden kann (Mt 16,18). – Die Härte des St. wird seit der Antike mit einer standhaften Gemütsverfassung in Verbindung gebracht, so etwa im Deucalion-und-Pyrrha-Mythos (Ovid, *Metamorphosen* I, 313–415), der das röm. Geschlecht als ein aus St. hervorgegangenes schildert. Im Übermaß gilt diese Standfestigkeit als Gefühllosigkeit und wird dann sprichwörtlich mit einem ›↗Herz aus St.‹ assoziiert (vorbildhaft hierfür Ez 11,19). Der Pygmalion-Mythos (Ovid, *Metamorphosen* X, 238–297), der den Übergang von Anorganischem (einer St.-Statue, Sinnbild des Empfindungslosen) zu Organischem (einem weibl. Körper, Inbegriff von

Sinnlichkeit) durch die ↗Hand des Künstlers beschreibt, wird für das Dichtungs- und Menschenverständnis der Aufklärung (Condillac, *Traité des sensations*) wie der Romantik (Eichendorff, *Das Marmorbild*) zentral (↗Marmor). Der St. deutet aber auch auf körperl. und seel. Schmerzlosigkeit, so in Hauffs Märchen *Das kalte Herz*, in dem das steinerne Herz, hier als Symbol für die kapitalist. Seele, in einem Teufelspakt bewusst erworben wird. Aufgrund seiner Empfindungslosigkeit ist der St. von zwei menschl. Grundvermögen, sich zu erinnern und zu hoffen, entlastet und damit entzeitlicht, so in F. Hohlers Erzählband *Der St.*: »Ein St. erinnert sich nicht. Ein St. träumt nicht. Ein St. hofft nicht. Man kann nicht einmal sagen, dass er wartet.«

3. Symbol der Weisheit, des Wohlstands und des Lebens. Für den seit dem MA verbreiteten Volksglauben, es gäbe einen St., der zu Weisheit, Wohlstand und (zeitweiliger) Unsterblichkeit führt, ist der ma. Gralstein (↗Becher/Kelch/Gral) von Bedeutung, so bei Wolfram v. Eschenbach (*Parzival* 468–470), der sich auf Chrétiens de Troyes *Li conte del Graal* beruft, oder Robert de Boron (*Roman de l'estoire dou Graal* 929 ff.). In ihm überlagern sich dynast. und eucharist. Symbolik, seine Kraft verdankt er, von Rittern bewacht, einer von einer ↗Taube gebrachten Hostie. Anklänge an antike Mysterienkulte sind offensichtlich, insofern der St. nur dem zu ihm berufenen ↗Reinen erreichbar ist, dessen Name auf ihm erscheint. Der Gral weist Parallelen zu dem sprichwörtlich gewordenen ›St. der Weisen‹ auf, seit der Spätantike eine Substanz, mit der unedle Metalle alchemistisch in ↗Gold oder ↗Silber verwandelt werden sollten. Er gilt bis heute (Rowling, *Harry Potter and the Philosopher's Stone*), bevorzugt in Märchen und Phantasy, als Symbol der Erkenntnis des Wahren, Guten, Schönen sowie des Geheimnisses des Todes, so auch in Andersens *Der St. der Weisen* oder, parodistisch verkehrt, in Wielands gleichnamigem Märchen aus der Sammlung *Dschinnistan*.

4. Symbol männlicher Potenz sowie weiblicher Fruchtbarkeit und mütterlicher Geborgenheit. In der griech.-röm. Antike werden St. als Symbole mag. Abwehrmächte und männl. Zeugungskraft verehrt (vgl. die Sammlung *Priapea*). Die griech. St.götter werden von den röm. Spätantike zum ↗phallisch konnotierten Fetisch (parodistisch Horaz, *Satiren* I, 8, 2; Martial, *Epigramme* VI, 16). Sein Fetischcharakter lässt den (Edel-)St. leicht zum Sinnbild sexuell konnotierter Obsession werden (vgl. den St. künstler Cardillac in E.T.A. Hoffmanns *Das Fräulein von Scuderi*, wo der St. allerdings zugleich, im Besitz des Fräuleins, Zeichen keuscher Tugend ist; ↗Diamant). Auch im AT wird verschiedentlich von männl. Potenz symbolisierenden St. berichtet, deren Verehrung die Propheten bekämpfen (Ez 20,32). – Während der (spitze) St. aufgrund seiner

Form oft Symbol für das männl. Geschlecht ist, gilt das (hohle) G. als Sinnbild des Weiblichen (↗Höhle/Grotte, ↗Vagina). Wer in das Reich der St. hinabsteigt, wie der Titelheld in Novalis' *Heinrich von Ofterdingen*, wie Elis Fröbom in E.T.A. Hoffmanns *Die Bergwerke zu Falun* oder Christian in Tiecks *Der Runenberg*, kehrt in den Schoß der ↗Mutter zurück, was in der psychoanalytisch inspirierten Lit. des 20. Jh. oft mit einer Ich-Spaltung einhergeht (so die Figur Rip van Winkle in Frischs *Stiller*).

5. Symbol für die poetische (Ur-)Schrift der Natur. St., v. a. wenn sie eine regelmäßige Struktur aufweisen wie der ↗Kristall, dienen seit dem MA, bes. aber in der Romantik, als Ziel der Sehnsucht nach dem vollkommenen Kunstwerk: Sie sind »stumme Lehrer« (Goethe, *Wilhelm Meisters Wanderjahre* III, 18; auch *Torquato Tasso* V, 4), symbolisieren eine ↗Schrift vor der Schrift, eine Ideal- und Urschrift der Natur, wie der ↗rote, kostbare ↗Karfunkel in Novalis' *Heinrich von Ofterdingen* verweist (I, 3), oder wie es in Tiecks *Der Runenberg* heißt: »Frage nur die St., du wirst erstaunen, wenn sie reden hörst.« – Auch in der nachromant. Avantgarde hat der St. eine poetolog. Funktion, das Anorganische wird zum dichter. Programm. Die Poesie hat »etwas Geheimnisvolles und Vollkommenes wie der Kristall« (Baudelaire, *Notes nouvelles sur Edgar Poe*) oder muss selbst »aus St. oder Stahl [sein], elektrisch blitzend oder finster« (Döblin, *An Romanautoren und ihre Kritiker*; ↗Stahl). Die Todessymbolik des St., wie sie z. B. in Döblins Roman *Berlin Alexanderplatz* entfaltet wird, in dem die moderne Poesie in der allegor. Gestalt des Todes auftritt und ein ›Lied aus St.‹ singt (»Und jetzt hört Franz das langsame Lied des Todes«), wird in der Postmoderne noch verstärkt, wenn der St. auf eine apokalypt. kristalline Erstarrung der menschl. Welt verweist (z. B. Ransmayr, *Die letzte Welt* IX).

↗Becher/Kelch/Gral, Berg, Bergwerk/Schacht, Fossil, Granit, Höhle, Kristall, Marmor, Stahl.

Lit.: H. Böhme, Das Steinerne, in: Das Erhabene, hg. v. Ch. Pries, Weinheim 1989, 119–141. – E. Schellenberger-Diederich, Geopoetik, Bielefeld 2007. – H.U. Treichel, Auslöschungsverfahren, München 1995, 66–140. – H. Rölleke, »Johannes war leblos herabgefallen und war ein St.«, in: Pygmalion, hg. v. M. Mayer/ G. Neumann, Freiburg 1997, 517–530. – D. Voss, Ströme und St., Würzburg 2000, 152–261.   DW

Sterben

Symbol der Schwelle und der krisenhaften Wende, des guten bzw. schlechten Lebens und der Medikalisierung des Lebens. – Relevant für die Symbolbildung sind (a) St. als etwas, das zur *conditio humana* gehört, (b) die begleitenden rituellen, rechtl. oder relig. Praktiken wie Sterbebett, letzte Sätze, Testament, Erbe etc., (c) die Verbindung mit Krankheit, der Körperlichkeit des Menschen, Leiden und

Siechtum bzw. medizin. Fortschritt sowie (d) der Ort des St.

1. Symbol der Schwelle und der krisenhaften Wende. St. kann, wie in Hölderlins *Tod des Empedokles*, zum Moment der Transgression werden (↗Schwelle), zur Chance für eine existenielle Wende, die mit der Wiederherstellung der natürl. Ordnung verbunden ist. Es kann aber auch die Zerstörung dieser Ordnung markieren, z. B. wenn H. v. Kleists Heldin in *Penthesilea* (XXIV), nachdem sie ihren Geliebten Achill zerfleischt hat, autokinetisch durch die performative Kraft ihres eigenen Wortes stirbt. Tolstojs Graf Bolkonskij erlebt in *Krieg und Frieden* (III, 19) einen Wendepunkt seines Lebens in der Schlacht von Austerlitz, als er zu sterben glaubt. In Schnitzlers Erzählung *St.* hingegen zerstört der drohende Tod die Beziehung zweier Menschen. In Hofmannsthals *Der Tor und der Tod* vermittelt der St.prozess einen Moment wahren Lebens fern jegl. Ästhetisierung. Auch in Brochs *Tod des Vergil* stehen weniger der Tod als die letzten achtzehn Stunden des sterbenden röm. Dichters im Mittelpunkt, in denen dieser sein Leben und Schreiben bilanziert. Die Liebe des mittellosen Paares, das die sterbenskranke Milly Theale in James' *The Wings of the Dove* beerben will, zerbricht letztendlich. In Remarques *Im Westen nichts Neues* verändert das hautnah miterlebte St. des von ihm tödlich verletzten frz. Soldaten Duval in einem Trichter den Protagonisten, da dieser sich schuldig fühlt und dadurch auch ein Teil seiner eigenen Persönlichkeit stirbt (IX). Der Ich-Erzähler in Bernhards *Wittgensteins Neffe* beschreibt das jahrelange St. seines Freundes, wobei er sich kurz vor dem nahenden Ende aus Angst vor dem unmittelbaren Tod völlig von diesem zurückzieht. Auch eine Todesdrohung kann eine Wende im Leben auslösen, so z. B. die Scheinhinrichtungen von Pierre Bezuchov in Tolstojs *Krieg und Frieden* (XII, 11) und in Dostojevskijs *Der Idiot* (I, 5). Bei Kafka (*In der Strafkolonie*, *Der Proceß*), Camus (*L'étranger*) und Nabokov (*Einladung zur Enthauptung*) wird die drohende Hinrichtung thematisiert, der bevorstehende Tod löst aber keine moral. und lebensweltl. Revision aus. Einige Erzählungen nehmen die Schwellensituation des St. zwischen Leben und Tod zum Anlass, um im Moment des St. die Lebensgeschichte noch einmal im Zeitraffer Revue passieren zu lassen (z. B. Proust, *La mort de Baldassare Silvande*; Aichinger, *Spiegelgeschichte*). Das St.bett ist zudem ein klass. Wendepunkt in Erzählungen; neben Szenen der Versöhnung und Ermahnung werden Intrigen und lügenhaftes Verhalten enthüllt. Der Geliebte der tuberkulosekranken Marguerite Gautier in Dumas' *La dame aux camélias* erkennt an ihrem St.bett in einer pathet.-emotionalen Szene seine Schuld. In Austens *Sense and Sensibility* wird die Ernsthaftigkeit eines St.bett-Gesprächs zwischen Vater und Sohn ironisiert, weil der Sohn die letzte Bitte des Vaters später zu seinen Gunsten uminterpretiert (ähnlich auch Tolstoj, *Krieg und Frieden* I, 23).

2. Symbol des guten oder schlechten Lebens. Spätestens seit Montaignes (an Platons *Phaidon* anschließende) Sentenz »Philosophieren heißt sterben lernen« (*Essais* I, 20) wird bewusstes Leben in der europ. Lit. mit St.lernen verbunden. St. wird auch als Erkenntnis des richtigen Lebens oder als letztes Korrektiv der Lebensführung eingesetzt. In Rousseaus *Julie ou La nouvelle Héloïse* führt Julie vor, dass ein gutes Leben die beste Vorbereitung für einen guten Tod sei. Tolstojs Ivan Il'ič glaubt in *Der Tod des Ivan Il'ič* kurz vor seinem Tod zu erkennen, dass sein Leben nicht so war, wie es hätte sein sollen. Čechovs *Eine langweilige Geschichte* ist der Lebensrückblick eines sterbenskranken Professors in Form einer Beichte, in der er sein eigenes, verfehltes Leben und seinen körperl. Verfall schonungslos aufzeichnet. In Woolfs *The Voyage Out* stirbt Rachel auch an der Unerreichbarkeit ihrer Vorstellung von einem richtigen Leben. Ein schlechter, qualvoller, schmutziger Tod wird häufig mit einem falschen, unerfüllten Leben narrativ verknüpft: Der frustrierte und unter Depressionen leidende Inzarov in Turgenevs *Am Vorabend* stirbt in einem Hotel in Venedig offensichtlich als Resultat seiner gescheiterten Ideale. – Tolstoj verbindet gutes Leben und gutes St. in zivilisationskrit. Absicht, wenn er in *Drei Tode* einen Kutscher einen ehrl. Tod sterben lässt, weil er im Gegensatz zur Gutsherrin nicht in ein Netz von Selbstlügen und Heimlichkeiten verwickelt ist. Rilke parallelisiert in den *Aufzeichnungen des Malte Laurids Brigge* (»11. September«) die Industrialisierung mit dem »fabrikmäßigen«, »nachlässigen« St. und setzt dagegen das »laute«, selbstbestimmte, öffentl. St. eines Kammerherrn in einem alten Herrenhaus. Daneben erfährt St. häufig in Verbindung mit Krankheit eine Metaphorisierung: So beschreibt z. B. Th. Mann im *Zauberberg* die bewusstseinserweiternde Rolle des St. an der Künstlerkrankheit Tuberkulose, während im *Doktor Faustus* Echo an einer Hirnhautentzündung als Bestrafung für seinen Onkel Leverkühn stirbt (XLV).

3. Symbol für die Medikalisierung des Lebens. St. wird insbes. in der modernen Lit. gleichgesetzt mit dem Eintreten in einen medizin.-ärztl.-wissenschaftl. Bereich. Rilkes Malte schreibt, man »sterbe den Tod, der zur Krankheit gehöre« (*Aufzeichnungen des Malte Laurids Brigge*: »11. September«). Der Arzt, die Medizin oder das Krankenhaus bzw. Sanatorium spielen als Gegensatz zum Priester bzw. Geistlichen und zur Religion eine große Rolle (z. B. Th. Mann, *Zauberberg*; Bernhard, *Der Atem*; *Die Kälte*). In *Der Tod des Ivan Il'ič* zeigt Tolstoj die zunehmende Abhängigkeit eines Krebskranken von den Vorschriften des Arztes sowie sein Interesse an medizin. Schriften und ähnl. Krankheitsfällen, die

ihm eine scheinbare Sicherheit suggerieren. Auch Benns *Morgue*-Gedichte verschränken St., Körperlichkeit und Medizin zu einem ›kalten‹ Tod. Poes Erzählung *The Facts in the Case of M. Valdemar* kann als Beispiel für die Ambivalenzen gelten, die die Verwissenschaftlichung von St. und Tod hervorbringt: Der Ich-Erzähler mesmerisiert einen Sterbenden als wissenschaftl. Experiment, so dass dieser noch über seinen Tod hinaus stirbt. Auch die Vampire und Geister in Stokers *Dracula*, Wildes *The Canterville Ghost* oder Kafkas *Jäger Gracchus* sind Beispiele für untote Tote oder ewig Sterbende, die ab Ende des 19. Jh. in der Lit. zu finden sind und auf die Leerstellen und Ängste verweisen, die mit der Verwissenschaftlichung des St. einhergehen. Darüber hinaus bringt die Medikalisierung des St. eine große medizin. Detailgenauigkeit hervor, die für einen Realismuseffekt bis hin zu einer Ästhetik des Hässlichen sorgt (z. B. Flauberts Beschreibung von Emmas Gifttod in *Madame Bovary* III, 8; der Tod der Großmutter in Prousts *À la recherche du temps perdu*: *Le Côté de Guermantes* II, 1; das St. ihrer Mutter in Beauvoirs *Une mort très douce*).

↗Grab/Friedhof, Mahl, Schlaf, Skelett/Totenschädel.

Lit.: Ph. Ariès, Geschichte des Todes, München 1980. – Ch.L. Hart Nibbrig, Ästhetik der letzten Dinge, Frankfurt a.M. 1989. – E. Horn, Tod, Tote, in: N. Pethes/J. Ruchatz, Gedächtnis und Erinnerung, Reinbek bei Hamburg 2001, 579–582.   AW

Stern

Symbol der Unzählbarkeit, des Ruhmes, einer bzw. eines Geliebten sowie der Zukunft. – Relevant für die Symbolbildung sind (a) die große Anzahl der St., (b) ihre Leuchtkraft und (c) ihre Unerreichbarkeit am ↗Himmel.

1. Symbol der Unzählbarkeit. Es handelt sich hier um eine stereotype Symbolverwendung, v. a. in der Bibel (z. B. Gen 15,5; 22,7; 26,4; Ps 147,4; Hebr 11,12), oft im Sinne einer Prophezeiung (s. a. 5.) oder der Demonstration der Macht Gottes (s. a. 2.). In der antiken Trad. dient der Vergleich mit den St. nicht nur zur Darstellung in quantitativer Hinsicht (z. B. *Ilias* VIII, 555–560), sondern kann auch die Darstellbarkeit in verschiedenen Medien reflektieren (so anhand der Beschreibung des St.schildes des Achill in Homers *Ilias* XVIII, 485–489; vgl. *Odyssee* V, 272–275).

2. Symbol des Ruhmes. Zentral für die christl. Trad. ist Dan 12,3: »Und die da lehren, werden leuchten wie des Himmels Glanz, und die viele zur Gerechtigkeit weisen, wie die St. immer und ewiglich.« Paulus wiederum deutet die Auferstehung im Bild der St., mit deren unzerstörbarer Körperlichkeit der neue Mensch geehrt werden wird (1 Kor 15,41). Die emblemat. Trad. (HS, 40 f.) verwendet dieses Symbol auch für Argumentationen wie: So wie man die St. nicht deutlich sehen kann, wenn der ↗Wind die ↗Wolken nicht verjagt hat, so erwirbt man auch den Ruhm der Tugend nicht, wenn die Laster nicht verjagt werden (z. B. de la Perrièr, *Morosophie* Nr. 51).

3. *Symbol einer bzw. eines Geliebten.* Dieser Aspekt der St. beruht darauf, dass die oder der Geliebte sich von allen anderen Menschen abhebt oder aus ihnen hervorsticht wie ein St.; naheliegend sind Kombinationen mit der Unzählbarkeit (s. a. 1.): So viele Küsse wie St. am Himmel stehen soll z. B. Lesbia Catull geben (*Carmina* VII, 7–9); zudem heißen in der literar. Trad. diese Geliebten zumeist Stella (lat. für »St.«). So vergleicht Martial in *Epigramm* V, 11 seinen Gönner Stella mit den eigenen Gedichten unter dem Aspekt des strahlenden Schmuckes, Sidneys *Astrophil and Stella* belegt die Kontinuität von Stella als Symbol der Geliebten und Swift wiederum veröffentlicht die in seinen Briefen an Stella (d. h. Esther Johnson) mitgeteilten polit. Erfahrungen als *The Journal to Stella*. Goethe konnte aufgrund dieser Symboltrad. *Stella* zum programmat. Titel seines Trauerspiels wählen, das ursprünglich und deutlicher »Ein Schauspiel für Liebende« hieß. In Kleists *Amphitryon* (II, 4) stellt sich zudem die Frage, ob die Geliebte aus den St. hernieder gestiegen sei.

4. *Symbol der Zukunft bzw. der zukünftigen Welt.* Für diese bereits in der Bibel auftauchende Symbolverwendung (z. B. Num 24,17; Mt 2,2 ff.) lässt sich eine Vielzahl von Belegen anführen, die über Dantes *Divina Commedia* (jeder ihrer drei Teile endet mit den St.; vgl. darüber hinaus »Inferno« XV, 55–72; »Purgatorio« I, 19–27; XVI, 73–81; XXVII, 88–96; bes. aber »Paradiso« II, 28–174; IV, 22–63; VIII, 10–15 u.ö.) bis zu Jean Pauls *Ausläuten oder Sieben Letzte Worte* reichen. Für die Moderne relevant scheint der Wechsel von den St. selbst hin zu den Diskursen über sie, in denen die Lit. nicht zuletzt ihre eigene Zukunft angesichts einer als bedrohlich angesehenen Zukunft der Menschheit sucht. Bsp. hierfür sind Dürrenmatt, der in *Der Meteor* die Symbolik des herabstürzenden St. auch als Persiflage auf das eigene Schreiben verwendet; Calvinos *Herr Palomar*, der die Kontemplation angesichts der Unzählbarkeit der St. (s. a. 1) als neue Beschreibungsmöglichkeit entdeckt (I, 3, 3); die im Bild des Judensterns vollzogene Koinzidenz von St.warte und Sammellager in Mulischs *Die Entdeckung des Himmels*; die Einsicht in die Kontingenz von Kulturen angesichts der unterschiedl. Benennung von St. in Nootebooms *Die folgende Geschichte*, die zugleich, im Anschluss an Ovid, die Metamorphose von Bedeutungen als Erzählprinzip versteht (↗St.bilder). Ist für C. Brentano (*Was reif in diesen Zeilen steht*) der St. wesentl. Reflexionselement der eigenen Poetologie, und schreiben noch Texte wie Rilkes *Duineser Elegie* X oder Hofmanns-

thals *Gespräch über Gedichte* diese Auffassung, aber auch die der Renaissance-Astrologie, literarisch produktiv um, so verkehren Trakls *Abendland* und Benns *Ein Wort* diese Trad. in ihr Gegenteil. Eine kleine Auswahl im Hinblick auf die semiot. Breite und Fruchtbarkeit des Symbols des St. jenseits etablierter Klischees bilden: der im Kontext von Einsteins Relativitätstheorie stehende St. in Brochs *Unbekannte Größe*; Jahnns über den gesamten Text von *Perrudja* verstreute Metaphern vom Siebenstern (↗Sieben) und Marienstern; »Odradek«, der auch als komplizierter St. in Kafkas *Sorge des Hausvaters* beschrieben wird; Ausländers »St. lächeln in meinen Augen« in *Mein Atem*; schließlich M. Susmans in der Auseinandersetzung mit Rosenzweigs *St. der Erlösung* entstandener Aufsatz *St.*, der die lange Interpretationsgeschichte des Symbols St. reflektiert.

↗Gleis, Komet, Mond, Sonne, Sternbilder.

Lit.: M. Bergengruen/D. Giuriato/S. Zanetti (Hg.), Gestirn und Lit. im 20. Jh., Frankfurt a.M. 2006. – A. Honold, Hölderlins Kalender, Berlin 2005. ChS

Sternbilder

Symbol der Universalität und des Ewig-Gültigen, individueller Ordnung und des poet. Schriftbilds. – Relevant für die Symbolbildung sind (a) die (vermeintl.) Unveränderlichkeit der St., aber auch (b) die Erkenntnis, dass die St. vom Menschen konstruiert sind.

1. *Symbol der Universalität und des Ewig-Gültigen.* Die Grundlage dieser Symbolik bildet die Verwandlung v. a. von Menschen (bevorzugt Heroen), aber auch Tieren und Gegenständen in unsterbl. St. Diese Auffassung geht auf Ovid zurück, der die Entstehung der St. innerhalb seiner *Metamorphosen* neu erzählt (z. B. ↗Nördliche ↗Krone in *Metamorphosen* VIII, 169–182; Perseus und Andromeda, *Metamorphosen* IV, 663–752). Bei Homer steigen nicht die Gestalten, sondern ihr Ruhm zum ↗Himmel (z. B. *Ilias* X, 212; *Odyssee* IX, 20). Durch die spätere Gleichsetzung von Heros und St. stößt die Symbolverwendung an ihre eigene Grenze: Denn wenn z. B. Vergil programmatisch im ersten Gesang der *Georgica* den Tierkreis imaginiert, um in diesem aber erst Raum für den neuen ↗Stern am polit. Himmel, Octavian, zu schaffen (*Georgica* I, 32–35), dann wird der Raum des ewig Gültigen gerade überschritten (s. a. 2.). Die Beschreibung des Schildes des Achill, auf dem sich durch die Kunst des Hephaistos alle St. finden, die den Himmel schmücken (*Ilias* XVIII, 485–489; vgl. *Odyssee* V, 272–275) oder auch die Neukonstellationen von St. (Plejaden, Hyaden und Ursa Maior in Vergils *Georgica* I, 138; Bootes und Plejaden bei Properz, *Elegien* III, 5, 35; Orion und Ursa Maior in Ovids *Ars amatoria* II, 35) dient den Autoren zur Legitimation der eigenen Textproduktion durch den Rekurs

auf eine ewige Ordnung. Dieser Aspekt ist auch für das MA wesentlich: Zwar scheint die Bibel aufgrund ihrer monotheist. Orientierung jegl. Bezug auf Sterne und St. zu verbieten (z. B. Dtn 4,19; Jes 47,13), auch wenn positive Deutungsmöglichkeiten nicht ausgeschlossen sind (z. B. Ijob 38,7; Ri 5,20; die Ankündigung Jesu in Lk 21,10 f. und 25 und das Siebengestirn in der Hand Christi in Offb 1,16). Ausschlaggebend aber ist in der hermeneut. Praxis, dass die Anwesenheit von St. den Geltungsanspruch des Heilsgeschehens verbürgt. Bsp. hierfür sind die sich auf Perikopenbüchern (z. B. das Exemplar Heinrich II.) findende Kreuzigungsdarstellung (↗Kreuz) unter ↗Sonne und ↗Mond, deren Konjunktion der damaligen Auffassung zufolge ein St. darstellte, oder wenn Codices sehr oft (z. B. der um 1190/1200 entstandene Cod. Zwetl. 296; Stiftsbibliothek Zwettl) in den Initialen, Miniaturen oder Kanontafeln St. als Zeichen jener göttl. Ordnung verwenden, von denen v. a. die Augustinus-Texte gerade als Argument gegen die Beschäftigung mit der Astrologie sprechen (z. B. *Contra Faustum* XII, 29), oder wenn in dem anonym überlieferten Lied *Stella maris* des 8. Jh. aufgrund bloßer Äquivokation von *maria* mit lat. *maris* die hl. ↗Jungfrau Maria zum Stern des Meeres wird. In Grimmelshausens *Des abenteuerlichen Simplicissimi ewig-währender Calender* werden St. unter ihrem Aspekt als Tierkreiszeichen astrogeografisch verwendet und ein Zusammenhang zwischen St. und polit. Prognose hergestellt, der aber, wie die Eröffnungsszene von Shakespeares *Hamlet* (I, 1) deutlich macht, immer Kontingenzen ausgesetzt ist, wenn etwa in einem bekannten St. ein nicht prognostizierbarer Stern aufleuchtet. Doch auch unter der Annahme sicherer ›Prognosen‹ berücksichtigte die astrolog. Trad. die Tatsache, dass kosmolog. Zeichenordnungen immer der Perspektive und Zeitstelle eines Betrachters geschuldet sind; prominentes Bsp. hierfür ist Schillers *Wallenstein*-Trilogie (z. B. *Wallensteins Tod* I, 1–4 und V, 3). Noch Hofmannsthals *Tod des Tizian* und auch sein *Kleines Welttheater* entwerfen im Geist der Renaissance Lit. als Lesemodell kosmolog. Ordnung.

2. Symbol individueller Ordnung und des poetischen Schriftbilds. Angesprochen ist hier der der Symbolbedeutung von 1. widersprechende, für die neuere und moderne Lit. zentrale Aspekt der Konstellation (vgl. engl./frz. *constellation* für »St.«) i. S. einer individuellen und singulären Gestirnanordnung: »Die Konstellation war glücklich«, erinnert sich Goethe zu Beginn von *Dichtung und Wahrheit* seiner als einzigartig angesehenen Geburtsstunde. Nach Benjamins Ideenlehre in der »Erkenntniskritischen Vorrede« zum *Ursprung des deutschen Trauerspiels* verhalten sich die Ideen zu den Dingen wie die St. zu den Sternen. Daraus folgt dann nicht nur, dass den Ideen wie den St. ihre selbständige Existenz in der Welt der Phänomene abzusprechen

ist; vielmehr stellt Benjamin innerhalb der Theorie das dar, was moderne Autoren durch die Erinnerung an die Geschichte der ↗Schrift vor ihrer Degradation zum modernen Kommunikationsmittel praktisch leisten: Die Konstellation der Schriftzeichen als St., die Schrift als Bild. Berühmtes Bsp. hierfür ist Mallarmés *Un coup de dés jamais n'abolira le Hasard*. In ihm werden Worte (u. a. »constellation«), typografisch so hervorgehoben, dass der Text zu einem in unterschiedl. St. lesbaren Sternenhimmel wird. Gomringers auf visuellen Gruppen beruhenden *konstellationen* oder Chlebnikovs ›Sternensprache‹ sind wie schon Apollinaires *Calligramme* einer Poetik der Konstellation verpflichtet, während N. Sachs' *Da du* »das staubbeflügelte St./ der Flucht« und Celans *Sternenlied* ihren Zusammenbruch besingen: »Nichts kann, das sich im Mondschein noch begibt,/ je sein wie damals, als der große Wagen/ uns tönend aufnahm.«

↗Gleis, Komet, Mond, Saturn, Schrift, Sonne, Stern.

Lit.: M. Bergengruen/D. Giuriato (Hg.), Gestirn und Lit. im 20. Jh., Frankfurt a.M. 2006. – A. Honold, Hölderlins Kalender, Berlin 2005. – R. Klibansky/E. Panofsky, Saturn und Melancholie, Frankfurt a.M. 1990.
ChS

Stiefel ↗Schuh.

Stier
Symbol der (Ur-)Kraft, Fruchtbarkeit und des Reichtums, der Gefahr und Zerstörung, des Unheils und des Todes, der Triebhaftigkeit, Sexualität und Dämonie des Erotischen sowie des Frühlings. – Relevant für die Symbolbildung sind (a) die phys. Stärke und gewaltige Erscheinung, (b) die erlesene (vorzugsweise ↗weiße oder ↗schwarze) Fellfarbe, das mondsichelförmige ↗Hörnerpaar und das ↗Blut, (c) die Wildheit und Zeugungskraft (im Gegensatz zum domestizierten Ochsen), (d) die astronom. Zugehörigkeit zum Tierkreis.

1. Symbol der (Ur-)Kraft, Fruchtbarkeit und des Reichtums. Archetyp. Symbol der Fertilität und Virilität, erscheint der St. (auch als St.-Mischwesen) in breiter Variation – oft in elementarer Verbindung zu ↗Erde, ↗Himmel, ↗Wasser, ↗Regen, Wetter, ↗Sonne und ↗Mond – als Tiergottheit bzw. Attribut eines Gottes, oft einer weibl. Muttergöttin (z. B. im Hinduismus Dyaus-Pita, Shiva, Nandi), Kult- oder Orakeltier (z. B. im pharaon. Ägypten, wo er als Buchis, Mnevis oder Apis verehrt wird, Letzterer auch mumifiziert; vgl. Herodot, *Historiae* II, 38 ff.; III, 28; Voltaire, *Le Taureau blanc*). R. Barthes sieht noch im modernen Rindfleischverzehr eine Übertragung der »force taurine« auf den Menschen (*Mythologies: Le Bifteck et les frites*). – In der griech. Mythologie ist der Kret. St. Kraftträger Poseidons (Pausanias, *Beschreibung Griechenlands* I, 27, 9) bzw. der in der Überlieferung meist weiße St. u. a. sanftmütige und edle Erscheinungsform des Zeus beim Raub der Europa (Moschos, *Europa*; Ovid, *Metamorphosen* II, 833–875, vgl. ↗Europa). Opfertier im AT (Ex 24,5; Ez 43,19; bei der Krönung Salomos 1 Chr 29,21), ragt der St. in der Überlieferung vom ›↗Tanz ums ↗Goldene Kalb‹ hervor (Ex 32), dem vom Volk Israel trotz Bilderverbots gegossenen Standbild eines Jungstiers; in diesem lebt die Vorstellung Gottes (WBS, 364), aber auch falschen Götzendienstes fort (z. B. bei Ripa, *Iconologia*: *Idolatria*). Nach patrist. Deutung einer Vision Hesekiels (Ez 1,4) und Offb 4,6 ff. gilt der geflügelte St. gleichwohl als Symbol des Evangelisten Lukas (Irenaeus, *Adversus haereses* III, 11, 8; vgl. geflügelter ↗Adler und ↗Löwe). Die christl. Trad. greift im Ausgang von Jes 1,3 in Krippendarstellungen St. und ↗Pferd, später Ochsen und ↗Esel als Zeugen der Geburt Christi auf (vgl. viele trad. Weihnachtslieder, z. B. Spee, *O Jesulein zart*; ↗Weihnachten). Im Zusammenhang mit der christl. Allegorese des Europamythos im MA steht die St.verwandlung Jupiters für die Menschwerdung Jesu (Berchorius, *Reductorium morale* XV: *Ovidius moralizatus*). – Der St. verkörpert Stolz (Chrétien de Troyes, *Lancelot* 2568 f.) und symbolisiert Führungskraft (Marc Aurel, *Meditationen* XI, 16), Homer bezeichnet Agamemnon, männlich und stolz, als hervorragenden St. der Herde (*Ilias* II, 480 f.). Auf die Verbreitung des St. in der Heraldik »zum Zeichen von Stärke« (Agrippa von Nettesheim, *De incertitudine* LXXXI: *De arte heraldica*) spielt C. F. Meyer am Beispiel Papst Alexanders VI. an: »Der St. im Wappen sagt: Hie hat gehaust/ Der Borgia Lust, davor's dem Teufel graust« (*Huttens letzte Tage*); vgl. auch den St. von Uri in Schillers *Wilhelm Tell* (I). Die Hartnäckigkeit Luthers trägt diesem den Beinamen »St. zu Wittenberg« ein (Emser). Lessing preist im St. ferner die philosoph. Geisteskraft Bayles (*Der St. und das Kalb*, nach Äsop, *Fabeln* V, 9), Bürger hingegen die Unvernunft der Provinzfürsten, stellvertretend im Bild des Jupiter (*Neue weltliche hochdeutsche Reime …*). Einzelne moderne Lesarten des St., verbunden mit Europadeutungen, stilisieren ihn zum sublimen Symbol des Künftigen (Bouilhet, *Europe*) bzw. Sinnbild einer »modernen Idee« (Nietzsche, *Jenseits von Gut und Böse* 239). – Als Nutztier symbolisiert der St. Reichtum und impliziert pekuniäre Kraft (etymologisch abgeleitet von lat. *pecus*, »Rind«), was sich z. B. in antikem Münzgeld (Taurophoren), später im St. als Attribut der ↗Börse niederschlägt (Börsenstier, vgl. Braun). Die ma. Trad. des Bœuf gras, der im Pariser ↗Karneval mit ↗Blumen geschmückt als Symbol des Reichtums und der Fülle durch die Straßen der Stadt geführt wird, um die ↗österl. Fastenzeit einzuleiten, nimmt Verdi in der Oper *La Traviata* auf (III,4, Libretto: Piave; nicht jedoch enthalten in Dumas' zugrundeliegendem Roman *La Dame aux camélias*). Als Ochse vor

dem ↗Pflug steht der St. jedoch auch für »Sklaverei« und »Dienstbarkeit« bei Tieck (*Franz Sternbalds Wanderungen* III, 6), als Symbol (poetolog.) Gängelung bei Goethe (*Wilhelm Meisters Lehrjahre* II, 2; vgl. Schiller, *Pegasus im Joche*), in bukol. Verklärung als Sinnbild »liebl.« Landlebens hingegen bei Hölderlin, *Der Wanderer*. In diesem Sinne preist eingehend Carducci die stille Zufriedenheit und gottgleiche Schönheit des frommen Ochsen (»pio bove«, *Il bove*). Demgegenüber hebt Grabbe den unbändigen Freiheitsdrang des St. hervor (»Was ich nicht weiß, macht mich nicht heiß. So denkt/ Der Ochse, wenn er vor dem Kopf ein Brett hat./ Der St. läuft fort, wenn ihm das Brett genommen«, *Don Juan und Faust*), Lessing seine Selbstbestimmung (*Das Ross und der St.*), aber auch Schwerfälligkeit (*Der St. und der Hirsch*); Darío kontrastiert in St. und Ochsen Potenz und Joch (*Gesta del coso*). – Im ästhetisch motivierten rituellen Spektakel des St.kampfs kulminiert die Symbolbedeutung des St. (vgl. Conrad; Cossío; s. a. 2.); unzählige literar. Quellen glorifizieren und sublimieren die Naturkraft des St. (u. a. magisch-göttlich konnotiert bei Montaner, *A Antonio Fuentes*; Montherlant, *Les Bestiaires*), der gleichsam als ›Totemtier‹ auf die span. Nation verweist. Das Lob des St. ist dabei auch Teil des Selbstverständnisses span. Dichter (M. Machado, *Yo, poeta decadente*).

2. Symbol der Gefahr, Zerstörung, des Unheils, des Todes, der Triebhaftigkeit, unbändiger Sexualität und Dämonie des Erotischen. Mit der archaischen Kraft des St. (s. 1.) geht eine konkrete und symbol. Gefahr einher, die als existentielle Bedrohung, oft auch als Herausforderung wahrgenommen wird. Im Kampf mit dem St. ringt der Mensch mit Natur oder Gottheit, im *Gilgamesch-Epos* (VI) etwa siegt Enkidu über den Himmelsstier, im AT symbolisiert der St. Lebensgefahr (Ps 22,13). Die Todesbedrohung begründet zugleich auch die Erhabenheit des St. (vgl. etwa Nietzsche, *Also sprach Zarathustra* II). – Als Verkörperung roher Kraft und Zerstörungswut figuriert der St. z. B. bei Storm (*Eekenhof*), als Symbol der Unberechenbarkeit und Unzähmbarkeit bei Fernández Grilo, *El toro*; oft ist er mit Finsternis und Tod verbunden, so als Symbol der ↗Nacht etwa bei Jiménez, *Desvelo*. Als symbol. Todesbote und unheilvolle Spukerscheinung begegnet der St. in Sagen (Croker, *Fairy Legends and Traditions of the South of Ireland* XV, übers. Brüder Grimm) und phantast. Erzählungen der Romantik (A. v. Arnim, *Die Majoratsherren*) bei Kleist versinnbildlicht das St.opfer im ↗Traum Penthesileas kurz vor der zentralen Liebesbegegnung mit Achill dessen Tod (*Penthesilea* XIV); ein »wütender St.« bedroht auch den Hl. Julianus und kündigt bevorstehendes Verderben an (Flaubert, *La Légende de Saint Julien l'Hospitalier*). Als Todessymbol stilisieren ferner im 20. Jh. Hemingway, *Death in the Afternoon*; Hernández, *Como el toro…*; Alberti, *El toro de la muerte* u. a. den St. – Preist Ovid in ihm die Urmacht der Liebe (*Ars amatoria* II, 485), so wird diese in Verbindung mit dem St. in der Neuzeit vielfach symbolisch dämonisiert: etwa in Lilienfeins nach Souvestre gestaltetem Schauspiel *Der St. von Olivera* und d'Alberts gleichnamiger Oper (Libretto: Batka), bei Morales, *El toro*, als »quälende Liebeskraft«. Mithin symbolisiert der St. oft Zügellosigkeit, Sünd- und Triebhaftigkeit. In Gestalt der christl. Todsünden tragen z. B. in der span. Barockdichtung ↗sieben St. den Sieg über bibl. Figuren davon (Ledesma, *A los siete pecados mortales*); paradigmatisch bringt ein als »unbezähmbarer St.« bezeichnetes Meeresungeheuer Neptuns, Sinnbild ungezügelter Triebe, in Racines *Phèdre* (V, 6, sog. Récit de Théramène, V. 1519) dem kontrollierten Rosselenker Hippolyte den Tod. Als Symbol der Eifersucht erscheint der St. bei Quevedo, *Ves con el polvo de la lid sangrienta*, als erot. Rächer des Erzählers bei Mérimée, *Carmen* (III): »Der St. sollte mein Rächer werden.« Ironisch verfremdet mit sodomit. Anklängen wird die erot. Symbolbedeutung in Milhauds Kurzoper *L'Enlèvement d'Europe* (Libretto: Hoppenot), in der die »Bête divine« (das »göttl. Tier«) Jupiter der Europa »dieses doppelte Brennen des St. in meinen Lenden und des Gottes in meinem Herzen« darbietet (IV). Verbindet schon Schiller im Kontext der Affektbekämpfung den St. mit gemeiner Triebhaftigkeit (*Über das Pathetische*), sieht die Psychoanalyse im Sieg über den St. die Bezwingung animal. Kräfte bzw. der Sexualität, im St. selbst ein Traumsymbol für sexuelle Potenz oder Wünsche bzw. materiellen Vorteil (s.a. 1.). – Liebe und Tod werden seit dem 13. Jh. auch im iberorom. St.kampf beschworen, wo der St., selbst todgeweiht, eindringliche literar. Symbolkraft besitzt (vgl. Cossío, s.a. 1.). Nicht nur die span. Populärkultur kennt den St. als Symbol der Todesgefahr (diverse Romances, z. B. *Échate, mozo...*). Als fatale Bedrohung, der als zu überwindender Gegner Lüge und Täuschung inkarniert (Pellicer de Tovar, *Anfiteatro de Felipe el Grande*; Góngora, *Con razón, gloria excelsa de Velada...*; Moncayo, *Al marqués de Osera*), ist er in der span. Kunstdichtung (Moratín, *Fiesta de toros en Madrid*) zu allen Zeiten präsent, im Barock oft verbunden mit panegyr. Verherrlichung des Königs, in der Moderne ersetzt durch z. T. hymn. Gesänge auf gefallene Toreros. Während Hauff die Tauromachie auf die Ebene »literar. St.gefechte« überträgt (*Mitteilungen aus den Memoiren des Satan*), wird das Gefahrensymbol des St. oftmals politisiert, so bei Byron bezogen auf den Freiheitskampf gegen Napoleon (*Childe Harold's Pilgrimage*), bei Aub auf den Span. Bürgerkrieg (*El laberinto mágico*), bei Cau auf den Nationalsozialismus (*Les Entrailles du taureau*), bei Rothmann auf die Jugendrevolte nach 1968 (*St.*). – Eine Umkehrung erfährt das Symbol in der Kinder- und Jugendlit. des 20. Jh. (Leaf, *The Story of Ferdinand*),

wo sich ein friedfertiger St. der Arena verweigert, und im frz. Chanson (Adamo, *Le Taureau et l'enfant*), wo ein scheuer St. den ↗Schlaf eines ↗Kindes weise bewacht, welches indes im Traum zum Matador heranreift.

3. Symbol des Frühlings. Seit griech. Sternsagen mit dem Kret. St. Europas identifiziert (Ovid, *Fasti* V, 603–620; Diego, *Evasión: Zodiaco*; *Tauro*), verweist das ↗Sternbild des ›St.‹ auf die ↗frühlingshafte Jahreszeit, mithin auf Verjüngung (Jean Paul, *Hesperus*, 31. Hundposttag; geistesgeschichtlich gewendet in der *Vorschule der Ästhetik*, Vorrede zur ersten Ausgabe). Die Hörner des St., von der Frühjahrssonne vergoldet und erwärmt, stoßen symbol. die Pforte (↗Tor) zum neuen ↗Jahr auf: »Wenn der schimmernde St. aufstrahlt mit goldnem Gehörn im/ Tore des Jahrs« (Vergil, *Georgica* I, 217 f.; ähnlich Petrarca, *Canzoniere* IX: *Quando'l pianeta che distingue l'ore*; Ronsard, *Avantvenue du printens*; Du Bellay, *Chant de l'amour et du printemps*; Scève, *Délie: Phébus dorait les cornes du taureau*; Góngora, *Soledades* I; Camões, *Lusíadas* II, 72 ff.). Bisweilen verbindet sich die astronom. Symbolbedeutung mit der des St.kampfs, z. B. indem der St. mit seinen mondförm. Hörnern »in himmlischer Wut« gegen die Sonne streitet (Moncayo, *Fábula de Júpiter y Calixto*) oder indem die Arena mit dem Tierkreis verschmilzt (Calderón de la Barca, *Si viste, ¡oh Licio!, a material esfera*; García Lorca, *Mariana Pineda* 221 ff.).

↗Europa, Frühling.

Lit.: EdM, 1298–1303. – WBS, 363–365. – K. Braun, Europa und der St., in: Europa – St. und Sternenkranz, hg. v. A.-B. Renger/R.A. Ißler, Göttingen 2009, 165–181. – J.R. Conrad, The Horn and the Sword, New York 1957. – J.M. de Cossío, Los Toros, Bd. 2, Madrid 2007.

RAI

Stille ↗Schweigen/Stille.

Stimme / Gesang

Symbol der Affektivität und Verführungskraft, der seel. Anwesenheit bzw. personalen Autorität sowie einer normativen Wahrheit. – Relevant für die Symbolbildung sind (a) die Eigenschaft der St., akust. und sprachl. Ausdrucksmittel des Menschen zu sein, das (b) klanglich unverwechselbar an ein bestimmtes Individuum gebunden ist.

1. Symbol von Affektivität, Verführungskraft und Natürlichkeit. Unabhängig von der sprachl. Kommunikationsabsicht wird der Klang der St. in der Lit. zunächst nur als G. thematisiert. Dieser gilt als kunstvolle, zugleich unmittelbar emotionale und verführer. Macht der St., die den Verstand gefährlich verwirrt. *Locus classicus* hierfür ist der in Homers *Odyssee* (XII, 39 ff.) geschilderte G. der Sirenen, der in den Tod lockt. Wirkungsmächtig wird auch die mytholog. Figur des Orpheus (Vergil, *Georgica* IV, 453 ff.; Ovid, *Metamorphosen* X, 1 ff.), dessen unwiderstehl. G.stimme in Apollodors *Bibliotheke* I, 9, 25 und bei Apollonios Rhodios (*Argonautika* IV, 893 ff.) selbst die Anziehungskraft der Sirenen übertrifft. Ovid (*Ars amatoria* III, 311 ff.) kann daher auf beide Mythen verweisen, um die verführer. Wirkung von G. und Rezitation zu illustrieren. Die sinnlich hinreißende und die kunstvoll erhebende Wirkung des G. werden theologisch gegeneinander ausgespielt: So gilt die meist als gefährlich eingeschätzte Sinnlichkeit der St. als eingehegt, wenn sie als gesungener Text im Dienst der Glorifizierung Gottes steht (Augustinus, *Bekenntnisse* X, 33, 49 f.). – Im 18. Jh. wird nicht nur der G., sondern auch der St.klang mit Natur und Ursprünglichkeit konnotiert (Rousseau, *Essai sur l'origine des langues*; Herder, *Abhandlung über den Ursprung der Sprache*; Schiller, *Die Macht des G.*). Zum neuen. Topos wird die weibl. St., die der Protagonist sehnsuchtsvoll hört, bevor er ihre Inhaberin entdeckt (z. B. Novalis, *Heinrich von Ofterdingen* I, 4; II: »Das Kloster, oder der Vorhof«; Brentano, *Durch die stummen Wälder irrte*). Zugleich gewinnt der Sirenenmythos neue Aktualität (Heine, *Ich weiß nicht, was soll es bedeuten*; ↗Rhein). – Vom Schwinden des christl. Einflusses profitiert im 19. Jh. der romant. Kunstenthusiasmus, da nun auch der aus seinem theolog. Kontext befreite sakrale G. dem rein ästhet. Genuss dienen kann (E.T.A. Hoffmann, *Das Sanctus*). Die durch den Kirchengesang ausgelöste emotionale Überwältigung wird nun sogar als Wahnsinn beschreibbar (H. v. Kleist, *Die heilige Cäcilie*), während die erot. Kraft der G.stimme im säkularen Kontext Gendergrenzen in Frage stellt (Balzac, *Sarrasine*). Die seit Ende des 19. Jh. durch Aufzeichnung und fernmündl. Übertragung möglich gewordene Trennung des St.klangs von seiner Quelle lässt den G. (Verne, *Le château des Carpathes*) und die Sprechstimme (Cocteau, *La voix humaine*; Wellershoff, *Die Sirene*; Magris, *Le voci*) zum Objekt patholog. Begehrens werden, wenn das Hören des St.klangs als Ersatz für eine unmögl. Vereinigung mit der geliebten Person dient. – In Kafkas *Josefine, die Sängerin* vereinigt der G. eine affektive, Gemeinschaft bildende Wirkung, wie sie schon im Orpheusmythos angelegt ist, mit der Eigenschaft, sich nicht auf eine Form und Bedeutung festlegen zu lassen. Selbstreflexiv und selbstreferentiell sind auch die St. im »Sirens«-Kapitel des *Ulysses* von Joyce: Die erot. und die ästhet. Macht der St. werden hier von der Sprache des Textes wiedergegeben, die nach musikal. Prinzipien klanglich gestaltet ist. Dass die St. nicht nur Verführungskraft symbolisiert, sondern als Klangobjekt realer Begehren auslösen kann, postuliert die psychoanalyt. Theorie (Lacan, *Séminaire X – L'angoisse* XXII).

2. Symbol der seelischen Anwesenheit bzw. personalen Autorität. Bereits bei den Pythagoreern ver-
bindet sich die St. mit der Wirkungsmacht personaler Autorität: Die Gruppe der sog. Akusmatiker darf zunächst nur die St. des Pythagoras hören, bevor sie im inneren Kreis der Schüler den ›Meister‹ auch zu Gesicht bekommt. Ihre Lehre legitimieren sie mit der auf die Autorität des Pythagoras verweisenden Formel: »Er hat es gesagt« (Cicero, *De natura deorum* I, 10; Iamblichos, *De vita Pythagorica* 72 ff.). Seit Aristoteles (*Peri hermeneias* 16a; *De anima* 420b–421a) sieht die Philosophie in der sprechenden St. den direktesten Ausdruck der Vorgänge in der Seele und den Ausweis der Humanität. Diese Linie setzt sich bis zu Hegel fort und führt dazu, dass die St. als wichtigstes Sprachmedium gilt (*Historisches Wb. der Philosophie* IX, 161 ff.); unterstützt wird dies durch die Bedeutung von lat. *vox*, das sowohl »St.« als auch »Wort« meint. Das Fingieren einer Person durch eine St. ist als Prosopopoiia eine eigene rhetor. Figur (Quintilian, *Institutio oratoria* XI, 1, 27). Dass in dieser Überlieferung von der Körperlichkeit der St. abgesehen wird, zeigt sich auch am verbreiteten Motiv der St., die von jenseits des Grabes (EdM XII, 1316 f.) bzw. nach einer Verwandlung (↗Echo in Ovids *Metamorphosen*, III 359 ff.) ertönt, oder an der Erinnerung an die St. einer Verstorbenen (Shakespeare, *King Lear* V, 3; Rousseau, *Julie ou La nouvelle Héloïse* VI, 13). Seit dem 19. Jh. wird der vom eigentl. St.klang abstrahierende Verweis auf die Seele aber mit der körperl.-affektiven Wirkung der St. (s. a. 1.) kontrastiert (Poe, *The Facts in the Case of M. Valdemar*; Borchert, *St. sind da, in der Luft – in der Nacht*). Auch in der Moderne steht die St. einerseits weiterhin für die Seele als Wesen der Person und für personale Autorität (Conrad, *Heart of Darkness*), noch intensiviert durch die möglich gewordene Verstärkungs- und Übertragungstechnik (Keilson, *Der Tod des Widersachers* VII; Beyer, *Flughunde*). Andererseits wird der trad. Symbolgehalt ins Gegenteil verkehrt: Die St. verweist auf das literar. Schriftmedium, wird anonymisiert und zur abwesenden St. (Celan, *St.*).

3. Symbol einer normativen Wahrheit. In den Texten Platons vernimmt Sokrates eine innere, über rationale Einsicht hinausgehende St. von göttl. Herkunft (*daimon*), der er absoluten Glauben schenkt und die ihn vor Fehltritten bewahrt (*Apologie* 31 D, 40 A; *Phaidros* 242 B). Sie kann als eine Vorform der Gewissensstimme angesehen werden. Deren früheste bibl. Gestalt ist der bei der göttl. Übergabe der zehn Gebote an Moses ertönende ↗Donner und ↗Hornklang (Ex 20,18). In der Folge wird diese göttl. St. im Christentum als ein weitreichendes theolog. Symbol für Verkündigung und Wahrheit (Jes 40,3 ff.) in mehreren histor. Schüben verinnerlicht. So geht die stoische Unterscheidung zwischen innerer und gesprochener Rede (*Fragmente zur Dialektik der Stoiker* 528–535) ins christl. Denken ein, wobei dem inneren Wort stets der Vorrang gegenüber seiner ›fleischl.‹ Verkörperung in der St. zugewiesen wird (Augustinus, *De trinitate* XV, 11, 20). Die Überlieferung der christl. Heilsbotschaft soll auch nach der schriftorientierten Reformation primär in mündl. Rede, mit ›lebendiger St.‹ (*viva vox*) erfolgen (z. B. Luther, *Von den Konziliis und Kirchen*). Als St. des Gewissens bleibt das Symbol mit moral. Geltung verbunden (Shakespeare, *Macbeth* II, 2) und steht im 18. Jh. für empfindsame Innerlichkeit (Rousseau, *Émile* IV: »Profession de foi du vicaire savoyard«). Mit dem anbrechenden Geltungsverlust der Religion interessiert sich die Lit. jedoch zunehmend auch für die klangl.-affektive Wirkung verkündigender, z. B. predigender St. (Moritz, *Anton Reiser* I; Hawthorne, *The Scarlet Letter* XXII.; Faulkner, *The Sound and the Fury* IV; s. a. 1.).

↗Echo, Geige/Violine/Fidel, Gewitter/Blitz und Donner, Herz, Horn, Kunstmusik, Spielmann.

Lit.: M. Dolar, His master's voice. Eine Theorie der St., Frankfurt a. M. 2007 – M. Eggers, Texte, die alles sagen, Würzburg 2003. – B. Menke, Prosopopoiia, München 2000. – R. Meyer-Kalkus, St. und Sprechkünste im 20. Jahrhundert, Berlin 2001. – S. Weigel, Die St. der Toten, in: Zwischen Rauschen und Offenbarung, hg. v. F. Kittler/Th. Macho, Berlin 2002, 73–92.   ME

Storch

Symbol der Fruchtbarkeit und Lebenserneuerung, des Unglücks und des Todes, der Liebe, des Familienlebens und der Gerechtigkeit, aber auch der Selbstgefälligkeit. – Relevant für die Symbolbildung sind (a) die Rückkehr aus dem ↗Süden zum ↗Frühlingsanfang, (b) der Nestbau und die Brutpflege in unmittelbarer Nähe des Menschen, (c) die monogame Lebensweise, (d) das Schnabelklappern sowie (e) der Körperbau mit langen, ↗roten Beinen und ebensolchem Schnabel.

1. Symbol der Fruchtbarkeit und der Lebenserneuerung. Am bekanntesten ist der St. als Fruchtbarkeitssymbol, als ↗Kinderbringer Adebar (mhd. *odebar*, u. a. mit den Bedeutungen ›Seelenträger‹, ›Glücksbringer‹). Diese Vorstellung, die sich vermutlich aus dem skandinav. Raum in Gesamteuropa verbreitet, ist in der Antike nicht bekannt, geht jedoch auf sie zurück, insofern der St. dort die Elternliebe und das pflichtgemäße Verhalten der Kinder (*pietas*) symbolisiert (s. 3.) und in Verbindung mit Hera, der Schutzgöttin der Ehe und der stillenden ↗Mütter, gesehen wird (Porphyrios, *De abstinentia* III, 5). – Der St. ist der Bote der nordisch. Göttin der Lebenserneuerung und Fruchtbarkeit Holda (oder auch Freya), die im himml. Gewässer die Seelen der Verstorbenen in Empfang nimmt und sie als Seelen der Kinder wieder auf die Erde schickt (Wolf; Wünsche). In der Volksdichtung und bes. in der Lit. der Romantik wird der St. zum Kinderbringer (Claudius, *Das Kind, als der St. ein neues*

bringen sollt; *Des Knaben Wunderhorn*: KL 82a: *Klapperstorch*; Volkmann-Leander, *Das Klapperstorch-Märchen*; Chamisso, *Der Klapperstorch*). In der zweiten Hälfte des 19. und im 20. Jh. ist die Fruchtbarkeitssymbolik noch präsent: In Fontanes *Effi Briest* deutet der St. auf Schwangerschaft hin (XIII; vgl. *Irrungen, Wirrungen* IX), nur noch Teil des märchenhaften Kolorits ist er dagegen in Löns' in sich ruhender bäuerl. Welt in *Der letzte Hansbur*. In *Das sechste Oktavheft* demontiert Kafka schließlich das Symbol: Nicht der St. bringt ein Kind, sondern er seinerseits, kümmerlich und schmutzig, wird mit Hilfe eines Messers aus seinem ↗Ei befreit. – Die psychoanalyt. Symboldeutung betrachtet den Schnabel des St. als ↗Phallussymbol (Freud, *Die Zukunft einer Illusion* X), C. G. Jung auch als Symbol für den ↗Vater (*Versuch einer Darstellung der psychoanalytischen Theorie*). – Eng verbunden mit der Fruchtbarkeitssymbolik ist die Symbolik der Lebenserneuerung. In zahlreichen Volksliedern und Gedichten wird die Rückkehr des St. aus dem Süden und somit der Frühlingsanfang begrüßt (Andersen, *Die Geschichte des Jahres*; H. Seidel, *Was ist das für ein Singen*). In der christl. Trad. wird die jährl. Rückkehr des St. zum Symbol für die Auferstehung Christi (*Physiologus*: »Vom St.«). Im Vertilgen von Reptilien durch den St. sieht man die Vernichtung der »bösen Gedanken« (*Bestiarium Ashmole* fol. 61r). Auch diese Symbolik bricht Kafka in *Das sechste Oktavheft*, indem der St. mit dem Gestank seines Futters, also dem niederen Tierischen, identifiziert wird.

2. Symbol des Unglücks und des Todes. Seltener verweist der St. auf den bevorstehenden Tod (Storm, *Am Kamin*). Der durch seine ↗schwarze Färbung symbolträchtige *Schwarzstorch* wird im MA zunächst ohne negative Konnotation erwähnt, Albertus Magnus betont nur die Bedeutung der Einsamkeit des im Unterschied zum Weißstorch in der Einöde nistenden Vogels (*De animalibus* XXIII, 24; später auch Gesner, *Historia animalium* III: »De ciconia nigra«). O. Magnus überträgt die traditionell positiven Konnotationen des Weißstorchs auf den Schwarzstorch (*Historia de gentibus septentrionalibus, Ciconiæ nigræ*), im Volksglauben und in der Romantik tritt der Schwarzstorch hingegen als Gegenspieler des Weißstorchs im Sinne des Kampfes zwischen Gut (↗Weiß) und Böse (Schwarz) auf, in E. M. Arndts Märchen *Die alte Burg von Löbnitz* ist er die Verkörperung des Bösen und Begleiter des Teufels.

3. Symbol der Liebe zwischen Eltern und Kind, des (patriarchalen) Familienlebens und der Gerechtigkeit. In der Antike gilt der St. als Sinnbild der Elternliebe und der Liebe der erwachsenen Kinder zu ihren alt gewordenen Eltern. So bei Aristophanes: »Nachdem der St.vater seine kleinen Störchlein/ hat aufgezogen, bis sie flügge,/ ist der Jungen Pflicht,/ den Vater ihrerseits zu unterhalten« (*Die Vögel*

1355–1357). Auch Sophokles verweist auf Vögel, mit großer Wahrscheinlichkeit auf St., die für ihre Eltern sorgen (*Elektra* 1058 ff.). Die röm. *Lex ciconaria* (»St.gesetz«) verpflichtet die Kinder zur Fürsorge für ihre Eltern. Dante knüpft in der *Divina Commedia* mit dem Bild der für ihre Brut sorgenden Störchin an die antike Trad. an (»Paradiso« XIX, 93–95). Obwohl der St. als Sinnbild der Kind-Eltern-Liebe seit dem MA an Bedeutung verliert (vgl. jedoch die zahlreichen Belege in der barocken Emblematik, HS, 827 f.), symbolisiert der St. bzw. das St.paar weiterhin die bedingungslose elterl. Fürsorglichkeit. So schützt er das Haus, auf dem er nistet, vor ⁊Feuer oder setzt es in Brand, wenn ihm oder seinen Jungen Unrecht getan wird (Schöppner, *Der beleidigte St.*; hess. Sage *St. hilft löschen*). – Seit der Antike verweist die St. auf Gerechtigkeit (Äsop, *Der Fuchs und der St.*; später La Fontaine, *Le renard et la cigogne*). V.a. aber sorgt der männl. St. für die (auch Gewalt einschließende) Aufrechterhaltung der patriarchalen Familienordnung. Er bestraft weibl. Untreue, indem er die Frau und/oder den Rivalen mit dem Schnabel blendet oder tötet (Aelian, *De natura animalium* VIII, 20). Im MA kommt der Aspekt der Rechtsprechung hinzu: der Tötung der Störchin geht oft eine Gerichtsverhandlung der St. voraus (Chaucer, *Parliament of Fowls* 361; *Gesta Romanorum* XXVI, LXXV; bayer. Sage *Die treulose Störchin*). Przybyszewski greift in seinen *Vigilien* (1895) auf diese Trad. zurück: Der St. versinnbildlicht die rasende männl. Eifersucht, die in der Zerfleischung der Störchin endet. – Die Anwesenheit des St. oder eines St.paares deutet auf eine bevorstehende Hochzeit (z. B. Eichendorff, *Zur Hochzeit*) bzw. auf die friedl., mit Kindersegen verbundenen Verhältnisse insgesamt im Haus hin, auf dem die St. nisten (s. a. 1.; ⁊Nest). In humorist. Weise spricht Goethe in *Beruf des St.* dem St. seine schützende Funktion ab, indem er in ihm v. a. den Verunreiniger des Kirchturms sieht.
4. Symbol der Selbstgefälligkeit. Das unmelod. Klappern der St. gibt im alten Rom dem spottenden, wichtigtuer. Sprechen hinter dem Rücken des Betroffenen den Namen *ciconia*. Dies und seine als Stolzieren empfundene Gehweise lassen ihn zum Sinnbild der Selbstgefälligkeit und Einfältigkeit werden. Antigone, die bes. stolz auf ihr Haar ist und sich deshalb höher als Juno schätzt, wird von dieser in einen St. verwandelt (Ovid, *Metamorphosen* VI, 96–97). In der Romantik wird der St. mitunter auch als banal und unpoetisch empfunden (Heine, *Es erklingen alle Bäume*; H. Seidel, *Der St.*). Bei Fontane verweist der St. auf konservative Adelsmentalität (*St. von Adebar*; *Stechlin* VII).
⁊Frühling, Nest, Süden.

Lit.: G. Janssen/M. Hormann, Der Schwarzstorch, Hohenwarsleben 2004. – R. Schenda, St., in: Das ABC der Tiere, München 1995, 354–359. – C. Steiner, Der St.,

in: Die Tierwelt, Gotha 1891, 235–243. – J.W. Wolf, Holda, in: Beiträge zur dt. Mythologie, Bd. 1, München/Leipzig 1852, 162–168. – A. Wünsche, Die Sagen vom Lebensbaum und Lebenswasser, Leipzig 1905, 84–87.   AN

Straße ⁊Weg/Straße.

Strom ⁊Fluss.

Stufe ⁊Leiter/Treppe.

Stunde

Symbol der schicksalhaften Wendepunkte im Leben und der bes. Erkenntnis, der Flüchtigkeit der Zeit, der Erfüllung sowie der Bestimmung des menschl. Daseins. – Relevant für die Symbolbildung ist die mittlere Dauer der St. in der Reihe anderer Zeitmaße wie ⁊Sekunde oder ⁊Tag.
1. Symbol schicksalhafter Erfahrungen oder der Erkenntnis einer existentiellen Wahrheit. Die Symbolik der Todesstunde findet sich in Verbindung mit der St.glassymbolik (⁊Uhr) des verrinnenden Lebens bei Kleist: »Wär dir der Tod, in jenem Haus, erschienen,/ mit Hipp und St.glas, von Schrecken könnte/ dein Busen grimmiger erfaßt nicht sein« (*Das Käthchen von Heilbronn* IV, 7). – Ein Sonderfall ist die Bedeutung der Schicksalsstunde im Symbolkontext der astronom. St., die durch das Horoskop bestimmt wird: so am Anfang von Goethes *Dichtung und Wahrheit*: »Am 28. August 1749, mittags mit dem Glockenschlage zwölf, kam ich in Frankfurt am Main auf die Welt« (⁊Mittag; vgl. *Des Epimenides Erwachen* II, 7: »Kometen winken, die Stund’ ist groß«). – In der modernen Lit. findet sich der Assoziationsbereich von ›Schicksals-‹ oder auch ›Todesstunde‹ in Hemingways Roman aus dem span. Bürgerkrieg *For Whom the Bell Tolls*. Subtil erscheint die Spannung zwischen Titel und Werk im Blick auf die durchgehende Wandlungsthematik als Beginn eines neuen Lebens in Handkes Erzählung *Die St. der wahren Empfindung*, insofern als anstelle einer einzigen entscheidende St. zahlreiche ⁊Augenblicke des Erkennens beschrieben werden.
2. Symbol der Flüchtigkeit der Zeit, aber auch ihrer Überwindung. Schon in Ovids *Metamorphosen* Sinnbild für die Flüchtigkeit der Zeit: »Strom und flüchtige St./ stehen im Lauf nie still« (XV, 178–184; ⁊Strom), verbindet sich die Vergänglichkeitsthematik in der Emblematik des 16. und 17. Jh. mit der Symbolik der Sonnenuhr: »Wie der von der Sonne geworfene Schatten den flüchtigen St. folgt, so beugt sich der Tod als ein Schatten über alles Lebendige«(HS, 1343; ⁊Schatten, ⁊Sonne). Goethe verwendet die St. in einem ähnlich symbol. Sinn wie den Augenblick auch als bedeutungsvollen Zeitpunkt in der Spannung zwischen der Flüchtigkeit der Zeit und der Ewigkeit erfüllten Daseins.

Die Verschiebung vom Symbolgehalt des Augenblicks zur St. aufgrund von deren relativer Dauer wird deutlich in den Versen aus dem Gedicht *Dauer im Wechsel*: »Hielte diesen frühen Segen/ Ach, nur *eine* St. fest!«

3. *Symbol des Erwachens der Natur und der Ankündigung von Glück und Erfüllung.* Die poet. Verwendung der St. als Personifikation der ↗Frühlingsgöttinnen, die im Göttinger Hain, Klassik und Romantik bes. beliebt sind (F.W. Gotter, *An Lina*, 1772: »Und das Chor der jungen St./ Unter Rosen um mich hüpft«), weist auf die Jahreszeitenpersonifikationen der griech. *Horen* (*Horai*) zurück, die in der *Ilias* als Pförtnerinnen des Himmels und das Wetter beherrschende Gottheiten auftreten (VIII, 393–395). Aus den naturzyklisch bestimmten mytholog. Überlieferungen ergibt sich bereits in der Antike die Auffassung der *Horen* als den *Moiren* verwandte Schicksalsmächte oder Mächte einer festgesetzten Ordnung (s. a. 4.). Sie stehen für langersehnte Befreiung, weil sie zur rechten und festgesetzten Zeit die Wünsche der Menschen erfüllen: »ersehnt, kommen sie, allen Sterblichen immer etwas bringend« (Theokrit, *Idyllen* XV, 105). In der röm. Lit. erscheinen die *Horen* als die ↗zwölf St.göttinnen (Ovid, *Metamorphosen* II, 26). – Mit der sexuellen Thematik der ›Schäferstunde‹ als begrenzter Zeit erfüllten Liebesglücks spielen etwa Weiße, *Ihr jungen Herzen merkt, merkt ja wohl sein Geschick!*, Goethes anakreont. Gedicht *Lyde*, Schillers *Die seligen Augenblicke* oder Heinse *Die Schäferstunde*. – Neue Akzentsetzungen auch im Zusammenhang der Symbolik bestimmter Tageszeiten erfolgen in der Romantik (z. B. Eichendorff, *Zwielicht*; *Abend*; *Mondnacht*) und später im frz. Symbolismus (Verhaeren, *Les heures claires*). Bei Hölderlin wird die bedeutungsvolle St. des Übergangsmoments von Tag und Nacht in dem Gedicht *Germanien* eingebettet in die Klage um den Auszug der Götter und die Ahnung ihrer Wiederkehr durch das Wort des Dichters: »Muß zwischen Tag und Nacht/ Einsmals ein Wahres erscheinen.«

4. *Symbol der Bestimmung des menschlichen Daseins.* Ausschlaggebend für diese Bedeutungstradition ist die spirituelle zeitl. Ordnung des MA nach den kirchl., den mönch., aber auch den den Laienalltag bestimmenden rituellen Vorgaben durch St.gebete und St.bücher: Den kanon. St. (*horae canonicae*; vgl. beispielsweise das St.buch des Herzogs von Berry, *Les très riches heures*). Der Begriff der St. ist umso zentraler für die Verheißungsgeschichte des NT als Einbruch der messian. Erlösung, Mt 24,36: »Von dem Tage aber und von der St. weiß niemand, auch die Engel nicht im Himmel, sondern allein mein Vater« (vgl. Mt 24,42–44) und Zeitpunkt der Entscheidung (1 Joh 2,18). – In der modernen Lyrik lässt sich eine subjektiv. Umdeutung der St. als spirituelle Maßeinheit der Besinnung beobachten (s. a. 1.) mit der Aufwertung des

›betenden‹, den Schöpfungszusammenhang erst herstellenden dichter. Subjekts in Rilkes *Das St.-Buch* (I): »Da neigt sich die St. und rührt mich an/ mit klarem, metallenem Schlag:/ mir zittern die Sinne. Ich fühle: ich kann-/ und ich fasse den plastischen Tag.« Benn übersteigt in seinem *Roman des Phänotyp* (1944) die formelhafte Verwendung der »St. des Heute« in seiner bitteren Zeitdiagnose: Die »Silhouette des St.gotts« wird als Synonym des Phänotyps begriffen, von dem das »Moralische weitgehend […] abgeglitten« ist (»Der St.gott«). In der dt. Nachkriegslyrik weist die Formel der ›Stundung‹ der Zeit in der überlieferten Bedeutung einer zugemessenen Frist in Bachmanns *Die gestundete Zeit* (1953) apokalyptisch auf den geschichtl. Zustand nach 1945, in dem allerdings die radikale Illusions- und Hoffnungslosigkeit zugunsten utop. Akzente überwunden wird: »Es kommen härtere Tage./ Die auf Widerruf gestundete Zeit/ wird sichtbar am Horizont«. In Huchels Lyrik ist »Die neunte St.« Titel eines Gedichts und einer Gedichtsammlung von 1979 und versinnbildlicht in Anspielung auf die Passionsgeschichte die Gottverlassenheit des Dichters.

↗Abend, Augenblick, Jahr, Mittag, Sekunde, Uhr.

Lit.: G. Dohrn-van Rossum, Geschichte der St., München 1995.   SLe

Sturm

Symbol göttl. Macht, der Leidenschaft, des Schicksals und des Krieges. – Relevant für die Symbolbildung sind (a) die Machtlosigkeit des Menschen gegenüber der zerstörenden Wirkung des St., (b) sein unvermitteltes Hereinbrechen, (c) seine unvorhersehbare Stärke und Vernichtungskraft sowie (d) die nach dem St. einkehrende Ruhe.

1. *Symbol göttlicher Macht.* In der Mythologie sowie in der christl. Trad. dient der St. dazu, die Größe und Macht des göttl. Herrschers zu demonstrieren. Der St. ist wie andere Naturerscheinungen (↗Wind, ↗Regen, ↗Gewitter/Blitz und Donner, ↗Erdbeben) Überbringer des göttl. Willens und damit Zeichen für die Verbindung zwischen ↗Himmel und ↗Erde. In der Bibel erscheint der St. nicht nur als Mittel göttl. Kommunikation (Ez 1,4; Ps 104,4), sondern auch als Symbol für die Anwesenheit Gottes (z. B. 1 Kön 19,11–14). Des Weiteren werden in der christl. Trad. Strafgerichte (und Leiden) als St. dargestellt (Jer 23,19; Jes 28,2; Ps 83,16; WCS, 74). In der griech. Mythologie erfährt v. a. Odysseus den St. als Rache der Götter (Homer, *Odyssee* V, 105–144; IX, 52–105; XII, 313–446; ähnlich auch Vergil, *Aeneis* IV, 160–195). Der St. als Macht der Natur, der der Mensch hilflos gegenüber steht, findet sich auch in Schillers *Lied von der Glocke* (V. 167–175). Dieser Macht entgegenzutreten und ihr den eigenen Willen entgegenzusetzen, wagt z. B. John

Franklin, der Held in Nadolnys *Die Entdeckung der Langsamkeit* (Kap. 13), indem er trotz der Wirren des Seesturms auf seinem ↗Schiff mit Ruhe handelt und damit seiner Mannschaft Sicherheit vermittelt. Die Gewalt über den St. den Himmelsmächten zu entziehen und für die eigenen Zwecke nutzbar zu machen, wird in Shakespeares Drama *The Tempest* (I, 2) ebenso wie in Lenaus Gedicht *Wie Merlin* mit Hilfe von Zauberkraft versucht.

2. Symbol der Leidenschaft. Der St. als Ausdruck leidenschaftl. Liebe ist weithin in der Lit. verbreitet (DLS, 236). In der dt.sprachigen Lyrik findet sich diese Symbolik z. B. bei Mörike (*Peregrina, Begegnung*), Stramm (*Erinnerung*) und Brecht (*Der Choral vom großen Baal, Die Liebenden*). Die mit dem St. in Verbindung stehende starke Emotionalität, die spontane, z. T. ungestüme Gefühle des ↗Herzens beschreibt, ist v. a. Teil der St.-und-Drang-Bewegung, in der das St.-Symbol zur Betonung der emotionalen Stimmungen gegenüber der Vernunft und des jugendl. Aufbegehrens gegen die bürgerl. Gesellschaftsordnung eingesetzt wird (Goethe, *Wandrers St.lied*).

3. Symbol des (blinden) Schicksals und der reinigenden Zerstörung. Seine Unvorhersehbarkeit und sein unbeeinflussbares Hereinbrechen machen den St. im Barock zum Sinnbild für schicksalhafte Fügungen. In Gryphius' Gedicht *An die Welt* ist der St. i.S. einer christl.-allegor. Naturauslegung z. B. Teil der Seefahrtsmetapher und verweist auf den schicksalhaften Verlauf des Lebens. In Lohensteins Drama *Ibrahim Bassa*, verankert in der Kampf- und Götter-Metaphorik der röm. Antike, ist der St. Symbol einer zerstörten Zukunft ohne Hoffnung: »Hastu, du Drachen-geahrteter Vater, du von den Tigern gesäugeter Wurm,/ Von Schlang und Nattern genähreter Blutt-hund, über mich einen so häfftigen St.,/ Solche See,/ Solche trübe Well ergossen?« (V, 172–175). Bei Opitz dient der St. als Symbol der allg. Unberechenbarkeit des Lebens (*Ode III*). In Goethes *Seefahrt* wird der St. als Symbol der Krise generalisiert. In Naturgedichten gilt der St. oftmals als Voraussetzung für eine freudig zu erwartende Zukunft (Geibel, *Hoffnung*; Lenau, *Himmelstrauer*; Dehmel, *Erntelied*). Die Hoffnung auf eine positive Veränderung der Situation ist mit der Vorstellung des zerstörerisch wirkenden St. und der daraus resultierenden Notwendigkeit des Neuanfanges verbunden. »Schmierig wie Neugeborene« beschreibt der Held von Frischs Roman *Homo Faber* (1. Teil) sich und seinen Begleiter, nachdem sie einen heftigen St.regen im Dschungel von Guatemala überstanden haben. In J. Hermanns Kurzgeschichte *Hurrikan* wird die Hoffnung auf Besserung der Situation durch den (schließlich ausbleibenden) Wirbelsturm enttäuscht.

4. Symbol des Krieges und der Bedrohung. Seit alters her bezeichnet die St. nicht nur schwere Unwetter, sondern auch Kämpfe und krieger. Angriffe (z. B. Fontane, *Vor dem St.*). Die verschiedenen Bedeutungsvalenzen ineinander blendend, spricht Klopstock vom »Krieg im Orkan der Leidenschaft« (*Das Versprechen*), wohingegen Benn in seinem Gedicht *Tag, der den Sommer endet* das Naturphänomen des vergehenden Sommers als Schlacht und St. zugleich beschreibt. St.- und Unwettermetaphern werden auch genutzt, um Beängstigendes auszudrücken. So versinnbildlicht etwa G. Heym die Bedrohlichkeit der Großstadt in dem Gedicht *Der Gott der Stadt* durch den St., und van Hoddis parodiert den Weltuntergang als St. in *Weltende*.

↗Albatros, Erdbeben, Gewitter/Blitz und Donner, Regen, Welle, Wind, Wolke.

Lit.: KLS, 431.   DGA

Süden

Symbol ursprüngl. Natürlichkeit, der Renaissance klass. Kunst und der idealen Gesellschaft, aber auch des Verfalls und der Lebensfeindlichkeit sowie der widerständigen Tradition. – Relevant für die Symbolbildung ist der S. (a) als Kontrastbegriff zum ↗europ. bzw. europ. geprägten ↗Norden, von dem er sich durch (b) sein mildes Klima, (c) seine weniger rationalisierten Lebensformen und (d) durch seine mehr oder weniger exot. Kulturen unterscheidet.

1. Symbol ursprünglicher Natürlichkeit. Seit der Aufklärung dient der S. als romant. Gegenkultur zur techn. Rationalität des Nordens (Luhmann, *Kausalität im S.*). Rousseaus Bild vom Naturzustand des edlen Wilden in seinem *Discours sur l'origine et les fondements de l'inégalité* sowie seine in dem *Essai sur l'origine de langues* formulierte These, dass das milde Klima und die fruchtbare Natur des S. die zivilisator. Betriebsamkeit und Vorsorge des Nordmenschen unnötig mache, ebnen einer idyll. Symbolik des S. den Weg. Diese setzt antike Topoi einer *terra australis* (Ptolemäus, *Explicatio geographica*) sowie eines Arkadien (Vergil, *Eklogen*) mit den neuentdeckten Südsee-Archipelen in Verbindung und versteht Letztere als wiedergefundenes bzw. zweites Paradies. – Die anhaltende Wärme sowie die ohne agrikulturelle Zutat des Menschen üppig sprießende Vegetation des S. – »das Land wo die Zitronen blühn« (J.W. Goethe, *Wilhelm Meisters Lehrjahre* III, 1) – ist Symbol einer Fürsorge der Natur für den Menschen. Insbesondere Italien wurde als Inbegriff eines neuen ›Arkadien‹ zum standardisierten Ziel der *grand tours* nordeurop. Adeliger, deren empir. Beschreibung, z. B. in Brosses *Lettres historiques et critiques sur l'Italie* (1740/1799), nicht selten imaginär überhöht wurde (z. B. Goethe, *Italienische Reise*). Mit dieser Idealisierung einer ursprüngl. Natürlichkeit Italiens ging allerdings die Trivialisierung (Kotzebue, *Bruder Moritz*) bzw. Ironisierung der Symbolik angesichts des aufkommenden Tourismus einher: »Man kann sich keinen italien. Zitronenbaum mehr denken, ohne eine Engländerin, die daran riecht« (Heine, *Reisebilder* III, 26). – Italien bleibt auch die empir. Referenz für den Symbolraum des S. in der Reiselit. des 19. Jh. (Staël, *Corinne*; Stendhal, *Promenades dans Rome*) und des 20. Jh. (z. B. Benjamin, *Städtebilder*; Th. Mann, *Tod in Venedig*). Die Verklärung des S. als Schauplatz des Naturzustands der Menschheit weicht hier aber zunehmend der Verknüpfung des warmen Klimas mit Sinnesbetäubung, erot. Verwirrung und organ. Zersetzung. R.-D. Brinkmann konfrontiert schließlich in seinen Rom-Gedichten die Realität des »Autowracksüden« mit dem fiktiven »Wörtersüden« der Lit. (*Westwärts 1&2*).

2. Symbol der Renaissance klassischer Kunst. Der Fülle der Natur stehen in den Reiseberichten des 18. Jh. die Kunstdenkmäler Italiens zur Seite, anhand derer der S. bei Goethe zum Schauplatz einer ästhet. »Wiedergeburt« (*Italienische Reise*: »Brief vom 20.12.1786«) und zum Sinnbild der Verbindung von Natur, Volk und Kunst als Prinzip klassizist. Ästhetik wird (*Römische Elegien, Venezianische Epigramme*). Der S. wird auf diese Weise zum Symbol einer im Norden wiederbelebten klass. Kunst (Schiller, *Punschlied*). Goethe selbst lässt in seinem Roman *Wilhelm Meisters Lehrjahre* allerdings die durch ihre Italiensehnsucht das poet. Prinzip symbolisierende Mignon aufgrund von dessen Einseitigkeit scheitern. Die zweite Referenz für den S. als Symbol einer erneuerten Ästhetik ist das touristisch wesentlich schlechter erschlossene Griechenland, das insbes. im Werk Hölderlins zum imaginären Schauplatz eines Wiedergewinns der »Klarheit der Darstellung« unter dem »Feuer vom Himmel« (Brief an Friedrich Wilmans: Dez. 1803) wird. Die bei Schiller wie bei Hölderlin durch die Himmelsrichtungen symbolisierte Differenz zwischen südl. Ästhetik und nördl. Logos greift Nietzsche auf, wenn er in seinem Gedicht *Im Süden* die philosoph. Wahrheitssuche als Liebe zu einem »alten Weib« bezeichnet, die er mit der Leichtigkeit, Ruhe und »Unschuld« des S. vertauscht.

3. Symbol der idealen Gesellschaft. Im Zuge der neuzeitl. Entdeckungs- und Kolonialgeschichte wird der außereurop. S. zum Schauplatz utop. Gesellschaftsformen. Nicht nur siedeln die klass. Utopien von Morus, Campanella, Andreae und Bacon sowie dann von Defoe, Schnabel oder Beaurieu durchweg auf Inseln, die deutl. Züge einer Südsee-Topografie tragen. Auch die im 18. Jahrhundert von Bougainville, Forster oder A. v. Humboldt beschriebenen Regionen selbst werden als Orte natürl. Menschengemeinschaften imaginiert, wie z. B. in Zachariaes Epos *Tayti oder die glückliche Insel*. Stets symbolisiert der S. aber die Entfaltung europ. Gesellschaftsideale, und auch das Bild der Wilden spiegelt letztlich das Menschenbild der Aufklärung wider. Im 19. Jh. steht die Südsee in den Romanen von Melville (*Moby Dick*), Stevenson (*Treasure Is-*

land) oder Gerstäcker (*Tahiti*; *In der Südsee*; *Die Missionare*) für den Raum der Abenteuer. Zu einer Imagologie des Fremden kommt es verstärkt innerhalb des Exotismus zu Beginn des 20. Jh. bei R. Müller (*Tropen*; *Das Inselmädchen*) oder Benn (*Palau*; *Osterinsel*) sowie innerhalb der von der modernen Ethnografie beeinflussten dokumentar. Lit., die häufig Südamerika zum Schauplatz hat (z. B. H. Fichte, *Xango*).

4. Symbol des Verfalls und der Lebensfeindlichkeit. Den Idealvorstellungen von Natur, Gesellschaft und Kunst steht eine destruktive Symbolik des S. entgegen. Schon die Reiseberichte von Goethe, Lord Byrons kulturkrit. Versepos *Childe Harold's Pilgrimage* über das versinkende Venedig oder Hyperions Griechenlandreise in Hölderlins gleichnamigem Roman lenken das Augenmerk auf den ruinösen Zustand der klass. Kulturdenkmäler; hinzu kommen die bei Stendhal und Heine angemerkten sozialen und polit. Probleme des modernen Italien. Eine zweite Dimension dieser negativen Seite des Symbols verdankt sich einmal mehr den Entdeckungsfahrten, die im 19. Jh. nicht nur die paradies. Südsee, sondern auch die lebensfeindl. ↗Polregionen zum Ziel haben. Schon Forsters Bericht vom Elend der feuerländ. Pesseräh (*Reise um die Welt*), aber auch die anhaltende Debatte über den mögl. Kannibalismus der Wilden hatte das Rousseausche Idealbild beschädigt; bei Poe mündet die immer weiter nach S. führende ↗Fahrt entsprechend des Endpunkts dieser Himmelsrichtung am Südpol in einen bodenlosen Strudel (*Message Found in a Bottle*) bzw. in ein das vollkommene Nichts am Ende der Welt symbolisierendes ↗Weiß (*The Narrative of Arthur Gordon Pym of Nantucket*). Im 20. Jh. herrscht hinsichtlich der Lebensfeindlichkeit des S. die Symbolik des organ. Verfalls vor, etwa in Th. Manns *Tod in Venedig* oder Frischs *Homo Faber*. Das Motiv des S. als Grenzlinie zwischen Leben und Tod, Wirklichkeit und Traum sowie Vergangenheit und Gegenwart greift schließlich Borges in seiner Erzählung *El sur* auf.

5. Symbol der widerständigen Tradition. In der US-amerikan. Lit. steht der S. vor dem Hintergrund des Sezessionskriegs 1861–1865 für das urtüml., rurale Kontrastprinzip zu den industriellen und politisch liberalen Nordstaaten. Während populäre Romane wie M. Mitchells *Gone With the Wind* (1936) den Untergang des alten S. im Bürgerkrieg nostalgisch verklären und J. Green in seinem Drama *Sud* (1953) den Konflikt zwischen sinnl. Intensität und puritan. Moral inszeniert, vermisst Faulkner die Topografie eines imaginären S., der nicht zuletzt für ein eigenständiges Konzept von Kunst steht, das anstelle von Kunstfertigkeit auf unmittelbaren Lebensausdruck setzt (*The Sound and the Fury*: Vorwort).

↗Europa, Mittag, Norden, Osten, Pol, Reise, Weiß, Westen, Wind, Wüste, Zitrone, Zypresse.

Lit: I. Camartin, Jeder braucht seinen S., Frankfurt a.M. 2003. – H.J. Heise, Das Südmotiv in der dt. Lyrik, in: ders., Natur als Erlebnisraum der Dichtung, Düsseldorf 1981, 94–123. – J. Meißner, Mythos Südsee – Das Bild von der Südsee im Europa des 18. Jh., Hildesheim 2006.   NP

Symmetrie

Symbol der Tugend, Schönheit, göttl. Ordnung und Vollendung sowie der Einheit von Kunst und Natur, aber auch der Unmenschlichkeit. – Relevant für die Symbolbildung sind (a) die griech.-antike Begriffsverwendung, in der S. für Kommensurabilität und ein harmon. Verhältnis der Teile eines Ganzen steht, (b) die frz., heute vorherrschende Begriffsverwendung, in der S. seit dem 17. Jh. die räuml. Anordnung spiegelbildl. Gleichheit bezeichnet.

S. (auch Ebenmaß, Proportionalität) kann als optisch oder akustisch wahrnehmbare Eigenschaft symbol. Bedeutung tragen. In der Antike symbolisiert S. Tugend (Platon, *Philebos* 64e–65a), Schönheit und den Einklang von Körper und Seele (Platon, *Gastmahl* 196a; Aristoteles, *Topik* III, 1, 116b; *Physik* VII, 3, 246b). S. wird zum ästhet. Leitkonzept der Rhetorik (Isokrates, *Panathenaikos* 33) und der Architektur (Vitruv, *De architectura libri decem* I, 2, 4). In der christl. Dichtung des MA spiegelt der symmetrisch komponierte Text – metrisch, strophisch und tektonisch – die göttlich verbürgte Ordnung der Welt wider (z. B. die Struktur der Epen Hartmanns v. Aue; Dante, *Divina Commedia*). Figurengedichte des Barock visualisieren symmetr. Symbole (Greiffenberg, *Kreuzgedicht*; Klesel, *Denk-Taeffelchen*; Abele v. Lilienburg, *Palm-Baum*). In der klassizist. Poetik steht S. für »Gleichgewicht«, »Ordnung, Leichtigkeit und Anmut« (Batteux, *Einleitung in die Schönen Wissenschaften* I, 2), für Ausgewogenheit, Geschlossenheit und Vollendung (Goethe, *Über Laokoon*; Schiller, *Die Künstler*; Herder, *Plastik* IV) oder für antithet. Einheiten (Hegel,

Vorlesungen über die Ästhetik, 1. Teil, 2. Kap., B. 1. a; Blake, *The Tyger*). Im Zuge der romant. Aufwertung des Asymmetrischen wird das S.-Ideal kritisiert und als kunstlose Repetition, als »mathemat. Regelmäßigkeit« abgewertet (Kant, *Kritik der Urteilskraft* § 22). Bei Heine steht die »grauenhafte S.« für einen philisterhaften Konformismus (Heine, *Die Götter im Exil* I; vgl. auch Eichendorff, *S.*). Obwohl die ästhet. Theorie des 19. und 20. Jh. S. als Prinzip der Raumästhetik und Ornamentik (z. B. Fechner, *Ästhetik*, Teil 1) verhandelt und in S. das Streben nach »Verewigung« symbolisiert sieht (Worringer, *Abstraktion und Einfühlung* I, 1), werden S.-Strukturen in der Moderne zunehmend als Zeichen unmenschl., hierarch. und bürokrat. Ordnungen (Abbott, *Flatland*; V. Braun, *Gegen die symmetrische Welt*) interpretiert oder als Ideologem affirmativer Stimmigkeit verneint (Adorno, *Ästhetische Theorie*: »Stimmigkeit und Sinn«). Dennoch dienen rhythm., kompositionelle und visuelle S. den Dichtern immer wieder als formale Inspirationsquelle (Gomringer, *Konstellationen*; Schrott, *Über die S. der Poesie*). – In Mathematik, Naturphilosophie und Naturwissenschaft spielen geometrische S. eine herausragende Rolle zur Erklärung struktureller Zusammenhänge: S. werden zur Klassifizierung mathemat. Strukturen verwendet (Klein, *Das Erlanger Programm*), sie treten u. a. in Kosmologie, Kristallografie, Biologie, Elementarteilchenphysik und den Relativitätstheorien auf (Weyl, *S.*). Als übergreifendes Strukturprinzip symbolisiert S. daher auch die Einheit von Kunst und Natur.

↗Kreis, Pentagramm, Quadrat, Spiegel, Vier/ Vierzig, Zahlen.

Lit.: W. Hahn, S. als Entwicklungsprinzip in Natur und Kunst, Königstein/Ts. 1989. – B. Krimmel (Hg.), S. in Kunst, Natur und Wissenschaft, Darmstadt 1986. – K. Mainzer, S. der Natur, Berlin 1988.   AA

T

Tätowierung

Symbol der sozialen oder kulturellen Identität, des Eigenen im Fremden, des Exotischen, der Auserwählung oder Verdammung; poetolog. Symbol. – Relevant für die Symbolbildung sind (a) die histor. Praxis des Bezeichnens von Menschen mittels T., (b) die Begegnung ⁊europ. Forschungsreisender mit tätowierten ›Wilden‹ und (c) die Mittelstellung der T. zwischen ⁊Schrift und Bild.

1. Symbol der sozialen oder kulturellen Identität. Die Symbolik der T. als Identitätsrepräsentation ist in der Antike vorherrschend. Schriftsteller von Herodot (*Historiae* II, 113; VII, 35 und 233) über Petronius (*Satyricon* 113–116) bis zu den Kirchenvätern (Gregor d.Gr., *Epistolae* II) thematisieren T. entsprechend der röm. Rechtspraxis, Eigentumsverhältnisse oder Strafmaße bei Sklaven, Kriegsgefangenen, Rekruten, Staatsangestellten und Kriminellen durch Brandmale oder T. physisch zu bezeichnen. Das mosaische Gesetz (Lev 19,28 und 21,5; Dtn 14,1) verbietet dagegen die aus dem ägypt. und assyr. Totenkult stammende T.praxis gleich wie der Koran gerade wegen ihrer angebl. Symbolkraft als Aberglauben. – In allen europ. Lit.-sprachen bis ins 18. Jh. unter Ersatzbegriffen wie ›punktieren‹, ›(ein-)ritzen‹, ›(be-)zeichnen‹, ›markieren‹ u.ä. weiter verhandelt, bezeugen T. noch in Beaumarchais' *Mariage de Figaro* als ⁊hieroglyph. »marques distinctives« (»Unterscheidungszeichen«) die hohe Geburt des Titelhelden und führen das Wiedererkennen (*anagnórisis*) von ⁊Mutter und Sohn herbei (III, 16). Mit der Einführung von tätowierten ›Wilden‹ durch europ. Forschungsreisende etabliert sich den 1770er Jahren auch das polynes. Wort *tattow* (später: *tat[t]oo*) als Diskurselement in den westl. Kultursprachen. – Unter dem Eindruck der sich im 19. Jh. unter Seeleuten, Schaustellern, ›Runaways‹ und Soldaten, aber auch unter Offizieren und Exzentrikern aus dem Hochadel verbreitenden T.mode (vgl. Kisch, *Der rasende Reporter*: »Meine T.«) gerät die T. um 1900 in der Kriminologie Lombrosos (*Der Verbrecher in anthropologischer, ärztlicher und juristischer Beziehung* III, 1) oder in Loos' ästhet. Kulturkritik (*Ornament und Verbrechen*) zum symbol. Index für zivilisator. ›Degeneration‹ (s. a. 3.).

2. Symbol des Eigenen im Fremden und des Exotischen. Für den modernen europ. T.diskurs von Beginn an charakteristisch ist die Argumentationsstrategie der Inklusion durch Exklusion. Schon in Lichtenbergs Bericht über die »mit blauen Flecken bemerckte« ⁊Hand des »vom entgegengesetzten Ende der Erde« kommenden tahit. Prinzen Omai,

die der dt. Aufklärer in London »nicht unangenehm« in der eigenen »Rechten« sieht, wird das als Exotikum ausgeschlossene Fremde als das Andere seiner selbst ganz sinnbildlich ins Eigene eingeschlossen (*Tagebuch*, 24.3.1775). In der Umkehrung dieser paradoxen Denkfigur schlägt die List des Helden Thibaut, der einem in ⁊Amerika dienenden Offizier das (Korallen-)Herz seiner Verlobten stiehlt, in Kellers Erzählung *Die Berlocken* in der Gestalt eines tätowierten Indianers zurück, der dem Europäer mit der begehrten Stammesgenossin auch die besagte Trophäe ablistet (*Das Sinngedicht* XII). – Aus den Tiefen von Geschichte und Geografie steigt den europ. Intellektuellen das Ur-Eigene in der T. v. a. zur Begründung der Ästhetik auf. Goethes Genealogie der Kunst, die sich zuerst »durch Tatuieren und Einreiben« von ⁊Farben auf der Körperoberfläche geäußert habe (*Materialien zur Geschichte der Farbenlehre*: »Zur Geschichte der Urzeit«), wird bis ins frühe 20. Jh. von einflussreichen Theoretikern variiert (Wundt, *Völkerpsychologie* III, 2, 3. 1. b). In der ikonograf. Stilisierung tätowierter ›Wilder‹ nach dem Vorbild antiker Statuen zum Sinnbild verdichtet (vgl. Forster, *Reise um die Welt*, Oktober 1773 und Mai 1774), klingt dieser Begründungszusammenhang noch in Ringelnatz' *Der tätowierte Apion* nach.

3. Symbol der Auserwählung oder Verdammung. Für die relig. bzw. dämonolog. Symbolik der T. als einer Sonderform der Identitätsrepräsentation ausschlaggebend wird der geläufigste griech. Begriff für eine T., *stígma*, bzw. dessen lat. Entsprechung, *signum*. Der neutestamentl. Topos vom (Mal-)Zeichen Gottes bzw. des Antichristen auf der Stirn der (Un-)Gläubigen (Gal 6,7; Apg 13,16 f.; 14,1 und 14,9; Apg 22,4) führt im Rahmen ma. (franziskan.) Passionsfrömmigkeit zur Vorstellung der tätowierten ⁊Haut des gemarterten Christus als Pergament einer hl. Schrift, die der Gläubige in der *imitatio Christi* nachzubuchstabieren hat, um seine eigene Haut zu retten: »Er [Christus] hatt an seiner menschlichen hautt die geschrifft der chlainen swarczen puochstaben gehabt durch die gaiselsleg […]. Auch was die selbe heylig hawt […] durchpunctirt und durchstupphet […] und mit den roren durchzeilet und lynirt« (Caesarius v. Heisterbach, *Dialogus miraculorum* II, 8, 35; ⁊Buchstabe). Bei den christl. Jerusalempilgern weitet sich diese T.idee im 16. und 17. Jh. zu emblemartigen Bildfolgen der Kreuzigung (⁊Kreuz), des ⁊Grabes, der Grablegung, der Auferstehung und Himmelfahrt Christi aus (vgl. die Abb. in: v.d. Groebens *Orientalische Reise-Beschreibung*). Aus dem ›Lexikon‹ tätowierter *in-* bzw. *subscriptio-*

nes hält sich insbes. das frühchristl., den Gekreuzigten symbolisierende *signum tau* bis in die Lit. des 20. Jh., wo es, als apotropäisches ›Tau‹ codiert, im Schlusssatz von Kafkas Erzählung *In der Strafkolonie* eine ominöse Rolle spielt. Die Grenze zum Kitsch streift die T. als Auserwählungssymbol dann in T. Williams' Drama *The Rose Tattoo* (1951), in welchem die populäre Herz-Jesu-Verehrung und der Topos mediterraner Sexualität im Motiv einer tätowierten ↗Rose auf der ↗Brust des toten Geliebten und seiner ›Auferstehung‹ im neuen Liebhaber kontaminiert werden (s. a. 1.).

4. *Symbol einer Kommunikationsform zwischen Schrift und Bild.* Für die moderne Lit. am fruchtbarsten wird die seit der Antike diskutierte Grenzposition der T. zwischen Schrift und Bild und ihre Nähe zum Konzept der ↗Hieroglyphe, einer Bilderschrift, die ›hl.‹ soziale Systeme und Praktiken begründende Handlungen verklausuliert. In Herodots Bericht von der Kriegslist des Histiaios v. Milet, der seinen Verbündeten auf der rasierten und tätowierten ↗Kopfhaut eines Soldaten durch die feindl. Linien hindurch eine geheime Botschaft schickt (*Historiae* V, 35), wird die T. zu einem frühen Symbol kryptograf. Techniken. Durch ethnograf. Berichte und die Verwissenschaftlichung der Hieroglyphik beflügelt, feiert das 19. Jh. die T. als Symbol gesellschaftl. Verträge im Allg. und der Schriftpraxis im Besonderen (Wuttke, 79–140) und erklärt sie so zum Fundament von Gesellschaft und Lit. schlechthin. T. wird zum Symbol der Diskursmacht des Symbolischen überhaupt.

5. *Symbol der Selbstbegründung des Werks und des Autors im Schreibakt.* Literarisch findet die T. als Begründungsfigur ästhet. Schreibens ihre Entsprechung in der Funktion als Symbol für die Voraussetzungen des Textes, in dem sie steht. Das herausragende Bsp. hierfür ist Melvilles *Moby Dick*, in dem sich die T. auf der Haut des Ich-Erzählers Ishmael (CII) und jene auf dem Sarg (CX) des ebenfalls ganzkörpertätowierten Südseeprinzen Queequeg (IIIf.) mit den entsprechenden ›Zeichnungen‹ Ahabs (XXVIII) und des von ihm verfolgten ↗weißen ↗Wals (LXVIII; LXXIX) als Sinnbilder für Stoff, Genese und Überlieferung des Werks zur poetolog. Schlüsselkonfiguration verbinden. Auf dem Hintergrund zeitgenöss. Rechtspraktiken der Kolonialmächte wird das T.symbol mit ähnlich fundamentalem Anspruch in Kafkas *Strafkolonie* verarbeitet, wo es sowohl die auto- und heteropoiet. Bedingungen des eigenen Schreibens thematisiert als auch eine Kritik am (selbst-)mörder. Phantasma einer Begründung moderner Kultur auf ihren verdrängten Ursprüngen formuliert. Unter Rückgriff auf ihre »hierat.« Ursprünge interpretiert H. Ball die T. als Symbol einer existentiellen Schreibszene und folgert aus der notwendigen »Selbstentblößung« des Dichters im publizierten Werk das Maß aller literar. Dinge: »man sollte darauf achten, ob

Bücher geklext oder tätowiert sind. Und ob die Schönheit an den Kleidern hängt oder im Fleische brennt« (*Die Flucht aus der Zeit* I, 5; ↗Kleidung). – Zum Symbol für epigonale Einflussangst und deren Überwindung wird die T. in Mörikes Idylle *An eine Lieblingsbuche meines Gartens* oder H. Burgers Gedicht *Turmhahn*, wo im top. Motiv des in einen Buchenstamm (↗Buche) eingeritzten Namens des literar. Vorbilds, Hölty bzw. Mörike, die Nachträglichkeit des eigenen Schreibens in Szene gesetzt und dadurch die eigene Autorschaft als eine genuin paradoxe konstituiert wird. In den T. (darunter ein ↗Anker) des listig-fabulierenden Matrosen Murphy aus der »Eumaeus«-Episode des *Ulysses* schließlich verdichtet Joyce das Motiv zum Symbol für die Grundlegung der literar. Moderne in der Kunst des verdeckt symbol. Schreibens mit Versatzstücken aus der Populärkultur wie für die (un-)heiml. homoerot. Grundtriebe dieser Kunst (III, 16). – Mit der seit den 1980er Jahren in Amerika und Europa grassierenden T.mode scheint die T. für die Lit. ihre symbol. Signifikanz mehrheitlich eingebüßt zu haben. Literar. Bsp. von ähnl. Grundsätzlichkeit und Prägnanz, wie sie zwischen 1850 und 1930 entstehen, sind in der Gegenwartslit. kaum mehr zu finden. Zwar sind T. v. a. in der angelsächs. Lit. der Gegenwart ein beliebtes Thema von Thrillern und Mystery-Romanen (z. B. T. Harris' *Red Dragon* oder V. McDermids *The Grave Tattoo*). Dass viele dieser Romane aber für ihren T.plot auf Figuren aus der Romantik (Blake, Woodsworth) zurückgreifen, ist symptomatisch für den symbol. und poetolog. Relevanzverlust der T. in der Spätmoderne.

↗Haut, Schrift.

Lit.: H.-G. von Arburg, Archäodermatologie der Moderne, in: DVjs 77 (2003), 407–445. – E. Caplan (Hg.), Written on the Body, London 2000. – U. Landfester, Pathographien des Schreibens, in: Poetica 33 (2002), 159–189. – S. Oettermann, Zeichen auf der Haut, Frankfurt a.M. 1979. – J. Putzi, Identifying Marks, Athens 2006. – H. Wuttke, Geschichte der Schrift und des Schrifttums, Bd. 1, Leipzig 1872.   HGvA

Tanne / Tannenbaum

Symbol adeliger Gesinnung, der Treue, der Beständigkeit sowie des Weihnachtsfestes. – Relevant für die Symbolbildung sind (a) die dunklen immergrünen (↗Grün), resistenten Nadeln, (b) der hohe, schlanke Wuchs und die Standfestigkeit der T., (c) der Vegetationsraum im Bergland, (d) ihre Verwendung als ↗Weihnachtsbaum, Maibaum und zum Richtfest.

1. *Symbol adeliger Gesinnung und Haltung, der Treue und Beständigkeit.* Die Charakteristik der hohen, schlanken T. (*Homerische Hymnen*: »Auf Aphrodite« 264–268) und des vornehmlich aus T. bestehenden Hochwaldes nimmt Stifter in *Der Hochwald* (II) auf, in dem T. »erhabene Säulengänge

bilden«, um »hohe Gäste« würdig zu empfangen, die »vor der Pracht und Feier des Waldes mit allem Reichtum und aller Majestät« Angst und zugleich Liebe empfinden. Die standfeste, immergrüne T. erscheint, wie die ⁊Eiche, als Sinnbild von Treue und Beständigkeit: so bei C. Brentano (*O Tannebaum!*) oder Eichendorff (*An …*). Heine parodiert es: »Aber wie lange dauert diese Herrlichkeit? Höchstens ein paar lumpige Jahrhunderte, dann krachen sie altersmüd zusammen und verfaulen auf dem Boden« (*Reisebilder* III: »Reise von München nach Genua«). – Politisch aggressiv und zugleich als Aufforderung nationaler Einigung verwendet Freiligrath 1844 die T. als »deutschen Kriegsmast« (»O, könnt' ich stolz die junge Flagge tragen/ Des ein'gen Deutschlands«, *Ein Glaubensbekenntnis: Flottenträume* I; vgl. jedoch später die antichauvinist. Deutung in *Ein Weihnachtslied für meine Kinder*, 1850).

2. Symbol des Weihnachtsfestes. Seit dem Ende des 18. Jh. symbolisiert der T.baum das christl. Weihnachtsfest. Kodifiziert wird der Weihnachtsbaum in dem Lied *O T.baum* (Anschütz 1824), das seine immergrünen »treuen Blätter« als Symbole der Hoffnung und Beständigkeit preist (vgl. dagegen die Abkehr vom »Wunderglauben« zum »Pantheismus« unter den T. in Kellers *Lebendig begraben* XII). Die Gnade als Weihnachtssymbol fungieren zu können, lässt die T. als auserwählte Kreatur erscheinen (Rilke, *Advent*). Der Traum der T., als Weihnachtsbaum zu leuchten und eine Verklärung zu erleben, ist Thema in einigen Weihnachtsgedichten (G. Falke, *Die Weihnachtsbäume*; K. Bröger, *Christbaum für alle*), birgt jedoch, wie in Andersens *Märchen vom T.baum*, die Gefahr der Eitelkeit. In Ibsens *Ein Puppenheim* (1879) ist der Weihnachtsbaum als Sinnbild des Friedens und der Geborgenheit nur noch Schein und verkehrt sich zum Symbol der Bigotterie und Verlogenheit der bürgerl. Gesellschaft im späten 19. Jh.

⁊Baum, Eiche, Kerze, Weihnachten.

Lit.: A. Demandt, *Über allen Wipfeln*, Köln 2002.

HGG

Tanz

Symbol der Körperlosigkeit und der Überwindung des Irdischen, der Harmonie, Ordnung und Schöpfung, der Verehrung und Beschwörung, des Aufbegehrens und des Kampfes, des Übergangs, der Freude und der Liebe. – Relevant für die Symbolbildung sind (a) die freie oder fest vorgeschriebene Verbindung von Musik und körperl. Ausdruck, (b) die springende oder schreitende Bewegung in Reihen oder im Kreis, (c) die Berührung oder Distanz zwischen den Tänzern gleichen oder unterschiedl. Geschlechts und (d) die Rolle des Vortänzers.

1. Symbol der Körperlosigkeit und der Überwindung des Irdischen. Die Drehbewegung des T., bei der der Blick auf die Außenwelt verschwimmt und der Eindruck entsteht, als schraube sich der Tänzer

geradezu in den Himmel, »befreit von der Schwere des Leibes« (Schiller, *Der T.*), findet als Vorwegnahme der himml. Seligkeit (Keller, *T.legendchen*) Berücksichtigung im Brauchtum aller Zeiten und Kulturen. Zu erwähnen seien etwa der T. der Derwische oder der seit dem MA belegte Veitstanz, der als Weg zur Ekstase und zugleich als eine Möglichkeit der Heilung von Krankheiten begriffen wurde (Salmen, 55 f.). Nahe verwandt mit dem ekstat. T. ist der T. als Ausdruck einer Besessenheit oder eines vollständigen Bewusstseinsverlusts (z. B. Nathanaels T. am Ende von E.T.A. Hoffmanns *Sandmann*). Körperlose Geister werden meist tänzelnd oder tanzend dargestellt, wie z. B. die ⁊Engel im *Innsbrucker Mariä Himmelfahrtsspiel* (V. 2456b); tanzend umkreist auch am Ende von Goethes *Faust II* (11925–11933) der Chor der seligen Knaben die Seele Fausts; tanzende Geister der Lüfte stehen am Anfang des Texts (V. 4613–65), während in Shakespeares *A Midsummer-Night's Dream* die Feen tanzen (V, 1–2). Pantomim. T.vorführungen, wie z. B. der T. der Schneider in Kellers *Kleider machen Leute*, betonen die Abstraktheit des durch den T. Ausgesagten.

2. Symbol der Harmonie, Ordnung und (dichterischen) Schöpfung. Die T. der Engel oder körperlosen Geister dienen oft auch als Symbol der kosm. Ordnung. Die Musik, die den Tänzern einen Gleichschritt vorgibt, und die T.richtung verweisen auf eine Ordnung, die durch den T. gezeigt und gefeiert wird (Schiller, *Der T.*); die Bewegung zeigt das Fließende dieser Ordnung, das mit einer *creatio continua* (kontinuierl. Schöpfung), nachgeahmt auch durch den Fluss der schöpfer. Dichtung, gleichgesetzt werden kann (Schiller, *Der T.*; Morgenstern, *Der T.*). T. zu Jahreszeitenfesten sind oft Symbole für die Ordnung der Natur und den Verlauf des Jahreskreises oder auch des Kreislaufs von Werden und Vergehen (Neidharts Sommer- und Winterlieder; B. v. Arnim, *Goethes Briefwechsel mit einem Kinde*, Brief an Goethe, 28.11.). Der höf. T. dagegen, ein Ausdruck der Beherrschung exakter Regeln und der vollständigen Kontrolle des Geists über den Körper, zelebriert die sich in Harmonie befindende höfische Ständeordnung und ihre Werte (vgl. Hartmann v. Aue, *Iwein* 62–72). Durch den T. wird der neue Mittanzende symbolisch in die Gesellschaft eingeführt. Die Harmonie der im T. repräsentierten gesellschaftl. Ordnung kann durch eine Störung des T. (wie in Haslingers *Opernball*, in dem der Ball für den Staat steht) oder durch ein Eindringen eines falschen, unhöfischen Tänzers empfindlich gestört werden (*Großes Neidhartspiel* 73–76). Als störend wird z. B. auch in Kellers *Kleider machen Leute* Graf Strapinskis schwermütiger Auftritt auf der T.fläche empfunden, da er die Stimmung der Gesellschaft bricht. Der T. ist damit ein Mittel der sozialen Inklusion und Exklusion. Konfliktpotential besteht dort, wo der Einzelne gezwungen wird, sich in einen T. und damit eine Ord-

nung einzufügen, wie etwa, wenn im Totentanz jeder nach der Pfeife des Todes tanzen muss (*Lübecker
Totentanz*, Vorrede; auch Celan, *Todesfuge*).

3. Symbol der Verehrung und Beschwörung. Ein
Reigen, der sich um ein Zentrum bewegt und eine
Orientierung auf dieses Zentrum hin symbolisiert,
bildet die Grundform des rituellen T., wie er u. a.
mehrfach in der Bibel beschrieben wird: der T. um
das Goldene Kalb (Ex 32,19), der T. der Baalspries-
ter um den Altar (1 Kö 18,26–29) oder, positiv gewertet, der T. Davids vor der Bundeslade (2 Sam
6,14–22). Ein späteres Abbild des T. Davids ist der
T. Josephs um die Krippe in Kindelwiegeszenen
(*Hessisches Weihnachtsspiel* 167–170). Diese kult.
Form des T., die dem umtanzten Heiligtum einen
Teil seiner Macht abtrotzen und auf die Tanzenden
übertragen soll, wurde von der christl. Kirche lange
Zeit sehr kritisch gesehen; die im MA weit verbreitete Sentenz *Chorea est circulus rotundus, cuius cen-
trum est diabolus* (»der T. ist ein Reigen, dessen
Mittelpunkt der Teufel bildet«) (Ps.-Chrysostomus)
verleiht dieser Skepsis Ausdruck. Eine Interpretation des T. als »processie des teufils« (*Heidelberger
Bilderkatechismus* III; vgl. Brant, *Narrenschiff* LXI,
5–8) ließ sich stützen mit der symbol. Bedeutung
der ↗Linksrichtung beim T. Tanzsprünge wurden
mit den Sprüngen von Böcken oder bocksbeinigen
Teufeln verglichen (Herolt, *De eruditione christifi-
delium* [*Über die Erziehung von Christen*] I, 3). Häufig erscheint daher in der Lit. der Reigen als etwas
Diabolisches. Im *Großen Neidhartspiel* tanzen die
Bauern um das von der Erzherzogin gesuchte Veilchen, wollen seine Macht beschwören und dienen
damit ausdrücklich dem Teufel (V. 1740–1751).
Auch eine einzelne Figur kann einen dämon.
Machtbeschwörungstanz tanzen, wie Rumpelstilzchen im Grimmschen Märchen. Parodist. Beschwö-
rungstänze schließlich sollen das Umtanzte schmähen, z. B. der T. der Juden um das Kreuz im *Alsfelder Passionsspiel* (V. 5793 f.).

4. Symbol des Aufbegehrens und des Kampfes. Der
Sprungtanz ist oft auch eine bewusste Provokation
der im Schreittanz symbolisierten Ordnung (*Großes Neidhartspiel* 139–147; den Bauern werden
schließlich die Beine abgeschlagen, damit sie nicht
weiter tanzend aufbegehren können, V. 941–947).
Als Schwertertänze sind sie symbol. Ausdruck von
Kampfeswillen. So ist z. B. der Kriegstanz Eilifs
(Brecht, *Mutter Courage* II) Ausdruck von aus Wi-
derstandsgeist geborenen Gewaltphantasien. Der T.
kann aber auch für einen gewaltfreien Ausbruch
aus bestehenden Strukturen und für Freiheitswillen
stehen (Keun, *Das kunstseidene Mädchen*). Nicht
nur Kampfeswille, sondern auch der Kampf oder
Streit selbst kann im T. symbolisiert werden. Als T.
bezeichnet z. B. Maximilian I. die Niederschlagung
von Bauernaufständen (Brief an Sigismund von Tirol, 8.3.1495); in Aimards *Freikugel* erwarten der
Titelheld und Ivon einen tödl. »T.« mit den »Wil-

den«; Lessing spricht im *Anti-Goeze* von einem »T.«
mit dem Herrn Pastor.

5. Symbol des Übergangs. T. symbolisieren auch
den Übergang von einer Ordnung in die andere,
einen *rite de passage*, v. a. im Zusammenhang mit
Taufen, Hochzeiten, Beerdigungen und ähnl. Feiern. In der Lit. beginnen solche T. oft als Schreit-
tänze, die noch die Bindung an die alte Ordnung
verdeutlichen, und gehen dann zum Sprungtanz
über, als Ausdruck des akzeptierten Sprungs in die
andere Lebensform oder Lebensphase (bildlich
umgesetzt im *Lübecker Totentanz*, wo die Sterbenden schreiten, die Toten springen). In J. Roths *Radetzkymarsch* z. B. wandelt sich der nach der Ermordung des Thronfolgers gespielte Trauermarsch
nach einem das Geschehen begrüßenden Zwi-
schenruf in einen ausgelassenen Sprungtanz (XIX).

6. Symbol der Freude. Die Freude über einen er-
langten Erfolg, einen Triumph oder Machtbesitz,
verbunden mit Stolz oder auch mit Dankbarkeit,
wird oft in einem T. ausgedrückt, der zugleich (momentane) Sorglosigkeit demonstriert. Eine Manifestation der Freude nach einem Sieg des Volkes
Israel ist der (zugleich als Dankesbekundung verstandene) T. in Ps 149,3; als Ausdruck des Dankes
nach erfolgreich eingefahrener Ernte ist auch das
T.fest in Schilo (Ri 21,19–23) zu werten. Zu einem
Triumph- und Freudentanz fordert am Ende des
Tiroler *Spiels von David und Goliath* der Herold
auf, um Davids Sieg über Goliath und eine Hochzeit zu begehen. Einen ähnl. T., jenseits der »deutschen Grenzen/ Von Teufels-, Narren- und Totentänzen« tanzt man in Goethes *Faust II* (5065) anlässlich der Kriegserfolge des Kaisers. Die im T.
ausgedrückte Freude und der Stolz der Tanzenden
kann bei Beobachtern allerdings Hass wecken
(Neidhart, *Winterlied* XXXIV, 6 f.).

7. Symbol der Liebe und Sexualität. T., die sich auf
Körperliches konzentrieren, sind von der frühen
Kirche als des Menschen unwürdig bezeichnet wor-
den. Ein Prototyp solcher T. ist der verführer. T.
Salomes. In den Schriften der Kirchenväter schon
heißt es, dieser T. sei vom Teufel initiiert worden,
daher auch Salomes unsittl. Bewegungen und Ver-
renkungen (die gegen die Natur des Menschen als
Abbild Gottes verstießen), ihre mehr ent- als ver-
hüllende Kleidung und natürlich das widergöttl.
Ergebnis des T.: die Enthauptung Johannes des
Täufers (Chrysostomus, *Homilia in Matthaeum*
XLVIII, 3). Das Sündenleben der Maria Magdalena
wird ebenfalls oft im Symbol des T. dargestellt (*Alsfelder Passionsspiel* 1776–88). Mit überdeutl., sexuellen Konnotationen spielt die ma. Textsorte ›T.
lied‹; der T. steht hier für die Annäherung zwischen
den Liebenden und die Liebesvereinigung (vgl.
auch den T. Florios mit Venus in Eichendorffs *Marmorbild* IV). Als Symbol der (animal.) Lust und
Sexualität sind z. B. auch der T. Fausts in der Walpurgisnacht (*Faust I* 4124–43) oder der T. Woy-

zecks im Wirtshaus (Büchner, *Woyzeck* H4, 11: Wirthshaus) zu verstehen. In Schnitzlers *Reigen* beschreibt der T. den Liebesvollzug selbst.

↗Geige/Violine/Fidel, Karneval, Sackpfeife/Dudelsack, Skelett/Totenschädel, Spielmann, Stimme/Gesang.

Lit.: C. Sachs, Eine Weltgeschichte des T., Nachdr. Hildesheim 1993. – W. Salmen, T. und Tanzen vom MA bis zur Renaissance, Hildesheim/Zürich 1999. – ders., Goethe und der T., Hildesheim 2006 – J. Zimmermann, Teufelsreigen, Engelstänze, Frankfurt a.M./Berlin 2007.   CD

Tau

Symbol der Gnade Gottes, der Jugend, Christi, der Rede, Inspiration, Verkündigung des Wortes Gottes, der Gaben des Hl. Geistes, der Gnade der Gottesmutter, des Schlafes, des Friedens, der Hoffnung, des Kusses, der Tränen, des Bluts und der Vergänglichkeit. – Relevant für die Symbolbildung sind (a) die vermeintlich himml. Herkunft des T. und (b) seine erfrischende und belebende Wirkung.

Bereits biblisch vorgegeben ist die Deutung des T. als Gnade Gottes, wenn Isaak in seinem Segen Jakob den T. des ↗Himmels wünscht (Gen 27,28). Gottes Versprechen an den Psalmisten, »Deine Kinder werden dir geboren wie der Tau aus der Morgenröte« (Ps 110,3), lässt darüber hinaus den T. auch als Symbol für die Jugend (Shakespeare, *Hamlet* I, 3) erscheinen und erinnert an die Ätiologie des T. als ↗Tränen der Aurora (Ovid, *Metamorphosen* XIII, 622). Der T. auf Gideons Vlies (Ri 6,37) wird als Typus auf die ↗jungfräul. ↗Geburt des Gottessohnes gedeutet (Hieronymus Lauretus, *Sylva allegoriarum*: »Ros«). Moses vergleicht seine Rede mit dem T. (Dtn 32,2). Ähnl. bibl. Belege sind als Inspiration und Verkündigung wie auch als Gottes Wort gedeutet worden (Hieronymus Lauretus, *Sylva allegoriarum*: »Ros«). Andere relig. Auslegungen sehen im T. die Gaben des Hl. Geistes oder die Gnade der Gottesmutter (Konrad v. Megenberg, *Buch der Natur* II, 17). Die Metapher vom T. der Rede (Schlegel, *Die Fröhliche*) oder des Liedes findet sich auch in der neueren Lit. (Rückert, *Liebesleben* V, 17). – Die erfrischende Wirkung des T. macht ihn dem ↗Schlaf vergleichbar (Shakespeare, *Richard III* IV, 1), während die Metapher vom T. des Friedens (Logau, *Glückwuntsch*) sich dem T. der Gnade nähert. Fausts Liebesverlangen lebt vom T. der Hoffnung (*Faust I* 2690), während Stoppe die Küsse als liebesfördernden T. versteht (*Auf das Letsch= und Wagnerische Hochzeitsfest*). – Ambivalent ist der seit der Antike tradierte Vergleich der Tränen mit dem T. Während die Tränen des Iphis Zeichen des Liebesverlangens sind (Ovid, *Metamorphosen* XIV, 708) und Brockes Freudentränen als T. bezeichnet (*Der schönste Thau*), ist der T. des ↗Herzens, den Giburc vergießt, Zeichen tiefster Trauer

(*Willehalm* 268,4). Negativ besetzt ist auch der seit der Antike geläufige Vergleich des ↗Blutes mit dem T. (Vergil, *Aeneis* XII, 339 f.), den auch das MA kennt (Konrad v. Würzburg, *Trojanerkrieg* 23333). Da die ↗Sonne den T. schnell verdunsten lässt, wird er auch zum Symbol der Vergänglichkeit (Wolfram v. Eschenbach, *Parzival* 3, 2–4).

↗Biene, Honig, Perle, Regen, Träne.

Lit.: DLS, 57 f. – F. Ohly, Metaphern für die Inspiration, in: Euphorion 87 (1993), 119–171. – ders., Die Perle des Wortes, Frankfurt a.M. 2002, 325–342.   DP

Taube

Symbol der Liebe und Treue, des Friedens, der Unschuld, des Hl. Geistes und der göttl. Inspiration. – Relevant für die Symbolbildung sind (a) die lebenslange Bindung an einen Brutpartner, (b) die Scheuheit, (c) die der T. angeblich fehlende Galle.

1. Symbol der Liebe und Treue. Aus der lebenslangen Bindung der T. an einen Partner leitet sich die Symbolik der Treue ab (Plinius d.Ä. *Naturalis historia* XVIII, 267; Jes 38,14; Nah 2–8; Röm 3,15–17; *Physiologus*: »Von Turteltaube und T.«). – Durch ihre Verbindung mit Mutter- bzw. Fruchtbarkeitsgöttinnen (u. a. Ishtar, Astarte) in der sumer.-babylon. Kultur rückt die T. in die Nähe von Liebe und Erotik. Semiramis, die Tochter der in Askalon verehrten Göttin Derketo, wird nach der Aussetzung als kleines ↗Kind lediglich von T. betreut. (F. Creuzer, *Symbolik und Mythologie der alten Völker* II, § 12) – In Kythera und Paphos werden T. als hl. Vögel der Aphrodite gehalten, auch in röm. Trad. ist die T., deren ↗Eier als ein Aphrodisiakum gelten, der Liebesgöttin zugeordnet, worauf Wieland anspielt: »So lieblich girrt der Venus T. nur!« (*Oberon* XI, 63; ähnlich Gellert, *Chloris*; Platen, *Ghaselen* LI). – Im *Hohelied* werden die beiden Liebespartner mit einer T. verglichen (Hld 2,14; 4,1; 5,2; 5,12), welche die christl. Allegorese als Verweis auf die Verbindung zwischen Kirche und Christus als Bräutigam deutet (*Physiologus*: »Von Turteltaube und T.«; weitere Belege bei NLC; Messelken, 86 ff.; Schleusener-Eichholz), von dessen Liebe sie zehren soll (Hld 1,9; 2,12). Der *Physiologus* verbindet die Turteltaube mit Christus, insofern beide Einsamkeit suchen, und erhebt sie darin auch zum Vorbild für den Gläubigen (»Von der Turteltaube«). Auf die T. als Sinnbild der erot. Unschuld (s. 2.) junger Mädchen bezieht sich die Lit. vielfach, so Storm: »Du fliehst vor mir, du scheue T.,/ Und drückst dich fest an meine Brust;/ Du bist der Liebe schon zum Raube/ Und bist dir kaum des Worts bewußt« (*Du willst es nicht in Worten sagen*); satirisch dagegen E.T.A. Hoffmann: »eine einsame T. flattert in bangen Liebesklagen girrend um den Kirchturm! – Wie! – wenn die liebe Kleine sich mir nähern wollte? – […] O, käme sie, die süße Huldin, an mein liebekrankes Herz wollt’ ich sie drücken« (*Le-*

bensansichten des Katers Murr I, 1). Balzac verweist auf die Symbolik sehr knapp: »so ließ Viktorine hingegen sanfte Worte vernehmen, gleich der verwundeten T., deren Schmerzensschrei noch immer Liebe atmet.« (Le père Goriot XVII).

2. Symbol des Friedens und der Unschuld, des Hl. Geistes und der göttlichen Inspiration. Aus der antiken Heilkunst, nach der T. keine Galle besäßen, leitet sich bes. bei den Kirchenvätern und im MA die Zuschreibung der Sanftmut ab (Gregor d.Gr., *Homilae in Ezechielem* II, Homilia III, 7; Konrad v. Megenberg, *Buch der Natur* III B, 22; *Physiologus*: »Von der T.«). Im AT zeigt die T. das Ende der Sintflut (↗Flut/Dammbruch; bereits vorgebildet im *Gilgamesch-Epos* XI, 145–148) und die Wiederversöhnung Gottes mit der Menschheit an (Gen 8, 8–14), und gilt seither als Symbol des Friedens (Klaj, *Irene: Deß Friedens Bildniß auf dem Tittelblat; Des Knaben Wunderhorn* I, 134 und 137: *Friedenslied*). – In der assyr. Trad. wird die T. als göttlich verehrt (so im Semiramis-Mythos); innerhalb des indoeurop. und ägypt. Kulturkreises gilt die T. als Seelenvogel, d.h. als die materialisierte Form der menschl. Seele nach ihrer Trennung vom Leib (NLC). Im Christentum ist die T. Sinnbild der göttl. Inspiration (Lk 3, 22; Apg 2,17). Auf dem Konzil von Nicäa 325 n.Chr. und 536 in Konstantinopel wird die T. zum offiziellen Symbol des Hl. Geistes erklärt (zur patrist. und ma. Allegorese Schleusener-Eichholz) und vielfältig in der Lit. aufgenommen: Greiffenberg, *An die Lieb-reichste Geistes-T.*; Angelus Silesius, *Heilige Seelenlust* V, 190: *Sie singt dem heiligen Geist*; poetolog. variiert bei Klopstock, *Der Lehrling der Griechen.* Auf der Überlieferung, nach welcher der Prophet Mohammed eine T. gehalten haben soll, welche ihm göttl. Anweisungen zuflüstert, beruht die Verehrung der T. im islam. Kulturraum, auf sie verweist Shakespeare in *King Henry VI*: »Ward Mahomed beseelt von einer T.,/ So hast du eines Adlers Eingebung« (Erster Teil, I, 2). – Wird in christl. Trad. die T. sowohl mit Christus in eins gesetzt (1 Petr 2,22: »Er selbst ist die zarte und wahrhaft schuldlose T., die ohne Arg ist; keine Arglist nämlich fand sich in seinem Munde, wie geschrieben steht.«), als auch mit der ↗Jungfräulichkeit Marias in Verbindung gebracht (C. Brentano, *Mariens Bild*), deutet bes. die ↗weiße T. auch im weltl. Zusammenhang auf Unschuld (z.B. Petrarca, *Canzoniere* CLXXXVII: *Giunto Alexandro la famosa*; Goethes *Der Groß-Cophta* II, 5; Andersen, *Ein Hauptmoment*) und wird häufig mit idealer Kindlichkeit (Droste, *Was bleibt*) oder Weiblichkeit assoziiert, wenn z.B. die Scudéri im Gespräch mit La Regnie Madelon als »die treue, unschuldige T.« apostrophiert (E.T.A. Hoffmann, *Das Fräulein von Scudéri*); während Emma Bovary bei der ersten Begegnung mit ihrem späteren Verführer »wie ein gefangenes Turteltäubchen« zittert, »das wieder entfliegen möchte« (Flaubert, *Madame Bovary*

VIII). – Konträre Konstellationen mit anderen Tieren unterstreichen den Symbolwert der T. So urteilt Lysander in dem Ausruf »Wer will die Kräh' nicht für die T. geben?« (Shakespeare, *A Midsummer-Night's Dream*, II, 2) über die geringere Schönheit Hermias, die er zugunsten der nun begehrten Helena zurücklässt. Auf das bibl. Zitat »seid daher so klug wie die Schlangen und so arglos wie die T.!« (Mt 10,16) greift der Verführer Leonhard in Hebbels *Maria Magdalena* zynisch zurück, wenn er zu Klara sagt: »Sei du ohne Falsch, wie die T., ich will klug, wie die Schlange sein, dann genügen wir, da Mann und Weib doch nur eins sind, dem Evangelienspruch vollkommen« (I, 4). – Die durchweg religiös und positiv bestimmte Symbolik wandelt sich in der Lit. des 20. Jh., in der die T. mit Assoziationen des Unfriedens und der gestörten Harmonie verbunden wird. Bei Kafka (*Der Jäger Gracchus*) signalisieren T. den Einbruch »einer unverstehbaren Welt« (Fingerhut, 60); mehr noch lässt P. Süskind durch die T., die in der Sicht von Jonathan Noel »der Inbegriff des Chaos und der Anarchie« ist, eine unheiml. und bedrohl. Atmosphäre im Leben dieser Figur entstehen (*Die T.*).

↗Eisvogel, Rabe, Schlange, Weiß.

Lit.: NLC, 228–234. – G.J. Botterweck/H. Ringgren, Theological Dictionary of the Old Testament, Grand Rapids, Michigan 1997, Bd. VIII, 32–40. – K.-H. Fingerhut, Die Funktion der Tierfiguren im Werke Franz Kafkas, Bonn 1969. – D. Haag-Wackernagel, Die T., Basel-Muttenz 1998. – H. Messelken, Die Signifikanz von Rabe und T. in der ma. dt. Lit. Diss. Köln 1965. – G. Schleusener-Eichholz, Das Auge im MA, München 1985, 693–716. – D. Schmidtke, Lastervogelgestalten, in: Archiv für das Studium der neueren Sprachen und Literaturen 212 (1975), 241–264.   AL

Tausend

Symbol der Größe, eines Zeitalters, des Paradieses, der Revolution, der (kabbalist.) Mystik und der Initiation. – Relevant für die Symbolbildung ist die Zahl T. als Produkt der dreimaligen Multiplikation von ↗Zehn.

1. Symbol der Größe. Zur Bezeichnung bes. großer Mengen finden die Zahl T. oder Multiplikationen derselben schon in der ägypt. (NLC, 80) und griech.-röm. Antike Verwendung; Catull, *Carmina* V: »Gib mir tausend und hunderttausend Küsse,/ Noch ein T. und noch ein Hunderttausend,/ Wieder tausend und aber hunderttausend!« (vgl. Platon, *Gorgias* 490a) ebenso im AT (u.a. Ex 20,6) und im NT (etwa Offb 9,16). Als Ergebnis der dreimaligen Multiplikation von ↗Zehn (↗Drei; ↗Hundert) steht die T. seit der Antike auch für Totalität und Harmonie. Die Überschreitung der T. symbolisiert das Unzählbare, so etwa in den altoriental. *Märchen aus Tausendundeiner Nacht* (vgl. Jean Paul, *Flegeljahre* XIV; Morgenstern, *Bahn frei!*).

2. *Symbol eines Zeitalters und des Paradieses.* Ihre kulturgeschichtlich wohl wirkungsmächtigste symbol. Bedeutung entfaltet die Zahl T. in der jüd. und christl. Trad. Sie ist das Symbol der Heilseschatologie des prophet. Judentums: »Aus dem Kleinsten sollen tausend werden« (Jes 60,22), kann aber auch für vergängl. ird. Reichtum stehen: »Und es wird zu der Zeit geschehen: wo jetzt tausend Weinstöcke stehen, tausend Silberstücke wert, da werden Dornen und Disteln sein« (Jes 7,23). In der Gegenüberstellung des ewigen Gottes mit dem vergängl. Menschen nennt auch der Psalm die Zahl T.: »Denn tausend Jahr sind für Dich wie der Tag, der gestern vergangen ist« (Ps 90,4; vgl. 84,11; 2 Petr 3,8). In Einheiten von tausend ↗Jahren werden daher in der jüd. wie in der christl. Eschatologie die Epochen der Heilsgeschichte gerechnet, die sich nach dem Sechstagewerk der Schöpfung (Hexaemeron) typologisch in sechs Jahrtausenden vollendet (vgl. Brief des Barnabas, 2. Jh.; Luther, *Supputatio annorum mundi*, 1541/45). Auf dem Weg in die Moderne verblasst indes diese Bedeutung zugunsten der bloßen Bezeichnung einer Epoche. Bei Heine findet sich die iron. Wendung »das T.jährige Reich des großen Williams« (*Shakespeares Mädchen und Frauen*, Einleitung). – In der jüd.-christl. Kulturgeschichte steht die T. heilsgeschichtlich für den paradies. Zustand, für die Unsterblichkeit (↗Hundert) und das Glück. Der christl. Chiliasmus (nach gr. *chilioi*, »tausend«) bzw. Millenarismus (nach lat. *mille*) beruft sich auf die Offenbarung wonach ein ↗Engel für tausend Jahre den Satan fesselt: die Herrschaft Christi auf Erden (Offb 20,1–3). Neue Bedeutung gewinnt das Symbol in teilweise verfremdeter Form mit dem beginnenden 20. Jh., so etwa bei Rilke (*Stundenbuch*) oder Rubiner (*Das himmlische Licht*).

3. *Symbol der Revolution.* Der frühchristl. Chiliasmus (s. 2.) ist von dem unmittelbar bevorstehenden Hereinbrechen des neuen Zeitalters überzeugt. Im Gefolge entstehen zahllose millenarist. Sekten, gegen die sich die Kirchenväter wenden, am deutlichsten aber Augustinus, der sich für eine rein allegor. Deutung der Offenbarung ausspricht und das Reich des Heils mit der Ankunft Jesu und der Etablierung der Kirche für angebrochen erklärt (*De civitate Dei* XX, 7–11). – Zu einer Wende kommt es mit dem trinitar. Geschichtsmodell des Joachim v. Fiore († 1201) und seiner Schüler, niedergelegt u. a. in Joachims Schrift *Concordia novi ac veteris testamenti* (zur Deutung der T. s. a. *Expositio in apocalypsin* VII). In der Folge wird die Rede von einem neuen, »T.jährigen Reich« wieder, gegen die pazifist. Anschauung Joachims, zu einem revolutionären Topos. Die »Sehnsucht nach dem Millennium« (Cohn) prägt das sozialrevolutionäre Denken der anbrechenden Neuzeit, der Wiedertäufer in Münster wie der Hussiten in Tarbor. Herder schaudert vor den »Schwärmersekten, die das

T.jährige Reich zustande bringen wollten« (*Briefe zur Beförderung der Humanität* CXX). Dennoch wirkt der Chiliasmus tief in Aufklärung (Lessing, *Die Erziehung des Menschengeschlechts* LXXXVIII), Romantik und Dt. Idealismus hinein (de Lubac). Explizit oder implizit ist das millenarist. Paradigma schließlich die Denkfigur der idealist. Geschichtsphilosophie; Immermann persifliert sie in seinem Roman *Münchhausen* als »das T.jährige Reich, in welchem herrschen sollen die Hegelianer« (VI, 8). – Die Berufung auf das »T.jährige Reich« findet sich gleichwohl auch im 19. Jh. in den unterschiedlichsten Zusammenhängen wieder. Engels erkennt in dem christl. Mythos »tätige Propaganda, unablässiger Kampf gegen den äußern und innern Feind, stolzfreudiges Bekennen des revolutionären Standpunkts vor den heidnischen Richtern« (Engels, *Zur Geschichte des Urchristentums* III), Marx denunziert den Missbrauch der Paradiessymbolik (s. 2.) durch »die vulgäre Demokratie, die in der demokratischen Republik das T.jährige Reich sieht« (*Kritik des Gothaer Programms* IV). Auch Zola beruft sich in seinem Spätwerk auf diese Denkfigur (z. B. *Paris* V, 5). – In diese revolutionäre Sozialmythologie schreibt sich schließlich auch das angeblich tausend Jahre währende ›Dritte Reich‹ der Nationalsozialisten ein (Moeller van den Bruck, *Das dritte Reich*, 1923; s. dagegen Bloch, *Erbschaft dieser Zeit*: »Zur Originalgeschichte des Dritten Reiches«). Daneben ist in den 1920er und 1930er Jahren in der Lit. ein verstärktes Interesse an der Geschichte der Münsteraner Wiedertäufer zu verzeichnen (Rademaker, *Das tausendjährige Reich*, 1935); möglicherweise als krit. Auseinandersetzung mit der nationalsozialist. Mythologie ist auch die frühe Komödie Dürrenmatts *Es steht geschrieben* zu deuten (Erstaufführung 1947; Neufassung 1967: *Die Wiedertäufer*).

4. *Symbol der kabbalistischen Mystik und der Initiation.* In dieser Bedeutung spielt die Zahl T. in der Kabbala eine wichtige Rolle. Die »tausend Silberstücke« (Hld 8, 12), die jede Frucht aus Salomons Weinberg brächte, werfen die Frage nach der Vollkommenheit und dem Weg, der zu ihr führt, auf (*Sohar* XXVI, Pekudei 16). Der ab dem ausgehenden MA sich verbreitende Golem-Mythos (↗Maschinenmensch) der Kabbala nennt die Forderung nach einem Adam von tausend Jahren (*Jalkut Schim'oni* I, § 41). Die zur Hyperbel gesteigerte Zahl T. wird in diesem Bild zum Symbol eines eth. Imperativs.

↗Hundert, Zahlen, Zehn.

Lit.: LmZ, 847–856. – N. Cohn, Die Sehnsucht nach dem Millennium, Freiburg/Basel 1957. – H. de Lubac, Schleiermacher, Fichte, Hölderlin, in: Typologie, hg. v. V. Bohn, Frankfurt a.M. 1988, 338–356.　TRK

Teich ↗See/Teich.

Telefon

Symbol der modernen Gesellschaft, der paradoxen Fern-Nähe, der unterbrochenen Kommunikation und der gestörten zwischenmenschl. Beziehung, der gegenseitigen Durchdringung von Innen- und Außenwelt sowie der Entgrenzung von Öffentlichem und Privatem. – Relevant für die Symbolbildung sind (a) der Charakter des T. als techn. Medium, (b) seine Bedeutung für die (Kommunikations-)Gesellschaft der Moderne, (c) die räuml. Distanz zwischen den Gesprächspartnern, (d) die Halbierung des Dialogs für einen zuhörenden Dritten, (e) die Priorisierung des Akustischen; beim Handy (f.) die Mobilität und (g) die Zuordnung des T. zu einer bestimmten Person.

1. Symbol der modernen Gesellschaft. Das T. symbolisiert zunächst v. a. Prozesse der Rationalisierung, Beschleunigung und Anonymisierung (Spoliansky, *Es liegt in der Luft*; Křenek, *Jonny spielt auf*; Tucholsky, *Herr Wendriner telefoniert*; Benn, *Der Broadway singt und tanzt*; Böll, *Es wird etwas geschehn*) sowie die zunehmende Unverbindlichkeit gesellschaftl. Interaktion (Tucholsky, *Een Augenblick, bitte*). Bei v. Chlumberg steht das T. auch für die Relativierung von Klassengrenzen und heißt »demokratische Einrichtung« (*Wunder um Verdun* VII; vgl. Tucholsky, *Persönlich*). Das Berufsbild der Telefonistin wird zum Symbol der weibl. Emanzipation (Duncker, *Großstadt*); die Frauenstimme am T. gerät zugleich zum Gegenstand erot. Imagination und sexuellen Begehrens (Duncker, *Großstadt*; Wellershof, *Die Sirene*), das scheiternde T.-Gespräch entsprechend zum erot. Versagen (Parker, *A Telephone Call*; Huxley, *Over the Telephone*). Die Gesichtslosigkeit des telefon. Gegenübers macht das T. zum Symbol für Anonymität und eine undurchschaubare Bürokratie (Kafka, *Das Schloß*; *Der Landvermesser*; Valentin, *T.-Schmerzen*; *Beim Rechtsanwalt*).

2. Symbol der paradoxen Fern-Nähe. Die Paradoxie des Gesprächs in der Distanz thematisiert Twain schon 1880 in seiner Satire *A Telephonic Conversation*. Die Fern-Nähe Telefonierender steht weiters für die Unverbindlichkeit oder die Unmöglichkeit von Beziehungen jeder Art (Kainradl, *Ein Zukunfts-Apparat*; Menotti, *The Telephone*; Jandl, *aus der fremde*). Bei Wellershoff scheitert eine Beziehung an der Verweigerung eines Treffens durch die telefonisch stets verfügbare Frau (*Die Sirene*). Im Kriminal-, Thriller- und Horrorgenre generiert die telefon. Erreichbarkeit eine Situation permanenter Bedrohung (Hitchcock, *Call ›M‹ for Murder*; vgl. Hildesheimer, *Tynset*). Insbes. mit der Einführung des Anrufbeantworters und später des Handys weitet sich der Symbolbereich aus: Um den Anrufbeantworter entspinnen sich Spiele um suggerierte und tatsächliche Abwesenheit (Rammstedt, *Der Kaiser von China*; Crimp, *Attempts on Her Life*). In literar. Verarbeitungen der Anschläge

auf das ↗New Yorker World Trade Center werden die Figuren durch Handy-Anrufe aus den Flugzeugen und den Zwillingstürmen entfernte Zeugen einer Katastrophe (Foer, *Extremely Loud and Incredibly Close*).

3. Symbol der unterbrochenen Kommunikation und der gestörten zwischenmenschlichen Beziehung. Menottis Oper *The Telephone* hat den scheiternden Versuch zum Thema, mit einer T.süchtigen außerhalb des T.gesprächs zu kommunizieren. Bachmann lässt die Hauptfigur ihres Romans *Malina* beim ↗Warten auf einen T.-Anruf ihres Partners über ihre Beziehung reflektieren (vgl. D. Parker, *A Telephone Call*; Cocteau/Poulenc, *La voix humaine*; Madonna, *Hung Up*). Bei M. Walser kommuniziert ein alterndes Ehepaar, das sich auseinandergelebt hat, über sein Haus-T. (*Lebenslauf der Liebe*). Vergleichbare Situationen finden sich, teils ins Komische gewendet, in der Kabarett- und Unterhaltungslit. (Tucholsky, *Lottchen beichtet 1 Geliebten*; v. Kürthy, *Mondscheintarif*). Klabund führt die Konfusion von Beziehungen im T.gespräch (*XYZ – Spiel zu Dreien in zwei Acten* I, 1), Kästner die Inszenierung solcher Verwirrungen im T.streich vor (*Das verhexte T.*). Kafka thematisiert in der Situation des T.gesprächs die Unmöglichkeit gelingender Kommunikation überhaupt (*Das Schloß*).

4. Symbol der gegenseitigen Durchdringung von Innen- und Außenwelt. Schon bei Proust ist das T. ein Tor zur Erinnerung und zur Sphäre des Todes; der Gesprächspartner wird in einer von der alltägl. Umwelt des Ich verschiedenen Welt lokalisiert, die sich zugleich im zeitl. und räuml. Jenseits und im Inneren des Subjekts befindet (*Jean Santeuil*; *À la recherche du temps perdu*: »Guermantes«). Bei Benjamin transportieren T.stimmen eine Bedrohung der scheinbar heilen Welt des bürgerl. Interieurs durch ein unfassbares, als existentiell bedrohlich erfahrenes Außen (*Berliner Kindheit um neunzehnhundert*: »Telephon«). Das T. ist auch Verbindungsmedium zu einer (imaginären) fremden, undurchschaubaren Realität, deren Übergreifen auf die Wirklichkeit des Subjekts als Bedrohung begriffen wird, aber auch zum Gegenstand des Begehrens werden kann (Kafka, *Das Schloß*; *Der Nachbar*; Holz, *Sonnenfinsternis* III; Rendell, *The Face of Trespass*; Das Modul, *Das Fräulein vom Amt*).

5. Symbol der Entgrenzung von Öffentlichem und Privatem. Im frühen 20. Jh. wird das T. als ›indiskrete Maschine‹ begriffen, über die das Öffentliche jederzeit in den Raum des Privaten eindringen kann (Hofmannsthal, *Der Schwierige*; v. Chlumberg, *Wunder um Verdun* V; Duncker, *Gundula*). Das Gespräch zwischen Geliebten verliert durch das T. an Intimität (Kainradl, *Ein Zukunfts-Apparat*; v. Liliencron, *Durchs T.*), auch mit der Möglichkeit eines Dritten, von dem nur ein Gesprächspartner weiß (Altenberg, *Eine Szene*). In I. Schulzes Erzählung *Handy* wird das Mobil-T. zur Bedrohung letzter privater Rückzugsorte (vgl. Suter, *Der letzte Weynfeldt*). Die Symbolik findet sich in vielfacher Variation, teils komisch-grotesk überspitzt, in der Lit. der jüngsten Gegenwart (z. B. Kehlmann, *Ruhm*; Reeza, *Le dieu du carnage*). ↗Warten.

Lit.: M. Föcking, Drei Verbindungen: Lyrik, T., Telegrafie 1900–1913, in: K. Hickethier/K. Schumann (Hg.), Die schönen und die nützlichen Künste, München 2007, 167–180. – S. Münker/A. Roesler, T.buch, Frankfurt a. M. 2000. JSt

Teppich

Symbol des Lebens, der Geschichte, der Dichtung und der Liebe. – Relevant für die Symbolbildung ist die aus einzelnen Fäden geknüpfte, meist musterbildende ↗Gewebestruktur des T.

1. Symbol des Lebens und der Geschichte. Ovids *Metamorphosen* (VI, 1–27) erzählen von einem Wettstreit zwischen der lyd. T.weberin Arachne und Pallas Athene, in dessen Verlauf die Göttin einen T. webt, der die Heldentaten der Götter abbildet, während Arachne die Schandgeschichte der himml. Götter zum Motiv ihres T. macht und daraufhin in eine ↗Spinne verwandelt wird. Im Anschluss an diese antike Mythologie wie an die Gewebestruktur des T., die auch als Gewebe von Schicksals- bzw. Lebensfäden interpretiert werden kann (Baudelaire, *Les fleurs du mal: Au Lecteur*), dient der T. von der Frühen Neuzeit bis in die Moderne als Symbol des Lebens und der Geschichte (Katharina v. Bora, *Vom T. meines Lebens*; George, *Der T. des Lebens*). So entwirft Schiller am Ende seines dramat. Gedichts *Die Huldigung der Künste* das Bild eines individuellen »Lebensteppichs«. Rückert inszeniert in *Großes aus Kleinem* sein Leben als einen T., den er als Künstler mitgestaltet: »Ein T. scheinet mir mein Leben,/ Und immer sticket meine Hand;/ An welcher Stell' ich auch mag weben/ […] Zuletzt, wo soviel Kleinstes/ Sich still verband, entstand,/ Ein großes Allgemeinstes.« Auch Maugham vergleicht in *Of Human Bondage* (CVI) T. und Leben: »So wie der Weber sein Muster nur zum Vergnügen seines ästhetischen Empfindens webt, so soll auch der Mensch sein Leben leben.« – Darüber hinaus dient der T. auch immer wieder als Symbol der Menschheitsgeschichte. So konstatiert Geibel etwa im Schlussgedicht seiner *Sonette:* »Es sitzt die Zeit am großen Webstuhle/ Im T. der Geschicht' ein Bild zu weben.« In Wilders *The Eighth Day* (VI) dient ein alter Indianerteppich zunächst als Symbol der Lebensgeschichte einer einzelnen Familie und schließlich der Geschichte überhaupt. Dem Leben der einzelnen Personen entsprechen dabei nur Fäden und Knoten auf der Rückseite des T., die erst bei Betrachtung der Vorderseite ein Bild bzw. Muster ergeben, das auf unterschiedlichste Weise interpretiert werden kann.

2. Symbol der Dichtung. Nennt der Kirchenvater Clemens v. Alexandrien seine umfangreichen Zitatsammlungen aus antiker Lit. *Stromateis* (nach gr. *stromata*, »Teppiche«), ist bereits bei Ovid das Bild des T. in der kontrastierenden Gegenüberstellung von göttl. und menschl. Schöpfertum auch mit einer kreativ-poetolog. Dimension verbunden. Dementsprechend hat der T. als Symbol des Lebens (s. 1.) auch eine schöpfer.-künstler. Konnotation. Mit seiner Gewebestruktur ist der T. immer zugleich Symbol für die ordnende, Welt schöpfende Tätigkeit des Menschen, insbes. aber die des Dichters. In diesem Sinne »weben«, so Dilthey 1906 in *Das Erlebnis und die Dichtung* (»Goethe und die dichterische Phantasie« III), am »bunten T. der darstellenden Dichtung […] alle Kräfte des ganzen [dichter.] Menschen«. In Georges Gedicht *Der T.* aus dem Gedichtband *Der T. des Lebens* erwacht schließlich der T. selbst als künstler. Werk zum Leben (»Und keiner ahnt das rätsel der verstrickten ../ Da eines abends wird das werk lebendig«) und wird damit sowohl als Symbol des Lebens als auch der Dichtung evoziert. In H. James' *The Figure in the Carpet* (VI) dient der Perserteppich als Symbol für das Lebenswerk eines Autors und versinnbildlicht die Schwierigkeiten der Interpretation eines polyperspektivisch angelegten literar. Textgewebes: Erscheint dieses zunächst als unentzifferbares Gewirr willkürl. Formen und Farben, kann intuitiv »aus all ihrer superben Verworrenheit die eine richtige Kombination« plötzlich als »Muster« hervortreten.

3. Symbol der Liebe. Am Ende der *Duineser Elegie* V verwendet Rilke den T. als Symbol der Liebe, Lasker-Schüler verbindet es in *Fortissimo* zugleich mit dem Einbruch der Natur in die Kultur. Fremdartig und exotisch ist die Liebe der miteinander im T. »verwirkten« Seelen auch in Lasker-Schülers *Ein alter Tibetteppich*, zugleich klingt in dem Wortspiel ›Tibetteppich‹/›T.tibet‹ wiederum die poetolog. Dimension der T.-Symbolik an (s. 2.), die auf das Gedicht selbst als Textgewebe gewendet wird.
↗Gewebe/Faden, Netz, Spinne.

Lit.: M. v. Albrecht, Der T. als literar. Motiv, in: Dt. Beiträge zur geistigen Überlieferung VII (1972), 11–89. – H.-G. Schwarz, Orient – Okzident, München 1990. – J. P. Wallmann, Ein alter Tibetteppich, in: Neue Rundschau 11 (1964), 63–69. DG

Theater / Bühne

Symbol der Welt und damit verbunden des Verhältnisses der Menschen zum Göttlichen, zueinander und zu sich selbst, darüber hinaus auch des Verhältnisses zwischen Schein und Sein. – Relevant für die Symbolbildung sind die Beziehungen (a) zwischen B. bzw. B.geschehen und Zuschauern, (b) zwischen Schauspielern und Rollen sowie (c) zwischen ↗Spiel und (metaphysisch oder säkular verstandener) Wirklichkeit.

1. *Symbol der Welt, des Verhältnisses zwischen Mensch und Göttern bzw. Gott.* Auf die seit der Antike gegebene Einbindung des Th. in relig. Kulte bzw. Gottesdienste gründet sich das für die spätere europ. Lit. dominierende symbol. Potential des Th. für den Gott-Mensch-Bezug. Das Symbol des ›Welttheaters‹ beruht auf der Vorstellung der Welt als eines Th., auf dem die Menschen (vor Gott) die ihnen zugedachte Rolle spielen. So sprechen Platon (*Gesetze* I, 644d-e) und Horaz (*Satiren* II, 7) vom Menschen als Puppe (↗Marionette), die ein gottgelenktes Spiel vorführt, und Sokrates vergleicht das Leben mit einer Komödie bzw. Tragödie (*Philebos* 50b). Auch Platons ↗Höhle kann als ↗Schatten-Th. betrachtet werden, in dem der Mensch allerdings eher Zuschauer als Schauspieler ist (*Staat* VII, 514a–517a). Seit dem 12. Jh. ist das Welttheater durch den *Policraticus* (III, 9) des Johannes v. Salesbury ein verbreitetes literar. Symbol, das im MA und in der Frühen Neuzeit zu weiterer Entfaltung kommt. Die ma. Mysterienspiele unterscheiden dabei in die drei Welten bzw. Weltebenen ↗Himmel, ↗Erde und Hölle, die von ↗Engeln, Menschen und Dämonen bewohnt werden (Bodel, *Jeu de Saint Nicolas*). In Calderón de la Barcas *El gran teatro del mundo* wird der symbol. Gehalt zum allegor. Spiel gestaltet, und Shakespeare bezeichnet die Welt als B., auf der die Menschen als ›Schauspieler‹ auf- und abtreten und im Laufe eines Lebens verschiedene Rollen verkörpern (*As You Like It* II, 7). Die frühneuzeitl. anatom. Schau-Säle und die um den Sektionstisch angeordneten Zuschauer lenken den literar. Symbolgehalt des Th. auch auf die Darstellung der Vergänglichkeit des Menschen bzw. der Welt in ihrer Nichtigkeit (Gryphius, *Catharina von Georgien* I, »Prolog der Ewigkeit«; Shakespeare, *Macbeth* V, 5; Cervantes, *Don Quijote* II,12).

2. *Symbol des Verhältnisses der Menschen zueinander und zu sich selbst.* Seit der aristotel. Unterscheidung von Komödie und Tragödie durch die unterschiedl. sittl. Qualität der Protagonisten (Aristoteles, *Poetik* VI-XXII) symbolisiert das Th. auch das Verhältnis der Menschen untereinander. Dies gilt über das antike Th. hinaus z. B. für die italien. Commedia dell'Arte des 15. und 16. Jh., wo ein feststehendes Figurenarsenal (Gelehrter, Kaufmann, Diener) gesellschaftl.-hierarch. Konventionen über Verhaltensmuster und Paarbildung vorführt und bestätigt (↗Hochzeit unter Bürgerlichen versus Hochzeit unter Dienern). Auch in der frz. Klassik kommt dem Th. ein wichtiges Symbolpotential zur Etablierung und Festschreibung absolutist. Gesellschaftsideale zu, indem es unter dem Postulat der Einheit von Zeit, Ort und Handlung sowie von *vraisemblance* (»Wahrscheinlichkeit«) und *bienséance* (»Wohlanständigkeit«) die absolutist.-höf. Welt zu repräsentieren trachtet (sog. *doctrine classique*). Das Th. wird später entsprechend auch zum Ort symbol. Abbildung sozialgeschichtl. (ange-

strebter) Veränderungen und Umbrüche, so z. B. in *La folle journée ou Le mariage de Figaro* von Beaumarchais (Aufstieg der Dienerfigur zur handlungstreibenden, leistungsbewussten Kraft mit eigenen, ernstzunehmenden Interessen gegenüber dem ›nur‹ durch Geburt legitimierten Adel), in der durch menschl. Mitleiden rührenden *comédie larmoyante* (Diderot, *Père de famille*) und im bürgerl. Trauerspiel (G.E. Lessing, *Miss Sara Sampson*; *Emilia Galotti*) bis hin zu Brechts sozialrevolutionärem Drama *Die heilige Johanna der Schlachthöfe*. Zum Symbol polit. Einigung wird das Th. im 18. Jh., wo es als Schule gesellschaftl. und moral. Erziehung gedeutet (Gottsched, Lessing) und im Sinne eines ›dt. Nationaltheaters‹ gefördert wird (Th. der Neuberin). – Die B. als »Bretter, die die Welt bedeuten« (Goethe), symbolisiert seit der Aufklärung eine Welt zunehmend säkularer, weniger metaphysisch gedachter Konstellationen, auch wenn die relig. Symboldimension des Th. keineswegs verloren geht (z. B. Claudel, *Jeanne d'Arc au bûcher*). Dies zeigt sich auch im Th. des Absurden, wo sich das Symbolpotential des Th. zur Abbildung von Welt auf die Psyche des Menschen erstreckt (Ionesco, *Rhinocéros*) und gerade das Nicht-Vorhandensein relig. bzw. metaphys. Sinnstiftungsinstanzen zur Darstellung kommt (Beckett, *En attendant Godot*). – Auch einzelne Elemente des Th. können symbol. Bedeutung annehmen. So verweist die Entwicklung der Kulissen auf das sich verändernde symbol. Spektrum des Th.: Umfassen sie im ma. Drama Himmel, Erde und Hölle (s. a. 1.), sind sie im 18. Jh. auf die Ebene der (zwischen-)menschl. Welt reduziert, die meist einen exemplar. Ort im Diesseits meint (Dramen Lessings). Während Shakespeares ›gesprochene Kulissen‹ noch immer eine Orthaftigkeit des Geschehens suggerieren, ist die Dramenhandlung bei Beckett durch minimalist. Kulissen an einem unbestimmten Ort situiert und erweitert bzw. entkonkretisiert somit den symbol. Geltungsbereich – entsprechend wird die im Zeichen des naturalist. Aufführungsstils des 19. Jh. stehende Illusionsbühne im 20. Jh. von der Stilbühne mit nur andeutenden, stilisierenden Ausdrucksmitteln verdrängt. Die Geschichte des Th.baus bzw. der B.orte steht insofern mit der literar. Symbolgeschichte des Th. im Zusammenhang, als der dionys. Tempel als Ort der theatralen Darstellung auf den relig.-kult. Symbolgehalt verweist, die ma. Guckkastenbühne auf Marktplätzen und Straßen den symbol. Einbindung des Zuschauer in das ›Welttheater‹ entsprechen und die festen Th.bauten seit dem 18. Jh. die institutionell-gesellschaftl. Bedeutung des Th. und in ihm Dargestellten spiegeln. Die architekton. Integration der B. in den Zuschauerraum, wie sie insbes. der Th.bau der zweiten Hälfte des 20. Jh. aufweist bzw. ermöglicht, entspricht einem zunehmenden Verständnis des Th. als Symbol psycholog. Selbstverhältnisse (Ionesco, Beckett).

3. *Symbol des Verhältnisses von Schein und Sein.* Unabhängig von seinem kulturhistorisch unterschiedl. Anspruch auf Darstellung von Wirklichkeit ist das Th. durch das Illusionspotential seines B.geschehens Symbol des Gegensatzes von Schein und Sein. Seine symbol. Bedeutung umfasst somit nicht nur die ›Welt‹, sondern auch eine trügerische ›Gegen-Welt‹: Th. und ↗Maske, aber auch das Verhältnis der Schauspieler zu ihren Rollen können Verstellung, Künstlichkeit, Unechtheit und Lüge symbolisieren. Konstitutiv für dieses Symbolverständnis des Th. ist insbes. das selbstreflexive Verhältnis der Schauspieler zu ihrer Rolle (Rousseau, *Lettre à d'Alembert sur les spectacles*). Unwissen, Eitelkeit und Selbstverliebtheit der Schauspieler sind in Goethes *Wilhelm Meisters Lehrjahre* (VII, 3) aber wiederum Abbild der ganzen Welt, so dass in dieser Vorstellung die durch das Th. symbolisierte Welt des Scheins das wahre Wesen der Welt enthüllt. Noch weitergehender erscheint dieser Gedanke bei G. Hauptmann, der den ↗Kopf des Menschen als allererste B. sieht und das Th. damit zum Symbol menschl. Vorstellungskraft werden lässt. Eine auf dem Zusammenhang von Schein und Sein beruhende reflexive Brechung des Symbolpotentials erfolgt schon in der Frühen Neuzeit (z. B. in Gryphius' *Catharina von Georgien*, in der die Rollenerfüllung der Protagonistin und die christl. Rollenerfüllung als Märtyrerfigur gespiegelt werden), v. a. aber im 20. Jh. durch das sog. ›Th. im Th.‹: Es verweist entweder auf die Ablehnung der auf Identifikation des Zuschauers mit den Figuren basierenden Symbolgehalte (›Verfremdungseffekt‹ bei Brecht) oder hebt im Gegenteil diese affirmativ ins Bewusstsein (Anouilh, *L'alouette*).

↗Höhle/Grotte, Maske, Schatten, Spiel.

Lit.: DLS, 216 f. – J. Chevalier/A. Gheerbrant, Dictionnaire des symboles, Paris 1969, Bd. 4, 292. – P. Rusterholz, Theatrum Vitae Humanae, Berlin 1970.

StWo

Tiefe ↗Abgrund/Tiefe.

Tiger

Symbol des Rauschhaften und der Grausamkeit, der Schönheit und Fürsorge wie auch des Rätselhaften. – Relevant für die Symbolbildung sind (a) die Gefährlichkeit dieser Raubkatze (↗Katze, 3.), (b) ihre Herkunft aus ↗Asien, (c) der bes. ausgeprägte ↗Mutterinstinkt und (d) die charakterist. Zeichnung des Fells.

Ps.-Plutarch (*De fluviis* XXIV) zufolge verdankt der ↗Fluss Tigris seinen Namen einer T.-Metamorphose des liebestollen Dionysos. Schon in der antiken Mythologie ist die T. als Begleiter des wie dieser in Asien beheimateten Dionysos/Bacchus symbolisch mit dem Rauschhaften verbunden (Vergil, *Aeneis* VI, 805; *Eklogen* V, 29 f.). Entsprechend konnotiert erscheint der T. auch in der neuzeitl. Lit., so

etwa in Gessners Idylle *Der zerbrochene Krug* oder A. W. Schlegels *Ariadne*. Dezidiert als Attribut des ›Dionysischen‹ wird er in Nietzsches *Geburt der Tragödie* aufgenommen (I; II; XX) sowie in Th. Manns *Tod in Venedig* (I; V). In Eliots *Gerontion* ist er als Symbol der Erneuerung mit Christus assoziiert. – In ma. Bestiarien wird die schon bei Plinius d. Ä. (*Naturalis historia* VIII, 66) vermerkte mütterl. Sorge (*cura*) der Tigerin christlich allegorisch eingefärbt (Opitz, *An Asterien*; Klaj, *Herodes der Kindermörder: Dem neugebornen Jesvlein zu Ehren*) und im Kontext der *vanitas*-Symbolik ausgedeutet. Im Widerspruch hierzu wird sie in der Moderne zunehmend zum Sinnbild aufreizender bzw. frivoler Weiblichkeit (Dehmel, *Venus Bestia*; Serner, *Die Tigerin*). – In Kiplings *Jungle Book* (1894) repräsentiert der T. Shere Khan (als Antipode des Findelkindes Mowgli) die ihm seit alters her zugeschriebene ›Wildgrausamkeit‹: In Greiffenbergs *An die Canaeische Glaubens-Heldin* findet sie sich in symbol. Entgegensetzung zum fürsorgl. ↗Pelikan: »Das T./ wird gar bald ein Pelican dir seyn;/ der Mars/ ein Venus Stern.« Goethe spielt in seiner *Novelle* mit besagtem Topos, indem er die durch ein Gemälde hervorgerufene Imagination eines entsprechenden »Untiers« einem in Wirklichkeit dressierten und eher schutzsuchenden denn angriffsbereiten T. gegenüberstellt, der letztlich erschossen wird. Sowohl T. als auch ↗Löwe, welcher hingegen durch eine ↗Flöte besänftigt werden kann, lassen sich ferner als Symbole der durch die Frz. Revolution freigesetzten Kräfte deuten. Die Figur des ›bezähmten T.‹ erscheint bei Baudelaire (*Les bijoux*), R. Walser (*Jakob von Gunten*) oder Cortázar (*Los posatigres*) als Bild der spannungsgeladenen, widersprüchl. Einheit von Wildheit und Zivilisation. In Blakes *The Tyger* wiederum werden die Bedeutungsaspekte des Gefährlichen, Bösen und Grausamen ästhetisch in furchterregende Anmut gewendet. – Borges schließlich erhebt den T., ausgehend von der jeweiligen Einmaligkeit der auch als ↗Schrift lesbaren ↗schwarzen Zeichnung seines Fells, zu einer Chiffre für die Rätselhaftigkeit des (sprachl.) Zeichens sowie für Kontingenz schlechthin (*El otro tigre*; *Tigres azules*).

↗Katze, Löwe, Panther/Leopard, Schrift.

Lit.: DLS 217 f. – S. Green, Tiger, Chicago 2006.

VAF

Tinte

Symbol des Schreibens und des Geschriebenen, unterschiedl. stilist. Qualitäten sowie des Unglücks. – Relevant für die Symbolbildung sind (a) die Farbe, (b) die von der Antike bis zur chemisch hergestellten T. des 19. Jh. mit ↗Wasser verdünnten Grundstoffe der T. (Ruß und die gerbstoffhaltigen Galläpfel), (c) die Möglichkeit, mit ihr ↗Schriftzeichen auf Papier zu fixieren, aber auch (d) das Vergilben und Verbleichen der T.

1. *Symbol des Schreibens.* Als zentrales Utensil des Schreibens symbolisiert die T. diese Tätigkeit selbst, oft in gemeinsamer Nennung mit weiteren Schreibutensilien wie Pergament bzw. Papier oder der ↗Feder (Wolfram v. Eschenbach, *Parzival* 625; Johann v. Würzburg, *Wilhelm von Österreich* 6674 f.). Die Frage nach der (polit. oder gesellschaftl.) Wirkungsmächtigkeit des gelehrten oder literar. Schreibens im Vergleich zu anderen Handlungen, etwa der Ausübung körperl. Gewalt, manifestiert sich historisch insbes. in der Spannung zwischen den miteinander konkurrierenden und sich komplex überlagernden Symbolbereichen T. und ↗Blut bzw. Feder und ↗Schwert (überdeutlich allegorisch in Rilkes *Feder und Schwert*; Eichendorff, *Blonder Ritter*). Ungebrochene Anerkennung der ›Macht der T.‹ findet sich seit der Frühen Neuzeit (Logau, *Die Schrifft*) und schon in der Reformation: Luther soll der Sage nach bei der Niederschrift seiner Übersetzung der Bibel den Teufel mit einem T.fass vertrieben haben (Grimm, *Deutsche Sagen: Doktor Luther zu Wartburg*; ironisierend aufgenommen von Börne, *Aphorismen und Miszellen* CXLIV; Herwegh, *Auch ein Fortschritt*; Kerner, *Klecksographien: Als ich vor dem T.faß*). Anfechtungen trad. Gelehrsamkeit im Kontext antibürgerl. Gesellschaftskritik des 19. Jh. schlagen sich in der Einschätzung von T. als »Seelenblut des Gelehrten« nieder (Grabbe, *Scherz, Satire, Ironie und tiefere Bedeutung* III, 1). Die Kraft der T. wird häufig ironisch kritisiert (Kotzebue, *Dramatische Spiele zu gesellgen Unterhaltung* I, 67) oder ihr Bedeutungsverlust beklagt (Holz, *Buch der Zeit: Widmungsepistel*). Nicht selten wird T. mit einer dem Handeln entgegenstehenden Feigheit (Bierbaum, *Drei trunkene Lieder zur Harfe* 3) oder mit einer der Natur entfremdeten Lebensunlust assoziiert (Eichendorff, *Frisch auf!*).

2. *Symbol des Geschriebenen.* Insofern ein Text (↗Gewebe/Faden) als schriftlich-materialer Äußerungsakt auf der in das Papier eindringenden T. basiert (Thomasin v. Zirclaere, *Der Welsche Gast*, 14013), symbolisiert T. den Text als das Produkt der menschl. Tätigkeit des Schreibens (Heinrich v. Veldeke, *Eneide* 11222 f.). Erst im Zuge einer solchen Materialisation qua T. werden Gedanken und Gefühle über das Leben eines einzelnen Individuums hinaus bewahrt (pointiert in Shakespeares *Sonnet* LXV), wird Poesie überhaupt erst fassbar (Büchner, *Leonce und Lena* I, 3). Dennoch ist das Geschriebene damit der Vergänglichkeit nicht vollständig entzogen, weil die T. vergilben oder verbleichen kann (Franzos, *Der Pojaz* 17; Fouqué, *Eine Geschichte vom Galgenmännlein*). Schrift, die Unauslöschlichkeit für sich beansprucht, muss sich daher eine andere Grundlage geben. Wirkungsmächtig ist dafür 2 Kor 3,3: Nicht mit T. sei der Brief Christi verfasst, sondern mit dem »Geist Gottes«. Aufgegriffen wird diese Unterscheidung zwischen vergilbender und »unauslöschlicher T.« (Cellini, *La vita* LXXXVII) verstärkt in relig. Kontexten der Frühen Neuzeit; hier nicht selten im Wettstreit der Symbole T. und Blut (vgl. für eine komplexe Verschränkung der Symbole Birken, *Der Geistliche Lockheerd und Fallstrick*). Auch im Kontext der Liebessemantik erweist sich das Blut als ein der T. überlegenes Mittel der Verschriftlichung (Hoffmannswaldau, *Sinnreiche Heldenbriefe, Aleran*; C. Brentano, *An eine Feder 17. Jenner 1834*; s. a. 1. und 3.).

3. *Symbol unterschiedlicher stilistischer Qualitäten und Schreibweisen.* Unterschiedl. Mengen an verbrauchter T. signalisieren bestimmte Stile und Weisen des Schreibens: Sparsamkeit an eingesetzter T. geht mit einem zu verknappten Stil einher (Goethe, *Wilhelm Meisters Lehrjahre* VIII, 9), große Mengen T. dagegen stehen oft für einen abschweifenden und umständl. Stil (E.T.A. Hoffmann, *Lebensansichten des Katers Murr* I, 1; Nietzsche, *Morgenröthe* III, 207). – Ungeübter Gebrauch führt zu hässl. T.klecksen (↗Fleck/Befleckung), die nicht das Papier beschmutzen (Melville, *Bartleby, the Scrivener*), sondern auch das soziale Ansehen (Freytag, *Die Ahnen* IV, 3). Ironisch aufgenommen wird der unsachgemäße T.gebrauch etwa in Kerners *Klecksographien* und Scheerbarts ›Klexmärchen‹ *Die Roseninsel*. – Geringe bzw. hohe Wasserhaltigkeit der T. kann für stilist. Qualität oder Mangel an Stil stehen: Paradigmatisch sind die Gegensätze von ›dicker‹ T. und ›dünner‹ bzw. ›wässriger‹ T. (Goethe, *Wilhelm Meisters Wanderjahre* III, 18). Auch der Anteil weiterer T.grundstoffe korreliert mit stilist. Ausprägungen: Ein hoher Gall-Anteil zeigt bei Tertullian (*De pudicitia* XIV) unsachl. Erregung an, bei Scheffel trockene Gelehrsamkeit (*Ekkehard* XIX); Rilke plädiert auf der Suche nach stilist. Schlichtheit für aus Rinde gewonnene T. anstelle von ↗Gold (*Stundenbuch* I). – Schließlich ist die Farbe der T. bedeutungstragend; insbes. die zur Korrektur eingesetzte ↗rote T. kann Fehlerhaftigkeit (Bierbaum, *Stilpe* I, 4) oder auch als blutähnl. Farbe Authentizität signalisieren (Hofmansthal, *Poesie und Leben*).

4. *Symbol des Unglücks, der unangenehmen Lage.* Der sich auch im volkstüml. Sprichwort »in der T. sitzen« (Röhrich, 1623) äußernde Bedeutungsaspekt des Unglücks bzw. der unangenehmen Lage (Keller, *Der grüne Heinrich*, 2. Fass., III, 11; Wassermann, *Der Fall Maurizius* XI, 4) leitet sich nicht nur aus der T. oftmals eigenen ↗schwarzen Farbe ab (Opitz, *An eine Jungfrau*; Grimmelshausen, *Simplicissimus* IV, 8; Th. Hood, *The Dream of Eugene Aram*; Stifter, *Witiko* I, 1), sondern auch aus ihr zukommenden Eigenschaften des Flüssigen (›in der T. ertrinken‹, Gotthelf, *Hans Berner und seine Söhne*) und des Bitteren (Fontane, *Frau Jenny Treibel* XI).

↗Fleck/Befleckung, Gewebe/Faden, Griffel/Feder/Bleistift, Schrift, Schwarz.

Lit.: L. Röhrich, Art. T., in: Das große Lexikon der sprichwörtl. Redensarten, Bd. 3, Freiburg/Basel 1992, 1623 f.   JM

Tod ↗Sterben.

Tor / Tür

Symbol des Übergangs, des Geheimnisses, des Verbotenen und Verborgenen, des Krieges und des Friedens. – Relevant für die Symbolbildung sind (a) die Enge oder Weite der Öffnung sowie die Verschließbarkeit von Tür oder Tor, (b) die Grenzsituation zwischen Innen und Außen, die den Blick in beide Richtungen ermöglicht, (c) die Schutz- und Abwehrfunktion, (d) der baul. Zusammenhang, in dem Tür oder Tor funktional stehen (Haus-, Kirchen-, Tempel- oder Stadttor).

1. Symbol des Übergangs. Erhebl. Einfluss auf den Symbolgehalt der Tür hat die bibl. Rede vom Neuen ↗Jerusalem (Offb 21), dessen ↗zwölf Tore demjenigen offen stehen, der das Gericht übersteht. Hier verbindet sich, wie auch im Gleichnis von den klugen und den törichten Jungfrauen (Mt 25,1–13), die Tür mit der Vorstellung des Eingehens in das verheißene Jenseits, so wie Jesus selbst sich als Tür darstellt: »Ich bin die Tür; so jemand durch mich eingeht, der wird selig werden« (Joh 10,7). Dass dieser Übergang von Gericht und Auslese bestimmt ist, kommt sinnfällig im Gleichnis vom Kamel zum Ausdruck, das leichter durch ein Nadelöhr gehe als ein Reicher (Mt 19,24). Ohne bibl. Grundlage hat sich in der christl. Kunst auch die Vorstellung eines Tores zum Paradies herausgebildet, das sich für den Menschen mit dem Sündenfall und der Ausweisung aus dem Paradies geschlossen habe (Bibel AT, dt., aus der Werkstatt L. Henfflin 1477, *Codex Palatinus Germanicus XVI*). – In der Lit. der Frühen Neuzeit dominiert in der symbol. Verwendung der Tür die Vorstellung von der Begrenztheit des ird. Lebens. Es ist vom Eintritt in die Welt an auf das Ziel, den Gang durch die Tore des Himml. Jerusalem, ausgerichtet (Harsdörffer, *Von dem ewigen Leben*; Rist, *Hertzliches Verlangen*). Bei Abschatz wird der Sargdeckel zur sich schließenden Lebenstür: »Mein Jesus schleust nach mir die Thüre selber zu« (*Sarch-Gedancken*). – Säkularisiert ist die Tür des Hauses, mehr aber noch das Stadttor die ↗Schwelle zur Welt (↗Stadt). Ihre Bedeutungen ergeben sich nicht zuletzt aus der Tatsache, dass sie Rechtssphären abgrenzen: Die Haustür steht zwischen der Ordnung der Familie mit den dort herrschenden emotionalen Bindungen und der öffentl. Ordnung der bürgerl. Gesellschaft, das Stadttor ist die Schwelle zwischen der Stadtkultur, den bürgerl. Ordnungen, der institutionell gesicherten Freiheit einerseits und der ursprüngl. Natur, der Freiheit von Ordnung, aber auch der Unwirtlichkeit, Unberechenbarkeit und Feindseligkeit des Ungeordneten andererseits (↗Wald). So tritt Anton Reiser in

entscheidenden Abschnitten seiner Biografie vor das Tor der Stadt und gewinnt so Freiheit und Abstand zu den bedrückenden Verhältnissen (Moritz, *Anton Reiser*). Prägender noch wird das Streben des Eichendorffschen Taugenichts, der »durch die Gassen zum Tore hinaus« zieht und dem so »die ganze Welt […] offen« steht (*Aus dem Leben eines Taugenichts* IX). Den Aufbruch aus den Toren wagen in der Lit. des 19. Jh. die ↗männl. Glückssucher, häufig genug als Soldaten. Mädchen (↗Frau/Jungfrau) dagegen verharren eher in der Schwellensituation; sie »stehen an den Toren/ Schauen scheu ins farbige Leben« (so noch Trakl, *Die schöne Stadt*). Der Aufbruch durch das Tor wird schon zur Zeit der Romantik so trivialisiert, dass Heine den Symbolgehalt ironisiert (z.B. in *Deutschland. Ein Wintermärchen* XV). – Deutet Ambrosius Maria als Tor, durch das Jesus Christus in die Welt gekommen ist, wobei jedoch das »Tor der Scham« (*claustrum pudoris*) der Jungfrau nach Ez 44,1 f. ›verschlossen‹ blieb (*Veni redemptor gentium*; weitere Belege WCS, 364), findet sich ab Mitte des 19. Jh. dann auch die biologist. Vorstellung vom Mutterleib, durch dessen Tor der Mensch ins Leben tritt (↗Mutter, ↗Vagina). So setzt z.B. Heyse in *Abschied von Rom* die Trennung von den Toren der Stadt mit dem Hervorgehen des Menschen von der Mutter gleich.

2. Symbol des Geheimnisses. Die Vorstellung von der ein Geheimnis verbergenden Tür ist für die abendländ. Lit. wirkungsmächtig in Homers *Odyssee* (XIII, 103–112) entwickelt worden (↗Schlüssel). Die ↗Grotte der Nymphen auf der ↗Insel Ithaka verfügt über zwei Türen, deren eine von den Menschen benutzt werden kann, während die andere für den Zugang der Götter zur Grotte bestimmt ist. Lage und Funktion der Türen werden im Kommentar des Porphyrios zu dieser Stelle des homerischen Epos in einer Weise diskutiert (Porphyrios, *De antro nympharum* XIV), die erhebl. Einfluss auf die Lit. und insbes. die Poetik der Frühen Neuzeit hat. So werden die sich öffnenden Türen zu geheimen Orten, Höhlen und Grotten wesentlich für das Selbstverständnis und Selbstbewusstsein des humanist. Dichters und werden in Schäferroman und Schäfergedicht (Sannazaro, *Arcadia*; Klaj und Harsdörffer, *Pegnesisches Schäfergedicht*) sowie im Epos regelmäßig auch mit poetolog. Implikationen verwendet (Hohberg, *Der habsburgische Ottobert* XXIII, 977–1420). – Neben der gelehrten Trad. spielt bis in die Gegenwartslit. auch die Verwendung von Tür und Tor im Märchen eine Rolle. Verborgene, sich nur dem Eingeweihten öffnende Tore finden sich verbreitet, so in den *Märchen aus Tausendundeiner Nacht* in der Geschichte des *Ali Baba und der vierzig Räuber*. Bsp. für andere symbol. Verwendungen der Tür lassen sich aus den Märchen der Brüder Grimm namhaft machen: In *Marienkind* wird eine festgesetzte Anzahl von Türen durchschritten, in *Frau Holle* ist das Tor, unter dem die Protagonistinnen

Pech und ⁊Gold als Lohn erhalten, der Ort des Gerichts. Die Symbolik lebt auch in der phantast. Lit. der Gegenwart weiter, so bei den ⁊drei mag. Toren oder dem ⁊tausendtorigen Tempel in M. Endes *Momo*. Auch Kafka spielt mit dieser Trad., indem er das Tor zum Gesetz vervielfältigt und von Wächtern besetzt sein lässt (*Vor dem Gesetz*).

3. *Symbol für Krieg und Frieden.* Die Verwendung der Tür als Symbol für Krieg und Frieden ist durch die Vermengung von antiker und christl. Trad. nicht einheitlich. In christl. Vorstellung ist die geöffnete ⁊Himmelstür Symbol für den Frieden Gottes und verbindet sich mit dem ⁊Weihnachtsgeschehen, etwa in Hermans Weihnachtslied *Lobt Gott, ihr Christen* (»Heut schleußt er wieder auf die Tür zum schönen Paradeis«). Dieser Vorstellung korrespondiert jene von der ⁊Herzenstür des Gläubigen, die sich dieser Botschaft öffnet. Die antike Trad. dagegen geht vom Tempel des Janus aus. Dessen Tür war geöffnet, solange sich Rom im Krieg befand (Vergil, *Aeneis* VII, 601–622). In der humanist. Lit. und insbes. in Texten zum Ende des Dreißigjährigen Krieges findet sich sowohl der Anklang an die christl. Vorstellung, indem das Kommen des Friedens mit der sich öffnenden Himmelstür in Verbindung gebracht wird, als auch die antike Vorstellungswelt, dass sich die Tür des Janustempels zum Zeichen des Friedens schließen müsse. Beide Aspekte greift Klaj in seinem *Freudengedichte Der seligmachenden Geburt Jesu Christi* auf. – Ohne Bezug zur antiken Trad. dagegen steht in der Lit. des 19. Jh. die offene, ungesicherte Tür für die Verheerungen des Krieges. »Die Tore der Burg, alle Türen sind offen!« heißt es in diesem Sinn in Tiecks *Ritter Blaubart* (III, 2; ⁊Burg). In Borcherts *Draußen vor der Tür* vermischen sich verschiedene Aspekte des Symbolgehalts: die verschlossenen Türen stehen für die Rückkehr der Ordnung und damit für die Zeit des Friedens, zugleich aber auch für die Schwellensituation des Heimkehrers, dem der Durchgang durch die Tür verwehrt bleibt.

⁊Mauer, Schlüssel, Schwelle.

Lit.: WBS, 383–386. – WCS, 362–365. – E. Rohmer, Die Hirten in der Grotte, in: Der Franken Rom, hg. v. J.R. Paas, Wiesbaden 1995, 276–288.   ERo

Totenschädel ⁊Skelett/Totenschädel

Träne

Symbol für gesteigerte Gefühlsregungen bzw. Gemütsbewegungen mannigfaltigster Art (Elend, Jammer, Kummer, Reue, Schmerz, Trauer, Zorn, aber auch Dankbarkeit, Freude, Glück, Heiterkeit, Rührung, Wonne, schließlich Mitleid, Sehnsucht, Wehmut). – Relevant für die Symbolbildung sind (a) die äußerl. Sichtbarkeit der T., die (b) in der Regel mit einer zeichenhaften Mimik verbunden ist, (c) ihre Tropfenform und (d) ihr ⁊salziger Geschmack.

Physiologisch gesehen ist die T. (veraltet auch: Zähre) ein von den T.drüsen abgesondertes wässriges, schwach salzhaltiges Sekret (T.flüssigkeit; ugs. auch: Augenwasser; ⁊Auge, ⁊Wasser), das die vordere Augapfelfläche befeuchtet und sie vor Austrocknung und Verschmutzung schützt. Als literar. Symbol macht die T. das breite Spektrum an Emotionen lesbar, die ihre Produktion anregen können: »Die T. selber […] ist nur der körperl. Nilmesser des Austretens irgendeines Gefühls, der Tautropfe des Danks, das Haderwasser des Grimms, die Libation der Freude, – kurz ihre Tropfen bilden den Regenbogen aus allen Farben der Empfindungen« (Jean Paul, *Kleine Nachschule zur ästhetischen Vorschule* XI, § 16). Oftmals werden diese Gefühlsäußerungen – die als eine ›Kunst des Weinens‹ auch in inszenierten bzw. ritualisierten Formen erfolgen können – spezifiziert, indem die T. mit festen Attributen versehen ist: etwa als bittere bzw. bitterl., blutige, dicke, heiße, klare, linde, reine, schöne, schwere oder stille T. – Sinnfälligstes Merkmal der T. ist neben ihrer Tropfenform und ihrem irisierenden Glanz – daher auch die häufige Assoziation mit der ⁊Perle (z.B. Lessing, *Emilia Galotti* II, 7 und 8: »Perlen bedeuten T.«) – ihr salziger Geschmack. In Kombination mit Salz bildet die T. ein poet. Stereotyp, das die Intensität eines Gefühls vorführt, namentlich eines schmerzlichen: »Mein Antlitz trägt des Grames tiefe Furchen,/ Geträuft von salz'gen Thränen ist mein Aug'«, klagt beispielsweise Heines Almansor (*Almansor* 326 f.). Dabei ist das Salz Garant der Echtheit einer Empfindung, wie bes. aus der Radikalisierung bzw. Inversion des Stereotyps deutlich wird: aus den ›versalzenen‹ bzw. ›salzlosen‹ T. In Shakespeares *Hamlet* wünscht sich der maßlos leidende Laertes beim Anblick seiner wahnsinnig gewordenen Schwester Ophelia »siebenfach gesalzene T.«, die ihm die Sehkraft aus dem Auge brennen sollen (*Hamlet* IV, 5), wohingegen in Th. Manns *Zauberberg* die »leicht fließenden, salzlosen T.« der Frau Stöhr die Falschheit ihrer Gefühlsbekundungen entlarven (VI).

⁊Auge, Perle, Salz, Tropfen, Wasser, Weihrauch.

Lit.: F. Genton, Weinende Männer, in: Gefühlskultur in der bürgerl. Aufklärung, hg. v. A. Aurnhammer/D. Martin, Tübingen 2004, 211–226. – N. Largier, Die Kunst des Weinens und die Kontrolle der Imagination, in: Kulturen der Gefühle in MA und Früher Neuzeit, hg. v. I. Kasten/G. Stedman, Stuttgart/Weimar 2002, 171–186. – G. Schleusener-Eichholz, Das Auge im MA, München 1985, 723–759. – H.G. Weinand, T., Bonn 1958.   ThSt

Traube

Symbol der Fruchtbarkeit, der menschl. Seele, des erot. Genusses, Christi und der Dichtung. – Relevant für die Symbolbildung sind (a) die Süße der T., (b) ihr Gebrauch zur Herstellung von Rauschmitteln, insbes. von ↗Wein, (c) der damit verbundene Vorgang der T.presse (Keltern).

1. Symbol der Fruchtbarkeit und des Wohllebens. Im Orient waren der Weinstock und der aus seinen T. gewonnene Wein Sinnbild für Wohlergehen und Reichtum (z. B. Num 13,23). Die Fruchtbarkeit des Landes und, damit verbunden, die Sehnsucht nach wärmeren Gefilden versinnbildlichen T. zusammen mit anderen Früchten und ↗Blumen, wie z. B. ↗Orange, ↗Feige, Pfirsich und ↗Rose (Goethe, *Dichtung und Wahrheit* I, 2: »Der neue Paris, Knabenmärchen«; *Italienische Reise* I: »3. September 1786«). Als Symbol paradies. Daseins wachsen sie den Bewohnern des Landes, »wo Milch und Honig fleußt« (↗Biene, ↗Honig, ↗Milch), in den ↗Mund (z. B. B. v. Arnim, *Die Günderode* II: »An die Bettine«). Besonders in der Lyrik des 18. und 19. Jh. ist die T. Chiffre für den ↗Herbst, die Erntezeit, das sich neigende und fruchtbringende Jahr (z. B. A. v. Arnim, *Die Kronenwächter* I, 3, 5: *Es schwebt ein Glanz hoch überm Gold der Ähren*; Droste-Hülshoff, *Meine Sträuße*). Die volle, süße Frucht trägt in sich die gebündelte Kraft des sich neigenden ↗Sommers (Eichendorff, *Todeslust*) und verweist bereits auf den nahenden ↗Winter und den Tod (Hölderlin, *Der Wanderer*, 1. Fass.). Als Symbol des Glücks wird die T. in Keats *Ode on Melancholy* von der ↗Zunge, die sie ganz auskosten will, zerdrückt und dadurch ihr saftiges Inneres, das nach Trauer schmeckt, freigesetzt. Die vermeintl. Unreife der T. steht in der äsop. Fabel *Der Fuchs und die T.* für die Unerreichbarkeit des (materiellen) Glücks (ähnlich auch La Fontaine, *Le renard et les raisins*). Als saure oder süße, reife T. bezeichnen sie gute oder schlechte Zeiten, Armut oder Reichtum, Mühsal oder Sorglosigkeit (z. B. Tieck, *William Lovell* VII; Heine, *Die romantische Schule* III; *Memoiren*).

2. Symbol der menschlichen Seele bzw. des menschlichen Charakters. Die »reife T.« steht in Goethes *Faust* für ein gutes (menschl.) Fundament, das zu Höherem, Geistigem befähigt, und symbolisiert somit eine positive Charakteranlage (*Faust* II 5053–5056). Demgegenüber bezeichnen die in der Natur nicht vorgesehenen T. als Früchte des ↗Dornbuschs bei Gotthelf die Absenz gewisser Tugenden wie Liebe, Gehorsam und Fleiß des Schülers gegenüber dem Lehrer (*Uli der Pächter* XV); der T. tragende Weinstock versinnbildlicht, in Anknüpfung an das NT (Joh 15,5; s. a. 4.), das durch gottesfürchtige Erziehung wohlgeratene Kind (*Uli der Pächter* VI). Als Frucht eines gottgefälligen Lebens steht die T. bei Brockes für die menschl. Seele: Sie ist so klar, dass der Strahl Gottes in Form der strahlenden ↗Sonne durch sie hindurchschimmert (*Irdisches Vergnügen in Gott: Die Weinrebe*). Als saure T., als chaot. Prinzip, das es nie zur Reife bringen wird, wird der Mensch in Hölderlins *Hyperion* (I) beschrieben.

3. Symbol des erotischen Genusses. Die Verbindung von sexueller Vereinigung und dem Genuss

der T. zeigt der Mythos von Erigone und Bacchus (Ovid, *Metamorphosen* VI, 125): Der Gott des Weines, des Rausches und der Ekstase verführt die keusche Erigone mit einer trüger. T. und zeugt so den Sohn Staphylus (*staphylé*, »T.«). Das Hohelied (7,8 f.) beschreibt die Brüste der Geliebten als T. Entsprechend dient der genussreiche ↗Verzehr von T. bes. in der Lyrik des 18. Jh und 19. Jh. zur Bezeichnung des erot. Genusses der Geliebten (z. B. Bürger: *Untreue über alles*; Grün: *Verwandlung*; Keller: *Die Winzerin*; ähnlich auch Casanova, *Mémoires*; Goethe, *Dichtung und Wahrheit* I, 2). In einer erinnernden Rückwendung fungiert die T. bei Dach als Symbol der Jugend und ihrer Genüsse, nach welchen sich die Seele im Alter sehnt (*Jung gefreyht hat nie gerewt*).

4. Symbol Christi und des (gläubigen) Menschen. Schon im AT ist das Bild der T. eng an die Bilder des Weinstocks und des Weinbergs gebunden: Der beständig wachsende und fruchttreibende Weinstock symbolisiert die jüd. bzw. christl. Glaubensgemeinschaft (Ps 80,9–12; Joh 15,5). In der christl. Ikonografie dient die T. als Symbol der Fruchtbarkeit (s. a. 1.) und des Opfers, bes. in Verbindung mit Darstellungen Christi als *Agnus Dei* mit Dornenkrone (↗Krone) und T.bündel. Damit verknüpft ist eine breite literar. Trad., die von der ma. und frühzeitl. Erbauungslit. bis in die Romantik reicht und die T. als Symbol Christi versteht, der, wie jene in der Kelter ihren Saft für die Weingewinnung, am Kreuz sein ↗Blut für die Erlösung der Menschen gibt (z. B. Moller, *Soliloquia de passione Iesu Christi* IX, 7; J. Gerhard, *Meditationes sacrae* VII). In profanierter Form verwendet Nietzsche die Vorstellung vom ›Tod‹ der reifen T. in der Kelter als Symbol der »reifen Welt«, die nunmehr vor Glück sterben will, da sie die höchste Vollendung erreicht hat (*Zarathustra* IV: »Das Nachtwandler-Lied 9«). Auf ähnl. Weise erscheint bei Geibel das Bild der zu Wein gärenden T. als Bezeichnung des im Tod zur Reife kommenden Leben (*Juniuslieder*).

5. Symbol der Kunst bzw. der Dichtung. Die gemalten T. des Zeuxis, die vom Betrachter für echt gehalten werden, geraten bereits in der Antike zur Chiffre für die naturgetreue künstler. Darstellung und Aneignung der Wirklichkeit (Plinius d. Ä., *Naturalis historia* XXXV, 65). Daraus entwickelt sich in der Neuzeit ein differenziertes Bildfeld für die Bezeichnung dichter. Produktion wie auch der Dichtung selbst. So symbolisiert in der Lessingschen Fabel *Die T.* diese das Kunstwerk des Dichters, das durch die Bewunderung der Epigonen in der Fabel dargestellt durch die ↗Sperlinge – mehr Schaden nimmt als durch Neid und Verachtung der Kunstkritiker, versinnbildlicht durch den ↗Fuchs. Grillparzer dient das Verhältnis von T. und Wein zur Beschreibung des Verhältnisses von Natur und Kunst, wobei Letztere als der gekelterte, konzentrierte und mit Geist begabte Saft der Natur er-

scheint (*Tagebuch: Aesthetische Studien* [1839]).
Jean Paul beschreibt in seiner *Vorschule der Ästhetik*
die Fähigkeit Herders, den trockenen Charakter
wissenschaftl. Theorie mit einer »süßen Frucht-
Hülle« der Dichtung zu umschließen (*Vorschule der
Ästhetik*: »Kantate-Vorlesung – Über die poet. Poesie«). Auch auf die Nationallit. kann das Symbol
angewandt werden, etwa wenn Herwegh feststellt,
dass die Früchte der dt. Lit. im 19. Jh. T. tragenden
↗Disteln gleichen werden (*Salon und Hütte*). In
poetolog. Schriften des 18. Jh. steht die T. mit der
chaot. Anordnung ihrer Beeren auch für die ineinander verschlungenen und deshalb schlecht deutbaren Gedanken einer Dichtung (Bürger, *Von der
Popularität der Poesie*). Dementsprechend kann
Trakl die T. als Symbol einer zukunftsträchtigen,
süßen und bergenden Dunkelheit (auch i.S. der
poet. *obscuritas*) verwenden (*An den Knaben Elis*).
↗Essen/Verzehren, Herbst, Mahl, Milch, Süden,
Wein.

Lit.: WBS, 409–411. – J. Daniélou, Les symboles
chrétiens primitifs, Paris 1961, 33–48. – J. Hörisch,
Brot und Wein, Frankfurt a.M. ⁴1992. – Ph. Rech, Inbild des Kosmos, Bd. 2, Salzburg/Freilassing 1966,
395–423.   SW

Trauerweide ↗Weide.

Traum
Symbol einer höheren Offenbarung, der Seele, des
Gewissens und des Unbewussten, des Vergänglichen und der Täuschung sowie der Poesie. – Relevant für die Symbolbildung sind (a) die enigmat.
und surreale Bildhaftigkeit des T., (b) sein flüchtiger und irrealer Charakter und (c) die Verbindung
mit ↗Nacht und ↗Schlaf.
1. Symbol einer höheren Offenbarung. Neben dem
Orakel gilt in der Antike der T., der halluzinator.
T.zustand und das T.bild (*eidolon*) als Übermittler
übermenschl. Wissens. Wenngleich der T., anders
als das Orakel, immer auch i.e. mögl. Täuschung
bedeuten kann (s. a. 2.), steht er nicht selten für eine
Weissagung, eine göttl. Berufung oder Warnung.
Ähnlich beinhaltet auch im AT der T. oftmals eine
göttl. Botschaft, etwa der T. im Schlaf an einer hl.
Stätte (Gen 28,12 ff.; 1 Sam 3,1 ff.). Der allegor. T.,
der erst noch der Auslegung eines Deuters bedarf,
bedeutet meist eine Zukunftsvision (Gen 37,40 f.;
Ri 7,13 f.; Dan 2,1 ff.) oder einen göttl. Auftrag (Gen
20,6; 31,11–24). Dass im AT solche T. als ein von
Gott legitimiertes Medium der Offenbarung gelten
können, belegen Num 12,6 oder 1 Sam 28,6–15. In
Dan 7,1 und Joël 2,28 ist sogar von einer Verheißung einer solchen T.offenbarung für die Endzeit
Israels die Rede. Ansonsten wird jedoch im AT der
unmittelbaren Rede Gottes ungleich mehr Gewicht
beigemessen als der T.botschaft, vor der eher ge-

warnt wird (s. 2.). – In zahlreichen griech. Tragö-
dien strukturieren prognost. T. die Handlung, etwa
in Aischylos' *Die Perser*. Sie stehen dann auch allgemeiner für ein höheres Wissen um das Numinose
und zukünftige Ereignisse. In Vergils *Aeneis*, wenngleich dort auch das Täuschende und Unwahre der
T. denunziert wird, deutet der T. auf göttl. Führung,
zunächst aus dem brennenden Troja heraus bis zur
Gründung der Stadt Aeneadae (*Aeneis* IV, 351–353;
554–572; VIII, 26–67; u.ö.). In einer nicht nur bei
Aristophanes (*Die Wespen* I) ausgespielten Assoziationskette von T., Rauch, ↗Schatten, Schlaf und
Nacht meint der T. oftmals auch allg. die ↗Schwelle
zum Jenseits. – Im MA stellt der T. nicht nur vor die
Aufgabe, zwischen göttlich-offenbarenden und dia-
bolisch-verführenden Visionen zu unterscheiden,
sondern fungiert auch als Rahmen von Jenseitsrei-
sen. Prominent beginnt Dantes *Divina Commedia*
mit der Beschreibung eines schlafähnl. Zustandes,
der auf eine T.vision verweisen könnte (»schlafbe-
fangen war ich zu der Stunde«; »Inferno« I, 11), wie
auch innerhalb der *Divina Commedia* offenbarende
T. eine zentrale Rolle spielen, so der T. vom ↗gold-
gefiederten ↗Adler (»Purgatorio« IX, 18 ff.), oder
auch in Dantes *Vita Nuova* (III). Andere T. mit prognost. Bedeutung in ma. Dichtung sind etwa
Kriemhilds Falkentraum im *Nibelungenlied* (I, 13 f.;
↗Falke), Herzeloydes T. im *Parzival* (103, 25–104,
30) oder Hekubas T. in Konrads v. Würzburg *Trojanerkrieg* (325 ff.). Nach iron. Bezugnahmen auf
den vorausdeutenden T. in der Lit. der Renaissance
bis zur Aufklärung (etwa Orlandos T. von Angelica
in Ariostos *Orlando furioso* VIII, 79 ff.), kommt
dem T. in romant. Texten mitunter noch einmal die
Bedeutung einer höheren Offenbarung zu (z.B.
Heinrichs T. in Novalis' *Heinrich von Ofterdingen* I,
1).
*2. Symbol der Seele, des Gewissens und des Unbe-
wussten.* Seit der Antike wird der T. mit der Seele
assoziiert. Am »Land der T.« (*Odyssee* XXIV, 12)
vorbei wandern die Seelen, von Hermes, dem Gebieter über Wachen und Schlaf, in die Unterwelt
geführt (*Odyssee* XXIV, 1–14; vgl. Vergil, *Aeneis* VI,
284; Ovid, *Metamorphosen* XI, 592). Zugleich steht
der T., bes. der Alptraum, aber auch für den Zwi-
schenbereich zwischen Seele und Körper, etwa für
seel. Ängste und ihre Wirkungen auf den Körper
(Chaucer, *Troilus and Criseyde* 253–259). – Der T.
kann allerdings auch eine nötige seel. Einkehr oder
ein schlechtes Gewissen symbolisieren und hat
dann eine spirituelle Funktion (etwa im *Roman
d'Alexandre*, 12. Jh.). Diese Bedeutung des T. setzt
sich v. a. in der pietist. Bekenntnislit. fort: Der T. offenbart das Gewissen und wird im Sinne einer
Selbstprüfung in Selbstbiografien und Tagebüchern
notiert (so z.B. in den *Kornwestheimer Tagebüchern*
von Ph.M. Hahn). – Im erfahrungsseelenkundl.
Schrifttum des 18. Jh. gilt der T. zunehmend als
Ausdruck der Persönlichkeit, die sich nicht zuletzt

durch unbewusste Wünsche konstituiert; so agieren literar. Figuren oftmals aus einem T.bewusstsein heraus (wie etwa der träumende Friedrich in H. v. Kleists *Prinz Friedrich von Homburg* I, 1; I, 4). Mit der Romantik (etwa bei F. Schlegel, Creuzer, Schelling) wird die Idee eines individuellen Unbewussten auch auf ein kollektives Unbewusstes bezogen. Das im T. zutage tretende Unbewusste wird mit einem latenten Wissen um die atavist. Urgeschichte des Menschen verbunden (so dann auch in Nietzsches *Menschliches, Allzumenschliches* I, 5: »Missverständnis des T.«) oder einem allen Menschen gemeinsamen Imaginären, wie es in Nervals ›Reisetagebuch‹ *Voyage en Orient* zum Ausdruck kommt, das der Autor auch als »T.erzählung« bezeichnet (↗Orient). – Mitunter wird literar. Schreiben überhaupt als Darstellung des »traumhaften inneren Lebens« verstanden (Kafka, *Tagebücher*, 6.8.1914). Mit der Psychoanalyse und Freuds *T.deutung* kommt der Verbindung von Lit., T. und Psyche damit eine neue Relevanz zu. Der T. steht jetzt nicht mehr für die in Bildern offengelegte Seele mit ihren Regungen wie unbewusste Reue oder Wünschen, sondern für verschobene Bilder sexueller Triebe (Schnitzler, *T.novelle*; s. a. 4.).

3. Symbol des Vergänglichen und der Täuschung. Das Ätherische, Flüchtige des T. wird oftmals auch als Symbol des vergängl. Lebens und der Täuschung verstanden. In Homers *Odyssee* etwa will Odysseus die Seele der gestorbenen ›Mutter umarmen, aber sie entflieht »wie ein Schatten und ein T.« (XI, 207 ff.; s. a. 2.). Wird im AT vor der täuschenden und zu falschen Deutungen verführenden Macht des T. mehrfach gewarnt (u. a. Jer 23,25–32; Koh 5,6), findet sich in der griech. Antike der T. meist mit Ambiguität und Unentscheidbarkeit assoziiert, lässt sich doch kaum ausmachen, ob die T.botschaft Trug ist oder nicht (Homer, *Ilias* II, 79–83; *Odyssee* XIX, 548–550; 562). – Bei Petrarca, im Petrakismus und dann in barocker Lit. wird der T. zum Sinnbild für die Vergänglichkeit und den täuschenden Schein ird. Seins und Tuns. So eröffnet Petrarca seinen *Canzoniere* mit einem Sonett, das endet:»Und meines Schwärmens sind die Früchte Schande/ und Reue und die deutliche Erkenntnis:/ ein T. nur ist, was auf der Welt begeistert« (I: *Voi ch'ascoltate in rime sparse*). In Ariostos *Orlando furioso* (VIII, 82–84; XXV, 42–44) und Cervantes' *Don Quijote* (V, 11: Sonett *Von Späßler, argamasillischem Akademiker, auf Sancho Pansa*) werden T. und Illusion programmatisch aufeinander bezogen und schließlich zum Topos (vgl. Quevedos satir. *Sueños*). Weiterhin werden über das Moment des Illusorischen häufig auch ↗Theater und T. assoziiert, wie etwa in Shakespeares *The Tempest* oder Calderóns *La vida es sueño*. – Reminiszenzen und v. a. Abwandlungen der barocken Deutungen finden sich in der Romantik (zu Beginn des zweiten Teils von Novalis' *Heinrich von Ofterdingen* etwa: »Die Welt wird T.,

der T. wird Welt«), in Grillparzers *Der T. ein Leben* oder bei Hofmannsthal (*Wir sind aus solchem Zeug wie das zum Träumen*).

4. Symbol der Poesie. Insofern das Geheimnisvolle, Entgrenzende und Phantastische des T. dem romant. Begriff des Poetischen entspricht und die Poesie als ein »freiwilliges und waches Träumen« gilt (A.W. Schlegel, *Vorlesungen über schöne Literatur und Kunst* I, »Poesie«: »Von der Mythologie«), deutet der T. auch auf das Poetische selbst. Bsp. finden sich in Novalis' *Heinrich von Ofterdingen*, entsprechende Reflexionen etwa in G.H. Schuberts *Symbolik des T.* bis hin zu Scherners *Das Leben des T.* Zudem fungiert um 1800 der T. nicht selten als Verdichtung einer poet. Handlung, so z. B. in Goethes *Wilhelm Meisters Lehrjahre* (I, 12; VII, 8) oder wiederum in Novalis' *Heinrich von Ofterdingen.* – An die Symbolik des Unbewussten anschließend (s. 2.) sieht der Surrealismus im T. den Inbegriff poet. Kraft (etwa Breton, *Poisson soluble*; *Clair de terre*; Leiris, *Nuits sans nuits et quelques jours sans jour*). Anders als in der Romantik geht es allerdings nicht mehr um eine Universalpoesie, sondern um den Versuch, durch eine *écriture automatique* in Trancezuständen psych. Reaktionen zu fixieren. ↗Nacht/Finsternis, Schlaf, Schmetterling, Schwelle, Theater/Bühne.

Lit.: MW, 802–830. – P.-A. Alt, Der Schlaf der Vernunft, München 2002. – G. Cingolani, Sogno e racconto, Florenz 2003. – G. Haag, T. und T.deutung in mittelhochdt. Lit., Stuttgart 2003. – C. Walde, Die Traumdarstellung in der griech.-röm. Dichtung, München/Leipzig 2001.   ChF

Treppe ↗Leiter/Treppe.

Trinität ↗Drei.

Trommel
Symbol der Öffentlichkeit, des Krieges und des Kampfes, der Bewegung und des Rausches. – Relevant für die Symbolbildung sind die Lautstärke und die Rhythmik der durch die T. erzeugten Geräusche und Töne.

1. Symbol der Öffentlichkeit. Ausgehend von der weckenden und alarmierenden Funktion lauter T.-klänge und dem sprichwörtl. ›Zusammentrommeln‹ ist die T. ein sprachkomplementäres Kommunikationsmedium. Die Zahl literar. Darstellungen, v. a. in Zeiten bürgerl. und moderner Vorstellungen von Öffentlichkeit, ist groß (z. B. Schiller, *Wilhelm Tell* I, 3). In ihrer aufsehenerregenden Wirkung symbolisiert die T. zugleich Profanität und Flüchtigkeit des Öffentlichen und Diesseitigen im Gegensatz zur ↗stillen Dauer z. B. sakraler Architektur (Rilke, *Duineser Elegien* X; *Die Kathedrale*). Im Zuge einer die öffentl. Manipulation fokussierenden Nationalismuskritik gebraucht

Brecht (*Das Lied vom Klassenfeind*) das Schlagen der T. symbolisch für den Versuch, Klassenunterschiede durch ›völk.‹ Gleichschaltung zu übertönen.

2. *Symbol des Krieges, des Kampfes und des kämpferischen Aufbruchs.* Die am weitesten verbreitete Symbolverwendung der T. ist martial. Art, als Symbol krieger. Raserei (s. a. 3.). So z. B. bei Gryphius: »Hör ich die kupfernen drummeln sich regen,/ Wenn sich die kleppel der paucken bewegen,/ Wall't mein geblüte, die augen entbrennen,/ Dass ich für eifer mich selbst nicht kann kennen« (*Majuma* II, 189). In Klajs *Lustfreudigem Friedensfest* ist die T. als Kriegsinstrument dem Frieden und den schönen Künsten entgegengesetzt, als »Kriegestanz« erscheint sie in Klopstocks *Schlachtlied* (↗Tanz). Den Aufbruch der Aufständischen zum Kampf symbolisieren die sich steigernden T.geräusche im V. Akt in Goethes *Egmont*, die zugleich den Tod des Helden ankündigen; positiv konnotiert ist die dynamische Symbolik des Mobilisierens (s. a. 1.) dagegen bei Schiller (*Wallenstein: Die Piccolomini* II, 7; *Wallensteins Tod* III, 13). – Erscheint gegenüber konventioneller Kriegssymbolik auch in der Romantik (vgl. Uhland, *Der gute Kamerad*), etwa in Eichendorffs *Soldatenlied* der Heroismus der Symbolik schon gebrochen, häufen sich im Verlauf des 19. Jh. antimilitarist. und kriegskrit. Darstellungen (Büchner, *Der hessische Landbote*; Mörike, *Der Tambour*). Heine lässt die T.symbolik zwischen Kampfbereitschaft und Sinnenlust (*Doktrin*) und einer bedauernswert lächerl. Heroik oszillieren (*Der Tambourmajor*; *Ideen. Das Buch Le Grand* VII). Die Rhythmik des Marschierens nimmt auch in der Rhythmik der literar. Gestaltung (↗Vers) Liliencrons *Mit T. und Pfeifen* auf, das die manipulative Seite des zum Marschieren ermunternden T.rhythmus herausstellt, oder auch Kiplings *Barrack-Room Ballads*, in denen die große T. mechanisierend den Ton angibt. Die kritisch aufgeladene (Anti-)Kriegssymbolik kulminiert in Brechts *Der Kälbermarsch*: Die Kalbsfell-T. mobilisiert zum Krieg und führt die als Kälber dargestellten Soldaten an, deren Opferrolle in der Parodie des *Horst Wessel-Liedes* mit bitterer Ironie betont wird. – In der zweiten Hälfte des 20. Jh. tritt die T. als literar. Kriegs- und Kampfsymbol in den Hintergrund, wenngleich es im außerliterar. Bereich weiterlebt, so z. B. als Titel einer FDJ-nahen Jugendzeitschrift in der DDR (*T.*, 1958–1990).

3. *Symbol des Rausches, der Ekstase und des Wahns.* Schon bei der kämpfer. Symbolverwendung der T. (s. 1.) klingt häufig Lustvolles an, meist jedoch prägt dies einen eigenen Symbolgebrauch. Rauschhaft-ekstat. Symbolik findet sich im AT, wenn, häufig zusammen mit anderen Instrumenten wie ↗Harfen, ↗Flöten oder ↗Posaunen und meist von ↗Frauen gespielt, Pauken Freude und Ausgelassenheit begleiten, so z. B. Mirjams Freudentanz über die Befreiung von den Ägyptern (Ex 15,20; vgl. Ps 81,3; als Heilszusage an Israel Jer 31,4). – Stärker noch als im bibl. wird das Sinnlich-Lustvolle im antiken Kontext der Kybele- und Dionysos-Mysterien betont, z. B. mit Venus' T.musik als rauschhafter Wirkung Amors in Lukians *Göttergesprächen* (XII: *Attis und Cybele*). Im MA geht diese Symbolverwendung zurück (bei Hrabanus Maurus steht der Paukenklang gar für den durch Fasten abgezehrten Leib, *De universo* XVIII, 8). Erst im Rokoko adaptiert Hagedorn Stoff und T.symbolik der Antike wieder im Kontext einer vom ↗Weinrausch bewirkten orgiastisch-rasenden Verspieltheit (*Der Wein*). Als Symbole für Rausch und Ekstase finden sich von Bacchantinnen gespielte T. und Zymbeln bei Goethe (*Epigramme. Venedig 1790*, I), allerdings nur im Zuge einer durch Bilder vergegenwärtigten Erinnerung, in den ↗nordeurop. Kontext verlagert zudem in Eichendorffs *Auf dem Schwedenberge*. Eine expressionist. Verbindung des Baal- und Kybele-Mythos im Zeichen einer rauschhaft-apokalypt. Darstellung des Molochs Großstadt (↗Babylon; ↗Stadt) bietet G. Heyms *Der Gott der Stadt*. – Seit dem 18. Jh. erscheint die T. oft auch in exot. Darstellungen, so z. B. bei Forster (*Reise um die Welt* I, 10) in der die T. der Südseebewohner Naturnähe, Ekstatik und Erotik symbolisieren. Eine solche Symbolverwendung nimmt in Zeiten zunehmender Verbürgerlichung Züge wahnhafter Selbsterfahrung an, so z. B. bei Conrad (*Heart of Darkness* II) oder stärker noch etwa im expressionist. Drama *The Emperor Jones* von O'Neill, in dem die sich steigernde Intensität der Urwald-T. den Rückfall des Helden in archaische Muster symbolisiert. Die Rauschsymbolik von Perkussion hält sich bis in die Gegenwartslit.: z. B. auf die reine Rhythmik synthetisch erzeugter Beats reduziert, die keiner T. mehr bedürfen, in Goetz' *Rave*. – Einen Sonderstatus nimmt Grass' Roman *Die Blechtrommel* ein, in dem sich eine Vielzahl symbol. Bedeutungen überlagern: Die misstönende Spielzeug-T. des Protagonisten Oskar Matzerath ist ein Erinnerung förderndes wie visionäres narratives Medium, symbolisiert zugleich eine gegenüber der sinnentleerten Erwachsenenwelt abgegrenzte, kindlich-regressive Sphäre der Verweigerung, deren Trotz auch martial. und manipulative Züge trägt, wenn der Protagonist mit seiner T. den Takt bei einer NS-Militärkundgebung vorgibt (vgl. auch Hitlers zeitgenöss. Benennung als »Der Trommler«). Ein Nachklang davon findet sich in einer bis in den Tod hinein regressiv vor sich hintrommelnden Titelfigur bei Th. Bernhard (*Ein Fest für Boris*).

↗Tanz, Wein.

Lit.: G. Just, Darstellung und Appell in der »Blechtrommel« von Günter Grass, Frankfurt a.M. 1972, bes. 142–149. USch

Tropfen

Symbol der Nichtigkeit und Wirkungslosigkeit, der Macht der Wiederholung, des Unendlichen sowie der Rede und ihrer Wirkung. – Relevant für die Symbolbildung sind (a) die geringe, schnell dahinschwindende Größe des T., (b) seine Lichtbrechung und mikrolog. Komplexität, (c) die Zusammensetzung von Flüssigkeit aus einer Unmenge von T. und (d) seine erquickende Wirkung als ↗Wasser.

1. Symbol der Nichtigkeit und Wirkungslosigkeit. In der Trad. von Jes 40,15 (»Siehe, die Völker sind geachtet wie ein T. am Eimer und wie ein Sandkorn auf der Waage«) symbolisiert der »T. am Eimer« die Nichtigkeit des Irdischen (s. a. 3.). Dieses Bild ist bis ins 18. Jh. prominent (Brockes, *Der Sand*), noch Klopstock gebraucht es häufiger, freilich mit umgekehrter Pointierung: »Nur um den T. am Eimer,/ Um die Erde nur, will ich schweben, und anbeten!« (Klopstock, *Die Frühlingsfeyer*). – Die seit dem 19. Jh. gebräuchl. Wendung vom ›T. auf den heißen ↗Stein‹ kennzeichnet die Wirkungslosigkeit eines Bemühens (Grimm, *Die goldene Gans*; Brecht, *Ballade vom T. auf den heißen Stein*).

2. Symbol der Macht der Wiederholung. Sowohl in der alttestamentl. Trad. (Ijob 14,19) wie in der röm. Antike symbolisiert der T. die Wirkmacht steter Wiederholung des einzeln Wirkungslosen. Sprichwörtlich wird Ovids »Der T. höhlt den Stein« (*Epistulae ex Ponto* IV 10, 5; vgl. Lukrez, *De rerum natura* I, 313), das vielfältig variiert über MA und Barock (Fleming, *An seine Tränen*) bis in die Gegenwart fortwirkt. – Andererseits drückt das Bild des T., der den Trank vergällt, die zerstörer. Wirkung verborgen gehaltener, negativer Gefühlsregungen aus (Hoffmannswaldau, *Judith an Balduin*; Schiller, *Die Jungfrau von Orleans* III, 4).

3. Symbol der Unendlichkeit sowie des Verhältnisses von Unendlichem und Endlichem. Die Unmenge kleinster T., aus der sich eine Flüssigkeit zusammensetzt, dient im Anschluss an Sir 1,2 zur Veranschaulichung der Unendlichkeit und ihrer Unbegreifbarkeit: »Den Sand des Meeres, die T. des Regens und die Tage der Vorzeit, wer hat sie gezählt?« (vgl. *Des Knaben Wunderhorn* I, 263: *Ewigkeit*; Grimm, *Das Hirtenbüblein*). In der Aufklärung wird das Symbol umgekehrt zum Ausdruck rationaler Begreifbarkeit des Unendlichen: »Zählst alle Wassertropfen im großen Ocean und alle Sonnenstrahlen auf jeder Sonnenbahn« (Gleim, *An Herrn Euler*). – Als Ausdruck der verschwindenden Größe des Endlichen (v. a. des Menschen) im Verhältnis zum Unendlichen ist der T. im Ausgang von Sir 18,8: »Wie ein Wassertropfen im Meer und ein Körnchen Sand, so verhalten sich die wenigen Jahre zur Zeit der Ewigkeit« bis ins 19. Jh. geläufig (Droste-Hülshoff, *Am ersten Sonntag in der Fasten*). Dieses Verhältnis wird dabei unterschiedlich vorgestellt. In der ma., barocken und romant. Mystik erscheint es als Teilhabe des Endlichen am Unendlichen durch die *unio mystica* oder den Tod: »Das Tröpflein wird das Meer, wenn es ins Meer gekommen,/ Die Seele Gott, wenn sie in Gott ist aufgenommen« (Angelus Silesius, *Cherubinischer Wandersmann* VI, 171: *Im Meer werden alle T. Meer*; vgl. Tauler, *Predigten* XXXIII, 24; Brockes, *Der Wassertropfen*; Günderode, *Ein apokalyptisches Fragment* XIV). – Umgekehrt kann der T. die Immanenz des Unendlichen im Endlichen bzw. des Makrokosmos im Mikrokosmos (der Seele) ausdrücken (Marvell, *On a Drop of Dew*; Andersen, *Der Wassertropfen*). In der Moderne wird die Möglichkeit dieses Einklangs bestritten, etwa in Guztkows poetolog. Reflexionen: »Der Schöpfer gesteht aufrichtig, daß er jenen einzigen Wassertropfen, der jetzt die ganze Welt abspiegelte, nicht hat finden können« (*Die Ritter vom Geiste*, Vorwort). – Bei Schopenhauer drückt das T.symbol nur noch das Gefühl der Nichtigkeit des Subjekts im Strom der Zeit aus: »So fühlen wir uns […] wie ein T. im Ocean, dahin schwinden, ins Nichts zerfließen« (*Die Welt als Wille und Vorstellung* I, § 39). Symptomatisch für die Auflösung des Gegensatzes von Endlichem und Unendlichem in der Moderne ist Celans Identifikation von T. und ↗Meer: »Nun ging er und trank einen seltsamen T.: das Meer« (*Kenotaph*). Was einst Symbol der Unendlichkeit war, verdampft zum unstillbaren Verlangen des Subjekts: »Hier war ein Verlangen, das unermesslich war, ein Durst so groß, dass alle Wasser der Welt in ihm wie ein T. vertrockneten« (Rilke, *Auguste Rodin* I).

4. Symbol der Rede und ihrer Wirkung. Im Ausgang von Dtn 32,2 (»Meine Rede rinne […] wie der Regen auf das Gras und wie die T. auf das Kraut«) symbolisiert der T. bis ins 19. Jh. die erquickende Wirkung der Rede (Goethe, »T. freundlicher Briefe«, *Noten und Abhandlungen zum besseren Verständnis des West-östlichen Divans*, »Endlicher Abschluß!«). Bei Jean Paul kann sich diese Wirkung in ihr negatives Gegenteil verkehren (»kalte T. von kalten Worten«, *Titan*, 20. Zykel). – Symbolisieren T. die Rede, so bezeichnet Tröpfeln das Sich-Ergießen der Seele: »Zehn Jahre dahin –,/ kein T. erreichte mich,/ […] Nun bitte ich meine Weisheit,/ […] ströme selber über, tröpfle selber Tau« (Nietzsche, *Dionysos-Dithyramben: Von der Armut des Reichsten*). Auf seine physiolog. Grundlagen zurückgeführt erscheint das Wort schließlich bei Grünbein als »steter T. im Mund« (*Biologischer Walzer*). – Schließlich kann die T.symbolik aber auch eine nicht dezidiert sprachl. Übertragung von Gefühlen oder Geistigem ausdrücken (»T. deiner Gunst«, Gottsched, *Drei Pindarische Oden* I; vgl. Herder, *Ein Erinnerungslied*).

↗Meer, Regen, Tau, Träne, Wasser.

Lit.: DWb XXII, 862–878. – G. Schmidt, Von T. und Spiegeln, in: KulturPoetik 2 (2002), 1–23.   ChM

Tür ↗Tor/Tür.

Türschloss ↗Schlüssel.

Turm / Leuchtturm

Symbol der Orientierung und der Transzendenz, aber auch der Anmaßung, der Enthobenheit und des Rückzugs, der Gefährdung sowie des Geheimen und Ausgezeichneten. – Relevant für die Symbolbildung sind (a) die einzeln stehende und aufstrebende Form des T., (b) die orientierende und schützende Funktion von T. und L.

1. Symbol der Orientierung und Transzendenz, aber auch der Anmaßung. Schon in der Barock-Emblematik, etwa in Zincgreffs *Emblematum ethico-politicorum Centuria* (XLIII) oder in Happels *Denkwürdigkeiten der Welt* (»Über den Feuerturm von Pharos«), steht der L. für funktional sinnvolle Orientierungen v. a. in den Bereichen der Technik, des Sozialen und Theologischen. Zum einen zeigt der L. eine beispielhafte Kosten/Nutzen-Relation, zum anderen, das legt der mit ihm alludierte Bereich des Nautischen nahe (↗Schiff, Gemeindeschiff, Narrenschiff usw.), steht er in einer sich rasch verändernden und von unvorhersehbaren Ereignissen bestimmten Welt für das Christentum. – Auch in der säkularisierten Welt steht er weiterhin für eine Sehnsucht nach Orientierung, etwa in Woolfs *To the Lighthouse*, Baudelaires *Les phrases* und darauf Bezug nehmend in P.H. Neumanns Gedicht *Erloschener L.* Mit L. sind in den beiden letzten Gedichten literar. Vorbilder gekennzeichnet, mit denen sich das lyr. Ich auseinandersetzt. – Als wichtige Varianten der theolog. Symbolik sind der Kirchturm und auch das Minarett (von arab. *manâra*, »Lichtort«; ↗Licht) zu nennen. Erster kann zwar sogar als Wegweiser der Revolution gedacht werden (Mühsam, *Der Glockenturm*, 1920; ↗Glocke), erzeugt indes heute zunehmend die Assoziation der Beschränktheit (etwa im Sinne einer ›Kirchturmpolitik‹) und einer übertriebenen Heimatbezogenheit (Fontane, *Der Stechlin* I; Kafka, *Das Schloß* I; noch Herta Müller, *Dorfchronik*). Das Minarett wird im dt. Sprachraum, auch von der Migrantenlit., kaum differenziert verwendet, meist steht es für den Islam schlechthin (Hebbel, *Der Rubin*). – Von negativer theolog. Bedeutung erscheint der als Anmaßung gedeutete T.bau zu Babel (↗Babylon), der mit der babylon. Sprachverwirrung zusammengebracht wird (Gen 11,1–9). In diesem Kontext erscheint der T. sogar als Abwesenheit von Orientierung, generell etwa schon in der Einleitung zu Zedlers *Universallexikon* (1732–1754), wo mit dem T.bau Probleme und Möglichkeiten des neuen Lexikons symbolisiert werden, literarisch später immer wieder, etwa in Raabes *Die schwarze Galeere*. Die Ausdifferenzierung, die mit dem anmaßenden T.bau verbunden wird, muss nicht immer negativ gedeutet werden. So konstatiert Leonardo in Goethes *Wilhelm Meisters Wanderjahre*, dass Gott, indem er »den babylonischen T.bau« verhindert habe, »das Menschengeschlecht in alle Welt zerstreute. Lasset uns ihn darum preisen, denn dieser Segen ist auf alle Geschlechter übergegangen« (III, 9).

2. Symbol der Enthobenheit und des Rückzugs. Luthers oft zitiertes ›T.erlebnis‹ (die neue Auslegung von Röm 1,17), auf das er sich in seiner Vorrede zur Gesamtausgabe seiner lat. Werke von 1545 bezieht, kennzeichnet den T. als Ort jäher Erkenntnis. Dieser positiven Kennzeichnung eines geistigen, weltabgewandten Raums steht die heute gängige Konnotation des Elfenbeinturms entgegen: Er betont meist die weltferne Haltung der Intellektuellen (H. James, *The Ivory Tower*; Handke, *Ich bin ein Bewohner des Elfenbeinturms*, 1972). Als weltferner Schutzraum kann auch der Kirchturm gedeutet werden (Hofmannsthal, *Der Kirchturm*), zumindest bezeichnet er einen Bereich, der die Alltagssorgen vergessen lässt (Mörike, *Auf einem Kirchturm*).

3. Symbol der Gefährdung. Nur einen scheinbaren Schutz kann der T. indes im Märchen bieten (Grimm, *Rapunzel*). In einigen Dramen erscheint der T. nicht nur als Ort der Gefangenschaft (↗Gefängnis), sondern sogar ausdrücklich der Gefährdung (Calderón, *La vida es sueño*; Gerstenberg, *Ugolino*; Hofmannsthal, *Der T.*). In Goethes *Faust II* bleibt es dem Türmer Lynkeus vorbehalten, den Schrecken zu verkünden: »Dem T. geschworen,/ Gefällt mir die Welt./ […] Welch ein gräuliches Entsetzen/ Droht mir aus der finstern Welt!« (11290–11307).

4. Symbol des Geheimen und des Ausgezeichneten. Als prägend für diesen Bereich wird man die T.gesellschaft in Goethes *Wilhelm Meisters Lehrjahren* sehen, in der eine Gruppe aufgeklärter Adeliger umfasst. Sie beschatten und lenken Menschen, von denen sie glauben, sie könnten der Gesellschaft nützlich werden. Ihre Daten ↗archivieren sie zusammen mit anderen Papieren des Geheimbundes in einem T. Ein durchaus positiv konnotiertes elitäres Denken bestimmt hier die Symbolik des T.; es schwingt z. T. auch in den Vorstellungen vom Elfenbeinturm mit (s. 3.). Der Roman *Der junge Mann* von B. Strauß schließt an Goethes T.deutung an, auch wenn der Bildungsweg hier eher desillusionierend gewertet wird.

↗Berg, Gefängnis, Glocke, Schiff.

Lit.: WBS, 386–388. – R. Bergmann, Der elfenbeinerne T. in der dt. Lit., in: Zs. für dt. Altertum und dt. Lit. 92 (1963/64), 292–320. – M. Revesz-Alexander, Der T. als Symbol und Erlebnis, Den Haag 1935.   DN

U

Uhr

Symbol des Kosmos, des Staates, des Körpers und Herzens, der Ewigkeit, der Lebenszeit und der Erinnerung. – Relevant für die Symbolbildung ist die techn. Apparatur der U.

1. Sonnenuhr, Sanduhr. Die Sonnenuhr (↗Sonne) sowie andere Formen astronom. (↗Stern) oder meteorolog. (↗Hahn) Zeitmessung verbürgen in der Antike die kosm. Ordnung (Mesomedes, *Die Sonnenuhr*), was sich mit der Ablösung durch mechan. U. verschiebt: Nun wird die Unzuverlässigkeit der Sonnenuhr, konkret das witterungsbedingte Aussetzen von Messwerten, auf die unhintergehbaren Abhängigkeitsverhältnisse menschl. Erkennens und Lebens bezogen (Harsdörffer, *Delitiae mathematica et physica* VIII: »Von den Sonnenuhren«; Scriver, *Gottholds zufällige Andachten* CCXC: *Die Sonnenuhr*; B. v. Arnim, *Goethes Briefwechsel mit einem Kinde* II; Fontane, *Effi Briest*). – Die Sanduhr hingegen impliziert schon materialiter eine verfügbare Zeitmenge mit klar definiertem Anfang und Ende, weshalb sie meist im Kontext der Vergänglichkeits- und Todessymbolik zu finden ist (Brant, *Das Narrenschiff* LXXXVI; Gryphius, *Ueber eine Sand=Uhr*; Lichtenberg, *Sudelbuch*, K 277; Keats, *After dark vapors have oppressed our plains*; Raabe, *Der Hungerpastor*). Dies wird dadurch verstärkt, dass das Stundenglas selbst eine fragile Konstruktion ist (↗Glas).

2. Räderuhr. Sowohl im Hinblick auf die Quantität als auch auf die Komplexität der literar. Symbolbildung erweist sich die Räderuhr als dominant (↗Rad). Für dieses Symbolfeld liegt das Augenmerk auf der perfekten Konstruktion der ineinandergreifenden, gegeneinander laufenden Räder und der Takt angebenden Unruh, in der sich die Gleichmäßigkeit der Bewegung äußert. Bereits in der Phase ihrer techn. Entwicklung wird der Modellcharakter der Räderuhr durch Philosophie, Theologie und Anthropologie für die Erklärung komplexer dynam. Systeme entdeckt: als Modell für den Kosmos (Nicolaus v. Oresme, *Livre du ciel et du monde*; Rousseau, *Émile*: IV, »Profession de Foi du Vicaire Savoyard«; E.T.A. Hoffmann, *Der Zusammenhang der Dinge*), den Staat (Hobbes, *Leviathan*, Einleitung; Börne, *Aphorismen und Miszellen* CCXXXII und CCVIC), die Schule (Comenius, *Magna Didactica*) oder den Menschen (Decartes, *Meditationes de prima philosophia* VI; Leibniz, *Histoire des ouvrages des savants*, février 1696: »Second éclaircissement du ›système de la communication des substances‹«; La Mettrie, *L'homme machine*). – Bezogen sich die frühen Modelle meist auf die om-

nipräsenten öffentl. U., so eröffnen sich mit der zunehmenden Miniaturisierung und der damit einhergehenden Privatisierung der Räderuhren weitere Poetisierungen, die zuerst durch die Erbauungslit. erkundet werden. Diese baut das Denkmodell der U. zum literar. Symbol aus, indem sie die mit der techn. Innovation verbundenen Wahrnehmungs- und Umgangsweisen von und mit Lebenszeit einbezieht. Dies wird bes. deutlich innerhalb der literar. Trad. der *Occasional Meditations*, die die tradierte emblemat. Trad. der U. im Zeichen von *memento mori* oder *tempus fugit* (HS, 997–1000; 1340–1345) ignoriert zugunsten eines situativen Zugriffs auf die Räderuhr. In unvermittelten Einblicken in deren unfassbar komplexes Innenleben wird dem Staunen als Vorboten des Glaubens an einen Schöpfer sowie des Wissens über die Schöpfung Raum gegeben (Hall, *Select Thoughts* IX; Brockes, *Überzeugliche Beweisgründe eines göttlichen Wesens*). Darüber hinaus werden vereinzelt U.gehäuse und U.werk auf den Leib-Seele-Dualismus übertragen (Fischart, *Podagrammisch trostbüchlein*), häufiger wird der U.mechanismus auf bestimmte Leibesfunktionen bezogen, am prominentesten das tickende U.werk mit der Unruh auf das ↗Herz mit dem Pulsschlag (Scriver, *Gottholds zufällige Andachten* CCXXI: *Das Herzklopfen*; CCCXLVI: *Die Puls= oder Schlagader*). In diesem physiolog. Kontext wird das Herz auch als »Gewissensuhr« gefasst, die moral. Zeitvorgaben anzeigt (CXXXVII: *Die U.*) und in der Hölle zum Marterinstrument gerät (Schottelius, *Grausame Beschreibung und Vorstellung der Hölle*). – Zunehmend herausgelöst aus relig. Rahmungen etabliert sich die Räderuhr auch als Medium für Liebesglück und Liebeskummer (*Des Knaben Wunderhorn* III, 87: *Unseliger Kreislauf*; Heyse, *Ein Brief*). Parallel zu den räumlich-dinglich basierten Kosmos- und Körperbezügen wird am steten, vom Tun der Menschen unbeirrten Ticken der Räderuhr die göttl. Zeitordnung selbst festgemacht: »Der Begriff der U. möge für die Ewigkeit selbst stehen, die Bewegung in der U. ist dann die Aufeinanderfolge« (Nikolaus v. Kues, *De visione* XI). Die Räderuhr als Stellvertreterin dieser Gottes-Zeit kann auch mnemotechnisch, konkret als »memoria-Maschine« (Berns 2007), genutzt werden (Fontana, *Secretum de thesauro experimentorum ymaginationis hominum*). Die literar. Überformung der Räderuhr zum Instrument einer göttl.-harmon. Zeitordnung verschiebt sich mit der Säkularisierung und Ökonomisierung der Zeit und der zugleich einsetzenden Entwicklung des modernen Geschichtsbegriffs vom Repräsentationsmedium zur Akteurin (Harsdörffer, *Artis Apophtegmaticae Continuatio*: »U.wecker«; Eichendorff, *Weltlauf*).

3. *Frühe Neuzeit.* Die Herausbildung der U.symbolik ist nur aus der Technikgeschichte heraus zu verstehen (Mayr). Bereits seit der Etablierung von Räderuhren in den europ. Städten des 14. Jh. finden sich literar. Aneignungen (Dante, *Divina Commedia*: »Paradiso«, X), die sich jedoch mit der Miniaturisierung der U. im ausgehenden 15. Jh. und damit bedingten Ubiquität und Privatisierung von Zeitmessung weiter ausdifferenzieren. Entscheidend für die frühe literar. Faszination durch die Räderuhr ist ihre Plausibilität als »Idealmaschine« (Remmele) für Makrokosmos wie Mikrokosmos, für das Spirituellste wie das Materiellste. In diesem Spannungsfeld wird die Räderuhr zum zentralen Sinnbild einer überkonfessionellen Gattungsneuerung, der Horologienlit. (↗Stunde), in der eine »maschinelle Transformation von Himmelsarbeit in Seelenarbeit« (Berns 2007) erfolgt. Traditionsbildend wirkte Seuses *Horologium sapientiae*, das insbes. in der jesuit. Lit. rezipiert und zunehmend erotisiert wird (Th. Sailly, *Preces horariae de aeterna Sapientia*; Berthold v. Freiburg, *Horologium devotionis*; Froissart, *Li orloge amoureus*). Diese Trad. wird von der barocken Erbauungslit. weitergeführt (Geyger, *Horologium politicum*; Harsdörffer, *Herzbewegliche Sonntagsandachten*; Friderich, *Frauen-Zimmers Morgen-Wecker*; Dirckincks, *Geistliches Ührlein*). Eine bes. Zuspitzung erfährt diese literar. Konjunktur bei Spee, der die Räderuhr zu einem poetolog. Symbol transformiert, indem er die spirituelle Herzens- zur Lungenuhr erweitert (↗Atem/Hauch) und mit dem Rhythmus des poet. Sprechens verschränkt (Spee, *Güldenes Tugend-Buch*). – Entgegen der durchgängig positiven Besetzung der Räderuhr als Zeichen für göttl. Zeit-, Raum- und Leibesordnung in der Frühen Neuzeit geht die engl. Lit. bereits um 1600 einen Sonderweg, indem sie insbes. die dt. U. als unzuverlässige, gefühllose und mitunter boshafte Apparatur einsetzt (Shakespeare, *Love's Labour's Lost* II, 2; Jonson, *Cynthia's Revels* II, 1; Donne, *An Anatomy of the World*).

4. *18.–20. Jahrhundert.* Der Höhepunkt der literar. U.symbolik im 17. Jh. hält auch im 18. Jh. an, wobei nun die spirituelle und anatom. Trad. zurücktritt zugunsten funktionaler Aspekte der U. als Zeit anzeigendes und somit Zeit portionierendes Instrumentarium. Mit der Ökonomisierung der Zeit wird die Räderuhr vom weisen zum despot. Symbol umgeformt (Morgenstern, *Die Zeit*; Rilke, *Gott im Mittelalter*), wobei nicht nur das *memento mori* der inzwischen veralteten Sanduhr (s. 1.), sondern v. a. das *tempus fugit* der barocken Zeitallegorien reaktiviert wird (A. v. Arnim, *Gräfin Dolores* III, 9; Ahlefeld, *Geschenke*). Die tradierte Verbindung von Herz und U. wird von den spirituellen Kontexten abgekoppelt und entweder gegeneinan-

der geführt im Sinne der »herzlosen Regelmäßigkeit« eines mechanisch denkenden und agierenden Menschen (Gutzkow, *Die Ritter vom Geiste* II, 5, und I, 10), oder aber es dient dazu, den schemat. Charakter des Liebesspiels selbst auszustellen (Haffner/Genée, *Die Fledermaus*). – Zudem wird das U.symbol im Zuge der Etablierung eines binären Geschlechtermodells im ausgehenden 18. Jh. zunehmend der männl. Arbeitswelt zugeschlagen, um insbes. deren despot. bzw. zwanghafte Dimension satirisch zu entfalten (Sterne, *Tristram Shandy* I, 1–4; Hippel, *Der Mann nach der U.*; Brentano, *Bogs der U.macher*; A. v. Arnim, *Die Majoratsherren*). Die Taschenuhr bleibt jedoch bis ins 19. Jh. auch dem Bereich des Weiblichen verbunden, wobei hier die spirituelle Symboltrad. reaktiviert wird, indem die U. vom Medium der Andacht zum Medium des Andenkens transformiert wird (Gellert, *Leben der schwedische Gräfin von G.***; Jean Paul, *Hesperus*; Ebner-Eschenbach, *Lotti, die U.macherin*). – Im 19. Jh. steigt das literar. Interesse an Residuen des Aberglaubens, die entgegen der dominanten theolog. Deutungstradition der U. deren mag. Dimension behaupten. In den aufgezeichneten Märchen und Sagen sowie deren Nachbildungen stehen unerwartete oder manipulierte Signale und Aussetzer der U. in direktem Zusammenhang mit der Lebenszeit der Protagonisten (Gottschalck, *Die drei Schwestern aus dem See*; Bartsch, *Die verfluchte Kirchturmuhr in Friedland*; Andersen, *Das alte Haus*). Im Kontext solcher animist. Aneignungen entwickelt sich im 18. und 19. Jh. eine eigene Symbolik der fest installierten Wand- oder Standuhr, die als feste Größe des Interieurs zum Gegenüber der Bewohner wird, an die sich Erinnerungen heften, die zunehmend an Selbstständigkeit gewinnt und mitunter dämon. Züge annimmt (J.G. Jacobi, *An meine Wanduhr*; Poe, *The Masque of the Red Death*; Auerbach, *Barfüßele* VI; Storm, *Marthe und ihre U.*). – Schließlich wird die etablierte Symbolik der Räderuhr ab dem 19. Jh. variiert und modifiziert, wenn sie als Objekt von Manipulation, Defekt oder Verlust in Erscheinung tritt (Carroll, *Alice in Wonderland*; Daudet, *Contes du lundi: La pendule de Bougival*; Kafka, *Gibs auf!*; Morgenstern, *Die Korfsche U.*; McCullers, *Clock Without Hands*; C. Levi, *L'orologio*). Mit der Fokussierung der Beschleunigung und Unverfügbarkeit von Zeit geht auch das Bedürfnis nach Erinnerung sowie die Problematisierung ihrer Dynamisierung in die U.symbolik ein, wobei neben der Räderuhr (Baudelaire, *Les fleurs du mal: L'horloge*) auch alternative U.-konstruktionen als Widerlager zur modernen Zeiterfahrung angeboten werden: vermeintlich natürl. U. wie ↗Blumenuhr (Büchner, *Leonce und Lena* III), ↗Tränenuhr (Jean Paul, *Leben des Quintus Fixlein*, Letztes Kap.) oder Menschenuhr (Hebbel, *Herodes und Mariamne* IV; 4; Jean Paul, *Siebenkäs* II, 8) sowie bewusste Rückgriffe auf anachronist. U. wie

Sonnenuhr (Rilke, *Sonnenuhr*; Loerke, *Sonnenuhr*) und Sanduhr (E. Jünger, *Das Sanduhrbuch*).
↗Glocke, Hahn, Maschinenmensch, Rad, Sekunde, Sonne, Stern, Stunde, Turm/Leuchtturm.

Lit.: J.J. Berns, Himmelsmaschinen-Höllenmaschinen, Berlin 2007, 23–52, 123–130. – ders., »Vergleichung eines Vhrwercks, vnd eines frommen andächtigen Menschens«, in: F. v. Spee, hg. v. I.M. Battafarano, Gardolo di Trento 1988, 101–206. – E. Bertraud, Art. Horloges spirituelles, in: Dictionnaire de spiritualité, Bd. 7, Paris 1969, 745–762. – H. Blumenberg, Paradigmen zu einer Metaphorologie, Frankfurt a.M. ²1999, 103–108. – G. Dohrn van Rossum, Die Geschichte der Stunde, München 1995. – O. Mayr, U.werk und Waage, München 1987, 56–165. – B. Remmele, Art. Maschine, in: Wb. der philosoph. Metaphern, hg. v. R. Konersmann, Darmstadt 2007, 224–236.   ChHo

Uhu ↗Eule.

Ulme

Symbol der Trauer, des Schutzes, des nichtigen Ruhms und der Heuchelei, zusammen mit der ↗Esche auch Symbol für Mann und Frau und zusammen mit den Weinreben Symbol der Liebe, der Freundschaft und der wechselseitigen Abhängigkeit. – Relevant für die Symbolbildung sind (a) die vermeintl. Unfruchtbarkeit der U., (b) ihre schattenspendende Wirkung, (c) ihre Verbindung mit den Ranken der ↗Weinrebe.

Wohl aufgrund ihrer vermeintl. Unfruchtbarkeit und ihrer schattenspendenden Wirkung gilt die U. in der Antike als Zeichen der Trauer. Nymphen bepflanzen das ↗Grab des Vaters der Andromache mit U. (Homer, *Ilias* VI, 419 f.), Orpheus trauert um Eurydike im ↗Schatten einer U. (Ovid, *Metamorphosen* X, 100), und am Eingang zur Unterwelt hängen die ↗Träume unter den ↗Blättern einer U. (Vergil, *Aeneis* VI, 282 ff.). Die Hesperiden verwandeln sich in Trauerbäume (U., ↗Weide und ↗Pappel), nachdem Herkules die goldenen ↗Äpfel gestohlen hat (Apollonios Rhodios, *Argonautika* IV, 1427 f.). – In der Emblematik wird der Schatten der U. positiv als Schutz verstanden, während sie aufgrund ihrer Unfruchtbarkeit als Zeichen eitlen Ruhms und der Heuchelei gedeutet wird (Picinelli/Erath, *Mundus symbolicus* IX, 45). – Im altnord. Schöpfungsmythos verwandeln die Asen die an den Strand gespülte Esche und U. zu Mann und Frau (*Edda*: »Völuspâ«). Dagegen wird in der antiken Trad. die U., an der sich die Weinrebe empor rankt, als Mann verstanden, der seiner Ehefrau als Stütze dient (z. B. Catull, *Carmina* LXI, 106–109; LXII, 49–59). Das auch von anderen Dichtern verwendete Bild verbreitet sich in der Renaissance in ganz Europa (z. B. Shakespeare, *Comedy of Errors* II, 2,) und ist auch in dt. Hochzeitsgedichten ein beliebter Topos (z. B. Dach, *Christoph Kerstein und Maria von Weinbeer*). Das Bild kann auch auf die

Freundschaft schlechthin bezogen werden und verweist in der Variante der Weinrebe, die auch noch die verdorrte U. umschlingt, auf die Freundschaft über den Tod hinaus (HS, 259; Spangenberg, *Lustgarten* II, 27). Auch als wechselseitige Abhängigkeit zwischen Arm und Reich ist das Bild gedeutet worden (ebd. II, 29).
↗Baum, Efeu, Esche, Wein.

Lit.: P. Demetz, The Elm and the Vine, in: Proceedings of the Modern Language Association 73 (1958), 521–532. – D. Laudert, Mythos Baum, München ⁵2003, 188–192.   DP

Unten ↗Oben/unten.

Urin

Symbol der Krankheit, der Heilkunde, des Elends, des Alters und der Erniedrigung, aber auch der Lebenskraft und Intimität. – Relevant für die Symbolbildung sind (a) der unangenehme Geruch, (b) die Farbe ↗Gelb, die U. in der Alchemie mit ↗Gold verbindet, (c) seine Funktion als essentielle organ. Flüssigkeit (↗Wasser), (d) seine Ausscheidung über die Sexualorgane (↗Phallus, ↗Vagina).

1. Symbol der Krankheit, der Heilkunde, des Elends, des Alters und der Erniedrigung. U. findet sich in fast allen Kulturen unter den Zutaten für medizin. und mag. bzw. alchemist. Praktiken (z. B. Chaucer, *Canterbury Tales* I, 6273–6276). In der frühen Medizin ist U. bevorzugter Gegenstand der Diagnostik (vgl. Agrippa v. Nettesheim, *Ungewißheit und Eitelkeit aller Künste und Wissenschaften* LXXXIII) und erscheint als solcher in vielen literar. Texten (z. B. Hagedorn, *Bruder Fritz*; Huysmans, *À rebours* XV). Diese Trad. veranlasst Lichtenberg zu einem satir. Vergleich: »In den Kehrigthaufen vor der Stadt lesen und suchen was den Städten fehlt, wie der Arzt aus dem Stuhlgang und U.« (*Sudelbücher* J. 990). Auf diese Methode der Diagnostik berufen sich aber auch viele Scharlatane: »Ja, sah ich manchen Kerl aus stinckendem U./ Durch List und Schwäzerey den reichsten Vortheil ziehn« (Günther, *An einen guten Freund*; vgl. *Brant, Das Narrenschiff* XXXVIII: »Von unfolgsamen Kranken«). Betrüger nutzen die Ähnlichkeit von U. und Gold (Jean Paul, *Dr. Katzenbergers Badereise* II, 33). – Der Spruch *inter faeces et urinam nascimur* (»zwischen ↗Kot und U. sind wir geboren«) aus der Theologie des MA festigt die Verbindung von U. und Sexualorganen. Archaische Riten, alchemist. Trad. und theolog. Gedanken finden im volkstüml. Aberglauben zusammen, der dem U. mag. Abwehrkräfte zuschreibt: »Laßt uns jezt über das ↗Kreuz pissen, damit ein Jud stirbt« (Büchner, *Woyzeck*, 1 Fassung, II, 4: »Handwerksburschen«). In Büchners Drama bildet U. darüber hinaus eine wichtige Komponente der Wahnwelt des Protagonisten. Der Geruch von U. verweist auf Krankheit unter elenden Bedingungen (z. B. Céline, *Voyage au bout de la nuit*) und auf die Hinterlassenschaft von (unerwünschten) Menschen (Grass, *Normandie*) oder des Alters.

2. Symbol der Lebenskraft und Intimität. Erkenntnisse der Tiefenpsychologie vorwegnehmend, unterstreicht Nietzsche das Fortwirken einer archaischen Triebhaftigkeit im Ekelhaften, so dass der Mensch »mitunter vor sich selbst mit zugehaltener ↗Nase dasteht und mit Papst Innozenz dem Dritten mißbilligend den Katalog seiner Widerwärtigkeiten macht (›unreine Erzeugung, ekelhafte Ernährung im Mutterleibe, Schlechtigkeit des Stoffs, aus dem der Mensch sich entwickelt, scheußlicher Gestank, Absonderung von Speichel, U. und Kot‹)« (*Zur Genealogie der Moral* II, 7). Als Phänomen der Entgrenzung und absichtl. Beschmutzung stellen das Ausscheiden von U. und das Beschmutzen eine Form karnevalist. Spottes dar. So werden bei Rabelais auch christl. Motive – wie etwa die Sintflut – ad absurdum geführt: »Da lupft' er lächelnd seinen schönen Hosenlatz, zog seine Mentul an die Luft herfür und bebrunzelte sie so haarscharf, dass ihrer zweyhundert sechzigtausend vierhundert und achtzehn elend ersoffen ohn die Weiber und kleinen Kinder« (*Gargantua* I, 17). Das Ausscheiden großer Mengen U. wird dadurch zum Symbol des Lebens(über)flusses, der Vitalität und gar der Macht, wie in Swifts *Gulliver's Travels* (»A Voyage to Lilliput« VII). Damit einher geht auch die Verbindung von U. mit einer von Schamgrenzen befreiten Sexualität. Reminiszenzen an Rabelais finden sich in manchen Szenen der *Blechtrommel* von Grass. Die Kenntnis von Theorien der Psychoanalyse und der Tiefenpsychologie hat in der modernen Lit. U. zu einem Symbol der Regression, aber auch der Transgression und Profanation werden lassen (z. B. Bataille, *L'histoire de l'œuil*). In Sartres Novelle *Intimité* bestimmen der Unrat und die Spuren von Ausscheidungen in der Wäsche (↗Kleidung) die Intimität der Welt, in der die Protagonistin mit ihrem impotenten ↗Mann lebt. Das Urinieren ist für sie gedanklich in einem solchen Maß mit ihrer Ehe verknüpft, dass sie es nicht erträgt, vor einer Bedürfnisanstalt auf ihren Liebhaber zu warten.

↗Kot, Phallus, Vagina, Wasser.

Lit.: M. Bachtin, Rabelais und seine Welt, Frankfurt a. M. ⁵2006. – K. Bartsch, Sagen, Märchen und Gebräuche aus Mecklenburg, Wien 1879–1880, Nachdr. Hildesheim 1978. – Institut für Sexualforschung (Hg.), Bilderlexikon der Erotik, Wien 1928–1932. – H.A. Kick/W. Kübler (Hg.), Ekel, Hürtgenwald 2003.

TRK

V

Vagina

Symbol der Erotik und Verführung, der Gefahr und des Verderbens, des Abstoßenden und Schamlosen sowie allg. des Weiblichen. – Relevant für die Symbolbildung sind (a) die sexuelle Funktion der V. als Organ der ↗Geburt und der Fortpflanzung, (b) die (irrtüml.) Gleichsetzung der V. mit dem äußeren weibl. Geschlechtsorgan (*vulva*), (c) der vermeintlich schlechte Geruch der V.

1. Symbol weiblicher Erotik und Verführung. Insbes. die spätma. und barocke Lyrik inszeniert die V. als Geschlechts- und Fortpflanzungsorgan der ↗Frau und feiert sie mit Vorliebe als Inbegriff weibl. Erotik. Die V. tritt hier zumeist als Symbol einer unverhüllten, z. T. recht drast. Erotik auf (z. B. J. v. Besser, *An Calisten*; Hoffmannswaldau, *An Lauretten*). Beispielhaft für diese wenig subtile Symbolik liest sich Ch. Hölmanns Gedicht *Abbildungen der Schooß*. – Das nachbarocke Zeitalter ist ungleich prüder und tabuisiert die V. weitgehend. Von nun an wird sie bis ins 20. Jh. hinein meist nur in Hinblick auf ihre Inanspruchnahme durch den ↗Mann als Mittel männl. Lustgewinns gedeutet. Zum Symbol der Verführung avanciert sie als das von einem (↗Phallus) empfangende Gefäß, psychoanalytisch auch als »Herberge des Penis« (Freud, *Die infantile Genitalorganisation*) bezeichnet. Das durch die kirchl. Sexualethik verkündete Jungfräulichkeits- und Keuschheitsideal führt zu einer Tabuisierung oder Verhüllung der weibl. Genitalien in ästhet. Darstellungen, damit zugleich aber zu einer zusätzl. erot. Aufladung. Berühmtes Symbol für die verdeckte V. ist die, häufig verschmutzte, Frauenschürze, deren besondere Bedeutung im Werk Kafkas erlangt (*Der Verschollene*: »Der Heizer«, »Es musste wohl eine entlegene«; *Der Proceß*: »Erste Untersuchung«; »Advokat / Fabrikant / Maler« u. a.). – Anders verhält es sich in außereurop. Kulturkreisen, z. B. im arab., in dem die V. als Symbol weibl. Schönheit in der erot. Lit. explizit genannt und ästhetisch überhöht wird (Nafzawi, *Der duftende Garten*). Die positive Stigmatisierung der V. spiegelt sich dabei in einem reichen, differenzierten Vokabular arab. Schriftsteller wider, wenn sie die V. beschreiben (Duerr, 233).

2. Symbol dämonischer, gefährlicher Weiblichkeit. Eine Dämonisierung weibl. Genitalien findet bereits im frühen Christentum statt (Augustinus, *Enchiridion* CXVII). Die Vorstellung libidinöser, zerstör. und unersättl. Weiblichkeit kulminiert im mytholog. Bild der *V. dentata*, einer mit scharfen ↗Zähnen besetzten Scheide, die in diversen Mythen Nordamerikas auftaucht und beispielsweise auch

Figuration der Todesgöttin der neuseeländ. Maori, Hine nui te Po, ist (Braun/Wilkinson, 24). Eine Renaissance der *V. dentata* findet sich in Freuds psychoanalyt. Skizze der V. als Kastrationsschreck des Mannes (Freud, *Fetischismus*). Die Dämonisierung des Weiblichen vergegenwärtigt sich um 1900 im Bild der den ganzen Mann verschlingenden V., wie sie Kubin in seiner Zeichnung *Todessprung* (1902) festhält. Wedekind setzt sehr deutlich die zeitgleich dominierende literar. Dämonisierung weibl. Erotik und Sexualität in Szene durch den Lustmord, mit dem sein Drama *Die Büchse der Pandora* (1894) endet: Jack the Ripper tötet die promiskuitive Lulu und bannt ihre Verführungsgewalt, indem er ihr die V. entnimmt. Nachfolgende, moderne Inszenierungen der den ganzen Mann verschlingenden V. finden sich z. B. in amerikan. Short Stories (Bukowski, *15 centimetres*).

3. Symbol des Ekelhaften, Abstoßenden und Schamlosen. Seit der Antike fördern pädagog., anthropolog., biolog. und medizin. Studien insbes. in Europa die Auffassung, Anblick und Geruch der V. seien ekelhaft und abstoßend und müssten daher versteckt werden (Duerr, 200 ff.). Dies führt zum einen zur Tabuisierung des weibl. Genitals auch in der Kunst, zum anderen zu einer symbol. Aufladung der V., die Synonym des Hässlichen und Ekelerregenden wird. In der antiken Kunst der Griechen fehlt die abgebildete V. im Gegensatz zum männl. ↗Phallus fast ganz, in der röm. Lit. wird sie »fast ausschließlich als matschig, faulig und widerlich beschrieben« (Duerr, 208), ihre Darstellung gilt als Verstoß gegen das Schamgefühl (Herodot, *Historiae* I, 8). Die offen ausgestellte V. verweist dabei entweder auf die weibl. Schamlosigkeit oder den schamlosen männl. Blick. – In der Neuzeit setzt sich die negative Stigmatisierung fort, beispielsweise, wenn Shakespeares *King Lear* in drast. Worten die Zone unterhalb des weibl. ↗Gürtels beschreibt: »Jenseits alles/ Gehört den Teufeln, dort ist Hölle, Nacht,/ Dort ist der Schwefelpfuhl, Brennen, Sieden, Pestgeruch,/ Verwesung – pfui, pfui, pfui! – Pah! Pah!« (*King Lear* IV, 6).

4. Pars pro toto des Weiblichen. Die V. als Symbol der ganzen Frau gründet u. a. auf der myth. Gestalt der Baubo, einer personifizierten V. aus der altorph. Demeter-Sage, die bei Homer als Iambe wieder auftaucht. Dem Mythos zufolge tröstet Baubo/Iambe die verzweifelte Demeter nach dem Raub ihrer Tochter, indem sie ihren Schoß entblößt und ihre Geschlechtsteile ausstellt (*Orphische Fragmente* LII; *Homerische Hymnen*: »An Demeter« 202 f.). – Die personifizierte V. ist zunächst Ausdruck positiver maternaler Potenz (↗Mutter), entwickelt sich jedoch in nachantiken Zeiten zum Zeichen einer radikalen Reduktion der Frau als ausschließlich durch ihr Geschlecht bestimmt. So begegnet sie verstärkt im Spätmittelalter, insbes. in Fastnachtsspielen, Versnovellen und Maeren. Beispielhaft liest sich die anonyme Verserzählung *Der Rosendorn*, in der ein Streit zwischen einer Jungfrau und ihrer sprechenden *fud* (veralt. für V.) damit endet, dass beide sich trennen und die *fud* eigenständig auf ↗Reisen geht. Das sprechende weibl. Geschlechtsorgan als Surrogat der ganzen Frau begegnet außerdem in Garins Fabel *Le chevalier qui fist parler le Cons* (*Der Ritter, der die Mösen zum Sprechen brachte*), die bereits eine Vorform von Diderots Roman *Les bijoux indiscrets* darstellt. Dieser erzählt von einem ↗Ring, der die weibl. V. dazu bringt, ihre erot. »Abenteuer« zu beichten (Diderot, *Die indiskreten Kleinode* IV). In Goethes *Faust* begegnet die Figur der Baubo auf einem ↗Schwein reitend eindeutig negativ konnotiert als Personifizierung alter, hässl. Weiblichkeit (Goethe, *Faust I* 3962–3967).

↗Dreieck, Feige/Feigenbaum/Feigenblatt, Frau/Jungfrau, Höhle/Grotte, Lotos, Mund, Muschel, Phallus, Po, Stein/Gestein, Tor/Tür.

Lit.: G. Devereux, Die myth. Vulva, Frankfurt a.M. 1981. – H.P. Duerr, Intimität, Bd. 2, Frankfurt a.M. 1990. – M. Gsell, Die Bedeutung der Baubo, Frankfurt a.M./Basel 2001. – S. Ross, Die *V. dentata* in Mythos und Erzählung, Bonn 1994. – V. Braun/S. Wilkinson, Social-cultural Representations of the Vagina, in: Journal of Reproductive and Infant Psychology 19 (2001), 17–32.   StC

Vampir ↗Blut, Fledermaus.

Vater / Hausvater

Symbol der göttl. und weltl. Ordnung, des weltl. Herrschers, moral.-eth. Idealität, einer innerpsych. Instanz und der dt. (Kollektiv-)Schuld. – Relevant für die Symbolbildung sind die vom V./H. ausgeübten Tätigkeiten: (a) Versorgung der Familie und der Dienstboten und sonstigen Hausangestellten mit Nahrung (↗Mahl) und Wohnraum, (b) Zeugung und Erziehung der ↗Kinder und Leitung der Untergebenen in sowohl relig. wie auch weltl. Belangen, (c) Aufrechterhaltung der relig., sittl. und moral. Ordnung, Bestrafung der im Hause (unter den Kindern und Angestellten) verübten Vergehen.

1. Antike. In der Lit. des antiken Griechenland gilt der V./H. – die Ordnungsinstanz, die das Funktionieren der häusl. Ordnung gewährleistet – als Symbol für die göttl. und weltl. Ordnung. In Homers *Odyssee* ist die Ordnung im Hause des Odysseus bedroht, solange dieser auf ↗Reisen ist; wenn der H. als Gesetzgeber fehlt, ist die gottgegebene Hierarchie gefährdet. Dieses patriarchale Modell

des gesetzgebenden V./H. als Symbol sozialer und relig. Ordnung und Hierarchie besteht bis ins MA hinein (Storp, 18).

2. Altes/Neues Testament. Im AT steht der V./H. stellvertretend für die gottgegebene Ordnung, die durch den unbedingten Gehorsam der ↗Frauen und Kinder aufrecht erhalten wird. Geschieht dies nicht, drohen Strafe und Unheil entweder durch den V. direkt oder durch Gott (Gen 9,22 und 25). In den Texten des NT redet Jesus zu Gott als seinem V. Als Sohn Gottes ist Jesus auserwählt, den Willen des V. zu erfüllen, den Menschen von der göttl. Ordnung und die göttl. Regeln zu künden und ihnen in der Erfüllung dieser Gebote den ↗Weg ins Himmelreich (↗Himmel) zu weisen (Mt 25,34).

3. Mittelalter. In der Lit. des MA erhält der Sohn nicht nur sittl. und moral. Unterweisung vom V. (Hartmann v. Aue, *Gregorius* 190–272), sondern der Sohn kann sich an den Heldentaten seines V. erbauen und sich durch die von ihm und den Vorfahren überlieferten Geschichten zu eigenen Taten anspornen lassen, wie in Wolframs v. Eschenbach *Parzival* (55, 17–56, 26): Gachmuret, Parzivals V., verlässt seine schwangere Frau Belakane nicht, ohne dem ungeborenen Sohn einen Brief mit Genealogie und Herkunftsgeschichte zu hinterlassen. Der V. steht hier weniger für eine bestimmte Ordnung als vielmehr für ein Ideal der Männlichkeit sowie für ein eth.-moral. Ideal, das vom Nachgeborenen mit dem Ziel der Initiation erlangt werden muss.

4. 18. Jahrhundert. Die Übertragung des christl. Modells eines strafenden bzw. gütigen V. auf die bürgerl. Familie verurteilt schon Herder als »schändlich und schädlich« für das zeitgenöss. Leben und erkennt sie als »*ehrfurchtvolle Ergebung*« in den *Wink des Obern*« im Sinne eines »Anklebens an alte Gewohnheit« (*Auch eine Philosophie der Geschichte zur Bildung des Menschheit* I). Herder kritisiert damit die Vermischung relig. und weltl. Bereiche und einen sich darin vermittelnden Konservatismus. In der Lit. ist es insbes. das bürgerl. Trauerspiel, das den Familienvater als strafenden bzw. vergebenden Gott hervorhebt. So entscheidet in Lessings *Emilia Galotti* (V, 7) der V. Emilias am Ende gottgleich über Leben und Tod der Tochter, während in Schillers *Kabale und Liebe* mit dem Musikus Miller und dem Präsidenten je ein mildes, vergebendes und ein strafendes gött. Ordnungsprinzip symbolisiert werden.

5. 19. Jahrhundert. Im dt. Klassizismus liegt der Akzent auf der Versorgungstätigkeit, die der H. für seinen Hausstand ausübt. Sowohl Goethe als auch Schiller zeigen H., die ihre Familie weniger mit strenger Hand regieren denn sich um das Wohl der Familienmitglieder sorgen (Goethe, *Der Erlkönig*; *Götz von Berlichingen* I; *Wilhelm Meisters Lehrjahre* V; Schiller, *Wilhelm Tell*). Darüber hinaus fungiert in Schillers *Wilhelm Tell* der Protagonist nicht nur als Beschützer seiner eigenen Familie, er wird gleichsam zum H. für die gesamte ↗Schweiz, indem er für die Unabhängigkeit der Bürger von den Landvögten kämpft. Die H.figur Tell steht hier symbolisch für den milden, gütigen Monarchen (↗Kaiser/König/Fürst), dem das Wohl seiner Untergebenen am Herzen liegt wie einem H. das Wohl seiner Kinder und Hausangestellten. – Während die Autoren der Romantik sich meist nurmehr ironisch auf das Bild des gottgegebenen Leiters und Erziehers der Familie beziehen (z. B. E.T.A. Hoffmann, *Lebensansichten des Katers Murr* II, 3), entwirft der dt. Realismus vielleicht zum letzten Mal positive V.bilder. Der V./H. symbolisiert hier das monotheist. Gottesbild des Christentums und steht für den milden und vergebenden Gott des NT, der dem Gläubigen die Sünden bei Reue erlässt und an eine gelingende Entwicklung durch Läuterung glaubt (Stifter, *Bunte Steine: Granit; Kalkstein*). In Stifters *Nachsommer* wie auch in Kellers *Grünem Heinrich* sorgt er für die gelingende Integration des Individuums in die Gesellschaft. Diesen positiven V.figuren steht im Realismus allerdings ebenso eine Reihe strenger, unnachsichtiger V.figuren gegenüber (Keller, *Romeo und Julia auf dem Dorfe*; Storm, *Der Schimmelreiter*), die sowohl den strafenden alttestamentl. Gott als auch die etablierte Gesellschaftsordnung verkörpern.

6. 20. Jahrhundert. Im Expressionismus ist der V./H. weniger als eigenständige lebensweltl. Person zu verstehen denn als durch Erziehung und Sozialisation verinnerlichter, in der erzählten Wirklichkeit nach außen verlagerter Persönlichkeitsanteil eines Protagonisten oder einer Erzählinstanz. In diesem Zusammenhang kommt der V./H. z. B. in den Werken Kafkas vor (z. B. *Beim Bau der chinesischen Mauer; Das Urteil*). Hier repräsentiert die V.figur das Über-Ich, das dem Individuum Verbote und Regeln auferlegt bzw. das Verhalten des Individuums einschränkt. – Die Nachkriegs- und Gegenwartslit. verwendet die V.figur für die Auseinandersetzung mit der jüngsten dt. Vergangenheit und der Täterschaft in Bezug auf den Faschismus (Bachmann, *Malina*; Bernhard, *Auslöschung*): Der V. steht nun für die Schuld jener Generation, die den Nationalsozialismus befürwortet oder zumindest nicht verhindert hat. Oft müssen die Figuren diesen schuldigen V., dessen Prinzipien durch Erziehung verinnerlicht wurden, in sich selbst erkennen und besiegen – die Auseinandersetzung mit dem V. wird so zur Auseinandersetzung mit der eigenen Schuld (P. Schneider, *Vati*).

↗Himmel, Kind, Mann, Mutter, Phallus.

Lit.: E. Gotto, V.fiktionen, Stuttgart 2001. – Die Sprache des V. im Körper der Mutter, hg v. R. Haubl/E. Koch-Klenske, Gießen 1984. – U. Storp, V. und Söhne, Essen 1994. MR

Veilchen

Symbol der Verjüngung, Bescheidenheit und Treue. – Relevant für die Symbolbildung sind (a) der Kontrast zwischen der Zartheit der ↗violetten Blüte (↗Blume) und der Zähigkeit der Pflanze, (b) ihr Blühen im ↗Frühling und (c) ihr verborgenes Wachstum nah am Boden in ↗schattigen Regionen.

In der antiken Mythologie steht das V. in bes. Beziehung zum Übergang zwischen Leben und Tod: Als Persephone/Proserpina auf einer Wiese V. pflückt, wird sie in die Unterwelt entführt; die V. blühen zum Zeitpunkt ihrer Rückkehr im Frühling wieder auf (*Homerische Hymnen*: »An Demeter«). Besonders in der neuzeitl. Lit. gilt das V. als Bote des Frühlings (Mörike, *Er ist's*) und steht für Jugend und Verjüngung (Schiller, *Kabale und Liebe* I, 3; *Wallenstein* I, 4). Seit der christl. Ikonografie des MA versinnbildlicht das V. die Eigenschaften Demut, Bescheidenheit und ↗jungfräul. ↗Mutterschaft der Gottesmutter Maria (Aretino, *Ragionamenti*). – Eine doppelte Bedeutung trägt das V. in der Liebessymbolik. Aufgrund seines betörenden Duftes gilt es als Attribut der Liebesgöttin Aphrodite (Homer, *Kyprien*; Benn, *Kurkonzert*) und verweist auf Sinneslust und Verführungskunst (*Des Knaben Wunderhorn* I, 329: *Knabe und V.*). Andererseits symbolisiert das V. bes. im Kontext der im 19. Jh. in Mode gekommenen Blumensprache die Tugenden der keuschen, aufopferungsvollen Liebe (Goethe, *Das V.*; Ganghofer, *Der hohe Schein*). Welkende V. bezeichnen dementsprechend vergangene (Heine, *Auto-da-fé*) bzw. stürmische, aber wenig ausdauernde, meist jugendl. Liebe (Shakespeare, *Hamlet* I, 5). Die symbol. Zweideutigkeit im Liebesdiskurs wird z. B. von Heine (*Entartung*) ironisierend aufgegriffen; auch bei Ebner-Eschenbach (*Die V.*) findet das Symbol iron. Verwendung: Als Strafe für Unaufrichtigkeit werden V.sträuße aus dem ↗Fenster geworfen. Schließlich kann sich die Treuesymbolik im Andenken an die verstorbene Bekannte zur patholog. Besessenheit wandeln (Schnitzler, *Blumen*).

↗Blume, Frühling.

Lit.: DLS, 223–225. – M. Heilmeyer, Die Sprache der Blumen, München 2000, 84. – Ch. Krauß, … und ohnehin die schönen Blumen, Tübingen 1994, 134–138. – L. Verborgen, Die Blumensprache, Frankfurt a.M. 1990, 133. EB

Venedig

Symbol der idealen Stadt, der Schönheit und Todesverfallenheit sowie des Irrealen. – Relevant für die Symbolbildung sind (a) die geograf. Lage der ↗Stadt am ↗Wasser, (b) ihr wirtschaftlich-kultureller Reichtum und ihre Staatsform der Republik, (c) der oriental. Einfluss auf das Stadtbild und (d) die unübersichtl. Straßenanlage.

1. *Vorromantik.* Die geograf. Lage V. an der Adriaküste, die einen wirtschaftl.-kulturellen Austausch mit den Ländern des östl. Mittelmeers und den Aufstieg zur prosperierenden Seehandelsmacht ermöglicht, und auch die staatl. Organisationsform als oligarchisch geführte Republik lassen V. schon früh zum Inbegriff einer idealen, ihren Bewohnern Freiheit und Wohlstand garantierenden Stadt werden. Der im Stadtbild sichtbare oriental. Einfluss und die topograf. Einmaligkeit als scheinbar dem Wasser entstiegene Stadt fügen diesem Bild stets auch Züge des Exotischen und Irrealen hinzu (⁊Orient, ⁊Osten). Bereits in den Chroniken und Reiseberichten von Kaufleuten, Pilgern und Künstlern aus dem 15. und 16. Jh. erscheint V. seiner Topografie, seiner polit. Institutionen und seiner Reichtümer wegen als *miraculum*. Bis ins 20. Jh. bleibt V. »das Unvergleichliche, das märchenhaft Abweichende« (Th. Mann, *Der Tod in V.* III), das paradigmat. Modell idealer *urbanitas* (Calvino, *Le città invisibili*). – Die Einmaligkeit der Stadt wird auch damit verknüpft, dass sie »allzeit jungfrau geblieben und niemals erobert worden«, wie es von Zesen 1645 in *Die adriatische Rosemund* formuliert. Diese für Städte typ. weibl. Allegorisierung ist im Zusammenhang mit dem allg. als schön und faszinierend geltenden V. bes. ausgeprägt und bildet eine der bis in die Moderne fortwirkenden Konstanten der V.-Lit. (Wordsworth, *On the Extinction of the Venetian Republic*; Platen, *Sonette aus V.*; Rilke, *Venezianischer Morgen*). Shakespeares *Othello* stellt eines der wichtigsten vormodernen Bsp. für den strukturell und thematisch mit V. verbundenen Konnex von Liebe und Tod dar; ferner, durch die Figur des Jago, auch für das Motiv der Täuschung, das u. a. wegen der Berühmtheit des venezian. ⁊Karnevals und seiner ⁊Masken traditionell mit der Lagunenstadt assoziiert wird.

2. *Romantik und Dekadenz.* V. als Ort der Verstellung und des Betrugs sowie des schönen Scheins, hinter dem sich das Grauen verbirgt, bildet ein beliebtes Motiv (schauer-)romant. Lit. (Schiller, *Der Geisterseher*; Radcliffe, *The Mysteries of Udolpho*). Der Orientierungsverlust im ⁊Labyrinth. Gassengewirr fungiert zudem als Zeichen psych. Desorientierung. – Ein eigener literar. V.-Mythos konstituiert sich zu Beginn des 19. Jh. und ist wesentlich beeinflusst von der 1797 erfolgten Besetzung V. durch napoleon. Truppen und der sich daran anschließenden Eingliederung V. in die österr. Herrschaftsbereich. Der Untergang der stolzen Seerepublik bietet sich den romant. Schriftstellern als ideale Projektionsfläche für die Gestaltung melanchol. Untergangsstimmung an. Betrauert bereits Wordsworth in dem Gedicht *On the Extinction of the Venetian Republic* den Fall V., so ist es v. a. Byron (*Childe Harold's Pilgrimage* IV, 3), der die Trauer über den Verlust V. in die seither vielfach zitierte und variierte Formel des eleg. »no more« bringt:

»In Venice Tasso's echoes are no more« (»Verstummt sind in V. Tassos Lieder«). Byrons Klage über die vergängl. Pracht V., die gerade dieser Vergänglichkeit neue ästhet. Reize abgewinnt, findet sich bei zahlreichen romant. und nachromant. Schriftstellern wieder (Shelley, *Lines Written Among the Euganean Hills*; Platen, *Sonette aus V.*; Gautier, *Voyage en Italie*) und bildet den Anfangspunkt einer Linie, die von der ›⁊Ruinen-Romantik‹ zur Endzeitstimmung der Fin de Siècle-Lit. führt, der V. zum Symbol todesnaher Schönheit und morbider Erotik wird (Barrès, *La mort de Venise*). – Byrons Beharren auf der Schönheit V. (»doch weilt noch Schönheit hier«, *Childe Harold's Pilgrimage* IV, 3) konturiert V. als ästhet. Objekt, das losgelöst von den realen Gegebenheiten vorrangig in der Imagination des Künstlers existiert. Diese Semantisierung V. zum Kunst-Objekt, die sich dem artifiziellen Charakter der scheinbar nur aus ⁊Stein und Wasser bestehenden Stadt verdankt, bleibt auch für die nachfolgende Künstlergenerationen verbindlich: »Nichts berührt unmittelbar als reales Leben: alles wird objektiv, wie ein Kunstwerk« (R. Wagner, *Klang einer Stadt*). Nietzsche fasst V. als Erfahrungsraum einer ästhet.-dionys. Ekstase: »Gondeln, Lichter, Musik –/ trunken schwamm's in die Dämmrung hinaus …« (*Ecce homo:* »Warum ich so klug bin« VII). In ihrer Todesnähe ist V. als Stadt der Kunst und der Künstlichkeit jedoch auch prädestinierte Kulisse für die Problematik des Künstlers, der an seinem Schönheitsbegehren scheitert (Th. Mann, *Der Tod in V.*). – Der für V. charakteristische Themenkomplex von Liebe und Gefährdung, Schönheit und Tod kann schließlich myth. Dimension annehmen und V., darin ⁊Rom vergleichbar, zum Schauplatz eines transhistorisch gedachten Kreislaufes von Werden und Vergehen stilisieren: Der Canal Grande ist der ⁊Strom des Lebens, auf dem die Gondeln, Wiegen und Särge zugleich, ihrer Bestimmung entgegenfahren (Goethe, *Venezianische Epigramme* VIII; C.F. Meyer, *Auf dem Canal grande*).

3. *20. Jahrhundert.* Wenn auch V. innerhalb der literar. Dekadenz zweifellos die größte Wirkungsmächtigkeit ausgeübt hat, bleibt die Adriastadt auch in der Lit. des 20. Jh. präsent. G. Hauptmann gibt in *Und Pippa tanzt* einer neuromant. Sehnsucht nach der Märchenstadt V. Ausdruck, doch formiert sich auch eine ›Anti-Poesie‹, die Farbenpracht und Lebenslust angesichts der Einsamkeit des Einzelnen ausblendet (Trakl, *In V.*) oder bewusst die groteskhässl. Seiten V. heraushebt (Werfel, *Fondamenta Labia*). Den ital. Futuristen um Marinetti wird V. zum Inbegriff eines reaktionären, für die Moderne inadäquaten Schönheitskonzepts (Marinetti, *Contro Venezia passatista*). – Kann Hesse das Byronsche Diktum des »no more« noch mit ›Poesie‹ und ›⁊Traum‹ verbinden (»Seit langem sind die Prachtpaläste leer,/ Dort singt kein Sänger, malt kein Ma-

ler mehr«, *Lagune*), und gelingt I. Kurz eine bildgewaltige poet. Wiederbelebung des »schönen Leichnams« V. (*Nekropolis*), so wird der Untergang V. im Verlaufe des 20. Jh. profaner mit Massentourismus und Umweltverschmutzung erklärt. In dieser Perspektivierung kann V. erneut zum Symbol einer diesmal jedoch unter veränderten Vorzeichen stehenden Katastrophen- und Endzeitstimmung werden (Busta, *Oktoberabend in V.*; Kunert, *V.* I; s. 2.). Gleichwohl bleibt V. auch ästhet. Imaginationsraum (Ausländer, *Mein V. versinkt nicht*) und noch am Ende des Jahrhunderts »das größte Meisterwerk« (Brodsky, *Fondamenta degli incurabili*).
↗Labyrinth, Rom, Stadt, Wasser.

Lit.: A. Corbineau-Hoffmann, Paradoxie der Fiktion, Berlin 1993. – B. Dieterle, Die versunkene Stadt, Frankfurt a.M. 1995. – A. Landwehr, Die Erschaffung V., Paderborn/München 2007. – C. Schenk, V. im Spiegel der Décadence-Lit. des Fin de siècle, Frankfurt a.M. 1987.   SG

Venus ↗Abendstern, Morgenstern.

Verpflanzen ↗Aufpfropfung.

Vers
Symbol der Dichtkunst und des mimet. Ausdrucks. – Relevant für die Symbolbildung ist die metr. und rhythm. Artikulation des Sprachlauts in der Dichtung.
1. Symbol der Dichtkunst. Als Zeichenträger und elementare Bauform der Dichtung hat der V. eigene Symbolfunktion (»Ein V. ist Bildern gleich« übersetzt z. B. Gottsched die horaz. *ut pictura poesis*-Formel). V. sind zumeist metrisch festgelegt, sollen als symbol. Form jedoch universale Ausdrucksmöglichkeiten bieten. Die Semiotik des V. erschließt sich daher im spezif. Zusammenhang der dargestellten Inhalte (paradigmatisch Hofmannsthals Distichon: »Trennt ihr vom Inhalt die Form, so seid ihr nicht schaffende Künstler./ Form ist vom Inhalt der Sinn, Inhalt das Wesen das Form«). Voraussetzung für die Symbolbildung ist somit die Anpassungsfähigkeit metr. Ordnungen (dazu satirisch Vischer, *Anwendbar*: »Den V., den hab ich im Vorrat gemacht«). Sinnbildlich sind dabei v. a. Bau und Vortrag des V., der Begriff selbst ist in der Poesie wenig produktiv. Symbolkraft entfaltet der V. vielmehr als Formelement der Lyrik, Epik und Dramatik. – Begriffsgeschichtlich wird lat. *versus* (»Reihe«, »Linie«) seit der Antike in der dichtungsbezogenen Bedeutung (gr. *stíchos*) gebraucht. Die Bezeichnung ›V.fuß‹ erlaubt das Spiel mit körperbezogener Bildlichkeit: z. B. als Aufforderung in Gottes Gebot zu »wandeln« zu Beginn von Otfrids v. Weißenburg *Evangelienbuch* (I, 1; ↗Fuß/Fußspur); als Scherz dagegen in Tiecks *Prinz Zerbino* II, 6: »Nun, der V., weiß Gott, war ziemlich lahm auf den Füßen.« Das

entsprechende V.maß ist der Hinkjambus mit Trochäus im sechsten Fuß (A.W. Schlegel, *Der Choliambe oder Skazon*: »Wo die Kritik hinkt, muß ja auch der V. lahm sein«). Seit H. Sachs ist der V. zudem mit dem Bildfeld des (Schuster-)Handwerks (↗Schuh) verknüpft (Wagner, *Die Meistersinger von Nürnberg* I, 3: »Doch seit mein Schuster ein großer Poet,/ gar übel es um mein Schuhwerk steht?«). – Kulturgeschichtlich gilt der V. als Inbegriff des Poetischen. Entsprechend beschränkt sich der frühneuzeitl. Poesiebegriff humanist. Prägung auf Formen gebundener Rede (*oratio ligata*). Während der V. in der volkssprachigen ma. Lit. v. a. zur Memoration dient, symbolisiert er in der dt. Barockpoesie eine Künstlichkeit, welche die neubegründete Dichtung gegenüber den europ. Kulturnationen profilieren soll. Gegen die frz. Dichtkunst polemisiert z. B. Wernickes Epigramm *Auf den Lauf und Fall französischer V*. Im Gegensatz zur dt. V.fußmetrik steht dabei die silbenzählende V.regulierung in Frankreich als Symbol mangelnder Kunstfertigkeit. In Wernickes *Über gewisse Gedichte* wird jedoch auch der fußmetrisch regulierte V. zum Symbol geistloser Formkunst. – Dient schon der antike V. etwa in der dithyramb. Chorlyrik als Mittel hymn. Gottesanrede und -verehrung (Dionysos-Kult), erscheint er auch in der dt. Literaturgeschichte als Medium göttl. Inspiration (*furor poeticus*). Im *Buch von der Deutschen Poeterey* (II) versteht Opitz Dichtung als »verborgene Theologie«, eine Linie, die sich bis zu Celans *Einem, der vor der Tür stand* verfolgen lässt. Als euphon. Mittel verbürgen V. dabei nicht nur Kunstfertigkeit, sondern gelten auch als Symbol der Sinnlichkeit von Poesie (Günther, *An die ungetreue Leonore*: »Spiel, Küße, Tanz und V. sind Sträußer treuer Hand«); stellvertretend für die Kunst- und Genussfähigkeit des Menschen zählt auch Tieck, *Dichterleben*, den V. zu den »Süßigkeiten der Dichtenden« (II), noch Hebbel betont das ästhet. Primat des V. (*V. und Prosa*). – Negative Symbolfunktion erwächst zunächst aus dem frühneuzeitl. Gegensatz von Dichter (*poeta, ingenium*) und V.schmied (*versificator*), welcher das gebundene »Wort kunstrichtig«, aber »gezwungen«, ohne »sinnreiche Einfälle« gebraucht (Harsdörffer, *Poetischer Trichter* I, Vorrede). Mit dem Ideal natürl. Sprachverwendung im 18. Jh. (z. B. Bürgerl. Trauerspiel) und der Autonomisierung der Dichtkunst löst sich die Poesie auch von der Verbindlichkeit metr. Normen, die als oberflächlich, künstlich, überkommen oder einengend gelten: so etwa in der freirhythm., ein festes Silbenmaß aufgebenden Hymnik Klopstocks als Zeichen des inspirierten göttl. Sängers (*Die Allgegenwart Gottes*) oder in Goethes *Prometheus* als Ausdruck ›ungefesselten‹ Freiheitsdrangs. Die Verselbständigung metr. Sprache thematisiert auch Schillers *Dilettant*, ein Symbol gespreizten Ausdrucks ist sie etwa bei Heine: »Stolz auf hohen Rossen trabend/ Spintisieren V.

und Reime« (*Jehuda Ben Halevy* II: *Bei den Wassern Babels*). Willkür und Selbstzweck von V.konventionen beklagt um 1900 auch Holz' wirkungsmächtiges Manifest *Revolution der Lyrik*. Den Gegensatz von artifizieller Formkunst und materiellem Leben gestaltet z. B. Hofmannsthals Palimpsest *V., auf eine Banknote geschrieben*, in dem der V. als schales »Bildwerk und Gezweig« erscheint. So reflektiert das Spiel mit trad. V.formen in der Moderne häufig deren Belanglosigkeit (W. Klemm, *V.*). In Jandls Sprechoper *Aus der Fremde* führt der selbstlaufende »Motor« der Dreizeiler den Dichter zwar noch aus einer Schreibkrise (IV), entlarvt dabei aber auch die Erschöpfung poet. Sprache und den Verlust des dichter. Subjekts.

2. Symbol als Formelement literarischer Texte, mimetischer Gebrauch. Als ›tanzhafte Rede‹ (J. Trier) kann die V.form Textinhalte in Schriftbild und Vortrag mimetisch aufnehmen. Die Nachahmung vorgeprägter V.maße provoziert zudem häufig bedeutungshaltige Gattungserwartungen (z. B. Limerick, Klapphornverse als Witzformen; Distichon als eleg. Maß) oder verweist auf bestimmte Autoren (Hexameterepos Homers, Sonettdichtung Petrarcas usw.). Das Zitieren von Vorbildern (*imitatio auctoris*) nimmt sich Literaturen und Kulturräume zum Bsp.; so etwa auch Goethes *Römische Elegien*, die in formal-stoffl. Geschlossenheit antike Klassizität anstreben, oder Platens *Ghaselen*, die, von arab. Inhalten weitgehend losgelöst, als Formvariante des dt. Orientalismus erscheinen (↗Orient). – Auf der Ebene des Lautes bringt etwa im Zwischenaktchor der »Rasereyen« aus Gryphius' *Papinian* der Daktylus das Schmieden der Rachedolche zum Klingen (IV, 7). Ähnlich singt Gretchen das Lied *Meine Ruh ist hin* im Rhythmus ihres Spinnrads (Goethe, *Faust I*, »Gretchens Stube«); mimet. Geräuschkulissen erzeugen auch die Zeilensprünge in C.F. Meyers *Der römische Brunnen* (Überfließen der Wasserschalen), die Doppelsenkungen in Stadlers *Fahrt über die Kölner Rheinbrücke bei Nacht* (Zug auf Eisenbahnschienen) oder die Trochäen in Arps *Sekundenzeiger* (Ticken der Uhr). – Im Epos markiert der V. traditionell heroische Sprachverwendung (als klass. Hexameterdichtung bei Homer, Vergil oder Goethe, *Hermann und Dorothea*; im altnord. Stabreimvers *Beowulf*, *Heliand*, *Edda* u. a.). Nach Maßgabe metr. Angemessenheit (*ratio decori*) kann der Wechsel zwischen Blankvers und Prosa bei Shakespeare das sprachl. Gefälle zwischen Edelleuten und Bediensten symbolisieren (so z. B. in *Twelfth Night*; parodiert bei Hauptmann, *Schluck und Jau*) oder die höfische Ordnung und deren Außerkraftsetzung außerhalb des Hofes (*A Midsummer Night's Dream*). Noch Brecht will die Händler in *Joe Fleischhacker* V. sprechen lassen, da ihre Unternehmungen »nicht weniger folgenschwer« seien, als die »Schlachten der Heerführer in den Kriegen […] bei Shakespeare«. Die trad. metr. Gestaltung der Sozialhierarchie re-

flektieren die V. »Und es sind zwei Sprachen oben und unten/ Und zwei Maße zu messen« in Brechts *Die heilige Johanna der Schlachthöfe* (XII), wo der Blankvers als verstellte ↗Stimme die Absichten der Händler verhüllt. – Sprachl. Unbeholfenheit als Parodie auf den Vorgänger H. Sachs symbolisiert der satir. V.gebrauch in Gryphius' *Peter Squentz*, wenn die Handwerker *Pyramus und Thisbe* (II) vor fürstl. Publikum in Knittelversen inszenieren (ähnlich Hauptmann, *Festspiel in deutschen Reimen*). Das bisweilen Unverständliche poet. Sprache karikieren z. B. Härtlings *Murmelverse*. Fremdsprachigkeit symbolisiert der Blankvers in Lessings *Nathan*; als »orientalischer Ton« (Brief an Ramler, 18.12.1778) distanziert er das Stück von der Erfahrungswelt des Zuschauers und markiert es als »dramatisches Gedicht« (so der Untertitel); die poet. Lizenz erlaubt dem unter Schreibverbot stehenden Lessing, den Fragmentenstreit auf seiner »alten Kanzel« dem Theater fortzusetzen (Brief an Reimarus, 6.9.1778). Künstler. Universalität und Mehrsprachigkeit schließlich symbolisiert Goethe im *Faust*, der als *summa metrica* nahezu alle Reim- und V.arten erprobt. Helena (Antike) spricht jamb. Trimeter (8488 ff.), während sich Faust (moderne Welt) im Blankvers annähert (9192 ff.); die Vereinigung wird formal schließlich im ↗Reim nachvollzogen (9377 ff.). In C.F. Meyers Gedicht *Zwei Segel* unterstreicht die abwechselnd männl. und weibl. Kadenz die symbol. Lesart des Gedichts als Liebesspiel. – Neben solchen akust. Mimesisformen steht der ikon. Gebrauch. In Czepkos Epigramm α *und* ω imitiert die Kreuzstellung des V. den myst. Grundgedanken »Das Ende, das du suchst, das schleuß in Anfang ein,/ Wilt du auf Erden weis', im Himmel seelig seyn.« Als Parodie auf Goethes *Wanderers Nachtlied* reduziert Morgensterns *Fisches Nachtgesang* den ›Ausdruck‹ auf die inhaltsleere Bildlichkeit der metr. Notationszeichen für Längen und Kürzen. J. Krüss' *Modell für deutsches Heimatlied* verbildlicht durch tabellar. Anordnung von V.elementen die Austauschbarkeit poet. Ausdrucks. Im Figurengedicht (↗Alphabet; ↗Quadrat) bildet die Anordnung des V. im Schriftbild hingegen einen eigenen Gegenstand ab (z. B. Greiffenberg, *Über den gekreutzigten Jesus*; ↗Kreuz). Mit der opt. Zerstreuung des Grundworts ›Wind‹ in ↗Buchstaben ist schließlich bei Gomringer auch der V. als poet. Kommunikationsmittel aufgegeben. – Zahlensymbolische Bedeutung hat die Terzine als ep. Grundvers in Dantes *Divina Commedia*. Die metrisch fortlaufende ↗Dreizahl verweist auf die Dreieinigkeit und die Jenseitsbereiche »Inferno«, »Purgatorio« und »Paradiso«, denen jeweils 33 Gesänge zugeschrieben sind (restaurativ nachgeahmt etwa bei Hauptmann, *Der große Traum*; parodiert von Enzensberger, *Der Untergang der Titanic*). – Eine Abweichung von metr. Vorgaben (*metrica necessitas*) gestaltet z. B. Flemings Ode *Auff Abscheiden zweyer Vertrauten* als

symbol. Geste mit dem allein stehenden Schlussvers (Waise) »Wolan! so scheiden wir«, der gegen die Formerwartung unbeantwortet bleibt und so den Moment der Trennung nachvollzieht. Satirisch inszeniert Mörikes *Häusliche Szene* den Ehestreit ums letzte Wort in eleg. Distichen (zugleich Symbol für die geschwollene Ausdrucksweise des philisterhaften Gatten). Der schließlich unerwiderte Hexametervers des Ehemanns symbolisiert die Zerstrittenheit, die erst durch das Einlenken der Ehefrau im Pentameter aufgelöst wird. Als pietätvolles Verstummen der poet. Darstellung vor dem Tod Jesu Christi lässt sich der Abbruch des Hexameterverses in Klopstocks *Der Messias* (X, 1037) deuten; als Einbruch persönl. Leidens in die ↗Reinheit des göttlich inspirierten Dichterworts erscheint dagegen das unvermittelte Abreißen des V. in Hölderlins Hymne *Wie wenn am Feiertage*. Die Spannung zwischen V. form und Inhalt nutzen schließlich viele Barocksonette (z. B. Gryphius, *Es ist alles eitel*), in denen der Alexandriner als heilsgewisses Zeichen des göttl. *ordo* in formaler Antithese zur ird. Vergänglichkeit steht. Satirisch gewendet erscheint die Inkongruenz von Form und Inhalt etwa in Goethes Hexameter-Tierepos *Reineke Fuchs* oder auch in Heines *Atta Troll*, das die Romanzenform der span. Heldenepik parodiert. Schockierende Wirkung setzt die Form-Inhalt-Spannung z. B. in G. Heyms *Ophelia* oder Eichs Kriegsgedicht *Latrine* frei.
↗Gewebe/Faden, Reim, Reinheit.

Lit.: RDK IV, 677–698. – Ch. Küper, Sprache und Metrum, Tübingen 1988.   JW

Versteinerung ↗Fossil.

Verzehren ↗Essen/Verzehren, Mahl.

Vier / Vierzig
Symbol der kosm. Ordnung und der Ganzheit, des ↗Wartens und der Prüfung. – Relevant für die Symbolbildung sind die der Zahl unterlegbaren symmetr. Figuren.
1. Vier. Die V. gilt als Makro- und Mikrokosmos strukturierende Ordnungszahl: So werden je vier Elemente (↗Erde, ↗Feuer, ↗Wasser, Luft), Weltgegenden (*orbis quadratus*), Himmelsrichtungen (↗Norden, ↗Osten, ↗Süden, ↗Westen), Jahreszeiten (↗Frühling, ↗Sommer, ↗Herbst, ↗Winter), Weltalter (↗Gold, ↗Silber, Bronze, ↗Eisen; vgl. Dan 2,32 ff.), ↗Winde oder auch Temperamente unterschieden. In bibl. Trad. verbindet sich die kosmisch-ordnungsstiftende Funktion der V. (Ez 7,2; Dan 11,4) mit dem Aspekt der Erlösung, so in den vier ↗Buchstaben des Gottesnamens (JHWH), der Zahl der vier Evangelisten, Paradiesflüsse (Gen 2,10 ff.) und ↗Kreuzesarme. – V.-Einteilungen finden sich seit der Antike in literar. Werken aller Art (Vergil, *Georgica*; Augustinus, *De doctrina christi-*

ana). Gedichtzyklen (Thomson, *The Seasons*; Saint-Lambert, *Les saisons*; Wedekind, *Die vier Jahreszeiten*) nehmen sich die Jahreszeiten thematisch und tektonisch zum Vorbild; Zola orientiert sich mit seiner Romantetralogie *Les quatre évangiles* an den Evangelien; Broch strukturiert in *Der Tod des Vergil* den letzten Tag im Leben des röm. Dichters nach den vier Elementen. Es treten auch komplexere Bezugssysteme auf, die mit der Zahl V. verbunden sind: Celtis' *Quattuor libri amorum* spiegeln u. a. die vier Jahreszeiten, Himmelsrichtungen und Lebensalter wider; Eliots *Four Quartets* sind ebenfalls in mehrfacher Weise (musikalisch, geografisch, jahreszeitlich und elemental) auf die V. bezogen. *Finnegans Wake* von Joyce spielt nicht nur auf die vier Evangelisten, die vier Himmelsrichtungen und die vier Provinzen Irlands an, sondern ist auch nach dem zykl. Geschichtsmodell Vicos untergliedert (*Scienza Nuova*), dessen vierte Phase, das chaot. Interim des »ricorso« nach dem göttl., dem heroischen und dem menschl. Zeitalter, von Joyce in signifikanter Weise erweitert wird. Roubaud nutzt die V. als wichtigstes Strukturelement in *La princesse Hoppy*, seinen *Partitions rouges* liegt die V. als hl. Zahl der nordamerikan. Indianer zugrunde.
2. Vierzig. Die V. ist die Zahl des Wartens, der Erprobung und der Abgeschiedenheit: Die Sintflut (↗Flut/Dammbruch) währt vierzig Tage und ↗Nächte (Gen 7,4), Moses wartet vierzig Tage auf dem ↗Berg Sinai auf die Gebote Gottes (Ex 24,18), das Volk der Israeliten muss vierzig ↗Jahre durch die ↗Wüste ziehen (Num 32,13), Jesus fastet vierzig Tage in der Wüste (Mt 4,2). Dieser Symbolgehalt der Prüfung findet sich auch in der Lit. wieder, etwa in Werfels *Die vierzig Tage des Musa Dagh* oder in Ecos in vierzig Kapitel gegliedertem Roman *L'isola del giorno prima*. In dem oriental. Märchen *Ali Baba und die vierzig Räuber* fungiert die V. als symbol. Rundzahl schicksalhafter Bewährung, wenn der Titelheld mit Hilfe einer klugen Sklavin sein Leben und den erbeuteten Schatz erfolgreich gegen die rachsüchtigen Räuber verteidigt.
↗Quadrat, Symmetrie, Warten, Zahlen.

Lit.: LmZ, 332–402, 709–723. – WBS, 389 f. – P. Bungus, Numerorum Mysteria, hg. v. U. Ernst, Hildesheim/ Zürich 1983. – W. Haubrichs, Ordo als Form, Tübingen 1969. – E. Hellgardt, Zum Problem symbolbestimmter und formalästhet. Zahlenkomposition in ma. Lit., München 1973. – H. Rölleke, De Numero XL, in: Cistercienser Chronik 108 (2001),343–350.   SG

Violett
Symbol des Übergangs und des Gleichgewichts, der Kostbarkeit und der Königswürde, aber auch des nahendes Unheils sowie (als Ultraviolett) verborgener Aspekte der Wirklichkeit. – Relevant für die Symbolbildung ist der Charakter des V. als Mischfarbe.

Als Mischfarbe steht V. zwischen ↗Rot und ↗Blau; ist das Rot stärker, ergibt sich ↗Purpur, überwiegt der Blauanteil, entsteht Lila (Walker, *Die Farbe Lila*). Damit weist V. auch auf die Bedeutung des Gleichgewichts zwischen zwei Polen hin und ist Symbol für die Vermittlung (vgl. den violetten Schreibtisch in E.T.A. Hoffmann, *Der goldne Topf* XII). Der Aspekt der Mischfarbigkeit macht im 20. Jh. die Farbe V. zum Symbol der Frauenbewegung: V. steht dort für die Erweiterung der herkömml. Rollenmodelle von ›männlich blau‹ und ›weiblich rot‹. – Wie Purpur symbolisiert V. im Altertum und im Volksmärchen Kostbarkeit und Königswürde (Musäus, *Libussa;* ↗Kaiser/König/Fürst). Ein dunkles V. kann jedoch auch auf nahendes Unheil weisen (z. B. das ↗Wasser in Löhr, *Der Fischer und seine Frau*). – Ultraviolett steht demgegenüber für die Gesamtheit all jener Wirklichkeitsaspekte, die dem Menschen verborgen bleiben, da er sie mit seinen Sinnen nicht erfassen kann. Dem Ultraviolett kommt damit ein paradoxer Charakter zu: Obwohl eine Form von ↗Licht, kann es von dem menschl. ↗Auge nicht wahrgenommen werden. So symbolisiert das Ultraviolett die Überlegenheit der Sprache gegenüber den Sinnen (Dauthendey, *Ultra V.*). – Zu beachten ist auch die Homonymie des engl. *violet* und die daraus resultierende enge Verbindung zwischen der Farbe V. und dem ↗Veilchen.
↗Farben, Purpur, Veilchen.

Lit.: DLS, 223–225. – WS, 795. – W. Bunzel, Das dt.sprachige Prosagedicht, Tübingen 2005, 191–205.
IR

Violine ↗Geige/Violine/Fidel.

Vogel Roc/Roch ↗Greif.

Vogelnest ↗Nest.

Vulkan
Symbol der Unterwelt bzw. der Hölle, des Todes, der Vernichtung und der Naturgewalt, der Leidenschaften, der Sexualität und des Genies, des Krieges und der Revolution. – Relevant für die Symbolbildung sind (a) die äußere Erscheinung von V.bergen, die bei aktiven V. dem stetigen Wandel unterworfen ist, (b) die Unberechenbarkeit und Vernichtungskraft, (c) die bes. Fruchtbarkeit der Landstriche zu Füßen der V.

1. Symbol der Unterwelt bzw. der Hölle, des Todes und der (strafenden) Vernichtung sowie unberechenbarer Naturgewalt. In Mythologie und Lit. der Antike sind V. allgegenwärtig, obgleich es weder im Altgriech. noch im Lat. ein Wort für V. gibt. Der Vulkanismus wird als Lebenszeichen von unterirdisch eingesperrten Riesenwesen (Giganten, Tieren) verstanden (Hesiod, *Theogonie* 820–868; Vergil, *Aeneis* VIII, 416–423), in histor.-polit. Perspek-

tive erscheinen V.-Ausbrüche als Zeichen göttl. Willkür (Martial, *Epigramme* IV, 44) bzw. göttl. Zorns (*Epigramme* V, 3). In christl. Sicht tritt die Assoziation mit dem Höllenfeuer hinzu, die sich auch im Aberglauben niederschlägt (HdA I, 668 f., und IV, 224). – In der neueren europ. Lit. wird die Konfiguration von fruchtbarer Umgebung und lebensfeindl. V.landschaft in das System polarer Zeichen integriert, durch welches das neuzeitl. Denken auch in seiner säkularisierten Form noch geprägt ist (Hölle/Paradies, Zeit/Ewigkeit, ↗Norden/↗Süden, Antike/Moderne etc.): in der dt. Lit. des Barock (Opitz, *Vesuvius*), zentral dann v. a. in der Goethe-Zeit, z. B. in Herders Gedicht *Jupiter* und Goethes *Italienischer Reise*, wo das Bild der »vulkanischen Hölle« im »Fensterblick« auf den Vesuv (2.6.1787; ↗Fenster) unter dem Aspekt »des großen Ganzen« austariert wird. In Jean Pauls *Titan* wird die »erhabne Hölle« des Kraters eine »Werkstätte des jüngsten Tages« genannt, der V. indes auch historisch perspektiviert als »Scherbenberg der Zeit«, der die »Asche der Jahrhunderte« sammelt (↗Asche). Vesuv, Aetna und Epomeo bilden einen »Ring der Schöpfung« (114. Zykel). In Hölderlins *Tod des Empedokles*, namentlich der letzten Fassung, wird der V. zum Ort einer vielfach codierten symbol. Ordnung: das V.feuer erscheint als »heilige Flamme«, als »Seele des Lebendigen« und der »Feuerkelch« ist »Mit Geist gefüllt« (1, 1), wobei Einflüsse der v. a. im Sturm und Drang (Heinse) geprägten Genie-Symbolik des V. deutlich werden (s. 2.). – Im 19. Jh. herrscht die polit. Symbolisierung vor (s. 3.), gegen Ende des Jahrhunderts jedoch wird die polit. Festlegung, ja Vereinnahmung der V.-Symbolik zugunsten einer neutraleren Perspektive auf das Phänomen wieder relativiert, so in Fontanes *Der Stechlin*, wo die Vorstellung einer geolog. Wechselwirkung zwischen der großen Welt der V. und der kleinen des titelgebenden märk. ↗Sees als »eitle Vorstellung« (I), von der sich die Figuren aber doch nicht ganz lösen können (XLV), fortgeschrieben wird. Auch im 20. Jh. kann das V.-Symbol noch als Anhaltspunkt einer (oft transitor.) Standortbestimmung des Individuums in einem Raum gelesen werden, der v. a. aufgrund der Unberechenbarkeit des Vulkanismus noch immer Erinnerungen an theolog.-polit. Interpretationen tradiert (Rilke, *Ein Prophet*; Benn, *Berliner Brief*, Juli 1948; Bachmann, *Lieder von einer Insel*; *Lieder von der Flucht*; Sebald, *Schwindel. Gefühle*).

2. Symbol der Leidenschaften, der Sexualität und des Genies. Bereits die Antike entwirft eine breite Skala der vulkan. Affektsymbolik: Seneca vergleicht die V.glut mit Liebesverlangen (*Phaedra* 101–103), Gram (*Hippolyt* I, 2) und Schmerz (*Hercules furens* 105 f.), Ps.-Seneca mit Eifersucht (*Hercules* 285 f.), Lucan mit Besessenheit (*Bellum civile* V, 98–100), Angst (VI, 293–295) und Wut (X, 447 f.). – In der Barock-Dichtung herrscht, unter dem Einfluss des

Petrarkismus, die Symbolisierung der Liebe vor (Hoffmannswaldau, *Auf die Bitterkeit der Liebe*; Neukirch, *Über ihre Unempfindlichkeit*). Auch in Goethes *Wilhelm Meisters Lehrjahre* werden (enttäuschte) Liebe und V. parallelisiert (II, 1); poetologisch wird der Bezug der »physikalischen« Welt des Vulkanismus und der »moralischen« Welt der affektiven Motivationen zu Beginn von Schillers *Der Verbrecher aus verlorner Ehre* thematisiert, in E.T.A. Hoffmanns *Lebensansichten des Katers Murr* steht der V. für die Leidenschaften insgesamt (I, 1), in Jean Pauls *Titan* wird vom theatral.-erot. Verführer Roquairol das (negative) Affekt-Repertoire der V.-Symbolik verkörpert (32. Zyklel). – Weitere Symbolisierungen der Sexualität finden sich häufig in der erot. Lit., in verdeckterer Form z. B. bei Keller (*Lacrimae Christi*), in der Gegenwartslit. bei W. Haas (*Das Wetter vor 15 Jahren*). – Mit Blick auf den stetigen Erscheinungswandel aktiver V. schieben sich v. a. seit dem Sturm und Drang autopoiet. Konfigurationen in den Vordergrund, die den V. als »Spiegel des Genies« (v.d. Thüsen) lesbar machen, so in Heinses *Ardinghello* (1787), wo der Vesuv als ein »Wesen, das sich selbst gemacht hat«, beschrieben wird (II, 5). Auch diese Stränge der Symbolgeschichte lassen sich bis in die Gegenwart verfolgen: In der Gestalt eines ständig sich wandelnden »Müllbergs« der Zeit erscheint der V. bei D. Grünbein als poetolog. Symbol, das stets durch die Erfahrung von »Geschichte« mit geprägt wird und seinerseits diese Erfahrung formt (*V. und Gedicht*, 1994). Die Symbolbereiche der Sexualität und des Schöpferischen können auch ironisch überblendet werden, so bei F. Weyergans' *Trois jours chez ma mère* (2005), wo die Idee des Protagonisten, ein Buch über V. zu schreiben, zugleich Alibi angesichts seiner Schreibblockade und Zeichen seiner Erotomanie ist.

3. Symbol des Krieges, der Gewalt und der Revolution. Schon bei Opitz wird die »Glut des Berges« als Hinweis auf die krieger. Selbstzerfleischung Deutschlands gedeutet (*Vesuvius*); die Kriegssymbolik findet sich später u. a. bei Ramler (*Auf ein Geschütz*), Stolberg (*Leipziger Schlacht 1813*) und Heym (*Der Krieg* I). Äußere und innere Gewalteinbrüche symbolisiert der V. in Heinses *Ardinghello* (II, 5, »Portici, Junius«). – Die wichtigste symbol. Prägung erfährt der Vulkanismus im Vorfeld und Verlauf der Frz. Revolution. Deren »vulkanische« Interpretation nimmt ihren Ausgang zunächst mit der Rede vom umlaufenden (ober- und unterird.) ↗Feuer. Dabei bleibt die V.-Vorstellung zunächst in ihrer Bewertung ambivalent, ihre positive Belegung hängt wesentlich mit der Durchsetzung der Rhetorik der Bergpartei im Nationalkonvent zusammen. Die V.-Symbolik der Revolution wird u. a. durch Forster nach Deutschland vermittelt (Brief vom 24.10.1793 an Th. Forster) und ist um 1800 literarisch vielfach belegbar (z. B. Neuffer, *An Gallien*; Hölderlin, *Hyperion* II, 1). – Auch im 19. Jh. bleibt das polit.-revolutionäre V.symbol europaweit allgegenwärtig, in Italien (A. Manzoni), Frankreich (Michelet, *Histoire de la révolution française*; Hugo, *Quatre-vingt treize* V, 1; die von de Salvandy geprägte Sentenz vom »Tanz auf dem V.« wird u. a. von Heine in *Lutetia* XLII aufgenommen) und Deutschland, dort am prägnantesten bei Büchner (*Dantons Tod* II) sowie bei Freiligrath (*Von unten auf!*). – Unter dem Eindruck der polit. Katastrophen des 20. Jh. schiebt sich der Aspekt der Bedrohung und Vernichtung wieder in den Vordergrund (K. Mann, *Der V.*; mit Akzent auf ökonomisch-polit. Katastrophen bei Brecht, *Die heilige Johanna der Schlachthöfe* IX: »Viehbörse«), doch bleibt die Revolutionssymbolik bis in die Gegenwartslit. wirksam, z. B. in A. Geigers *Kleine Schule des Karussellfahrens* (1997), worin der Romanheld, der sich dem Jahr 1789 verschrieben hat und die Umwälzungen dieses »großen« Jahres gegen die Ereignisse von 1989 ausspielt, zum Abschluss seines Liebschaften-Reigens aus dem Stadium des »Karussellfahrens« in ein anarch.-»vulkanisches« geschleudert wird. Geradezu als Enzyklopädie (nicht nur der revolutionären) V.-symbolik kann schließlich S. Sontags großer Roman *The Vulcano Lover* (1992) gelesen werden.

↗Berg, Feuer/Flamme.

Lit.: DLS, 225–227. – ElV, 402–404. – J. v. d. Thüsen, »Die Lava der Revolution fließt majestätisch«, in: *Francia* 23 (1996), 113–143. – ders., »Vater Ätna«, in: Poesie als Auftrag, hg. v. D. Ottmann/M. Symmank, Würzburg 2001, 93–102. – ders., Schönheit und Schrecken der Vulkane, Darmstadt 2008.　　　　JP

Vulva ↗Vagina.

W

Wachs ↗Biene, Kerze.

Wagen ↗Auto/Wagen.

Wal

Symbol der Erhabenheit und Bedrohung, der Täuschung und des Bösen, der Gefangenschaft und Läuterung, des Sozialen und der künstler. Kreativität. – Relevant für die Symbolbildung sind (a) die Größe und Kraft, (b) das unüberschaubare Äußere und der ↗labyrinth. Innenraum des W., (c) die unsichere Gattungszugehörigkeit (↗Fisch oder Säugetier), (d) die Wasserfontänen und der ›↗Gesang‹ der W., (e) die Intelligenz und das Sozialverhalten.

1. Symbol der Erhabenheit der Schöpfung und der Bedrohung des Menschen. Die Symbolik des W. ist früh durch eine Ambivalenz gekennzeichnet, die sich aus der Bewunderung für die Größe und Kraft des W. und der Furcht vor ihm speist (Plinius d. Ä., *Naturalis historia* IX). Erst durch die Übersetzungen wird aus dem im AT geschilderten Meeresungeheuer ein ›W.fisch‹ (Gen 1,21; Ps 104,26), während der später mit dem W. identifizierte Leviathan auch als ↗Drache (Ps 74,13; Ez 29,3) und ↗Schlange (Jes 27,1) bezeichnet wird und umgekehrt ›W.fisch‹ für schlangenartige Wesen wie die Medusa erscheint (Fleming, *Auf Herrn Martin Rinkarts sein Tier im Rohre*). Im AT symbolisiert der W. neben den Feinden Israels (Jes, 26,10) sowohl Gefangenschaft (s. 3.) in ↗Meer und Hölle (s. 2.), als auch Schutz vor den ↗Tiefen des Meeres (Jona 2,1–7). – Die W.strandung kann wie etwa bei Claudian Symbol für den »verschuldeten Untergang des Heeres« sein (*In Eutropium* II, 425–431), als auch ein Scheitern der Natur bzw. einer Person bedeuten (Hedges, *Gilbert Grape*, 1991; s. a. 4.). – Das ungeheure Innere des W.bauchs (↗Bauch, ↗Magen) symbolisiert in den *Dionysiaka* des Nonnos (XXXVIII) den Abgrund des ↗Himmels, der dem scheiternden ↗Sonnenlenker Phaethon zum Grab wird. In Herders Gedicht *Die Schöpfung* steht der Leviathan, der als ein »lebend Land« einherschwimmt, für die bewunderungswürdige und rätselhafte Größe göttl. Schöpfung, in Droste-Hülshoffs *Die Mergelgrube* (1844) dagegen für die Gewalt der Sintflut (↗Flut/Dammbruch) bzw. Eiszeit: Die »Riesenschuppe« Leviathans, dessen »zorn'ge Welle« das Unterste zuoberst kehrt, ist hier jedoch nicht Werkzeug göttl. Strafe, sondern Mittel der Neuschöpfung (und indirekt Vorbild künstler. Kreativität, s. 4.). – Das sog. Fischbein, das Horn aus den Barten des Bartenwals, aus dem das Gestell des Reifrocks gefertigt wurde, dient bei Goethe u.a als Symbol der Sinnenfeindlichkeit, Naturferne und Täuschung: »Müssen nicht jene Juwelen und Spitzen, Polster und Fischbein/ Alle zusammen herab eh er die Liebliche fühlt« (Goethe, *Zu den römischen Elegien* I, 21 f.). Als Symbol einer exot. Welt und zugleich Bild domestizierter Natur erscheint die W.rippe in Fontanes *Vor dem Sturm* (I, 11). – Mit der Ausweitung des W.fangs ab dem 19. Jh. kommt es zu einer Verschiebung in der Symbolik des W.: Der W. steht nun zunehmend mitsamt seinen Überresten für die bezwungene Kreatur und Natur, nicht selten in Verbindung mit einer moral. Bewertung, in der die gutmütige, schwache W.natur der listigen, blutrünstigen Menschennatur gegenübergestellt wird (Scheffel, *Der Grindlwalfang*). Im 20. Jh. wird die Symbolik ergänzt um die Vorstellung eines dem Menschen an Intelligenz ebenbürtigen Lebewesens (v. a. des ↗Delfins), das bei Merle (*Un animal doué de raison*, 1967) für krieger. Zwecke missbraucht wird. Fortsetzungen dieser Tendenz finden sich in der Kinder- und Unterhaltungslit. (Scholes, *Sams W.*; Siegel, *Der weiße W.*; Morton, *Die Sinfonie der W.*).

2. Symbol der Täuschung und des Bösen. Neben der phys. Überlegenheit des W. ist es insbes. das nicht überschaubare Äußere des W., das die symbol. Verbindung mit dem Bösen prägt. Bei Lukian dient allerdings auch das ↗labyrinth. Innere des W. für eine phantast. Satire der (krieger.) Außenwelt (*Wahre Geschichten* I). Die täuschende Vorstellung des mit einer ↗Insel zu verwechselnden W., den der Fischer als sicheren Ankergrund (↗Anker) ansieht (vgl. *Physiologus*: »Vom W.fisch«), wird u. a. in Miltons *Paradise Lost* (I, 201–208) aufgenommen: Leviathan/Satan (I, 192–202; VII, 412–416) ist hier ein doppeltes Symbol: für die kathol. Kirche, die aus puritan. Sicht vom wahren christl. Wort abgewichen ist, und für die gescheiterte Revolution Cromwells. – In Melvilles die weitere literar. Deutungsgeschichte des W. bestimmendem Roman *Moby Dick* ist der ↗weiße W. in den Augen Kapitän Ahabs das Symbol des Bösen, das seinen Rachefeldzug motiviert. Im Gegensatz zu Ahabs symbol. Fixierung deuten die zu Beginn des Buches zitierten Quellen jedoch eine Vielzahl symbol. Lesarten an, die in den Überlegungen von Erzähler und Figuren, denen der W. ein lebendes Rätsel ist, gespiegelt werden. Diese Vielfalt verweist auf die im W. zu bezwingende inkommensurable Natur (s. 1.). Der Erzähler umkreist im Kap. XLII den W. als ein philosoph. Problem: Der weiße W., dessen Farbe sich als Nichts, als (noch) unbeschriebenes Blatt lesen, aber nicht endgültig deuten lässt, repräsentiert eine symbol. ›Leerstelle‹, die für eine je nach Perspektive physisch oder metaphysisch zu deutende Kluft zwischen Mensch und Natur, menschl. Welterklärung und Welt, Leser und Text etc. steht. Die in *Moby Dick* erreichte symbol. Bedeutungsvielfalt des W. wird mit ihrer durch die Deutungstrad. bedingten Tendenz zur Allegorisierung bis in die Gegenwart aufgenommen und neu akzentuiert bzw. eingegrenzt (Miłosz, *So wenig*; E. Schnabel, *Auf der Höhe der Messingstadt*); bei Le Clézio (*Voyages de l'autre côté*) wird das Bild des W. zum Symbol einer Erneuerung des Erzählens selbst. – Sebalds *Nach der Natur* (1992) befreit die Symbolik des W. von einem Teil ihrer allegor. Last durch die verstärkte Hinwendung zu den Naturphänomenen selbst.

3. Symbol der Rettung und Gefangenschaft, Prüfung und Läuterung. Das Innere des »großen Fischs« (Jona 2,1) symbolisiert biblisch den von Gott gesandten Schutz (etwa den Schutz der Jungen: Ambrosius, *Hexaemeron*, V. Tag, III, 7), und zugleich den Ort eines ↗drei Tage und ↗Nächte dauernden ›Todes‹, der die Wandlung oder Wiedergeburt des Helden erlaubt (so auch die Wandlung Pinocchios zum Menschen im ↗Bauch eines W. in Collodis *Le avventure di Pinocchio*). Die typolog. Deutung von Jona als Vorgänger Jesu im NT (Mt 12,40) betont die symbol. Deutung des W. als ↗Grab. Der Bauch des W. ist daher auch als Symbol der (zeitweiligen) Gefangenschaft und Unterdrückung lesbar (Orwell, *Inside the Whale*) in Goethes *Italienischer Reise* (»Sizilien«) korrespondiert dem W.bauch der Schiffskajüte, in der Goethe, seekrank auf der Überfahrt nach Sizilien, drei Tage wie Jona gefangen ist, v. a. aber sein schöpfer. Inneres, in dem die endgültige Form des *Tasso* heranreift. – In Nietzsches *Also sprach Zarathustra* (»Die Wüste wächst«) bezieht Zarathustra den Bauch des W. als Ort der ↗Reinigung ironisch auf sein Verweilen unter den Töchtern der ↗Wüste und hebt durch den Kontrast die tradierte asket. Symbolik ins Bewusstsein, wie gleichzeitig in der Überblendung von Oase und W.fisch-Bauch Letzterer zum Symbol einer dionys. Vorstellung von Reinigung als sinnl. Ausschweifung wird. In W. Koeppens *Das Treibhaus* symbolisiert der W. hingegen in Rückgriff auf Jona die fehlende Wandlungsfähigkeit der bundesrepublikan. Nachkriegsgesellschaft (V).

4. Symbol des Sozialen und Künstlerischen. Die vermeintlich ›sozialen‹ und ›künstler.‹ Eigenschaften der ›singenden‹ W. (↗Stimme/Gesang) werden seit der Antike, oft in phantast. Ausschmückung, dargestellt. Heinse setzt den W. als Symbol gesteigerter Lebensfreude ein (*Ardinghello* I, 2). In Jean Pauls *Titan* (122. Zykel) symbolisieren Wasserfontänen (↗Quelle/Brunnen) »blasendender W.fische« anmaßende junge Autoren. In Heines *Die Götter im Exil* ist der W. Inbegriff ästhet., sozialer und eth. Qualitäten, die ihn zum komisch-erhabenen Symbol des modernen Künstlers machen, der beständig

vor seinen Verfolgern auf der Flucht ist. Musil dagegen dient das Bild des gestrandeten W. zu einer höchst ambivalenten Selbstcharakterisierung: »Ich bin kein flinker Fisch, sondern ein gestrandeter W.-fisch in Ansehung des Gewichts und der Beweglichkeit der literarischen Leistung« (Brief v. 21.06.1939).
↗Delfin, Fisch.

Lit.: DLS, 232–233. – ElV, 1210–1212. – J.-P. Clébert, *Bestiaire fabuleux*, Paris 1971, 48–50.   AH

Wald

Symbol der Verborgenheit und Täuschung, des Anderen, des Ursprünglichen und der Freiheit sowie der Poesie. – Relevant für die Symbolbildung sind (a) die Dunkelheit (↗Nacht/Finsternis), (b) die Wildheit und Abgeschiedenheit sowie (c) die Geschlossenheit des W.

1. Symbol der Verborgenheit und Täuschung. Als Ort des Geheimnisses, der Verirrung und unheiml. Begegnung erscheint der W. im Märchen (*Hänsel und Gretel*; *Jorinde und Joringel*) bis hin zu Tiecks *Der blonde Eckbert*, in dem der W. und »W.einsamkeit« mit verdeckten Erinnerungen, Wahnvorstellungen und Dämonischem assoziiert sind. Auf die christl. Lebensführung gewendet erscheint der »dunkle W.« (*selva oscura*) im Eingang der *Divina Commedia* Dantes als Zeichen der Abkehr vom ↗Weg des rechten Lebens (»Inferno« I, 1–3; poetologisch als Allegorie des Dichterberufs bei Petrarca *Bucolicum carmen* I; als Versuchung des christl. Dichters Pyra, *Der Tempel der wahren Dichtkunst* I, 135 ff.), sein »Zwielicht« deutet auf die Allgegenwart der Täuschung im Irdischen (Eichendorff, *Zwielicht*; vgl. *In der Fremde*) und der Verlockung (*Lockung*) in dieser Funktion. – Ohne transzendente Dimension wird der W. in Descartes' *Discours de la méthode* (III, 3) zum Inbegriff von Ungewissheit und Täuschung, aus dem als einzig die Vernunft einen Ausweg eröffnet. – Augustinus überträgt die Symbolik der Täuschung in seiner Auslegung von Vulgata Ps 28,9 (Ps 29,9) auf den Schriftsinn, wonach »die Stimme des Herrn« nicht nur das »Dickicht (*silvas*)«, sondern auch »die Dunkelheiten der göttlichen Bücher und die Schatten der Mysterien enthüllen« wird (*In psalmum XXVIII enarratio* 9; so etwa auch Hrabanus Maurus, *De universo* XIX, 5: »De arboribus«), nach Bernhard v. Clairvaux ist die allegor. Deutung, die mühsam und geduldig die Dunkelheit des W. aufzuhellen versuchen muss (*Sermones in cantica canticorum* XVI, 1). In Weiterführung dieses Bildes erweist sich die theolog. und philolog. Sinnsuche in den hl. Schriften als der Tätigkeit des ↗Jägers verwandt (Spitz, 130–137).

2. Symbol des Anderen. Ist in Tacitus' *Germania* der W. als Wildnis nur das öde Land, das sich jenseits der eigenen Grenzen erstreckt (*Germania* V), ändert sich dies historisch im frühen MA, als große

W.flächen eingeforstet werden. Seitdem wird mit ›Forst‹ jenes unheiml. Draußen bezeichnet, das im Inneren eines Staatswesens gehegt wird (DWb IV, 4). Den ma. Mönchen ersetzen die kontinentalen W. die morgenländ. ↗Wüste als »Ort der Halluzinationen, der Versuchungen und der Fallen«, aber auch der »Buße und Offenbarung« (Le Goff, 95), womit der W. einen ähnlich ambivalenten symbol. Status erhält (LMA VIII, 1944–1946). Dieselbe Bewegung vollzieht sich auch in der Lit. Die symbol. Teilung von Wildnis und Zivilisation schlägt sich in den Ritterromanen in der Trennung zwischen kultiviertem Hof und Forst nieder. Dabei wird der wilde W. zum Topos für das Andere, das am Hof keinen Platz hat: in Gottfried v. Straßburgs *Tristan* z. B. zum Zufluchtsort für die verbotene Liebe (16679 ff.) oder in Chrétiens de Troyes *Yvain* für die Verrückten (ein Ritter mutiert zum wilden Mann). – Doch kann der W. nicht nur als Asyl des Anderen, sondern als Zauberwald auch selbst als eine Verkörperung des Anderen erscheinen. Im W. von Broceliande, der erstmals im *Roman de Rou* (um 1160) des Anglonormannen Wace erwähnt wird, erhält dieses Andere seine emblemat. Gestalt (Stauffer, 46–53). Es kann als Gegenpol zur urbanen Zivilisation aber auch vereinnahmt, zum Hort und Ursprung der eigenen unverfälschten Kultur erklärt werden (s. 3.).

3. Symbol des Ursprünglichen und der Freiheit. Hat der W. schon in der Antike Symbolwert für eine bukol. Welt und Dichtung (etwa Vergil, *Eklogen* II, 60 ff.), entdeckt die Frühe Neuzeit den W. literarisch in der Gestalt Robin Hoods (erstmals 1601 bei Munday, *The Downfall of Robert, Earl of Huntingdon*; im 19. Jh. Scott, *Ivanhoe*; Fontane, *Robin Hood*) als Hort einer Welt der Freiheit und Gerechtigkeit im Moment seiner ökonom. Ausbeutung. Als symbol. Ort der Läuterung und Rückkehr zum Wesentlichen des menschl. Lebens erscheint der W. in Thoreaus *Walden* (1859), fraglich wird er als solcher in Stifters *Der Hochwald* (1842). – Eine bes. Rolle spielt der W. neben der ↗Eiche als nationales Identifikationssymbol der Deutschen, woran die romant. Lit. maßgebl. Anteil hat (Lindemann). Setzt schon Möser in seiner patriot. Streitschrift *Über die deutsche Sprache und Litteratur* (1781) für eine eigenständige dt. Nationalit. »unsere W.« und (waldverbundenen) »*Götze von Berlichingen*« gegen die »französischen Kunstgärtner«, wird die W. unter dem Eindruck der Napoleon. Besatzung zum Freiheitssymbol (F. Schlegel, *Im Spesshart*; *Freiheit*; Rückert, *Geharnischte Sonette* XIX) und Projektionsraum dt. Identität stilisiert (E.M. Arndt, *Ein Wort über die Pflegung und Erhaltung der Forsten und Bauern*). Nicht zuletzt den »Sümpfen und Knüppelwegen des Teutoburger W.« (wie Heine in *Die Harzreise* ironisch anmerkt) der Varusschlacht kommt hierbei eine Schlüsselfunktion zu (H. v. Kleist, *Die Hermannsschlacht*). Auch im weiteren

19. Jh. bleibt der W. zentrales Identifikationsmerkmal der und des Deutschen (W.H. Riehl, *Land und Leute*; Canetti, *Masse und Macht*: »Massensymbole der Nationen, Deutsche«; Tournier, *Le roi des aulnes*).

4. Symbol der Poesie. Neben der literar. Gattungsbezeichnung, die sich u. a. mit den Konnotationen des Vorläufigen, Unbearbeiteten, Mannigfaltigen, aber auch des Lustvollen, an die *Silvae* (›W.‹) des Statius geknüpft hat (Adam) und seither Sammlungen literar. Gelegenheitsdichtungen und -arbeiten meint (etwa Herder, *Kritische Wälder*), erscheint der W. seit der Antike in Gestalt des Hains als Symbol einer vom »Treiben des Volks« (Horaz, *Oden* I, 1) abgerückten eigenständige Sphäre der Poesie. – Als Topos etwa auch in der Empfindsamkeit aufgenommen (Klopstock, *Friedrich der V.*), wird mit der romant. Aufwertung des W. zum Ort des Ursprünglichen (s. 3.) dieser selbst zum Schauplatz der Poesie (Tieck, *Kaiser Octavianus*: »Prolog: Der Aufzug der Romanze«; Uhland, *Märchen*). In Baudelaires *Correspondances* (*Les fleurs du mal*) schließlich ist der W. nicht mehr Symbol, sondern die ganze Natur erscheint als »W. von Symbolen«, die den Menschen »mit vertrauten Blicken betrachten.« Ein anderes Ende der W.-Symbolik beschreibt R. Walser, nachdem er all deren Facetten aufgerufen hat: »Den W. liebt man am W., nicht das Poetische daran« (*Fritz Kochers Aufsätze*: »Der W.«).

↗Baum, Eiche, Horn, Jagd/Jäger, Nacht/Finsternis, Wüste.

Lit.: W. Adam, Poet. und Krit. W., Heidelberg 1988, bes. 57–71. – J. Brosse, Mythologie der Bäume, Düsseldorf ⁵2003, 152–226. – J. Le Goff, Die W.wüste im ma. Abendland, in: ders., Phantasie und Realität des MA, Stuttgart 1990, 81–97. – K. Krautter, Die Renaissance der Bukolik in der lat. Lit. des XIV. Jh., München 1983, 106–127. – K. Lindemann, »Deutsch Panier, das rauschend wallt«, in: Eichendorff und die Spätromantik, hg. v. H.-G. Pott, Paderborn ²1988, 91–131. – S. Schama, Der Traum von der Wildnis, München 1996. – H.-J. Spitz, Die Metaphorik des geistigen Schriftsinns, München 1972, 130–137. – M. Stauffer, Der W., 1959.   RSu

Wallfahrt ↗Reise.

Walnuss

Symbol des Menschen und Christi, der Bibel, des Intellekts und des Gewissens sowie verborgener Wahrheiten oder Werte und Zauberkräfte. – Relevant für die Symbolbildung sind (a) die Dreigliedrigkeit (↗Drei) der W. (Bitterkeit des Fleisches, Härte der ↗Schale, Nährwert des Kerns) und (b) die Ähnlichkeit des Kerns mit einem Gehirn.

1. Symbol des Menschen und Christi. In der Trad. der Bibelexegese symbolisiert, ähnlich wie bei der ↗Mandel, die bittere Hülle der W. das Fleisch, die harte Schale das ↗Skelett, der süße Kern die Seele des Menschen. Die Christus-Symbolik führt die Dreigliedrigkeit weiter aus: Die Hülle wird als Fleisch, die Schale als Holz des ↗Kreuzes, der Kern als göttl. Natur Christi gedeutet (Hieronymus Lauretus, *Sylva allegoriarum*: »Nux«; Clemens Alexandrinus, *Paedagogi* LXXXV; Augustinus, *De tempore*). Das Bild des Menschen als W. greift V. Hugo auf, wenn er den Körper als Nussschale beschreibt, die die Seele enthält (*Notre Dame de Paris* II).

2. *Symbol der Bibel und allgemein des interpretationsbedürftigen Textes.* Die W. steht auch für den Bibeltext. Der Prozess der Interpretation ist analog zum Schälen der Nuss zu verstehen: Die beiden Schalen bezeichnen den ↗Buchstaben der ↗Schrift; das Vordringen zum essbaren Kern bedeutet die Erkenntnis des geistigen Schriftsinns (*sensus spiritualis*; Hieronymus Lauretus, *Sylva allegoriarum*: »Nux«; Ambrosius, *De Isaac*). Der Aspekt des Lesens als Enträtseln findet sich in der sprichwörtl. ›harten Nuss‹, die oftmals als W. spezifiziert ist (Jean Paul, *Titan*, 17. Zykel). In Anwendung auf profane Texte setzt sich die Trad. bis ins 20. Jh. fort; Börne etwa variiert die Symbolik der zwei Schalen im Sinne verschachtelter Erzählstrukturen (*Literaturkritiken*: »Der ewige Jude«).

3. *Symbol des Intellekts und des Gewissens.* Aufgrund der Ähnlichkeit des W.kerns mit dem Gehirn steht die W. schon in der ma. Allegoresetrad. für Intellekt und Denken; die Symbolik greift etwa Jean Paul auf (*Hesperus*, 9. Schalttag). Durch eine Verquickung von Denkprozess und Objekt der Reflexion kann die Symbolik später in die Nachbarschaft von 2. und 4. rücken (Jean Paul, *Flegeljahre* L). Bei B. v. Arnim symbolisiert der W.kern das Gewissen als Organ moral. Reflexion (*Goethes Briefwechsel mit einem Kinde* I, »Frau Rat!«).

4. *Symbol verborgener Wahrheiten oder Werte und Zauberkräfte.* In der Bibelallegorese steht das Vordringen zum W.kern für den Weg zu Wahrheit und Tugend (Hieronymus Lauretus, *Sylva allegoriarum*: »Nux«; Philo Iudaeus, *De vita Moysis*). In einer anderen Prägung bezeichnet der süße Kern Christi Liebe als ›Kern‹ des Christentums, der von Gefahr und Leid umgeben ist (s. a. 1.; Pfeffel, *Güldene Aepfel in silbernen Schalen* XXXVII, 181). Der ›innerste Kern‹ unter den zwei Schalen der W. symbolisiert bald auch abstrakt das Wesen einer Sache oder des Menschen (A. v. Arnim, *Die Majoratsherren*; B. v. Arnim, *Die Günderode* I; II; ähnlich auch Heine, *Ludwig Börne* I; Hofmannsthal, *Züricher Rede auf Beethoven*). – Im Märchen dient die äußerlich unscheinbare W. als Zaubermittel: Wird sie geknackt, kommt ihre Macht zur Wirkung (Brentano, *Die drei Nüsse*; *Liebseelchen*; Grimm, *Allerleirauh*; *Das singende springende Löweneckerchen*, Hoffmann, *Nussknacker und Mausekönig*). Auch ohne Zauber kann die W. in (listigen) Plänen eine Rolle spielen, so etwa in Grimms *Märchen vom klugen Schneiderlein*. Oft wird auch der Gegensatz von

unscheinbarer Hülle und nahrhaftem Kern betont: Das Äußere lässt keinen Schluss auf den Wert des Inneren zu (Anzengruber, *Heimg'funden* III, 10). Die Schale-Kern-Symbolik wird zunehmend unspezifischer; im 19. Jh. wird die Art der Nuss in den meisten Fällen nicht benannt.

↗Haselnuss/Hasel, Mandel/Mandelbaum, Samen/Samenkorn, Schale und Kern, Walnussbaum.

Lit.: K. Lange, Geistl. Speise, in: Zs. für dt. Altertum und dt. Lit. 95 (1966), 81–122. – H.-J. Spitz, Die Metaphorik des geistigen Schriftsinns, München 1972.

JSt

Walnussbaum

Symbol der unbelohnten Großzügigkeit, der Liebe und Menschlichkeit, aber auch des negativen Einflusses und der Behinderung geistiger Entwicklungsprozesse. – Relevant für die Symbolbildung sind (a) die Fruchtbarkeit des W. sowie (b) die Feuchtigkeit und (c) der ↗Schatten unter W.

1. *Symbol der unbelohnten Großzügigkeit.* Schon in der antiken Fabellit. steht der W., dessen Früchte mit Stöcken von den Zweigen geschlagen werden, für unbelohnte Großzügigkeit (Babrios, *Äsopische Fabeln*: »Der klagende Nußbaum«). In der Renaissance ist diese Symbolik bereits topisch (Leonardo da Vinci, *Fabeln* III: »Der gesteinigte Nußbaum«; *Prophezeiungen* XXVI: »Von den geschundenen Nußbäumen«; ähnlich auch Goethe unter 2.). In einer weiteren Wendung steht der W. für (unverdienten) Reichtum (Brant, *Narrenschiff* XCIV).

2. *Symbol der Liebe und Menschlichkeit.* In Goethes *Die Leiden des jungen Werthers* symbolisieren W. Freundschaft, Liebe und Menschlichkeit; die zunehmende Hoffnungslosigkeit des Protagonisten kulminiert im Bild der gefällten W. (I: »Am 1. Julius«; II: »Am 15. September«). Bei Strindberg steht ein gefällter W. für das Ende einer Liebe (Strindberg, *Inferno* XII). Die Symbolik setzt sich bis ins 20. Jh. fort: W. bezeichnen einen (gemeinsamen) Neubeginn, Freundschaft, Brüderlichkeit und Völkerverständigung (Kirchweng, *Der Nußbaum*; Hürlimann, *Fräulein Stark* II). Die ↗schwarze Walnuss wird entsprechend zum Symbol der Integration dt. Auswanderer in Nordamerika (Lützkendorf, *Auf den Spuren der schwarzen Walnuß*). Bei Radovani symbolisiert der W. ganz konkret den Lebenswillen und den Willen zu interkultureller Verständigung nach dem Balkankrieg der 1990er Jahre (*Der W.*).

3. *Symbol des negativen Einflusses und der Behinderung geistiger Entwicklungsprozesse.* Die Symbolik steht im direkten Gegensatz zum Topos des großzügigen W. (s. a. 1.). Bei da Vinci sprengt die keimende ↗Walnuss eine ↗Mauer, die ihr Unterschlupf gewährt hat (*Fabeln* X: »Der Nußbaum im Campanile«). Wie im Schatten des W. keine Nutzpflanze gedeihen kann, so verhindert die Bevormundung durch einen guten Anwalt Erfahrungs-

und Entwicklungsprozesse (Aresi, *Imprese sacre* VI, 1, 130). Im Kontext der ↗Licht- und Schatten-Bildlichkeit steht die W. für einen schlechten Prediger, der die Unwissenden im Schatten des Todes lässt (Woyt, *Emblematischer Parnassus* III, 29, 2). Ähnlich bezeichnet er auch einen schlechten Herrscher, unter dem kein Gemeinwohl entsteht (Solorzano Pereira, *Emblemata centum regio-politica* CLX). Auch bei Tasso versinnbildlicht die W. (entlarvte) böse Mächte (*Gerusalemme liberata* XVIII, 37). Seit dem 18. Jh. findet die Symbolik Anwendung auf den Bereich der privaten und intimen Kommunikation (Jean Paul, *Titan*, 34. Zykel). Bei Strindberg schließlich wird bereits die keimende Walnuss zum Symbol für böse Vorzeichen und Ahnungen (*Inferno* IV: »Das Zyklamen«; V).
↗Baum, Blatt/Laub, Samen/Samenkorn, Walnuss.   JSt

Wand ↗Mauer.

Wanderschaft ↗Reise.

Wappen

Symbol des genealog. Ursprungs, der familiären und körperschaftl. Identität, der Legitimität und der Symbolbildung. – Relevant für die Symbolbildung sind (a) die Zusammensetzung des W. aus bildhaft-imaginären und sprachl.-rhetor. Elementen, (b) rituelle und rechtl. Praktiken im Umgang mit W., die deren Geltung in Raum und Zeit manifestieren sowie (c) der genuin symbol. Charakter des W. selbst.

1. Symbol des genealogischen Ursprungs und des Familiär-Eigenen. Herald. Zeichen in der Lit. bilden Merkpunkte, an denen sich durch das Zusammenspiel von W. und Name das Familiengedächtnis oder – historisch sekundär – die Zugehörigkeit zu einem anderen körperschaftl. (z.B. krieger., [berufs-]ständ. oder kommunalen) Verband evozieren lässt. Davon zeugt an erster Stelle das Genre der W.-dichtung (Konrad v. Würzburg, Peter Suchenwirt) und seine Integration in größere ep. Kontexte. So führt Konrads Lohengrin-Variation *Der Schwanritter* verzweigte dynast. Verhältnisse dadurch auf einen Ursprung zurück, dass der (fragl.) Sippenzusammenhang mehrerer Geschlechter mit Schwanenwappen in Gestalt des animierten W.bildes und seines myth. Trägers verkörpert und auf diese Weise narrativ mit einem heroischen Spitzenahn in rechtl.-symbol. Verbindung gesetzt wird (ähnlich die W.sage vom österreich. Bindenschild in Johann v. Würzburg, *Wilhelm von Österreich*). Im Artusroman, der seit Chrétien de Troyes in direktem Austausch mit der einsetzenden herald. Praxis steht, werden neben den Clanzeichen *ad hoc* gebildete, situativ gebundene Minne- und Aventiure-W. ins Spiel gebracht (wie Êrecs *mouwe*-Schild bei Hartmann v. Aue oder Gahmurets ↗grüner ↗Anker im

Parzival Wolframs v. Eschenbach) oder ganz unbezeichnete Schilde dargestellt (wie in der Gâwân-Obilôt-Episode im VII. Buch des *Parzival* oder in Strickers *Daniel von dem Blühenden Tal*), deren Glanz sich nicht dem Erbe, sondern der *êre* und *arebeit* des einzelnen Artusritters verdankt. – Während für die ma. Adelskultur der symbol. Sinn der W. in sozialer Praxis verankert ist, werden im 16. Jh. Tendenzen der Entpragmatisierung greifbar: Als Rückprojektion der W.dichtung auf die rhetor. Personenbeschreibung entwickelt sich in Frankreich der Blason (eigentlich: die sprachl. Merkformel, die den Aufbau des herald. Zeichens codiert) zu einer eigenen Gattung erot. Dichtung. Nach dem Muster des syntaktisch fein gegliederten W.satzes wird darin die Anatomie eines weibl. Körpers Glied um Glied beschrieben (›blasoniert‹) und dadurch zum fetischisierten Symbol gesteigert (*Blasons anatomiques du corps féminin*, 1536). – Die bürgerl. Lit., von der Geltung des W.codes durch den Umbruch der Frz. Revolution getrennt, ersetzt schließlich die verlorene soziale Evidenz durch das Historisieren, Verinnerlichen und Subjektivieren von W.deutungen: So bilden W. die Signatur des MA in der allegorisierenden Perspektive des 19. Jh. (Goethe, *Faust II* 9029–9044), werden nostalgisch beschworen (Keller, *Züricher Novellen: Hadlaub*) oder zu Dingsymbolen, an denen sich das Schwinden adliger Formen in kapitalist. Umwelt beispielhaft beobachten lässt (vgl. die W.-Reminiszenzen in Fontanes *Die Poggenpuhls* sowie im 20. Jh. Th. Manns *Buddenbrooks* und D. Fortes *Das Muster* III, 5).

2. Symbol der Bildung bzw. Dissoziation personaler Identität. Der genealog.-körperschaftl. Code der W. stellt der höf. Dichtung des MA ein bewegl. poet. Kalkül zur Verfügung, das es einerseits ermöglicht, die Formation einer personalen Identität darzustellen, andererseits aber deren Unfestigkeit und Reversibilität vor Augen führt, indem einzelne formbildende Elemente aus dem W.ganzen isoliert werden. Chrétien de Troyes und Hartmann v. Aue entlassen in ihrem *Yvain/Iwein* das W.tier des Protagonisten, den ↗Löwen, aus seiner Bindung an den Schild und machen ihn zur handelnden Figur, die ihrem Herrn dazu verhilft, Ehre zu akkumulieren und sich unter dem *nom de guerre* »Löwenritter« in der Adelswelt zu rehabilitieren. Neben der Animation des Emblems können auch die herald. ↗Farben zu Symbolträgern werden: So bedeutet Monochromie (etwa die des ↗roten Ritters Parzival) herald. Undifferenziertheit und damit soziale Unerkennbarkeit und Nichtzugehörigkeit. Seit Chrétiens *Cligés* thematisiert das Motiv des ↗Drei- bzw. Vier-Tage-Turniers, bei dem an jedem Tag scheinbar ein neuer einfarbiger Ritter zum Turnierchampion wird, den Farbenwechsel, an dem schließlich die Identität des *einen* überragenden Siegers ablesbar wird. Wie der *Lanzelet* Ulrichs v. Zatzikhoven zeigt, kann eine solche Farbensequenz aber wieder aufgelöst und umarrangiert werden. In Cervantes' *Don Quijote* bricht der Held mit einem ungegliederten Schild auf und erwirbt sich erst durch seine Taten das Recht auf einen eigenen Blason mit dem sprechenden W.bild des »Ritters von der traurigen Gestalt«. Spätmittelalter und Frühe Neuzeit kennen außerdem die satir. Verwendung von W.strukturen: z. B. die Konstruktion von Gegenwappen (mit umgekehrtem Farbenwechsel) und von Streifen- oder Rautenmustern (Unentscheidbarkeit über Grund und geometr. Figur, bes. beim Narrenkostüm; ↗Narr), die spött. Allegorese von W.-Emblemen (Rabelais, *Gargantua* I, 9; 10) oder herald. Leerstellen (wo, wie im Holzschnitt Nr. 5: *Von alten narren* aus Brants *Narrenschiff*, eine freigelassene Schildfläche zum Einsetzen eines beliebigen Blasons einlädt).

3. Symbol der Legitimität bzw. Illegitimität. Die Missachtung der Prinzipien des Blason erzeugt pseudoherald. Strukturen, die das so gekennzeichnete Objekt oder seinen Träger aus dem geltenden Wertesystem ausschließen. So wird im *Wigalois* Wirnts v. Gravenberg eine Gruppe verdammter Ritter durch W. charakterisiert, die (ohne dazwischentretendes Metall) ein rotes ↗Feuer auf ↗schwarzem Grund zeigen (ähnlich der ↗Apfel der Discordia als antiherald. Symbol des Widerstreits in Konrads v. Würzburg *Trojanerkrieg*). In Sternes *Tristram Shandy* (III, 25) stempelt ein spiegelverkehrt aufgemalter Querbalken (*bend sinister*) auf dem Allianzwappen der elterl. Kutsche den Adel der Shandy-Familie als illegitim (Bastardbalken). Das Verhängen, Umkehren oder Zerbrechen des W.schildes bzw. das Erlöschen seines Farbenglanzes bezeichnen den Tod des W.trägers oder gar das Aussterben seines Geschlechts (H. v. Kleist, *Die Familie Schroffenstein* I, 1; Jean Paul, *Titan*, 49. Zykel; Chamisso, *Der Geist der Mutter*; Eichendorff, *Ahnung und Gegenwart* III, 21). Die W.beschreibungen, die sich wie ein roter Faden durch Fontanes *Wanderungen durch die Mark Brandenburg* ziehen, rekonstruieren in der Landschaft einen symbol. Erinnerungsraum verfallener Herrschaftsverhältnisse.

4. Symbol der kulturellen und künstlerischen Symbolproduktion. Die Fähigkeit, W. kunstgerecht zu blasonieren, gilt während des gesamten MA als Ausweis besonderer poet. Fähigkeiten, ausgestellt zumal im Kontext top. Unfähigkeitsbeteuerungen (Chaucer, *House of Fame* III, 1316–1340; Hugo v. Montfort, *Lied I*). In Stielers *Zeitungs Lust und Nutz* (1695) erscheint dagegen die »W.-Wissenschaft« heruntergebrochen zur Schlüsselkompetenz für ein rechtes »Verständnüß der Zeitungen«, ihrer genealog. Inhalte und ihres heraldisch verblümten Nachrichtenstils. Vico räumt im zweiten Buch seiner *Szienza nuova* den herald. Zeichen eine zentrale Funktion innerhalb der Evolution von Sprache und Schrift ein. Als Paradigmen symbol. Kommunikation aus dem mittleren, heroischen Zeitalter siedelt er sie an zwischen den inschriftl. Monumenten der Hieroglyphen und der epistolären Zirkulation von Schriftstücken. Mit zunehmender Autonomisierung der Wissenschaften und der Künste gerät die Heraldik zur Hilfswissenschaft, die W.kunst wird gleichbedeutend mit heteronomer Kunstausübung in Gegensatz zu Naturschönheit und produktivem Genie (so in A. v. Arnim, *Die Kronwächter* II; Jean Paul, *Leben des Quintus Fixlein*, 11. Zettelkasten). In der Lit. des Fin de Siècle kehrt jedoch das W. als Inbegriff künstler. Symbolproduktion wieder, etwa in Rilkes Sonett *Das W.* Kafkas Parabel *Das Stadtwappen* verdichtet im herald. Symbol der Faust den Zusammenhang von Destruktivität und gesteigerter Kunstfertigkeit. In der engl. Lit. haben herald. Formen und Anspielungen eine ungebrochene Trad. bis in die Moderne. Bei Joyce wird der Blason vom *Portrait of the Artist as a Young Man* über den *Ulysses* bis zu *Finnegans Wake* von einer zitierten Kunstsprache zum Modell einer extrem verdichteten Sprache der Kunst. Schließlich findet die Vorstellung des herald. Zweitkörpers, der – noch vor der biolog. Existenz – die Bedingung personaler Identität darstellt, im postmodernen Schreiben neues Interesse (Calvino, *Il cavaliere inesistente*).

↗Farben.

Lit.: W. Achnitz (Hg.), W. als Zeichen, Berlin 2006. – M. Pastoureau, Traité d'héraldique, Paris ²1993. – W. Seitter, Das W. als Zweitkörper und Körperzeichen, in: Die Wiederkehr des Körpers, hg. v. D. Kamper/Ch. Wulf, Frankfurt a.M. 1982, 299–312.   HJSch

Warten

Symbol der Liebe, der Krankheit, des Exils, der Moderne und der künstler. Inspiration. – Relevant für die Symbolbildung sind (a) das Spannungsverhältnis von W. und Erwartung, das sich in Form von hoffnungsvollem, zielgerichtetem und verzweifeltem, leerem W. zeigt, und (b) die Unterscheidung zwischen aktivem/gewolltem und passivem/erzwungenem W.

Seit der Antike ist W. als Liebessymbol kodiert: Während der männl. Held (↗Mann) auf ↗Reisen ist, wartet die treue ↗Frau auf seine Rückkehr (Homer, *Odyssee*; parodiert im »Penelope«-Kap. von Joyces *Ulysses*); auf ähnl. Weise warten im jesuan. Gleichnis die klugen Jungfrauen gut vorbereitet auf die Ankunft des Bräutigams (Mt 25,1–13). In der Minnedichtung hingegen ist meist der Mann in der W.-Position (z. B. Reinmar, *Ich waene, mir liebe geschehen will; Sô ez iender nâhet deme tage*; Verkehrung der Konstellation bei Dietmar von Eist, *Ez stuont ein frouwe alleine*). Als Liebessymbol bildet W. häufig eine Symbolkorrelation mit der ↗Rose (Liliencron, *Ich und die Rose warten*; Stramm, *W.*) sowie ab dem 20. Jh. mit ↗Telefon und ↗Zigarette (Bachmann, *Malina*). – Neben kör-

perl. Verfall als Resultat des W. (Ringelnatz, *Das Kartenspiel*; Meier, *Verkleinerung*) induzieren sich auch W. und Krankheit wechselseitig (Th. Mann, *Der Zauberberg*), oder das W. richtet sich auf Genesung (Tristan-Stoff) bzw. auf Genesung und auf Erlösung durch den Tod zugleich (Werner, *Bis bald*). – Mit großer Häufigkeit wird die Symbolik des W. in der Exillit. verwendet. W. steht dabei sowohl für die Verzweiflung des Heimatlosen (Seghers, *Transit*) als auch für seine Hoffnung auf eine bessere Zukunft (Feuchtwanger, »Wartesaal«-Trilogie). In Kertész' *Roman eines Schicksallosen* wird W. als privilegierter Zustand des Überlebenden dargestellt, dessen Alternative der Tod ist. – In der Romantik ist W. eine Reaktion auf die Entzauberung der Welt (Novalis, *Der Fremdling*; *An Tieck*). In der Décadence-Lit. steht W. für eine überlebte Kultur (Keyserling, sog. »Schlossgeschichten«) und ist mit dem modernen *ennui* verknüpft. W. wird als angemessene Art, der metaphys. Obdachlosigkeit zu begegnen, diskutiert (Kracauer, *Die Wartenden*). In der ersten Hälfte des 20. Jh. gilt W. auch als produktiver Lebenszustand (R. Walser, *Geschwister Tanner*; J. Roth, *Die weißen Städte*), als Ausdruck von Bequemlichkeit und Angst (Tucholsky, *W. vor dem Nichts*), sowie als messian. Orientierung (Kafka, *Vor dem Gesetz*; vgl. Mt 24,42; Mk 13,35 f.; Lk 12,35 f.). Häufig wird die moderne Konstitution topologisch reflektiert anhand von W.-Räumen (z. B. Sebald, *Austerlitz*). Nach dem Zweiten Weltkrieg tritt W. in einen Zusammenhang mit Absurdität und Weltverachtung und wird zu einem unabschließbaren, intransitiven W. (Beckett, *En attendant Godot*). Mit positiver Konnotation wird das W. von Blanchot als ontolog. Zustand des Menschen und als Ausdruck von Wachsamkeit und Wunschlosigkeit verstanden (*L'attente l'oubli*). In jüngerer Zeit wird das verpasste Leben aufgrund eines Nicht-W.-Wollens thematisiert (Bichsel, *W. in Baden-Baden*) und die Fähigkeit zu warten in eine andere (hier die karib.) Kultur verlegt und mit einem Lebensgefühl der ›slow motion‹ assoziiert (J. Hermann, *Hurrikan (Something farewell)*). – Der Transzendenzverlust bedingt auch eine Ambivalenz des W. auf dichter. Inspiration. So schließen sich Schreiben und W. einerseits aus (Aloni, *Der Wartesaal*), andererseits erweist sich gerade der Bahnhofswartesaal als Ort dichter. Kreativität (Nizon, *Stolz*).
↗Bahnhof, Sekunde, Telefon, Vier/Vierzig, Zigarette/Zigarre.

Lit.: A. Keck, Merkwürdiges W., in: Überleben schreiben, hg. v. M. Günter, Würzburg 2002, 139–154. – L. Pikulik, W., Erwartung, Göttingen 1997. – P. Utz, Aus dem W. heraus, in: Literatur in der Schweiz, hg. v. H. L. Arnold, München 1998, 111–120.   JKe

Waschen ↗Reinheit.

Wasser

Symbol des Ursprungs, des Lebens und des Todes sowie des Unbewussten. – Relevant für die Symbolbildung sind (a) die lebensspendende und lebenserhaltende Funktion des W., (b) die lebensbedrohende Dimension des W., (c) die Wandlungsfähigkeit des W.

1. Symbol des Ursprungs. Die Vorstellung vom W. als Ursprung allen Lebens findet sich in den Kosmogonien vieler Völker, in denen das W. als göttlich verstandener homogener Urgrund des Seins in Erscheinung tritt. So in der babylon. Weltschöpfungserzählung *Enuma eliš*; in der sumer. Mythologie oder aber in den altind. Veden, in denen die Gewässer als die *mâtritamâh*, d. h. als die ↗Mütterlichsten bezeichnet werden. Der bibl. Schöpfungsbericht imaginiert den Geist Gottes, der belebend und gestaltend über den ursprüngl. chaot. W.massen schwebt (Gen 1,1 f.). In Homers *Ilias* erscheint Okeanos als »Strom, der allen Göttern verliehn und Erzeugung« (XIV, 246) und als Ahn der Götter (XIV, 201). Am Anfang der frühgriech. Philosophie begreift Thales das W. als Grundstoff alles Seienden und sich ewig wandelnde und erhaltende Ursubstanz: »Der Urgrund aber ist das W.« (*Fragmente*).

2. Symbol des Lebens und des Todes, der Reinigung. Im Rahmen des christl. Taufsakraments erscheint das W. im Rekurs auf die Ursprungssymbolik (s. 1.) als Leben spendendes Element der ↗Reinigung und Wiedergeburt (↗Geburt). Einschlägig ist v. a. im europ. Volksmärchen die an die christl. Bedeutung anschließende Vorstellung vom ›W. des Lebens‹, das Heilung bringt, Gesundheit, Jugend und ewiges Leben verheißt (Grimm, *Das W. des Lebens*). – In F. Colonnas *Hypnerotomachia Poliphili* (1499) werden W.spiele Anlass und Symbol erot. Begegnung; v. a. die romant. Lyrik beerbt die erot. Aufladung der W.-Symbolik, indem das bewegte W. zum Element der Sehnsucht nach sexueller Vereinigung stilisiert wird (Eichendorff, *Wehmut* III; Heine, *Der Asra*; Eichrodt, *Die Braut*; Droste-Hülshoff, *W.*). – Neben den lebensbedrohl. Erscheinungsformen des Wassers in Gestalt des ↗Meeres und der ↗Flut, schlägt sich die Todessymbolik des W. in der Lit. der Neuzeit u. a. in zwei Motiv-Komplexen nieder: zum einen im Ophelia-Motiv (Shakespeare, *Hamlet*; dann z. B. G. Heym, *Ophelia*), zum anderen im Topos des ertrinkenden ↗Kindes (so Goethe, *Wahlverwandtschaften* II, 13; Storm, *Aquis submersus*). – Zugleich setzt im 18. und 19. Jh. ein Erhabenheitsdiskurs ein, der das Gefühl der Ohnmacht des Menschen angesichts der todesdrohenden Erhabenheit der W.massen (Goethe, *Meeresstille*) wie aber auch den totalen menschl. Herrschaftswillen über das Element W. bündelt und erneut die Ambivalenz des W.-Symbols vor Augen führt (exemplarisch bei Goethe; vgl. Kayser). Die bereits in Goethes *Faust II* (V) einschlägige Dialektik von Naturbeherrschung und

Landgewinnung findet in der Lit. des Realismus ihre Fortsetzung (z. B. Storm, *Der Schimmelreiter*). Ausgehend von den romant. Adaptionen der Undinen- und Melusinensagen (Fouqué) kommt es auch zu einer Engführung des bedrohl. elementaren W. und der weibl. Natur, die beide gleichermaßen dem männl. Herrschafts- und Kulturwillen unterworfen werden müssen.

3. Symbol des Unbewussten. Aufgrund der elementaren Dynamik und Wandlungsfähigkeit des W. konstatiert bereits Goethe:»Seele des Menschen wie gleichst Du dem W.« (*Gesang der Geister über den Wassern*) und für den Psychoanalytiker C.G. Jung ist das W. im Rahmen der Traumdeutung das zentrale Symbol für die ungeordnete Fülle des Unbewussten (*Der Mensch und seine Symbole*), so auch G. Benn (*Trunkene Flut*). Entsprechend bietet der blanke W.spiegel stiller Gewässer wie im antiken Narziss-Mythos (Ovid, *Metamorphosen* III 339; ↗Narzisse, ↗Spiegel) auch die klass. Projektionsfläche des Unbewussten (Rilke, *Waldteich*; ↗See). Ebenso ist v. a. in der Lit. der Moderne mit dem W. die Sehnsucht nach einer rauschartigen Regression (Benn, *Regression*), nach Rückkehr zum Ursprung, nach Entgrenzung und Auflösung im archaischen Element des Urwassers in der mütterl. Matrix verbunden.

↗Fluss, Flut/Dammbruch, Meer, Quelle/Brunnen, See, Schiff, Tau, Träne, Tropfen, Welle.

Lit.: B. Blum-Heisenberg, Die Symbolik des W., München 1988. – H. Böhme (Hg.), Kulturgeschichte des W., Frankfurt a.M. 1988. – P. Gerlitz (Hg.), W. und Quelle, Engel und Dämonen, in: Symbolon 13 (1997), 19–104. – W. Kayser, Zur Symbolisierung des W. bei Goethe, Rheinfelden/Berlin ²1994. – E. Moltmann-Wendel/M. Schwelien, Erde, Quelle, Baum, Stuttgart 1994. – S. Uysal, Das W. und seine Erscheinungsformen als Peripherie der Moderne, in: W. – Kultur – Ökologie, hg. v. A. Goodbody/B. Wanning, Göttingen 2008, 149–169.

DG

Wasserlilie ↗Seerose/Wasserlilie.

Weben ↗Gewebe/Faden.

Weg / Straße

Symbol des menschl. Lebens, der Öffentlichkeit sowie des Schreibens und der Schrift. – Relevant für die Symbolbildung sind (a) W. und St. als Elemente des öffentl. Raumes, (b) ihre Bedeutung für den Handel, die Kriegswirtschaft und die Informationsübermittlung sowie (c) die Befestigung und Dauerhaftigkeit von St. im Unterschied zum W.

1. Symbol des menschlichen Lebens. In einem allg. Sinn ist der W. essentieller Bestandteil der Auseinandersetzung des Menschen mit Ziel und Sinn seines Lebens. So wird im AT unterschieden zwischen den W. Gottes und denen der Menschen (Jes 55,8). Im NT erhalten die W. Jesu exemplar. Bedeutung

(W. nach Bethlehem, ↗Jerusalem, Golgatha) für die Heilsgeschichte des Menschen. Im Artusroman (z. B. Hartmann v. Aue, *Erec*) ist Handlung gleichbedeutend mit Auf-dem-Weg-Sein; die spiralförmigen W. (↗Spirale) dienen dort der geist. Läuterung des Helden. Petrarcas Darstellung seiner Suche nach dem richtigen W. im Brief über die Besteigung des Mont Ventoux (↗Berg) (*Familiares* IV, 1) spielt mit dem relig. Symbolgehalt. Im Bildungsroman der Klassik wird diese Symbolik im Sinne der Entwicklung des Individuums benutzt (Goethe, *Wilhelm Meisters Lehrjahre*; Parodie: Th. Mann, *Die Bekenntnisse des Hochstaplers Felix Krull*; im Drama: Schiller, *Wilhelm Tell* V, 2). In Goethes *Wahlverwandtschaften* hingegen werden im ↗Garten ↗kreisförmige W. angelegt, die die Ausweglosigkeit der auf ihnen wandelnden Figuren symbolisieren. Stifter setzt in seiner Erzählung *Granit* den W. erzieherisch ein, indem ein Spaziergang des Protagonisten mit dem Großvater (↗Vater/Hausvater) von zu Hause weg und wieder zurück die Lösung eines Konfliktes mit der ↗Mutter herbeiführt. Die romant. Dichtung schöpft die Gleichung von innerem und äußerem W. vollends aus: Der W. aus der Heimat in die Fremde und wieder zurück wird so zu einem W. zu sich selbst (Novalis, *Heinrich von Ofterdingen*; Eichendorff, *Aus dem Leben eines Taugenichts*). Dieser emphatische W. zu sich selbst ist der Titelfigur in Fontanes Roman *Stine* unmöglich geworden. Ihre Spaziergänge ins Freie führen zu keiner inneren Befreiung mehr. Überhaupt zeugt im Realismus die Häufung von kreisförmigen W. von dem Verlust des Glaubens an die menschl. Gestaltungsmöglichkeiten, der in der Moderne mit den unbegehbaren, ihr Ziel verdeckenden St. Kafkas (*Das Schloß*) einen neuen traditionsbildenden Ausdruck findet (z. B. P. Weiss, *Mockinpott*; Moníková, *Pavane für eine verstorbene Infantin*). Im späteren 20. Jh. wird häufig – meist in Anlehnung an Benjamin (*Einbahnstraße*; *Passagenwerk*) – die St. als ein Ort inszeniert, in dem private und öffentl. Wahrnehmungen und Erinnerungen verschmelzen und somit das Symbol des Lebenswegs programmatisch aus einer rein individualist. Perspektive herausgelöst wird (s. a. 3.; Tergit, *Atem einer anderen Welt*; Seghers, *Der Weg durch den Februar*; Ch. Wolf, *Kindheitsmuster*; Bachmann, *Drei Wege zum See*; Duden, *Das Judasschaf*; Leutenegger, *Vorabend*; Bernhard, *Gehen*). – Der Kreuzweg, der durch das auf Pythagoras zurückgeführte Y-Signum repräsentiert wird, ist eine die Entscheidungssituation des Menschen akzentuierende Ausformung des Symbols. Die Bildtrad. von Herakles am Scheideweg, der sich zwischen den Personifikationen von Tugend (*areté*) und Laster (*kakía*) entscheiden muss (Xenophon, *Memorabilia* II, 1, 21 f; vgl. auch Ödipus' Vatermord am Kreuzweg bei Sophokles, *König Ödipus* 800–815), wird seit dem MA mit der bibl. Bedeutungstrad. des W. Gottes als Entscheidung für die richtige Lebensführung verschmolzen (Wolfram v. Eschenbach, *Parzival* 399, 25–416, 16; Dante, *Divina Commedia*: »Inferno« I und II; Fischart, *Geschichtklitterung*). Die in den Evangelien überlieferten Worte Jesu »Ich bin der W.« (Joh 14,6) und die Unterscheidung zwischen einem breiten W. ins Verderben und dem schmalen W. zum ewigen Leben (Mt 7,13) konkretisieren das Symbol. Zum Bedeutungsgehalt hinzu tritt schließlich der antike Kult der Göttin Hekate, die nachts das ›Wilde Heer‹ (eine geisterhafte Jagdgesellschaft) über die Kreuzwege führe, weswegen man ihr an diesen Opfer bringt. Im MA gelten Kreuzwege daher als Verehrungsstätten von Dämonen – ein Glaube, der insbes. in der romant. Dichtung wieder aufgegriffen wird (z. B. E.T.A. Hoffmann, *Der goldene Topf*). Das für die individuelle Entscheidungsmöglichkeit stehende Symbol des Scheidewegs (Moritz, *Andreas Hartknopf: Predigerjahre*: »Der Umweg«) wird in der Moderne häufig desillusionierend gewendet (z. B. Jelinek, *Stecken, Stab und Stangl*).

2. Symbol der Öffentlichkeit. Als öffentl. Raum sind St. und W. u. a. durch die Gegenüberstellung von städt. (↗Stadt) und ländl. Gebieten gekennzeichnet. Besonders seit dem 18. Jh. steht das Gehen in ländl. W. im Dienst bürgerl. Selbstfindung in der Natur (Goethe, *Leiden des jungen Werthers*; *Faust I*: »Osterspaziergang«; Schiller, *Der Spaziergang*; Moritz, *Anton Reiser*, bes. III; Hölderlin, *Gang aufs Land*; Jean Paul, *Die unsichtbare Loge*, 30. Sektor); dem wird das Reiten oder Fahren der Adligen in Kutschen auf (städt.) St. oder das Promenieren in Parkanlagen als Orten adliger Repräsentation entgegengesetzt (Casanova, *Mémoires*; Schiller, *Wilhelm Tell* IV, 3). Seit Erfindung des ↗Autos werden St. mit diesen verknüpft und symbolisieren die Ambivalenzen des zivilisator. Fortschritts (Anders, *Die Antiquiertheit des Menschen* I; Koeppen, *Amerikafahrt*; auch im Film: Chaplin, *Modern Times*; Fellini, *La strada*). – Spätestens seit der Frz. Revolution sind die St. Orte des Machtkampfes gesellschaftl. Gruppen. Demonstrationen auf der St., die ›Macht der St.‹, sind als Repräsentationen ge- oder missglückter sozialer Kämpfe in die Lit. (Büchner, *Dantons Tod* I, 2) und in die Benennung von St. selber eingegangen (›St. des 17. Juni‹). Bestimmte St. werden zu Symbolen der Macht ihrer Erbauer (Cäsar, der W. in den Westen der USA, Napoleons Litoralstraße) und finden sich als solche auch in der Lit. (Langgässer, *Das unauslöschliche Siegel*; Kafka, *Der Verschollene*; Seghers, *Das siebte Kreuz*; *Der Schlüssel*). Die St.baupläne des frz. Beamten Haussmann sollen zukünftige St.aufstände in ↗Paris verhindern helfen und schaffen durch die Passagen das Umfeld für die Figur des Flaneurs (s. a. 3.; Baudelaire, *À une passante*; Hessel, *Von der schwierigen Kunst spazieren zu gehen*; Benjamin, *Zur Wiederkehr des Flaneurs*). Für ↗Frauen ist die Öffentlichkeit der St. dagegen ein tabuisierter oder angstbesetzter Ort

(Gilman, *Herland*). Die ›Frau auf der St.‹ unterliegt gewollt oder ungewollt dem Verdikt der Prostitution. In Lessings Trauerspiel *Emilia Galotti* (II, 3) ist Emilias W. alleine in die Kirche ein Grund, an ihrer Tugend zu zweifeln. Bei D. Richardson (*Pilgrimage*, 1915–1938) erhebt zum ersten Mal seit Karschs *Die Spazier-Gaenge von Berlin* (1761) eine Frauenfigur wieder Anspruch auf die St. und damit auf Bewegungsfreiheit (ähnlich auch Woolf, *Mrs. Dalloway*; Jelinek, *Die Klavierspielerin*). In Bachmanns *Malina* bleibt das Ungargassenland ein ortloses Nirgendwo, ein Ort der nicht eingelösten Hoffnung auf Selbstfindung der Frau (ähnlich auch Ch. Wolf, *Nachdenken über Christa T.*; Herta Müller, *Reisende auf einem Bein*). – Mit realist. Intention und ohne die zeitl. Dimension (s. a. 1.) symbolisieren und charakterisieren St. häufig das Leben ihrer Bewohner (Raabe, *Chronik der Sperlingsgasse*; V. Canetti, *Die gelbe St.*; Döblin, *Berlin Alexanderplatz*; Kästner, *Vorstadtstraßen*; Kracauer, *St. in Berlin und anderswo*). Die expressionist. Lyrik verwendet St. metonymisch als Symbol für die Größe und das Elend der Großstadt (G. Heym, *Der Gott der Stadt*; *Der Krieg*; Trakl, *Vorstadt im Föhn*; Becher, *Beengung*).

3. Symbol des Schreibens und der Schrift. Die rhetor. Mnemotechnik versteht das Halten einer Rede als imaginäres Abschreiten eines W. durch den Text (Quintilian, *Institutio oratoria* XI, 2, 20), dessen Memoration mit einem realen Spaziergang verbunden sein kann (Platon, *Phaidros* 228b). Die ma. Mönche meditieren die Bibel im Gehen. In der modernen Lit. wird häufig auf die Peripatetiker (Schüler des Aristoteles) Bezug genommen, die zwischen den Säulengängen (Peripatos) der Schule gehend studierten (R. Walser, *Aus dem Bleistiftgebiet*; Steinwachs, *Poetikstunde im Gehen*). Der gehende Körper gilt bes. seit Montaignes *Essais* als metaphor. Modell des Schreibens (↗Schrift). Dementsprechend vollführt Cervantes im *Don Quijote* eine Engführung von Gehen und Erzählen (III, 6), die Rousseau in den *Rêveries du promeneur solitaire* konkretisiert, indem er die Bewegungsform des Spazierens zum Programm eines offenen Erzählens erhebt (ähnlich auch R. Walser, *Der Spaziergang*; Ch. Wolf, *Auf dem Weg nach Tabou*; Calvino, *Se una notte d'inverno un viaggiatore*). W. und St. symbolisieren in dieser Trad. die Bewegungen des Denkens und Schreibens. ›Romant.‹ Fortbewegung auf offenen W. ist Symbol für die Möglichkeit freien Denkens (Günderrode, *Vorzeit und neue Zeit*; Ch. Wolf, *Kein Ort. Nirgends*). Die Figur des Flaneurs, die den Mittelpunkt des im 19. Jh. entstehenden Feuilletons bildet, steht für ein Schreiben, das nicht mehr an Systematik interessiert ist, sondern durch die Aneinanderreihung von Eindrücken nach dem Modell des Schrittwechsels eine neue Ästhetik propagiert (Balzac, *Illusions perdues* II, 1, Auburtin, *Wie sie spazieren gehen*; Hessel, *Spazieren in Berlin*). Steinwachs' *marilyn paris* stellt in postmoderner Wendung einen imaginären Spaziergang durch das abendländ. Schriftarchiv dar, welches durch Pariser St. symbolisiert wird. Pastiors *Wiengedicht* »besteht aus zwei Zeilen: auf beiden Zeilen gehen Gebäude- und St.namen spazieren«.

↗Asphalt, Auto/Wagen, Eisenbahn/Lokomotive/ Zug, Fuß/Fußspur, Gleis, Labyrinth, Reise, Schrift, Stadt.

Lit.: WCS, 89–95. – W. Harms, Homo viator in bivio, München 1970. – M. Kublitz-Kramer, Frauen auf St., München 1995. – E. Niccolini, Der Spaziergang des Schriftstellers, Stuttgart 2000. – A. Wellmann, Der Spaziergang, Würzburg 1991.   WvB

Weide

Symbol der Trauer und des Todes, der Keuschheit und der Heimat, der unglückl. Liebe und des Liebesverrats sowie der Erneuerung. – Relevant für die Symbolbildung sind (a) die bes. Triebkraft des ↗Wasser stehenden Baumes, (b) das früh im Jahr erscheinende ↗Laub, (c) die vermeintl. Unfruchtbarkeit des Baumes.

1. Symbol der Trauer, des Todes und der Keuschheit sowie der Heimat. Die biblisch von Ps 137,1 f. ausgehende symbol. Bedeutung der Trauer: »An den Wassern zu Babel saßen wir und weinten […],/ Unsere Harfen hingen wir an die W.«, wird häufig in der Lit. aufgegriffen, beispielsweise bei Lenau (*Die drei Zigeuner*) oder in der Moderne bei Verlaine, *La lune blanche*, Apollinaire, *Mai* (s. a. *La clef*), oder Quasimodo, *Alle fronde dei salici*: »An die Äste der W. hingen, als Gelübde, auch unsere Harfen, leicht schaukelten sie im traurigen Wind« (weitere Belege bei DWb XXVIII, 544). – Die antike Vorstellung, dass W. unfruchtbar sind (Plinius d.Ä., *Naturalis historia* XVI, 110) verstärkt die Todessymbolik, die sich schon in der antiken Mythologie findet: »unfruchtbare W.« wachsen neben Erlen und ↗Pappeln am Eingang zum Hades (Homer, *Odyssee* X, 510; aufgenommen z.B. bei Goethe, *Faust II* 9977), lässt die W. aber in der Patristik (Origenes, *Homiliae in Exodum* IX) und im MA auch zum Symbol der Keuschheit werden. Todbringend verwandeln sich in Goethes *Erlkönig* am »düstern Ort« die »alten W.« in Erlkönigs Töchter. Orte der Angst und des Todes markieren W. auch in Hebbels Ballade *Der Haideknabe* oder in Andersens Erzählung *Unter dem W.baum*. Ebenso verbindet Trakl die W. mit Wehmut, Trauer und Tod (*Nähe des Todes*; *Der Herbst des Einsamen*). Persifliert wird die Symbolik dagegen in den Eingangsversen von W. Buschs *Die fromme Helene*: »Wie die Wind in Trauerweiden/ Tönt des frommen Sängers Lied,/ Wenn er auf die Lasterfreuden/ In den großen Städten sieht.« – Trauer- und Todessymbolik lassen die W., neben ↗Zypresse, Pinie (Foscolo, *J. Ortis*) oder ↗Linde, auch als Baum für ↗Grabstätten geeignet und als einen Ort zum Sterben erscheinen (Musset, *A*

la Malibran stances XV; *Lucie*; Nerval, *Les filles de feu*; Platen, *Fischerknabe*), bes. in Gestalt der Trauerweide, vgl. Heines Beschreibung der Grabstätte Napoleons auf St. Helena (*Ideen. Das Buch Le Grand* IX). – In Andersens *Unter dem W.baum* ist die W. jedoch zugleich auch Symbol der Heimat (ebenso wie in Droste-Hülshoff, *Der Knabe im Moor*) und des schützenden ↗Vaters (vgl. Andersen, *W.vater*). Ironisiert erscheint die Heimatsymbolik in Stifters *Nachkommenschaften*.

2. Symbol der unglücklichen Liebe, des Liebesverrats. Mit der Trauersymbolik (s. 1.) ist nicht selten unglückl. Liebe und Liebesverrat verbunden: in der engl. Renaissance bei Spenser (*The Faerie Queene* I, 1, Strophe 9) oder Shakespeare: Dido, Urbild verratener Liebe, winkt Äneas mit einem W.zweig zu, um ihn zur Rückkehr aufzufordern (*Merchant of Venice* V, 1; s. a. *Hamlet* IV, 7; *Othello* IV, 3). Heine (*Zur Ollea* IV: *Wandere!*), Fontane dezent (*Frau Jenny Treibel* XVI) oder auch Löns (*Liebesklage*) nehmen die Symbolik auf.

3. Symbol der Erneuerung. Im AT zum Laubhüttenfest als Zeichen der Befreiung aus ägypt. Knechtschaft und des Erntedanks gehörig (Lev 23,40), ist die Triebkraft der W. auch Symbol des Wachstums Israels (Jes 44,3 f.), bei Hilarius v. Poitiers ist sie Zeichen der Heiligen und Gläubigen (*Tractatus super psalmos* CXXXVI). – Als Frühjahrsboten (↗Frühling) gehören sie zum festen Repertoire des Idyllischen (Gessner, *Daphnis. Chloe*), auch in volkstüml. Lit. (Erbertseder, *Niederbayrischer März*), als ›Explosion‹ des Frühlings bei Owlglass (*Vor Ostern*): »Schießt nicht die W.stumpf/ Silberraketen ins Blau?« Trakls *Heiterer Frühling* dagegen wendet die Symbolik zurück in traurige Melancholie (s. 1.): »An W. baumeln Kätzchen sacht im Wind/ Sein traurig Lied singt träumend ein Soldat.«

↗Baum, Frühling, Grab/Friedhof, Haselnuss/ Hasel, Ostern, Pappel, Wind.

Lit.: DLS, 234 f. – WCS, 172 f. – M. Bambeck, W.baum und Welt, in: Zs. für frz. Sprache und Lit. 88 (1978), 195–212. – J.W. Draper, Notes of the Symbolic Use of the Willow, New York 1929. – H. Rahner, Die W. als Symbol der Keuschheit in der Antike und im Christentum, in: Zs. für Kathol. Theologie 56 (1932), 231–253. – R.v. Ranke-Graves, Die weiße Göttin, Reinbek bei Hamburg 2002, 199 f.   HGG

Weihnachten

Symbol der Freude, des Friedens und der Liebe. – Relevant für die Symbolbildung sind verschiedene Momente der bibl. W.geschichte: (a) die ↗Geburt Jesu in ärml. Verhältnissen, (b) die Verkündigung durch die ↗Engel, (c) die Geschenke, die ihm dargebracht werden, aber auch die theolog. Bedeutung des W.-geschehens als (d) Geburt des göttl. Erlösers, der (e) aus Liebe zu den Menschen deren Gestalt annimmt.

Am Hochfest W. (*natalis, nativitas Domini,* Christfest, 25.12.) wird der Geburt Jesu Christi gedacht und die Menschwerdung Gottes gefeiert. Die W.perikope Joh 1,5 (»Und das Licht leuchtet in der Finsternis/ und die Finsternis hat es nicht erfasst«) und die Orationen der ersten zwei W.messen prägten das W.fest als Lichtfest (↗Licht) und erklären die mit W. und insbes. mit Heiligabend und seiner Christmette (d.i. in die Nacht gelegte Matutin, nicht: Messe des Christfestes) verbundene Lichtsymbolik, die in der Lit. gezielt zu Symbolen der ›↗Finsternis‹ im Sinne von Lieblosigkeit (z.B. Winterkälte, Krieg, Unrecht, Hartherzigkeit) in Kontrast gesetzt wird. W. als Fest der Freude ist in der W.liturgie durch die Botschaft des Engels in Lk 2,10 und das Offertorium der ersten W.messe (Ps 95,11 und 13) verankert, W. als Fest des Friedens durch den Lobpreis der Engel (Lk 2,14). Als Fest der Liebe gilt W. zunächst aus theolog. Gründen: Weil Gott die Menschen liebt, steigt er zu den niedersten von ihnen herab, nimmt ihre Natur an und beginnt sein Opferleiden, durch das er die Menschheit erlösen wird, mit seiner Geburt. Die Menschen sind aufgefordert, die Liebe Gottes durch Nächstenliebe zu erwidern. Da W. als Fest der Liebe an die Geburtsgeschichte Jesu gebunden und deren identifikator. Potential (daher Transferierungen des W.ereignisses in die eigenen kulturellen oder sozialen Raum) sehr hoch ist, wird W. als Familienfest gefeiert und literarisch gestaltet. Die typ. W.geschichten kreisen um das Motiv ›geschenkte Liebe‹, die einem einsamen oder lieblosen Menschen in der W.nacht (oft auf wunderbare Weise) zuteil wird und Licht, Friede und Freude in die ↗Herzen bringt. – Zwischen W. als biograf. Abschnitt im Leben Mariens und Jesu (Geburt) einerseits und dem theolog. Sinn des W. festes andererseits ist zu unterscheiden: Ersteres wird einschließlich der Herbergsuche, den Besuchern und dem ›Kindelwiegen‹ in der Lit. zu Erbauungszwecken unzählige Male nachgestaltet – z.B. in den seit dem MA bis über die Gegenreformation hinaus beliebten Krippenspielen (seit dem 12. Jh.; traditionsstiftend die Krippenfeier zu Greccio von 1223, wo Franz v. Assisi laut Thomas v. Celano zur Christmette das W.ereignis szenisch aufführen ließ) oder auch in W.liedern (z.B. *Am W.abend in der Still/ ein tiefer Schlaf mich überfiel*) und W.erzählungen (z.B. Lagerlöf, *Christus-Legenden*). Die Darstellung der zwei Naturen in Christus hingegen und damit der Festgedanke von W. erfolgt symbolisch, indem die Kreatürlichkeit bei gleichzeitiger Übernatürlichkeit des Jesuskindes zum Ausdruck gebracht wird. Dies kann z.B. durch die Schilderung der Mirakel der Geburtsnacht geschehen (z.B. *Legenda aurea*: Reben erblühen im Weingarten [↗Wein, ↗Garten] von Engeddi und ihren Früchten entfließt ↗Balsam; in Rom stürzt der Friedenstempel ein, ein ↗Brunnen dort wird zur Ölquelle [↗Öl], die ↗Säule des Romulus zerbirst; vgl. Petrus Comes-

tor, *Historia scholastica*; Ps.-Bonaventura, *Meditationes* VII) oder durch genrehafte Details wie Schilderungen des Stalles und der Krippe von Bethlehem (seltener der Felsenhöhle, z.B. C. Brentano, *Leben der hl. Jungfrau Maria*). Den Wundercharakter des W.ereignisses unterstreichen auch symbolhafte Hinweise auf die ↗Jungfräulichkeit der Gottesmutter (↗Mutter), z.B. die Episode von der Hebamme, deren Finger bei der Überprüfung von Mariens Unbefleckheit verdorrt (*Ps.-Matthäus-Evangelium*), oder die trad. Symbole oder alttestamentl. Typologien für die Jungfräulichkeit Mariens, wie sie die Exegetik entwickelte, z.B. Gedeon mit dem Vlies (Ri 6,36ff.), über das sich der Tau senkt wie die Beschattung der Jungfrau mit dem Hl. Geist (W.lied: *Tauet Himmel, den Gerechten*), Aarons grünender Stab (Nm 17,8, *Biblia Pauperum*) und die marianisch gedeutete Wurzel Jesse (Is 11,1, Brentano, *Leben der hl. Jungfrau Maria*; W.lied *Es ist ein Ros entsprungen*). ↗Neujahr, Sonntag.

Lit.: LCI II, 86–120. – S.K. Roll, Art. W., in: Lexikon für Theologie und Kirche, Bd. 10, 1017–1023. – D. Walch-Paul, Art. Geburt Christi, in: LThK, Bd. 4, 332–334.
MSam

Weihnachtsbaum ↗Tanne/Tannenbaum.

Weihrauch
Symbol des Opfers, des Reichtums und des Lobs. – Relevant für die Symbolbildung sind (a) die materielle Kostbarkeit und (b) der Wohlgeruch des W., aber auch seine betäubende Wirkung.
1. Symbol des Opfers. Sowohl durch altestamentl. Quellen (Lev 2,1–2; Neh 13,9) als auch durch antike Überlieferung (Herodot, *Historiae* I, 183) erfolgt eine Prägung des W. zum Symbol des Opfers und Gebets an die Gottheit. Als Gabe der Sterndeuter an das Jesuskind (Mt 2,11) mit messian. Geltungsanspruch nach Jes 60,6 versehen, setzt eine christl. Adaption ein, die im Frühchristentum W.opfer allerdings noch als symbolisierten Götzendienst betrachtet, der durch Christus ein Ende finde (Tertullian, *De idololatria* IX, 4; *Adversus Marcionem* IV 11, 8; Augustinus, *De civitate Dei* III, 31). Erst im 5. Jh. beginnt eine positive Neubewertung. – Bei Ovid nährt ↗Phoenix sich von W.-Tränen (*Metamorphosen* XV, 394), wobei die ↗Träne auf das Harz des W.baums Bezug nimmt (zum Tränen-Opfer vgl. auch die »heiligen Tränen« des W. schon bei Melanippides, *Danaïdes-Fragment*). Dante unterzieht den aus ↗Asche wiedererstandenen und sich von W. ernährenden Vogel (*Divina Commedia*: »Inferno« XXIV, 106ff.) einer Deutung als ewige Erneuerung höll. Leids, Phoenix verweist christlich-konventionell jedoch auf die Auferstehung Jesu (vgl. den im W.nest verbrennenden Fenix bei Klaj, *Auferstehung Jesu*

Christi: *Sie sihet Jesum von ferne*, Anm. LII). – Während in relig. Lyrik W. Zeichen der frommen Dichtung ist (Gerhardt, *Die güldne Sonne*; Königsmarck, *Nordischer W.*), zeigt galante Lyrik eine Umdeutung zum Liebeskult (Hoffmannswaldau, *Bitte um Erbarmung*) wie Poesie im Zeichen eines Autonomiestrebens devotes Rauchwerk ablehnt (Pfeffel, *Der W.*; Goethe, *Drei Palinodien*; s. a. 3.) oder mit dem W. die Bedeutung dichter. Inspiration unterstreicht (Goethe, *Willst du W. Geruch erregen*). – Konfessionelle Projektionsschemata engen den W. ab dem 18. Jh. häufig auf den kath. Ritus ein: »dies duftet nach W. und Bier, aus München also muss es sein« (Prutz, *Die politische Wochenstube* II.; vgl. Heine, *Bäder von Lucca* IX; George, *Leo XIII.*). W. gerät dabei auch zunehmend zum Symbol kathol. Provinzialität (Jägersberg, *W. und Pumpernickel*; C. S. Henn, *Dienst nach Vorschrift*). W. als Symbol der im Geruch als göttlich identifizierten Natur (Goethe, *Die schöne Nacht*; C. Brentano, *Segen über diesen Ort!*; Keats, *The Fall of Hyperion* I) reicht bis in die ägypt. Mythologie zurück. W. als Leichenbalsam verbindet den Toten mit der Gottheit (Droste-Hülshoff, *Gruß an Wilhelm Junkmann*), rückt seinen Geruch aber auch ins Morbide (Trakl, *Nähe des Todes*) und Todbringende (Heym, *Der Gott der Stadt*; Fried, *Stefansplatz 1938*). Totenkult im Ritus und todbringende Umweltverschmutzung finden etwa bei Federspiel im W. symbolisch zusammen: »Der Auspuff der Autos weihraucht/ um die toten Nasenlöcher des Papstes« (*Cuernavaca, Mexiko*).

2. Symbol des (verschwenderischen) Reichtums. Wegen des kleinen Verbreitungsgebiets des W. baums ist W. kostbar und meist mit seiner Herkunft aus Saba verbunden (Jer 6,20; Vergil, *Georgica* I, 57, *Aeneis* I, 416f.). Er figuriert für den Reichtum des Landes (*Arabia felix*) und wird zum symbol. Ausdruck des Reichtums seines Besitzers. Alexanders prunkvolles W.- und ↗Myrrhe-Geschenk an seinen Erzieher Leonidas (Plutarch, *Alexandros* XXV, 4–8) wirkt hier vorbildlich, erweist sich unter utilitarist. Gesichtspunkt jedoch als Inbegriff der Verschwendung (vgl. Neros Totenopfer für Poppea bei Plinius d.Ä., *Naturalis historia* XII, 83; als erfolgloses Geschenk an die Geliebte in der röm. Komödie: Plautus, *Truculentus* 540). Das W.nest des Phoenix (s. a. 1.) repräsentiert königl. Baukunst (Schulze, *Die bezauberte Rose* I, 10; ↗Nest). – In der Trad. des *Hohelieds* (Hld 4,6 und 4,14) steht W. für den erot. Duft der/des Geliebten, deren vor verschwender. Überfülle blühende Körper zum Genuss auffordern (Baudelaire, *Le parfum*; Wilde, *The Nightingale and the Rose*; Lasker-Schüler, *An Hans Adalbert*; *Dem Herzog von Leipzig.*). W. begegnet in der christl. Trad. als Symbol des Reichtums der Sterndeuter und der königsgleichen Stellung Jesu (s. a. 1.) sowie des sinnlosen Reichtums der Gottlosen angesichts des göttl. Gerichts (Offb 18,13).

3. Symbol des schmeichelnden Lobs. Oft auf die Panegyrik bezogen (Goeckingk, *An den Herrn Domcapitular*) erscheint der den Verstand benebelnde W. im 18. Jh. als Gegenbild zu Kritik und Aufklärung: »W. liebet man wol, aber kein würziges Salz« (Herder, *Die gepriesene Freiheit*; vgl. Wieland, *Musarion* II, 86–104; ↗Salz). Im 20. Jh. gerät W. zum Symbol von Selbstgefälligkeit (Ausländer, *Ebenbild*) und ↗Blindheit gegenüber dem Leid der Anderen: »Wir/ wohnen im W./ das Vaterunser/ beschuldigt uns nicht« (Ausländer, *Wir haben uns nichts vorzuwerfen*).

↗Myrrhe, Weihnachten.

Lit.: DLS, 81 f. – WBS, 405–407. – WCS, 214–218. – A. Dalby, Dangerous Tastes, London ²2004, 112–116. – D. Martinetz/K. Lohs, W. und Myrrhe, Berlin 1989. – M. Pfeifer, Der W., Regensburg 1997.   FF

Wein

Symbol der Lebensfreude, des göttl. Rausches, des Kreislaufes und der Zusammengehörigkeit sowie der leibhaften Gegenwart Christi, im Islam teufl. Verführung, aber auch verheißener Paradiesesfreuden. – Relevant für die Symbolbildung sind (a) die ↗blutähnl. Farbe des ↗roten W., (b) seine je nach genossener Menge anregende, euphorisierende oder berauschende Wirkung, (c) der Zusammenhang von W.stock und Rebe (↗Traube) und (d) das letzte Abendmahl (↗Brot) von Jesus Christus und seinen Jüngern.

1. Symbol der Lebensfreude und des Rausches sowie der kommunikativen und mentalen Offenheit. Seit dem Beginn des W.anbaus im 6. Jahrtausend v. Chr. gilt W. als Lebenssymbol, als Götter- und Unsterblichkeitstrank sowie als »geistiges Getränk« mit Befreiungs- und Risikopotential. W.genuss regt an, lockert die ↗Zunge und ermuntert zu bislang unterdrückten Gedanken und Lüsten. Das weiß der nach bibl. Auskunft erste Winzer und zugleich erste auf peinl. Weise Betrunkene: Noah (»Noah pflanzte einen W.berg«, Gen 9,20); das wissen aber auch die diskussionslustigen Zecher des platon. Dialogs *Symposion* (»Zusammenkunft«, »Gastmahl«, »Trinkgelage«, entstanden ca. 380 v.Chr.), denen sich im W.genuss die Wahrheit über die Logik des Begehrens erschließt: Begehren ist immer Begehren nach dem, was wir nicht haben, so begehren wir eigentlich – das Begehren selbst (*Gastmahl* 200a ff.). Eine Dialektik, die nur der Rausch stillstellt. Religions- und literaturgeschichtlich prägend ist die frühe Verehrung der W.götter Osiris in ↗Ägypten, Gilgamesch in Babylonien, Dionysos in Griechenland und Bacchus in ↗Rom. Den sozial verbindenden und enthusiastisch stimmenden W.genuss schildern und feiern zahlreiche Trink-, Studenten- und Vagantenlieder (z. B. *Carmina Burana*; M. Claudius, *Rheinweinlied*; *Des Knaben Wunderhorn*). Den »geistigen« Charakter des Getränkes,

das sich Gärungsprozessen der W.traube, also einem natürl. Steigerungsprozess verdankt, bedenken Sentenzen wie das berühmte »im W. liegt Wahrheit« (das schon Platons *Gastmahl* als sprichwörtlich anführt, 217e, zuvor Aischylos, *Fragmente* 393; vgl. Plinius d. Ä., *Naturalis historia* XIV, 28; Horaz, *Satiren* I, 4, 89). Ironisch gewendet wird die Sentenz z. B. in Goethes *Faust II*: »Wenn sich der Most auch ganz absurd gebärdet,/ Es gibt zuletzt doch noch e' W.« (6814 f.). Literar. Ausgestaltungen von Trunkenheit und Rausch sind Legion, erwähnt seien nur drei hochliterar. Bsp.: die Faust-Szene in Auerbachs Keller (Goethe, *Faust I*), die von Mynheer Peeperkorn arrangierten Bacchanalien in Th. Manns Roman *Zauberberg* und Brechts Drama *Herr Puntila und sein Knecht Matti*, das den Herrn nur im trunkenen Zustand einigermaßen menschlich zeigt. Sie symbolisieren Kippfiguren eines rauschhaften Irrationalismus, in dem, um es mit Hegel zu formulieren, gilt: »Das Wahre ist so der bacchant. Taumel, an dem kein Glied nicht trunken ist« (*Phänomenologie des Geistes*, Vorrede).
2. Symbol der Zusammengehörigkeit. Die christl. Gleichnisrede »Ich bin der W.stock, ihr seid die Reben« (Joh 15,5) knüpft an alttestamentl. Gleichnisreden an, in denen W.berg und W.stock als Sinnbilder des von Gott geliebten und gepflegten Volkes Israel gelten (Jes 5,7; Hos 10,1). Gemeinsamer W.genuss ein suggestives Bild der euphorisierenden Zusammengehörigkeit (anakreontisch z. B. Gleim, *Trinklied*), von ihm lässt sich der einsame Zecher absetzen (z. B. H. Spoerl, *Die Feuerzangenbowle*, 1933).
3. Symbol der leibhaftigen Gegenwart Christi. Die griech., jüd. und christl. Religion ehren den W. als göttl. Getränk (vgl. die Wandlung von ⟋Wasser in W. Joh 2,1 ff. auf der Hochzeit zu Kana als erstes Zeichen der Wirksamkeit Jesu; dazu Spitz). Hölderlin hat in seiner Elegie *Brod und W.* dafür die Formel gefunden: »vom donnernden Gott kommet die Freude des W.« Auch der Islam begreift W.stöcke als Schöpfung Gottes (Koran, Sure 16, 10 f.); dem gläubigen Muslim wird neben anderen Paradiesesfreuden auch der W.genuss versprochen (Sure 47, 15). Nach der kulturhistorisch wirkungsmächtigen Sure 5, 90 f. gilt der W. aufgrund seiner berauschenden Wirkung allerdings als teuflisch. In der christl. Kulturtradition nimmt W. (zusammen mit ⟋Brot) eine herausgehobene Position ein. Er ist nach kathol. und luther. Lehre mehr als »nur« ein Symbol (u. a. Zwingli, Calvin), nämlich nach der Wandlung in der Messe der realpräsente Christus.
⟋Brot, Essig, Traube.

Lit.: K. Kerényi, Die Mysterien von Eleusis, Zürich 1962. – H. Feld, Das Verständnis des Abendmahls, Darmstadt 1976. – H. Johnson, W.geschichte, Bern/ Stuttgart 1990. – E. Schubert, Essen und Trinken im MA, Darmstadt 2006. – J. Hörisch, Brot und W., Frankfurt a.M. 2001. – R. Phillips, Die große Geschichte des W., Frankfurt a.M./New York 2003. – H.-J. Spitz, Die Metaphorik des geistigen Schriftsinns, München 1972. – H. Volkmann, Märchenpflanzen, Mythenfrüchte, Zauberkräuter, Göttingen 2002, 16–62.
JHö

Weinstock ⟋Traube, Wein.

Weiß

Symbol der Unschuld, Jungfräulichkeit und Tugend, des Heiligen und Erhabenen wie auch des Todes. – Relevant für die Symbolbildung sind (a) die Helligkeit der Farbe und damit die bes. Affinität zu Ver- und Beschmutzung (⟋Fleck/Befleckung), (b) die Strahlkraft des W. und dessen schillernde Brechung und Reflexion des ⟋Lichts.
1. Symbol der Unschuld, Jungfräulichkeit und Tugend. In der christl. Trad., ausgehend u. a. von Offb 3,4 f. (»Du hast aber einige Leute in Sardes, die ihre Kleider nicht befleckt haben; sie werden mit mir in weißen Gewändern gehen, denn sie sind es wert«; vgl. schon Ex 28,39), ist die weiße Farbe v. a. der Gewänder (⟋Kleider) Symbol der ⟋Reinheit und Unschuld. Entsprechend wird die Jungfrau Maria häufig als weiße ⟋Lilie symbolisiert, so etwa in der Marienlyrik des MA: »Du Lilienkraut […] Weiß wie der Schnee, blank wie ein Schwan« (*Lobgesang auf Maria und Christus* XXIII, Gottfried v. Straßburg zugeschrieben), bei Angelus Silesius (*Cherubinischer Wandersmann* VI, 2: *An die Jungfrau Maria, die geheime Lilie*) oder in den Mariendarstellungen der Romantik (C. Brentano, *Da oben im Gärtchen*), aber auch noch in Trakls *Geistlichem Lied* (»und in Rosen Kranz und Rhein,/ Rosenrhein/ Ruht Maria weiß und fein«). Auch die weiße Farbe des ⟋Einhorns symbolisiert Jungfräulichkeit und Keuschheit. – Daneben lässt sich eine literar. Übertragung marian. Attribute auf andere Frauenfiguren beobachten, die mit weißen Beigaben (⟋Kleidung, ⟋Blumen, ⟋Fahnen etc.) dargestellt werden: Werther sieht Lotte zu erst im weißen Kleid (»Am 16. Junius«), Schiller stattet die »reine Jungfrau« von Orleans mit Lilien und weißer Fahne aus (*Jungfrau von Orleans* I, 10), ebenfalls in der Liliensymbolik bleibend Heine, *Deine weißen Liljenfinger*. – Die auch schon in christl. Trad. wirksame Bedeutung des W. als Zeichen sittl. Vollkommenheit: »W. zeigt die Sinnen an, die ohne Falschheit sein; drum sein die weißen Röck' euch Priestern so gemein (Fleming, *Poetische Wälder* III: *Aus dem Alziat über die Farben*), nimmt der bürgerl. Diskurs des 18. und 19. Jh. im Sinne moral. Unschuld und Tugend auf (Schubart, *Lina an die Unschuld*). In Schillers *Der Venuswagen* changiert die Symbolik der weißen Gewänder jedoch bereits zwischen Keuschheit, Tugend und Verführbarkeit (»Die ihr an des Lebens Blumenschwelle/ in der Unschuld weißem Kleide

spielt«), wie dann auch in Eichendorffs *Das Marmorbild* mit Rekurs auf die antiken Najaden:»Die Griechin saß, wie eine schöne Najade, auf dem steinernen Becken […] Schmeichlerisch schweifte der Mondschein über den blendend weißen Nacken auf und nieder«). Mörike stellt in *Maler Nolten*, bezeichnend für die im 19. Jh. beginnende imaginäre Spaltung der ↗Frau in ›Hure‹ und ›Heilige‹, die weißgekleidete Agnes der exot. Zigeunerin Elisabeth kontrastiv gegenüber, die beide um die Gunst des Malers wetteifern; in Kellers *Der grüne Heinrich* (1. Fass.) muss sich der junge Heinrich Lee zwischen der ›weißen‹ Clara (II, 2; III, 3) und der ›roten‹ Judith (II, 3) entscheiden.

2. Symbol des Heiligen und göttlicher Weisheit, der Erhabenheit und der Macht. Schreibt das AT weißes Leinen (Byssus) für das Heiligtum vor (Ex 26,1 und 27,9) und stellt Dan 7,9 Gott selbst mit weißem Gewand vor, ist auch im NT das lichte W. »die sakrale Grundfarbe« (WBS, 412; vgl. Mt 17,2; Mk 9,3; Offb 15,6). Die Vorstellung von weißen Göttinnen, die v. a. mit Geistigkeit und Weisheit assoziiert werden, manifestiert sich auch in den antiken Sibyllen, die auch ›die W.‹ genannt werden (J. Knöbel, *Zwölf Sybillen Weissagungen*). Aber auch männl. antike Gottheiten wie der griech. Lichtgott der Weisheit und Klarheit Apoll werden mit der Farbe W. assoziiert. So ist nach Platon W. die passendste Farbe zur Darstellung der Götter (*Gesetze* 956a). Mit dieser zunächst positiven Symbolik des W. (Rabelais deutet sie in *Gargantua et Pantagruel* zu einer rein ird. »Freude, Vergnügen, Wonne, Lust« um, zu der das »himmlische« ↗Blau erst noch hinzutreten muss: I, 9 f.), sind allerdings auch gewaltsame Aspekte verbunden, ist doch ein Signum der Göttlichkeit die Macht über Leben und Tod (s. 4.). Ein entsprechendes zerstör. Machtpotential des W. zeigt sich bereits in den weißen Pferden der Apokalypse in der Johannesoffenbarung (Offb 19,14), in der neueren Lit. aber v. a. in einer Erhabenheitssymbolik des W., wie sie v. a. in der Darstellung von weißen ↗Eis- und ↗Schneewüsten- zum Tragen kommt, die sich gleichermaßen durch ihre Schönheit wie ihre Gefährlichkeit für den Menschen auszeichnen wie z. B. in Coleridges *The Rime of the Ancient Mariner*, Stifters *Bergkristall*, E.A. Poes *Narrative of Arthur Gordon Pym* oder im ›Schnee‹-Kapitel von Th. Manns *Zauberberg* (»Chaos weiß Finsternis«): »Es war das Nichts, das weiße Nichts, wirbelndes Nichts«, in jüngerer Zeit z. B. Ransmayrs *Die Schrecken des Eises und der Finsternis*. – Ähnlich symbolisiert das W. häufig in der literar. Darstellung von weißen Tieren, wie z. B. in J. Londons *White Fang* (↗Wolf), Melvilles *Moby Dick* (↗Wal) oder Storms *Schimmelreiter*, die Macht der ungezähmten Natur über den Menschen. In diesem Zusammenhang konstatiert Melville in seinem auch für die Symbolik des W. bedeutsamen Kapitel über »Die Weiße des Wals«: »es lauert […] im Inbegriff des W. etwas

Unfassbares, das mehr Furcht und Entsetzen verbreitet als etwa das beängstigende Rot des Blutes« (↗Blut, ↗Rot); nach der Aufzählung zahlreicher symbol. Bedeutungen und Assoziationen endet das Kapitel: »All dieser Dinge Sinnbild war der weiße Wal. Staunt man da noch über die höllische Jagd?« (Melville, *Moby Dick* XLII; ↗Jagd). – Aber auch in einem poetolog. Sinne thematisiert v. a. der Kontrast von weißem Papier (↗Blatt/Laub) und ↗schwarzem ↗Buchstaben die (Ohn-)Macht der dichter. Imagination, die sich mit der W., dem ↗Schweigen, der Leere, aber auch der Reinheit des Papiers, dem Nichts konfrontiert sieht, dessen Erhabenheit und leere Transzendenz ex negativo als Absolutes in der Dichtung präsent bleibt (vgl. Beckett, *From an Abandoned Work*). So plädiert auch Mallarmé im Vorwort zu seinem letzten Gedicht *Un coup de dés* für eine »Verräumlichung des Lesens«, die sich auch in der artifiziellen Anordnung des Gedichtes selbst widerspiegelt, denn: »Die ›weißen‹ Räume in der Tat gewinnen Belang, fallen zuerst auf; die Verskunst erheischt solche als Schweigen drumherum.«

3. Symbol des Todes. Im Kontext des Motivs der Unheil verkündenden gespenst. ›weißen Frau‹ (Eichendorff, *Ahnung und Gegenwart* I, 8 und III, 23; Droste-Hülshoff, *Der Fundator*; Fontane *Vor dem Sturm* IV, 12) kann die Farbe W. auch mit dem Tod assoziiert werden, wie in Kerners *Todesboten*. Das v. a. auch im fernöstl. Kulturraum als Farbe des Todes geltende W. (KLS, 480) ist als solche auch in der dt. Lyrik der Moderne zu finden, wie z. B. in Morgensterns *Notturno in W.*, G. Heyms *Was kommt ihr, weißen Falter …* oder auch in Benns *Weiße Wände* und Brechts *Vision in weiß*, wobei Benn und Brecht noch mit den Assoziationen der Jungfräulichkeit (s. 1.) und der Göttlichkeit (s. 2.) spielen. So zitiert der Arzt Benn die Männer in weißen Kitteln, die sich gegen den Tod jedoch immer wieder als machtlos erweisen, und bei Brecht deuten die »weißen Leiber« gleichermaßen auf Unschuld und Verführung. Virtuos spielt auch Bachmann in *Tage in weiß* mit den unterschiedl. Symboliken und Assoziationen des W. von der Unschuld bis zum Totenhemd.

↗Einhorn, Eis, Farben, Fleck/Befleckung, Lilie, Meer, Reinheit, Salz, Schnee, Schwarz, Schwarzweiß.

Lit.: A. Bussutil, White, New York 2001. – A.-M. Christin, Poétique du blanc, Leuven 2000. – M. Kesting, Bemerkungen zur Metaphorik der Farbe W. in der modernen Dichtung und Malerei, in: Lit. und bildende Kunst, hg. v. U. Weisstein, Berlin 1992, 248–258. – U.C. Steiner, Farbe als Lehre, Farbe als Fetisch, Farbe als Passion, in: Artheon-Mitteilungen 11 (1999), 3–11. – R. Suntrup, Liturg. Farbenbedeutung im MA und in der frühen Neuzeit, in: Symbole des Alltags, Alltag der Symbole, hg. v. G. Blaschitz/H. Hundsbichler, Graz 1992, 445–467. – W. Ullrich/J. Vogl, W., Frankfurt a.M. 2003. – K. Vollmar, Das Geheimnis der Farbe W., Bern

1999. – K. Yngborn, Auf den Spuren einer ›Poetik des W.‹, Freiburg 2010.   DG

Welle

Symbol der Wechselfälle des Lebens, der Schönheit, der Liebe, der menschl. Entgrenzung und der Dichtung. – Relevant für die Symbolbildung sind (a) die rhythmisch permanente Bewegung der W., (b) ihre trotz der unfassbaren Bewegung ewig wirkende Form sowie (c) ihre flüssige Beschaffenheit.

Der charakterist. Wechsel von W.kamm und W.tal in der Bewegung der W. evoziert ähnlich wie das ↗Rad eine zu den Wechselfällen des Lebens analoge Bildvorstellung von Auf und Ab. So charakterisiert Schiller die Lebensdynamik zwischen Krieg und Frieden als »steigende, fallende W. des Glücks« (*Die Braut von Messina* V, 8), während Büchner in seinem Brief über den Fatalismus der Geschichte die Größe des Einzelnen als zufällig und ihn selbst nur als »Schaum auf der W.« bezeichnet (Brief an die Braut, 10.3.1834). Beeinflusst von dem seit der Antike bekannten Bild des Lebens als Schifffahrt (↗Schiff, ↗Reise) greift auch Heine das Symbol in seinem Gedicht *Lebensfahrt* auf, in dem die W. insbes. als Verursacher von Schiffbruch und Exil erscheinen. Das 19. Jh. deutet die W. aufgrund ihrer spieler. Bewegung und ihres Glanzes aber auch häufig als Symbol der Lebensfreude (z. B. Hölderlin, *Der Neckar*; Baudelaire, *La vie antérieure*) bis hin zur lebensphilosoph. Identifikation von W. und Leben im Zeichen der Bewegung (Hofmannsthal, *Aufzeichnungen*). Fortgeführt wird dieser Symbolaspekt in der Nachkriegslit. z. B. bei Ausländer, wo W. das Rätsel des Glücks symbolisieren (*W.*). – Wegen ihrer Wandelbarkeit erhebt Hogarth im 18. Jh. die W.linie zum Symbol der Schönheit (*The Analysis of Beauty*). Im Anschluss daran deklariert Goethe die W.bewegung als schönen Spiegel der Natur (*Der Fischer*). Bei Novalis lässt sich im Spiel der unendl. W. ein Symbol für die urzeitl. Harmonie finden (Novalis, *Die Lehrlinge zu Sais*: »2. Die Natur«). In der Moderne suggerieren die W. hingegen die überwältigende Wirkung der Schönheit als ein wogender »Schwall/ Ringsüberall« (Hofmannsthal, *Schönheit*). – Aufgrund ihrer Rhythmik wird die W. auch zum Symbol für ↗Tanz und Melodie (z. B. Schiller, *Der Tanz*; Rilke, *Lieder der Mädchen: Die W. schwieg euch nie*). Bei Droste-Hülshoff gleicht das W.geräusch der bezaubernden Wirkung des ↗Gesanges auf die dichter. Seele (*Die Muschel*). Die Symbolisten und ihre Nachfolger verwenden das W.symbol häufig zur Beschreibung menschl. Entgrenzungserfahrungen (Baudelaire, *L'homme et la mer*; Rimbaud, *Le bateau ivre*, 41–44) bis hin zur Auflösung des Menschen in den W. (K. Chopin, *The Awakening*; Keyserling, *W.*; Woolf, *The Waves*). Auch die Erfahrung der Liebe wird im steten Wandel und Wechsel der W. symbolisiert (Tieck, *Liebe und Treue*; George, *Stimmen im Strom*;

Baudelaire, *La chevelure*). Schließlich können die W. wegen ihrer flüssigen Konsistenz auch für die unendl. Möglichkeiten der dichter. Schöpfung (Goethe, *Unbegrenzt*) bzw. für das Gedicht selbst stehen (Rilke, *Sonette an Orpheus* II, 1).

↗Flut/Dammbruch, Meer, Wasser.

Lit.: G. Gutiérrez de Wienken, Auf der W. ist alles W., München 2008. – W. Rasch, Studien zur dt. Lit. seit der Jahrhundertwende, Stuttgart 1967. – dies./H. G. Schwarz (Hg.), Die W., München 2010.   GGdW

Werwolf ↗Wolf.

Westen

Symbol des Paradieses, aber auch der Gottesferne, der griech.-röm. Kulturtrad. und des Christentums, der Freiheit, der Wildnis und des Reichtums, der Demokratie und des Individualismus, aber auch des Verfalls und des Todes, des Kapitalismus und des Faschismus. – Relevant für die Symbolbildung sind (a) die geograf., kulturgeschichtl., relig. und polit. Opposition zum ↗Osten, (b) der W. als Gegend des ↗Sonnenuntergangs sowie (c) als (geograf. variable) Grenze der bekannten bzw. kulturell erschlossenen Welt.

1. Symbol des Paradieses, aber auch der Gottesferne. In der griech. Mythologie ist *hésperos* (der ↗Abendstern sowie die Gegend des Sonnenuntergangs) positiv konnotiert, denn im fernsten W. wird ein Göttergarten (↗Garten) imaginiert, in dem die hl. ↗Hochzeit von Zeus und Hera stattgefunden haben soll. Dort, am hesper. Okeanos (↗Meer), bewachen die Hesperiden (Westnymphen) die Unsterblichkeit verleihenden ↗goldenen ↗Äpfel am ↗Baum des Lebens (Hesiod, *Theogonie* 215 f.; 275). Auch in der röm. Lit. wird der W. poetisch als *hesperus/hesperia terra* bezeichnet (Vergil, *Aeneis* I, 539) und noch Hölderlin verwendet die Begriffe ›Hesperien‹ und ›hesperisch‹ (Hölderlin, *Brod und Wein*). Quellentexte der christl. Religion implizieren durch die alttestamentl. Heilsbedeutung des Ostens als Paradies (Gen 2,8) eine Abwertung des W. Obwohl der W. im NT nicht explizit negativ konnotiert ist, bekräftigt Laktanz die Opposition von Osten als Ort Gottes und des ↗Lichts und W. als Ort der ↗Finsternis und des Gegengottes (*Divinae institutiones* II, 9). Auch im geschichtsphilosoph. Diskurs der Neuzeit wird dem Osten als kulturellem Vorläufer der W. der Vorrang zugesprochen (Herder, *Ideen zur Philosophie der Geschichte der Menschheit* X, 3; Hölderlin, *Am Quell der Donau*). Andererseits wird in der Neuzeit die Überzeugung von der Überlegenheit des W. aufgrund von dessen wissenschaftl. Fortschritt vertreten.

2. Symbol der griechisch-römischen Kulturtradition und des Christentums. Eine wichtige Rolle für die literar. Identitätsbildung des W. spielen die Gründungsmythen des weström. Reichs, v. a. Vergils *Aeneis*. Die ma. Kreuzzugs-Epik assoziiert mit dem W. die Christen, die den Heiden (d. h. Anhängern des Islams) im Kampf gegenüberstehen; der W. steht hier für das Gute im Konflikt mit dem Bösen, so z. B. im *Chanson de Roland* und ihrer Übertragung ins Mittelhochdeutsche durch den Pfaffen Konrad (*Rolandslied*) sowie in Ariosts *Orlando furioso* und in Tassos *Gerusalemme liberata*, die ein Idealbild des Okzidents im Kontrast zum ⤢Orient entwerfen. Auch Wolframs v. Eschenbach *Willehalm* beruht auf diesem Gegensatz, trotz neuer Toleranz gegenüber Andersgläubigen.

3. Symbol der Freiheit, der Wildnis und des Reichtums. Während in der antiken und ma. Lit. der W. geografisch mit ⤢Europa identifiziert wird, erfährt er mit der Entdeckung ⤢Amerikas eine Ausweitung. Überdies wird innerhalb der ›neuen Welt‹ ein ›wilder‹ oder ›goldener‹ W. markiert und im Wildwest-Roman sowie filmisch im ›Western‹ mythifiziert. Ihn repräsentieren Pioniere, Cowboys, Indianer, Goldsucher (⤢Gold) und Outlaws (vgl. Coopers *Leatherstocking Tales* und Mays Wildwest-Romane). Im Rahmen des nationalen Gründungsmythos steht er für Neuanfang, Abenteuer und Naturverbundenheit, Reichtum und Freiheit. Dies gilt auch für Lit., die in kolonialen Kontexten entstand und die Eroberung von Übersee-Territorien wie Lateinamerika schildert (z. B. Kingsleys *Westward Ho!*). Diese Symbolik des W. als Wildnis in Opposition zur Zivilisation, die ein unkonventionelles Leben erlaubt, bleibt bis ins 20. Jh. aktuell (Shepard, *True West*). Gleichzeitig wird der ›wilde‹ W. aber auch als ird. Hölle und Ort des Dämonischen gesehen, so in den *Captivity narratives* über das Dasein von Gefangenen der Indianer (z. B. Brockden Brown, *Edgar Huntly*). Neuere Western-Romane, die den Vernichtungskrieg gegen die Indianer kritisieren, sehen ihn als Symbol für den Untergang einer alternativen Kultur (z. B. McCarthy, *Blood Meridian*).

4. Symbol der Demokratie und des Individualismus. Die positiven Qualitäten Reichtum und Freiheit assoziieren auch die russ. ›Westler‹, eine intellektuelle Bewegung im 19. Jh., mit dem W.: Im Unterschied zu den ›Slawophilen‹ bestimmen sie Westeuropa mit dessen Kultur, demokrat. Ordnung und individualist. Lebensstil zum Vorbild. Literarisch manifestiert sich dies im Antagonismus von russ. Traditionalismus und propagierter ›Europäisierung‹ (z. B. Gončarov, *Oblomov*; Turgenev, *Rauch*). Texte wie Conrads *Under Western Eyes* tragen zur Festigung einer selbstverordneten ›westl. Perspektive‹ auf die Kulturen im Osten (hier auf Russland) bei.

5. Symbol des Verfalls und des Todes. Als Ort der letzten Sonnenstrahlen und des Sonnenuntergangs ist der W. beliebter Gegenstand der dt. Lyrik (z. B. Goethe, *West-östlicher Divan*). In der nach dem Ersten Weltkrieg entstandenen Kriegslyrik zeigen

sich jedoch im W. (d. h. Frankreich) die ⤢Wunden der dt. Nation, wobei gemäß einem Topos das ⤢Rot, das für Abendglut gehalten wird, nun Blut ist (Dauthendey, *Sind je die Zeiten trauriger gewesen?*; *Des großen Krieges Not*). Trakls Gedicht *Abendland*, dessen Titel sich auf die Natur und die westl. Gesellschaft bezieht, zeugt von der Auffassung der abendländ. Geschichte als Verfallsprozess, die von Vertretern der kulturkrit. Strömung des Expressionismus geteilt und von Spengler in *Der Untergang des Abendlands* dargelegt wird. Als Ort der Zerstörung und des Todes wird der W. auch in Remarques Schilderung des Kriegs an der Westfront *Im W. nichts Neues* dargestellt.

6. Symbol des Kapitalismus und des Faschismus. Nach dem Zweiten Weltkrieg etabliert sich eine neue Symbolik des W. aufgrund der Opposition demokrat. ›Westmächte‹ und sozialist. Ostblockstaaten. Die dt. Teilung prägt das Bild des W. als BRD aus Sicht der DDR-Lit. Der W. steht hier tendenziell für den Kapitalismus und die Kontinuität des Faschismus (Brecht, *Herrnburger Bericht*; Seghers, *Die Entscheidung*; Ch. Wolf, *Geteilter Himmel*). Differenzierter wird das Bild des W. in der ostdt. Nachwendelit., die oft eine erste Reise in den (›goldenen‹) W. Deutschlands und seit den späten 1990er Jahren vermehrt den gemeinsamen Alltag schildert (z. B. I. Schulze, *Neue Leben*).

⤢Abendröte/Sonnenuntergang, Abendstern, Amerika, Europa, Osten.

Lit.: H. Hühn, Art. W.; Okzident, in: Histor. Wb. der Philosophie, hg. v. J. Ritter/K. Gründer, Bd. 12, Basel 2005, 661–674. – E.-U. Pinkert, Wunschbilder, Schreckbilder, Trugbilder, in: Mannigfaltigkeit der Richtungen, hg. v. Ch. Grimm, Leipzig 2001, 273–295. – H.N. Smith, Virgin Land, Cambridge 1950. EZ

Widder

Symbol des Opfers, aber auch des polit. Führers sowie der Stärke, Lebens- und (poet.) Zeugungskraft. – Relevant für die Symbolbildung sind (a) die Verwendung des W. als Opfertier, (b) seine körperl. Stärke, (c) seine Funktion als Leittier der Schafherde (⤢Hirt/Herde) und (d) seine Zeugungskraft.

Der W. setzt sich in seiner Symbolbedeutung durch die ihm zugeschriebenen Eigenschaften deutlich von der verwandten Symbolbedeutung von ⤢Lamm und Schaf ab. Zwar dient er, wie diese, als Schuldopfer für sakrale Vergehen (z. B. Gen 22,13; Lev 5,14–19; 20–26), wird aber häufig in seiner Einzigartigkeit herausgestellt. So verwandelt sich in Tiecks Bericht über die Fortsetzung von Novalis' *Heinrich von Ofterdingen* der Protagonist in einer allegor. Szenerie, die das Wesen der Poesie erklären soll, in einen ⤢goldenen W., der von Mathilde geopfert wird. Dieser W. steht nicht nur für das Opfer Heinrichs, sondern auch für die Zeugungskraft der Kunst durch die Imagination. – Daneben gilt der W. mit goldenem Fell auch als Verkörperung positiver ↗männl. Aggressivität. Seine Stärke und Stoßkraft machen ihn zum Namensgeber eines Mauerbrechers in der Waffentechnik. Der Raub des goldenen W. bzw. goldenen Vlieses ist in der griech. Mythologie Anlass der Argonautenfahrt (↗Reise, ↗Schiff) und der Medeatragödie und symbolisiert den Machtkampf der griech. mit den fremden, ›barbar.‹ Kulturen (Euripides, *Medea*; Grillparzer, *Das goldene Vlies*). – Als Leittier der Schafherde bezeichnet der W. den Anführer (Mark Aurel, *Selbstbetrachtungen* XVI). In dieser Bedeutung wird er in Grillparzers Epigramm *Zur Literaturgeschichte* auch im Hinblick auf die Deutschen verwendet, die ohne Führung und deshalb desorientiert wie Lämmer und Schafe seien. Auf ähnl. Weise charakterisiert Herder in *Alte Fabeln mit neuer Anwendung* König Karl XII. als W. (XXVI). Der Führungsanspruch des »hochedlen« W., der stellvertretend für den Adel gegenüber der Herde, dem Volk, steht, wird in Hoffmann v. Fallerslebens *Vice versa* betont; die Qualität des Führenden kann hier jedoch erst durch die Herde bezeugt werden (↗Kaiser/König/Fürst). – In der ägypt. Mythologie Gott der Fruchtbarkeit und der Zeugungskraft (der Schöpfergott Chnum wird mit einem W.haupt dargestellt), wird das ↗Sternbild des W. (wie auch dasjenige des ↗Stiers) als Symbol für Vitalität und Zeugungskraft gedeutet – Kräfte, die bes. im Hinblick auf die Natur das aufsteigende ↗Jahr bzw. den ↗Frühling versinnbildlichen (Klaj, *Redeoratorien: Der leidende Christus*; Jean Paul, *Vorschule der Ästhetik*, Vorrede zur ersten Ausgabe).

↗Gold, Hirt/Herde, Lamm/Schaf, Sternbilder.

Lit.: WBS, 213–217. – W. Bauer/J. Dümotz, Lexikon der Symbole, Wiesbaden 1980, 165 und 309 f.   SW

Wind

Symbol der Gegenwart bzw. des Zorns Gottes, der Nichtigkeit des menschl. Lebens, der Dichtung. – Relevant für die Symbolbildung sind (a) die Richtung, aus der der W. kommt (↗Norden, ↗Süden, ↗Osten, ↗Westen), (b) seine Stärke zwischen Brise und ↗Sturm, (c) seine Unberechenbarkeit, (d) seine Unkontrollierbarkeit und (e) sein zwischen anscheinender Irrealität (Untastbarkeit, Unsichtbarkeit) und konkreter Fühlbarkeit (Wirkungen auf die phänomenale und psych. Welt) schwankendes Wesen.

1. Symbol der Gegenwart bzw. des Zorns Gottes. Schon in der alttestamentl. Schöpfungsgeschichte bezeugt die über der Urflut (↗Flut/Dammbruch) schwebende *ruach* Gottes (Gen 1,2) eine für die alten Sprachen charakterist., lexikal. Nähe zwischen W., Geist/Seele und ↗Atem/Hauch (gr. *ánemos, pneúma, psyché*, lat. *anima, animus, spiritus*), welche die W.symbolik stark beeinflusst hat. In der Bibel werden die ↗vier W. erwähnt (z. B. Ez 37,9; Offb

7,1). Als W. bzw. im W., Wirbelwind, Sturmwind oder Hauch offenbart sich Gott (Ps 107,25; 148,8; Ez 1,4; Apg 2,2). Eng damit verbunden ist die Bedeutung des W. als Zeichen von Gottes Zorn und Strafe (z. B. 2 Sam 22,11 und Ps 18,10). Dante verschmelzt diese bibl. Symbolik mit einer klass.-provenzal. (s. a. 4): Der W. erscheint als ewige Verdammnis und im Sinne der Wiedervergeltung als Sinnbild des erot. Begehrens (*bufera infernal*), welches die fleischl. Sünder umhertreibt (*Divina Commedia*: »Inferno« V, 31).

2. Symbol der Nichtigkeit des menschlichen Lebens, Tuns und Redens. Auch diese Symbolik ist vom AT vorgegeben (Ps 78,39; Ijob 7,7; Ps 1,4; Spr 11,29; Ijob 6,26; Jes 41,29). Dante knüpft daran in der *Divina Commedia* (»Paradiso« XXIX, 107) an, ähnlich auch Milton (*Lycidas* 123–127). »Windig« (*anemóeis*) ist seit Homer Attribut leerer Worte, W. ist dementsprechend in der griech.-röm. Trad. oft mit einer annihilierenden oder entleerenden Wirkung verbunden (Catull, *Carmina* LXIV). Klass. und jüd.-christl. Vorbilder interagieren in der in vielen europ. Lit. bis in Katachrese ausartenden symbol. Verknüpfung von W. und Nichtigkeit bzw. Vergänglichkeit – z. B. in der italien. (Petrarca, *Canzoniere* CXXXIII: *Amor m'à posto come segno a strale*; CCXII: *Beato in sogno*; CCLXVII: *Oimè il bel viso*; CCCXVI: *Tempo era*; CCCXXIX: *O giorno, o hora*; CCCL: *Queso nostro caduco e fragil bene*), engl. (Spenser, *The Fairie Queen* IV, 5) und dt. Dichtung (Gryphius, *Threnen in Schwerer Kranckheitt*). Als Symbol von Erstarrung und/oder Tod erscheint der W. in weniger konventionellen Bildern der modernen Lyrik (z. B. Hölderlin, *Hälfte des Lebens*; Eliot, *Song for Simeon*; *The Waste Land*).

3. Symbol der Dichtung. Die Wurzeln der poetolog. Bedeutung des W. liegen in der orakelhaften Funktion, die dem in den ↗Blättern säuselnden W. zugeschrieben wurde (Dodona-Orakel). Seit der Antike wurde die relig. in eine dichter. Inspirationssymbolik transformiert, bis hin zum berühmten Shelley-Zitat »Make me thy lyre, ev'n as the forest is« (*Ode to the West W.*; s. a. 4). W. als Symbol von dichter. Inspiration findet man sehr häufig in der Romantik und in der Spätromantik, in der engl. (Coleridge *Dejection*; *Rime of the Ancient Mariner*) und in der dt. Lyrik, etwa bei Lenau, in dessen Gedichten der ↗Herbst- bzw. Nachtwind (↗Nacht/Finsternis) oft tonangebend ist (z. B. *Herbstgefühl*; *Wandrer und W.*).

4. Symbolbildungen der einzelnen W., insbes. Nord- und Westwind. In der griech.-röm. Trad. sind seit Homer (*Odyssee* V, 295–296) und Hesiod (*Theogonie* 378–380; 867) die vier personifizierten W. überliefert: Boreas (Nordwind), Notos (Südwind), Euros (Ostwind) und Zephyros (Westwind), über die Zeus Äolus als Gott der W. einsetzt. Besonders stark ausgeprägt ist die symbol. Bedeutung von Boreas und Zephyros: Bei Hesiod zusammen mit

Notos als freundl. W. von den zerstörer. unterschieden, blieben der »König der W.« (so Boreas bei Pindar, *Pythien* IV, 181) und der ↗Frühlingswind (so Zephyros schon in der griech. Lyrik, bei Vergil und Horaz ausdrücklich mit dem ↗Goldenen Zeitalter verbunden; Vergil, *Georgica* II, 330; Horaz, *Oden* I, 4, 1; IV, 7, 9) im Zentrum der W.symbolik in der europ. Lit. – Boreas erscheint je nach Trad. als Sturm- und Frostbringer (bis Shakespeare, *Troilus and Cressida* IV, 5, hier lat. als Aquilo) oder aber als Befruchter und Lebensspender (wegen der Feuchtigkeit, hierin dem Zephyros verwandt). Stark ist seit der Antike die Charakterisierung des Boreas als Feind der Liebenden (Ovid, *Heroides* XVIII) und allg. als rauer Widersacher der Menschen (z. B. Hölderlin, *Hyperion* I, 24; *Vulkan*). – Zephyros behält in der ma. Lit. die klass. Verbindung mit dem Frühling (z. B. Chaucer, *The Canterbury Tales*: Prologue 5). Durch arab. Einflüsse wird sie angereichert durch die Liebessymbolik, angefangen mit der provenzal. »aura dolza« (Raimbaut de Vaqueiras, *Altas ondas que venez sus la mar*) über Petrarcas *Zefiro torna e il bel tempo rimena* (*Canzoniere* CCCX), Marinos *A Zefiro* und Flemings *An den Westwind* bis hin zu Goethes *Die schöne Nacht* und *Mit einem gemalten Band*. Goethes *Divan*-Gedicht *Ach um deine feuchte Schwingen* und Shelleys *Ode to the West W.* zeigen die Bandbreite der Symbolik auf: Bei Goethe ist »West« sowohl Regenbringer (und Lebensspender; ↗Regen) als auch durch sein »mildes sanftes Wehen« Tröster für den Liebenden und zugleich Liebesbote; bei Shelley erscheint der Westwind gleichsam als Zerstörer und nur indirekt (nach Herbst und ↗Winter) als Vorbote des Frühlings. Nicht auf Zephyros beschränkt ist die Symbolik, die W. mit Leidenschaften und Emotionen (Chaucer, *Troilus* II, 778) sowie speziell mit erot. Begehren verbindet (maßgeblich Shakespeare, *Othello* IV, 2; *Hamlet* I, 2).

↗Atem/Hauch, Himmel, Naturmusik/Sphärenharmonie, Norden, Osten, Regen, Sturm, Süden, Westen, Wolke.

Lit.: E. Frensch, Westw. als lyr. Motiv, Heidelberg 1978. – Ch. Hünemörder, Art. Boreas, in: Der neue Pauly, hg. v. H. Cancik/H. Schneider, Bd. 2, Stuttgart/Weimar 1997, 748 f. – ders./C. R. Phillips, Art. W., in: Der neue Pauly, Bd. 12.2, 2002, 515–521. – A. Nova/T. Michalsky (Hg.), W. und Wetter. Die Ikonologie der Atmosphäre, Venedig 2009. – S. Rausch, Art. Zephyros, in: Der neue Pauly, Bd. 12.2, 2002, 767–768. – M. Viegnes (Hg.), Imaginaires du vent, Paris 2003. – A. de Vries, Dictionary of Symbols and Imagery, Amsterdam/London ³1984, 500–502. MC

Winter

Symbol des Alters und des Todes, der Bedrängnis, der Sünde wie auch der Reinheit, der Einsamkeit, der Sprachlosigkeit und der sozialen Repression. –

Relevant für die Symbolbildung sind die klimat. Besonderheiten des W.

Die bäuerl. Tätigkeiten im W. und seine Beschwerden (u. a. durch den eisigen Nordwind Boreas; ↗Wind) werden in der griech. Lit. von Hesiod (*Werke und Tage* 493 ff.), in der röm. von Vergil (*Georgica* I, 291 ff. und III, 356 ff.) beschrieben. Zugleich verfestigt sich in der röm. Sarkophagen vorgebildete Analogie der Jahreszeiten mit den Lebensaltern des Menschen (↗Jahr). Der W. entspricht hier dem Lebensende und wird demgemäß als alter ↗Mann personifiziert (Ovid, *Metamorphosen* XV, 212 ff.). – Im Ausgang von Bibelstellen (wie z. B. Ps 147,16: »Er gibt Schnee wie Wolle, er streut Reif wie Asche«) deutet die christl. Allegorese der Spätantike winterl. Naturerscheinungen wie ↗Schnee, ↗Eis, Nebel oder Kälte als Symbol für Verfolgung und Bedrängnis, für Sünde oder ↗Reinheit sowie für die Grundverfassung des erlösungsbedürftigen Menschen (Augustinus, *Sermo* XLVI, 23; *Enarrationes in psalmos* LXVI, 3 und CXLVII, 20–26). Dem wird noch in der christl. Lit. der Frühen Neuzeit eine auf ↗Ostern ausgerichtete Deutung des Jahreskreises gegenübergestellt. Bei Angelus Silesius (*Der Cherubinische Wandersmann* V, 18 und 19: *Die geistlichen Jahreszeiten*) etwa ist der W. die Zeit der Sünde und des Todes, auf die im ↗Frühling eine Bußezeit folgt, die mit dem Fest der Auferstehung Christi endet. Derartige Deutungen des Jahres sind auch in den großen Jahreszeiten-Zyklen der Aufklärung nicht gänzlich verschwunden, werden aber durch einen physikotheolog. Gesamtrahmen überwölbt (J. Thomson, *The Seasons*; J. Haydn/G. van Swieten, *Die Jahreszeiten*). Demgegenüber radikalisiert sich die W.erfahrung seit der Romantik (z. B. Hölderlin, *Hälfte des Lebens*) zur symbol. Darstellung existenzieller Einsamkeit, Sprachlosigkeit und Heimatlosigkeit (etwa in Schubert/W. Müller, *W. reise*; Nietzsche, *Vereinsamt*). – Eine polit. Neudeutung des W. als Zeit polit. Stagnation und Repression findet sich im Vormärz bei Heine (*Deutschland. Ein Wintermärchen*). Auch dort, wo sich die W.darstellung im 19. und 20. Jh. von den typolog. Grundmustern der Trad. löst, bleiben diese als symbol. Referenzrahmen erhalten (exemplarisch hierfür die Schluss-Szene aus Joyces Dubliner Erzählung *The Dead*).

↗Eis, Eisvogel, Frühling, Jahr, Kranich, Reinheit, Schnee, Wind.

Lit.: Die Vier Jahreszeiten im 18. Jh., Heidelberg 1986. – P.-J. Dehon, Hiems Latina, Brüssel 1993. – ders., Hiems Nascens, Rom 2002. GN

Wolf

Symbol der (Natur-)Gewalt, der Freiheit und Stärke, des Bösen, der Grausamkeit, der Zügellosigkeit und Wollust, aber auch Symbol der Mütterlichkeit. – Relevant für die Symbolbildung sind (a) das maßlose, gefährl. Beuteverhalten, (b) das durchdringende Geheul, (c) die im Dunkeln leuchtenden ↗Augen sowie (d) der ausgeprägte mütterl. Instinkt der Wölfin.

1. Symbol der (Natur-)Gewalt, der Freiheit und der Stärke. Als bes. gewaltsame Tiere erscheinen W. in der nord. Mythologie: zwei W., Geri und Freki (der Heißhungrige und der Grimmige) sitzen zur ↗rechten und linken Seite von Wotans Thron in Walhalla; der W. Fernis, vom bösen Loti gezeugt und mit Wasserflut (↗Flut/Dammbruch) und Brandung (↗Welle) verglichen, zerreißt Wotan und kündigt mit seinem Geheul den Weltuntergang an. In der griech. Antike führt Apollon einen W. bei sich und trägt den Beinamen Lycoreus; darin deutet sich die »Doppelgesichtigkeit« (Lurker, 214) des Gottes und seine Wesensverwandtschaft mit dem Abgründig-Bösen an (s. 2). Die Grausamkeit und Verdorbenheit des Lykaion veranlassen Zeus, ihn in einen W. zu verwandeln (Platon, *Staat* 565d). Als Attribut des Kriegsgottes Mars wird der W. mit dem Krieg assoziiert (Homer, *Ilias* XVI, 156–159; ebenso Platon, *Phaidros* 241d) und steht in positivem Sinne für Mut und ↗männl. Stärke (wie etwa auch in den dt. Namen Adolf: ›edler W.‹, Rudolf: ›berühmter W.‹ oder Wolfgang: ›wie ein W. gehend‹). – Die Stärke des W. und sein Verhalten als Raubtier werden im 17. Jh. als Allegorie des Sozialwesens gesehen: Die ungezügelte Gier bzw. Gewalt des Herrschers wie die Bedrohung durch äußere Feinde werden gleichermaßen im W. abgebildet (HS, 450–453; 542); in Hobbes' *Homo homini lupus*: »Der Mensch ist ein W. für den Menschen« (Widmung zu *De cive*, 1642; nach Plautus, *Asinaria* II, 4, 88) fließen diese emblematisch präsenten Aspekte zusammen (Münkler, 115 ff.). Ostrovskij bildet in seiner Komödie *Wölfe und Schafe* (1875) im Verhalten der aufsteigenden Industriellenschicht und der Landadligen den Gegensatz von Kraft und Schwäche ab; in C.F. Meyers *Die Leiden eines Knaben* trägt der Lehrer, der als erbarmungsloser Repräsentant der autoritären Erziehung und Repression auftritt, den Spitznamen »W.«; Fallada beschreibt unter dem Titel *Wolf unter Wölfen* die Hemmungslosigkeit der Nachkriegs- und Schieberwelt in den 1920er Jahren. Enzensberger schließlich nimmt die emblemat. Trad. auf und formuliert in seinem Gedicht *Verteidigung der W. gegen die Lämmer* (1962) die iron. Kritik an der Passivität der Gesellschaft gegenüber den ›wölfischen‹ Machthabern. – Erst im 19. Jh. symbolisiert der W. verstärkt auch Freiheit und spiegelt damit die von kolonialer Unterwerfung und Nostalgie geprägte Ambivalenz, innerhalb derer ehemals negative Assoziationen positiv umgeprägt werden, u.a. bei Kipling, *The Jungle Book* (1894); London, *The Son of the W.*; *White Fang*; Lütgen, *Kein Winter für W.* – Obwohl bereits Plinius d.Ä. den Glauben an Werwölfe als Bsp. der griech. »Leichtgläubigkeit« bezeichnet (*Naturalis historia* XXXIV), bleibt dieser

bis zum 19. Jh. präsent. Er drückt anschaulich die innere Zerrissenheit zwischen gewalttätig-tierischen und menschlich-zivilisierten Aspekten des modernen Individuums aus (Hesse, *Der Steppenwolf*); in Rowlings Romanserie *Harry Potter* wird der Titelheld von dem Werwolf Remus Lupin unterstützt, der, in dieser symbol. Trad. stehend, unter seiner Tier-Mensch-Natur leidet.

2. Symbol des Bösen und der Grausamkeit. Durch die antike Lit. (Homer, *Ilias* XVI, 352–355; Plautus, *Stichus* IV, 1; Cicero, *Ad Atticum* XIII, 33) wie auch durch die Bibel (Gen 49,27; Jer 5,6) als gewalttätiges Tier bekannt, tritt der W. vielfach auch in der Fabel als das sprichwörtl. Böse (*lupus in fabula*) auf. Einerseits bleibt hier der W. der Stärkere (Äsop, *Der W. und das Lamm*; Luther, *Vom W. und Lemlin*), andererseits ist er als der dumme W. anderen Tieren unterlegen (Hagedorn, *Der Marder, der Fuchs und der W.*; Pfeffel, *Der Fuchs und der W.*; Goethe, *Reineke Fuchs*). In Grimms *Der W. und die sieben jungen Geißlein* wird Gier verkörpert. Lessings Fabeln *Der kriegerische W.* und *Der W. und das Schaf* ironisieren diese allegor. Konstellation; ebenso H. Arntzen in *Der W. und das Lamm*. In dieser (ironisierten) Fabeltrad. werden im Vormärz polit. Forderungen in der Gestalt des W. präsentiert, so in Heines *Deutschland. Ein Wintermärchen* (XII) oder in Bauernfelds Drama *Die Reichsversammlung der Tiere*. – Die christl. Trad. ist v. a. bestimmt vom Antagonismus zwischen dem W. und das den Gläubigen symbolisierende ↗Lamm (Mt 7,15: »Hütet euch vor den falschen Propheten! Sie sehen zwar aus wie Schafe, die zur Herde gehören, in Wirklichkeit sind sie W., die auf Raub aus sind«; vgl. Apg 20,29). So erscheint auch der Teufel in Gestalt eines W. (*Bestiarium Ashmole* fol. 24v). Zusammen mit einem ↗Löwen und einem ↗Leoparden ist eine Wölfin das dritte und schrecklichste Tier, das den Aufstieg des Dichters in Dantes *Divina Commedia* verhindern will (»Inferno« I, 49–60).

3. Symbol der Zügellosigkeit und der Wollust, aber auch der Mütterlichkeit. Bei Plinius d.Ä. (*Naturalis historia* XXXIV) wie auch im MA ist der Aberglaube überliefert, dass am Schwanz des Tieres »ein kleines Liebesfell« sei, das es sich ausreiße, wenn er fürchtet, gefangengenommen zu werden. Darauf gründet die Verbindung des W. mit der Wollust; die Wölfin (lat. *lupa*) steht zudem für Prostitution (Plautus, *Epidicus* 403; Chaucer, *Manciple's Tale* 183–186), worauf auch der Name der Giftmischerin Lupinus in Alexis' *Ruhe ist die erste Bürgerpflicht* anspielt. Auch im Märchen verkörpert sich sexuelles Begehren im W. (Perrault, *Le petit chaperon rouge*; Grimm, *Rotkäppchen*). Eine Atmosphäre von Schrecken und Erotik begleitet den W. in Canettis *Die gerettete Zunge* (1977): Die Erzählung über einen Angriff hungriger W. auf den Schlitten der ↗Mutter vermengt sich mit Geschichten über Werw. (I: »›Kako la gallinica‹. W. und Werwölfe«); die von

der Erzählung evozierten Phantasien erfüllen sich phantasmagorisch in der Erscheinung des ↗Vaters, der mit einer W.maske (↗Maske) mit ↗roter ↗Zunge an das Bett des ↗kindl. Erzählers tritt (I: »Purim. Der Komet«). – Die Romulus und Remus säugende Wölfin wird nicht nur zum Symbol ↗Roms, sondern bis in die Gegenwart auch fürsorgender Mütterlichkeit überhaupt. So etwa im ma. Epos *Wolfdietrich* (Bearbeitung durch W. Hertz, *Hugdietrichs Brautfahrt*, 1863), in barocker Emblematik (HS, 448 f.), aber auch noch in Kiplings *Jungle Book*, in dem Mowgli von W.eltern aufgezogen wird.
↗Lamm/Schaf.

Lit.: NLC, 194–211. – D. Arendt, Bruder W. und die Lämmer oder »Lupus in fabula«, in: ders., Zoologia poetica, Fernwald 1994, 97–122. – W. Heizmann, Fenriswolf, in: Dämonen, Monster, Fabelwesen, hg. v. U. Müller/W. Wunderlich, St. Gallen 1999, 229–255. – M. Lurker, Hund und W. in ihrer Beziehung zum Tode, in: Antaios 10 (1969), 199–216. – H. Münkler, Polit. Bilder, Politik der Metaphern, Frankfurt a.M. 1994, 107–124. – S. K. Robisch, Wolves and the Wolf Myth in American Literature, Reno 2009. – R. Schenda, W., in: ders., Das ABC der Tiere, München 1995, 324–329. – G. Schleusener-Eichholz, Das Auge im MA, München 1985, 260–263. – C.v. Steiner: Der W., in: ders., Die Tierwelt, Gotha 1891, 15–26.   GMR

Wolke

Symbol des Erdenthobenen, zumeist Göttlichen, des drohenden Unheils, aber auch des Weltfremden, Ortlosen, Wandelbaren und Unbestimmten. – Relevant für die Symbolbildung sind (a) das Schweben der W. über der ↗Erde, (b) ihre Nähe zum ↗Himmel, (c) ihr Verdecken des ↗Sonnenlichts, (d) die Wandelbarkeit ihrer Formen, (e) die daraus abzulesende Wetterlage sowie (f) ihr Zurücklegen weiter Strecken.

Der Wortgeschichte von lat. *nimbus* folgend ist die W. Symbol des Heiligen: Während in der griech. Antike der Göttervater Zeus (wie bei Homer) das Epitheton »der W.ballende« trägt, weil er der Sage nach den Bereich des Himmels und damit des Äthers und der W. erloste (*Ilias* XV, 193–194), erscheint in jüd.-christl. Trad. Gott – wie z.B. am Berg Sinai (*Ex.* 19,9) – in einer W. Dem entgegen steht die lat. Wortbedeutung von *nubes*, in der die verschleiernde und verdunkelnde W. zum Symbol von Täuschung und Unglück wird (*Ilias* XVI, 350; XVII, 591). In Aristophanes' Komödie *Die W.* symbolisieren die W. die trüger. Rhetorik der Philosophie, während in *Vögel* die zwischen Himmel und Erde gelegene Stadt Nephelokokkygia (»W.-Kuckucksheim«) die Kommunikation zwischen Menschen und Göttern stört. – Howard hatte 1803 die Klassifikation von vier W.-Typen vorgenommen, deren Symbolwert Goethe in *Faust II* nutzt, wenn er den auf einer Wolke ins Hochgebirge (↗Berg) gereisten Faust einem Kumulus, der das antike Schön-

heitsideal Helenas symbolisiert, nachblicken lässt, während am Horizont der Zirrus als Symbol für Gretchens »Seelenschönheit« erscheint (IV. Akt). In der lyr. Rezeption allerdings betont Goethe stets auch das »Übergängliche« (*Wohl zu merken!*) der W.-Formen. In der Romantik rückt neben die Todessymbolik der Auflösung und Verklärung (Uhland, *Abendwolken*) die örtl. Unbestimmtheit der W. in den Blick, und ihr Ziehen wird zum Symbol des Fernwehs und der ↗Reiselust (Lenau, *An die W.*; Eichendorff; *W., waldwärts gegangen*; *Liedchen*). In der Reiselit. des 19. Jh. werden W., im Anschluss an die Ikonografie der Landschaftsmalerei, als Kontrast zu den schroffen Übergängen der Natur wahrgenommen (Heine: *Harzreise*). In Laßwitz' Roman *Aspira* wird die W. als Romanprotagonistin zum Symbol naturverbundener Innerlichkeit, in Brechts *Erinnerung an die Marie A.* verweist sie auf die Augenblicksgebundenheit und Flüchtigkeit einer Liebe. – Während in der literar. Moderne die Formlosigkeit der W. die Auflösung der Sprachstrukturen (z.B. Ball, *W.*; Arp, *Die Wolkenpumpe*) bzw., wie in Benjamins *Berliner Kindheit um 1900*, die W.haftigkeit der Worte selbst bedeutet, werden die W. in Enzensbergers *Geschichte der Wolken.* (2003) noch einmal als Symbol für die der »Vergänglichkeit« innewohnende Wandlungsfähigkeit und mithin als »Bilderrätsel« begriffen, das für verschiedene Deutungen offen ist, ohne bei einer von ihnen letztgültig stehenbleiben zu können.
↗Abendröte/Sonnenuntergang, Himmel, Morgenröte/Sonnenaufgang, Regenbogen, Reise, Stern, Sternbilder, Wind.

Lit.: K. Badt, W.bilder und W.gedichte der Romantik, Berlin 1960. – B. Hedinger/I. Richter-Musso (Hg.), W. bilder – Die Entdeckung des Himmels, München 2004. – S. Kunz/J. Stückelberger (Hg.), W.bilder – Die Erfindung des Himmels, München 2005.   NP

Würfel

Symbol des Irdischen und Beständigen, des Glücks und des Dichtens bzw. der Dichtung. – Relevant für die Symbolbildung sind (a) die geometr. Form und (b) das mit dem W. verbundene Unterhaltungs- und Glücksspiel.

1. Symbol des Irdischen und Beständigen. Aufgrund seiner geometr. Form steht der W. für ↗Felsen und Gebäude (A. v. Humboldt, *Ansichten der Natur* I; G. Hauptmann, *Anna* VI; Langgässer, *Die unauslöschliche Siegel*) und ist in Anlehnung an die antike (Platon, *Timaios* 55e) und bibl.-christl. Trad. (*Offb* 7,1; 21,16 f.) v.a. im modernen Märchen Symbol des Irdischen und der Welt (z.B. Atteln, *Der gläserne Kubus*). Ab dem 17. Jh. erscheint er auch als Wahrzeichen von Beständigkeit (Treuer, *Deutscher Dädalus / Oder Poetisches Lexicon* I; Herder, *Spruch und Bild, insbesonderheit bei den Morgenländern*; St. Zweig, *Die Welt von Gestern*).

2. *Symbol des Glücks (i.S.v. ↗Spiel und Zufall/ Schicksal).* Diese Symbolik steht im Zusammenhang mit dem Unterhaltungs- und Glücksspiel, bei der der Handlungsträger (Mensch, Götter, Gott, Teufel) und der Betrachtungszeitpunkt bezüglich der *actio* des W. von Bedeutung sind (vor/nach dem Wurf). – (a) Symbol des Teufels, der Sünde und der *vanitas*: Die seit der Antike bestehende Symbolik des W. bzw. W.spiels für den Verlust von Besitz, Tugend, Moral und Seelenheil (Horaz, *Epistulae* I, 18) erhält im MA mit der Verbreitung der Sage von der Erfindung des W.spiels durch den Teufel (Hinkmar v. Reims, *De divortio Lotharii Regis et Tetbergae Reginae, Interrogatio XV et Responsio*; Reinmar v. Zweter, *Roethe* 109) eine höf. und christl. Ausdeutung: W. bzw. W.spieler stehen für ritterl. Verweichlichung (Wace, *Li roman de Brut* 10835 ff.), verlorene Seelen (Dante, *Divina Commedia*: »Purgatorio« VI), sündhafte Laster (Freidank, *Bescheidenheit* 48; Thomasin v. Zerklaere, *Der welsche gast* 703 f.; Brant, *Narrenschiff* XLIX; LXXVII) sowie Verschlagenheit (Albrecht v. Eyb, *Der Spiegel der Sitten*). Ab dem 16. Jh. findet diese Symbolik Eingang in das sog. *vanitas*-Denken: Spielwürfel und andere Utensilien des geselligen Zeitvertreibs erscheinen als Gegenstände von geringem Wert (Folz, *Meisterlieder* XCI, 32), falsches, sündhaftes Lebensvergnügen (Luther, *Tischreden* II, 593; H. v. Kleist, *Die Hermannsschlacht* V, 21) und ird. Vergänglichkeit (Morgenstern, *Der W.*). In der Kriminallit. des 20. Jh. sind W. bzw. W.spiel v. a. Sinnbild für Betrug und kriminelles Verhalten (Gardner, *The Case of the Rolling Bones*) und stehen in der Fantasy- und Kinderlit. für das Fremde, Unheimliche und Dämonische (Dee/Gottwald, *Das Geheimnis der W.*; Türk, *Philipp gegen den W.*). – (b) Symbol des Zufalls bzw. Schicksals. Neben der Erkundung des göttl. Willens durch das Werfen von Astragalen (Sueton, *Tiberius* XIV; Pausanias, *Beschreibung Griechenlands* VII, 25, 10) gibt das Fallen der W. seit der Antike ein Bild für unvorhergesehene Ereignisse (Platon, *Gesetze* XII, 968e) und steht in übertragenem Sinn für ein Geschehen, in welchem nicht vernünftige Planung, sondern schicksalhafter Zufall wirkt und zu einer Entscheidung führt (Cicero, *De divinatione* II, 85; Plutarch, *Pompeius* LX; Sueton, *Caesar* XXXII; Tacitus, *Germania* XXIV; J. Grimm, *Deutsche Mythologie* II, 29: »Würfel«). Im MA findet dies eine christlich geprägte Fortsetzung (*Legende vom hl. Bernhard*; Thomasin v. Zerklaere, *Der welsche gast* 3953 ff.; Ottokar, *Österreichische Reimchronik* 60870) und W. bzw. W.spiel erscheinen darüber hinaus in der Nachfolge Ovids (*Ars amatoria* II, 203 f.; III, 367 ff.) für Gewinn bzw. Verlust im Zusammenhang von Liebe und Kampf (Hartmann v. Aue, *Erec* 867 ff.; Wolfram v. Eschenbach, *Parzival* 82, 16 ff.; *Willehalm* 368,15; 415,17; 427,26). Ab dem Barock verstärkt sich die Symbolik des vom Zufall oder schicksalhaften Mächten bestimmten ird. Lebens (Prätorius, *Glückstopf*; Schiller, *Don Karlos* III, 2; *Wallensteins Lager* I und IX), wobei der Mensch entweder selbst Spieler (Schiller, *Die Verschwörung des Fiesko zu Genua* IV, 10; *Brief an Körner, 28.5.1804*) oder der Macht des Schicksals ausgeliefert ist (Brentano, *Romanzen vom Rosenkranz* XII; Schiller, *Die Räuber* IV, 5; H. v. Kleist, *Brief an Wilhelmine von Zenge, 13.9.1800*). In diesem Zusammenhang steht der W.wurf häufig auch für schicksalhafte Entscheidungen (Schiller, *In einer Bataille*; H. v. Kleist, *Die Hermannsschlacht* IV, 2; Rilke, *Brief an E. v. Aretin, 30.4.1915*; Th. Mann, *Felix Krull*), d. h. W. symbolisieren entweder die noch nicht (Harsdörffer, *Frauenzimmer Gesprächspiele* II; Buchholtz, *Des christ. teutschen Großfürsten Herkules und des böhmischen königlichen Fräulein Valiska Wundergeschichten* I) oder die bereits gefällte Schicksalsentscheidung (Goethe, *Brief an Schiller, 5.7.1803*; H. v. Kleist, *Penthesilea* IX; Grillparzer, *Ein treuer Diener seines Herrn* III, 3). Im 20. Jh. wird die Schicksalssymbolik in die Naturwissenschaften übertragen (Einstein, *Brief an Max Born, 4.12.1926*; Buttlar, *Gottes W. Schicksal oder Zufall?*) und erscheint im Kontext der Liebe (Dzubba, *Die W. fallen noch*) sowie in autobiograf. Texten (Gide, *Et nunc manet in te, suivi de journal intime*). In Schwänken und Märchen werden W. bzw. W.spiel parallel zur volkstüml. Trad. (Nigrinus, *Von Zäuberern, Hexen und Vnholden*; *Zimmersche Chronik* II) häufig übersinnl. Kräfte zugeschrieben und stehen allg. für übermenschl. Schicksalsentscheidungen (Pauli, *Schimpf und Ernst*) oder schicksalsbedingtes Glück (*Der Spielhansl*).

3. *Symbol der Dichtung und des Dichtens.* Als Symbol der Dichtung und des Dichtens sind W. bzw. W.spiel eng mit der Glückssymbolik verbunden. Handlungsträger ist der Dichter, dessen Spiel mit der Sprache zu einem aleator., d. h. zufälligen und schicksalhaften Prinzip erhoben wird. Neben der antiken Anagrammkunst (Lykophron v. Chalkis) etabliert sich dies seit dem MA auch im Rahmen des höf. Romans und des fiktionalen Erzählens, in dem das Bild der fallenden/gefallenen Worte (*bickelwort*) für die Unberechenbarkeit/Zufälligkeit des Geschehens steht. Dabei wird die menschl. Kontingenzerfahrung auf die Figurenebene transponiert und zugleich zu einem poetolog. Prinzip (Gottfried v. Straßburg, *Tristan* 4639; Wolfram v. Eschenbach, *Parzival* 2, 13), bei dem der Künstler in der Erschaffung des Werkes und im Erzählen von unvorhersehbaren Schicksalsverknüpfungen als *alter creator* fungiert. Mit der Herausbildung des Geniegedankens findet die Symbolik ab dem 18. Jh. Eingang in die Diskussion um die gelungene Kunst, in der das (zufällige) Gelingen des Kunstwerkes (Goethe, *Briefe an Schiller, 13.6.1795*) sowie allg. die wörtlich verstandene ›geglückte‹ Kommunikation (H. v. Kleist, *Über die allmähliche Verfertigung der Gedanken beim Reden*) im Vorder-

grund steht. Neben der Parodierung der Unterhaltungsdramatik im 19. Jh. (Simplicius, *Almanachs Lustpiele durch den W.*) erscheint das aleator. Kunstprinzip ab dem 20. Jh. in lyr. Wortpartituren (Mallarmé, *Un coup de dés jamais n'abolira le hazard*) sowie in den Anagrammkünsten von Kubismus und Surrealismus, die in den neu generierten Wörtern das Unbewusste am Werk sehen (Apollinaire, *Alcools*; *Calligrammes*; Zürn, *Anagramme*). Nach 1945 zeigt sich die Symbolik in der Produktionsästhetik der *Tel Quel*- (Kristeva, Derrida, Barthes) und OuLiPo-Gruppe (Le Lionnais, Queneau), in der österreich. und schweizer. Dichtung, die die Auflösung trad. Denkmuster akzentuiert (Falk, *Die W. in manchen Sätzen*; *Die dunkle Seite des W.*; Enzinger, *Grünes Licht oder Das Zerwürfnis der W.*; Guggenheim, *Der goldene W./Das Zusammensetzspiel*) sowie in der russ. Erzählkunst, die über verschiedenste Brechungen im Roman einen Wörterkosmos eröffnet (Katajew, *Kubik*).
↗Quadrat, Spiel.

Lit.: DWb XIV, 2155–2166. – E. Nellmann, Dichtung ein W.spiel?, in: Zs. für dt. Altertum und dt. Lit. 123 (1994), 458–466. – W. Tauber, Das W.spiel im MA und in der frühen Neuzeit, Frankfurt a.M./Bern 1987.
                                                                                                      CL

Wüste

Symbol der Gottesnähe bzw. -ferne, der myst. Reinheit, des Naturraumes, der entgrenzten Einbildungskraft sowie der absoluten Freiheit und existentiellen Verlassenheit. – Relevant für die Symbolbildung sind (a) die unbegrenzte Weite, (b) die Hitze und Trockenheit, (c) die Unfruchtbarkeit und daraus resultierende Leere der W. sowie (d) der Gegensatz von W. und kultiviertem Land (↗Erde/Lehm/Acker).

1. Symbol der Gottesnähe bzw. -ferne. Bereits im AT wird mit dem Auszug des Volkes Israel aus Ägypten die ambivalente Symbolisierung der W. entweder als Ort der Gottesnähe oder der Gottesferne vorgestellt (z.B. Ex 3,1ff.; Ex 19 und Hos 2,16–20). Im NT kommt mit der christl. Askese ein neues Element hinzu: beispielhaft vorgeführt von Johannes dem Täufer und dem ↗vierzigtägigen Aufenthalt Jesu in der W., werden die Mangelsituation der W., die Fastenpraxis, die Versuchungen des Teufels und damit die Dämonisierung der W. zur notwendigen Bedingung der Gottesbegegnung (Mt 4,1–11; Lk 4,1–13). Traditionsbildend für das Verhältnis von Askese, Religion, Ästhetik und Lit. wird die *Vita Antonii*, die Lebensgeschichte des ersten Eremiten, Antonius d. Gr. (ca. 251–356), in deren Zentrum der Kampf mit den Dämonen, mit den Versuchungen der sexuellen Lust und des Reichtums steht. Ein Höchstmaß an Gottesferne und dämon. Qualität erreicht die W. durch ihre Ausgestaltung als Ort der Höllenstrafe für Gotteslästerer bei

Dante (*Divina Commedia*: »Inferno« XIV, 1–42; ähnlich auch Swedenborg, *Himmel und Hölle* § 587).

2. Symbol mystischer Reinheit. Die Verbindung von asket. und myst. Symbolisierung der W. zeigt sich im Motiv der Abtötung des Sinnlichen, etwa in dem Abschnitt *Die W. hat zwölf Dinge* (*Die wöstin hat zwölf ding*) aus Mechthild v. Magdeburgs *Das fließende Licht der Gottheit*, wo die Befreiung von allem Irdischen die Voraussetzung bildet für das Wohnen »in der wahren W.« (I, 35). Bernhard v. Clairvaux symbolisiert die W. in dreifacher Hinsicht: Sie steht für die zu überwindende gegenwärtige Vergänglichkeit, für die zu durchschreitende Demut christl. Einfachheit und v.a. für die anzustrebende »W. ganz unversehrter Reinheit« (*Sententiae* II, 11; ↗Reinheit). Diese Verschränkung von W. der Seele und W. Gottes zur Symbolik eines verinnerlichten W.begriffs ist grundlegend für die theolog. Spekulationen der negativen Theologie (etwa in den Schriften der Ps.-Dionysius Areopagita, *Über die himmlische Hierarchie*; *Die Namen Gottes*).

3. Symbol des Naturraumes (im Gegensatz zum kulturellen Raum). Im MA wird die offene W. des ↗Orients oftmals umbesetzt zum Bild der dichten, dunklen, furchterregenden Waldwüste (↗Wald), die den Gegensatz von Natur und Kultur bzw. von Tier und Mensch symbolisiert. Chrétiens de Troyes Romane *Perceval* und *Yvain* z.B. gestalten diesen Gegensatz als einen von ritterl. Abenteuer und höf. Gesellschaft, dabei konzipieren sie die Waldwüste zugleich als Seelenwüste eines gottlosen Lebens und als Ausgangspunkt für den Aufstieg zur sittl. Vervollkommnung. Eine Profanierung erfährt die relig. W.symbolik, wenn das eremit. Leben in der Waldeinsamkeit zum dichter. Ideal der *vita solitaria* im Sinne des weltl. Glückseligkeitsstrebens bzw. der Liebesklage und der dichter. Inspiration ausgestaltet wird (Petrarca, *Canzoniere XXXV: Solo et pensoso i piú deserti campi*; A. Gryphius, *Einsamkeit*).

4. Symbol der entgrenzten Einbildungskraft. Im 18. Jh. wird die Ambivalenz der W.symbolik und der symbol. Gehalt des Eremitentums auf die dichter. Einbildungskraft übertragen. Dabei werden transzendente Erklärungsmuster (z.B. Versuchungen des Teufels) durch immanente (Genie und Wahnsinn) ersetzt. Zentral ist hierfür die diskursive Verknüpfung von Einsamkeit, Melancholie und krankhaft übersteigerter Einbildungskraft, die auf Burtons *Anatomy of Melancholy* rekurriert. Sowohl die Pathologisierung (Zimmermann, *Über die Einsamkeit*) als auch die für die romant. Phantastik (E.T.A. Hoffmann, *Der Einsiedler Serapion*) und für das romant. Künstlertum (Wordsworth, *The Prelude*) insgesamt konstitutive Feier der regellosen dichter. Einbildungskraft sowie die Inszenierung des einsamen, universellen Gedächtnisses (Brentano, *Ich bin durch die W. gezogen*) wird über die

Ästhetisierung der trad. relig. Symbolik der W. gesteuert. In Baudelaires bewusster Konfrontation mit dem *ennui* der ›Großstadtwüste‹ (↗Stadt) wird das Modell des dort flanierenden Künstlereremiten zur notwendigen Voraussetzung für die Schaffung jener Phantasie- und Traumwelten, die er in seiner Poetik des *L'art pour l'art* realisiert (*Le peintre de la vie moderne*; *Spleen de Paris*). Die Isolation des Künstlers innerhalb der modernen Gesellschaft auf der Suche nach der Wahrheit und Schönheit des absoluten Kunstwerks zuspitzend, entfaltet Flauberts Werk (*Salammbô*; *La tentation de Saint Antoine*; *Hérodias*) die für das 19. Jh. kennzeichnende Spannung zwischen phänomenaler Leere und imaginativer Fülle der W. sowie zwischen antizivilisator. Fluchtphantasien und Traumwelten des (antiken) Orients. Dabei gerät Flaubert die W. zum imaginären Ort des Schreibens und damit zum Medium literar. Selbstreflexion. Im 20. Jh. wird diese poetolog. Symbolisierung der W. weitergeführt durch Jabès (z. B. *Du désert au livre*), durch Borges' Parodie der bibl.-christl. W.symbolik im Rahmen seiner Konzeption der Lit. als Gedächtniskunst (*El inmortal*) sowie durch Hildesheimer (*Der Ruf in der W.*; *Masante*; *Tynset*), der die W. als Ort des drohenden Verstummens sowie als Flucht- und Endpunkt des Erzählens angesichts der nationalsozialist. Vergangenheit fasst.

5. Symbol absoluter Freiheit und existentieller Verlassenheit. Lamartine (*Le désert, ou L'immatérialité de Dieu*) deutet den Orient als Ort ursprüngl. Lebendigkeit, Erhabenheit und Schönheit. Die nomad. Existenz wird emphatisch abgegrenzt gegen die Hektik moderner Großstädte, die W. zum Symbol grenzenloser Selbstverwirklichung. Die Ambivalenz zwischen Glorifizierung des oriental. W.lebens und Desillusionierung durch den erlebten *ennui* gestalten Rimbauds *Une saison en enfer*, I. Eberhardts *Sandmeere* oder T.E. Lawrences *Seven Pillars of Wisdom*, dessen Verfilmung (Lean, *Lawrence of Arabia*) die W. als Prüfstein heroischer Männlichkeit inszeniert (ähnlich auch Mays *Durch die W.* oder Vernes *Cinq semaines en ballon*). Für Nietzsche ist die W. ein symbol. Ort der Umwertung aller Werte und der absoluten Freiheit (*Genealogie der Moral*): Am »großen Mittag«, dem Zentralbegriff von Nietzsches positiv konnotierter W.symbolik, herrschen die Weisheit und Lebenskunst des W.wanderers, der die tote Öde in die W. des Schaffenden verwandelt (*Also sprach Zarathustra* II: »Von den berühmten Weisen«). Als ›Nicht-Ort‹ jenseits von Zweck-Mittel-Relationen der technisierten Moderne wird die W. zum Reflexionsraum existentieller Selbstvergewisserung (Raabe, *Die Akten des Vogelsangs*; Bachmann, *Der Fall Franza*), utop. Gesellschaftsentwürfe und literar. Gegenwelten (Saint-Exupéry, *Citadelle*). Für andere Autoren symbolisiert sie das Maßlose und Absurde, das es durch uneingeschränkte Weltzugewandtheit und

produktives Schöpfertum auszuhalten gilt (Camus, *Le mythe de Sisyphe*), den Orientierungsverlust angesichts der Ununterscheidbarkeit zwischen ›primitiver‹ Natur und zivilisierter Kultur (Bowles, *The Delicate Prey*) oder das Inhumane moderner Subjektivität (Gide, *L'immoraliste*).

↗Bibliothek, Orient, Reinheit, Reise, Schrift, Wald.

Lit.: J. Le Goff, Die Waldwüste im ma. Abendland, in: ders., Phantasie und Realität des MA, Stuttgart 1990, 81–97. – U. Lindemann, Die W., Heidelberg 2000.

BTh

Wunde

Symbol des Makels, Leids und der Schwäche, aber auch des Unerklärlichen. – Relevant für die Symbolbildung sind (a) die Gewaltanwendung, von der die W. zeugt, (b) der Schmerz, den W. verursachen, sowie (c) die Lebensbedrohung, die von W. ausgehen kann.

1. Antike. Bereits in Homers *Ilias* sind schwere W. ein Mittel, um den Unterlegenen in den archaischen Zweikämpfen in seiner ganzen Schmach zu veranschaulichen. Hier ist v. a. der Tod Hektors durch den Speer Achills charakteristisch (XX, 321 ff.). Der W. kommt auch schon in der Antike ein pejorativer Stellenwert zu: In Sophokles' *Philoktet* ist der Titelheld mit einer stinkenden W. versehen, die durch einen Schlangenbiss verursacht wurde (↗Schlange). Diese Verletzung bewirkt nur seine eigene Wehklage, sondern führt auch dazu, dass er von seinen Kameraden zurückgelassen wird, die den Gestank der W. nicht mehr ertragen können. Die Einsicht in die Versehrbarkeit des Menschen scheint die Gesunden zu irritieren. Sie wollen daran nicht erinnert werden. – Eine andere Symbolik entfalten die W. in Ovids *Metamorphosen*. Ganz gleich ob es sich um den gehäuteten Marsyas handelt, der im Musikerwettstreit Apollo unterliegt (VI, 382–400; ↗Haut), oder um die geschändete und verstümmelte Philomele (VI, 441–670; ↗Nachtigall, ↗Zunge): Ihre Verwundungen sind zugleich der Quell des Lebens oder des Fortschritts. Bei Philomele evozieren die W. die Schreibfähigkeit, und die Schmerzenstränen (↗Träne) des Marsyas werden zum ↗Fluss, der seinen Namen trägt. Ähnliches findet sich in der babylon. Mythologie, wo z. B. der Gott Marduk aus seiner geschlachteten Feindin Tiamat die Welt formt. Durch die W. wird der Schöpfungsprozess als ein Akt der Gewalt, der Überwindung und der Kraft dargestellt. Dadurch kommt der W. auch eine positive Symbolik zu, was sich in der christl. Kunst auch bei den zerschundenen Märtyrern immer wieder zeigt (s. 2.). Je schmerzhafter die ertragene W., desto größer ist der Glaube an und die Nähe zu Gott. Die Opferung der Brüste (↗Busen) durch die hl. Agathe etwa impliziert eine Symbolik der Lustfeindlichkeit und Selbstbeherrschung als Weg zum Heil (Jacobus de Voragine, *Legenda aurea*).

2. Mittelalter und Frühe Neuzeit. In Wolframs v. Eschenbach höf. Roman *Parzival* ist der König Anfortas mit einer unheilbaren W. gezeichnet (231 ff.). Da Parzival den Verletzten nicht nach der Ursache seine Verwundung fragt, vergrößert er so dessen Qualen, statt ihn mit der richtigen Frage zu erlösen. Die niemals zu schließende W. steht insofern als Menetekel für die Kurzsichtigkeit und Ignoranz des Menschen, ist aber auch Symbol des Unheilbaren. – Die spätantiken und ma. Beschreibungen von Märtyrerqualen erhalten in der protestant. Barockdichtung ihre Fortsetzung in Kirchenlied und Drama. Hervorzuheben ist hier Gerhardts *O Haupt voll Blut und W.*, welches Christus als den Schmerzensmann zelebriert, der um der Erlösung der gesamten Menschheit willen sein Leid zu ertragen hat. Die Drastik der Darstellung in Form von ↗Blutmetaphern u.Ä. soll den Stellenwert der erlittenen W. erhöhen und mündet in einer Apotheose des Schmerzes im Kontext der Heilsbotschaft. Ganz ähnlich verhält es sich in Gryphius' Märtyrerdrama *Catharina von Georgien*. Die W. des Körpers markieren die Diesseitigkeit und Materialität der ird. Existenz, die es unter Schmerzen zu überwinden gilt, wenn Catharina deklamiert: »Viel besser, dass diß fleisch verschmacht in tausend schmerzen,/ Viel besser, dass diß blut aus auffgeschlitztem hertzen/ Die erd' und hencker färb', als dieses reich verschertzt,/ In dem kein elend herrscht, das in der welt uns schmertzt« (IV, 121–124). Somit ist der ganze Verletzungs- und Sterbevorgang (↗Sterben) auch als Übergang zu interpretieren. – An solcher Zelebrierung der Verwundung und des Schmerzes formulieren Poetik und Ästhetik der Aufklärung eine harsche Kritik. Lessing diskutiert in seiner kunsttheoret. Schrift *Laokoon oder über die Grenzen der Malerei und Poesie*, ob es überhaupt den ästhet. und formalen Gepflogenheiten des Schönen entspräche, von W. verursachte Schmerzen detailliert und drastisch darzustellen. Außerdem verherrlicht Lessing die W. nicht mehr als Martyrium, sondern interpretiert sie als Symbol des menschl. Leidens, welches Mitleid erzeugen soll (*Laokoon* I).

3. Romantik und Moderne. Eine Schockästhetik der W. findet sich bes. im erzähler.-dramat. Werk H. v. Kleists. In der Erzählung *Der Findling* steht der zerschmetterte Schädel des betrüger. Titelhelden, dem sogar das Hirn entweicht, für den unbändigen Zorn des betrogenen ↗Vaters Piacchi. In *Der Zweikampf* nehmen W. eine rätselhafte Bedeutung ein. Das äußere Erscheinungsbild täuscht über die Gefährlichkeit der Verletzung hinweg. Während Jakob aufgrund einer harmlos erscheinenden W. sterben muss, erholt sich der Herzog Friedrich v. Trotha von seiner furchtbaren Verwundung. Nichts ist hier so, wie es scheint, der erste Eindruck vermag

zu täuschen. Kleist bereitet damit ein modernes Verständnis der Einschätzung von W., auch in medizin. Hinsicht, vor. Die tödl. W., welche Penthesilea Achill in Kleists Drama *Penthesilea* zufügt, stehen für das ungebändigte und ekstat. Begehren, mit dem die Amazonenkönigin ihrem Geliebten im wahrsten Sinne des Wortes auf den Leib rückt (»Küsse, Bisse«, XXIV) und somit den christl. Blut- und W.-Kult wortwörtlich kannibalistisch nimmt (↗Essen/Verzehren; ↗Mahl) und mit einer sexuellen Konnotation versieht. – Kafkas Erzählung *Ein Landarzt* wiederholt sowohl den Modus der Unheilbarkeit als auch den Kleistschen Rätselcharakter der W. – Die unheilbare W. wird einige Jahre später zur zentralen Symbolik innerhalb einer Lyrik, die sich in einer Poetik der Unsagbarkeit mit dem Genozid an den europ. Juden auseinandersetzt. In N. Sachs' Gedicht *Tod* sind es die Verwundungen, welche den Prozess ästhet. Kreativität in Gang setzen, wenn es heißt: »Aufschlägst du die Saiten meiner Adern/ bis sie singend springen/ knospend an den W./ die Musik meiner Liebe zu spielen –« (↗Saite/Saitenspiel). Der Zusammenhang von ↗Schrift und W., geboren aus der unauslöschl. Erinnerung an den Schrecken, zeigt sich auch in Sachs' *Da schrieb der Schreiber des Sohar*: »DA SCHRIEB der Schreiber des Sohar/ und öffnete der W. Adernetz/ und führte Blut von den Gestirnen ein,/ die kreisten unsichtbar, und nur/ von Sehnsucht angezündet [...] Und, schwarzer Tiger, brüllte auf/die Nacht; und wälzte sich/ und blutete mit Funken/ die W. Tag.« Noch deutlicher wird Celans Gedicht *Strähne* mit dem Vers »Als die Lippe mir blutet vor Sprache«. – Völlig von dieser Symbolik losgelöst und zur provokativen Performance, wird die W. bei R. Goetz. Beim Verlesen eines eigenen Textes anlässlich des Klagenfurter Ingeborg-Bachmann-Wettbewerbs 1983 fügt er sich Schnittwunden auf der Stirn zu und macht die Lesung ebenso zum avantgardist. Happening wie der Wiener Aktionskünstler und Autor G. Brus mit seinen Selbstverletzungen.

↗Blut, Haut, Mund, Vagina.

Lit.: R. Borgards, Poetik des Schmerzes, Paderborn/München 2007. – I. Hermann, Schmerzarten, Heidelberg 2006. – I.M. Krüger-Fürhoff, Der versehrte Körper, Göttingen 2001. TV

Wurm

Symbol der Demut und Geringfügigkeit, der Vergänglichkeit und des verlorenen Seelenfriedens. – Relevant für die Symbolbildung sind (a) die geringe Größe und kriechende Fortbewegung des W. sowie (b) seine oftmals parasitäre Lebensweise.

In der christl. Symbolik steht der W. als ›kleinstes‹ aller Lebewesen für die Geringfügigkeit des Menschen vor dem Hintergrund der gesamten Schöpfung. Obwohl sich in manchen frühneuzeitl.

Gedichten Jesus im Anschluss an Ps 22,7 (»Ich aber bin ein W. und kein Mensch«) mit diesem Bild unter den Menschen stellt (Abschatz, *Christi Leyden*; Gellert, *Passionslied*), dominiert doch die Identifikation des Menschen mit dem W. angesichts der Allgewalt Gottes (Jes 41,14; Angelus Silesius, *Cherubinischer Wandersmann* V, 313: *Das edelste Gemüte*). Der Erdgeist (↗Erde/Lehm/Acker) in Goethes *Faust I* kann im Menschen nichts als einen »furchtsam weggekrümmten W.« (V. 498) erkennen. Der sprechende Name des Sekretärs W. bezeichnet in Schillers *Kabale und Liebe* das ›Kriechen‹ vor dem Herrscher. – Der die Toten verzehrende W. steht oftmals für die Vergänglichkeit des ird. Lebens (z. B. Jes 51,8; Baudelaire, *Une charogne*; *L'irréparable*); der W., der niemals stirbt (Mk 9,44–48), symbolisiert die Seelenqualen der Verdammnis

(Angelus Silesius, *Die ewigen Peinen der Verdammten*). – Der volkstüml. Glaube, dass eine Vielzahl von Erkrankungen auf W.befall zurückzuführen sei, findet Niederschlag in der Symbolik des W. der Reue, der das Gewissen ›beißt‹ (Dach, *Du Menschenkind erschrick*; A. Gryphius, *Hertzens-Angst eines bußfertigen Sünders*; Baudelaire, *Remords posthume*). Ebenfalls kann der schleichende Verfall von Lebensfreude und Seelenfrieden verursacht werden z. B. durch den W. des Zweifels (Geibel, *Omar*), der Eifersucht (Eichrodt, *Oestliche Lügen*) und des Neids (Brentano, *Lureley*).

↗Drache, Erde/Lehm/Acker, Schlange.

Lit.: HdA IX, 841–858.   FS

Wurzel ↗Baum.

Z

Zähne ↗Mund.

Zahlen

Symbol der Ordnung des Kosmos, des Körpers, des Geistes und der Seele, Gottes und der Vollkommenheit wie auch von deren Störung bzw. Zerstörung. – Relevant für die Symbolbildung ist die über den rein numer. Wert hinausgehende In-Bezug-Setzung der Z. mit mag., relig. und philosoph. Bedeutungen oder literar.-werkkompositor. Strukturen, die es erlaubt, die numer. Qualitäten von Dingen und Handlungen als sinnhafte Teile eines Zeichensystems aufzufassen.
1. Antike Z.symbolik. Die antike Z.symbolik ist intensiv mit dem Namen des Pythagoras v. Samos (6. Jh. v.Chr.) verknüpft. Ihm schrieb man philosoph. Betrachtungen über die Harmonie des Universums zu, die auf den numer. Proportionen der wichtigsten musikal. Intervalle beruhe. Diese Arithmologie gipfelte in der Lehre von der Tetractys (»Vierheit«), welche die erste Dekade hervorbringt (1 + 2 + 3 + 4 = 10), die wiederum symbolisch das Universum in sich schließt, zugleich aber auch die musikal. Harmonie (Quarte 4/3, Quinte 3/2, Oktave 2/1) entbindet. Insbes. den Z. ↗4, ↗7 und ↗10 wird als Ordnungsmächten des Kosmos und des Mikrokosmos ein bes. symbol. Wert zugeschrieben, der im Hellenismus zu einer wahren Z.theologie führt. Pythagoreische Einflüsse nimmt Platon im *Timaios* auf, das System wird tradiert und ausgebaut in den neuplaton. und neopythagoreischen Schulen, z.B. in den *Theologumena arithmetica* (4. Jh. n.Chr.). Die symbol. Spekulation konzentriert sich auf die Z. innerhalb der ersten Dekade, die z.T. auch die christl. Z.exegese beeinflusste: z.B. ist die 1 Symbol Gottes; die 6 ist ein *numerus perfectus*, weil sie sich aus der Summe ihrer Divisoren (1, 2, ↗3) zusammensetzt; die 10 vollendet und vervollkommnet die Reihe der Z., deren einzelne Eigenschaften sie in sich aufnimmt, was sich in der allegor. Auslegung der Zehnzahl der bibl. Gebote wiederfinden wird. Mit Philo von Alexandria (1. Jh. n.Chr.) erreichte die pythagoreische Z.lehre auf die (jüd.) Bibelexegese.
2. Christliche Z.symbolik des Mittelalters. Immer wieder zitierter, legitimierender Ausgangspunkt ist das bibl. Zeugnis (Weish 11,21), dass Gott alle Dinge nach »Maß, Z. und Gewicht« geordnet habe. Wichtigster Vermittler der neuplaton. Z.lehre ist Augustinus, der die numer. Allegorese in vielen seiner exeget. Schriften verwendet, z.B. bei der Deutung der 153 Fische des wunderbaren Fischfangs Petri (Joh 21,11), aber auch in seinem Traktat *De*

musica, in dem Z. und Proportionen als Ordner des Kosmos, des Körpers, des Geistes und der Seele festgestellt werden. Indem die Welt und die Seele nach heilskräftigen Z. und Proportionen eingerichtet sind, kann der Mensch sie mittels seiner Sinne in sich aufnehmen, auch in der analog nach Z. gestalteten Musik, und selbst die hl. *aequalitas* gewinnen. Bald schon kommt es zu katalogartigen Zusammenstellungen von Z.bedeutungen, so bei Eucherius v. Lyon und im irischen *Liber numerorum* (8. Jh.). In der Karolingerzeit erreicht die Erforschung der *mysteria numerorum* einen ersten Höhepunkt mit Alkuins *De comparatione numerorum* und seines Schülers Hrabanus Maurus zahlenallegorisch angelegtem *Liber de laudibus sanctae crucis* sowie dessen Enzyklopädie *De universo*, schließlich mit dem Hraban verbundenen Erzbischof und Theologen Hincmar v. Reims. Systematisiert und methodisiert wird die Z.exegese im Hochmittelalter in Werken der Schulen von Chartres und Saint-Victor (Paris) sowie zisterziens. Theologen. Es seien stellvertretend genannt der Traktat *De septem septenis*, der Johannes v. Salisbury zugeschrieben wird, die *Praenotatiunculae* […] *de scripturis* […] *sacris* des Hugo v. St. Victor, die exeget. Schriften des Benediktiners Rupert v. Deutz, schließlich der Franziskaner John Pecham mit seinem *De numeris misticis*. In der frühmittelhochdt. Lit. vertreten zahlenallegor. Konzepte u. a. das Gedicht *Von der Siebenzahl* und Priester Arnolds *Siebenzahl*. In der viktorin.-zisterziens. Trad. werden Auslegungsmethoden, die längst bekannt sind, systematisch expliziert (Meyer/Suntrup, XIII ff.). Die wichtigsten Arten der Erfragung von *significatio* sind: (a) nach der Stellung der Z. in der Z.reihe oder zu anderen Z.: so ist 10 die Z. des mosaischen Gesetzes, 11 signifiziert dann die Übertretung der *lex*; (b) nach der Art ihrer inneren Zusammensetzung: 7 ist unteilbar als Z. und vermag so die Unveränderbarkeit des Göttlichen darzustellen; (c) nach ihrer Ordnungsform, d.h. nach dem Sinn der nach antiker Z.lehre zugeordneten geometr. Figur: so kann die Quadratzahl ↗100 als Potenzierung der 10 verstanden werden, etwa in dem Sinne, dass die am Gesetz gemessene *rectitudo fidei* (»Richtigkeit des Glaubens«) in der *amplitudo charitatis* (»Fülle der Liebe«) potenziert wird; die Z. 153 kann wiederum als Dreieckszahl über der Basis 17 (Summe aller Z. 1–17) aufgefasst werden, mithin auf das Verhältnis von 10 (Gesetz) und 7 (Gnadengaben des Hl. Geistes) bezogen werden; (d) nach ihrer Faktorisierung (Multiplikation, Addition): so kann 4 mit 3 zu multiplizieren bedeuten, die 4 Ausdehnungen der Welt mit dem Glauben an die Trinität zu durchdringen; (e) nach der Summe der Divisoren: so setzt sich der zweite *numerus perfectus* 28 additiv aus seinen Divisoren 1 + 2 + 4 + 7 + 14 zusammen; (f) nach dem Bestehen einer numer. Identität zwischen zwei Dingen: z. B. 3 und Trinität, 4 und Evangelien, ↗5 und Sinne, ↗12 und Apostel usw.; (g) nach den Ziffern und Figuren, in denen eine Z. notiert wird: z. B. in der gematr. Deutung der *nomina sacra* nach dem Z.wert der griech. Buchstaben, etwa IHCOYC, d.i. Jesus (888), XPIC-TOC, d.i. Christos (1480), der Kürzungen IHC (218) und XPC (900) und des Gottesnamens ΘEOS (284); aber auch in der an figürl. Z.darstellung orientierten Auffassung der Z. 888 als *octo absoluta* durch Beda Venerabilis († 735).

3. *Z.symbolik in der Frühen Neuzeit.* In der Frühen Neuzeit nimmt die Z.symbolik eine neue Richtung, die eigentlich eine alte ist: Mit Nikolaus v. Kues und Marsilius Ficinus dringt neuplaton. und pythagoreisches Gedankengut in die erwähnte christl. Z.allegorese ein. Die Kenntnis griech. und hebr. Quellen bringt Trad. der jüd. Kabbala und der griech. Hermetik hinzu. Bald schon entstehen arithmolog. Lexika, die christl. Trad. der Allegorie kodifizieren, aber auch das neue Wissen der antiken und jüd. Numerologie hinzufügen: so des Jodocus Clichtoveus *De mystica numerorum significatione*, die anonyme *Theologica explicatio numerorum* sowie die *Appendix [...] de allegoriis numerorum* zur *Sylva allegoriarum totius Sanctae Scripturae* des Hieronymus Lauretus, dann des Giordano Bruno *De monade numero et figura*, des Petrus Bungus *Numerorum mysteria*, schließlich die *Arithmologia: sive de abditis numerorum mysteria* des Jesuiten Athanasius Kircher. Aus diesen Wissensspeichern des Geheimen bedienten sich esoter. und okkulte Bewegungen, Theosophen, Rosenkreuzer und Freimauer, aber auch Komponisten und Literaten des Barock, z. B. Grimmelshausen mit seinem *Simplicissimus.*

4. *Z.komposition.* Die Anlage von Versdichtungen nach symbol. Z. und bedeutungsvollen Proportionen hat es schon im Hellenismus gegeben, insbes. im Technopägnion (Figurengedicht), in dem artistisch differente Textschichten miteinander in Beziehung gesetzt wurden. Publilius Optatianus Porfyrius nahm die Form des zahlenbestimmten *carmen figuratum* in einer an Kaiser Konstantin 325 gerichteten panegyr. Gedichtsammlung auf. An ihm wiederum inspirierten sich der merowing., aus Oberitalien stammende Dichter Venantius Fortunatus, der Angelsachse Bonifatius, die karoling. Hofdichter Alkuin, Josephus Scottus und Theodulf von Orléans. Mit Erklärungen versahen ihre Kompositionen Alkuins Schüler Hrabanus Maurus, dessen bis in die Neuzeit rezipierter Zyklus *De laudibus sanctae crucis* (um 810) den bewunderten Höhepunkt der Gattung bildet, in der figurale Textträger (z. B. ↗Kreuz, ↗Kreis) dem basalen Textquadrat

(↗Quadrat) sinnhaft und zahlhaft gemessen eingewebt wurden, und Hincmar v. Reims mit seinem *De ferculo Salomonis* (»Vom Thron des Salomon«). Beide bieten ein breites Spektrum arithmolog.-zahlensymbol. Bezüge, von Z.zerlegung über die gematr. Z. Christi und Gottes bis hin zu der 4x den Z.wert ADAM (46) enthaltenden Z. der Tage der Schwangerschaft der Gottesmutter, aus der die Qualität Jesu als *novus Adam* zu ersehen ist. Den ganzen Zyklus hat Hraban unter das Gesetz des *numerus perfectus* 28 gestellt, weil dieser dem Kreuz als »Vollendung aller Dinge« angemessen sei. – Die Forschung hat auch in anderen nicht oder nur teilweise sich selbst erläuternden Werken der Karolingerzeit Z.komposition festzustellen versucht. Grundsätzlich spricht das Schweigen vieler Autoren über die von ihnen betriebene Z.tektonik »nicht gegen eine hier und da mit Händen greifbare, Sinn stiftende oder anzeigende, mehr als nur formale Anwendung solchen Anlage von Werken oder ihren Teilen« (Ohly in: Meyer/Suntrup, VIII), so, wenn das erste Buch des althochdt. *Liber evangeliorum* des Otfrid v. Weißenburg die Kapitelzahl des *numerus perfectus* 28 aufweist und wesentl. Abschnitte (z. B. von der Verkündigung an Maria bis zur ↗Geburt Jesu) nach der Christuszahl 276 und den gematr. Z. 284 (Gott) und 218 (Jesus) gestaltet sind, während der Gesamtumfang des Werkes 8x die *octo absoluta* 888 anzeigt. Es ist gleichwohl richtig, dass die Annahme noch komplexerer numer. Ordnungen nicht unproblematisch ist und im Grunde mathemat.-statist. Absicherung bedürfte. Doch erscheint Z.tektonik im Verlaufe des MA immer wieder als poet.-theolog. Ordnungsprinzip, so, wenn das *Annolied* die Tatsache, dass sein Protagonist, Erzbischof Anno von Köln, der 7. hl. Bischof der Stadt und ihr 33. Bischof überhaupt, gerade in den Kap. 7 und 33 erzählt; so, wenn Venantius Fortunatus ein das Erlösungswerk der Passion thematisierendes Figurengedicht in Korrespondenz von Inhalt und Form der Z. 33 der Lebensjahre Christi, wie er selbst erläutert, ausmisst, während Dante seine *Divina Commedia* nach den 3 Cantica (»Inferno«, »Purgatorio«, »Paradiso«) in 1 + 33 + 33 + 33 Gesängen verfasste, so dass die Quadratzahl der vollkommenen 10 erreicht wird.

5. *Z.symbolik in der Moderne.* Das Heraufkommen fachwissenschaftl. Mathematik seit dem 18. Jh. hat den Bedeutungsschwund der christl. bzw. pythagoräisch-neuplaton. Arithmologie im Geistesleben und in der Lit. des Okzidents eingeleitet. Im Jahr 1933 hat der bedeutende amerikan. Mathematiker E.T. Bell in seinem Werk *Numerology* – mit Blick auf esoter. Strömungen der Zeit (z. B. *New Age*) – die mathemat. Absurdität von Z.magie und Z.spekulation dargetan. Nur selten und meist in eher spieler. Absicht finden sich in der Dichtung die alten Trad., z. B. in der dt. Romantik, bei Baudelaire oder Stefan George (*Der siebente Ring*).

↗Drei, Dreizehn, Fünf/Fünfzig, Hundert, Null, Sieben, Symmetrie, Tausend, Vier/Vierzig, Zehn, Zwölf.

Lit.: LMA IX, 443–448. – LmZ. –RDK III, 870–874. – J.-P. Brach, La symbolique des nombres, Paris 1994. – A. Zimmermann (Hg.), Mensura, Maß, Z., 2 Bde., Berlin/New York 1983–1984. WHa

Zeder

Symbol der göttl. Allgewalt, des Glaubens und der Erhabenheit, aber auch der ird. Machtfülle und Wertschätzung. – Relevant für die Symbolbildung sind (a) der hohe Wuchs der Z., (b) die Dauerhaftigkeit ihres Holzes und (c) der Wohlgeruch ihres Harzes.

Die Z., Wappenbaum (↗Wappen, ↗Baum) des Staates Libanon, firmiert mit ihrem imposanten Wuchs und der Dauerhaftigkeit ihres Holzes vielfach als Symbol des Erhabenen und Majestätischen. Unter Hervorhebung der Stabilität ihres Holzes und des Wohlgeruchs ihres Harzes findet sich diese Kiefernart bereits bei Homer (*Ilias* XXIV, 192; *Odyssee* V, 60) und Vergil (*Aeneis* VII, 178) als Material herrschaftl. Ahnentafeln und Gemächer sowie als Brennstoff aromatisierender Nachtfeuer (↗Nacht/Finsternis, ↗Feuer/Flamme). – In der Bibel über 70 Mal erwähnt, erscheinen Z. als »die Bäume des Herrn« (Ps 104,16). In der Z. wird die Größe von Schöpfung und Schöpfer wie auch die Gottesfürchtigkeit des Gläubigen repräsentiert (z. B. Ps 92,13; Hld 1,17; 5,15; ähnlich noch Herder, *Die Vorsehung*; Klopstock, *Die Glückseligkeit aller*). An der Z. demonstriert Gott jedoch auch seine Macht, wenn seine ↗Stimme den majestät. Baum fällt (Ps 29,5; Klopstock, *Dem Allgegenwärtigen*). Auf der anderen Seite erscheinen in der Z. auch Machtfülle und Bedeutsamkeit weltl. ↗Könige und (kultureller) Heroen (z. B. Shakespeare, *Cymbeline* V, 5; Marlowe, *Edward II.* II, 2; F. Müller, *Shakespeare*), aber auch die Erhabenheit des geliebten Menschen (z. B. A. v. Arnim, *Nachtfeier*; Hölderlin, *Hymne an die Freiheit*) versinnbildlicht. – Interessanterweise scheint das genaue Aussehen der Z. mit ihrer weit ausladenden Krone in Deutschland teilweise unbekannt. Die Formulierung »schlank wie die Z.« (z. B. Seume, *Der Zweifel*; Klabund, *Mond und Mädchen*; Schiller, *Die Künstler* V. 122) deutet auf eine häufige Verwechslung mit der geläufigeren ↗Zypresse hin.

↗Kaiser/König/Fürst, Palme, Wappen, Zypresse.

Lit.: SdP, 349–351. FS

Zehn

Symbol der Vollkommenheit, des AT und der Vereinigung von Gott und Mensch. – Relevant für die Symbolbildung ist die Funktion der Z. als Basis des dekad. Zahlensystems, mit der ein neuer Stellenwert beginnt.

Nach Honorius Augustodunensis ist die Z. der *limes numerorum*, die Grenzlinie der Zahlen (*De decem plagis Aegypti spiritualiter*; *De animae exsilio et patria* I), an ihr orientiert sich die Kirchenlehre in zahlreichen Dekaden (Heilsgeschichte, Tugenden, Laster, Kirchenstände). Nach dem Gleichnis von den klugen und törichten Jungfrauen (Mt 25,1–13) bezeichnet die Z. in der Verdoppelung der ↗fünf menschl. Sinne ebenfalls die Vollendung (Hieronymus Lauretus, *Sylva allegoriarum*, »Denarius«). In den pythagoräischen Lehren symbolisiert die Z. die Vollendung als Summe der archetyp. Zahlen 1, 2, 3 und 4. Nach der Kabbalah emaniert die Unendlichkeit Gottes in die weltschöpfer. Potenzen der zehn Sefiroth (strukturbildend wird diese Trad. in Ecos *Il pendolo di Foucault*). – Die Z. kann die Gesamtheit der weltl. Zeit symbolisieren (Hieronymus Lauretus, *Sylva allegoriarum*, »Denarius«) und auch in nichtchristl. Literaturen, ähnlich wie die ↗Hundert, als Rundzahl einen langen Zeitraum bezeichnen: Zehn Jahre dauern der Krieg vor Troja und Odysseus' Irrfahrten. Als Zahl der Gebote (und ihrer Einhaltung) ist die Z. auch die Zahl des AT. Im NT symbolisiert die Z. ewiges Leben (nach Mt 20,1–16 beträgt der Lohn im Weinberg des Herrn einen Denar). In der röm. Notation ›X‹ fallen die Zahl und der Hoheitstitel Jesu zusammen: Dem X entspricht der griech. Buchstabe ›chi‹, der Anfang von ›Christus‹. Hrabanus Maurus bezieht in einem Figurengedicht über figurale Anordnung und arithmet. Wert die röm. X auf die Fünfzig (↗Fünf/Fünfzig) und begründet so das Erlösungswerk des Kreuzestodes in Christus (*De laudibus sanctae crucis* Fig. XIX). – Als Summe von ↗drei und ↗sieben symbolisiert die Z. das Zusammentreffen des dreieinigen Gottes und des Menschen (der aus den vier Elementen seines Leibes und drei Seelenkräften sich zusammensetzt) bzw. die Kenntnis Gottes und der Schöpfung (Hieronymus Lauretus, *Sylva allegoriarum*, »Denarius«). Nach einer anderen, arithmet. Logik ist der Mensch die ↗Null, die nur im Zusammenhang mit der Eins einen Wert erhält; das Zusammentreffen ergibt dann die »geheime Kronenzahl« Z. (Angelus Silesius, *Cherubinischer Wandersmann* V, 8; ↗Krone). – Als Rundzahl ist die Z. Ordnungsmuster bei der Disposition poet. Stoffe, nach dem Vorbild von Boccaccios *Il decamerone* (Steinhöwels frühneuhochdt. Übertragung behält die Ordnung von je zehn Erzählungen in zehn Tagen bei) etwa in Marguerites de Navarre *Heptameron*. Zehn Bücher umfasst Grimmelshausens Simplicianischer Zyklus, zu Zehnergruppen sind die Lieder in Stielers *Geharnschter Venus* zusammengestellt.

↗Hundert, Tausend, Zahlen.

Lit.: LmZ, 591–615. JMo

Ziege / Ziegenbock

Symbol der nährenden Natur und des (bescheidenen) Wohlstandes, der Hinterlist und Bosheit, der unkontrollierten Sexualität und des Rauschhaft-Dionysischen sowie der unschuldig leidenden Kreatur und des (gläubigen) Christen. – Relevant für die Symbolbildung sind (a) die Genügsamkeit der Z., (b) ihre Bedeutung als Nahrungsspenderin, (c) ihr gespaltener Huf, (d) ihr aufgerichteter Schwanz, der die Schamteile entblößt, (e) ihr Gehörn, (f) ihre Fähigkeit zum Klettern sowie (g) ihre Funktion als Opfertier.

1. Symbol der nährenden Natur und des (bescheidenen) Wohlstands. Der Atride Aigisthos (gr. »Kraft der Z.«) wurde von einer Z. gesäugt (Homer, *Odyssee* III, 263; IV, 517; Hyginus, *Fabulae* 87). Die Z. Amalthea säugte auf Kreta den neugeborenen Zeus, der sie zum Dank nach ihrem Tod als ↗Sternbild (*Capella*) an den ↗Himmel versetzte (Ovid, *Fasti* 115; Hyginus, *Poeticon Astronomicum* II; ähnlich auch Platen, *Der romantische Ödipus* III). Als Symbol der Fruchtbarkeit und Überfülle verselbständigte sich ihr abgebrochenes Horn; es wurde als Füllhorn (*cornu copiae*) zum Attribut segensspendender Gottheiten, bes. der Tyche/Fortuna und Demeter/Ceres. Die Symboltrad. setzt sich fort in der Kunst des Barock, etwa im Figurengedicht (Steinmann, *Das Horn der Gluekkseligkeit*). Seit der Renaissance-Hieroglyphik des 16. Jh. steht das Füllhorn in Impresen und anderen persönl. Abzeichen (etwa in Verlegersignets) für materiellen Erfolg. Das Motiv der nährenden Z. findet sich in abstrakter Wendung auch in den Schäferspielen der Renaissance und des Barock. Hier garantiert die Z.-herde Nahrung und Sorglosigkeit (Gessner, *Evander und Alcimna* I, 3). Entsprechend stehen die Z. oder eine Z.herde für menschl. Besitz in vorhistor., myth. Zeit (Fouqué, *Der Held des Nordens* I; Goethe, *Prometheus* II) und dann auch allg. für bescheidenen Wohlstand. Im (Kunst-)Märchen ist die Z. Begleittier des Schneiders (Brentano, *Das Märchen vom Murmeltier*; *Des Knaben Wunderhorn* II, 372: »Das Erbbegräbnis«). Bei Hebbel verleitet die Z. als Besitztum zu Hartherzigkeit und Geiz gegenüber dem Nächsten (*Judith* III).

2. Symbol der Hinterlist und Bosheit. Insbes. der Bocksfuß (↗Fuß/Fußspur) verweist in der christl. Trad. auf das Böse und auf den Teufel (Seitz, *Tragedi vom grossen Abentmal*: Prolog). Auch im Märchen begegnet die (hinter-)listige Z. (Grimm, *Tischchen deck dich*). Oft sind Z. oder Z.böcke die Begleittiere von Hexen und des Teufels (*Des Knaben Wunderhorn* II, 372: *Das Erbbegräbnis*; II, 302: *Des edlen Helden Thedel* II; Goethe, *Faust I*: »In Auerbachs Keller«; »Walpurgisnacht«; »Walpurgisnachtstraum«; Lada, *Kater Mikesch*: »Die Geschichte vom Z.bock Kokesch«).

3. Symbol der unkontrollierten Sexualität. Der Z.-bock steht für das männl.-zeugende Prinzip; die

Trad. geht auf die griech. Mythologie zurück: Die trunkenen, lüsternen Satyrn (Mischwesen aus Bock, Mensch und ↗Pferd) stellen dem Mythos zufolge Nymphen, Mänaden und auch ↗Frauen und Mädchen nach (Ovid, *Metamorphosen* I, 692 f.; XIV, 640 f.). Der ↗Hirten- und Fruchtbarkeitsgott Pan, der Sohn der Z. Amalthea (s. 1.), ist ein Halbbock (Ovid, *Metamorphosen* XIV, 516). Später weitet sich die Symbolik aus (Goethe, *Satyros oder der vergötterte Waldteufel* I). Auch ohne den mytholog. Kontext steht der Z.bock für unkontrollierte Sexualität (Ruoff, *Adam und Heva* I). Noch in Schillers *Verschwörung des Fiesco zu Genua* versinnbildlicht das Bild des Z.bocks als Schlichter in Heiratsprozessen ein schlecht organisiertes Staatswesen (II, 8).

4. Symbol des Rauschhaft-Dionysischen. Der Z.bock spielt als mutmaßl. Namensgeber der Tragödie (gr. *tragodia*, »Gesang um den/als Bock«) eine Rolle, die sich laut Aristoteles aus dem ›Satyrhaften‹ entwickelt hat (*Poetik* IV). Die Satyrn (s. a. 3.) sind Begleiter des Rausch- und ↗Theatergottes Dionysos, der später zum röm. ↗Weingott Bacchus wird (Ovid, *Metamorphosen* IV, 25). Darüber hinaus symbolisiert der Z.bock spätestens seit Nietzsches *Die Geburt der Tragödie* das dionys. Prinzip als das ›Andere‹ der rationallog. Denkordnung. Die Trad. setzt sich fort in B. Strauß' Essay *Anschwellender Bocksgesang*: Hier verweist der Titel auf die Gegenaufklärung und steht für die Wiederkehr des Rauschhaft-Irrationalen mit den Mitteln der Ästhetik (ders., *Kalldewey, Farce*, mit unmittelbarem Anschluss an Euripides' *Bakchen*-Tragödie). Auch bei R. Schrott ist das Z.fell Symbol für den Gott Dionysos, dessen Fest die temporäre Aufhebung von Recht und Ordnung legitimiert (*Bakchen*: »Aufgesang«).

5. Symbol der unschuldig leidenden Kreatur. Seit dem Altertum ist die Z. bzw. der Z.bock ein gebräuchl. Opfertier. Am jüd. Versöhnungsfest werden die Sünden einer Gemeinschaft auf einen Z.bock (›Sündenbock‹) übertragen, der stellvertretend für die Schuldigen in die ↗Wüste getrieben wird (Lev 25); die Motivik findet sich auch in christl. Dichtungen umgesetzt (z. B. Klaj, *Geburt Christi* IV). Barrabas und Christus stehen für zwei Böcke, von denen einer geopfert wird und damit die Menschheit von ihren Sünden befreit (Hieronymus Lauretus, *Sylva allegoriarum*: »Capra«). Im Märchen ist die junge Z. Paradigma der unschuldigen Kreatur (Grimm, *Der Wolf und die sieben Geißlein*). Aufgrund ihrer Duldsamkeit kann die Z. auch vernünftige Nachgiebigkeit symbolisieren (Reusner, *Emblemata ethico-physica* LXXXIII; Isselburg, *Emblemata politica* XI).

6. Symbol des (gläubigen) Christen. In der Emblematik hat die Z. längere Hinter- als Vorderbeine; sie steigt deshalb immer bergan, was sie zum Symbol für die Suche des Menschen nach Gott macht

(Reusner, *Emblemata ethico-physica* LXXXIV; Baudoin, *Emblemata* II, 206). Gerechte und Sünder werden als zwei Z. nebeneinandergestellt, von denen die eine den breiten, die andere den steinigen Weg wählt (Hieronymus Lauretus, *Sylva allegoriarum*: »Capra«). In Fabeldichtung und Äsop-Exegese steht das Geißlein, das auf seine Mutter hört, für den gehorsamen Christen (Alberus, *Das Buch von der Tugent vnd Weißheit* XII). Die Z., die den Melkkübel umstößt, symbolisiert den Abfall vom Guten (Alciato, *Emblematum liber*, 153; Schoonhovius, *Emblemata*, 54).

↗Hirt/Herde, Horn, Lamm/Schaf, Milch, Widder.

JSt

Zigarette / Zigarre

Symbol der Geborgenheit und des Lebens, des Luxus', der Männlichkeit, der Emanzipation, der Sinnlosigkeit, des Bösen sowie der literar. Inspiration. – Relevant für die Symbolbildung sind (a) die längl. Form der Z., (b) die Zeit, um eine Z. zu rauchen, (c) die stimulierende Wirung des Tabaks.

Zrr. finden seit Ende des 18. Jh., Ztt. seit der ersten Hälfte des 19. Jh. in Europa Verbreitung. Mit dem Aufschwung der Tabakindustrie in der zweiten Hälfte des 19. Jh. findet die Zrr. schnell und häufig Eingang in die Lit. Raabe stilisiert die Zrr. in *Die Chronik der Sperlingsgasse* als »große Trostspenderin des neunzehnten Jh.« zu einem Symbol der Geborgenheit im eigenen Leben. Besonders in der Fremde wird diese Symbolfunktion wirksam; in diesem Sinne genießt Hans Castorp seine Maria Mancini in einem ↗Schweizer Sanatorium: »ich meine: hat man einen gute Zrr., dann ist man eigentlich geborgen, es kann einem buchstäblich nichts geschehen« (Th. Mann, *Der Zauberberg* III: »Neckerei. Viatikum. Unterbrochene Heiterkeit«). Die Zrr. stiftet zudem kommunikative Beziehungen zwischen Fremden, sie fungiert daher als ein Symbol der Gastlichkeit: »In Spanien stiftet das Geben und Nehmen einer Zrr. gastfreundliche Beziehungen wie im Orient das Teilen von Brot und Salz« (Mérimée, *Carmen* I). Obgleich die Zrr. ein Symbol des Luxus ist (Burger, *Brenner* I: *Brunsleben* XII), gilt sie wie die Ztt. als elementarer Bestandteil des menschl. Lebens; M. Machado erhebt sie sogar zum Symbol des Lebens überhaupt (Machado, *La vida es un cigarillo*). – Das Rauchen gilt lange als männl. Domäne. Bei Broch wird die Zrr. zum Männlichkeitssymbol überhöht, selbst der Verkauf von Zrr. ist »Männerarbeit, [...] so sollte Männerfreundschaft aussehen« (Broch, *Esch oder die Anarchie* I; ↗Mann). Die Ztt. wird häufig als phall. Symbol gedeutet (Freud, *Traumdeutung* VI, E 12). Eine subtile Kritik an der Psychoanalyse formuliert Svevo in *La coscienza di Zeno*. Diese vermag die Paradoxie der »letzten Ztt.« nicht zu beseitigen, gerade weil sie auf den symbol. Charakter der Ztt. insistiert. Nur eine, ironischerweise vom Psycho-

analytiker vorgeschlagene, autobiograph. Aufarbeitung zeitigt die Ent-Symbolisierung der Ztt. und das Ende der Abhängigkeit. – Die Aneignung der Ztt. durch die Frauen symbolisiert weibl. Emanzipation, rauchende ↗Frauen wie die Ztt.-rauchende Engländerin in Fontanes *Der Stechlin* (XXXI) werden besonders von anderen Frauen zunächst beargwöhnt. Für das Bild der ›Neuen Frau‹ in der Weimarer Republik ist die Ztt. jedoch unverzichtbares Attribut (Keun, *Gilgi – eine von uns*). – Die Ztt. ist jedoch auch Symbol für einen niedrigen sozialen Status oder die Zugehörigkeit zu einer gesellschaftl. Randgruppe wie die ↗Pariser Prostituierten, von Baudelaire verewigt als »träge mit männlichem Zynismus Ztt. rauchend, um die Zeit totzuschlagen« (*Le peintre de la vie moderne* XII), oder für den Moloch ↗Berlin insgesamt (Döblin, *Berlin Alexanderplatz* I: »Mit der 41 in die Stadt«). Das Rauchen der Ztt. kann generell zum Symbol der Sinnlosigkeit der eigenen Existenz werden (Kästner, *Fabian* I) oder aber wie in Bölls *Und sagte kein einziges Wort* die Entfremdung zwischen Eheparntern symbolisieren (XII) – Im 20. Jh. avancieren Ztt. zum Symbol des moralisch Zweifelhaften wie in der Figur Cipollas (Th. Mann, *Mario und der Zauberer*), des Kriminellen (Döblin, *Berlin Alexanderplatz* V: »Sonntag, den 8. April 1928«) und des Bösen, wie die ↗grauen Herren aus M. Endes *Momo*, welche die Zeit aufrauchen. – Die Ztt. ist schließlich auch symbol. Auftakt für die literar. Produktion. So ist für Brecht die Zrr. notwendiges »Produktionsmittel« (*Notizen*, 25.4.1941), bei Grass gehen das Drehen der Ztt. und poet. Inspiration Hand in Hand (*Selbstgedrehte*). Bei Burger ist das rhythm. Rauchen einer Zrr. eine symbol. Handlung, die zur Bedingung für »das Handwerk des epischen Schilderns« (*Brenner* I: *Brunsleben* XII) wird. Nicht zuletzt kann die stimulierende Wirkung des Tabaks unmittelbaren Einfluss auf die Art der Poiesis nehmen: »Gewidmet sei das erste der Sonette,/ In dem ich völlig der Form bemeistert,/ Der Zauberin, die mich dazu begeistert:/ Der duftenden Havannazigarette« (Ebner-Eschenbach, *Ztt.*).

↗Mann, Phallus, Warten.

Lit.: R. Klein, Schöner blauer Dunst, München/Wien 1995. – B. Kosta, Die Kunst des Rauchens, in: City Girls, hg. v. J. Freytag/A. Tacke, Köln/Weimar 2011, 143–158. – S. Neumann, Des Lebens bestes Teil, Trier 1998. CB

Zipfelmütze ↗Hut/Kopfbedeckung.

Zirkus

Symbol einer vitalist. Ästhetik, des Scheinhaften und der künstler. Existenz. – Relevant für die Symbolbildung sind (a) die ↗Kreisform der Manege (gr. *kírkos*, »Ring«), (b) die Nichtsesshaftigkeit der Artisten sowie (c) ihr daraus resultierender sozialer Ort am Rand der Gesellschaft, bes. aber (d) der wirkungsbezogene, anti-elitäre, Visualität, Körperlichkeit und Erotik betonende Charakter der artist. Attraktion, die das Spiel auf Leben und Tod mit ästhet. Glanz verbindet.

1. Symbol einer vitalistischen Ästhetik. Programmat. Bedeutung für eine Dichtung, die »reichlich mit Leben geschmückt« sein soll, besitzen die Gaukler mit ihrem erot. und nicht an die engen sozialen und ästhet. Konventionen der höheren Gesellschaft gebundenen »lebendigen Reiz« bereits in Goethes *Venezianischen Epigrammen* (I; XXXVI; LXXV). In Goethes *Novelle* steht die Menagerie für eine gerade nicht scheinhafte Ästhetik, da die Annahme, es handle sich bei den dort aufgemalten wilden Bestien um eine werbewirksame Täuschung, sich als Irrtum erweist, als die Raubtiere (↗Tiger, ↗Löwe) aus dem ↗Käfig ausbrechen und somit ihre animal. Wildheit tatsächlich entfesselt wird. In ähnl. Sinn wird der Z. bei Wedekind zum zentralen Symbol einer vitalist. Ästhetik. Er zeichnet sich durch »Selbstvergessenheit und Zügellosigkeit« aus und verkörpert das moderne Lebensprinzip der »Elastizität«, eines heroischen, lebensklug rasch und entschlossen auf Umstände reagierenden, dabei leichten und virtuos-effektvollen Handelns (*Z.gedanken*). Die in der artist. Darbietung sichtbar werdende körperl. Schönheit und Erotik, das im Z. dargestellte »lebendige Leben« wird der trad. Kunst und überfeinerten Zivilisation entgegengestellt (*Im Z.*). Bes. im Prolog zum *Erdgeist* ist der Z. ein Symbol »Wollust« und »Grauen« umfassender Vitalität, einer »*natürlichen*« Ästhetik der »*Selbstverständlichkeit*«. Sprach- und zivilisationskritisch ist auch Hofmannsthals Deutung circens. Darbietungen, die als nichtsprachl. Formen der Kunst dem »Ekel vor den Worten« entgehen (Rezension *Eine Monographie*, 1895) und besser unterhalten »als die gescheiteste Konversation« (*Der Schwierige* I, 18). Auch bei Lasker-Schüler transzendiert der Z. die Lit.: »Dichtungen werden Wahrheiten« (*Im Z. Busch*). Cocteaus kubist. »Ballet réaliste« *Parade* demonstriert, dass die akrobat. Vorführung dem zeichenhaften Verweisungscharakter entgeht, indem das Publikum die von den Artisten zu Werbezwecken gegebenen Kostproben ihres Könnens bereits für die Vorführung selbst hält.

2. Symbol des Scheins. In entgegengesetztem Sinn kann der Z. ein Symbol für falschen Glanz, Schein und Illusion sein. Täuschung und Willkür lassen schon in Goethes *Venezianischen Epigrammen* Dichter und Gaukler verwandt erscheinen (XXXVIf.; XLI; XLVII). Als scheinhaft-gespenst. Wesen stehen die Seiltänzer in G. Heyms gleichnamigem Gedicht für die Erfahrung der Leere, in Balls Gedicht *Der Literat* verkörpert der Gaukler den Täuschungscharakter der Lit. Zum existentiellen Symbol werden die Akrobaten in Rilkes *Duineser Elegie* V: Die »Fahrenden« führen dem Menschen seine eigene Flüchtigkeit und Verlorenheit vor Augen (↗Reise). Die Gegenüberstellung von Gauklern und Obstbäumen in Apollinaires *Saltimbanques* (in: *Alcools*) fortführend, bringen bei Rilke die von einem »niemals zufriedenen Willen« getriebenen, mit höchster Geschwindigkeit scheinbar endlos wiederholten Übungen kein organ. Wachstum, sondern nur »künstliche Früchte –«, alle unwahr gefärbt« hervor: Der künstl. Glanz überdeckt und steigert nur die Sinnlosigkeit und Leere der Existenz. Die Momente der Illusion und der, aus der Kreisform der Manege resultierenden, sinnlosen unendl. Bewegung, die wie in Wedekinds *Z.gedanken* syntaktisch durch eine Aneinanderreihung temporaler bzw. konditionaler Nebensätze evoziert wird, finden sich in Kafkas Erzählung *Auf der Galerie* wieder. In Th. Manns *Felix Krull* wird der circens. »Andrang blendender Kunstfertigkeit« mit der ebenfalls auf »Wirkung, […] Menschenbeglückung und -bezauberung« (III, 1) zielenden Hochstapelei des Protagonisten enggeführt und damit letztlich mit dem zentralen Problem des Künstlertums, der »Psychologie der unwirklich-illusionären Existenzform« (Th. Mann, *Lebensabriss*).

3. Symbol der künstlerischen Existenz. Generell kann der Z. zum Symbol für die literar.-ästhet. Existenz des Schriftstellers oder Künstlers werden. Die Abhängigkeit vom Publikumserfolg und damit vom Zeitgeschmack stellt Baudelaire heraus, bei dem ein armseliger alter Possenreißer zum »Bild des alten Literaten« wird, »der die Generation überlebt hat, deren geistsprühender Unterhalter er war« (*Le spleen de Paris: Le vieux saltimbanque*). Kafkas Artistenfiguren verkörpern problemat., zur sozialen Isolation führende Extremformen der ästhet. Existenz. So ist der Mensch-↗Affe im *Bericht für eine Akademie* als Künstler sowohl von seinen Artgenossen als auch von den Menschen getrennt, »alle Begleitung hielt sich […] weit vor der Barriere«. In Kafkas Erzählung *Erstes Leid* geht das Leben des Artisten, der sein Trapez so gut wie nie verlässt, im Streben nach »Kunst in ihrer Vollkommenheit« auf, im *Hungerkünstler* ist die künstler. Unbedingtheit und Trennung von der Umwelt so weit getrieben, dass der Artist zugleich sein eigener idealer und schließlich auch sein letzter verbliebener realer Zuschauer ist. Die für die ästhet. Existenz konstitutive Antinomie von Kunst und Leben kann aber auch ins Positive gewendet werden, indem der Z. als Gegenwelt fungiert, der die Realität künstlerisch überwindet. Bei R. Ausländer ist der Z. eine Welt des ↗Traums, das lyr. Ich spielt mit Einfällen wie mit ↗Bällen und geht als Seiltänzer »über die Arena der Erde« (*Z.kind*); in H.M. Enzensbergers Gedicht *Chinesische Akrobaten* wird die Leichtigkeit des Jonglierens mit Worten der Angst und dem Leid der Welt entgegengesetzt.

↗Kreis, Narr, Theater/Bühne, Traum.

Lit.: W. Bauer-Wabnegg, Z. und Artisten in Franz Kafkas Werk, Erlangen 1986. – R.A. Jones, Art and Entertainment, Heidelberg 1985. – N. Ritter, On the Circus-Motif in Modern German Literature, in: German Life and Letters 27 (1973/74), 273–285. – Th. Wegmann, Artistik, in: Zeitschrift für Germanistik 20 (2010), 563–582.   JSch

Zither ↗Laute.

Zitrone

Symbol der Trauer, des Lebens und der Reinheit. – Relevant für die Symbolbildung sind (a) ihre leuchtend ↗gelbe Farbe, (b) ihr guter Duft, (c) ihr saurer Geschmack sowie (d) die Verwendung der Z. als Heilmittel, Appetitanreger und Gegengift.

Seit dem Spätmittelalter in Europa Symbol des Lebens und der Gesundheit (Klaj, *Geburtstag deß Friedens*; Lohenstein, *Großmütiger Feldherr Arminius* II, 2), ist die Z. daraus abgeleitet im relig. Kontext Mariensymbol (und -Attribut), wobei sie deren ↗Reinheit und ↗mütterl. Stärke verdeutlicht. Durch die ihr zugeschriebenen lebenserhaltenden Kräfte erhält die Z. Bedeutung auch als sakramentale Beigabe, wobei sie der Seele der Verstorbenen Stärke und Reinigung und den Trauernden Schutz vor Ansteckung und der Nähe des Todes bringen soll (Bechstein, *Deutsche Sagen: Mespelbrunn*; Jean Paul, *Titan*, 101. Zykel; C. Brentano, *Das Märchen vom Fanferlieschen Schönefüßchen*). Als universelles Sinnbild der Reinheit und des Schutzes vor Giften und Verzauberung (insbes. Pest, böse Geister) erscheint die Z. in diversen, auch nicht streng relig. Kontexten (Hallmann, *Liberata* III, 7; Dach, *Gedichte an das Kurfürstliche Haus*). – In der Neuzeit führt die generelle Depotenzierung alter, relig. Semantik zu einer Öffnung und Erweiterung des Bedeutungsspektrums, so dass die relig. Symbolik im 20. Jh. weitgehend marginalisiert ist (vgl. jedoch die myst. Bedeutung der mit Amber und ↗Weihrauch auftretenden Frucht in Georges *Algabal*: *Der saal des gelben gleisses und der sonne*). An ihre Stelle tritt die Z. als säkulares Symbol, das nicht durch die medizin. Wirkung, sondern durch die sinnl. Qualitäten (Farbe, Geschmack, Geruch) und die Herkunft der Z. motiviert ist. Im Kontext klass. Italiensehnsucht ist die Z. Sinnbild der sonnigen, idyll. mediterranen Landschaft, paradigmatisch und oft kopiert im Lied der Mignon: »Kennst du das Land, wo die Z. blühn […] ?« (Goethe, *Wilhelm Meisters Lehrjahre* III, 1; dazu beispielsweise Heine, *Reisebilder*: »Reise von München nach Genua« XXVI; ↗Süden), kritisch den dt. ›↗Eichenwäldern‹ kontrastiert dagegen in Rückerts patriot. *An Habsburgs Adler*. – Seit dem 18. Jh. kommt der Z. durch ihre Säure aber auch negative Bedeutung zu, so bei Schiller: »Preßt der Z./ Saftigen Stern,/ Herb ist des Lebens/ Innerster Kern« (*Punschlied*), im banalen Zusammenhang auch als bildhafter Vergleich eines freudlosen Ge-

sichtsausdruckes (Heine, *Spanische Atriden*); bei Mallarmé ist sie Symbol des Kummers (*Le guignon*).

↗Orange/Apfelsine, Reinheit, Süden.

Lit.: H. Schöpf, Zauberkräuter, Graz 1986. – A. Schwammberger, Vom Brauchtum mit der Z., Nürnberg 1965.   JK

Zopf ↗Haar.

Zug ↗Eisenbahn/Lokomotive/Zug.

Zunge

Symbol des Sprechens, der Geschwätzigkeit, aber auch des sprachl.-poet. Talents. – Relevant für die Symbolbildung ist die Bedeutung der Z. für die sprachl. Artikulation.

1. Antike. ↗Herz und Z. sind in der Mythologie des alten Ägypten die Werkzeuge, mit denen der Gott Ptah die Welt geschaffen hat. Sie stehen symbolisch für Vernunft und Sprache. Auch im Buch Genesis ist die Welt eine Sprachgeburt Gottes (Gen 1,1 ff.). Die Apostelgeschichte im NT gibt darüber Aufschluss, dass die innere Erfüllung durch den Hl. Geist bei den Jüngern Jesu insofern erkennbar wurde, dass sich ihnen ↗feuerartige Z. offenbarten und sie sich mit ihnen in fremden Sprachen äußern konnten (Apg 2,3 f.; ↗Pfingsten). – Negativ besetzt ist dagegen die Z. als Instrument der Lüge, der Überredungskunst und der Verführung schon indirekt durch das Bild der doppelzüngigen ↗Schlange im Buch Genesis (Gen 3), durch deren Worte der Sündenfall herbeigeführt wird (Ps 140,4; Sir 28,13–18). Das Laster der übertriebenen Schwatzhaftigkeit wird meistens mit dem Verlust dieses Organs geahndet, was bereits die Epen der Antike thematisieren: In den *Metamorphosen* des Ovid taucht die Symbolik der Z. immer wieder auf. So bewirkt die permanente Redseligkeit der Nymphe ↗Echo, dass die Göttin Juno von den Liebschaften ihres Gatten Jupiter abgelenkt wird. Ihre Verfluchung der Nymphe bringt genau diese negative Assoziation der Z. auf den Punkt: »»Der Z., durch die ich gefoppt, sollst du wenig nur mächtig/ Bleiben, behalten nur zu kürzester Nutzung der Sprache.«/ Und sie tut, wie gedroht. Nun verdoppelt Echo der Reden/ Ende und trägt nur die Worte zurück, die sie vorher gehört hat« (Ovid, *Metamorphosen* III, 366–369). Noch wesentlich grausamer ist das Schicksal der Philomele (↗Nachtigall). Nachdem sie von ihrem Schwager Tereus vergewaltigt wurde, reißt ihr dieser die Z. heraus, da er die Schande der Entdeckung befürchtet. Insofern kann die Z. hier nicht nur als Symbol der Sprache, sondern auch der Wahrheit verstanden werden, die es zu verdecken gilt. Durch das groteske Eigenleben der abgeschnittenen Z. Philomeles wird dieser Wunsch nach Äußerung deutlich: »Die Wurzel

zuckt; und die Z./ Selbst, auf die schwarze Erde gefallen, lallt ihr noch zitternd/ Zu und schnellt, wie
der Schwanz der verstümmelten Schlange zu sprin-
gen/ Pflegt, sich empor und sucht im Sterben die
Spur seiner Herrin« (Ovid, *Metamorphosen* VI,
557–560). – Die herausgerissene Z. kann dagegen
in den christl. Heiligenviten auch positive Konnotationen innehaben. Bei dem verstümmelten hl.
Johannes v. Nepomuk steht der Verlust der Z. für
die Tugend der Verschwiegenheit (↗Schweigen/
Stille).

2. Frühe Neuzeit. Bereits in zahlreichen Teufels-
darstellungen des MA wird Satan mit herausge-
streckter und ↗phallisch anmutender Z. dargestellt,
womit er quasi die Schöpfung Gottes durch einen
Gestus der Obszönität verspottet. Eine Z., die per-
manent in Bewegung ist, wird in der barocken
Dichtung oft als Quell der Gefahr betrachtet und
mit Falschheit assoziiert. So schreibt Logau in einem seiner *Sinngedichte*: »Die Z. wohnt mit Fleiß
im weißen Bein-Gehäge;/ Dann diß ist ihre Gräntz,
in der sie sich bewege;/ Wächst aber wo die Z. und
steiget über Zaun,/ Derselben traue du! Ich will ihr
nimmer traun« (*Auftritt der Z.*). Ebenso findet die
herausgerissene Z. im frühneuzeitl. Drama erneut
Verwendung, so u.a. in Shakespeares Rachetra-
gödie *Titus Andronicus.* Auch dort befürchten die
beiden Gotenprinzen Demetrius und Chiron, dass
Titus' Tochter Lavinia den Vergewaltigungsakt
verraten könnte. Chirons' Prophezeiung »Dann
stopf' ich Dir den Mund« (II, 3) nimmt durch den
Ausriss der Z. Gestalt an. Ähnlich wie bei Ovid
symbolisiert Z. hier nicht nur Sprachfähigkeit,
sondern auch eine Wahrheit, die verschwiegen werden soll. So wird auch eine schwatzhafte Amme in
diesem Stück ermordet, damit sie nicht die Herkunft des unehel. ↗Kindes der Gotenkönigin Ta-
mora verrät. Charakteristischerweise wird sie als
eine »langzüngig plappernde Klatschbase« (IV, 2)
bezeichnet.

3. Moderne. In seiner Autobiografie *Die gerettete
Z.* (1977) versteht E. Canetti den Besitz der eigenen
Z. als Garant für die Mitteilungsfähigkeit und damit für die eigene Identität. Durch die Möglichkeit
zum Sprechen teilt sich der Mensch anderen mit
und durch das Hören der Anderen wird er selbst
erst existent. Das Symbol der geretteten Z. steht somit für den die Shoah überlebenden jüd. Künstler,
der sich trotz allen Grauens seine Sprache und damit seine Identität bewahrt hat. Das Gegenteil wird
in Botho Strauß' Shakespeare-Adaptation *Schän-
dung* (2006) erreicht. Durch die entfernte Z. verliert
Lavinia nicht nur die Redemöglichkeit. Sie fällt
auch in Isolation, da sie nicht nur nicht verstanden
wird, sondern aufgrund dessen von der Gemeinschaft, sogar von ihrem eigenen Vater, dem die un-
artikulierten Laute der Tochter eine Qual bedeuten,
ausgestoßen wird, und verliert, ohne Z., ihre Identität.

↗Echo, Honig, Pfingsten.

Lit.: C. Benthien, Zwiespältige Z., in: Körperteile, hg. v.
ders./Ch. Wulf, Reinbek bei Hamburg 2001, 104–132.
– K.B. Heppe, Johannes v. Nepomuk, München 1973.
– M. Schumacher, Ärzte mit der Z., Bielefeld 2003.
                                                          TV

Zwerg

Symbol verborgener Naturkräfte, einer unbewussten oder jenseitigen Daseinsebene sowie der Bosheit und Tücke, zuweilen auch des stigmatisierten
Guten. – Relevant für die Symbolbildung sind (a)
die Vorstellung von einem Reich beseelter Kleinwe-
sen in den Schlupflöchern der ↗Erde und (b) die
physiognom. Projektion körperl. Missgestalt auf
den Charakter des Menschen.

1. Symbol verborgener Naturkräfte. Z. (mhd. »getwerc«) hausen in ↗Höhlen (*Ruodlieb* XVIII, 28;
Nibelungenlied III, 88 ff.; *Wolfdietrich* XI, 461, 1 f.)
und unterird. Palästen (*Edda*: »Völuspâ«; *Laurin*
31 f.; ↗Schloss), sind zauber- bzw. kräuterkundig,
reich, stark und oft mit hellseher. Kräften begabt.
Ihr Charakter korrespondiert eng mit der Ur-
sprungslandschaft bzw. der jeweils dahinterstehen-
den Naturauffassung. So sind die Z. der eddischen
Götterlieder Repräsentanten gewaltsamer Urkräfte,
die sich mit Tücke und List an den Götterriesen
messen, wild, streitsüchtig, machthungrig und lüstern. In dt. Volksagen überwiegt der hilfreiche oder
dienende Z., der allerdings unberechenbar bleibt;
er kann – bei Fehlverhalten des Menschen – grausame Rache üben oder sich für immer zurückzie-
hen. Wohl aufgrund ihrer Nähe zu den Boden-
schätzen figurieren Z. in den Dichtungen des MA
als widerspenstige, allenthalben vom Helden zu
bezwingende Schatzhüter (*Ruodlieb* XVIII, 1 ff.; *Nibelungenlied* III, 96 ff.) oder auch als kunstfertige
Schmiede (*Edda*: »Grimnismâl«; *Eckenlied* 81, 8 ff.;
Laurin 186; *Ortnit* 114; *Wigalois* 6079 f.). Weit verbreitet sind Sagen von Z. als Bergarbeiter (↗Berg-
werk/Schacht) oder Bergdämonen (↗Berg), stilisiert bei Agricola (*De animantibus subterraneis liber*) und Heine (*Elementargeister*). Z.vorstellungen
des dt. Volksglaubens aufgreifend, weist Paracelsus
im 16. Jh. die Naturgenien, die er »Pygmaeis« oder
»Gnomen« nennt, dem Element Erde zu (*Liber de
nymphis* II). Als Schutzgeist des Bodens hat der
wohlwollende Typus Z. seine volkstüml. Personifizierung im Gartenzwerg gefunden.

*2. Symbol einer unbewussten oder jenseitigen Da-
seinsebene bzw. der Toten.* Sofern sie im Grenzbereich zur menschl. Lebenswirklichkeit auftreten,
sind Z. oft mit einem Sichttabu (↗Dunkelheit, Tarnkappe) belegt. Elementare Wünsche (Reichtum,
Selbsttätigkeit der Arbeit) und unterschwellige
Ängste (Heidentum, Hölle, Tod) mögen in der Z.-
figur Gestalt angenommen haben. Manche Z. sind
durch teufl. Attribute (↗rotes ↗Haar, ↗feurige ↗Au-

gen, Vogelfüße etc.) explizit der christl. Ebene entzogen; ↗Glockengeläut vertreibt sie (HdA IX, 1099). In Hauptmanns Drama *Die versunkene Glocke* (IV) werden Z. dazu gezwungen, eine Kirchenglocke zu schmieden; der Versuch misslingt. Auf Grund ihrer unterird. Existenz, ihrer morpholog. Kennzeichnung (steinalt, langer ↗Bart, ↗graue oder fahle ↗Gesichtsfarbe, Unfähigkeit zur eigenständigen Fortpflanzung, urzeitl. Wissen) und ihres Verhaltens (Vorliebe für ↗Tanz; Fährmannsmotiv in einer Reihe von sog. Auszugssagen) weisen Z. in ihrer tiefsten Schicht Züge von Totengeistern auf (HdA IX, 1115 ff.). Eine moderne, surreal geprägte Bearbeitung dieser Totensymbolik findet sich in der Erzählung *Der Gärtner* von Jahnn. Die Zugehörigkeit der Z. zu einer anderen, fortpflanzungsgestörten Sphäre wird in Goethes Novelle *Die neue Melusine* (*Wilhelm Meisters Wanderjahre* III, 6) ins Phantastische ausgestaltet. Im 20. Jh. haben Z. tiefenpsychol. Interpretationen erfahren (Ausdruck des kollektiven Unbewussten, ↗Phallus-Symbol). Vaterhass ist die Antriebskraft des ›verzwergenden‹ ↗Vaters in B. Schulz' kafkaesker Erzählung *Heimsuchung* (aus *Die Zimtläden*).

3. Symbol der Bosheit und Tücke. Während die dt. höf. Dichtung des MA positiv gezeichnete, gar schöne Z.-Ritter (Ortnit, Laurin) kennt, ist der aus der frz. höf. Lit. adaptierte Z. (*nain*) grundsätzlich hässlich und gehässig. Tückische Z. im Gesinde eines vornehmen Herrn kommen im Umkreis der Artus-Epik vor, darunter Maliclisier bei Hartmann v. Aue, der ein Hoffräulein »mit der geisel sluoc« (*Erec* 30 ff.; 1030 ff.), der Z. in Hartmanns *Iwein*, welcher gefangene Ritter so schlägt, »daz sî über al bluoten« (150), und Melôt, »daz vertâne getwerc, des vâlandes antwerc« bei Gottfried v. Straßburg, *Tristan* (14235 ff., hier 14510). In Märchen und Sagen sind boshafte Z. vereinzelt vertreten, z. B. bei Stahl, *Der undankbare Z.*, und Grimms *Schneeweißchen und Rosenrot*. Der heimtück. Typus Hofzwerg begründet eine Erzähltrad., die mit jener des spött.-demaskierenden ↗Narren bei Hofe verwandt ist. Einen Höhepunkt grotesker Überzeichnung stellt E.T.A. Hoffmanns Wechselbalg und höf. Emporkömmling *Klein Zaches genannt Zinnober* dar. Boshafte oder intrigante Z. finden sich im 19. Jh. u. a. auch bei Vulpius, *Der Z.*, und Spindler, *Der Hofzwerg*. Zugleich Opfer und Rächer ist der giftmischende Hofzwerg in Hesses Erzählung *Der Z.* Bipolar angelegt ist dagegen das Z.paar Dûdu (potenzstrotzend, verderblich) und Gottliebchen (vernünftig, warnend) in Th. Manns Roman-Tetralogie *Joseph und seine Brüder* (III: *Joseph in Ägypten*). Der erzählende Z. in P. Lagerkvists *Dvärgen* (dt. *Der Z.*), Page eines fiktiven ital. Renaissance-Fürstenhofes, fungiert in persona als Faschismus-Symbol. Oskar Matzerath in Grass' Roman *Die Blechtrommel* verkörpert, mehrdimensional ausgestaltet, die moralkrit. Auseinandersetzung mit der dt. Ge-

schichte der ersten Jahrhunderthälfte. In Doderers *Die Merowinger oder die totale Familie* wird das Stereotyp des ›bösen‹ Hofzwergs satirisch umgekehrt: Childerichs Z. Wänzrödl (»Bei einem solchen zwergischen Wesen erwartet jedermann im Grunde – ohne das so genau zu wissen – Boshaftigkeit und Tücke«) ist ein gern gesehener, v. a. bei den Kindern beliebter Geselle (XXVII).

4. Symbol des stigmatisierten Guten. Seit Hauffs *Märchen-Almanachen* treten Z. bzw. zwergennähnl. Charaktere auch als ›behinderte‹ Sympathieträger in einer diskriminierenden Normalwelt auf. Die vermeintl. Schwäche findet durch Zauberkraft, Klugheit und List (*Z. Nase*, *Der kleine Muck*; dort Bsp. der Selbstbehauptung), in der Erwachsenenlit. auch durch Kultur (Th. Mann, *Der kleine Herr Friedemann*; dort ein Bsp. des Scheiterns) zeitweilige Kompensation. In Wildes Märchen *The Birthday of the Infanta* repräsentiert der Z. – im Kontrast zur höf. Dekadenz – den ›edlen Wilden‹, dessen unschuldige Liebe zur schönen Prinzessin tragisch scheitern muss. Tendenziell scheint sich eine Aufspaltung der einst ambivalenten Züge des Z. in positive (Kinderlit.) und negative (Erwachsenenlit.) Konnotationen vollzogen zu haben (Richlick, 171 f.; 225 f.).

↗Berg, Bergwerk/Schacht, Erde/Lehm/Acker, Narr.

Lit.: Ch. Habiger-Tuczay, Z. und Riesen, in: Dämonen, Monster, Fabelwesen, hg. v. U. Müller/W. Wunderlich, St. Gallen 1999. – V. Hänsel/D. Kramer, Die Z. kommen!, Trautenfels 1993. – H. Hässler, Z. und Riesen in Märchen und Sage, Diss. Tübingen 1957. – E. Richlick, Z. und Kleingestaltige in der Kinder- und Jugendlit. vom Beginn des 19. Jh. bis zur Gegenwart, Frankfurt a.M. 2002.　ET

Zwillinge / Doppelgänger

Symbol der Komplementarität, Harmonie und Vollendung, des Antagonismus und der Rivalität, der Beziehung zwischen Immanenz und Transzendenz sowie der Identitätskrise. – Relevant für die Symbolbildung sind (a) die äußerl. Ähnlichkeit bzw. Gleichheit der Z. und D., die jedoch nicht mit einer charakterl. Gleichheit einhergehen muss, (b) die biolog. Verwandtschaft der Z.

1. Symbol der Komplementarität, Harmonie und Vollendung. Die beiden bereits in vordor. Zeit in Griechenland verehrten Dioskuren Kastor und Polydeukes/Pollux sind unter diversen Z.paaren der griech. Mythologie (Idas und Lynkeus, Amphion und Zetheus, etc.) die bekanntesten; als unzertrennl. Paar übernehmen sie wie weitere myth. Z.geschwister auch anderer Kulturkreise Helferfunktionen. An sie erinnert das Tierkreisbild der Gemini (Z.), das zu verschiedenen Auslegungen (als Symbol der Einheit von Tag und ↗Nacht und von ↗Licht und Dunkelheit, der Harmonie, des

Antagonismus von hilfreichen und destruktiven Göttern bzw. Kräften, der Dualität in der Identität, der inneren Spaltung des Menschen) angeregt hat. – Das altägypt. göttl. Geschwisterpaar Isis und Osiris ergänzt sich harmonisch. An die Idee einer Komplementarität und unauflösbaren inneren Verbundenheit geschlechtsdifferenter Z.geschwister erinnern literar. Paare wie Sebastian und Viola in Shakespeares *Twelfth Night*, die Protagonisten Siegmund und Sieglind in Wagners Oper *Die Walküre* und in Th. Manns hierauf anspielender Erzählung *Wälsungenblut* sowie Ulrich und Agathe in Musils *Mann ohne Eigenschaften* als ironisch gebrochenes Symbol myst. Einheit und einer anderen Daseinsform, allerdings auch die gespenstisch aneinander gebundenen Geschwister Roderick und Madeline Usher bei Poe (*The Fall of the House of Usher*). Ein weiteres Paar von Bruder und Schwester zitiert Th. Mann in *Der Erwählte* mit jenen inzestuösen Geschwistern, die der Gregoriuslegende zufolge zu Eltern des Heiligen wurden und so durch Sünde zur Heilsgeschichte beitrugen; im *Doktor Faustus* wird anlässlich des Bündnisses von dämon. Künstler und inspirierendem Elementargeist auf das Geschwisterpaar-Mythologem angespielt (XXXI).

2. Symbol des Antagonismus und der Rivalität. Äußere Gleichheit und Verbundenheit löst Rivalitäten aus, deren Sinn durch die jeweiligen Antagonisten bestimmt wird. Romulus und sein Z. Remus geraten anlässlich der Gründung Roms durch Romulus in einen für den pietätlosen Remus tödl. Streit. Privilegierungen des Erstgeborenen durch das Erbrecht programmieren den Bruderzwist gerade bei Z. Klingers Sturm-und-Drang-Drama *Die Z.* nimmt dies zum Anlass einer Konfrontation differenter Charaktertypen: Klugheit und Schwäche gegen dumpfe Kraft. In Jean Pauls ungleichem Z.brüderpaar Walt und Vult verbinden sich Harmonie- und Rivalitätsmodell; symbolisch verweisen die Brüder auf komplementäre und zugleich rivalisierende Kunstformen und arbeiten als Z.-Autoren an einem stilistisch heterogenen Doppelroman (*Flegeljahre*).

3. Symbol der Beziehung zwischen Immanenz und Transzendenz. Mythen berichten von himml.-ird. Z.paaren bzw. von je einem sterbl. und einem unsterbl. Z. Der unsterbl. Polydeukes tritt dem sterbl. Kastor sein Privileg zur Hälfte ab, und beide verbringen im Wechsel je einen Tag im Olymp und bei den Toten (Pindar, *Nemeische Oden* X). Stadtgründungen werden in Mythen mehrfach Z.königen zugeschrieben. Die Rätselhaftigkeit von Z.geburten stimulierte zur Hypothese einer doppelten Vaterschaft unter mutmaßlich göttl. Beteiligung, wie sie in diversen Versionen der Geschichte um Amphitryon, Alkmene und Zeus die Geburt von Alkmenes Z. bewirkt haben soll. Nicht nur das Himmlische, sondern auch das Dämonische symbolisieren

Z.erscheinungen: Eine düstere Rolle als Bote transzendenter Mächte spielt der D., insofern er dem Volksglauben zufolge den Tod des Gedoubelten ankündigt. Gelegentlich verbirgt sich der Teufel in der Gestalt des Z. (J. Hogg, *Private Memoirs*).

4. Symbol der Identitätskrise, der Ich-Spaltung, des Verlusts der Selbsttransparenz und der Selbstkontrolle. Die romant. Erkundung der Nachtseiten des Menschen konvergiert in Bildern der Spaltung und Dissoziation sowie der Verdopplung des Ichs. Tiecks Titelfigur im *Blonden Eckbert* lebt mit seiner Schwester Bertha unwissentlich inzestuös zusammen; die ihn verfolgenden Gestalten verschmelzen miteinander, er selbst dissoziiert im Wahnsinn. E.T.A. Hoffmanns diverse D.paare (u.a. *Die Doppeltgänger*) symbolisieren den latenten oder aktuellen Identitätsverlust: in *Die Elixiere des Teufels* anlässlich eines unheiml. Z., der für die Abgründe in der eigenen Psyche steht, im *Sandmann* anlässlich rätselhafter Verwechslungen zwischen menschl. und nichtmenschl. (mechan. oder dämon.) Gestalten. Auch Jean Paul setzt das D.motiv als symbol. Verweis auf die Krise des Ichs ein (*Titan; Siebenkäs*), wobei allerdings die eigentl. Ich-Krise Resultat einer bis zum Wahnsinn gehenden reflexiven Selbstentzweiung ist, während der äußere D. (Siebenkäs/Leibgeber bzw. Schoppe) als geistiger Z. und enger Freund erscheint. Bei Poe verweisen D.- und Z.konstellationen auf fundamentale Ambiguitäten der Selbstwahrnehmung, auf deren Basis Identität nicht mehr möglich ist (*William Wilson, Ligeia*). Die Begründung der Psychoanalyse im späten 19. Jahrhundert stimulierte ein vertieftes Interesse an Fällen von Ich-Spaltung und Generierung imaginärer Z., die auch literarisch folgenreich war (Hofmannsthal, *Andreas*; Pirandello, *Uno, nessuno e centomila*). Um den Verlust einer an soziale Verortung und Anerkennung geknüpften Identität geht es im Roman *Der D.* von Dostojevskij. In Stevensons Erzählung *The Strange Case of Dr. Jekyll and Mr. Hyde* agiert das animal. Teil-Ich Hyde als symbol. Verkörperung der verdrängten triebhaften Natur des Menschen. Das Andere im eigenen Selbst wird literarisch unter sehr unterschiedl. temporalen, kausalen und symbol. Akzentuierungen mit Phänomenen der Dopplung, der Spaltung oder auch der Metamorphose verknüpft (Wilde, *The Picture of Dorian Gray*; Woolf, *Orlando*; Jahnn, *Die Geschichte der beiden Z.*; Borges, *Borges und ich*). Nicht zuletzt verweisen Figuren-Doubles autoreflexiv auf die Beziehung zwischen Autor und Figuren (Auster, *City of Glass*). Die Übergänge zwischen humorist. Verwechslungsgeschichten (Plautus, *Menaechmi* und seine neuzeitl. Bearbeitungen oder Kästner, *Das doppelte Lottchen*) und symbol. Darstellungen dissoziierender Identität sind fließend. Neue symbol. Potentiale wachsen dem Z.- und D.motiv im Zeitalter wissenschaftl.-technolog. Manipulation von Zeugung, Embryonalentwicklung und Aufzucht zu: Huxleys *Brave New World* schildert das Bokanovsky-Verfahren des Klonens gleichartiger Z. bis Dutzendlinge als Inbegriff radikaler Funktionalisierung und Entwürdigung des Einzelnen; die moderne Gentechnologie, v. a. in Science-Fiction-Texten vielfach thematisiert, wird in Lit. und Kunst oft zum Symbol für den Verlust des Humanen, allerdings auch für eine zeitgenöss. Form der Unsterblichkeitssehnsucht, insofern die völlig ident. Reproduktion durch Klonierung dem Individuum zur prinzipiell endlosen ›Auferstehung‹ in seinen Nachkommen verhilft (etwa Sorokin, *Der himmelblaue Speck*).

↗Marionette, Maschinenmensch, Schatten, Spiegel.

Lit.: Ch. Forderer, Ich-Eklipsen, Stuttgart/Weimar 1999. – A. Hildenbrock, Das andere Ich, Tübingen 1986. – N. Reber, Studien zum Motiv des D. bei Dostojevskij und E.T.A. Hoffmann, Gießen 1964.   MSchE

Zwölf

Symbol des Kosmos, der Ordnung und der Vollkommenheit. – Relevant für die Symbolbildung ist die Teilbarkeit der Z. durch ↗drei und ↗vier.

Die Z., Basiszahl des Duodezimalsystems, besitzt kosmolog.-astrolog. Bedeutung (zwölf Tierkreiszeichen, Monate, ↗Stunden des Tages und der ↗Nacht) und verweist auf sakrale bzw. repräsentative Architekturen, ästhet. Strukturen und exponierte Personengruppen. – Im AT deutet die Dodekas (griech. »Z.«) symbolisch u. a. auf die zwölf Söhne Jakobs (Gen 35,22) und die zwölf Stämme Israels, im NT auf die zwölf Apostel und die zwölf ↗Tore des himml. ↗Jerusalem (Offb 21,12). Die zahlensymbol. Korrespondenzen zwischen den beiden Testamenten werden in der Patristik häufig geschichtstypologisch interpretiert. Das antike Bildmodell einer geschlossenen Gruppe von zwölf Göttern mit einem sie alle überragenden dreizehnten Gott *(triskaidékatos theós)* kehrt in der christl. Konfiguration der zwölf Apostel mit Christus als Dreizehntem wieder. – Tektonisch tritt die Zahl früh in dem aus zwölf Tafeln bestehenden *Gilgamesch-Epos* sowie in dem Z.tafel-Gesetz der Römer in Erscheinung. In Anknüpfung an jüd. Trad. formiert sich früh in der christl. Kanonbildung eine Gruppe von zwölf alttestamentl. Schriften: die *prophetae minores* (*Dodekapropheton*). Ovids nur fragmentarisch erhaltene *Fasti*, ein röm. Festkalender (↗Kalender) in Versen, ist den Monaten entsprechend in zwölf Teile gegliedert. Neben Monatsbildern sind im MA auch zahlreiche Monatsverse mit symbol. Z.gliederung, z. B. von Wandalbert v. Prüm (um 848) überliefert. Hrabanus Maurus konstruiert im VIII. Gedicht seines Zyklus von *Carmina figurata* eine Kreuzfigur (↗Kreuz) mit zwölf Enden, die symbolisch-kosmologisch auf die ↗vier Hauptwinde (↗Wind) mit jeweils zwei Nebenwinden be-

zogen wird (↗Wind). In der ma. Hagiografie erscheint der Heilige, wie das Beispiel der *Vita s. Willibrordi* Alkuins bezeugt, häufig begleitet von zwölf Gefährten, und v. a. auch in der Rolandsdichtung und in der Artuslit. trifft man auf dodekad. bzw. triskadekad. Konfigurationen: Karl d.Gr. und seine zwölf Paladine, Artus und die zwölf Ritter seiner Tafelrunde. – Im Dienst der Kanonbildung bündelt Dante in seiner *Divina Commedia* zweimal Autoren zu Z.gruppen (»Paradiso« X und XII). Vergil wirkt mit der Einteilung seiner *Aeneis* in zwölf Bücher nicht nur auf die röm. Epik (z. B. Statius, *Thebaïs*), sondern inspiriert noch in der Frühen Neuzeit seine Kommentatoren zu zahlensymbol. Deutungen, nicht zuletzt auch mit alt- und neutestamentl. Signifikaten (z. B. Jacobus Pontanus). Ganz dem Vorbild Vergils folgt Milton, der die ursprünglich ↗zehn Bücher seines *Paradise Lost* (1667) in der 2. Aufl. (1674) auf zwölf aufstockt. – Hatte schon Quintilian sein Werk *De institutione oratoria* in zwölf Bücher eingeteilt, so schreibt A. Müller im 19. Jh. *Zwölf Reden über die Beredsamkeit und deren Verfall in Deutschland* (1816). Zeitbezogen und schicksalsträchtig ist die symbol. Bedeutung der Z.zahl in Fontanes später Ballade *Silvesternacht*, in der Schlag zwölf statt des erwarteten ↗Bräutigams der Tod das Mädchen heimsucht (↗Neujahr). Aus der Moderne zu erwähnen ist A. Bloks Gedicht *Die Z.* von 1918, das in zwölf Strophen um die Revolutionsthematik kreist, wobei an die Stelle der zwölf Apostel zwölf Revolutionäre treten. Später greift Hermlin die Zahl, marxist. Weltsicht und expressionist. Stadtthematik (↗Stadt) verbindend, in seinen *Zwölf Balladen von großen Städten* (1945) auf. Mit der symbol. Trad. spielt der Konkretist Rühm in seinem experimentellen und selbstreferentiellen Text *12! ein Zahlengedicht* (1979).

↗Drei, Dreizehn, Jahr, Stunde, Uhr, Vier, Zahlen.

Lit.: LmZ, 620–645. – WCS, 56–58. – P. Bungus, Numerorum mysteria, Bergamo 1599, hg. v. U. Ernst, Nachdr. Hildesheim 1983, 386–398, Appendix 34. – B. Lorenz, Notizen zur Verwendung der Zahl »Z.« in der Lit., in: Literaturwissenschaftliches Jb. 25 (1984) 271–279. – ders., Z. und Dreihundert, in: Sprachkunst 17 (1986), 224–244. – O. Weinreich, Triskaidekad. Studien, Gießen 1916.   UE

Zypresse

Symbol der Trauer, des Todes und der Unsterblichkeit sowie der Geduld und Selbstbeherrschung. – Relevant für die Symbolbildung sind (a) ihr schlanker, aufstrebender Wuchs, (b) die immergrünen Blätter und (c) ihre Langlebigkeit.

Die ursprünglich im pers. Raum beheimatete Z. hat von jeher starke relig. Bedeutung. Sie erscheint in der Umgebung antiker Tempel (Vergil, *Aeneis* II, 714f.) und ist v. a. den Göttern der Unterwelt zugeordnet. Die Z. ist Bestandteil mytholog. Verwandlungssagen, deren bekannteste von Kyparissos handelt, der aus Betrübnis über einen versehentlich getöteten ↗Hirsch von den Göttern erfleht, ewig trauern zu dürfen. Apoll gewährt den Wunsch, und der vom Weinen bereits ausgetrocknete Körper des Knaben verwandelt sich in eine Z. (Ovid, *Metamorphosen* X, 106–142). Die in der griech. Mythologie dominante Bedeutung von Tod und Trauer wird v. a. innerhalb des Christentums positiv gewendet. Neben ↗Zeder und Platane wächst die Z. im ↗Garten Gottes (Ez 31,8) und dient als Baumaterial für Tempel (1 Kön 6,34). Die aus dem 14. Jh. stammende, auf das apokryphe *Nikodemusevangelium* zurückgehende *Leggenda d'Adamo e d'Eva* sieht die Z. als Symbol für den Hl. Geist und erwähnt sie als Bestandteil des Leidenskreuzes Christi (↗Kreuz). Innerhalb der Lyrik findet sich der charakterist. Symbolgehalt von Tod in Verbindung mit Unsterblichkeit z. B. bei Klopstock (*An Fanny*). In der modernen Lyrik steht die Z. weiterhin als Trauersymbol, die für frühere Epochen mit der Z. verbundene

Vorstellung von Unsterblichkeit wird jedoch zunehmend negiert (z. B. Benn, *Tristesse*). – Über die relativ konstante Grundsymbolik hinaus bezeichnet die Z. wegen ihres schlanken Wuchses auch Langmut und weises Zögern (Artemidor, *Oneirokritika* II, 25); ihr langsames Wachstum bedeutet allmählich zunehmendes Glück oder Unglück, und ihre lange, hohe Gestalt symbolisiert geforderte Ausdauer (ebd., IV, 11). In der Emblematik des 16. und 17. Jh. findet sich die Z. als Sinnbild für Gerechtigkeit, Selbstbeherrschung und die Abwehr von Übeltätern und Schmeichlern. Darüber hinaus symbolisiert sie aber auch die unfruchtbare Schönheit, da der ↗Baum keine nützl. Früchte hervorbringt (HS, 215–219).

↗Baum, Pappel, Weide.

Lit.: HdA IX, 992 ff. – LMA IX, 745 f. – J. Wiesner, Art. Zypresse, in: Lexikon der Alten Welt, Zürich/Stuttgart 1965, 3348.   ChGü